Eymers Pseudonymen Lexikon

Wilfrid Eymer

Eymers Pseudonymen Lexikon

Realnamen und Pseudonyme in der deutschen Literatur

Teil 1 Realnamen
mit den verwendeten Pseudonymen

Teil 2 Pseudonyme
mit Verweisen auf die Realnamen

KIRSCHBAUM VERLAG BONN

ISBN 3 7812 1399 4
Verlegt im Kirschbaum Verlag GmbH, Bonn
Druck: Lengericher Handelsdruckerei, Lengerich
Umschlaggestaltung: Volker Pottmeier
nach dem Motiv einer Silberbrosche,
deren Schöpfer leider nicht ermittelt werden konnte
Januar 1997 · Herst.-Nr. 1399

Inhaltsverzeichnis

Benutzerhinweise

(Kurzfassung)

Das Lexikon besteht aus zwei Teilen, der Autorendatei und der Pseudonymendatei. Wenn Sie einen Autor nicht in der Autorendatei finden, müssen Sie in der Pseudonymendatei nachschauen. Der Name, unter dem Sie den Autor kennen, muß nämlich nicht sein wirklicher Name (Realname) sein.

Ein Beispiel: Sie möchten wissen, ob Jean Paul irgendwelche Pseudonyme benutzt hat. Sie werden aber Jean Paul vergeblich in der Autorendatei suchen. Das kann bedeuten: Jean Paul hat nicht unter Pseudonym geschrieben. Es kann aber auch bedeuten: Der Name „Jean Paul“ ist selbst ein Pseudonym. So ist es! In der Pseudonymendatei finden Sie den Eintrag „Jean Paul“ unter Hinweis auf seinen Realnamen „Johann Paul Friedrich Richter“. Jetzt müssen Sie zurück in die Autorendatei. Unter Johann Paul Friedrich Richter finden Sie die Lebensdaten Jean Pauls und den Hinweis auf weitere von ihm verwendete Pseudonyme: Frip, J. P. F. Hasus, Musurus.

Benutzerhinweise

(Langfassung)

Aufbau des Lexikons

Das Lexikon gliedert sich in zwei Teile: Autorendatei und Pseudonymendatei. Vorangestellt sind diese Benutzerhinweise, die Abkürzungen und die Einleitung. Das Werk endet mit dem Literaturverzeichnis. Die Autorendatei mit 18000 Eintragungen und die Pseudonymendatei mit 27000 Eintragungen machen das Lexikon mit insgesamt 45000 Eintragungen zum größten seiner Art. Zum Vergleich: Das Pseudonymenlexikon von Holzmann/Bohatta[1], erschienen 1906, nachgedruckt 1989, enthält etwas mehr als 17000 Eintragungen. Das Pseudonymenlexikon von Weigand[1], erschienen 1994 in 2. Auflage, enthält knapp 10000 Eintragungen. Bei Holzmann/Bohatta werden ausschließlich Pseudonyme aufgeführt, Weigand begrenzt sein Werk auf die erzählende Literatur.

Wer wurde erfaßt?

Das aus dem Griechischen stammende Wort Pseudonym heißt übersetzt *falscher Name.* Das Lexikon will Auskunft geben über Autoren, die unter falschem Namen, einem Decknamen, veröffentlicht haben. Im Lexikon sind, ohne zeitliche Eingrenzung, die Autoren aufgeführt, die im weitesten Sinn dem deutschen Sprachraum zugeordnet werden können. Hierzu gehören außer den deutschsprachigen Schriftstellern – Deutschen und Ausländern – auch die Neulateiner des deutschen Sprachgebietes sowie deutsche Exilschriftsteller, die in fremder Sprache geschrieben haben. Nicht aufgeführt sind ausländische Autoren, die in fremder Sprache über Deutschland geschrieben haben. Auswahl und Aufnahme der Autoren erfolgte ohne Wertung ihrer literarischen Leistung. Neben Dichtern und Schriftstellern der schönen Literatur finden sich Schreiber trivialer Romanserien ebenso wieder wie Philosophen, Theologen, Naturwissenschaftler, Historiker, Juristen, Politiker, Essayisten und Sachbuchautoren, sofern sie über die Fachwissenschaft hinaus ins allgemeine Bewußtsein gedrungen sind, wie Kosch[1] es ausgedrückt hat.

Teil 1: Autorendatei

Die Autorendatei enthält ca. 18000 Autoren mit ihren wirklichen Namen. Die Namen werden in alphabetischer Reihenfolge aufgelistet. Die Umlaute ä, ö und ü sind den Buchstaben a, o und u zugeordnet. Die Schreibweisen ae, oe und ue werden getrennt aufgeführt und alphabetisch einsortiert. Bei einigen Autoren können beide Schreibweisen vorkommen (Mueller, Müller). Aufgeführt wird der Schriftsteller jedoch nur einmal, so daß es erforderlich sein kann, an zwei Stellen nachzuschlagen.

Gliederung der Autorendatei

Der Eintrag gliedert sich in Name, Vorname(n), Geburtstag und -jahr, Geburtsort, Sterbetag und -jahr, Sterbeort, Pseudonyme (Ps.), Stilrichtung (kursiv in Klammern) sowie Hinweise auf die Sekundärliteratur (*#*). Der Eintrag für unseren „Dichterfürsten“ Goethe lautet: Goethe, Johann Wolfgang von, *28.8.1749 Frankfurt/M., †22.3.1832 Weimar; Ps. Arion; G & S; Philipp Miller (*D-E-L-N-P-R-S*) #1,4,5,11,12,13,14,15,17,19.

1. Realname

Die Autorendatei beginnt mit dem Realnamen, dem das Pseudonym zugeordnet wird. Viele Autoren sind weniger unter ihrem wirklichen Namen als unter ihrem Pseudonym

1 s. Literaturverzeichnis

bekannt, wie z. B. Jean Paul, den man vergeblich bei den Realnamen suchen wird, fündig wird man bei Johann Paul Friedrich Richter. Bei einer Namensänderung wird der neue Name als Realname aufgeführt. So steht Schalom Ben-Chorin für Fritz Rosenthal. Viele Autorinnen sind unter ihrem Mädchennamen bekannt, aufgeführt werden sie unter ihrem Familiennamen. Als Beispiel mag Margarete Susman für Margarete von Bendemann dienen. Findet man den Autor nicht in der Autorendatei, dann suche man in der Pseudonymendatei, um den Realnamen zu erfahren.

Das bekannte, 1906 erschienene Pseudonymen-Lexikon von Holzmann/Bohatta[1] führt nur die Pseudonyme auf. Man muß also das ganze Buch durcharbeiten, um herauszufinden, welche Decknamen ein bestimmter Autor verwendet hat.

2. Vorname(n)

Autoren besitzen häufig mehrere Vornamen, die sie auch benutzen und die entsprechend aufgeführt werden. Ansonsten ist der Rufname erfaßt. Bei Umbenennung des Vornamens erfolgt der Eintrag des neuen Namens. Heinrich Heine steht beispielsweise für den ursprünglichen Namen Harry Heine. Schreibt ein Autor unter einem anderen Vornamen, dann handelt es sich um einen Decknamen. So erschienen die Werke des 1838 geborenen Schriftstellers August Müller unter dem Decknamen Hans Müller. August Müller wird man in der Autorendatei, Hans Müller in der Pseudonymendatei unter Verweis auf August Müller in der Autorendatei finden.

3. Biographische Lebensdaten

Die biographischen Lebensdaten der Verfasser sind häufig nur unvollständig oder auch gar nicht verfügbar bzw. ermittelbar. In Klammern gesetzte Jahreszahlen nach dem *-Zeichen geben das Jahr einer Veröffentlichung an. Hierdurch soll eine zeitliche Zuordnung ermöglicht werden. In vielen Nachschlagewerken finden sich unterschiedliche Angaben über Zeit und Ort von Geburt und Tod. Bei unsicherer Quellenlage werden die Angaben ausgewählt, die am wahrscheinlichsten erscheinen, und das sind meist die Angaben in den jüngeren Quellen.

4. Geburts- und Sterbeort

Orte haben im Laufe der Geschichte häufig einen Namenswechsel erfahren, besonders Orte des ost- und südosteuropäischen Raums. Es werden die Ortsnamen genannt, die zur Zeit der Geburt des jeweiligen Schriftstellers gegolten haben.

5. Verwendetes Pseudonym

Das dem Realnamen zugeordnete Pseudonym wird eingeleitet durch die Abkürzung *Ps*. Das Lexikon erfaßt aber nicht nur die Autoren, die echte Decknamen verwenden. Die latinisierten und gräzisierten Schriftsteller- und Gelehrtennamen aus der Zeit des Humanismus sind ebenso berücksichtigt wie die Namen derer, die in Latein oder Griechisch umgeschrieben sind, um den Autor in der gleichen Sprache wie das Werk anzugeben. Bei vielen Schriftstellerinnen wird der Mädchenname als Pseudonym im Lexikon aufgeführt, auch wenn es sich in den seltensten Fällen um ein echtes Pseudonym handelt. Häufig wird der Mädchenname beibehalten, weil die Schriftstellerin darunter bereits literarische Bekanntheit erlangt hat. Verschwindet der Mädchenname nach der Verheiratung, so können Werke der gleichen Person unter zwei verschiedenen Namen in Schriftstellerlexika aufgeführt sein. Ähnliches gilt bei Wiederverheiratung. Das führt manchmal zu Verwirrungen.

Das vorliegende Lexikon will zur Entwirrung beitragen. Ein Beispiel: Helene Arnd schrieb unter ihrem Mädchennamen Helene Böhlau. Ihr Mann trat zum Islam über und nahm den Namen al Raschid Bey an, der dann auch für sie galt. Alle drei Namen findet man in den Quellenwerken. Durch die Hinweise im Lexikon unter „Arnd, Helene" wird deutlich, daß es sich um ein und dieselbe Person handelt.

Viele Autoren mit „Allerweltsnamen" fügen zur Unterscheidung ihrem Namen den Geburts- oder Wohnort hinzu. So wird aus dem in Bonn geborenen Wilhelm Schmidt ein Wilhelm Schmidtbonn. Auch diese Namen sind erfaßt. Von Schriftstellern vergangener Zeiten liegen häufig verschiedene Schreibweisen vor. Diese unterschiedlichen Namen werden aufgeführt, um Verwechslungen aufzuklären.

In vielen Fällen wurde kein Deckname vom Autor selbst gewählt, sondern ihm wurde ein Tarn-, Gesellschafts- oder Beiname gegeben. Anstelle der Abkürzung Ps. erscheint dann die Abkürzung *gen.* für genannt. Ein Beispiel: Heinrich Görlitzer, gen. Spandauer Hans Sachs. Die Mitglieder der deutschen Sprachgesellschaften bilden zahlreiche Beispiele für die Verwendung von Gesellschaftsnamen.

Die *Fruchtbringende Gesellschaft,* im Jahr 1617 von Fürst Ludwig I. von Anhalt-Köthen ins Leben gerufen und nach ihrem Sinnbild, dem Palmbaum, auch Palmenorden genannt, war die erste und bedeutendste dieser Gesellschaften mit insgesamt 890 Mitgliedern. Die hinter dem Gesellschaftsnamen aufgeführten Buchstaben FG weisen auf die Mitgliedschaft in dieser Sprachgesellschaft hin, die darauf folgenden Zahlen auf die laufende Mitgliedsnummer und, sofern verfügbar, das Aufnahmejahr. Für das erste Mitglied dieser Gesellschaft, Caspar von Teutleben, lautet der Eintrag: gen. Der Mehlreiche/FG 1/1617. Der Mehlreiche ist der Gesellschaftsname, FG steht für Fruchtbringende Gesellschaft, 1 ist die laufende Mitgliedsnummer und 1617 das Aufnahmejahr. Der im Jahr 1680 aufgenommene Friedrich von Nimptsch, genannt Der Verdeckte, war mit der Mitgliedsnummer 890 das letzte Mitglied dieser Gesellschaft.

Nach dem Vorbild dieser Vereinigung gründete Philipp von Zesen im Jahr 1643 in Hamburg die *Deutschgesinnte Genossenschaft,* die in verschiedene Zünfte unterteilt und auch offen für Frauen war. Die Mitglieder der drei ersten Zünfte, der Rosen-, Lilien- und Näglein(Nelken)zunft, werden im Lexikon mit ihren Gesellschaftsnamen aufgeführt. Dabei stehen DG-R für Deutschgesinnte Genossenschaft, Rosenzunft, DG-L für Deutschgesinnte Genossenschaft, Lilienzunft, und DG-N für Deutschgesinnte Genossenschaft, Nägleinzunft. Für den Gründer dieser Sprachgesellschaft, Philipp von Zesen, lautet der Eintrag: Der Färtige/DG-R. Zesen war demnach Mitglied der Rosenzunft innerhalb der Deutschgesinnten Genossenschaft. Da er gleichzeitig Mitglied der Fruchtbringenden Gesellschaft war, erfolgte ein weiterer Eintrag, und zwar: Der Wohlsetzende/FG 521/1648.

Der *Pegnesische Blumenorden* wurde im Jahre 1644 von Johannes Klaj und Georg Philipp Harsdörffer gegründet und stellte eine bürgerliche Dichtervereinigung im Raum Nürnberg dar, die ebenfalls Frauen aufnahm und literarische Bedeutung bis ins 18. Jahrhundert behielt. Der Pegnesische Blumenorden besteht noch heute. Mitglieder dieser Gesellschaft werden mit dem Kürzel PB hinter dem Gesellschaftsnamen ausgewiesen. Der Gründer, Johannes Klaj, zeigt den Eintrag: Clajus/PB und Der Fremde/DG-R. Der Mitgründer Georg Philipp Harsdörffer war sogar Mitglied aller drei Sprachgesellschaften. Bei ihm stehen deshalb folgende Einträge: Der Spielende/FG 368/1642; Der Kunstspielende/DG-R; Strephon/PB.

Als letzte dieser Sprachgesellschaften des 17. Jahrhunderts ist der im Jahr 1658 von Johannes von Rist gegründete *Elbschwanenorden* zu nennen, der kurz aufblühte und Einfluß auf das literarische Geschehen ausübte, dann aber mit dem Tode Rists 1667 schon wieder erlosch. Die Mitglieder sind mit dem Kürzel ES hinter ihren Gesellschaftsnamen gekennzeichnet. So liest man bei Johannes von Rist: Palatinus/ES; außerdem: Der Rüstige/FG 467/1647 und Daphnis aus Cimbrien/PB.

6. Stilrichtung

Die in der Autorendatei in Klammern gesetzten und kursiv gedruckten Buchstabenkürzel verweisen auf die Stilrichtung. Hier können nur sehr grobe Angaben erfolgen; ein Anspruch auf Vollständigkeit wird nicht erhoben, schon gar nicht darf daraus eine literarische Wertung abgeleitet werden. Auch ist eine genaue Zuordnung eines Werkes nicht immer möglich. So kann ein Roman (*R*) als Erzählung (*E*) ausgewiesen sein, eine Erzählung als Novelle (*N*). Die Stilrichtung wird mitaufgeführt, um das Suchen nach weiteren Informationen über einen Autor zu erleichtern. So grenzt beispielsweise der Hinweis *J* für Kinder- und Jugendliteratur den Suchvorgang von vornherein ein. Es bedeuten:

D Drama, Schauspiel, Tragödie (im klassischen Sinne; s. auch *S*)
E Erzählung, Kurzgeschichte, Legende
F Film-, Funk-, Fernsehbeitrag
J Kinder- und Jugendliteratur
L Lyrik, Gedicht, Ballade, Lied
M Märchen, Märchenspiel
N Novelle
P Prosa allgemein, Aufsatz, Autobiographie, Bericht, Biographie, Essay, Sachbuch, Skizze
R Roman, auch Krimi und Western
S Bühnenstück allgemein, Festspiel, Lustspiel, Schwank, Singspiel, Volksstück.

7. Sekundärliteratur

Der Eintrag schließt mit Hinweisen auf die Sekundärliteratur, der nähere biographische Einzelheiten und Werkverzeichnisse des jeweiligen Autors entnommen werden können. Diese Hinweise werden eingeleitet mit dem #-Zeichen. Der Übersichtlichkeit halber wurde die Auswahl für die Autorendatei auf 20 literarische Nachschlagewerke begrenzt, womit die wesentlichen Quellen erfaßt sind. Besonderer Wert wurde darauf gelegt, daß der Zugang zu diesen Quellenwerken für den interessierten Leser verhältnismäßig leicht möglich ist, was bei den von Holzmann/Bohatta[1] genannten Quellen selten der Fall ist. Diese 20 Quellenwerke sind im einzelnen folgende (genaue Angaben s. Literaturnachweis):

1 Franz Brümmer, Lexikon der deutschen Dichter bis Ende des 18. Jahrhunderts und Lexikon der deutschen Dichter des 19. Jahrhunderts bis zur Gegenwart
2 Sophie Pataky, Lexikon deutscher Frauen der Feder
3 Joseph Kürschners Deutscher Literaturkalender
4 Wilhelm Kosch, Deutsches Literaturlexikon
5 Gero von Wilpert, Deutsches Dichterlexikon
6 Friedrich Rassmann's kurzgefaßtes Lexikon deutscher pseudonymer Schriftsteller
7 Hans Joachim Alpers/Werner Fuchs/Ronald M. Hahn/Wolfgang Jeschke, Lexikon der Science Fiction Literatur
8 Manfred Brauneck, Autorenlexikon deutschsprachiger Literatur des 20. Jahrhunderts

9 Gisela Brinker-Gabler/Karola Ludwig/Angela Wöffen, Lexikon deutschsprachiger Schriftstellerinnen 1800–1945
#10 Franz Lennartz, Deutsche Schriftsteller des 20. Jahrhunderts im Spiegel der Kritik
#11 Karl Goedeke, Grundriß zur Geschichte der deutschen Dichtung
#12 Klaus Conermann, Die Mitglieder der Fruchtbringenden Gesellschaft 1617–1650
#13 Allgemeine Deutsche Biographie (ADB)
#14 Günter Albrecht/Kurt Böttcher/Herbert Greiner-Mai/Paul Günter Krohn, Deutsches Schriftstellerlexikon
#15 Neue Deutsche Biographie (NDB)
#16 Joachim Körber, Bibliographisches Lexikon der utopisch-phantastischen Literatur
#17 Klaus Doderer, Lexikon der Kinder- und Jugendliteratur
#18 Wilhelm Sternfeld/Eva Tiedemann, Deutsche Exil-Literatur 1933–1945
#19 Gerhart Söhn, Literaten hinter Masken
#20 Hans Joachim Alpers/Werner Fuchs/Ronald M. Hahn, Reclams Science Fiction Führer

Darüber hinaus wurde eine große Anzahl weiterer Nachschlagewerke und Literaturgeschichten ausgewertet, die zum Teil im Literaturnachweis aufgeführt, jedoch nicht dem jeweiligen im lexikalischen Teil erfaßten Autor zugeordnet sind. Hierzu gehören auch die älteren Pseudonymenlexika von Rassmann, Weller und Holzmann/Bohatta sowie aus jüngerer Zeit von Weigand[1]. Das Buch von Weigand bringt eine Zusammenstellung der Decknamen von Autoren vornehmlich der neueren deutschen Unterhaltungsliteratur mit vielen Verlagspseudonymen. Seine Ausführungen beschränken sich auf die erzählende Literatur.

Auch das „Surfen“ im Internet ist nicht vergebens gewesen, besonders was das Auffinden biographischer Daten von jüngeren Autoren betrifft. Außerdem erleichterte das Blättern in den verschiedenen Bücherdatenbanken die Suche nach neuerer Literatur über das Thema.

Teil 2: Pseudonymendatei

Der zweite Teil des Lexikons enthält die pseudonymen Namen der Autoren mit einer Zuordnung des Realnamens. Es handelt sich gewissermaßen um eine Umkehrung des 1. Teils. Etwa 27000 Pseudonyme sind alphabetisch aufgelistet. Auf den Realnamen wird mit dem Zeichen → hingewiesen. Ein Beispiel: Fallada, Hans → Ditzen, Rudolf.

Abkürzungsverzeichnis

→	siehe
*	geboren
†	gestorben
#	Hinweis auf Sekundärliteratur
A.	Auflage
ADB	Allgemeine Deutsche Biographie
Ausg.	Ausgabe
b.	bei
Bd(e).	Band, Bände
Br.	Breisgau
D	Drama, Schauspiel, Tragödie
DG	Deutschgesinnte Genossenschaft
DG-R	Deutschgesinnte Genossenschaft, Rosenzunft
DG-L	Deutschgesinnte Genossenschaft, Lilienzunft
DG-N	Deutschgesinnte Genossenschaft, Nägleinzunft
d. Ä.	der Ältere
d. J.	der Jüngere
Do.	Donau
Dr.	Doktor
E	Erzählung, Kurzgeschichte, Legende
eig.	eigentlich
ES	Elbschwanenorden
f.	folgend(e)
F	Film-, Funk-, Fernsehbeitrag
FG	Fruchtbringende Gesellschaft
Freih.	Freiherr
geb.	geborene
gen.	genannt
gesch.	geschieden
J	Kinder- und Jugendliteratur
Jh.	Jahrhundert
L	Lyrik, Dichtung, Gedicht, Ballade, Lied
M	Märchen, Märchenspiel
M.	Main
Mfr.	Mittelfranken
N	Novelle
NDB	Neue Deutsche Biographie
Ndb.	Niederbayern
N.-Ö.	Nieder-Österreich
NS.	Niedersachsen
O.	Oder
Ö.	Österreich
O.-Ö.	Ober-Österreich
Ö.-S.	Österreich-Schlesien
Obb.	Oberbayern
Ofr.	Oberfranken
Opf.	Oberpfalz
P	Prosa
PB	Pegnesischer Blumenorden
Ps.	Pseudonym
R	Roman, auch Krimi und Western
Rhld.	Rheinland
S	Bühnenstück allgemein, Festspiel, Lustspiel, Schwank, Singspiel, Volksstück
S.	Saale
Sa.	Sachsen
Schles.	Schlesien
Thür.	Thüringen
Ufr.	Unterfranken
urspr.	ursprünglich
v.	von
Verf.	Verfasser
verh.	verheiratet
verw.	verwitwet
z. B.	zum Beispiel

Einleitung

Die Entstehung eines Lexikons war ursprünglich nicht beabsichtigt. Beim intensiven Studium von Schriftstellerbiographien und Literaturgeschichten, beim Durchblättern der zahlreich vorhandenen Dichterlexika und durch ständiges Hinterfragen von Schriftstellernamen wurde dem Verfasser erst allmählich bewußt, wie groß die Zahl der unter Pseudonym veröffentlichten Werke in der deutschen Literatur ist. Gewiß war bekannt, daß es sich bei Fallada, Jean Paul, Novalis oder Ringelnatz um Pseudonyme handelt, daß sich hinter Kaspar Hauser, Peter Panter und anderen Namen Kurt Tucholsky versteckte – daß aber die Menge der Autoren mit Decknamen fast unüberschaubar ist, überraschte doch. Beim näheren Studium stellte sich heraus, daß zahlreiche Pseudonyme zum eigentlichen Namen mutiert waren, der Autor also nur noch unter dem Decknamen geführt wird. Aus dem zunächst zufälligen Entdecken solcher Besonderheiten entwickelte sich schließlich ein über Jahrzehnte hinweg gezielt durchgeführtes Suchen und Sammeln. Das Ergebnis – 27 000 Pseudonyme verteilt auf 18 000 Autoren – wird mit diesem Lexikon präsentiert.

Gründe und Motive für die Verwendung eines Decknamens sind vielfältig. Da möchte der erfolgreiche Autor wissen, ob sein Werk oder sein Name gekauft wird (Hermann Hesse schreibt als Emil Sinclair), dort erscheint ein Erstlingswerk unter Pseudonym, um einer möglichen Blamage zu entgehen. Hedwig Courths-Mahler veröffentlichte mehr als 200 Romane unter ihrem Namen, ihr Erstling erschien jedoch unter Pseudonym (Hedwig Relham). Die Angst vor Kritik schafft es auch heute noch, daß so mancher Autor besonders in Zeitungen, Zeitschriften und Magazinen unter Pseudonym oder Chiffre schreibt. Decknamen aus moralischen, religiösen oder politischen Gründen sind Legion. Auch fanden Autoren immer wieder Wege, durch Anonymität oder die Verwendung eines Pseudonyms Schreibverbote zu umgehen oder der Zensur ein Schnippchen zu schlagen. Bis in jüngste Zeit war der Deckname bei politischer Verfolgung ein Muß, wollte man physischer Gewalt, gar Vernichtung entgehen. Willy Brandt stellt ein prominentes Beispiel dar. Viele Tarnnamen von Exilanten der Jahre 1933–1945 finden sich im Lexikon wieder, die Literaturhinweise werden unter #18 besonders erwähnt.

Vielschreiber geraten leicht in Verdacht, nur den Kommerz im Auge zu haben, zumal Vielschreiberei schnell gleichgesetzt wird mit Qualitätseinbuße. Das Pseudonym verbessert zwar nicht die literarische Leistung, es kann den Autor aber vor Verlust seines Ansehens bewahren. Spielerei, die Freude am Versteckspiel mögen weitere Motive für die Verwendung von Decknamen sein. Das gleiche gilt für Täuschungen, Manipulationen, auch Provokationen. Kriminell wird es, wenn ein Autor unter dem Realnamen eines anderen – meist bekannten und erfolgreichen – Autors veröffentlicht. Das gleiche gilt, wenn ein Verleger ein fremdes Werk unter dem Realnamen eines anderen herausgibt. Klassisches Beispiel: „Juristische Abhandlung über die Flöhe“, herausgegeben von Friedrich Glover als Originalarbeit von Johann Wolfgang von Goethe. Die Abhandlung ist von Otto Philipp Zaunschliffer und erschien bereits 1685, also lange vor Goethes Geburt. Verständlich ist, wenn ein schwer auszusprechender Name in einen einprägsameren getauscht wird. Ein verwechselbarer „Allerweltsname“ wird getauscht gegen einen Künstlernamen, umgekehrt wird bewußt ein Allerweltsname gewählt, um eine Entschlüsselung zu erschweren. Viele Frauen in noch nicht emanzipierter Zeit waren gezwungen, Decknamen anzunehmen. Man wählte entweder den Namen eines Mannes oder einfach einen männlichen Vornamen, oder man schrieb den Vornamen nicht aus. So konnte man aus E. Marlitt nicht herauslesen, daß es sich um eine Schriftstellerin (Eugenie John) handelte.

Das 17. Jahrhundert brachte die ersten deutschen Sprachgesellschaften hervor. Lag der Schwerpunkt der in den klassischen Sprachen Latein und Griechisch geschriebenen Werke des Humanismus zunächst im wissenschaftlichen und kirchlichen Bereich, so kamen nun mehr und mehr literarische Werke auf den Markt, auch in den Nationalsprachen. Begünstigt durch den Buchdruck wurden hohe Auflagen mit entsprechend großer Verbreitung erzielt. Damit einher ging die Sprachvermengung, wie wir sie heute im Computerzeitalter mit den Amerikanismen erleben. Nach dem Vorbild der italienischen Sprachgesellschaften gründeten höfische Kreise die ersten deutschen Sprachgesellschaften, um sich auf die deutsche Sprache zu besinnen und den „fremdländischen" Einfluß zurückzudrängen. Da spielten sicher nationale Tendenzen eine Rolle, aber auch der Erfolg von Luthers Bibelübersetzung. Die Sprachgesellschaften gaben ihren Mitgliedern Tarn- oder Gesellschaftsnamen, um eine gesellschaftliche Gleichstellung zwischen adeligen und bürgerlichen Mitgliedern herbeizuführen. Anfang des 17. Jahrhunderts haben sich die ersten Sprachgesellschaften um die deutsche Sprache und Literatur durchaus Verdienste erworben, so daß es gerechtfertigt erscheint, alle Mitglieder jener Zeit mit ihrem Gesellschaftsnamen aufzuführen, auch wenn nicht jedes einzelne Mitglied literarisch hervorgetreten ist. Doch sind hier noch Entdeckungen zu machen.

Die Möglichkeiten, Pseudonyme zu bilden, sind unendlich, kann man seinen Namen doch umstellen, zerstückeln oder durch jedes sinnvolle oder unsinnige Wort ersetzen. Einige öfter wiederkehrende Hauptvarianten seien aufgeführt. Das *Akrostichon* besteht aus den Anfangsbuchstaben, -silben oder -wörtern z. B. eines Gedichts. Es wird als Pseudonym selten verwendet, eher bei anonymen Werken. Goethes – anonyme – Erstausgabe *„Göt*ter *He*lden und *W*ieland" (Goethe, W) sei als Beispiel genannt. Von einem *Allonym* spricht man, wenn der Name eines anderen Autors als eigener Deckname gewählt wird. So veröffentlichte ein Wolfgang Müller als Heinrich Heine (nach dessen Tod). Unter diesem Begriff können zudem Ghostwriter angesiedelt werden, eigentlich auch die Verlagspseudonyme. Ein *Anagramm* wird gebildet durch Umstellen der Buchstaben oder Silben des Namens (Paul Ancel in Paul Celan). Das *Bipseudonym* ist ein gewollter gleicher Deckname zweier Autoren. So bildeten Clemens Brentano und Johann Joseph von Görres aus den Anfangs- und Endbuchstaben ihrer Eigennamen das gemeinsame Pseudonym BOGS. Die *Chiffre* besteht aus den bloßen Anfangsbuchstaben des Namens und ist die kürzeste Form des Kryptonyms. So stehen die Kürzel G&S für Goethe und Schiller. In jeder Zeitung, jedem Magazin finden sich viele Kürzel von Journalisten, die aufzulösen nicht Gegenstand dieses Lexikons ist. Journalistisch tätige Autoren sind erfaßt, wenn sie ein echtes Pseudonym verwenden. So lauten die Pseudonymeinträge für den Spiegel-Herausgeber, Journalisten und Buchautor Rudolf Augstein: Jens Daniel, Moritz Pfeil.

Das *Kryptonym* beschreibt einen Autorennamen, dessen Buchstaben in Wörtern, Sätzen oder Abkürzungen verborgen sind. Beispielsweise wählte die Schriftstellerin *Ma*rgarete *Dö*hler das Kryptonym *Madö. Multipseudonyme* sind Decknamen mehrerer Autoren, die meist als Verlagspseudonym vorgegeben werden. Arzt-, Kriminal-, Western- und Science-Fiction-Romanserien können eben nicht einfach ihren Helden wechseln, wenn dieser schon zum Markenzeichen geworden ist (Jerry Cotton, Isaak Asimuff u. a.). Ein rückwärts gelesener Name wird als *Palindrom* bezeichnet. Müller verwandelt sich in Rellüm, Hedwig (Courths-)Mahler nennt sich Hedwig Relham. Das Palindrom wird häufig gewählt, es ist leicht zu entschlüsseln und daher wohl mehr eine Spielerei des Autors.

Von einem *Phraseonym* spricht man, wenn der Deckname aus einer Redensart besteht. Dies kann z. B. der Titel eines Werkes sein, das Erfolg brachte. Bei „geschrieben vom Verfasser der Beatushöhle" handelt es sich beispielsweise um Wilhelm Baubergen. Der

„Philosoph von Sanssouci" ist ebenfalls ein Phraseonym, hinter dem sich Friedrich der Große verbirgt. Auch die Tarnnamen der Sprachgesellschaften gehören zu dieser Kategorie. *Prenonyme,* die häufig Anwendung finden, liegen dann vor, wenn lediglich unter einem Vornamen veröffentlicht wird. Beispielsweise schrieb Otto Ernst Schmidt unter den Vornamen Otto Ernst. Verwendet eine Schriftstellerin einen männlichen Decknamen, dann spricht man von einem *Pseudandronym,* im umgekehrten Fall von einem *Pseudogynym.* Sohn[1] zeigt eine ganze Reihe unterschiedlicher Möglichkeiten der Pseudonymenbildung und geht auf die ihr zugrundeliegenden Motive ein.

Unter Literaturwissenschaftlern strittige Verfasser literarischer Werke, die unter Pseudonym erschienen, wurden – wenn erkannt – nicht aufgenommen, um eine Aufblähung des Lexikons durch die lange Reihe der „Kandidaten" zu vermeiden. Ein beredtes Beispiel: Der 1804 erschienene Roman „Nachtwachen" von Bonaventura (d. i. Ernst August Friedrich Klingemann). Wieviel Namen wurden doch im Laufe der Jahre in den verschiedenen Literaturgeschichten gehandelt, die sich hinter Bonaventura verbergen sollten! Hier erfolgt nur der Hinweis auf Klingemann.

Aber auch der Verfasser weiß, daß sich bei der Vielzahl der im Lexikon genannten Namen, Daten und Orte – trotz aller Sorgfalt – fast zwangsläufig Fehler eingeschlichen haben oder übernommen worden sind. Der Leser wird zudem Verständnis dafür aufbringen müssen, daß ein Kompendium wie das vorliegende immer unvollständig bleiben wird. Dennoch kann das zusammengetragene Material in der Regel zuverlässige Auskunft über die pseudonyme Literaturszene geben. Wie schrieb doch Kurt Tucholsky: „Pseudonyme sind wie kleine Menschen; es ist gefährlich, Namen zu erfinden, sich für jemand anderen auszugeben, Namen anzulegen – ein Name lebt." Wie recht er hat.

****

Zum Schluß bleibt mir, mich bei meinem Sohn Wolfgang zu bedanken, ohne dessen vielfältige Unterstützung am Computer das Buch in Form und Umfang kaum machbar gewesen wäre. Beim Einrichten von unverzichtbaren Datenbanken, Erstellen von Such- und Sortierprogrammen und dergleichen mehr war er ein unentbehrlicher Helfer. Dank gilt auch Hans Peter Schratt, dem Leiter der Kreisbücherei Pfaffenhofen/Ilm, der selbst ausgefallene oder ältere Spezialliteratur zu beschaffen wußte. Mein Kollege Hans Georg Knäusel gab viele gute Tips. Danke, lieber Hans! Nicht zuletzt sei dem Verleger, Dr. Klaus Kirschbaum, und seinem Team, besonders Adrian Westerheyde, Dank gesagt; auch von dieser Seite erhielt ich wertvolle Hilfe.

Scheyern, im Herbst 1996 — Wilfrid Eymer

Teil 1

Autoren

A

Aal, Johannes, *um 1500 Bremgarten/Schweiz, †28.5.1551 Solothurn; - Ps. Joannes Anguitta; Joannes Olus (*D*) #4,15

Abbot, Karoline L., *28.9.1839 Berlin; - Ps. Verf. von Schild und Pfeil (*E*) #1,4

Abegg, Friedrich, *14.1.1847 Emden; - Ps. Fritz Ilex (*P-R*) #3

Abeken, Bernhard, *27.3.1826 Braunschweig, †1.4.1901 Braunschweig; - Ps. Ernst Andolt (*N-R*) #1,3,4,11

Abel, Clementine, geb. Hofmeister, *15.1.1826 Leipzig, †30.11.1905 Leipzig; - Ps. Clelie Betemann; Clementine Hofmeister (*E-J-L-P*) #1,2,3,4

Abel, Sofie, *14.8.1880 Forchtenberg; - Ps. Sofie Abel-Rau (*L-P*) #3,4

Abel, Wilhelm, *4.12.1853 Roßbach; - Ps. A. J. Faber; J. A. Klein (*P*) #3

Abele, Johann Philipp, *1600 Straßburg, †12.9.1634 Frankfurt/M.; - Ps. Abeleus; Johann Philipp Abelinus; Philippus Arlanibaeus; Joh. Lud. Gotofredus; Johann Ludwig Gottfried (*P-S*) #4,6,13,15

Abele von und zu Lilienberg, Matthias, *17.2.1616 Steyr/O.-Ö., †14.11.1677 Steyr; - gen. Der Entscheidende/FG 585/1652 (*E-L-P-S*) #1,4,11,15

Abeles, Siegfried, *15.1.1884 Wien; - Ps. Siegfried Abler (*D-J-L-M*) #3,4

Abels, Annelise, *23.7.1903 Berlin; - Ps. Ann K. Hartwin; Kurd Hartwin (*E-R*) #4,18

Abels, Lucy Theodora Cornelia, *19.8.1874 Berlin; - Ps. Lucy Abels-Avellis; Lucy Avellis; Theo Cornelius (*E-L-S*) #3,4

Abels, Ludwig, *16.3.1867 Wien, †2.6.1937 Paris; - Ps. Parsifal; Plein-Air (*N-S*) #1,3

Abeßer, Rudy, *5.12.1922 Roßlau/Elbe; - Ps. Abbo Hendrik (*D-E-L-R-S*) #3,4

Abicht, Johann Heinrich, *5.5.1762 Volkstädt b. Rudolstadt, †16.5.1816 Wilna; - Ps. Ernst Polarch (*P*) #6

Ableitner, Augustin, *31.1.1886 Salzburg; - Ps. Blasi (*E-L-P*) #4

Abraham-Rieve, Catharina, *17.5.1844 Eiderstedt/Schleswig; - Ps. M. Reinhold (*N-P*) #1,2,4

Abschatz, Hans Assmann Freih. von, *4.2.1646 Breslau, †22.4.1699 Liegnitz; - Ps. Hanß A. von A.; Johann Eraßmus (*L-P*) #1,4,13,15

Abshagen, Margarete, *7.3.1879 Dresden; - Ps. Margarete Thiele (*J-M*) #3

Abshoff, Fritz, *29.10.1859 Meschede; - Ps. Fritzhoff; Fritz vom Meschede; Richard Sier; Vomhoff (*N-P*) #3

Abt, Anton, *26.12.1841 Seelenburg/Nassau, †16.12.1895 Limburg; - Ps. Walther von Münich (*E-R-S*) #1,3,4

Abt-Piroth, Hans, *7.5.1905 Wiesbaden; - Ps. Hans Piroth (*L-N-P*) #3

Abusch, Alexander, *14.2.1902 Krakau, †26.1.1982 Berlin; - Ps. Ernst Bayer; Ernst Reinhardt (*L-P*) #3,4,14,18

Acél, Paul, *9.12.1885 Siofok/Ungarn, †9.11.1949 Hamburg; - Ps. Georges Germinal (*D-P-S*) #3

Achenbach, Oscar Robert, *29.7.1882 Siegen; - Ps. Marius (*D-L-P*) #3,4

Achleitner, Karl, *30.10.1859 Braunau a. Inn, †17.12.1914 Senftenbach/Ö.; - Ps. Karl Kellnarn (*E-J-L*) #1,3,4

Achsel, Willy, *25.7.1884 Berlin, †5.9.1955 Berlin; - Ps. Alwin Hock (*F-L-R-S*) #3,4

Achtel, Ludwig, *17.9.1929 Halle/S.; - Ps. Alexander Kent (*F-N-S*) #3

Achternbusch, Herbert, *23.11.1938 München; - urspr. Herbert Schild (*D-E-F-P-R*) #3,4,5,8,10

Acker, Johann Heinrich, *12.8.1647 Naumburg, †21.9.1719 Gotha; - gen. Der Unmüssige/DG-L; Ps. Melisander (*P*) #11

Ackermann, Aron, *31.10.1867 Hochhausen a. d. T., †18.7.1912 Berlin; - Ps. Arnold Mann (*E-N-P-S*) #4

Ackermann, Christian Georg, *25.9.1788 Dessau; - Ps. P. M. Cholder; Heimeran Reichank (*E-P*) #4,11

Ackermann, Eduard, *16.6.1863 Wiesbaden; - Ps. Earle Arden; The Bookworm; Kela Docetti; Karla Edwards; E. v. Windeck (*P*) #3

Ackermann, Friedrich Adolf, *24.9.1837 Bützow/Meckl., †5.9.1903 München; - Ps. Adolf Feldmann; Fritz Freese; Klaus Hornbostel; A. Mannsfeld (*E-N-P*) #4

Ackermann, Ingeborg, *24.9.1913 Erfurt; - Ps. Teda Bork (*D-N-R*) #3,4

Ackermann, Konrad August, *um 1790 Kröpelin b. Doberan, †1861 Bützow; - Ps. Georg Wächter (*D-P*) #4,11

Ackermann, Werner, *28.12.1892 Antwerpen; - Ps. W. A. Fieldmann; Rico Gala; Robert Landmann (*D-E-F-R-S*) #3,4,18

Adam, Engelbert, *1.6.1850 Neu-Ebersdorf b. Freudenthal, †21.12.1919 Freudenthal; - gen. Vater Haymann (*L-S*) #4

Adam, Ernst, *24.4.1879 Gelsenkirchen; - Ps. Ernst A. Dam (*E-R*) #1,3,4

Adam, Herbert, *24.9.1913 Stettin, †3.12.1970 Lippoldsberg/Hessen; - gen. Herbert Adam van Eyck; Ps. Thomas S. Westerkamp (*E-J-L-P-R-S*) #3,4

Adam, Karl, *24.7.1876 Troppau, †3.4.1949 Graz; - Ps. Adam Kappert (*E-L-P-S*) #3,4

Adametz, Inge, *20.8.1921 Graz; - Ps. Inge Pittioni (*R*) #4

Adami, Friedrich, *18.10.1816 Suhl, †5.8.1893 Berlin; - Ps. Adamisi; Paul Frohberg (*D-E-N-P-S*) #1,3,4,11,15

Adami, Johann Samuel, *21.10.1638 Dresden, †13.3.1713 Pretschendorf; - Ps. Johann Samuel Misander (*E-P-S*) #4,6,13

Adami, Tobias, *30.8.1581 Werda/Vogtland, †29.11.1643 Weimar; - gen. Der Gehärte/FG 181/1629 (*L-P*) #11,12

Adams, Christoph, *17. Jh.; - gen. Der Lustige/DG #11

Adelbulner, Michael, *3.2.1702 Nürnberg; - Ps. Aristarchus Samius (*P*)

Adelmann, Helene, *15.9.1841 Uffenbach b. Landau/Pfalz; - Ps. Tante Helene (*E-J-N-P*) #4

Adelsheim, Christoph Albrecht von, *17. Jh.; - gen. Der Vielwerte/FG 626 #11

Adelung, Friederike, *2.11.1783 Stettin; - Ps. Clara; Klara (*R*) #1,2,4,6,11

Adelung, Johann Christoph, * 8.8.1732 Spantekow b. Anklam, †10.9.1806 Dresden; - Ps. Ajax (*P*) #17

Adelung, Sophie von, *11.3.1850 Stuttgart, †15.6.1927 Stuttgart; - Ps. S. Aden (*E-J-P*) #3,4,17

Aders, Egon, *17.11.1885 Düsseldorf; - Ps. Modestus van Rijn (*P*) #3,4

Adersbach, Andreas, *1.8.1610 Königsberg, †24.6.1660 Königsberg; - Ps. Barchedas (*L*)

Adler, Bruno, *14.10.1889 Karlsbad/Böhmen, †27.12.1968 London; - Ps. Urban Roedl (*P-R*) #3,4,18

Adler, Hermann, *2.10.1911 Diosek b. Preßburg; - Ps. -dl-; Zwi Nesher (*D-F-L-N-P-R*) #3,4,18

Adler, Johann Emanuel, *(1817); - Ps. Friedrich Wilhelm Gärtner (*L-P*) #4,6

Adler, Max Albin, *16.6.1867 Döbeln/Sa.; - Ps. Max Relda (*L-P*) #1,3,4

Adler, Moritz, *22.4.1858 Budapest,†1.1.1927; - Ps. Max Alfieri (*P*) #3

Adler, Oskar, *21.6.1838 Neustadt/Oberschles.; - Ps. Richard Osa (*P*) #3

Adler, Rudolf, *8.4.1894 Bochum; - Ps. Rudolf Alder; Peter Bongard (*P*) #18

Adler, Victor, *24.6.1852 Prag, †11.11.1918 Wien; - Ps. Fritz Tischler (*P*) #4,15,17

Adler-Gertler, Ditta, *8.8.1928 Friedeck/Böhmen; - Ps. Ditta Gertler (*J-N-P-R*) #3,4

Adler-Rudel, Salomon, *23.6.1894 Czernowitz, †15.11.1975 Jerusalem; - Ps. Rudolf Bertram; S. H. Falcon; Carl Groeger; S. H. Nesher (*P*) #4,18

Adlershelm, Christian Lorenz von, *17. Jh; - gen. Der Immergrüne/FG 840 #11

Adolf von Essen, *um 1372, †4.6.1439 Kartause St.Alban; - auch Adolphus de Assindia (*P*) #4,15

Adolph, Gottlob, *30.10.1685 Niederwiese/Oberlaus., †1.8.1745 Hirschberg/Schles.; - auch Gottlob Adolphi; Gottlob Adolphus (*L-P*) #4,11

Adolph, Ricarda, *26.11.1920 Konstanz; - Ps. Ricarda Jost (*L*) #3

Adorno, Theodor, *11.9.1903 Frankfurt/M., †6.8.1969 Visp/Wallis; - früher Theodor Wiesengrund; Ps. Hektor Rottweiler (*P*) #3,4,8,17,18

Aegerter, Elisabeth, *25.6.1895 Großau/St.Gallen, †28.8.1955 Basel; - Ps. Elisabeth Gerter (*E-F-L-N-P-R*) #3,4

Aegidi, Ludwig Karl James, *10.4.1825 Tilsit, †20.11.1901 Berlin; - Ps. Ludwig Helfenstein (*P*) #1,3,4

Aellen, Hermann, *14.5.1887 Oberbalm b. Bern, †26.9.1939 Minusio/Tessin; - Ps. Helveticus (*E-L-N-P-R*) #3,4

Aepinus, Angelius Johann Daniel, *1718 Rostock; - Ps. Johann Hoeck (*P*)

Aeschbach, Gustav F., *11.9.1920 Aarau/Schweiz, †14.12.1992 Aarau; - Ps. Eusebius (*P-R*) #3,4

Aeschlimann, Fritz, *17.3.1921 Langnau b. Bern; - Ps. Cecil Colemann (*E*) #4

Afsprung, Johann Michael, *21.10.1748 Ulm, †21.3.1808 Ulm; - Ps. Der Odenwälder; Ernst (*L-P*) #1,4,11,13

Afzali, Karin, *1957; - Ps. Karin Liepelt (*E*)

Agricola, Georg Ludwig, *25.10.1643 Großen-Furra b. Sondershausen, †20.2.1676 Gotha; - gen. Der Singende/DG-L (*L*) #11

Ah, Joseph Ignaz von, *15.12.1834 Sachseln/Obwalden, †1.9.1896 Kerns; - Ps. Hartmann von Baldegg; Der Weltüberblickler (*D-L-P-S*) #1,3,4,11,13,15

Ahlborn, Luise, *14.5.1834 Melle, †1911 Hannover; - Ps. Luise Haidheim (*E-R*) #1,2,3,4,11

Ahlborn-Wilke, Dirk, *27.1.1949 Osterode/Harz; - Ps. Dirk Wilke (*E-L-P-R*) #3,4

Ahlefeld, Charlotte Elisabeth Sophie Luise Wilhelmine Gräfin von, *6.12.1781 Stedten b. Weimar, †27.7.1849 Teplitz/Böhmen; - Ps. C.; Ernestine; Natalie; Elisa v. Selbig; Verf. der Erna; Verf. der Felicitas; Verf. der Marie Müller (*E-L-P-R*) #1,2,4,6,9,11,13,15

Ahlers, Heilwig, *24.3.1923 Essen; - Ps. Heilwig von der Mehden (*E-P*) #3

Ahlers-Kölbl, Diana, *26.2.1941 Lingen/Ems; - Ps. Daniela Bär (*L-P*) #3,4

Ahlwardt, Peter, *19.2.1710 Greifswald, †1.3.1791 Greifswald; - Ps. Alethinus Libertus (*P*) #6

Ahner, Alfred, *10.5.1861 Genthin/Sa.; - Ps. A. Rhena (*D-P*) #1,3,4

Ahrens, Anna, *30.4.1865 Schwerin; - Ps. Anna Sues; Anna Pilot (*E-N*) #1,3,4

Ahrens, Annemarie, *15.10.1917 Fehmarnsund; - Ps. Cornelia Boysen (*E-P*) #3,4

Ahrens, F. G., *20.2.1880 Hamburg; - Ps. Walter Brügge (*E*) #4

Ahrens, Wilhelm A., *18.11.1811 Drackenburg, †22.7.1901 Indianapolis/USA; - Ps. Abdias (*P-R*) #1,4,11

Ahrons, Joseph, *1781 Lüneburg, †3.3.1851 Hamburg; - Ps. S. N. Orhaphesoi (*L*) #4,11

Ahues, Adele, *16.5.1882 Bremen, †14.4.1956 Bremen; - Ps. Hans Falck (*D-L*) #4

Aichbichler, Wilhelmine Maria, *18.9.1905 Hüttenberg/Kärnten; - Ps. Maria Valdez; Dolores Vieser; Dolores Wieser (*E-F-R*) #3,4,5

Aicher, Otto, *1628 Neumarkt-St.Veit/Ndb., †18.1.1705 Salzburg; - Ps. Dodo Richea (*D*) #4,6,15,19

Aichinger, Gerhardt, *4.1.1900 St.Pölten/Ö., †1978; - Ps. Gerhard Aick (*D-P-R*) #3,4

Aichinger, Josef, *29.1.1868 St.Peter i. d. Au/N.-Ö., †14.4.1941 Waidhofen/Ybbs; - Ps. Alois Hagenauer (*L*) #3,4

Aigengruber, Gunter, *23.11.1937; - Ps. Gunther N. Aigen (*E-F-L*) #3,4

Aikele, Otto, *14.3.1910 Reutlingen; - Ps. Guschtav Hohloch (*E*) #3,4

Akantisz, Magdalene, *30.5.1889 Wien; - Ps. Magdalene Akantics-Geisser (*J-P*) #4

Akunian, Ilse, geb. Levien, *3.2.1852 Hamburg, †2.12.1908 Genf; - Ps. Ilse Frapan; Ilse Frapan-Akunian; Ilse Levien (*N-R*) #1,3,4, 5,9

Alard, Wilhelm, *22.11.1572 Wilster/Holst., †8.5.1645 Krempe/Holst.; - auch Guilielmus Alardus (*L-P*) #1,4,11,13

Alardus, Matthias Andreas, *9.9.1715 Neuenkirchen/Norderdithm., †29.5.1772 Hamburg; - Ps. Alardus von Canthier (*L-P*) #1,4,11

Albach, Josef Stanislaus, *28.1.1795 Preßburg, †12.1.1853 Eisenstadt; - gen. Der öst. Lacordaire (*P*) #4

Albanus, Heinrich Leberecht, *1759 Seifertshayn b. Grimma, †23.3.1813 Dresden; - auch Johann Carl Leberecht Albanus (*L-P*) #4,11

Albensberg, Gustav, *16.8.1866 Marburg; - Ps. Albens Berg (*E-N-R*) #3

Albers, Henny, *17.7.1891 Bremerhaven; - Ps. Henriette von der Haide (*L*) #3

Albers, Herbert, *2.6.1908 Wilhelmshaven; - Ps. Müller-Platow (*P*) #3,4

Albers, Johann Heinrich, *3.10.1840 Meldorf/ Holst.; - Ps. Albert v. d. Miele (*L-P*) #3

Albers, Käthe, geb. List, *8.12.1906 Chemnitz, †3.9.1971 Papenburg; - früher Käthe Bauch; - Ps. Karin Bucha (*R*) #3,4

Albers, Paul, *23.5.1852 Chutow/Oberschles., †6.4.1929 Lähn/Riesengeb.; - Ps. Paul Alberti (*D-L-R-S*) #1,3,4

Albert, Emily, *12.9.1866 San Francisco; - Ps. Hans Berthal (*E-J-N-P-R*) #1,3,4

Albert, Johann Baptist, *4.2.1785 Dessau; - Ps. Nattanson (*P*) #6

Albert, Max, *12.1.1905 Magdeburg; - Ps. Till Lykke; Albert Steen (*E-F-J-R*) #3,4

Alberti, Gerhard, *9.3.1922 Coburg; - Ps. Kortum (*E*) #3,4

Alberti, Georg Wilhelm, *um 1723, †3.9.1758 Tündern/Hann.; - Ps. Alethophilus Goettingensis (*P*) #6,13

Alberti, Heinrich, *8.7.1604 Lobenstein/Thür., †6.10.1651 Königsberg; - auch Heinrich Albert; gen. Damon (*L*) #1,4,13,15

Alberti, Leopold, *30.11.1816 Rendsburg, †4.4.1892 Sülfeld b. Oldesloe; - Ps. Leopold Ramdor; David Scharlau (*L*) #1,3,4,11

Alberti, Magda, *28.8.1864 Blankenese, †30.6.1932 Kiel; - Ps. M. Scharlau (*P-R*) #3,4

Alberti, Sophie, *5.8.1826 Potsdam, †15.8.1892 Potsdam; - Ps. Sophie Verena (*E-R*) #1,2,3,4,11

Alberti, Valentin, *25.12.1635 Lehna b. Löwenberg, †15.9.1697 Leipzig; - Ps. Christianus Alethaeus; Butler e Lusitania; Pater Paulus; Vater Paul (*L*) #4,13,15

Albertini, Johann Baptist von, *17.2.1769 Neuwied, †6.12.1831 Bethelsdorf; - Ps. Penelleus Simonides (*L-P*) #1,4,13,15

Albertini, Laura von, *10.5.1853 Mayenfeld/ Schweiz; - Ps. L. Mayer; L. Meyer (*P*) #2,3

Alber, Erasmus, *um 1500 Bruchenbrükken/Wetterau, †5.5.1553 Neubrandenburg; - auch Albe; Alberus (*L-P*) #4,13,15

Albiensen, Johann Georg, *6.3.1624 Unterneißa b. Weißenfels, †25.5.1679 Naumburg/S.; - auch Albinus; eigentl. Weiße; gen. Der Blühende/DG-R (*D-L*) #1,11

Albiker, Josef, *16.6.1896 Sumpfohren/Baden, †30.3.1968 Hausen v. W.; - auch Albicker; Ps. Bauer vom Wald; Florian Frommherz; Waldo Willrecht (*E-F-L-R-S*) #3,4

Albrecht, Anton Hermann, *5.5.1835 Freiburg/Br., †10.2.1906 Dinglingen b. Lahr; - Ps. Anton Hermann (*D-E-L-N-P-R-S*) #1,3, 4,11

Albrecht, Bettina,*30.3.1876 Gresten, †1965; - Ps. Bettina Albrecht-Griessler (*E-P*) #4

Albrecht, Erdmann Hannibal, *26.1.1762 Schleusingen, †17.12.1800 Leipzig; - Ps. Ernst Heinrich Belchart (*J-P*) #6

Albrecht, Erwin Fritz Bernhard, *5.7.1897 Berlin, †28.5.1971 Berlin; - Ps. Fritz Bernhard; Alfred Brandl-Echterding; Jan Peter Lemail; R. Win (*E-P-R-S*) #3,4,14

Albrecht, Friedrich, *10.3.1818 Graz, †6.6.1890 Wiesbaden; - Ps. Friedrich Siegmund (*D-L-S*) #1,3,4,11,15

Albrecht, Fritz, *10.11.1911 Wien; - Ps. Robert Ritter (*D-F-J-N-P-R*) #3,4

Albrecht, Fritz Kurt, *18.8.1921 Danzig; - Ps. Hans-Karl Born; Falk Rimek (*E-F-L-R*) #3

Albrecht, Hermine, geb. Rau, *16.10.1874 Nürnberg; - Ps. Hermine Rau (*N*) #1,4

Albrecht, Jakob, *17.2.1827 Sargans/Schweiz, †26.3.1897 Biel/Schweiz; - Ps. Frater Hilarius (*D-E-L-P*) #1,4,11

Albrecht, Johann Friedrich Ernst, *11.5.1752 Stade, †11.3.1814 Altona; - Ps. Monarchomachus; Johann Friedrich Ernst Stade (*D-E-R-S*) #1,4,7,11,13,15

Albrecht, Karl, *31.12.1845 Frain/Mähren; - Ps. Albrecht-Frainer (*L*) #1

Albrecht, Karl Hermann, *4.4.1823 Leipzig, †18.1.1904 Freiburg/Br.; - Ps. Franz Ulrich (*L-P-S*) #3,4,11,15

Albrecht, Maria, *14.2.1850 Eggebrechtsmühle/Westpr., †16.7.1923 Görlitz; - Ps. Maria Hellmuth (*E-N-R*) #1,3,4

Albrecht, Paul, *6.9.1863 Ribnitz/Meckl.; - Ps. Hans Hardt (*D-R-S*) #3,4

Albrecht, Sophie, geb. Baumer, *1757 Erfurt, †16.11.1840 Hamburg; - Ps. Sophie Baumer (*D-E-L-R*) #4

Aldag, Kurt, *4.6.1912 Gelsenkirchen; - Ps. Kurt Hammer (*E-F-L*)

Aldenbrück, Conrad Gumprecht Freih. von, †22.1.1673; - auch Feldberg; Gumbrecht von Altenberg gen.Velbrück; gen. Der Dienende/FG 415/1644 #11,12

Alencar, Gertrude de, *21.6.1906 Prag; - Ps. Gertrude von Schwarzenfeld (*P*) #3,4

Alewein, Hans Adolf Freiherr von, *17. Jh.; - gen. Der Schmeckende/DG-R #11

Alexander, *13. Jh. Schwaben; - Ps. Der Wilde; Meister Alexander (*L*) #4,11

Alexander, Albrecht, *29.5.1901 Jeßnitz/Anhalt; - Ps. Alexandre Alexandre; Flavius Clané (*F-N-P-R*) #3,4,7,18

Alexander, Felix, *4.3.1888 Hamburg; - Ps. John Sailer; A. Wehrenburg (*P-S*) #4

Alexander, Hermann, *3.1.1862 Stolpmünde; - Ps. Jeremiah McMulligan (*P*) #3

Alexander-Eichler, Michael, *25.7.1924 Berlin; - Ps. Michail Alexander (*E-N-P-R-S*) #3,4

Alexander-Katz, Erwin, *28.12.1883 Breslau; - Ps. Erwin Alexander (*L-P*) #3

Alexy, Eduard J., *14.12.1916 Zips/Bayern, †23.7.1987 Kulmbach; - Ps. Edo Cyprian (*E-J-L-N-S*) #3,4

Algardi, Friedrich, *16.3.1841 Bad Godesberg, †6.7.1918 Mannheim; - Ps. Gustav Wacht (*D-P-S*) #1,3,4,11

Algenstädt, Luise, *8.5.1861 Wattmannshagen/Meckl.; - Ps. Ludwig Annshagen (*E-N-R*) #1,3,4

Allan, Hans, *(1921); - Ps. Hans Wram (*P*) #3

Allekotte, Detlef, *13.9.1944 Erlangen; - Ps. Alain Alcôt (*L-P-R*) #3,4

Allemann, Armin, *21.6.1915 Welschenrohr/Solothurn; - Ps. Rosinli (*L-S*) #4

Allemann, Freddy, *11.6.1957 Basel; - Ps. Frederick Namella (*F-L*) #4

Allenspach-Heusser, Joseph, *24.5.1864 Küsnacht am Zürichsee; - Ps. Joseph Urban Allenspach (*S*) #1,3,4

Allesch, Elly, *1.7.1853 Bernburg; - Ps. Elly Relly (*N-R*) #1,3,4

Allihn, Heinrich Max, *31.8.1841 Halle/S., †14.11.1910 Halle/S.; - Ps. Fritz Anders (*E-P-R*) #1,3,4,15

Allinger, Jeannie Anna, geb. Ebner, *17.11.1918 Sydney/Austr.; - Ps. Jeannie Anna Ebner (*E-L-N-P-R*) #3,4,5,8,10

Allmendinger, Karl, *13.10.1863 Mühlhausen, †17.9.1946 Abtsgemünd/Württ.; - Ps. Karl Borus v. Mühlau; Felix Nabor (*E-R*) #1,3,4

Allram, Josef, *22.2.1860 Schrems/N.-Ö., †29.12.1941 Mödling; - gen. Waldviertler Sepp; Ps. Franz Mar (*E-S*) #1,3,4

Almendingen, Ludwig Harscher von, *25.3.1766 Paris, †16.1.1827 Dillenburg; - Ps. Stam (*P*) #6

Alpers, Hans Joachim, *14.7.1943 Bremerhaven; - Ps. Jürgen Andreas; Thorn Forrester; Daniel Herbst; Manfred Herlitzen; Gregory Kern; Hans Kurz; Mischa Morrison; Peter T. Vieton; Jörn de Vries (*E-F-J-P-R*) #3,4,7,16

Alsberg, Henriette, *8.3.1880 Bonn, †4.3.1956 München; - Ps. Ola Alsen (*E-J-P-R*) #4

Alsen, Gustave, *4.9.1869 Königsberg, †24.5.1929 Königsberg; - Ps. Gutti Alsen (*E-L-N-P-R*) #3,4

Alsted, Johann Heinrich, *1588 Herborn, †8.11.1638 Weissenburg/Siebenb.; - Ps. Claudius Sadiletus (*P*) #6

Altbiesser, Symphorianus, *15. Jh. Straßburg, †1537 Straßburg; - Ps. Symphorianus Pollio (*L-P*) #4,11,13

Alten, Hedwig von, *24.3.1847 Bad Harzburg, †25.8.1922 München; - Ps. *** (*E-N-P*) #1,2,4

Altenhöfer, Ludwig, *8.12.1921 Würzburg, †1974; - Ps. Victor Petit (*E-J-L-R-S*) #3,4,7

Altenhöfer-Mons, Anna, *27.3.1920 Büchold/Ufr.; - Ps. Magdalena Berg (*E-R*) #3,4

Altenhoff, Wolfgang, *24.1.1945 Hemeringen b. Hameln; - Ps. Sebastian Wolff (*P-R*) #3

Althan, Michael Franz Ferdinand Graf von, †1678; - Ps. Julius Solimanus (*P*) #6

Althaus, Emil, *(1846); - Ps. Emile d'Estrées (*P-R*) #4,11

Althaus, Johannes, *1557 Diedenshausen (Bad Berleburg), †12.8.1638 Emden; - Ps. Johannes Alphusius; Johannes Althusius (P) #4,13,15

Althoven, Heinz Gottfried, *7.11.1883 Waldhausen; - Ps. Piet Hein (*E*) #3,4

Altmann, Elisabeth, geb. Gottheiner, *26.3.1874 Berlin; - Ps. Altmann-Gottheiner (*P*) #3

Altmann, Wilhelm, *23.3.1864 Lemberg, †20.9.1932 Baden b. Wien; - Ps. An (*E-L*) #4

Altschul, Ignaz, *26.1.1841 Prag; - Ps. J. Altburg; I. Burg; Georg; Georgine (*E-N-P*) #1,3,4

Altvater, Paul, *8.6.1836 Stettin, †3.4.1891 Offenbach; - Ps. Oskar zu Barnimslow (*D-R*) #1,3,4,11

Alvensleben, Cuno von, *1588, †13.3.1638 Schloß Calbe/Saale; - gen. Der Reifende/FG 98/1624 #11,12

Alvensleben, Gebhard von, *1619 Beeskow, †1.10.1681 Neuhaldensleben; - gen. Der Ausjagende/FG 479/1647 (*L-P*) #11,12,13

Alvensleben, Karl Ludwig Friedrich Wilhelm Gustav von, *3.5.1800 Berlin, †4.8.1868 Wien; - Ps. L. v. Ange; Chlodwig; Ludwig Domingo; Gustav Sellen (*E-N-R*) #1,4,6, 11,15,17

Alxinger, Johann Baptist Edler von, *24.1.1755 Wien, †1.5.1797 Wien; - Ps. Joannes Xilangerus (*D-L-R*) #1,4,6,11,13,15

Alzmann, Helmut, *12.1.1927 München; - Ps. Leopold Ahlsen (*D-F-R*) #3,4,8,10

Amann, Paul, *6.3.1884 Prag, †24.2.1958 Bridgeport/USA; - früher Paul Amschelberg (*L-P*) #3,4,18

Amberger, Carl Wilhelm, *24.7.1908 Bayreuth; - Ps. Am Berger; Carl Wilhelm am Berger (*N-R*) #3,4

Ambros, Michael Hermann, *5.10.1750 Burgeis/Südtirol, †23.7.1809 Innsbruck; - Ps. Hans Kaspar (*L*) #4,15

Ambühl, Johann Ludwig, *13.2.1750 Wattwil/Schweiz, †22.4.1800 Altstätten/Schweiz; - auch Am Bühl; Ps. Johann Jakob Altdorfer (*D-L-P*) #1,4,11,13,15

Amelung, Wanda, *(1916) Sensweiler b. Bernkastel; - Ps. Wanda Icus-Rothe (*N-P*) #3

Amerlan, Albert, *4.1.1840 Angermünde; - Ps. A. Amerlan-Tucuman (*E-P*) #1,3,4

Amiet, Agnes, geb. Geyer, *11.11.1787 Einsiedeln/Schweiz; - Ps. Agnes Geyer; Agnes Gyr (*L-P-R*) #4,11

Amler, Irene, *17.2.1920 Hohenelbe; - Ps. Ute Amber; Arin Finch; Kathrin Thomas (*E-R*) #3,4

Amling, Wolfgang, *1542 Münnerstadt/Ufr., †18.5.1606; - Ps. Theodulius Evodius; Theodulus Guthweg; Evodius Theophilus (*L-P*) #4,13

Amm, Gabriele, *26.4.1929 Köln; - Ps. Gaby Amm (*F-L-P-S*) #3,4

Amman, Balthasar von, *4.3.1788 Augsburg; - Ps. Willibald (*S*) #4,6,11

Ammann, Johann Jakob, *31.7.1586 Thalwil/Zürich, †3.9.1658 Thalwil/Zürich; - gen. Der Thalwyler Schärer (*P*) #4

Ammann, Julius, *24.3.1882 Trogen/Appenzell, †22.7.1962 Basel; - Ps. Sebastian Hämpfeli (*L*) #4

Ammann-Meuring, Friederike, *10.6.1886 Amsterdam; - Ps. Freddy Ammann-Meuring; Frederik Meuring (*E-J-L-M-N-P-R*) #3,4

Amme, Hermann Carl, *27.11.1885; - Ps. Hermann Biesenthal (*L-P*) #3

Ammersbach, Heinrich, *1632 Halberstadt, †17.7.1691 Halberstadt; - Ps. Heinrich Hansen; Victorinus Spahrmann Misnicus; Christian Warner (*P*) #4,6,13

Amon, Hans-Walter, *19.1.1926 Dortmund; - Ps. Ina Alken (*L-R*) #3

Amort, Thomas, *15.11.1692 Bibermühle b. Bad Tölz, †5.2.1775 Polling/Obb.; - später Eusebius Amort (*P*) #4,13,15

Amrhein, Hans, *21.2.1875 Hemer; - Ps. Fritz Riehman (*P*)

Amschl, Alfred, *7.6.1852 Pettau/Steiermark, †29.8.1925 Graz; - Ps. A. Berg (*L-P*) #1,3,4

Amster, Moritz, *13.2.1831 Czernowitz, †27.9.1903 Wien; - Ps. M. v. Buchland (*L-N-R-S*) #1,3,4,11

Amthor, Christoph Heinrich, *1677 Stolberg/ Harz, †21.2.1721 Kopenhagen; - Ps. Anastasius Sincerus (*L-P*) #1,4,11,13,15

Andel, Emilie van, *29.1.1864 Düsseldorf; - Ps. Paoli (*E-L*) #3

Anderle, Johann, *3.4.1899 Zlabings/Mähren, †27.6.1957 Krieglach/Ö.; - Ps. Austriacus; Muritotila; Simon Trumm (*D-E-L-P-R*) #3,4

Andermann, Brigitte, *8.3.1921 Frankfurt/M.; - Ps. Brigitte Altenau (*J-P*) #3,4

Anders, Elisabeth, geb. Freundlich, *21.7.1916 Wien; - Ps. Elisabeth Freundlich; Elisabeth Lanzer (*E-P-R*) #3,4,18

Anders, Ernst Ludwig Theodor, *8.7.1845 Wardin b. Arnsfelde/Neumark, †6.7.1904 Landsberg/Warthe; - Ps. L. A. Western (*E-J-R*) #1,3,4

Anders, Ferdinand, *28.9.1806 Dresden, †28.9.1872 Dresden; - Ps. Ferdinand Stolle (*E-L-N-R*) #1,4,13

Anders-Thilo, Maria, *26.9.1899 Gleiwitz/ Oberschles.; - Ps. Gemma Gordon (*E-J-L-R*) #3

Andersch, Alfred, *4.2.1914 München, †21.2.1980 Berzona b. Locarno; - Ps. Thomas Gradinger; Anton Windisch (*E-F-L-P-R*) #3,4,5,8,10,14

Andersen, Nils, *(1958); - Ps. Ralf Joyston (*P*) #7

Anderson, Evelyn, *13.5.1909 Frankfurt/M., †8.1.1977 London; - urspr. Lore Anderson; Ps. Evelyn Lend; Mary (*P*) #4,18

Anderson, Julius Albert, *16.6.1805 Breslau, †13.7.1868 Lossen b. Brieg; - Ps. Julius Kalkberger (*E-P*) #4,11

Anderson, Rosa, geb. Kaulitz, *10.3.1881 Niedeck b. Hannover; - Ps. Rosa Kaulitz-Niedeck (*N-P-R*) #3,4

Anderson, Valeska Gertrude, *11.1.1900 Berlin, †1978 Kampen/Sylt; - Ps. Valeska Gert (*P*) #3,4,18

Anderssen, Johann Friedrich Wilhelm, *15.2.1780 Peisern, †26.4.1842 Hamburg; - Ps. Johannes Selbstdenker (*L-P*) #4,11

Anderten, Eta von, *27.11.1863 Hameln; - Ps. E. von Artow (*N-R*) #1,3,4

André, Herbert, *(1950); - Ps. Bert Andrew (*E-R*) #7

André, Karl Theodor, *29.6.1822 Roth/Rheinprov., †13.10.1883 Roth; - Ps. Sempronius (*L*) #4,11

Andreae, Elisabeth Aloysia, geb. Lackmann, *8.2.1902 Wolbeck/Westf.; - Ps. Illa Andreae; Elisabeth Aloysia Lackmann (*E-F-M-N-R*) #3,4,5

Andreae, Johann Georg Friedrich Wilhelm, *28.11.1822 Lamspringe b. Hildesheim, †6.2.1872 Hildesheim; - Ps. Sigismund Florian (*L-R*) #1

Andreae, Johann Valentin, *17.8.1586 Herrenberg, †27.6.1654 Stuttgart; - gen. Der Mürbe/FG 464/1646; Ps. Irenaeus Agnostus; Peregrinus in Patria; Christian Rosencreutz; Levi Sutor; Andreas de Valentia; Valerius de Valeriis (*L-M-P-R-S*) #1,4,11,12,13,14,15

Andreas, Fred, *3.2.1898 Halle/S.; - Ps. Walter Röhl (*E-F-R*) #3,4

Andreas, Willy, *30.10.1884 Karlsruhe, †10.7.1967 Litzelstetten/Bodensee; - Ps. E. Curwill (*P*) #3,4

Andreas-Dränert, Peter Walther, *25.12.1900 Jüterbog, †1979; - Ps. Fritz Alexander; Hannes Richter (*J-R-S*) #3,4

Andreas-Salomé, Lou, *12.2.1861 St.Petersburg, †5.2.1937 Göttingen; - Ps. Henry Lou; Lou von Salomé (*E-P-R*) #1,2,3,4,5,8,9,15

Andrée Wiltens, Catharine, *17.12.1898; - Ps. Catharine Wiltens (*L*) #3

Andrejanoff, Viktor von, *22.7.1857 Koslow/ Rußl., †1.12.1895 Berlin; - Ps. Livonius (*E-L-M-N*) #1,3,4

Andres, Eduard, *31.3.1900 Eschweiler; - Ps. Peter Andres (*F-N-P-R*) #3,4

Andresen, Christian, *24.2.1878 Aventoft/ Tondern, †5.11.1960 Hamburg; - Ps. Christian Andresen-Bundisgard (*F-L-N-R*) #3,4

Andresen, Karl Diedrich, *20.8.1859 Husum; - Ps. Karl Diedrich; Karl von Eider (*L*) #3

Andresen, Thomas, *19.9.1934 Flensburg, †1989; - Ps. Chris Martin (*F-R*) #3,4,8

Androschin, Leopoldine, *23.1.1902 Raab/ Ö.; - Ps. Leopoldine Hörmann (*E-J-M*) #3

Angeli, Elfriede, *15.6.1930; - Ps. Elfe Kaiser (*E-J*) #4

Angely, Louis, *31.1.1787 Leipzig, †16.11.1835 Berlin; - Ps. Another (*S*) #1,4, 11,13,15

Angenetter, August, *27.8.1876 Wien, †14.7.1944 Wien; - Ps. Alpha (*E-L-R*) #1,3,4

Anger, Gilbert, *26.1.1862 Tepl/Böhmen, †1.8.1913 Wien; - Ps. Louis Brom; G. Nager; Julius Werner (*D-E-S*) #3,4

Anger, Martin, *18.1.1914; - Ps. Joachim Förster (*E-F-J-L-P*) #3,4

Angst, Fritz, *10.4.1944 Meilen, †2.11.1976 Zürich; - Ps. Fritz Zorn (*R*) #8

Angstmann, Augustin, *12.1.1947 München; - Ps. Gustl Angstmann (*E-F-L-N-R*) #3,4

Anhalt, Anton Günther Fürst zu, *11.11.1653, †10.12.1714; - gen. Der Vortreffliche/FG 826 (*P*) #11

Anhalt, Johann Adolf Fürst zu, *17.Jh.; - gen. Der Starkriechende/FG 827 #11

Anhalt, Johann Ludwig Fürst zu; *17. Jh.; - gen. Der Besprengte/FG 828 #11

Anhalt, Karl Ursinus Fürst zu, *17. Jh.; - gen. Der Kommende/FG 640 #11

Anhalt, Karl Wilhelm Fürst zu, *17. Jh.; - gen. Der Schattichte/FG 825 #11

Anhalt, Victor Amadeus Fürst zu, *17. Jh.; - gen. Der Gerühmte/FG 589 #11

Anhalt-Bernburg, Christian I. Fürst von, *11.5.1568 Bernburg, †17.4.1630 Bernburg; - gen. Der Sehnliche/FG 26/1619 #11,12,13

Anhalt-Bernburg, Christian II. Fürst von, *10.8.1599 Amberg, †22.9.1656 Bernburg; - gen. Der Unveränderliche/FG 51/1622 (*L-P*) #4,11,12,13

Anhalt-Bernburg, Ernst Fürst von, *19.5.1608 Amberg, †3.12.1632 Naumburg; - gen. Der Wohlbewahrte/FG 47/1621 #11,12,13

Anhalt-Dessau, Georg Aribert Fürst von, *3.6.1606, †14.11.1643; - gen. Der Anmutige/FG 24/1619 #11,12,13

Anhalt-Dessau, Johann Casimir Fürst von, *7.12.1596 Dessau, †15.7.1660 Dessau; - gen. Der Durchdringende/FG 10/1617 (*P*) #11,12

Anhalt-Dessau, Johann Georg I. Fürst von, *9.5.1567 Harzgerode, †24.5.1618; - gen. Der Wohlriechende/FG 9/1617 #11,12,13

Anhalt-Dessau, Johann Georg II. Fürst von, *7.11.1627 Dessau, †17.8.1693 Berlin; - gen. Der Gefüllte/FG 322/1638 #11,12,13

Anhalt-Harzgerode, Friedrich Fürst von, *16.11.1613 Ensdorf/Opf., †30.6.1670; - gen. Der Stetsgrünende/FG 62/1623 (*P*) #11, 12,13

Anhalt-Köthen, Emanuel Fürst von, *6.10.1631, †8.11.1670 Köthen; - gen. Der Strebende/FG 486/1648 #11,12,13

Anhalt-Köthen, Leberecht Fürst von, *8.4.1622 Plötzkau, †7.11.1669 Köthen; - gen. Der Angenehme/FG 321/1638 #11,12,13

Anhalt-Köthen, Ludwig d. J. Fürst von, *9.10.1607 Köthen, †15.3.1624 Köthen; - gen. Der Saftige/FG 6/1617 #11,12

Anhalt-Köthen, Ludwig I. Fürst von, *17.6.1579 Dessau, †7.1.1650 Köthen; - gen. Der Nährende/FG 2/1617 (*L-P*) #4,11,12,13

Anhalt-Köthen, Wilhelm Ludwig Fürst von, *3.8.1638 Köthen, †13.4.1665 Köthen; - gen. Der Erlangende/FG 358/1641 (*P*) #11,12

Anhalt-Plötzkau, August Fürst von, *14.7.1575, †22.8.1653; - gen. Der Sieghafte/FG 46/1621 (*P*) #11,12,13

Anhalt-Plötzkau, Ernst Gottlieb Fürst von, *4.9.1602, †7.3.1654; - gen. Der Starke/FG 245/1634 (*P*) #11,12

Anhalt-Zerbst, Johann Fürst von, *24.3.1621 Zerbst, †4.7.1667 Zerbst; - gen. Der Wohlgestalte/FG 398/1642 #11,12,13

Anhalt-Zerbst, Rudolph Fürst von, *28.10. 1576 Harzgerode, †20.8.1621 Zerbst; - gen. Der Süße/FG 12/1618; Ps. Der Fäste #11,12

Anhorn, Bartholomäus, *1616 Fläsch/Graubünden, †1700 Elsau/Zürich; - Ps. Bartholomäus von Hartwis; Parhesius Philaletis; Philo (*P*) #4,6,11

Ankelein, Christian, *7.2.1820 Neustadt a. A.; - Ps. Nielenka (*P*) #3

Annas, Wilhelm Ernst, *19.4.1859 Ratingen; - Ps. Ernst Hackland-Rheinländer (*E-P-S*) #1,3,4

Anneke, Mathilde Franziska, gesch. v. Tabouillot, *3.4.1817 Blankenstein, †25.11.1884 Milwaukee/USA; - Ps. Mathilde Franziska; Mathilde Franziska von Tabouillot (*D-E-J-P-R*) #1,2,4,9,11,15

Annoni, Hieronymus, *12.9.1697 Basel, †10.10.1770 Muttenz b. Basel; - auch Hieronymus Annone; Hieronymus d'Annone (*L-P*) #4,11,13

Annuske, Elise, *31.10.1860 Kulm/Weichsel; - Ps. O. Gäander (*E*) #1,2,3,4

Anschel, Johann Georg, *17. Jh.; - gen. Der Ehrbare/FG 879 #11

Anschell, Juliane, geb. Cappel, *23.9.1780 Helmstedt; - Ps. Juliane Cappel; Theodora (*E-P-R*) #4,6,11

Anschell, Wilhelm, *um 1770 Bonn; - Ps. Jokosus Morosus Blickumdichher (*D*) #6

Anschütz, Albert Otto, *19.3.1890 Fürth; - Ps. Albert Otto Rust (*R*) #3,4

Anschütz, Ernst, *28.10.1780 Goldlauter, †18.12.1861 Leipzig; - Ps. Leop. Sachse (*L-P*) #1,4,6,11

Ansion, Kunigunde, *25.5.1863 Wien, †16.11.1922 Wien; - Ps. Kunigunde Ansion-Hasatty (*E-N-R*) #1,3,4

Ansorge, Johann Georg, *um 1685 Suhl, †18.10.1720 Jena; - Ps. Melander (*P-R*) #4,6

Anstruther, Sir Robert, †1645; - gen. Der Fleißige/FG 240/1634 #11,12

Anthes, Otto, *7.10.1867 Michelbach/Taunus, †19.11.1954 Wiesbaden; - Ps. O. Eugen Thossan (*D-L-N-R-S*) #1,3,4

Antkowiak, Alfred, *9.8.1925 Köln, †6.9.1976 Berlin; - Ps. Michael D. Güsten (*P-R*) #3,4

Anton, Hans-Rolf, *(1973); - Ps. Rolf Rolfson (*L*) #3

Anton, Helene, geb. Lang, *17.8.1859 Lemberg; - Ps. Helene Lang; Helene Lang-Anton (*D-E-L-N-R-S*) #1,3,4

Anton, Uwe, *5.9.1956 Remscheid; - Ps. Isaak Asimuff; Mark Baxter; Carsten Braun; Frederic Collins; Logan Derek; Henry Ghost; Robert Lamont; Gotthilf G. Lingen; Frank de Lorca; Carsten Meurer; L. D. Palmer; Henry Quinn; Heike Rademacher; Dan Shocker; Ted Slade; John Spider; Olsh Trenton; H. P. Usher; Hermann Wolff-Sasse (*F-N-P-R*) #3,4,7,16,20

Antschel, Paul, *23.11.1920 Czernowitz/Bukowina, †1.5.1970 Paris; - auch Paul Ancel; Ps. Paul Celan; Paul Aurel (*L-P*) #3,4,5,8, 10,14,19

Anzengruber, Ludwig, *29.11.1839 Wien, †10.12.1889 Wien; - Ps. Ludwig Gruber; Momus (*D-E-L-R-S*) #1,3,4,5,11,13,14,15

Anzoletti, Augustin, *17.5.1838 Bozen, †8.8.1901 Innichen/Tirol; - Ps. Patritius Anzoletti; Lichtfreund (*L-P*) #1,3,4

Apel, Johann August, *17.9.1771 Leipzig, †9.8.1816 Leipzig; - Ps. Franzesko (*D-E-L*) #1,4,6,13,15

Apell, David August, *23.2.1754 Kassel, †30.1.1832 Kassel; - Ps. Capelli (*S*) #4,11,13

Apell von Lüttich, Friedrich, *17. Jh.; - gen. Der Wohltätige/FG 629 #11

Apfel, Arthur, *28.5.1902 Georgensgmünd; - Ps. Th. Mindt (*P*) #18

Apffelstaedt, Max, *4.3.1863 Münsetr; - Ps. Atz (*L-P*) #3

Appel, Liselotte, *10.10.1921 Frankfurt/M.; - Ps. Elisabeth Charlotte Delion; L. A. Fortride (*F-N-R*) #3,4

Appel, Otto, *9.3.1896 Wirtheim; - Ps. Bernhard Dankmar (*P*) #3,4

Appel, Walter, *1948; - Ps. Mark Baxter; John Cameron; Carina Castello; Steve Cooper; Jerry Cotton; Dan Dallas; Jason Dark; Mark Denver; Brian Elliot; Frank Evans; Roy Kent; Miles Kilburn; Kojak; Robert Lamont; Hondo Latimer; Jack Morton; Frank Reichardt; Robert Romen; Corinna Sandberg; Jack Slade; John Spider; Earl Warren; Linda Warren (*E-P-R*) #16

Appenzeller, Susanna, *(1833); - Ps. Selma (*E*) #11

Apranzow, Wilhelmine (Minna), geb. Beringer, *5.2.1790 Berlin; - Ps. Minna Beringer (*L*) #1,4

Aranyosi, Nikolas, *27.7.1898 Kaschau; - Ps. Martin Abbot; Peter Bang; Georg Rank; Theo Tardy (*P*) #3

Arbter, Emma Wanda von, *26.10.1813 Lemberg, †19.12.1858 Wien; - Ps. Emmy (*L-S*) #1,4,11

Archenholtz, Johann Wilhelm von, *3.9.1743 Langefuhr b. Danzig, †28.2.1812 Hamburg; - Ps. Hippolytus a Lapide (*P*) #4,13,15

Arends, Leopold Alexander Friedrich, *22.11.1817 Wilna, †22.12.1882 Berlin; - Ps. Leopold Arend (*D-L*) #1,4,11,13,15

Arendt, Hans Heinrich Wilhelm,*12.10.1777 Altona, †1838 Hamburg; - auch Ahrendt; Arndt (*E-J-P*) #4,11

Arendt, Johann Sigismund, * 1789, †4.5.1836 Berlin; - Ps. Dr. Arendt (*D-P-S*) #4,11

Arendt, Käthe, *11.7.1900 Königsberg; - Ps. Katja Hayek-Arendt (*L*) #3

Arendt, Olga, geb. Morgenstern, *19.11.1859 Berlin, †29.5.1902; - Ps. Olga Morgenstern (*E-J-L-S*) #1,3,4

Arendt, Wilhelm, *7.3.1864 Berlin; - urspr.. Wilhelm Arent; Ps. Arent-Cesari; Ludwig Cesari; Hans Derlon; Eugen Düsterhoff; Kosakaute; K. L. W. Kozakanti; Karl Ludwig; W. Raten; W. Solan; Ludwig Tarné; Hermann Walter; T. Wassorsky (*L-P*) #1,3,4,11

Arens, Auguste, *Mainz, †1902 Wiesbaden; - Ps. Julius Rasch (*R-S*) #1,2,3,4

Arens, Wilhelm, *(1898); - Ps. G. v. Fluisten; Gottfried Wilhelmer (*P*) #3

Arensen, Adolf, *14.5.1855 Altona; - Ps. Adolf Kleiner (*E*) #3

Arentsehe, Henning, *um 1575 Schlanstedt b. Halberstadt, †1636 Kopenhagen; - Ps. Henning Arnisaeus (*P*) #4,13

Aretin, Erwein von, *19.9.1887 Bad Kissingen, †25.2.1952 München; - Ps. Arkas; Thomas Fischer; Wolfgang Reinhard (*P*) #3,4

Aretin, Johann Christoph von, *4.12.1772 Ingolstadt, †24.12.1824 München; - Ps. Bayrischer Grenadier; Joannides; Johannes Rastlos; Bojophilus Timonomus (*D-P*) #4,11, 13,15

Arje, Otto, *7.10.1906Dobris/Böhmen; - später Otto Maier Arie (*L-P*) #4

Arleth, Emil, *10.9.1856 Eperjes/Ungarn, †9.3.1909 Innsbruck; - auch Erich Arleth (*P*) #3,4

Arlt, Erich, *31.1.1898 Guben; - Ps. Fred Fredy (*S*) #3,4

Armer, Karl Michael, *1950; - Ps. Michael Lindberg (*P*) #7

Arming, Friedrich Wilhelm, *25.10.1805 Wels/Ö., †4.3.1864 New York; - Ps. William Fitz-Berth (*E-N-R*) #1,4

Arminius, Wilhelm, *20.8.1861 Stendal, †3.5.1917 Weimar; - urspr. Wilhelm Hermann Schultze (*D-E-L-N-R-S*) #1,3,4,11

Arnd, Friedrich, *3.7.1839 St.Petersburg, †26.1.1911 München; - später Omar al Raschid Bey; Ps. Arnd-Kürenberg (D-P) #4,11

Arnd, Helene, geb. Böhlau, später al Raschid Bey, *22.11.1859 Weimar, †26.3.1940 Herrsching a. Ammersee; - Ps. Helene Böhlau (*N-P-R*) #1,2,3,4,5,8,9,10,14,15

Arndt, Augustin, *22.6.1851 Berlin, †21.7.1925 Bukarest; - Ps. A. Müller (*P*) #3,4

Arndt, Bruno, *5.5.1874 Beuthen, †16.7.1922 Breslau; - Ps. Karl Bittermann (*L-R*) #1,4

Arndt, Carl, *26.5.1862 Bleicherode a. Harz; - Ps. Ralph (*N-S*) #3

Arndt, Charlotte E., *14.12.1934 Bromberg; - Ps. Charlotte E. Schmiede (*P*) #3

Arndt, Erna, geb. Horn, *26.5.1904 München; - Ps. Maria Anders; Erna Horn (*F-P*) #3,4

Arndt, Hervor von, *27.8.1911 Uddevalla/ Schweden; - Ps. Hervor Aastedt (*M-N-R*) #3

Arndt, Willy, *18.2.1888 Frankfurt/M., †19.6.1967 Eitelborn b. Koblenz; - Ps. Udito Born (*L-P-S*) #3,4

Arndts, Maria, *5.4.1823 München, †23.5.1882 München; - früher Maria Görres; Ps. Carl Pauss (*D-E-S*) #4,11

Arnet, Thaddäus, *28.10.1850 Root/Luzern, †1.1.1922 Beromünster/Luzern; - Ps. Pfarrer Theobald von Geretsmatt (*D-P-S*) #1,3,4

Arneth, Antonie von, geb. Adamberger, *30.12.1790 Wien, †25.12.1867 Wien; - Ps. Antonie Adamberger (*L*) #4,13,15

Arnheiter, Ilse, *(1974); - Ps. Steffen-Arnheiter (*E-P*) #3

Arnim, Bernhard von, *24.8.1595, †9.8.1661 Berlin; - gen. Der Zusiegelnde/FG 492/1648 (*P*) #11,12

Arnim, Brigitte von, *9.2.1905 Rawitsch/Posen; - Ps. Tina Joachim (*E-P-R*) #3,4

Arnim, Elisabeth Catharina Ludovica Magdalene (Bettina von), geb. Brentano, *4.4.1785 Frankfurt/M., †20.1.1859 Berlin; - Ps. Bettina; St.Albin (*M-P*) #1,4,5,11,13,14,19

Arnim, Friedmund von, *9.2.1815 Wiepersdorf, †24.7.1883 Blankensee/Mark; - Ps. G. Suederus (*P*) #4,11

Arnim, Hans Georg von, *1583 Boizenburg, †28.4.1641; - gen. Der Gepriesene/FG 255/1635 (*L-P*) #11,12,13

Arnim, Karl Otto Ludwig v., *1.8.1779 Berlin, †9.2.1861 Berlin; - Ps. C. Marinof (*S*) #13

Arnim, Karoline Gräfin von, *31.3.1851 Berlin; - Ps. C. von der Linde (*L*) #1,4

Arnim, Ludwig Joachim, *26.1.1781 Berlin, †21.1.1831 Wiepersdorf/Mark; - Ps. Achim Arnim (*D-E-L-P-R*) #1,4,11,13,15

Arnold, Antonia, *5.5.1922 Steyr/O.-Ö.; - Ps. Arnold (*E-J-P*) #3,4

Arnold, Christoph, *12.4.1627 Hersbruck, †30.6.1685 Nürnberg; - gen. Lerian/PB (L-*P*) #4,11,13

Arnold, Ernst, *9.12.1867 Blasewitz; - Ps. E. P. A. Roland; Rol. Stern (*E-J-R*)

Arnold, Günther, *1921; - Ps. Arno Lohausen (*R*)

Arnold, Hans, *7.5.1886 Magdeburg, †10.5.1961 Schöneiche; - Ps. John Ray-Atkinson (*N-P-R-S*) #3,4

Arnold, Hildegard-Gertrud, *14.10.1924 Bonn; - Ps. Hiltrud Lind (*F-J-L-P*) #3,4

Arnold, Ignaz Cajetan Theodor Ferdinand, *4.4.1774 Erfurt, †13.10.1812 Erfurt; - Ps. Franz Joseph Gall (*R-S*) #4,11,13,15

Arnold, Karlheinz, *30.3.1919 Bonn, †2.9.1982 Hamburg; - Ps. Manfred Lindenhayn (*L-P*) #3,4

Arnold, Martha, *22.11.1920 Augsburg; - Ps. Martha Arnold-Zinsler (*E-F-L-P-S*) #3,4

Arnold, Tim, *5.9.1941 Königsberg; - Ps. Franz Franzen; Till Pfeifer; Gustav Told (*E-F-L-R*) #3,4

Arnold, Victoria Barbara, *5.12.1831 Bamberg, †24.1.1906 Bamberg; - Ps. Victorie Ranold (*D-P-S*) #2,4

Arnold, Walter, *21.7.1924 Leisnig/Sa., †24.12.1975 Essen; - Ps. Margarete Behrend; Sylvia Bergedorf; Don Bleeker; Stanley Cooper; Dagmar von Kirchstein; Henry C. Scott (*E-R*) #3

Arnoldi, Henrique de, *25.4.1905 Salurn/Tirol, †1979; - Ps. Heinrich Dauthage (*D-E-L-N-R-S*) #3,4

Arnoldt, Leopoldine, *31.12.1874 Budupönen/Ostpr.; - Ps. Ari Orno (*N-P*) #3

Arnschwanger, Johann Christoph, *28.12.1625 Nürnberg, †10.12.1696 Nürnberg; - gen. Der Unschuldige/FG 853 (*L-P*) #1,4,11,15

Arnstein, Benedikt David, *15.10.1761 Wien, †6.1.1841 Wien; - Ps. Benedikt David Arenhof (*D-S*) #1,4

Arntzen-Schmitz, Johanna, *5.6.1874; - Ps. Johanna Arntzen (*D-E-J*) #3,4

Arold, Marliese, *29.3.1958 Erlenbach a. M.; - Ps. Andrea Adler (*J-R*) #16

Aronsohn, Adolf, *8.3.1838 Hamburg, †25.5.1908 Kreuzlingen b. Konstanz; - Ps. Adolf Aaron; Adolf L'Arronge (*D-S*) #1,3,4, 5,15

Aronstein, Philipp, *4.12.1862 Halver; - Ps. Ph. Arnstein (*P*) #3

Arp, Hans (Jean), *16.9.1886 Straßburg, †7.6.1966 Basel; - Ps. H. Rab (*E-L-P*) #3,4, 5,8,10,18

Arresto, Christlieb Georg Heinrich, *1768 Schwerin, †22.7.1817 Doberan; - gen. Burchardi (*D*) #1,4

Arsten, Johann Heinrich, *(1671); - Ps. Der Betende/DG-L (*L-P*) #11

Artens, Victor von, *2.10.1857 Ödenburg/Ungarn, †28.6.1910 Graz; - Ps. Max Victor (*E-R*) #4

Arthofer, Leopold, *4.1.1899 Gmunden/O.Ö.; - Ps. Wilhelm Aigner (*L-P*) #4

Artl, Heinrich Stanislaus, *13.11.1853 Königshütte/Schles., †16.3.1924 Dessau; - Ps. B. O. Bachter (*D-P-R*) #1,3,4

Artl, Inge, *(1956); - Ps. Inge Marten (*E-P*) #3

Artmann, Hans Carl, *12.6.1921 Wien; - Ps. Ib Hansen; Stasi Kull (*D-E-L-P-R-S*) #3,4,5, 8,10,16

Artner, Maria Theresia von, *19.4.1772 Schintau/Ungarn, †25.11.1829 Agram; - Ps. Theone (*D-L*) #1,2,4,6,11,13,15

Artopé, Theodor, *20.12.1867 Almorah, †1.2.1929 Ohlau/Schles.; - Ps. Alb. Münzenthal; Hans von Wiesa (*D-E-N-R*) #1,3,4

Artwinski, Blanka Natalie Juliane von, *10.7.1873 Wien, †30.11.1935 Baden b. Wien; - Ps. Blanche Kübeck (*P*) #4

Arvay, Richard, *13.1.1900 Wien, †1970 New York; - Ps. Karl Bachmann; Garai-Arvay (*F-R-S*) #4,18

Arvelius, Friedrich Gustav, *5.2.1753 Reval, †13.7.1806 Reval; - Ps. Sembach (*D-P*) #4,11

Arzen, Eugen Edler von Cserepy, *17.7.1881 Budapest; - Ps. Konrad Wieder (*R*) #3

Asbeck, Wilhelm Ernst, *16.4.1881 Hamburg, †22.3.1947 Burg a. F.; - Ps. Ernst Helm (*E-R-S*) #3,4

Asch, Dankmar, *19.11.1869 Berlin; - Ps. Dr. Aschenborn; Dr. Dankmara (*N*) #3

Aschendorf, Wilhelm, *Telgte, †25.4.1633 Paderborn; - Ps. Roman Altglaub (*P*) #6

Ascher, Anton, *15.7.1820 Dresden, †21.4.1884 Meran; - Ps. Roger (*S*) #4,11

Ascher, Arnold, *29.8.1867 Triesch; - Ps. Arnold Raesch (*P*) #3

Ascher, Ferdinand, *20.10.1860 Wien; - Ps. Fery; Lukas Karr; Sascha (*P-R*) #3

Ascher, Franz Hilarius, *25.5.1852 Pitten; - Ps. F. H. Rübezahl (*P*) #3

Ascher, Saul, *6.2.1767 Berlin, †8.12.1822 Berlin; - Ps. Auslachers; Theodiskus (*E-P*) #4,6,11,15

Aschringer, Thomas, *(1466); - Ps. Thomas Aschringer von Eberpeunt (*P*) #4

Asmus, Marie, *1846 Neustettin; - Ps. Marie Claudius (*E*) #2

Asmus, Martha, *20.6.1844 Pillkallen/Ostpr.; - Ps. Martha Klodwig (*E-L-R*) #1,3,4

Aspern-Buchmeier, Elisabeth von, *25.7.1905 Röttis b. Plauen, †1989; - Ps. Eva Maria Bernauer; Hans Bundler; Ph. Collin; Harry Felden; Peter Glueck; William Graham; E. Haller; Margarete Malten; Elisabeth Ney; Fritz Nordmann; Pitt Strong; Peter Strunz; Harald West; Harald Westmann; Bernhard Zecht (*E-R*) #3

Asseburg, Johann von der, *17. Jh.; - gen. Der Stamhafte/FG 859 #11

Asseburg, Ludwig von der, *17. Jh.; - Ps. Der Durchleuchtende (*P*) #11

Asseburg auf Schernike, Achatz von der, *17. Jh.; - gen. Der Durstige/FG 760 #11

Assing, Ludmilla, *22.2.1827 Hamburg, †25.3.1880 Florenz; - Ps. Achim Lothar; Talora (*P*) #4,11,15

Assing, Rosa Maria, *28.5.1783 Düsseldorf, †22.1.1840 Hamburg; - Ps. Rosa Maria (*E-L*) #2,4,6,11,13

Aßmann, Willy, *22.8.1872 Halle; - Ps. Rudolf Burghaller; Dr. Utile cum dulci (*D-P-S*) #1,4

Aßmus, Burghard Hartwig, *22.7.1855 Soldin, †um 1950 Berlin; - Ps. Asmodeus; Asmodi (*D-L-P-R-S*) #1,3

Assur, David Jakob, *20.1.1810 Schwerin, †7.2.1869 Schwerin; - später David Assing; Ps. David Russa (*E-N-R*) #1,4,11,13

Astel, Arnfrid, *9.2.1933 München; - Ps. Hanns Ramus (*F-L-R*) #3,4,8,10

Asten, Verena von, *10.8.1932 Ulm; - Ps. Verena von Asten-Eckart (*E-P*) #3

Astl, Jaro, *2.2.1894 Prag, †25.4.1980 Deggendorf; - Ps. Burkhard Astl Trossau (*P*) #3

Astl-Leonhard, Anna, geb. Vogel, *12.7.1860 Brünn, †29.4.1924 Wien; - Ps. Anna Vogel vom Spielberg (*N-R*) #1,3,4

Attems-Heiligenkreuz, Sophie Gräfin, geb. v. Hartig, *27.2.1862 Retz/Ö., †1.12.1937 Wien; - Ps. L. u. S. Hartig-Attems (*L-R*) #4

Attenhofer, Eduard, *4.1.1842 Zurzach; - Ps. Chirodinus Chrügel (*P*) #3

Attenhofer-Zappa, Nina, *19.4.1893 Chur; - Ps. Cilgia Danz (*E*) #4

Atzenbeck, Carl, *21.1.1896 München, †5.1.1979 Großhesselohe/Obb.; - Ps. Karl Rabe-Lantz (*L-N-P-R*) #3,4

Atzpodien, Paul Enzio, *18.1.1866 Riga; - Ps. Danfino; P. A. Odien (*E-P*) #3,4

Au, Ottomar in der, *8.4.1897 Berlin; - Ps. Culex (*E-L-N-P-R*) #3

Aub, Ludwig, *4.8.1862 München, †30.11.1926 München; - Ps. Alexander Berg (*L-P*) #1,3,4

Aubin, Maria, *20.4.1847 Berlin; - Ps. M. Schwan (*P*) #3

Auer, Agnes von, *22.12.1822 Königsberg; - Ps. Luise Erau (*D-E-J-P*) #2

Auer, Ludwig, *11.4.1839 Laaber/Opf., †28.12.1914 Donauwörth; - Ps. Onkel Ludwig (*D-E-L-P*) #1,3,4,15

Auerbach, Felix, *12.11.1856 Breslau, †26.2.1933 Jena; - Ps. A. Ch. Bauer (*P*) #3,4

Auerbach, Walter, *19.7.1909 Hainichen/Sa.; - Ps. Gundram Bork; Cordel; Manfred Corinth; Peter Coryllis; Paoe Komara; Manfred Korinth; P. C.; Hein Tiller (*D-L-P-R*) #3,4,5

Auerbacher, Moses Baruch, *28.2.1812 Nordstetten/Schwarzw., †8.2.1882 Cannes; - Ps. Berthold Auerbach; Theobald Chauber (*E-P-N-R-S*) #1,3,4,5,11,13,14,15

Auernhammer, Johann Christian, *29.11.1793 Erlangen, †21.4.1862 Neustadt a. d. Aisch; - Ps. Christian Wallis (*L*) #4,11

Auernheimer, Raoul, *15.4.1876 Wien, †6.1.1948 Oakland/USA; - Ps. Raoul Heimern; Raoul Othmar (*E-N-R-S*) #1,3,4,5, 8,15,18

Auersperg, Anton Alexander Graf von, *11.4.1806 Laibach, †12.9.1876 Graz; - Ps. Anastasius Grün (*L-P-R*) #1,4,5,11,13,14,15

Auffenberg, Teresina von, *4.10.1875 Laibach; - Ps. Erich von Mauern (*N*) #3

Aufrichtig, Ilse, geb. Falkenfeld, *30.3.1899 Berlin; - Ps. Ilse Aufrichtig; Katta Launisch; Polly Tieck (*E-L-P*) #3

Aufschnaiter, Johann Peter Josef, *2.1.1800 Mainz, †5.7.1851 Mainz; - Ps. Baptist A. (*D*) #4,11

Augsburger, Stefan, *14.7.1840 Filipovo/ Batschka, †21.1.1893 Prigrevica Sveti Ivan/ Jug.; - Ps. Stefan Auborn; Stefan Rónay (*L-P*) #1,4

Augstein, Rudolf, *5.11.1923 Hannover; - Ps. Jens Daniel; Moritz Pfeil (*P*) #3,4

Augusti, Bertha, geb. Schöler, *2.6.1827 Kassel, †12.12.1886 Koblenz; - Ps. Bertha Schöler (*E-N*) #4,11

Augustin, August Friedrich, *19.12.1863 Penzlin, †3.4.1940 Eau Claire/USA; - Ps. Erich Merks (*P-S*) #4

Augustin, Ferdinand von, *22.11.1807 Wien, †20.6.1861 Baden b. Wien; - Ps. Friedrich Aarau (*P-R*) #1,4,11

Augustin, Luise, *30.9.1870 Schnackenburg/Elbe; - Ps. Luise Eljens (*P*) #4

Augustin, Marie von, geb. von Thurnberg, *23.12.1807 Werschetz/Banat, †12.2.1886 Wien; - Ps. Marie von Thurnberg (*D-E-L-N-R*) #1,3,4,11

Augustiny, Johann Rhode Friedrich, *6.4.1803 Missunde a. d. Schlei, †12.10.1890 Ulsnis b. Schleswig; - Ps. Coelestinus (*E-J-L*) #1,4,11

Aunpeckh, Georg, *30.5.1423 Peuerbach/O.-Ö., †8.4.1461 Peuerbach/O.-Ö.; - Ps. Georg Peuerbach; Georg Burbach; Georg Peurbach; Georg Purbach (*L-P*) #4,13

Aurnhammer von Aurnstein, Marianne, *20.5.1853 Wien; - Ps. M. v. Hammer-Stein (*N*) #2,3

Aurpach, Johannes, *5.2.1531 Niederaltaich/ Bayern, †1582; - auch Johannes Auerbach; Johannes Aurbach (*L-P*) #4,15

Ausfeld, Karl, *19.9.1845 Gotha, †9.8.1907 Mühlhausen/Thür.; - Ps. E. Carlsberg; E. Karlsberg (*E-L-P*) #1,3,4

Auslaender, Jutta, geb. Radel, *25.10.1941 Hamburg; - Ps. Jutta Radel; Jutta Radel-Auslaender (*J-P*) #3,4

Auspitzer, Rosa Barbara, *8.2.1878 Wien; - Ps. R. Attheim (*E*) #3

Aust, Benno Alfred, *7.7.1897 Crummöls/ Schles.; - Ps. B. A. Aust (*D-F-L-P*) #3

Austerlitz, Robert, *11.3.1861 Prag, †17.10.1930 Berlin; - Ps. Bob; Erraths; A. v. Trebor (*N-R*) #3,4

Austerlitz, Rose, *9.10.1879 Magdeburg, †28.5.1939 Berlin; - Ps. A. Rose (*R*) #1,3,4

Autorff, Ernst Jakob von, *30.11.1639, †5.12.1705 Domatschine b. Oels; - Ps. Der vergnügte Amydor (*E-R*) #4

Ava, Reclusa, *Österr., †7.2.1127 Göttweils b. Melk/Donau; - auch Frau Ava (*L*) #4,5,14,15

Axaméthy-Racher, Rosa, *27.6.1857 Temesvar/Banat; - Ps. Paul Amern (*L-N-R*) #1,4

Axt, Hans, *8.11.1884 Böhlitz/Sa.; - Ps. Ernst Heiter (*L-P*) #3

Axt, Johannes, *1798 Wörrstadt, †1861; - Ps. Barthold Congreve (*L-P*) #4

Axt, Renate, *9.8.1934 Darmstadt; - Ps. Renate Eitel-Axt (*D-F-J-L-P-R*) #3,4

Axtmann, Otto Horst, *27.6.1917 München; - Ps. Horst Axtmann (*J-P-S*) #3

Aydt, Brünhild, *15.6.1938 Künzelsau; - Ps. Brünhild Miller (*R*) #3

Ayren, Armin, *7.3.1934 Friedrichshafen; - früher Armin Ayrenschmalz; Ps. Hermann Schiefer (*E-L-P-R*) #3,4

Ayrmann, Christoph Friedrich, *3.3.1693 Leipzig, †25.3.1747 Gießen; - Ps. Germanicus Sincerus (*P*) #6

B

Baack, Siegfried, *13.3.1897 Dortmund; - Ps. Martin Halrath (*E*) #3,4

Baade, Carl, *10.6.1900; - Ps. Paul Tesmar (*E-N-P*) #3

Baade, Hanni, geb. Bohlmann, *1.9.1893 Altona; - Ps. Hanni Bohlmann (*E-L-R*) #3

Baader, Amalie, *15.3.1806 Wertheim, †15.10.1877 Karlsruhe; - Ps. H. Sales (*E*) #1,4

Baader, Emil, *18.2.1891 Göschweiler/Schwarzwald, †2.11.1967 Lahr/Schwarzw.; - Ps. Glorian Kling (*L-P*) #3,4

Baader, Klemens Aloys, *8.4.1762 München, †23.3.1838 München; - Ps. Eduard (*P*) #4,13

Baar, Oswald, *2.4.1847 Lüben/Schles.; - Ps. Oswald Baer (*E-L-P-S*) #1,4

Baaske, Siegfried, *9.6.1922 Danzig; - Ps. Balduin Baas (*F-P-R*) #3,4

Bab, Edwin, *3.9.1882 Berlin; - Ps. Edwin Basser; E. Dewin; Tiberius (*P*) #3

Bab, Julius, *11.12.1880 Berlin, †12.2.1955 Roslyn Heights/USA; - Ps. Fero (*D-L-P-S*) #1,3,4,18

Baberadt, Karl Friedrich, *14.5.1880 Frankfurt/M.; - Ps. Karl B. Friedrich (*N-P-R*) #3,4

Babnik, Johann, *13.5.1862 Draule/Krain; - Ps. Carniolus; Alban Emonicus (*L-P*) #3

Bach, Carl Philipp Emanuel, *8.3.1714 Weimar, †14.12.1788 Hamburg; - gen. Der Berliner Bach; Der Hamburger Bach (*L-P-S*) #4,13,15

Bach, Hugo, *30.6.1873 Büdingen; - Ps. H. Friedbergs (*L-P*) #1,3,4

Bach, Ottilie, *6.7.1836 Hirschberg/Schles., †27.5.1905 Berlin; - Ps. Otto Ulrichs (*N-R*) #1,2,3,4

Bach, Susan, geb. Eisenberg, *29.1.1909 München; - Ps. Susi Eisenberg (*P*) #18

Bach, Wilhelm Carl, *3.4.1865 Essen; - Ps. Malli El. Wehrbach (*P*) #3

Bacher, Eduard, *7.7.1879 Pola/Istrien; - urspr. Eduard Bachitsch (*D-E-J-L-N-P*) #1,3,4

Bacheracht, Therese von, später verh. von Lützow, *4.7.1804 Stuttgart, †16.9.1852 Tjilatjap/Java; - Ps. Therese von Lützow; Therese (*N-P-R*) #1,4,9,11,13

Bächler, Wolfgang, *22.3.1925 Augsburg; - Ps. Wolfgang Born (*E-L-P-R*) #3,4,5,8,10

Bachmair, Heinrich F. S., *4.10.1889 Pasing b. München; - Ps. Jacobus Fellgiebel; Sebastian Scharnagl (*E-L-P*) #3,4

Bachmann, Andreas, *17.10.1601 Halle/S., †4.4.1656 Leipzig; - Ps. Rhyakinus; Andreas Rivinus (*P*) #4

Bachmann, Heinrich, *26.6.1900 Hanau, †23.3.1946 Frankfurt/M.; - Ps. Fritz Immenhaus (*D-E-L-S*) #3,4

Bachmann, Heinrich, *26.1.1880 Stadtprozelten a. M.; - Ps. Heiner Keiler (*P*) #3

Bachmann, Luise George, *20.8.1903 Wien; - Ps. L. G. Bachmann (*F-J-N-P-R-S*) #3

Bachmann, Moritz, *2.11.1813 Paderborn, †12.6.1872 Paderborn; - Ps. Peregrin; Philydor; Freimund Waller (*E-L-P*) #4

Bachmann, Paul, *um 1465 Chemnitz, †1538 Altzelle; - Ps. Paulus Amnicola; Paulus Rivander (*P*) 4,11,15

Bachmann, Sina, *9.9.1923 Langwies/Graubünden; - Ps. Sina Martig (*E-J*) #3,4

Bachmann, Zacharias, *1553 Leisnig/Sa., †17.11.1594 Bischofswerda; - Ps. Zacharias Rivander (*P-S*) #4,11,13

Bachmann-Göttisheim, Marie, *6.2.1859 Basel; - Ps. J. Heim (*E-J-N*) #2

Bachó, Marianne von, geb. v. Vesteneck, verw. v. Schirmer, *15.4.1896 Rudolfswert/Krain; - Ps. Marianne von Vesteneck (*E-P-R*) #3,4

Bachstrom, Johannn Friedrich, *24.12.1688 Rawitsch/Posen, †1742 Nieswitz/Litauen; - Ps. Christianus Democritus redivivus (*P*) #4,13,15

Back, Karl, *23.2.1799 Eisenberg/Thür., †6.1.1869 Eisenberg; - Ps. Florian (*E-L-P*) #4,11

Bäcker, Heinrich, *10.7.1853 Danzig, †23.10.1907 Berlin; - Ps. H. v. Stolzenberg (*E-L-R-S*) #1,3,4

Bäcker, Hermann, *22.2.1867 Barmen; - Ps. H. Ewarth (*P-R*) #1,4

Backes, Karl, *22.1.1876; - Ps. Ernst Frey (*E-P*) #1,4

Backhaus, Johann Gottlieb, *4.5.1768 Zeitz, †1794 Rüsselsheim; - Ps. Rabbi Jossel; Jossel Kronik (*E*) #4,11

Backhaus, Wilhelm Emanuel, *26.3.1826 Petershagen/Westf., †27.2.1896 Bremen; - Ps. Immanuel Baldur; Th. Neander (*L-N-P-S*) #1,3,4

Backmund, Norbert, *23.9.1907 Würzburg, †1.2.1987 Windberg/Bay.; - Ps. Nikolaus Krenauer (*P*) #3,4

Backstrohe, Georg von, *17. Jh.; - gen. Der Niedergetretene/FG 535 #11

Bacmeister, Adolf, *9.7.1827 Esslingen, †25.2.1873 Stuttgart; - Ps. Theobald Bernoff (*D-L-P*) #1,4,13,15

Bacmeister, Ernst, *12.11.1874 Bielefeld, †11.3.1971 Singen/Hohentwiel; - Ps. Felix Montanus (*D-E-P-S*) #1,3,4,5,8,10

Bacmeister, Lucie, *21.10.1843 Bielefeld, †1904 Wiesbaden; - Ps. Lothar von Rüdesheim (*D-E-R*) #1,2,4

Baczko, Ludwig Adolf Franz Josef von, *8.6.1756 Lyck/Ostpr., †27.3.1823 Königsberg; - Ps. Benjamin Eiche (*D-E-N-P-R*) #1,4,11,13,15

Bade, Albert, *4.10.1876 Hamburg; - Ps. de Babertal (*L-P*) #3

Baden-Durlach, Friedrich V. Markgraf von, *6.7.1594 Sulzburg/Breisgau, †8.9.1659 Durlach; - gen. Der Verwandte/FG 207/1632 #11,12,13

Badendieck, Alexander Andreas, *3.11.1836 Riga, †30.11.1902 Witebsk/Rußl.; - Ps. Alexander Andreas (*E*) #1,4

Badenfeld, Eduard Baron von, *1800 Troppau/ Schles., †6.12.1860 Schloß Hoditz; - Ps. Eduard Silesius (*D-L-M-N-P-S*) #1,4

Bader, Andreas, *(1955); - Ps. Andreas Hausen (*P*) #3

Bader, Ernst, *7.6.1914 Stettin; - Ps. Peter Göhler (*P-R*) #4

Bader, Katarina, *22.1.1913 Berlin; - Ps. Katarina Elisabeth Bader-Molnár (*E-J-L-N-P*) #3,4

Bading, Curt, *28.1.1880 Berlin; - Ps. Curt Barday (*N-P*) #3

Baditz, Nora von, *5.9.1891 Farad/Ungarn; - Ps. Astrid Waldegg (*D-E*) #3,4

Baeblich, Hermann, *20.5.1832; - Ps. H. Liebach; James Wood (*R*) #1,4

Baeblich, Lucie, geb. v. Hanstein, *25.7.1835 Berlin, †um 1923 Groß-Lichterfelde; - Ps. Lucie von Hanstein (*E*) #1,3,4

Baecker, Oskar, *15.7.1895 Klafeld b. Siegen; - Ps. Oskar Baecker-Vowinckel (*D-E-N-P-S*) #3

Baentsch, Rosa, *1866 Merseburg; - Ps. R. Salingför (*E-L-P*) #2

Baer, Nicolaus, *11.7.1639 Oppeln, †12.8.1714 Bremen; - auch Nicolaus Baehr; Nicolaus Baerius (*L-P*) #4,11

Baer, Salomon, *31.5.1870 Oberdorf/Württ.; - Ps. Claus Baer (*L*) #1,3,4

Baernreither, Franziska C., *3.3.1857 Linz/ Do., †30.11.1927 Linz; - Ps. Erlen (*L-N-P-R*) #2,4

Baetz, Carl, *17.5.1851 Sömmerda; - Ps. C. Z. Beta (*P*) #3

Baeuerle, Emil, *8.1.1881 St.Georgen; - Ps. Emil Aurelius-Baeurle (*P*) #3

Baeumker, Clemens, *16.9.1853 Paderborn; - Ps. Cl. Sabene (*P*) #3

Baeumker, Franz, *16.11.1884 Breslau, †29.7.1975 Aachen; - Ps. Theotimus (*L-P*) #3,4

Bagge, Oskar, *4.2.1814 Coburg, †31.3.1873 Weißenbrunn b. Schalkau; - Ps. Josias Nordheim (*E-P*) #1,4,13

Baggesen, Jens Immanuel, *15.2.1764 Korsör/ Seeland, †3.10.1826 Hamburg; - Ps. Danwaller; Faust Dornwaller (*E-L-P*) #1,4,5,6,11,15

Baginski, Albert, *28.10.1901 Ilmenau, †8.11.1966 München; - Ps. Peter Brauer (*N-P*) #3,4

Baginski, Harry, *15.2.1914 Hamburg; - Ps. Bodo Baginski (*L*) #3,4

Baginski, Olga, *22.5.1922 Wittenberge; - Ps. Olli Baginski (*L-P*) #3

Baginsky, Else, *(1959); - Ps. Else Jansen (*E*)

Bahnmeier, Jonathan Friedrich, *12.7.1774 Oberstfeld/Württ., †17.8.1841 Owen/Württ.; - Ps. Bruder Ulrich (*L-P*) #1,4,11,13,15

Bähr, Charlotte, *3.9.1898 Berlin, †12.5.1941 Berlin; - Ps. Charlotte Ursina (*P*) #3

Bähr, Helmut, *4.8.1929 München; - Ps. B. Helm (*L*) #3,4

Bahr, Hermann, *19.7.1863 Linz/Do., †15.1.1934 München; - Ps. Globe Trotter (*D-E-N-P-R-S*) #1,3,4,5,8,14,15

Bähr, Walter, *3.8.1888 Erfurt; - Ps. Ernst Graebe; Kannegießer (*L-P-S*) #3

Bahrdt, Johann Friedrich, *17.7.1789 Dargun/Mecklenburg, †12.2.1837 Neustrelitz/ Mecklenburg; - Ps. Faverius Barba (*E-L-S*) #1

Bahrdt, Karl Friedrich, *25.8.1741 Bischofswerda/Sa., †23.4.1792 Nietleben b. Halle/S.; - Ps. M. Avenarius; Kasimir Renatus Denarrée; Kanonikus Ziegra; Kasimir Laugl; Magister Wramschewski; Nicolai der Jüngere (*E-P-R-S*) #4,6,11,13,15,17

Bährenstädt, Philipp von, *(1672); - gen. Der Dringende/DG-L (*P*) #11

Bahrs, Hans, *25.5.1917 Hamburg, †1983; - Ps. Hanke Bruns; Harm Lindhorst (*E-F-L-N-R*) #3,4

Baier, Benjamin, *1.4.1830 Reichenberg/Böhmen, †14.2.1881 Prag; - Ps. Fritz von Paiersbach (*L-P*) #1,3,4

Baier, Josef, *16.10.1852 Hetzles; - Ps. Johann Scholasticus (*P*) #3

Baierlein, Josef, *21.1.1839 Waldsassen, †19.1.1919 Köln; - Ps. J. Baierlein von Vilseck; Humanus (*E-J-L-P-R*) #1,3,4

Bailly, Theodora, geb. Fandrey, *15.4.1902 Berlin; - Ps. Theodora Fandrey (*L*) #3

Baisch, Christa, *23.11.1946 Stuttgart; - Ps. Cris Baisch (*F-J-R*) #3,4

Baisch-Gabriel, Margot, *16.10.1923 Berlin; - Ps. Margot Gabriel (*L*) #3

Baist, Gustav, *19.1.1823 Grünberg/Hessen; - Ps. Friedrich Traugott (*E*) #1,4

Baiter, Hanny, *(1984); - Ps. Jane Ruf (*P*) #3

Bajog, Günther, *1.12.1927 Dresden; - Ps. Reddy Bajox; Gil Barton; Peter Burnett; Jim Carter; Eddy Collings; Al Conway; Dan Ferguson; Bill Garrett; Jim Jackson; C. B. Jenkins; James Leasor; Benito Martinez; Jack Morris; Jack Morton; Bill Murphy; Frederick Nolan; William O'Connor; Glenn Patton; H. G. Roberts; Bill Shannon; Jack Slade; Gordon Spirit; Ben Tucker; Lon Warrick (*E-J*) #3,4,16

Bakalar, Johann, *16.7.1867 Srbetz/Mähren; - Ps. J. B. Srbecky (*P*) #3

Bäker, Bernhard A., *16.9.1920 Steinfeld; - Ps. Doktor YZ; L. Tres (*P-R*) #3,4

Bakofen, Johann Ulrich, *17. Jh.; - gen. Der Süsse/DG-L #11

Balasits, Jan Edgar, *5.7.1847 Kolomea a. Pruth/Galizien; - Ps. Jan Edgar (*P*) #3

Balassa, Ilona, *1920 Wien; - Ps. Elisabeth Pichler (*E-F-R*) #3,4
Baldamus, Max Karl, *14.10.1784 Roßla a. Harz, †13.12.1852 Wien; - Ps. Eugen von St.Alban (*L-P-R*) #1,4,13
Balde, Jakob, *4.1.1604 Ensisheim/Elsaß, †9.8.1668 Neuburg/Donau; - Ps. D. Riedelius; Georg Riedelius (*D-L-P*) #4,5,13,14,15
Baldou, Samuel, *15.11.1646 Nienburg/Weser, †6.11.1720 Verden; - auch Samuel Baldovius (*L-S*) #1,4
Ball-Hennings, Emmy, *17.1.1885 Flensburg, †10.8.1948 Sorengo; - Ps. Emmy Hennings; Charlotte Leander (*E-L-P-R*) #3, 4,5,8
Ballien, Frida, *19. Jh. Potsdam; - Ps. Frida Grauel (*D-L-R*) #3
Ballin, Siegfried, *21.4.1850 Würzburg; - Ps. D. Arnold (*P*) #3
Balling, Adalbert Ludwig, *2.3.1933 Gaurettersheim b. Würzburg; - Ps. Bert Balling; Luigi Bertini; Ludwig Treblada (*F-P*) #3,4
Ballod, Carl, *20.6.1864, †1933; - Ps. Atlanticus (*P*) #3
Balmer, Hans Friedrich, *14.11.1854 Merlach; - Ps. Hans Friedrich (*L-P*) #1,3,4
Balmer, Hans Rudolf, *28.3.1922 Basel; - Ps. Hans Rudolf Balmer-Basilius (*E-L-P*) #3,4
Balmer, Paul, *21.4.1876 Laupen b. Bern, †20.5.1963 Biel/Schweiz; - Ps. Hans Uli Bär (*L-P-S*) #4
Balsiger, Ueli, *13.9.1953 Bern; - Ps. Huldreych Balts; Balts Nill (*L-P*) #4
Balte, Alfred, *7.3.1887 Moskau, †7.6.1956 Eberswalde; - Ps. Jaun Kungs; Jan Osterling (*D-L-N-R*) #3,4
Baltz, Johanna, *23.12.1849 Arnsberg/Westf., †31.12.1918 Arnsberg; - Ps. Joseph Bajovar; Helene Busch (*D-E-L-P-S*) #1,2,3,4
Baltzer, Friedrich Fridolin, *1860 Warren; - Ps. Fridolin (*E-L*) #4
Baltzer, Wilhelm Eduard, *24.10.1814 Hohenleine/Sa., †24.6.1887 Durlach/Baden; - Ps. Etlar Ling (*L-P*) #1,3,4
Balzar, Eduard, *13.3.1815 Wien, †27.4.1893 Wien; - Ps. Eduard Liebold (*S*) #4
Balzer, Uta, *22.2.1943 Altenkirchen/Westerwald; - Ps. Uta Roggendorf (*P-R*) #3,4
Balzli, Alice, geb. Vischer, *13.12.1911 Basel; - Ps. Alice Vischer (*J*) #3,4
Bamberger, Georg, *20.12.1860 Berlin, †23.2.1934 Berlin; - Ps. Wilhelm Neunauge (*E-L-P*) #1,3,4
Bamberger, Ludwig, *22.7.1823 Mainz, †14.3.1899 Berlin; - Ps. A. Freimund (*P*) #3,4,13,15
Bamberger, Ludwig, *6.1.1892 Mainz, †18.5.1969 Schlangenbad; - Ps. Ludwig Berger (*D-E-F-P-R-S*) #3,4,5,18
Bames, Karl, *16.8.1806 Balingen, †1875 Reutlingen; - Ps. Bamesius (*L-P*) #1,4
Bancalari, Gustav, *4.2.1841 Linz/Do.; - Ps. Carl Abani (*P*) #3
Banchini, Elsa, *30.6.1901 Rheinfelden/Schweiz, †28.12.1973 Gordevio b. Locarno; - Ps. Elsa Steinmann (*F-J-P-R*) #3,4
Band, Moritz, *6.10.1864 Wien, †29.7.1932 Linz/Do.; - Ps. Ego; Stephan Schrader (*P-R-S*) #1,3,4
Band, Viktor, *1.3.1861 Rödgen b. Eilenburg, †22.10.1929 Berlin; - Ps. Leo Lothar; C. G. B. Rödgen (*E-R-S*) #1,3,4
Bandler, Heinrich, *24.7.1875 Wien; - Ps. H. Berland (*N-P*) #3
Banér, Johann, *23.6.1596 Gut Djursholm b. Stockholm, †10.5.1641 Halberstadt; - gen. Der Haltende/FG 222/1633 (*P*) #11,12
Bang, Else, *(1889) Leipzig; - Ps. Timido (*E-N-S*) #2,3
Bang, Paul Franz, *18.1.1879 Meißen, †31.12.1945 Hohenfichte b. Chemnitz; - Ps. Paul Franz; Germanicus; Eckart Mach; Wilhelm Meister; Spectator (*P*) #3,4,15
Bangert-Petrenz, Dietrich, *5.8.1923 Berlin; - Ps. Kay Ken Derrick; Johann-Christoph Dietrich Petrenz (*D-E-P-S*) #3,4
Bannenberg, Alfredo, *29.9.1901 Elberfeld, †24.6.1978 Neviges; - Ps. Alfredo; Freda Bannenberg; Alf Berg; Alf Redo (*J*) #3,4
Bannert, Karl Josef Theodor, *21.7.1900 Berlin, †1.11.1985 Zittau; - Ps. Karl Josef Theodor Bannert-Sambal; Theo Signifer (*L-P*) #3
Banniza von Bazan, Heinrich, *25.3.1904 Riga, †18.10.1950 Tecklenburg; - Ps. Heinrich von Bazan (*P-S*) #4
Banzhaf, Johannes, *20.12.1907 Geislingen/Steige, †9.5.1968 Bielefeld; - Ps. Ulrich Falk (*E-P*) #3,4
Bänziger-Meier, Rosemarie, *14.6.1920 Arlesheim/Schweiz; - Ps. Rosemarie Bänzinger (*J*) #3
Barach, Moritz, *21.3.1818 Wien, †14.2.1888 Salzburg; - Ps. Ludwig Märzroth (*D-E-L-P-S*) #1,2,4,13
Barack, Max, *26.2.1832 Durlach, †1.9.1901 Stuttgart; - Ps. B. A. Rack; Max Rack (*E-J-L-N*) #1,3,4,17
Baraniecki, Robert Leo, *27.9.1914 Wien, †8.5.1985 Wien; - Ps. Ludwig J. Horn; Roleba (*D-E-F-J-N-R*) #3,4
Baranowsky, Wolfgang, *28.11.1929 Berlin; - Ps. José Pasquill; Lupus Ranow; Paul Webé (*F-N-P-R-S*) #3,4
Barber, Bernhard, *26.1.1874 Leipzig; - Ps. Günther Bohneburg (*L-P*) #3
Barber, Emil, *14.1.1857 Thiemendorf/Schles., †26.4.1917 Görlitz; - Ps. E. v. Zilligstein (*L*) #1,3,4
Barber, Ida, *19.7.1842 Berlin; - Ps. Iwan Baranow (*E-R*) #1,3,4
Barby, Levin von, *17. Jh.; - gen. Der Aufgehaltene/FG 743 #11
Barby und Mühlingen, Albrecht Friedrich von, *28.2.1597, †7.12.1641 Rosenburg; - gen. Der Dienliche/FG 70/1623 (*L*) #11,12

Barby und Mühlingen, Jost Günther Graf von, *15.10.1598 Mühlingen b. Bernburg, †19.4.1651 Walternienburg; - gen. Der Güldene/FG 213/1632 #11,12

Barck, Lisa, geb. Herzog, *15.8.1894 Karlsruhe; - Ps. Lisa Herzog (*J-L-P*) #3

Barckhausen, Elfriede, geb. Brüning, *8.11.1910 Berlin; - Ps. Elfriede Brüning (*E-F-P-R-S*) #3,4,8,9,14

Barckhausen, Konrad Heinrich, *1678 Detmold, †1732 Berlin; - Ps. Pacificus Verinus (*P*) #6

Bardach, Rachel, *7.10.1878 Budapest; - Ps. Rachel Bardi (*L*) #1,3,4

Bardach Edler von Chlumberg, Hans, *30.6.1897 Wien, †25.10.1930 Berlin; - Ps. Hans von Chlumberg (*D-S*) #3,4,5

Bardas, Walther, *11.9.1879 Wien; - Ps. Erich Walther (*L-P-S*) #1,3,4

Bardeleben, K. Heinrich L., *9.5.1775 Prenzlau; - Ps. Heinrich Frohreich (*R*) #4,6,11

Bardenhewer, Hugo, *1859 Mönchen-Gladbach; - Ps. U. Park (*L-S*) #1,4

Bardey, Emil Otto Anton, *28.8.1898 Stubbendorf/Meckl.; - Ps. Emil Anton; Emil-Otto Antohn (*L-N-P-R*) #3,4

Bardey, Franz, *7.9.1865 Liepe/Meckl.; - Ps. Niemand von Nirgends; Nüms von Nahrens (*E-J-L-P*) #1,4

Baresel, Alfred, *10.1.1893 Leipzig; - Ps. Alba (*N-P-R*) #3,4

Bargmann, Bernhard Alexander, *15.3.1856 Eppendorf, †9.6.1933; - Ps. Hedera Helix; Ilex; Bernhard Wehrmann (*L-P*) #1,3,4

Bärholz, Daniel, *Elbingen, †1688; - gen. Der Sanftmütige/DG-R; Hylas/PB; Philoclytus/ES; Ps. Balthis; Chariclyt; Charycles; Philoklyt (*L-P*) #6,11

Bärmann, Georg Nikolaus, *19.5.1785 Hamburg, †1.3.1850 Hamburg; - Ps. Magister Simplicius der freien Künste (*D-E-L-P-S*) #1,4,11,13,15

Barnick, Erna, *1899, †4.1.1989 Leipzig; - Ps. Trude Richter (*E-P-R*) #4,18

Barnickel, Heinrich Karl Theodor, *1.6.1845 Selbitz/Ofr.; - Ps. Heinrich von Selbitz (*E*) #1,3,4

Baron, Emma von, *15.9.1844 Münchershof b. Neustettin, †1.11.1921 Visselhövede/Hann.; - Ps. E. v. Münchershof (*E-L*) #1,2,4

Barre, Ernst, *18.1.1843 Paderborn, †8.10.1916 Bielefeld; - Ps. Ursinus (*L-N-P*) #1,3,4

Barsch, Hedwig, geb. Wigger, *27.1.1853 Grevesmühlen/Meckl.; - Ps. Hedwig Wigger (*N-R*) #1,2,3

Barsch, Marie, geb. Muthreich, *23.4.1884 Landeshut/Schles., †21.4.1967 Frankenberg/Eder; - Ps. Marie Barsch-Muthreich; Marie Muthreich (*E-L-N-P*) #3

Barsonius, Johann, *17. Jh.; - gen. Der Geheime/DG-R #11

Bärstecher, Johann Gottlieb, *1749 Herrenberg; - Ps. Johann Gottlieb Müller (*D-P-S*) #4

Bart, Jakob, *20.8.1856 Kuckau b. Bautzen, †16.10.1909 Kuckau; - Ps. Jakub Cisinski (*D-E-L-R-S*) #3,14

Bart, Johann Alois, *22.2.1873 Wien, †27.2.1944 Wien; - Ps. Hanns Barth (*E-L*) #3,4

Bartel, Anne-Marie, geb. Steinwenter, *30.11.1890 Klagenfurt, †1982; - Ps. Anne-Marie Mampel; Anne-Marie Steinwenter (*E-F-J-P-R*) #3,4

Bartels, Amandus, *26.4.1874 Cranz/Elbe; - Ps. Amadeus Heinrich (*P*) #3

Bartens, Anni, *1904; - Ps. Anni Formell (*L*) #4

Bartenstein, Georg, *9.9.1870 Potsdam; - Ps. Georg Bart (*P*) #3

Barth, Caspar von, *21.6.1587 Küstrin, †17.9.1658 Leipzig; - Ps. Philoxenus Gonaeus; Jacobus Hailbrunnerus; Tarraeus Hebius; T. Rhodius; Eusthathius Schwartzius; Tarraeus Hebius nobilis a Sperga (*L-P*) #4,6, 13,15

Barth, Christian Gottlob, *31.7.1799 Stuttgart, †12.11.1862 Calw; - Ps. Verf. des armen Heinrich (*J-L-P-R*) #1,17

Barth, Christoph, *17. Jh.; - gen. Theophilus/PB #11

Barth, Friedrich, *17.7.1794 Wiesbaden, †5.2.1833 Breslau; - Ps. Karl Barbarina; Harding (*L*) #1,4,6,11,13

Barth, Hermann, *30.4.1866 Luxemburg; - Ps. Deodat Gaumata (*L-P-S*) #1,3,4

Barth, Ilse-Marie, geb. Kümmel, *16.1.1926 Quedlinburg; - Ps. Ilse-Marie Kümmel (*P*) #4

Barth, Johann, *19.3.1931 Mettersdorf/Siebenbürgen; - Ps. joba (*L-P-R*) #4

Barth, Max, *22.1.1896 Waldkirch/Brsg., †15.7.1970 Waldkirch; - Ps. Mufti Bufti (*E-L-P*) #3,4,18

Barth, Oskar, *3.11.1910 Weiler b. Merzig; - Ps. Till Barbe; Sepp Rubin (*E-L-R*) #3,4

Barth, Theodor Wilhelm, *16.7.1849 Duderstadt, †2.6.1909 Baden-Baden; - Ps. Karl Walter (*D-P-S*) #4,15

Barthel, Charlotte, *5.7.1902 Schwientochlowitz/O.-S.; - Ps. Carla Bartheel (*F-P*) #3,4

Barthel, Friedrich (Fritz), *3.6.1881 Düsseldorf, †1960; - Ps. L. F. Barwin; Friedrich Ekkehard (*E-F-L-P-R*) #3,4

Barthel, Gustav Emil, *21.7.1835 Braunschweig, †14.5.1906 Giebichtenstein b. Halle/S.; - Ps. Gustav Haller (*L-N-S*) #1,3,4

Barthel, Kurt, *8.6.1914 Garnsdorf b. Chemnitz, †12.11.1967 Frankfurt/M.; - Ps. Kuba (*D-F-L-R*) #3,4,5,8,14,18,19

Barthel, Manfred, *25.2.1924 Chemnitz; - Ps. Michael Haller; Michael Hardt; Wolfgang Hellberg (*F-P-R*) #3,4

Barthel-Winkler, Lisa, *2.1.1893 Berlin, †1966; - Ps. L. F. Barwin *(E-F-L-P-R)* #3,4

Barthelmes, Grete, geb. Fleischhacker, *5.3.1874 Leipzig; - Ps. Hanna Aschenbach; Gretchen Fleischhacker *(R)* #1,3,4

Barthels, Emilie, *18.3.1865 Gießen; - Ps. Frau Ba. *(P)* #1,2

Barthels, Hermann Emil, *27.11.1869; - Ps. E. Barthels; A. Hildebrand; O. F. *(L-P)* #3,4

Barthels, Karl Ludwig, *5.6.1864 Plittersdorf a. R.; - Ps. de Bartholis *(L-P)* #1,3,4

Bartholdy, Jakob Ludwig Salomo, *13.5.1779 Berlin, †27.7.1825 Rom; - urspr. Salomon *(P-S)* #4,13

Bartholomew, Mary, *1.4.1832 Weinheim; - Ps. M. Barth; Graf-Barthol *(P)* #2,3

Bärtle, Josef, *4.5.1892 Mooshausen/Württ.; - Ps. Josef Illerfeld *(P)* #3,4

Bartling, Ute, *1943 Stargard/Pommern; - Ps. Ute Jons *(L-P)* #3,4

Bartmann, Hans, *19.10.1900; - Ps. Johannes Papenkauler *(E-P)* #3,4

Bartmann, Hermann, *11.3.1876 Essen; - Ps. Johannes Hermann *(P-R)* #3,4

Bartoschek, Eva, geb. Rechlin, *17.9.1928 Prillwitz/Meckl.; - Ps. Eva Rechlin *(F-J-L-S)* #3,4,5,17

Bartsch, Friedrich, *1544 Braunsberg, †21.11.1609; - Ps. Fridericus Borussus Theologus *(P)* #6

Bartsch, Irene, *3.6.1933 Bernburg/S.; - Ps. Irene Böhme *(P)* #4

Bartsch, Klaus-Ulrich, *31.8.1915 Breslau; - Ps. Ulrich Bartsch-Siling *(L-P)* #3,4

Bärtschi, Jacob Ulrich, *19. Jh.; - Ps. J. U. Addrich; Zebedekius *(P)* #3

Bartz, Karl, *31.3.1900 Weismes/Ardennen, †29.1.1956 Stuttgart; - Ps. Joachim Reinhardstein *(P-R)* #3,4

Baruch, Hugo, *13.4.1907 Berlin, †19.12.1967 Berlin; - Ps. Jack Bilbo; Käpt'n Bilbo *(E-F-P)* #3,4,18

Bärwinkel, Friedrich Konstantin, *4.6.1827 Leipzig, †12.12.1913 Leipzig; - Ps. Fritz Winkel *(L-S)* #1,3,4

Bärwinkel, Paul, *24.6.1869 Erfurt; - Ps. Günther Hohnberg *(P)* #3

Barwisch, Josef, *16.2.1904 Kirchberg/N.-Ö.; - Ps. Charles Wilson *(D-F-P-R)* #3

Baschwitz, Kurt, *2.2.1886 Offenburg, †6.1.1968 Amsterdam; - Ps. Casimir K. Visser *(P)* #4,18

Basedow, Hans von, *30.7.1864 Dessau; - Ps. B. A. Sedow *(D-E-P-R)* #1,3,4

Basedow, Johann Bernhard, *11.9.1724 Hamburg, †25.7.1790 Magdeburg; - urspr. J. Bermo Bassedau; Ps. Bernhard aus Nordalbingien; E. Freymuth *(P)* #4,6,13,15,17

Basedow, Ludwig, *20.10.1777 Dessau; - Ps. Chlodowig Bunder *(P)* #6

Basel, Richard, *18.8.1851 Theresienstadt; - Ps. Basilius Reichart *(D-L-P)* #1,3,4

Basil, Otto, *24.12.1901 Wien, †19.2.1983 Wien; - Ps. Markus Hörmann; Camill Schmall *(E-L-P-R)* #3,4,5,7,20

Basner, Gerhard, *10.1.1928 Rummelsburg/Pommern; - Ps. G. F. Barner; Howard Duff; Gerald Frederick; A. F. Peters jun.; Claus Peters; Jonny Ringo; G. F. Waco; G. F. Wego *(R)* #3,4

Baß, Alfred, *7.6.1878 Leipzig; - Ps. Fralba; Alfred Friedrich; Alfred v. Salten *(P-R)* #3

Baß, Joseph, *14.7.1852 Kostl; - Ps. Job. *(P)* #3

Basse, Gottfried, *1.2.1777 Halberstadt, †28.10.1826 Quedlinburg; - Ps. Uriela Costa; Hilarius Jocosus Federkiel; Gelanor; Emilie Gleim; J. C. Hagen; Ilsegarte Klatschrose; Krittelmann; Hans Kurzbein; Pastor Lachemann; Prediger Lachemann; Cyriakus Nießwurz; Gabriel Schlegel *(E-P)* #4,6,11

Basse, Heinrich, *17.10.1850 Bonn; - Ps. Quidam *(P)* #3,13

Bäßler, Ernst-Ferdinand, *26.1.1816 Zeitz, †3.2.1879 Pforta; - Ps. Ferdinand Bereslas *(E-L)* #1,4

Basten, Renate, *13.11.1941 Linz/Do.; - Ps. Annette Rabes *(P)* #3,4

Bastian, Hartmut, *13.11.1905 Berlin; - Ps. Klaus Eigk *(J-N-R)* #3,4,7,20

Bastian, Hella, *26.3.1866 Kreuznach; - Ps. Ellen Svala *(R)* #2,3

Bastian, Vineta, *4.5.1907 Eberswalde; - Ps. Vineta Bastian-Klinger *(F-R)* #3,4

Bätjer, Hermann, *1.2.1880 Bremen, †9.5.1945 Bremen; - Ps. Reinhard Eck *(L-P)* #4

Bator, Hans, *31.10.1896 Innsbruck, †22.5.1964 Innsbruck; - Ps. Bruder Ubaldus *(D-L-P-R-S)* #3,4

Batsani, Gabriele von, geb. von Baumberg, *24.3.1768 Wien, †24.7.1839 Linz/Do.; - auch Gabriele von Bacsanyi; Ps. Gabriele v. Baumberg *(L)* #1,4

Battke, Ada, geb. Zimmermann, später verh. Cahn-Speyer, *8.2.1877 Forst/Niederlaus.; - Ps. Ada Cahn-Speyer; Ada Zimmermann *(E-J-L-P)* #1,3,4

Batz, Philipp, *5.10.1841 Offenbach, †18.3.1876 Offenbach; - Ps. Philipp Mainländer *(D-L-N-P)* #4

Bauberger, Wilhelm, *3.3.1809 Thannhausen, †8.2.1883 Thannhausen; - Ps. Verf. der Beatushöhle *(D-E-J-L-P)* #4,13,17

Bauch, Ludwig Julius, *29.3.1811 Breslau, †11.9.1879 Marienbad/Böhmen; - Ps. Ludwig Julius *(D-P-S)* #1,4

Baudenbacher, Karl Josef, *18.1.1871 Neresheim/Württ.; - Ps. Marianus *(P)* #3

Baudevin, Lene, geb. Haase, *18.1.1888 Rotterdam; - Ps. Lene Haase *(E-P-R)* #4

Baudisch, Paul, *19.6.1899 Wien, †17.6.1977 Dalarö/Schweden; - Ps. George Martens; Hans Mertens; Georges Roland *(D-R-P-S)* #3,4,18

Baudiß, Emilie, *11.4.1873 Prag; - Ps. Emmy Baudiß-Mercy (*E-L-N*) #4

Baudissin, Annie Gräfin von, *3.2.1868 Friedrichshof/Schleswig, †5.4.1915 Kiel; - Ps. A. v. Bauer (*E-R*) #3,4

Baudissin, Eva Gräfin von, *8.10.1869 Lübeck, †11.2.1943 München; - Ps. Bernhard von Brandenburg (*E-N-R-S*) #1,2,3,4

Baudissin, Ida von, *25.7.1814 Bremen, †25.12.1888 Freiburg/Br.; - Ps. Ida Kohl (*P*) #4

Baudissin, Karoline Adelheid Cornelia von, geb. Schimmelmann, *21.1.1759 Dresden, †17.1.1826 Knoop b. Kiel; - Ps. Karoline Schimmelmann (*D-E-P*) #4,11,13

Baudissin, Sophie Gräfin von, *4.3.1813 Dresden, †9.12.1894 Dresden; - Ps. Aurelie; Gowens; Tante Aurelie (*J-P-R*) #1,2,3,4,17

Baudissin, Thekla Gräfin von, *(1865); - Ps. Tante Ernestine (*E-P*) #2

Baudissin, Wolf Graf von, *30.1.1867 Schleswig, †4.10.1926 Weimar; - Ps. Günther von Rosenhagen; Freiherr von Schlicht (*E-R-S*) #1,3,4

Bauer, Anna Barbara, *21.8.1868 Erbendorf b. Kemnath, †23.12.1947 Mindelheim; - Ps. M. Balder (*E-J-P-S*) #4

Bauer, Dieter, *14.9.1942 Köln; - Ps. Hedi Bauer (*J*) #3,4

Bauer, Edgar, *7.10.1820 Berlin-Charlottenburg, †18.8.1886 Hannover; - Ps. Martin von Geismar (*N-P*) #4

Bauer, Erwin Heinrich, *9.1.1857 Techelfer b. Dorpat, †9.2.1901 Annaberg; - Ps. Cassandra; Junius redivivus; Lynkeus (*D-E-N-P-R-S*) #1,3,4

Bauer, Fanny, *(1903); - Ps. R. Feld (*P*) #3

Bauer, Friedrich, * 1785 Cleve; - Ps. Fallenstein (*L*) #4,11

Bauer, Fritz, *24.3.1872 Cochem/Mosel; - Ps. Kulima (*N-P*) #3

Bauer, Georg, *24.3.1494 Glauchau, †21.11.1555 Chemnitz; - auch Georg Pawer; Ps. Georgius Agricola (*P*) #4,14,15

Bauer, Hans, *6.5.1894 Altenburg/Sa., †1.1.1982 Leipzig; - Ps. Friedrich Bun; Benjamin Djow Jodok (*E-F-P-R*) #3,4

Bauer, Herbert, *4.8.1884 Szeged/Ungarn, †17.5.1949 Budapest; - Ps. Belázs Béla (*E-F-J-P*) #3,18

Bauer, Herbert, *3.3.1908 Kiel; - Ps. Michael Molander (*E-J-L-N-P-R-S*) #3,4

Bauer, Heribert, *1944; - Ps. Frank Moorfield; Harry Porter (*E-R*)

Bauer, Klara, *23.6.1836 Swinemünde, †29.6.1876 Breslau; - Ps. Karl Detlef (*N-R*) #1,2,3,4,13

Bauer, Levke, *22.7.1941 Husum; - Ps. Sörensen (*F-L*) #3

Bauer, Ludwig Coelestin, *19.5.1832 Ingolstadt, †3.8.1910 Augsburg; - Ps. Ludwig Rebau (*E-L-S*) #1,3,4

Bauer, Max, *1.7.1829 Berlin, †2.10.1914 Berlin; - Ps. Max Piccolomini; Rusticus (*E-P*) #1,3,4

Bauer, Max, *19.1.1861 Teplitz/Böhmen, †18.7.1932 Berlin; - Ps. M. Dammann; M. B. v. Teplitz (*E-J-P*) #1,3,4

Bauer, Moritz, *1833 Hamburg, †16.7.1878 Hamburg; - Ps. Thimotheus Biedermann (*L-P*) #1,4

Bauer, Otto, *5.9.1845 Burg b. Magdeburg, †19.2.1897 Berlin; - Ps. Otto Bauer-Friedenau (*L*) #1,4

Bauer, Otto, *5.9.1881 Wien, †4.7.1938 Paris; - Ps. Karl Mann; Heinrich Schulze; Heinrich Weber (*P*) #4,15,18

Bauer-Ose, Kurt, *23.8.1886 Böhlitz b. Leipzig; - Ps. Konrad Bundschuh; Ustad Teja (*E-L*) #4

Bauer-Sternheim, Thea, *25.11.1883 Neuß; - Ps. Thea Sternheim (*R*) #3,18

Bäuerle, Friederike, *11.12.1820 Wien, †17.7.1896 Urschendorf/N.-Ö.; - Ps. Friedrich Horn (*P*) #4,11

Bäuerle, Johann Andreas, *9.4.1786 Wien, †19.9.1859 Basel; - Ps. Adolf Bäuerle; Bolthart; J. H. Fels; Otto Horn; Friedrich zur Linde (*R-S*) #1,4,5,13,15

Bauermeister, Alexander, *11.3.1889 St.Petersburg; - Ps. Agricola (*E-P-R*) #3,4

Bauermeister, Clara, *24.5.1865 Landsberg/Warthe; - Ps. C. Helmholz (*E-N-R*) #2

Bauermeister, Elisabeth, *12.5.1895 Duisburg; - Ps. Elisabeth Bauermeister-Thoma (*P-S*) #3

Bauernfeind, Wolfgang, *1.5.1859 Naabdemenreuth/Opf.; - Ps. Wolf Ernfe (*E-P-R*) #3

Bauernfeld, Eduard von, *13.1.1802 Wien, †9.8.1890 Wien; - Ps. Feld; Rusticocampius (*D-L-R-S*) #1,3,4,5,14,15

Bauerreiß, Heinrich, *5.11.1838 Wien, †25.2.1890 Wien; - Ps. Heinrich Freimann (*E-L*) #1,3,4

Bauke, Leopold, *18.6.1862 Ketschendorf b. Fürstenwalde; - Ps. Th. Zell (*P*) #3

Baum, Caspar, *Wolfhagen/Hessen, †1702 Kassel; - gen. Der Aufsprossende/DG-L; Ps. Aurelianus Cimbrius (*L-P*) #11

Baum, David, *27.5.1882 Miskowitz/Böhmen; - später Max Jungk (*F-S*) #3

Baum, Hubert, *14.4.1906 Freiburg/Br., †23.10.1976 Freiburg/Br.; - Ps. Hubert Baum-Sulzburg (*F-L-S*) #3,4

Baum, Johann Peter, *30.9.1869 Elberfeld, †6.6.1916 (gef.); - Ps. Hans Frieden (*L-N-R*) #1,3,4

Baum, Robert, *19. Jh.; - Ps. Adalbert Aprilis (*P*) #3

Baum, Vicki, *24.1.1888 Wien, †29.8.1960 Los Angeles; - Ps. Frau Lorl (*E-J-N-R-S*) #3,4,5,8,9,10,18

Baumann, Erna, *9.1.1899 Wien, †8.9.1968 Wien; - Ps. Juliane Baumann-Kay; Juliane Kay (*D-E-F-N-R-S*) #3,4,5

Baumann, Hans, *22.4.1914 Amberg/Opf., †7.11.1988 Murnau; - Ps. Hans Westrum (*D-E-J-L-R-S*) #3,4,5,10,17,19
Baumann, Herbert, *16.12.1924 Emmendingen; - Ps. Frank Straass (*D-F-N-R*) #3
Baumann, Jakob, *20.5.1862 Hoerdt/Rheinpfalz, †11.1.1922 Speyer; - Ps. Jakob von Terherdi (*D-P-S*) #1,3,4
Baumann-Rottenburg, Julius, *30.1.1852 Stuttgart; - Ps. Rottenburg (*P*) #3
Baumann-Schlachter, Elisabeth, geb. Schlachter, *21.7.1887 Oberhallau/Schaffhausen, †30.3.1941 Bern; - Ps. Elisabeth Schlachter (*E-J-L-S*) #4
Baumbach, Charlotte, geb. Tapper, *11.7.1894 Stettin; - Ps. Lotte Tapper-Baumbach (*N-R*) #3
Baumbach, Rudolf, *28.9.1840 Kranichfeld b. Weimar, †21.9.1905 Meiningen; - Ps. Paul Bach (*E-L-P*) #1,3,4,5,14,15,17
Baumbach-Holle, Clara, geb. Behrend, *30.4.1877 Breslau; - Ps. Clara Baumbach; Clara Behrend (*L-P-R*) #1,3,4
Baumblatt, Luitpold, *1806 Thalheim/Ufr., †16.2.1877 Kaiserslautern; - Ps. Friedrich Haller (*E-J-R*) #1,4
Baumeister, Anton, *17.1.1932 Saarbrücken; - Ps. Georg Telemann (*E-P*) #4
Baumert, Ernst, *4.7.1877 Schneidemühl; - Ps. Ernst Götz (*L*)
Baumfeld, Lisa, *27.4.1877 Wien, †3.2.1897 Wien; - Ps. Ewald Bergen; Lizzy (*L*) #1,2,4
Baumgart, Dieter J., *1934; - Ps.Dieter Jott (*R*)
Baumgart, Johann, *24.6.1514 Meißen, †18.3.1578 Magdeburg; - Ps. Johannes Pomarius (*L-P-S*) #4,11,13,15
Baumgart, Karl Wilhelm, *15.6.1901 Breslau; - Ps. Herbert Alten; Carl Matilde von Lichtenberg; Eberhard Reinert (*E-F-L-R-S*) #3,4
Baumgart, Samuel, *24.4.1624 b. Winzig/Wohlau †2.3.1683 Lübeck; - Ps. Samuel Pomarius (*P*) #4
Baumgart, Waldemar, *27.11.1878, †4.7.1965 Fahrenbach b. Mosbach; - Ps. Waldemar Rott (*E-F-R*) #3,4
Baumgärtel, Karl Emmerich, *3.11.1889 Mauer b. Wien, †27.8.1958 Linz/Do.; - Ps. Erich Schardenberg (*D-F-L-N-R*) #3,4
Baumgarten, Alexander Gottlieb, *17.7.1714 Berlin, 26.5.1862 Frankfurt/O.; - Ps. Aletheophilos (*P*) #4
Baumgarten, Franz Ferdinand, *6.11.1881 Budapest, †18.1.1927 Sklary; - Ps. Franz Ferdinand (*P*) #3,4
Baumgarten, Harald, *4.2.1890 Tübingen, †29.5.1975 Berlin; - Ps. Felix Johns (*E-F-R*) #3,4
Baumgarten, Johanna, *20.1.1898, †Berlin; - Ps. Harald Baumgarten (*F-N-R*) #3,4
Baumgartner, Alexander, *27.6.1841 St.Gallen, †5.9.1910 Luxemburg; - Ps. Jakob Wohlgemuth (*L-P-S*) #1,3,4
Baumgartner, Alfred, *11.6.1904 Alpbach/Tirol; - Ps. Lothar Braun; Carl Lindberg; Jack Mortimer; Werner Siegfried (*N-P-R*) #3,4
Baumgärtner, Alfred Clemens, *16.7.1928 Wiesbaden; - Ps. Karl Friedrich Kenz (*J-P*) #3,4,17
Baumgartner, Barbara, geb. Kotte, *13.8.1935 Berlin; - Ps. Barbara Kotte (*F-P*) #3,4
Baumgärtner, Georg August, *30.8.1869 Biberach; - Ps. Georg Agi (*P*) #3,4
Baumgärtner, Julius Alexander, *15.8.1797 Leipzig, †9.9.1855 Leipzig; - Ps. Alexander Erbach (*L*) #1
Baumgärtner, Karl, *22.1.1821 Linz/Do.; - Ps. Karl Gärtner (*S*) #1
Baumgartner, Katharina, geb. Sallenbach, *22.2.1920 Zürich; - Ps. Katharina Sallenbach (*L*) #3,4
Baumhauer, Hermann, *8.3.1910 Donzdorf/Württ.; - Ps. Thomas Herzog (*E-P*) #3,4
Bäumler, Theodor, *18.2.1837 Nürnberg; - Ps. H. Solger (*P*) #3
Baumstark, Anton, *(1894); - Ps.Eremos (*P*) #3
Baumstark, Reinhold, *24.8.1831 Freiburg/Br, †29.1.1900 Mannheim; - Ps. Dr. Beck; Kl. Beck; Lukianos Dendrosthenes; Stabilis (*P*) #3,4
Baur, Friedrich von, †18.1.1667; - auch Friedrich von Bawyer; gen. Der Strenge/FG 237/1634; #11,12
Baur, Johann, *19.12.1910 Toblach/Südtir.; - Ps. Hans Baur (*L-P*) #3,4
Baur, Johann Christoph von, *um 1598, †11.1.1676; - auch von Bawyer; von Bavir; von Buir; von Burne; gen. Der Wärmende/FG 125/1626 #11,12
Baur, Margrit, *9.10.1937 Adliswil; - Ps. Margrit Schweiger-Baur (*P-R*) #3
Baur, Samuel, *31.1.1768 Ulm, †25.5.1832 Göttingen b. Ulm; - Ps. Ninon von Lenclos (*P*) #4
Baur von Fichard, Margit, *11.3.1906 Karlsruhe; - Ps. M. Baur (*L-P*) #3,4
Baurmeister, Karl, *7.8.1798 Lenste/Holst.; - Ps. Ben Carlo (*P*) #4
Bausch, Erika, *13.6.1913 Potsdam; - Ps. Erika von Hornstein (*E-F-P-R*) #3,4
Bauschke, Moritz Gustav, *3.1.1809 Breslau, †24.6.1851 Reudnitz b. Leipzig; - Ps. W. Höllenbrand; G. Moritz; Moritz B. von Olschen; G. v. Rodzynski; Gustav Roland; B. Schauke; F. Selt (*E-L-N*) #1,4
Bautz, Eva-Maria, *18.3.1958 Cuxhaven; - Ps. Eva-Maria Parasie (*P-R*) #3,4
Bawel von Rönningen, Andreas, *17. Jh.; - gen. Der Wohlversuchte/FG 625 #11
Bax, Richard, *18.8.1861 Slabowen; - Ps. Ad. Eg. Axbrich (*P*) #3
Bayer, Cornelia, *17.10.1881 Klagenfurt; - Ps. Nelly Lia Bayer; Nelly Roitz-Plachki (*L-N-P-R*) #3,4

Bayer, Hans, *18.3.1914 Stuttgart, †5.7.1980 Stuttgart; - Ps. Peter Puck; Thaddäus Troll (*E-L-P-R-S*) #3,4,5,8,19

Bayer, Karl Emmerich Robert von, *15.4.1825 Bregenz, †30.6.1902 Baden b. Wien; - Ps. Robert Byr (*D-E-L-P-R*) #1,3,4

Bayer, Oswald Georg, *7.3.1897 Franzensbad/Böhmen; - Ps. Bayros; Bohemicus; Christian um Mitternacht (*D-L-M-R*) #3,4

Bayer, Romuald Jacob, *31.10.1840 Wien, †20.3.1913 Wien; - Ps. Gabriel Rosa (*D-E-L-P-R-S*) #1,3,4

Bayer-Fichter, Sophie Margarethe, *28.1.1919 Stuttgart-Feuerbach; - Ps. Gussla Bayer-Fichter (*F-L-N-R*) #3,4

Bayer-Heer, Thomas, *22.4.1953 Esslingen; - Ps. Thommie Bayer (*F-L-R*) #3

Bayern, Maximilian Joseph Herzog in, *4.12.1808 Bamberg, †15.11.1888 München; - Ps. Phantasus (*N-P*) #1,4,13

Bayern, Therese Prinzessin von, *12.11.1850 München, †19.11.1925 München; - Ps. Therese Bayer (*P*) #2,3,4

Bayerthal, Fritz Leo, *13.5.1899 Worms; - Ps. Friedrich Bayl (*F-P-R*) #3,4

Beaucamp, Nikolaus, *6.12.1894 Aachen; - Ps. Cola Beaucamp (*P*) #3

Beaulieu, Heloise Margarete von, *4.5.1870 Erfurt, †18.2.1944 Hannover; - Ps. H. Schönort (*E-N*) #1,3,4

Beaulieu-Marconnay, Karl Ernst von, *12.12.1819 Hannover-Misburg, †29.7.1855 Baden-Baden; - Ps. Gerhard Burg (*L*) #1,4

Bebenburg, Walter Erich von, *14.5.1927 Hamburg, †1.3.1980 Klingenberg/Main; - Ps. Walter E. Richartz (*E-F-P-R*) #3,4,5,8

Becce, Anna Emma, geb. Woop, *25.12.1885 Berlin; - Ps. Maria von Sawersky; Anna Emma Woop; Ernst Woop (*E-P-R-S*) #3,4

Becher, Anna, geb. Pippig, *31.7.1865 Leipzig; - Ps. Anna Pippig; A. Treuenfels (*E-M*) #2,3

Becher, Auguste, *(1851); - Ps. Auguste Bernhard (*L-R*) #4

Becher, Carl, *19.11.1900 Erfurt; - Ps. Carl Berch (*P*) #3

Becher, Johann Joachim, *6.5.1635 Speyer, †1682 London; - Ps. Antiglauberus; Solinus Saltzthal (*P*) #4,13,15

Becher, Lilly, geb. Korpus, *27.1.1901 Nürnberg; - Ps. Lotte Franken; Lilly Korpus (*P*) #18

Becher-Rüdenhof, Frida von, *30.9.1874 Wien; - Ps. F. v. Rüden (*P*) #3

Bechert, Hilda, *28.5.1889 Teplitz-Schönau; - Ps. G. S. Hilbert (*R*) #3

Bechstein, Ludwig, *24.11.1801 Weimar, †14.5.1860 Meiningen; - Ps. Bechstein d. J.; C. Bechstein (*E-M-N-R*) #1,4,5,13,14,15,17

Bechtel, Helene, * 19. Jh. Reichenbach b. Birstein; - Ps. Sascha Elfa (*L-M*) #2

Bechthold, Alfred, *31.12.1889 Leipzig; - Ps. Ludwig Bernhard (*E-L-R*) #3,4

Bechtle, Wolfgang, *19.10.1892 Stuttgart, †8.11.1969 Berlin; - Ps. Wolf Durian (*J-R*) #3,4,14,17

Bechtle-Bechtinger, Joachim, *16.9.1926 Köthen; - urspr. Joachim Schreck; Ps. Joachim S. Gumpert (*E-P*) #3,4

Bechtle-Bechtinger, Sibylle, *11.12.1946 Berlin; - Ps. Sibylle Durian; Kim Kai (*F-J*) #3

Bechtolsheim, Julie von, *21.6.1751 Stedten b. Erfurt, †12.7.1847 Eisenach; - Ps. Julie; Psyche (*L*) #2,4,6,11

Beck, Brigitte, *19.2.1932 Frankfurt/M.; - Ps. Brigitte Meng (*D-F-L-N*) #3,4

Beck, Florian, *26.6.1941 Ergoldsbach/Ndb.; - Ps. John F. Beck; John F. Beckman; Frederick Nolan; Jonny Pegg; Jack Slade (*R*) #3,4,16

Beck, Friederike, *7.12.1851 Wien; - Ps. F. Hell (*N-R*) #3

Beck, Lisa, geb. Volkmann, *9.1.1890 Gotha; - Ps. Lisa Volkmann (*L-M*)

Beck, P. Walther, *2.8.1857 Magdeburg, †8.10.1896 Halle; - Ps. Otto Spielberg (*E-L-N-R*) #1,3,4

Beck, Ulrich Sebastian, *27.11.1709 Nürnberg; - gen. Rhodophilus/PB (*P*) #4,11

Beck, Wilhelm von, *13.12.1868 Pola/Istrien; - Ps. W. v. Ferrari; Dr. Pinkus (*N-P*) #3

Becker, Alfred, *9.9.1909 Nordhausen; - Ps. P. A. Benord; Neal Chadwick (*P-R*) #3

Becker, August, *1812 Hochweissel/Hessen, †26.3.1871 Cincinatti; - gen. Der rote Becker (*P*) #4

Becker, August, *27.4.1828 Klingenmünster/Bergzabern, †23.3.1891 Eisenach; - Ps. Gottlieb Gutfreund (*E-L-N-P-R*) #1,3,4,13,15

Becker, Bernd, *21.10.1879 Bottrop; - Ps. Bernd Beckstrat; B. Boulanger; B. Wegner (*E-F-R*) #3,4

Becker, Bernhard, *21.3.1819 Ennetbühls/Schweiz, †2.8.1879 Linthal; - Ps. An der Linth (*L-P*) #1,3,4

Becker, Elsa, *(1933) Hildesheim; - Ps. Béreny-Becker (*L-P*) #3

Becker, Franz, *11.7.1840 Speicher; - Ps. Firmin Lactantius (*P*) #3

Becker, Gottfried Wilhelm, *22.2.1778 Leipzig, †17.1.1854 Leipzig; - Ps. Guillaume Boulanger (*E-P*) #4,6,11

Becker, Hans, *(1816); - gen. Der schwarze Becker; - Ps. Johann Erdmann (*P*) #6

Becker, Hasso, *18.8.1900 Arnsdorf/Ostpr.; - Ps. O. E. H. Becker (*E-P-R*) #3,4

Becker, Johann Georg, *13.3.1768 Rostock; - Ps. August Luzack (*P*) #6

Becker, Johann Nikolaus, *25.9.1773 Beilstein/Mosel, †17.12.1809 Simmern/Hunsrück; - Ps. Apollonius von Beilstein (*P*) #4

Becker, Julius, *5.10.1881 Gottesberg/Schles.; - Ps. Ofe Schachar (*P*) #3

Becker, Karl Georg, *7.12.1849 Badenheim; - Ps. Karl Georges (*E-N-P*) #3

Becker, Karl Heinz, *20.12.1904 Barmen, †1943; - Ps. F. C. Th. Beecker (*E-R*) #3,4

Becker, Kurt, *17.6.1931 Düsseldorf, †1.12.1993 Stuttgart; - Ps. Micha Aalborg; Michael Benno; Gunther Martell (*E-J*) #3,4

Becker, Marietta, *10.7.1907 Köln; - Ps. Mary Baker; M. v. d. Beck; Katrin Keith (*E-F-N-R*) #3,4

Becker, Max Alfred, *24.11.1905 Leipzig; - Ps. MAB; Fidelis Mab (*F-L-N-P*) #3

Becker, Paul Hellmut, *24.12.1885 Köln, †2.3.1945 Köln; - Ps. Pirol (*E-L-P*) #3,4

Becker, Rötger, *um 1510 Wesel, †1577; - Ps. Rutgerus Pistorius (*P*) #4

Becker, Theodor, *21.10.1865 Dillingen/Donau; - Ps. Th. Bergfreund (*S*) #1,3,4

Becker, Uli, *14.9.1953 Hagen; - Ps. Erwin Kliffert (*L-P-R*) #3,4

Becker, Werner Heinz, *12.9.1874 Bederkesa/Hann.; - Ps. Werner Heinz (*P*) #3,4

Becker, Wilhelm, *31.7.1870 Altenbruch/Elbe; - Ps. Wilhelm Becker-Altenbruch; Conrad Finck (*L-N-P-R*) #1,3,4

Becker, Wilhelm, *18.2.1887 Rinteln/Weser; - Ps. Wilhelm Ottenhausen-Edeler (*D-E-L-R-S*) #3,4,13

Becker-König, Melita, *29.3.1887 Paris; - Ps. Melita König (*E-L-S*) #3,4

Beckh, Johann Josef, *1635 Straßburg; - Ps. Alamod (*D-L-R-S*) #4,11,13

Beckmann, Johann Christian, *3.9.1580 Borne b. Meißen, †17.3.1648 Zerbst; - Ps. Johann Christoph Massonius (*P*) #6

Beckmann, Johann Christoph, *1641 Zerbst, †6.3.1717 Franfurt/O.; - Ps. Orthwin Gratius; Hubert Mosanus; Wilibald Thumbach (*P*) #6

Beckmann, Maria, geb. Nau, *26.2.1923 Berlin; - Ps. Maria Nau; Sibylle Schenck (*E-R*) #3,4

Beelitz, Ilse, *(1909) Northeim; - Ps. Ilse Berka (*L-S*) #4

Beer, Fritz, *25.8.1911 Brünn; - Ps. Peter Alter (*E-F-N-P-R*) #3,4,18

Beer, Gustave, *16.6.1893 Wien; - Ps. G. W. Wheatley (*D-F-L-N-R-S*) #3,4,18

Beer, Johann, *28.2.1655 St.Georgen/Attergau, †6.8.1700 Weißenfels; - Ps. Alamodus Pikkelhering; Amandus de Amando; Armandus de Bratimero; Antonius Caminerus; Der junge Simplicissimus; Der neue Ehemann; Ein lebendiger Mensch; Expertus Rupertus Ländler; Florianus de Francomonte; Franciscus a Claustro; Hanns Guck in die Welt; Jan Rebhu; Franciscus Sambelle; Ursus; Wolfgang von Willenhag; Zendorius a Zendorio (*P-R*) #4,5,13,14,15

Beer, Johann Christoph, *17.9.1638 Nürnberg, †25.11.1712 Nürnberg; - Ps. Amadeus von Friedleben (*L-P*) #4

Beer, Johann Kaspar, *17. Jh.; - gen. Arcander/PB #11

Beer, Natalie, *17.6.1903 Au/Bregenzerwald, †31.10.1987 Rankweil/Vorarlb.; - Ps. Ursula Berngath (*D-E-L-P-R*) #3,4

Beer, Otto Fritz, *8.9.1910 Wien; - Ps. Erik Ronnert (*E-F-N-R-S*) #3,4,5,7

Beer, Sebastian, *19.7.1609 Lauf, †30.10.1659; - gen. Der Vielgeübte/FG 658 (*P*) #11

Beer, Zacharias, *1534 Breslau, †6.3.1584 Neustadt a. d. Hardt; - Ps. Josua Lagus; Zacharias Ursinus (*P*) #4,13

Beerli, Hans, *24.4.1880 St.Gallen, †11.12.1957 Genf; - Ps. Hans Hagenbuch (*D-N-P*) #3,4

Beerwald, Konrat H. K., *2.3.1859 Thorn; - Ps. Konrat; Karl Moser (*P*) #3

Beetschen, Lucie, *2.6.1875 Aarburg/Schweiz, †25.10.1950 Aarburg; - Ps. Anna Burg (*E-J-L-N*) #3,4

Beetz, Dieter, *6.12.1939 Neustadt a. R.; - Ps. Dietmar Beetz (*E-F-L-R*) #3,4

Beger, Lorenz, *19.4.1653 Heidelberg, †21.2.1705 Berlin; - Ps. Daphnaeus Arcuarius; Durodulus (*P*) #6

Beheim, Michael, *27.9.1416 Sulzbach b. Weinsberg, †1474; - auch Behaim; Behamer; Behen (*L*) #1,4,11,15

Beheim-Schwarzbach, Martin, *27.4.1900 London, †7.5.1985 Hamburg; - Ps. Christian Corty; Ulrich Volkmann (*E-L-N-P-R*) #3,4,5,8,10,18

Beheim-Schwarzbach, Max, *15.4.1839 Berlin, †22.7.1910 München; - Ps. Max Böheimb (*D-L-P*) #1,3,4

Behemb, Martin, *16.12.1557 Lauban/Schles., †5.2.1622 Lauban; - auch Martin Bohemus; Martin Böhme (*D-L*) #1,4,11,13

Behl, Wilhelm, *3.3.1889 Berlin; - Ps. C. F. W. Behl (*D-L-P*) #3

Behm, Hans Wolfgang, *20.12.1890 Karlsruhe, †10.5.1973 Berlin; - Ps. John Elliot Emerson (*E-L-P*) #3,4

Behm, Ulrich Achim Gustav Friedrich, *6.5.1850 Thelkow/Meckl.; - Ps. U. Deis (*P-R*) #1,3,4

Behm, Wilhelm, *17.3.1898 Berlin; - Ps. Bill Behm; Frank vom Falkenberg (*F-P-R*) #3,4

Behme, David, *2.4.1605 Bernstadt/Schles., †9.2.1657 Bernstadt; - Ps. David Böhm (*L*)

Behncke, Georg Christoph Ludwig, *17.10. 1806 Hamburg; - Ps. Georg Ernst (*L-P*) #4

Beholz, Robert, *26.12.1902 Quedlinburg; - Ps. Robert Drude; Hans Holz (*E-R*) #3,4

Behr, Hans Hermann, *1818 Köthen, †6.3.1904 San Francisco; - Ps. Ati Kambang (*R*) #1,3,4

Behr, Hildegard, *20.9.1905 Kolberg/Pommern; - Ps. Berlinde Landa (*E-L-P*) #3,4

Behrend, Horst, *2.2.1913 Stettin; - Ps. Horst Rainer; Felix von der Spree (*E-F-L-N-P-R-S*) #3,4

Behrend, Martin, *1.1.1859 Hamburg; - Ps. Otto Ferger; Signor Ricardo (*E-P-S*) #1,3,4

Behrendt, Erwin, *27.5.1908 Königsberg; - Ps. Christopher Nidden (*N-P-R*) #3

Behrens, Albert, *2.8.1876 Cramme b. Braunschweig; - Ps. B. Renz von Cramm; A. Rocky-Bear (*D-P*) #3

Behrens, Bertha, *7.9.1850 Thale, †9.9.1912 Kötzschenbroda; - Ps. Wilhelmine Heimburg (*N-R*) #1,2,3,4,5,19

Behrens, Erna, *26.10.1917 Odrau/Schles.; - Ps. Behrens-Giegl; Erna Giegl-Behrens (*E-F-L-M-N-P-R-S*) #3,4

Behrens, Ernst, *5.11.1878 Glückstadt; - Ps. Ernst A. d'Acosta (*D-E-L-R-S*) #3,4

Behrens, Franz Richard, *5.3.1895 Brachnitz b. Halle/S., †30.4.1977 Berlin; - Ps. Erwin Gepard; Peter Mohr (*F-L*) #3,4,5

Behrens, Hugo, *21.7.1820 Hamburg, †7.11.1910 Kötzschenbroda b. Dresden; - Ps. B. Renz (*E-N-R*) #1,3,4

Behrens-Geering, Martha, *12.11.1882 Basel, †27.3.1952 Arlesheim/Basel; - Ps. Martha Geering; Ruth Waldstetter (*D-E-L*) #3,4

Behrens-Thyselius, Thora, *19.6.1911 Brake; - Ps. Thora Thyselius (*D-F-R*) #3

Behrsing, Arthur, *29.1.1873 Wellan/Livland, †26.6.1929 Köln; - Ps. Erich Grote (*P-S*) #4

Bei der Wieden, Franz, *15.10.1896 Rostock, †18.3.1973 Einbeck; - Ps. Notung (*D-E-S*) #3,4

Beidtel, Karl, *14.9.1817 Zara/Dalmatien, †9.3.1893 Innsbruck; - Ps. Albrecht Tebeldi (*D-L-P*) #1,4

Beielstein, Felix Wilhelm, *30.1.1886 Bochum; - Ps. Montanus (*D-E-F-N-P-R*) #3,4,10

Beier, Theodor, *16.4.1867 Berlin; - Ps. John Wilmers (*E-L*) #1,3,4

Beinert-Oberreich, Edith, *27.11.1883 Kempen/Posen; - Ps. Ernst Richard Dreyer (*D-L*) #3

Beißel, Georg Konrad, *1.3.1691 Eberbach/Nekkar, †6.3.1768 Ephrata/USA; - gen. Magus; Ps. Ein Friedsamer; Friedsam Gottrecht; Irenicus Theodicaeus (*L-P*) #4,13,15

Beißel, Rudolf, *6.4.1894 Köln, †11.7.1986 Saarburg; - Ps. Frank Cornel; Cornelius von Cöln; F. B. Cortan; Otto Otto (*F-P-R*) #3,4

Békessy, Jànos, *12.2.1911 Budapest, †29.9.1977 Locarno; - Ps. Antonio Corte; Donald Deen; Paul Fernwald; Frederick Gert; Hans Habe; Frank Richard; John Richler; Hans Wolfgang (*E-P-R*) #3,4,5,8,10,18,19

Bekker, Immanuel, *21.5.1785 Berlin, †7.6.1871 Berlin; - urspr. Emanuel Bekker (*P*) #4,13,15

Belicke, Kurt, *1929; - Ps. Chester Mulford (*R*)

Belle, Eugen Trauttwein von, *6.8.1832 Stettin, †13.2.1887 Berlin; - Ps. Eugen Trauttwein (*L-P*) #1,4

Bellin, Johann, *11.6.1618 Groß-Schönfeld/Pommern, †21.12.1660 Wismar; - gen. Der Willige/DG-R (*L-P*) #4,11,13

Bellinger, Brigitte, geb. Regler, *12.2.1935 Augsburg; - Ps. Christian Detzner; Brigitte Regler (*P*) #4

Bellm, Thekla, *27.2.1926 Cham; - Ps. Thea Bellm (*J*) #4

Bellmann, Constantin, *1696 Erfurt, †1.4.1758 Münden; - Ps. Constantin Bellermann (*L-P-S*) #4,13

Bellmann, Johann Diedrich, *8.5.1930 Ruschwedel b. Stade; - Ps. Dieter Bellmann (*D-E-F-L-P-S*) #3,4

Bellotti, Franz Xaver, *1748 Linz/Do., †Grätz; - Ps. Anselmus Rabiosus (*P*) #6

Belolawek-Morgan, Camillo, *28.10.1860 Wien, †20.12.1928 Wien; - Ps. Camillus von der Donau; René de La Pré; Camillo Morgan (*D-E-L-N-P-R*) #1,3,4

Below, Ottilie von, *2.5.1837 Freienwalde/Oder, †28.7.1894 Rostock; - Ps. Ambrosius Scharf (*L*) #1,4

Beltz, Martin, *10.11.1857 Hagenow; - Ps. Max Bolten (*P*) #3

Belz, Fred Gotthilf, *9.9.1905 Backnang; - Ps. Michael Marbach (*D-F-R-S*) #3,4

Bemelmans, Hedda, *31.8.1902 Krefeld; - Ps. Hedda Westenberger (*R*) #3

Bemmann, Hans, *1922 Groitsch b. Leipzig; - Ps. Hans Martinsen (*E-R*) #3,7

Bemme-Wingert, Heinz, *(1974); - Ps. Heiner Wingert (*J*) #3

Ben Gershorn, Ezra, *22.2.1922 Würzburg; - urspr. Ezra Feinberg; Ps. Joel König (*P*) #4

Ben-Chorin, Schalom, *20.7.1913 München; - urspr. Fritz Rosenthal (*D-E-L-N-P*) #3,4,18

Ben-Gâvriel, Mosheh Ya'akov , *15.9.1891 Wien, †17.9.1965 Jerusalem; - urspr. Eugen Hoeflich (*E-F-P-R*) #3,4,5,8

Benary, Albert Agathon, *3.6.1881 Lehsten/Mecklenburg; - Ps. Albert Lehsten (*J-P*) #3,4

Benary, Felix Heinrich, *27.10.1841 Berlin, †1888 Hamburg; - Ps. Felix Hermann (*E-P*) #1,3,4

Benary, Margot, *2.12.1889 Saarbrücken, †28.5.1979 Santa Barbara/USA; - Ps. Margot Benary-Isbert (*J-L-N-P-R*) #3,4,17

Bendeleben, Johann Georg von, *17. Jh.; - gen. Der Gewappnete/FG 847 #11

Bendemann, Erwin H. B. von, *21.12.1906 Berlin; - Ps. Ludwig Berger (*P*) #18

Bendemann, Margarete von, geb. Susman, *14.10.1872 Hamburg, †16.1.1966 Zürich; - Ps. Reiner; Margarete Susman (*L-P-R*) #3,4,5,8,18

Bender, Arnold Siegfried, *12.6.1904 Bochum, †16.4.1978 Port Isaac/Cornwall; - Ps. Mark Philippi (*P-R*) #4,18

Bender, Erich F., *(1987); - Ps. Stefan Frank (*R*)

Bendix, Ludwig, *28.6.1877 Dorstfeld/Westf., †3.1.1954 Oakland/USA; - Ps. Baruch Boker; A. Hozer; Heinrich Huckarde; Reversus (*P*) #4,18

Bendix, Ludwig, *28.10.1857 Mainz; - Ps. Raimund Aldermann (*P*) #3

Benecken, Wilhelmine, geb. Behrens, *(1787); - Ps. Wilhelmine B.; Wilhelmine Behrens (*L-P*) #4,11

Beneckendorff und von Hindenburg, Bernhard von, *17.1.1859 Glogau/Schles., †25.2.1932 Lübeck; - Ps. Bernhard von Burgdorff; Bernhard von Hindenburg (*D-L-P-R-S*) #1,3,4

Benedikt, Ernst, *2.5.1882 Wien, †28.12.1973 Wien; - Ps. Erich Major; Ernst Marliss (*D-L-P*) #3,4,18

Benedikt, Friedl, *4.11.1916 Wien, †3.4.1953 Paris; - Ps. Anna Sebastian (*L-P*) #18

Benedix, Lena, geb. Christ, *30.10.1881 Glonn/ Bayern, †30.6.1920 München; - Ps. Lena Christ (*E-P-R*) #3,4,5,8,9,15

Beneke, Adolf, *30.3.1841 Hannover; - Ps. B. Adolfi; Adolf Braunau (*E-J*) #1,3,4

Benesch, Irmfrid, *5.8.1912 Aichen/Mähren, †13.4.1987 Goch/Ndrh.; - Ps. Fridolin Aichner (*E-F-J-L-R-S*) #3,4

Benfey, Anna, geb. Schuppe, *Landeck/Schles., †27.5.1903 Weimar; - Ps. Anna Benfey-Schuppe; Anna Schuppe (*E-M-P-R*) #1,3,4

Bengsch, Gerhard, *24.11.1928 Berlin; - Ps. Terenz Abt (*D-E-F-P-R*) #3,4,14

Benisch, Eugenie, *26.8.1868 Wien; - Ps. Eugenie Benisch-Darlang (*E-P*) #3

Benjamin, Arnold Alexander, *1.3.1902 Moskau; - Ps. Arno Alexander (*F-R*) #3,4

Benjamin, Günther, *26.11.1893 Berlin, †21.4.1965 Sydney; - Ps. Ben Gunther (*P*) #18

Benjamin, Walter, *15.7.1892 Berlin, †26.9.1940 Port Bou/Frankr.; - Ps. A. Ackermann; Ardor; Anni M. Bie; C. Conrad; Karl Gumlich; Detlef Holz; E. J. Mabinn; K. A. Stempflinger (*L-P*) #3,4,8,17,18

Benkert, Karl Maria, *28.2.1824 Pest, †23.1.1882 Pest; - Ps. August Emil Flüring; Karl Maria Kertbény (*D-P*) #3,4

Benkiser, Ulrike von, *29.8.1920; - Ps. Georga von Mindern (*D-E-R*)

Benndorf, Werner, *24.6.1912 Leipzig, †18.12.1945; - Ps. Werner Treydte (*E-N-R*) #3,4

Benndorf, Wolfgang, *21.5.1901 Wien; - Ps. Peter Welf (*E-L-P*) #3

Benner, Josef, *10.5.1864 Langenhahn/ Westerw.; - Ps. Benno vom Walde (*P*) #3

Bennert, Julius Eduard, *22.9.1856 Köln, †18.10.1929 Köln; - Ps. Erasmus Schleicher (*D-N-P-R-S*) #1,3,4

Benno, Johann Ernst, *12.6.1777 Köslin, †19.4.1848 Köslin; - Ps. Josias Uhingk (*N-P-R*) #4

Benoni, Josef, *23.8.1879 Landskron/Böhmen; - Ps. Benno Reichstätt (*D-E-L-N*) #3,4

Benthe, Ernst von, *13.2.1901 Hannover; - Ps. Ernest A. Hefke (*E-L-R*) #4

Bentheim, Ernst Wilhelm Graf von, *17. Jh.; - gen. Der Vielmögende/FG 650 #11

Bentheim, Johann Adolph Graf von, *17. Jh.; - gen. Der Hauptsächliche/FG 882 #11

Bentheim, Mauritz Graf von, *17. Jh.; - gen. Der Vielgeliebte/FG 649 #11

Bentheim-Alpen, Friedrich Ludolph Graf von, *29.8.1587, †8.1.1629; - gen. Der Ergetzende/FG 106/1626 #11,12

Bentheim-Steinfurt, Wilhelm Heinrich Graf von, *4.2.1584, †6.10.1632; - gen. Der Kräftige/FG 11/1617 (*P*) #11,12

Benthem, Heinrich Ludolph, *2.11.1661 Celle, †9.7.1723 Harburg; - Ps. Irenicus Philalethes; Placentius de Verona; Pacificus Verinus (*P*) #6,13

Benthien, Paul, *20.10.1855 Hamburg; - Ps. Bruno Salmer (*L*) #4

Bentivegni, Ina von, *3.12.1856 Brunstorff; - Ps. Ina v. Binzer; Ulla von Eck (*E-R*) #1,3,4

Bentlage, C., *11.6.1849 Neuß; - Ps. Karl von Lenhard; Walther Vest; Walter West (*D-E-L*) #1,2,4

Bentz, Hans Georg, *5.9.1902 Berlin, †30.12.1968 Chieming; - Ps. George Hilt (*E-F-R*) #3,4,5

Bentzen, Siegfried, *Schönefeld/Holst., †1709 Meldorf; - Ps. Aetius Dietrich Ehrenhold (*P*) #4,6

Bentzien, Eva Maria, *24.11.1947 Freiberg/Sa.; - Ps. Eva Maria Kohl (*E-F-J-L-P*) #3

Benz, Heinz, *20.7.1890 Köln; - Ps. Ludwig Juler (*E-L-N*)

Benzel-Sternau, Karl Christian Ernst Graf von, *9.4.1767 Mainz, †13.8.1849 Mariahalden/ Schweiz; - Ps. Horatius Cocles (*D-M-N-R-S*) #1,6,11

Benzing, Michael Jochen-Gerd, *11.10.1954 Stuttgart; - Ps. Eva Simone; Tritonus (*P*) #4

Beran, Ernst, *6.7.1901 Köln; - Ps. Gustav Sternbaner (*D-E-J-L-R*) #3,4

Bérard, Margot, *24.9.1928 Breslau; - Ps. Margot Kotté (*E-R*) #3,4

Berbig, Johannes, *15.3.1884 Leipzig, †16.1.1949 Berlin; - Ps. Gibré Ben Walîm; Wolf Oeringk (*E-J-P-R-S*) #3,4

Berbig, Otto, *11.5.1861 Dresden; - Ps. Carl Ernst Otto; Waterfly (*R*) #3

Bercht, Ottilie, *1856 Hamburg, †1912; - Ps. O. Bielchen (*E-N-R-S*) #4

Berckhan, Ortrud, *(1969); - Ps. Bathseba Lane; Don Rivera (*R*) #3

Berdrow, Otto, *26.5.1862 Stralsund, †6.2.1903 Stralsund; - Ps. Leopold Guthart (*L-P*) #1,3,4

Berdrow, Wilhelm, *11.2.1867 Stralsund; - Ps. Hans Elben; Hans Elden (*P*) #3,4

Berdyczewski, Emanuel, *18.6.1903 Breslau; - später Emanuel bin Gorion (*P*) #4,18

Berdyczewski, Micha Josef, *30.8.1865 Medzbez/Podonien, †18.11.1921 Berlin; - später Micha Josef bin Gorion (*P*) #3,4

Beredik, Hilde, *19.10.1906 Wien, †1991; - Ps. Hilde Heide (*E-L-P*) #3,4

Berendsohn, Walter, *10.9.1884 Hamburg; - Ps. Bernhard Florian (*P*) #3,4
Berendt, Gerd, *28.8.1915 Lommatzsch/Sa.; - Ps. Klaus Bernhardt; Eugen Fock; Lanzelot Gobbo; Jupp Heydecker; Sebastian; Till; Eugen Trass (*E-J-N-R*) #3,4
Berendt, Werner, *22.9.1869 Königsberg, †1947 Berlin; - Ps. Werner von Königsberg (*D-L-P*) #1,3,4
Berenhorst, Wilhelm von, *21.5.1869 Berlin; - Ps. Borusso-Germanicus (*P*) #3
Berens, Josefa, *30.3.1891 Grevenstein/Sauerland, †6.6.1969 Meschede; - Ps. Josefa Berens-Totenohl (*E-L-N-R*) #3,4,5,8,9,10
Berensmann, Alwine Mathilde, *21.2.1851 Iserlohn; - Ps. Amber; Amber Ensmann (*L-N-S*) #3
Berfelde, Lothar, *1928; - Ps. Charlotte von Mahlsdorf (*R*)
Berg, Eleonora Elisabeth Dorothea von, geb. Münnich, *5.5.1729 Esens, †1775 Holstfershof/Estl.; - Ps. Eleonora Elisabeth Dorothea von Münnich (*P*) #4
Berg, Ernst von; - auch Ernst von Berchen; gen. Der Bedeutende/FG 296/1636 #11,12
Berg, Leo von, *29.4.1862 Zempelburg/Westpr., †12.7.1908 Berlin; - Ps. Ludwig Gorel; Dr. Pascal (*D-N-P*) #3,4
Berg, Lotte, *5.12.1907 Czernowitz/Bukowina, †24.9.1981 Bukarest; - Ps. Lucia Bacinsky (*E-J-L-M*) #3,4
Berg, Walter, *18.10.1910 Bielefeld; - Ps. Peter Sitt (*R*) #3,4
Bergauer, Conrad, *29.7.1928 Santa Cruz/Bras.; - Ps. Georg Auberger (*E-R*) #3,4
Bergel, Hans, *26.7.1925 Rosenau/Siebenbürgen; - Ps. Curd Bregenz (*E-L-N-P-R*) #3,4
Bergen, Georg von, *17. Jh.; - gen. Der Gutherzige/FG 737 #11
Bergener, Oswald, *5.12.1862 Straßberg/Harz; - Ps. Beowulf (*E-N-R*) #1,3,4
Bergengruen, Siegfried, *16.4.1900 Riga, †16.4.1942; - Ps. Quidam (*E-R*) #4
Berger, Alfred, *22.10.1939 Kaltenleutgeben/N.-Ö., †30.5.1991 Wien; - Ps. Joe Berger (*E-F-L-M-P-R*) #3,4
Berger, Arthur Charles Henri, *3.11.1871 Merseburg, †28.3.1947 Berlin; - Ps. Ch. H. A. Palmié (*E-P*) #3,4
Berger, Eva-Maria, *5.8.1939 Wohlau/Schles.; - Ps. Eva-Maria Berger-Breswald (*E*) #3,4
Berger, Friedrich Ludwig von, *1701 Wittenberg; - Ps. Hermannus Romanus della Congiontione (*P*) #6
Berger, Heinrich, *25.1.1856 Bickenbach/Hessen; - Ps. Ossip Duchowetzki (*E-R*) #1,3,4
Berger, Ida, *27.3.1857 Berlin; - Ps. Frau Melitta (*E-N-P*) #2,3
Berger, Johann Baptist, *19.12.1806 Koblenz, †6.1.1888 Boppard; - Ps. Gedeon von der Heide (*L-P-R*) #1,3,4
Berger, Johann Gottfried Immanuel, *27.7.1773 Ruhland/Oberlaus., †20.5.1803 Schneeberg/Erzg.; - Ps. Hieronymus Eusebius Augustinus (*P-R*) #4,11,13
Berger, Julius, *2.2.1863 Troppau; - Ps. Hans Wanderfeld (*E*) #3,4
Berger, Karl Heinz, *28.7.1928 Köln; - Ps. K. Heinz; Charles P. Henry (*E-J-N-P-R*) #3,4
Berger, Karl Philipp, *31.12.1793 Altötting, †10.6.1853 Altötting; - Ps. Karl Philipp Lattner (*S*) #1,4
Berger, Mathilde, verw. Gräfin Stubenberg, *29.10.1863 Schallaburg/N.-Ö., †24.3.1927 Laubegg/Steiermark; - Ps. M. St. Berg; Mathilde Gräfin Stubenberg (*D-E-L-R*) #1,3,4
Berger, Michel Georg, *10.1.1873 Wien; - Ps. M. von der Als (*P*) #3
Berger, Otto, *21.12.1922 Herzberg/Harz; - Ps. Roy Royan (*R*) #3
Berger, Peter, *25.1.1915 Rheinbrohl; - Ps. Axel Frank; Pitt Mount (*J-P-R*) #3,4,17
Berger, Rudolf, *1.9.1914 Wien, †19.2.1959 Bad Ischl/O.-Ö.; - Ps. Maurus Atzenbrugg; Rudolph (*D-F-N-S*) #3,4
Berger, Walter, *2.4.1920 Cosel/Oberschles., †24.7.1991; - Ps. Felix Herbst; Thea Hölscher; Elisabeth Lugert (*L-P*) #3,4
Berger von Lengerke, Wolfgang, *28.6.1896 Radebeul/Sa.; - Ps. Wolfgang Lengerke (*E-P-R*) #3,4
Bergertshammer, Johann Baptist, *9.9.1742 Wien, †12.1.1804 Wien; - Ps. Johann Baptist Bergobzoomer (*D-S*) #1,4,11,13
Bergervoord, Bernard Maria, *7.6.1866 Köln; - Ps. Roman Rheinisch (*D-E-P*) #3,4
Berges, Grete, *3.6.1895 Hamburg, †9.1.1957 Stockholm; - Ps. Grete Herthel-Berges (*J-P*) #3,4,18
Berges, Hermann Josef, *8.5.1903 Hergenrath; - Ps. Evering Eschhues (*E-L-R*) #3,4
Bergfeld, Max, *1.8.1864 Wildenfels; - Ps. Johannes Baldur; Montecampo (*D-L-P*) #3
Berghammer, Susanne, *22.2.1922 Pirmasens; - Ps. Susy Greiner (*E-J*) #3,4
Bergholz, Otto, *20.9.1890 Wörlitz/Anhalt; - Ps. Otto Berg (*J-L-N-R*) #3,4
Bergien, Oskar, *10.11.1909 Essen; - Ps. Udo Wallhäuser (*E-J-L-N-P*) #3,4
Bergk, Johann Adam, *21.6.1769 Hainichen b. Leipzig, †1834; - Ps. Elias d. J.; Franklin; Justus Freimund; Julius Frey; Hainichen; Dr. Heinichen; Montagne; Orthodoxos Phileleutheros; Philopatros; F. S. Spiess; Fr. Chr. Starke; S. M. Stockmann; Hermes Trismegistus; G. S. Wahl; Ernst Justus Wahrlieb; Erasmus Wunder (*P*) #6,13
Berglar-Schröer, Paul, *26.2.1884 Rheydt, †12.9.1944 Darmstadt; - Ps. Paul Bergenholt (*N-P-R*) #3,4
Bergler, Hans, *15.6.1859 Wien, †29.7.1912 Wien; - Ps. Ottokar Tann-Bergler (*D-E-P-R-S*) #1,3,4

Bergmann, Bernhard, *10.3.1893 Harsum b. Hildesheim; - Ps. Hartmann Bernberg (*P*) #3,4

Bergmann, Elfriede, *3.5.1910 Engelsdorf, †28.4.1980 Wurzen b. Leipzig; - Ps. Effi Bergmann; Elfriede Mund (*J-L-R*) #3,4

Bergmann, Eugen Ernst, *28.8.1857 Doblen/Kurland; - Ps. Eugen Ernst (*N-R*) #1,3,4

Bergmann, Hellmuth, *2.7.1899 Berlin; - Ps. Harald Ohlsen (*E-L-M*) #3,4

Bergmann, Herta, *31.7.1909 Hamburg; - Ps. H. B. (*E-F-N-R*) #3,4

Bergmann, Hilda, geb. Kohner, *9.11.1878 Prachatitz/Böhmen, †22.11.1947 Astorp/Schweden; - Ps. Hilda Kohner (*E-L-M*) #3,4

Bergmann, Johannes, *15.12.1895 Lilienstein/Sa.; - Ps. Bg (*P*) #3,4

Bergmeister, Josef, *6.9.1833 Ried/O.-Ö.; - Ps. Max Imberg (*P*) #3

Bergmoser, Alexander, *9.6.1913 Altenhundem/Westf.; - Ps. Alessandro Bergamo (*P*) #3

Bergner, Adolph August, *Langendorf b. Weißenfels, †2.9.1828 Halle/S.; - Ps. August Adolph; Wilhelm Ferdinand Adolph; Karl Eginhard; Wilhelm Ferdinand (*E-P*) #4,6,11

Bergner, Edith, *19.4.1917 Pretzsch b. Hohenmölsen; - Ps. Edith Müller-Beeck (*E-F-J-R-S*) #3,4,14,17

Bergner, Karlherrmann, *25.1.1922 Hamm; - Ps. Karl Herrmann; Tolmai (*J-R*) #3,4

Bergomanter, Moritz, *15.1.1812 Berlin, †1903 Baltimore/USA; - Ps. Horst Wiener; Morris Wiener (*D-E-N-R*) #1,4

Bergsträßer, Ludwig, *21.2.1883 Altkirch/Els., †23.3.1960 Darmstadt; - Ps. Ludwig Weyland (*P*) #3,4

Beringer, Heinrich, †1444; - Ps. Heinrich Plöne (*P*) #4

Berkenthin, Bartholomäus von, *17. Jh.; - gen. Der Fremde/FG 677 #11

Berkhahn, Günther, *11.7.1910 Berlin; - Ps. H. Erdt; Martin Togger (*P*) #18

Berkhan, Toni, *14.5.1882 Stuttgart, †22.4.1971 Korntal; - Ps. Toni Erhardt (*J-N-R*) #3,4

Berkner, Kurt, *19.1.1898 Berlin, †9.6.1968 Berlin; - Ps. Kabe (*J*) #3,4

Berkowitsch, Irma Mirjam, *1.3.1898 Prag; - Ps. Irma Singer (*L-M-P*) #3,4,18

Berks, Marie Edle von, *10.8.1859 Livorno, †1910 St.Georgen/Ö.; - Ps. Mara Cop-Marlet (*D-N-P-R-S*) #1,2,3,4

Berkun, Arthur, *27.10.1888 Krossen/Oder, †11.3.1954 Berlin; - Ps. Berkun-Wulffen (*D-E-L-N-P-R*) #3,4

Berl, Heinrich, *2.9.1896 Baden-Baden, †3.4.1953 Baden-Baden; - früher Heinrich Lott (*D-L-P*) #3,4

Berlau, Ruth, *24.8.1906 Kopenhagen, †16.1.1974 Berlin; - Ps. Maria Sten (*N-R*) #3,4

Berlepsch, Burckardt von, *1619, †6.9.1691; - gen. Der Kurzweilige/FG 337/1639 #11,12

Berlepsch, Harmann von, *17. Jh.; - gen. Der Gebrauchte/FG 557 #11

Berlepsch, Otto Wilhelm von, *1618, †29.10.1683 St.Pölten; - gen. Der Nangehende/FG 409/1644 #11,12

Berlichingen, Adolf Freih. von, *30.5.1840 Stuttgart, †3.5.1915 Würzburg; - Ps. Klemens Adolf; Adolf Clemens (*D-L-P-S*) #1,3,4

Berlin, Margarete von, †1925 Berlin; - Ps. Käte Damm; M. Ferno (*E-J-N-P-R*) #3,4

Berliner, Ludwig, *13.2.1886 Dolni Kubin/Slowakei, †1974 Ramat-Gan/Israel; - Ps. Ludwig Yomotov Bato (*P*) #4

Berlinicke, Rudolf, *30.3.1869 Berlin; - Ps. Rudolf Carlssohn; Karl Rudolf; Josef Thereumer (*P-R*) #4

Bermann, Moritz, *16.3.1823 Wien, †12.6.1895 Wien; - Ps. Julius Marlott; B. Mor; Berthold Mormann; Louis Mühlfeld; M. B. Zimmermann (*E-P-R*) #1,3,4

Bermann, Richard Arnold, *24.4.1883 Wien, †3.9.1939 Saratoga Springs/USA; - Ps. Arnold Höllriegl (*P-R*) #3,4,18

Berna, Anna, *24.11.1889 Uffholz; - Ps. Maria-Felice (*N-R*) #3

Bernard, Frits, *28.8.1920 Rotterdam; - Ps. Victor Servatius (*N-P-R*) #3

Bernard, Josef Karl, *1781 Horatitz/Böhmen, †31.3.1850 Wien; - Ps. Flazius (*P*) #4,13,15

Bernard, Karl, *1.9.1902 Frankfurt/M.; - Ps. Peter Maria Paolo; Thomas R. Winter (*F-N-R*) #3,4

Bernard-Schwegmann, Ursula, *7.7.1952 Quakenbrück; - Ps. Ursula Bernard (*L*) #3

Bernau, Anna, *15.2.1865 Iserlohn; - Ps. A. Beruna (*P*) #2,3

Bernauer, Karl Eugen, *4.11.1902 Zürich, †8.4.1951 Hergiswil/Schweiz; - Ps. Floralis (*E-L-P-R*) #4

Bernbrunn, Karl Andreas, *7.11.1789 Krakau, †14.8.1854 Ischl; - Ps. Karl Carl (*S*) #4,13,15

Bernbrunn, Margarete, *10.9.1788 München, †16.7.1861 Wien; - Ps. Margarete Carl; Adalbert Prix (*D*) #4

Bernd, Adam, *31.3.1676 b. Breslau, †5.11.1748 Leipzig; - Ps. Christianus Melodius (*P*) #4,6,13,15

Berndorff, Hans-Rudolf, *20.9.1895 Köln, †27.12.1963 Hamburg; - Ps. Rudolf van Werth (*E-F-N-P-R*) #3,4

Berndsen, Karl, *13.2.1881 Duisburg; - Ps. B. Agnar (*P*) #3,4

Berndt, Karl-Heinz, *2.3.1923 Guben/Niederlaus.; - Ps. Lentz de Barringkh; Kai Berg; H. von Bern; J. J. van Gost; Berny Gubane; Berndt Guben; Carolus Heibe; John Jersey; John B. King; Michel Pinscher; Will Turek (*L-P-R*) #3,4

Berndt, Otto, *15.1.1901 Berlin; - Ps. Baldur von Bern (*E-R*) #3
Berneck, Karl Gustav von, *28.10.1803 Kirchhain/Niederlausitz, †8.7.1871 Berlin; - Ps. Bernd von Guseck (*D-E-N-R*) #1,4
Bernegger, Matthias, *8.2.1582 Hallstadt, †5.2.1640 Straßburg; - Ps. Matthias Berengarius; Theodosius Berenicus; Theodosius Irenaeus (*P*) #4,6,13,15
Berner, Hans, *3.10.1901 Wien, †8.10.1986 Wiesbaden; - Ps. Guido Prantmiller (*L-P*) #3,4
Bernhard, Clara, *8.8.1853 Berlin; - Ps. K. Bernhard (*E-L-M*) #3
Bernhard, Georg, *20.10.1875 Berlin, †10.2.1944 New York; - Ps. Gracchus; Michel; Plutus (*P*) #3,4,18
Bernhard, Marie, *7.11.1852 Königsberg; - Ps. Bernhard Frey (*E-L-N-R*) #1,3,4
Bernhard, Marieluise, *11.2.1913 Oschatz/Sa.; - Ps. Marieluise Bernhard-von Luttitz (*E-J-L-P-R*) #3,4,17
Bernhard, Paul, *25.9.1867 Werden/Ruhr; - Ps. Bernhard von der Burg; A. Degens (*D-S*) #1,4
Bernhardi, August Ferdinand, *24.6.1769 Berlin, †2.6.1820 Berlin; - Ps. Falkenhain; Ernst Winter (*E-L-P*) #1,4,11,13,15
Bernhardi, Daniel, *(1694); - Ps. Hadrian Brendel (*L-P*) #6
Bernhardi, Elisabeth Eleonore, *8.8.1768 Freiberg/Sa., †4.3.1849 Freiberg/Sa.; - Ps. Philogyn (*J-P-R*) #4,6,11
Bernhardi, Horst, *21.9.1906 Berlin, †23.2.1988 Lübeck; - Ps. Bern Hardy (*L-P*) #3,4
Bernhardi, Luise, geb. Firle, *15.2.1828 Berlin; - Ps. Ludwig Fern; Luise Fern; Luise Firle (*E-J-M*) #1,2,4
Bernhardt, Claire, *9.1.1860 Breslau, †24.8.1919 Breslau; - Ps. Cleo-Beo (*D-E-N-P-R*) #1,4
Bernhardt, Helene, *14.1.1873 Leobschütz; - Ps. Helene Ehrhardt (*E-R*) #1,4
Bernhardt, Johann Gottfried, *(1806); - gen. Blumauer (*L*) #4,11
Bernhardt, Karl-Fritz, *23.7.1903 Altenburg b. Leipzig; - Ps. Carfriber; Fritz von der Heide; kfb (*L-P-R*) #3
Bernhardt, Oskar Ernst, *18.4.1875 Bischofswerda/Sa., †6.12.1941 Kipsdorf/Erzgeb.; - Ps. Abdruschin; Egon Berneck (*D-N-R-S*) #3,4
Bernhardy, Gottfried, *18.3.1800 Landsberg, †15.5.1875 Halle/S.; - Ps. Gabriel Bernhardy (*P*) #4
Bernhaubt, Pangratz, *1481 Nürnberg, †7.7.1555 Nürnberg; - Ps. Arctocephas; Schwenter (*L-S*) #4
Bernhold, Johann Michael, *5.6.1735 Creylingen, †12.1.1797 Uffenheim; - Ps. Octav. Horatianus (*P*) #6
Berning, August Heinrich, *17.2.1895 Duisburg, †3.1.1979 Aachen; - Ps. Hermann Roeder (*L-P*) #3,4
Berninger, Johannes, *4.7.1853 Eisenbach b. Limburg/L.; - Ps. J. Bleibtreu (*P*) #3
Bernlochner, Christa, *12.1.1940 Regen/Ndb.; - Ps. Christiane Herzig (*L-P-S*) #3
Bernold, Franz Josef Benedikt, *9.8.1765 Walenstadt/St.Gallen, †4.5.1841 Walenstadt; - Ps. Barde von Riva (*L-P*) #4,11,15
Bernold von Kaisersheim, *13. Jh.; - auch Bernold von Kaisheim (*P*) #4
Bernoulli, Karl Albrecht, *10.1.1868 Basel, †13.2.1937 Arlesheim b. Basel; - Ps. Ernst Kilchner (*D-L-R*) #1,3,4,5,15
Bernreiter, Rudolf, *25.23.1895 Marburg/Drau, †18.5.1917; - Ps. Rudi Bern (*D-L-P-S*) #4
Bernritter, Friedrich, *um 1749 Eglingen b. Munsingen, †31.10.1803 Stuttgart; - Ps. Kasimir Randglosse; Nepomuck Zauoser d. J. (*E-P*) #4
Berns, Ulrich, *7.10.1928 Duisburg; - Ps. Bodo Baumann; Frank Bowman; Jim Elliot; Frank Ulmann; John Wiltow (*J-P*) #3,4
Bernstein, Aaron, *6.4.1812 Danzig, †12.2.1884 Berlin; - Ps. Dr. Lotus; Aaron Rebenstein (*E-N-P*) #1,3,4,5,15
Bernstein, Albert, *3.4.1870 Walldorf b. Meiningen; - Ps. Bernstein-Sawersky; C. Sawersky (*D-E-S*) #3,4
Bernstein, Caroline, *8.7.1797 Berlin, †18.9.1838 Berlin; - Ps. Caroline B...n; Elisabeth Karoli (*L-N-S*) #1,2,4,11
Bernstein, Elsa, geb. Porges, *28.10.1866 Wien, †12.7.1949 Hamburg; - Ps. Elsa Porges; Ernst Rosmer (*D-E-L-S*) #1,2,3,4,5,8,9
Bernstein, Johanna, geb. Moosdorf, *12.7.1911 Leipzig; - Ps. Johanna Moosdorf; Johanna Weidenmüller-Moosdorf (*D-E-F-L-N-R*) #3,4,5,8,18
Bernstein, Karl Hugo Amber, *1808 Budapest, †15.11.1877 Mailand; - Ps. Karl Hugo; Bern v. Stein (*D-L*) #1,4,13
Bernstein, Max, *12.5.1854 Fürth, †8.3.1925 München; - Ps. Silas Marner (*D-N-P-S*) #1,3,4,15
Bernstorff, Hans Nikolaus von, *26.9.1856 Hanredder b. Elmshorn, †2.6.1914 Berlin; - Ps. H. v. Benno; Helena Gräfin Gyldensteen (*E-L-P-R*) #1,4,17
Bernth, Karl, *5.7.1802 Morawes b. Brüx, †10.11.1879 Moraves; - gen. Heinrich der Wepper (*L*) #1,4
Bernthsen, Maria, *1864 München, †24.1.1927 Heidelberg; - Ps. Max Grad (*E-N-R*) #1,3,4
Berov, Lili, *22.2.1936 Gorna-Orehowiza/Bulg.; - Ps. Liliana Bejanova (*E-L-M-P*) #3,4
Berr, Albert, *27.3.1893 Regensburg, †12.10.1957 Garmisch-Partenkirchen; - Ps. Lucas d'Orso (*N-P*) #3,4

Bertels, Eva, *16.11.1872 Stomersee; - Ps. Eva Gaehtgens (*E-J-P*) #3,4

Bertelsmann, Elisabeth, *1909 München; - Ps. Elizabeth Colman (*P*) #18

Berthold, Georg, *24.2.1857 Münsterschwarzach a. M., †30.12.1939 Mespelbrunn; - Ps. Leo von Berg (*E*) #1,4

Berthold, Hans, *11.9.1871 Pirna; - Ps. Ein alter Afrikaner; Desconocido (*P*) #3

Berthold, Helene, *25.5.1855 Schwiebus; - Ps. Helene Berthold-Schwiebus (*E-J*) #1,3,4

Berthold, Theodor Gottfried Johann, *4.12.1841 Münster, †20.4.1909 Bocholt; - Ps. Th. Bleibtreu; Dorus van Bockolt; Theodor Carus (*E-P*) #1,3,4

Berthold, Will, *12.10.1924 Bamberg; - Ps. Stefan Amberg; P. M. Deusel; Bert Franken; Martin Moira (*E-F-P-R*) #3,4

Berthold von Freiburg, *14. Jh.; - auch Bertholdus Dominicanus; Bruder Berthold (*P*) #4,15

Berthold von Moosburg, *13. Jh.; - auch Bertholdus Maisberchensis (P) #4,15

Bertholet, René, *29.4.1907 Genf; - Ps. Pierre Robert (*P*) #18

Bertin, Paul Robert Adalbert, *23.1.1849 Peitz, †10.2.1933 Langenberg/Rhld.; - Ps. Berinto; H. Robertin; Robertino (*D-J-L-P*) #1,3,4

Bertram, Johann Friedrich, *7.2.1699 Ulm, †18.6.1741 Aurich; - Ps. Karl Bohemus; J. F. Pynethro; Eusebius Ulmigena; Christian Veridicus; Eleuterius a Verimonte (*P*) #4,6, 11,13

Bertsch, Hilde, *(1968) Ludwigsburg; - Ps. Bertram (*J-R*) #3

Bertsch-Hegemann, Anja, *11.6.1920 München; - Ps. Anja Hegemann (*E-L*) #3,4

Bertuch, Friedrich Johann Justin, *30.9.1747 Weimar, †3.4.1822 Weimar; - Ps. Eugenius (*D-L-M-P-S*) #4,5,15,17

Berwanger, Nikolaus, *5.7.1935 Freidorf b. Temesvar, †1.4.1989 Ludwigsburg; - Ps. Nicolae Bergovan; Willi Frombach; m' Berwanger sei Niklos; Sepp Zornich (*D-E-F-L-P*) #3,4

Berynda-Czajkowska, Carla von, *1855 Brünn; - Ps. Carla von Czajkowska (*R*) #1,4

Beseke, Karl, *22.10.1851 Münster; - Ps. B. Seke (*P*) #3

Besold, Gertrud, geb. Lent, *22.7.1873 Berlin, †22.10.1935 Badenweiler; - Ps. Gertrud Lent (*E-L-N-R*) #1,3,4

Besser, Christa, *21.2.1920 Landsberg/Warthe; - Ps. Christa Burchardt (*R*) #3,4

Besser, Karl Rudolph Emil, *12.12.1863 Trier; - Ps. Emil von der Höhenwarte; Karl Rudolph (*L-M-P*) #1,3,4

Bessert, Lieselotte, geb. Spiegel, *15.3.1914 Kolmar/Posen; - Ps. Lieselotte Spiegel (*P-S*) #3

Beßmer, Gustav, *6.7.1866 Stetten i. R.; - Ps. Gustav Beßnard (*N-R*) #3

Best, Walter, *20.5.1905 Liegnitz, †3.10.1984 Marburg; - Ps. Sebastian Waldthausen (*D-E-F-J-L-P-R-S*) #3,4

Bethe, Anna, geb. Kuhn, *9.4.1876 Straßburg; - Ps. Anna Bethe-Kuhn (*M-N-S*) #3

Bethge, Bertha, *1.1.1829 Calbe/Saale, †30.7.1905 Dresden; - Ps. Caritas (*E*) #1,3,4

Bethmann, Horst, *8.9.1922 Siedenburg/Nieders.; - Ps. H. P. Dietrich (*E-P-R*) #3,4

Bethusy-Huc, Valesca Gräfin, *15.6.1849 Gut Kielbaschin/Oberschl., †27.5.1926 Lugano; - Ps. Moritz von Reichenbach (*N-R*) #1,3,4

Betke, Joachim, *8.10.1601 Spandau, †12.12.1663 Linum b. Potsdam; - Ps. Bohnsan; Beatus Joachimius (*P*) #4,6,13,15

Bettac, Margarete, geb. Wietholtz, *16.8.1869 Neurese, †16.9.1916 Esenau; - Ps. Margarete Nerese; Margarete Wietholtz (*E-J*) #1,2,3,4

Bettauer, Fritz Ernst, *23.6.1887 Breslau, †17.4.1952 Berlin; - Ps. Fritz Ernst (*D-N-P-R*) #3,4

Bettelheim, Jakob, *24.10.1841 Wien, †13.7.1909 Berlin; - Ps. Karl Norden; Norbert Rau; Karl Tellheim (*D-E-L-R-S*) #1,3,4

Bettmann, Helmut, *14.5.1904 Rheydt; - Ps. Js. Haber; C. C. Lithom (*J-L-P*) #3,4

Bettziech, Heinrich, *23.3.1813 Warben b. Delitzsch, †31.3.1876 Berlin; - Ps. Heinrich Beta (*E-P-S*) #1,4,13

Bettziech, Ottomar Heinrich, *7.2.1835 Berlin, †20.2.1913 Berlin; - Ps. Ottomar Heinrich Beta; Caduceus; Der Mann im Monde; Arohn Halmlos; Malthus II. (*D-N-R-S*) #1,3,4

Betulius, Johann Salomo, †1695 Grenzhof/ Kurland; - gen. Orontes/PB; Ps. Fridericus Vultejus (*P*) #6,11

Betz, Franziska, geb. Stoecklin, *11.6.1894 Basel, †1931; - Ps. Franziska Stoecklin (*L-N*) #3,9

Betz, Josef, *12.8.1906 Reutte/Tirol; - Ps. Elmar Boy-Linden (*R*) #3,4

Betz, Peter, *23.12.1843 Welscheid, †29.6.1875 Knapphoscheid; - Ps. Deringer (*P*) #4

Betzer, Resi, geb. Flierl, *13.8.1913 Lodz; - Ps. Resi Flierl (*E-F-J-N*) #3

Betzinger, Bernhard Anton, *25.6.1853 Bühl/ Baden, †1931 Karlsruhe; - Ps. Bernd vom Bühl (*P*) #1,3,4

Beumelburg, Werner, *19.2.1899 Traben-Trabach, †9.3.1963 Würzburg; - Ps. McGorgo (*E-N-P-R*) #3,4,5,10

Beuret, Esther, *24.9.1946 Zürich; - Ps. Esther E. Ammann (*R*) #3,4

Beurmann, Friedrich Emil, *14.3.1862 Basel, †5.2.1951 Basel; - Ps. Emanuel (*L-P*) #1,3,4

Beust, Johann Friedrich Graf von, *19.4.1761 Altenburg, †4.12.1821 Altenburg; - Ps. Friedrich Stube (*P*) #6,13

Beust, Philippine von, *4.4.1786 Langenbielau/ Schles., †16.4.1834 Schurgast/Schles.; - Ps. Philippine (*P-R*) #4,11

Beutler-Maroni, Maja, *8.12.1936 Bern; - Ps. Maja Beutler (*D-E-F-R*) #3,4

Beutner, Bärbel, *1945; - Ps. Brigitte Jacobi (*R*)

Beutnitz, Kristian, *17. Jh.; - gen. Der Beneidete/DG-L #11

Beuttenmüller, Hermann, *6.8.1881 Baden-Baden, †29.2.1960 Biberach; - Ps. Hermann Beutten (*L-N-P*) #1,3,4

Beyer, Elisabeth, geb. Lechner, *19.3.1913 Pfarrwerfen b. Salzburg, †8.5.1970 Schwarzach-St.Veit; - gen. Platten-Lisei; Ps. Elisabeth Lechner (*L*) #4

Beyer, Frida, *3.10.1880 Danzig; - Ps. Frida Beyer-Kaemmerer (*E-L*) #3,4

Beyer, Hartmann, *26.9.1516 Frankfurt/M., †11.8.1577 Frankfurt/M.; - Ps. Andreas Epitimus (*P*) #6

Beyer, Hermann, *4.1.1850 Tharandt/Sa., †20.2.1929 Dresden; - Ps. Balduin Schibbchen (*E-L-P*) #1,3,4

Beyer, Hubertus von, *26.3.1912 Wien, †23.10.1974 Wien; - Ps. Hubert Ludo Gerwald; L. Joanelli (*D-F-L-R-S*) #3,4

Beyer, Johann, *7.9.1858 Burg a. F.; - Ps. J. B.; Ximantus; Fillartri Zeidolyp (*L-P*) #1,3,4

Beyer, Karl Friederich Wilhelm, *25.3.1803 Weimar, †1.9.1887 Kelbra; - Ps. Der Rothenburger Einsiedler (*L*) #1,3,4

Beyer, Konrad, *13.7.1834 Pommersfelden/Franken, †17.3.1906 Mainz; - Ps. Beyer-Boppard; Konrad Byr (*D-L-P-R-S*) #1,3,4

Beyer, Rudolf von, *1810 Großbeeren, †1850 Lüttich; - Ps. Rupertus (*E-N-P*) #1,4

Beyfuß, Erika, *7.1.1901 Arnstadt/Thür.; - Ps. Erika Fries (*F-N-R*) #3,4

Beyrich, Clementine, geb. Helm, *9.10.1825 Delitzsch/Sa., †26.11.1896 Berlin; - Ps. Clementine Helm (*J-M*) #1,2,3,4,13,17

Beyschlag, Friedrich Jakob, *17.6.1700 Hall/Württ., †21.7.1788 Hall; - Ps. Irenaeus Bibliophilus (*P*) #6

Bezzel, Christoph, *17. Jh.; - gen. Bellisander/PB #11

Bianchi del Piano, Camises Graf, *17. Jh.; - gen. Der Seltene/FG 579 #11

Biberich, Gustav, *22.1.1875 Troppau, †29.9.1942 Wien; - Ps. Er (*R*) #4

Bibra, Ernst von, *9.6.1806 Schwabheim/Ufr., †5.6.1878 Nürnberg; - Ps. Paracelsus (*E-P-N-R*) #1,4,13,15

Bibra-Speßhardt, Thekla von, *3.6.1847 Römhild/Thür., †Meiningen; - Ps. Th. Alfred (*E-N*) #1,3,4

Bickel, Alice, *12.2.1925 Zürich, †28.12.1985 Zürich; - Ps. Sandra King (*J-R*) #3,4,7

Bicking, Franz Anton, *31.3.1809 Erfurt, †14.1.1873 Berlin; - Ps. Ludwig Rüben (*D-L*) #1,4,13

Biczó, Alexander von, *10.2.1868 Wien, †18.4.1935 Wien; - Ps. Alex. Bizo (*D-P-R-S*) #1,3,4

Bidermann, Jakob, *1578 Ehingen b. Ulm, †20.8.1639 Rom; - Ps. Didacus Bemardinus; Didacus Bernardinus (*D-L-R-S*) #4,5,6,13,14,15

Bidermann, Willi, *2.7.1932 Aach b. Freudenstadt; - Ps. Friedrich Abele (*L-M-N-P-S*) #3,4

Biebendt, Anna, *26.11.1848 Mühlhausen/Thür.; - Ps. M. A. Enders (*N-P*) #1,3,4

Bieber-Böhm, Hanna, *6.2.1861 Glaubitten/Ostpr.; - Ps. Hanna Böhm (*P*) #4

Biebinger, Friedrich, *19.5.1810 Mutterstadt, †11.8.1882 Speyer; - Ps. Fritz von Mutterstadt (*L*) #1,3,4

Biedermann, Berthold von, *3.2.1851 Chemnitz; - Ps. Edler von Foehrau (*E-R*) #1,3,4

Biedermann, Charles, *31.10.1856 Winterthur, †28.11.1901 Locarno; - Ps. Karl Heinrich Nordryck; C. H. Woltersberg (*E-L-P*) #4

Biedermann, Clara Magdalene Ernestine von, *3.9.1859 Liestal/Schweiz; - Ps. Magdalena Ernst (*P*) #2,3

Biedermann, Detlev Wilibald Freiherr von, *22.10.1823 Nieder-Forchheim/Erzgeb., †6.6.1896 Berlin; - Ps. Detlev Wilibald (*P-R*) #1,4

Biedermann, Felix, *29.5.1870 Wien, †26.10.1928 Wien; - Ps. Felix Dörmann (*D-L-N*) #1,3,4,15

Biedermann, Karl Friedrich, *25.9.1812 Leipzig, †5.3.1901 Leipzig; - Ps. Karl Friedrich (*D-P*) #1,3,4,15

Biedermann, Oskar, *17.2.1859 Liegnitz; - Ps. Oscar Blume (*P-S*) #3,4

Biedermann, Woldemar, *5.3.1817 Marienberg/Erzgeb., †6.2.1903 Dresden; - Ps. Einem; Ottomar Föhrau (*D-E-L-P*) #3,4,15

Biedersehe, Matthias von; - auch von Bürdersehe; Matthias Matthias Matthias von Beudersee; gen. Der Niederlegende/FG 437/1645 #11,12

Biedrzynski, Richard, *11.7.1901 Berlin, †7.11.1969 Stuttgart; - Ps. Richard Bie (*P*) #3,4

Biege, Karl Heinz, *(1957); - Ps. Clyde Morris (*P*)

Biegel, Helmut, *28.2.1897 Stettin; - Ps. Zenon (*N-P-R*) #3,4

Bieger, Marcel, *1954; - Ps. Kurt E. Seelmann (*P-R*)

Biehl, Friedrich Wilhelm, *28.1.1893 Pinneberg; - Ps. Fidde Biehl (*L-N-P-S*) #3,4

Biel, Gabriel, †7.12.1495 Einsiedel b. Tübingen; - auch Gabriel Byel; Gabriel Byhel (*P*) #4,13,15

Biel, Käte, *13.1.1906 Hamburg; - Ps. Harry Luck (*R*) #3,4

Biel-Wedekind, Kandidja, *6.8.1911 München, †1994 München; - Ps. Kadidja Wedekind (*E-F-L-P-R-S*) #3,18

Bielefeld, Otto Leopold, *24.2.1869 Karlsruhe; - Ps. Otto Leopold (*P-R-S*) #4

Bielenberg, Herta, geb. Breitenbach, *21.5.1906 Graudenz; - Ps. Herta Breitenbach-Bielenberg (*P*) #3

Bieler, Benjamin, *15.2.1693 Plankenstein, †1772 Schweinitz; - Ps. Benedikt Born; Gottfried Eisenhut; Christoph Müller (*P*) #4,6

Bielicke, Gerhard, *1.4.1935 Nauen/Havel; - Ps. Gerhard Kerfin (*L-P*) #3,4

Bielke, Steno Freiherr, *17. Jh.; - gen. Der Hochwehrte/FG 671 #11

Biendl, Hans, *18.12.1865 Wien; - Ps. H. Warner (*E-P*) #1,3,4

Bienemann, Caspar, *3.1.1540 Nürnberg, †12.9.1591 Altenburg; - Ps. Melissander (*L-P*) #4,11,13,15

Bienenfeld, Franz Rudolf, *27.9.1886 Wien, †18.5.1961 London; - Ps. Anton van Miller (*P*) #4,18

Bienengräber, Alfred, *8.11.1840 Grimme/Anhalt, †1908 Meerane; - Ps. Alfred Siegwart (*L-P*) #1,3,4

Bienewitz, Peter, *14.4.1495 Leisnig/Sa., †21.4.1552 Ingolstadt; - Ps. Peter Apian; Apisfilius (*P*) #4,13,15

Bierach, Alfred, *28.11.1924 Regensburg; - Ps. Richard Beste; John Lockhart (*P-R*) #3,4

Bierbaum, Otto Julius, *28.6.1865 Grünberg/Schles., †1.2.1910 Kötzschenbroda b. Dresden; - Ps. Colline; Martin Möbius (*E-L-N-P-R*) #1,3,4,5,8,14,15,17

Bierbüsse, Fritz, *5.12.1914 Godelheim/Weser; - Ps. Fritz Beerenbusch Esfaudeh (*D-E-L-P*) #3,4

Bierling, Ingrid, *4.7.1924 Jena; - Ps. Ingrid Emmelius (*L-P*) #3

Biermann, Georg, *7.7.1880 Köln, †3.4.1949 München; - Ps. Christian Cruwell (*D-P*) #3,4

Biermann, Lieselotte Hanna Eva, *22.3.1950 Stolzenau/Weser; - Ps. Pieke Biermann; Gabriele Cronau; Sada Dennoch; Kim Kraus; Sola Schönberg; Dörtie Soldi (*P-R*) #3,4

Biermann-Ratjen, Hans Harder, *23.3.1901 Hamburg; - Ps. Hans Harder Ratjen (*P-R*) #3,4

Biernatzki, Karl Johann Christoph, *31.12.1849 Friedrichstadt/Holst.; - Ps. Johannes Biernatzki (*E-P*) #1,4

Biersack, Gabriele, *23.9.1855 Freiburg/Br., †1934 Freiburg/Br.; - Ps. Gerhard Ruby (*E*) #3,4

Bierschenk, Burkhard Peter, *30.3.1950 Bocholt; - Ps. Peter Erfurt; Burkhard Schenck (*E-L-P-R*) #3,4

Biesenrod, Hans Hermann von, *17. Jh.; - gen. Der Verbietende/FG 667 #11

Biesten, Wilhelm Joseph, *25.10.1844 Speicher/Eifel, †18.2.1922 Boppard; - Ps. Wilhelm von Hagen (*D-E-L-R-S*) #1,3,4

Biewend, Edith, geb. Baumgart, *30.3.1923 Moers; - Ps. Edith Baumgart (*E-P-R*) #3

Bihalji-Merin, Otto, *3.1.1905 Beograd; - Ps. Peter Thoene; Peter Merin (*P*) #18

Bihály, Jakob, *12.4.1851 Neusatz; - Ps. Bruno Eichwald (*P*) #3,4

Bihan, Angelika, *24.11.1827 Seibersdorf/N.-Ö.; - Ps. A. Jäger (*N-P*) #2,3

Bilhöfer, Mary, *(1909); - Ps. Beate Marion (*N*)

Biller, Clara, *(1896); - Ps. Peter Taren; Franz Vidal (*N-P-R*) #2,3,4

Billerbeck, Friedrich, *22.7.1903 Dühringsdorf; - Ps. Friedrich Billerbeck-Gentz; Friedrich Gentz (*D-L-N-R-S*) #3,4

Billeter, Kaspar, *(1795) Stäfa/Zürich; - Ps. Alpinus (*L-P*) #4,11

Billican, Theobald, *um 1495 Billigheim/Pfalz, †8.8.1554 Marburg; - Ps. Gerlacher; Gernolt (*P*) #4,13,15

Billich, Katharina, *15.7.1939 Milna/Jug.; - Ps. Veseljka Baksic (*E-L*) #3

Billig, Julius Karl Gustav, *18.2.1813 Chemnitz, †21.7.1888 Leipzig; - Ps. Paul Netz; Alexander Spindler (*E-L-P-R*) #1,4

Bilow, Bartholomäus, *14.9.1573 Stendal, †um 1614 Erfurt; - auch Bilovius (*L-P*) #4,13

Bilse, Fritz Oswald, *31.3.1878 Kirn/Nahe; - Ps. Fritz von der Kyrburg; F. Wernthal (*D-E-P-R*) #1,4

Biltz, Karl Friedrich, *6.7.1830 Schildau/Sa., †16.2.1901 Berlin; - Ps. Oenophilus (*D-L-P-S*) #1,4

Bind, Rudolf, *10.5.1950 Basel; - Ps. Anne Schönholzer (*F-L-P*) #4

Binder, Maria, *18.1.1927 Knittelfeld/Steierm.; - Ps. Maria Binder-Trautner (*L*) #3,4

Binder, Otto, *20.8.1853 Ansbach; - Ps. Fram (*P*) #3

Binder-Gasper, Christiane, *12.4.1935 Duisburg; - Ps. Hildegard Maria Binder; Christiane Gasparri (*E-F-L*) #3,4

Binder-Krieglstein, Eugen von, *6.7.1873 St.Georgen/Steierm., †17.9.1914 Sieniowa/Galizien; - Ps. Eugen Krieglstein (*E*) #4

Bindewald, Luise, *6.10.1845 Wetzlar, †19.8.1905 Idstein; - Ps. Luise Hohndorf (*E-P*) #1,2,3,4

Bindewald, Theodor Heinrich, *26.4.1829 Altenschlirf b. Lauterbach, †11.12.1880 Frischborn b. Lauterbach; - Ps. Heinrich Scharfenberg (*E-P*) #1,4

Bindschedler(-Boesch), Nina, *22.7.1852 Ebnat/Schweiz; - Ps. Nina Boesch (*L*) #1,3,4

Bing, Siegmund, *17.8.1878; - Ps. Idem; Nubes; Sibi; Urban (*E-P*) #3,4

Bing, Walter, *19.4.1891 Markirch/Elsaß; - Ps. Bernhard Alter (*J-P*) #3,4

Binge, Nikolaus Adolf, *28.12.1796 Lehnsahn/Holst., †17.3.1840 Schleswig; - Ps. Dr. Müller (*L-P*) #4,6,11

Bingel, Horst, *6.10.1933 Korbach/Hessen; - Ps. Hobi (*E-L-P*) #3,4,5,10

Bingenheimer, Heinz, *21.10.1923 Köppern/Taunus, †17.8.1964; - Ps. Henry Bings (*E-R*) #3,4,7,16

Binhack, Franz Xaver, *11.4.1836 Waldsassen, †29.8.1915 München; - Ps. Julius Leo Franziskus Palatinus (*L-P*) #1,3,4

Binheim, Max, *16.7.1876 Alsleben; - Ps. Max v. d. Lippe (*E-P*) #3

Bink, Karl Wilhelm, *29.4.1887 Mandtkeim/Samland; - Ps. Karl Wilhelm (*L-P-S*) #3,4

Binkowski, Lorenz, *22.8.1908 Köln; - Ps. Lorenz Biki (*E-R*) #3,4

Binzer, August Daniel von, *30.5.1793 Kiel, †20.3.1868 Neiße; - Ps. A. D. Beer (*E-N-P*) #1,4,11

Binzer, Emilie von, geb. Gerschau, *6.4.1801 Berlin, †9.2.1891 München; - Ps. Emilie Gerschau; Ernst Ritter (*E-P*) #1,4,9

Bippen, Wilhelm von, *8.4.1808 Lübeck, †29.3.1865 Lübeck; - Ps. Gotthelf Weiter (*L-P-S*) #1,4,13

Birch-Pfeiffer, Charlotte Katharina, *23.6.1800 Stuttgart, †25.8.1868 Berlin; - Ps. C. Birchpfeiffer; Franz Fels; Waldherr (*D-E-R-S*) #1,2,4,5,13,14,15

Birck, Sixtus, *24.2.1501 Augsburg, †19.6.1554 Augsburg; - Ps. Xystus Betulius (*D-L*) #4,5,11,13,14,15,19

Birk, Alfred, *26.9.1855 Steinbrück/Steierm.; - Ps. F. A. Bürcke (*E-P*) #1,3,4

Birk, Karl, *8.3.1887 Wien; - Ps. K. B. Schillerwein (*P-S*) #3,4

Birken, Christian, *1619 Wildenstein b. Eger, †26.1.1677 Gundelfingen; - auch Christian Betulius; gen. Macaristo/PB (*L*) #4,11,13

Birken, Clara Catharina, *17. Jh.; - gen. Florinda/PB #11

Birken, Sigmund, *5.5.1626 Wildenstein b. Eger, †12.6.1681 Nürnberg; - gen. Der Erwachsene/FG 681/1647; Der Rüchende/DG-R; Floridan/PB; auch Sigmund von Betulius (*D-L-S*) #1,4,5,6,11,13,14,15,19

Birkenfeld, Georg Wilhelm Pfalzgraf von, *6.8.1591 Ansbach, †25.12.1669 Birkenfeld; - gen. Der Andere/FG 474/1647 #11,12

Birkenfeld, Jost Rudolf von, *17. Jh.; - gen. Der Geehrte/FG 642 #11

Birkenhauer, Klaus, *1.11.1934 Essen; - Ps. Brauer; Erwin (*P*) #3,4

Birkholz, Adam Michael, *23.11.1746 Prettin, †1.7.1818 Prettin; - Ps. Adamash Baatz; Ada Mah Bahz; Ada Mah Booz (*P*) #4,6

Birnbaum, Ernst, *20.11.1905 Berlin, †11.4.1986 Dortmund; - Ps. Ernst Baum; Kater Murr (*E-F-J-M-P*) #3,4

Birnbaum, Immanuel, *12.8.1894 Königsberg, †1982 München; - Ps. Ferdinand Roth (*P*) #4,18

Birnbaum, Martin, *11.1.1877 Berlin; - Ps. Apostata (*P*) #3

Birnbaum, Nathan, *16.5.1867 Wien, †1937 Scheveningen; - Ps. Matthias Acher; Mathias Nacher (*P*) #3,4,18

Birndt, Fanny, *24.4.1854 Kleinvoigtsberg/Sa.; - Ps. Kastrobalas (*E-J-S*) #1,2,3,4

Birner, Karl, *4.2.1874 Heilbronn; - Ps. Peter Konstantin (*L-N-P-R*) #3

Birner, Otto, *(1984); - Ps. Frederick Nolan (*R*) #16

Biron, Georg, *18.10.1958 Wien; - Ps. Dino Silvestre (*E-L-P-R*) #3,4

Birt, Alexander, *1.5.1848 Hamburg, †9.10.1913 Königsberg; - Ps. Hans Hohenfeld (*D-L-P*) #1,3,4

Birt, Theodor, *22.3.1852 Hamburg, †30.1.1933 Marburg; - Ps. Beatus Rhenanus (*D-E-L-N-P-R-S*) #1,3,4,11,15

Birti(-Lavarone), Helene, *9.1.1894 Wien, †23.3.1958 Wien; - Ps. Helene Lahr (*E-L-P*) #3,4

Bischof, Franz, *27.9.1885 Wien; - Ps. Max an der Klause (*E-S*) #3

Bischof, Heinz, *10.2.1923 Külsheim; - Ps. Günther Imm (*E-F-L-N-P-R*) #3,4

Bischof, Walter, *24.8.1923 St.Gallen; - Ps. Walter della Monda (*L-P-R*) #3,4

Bischof von Lübeck, Herzog von Schleswig-Holstein, Hans, *18.3.1606, †18.2.1655 Eutin; - gen. Der Nützliche/FG 286/1636 (*P*) #11,12,13

Bischoff, Christian Johann Hermann, *12.7.1851 Hamburg; - Ps. Karl Bischoff (*L-R-S*) #1,3,4

Bischoff, Diedrich, *5.2.1866 Bremen, †8.2.1946 Gaschwitz; - Ps. Adam Ego (*P*) #3,4,15

Bischoff, Emil, *16.5.1902 Nürnberg; - Ps. Emil Gurdan (*E-F-R*) #3,4

Bischoff, Fritz Walter, *26.1.1896 Neumarkt/Schles., †21.5.1976 Großweiler b. Achern; - später Friedrich Bischoff (*E-F-L-R*) #3,4,5,10,14

Bischoff, Hildegard, *4.4.1909 Hamburg; - Ps. Bengta Bischoff (*R*) #3,4

Bischoff, Jakob, *1733 Nürnberg, †1.2.1824 Nürnberg; - auch Bischof (*E-P-R*) #4,11

Bischoff, Johann, *(1566); - Ps. M. Johannes Episcopius (*L-S*) #4,11,13

Bischoff, Johann, *(1444); - Ps. Johannes Episcopus (*P*) #4

Bischoff, Johann Jakob Nikolaus, *3.9.1756 Weimar, †25.10.1833 Dresden; - Ps. Wahrmund (*L-P*) #4,6,11

Bischoff, Joseph Eduard Konrad, *9.8.1828 Niedergailbach/Rheinpfalz, †30.5.1920 Speyer; - Ps. Konrad von Bolanden (*N-R*) #1,3,4,15

Bischoff, Karl Heinrich, *6.6.1900 Laichlingen; - Ps. Veit Bürkle (*E-N-P-R*) #3,4,10

Bischoff, Ludwig, *1.3.1613 Ulm, †23.4.1650 Ulm; - Ps. Ludwig Episcopus (*P*) #4

Bischweiler, Christian I. Pfalzgraf von, *24.8.1598 Birkenfeld, †27.8.1654 Neuenstein; - gen. Der Schnabelnde/FG 205/1632 #11,12

Bissig, Gottfried von, *17. Jh.; - gen. Der Schmiegende/FG 869 #11

Biswang, Jürgen von; - gen. Der Häusliche/FG 290/1636 #11,12

Bittendiebel, Robert, *1907 Schiltigheim/Elsaß, †1984 Straßburg; - Ps. Christian Beltenried (*L*) #4

Bitter, Carl Hermann, *27.2.1813 Schwedt/Oder, †12.9.1885 Berlin; - auch Heinrich Bitter (*P*) #4,13

Bitter, Edith von, *15.2.1897 Wien; - Ps. Edith Heralth (*J-N-P-R*) #3,4

Bittlinger, Ernst, *1.1.1866 Berlin, †9.2.1929 Berlin; - Ps. Ernst Franz (*D-E-P*) #3,4

Bittner, Helmut, *20.6.1915 Kreuzburg; - Ps. Maud Eileen; Herman ten Fohrde; Julia Fohrde; Jörg Freiman; Jörg Fryman; Axel Garding; Axel Grunding; Harry Iversen; Helmut H. Lundberg; Herman ten Oosten; Ralf Rauland; (*F-J-P-R*) #3,4

Bittong, Franz, *2.11.1842 Mainz, †8.10.1904 Hamburg; - Ps. Oskar Stern (*D-M-P-S*) #1,3,4

Bittrich, Gerhard, *13.2.1906 Halberstadt, †2.9.1944 Göttingen; - Ps. Hans Burkhard (*P*) #3

Bittrich, Max, *17.6.1867 Forst/Lausitz, †8.8.1959 Freiburg/Br.; - Ps. Markus Florian; M. B. v. Forst; Gabriel Gora (*D-E-L-N-P-R-S*) #1,3,4

Bitzius, Albert, *4.10.1797 Murten/Schweiz, †22.10.1854 Lützelflüh/Schweiz; - Ps. Jeremias Gotthelf (*E-P-R*) #1,4,5,11,13,14,15,17

Bjensowa, Hanza, *27.3.1919 Rosenthal b. Kamenz; - Ps. Agnes Bensch (*F-J*) #3

Blaas, Erika, *10.9.1917 Kirchdorf b. Krems/O.-Ö.; - Ps. Erika B. Rockford (*E-F-L-M-N-P*) #3,4

Blaas, Josef, *25.6.1940 Schwaz; - Ps. S. Buchbinder (*F-L-P*) #3,4

Blaese, Berthold, *15.6.1886 Berlin; - Ps. Bert Schalla (*D-P-S*) #3,4

Blaeske, Johann Friedrich Ernst, *16.12.1864 Müncheberg/Brandenburg; - Ps. Johann Friedrich Ernst (*D-L-P-S*) #3,4

Blaich, Hans Erich, *19.1.1873 Leutkirch/Allg., †29.10.1945 Fürstenfeldbruck; - Ps. Dr. Owlglaß; Ratatöskr (*E-L*) #1,3,4,5

Blanck, Karl, *12.2.1862 Friedland, †21.2.1895 Friedland; - Ps. Bruno Tellheim (*L*) #1,3,4

Blanck, Karl, *20.10.1884 Magdeburg, †1951; - Ps. Tim Brauer (*J-N-P*) #3,4

Blangy-Lebzeltern, Seraphine von, *20.1.1842 Brünn, †19.6.1912 Klagenfurt; - Ps. A. M. Zeltern (*E-N*) #1,2,3,4

Blank, Herbert, *14.12.1899 Frankfurt/M., †7.1.1958 Hamburg; - Ps. Karsthans; Weigand von Miltenberg; Tiefenbach (*P-R*) #3,4

Blank, Matthias, *14.6.1881 München, †6.12.1928 Meißen; - Ps. E. Berlepsch; M. Birkenau; M. Blank-Hohenofen; Theo von Blankensee; B. Brandeis; M. E. Burg; M. B. Hohenofen; Offenstetten; R. Walter; M. Weßling; S. Weßling (*D-E-P-R*) #1,3,4

Blankenauer, Johann Christian, *17. Jh.; - gen. Der Geschmückte/DG-N #11

Blankenfeld, Janina, *27.4.1936 Warschau; - Ps. Lehrerin (*J*) #3,4

Blankenfeldt, Walter, *25.2.1886 Eberswalde, †1961; - Ps. W. E. Walter (*E-P*) #3

Blankmeister, Helmut, *28.12.1911 Kassel, †1975; - Ps. Max Blamasla (*E-L-N-R*) #3,4

Blarer, Ambrosius, *4.4.1492 Konstanz, †6.12.1564 Winterthur; - auch Ambrosius Blaurer; Ambrosius Blorer (*L*) #4,13,15

Blarr, Bert Albert, *17.12.1908 Berlin; - Ps. Ronald Bas (*E-P-R*) #3,4

Blasche, Hedwig, *6.10.1865 Kreuz; - Ps. Hedwig Birkhold (*E-M*) #1,2,3,4

Blaschnik, Fanny, geb. Arndt, *16.12.1827 Berlin, †1.11.1906 Berlin; - Ps. Fanny Arndt; Fanny Blaschnik-Arndt (*P-R*) #1,3,4,11

Blasich, B. Branko, *29.9.1870 Agram; - Ps. B. Branko (*N-S*) #3,4

Blasius, Johann Heinrich, *7.10.1809 Eckerbach b. Köln, †27.5.1870 Braunschweig; - Ps. Pallas (*P*) #4,13,15

Blasius, Richard, *19.2.1885 Reichenau/Sa.; - Ps. James Blake; Ignotus; Karl Richard (*D-E-F-L-R-S*) #3,4

Blaß, Ernst, *17.10.1890 Berlin, †23.1.1939 Berlin; - Ps. Daniel Stäbler; Erich Sternow (*E-L-P-R*) #3,4,5,8

Blattl, Josef, *18.3.1897 Walchsee/Tirol; - auch Josef Platl (*E*) #4

Blattner, Hermann, *22.7.1866 Schinznach/Aargau, †20.4.1910 Brugg/Aargau; - Ps. Heinrich Ragor (*P-S*) #4

Blau, E., *19. Jh.; - Ps. W.A. Reginald (*L-S*) #3

Blaukopf, Herta, *3.1.1924 Wien; - Ps. Herta Singer (*F-P*) #3

Blazincic, Emil Robert, *26.3.1874 Wien; - Ps. Emil Robert (*L-D*) #1,3,4

Blech, Abraham Friedrich, *12.2.1762 Danzig, †17.12.1830 Danzig; - Ps. Adolf von Bergen (*D-L-P*) #4,6,11

Blech, Ernst, *23.11.1846 Berlin, †12.6.1922 Zoppot; - Ps. Ernst Clemens (*D-P*) #3,4

Blechner, Heinrich, *25.12.1845 Wien, †9.12.1901 Wien; - Ps. Intimus (*N-R*) #1,3,4,5,8

Bleckmann, Henry, *28.12.1904 Hannover; - Ps. Henry K. Ernst (*E-N-R*) #3,4

Blei, Franz, *18.1.1871 Wien, †10.7.1942 Westbury/N.Y.; - Ps. Franz Bley; A. de La Houlette; Metardus; Prokop und Sylvester; Peregrinus Steinhövel (*D-N-P-S*) #1,3,4,5,8,15,18

Bleibtreu-Ehrenberg, Gisela, *2.8.1929 Bonn; - Ps. Gisela Bleibtreu (*P-R*) #3,4

Bleicher, Heinz M., *9.2.1923 Mettingen b. Esslingen; - Ps. Heinz Max Aid (*D-L-N-P*) #3,4

Bleschke, Johanna, *9.2.1894 Jena, †8.2.1936 Berlin; - Ps. Johanna Sanzara; Rahel Sanzara (*E-R*) #3,4,9,18

Blettlau, Hans Adam von; - auch Hans Adam von Bretlau; gen. Der Tröstende/FG 120/ 1626 #11,12

Bley, Wulf, *14.12.1890 Berlin, †20.4.1961 Darmstadt; - Ps. W. H. Hartwig (*D-F-L-R*) #3,4

Bleyer, Hans, *13.10.1880 Wien; - Ps. Hans Bleyer-Härtl (*D-E-N-P-S*) #3,4

Bleyer, Johann Georg, *1647 Tiefurt b. Weimar; - Ps. Filidor (*L-S*) #4

Bleysteiner, Georg, *13.3.1865 Nürnberg, †23.4.1911 Leipzig; - Ps. Wilhelm Hoffmann (*D-P*) #3,4

Blinckmann, Rita, *30.5.1925 Berlin, †20.5.1986 Hamburg; - Ps. Rita Rait (*E-F-L-S*) #3,4

Bliß, Paul, *3.3.1861 Prenzlau; - Ps. Georg Prinz (*D-E-N-R-S*) #1,3,4

Blittersdorff, Philipp von, *16.11.1869 Frankfurt/M., †5.11.1944 Bad Ischl/O.-Ö.; - Ps. Lippo von Blystropp; René van Rhyn (*N-P*) #1,3,4

Blobel-van Waasen, Brigitte, geb. Blobel, *21.11.1942 Hamburg; - Ps. Brigitte Blobel; Enid Blyton; Brigitte Sydow (*E-J-R*) #4

Blobner, Josef, *23.9.1878 Tachau/Böhmen, †7.10.1903 Tachau/Böhmen; - Ps. B. Lobner (*L*) #1,3,4

Bloch, Bianca, *19.1.1848 Lauban/Schlesien, †1901 Görlitz; - Ps. B. Waldow (*J-P-S*) #1,2,3,4

Bloch, Ernst, *8.7.1885 Ludwigshafen, †4.8.1977 Tübingen; - Ps. Ferdinand Aberle; Jakob Bengler; Karl Jahraus; Jakob Knerz; Eugen Reich; Josef Schönfeld (*P-R*) #3,4, 8,18

Bloch, Franziska, *27.5.1884, †1928 Kremsier/Mähren; - Ps. Franziska Bloch-Mahler (*J-L-M-P-S*) #3,4

Bloch, Hermann, *15.8.1867 Berlin, †1.1.1929 Breslau; - Ps. Hermann Reincke-Bloch (*P*) #3,4,15

Bloch, Iwan, *8.4.1872 Delmenhorst, †19.11.1922 Berlin; - Ps. Eugen Dühren; Albert Hagen; Gerhard von Welsenburg (*P*) #3,4,15

Bloch, Ludwig, *6.12.1859 Berlin; - Ps. R. Elbe (*S*) #1,3,4

Bloch, Olga, *30.8.1900; - Ps. O. Kolb (*P*) #3

Bloch, Susanne, geb. Ehmcke, *3.8.1906 Düsseldorf; - Ps. Susanne Ehmcke (*J-L*) #3,4,17

Block, Paul, *30.5.1862 Memel, †15.8.1934 Bad Harzburg; - Ps. Paul Berger (*D-E-M-N-P-R-S*) #1,3,4

Blöde, Marie Antoinette Franziska, *29.9.1821 Breslau, †12.3.1870 Brooklyn/USA; - Ps. Franziska German; Stuart Stern; Marie Westland (*L-P*) #1,2,4

Bloem, Walter Julius, *22.10.1898 Barmen, †31.5.1945 Berlin (f. tot erkl.); - Ps. Kilian Koll (*E-L-P-R*) #3,4

Bloem, Walter Julius Gustav, *20.6.1868 Wuppertal-Elberfeld, †19.8.1951 Lübeck; - Ps. B. Walter (*D-P-R*) #1,3,4,5,15

Blomberg, Georg von, *19.8.1770 Horn/Lippe, †28.8.1818 Gut Vortlage b. Tecklenburg; - Ps. Westphälinger (*L-P*) #4

Blome, Hans von, *24.2.1618, †28.8.1689; - auch Hans Blume; gen. Der Auslassende/FG 394/1642 #11,12

Blome, Johann, *1620 Hamburg, †9.4.1672 Hamburg; - Ps. Henricus Dendrinus; Lucas Escarbotus (*P*) #4

Blos, Wilhelm Josef, *5.10.1849 Wertheim/ Baden, †6.7.1927 Stuttgart; - Ps. Hans Flux; A. Titus (*D-P-R*) #1,3,4,15

Blosche, Renate, *17.1.1935 Karlsbad/ Fischern; - Ps. Renate Dalaun (*F-L-P-S*) #3,4

Blücher, Hannah, geb. Arendt, *14.10.1906 Hannover, †4.12.1975 New York; - Ps. Hannah Arendt (*P*) #3,4,18

Blücher, Hubertus von, *16.12.1924 Stockholm/Schweden; - Ps. H. B. Corell (*F-R*) #3,7

Blüher, Hans, *17.2.1888 Freiburg/Schles., †4.2.1955 Berlin; - Ps. Arthur Zelvenkamp (*P*) #3

Blum, Anna, *17.3.1867 Nürnberg; - Ps. Anna Blum-Erhard (*E-J-L-M-N-P-R-S*) #3,4

Blum, Anneliese, *26.10.1930 Köln; - Ps. Annette Bell; Anne Blum (*E-F-R*) #3,4

Blum, Carl Wilhelm August, *1786 Berlin, †2.7.1844 Berlin; - Ps. Karl Ludwig Blum (*D-S*) #1,4,13,15

Blum, Helene, *17.12.1907 Stolp/Pommern; - Ps. Helene Blum-Gliewe (*R*) #3,4

Blum, Ida, *6.9.1845 Leipzig, †1908 Leipzig; - Ps. J. Siegfried (*D-S*) #1,2,4

Blum, Joseph, *2.5.1851 München; - Ps. M. J. Blum (*D-S*) #1,4

Blum, Lili, geb. Martini, *1.12.1890 Bammenthal b. Heidelberg, †29.7.1969; - Ps. Lili Martini (*J*) #3,4

Blum, Lisa-Marie, geb. Koch, *3.10.1911 Bremerhaven; - Ps. Lisa-Marie Koch (*E-J-L-R*) #3,4,8,17

Blum, Lodoiska, *25.12.1841 Russisch-Polen, †17.2.1927; - Ps. Ernst von Waldow (*E-N-P-R*) #1,3,4

Blum, Richard, *13.2.1880 Kolmar/Elsaß; - Ps. Georg Richard Frithjof (*L-P*) #1,3,4

Blumauer, Aloys, *21.12.1755 Steyr/O.-Ö, †16.3.1798 Wien; - Ps. Aloys Auer; A. Obermeyer (*D-L-P*) #1,4,5,6,11,13,14,15

Blümcke, Ludwig, *3.3.1877 Märkisch-Friedland/Pommern, †16.5.1951 Rendsburg; - Ps. Conrad Henkendorf (*E-J-N-R-S*) #1,3,4

Blume, Horst M., *31.12.1922 Witzenhausen; - Ps. Torner Quist; Michael Sylvester (*E-L-N-R*) #3,4

Blümelhuber, Michael, *23.9.1865 Unterhimmel-Christkindl b. Steyr/O.-Ö., †20.1.1936 Steyr; - Ps. Schriften eines Deutschen (*L*) #3,4,15

Blumenfeld, Olga, *30.4.1889 Zürich, †29.1.1972 Zürich; - Ps. Olga Blumenfeld-Meyer; Olga Meyer (*F-J-R*) #3,4,17

Blumenkranz, Heinrich, *20.5.1895 Wien, †26.1.1964 Washington; - Ps. Heinrich Bernhard Kranz; Henry Kranz (*D-R-S*) #3,4,18

Blumenreich, Franziska, geb. Essenther, gesch. von Kapff, *2.4.1849 Schloß Waldstein/Böhmen, †28.10.1899 Berlin; - Ps. Franziska Essenther; Franziska von Kapff-Essenther (*D-E-N-R-S*) #1,3,4,9,13

Blumenreich, Heinrich, *27.12.1877 Wien, †16.11.1940 Los Angeles; - Ps. Heinz Reichert (*S*) #3,4

Blumenreich, Paul, *17.11.1849 Berlin, †3.8.1907 Berlin; - Ps. George Berwick; Jörg Ohlsen; Hellmuth Wille (*D-E-P-R-S*) #1,3,4

Blumenthal, Fritz Ernst, *22.7.1874 Berlin; - Ps. Fritz Ernst (*E-N-P-R*) #3

Blumenthal, Ilse, geb. Weiß, *14.10.1899 Berlin, †10.8.1987 New York; - Ps. Ilse Blumenthal-Weiß (*F-L-P*) #3,4

Blumenthal, Oskar, *13.3.1852 Berlin, †24.4.1917 Berlin; - Ps. Al. Hafi; Lector (*D-N-P-S*) #1,4,5,15

Blümml, Emil Karl, *25.10.1881 Währing b. Wien, †26.4.1925 Wien; - Ps. Karl Giglleithner (*P*) #4

Blumröder, August Friedrich von, *2.8.1776 Gehren b. Ilmenau, †14.6.1860; - auch Blumenröder; Ps. Peter Michael Goldmann; Theophilus Phospherus (*L-P-R*) #1,4

Blumröder, Gustav, *27.6.1802 Nürnberg, †23.12.1853 Nürnberg; - Ps. Antonio Anthus; Bernhard Brummer (*R-S*) #1,4

Blumtritt, Walter, *5.8.1878 Jena; - Ps. W. Weichardt (*L-P*) #3

Blunck, Barthold, *18.11.1892 Altona, †25.4.1961 Hamburg; - Ps. Ernst Reeling (*N-P-R*) #3,4

Blunck, Hans Friedrich, *3.9.1888 Altona, †25.4.1961 Hamburg; - Ps. Detlev B.; Hans Vollmert (*D-E-J-L-M-R-S*) #3,4,5,8,10,17

Blüthgen, Clara, geb. Kilburger, *25.5.1856 Halberstadt, †24.1.1934 Berlin; - Ps. C. Eysell-Kilburger; C. Ulrich (*D-L-N-P-R-S*) #1, 3,4,9

Blüthgen, Victor August Eduard, *4.1.1844 Zörbig b. Bitterfeld, †2.4.1920 Berlin; - Ps. A. E. Viktor (*E-J-L*) #1,3,17

Boas, Ismar, *28.3.1858 Exin b. Schubin; - Ps. Paul Berger (*P*) #3

Bobbe, Johann Benjamin Gottlieb, *1717 Oranienbaum/Anh., †1798 Dessau; - Ps. Antidaemoniakus (*P*) #6

Bobek, Agnes Elisabeth, *4.11.1871 Marburg/Dr.; - Ps. Agnes Elisabeth (*L*) #3,4

Bobertag, Bianca, *19.10.1846 Breslau, †31.3.1900 Breslau; - Ps. Viktor Valentin; Irenäus Wasservogel (*E-N-R*) #1,2,3,4

Bobrow, Ella, *12.12.1911 Nikolaiew/Ukraine; - Ps. Ella Bobrow-Zuckert (*E-L-M*) #3

Bocer, Johann, *um 1525 Hamberge/Minden, †6.10.1565 Rostock; - auch Boedeker; Booker (*L-P*) #4,15

Boch-Schlimme, Edith, *(1984); - Ps. Edith Carell (*R*) #3

Bochow, Hanna, geb. Blüthgen, *2.1.1897; - Ps. Hansi Bochow-Blüthgen (*P*) #3

Bochskandl, Marcella, *30.5.1906 Rom; - Ps. Marcella d'Arle (*D-F-J-N-P-R*) #3,4

Bocht, Andreas Samuel, *17. Jh.; - gen. Der Hervorbrechende/FG 769 #11

Bock, Alfred, *14.10.1859 Gießen, †6.3.1932 Gießen; - Ps. G. H. Bach (*D-E-L-N-R-S*) #1,3,4,5,15

Bock, Cornelius Peter, *8.6.1804 Aachen, †18.10.1894 Freiburg/Br.; - Ps. Christodor (*P*) #4,6,11,13

Bock, Henny, *10.1.1855 Thorn; - Ps. Henny Bock-Neumann (*P*) #3

Bock, Hieronymus, *1498 Heidelsheim/Baden, †21.2.1554 Hornbach/Pfalz; - Ps. Hieronymus Tragus (*P*) #4,13,15

Bock, Ida, *5.9.1872 Wien, †12.8.1940 Wien; - Ps. Ida Bock-Stieber; Paracelsus; Inge Troll (*D-N-P-R*) #1,3,4

Bock, Johann Christian, *um 1732 Dresden, †1785 Dresden; - Ps. Freyenburg (*D-L-P-S*) #1,4

Böck, Josef, *16.2.1859 Wien; - Ps. Böck-Gnadenau (*E-P-S*) #3,4

Böck, Marianne, *17.3.1914 München; - Ps. Marianne Böck-Hartmann (*J*) #3,4

Bock, Minna, *1833 Posen; - Ps. Johanna Berger (*N-R*) #1,4

Bock, Theodor Ferdinand, *27.12.1859 Prag, †14.4.1937 Wien; - Ps. Theodor Ferdinand Stieber (*N-R-S*) #1,3,4

Bock-Stieber, Ada, *5.5.1889; - Ps. Ada van Roon (*F*) #3

Böckel, Josef Heinrich, *um 1780 Berlin, †um 1844 Berlin; - Ps. J. H. Barda (*R*) #4,11

Böckel, Marie, *19.12.1867; - Ps. Max Laun (*R*) #1,2,4

Bockemühl, Erich, *12.6.1885 Bickenbach b. Köln, †12.5.1968 Schermbeck; - Ps. Eberhard Büren (*E-L-P-S*) #3,4,5,17

Böcker, Hans Werner, *5.2.1916 Gelsenkirchen-Buer; - Ps. Peter Arellano (*J-N-R-S*) #3,4

Böcker, Juliane, *12.5.1905 München; - Ps. IBE; Rolf Rockers (*J-L-M-N-R-S*) #3,4

Böckl, Manfred, *2.9.1948 Landau/Ndb.; - Ps. Thomas Drayton; Brian Elliot; Fred Kinsale; Jean de Laforet; Frederick Nolan; Jack Slade; John P. Vanda (*L-N-R*) #3,16

Böckler, Guido, *24.9.1886 Camden/USA; - Ps. Guido Henry-Camden (*E-L-R*) #3,4

Böckler, Otto Heinrich, *23.6.1867 Oranienburg, †16.6.1932 Berlin; - Ps. Otto Heinrich Johannsen (*D-E-L*) #1,3,4

Böckli, Carl, *23.9.1889 St.Gallen; - Ps. Bö (*L-P*) #4

Böcklin zu Böcklins-Au, Franz Friedrich Siegmund August von, *28.9.1745 Rust/Baden, †2.1.1813 Ettenheim; - Ps. Deophanes (*D-L-P-S*) #4

Bockshorn, Samuel, *1629, †12.11.1665 Stuttgart; - Ps. Samuel Capricornus (*D-L*) #4,13

Bode, Adolf Walter, *1.6.1904 Reudnitz; - Ps. Paul Anders; Walt Sydney (*E-F-R*) #3,4

Bode, Alfred, *19.2.1892; - Ps. Hans Henning Boden (*L*) #4

Bode, Friedrich Wilhelm Adolf, *20.8.1856 Felsberg/Hessen; - Ps. Hans Elben (*L-P-S*) #1,3,4

Bode, Hedwig Baronin von, *19.4.1857 Barnimskunow/Pommern, †21.1.1919 Berlin; - Ps. Hedwig Schobert (*E-N-R*) #1,3,4

Bode, Johann Joachim Christoph, *12.1.1720 Braunschweig, †13.12.1793 Weimar; - Ps. Amelius (*D-L-S*) #4,15

Bodenhausen, Bodo von, *2.4.1603, †2.12.1636 Hamburg; - gen. Der Hübsche/FG 152/1628 #11,12

Bodenhausen, Cuno Ordomar von, *7.8.1598 Görzig/Anhalt, †2.10.1654 Görzig; - gen. Der Bequeme/FG 69/1623 #11,12

Bodenhausen, Curt von, *9.2.1604 Wülfingeroda, †10.6.1632 Bautzen; - gen. Der Erläuternde/FG 192/1629 #11,12

Bodenhausen, Hermann Bodo von, *13.7.1856 Grebenstein/Hessen; - Ps. Hermann von Boden (*D-P*) #1,3,4

Bodenhausen, Kraft von, *26.10.1568 Rhoda b. Erfurt, †29.2.1626; - gen. Der Hochtreibende #11,12

Bodenheimer, Max Isidor, *21.3.1865 Stuttgart, †20.7.1940 Jerusalem; - Ps. Max Bodmer (*D-P*) #4,18

Bodenmüller, Elisabeth, geb. Lavater, *(1828); - Ps. Elisabeth Lavater (*E-P-S*) #4,11

Bodenschatz, Herbert, *(1991); - Ps. Bert Floorman (*P*)

Bodenstedt, Alice, geb. Fliegel, *6.6.1884 Berlin; - Ps. Alice Fliegel; Alice Jadassohn (*D-E-N-P-R*) #1,3,4

Bodenstedt, Friedrich Martin von, *22.4.1819 Peine, †18.4.1892 Wiesbaden; - Ps. Martin Reckenlob; Mirza Schaffy (*D-E-L-P-R*) #1,3,4,5,13,14,15

Bodenstedt, Hans, *25.10.1887 Magdeburg, †1958 Feldafing/Starnberger See; - Ps. Hans Brennecke; Hans Hansen; Jupp Six (*E-L-M-N-P-R-S*) #3,4

Bodenstedt, Johanna, geb. Kreichelt, *21.8.1912 Clausthal-Zellerfeld, †6.6.1984 Hamburg; - Ps. Jo Hanna; Hanna Kreichelt (*F-L-N-P*) #3,4

Bodenstein, Andreas, *um 1477 Karlstadt/Ufr., †24.12.1541 Basel; - Ps. Abecedarius; Andreas Carolstatt; Andreas Karlstadt (*P*) #4,11,13,15,19

Bödewadt, Ingeborg, geb. Andresen, *30.1.1878 Hainmoor b. Eiderstedt, †17.1.1955 Bremen; - Ps. Ingeborg Andresen (*D-E-N-R-S*) #1,3,4

Bodisco, Theophile von, *15.3.1873 Reval, †um 1940 Blankenburg/Harz; - Ps. Magda Kaarsen (*P-R-S*) #2,3,4

Bodmer, Johann Jacob, *19.7.1698 Greifensee/Schweiz, †2.1.1783 Gut Schönenberg b. Zürich; - Ps. Hermann Axel; Dürer; Heinrich Effinger; Erlebach; Hermannfríed; Holbein; Konrektor Wolfgang Erlenbach; Obereck; Rubeen; Daniel Stopp; von Urbin (*D-L-P*) #1,4,5,6,11,13,14,15,19

Boeck, Karl von der, *22.5.1832 Münster, †22.9.1892 Berlin; - Ps. C. Dauer; C. v. Derboeck (*E-P-R*) #1,3,4

Boeckel, Otto, *2.7.1859 Frankfurt/M., †17.9.1923 Frankfurt/M.; - Ps. Capistrano (*L-P*) #3,4

Boecker, Luise, *11.10.1875 Gladenbach/Biedenkopf, †25.11.1953 Berlin; - Ps. Boecker-Eichhoff (*L-N-R*) #3,4

Boeddinghaus, Paul, *3.3.1877 Elberfeld; - Ps. Paul Jörg (*D-L-S*) #1,3,4

Boege, Max, *(1898); - Ps. Max Berger (*N-P*) #3

Boeheim, Carl von, *20.5.1901 Haan/Böhmen, †3.7.1976 München; - Ps. Emil Franzel (*P-R*) #3,4,18

Boehm, Albert, *14.2.1877 Wetzlar, †25.7.1957 Clausthal-Zellerfeld; - Ps. Karl Emil Schwenck (*N-P-R*) #3,4

Boehm-Tettelbach, Arthur Georg, * 21.5.1875 Erstein/Elsaß; - Ps. G.A. Boehm (*P*) #3,4

Boehme, Alwin, *9.11.1857 Schönwalde; - Ps. Alwin Franz; B. Oehme; Vates; Woemos (*P*) #3,4

Boehme, Erich, *30.7.1879 Berlin; - Ps. E. P. B. (*P*) #3

Boehme, Johann Gottlob, *18. Jh. Wurzen/Sa.; - Ps. Crissenius Beroensis (*P*)

Boehmer, Joachim, *19.10.1895 Kemnitz/Priegnitz; - Ps. Job (*L-P*) #3,4

Boehmker, Richard, *9.12.1870 Altona; - Ps. R. Bröhmeck; Ebekrohn (*E-L-N-P-R*) #4

Boersner, Mauricio, *30.10.1891 Erfurt; - Ps. Wolfram Dietrich (*L-P*) #3,4,18

Boesch, Emil, *31.1.1909 Gachnang/Schweiz; - Ps. Nikolaus Boesch; Nikolaus (*L-P*) #3,4

Boesche, Tilly, *31.1.1928 Elbing/Westpr.; - Ps. Tilly Boesche-Zacharow; Eve Jean; Ilka Korff; Eva Trojan; Zacharow (*E-J-L-P-R*) #3,4

Boeselager, Joachim von, *1608, †21.4.1668 Jever; - gen. Der Aufhaltende/FG 400/1642 #11,12

Boeß, Julie, geb. Kniese, *15.4.1880 Frankfurt/M., †15.2.1972 Weimar; - Ps. Julie Kniese (*E-J-N-R-S*) #3,4

Boesser, Julius, *8.7.1842 Oberhessen, †1913; - Ps. Julius vom Hag (*D-S*) #1,3,4

Boettcher, Mathilde von, *28.11.1840 Mitau/Kurland; - Ps. Tante Alice (*E-J-N*) #1,3,4

Boettcher, Walter, *12.8.1900 Leipzig; - Ps. H. W. v. Mennicke (*P*) #3
Boettger-Seni, Otto Karl August, *7.4.1887 Berlin; - Ps. Ines; Karl Maria von Randel (*L-P-R*) #3,4
Boetticher, Ernst, *30.7.1842 Düsseldorf; - Ps. Otto von Weiler (*P*) #3
Boge-Erli, Nortrud, *26.11.1943 Pecs/Ungarn; - Ps. Nortrud Erli (*E-J-R*) #3,4
Boger, Margot, geb. Langhammer, *21.4.1888 Mühlhausen/Thür., †31.10.1968 Stuttgart; - Ps. Margot Boger-Langhammer (*E-R*) #3,4
Böger, Richard, *8.6.1854 Arolsen; - Ps. Helmut Biege (*L-P*) #1,3,4
Bögershausen, Karl-Heinz, *23.2.1925 Hildesheim; - Ps. Cornelius Kempe; Boris Vandrey (*R*) #3,4
Bogler, Agnes, *6.7.1848 Stockholm; - Ps. A. von Plankenburg (*D-P-R-S*) #1,2,3,4
Bogner, Walpurga, *16.2.1826 Absam/Tirol, †30.4.1872 Kremnitz/Ungarn; - Ps. Walpurga Schindl (*L*) #4
Bogs, Dieter, *26.1.1938 Potsdam; - Ps. Stephan Karl August Bächlein; Warnfried Baux-Cheffair; Josquin Hendrijk Friedebert Belgiqueur; Bogs zum Strahlenfeld; Wanfried Böndner; Kaspar Colignear; Ralf Krüger; Chris McRulian; Hiob Michail; Ferdinand Maria Möldener; Asleif Myritzas; Joseph Hieronymos Leone Schallschweig-Giftfrosch-Glasberg; Bernhard Gabriel Schloffsky; Willy Wardener (*D-E-L-P-R*) #3,4
Boguslawski, Albert von, *24.12.1834 Berlin, †7.9.1905 Berlin; - Ps. Vernau; Friedrich Wernau (*N-P-R*) #1,3,4
Boh, Felix Friedrich Wilhelm, *18.11.1844 Braunschweig; - Ps. B. von Brauns (*L-P-S*) #3,4
Boh, Minni, , geb. Ankele, *11.7.1858 Geestemünde, †6.4.1918 Pillnitz; - Ps. Minni Ankele (*E-L-M-S*) #1,3,4
Böhlen, Johannes (Hypolytus), *21.8.1878 Dössel/Westf., †7.9.1950 Fulda; - Ps. Hans von Dössel (*D-J-R-S*) #3,4,15
Bohlen, Susanne von, verw. v. Bandemer, *1751, †30.12.1828 Koblenz; - Ps. Susanne von B.; Susanne von Bandemer; S. v. B. (*D-E-L-R*) #1
Bohlen und Halbach, Berndt von, *17.10.1905 Karlsruhe, †6.11.1983 Linz/Rh.; - Ps. Harry Anders; Werner Hillig (*E-N-P-R*) #3
Bohlen und Halbach-Grigat, Herthy von, *16.10.1911 Essen, †12.10.1985 Linz/Rh.; - Ps. Harriet Anders; Hertha Grigat; Margarethe Lüerssen (*E-F-L-P-R*) #3
Böhler-Mueller, Charlotte, *5.4.1924 Buxheim/Allg.; - Ps. Lotte Becka; ChBM (*L-P*) #3,4
Bohlien, Guenther, *1936; - Ps. Lionel Rubinin (*R*)
Böhlje, Georg, *8.3.1867 Halstrup/Oldenburg; - Ps. Sardi Sarnen (*L-P*) #1,3,4
Bohlmann, Anne-Liese, geb. Jessen, *21.5.1905 Flensburg; - Ps. Alf Jessen; Anne-Liese Jessen (*R*) #3,4
Böhm, Anton, *25.4.1895 Budweis/Böhmen, †17.11.1965 Münster; - Ps. A. W. Böhm (*F-L-R*) #3,4
Böhm, Antonie, *1846 Wien, †16.11.1903 Wien; - Ps. Alma Friedland (*L*) #1,3,4
Böhm, Franz, *26.1.1852 Unter-Tannowitz/Mähren; - Ps. Der Eremit am Berge (*P*) #3
Böhm, Frieda, geb. Schünemann, *20.4.1886 Edellack/Süderdithm., †24.9.1959 Schirnau b. Rendsburg; - Ps. Frieda Böhm-Schünemann; Frieda Schünemann-Röstermundt (*E-L-N*) #1,3,4
Böhm, Friedrich, *6.9.1892 Großwöhlen/Böhmen, †16.11.1974; - Ps. Fritz Böhm; Magnus (*E-L-N-R*) #3,4
Bohm, Gunhild, *25.5.1945 Norddorf/Amrum; - Ps. Gunhild Bohm-Geyer (*E-F-L-P*) #3,4
Böhm, Gustav, *27.1.1874 Augsburg, †3.7.1944 Göggingen b. Augsburg; - Ps. George Brown (*E-L-P-R*) #3,4
Böhm, Karl, *5.3.1913 Nürnberg; - Ps. Peter Porst (*E-J-P*) #3,4
Böhm, Leonhard, *25.11.1833 Weißkirchen/Ungarn; - Ps. L. Néray (*P*) #3
Böhm, Martin, *4.12.1844 Breslau, †11.6.1912 Berlin; - Ps. G. Braun; Gustav Braun; Paul Gerstenberg; Emil Hildebrand; Müller; H. Suderfrau; Ernst von Zahmenbruch (*D-P-S*) #1,3,4
Böhm, Otto, *22.6.1878 Troppau; - Ps. Otto Born; Sthenos (*D-L-P*) #3
Böhm, Willibald, *29.10.1875 Wodnian/Böhmen, †19.12.1956 Aletshausen/Bayern; - Ps. Hagen; Ernst Seltsam; Sirius (*E-P*) #1,3,4
Bohmann, Alfred, *12.9.1906 Gossengrün b. Falkenau, †17.2.1983 Bonn; - Ps. Albin Eissner (*P*) #4
Böhme, Albert, *12.3.1821 Magdeburg; - Ps. Karl Tornow (*R*) #1,4
Böhme, Ernst Robert, *16.8.1859 Heidenau/Sa.; - Ps. E. Zieber (*P*) #3
Böhme, Hans, *15.1.1911 Dresden; - Ps. Stefan Elten (*J*) #3,4
Böhme, Hermann, *19.2.1903 Hoboken/USA; - Ps. Harm Harmsen (*E-L-N-P*) #3,4
Böhme, Jakob, *1575 Altseidenberg b. Görlitz †17.11.1624 Görlitz; - gen. Philosophus Teutonicus (*P*) #4,5,13,14,15
Böhme, Johann, *17. Jh.; - gen. Der Unbefleckte/DG-R #11
Böhme, Johannes, *25.2.1859 Unterneusulza b. Weimar; - Ps. Dominicus (*P*) #3,4
Böhmer, Gabriele Renate, *17.5.1916 Düsseldorf; - Ps. Bele Bachem (*E-P*) #3,4
Böhmer, Heinrich, *17. Jh.; - gen. Der Leitende/DG-L #11
Böhmer, Johann Gotthold, *Groß-Postwitz/Oberlaus., †1.9.1783 Bautzen; - Ps. Bibliophilus (*P*) #6

Bohn, Heinrich von, *30.5.1911 Jägerndorf/Schles.; - Ps. Tom Timm (*N-R*) #3,4

Bohnacker, Irmgard, *3.6.1898; - Ps. Irmgard Tischer (*L-S*) #4

Bohne, Josefine, *18.3.1898 Eulau; - Ps. Josefine Richter; Mila Tannweber (*E-J-R*) #3,4

Bohner, Theodor Paul, *6.7.1882 Abokobi/Brit. Goldküste, †1963 Berlin; - Ps. Paul Hirner (*N-P-R*) #3,4

Böhnert, Agnes, *27.5.1870 Bielefeld; - Ps. C. Märzfeld (*D-E-S*) #4

Bohr, Barbara Elisabeth, geb. Sass, *(1719); - Ps. Barbara Elisabeth Sass; Sassina (*L*) #4

Bohrmann, Heinrich, *28.5.1840 Saarbrücken, †8.10.1908; - Ps. Heinrich Bohrmann-Riegen (*D-S*) #1,3,4

Bohse, August, *2.4.1661 Halle/S., †1742 Liegnitz; - Ps. Gustav Hobes; Talander (*N-R*) #1,4,5,6,11,13,15,19

Bohte, Heinrich, *17. Jh.; - gen. Der Empfangende/DG-L #11

Boie, Ursula, geb. Eyer, *24.7.1923 Kiel; - Ps. Ursula Boie-Eyer (*J-P*) #4

Boineburg, Friedrich von; - auch Friedrich von Benneberg, gen. von Hohenstein (Honstein); gen. Der Anziehende/FG 204/1631 #11,12

Boinenburg, Friedrich von, *17. Jh.; - gen. Der Putzende/FG 608 #11

Boinenburg, Hans Jost von, *17. Jh.; - gen. Der Verstopfende/FG 707 #11

Boje, Walter, *5.8.1895 Berlin; - Ps. A. Desiderius (*F-P-R*) #3,4

Böke, Karl, *6.5.1898 Osnabrück; - Ps. Charles Eköb (*D-E-F-L-S*) #3,4

Boksberg, Christoph Karl von, *17. Jh.; - gen. Der Begierige/FG 738 #11

Bolander, Sophie, *(1840); - Ps. Tante Agneta (*P*) #2

Bolay, Karl-Heinz, *23.11.1914 Saarbrücken; - Ps. Björn von Baltenau; Ugo da Byola; Sven Svenson (*D-F-L-N-P-R*) #3,4

Bolhöfer, August, *1.12.1849 Bolhof bei Oerlinhausen, †2.7.1917 Lippstadt; - Ps. Simon (*L*) #4

Bölling-Moritz, Cordula, *6.11.1919 Stolp/Pommern; - Ps. Cordula Moritz (*E-P*) #3,4

Bollmann, Christian, *21.7.1902 Lübeck; - Ps. Thomas Kamppen (*E-L-P*) #3,4

Bölte, Amalie Charlotte Elise Marianne, *6.10.1811 Rehna, †15.11.1891 Wiesbaden; - Ps. Amely B. (*E-N-P-R*) #1,4,9,13

Bolte, Anna Helene, *10.11.1852 Lonkorß/Westpr., †19.5.1912; - Ps. Ada Rhenstaedt (*E-J-L-P-S*) #1,3,4

Boltz, Valentin, *Rufach/Elsaß, †1560 Binzen/Baden; - auch Valentin Bolz (*D-P-S*) #4,13,15

Bolza, Eugenie, *26.12.1816 Wien, †2.4.1891 Wien; - Ps. Natalie; Baronesse Popp (*L*) #1,4

Bom, Bruno, *6.11.1901 Hamburg, †6.12.1964 Hamburg; - Ps. Heino Bäumer (*F-J-M*) #3,4

Bombelles, Karl Albert Graf, *17.8.1832 Turin, †29.7.1889 Rodaun b. Wien; - Ps. Carl Albert (*S*) #4

Bomhard, Constanze von, *25.3.1846 München; - Ps. C. Hirundo (*E-L-N-R*) #1,3,4

Bömke, Bernhard, *31.7.1921; - Ps. Jim Allison; Rigos del Bernis; Irmtraut Faber; Rex Hollis; King Keene; Larry Lash; L. S. Ranger; Tonny Stuart; Dan Yelling (*R*) #3,4

Bomsdorff, Emmy von, geb. Leibing, *16.3.1886 Leipzig; - Ps. Emmy von Bomsdorff-Leibing (*L-N-P-R-S*) #3,4

Bomsdorrf-Bergen, Herbert von, *2.7.1872 Leipzig; - Ps. Christian Schweizerkreuz (*D-P-R*) #4

Bona, Hans, *12.1.1883 Korneuburg/Ö.; - Ps. Hans von der Mattig (*L*) #4

Bonafont, Karl Philipp, *22.7.1778 Rastatt; - Ps. B. Fontano; Karl Philippi (*D-E-L-P-S*) #1,4,6

Bondy, Fritz, *18.4.1888 Prag, †24.5.1980 Zürich; - Ps. Thomas Leslie; N. O. Scarpi (*E-P-N-R*) #3,4

Boner, John Engelbert, *8.9.1909 Bremen; - Ps. Johann Boner (*D-L-P*) #3,4

Bongardt, Eugen von, *10.6.1903 Straßburg; - Ps. Erich Faube (*F-L-N*) #3

Bongartz, Dieter, *25.3.1951 Dülken/Ndrh.; - Ps. Peter Gais (*E-L-P-R*) #3

Bongartz, Heinz, *28.10.1916 Solingen; - Ps. Jürgen Thorwald (*P-R*) #3,5,10

Bonhoeffer, Emmi, geb. Delbrück, *13.5.1905 Berlin; - Ps. Emmi Delbrück (*P*) #3

Bonhoeffer, Johann Friedrich, *1718 Hall/Schwaben, †7.7.1783 Hall; - auch Heinrich Bonhoefer (*L-P*) #4,11

Bonhoff, Carl, *3.10.1865 Königshof b. Hann.-Münden; - Ps. Albrecht Eggelbrecht (*P-R*) #1,3,4

Bonhoff, Otto, *21.2.1931 Leipzig; - Ps. K. A. Gundel (*E-F-R*) #3

Bonin, Anna von, *8.9.1856 Brotzen/Hinterpommern, †18.6.1933 Schönwerder b. Pyritz; - Ps. Hans Werder (*N-R*) #1,2,3,4,11

Bonin, Ulrich Bogislaus von, *28.9.1682 Karzin/Pommern, †9.1.1752 Ebersdorf; - Ps. Theophilus Pomeranus (*L-P*) #1,4,6

Bonin-Ponitz, Horst-Olaf von, *17.8.1906 Berlin, †22.3.1942 (gef.); - Ps. Swantus Masuren (*E-P*) #3,4

Bönisch, Hermann Friedrich, *10.11.1896 Wien; - Ps. F. Hermann Bon; Bonche; Bonotra; Bonteya (*E-F-J-N-R*) #3,4

Bonitz, Clementine, *4.11.1889 Godesberg/Rh.; - Ps. Grete Minde; Minde-Bonitz (*E-F-L-M-N-R*) #3,4

Bonn, Ferdinand, *20.12.1861 Donauwörth, †23.9.1933 Bernau; - Ps. Franz Baier; Florian Endli (*D-L-P-R-S*) #1,3,4

Bonn, Franz, *18.7.1830 München, †7.7.1894 Regensburg; - Ps. von Miris; Franz von Münchberg; Freiherr von Rachwitz; Jeremias Wimmler (*D-E-L-P-R-S*) #1,3,4,13,17

Bonnet, Johannes, *4.5.1843 Ornshagen/Pommern, †23.10.1913 Neuruppin; - Ps. Johannes von Ornshagen (*E-N-R*) #1,3,4

Bonnus, Hermann, *1504 Quakenbrück, †12.2.1548 Lübeck; - auch Bonn; Bonnius; Bunnus; eig. Hermann Gude (*L-P*) #1,4, 13,15

Bonsack, Wilfried, *1951; - Ps. Michel Boviq (*R*)

Bonsels, Bernd Holger, *8.9.1907 Etzenhausen/Obb.; - Ps. Felix Delios; Bernd Holger (*D-E-L-N-R*) #3,4

Bonté, Hugo, *13.3.1873 Purkersdorf b. Wien; - Ps. Rabe (*E-L*) #1,3,4

Bonus, Arthur, *21.1.1864 Neu-Prussy/Westpr., †9.4.1941 Bischofstein; - Ps. Fritz Benthin; Franz Brand; Georg Stolterfoth (*J-P*) #1,3,4

Bonwitt, Werner, *13.2.1880; - Ps. bon (*P*) #3

Boogers, Lukas, *20.4.1751 Uffenheim/Bay., †19.1.1835 Wien; - Ps. Lükas Böer (*D-S*) #4

Borch, Johann von der, *1567, †1642; - auch Johann von der Bork; gen. Der Gedeihende/FG 112/1626 #11,12

Borchard, Ruth, *16.2.1910 Hamburg; - Ps. Anne Medley (*P*) #18

Borchardt, Bruno, *17.11.1859 Bromberg; - Ps. Karl Wernher (*P*) #3

Borchardt, Georg Hermann, *7.10.1871 Berlin, †19.11.1943 Auschwitz; - Ps. Georg Hermann (*D-N-P-R*) 1,3,4,5,8,14,15,18

Borchardt, Rudolf, *9.6.1877 Königsberg, †1945; - Ps. Spectator Germanicus (*E-L-P-R*) #3

Borchers, Karl, *31.1.1896 Himmelsthür/Hann.; - Ps. Charles Borgers (*R*) #3,4

Borchert, Carl, *20.1.1850 Hapsal/Estl.; - Ps. Carl Peter Torbrech (*L-P-R*) #3

Borck, Caspar Wilhelm von, *30.8.1704 Gersdorf/Pommern, †8.3.1747 Berlin; - Ps. Buschmann (*D*) #4,5

Borck, Karl Friedrich Wilhelm, *18. Jh.; - Ps. Karl Friedrich Wilhelm Bork (*E-L-R*) #4

Borée, Karl Friedrich, *29.1.1886 Görlitz, †28.7.1964 Darmstadt; - Ps. Karl Friedrich Boeters (*E-P-R*) #3,4,5,10

Borgmann, Grete, *1.11.1911 Koblenz; - Ps. Eva Andres (*P*) #3,4

Borgmann, Wilhelm Hubert, *6.7.1849 Cleve, †16.7.1927 Pulheim b. Köln; - Ps. Cäsar Sauerland (*L-P-R*) #3,4

Borié, Egidius ValeriusFelix von, *8.11.1719 Stockach/Ö., †29.3.1793 Regensburg; - auch Beaurieu (*P*) #4,13

Boriß, Otto, *24.12.1887 Lubicwen/Ostpr., †19.9.1957 Hamburg; - Ps. Otto Boris (*E-R*) #3,4

Bork-Jacobi, Elfriede, *1904; - Ps. Elja Ost (*L-P*) #3,4

Borken, Philipp Adrian von, *17. Jh.; - gen. Der Verborgene/DG-R #11

Borkenau, Franz, *15.12.1900 Wien, †22.5.1957 Zürich; - Ps. Ludwig Neureither (*P*) #18

Borkholder, Christian, *um 1784 Neuwied; - auch Christian Burkhalter (*L-P*) #4,11

Bormann, Edwin, *14.4.1851 Leipzig, †3.5.1912 Leipzig; - Ps. Bliemchen (*D-J-L-P-R-S*) #1,3,4

Bormann, Gottlob Wilhelm, *18.5.1737 Lauban/Oberlaus., †5.1.1805 Berlin; - Ps. Gottlob Wilhelm Burmann (*E-L-P*) #1,4,13,17

Born, Georg, *14.3.1928 Hamburg-Harburg; - Ps. George Bertran de Born (*E*) #3

Born, Georg Friedrich von dem, *17. Jh.; - gen. Der Vorbereitende/FG 698 #11

Born, Hilda, *(1944); - Ps. Hilda von Born-Pilsach (*N-R*) #3

Born, Ignaz Edler von, *26.12.1742 Karlsburg/Siebenbürgen, †24.7.1791 Wien; - Ps. Aristokrates Rheginensis; Giovanni Fisiofilo; Ignaz Loyola Kuttenpeitscher; Johannes Physiophilus (*P*) #4,13,15

Born, Stephan, *28.12.1824 Lissa/Posen, †4.5.1898 Basel; - urspr. Simon Buttermilch; Ps. Stephan (*D-P*) #1,3,4,15

Börne, Ludwig, *6.5.1786 Frankfurt/M., †12.2.1837 Paris; - urspr. Juda Löb Baruch (*E-P*) #1,4,5,6,13,14,15,19

Bornemann, Ernst Wilhelm Julius, *12.4.1915 Berlin, †3.6.1995 Scharten b. Linz/Ö.; - Ps. Ernest Borneman; Cameron McCabe (*F-P-R*) #3,4,18

Bornemann, Eva, *16.6.1912 London, †9.12.1987 Wels/Ö.; - Ps. Eva Geisel (*D-F-L-N-P-R*) #3,4

Bornemann, Winfried, *26.11.1944 Göttingen; - Ps. Carola v. Gästern; Gerda von Nussink (*P*) #3,4

Börner, Brunhild, *25.6.1924 Münster/Westf.; - Ps. Brunhild Börner-Kray (*L-N-P*) #3,4

Börner, Friedrich, *17.6.1723 Leipzig, †30.6.1761 Wittenberg; - Ps. Alethareus Adeisidaemon (*P*) #6

Börner, Nicolaus, *1693 Schmieritz/Thür.; - Ps. Asterion (*P*)

Borngräber, Gertrud, *20.1.1873 Dresden; - Ps. Gerda von Robertus; Gerda von Robertus-Schlieben; Gerda von Schlieben; Gerda von Schlieben-Borngräber (*L-M*) #3,4

Bornmeister, Simon, *2.6.1631 Nürnberg, †8.12.1688 Nürnberg; - gen. Fontano/PB (*L*) #1,4,11,13,15

Bornschein, Ernst Johann Daniel, *20.7.1774 Prettin b. Merseburg, †1.4.1838 Gera; - Ps. D. B-n; Joh. Fr. Kestler; Lümmel auf Lümmelsdorf; Fr. Möller; Tobias Schwalbe (*D-P-R-S*) #1,4,6,11,19

Bornschürer, Johann, *5.11.1625 Schmalkalden, †5.12.1677 Tann/Rhön; - Ps. Fontano (*L*) #4,13,15

Börnstein, Heinrich, *4.11.1805 Hamburg, †10.9.1892 Wien; - Ps. Walter von Berge; H. Germamer; phi (*P-R-S*) #1,4

Bornstein, Joseph, *18.10.1899 Krakau, †23.6.1952 New York; - Ps. Erich Andermann (*P*) #4,18

Bornstein, Paul, *8.4.1868 Berlin; - Ps. D. P. Aschenborn; Paul Steinborn (*L-P*) #1,3,4

Bornstroem-Rundé, Uwe, *24.8.1929 Hamburg; - Ps. Gina Bergen; Sven Detlev Christiani; Carrol Mortimer; Helge Sylvester; Andrea Thomas (*F-R*) #3,4

Borrmann, Martin A., *10.9.1895 Rössel/ Ostpr., †30.11.1974 Berlin; - Ps. Matthias Born (*E-F-L-N-P-R*) #3,4,5

Bors, August Baron, *9.12.1851 Wien, †3.4.1894 Wien; - Ps. August Baron Borsod; Paul Sziglàvy (*P-R-S*) #1,3,4

Borsdorff-Robatzek, Else, *30.12.1899 Momehnen/Ostpr.; - Ps. Orff (*L-N-P*) #3,4

Börstel, Christian Heinrich von, *nach 1602, †um 1661; - gen. Der Erlängernde/FG 407/1644 #11,12

Börstel, Curt Christoph von, †1655; - gen. Der Wiederfindende/FG 438/1645 #11,12

Börstel, Curt von, *22.3.1611, †5.6.1645; - gen. Der Bestreitende/FG 324/1638 #11,12

Borstel, Ernst Gottlieb von, *17. Jh.; - gen. Der Anreizende/FG 591 #11

Börstel, Ernst von, *nach 1585, †1623; - gen. Der Truckene/FG 61/1623 #11,12

Börstel, Hans Ernst von, †1644; - gen. Der Bittere/FG 41/1621 (*P*) #11,12

Börstel, Heinrich von, *14.9.1581, †11.3.1647 Plötzkau; - gen. Der Eilende/FG 78/1623 #11,12

Börstel, Ludwig von, †1632 in der Oder; - gen. Der Wirkende/FG 53/1622 #11,12

Borstell, Friedrich, *31.12.1837 Hüselitz b. Stendal, †29.7.1912; - Ps. Franz Scharbusch (*L-P-S*) #1,3,4

Borstendörfer, Adolf, *15.6.1893 Prag, †7.12.1957 Argentinien; - Ps. Albert Hartmann (*P-R-S*) #4,18

Bosch, Ida, *27.7.1856 Augsburg, †24.4.1911 Augsburg; - Ps. Ida Bosch-Ibo; Ibo (*J-L-P*) #1,3,4

Bosch, Manfred, *16.10.1947 Bad Dürrheim; - Ps. Dominikus Grosshirn (*L-P*) #3,4

Boscheinen, Helga, *19.3.1939 Berlin; - Ps. Helga Colbert (*L-N-P-R*) #3

Boschke, Friedrich, *28.2.1920 Barkhausen; - Ps. G. N. Tomby (*P*) #3,4

Boschmann, Rüdiger, *(1972); - Ps. Elke Bergmann; Werner C. Bertram (*P*) #3

Boschwitz, Ulrich A., *19.4.1915, †29.10.1941; - Ps. John Grane (*P-R*) #18

Bose, Carl von, *10.8.1596 Langenhessen b. Werdau, †12.1.1657 Schweinsburg b. Crimmitschau; - gen. Der Bewahrende/FG 264/1635 #11,12

Bose, Johanna Christiana von, *(1815); - Ps. Johanna von Leyser (*L*) #4,11

Bosek, Karl, *20.8.1895 Wien; - Ps. Karl Bosek-Kienast (*L-P*) #3,5

Böselager, Ada von, *17.6.1905 Burg Peppenhoven/Rhl.; - Ps. Gioconda Comitti; Francesca Rega (*L-N-R*) #3,4

Bosendorf, Hermann, *1566 Münster, †23.9.1623 Münster; - Ps. Bernhard Dorhof; Hermes Pistorius; Conradus Vorstius (*P*) #4,6

Bosetzky, Horst, *1.2.1938 Berlin; - Ps. John Drake; -ky; -ky & Co. (*E-R*) #3,4,8

Boskamp, Paul Friedrich, *8.12.1871 Oberhausen; - Ps. Friedrich Kamp; A. L. Mansor (*E-L-P-R*) #3,4

Bösking, Heinrich, *5.2.1865 Bremen; - Ps. Joh. Mich. Ranke (*E-R*) #4

Boß, Wolfgang, *25.5.1901 Potsdam; - Ps. Jens Dißmann (*D-P*) #3

Bossard, Hans, *16.4.1889 Zug, †29.9.1969 Zug; - Ps. H. Bolz; Zilander (*L-P-S*) #4

Bosse, Auguste von, *10.10.1829 Schönau b. Wien; - Ps. H. von Schönau (*R*) #1,3

Bosse, Heinrich, *10.8.1907 Riga; - Ps. Traute Bosse (*P*) #4

Bosse, Heinrich Christoph Friedrich, *14.1.1848 Hesse b. Braunschweig, †28.10.1909 Leipzig; - Ps. Heinrich Friedrich (*D-P-S*) #1,3,4

Bossert, Gustav, *21.10.1841 Täbingen b. Rottweil; - Ps. Vetter aus dem Hinterwald (*P*) #3

Bossi-Fedrigotti, Itha Maria Gräfin von, geb. von und zu Goldegg, *26.2.1864 Schloß Prackenstein b. Bozen, †27.10.1951 Bad Hall/Tirol; - Ps. J. v. Gartscheid; J. V. Gartscha; J. V. Goldegg (*F-J-N-R*) #1,2,3,4

Bossi-Fedrigotti von Ochsenfeld, Anton Graf, *6.8.1901 Innsbruck, †1991; - Ps. Toni Herbstenburger (*D-E-F-J-P-R*) #3,4,17

Bossin, Catarina, *1.6.1869 Magdeburg; - Ps. M. C. Carpenter-Meyer (*N-P*) #3

Bossong, Franz, *16.9.1872 Wiesbaden, †1914 Wiesbaden; - Ps. Das Virreche (*L*) #1,4

Bothe, Bartholomäus, *17. Jh.; - auch Both (*L-P*) #11

Bothe, Friedrich Heinrich, *1771 Berlin, †9.7.1855 Reudnitz b. Leipzig; - Ps. Ludov. Hotibius Dassleben (*D-L-P-R-S*) #1,4,6

Bothe, Jakob, *1964; - Ps. Jakob Arjouni (*R*) #3

Bothe-Pelzer, Heinz, *31.7.1919 Düren; - Ps. Fred Daysenhof; Henry Morrison (*F-R*) #3,4

Bothmer, Heinz, *14.8.1865 Hannover; - Ps. Heini Bodmer (*P*) #3,4

Bothmer, Karl Reichsgraf von, *28.3.1881 Bamberg, †12.3.1947; - Ps. Paul Garin (*P*) #3,4

Botsch, Charlotte, geb. Schallas, *30.5.1892 Messel b. Darmstadt; - Ps. Lotte Schallas (*E-R*) #3,4

Bott, Robert, *27.3.1951 Sindelfingen; - Ps. Robo (*L-P*) #3,4

Böttcher, Adele, *19.7.1861 Bromberg; - Ps. Adele Anger; Erich Friesen (*D-E-R-S*) #2,3,4

Böttcher, Alexander, *19.4.1877 Bochum, †25.7.1947 Marburg; - Ps. Adam Alexander Carl (*E-P*) #3,4

Böttcher, Dorothea, *22.4.1852 Schwerin, †8.11.1920 Schwerin; - Ps. D. B. Schwerin (*L-R*) #1,4

Böttcher, Karl Max, *30.1.1881 Chemnitz, †1963; - Ps. Karl Hilbersdorf (*D-E-N-R-S*) #3,4

Böttcher, Maximilian Paul, *20.6.1872 Schönwalde/Mark, †16.5.1950 Eisenach; - Ps. Hans von Unruh (*D-E-R-S*) #1,3,4,5

Bötte, Werner, *5.1.1862, †29.8.1932 Augsburg; - Ps. Ludwig Friedrich Werner (*P*) #3,4

Böttger, Adelheid, *28.1.1929 Blumenau/Sa.; - Ps. Heidi Böttger (*J-L-S*) #3,4

Böttger, Clementine, *22.6.1848 Bremen, †31.3.1925 Dornholzhausen b. Homburg; - Ps. S. Melnec (*E*) #1,3,4

Böttger, Ernst, *6.12.1878 Kaltennordheim/Rh.; - Ps. Ernst Nordheim (*N-P-S*) #1,3,4

Böttger, Franz, *24.1.1867 Berlin; - Ps. Willibald Knurrmeyer; F. B. Kohlumbus; Willibald Poltermann; Albrecht Voigtländer (*E-L-P*) #3,4

Bötticher, Clarissa Johanna, verw. Lohde, *13.7.1836 Danzig, †31.12.1915 Berlin; - Ps. Clarissa Lohde (*E-N-R-S*) #1,2,3,4

Bötticher, Georg, *20.5.1849 Jena, †15.1.1918 Leipzig; - Ps. V. Bersewitz; C. Engelhart; Jenensis; Leutnant Versewitz; Rentier Quengler; v. Versewitz (*E-J-L-N-P*) #1,3,4

Bötticher, Hans, *7.8.1883 Wurzen, †17.11.1934 Berlin; - Ps. Joachim Ringelnatz (*E-L-N-P*) #3,4,5,8,10,14,17

Bötticher, Paul Anton, *2.11.1827 Berlin, †22.12.1891 Göttingen; - später Paul Anton de Lagarde; Ps. Louis Judicis de Mirandol (*L-P*) #1,4,5,13,15

Bottländer, Rosemarie, *17.6.1926 Braunschweig; - Ps. Rosemarie Harbert (*J-P*) #3,4

Botzheim, Hans Bernd von, †18.8.1631; - gen. Der Kühlende/FG 28/1619 #11,12

Boumann, Armin, *5.2.1865 Emden; - Ps. Armin van Emden; Arminius Teut (*P*) #3

Bouness, Elisabeth, *Breslau, †7.12.1910 Herischdorf/Schles.; - Ps. Ruth Bré; E. Michael (*L-R-S*) #3,4,9

Bourg, Werner van der, *18.4.1920 Dresden; - Ps. René Duvart (*F-L-R-S*) #3,4

Bourg, Wolfgang Berthold van der, *26.4.1953 Gelsenkirchen-Buer; - Ps. Bert van der Bourg (*L-R*) #3

Bourset, Adolf, *11.2.1844 Magdeburg, †um 1931 Altona; - Ps. C. E. Lüders; H. Martens (*J-L-P-S*) #1,3,4

Bouterweck, Olaf, *9.3.1895 Duisburg, †23.4.1962 Berlin; - Ps. Horst Emscher (*F-R*) #3,4

Bouterwek, Friedrich, *15.4.1766 Oker/Harz, †9.8.1828 Göttingen; - Ps. Ferdinand Adrianow; Bajacco Romano (*D-E-L-P-R*) #1,4,6,11,13,15

Bovenschen, Albert, *27.12.1864 Ostrowo; - Ps. Adalbert Bleersheim (*P*) #3

Bovet, Theodor, *28.5.1900 Rom, †6.3.1976 Zürich; - Ps. Medicus (*P*) #4

Bowitsch, Ludwig, *24.8.1818 Döbling b. Wien, †22.9.1881 St.Veit b. Wien; - Ps. Ludwig Bisthow (*E-L-N-P*) #1,3,4

Boy, Johanna, *31.3.1851 Völpke/Sachsen; - Ps. Johanna; H. von Schwarz (*D-E-P*) #1,2,3,4

Boyer von Berghof, Emerich Rudolf Baron, *13.1.1890 Wien, †26.7.1950 Wien; - Ps. E. Berghof (*D-N-P-S*) #3,4

Boysen, Friedrich Eberhard, *7.4.1720 Halberstadt, †4.6.1800 Halberstadt; - Ps. Johann Samuel Kühn (*L-P*) #4,6,17

Braach, Johannes Heinrich, *19.8.1887 Trier, †9.7.1940 Frankfurt/M.; - Ps. Jochen Knipp (*D-L-P-R*) #3,4

Braasch, August, *26.9.1847 Braak; - Ps. August Deutsch (*L-P*) #3,4

Braasch, Hinrich, *21.7.1878 Kutenholz b. Stade, †16.2.1968 Bissendorf b. Burgdorf; - Ps. Hinnerk ut de Heid (*E-L*) #3,4

Brachmann, Karoline Louise, *9.2.1777 Rochlitz/Sa., †17.9.1822 Halle/S.; - Ps. Louise B.; Klarfeld; Louise; Luise; Sternheim (*D-E-L-N-R*) #1,4,5,6,9,13

Bracht, Franziska, geb. Holder-Egger, *19. Jh.; - Ps. Francis Holger; E. Wartenau (*D-N-P*) #1,2,3,4

Bracht, Matthäus, *(1609); - Ps. Wolffgangus Canisius (*L*) #4

Brachvogel, Caroline, *16.6.1864 München; - Ps. Carry Brachvogel (*D-E-J-P-R*) #1,3,4,9

Brack, Walter, *17.3.1902 Anklam/Pommern; - Ps. Jill Dallas; Stefan Hay; Stephen Hey (*N-R*) #3,4

Brackenhausen, Andreas, *17. Jh.; - gen. Der Sterbliche/DG-L #11

Brader, Margarete, *23.7.1877 Borghorst/Westf.; - auch Margarete Reichardt-Brader (*L-P-R*) #3,4

Braem, Elisabeth, *3.8.1925 Nürnberg; - Ps. Elisabeth Kaiser; Betty Kay (*E-N-P-R*) #3,4

Braem, Helmut M., *15.12.1922 Hannover, †24.2.1977 Schwäbisch Hall; - Ps. Thomas Schuler (*J-P*) #3,4

Brahm, Otto, *5.2.1856 Hamburg, †28.11.1912 Berlin; - früher Otto Abrahamsohn (*P*) #3,4,15

Brahms, Oly, geb. Mosel, gesch. Winkler, *23.3.1909 Chemnitz; - Ps. Ly Carol; Lena Lena; Oly Mosel; Oly Sölm; Oly Winkler-Sölm (*P-R*) #3,4

Braht, Josef, *23.3.1910 Nieder Waldsee/Ö.; - Ps. Josef Anton Braht-Waldsee (*D-E-L-N-P-R-S*) #3,4

Brainin, Fritz, *22.8.1913 Wien; - Ps. Frederick Brainin (*F-L-S*) #3,4

Brájjer, Lajos, *23.3.1865 Nagy-Becskerek/ Ungarn; - Ps. Lohengrin (*N-P*) #3,4
Brakenhoff, Margarethe, *27.12.1902 Bremen, †29.4.1973 Sandhatten/Oldenb.; - Ps. Hagdis Hollriede (*E-J-M*) #3,4
Bram, Franziska, *26.10.1866 Hillesheim/Eifel, †12.6.1932 Lehmen/Mosel; - Ps. L. van Endeers (*E-N-R*) #3,4
Bramkamp-Langenkamp, Theodor, *28.4.1891 Essen; - Ps. Theodor aus dem Ginsterfeld (*P*)
Branco, Dilia Thelyma Nelly Helene, *13.10.1816 Düsseldorf, †28.2.1894 Bernau; - Ps. Helena Dilia; Dilia Helena (*L*) #1,4
Brand, Adolf, *14.11.1874 Berlin; - Ps. Dietwart Freidigmund; Franz Schwarzer (*L-P*) #3,4
Brand, Guido Karl, *20.5.1889 Rothenbuch/ Spessart; - Ps. Peter Hlatki (*N-P-R*) #3,4
Brand, H. C. G., *(1806); - Ps. H. C. G. Flamma (*E*) #4,6,11
Brand, Karl, *13.1.1871 Bochum; - Ps. Ernst Nassauer (*L*) #3,4
Brand, Kurt, *10.5.1917 Wuppertal, †1991; - Ps. Buster Brack; Buster Braek; Jerry Cotton; Conny Cuba; Ren Dhark; Garry Jack; Harry S. Kingston; Robert Lamont; Frank de Lorca; T. W. Marks; Philipp Mortimer; Cherry Moss; C. R. Munro; I. S. Osten; Pit Peters; Lex Porter; M. R. Richards; John Rifle; Ted Scout; Clark Spencer; Peter L. Starne; Bert Stranger; Hanno Tarr; Lars Torsten; Kay Turk; János Véreb (*R*) #3,4,7,16,20
Brand, Wilhelm, *24.5.1854 Holtensen/Hannover; - Ps. Waldemar Lindner; B. Rolandin (*E-N-P*) #1,3,4
Brand von Lindau, Benno Friedrich, *1.11.1571 Wiesenburg, †25.12.1625 Wiesenburg; - gen. Der Steife/FG 36/1621 #11,12
Brand von Lindau, Hans Friedrich, *17. Jh.; - gen. Der Bekleibende/FG 741 #11
Brand von Lindau, Johann Friedrich, *17. Jh.; - gen. Der Mittelnde/FG 829 #11
Brandecker, Walter Gerhard, *5.4.1919 Wels/ O.-Ö.; - Ps. H. Schweizer (*P-R*) #3,4
Brandenberger, Anne, *19.6.1926 Winterthur; - Ps. Johanna Bradun (*L-P-R*) #3,4
Brandenburg, Friedrich Wilhelm Kurfürst von, *6.2.1620 Cölln/Spree, †29.4.1688 Potsdam; - gen. Der Untadeliche/FG 401/1643 (*P*) #11,12,13
Brandenburg, Georg Wilhelm Kurfürst von, *3.11.1595 Cölln/Spree, †1.12.1640 Königsberg; - gen. Der Aufrichtende/FG 307/1637 #11,12,13
Brandenburg, Johann Markgraf von, *13.7.1597 Cölln/Spree, †13.9.1627 Schloß Steinburg/Holst.; - gen. Der Abwendende/FG 95/1624 #11,12
Brandenburg, Sigmund Markgraf von, *20.11.1592, †30.4.1640; - gen. Der Treffliche/FG 308/1637 #11,12
Brandenburg-Bayreuth, Christian Markgraf von, *30.1.1581 Cölln/Spree, †30.5.1655 Bayreuth; - gen. Der Vollblühende/FG 145/ 1627 (*P*) #11,12
Brandenburger, Emil, *21.11.1914; - Ps. Sven Bold; Rainer Maria Defore (*L*) #3,4
Brandenstein, Eva, geb. Wendorff , *15.10.1894 Toitz b. Grimmen, †22.10.1952 Berlin; - Ps. Eva Wendorff (*P-R*) #3,4
Brandenstein, Georg Friedrich von, *21.3.1596 Liebenwerda, †1635; - auch Georg Friedrich von Brandstein; gen. Der Vertreibende/FB 84/1624 #11,12
Brandenstein, Ruth von, *3.3.1899 Ringelsdorf, †31.10.1966 Berlin; - Ps. Ruth von Ostau (*E-L-R*) #3,4
Brandenstein, Wolf Dieterich von, *17. Jh.; - gen. Der Ausbrechende/FG 569 #11
Brandes, Friedrich, *18.11.1864 Aschersleben; - Ps. Feodor Burschberg (*P-S*) #1,3,4
Brandes, Friedrich H., *25.4.1825 Salzuflen, †23.7.1914 Bückeburg; - Ps. H. Friedrich (*D-E-L-S*) #1,4
Brandes, Irma, geb. Fiebig, *1905 Berlin; - Ps. Irma Fiebig (*E-L-P-R*) #3,4
Brandes, Johann Christian Georg, *15.11.1735 Stettin, †10.11.1799 Berlin; - Ps. Johannes Bersandius (*D-R-S*) #1,4,6,15
Brandes, Karl, *26.4.1846 Hannover, †4.3.1935 Hannover; - Ps. Karl Brandes-Hardegsen (*D-N-R-S*) #3,4
Brandes, Rudolf, *18.10.1795 Salzuflen, †3.12.1842; - Ps. Bucholtz (*L*) #4
Brandhorst, Andreas, *1956 Sielhorst b. Minden; - Ps. Horst Brand; Robert Lamont; Thomas Lockwood; Andreas Weiler; Andreas Werning (*E-R*) #3,4,7,16
Brandis, Elisabeth von, *17.2.1864 Würzburg; - Ps. Lilly von Brandis (*E-R*) #3,4
Brändle, Alexander, *30.1.1923 Weingarten/ Baden; - Ps. B. Alec Brand; Alec Brändle (*J-L-P-R*) #3,4,7
Brandmüller, Johannes, *2.2.1593 Basel, †13.9.1664 Müllhausen/Elsaß; - auch Johannes Dalomylius (*L*) #4
Brandrup, Marie, *27.9.1844 Bromberg, †1907 Berlin; - Ps. M. Widdern (*E-N-R*) #1,3,4
Brands, Wilhelm, *6.11.1831 Emmerich/Rhl., †2.5.1912 Cleve; - Ps. W. Weeningh (*D-L*) #1,3,4
Brandstetter, Renward, *29.6.1860 Beromünster, †17.4.1942 Gandria b. Lugano; - Ps. Rämmert vom Mösli (*L-P*) #3,4
Brandt, Adolf, *26.9.1851 Fahrbinde/Mecklenburg, †5.6.1910 Rostock; - Ps. Felix Stillfried (*E-L*) #1,3,4
Brandt, Kurt Paul Georg, *13.1.1928 Hamburg-Altona; - Ps. Kurt p. g. Brandt (*L-P*) #3
Brandt, Paul Martin, *15.4.1893 Frankfurt/M., †8.11.1969 Groß-Umstadt b. Dieburg; - Ps. P. M. Right (*E-J-M-R*) #3,4

Brandt, Willy, *18.12.1913 Lübeck, †8.10.1992 Unkel a. Rh.; - urspr. Herbert Ernst Karl Frahm; Ps. Felix Franke; Gunnar Gaasland (*P*) #4,18

Brandtner, Heinz, *5.3.1922 Wien; - Ps. Helmut Böhm-Raffey (*E-L*) #3,4

Branowitzer-Rodler, Maria, *25.3.1900 Wien; - Ps. Maria von Sonnhof (*E-F-J-L-N-R*) #3

Brantl, Maximilian, *19.11.1881 München, †6.10.1951 Prien/Chiemsee; - Ps. Maximilian Brand (*L*) #1,3,4

Brantsch, Ingmar, *30.10.1940 Kronstadt/Siebenb.; - Ps. Hermann Eris (*F-L-P-R*) #3,4

Brasch, Frida, *20.8.1843 St. Petersburg, †20.9.1907 Leipzig; - Ps. Aurelie Berneck (*N-S*) #3,4

Brasikan, Hans Friedrich von, *17. Jh.; - gen. Der Treffende/FG 584 #11

Bräss, Hermann Werner Dietrich, *1738 Braunschweig, †1797 Dettum b. Wolfenbüttel; - Ps. Nachbar Heinrich (*P*) #4,6

Brassicanus, Johannes Alexander, *1500 Tübingen, †25.11.1539 Wien; - urspr. Johannes Alexander Köl (*P*) #4,13,15

Brather, Helene, *12.1.1876 Jena, †16.2.1939 Jena; - Ps. Saphis (*L-P-S*) #3,4

Bratring, Friedrich Wilhelm August, *8.12.1772 Losse/Altmark, †12.1.1829 Berlin; - Ps. Friedrich Wilhelm Blumenau (*L*) #4,6

Brauchbar-Manner, Friederike, *19.12.1904 Wien, †5.2.1956 Wien; - Ps. Martha Florian; Friederike Manner (*P-R*) #3,4,18

Brauer, Emma, *9.4.1841 Kassel; - Ps. Erna Almers; Ad. H. Vogel (*L*) #1,4

Brauer, Frieda, geb. Jung, *4.6.1865 Kiaulkehmen/Ostpr., †14.12.1929 Insterburg; - Ps. Frieda Jung (*E-J-L-P*) #1,3,4

Brauer, Marie, geb. Günther, *29.5.1854 Lübeck; - Ps. M. Günther; Marie Günther; Marie Günther-Brauer (*D-S*) #1,2,4

Brauerhoch, Juergen, *23.1.1932 Gera; - Ps. Job (*N-P*) #3,4

Braum, Else, *28.4.1866 Rokitnitz/Böhmen, †2.1.1939 Wien; - Ps. Else Kastner-Michalitschke; Else Waldtraut (*D-L-N-P*) #1,2,3,4

Braumann, Lilly, geb. Honsell, *19.4.1876 Konstanz; - Ps. Lilly Braumann-Honsell (*L-M-N-R-S*) #3

Braumüller, Wolf, *16.4.1906 München; - Ps. Wolf Schmederer; Tim Thymian (*P*) #3,4

Braun, Curt Johannes, *11.9.1903 Guttstadt/Ostpr.; - Ps. Harward (*D-F-R-S*) #3,4

Braun, Dagmar, geb. Nick: *30.5.1926 Breslau; - Ps. Dagmar Nick; Dagmar Schnorr (*F-L-P*) #3,4,5,10

Braun, David, *13.4.1664 Krapplau, †5.5.1737 Eichwalde b. Elbing; - Ps. Desiderius Bonagius (*P*) #6

Braun, Elisabeth, *24.3.1900 Konitz/Westpr.; - Ps. Elisabeth Braun-Dipp (*E-N-P-R*) #3,4

Braun, Elisabeth Johanne Caroline, *30.9.1837 Hadamar, †9.6.1900 Hachenburg; - Ps. M. Elton; Hadamar (*R*) #1,2,3,4

Braun, Fernando Max Richard, *28.2.1895 Hamburg, †1979; - Ps. Frank F. Braun; Frank Genser (*R*) #3,4

Braun, Gustav, *16.2.1893 Wien, †14.9.1969 Bad Ischl/Ö.; - Ps. Edgar Williams (*F-L-R-S*) #3,4

Braun, Hanns Maria, *16.6.1910 Niederlahnstein/Rh., †23.10.1979 München; - Ps. Johann Gottlieb Dietrich (*E-F-L-P*) #3,4

Braun, Hans, *18.12.1869 Kassel; - Ps. Hans Urban (*P*) #3,4

Braun, Hans, *4.2.1883 Groß-Plochozyn/Westpr., †17.10.1945 Stralsund; - Ps. Hans Braun-Bessin (*L-R*) #3,4

Braun, Hans Otto, *13.12.1879 Halle/S., †Berlin; - Ps. Otto Hans Braun; Fritz Steinemann (*R-S*) #3,4

Braun, Heinrich, *17.3.1732 Trostberg/Bayern, †10.11.1792 München; - Ps. Johann Modestus Pichler (*D-P-S*) #4,6,15

Braun, Karl, *20.3.1822 Hadamar, †14.7.1893 Freiburg/Br.; - Ps. Joh. Berg; Braun-Wiesbaden (*E-N-P*) #1,3,4

Braun, Karoline, geb. Hilger, *17.10.1900 München; - Ps. Lia Braun; Lia Braun-Hilger (*E*) #3,4

Braun, Lily Amalie, geb. von Kretschman, verw. Gizycki, *2.7.1865 Halberstadt, †7.8.1916 Berlin; - Ps. Lily Amalie von Gizycki (*D-P-R*) #3,4,5,8,9,15

Braun, Lothar Ralph, *15.3.1928 Hanau; - Ps. Ralo (*E-P*) #3,4

Braun, Luise, *28.8.1848 Kassel, †1902; - Ps. W. Urban (*P*) #2,4

Braun, Max, *17.11.1874 Thiemendorf/Sa., †27.12.1967 Kaiserslautern; - Ps. Braun-Ottheinrich; Braun-Rühling (*D-L-N-P-R*) #3,4

Braun, Otto Rudolf, *6.9.1931 Wien; - Ps. Rudolf Otten; Rolf Rimau (*E-F-L-P-R*) #3,4

Braun, Paul, *23.1.1899 Charlottenburg; - Ps. Hans-Fried Braun (*R*) #3

Braun, Reinhold, *10.12.1879 Berlin, †14.12.1959 Freiburg/Br.; - Ps. Braun-Eckelsbach; Emil Paul (*E-J-L-P-R*) #3,4

Braun, Reinhold, *11.10.1921 Halberstadt; - Ps. Adam Ruf (*E-N-P*) #3,4

Braun, Robert, *2.3.1896 Wien, †16.3.1972 Upsala; - Ps. Robert Montis (*L-N-P-R*) #3,4,18

Braun, Rosalia, *1840 Mannheim, †1918; - Ps. Rosalia Artaria (*E-N-P*) #1,2,3,4

Braun, Walther, *3.10.1893 Elbing-Pangritz; - Ps. Kuhne Itter (*E-L-N*) #3

Braun von Braunthal, Johann Karl Ritter, *6.6.1802 Eger, †26.11.1866 Wien; - Ps. Jean Charles (*D-L-P-R-S*) #1,4,13,15

Braun-Prager, Käthe, *12.2.1888 Wien, †18.6.1967 Wien; - Ps. Anna Maria Brandt (*F-L-N-P*) #3,4,18

Braun-Steinmann, Hedwig, *17.1.1843 Baumgarten/Schles.; - Ps. Hedwig Steinau (*L-M-R*) #1,2,3,4

Braun-Vogelstein, Julie, *26.1.1883 Stettin; - Ps. Julie Vogelstein (*P*) #3,4,18

Braunbeck, Richard, *6.9.1867 Neckargartach; - Ps. T. Polack; T. Pollack (*P*) #3

Braunburg, Rudolf, *19.7.1924 Landsberg/Warthe; - Ps. Bettina Aib (*E-J-R*) #3,4,7,8

Braune, Joachim, *9.5.1920 Neuwerth-Kirchgandern; - Ps. Hans Heiberg; Joachim Rasmus-Braune; Joachim Braune-Rasmus (*E-F-J-R*) #3,4

Braune, Rudolph, *7.9.1866 Frankenhausen/Thür.; - Ps. Braune-Roßla (*D-L-N-R-S*) #1,3,4

Bräunig, Hermann, *3.1.1888 Frankfurt/M.; - Ps. Hermann Bräunig-Oktavio (*D-P*) #4

Brauns-Leutz, Ilse, *8.5.1896 Berlin, †27.2.1982 Berlin; - Ps. J. L. Harrison; Ilse Leutz; Christiane Thyrow (*E-J-L-R*) #3,4

Braunschild, Alexander, *24.4.1858 San José; - Ps. Alexander Braun; Hans Peters (*D-N-P*) #3,4

Braunschweig, Anton Ulrich Herzog zu, *14.10.1633 Hitzacker, †27.3.1714 Salzdahlum b. Wolfenbüttel; - gen. Der Siegprangende/FG 716 (*D-L-R*) #1,4,5,11,13,14,15

Braunschweig, Ferdinand Albrecht I. Herzog zu, *22.5.1636 Braunschweig, †23.4.1687 Bevern; - gen. Der Wunderliche/FG 842 (*L-P*) #4,6,11,13

Braunschweig, Heinz, *31.5.1922 Berlin; - Ps. Heinz Rettenbach (*R*) #4

Braunschweig, Rudolf August Herzog zu, †1705; - gen. Der NachsinnendeFG 754/1661 (*P*) #11

Braunschweig-Calenberg, Georg Herzog von, *17.2.1582 Celle, †2.4.1641 Hildesheim; - gen. Der Fangende/FG 231/1634 #11,12,13

Braunschweig-Celle, Christian Ludwig Herzog von, *25.2.1622 Herzberg/Harz, †15.3.1665 b. Celle; - gen. Der Reinherzige/FG 372/1642 #11,12,13

Braunschweig-Lüneburg, Heinrich Julius Herzog von, *15.10.1564 Wolfenbüttel, †20.7.1613 Prag; - Ps. Hibaldeha; Hibeldeha; Hidbelahe; Hidbelepihal; Hidbelepihala; Hiehadbel (*D-L-P*) #1,4,11,1314,15

Braunschweig-Lüneburg-Celle, Ernst Herzog zu, *26.6.1497 Uelzen, †11.1.1546 Celle; - gen. Der Bekenner (*P*) #4,13,15

Braunschweig-Wolfenbüttel, August der Jüngere Herzog von, *10.4.1579 Dannenberg,†17.9.1666 Wolfenbüttel; - gen. Der Befreiende/FG 227/1634; Ps. Gustavus Selenus (*P*) #4,6,11,12,13,15

Braunschweig-Wolfenbüttel, Elisabeth Herzogin von, *24.8.1510, †25.5.1558 Ilmenau; - später Gräfin zu Henneberg (*P*) #4,13,15

Braunschweig-Wolfenbüttel, Friedrich Ulrich Herzog von, *5.4.1591 Wolfenbüttel, †11.8.1634 Braunschweig; - gen. Der Dauerhafte/FG 38/1621 (*P*) #11,12,13

Braunz-Goercke, Elisabeth, *26.5.1888 Talsen/Lettland; - Ps. Ehr Glieb; Elisabeth Goercke (*L-S*) #3,4

Brause, Charlotte, geb. Zucht, *11.12.1909 Berlin, †4.3.1971 Berlin; - Ps. Charlotte Zucht (*J-R-S*) #3

Brausewetter, Artur Friedrich Leon, *27.3.1864 Stettin, †26.12.1946 Heidelberg; - Ps. Friedrich Leoni; Artur Sewett (*D-E-N-P-R*) #1,3,4

Brecht, Eugen Berthold Friedrich, *10.2.1898 Augsburg, †14.8.1956 Berlin; - Ps. Bertolt Brecht (*D-E-F-L-P-R-S*) #3,4,5,14,17,18

Brecka, Hans, *2.1.1885 Wien, †7.10.1954 Zelking; - Ps. Hans Stiftegger (*E-P-S*) #3,4

Brecling, Friedrich, *1629 Handewieth, †16.3.1711 Haag; - Ps. Hiel (*P*) #6

Brede, Ferdinand Julius, *1799 Stettin, †15.12.1839 Altona; - Ps. de Fibre (*L-P*) #4

Bredel, Willi, *2.5.1901 Hamburg, †27.10.1964 Berlin; - Ps. Stormann; W. B. (*E-F-P-R*) #3,4,8,14,18

Breden, Christiane von, geb. Friderik, *6.3.1844 Wien, †19.5.1901 Wien; - Ps. Ada Christen; Christiane Friderik (*E-L-R*) #1,2,3,4,5,9,14,15

Bredow, Wussow Graf von, *3.11.1856 Potsdam; - Ps. C. von Utis (*R*) #1,3,4

Bredow-Görne, Adele Elisa Gräfin von, *12.12.1830 Posen, †24.10.1885 Gut Görne b. Friesack; - Ps. Gansauge (*D-L-P-S*) #1,2,4

Brehm, Bruno, *23.7.1892 Laibach/Sudeten, †5.6.1974 Altaussee/Ö.; - Ps. Bruno Clemens (*E-P-R*) #3,4,5,8,10

Brehm, Doris, *10.5.1908 Dresden; - Ps. Doris Diez (*N-R*) #3,4

Brehm, Erich, *12.9.1910 Berlin, †15.11.1966 Berlin; - Ps. E. Awil (*F-P*) #4

Brehm, Eugen, *4.10.1909 Ulm; - Ps. Max Herb (*P*) #18

Brehm, Max, *29.8.1907 Nürnberg; - Ps. Mabre (*P*) #3

Brehm, Wilhelm Johann, *8.6.1896 Regensburg; - Ps. Wilhelm von Tarnowitz (*E-F-L-N-R*) #3,4

Brehme, Christian, *26.4.1613 Leipzig, †10.9.1667 Dresden; - Ps. Corimbo (*L-P*) #4,6,13

Brehmer, Arthur, *8.2.1858 Triest, †1.12.1923 Eichgraben/Wien; - Ps. Charles K. Blunt; Robby Jones; Karl von Riegersheim (*E-J-L-P-R*) #1,3,4

Breidenbenden, Anna, *2.2.1865 Dürscheven b. Euskirchen, †20.8.1938 Altenberg/Rhl.; - Ps. Änne Mey (*E-J-L-M*) #3,4

Breinersdorf, Karl, *15.10.1861 Breslau; - Ps. Carol v. d. Solzen (*D-P-R*) #4

Breinlinger, Alice, geb. Berend, *30.6.1878 Berlin, †2.4.1938 Florenz; - Ps. Alice Berend; Alice Hertz (*E-M-R*) #1,3,4,8,18

Breiß, Peter, *23.4.1770 Allermöhe, †2.5.1846 Hamburg; - Ps. Philanthropus (*E-L-P*) #4
Breitbach, Joseph, *20.9.1903 Koblenz, †9.5.1980 München; - Ps. Jean Charlot Saleck (*D-E-P-R-S*) #3,4,5,8,10,18
Breitenbauch, Melchior von, *9.12.1599, †1.12.1681 Ranis; - gen. Der Bekräftigende/FG 595 #11
Breitenbauch, Wolf Christoph von, *17. Jh.; - gen. Der Verursachende/FG 655 #11
Breiteneichner, Hans, *12.5.1913 München, †19.3.1973 Söcking; - Ps. Hans I. Brandin (*E-F-J-L-R*) #3,4
Breitenfellner, Franz Xaver, *27.1.1913 Irsching/Obb.; - Ps. Melchior Fuchshauser (*E-F-L-R*) #3,4
Breithaupt, Adolphine, *24.6.1829 Neu-Ruppin, †1897 Charlottenburg; - Ps. Adolphine; Tante Adolphine (*E-L-M-R-S*) #1,2,3,4
Breithaupt, Wolfgang, *26.4.1892 Gotha; - Ps. Wolfgang Ertel-Breithaupt (*P*) #3
Breither, Karin, *26.12.1939 Berlin; - Ps. Joy Erlenbach (*L*) #3,4
Breitinger, Johann Jakob, *1.3.1701 Zürich, †13.12.1776 Zürich; - Ps. Bibliophilus; Caraccio; Carrache (*P*) #4,5,6,11,13,14,15,19
Breitner, Burghard, *10.6.1884 Mattsee/Ö., †28.3.1956 Innsbruck; - Ps. Bruno Sturm (*D-N-P-S*) #1,3,4
Breitner, Erhard, *18.6.1884 Wien, †1943 Graz; - Ps. K. L. Baggesen; Nik. Jordan (*P-R*) #3,4
Breitscheid, Rudolf, *2.11.1874 Köln, †24.8.1944 Buchenwald; - Ps. Thorwesten (*P*) #18
Breitschwerdt, Kaspar, *(1615); - Ps. Kaspar Eurymachaera (*P*) #4
Breitschwert, Otto Ludwig von, *14.8.1836 Stuttgart, †20.5.1890 Cannstatt; - Ps. Ludwig Christanus; Ludwig Christianus; Ludwig Christiany (*L-P-S*) #1,3,4
Breitung, Max, *11.4.1852 Langensalza, †um 1931 Coburg; - Ps. Meo Breo (*D-S*) #1,3,4
Breitzmann, Agnes, *27.9.1841 Templin/Brandenb., †10.10.1916 Friedenau b. Berlin; - Ps. Elisabeth Halden (*E-J-R*) #1,2,3,4,17
Breker, Friedrich J. B., *25.11.1910 Essen; - Ps. Friedrich J. Bernhard; Bernd Ravensberg (*R*) #3,4
Bremer von Hagen, Johannes, *1415 Haddendorp b. Stadthagen, †19.4.1475 Erfurt; - Ps. Johannes von Hagen; Johannes Indaginis (*P*) #4,15
Brendel, Georg Christoph, *1668 Plauen/Vogtl., †9.2.1722 Thurnau; - Ps. Polycarp Chrysostomus; Lethander; Gratianus Pantophilus; Hypocritasmus Rhinelota (*P*) #6
Brendel, Johann Eitel, *(1625) Hamburg; - Ps. Johann Eitel-Brendel (*P*) #4
Brendicke, Hans, *19.11.1850 Berlin, †6.8.1925 Berlin; - Ps. R. Béringuier (*L-P*) #3,4
Brenk, Johann Wolfgang, *1.3.1704 Eichelsdorf b. Königsberg/Franken, †21.11.1789 Schobdach b. Ansbach; - Ps. Advokat Nordmann; Papinianus (*P*) #6
Brennecke, Albert, *13.12.1898 Halberstadt, †31.8.1970 Halberstadt; - Ps. Bert Brennecke (*E-F-J-L-P-R*) #3,4,14
Brennecke, Jochen, *12.4.1913 Dessau; - Ps. Jens Janssen; Jens Jensen; E. G. Lass (*F-J-N-P-R*) #3,4
Brenneisen, Wolfgang, *5.1.1941 Tilsit; - Ps. Konrad Salik (*L-P-R*) #3,4
Brennemann, Johannes, *1816, †1895; - Ps. John. M. Brennemann (*P*) #4
Brenner, Hans Georg, *13.2.1903 Barranowen/Ostpr., †10.8.1961 Hamburg; - Ps. Reinhold Th. Grabe (*D-E-F-L-N-R*) #3,4,5,10
Brenner, Susanna, *21.11.1899 Berlin; - Ps. Susanna Rademacher (*P*) #3
Brentano, Clemens, *8.9.1778 Ehrenbreitstein, †28.7.1842 Aschaffenburg; - Ps. BOGS; Maria (*D-E-J-L-M-R-S*) #1,4,5,6,11,13,14,17
Brentano, Hanny, *9.2.1872 Moskau; - Ps. Schwester Maria Rafaela (*E-P*) #3,4
Brentano, Ludwig Josef, *18.12.1844 Aschaffenburg, †9.9.1931 München; - Ps. Lujo Brentano (*P*) #3,4
Brentano-Bauck, Anna, geb. Moerler, *10.7.1858 Wendhagen b. Kolberg/Pommern; - Ps. Anna Bauck; A. M. Brentano; Anna Brentano; M. Buch; A. Carlsen; A. Moerler (*N-R-S*) #1,2,3,4
Brentel, Georg, *um 1520 Elbogen b. Karlsbad; - Ps. Georg von Elbogen (*L*) #4,11,13
Brentz, Johann, *24.6.1499 Weil der Stadt/Württ., †11.9.1570 Stuttgart; - Ps. Huldericus Aengsterus; Huldericus Encaustius; Huldreich Engster; Johann Withlingius (*P*) #4,6,13,15
Brepohl, Friedrich Wilhelm, *3.4.1879 Caternberg; - Ps. C. von Schmidtz-Hoffmann (*E-L-P*) #4
Breslauer, Hans Karl, *2.6.1888 Wien, †15.4.1965 Salzburg; - Ps. James O'Cleaner; Jenny Romberg; Bastian Schneider (*E-F-P-R*) #3,4
Bresnitz, Philipp Franz, *2.11.1868 Wien; - Ps. Bresnitz von Sydacoff (*P-R*) #3,4
Bretholz, Wolfgang, *18.8.1904 Brünn/Mähren, †31.8.1969 Lausanne; - Ps. Walter Bartz (*P*) #3,4,18
Bretschneider, Heinrich Gottfried von, *6.3.1739 Gera, †1.11.1810 Schloß Krzimitz b. Pilsen; - Ps. Bruder Walter; Georg Waller (*L-P-S*) #1,4,11,13,15
Brett, Harry, *2.6.1842 London; - Ps. Hart. Barry; Calculus; T. Hert-Barry (*L-P*) #3
Brettschneider, Johannes, *1514 Murstadt, †1576 Danzig; - Ps. Johannes Placotomus (*L-P*) #4,11,13
Bretzfeld-Roer, Victoria, *21.1.1894 Hagen; - Ps. Victoria Roer (*E-J-M-P-S*) #4

Bretzl, Joseph, *29.8.1848 Regen/Bayern, †15.2.1903 Straßburg; - Ps. J. Reginus (*L*) #1,3,4

Bretzner, Christoph Friedrich, *10.9.1746 Leipzig, †31.8.1807 Leipzig; - auch Christoph Brezner (*D-R-S*) #1,4,13,15

Breucker, Oscar Herbert, *16.3.1908 Essen, †1990; - Ps. Arizona-Tiger; Frank Astor; Axel Bluco; Capt. Old Chitterwick; Hein Class; Clifford Clure; Tex Connor; Cliff Cure; Dennis Dux; Joe Ferrer; San Francisco; Ralph Garby; Ray Hale; Ronny Hardon; Tom Hunter; Bert F. Island; Billy Jenkins; Eric Morand; Unus Nobody; Mike Randell; Marc Stevens; John Taggert; Harry Webster; Frank Wolter; Burt Yester; Udo Ypsen (*R*) #3

Breuel, Klaus, *28.11.1923 Altenburg/Thür.; - Ps. Claus Eric Breuél; Dixi; -eu-; Max Jung; Maria Schmitz (*L-N-P-R*) #3,4

Breuer, Ferdinand August, *15.9.1861 Köln; - Ps. Ferdinand Horst (*E-N*) #3

Breuer, Georg Karl Felix, *22.7.1899 Breslau; - Ps. Jürgen Borst; Jörg Breuer (*F-J-R-S*) #3,4

Breuhaus, Fritz August, *9.2.1883; - Ps. Friedrich August Fabarius (*P-R*) #3

Breyne, Marcel Romeo, *25.2.1890 Roubaix/Flandern, †13.11.1972 Ahrensburg; - Ps. Berthold Biekens; Breyne-Dicken (*E-L-N-P-S*) #3,4

Brezan, Jurij, *9.6.1916 Räckelwitz b. Kamenz; - Ps. Dusan Swik (*E-F-J-L-P-R-S*) #3,4,5,8,14,17

Brezina, Thomas, *30.1.1963 Wien; - Ps. Taxilo (*E-F*) #3,4

Brieger, Lothar, *6.9.1879 Zwickau, †1949 Berlin; - Ps. Brieger-Wasservogel (*N-P-R*) #1,3,4

Briegleb, Johann August, *(1819) Coburg; - Ps. Ernst Gottschalk (*E-J-S*) #6

Brieke, Ernst, *8.4.1863 Göttingen, †27.9.1941 Göttingen; - Ps. H. Heyberg; E. Reinsberger (*E-N-P*) #1,3,4

Briemle, Theodosius Josef, *27.11.1883 München; - Ps. Josef Rist (*P*) #3

Brier, Daniel, *28.11.1918 Petrova/Tsch., †14.2.1955 Wien; - Ps. Hoffenberg (*L*) #4

Brietzke, Carl von, *25.6.1603 Halberstadt, †12.11.1647 Weimar; - auch Carl von Pretzko; gen. Der Setzende/FG 345/1639 #11,12

Brigg, Robert Heinz, *21.1.1898 Wien; - Ps. Robert Heinz Brodhager (*D-R-S*) #3,4

Brik, Johannes, *8.9.1899 Wolfsberg, †1982; - Ps. Hans Theodor Brik (*F-J-N-R*) #3,4,7

Brincken, Johann Dietrich von, *1606, †1661; - auch Johann Dietrich von Brink; gen. Der Tötende/FG 403/1643; #11,12

Brincken, Johann von, †1634; - gen. Der Gerührte/FG 136/1626 #11,12

Brincken, Wilhelm von, *17.4.1586 Dortmund, †11.1.1644; - auch Wilhelm von Brink; gen. Der Beregnete/FG 270/1636 (*P*) #11,12

Brinckmann, Carl Gustav von, *24.2.1764 Brannkirka b. Stockholm, †24.12.1847 Stockholm; - auch Carl Gustav von Brinkmann; Ps. Selmar (*L-P*) #1,4,6,11,13,15

Brinckmeier, Eduard, *28.4.1811 Wolfenbüttel, †13.10.1897 Braunschweig; - Ps. Eduard von Miletus; E. Montegna (*E-N-P*) #1,4,13

Bringolf, Hans, *11.1.1876 Baden-Baden, †4.3.1951 Hallau/Schaffhausen; - gen. Leutnant Bringolf selig (*E-P*) #4

Brinitzer, Carl, *30.1.1907 Riga, †27.11.1974 London; - Ps. Usikota (*F-P*) #3,4,5,18

Brink, Eustachius von dem; *17. Jh.; - gen. Der Besondere/FG 529 #11

Brinkmann, Georg, *20.11.1850 Wellingholzhausen b. Hannover, †5.11.1926 Wellingholzhausen b. Hannover; - Ps. Georg Runge (*D-L*) #1,3,4

Brinkmann, Jürgen, *28.1.1934 Berlin; - Ps. Paul Evertier; Arne Sjöberg (*E-R*) #3,4,7

Brinkmann, Karl Hermann, *11.4.1895 Hannover; - Ps. Christian Holle (*F-L-N-P-R*) #3

Brinkmann, Ludwig, *15.4.1880 Minden; - Ps. F. W. Boyen (*D-P-R*) #3,4

Brinkmeier, Hannelore, *26.2.1927 Kolberg/Pommern; - Ps. Annelore Blank (*E-P-R-S*) #3,4

Briod, Betty, *1895, †1955; - Ps. Monique Saint-Hélier (*R*)

Brischar, Karl M., *10.6.1881 Wien, †13.2.1920 Wien; - Ps. H. Ritter (*P*) #3,4

Britzelmayer, Joseph, *1831 Augsburg, †um 1879 Eichstätt; - Ps. Claus Einsiedel (*L*) #1,3,4

Brix, Anna Helene, *1847 Berlin, †1914; - Ps. Anna Marie Hohm (*P-R*) #3,4

Brix, Laura, *28.2.1844 Krakau; - Ps. Leonhard Brixen (*E-P*) #2,3

Brixel, Franz, *15.12.1840 Römerstadt/Mähren, †24.1.1903 Graz; - Ps. Armin Franke (*L-P*) #1,3,4

Brocher-Dubs, Lucette, *16.1.1897 Zürich; - Ps. Lucette Dubs-Brocher (*J-P*) #4

Brochowska, Alberta von, *11.2.1868 Aschaffenburg; - Ps. A. von Brochow (*E*) #3,4

Brock, Helmut, *26.11.1902 Biebrich/Rh., †22.2.1987 Wien; - Ps. H. G. Brock-Kainz (*P*) #3

Brock, Rudolf, *8.8.1916 Bismarckhütte/Sa., †1982; - Ps. Peter Brock; Peter Korb (*D-E-F-J-R*) #3,4,7

Brockdorff, Gertrud von, *9.6.1893 Magdeburg; - Ps. Gertrud Stendal (*R*) #3,4

Brockdorff, Heinrich von, *1.1.1600, †4.4.1671; - auch Heinrich von Bruckdorf; gen. Der Deckende/FG 393/1642 #11,12

Brockdorff, Sophie Gräfin von, *14.4.1848 Damgard/Dänemark, †8.6.1906 Algrund b. Meran; - Ps. Sophie Marie Wilhelmi (*N-P*) #1,2,3,4

Brocke, Heinrich Christian von, *6.2.1713, †2.7.1778; - Ps. Sylvander (*L*) #4,6,13

Brocker, Hildegard, *10.12.1920 Köln; - Ps. Sybille Ferré; Bernarda Ried (*L-M*) #3
Brocker, Josef, *7.5.1892 Krefeld; - Ps. Wilmendyk (*L-P*) #3,4
Brockhaus, Friedrich Arnold, *1772 Dortmund, †20.8.1823 Leipzig; - Ps. Guntram (*E*) #6
Brockmann, Adolph, *1.1.1786 Halle/S.; - Ps. Adolph Broma (*E-J*) #4,11
Brockmann, Clara, *29.1.1883 Gadebusch; - Ps. Hans Brockdorff (*P*) #3
Brockmann, Georg Gottfried, *4.9.1724 Blumental/Bremen, †17.3.1795 Bremen; - Ps. Bibliander (*L-P*) #4
Brockmann, Gerda, *9.4.1893; - Ps. Sophie Modiano (*E-R*) #3,4
Brockmann, Wilhelm, *(1911); - Ps. Wilhelm Halähr (*S*) #4
Brockmöller, Wolf Balt, *28.8.1896 Hamburg; - Ps. Balt Balter (*N-R*) #3
Brod, Ferdinand Michael, *18.5.1869 Würzburg; - Ps. Michel Quaglia (*D-P-S*) #3,4
Brod, Max, *27.5.1884 Prag, 20.12.1968 Tel Aviv; - Ps. Prokop (*D-E-L-N-P-R-S*) #3,4,5
Broda, Ina, *18.4.1903 Zagreb, †16.8.1983 Zagreb; - Ps. Jana Joan; Ina Jun-Broda; Giula Weiner (*L*) #3,4
Brodhäcker, Karl, *23.12.1919 Alsfeld; - Ps. Karl Broker (*E-J-L-R*) #3,4
Brodmann, Roman, *18.6.1920 Binningen b. Basel, †1.2.1990 Basel; - Ps. Schorsch Brunau (*F-P*) #4
Brodmann-Menkes, Aliana, *2.1.1949 München; - Ps. Ana Bé (*J-R*) #3,4
Brodt, Gotthard, *18.9.1902 Bolkenhain/Schles.; - Ps. G. T. Dorb; Johann Friedrichs; Brandt von Lindau (*P*) #3
Broekel, Johanna Antonie, *1.9.1819 Tondern, †21.10.1890 Kiel; - Ps. A. Brook (*L-N-R*) #1,3,4
Broermann, Karl, *5.3.1878 Mülheim/Ruhr, †23.9.1947 Heinsberg/Westf.; - Ps. Martin Voß (*E-P*) #3,4
Brogsitter, Adam, *26.4.1867 Ahrweiler; - Ps. Hans Axen (*L-P*) #3
Bröll, Kamill, *20.5.1876 Dornbirn; - Ps. Staufenfranzl (*P*) #3,4
Bröll, Wilhelm Wolfgang, *9.7.1913 Gelsenkirchen; - Ps. W. W. Bröll; William Burns; Peter Wolick (*E-F-J-R*) #3,4,7,20
Bromme, Carl Rudolf, *10.9.1804 Anger b. Leipzig, †9.1.1860 St.Magnus b. Bremen; - gen. Carl Rudolf Brommy; Ps. C. R. Termo (*P*) #4,13,15
Brommund, Christoph, *15.3.1942 Drugehnen/Ostpr.; - Ps. Chris Brohm (*E-F-J*) #3,4
Bronger, Elfried Wiard, *23.2.1906 Bentheim b. Hannover; - Ps. Robert Norberg (*D-R*) #3,4
Bronn, Ida, *30.6.1862 Obscherninken; - Ps. Ida Altmann-Bronn; J. Dann; Julius Felder; Reinhart Frei (*E-L-M-N*) #3,4
Bronner, Arnolt, *19.8.1895 Wien, †12.10.1959 Berlin; - Ps. Arnolt Bronnen; A. H. Schelle-Noetzel (*D-F-N-R-S*) #3,4,5,8,14
Brönner, Elisabeth, *19.2.1880 Schuppinen/Ostpr. - später Elisabeth Brönner-Hoepfner (*E-R*) #4
Bronner, Ferdinand, *15.10.1867 Auschwitz, †8.6.1948 Goisern/O.-Ö.; - Ps. Franz Adamus (*D-L-P-R-S*) #1,3,4,15
Brons, Antje, *23.11.1810 Norden/Ostfr., †2.4.1902 Emden; - Ps. Antje (*P*) #3,4
Brook, Marie, *24.2.1862 Aachen; - Ps. Marie Prigge-Brook (*E-N-R*) #1,3,4
Bröring, Julius, *4.5.1867 Damme; - Ps. Julius von Ramsloh (*P*) #3,4
Brors, Franz, *13.6.1885 Brühl; - Ps. Franz Evertz (*E-N-R*) #3,4
Broscheit, Gustav Adolf, *16.4.1893; - Ps. Gustav Adolf Broscheit-Pfeiffer; Eddo Gudolf (*E-L-M-P*) #3,4
Brose, Hanns-Walter, *19.7.1899; - Ps. Peter Hartmann (*E-P*) #3
Brösel, Balthus, *29.2.1820 Nutteln b. Wilster, †18.4.1864 (vermißt); - Ps. Balthasar-Thusneldus (*P*) #4
Brosowski, Paul, *15.7.1900 Görlitz; - Ps. Polten Birkner (*L-N*) #3,4
Brossard, Pierre de, †17.10.1638 b.Vlotho; - gen. Der Lösende/FG 226/1633 #11,12
Brosse, Friedrich Christoph, *11.2.1773 Riga, †17.10.1827 Riga; - Ps. Ernst Bonsens (*R*) #4,6,11
Brotsorg, Sebastian, *1544 Langenzenn b. Ansbach, †11.9.1602 Königsberg; - Ps. Sebastian Artomedes (*L-P*) #4,11,15
Broxtermann, Theobald Wilhelm, *16.6.1771 Osnabrück, †14.9.1800 München; - Ps. Demophilos (*D-E-L*) #1,4,13
Broza-Talke, Helga, *3.6.1936 Berlin; - Ps. Helga Talke (*J*) #3
Bruch, Karl, *30.5.1834 Zweibrücken, †26.6.1906 Zweibrücken; - Ps. Schwanau (*L-P*) #1,3,4
Bruch-Sinn, Karoline, *13.1.1853 Olmütz, †1911; - Ps. Carola; Adele von Drachenfels; Saldau; Sphinx (*E-P-R*) #1,2,3
Bruchhaus, Hanns Walter, *9.6.1902 Düsseldorf; - Ps. Hawalt Bertel; Peter Lee (*E-N-P*) #3,4
Bruchhausen, Konrad von, *6.12.1851 Stovern; - Ps. Konrad von Bruch (*P*) #3
Bruck, Felix Friedrich, *19.5.1843 Breslau, †8.11.1911 Breslau; - Ps. Felix Friedrich (*D-P-S*) #1,3,4
Bruckbräu, Friedrich Wilhelm, *14.4.1792 München, †23.12.1874 München; - Ps. Baron Belial; Dr. F. W. Pikant (*D-P-R*) #1,4
Brücker, Friedrich Wilhelm, *28.5.1864 Straelen b. Geldern/Rhl.; - Ps. Paul Torriedt (*E-L-P*) #1,3,4
Brucker, Ludwig, *9.3.1888 Ettlenschieß; - Ps. Ekkehard (*P*) #3

Brucker, Ossi, *15.8.1922 Holzhausen b. Göppingen; - Ps. R. Curbisso *(P)* #3
Bruckmayer, Dorothea, *21.12.1930 Linz/Do.; - Ps. Dorothea Bruck *(L-P)* #3,4
Bruckmüller, Viktor, *14.7.1871 Korneuburg; - Ps. Dr. Berg *(P-S)* #3,4
Brückner, Eleonore, *28.6.1905 Wien; - Ps. Eleonore von Bernfeld; Eleonore Roneck *(R)* #3,4
Bruckner, Emil, *23.6.1905 Bistritz; - Ps. Klaus Wegmann *(P)* #3
Brückner, Hieronymus, *16.2.1639 Erfurt, †11.2.1693 Gotha; - Ps. Heinrich Brabender; Heyderus Borromaeus Riccorvatus *(P)* #6
Brückner, Marie, *25.10.1913 Ilmsdorf/Ostpr.; - Ps. Eva Brandt; Marie Lacombe *(E-J-R)* #3,4
Brückner, Paula, *10.2.1898 Lissa/Posen; - Ps. Pola Brückner *(P)* #3,4
Brucks, Maria, geb. v. Wallersee, *24.11.1858 Augsburg, †4.7.1940 Augsburg; - Ps. Maria Freiin von Wallersee *(P-R)* #1,4
Bruder, Amalie Theodora, *17.7.1860 Verona, †18.4.1945 Wien; - Ps. Theodora Venetianer *(N-R)* #2,3,4
Bruder, Herta, *5.11.1921 Limburg; - Ps. Natalie Anthes *(P-R)* #3,4
Brügel, Fritz, *13.2.1897 Wien, †4.7.1955 London; - Ps. Wenzel Sladek; Dr. Dubski *(L-P)* #4,18
Brügel, Johann Wolfgang, *3.7.1905 Auspitz; - Ps. Georg Brünner *(P)* #18
Brügel, Sigrid, *24.4.1915 Tübingen; - Ps. Sigrid Mence; S. B. *(E-P)* #3,4
Brüggemann, Fritz, *18.12.1876 Aachen; - Ps. Fritz Kroti *(P-R)* #3,4
Brüggen, Vendla Baronin von der, *5.2.1903 Berlin; - Ps. Vendla von Langenn *(P-R)* #3,4
Brügmann, Karl, *20.8.1908 Hamburg; - Ps. Karl Johann Heinrich *(N-P-R)* #3,4
Brügmann-Eberhardt, Lotte, *1.7.1921 Dortmund; - Ps. Maria Blankenheim; Lotte Droste; Lotte Eberhardt *(E-J-L-M-N-R)* #3,4
Bruhin, Gottfried, *24.5.1835 Schwyz, †8.10.1895; - Ps. Thomas Aquinas Bruhin *(P)* #4
Brühl, Gustav, *31.3.1826 Herdorf/Westerwald, †16.2.1903 Cincinnati/USA; - Ps. Kara Georg; Kara Giorg *(L-P)* #1,3,4,15
Brühl, Heinrich Josef, *12.12.1879 Herdorf/Westerwald; - Ps. Horst Fecheln *(D-L-P-S)* #1,3,4
Brühlmann-Jecklin, Erica, *30.7.1949 Küblis/Graubünden; - Ps. Erica Jecklin *(J-L-P)* #4
Bruhnsen, Otto, *3.11.1858 Waldsbeck/Holstein, †11.7.1928 Hamburg; - Ps. Norbert Walden *(E-N)* #1,3,4
Bruland-Boege, J. Willi, *10.3.1909; - Ps. William; Jowi *(P)* #3
Brülle, Adele, *20.9.1872 Düsseldorf; - Ps. Adele Brülle-Schnellenbach *(E-L-N-R)* #3,4
Brülow, Caspar, *18.9.1585 Falkenberg/Pommern, †14.7.1627 Straßburg; - Ps. Brulovicus *(D-P)* #4,13,15
Brun, †845 Fulda; - Candidus *(P)* #4
Brun, Marcel, *13.6.1928 Zürich; - Ps. Jean Villain *(P-R)* #3
Brun, Samuel, *19.3.1580 Basel, †31.7.1668 Basel; - auch Samuel Braun *(P)* #4,13,15
Brun, Theodor, *14.7.1898 Lemberg/Galizien; - Ps. Robert Potters *(P-R)* #4
Bründl, Georg, *24.9.1888 Regensburg, †20.10.1951; - Ps. Fontanus *(E-R-S)* #3,4
Brüning, Antonie, *10.5.1869 Steele/Westf.; - Ps. Carl Armand *(E)* #1,2,3,4
Brüning, Johann Valentin, *9.10.1771 Hamburg; - Ps. Serenus *(P)* #4
Brunkhorst, Johann Albrecht von, *17. Jh.; - gen. Der Kreuztragende/DG-R #11
Brunner, Armin, *1.8.1864 Mißlitz/Mähren, †8.11.1929 Wien; - Ps. B. Armin; Adrian Berger; B. Paul; Teutoburg *(L-P-R-S)* #1,3,4
Brunner, Julius C., *27.2.1879 München; - Ps. Curt Brunner *(D-E-P-S)* #3,4
Brunner, Mattheus, *16. Jh.; - auch Teus Bronner *(L)* #4,11
Brunner, Peter, *31.3.1936 Berlin; - Ps. Peter Erni *(L)* #3,4
Brunner, Sebastian, *10.12.1814 Wien, †27.11.1893 Währing b. Wien; - Ps. Max Veitel Stern *(E-J-L-N-P)* #1,4,13,15
Brunnhofer, Gottlieb Hermann, *16.3.1841 Aarau/Schweiz, †28.10.1916 München; - Ps. Alfred Werder; Pacificus Winfried *(P-R-S)* #1,3,4
Bruno von Köln, *um 1030 Köln, †6.10.1101 La Torre/Kalabrien; - auch Bruno der Kartäuser *(P)* #4,13,15
Brunsig von Brun, Ida Edle, *9.3.1840 Breslau; - Ps. Ida von Brun-Barnow *(E-N-P-R)* #1,3,4
Brus, Günther, *1939; - Ps. Ernst Kaltenbauer *(R)* #3
Brusch, Kaspar, *19.8.1518 Schlackenwalde/Böhmen, †20.11.1557 b. Windsheim; - auch Gaspar Bruschelius; Kaspar Bruschius *(L-P)* #4,13,15
Bruss, Edeltraud, *8.12.1947 Braunschweig; - Ps. Edeltraud Wiening *(E-R)* #3
Brüssow, Friedrich Ludwig Karl, *10.11.1798 Ludwigslust; - Ps. Teutfreymann *(L-P)* #4,6,11
Brustat, Fritz, *25.11.1907 Eydtkuhnen; - Ps. Fritz Brustat-Naval; Frederik Naval; Jack Tar *(F-J-P-R)* #3,4,17
Brüstle, Hans, *25.11.1907 Tiergarten/Baden, †2.12.1976 Villingen; - Ps. Hans Biron *(L-P)* #3,4
Brustowiecki, Motek, *15.10.1906 Kolno/Polen; - Ps. Max Brusto; O. T. Surb *(D-E-F-R)* #3,4,18
Brzoska, Hugo G. F., *26.9.1905 Duisburg; - Ps. Hugo Georgia Friedrich *(D-F-L-P-R)* #3,4

Bubbe, Hans, *9.4.1873 Eppendorf b. Hamburg; - Ps. H. F. Bubbe (*D-P*) #1,3,4

Bubeck, Heinrich, *6.2.1894 Basel; - Ps. Lux Bümperli; Walt Wyler (*E-F-R*) #3,4

Bubella, Karl, *7.11.1850 Möllersdorf/N.-Ö.; - Ps. Karl Moosfeld (*D-N-R*) #3,4

Bubendey, Johann Friedrich, *17.4.1888 Hamburg; - Ps. Peter Albinus; Hanns Bubendey; Hannes Deyben (*D-R-S*) #3,4

Buber, Martin, *8.2.1878 Wien, 13.6.1965 Jerusalem; - Ps. Baruch (*P-R*) #3,4,5

Buber, Paula, *14.6.1877 München, †11.8.1958 Venedig; - Ps. Georg Munk (*E-R*) #3,4,5,18

Bucelius, Gabriel, *29.12.1599 Diesenhofen/Thurgau, †9.6.1681 Weingarten/Oberschwaben; - Ps. Gerardus Belga (*P*) #4,13,15

Bucer, Martin, *11.11.1491 Schlettstadt/Elsaß, †28.2.1551 Cambridge/England; - Ps. Aretius Catharus; Aretius Felinus; Johannes Fischer; Konrad Trewe von Friedensleben; Huldericus Neobulus; Luithald Waremund (*P*) #4,6,13,15

Buch, Otto Wedige von, †7.4.1681 Tornow b. Prenzlau; - gen. Der Wohlstehende/FG 441/1645 #11,12

Buchal, Gustav, *6.9.1841 Münsterberg/Schlesien; - Ps. Gustav Buchenthal (*L-P*) #1,4

Buchberger, Anna, geb. Wimmer, *14.3.1920 Graming b. Altötting/Obb.; -Ps. Anna Wimmer (*J*) #3

Buchbinder, Bernhard Ludwig, *6.7.1849 Budapest, †30.6.1922 Wien; - Ps. Gustav Klinger (*D-E-R*) #1,3,4

Bucher, Anton von, *11.1.1746 München, †11.1.1817 München; - Ps. F. Fabianus (*P*) #4,6,11,13,15

Bucher, Clara, *15.1.1867 Dresden; - später Clara Bucher-Hagemann; Ps. Maria Otto (*J-L-N-R*) #3,4

Bucher, Jakob, *27.6.1837 Meierskappel/Luzern, †4.2.1926 Luzern; - Ps. Gerwin Willibalt (*E-L-P*) #1,3,4

Bucher, Theodor, *24.5.1868 Luzern; - Ps. Zyböri (*L-S*) #3,4

Buchheim, Carl Adolf, *22.1.1828 Mähren, †4.6.1900 London; - Ps. Adolf Banner (*P*) #4

Buchholz, Friedrich, *5.2.1768 Alt-Ruppin, †24.2.1843 Berlin; - Ps. Petrus Seraphinus (*P-R*) #1,4,13,15

Buchinger, Ingrid, *3.11.1907 St.Avold/Lothringen; - Ps. Ingrid Buchinger-Starke; Ingrid Starke (*J-P*) #3,4

Buchinger, Otto, *16.2.1878 Darmstadt, †16.4.1966 Überlingen/Bodensee; - Ps. Otto Wanderer (*L-P*) #3,4

Buchka, Johann Simon, *27.4.1705 Arzberg, †25.3.1752 Hof; - Ps. Muffle; M. Oufle (*L-P*) #1,4

Büchle, Adolf, *23.11.1842 Staufen/Br., †30.11.1909; - Ps. Gustav Adolf (*D-E-L-N-S*) #4

Büchlein, Paulis, *1504 Rheinzabern, †13.11.1549 Cambridge/England; - Ps. Paulus Fagius (*P*) #4,13,15

Büchli, Arnold, *27.5.1885 Lenzburg/Aargau, †13.10.1970 Chur/Schweiz; - Ps. Heiri Lachmereis (*L-P*) #3,4

Buchli, Hanns, *16.7.1889 Herisau/Schweiz, †1.10.1976 Bern; - Ps. Gian da Giuvault (*E-L-N-P-R*) #3,4

Buchli, Laura, *29.1.1940 Innsbruck; - Ps. Laura Weidacher-Buchli (*L-P-S*) #3

Buchmann, Joder, *1504 Bischofszell/Thurgau, †24.9.1564 Zürich; - Ps. Theodor Bibliander (*P*) #4,13,15

Buchner, August, *2.11.1591 Dresden, †12.2.1661 Pollensdorf b. Wittenberg; - gen. Der Genossene/FG 362/1641; gen. Die Nachtigall von der Elbe (*L-P*) #1,4,5,11,12,13

Büchner, Friedrich Karl Christoph Louis (Ludwig), *29.3.1824 Darmstadt, †1.5.1899 Darmstadt; - Ps. Karl Ludwig (*L-P*) #1,4

Büchner, Gottfried, *1701 Niederdorf, †1780 Querfurt; - Ps. Christian Bibelmann; Ferromontanus; Gottfried Wackermann (*P*) #4,6,13

Buchner, Hanns Dietrich, *24.1.1903 Berlin; - Ps. Hanns Laube (*L-S*) #3,4

Buchner, Ulrich, *1560 Schnönberg b. Nürnberg, †12.5.1602 Wertheim; - auch Huldericus Buchner (*P*) #4

Bucholtz, Margarete von, *12.5.1862 Lüdendorf/Mark Brand.; - Ps. M. von Buch (*E-L-R*) #1,3,4

Buchow, Wilhelm, *30.1.1883 Berlin; - Ps. Willi Buch; Willi Buch-Buchow; Walter Hagall (*E-P-R*) #3,4

Buchwald, Paul von; - gen. Der Ähnliche/FG 390/1642 #11,12

Buchwald, Sigismund, *1483 Breslau, †um 1510 Breslau; - Ps. Fagilucus Pierius (*P*) #4

Buck, J. G., *4.4.1870 Kloster Holzen/Bay.; - Ps. Theoderich Schwabe (*P*) #3,4

Buck, Renate, geb. Winkler, *28.9.1909 Pearadja/Sumatra; - Ps. Renate Buck-Winkler (*L-P*) #3,4

Bücker, Bernhard, *19.9.1904 Wallenhorst, †9.9.1964 Salzbergen; - Ps. Bernd Bücker (*R*) #3,4

Bücker, Clara, *24.2.1862 Berlin; - Ps. C. Berthold (*R*) #2,3

Bücker, Friedrich, *13.7.1835 Iserlohn/Westf., †1901; - Ps. Friedrich von Iserlohn (*D-J-L-P-S*) #4

Bücking, Laura, geb. Mittelstaedt, *3.3.1898 Leipzig; - Ps. Lore Mittelstaedt (*N*) #3,4

Budberg, Woldemar Dietrich von, *8.10.1740 Reval/Estl., †3.7.1784 Walk; - gen. Böninghausen (*P*) #4

Budde, Harald, *30.11.1934 Berlin; - Ps. Roger Demare Edbud (*D-E-F-L*) #3,4

Budnowski, Else, *7.9.1900 Berlin; - Ps. Elisabeth Westphal (*F-L-N-P*) #3,4

Bufalo della Valle, Marquesa Emilia del, *11.3.1828 Hamburg; - Ps. Moderatus Diplomaticus (*D-E-L-S*) #1,2,4

Bugenhagen, Johannes, *24.6.1485 Wollin, †20.4.1558 Wittenberg; - Ps. Joh. Pomer; Pomeranus; Dr. Pommer (*P*) #4,13,15

Bugge, Emil, *10.12.1851 Angermünde; - Ps. Günter von Elmen (*N-P*) #3,4

Buhl, Eugenie, *(1985); - Ps. Wolfgang Buhl (*P*) #3

Buhl, Herbert Erich, *21.3.1905 Zossen; - Ps. Hans Bardowiek; Joachim Lautenschlager (*E-J-R*) #3,4

Buhl-Baur, Marie Theres, *27.4.1894 Burladingen, †2.7.1962 Hechingen; - Ps. Marie Theres Baur (*L-N-P-R*) #3,4

Bühler, Eugen Karl, *30.11.1901 Bad Neustadt/Württ., †25.10.1965 Berlin; - Ps. Jack Colter; Erich Holm; Tom West (*R*) #3,4

Bühler, Traute, geb. Kistenberger, *7.4.1926 Landau/Pfalz; - Ps. Traute Bühler-Kistenberger (*L-N-P*) #3

Bühn, Friedrich, *24.2.1903 Berlin; - Ps. Frib; Karkinos (*D-L-N-P-R*) #3,4

Bühnemann, Hermann, *10.11.1901 Bertingen; - Ps. Wilfried Rufer (*J-L-P*) #3,4

Bührlen, Friedrich Ludwig, *10.9.1777 Ulm, †9.5.1850 Stuttgart; - Ps. Friedrich von Büren (*E-L-P-R*) #1,4,13

Bujard, Georg, *17.7.1871 Pforzheim; - Ps. Dr. Joh. Faust (*P*) #3,4

Bukofzer, Werner, *22.4.1903 Berlin, †15.10.1985 Zichron-Yacob/Israel; - Ps. Werner Brücken (*E-L-P*) #3,4,18

Bukorester, Adolf, *15.9.1848 Wien; - Ps. A. Just (*P-S*) #3,4

Buksa, Pavel, *28.12.1932 Prag; - Ps. Karel Michael (*F-N-R*) #3

Bull, Bruno Horst, *17.3.1933 Stülow/Mecklenburg; - Ps. Roland Barry (*E-J-L*) #3,4,17

Buller, Walter, *27.1.1937 Hamburg; - Ps. Tiff Kana (*E-F-L-P*) #3,4

Bullinger, Heinrich, *18.7.1504 Bremgarten/Aargau, †17.9.1575 Zürich; - Ps. Alexander Athanasius; Octavianus Florens (*D-S*) #4,5,15

Bülow, Augustin von, *1601, †3.4.1650 Bensheim; - auch August von Pilau; August von Bülau; gen. Der Niederdrückende/FG 329/1639 #11,12

Bülow, Babette von, geb. Eberty, *30.9.1850 Warmbrunn/Schles., †8.3.1927 Arendsee/Meckl.; - Ps. Hans Arnold; Babette Eberty (*E-N-P-S*) #1,3,4

Bülow, Bernhard Victor Christoph-Karl von, *12.11.1923 Brandenburg/Havel; - Ps. Vicco von Bülow; Loriot (*F-P-S*) #3,4,17

Bülow, Burghart von, *8.5.1855 Gut Kaarz/Mecklenb., †4.6.1892; - Ps. Gerhard von Bülow; Hans von Bülow; Alexander v. Degen; A. v. Friedeburg; Curt v. Rabenstein (*E-P-R-S*) #1,4,13

Bülow, Clara, *24.10.1822 Neustettin, †25.12.1914 Berlin; - Ps. Clara Ernst (*D-E-J-L-M-S*) #2,3,4

Bülow, Frieda Freiin von, *12.10.1857 Berlin, †12.3.1909 Jena; - Ps. Frieda von Osta (*E-N-P-R*) #1,3,4,8,9

Bülow, Friedrich von, *(1828); - Ps. Metellus; Friedrich von Solona; Fr. v. Uwinger (*D-L*) #3,4,11

Bülow, Julius von, *1.10.1575 Wolfenbüttel, †7.1.1639; - auch Julius von Bila; Julius von Bülau; gen. Der Zerteilende/FG 163/1628 (*P*) #11,12

Bülow, Karl Eduard von, *17.11.1803 Gut Berg bei Eilenburg, †16.12.1853 Ötlishausen/Thurgau; - Ps. Uranio (*N-P*) #1,4,6,13

Bülow, Paula von, geb. von Linden, *30.9.1833 Berlin, †7.6.1920 Dresden; - Ps. Paula von Bülow-Linden; Gabriele von der Elda (*L-P*) #1,2,4

Bülow, Vilma, *9.4.1912 Langmeil b. Züllichau/Hessen; - Ps. Anja Sörnsen (*P-R*) #3,4

Bülow von Dennewitz, Gertrud Gräfin, *22.9.1844 Königsberg; - Ps. Gräfin Gisela von Streitberg (*P*) #2,3

Bülow-Wendhausen, Paula Baronin, *19.8.1845 Bukarest, †17.11.1918; - Ps. Paula Baronin Bülow-Schweiger (*E-N-P-R*) #1,3,4

Bulowa, Ernst, *24.6.1902; - Ps. Doktor Überall (*P*) #3,4

Bünau, Günther von, *17. Jh.; - gen. Der Unergründete/FG 637 #11

Bünau, Günther von, *17. Jh; - gen. Der Frohe/FG 862 #11

Bünau, Margarete Henriette Gräfin von, *28.7.1859 Schmagerow/Pommern, †30.1.1920 Weimar; - Ps. Henriette von Meerheimb (*E-N-R*) #1,2,3,4

Bünau, Rudolph von, *7.10.1593 Treben/Sa., †12.12.1647 Altenburg/Sa.; - gen. Der Versorgende/FG 346/1639; Der Spanier (*P*) #11,12

Bünau, Rudolph von, *17. Jh.; - gen. Der Gesellige/FG 830 #11

Bünderlin, Johannes, *um 1500 St.Peter b. Linz/Do.; - auch Johannes Bünderlius; Johannes Bynderlin; Hans Fischer; Hans Vischer; Johannes Wunderle; Johannes Wynnderl (*P*) #4,15

Bündgen, Franz Rudolf, *(1988); - Ps. Thomas Cyborg (*P-R*) #7

Bundschuh, Heinz, *15.3.1930 Baden/Schweiz; - Ps. Heinrich B. Algun (*L-N-P*) #3,4

Bünemann, August Rudolf Jesaias, *5.5.1716 Minden, †1744; - Ps. Alexander Maximilian R. E. von Mohlsdorf und Bühnen (*L-P*) #4

Bunge, Rudolf, *27.3.1836 Köthen, †5.5.1907 Köthen; - Ps. B. Rudolf; Bruno Rudolph (*D-L-P-S*) #1,3,4

Bünger, August, *21.5.1865 Hildesheim; - Ps. Kisum; Peter Wespe (*L-P-S*) #4

Bünger, Willy, *16.3.1891 Braunschweig, †14.5.1960 Nürnberg; - Ps. Hans Narr *(L-N-P-S)* #3,4

Bungert, Alfons, *29.5.1929 Weilerbach/Pfalz; - Ps. Alfons Keswick; Martin Oster *(E-F-L-P)* #3,4

Bunje, Hans, *1.5.1923 Brake/O.; - Ps. Hans Seekamp *(F-S)* #3,4

Bunke, Helga, *(1978); - Ps. Helga Königsdorf *(E-R)* #3

Bünte, Annemarie, *18.11.1919 Greifswald; - Ps. Annemarie Wietig *(E-J-R)* #3

Bünte, Gottlob, *15.11.1840 Bremen, †1907 Bremen; - Ps. Jann van Moor *(D-E-P-S)* #1,4

Bunzeck, Gustav, *4.5.1859 Zeitz; - Ps. Marcus Bardenhofer; Paul Giesecke; Hans von Hausen *(D-E-L-S)* #1,3,4

Buol-Berenberg, Maria Freiin von, *21.8.1861 Innsbruck, †21.5.1943 Kaltern; - Ps. M. Buol; Johann Kessler; Max Lochner *(D-E-L-N-P-S)* #1,3,4

Buol-Wischenau, Hildegard von, *23.6.1911 Röhrenbach/Ö.; - Ps. Hilde von Buol *(E-M-N-R-S)* #4

Buomberger, Ferdinand, *12.12.1874 Bütschwil/St.Gallen, †3.8.1946 Weggis b. Luzern; - Ps. Bruder Augustin; Johannes Laikos *(L-P)* #3,4

Burchard, Agnes, *3.3.1843 Rostock; - Ps. A. *(N-P)* #2

Burchard, Friedrich Gottlieb Julius, *26.4.1767 Rostock, †27.7.1807 Rostock; - Ps. Max Graf von Roller *(P-S)* #4,6,11

Burchardt, Auguste, *5.4.1855 Gransee/Mark Brandenb.; - Ps. Asta Burchardt-Nienstein *(E-L-N-P-R)* #1,3,4

Burchardt, Julius, *17.7.1895 Teistungen im Eichsfeld; - Ps. Julius Bardt; Matthias Burchardt *(E-F-L-N-R)* #3,4

Burckhard, Fanny, *5.8.1861 Wien; - Ps. Renée Francis *(P)* #2,3

Burckhard, Johann Georg, *24.2.1684 Sulzbach, †4.11.1764 Braunschweig; - Ps. Janus Gregorius Betulius *(P)* #6

Burckhardt, Felix, *18.6.1906 Langenbruck b. Basel; - Ps. Blasius *(L)* #3,4

Bürde, Samuel Gottlieb, *7.12.1753 Breslau, †28.4.1831 Breslau; - Ps. Londy *(D-E-L-N-P-S)* #1,4,6,11,13,15

Bürdeke, Susi, *17.5.1924 Zürich; - Ps. Susi Fornaro-Bürdeke *(L-N)* #3,4

Buresch, Wolfgang, *4.2.1941 Kiel; - Ps. Wolf Orloff *(E-F-J)* #3,4,17

Burgarth, Minna, geb. Bertram, *12.11.1877 Hamburg, †26.3.1965 Garstedt b. Hamburg; - Ps. Minna Burgarth-Bertram *(E-J)* #3,4

Burgartz, Alfred, *11.3.1890; - Ps. Alfred Holtmont *(P)* #4

Burgdorf, Karl Ulrich, *7.10.1952 Hagen; - Ps. C. T. Bauer; Robert Craven; Arl Duncan; Martin Hollburg; Harald Münzer; Andreas Weiler; Henry Wolf *(E-L-P-R)* #4,7,16,20

Bürger, Gottfried August, *31.12.1747 Molmerswende/Harz, †8.6.1794 Göttingen; - Ps. Anonymus; J. Chr. Dieterich; Elise; Jocosus Hilarius; Krittelhold alias Menschenschreck; Ursula Blandina Lachtaube verehel. Menschenschreck; Dietrich Menschenschreck; Omikron; Ossian; Bajacco Romano; Sansculotte; Hans Schlau; Dietrich Schofelschreck; Jocosus Serius; Urfey; Volker *(D-L-P)* #1,4,5,6,11,13,14,15,17

Burger, Hans Rudolf, *8.5.1926 Burgdorf/Schw.; - Ps. Trischtan Tromsig *(L)* #3

Burger, Hermann, *10.7.1942 Menziken/Aargau, †28.2.1989 Brunegg; - Ps. Armin Schildknecht *(E-L-P-R)* #3,4,5,8

Bürger, Marie Christiane Elisabeth, *19.11.1769 Stuttgart, †24.11.1833 Frankfurt/M.; - Ps. Anonyma; Elise Bürger; Pilgerin nach dem Heimathlande; Theodora *(D-E-L-N-P-S)* #1,2,4

Bürger, Michael, *28.8.1831 Scheibbs/Ö., †31.1.1912 Wien; - Ps. Faustin *(E-L-P-R)* #1,3,4

Burgert, Helmuth, *18.6.1893 Berlin, †28.9.1971 Berlin; - Ps. Hjalmar Hansen; Franz Trautenau *(P)* #3,4

Burggraf, Otto, *2.5.1895 Bad Schmiedeberg/Halle; - Ps. Germatador; Guv-Farb; Timian *(L-M-P)* #3,4

Burggraf, Waldfried, *11.8.1895 Bremen, †1.3.1958 Bremen; - Ps. Friedrich Forster *(D-E-L-M-S)* #3,4,5,8

Burghart, Eleonora, geb. Berger, * 13.3.1919 Wien; - Ps. Eleonora Berger *(J)* #3,4,17

Burghauser, Wolfgang, *30.9.1883 Prag, †25.11.1938 Graz; - Ps. Wolfhart Gustavsson *(D-E-P-R-S)* #1,3,4

Burghof, Willi, *1.9.1847 Feldberg/Meckl.; - Ps. Illyw Fohgrub *(E)* #4

Burgmaier, Albert, *10.10.1902 Heidelberg; - Ps. Jakob Altenberger *(E-P)* #3,4

Burgsdorf, Christoph Ulrich von, *17. Jh.; - gen. Der Wiedererstattende/FG 765 #11

Burgsdorff, Conrad von, *1.12.1595 Hohenzieten b. Potsdam, †1.2.1652 Berlin; - auch Churt v. Borgsdorff; gen. Der Einfältige/FG 404/1643 #11,12,13

Burgsdorff, Georg Ehrenreich von, *27.11.1603 Hohenzieten b. Potsdam, †2.3.1656 Küstrin; - gen. Der Vielährichte/FG 491/1648 #11,12

Büring, Wilhelm, *30.1.1878 Braunschweig; - Ps. B. Ring *(L-P-S)* #1,3,4

Burkard, Amélie, *18.12.1866 Wien, †nach 1938 Wien; - Ps. Lie Burkard; Julamél; Julius Eg. von Kralitz-Gutenfeld *(D-L-P-R-S)* #3,4

Burkhard, Georg, *1484 Spalt b. Nürnberg, †16.1.1545 Altenburg; - Ps. Georg Spalatin *(P)*

Burkhard, Jörg, *22.5.1943 Dresden; - Ps. Sony Milka *(F-L-N)* #3,4

Burkhard, Josef, *25.2.1731 Wien, †26.12.1773 Wien; - Ps. Josef Norb (*L-P*) #4
Burkhardt, Martha Rosa, *30.4.1874 Aarau, †12.1.1956 Jona/St.Gallen; - Ps. N. Ferger (*P*) #4
Burkhardt, Otto Bruno, *30.3.1915 Berlin; - Ps. BOB; Freddy Weller (*F-J-L-P*) #3,4
Burkhardt, Paula, *13.1.1858 Wintzingerode, †21.11.1894 Blösien/Merseburg; - Ps. P. Ditfurth (*E*) #1,2,4
Burkhardt, Robert, *2.10.1874 Rutha b. Jena; - Ps. Karl Thieme (*P-R*) #4
Burkhart, Johannes, *15.11.1900 Dresden, †14.1.1976 Zürich; - Ps. Ossip Kalenter (*E-L-P*) #3,4,5,8,15
Bürki, Fritz, *27.11.1868 Oberhofen b. Thun; - Ps. Vettergötti (*E-S*) #3
Bürki, Jakob, *10.11.1872 Oberhofen/Bern, †14.2.1939 Detlingen/Bern; - Ps. Vettergötti (*E-P*) #4
Bürki, Peter, *6.4.1915 Bern; - Ps. Peter Bandi (*F-L-R-S*) #3,4,5
Bürkle, Rolf A., *(1984); - Ps. John Cameron; Jerry Cotton; Kojak (*R*) #16
Bürklin, Albert, *1.4.1816 Offenburg, †1.7.1890 Karlsruhe; - Ps. B. Albert (*D-E-L-P-S*) #1,4
Bürkner, Aenne, *6.4.1891 Spangenberg b. Kassel; - Ps. Aenne Bender-Bürkner (*L*)
Bürkner, Robert, *16.3.1813 Breslau, †21.12.1886 Berlin-Steglitz; - Ps. Francois Robert; R. B. Vespertinus (*E-L-N-P-R-S*) #1,3,4
Bürli-Storz, Claudia, *13.6.1948 Zürich; - Ps. Claudia Storz (*E-F-L-P-R*) #3
Burmeister, Anton, *um 1628 Lüneburg; - gen. Philanthon/PB; Philanton/ES (*L*) #4,11
Burmeister, Franz Joachim, *29.10.1633 Lüneburg, †21.4.1672 Lüneburg; - gen. Sylvander/ES (*L-P*) #4,11,13,15
Burmeister, Johann Peter Theodor, *2.10.1804 Flensburg, †29.1.1870 Altona; - Ps. Karl von Albau; Friedrich Beck; A. Bierglas; Karl von Brandt; Der Gemütliche; E. W. Hoffmann; Kapellmeister Wahrlieb; J. Leser; Luca fa presto; Johann Peter Lyser; Bernhard Müller; Wilhelm Otto; Hilarius Paukenschläger; Hieronymus Paukenwirbel; Isidorus Paukenwirbel; Salvator Rosa; Salvatorelli; Victor Savello; Oskar Schütz; Vetter Paukenwirbel (*E-J-L-M*) #1,4,11,13,17
Burmester, Albert Konrad, *11.3.1908 Bremen, †19.3.1974 Bremen; - Ps. Geo Barring; Axel Berger; Hans Lander; Alex Reberg (*R*) #3,4,7
Burri, Franz, *26.10.1901 Cham/Schweiz; - Ps. Argus; Hans Murwald (*P*) #3
Burrmeister, Gertrud, *7.6.1909 Dresden; - Ps. Gerty Charlotte Burmeister (*R*) #3,4
Burschell, Friedrich, *9.8.1889 Ludwigshafen, †19.4.1970 München; - Ps. Karl Lange (*F-N-P*) #3,4,18
Burscher, Johann Friedrich, *16.2.1732 Kamenz/Oberlaus., †10.9.1805 Leipzig; - Ps. Christian Freimund (*P*) #4,13
Bürstenbinder, Elisabeth, *25.11.1838 Berlin, †1918; - Ps. E. Werner (*R*) #1,3,4
Busack, Walther Georg Alexander, *17.3.1880; - Ps. Georg Alexander (*E-P-R*) #3,4
Busch, Fritz-Otto, *30.12.1890 Köln, †1971 Limpsfield/Engl.; - Ps. Peter Cornelissen (*E-F-J-N-P*) #3,4,17
Busch, Gertraude Erika, *12.5.1927; - Ps. Monika Busch (*J*) #3
Busch, Karl Matthias, *15.7.1899 Trier, †28.5.1942 Berlin; - Ps. Karl Matthias Buschbecker; Rode (*P-R*) #3,4
Busch, Luise, *4.4.1860 Venedig; - Ps. L. Nissel (*D-S*) #1,2,3,4
Busch, Marta Maria, *6.11.1909 Essen, †9.9.1965 Ramsdorf/Borken; - Ps. Marta Maria Folkerts (*F-L-N-P-R*) #3,4
Busch, Richard, *28.8.1857 Gießen; - Ps. Viator (*P*) #3
Busche, Hermann von dem, *um 1468 Sassenberg/Westf., †1534 Dülmen; - Ps. Pasiphilus (*L-P*) #4,5,6,11,13,15,19
Buschhausen, Nicolaus von, †um 1631; - gen. Der Heilsamste/FG 60/1622 #11,12
Buschhorn, Carl, *15.11.1875 Paderborn, †26.10.1931 Braunschweig; - Ps. Curt von Aanenbruch; Heribert Bevern; Carl Horn; Wolfgang Müllenfeld (*D-E-L-N-P*) #1,3,4
Buschhorn, Paula, geb. Postall, *19.7.1876 Hagen; - Ps. Paula Postall (*L*) #3,4
Büsching, Christiane, geb. Dilthey, *11.12.1728 Köthen, †22.4.1777 Berlin; - Ps. Christiane Dilthey (*L*) #4,13
Buschman, Gotthard von, *9.11.1810 Ragendorf, †21.8.1888 Maria Enzersdorf b. Mödling; - Ps. Eginhard (*D-L-M*) #1,3,4,13
Buschmann, Aloys, *9.6.1873 Münster; - Ps. Al. Henriks (*D-E-L-P-R-S*) #1,3,4
Buschmann, Johannes, *7.5.1881 Görlitz; - Ps. Nicodemus (*P*) #3,4
Buschmann, Josef, *12.1.1844 Münster, †6.11.1922 Koblenz; - Ps. Silvan (*P*) #3,4
Buschmann, Paula, geb. Dahm, *13.12.1868 Fulda; - Ps. Paula Dahm (*L*) #4
Buse, Johannes, *30.3.1876 Paderborn, †30.8.1925 Paderborn; - Ps. Johannes Gotthold (*D-E-S*) #1
Busek, Agnes, *2.1.1870 Wien; - Ps. Nestor (*E-P*) #2,3
Buss, Aurelie, geb. Kumming, *25.3.1855 Mitau; - Ps. Aurelie von Hardenstein; Aurelie Kumming (*P*) #2,3
Buß, Georg, *9.9.1850 Köln; - Ps. Georg Rhenanus (*N-P-R*) #1,3,4
Busse, Carl, *12.11.1872 Lindenstadt/Posen, †3.12.1918 Berlin; - Ps. Fritz Döring; Carl Sebus (*L-N-P-R*) #1,3,4,5,15
Busse, Emilie, *23.1.1835 Hunsvoven b. Aachen; - Ps. Ella Weiler (*E-R*) #1,2,3,4

Busse, Henry, *31.7.1872 Hamburg; - Ps. Sebus (*P*) #3

Busse, Karl Heinrich von, *13.7.1787 St.Petersburg, †9.5.1860 Halle/S.; - Ps. H. Blinder; Heinrich Walch (*E-N-P*) #1,4

Busse(-Palma), Georg, *20.6.1876 Lindenstadt/Posen, †14.2.1915 Teupitz; - Ps. Georg Palma (*E-L-N*) #1,3,4

Bussenius, Ruth, geb. Kraft, *3.2.1920 Schildau b. Torgau; - Ps. Ruth Kraft (*E-F-J-M-R*) #3,4,14

Bußmann, Rudolf, *8.11.1892 St.Petersburg, †25.9.1931 Berlin; - Ps. Eugen Alexander; Siegfried Sturm; Ruot Uolf (*R-S*) #4

Büstorff, Gertrud, *8.11.1861 Ohlau/Schles.; - Ps. Georg Mengs (*E-R*) #1,2,3,4

Butenschön, Helene, *10.9.1874 Lobejün b. Halle/S., †28.11.1957 München; - Ps. Fr. Lehne (*N-R*) #1,3,4

Buthmann, Joachim Matthias, *11.5.1809 Hamburg; - Ps. Asmus; Li Fuen (*L*) #1,4

Bütow, Agnes, *(1903); - Ps. F. v. Sagen (*R*)

Bütow, Hans, *27.11.1900 Osnabrück; - Ps. Osric; Peter Squenz (*E-P-R*) #3,4,5

Bütow, Johannes, *(1600) Treptow; - auch Johannes Butovius (*S*) #4,11,13

Bütow, Wolf J., *(1984); - Ps. Achim Wolf (*P*) #3

Butscher, August, *29.3.1845 Ottmarsreuthe/Württ., †19.11.1911 Illerrieden/Württ.; - Ps. Magister Sebaldus (*D-E-L-N-R-S*) #1,4

Butschky, Samuel von, *1612 Breslau, †12.3.1678; - Ps. Ferdinand von Blumenau (*P*) #4,13

Büttel, David, *17. Jh.; - gen. Silvano/PB #11

Butterweck, Anneliese, *6.2.1918; - Ps. Susanne Butenwyk (*E*) #3,4

Buttinger, Joseph, *30.4.1906 Österreich; - Ps. Gustav Richter (*P*) #18

Buttlar, Wilhelm Erasmus Karl August von, *8.9.1878 Riede/Kassel, †2.11.1919 Glashütte b. Witzenhausen; - Ps. Wolf Elberberg; Wilhelm Riede (*L-P-R*) #1,3,4

Buttlar Moscon, Irmingard von, *15.11.1910 Hameln, †22.6.1972 Wien; - Ps. Irma von Buttlar Moscon (*E-F-N-R*) #3,4

Buttler, Hans Heinrich von, *17. Jh.; - gen. Der Achtbare/FG 631 #11

Büttner, Alexander, *7.12.1897 Coburg; - Ps. Alebü; Hans Held (*P-S*) #3,4

Büttner, Hans Huldreich, *29.8.1899 Altenburg/Thür.; - Ps. J. H. E. Büttner; Johannes (*L*) #3,4

Büttner, Heinrich Christoph, *27.3.1766 Ansbach, †21.8.1816 Stuttgart; - Ps. Teutomar (*E-L-P*) #4,6,11,13

Butzbach, Johannes, *1477 Miltenberg, †29.12.1526 Kloster Maria Laach; - Ps. Piemontanus (*L-P*) #4,5,13,15

Butzke-Neumann, Emma, *28.6.1894 Schmarse; - Ps. Emma Neumann (*E-L*) #3,4

Buwert, Harald, *1946; - Ps. Thorn Forrester (*P-R*) #7,16

Buxbaum, Heinrich, *9.1.1849 Lomnitz/Mähren; - Ps. Heinrich Egon Wallsee (*D-P*) #1,4

Buxtorf, Johann, *13.8.1599 Basel, †16.8.1664 Basel; - Ps. Caspar Scioppius (*P*) #6

Buzzi, Andreas Ritter von, *8.11.1779 Pontafel/Kärnten, †31.3.1864 Klagenfurt; - Ps. A. v. Falkenberg (*D*) #1,4,11

Byern, Hainz Alfred von, *11.12.1885 Schloß Borna/Wismar, †20.7.1940 Warin/Mecklenburg; - Ps. Auenjäger; Peter Fides; L. Haerny; B. Hearny; Peregrinus; Rauhbart; Schlehmil (*E-L-N-P-R*) #3,4

Byhan, Else J. C., geb. Krohn, *30.10.1898 Hamburg; - Ps. Else Krohn; Dionysius Lotz (*J-M-P*) #3,4

C

Cabanis, George Paul Sylvester, *31.12.1859 Berlin; - Ps. G. P. S. Cabanis; Paul Sylvester (*D-J-L-S*) #1,3,4

Cadenbach, Joachim, *11.3.1925 Berlin; - Ps. Werner Bach; Hubertus Werner (*F-P-R*) #3,4

Caduff, Julius, *15.1.1824 Schleuis/Graubünden, †9.3.1871 Chur; - Ps. Jörgenberg (*L-P*) #1,4

Caesar, Joachim, *um 1580 Halle/S.; - Ps. Aeschacius Major Dobreboranus; Caesar von Joachimsthal; Pahsch Basteln v. der Sohle (*D-P*) #4,6,11

Cahén, Richard Maximilian, *11.5.1890 Saarlouis, †9.5.1974 Köln; - Ps. Richard Maximilian Lonsbach (*L-P-S*) #4,18

Cajka, Karl, *3.2.1899 Prerau/Mähren, †8.7.1983 Wien; - Ps. Walter Edling (*E-L-M-N-P*) #3,4

Calenberg, Philippine von, *14.2.1765 Kassel, †20.9.1848 Obernkirchen; - Ps. Clytia; Cyane; Klytia; Lyäne; Reseda (*P*) #2,4,6,11

Calixtus, Friedrich Ulrich, *8.3.1622 Helmstedt, †13.1.1701 Helmstedt; - Ps. Gesenius (*P*) #6

Callenbach, Franz, *10.1.1663 Dittmar, †3.2.1743 Bamberg; - Ps. Vermelio; Wurmsaam (*P-S*) #4,13,15

Callenberg, Curt Reinicke Graf von, *7.9.1607 Wettesingen bei Volkmarsen, †27.4.1672 Muskau/Neiße; - auch Curt Reinecke von Kalenberg; gen. Der Durchwachsene/FG 249/1635 #11,12

Callenberg, Ludwig Heidenreich von, †27.10.1637 Stettin; - auch Ludwig Hederich von Kalenberg; gen. Der Gelinde/FG 66/1623 (*P*) #11,12

Callenberg, Otto Heinrich von, *20.10.1601 Wettesingen b. Volkmarsen, †23.11.1644 Lucklum b. Wolfenbüttel; - auch Otto Heinrich von Kalenberg; gen. Der Erweichende/FG 132/1626 #11,12

Calm, Marie, *3.4.1832 Arolsen/Waldeck, †22.2.1887 Kassel; - Ps. Marie Ruhland (*J-L-N-P-R*) #1,2,3,4,9

Calo, Ferdinand Friedrich, *2.6.1814 Stettin, †24.9.1872 Stettin; - urspr. Ferdinand Friedrich Calow (*N*) #1,4

Calvör, Kaspar, *8.11.1650 Hildesheim, †11.5.1725 Clausthal/Oberharz; - Ps. Christian Catholicus; Irenophilus (*P*) #6

Cambeis, Hansjörg, *1.5.1938 Speyer; - Ps. de Hannes; Diogenes (*L-N-P-R*) #3,4

Camenzind, Josef Maria, *27.2.1904 Gersau/Schweiz, †19.9.1984 Immensee/Schwyz; - Ps. Rigisepp (*E-P-R*) #3,4,5

Camerarius, Ludwig, *22.1.1573 Nürnberg, †4.10.1651 Heidelberg;- Ps. Justus Justinopolitanus (*P*) #6

Camp, Karoline, *29.1.1855 Dresden; - Ps. Georg Schwabe (*L*) #1,3,4

Campen, Johann, *11.5.1888 Dornumersiel/Norden; - Ps. Hans Tutz (*D-P-R-S*) #3,4

Campulka, Walter, *8.7.1930 Schönbach/Egerland; - Ps. Walter Aue (*F-L-P-R*) #3,4

Cancrin, Georg von, *16.11.1774 Hanau, †9.9.1845 Pawlowsk b. St.Petersburg; - auch Kankrin (*P-R*) #4,13,15

Canetti, Venetiana (Veza), *21.11.1897 Wien, †1.5.1963 London; - Ps. Veza Magd (*E-S*) #4

Canisius, Jakob, *1586 Kalkar, †27.5.1647 Ingolstadt; - Ps. Christian Thanatophrastus (*P*) #6

Canter, Jacobus, *1469 Groningen, †1529 Groningen; - auch Jacobus Canthor (*L-P*) #4,15

Canter, Johannes, *15. Jh. Groningen; - auch Johannes Canthor (*P*) #4

Cap, Friedline, *23.3.1924; - Ps. David Chippers; Alexander Robé (*F-R*) #3,4,7

Capell, Rudolph, *24.1.1634 Hamburg, †20.4.1684 Hamburg; - Ps. Georg Ernst Cravellinus; Henning Lochovius (*P*) #6

Capeller, Leopold Moritz Karl, *22.6.1884 München; - Ps. K. Pellar (*P*) #3

Capesius, Karl Bernhard, *16.11.1889 Hermannstadt/Siebenb., †8.7.1981 Hermannstadt/Siebenb.; - Ps. Karl Bernhard (*E-L-P-R*) #3,4

Capitaine, Wilhelm Baron von, *3.3.1871 Pier b. Düren, †14.9.1948 Köln; - Ps. Johann Walter Neumann (*D-P-R*) #3,4

Cappilieri, Hermine, geb. Czigler v. Eny-Vecse, *13.1.1840 Budapest, †25.7.1905 Wien; - Ps. Hermine Czigler v. Eny-Vecse (*L-R*) #1

Cappy, Marie Crescence Gräfin, *15.2.1859 Schloß Kunnersdorf/Schlesien, †20.11.1930 Linz/Do.; - Ps. Fritz Guttreu; Rhön-Werra (*N-P*) #1,2,3,4

Capra, Ingeborg, *1.10.1914 Wolfsberg/Kärnten; - Ps. Ingeborg Teuffenbach (*F-L-P*) #3,4

Cardauns, Hermann, *8.8.1847 Köln, †14.6.1926 Bonn; - Ps. H. Kerner (*E-J-P*) #1,3,4

Carel, Antonia, *23.1.1853 Wangerin/Pommern; - Ps. Antonia Andrea (*E-R*) #1,2,3,4

Carelius, Alexander, *16.11.1913 München; - Ps. Edmund Johannes Lutz (*E-P-S*) #3,4

Carl, Louisa Pauline Henriette, geb. von Haber, *22.2.1880 Frankfurt/M.; - Ps. Louisa von Haber (*N*) #3,4

Carl-Mardorf, Wilhelm, *24.4.1890 Emmern b. Hameln; - Ps. Wilhelm Buschklepper (*E-R*) #3,4

Carlé, Erwin, *7.6.1876 Karlsruhe, †21.2.1923 Hamburg; - Ps. Erwin Rosen (*D-E-N-P-R*) #3,4,5

Carlowitz, Alban von, *1.4.1802 Freiberg/Sa., †9.8.1874 Kötzschenbroda b. Dresden; - Ps. Allwin von Candia (*L-P*) #1,4,6,13,15
Caro, Kurt, *(1936); - Ps. Manuel Humbert (*P*) #18
Carové, Friedrich Wilhelm, *20.6.1789 Koblenz, †18.3.1852 Heidelberg; - Ps. F. W. C. (*E-L-P*) #1,4,13,15
Carpenter, Agnes, *22.3.1939 Aachen; - Ps. Agnes Münster (*J*) #3
Carpzov, Benedikt, *27.5.1595 Wittenberg, †31.8.1666 Leipzig; - Ps. Ludovicus de Montesperato (*P*) #4,13,15
Carrière, Ludwig, *3.10.1884 Straßburg; - Ps. Lothar Steinbrech (*P*) #3,4
Carro, Karl Ritter von, *21.3.1846 Wien, †22.3.1896 Wien; - Ps. Karl Carode (*L-S*) #1,4
Carroll, Carla-Elisabeth, *7.7.1906 Berlin; - Ps. Carla-Elisabeth von Schenckendorff; Carla-Elisabeth Schleusener (*E-L-R*) #3,4
Carsjens, Gerhard, *29.9.1906 Hamburg; - Ps. C. Presto (*R*) #3,4
Carsted, Rudolf Hermann, *21.11.1840 Blindow/Prenzlau; - Ps. Rudolf Hermann (*D*) #1,3,4
Carsten-Kunert, Lotte-Lore, *23.4.1920 Magdeburg; - Ps. Carsten (*F-L-M-N-R*) #3,4
Carstenn, Johann Wilhelm Theodor, *18.1.1816 Wulfshagener Hütten/Holst.; - Ps. Theodor vom Thale; Th. v. Treufeld (*J-L*) #1,4
Carstens, Asmus Jakob, *10.5.1754 St.Jürgen b. Schleswig, †25.5.1798 Rom; - Ps. Asmus Jakob (*L-P*) #4,6,13,15
Carstens, Wilhelm Claus Heinrich, *22.8.1849 Heuwisch/Dithmarschen, †1910 Dahrenwurth b. Lunden/Holst.; - Ps. H. Volksmann; Heinrich v. d. Wurth (*L-P*) #3,4
Cartellieri, Eva, geb. Schröter, *14.11.1892 Leipzig, †5.11.1965 Marburg/Lahn; - Ps. Eva Cartellieri-Schröter; Eva Eva Schröter (*J-L-M-N-R*) #3,4
Casant, Georg, *25.8.1513 Pitthem b. Brügge, †3.2.1566 Köln; - Ps. Georgius Cassander (*P*) #4,13,15
Caspari, Carlheinz, *13.12.1921 Köln; - Ps. Arthur Caspari (*F-L-P-R-S*) #3,4
Caspari, John, *10.2.1888 Berlin; - Ps. Carel Johansen (*P*) #18
Casper, Daniel, *25.1.1635 Nimptsch/Schles., †28.4.1683 Breslau; - Ps. Daniel Casper von Lohenstein (*D-L-R*) #1,4,5,11,13,14
Casper, Johann Ludwig, *11.3.1796 Berlin, †24.2.1864 Berlin; - Ps. Till Balistarius (*D-P-S*) #4,6,11,13
Cassau, Karl, *26.4.1840 Lüneburg, †18.5.1909 Hamburg; - Ps. Carl Adelsberg; Carl Burg; C. Carl; C. Carrès; Carl v. Falkenburg; C. v. Falkenstein; Carl v. Ilmenau; Karl Western; G. v. Wolfshagen (*E-J-N-P-R*) #1,3,4
Cassirer, Fritz, *29.3.1871 Breslau; - Ps. Friedrich Leopold (*L-P*) #4
Cassirer, Paul, *21.2.1871 Görlitz a. d. Neiße, †7.1.1926 Berlin; - Ps. Paul Cahrs (*P-R*) #4,15
Caßmann, Charles, *17.3.1840 Hamburg, †1909 Hamburg; - Ps. C. Czermák (*D-L-M-S*) #1,3,4
Castell, Alexander, *21.11.1883 Kurzrickenbach/Thurgau, †21.2.1939 Kreuzlingen; - früher Willi Lang (*E-N-R*) #3,4
Castell, Luise Gräfin zu, *30.10.1911 Wien, †21.1.1985 München; - Ps. Luise Ullrich (*N-P-R*) #3,4
Castell-Rüdenhausen, Philippine Gräfin zu, *29.8.1858 Wien; - Ps. J. v. Immendorf (*E-P*) #3
Castelle, Friedrich, *30.4.1879 Appelhülsen/Westf., †15.1.1954 Steinfurt; - Ps. Hans Dietmar; Fritz von Schonebeck; Hans Uhlenbrook (*E-L-P-R*) #1,3,4
Castelli, Ignaz Friedrich Franz, *6.3.1781 Wien, †5.2.1862 Wien; - Ps. Bruder Fatalis; Kosmas Rosenfeld; Sperling Edler von Spatz; C. A. Stille (*L-P-S*) #1,4,5,6,11,13,15
Castenpaur, Stephan, *1491 Abensberg b. Kelheim, †10.4.1547 Eisleben; - Ps. Stephanus Agricola; Agricola Boius (*P*) #4,11, 13,15
Castritius, Heinrich, †1585 Westfriesland; - Ps. Heinrich Geldorp; Henricus Geldorpius (*P*) #4,13
Catel, Samuel Heinrich, *1.4.1758 Halberstadt, †27.6.1838 Berlin; - Ps. T. H. Seltac (*E-P*) #4,11
Cauer, Minna Theodore, *1.11.1841 Freyenstein/Ost-Priegnitz, †3.8.1922 Berlin; - Ps. M. Eduard (*P*) #3,4
Cauer, Paul, *17.12.1854 Breslau, †26.11.1921 Münster; - Ps. A. B. C. Drescher; Ludwig Logander (*P*) #3,4
Cavallo, Vincentius Dominus de Magno, *1720 Krim, †1805 Celle; - Ps. Anglo-Gallus; Cimbricus; Civis Mediolanensesin Gallia; Dux V. M. de Cavallo; Lama Lamorum; Medico-Philosophus-Poeta Augur Romano-Luneburgicus; Medico-Philosophus Dux Tartarus; Philosopho-Medicus-Botanicus-Chymicus-Pharmaceuticus; Poeta Propheta; Pontifex Pontificum (*P*) #4
Cech, Adele, *26.11.1931; - Ps. Adele Holden (*R*) #3
Cech, Erich, *30.1.1890 Wien; - Ps. Erich Galdiner (*R*) #3,4
Cellarius, Ilse, *11.7.1911 Leipzig; - Ps. Ilse Prüfer (*E-J-N-R*) #3,4
Ceratzky-Kries, Walter, *5.12.1868 Oldisleben; - Ps. Walter v. Hafften; Alex. Hafften-Risek (*L-P-R*) #1,3,4
Cerio, Clara, geb. Wiedermann, *22.4.1927 Capri; - Ps. Claretta Cerio; Clara Wiedermann (*E-P-R*) #3,4

Cerny, Joseph, *12.2.1869 Wien, †23.7.1942 München; - Ps. Joseph Stolzing (*D-P-R-S*) #1,3

Cerri, Cajetan, *26.3.1826 Bagnolo b. Brescia, †27.5.1899 Karlsbad; - Ps. Bayard; Veritas (*L-P*) #1,3,4,13

Chalupka, Emma, *31.7.1849 Preßburg, †5.7.1892 Baden/N.-Ö.; - Ps. E. Trautenheim (*E-N-P*) #2,3,4

Chalupka, Ottokar F., *29.8.1868 Olmütz/Mähren, †12.3.1941 Wien; - Ps. Volker zu Alzey; Hagen Falkenberg; Roland Hammer; Ottokar Stauf von der March; Severus Verax (*L-N-P-R-S*) #1,3,4

Chamisso de Boncourt, Louis Charles Adelaide de, *30.1.1781 Schloß Boncurt/Frankr., †21.8.1838 Berlin; - Ps. Adelbert von Chamisso; Jason (*E-J-L-P*) #1,4,5,11,13,14,15,17

Chapelle, Mathilde de la, geb. Wagener, *10.9.1856 Zürich; - Ps. Mathilde Wagener (*E-J-N-R*) #1,2,3,4

Chappuis, Edgar, *30.4.1886 La Chaux-de-Fonds/Schweiz, †30.1.1958 Zürich; - Ps. Hally Heimfried (*L-N-P-R*) #3,4

Chappuis-Böhm, Johanna, *2.5.1898 Langnau/Schweiz, †4.11.1967 Zürich; - Ps. Johanna Böhm (*J-L-N-R*) #3,4

Charol, Michael, *20.1.1894 Tatarka/Ukraine, †23.12.1970 London; - Ps. Michael Prawdin (*R*) #3,4

Charreard, Anton von, *17. Jh.; - gen. Der Unbekannte/FG 659 #11

Chasen, Ilse, *15.6.1901 München; - Ps. Ilse Krämer (*L-N*) #3,4

Chaurand de Mailly, Anton, *19.8.1874 Görz, †30.5.1950 Wien; - Ps. Anton Mailly (*N-P*) #3,4

Chelius, Fritz Heinz, *1.5.1890 Darmstadt, †18.3.1960 Hersbruck; - Ps. Fred Geiger (*D-J-L-P-R-S*) #3,4

Chemnitz, Bogislaus Philipp von, *9.5.1605 Stettin, †17.5.1678 Gut Halstaed/Schweden; - auch Bogislaw Chemnitius; Ps. Hippolithus a Lapide (*P*) #4,6,11,13,15

Cherrier, Tharcisius, *24.10.1891 Torcheville/Moselle; - Ps. Constant; Der Sendbotenpater (*D-E-L-N-P*) #3,4

Chevallerie, Auguste de la, geb. v. Römer, *22.2.1835 Wirschwitz b. Zeitz/Sa., †1903 Naunhof b. Leipzig; - Ps. Auguste von Römer (*L-S*) #1,2,3,4

Chevallier, Sonja, *22.8.1946 Hamburg; - Ps. Sonja Lasserre (*R*) #3,4

Chézy, Wilhelmine Christiane (Helmina) von, geb. von Klencke, gesch. v. Hastfer, *26.1.1783 Berlin, †28.2.1856 Genf; - Ps. Enkelin der Karschin; Helmina von Hastfer; Helmina; Wilhelmine von Klencke; Sylvander; Sylvandra (*E-L-N-P*) #1,4,5,6,9,11,13,15

Chiellino, Carmine, *11.7.1946 Carlopoli/Ital.; - Ps. Gino Chiellino (*L-P*) #3,4

Chirita, Gertrud, *2.8.1927 Temesvar; - Ps. Gertrud Gregor (*N-R*) #3,4

Chladenius, Ernst (Johann) Martin, *6.8.1715 Wittenberg, †12.3.1782 Wittenberg; - Ps. Ernst (Johann) Martin Chladni (*P*) #4,13,15

Chladenius, Johann Martin, *17.4.1710 Wittenberg, †10.9.1759 Erlangen; - Ps. Eubulus (*P*) #6

Chladenius, Karl Gottfried Theodor, *22.7.1759 Großenhain/Sa., †25.5.1837 Großenhain/Sa.; - Ps. Karl Gottfried Theodor Chladni (*D-P*) #1,4,13

Chodziesner, Gertrud, *10.12.1894 Berlin, †2.3.1943; - Ps. Gertrud Kolmar (*E-L-P*) #3,4,5,8,9,14,18

Chollet, Hans-Joachim, *1.9.1933 Schwedt/Oder; - Ps. Hans-Joachim Wolter (*E-J-L-R*) #3,4

Chop, F. J. T. Max, *17.5.1862 Greußen, †20.12.1929 Berlin; - Ps. M. Charles (*L-N-P-R*) #1,3,4

Chotjewitz, Peter Otto, *14.6.1934 Berlin; - Ps. Rolf Roggenbuck (*D-E-F-L-P-R*) #3,4,5,8,10

Chowanetz, Julian Baron von, *1814 Neuhäusel/Ungarn, †11.11.1888 Wien; - Ps. Julian Feodor Chownitz; Feodor Josef (*L-P-R*) #1,4

Christ, Hans, *30.11.1914 Meknitsch; - Ps. Hannes Buchwald (*E-L-P*) #3,4

Christ, Robert Balthasar, *10.2.1904 Basel; - Ps. Fridolin; Glopfgaischt (*E-P*) #4

Christ-Gutbier, Louise Jeannette, *29.5.1836 Seidingstadt/Hildburghausen, †1904 Coburg; - Ps. L. Jean Christ; Louise Jeannette Gutbier (*D-L-P-R-S*) #1,3,4

Christeinicke, Gotthard, *23.7.1880 Lübeck; - Ps. Alexey Marvin (*D-N-S*) #1,4

Christel, Franz, *9.3.1865 Mährisch-Ostrau, †17.2.1931 Wien; - Ps. Hans Funke; Erich Schönwald (*L-P*) #1,3,4

Christen, Clara, geb. Ziegler, *27.4.1844 München; - Ps. Clara Ziegler (*S*) #1,3,4

Christen-Dorizzi, Irma, *28.7.1918 St.Gallen; - Ps. Irma Dorizzi (*L-M*) #3,4

Christern, Wilhelm, *17.5.1809 Reinbek/Holst., †1877 Hamburg; - Ps. Professor Nante; Wilhelm von Reinbeck; Felix Rose; Wilhelm Rose; Baron von Rosenberg (*D-P-R-S*) #1,4

Christiani, Otto Konrad, *23.3.1767 Kiel, †25.11.1803 Weimar; - Ps. Bonmarmota (*J-P*) #4,6,11

Christlieb, Wolfgang, *21.8.1912 Regensburg; - Ps. Chri (*D-N-P*) #3,4

Christophé, Eduard Curt, *24.12.1900 Berlin; - Ps. Curt Coester; Jan Pieter Grove; Hans Jürgen Hauptmann; Hans Hermann Lund; Konrad Prack; K. Vethake (*E-J-P-R*) #3,4

Christophel, Friedrich Wilhelm, *10.3.1913 Halle/S., †26.3.1985 München; - Ps. Christopherus (*F-L-P-R*) #3,4

Chys, Julienne van der, *29.7.1872 Delft/Holland; - Ps. Icâra (*D-L*) #1,2,3,4

Cilano, Georg Christian Maternus de, *18.12.1696 Preßburg, †9.7.1773 Altona; - Ps. Ant. Sangutelli (*P*) #6

Cinar-Meck, Barbara, *7.6.1945 Hagenow/Mecklenb; - Ps. Barbara Meck (*R*) #3,4

Cisek, Oscar Walter, *6.12.1897 Bukarest, †30.5.1966 Bukarest; - Ps. Werner Langenthaler (*E-L-R*) #3,4

Claassen, Johannes, *24.10.1835 Königsberg, †9.4.1898 Calw; - Ps. Claravallensis; J. Clarissa (*L-P*) #3,4

Claassen, Oswald, *22.8.1887 Osterode/Ostpr.; - Ps. Spectator (*E-R*) #3,4

Claaßen, Walter, *24.11.1872 Tilsit; - Ps. Gral (*P*) #3

Clagius, Thomas, *1598 Hermsdorf b. Braunschweig, †19.6.1664 Rössel; - Ps. Didymi Hermannovillani (*D-P*) #4,6

Clar, Albert, *27.3.1843 Trebnitz; - Ps. Karl Walter (*E-S*) #1,3,4

Clasen, Martin, *10.8.1882 Reinfeld/Holst.; - Ps. Rhinkamp (*P*) #3,4

Clasen-Schmid, Mathilde, *4.8.1834 Wildenfels/Sa., †6.12.1911 Leipzig; - Ps. Curt v. Wildenfels (*J-L-P-R*) #1,3,4

Clason, Octavianus, *1844 Hamburg, †18.3.1875 Rom; - Ps. F. O. Colans (*D*) #1,4

Claß, Heinrich, *29.2.1868 Alzey, †16.4.1953 Jena; - Ps. Einhart; Daniel Frymann (*P*) #3,4,15

Classen, Johannes, *21.11.1805 Hamburg, †31.8.1891; - Ps. Hans Vrîdank (*P*) #4,13

Classen(-Kehren), Berta, *28.12.1868 Mönchen-Gladbach; - Ps. Berta Kehren; B. Willibald (*E-N-R*) #1,2,3,4

Claud, Anna, *10.3.1853 Lindenau, †29.1.1928 Graz; - Ps. Anna Saar (*L-N-S*) #1,3,4

Claud, Charles, *3.7.1850 Wien, †15.7.1923 Graz; - Ps. Karl Saar (*D-S*) #1,3,4

Claudius, Georg Karl, *21.4.1757 Zschopau, †20.11.1815 Leipzig; - Ps. Franz Ehrenberg; Mariane (*D-E-J-L-P-S*) #1,4,6,11,13,17

Claudius, Matthias, *15.8.1740 Reinfeld/Holst., †21.1.1815 Hamburg; - Ps. Asmus; Der Wandsbecker Bote (*E-L-P*) #1,4,5,6,11,13,14,15,17,19

Clausen, Ernst Alexander, *18.9.1861 Aurich, †13.12.1912 Jena; - Ps. Claus Zehren (*E-N-P-R-S*) #1,3,4

Clausius, Sabine, geb. Kühn, *21.2.1856 Guhrau, †5.11.1921 Erfurt; - Ps. S. Kyn (*N-R*) #1,2,3,4

Clausnitzer, Linna, *7.9.1862 Großkriechen; - Ps. Linna Erhard (*E*) #3,4

Clauss, Isaak, *17. Jh.; - Ps. Clajus v. d. Ill (*D-P*) #4,13

Clauß, Ludwig Ferdinand, *8.2.1892 Offenburg/Baden, †13.1.1974 Huppert/Taunus; - Ps. Götz Brandeck (*D-E-L-P-R*) #3,4

Clauß, Sigrid, *16.8.1909 Nahmgeist b. Reichenbach/Ostpr.; - Ps. Sigrid von Perbandt (*E-R*) #4

Clauss, Walter, *1.8.1895 Chemnitz; - Ps. Rudolf Erwin Keimrath (*L-P-S*) #3,4

Claußen, Anna Auguste Henriette, *5.6.1814 Tetenbüll, †16.3.1907 Itzehoe; - Ps. Tante Anna (*E-N*) #1,2,3,4

Claußner, Robert, *17.10.1863 Leipzig, †1892; - Ps. Robert von Einsiedel; Clauß Norbert (*L*) #3,4

Cleinow, Georg, *27.4.1873 Dolhobyczow/Posen, †20.10.1936 Berlin; - Ps. Anna Georgi (*P*) #3

Clemen, Karl Friedrich Wilhelm, *(1827) Schmalkalden; - Ps. Vigilantius Rationalis (*P*) #6

Clemens, Elisabeth-Charlotte, *2.2.1922 Berlin; - Ps. Lieselotte Clemens (*L-P*) #3

Clericus, Ludwig, *28.3.1827 Danzig, †1.3.1892 Magdeburg; - Ps. Augustin Langer (*P*) #1

Clevé-Klebert, Eveline, *23.10.1906 Berlin; - Ps. Evelyn Clevé (*E-F-J-P-R*) #3

Clobes, Heinz Wilhelm, *27.2.1876 Hanau; - Ps. Werner Carlos; Hein Willem Claus; Friedrich Ellersiek; Eo ipso; Till von der Oder; Lepo; R. E. Porter; Argus; Schelm vom Rhein; Schelm von der Elster; S. A. Tanello (*D-P-S*) #1,3,4

Cludius, Hermann, *27.3.1754 Hildesheim, †23.6.1835 Hildesheim; - Ps. Pet. Seraphinus (*L-P*) #1,4,6

Cluver, Philipp, *1580 Danzig, †1623 Leiden; - Ps. Philaretes Amyntas Codomannus (*P*) #6

Cluyten-von der Ruhr, Herbert, *18.5.1909 Gladbach; - Ps. Medium; Mynona (*P*) #3

Coch, Georg Friedrich Gerhard von, *15.8.1791 Witzdorf/Eiderstedt, †1866 Hamburg; - Ps. G. F. G. Magirus; Philalethes (*P*) #4,6

Codomann, Albrecht Ernst, *17. Jh.; - gen. Codoander/PB #11

Coeckelberghe-Dützele, Gerhard Robert Walter Ritter von, *9.2.1786 Löwen/Belg., †5.7.1857 Maria Enzersdorf b. Wien; - Ps. Realis (*E-P*) #1,4,13

Coelestinus, Georg, *23.4.1525 Plauen/Vogtl., †13.12.1579 Berlin; - Ps. Uranius (*P*) #4,13,15

Coellen, Georg Maria von, *18.6.1898 Aachen; - Ps. Jules de Coligny; Bob Ellis; Eurus Henderson; Leon Lencov; Mario; Etzel Rottheim; Zack (*P*) #3

Coelln, Friedrich Wilhelm von, *um 1795 Berlin; - Ps. Loclen (*D-P*) #4,6

Cohausz, Otto, *8.9.1872 Nordwalde; - Ps. Otto Nordwälder (*P*) #4

Cohen, Morris, *4.2.1842 Kopenhagen, †19.2.1917 Kopenhagen; - Ps. Georg Brandes (*P*) #4

Cohen, Netti, *4.1.1923 Mlada Boleslav/CSR; - Ps. Netti Boleslav (*L-N*) #3

Cohen, Salomon Jacob, *4.1.1772 Wollstein/Posen, †20.2.1845 Hamburg; - Ps. S. J. C. (*D-L-P*) #1,4

Cohn, Albert, *7.6.1861 Hamburg; - Ps. Albert Cronau (*P-S*) #3,4
Cohn, Alfons Fedor, *12.4.1878 Berlin, †1933 Berlin; - Ps. Olof F. Anders; Alfons Fedor (*L-N-P-S*) #3,4
Cohn, Clara, geb. Viebig, *17.7.1860 Trier, †31.7.1952 Berlin; - Ps. Clara Viebig (*D-N-R*) #1,2,3,4,5,8,9,10,14
Cohn, Clementine, *22.4.1861 Breslau; - Ps. Clemens Berg (*D-P-R*) #1,3,4
Cohn, Else, *19.2.1881 Bisenz/Mähren; - Ps. Eva Lotting (*D-E-N-R*) #3,4
Cohn, Emil Bernhard, *18.2.1881 Berlin, †28.2.1948 Los Angeles; - Ps. Emil Bernhard (*D-E*) #3,4,18
Cohn, Erich, *29.5.1884 Erfurt; - Ps. Erich Hoogestraat (*P-R*) #3,4
Cohn, Frida Erdmute, geb. Vogel, *9.10.1876 Berlin; - Ps. Frida Erdmute Vogel (*N-P*) #3
Cohn, Fritz Theodor, *22.1.1864 Charlottenburg; - Ps. Fritz Carsten; Martin J. Quefeld (*N-P*) #3
Cohn, Lassar, *6.9.1858 Hamburg; - Ps. Lassar-Cohn (*P*) #3
Cohn, Moritz, *8.1.1844 Kreuzburg/Schles.; - Ps. Conimor (*D-L-N-S*) #1,3,4
Cohn, Oskar Justinus, *21.2.1839 Breslau, †6.8.1893 Bad Nauheim; - Ps. Oskar Justinus (*E-P-R-S*) #1,3,4
Cohn, Paul, *25.9.1872 Wien; - Ps. Paul Hohenau (*N*) #4
Cohn, Rose, *6.7.1864 Breslau; - Ps. Rose Raunau (*E-N*) #1,3,4
Cohnfeld, Adalbert Dorotheus Salomo, *3.8.1809 Pyritz/Pommern, †20.1.1868 Berlin; - Ps. Aujust Buddelmeyer (*N-S*) #1,4
Cohnfeld, Emil, *18.12.1836 Berlin; - Ps. Signor Domino; Michel Folden (*P*) #3,4
Cokarac-Kamare, Stephan von, *22.6.1880 Wien, †7.4.1945 Wien; - Ps. Hans Gerok; Stephan von Kamare (*D-S*) #3,4,5
Colbert, Carl, *8.2.1855 Wien, †29.5.1929 Wien; - Ps. Alpheus; Augias; Catilina (*P-R*) #4
Colerus von Geldern, Egmont, *12.5.1888 Linz/Do., †1939; - Ps. Egmont Colerus (*R*) #3
Colerus von Geldern, Richard, *29.8.1872 Brünn/Mähren, †8.6.1954 Gföhl/N.-Ö.; - Ps. Richard Geldern (*P-R*) #3,4
Collet, Franz, *23.9.1865 Aachen; - Ps. Peter Franz (*D-P-R-S*) #1,3,4
Collignon, Ilse, *12.8.1913 Elbing; - Ps. Marguerite Arcol; Illa Rémy (*R*) #3,4
Collignon, Jetta, *15.3.1923 Frankfurt/M.; - Ps. Julia von Brencken; Britta Rentzow; Jetta Sachs (*P-R*) #3,4
Collin, Ernst, *31.5.1886 Berlin; - Ps. Colleoni; Erco; Heinrich Inheim; Erich Lauenburg; Nico; Nicoll; Erwin Roßbach; Spectator (*P*) #3,4
Collin, Heinrich Joseph Edler von, *28.12.1771 Wien, †28.7.1811 Wien; - Ps. V. Gayn (*D-L-P*) #1,4,5,11,13,15
Colling, Anton, *31.8.1850 Blieskastel, †13.3.1901; - Ps. Antonius Palatinus (*L-P*) #3,4
Collitz, Klara, geb. Hechtenberg, *31.5.1853 Rheydt/Rhld.; - Ps. Klara Hechtenberg (*P*) #3,4
Cölln, Julius Eduard von, *8.10.1831 Bremen, †24.11.1891 Bremen; - Ps. Max Freidank (*L-P-R*) #1,3,4
Colonna, Herr von Völs, Caspar Graf, *1594, †31.3.1666 Oppeln; - auch Kaspar Graf Kolonna, Herr von Fels; gen. Der Zertreibende/FG 211/1632 (*P*) #11,12
Colze(-Rosenberg), Leo, *12.7.1880 Breslau; - Ps. Elzeh (*L-N-P*) #1,3,4
Conard, Julius, *9.12.1821 Königsberg, †4.7.1901 Berlin; - Ps. Theodor Burkard; Friedrich Helm (*E-L-N-P-R*) #1,3,4,11
Concin, Johann Friedrich Graf von, *17. Jh.; - gen. Der Belustigende/FG 722 #11
Conitzer, Hermann, *27.4.1861 Tuchel; - Ps. H. Zerniko; H. Zernikow (*E-R-S*) #3,4
Conlin, Albert Josef, *(1706); - Ps. Loncin von Gominn (*P*) #6,13
Connemann, Johanna Theodora, *2.1.1845 Stapelmoor/Ostfriesland; - Ps. J. Nemo (*D-E-N-R-S*) #1,2,3,4
Conrad, Ado, *6.12.1871 Berlin; - Ps. Alfons von der Elbe (*L-P*) #3
Conrad, Maria, *8.9.1850 München, †1.10.1921 München; - Ps. Maria Conrad-Ramlo (*N-R*) #1,3,4
Conradi, Hermann, *12.7.1862 Jeßnitz/Anhalt, †8.3.1890 Würzburg; - Ps. Hermann Costo (*E-L-P-R*) #1,4,5,13,14,15
Conradi, Matthias, *1745 Andeer/Graubünden, †26.12.1832 Andeer/Graubünden; - Ps. Conrad Mattli (*E-P*) #4
Conradi, Thilemann, *1485 Göttingen; - Ps. Thiloninus Philymnus (*L-P-S*) #4,13
Conradinus, Henning, *1538 Hamburg, †8.10.1590 Hamburg; - auch Henning Cunradinus (*L*) #4,13
Conrads, Dietrich, *31.5.1924 Berlin; - Ps. Dieter Conrads; Mark Perlach (*E-P-R*) #3
Conradt, Heinrich, *19.10.1866 Hamburg, †1919; - Ps. Heinrich Conrad (*E-P-R-S*) #3,4
Conradt, Walter, *8.7.1883 Insterburg; - Ps. Fr. W. Conrad Thüngen (*D-L-P-R-S*) #3,4
Conrath, Karl, *2.3.1910 Mettlach/Saar; - Ps. Konrad Hopgartner; Karl Trier (*F-L-P-S*) #3,4
Conring, Friedrich Franz von, *28.1.1873 Spandau, †5.12.1965 Bonn; - Ps. Justus Georg (*D-F-P-R*) #3,4
Conring, Hermann, *9.11.1606 Norden, †12.9.1681 Helmstedt; - Ps. Irenäus Eubulus; Hector Johannes Mithobius; Ludwig de Monte Sperato; Cyriacus Thrasymachus; Eberhard Wasserbergius (*P*) #6

Constantinides, Thea, *10.7.1897 Kronstadt/Siebenb., †28.3.1976 Bukarest; - Ps. Maria Frank; Sophia Schmidt (*E*) #3

Conwentz, Anna, *17.5.1858 Danzig; - Ps. Tatiana v. Dyckowska; Camilla Romana (*P*) #1,2,3,4

Conz, Karl Philipp, *28.10.1762 Lorch/Württ., †20.6.1827 Tübingen; - Ps. Kurd (*D-L-P*) #1,4,5,6,13

Coq, Martin de, *17. Jh.; - gen. Der Wachende/DG-R #11

Cordes, Heinrich, *17.2.1909 Rössing b. Hannover; - Ps. Christian Fasold (*E-M-N-R*) #3,4

Cordes, Margarethe, geb. von Duhn, *23.1.1898 Hamburg; - Ps. Margarethe von Duhn (*F-S*) #3

Cordts, Georg, *6.5.1927 Minden; - Ps. Georg R. Kristan (*R*) #3

Cordts, Renate, *1.2.1935 Versmold/Westf.; - Ps. Georg R. Kristan (*R*) #3

Coremanns, Viktor Amadeus, *4.10.1802 Belgien, †1872 Brüssel; - Ps. Ischamarus; Ottfried (*P*) #4

Corfei, Lambert Friedrich von, *Münster, †13.2.1733 Münster; - Ps. Brunnemann (*P*) #6

Corino, Elisabeth, *15.9.1939 Breitenberg; - Ps. Elisabeth Albertsen (*E-P-R*) #3,4

Corinth, Franz Heinrich Louis, *21.7.1854 Tapiau/Ostpr., †17.7.1925 Zandvoort/Holl.; - Ps. Lovis Corinth (*P*) #3,4,15

Corleis-Wittner, Gisela, *18.12.1944 Höxter; - Ps. Gisela Corleis (*E*) #3

Cornelius, Auguste, *1841 Darmstadt, †1.12.1890 Charlottenburg; - Ps. Paul Dido (*D-J-L-M-P-S*) #1,3,4

Corner, Jakob, *16. Jh.; - Ps. Jakobus Cornerus (*D*) #4,13

Corony, Blanda, *1841 Wien, †26.12.1911 Halle/S.; - Ps. Roderich Freimund; Leo Schellbach (*D-N-P-R*) #1,2,3,4

Corrée, Valerie Gräfin de la, *22.4.1812 Berlin; - Ps. Mathilde von Mühlenberg (*E*) #1,4

Corrinth, Curt, *20.2.1894 Lennep; - Ps. Horst W. Karsten (*L-R-S*) #3

Corrodi, Hans, *25.10.1888 Zürich, †11.12.1972 Erlenbach/Schweiz; - Ps. Hans Marthaler (*D-P-S*) #3,4

Corrodi-Horber, Margrit, *22.6.1910 Zürich; - Ps. Marga Markwalder (*R*) #3,4

Corsephius, Felix Ernst, *2.7.1874 Cosel, †25.3.1933 Köln; - Ps. F. C. Corvin; Felix Ernst; Treßler (*E-N-R-S*) #4

Corßen, Friedrich, *25.12.1859 Oldenburg; - Ps. Friedrich Roßneck (*P-R*) #1,3,4

Corvin-Wiersbitzki, Otto von, *12.10.1812 Gumbinnen, †1.3.1866 Wiesbaden; - Ps. Dr. Ernest-Falk; Otto von der Weiden (*D-P*) #1,3,4,13,15

Corvinus, Gottlieb Siegmund, *15.5.1677 Leipzig, †27.1.1746 Leipzig; - Ps. Amaranthes (*L-P*) #1,4,6,11

Cosack, Konrad, *12.3.1855 Königsberg, †27.12.1933 München; - Ps. Konrad Berthold (*E-N*) #1,3,4

Cosel, Charlotte von, *6.1.1818 Berlin, †22.4.1904 Berlin; - Ps. Adelheid v. Auer (*E-N-R*) #1,3,4

Coser, Lewis, *27.11.1913 Berlin; - Ps. Louis Clair (*P*) #18

Cosmar, Alexander, *12.5.1805 Berlin, †27.1.1842 Berlin; - Ps. M. Larceso (*D-E-P-S*) #1,4,13

Cossart, Anna von, *15.12.1850 Petersburg; - Ps. A. Costa; R. Costa; A. Treu (*L*) #1,3,4

Cothmann, Johann, *1588 Lemgo, †1661 Güstrow; - auch Johann Cotmann; Johann Kotmann; gen. Der Beharrliche/FG 168/1629 (*P*) #11,12,13

Cotta, Johannes, *13.7.1862 Berlin, †28.8.1944 Weinböhla b. Dresden; - Ps. Lucius Auruncu-lejus (*E-L-N-P-R-S*) #1,3,4

Courths-Mahler, Hedwig, geb. Mahler, *18.2.1867 Nebra/Thür., †26.11.1950 Rottach-Egern/Tegernsee; - Ps. Hedwig Brand; Hedwig Relham; HCM (*D-E-J-R-S*) #3,4,5,8,9,14,17,19

Craigher, Jakob Nikolaus, *17.12.1797 Lipossullo/Friaul, †17.5.1855 Cormons b. Görz; - Ps. Nikolaus (*L-P*) #1,4

Cramer, Daniel, *20.1.1568 Reetz i. d. Neumark, †5.10.1637 Stettin; - Ps. Daniel Candidus (*D-L-P*) #4,6,13

Cramer, Emma, *27.2.1875 Lüdenscheid; - Ps. Cramer-Crummenerl (*E-L-R*) #3,4

Cramer, Friedrich Wilhelm, *22.8.1841 Elberfeld, †1909 Colmar; - Ps. Festina Lente (*D-L-P*) #1,3,4

Cramer, Hans Hermann, *6.10.1888 Lauenburg; - Ps. Johann Michael Balk; H. H. Cramer v. Bessel (*D-F-L-P-S*) #3,4

Cramer, Heinrich Matthias August, *10.8.1745 Domersleben b. Magdeburg, †12.4.1801 Quedlinburg; - Ps. Philoponus; Remarc (*P*) #6,19

Cramer, Heinz, *(1953); - Ps. Victor Dupont; Herbert Kirsch; Boris Koseleff; Karlheinz Wolf (*P*) #3

Cramer, Joseph Anton, *12.2.1737 Paderborn, †21.12.1794; - Ps. Remarc (*L-P*) #4

Cramer, Karl Friedrich, *7.3.1752 Quedlinburg, †8.12.1807 Paris; - Ps. Tellow (*P*) #4,5,6,11,13

Cramer, Karl Gottlob, *3.3.1758 Pödelitz b. Freyburg/Unstr., †7.6.1817 Dreißigacker/Meiningen; - Ps. Jonas Imbauche; Erasmus Schleicher (*P-R*) #1,4,11,13

Cramer, Richard, *30.11.1844 Leipzig, †6.12.1915 Leipzig; - Ps. Fritzchen Mrweesenich; Rudolf Lavant (*L*) #4,15

Cramm, Christian Friedrich Adolf Burghard von, *25.1.1837 Lesse b. Braunschweig, †7.2.1913 Blankenburg; - Ps. C. v. Horst (*L-M-N-P-R-S*) #1,3,4

Cramm, Franz von, *4.1.1610 Volkersheim b. Wolfenbüttel, †19.10.1661; - auch Franz Kram; gen. Der Bedeckte/FG 293/1636 #11,12

Cranz, August Friedrich, *26.9.1737 Marwitz b. Landsberg/Warthe, †19.10.1801 Berlin; - Ps. Bürgermeister Schnirkel von Dürkel; Pater Gassner der Jüngere; Johannes Nepomucenus Christopherus Schnirkel; Verf. der Berlinischen Correspondenz; Verf. der Galerie des Teufels; Verf. der Lieblingsstunden (*E-P*) #1,4,11,13,19

Cranz, Daniel Albrecht, *Marwitz b. Landsberg/Warthe, †1.5.1806; - Ps. C. W. Cranz der siebende (*E-P*) #4

Cranz, Marie Antonie Magdalene, *28.4.1828 Ilshofen, †1906; - Ps. M. Titelius (*E*) #2

Craz, Hans Jakob von, *17. Jh.; - gen. Der Unversäumte/FG 831 #11

Credé-Hoerder, Carl A., *8.1.1878 Hamburg; - Ps. Credo; C. Phönix (*D-P-R*) #3,4

Creizenach, Theodor, *16.4.1818 Mainz, †6.12.1877 Frankfurt/M.; - Ps. Siegmund Geißler (*L-P*) #1,4,13

Crelinger, Ludwig, *15.10.1836 Potsdam, †16.9.1904 Berlin; - Ps. L. Klingner (*D*) #4

Crell, Johann Christian, *7.7.1689 Dresden, †5.9.1762 Dresden; - Ps. Iccander (*P*) #4,6

Crell, Samuel, *1660 Rackow, †12.5.1747; - auch Crellius; Ps. Lucas Mellierus Artemonius; Lucas Mellierus (*L*) #4,6,13

Cremann, Bernard, *10.6.1840 Everswinkel/Westf.; - Ps. Lachmundus Heiter (*L-P-S*) #1,4

Cremer, Eva, geb. Marder, *10.8.1916 Königsberg; - Ps. Eva Marder (*F-J-P*) #3,4,17

Cremer, Hans Martin, *20.7.1890 Unna, †3.6.1953 Berlin; - Ps. C. R. Martins (*F-S*) #3,4

Cremer, Hubert, *27.12.1897 München; - Ps. Dr. h. c. N.2 (*L*) #3,4

Cremeri, Benedikt Dominik Anton, *4.8.1752 Wien, †1795 Wien; - Ps. Obermayer; Kaspar Reinberg (*D-P-S*) #1,4,6,13

Crepon, Tom, *23.11.1938 Demmin; - Ps. Claus Wendt (*P*) #3

Creutz, Carl Josef, *11.8.1834 Raeren b. Eupen, †1906; - Ps. Carl Holm (*L-N-P*) #3,4

Creutz, Käthe, geb. Schütze, *30.9.1876 Dietersdorf/Harz; - Ps. Käthe Schütze-Creutz (*N-P-R*) #1,3,4

Creutziger, Elisabeth, *um 1500 Meseritz b. Schivelbein, †1535 Wittenberg; - Ps. Cruciger (*L*) #4,13

Creutziger, Kaspar, *1.1.1504 Leipzig, †16.11.1548 Wittenberg; - Ps. Kaspar Cruciger (*L-P*) #4,13,15

Criegern-Thumitz, Ferdinand Konstanz von, *11.11.1834 Dresden, †10.4.1895 Dresden; - Ps. F. v. Gernitz (*E-P*) #1,3,4

Crignitz, Anna Maria Theresia de, *11.3.1877 München, †23.9.1947 München; - Ps. Robin Benclan; Madame; A. v. Mentelberg (*E-L-P*) #3,4

Crispinus, Johann, * Braunschweig, †16.10.1566 Hamburg; - Ps. Aristander; Johann Crusius (*P*) #4,13

Croissant, Anna, geb. Rust, *10.12.1860 Bad Dürkheim, †30.7.1943 München; - Ps. Anna Croissant-Rust (*D-E-L-N-R*) #1,3,4,5,9,15

Croll, Georg Christian, *21.7.1728 Zweibrükken, †23.3.1790 Zweibrücken; - Ps. Christian Agricola; Georg Christian Freystadiensis (*P*) #4,15

Crome-Schwiening, Karl Georg Heinrich, *13.2.1858 Syke b. Bremen, †25.6.1906 Hannover; - Ps. Abdullah-Aga (*D-E-M-P-R-S*) #1,3,4,13

Cronberg, Hartmut Freih. von, *um 1615, †1685; - auch Hartmut von Kronenberg; gen. Der Kleine/FG 470/1647 #11,12

Cronberg, Johann Daniel von, *um 1616, †nach 1668; - auch von Kronenberg; gen. Der Wegtreibende/FG 471/ 1647 #11,12

Cronegk, Johann Friedrich Freiherr von, *2.9.1731 Ansbach, †1.1.1758 Nürnberg; - Ps. Joh. Mart. Moromastix (*D-L-S*) #4,5,6, 11,13,15

Cronmann, Christian Wilhelm, *1636 b. Dorpat, †27.4.1686 Kulmbach; - Ps. Baron v. Krohnemann (*L-P*) #4

Croon, Emma Luise Elvira, *16.7.1842 Eupen; - Ps. Emma Croon-Mayer (*L-P*) #1,3,4

Crusius, Henriette, *5.3.1838 Eberholzen b. Hildesheim, †18.12.1894 Essenrode b. Fallersleben; - Ps. Alexis Dony (*E*) #2,3,4

Crusius, Siegfried Leberecht, *16.10.1825 Leipzig, †27.9.1852 Frohburg/Sa.; - Ps. Lebrecht Neuhof (*L*) #1,4

Crusius, Thomas, *1648 Brandenburg, †29.4.1728 Leiden; - Ps. Thomas Crenius; Dorotheus Sicurus (*P*) #6

Csaki, Grete, *12.10.1893; - Ps. Csaki-Copony (*P*) #3

Csallner, Alfred, *10.4.1895 Bistritz/Siebenbürgen; - Ps. Friedrich Nösner; Friedrich Nösner-Nußbaumer (*D-E-J-P-R-S*) #3,4

Csicsaky, Elemér, *23.7.1909 Temesvar; - Ps. August Karner (*E-F-N-P*) #3

Csmarich, Rudolf, *11.5.1884 Wien, †25.6.1943 Mooskirchen b. Graz; - Ps. Andreas Thom (*E-J-L-R*) #3,4

Cubäus, Olga, *23.11.1854 Grumbach b. Langensalza; - Ps. L. v. Grumbach (*E*) #1,2,4

Cube, Alexander von, *(1956); - Ps. Michael Domin (*R*) #3

Culmann, Hellmut, *17.8.1898 Albersweiler; - Ps. Florian Geyer; Hermann Walthari (*D-F-L-P-S*) #4

Cumme, Ernst, *8.9.1860 Osterode/Harz; - Ps. Ernst Ernoth; Ernst Harzmann; Ernst Rode (*D-E-L-P*) #1,3,4

Cuno, Friedrich Wilhelm, *18.5.1838 Germersheim; - Ps. Constans (*P*) #3,4

Cuno, Johann Christian, *3.4.1708 Berlin, †1783 Weingarten b. Durlach; - Ps. David Paul Ehrenkreuz (*L-P*) #1,4,13

Cunow, Martin, *2.8.1786 Gnadau, †9.12.1847 Görlitz; - Ps. Joannes Eleutheros; Theodor Frey (*P*) #4

Cunrad, Christian, *28.1.1608 Breslau, †5.1.1671 Troppau; - Ps. Christian Cunradi (*L*) #4

Cunrad, Christina, *2.9.1591 Brieg, †25.9.1626 Breslau; - Ps. Christina Cunradina (*L*) #4,13

Cunrad, Kaspar, *9.10.1571 Breslau, †15.11.1633 Breslau; - Ps. Kaspar Cunradi (*L-P*) #4,13

Cunz, Dieter, *4.8.1910 Höchstenbach/Rhl., †17.2.1969 Worthington/USA; - Ps. Stefan Brockhoff (*P-R*) #3,4,18

Cunz, Rolf Conrad, *20.6.1890 Hanau; - Ps. Vilmut Orb; Conrad Rieneck (*L-P-N-R*) #3,4

Curio, Johann Karl Daniel, *5.11.1754 Helmstedt, †30.1.1815 Hamburg; - Ps. Jocosus der Jüngere; Theophilantropos (*E-L-P-S*) #1,4,6, 11,13,15

Curti, Theodor, *24.12.1848 Rapperswil/ Schweiz, †13.12.1914 Thun/Schweiz; - Ps. Karl Schönburg; Karl Ulrich (*D-L-P-R*) #1,4,15

Curtius, Amalie, *14.12.1781 Dresden; - Ps. Amalie Clarus (*E-L*) #4,6,11

Curtmann, Wilhelm Jakob Georg, *3.3.1802 Alsfeld, †6.2.1871 Gießen; - Ps. Victor Emanuel; Georg Stückrad (*E-J-P*) #4,17

Curtz, Albert, *1600 München, †19.12.1671 München; - Ps. Lucius Barretus (*L*) #4,13

Cusig, Valeska, geb. Buchwald, *10.11.1862 Borutin/Oberschles.; - Ps. Valeska Buchwald; M. v. Corvinus (*E-N-R*) #1,3,4

Cuvry, A. Friedrich Behrendt de, *28.2.1829 Königsberg, †3.9.1886 Danzig; - Ps. Hans v. Zollern (*E-R*) #1,3,4

Cwojdzinska, Selma, *30.6.1888 Berlin; - Ps. Selma Fischer-Cwojdzinska; Billa Schroedter; Oktavia Wessel (*E-N-P-R*) #3

Cyliax, Reinhold, *2.3.1876 Eisenach; - Ps. Rasmel (*R*) #4

Cyré, Auguste, *11.3.1825 Worms, †1902 Darmstadt; - Ps. A. Eryc (*P-R*) #1,3,4

Cyron, Ruth, geb. Schulz-Noél, *7.1.1899 Cottbus; - Ps. Ruth Cyron-Noél (*E-L-R*) #3,4

Cyrus, Inge, *7.7.1925 Wien; - Ps. Inge Santner (*P-R*) #3,4

Czapski, Veronika, geb. Erdmann, *2.11.1894 Dorpat/Lettland; - Ps. Veronika Erdmann (*E-F-L-R-S*) #3,4

Czarmann, Josef, *8.2.1910 Wien; - Ps. Matthias Hudezky (*L-P*) #4

Czarnewski, Georg, *5.8.1766 Libau/Kurland, †23.9.1832 Kokenhusen/Kurland; - Ps. Karl Friedrich Böhm; C. Georg (*L-P*) #4,6,11

Czasche, Rudolf, *29.6.1870 Schönebeck/Elbe; - später Rudolf Zasche; Ps. Arnd Ebert; Arnd Erbet (*P-S*) #3,4

Czech, Erich, *30.1.1890; - Ps. Ernst Clam; Erich Czech-Jochberg (*E-P*) #3,4

Czech, Winfried, *1955; - Ps. Toni Bentheim; Marten Veit (*R*)

Czedik, Emil, *13.10.1853 Mattsee b. Salzburg, †18.2.1914 Wien; - Ps. Hugo Schalk (*L-P*) #1,3,4

Czedik-Eysenberg, Maria, *2.10.1921 Wien; - Ps. Maria Czedik (*R*) #3

Czelechowsky, Alice Emilie, *25.7.1873 Wien, †1.5.1945 Nassereith/Tirol; - Ps. Celesky (*E-J-L-R*) #3,4

Czell, Carl, *30.1.1906 Kronstadt/Siebenb., †31.10.1979 Kirchberg/N.-Ö.; - Ps. Carl Merz (*D-E-F-L-P-R*) #3,4,5,8

Czermack, Alois, *15.6.1849 Prag; - Ps. C. R. Mack (*P*) #4

Czerniak, Josef Erich, *25.10.1910; - Ps. Marion Marleen (*R*) #4

Czernik, Theodor, *22.11.1929 Hruschau/CSR; - Ps. Heinrich Feld (*D-E-F-R*) #3

Czerwenka, Rudi, *4.4.1927 Breslau; - Ps. Rudolf Wenk (*F-J*) #3,4

Czerwinska, Irma, *1.1.1860 Prag, †12.8.1931 Hamburg; - Ps. Irma Strakosch (*P*) #4

Czibulka, Alfons Freiherr von, *28.6.1888 Radborsch b. Kolin/Böhmen, †22.10.1969 München; - Ps. A. v. Birnitz (*E-N-P-R*) #3,4,5,10

Cziffra, Géza von, *19.12.1900 Arad/Banat, †28.4.1989 Dießen/Ammersee; - Ps. Albert Anthony; Richard Anden; Fritz Pirat; Peter Trenck (*F-P-R-S*) #3,4

Czigan, Johann Georg; - gen. Der Verderbende/FG 507/1648 #11,12

Czizek, Maria Bergljot, *(1966); - Ps. Bassoc-Heyken (*P*) #3

Czygan, Maria, *um 1885 Braunschweig; - Ps. M. Czygan-Waldemar (*E-J-R*) #3,4

D

d'Albon und St.André, Eugen Baron, *6.5.1859 Roman/Rum., †1915 Wien; - Ps. Richard von Traunstein (*E-P*) #3,4

d'Ester, Karl Maria, *11.12.1881 Vallendar/Rh., †31.5.1960 Aurach/Obb.; - Ps. Heinz Frohgemut (*F-P*) #3,4

D'Oench, Johann Ernst, *11.7.1780 Stettin, †29.1.1848 Liegnitz/Schles.; - auch Johann Ernst Doench (*D-P-S*) #4

Däbritz, Fritz, *20.9.1919; - Ps. Jörg Peter (*D-L-R*) #3,4

Dach, Simon, *29.7.1605 Memel, †15.4.1659 Königsberg; - Ps. C. A. M. v. W.; Chasmindo; Chasmindo v. Memel; Chasmindo v. Weitemher; Chasmindo v. Weitencher; Simon van Leiden; Philison; Sichamond (*D-L*) #1,4,5,6,11,13,14,15

Dachert, Alfred, *1875 Straßburg, †1972 Straßburg; - Ps. Abel Ruffenach (*D-L-S*) #4

Dachtler, Gottlieb, *(1611).; - Ps. Theophilus Elychnius (*P*) #4,6,13

Dackweiler, Josef, *9.6.1844 Hottorf; - Ps. J. Heimwahl; Josef Siegmar (*P*) #3

Daelen, Eduard, *18.3.1848 Hörde/Westf., †9.5.1923 Düsseldorf; - Ps. Michel Bär; Angelo Daemon; Ursus Teutonicus (*E-P-S*) #1,3,4

Dagan, Avigdor, *30.6.1912 Königgrätz/Böhmen; - urspr. Viktor Fischl (*L-R*) #3

Dahl, C. F., *um 1840 Hagen b. Bremen; - Ps. C. D. Uthagen (*E*) #4

Dahl, Jürgen, *18.10.1929 Moers; - Ps. Jan Hatje (*J-P*) #3,4,7

Dahlem, Franz, *14.1.1892 Rohrbach/Lothringen; - Ps. Franz (*P*) #18

Dahlmann, Peter, *(1710), †Halle/S.; - Ps. Petrus Hartwig Adlemannsthal (*P*) #6

Dahms, Gustav, *29.11.1853 Müncheberg, †22.11.1901 Ägypten; - Ps. Feodor Damidow; Max Jagow; K. Mittelstädt; Edgar Steinhagen (*P-S*) #3,4

Dahn, Felix, *9.2.1834 Hamburg, †3.1.1912 Breslau; - Ps. Ludwig Sophus (*D-E-L-R-S*) #1,3,4,5,14,15,17

Dähne, Karl Friedrich Adolph, *26.4.1769 Leipzig; - Ps. D. Dähne jun. (*P*) #4

Dahrendorf, Sir Ralf, *1.5.1929 Hamburg; - Ps. Wieland Europa (*P*) #19

Daisenberger, Johann Michael, *27.9.1772 Huglfing b. Weilheim; - Ps. J. M. Berger (*E-P*) #4,6

Dalberg, Carl Theodor von, *8.2.1744 Schloß Herrnsheim b. Worms, †10.2.1817 Regensburg; - Ps. Apollo Musagetes (*P*) #4,13,15

Dalléra, Johann Anton Franz, *5.12.1760 Leipzig, †3.2.1812; - Ps. Arel; Joseph Richter (*P*) #4,6

Dallinger, Franz Xaver, *3.7.1763 Eggenfelden/Ndb.; - Ps. Prosper Dallinger (*L-P*) #4

Dallmann, Günther, *26.3.1911 Berlin; - Ps. Lot Anker (*L-P*) #18

Dallwitz, Wanda von, *(1858) Berlin; - Ps. Walther Schwarz (*N*) #1,3,4

Dalwig, Aline Freifrau von, *22.10.1869 Küstrin; - Ps. H. v. Kampf (*E-N-R*) #3

Dambek, Albert, *28.10.1900 Hamburg, †22.6.1961; - Ps. Peter Cary; Johann Prahl (*S*) #3,4

Dambke, Bernhard, *1613 Hamburg, †8.3.1656; - auch Bernhard Damcke (*P*) #4

Dambmann, Georg Peter, *17.3.1761 Darmstadt, †1826 Darmstadt; - Ps. Christiane Amalie Stegmann (*L-P*) #1,2,4

Damian, Franz, *19.10.1895 Tiers/Bozen, †24.7.1976 Wien; - Ps. Hans Gamar (*E-R*) #3,4

Damm, Christian Tobias, *9.1.1699 Geithayn/Sa., †27.5.1778 Berlin; - Ps. Theodor Klema (*P*) #6

Damm, Franzpaul Willy, *18.2.1891 Granschütz b. Weißenfels; - Ps. Ole Lars Kattugle (*E-F-L-P*) #3,4

Dammann, Friedrich, *17.12.1911; - Ps. F. D. Andam (*F*) #3

Dammann, Wilhelm Heinrich, *9.1.1889 Heiningen b. Goslar; - Ps. Gert Urgert (*N-P-R*) #3,4

Dammas, Karl Helmuth, *22.10.1816 Bergen/Rügen, †24.5.1885 Berlin; - Ps. Feodor Steffens (*R-S*) #1,3,4,13

Dammer, Hans, *(1932); - Ps. Hada-Lank (*P*) #3

Dänemark, Louise Auguste Prinzessin zu, *7.7.1771 Hirschholm b. Sonderburg, †13.1.1843 Augustenburg; - Ps. A. L. (*R*)

Dangschat, Renate, *(1968); - Ps. Renate von Rosenberg (*P*) #3

Daniaux, Magdalene, *19.4.1852 Klagenfurt; - Ps. Magdalene Dorn (*E*) #1,2,3,4

Dannbacher, Anton, *15.7.1859 Temesvar/Ungarn; - Ps. Anton von der Tann (*L-P*) #1,3,4

Danne, Auguste, *(1855); - Ps. Auguste (*E-J*) #2

Danneberg, Erika, *9.1.1922 Wien; - Ps. Erich Danneberg; Anna Gräfe (*J*) #3,4

Dannenberger, Hermann, *8.9.1893 Bendorf/Rh., †10.5.1954 Wien; - Ps. Walter Enkenbach; Theodor Greif; Erik Reger; Heinrich Schmitz; Fritz Schulte ten Hoevelk; Ernst Stahlburg; Karl Westhoven (*E-N-P-R*) #3,4,5,8,10

Dannheißner, Ernst, *16.5.1863 Landau, †30.4.1920 Ludwigshafen; - Ps. Hugo Streck (*M-P*) #3,4

Danz, Johann Traugott Leberecht, *31.5.1769 Weimar, †15.3.1851 Jena; - Ps. Johann Adolph Rebenstock (*P*) #4,13,

Danzer, Josef, *4.3.1743 Lengendeld b. Kaufbeuren, †4.9.1796 Buchau/Württ.; - Ps. Cyprian d. J.; Jakob Danzer (*P*) #4,6,13,15

Darboven, Anna Maria, *11.10.1882 Darmstadt; - Ps. Johannes Wagner (*E-N-P-R*) #3,4

Darge, Margarete, geb. Passon, *9.1.1897 Posen, †Frankfurt/M.; - Ps. Marga Passon (*E-P-R*) #3,4

Darnstädt, Helge, *12.6.1925 Oker/Harz; - Ps. Christel Burg; Eva Burgstedt; Sabine Hagen; Kathrin Thomas (*E-J-M*) #3,17

Daschkowski, Otto, *3.8.1922 Dresden; - Ps. Peter Naundorf (*F-J-P-R*) #3

Dassel, Hartwig von, *1577 Lüneburg, †1608 Lüneburg; - Ps. Theophilus Dossiliander (*L-P*) #4,13

Dathe-Fabbri, Toni, *7.2.1884 Klein-Schirma/Sa., †11.10.1954 Berlin; - Ps. Toni Fabbri; Fidia Robbra (*F-L-R-S*) #3,4

Datzberger, Johann, *16.4.1850 Haag b. Amstetten/O.-Ö., †8.1.1924 Schmiedsberg-Amstetten; - Ps. Hinterwaldler (*P*) #4

Daub, Georg Heinrich, *25.1.1880 Ende b. Herdecke/Westf., †1941 Heiligenstadt; - Ps. Hendrik van Ahlenberg; G. H. D. vom Ahlenberge (*D-P-R*) #3,4

Daub, Paul Daniel, *4.2.1894 Eiserfeld; - Ps. Daniel O'Platen (*E-N-R*) #3,4

Daube, Ernst, *9.2.1869 Heukendorf/Sa., †15.7.1956 Meuselwitz; - Ps. Sporgel (*L-P*) #1,4

Daubhäuser, Edmund, *12.6.1880 Arnstadt; - Ps. Roland vom Eck (*P-R*) #3,4

Daublebsky, Gun Margret, *20.1.1920 Helsinki; - Ps. Gun Margret Forss (*D-L-P*) #3

Daudert, Wilhelm, *10.2.1829 Riga, †5.1.1903 Freiburg/Br.; - Ps. Ernst Wildau (*L*) #1,3,4

Daum, Fritz, *21.12.1873 Krotenphul/Schles., †26.11.1955 Höhr-Grenzhausen; - Ps. Fr. von Grenzhausen; Fr. D. Ortwig; Fr. D. Ortwig-Ramin (*D-E-J-R*) #3,4

Daumann, Rudolf Heinrich, *2.11.1896 Goß-Gohlau/Schles., †30.11.1957 Potsdam; - Ps. Haerd; Rudolf Hard (*J-R*) #3,4,5,7,8,14,16

Daumer, Georg Friedrich, *5.3.1800 Nürnberg, †13.12.1875 Würzburg; - Ps. George Brown; Eusebius Emeran; A. Jais; Hafis; Amadeus Ottokar (*L-N-P*) #1,4,5,13,15

David, Anton, *20.5.1851 Willebadessen/Westf; - Ps. Willdeygud (*P*) #1,3

David, Gustav, *3.3.1856 Preßburg, †21.8.1951 Hohenlehen/N.-Ö.; - Ps. Gustav Davis; Gustav Harrven; Tannhofer (*D-E-S*) #1,3,4

David, Linus, *18.10.1935 Uster/Zürich; - Ps. Carlo de Pretis (*L*) #3

Davidsohn, Alexander, *18.11.1755 Braunschweig, †1813; - Ps. Karl Julius Lange; Ernst Lindemann; Dr. Louis (*P*) #4

Davidsohn, Hans, *16.5.1887 Berlin, †30.4.1942 b. Koblenz; - Ps. Jakob van Hoddis (*L-P-R*) #4,5,8,15

Daxenberger, Sebastian Franz, *3.10.1809 München, †22.1.1878 München; - Ps. Carl Fernau (*L-P-S*) #1,4,13

Decius, Nikolaus, *um 1484 Hof, †21.3.1541 Stetten; - Ps. Nikolaus von Hof (*L*) #4,13,15

Decke, Carl, *12.4.1892 Stalsund, †9.2.1926 Davos; - Ps. Carl Christian Bry (*P*) #4

Decken, Auguste von der, *30.11.1828 Bleckede b. Lüneburg, †25.4.1908 Hannover; - Ps. Auguste von der Elbe (*E-R*) #1,3,4,15

Decken, Klaus von der, †9.2.1823 Osnabrück; - Ps. C. v. d. D. (*L*) #4

Decker, Andreas, *1958; - Ps. Robert Lamont (*R*) #16

Decker, Friedrich Carl von, *21.4.1784 Berlin, †29.6.1844; - Ps. Adalbert vom Thale (*D-N-S*) #1,4,6,13

Decker, Fritz, *22.11.1882 Köln, †1952 Euskirchen; - Ps. Friedrich Josef Bommerich; Fritz Decker-Bommerich; Rudolf Dotzky (*L-P-R*) #3,4

Decker, Heinz-Bruno, *8.10.1907 Hamburg; - Ps. Bruno Deck; Heinz-Bruno Hart; Heinz Krafft; Magister Tinius (*E-N-R*) #3,4

Decker-Voigt, Hans-Helmut, *17.3.1944 Celle; - Ps. Jörg Morgen; Jürgen Morgen (*E-F-J-L-N-P-R*) #3,4

Decsey, Ernst, *13.4.1870 Hamburg, †12.3.1941 Wien; - Ps. Franz Heinrich (*E-P-R-S*) #3,4

Dedeken, Georg, *1564 Lübeck, †29.5.1628 Hamburg; - auch Dedekennus; Dedecken (*D-P*) #4,13

Dedekind, Constantin Christian, *2.4.1628 Reinsdorf/Anhalt, †1715 Dresden; - gen. Concord/ES; auch Concordin (*D-L-P-S*) #4,11,13,15

Dedekind, Henning, *30.12.1562 Neustadt a. R., †28.7.1626 Gebesee b. Erfurt; - Ps. Musophilus (*L-P*) #4

Dedekind, Julie, *25.7.1825 Braunschweig, †1.6.1914; - Ps. Jeimar Jacobus (*E-N-P-S*) #1,2,3,4

Dedenroth, Eugen Hermann von, *5.3.1829 Saarlouis, †16.10.1887 Kötzschenbroda b. Dresden; - Ps. Ernst Pitawall; Eugen Hermann Pitawall; Jul. Roge; R. Wendelin (*E-L-N-P-R*) #1,3,4,13

Dedo, Maria, geb. Brie, *3.9.1877 Rostock; - Ps. Maria Brie (*L-N-R-S*) #1,3,4

Deer, Benedikt Christian, *(1744); - Ps. Jacques Le Pensif (*P*) #4

Deetz, Albrecht Friedrich Kurt, *1838 Blumenkamp b. Wesel, †1.1.1881 Altona; - Ps. Ignaz Pfaffenlob (*L-P-S*) #1,4

Deffner, August, *7.10.1857 Donauwörth; - Ps. Julius Mündling; Viktor Sendlinger (*E-N-P-R*) #3,4

Dege, Marie, geb. Joachimi, *20.10.1875 Nordhausen; - Ps. Selma M. Dege; Marie Joachimi-Dege (*P*) #3,4

Degen, Carl, *12.11.1905 Mönchengladbach; - Ps. Karl Reger (*R*) #3,4

Degen, Richard, *5.7.1872 Hügelheim i. Br., †20.12.1922 Karlsruhe; - Ps. Martin Stein (*D-L-P-R*) #1,3,4

Degenhardt, Jürgen, *21.10.1930 Dresden; - Ps. Hans Hardt (*D-F-L-P-S*) #3

Degenmann, P. Alexander, *27.12.1843 Baden-Baden, †2.5.1903; - Ps. Castor (*P*) #3,4

Deger, Manfred, *4.2.1942 Günzburg; - Ps. Götz Ignatz (*L-P*) #3

Degner, Helmut, *24.3.1929 Wien; - Ps. Helmut Anders (*E-N-R*) #3

Dehm, Diether, *3.4.1950 Frankfurt/M.; - Ps. DD; Dora Diese; N. Heirel (*L-P-R*) #3

Dehmel, Karl Julius, *31.7.1803 Bernstadt/Sa., †10.12.1828 Dresden; - Ps. J. Albini; Dorismund (*E-R*) #1,4,6,11

Dehmelt, Werner, *19.5.1903; - Ps. E. Kaubner (*P*) #3

Dehn-Grubbe, Martha von, *4.10.1898 Riga; - Ps. Martha-Luise Dehn (*L-P-R*) #3,4

Dehn-Rotfelser, Moritz Adolph von, *um 1580, †1639; - auch Moritz Adolf von Dehnen; gen. Der Geschickte/FG 318/1638 #11,12

Deichmann, Christoph, *1576 Burgsteinfurt, †1648 Hamburg; - gen. Der Lautere/FG 288/1636 (*L-P*) #4,11,12

Deidrich, Georg, *(1589) Tekendorf/Siebenbürgen; - auch George Deidericus (*P*) #4,13

Deinel, Johann Heinrich, *17. Jh.; - gen. Der Verachtende/DG-N #11

Deinet, Else, *13.10.1890 Hamburg; - Ps. Else Fröhlich (*J*) #3,4

Deinet, Margarethe, *1.8.1893 Hamburg; - Ps. Margarete Haller (*J*) #3,4,17

Deinhard, Ludwig, *27.4.1847 Deidesheim; - Ps. Delius (*P*) #3,4,13,15

Deinhardstein, Johann Ludwig Ferdinand, *21.6.1794 Wien, †12.7.1859 Wien; - Ps. Dr. Römer (*D-L-R-S*) #1,4,5

Deißböck, Joseph, *6.1.1786 Burghausen/Obb., †26.8.1841 Bad Kissingen; - Ps. C. Bock; Hogart Willing (*E-P*) #1,4

Deisser, Josef, *1.12.1894 Sielenbach; - Ps. Christoph Purkstaller (*E-P*) #3

Deiters-Quesada, Leonore, *20.11.1879 Düsseldorf, †29.6.1939 Spiez/Bern; - Ps. Leonore Nießen-Deiters (*E-P-R*) #4

Del-Pero, Bartholomäus, *5.2.1850 Vermiglio/Südtirol, †13.5.1933 Innsbruck; - Ps. Ernst Valdisol (*L-P*) #3

Delaporte, Jean; - auch Johann de la Porte; gen. Der Artende/FG 422/1644 #11,12

Delassini, Liddy, *24.5.1879 Johannisburg/Ostpr.; - Ps. Liddy Menzel-Delassini (*S*) #4

Delekat, Friedrich, *4.4.1892 Stüren b. Hoya, †30.1.1970 Mainz; - Ps. Erasmus Zierpfennig (*E-P*) #3,4

Delfs, Emma, geb. Hansen, *6.11.1912 Eggebek b. Flensburg; - Ps. Emma Delfs-Hansen (*E*) #3

Delfs, Rainer, *1941; - Ps. John Benteen; Michael Brennan; Matt Brown; John Roscoe Craig; Chad Donovan; Jack Donovan; Raymond Hart; John Kirby; Jean Lafitte; Lee Martin; Benito Martinez; John Miles; Florian Philipp; Frank Philipp; Sam Rossiter; Jack Slade (*E-R*) #16

Delhaes, Christel, geb. Broehl, *4.2.1904 Eschweiler, †22.4.1943 Düren; - Ps. Christel Broehl-Delhaes (*N-P-R*) #3,4

Delius, Heinrich Friedrich von, *8.7.1720 Wernigerode/Harz, †22.10.1791 Erlangen; - Ps. Democedes (*P*) #4,13,15

Delp, Ellen, *9.2.1890 Leipzig, †25.2.1990 Insel Reichenau; - Ps. Ellen Delmari-Delp (*L-N-P-R*) #3,4

Demandowski, Axel von, *9.4.1867 Berlin, †1.4.1929 Gorden b. Brandenburg; - Ps. Axel Delmar; Kwang Chang Ling (*D-N-S*) #1,3,4

Demartini, Emil, *13.3.1902 Johanngeorgenstadt/Sa., †20.4.1969 Nürnberg; - Ps. Erich Marten; Emil de Martini; Mynona; Karl Stiller (*E-F-L-P-R*) #3,4

Dembitzki, Anton Leo, *5.9.1860 Czernowitz/Bukowina, †22.2.1917 Groß-Otschehau/Böhmen; - Ps. A. L. Eichmann (*E-L-P*) #1,3,4

Dembski, Werner, *16.3.1930 Broda; - Ps. Bernd Diksen (*E-F-R*) #3

Demel, Hans, *27.11.1872 Salzburg, †7.3.1932 Salzburg; - Ps. Hans Seebach (*D-N-S*) #1,3,4

Demel, Hermann, *30.4.1897 Bad Ischl/O.-Ö.; - Ps. Freischmied (*D-F-L-R-S*) #3,4

Demme, Hermann Christoph Gottfried, *7.9.1760 Mühlhausen/Thür., †26.12.1822 Altenburg; - Ps. Edelhold; Karl Stille; Ludwig Stille; Verf. von Der Pächter Martin (*E-P*) #1,4,6,11,13

Demme, Wilhelm Ludwig, *19. Jh.; - Ps. Marquis Rouge Guillaume Ludovic d'Emmé (*P*) #4

Demmer, Eduard, *20.2.1837 Inden b. Jülich, †19.10.1901 Eschweiler; - Ps. E. D. Merius (*L*) #1,4

Democh-Mauermeier, Ida Amalie, *27.1.1877 Statzen/Ostpr.; - Ps. Jadem (*E*) #3

Denaisius, Peter, *1.5.1560 Straßburg, †20.9.1610 Heidelberg; - Ps. Christian Christmannus Christlingensis (*L*) #4,13,15

Dengel, Karl Gustav, *4.3.1842 Berlin, †4.3.1852 Berlin; - Ps. Siegmar Freund (*L-P*) #4,11

Dengler, Josef, *1.11.1893 Regensburg; - Ps. Pieps Dengler (*L-P-R-S*) #3,4

Denicke, Georg, *(1934); - Ps. Georg Decker (*P*) #18

Denifle, Josef Anton, *16.1.1844 Imst/Tirol, †10.6.1905 München; - Ps. Heinrich Suso Denifle (*P*) #4,15

Denis, Johann Nepomuk Michael Cosmas, *27.9.1729 Schärding/Inn, †29.9.1800 Wien; - Ps. Sined der Barde (*D-L-P-R*) #1,4,5,6,11,13,15,19

Denk, Otto, *23.6.1853 Schaching/Ndb., †9.1.1918 b. Regensburg; - Ps. Otto von Schaching (*E-J-L-P*) #1,4

Denneborg, Silvia, geb. Gut, *1.6.1922 Reuchenette I. B.; - Ps. Silvia Gut (*F-J*) #3,4

Dennert, Eberhard Gustav, *31.7.1861 Pützerlin/Pommern, †18.6.1942 Bad Godesberg; - Ps. Gustav Hein (*P*) #1,3,4,15

Dennert, Friedrich, *6.3.1879 Bernburg/Saale; - Ps. Friedrich von der Bode; R. A. Friedrich (*P*) #3,4

Denstet, Hans Christoph von, *17. Jh.; - gen. Der Angreifende/FG 531 #11

Denu, Alfred, *19.5.1902 Straßburg; - Ps. Alfred Illried (*E-L-R*) #3

Deppe, Alexander, *17.7.1921 Bad Grund/ Oberharz; - Ps. Alex (*L-N-P*) #3,4

Deppe, Liselotte, geb. Kuntze, *9.7.1889 Heidelberg; - Ps. L. Deppe-Kuntze (*P-R*) #3

Deppisch, August, *24.8.1862 Arnstein/Ufr.; - Ps. Franz Ludwig (*L*) #1,3,4

Depta, Siegmund, *24.7.1928 Rydultau/Oberschles.; - Ps. Heinrich Siegmund (*P-R*) #3

Dequede, Else von, *28.8.1865 Spremberg/Niederlaus.; - Ps. Herbert von Osten (*E-J-L*) #1,2,3,4

Dereser, Thaddäus Antonius, *3.2.1757 Fahr b. Würzburg, †16.6.1827 Breslau; - Ps. Thaddäus Adam; Thaddäus a Sancto Adamo; C. D. Rathheim (*P*) #4,13,15

Dérföldy-Lux, Wilhelm, *26.3.1893 Güns/Ungarn; - Ps. Harry Lux (*N-P-R*) #3,4

Derra von Moroda, Julius, *24.8.1861 Budapest; - Ps. J. v. Schweidel (*N-P*) #3

Derschau, August Egbert von, *25.8.1845 Lüneburg, †12.6.1883 Dresden; - Ps. Egbert Carlssen (*E-R*) #1,3,4,13

Derwein, Irma, geb. v. Drygalski, *3.12.1892 Berlin, †2.3.1953 Heidelberg; - Ps. Irma von Drygalski (*D-E-N-P-R*) #3,4,10

Déry, Juliana, *10.8.1864 Baja/Ungarn, †31.3.1899 Berlin; - eig. Juliana Decsy bzw. Deutsch (*D-N-S*) #1,3,4,9

Déschan Edler von Hansen, Ludwig, *3.4.1848 Zalathna/Ungarn, †23.2.1915 Wien; - Ps. Ludwig Sendach (*L-P-S*) #3,4

Desczyk, Gerhard, *3.6.1899 Kreuzburg/Oberschles., †18.3.1983 Berlin; - Ps. Marabu (*E-N-P*) #3,4

Desoye-Rausch, Hansi, *10.10.1876 Wien; - Ps. Hans Rausch (*N*) #3

Dessart, Otto, *27.11.1854 Karlsruhe; - Ps. Karl Otto (*D-L*) #1,3,4

Dessauer, Adolf, *12.9.1849 Frankfurt/M., †2.1.1916 Wien; - Ps. Erwin Balder (*E-P-R*) #1,3,4

Dessauer, Friedrich, *19.7.1881 Aschaffenburg, †16.2.1963 Frankfurt/M.; - Ps. Jakob Stab (*E-P-R*) #1,3,4,18

Dessoir, Max, *8.2.1867 Berlin, †19.7.1947 Königstein/Ts.; - Ps. Ludwig Brunn; Edmund W. Rells (*P*) #3,4,15

Detela, Leo Demetrius, *2.4.1939 Maribor/Jug.; - Ps. Lev Detela (*E-F-L-P-R*) #3

Detela, Milena, *9.11.1935 Laibach; - Ps. Milena Merlak (*L-P*) #3

Detering, Heinrich, *1.11.1959 Neumünster; - Ps. Theo Tharding (*F-L-P*) #3

Detering, Martin, *3.2.1876 Barmen, †3.12.1955 Barmen; - Ps. Ingall (*L*) #3,4

Determann, Hermann, *30.9.1841 Amsterdam, †14.3.1900 Columbus/Ohio; - Ps. Willibald Roland (*L*) #1

Deters, Heiko, *31.1.1944 Holzminden; - Ps. Jan (*E-L-P-R*) #3

Detharding, Georg, *1727 Rostock; - Ps. Andronicus (*P*)

Detjen, Heinrich, *11.8.1896 Cuxhaven; - Ps. Georg Friedrich (*D-E-L-N-S*) #3,4

Detlefsen, Meta, *2.8.1855 Neustadt/Holst.; - Ps. Hugo Detlef (*E-J-N-P*) #1,4

Detlefsen, Thea, *17.2.1907 Rosenheim; - Ps. Thea Sommerer (*F-N-R*) #3

Dette, Walter, *13.7.1890; - Ps. Marx Cemna (*P*) #3

Dettmann, Hans Eduard, *3.6.1891 Berlin, †1.5.1969 Bad Harzburg; - Ps. Harad Buns; Edward Dann; Bum Herad (*E-J-P*) #3,4

Deubner, Helene, *24.7.1850 Riga; - Ps. Helene Mordaunt (*P*) #3

Deubner, Hildegard, geb. Bannatz, *22.5.1891 Crailsheim; - Ps. Erika Bannatz (*E-P*) #3

Deusner, Luise, geb. Hasselbach, *18. Jh. Aachen; - Ps. Luise von Aachen; Luise Hasselbach (*L-P*) #6

Deuter, Jörg, *9.11.1956 Oldenburg; - Ps. Kunsthistoriker (*F-P*) #3

Deutsch, Adolf, *13.10.1896 Antunovac/ Kroatien; - Ps. Adolf Deutschdorf (*D-P-S*) #4

Deutsch, Erni, *17.11.1917 Einöd/Saar; - Ps. Erni Deutsch-Einöder (*E-F-N*) #3,4

Deutsch, Ferdinand, *7.2.1910 Frankfurt/M.; - Ps. Ferdinand M. Gokum (*P-R*) #3,4

Deutsch, Hertha Adrienne, geb. Strauch, *24.6.1897 St.Avold/Lothr., †7.11.1980 Wien; - Ps. Hertha Adrienne Strauch; Hertha Adrienne Thomas (*N-R*) #3,4,5,8,9,18

Deutsch, Johannes, *19.8.1886 Rawitsch, †9.1.1968; - Ps. Friedrich Sinapius (*E-L-P-R*) #3,4

Deutsch, Josef, *14.4.1852 Polna/Böhmen; - Ps. Germanicus (*P*) #3,4

Deutschinger, Franz, *13.12.1834 Wien, †22.3.1908 Wiesbaden; - Ps. Franz Dardenne (*S*) #3,4

Deutschmann, Marie, *15.8.1841 Goldap/Ostpr.; - Ps. M. Albert (*D-L-N-R*) #1,2,3,4

Deuwel, Meta, *(1875); - Ps. M. Deleuwa (*E*) #2

Devidé, Henriette, *29.3.1854 Wien, †1909; - Ps. Henriette Jaworek (*M*) #2,3,4

Devrient, Luise, *9.1.1839 Nancy; - Ps. L. Mannheim (*P*) #2,3

Dewald, Alfons, *27.6.1901 Osburg b. Trier; - Ps. Alfred Thiel (*E-R*) #3,4
Dewitz, Alexandrine von, *2.5.1827, †30.3.1892 Stettin; - Ps. Charlotte Ernst (*E*) #1,2,4
Dewitz, Annette von, *8.7.1836 Stargard/Pommern; - Ps. Annette Weditz (*E-J-M*) #1,4
Dewitz, Kaspar, *19.8.1617 Pasewalk/Pommern, †11.1.1673 Tilsit; - Ps. Kaspar Devitius (*L*) #4
Dewitz, Ulrich von, *17. Jh.; - gen. Der Liebäugelnde/FG 609 #11
Dexheimer, Ludwig, *6.8.1891 Nürnberg; - Ps. Ri Tokko (*P-R*) #3
Deye, Richard, *25.3.1853 Jever; - Ps. Richard von Jever (*L*) #1,3,4
Dezort, Mirek, *(1987); - Ps. Mirek Ort (*R*)
Diaconovich, Cornelius, *18.2.1859 Deutsch Bogsan; - Ps. C. de La Tismana (*P*) #3
Diamant, Gertrud, *13.12.1897 Berlin; - Ps. Gert Dahlmann (*E-R*) #3
Diamantidi, Julie, *5.11.1870 Wien, †6.1.1949 Wien; - Ps. Julius Damati (*D-P-S*) #1,2,3,4
Dichler-Appel, Magda, *(1962); - Ps. Magda Appel; Magda Appel-Dichler (*L-P*) #3
Dichtl, Kurt, *9.7.1923 Wien; - Ps. Kurt Diemann (*L-P*) #3
Dichtl, Ruth, geb. von Mayenburg, *1.7.1907 Subice/Böhmen; - Ps. Ruth Fischer; Ruth von Mayenburg; Modesta; Ruth Wieden (*E-F-P-R*) #3,4
Dick, Leopold, *(1521) Babenhausen; - Ps. L. Pachis (*P*) #4
Dickhuth(-Harrach), Gustav Friedrich Hugo Emil, *18.7.1856 Breslau; - Ps. Cäsar Magnus (*E-N-R*) #4
Dickinson-Wildberg, Heino Louis Bodo von, *7.8.1862 Lemberg, †31.1.1942 Berlin; - Ps. Paul Nord; Bodo Wildberg (*L-N-R*) #1,3,4
Dickmann, Ernst Günther, *7.8.1911 Bad Freienwalde/Oder; - Ps. Norman Dyck (*F-N-R*) #3,4
Dickschat, Otto, *28.7.1911 Eymenischken/Ostpr.; - Ps. Steffen Kamp (*R*) #3,4
Didon, Alexander, *1804 Münster, †1853 Lippborg b. Münster; - Ps. Didung (*L-P*) #4
Diebenow, Johannes, *25.4.1889 Altona; - Ps. Hans Anders (*E-P-S*) #3,4
Diebow, Hans, *24.6.1896 Oschersleben; - Ps. Totila (*E-J-P*) #4
Dieckmann, Marie, *23.11.1852 Kartzow b. Potsdam; - Ps. Marie Malecka; Maria Stahl (*N-P-R*) #1,2,3,4
Diederich, Benno, *13.3.1870 Berlin; - Ps. Raax (*P-S*) #4
Diederich, Ernestine, *14.2.1843 Rodenberg, †11.12.1906 Göttingen; - Ps. E. Hainberg (*E-N-R*) #1,3,4
Diederich, Franz, *2.4.1865 Hannover, †28.2.1921 Bad Polzin/Pommern; - Ps. Franz Hagen (*L-P-S*) #1,3,4
Diederichs, Luise, geb. von Strauß und Torney, *20.9.1873 Bückeburg, †19.6.1956 Jena; - Ps. Lulu von Strauß und Torney; L. Unbeck (*L-N-P-R-S*) #2,3,4,5,8,9,10,14
Diedrich, Klaus, *1951 Biberach/Riß; - Ps. Tom Askon; H. P. Howard (*P-R*) #7,16
Diedrichs, Edmund, *(1984); - Ps. Jerry Cotton (*R*) #16
Dieffenbach, Anneliese, *22.9.1906 Leipzig; - Ps. Margarete Annelies (*F-J-L-N-P-R-S*) #3,4
Diegmann, Heinrich Ludwig, *8.6.1875 Worbis; - Ps. Ludwig vom Eichsfeld; Ludwig von Rautenkranz (*D-E-L-P-R*) #1,3,4
Diehl, Karl Wilhelm, *5.8.1824 Hamburg; - Ps. Wilhelm Walther (*L-P*) #1,4
Diehl, Wolfgang, *8.8.1940 Landau/Pfalz; - Ps. Felix Bumbach (*L-N-P-R*) #3
Diehn, Rosmarie, *14.6.1926 Pethau b. Bautzen; - Ps. Rosmarie Rutte-Diehn (*E-J-N-P*) #3,4
Diekamp, Wilhelm, *13.5.1854 Geldern, †25.12.1885 Rom; - Ps. Dr. A. (*P*) #4,13
Diekmann, Rudolf, *6.1.1860 Rodenthal; - Ps. Wilhelm Rudolf (*P*) #3
Dielitz, Johann Gottlieb Ludwig Karl, *22.11.1781 Berlin, †24.10.1845 Berlin; - Ps. Gotthold Pilger (*D-E-J-L-P*) #4
Diemar, Adamine von, *28.11.1848 Schlawe/Pommern; - Ps. W. Marthen (*L-P*) #1,2,3,4
Diemer, Heinrich August Christian Ludwig, *13.8.1774 Milkel b. Bautzen, †26.7.1855 Rostock; - Ps. Johannes Freudiger (*L-P*) #4,13
Diemer, Hermine, geb. v. Hillern, *28.2.1859 Freiburg/Br.; - Ps. Hermine von Hillern (*L-N-P*) #1,2,3,4
Dienelt, Günther, *8.12.1954 Dachelhofen; - Ps. Rosalie-Ada Grallinger (*L-R*) #3
Diener von Schönberg, Alfons, *19.8.1879 Schloß Pfaffroda/Sa., †16.11.1936 Schloß Pfaffroda/Sa.; - Ps. Alfons Dörnthal (*N-P*) #1,3,4
Diepenbrock, Arnold von, *17. Jh.; - gen. Der Gefundene/FG 885 #11
Diepenbrock, Hermann von, *17. Jh.; - gen. Der Kernhafte/FG 884 #11
Diepenbroick, Conrad Rötger von, †1678; - auch Konrad Rötger Diepenbrok; gen. Der Süßliche/FG 406/1643 #11,12
Diepurg, Johann von, *(1430); - auch Johann von Dypurg; gen. Johannes de Francofurdia (*L-P*) #4,13
Diergarten, Marie, *11.10.1870 Kierspe/Sauerland; - Ps. Marie Paschke-Diergarten (*L*) #1,4
Dierkes, Rudolf, *10.9.1928 Berlin; - Ps. Rolf Kess; Ed Meyer (*E-L-P-R*) #3
Dierkesmann, Joseph, *12.1.1866 Sümmern b. Iserlohn, †1945; - Ps. Josef Eberhard (*E-J-L-P-S*) #1,3,4
Dierks, Margarete, geb. Nax, *7.3.1914; - Ps. Margarete Nax (*E-L-M-P*) #3

Diersch, Margreta, *3.9.1891 Meuselwitz, †10.4.1921; - Ps. Mark Dorn (*N-R*) #3,4

Dierschke, Wilhelmine, *3.12.1838 Berlin, †31.1.1909 Breslau; - Ps. Helmine Fred; H. v. Freyenstein; Otto Osberg; Xaver (*E-L-N-R*) #1,2,4

Diesch, Karl, *13.11.1880 Sorau, †3.6.1957 Leipzig; - urspr. Carl Hermann Kaulfuß (*P*) #3,4

Dieskau, Carl von, †11.10.1667 Knauthain b. Leipzig; - gen. Der Schneeweiße/FG 646 (*P*) #11

Dieskau, Carl von, *17.4.1601; - gen. Der Wendende/FG 449/1645 #11,12

Dieskau, Hans von, *18.6.1594 Queis b. Delitzsch, †10.11.1680; - gen. Der Tilgende/FG 212/1632 (*P*) #11,12

Dieskau, Hieronymus von; - gen. Der Verneuerende/FG 209/1632 #11,12

Dieskau, Rudolf von, *5.2.1593 Finsterwalde, †20.7.1656 Dresden; - gen. Der Niedrige/FG 155/1628; Ps. Damian von Rudelstadt; Randolphus van Duysburg; Rudolph von Dysburg (*E-L-P*) #4,6,11,12

Dietbach, Karl, *27.7.1861 Morschitz/Mähren; - Ps. Karl Fiescher (*D-L*) #1,3,4

Dietelmair, Johann Augustin, *2.4.1717 Nürnberg, †6.4.1785 Altdorf; - gen. Irenäus/PB (*P*) #4,11,13

Dieterich, Anna, geb. Hoffmann, *29.4.1870 Hamburg; - Ps. Anna Hoffmann; A. Mannhoff (*N*) #3

Dieterich, Georg Theodor, *28.8.1614 Butzbach, †2.8.1678 Hamburg; - gen. Der Ruhmwürdige/FG 793; Ps. George Dietrich Freiherr von Rondek (*P*) #4,11

Dieterich, Johann Georg, *14.7.1681 Schauenstein b. Naila, †4.10.1740 Kulmbach; - Ps. Christianus Eusebius (*P*) #4

Dieterich, Karl, *28.5.1850 Stuttgart; - Ps. Erich Dieter (*P*) #3

Dieters, Karl, *2.11.1739 Wien, †24.10.1799 Rothlhotta/Böhmen; - Ps. Karl Ditters von Dittersdorf (*S*) #4,13,15

Dietert-Dembowski, Friedrich, *11.8.1884 London; - Ps. Antarktis; Friedrich Deutsch (*P*) #4

Diethelm, Stefan, *6.11.1958 Schiers/Graubünden; - Ps. Fugo (*L*) #3

Dietl, Eduard, *9.10.1927 Regensburg; - Ps. Otward Thiel (*E-J-P-R*) #3,4

Dietl, Hrosnata Josef, *7.1.1857 Jungbunzlau, †6.12.1923 Duppau/Böhmen; - Ps. Hrosnata (*D-L-P-S*) #1,3,4

Dietmann, Karl Gottlob, *5.2.1721 Grunau b. Weißenfels, †4.12.1804 Lauban/Schles.; - Ps. Christopherus; Dietm. (*P*) #4

Dietmar von Aist, *12. Jh.; - auch Dietmarus de Aigst (*L*) #4,15

Dietrich, Alfred Otto, *2.5.1882 Frauenburg/Ostpr.; - Ps. Onkel Brabbelke (*L-P*) #3,4

Dietrich, Anna Auguste Wilhelmine, *7.10.1857 Altenburg, †5.12.1931 Altenburg; - Ps. Hans Reinicke (*D-L-S*) #1,2,3,4

Dietrich, Ewald Christian Victorin, *19.7.1785 Grünhain, †1860 Dresden; - Ps. W. Auerbach; Frohmann; G. F. Horvath; E. Wahrmann; Theodor Wahrmann (*D-E-J-L-P-R-S*) #1,4,6

Dietrich, Marie Elisabeth, geb. Hofmann, *22.5.1900 Gera, †1978; - Ps. Marie Elisabeth Hofmann; Elisabeth Hofmannstal (*L*) #3,4

Dietrich, Paul Johannes, *7.2.1887 Radewell b. Halle/S., †27.11.1941 Treffurt an der Werra; - Ps. Peter Bomberg; J. D. Paulus (*D-J-P-S*) #4

Dietrich, Richard, *18.7.1871 Leipzig; - Ps. Richard Nordland; Dr. Satyr (*L-P*) #1,3,4

Dietrich, Rudolf Adrian, *15.8.1894 Berlin, †11.10.1969 Hamburg; - Ps. Dietrich (*L-R*) #3,4

Dietrich, Sixt, *um 1493 Augsburg, †21.10.1548 St.Gallen; - Ps. Syxtus Dieterichus; Sixtus Dittrich; Xystus Theodericus (*L*) #4,13,15

Dietrich, Wolfgang Karl, *19.4.1956 München; - Ps. Laurin (*L-P*) #3

Dietrich von Freiberg, *um 1250, †nach 1310; - auch Meister Dietrich Theodericus Theutonicus de Vriberg (*P*) #4,11,13,15

Dietrichstein, Rudolph Herr von, *14.10.1603, †1649; - gen. Der Ätzende/FG 481/1647 (*L-P*) #4,11,12

Dietsch, Ernestine, *1831 Mannheim, †18.1.1880 Saarbrücken; - Ps. E. Diethoff (*E-P*) #2,4

Dietsch, Werner, *23.4.1928 Leipzig; - Ps. Pat Anderson; ; G. G. Cook; Petra Höfer; Ullrich Kallmer; Max Marek; Bill Robinson; Glenn Stirling (*E-J-R*) #3,4

Dietz, August, *29.6.1850 Barr/Elsaß, †20.4.1922 Vendenheim/Elsaß; - Ps. Tempus; A. Zeidt (*E-L-P*) #1,3,4

Dietz, Curt Reinhard, *24.3.1896 Gießen, †1949 Berlin; - Ps. Till Cureidi (*L-R*) #3,4

Dietz, Eduard, *1932 Nürnberg; - Ps. Kinast-Edi (*E-L-R*) #3

Dietz, Hedwig, *6.1.1855 Wehlau/Ostpr.; - Ps. E. H. Dietz; Germanicus; Nemo; Teutonicus (*D-E-M-R*) #1,2,3,4

Dietz, Jost Ludwig, *1485 Weißenburg/Elsaß, †26.12.1545 Krakau; - Ps. Jost Ludwig Decius (*L-P*) #4,15

Dietz, Karl, *26.3.1890 Neumarkt/Obb., †12.8.1964 Rudolstadt; - Ps. Christoff Dietrich (*E-P*) #3,4

Dietz, Rudolf, *22.2.1863 Naurod b. Wiesbaden; - Ps. Deulitzdorf; Lutz Diedorf; R. von Doruan (*E-L-P-S*) #1,3,4

Dietze, Ernst, *20.8.1869 Leipzig; - Ps. Didier; Werner Kaut; Rocheflamme; Werner-Kautzsch (*P-R*) #3,4

Dietzenschmidt, Anton Franz, *21.12.1893 Teplitz-Schönau, †17.1.1955 Esslingen; - früher Anton Franz Schmidt; Ps. Peter Thomas Bundtschuch (*D-F-N-S*) #3,4,5

Dietzi, Hedwig, geb. Bion, *30.7.1867; - Ps. Hedwig (*E*) #4

Dietzsch, Karl Friedrich, *20.10.1769 Öhringen/Württ.; - Ps. Germanus (*P*) #4,6

Digeon von Monteton, Wilhelm Otto, *22.1.1822 Magdeburg, †23.9.1913 Salzwedel; - Ps. Wilhelm Otto (*P-R*) #1,3,4

Dilg, Wilhelm, *25.3.1835 Bingen; - Ps. Henricius vom See (*L*) #1,3,4

Dillenburger, Elmy, *13.8.1921 Pirmasens; - Ps. Elmy Lang; Elmy Lang-Dillenburger (*D-E-F-J-P-R*) #3,4

Dillenburger, Helmut, *16.1.1917 Berlin; - Ps. Stefan Brugger; R. E. Porter (*J-P*) #3

Dillenburger, Ingeborg Freifrau von Groll, *19.4.1925 Berlin; - Ps. Karla Brugger; Inge von Groll-Dillenburger (*J*) #3

Diller, Walter Emil, *17.4.1885 Hallstadt; - Ps. Danny Gürtler; Hans Hesse; Bram Stocker (*D-E-L*) #3,4

Dillinger, Andreas, *12.6.1849 Ödenburg; - Ps. A. Andrea (*P*) #3

Dillinger, Auguste, *8.11.1859 Wien; - Ps. Kmunke (*P*) #3

Dillinger, Georg Adam, *15.10.1746 Nürnberg, †1.6.1804 Nürnberg; - Ps. Alethophilus (*P*) #4

Dilthey, Karl Julian Werner, *7.5.1827 Darmstadt; - Ps. Julian Werner (*E-N-S*) #1,3,4

Dilthey, Wilhelm, *19.11.1833 Bieberich b. Wiesbaden, †3.10.1911 Seis b. Bozen; - Ps. Wilhelm Hoffner (*P*) #4,15

Dimitz, Ludwig, *2.9.1842 Laibach, †22.4.1912 Wien; - Ps. Ludwig Waldeck (*E-L-P*) #1,3,4

Dimmler, Hermann, *9.1.1874 Rottweil; - Ps. Joseph Bauer (*D-L-P-S*) #3,4

Dimt, Christine, geb. Busta, *23.4.1915 Wien, †3.12.1987 Wien; - Ps. Christine Busta (*E-L*) #3,4,5,8,10,17

Dinckelberg, Hugo Lebr., *20.1.1846 Magdeburg; - Ps. Hans v. Berge (*D-L-P-R-S*) #1,3,4

Dincklage, Amalie Ehrengarte Sophie Wilhelmine von, *13.3.1825 Campe, †28.6.1891 Berlin; - Ps. Amelie; Emmy v. Dincklage-Campe (*E-N-R*) #1,3,4,11,13

Dincklage, Clara von, *25.11.1829 Campe/Ems, †1919 Dresden; - Ps. C. v. Campe (*E-J-N-P-R*) #1,3,4

Dincklage-Campe, Friedrich Freiherr von, *25.7.1839 Campe/Ems, †21.2.1918 Berlin; - Ps. Hans Nagel von Brawe (*E-N-P-R*) #1,3,4

Dingler, Max, *14.5.1883 Landshut, †28.6.1961 München; - Ps. N. M. Ilgerd (*E-J-L-M-P-S*) #3,4

Dinklage, Ludwig, *7.12.1892 Hamburg, †15.3.1966 Hamburg; - Ps. Käpten Brass; Lu-Di; Karl Fritz Ludwig (*E-N-P*) #3,4

Dinklage, Max, *17.6.1898 Hamburg; - Ps. Ressitus (*F-L-N*) #3

Dinner, Konrad, *(1561), †nach 1590 Würzburg; - Ps. Trasybulus Lepta (*P*) #4,6

Diószeghy, Tibor, *15.3.1896 Budapest; - Ps. Peter Groll (*R*) #3

Dippel, Johann Conrad, *10.8.1673 Frankenstein b. Darmstadt, †25.4.1734 Wittgenstein b. Laasphe; - Ps. Christianus Democritus redivivus; Ernst Christian Kleinmann; Cordatus Libertinus (*L-P*) #4,6,13,15

Dippel, Paul Gerhardt, *5.7.1908 Zwesten b. Fritzlar, †20.1.1985 Celle; - Ps. Ernst Kluft (*D-F-R*) #3,4

Dirckink-Holmfeld, Constant Peter Heinrich Maria von, *24.2.1799 Bocholt, †3.6.1880 Pinneberg; - Ps. C. Arnoldson; C. Christianson; C. Imanuel; C. Immanuel (*P*) #4

Dirks, Jörn-Peter, *26.8.1947 Bremen; - Ps. Jörn-Peter Dirx (*J-L-R*) #3

Dirnböck-Schulz, Jenny, *4.11.1850 Nikolsburg/Mähren, †24.7.1918 Ellersbach; - Ps. J. Böck; S. Böck; Köbn auf der Ried (*D-E-L-R*) #1,2,3,4

Disselhoff, Julius August Gottfried, *24.10.1827 Soest, †14.7.1896 Thiergarten b. Simmern; - Ps. Julius von Soest (*L-P*) #1,3,4

Distelmaier-Haas, Doris, *18.2.1943 Bonn; - Ps. Doris Haas (*L-P*) #3,4

Ditfurth, Anton von, *26.11.1588 Stadthagen, †7.5.1650; - auch Anton von Ditfort; gen. Der Ungefehrte/FG 272/1636; #11,12

Ditfurth, Ernst Ludwig von, *29.7.1597 Stadthagen, †12.5.1647 Dankersen b. Rinteln; - gen. Der Auflösende/FG 378/1642 #11,12

Ditfurth, Franz von, *12.10.1590 Stadthagen, †20.2.1654 Hagenburg b. Stadthagen; - auch Franz von Ditfort; gen. Der Rotbraune/FG 275/1636 #11,12

Ditmar, Friedrich Ernst, *1750, †9.7.1819 Rostock; - Ps. Michel Angelo (*L-P*) #4

Dits, Hans Emil, *28.9.1905 Freiheit/Sudetenl., †18.8.1967 Villach; - Ps. Hermine Dits; H. E. Doman (*F-N-R*) #3,4

Dittmann, Traute, *10.12.1942 Spieka b. Wesermünde; - Ps. Traute Brüggebors (*L-P*) #3,4

Dittmar, Elise Caroline, *17.11.1853 Guntersblum/Rheinhessen; - Ps. E. vom Berg (*N-P-R*) #2

Dittmar, Heinrich, *15.12.1792 Ansbach, †24.7.1866; - Ps. Heinmar (*J-P*) #4,17

Dittmar, Siegismund Gottfried, *9.7.1759 Primkenau/Schles.; - Ps. Teutomarus (*P*) #4,6

Dittmarsch, Karl, *27.5.1819 Stuttgart, †30.1.1893 Wien; - Ps. Fr. Menk (*L-N-P*) #1,3,4

Dittmer, Friedrich, *11.8.1903 Stettin; - Ps. Dittmer-Lichtblick (*R*) #3,4

Dittmer, Fritz, *8.2.1889 Stettin; - Ps. Hein Klok von't Bollwark (*E-L*) #3,4

Dittmer, Minna, *(1888) Hamburg; - Ps. Margot Werner (*E-L-P*) #2,3,4

Dittrich, Franz von, *29.1.1839 Thegsten b. Heilsberg, †21.2.1915 Frauenburg; - Ps. Cannstatt (*P*) #3,4

Dittrich, Max, *10.6.1844 Dresden, †6.6.1913 Dresden; - Ps. Fritz Horn; Fritz Schmidt (*P-S*) #1,3,4

Ditzen, Rudolf, *21.7.1893 Greifswald, †5.2.1947 Berlin; - Ps. Hans Fallada (*E-M-P-R*) #3,4,5,8,10,14,15,17

Dix, Anna, *23.6.1874 Zittau/Sa.; - Ps. Anna Enders-Dix (*E-L-N-P*) #1,3,4

Djacenco, Boris, *10.9.1917 Riga, †17.4.1975 Berlin; - Ps. Peter Addams (*D-E-N-R*) #3,4,5,14

Döbbelin, Carl Gottlieb, *27.4.1727 Königsberg b. Wittstock/Neumark, †10.12.1793 Berlin; - Ps. Karl Theophil Döbelin (*D-S*)

Dobberkau, Willi, *4.6.1876; - Ps. Do (*P*) #3

Dobbert, Helga, *11.6.1937 Königsberg; - Ps. Helga Trebbod; Helga Wiemann-Dobbert (*P*) #4

Dobbert, Richard, *5.10.1888 Riga; - Ps. Peter Bergen; E. R. Dobbert-Dobrejeff; Karlheinz Dünen; Karlheinz Lieven; Erik Norden (*R*) #3,4

Dobeneck, Katharina Margarethe, *17. Jh.; - gen. Silvia/PB #11

Dober, Anna, geb. Schindler, *9.4.1713 Kunewalde/Mähren, †12.12.1739 Marienborn; - Ps. Anna Schindler (*L*) #4

Döbler, Hannsferdinand, *29.6.1919 Berlin; - Ps. Peter Baraban (*E-F-P-R-S*) #3,4,5

Doblhoff(-Dier), Josef von, *25.10.1844 Wien, †9.3.1928 Baden/Wien; - Ps. Aliquis; Chillonius; Paul Deviloff (*D-L-N-P-S*) #1, 3,4

Döblin, Alfred, *10.8.1878 Stettin, †26.6.1957 Emmendingen; - Ps. Alfred Börne; Hans Fiedeler; Linke Poot; N. Pim (*D-E-P-R*) #3,4,5, 7,8,10,14,18,20

Döblin, Hugo, *29.10.1876 Stettin, †4.11.1960 Zürich; - Ps. Hendrik Tewel (*D-F-L-P-R-S*) #3,18

Dobneck, Johann, *1479 Wendelstein/Mfr., †10.1.1552 Breslau; - Ps. Johann Cochlaeus; Hans Will Keller; Thomas Morus; Johann Vogelsang (*P*) #4,11,13,15

Dobracki, Matthias, *(1690); - gen. Gutthüter (*P*) #4

Dobrowolski, Adeline von, *(1830); - Ps. Adelide von D. (*R*) #4

Dobrowolski-Hammer, Ursula, *20.4.1925 Altenkirchen; - Ps. Ulla Dobrow (*L-P*) #3

Doczkalik, Emerich, *22.11.1881 Wien; - Ps. Friedrich Lerse (*S*) #3,4

Dóczy, Ludwig von, *27.11.1845 Deutschkreuz/Ungarn, †29.8.1919 Budapest; - urspr. Ludwig Dux; Ps. Claire; Onkel Osias (*D-N-S*) #1,3,4

Dodel-Elding, Jacob, *7.7.1896 Wiesentheid; - Ps. Kurt Elding (*L-P*) #3

Doderer, Heimito von, *5.9.1896 Weidlingau b. Wien, †23.12.1966 Wien; - Ps. René Stangeler (*E-L-P-R*) #3,4,5,8,10,14

Doderer, Otto, *24.5.1892 Wiesbaden, †14.4.1962 Wiesbaden; - Ps. Bernhard Wyß (*E-L-N-P*) #3,4

Döderlein, Johann Alexander, *11.2.1675 Biswang b. Pappenheim, †28.10.1745 Weißenburg am Nordgau; - Ps. Clitomachus (*P*) #6

Döderlein, Karl Reinhold, *2.7.1917 Stuttgart; - Ps. Jost Bundschuh (*E-L-P-R*) #3,4,14

Doehler, Gottfried, *25.5.1863 Klein-Gera/Vogtland, †23.1.1943 Greiz; - Ps. Fritz Hoelder (*D-E-L-P-S*) #1,3,4

Doellerdt, Artur, *23.9.1905 Riga; - Ps. Sven Steenberg (*F-P-R*) #3

Doenges, Willy, *20.12.1866 Schaan; - Ps. Willy Ed-Soneg; Fritz Junker (*N-P*) #3

Doerdelmann, Bernhard, *18.1.1930 Recklinghausen; - Ps. Karél Karél; Cornelius Streiter (*D-E-F-L-P*) #3,4,5

Doerdelmann, Erika, *14.4.1940 Dortmund; - Ps. Erika Dordelmann-Kolbe (*E-L*) #3,4

Doering, Johann, *(1524); - gen. Candidus (*P*) #4

Doering, Oskar, *5.5.1858 Königsberg; - Ps. Doering-Dachau (*P*) #3

Doerner, Hans, *17.3.1908 Wuppertal-Elberfeld; - Ps. Hans Lüntenbeck; Karl Heinz Ritter (*L-P*) #3,4

Doerrschuck, Hubert, *16.5.1910 Karlsruhe; - Ps. Amadeus Siebenpunkt (*F-N-P*) #3,4

Döhler, Anton, *7.5.1891 Hof; - Ps. Toni Hölder (*R*) #3

Döhler, Margarete, *20.10.1895 Metz, †4.8.1974 Minden; - Ps. Madö (*E-L-P*) #3,4

Dohm, Baptist, *1.1.1897 Gerolstein/Eifel; - Ps. Batti Dohm (*J-N-P-R*) #3,4

Dohna, Christoph Burggraf und Herr von, *27.6.1583 Mohrungen, †1.7.1637 Orange/Frankreich; - gen. Der Heilende/FG 20/1619 (*L-P*) #11,12,13

Dohna-Schlodien, M. Gräfin zu, *24.5.1853 Berlin, †17.9.1917 Liegnitz; - Ps. M. Dahnow (*E-J*) #2,4

Döhnel, Karl Ferdinand, *12.6.1772 Schneeberg/Sa., †28.7.1853 Wiesenburg b. Zwickau; - Ps. Kilian Zebedäus Spiznagel (*E-L-R*) #4

Döhner, Franz, *21.6.1897 Dörlesberg; - Ps. Hansjörg Schollenhupser (*F-N-P*) #3

Döhren, Jakob von, *6.1.1746 Hamburg, †11.1.1800 Hamburg; - Ps. Hans Plattversius (*L-P*) #4

Döhring, Karl Siegfried, *14.8.1879 Köln, †1.6.1941 Seeheim/Bergstr.; - Ps. Hans Barbeck; Hans Herdegen; Ravi Ravendro (*E-R*) #3,4

Dohrmann, Hanns, *10.12.1891 Neugut; - Ps. Dieter Elves (*P-R*) #3,4

Döhrn, Gisela, *22.9.1909 Wuppertal; - Ps. Gisela Pörggen-Döhrn (*L-P*) #3,4

Doläus, Johann, *7.9.1651 Hofgeismar, †12.9.1707 Kassel; - Ps. Andromachus (*P*) #4,13

Dolberg, Ludwig, *4.4.1833 Schwerin, †1900; - Ps. Amosis; L. L. Ludwig (*P*) #3,4

Dolbin, B. F., *1.8.1883 Wien; - Ps. Ben Bindol (*P*) #18

Dolder, Willi, *13.7.1941 Zürich; - Ps. Urs W. D. Tell (*E-R*) #3

Doldinger, Friedrich, *2.12.1897 Radolfzell/Bodensee, †2.9.1973 Freiburg/Br.; - Ps. Blimblemplästra (*D-E-L-M-P-S*) #3,4

Doleschal, Georg, *30.12.1844 Lemberg, †26.5.1894 Mödling b. Wien; - Ps. Oskar Welten (*D-E-N-S*) #1,4,13

Dolezal, Erich, *22.11.1902 Villach/Kärnten; - Ps. Erik Lindenau (*J-P-R*) #3,4,7

Dolezel, Karl, *(1936); - Ps. Karl Weyrer (*R-S*) #3

Dölker, Margarete, geb. Rehder, *29.4.1892 Altona, †22.2.1948 Stuttgart; - Ps. Grete Dölker-Rehder (*P*) #3

Doll, Alexander, *5.8.1898 St.Petersburg; - Ps. Baxtrub (*R*) #3,4

Doll, Franz, *6.3.1851 Atzgersdorf/N.-Ö.; - Ps. Johann v. Kreuzen (*P*) #3

Doll, Hannelore, *18.4.1925 Stettin; - Ps. Dong Halodo; Hannelore Doll-Hegedo; Leonie Dong (*E-F-R*) #3

Doll, Herbert Gerhard, *12.4.1921 Stettin, †15.8.1985 Reinbek b. Hamburg; - Ps. Caspar; Jean Pierrot Comment; Ehm Dallmann; Herbert G. Hegedo; Herbert; Gerd Sahdas; Caspar Stichling; Temasius; Temperarius; Matthias Weikersheim (*F-J-P-R-S*) #3,4

Dollinar, Leo, *11.4.1852 Wien; - Ps. Leo Hellwig (*E-N-S*) #3

Döllinger, Johann Joseph Ignaz von, *28.2.1799 Bamberg, †10.1.1890 München; - Ps. Eustachius; Janus; Quirinus (*P*) #4,11, 13,15

Dollinger, Margaret, *11.6.1916 München; - Ps. Georgia Maar (*R*) #3,4

Dölsch, Johannes, *um 1485 Feldkirch/Vorarlb., †21.7.1523 Wittenberg; - Ps. Johannes Pileatoris (*P*) #4,13,15

Dolscius, Paul, *1526 Plauen/Vogtl., †9.3.1589 Halle; - auch Paul Dolfius (*P*) #4,13

Domanig, Maria, *26.12.1884 Wien, †25.11.1941 Wien; - Ps. Stillfried (*E-J-P*) #3,4

Dombrowski, Erich, *23.12.1882 Danzig; - Ps. Johannes Fischart; Sebastian Brant (*P*) #3

Dombrowski, Ernst von, *12.9.1896 Emmersdorf/N.-Ö., †14.6.1985 Siegsdorf/Obb.; - Ps. Dom (*E-J-L-P*) #3,4,17

Dombrowski, Hermann, *7.12.1902 Kiel, †29.1.1975 Eckernförde; - Ps. H. v. Eichgraben; Harm Eichler; Till (*E-J-L-N-S*) #3,4

Dombrowski, Theodor, *(1984); - Ps. Boris Cormac; Everett Jones; Frank de Lorca; Marcos Mongo; Jack Read; Arno Skinner (*E-R*)

Dombrowski Ritter von u. zu Paprosch u. Kruszwice, Ernst, *7.9.1862 Schloß Ullitz/Böhmen, †13.12.1917 Graz; - Ps. Ernst von Hardeck (*J-M-N-P-R-S*) #1,3,4

Dombrowski von und zu Paprosch und Kruszwice, Katharina Ladovika, *11.6.1881 Mödling b. Wien, †31.12.1967 Graz; - Ps. Käthe Schönberger (*J-P-R*) #3,4

Domeier, Anna Luise, *3.3.1847 Halberstadt, †2.4.1911 Bad Godesberg; - Ps. A. Dom (*E-P-R*) #1,3,4

Domenigg, Karl, *2.6.1867 Laibach; - Ps. Karl Ludwig (*L-P*) #3

Dominik, Emil, *27.2.1844 Brandenburg, †1896; - Ps. Franz Ellguth (*P*) #3,4

Domke, Lucy Helene, *13.1.1896 Berlin; - Ps. Gabriele Eckehard; Lucie Martin (*E-N-P-R-S*) #3,4,18

Domroese, Waldemar Max, *8.12.1884 Zipplau/Danziger Höhe; - Ps. Max Waldo (*P*) #3

Donatus, Christian, *21.8.1622 Königsberg, †21.12.1679 Königsberg; - gen. Adonis/PB (*L*) #4,11

Donauer, Georg Friedrich, *30.10.1738 Atzendorf b. Bayreuth, †25.8.1804 Thurnau b. Kulmbach; - Ps. Candidus (*P*) #4

Dönges, Günter, *14.11.1923 Duisburg; - Ps. John D. Acton; Mike B. Braster; Jeff Briester; Gay D. Carson; Dan Cillingh; Conny Collins; Jeff Conter; Jerry Cotton; Richard W. Drilling; Mac Driving; Mickey Gillane; Chester Gobinal; Rolf van Kessel; Jerry Landing; Glenn Larring; Jerry Lonsdale; Henri de Vallon; Julia Wendt; Pat Wilding (*F-P-R*) #3,16

Dönges, Lutz, *(1975); - Ps. Hieronymus Cäsar (*L-P*) #3

Donin, Ludwig, *23.1.1810 Kautzen/N.-Ö., †20.8.1876 Wien; - Ps. Otto Cassian; Anton Philalethes; Priester Ludwig; Rhollandus (*P*) #4,11,15

Donnebaum, Antonello, *28.7.1890 Hernals u. d. Enns/Oesterr.; - Ps. Anton Ello (*D-L-P*) #3

Donner, Gertrud, geb. Rickel, *24.5.1887 Leipzig; - Ps. Gertrud Rickel (*N-P-R*) #3

Donnhofer, Wilhelm, *12.10.1913 Wien, †4.10.1968 Mödling b. Wien; - Ps. Wilhelm Don Hofer (*E-P*) #3,4

Donny, Julius, *1.9.1878 Berlin, †15.11.1958 Berlin; - Ps. Fritz Dahl; K. J. Lykurgos (*F-L-R*) #3,4

Donny, Käthe, *27.5.1881 Bunzlau; - Ps. Jenny Reiche (*E-L-R*) #1,3,4

Donop, Amalie von, *2.10.1818 Weimar, †16.9.1882 Weimar; - Ps. Amalie von Clausberg (*E-R*) #1,2,3,4

Donop, Levin von, *1567, †1641; - Ps. Der Steurende/FG 130/1626; auch Levin von Donap; Levin von Donep #11,12

Dont, Jakob, *19.12.1864 Wien; - Ps. Dr. J. D. Sonuscumt (*L-S*) #3,4

Dopf, Karl, *1.11.1883 Desselbrunn/O.-Ö.; - Ps. Tassilobrunn (*P*) #3,4
Dopp, Werner, *11.2.1908 Bielefeld, †10.1.1979 Neuwied/Rh.; - Ps. Frank Ruhla (*P*) #3
Doppler, Michael, *13.7.1874 Essingen b. Landau; - Ps. Bimbus; Erasmus von Erlangen; Hermann Hildemühl; Mido (*D-L-P*) #3
Dörbrandt, Ludwig, *22.11.1912 Mirow/Pommern; - Ps. Goede Gendrich (*E-L-P*) #3,4
Dörffel, Edmund, *10.10.1853 Leipzig, †15.2.1911; - Ps. L. Mündorf; C. F. Rödel (*P*) #3,4
Dörfler, Else, geb. Huber, *30.8.1878 Alexandria/Ägypten; - Ps. Else von der Heiden; Else v. Huber (*E-P-M*) #1,3,4
Dörfler, Franz, *30.6.1848 Iglau; - Ps. F. Schalken (*P*) #3
Dörfler, Hans, *28.2.1888 Forchheim; - gen. Six (*L-P*) #3,4
Dorfmeister, Gregor, *7.3.1929 Tailfingen/Württ.; - Ps. Manfred Gregor (*R*) #3,4,5
Dörge, Georg, *27.12.1884 Hannover, †24.5.1956; - Ps. Meyer-Scharten (*P*) #4
Döring, Emilie, *Mannheim, †8.3.1907 Frankfurt/M.; - Ps. Gustav Colline; Chr. Schlosser (*D-P*) #1,2,3,4
Döring, Ferdinand August, *1785 Leipzig, †1848; - Ps. Hyacinth Rosenkranz (*D-E-P*) #4
Döring, Ilse, *26.10.1931 Hamburg; - Ps. Ille Otter (*J-R*) #3,4
Döring, Oskar, *31.3.1898 Landsberg/Lech; - Ps. O. de Ring (*E-J-R*) #3,4
Döring, Philipp Jakob, *1764 Frankfurt/M., †1841 Frankfurt/M.; - Ps. D. Ring (*P*) #4
Dörken, Gerd, *3.7.1928 Gevelsberg; - Ps. Martin Cern (*E-L-P-R*) #3,4
Dormeyer, Helene, *27.9.1842 Schlesien; - Ps. Hedwig Dorn (*P*) #2,3
Dormitzer, Else, *17.11.1877 Nürnberg, †3.6.1958 London; - Ps. Else Dorn (*J-P*) #3,4,18
Dorn, Gerhard, *(1566); - Ps. Gerhard Dornaeus (*P*) #4,13
Dorn, Gertrud, geb. Dietz, *8.5.1912 Pilsen; - Ps. Gertrud Dietz; Gertrud Fussenegger (*D-E-L-P-R*) #3,4,5,8,9,10
Dorn von Marwald, Paula, *15.6.1842 Arad; - Ps. Paul Andor (*N-P*) #2,3
Dorna, Johann von, *17. Jh.; - gen. Der Bedachtsame/DG-R #11
Dornau, Caspar, *11.10.1577 Ziegenrück/Vogtl., †28.9.1632 Brieg; - Ps. Caspar Dornavius (*P*) #4,13
Dornberger, Paul, *31.8.1901 Zeitz; - Ps. Louis Franz Pedor (*D-F-L-N-R*) #3,4,18
Dörner, Claus Silvester, *31.12.1913 Hamburg; - Ps. Silvester Maxwell; Claus Silvester (*N-P-R*) #3,4
Dörner, Ilse Sibylle, *1950; - Ps. Andrea Jakob (*R*)
Dörner, Karl Max, *9.11.1902 Dresden; - Ps. Lix; Felix Neutag (*J-N-P*) #3,4
Dornkrell ab Eberhertz, Jakob, *23.8.1643 Lüneburg, †25.10.1704 Hamburg; - Ps. Theodulus Philomusus; Theodulus Polymusus; Cordesius Verimund (*P*) #4,6
Doroslovac, Milutin, *7.3.1923 Budapest; - Ps. Milo Dor; Fedor; Alexander Dormann; Alex Lutin (*D-E-F-P-R*) #3,4,5,8,10
Dörrer, Anton, *13.6.1886 Innsbruck, †26.3.1968 Innsbruck; - Ps. A. v. d. Angerzell (*P*) #3,4
Dörries, Bernhard, *7.10.1927 Hannover; - Ps. Arno Tain (*F-J-P-R*) #3,4
Dorsch, Johann Georg, *13.11.1597 Straßburg, †25.12.1659 Rostock; - Ps. Johann Georg Dorscheus; Valentinus Petrus Saccus (*P*) #4,6,13,15
Dorscheus, *(1708); - auch Dorseus (*D*) #4
Dortenwald, Rudolf, *20.12.1905 Brünn, †27.6.1962 Berlin; - Ps. Michael Roth; Jack Rudor (*F-R-S*) #3,4
Dosch, Michael, *28.3.1905 Nürnberg; - Ps. Midos (*D-F-L-N*) #3,4
Dost, Hans-Jörg, *27.7.1941 Leipzig; - Ps. Jan Leutzsch (*F-P*) #3
Dotzler, P. Arsenius, *3.11.1868 Wernberg/Opf.; - Ps. Franz Linden (*E-P*) #3,4
Dotzler, Ursula, *2.4.1942 München; - Ps. Ursula Isbel (*J-P-R*) #3,4
Doubrawa, Josef Theodor, *(1903) Mährisch-Trübau; - Ps. J. D. Eichenwald (*E-R*) #3
Douglas, Greve Robert, *17.3.1611 Standingstone/Schottl., †28.5.1662 Stockholm; - auch Robert Duglas; gen. Der Lebhafte/FG 420/1644 #11,12
Douglas, Martha, *25.10.1867 Gotha; - Ps. Martha C. André (*D-N-R*) #4
Draber, Uwe, *1961; - Ps. Robert de Vries (*R*)
Drabik, Nikolaus, *5.12.1588 Straßnitz/Mähren, †16.7.1671 Preßburg; - Ps. Nikolaus Drabicius (*P*) #4
Drabke, Emil Karl, *10.4.1894 Reichenau-Gablonz/Böhmen; - Ps. Egon Diorama; Harry Heinz Reichenfels (*P*) #3
Drache, Albert, *Saaz/Böhmen, †1551; - Ps. Albert Draco (*P*) #4,13
Drache, Bertha, *25.3.1856 Seehausen b. Wanzleben; - Ps. Bertha Buchwald (*E-P*) #3,4
Drachenfels, Johann von, *17. Jh.; - gen. Der Verfechtende/FG 691 #11
Drachenfels, Rudolph von, *4.6.1582, †1.2.1656; - gen. Der Stoßende/FG 344/1639 #11,12
Drachenfels, Wilhelm Ernst von, *17. Jh.; - gen. Der Ungewisse/FG 711 #11
Drachsdorf, Hans Friedrich von, *25.7.1564, †22.2.1629 Weimar; - gen. Der Beständige/FG 50/1621 (*E-P-R*) #4,11,12
Drack, M. E. Johanna, *10.6.1913 Penig/Sa.; - Ps. Hanna Maria Drack (*E-F-J-L-P-R*) #3,4

Draconites, Johannes, *1494 Karlstadt/Main, †18.4.1566 Wittenberg; - auch Drach; Draco; Trach; Ps. Johann Carlstadt (*P*) #4,13,15

Draeger, Bruno, *3.3.1892 Sukow/Meckl.; - Ps. Draeger von Dikowitz (*P*) #4

Dragutin, Fodor, *22.9.1900 Semlin/Ung., †25.3.1974 Prag; - Ps. Theodor Balk; T. K. Fodor (*E-F-P-R*) #4,18

Draheim, Maria, *13.6.1919 Berlin; - Ps. Koppehele (*E-L-N*) #3

Drais von Sauerbronn, Karl Wilhelm Ludwig von, *23.12.1755 Ansbach, †2.2.1830 Mannheim; - Ps. Diaetophilus (*L-P*) #4,11,13

Dränert, Fritz, *25.10.1900 Jüterbog; - Ps. Peter Andreas (*N-R-S*) #3

Drastil, Monika, *26.4.1939 Trautenau/Riesengeb.; - Ps. Monica Lombard (*D-F-J-L-R*) #3,4

Draudius, Georg, *9.1.1573 Dauernheim b. Nidda, †um 1635 Butzbach; - Ps. Goradivus Regius (*P*) #4,6,13

Dräxler, Karl Ferdinand, *17.6.1806 Lemberg, †31.12.1879 Darmstadt; - Ps. F. C. Claudius; Dräxler-Manfred; K. L. W. v. Klinger; Manfred (*D-E-L-N-P*) #1,4,6,11,13

Drechsel, Heinz, *25.4.1925 Berlin, †19.1.1986 München; - Ps. Sammy Drechsel (*F-R*) #3,4

Drechsel, Irene, geb.Koss, *1929 Hamburg, †2.5.1996 München; - Ps. Irene Koss (*J*)

Drechßler, Johann Gabriel, *Wolkenstein/Sa., †20.10.1677; - Ps. Chressulder (*L-P*) #4,6

Dreetz, Jochim, *7.9.1903 Berlin, †1977; - Ps. Kurt Herwarth Ball (*E-R*) #3,4,7,14,20

Dreher-Richels, Gisela, *25.12.1924 Steinau b. Schlüchtern; - Ps. Gisela Richels (*L*) #3

Dreier, Johann, *Lemgo, †1544 Minden; - auch Johann Dreiger (*P*) #4,13

Drenckhahn-Bockholt, Marie, *30.11.1920 Kiel; - Ps. Wilhelmine Holtenau (*F-R*) #3,4

Drescher, Walter, *23.5.1912 Quedlinburg; - Ps. Stefan W. Escher (*F-P-R*) #3,4

Dresler, Adolf, *18.5.1898 Kiel, †28.9.1971 Fischhausen-Neuhaus; - Ps. Anton Meister (*P*) #3,4

Dresler, Arthur, *7.11.1863 Berlin, †25.7.1927; - Ps. Georg A. Albert; Assadego (*L-N-P-R*) #1,3,4

Dresler, Ziska Luise, geb. Schember, *6.7.1886 Waldshut, †16.4.1964 Haar; - Ps. Ziska Luise Dresler-Schember (*L*) #3,4

Dressel, Klara, *26.10.1850 Stettin; - Ps. Carl Dressel (*D-N-R*) #1,3,4

Dresser, Matthaeus, * 24.8.1536 Erfurt, †5.10.1607 Leipzig; - Ps. Matthaeus Dresserus (*P*) #4,13,15

Dressler, Johannes, *18.8.1913 Frankfurt/O.; - Ps. Jo Hans Helion (*P-R*) #3

Dreves, Guido Maria, *27.10.1854 Hamburg, †1.6.1909 Mitwitz/Oberfr.; - Ps. Ulrich v. d. Uhlenhorst (*L-P*) #1,3,4,15

Drewke, Heinrich, *2.5.1852 Kugen; - Ps. Ekwerd (*P*) #3

Drews, Richard, *17.3.1902 Elmshorn; - Ps. Ricardo; Ridens (*L-P*) #3,4

Drexel, Albert, *18.6.1889 Hohenems/Vorarlberg; - Ps. Austriacus (*D-L-P-S*) #3,4

Drexel, Jeremias, *15.8.1581 Augsburg, †19.4.1638 München; - auch Drechsel; Träxl (*P*) #4,13,15

Drexler, Friedrich Joseph, *5.4.1864 Passau; - Ps. Bizzi; Drexler-Trudering (*D-L-P-S*) #1, 3,4

Dreydorff, Johann Georg, *5.4.1837 Ziegenhain/Hessen, †22.1.1905 Leipzig; - Ps. F. F. Montalte der Jüngere (*E-P*) #1,4

Dreyer, Clarissa, *4.4.1903 Berlin; - Ps. Patrix (*F*) #3

Dreyer, Hermann, *(1858); - Ps. Nordländer (*P-R*) #1,4

Dreyer, Johann Matthias, *1716 Hamburg, †20.6.1769 Hamburg; - Ps. Chrysostomus Mathanasius (*L-P-S*) #1,4,11,13

Dreyer, Johann Peter Ludwig, *22.1.1843 Timmendorf/Ostsee, †5.9.1886 Pinneberg; - Ps. Detlef Gottfried; Detlef Ludwig (*D-L-S*) #1,4

Dreyfus, Sylvain, *10.6.1898 Burgdorf, †17.8.1964 Lenk im Simmental; - Ps. Sämi Fauk (*D-S*) #4

Dreyhaupt, Johann Christoph von, *20.4.1699 Halle/S., †13.12.1768 Leipzig; - Ps. Aemilius Castor; Trivultis (*P*) #4,13,15

Dreyhaupt, Ottilie Margarete, *4.5.1883 Leipzig; - Ps. Hans-Armin Haupt (*R*) #1,4

Dreyhaus, Hermann, *15.1.1886 Altenhundem/Westf., †14.11.1964 Bremen; - Ps. Hermann Hagener (*N-P-R*) #3,4

Dreysel, Dore, *2.7.1904 Chemnitz; - Ps. Eva Hellring; Liane Holst (*R*) #3,4

Driesener, Alfred, *20.7.1890 Seitwann b. Guben; - Ps. Carl Alfred Tressin (*D-F-R*) #3

Driesmans, Heinrich, *7.5.1863 Frankfurt, †7.5.1927 Berlin; - Ps. Driesmans-Saint-Trond; Clemens Henri (*D-L-P*) #1,3,4

Drigalski, Elisabeth von, geb. Dill, *28.3.1877 Dudweiler, †15.4.1962 Wiesbaden; - Ps. Liesbeth Dill; Liesbeth Seibert-Dill (*E-N-P-R*) #1,3,4

Drilhon-von Arx, Katharina, *5.4.1928; - Ps. Edith Katharina von Arx (*E-J-N-P-R*) #3,4

Drinck, Jakob, *25.5.1901 Rheydt; - Ps. Edgar Liborg; Engelbert Montesco (*D-J-P-S*) #3,4

Dripke, Karl-Hans, *31.8.1926 Liegnitz/Schles.; - Ps. Werner Jürgen Korff (*E-S*) #3

Droescher, Otto, *1.1.1863 Rathenow; - Ps. Frank May; Otto Rathenau (*P-R*) #3,4

Dröge, Auguste, *12.4.1811 Hildesheim, †28.4.1889 Hannover; - Ps. Auguste Görde (*L*) #1,4

Droop, Fritz, *1.3.1876 Minden, †2.9.1938 Frankfurt/M.; - Ps. September (*D-E-L-N-P*) #3,4

Droop, Marie Luise, geb. Fritsch, *15.1.1890 Stettin; - Ps. Ludwig Fritsch (*F*) #3

Dröscher, Vitus B., *15.10.1925 Leipzig; - Ps. Lutz Nicolai; Victor B. Rösch (*E-F-P*) #3,4

Droste, Everwin von, *um 1592, †1661; - auch Eberwin Trost; gen. Der Labende/FG 197/ 1629 (*P*) #11,12

Droste zu Vischering, Caspar Maximilian von, *9.7.1770 Vorhelm b. Münster, †3.8.1846 Münster; - Ps. Kasp. Max (*L*) #4,6,13,15

Droste-Hülshoff, Annette (Elisabeth) Freiin von, *10.1.1797 Schloß Hülshoff b. Münster, †24.5.1848 Meersburg; - Ps. Annette Elisabeth; Annette Elisabeth von D..H.. (*D-E-L-N-R-S*) #1,2,4,5,9,11,13,14,15,17

Droste-Hülshoff, Sophie, *14.8.1905 Salzburg; - Ps. E. Trost (*E-N-P*) #3

Drübel, Eckhart zum, *Straßburg, †um 1540 Hildesheim; - auch zum Trübel; zum Trybel (*P*) #4,13

Druskowitz, Helene von, *2.5.1858 Wien, †31.5.1918 Mauer-Öhling/Ö.; - Ps. Adalbert Brunn; Erna; H. Foreign; E. René; H. Sakkorausch; H. Sakrosankt (*D-L-P-S*) #1,3,4

Dryander, Johannes, *27.6.1500 Wetter/Hessen, †20.12.1560 Marburg; - gen. Eychmann (*P*) #4,13,15

Dshu, Bai-Lan, geb. Blum, *27.11.1904 Czernowitz; - Ps. Klara Blum (*L-N-P-R*) #3,4, 14,18

Du Bois dit Challion, Laurentz, *17. Jh.; - gen. Der Unverfälschte/FG 699 #11

Du Grain, Johann Jeremias, *um 1700, †1759; - auch Dugrain; Legrain (*S*) #4,15

Du Puis, P. Bense, *17. Jh.; - gen. Der Deutschliebende/DG-R #11

Du Toit, Johann Jakob, *1750 Nidau/Bern, †25.9.1826; - Ps. Timaleth; Timolet (*L-P*) #4,6

Dubina, Peter, *1.7.1940 Iglau/Mähren, †1990; - Ps. Peter Burnett; Captain Morris; Wayne Coover; Peter Derringer; Peter Dörner; P. Dover; R. F. Garner; John Kirby; Cliff Morris; Matt Nichols; A. F. Peters jun.; Steve Siegel (*J-P-R*) #3,4,7,16,20

Duboc, Charles Eduard, *17.9.1822 Hamburg, †15.4.1910; - Ps. Robert Waldmüller (*D-L-N-R-S*) #1,3,4

Duboc, Karl Julius, *10.10.1829 Hamburg, †11.6.1903 Niederlößnitz b. Dresden; - Ps. Julius Lang; Julius Lanz (*D-L-N-P*) #1,4,15

Dubsky von Wittenau, Eduard, *9.5.1868 Sachotin b. Pilsen, †22.7.1892 Pilsen; - Ps. Eduard von Wittenow (*S*) #1,4

Dubusc, Helen, *6.5.1896 Andernach; - Ps. Helen Hede (*P*) #3,4

Dück, Johannes Moritz, *22.8.1875 München; - Ps. G. v. Demis (*P*) #3

Dücker, Johann Friedrich, *29.9.1826 Averlak/Dithm., †1917 Altona; - Ps. von Einem (*L*) #1,4

Dudow, Slatan, *30.1.1903 Zaribrod/Bulg., †12.7.1963 Fürstenwalde; - Ps. Stephan Brodwin (*F-S*) #4

Duelberg, Peter, *19.2.1911 München, †10.2.1976 Stuttgart; - Ps. Friedrich Clemens (*P*) #3

Duensing, Jürgen, *28.10.1941 Aschaffenburg; - Ps. Vivian Baker; John Blood; Terence Brown; A. Calhoun; Frank Callahan; John Cimarron; Riv Colorado; J. C. Dwynn; Hardy Forster; Al Jordan; R. C. Kenter; Jeff Klaiber; Robert Lamont; Lone Liberty; Benito Martinez; Charles McKay; Marcos Mongo; John Montana; Jack Morton; Frederick Nolan; Dan Shocker; Luke Sinclair; Jack Slade; Jeany Steiger; Sam Whitman (*E-P-R*) #3, 7,16

Düesberg, Gerd, *17.5.1901 Großmützelburg b. Stettin; - Ps. Detlev Hollenberg (*E-L*) #4

Duffek, Nikolaus, *8.10.1833 Prag, †4.11.1892 Görz; - Ps. Julius Rosen (*D*) #1,3,4,13

Dufner, Max, *10.12.1891 Staufen, †23.9.1968 Freiburg/Br.; - Ps. Max Dufner-Greif; Urban Greif (*E-F-L-P-R-S*) #3,4

Dufresne, Jean, *14.2.1829 Berlin, †15.4.1883 Berlin; - Ps. E. S. Freund (*E-N-R*) #1,3,4

Duhr, Bernhard, *2.8.1852 Köln, †21.9.1930 München; - Ps. Warnkönig (*P*) #3,4,15

Düker, Elsbeth, *27.12.1865 Hannover, †9.2.1951 Hildesheim; - Ps. Hildesia (*E-J-L-M*) #3,4

Duler, Raphael, *(1521); - auch Raphael Dulner; Ps. Raphael der Dichter (*L*) #4,11,13,15

Dulk, Albert Friedrich Benno, *17.6.1819 Königsberg, †29.10.1884 Stuttgart; - Ps. Rübezahl (*D-P-S*) #1,4,13,15

Dumann, Carl Heinrich, *26.10.1880 Rehna/ Meckl., †4.5.1958 Hamburg; - Ps. Dumann-Rehna (*D-L-P*) #1,3,4

Dumbrava, Bucura, *28.12.1868 Preßburg; - Ps. Fanny Székulisz (*R*) #4

Dunbar, Frederic Lewis, *20.12.1888 Wilhelmshaven; - Ps. Frederic Dunbar von Kalckreuth (*E-P-R*) #3

Dunckel-Treu, Margarete, *2.11.1892; - Ps. Margarete Treu (*E-L*) #3

Dunckel-Treu, Max, *24.9.1863 Mittenwalde; - Ps. Max von Mittenwald; Max Treu (*N-R*) #3,4

Duncker(-Beck), Gisela, *10.10.1882 Jablonitz/Ungarn; - Ps. Günther Bruck (*N-P-R*) #3,4

Duneuer, Theodor, *(1582); - Ps. Theodor Danubianus (*L-P*) #4,13

Düngel, Lieselotte, *14.6.1922 Lauenburg/Elbe; - Ps. Düngel-Gilles (*F-J*) #3

Dungern, Otto von, *14.10.1875 Neuwied, †4.10.1967 Graz; - Ps. Otto Duren (*L*) #1,3,4

Dunkel, Barbara, *1941; - Ps. Barbara Musial (*R*)

Dunkel, Johann Gottlob Wilhelm, *28.9.1720 Köthen, †8.9.1759 Wulfen b. Köthen; - Ps. Alethamander; Apelles; Demetrius; Christi Erdmundi; Christianus Edmundus; J. W. G. D. (*P*) #4,6

Dunkel, Werner, *19.11.1883 Beuren i. Eichsfeld; - Ps. D. W. Mut *(P)* #3,4

Dünkelsbühler-Schaible, Elisabeth, *6.4.1896 Esslingen, †11.1.1976 Nagold; - Ps. A. Barbara Gaugenwald; Elisabeth Schaible *(E-L-R)* #3,4

Dunker, Balthasar Anton, *15.1.1746 Saal b. Stralsund, †2.4.1807 Bern; - Ps. Ignatius Rivero *(E-L-P)* #4,13

Dünky, Johanna, geb. Schageter, *22.9.1917 Basel; - Ps. Jeanne Schlageter *(J)* #3,4

Dünnebier-von Paczensky, Anna, *21.1.1944 Stuhm; - Ps. Anna Dünnebier *(F-P)* #3

Dunner, Joseph, *10.5.1908 Fürth, †1978; - auch Dünner; Ps. Germanicus; Alexander Roth *(P-R)* #18

Düntzer, Heinrich, *12.7.1813 Köln, †16.12.1901 Köln; - Ps. J. H. Blumer *(P)* #1,3,4

Düpmann, Walter, *27.9.1919 Haslach/Kinzigtal; - Ps. Andreas Engermann *(R)* #4

Dupont, Hermann, *8.11.1862 Berlin, †7.7.1905 Berlin; - Ps. Heinz Zernin *(R)* #1,3,4

Dürauer, Franz Josef, *24.2.1854 Wien, †24.9.1895 Prag; - Ps. Hugo Ernst *(L-S)* #1,3,4

Durben, Maria Magdalena, *8.7.1935 Berlin; - Ps. MM Durben *(E-L-P)* #3

Durben, Wolfgang, *12.8.1933 Koblenz; - Ps. Wendolin Graf Willibald; Jean-Marie Pasdeloup *(E-F-L-P-R)* #3,4

Dürfeld, Emanuela von, *8.8.1876 Ödenburg, †9.5.1952 Wien; - Ps. Emanuela Baronin Mattl-Löwenkranz; Baronin D. Mid *(E-R)* #3,4

Düring, Christine von, *14.5.1846 Harrigen b. Brake, †13.5.1909 Lauterbach/Harz; - Ps. C. von Averdieck *(E)* #1,2,4

Düring, Clara von, geb. v. Gruner, *19.8.1848 Berlin; - Ps. Clara von Gruner *(E-J-L)* #1,3,4

Düring-Oetken, Helene von, *1.2.1841 Loy/ Oldenb., †1931 Berlin; - Ps. Arthur von Loy *(M-N-P-R)* #1,3,4

Dürr, Dagobert, *26.7.1897 Schwerin/Meckl.; - Ps. Dax *(P)* #3

Dürr, Hans, *14.11.1913 Dußlingen b. Tübingen; - Ps. Jochen Lustig *(F-J-L-P-S)* #3,4

Dürr, Werner, *12.9.1932 Schwenningen; - Ps. Werner Dürrson *(D-E-F-L-P)* #3,4,8

Dürrenmatt, Ulrich, *20.4.1849 Guggisberg b. Bern, †27.7.1908 Herzogenbuchsee b. Bern; - Ps. Christe Frymuth *(L-P)* #4,15

Dursch, Maximilian, *20.11.1871 Stuttgart; - Ps. Dursch-Droste *(L)* #3

Dürwald, Dora, *19. Jh.; - Ps. D. Wald *(E-M)* #2,3

Dusch, Wilhelm, *29.6.1871 Bad Tölz, †1927; - Ps. Willy Tolentzer *(L-S)* #1,3,4

Düsel, Friedrich, *11.2.1869 Strelitz/Meckl., †8.12.1945 Berlin; - Ps. Ernst Detleff *(J-P)* #3,4

Dussy, Arnold, *25.8.1878 Basel; - Ps. A. Dussy-Rumpf *(L-N-P)* #3

Düsterbehn, Frieda, *6.8.1878 Höchst/M., †2.5.1954 Darmstadt; - Ps. Frieda Reuting *(E-L-P)* #3,4

Dutczynski, Alfred Justus Ritter von, *7.10.1865 Hermannstadt, †29.12.1907 Chicago; - Ps. Alfred Ritter *(D-L-P)* #1,4

Duttenhofer, Jakob Heinrich, *30.1.1758 Neubulach, †1823 Deckenpfronn; - Ps. Drossel der Jüngere; Gustav Löffler *(D-L-P-S)* #4, 6,11

Dutwar, Franz Johann Georg, *14.3.1751 Wien, †10.8.1822 Klagenfurt; - Ps. D*tw*r* *(D-L-P-R)* #4

Duve, Helmuth, *1.4.1895 Braunschweig; - Ps. Desiderius Uhl von Ense *(D-L-P)* #3,4

Duvoisin, Louise, geb. Fatio, *1906 Lausanne; - Ps. Louise Fatio *(J)* #17

Düweke, Ernst August, *10.8.1893; - Ps. Hans Simoneit; Ernst Zalska *(L-P)* #3,4

Düx, Heinz, *(1979); - Ps. Henry Düx *(R)* #3

Duysen, Paul, *6.1.1896 Hamburg, †1.4.1966 Hamburg; - Ps. Apostata; Paul Ceylon; Civis; Spectator; Till Uller; XYZ *(D-F-L-N-P-R-S)* #3,4

Duysen, Paula, *24.4.1899 Altona; - Ps. Tilla Uller *(E-J)* #3,4

Dvorak, Gustav, *12.5.1890 Wien; - Ps. Drohndorff *(S)* #3

Dworaczek, Conrad, *6.2.1846 Iglau, †1.12.1923; - Ps. L. Corrado *(E-N-R)* #1,3,4

Dworaczek, Wilhelm, *25.4.1873 Berlin, †25.11.1916 Berlin; - Ps. C. Schönberger; Paul Wilhelm *(D-L-S)* #1,3,4

Dyhrenfurth, Irene, verw. Graebsch, *17.4.1898 Belgard/Pommern; - Ps. Irene Graebsch *(P)* #4,17

Dyhrn, Konrad Adolf von, *21.11.1803 Reesewitz/Schles., †13.12.1869 Reesewitz; - auch Dyherrn *(D)* #1,4,13

Dyk, Johann Wilhelm von, *16.2.1882 Düsseldorf; - Ps. Bill van Dyk *(P-R)* #3,4

E

Ebel, Charlotte, *27.7.1897 Winsen/Luhe; - Ps. Charlotte Ebel-Dettmering (*E*) #3,4

Ebel, Ernst Willi, *27.6.1899 Düsseldorf; - Ps. Ernst Willi Rohden; Dieter Uhlenbruck (*E-F-R*) #3,4

Ebel, Wilhelm, *15.4.1891 Kettlersteich b. Soest, †13.8.1955 Hamburg; - Ps. Walter Wennemar; Walter Wulff (*E-J-P-R*) #4

Ebeleben, Hans Christoph von, *23.6.1578 Wartenburg b. Wittenberg, †7.11.1651 Dresden; - gen. Der Redliche/FG 435/1645 #11,12

Ebeling, Elisabeth, *30.7.1828 Berlin, †5.5.1905 Berlin; - Ps. Christa Ling (*E-J-L-M-P-S*) #2,3,4

Ebeling, Friedrich Wilhelm, *15.1.1822 Halle/S.; - Ps. Domenico de Sainte-Invention (*D-P-R*) #1,4

Ebeling, Hans, *2.9.1897 Krefeld, †17.5.1968 Büderich/Rld.; - Ps. Plate (*P*) #18

Ebeling, Johann Justus, *27.8.1715 Elze b. Hildesheim, †2.3.1783; - Ps. Uranophilus (*L-P*) #4

Ebenspanger, Johannes, *3.5.1845 Kukmirn/Ungarn, †24.1.1903 Oberschützen/Ungarn; - Ps. Felix Schützer; Felix Spanger (*E-L-P*) #1,3,4

Eber, Edgar Manfred, *8.1.1907; - Ps. Edgar Manfred Eber-Ginrod (*R*) #4

Eberdt, Anna, *12.7.1870 Marburg; - Ps. A. v. Seidebert (*N-R*) #3

Eberhard, Christian August Gottlob, *12.1.1769 Belzig/Sa., †13.5.1845 Dresden; - Ps. Ehrich Gärtner; Ysop Lafleur; Hilarius Reimbold; Ernst Scherzer (*E-L-P*) #1,4,6,13

Eberhard von Bremen, *13. Jh.; - Ps. Everhardus Alemannus (*P*) #4,15

Eberhardt, Ernst, *12.6.1843 Liebenwalde, †1909; - Ps. Eberhardt-Humanus; Humanus (*P*) #3,4

Eberl, Emmerich, *28.12.1911 Prag; - Ps. Michael Brandt (*E-L-R-S*) #3,4

Eberl, Franz Paul, *10.3.1856 Egmating/Bay., †23.2.1911 München; - Ps. Angelikus Eberl (*E-P*) #4

Eberl, Rudolf, *25.8.1898 Wien, †13.9.1950 Wien; - Ps. Ralph Eberl-Elber (*J-P-R*) #3,4

Eberle, Josef, *8.9.1901 Rottenburg/Neckar, †20.9.1986 Stuttgart; - Ps. Joseph Apellus; Sebastian Blau; Peter Squenz; Tyll; Wang (*E-L-P*) #3,4,5,8

Eberle, Joseph, *2.8.1884 Ailingen b. Friedrichshafen, †12.9.1947 Salzburg; - Ps. Edgar Mühlen (*P*) #4,15

Eberlein, Gustav Wilhelm, *21.9.1888 Nürnberg; - Ps. Niel Rebe (*D-E-L-P-R-S*) #3,4

Eberlein, Maria, geb. Doberenz, *15.10.1864 Hermsdorf b. Dresden; - Ps. Maria Doberenz-Eberlein (*J-N-R-S*) #1,2,3,4

Eberlin von Günzburg, Johann, *um 1470 Kleinkötz b. Günzburg, †13.10.1533 Leutershausen b. Ansbach; - Ps. Jo. Eb.; Psitacus; Huldrich Sittick (*P*) #4,5,11,13,14,15

Eberling, Anneliese, *(1975); - Ps. Anneliese Eberling-Ostertag (*L-P*) #3

Ebersberg, Josef Sigismund, *22.3.1799 Steinabrunn/N.-Ö., †27.10.1854 Wien; - Ps. Luise Ebersberg (*E-J-L-P*) #4,17

Ebersberg, Ottokar Franz, *10.10.1833 Wien, †16.1.1886 Döbling b. Wien; - Ps. O. F. Berg (*D-S*) #1,3,4,13,15

Ebersold, Elise, *12.7.1837 Niederösch/Bern; - Ps. Bethli Daheim; Martha Fröhlich; Betty Lerche (*E-L-P*) #2

Eberstein, Ernst Albert von, *17. Jh.; - gen. Der Wohlverdiente/FG 657 #11

Eberstein, Hans Georg von, *1594, †1665 Oldisleben b. Artern; - gen. Der Abtuende/FG 446/1645 #11,12

Ebert, Adam, *1656 Frankfurt/O., †24.3.1735 Frankfurt/O.; - Ps. Aulius Aponius (*P*) #4,6,13

Ebert, Elisabeth, *8.7.1879 Dresden; - Ps. Lisa Ebert-Hansen; Else Hansen (*N-P-R-S*) #3,4

Ebert, Friedrich Adolph, *9.7.1791 Taucha/Sa.; - Ps. Christian August Günther (*P*) #6

Ebert, Georg, *13.1.1898 Erlangen; - Ps. Ingebert; Johannes Kämpfer (*L-P*) #3

Ebert, Johann Kaspar, *(1704) Neukirch/Schles.; - Ps. Lutheranus Polonus (*P*) #4

Ebert, Karl Egon Leopold Felix Ritter von, *5.6.1801 Prag, †24.10.1882 Prag; - Ps. Franta Wocrauliczek (*D-E-L-P-S*) #1,4,15

Ebertin, Elsbeth, *14.5.1880 Görlitz/Schles., †27.11.1944 Freiburg/Br.; - Ps. P. E. Berinet; Elsa Gorlicia (*E-L-N-P-R*) #3,4

Ebertus, Jakob, *26.1.1549 Sprottau, †5.2.1615 Frankfurt/O.; - Ps. Polyglottos (*L-P*) #4,13

Eberwein, Wilhelm Albert, *24.6.1872 Dresden; - Ps. Hans Konstantin (*D-L*) #3

Ebhardt, Justus, *27.1.1835 Hannover; - Ps. Capitolinus; Justus; Legatus (*L-P*) #3,4

Eblé, Thea, *8.10.1918 Brake; - Ps. Thea Torsten (*J-M-S*) #3

Ebner, Theodor, *9.8.1856 Esslingen, †18.5.1915 Ulm; - Ps. Georg Friedrich (*E-P*) #3,4

Ebner-Eschenbach, Marie von, geb. Gräfin Dubsky, *13.9.1830 Zdislavic b. Kremsier/Mähren, †12.3.1916 Wien; - Ps. Gräfin Marie Dubsky (*E-L-M-N-R*) #2,3,4, 5,9

Ebner von Eschenbach, Friedrich Freiherr, *21.5.1883; - Ps. Fr. v. Baader (*P*) #3

Ebrard, Johann Heinrich August, *1.8.1818 Erlangen, †23.6.1898 Erlangen; - Ps. Christian Deutsch; Gottfried Flammberg; Dr. Schiemann d. J.; Siegmund Sturm; Wahrmann (*D-L-P-R*) #1,3,4,13,15

Ebstein, Erich, *31.3.1874 Murow b. Oppeln; - Ps. Ernst Stieben (*P*) #3

Echtermeier, Carl, *13.11.1871 Dresden; - Ps. U. Lysses (*P-R-S*) #4

Eckardt, Andreas, *21.9.1884 München; - Ps. Hans Niebuhr (*P*) #3,4

Eckardt, Elfriede, geb. Skalberg, *19.4.1884 Riga, †19.12.1964 Überlingen; - Ps. Elfriede Eckardt-Skalberg (*L*) #3,4

Eckardt, Franz, *(1895); - Ps. E. C. Kardt (*P*) #3

Eckardt, Friedrich Oskar, *30.5.1901 Weimar; - Ps. Eck (*E-L-S*) #3,4

Eckardt, Guido Hermann, *19.9.1873 Pernau, †26.9.1951 Überlingen; - Ps. Fritz Geron Pernauhm (*E-R*) #1,4

Eckbrecht von Dürckheim-Montmartin, Karl Friedrich Graf, *24.10.1896 München, †28.12.1988 Todtmoos/Schwarzwald; - Ps. Karlfried Graf Dürckheim (*P*) #3

Ecke, Alfons, *15.11.1873 Breslau; - Ps. Ekkehardt (*E-R*) #3

Ecke, Erich, *24.9.1897 Dessau; - Ps. Erich Ecke-Siebold (*J-R*) #3,4

Ecke, Felix, *15.5.1924 Baden b. Wien; - Ps. Ralph Wiener (*E-F-P-S*) #3

Ecke, Gustav, *13.6.1896 Bremen; - Ps. Gösta (*P*) #3

Eckel, Anna, *15.11.1850 Mainz, †13.1.1939 Darmstadt; - Ps. Anna Ethel (*D-P-S*) #3,4

Eckelmann, Christian, *21.7.1866 Bremen; - Ps. Leo Kastner (*P-S*) #4

Eckelmann, Ernst Christian, *22.8.1892 Osnabrück; - Ps. Elisabeth Christine Eckelmann (*E-R*) #3,4

Eckelmann Comte Ben, Frank Martin, *26.3.1881; - Ps. Frank Ben (*P-R*) #4

Ecker, Arno Alexander, *27.7.1875 Köln; - Ps. A. Recke (*L-S*) #4

Ecker, Jakob, *27.2.1851 Lisdorf/Saar, †18.11.1912 Trier; - Ps. Justus (*L-P*) #1,3,4

Ecker und Eckhofen auf Berg, Hans Karl von, *26.12.1754 München, †22.6.1809 Bamberg; - Ps. J. Pianco; Meister Pianco (*P*) #4

Eckermann, Karl Theodor, *26.11.1779 Eutin, †31.8.1849 Ratkau; - Ps. Karl Theodor (*P*) #4,6,11

Eckert, Helmut, *20.8.1934 München; - Ps. Remigius Eichhorn (*J-L-S*) #3

Eckert, Herbert, *5.5.1898 Dresden; - Ps. Peter Eckart (*D-E-P-R*) #3,4

Eckert, Horst, *11.3.1931 Hindenburg/Oberschles.; - Ps. Janosch (*E-F-J-M-N-P*) #3,4, 8,17

Eckhardt, Fritz, *18.3.1838 Wesel, †31.8.1901 Hermsdorf a. d. Nordbahn/Böhmen; - Ps. Marie Bibusch (*E-L-P-S*) #1,3,4

Eckhardt, Fritz, *30.11.1907 Linz; - Ps. F. E. Normann; Franz Paul (*D-F-S*) #3,4,5

Eckhardt, Rosemarie, *(1980); - Ps. Marianne Hardeck (*R*) #3

Eckhart, Johann Georg von, *7.9.1664 Duingen b. Alfeld, †9.2.1730 Würzburg; - Ps. H. A. E. G. v. D. (*L-P*) #4,13,15

Eckmair, Hermine, *4.10.1910 Steyregg b. Linz/Do., †7.8.1985 Linz/Do.; - Ps. Mimi Eckmair-Freudenthaler (*F-N-R*) #3,4

Eckstein, Bertha Helene, geb. Diener, *18.3.1874 Wien, †20.2.1948 Genf; - Ps. Bertha Diener; Helen Diner; Sir Galahad (*N-P-R*) #3,4,9,18

Eckstein, Ulrich, *um 1500, †7.10.1558 Uster/Zürich; - Ps. Utz Eckstein; Huldrich Acrogoniaeus (*L-P*) #4,13,15

Ed, Christoph Marquard, *20.1.1809 Rendsburg, †9.4.1885 Lübeck; - Ps. Stallknecht (*D-E-P*) #1,4

Edel, Gottfried, *14.2.1929 Orlowitz/Oberschles.; - Ps. Areopagita; Eugen Kilbel; Hubert Orlowitz (*F-L-N-P-R-S*) #3,4

Edelbeck, Benedikt, *(1568) Budweis/Böhmen; - auch Edelpökh; gen. Siber (*D-P*) #4

Edelmann, Konrad, *1898 Hannover, †1954 London; - Ps. Hanno Lind (*P*) #18

Eder, Josef, *3.3.1823 Melk/Ö., †22.12.1897 Wien; - Ps. J. Sero (*D-S*) #1,3,4

Edge, Hildegard, *(1937) Osnabrück; - Ps. Gartmann (*R*) #3

Edlefsen, Sophus, *13.12.1866 Rabenkirchen/Schleswig; - Ps. Sophus Elden (*E-N*) #1,3,4

Edler, Martin, *17. Jh.; - gen. Der Edle/DG-N #11

Edler, Wilhelm, *29.3.1873 Wismar; - Ps. Laokoon (*L*) #1,3

Edling, Wolfgang Anselm von, *1741 Maria-Saal/Kärnten, †23.4.1794 Göß/Steierm.; - Ps. A. E. (*E-P*) #4

Edon, Margret Riccarda, *12.4.1906 Wien; - Ps. Riccarda Raé (*D-L-N-P-R*) #3

Edon, Richard Alexander von, *27.12.1876 Wien, †10.4.1960 Wien; - urspr. Richard Alexander Deutsch; Ps. Ludwig Ulrich Eger; Richard Friedrich (*D-P-R-S*) #1,3,4

Edzardus, Jodocus, *24.3.1595 Tettens, †24.3.1667 Hamburg; - gen. Glaneus (*P*) #4

Edzardus, Sebastian, *1.8.1673 Hamburg, †10.6.1736 Hamburg; - Ps. Anton Draese; J. Franciscus; Johannes Jeverus; Gustav Lisseus; August Ludolf; Christian Moth; Philomathes; Johann Arnold Pragemann; Dan Snitling; Christianus Tettenius; J. Verejus; Johann Jeverus von Wiburg (*P*) #4,6,13

Eelking, Hermann von, *27.6.1774 Bremen, †1851 Konstanz; - Ps. Verf. des Acheron (*L-P*) #4

Effenberger, Gustav, *20.3.1868; - Ps. F. N. Berger; Eff-Enn-Berger (*D-E-L-P-R*) #3,4

Effing, Alois Heinrich, *1.8.1852 Frintrop b. Essen; - Ps. Notker Reimar (*L*) #1,3

Effler, Erich, *8.2.1894 Berlin, †20.5.1959 Berlin; - Ps. Fedor van Bergen; Erich Berliner; flr (*E-L-P-R*) #3,4

Ege, Charlotte, *15.10.1902 Berlin, †3.6.1949 Helsinki; - Ps. Lo Ru (*P*) #3

Egenolff, Christian, *26.7.1502 Hadamar, †9.2.1555 Frankfurt/M.; - Ps. Chri Ege (*P*) #4,13,15
Egenter, Franz Joseph, *21.9.1805 Empfingen/Neckar, †14.1.1890 Kornwestheim; - Ps. Benedikt Dalei; Benedikt Felix (*L-P*) #1,3,4
Eger, Gerhart, *11.6.1913 Darmstadt; - Ps. Hanns Joachim Berghofen (*E-J-L*) #3,4
Eger, Rudolf Georg Christian, *16.1.1885 Wien, †18.2.1965 München; - Ps. Rudolph Georg; Rudolf Hochglend; Georg Rudolph (*E-J-P-R-S*) #3,4,18
Eger von Kalkar, Heinrich, *1328 Kalkar/Ndrh., †20.12.1408 Köln; - Ps. Henricus de Calcaria; Henricus Calcariensis (*P*) #4,13,15
Egerer, Leo, *8.4.1878 Prag; - Ps. Eleo; Ege; Elgor; Leoger; Eleg (*E-L-P*) #3
Egetemeyr, Peter, *7.5.1896 Röhlingen b. Ellwangen; - Ps. Peter Frohland (*N-R*) #3,4
Eggeling, Kaspar, *17. Jh.; - gen. Der Nützende/DG-L #11
Eggelkraut-Gottanka, Hans von, *4.4.1915 Ingolstadt; - Ps. Hans Gottanka (*E-J-L-N-P*) #3,4
Egger-Schmitzhausen, Marie Edle von, *21.7.1852 Triest; - Ps. Paul Maria Lacroma (*N-P-R*) #1,3,4
Eggers, Alexander, *17.1.1858 Gugelwitz/Schles., †30.10.1919 Hiddensee; - gen. Der Einsiedler von Hiddensee; Ps. Alexander Ettenburg (*L-S*) #1,3,4
Eggers, Paul, *um 1575 Kellinghusen/Ostsee, †1655 Nortorf; - Ps. Paul Egard (*L-P*) #4,5
Eggert, Eduard, *12.11.1879 Schwerin; - Ps. Bernard (*E-F-P-S*) #1,3,4
Eggert, Reinhart, *(1935); - Ps. E. W. A. Reinhart (*E-F-P-R*) #3,4
Eggert, Vera, *10.9.1907 Hall/Tirol; - Ps. Vera von Grimm (*F-J-N-P-R*) #3,4
Eggert, Walther, *6.4.1893 Raguhn b. Dessau; - Ps. Dr. Döbbelin; Walther Eggert-Bayreuth; Walther Eggert-Wehagen; Weeber; Walther Wehagen; Wieland (*F-P-S*) #3,4
Eggert-Windegg, Walther, *18.6.1880 Schwäbisch Gmünd, †13.2.1936 München; - Ps. Walther von Justi; Ernst Wieland (*L-P-S*) #1,3,4
Eggimann, Agathe, geb. Keller, *4.4.1937 Bern; - Ps. Agathe Keller (*E-J-L*) #3,4
Eggs, Ignatius, *4.10.1618 Rheinfelden, †13.2.1702 Laufenburg; - Ps. Pater Ignatius von Rheinfelden (*P*) #4,6
Eggs, Leontius, *19.8.1666 Rheinfelden, †16.8.1717 b. Belgrad; - Ps. Genesius Gold; Genesius Golt (*L-P*) #4,6
Egk, Werner, *17.5.1901 Auchsesheim b. Donauwöth; - urspr. Werner Mayer (*S*) #4
Egli, Johann Baptist, *7.5.1821 Buttisholz/Luzern, †8.12.1886 Olsberg/Aargau; - Ps. Hans Gradaus; Kohlenbrenner am Pilatus; Waldbruder Machari (*P*) #4
Egli, Werner, *5.4.1943 Luzern; - Ps. Alex Barclay; Frank Bass; Walter J. Cobb; Robert S. Field; Lee Roy Jordan; Harper Pratt; Robert Ullmann (*P-R*) #3
Ehbauer, Michael, *27.8.1899 Amberg, †1.12.1964 München; - Ps. Michl ex (*E-F-L-P-S*) #3,4
Ehlermann, Helene, *6.8.1865 Breslau; - Ps. Harry (*D-S*) #2,3
Ehlers, Edith, geb. Mikeleitis, *27.2.1905 Posen, †8.7.1964 Stuttgart; - Ps. Edith Mikeleitis; Edzar Schumann (*E-F-N-R-S*) #3,4,5
Ehlers, Friedrich Robert, *27.4.1858 Hamburg; - Ps. Friedrich Robert (*P*) #3,4
Ehlers, Johann, *15.7.1873 Hittbergen; - Ps. J. Ehlers-Alstertal (*E-P-S*) #3
Ehlers, Johannes, *20.1.1837 Hillerwettern b. Wewelsfleth/Dithmarschen, †1919 Prenzlau b. Potsdam; - Ps. Hyronymus Nußbaum (*L-P*) #1,3,4
Ehlers, Julius, *21.4.1867 Wien; - Ps. Julius Sehler (*E-R*) #1,3
Ehlert, Eugen, *24.10.1903 Neusalz/Oder; - Ps. Eugen Ehlert-Cwiklinski (*F-N-P-R*) #3,4
Ehrenberg, Andreas, †1726 Eutersdorf b. Orlamünde; - Ps. Harenei Geierbrand; Christian Theophilus (*P*) #4,6,13
Ehrenberg, Gottfried, *1921 Tübingen, †4.12.1994 Cambridge; - Ps. Sir Geoffrey Elton (*P*)
Ehrenfels, Alma Johanna Freifrau von, geb. v. König, *18.8.1887 Prag, †27.5.1942 Minsk; - Ps. Johannes Herdan; Alma Johanna König (*D-L-N-P-R*) #3,4,5,9
Ehrenfreund, Edmund Otto, *12.2.1875 Wien; - Ps. Ubald Tartaruga (*E-P-R*) #1,3,4
Ehrenkrook, Gustav Adolf von, *20.6.1896 Oberlahnstein/Rh.; - Ps. Olaf Pederson Krook (*D-E-J-L-P*) #3,4
Ehrenthal, Franz Wilhelm, *8.8.1818 Köslin, †20.1.1895 Liegnitz; - Ps. Nonymnos (*L-P*) #4
Ehrentraut, Paul, *28.1.1856 Zittau/Sa., †1911; - Ps. Bertha Framholtz (*E-P-R*) #1,3,4
Ehrenzeller, Peter, *5.5.1798 St.Gallen, †31.5.1847 St.Gallen; - Ps. Ernst Frohmuth (*J*) #4
Ehrhardt, Adolf, *8.8.1843 Langenhein/Hessen, †1.4.1922 Basel; - Ps. Adolf Ehrhardt-Korte; Eugen Friedwald (*S*) #1,3,4
Ehrhardt, Georg, *26.9.1862 Dresden; - Ps. Ehrhardt vom Zinnwalde (*L-P*) #3
Ehrhardt, Gertrud, geb. Blum, *21.1.1896 Frankfurt/M.; - Ps. Gertrud Blum; Gertrud Roesler-Ehrhardt (*J-L-N-R-S*) #3,4
Ehrhardt, Paul Georg, *21.1.1889 Saarbrükken, †28.11.1961 München; - Ps. Janus; Paul der Scherschant (*E-F-P-R*) #3,4,7,20
Ehrhart, Emmy, geb. v. Borgstede, *31.8.1864 Leppin/Pommern; - Ps. Emmy von Borgstede (*E-N-R*) #1,3,4

Ehrhart, Otto, *18.10.1893 Memmingen/Allgäu; - Ps. Otto Ehrhart-Dachau (*E-L-P-R*) #3,4

Ehrich, Robert, *15.7.1901 Tönning; - Ps. Erich Trebor (*N-R*) #3

Ehrig, Marianne, geb. Bischoff, *24.7.1944 Berlin; - Ps. Marianne Bischoff; Garry McDunn; Chris Riners; Marianne Sydow (*E-R*) #7,16

Ehrlich, Bettina, *19.3.1903; - Ps. Bettina (*P*) #18

Ehrlich, Leopold, *21.3.1877 Wien; - Ps. Leopold Ehrlich-Hichler; Leopold Hichler (*F-N-P-R*) #3,4,18

Ehrlich, Willy, *15.4.1905 Freithal/Sa.; - Ps. Alfred Ehrlich (*L*) #3

Ehrmann, Gustel, geb. Bretzing, *11.11.1879 Ensisheim/Elsaß, †21.8.1969 Freiburg/Br.; - Ps. Gustel Ehrmann-Bretzing (*L-P*) #4

Ehrmann, Herz, *1849 Michelstedt; - Ps. Judäus (*E-P*) #4

Ehrmann, Johann Christian, *29.4.1749 Straßburg, †31.8.1827 Speyer; - Ps. Antiphanes (*P*) #4,13

Ehrmann, Marianne, geb. Brentano, *25.11.1735 Rapperswyl, †14.8.1795 Stuttgart; - Ps. Amalia; Marianne Brentano; M. E.; Sternheim; Verf. der Philosophie eines Weibes; Verf. von Amaliens Erholungsstunden (*E-J-P*) #1,4,11,13

Ehrmann de Albert, Ruth, *21.5.1909 Berlin; - Ps. Ruth Albert (*N-P*) #3,4

Eiben, Emerich, *22.7.1853; - Ps. Viktor Strahl (*R-S*) #1,3,4

Eich, Günter, *1.2.1907 Lebus/Oder, †20.12.1972 Großgmain b. Salzburg; - Ps. Erich Günter (*E-F-L-S*) #3,4,5,8,10,14

Eich, Hans, *14.1.1903 Dahlwitz-Hoppegarten; - Ps. Armin Ossa; Matthias Quercu (*D-E-F-J-L-P-R*) #3,4,17

Eich, Ilse, geb. Aichinger, *1.11.1921 Wien; - Ps. Ilse Aichinger (*E-F-L-P-R*) #3,4,5,8,10,14

Eichacker, Reinhold, *21.5.1886 Siegburg/Rhl., †10.7.1931 Gröbenzell b. München; - Ps. Cicero; Ei cha!; Onkel Reinhold; Arnold Orli; Salve!; Roman Sherry (*D-F-L-P-R-S*) #3,4,7

Eichelter, Pongratz Rudolf, *3.4.1873 Trifail/Ö., †13.4.1926 Raggnitz b. Graz; - Ps. P. R. Eichler (*E-P*) #3,4

Eichemeyer, Hanna, *8.8.1869 Königsberg; - Ps. Hanna Brandenfels (*N-R*) #2,3,4

Eichen, Heinrich, *15.8.1905 Bonn, †30.5.1986 Rheinbach b. Bonn; - Ps. Heinz Birken (*E-J-L-N-P-R-S*) #3,4

Eichenberg, Julius, *26.1.1873 Gießen; - Ps. Erich Eriksen; Idwin (*P*) #3

Eichendorff, Joseph von, *10.3.1788 Schloß Lubowitz/Oberschles., †26.11.1857 Neiße; - Ps. Florens (*D-L-N-P-R*) #1,4,5,6,11,13,14,15,17,19

Eichert, Franz Xaver, *11.2.1857 Schneeberg/Böhmen, †6.7.1926 Breitenfurt b. Wien; - Ps. Miles (*L*) #1,3,4,1587

Eichhof, Hugo, *20.10.1888 Bischofstal/Schles.; - urspr. Hugo Gnielczik (*E-J-L-M-N-S*) #3,4

Eichhoff, Joachim, *(1955); - Ps. Traudl Anrainer; Martina Eichenhof; Ina von Hochried; Lore von Holten (*R*) #3

Eichhoff, Wilhelm, *3.9.1894; - Ps. Ernst Winar (*F*) #3

Eichholz, Friedrich Wilhelm, *18.2.1720 Halberstadt, †15.3.1800 Halberstadt; - Ps. Drymantes (*D-L-S*) #4

Eichholz, Johann Eduard Ehrenreich, *19.9.1807 Berlin, †14.1.1871; - Ps. Eduard Ehrenreich (*N-P-R*) #1,4

Eichhorn, Charlotte, *11.7.1892; - Ps. Annette Rivière; Annette Ufer (*E-N-P*) #3

Eichhorn, Josy, *14.1.1935 Hasle/Schweiz; - Ps. J. Graf; J. Walder (*E-L*) #3

Eichhorn-Fischer, Maria, *11.11.1879 Giersdorf/Riesengeb.; - Ps. Dolorosa (*L-N-R*) #1,3,4

Eichin, Walter, *11.4.1927 Lörrach; - Ps. Johann Georg Tscherter (*L*) #3

Eichinger, Georg, *27.9.1861 Würzburg, †13.5.1932 Wien; - Ps. Georg Würzburger (*J-L-P-S*) #3,4

Eichler, Bertel, *21.2.1921 Mainz; - Ps. Linda Berger (*E-L-P*) #3,4

Eichler, Caroline, *29.8.1856 Regensburg; - Ps. Caroline Häusser (*L-N-S*) #1,3,4

Eichler, Ernst, *3.2.1932 Wien; - Ps. Ernst David (*L-P*) #3

Eichler, Fritz, *25.5.1902 Bielitz; - Ps. Fritz Thurlhofer (*E-P*) #3,4

Eichler, Karl, *6.12.1854 Brüx/Böhmen, †12.11.1909 Aussig/Böhmen; - Ps. Karl von Schreckenstein (*L-P*) #3,4

Eichler, Norbert, *7.7.1950 Gmunden/Ö.; - Ps. Robert Morea (*D-L-N-P*) #3

Eichler, Willi, *7.1.1896 Berlin; - Ps. Ernst Friesius; Martin Hart; W. Reinhart (*P*) #18

Eichmann, Jodocus, *Calw/Württ., †1491 Heidelberg; - Ps. Jodocus de Calw; Jodocus de Heidelberg (*P*) #4,13

Eichrodt, Ludwig, *2.2.1827 Durlach, †2.2.1892 Lahr; - Ps. Rudolf Rodt; Rud. Roth (*D-L-P*) #1,3,4,5,13,15,17

Eichwald, Karl, *27.7.1827 Leer, †13.8.1904 Bremen; - Ps. Karl Heinrich Theodor Tannen (*E-L-P*) #1,3,4

Eicke, Doris, geb. Meyer, *24.1.1901 Rheinfelden/Schweiz; -Ps. Doris Meyer (*F-N-P-R*) #3

Eicke, Theodor, *10.11.1861 Hameln, †1897 Berlin; - Ps. Fritz Fernau (*E-N-P-S*) #1,3,4

Eid, Ludwig, *12.9.1865 Obermoschel; - Ps. Ludwig Wallauer (*P*) #3

Eidam, Rosa, *30.12.1861 Ansbach, †Ansbach; - Ps. R. Hohensee (*L-P*) #1,3,4

Eigenbrodt, Karl Christian, *20.11.1769 Lauterbach, †10.5.1839 Darmstadt; - Ps. Florentin Eichhorst; Gustav Eichenhorst *(E)* #4,13

Eigenbrodt, Wolrad, *10.6.1860 Koblenz, †25.5.1921 Jena; - Ps. E. Wolrad *(D-L-P)* #1,3,4

Eigl, Alois, *21.1.1898 Retz/N.-Ö.; - Ps. Armin *(E-P-S)* #3,4

Eigner, August, *10.4.1884 Wien, †25.2.1951 New York; - Ps. Gretl Buchsbaum *(L-P-S)* #3,4

Eikermann, Helmut, *16.8.1940 Berlin; - Ps. Jan Eik; Helmut E. Günter *(D-F-R)* #3

Eilers, Angelika, geb. Mechtel, *26.8.1943 Dresden; - Ps. Angelika Mechtel *(E-J-L-P-R)* #3,4,5,8,10,17

Eilers, Konrad, *29.9.1871 Franzhof/Schlesw.-Holst., †26.1.1961; - Ps. Roland Riesek *(E-L-P-R)* #3,4

Eimüller, Hermann-Josef, *5.12.1959 Augsburg; - Ps. Herman-J. Ajmilr; Klaus Mathis-Zilcher *(L-P-S)* #3

Einem, Charlotte von, *20.7.1930 Wien; - Ps. Lotte Ingrisch; Tessa Tüvari *(D-F-P-R-S)* #3,4,5,10

Einem, Johann Justus von, *1685 Göttingen, †29.4.1762 Osterweddingen; - Ps. Irenophilus; Irenopolus *(L-P)* #4

Einenkel, Volkmar, *16.10.1858, †22.1.1904; - Ps. Volker Eineck *(P-S)* #3,4

Einhauser, Thilde, geb. Heer, *4.3.1885 Dürnten/Schweiz; - Ps. Thilde Einhauser-Heer *(E-L)* #3,4

Einhorn, Ede, *25.9.1825 Vagujhely, †2.11.1875 Budapest; - Ps. Horn *(P)* #4

Einhorn, Julius, *2.7.1870 München; - Ps. Fritz Ebner *(P)* #3

Einsiedel, Christian Friedrich von, *um 1621, †um 1649; - gen. Der Berötete/FG 357/1641 #11,12

Einsiedel, Curt von, *9.5.1597 Torgau, †8.2.1668 Halle/S.; - gen. Der Ersprießliche/FG 417/1644 *(P)* #11,12

Einsiedel, Georg Haubold von, *22.3.1587, †13.2.1642 in der Saale; - gen. Der Übertreffende/FG 138/1627 #11,12

Einsiedel, Heinrich Friedrich von, *26.6.1582, †10.7.1653 Bernburg/Saale; - gen. Der Gleiche/FG 265/1635 #11,12

Einsiedel, Margarethe Sybilla, †1690; - gen. Minerva misnica *(P)* #4

Einsiedel, Waltraut Irmgard Gräfin von, *21.11.1927 Berlin; - Ps. Barbara Rütting *(F-J-P-R)* #3,4

Einsle, Hans, *2.12.1914 Kempten; - Ps. Hans Koenigswaldt *(P-R)* #3

Einwag, Johann Konrad, †1701; - gen. Isander/PB *(L)* #4,11,19

Eipeldauer, Gertrude, *12.1.1910 Halberstadt - Ps. Gerth Faller *(E-F-R)* #3,4

Eis-Steffan, Ruth, *19.6.1909 Jaffa/Israel; - Ps. Ruth Steffan *(D-E-L)* #3,4

Eisele, Friedrich, *2.6.1814 Karlsruhe, †1889 Baden-Baden; - Ps. Fritz Eickhorn; Friedrich Freihold *(L-P)* #1,4

Eisele, Martin, *14.9.1954 Eislingen/Fils; - Ps. Mareike Berger; Mike Burger; Roger Damon; Jason Dark; Ryder Delgado; Martin Hollburg; Mike Shadow; Claudia Torwegge *(F-P-R)* #3,7,16

Eisen, Heinrich, *2.7.1895 Eningen b. Reutlingen; - Ps. Viola Violetta *(E-L-R)* #3,4

Eisenberg, Jakob, *(1492); - Ps. Christianus Grundmann *(P)*

Eisenhardt, Siegfried, *29.1.1835, †1899 Breslau; - Ps. Quidam; Lorenzo *(S)* #1,3,4

Eisenhardt-Brender, Irmela, *20.4.1935 Mannheim; - Ps. Irmela Brender *(E-F-J-P)* #3,4,8,17

Eisenhart, Luise von, *13.12.1827 München, †28.12.1901 München- Ps. Luise von Kobell *(E-P)* #1,2,3,4,15

Eisenhauer, Eva, *12.9.1908; - Ps. E. A. Eisenhauser *(F-M-N)* #3

Eisenkolb, Gerhard, *13.1.1945 Karlsbad; - Ps. G. E.; Knut Krause *(J-R)* #3,4

Eisenlohr, Annemarie, geb. Bostroem, *24.5.1922 Leipzig; - Ps. Annemarie Bostroem *(D-L)* #3,4,14

Eisenmann, Johannes, *um 1485 Amöneburg, †25.6.1558 Marburg; - Ps. Johannes Ferrarius Montanus *(P)* #4,13

Eisenprobst, Egon Ferdinand, *8.1.1895 Linz/Do., †21.8.1972 Badgastein/Ö.; - Ps. Oktavian Carlsbourgh; Alfons Ehrenfeld; F. Federli; J. Schneider *(E-L-R-S)* #3,4

Eisenring, Karl Jakob, *2.3.1845 Jonschwil/Toggenburg, †9.3.1907 Mosnang/Schweiz; - Ps. Carlmann von Toggenburg *(L-P)* #1,3,4

Eisenschitz, Friedrich, *30.3.1881 Wien; - später Friedrich Pal *(E-P)* #1,4

Eisenschitz, Otto, *21.2.1863 Wien, †Theresienstadt; - auch Otto Eisenschütz *(E-J-P)* #4

Eisenschitz, Siddy, *1.12.1864 Wien, †12.7.1941 Wien; - später Siddy Pal; Ps. Siddy *(L-N-P-R)* #1,3,4

Eisentraut, Martin, *21.10.1902 Groß-Töpfer; - Ps. Bruno Traut; Martin Traut *(L-P)* #3

Eisgruber, Heinz, *4.2.1894 Dillingen, †21.5.1941 Kreta; - Ps. Heinz von der Achen; Heinz Anders; Heinz Eichgruber; Kurt Wittko *(P-R)* #3,4

Eisler, Egon, *6.10.1910 Wien; - Ps. Egon Eis *(F-S)* #3,4

Eisler, Moritz, *20.1.1823 Proßnitz/Mähren; - Ps. Jacob Perl; Vasfi *(D-P-S)* #3,4

Eismann, Alexander Peter, *15.7.1919 Berlin; - Ps. Peter Alexander *(P)* #3

Eisner von und zu Eisenstein, Karl, *21.11.1889 Prag; - Ps. Karl von Eisenstein *(L-N-S)* #3,4

Eissenstein, Arthur Freiherr von und zu, *25.1.1847 Wien, †8.9.1911 Salzburg; - Ps. Max von Essen *(E-R)* #1,3,4

Eitner, Bertha, *3.10.1870 Leipzig; - Ps. Hans Albrecht (*N-P*) #3

Eitner, Martha, *14.2.1851 Kottwitz/Schles., †8.9.1912 Liegnitz; - Ps. Erich Norden (*E-J-N*) #1,3,4

Eitzert, Rosemarie, geb. Schach von Wittenau, *25.1.1939 Berlin; - Ps. Tina Caspari; Claudia Jonas; Rosemarie Schach von Wittenau (*F-J*) #3,4

Eken, Anna van den, *25.12.1866 Bremen; - Ps. Anna Deneken (*E-J-N-P-R*) #1,2,3,4

Ekkehard II., †23.4.990 Mainz; - gen. Palatinus (*P*) #4,13,15

El-Auwad, Suleman, *15.3.1953 Chakkra/Syrien; - Ps. Suleman Taufig (*E-J-L*)

Elberskirchen, Johanna, *11.4.1864 Bonn; - Ps. Hans Carolan (*P*) #2,3

Elbogen, Friedrich, *20.5.1854 Prag, †15.4.1909 Wien; - Ps. Friedrich Lorrow (*N-P-S*) #1,3,4

Elbogen, Paul, *11.11.1894 Wien; - Ps. Paulus Schotte (*L-P-R*) #3,4,18

Elbwart, Wilm von, *15.4.1904 Prauss/Schles.; - Ps. Wolf von Etzsch (*F-N-R*) #3,4

Eldersch, Ludwig August, *26.7.1902 Brünn; - Ps. Ludwig Moravius (*N-P*) #3,4

Elers, Franz, *um 1500 Uelzen, †22.2.1590 Hamburg; - auch Franciscus Elerus (*L*) #4, 11,13

Elert, Bartholomäus, *1522 Wittstock, †13.10.1611 Wusterhausen; - auch Bartholomäus Elderus (L-P) #4

Elert, Georg, *17.1.1883, †29.9.1956 Berlin; - Ps. Haireddin (*R*) #3,4

Elfström, Ida, *10.7.1861 Wiborg/Finnland; - Ps. Ivar Elg; Isidor Ström (*P*) #2,3

Eliasberg, George J., *31.1.1906 Wien; - Ps. Stefan Weyl (*P*) #18

Ellermann, Rolf Ernst Otto, *22.4.1912 Berlin, †1968; - Ps. Ernst Otto Wiwjorra (*D-F-N-P-R*) #3,4

Ellgau, Marie von, *23.7.1850 Köln; - Ps. Marie von Bodek-Ellgau (*R*) #1,2,3,4

Elliesen, Max, *15.10.1904 Hamburg; - Ps. Max Elliesen-Ome (*E-J-P-R*) #4

Ellinger, Alfred Josef, *23.3.1917 Wien; - Ps. Leopold Eulenhaupt (*D-F-L-N-P*) #3,4

Ellinger, August, *21.6.1904 Berlin; - Ps. Holger Holms; Skorpion; Charles-Roy Earl of Terbiggers-Ellinger (*D-E-F-L-R*) #3

Ellinger, Ingeburg, *17.11.1926 Schwerin; - Ps. Maria-Magdalena Lind; Thora-Ellen Quen (*E-L-M-N-R*) #3

Ellissen, Adolf, *14.3.1815 Gartow, †5.11.1872 Göttingen; - Ps. Diezmann und Marx (*L-P*) #1,4,11,13,15

Ellissen, Hans, *1.1.1845 Göttingen, †26.5.1901 Leipzig; - Ps. Victor Welten (*L-P*) #1,3,4

Ellmar, Paul, *26.3.1890 Bad Cannstatt, †24.8.1963 Hamburg; - Ps. Edgar Pauli (*P*) #18

Ellmenreich, Albert, *10.2.1816 Karlsruhe, †30.5.1905 Lübeck; - Ps. Dr. Micheler; Z. Weien (*L-S*) #1,3,4,15

Ellmenreich, Friederike, *1775 Köthen, †5.4.1845 Schwerin; - Ps. Friederike Brandl (*L-S*) #1,4,13

Elm, Andreas Hugo, *7.3.1843 Gera, †17.5.1900 Dresden; - Ps. Hugo André; André Hugo; Selmar Jazennah; E. von Naundorff (*E-R*) #1,3,4

Elmayer-Vestenbrugg, Rudolf von, *3.4.1881 Pola/Istrien, †23.12.1970 Graz; - Ps. Elmar Brugg; Elmar Vinibert von Rudolf (*F-L-P-R*) #3,4

Elschner, Käte, *2.12.1899 Mainz; - Ps. Käte Brandel-Elschner; Mora (*N-P-R*) #3,4

Elsel-Hartau, Fritz, *7.10.1911 Dresden; - Ps. Friedrich Hartau (*D*) #3

Elsner, Heinrich, *31.12.1806 Hedelfingen b. Stuttgart, †30.6.1858 Wangen; - Ps. C. H. Lernes (*D-L-P*) #1,4

Elsner, Johann Gottlieb, *1717 Wengrow b. Lublin, †21.4.1782 Berlin; - Ps. Christianus Hymnophilus; Bogislaus Ignatius (*P*) #4,6

Elsner, Oskar, *8.7.1845 Neustadt/Oberschles., †2.11.1909 Lichtenberg b. Berlin; - Ps. Ernst Leonhard (*D-L-P-S*) #1,3,4

Elsner von Gronow, Klara, *4.7.1832 Hirschberg/Schles., †1.5.1893 Lankwitz b. Berlin; - Ps. Christine (*L-P*) #1,4

Elster, Hanns Martin, *11.6.1888 Köln; - Ps. Hans Bruneck (*P*) #3,4

Elster, Otto, *11.11.1852 Eschershausen b. Braunschweig, †1.12.1922 Braunschweig; - Ps. Otto von Bruneck; Ludwig Hasse (*D-E-J-P-R-S*) #1,3,4

Eltester, Otto Christoph, *20.3.1666 Kleve, †6.7.1738 Berlin; - Ps. C. E. (*L*) #4

Eltz, Lieselotte von, geb. Hoffmann, *18.11.1921 Wien; - Ps. Lieselotte Hoffmann; Hoffmann-Schwanberg (*E-F-N-P-R*) #3,4

Eltz, Sophie Gräfin zu, *9.5.1900 Kleinheubach; - gen. Chorfrau Monika (*E-J-P-R*) #3,4

Elvern, Hieronymus Stephan von, *um 1584, †1624 Wien; - auch v. Elverus (*P*) #4, 13,15

Elwenspoek, Curt, *28.5.1884 Königsberg, †13.4.1959 Tübingen; - Ps. Conrad Elgenstein; Christoph Erik Ganter (*D-E-P-R*) #3, 4,5

Elwenspoek, Lise-Melanie, *19.5.1914 Plattenhardt b. Nürtingen; - Ps. Monika Brack (*J-P-R*) #3,4

Elzenbaum-Florian, Margit von, *25.2.1950 Bozen; - Ps. Margit von Elzenbaum (*D-E-L-M-N-P*) #3

Elzer, Margarete Anna Elisabet, *19.10.1889 Halle/S., †26.8.1966 Tegernsee; - Ps. Hanna Dueren; Anna Richter (*R*) #3,4

Emch, Albrecht, *12.5.1836Gossliwil/ Schweiz, †31.10.1904 Gossliwil/Schweiz; - Ps. Feuerstein (*D-L*) #1,4

Emde, Karl, *12.4.1904 Wiesbaden; - Ps. Karl Tristart (*E-L-P-R*) #3,4
Emden, Jacob Israel, *4.6.1697, †19.4.1776 Altona; - Ps. Jakob Herschel (*P*) #4
Emilian, Ion, *14.12.1906 Craiova/Rum., †6.6.1985 Fürstenfeldbruck; - Ps. Joachim Erhard; Decebal Ion Rosioru; Traian Rovinaru; Valeriu Toporea (*N-P*) #3
Emmen, Ubbo, *5.12.1547 Greetsiel/Ostfr., †9.12.1625 Groningen; - Ps. Ubbo Emmius (*P*) #4,13,15
Emmer, Johannes, *18.10.1849 Wien, †20.1.1928 Innsbruck; - Ps. Hans Kelling (*D-P-R*) #1,3,4
Emmerich, Edgar Alexander, *13.6.1902 Saarbrücken; - Ps. Edgar Alexander (*P*) #18
Emmerich, Joseph Friedrich, *23.2.1773 Wetzlar, †17.11.1802 Würzburg; - Ps. Lucian Weber (*L-P-R*) #1,4,6,11
Emmerich-Hoegen, Ferdinand, *8.7.1858 Hamm/Ndrh., †2.8.1930 München-Pasing; - Ps. Ferdinand Emmerich (*E-P-R*) #3,4
Emmerstorfer, Herbert, *14.12.1924 Eferding/O.-Ö.; - Ps. Emerl (*L-P*) #3
Emminghaus, Charlotte, geb. von Einem, *18.10.1756 Kirchweyhe, †7.11.1833 Gotha; - Ps. Charlotte von Einem (*P*)
Emmrich, Curt, *20.10.1897 Hochneukirch b. Mönchengladbach, †30.3.1975 Zollikon/Zürich; - Ps. Peter Bamm; Detlev Clausewitz (*F-P-S*) #3,4,5,8,10,17
Emperger, Alexandrine Edle von, *12.6.1867 Wien; - Ps. Alix von Pergen (*D-L*) #1,3,4
Emrich, Ludwig Friedrich, *17.3.1893 Lambrecht/Pfalz; - Ps. Louis Emrich (*P-R*) #4
Emser, Hieronymus, *26.3.1478 Weidenstetten b. Ulm, †8.11.1527 Dresden; - Ps. Didymus Hermannovillanus; Thomas Placentinus; Thomas Rahdinus (*L-P*) #4,6,13,15
Emundts, Elisabeth, geb. Draeger, *21.6.1898 Köln-Deutz, †7.5.1987 Bergisch-Gladbach; - Ps. Elisabeth Draeger; Elisabeth Emundts-Draeger (*E-L-N-P-R*) #3,4
Enckevort, Johanna, *5.9.1838 Berlin, †1.10.1936 Potsdam; - Ps. Johanna Balcke von Enckevort (*N-R*) #1,3,4
Enckhausen, Malwine, *22.10.1843 Hannover, †1932 Hannover; - Ps. L. Herzog (*E-J-N-R*) #1,3,4
Ende, Christian Gottlob Ernst am, *24.1.1819 Wittenberg, †18.7.1890 Dresden; - Ps. C. G. Ernst; Ludwig Weißenberg (*L-P*) #4,11
Ende, Georg Heinrich von, *17. Jh.; - gen. Der Entleibende/FG 619 #11
Ende, Hans Adam von, *17. Jh.; - gen. Der Geschäftige/FG 811 #11
Ende, Justus Heinrich von, *17. Jh.; - gen. Der Genügsame/FG 867 #11
Ende, Lex, *6.4.1899 Kissingen, †15.1.1951 Muldenhütten/Sa.; - Ps. Lex Breuer (*P*) #18
Ende, Wolf Rudolf von, *17. Jh.; - gen. Der Überhäufte/FG 645 #11
Enderle, Ursula, geb. Schumann, *31.1.1923 Ohrdruf/Thüringen; - Ps. Ursula Schumann (*P*) #3
Enderlin, Matthes, *(1673); - Ps. Bruder Clausen (*L-P*) #4
Enders, Alfred Michael, *1.1.1913 Berlin; - Ps. Alfred Heberer (*F-R*) #3,4
Enders, Horst, *23.10.1921 Beiersdorf; - Ps. Mark Herzberg (*D-F*) #3
Enders, Johann Nepomuk, *3.5.1815 Ungarisch-Hradisch, †11.3.1877 Neutitschein; - Ps. J. v. Hradisch; O. Ritter von Fröhlichsheim; Hans Immergrün; J. E. Liebesheim (*D-E-J-L-N-P*) #1,3,4
Enderwitz, Ilse, *23.9.1945 Frankenstein; - Ps. Ilse Bindseil (*E-P*) #3,4
Endler, Adolf Edmond, *20.9.1930 Düsseldorf; - Ps. Edmond Amay; Trudka Rumburg (*E-J-L-P*) #3,4,8
Endler, Elke, *18.2.1938 Scherbach/Eifel; - Ps. Elke Erb (*L-P*) #3,5,8
Endler, Victorine, geb. Bleser, *17.1.1853 Trier, †29.1.1932 Hannover; - Ps. Victorine Bleser; Antonie Haupt (*E-N-R-S*) #1,2,3,4
Engel, Alexander, *10.4.1869 Turock-Heczpàl/Ungarn, †17.11.1940 Wien; - Ps. Alfred Cavoret; Germain d'Ange; Don Jago; Ernst Kroener; Paul Mira; Ludwig Schiermacher; Alex Teufflier (*E-P-R-S*) #1,3,4
Engel, Andreas, *16.11.1561 Strausberg, †9.8.1598 Strausberg; - auch Andreas Angelus (*P*) #4,13,15
Engel, Bernd, *22.1.1902 Hamburg; - Ps. Maximilian Bernd (*N-R*) #3
Engel, Elmar, *3.7.1933 Nunkirchen; - Ps. Jupp Holbach (*P-R*) #3
Engel, Emil Theodor Hans, *10.1.1900 Frankfurt/M.; - Ps. E. T. H. Engel (*L*) #3,4
Engel, Franz, *21.7.1834 Röbel/Meckl.; - Ps. Franciscus Angelus (*L-P*) #1,4
Engel, Georg Julius Leopold, *29.10.1866 Greifswald, †19.10.1931 Berlin; - Ps. Johannes Jörgensen (*N-R-S*) #1,4,5
Engel, Leopold, *19.4.1858 St.Petersburg; - Ps. L. Eckhardt; Emil Leo (*N-P-S*) #3,4
Engel, Moritz Erdmann, *29.7.1767 Plauen/Vogtland, †10.2.1836 Plauen/Vogtland; - Ps. Moritz Erdmann (*L-P*) #4
Engel, Paul, *7.6.1907 Wien; - Ps. Diego Viga (*E-P-R-S*) #3,8,14
Engel, Sabine von, *19.7.1905 Breesen/Meckl.; - Ps. Angela von Britzen (*E-N-R*) #3,4
Engel de Jànosi, Joseph, *20.11.1851 Fünfkirchen/Ungarn; - Ps. J. E. de Sinoja (*D-P*) #1,3,4
Engel de Jànosi, Maurus, *6.8.1858 Fünfkirchen/Ungarn; - auch Moritz Engel (*D-P*) #1,4
Engelbach, Martin, *16.2.1911 Frankfurt/M.; - Ps. Heinrich Geitzhaus (*E-J-L-R*) #3,4
Engelberger, Karl, *28.12.1852 Ennetmoos b. Stans, †11.8.1917 Stans; - Ps. Erni am See (*L-N-P*) #1,4

Engelberti, Ulrich, †um 1277 Paris; - Ps. Ulrich von Straßburg (*P*) #4,15
Engelbrecht, Anton, *Engen/Baden, †1557 Straßburg; - gen. Engentinus; Ps. Warnher von Warnssheim (*L*) #4
Engelbrecht, Ernst, *31.5.1884 Düsseldorf; - Ps. Ernst Ernesti (*E-P*) #3,4
Engelbrecht, Philipp, *um 1492 Engen, †1528 Straßburg; - gen. Engentinus (*P*) #4,13,15
Engelhard, Caroline, *27.1.1781 Kassel, †14.9.1855 Kassel; - Ps. Julie; Verf. von Juliens Briefen (*E-P*) #1,4,6
Engelhard, Daniel, *10.10.1569 Korbach, †30.7.1635; - Ps. Daniel Angelocrator (*P*) #4
Engelhard, Magdalene Philippine, geb. Gatterer, *21.10.1756 Nürnberg, †28.9.1831 Blankenburg/Harz; - Ps. Magdalene Philippine Gatterer; Karoline; Rosalia; Rosalie Juliane S. (*L-P*) #1,4,6,13
Engelhardt, Eugenie, *15.12.1852 Ries/Bayern; - Ps. Eugenie Heiden (*D-L-S*) #1,2,4
Engelhardt, Ewald Ludwig, *16.9.1879 Artern/Thür.; - Ps. Th. Melm (*D-E-L-N-P*) #1,3,4
Engelhardt, Hellmuth Otto, *11.6.1909 Leipzig; - Ps. Friedsieg der Dichter (*L*) #3
Engelhardt, Karl August, *4.2.1768 Dresden, †28.1.1834 Dresden; - Ps. Richard Roos (*J-L-N-P*) #1,4,6,11,13,17
Engelhardt, Michael, *nach 1601, †nach 1684; - auch Michael Angelocrator; gen. Der Sänftigende/FG 335/1639 #11,12
Engelhardt, Otto, *5.1.1884 Artern/Thür., †7.6.1965 Göttingen; - Ps. Otto Engelhardt-Kyffhäuser (*P*) #4
Engelhardt, Rudolf, *13.4.1886 Leipzig; - Ps. Engel-Hardt (*P*) #3
Engelhus, Dietrich, um 1365 Einbeck, †5.5.1434 Wittenburg b. Elze; - Ps. Theodericus Engelhusius (*P*) #4,13,15
Engelkes, Gustav G(erhard), *30.8.1905 Westaste/Ostfriesland, †13.4.1973 Norden; - Ps. Ulrich Schipper (*E-J-L-P-R-S*) #3,4
Engelmann, Georg, *um 1575 Mansfeld, †8.11.1632 Leipzig; - Ps. Görge Engelmahn (*L-P*) #4
Engelmann, Johann Christoph, *1754 Regensburg †29.1.1815 Riga; - Ps. Johann Christoph Kaffka (*D-E-P-S*) #1,4,11
Engels, Friedrich, *28.11.1820 Barmen, †5.8.1895 London; - Ps. Theodor Hildebrand; Friedrich Oswald (*D-E-L-P*) #4,15
Engels, Michel, *8.7.1851 Rollingergrund, †2.11.1901; - Ps. Miguel Angelo (*P*) #4
Engen, Erika, *30.12.1928 Wien; - Ps. Erika Berghöfer (*E-F-N-P-R*) #3,4
Enger, Max, *7.2.1877 Krefeld; - Ps. Fr. Damian (*P-S*) #4
Engerd, Johannes, *1.8.1546 Neustadt/Thür.; - Ps. Stenechthon (*P*) #4,13
Engert, Rolf, *31.10.1889 Frankenberg/Sa.; - Ps. Angelus Saxonius (*L-N-P*) #3,4
Englaender, Alfred, *28.12.1898 Waxweiler b. Prüm; - Ps. Alfred P. Hittorff (*E-P*) #3,4
Engländer, Elsa, *25.3.1889 Kematen/Ö.; - Ps. E. Frohgemut (*E-L-M*) #4
Engländer, Moritz, *20.3.1819 Eisenstadt, †7.3.1898 Budapest; - Ps. Moritz Morländer (*P-S*) #4
Engländer, Richard, *9.3.1859 Wien, †8.1.1919 Wien; - Ps. Peter Altenberg (*E-L-P*) #1,3,4,5,8,14,15
Engler, Georg, *1583 Burkhardtsdorf/Erzg., †1663 Doberschütz b. Delitzsch; - Ps. Muso-Genis Ehrenhold (*P*) #4
Engler, Ursel, *1.8.1937 Bochum; - Ps. Ursel Engler-Kumpmann (*L*) #3
Englert, Franz, *30.10.1907 Hostau/Böhmen, †9.11.1933; - Ps. Ro Rodin (*N-R*) #3
Englisch, Johannes, *1502 Buchsweiler/Elsaß, †31.7.1577 Straßburg; - gen. Hans Leymen; Ps. Johannes Anglicus; Joan Endlich; Johannes Pyxocomiston (*L*) #4,11,13
Englisch, Paul August, *12.1.1887 Herzogswalde/Ostpr.; - Ps. Dr. Frank; Waldsassen (*P*) #4
Enis, Irene Baronin, *29.11.1864 Kamen b. Tabor; - Ps. Irenäus Waldau (*R*) #1,3,4
Enk von der Burg, Michael (Leopold), *18.1.1788 Wien, †11.6.1843 Melk/Donau; - Ps. E ** (*L-P*) #1,4,13,15
Ennemoser, Josef, *15.11.1787 Schönau/Tirol, †19.9.1854 Egern/Tegersee; - Ps. Helmont (*P*) #4,13
Enskat, Fritz E. W., *23.12.1898 Berlin, †6.12.1971; - Ps. Freder Catsen (*E-J-P-R*) #3,4
Enslin, Karl Wilhelm Ferdinand, *21.9.1819 Frankfurt/M., †14.10.1875 Frankfurt/M.; - Ps. Dr. Franklin von Ensfurt; Wilhelm Walter (*E-J-L-P*) #1,4,17
Entzelt, Christoph, *1515 Saalfeld, †15.3.1583 Osterburg; - Ps. Christoph Enzelius (*P*) #4,13
Enzenberg, Franz Joseph von, *8.5.1747 Bozen, †24.7.1821 Singen; - Ps. Eudemus; Gerbennez (*P*) #4
Enzensberger, Hans Magnus, *11.11.1929 Kaufbeuren/Allg.; - Ps. Serenus M. Brezengang (*D-F-J-L-P-R*) #3,4,5,8,10
Enzmann, Carl Robert, *13.5.1888 Schüpfheim/Luzern, †6.6.1931 Schüpfheim/Luzern; - Ps. Peregrin (*L-P*) #4
Epinus, Johannes, *1499 Ziesar, †13.5.1553 Hamburg; - auch Johannes Aepinus (*P*) #4,13,15
Epp de Hary, Edwiges Eleonora, *22.12.1909 Meran; - Ps. Jovita Epp; Leonor Harry-Epp (*E-F-N-P-R*) #3,4,5
Eppers, Eva, *1.6.1954 Bitburg; - Ps. Eva Christoff; Robert Quint (*E-L-P-R*) #7,16
Epple, Franz Joseph, *14.5.1789 Biberach/Riß, †9.12.1846 Schwäbisch-Gmünd; - Ps. C. Wartzmann (*L*) #4,11

Eppler, Johannes, *7.4.1914 Alexandrien; - Ps. John W. Eppler (*P*) #3

Epstein, Moritz, *29.3.1844 Trebitsch/Mähren, †17.11.1915 Wien; - Ps. George Gotthold (*D-E-S*) #1,4

Epstein, Stefan S., *12.11.1866 Wachau; - Ps. Stephan Estienne; S. Stefan (*P*) #3,4

Erb, Alfons, *4.11.1907 Essen; - Ps. Johannes Gotthelf (*P*) #3,4

Erb, Mathias, *1494 Ettlingen, †13.5.1571 Rappoltsweiler; - auch Erbius (*P*) #4,13

Erb, Ute, *25.12.1940 Scherbach b. Bonn; - Ps. Ute Schürrer (*L-P-R*) #3,4

Erb-Wiget, Sophie, *2.9.1867 Bern; - Ps. Sophie Wiget (*P-R*) #2,3

Erbe, Else, *14.8.1872 Hütte Herzfrieden; - Ps. Else Erbe-Lyck (*P-R*) #3,4

Erbe, Jeremias, *17. Jh.; - gen. Phoebisander/ES #11

Erben, Ingrid, geb. Schwarze,*24.9.1930 Rostock; - Ps. Ingrid Bachér; Ingrid Schwarze (*D-E-F-J-N-R*) #3,4,5,17

Erben, Irma, *13.11.1879 Tarnowitz/O-S..; - Ps. Irma Erben-Sedlaczek (*L-N-P*) #3,4

Erber, Felix, *9.8.1869 Alt-Batzdorf; - Ps. Efreb-Kador; El Sendador (*J-P*) #3,4

Erber, Othmar, *10.11.1872 Brixen; - Ps. anonym; Eppan-Penegal; Paracelsus (*P*) #3

Erbshäuser, Georg Heinrich, *1748, †1.10.1819 Hamburg; - Ps. Antimonius Drachengift (*L-P*) #4

Erckenbrecht, Ulrich, *13.4.1947 Heidelberg; - Ps. Hans Ritz (*L-P*) #3

Erdberg-Krczenciewski, Robert von, *6.6.1866 Riga/Livland; - Ps. Robert von Erdberg (*D-P-S*) #1

Erdmann, Alfred, *26.2.1909 Osterode/Harz; - Ps. Alfred Lederer; Alfred Raven (*D-S*) #3,4

Erdmann, Franz Walter, *10.9.1898 Neustadt/Westpr., †11.3.1963 Lübeck; - Ps. Frank Marner (*D-E-F-L-P-R-S*) #3,4

Erdmann, Friedrich, *24.6.1854 Magdeburg, †23.4.1906 Meran; - Ps. Friedrich Erdmann-Jesnitzer (*D-S*) #4

Erdmann, Gustav Adolf, *16.7.1859 Ahrenshagen b. Stralsund, †1916; - Ps. Gustav Lehrer (*E-L-P*) #1,3,4

Erdmann Edle von Zyobrovsky, Helene, geb. Küttel, *16.3.1878 Wien, †7.12.1947 Wien; - Ps. Helene Erdmann-Küttel (*E-L-S*) #3,4

Erdmannsdorfer, Friedrich, *12.8.1880 Augsburg, †11.1.1962 Rosenheim; - Ps. Friedrich Bürger; Friedrich Laurin (*L-R-S*) #3,4

Erdmannsdörffer, Gustav, *9.9.1868 Luckau/Lausitz; - Ps. hge (*P*) #3

Erdt, Paulin, *7.6.1737 Wertach/Allg., †16.12.1800 Freiburg/Br.; - Ps. Philothee; Lupinai de La Vinde (*P*) #4,6,13

Erfa, Hans Hartmann von, *17. Jh.; - gen. Der Verhelfende/FG 616 #11

Ergenzinger, Julius, *11.4.1943 Schiltern; - Ps. Julius Ellen (*P*) #3

Erhard, Anna, *(1881) Lassehne b. Kolberg; - Ps. Anna vom Strande (*E-L-N-P*) #1,2,3

Erhard, Heinrich August, *13.2.1793 Erfurt, †22.6.1852 Münster; - Ps. A. Hecker (*P*) #4,13

Erhard, Melchior, *1607 Augsburg, †1664 Augsburg; - Ps. Melander (*L*) #4

Erich, Johann Peter, *1631 Eisenach, †1686 Padua; - Ps. Johann Peter Ericus (*P*) #4

Erichsen, Uwe, *9.8.1936 Rheydt; - Ps. Gerald Bendix; John Benteen; Jerry Cotton; Gil Hammond; Thomas Jago; Jean Lafitte; Steve McCoy; Andrew McKay; Jim Sheridan; Jack Slade; Franco Solo (*F-R*) #3,16

Erichson, Johann, *1777 Stralsund, †16.12.1856 Greifswald; - Ps. Lucian (*L-P*) #4,11,13

Erlach, Burkhard v., *28.10.1566 Bern, †1640; - gen. Der Gesunde/FG 52/1622 #11,12

Erlei, Hans Josef, *23.11.1940 Lippstadt/Westf.; - Ps. David Erlay (*E-L-P-R*) #3

Erlenmeyer, Friedrich, *16.8.1868 Holzen; - Ps. Friedrich Moretto (*D-P-S*) #3

Erlenmeyer, Johann Friedrich Albrecht, *12.2.1794 Herborn, †30.10.1856 Bad Schwalbach; - Ps. Poschius (*L*) #4

Erlin-Schmeckebier, Hedwig, *18.4.1873 Gommern, †11.3.1950 Berlin; - Ps. Hedwig Erlin; Hedwig Gräfin Platen zu Hallermund; Hedwig Schmeckebier (*N-P-R*) #1,2,3,4

Ermann, Kurt, *20.6.1911 Wittlich b. Trier; - Ps. W. Strauss (*P*) #18

Erndtel, Christian Heinrich, †17.3.1734 Dresden; - Ps. Arantius (*P*) #4

Erné, Antonio Luigi, *1.8.1895 Triest; - Ps. Gur Bland (*R*) #3

Erné, Giovanni Bruno, *31.10.1921 Berlin, †11.12.1994 Rom; - Ps. Nino Erné; Golo Jacobsen (*E-F-L-N-P-R*) #3,4,5

Ernesti, Johann Heinrich Martin, *29.11.1755 Mitwitz b. Lichtenfels, †10.5.1836 Coburg; - Ps. Philaletes (*P*) #4,6,13

Ernst, Adolf Wilhelm, *10.2.1866 Hamburg; - Ps. Adolf Wilhelm (*L-N-P-R*) #1,3,4

Ernst, Agnes, *17.12.1897 Metz/Lotr.; - Ps. Rainer Lor (*J-P*) #3,4

Ernst, Hans-Wilhelm, *8.3.1916 Osnabrück; - Ps. Hartmut-Diethelm Kolbert (*E-L-N*) #3

Ernst, Jacob Daniel, *23.12.1640 Rochlitz, †13.12.1707 Altenburg; - Ps. Johann Damian Ehrenhold; Johann Damian Ehrenhold von Nachlitz (*P*) #4,6

Ernst, Karl Friedrich Paul, *7.3.1866 Elbingerode/Harz, †13.5.1933 St.Georgen/Steiermark; - Ps. P. W. Spaßmöller (*D-L-N-R-S*) #1,4,5,8,15

Ernst von Ernsthausen, Adolf Friedrich, *6.10.1893 Karlsruhe; - Ps. Adolf von Ernsthausen (*L-P*) #3,4

Ernstberger, Josef, *8.2.1922 Tirschenreuth/Opf., †5.1.1984 Regensburg; - Ps. Aloys Balsamer (*E-P*) #3,4

Ernsting, Walter, *13.6.1920 Koblenz; - Ps. Robert Artner; Tom Chester; Clarkus I.; Clark Darlton; Armin von Eichenberg; Frank Haller; Prof. Dr. Erasmus Hummeldick; Fred McPatterson; Alois Stirnnagl; Munro R. Upton *(F-N-R)* #3,4,7,8,16,17,20

Erpenbeck, Fritz, *6.4.1897 Mainz, †8.1.1975 Berlin; - Ps. F. Beck; Fr. Lambert; Hannes Waterkant *(E-P-R)* #3,4,5,8,14,18

Erpenbeck, Hedwig, geb. Zinner, *20.5.1907 Wien, †1.7.1994 Berlin; - Ps. Elisabeth Frank; Hannchen Lobesam; Hedda Zinner *(D-E-F-L-P-R-S)* #3,4,5,8,9,14,18

Erskeine, Alexander, *31.10.1598 Greifswald, †24.7.1656 Zamosc/Polen; - auch Erske; gen. Der Fürsichtige/FG 421/1644 #11,12

Ertel, Karl Eduard, *14.7.1793 Danzig, †21.6. 1860 Danzig; - Ps. Philotas *(D-L-P)* #4

Ertel, Paul, *22.1.1865 Posen; - Ps. Paul Eberhard; Ernst Rudolph; Ernst Rudolphi *(P)* #3

Ertl, Maximilian Vitus, *13.4.1897 Gauting/Obb., †24.1.1968 Stockdorf b. München; - Ps. Maximilian Vitus *(S)* #3,4,5

Ertman, Ertwin, *um 1430 Osnabrück, †30.5.1506; - auch Erdwin Erdmann *(P)* #4,13

Ertmer, Käte, *25.5.1882 Burg Lohra b. Hohenstein/Thür.; - Ps. Heydler *(E-M-R)* #3

Erttmann, Paul Oskar, *28.4.1899 Berlin, †1949 St.Gilgen/Ö.; - Ps. Daniel Denver; Margaret Dollinger; Karl Dwen; Herbert Holden; M. Kassajeb; Hans Munin; Billy Perkins; Paul Pitt; Klaus Temborn *(E-J-R)* #3,4

Erxleben, Dorothee Christiane, *13.11.1715 Quedlinburg, †13.6.1762 Quedlinburg; - Ps. Lupinus *(P)* #2,4,13,15

Esbach, Friedrich Karl, *31.7.1870 Breslau; - Ps. Friedrich Carl; Carl Friedrich *(L-P)* #1,3,4

Esch, Max, *22.12.1870 Stettin; - Ps. M. E. v. Saalfeld *(R)* #3

Eschbach, Josef, *12.11.1916 Eschweiler; - Ps. Brigitte Delscheid; Monika Heuschen; Anneliese Schwarzer; Helga York *(E-J-P-R)* #3,4

Eschbach, Walter, *23.8.1893 Weißensee b. Berlin; - Ps. Walter Heinrich; W. E. *(E-P)* #3,4

Eschelbach, Antonie, *27.7.1885 Mechernich/ Eifel; - Ps. Tony Eick *(D-L-M-N-R)* #3,4

Eschen, Mathilde von, *18.11.1839 Kassel, †2.2.1929 Kassel; - Ps. M. von der Eichen; Mathilde von Eschstruth *(E-J-N-P-R)* #1,3,4

Eschenauer, Friedrich August, *24.11.1827 Sète/Frankr.; - Ps. A. de La Fresnay *(L)* #4

Eschenbach, Andreas Christian, *24.3.1663 Nürnberg, †25.9.1722; - Ps. Cneius Cincius Flumineus *(P)* #4,13

Eschenburg, Johann Joachim, *7.12.1743 Hamburg, †29.2.1820 Braunschweig; - Ps. Theodorus; August Friedrich Ursinus *(D-L-P)* #1,4,5,13,15

Escherich, Emilie, *11.3.1856 München, †3.2.1935 Wiesbaden; - Ps. Felshof *(E-L-N-P)* #1,2,4

Escherich, Mela, *31.1.1877 München, †1957; - Ps. Mela Welzhofer *(P-R)* #3,4

Eschke, Karl Eduard, *15.3.1805 Zittau, †2.7.1891 Jena; - Ps. Eduard Floraldin; Eduard Lenz *(D-E)* #1,3,4,6

Eschmann, Ernst Wilhelm, *16.8.1904 Berlin, †22.2.1987 München; - Ps. Leopold Dingräve; Severus *(D-E-L-P-R)* #3,4,5,10

Eschner, Johannes, *1577 Breslau, †1640 Breslau; - auch Johannes Aeschner *(P)* #4

Eschwege, Heinrich Wilhelm von, †um 1651; - auch Heinrich Wilhelm von Eschweg; Heinrich Wilhelm von Eschwe; gen. Der Fröhliche/FG 190/1629 #11,12

Esebeck, Burchard von, †22.1.1666; - auch Burchard von Eisebeck; gen. Der Wegnehmende/FG 215/1632 #11,12

Eser, Willibald, *1.9.1939 Nürnberg; - Ps. Georg von Klinda *(E-F-P)* #3

Eskelund, Lotte, *5.4.1910 Wien; - Ps. Lotte Perndt *(P)* #3

Esmarch, Karl Bernhard Hieronymus, *3.12.1824 Sonderburg, †22.1.1887 Prag; - Ps. Karl von Alsen *(L-P)* #1,3,4,13

Esper, Johann Nicolaus, *17. Jh.; - gen. Hesperus/PB #11

Eß, Leander van, *15.2.1772 Warburg, †13.10.1847 Affolterbach/Odenw.; - später Johann Heinrich Eß *(P)* #4,13,15

Essen, Anna Christiana Ehrenfriede von, geb. Balthasar, *24.1.1736 Greifswald, †5.7.1808 Richtenberg; - Ps. Anna Christiane Ehrenfriede Balthasar *(P)* #4,13

Esther, Johann Georg, *8.6.1699 Schweinsberg/Hessen, †25.10.1773 Marburg; - Ps. Johann Georg Estor *(P)* #4,13

Etlinger, Johann Leonhart, *21.3.1714 Fürth; - Ps. Damon *(P)* #4

Etmer, Adelheid, *19.1.1852 Bremen; - Ps. Ada Berger; A. Meter *(D-E-L-P-S)* #3,4

Ettel, Konrad, *17.1.1847 Neuhof b. Sternberg/Mähren, †21.3.1924 Wien; - Ps. Kurt Roding *(D-J-L-P-S)* #1,3,4

Ettighoffer, Paul Coelestin, *14.4.1896 Colmar/Elsaß-Lothr., †15.10.1975 Zülpich; - Ps. Frank Löhr vom Wachendorf; Borgis Zwiebelfisch *(E-F-P-R)* #3,4,5,7,10

Ettl, Peter, *19.5.1954 Regensburg; - Ps. Peter Jeremy Ettl *(E-F-L-P-R)* #3

Ettle, Josef, *2.5.1941 Eichstätt; - Ps. Hubertus Birkler *(P-R)* #3

Ettlinger, Josef, *22.10.1869 Karlsruhe, †2.2.1912 Frankfurt/M.; - Ps. Engelbert Holm *(P-R)* #1,3,4

Ettlinger, Karl, *22.1.1882 Frankfurt/M., †8.5.1946 Berlin; - Ps. alde Frankforder; Bim; Helios; Karlchen; Theophrastus Kinkerlitz; Edgar Kolmar *(D-E-N-P-S)* #1,3,4,5,15

Ettmannsdorf, Ernst Dietrich von, *17. Jh.; - gen. Der Zärtliche/FG 870 #11

Ettmüller, Ernst Moritz Ludwig, *5.10.1802 Gersdorf/Oberlaus., †15.4.1877 Unterstraß b. Zürich; - Ps. Frauenlob d. J. (*L-P*) #1,4,13

Ettmüller, Michael Ernst, *26.8.1673 Leipzig, †25.9.1732 Leipzig; - Ps. Alexius (*P*) #4,13

Ettner von Eiteritz, Johann Christoph, *16.3.1650 Glogau, †20.12.1724 Breslau; - Ps. Der Getreue Eckhart; Evander (*P*) #4,6,13

Etzel, Melanie von, *(1882) Berlin; - Ps. Klara Jäger; C. von Zell (*R*) #1,2,3

Eugen, H., †1819 Wesel; - Ps. Eugenio (*L*) #4

Eule, Robert, *15.10.1864 Prettin/Sa., †17.11.1932 Berlin; - Ps. Fritz Pistorius (*E-J-P*) #1,3,4

Eulenberg, Hedwig (Hedda), geb. Maase, *6.3.1876 Duisburg, †1952 Düsseldorf; - Ps. Hedwig Maase; Hedda Moeller-Bruck (*P*) #3,4

Eulenburg und Hertefeld, Philipp Fürst zu, *12.2.1847 Königsberg, †17.9.1921 Liebenberg b. Templin; - Ps. Ivor Svenson (*D-L-M-P*) #1,4,15

Euler, Günter, *21.2.1931 Sprendlingen; - Ps. Kall Blattmächer (*E-P-R*) #3

Euringer, Richard, *4.4.1891 Augsburg, †29.8.1953 Essen; - Ps. Florian Ammer (*D-E-F-L-P-R-S*) #3,4,5,10

Euticus, Heinrich, *15. Jh. Nürnberg; - Ps. Henricus Kratwol (*L-P*) #4

Evenius, Sophie, *6.1.1868 Bertkow/Altmark, †14.3.1953 Wernigerode/Harz; - Ps. D. Th. Nickel; Oswald Rathmann (*E-P-R*) #3,4

Everling, Friedrich, *5.9.1891 St.Goar, †22.3.1958 Menton/Frankr.; - Ps. Schlehdorn (*E-P-R*) #3,4,5,10

Evers, August Friedrich Christoph, *um 1775 Schwerin, †1817 Wismar; - Ps. Just am Walde (*E*) #4,6

Evers, Heinrich Wilhelm Hubert, *10.12.1873 Koblenz; - Ps. W. Heinz Evers; Heinrich von Grod (*P-R*) #1,3,4

Evers, Katharina, geb. Milner, *6.2.1875 Berlin; - Ps. Helge Evers-Milner (*E-L*) #3,4

Evers, Paul Friedrich, *31.7.1870 Rogeez b. Stuer, †18.11.1934 Schwerin; - Ps. Claus Ekkardt (*P-S*) #4

Everth, Gottlieb Walter, *3.3.1861 Magdeburg; - Ps. Walther von der Elbe (*L-P*) #1,4

Everwien, Max, *(1931); - Ps. Mac Ever; Franz Sinckigen (*E-P*) #3

Ewald, August, *3.11.1887 Schlüchtern, †1924; - Ps. Paul Paquita (*L-P*) #4

Ewald, Hermann Adolf, *24.1.1824 Gotha, †29.8.1895 Gotha; - Ps. Severus Justus; O. A. Waldfeld (*E-N-R-S*) #1,3,4,13

Ewers, Hanns Heinz, *3.11.1871 Düsseldorf, †12.6.1943 Berlin; - Ps. Onkel Franz (*D-E-L-P-R*) #1,3,4,5,8,15,16

Ewers, Ilna, geb. Wunderwald, *7.5.1878 Düsseldorf; - Ps. Ewers-Wunderwald (*P*) #3

Ewert, Ernst, *20.3.1872 Danzig; - Ps. Hans Gran (*D-L-N-P*) #1,3,4

Exner, Emilie, *7.3.1850 Wien, †7.4.1909 Lovrana/Italien; - Ps. Felice Ewart (*L-N-P*) #4

Exner, Martha, *9.7.1842 Brieg; - Ps. H. Heyn (*E-J*) #2,3

Exterde, Anton Heidenreich von; - auch Anton Hederich von Exter; gen. Der Günstige/FG 122/1626 #11,12

Ey, Julius Adolf, *18.1.1844 Clausthal/Oberharz, †18.9.1934 Hannover; - Ps. Julius Adolf (*E-L-M-P*) #1,3,4

Eybel, Hans Werner, *8.8.1915 Leipzig; - Ps. Werner Schlicht (*E-L-N-P*) #3,4

Eybel, Joseph Valentin Sebastian, *3.3.1741 Wien, †30.7.1805 Linz/Do.; - Ps. Reiner Meisel (*P*) #4,13,15

Eydner, Hugo, *28.10.1852 Mittelbach; - Ps. August Schönau (*E-P-S*) #3

Eyler, Emilie, *1.6.1815 Schweidnitz/Schles., †um 1890 Schweidnitz; - Ps. Mary Osten (*E-J-P*) #2,4,17

Eylert, Friedrich, *1805; - Ps. Dr. Schneidawind (*L-P*) #4

Eylert, Ruhlemann Friedrich, *5.4.1770 Hamm, †8.2.1852 Berlin; - Ps. Rulemann (*P*) #4

Eynern, Walther van, *25.1.1879 Barmen, †12.3.1971 Berlin; - Ps. Friedrich Walter (*D-S*) #3,4

Eyschen, Paul, *4.9.1841 Diekirch/Lux., †12.10.1915 Luxemburg; - Ps. Paolo (*P*) #4

Eysenberg, Peter, *(1526) Halle/S.; - Ps. Peter Sylvius (*L-P*) #4

Eyth, Gustav, *1818 Freudenstadt, †1889 Schiltach; - Ps. G. G. Thuy (*P*) #4

F

Faber, Abraham, *17. Jh.; - gen. Der Rechtliebende/DG-R #11

Faber, Elsa, *4.2.1890 Danzig; - Ps. Elsa Faber von Bockelmann (*M-P*) #3,4

Faber, Eva, *(1902); - Ps. Eva Ber (*R*) #3

Faber, Georg Benedikt, *um 1600 Altdorf, †11.5.1692; - gen. Montano/PB; Kugelmann; (*L-P*) #4,11

Faber, Hans, *17.9.1907 St.Ulrich/Südtirol, †8.9.1987 Bozen; - Ps. Hans Faber-Perathoner (*E-L-P*) #3,4

Faber, Jakob, *13.6.1898 Kaltenbach b. Hof, †10.6.1962 Grünstadt; - Ps. Jakob Faber-Kaltenbach (*L-N-P*) #3,4

Faber, Johann Ludwig, *1635 Hersbruck, †28.11.1678 Nürnberg; - gen. Ferrando/PB (*L-P-S*) #1,4,11,13

Faber, Johann Matthäus, *24.2.1626 Augsburg, †21.9.1702 Heilbronn; - Ps. Plato (*P*) #4

Faber, Johannes, *um 1504 Heilbronn, †27.2.1558 Heilbronn; - auch Johannes Fabri; gen. Cussius (*P*) #4,13

Faber, Johannes, *(1519) Stein a. Rhein; - gen. Lithopolitanus (*P*) #4

Faber, Johannes Basilius Georg, *11.1.1891, †15.12.1932 Berlin; - Ps. Hanns Georg Faber (*N-R*) #3,4

Faber, Karl Wilhelm, *30.9.1842 Kaiserslautern, †10.8.1903 Mülhausen/Elsaß; - Ps. C. W. Faber (*E-L-P*) #1,3,4

Faber, Nicolaus, *(1516); - gen. Wolzanus (*L-P*) #4,13

Faber, Samuel, *3.3.1657 Altdorf, †10.4.1716 Nürnberg; - gen. Ferrando/PB (*L-P*) #4,6,11

Faber, Vitus, *um 1645; - auch Faberius (*P*) #4

Faber, Wenzel, *Budweis, †1520 Budweis; - auch Wenzel Fabri (*P*) #4,13

Fabing, Johann, *17 Jh.; - gen. Der Vergnügte/DG-L #11

Fabri, Heinrich, †um 1452 Schönensteinbach/ Elsaß; - Ps. Heinrich von Schönensteinbach (*P*) #4

Fabricius, Andreas, *2.11.1633 Treuenbrietzen, †9.6.1685 Magdeburg; - Ps. Der Duldende; Theander (*P*) #4

Fabricius, Anton Christian, *(1674); - Ps. Arethophilus; Aretophili (*P*) #4

Fabricius, Conrad Heinrich, *(1659); - auch Conrad Heinrich Fabri (*D*) #4

Fabricius, Johann Albert, *11.11.1668 Leipzig, †30.4.1736 Hamburg; - Ps. Trajanus Bocalini; Trajanus Boccalinus; Sincerus Veridicus (*P*) #4,13,15

Fabricius, Johann Andreas, *18.1.1696 Dodendorf b. Magdeburg, †28.2.1769 Nordhausen; - gen. Ferrando/PB (*P*) #4,11,13

Fabricius, Johann Christian, *7.1.1745 Tondern, †3.3.1808 Kiel; - Ps. Philistus (*P*) #4,13,15

Fabricius, Johann Friedrich, *29.1.1800 Hamburg, †1875 Hamburg; - Ps. Paul Hippodromus (*P*) #4

Fabricius, Johannes, *(1546); - gen. Bolandus (*L-P*) #4,13

Fabricius, Otto von, *8.5.1857 Preßburg, †2.12.1912 Preßburg; - Ps. Otto Gaston (*L-P-R-S*) #1,3,4

Fabry, Gottlieb Leberecht, *21.3.1758 Oels/ Schlesien, †9.2.1814 Breslau; - Ps. Fabri der Jüngere (*D-L*) #4

Fabry, Wilhelm, *25.6.1560 Hilden b. Düsseldorf, †14.2.1634 Bern; - Ps. Wilhelm Fabricius Hildanus; Wilhelm Fabry von der Schmitten (*L-P*) #4,13,15

Fackenheim, Paul Ernst; - Ps. Jerry Cotton; Paul Ernest (*R*) 16

Fadél, Suheil, *23.6.1946 Damaskus/Syrien; - Ps. Rafik Schami (*E-J-M*) #3,4

Faehndrich, Margarita, geb. v. Kiesling, *27.2.1900 München, †8.11.1971 Bernau; - Ps. Angelika von Kiesling (*E-N-P-R*) #3,4

Faerber, Meir Marcel, *29.4.1908 Mährisch-Ostrau, †19.8.1993 Tel Aviv; - Ps. Meir Reubeni (*D-L-N-P-R*) #3,4,18

Faerber, Sigfried, *21.7.1910 Regensburg; - Ps. Konrad Korntheur (*E-J-P-S*) #3,4

Fahn, Peter, *17.9.1892 Köln; - Ps. Curt Gölitz (*P-R*) #3

Fahrig, Klara, *21.8.1848 Ronneburg, †9.3.1905 Loschwitz b. Dresden; - Ps. A. L.; Alma Leschivo (*D-E-L-N-R-S*) #1,3,4

Fahsel, Helmut, *2.11.1891 Kiel; - Ps. Kaplan Fahsel (*P*) #3,4

Fahsius, Johann Justus, *1672 Greußen, †1734 Goslar; - auch Fase (*D-P-S*) #4

Failer, Marlies, *(1986); - Ps. Eva-Maria Harden (*P*) #3

Fajkmajer, Elise, *29.4.1871 Wien, †24.2.1944 Wien; - Ps. Elise von Reizenhofen (*L-N-R*) #1,3,4

Faktor, Emil, *31.8.1876 Prag, †Lodz; - Ps. Jussuf (*D-L-P-S*) #1,4,18

Falck, Paul Theodor, *31.8.1845 Reval; - Ps. Theodor a Santa Paolo; Th. Paul (*P*) #3,4

Falckenberg, Otto, *5.10.1873 Koblenz, †25.12.1947 München; - Ps. Peter Luft (*L-P-S*) #1,3,4,15

Falk, Eduard, *1.9.1960 Graz; - Ps. e falk (*E-F-R*) #3

Falk, Heddy, *30.1.1897 Wien, †15.5.1951 Graz; - Ps. Peter Priel (*R*) #3,4

Falk, Hermann, *29.6.1901 Gleiwitz, †1981; - Ps. Andrea Andrewska; Erik Allan Bird; Hanni Birkmoser; Christl Brunner; Sandra Carsten; William O. Cassy; Claudia Cornelia; Stefanie Cronau; Frank Dalton; Orge Eyll; Elisabeth Falk; Hans Georgen; Alexander Harden; Gisela Hayden; Claudia von Hoff;

Susanne Hohenstein; , Andrea Holm; Dan Kennan; Ron Kimble; Beatrix Lauda; Torsten Lindstroem; Anette Meissner; Claudia Norden; Wera Orloff; Glenn Patton; Sabine Peters; Peter Schwarze; Henry O. Scott; Sam Turrek; Heinz Volker; Regina Wagner; Gerda Wendtland *(D-E-J-P-R)* #3,4

Falk, Johannes Daniel, *28.10.1768 Danzig, †14.2.1826 Weimar; - gen. Johannes von der Ostsee *(D-E-L-P)* #1,4,5,6,13

Falk, Norbert, *5.11.1870 Mährisch-Weißkirchen, †16.9.1932 Berlin; - Ps. Otto Berti; L. Orbing *(R-S)* #1,4

Falk, Walter, *7.12.1895 Mühlberg/Elbe, †12.8.1963 Castrop-Rauxel; - Ps. Peter Gött; Werner Spiegel *(L-P-S)* #3

Falk-Breitenbach, Eugen, *26.2.1903 Offenburg; - Ps. Eugen Falk *(E-L-P)* #3,4

Falke, Gustav, *11.1.1853 Lübeck, †8.2.1916 Großborstel b. Hamburg; - Ps. Rob. Rabe *(L-N-P-R)* #1,3,4,5,15,17

Falke von Lilienstein, Amalie, *18.8.1868 Wien, †8.11.1956 Wien; - Ps. Amalie Falke; A. Falstein *(E-N-R)* #1,2,3,4

Falke von Lilienstein, Hans, *24.9.1862 Wien, †24.2.1932 Graz; - Ps. Hans Falke *(E-L-P)* #1,3,4

Falkenstein, Johann Heinrich von, *6.10.1682, †3.2.1760 Schwabach; - Ps. Johannes ab Indagine *(P)* #6

Falkenstein, Ludwig Freiherr von, *6.8.1797 Lussow/Pommern, †28.3.1871 Warmbrunn; - Ps. Oedip d. Ä.; Freimund Ohnesorgen *(E-P-S)* #4,11

Falkmann, Christian Friedrich, *2.7.1782 Schötmar/Lippe, †14.2.1844 Detmold; - Ps. Eusebius Wahrlieb *(L-P)* #1,4

Fallot, Eugen, *27.8.1837 Mülhausen/Elsaß, †8.10.1918 Mülhausen; - Ps. E. F. Landsman *(E-L)* #1,4

Fallou, Friedrich Albert, *11.11.1794 Zörbig b. Dessau, †6.9.1877 Dietzenhain b. Waldheim; - Ps. Balduin Friedrich *(L-P)* #4,15

Falls, J. C. Ewald, *12.6.1885 Neukirchen b. Ziegenhain; - Ps. Musa Efendi Muhamad *(L-P)* #3,4

Falvella, Teresia Ilse Gräfin, geb. Heye, *12.3.1895 Düsseldorf; - Ps. Ilse Heye; Ilse Röchling *(E-L-N)* #3,4

Falzari, Felix, *23.3.1859 Venedig, †21.9.1912 Wien; - Ps. Emil Brenta; Hans Hoffmann *(D-E-L-N-S)* #1,3,4

Fandel, Franziska, *25.2.1885 Arolsen/Waldeck, †3.6.1976 Kassel; - Ps. Stella Maris *(E-J-L-R-S)* #3,4

Fändrich, Hans, *26.8.1880 Freiberg/Sa.; - Ps. Johannes Fährmann; Karl Helmuth; Oskar Steinbach *(P)* #3

Fangk, Dorothea, *4.4.1923 Stendal; - Ps. Dorothee Siebenbrodt *(E-J)* #3,4

Fangmeier, Norbert, *1948; - Ps. Alf Metler *(R)*

Fankhauser, Gottfried, *21.11.1870 Trub b. Bern, †23.3.1962 Bern; - Ps. Christoffel Truber *(E-L-P)* #4

Farau, Alfred, *10.12.1904 Wien; - Ps. Fred Hernfeld *(D-F-L-R)* #3,4,18

Färber, Otto Robert, *22.2.1892 Urach/E., †15.3.1993 Tels-Bairbach; - Ps. Robert Ferling *(P-R)* #3,4

Färber, Wilhelm Friedrich, *16.7.1841 Sonnborn b. Elberfeld, †18.4.1905 St.Louis/USA; - Ps. Guilhelmus Clericus *(L)* #1,3

Farga, Franz, *10.10.1873 Budweis/Sudeten, †11.8.1950 Wien; - auch Farka *(P-R)* #3,4

Farine, Pierre, *16.5.1958 Spiegel b. Bern; - Ps. Peter Fahr *(F-P-R)* #3

Farinoli, Colombo, *9.3.1911 Wohlen/Aargau; - Ps. Colombo; Hugo Rheinthal; Hans Sutter *(L-N-P-R)* #3,4

Farkas, Erich Viktor, *16.1.1899 Graz; - Ps. Viktor Wolf *(E-L-M-N)* #3

Fasching, Johann, *19.7.1847 Jetzleb b. Vitis/Ö., †2.5.1888 St.Pölten; - Ps. Johann B. Fastenau *(E-R)* #4

Faßbinder, Franz, *10.6.1886 Trier, †29.5.1960 Bonn; - Ps. Franz J. Falckenberg *(E-L-P)* #3,4

Faßbinder, Hanns-Heinrich, *25.8.1918 Essen; - Ps. Hanns Florin *(F-L-N-P-R)* #3,4

Faßbinder, Joseph Matthias, *11.9.1883 Trier, †1952 Freiburg/Br.; - Ps. Wolf Bertram *(L-P-N)* #4

Fasser, Caroline, geb. Schmid, *14.11.1855 Preßburg, †20.4.1939 Wien; - Ps. Caroline Fasser-Schmid; Caroline Schmid; Erwin Steinau *(E-J-N)* #1,4

Faßmann, David, *20.9.1683 Oberwiesenthal, †14.6.1744 Lichtenstadt/Böhmen; - Ps. Pithander von der Quelle *(P)* #4,13,15

Fastenrath, Luise, *10.3.1858 Zombor; - Ps. L. v. Asten *(L-N-P)* #3

Fastenrath, Rudolf, *12.3.1856 Kreuzweg b. Halver/Westf.; - Ps. Alfred Morgen *(D-L-P-S)* #1,3,4

Fath, Wilhelm, *26.8.1901; - Ps. Kilian Kerst *(E-L-N)* #3,4

Faul, Otto, *11.2.1904 Boberstein/Schles.; - Ps. Alldur; ORF *(P)* #3

Faul-Farkas, Johann, *1884 Zsambek/Ungarn; - Ps. Hans Faul *(R)* #4

Faulfisch, Peter, *um 1385 Tauschkow o. d. Miß/Böhmen, †1440 Prag; - gen. Peter von Dresden; Petrus Dresdensis *(P)* #4,6

Fausch-Bossert, Helene, *8.4.1907 Zunzgen/Basel-Land; - Ps. Helene Bossert *(E-F-L)* #3,4

Faust, Margarete, *21.10.1901 Potsdam, †6.11.1989 Frankfurt/M.; - Ps. Margarete Buber; Margarete Buber-Neumann *(P-R)* #3,4,18

Faustmann, Karl, *24.3.1877 Rockenberg/Hessen, †6.10.1942 Mainz; - Ps. Bruder Michael *(E-L-P)* #3,4

Féaux, Emy du, *16.2.1837 Kurland; - Ps. Emy Asplind; Ernst Dorn; Kurland; Talsen (*N-R-S*) #1,2,3,4

Fechner, Anna, *(1898); - Ps. Anna vom Lande (*N*) #3

Fechner, Gustav Theodor, *19.4.1801 Groß-Särchen/Niederlaus., †18.11.1887 Leipzig; - Ps. Roger Baco; Dr. Mises (*P*) #1,3,4,6,15

Fechter, Emma, *28.11.1878 Paderborn; - Ps. Emma Vockeradt (*N-R*) #3

Fechtner, Wolfgang, *(1984); - Ps. Jean Baptist; Jerry Cotton; Maximilian Döbling; Stefan Frank; Stefan Holl; Wolfgang Kollberg; Rodolfo Rocco; Robert Shannon (*P-R*) #16

Feddersen, Johannes, *6.12.1905 Altona; - Ps. Louis Vetter (*E-N-R*) #3,4

Feder, Ernst, *18.3.1881 Berlin, †29.3.1964 Berlin; - Ps. Ernesto A. Feder; Spectator (*P*) #3,4,18

Federau, Wolfgang, *8.3.1894 Danzig, †18.5.1950 Lübeck; - Ps. Otto Wilhelm Beise; Axel Rasmussen; Felix Rohmer; Manfred Tiefental; Fred Westmark; Benedikt Zorn (*E-J-L-N-P*) #3,4

Federle, Elisabeth, *16.7.1911; - Ps. Irene Waldner (*J-R*) #3,4

Federmann, Reinhard, *12.2.1923 Wien, †29.1.1976 Wien; - Ps. Fedor; Randolph Mills (*E-P-R*) #3,4,5,7,8

Feger, Robert, *10.7.1918 Durbach/Baden; - Ps. Hans Bachroth (*E-P*) #4

Fehér-Pataky, Coloman von, *8.1.1869 Wien; - Ps. K. Fehér; C. F. Pataky (*L-N-P*) #3

Fehlandt, Elsa, *8.12.1882 Hamburg; - Ps. Norbert Sunderland (*R-S*) #3

Fehlmann-Epprecht, Lucia, *4.7.1904 Illnau/Zürich; - Ps. Lucia Epprecht (*E-J*) #4

Fehrenbach, Anneliese, geb. Fey, *7.2.1926 Offenbach; - Ps. Anneliese Fey (*E-L-N-R*) #3

Feibelsohn, Emma, *13.12.1862 Schildberg/Posen; - Ps. Elit Felson (*J-P*) #2,3,4

Feibelsohn, Laura, *27.4.1861 Schildberg/Posen; - Ps. Laura Feil (*D-P*) #2,3

Feichtinger, Eva, *14.4.1925 Linz/Do.; - Ps. H. Salinger (*P*) #3

Feierabend, Maurus Karl August, *16.8.1812 Stans/Unterwalden, †24.7.1887 Luzern; - Ps. Anastasius Freimund (*D-P-S*) #1,3,4

Feierabent, Stephan, *21.3.1523 Schwäbisch Hall, †21.8.1574 Heilbronn; - auch Feyerabend (*L-P*) #4

Feige, Emilie, *1801 Minden, †um 1860 Dresden; - Ps. Sabine Eberhard (*E-J-L-P*) #4,17

Feige, Johann Konstantin, *um 1658 Löwenberg/Schles.; - Ps. Johann Konstantin Feigius (*P*) #4,13

Feige, Paul, *29.10.1857 Ohra; - Ps. Paul Gregor; Gregor von Woltersdorff (*P*) #3

Feigel, Hans-Dieter, *22.3.1936 Mutzschen b. Grimma/Sa.; - Ps. Hans Rothen (*E-J-P*) #3,4

Feigenspan, Bruno, *1.7.1871 Berka a. W.; - Ps. Bruno Berka (*P*) #3

Feigenwinter, Hedwig, *27.5.1860 Zürich, †31.8.1949 Neerach/Zürich; - Ps. Hedwig Kym (*L*) #4

Feiges, Friedrich, *2.3.1870 Burkhardsdorf; - Ps. Hanns Wildeck (*D-N-P*) #3

Feiks, Emma, *10.11.1899 Pottenbrunn/N.-Ö., †4.5.1975 Wien; - Ps. Emmy Feiks-Waldhäusl (*E-J-L-R*) #3,4

Feil, Georg, *1.4.1943 Dorsten; - Ps. Steffen Kent; Christoffer Knock (*F-J-P-R*) #3

Feilchenfeld, Leopold, *24.6.1861 Culm a. W.; - Ps. Leopold Fehlau (*P*) #3,4

Feind, Barthold, *1678 Hamburg, †15.10.1721 Hamburg; - Ps. Aristobulus Eutropius; Wahrmund Sincerus; Wahrmund (*D-L-P-R-S*) #1,4,13,15

Feistmann, Rudolf, *28.1.1908 Fürth, †1950 Berlin; - Ps. Rudolf Fürth (*P*) #18

Feistmantel, Auguste von, verw. Johanny, *1843 Neu-Arad; - Ps. A. Johanny (*N-P*) #2

Feitzinger-Wolf, Anna, *25.4.1859 Wien; - Ps. E. Laferme; A. Trebor; A. F. Wolf (*P*) #2,3

Feix, Ingeborg, *19. Jh.; - Ps. Ingeborg Waldheim (*L-P*)

Felber, Eugen, *24.1.1902 Luzern, †5.8.1970 Luzern; - Ps. August Zetterli (*P*) #4

Felber-Jeker, Aline, *4.4.1860 Olten/Schweiz, †17.11.1911 Zürich; - Ps. Aline Fahlweid (*L-M-P*) #1,2,4

Felbinger, Klaus, †19.7.1560 Landshut; - gen. Schlosser (*L-P*) #4

Feld, Hans, *15.7.1902 Berlin; - Ps. HAF; ULU (*P*) #18

Feld, Laura, *3.6.1851 Barmen; - Ps. Hans Jordaens (*E-L-N-S*) #1,3,4

Feld, Leo, *14.2.1869 Augsburg, †5.9.1924 Florenz; - urspr. Leo Hirschfeld (*D-S*) #1,3,4

Felde, Albert zum, *9.9.1675 Hamburg, †27.12.1720 Kiel; - Ps. Karl Ferdinand Lebejus (*P*) #4,13

Felder, Cajetan von, *19.9.1814 Wien, †30.11.1894 Wien; - Ps. Cramer (*P*) #4,13,15

Felder, Hans, *1.2.1905 Chemnitz; - Ps. Hannes (*L-S*) #3

Feldhahn, Johann Gustav, *um 1792 Dessau, †16.7.1822 b. Arta/Griechenl.; - Ps. Gustav Feldhann (*P*) #4

Feldhaus, Franz Maria, *26.4.1874 Neuß, †22.5.1957; - Ps. Franz Marius (*P*) #3,4

Feldheim, Achatius von, *17. Jh.; - gen. Der Nächste/DG-N #11

Feldheim, Arthur, *22.12.1868 Nürnberg; - Ps. Gaston Hanfstengel (*E-P*) #3

Feldheim, Ursula Hedwig von, *17. Jh.; - gen. Die Kluge/DG-N #11

Feldhoff, Hans-Heinrich, *14.8.1908 Berlin; - Ps. Jean Inconnu (*P*) #4

Feldkircher, Joseph, *3.3.1812 Andelsbuch/Ö., †2.9.1851 Bamberg; - Ps. Agroklesios (*L*) #1,4

Feldman, Edward D., *24.7.1881 Krakau; - Ps. Alphonse de Thyra (*L-N-P*) #3

Feldmann, Josef, *23.6.1858 Echtz b. Düren; - Ps. J. Agrander (*E*) #1,3
Feldtmann, Harro, *7.9.1917 Bargfeldt/Stormarn; - Ps. Robert H. F. Free (*E-L-N-R*) #3
Felgel-Feldegg, Viktor Ritter von, *30.12.1874 Wien; - Ps. Viktor Feldegg (*L-N*) #1,3,4
Felgenhauer, Paul, *1593 Patschwitz/Böhmen, †um 1677; - Ps. Christian Crucigerus; Paulus der Geringste unter allen Heiligen; Paulus zu Philadelphia (*P*) #4,15
Felix, Oskar, *12.8.1887 Wien; - Ps. Felix (*S*) #3,4
Felix-Atteslander, Eva-Maria, *4.9.1933 Zürich; - Ps. Eva-Maria Felix (*E-J*) #3,4
Felkl, Gertraud, *26.4.1921 München; - Ps. Gertraud Hilgendorff (*D-P-R*) #3,4
Fell, Johanna, *31.1.1894 Barth/Meckl., †5.8.1969 Aachen; - Ps. Johanna Zaeske-Fell (*E-L-N-S*) #3,4
Feller, Eleonore Tugendreich, *24.12.1730 Löbau/Sa., †3.4.1783 Bautzen; - Ps. Eleonore Tugendreich Ruppelius (*L*) #4
Feller, Joachim, *30.11.1628 Zwickau, †5.4.1691 Leipzig; - Ps. Cholander; Franciscus Dermasius Hermundurus (*L-P*) #4,6, 13,15
Fellinger, Johann Nepomuk Georg, *3.1.1781 Peggau/Steiermark, †27.1.1816 Adelsberg/Krain; - Ps. Gustav (*D-L-P-S*) #1,4,11,13,15
Fellinger, Richard Josef, *26.3.1872 Elberfeld, †1952; - Ps. Richard Freiling (*D-P*) #1,3,4
Fellmann, Hans Georg, *9.5.1891 Aachen; - Ps. Hans Jürgen (*D-L-P*) #3,4
Fellmann, Maria, *28.4.1896 Berlin; - Ps. Friedrich M. Fellmann (*E-F-L-N-P-R*) #3,4
Fellner von Feldegg, Ferdinand, *10.3.1855 Piacenca/Italien, †8.12.1936 Wien; - Ps. Ferdinand von Feldegg (*D-P-N*) #1,3,4
Fellner von Feldegg, Marie, *9.5.1860 Wien, †15.12.1908 Wien; - Ps. Marie von Feldegg; E. Wahlheim (*E-P-R*) #1,2,3,4
Felsing, Helene, *20.12.1852 Grund/Harz, †29.11.1906 Berlin; - Ps. Helene Pichler (*N-P-R*) #1,2,3,4
Felsing, Otto, *12.1.1854 Berlin, †um 1920 Berlin; - Ps. Nordenfels (*D-E-J-P-R*) #1,3, 4,17
Felsinger, Edwin, *21.11.1921 Wien; - Ps. Erwin Felsmann (*E-N-R*) #3,4
Felß, Karl Christian, *24.4.1779 Danzig, †25.7.1837 Danzig; - Ps. Carl Laroche (*P*) #4,11
Felßecker, Wolf Eberhard, *um 1625 Nürnberg; - Ps. Johann Fillion (*L*) #4
Felten, Elsa, *22.8.1883 Mainz; - Ps. Elsa Felten-Schreck; Judith Vent (*J-L-M*) #3,4
Felten, Wilhelm, *2.3.1856 Düren; - Ps. Germanus (*P*) #3
Fenchl, Emilie, *29.4.1933 Runding/Opf.; - Ps. Ina Böll; Maria Ertl (*L*) #3,4
Fende, Michael, *um 1550; - Ps. Michael Fendius (*L-P*) #4
Fenkohl, Carl Friedrich, *18.11.1767 Königsberg, †6.12.1839 Ansbach; - Ps. Carl Friedrich Regiomontanus (*N-P*) #4,6
Fentsch, Eduard, *1814 München, †12.2.1877 Augsburg; - Ps. Frater Hilarius (*E-N-P-R*) #1,4,11,13
Fenyvessy, Karl, *19.4.1915 Vámoscalád/Ungarn, †15.3.1970 Köln; - Ps. Karl Csermely; Hieronymus (*L-N-R*) #3,4
Ferber, Nikolaus, *um 1480 Herborn, †15.4.1535 Toulouse; - gen. Herborn; Stagefyr (*P*) #4,13,15
Ferber, Otto, *um 1790, †1831 Kolberg; - auch Otto Färber; Ps. Robert Feretto (*E-R*) #4,6
Ferch, Johann, *3.6.1879 Wien, †26.1.1954 Wien; - Ps. J. Ferron; Johann Freiner; J. Silvanus (*D-J-P-R*) #3,4
Fernau, Joachim, *11.9.1909 Bromberg, †24.11.1988 München; - Ps. John Forster (*E-L-P-R*) #3,4,5,8
Ferrari, Emil, *15.3.1843 Wien, †18.11.1902 Wien; - Ps. Moret; Morret; Alfred Wallis (*D*) #4
Ferrari, Gustav, *19.2.1922 Koblenz; - Ps. Stefan Eisner (*D-R-S*) #3
Ferschl, Maria, *18.3.1895 Melk/Ö.; - Ps. Maria Schmit (*E-L-R*) #3,4
Fersehl, Thomas, *(1675) Krems; - auch Thomas Ferselius (*P*) #4
Fervers, Hans, *18.9.1911 Frankfurt/M.; - früher Kurt Fervers (*E-P*) #3,4
Fervers, Louise, *(1982); - Ps. Luisa Ferber (*R*) #3
Festenberg-Packisch, Gustav von, *13.3.1892 Wiener-Neustadt, †1969; - Ps. Gustav von Festenberg (*L-N-R*) #3,4
Festenberg-Packisch, Hermann von, *4.8.1832 Breslau; - Ps. Hermann Vesten (*D-L-P-S*) #1,3,4
Fetscher, Iring, *4.3.1922 Marbach/Neckar; - Ps. Edler von Goldeck (*P*) #3
Fett, Wilhelm August, *15.6.1856 Klein Massow; - Ps. C. I. Cero; G. R. Obian (*P*) #3
Fetzer, Karl August, *5.8.1809 Stuttgart, †14.9.1885 Stuttgart; - Ps. Giovanni Frustra; Berthold Staufer (*D-L-P*) #1,3,4
Feuchtwanger, Lion, *7.7.1884 München, †21.12.1958 Pacific Palisades b. Los Angeles; - Ps. J. L. Wetcheek (*D-P-R-S*) #1,3,4,5, 8,10,14,15,18
Feuerring, Joseph, *6.1.1872 Zborów/Galizien; - Ps. Jos. Fr. von Ring-Zborów (*P-R*) #1,3,4
Feurstein, Eva, *3.2.1891 Magdeburg; - Ps. Rolf Römer (*M-N-S*) #3,4
Feurstein, Käthe, geb.Gnadeberg, *5.6.1912 Reval/Estland; - Ps. Käthe Gnadeberg; Käthe Roeder-Gnadeberg (*E-J-L-M-S*) #3,4,17
Feußner, Daniel, *10.12.1875 Cölbe b. Marburg, †1935 Breslau; - Ps. Orion (*E-R*) #1, 3,4
Feustel, Christian Jacob, *1655 Zwickau, †10.8.1729 Grimma; - Ps. Christfried (*P*) #4

Fey, Carl, *6.6.1861 Koblenz; - Ps. F. Carley (*P*) #3

Fey, Valentin Ludwig, *4.6.1882 München, †9.2.1948 München; - Ps. Karl Valentin (*P*) #4,5,8

Feyerabend, Karl B., *um 1765 Danzig; - Ps. Johannes Cosmopolitanus (*D-E-J-P*) #4

Feyge, Bernhardinus, *(1500); - gen. Caricinus (*L*) #4

Fezer, Johann Jakob, *23.8.1760 Reutlingen, †1844 Reutlingen; - auch Fetzer; Ps. Antiromanus (*P*) #4

Fiala, Bartholomäus, *18.1.1889 Wien; - Ps. Bartl Christof (*D-P-S*) #3,4

Fichard, Johann Karl von, *16.4.1773 Frankfurt/M, †16.10.1829 Frankfurt/M.; - gen. Baur von Eyßeneck (*L-P*) #1,4,13,15

Fichelscher, Walter F., *25.12.1896 Berlin, †28.8.1985 Berlin; - Ps. Christopher; Andrée Fichell (*F-N-R-S*) #3,4

Fichtner, Ida, *11.3.1849 Ölse/Schles.; - Ps. Ida Naerger (*E-L-N-R-S*) #1,2,4

Fickert, Fredulphus August, *1.5.1879 Oberrodenbach b. Hanau, †8.3.1965 Wien; - Ps. August Rodenbacher (*D-E-S*) #3,4

Ficus, Emmy, *24.10.1885 Frankfurt/M.; - Ps. Castagnola (*E-R-S*) #4

Fiddicke, Max, *28.6.1882 Berlin; - Ps. Alexander Weise (*P*) #3

Fiddikow, Hermann, *4.9.1909 Hannover; - Ps. Hermann Fidow (*E-F-P-R-S*) #3,4

Fidler, Andreas, *26.11.1736 Wien, †23.2.1802 Wien; - gen. Marian (*P*) #6

Fieber, Friedrich, *25.12.1835 Prag, †18.12.1882 Wien; - Ps. Friedrich Wolfersdorf (*L*) #1,3,4

Fiebrandt, Herbert, *2.6.1899 Berlin, †1945 gef.; - Ps. Herbert Paatz (*E-J*) #3,4

Fieck, Erich, *10.1.1905 Berlin; - Ps. Erich A. Richards (*R*) #3

Fiedler, Aribert W., *31.7.1889 Zittau, †18.7.1967 Wittingen; - Ps. Bert W. Rell (*R*) #3,4

Fiedler, Franz, *2.12.1872 Bautsch/Mähren; - Ps. Reinhold Sommer (*D-S*) #3,4

Fiedler, Friedrich, *16.11.1859 St.Petersburg; - Ps. Florian Alm (*D*) #1,3,4

Fiedler, J. H., *(1888); - Ps. Hrt. Grabbé (*E-J-R-S*) #2,3

Fiedler, Karl Ferdinand, *17.6.1799 Baruth/Kurland; - Ps. Friedrich von der Linde; Ferdinand Wachsmuth (*L-P*) #4,6

Fiedler, Philipp, *15.8.1840 Oederan/Sa., †15.11.1919 Crostewitz/Sa.; - Ps. Kurt Falkenau (*L-R*) #1,3,4

Fiedler, Rosemarie, *5.9.1922 Lohmen/Elbe; - Ps. Rosemarie Fiedler-Winter; Rosemarie Winter (*F-J-P*) #3,4

Fielitz, Hans Paul, *27.2.1928 Fangenschleuse-Werlsee; - Ps. Andreas Grosse; Ulrich Mechler; Werner Noack (*D-P-R-S*) #3,4

Fienhold, Wolfgang Günther, *10.9.1950 Darmstadt; - Ps. F. Radebrecht; Edgar Walatze (*F-L-N-P-R*) #3,7

Fierz-David, Linda, *10.1.1891, †1955; - Ps. Linda David (*M-P*) #3

Fietzek, Petra, *24.3.1955 Frankfurt/M.; - Ps. Petra Engels (*E-L*) #3

Figdor, Karl, *31.8.1881 Wien, †21.6.1957 Zürich; - Ps. r. o.; Alex Siegert; Percy Trunx (*N-P-R*) #3,4,7,18

Figdor-Kreitner, Maria, *2.8.1907 Wien; - Ps. Maria Kreitner (*E-R*) #3,4

Figge, Karl W., *21.8.1891 Essen; - Ps. Ing. von der Ruhr (*P*) #3

Fikenscher, Georg Wolfgang Augustin, *28.8.1773 Bayreuth, †4.9.1813 Bayreuth; - Ps. Philalethes (*P*) #4

Filek Edler von Wittinghausen, Egid, *18.1.1874 Wien, †20.4.1949 Wien; - Ps. Egid Filek (*E-P-R*) #1,3,4

Filek-Wittinghausen, Werner von, *2.5.1934 Wien; - Ps. Arty Wittinghausen (*E-F-N-P*) #3,4

Filg, Johann Conrad, *um 1649 Münzenberg/Wetterau, †27.11.1712 Usingen; - urspr. Filgus (*P*) #4

Filip, Franz, *14.3.1903 Wien; - Ps. Frank Filip (*D-F-P*) #3

Filskow, J. P., *29.12.1856 Buhrkall; - Ps. Karl Buhr (*P*) #3

Filtsch, Charlotte Molly, *24.11.1854 Wien; - Ps. Charlotte Fielt (*N-R*) #1,3,4

Finaly, Dorothea, geb. Dolezal, *26.3.1914 Wien; - Ps. Dorothea Dolezal; Dora Thaler (*J-R*) #3,4

Finck, Carl, *22.9.1814 Kassel, †17.1.1890 Kassel; - auch Carl Fink (*E-L*) #1,4

Finck, Werner, *2.5.1902 Görlitz, †31.7.1978 München; - Ps. Schauspieler (*L-P*) #3,4,5,8

Fincke, Clara, *4.12.1859 Danzig; - Ps. Harald Eknif (*E-N-R*) #1,3,4

Finckelthaus, Gottfried, *23.2.1614 Leipzig, †4.8.1648 Bautzen; - Ps. Gregor Federfechter von Lützen (*L-P*) #1,4,5,6,11,13,15

Findeisen, Kurt Arnold, *15.10.1883 Zwickau, †18.11.1963 Dresden; - Ps. Wendelin Dudelsack (*E-F-L-P-R-S*) #3,4,5,10,14

Findeisen, Walter, *7.12.1903 Wünschendorf/Erzgeb.; - Ps. Walter Findeisen-Wünschendorf (*E-L-R*) #3,4

Findel, Gottfried Josef Gabriel, *21.10.1828 Kupferberg/Bay., †27.1.1905 Leipzig; - Ps. Martin Bischof (*P-R*) #1,3,4,15

Findling, Johannes, *Kreuznach, †1538 Amberg; - Ps. Johannes Apobolymäus (*P*) #4,15

Findling, Moritz, *4.8.1867 Wien; - Ps. Bodo von Folkert; Morello; Otto Sievers; Maurice Trouvé; Erwin Hans Uhlen (*N-P*) #1,3,4

Fink, Alois, *19.2.1920 Gotteszell/Bay.Wald; - Ps. Mathias Schaching (*F-P-R*) #3,4

Fink, Anton Wilhelm Christian, *1770 Halle/S., †15.6.1794 Rothenburg/S.; - Ps. Gustav Edinhard; Attila Eppo (*D-E-R*) #4,6,11,13

Fink, Arthur-Hermann, *26.8.1907 Solingen; - Ps. Arthur Hafink; Felix Kulpa (*L-P*) #3

Fink, Christian Anton Wilhelm, *7.3.1783 Bad Sulza/Thür., †27.8.1846 Halle/S.; - Ps. Gustav Edinhard (*L-P*) #4,11,13,15

Fink, Emanuel, *19.3.1855 Santomischl; - Ps. Friedrich Ernst (*P*) #3

Fink, Gertrud, *11.8.1888 Tübingen; - Ps. Gertrud Nekker (*P-R*) #3

Fink, Grete, geb. Töbich, *6.7.1898 Leibnitz/Steierm.; - Ps. Grete Fink-Töbich; Margarete Töbich-Fink (*E-J-P-R*) #3,4

Finke, Edmund, *23.7.1888 Wien, †11.3.1968 Wien; - Ps. W. B. Nevis (*E-L-R*) #3,4

Finkelstein, H. F., *13.2.1886 Lemberg; - Ps. Finot; Finst (*P*) #4,18

Finn, Samuel Joseph, *1818 Wilna, †11.1.1889 Wilna; - Ps. Honigmann; Dr. Lehmann; Dr. Philippsohn (*E-R*) #4

Finx, Erasmus, *19.11.1627 Lübeck, †20.10.1694 Nürnberg; - Ps. Theophilus Anti-Scepticus; Freundlieb Ehrenreich; Erasmus Francisci; Christian Minsicht; Theophil Urbini (*E-P*) #4,6,11,13

Finx, Joachim Christoph, *um 1622 Tangermünde; - Ps. Der Getreue (*L-P*) #4

Finx, Peter, *17. Jh.; - gen. Der Hütende/DG-L #11

Fischach-Fabel, Renate, *9.10.1939 Berlin; - Ps. Renate Fabel (*R*) #3

Fischart, Johann Baptist Friedrich, *1546 Straßburg, †1590 Forbach; - Ps. Jacob Eysenberg; J. Fischaert; Johann Fischer; J. Artwisus von Fischmenzweiler; Huldrich Christ zu Gotstatt bey Bethaven; Huldrich Elloposcleros; Jacob Evsenberg; Donatus Gotuisus Triuonensis; Baptista Guisart; Johann Friedrich Gwischart; J. Hartfisch; Ifgem; Emericus Lebusius; Johann Liebhart; J. Frider Manätzer; Ulrich Mansehr von Treübach; J. F. G. Medicus; Meintzer; Alonicus Meliphron Theutofrancus; H. F. Mentzer; J. F. G. Mentzer; B. G. Mercurianus; Mögeintzer; H. E. Mörewinder; F. G. Moguntinus; J. F. Molanus; M. Adamus Nachenmoser von Brendwälden aus Churland; Nasenfischer Mentzer; Ulysses Odyssäus; J. Piccart; Jesuwalt Pickhart; J. F. Retznem; Reznem; Georg Goldrich Saltzwasser; Weinholde Seinhult von Narmur im Nebelschiff; Trachschiph; J. Noha Trauschiff von Trübuchen; Trauschiph; Winhold; Donatus Wisart; Huldrich Wisart; Donatus Wisartus Triuonensis; Huldrich Wischhart; Winhold Alcofribas Wuestblutus (*L-P*) #1,4,5,6,11,13,14,15,19

Fischel, Maximilian, *3.10.1779 Wien, †2.5.1812 Wien; - auch Fischl (*D-L-P-S*) #4

Fischer, Adolf, *1817 Landsberg/Warthe, †12.12.1872 Landsberg/Warthe; - Ps. Adolf Mörner (*L*) #1,4

Fischer, Ägidius, †um 1815 München; - Ps. J. F. Schlez (*P*) #4

Fischer, Alois, *21.6.1894 Kaaden/Eger; - Ps. Alois Fischer von der Eger; Fischer-Egerbrück (*P*) #3

Fischer, Amalie, *17.11.1851 Darmstadt; - Ps. W. A. Fischer (*E-J-P-R*) #1,3,4

Fischer, Anton Louis, *26.3.1838 Görkau b. Komotau; - Ps. Eugen Gildesheim (*R*) #3,4

Fischer, August, *1.3.1869 Hamburg; - Ps. Fischer von Langenharm (*P-S*) #3

Fischer, Betti, *18.3.1829 Bremen, †14.11.1907 Freiburg/Br.; - Ps. E. Rutenberg (*D-E-L-S*) #1,2,3,4

Fischer, Carl, *7.3.1900 Frankfurt/M.; - Ps. Cefischer (*L-P*) #4

Fischer, Carl Wilhelm Theodor, *15.9.1840 Oels/Schles.; - Ps. Reschif (*D-E-L-M-S*) #1,3,4

Fischer, Christian August, *29.8.1771 Leipzig, †14.4.1829 Mainz; - Ps. Christian Althing; Hermann Eckard; G. Erichsohn; Felix von Fröhlichsheim; F. Hebenstreit; Isaac Martin; Pruzum d. J.; Bernhard Roll; Gottvertrau Schwann; Adam Theobald (*D-E-N-P-R-S*) #1,4,6,11

Fischer, Christoph, *20.1.1518 Joachimsthal, †11.9.1598 Celle; - auch Christoph Vischer (*L-P*) #4,13

Fischer, Claus, *1951; - Ps. Christopher Barr; James Barry; Mark Cramer; Cornelius Fischer; King Fisher; Everett Jones; Jean Lafitte; Bodo Reich; Franco Solo (*P-R*) 3,16

Fischer, Elisabeth, geb. Markgraff, *1868 Stettin; - Ps. Elisabeth Fischer-Markgraff; Elisabeth Markgraff (*D-E-J-N-R*) #3,4

Fischer, Elise, *1.7.1827 Skien/Norw.; - Ps. E. Löngfeldt (*E-M*) #2,3,4

Fischer, Else, *22.1.1903; - Ps. Alfred Faber; Elisabeth Fischer; Else Wernecke (*E-R*) #3

Fischer, Ernst, *3.7.1899 Komotau/Böhmen, †31.7.1972 Deutschfeistritz b. Graz; - Ps. Pierre Vidal; Peter Wieden (*D-L-P-R-S*) #3,4,5,8,14,18

Fischer, Ernst H. W., *17.5.1884 Plauen/Vogtland; - Ps. Homunculus; Planer (*D-P*) #1,3,4

Fischer, Eugen, *20.1.1880 Jonen; - Ps. A. E. Am Wasser; Konrad Ambach; E. von Jonenthal; E. Pescatore (*N-R*) #3

Fischer, Felix, *11.7.1888 Niederndodeleben; - Ps. Felix Fischer-Dodeleben (*E-R-S*) #3,4

Fischer, Felix Otto, *9.9.1870 Leipzig; - Ps. Felix Fischer-Plauen; Felix Otto (*D-L-S*) #1,3,4

Fischer, Franz, *17.10.1912 Klosterneuburg/Wien; - Ps. Frank Fischer (*R*) #4

Fischer, Frida, *4.12.1892 Rawitsch/Posen; - Ps. Gotberta Rodin (*F-L-M-P*) #3,4

Fischer, Friedrich, *19.10.1851 Remlingen/Ufr.; - Ps. Friedrich Franke (*N-R*) #3,4

Fischer, Friedrich, *17.7.1866 Althaldensleben b. Magdeburg; - Ps. Friedrich Fischer-Caroli (*L-P-S*) #1,3,4

Fischer, Friedrich Johann, *26.4.1911 Wien, †14.9.1986 Anif b. Salzburg; - Ps. Friedrich Jos Fischer (*L-N-P*) #3,4

Fischer, Frithjof, *23.7.1899 Bonn; - Ps. Frithjof Fischer-Sörensen; Dieter Ott (*E-J-L-R*) #3,4

Fischer, Fritz, *15.11.1901; - Ps. Fiete Fischer (*E-N*) #3

Fischer, Fritz Albert, *(1935); - Ps. Peter Fischer-Darß (*S*) #3

Fischer, Gottlob Eusebius, *1769 Golzen b. Grimma; - Ps. Theophilus Eusebius; D. P. Gerhard; Paul Gerhard (*P*) #4,6,11

Fischer, Gottlob Nathanael, *12.1.1748 Graba b. Saalfeld, †20.3.1800 Halberstadt; - Ps. Franciscus Maria Xaverius ab Indagine (*L-P*) #4,6,11,13

Fischer, Grete, *6.2.1893 Prag; - Ps. Joseph Amiel; Joh. Emanuel Engel (*L-P*) #3,4,18

Fischer, Gustav, *15.12.1888 Schwerin/Mckl., †3.11.1966 Hamburg; - Ps. Storm Fischer (*E-N-R*) #3,4

Fischer, Hanns, *17.9.1889 Schönbrunn/Ofr.; - Ps. Hanns Fischer-Kilp (*E-L-N-R*) #3,4

Fischer, Hanns, *21.1.1898 Wien, †5.3.1947 Heckendorf/Obb.; - Ps. Hans Fischer-Stokkern (*E-J-R*) #3,4

Fischer, Hans, *28.1.1869 Lennep, †10.7.1934 Berlin; - Ps. Kurt Aram (*D-E-N-P-R-S*) #1,3,4

Fischer, Hans, *6.1.1909 Bern, †19.4.1958 Interlaken; - Ps. H. Fis (*L-P*) #4

Fischer, Hans Waldemar, *18.12.1876 Schweidnitz/Schles., †18.3.1945 Berlin; - Ps. Doktor Frosch; Hans F. Frosch (*D-L-P*) #1,3,4

Fischer, Hans Wilhelm, *13.3.1864 Donauwörth; - Ps. Hans Hugo; Hans von der Wörnitz (*D-P*) #3

Fischer, Heinrich Lee, *3.11.1822 Washington/Franklin County, †1909 York/Pennsylvania/USA; - Ps. Fisher (*L*) #1,4

Fischer, Heinz, *27.4.1930 Aschaffenburg; - Ps. H. G. Fischer-Tschöp (*D-J-L-P-S*) #3,4

Fischer, Hugo, *8.12.1853 Neutomischel/Böhmen; - Ps. H. B. Fischer; Hugo Fischer-Anah (*E-P*) #3,4

Fischer, Hugo Wilhelm, *9.1.1894 Wien, †15.3.1965 Wien; - Ps. William Fisher (*E-F-L-P-R*) #3,4

Fischer, Ilse, geb. Reitböck, *15.4.1922 Köln; - Ps. Elisabeth Fischer; Elisabeth Reiböck; Ilse Reitböck (*E-L-P-R-S*) #3

Fischer, Jenny, *10.6.1843 Westen b. Verden/Aller; - Ps. Jenny Bach (*E-M-N*) #1,3,4

Fischer, Johann, *27.3.1546 Straßburg, †26.7.1625 Herborn; - Johannes Piscator (*P*) #4,13

Fischer, Johann, *13.12.1633 Lübeck, †17.5.1705 Magdeburg; - Ps. Christianus Alethophilus (*P*) #4,6,13,15

Fischer, Johann Bernhard von, *28.7.1685 Lübeck, †19.6.1772 Hinterbergen b. Riga; - Ps. Montan; Olympus (*L-P*) #4,6,11

Fischer, Johann Heinrich Ludwig, *15.8.1791 Königsberg/Neumark, †8.6.1855 Schönberg b. Ratzeburg; - Ps. Paul Hellmuth; Friedrich Pentzlin; C. Roderich (*E-J-L-M-P-R*) #1,4,11

Fischer, Johann Karl Christian, *1765 Oels/Schles., †1816 Wien; - Ps. Gustav Fredau (*E-P*) #4,6,11

Fischer, Johann Wilhelm, *22.2.1711 Hanau, †1775 Dudenhofen; - Ps. Adrian Friederici (*P*) #4,6

Fischer, Johannes, *3.1.1590 Berlin, †10.9.1659 Berlin; - gen. Der Reiche/FG 480/1647 #11,12

Fischer, Josef, *16.5.1889 Hiltenfingen/Schwaben; - Ps. Josef Fischer-Hartinger (*D-L-P*) #3,4

Fischer, Joseph, *16.5.1836 Ziemetshausen b. Augsburg, †2.2.1896 Lauingen/Schwaben; - Ps. Quintus Fixlein II; Hyazinth Wäckerle (*L-P*) #1,3,4

Fischer, Julius, *18.5.1852 Gut Saarawenze/Schles., †1918 Breslau; - Ps. Julius Gesellhofen (*L-M-N-S*) #1,3,4

Fischer, Karl, *19.3.1884 Leipzig; - Ps. Karl Fischer-Walden (*D-N-P-R*) #3,4

Fischer, Karl, *26.6.1884 Mannheim; - Ps. Fischer-Bernauer (*L-S*) #3

Fischer, Karl, *20.12.1900 Altona; - Ps. Georg Alfred Vischer (*N-P-R*) #3,4

Fischer, Karl Georg, *22.2.1901 Bochum; - Ps. Karl Georg Fischer-Föbus (*D-F-P-S*) #3,4

Fischer, Karl H., *19.4.1881; - Ps. Karl Hafischer (*L*) #3,4

Fischer, Karl Joseph, *18.5.1885 Rottweil/Neckar, †24.2.1941 Freiburg/Br.; - Ps. Onkel Karl (*E*) #3,4

Fischer, Karoline Auguste, *9.8.1764 Braunschweig, †1834 Frankfurt; - früher Christiani; Ps. Auguste; Karoline Auguste; Verf. von Gustavs Verirrungen (*E-P-R*) #1,2,4,6,9,11

Fischer, Kurt Joachim, *1.6.1911 Konstanz; - Ps. Peter Jungmann (*F-N-P-R*) #3,4

Fischer, Lolo, *20.9.1874; - Ps. Olli Scherfo (*L*) #3

Fischer, Margarete, *11.10.1887 Memel, †16.2.1972 Berlin; - Ps. Margarete Fischer-Falkenberg (*E-N-R*) #3,4

Fischer, Marie, geb. Lette, *(1891); - Ps. Marie Fischer-Lette; J. M. Laup (*L-P*) #2,3,4

Fischer, Max Karl Hermann, *11.1.1887 Stuttgart; - Ps. Fischer-Buchau; Medard; Hermann Scher (*L-P*) #3,4

Fischer, Otto, *3.10.1872 Bärn/Mähren, †8.2.1915 Berlin; - Ps. Otto Berti (*D-S*) #3,4

Fischer, Otto, *4.4.1899 Wien; - Ps. Otto Hoch-Fischer; Peter Pann; Ernst Schaubein (*M-S*) #3,4

Fischer, Otto Ludwig Bartholomäus, *25.6.1855 Böslau b. Wien, †11.7.1880 Boswil/Aarau; - gen. Leo Fischer (*L-P*) #1

Fischer, Paul, *10.1.1870 Wien; - Ps. O. F. Werner (*D-L*) #1,3,4

Fischer, Siegfried, *22.9.1922 Bad Salzelmen; - Ps. Siegfried Fischer-Fabian (*E-L-P-R*) #3,4

Fischer, Siegfried Walter, *8.4.1890 Wien; - Ps. Walter Tyl (*L-P*) #3,4

Fischer, Theodor, *22.3.1872 Reinach/Aargau, †1.5.1925 Basel; - Ps. Waldläufer (*E-J-P*) #4

Fischer, Wilhelm, *um 1828; - Ps. Confucius (*N-P*) #4

Fischer, Wilhelm, *18.4.1846 Csakathurn/Mur, †30.5.1932 Graz; - Ps. Wilhelm Fischer-Graz (*E-L-N-P-R*) #1,3,4,5,15

Fischer, Wilhelm, *13.12.1878 Thal b. Pyrmont, †27.2.1963 Bad Pyrmont; - Ps. Eichhorn; Wilhelm Fischer von Thal; Heliogabal; Piscator (*L-R*) #1,3,4

Fischer, Wilhelm, *18.5.1894 Mährisch Neustadt, †20.12.1946 Salzburg; - Ps. Cator (*E-L-P*) #3

Fischer Bermann, Gottfried, *31.7.1897 Gleiwitz/Schlesien, †17.9.1995 Toskana; - urspr. Gottfried Bermann (*P*) #3,4,18

Fischer Edle von Trammingen, Grety, *26.11.1876 Aschersleben; - Ps. Grety Fischer (*L-N-R*) #3,4

Fischer-Abendroth, Wolfdietrich, *13.4.1941 Essen; - Ps. Courth de Nagy (*E-L-M-R*) #3

Fischer-Zach, Ingrid, *23.11.1936 Oldenburg; - Ps. Gil André (*L*) #3

Fischl, Ludwig, *2.9.1853 Prag, †9.7.1918 Wien; - Ps. F. Ludwig (*R-S*) #3,4

Fischnaler, Konrad, *10.12.1855; - Ps. Pardeller-Fischnaler (*P*) #3

Fisenne, Otto von, *18.7.1930 Köln; - Ps. Paul Verbeek (*E-L-N-P*) #3

Fitzau, Heinrich, *um 1800; - Ps. Alfred von der Aue (*P*)

Fizia, Adolf, *30.3.1873 Reutte, †18.5.1932 Judendorf-Straßengel b. Graz; - Ps. Adolf Johannes (*P*) #1,3,4

Flach, Johannes, *1.3.1845 Pillau/Ostpr., †16.9.1895 Hamburg; - Ps. H. Eben; Hans Flach; A. Lethes; Philosophus (*N-P-R*) #1,3,4

Flachs, Adolf, *17.5.1856 Galatz/Rumän., †3.7.1922 Berlin; - Ps. A. Dolff; Felix A. Mumm; Alexander Partout; Dr. Quidam (*D-E-P-S*) #1,3,4

Flachs, Luise, *17.12.1863 Bottuschan/Rumän.; - Ps. Louise Flachs-Fokschaneanu (*F-R*) #3,4

Flachs, Marie, geb. Fredeking, *22.2.1824 Braunschweig, †20.12.1903 Braunschweig; - Ps. Marie Fredeking (*E-N-R*) #1,3,4

Flachsbinder, Johannes, *31.10.1485 Danzig, †27.10.1548 Heilsberg/Ostpr.; - Ps. Jan Dantyszek; Johannes Dantiscus; Johannes v. Hoven (*L-P*) #4,11,13,15

Flaischlen, Cäsar, *12.5.1864 Stuttgart, †16.10.1920 Hornegg b. Gundelsheim; - Ps. C. F.; Cäsar Stuart (*D-L-R*) #1,3,4,5,8,15

Flake, Otto, *29.10.1880 Metz, †10.11.1963 Baden-Baden; - Ps. Leo F. Kotta; Karel Manders; Werenwag (*D-E-M-P-R-S*) #3,4,5,8,10,14,17

Flamm, Theodor, *14.7.1822 Wien, †3.2.1902 Altlengbach/Ö.; - Ps. Anton Krüpl (*S*) #3,4

Flatow, Curth, *9.1.1920 Berlin; - Ps. C. A. Barett (*F-L-R-S*) #3,4,5

Flayder, Friedrich Hermann, *1596 Tübingen, †6.4.1640 Tübingen; - auch Flayderus (*L-P-S*) #4,13,15

Flechtheim, Ossip K., *5.3.1909 Nikolajew; - Ps. Joseph Florin (*P*) #18

Flechtner, Hans Joachim, *13.12.1902 Stettin; - Ps. Alexander Horla; Hans Sinters; H. J. F. (*D-P-R-S*) #3,4

Fleck, Clara, *5.1.1838 Halberstadt; - Ps. C. Falk (*D-N-S*) #1,3,4

Fleck, Wilhelmine, *16.6.1864 Grabow/Meckl., †4.9.1947 Schwerin; - Ps. A. L. Lindner (*E-R*) #3,4

Fleckenstein, Fridel, *9.10.1900; - Ps. Fridel Kamm-Fleckenstein (*R*) #3,4

Fleckles, Ferdinand, *2.4.1836 Karlsbad, †17.9. 1894 Karlsbad; - Ps. Julius Walter (*P*) #3,4

Fleckles, Leopold, *14.10.1802 Wien, †21.11.1879 Karlsbad; - Ps. Julius (*E-J-L*) #1,4,11

Fleddermann, Willi, *7.3.1945 Bünde; - Ps. Manfred Wilden (*E-F-J-L-P-R*) #3,4

Flegel, Sissi, *18.8.1944 Schwäbisch Hall; - Ps. Fiona Fischer (*J*) #3

Fleischanderl, Richard, *5.10.1893 Oberhollabrunn/Ö.; - Ps. Richard Feilander (*L*) #3,4

Fleischer, Erich, *20.8.1914 Wien; - Ps. E. Grand (*E-F-L-M-N-R-S*) #3,4

Fleischer, Karl, *14.2.1885 Weidenhof/Breslau, †5.3.1972 Wangen/Allgäu; - Ps. Valentin Weidenhofer (*F-L-P*) #3,4

Fleischer, Karl Friedrich Wilhelm, *12.6.1777 Braunschweig, †27.5.1831 Riga; - Ps. Artamos; Kreopola; Theoros (*D-S*) #4,11

Fleischer, Paul, *6.1.1874 Leipzig; - Ps. Pawell Rzeznik (*D-L-P-R*) #1,3,4

Fleischer, Viktor, *12.9.1882 Komotau/Böhmen; - gen. Max Fleischer (*E-N*) #1,3

Fleischhauer, Ernst, *24.10.1871 Leipzig; - Ps. Fleo (*E-P*) #3

Fleischhauer, Fritz, *11.5.1867 Nazza, †um 1952 Leipzig; - Ps. Fritz (*L-P*) #3,4

Fleischhauer, Theodor, *6.2.1877 Greiz; - Ps. Theodor Ackermann (*J-R*) #3,4

Fleischmann, Ewald, *4.3.1900 Gablonz/Böhmen; - Ps. Ewald Gablonzer (*D-R-S*) #4

Fleischmann, Maximilian, *13.6.1884 München-Solln, †4.4.1960 Salzburg; - Ps. Karl Thomas Helberg; Karl Thomas (*P*) #3,4

Fleischmann, Moriz, *2.2.1853 Malaczka; - Ps. Diplomaticus (*P*) #3

Fleischmann, Paul, *28.3.1855 Beuthen; - Ps. Paul Huhsch-Ember (*E*) #3

Fleminck, Johannes, †um 1480 Boppard; - Ps. Flamingus Boppardiensis (*L*) #4

Fleming, Paul, *5.10.1609 Hartenstein/Erzg., †2.4.1640 Hamburg; - Ps. Florian (*L-P*) #1,4,5,11,13,14

Flemmer, Christian, *um 1632 Kassel; - gen. Fidamor/PB (*L-P-S*) #4,11

Flemmich, Adinda, *16.12.1869 Antwerpen; - Ps. Johs. Adinda #3

Flemmich, Heinrich L., *1.5.1823 Antwerpen, †24.9.1890 Freiburg/Br.; - Ps. Ludwig Percival (*L-P*) #1,3,4

Flemming, Hans, *9.11.1877 Berlin, †19.12.1968 Berlin; - Ps. Hans Testrup (*N-P-R*) #3,4

Flesch-Brunningen, Hans, *5.2.1895 Brünn, †1.8.1981 Bad Ischl; - Ps. Vincent Brun (*F-N-P-R*) #3,4,5,7,18

Flesch von Brunningen, Hilde Maria Eva, geb. Spiel, verw. de Mendelssohn, *19.10.1911 Wien, †1990; - Ps. Hilde de Mendelssohn; Hilde Spiel (*E-F-N-P-R*) #3,4,5,8,9,10,18

Flex, Hilde, geb. Wildner, *16.4.1921 Reichenau; - Ps. Hilde Wildner (*E-J-R*) #3

Flexel, Lienhard, *16. Jh.; - auch Lienhard Flechsel (*L*) #4,11,13

Flieger, Paul, *4.9.1902 Marktzeuln/Ofr.; - Ps. Peterchen (*E-R*) #3,4

Fligl, Josef, *7.3.1868 Budapest; - Ps. Don Fligelio (*E-N-P*) #3,4

Flir, Aloys Cäsar Kasimir, *7.10.1805 Landeck/Tirol, †7.3.1859 Rom; - Ps. Kasimir Angedairer (*D-E-P*) #1,4,13,15

Flister, Carl, *30.11.1848 Schkeuditz; - Ps. Förster (*N-P-R*) #3,4

Flitner, Johann, *1.11.1618 Suhl/Thür., †7.1.1678 Stralsund; - Ps. Johann Flinter (*L*) #4,6,11

Flittner, Christian Gottfried, *6.6.1770 Düben/Sa., †6.1.1828 Berlin; - Ps. Justus Abel; G. W. von Abenstein; Adolf Julius Theodor von Berga; Friederike Karoline Luise von Berga; Ehregarte Campe; C. F. G. Düben; Fr. Faber; Adolf Julius Theodor Fielding; J. A. Freudenberg; Julius Augustus Freudenberger; J. G. Frietel; Adolf Julius Theodor Funke; Rosina Gutsmuth; F. W. Jung; A. Jungmann; C. G. von Longin; J. C. G. Scholz (*P*) #4,6

Floericke, Curt, *23.3.1869 Zeitz, †29.10.1934 Stuttgart; - Ps. Ahasver; Ernst Hüller; Konrad Ribbeck (*E-L-P*) #3,4

Floerke, Johann Ernst, *1767, †1830; - Ps. Eduard Stern (*E-L*) #4,6

Flörke, Saskia, *24.7.1959 Saarbrücken; - Ps. Saskia Vester (*D-E-F-R*) #3

Flottwell, Eduard, *11.2.1874 Magdeburg; - Ps. Atlanticus (*P*) #3

Fluck, Karl Heinz, *1.6.1927 Stuttgart; - Ps. Hans Erich Gräslein-Grün; Karolus Hynzius (*N-R-S*) #3,4

Flückiger, Felix, *4.3.1917 Langenthal; - Ps. Wolfgang Scheidegger (*E-S*) #4

Flügel, Emma, *4.4.1852 Beinum/Hannover; - Ps. Ernst Dahlmann (*P-R*) #1,3,4

Flügge, Gertrud, *27.1.1915 Dorpat/Estland; - Ps. Gertrud Flügge-Kroenberg (*E-F-M-R*) #3,4

Flügge, Hans-Ludolf, *9.6.1907 Maschen b. Hamburg, †1980; - Ps. Michael Kohlhaas (*E-L-N-P-R-S*) #3,4

Fock, Otto, *29.4.1819 Schwarbe auf Rügen, †24.10.1872 Stralsund; - Ps. Christianus Germanicus Antiromanus (*P*) #4

Focke, Alfred, *24.12.1916 Teplitz-Schönau/Böhmen; - Ps. Karl Eckhof (*P*) #3,4

Focke, Gerd, *7.4.1927 Leipzig; - Ps. Jens Simon (*D-F-S*) #3,4

Focken, Hans, *13.8.1934 Berlin; - Ps. Robert Roden (*R*) #3,4

Fockt, Karl Theodor, *9.6.1839 Rokitzan/Böhmen, †2.4.1907 Böhmisch-Leipa; - Ps. Dr. Antwerp; Dr. A. Grün (*P-R*) #4

Fodor, Lenka, *17.5.1916 Prag; - Ps. Lenka Reiner (*E-P*) #3,4,18

Foelckersam, Dina von, *11.6.1893 Assern b. Riga, †3.6.1942 Bielawe/Oberschles.; - Ps. Sophie von Dorthesen (*R*) #3,4

Foerg, Gertrud, *5.4.1937 Schwaz/Tirol; - Ps. Gertrud Foerg-Thun; gft; J. M. C. (*L-P*) #3

Foerst-Crato, Ilse, *15.10.1912 Minden; - Ps. efce (*P*) #3,4

Foerster, Heinrich, *16.3.1872 Kassel; - Ps. Semper idem (*E-N*) #3,4

Foertsch, Helene, *22.12.1870 Görlitz; - Ps. H. Förster (*N-P*) #1,4

Foglár, Adolf, *7.3.1822 Wien, †27.7.1900 Iglau/Mähren; - Ps. Robert Schild (*D-E-N*) #1,3,4

Foglár, Ludwig Stephan, *24.12.1819 Wien, †15.8.1889 Kammer/Attersee; - Ps. Lebe-recht Flott (*E-L-N-R*) #1,3,4

Fogowitz, Andrä Heinrich, *21.6.1858 Wien, †Wien; - Ps. Heinrich Herold; Willibald Römer; Max Wirth (*E-J-P*) #1,3,4

Foitzick, Walter, *19.10.1886 Ratibor, †31.8.1955 München; - Ps. Peter Simpel (*E-P*) #3,4

Foks, Hanna, *11.3.1907 Mährisch-Ostrau; - Ps. Hanna Fuchs; Hans Fuchs (*J-L*) #3,4,18

Földy, Reginald, *8.6.1927 Wien; - Ps. Georg Cornelius (*F-P*) #3,4

Follen, August Adolf Ludwig, *21.1.1794 Gießen, †26.12.1855 Bern; - auch Follenius; Ps. Reimar der Alte (*L-P*) #1,4,11

Follen, Karl Theodor Christian, *4.9.1796 Romrod/Hessen, †13.1.1840 Eriesee/USA (ertrunken); - auch Follenius (*L-P*) #1,4,11, 13,15

Follenius, Emanuel, *1773 Ballenstedt, †5.8.1809 Insterburg; - Ps. Frederigo Ardenno; Justus Freyer; X** Y***Z* (*P*) #4,11

Follenius, Sophie Auguste Caroline von, *25.7.1837 Darmstadt, †28.9.1917 Darmstadt; - Ps. Maria Berger (*E-J-R*) #1,3,4

Folnesics, Karl Julius, *25.6.1816 Ofen, †20.8.1878 Coburg; - Ps. Karl Julius Folnes (*D-S*) #1,4

Fontaine, Edmund de la, *24.7.1823 Luxemburg, †24.6.1891 Vianden/Lux.; - Ps. Dicks (*L-P-S*) #4

Foppe, Heinrich, *17. Jh.; - Ps. Der Kreuzverliebte (*P*)

Forberger, Carl, *18.1.1883 Friedeburg b. Freiberg/Sa.; - Ps. C. Promontarius; C. A. Vorwerck (*L-P*) #1,3,4

Forberger, Paul Otto, *13.9.1876 Leipzig, †8.6.1940 Naunhof b. Leipzig; - Ps. Montanaro; Spazzo (*L-N-P*) #1,3,4

Forbes, William, *2.2.1614 Fiddes/Schottl., †14.6.1654 b. Bremen; - auch Wilhelm Forbus; gen. Der Sonderliche/FG 527/1649 (*L-P*) #11,12

Forbes-Mosse, Irene, geb. v. Flemming, *5.8.1864 Baden-Baden, †26.12.1946 Villeneuve/Genfer See; - Ps. Gräfin Flemming (*E-L-N-R*) #1,3,4,5,9,15

Forchem, Matthäus, *(1551); - auch Forchhemius (*L*) #4,13

Forck, L., *Potsdam, †25.1.1893; - Ps. Robert Falck (*P*) #3,4

Foregger, F., *1877; - Ps. Fritz Thurn (*E*)

Forer, Lorenz, *1580 Luzern, †7.1.1659 Dillingen; - Ps. Thomas Vitus (*P*) #6

Forinyàk, Marie, *um 1850; - Ps. M. Dory (*N-P*) #2,3,4

Formann, Philipp Jakob, *4.5.1906 Wien; - Ps. Diego (*L*) #3,4

Forrer, Hanspeter, *26.1.1962 Männedorf; - Ps. Ego-Vampir (*L*) #3

Forschner, Karl, *13.1.1853 Dienheim, †1918; - Ps. Bellator; Pacificus (*P*) #3,4

Forst, Otto, *21.9.1889 Wien, †2.5.1965 Wien; - Ps. Otto Battaglia; Otto Forst-Battaglia; Theodor Roll (*P*) #3,4

Förster, August, *3.6.1828 Bad Lauchstädt, †22.12.1889 auf dem Semmering; - Ps. Gustav Hall (*D-S*) #3,4

Forster, Carl Theresa, *8.4.1866 Regensburg; - Ps. C. F. Orster; Carl Teresa (*D-P*) #3,4

Förster, Emma, geb. Richter, *20.9.1802 Meiningen, †6.2.1853 München; - Ps. Emma Richter (*P*)

Förster, Friedrich Christoph, *24.9.1791 Münchengosserstädt/Saale, †8.11.1868 Berlin; - Ps. F. von der alten Burg (*D-L-P-S*) #1,4, 11,13

Förster, Karl Christoph, *11.3.1751 Altenburg, †8.11.1811 Langenleuba-Niederhain b. Altenburg; - Ps. Hermann (*L-R-S*) #4,13

Förster, Lebrecht Gotthilf, *8.1.1788 Gotha, †16.12.1846 Altenburg; - Ps. Alexis der Wanderer (*E-L-P*) #1,4,6,11

Förster, Luise, *1.10.1847 Glücksthal b. Adenau/Eifel, †1911 Wickrathberg/Rhl.; - Ps. Ada Linden (*E-L-P*) #1,2,3,4

Förster, Wilhelm Adolf Ferdinand, *24.3.1797 Sagan, †10.5.1847 Berlin; - Ps. Kastor (*D-N-P-S*) #1,4,6,11

Forstreuter, Erich Karl Max, *17.10.1903 Cottbus; - Ps. Klemenz von Bagy; Karl Friedrich Epp; Solitaire (*D-P-R*) #3,4

Förtig, Alrun, *24.2.1940 Kassel; - Ps. Moll (*L*) #3

Förtsch, Johann Christian Karl, *29.7.1771 Nirmsdorf b. Buttstädt, †17.10.1842 Naumburg/Sa.; - Ps. F. (*E-J-P-R*) #4,11

Fouqué de la Motte, Albertine Freifr., geb. Tode, *(1865); - Ps. Albertine Tode (*R*) #4

Fouqué de la Motte, Friedrich Heinrich Karl Baron, *12.2.1777 Brandenburg/Havel, †23.1.1843 Berlin; - Ps. Baron Wallborn; A. L. T. Frank; Pellegrin (*D-E-L-M-N-R-S*) #1,4,5,6,11,14,15,17

Fouqué de la Motte, Karoline Auguste Freifrau, später v. Rachow, geb. v. Briest, *7.10.1773 Gut Nennhausen b. Rathenow, †20.7.1831 Nennhausen; - Ps. Karoline von Briest; Karoline Auguste von Rachow; Serena; Verf. des Roderich (*E-M-N-P-R*) #1,2,4,6,9,11,13

Fraenkel, Heinrich, *28.9.1897 Lissa/Posen, †27.5.1986 London; - Ps. ASSIAC; Cinna (*F-P-R*) #3,4,18

Frahnert, Melitta, geb. Schimmel, *11.11.1901 Offenbach; - Ps. Melitta Schimmel (*J-R*) #3

Frambach, Johann Heinrich, *1771 Hamburg, †1826; - Ps. Friedrich Rambach (*D*) #4,11

Francé, Annie, *2.12.1886 München, †23.1.1971 Hallein/Österreich; - Ps. Annie Francé-Harrar; Annie Friedrich; Harmodion; Annie Harrar (*L-P-R*) #3,4,5

Franciskowsky, Hans Günther, *14.1.1936 Itzehoe; - Ps. Hans G. Francis; Heinz G. Francis; H. G. Francisco; Gunther Frank; Katharina Kasar; Cade C. Meritt; R. C. Quoos-Rabe; Ted Scott; Frank Sky (*F-R*) #3,7,16,20

Franck, Ernst, *16.4.1878 Stralsund; - Ps. Ernschtle; Godivus; Bernt Oliver; Bernt Olivius; E. Vanckenfron; Zockchen (*D-F-L-P-R*) #3,4

Franck, Georg Wilhelm Andreas, *15.6.1820 Darmstadt, †13.10.1885 Darmstadt; - Ps. Georg Andrä (*E-N*) #4

Franck, Ludwig, *24.1.1882 Burkhards b. Schotten/Hessen; - Ps. Franck-Mickler (*L-P*) #3,4

Franck, Michael, *16.3.1609 Schleusingen/Thür., †24.9.1667 Coburg; - gen. Staurophilus/ES (*L*) #1,4,11,13

Franck, Michael Erich, *1691 Schmalkau b. Sonneberg, †1721 Ahorn b. Coburg; - Ps. Melisso (*E-R*) #4

Franck, Sebastian, *20.1.1499 Donauwörth, †1542 Basel; - Ps. Sebastian Franck von Wörd; Augustinus Eleutherius; Friderich Wernstreit (*P*) #1,4,5,6,11,13,14,15

Franck-Neumann, Anna, *21.4.1910 Mühlhausen/Els.; - Ps. C. F. Neumann (*L-P*) #3,4

Francke, August Hermann, *18.4.1830 Halle/S., †12.8.1882 Halle/S.; - Ps. Heinrich Lindau; Adalbert Mittau (*L*) #1,3,4

Francke, Charlotte, *Mülheim/Ruhr, †7.7.1942 Schöneiche b. Berlin; - Ps. Charlotte Francke-Roesing (*D-E-L-P*) #1,3,4

Francke, Katharina Johannes, *5.2.1881 Chemnitz; - Ps. Jékatharina Pauliuna (*E*) #4

Francke, Leo, *29.4.1883 Eisenach, †27.9.1945 Weimar; - Ps. Balmurg; Till Bibamus; Till (*P-S*) #3,4

Francke, Salomon, *1659 Weimar, †11.7.1725 Weimar; - auch Frank; Ps. Cleander; Der Treumeinende (*L*) #1,4,11,15

Francke, Theodor, *29.4.1858 Kamenz/Sa.; - Ps. Murmelchen (*D-P*) #3,4

Fränckel, Anna, *16.4.1844 b. Braunschweig, †1893 Groß-Treben b. Torgau; - Ps. A. Ferra (*P*) #2,3

Franckenberg, Abraham von, *24.6.1593 Ludwigsdorf b. Oels, †25.6.1652 Ludwigsdorf b. Oels; - Ps. Franziscus Montanus Elysius; Amadeus von Friedleben; A. Franciscus de Monte S.; Nigrinus Valerius de Wandalia (*L-P*) #4,5,6,11,13,15

Francois, Marie Louise von, *27.6.1817 Herzberg/Elster, †25.9.1893 Weißenfels/Sa.; - Ps. F. v. L.; L. v. F. (*E-N-P-R*) #1,3,4,5,9, 13,14,15

Frank, August, *6.7.1890 Brendbreusen/Ufr., †14.9.1964 Landshut; - Ps. Augustin Frank (*P-R*) #3,4

Frank, Christoph, *1642 Nürnberg, †11.2.1704 Kiel; - gen. Silvius/PB (*L-P*) #4,11

Frank, Ekkehard, *24.7.1939 Heidelberg; - Ps. Ekkes Frank (*F-L-P*) #3

Frank, Eva, geb. Roos, *1.2.1919 Düsseldorf; - Ps. Eva Roos (*P*) #3

Frank, Gustav Ritter von, *22.3.1807 Wien, †8.1.1860 London; - Ps. Doktor Franck; Doktor Frank; G. F. Rank (*D-L-P-S*) #1,4,11,13

Frank, Herbert, *18.4.1909 Berlin; - Ps. Frank Andermann (*N-P-R*) #3,4,18

Frank, Hubert, *12.9.1939 Kenzingen/Baden; - Ps. Hubert Konrad Frank (*D-E-L*) #3

Frank, Johann Leonhard, *20.5.1863 Lorenzenzimmern, †15.10.1925 Heilbronn; - Ps. Ambrosius Noopf (*D-S*) #4

Frank, Karl, *2.11.1879 Furtwangen/Schwarzwald, †1941 Freiburg/Br.; - Ps. Karill Frank (*L-N-P*) #1,3,4

Frank, Karl B., *31.5.1893 Wien, †1969 New Milford/USA; - Ps. Paul Hagen; Willi Müller (*P*) #18

Frank, Lothar-Matthias, *26.6.1899 Breslau, †1981; - Ps. Frank Matthias Lothar (*D-E-F-R-S*) #3,4

Frank, Margarethe, *1.9.1922 Wien; - Ps. Marga Frank (*F-J-M*) #3,4

Frank, Peter, *17.12.1937 München; - Ps. Peter Lill; Georg Reutin; Nikolaus Scheller (*R*) #3

Frank, Rudolf, *16.9.1886 Mainz; - Ps. Rufus; Ense; Rudolf; Albert Rudolph; Schönhoff (*D-E-F-P-R*) #3,4,18

Frank, Sofie, *5.2.1854 Fürth; - Ps. Fritz Kran (*E-M-P*) #3,4

Frank, Walter A., *9.7.1927 Elbogen b. Falkenau/Böhmen; - Ps. Ironismus Boche; I. B. (*F-P*) #3,4

Franke, Charlotte, geb. Winheller, *27.1.1935 Mohrungen/Ostpr.; - Ps. Charlotte Winheller (*E-F-N-R*) #3,7,20

Franke, Hans, *7.5.1860 Potsdam; - Ps. Frans Hanke (*D-P-S*) #3,4

Franke, Herbert W(erner), *14.5.1927 Wien; - Ps. Sergius Both; Peter Parsival (*E-F-P-R*) #3,4,7,8,16,20

Franke, Hubert, *1953; - Ps. Hubert vom Venn (*R*)

Franke, Johannes, *14. Jh.; - gen. Bruder Johannes (*E-P*) #4

Franke, Michael, *(1616); - Ps. Staurophilos (*L*) #11

Franke, Walther, *10.4.1890 Leipzig, †17.1.1958 Basel; - Ps. Walther Franke-Ruta (*F-R*) #3,4,18

Franke, Willibald, *23.10.1871 Graudenz; - Ps. F. Gurtis (*P*) #3,4

Frankel, Heinrich, *12.11.1874 Wien, †1901 Wien; - Ps. Harry Felden; Homo fides (*D-E-P-S*) #1,3,4

Fränkel, Heinrich, *1.6.1859 Leipzig; - später Heinrich Frenzel; Ps. Ghibellinus (*P*) #3,4

Fränkel, Maimon, *23.3.1788 Schwersenz b. Posen, †27.5.1848 Hamburg; - Ps. M. Fredau (*P*) #4,6,13

Franken, Klaus, *11.2.1913 Köln; - Ps. Johannes Adam (*J-P*) #3

Frankenberg, Richard von, *4.3.1922 Darmstadt, †13.11.1973 b. Ludwigsburg; - Ps. Alexander Borelius; Herbert A. Quint (*P*) #3,4

Frankenberg und Ludwigsdorf, Alex Victor Franz von, *28.11.1892 Darmstadt, †29.9.1957 Tübingen; - Ps. Gustav von Falkenberg; Alex von Frankenberg (*D-E-L-N-P*) #3,4

Frankenberg und Ludwigsdorf, Gisela-Maria von, *28.2.1925 Mannheim; - Ps. Gisela Frankenberg (*L-P-R*) #3,4

Frankenberg und Proschlitz, Egbert von, *20.3.1909 Straßburg; - Ps. Walter Melzer (*E-P*) #3,4

Frankenberger, Michael, *17. Jh.; - gen. Der Erscheinende/FG 851 #11

Frankenschwerth, Margarete, *5.2.1894; - Ps. Henriette Hardenberg (*L*) #3,4

Frankenstein, Ernst, *31.5.1881 Dortmund; - Ps. Frank E. Warner (*P*) #18

Frankfurter, Bartholomäus, *(1516); - Ps. Bartholomäus Panonus (*S*) #4

Frankfurter, Edwin, *30.10.1875; - Ps. Michael Foerster (*L*) #4

Frankl, Adolf, *6.6.1862 Mürzzuschlag/Steiermark, †19.4.1958 Graz; - Ps. Hermann Harter (*D-L-P-R-S*) #1,3,4

Frankl, Siegfried, *19.12.1861 Oedenburg/Ungarn, †um 1933 Berlin; - Ps. Paul Franken; Paul von Frankenberg; Siegfried Frei (*D-E-P-R*) #1,3,4

Frankl, Wilhelm, *3.12.1821 Chrast/Böhmen; - Ps. Vilmos Fraknoi (*D-S*) #4

Frankl-Rank, Wilhelmine, *29.11.1852 Chrast/Böhmen, †29.6.1936 Prien/Chiemsee; - Ps. Wilhelmine Rank (*L-N-P*) #3,4

Frantz, Werner Adolf, *16.6.1851 Halberstadt, †20.6.1908; - Ps. Adolf Werner (*P*) #3,4

Frantzke, Georg, *15.4.1594 Leobschütz/Schles., †15.1.1659 Gotha; - gen. Der Gleichende/FG 428/1645 (*P*) #11,12,13

Franul von Weißenthurn, Johanna, geb. Grünberg, *16.2.1772 Koblenz, †17.5.1847 Wien; - Ps. Johanna Grünberg; Johanna Franul von Weißenthurn (*D-R-S*) #1,2,4,5,13,15

Franz, Carl Paul, *22.8.1878 Königswald/Glatz; - Ps. Franz-Treutler (*J-P*) #3,4

Franz, Eduard, *1.2.1915 Wien; - Ps. Eduard Hans Efir (*E-R*) #4

Franz, Elisabeth, *29.8.1887 Munderkingen/Württ.; - Ps. Elisabeth Meinhard (*L-R*) #3,4

Franz, Erich Arthur, *10.7.1922 Breslau; - Ps. Eric Artur Franc; E. A. Francis (*E-L-P-R*) #3,4

Franz, Jean, *9.10.1775 Offenheim; - auch Johann Frantz (*L*) #4,11

Franz, Johann Georg Friedrich, *8.5.1737 Leipzig, †14.4.1789 Leipzig; - auch Frantz; Ps. Baron von Ehrenhausen; Orbilius Anthroposcopus; Panthemus; Ferdinand Anton Philiater (*P*) #4,6,11

Franz, Katharina Friederike, *8.9.1893 Hannover; - Ps. Martina Eckart; Martina Eckart-Helm (*R*) #3,4

Franz, Richard, *23.10.1906 Hamburg, †12.11.1961 Hamburg; - Ps. Franz Heitgres (*L-P*) #3,4

Franzé, Rudolf, *20.5.1874 Wien, †3.10.1943 Budapest; - Ps. Raoul Francé (*P*) #3,4,15

Franzen, Erich, *12.12.1892 Bad Ems, †2.11.1961 München; - Ps. Fernanz; Jan Wellem (*F-P*) #3,18

Franzen, Georg, *9.10.1958 Mülheim/Ruhr; - Ps. S. G. Franzen (*L-P*) #3

Franzke, Günther, *18.3.1903 Berlin, †4.1.1991 Montreux; - Ps. Günther Schwenn (*L-R-S*) #3,4

Franzkius, Georg von, *15.4.1594 Lübschütz/Schles., †15.1.1659 Gotha; - Ps. Christian Philometer (*P*) #6

Franzky, Luise Antoinette Eleonore Konstanze Agnes, *6.3.1794 Militsch, †13.5.1843 Breslau; - Ps. Anonyma; Agnes Franz (*D-E-J-L-N-R*) #1,4,11,13,17

Fränzl, Marianne, *27.9.1854 Wien; - Ps. Marianne Berg (*N-P-R-S*) #2,3

Franzos, Karl Emil, *25.10.1848 Czortkow/Galizien, †28.1.1904 Berlin; - Ps. Otto Hartung (*E-N-P-R*) #1,3,4,5,14,15

Franzos, Ottilie, *24.9.1856 Wien, †5.3.1932 Wien; - Ps. F. Ottmer (*E-R*) #1,3,4

Fratzscher, Heinrich Wolfgang, *12.11.1694 Erfurt, †14.7.1757 Coburg; - Ps. Sincerus Evangelicus (*P*) #6

Frauenburg, Johann, *um 1430, †5.2.1495 Görlitz; - auch Johannes Frauenberg (*L-P*) #4

Frauenzucht, *(1431); - gen. Bernkopf (*L*) #4

Frebel, Ernst, *4.4.1877 Lüdenscheid, †6.12.1957 Düsseldorf; - Ps. William George (*P-R*) #3,4

Frechulf, †8.10.852; - auch Freculphus (*L-P*) #4,13,15

Fred, A. W., *29.6.1879 Jassy, †27.10.1922 Berlin; - urspr. Alfred Wechsler (*N-P-R*) #1,3,4

Freddi, Martha Gräfin, *10.7.1851 Zerrin/Pommern; - Ps. Lion Clausius; Lion-Clausius (*J-M-N*) #1,2,3,4

Frederich, Bertha, *um 1825 Hannover, †5.10.1882 Koblenz; - Ps. Georg Dannenberg; Golo Raimund (*E-N-R*) #1,2,3,4

Fredersdorf, Anna, *23.3.1869 Grevelsmühlen/Meckl.; - Ps. Anna Wegner (*L-N-P*) #1,3

Fredrich, Paul, *20.3.1895; - Ps. E. O. Paul (*F-P*)

Frehsee, Martin, *10.11.1870 Wittenberg/Elbe; - Ps. Martin Wagener (*D-E-L-P-S*) #1,3,4,7

Freiberg, Hans-Joachim, *5.3.1935, †25.1.1969; - Ps. John Fryberg (*E-R*) #3,7

Freimark, Hans, *29.1.1881 Berlin; - Ps. Hans Sassen (*N-P-R*) #1,3,4

Freinsheim, Johann, *16.11.1608 Ulm, †31.8.1660 Heidelberg; - auch Freinshemius; Ps. Gratianus Philoecus; Marcus a Rechlingen (*L-P*) #1,4,6,11,13

Freisleben, Christoph (Stoffel), *(1528); - Ps. Christoph Eleutherobius (*P*) #4

Freisleben, Leonhard, *(1524); - Ps. Leonhard Eleutherobius (*P-S*) #4

Freißler, Ernst Wolfgang, *7.7.1884 Troppau, †25.2.1937 Troppau; - Ps. Ernst Wolfgang Günther (*E-F-N-R*) #3,4

Freistadt, Benedikt, *11.6.1897 Preßburg, †21.5.1988 Klosterneuburg/Ö.; - Ps. Karl Franz; Bruno Frei (*P*) #3,4,8,14,18

Freitag, Anton, *4.1.1882 Altenbeken/Westf., †3.4.1968 Steyl/Niederl.; - Ps. Apostolicus; Joseph Schmidlin (*D-L-P-S*) #4

Freitag, Otto, *19.9.1839 Berlin, †1900; - Ps. Karl Adler; Oswald Friedeburg; Franz Otto (*N-P-R*) #1,3,4

Frejka, Ludvík, *15.1.1904, †3.12.1952 Prag; - urspr. Ludwig Freund (*P*) #18

Freksa, Gertrud, *21.1.1902 Berlin; - Ps. Gertrud Schmidt-Freksa (*D-E-F-L-R-S*) #3,4

Frênes-Rilla, Alix Eveline du, *26.10.1925 München, †1981; - Ps. Alix du Frênes (*F-N-P-R*) #3,4

Frentz-Sudermann, Hans, *31.12.1886 Schwerin; - Ps. Hans Frentz (*E-L-N-P-R*) #3,4
Frenz, Hannelore, *8.6.1943 Elbing; - Ps. Hanne Hünefeld (*J*) #3,4
Frenzel, Christian-Otto, *7.4.1897 Cossebaude b. Dresden; - Ps. C. O. F.; Cof (*F-P*) #3,4
Frenzel, Fritz, *14.9.1855 Eythra/Sa., †1915 Leipzig; - Ps. August Bäbchen (*E-P*) #1,3,4
Frenzel, Walter Julius, *10.1.1892 Bautzen, †11.3.1941 Frankfurt/O.; - Ps. Dr. Tamen (*E-P*) #3,4
Freppert, Peter, *20.2.1908 Geichlingen/Eifel, †19.4.1965 Geichlingen; - Ps. Pieter von der Rell (*D-E-R*) #3,4
Frerking, Wilhelm, *6.9.1852 Hannover, †1938 Hannover; - Ps. S. Wenzl (*D-P-S*) #1,3,4
Frese, Jürgen, *23.4.1623 Heide/Dithm., †6.1.1697 Hamburg; - Ps. Eserf Negrui (*P*) #6
Freudenberg, Viktor, *6.12.1816 Herborn; - Ps. Spectator (*P*) #3
Freudenberger, Hermann, *21.2.1922 Ulm; - Ps. Knitz (*P*) #3,4
Freudenthal, Emma, *23.10.1844 Groß-Glogau; - Ps. E. Redenhall (*N-P*) #2,3
Freund, Bernhard, *1849; - Ps. Paksi (*P*) #3
Freund, Fedor, *23.7.1861 Myslowitz; - Ps. Amicus (*P-R*) #3,4
Freund, Gustav, *12.2.1824 Leipa/Böhmen; - Ps. G. Hammerschlag (*D*) #3,4
Freund, Hisako, geb. Matsubara, *21.5.1935 Kyoto/Japan; - Ps. Hisako Matsubara (*E-P-R*) #3,4
Freund, Jakob, *31.5.1827 Trebnitz/Schles., †8.6.1877 Breslau; - Ps. C. F. Trebnitz (*E-L-P*) #1,4
Freund, Leo, *20.5.1897; - Ps. Y. ben Assar; Michael Corvin (*J-P-R*) #3,4
Freund, Maria, *17.2.1885 Jauernigk; - Ps. Förster-Freund (*L-P*) #3
Freund-Schürmann, Petra, *(1976) Mönchen-Gladbach; - Ps. Petra Schürmann (*P*) #3
Freundsberger, Hildegard, *3.5.1924 Wien; - Ps. Hilde Forster (*F-J*) #3,4
Frey, Angelika, *24.4.1846 Köln; - Ps. Auguste Herries (*M-P*) #3,4
Frey, Anton, *15.3.1901 Eggingen; - Ps. Armin Frank (*E-L*) #3
Frey, Emil, *23.5.1856 Aarau, †10.2.1895 Zürich; - Ps. Cordonnier Sebastian Gäuggeli (*P*) #4
Frey, Franz, *26.9.1953 Leutkirch/Allg.; - Ps. F. Henry (*R*) #3
Frey, Friedrich Hermann, *18.6.1839 Speyer, †1.4.1911 Kufstein; - später Martin Greif (*D-L-N*) #1,3,4,5,14,15
Frey, Jakob, *13.5.1824 Gontenschwyl/Aargau, †30.12.1875 Bern; - auch Frei; Ps. Jakob Reif (*E-P-R*) #1,4,5,13
Frey, Janus Cäcilius, *um 1580 Kaiserstuhl/Aargau, †1.8.1631 Paris; - Ps. Samson Faillona; Greisholdus Knickknackius Flochlandus; Magister Grillus; N. Germanus Philofrancus (*L-P*) #4,13
Frey, Julius Friedrich Ulrich, *10.5.1917 Menden/Sauerland; - Ps. Uli Frey (*L-N-R*) #3,4
Frey, Karl, *19.3.1880 Aarau, †28.4.1942 Eustis/USA; - Ps. Konrad Falke (*D-L-N-P-R-S*) #1,3,4,5,8
Frey, Karl, *10.5.1878 Eichstetten/Baden; - Ps. Carl von Eychstaedt (*P-R*) #3
Frey, Silvester, *29.10.1851 Alt-Rüdnitz; - Ps. Emil Eppenstein (*N-P*) #1,3,4
Freyberg, Ernst von, *11.7.1578 Köthen, †27.8.1626; - gen. Der Hochgefärbte/FG 75/1623 #11,12
Freyberg, Hans Ernst von, †27.11.1669 Dessau; - gen. Der Ausführende/FG 140/1627 (*P*) #11,12
Freyberg, Hermann, *5.7.1888 Bielen/Nordhausen; - Ps. H. P. Eela (*F-J-P-R*) #3,4
Freyberg, Wilhelm Heinrich von, *22.10.1617, †14.1.1696; - gen. Der Gleichgefärbete/FG 439/1645 (*L-P*) #11,12
Freyburger, Emil, *27.5.1825 Eggenstein b. Karlsruhe, †3.11.1899 Illenau b. Achern; - Ps. Gottlieb Frank (*L-N-P*) #1,3,4
Freye-Wendt, Ortrud, geb. Dütschke, *2.9.1887 Burg b. Magdeburg; - Ps. Renne Berg; Ortrud Dütschke (*E-N-P*) #3,4
Freylinghausen, Johann Anastasius, *2.12.1670 Gandersheim/Harz, †12.2.1739 Halle/S.; - Ps. Cordatus Evangelicus (*L-P*) #4,11,15
Freyse Schmitt, Edith, *(1984); - Ps. Edith Freyse (*R*) #3
Freystein, Adam Samuel, *17. Jh.; - gen. Der Klärende/FG 809 #11
Freytag, Friedrich Gotthilf, *1723 Pforta, †12.2.1776 Naumburg; - Ps. Metilus (*P*) #6
Freytag, Hans-Jürgen, *(1988); - Ps. H. J. Frey (*P*) #7
Freytag, Philipp, *14.10.1840 Sorau/Niederlaus., †8.2.1905 Berlin; - Ps. Philipp Tagfrey (*P*) #1,3,4
Freytag, Willy Gustav, *2.10.1887 Bülowsheide/Westpr.; - Ps. Will Freyday (*N-R*) #3,4
Freytag-Löringhoff, Udo Baron von, *23.11.1892 Leyden/Kurland; - Ps. Spectator septimus (*D-E-L-P-R*) #3,4
Frick, Ida, *23.5.1824 Zweibrücken; - Ps. I. Fremann; Ida Krempe (*P-R*) #1,2,3,4
Frick, Johann, *30.12.1670 Ulm, †2.3.1739 Ulm; - auch Fricke; Ps. Eusebius Pacianus; Johann Warnefried (*P*) #6,13
Frick, Wilhelm, *11.8.1874 Kleinwinaden b. Schussenried/Württ., †5.4.1956 Tübingen; - Ps. Wilhelm Schussen (*E-L-P-R*) #1,3,4,5,10
Fricke, Friederike, *28.5.1855 Fallingbostel; - Ps. Erika; E. T. (*E-R*) #1,3,4
Fricke, Hera, *1.9.1879 Schöneck/Vogtland, †6.6.1956 Kiel; - Ps. Hans Seefeld (*F-N-P-R*) #3,4

Fricker, Thüring, *um 1429 Brugg/Schweiz, †19.4.1519 Brugg; - Ps. Magister Thüringus F. de Brugg (*P*) #4,13

Fridolin, Stephan, *um 1430 Winnenden, †17.8.1498 Nürnberg; - auch Fridelini; Fridelinus; Fridilinus (*P*) #4,15

Friebel-Röhring, Gisela, *22.2.1941 Greven; - Ps. G. R. Friebel; Gisela de Fries; Thea Moosbach (*E-J-R*) #3,4,7

Frieberger, Kurt, *4.4.1883 Wien, †19.11.1970 Wien; - Ps. Karl Gustav Ger (*L-N-P-R-S*) #3,4,5

Frieböse, Ernst, *2.1.1907 Brodsack; - Ps. Peter Ihring; Peter Tring (*E-F-L-N*) #3,4

Fried, Alfred Hermann, *11.11.1864 Wien, †4.5.1921 Wien; - Ps. Manfred Herald Frei; Leo Karrassowitsch (*P*) #3,4,15

Fried, Kurt, *30.3.1906 Aschersleben; - Ps. K. F. (*E-F-L-P*) #3,4

Friedberg, Eduard, *7.8.1837 Bingen, †1911; - Ps. Fr. von Reinthal; Fr. von Rheinthal (*P-S*) #3,4

Friedberg, Helene, *17.8.1868 Zara/Dalmatien; - Ps. Frida Montagni (*E-N*) #2

Friede, Gerhard, *19.2.1934 Heidelberg; - Ps. Gerd Talis (*F-R*) #3

Friedeberg, Harold, *27.7.1877 Berlin; - Ps. Harold Effberg (*R*) #3,4

Friedeberg, Meyer, *6.3.1858 Militsch/Schles.; - Ps. Silvaticus (*P*) #3,4

Friedegg, Ernst, *29.4.1879 Wien; - Ps. Sabinus (*P-R*) #3,4

Friedel, Gustav Friedrich, *12.4.1884 Fulnek/Mähren; - Ps. Gustav Dietrich (*L-N-R*) #4

Friedel, Johann, *17.8.1755 Temesvar/Banat, †31.3.1789 Klagenfurt; - Ps. Johann Appelt; Herr von Hoffnungsreich (*D-E-L-P-S*) #1,4, 11,13

Friedemann, Rudolf, *27.11.1872 Tempelburg/Pommern; - Ps. Friedemann-Heidebrink; Rolf Lenthin; Rule Rolf (*D-L-N-P*) #3,4

Friedensburg, Ferdinand, *11.2.1858 Liegnitz, †5.2.1930 Hirschberg; - Ps. F. Montanus (*P-S*) #1,3,4

Friedenthal, Albert, *25.9.1862 Bromberg/Westpr., †1921; - Ps. Krak Ehler (*P*) #3,4

Friedenthal, Herbert, *22.1.1909 Posen; - Ps. Herbert Freeden (*E-N-P-R*) #3,4,18

Friederich, Gerhard, *2.1.1779 Frankfurt/M., †30.10.1862 Frankfurt/M.; - Ps. Tyrtaeus; Gustav Waller (*E-L-P-R*) #1,4,6,11,13

Friederich, Johann Konrad, *5.12.1789 Frankfurt/M., †1.5.1858 Le Havre; - Ps. Adolf von Dassel; K. F. Fröhlich; Karl Strahlheim (*P-S*) #4,6,11,15

Friedl, Max, *24.9.1855 Neuburg/Inn, †1.3.1914; - Ps. M. Milde (*L-P*) #3,4

Friedl, Paul, *22.5.1902 Pronfelden b. Grafenau; - Ps. Baumsteftenlenz (*E-F-L-P-R*) #3,4

Friedl-Dahlström, George, *29.3.1908 Hamburg, †21.9.1958 Hamburg; - Ps. Friedl (*F-P*) #3

Friedlaender, Kurt, *8.4.1899 Berlin; - Ps. Conrad Peregrinus (*P*) #4,18

Friedlaender, Lucien, *28.6.1878, †30.4.1943 Martinique; - Ps. Robert Breuer; Germanicus (*P*) #4,18

Friedlaender, Martin, *6.3.1880; - Ps. Vindex (*P*) #3

Friedlaender, Salomo, *4.5.1871 Gollantsch/Posen, †9.9.1946 Paris; - Ps. Mynona (*E-P-R*) #3,4,5,8,18

Friedland, Ferdinand, *1.3.1857 Münsterberg/Schles., †30.9.1903 Hünern/Schles.; - Ps. Paul Ettinger (*D*) #1,3,4

Friedland, Jack, *11.2.1892 Mainz; - Ps. Jaques F. Ferrand; Frank Frey; Jack Iwo; Wallenstein (*D-L-P-R*) #3,4,18

Friedländer, Albert, *19.6.1888 Berlin; - Ps. Al Beaumerle; Bert Frendland; Ali Grit (*E-N-R*) #3,4,18

Friedländer, Ernst, *4.2.1895 Wiesbaden, †13.1.1973 Hamburg; - Ps. Ernst Ferger (*P*) #4

Friedländer, Gertrud, *18.3.1856 Berlin; - Ps. Maria Heinz (*P-R*) #1,4

Friedländer, Jacob, *(1899) Preßburg; - Ps. Oscar Waldeck (*D-P-S*) #3,4

Friedländer, Oskar, *2.9.1881 St.Georgen; - Ps. Oskar Ewald (*P*) #3,4

Friedländer, Otto, *5.5.1897 Berlin, †3.2.1954 Stockholm; - Ps. Otto Friedrich Friedén; Otto Friedrich (*P*) #3,4,18

Friedländer, Robert, *31.5.1874 Wien, †1950 Starnberg; - Ps. Robert Prechtl (*D-L-P*) #3,4

Friedländer, Viktor, *7.7.1857 Görlitz; - Ps. Victor von Hueben (*L-P*) #1,3,4

Friedlieb, Franz, *1495 Ettlingen, †um 1560; - Ps. Franciscus Irenicus (*P*) #4,13,15

Friedmann, Armin, *31.12.1863 Budapest; - Ps. Fritz Ahrensfeldt; F. Armin; Fanfaron; Kassian (*D-P-S*) #3

Friedmann, Aurel, *23.8.1906 India/Jug.; - Ps. Aurel Shalev (*E*) #3

Friedmann, Egon, *21.1.1878 Wien, †16.3.1938 Wien; - Ps. Egon Friedell; Egon Friedländer; Polfried (*D-E-P*) #3,4,5,7,8,10, 14,15,20

Friedmann, Friedrich Karl Edmund, *19.10.1852 Berlin; - Ps. Erich Hohenziel (*P-R*) #1,3,4

Friedmann, Ottilie, *1.9.1815 Dresden, †19.10.1891 Maria-Enzersdorf b. Wien; - Ps. Oskar Brandt; Ottilie (*E-J-N-R*) #1,2,4

Friedmann, Otto Bernhard, *1823, †1880; - Ps. Xyz (*P*) #4

Friedmann, Philipp, *(1904); - Ps. Ph. Frey (*P*) #3

Friedmann, Rudolf, *8.10.1890 Berlin; - Ps. Rudolf Brook; Rudolf Friedmann-Brook (*M-R-S*) #4

Friedmann, Walther, *8.3.1880 Glogau; - Ps. Dr. Friedeck (*P*) #3

Friedreich, Johann Baptist, *19.4.1794 Würzburg, †29.1.1862 Würzburg; - Ps. Helmont (*L-P*) #4

Friedrich, Anita, *4.3.1947 Berlin; - Ps. Anne Alexander; Dinah Kayser (*E-J-P-R*) #3

Friedrich, Bruno, *6.3.1905 Berlin; - Ps. brun (*L-P*) #3

Friedrich, Emmy, geb. v. Rhoden, *15.11.1829 Magdeburg, †17.4.1885 Dresden; - Ps. Emmy von Rhoden (*E-J*) #1,2,4,9,13,17

Friedrich, Karl, *26.10.1900 Dux/Böhmen, †8.4.1945 (gef.); - Ps. Karl Friedrich-Kossat (*L-R*) #3,4

Friedrich, Karl Julius, *18. Jh.; - Ps. Der alte Gotthold (*P*)

Friedrich, Margot, *28.10.1941 Berlin; - Ps. Anne Carius (*E-F-J-L-P-R*) #3,4

Friedrich, Maria, *4.7.1922 Darmstadt; - Ps. Maria Maser-Friedrich (*F-J-P*) #3,4

Friedrich, Paul Otto, *2.10.1877 Weimar, †1947; - Ps. Romundt Chasté (*D-L-N-P*) #1,3,4

Friedrich, Theodor Heinrich, *30.10.1776 Königsberg/Neumark, †12.12.1819 Hamburg; auch Theodor Heinrich Friederich (*D-L-P-S*) #1,4,11,13

Friedrich-Freksa, Kurt, *11.4.1882 Berlin, †18.7.1955 Berlin; - Ps. Friedrich Freksa; Kurt Friedrich (*D-E-N-P-R-S*) #1,3,4,7,20

Friedrich-Freksa, Margarete, geb. Beutler, *13.1.1876 Gollnow/Pommern, †3.6.1949 Gammertingen b. Tübingen; - Ps. Margarete Beutler; Margarete Freksa; Margit Friedrich (*D-E-L*) #1,3,4,9

Friedrichs, Holger, *1949; - Ps. John Cameron; Jerry Cotton; Glenn Douglas; Brian Elliot; Al Frederic; Robert Lamont; Frank de Lorca; Roy Palmer; Jack Slade (*E-P-R*) #16

Friedrichs, Horst, *1943; - Ps. Sven Arborg; Henry Bergen; John Cameron; Steve Cooper; Jerry Cotton; Burt Frederik; Robert Lamont; James Roycroft; Brian Sherard; Frederic Short; Jack Slade; John Whitman (*E-P-R*) #16

Friedrichs, Jenny von, *23.12.1866 Erfurt; - Ps. Bruno von Erfurt; Haide Flam (*E-N-P-R*) #3

Friedrichsen, Johann Friedrich Wilhelm, *9.10.1773 Buchholz b. Rostock, †1818 Berlin; - Ps. Reifsendrich (*E-L-P*) #4

Friedrichsohn, Heinrich, *17. Jh.; - gen. Der Friedreiche/DG-R #11

Frieling, Heinrich, *27.12.1910 Chemnitz; - Ps. Frank Anders (*J-L-P*) #3,4

Frielinghaus, Josephine, *15.8.1865 Neheim; - Ps. Josephine Weber (*N*) #2,3

Fries, Elisabeth, *9.11.1868 Wiesbaden, †28.9.1940 Berlin; - Ps. Käte Glock (*P-R*) #3,4

Fries, Johann Jakobus, *19.8.1826 Frankfurt/Main, †1.8.1901 Frankfurt/M.; - Ps. Johann Jacobus (*L*) #1,3,4

Fries, Lorenz, *um 1490, †um 1530; - auch Laurentius Frisius (*P*) #4,13,15

Fries, Lorenz, *1491 Mergentheim, †5.12.1550 Würzburg; - auch Laurentius Frisaeus (*P*) #4,13,15

Fries, Philip Heinrich, *9.3.1836 Würgendorf; - Ps. Bruno Edelweih (*L*) #3,4

Friese, Albert Johannes, *21.6.1891; - Ps. Hans vom Rabenstein (*N-P*) #3

Friese, Eugen Karl, *19.9.1845 Königsberg, †1915 Dresden; - Ps. Karl Holderberg (*N-P-R-S*) #1,3,4

Friese-Skuhra, Ernst Robert, *22.7.1886 Reiterndorf/Ö., †2.2.1949 Wien; - Ps. Ernst Friese (*R-S*) #3,4

Friesecke, Alfred, *3.3.1904 Magdeburg; - Ps. Fred Friese (*L-P*) #3,4

Friesel, Uwe, *10.2.1939 Braunschweig; - Ps. Urs Wiefele (*F-L-R*) #3

Friesen, Carl von, *17. Jh.; - gen. Der Begehrte/FG 538 #11

Friesen, Dietrich Wilhelm von, †16.10.1650; - gen. Der Erregende/FG 89/1624 #11,12

Friesen, Heinrich Freiherr von, *17. Jh.; - gen. Der Belohnende/FG 683 #11

Friesen, Hermann Freiherr von, *27.2.1802, †23.1.1882 Dresden; - Ps. Friedrich von Heisen (*E-N-P*) #1,4

Friesen, Karl von, *17. Jh.; - gen. Der Erwählte/FG 597 #11

Frind, Wenzel Anton, *29.1.1843 Hainspach/Böhmen, †2.8.1932 Chotieschau/Böhmen; - Ps. A. Senior (*P*) #3,4,15

Frisch, Ephraim, *1.3.1873 Stryj/Galizien, †26.11.1942 Ascona/Schweiz; - Ps. E. H. Gast; E. Lach (*N-P-R*) #1,3,4,18

Frisch, Johann Leonhard, *19.3.1666 Sulzbach b. Nürnberg, †21.3.1743 Berlin; - Ps. Vegetius (*P*) #4,13,15

Frisch, Karl, *24.10.1876 Wien, †5.6.1938 Ebenfurth u. d. Enns; - Ps. Friedrich Dewa (*N-P*) #1,3,4

Frischauf, Marie, *4.11.1882 Preßburg, †24.7.1966 Wien; - Ps. Maria Heim; Marie Pappenheim (*L-P-R*) #3,4,18

Frischlin, Philipp Nikodemus, *22.9.1547 Balingen, †29.11.1590 Feste Hohenurach; - Ps. Andreas Cragius Danus; Laonicus Antisturmius Sturmeneck (*D-P-S*) #4,5,6,11,13, 14,15

Frischmuth-Kornbrust, Felicitas, *2.10.1930 Berlin; - Ps. Felicitas Frischmuth (*L-P-R*) #3

Frisé, Maria, geb. Loesch, *1.1.1926 Breslau; - Ps. Maria Loesch (*E-L-P*) #3,4

Friton, Bruno, *31.5.1905 Köln, †3.12.1971 Burghausen/Salzach; - Ps. Löffeldoktor (*E-L-P*) #3,4

Fritsch, Ahasver, *16.12.1629 Mügeln/Sa., †24.8.1701 Rudolstadt; - Ps. Gottlob (*L-P*) #4,6,11,13

Fritsch, Franz Xaver, *6.10.1779 Braunau/ Böhmen, †17.8.1870 Wien; - Ps. Franz von Braunau (*D-S*) #4,11
Fritsch, Franziska von, *10.8.1828 Bibart/ Bayern, †18.3.1904 Salzburg; - Ps. Franziska Staufen (*D-E-L-R-S*) #1,2,3,4
Fritsch, Julius, *2.5.1875 Radonitz; - Ps. Julius Berg (*L-M*)
Fritsch, Steffanie, *28.2.1911 Bölten/Tropau; - Ps. Steffi von Altan (*E-F*) #3,4
Fritsch, Theodor, *28.10.1852 Wiesenau/Sa., †8.9.1933 Gautsch b. Leipzig; - Ps. Thomas Frey; F. Roderich-Stoltheim (*P*) #3,4
Fritsche, Elisabeth, *2.12.1891 Stralsund; - Ps. Lite Fritsche (*J*) #3,4
Fritsche, Paul, *15.12.1863 Frankfurt/O., †25.9.1888 Frankfurt/O.; - Ps. Gustav Adolf; Paul von der Redo (*L-P*) #1,3,13
Fritz, Egon, *11.1.1903 Bühl/Baden, †29.11.1959; - Ps. Egon Vietta (*P-R*) #3,4
Fritz, Frida, *15.11.1892 Stettin; - Ps. Frida Nettelbeck (*R*) #3,4
Fritz, Josef, *12.11.1856 Draschnitz/Ö., †19.9.1927 Innsbruck; - Ps. Fritz Weber (*E-S*) #1,4
Fritz-Eulau, Anneliese, *23.1.1918 Wien; - Ps. Anneliese Eula-Felsenstein; Anneliese Felsenstein (*D-J-L-R*) #4,18
Fritze, Ottokar, *18.2.1931 Lübben/Spreewald; - Ps. Hans Nerth (*E-F-P-R*) #3,4
Fritze, Ruth, geb. Hanschmann, *11.2.1927 Leipzig; - Ps. Ruth Hanschmann (*E*) #3
Fritzsche, Anna, geb. Blobel, *10.11.1866 Bromberg; - Ps. Anna Blobel; Dr. von Gneist; A. Körner; August Krupp; A. Mercator (*E-P-R*) #1,3,4
Fritzsche, Friedrich Wilhelm, *27.3.1825 Leipzig, †5.2.1905 Philadelphia/USA; - Ps. F. W. Dornbusch (*L*) #4,14
Fritzsche, Gerhard, *23.4.1911 Dittmannsdorf/ Sa., †1944 (gef.); - Ps. Gefri (*L-S*) #3,4
Fritzsche, Gertrud Sofie Margarethe, *7.12.1873 Breslau; - Ps. Marga von Hohenfels (*S*) #4
Fröba, Klaus, *9.10.1934 Ostritz/Oberlausitz; - Ps. Andreas Anatol; Christian Carsten; Urban Engel; Matthias Martin (*E-J-P-R*) #3,4
Fröbel, Julius, *16.7.1805 Griesheim b. Rudolstadt, †6.11.1893 Zürich; - Ps. Carl Junius (*D-P*) #1,4,13,15
Frobenius, Else, *27.7.1875 Lasdohn/Livland, †3.8.1952 Schleswig; - Ps. Else v. Boetticher (*P*) #3,4
Frobenius-Kühn, Eleonore, *31.1.1878 Riga/Lettland, †21.10.1955 Tutzing; - Ps. Leonore Kühn; Leonore Ripke-Kühn (*L-P-R*) #3,4
Froböse, Edith, *11.2.1893 Bielefeld; - Ps. Edith Meise (*J*) #3,4
Froelich, Erasmus, *20.9.1697 Wien, †9.11.1771 Wien; - Ps. Ludwig Debiel (*L-P*) #4,13
Fröhlich, Abraham Emanuel, *1.2.1796 Brugg/ Aargau, †1.12.1865 Gebensdorf/Aargau; - Ps. Demokrit Schmerzenreich (*E-L-P*) #1,4, 13,15
Fröhlich, Gustav, *21.3.1902 Hannover, †22.12.1987 Lugano/Tessin; - Ps. Heinz Brandt (*P*)
Fröhlich, Henriette, *28.7.1768 Zehdenick/ Havel, †5.4.1833 Berlin; - Ps. Anonyma; Jerta (*R*) #4,6,9,11
Fröhlich, Käthe, geb. Brodnitz, *10.3.1884 Berlin; - Ps. Käthe Brodnitz (*D-N-P*) #3,4
Frohme, Karl Franz Egon, *4.2.1850 Hannover, †9.2.1933 Hamburg; - Ps. Junius (*L-P*) #1,3,4
Fröhner, Rolf, *9.4.1917 Dresden; - Ps. Richard R. Fröhner (*J-P*) #3
Frohnhäuser, Konrad Ludwig, *21.12.1840 Butzbach; - Ps. Konrad Fron (*E-P-S*) #1,3,4
Frohwein, Martha, *24.4.1872 Horrweiler/Hessen, †25.4.1935 Ebsdorf b. Marburg; - Ps. Frohwein-Büchner (*E-L-M-P*) #3,4
Frölich, Georg, *um 1500 Cömnitz/Egerland; Ps. Laetus; Letus (*L*) #4,13
Frölich, Paul, *7.8.1884 Leipzig, †16.3.1953 Frankfurt/M.; - Ps. K. Franz; Paul Werner (*P*) #4,18
Frölich, Rose, geb. Wolfstein, *1888 Witten; - Ps. Marta Koch; R. Stein (*P*) #18
Fromberg, Clara, *1864 Posen; - Ps. C. Berg (*E-J-L-M-N-P-R*) #3,4
Fromm, Ferdinand, *31.3.1857 Unterkochen/ Württ.; - Ps. E. Zeitgenoß (*P*) #3,4
Fromm, Otto, *18.1.1875 Wittenberg; - Ps. Lynkeus; Montblanc; M. W. Norden; Max Wittenberg (*L-P*) #3,4
Frommann, Hermann, *7.2.1837 Jena, †2.1.1890 Jena; - Ps. Eusebius (*L-P*) #1,3,4
Fromme, Annemarie, geb. Bechem, *20.8.1909 Düsseldorf; - Ps. Annemarie Bechem; Annemarie Fromme-Bechem (*F-J-R*) #3,4
Fromme, Joachim, *5.4.1640 Altbrandenburg, †6.2.1690 Altbrandenburg; - Ps. Anastasius Probus Brennopolitanus (*P*) #6
Frommel, Wolfgang, *8.7.1902 Karlsruhe; - Ps. Lothar Helbing; F. W. L'Ormeau (*L-P*) #3,4,18
Frommelt, Harry, *13.2.1884 Schwarzenberg/ Erzgeb., †10.1.1965 Bad Berka b. Weimar; - Ps. Ralf Morthymer (*L-N-P*) #3,4
Frommholz, Alice, *25.8.1910 Berlin, †28.12.1962 Hannover; - Ps. Viola Garven; Gabriele Terenz (*E-J-L-P*) #3,4
Frosch, Reinhart Friedrich, *4.6.1935 Zürich; - Ps. reinhart (*L-N-P*) #4
Fröschl, Georg, *9.3.1891 Wien, †4.3.1966 Beverly Hills/USA; - Ps. George Froschl (*D-F-J-J-N-R*) #3,4,18
Fröschl, Josef G., *(1976); - Ps. Pepin F. (*P*) #3
Frost, Georg; - gen. Der Harte/FG 196/1629 #11,12

Frühmann, Robert Karl, *24.3.1920 Wien; - Ps. Robert Karl März (*F-P-R*) #3,4

Fründ, Hugo, *15.3.1871 Berlin, †27.11.1931 Heinzendorf/Tschech.; - Ps. Jon Lehmann (*E-L-S*) #4

Frydag, Franz Ico Freiherr von, *9.11.1606, †12.9.1652; - auch Franz Ico von Freytag; gen. Der Läuternde/FG 239/1634 #11,12

Fuchs, Anna Rupertina, *1.12.1667 Elbing, †23.11.1722 Sulzbach; - Ps. Daphne; Fr. Fuchsin; Anna Rupertina Pleitner (*L-P*) #4, 6,11

Fuchs, Anton, *29.1.1920 Wien; - Ps. Thomas Elten (*E-N-P-R*) #3,4

Fuchs, Friedrich, *10.2.1840 Frechen b. Köln, †4.2.1911 Köln; - Ps. Skamandros (*L-P*) #1,4

Fuchs, Hanns, *1.10.1881 Stadthagen; - Ps. Hanns Harro; Hanns Passeyer (*N-P-R*) #1,3,4

Fuchs, Hans, *31.5.1903 Naumburg/S.; - Ps. Carl Hans Anders (*E-J-L-P*) #3,4

Fuchs, Hertha, *11.11.1920 Wien; - Ps. Ligeti (*E-M-P-R*) #3,4

Fuchs, Jakob, *4.1.1927 Sool/Glarus; - Ps. Ralph L. Thompson (*E-L*) #3,4

Fuchs, Johann Georg Peter, *15.6.1868 Beerfelden/Hessen, †16.6.1949 München; - Ps. Anselmus (*D-L-M-P-S*) #1,3,4,15

Fuchs, Karl Friedrich, *13.11.1921 Einsiedel b. Chemnitz; - Ps. Karl Friedrich (*E-J-R*) #3,4

Fuchs, Marianne, *4.7.1896 Berlin; - Ps. Marianne Fischer-Dyck (*F-L-P-S*) #3,4

Fuchs, Martha, geb. Große, *10.5.1877 Magdeburg, †19.9.1946 Berlin; - Ps. Martha Große (*D-L*) #1,3,4

Fuchs, Otto, *11.2.1852 Hovitz/Böhmen; - Ps. Otto Fuchs-Talab; Talab (*D-E-N-S*) #1,3,4

Fuchs, Paul Freih. von, *15.12.1690 Stettin, †2.8.1704 Berlin; - Ps. Sincerus Germanus (*P*) #6,13

Fuchs, Ruth, geb. Schaumann, *24.8.1899 Hamburg, †13.3.1975 München; - Ps. Ruth Schaumann (*E-L-P-R*) #3,4,5,8,9,10,14

Fuchs, Sofy, geb. Sternmose, *10.3.1881 Landshut; - Ps. Sofy Fuchs-Sternmose (*F-L-R*) #3,4

Fuchs, Walter, *27.3.1888 Tarnowitz/Oberschles.; - Ps. Alopex (*E-N*) #3

Fuchs, Wilhelm, *22.10.1860 Wien; - Ps. Reineke (*L-S*) #3,4

Fuchs, Wilhelm, *15.7.1875 Louisendorf/Hessen, †16.5.1951 Bad Homburg v. d. H.; - Ps. Friedrich Wilhelm Bondoux; Friedrich Wilhelm Bontoux (*L-P*) #1,3,4

Fuchs-Hartmann, Werner, *8.3.1904 Berlin, †12.9.1941 Braunschweig; - Ps. Friedrich von Haugsdorf (*P-R*) #3,4

Fuchs-Hergeth, Hermine Maria, *26.9.1884 Wien; - Ps. Mia Hergeth (*S*) #4

Fuerstenwärther, Ernestine von, *(1850); - Ps. Ernestine (*P*) #4

Fueß, Hanna, *27.2.1886 Altencelle b. Celle, †7.11.1972 Celle; - Ps. Swaantje Swantenius (*N-P-R*) #3,4

Füessli, Johann Conrad, *1704 Oberwetzlar, †1775 Winterthur; - Ps. Isaak Bond; Phileleutherius (*P*) #6

Füger-Rechtborn, Anna von, *27.12.1818 Graz, †1892 Troppau; - Ps. Alfred Krieger; Anna Irena Sieger; Anna Irena Siegerist (*L*) #1,2,3,4

Fugmann, Christian, *31.3.1886 Wiseth/Mfr.; - Ps. Germanicus (*P*) #4

Fuhlberg, Rudolph Johann Julius, *31.8.1890 Hamburg, †1949 Stuttgart; - Ps. John Fuhlberg-Horst (*J-P*) #3,4

Führer, Artur K., 12.10.1929 Großensee/Eisenach; - Ps. Addi von Großensee (*E-L-P*) #3

Führer, Karl, *18.2.1863 Junkholz b. Weinfelden; - Ps. Kurt Fels (*P*) #3

Führing, Maximilian, *3.11.1892 Radymno; - Ps. Elmar Rüdiger (*E-J*) #3,4

Fuhrmann, Erneste, *10.5.1900 Pirmasens, †16.9.1982 Pirmasens; - Ps. Erneste Fuhrmann-Stone (*E-F-L*) #3,4

Fuhrmann, Georg, *1.12.1876, †1949 Stuttgart; - Ps. Egbert Falk (*L-P-R-S*) #3,4

Fuhrmann, Irene, *27.9.1853 Wien; - Ps. J. René (*P-R-S*) #2,3

Fulda, Fürchtegott Christian, *29.9.1768 Otterwisch b. Leipzig, †1854 Halle/S.; - Ps. Justus Miser (*L*) #1,4,11

Füllborn, George, *5.9.1837 Elbing, †11.3.1902 Dresden; - Ps. George F. Born (*E-J-L-N-R*) #1,3,4

Fülleborn, Georg Gustav, *2.3.1769 Groß-Glogau/Schles., †16.2.1803 Breslau; - Ps. Justus Edelwald (*D-E-L-M-N-P-S*) #1,4,6,11,13

Funck, Anna, geb. Sommer, *30.3.1872 Lübeck; - Ps. Anna Sommer-Funck; A. Damm (*E-R*) #1,3,4

Funck, Johann Daniel, *19.7.1757 Königsberg, †23.6.1807 Königsberg; - Ps. Johannes Aurifaber (*L-P*) #4

Funder v. Rumohr, Elisabeth, *6.11.1875 Tönning/Holst.; - Ps. Li Mynonis (*P*) #3

Fundinger, Gertrud, *27.4.1888 Halle/S.; - Ps. Hellmut Ringer; L. v. Sachsenheim (*P-R*) #3,4

Fünfgeld, Margarete Marie, geb. v. Oertzen, *6.11.1868 Heidelberg, †6.7.1937 Freiburg/Br.; - Ps. Marie Margarete; Margarete Marie von Oertzen (*D-E-N-R*) #1,2,3,4

Funk, Johann Nikolaus, *29.3.1693 Marburg, †26.12.1777 Rinteln; - auch Johann Nikolaus Funccius; Ps. Infander; Nicephorus Philomusus; Christian Wahrmund (*L-P*) #6,13

Funke, Christian, *24.9.1626 Dittmannsdorf b. Freiberg/Sa., †19.6.1695 Görlitz; - gen. Der Funkende/FG 873 (*D-P*) #4,11

Funke, Karl Philipp, *13.7.1752 Görtzschke b. Brandenburg, †9.6.1807 Altona; - Ps. J. C. Freier (*J-P*) #4,17

Funke, Käthe, geb. Lasker, *30.3.1882 Sonnenberg/Neumark; - Ps. Käthe Lasker (*E-N*) #1,4

Funke, Monika, *8.2.1943 Bergisch Gladbach; - Ps. Monikalisa Stern (*F-P*) #3

Funkelin, Jakob, *um 1520 Konstanz, †3.11.1565 Biel; - Ps. Johannes Fünckelein (*D*) #4,11,13

Fürer von Haimendorf, Anton Ulrich, *11.7.1663 Nürnberg, †3.5.1732 Wolkersdorf; - gen. Lilidor/PB (*L-P*) #6,11

Fürer von Haimendorf, Christoph, *11.7.1663 Haimendorf b. Nürnberg, †3.5.1732 Nürnberg; - gen. Lilidor/PB (*L-P*) #1,4,11,13,15

Fürholzer, Edmund, *13.2.1891 München; - Ps. Eddy Fall (*D-E-F-J-L*) #3,4

Fürnberg, Louis, *24.5.1909 Iglau/Mähren, †23.6.1957 Weimar; - Ps. Nuntius (*E-L-N-P-R*) #3,4,5,8,14,18

Fürst, Bruno, *13.3.1891 Metz; - auch Furst (*P*) #18

Fürst, Elisabeth, *25.12.1904 Nürnberg; - Ps. Ernest (*E-F-L-P-S*) #3,4

Fürst, Josef, *17.1.1870 Schwabsberg, †7.12.1942 Ellwangen/Jagst; - Ps. Suebimontanus (*P*) #3,4

Fürst, Robert, *8.5.1889 Zürich; - Ps. Felix Fenner (*E-P*) #4

Fürstauer, Johanna, *11.3.1931 Kössen/Tirol; - Ps. Joy Bentley; Joan Forestier; Barbara Kelly; Keith Morgan; Dr. Stanley; J. F. Stanley; Sylvia White (*P-R*) #3,4

Fürstenberg, Ferdinand von, *21.10.1626 Bilstein/Sauerland, †26.6.1683 Schloß Neuhaus b. Paderborn; - Ps. Ferdinand Archontor (*P*) #4,6,13,15

Fürstenberg, Hilde, *1.2.1902 Bonn; - Ps. Hanna Friedrich; Hanne Linden (*J-L-N-R-S*) #3,4

Fürstenheim, Hans Georg, *26.5.1870 Chemnitz; - Ps. Hans Forsten (*D-E-J-R-S*) #1,4

Fürstenstein, Hans Eitel Dido zum, *17. Jh.; - gen. Der Lebende/FG 632 #11

Fürstenstein, Philipp Melchior Dido zum, *17. Jh.; - gen. Der Gekräuselte/FG 576 #11

Fürstenthal, Ernst, *16.11.1895 Berlin; - Ps. Ernst Fürst (*D*) #3

Fürth, Henriette, *15.8.1861 Gießen; - Ps. G. Stein (*L-N-P*) #3,4

Fürth, Otto, *7.11.1894 Strakonitz/Böhmen; - Ps. Owen Elford (*L*) #4,18

Fuß, Bernhard Joseph, *2.2.1865 Köln, †1909; - Ps. J. Flavus; J. Olandus (*E-N-P*) #3,4

Fuß, Karl, *25.11.1893 Memmingen, †5.3.1962 Wilhelmsdorf b. Ravensburg; - Ps. Wendelin Überzwerch (*E-F-L-R*) #3,4,5

Fuss, Martha, *13.4.1904 Wiesa b. Annaberg; - Ps. Martha Weber (*L-P*) #3

Fuß, Meta, *12.1.1891 Glogau; - Ps. Meta Fuß-Opet (*D-N-R*) #3

Fußenecker, Johann Georg, *17.11.1814 Nürnberg, †29.5.1898 Augsburg; - Ps. Hans von Reinach; Hans von Steinach (*D-L-P*) #1,4

Fux, Adolf, *10.9.1901 Grächen/Wallis, †18.11.1974 Visp/Schweiz; - Ps. Adolf Reineke Fux (*E-N-P-R*) #3,4

G

Gaa, Edel, *6.7.1919 Wuppertal; - Ps. Barbara Gudden (*P-R*) #3,4

Gabler, J. H., *(1677); - Ps. Der Stützende (*P*) #11

Gachnang, Konrad, *6.1.1843 Fällanden/Zürich, †14.4.1921 Zürich; - Ps. Julius Frohmeier (*J-L*) #1,3,4

Gadebusch, Friedrich Konrad, *29.1.1719 Altefähr/Rügen, †9.7.1788 Dorpat; - Ps. Fermor (*P*) #4,13

Gädicke, Johann C., *um 1763, †1837; - Ps. E. G. A. Dieck (*E*) #4

Gaebert, Hans-Walter, *18.4.1905 Hamburg; - Ps. Pieter Coll; Hanns-Walther (*R*) #3,4

Gaebler, Dorothea, *19.10.1885 Leipzig-Reudnitz, †17.12.1968 Leipzig; - Ps. Annedore Heim; Inge Heim (*J-L-M-R*) #3,4

Gaede, Hans Hermann, *1.4.1897 Berlin, †20.12.1941 Leipzig; - Ps. Detlev Mannhardt (*N-P*) #3,4

Gaedicke, Dorothea Caroline, geb. Flato, *27.5.1885 Altona, †29.12.1961 Hamburg; - Ps. Lotte Flato (*P*) #4

Gaedicke, Wilhelm, *13.1.1880 Tangermünde, †11.5.1958 Hamburg; - Ps. Crassus (*D-L-P*) #3,4

Gaehtgens, Hermann, *10.11.1875 Riga; - Ps. Hermann Ysentorff (*D-E-R*) #1,3,4

Gaetschenberger, Arthur, *1.10.1869 Heidelberg; - Ps. M. Arthur Curasso (*D-E-F-L-P*) #3,4

Gäfgen, Hans, *3.6.1894 Wiesbaden, †28.9.1939 Wiesbaden; - Ps. Beatus; Karl Hage; Historicus; Jucundus; Franz Lächner (*E-J-L-M-P-R*) #3,17

Gagern, Kurt von, *5.12.1883 Berlin; - Ps. Kurt Gafran; Kurt v. Gagern-Dassel; Kurt v. Gagern-Frankenthal (*P-R*) #3,4

Gagern, Maximilian Joseph Ludwig von, *25.3.1810 Weilburg, †17.10.1889 Wien; - Ps. M. Liederbach (*P*) #4,13,15

Gahn, Theodor, *18.6.1904 Breslau; - Ps. Bombensplitter (*P*) #3

Gahrlieb von der Mühlen, Gustav Casimir, *29.12.1630 Grypsholm/Schweden, †1717 Altlandsberg b. Berlin; - Ps. Aurelianus (*L-P*) #4

Gaiger, Isidor, *1828 Ungarn, †25.11.1880 Budapest; - Ps. B. S. Theuring (*E-P-R*) #1,4

Galai, Margalit, *11.3.1906 Karlsbad; - Ps. Margit Wellner-Stroh (*E-J-R*) #3

Galetzki, Theodor Friedrich Wilhelm von, *6.11.1869 Kaluga/Rußland; - Ps. Theo Kern (*N-P*) #1,3,4

Gall, Georg Sigmund Freiherr, *17. Jh.; - gen. Der Hochwürdige/FG 785 #11

Gall, Gertrud, *20.11.1883 Halle/S; - Ps. Gert Frank (*P*) #3

Galler-Schwarzenegg, Margaret Carol von, *4.2.1891 Wien; - Ps. Margaret C. Naval (*F-N-P*) #3,4

Galli, Lisa, geb. Reichardt, *14.5.1870 Kissingen; - Ps. Hans Liesal; Reichardt-Galli (*N-P-R*) #3

Galliny, Florentine, *24.6.1845 Wien, †19.7.1913 Wien; - Ps. Bruno Walden (*P*) #2,3,4

Gallus, Nicolaus, *1516 Köthen, †15.7.1570 Liebenzell/Württ.; - Ps. Lucius Vigilius Jesurbius (*P*) #4,13,15

Gallwitz, Valeska von, *22.1.1833 Glogau, †1888 Berlin; - Ps. C. Michael; Eugen Valeski (*N-P-R*) #1,2,4

Gamber, Hans, *(1981); - Ps. Christopher Barr (*R*) #3

Gämperle, Karl, *26.11.1853 Wien, †15.1.1934 Wien; - Ps. Karl Lindau (*S*) #4

Gängebach, Gottfried, *17. Jh.; - gen. Der Flüssige/DG-L #11

Gängl, Caspar, *20.1.1607 Harhof, †22.2.1659 Zerbst; - gen. Der Entladende/FG 484/1647 #11,12

Gangl, Josef, *25.8.1868 Deutsch-Beneschau/Böhmen, †6.9.1916 Wien; - Ps. Joseph Götz-Gangl (*E-R*) #1,3,4

Gans, Friedrich Wilhelm, *6.1.1585 Weimar, †11.2.1648; - gen. Der Verhaltende/FG 229/1634 #11,12

Gans von Ludassy, Julius, *13.4.1858 Wien, †30.9.1922 Wien; - Ps. Julius von Goose; Ludwig Schiermacher (*D-R-S*) #1,3,4,15

Ganser, Wilhelm, *22.12.1857 Wien; - Ps. Venerandus (*P*) #3

Ganske, Hugo Fritz, *8.10.1869 Bromberg; - Ps. H. G. Bromberg; Hans Siede (*D-R-S*) #1,3,4

Ganske, Käthe, geb. Buegler, *8.10.1881 Berlin; - Ps. Käthe Buegler; Courbet (*L-N-R*) #3,4

Ganske, Willy, *10.7.1870 Stettin; - Ps. Adonibal; G. Koldemanz; Pan (*P-S*) #3

Ganz, Hugo, *24.4.1862 Mainz, †2.1.1922 Wien; - Ps. Peregrinus (*D-P*) #1,3,4

Gäpel, Robert, *13.2.1900 Luthe b. Neustadt a. Rübenb.; - Ps. Hanns Roland (*D-E-F-L-P*) #3,4

Garbald-Gredig, Johanna, *22.3.1840 Zuoz/Graubünden, †4.3.1935 Castasegna/Graubünden; - Ps. Silvia Andrea; Andrea Silvia (*E-P-R*) #1,3,4

Garbe, Karl, *22.4.1927 Bochum; - Ps. Franz Annen (*L-P-R*) #3

Garbell, Adolf, *12.7.1864 Goldingen, †4.11.1902 Berlin; - Ps. Arsseni Garbof (*P*) #3,4

Garbelmann, Hans, *9.11.1924 Wald Michelbach/Odenw.; - Ps. Hans Garbel (*E-F-L*) #3,4

Garde, Arnold, *30.5.1871 Bremen; - Ps. Arnold Garde-Prien; H. W. Mensching (*L-N-P*) #3

Gardos, Alice, *31.8.1916 Wien; - auch Cardos; Ps. Elishewa Jaron; Alice Kempe; Alice Schwarz; Alisa Shachor; Aliza Shihor (*L-N-P-R*) #3,4,18

Gardthausen, Gustav Waldemar, *4.4.1807 Kopenhagen, †25.10.1875 Ulkebüll/Insel Alsen; - Ps. Justus Ernst (*D-L-P*) #1,3,4,11

Gareis, Herbert, *1.4.1920 Delmenhorst; - Ps. S. N. Sukron (*F-J-N-R*) #3

Garmann, Christian Friedrich, *17. Jh.; - gen. Der Schneeweiße/DG-L; Ps. Pollux #11

Garrels, Johann Georg, *6.6.1902 Syke b. Bremen; - Ps. Hansgeorg Garrels (*E-L-R*) #3

Gartmann, Ulrich, *28.2.1891 Almens/Graubünden, †6.1.1974 Thusis/Graubünden; - Ps. Felix Camani (*N-R*) #3,4

Gartner, Andreas, *(1570); - Ps. Gartnerus Mariaemontanus (*P*) #4,13,

Gärtner, Franz, *17.11.1865 Eger/Böhmen; - Ps. Francois Garriès (*D-P-R*) #1,4

Gartner, Heinrich, *8.2.1879 Linz/Do., †9.10.1965 Wien; - Ps. Heinrich Gartner-Siegenfeld (*F-L-N-P-R*) #3

Gärtner, Rudolf, *27.10.1875 Neugersdorf/Oberlausitz, †1952 Dresden; - Ps. Rudolf Gärtner-Hellerau (*D-E-L-P*) #3,4

Gartz, Johann, *13.12.1530 Wittenberg, †22.1.1574 Brandenburg; - auch Garcaeus; Gartzen; Gartzencius; Gartzenius; Gharcaeus (*P*) #4,13

Garve, Karl Bernhard, *24.1.1763 Jeinsen b. Hann., †21.6.1841 Herrnhut; - Ps. Selmar; Verf. des deutschen Versbaues; Otto Karl Werning (*L-P*) #1,4,11,13,15

Garvens-Saebens, Eugenie von, *18.3.1881 Aachen; - Ps. Eugenie von Garvens (*P*) #3

Garzarolli von Thurnlackh, Margarete, geb. von Scheuer, *6.6.1900 Aflenz/Steierm.; - Ps. Margarete Scheuer (*J-L-N-R*) #3,4

Gaspary, Alfred, *23.12.1860 Berlin; - Ps. Kaspar von Belt (*R*) #3,4

Gasperini, Eduard, *um 1800 Aachen; - Ps. W. Rüdenau (*P*) #4,6,11

Gassmann, Franz Joseph, *20.2.1775 Solothurn, †7.3.1802 Solothurn; - gen. Hudibras (*L*) #4,11

Gassner, Amalie, geb. Marggraff; verw. Baisch, *8.10.1859 München; - Ps. Amalie Baisch; Ernesta; Amalie Marggraff (*E-P*) #3,4

Gassner, Franz Ignaz, *30.6.1842 Wien, †17.2.1913 Wien; - Ps. Richard Franz (*N-P-R-S*) #1,3,4

Gast, Emil, *12.4.1874 Fürstenberg a. O.; - Ps. Victor Paratus; L. v. Rehren (*P*) #3

Gast, Ernst Reinhard, *22.10.1842 Mügeln b. Oschatz/Sa., †11.8.1904 Ballenstedt; - Ps. Ernst Reinhard (*P*) #1,3,4

Gath, Peter, *4.10.1898 Köln, †15.10.1959 Köln; - Ps. Schang vum Vugelsang (*E-F-L-R*) #3,4

Gathmann, Margarete, geb. Laube, *12.4.1892 Altona; - Ps. Margaret Laube (*E-R*) #3,4

Gathy, August, *14.5.1800 Lüttich, †8.4.1858 Paris; - Ps. Jordanus Bruno; Falk; Luca fa presto; Lucifer Presto (*P*) #4,13

Gatterburg, Juliana Gräfin von, geb. von Stockhausen, *21.12.1899 Lahr/Baden; - Ps. Juliana von Stockhausen (*E-F-P-R*) #3,4,5

Gattermann, Eugen Ludwig, *12.10.1886 Quedlinburg; - Ps. Eugen Albin Corvin (*E-L-R*) #1,3,4

Gättke, Walter, *4.5.1896 Hamburg; - Ps. Walter Wolf (*D-E-F-L-R-S*) #3,4

Gaudecker, Hans von, *26.11.1896 Rabuhn/Kolberg, †22.2.1972 Dortmund; - Ps. Hans Woldeck (*E-J-P-R*) #3,4

Gaudlitz, Gottlieb, *17.11.1694 Leisnig/Sa., †20.2.1745 Leipzig; - Ps. Christian Friedrich Taube (*P*) #4,6

Gaudy, Constance von, *30.3.1844 Frankfurt/O.; - Ps. C. von Craigmnie (*R*) #2,3,4

Gauhe, Johann Friedrich, *15.3.1681 Waltersdorf/Oberlaus., †29.12.1755 Helbigsdorf; - Ps. Huldericus Irinäus Pagus (*P*) #4,6,13

Gaul, Julius Emil, *16.6.1882 Diez/Lahn; - Ps. Adolf Langen; Winfried Scherer; Hans von Schimmelpfeng (*P*) #3,4

Gaul, Olga, geb. Molnar, *9.12.1880 Pilsen/Böhmen; - Ps. Olga Gaul-Molnar (*J-L*) #3,4

Gaulke, Heinz-Bruno, *(1956) Berlin; - Ps. Bodo Brodt; Jupp Martell (*E-F-L-P-R-S*) #3,4

Gaunersdorfer, Johann, *10.11.1853 Zistersdorf/N.-Ö.; - Ps. Bias (*P*) #3

Gaupp, Fritz, *20.1.1897 Freiburg/Br.; - Ps. Peter Hoeflin; Fritz Wall (*P-R*) #3,4

Gaupp, Helmut, *1.3.1894 Stuttgart; - Ps. José Antonio Benton (*D-F-L-N-R*) #3,4,18

Gaus-Bachmann, Adele, *29.10.1869 Wien, †3.4.1945 Wien; - Ps. A. Hohenwart (*D-E-L-N-S*) #3,4

Gayda, Franz Alfons, *12.11.1896 Thorn, †10.7.1970 Günzburg; - Ps. Wolfgang Brügge; Sebastian Orb (*P*) #3,4

Gayelin, Johann Georg, *1812 Mülhausen/Elsaß, †1889 Rixheim/Els.; - Ps. A. Ilgeney (*L-P-S*) #1,4

Gayette-Georgens, Jeanne Marie von, *11.10.1817 Kolberg/Pommern, †14.6.1895 Leipzig; - Ps. M. Colberg; Jeanne Marie (*N-P-R*) #1,3,4,9

Gayworowsky, Olga von , *1855, †15.9.1891 Berlin; - Ps. O. Gayer (*N-R*) #1,2,4

Gburek, Paul, *1.3.1875 Breslau; - Ps. Paul Gernsdorf (*D-E-S*) #1,3,4

Gebauer, August, *28.8.1792 Knobelsdorf/Sa., †16.11.1852 Tübingen; - Ps. Al. Bauer; Heinrich Rebau (*E-J-L-P*) #1,4,11,13,17

Gebauer, Bruno, *14.7.1902 Brandenburg; - Ps. Bruno G. Bauer (*L-P*) #3

Gebauer, Ottomar, *5.8.1827 Saarlouis; - Ps. O. G. Bauer (*L*) #1,3
Gebauer, Walter Ludolf, *21.8.1903 Heide/Holst.; - Ps. Walter Delft (*R*) #3,4
Gebert, Li, *7.7.1910 Berlin; - Ps. Li Schirmann (*E-F-J-R*) #3,4
Gebhard, Friedrich Albert, *26.7.1781 Heldrungen/Thür., †18.4.1861 Moskau; - Ps. Modest (*L-N-S*) #1,4,11
Gebhardt, Elisabeth, *17.10.1873 Crossen/Oder; - Ps. Marie-Elisabeth Gebhardt (*E-J-R*) #3,4
Gebhardt, Ferdinand, *15.11.1863 Nürnberg; - Ps. Dr. von Noris; Ferdinand von Noris (*D-E-P-R-S*) #1,3,4
Gebhardt, Florentine, *18.4.1865 Crossen/Oder; - Ps. G. Ebhardt; Stefanie Eusebius; Tino Hardt; Luise Klotz; F. Lora; A. Rolf (*E-J-L-R-S*) #1,3,4
Gebhardt, Friedrich Johann, *24.6.1919 Schwandorf/Opf.; - Ps. Adolar Gelb; Eugen Oker (*F-L-P-R*) #3,4,17
Gebhardt, Hertha von, geb. Triepel, *2.2.1896 Leipzig; - Ps. Hertha von Gebhardt-Triepel (*L-N-P*) #3
Gebhardt, Johannes, *27.7.1870 Leipzig; - Ps. Werner Frey (*D-E-P-S*) #3,4
Gebhardt, Rudolf Roman, *31.3.1898 St.Petersburg; - Ps. Rudolf Roman (*E-R*) #3
Gebler, Tobias Philipp Freiherr von, *2.11.1720 Zeulenroda/Thür., †9.10.1786 Wien; - Ps. Cornatus (*D-S*) #1,4,11,13,15
Geck, Heinz, *27.2.1900, †3.11.1953 Berlin; - Ps. Heinz Förster-Ludwig (*E-L-S*) #3
Geck, Heinz, *13.4.1903 Essen; - Ps. H. W. Hart; Hanko de Tolly (*E-F-P-R*) #3,4
Geck, Rudolf, *8.6.1868 Elberfeld, †14.1.1936 Frankfurt/M.; - Ps. -ck (*L-P*) #1,3,4,15
Gedik, Simon, *31.10.1551 Wurzen/Sa., †5.10.1631 Merseburg; - Ps. Simon Gediccus (*P*) #4
Gedike, Friedrich, *15.1.1754 Boberow b. Leuzen, †2.5.1803 Berlin; - Ps. Alethophilus Marchicus (*P*) #4,13,15,17
Geering-Christ, Rudolf, *3.9.1871 Basel, †20.5.1958 Binningen b. Basel; - Ps. Rudolf Seehuser (*L-P*) #3,4
Geesdorf, Georg, *15.11.1900 Bernau b. Berlin; - Ps. Coségo; Ge-Gee (*L*) #3,4
Geffcken, Johannes, *20.2.1803 Hamburg, †2.10.1864 Hamburg; - Ps. Fenimore Cooper (*P*) #4,13,15
Gehlen, Paul, *22.8.1891 Düsseldorf, †9.10.1950 Düsseldorf; - Ps. Page (*L-P*) #3,4
Gehler, Johann Samuel Traugott, *1.11.1751 Görlitz, †16.10.1795 Leipzig; - Ps. H-n; Hephästion (*P*) #4,13,15
Gehlhoff-Claes, Astrid, *7.1.1928 Leverkusen; - Ps. Astrid Claes (*D-E-L-R*) #3,4
Gehly, Paul Heinrich, *19.9.1904 Köln, †8.8.1938 Köln; - Ps. Paul Heinrich (*P*) #3
Gehren, Wilhelmine von, *28.2.1837 Mainz, †10.3.1907 Hornberg; - Ps. W. Gleim (*J-P-R*) #1,2,3,4
Gehring, Margarete, *21.4.1864 Jena; - Ps. Mary Gehrhardt (*E-R*) #1,3,4
Gehrke, Martha Maria, *1.9.1904 Frankfurt/Main; - Ps. Madrei; Barbara Tellheim (*F-P-R*) #3,4
Gehrmann, Horst, *1.1.1930 Weißenfeld/Saale; - Ps. John Cameron; Jerry Cotton; H. G. Ewers; Gregory Kern; Ken Porter (*E-P-R*) #3,7,16,20
Geib, August, *10.4.1842 Duchroth/Rheinpf., †1.8.1879 Hamburg; - Ps. Wilhelm Leopold (*L-P*) #1,4,14
Geib, Karl, *16.2.1777 Lambsheim/Rheinpf., †20.12.1852 Lambsheim/Rheinpf.; - Ps. Julius von Egbert; Karl Göppinger (*L-P*) #1,4,6,11
Geiger, Erich, *12.1.1924 Karlsruhe; - Ps. Jan Michell (*D-E-F-S*) #3
Geiger, Gottfried Engelhard, *17. Jh.; - gen. Chelyson/PB #11
Geiger, Hannsludwig, *27.8.1902 Stettin; - Ps. Gottfried Sartorius (*P-S*) #3,4
Geiger, Karl Ignaz, *1756 Ellingen b. Weißenburg/Bay., †21.3.1791 Stuttgart; - Ps. Simplicius Bocksbart (*D-P-S*) #4,6,11
Geiringer, Leo, *4.8.1851 Wien, †29.5.1900 Wien; - Ps. Leo Gerhard (*S*) #3,4
Geis, Ernst, *3.9.1900 München; - Ps. Ernst Bernhart (*S*) #3,4
Geis, Jakob, *27.12.1840 Athen, †3.3.1908 München; - gen. Papa Geis (*S*) #4,15
Geisel, Johann Peter, *17. Jh.; - gen. Der Ernsthafte/FG 749 #11
Geisler, Adam Friedrich, *12.5.1757 Rehmsdorf b. Zeitz; - Ps. Asmodi (*P*) #4,11
Geisler, Hans, *12.10.1919 Chemnitz, †1993; - Ps. Stephan Hansen; Johann Jira; James Robertson; Marion Stephani; Jean Jaques Tournet; Stephan Trey (*R*) #3,4
Geisler, Karl Oskar, *16.10.1836 Strans b. Bunzlau, †12.5.1903 Berlin; - Ps. Sergius Oschinin (*D-L-P-R-S*) #1,3,4
Geispitzheim, Wolf Bernhard von; - auch Wolf Bernhard Geißwitz; Geus Pitzheim; gen. Der Umbringende/FG 473/1647 #11,12
Geissau, Anton Ferdinand von, *19.12.1746 Höchstädt/Do., †25.8.1809 Wien; - auch Geusau; Ps. Gabriel Deysinger; Johann Ferdinand Koch; A. F. Schwarzhuber (*E-P*) #4
Geißel, Julius, *14.3.1863 Koblenz; - Ps. Julius Gerolstein (*L-P*) #1,3,4
Geissel, Margarete, *11.11.1894 Ahlbeck/Seebad; - Ps. Margaret Geissel-Horn (*L*) #3,4
Geisshüsler, Oswald, *1488 Luzern, †14.10.1552 Basel; - Ps. Oswald Molitoris; Oswald Myconius (*P*) #4,13
Geißler, Friedrich Jakob Kurt, *10.7.1859 Hamburg-Wandsbeck, †17.5.1941 Eisenach; - Ps. Dr. Friedrich; Konstantiner; K. Rembrandt; Wilhelm Wallus (*P-S*) #1,3,4

Geißler, Horst Wolfram, *30.6.1893 Wachwitz b. Dresden, †20.4.1983 München; - Ps. Kauz (*E-N-R*) #3,4,5,10

Geißler, Margarete, *9.11.1888 Berlin; - Ps. Ann Margret (*J-P-R*) #3,4

Geißler, Max, *23.7.1889, †10.2.1951 Wuppertal; - Ps. Max Monato (*S*) #3,4

Geißler, Robert Franz Wilhelm, *7.2.1819 Göttingen, †7.10.1893 Groß-Schneen b. Göttingen; - Ps. Gilbert Zeroser (*E-L-P*) #1,3,4

Geißmar, Eytel Wilhelm von, *17. Jh.; - gen. Der Wohlgebrauchte/FG 804 #11

Geißmar, Hans Dietrich von, *17. Jh.; - gen. Der Preisende/FG 835 #11

Geißmar, Jost Wilhelm von; - gen. Der Eröffnende/FG 336/1639 #11,12

Geißmar, Ludwig Philipp von, *17. Jh.; - gen. Der Artliche/FG 868 #11

Geist, Rudolf, *13.6.1900 Garschönthal/N.-Ö., †22.4.1957 Wien; - Ps. Nick N. Nobody (*L-N-P-R*) #3,4

Gelderblom, Hermann, *29.1.1860 Lennep/Westf.; - Ps. G. Hermann (*L-P*) #1,3,4

Geleng, Ingvelde, *18.9.1917 Berlin; - Ps. Ingrid Karwehl (*D-N-P*) #3

Geller, Oskar, *4.11.1863 Kaluß; - Ps. Eric d'Oskar (*R-S*) #3

Gellert, Grete, *18.4.1879 Prag, †18.4.1922 Berlin; - Ps. Grete Meisel-Hess (*N-P-R*) #1,3,4,9

Geltch, Johann Friedrich, *18.2.1815 Mühlbach/Siebenb., †7.9.1851 Rumes/Siebenb.; - Ps. Dr. W. Julius Faust (*L-P*) #1,4,13

Gemeinhard, Johann Nicolaus, *11.9.1727 Erlangen, †15.6.1767 Berlin; - Ps. Johann Nicolaus Meinhard (*P*) #4,11,13

Geminder, Friedrich, *19.1.1901, †3.12.1952 Prag; - Ps. G. Friedrich (*P*) #18

Gemmel, Helene, geb. Rekittke, *8.6.1877 Penzken/Ostpr.; - Ps. Helene Rekittke (*L*) #1,3,4

Gemmingen, Maria Freifrau von, *25.1.1910; - Ps. Dinah Linhard; Maria Stephan (*F-R*) #3

Gemmingen-Hornberg, Otto Heinrich Freiherr von, *5.11.1755 Heilbronn, †15.3.1836 Heidelberg; - Ps. O. H. Edler von Hofenheim (*D-P-S*) #1,4,11,13,15

Genast, Franz Eduard, *15.7.1797 Weimar, †3.8.1866 Wiesbaden; - Ps. Franz Naumann (*P-S*) #4,13,15

Genast, Wilhelm Karl Albert, *30.7.1822 Leipzig, †18.1.1887 Weimar; - Ps. Bernhard von Weimar (*D-M-R-S*) #1,4

Genazino, Ursula, *14.5.1936 Gengenbach; - Ps. Ursula Valentin (*F-J-P*) #3,4

Genée, Rudolf, *12.12.1824 Berlin, †19.1.1914 Berlin; - Ps. P. P. Hamlet (*D-L-S*) #1,4,5,15

Gengenbach, Pamphilus, *um 1480 Basel, †um 1525 Basel; - Ps. Doctor Nemo (*L-P-S*) #5,13,14,15

Gengler, Heinrich, *6.11.1894 Erlangen; - Ps. Hor Ribile (*L-P-S*) #3

Gengler, Ludwig Frank, *17.4.1902 Bamberg; - Ps. Gerd Gerler (*P*) #3

Gennep, Caspar von, *um 1500, †nach 1564 Köln; - auch Genepaeus (*P*) #4,11,13,15

Gennerich, Johanna, *21.6.1875 Paris; - Ps. J. Despois-Gennerich (*E-P*) #4

Gens, Oskar, *30.7.1907 Hamburg-Altona, †14.3.1971 Hamburg; - Ps. Andreas Schalk (*D-S*) #3

Gensch, Bruno, *20.7.1867 Berlin; - Ps. Hans Pleydenwurff (*P*) #3

Genschow, Fritz, *15.5.1905 Berlin, †21.6.1977 Berlin; - Ps. Onkel Tobias (*F-R*) #3

Gensel, Charlotte Wilhelmine Christiane, *22.7.1767 Naumburg, †1826 Glauchau/Sa.; - Ps. Elise von Honau (*P*) #1,2,4,11

Gensichen, Otto Franz, *4.2.1847 Driesen/Neumark, †23.7.1933 Berlin; - Ps. Otto Franz (*D-E-L-N-P-S*) #1,4

Gensicke, Wilhelmine, *7.3.1779 Weimar, †15.6.1822 Dresden; - Ps. Wilhelmine Willmar (*E-M-P-R*) #1,2,4,6,11

Genske, Ewald, *13.1.1901 Berlin; - Ps. E. Wage (*P-R*) #3

Gentges, Ignaz, *10.6.1900 Krefeld, †10.12.1957 Münster; - Ps. Bundtschuch (*P*) #4,17

Genthe, Friedrich Wilhelm, *28.2.1805 Magdeburg, †9.4.1866 Eisleben; - Ps. Verf. des Don Enrique (*L-N-P-R-S*) #1,4,11,13

Gentz-Werner, Petra, *2.8.1951 Leipzig; - Ps. Petra Werner (*E-L*) #3

Georg, Manfred, *22.10.1893 Berlin, †31.12.1965 New York; - Ps. Manfred George (*E-N-P-R*) #3,4,18

Georg, Wilhelm, *26.8.1870 Homburg v. d. H.; - Ps. W. Georg-Braunschweig (*P-S*) #4

George, Friedrich, *(1935) Mannheim; - Ps. Friedrich Alexan (*P*) #18

George, Olga, geb. Boeheim, *29.3.1891 München; - Ps. Olly Boeheim (*F-L-N-R-S*) #3,4

George, Sophie, *6.5.1788 Altmark, †25.6.1850 Minden; - Ps. Sophie (*E-L-P*) #1,2,4,6,11

George, Stefan, *12.7.1868 Büdesheim/Rh., †4.12.1933 Minusio/Schweiz; - Ps. Edmund Lorm (*L-P*) #1,3,4,5,8,10,14,15,18

Georgi, Amanda, *26.4.1856 Jever/Friesl.; - Ps. Amadeus Georgi; A. Georgi von der See (*D-P*) #1,2,3,4

Georgi, Karl, *13.1.1855 Liegnitz; - Ps. Ernst Bernhardt; Hans Hochfeldt; Otto Mertens (*E-P-R*) #1,3,4

Georgi, Wilhelm Gottlieb, *17.5.1755 Lauban; - Ps. Gutborn (*L-P*) #4

Georgiewitz-Weitzer, Demeter, *23.6.1873 Baden b. Wien, †3.1.1949 Graz; - Ps. G. W. Surya (*P-R*) #3

Gerbel, Nikolaus, *um 1485 Pforzheim, †20.1.1560 Straßburg; - gen. Musophilus; Ps. Nikolaus Gerbelius (*P-S*) #4,5,14,15

Gerbel-Embach, Carl Nicolaus von, *9.5.1837 Kaluga/Rußland, †1927 Dresden; - urspr. Gerbel; Ps. Irenius; Nicolaus Karlowitsch (*D-L-P*) #1,3,4

Gerber, August Samuel, *3.8.1766 Danzig, †27.8.1821 Wargen/Königsberg; - Ps. Doro Caro (*N-P*) #1,4,6,11

Gerber, Carl, *1.10.1792 Kassel; - Ps. Carl Gern (*E-L-M-N-P*) #4,11

Gerber, Paul Henry, *14.5.1863 Königsberg, †1.10.1919 Königsberg; - Ps. Heinrich Garibert; Paul Henry (*L-P*) #1,3,4

Gerber-Hess, Maja, *5.11.1946 Zürich; - Ps. Maja Hess (*J*) #3

Gerboth, Hans-Joachim, *14.2.1926 Halle/S.; - Ps. Karlchen Schmitz (*P*) #3,4

Gerbrandt, Marie, *3.2.1861 Klein-Falkenau/Weichsel, †1939 Berlin; - Ps. Klara Forster; Tante Marie (*D-E-J-N-R-S*) #1,3,4

Gerdes, Moritz, *26.7.1883 Remscheid; - Ps. Didaskalos; M. Schirmer-Iddelsfeld; Engelbert Schlieper (*E-L-N-P*) #3

Gerényi, Fedor, *22.6.1860 Wien; - Ps. F. Giersdorf (*P-S*) #3

Gerhard, Adele, *8.6.1868 Köln, †10.5.1956 Köln; - Ps. A. K. Hardeg (*E-N-P-R*) #1,2,3, 4,5,9,15

Gerhard, Adolar Johann Dietrich, *17.6.1825 Leipzig, †8.5.1897 Leipzig; - Ps. Gerhard Ger (*L-S*) #1,4

Gerhard, Caroline Similde, *9.7.1830 Leipzig, †15.3.1903 Leipzig; - Ps. Caroline S. I. Milde (*L-P*) #1,2,4

Gerhard, Ephraim, *3.6.1682 Giersdorf/Schles., †21.8.1718 Altdorf; - Ps. Christianus Thomasius (*P*) #4

Gerhardi, August, *2.5.1864 Hagen/Westf., †3.3.1944 Lüdenscheid; - Ps. Gerhart Aust; Fritz Müller (*D-E-L-P*) #1,3,4

Gerhardt, Dagobert von, *12.7.1831 Liegnitz, †24.2.1910 Potsdam; - Ps. Gerhard von Amyntor (*E-L-N-P-R*) #1,3,4,8

Gerhardt, E., *23.9.1871 Breslau; - Ps. Lothar Kinsberg (*P*) #3

Gerhardt, Paul, *23.5.1910 Königsberg; - Ps. Wolfgang Siccardsburg (*P*) #3

Gerhardt, Rudolf, *21.4.1937 Frankfurt/M.; - Ps. R. G. (*F-P*) #3

Gerhauser, Andreas, *19.9.1856 Windach/Bayern; - Ps. A. Deris (*S*) #1,3,4

Gericke, Cyriacus, *(1546); - auch Cyriacus Gerichius (*L*) #11

Gericke, Gabriele, *18.3.1948 Leipzig; - Ps. Gabriele Herzog (*E-F-R*) #3

Gericke, Johann Ludwig, *16.1.1752, †24.9.1824 Hamburg; - Ps. Hyacinth (*L-P*) #4,11

Geringer, Hans Jakob; - gen. Der Eintreibende/FG 331/1639 #11,12

Gerk, Irena, *26.2.1950 Preßburg; - Ps. Irena Brezna (*E-F-J-P*) #3,4

Gerke, Johann Friedrich Clemens, *22.1.1801 Osnabrück, †21.5.1888 Eimsbüttel; - Ps. Friedrich Clemens; Clemens von Hamburg (*D-E-L-P-R-S*) #1,3,4

Gerlach, Clara Julie, *3.9.1856 Tilsit, †1923 Berlin; - Ps. Clara Gerhard; C. Norden (*E-J-L-N-R*) #1,3,4

Gerlach, Fritz, *21.4.1911 Ilsenburg/Harz; - Ps. Peter Puck (*F-L-P*) #3

Gerlach, Kurt, *23.1.1903 Berlin; - Ps. Kurt Gerlach-Bernau (*P*) #3

Gerle, Wolfgang Adolf, *9.7.1783 Prag, †29.7.1846 Prag; - Ps. Gustav Erle; Fior d'Espino; Paul Horst; Hilarius Kurzweil; Philatlethes; Marie Charlotte Alexandrine von Sassen; Hans Sachs; Konrad Spät gen. Frühauf; K. F. Wagner (*E-L-M-N-P-S*) #1,4,6,11,13

Gerlich, Hans, *15.11.1871 Brünn; - Ps. Hans Görlich; Eugene Renrew (*E-N-P-R*) #3,4

Gerling, Erna, geb. Kaiser; - Ps. Erna Carise (*E-P*)

Gerling, Reinhold Robert Oskar, *30.8.1863 Posen, †23.7.1930 Berlin; - Ps. R. Dörffel (*D-P-S*) #1,3,4

Gerlitz, Elisabeth, geb. Derlick, *8.11.1900 Parchwitz/Schles.; - Ps. Elisabeth Derlick (*E-F-J-M-N*) #3,4

Germany, Theodor, *15.8.1868 Wien, †11.4.1938 Graz; - Ps. Theo van Gery (*E-L-P*) #1,3,4

Germberg, Hermann, *(1576) Germberg; - auch Gerenberg; Gernberg (*P*) #4,13

Gernat, Alfred, *11.12.1894 Wien, †3.12.1949 Wien; - Ps. Derfla; Tanreg (*D-L-P-S*) #3,4

Gernhardt, Robert, *13.12.1937 Reval/Estl.; - Ps. Paul H. Burg; Lützel Jeman; Alfred Karch; Arthur Klett; Hans Mentz; Rudolf Rhein; Werner Schmöll (*D-E-F-L-P-R*) #3,4,5,8

Gernoldt, Wolff, *(1540); - auch Wolf Gernold (*L*) #4,11,13

Gerö-Cserhalmi, Irene, *12.9.1871 Budapest; - Ps. Schira Eli; Myria (*L-N-P*) #2,3

Geroe, Marcel, *18.2.1899 Freistadt/Ungarn, †6.10.1975 Zürich; - Ps. Marcel Gero (*D-F-P-S*) #3,4

Gerold, Karl, *29.8.1906 Giengen/Brenz, †28.2.1973 Frankfurt/M.; - Ps. Paul Schumann (*L-P-R*) #3,4,18

Gerritzen, Martha, *28.2.1903; - Ps. M. Feldhoff (*E-R*) #3,4

Gersbach, Robert, *6.3.1854 Ditfurth; - Ps. Heinrich Anklam; Rogers van Bertbach (*P-S*) #3,4

Gersdorf, Ernst Gotthelf, *2.11.1804 Taurendorf/Thür., †5.1.1874 Leipzig; - Ps. Woldemar Egg (*P*) #4,13,15

Gersdorf, Wilhelmine von, *28.10.1768 Oberbellmannsdorf/Niederlaus., †11.2.1847 Dresden; - Ps. Ceres; Eleonore F.; Glycere; J. van der Hall; Minna; W. v. Morgenstern; F. P. E. Richter; Verf. der Familie Stolberg; W. v. G. (*D-E-L-N-P-R-S*) #1,2,4,6,11

Gersdorff, Hans Hieronymus, *17. Jh.; - gen. Der Stopfende/FG 622 #11
Gersdorff, Heinrich Eberhard von; - gen. Der Breite/FG 182/1629 #11,12
Gersdorff, Peter von, *20.4.1581, †21.10.1634 Weimar; - gen. Der Erjagende/FG 178/1629 #11,12
Gersdorff, Nicolaus von, *17. Jh; - gen. Der Vorbauende/FG 662 #11
Gerstäcker, Friedrich, *10.5.1816 Hamburg, 31.5.1872 Braunschweig; - Ps. R. Rebhahn (*E-R*) #4,5
Gerstenberg, Heinrich Wilhelm von, *3.1.1737 Tondern, †1.11.1823 Altona; - Ps. Zach. Jernstrup; Ohle Madsen; Jammerfried Wettstein (*D-L-P*) #1,4,5,6,11,13,14,15
Gerstenberg, Karl Louis von, *15.7.1838 Weimar, †1.5.1888 Hamburg; - Ps. Al. Berg; Melchior von Kuttenpeitscher (*D-L-P-R-S*) #1,3,4
Gerstmann, Onophrius, *(1599); - Ps. Onophrius Gerstmannus (*L*) #4,11
Gerstmayer, Hermann, *16.10.1886 Koblenz; - Ps. Ralph Doyan; Leo Harald; Hermann Lienhart (*D-F-J-L-R*) #3,4
Gerstmeier, Henry-Marcel, *29.12.1919 Berlin; - Ps. Marc Heyl; Henry Marcel (*M-N-P-R*) #3
Gerstner-Stevens, Tonina, *1.2.1866 Temesvar/Banat, †25.3.1939 Wien; - Ps. T. G. Starnfeld (*E-J-L-R-S*) #3,4
Gervais, Otto R., *9.2.1902 Gnesen, †4.8.1952 Putbus/Rügen; - Ps. Gert Gruytgens; Ossip Hilgeland (*E-P-R-S*) #3,4
Gerzer, Oskar, *27.9.1868 Mattighofen/O.-Ö., †28.11.1929 Linz/Do.; - Ps. Oskar Weilhart (*D-L-S*) #1,3,4
Gescher, Leonharda, *6.11.1898 Rastenburg/Ostpr.; - Ps. Muschelkalk Ringelnatz (*L-P*) #3
Gesenius, Justus, *6.7.1601 Esbeck b. Alfeld, †18.9.1673 Hannover; - Ps. Timotheus Fridlibius; Timotheus Friedlieb (*L-P*) #4,6,11,15
Geske, Matthias, *(1974); - Ps. Thomas Tegern (*F-J-R*) #3
Gesquière, Marietta, *11.8.1933 München; - Ps. Marietta Peitz (*P-R*) #3,4
Geßmann, Gustav W., *21.10.1860 Wien; - Ps. G. Manetho (*P*) #3
Gessner, Konrad, *26.3.1516 Zürich, †13.12.1565 Zürich; - Ps. Philiatrus Evonymus; Conradus Bolovesus Fridemontanus (*P*) #4,6,13,15
Geuder, Hans Philipp von, *1597, †1650; - auch Hans Philipp Geuter; gen. Der Ergänzende/FG 310/1637 (*P*) #11,12
Geuder, Johann, *1640 Nürnberg, †30.12.1679 Lauf b. Nürnberg; - gen. Rosidan/PB (*L-P*) #4,11
Geusau, Johanna Ursula von, geb. v. Rhedinger, *1659, †1718 Köstritz; - Ps. Johanna Ursula von Rhedinger (*L*) #4,11,13
Geyer, Alfred, *8.1.1892 Lüdenscheid; - Ps. Geyer-Morél (*E-L*) #3,4
Geyer, Curt Theodor, *19.11.1891 Leipzig, †24.6.1967 Lugano; - Ps. Max Klinger (*P*) #18
Geyer, Dietmar, *18.7.1946 Bückeburg; - Ps. Carsten Feeser; Senta Ramos; Carsten Timm (*J-P*) #3
Geyer, Ernst, *19.12.1888 Berlin; - Ps. Ernestus (*D-F-L-P-R*) #3,4
Geyer, Hans-Joachim, *18.6.1901 Rathenow/Brandenb., †21.7.1972; - Ps. Henry Troll (*R*) #3,4
Geyer, Ludwig Heinrich Christian, *21.1.1779 Eisleben, †30.9.1821 Dresden; - Ps. C. Willig (*S*) #1,4,11,15
Geyer-Geyersberg, Rudolf von, *11.1.1879 Groß-Kanisza/Ungarn, †13.10.1960 Wien; - Ps. Rudolf Angely-Geyer; P. Reyeg (*D-F-L-S*) #1,3,4
Geyrhofer, Heide, geb. Pataki, *2.11.1940 Wien; - Ps. Heide Pataki (*L-P*) #3,4
Geyso, Johann Ludwig, †1644; - auch Ludwig Geise; gen. Der Zernichtende/FG 327/1639 #11,12,13
Gförer, August Friedrich, *5.3.1803 Calw, †6.7.1861 Karlsbad; - Ps. Freymund (*P*) #4,13
Gheri, Leopold, *1.7.1866 Innsbruck, †20.12.1952 Hall/Tirol; - Ps. Bruder Vinzenz Ferrerius (*P-R*) #1,3,4
Ghillany, Friedrich Wilhelm, *18.4.1807 Erlangen, †1876 Schellek/Starnberger See; - Ps. Richard von der Alm; Eugen Braun; K. Fr. Leonegg; Erasmus Pfeffer (*P*) #4,13
Gibara, Léo Felicie, *6.6.1865 Ischl/O.-Ö.; - Ps. Franz Hügel; Leo Rittlingen (*L-P*) #1,3,4
Gibson, Lavinia, *22.10.1895 Wien; - Ps. Elisabeth Holt (*E-J-R*) #3,4
Gichtel, Gustav, *4.10.1878 Weingarten/Württ., †9.10.1944 Sölden b. Freiburg/Br.; - Ps. G. Lichtegg (*E-P*) #3,4
Giebel, Hans Erich, *3.7.1892 Osterode/Harz, †9.1.1970 Osterode/Harz; - Ps. Medardus Bremeneck (*E-L-M-N*) #3,4
Gieben, Joseph, *18.3.1878 Goch; - Ps. Jan van Neers (*L-P*) #3
Giehrl, Emmy, *1.11.1837 Regensburg, †15.10.1915 München; - Ps. Emmy von Aschenbrenner; Tante Emmy (*E-J-L-P*) #1,2,3,4,17
Giere, Christoph, *17. Jh.; - gen. Der Kunstbegierige/DG-R (*L-P-S*) #11
Giersch, Gottfried, *13.7.1910 Herrnhut; - Ps. Hans Giersch (*J-R*) #3
Giesa, Werner Kurt, *7.9.1954 Hamm; - Ps. Kurt Carstens; Tanith Cloud; Steve Cooper; Roger Damon; Ted Ewigk; G. Hasdur; G. Hastur; Robert Lamont; Charles McKay; Art Norman; Rob. Quint; Monty G. Ryker; Rhet Saris; Mike Shadow; Heinrich von Sinnen; Olsh Trenton; H. P. Usher (*N-R*) #3,7,16

Giese, Eberhard Wolfgang, *8.8.1884 Breslau; - Ps. E. W. G.; Eberhard Wolfgang (*E-J-L-S*) #3,4

Giese, Martha, *17.4.1850 Osterburg/Altmark, †13.7.1922 Potsdam; - Ps. Charlotte Skinau; Charlotte Steinau (*J*) #2,3,4

Gieseke, Minna, *3.8.1888 Hamburg; - Ps. B. Hildebrandt (*M-R*) #3,4

Giesel, Manfred-Gerhard, *31.7.1921 Hammer-Krehlau/Schles.; - Ps. Fred Sell (*E-R*) #3,4

Giesenhagen, Heddy, *17.10.1870 St.Petersburg; - Ps. Eine deutsche Mutter (*L*) #3

Gieske, Heinz Helmuth, *25.5.1898 Schwerin; - Ps. Hegis (*N-P*) #3

Giesler, Liselotte, *25.3.1913 Stuttgart; - Ps. Gisela Giesler-Staehelin (*E-P*) #3,4

Gietzwitzki, Matthias, *um 1585, †nach 1640; - gen. Der Holdselige/FG 64/1623 #11,12

Giger von Eichkron, Hermine, *26.8.1845 Graz; - Ps. René Berdôt (*N*) #1,2, 3,4

Gihr, Johannes, *28.1.1821 Witterswil/Solothurn, †1888 Stuttgart; - Ps. Franz von Sonnenfeld (*P-R*) #3,4

Gilbert, Robert, *29.9.1899 Berlin, †20.3.1978 Locarno/Tessin; - Ps. Ohle (*F-L-N-P-R-S*) #3,4,18

Gildemeister, Otto, *13.3.1823 Bremen, †26.8.1902 Bremen; - Ps. Giotto (*P*) #4,15

Gilden, Henriette Ernestine Christiane von, geb. Hagen, *1760 Stöckey/Thür., †1794 Arolsen; - Ps. Henriette Ernestine Christiane von Hagen (*L*) #4,11

Gilgien, Robert, *8.10.1899 Hilterfingen/Bern, †14.12.1983 Thun/Bern; - Ps. Vetter Hans (*D-E-L-R*) #3,4

Gilhausen, M. Isaac, *(1597); - Ps. M. Isaac Gilhusius (*S*) #4,11,13

Gillen, Otto, *26.10.1899 Greiz/Thür., †27.2.1986 Karlsruhe; - Ps. Otto Gillen-Godesberg (*E-L-N-P*) #3,4

Gilles, Ferdinand, *22.2.1856 Neuendorf; - Ps. Fernand v. Rhein (*D-P-S*) #1,3, 4

Gillis, Petrus Aegidius, *1486 Antwerpen, †1533 Antwerpen; - Ps. Aegidius (*P*) #4,15

Gilten, Henriette Christine von, *1765 Stokkey/Hohenstein, †1793 Arolsen; - Ps. Henriette (*L*) #1,2

Ginkel, Emil, *27.11.1893 Elberfeld, †31.3.1959 Wuppertal-Elberfeld; - Ps. Robert Kambrik (*E-L-R*) #3,4,14

Ginsberg, Elsa, *22.8.1877 Wien; - Ps. Elsa Plessner (*D-E-N*) #1,2,4

Ginzburg, Toni Devora, geb. Loewenthal, *6.9.1907 Tarnowitz; - Ps. Hyrkanos; Toni Devora Loewenthal (*L*) #18

Ginzkey, Franz Karl, *8.9.1871 Pola/Istrien, †11.4.1963 Wien; - Ps. Heinrich Hege (*E-J-L-P-R*) #1,3,4,5,10,15,17

Giorgi, Antonie di, *2.6.1842 Prag; - Ps. Julius Kehlheim (*D-N*) #1,3,4

Girardelli, Ettore, *8.5.1856 Triest; - Ps. Franz Lössen (*L*) #1,3,4

Girardi, Margarete, *25.6.1888 Wien, †1964; - Ps. Gretl Erge (*F-L-N-P*) #3,4

Girgensohn, Lotta, *26.8.1869 Sarata/Rußland; - Ps. G. Attol (*E-J-R*) #1,3,4

Girndt, Otto, *6.2.1835 Landsberg/Warthe, †4.7.1911 Sterzing/Tirol; - Ps. Caesar Parvus (*D-E-N-R-S*) #1,4

Giseke, Ludwig August Christian, *15.2.1758 Quedlinburg, †17.4.1832 Braunschweig; - Ps. Hlodowig (*E-P*) #4,11

Gitlbauer, Michael, *3.9.1847 Leonding b. Linz/Do., †31.5.1903 Wien; - Ps. Jakob von Burgholz (*P*) #4

Gittermann, Johann Christian Hermann, *27.7.1768 Dunum b. Esens/Ostfriesl., †29.1.1834 Emden; - Ps. Ch. Linde (*E-J-L-P*) #1,4,6,11,13

Giugno, Karl, *2.3.1818 Wien, †10.8.1891 Wien; - Ps. Karl Juin (*R-S*) #1,3,4

Giugno, Martin, *14.7.1861 Brünn; - Ps. Di. Bertogna (*L-N-P-S*) #3

Gizycka-Gosdowa, Caroline von, *22.1.1845 Pest, †6.9.1879 Schloß Gaudegg b. Bozen; - Ps. F. M. Aren (*P-R*) #1,2,4

Gladow, David, 7.12.1634 Küstrin, †3.10.1703 Küstrin; - Ps. David Ladgov (*P*) #6

Glaeser, Edmund, *29.2.1888 Neusalz/Oder, †7.12.1953 Obergünzburg/Allgäu; - Ps. Christof Krumbhermer (*L-P-R*) #3,4

Glaeser, Ernst, *29.7.1902 Butzbach, †8.2.1963 Mainz; - Ps. Anton Ditschler (*D-E-P-R*) #3,4,5,8,14,18

Glagla, Theodora, *20.8.1914 Berlin; - Ps. GLAGLA (*E-F-J-R*) #3,4

Glagow, Rainer, *17.12.1941 Frankfurt/O.; - Ps. Jürgen Gadow (*J-R*) #3

Glaise von Horstenau, Edmund, *27.2.1882 Braunau/Inn, †20.7.1946 Langwasser b. Nürnberg; - Ps. Edmund von Horstenau (*N-P*) #1,3,4,15

Glasenapp, Joachim von, *1600 Gramenz/Pommern, †1667 Gramenz/Pommern; - gen. Der Erwachsene/FG 451/1646 (*L-P*) 4,11,12,15

Gläsener, Justus Martin, *8.10.1696 Hildesheim, †1750 Wien; - Ps. Christoph Impartialis Bohemus (*P*) #6

Glaser, Adolf, *15.12.1829 Wiesbaden, †21.3.1916 Freiburg/Br.; - Ps. Reinald Reimar (*D-E-M-N-P-R*) #1,3,4

Glaser, Arnold, *(1593); - Ps. Othmar Tuentius (*L-S*) #4,11

Glaser, Frantisek, *7.3.1903 Teplitz-Schönau; - Ps. Christianus; Vlastimil Verny (*P-R*) #4,18

Glaser, Franz, *(1952); - Ps. Frank Glaser (*E*) #3

Glaser, Georges, *30.5.1910 Guntersblum/Rh., †18.1.1995 Paris; - urspr. Georg K. Glaser (*E-R*) #3,4,18

Glaser, Joseph Theodor, *9.7.1876 Zaborze/Oberschles., †7.6.1906 Wiesbaden; - Ps. Joseph Theodor (*D-N-P*) #1,3,4

Glaser, Martha, *5.10.1898 Karlsruhe, †1982; - Ps. Ruth Will (*E-L-N-P-R-S*) #3,4

Glaser, Max, *5.6.1875 Podersam/Böhmen; - Ps. Litumlei (*L-P-S*) #3,4

Glaß, Anna, *9.5.1857 Herzberg/Elster, †1897 Winzig/Schles.; - Ps. Anna Fischer; A. Löher (*D-R-S*) #1,2,3,4

Glaß, Gabriel, *8.4.1848 Saarlouis; - Ps. German vom Savarus; Ernst Heiter; Ernst Munter (*N-P*) #3,4

Glaß, Luise, *4.2.1857 Altenburg, †1.8.1932 Altenburg; - Ps. Elge (*E-J-R-S*) #1,3,4

Glass, Salomon, *20.5.1593 Sondershausen/Thür., †27.7.1656 Gotha; - Ps. Salomon Glassius (*P*) #4,13,15

Glassbrenner, Adolf, *27.3.1810 Berlin, †25.9.1876 Berlin; - Ps. Adolf Brennglas; Ernst; Dr. Ernst Heiter; Prof. Nante; Dr. Sperling (*E-L-P-S*) #1,4,5,11,13,14,15,17

Glässner, Herbert, *18.5.1894 Teplitz/Böhmen; - Ps. Henry Glässner (*L*) #4

Glatz, Jakob, *17.11.1776 Poprad/Ungarn, †25.9.1831 Preßburg; - Ps. Engelmann; Heinrich Karl Gutmann; Jakob Stille (*E-J-P-R*) #4,6,11,13,15,17

Glauber, Trude, *13.1.1913 Bozen; - Ps. Gertrud von Walther (*L-P*) #3

Glebe, Ilse, geb. van Wasen, *29.6.1932 Essen; - Ps. Ilse van Wasen (*E-L*) #3

Gleich, Ferdinand Theodor, *17.12.1816 Erfurt, †22.5.1898 Langebrück b. Dresden; - Ps. Constantin Ernst Freiherr von Giltersberg (*D-P-R*) #1,3,4

Gleich, Friedrich, *24.11.1782 Vogelsdorf/Schles., †1842 Altenburg/Thür.; - Ps. G. L. Eich (*E-M-P-R*) #1,4,11

Gleich, Joseph Alois, *14.9.1772 Wien, †10.2.1841 Wien; - Ps. Bergen-Stamm; Adolph Blum; Ludwig Dellarosa; Hans Joergel von Gumpoldskirchen; Alois Kramer; Heinrich Waldau; Heinrich Walden (*D-P-R*) #1,4,5,6,11,13,15,16

Gleichmann, Johann Zacharias, †1758 Ohrdruff; - gen. Helmond; Ps. Claramandus; Fridemandus; Justamandus; Miramandus; Puramandus; Sinceramandus; Sperantes; Variamander; Veramundus; Waldorff (*P*) #6,13

Gleim, Johann Wilhelm Ludwig, *2.4.1719 Ermsleben b. Halberstadt, †18.2.1803 Halberstadt; - Ps. Der alte Peleus; Der Grenadier; Preussischer Grenadier (*E-J-L-P-S*) #1,4,5,6,11,13,14,15,17

Gleis, Christian Friedrich, *1753 Künzelsa; - Ps. Martialis Schluck (*S*) #4, 6,11

Gleißenthall, Hans Jacob von; - gen. Der Ausfütternde/FG 195/1629 #11,12

Gleissner-Bartholdi, Ruth, *22.2.1937 Groß-Varchow/Meckl.; - Ps. Tania Beer (*L-R*) #3,4

Glock, Karl Borromäus, *27.1.1905 Nürnberg, †3.11.1985 Heroldsberg b. Nürnberg; - Ps. Carl von Albrechtsreuth; Pieter van Hatten (*D-L-P-S*) #3,4

Glock, Nikolaus Vincenz, *1.9.1751 Ebern b. Würzburg; - Ps. Vincenz von Ebern (*P*) #6

Glocke, Johann Volbrecht, *(1677); - Ps. Der Wohlklingende (*P*)

Glocker, Maria, *23.5.1845 Cannstatt; - Ps. Ernst Stirner (*E-P*) #2,3

Glöckle, Hanns, *25.1.1922 München; - Ps. Klaus Belli (*F-P-R*) #3

Glogau, Emil August, *6.3.1873 Thorn, †14.7.1951 Potsdam; - Ps. Gustav Golgé; Pisack (*D-P-S*) #3,4

Glogau, Otto, *19.10.1881 Nikolsburg/Mähren, †8.3.1929 New York; - Ps. Otto Glogau-Nikolsburg; Paracelsus (*L*) #1,3,4

Glombowski, Friedrich, *1.7.1906; - Ps. Gottfried Sturm (*P*) #3

Glowacz, Helmut, *(1984); - Ps. Everett Jones; John Kendall (*R*) #16

Gluchowski, Bruno, *17.2.1900 Berlin, †14.11.1986 Dortmund; - Ps. Robert Paulsen (*D-E-F-P-R*) #3,4,5,8

Glück, Anna, *1915; - Ps. Petra van Steen; Ann Wied (*R*)

Glück, Karl, *1.5.1867 Windsheim/Mfr.; - Ps. Karl Glück vom Berge (*L-R*) #1,4

Glücklich, Johann Christian, *30.7.1839 Bad Homburg v. d. H., †1.7.1920 Wiesbaden; - Ps. P. von Fels (*D-L-P*) #1,3,4

Glückselig, Gustav Thormod, *16.6.1806 Prag, †28.2.1867 Prag; - Ps. G. Th. Legis (*P*) #4, 6,11

Glücksmann, Heinrich, *7.7.1864 Rackschitz b. Breslau, †1947; - Ps. Fortunatus; Hermann Heinrich; Henriette Namskilg (*E-L-P-S*) #1,3,4

Glueckselig, Friedrich, *18.12.1909 Wien; - Ps. Friedrich Bergammer (*E-L-P*) #3,4,18

Glum, Friedrich, *9.5.1891 Hamburg; - Ps. Friedrich Viga (*R-S*) #3,4

Glümer, Charlotte von, *19.1.1799, †1839; - Ps. G. Teltow (*R*) #1,2,9

Gluth, Oskar Raoul, *16.9.1887 München, †5.10.1955 Prien/Chiemsee; - Ps. Rudolf Ernsdorf (*L-P-R-S*) #1,3,4,5,10

Glutz-Walter, Marietheres, *1.5.1918 Rickenbach b. Olten; - Ps. Angelica Arb (*L*) #3,4

Gmeiner, Christiane, *8.2.1839 Lohr b. Würzburg, †6.1.1912 Rom; - Ps. Cary; Cary Groß (*J-M-R*) #1,3,4

Gmür, Harry, *14.8.1908 Bern, †8.9.1979 Zürich; - Ps. Stefan Miller (*P*) #4

Gnauck, Elisabeth, *2.1.1850 Vechelde, †12.4.1917 Blankenburg; - Ps. E. Blankenburg; Elsbeth Kühne (*D-E-J-M-P*) #1,3,4

Gnevkow, Rudolf, *22.4.1889 Wien; - gen. Blume (*P*) #3

Göbel, Bernhard, *3.6.1864 Allagen/Westf.; - Ps. B. Ernst; T. Mander (*P-R-S*) #3,4

Göbel, Dieter, *4.4.1928 Berlin; - Ps. Douglas Bennet (*P-R*) #3,4

Göbels, Hubert, *17.7.1905 Werden b. Essen; - Ps. Helmut Wadden (*J-P*) #3,4,17

Gobert, Ascan Klée, *19.3.1894 Hamburg, †14.7.1967 Hamburg; - Ps. Ascan Klée-Gobert (*E*) #3,4

Göchhausen, Ernst August Anton von, *15.7.1740 Weimar, †23.3.1824 Eisenach; - Ps. Max; Martin Sachs (*P-S*) #6

Göchhausen, Samuel von, *1577 Stade, †4.2.1658 Buttelstedt b. Erfurt; - gen. Der Behägliche/FG 425/1645 (*P*) #11,12

Göckel, Ferdinand von, *(1821); - Ps. Guido Linde (*E*) #4,11

Göckel, Rudolf, *1.3.1547 Korbach/Hessen, †3.6.1628 Marburg; - Ps. Rodolphus Goclenius (*P*) #4,13

Gode, Annemarie, geb. Reinhard, *29.11.1921 Dresden, †10.11.1976 Dresden; - Ps. Annemarie Reinhard (*E-J-R*) #3,4,14

Godfroy-Zellweker, Edith, *30.8.1913 Triest, †15.11.1940 Davos/Schweiz; - Ps. Edith Zellweker (*P*) #3

Gödsche, Hermann Ottomar Friedrich, *11.2.1815 Trachenberg, †8.11.1878 Warmbrunn; - Ps. Theodor Armin; Willibald Piersig; Sir John Retcliffe (*N-P-R*) #1,3,4

Godwin, Catherina, *(1910); - Ps. Frau Dr. de Vargas (*N-P-R*) #3,4

Goebel, Guenther, *6.9.1912 Hanau; - Ps. Lothar van Goel (*D-E-F-L-N-P-R*) #3,4

Goebel, Günter, *28.11.1931 Darmstadt; - Ps. Guy Gilbert (*F*)

Goebel, Joseph, *11.1.1912 Mainz; - Ps. Jan Gol (*L-P*) #3,4

Goebel, Karlheinz, *17.10.1895 Elberfeld; - Ps. Karl Georg (*N*) #3

Goeckingk, Leopold Friedrich Günther von, *13.7.1748 Gröningen, †18.2.1828 Wartenberg/Schles.; - Ps. Amaranth; Obscurus (*L-P*) #4,5,6,11,13,14,15

Goecking, Sophie Ferdinande, *1743, 1781 Ellrich; - Ps. Nantchen (*L-P*) #6

Goede, Johann George, *1635 Magdeburg, †1702 Magdeburg; - Ps. Johann George Gedaeus (*P*) #4

Goedeke, Karl Ludwig Friedrich, *15.4.1814 Celle, †27.10.1887 Göttingen; - Ps. Ernst Fröhlich; Karl Stahl (*N-P*) #1,3,4,11,13,15

Goedsche, Friedrich Wilhelm, *4.6.1785 Köben/Schles.; - Ps. Heinrich Oswald (*J-P*) #4,11

Goehner, Barbara, geb. Zaehle, *19.1.1909 Jastrow/Westpr.; - Ps. Barbara Zaehle (*E-F-M-N-R*) #3,4

Goepfert, Paul, *13.2.1865 Florentinegrube b. Beuthen/Oberschles.; - Ps. Paul Peregrin (*L-S*) #1,4

Goercke, Günther, *1918, †1983; - Ps. Martin Morlock (*R*)

Goeres, Heinrich, *10.11.1864 Immerrath; - Ps. Gregorius (*N-P*) #3

Goergen, Josef-Matthias, *20.7.1892 Eitelsbach b. Trier; - Ps. Richard Steffens; Jean de Vignes (*L-P-R*) #3,4,18

Goergen, Max, *28.11.1893 Stendal; - Ps. Dengens Mätt; Direndalls Much (*D-F-N-P-S*) #3,4

Goergen, Wilhelm, *30.4.1867 Steinsel/Lux., †6.6.1942 Steinsel/Lux.; - Ps. Jange Pir; Käpp (*L-P-S*) #3,4

Goeritz, Gerda, *11.1.1914 Halberstadt a. d. Holzemme; - Ps. Ulla Birkenstein (*E-M-R-S*) #3,4

Goerner, Carl August, *29.1.1806 Berlin, †9.4.1884 Hamburg; - Ps. Renroeg (*P-S*) #4, 11,13

Goes, Ebeling, *17. Jh.; - gen. Cygnander/ES #11

Goes, Herma, *5.5.1859 Mönchengladbach/Rheinl.; - Ps. Hermann Gosseck (*L-R*) #1,3,4

Goethe, Catharina Elisabetha, *19.2.1731 Frankfurt/M., †13.9.1808 Frankfurt/M.; - gen. Frau Aja; Frau Rat (*P*) #4,11, 13,15

Goethe, Johann Wolfgang von, *28.8.1749 Frankfurt/M., †22.3.1832 Weimar; - Ps. Arion; G & S; Philipp Miller (*D-E-L-N-P-R-S*) #1,4,5,11,12,13,14,15,17,19

Goethe, Ottilie, *31.10.1796 Danzig, †26.10.1872 Weimar; - Ps. Henry Daventry (*P*) #4,13

Goetten, Gabriel Wilhelm, *4.12.1708 Magdeburg, †28.8.1781 Hannover; - Ps. Gottlieb Musenhold (*P*) #4,13

Goetz, Adolf, *4.5.1876 Dobrzyza/Posen; - Ps. Peter Andresen; Juvenal; Heinz Hermann Ludwig; Triton; Peter Wolfram (*F-P-R-S*) #3,4

Goetz, Alfred, *5.10.1894 Schiltigheim/Elsaß; - Ps. Goetz Alfaut (*L*) #4

Goetz, Friedrich, *24.5.1887 Berlin, †1.8.1959 Berlin; - Ps. Fritz Hermannsen (*R*) #3,4

Goetz, Oscar, *22.12.1895 Posen; - Ps. Martin Licht (*P*) #3

Goetz, Valerie, *4.11.1894 Linz/Do., †7.4.1986 Riehen b. Basel; - Ps. Valérie von Martens (*E-F-P-S*) #3,4

Goetze, Georg Heinrich, *11.8.1667 Leipzig, †25.3.1728 Lübeck; - Ps. Gott-Freund (*L-P*) #4

Goetzen, Raphael von, *28.12.1559 Rüschlikon b. Zürich, †20.8.1622 Marburg/L.; - Ps. Raphael Egli; Philochemicus Heliophilus; Iconius; Nicolaus Niger Hapelius; Percaeus; Heliophilus a Percis; Philochemicus a Percis (*L-P*) #4,6,13

Gogolin, Peter, *3.1.1950 Holstendorf b. Ahrensbök/Schleswig-Holstein; - Ps. A. Esch (*F-L-P-R*) #3

Göhler, Martha, *15.12.1852 Berlin; - Ps. M. v. Eckstädt (*P*) #2,3,4

Göhring, Ludwig, *22.11.1860 Ansbach, †29.12.1942 Erlangen; - Ps. F. W. Blau-Berlin; Melchior (*P*) #17

Gold, Alfred, *28.6.1874 Wien; - Ps. F. de Siècle (*D-P-R*) #1,3,4

Goldast, Melchior, *6.1.1578 Espen/Thurgau, †1635; - gen. Melchior von Haiminsfeld; Ps. Jesuita Guldinastus; Melior Ammonovelto Guldinastus; Justus Lipsius; Melchior Mondier; Mulhusinus Spiznase; Pharamundus Helvetius Sallustius (*P*) #4,6,13,15

Goldbach, Otto, *19.8.1908 Teplitz/Böhmen; - Ps. G. Siggarsen (*N-P-R*) #4

Goldbeck-Löwe, Adolf, *11.5.1865 Schleswig, †14.2.1901 Leipzig; - Ps. Adolf Kiel (*N-P-S*) #1,4

Goldé, Marcus, *15.8.1888 Frankfurt/M., †5.1.1970 Paris; - Ps. Ben Jair (*D-E-L*) #3,4

Goldegg und Lindenburg, Anton Ritter von, *27.12.1787 Lindenburg/Bozen, †3.12.1854 Bozen; - Ps. A. G. V. Lindenburg (*L*) #1,4

Goldheim, Margarethe, *7.6.1849 Berlin, †1897 Berlin; - Ps. Margot Goldheim; G. Margot (*E-P-S*) #1,2,4

Goldmann, Emil, *29.11.1872 Swoykowitz/Mähren; - Ps. Emil Geyer (*P*) #3

Goldmann, Rudolf A., *5.3.1952 Marl; - Ps. Tobias Türmer (*L-P*) #3

Goldscheid, Rudolf, *12.8.1870 Wien, †6.10.1931 Wien; - Ps. Rudolf Golm (*D-N-P-R*) #1,4,15

Goldscheider, Adalbert, *5.9.1848 Arad/Ungarn, †22.3.1916 Wien; - Ps. Balduin Groller (*E-N-R-S*) #1,3,4

Goldschmidt, Alfons, *28.11.1879 Gelsenkirchen, †21.1.1940 Cuernavaca/Mex.; - Ps. Lorarius (*P*) #4,18

Goldschmidt, Andreas, *1528 Chemnitz, †26.10.1577 Eisleben; - Ps. Andreas Aurifaber; Andreas Fabricius (*D-L-P*) #4,13

Goldschmidt, Georg, *23.4.1516 Chemnitz, †17.7.1571 Meißen; - gen. Chemnicensis; Ps. Gerardus Faustus Confluentinus; Georg Fabricius (*P*) #4,6,11,13,15

Goldschmidt, Hermann, *18.7.1860 Frankfurt/M.; - Ps. Hermann Faber (*D-E-R-S*) #1,3,4

Goldschmidt, Karl, *3.12.1792 Berlin, †8.2.1857 Berlin; - Ps. Gernold; J. E. Mand (*D-P-S*) #4,11

Goldschmidt, Lazarus, *17.12.1871 Plungiany; - Ps. Arzelajbar Bargelaj (*P*) #3

Goldschmidt, Lothar, *5.6.1862 Sorau/Niederlaus., †25.3.1931 Berlin; - Ps. Lothar Schmidt (*D-E-L-N-P-R-S*) #1,3,4

Goldschmidt, Olga, *24.11.1857 Dresden; - Ps. H. Aster; O. Muth (*E-N-P-R*) #2,3

Goldschmidt, Paula, *20.5.1860 Hamburg; - Ps. P. Faber (*N-P*) #3

Goldschmidt, Regina, *13.6.1866 Lissa/Posen; - Ps. Regina Mark (*D*) #3

Goldschmidt, Siegfried, *(1937) Schlesien, †Prag; - Ps. Ben-Esther (*P*) #18

Goldschmidt, Victor, *15.3.1885 Sacherwitz b. Breslau, †6.10.1932 Berlin; - Ps. Dr. Victor Goll; Moralist; Vigo-Danzer (*L-P*) #3,4

Goldstein, Arnold, *18.3.1866; - Ps. Arnold Golz (*S*) #3

Goldstein, Augusta Friederike von, geb. von Wallenrodt, *20.2.1764 Breslau, †18.2.1837 Breslau; - Ps. Augusta Friederike von Wallenrodt (*E-J-R-S*) #1,4,11

Goldstein, Emil, *18.3.1866; - Ps. Emil Golz (*S*) #3

Goldstein, Ernst, *6.1.1877 Berlin; - Ps. Ernst Steinold (*P*) #3

Goldstein, Frida, *30.4.1864 Karlsruhe; - Ps. Frank Gilbert; Fritz v. d. Goltz; Friedrich Stein; F. Steinfried (*P*) #2,3

Goldstein, Gustav, *6.6.1885 Hamburg; - Ps. Gustav Erich Holsten (*L-P*) #3

Goldstein, Ludwig, *9.1.1869 Odessa; - Ps. Ludwig Goldoni (*P*) #3

Goldstein, Moritz, *27.3.1880 Berlin, †1977; - Ps. Inquit; Michael Osten (*D-L-N-P-R*) #3,4,18

Golke, Elfriede, *11.12.1895 Leipzig, †13.3.1961 Paris; - Ps. Ruth Fischer (*P*) #18

Goller, Elsa, *1.10.1868 Türnitz/Böhmen; - Ps. Emil Goller (*L-P*) #1,3,4

Gölles, Leopoldine, *9.11.1914 Neunkirchen/Ö.; - Ps. Poldi Gölles-Petrak (*F-L-P-S*) #3

Golliner, Auguste, *25.3.1866 Nakel; - Ps. Elli Gorn (*P*) #3

Golling, Christine, *24.1.1945 Brandenburg; - Ps. Frederike Frei (*F-L-P*) #3

Golling, Ernst, *19.10.1866 Woldenberg/Neumark; - Ps. Ernst Falkenberg (*E-P-R*) #1,3,4

Golling, Georg Christoph, *17. Jh.; - gen. Themisander/PB #11

Golling, Johann Wilhelm, *17. Jh.; - gen. Cleander II/PB #11

Gollner, Heinz, *26.5.1915 Wien, †1976 Wien; - Ps. Heinz Gollner Goldnenfels (*L-P*) #3,4

Göllner, Luise, *12.5.1844 Wiesbaden; - Ps. Hyperion (*R*) #1,3

Gollong, Heinz, *23.2.1906 Berlin; - Ps. Heinz Reinhard (*E-N-P-R*) #3,4

Goltermann, Ludwig, *3.4.1900 Bochum; - Ps. Ludwig Neß (*L*) #3

Goltz, Colmar von der, *12.8.1843 Bielkenfeld/Ostpr., †19.4.1916 Bagdad; - Ps. W. v. Dünheim (*E-P-R*) #1,3,4,15

Goltz, Dietlind, *1.5.1926 München; - Ps. Dietlind Neven-du Mont; Dietlind von Xylander (*J*) #3,4,17

Goltz, Georg von der, *12.3.1588 Mellen b. Regenwalde/Pommern, †10.10.1662 Reinfeld; - gen. Der Verdauende/FG 289/1636 (*L-P*) #11,12

Golz, Marcell, *17.1.1881 Berlin; - urspr. Hans M. C. Golzbiéwski (*D-N-S*) #1,3,4

Gomoll, Wilhelm Konrad, *14.11.1877 Berlin; - Ps. Wilhelm vom Horst (*L-N-P*) #1,3,4

Gonda, Alexander, *5.4.1905 Temesvar/Banat, †25.2.1977 Berlin; - Ps. Phil Segovia (*E-F-P-R*) #3,4

Gondela, Simon Heinrich, *26.9.1765 Berlin, †30.1.1832 Heidelberg; - Ps. Alednog (*D-P-S*) #4,6,11

Gonserowski, Annette, *27.8.1949 Lüdenscheid; - Ps. Anna Laukmann (*L-R*) #3
Gööck, Roland, *29.9.1923 Felchta/Thür., †2.10.1991; - Ps. Lutz Adron; Alexander Ettl; Rolf Jeromin; Peter Korn; Peter Roland (*E-P*) #3
Goodmann, Felicitas, *30.1.1914 Budapest; - Ps. Felicitas Daniels (*M-N*) #3,18
Goossens, Erna, geb. Heller, *28.1.1913 Samedan/Graubünden, †21.11.1982 Karlsruhe; - Ps. Erna Heller (*E-L-P*) #3,4
Gopcevic, Spiridion, *9.5.1855 Triest; - Ps. Leo Brenner; Silvan Galena (*L-P-R*) #1,3,4
Göpel, Karoline, *22.10.1809 Kassel, †16.8.1887 Eisenach; - Ps. Luise Mai (*E-L-P*) #1,2,3,4
Gordon, Marie, geb. Calafati, *1812 Wien, †13.11.1863 Triest; - Ps. Arthur; Berenberg; Alexander Bergen; Jünger; Marie Saphir; Max Stein (*E-S*) #1,2,4
Gorek, Bert, *11.1.1956 Stavenhagen; - Ps. Bert Papenfuß-Gorek (*L*) #3
Gorenflo, Gisela, *21.2.1923 Karlsruhe; - Ps. Maria Gorèn (*F-L-P*) #3
Görgen, Adam, *6.2.1861 Pohlbach; - Ps. Amicus; Gottlob Freimund; Freund; Friedlieb; Friedrich; Gottlieb; von Mosella (*L-P-S*) #3,4
Görges, Christoph Friedrich, *12.11.1776 Peine, †16.12.1852 Braunschweig; - Ps. Bernhard Mann; Vinc. Sesti (*P*) #4,13
Gorges, Clara Sidonie, *15.4.1862 Kleindembach/Sa.; - Ps. Clara Häcker (*E-P*) #1,3,4
Gorgias, Johann, *25.5.1640 Kronstadt/Siebenbürgen, †7.6.1684 Kronstadt; - gen. Florindo/ES; Ps. Floridan; Johann Gorgius; Johann Jorgias; Poliandin; Veriphantor (*P*) #4,6,11
Göritz, Gerda, *11.1.1914 Halberstadt; - Ps. Ulla Birkenstein (*E-M-R-S*) #3
Görlach, Hede, *2.9.1909 Hohenfluß/Mähren; - Ps. Hede Görlach-Niemetz (*E-J-L*) #3,4
Görlich-Hindersin, Martin, *18.9.1880 Berlin, †27.11.1958 Lübeck; - Ps. Martin Görlich; Martin Horst (*D-F-L-P-S*) #1,3,4
Görling, Adolph, *12.4.1820 Groß-Munzel/Hann., †1877 Hannover; - Ps. A. von Colenfeld; Bodo von Roten Kirchen (*P-R*) #1,4
Görlitz, Walter, *24.3.1913 Frauendorf/Pommern, †4.10.1991 Hamburg; - Ps. Otto Julius Frauendorf (*L-P*) #3,4
Görlitz, Wolf-Dieter, *7.10.1939 Hamburg; - Ps. Felix Winzer (*P-R*) #3
Görlitzer, Heinrich, *4.6.1833 Alt-Raudten/Schles.; - gen. Spandauer Hans Sachs (*L*) #1,3,4
Görne, Thomas von; - auch Thomas von Göhren; Thomas von Böhren; gen. Der Wachsende/FG 295/1636 #11,12
Görner, Anna Nora von, *6.9.1832 Prag, †28.9.1910 Prag; - Ps. Nora Gorner (*R*) #3,4
Görner, Ilse, *4.8.1904 Leipzig; - Ps. Annette Mertens (*L-P-R*) #3
Gorny, Alexander, *10.8.1882 St.Petersburg, †16.9.1948 Madrid; - Ps. Sergej Gorny (*P*) #3
Gorny, Heinrich, *21.4.1904 Witten/Ruhr; - Ps. Hein (*F-P*) #3
Görres, Johann Joseph von, *25.1.1776 Koblenz, †29.1.1848 München; - Ps. BOGS; Peter Hammer (*E-P*) #4,5,11,13,14,15,17
Gorski, Maria Viola, *28.11.1932 Leipzig; - Ps. Maria Viola Wildenhain (*P*) #3
Görtz, Johann Eustach von, *5.4.1737 Schlitz/Hessen, †7.8.1821 Regensburg; - gen. Johann Eustach Graf von Schlitz (*P*) #4,11,13,15
Görz, Heinrich, *15.3.1913 Berlin; - Ps. Werner Baumann; Percy Flax; Harald Harden; Alexander Nagib-Rath; Peter Osten (*E-J-P*) #3,4
Gosch, Josias Ludwig, *12.1.1765 Preetz/Holst., †1811 Rendsburg; - Ps. Louis (*D-E-P*) #1,4,6,11
Gosche, Richard Adolf, *4.6.1824 Neuendorf/Niederlaus., †29.10.1889 Halle/S.; - Ps. Richard Mary (*P*) #3,4,13
Gosewitz, Ludwig, *20.1.1936 Naumburg/Saale; - Ps. Luis de Morales (*L-P*) #3
Gossel, Andreas, *20.12.1700 Esens, †9.12.1770 Aurich; - Ps. Theophilus Sincerus (*P*) #4,6
Gossel-Pacher, Ingeborg, *1.8.1937 Köln; - Ps. Ingeborg Pacher (*L-P*) #4
Gossler, Friedrich Franz Theodor, *1.11.1800 Magdeburg, †2.12.1856 Wiedenbrück; - Ps. Pater Henricus (*P*) #4,13
Goßmann, Wilhelm, *23.8.1895 Stickhausen; - Ps. Wilm Söker (*J-P*) #3
Goth, Luise, geb. Emmerich, *28.3.1879; - Ps. Luise Goth-Emmerich (*E-L-M*) #3
Gothein, Percy, *22.5.1896 Bonn, †22.12.1944 Neuengamme; - Ps. Peter von Uri (*L-P*) #4,18
Götsch, Justin, *17. Jh.; - gen. Achates II/PB #11
Gottberg, Anna von, *10.3.1826 Reisewitz b. Neiße; - Ps. A. V. R. Enberg (*E-M-N-R*) #1,2,3,4
Gottberg, Anna von, *1.8.1858 Rheinsberg bei Potsdam ; - Ps. Anna von Rheinsberg (*J-P*) #3
Gottfried, Johann Ludwig, *um 1584 Amberg/Opf., †11.5.1633 Offenbach; - Ps. Gotofredus (*P*) #4,15
Gottfurcht, Fritz, *8.8.1901 Berlin; - Ps. Anselm Goth (*R*) #3,4
Gottheiner, Max, *5.8.1883 Stubendorf b. Oppeln; - Ps. Walter Hochlandt (*L*) #3,4
Göttig, Willy Werner, *2.7.1891 Darmstadt; - Ps. Guido Thyrolf (*P-S*) #3
Gottlieb, Joseph, *20.8.1868 Hilkerode b. Hannover; - Ps. Christian von der Eller (*E-P*) #3,4
Gottschalch, Johann Erich, *11.1.1884 Dresden; - Ps. Erich Eichen (*D-L-P*)

Gottschalg, Alexander Wilhelm; - Ps. Alexander Emmenstein (*P*) #3

Briegleb, Johann August, *(1819) Coburg; - Ps. Ernst Gottschalk (*E-J-S*) #6

Gottschalk, Friedrich Kaspar, *15.7.1772 Sondershausen, †um 1836 Dresden; - Ps. W. Ferdinand Müller (*P*) #4,11

Gottschalk, Herbert, *9.6.1919 Kolowert/Wolhynien, †13.3.1981 Stuttgart; - Ps. Ata Hajan (*F-P*) #3,4

Gottschalk, Rudolf, *6.10.1901 Bernburg/Saale; - Ps. Reuven Ben-Dor (*P*) #18

Gottschalk der Sachse, *um 803, †um 867; - auch Gottschalk von Fulda; Gottschalk von Orbais (*L-P*) #4,5,13,15

Gottschall, Carl Rudolf von, *30.9.1823 Breslau, †21.3.1909 Leipzig; - Ps. Carl Rudolf (*D-L-R-S*) #1,4,5

Gottschall, Margarete von, *10.2.1870 Burg/Magdeburg, †2.8.1949 Konstanz; - Ps. M. v. Witten (*D-E-N-P-R-S*) #2,3,4

Gottsched, Johann Gottfried Christoph, *2.2.1700 Judittenkirchen b. Königsberg, †12.12.1766 Leipzig; - urspr. Johann Friedrich May; Ps. Calliste; Iris; Phyllis (*D-L-P*) #1,4,5,11,13,14,15

Gottsched, Luise Adelgunde Victorie, geb. Kulmus, *11.4.1713 Danzig, †26.6.1762 Leipzig; - gen. Gottschedin; Ps. Anonyma (*L-P-S*) #1,4,5,14

Gottschling, Caspar, *28.2.1679 Lobendau/Schles., †1739 Neubrandenburg; - Ps. Christo-Genneta; Carl von Gaule (*P*) #4,6

Gottwald, Alfred, *23.5.1863 Landeck/Schles.; - Ps. Adolar Sangwitz; Deus Sylva (*L-P*) #1,3,4

Götz, Gerd, *19.2.1929 Landau/Pfalz; - Ps. Katharina Werner (*D-E-F-J-L-P*) #3,4

Götz, Hans, *24.6.1909 Augezd; - Ps. Hans Götz-Augezd (*E-L*) #3,4

Götz, Hans, *25.8.1918 Schellenberg; - Ps. Schellenberg (*L-P*) #3,4

Götz, Johann Nikolaus, *9.7.1721 Worms, †4.11.1781 Winterburg b. Kreuznach; - Ps. Verf. von Versuch eines Wormsers in Gedichten (*L*) #1,4,5,13,14,15,19

Götz, Kurt, *17.11.1888 Mainz, †12.9.1960 Grabs b. St.Gallen; - Ps. Curt Goetz (*D-F-N-P-S*) #3,4,5,8,10,14,15,18

Götz, Ludwig, *25.12.1873 Hochstett; - Ps. Leonhard Fritz; Friedrich Ludwig; L. Merges; Sator (*P*) #3

Götz, Maria Magdalena, *17. Jh.; - gen. Chlorinde/PB #11

Götze, Augusta, *24.2.1840 Weimar, †29.4.1908 Leipzig; - Ps. A. Weimar (*D-S*) #1,3,4

Götzen, Siegmund von, *15.7.1578 Cölln/Spree, †15.12.1650; - gen. Der Würdigste/FG 490/1648 #11,12

Götzenberger, Marie Amélie, *12.12.1821 Königsberg, †1900 Baden-Baden; - Ps. A. v. Krajewska (*E-S*) #2,3,4

Goy, Erwin, *6.7.1905 Friedeck/Mähren; - Ps. Ondra Lysohorsky (*L-P*) #3,4,18

Goyert, Georg, *7.7.1884 Witten, †11.5.1966 Witten; - Ps. Georg Goyert zur Hüde (*P*) #3,4

Graas, Fritz, *2.1.1895 Ceprowitz/Böhmen, †19.3.1975 Seeshaupt; - Ps. Pimm (*E-F-P-R*) #3,4

Graaß, Johann, *17. Jh.; - gen. Der Erfüllte/FG 815 #11

Grabau, Kurt, *26.7.1907 Berlin; - Ps. L. Damis (*L*) #3

Grabein, Anna Cecilie, *22.6.1877 Berlin; - Ps. A. E. Krug (*P-R*) #3

Grabein, Paul, *28.5.1869 Posen, †4.11.1945 Berlin; - Ps. F. Kramer (*D-E-P-R*) #1,3,4,17

Grabi, Margarete, *20.5.1858 Kolzow/Pommern, †11.12.1904 Charlottenbrunn/Schles.; - Ps. Magdalene Grabi; M. Grabi-Harald; M. Harald (*E-J-L-M-P*) #1,2,3,4

Grabinski, Bruno, *7.1.1882 Kadlubietz/Oberschles., †11.2.1968 Freiburg/Br.; - Ps. Heinrich Walstret (*E-J-P*) #3,4

Grabinski, Ludwig, *13.8.1857 Groß-Lagiewnik/Schles., †19.9.1932 Wiesbaden; - Ps. Ludw. Kies; Ludwig v. Leyden; Ludwig vom Sande (*J-L-P*) #3,4

Gräbner, Karl Friedrich, *16.2.1786 Petersburg; - Ps. Axur (*E-M-P*) #4,11

Grabow, Heinrich Friedrich, *29.1.1853 Ependorf b. Chemnitz, †1926; - Ps. Heinrich d'Altona (*D-E-R-S*) #1,3,4

Grabowski, Stanislaus Stephan Albert von, *15.7.1828 Berlin, †7.12.1874 Berg b. Stuttgart; - Ps. Stanislaus Albert (*E-N-P-R*) #1,4

Grach, Marie Josephine, *23.5.1864 Machern; - Ps. Cornelia von Machern (*D-P*) #1,4

Gradenwitz, Clara, *13.2.1860 Lüben; - Ps. Denwitz (*N-S*) #2

Graedener, Magda, *12.10.1883 Wien, †13.2.1959 Gmunden/O.-Ö.; - Ps. Magda von Hattingberg (*J-P*) #3,4

Graef, Emilie, *29.1.1864 Düsseldorf; - Ps. Emilie van Andel; Paoli (*E-L*) #1,3,4

Graef, Helene, geb. Waldästel, *13.4.1880 Leipzig; - Ps. Helwald Graef; Helene Waldästel (*E-L*) #1,3,4

Graef, Hermann, *16.11.1880 Egeln/Sa.; - Ps. Armin Féarg (*D-E-L-P*) #1,3,4

Graef, Marianne, *23.1.1902 Flensburg; - Ps. Marianne Baumann-Scheel; Marianne Scheel (*J-L*) #3,4

Graenitz, Hans, *25.4.1885 Magdeburg; - Ps. Peter Hagen; Hans Polo (*E-P*) #3,4

Graeser, Erdmann, *5.5.1870 Berlin, †7.7.1937 Berlin; - Ps. E. Grond (*E-P-R*) #1,3,4

Graeser, Max, *15.6.1899 Berlin; - Ps. Max Bristol-Vierzehn (*L*) #3

Graeven, Otto Karl, *(1820); - Ps. Lothar (*P*)

Gräf, Anne Lene, *17.2.1900 Wien; - Ps. Anne Lene Gräf-Wildner (*L-N-R*) #3

Graf, Antonie, *20.4.1845 Wien; - Ps. A. S. Machold (*P*) #2,3

Graf, Franz, *2.11.1840 Aachen; - Ps. Gottlieb Biedermaier (*L-P*) #1,3,4
Graf, Georg Engelbert, *25.7.1881 Bobstadt/Hessen, †2.12.1952 Berlin; - Ps. Georg Faust (*E-M-P-R*) #3,4
Graf, Johann Hieronymus, *19.11.1648 Sulzbach, †12.5.1723 Berlin; - Ps. Johann Hieronymus Gravius (*L-P*) #4,13
Gräf, Johann Wilhelm, *2.11.1890 Leipzig, †10.4.1974 Leipzig; - Ps. Hans Gebhardt; E. Graff; Hilarius; Hans Rosner (*F-L-P-R-S*) #3,4
Graf, Josefine, *1870 Bütthard; - Ps. Josefine Lomtano (*P-S*) #2
Graf, Karl Heinrich, *28.2.1815 Mülhausen/Elsaß, †16.7.1869 Meißen; - Ps. Karl Elsässer (*P*) #4
Graf, Marie Louise, geb. Kendzia, *8.11.1926 Straßburg; - Ps. Marie Louise Kendzia (*D-F-J-L-N-S*) #3,4
Graf, Oskar, *22.7.1894 Berg, †28.6.1967 New York; - Ps. Osmar Compte; Karos Farg; Oskar Maria Graf; Oskar Graf-Berg; Jeremias (*E-L-P-R*) #3,4,5,8,10,14,18,20
Graf, Selma, *30.3.1928 Bern; - Ps. Selma Urfer (*E-F-R*) #3
Graf, Solange, *19.2.1907 Plourivo/Frankr.; - Ps. Solange Le Comte (*N-R*) #4
Grafe, Eberhard, *17. Jh.; - gen. Der Taurende/FG 634 #11
Graff, Wilhelm Paul, *10.3.1845 Doberan/Meckl., †23.8.1904 Schwerin; - Ps. Wilhelm Paul (*D-M*) #1,3,4
Graffam, Susanne, *28.10.1924 Bottrop; - Ps. Susanne Lange (*J*) #3
Gräffer, Franz, *6.1.1785 Wien, †8.10.1852 Döbling b. Wien; - Ps. J. L. Böttiger; F. H. Contée; F. E. Fergar; A. F. Rittgräff; D. F. Vaillant (*E-L-M-P-S*) #1,4,6,11,13,15
Grahl, Dietrich Christian, *28.7.1795 Bremen, †22.1.1858 Hamburg; - Ps. Gustav Adolf Grahl; L. v. Starkenfels (*R*) #4,11
Grahl, Otto de, *19.5.1853 Hamburg, †25.2.1906 Berlin; - Ps. Walther vom Norden; W. Wohlgemuth (*L-P*) #3,4
Gramatzki, Ivan, *12.8.1882 Shillong Assam/Indien, †14.3.1957 Kleinmachnow/Teltow; - Ps. Hugh John Gramatzki; Jan Gramatzki (*F-P-R*) #3,4,15
Gramberg, Gerhard Anton, *5.11.1744 Lettens b. Oldenburg, †10.3.1817 Oldenburg; - Ps. Plistonicus (*L-P*) #1,4,11,13
Grämlich, Johann Andreas, *1.7.1690 Stuttgart, †7.4.1728 Stuttgart; - Ps. Johannes Foederophilus (*L*)
Grams, Boris, *2.10.1908 Berlin; - Ps. GLAGLA (*F-R-S*) #3,4
Granard, Christian, *17. Jh.; - gen. Der Köstliche/DG-N #11
Grandjean, Moritz Anton, *8.10.1821 Wien, †19.1.1885 Wien; - Ps. M. G. Herbert (*S*) #1,4
Granichstädten, Emil, *8.7.1847 Wien, †2.7.1904 Berlin; - Ps. Willibald (*D-S*) #1,3,4
Grantz, Hermann, *28.9.1900 Frankfurt/M.; - Ps. Svenson (*E-P-S*) #3,4
Granzow, Oswald, *15.5.1877 Dresden; - Ps. O. Th. Felix Granzow (*P*) #3
Grapperhaus, Laurent, *30.4.1879 Amsterdam; - Ps. C. van Amstel (*P*)
Grasberger, Hans, *2.5.1836 Obdach/Ö., †11.12.1898 Wien; - Ps. Karl Birkenbühl (*E-L-N*) #1,3,4
Graser, Rudolph, *4.7.1728 Linz/Do., †10.1.1787 Ried; - Ps. P. Rudolphus (*P*) #4,13
Grasmück, Jürgen, *23.1.1940 Hanau; - Ps. Albert C. Bowles; Bert Floorman; J. A. Garrett; J. A. Gorman; Jay Grams; Jürgen Grasse; Jeff Hammon; Ron Kelly; Rolf Murat; Mark Powers; Steve D. Rock; Dan Shocker; Owen L. Todd; Henri Vadim (*E-R*) #3,7,16
Graß, Anton Georg von, *17. Jh.; - gen. Majano/PB #11
Grass, Günter, *16.10.1927 Danzig; - Ps. Artur Knoff (*D-L-N-R-S*) #3,4,5
Grass, Jürgen Albert, *22.3.1936 Uerdingen; - Ps. Grass der Jüngere (*F-L-P-R*) #3
Graßberger, Karl, *6.8.1880 Salzburg; - Ps. Karl Schiffmeister-Gugg (*L-N-P-R*) #3,4
Grasser, Johannes Jacob, *21.2.1579 Basel, †21.3.1627 Basel; - Ps. Johannes Jacobus Grasserus (*P*) #4,11
Grasshoff, Alida, *19.4.1929 Königsberg; - Ps. Alida Grasshoff-Graepel (*R*) #3
Graßmann, Gustav, *16.7.1852 Milow; - Ps. Fritz Flaum (*P*) #3
Gräter, Friedrich David, *22.4.1768 Schwäbisch-Hall, †2.8.1830 Schorndorf/Württ.; - Ps. Waldemar (*E-L-P*) #1,4,11,13
Gratz, Josephine, *9.7.1848 Meersburg; - Ps. Fides Semper; O. Jeremias; Paula Wildeck (*P*) #2,3
Grau, Ernst, *15.9.1890 Berlin, †7.3.1970 Berlin; - Ps. Peter Menz (*R*) #3,4
Grau, Friedrich, *1496 Waischenfeld b. Bamberg, †6.2.1552 Trient; - Ps. Philalethes Eusebianus; Friedrich Nausea (*P*) #4,13
Grau, Josephine, *29.5.1852 Schlüchtern/Hessen, †5.4.1920 Fulda; - Ps. Josef Grineau (*J-N-R*) #1,3,4
Grau, Max, *3.12.1865 Königsberg; - Ps. Michaelis-Grau (*E-N-P*) #3
Grau, Paul, *25.4.1862 Erfurt; - Ps. Paulus (*P*) #3
Graul, Eva, *11.3.1935 Solingen; - Ps. Eva Gerresheim (*E-F-L*) #3
Graumann, Johannes, *1487 Neustadt/Ufr., †29.4.1541 Königsberg; Ps. Johannes Poliander (*L-P*) 4,11,13
Grautoff, Erna, geb. Heinemann, *10.1.1884 Berlin, †31.12.1949 Garmisch-Partenkirchen; - Ps. Erna Heinemann (*L*) #1,3

Grautoff, Ferdinand, *10.8.1871 Lübeck, †15.5.1935 Leipzig; - Ps. Parabellum; Seestern (*E-P*) #1,4
Grävell, Albert, *4.12.1854 Görlitz; - Ps. Albert Sand (*P*) #3
Grävell, Paul Harald, *2.12.1856 Berlin; - Ps. Harald Arjuna van Jostenoode (*P*) #3
Gravenreuth, Charlotte von, *1809, †5.2.1877 Berlin; - Ps. Charlotte von Graven (*D-E-R-S*) #1,4
Grczyb, Heinz, *19. Jh.; - Ps. Asiaticus (*P*)
Grebin, Vivian, *12.4.1894 Durban/Südafrika; - Ps. Vivian Rodewald-Grebin (*J*) #3,4
Greef, Helene, *10.8.1862 Darrigsdorf b. Wittingen, †26.5.1932 Göttingen; - Ps. Erika Riedberg (*P-R*) #1,3,4
Greenburger, Ingrid, *14.7.1913 Berlin; - Ps. George Rainer (*P-R*) #3,4
Greeven, Erich August, *6.12.1880 Zürich, †4.5.1966 Hamburg; - Ps. Heinrich Gall (*D-E-N-P-R-S*) #1,3,4
Greflinger, Georg, *um 1620 b. Regensburg, †um 1677 Hamburg; - gen. Celadon/ES; auch Celadon von der Donau; Seladon (*D-L-P-R*) #1,4,5,6,11,13,15,19
Gréger Edler von Jurco, Ernest, *16.8.1866 Triest; - Ps. Ernest von Jurco (*D-P*) #3,4
Grégoire, Pierre, *9.11.1907 Vichten/Lux.; - Ps. Erio; Gregor Stein (*D-E-L-P-R-S*) #3,4
Gregor, Günter, *29.9.1929 Glogau; - Ps. -gg- (*E-F-L-P*) #3,4
Gregor, Martin, *3.6.1926 Naumburg/S., †23.6.1988 München; - Ps. Martin Gregor-Dellin (*E-F-N-P-R*) #3,4,5
Gregorovius, Ferdinand Adolf, *19.1.1821 Neidenburg/Ostpr., †1.5.1891 München; - Ps. Ferdinand Fuchsmund (*D-L-P-R*) #1,4,5
Greiffenberg, Catharina Regina von, *7.9.1633 Amstetten/Ö., †8.4.1694 Nürnberg; - gen. Die Tapfere/DG-L (*L-P*) #1,4,5,11,13,15,19
Greiling, Walter, *5.9.1900 Weidenhausen/Hessen, †1983; - Ps. Walt Grey (*E-F-J-P-R*) #3,4
Greiner, Franz, *1.7.1919 Leipzig; - Ps. Werner Pank (*E-F-P-R*) #3,4
Greiner, Hugo, *13.3.1864 Rudolstadt, †31.3.1911 Halle/S.; - Ps. Friedrich von der Höhe (*D-P-S*) #1,3,4
Greiner, Otto, *9.4.1880; - Ps. Otto Reiner (*P*) #3
Greiner-Mai, Herbert, *4.8.1927 Lauscha/Thür.; - Ps. H. G. Reiner (*J-L-P*) #3,4
Greiser, Karl, *28.9.1879 Rastatt; - Ps. Kager (*E-P*) #3
Greiser, Wolfgang, *8.12.1884 Sablath b. Sorau/Brandenb., †22.11.1969 Berlin; - Ps. Robert Lesters; W. G. Reiser; Wo-Gre (*E-J-L-P-R*) #3,4
Greiter, Mathäus, *um 1495 Aichach, †20.12.1550 Straßburg; - auch Greuter, Gryter (*L-P*) #4,11,13,15
Greither, Margit, *16.12.1918 Hirschegg/Vorarlberg; - Ps. Johanna Brugger; Franziska Ried; Susanne Roth; Margret Walser (*R*) #3,4
Grelle, Frido, *12.4.1868 Hannover, †13.8.1939 Bad Elster; - Ps. G. Amor (*D-L-R*) #1,3,4
Grempe, P. Max, *23.12.1875 Brandenburg/Havel; - Ps. Rudolf Gerber (*P*) #3
Gressel, Johann Georg, *1675 Döblau b. Bayreuth, †1711 Unterliezheim; - Ps. Celander; Musophilus; Philomusus; Verimontiqueranus (*P*) #4,13
Gretschel, Johann Christoph, *7.12.1766 Reichenbach/Oberlaus., †14.2.1830 Leipzig; - Ps. Janus Eremita (*P*) #1,4,6,11
Gretscher, Jakob, *27.3.1562 Markdorf/Schwaben, †29.1.1625 Ingolstadt; - Ps. Jakob Gretser; Henricus Canisius; Joannes Baptista Gallus; Christopherus Gewoldus; Matthaeus Merula; Erasmus Mylius Bercingensis; Crato Sylvius Nariscus; Jacobus Aurimontanus Rauracus; Georgius Schottlerus; Petrus Stevartius; Petrus Cnapheus Theopaschita (*D-S*) #4,5,6,13,15
Greulich, Arthur, *30.1.1906 Zürich, †8.8.1967 Heesen b. Hamm; - Ps. Arthur Theodor Gruelich (*E-R*) #3,4
Greulich, Emil Rudolf, *6.10.1909 Berlin; - Ps. Erge (*E-F-L-P-R*) #3,4,14,17
Greve, Adolf, *14.12.1849 Uslar; - Ps. Justus Herbst (*D-P*) #3
Greve, Felix Paul, *14.3.1879 Radomno/Westpr., †1948 Ontario/Kanada; - Ps. F. C. Gerden; Frederick Philip Grove; Konrad Thorer (*D-L-P-R*) #1,3,4
Greve, Paul, *4.8.1871 Berlin; - Ps. Everg (*P*) #3
Greve, Uwe, *28.12.1940 Leipzig; - Ps. Dietrich Heissler; Alexander von der Lichten (*E-P*) #3
Greven, Helga, *21.1.1923 Düsseldorf; - Ps. Julie Gravell; Juliane Greven; Nicola Kersten; Nicola Norma; Birgit Swanholm; Juliane Wilders (*R*) #3,4
Greverus, Johann Paul Ernst, *22.8.1789 Strückhausen/Oldenb., †15.8.1859 Oldenburg; - Ps. Ernst Greif (*L-P*) #1,4,11,13
Greyerz, Lina von, *6.5.1840 Bern, †11.5.1911 Bern; - Ps. Carla Grey; Herbius; Beatus Schwarz (*L-N-P*) #1,2,3,4
Gribitz, Franz J., *2.10.1894 Wien, †13.3.1969 Wien; - Ps. Joe Gribitz (*F-S*) #3,4
Gricius, Albert, *10.3.1910 Heispelt/Lux.; - Ps. Albert Heser (*E*) #3,4
Griebel, Lucy, *16.11.1854 Meldorf/Holst.; - Ps. R. Helbig; O. Müller; Eva Treu (*E-J-N-P*) #1,2,3,4
Griebel, Minna, *2.9.1850 Heide/Holst.; - Ps. M. Greif (*E-P*) #2,3
Grieben, Ferdinande, *29.9.1844 Angermünde/Uckerm.; - Ps. W. Egbert (*D-E-J-N-S*) #1,2,3,4

Grieben, Hermann, *8.2.1822 Köslin/Pommern, †24.9.1890 Köln; - Ps. Roderich (*D-L-P-S*) #1,4,13

Grieder, Martin, *26.11.1828 Rünenberg/Basel, †19.8.1890 Liestal/Basel; - später Martin Birmann (*P*) #4,13

Griesbach, Georg-Erich, *5.2.1902 Putlitz a. d. Stepenitz; - Ps. Franz Karo Matth (*J*) #3,4

Griesel, August Franz Wenzel, *1783 Prag, †16.3.1825 Prag; - Ps. Renat Münster (*D-E-N-R*) #1,4,11

Grieshaber, Riccarda, *3.12.1907 Breslau, †24.8.1984 Reutlingen; - Ps. Riccarda Gregor-Grieshaber (*E-P-R*) #3,4

Griesheim, Heinrich Christoph von; - gen. Der Eingebende/FG 587/1652 #11

Griesheim, Heinrich Christoph von, *17. Jh.; - gen. Der Begegnende/FG 588 #11

Griesheim, Margarete Auguste von, geb. von Sartorius, *(1828); - Ps. A. von Sartorius (*E*) #4,11

Griesheim, Wolff Melchior von, *25.7.1595 Griesheim, †21.5.1668 Arnstadt; - gen. Der Bereite/FG 442/1645 #11,12

Griesinger, Carl Theodor, *11.12.1809 Kirnbach b. Wolfach/Württ., †2.3.1884 Stuttgart; - Ps. Philipp der Krumme (*M-N-P-R*) #4,13

Griesinger, Gustav, *1804 Leonberg, †1888 Ravensburg; - Ps. Dr. Caspar (*L*) #4

Grigorowitsch, Lucian, *30.7.1924 Vatra-Dornei/Rum.; - Ps. Werner Anrod; Sean L. G. O'Dorna (*E-N-P-R*) #3

Grimm, Anton, *3.7.1874 Aalen/Württ., †5.10.1945 Rottweil; - Ps. Anton vom Kocher (*D-L-P-S*) #3,4

Grimm, Gisela, geb. von Arnim, *30.8.1827 Berlin, †4.4.1889 Florenz; - Ps. Allerleih Rauh; Gisela von Arnim; Marilla Fittchersvogel (*D-E-M-P-S*) #1,2,4,11

Grimm, Hermann (Friedrich), *6.1.1828 Kassel, †16.6.1901 Berlin; - Ps. Ferdinand Thal (*D-L-N-P*) #4,15

Grimm, Kurt Max, *11.11.1900 Lichtentanne; - Ps. Stilz (*E-F-J-L-R*) #3,4

Grimm, Max, *4.2.1892 Dresden; - Ps. A. M. Grimm; Fred Mandig (*P*) #3

Grimm, Richard, *22.2.1873 Untersachsenberg/Sa.; - Ps. Richard Grimm-Sachsenberg (*P*) #3

Grimme, Friedrich Wilhelm, *25.12.1827 Assinghausen/Westf., †3.4.1887 Münster; - Ps. Strunzerdähler (*E-L-N-P-S*) #1,3,4,15

Grimmelshausen, Johann Jakob Christoffel von, *17.3.1622 Gelnhausen, †17.8.1676 Renchen/Baden; - Ps. Aceeeffghhiillmmnn oorrssstuv; Melchior Sternfels von Fugshaim; Erich Stainfels von Greifensholm; Simon Lenfrisch von Hartenfels; Samuel Greifensohn von Hirschfelt; Bilgram von Hohenwandern; Israel Fromschmit von Hugenfels; Illeteratus Ignorantius zugenant Idiota; Philarchus Grossus von Trommenheim; Michael Reghulin von Sehnstorff; Signeur Messmahl; German Schleifheim von Sulsfort; Simplicius Simplicissimus; Urban Wurmsknick auf Sturmsdorff (*E-P-R*) #1,4,5,11,13,14,15, 19

Grimmert, Carl Friedrich, *1795 Goltewitz/Sa.; - Ps. Christianus; Henriette Clauren (*P-S*) #4,6,11

Grisar, Hartmann, *22.9.1845 Koblenz, †25.2.1932 Innsbruck; - Ps. Constantin Germanus (*P*) #3,4,15

Grisebach, Eduard, *9.10.1845 Göttingen, †22.3.1906 Charlottenburg; - Ps. Der neue Tannhäuser (*L-P-S*) #4,5,15

Gritzner, Adolf Max Ferdinand, *29.7.1843 Sorau/Lausitz, †1902 Steglitz b. Berlin; - Ps. Max Fernand (*D-L-P*) #1,3,4

Grix, Arthur Ernst, *4.3.1893 Berlin, †12.1.1966 Berlin; - Ps. Ernest Griggs (*E-P*) #3,4

Groag-Belmonte, Carola, *2.10.1859 Loschitz/Mähren, †17.1.1929 Mauer b. Wien; - Ps. Carola Belmonte; Carola Belmonte-Groag; Carola Buchheim (*E-N-R*) #3,4

Grob, Christian, *11.11.1886 Hersfeld/Hessen; - Ps. Armin Kraft (*E-L-N-S*) #4

Grob, Johannes von, *16.9.1643 Enzenschwyl/Toggenburg, †1.4.1697 Herisau/Schweiz; - Ps. Reinhold von Freienthal; Ernst Warnmund v. Freyenthal (*L-P*) #1,4,5,6,11,13,15

Gröben, Ernst von der, *17. Jh.; - gen. Der Unvermeinte/FG 627 #11

Gröben, Levin Ludwig von der, *17. Jh.; - Ps. Der Blendende/FG 701 #11

Gröben, Ludwig von der, *17. Jh.; - gen. Der Wohlreinigende/FG 836; Der Reizende #11

Gröben, Otto Friedrich von der, *1.4.1657 Napratten/Ermland, †30.1.1728 Marienwerder; - Ps. Bergone (*L-P*) #4,6,11,13,15

Groch, Friedrich, *1.11.1827 Kottbus; - Ps. Karl Albert (*L*) #1,4

Groch, Roman, *14.5.1857 Szepes-Varalja/Ungarn; - Ps. Theobald Mara; Theobald Marx (*R*) #1,3,4

Grodnau, Karl Melchior Grodnitz von; - gen. Der Behütende/FG 601/1653 #11

Groetzinger, Melly, *2.6.1885 Wien; - Ps. Antonius (*S*) #3

Groetzsch, Robert, *10.3.1882 Naunhof b. Leipzig, †6.3.1946 New York; - Ps. Bruno Brandy (*D-E-P-S*) #4,18

Gröger, Rudolf, *24.9.1902 Oberlindewiese/Sudeten; - Ps. Hans Lindhofer (*D-E-S*) #3,4

Groh, Georg Artur, *7.10.1913 Berlin; - Ps. Georg Georgi (*L-R*) #3

Grohe, Karoline, *18. Jh.; - Ps. Emilie Linden (*E*) #2,6

Gröhe, Theresa, *9.4.1853 Zybelle b. Muskau/Schles., †2.1.1929 Köln; - Ps. T. Resa (*L-P-S*) #1,3,4

Gröhl, Karl, *10.2.1896 Schneidemühl/Pommern; - Ps. Karl Retzlaw; Spartakus (*P*) #18

Grohmann, Amanda, geb. Bleyer, *18.7.1870 Hamburg; - Ps. Bleyer-Grohmann (*D-M-S*) #3

Grohmann, Carl Martin, *10.11.1870 Debreczin, †19.3.1929 Wien; - Ps. Bleyer-Grohmann (*D-M-S*) #4

Groissmeier, Michael, *21.2.1935 München; - Ps. Michael Lauritz (*L*) #3,4

Groll, Gunter, *5.8.1914 Liegnitz/Schles.; - Ps. Sebastian Grill (*P-R*) #3,4

Groll, Jacques, *31.3.1873; - Ps. J. G. Grundler; Sabellicus (*P*) #3

Gromadecki, Josef, *10.11.1921 Berlin; - Ps. L. Castel; W. Gelander; Peter Groma; J. Warstede (*F-P-R*) #3,4

Grömmer, Helmut, *23.3.1912 Eisenach; - Ps. Helgrö; Fritz Reinhold (*E-F-J-R-S*) #3,4

Gronen, Damian, *19.9.1861 Köln; - Ps. D. Colonius; A. Linden; H. v. Remagen; Hubert D. Stiller; Dagobert Winter (*E-P-R-S*) #1,3,4

Groner, Auguste, *16.4.1850 Wien, †7.3.1929 Wien; - Ps. Olaf Björnson; Metis; A. von der Paura; M. Renorga (*E-J-N-P-R*) #1,3,4

Groningen, Rosa von, *28.2.1864 Berlin; - Ps. R. Nirvèl (*P-S*) #3

Gronow, Johann Friedrich, *8.9.1611 Hamburg, †28.12.1671 Leiden; - Ps. Fredericus Gronovius (*P*) #4,13,15

Gronowski, Leo, *12.11.1909 Dortmund; - Ps. Leo Gronow; Horst Sigmar (*E-J-N-R*) #3,4

Gronwald, Werner, *24.12.1917 Königsberg; - Ps. Patrick Ballamy; Ken Barren; Mat Calhoun; Mortimer Colvin; Weston Grosmont; Sebastian Hardenberg; I. B. Morkin; Ben Warren; Werner Wolter (*E-P-R*) #3,4

Gröper, Friedrich, *2.5.1892 Timmerlah; - Ps. Timm Erla (*E-L-M*) #3,4

Grosch, Anny, *12.8.1868 Wehlau; - Ps. Anna von Wehlau; A. Grosch-Wehlau (*E-N-R-S*) #3

Grosch, Minnie, *13.9.1879 Mainz, †21.1.1963 Mainz; - Ps. Elisabeth Gerheim (*E-J-R*) #3,4

Grosche, Erwin, *1955; - Ps. Alois Bernstein (*R*)

Grosche, Eugen, *11.3.1888 Leipzig; - Ps. Gregor A. Gregorius (*L-N-P-R*) #3,4

Grosche, Hildegard, *21.6.1913 Rekasch/Ungarn; - Ps. Hildegard von Roosz (*P*) #3

Groschel, Carl Franz, *5.10.1854 Oravitza/Ungarn, †11.12.1907 Wien; - Ps. Franz Carl (*D-N*) #3

Groschoff, Vera, *4.2.1934 Berlin; - Ps. Vera (*L*) #3

Grosholz, Franz, *19.5.1886 Karlsruhe; - Ps. Franz Peter Flamberg (*D-L-R*) #3,4

Groß, Amalie von, *10.10.1802 Weimar, †13.6.1879 Weimar; - Ps. Amalie Winter (*J-N-P*) #1,4,13,17

Groß, Christian, *9.2.1950 Lamstedt; - Ps. Kriki (*L-P*) #3

Groß, David, †1907 Magdeburg; - Ps. D. Fahrmann (*D-L-P-S*) #3,4

Groß, Ferdinand, *8.4.1849 Wien, †21.12.1900 Wien; - Ps. Piccolo (*E-L-P-S*) #1,3,4

Gross, Heinrich, *2.12.1923 Winterthur; - Ps. Heiner Gross (*J*) #3,4

Groß, Heinrich, *20.7.1849 Nieder-Fladnitz; - Ps. Richard Hein; H. Megas; Magnus (*L-P*) #3

Gross, Johann Georg, *1581 Basel, †1630 Basel; - auch Grosse; Grossius (*P*) #4,11

Groß, Jürgen, *13.11.1937 Vreden/Westf.; - Ps. Helder Yureen (*E-F-L-P*) #3

Groß, Karl, *24.5.1838 Budapest, †28.8.1916 Baden b. Wien; - Ps. Carlo dolce (*D-L-N-S*) #3,4

Groß, Karl Adolf, *4.7.1892 Schwäbisch-Hall; - Ps. Gotthelf Ekkehardt (*P*) #3,4

Gross, Nikolaus, *um 1355 Jauer/Schles., †22.3.1435 Heidelberg; - Ps. Nikolaus Magni; Nikolaus von Heidelberg; Nikolaus von Jauer (*P*) #4

Groß, Otto, *13.10.1841 Jägerndorf/Ö.; - Ps. Otto v. Karnow (*P*)

Gross von Trockau, Auguste Freiin von, *2.6.1845 Würzburg, †27.2.1915 Würzburg; - Ps. Jutha Berthen (*N-P-S*) #1,3,4

Groß-Hoffinger, Anton Johann, *22.5.1808 Wien; - Ps. A. J. Groß; Hans Normann (*L-P-R*) #1,3,4

Groß-Talmon, Paul, *9.1.1910 Düsseldorf; - Ps. Peter Puck (*D-P-R*) #3

Große, Gustav Paul, *3.10.1871 Werdau; - Ps. A. v. Heidelberg; Gustav Paul Große-Renz (*E-P*) #3

Große, Johann Christian, *3.10.1770 Wittenberg; - Ps. J. C. Grote (*E-J-M*) #6

Grosse, Julius Waldemar, *25.4.1828 Erfurt, †9.5.1902 Torbole/Gardasee; - Ps. Ottfried von der Ilm (*D-E-L-N-P-R*) #3,4,15

Große, Karl Friedrich August, *5.6.1768 Magdeburg, †15.3.1847 Kopenhagen; - Ps. Graf Vargas Bedemar; Marquis von G.; Marquis von Pharnusa; Graf von Vargas (*N-P-R*) #1,4,11,15

Grosser, Johannes Franz Gottlieb, *22.8.1915 Chemnitz; - Ps. Wolf Arnold-Elze (*L-N-P*) #3,4

Grosser, Karl-Heinz, *9.3.1922 Berlin; - Ps. G. Karlheinz; G. Rosser (*R*) #3,4

Grosser, Reinhold Fritz, *19.9.1895 Breslau; - Ps. Grosser-Panitz; Suevia Helena Hohl (*E-N-P-R*) #3,4,7

Grosser, Samuel, *18.2.1664 Paschkerwitz/Schles., †24.6.1736 Görlitz; - Ps. Aletophilus (*P*) #4,11,13

Grosshans, Rolf H., *(1988); - Ps. Rolf H. Groß (*P*) #7

Grossheim, Julie, *9.10.1813; - Ps. J. E. Mand (*E-P*) #2,3,4

Großkemm, Fritz, *1.10.1884 Delling; - Ps. Fritz an der Pünt (*L-R*) #3,4

Grossmann, Alexander, *2.2.1903 Leipzig; - Ps. cand. polit. (*R*) #3

Grossmann, Hans Hugo, *21.4.1916 Wien; - Ps. Peer Carson; Jeff Carter; John Drake; Howard Duff; Ben Gibson; John Grant; Ralf Holm; Inspector McCormick; Ernest P. Kellog; Lex Lane; Norman Loyd; Tex Mason; Jack Morton; Mark Shannon; Hooker Sharp; Stan Telford (*F-R*) #3,16

Großmann, Ida, geb. Krauß, *1.5.1855 Cannstatt; - Ps. Ida Krauß (*E-N-R*) #3

Grossmann, Julie Florentine von, *8.1.1790 Freistadt/Mähren, †30.12.1860 Dresden; - Ps. J. v. G. (*E-J-L-N*) #1,4,11,17

Grossmann, Kaspar, *1495 Zürich/Schweiz, †18.8.1545 Zürich; - Ps. Kaspar Megander (*P*) #4,13

Grossmann, Kurt R., *21.5.1897 Berlin, †2.3.1972 Florida/USA; - Ps. Felix Burger; Kurt Randloff; Hermann Walter (*P*) #3,4,18

Großmann, Paul, *21.1.1865 Berlin, †9.6.1939 Berlin; - Ps. Pegema (*L-P*) #1,3,4

Großmann, Rudolf, *(1902); - Ps. Pierre Ramus (*P*) #3

Großmann, Stephan, *18.5.1875 Wien, †3.1.1935 Wien; - Ps. Grabiel Gram; Thomas Wehrlin (*D-E-N-P-R*) #1,3,4

Grote, Karl Wilhelm, *10.11.1796 Dinslaken, †27.4.1818 Coesfeld; - Ps. Karl Teuthold (*E-L-P*) #1,6,11

Grote, Maria Magdalena, *23.5.1899 Lüdenscheid, †13.12.1967 Berlin; - Ps. Magro (*E-P*) #3,4

Grote, Otto, *1.9.1620 Breese b. Lüchow-Dannenberg, †24.5.1687 Berlin; - gen. Der Hindernde/FG 503/1648 #11,12

Grotewold, Christian Stephan, *27.9.1873 Bremen; - Ps. A. Venir (*P*) #3

Groth, Ernst Johann, *15.8.1859 Lauenburg/Pommern, †Leipzig; - Ps. Ulrich Gröden (*D-E-P-R-S*) #1,3,4

Groth, Franziska, *15.2.1863 Schwetz/Westpr.; - Ps. Franziska Apel; Franziska Branitz; Clara Richard (*L-N-P*) #1,2,3,4

Grothe, Hugo (Albert Louis), *15.8.1869 Magdeburg, †28.12.1954 Starnberg; - Ps. Hugo Victor (*D-L-P*) #1,3,4,15

Grothe, Wilhelm, *5.10.1830 Berlin, †13.2.1892 Friedrichshagen; - Ps. Carl Ehtorg; Carl Grey; Hugo von Rittberg (*D-L-N-P-R-S*) #1,3,4

Grothe-Mahé, Richard, *12.1.1857 Berlin; - Ps. Ghirni Bey; Lusignan-Mahé; G. Thévnert (*P-S*) #1,3,4

Grotkop, Edith, *17.10.1897 Stralsund; - Ps. Edith Guetté (*J-N-P*) #3,4,17

Grotthausen, Johann Enno von, *17. Jh.; - gen. Der Verrichtende/FG 654 #11

Grotthuß, Jeannot Emil Freiherr von, *24.3.1865 Riga, †30.8.1920 Berlin; - Ps. Johannes Siegbalt (*L-P-R*) #3,4,15

Gröttrup, Bernhard, *27.8.1883 Gildehaus b. Bentheim, †5.8.1953 Bad Schwalbach; - Ps. Grote Bernd; Bernd Grote (*P-R*) #3,4

Gröttrup, Johann, *19.5.1881Gildehaus b. Osnabrück, †6.6.1940 Berlin; - Ps. Jan Grote (*P*) #3

Grözinger, Wolfgang, *3.7.1902 Grevenbroich, †19.9.1965 München; - Ps. Peter Freitag (*D-J-P-S*) #3,4

Grüb, Willy, *29.2.1912 Schopfheim/Baden; - Ps. Uwe Berg (*F-S*) #3,4

Grubacevic, Carl Borromäus, *31.5.1871 Bros/Siebenbürgen; - Ps. Siebenbürger Lenau (*P*) #3,4

Grube, Elisabeth, *22.10.1803 Netphen/Westf., †21.4.1871 Düsseldorf; - Ps. Elisabeth D. (*D-E-L*) #1,4,13

Grube, Hans, *17.4.1855 Lübeck; - Ps. Hans Belt (*E-N-P*) #3

Grube, Meta, *19.2.1908 Hemmoor; - Ps. Doris (*P*) #3

Gruben, Franz Josef von, *13.2.1829 Düsseldorf, †23.10.1888 Regensburg; - Ps. J. Albertus; Wilhelm von Born; Johannes Eremita; Albertus Josef (*L-P*) #4

Gruber, Christa-Ruth, *6.1.1951 Köln; - Ps. Eumel Schwarz (*J-S*) #3

Gruber, Gisi, *9.3.1903 Wien, †26.7.1971 Wien; - Ps. Barbara Maria Alsegger; Jules Charpentier (*E-N-R*) #3,4

Gruber, Hermann, *5.2.1851 Kufstein/Tirol; - Ps. Hildebrand Gerber (*P*) #3

Gruber, Johann Gottfried, *29.11.1774 Naumburg/S., †7.8.1851 Halle/S.; - Ps. Adolph Grimm; Joseph aus der Grube (*P-R*) #1,4,6,11,13,15

Gruber, Ludwig, *15.8.1922 Oberponzaun/Bay.; - Ps. Wigg Ponzauner (*L-P*) #3,4

Grubner, Christian, *15.4.1698 Zeitz, †1768 Zeitz; - Ps. Irisander (*P*) #6

Gruenwald, Alfred Ferdinand, *9.10.1892 Stettin, †18.8.1927 Frankreich; - Ps. Johannes Theodor Baargeld; Zentrodada (*L*) #4

Gruhl-Braams, Hans, *25.12.1921 Bad Altheide/Schles., †11.10.1966 München; - Ps. Hans Gruhl (*E-F-R*) #3,4

Grulich, Adolph Bogislav, *4.4.1730 Mitweida, †29.7.1798 Neustadt/Do.; - Ps. Corbinian Garrey (*P*) #6

Grulich, Martin, *1695 Loddin b. Stettin, †30.11.1772 Torgau; - auch Gruhlich; Ps. Macarius Gregorius (*P*) #4,6,13

Grümbke, Johann, *6.9.1771 Bergen/Rügen, †23.3.1849 Bergen; - Ps. Indigena (*P*) #4,6

Grün, Gertrud, *25.11.1916 Basel; - Ps. Barbara Schweizer (*F-N-P*) #3

Grün, Karl Theodor Ferdinand, *30.9.1817 Lüdenscheid, †18.2.1887 Wien; - Ps. Ernst von der Haide (*P-S*) #3,4,13,15

Grün, Lilli, *16.10.1888 Frankfurt/M.; - Ps. Lilli Grün-Göttert (*E-L-M-R*) #3,4

Grün, Robert, *8.3.1909 Wien; - Ps. Margery Glasgow; Robert Moeris (*L-P-R*) #3,4

Grunau, Josef Elmar, *11.12.1864 Köln; - Ps. Josef Elmar vom Rhein (*L-P*) #3

Grünberg, Karl, *5.11.1891 Berlin, †1.2.1972 Berlin; - Ps. Atta-Troll; Kage; Schlarks; Schnafte; Herbert Wendt (*D-E-L-N-P-R*) #3,4,5,8,14

Grünberg, Viktor, *3.6.1866 Wien, †1.5.1905 Wien; - Ps. V. Grüneberg (*D-E-N*) #1,3,4

Grund, Barbara, *30.12.1815 Wien, †5.7.1894 Baden b. Wien; - Ps. Barbara Elisabeth Glück; Betty Paoli (*E-L-N-P*) #1,2,3,4,5,9, 11, 13

Grund, Josef Carl, *18.2.1920 Dürnberg/Böhmen; - Ps. J. C. Dornberg; Ben Frank; Gary Lynn; Hans Nowack; Harry O'Connor; Will Price; A. C. Watts (*J-P-R*) #3,4,17

Gründler, Charlotte, geb. Lenke, *18.4.1771 Leipzig, †10.2.1843 Quaritz; - Ps. Adelheid; Lottchen (*E-L*) #1,4,11

Gründler, Richard, *17.7.1877 Zwickau/Sa.; - Ps. Gründler-Reinsdorff (*P*) #3

Grundmann, Franz, *3.10.1863 Brettgrund/ Böhmen, †29.6.1921 Schumburg-Tannwald/ Böhmen; - Ps. F. Dessendörfer; Schleiffer-Franzl; Friedbert Walther (*D-E*) #1,4

Grundmeyer, Bernhard, *13.4.1895 Münster, †2.1.1957 Riesenbeck/Westf.; - Ps. Bernhard Grügor (*D-E-F-L-P-R*) #3,4

Grundschöttel, Marie, *20.6.1832 Koblenz, †1897 München; - Ps. Martin im Grund (*E-L*) #1,2,3,4

Grünebaum, Kurt, *7.5.1910 Gießen; - Ps. Kurt Leon; Kurt Victor (*P*) #18

Grünebaum, Moriz Ritter von, *6.3.1873 Wien; - Ps. Mac Wilson (*P*) #3

Grunenberg, Andreas, *23.6.1856 Münster; - Ps. Sacharias (*P*) #1,3,4

Grunenberg, Dorothea, *26.10.1914 Dresden; - Ps. Marietheres Marschall (*E-F-J-P*) #3,4

Grunenthal, Friedrich Sigismund, *12.11.1780 Kyritz/Priegnitz, †1855 Berlin; - urspr. Friedrich Sigismund Siebmann (*P*) #4,11

Grüner, Christoph Sigismund, *30.1.1757 Kynau/Schles., †17.12.1808 Wien; - gen. Fridolin Grüner; Ps. Jocosus Hilarius Schankilius; Jocosus Hilarius Schonkilius (*D-P-R-S*) #1,4,6,11

Gruner, Ferdinand, *24.9.1872 Freudenthal/ Schles., †27.5.1920 Trautenau/Böhmen; - Ps. F. G. van Freydendal (*N-P-R-S*) #1,3,4

Grunert, Barbara, geb. Bronner, *19.8.1938 Berlin; - Ps. Barbara Bronnen (*F-P-R*) #3,4,5,8

Grunert, Carl H., *2.11.1865 Naumburg/S., †1918; - Ps. Carl Friedland (*D-E-L-N-R*) #1,3,4,16

Grunert, Christian, *15.10.1900 Dresden; - Ps. C. G. Florestan (*E-P*) #3,4

Grünewald, Henriette, *15.7.1851; - Ps. Harriet (*D-N*) #2,3

Grünfeldt, Paul Stefan August Maximilian, *25.11.1879 Brünn/Mähren, †12.11.1943 New York; - Ps. Paul Stefan; Paul Stefan-Grünfeldt (*L-P*) #1,3,4,18

Grünhagen, Herbert, *16.12.1897 Braunschweig; - Ps. Peter Flambusch (*L-P*) #3,4

Grünig, Esther, *6.4.1954 Burgdorf/Bern; - Ps. Esther Grünig-Schöni (*J-R*) #3

Grunow, Gertrud, *29.1.1884 Nedlitz/Anh.; - Ps. E. Walburg (*N*) #3

Grunwald, Gottfried Emil, *22.2.1892 Tirschtiegel/Posen, †7.3.1963 Eningen u. Achalm; - Ps. Friedrich Holz (*J-P*) #3

Grünwald, Moriz, *29.3.1853 Ostra/Ungarn, †1897 Sofia; - Ps. Dr. Friedrich Thugut (*P-R*) #3,4

Grunwaldt, Gustav Eduard, *23.1.1821 Schönberg/Kurl.; - Ps. Gustav Eduard (*E-L*) #1,3,4

Grunzke, Erwin, *(1960); - Ps. Hilger Ferrari (*P*)

Grünzweig, Heinrich, *25.11.1869 Krakau; - Ps. Heinrich Grünau (*P*) #1,4

Gruppe, Otto Friedrich, *15.4.1804 Danzig, †7.1.1876 Berlin; - Ps. Absolutus von Hegelingen (*D-L-P-S*) #1,4,13,15

Gruter, Jan, *3.12.1560 Antwerpen, †10.9.1627 Bierhelderdorf b. Heidelberg; - auch Janus Gruterus; Jan de Gruytere; Ps. Johannes Gualterius; Eustathius Swartius (*P*) #4,11,13,15

Grützmacher, Egon, *17.4.1855 Herford; - Ps. Egon Gotthardt (*P*) #3

Grüwel, Johann, *17. Jh.; - gen. Laureander/ES #11

Gryphius, Andreas, *2.10.1616 Glogau/Schlesien, †16.7.1664 Glogau; - eig. Andreas Greif; gen. Der Unsterbliche/FG 788 ; Ps. Andreas Graphius; Philip Gregorio Riesentod (*D-L-P-S*) #1,4,5,11,13,14,15,19

Gryphius, Christian, *29.9.1649 Fraustadt/ Schles., †6.3.1706 Breslau; - eig. Christian Greif; Ps. Apollo; Alethofilus Diensthold von Sparta (*L-P*) #1,4,6,11,13

Grzenkowski, Albertine Wilhelmine, *23.4.1851 Brodowin/Brandenb.; - Ps. Margareta Wilhelm (*L-P*) #1,2,3,4

Gschmeidler, Franz, *12.3.1879 Wien; - Ps. Taa von der Tennen (*L-P*) #3,4

Gspann, Johannes Chrysosthomus August, *13.1.1879 Suben/O.-Ö:, †19.11.1934 St.Florian b. Linz/Do.; - Ps. Johannes von Dornach (*P*) #3,4

Guadagna, Ingeborg, *23.3.1914 Heidenheim/ Brenz; - Ps. Ingeborg Plappert (*N-P-R*) #3

Guarinoni, Hippolyt, *18.11.1571 Trient, †31.5.1654 Hall/Tirol; - auch Hippolytus Guarinonius (*P*) #4,11,13,15

Gubalke, Antonie, *31.10.1856 Witzenhausen/ Hessen, †1935 Berlin; - Ps. Lotte Gubalke (*E-N-R*) #1,3,4

Gube, Else, *22.12.1869 Potsdam, †1922 Potsdam; - Ps. Else Galen-Gube (*L-N-P*) #1,3,4

Gudehusen, Konrad, *17. Jh.; - gen. Der Tüchtige/DG-L #11

Gudos, Alice, *3.12.1942 Wuppertal; - Ps. Alice Schwarzer (*J-R*)

Gueintz, Christian, *13.10.1592 Kohlo/Niederlaus., †3.4.1650 Halle/S.; - auch Christian Queintz; gen. Der Ordnende/FG 361/1641 (*L-P*) #4,6,11,12,13

Guerber, Joseph, *23.9.1824 Weißenburg/Elsaß, †10.7.1909 Straßburg; - Ps. Bernhard (*E-P*) #1,4

Guercke, Else, *1885 Lützelhausen; - Ps. Else Höffer (*N-R*) #4

Guetermann, Erika, geb. Mitz, *2.7.1895 Hamburg; - Ps. Erika Mitz (*L-P*) #3,18

Gugelberg von Moos, Hortensia, *1659 Maienfeld/Schweiz, †1715 Maienfeld/Schweiz; - Ps. Hortensia von Salis (*P*) #4

Guggenheim-von Wiese, Ursula, *21.4.1905 Berlin; - Ps. Sibylle Hilton; Renate Welling; Ursula von Wiese (*E-J-M-P-R*) #3,4

Gugitz, Gustav, *9.4.1874 Wien, †3.3.1964 Rekawinkl/N.-Ö.; - Ps. K. Giglleithner; G. Litschauer; Jean Reybaud (*D-N-P-R*) #3,4

Gugl, August, *14.6.1863 Riegersburg/Ö.; - Ps. August von Lavant (*E-L-P-S*) #3,4

Gugl, Wolfgang, *24.7.1946 Frohnleiten/Steierm.; - Ps. Wolf De Thom; Ruroh-no-Ohkami; Wolfdietrich Thomßen (*E-L-P*) #3

Gühne, Erich, *6.11.1906 Magdeburg; - Ps. Erik Niels Gyhne (*E-F-S*) #3

Gulden, Erica, *1.1.1886 Essen, †15.10.1958 Berlin; - Ps. Ery Gulden (*E-N-R*) #3,4

Guler von Weineck, Johannes, *31.10.1562 Davos, †3.2.1637 Chur; - auch Guler von Wyneck (*P*) #4,13

Gümbel, Maximilian, *6.6.1879 Speyer; - Ps. Max Gümbel-Seiling (*D-P-S*) #3,4

Gümmer, Dora, *25.12.1913 Kaseburg; - Ps. Dora Gümmer-Zaudtke (*L-R*) #3

Gummersbach, Heinz, *16.7.1886, †26.3.1964 Bad Neuenahr; - Ps. Bernd Bergner (*P-R*) #3,4

Gummert, Charlotte, *29.4.1900 Leipzig, †4.8.1960 Stuttgart; - Ps. Annegret Hoff; Johannes Hollstein; Marion Rain (*P-R*) #3,4

Gumppenberg, Hanns Theodor Karl Wilhelm Freih. von, *4.12.1866 Landshut, †29.3.1928 München; - Ps. Jodok; Prof. Immanuel Tiefbohrer (*D-L-P-R-S*) #1,3,4,5,8,15

Gumppenberg, Karl Freiherr von, *9.11.1833 Wallenburg b. Miesbach, †2.6.1893 Bamberg; - Ps. Pipin Jocosus (*L-P-S*) #1,4,13

Gumprecht, Otto, *7.12.1818 Erfurt; - Ps. Arthur Michelis; Jakob Radike (*P*) #3

Gumtau, Lotte, *10.12.1881 Stettin, †6.4.1934 Berlin; - Ps. Fr. Minden (*E-J*) #4

Gündel, Emma, geb. Knacke, *29.4.1889 Hamburg, †16.2.1968 Reinbek b. Hamburg; - Ps. Emma Gündel-Knacke (*E-F-J-R*) #3,4,17

Günder, Maria, *21.6.1877 Kaiserslautern; - Ps. Maria Günder-Lermann (*J*) #3

Gundermann, Johanna, *20.8.1902 Crimmitschau/Sa., †29.5.1974 Berlin; - Ps. Johanna Rudolph (*P*) #4

Günderode, Ernst Christoph von, †21.3.1664; - auch Ernst Christoph von Günterot; gen. Der Besteckende/FG 389/1642 #11,12

Günderode, Friedrich Casimir von, †1662; - auch Friedrich Casimir von Günterot; gen. Der Leichte/FG 478/1647 #11,12

Günderrode, Friedrich Justinian von, *8.11.1747 Gießen, †16.5.1785 Karlsruhe; - gen. von Kellner (*D-P*) #4,11

Günderrode, Hector Wilhelm von, *16.7.1755 Hanau, †16.5.1786 Karlsruhe; - gen. von Kellner (*P*) #4,11

Günderrode, Karoline Friederike Louise Maximiliane von, *11.2.1780 Karlsruhe, †26.7.1806 Winkel/Rhein; - Ps. Ion; Tian (*D-L*) #1,2,4,5,6,9,11,13,15,19

Gundling, Julius, *7.3.1828 Prag, †4.5.1890 Prag; - Ps. Lucian Herbert (*P-R*) #1,3,4

Gundling, Nicolaus Hieronymus, *25.2.1671, †9.12.1729 Halle/S.; - Ps. Petrus de Cervasio; Castalio Neocorus (*P*) #4,6,13,15

Gundolf, Friedrich, *20.6.1880 Darmstadt, †12.7.1931 Heidelberg; - urspr. Friedrich Gundelfinger (*L-P*) #3,4,8,15

Gunscher, Alois, *17.11.1858 Graz; - Ps. Ludwig Hecke (*P-S*) #3

Gunske, Georg, *17.1.1925 Breslau; - Ps. Herbert George (*E-J-P-R*) #3,4

Guntermann, Anne Elisabeth, *12.6.1894 Dortmund; - Ps. Anne Gunthoff (*E-R*) #3,4

Günther, Else, *11.4.1912 Lautenburg; - Ps. E. Günther-Junghans (*J-P-R*) #3,4

Günther, Erich, *7.6.1905 Kempten; - Ps. Calmus (*P*) #3

Günther, Friedrich, *9.8.1892 Chemnitz, †27.8.1976 Görlitz; - Ps. Lusaticus (*E-P-R*) #3,4

Günther, Georg, *17.12.1845 Altenburg, †12.11.1923 Altenburg; - Ps. E. Th. Grün (*D-P-S*) #1,3,4

Günther, Hans, *11.4.1910 Viernheim, †7.7.1978 Berlin; - Ps. Johann Peter Segelcke (*E-P-R*) #3,4

Günther, Hans Ludwig, *26.9.1903 Krefeld; - Ps. Frank Astor; Fred Falkland (*P-R*) #3,4

Günther, Heinz, *14.3.1914 Berlin; - Ps. Heinz Günther-Gournia (*L-P*) #3,4

Günther, Heinz, *28.5.1921 Köln; - Ps. Jens Bekker; Silva Bertram; Stefan Doerner; Günther Hein; Heinz G. Konsalik; Hein Konter; Benno von Marroth; Boris Nikolai; Henry Pahlen (*F-P-R-S*) #3,4,5,8

Günther, Juliane, *3.8.1819 Sülz, †29.9.1910 Basel; - Ps. Juliane Engell-Günther; Luminica Freifr. von X (*D-E-J*) #1,2,3,4

Günther, Julius, *31.1.1873 Erfurt; - Ps. Willibald Blankschild; J. Gunnary; Nicolai van Sturm (*E-L-P*) #3

Günther, Karl A. F., *14.9.1904 Varel/Oldenb.; - Ps. Karl v. Holstein (*E-J-R*) #3,4

Günther, Karl Ehrenfried, *29.11.1757 Lauban/Schles., †29.3.1826 Oels/Schles.; - Ps. Helmuth; Philephebus (*P-R*) #4,11

Günther, Karl Heinz, *24.3.1924 Röthenbach; - Ps. Jerry Cotton; C. H. Guenter; Bert F. Island (*F-R-S*) #3,16
Günther, Lothar, †1947 Brüssel; - Ps. Friedrich Eckmann (*P*) #18
Günther, Oskar, *26.5.1841 Leipzig, †2.12.1904 Leipzig; - Ps. Gottfried Schwarz (*E-P*) #3,4
Günther, Paul, *18.9.1865 Lübeck, †1906 Lübeck; - Ps. Paul Ernst; Paul Günther-Ernst (*N-P*) #1,3,4
Günther, Paul, *28.4.1869 Charlottenburg, †1913 Berlin; - auch Paul Güntherfels (*N-S*) #1,3,4
Günther, Reinhold, *25.5.1863 Schöneberg b. Berlin, †26.5.1910 Basel; - Ps. Günther von Stallikon; Urbanus (*E-P-R-S*) #1,3,4
Günther, Waldemar Wilhelm, *27.2.1874 Alt-Rüdnitz/Oder; - Ps. Gernot Guntherr; Günther Günthersberg (*D-L*) #4
Günther, Willy, *9.5.1908 Groß-Lenkenau/Ostpr., †1.8.1985 Bad Pyrmont; - Ps. Günther Haselbusch (*E-N-R*) #3,4
Güntherode, Karl Maria von, *1740 Fontefono b. Mailand, †16.10.1795 Eisenstadt; - Ps. Faustin (*D-P*) #4
Günthersberger, Hugo Wilhelm, *6.4.1874 Brüx; - Ps. Guenthersperg (*L-P*) #3
Güntsche, Georg, *6.11.1886 München; - Ps. Herbert Sehring (*P-R*) #3,4
Gurian, Waldemar, *13.2.1902 St.Petersburg, †26.5.1954 South Haven/USA; - Ps. Lorenz Brunner; Walter Gerhart; Stefan Kirchmann (*P*) #3,4,18
Gurk, Paul, *26.4.1880 Frankfurt/O., †12.8.1953 Berlin; - Ps. Ernst Grau; Franz Grau (*D-E-L-M-P-R*) #3,4,5,7,8,10,15,16,20
Gurlitt, Cornelius, *1.1.1850 Nischwitz/Sa., †26.3.1938 Dresden; - Ps. Saxo (*E-P*) #3,4,15
Gürnth, Christine Dorothea, *1.6.1749 Goschnitz/Schles., †19.1.1813 Brieg; - Ps. Amalia (*P*) #4,6
Gurschner, Alice, geb. Pollak, *8.10.1869 Wien, †26.3.1944 Wien; - Ps. Paul Althof; M. A. Malice; Alice Pollak (*D-E-L-R*) #1,2,3,4
Gurski, Johannes, *12.9.1871 Berlin; - Ps. Johannes Rusigk (*D-R-S*) #3,4
Gurski, Victor, *16.4.1874 Berlin; - Ps. P. Mildenberg (*D-E-R*) #3,4
Gürster, Eugen, *23.6.1895 Fürth; - Ps. H. Lepel; Hermann Steinhausen (*D-F-P-S*) #3,4,18
Gürtler, Josef, *2.2.1862 Persenbeug/N.-Ö., †5.1.1947 Ossiach/Kärnten; - Ps. Karl Herdach; Karl Spectator (*P*) #3,4
Güssefeld, Holger, *(1980); - Ps. Richard Ganter (*P*) #3
Gut, Taja, *1.4.1949 Zürich; - Ps. Taja Narwada (*L-P*) #3
Güterbock, Grete, *25.6.1871 Wien, †Buenos Aires; - Ps. Grethe Auer (*E-N-P*) #1,3,4
Gutermann, Georg Friedrich, *(1752); - Ps. Agapetus (*P*)
Gutfeldt, Ina, *15.6.1863 Dorpat; - Ps. Ani Kathrein (*L-M*) #1,2,3,4
Gutheil, Arthur, *6.5.1863 Hamburg; - Ps. Arthur Gutheil-Hardt (*D-L-N-P-R*) #1,3
Guthke, Fanny, *23.11.1897; - Ps. Friedel Hartlaub (*S*) #3
Güthling, Otto, *23.2.1853 Minden; - Ps. Ernst Otto (*P*) #3
Guthmann, Alfred, *5.5.1867 Magdeburg; - Ps. Johann Guth (*L-P*) #3
Guthmann, Peter, *20.7.1924 Frankfurt/M., †6.3.1954 Frankfurt/M.; - Ps. Peter von Hardenberg (*P*) #3,4
Gutjahr, Carl Theodor, *1773 Sorau, †4.10.1809 Rappenhagen b. Greifswald; - Ps. August Sellow (*D-P*) #4,6,11
Gutkind, Erich, *9.2.1877 Berlin; - Ps. Volker (*P*) #3
Gutkind, Laura, geb. Kutzer, *5.8.1896 München; - Ps. Laura Maria Kutzer (*P*) #3,4
Gütling, Alois, *13.2.1886 Prag, †17.9.1970 Bischofswiesen; - Ps. Alwis von Rothenburg (*L-P*) #3,4
Gutmann, Hermann, *um 1800 Heidelberg; - Ps. Evander (*P*) #3,4
Gutmann, Johann Gottfried, *um 1711 Gotha; - Ps. Johann Gottfried Evander (*P-R*) #4
Gutscher, Paul, *28.5.1869 Wien, †1951 Wien; - Ps. Paul Bertram (*R*) #3,4
Gütt, Anneliese, *25.1.1910; - Ps. Anneliese Schmolz (*R-S*) #3,4
Guttmann, Bernhard, *24.7.1869 Breslau, †21.1.1959 Buchenbach/Schwarzw.; - Ps. Bernhard Gunther (*P-R*) #3,4
Guttmann-Frère, Anne, *(1984); - Ps. Anne Frère (*P*) #3
Gutzkow, Karl Ferdinand, *17.3.1811 Berlin, †16.12.1878 Frankfurt-Sachsenhausen; - Ps. E. L. Bulwer (*D-N-P-R-S*) #1,4,5,13,14,15
Gwerder, Urban, *5.9.1944 Basel; - Ps. A. Lib. I.; De Rhinocerote (*F-L-P*) #3,4
Gwinner, Wilhelm von, *17.10.1825 Frankfurt/M., †27.1.1917 Frankfurt/M.; - Ps. Natalis Victor (*L-P-R*) #1,3,4
Gwozdz, Helena, *29.10.1930 Wien; - Ps. Helena Gwozdz-Holzmann (*L-P*) #3
Gymnich, Heinz, *14.4.1925; - Ps. Chinmyg; Henry Gynch; Juana Morell (*E-P*) #3
Gysel-Hallauer, Bertha, geb. Hallauer, *12.2.1863 Haslach, †13.10.1939 Haslach; - Ps. Bertha Hallauer (*E-L*) #1,4

H

Haack, Konrad, *8.12.1860 Graudenz; - Ps. Georg Ernst (*P*) #3

Haacke, Wilmont, *4.3.1911 Monschau; - Ps. Peter Fabian; Stefan Lafeuille (*E-N-P*) #3,4

Haag, Alfred, *24.4.1900 Würzburg; - Ps. Hermann Skalde (*D-E-L-N-P*) #3,4

Haag, Anna, *10.7.1888 Althütte/Württ.; - Ps. Anna Fennbach (*E-P*) #3

Haag, Gottlob, *25.10.1926 Wildentierbach b. Mergentheim; - Ps. Anna Fennbach (*F-L-P*) #3,4

Haag, Klaus, *13.12.1954 Neulußheim/Baden; - Ps. Geist (*E-L-P-R*) #3

Haak, Uta, *(1967); - Ps. Jo Imog (*R*) #3

Haake, Jürgen, *20.7.1947 Barkhausen/Porta Westf.; - Ps. Axel Martin; Christel Mas; Christine Rau; David Rau; Florian Stein (*F-N-P-R*) #3

Haan, Caroline de, *28.6.1903; - Ps. Peter Bolte (*L*) #3

Haan, Wenzel, *30.4.1763 Graz, †10.5.1819 Lemberg; - auch Hann (*L-P-R*) #1,4,11

Haarmann, Erna, *29.10.1902 Herbede/Westf.; - Ps. Erna Därmann (*R*) #3,4

Haarmann, Wilhelm, *30.4.1859 Heeren, †Halberstadt; - Ps. W. Heeren (*E-P*) #1,3,4

Haas, Albert, *23.3.1873 Herzberg, †um 1935 Buenos Aires; - Ps. Harry A. Fiedler (*P*) #3,4

Haas, Bruno, *6.1.1893 Styrum b. Mülheim/R.; - Ps. Bruno Haas-Tenckhoff (*P-R*) #3,4

Haas, Carl-Hellmuth, *19.6.1917 Köln; - Ps. Andrei Kronen (*E-L-R*) #3,4

Haas, Eduard, *8.10.1878 Hergatz/Schwaben; - Ps. Eduard Demrath (*P-S*) #3,4

Haas, Ernst August, *8.1.1921 Solingen; - Ps. Kuno Haas (*L-N-R*) #3

Haas, Franz Seraphin, †1789 München; - Ps. Gunthold (*L-P*) #4,6

Haas, Georg Emanuel, *13.2.1821 Wien, †4.5.1895 Rom; - Ps. G. E. Thurn (*L-P-R*) #4

Haas, Hermann Julius, *13.3.1852 Stuttgart; - Ps. J. Sarländer (*D-S*) #3,4

Haas, Joseph, *15.8.1863 Moulins/Allier; - Ps. E. Palm (*P*) #3

Haas, Louise Charlotte, *10.1.1738 Ludwigsburg, †3.11.1811 Schlierbach; - auch Friederike Louise Haas (*L*) #4

Haas, Nicolaus, *25.11.1665 Wunsiedel, †26.7.1715 Bautzen; - Ps. Sincerus Catholicus; Johannes Clasenius (*P*) #4

Haas, Willy, *7.6.1891 Prag, †4.9.1973 Hamburg; - Ps. Caliban (*F-P*) #3,4,8,18

Haas von Teichen, Philipp Freiherr von, *19.11.1859 Wien, †26.2.1926 Wien; - Ps. Philipp Haas (*P-S*) #1,4

Haase, Berthold, *8.9.1905 Berlin, †7.1.1958 Trier; - Ps. Haase-Faulenorth (*P*) #3

Haase, Günther, *11.9.1877 Wiesbaden; - Ps. H. Günther (*N-P*) #3

Haase, Josef Ludwig, *25.10.1848 Niemes/Böhmen, †7.11.1933 Iglau/Böhmen; - Ps. Josef Ludwig (*E-L-P-S*) #1,3,4

Haase, Max, *10.6.1896 Zittau; - Ps. Hermann vom Berge (*D-L*) #3

Haasis, Evmarie, *24.12.1899 Königsberg; - Ps. Evmarie (*E-J*) #3,4

Haasler, Helene, geb. Tiedtke, *27.6.1884; - Ps. Helene Tiedtke (*R*) #3,4

Haaß, C. Maria Katharina, *29.2.1844 Ottweiler; - Ps. Ludwig Balthasar; Balthasar Ludwig; C. Westphal (*E-J-N-P-S*) #1,2,3,4

Haaß, Robert, *4.12.1847 Bruchsal/Baden, †22.12.1905 Karlsruhe; - Ps. H. Robert (*L*) #1,3,4

Habbel, Josef, *18.1.1903 Regensburg, †8.12.1974 Regensburg; - Ps. Januarius; J. A. Kölbl (*E-L-P*) #3

Habeck, Fritz, *8.9.1916 Neulengbach b. Wien; - Ps. Glenn Gordon (*D-E-J-P-R-S*) #3,4,5,8,10,14,17

Haberkern, Hedwig, *16.4.1837 Breslau, †1902; - Ps. Tante Hedwig (*E-J*) #3,4

Haberland, Friedrich Wilhelm, *14.6.1777 Orlamünde; - Ps. Ferdinand Müller (*R*) #4,6

Haberlandt, Michael, *29.9.1860 Altenburg/Do., †14.6.1940 Wien; - Ps. Heinrich Schenk (*P*) #3,4,15

Haberler, Lucia, *8.10.1937 Wimpassing; - Ps. L. L. Habert (*E-L-P-R*) #3

Häberlin, Anna, *30.10.1867 Berlin; - Ps. Anna Häberlin-Meißner (*R-S*) #1,3,4

Häberlin, Karl Ludwig, *25.7.1784 Erlangen, †4.1.1858 Potsdam; - Ps. Avanella; H. E. R. Belani; H. Clausen; Louis von Häfely; C. F. Mandien; H. Melindor; Nidmann; C. Niedtmann; Niemand (*E-N-P-R*) #1,4,6,11,13

Habermann, Gerhard Emil Erich, *21.7.1911 Berlin, †11.4.1982 Gräfelfing b. München; - Ps. Gerd Wengern (*P-R*) #3,4

Habermann, Johann Avenarius, *10.8.1516 Eger/Böhmen, †5.12.1590 Zeitz; - Ps. Johann Avenarius (*P*) #4,11,13,15

Habernig, Christine, *4.7.1915 Groß-Edling/Kärnten, †7.6.1973 Wolfsberg/Kärnten; - Ps. Christine Lavant (*E-L-P*) #3,4,5,8,10

Haberstich, Samuel, *21.10.1821 Ried b. Bern, †24.2.1872 Bern; - Ps. Arthur Bitter; Jeremias Gotthelf jun. (*E-L-N*) #1,4,13

Habetswallner, Hans, *22.6.1868 Dornbach; - Ps. Hans Habe (*P*) #3

Habichthorst, Andreas Daniel, *17. Jh.; - gen. Der Blühsame/DG-L #11

Habisreutinger, Rudolph Demeter, *23.5.1918 Genf; - Ps. Peter Altenhausen; Frank Pentland; Stephen Tanner (*E-F-R*) #3,4

Hach, Irmgard, *5.5.1916 Linz/Do.; - Ps. Irmgard von Sazenhofen (*N-P-R*) #3,4

Hach, Otto, *17.5.1859 Emanuelssegen/Oberschles.; - Ps. Siladosi (*P*) #3
Hachfeld, Eckart, *9.10.1910 Mörchingen/Lothr., †6.11.1994 Berlin; - Ps. Amadeus; Fred Hardy (*E-F-L-P*) #3,4
Hachfeld, Eckhart, *13.6.1937 Ludwigshafen; - Ps. Volker Ludwig (*L-P-S*) #3,4,8,17
Hachmann, Josef, *4.1.1892 Uentrop b. Arnsberg; - Ps. Bruder Sebastian (*E-N-P*) #3
Hack, Henny, *(1902); - Ps. Hans Heiling (*L-M*) #3
Hacke, Ernst-Max, *1.1.1912 Alt-Lönnewitz b. Torgau; - Ps. Peer Baedeker (*F-R-S*) #3,4
Hacke, Fritz, *15.6.1895 Zabern/Elsaß; - Ps. Fred Hazeken (*N-P-S*) #3
Hacke, Georg, *30.8.1626 Uthleben b. Sangershausen, †12.4.1684 Hamburg; - Ps. Georg Haccius (*P*) #4,13
Hacker, Franz Xaver, *20.1.1836 Nymphenburg, †28.1.1894 München; - Ps. Franz von Seeburg (*E-N-P*) #1,3,4
Hacker, Helmuth, *18.11.1900 Rostock; - Ps. Klaus Nabein (*E-L*) #3
Häcker, Hermine, *14.6.1854 Aschaffenburg; - Ps. Rosa Hermann (*P*) #2,3
Hacker, Willy, *31.7.1888 Dresden; - Ps. Heinz vom Berge; Siegwart Felden (*L-N-P-R*) #3,4
Häckermann, Adolf, *18.2.1819 Neuenkirchen/Greifswald, †24.7.1891 Greifswald; - Ps. Androphilus (*P*) #1,3,4
Hackl, Leopold, *25.3.1900 Wien, †4.11.1958 Wien; - Ps. Phil. Garrik (*R*) #3,4
Hackmann, Jakob, *1609, †30.12.1698 Stade; - Ps. Carneades Cyrenäus; Carneas; Stanislaus Schröter (*P*) #6,13
Hackmann, Karl-Heinz, *(1984); - Ps. Jerry Cotton; Jerry Ford (*R*) #16
Hadank, Gertrud, geb. v. Wenckstern, *24.1.1870 Wartenburg/Ostpr.; - Ps. Gertrud von Wenckstern (*E-R*) #3,4
Hadatsch, Franz Joseph, *25.3.1796 Wien, †1.6.1849 Wien; - Ps. Karl Blumenauer; Maurus Severinus (*E-P-R-S*) #4,11
Hadeke, Johannes, *um 1488 Stade; - Ps. Janus Hadelius; Johannes Hadus (*L*) #4,13,15
Hadeln, Elisa Sophia von, geb. Conring, †11.4.1718; - Ps. Elisa Sophia Conring (*P*) #4
Haderer, Anna, *12.7.1916 Wiener Neustadt; - Ps. Elisabeth Satory (*J-P*) #4
Hadvany, Christa Baronin, geb. Winsloe, *23.12.1888 Darmstadt, †6.6.1944 Frankreich; - Ps. Christa Winsloe (*D-E-F-R-S*) #9,18
Haeberlein, Otto, *3.8.1899 Backnang; - Ps. Heinz Brand (*F-P-S*) #3
Haeberlin, Carl, *11.2.1865 Hannover; - Ps. Bromios (*P*) #3
Haebler, Rolf Gustav, *11.2.1888 Baden-Baden, †1.4.1974 Baden-Baden; - Ps. Rolf Geha (*D-E-F-P-R*) #3,4
Haefs, Gabriele, *1953; - Ps. Trautchen Neetix; Jeannette Parisot (*R*)
Haefs, Gisbert, *9.1.1950 Wachtendonk/Ndrh.; - Ps. Oskar T. Sahm (*E-R*) #3,7
Haegele, Joseph Matthias, *24.2.1823 Zizenhausen b. Stockach, †1892 Freiburg/Br.; - Ps. Grünwald (*E-P*) #1,3,4
Haeger, Albert, *10.1.1829 Cottbus; - Ps. Alfred Albany; Domino (*D-L-S*) #1,3,4
Haegler, Kurt, *29.3.1900 Basel, †21.7.1967 Basel; - Ps. Peter Pee (*E-P-R*) #3,4
Haek, David, *17.8.1854 Budapest; - Ps. Franz Helbing; Hans Helling (*L-N-P*) #1,3,4
Haemmerling, Konrad, *11.10.1888 Köln, †29.5.1957 Berlin; - Ps. Konrad von Köln; Konrad Merlin; Konrad Merling; Curt Moreck; Beatus Rhein (*F-L-N-P-R*) #3,4
Haengekorb, Robert Kurt, *25.8.1886 Dresden; - Ps. Robert Kurt (*J-L-R*) #3,4
Haenggi, Eduard, *11.1.1852 Solothurn, †1896 Bern; - Ps. Eduard Schalmei (*L-P*) #4
Haensel, Hubert, *9.8.1952 Waldershof/Bay.; - Ps. George McMahon; Hubert H. Simon; Irving Simon (*E-R*) #3,7,16
Haering, Oskar, *1.10.1843 Neustrelitz/Meck.; †7.4.1931 Berlin; - Ps. Walter Reinmar (*E-L-P*) #1,4
Haese, Karl, *13.5.1865 Osterburg; - Ps. Stahr; Arthur Stillmann (*P*) #3
Haeseler, Edo, *11.9.1880 Braunschweig; - Ps. Johann Daniel Haeseler (*L-P*) #3
Haessig-Tellenbach, Margrit, *6.8.1941 Basel; - Ps. Margrit Tellenbach (*E-L-R*) #3
Haeßler, Oscar, *7.2.1870 Berlin; - Ps. Hochstädter; Janus; Jul. Keller; Klein (*D-L-P-R-S*) #3,4
Haevecker, Johann Heinrich, *1640 Calbe/Saale, †1722 Calbe/Saale; - Ps. Christlieb; Friedrich Wilhelm Christlieb; Gotthold Eidam Christlieb; Irenaei Christophili (*L-P*) #4,11,13
Haffner, Paul Leopold, *21.1.1829 Horb/Württ., †2.11.1899 Mainz; - Ps. Arthur von Hohenberg; Arthur von Minranow (*P*) #3,4,15
Hafner, Alfred, *30.4.1873 Herrenstadt/Schles.; - Ps. Anatole de Labruyère; H. v. Strassberg; Wieland der Schmied (*E-P*) #3,4
Hafner, Gotthilf, *10.4.1898 Bad Cannstatt; - Ps. s Mariele aus'm Stoilachtal (*E-M-P*) #3,4
Hafner, Josef, *6.4.1897 Rain a. Lech, †17.2.1966 Tutzing; - Ps. Ambrosius (*E-J-P*) #3,4
Hafner, Philipp, *27.9.1735 Wien, †30.7.1764 Wien; - Ps. Kilian Fiedelbogen; Phakipinpler; Johanno Wurstio (*L-S*) #1,4,5,11,13,15
Hafner, Tobias, *7.1.1833 Langenau b. Ulm, †1921; - Ps. Sebastian Spundle (*L-P*) #1,3,4
Haft, Elli, *17.2.1904 Hirschberg/Rieseng., †17.6.1964 München; - Ps. Madeleine Manon; Barbara Stein; Juliane Thörwang (*J-R*) #3,4

Haft, Fritjof Guntram, *(1984); - Ps. Jerry Cotton; Fritjof Guntram (*R*) #16

Hagedorn, August Heinrich, *3.7.1856 Bockhorst/Westf., †1925 Berlin; - Ps. Ewald Haidmüller (*E-L-S*) #1,3,4

Hagedorn, Friedrich von, *23.4.1708 Hamburg, †28.10.1754 Hamburg; - Ps. Philaretus (*E-L*) #1,4,5,11,14,15,17

Hagel, Balthasar, *1551 Bayern, †1616 Ingolstadt; - Ps. Daniel Paradinus (*P*) #6

Hagemann, Paul, *8.9.1858 Bielefeld; - Ps. Guido René (*L-P-S*) #1,3,4

Hagemann, Walter, *16.1.1900 Euskirchen/Rhl., †16.5.1964 Potsdam; - Ps. Michael Bruck (*P*) #3,4,15

Hagen, Anna, *31.10.1874 Berlin; - Ps. Anna Treichel (*E-N*) #1,2,3,4

Hagen, Bernd von, *um 1590, †1642 Braunschweig; - gen. Der Sauersüße/FG 236/1634 #11,12

Hagen, Brunhilde Melitta, geb. Löbel, gesch. Bronner, *20.12.1920; - Ps. Brunhilde Melitta Bronner; Bruni Löbel (*F-R*) #3,4

Hagen, Christian Thedel Heinrich von, *1714 Salzliebenhalle b. Hildesheim, †1776 Braunschweig; - Ps. ab Indagine (*P*) #6

Hagen, Ernst August, *12.4.1797 Königsberg, †16.2.1880 Königsberg; - Ps. Fritz Harmlos (*D-E-L-P*) #1,4,11,13,15

Hagen, Friedrich Heinrich von der, *19.2.1780 Schmiedeberg/Uckermarck, †11.6.1856 Berlin; - Ps. Cruciger (*P*) #1,4,13,15

Hagen, Friedrich Ulrich von, *17. Jh.; - gen. Der Lieblichste/FG 757 #11

Hagen, Hans, *1922; - Ps. Hans Oliva; John Ryder (*E-F-R*) #3

Hagen, Hans Sigmund von, *17. Jh.; - gen. Der Fromme/FG 731 #11

Hagen, Jens, *12.3.1944 Steinhöring; - Ps. Jean Lotter; Leopold Löwenzahm (*E-F-L-P*) #3

Hagen, Joachim Heinrich, *10.11.1649 Bayreuth, †10.5.1693 Byreuth; - gen. Philadon/PB (*L*) #4,11

Hagen, Johann Evangelist, *25.10.1864 Buch-Frauenfeld/Thurgau, †1.5.1955 Frauenfeld; - Ps. Hans Hagen (*L-P*) #3,4

Hagen, Johannes, *um 1530 Marktredwitz/Ndb.; -Ps. Johannes Hagius (*L-P*) #4,13

Hagen, Luise, *12.7.1858 Sterley; - Ps. L. Dankwardt (*P*) #3

Hagen, Margarete, geb. Paufler, *24.10.1864 Leipzig; - Ps. Margarete Rentsch; Margarete Palfy; Margarete Paufler (*E-L-P*) #2,3,4

Hagen, Michael Hermann von, *4.10.1620, †23.6.1666 Biendorf b. Halle/S.; - gen. Der Gewährende/FG 487/1648 #11,12

Hagen, Peter, *1569 Henneberg/Ostpr., †1626 Königsberg; - Ps. Petrus Hagius (*L*) #4,13

Hagen, Renate von der, *27.9.1900 Neurode/Eulengeb.; - Ps. Renate Hagen (*E-R*) #3,4

Hagen, Robert von, *7.2.1846 Abony/Ungarn; - Ps. H. Negah; H. Trebor (*E-P-S*) #3,4

Hagen, Siegmund von, *18.6.1564 Naulin/Pommern, †14.9.1631 Eisleben; - gen. Der Bewährte/FG 83/1624 #11,12

Hagen, Theodor, *15.4.1823 Hamburg, †27.12.1871 New York; - Ps. Butterbrot; Joachim Fels (*P-R-S*) #1,4

Hagen-Müller, Hans, *3.2.1866 Kamenz/Sa., †6.2.1907 Köpenick b. Berlin; - Ps. Hans Hagen (*D-L-P-S*) #1,3,4

Hägenitz, Gottfried, *17. Jh. Görlitz; - gen. Der ErnstsittigeDG-R #11

Hager, Johann Georg, *24.3.1709 Oberkotzau b. Hof, †17.10.1777 Oderan/Sa.; - Ps. Piccander der Treuherzige; Jacobus Sincerus (*P*) #4,6,13

Hagn, Hugo, *14.11.1903 Bruchsal, †4.9.1970 Stuttgart; - Ps. Leberecht; Leo Löwenzahn; Hermann Reisbacher (*J-P-R*) #3,4

Hähling, Heinrich von, *19.2.1861 Koblenz; - Ps. Joseph Lauer (*P*) #3

Hahn, Alice von, *18.5.1864 Kempen/Posen; - Ps. A. v. Gallus (*E-R-S*) #1,2,3,4

Hahn, Annely, geb. Müller-Bürklin, *14.2.1926 Karlsruhe; - Ps. Viola Larsen; Annely Müller-Bürklin (*F-R*) #3,4

Hahn, Erwin, *24.10.1887 Lehr b. Ulm; - Ps. Georg Weitbrecht (*D-E-R-S*) #3,4

Hahn, Franziska, *7.5.1857 Breslau; - Ps. F. Erhardt (*N-R*) #1,2,3,4

Hahn, Jost, *um 1459 Ruffach/Elsaß, †21.3.1517 Speyer; - Ps. Jodocus Gallus Rubeaquensis; Jodocus Gallus Rubiacensis (*P*) #4,13,15

Hahn, Lena, *26.9.1906 Leipzig; - Ps. Ena (*J-L-N*) #3,4

Hahn, Levin Ludwig von, *3.12.1579 Seeburg, †18.5.1635; - gen. Der Zusammenziehende/FG 131/1626 (*P*) #11,12

Hahn, Ludwig Philipp, *22.3.1746 Trippstadt/Pfalz, †25.2.1814 Zweibrücken; - Ps. Johann Ehrlich (*D-L-P-S*) #1,4,6,11,13

Hahn, Margarete, †1.7.1956 Hamburg; - Ps. Margret Halm; Alberta von Maytner; Margret von der Oste; A. v. Sandez (*N-P-R*) #2,3,4

Hahn, Modestus, *Männerstadt/Württ., †1794 Schönau b. Würzburg; - Ps. Gerundio von Campano; Benedikt Vogel; Friedrich Sincerus Wahrmund (*P*) #4,6

Hahn, Oskar, *5.6.1876 Rudolstadt; - Ps. Otto Hahn (*D-L-R-S*) #1,3,4

Hahn, Rolf, *16.11.1917 Düsseldorf; - Ps. Paul Dubois; Ralph Haningway; Ralph Hayn; Achim Stahl (*E-R*) #3,4

Hahn, Ronald M., *20.12.1948 Wuppertal; - Ps. Horst Adam; Isaak Asimuff; Martin Beranek; Terence Blaide; David Crosby; Manuel S. Delgado; Philip K. Dünn; Brian Elliot; Thorn Forrester; Ralph R. Gallus; Jacques van Hagen; Ronald M. Harris; Daniel Herbst; Manfred Herlitzen; H. P. Howard; Gregory Kern; Hans Kurz; Robert La mont; Mark Lindsay; Christian Meyer; Daniel Monroe; Marcus Montag; Mischa Morrison; Elmar von Nächstebreck; I. S. Osten; L. D. Palmer; Homer P. Pappenstiel; Henry Quinn; Walter Reid; Mark Rogan; Ted Slade; John Spider; Conrad C. Steiner (*J-P-R*) #3,4,7,16,20

Hahn, Werner von, *20.1.1583 Seeburg, †30.3.1634 Seeburg; - gen. Der Forttreibende/FG 42/1621 (*P*) #11,12

Hahn von Dorsche, Ruth, *17.10.1905 Berlin; - Ps. Ruth von Hahn (*E-P*) #3,4

Hahn-Butry, Jürgen, *7.7.1899; - Ps. Der deutsche Rufer (*E-L-N-R*) #3,4

Hahndorf, Salomon; - Ps. Joseph Ahasverus

Hahne, Heinrich, *30.4.1911 Gelsenkirchen; - Ps. Friedrich Padberg (*F-P*) #3,4

Hähnel, Franziskus, *15.5.1864 Hamburg, †17.5.1929 Wellingsbüttel b. Hamburg; - Ps. Erich Bardewieck; Georg von Borry; Friedrich Franz (*E-L-P-S*) #1,3,4

Hahnemann, Christian, *30.10.1606 Dresden, †6.2.1640 Düben; - auch Christian Hanemann; Ps. Christian Alectorander (*L*) #4

Hahnewald, Edgar, *21.8.1884 Dresden, †6.1.1961 Solna; - Ps. Manfred (*E-P*) #4,18

Hahnewald, Richard Walther, *10.6.1913 Meißen; - Ps. Ulli Busch (*F-N-R*) #3,4

Hahnke, Gustav von, *17.5.1904 Berlin; - Ps. Gerd von Hallern (*E-F-P-R*) #3,4

Hähnlein, Irene, *17.3.1935 Hamburg; - Ps. Irene Busch (*J*) #3,4

Haider, Friedrich, *3.4.1921 Pettnau/Tirol; - Ps. Friedrich Föger; Gratzn-Friedl; Friedrich Holzer (*L-P*) #3,4

Haidle, Martha-Maria, geb. Bosch, *26.6.1917 Stuttgart; - Ps. Martha-Maria Bosch (*E-J-P*) #3,4

Hain, Irma, geb. Loos, *21.7.1907 Insterburg/Ostpr.; - Ps. Irma Loos (*E-R*) #3,4

Hain, Juliane, *1758 Pest; - auch Juliane Hayn (*S*) #4,11

Haindl, Marieluise, geb. Fleißer, *23.11.1901 Ingolstadt, †2.2.1974 Ingolstadt; - Ps. Marieluise Fleißer (*D-E-R-S*) #3,4,5,8,9

Haisch-Rolf, Luise, *15.5.1880; - Ps. Luise Rolf (*E-L*) #4

Hajak, Eva-Johanna, *9.11.1925 Breslau; - Ps. Esther Reimeva (*J*) #3,4

Hajek, Anna Leonore Katharina, *12.5.1921 Essen; - Ps. Katja Hajek (*E-L-P*) #3,4

Hajek, Egon, *6.11.1888 Kronstadt/Siebenb., †15.5.1963 Wien; - Ps. Eugen Hain (*D-E-L-P-R-S*) #3,4,5

Hake, Heinrich, *17. Jh.; - gen. Der Aufrichtige/DG-R #11

Hake, Heinrich, *17. Jh.; - gen. Der Jüngere/FG 630 #11

Haken, Johann Christian Ludwig, *25.3.1767 Jamund b. Köslin/Pommern, †5.6.1835 Treptow/Pommern; - Ps. Ewald Rink; Verf. der grauen Mappe (*E-M-P-R*) #1,4,11,13

Haken, Marie, *25.7.1852 Riga; - Ps. y (*D-L-M-P*) #3

Halada, Anna Helene von, geb. Marens, *1856 Stryszawa/Galizien; - Ps. Helene Marens (*N-R*) #2,3

Halbach-Bohlen, Juliet, *27.4.1835 Philadelphia/USA, †11.2.1919 Baden-Baden; - Ps. Amanda Matorka Blankenstein (*E-J-P*) #1,2,3,4

Halbe, Carla, *11.4.1919 Frankfurt/M.; - Ps. Carla Noltens (*E-F-L-R-S*) #3,4

Halberstadt, Joachim Friedrich von, *17. Jh.; - gen. Der Brauchbare/FG 833 #11

Halberthal, Abraham, *16.9.1881 Botuschani/Rumän.; - Ps. Albert Ganzert; Awrum Halbert (*F-N-P-R-S*) #1,3,4,18

Halbfass, Nora, *18.3.1856 Harburg; - Ps. Nora Halben (*N*) #2,3

Halck, Hans Albrecht von, †4.4.1658 Crossen/Neumark; - auch von Halke; gen. Der Wohlschmeckende/FG 323/ 1638; #11,12

Haldy, Bruno, *14.3.1882 Gelnhausen; - Ps. L. vom Vogelsberg (*P-R*) #3,4

Halem, Gerhard Anton von, *2.3.1752 Oldenburg, †5.1.1819 Eutin; - Ps. Visurgin (*D-L-P*) #1,4,6,11,13,15

Halfmann, Martha, *1861 Schlettau b. Halle/S.; - Ps. Martha Carol (*L*) #1,2,4

Halirsch, Friedrich Ludwig Franz Thomas, *7.3.1802 Wien, †19.3.1832 Verona; - Ps. Stölzer; Carl E. Waller (*D-L-N-P-R*) #1,4,11,13,15

Hallacz, Klaus, *20.12.1913 Gladbeck, †1975; - Ps. Fred Fischer (*E-F-J-P-R*) #3,4

Hallberg zu Broich, Franz von, *13.4.1895 München; - Ps. Franz Broich (*J-L-R*) #3,4

Hallberg zu Broich, Karl Theodor Maria Hubert Isidor Freiherr von, *8.9.1768 Schloß Broich b. Duisburg, †17.4.1862 Hörmannsdorf b. Landshut; - Ps. Eremit von Gauting (*L-P*) #1,4,11,13,15

Hallemann, C. Harry, *10.2.1896 Sagehorn; - Ps. Eberhard Hillebrecht (*L-N*) #3,4

Haller, Franz Ludwig, *1.2.1755 Bern, †19.4.1838 Bern; - gen. Haller von Königsfelden (*L-P*) #4,11,13

Haller, Hildegard von, *31.3.1918 Osnabrück, †29.5.1971 Bad Neuenahr; - Ps. Hildegard Diessel (*E-J-R*) #3,4

Haller, Johann, *(1586); - Ps. Johann Hoppentrueger; Johann Hüppentrager (*P*) #11

Haller von Hallerstein, Hans Freih., *14.10.1918 Hamburg; - Ps. Hans von Haller (*F-N-R*) #3,4

Halm, Gustav Hubert, *16.7.1880 Köln, †28.2.1948 Köln; - Ps. Gehaha (*E-M-P-S*) #3,4

Halper-Szigeth, Ernst Alfred, *18.4.1911 München; - Ps. Ernest van Alpen (*R*) #3,4

Halpern, Max, *20.2.1871 Czernowitz/Bukowina; - Ps. Norbert Hofmeister (*D-P-S*) #1,3,4

Halter, Erika, geb. Burkart *8.2.1922 Aarau/Schweiz; - Ps. Erika Burkart; Erika Erényi (*L-R*) #3,4,5,10

Halter, Peter, *8.3.1856 Hochdorf b. Luzern, †9.5.1922 Luzern; - Ps. Hilarius Bitter (*D-E-L-S*) #4

Halusa, Joseph Kuno, *21.1.1877 Frainspitz/Mähren; - Ps. Hugin und Munin (*E-L-P*) #1

Halusa, Tezelin, *6.11.1870 Frainspitz/Mähren, †28.9.1953 Heiligenkreuz/Wien; - Ps. Hugin und Munin; Adolf Tetzel (*E-L-P*) #1,3,4

Haluschka, Helene, geb. Grilliet, *10.12.1892 Montbéliard/Frankreich, †20.12.1974 Graz; - Ps. Hélène Grilliet (*E-J-N-P-R*) #3,4

Hamada, Marie (Marusa), geb. Nusko, *20.6.1873 Josephstadt/Böhmen; - Ps. Maruscha Hamada; Marie Nusko; Marusa Nusko (*L*) #1,2,4

Hamann, Bärbel, *22.10.1940 Hannover; - Ps. Verena Laubenstein; Katja Simon (*L-N-R*) #3

Hamann, Carl Otto, *14.9.1903 München; - Ps. Odil Krok (*P*) #3

Hamann, Elisabeth Margarete, *18.12.1853 Hansühn/Holst., †21.5.1931 Scheinfeld/Franken; - Ps. E. M. Harms (*E-J-P*) #2,3,4

Hamann, Johann Georg, *1697 Wendisch-Ossig/Oberlausitz, †14.7.1733 Hamburg; - Ps. Die Matrone;Iris (*L-P*) #4,11,13

Hamann, Johann Georg, *27.8.1730 Königsberg, †21.6.1788 Münster; - Ps. Christobulus; Der Ritter von Rosencreuz; Fulbertus Kulmius; Magus aus Norden; Vettius Epagathus Regiomonticola; Christian Zachaeus Telonarcha; Abaelardus Virbius (*P*) #4,5,6,11, 13,14,15

Hamann, Ludwig, *14.11.1867 Schwerin; - Ps. L. v. Schwerin; L. H. Spielmann; Xanthypos (*E-L-P-R-S*) #1,3,4

Hamann, Siegfried, *(1971); - Ps. Stan Stanow (*P*) #3

Hambsch, Johanna, *28.6.1889 Siegen; - Ps. Hanspeter Moll (*E-L-P*) #3,4

Hamburger, Erich, *21.12.1903 Berlin; - Ps. Erich Burger (*P*) #3,4

Hamburger, Heinrich, *3.5.1901 Breslau; - Ps. Heinz Otto (*P*) #3

Hamburger, Maria, geb. Seelhorst, *9.10.1879 Neukirch b. Breslau; - Ps. Maria Seelhorst (*N-P-R*) #3,4

Hamecher, Peter, *30.1.1879 Lechenich b. Köln, †1938 Berlin; - Ps. Paul Vois (*E-L-N-P*) #1,3,4

Hamel, Fred, *19.2.1903 Paris, †9.12.1957 Hamburg; - Ps. Hans Lyck (*P*) #3

Hamel, Margarete, *19.2.1874 Hildesheim; - Ps. Ilse Hamel; Amos Mercurius; Ilse Waltraun (*L-N-P-S*) #3,4

Hamel, Peter, *7.12.1911 Mannheim; - Ps. Francis Pledge; Kurt Hammel (*F-S*) #3,4

Hamel, Richard Otto Werner Paul, *12.9.1853 Potsdam, †7.9.1924 Oldenburg; - Ps. Omar Khajjam (*L-P-S*) #1,3,4

Hamer, Gertrud Ida Maria, *1881, †25.2.1940 Tübingen; - Ps. Mervyn Brian Kennicott (*E*) #3,4

Hamm, Richard, *13.8.1879 Wesel; - Ps. Richard Lindlar (*E-N-R*) #3,4

Hamm, Wilhelm Philipp Ritter von, *5.7.1820 Darmstadt, †8.11.1880 Wien; - Ps. Philipp Emrich (*P*) #1,3,4,15

Hammel, Hanspeter, *16.6.1947 Basel; - Ps. -minu (*E-N-P*) #3

Hammelehle, Anny, *(1909) Wintzenheim/Elsaß; - Ps. Anny Demling (*E-R*) #3,4

Hammelrath, Emil, *2.7.1868 Bergisch-Gladbach; - Ps. E. Marrath (*P*) #3

Hammer, August Friedrich Ephraim, *um 1749 Großenhettstädt, †Spandau; - Ps. C. F. E. Hammard (*P*) #6

Hammer, Else, *(1902); - Ps. Elsa Rema; Elsa Rema-Hammer (*E-J-R*) #3,4

Hammer, Gertrud, geb. Seelmann, *4.4.1894 Halle/S.; - Ps. Gertrud Hammer-Seelmann; Emil Roller (*E-J-P-R*) #3,4

Hammer, Johann, *1547 Goslar, †30.5.1606 Hildesheim; - Ps. Hermann Josema (*L-P*) #6

Hammer, Philipp, *13.2.1837 Stein/Pfalz, †10.6.1901 Wolfstein/Pfalz; - Ps. Philalethes Freimuth (*P*) #3,4

Hammer, Walter, *8.6.1891 Breslau; - Ps. Walter Hammer-Webs (*L-N-P*) #3,4

Hammerer, Josef, *12.5.1894 München; - Ps. Josef Kerémmah (*E-R*) #3,4

Hämmerli-Keller, Heidi, *19.10.1927 Winterthur; - Ps. Heidi Keller (*L*) #3,4

Hammerling, Rupert Johann, *24.3.1830 Kirchberg a. W./Ö., †13.7.1889 Stiftinghaus b. Graz; - Ps. Robert Hamerling (*D-E-L-P-R*) #1,4,5,13,14,15

Hammerschmid, Josef, *15.2.1920 München; - Ps. Josef Gollwitzer (*P-R*) #3,4

Hammerstein, Hans Adam von, *19.7.1579 Zur Oyge, †10.2.1653 Altbruchhausen/Hoya; - gen. Der Erhaltende/FG 111/1626 #11,12

Hammerstein, Ludwig von, *1.9.1832 Gesmold b. Osnabrück, †15.8.1905 Trier; - Ps. Socialis Politicus (*P*) #4

Hammerstein, Olga Freiin von, *11.12.1866 Retzow b. Mirow, †8.2.1908 Heringsdorf/Ostsee; - Ps. O. Martell (*R*) #1,3,4

Hammerstein-Musehold, Maria, *26.1.1885 Berlin; - Ps. Mieze Musehold (*L*) #3,4

Hampe, Johann Christoph, *23.1.1913 Breslau; - Ps. Echtermann Larsen (*E-F-J-L-N-P-S*) #3,4

Hampel, Bruno, *27.9.1895 Wien; - Ps. Bruder Eduard (*D-E-F-J-P-R-S*) #3,4

Hampel, Bruno, *23.12.1920; - Ps. Heinz Glogau (*E-F-J-R*) #3,4

Hampel, Fritz, *28.4.1895 Crimmitschau, †10.8.1932; - Ps. Slang (*L-P*) #14

Hana, Frieda, geb. Hupbach, *16.2.1889 Spangenberg/Hessen; - Ps. Frieda Hupbach (*E-J-L-P-R*) #3,4

Hanau, Friedrich Casimir Graf zu, *17. Jh.; - gen. Der Erhöhende/FG 695 #11

Hanau-Münzenberg, Philipp Moritz Graf von, *25.8.1605, †3.8.1638 Hanau; - gen. Der Faselnde/FG 144/1627 #11,12

Hanau-Schaumburg, Maria Prinzessin von, *3.9.1922 Baden b. Wien; - Ps. Maria Hanau-Strachwitz (*E-J-R*) #3,4

Hancke, Gotthard, *22.3.1849 Groß-Tinz/Schles., †1920 Starnberg; - Ps. G. Ecknah (*E*) #1,3,4

Handel-Mazzetti, Enrica Freiin von, *10.1.1871 Wien, †8.4.1955 Linz; - Ps. Marien Kind (*D-E-N-P-R-S*) #1,3,4,5,8,9,10,14,15

Handl, Joseph, *11.10.1896 Mödling b. Wien, †19.5.1983 Wien; - Ps. Hans Holm (*D-F-N-P-R-S*) #3,4

Handlgruber, Veronika, *7.2.1920 Wien; - Ps. Vroni Handlgruber-Rothmayer (*E-F-J-L-M*) #3,4

Handmann, Bernhard, *3.11.1866 Schleiz; - Ps. Benno Fußmann (*E-L-R-S*) #1,3,4

Handschuhsheim, Alexius, *17.7.1853 Lemberg, †27.11.1920 Graz; - Ps. Alexius Meinong (*P*) #4

Handte, Emilie, *21.12.1897 Göppingen; - Ps. Lisel Handte (*L-N*) #4

Handtmann, Friedrich August Eduard, *28.5.1842 Potsdam; - Ps. E. Handtmann-Seedorf (*P*) #1,4

Hane, Wilhelm, *28.7.1880 Ludwigshafen, †6.9.1950 Speyer; - Ps. Hans Guckdichum (*L-P*) #3,4

Hanenfeldt, Hildegard von, *15.9.1896 Grabunz/Pommern; - Ps. Hildegard Lindow-Wilnow; Hildegard Lindow (*E-L-M-R*) #3,4

Hanff, Josef, *5.4.1847 Maschau b. Saaz/Böhmen; - Ps. Hans Henkl; Wendelin von Wallern (*P*) #3,4

Hanffstengel, Theodor von, *6.10.1881 Burgdorf b. Goslar, †28.3.1944 Bad Gandersheim; - Ps. Purzelchen (*E-J-R*) #4

Hanftmann, Barthel, *1862 Giebelstadt/Franken; - Ps. Georg Bünau (*E-L-N-R*) #3,4

Hangert, Ilse, *6.11.1925 Köln; - Ps. Esli Tregnah; Minou Yal (*E-L-P*) #3

Hänig, Hans, *27.4.1888 Lengenfeld/Vogtl, †6.11.1968 Berlin; - Ps. Bruno Grabeis; Melon (*D-E-L-N-R*) #3,4

Hanisch, Carl, *(1816); - Ps. d'Elpons (*D-E-P*) #4,11

Hankamer, Paul, *11.2.1891 Wesel, †29.6.1945 München; - Ps. Peter Hergenbrecht (*E-P*) #4,15

Hanke, Gertrud, *6.5.1920 Mährisch-Ostrau; - Ps. Gertrud Hanke-Maiwald (*E-F-L-P-R*) #3,4

Hanke, Johann Alois, *24.5.1751 Holleschau/Mähren, †26.5.1806 Proßnitz; - Ps. Johann Alois von Hankenstein (*P*) #4,11

Hanker, Garlieb, *10.9.1758 Hamburg, †5.3.1807 Hamburg; - Ps. F. L. Epheu (*D-E-L-S*) #1,4,6,11

Hänlein-Becker, Dorothea, *29.10.1924; - Ps. Dorothea Becker; Laudahn (*E-F-J-P*) #3

Hannel, Mara, *(1985); - Ps. Hanna Marell (*E*) #3

Hannemann, Friedrich, *9.3.1860 Berlin; - Ps. Friedrich Haan (*P*) #3

Hannemann, Karl Friedrich Wilhelm, *3.7.1839 Berlin; - Ps. Ch. Jeannhomme (*N-P-R*) #1,3,4

Hanner, Johann David, *12.9.1754 Wien, †20.6.1795 Neulerchenfeld b. Wien; - Ps. J. D. H. (*L-P*) #4

Hanno, Raphael, *15.5.1791 Hanau, †28.12.1871 Heidelberg; - Ps. Raphael (*L-P*) #1,4,11

Hanov, Michael Christoph, *18.9.1695 Zamborst b. Neustettin, †21.12.1773 Danzig; - Ps. Sternlieb (*P*) #4,6,13

Hanow, Augustus von, *10.8.1591 Greifenberg/Pommern, †24.8.1661 Gamig b. Pirna; - auch Augustus von Hanau; gen. Der Glänzende/FG 250/1635 #11,12,13

Hans von Bühel, *um 1360, †um 1430; - Ps. Hans der Büheler (*L-N*) #4,5,11,13,15

Hänsch, Friedrich August, *13.3.1764 Dresden, †1820 Dresden; - Ps. Peter Squenz (*P*) #6

Hanschmann, Alexander Bruno, *4.1.1841 Leipzig, †1905 Coswig b. Dresden; - Ps. Cheiriander (*L-P*) #1,3,4

Hanschmann, Johann Gottlob, *22.3.1804 Kleinbothen b. Grimma, †26.2.1858 Weimar; - Ps. Johannes (*P*) #4,13

Hanselmann, Christian Ernst, *8.7.1699 Weikersheim, †26.8.1775 Öhringen; - Ps. Severinus Chariander (*P*) #6

Hansen, Emil, *7.8.1867 Nolde/Nordschlesw., †15.4.1956 Seebüll/Nordfriesl.; - Ps. Emil Nolde (*P*) #4

Hansen, Fritz, *1.2.1870 Berlin; - Ps. F. H. Normann; Hans vom Walde (*P-R*) #3,4

Hansen, Gerda, *19.4.1912 Stendal; - Ps. H. G. Hansen; H. G. Küster (*R*) #3,4

Hansen, Heinrich, *14.10.1862 Arnis bei Schleswig; - Ps. Fritz Christians (*E-L-P*) #3,4

Hansen, Helene, *6.2.1872 Eschenbach b. Luzern, †10.12.1944 Luzern; - Ps. Helene Kopp (*J-P*) #4

Hansen, Jakob Otzen, *24.3.1842 Flensburg, †29.5.1905 Schleswig; - Ps. Valentin Fern; Fel. Lila; Felix Lilla (*E-N-R*) #1,3,4

Hansen, Johann P., *3.10.1863 Renz; - Ps. H. Renz (*L-P*) #3

Hansen, Jürgen, *24.8.1940 Frankfurt/M.; - Ps. Johan Farina (*E-L-M-R*) #3

Hansen, Karl-Heinz, *19.4.1915 Hamburg; - Ps. Hansen-Bahia (*E-J*) #3,4

Hansen, Niels, *27.10.1564 Heldewatt/Nordschlesw., †23.8.1634 Kopenhagen; - gen. Nicolaus Helduaderus; Nicolaus Heldvader (*P*) #4,13

Hansen, Werner, *31.7.1905; - Ps. Willi Heidorn; H. Klein (*P*) #18

Hansgirg, Therese von, *28.3.1833 Budweis/Böhmen; - Ps. Theodor Reinwald (*N-R*) #1,3,4,11

Hansiz, Marcus, *23.4.1683 Völkermarkt/Kärnten, †5.9.1766 Wien; - Ps. Modestus Taubengall (*P*) #4,13,15

Hansjakob, Heinrich, *19.8.1837 Haslach/Kinzig, †23.6.1916 Haslach/Kinzig; - Ps. Der alte Dorfpfarrer; Hans am See (*E-P*) #1,3,4,5,14,15,17

Hänsler, Rolf, *17.6.1900 Stuttgart, †14.9.1968 Tübingen; - Ps. Hans Haching (*E-J-L-P*) #3,4

Hanssen, Clara, *3.12.1877 Pillau/Ostpr.; - Ps. Petra Hell (*L-P-R*) #4

Hansson, Laura, *1.5.1854 Riga, †1905 München; - Ps. Laura Marholm; Leonhard Marholm (*D-N-P*) #1,2,3,4,9,10

Hanstein, Ernst Friedrich von, *17. Jh.; - Ps. Der Ertruknende/FG 539 #11

Hanstein, Ludwig Adalbert von, *29.11.1861 Berlin, †11.10.1904 Hannover; - Ps. Ludwig Bertus (*D-L-P-R*) #1,3,4

Hanstein, Marie von, *2.10.1820 Potsdam, †7.1.1882 Berlin; - Ps. Maria Hagenstein (*E-J-M*) #1,4

Hanstein, Otfrid von, *23.9.1869 Bonn, †17.2.1959 Berlin; - Ps. Otto Berndt; Otto von Hermsdorf; Guenther von Hohenfels; Rolf Trebonius; Otfrid Zehlen (*E-J-P-R*) #3,4,7,20

Hanstein, Paula von, *15.7.1883 Breslau, †27.2.1966 Berlin; - Ps. Henny Tura (*N-P-R*) #3,4

Hanstein, Wolfram von, *25.2.1899 Berlin; - Ps. Berg Berger; Berger-Hell; Hellan Hell (*F-P-R*) #3,4

Hantel, Ernst Georg Hermann, *20.9.1845 Frauenburg/Ostpr., †22.3.1908 Rosenheim; - Ps. German vom Nord (*L-P*) #1,3,4

Häntzschel, Walter, *3.7.1856 Mittweida/Sa.; - Ps. Jean Clairmont; Walter Clairmont; W. v. Zschopau (*D-N-P-S*) #1,3,4

Happak, Theresia, geb. Metzler, *14.10.1884 Kalksburg b. Wien; - Ps. Theresia Metzler (*P*) #3

Happe, Volkmar, *17. Jh.; - gen. Der Abtrokkende/FG 814; Der Beschwerliche/FG 814 #11

Happrich, Victor, *15.1.1863 Breslau, †21.3.1918 Berlin; - Ps. Caballero (*P*) #1,3,4

Harbeck, Alois, *10.8.1939 München; - Ps. Aloy Harb; Oskar Leibach (*E-R*) #3,4

Harbeck, Anni, *(1969); - Ps. anh (*F-N-R*) #3

Harbecke, Ulrich, *11.1.1943 Witten; - Ps. Matthias Kühn (*E-F-P-R*) #3

Harbou, Sophie von, *15.10.1865 Rendsburg; - Ps. O. v. Sarden (*P*) #3

Hardekopf, Ferdinand, *15.12.1876 Varel b. Oldenburg, †24.3.1954 Burghölzli b. Zürich; - Ps. Stefan Wronski (*L-P*) #3,4,5,8,15,18

Hardenberg, Friedrich Asche von, *14.3.1621, †10.3.1675; - auch Friedrich Asche von Horenberg; Friedrich Asche von Harenberg; gen. Der Grünrote/FG 512/1648 #11,12

Hardenberg, Georg Anton von, *28.7.1773 Schlöben b. Altenburg, †10.7.1825 Oberwiederstedt b. Eisleben; - Ps. Sylvester (*L-R*) #1,4,6

Hardenberg, Georg Philipp Friedrich Freiherr von, *2.5.1772 Oberwiederstedt b. Mansfeld, †25.3.1801 Weißenfels; - Ps. Novalis (*E-L*) #1,4,5,6,8,11,13,14,15,19

Hardenberg, Hans Christoph von, *1581, †1645; - auch Hans Christoph von Harenberg; gen. Der Erwärmende/FG 49/1621 #11,12

Hardenberg, Henriette Luise Juliane von, geb. Gräfin Stolberg-Stolberg, *20.12.1788 Naumburg, †11.11.1868 Dresden; - Ps. Germanis; S. J. F. Walden; S. J. F. Wandel; S. J. F. Wendal (*E-R*) #1,2,3,4,11

Hardenberg, Karl Georg Anton von, *13.3.1776 Oberwiederstedt, †28.5.1813 Weißenfels/Sa.; - Ps. Karl von Rostorf (*P*) #1,4,6,11

Hardenberg, Kuno Ferdinand von, *13.8.1871 Nörten-Hardenberg, †15.11.1938 Darmstadt; - Ps. E. K. Ludhard (*L-P-S*) #3,4

Harder, Johann Jakob, *17.9.1656 Basel, †1711 Basel; - Ps. Paeon (*P*) #6,13

Harder, Johannes, *28.1.1903 Gut Neuhoffnung b. Uljanovsk/Wolga, †7.3.1987 Gießen; - Ps. Alexander Schwarz (*E-P*) #3,4

Harder, Konrad, *14. Jh.; auch Harder von Franken; Süx Harter; Kunz Herter; Konrad der Harder (*L*) #4,11,13,15

Harder, M. M., *1898, †1936; - Ps. Käte Kestien (*P*) #3

Harderer, Clemens, *2.12.1693 Burghausen, †20.4.1732; - Ps. Clemens von Burghausen (*P*) #4

Hardt, Hermann von der, *15.11.1660 Melle b. Osnabrück, †28.2.1746 Helmstedt; - Ps. Leonhard Aretin (*P*) #4,6,13,15

Hardt, Karl-Heinz, *20.3.1926 Grünberg; - Ps. Harri Kander (*E-F-P*) #3

Hardt, Käthe, *3.1.1861 Stüblau b. Danzig; - Ps. Otto Wald (*E-J*) #1,3,4

Hardt, Willy, *21.9.1912 Schmalleningken/Ostpr.; - Ps. Has (*E*) #3

Hardt-Stummer, Amalia Creszenzia Baronin, *27.6.1865 Oslavan/Mähren; - Ps. Amalia Creszenzia (*E*) #1,2,3,4

Harelbeck, Siger Paul, *(1590); - Ps. Siger Paul Harcelbecanus (*L*) #4,13

Harenberg, Johann Christoph, *28.4.1696 Langenholzen b. Alfeld, †12.11.1774 Braun schweig; - Ps. Adeisidaemon; Almonius Utinis; J. F. Weitenkampf; A. Windhorn (*P*) #4,6,13,15

Harer, Peter, †um 1555 Heidelberg; - Ps. Peter Crinitius (*P*) #4,13,15

Häring, Georg Wilhelm Heinrich, *29.6.1798 Breslau, †16.12.1871 Arnstadt; - Ps. Willibald Alexis; W. Scott; W....s. (*E-N-R*) #1,4,5,6,11,13,14,15,19

Haringer, Johann Jakob, *16.3.1898 Dresden, †3.4.1948 Zürich; - Ps. Robert Ibius; Lukas Nell (*E-L-P*) #3,4,5,8,18

Harlander, Otto Georg, *4.3.1885 München; - Ps. Georg Hohenburg (*L-M-N*) #4

Harlfinger, Elisabeth, *18.10.1893 Magdeburg; - Ps. Else Venator (*J*) #3

Harmening, Wilhelm Chr., *9.6.1912 Minden, †18.4.1962; - Ps. H. F. Erningham; Michael Harding; Christophel Harms; C. W. Harmsen (*F-N-P-R*) #3,4

Harmes, Henriette, *(1819); - Ps. Henriette H-s. (*P*) #4,11

Harms, Emilie von, gesch. Berlepsch, *1755 Gotha, †27.7.1830 Lauenburg; - Ps. Emilie Berlepsch (*L-P*) #1,4,11

Harmsen, Brigitte, *4.3.1920 Berlin; - Ps. Brigitt-Dorothee Harmsen (*E-N*) #3

Harnack, Katharina, geb. Braun, *11.11.1918 Reitmehring b. Wasserburg; - Ps. Käthe Braun (*F-R*) #3,4

Harnisch, Adalbert, *18.2.1815 Breslau, †14.10.1889 Breslau; - Ps. Hans Albus (*L-M*) #1,3,4

Harnisch, Lucy, *19.6.1898 Jever/Oldenb.; - Ps. Lucy Cornelßen (*L-P-R*) #3,4

Harnisch, Walter, *24.6.1883 Berlin, †10.5.1947 Grafenau/Niederbay.; - Ps. Johannes W. Harnisch (*P-R*) #3,4

Harpf, Adolf, *18.3.1857 Graz, †5.1.1927 Rettenbach b. Graz; - Ps. Adolf Hagen (*L-P*) #1,3,4

Harpprecht, Johann Friedrich von, *10.6.1788 Stuttgart, †10.1.1813 Wilna; - Ps. Filius Sendivogii (*P*) #4,6,11

Harpprecht, Klaus, *11.4.1927 Stuttgart; - Ps. Stefan Brant (*F-P-R*) #3,4

Harrach, Max, *20.2.1874 München; - Ps. Robert Bodmer (*D-R*) #3,4

Harraß, Eustachius von, *17. Jh.; - gen. Der Einsame/FG 536 #11

Harrer, Josef Robert, *5.8.1896 Wien, †23.11.1960 Wien; - Ps. Robert Ibius; Lukas Nell (*E-F-L-N-P-R*) #3,4

Härri, Gottlieb, *12.3.1845 Birrwil/Aargau, †24.2.1914 Flügelberg b. Reinach; - Ps. Linus auf Homberg (*L-P*) #1,4

Harries, Heinrich, *9.9.1762 Flensburg, †28.9.1802 Brügge b. Bordesholm; - Ps. Saint Hilaire (*J-L-P*) #1,4,6,11,13

Harring, Harro Paul, *28.8.1798 Wobbenbüll b. Husum, †15.5.1870 St.Hélier/Jersey; - Ps. John Felleisen; Harro; Harro-Harring; Hazimieriwicsz; Rhongar Jarr; Robert Johns (*D-E-L-N-P-R*) #1,4,6,11,13,15

Harry, Hermann Heinrich Willibald, *5.5.1821 Berlin, †13.6.1880 Berlin; - Ps. Hermann Harry-Meyer (*R*) #1

Harrys, J. Georg K., *19.1.1780 Hannover, †11.12.1838 Hannover; - Ps. G. H....s (*E-L-S*) #1,4,11

Harsdörffer, Georg Philipp, *1.11.1607 Fischbach b. Nürnberg, †17.9.1658 Nürnberg; - gen. Der Kunstspielende/DG-R; Der Spielende/FG 368/1642; Strephon/PB; Ps. Octavianus Chiliades; Harpagiander; Dorotheus Eleutherus Melethephilus; Quirinus Pegeus; Strefon (*E-L-P*) #1,4,5,6,11,12,13,14,15,19

Harstall, Herman Adolph von, *17. Jh.; - gen. Der Geneigte/FG 537 #11

Harster, Hermann, *(1933); - Ps. Frank André; Peter Nord (*F-N-P-R*) #3,4

Hart, Julius Freiherr von der, *5.2.1844 Viersen; - Ps. Magister Julius (*P*) #3

Hartdegen, Ferdinand, *27.8.1857 Fulda; - Ps. F. Greiner (*L-N-R*) #3

Härtel, Jakob, *(1725); Ps. Theophilus in Hamburg (*P*) #6

Harten, Johann von, *31.3.1867 Neurönnebeck-Dillen/Weser; - Ps. Johann v. Harten-Dillen (*L*) #1

Hartenberg, Hans Kurt von, *17. Jh.; - gen. Der Kalte/FG 564 #11

Hartenfels, Wilhelm, *23.8.1863 Maxsain b. Wiesbaden, †Frankfurt/M.; - Ps. Ernst Freimut (*E-L-N-P*) #3,4

Hartfeldt, Joachim F. W., *30.11.1913 Berlin; - Ps. Friedel Hart (*E-F-J-L-R*) #3,4

Harth, Peter, *23.4.1903 Botoschani/Rumänien; - Ps. Peter Duhr (*L-P*) #3,4

Harthern, Jacobson Ernst, *7.9.1884 Stade, †1969 Dänemark; - Ps. Ernst Ludwig Harter; Niels Hoyer; Ludwig Harter Jacobson; Ernst Ludwig Jacobsen (*D-L-R*) #1,3,4,18

Hartig, Franz de Paula von, *5.6.1790 Dresden, †17.1.1865 Wien; - Ps. Gotthelf Zurecht (*P*) #4,13,15

Hartig, Leopold Graf, *1866 Wien, †27.12.1954 Wien; - Ps. L. u. S. Hartig-Attems (*L-R*) #4

Hartitzsch, Georg Ernst; - Ps. Der Vielgenützte/FG 573 #11

Hartl, Albert, *13.11.1904 Roßholzen/Obb.; - Ps. Anton Holzner (*E-P*) #3,4

Härtl, Gert, *2.7.1942 Heilsberg/Ostpr.; - Ps. Gert Neumann (*E-P-R*) #3,4

Hartl, Philomene, *14.4.1851 München, †27.7.1928; - Ps. Philomene Hartl-Mitius; H. Wild (*D-R-S*) #1,2,3,4

Hartlau, Christoph von, †vor 1637; - gen. Der Nankletternde/FG 85/1624 #11,12

Hartlaub, Genoveva, *7.6.1915 Mannheim; - Ps. Muriel Castorp (*E-N-P-R*) #3,4,5,8,9

Hartleben, Otto Erich, *3.6.1864 Clausthal/Oberharz, †11.2.1905 Salo/Gardasee; - Ps. O.

Er.; Otto Erich; Henrik Ipse (*D-E-L-P-S*) #1,3,4,5,14,15

Hartleben, Theodor, *24.6.1770 Mainz, †15.6.1827 Mannheim; - Ps. Eman Alef; J. H. G. Selpert (*P*) #4

Hartlieb, Jakob, *Landau/Pfalz, †8.2.1504 Landau/Pfalz; - gen. Landoiensis; Walsporn (*L-P*) #4,11,13

Hartman, Thomas, *(1562); - auch Hartmann (*L-P*) #4,11,13

Hartmann, Andreas, *(1587) Leipzig; - gen. Der Unverletzliche/DG-R; Ps. Hylas Latusia (*P-S*) #4,6,11,13

Hartmann, Carl Heinrich, *25.10.1901 Iserlohn; - Ps. Carolus Hartmann (*E-J-N-P*) #3,4

Hartmann, Charles-Léon, *6.1.1856 New York; - Ps. J. B. Herod; Edgar de Varga (*P-R*) #3,4

Hartmann, Edith, *15.2.1927 Karlsbad; - Ps. Sirmione Zinth (*E-L-M-S*) #3

Hartmann, Eduard Karl Robert von, *23.2.1842 Berlin, †5.6.1906 Berlin; - Ps. Carl Robert (*L-P*) #1,3,4,15

Hartmann, Franz, *4.6.1887 Luzern, †10.1.1965 Engelberg/Obwalden; - Ps. Plazidius Hartmann (*D-L-P-S*) #4

Hartmann, Gottlob David, *2.9.1752 Roswaag/Württ., †5.11.1775 Mitau/Kurland; - Ps. Barde Telynhard (*P*) #1,4,11

Hartmann, Hans Reinhold, *5.11.1888 München, †17.5.1976 Berlin; - Ps. Walter Brant (*P*) #3,4

Hartmann, Helmut, *14.9.1931 Stuttgart; - Ps. Jerry Cotton; John Drake; Henry Hart; Fred Henry; Jack Hilton; Henry Seymour; Wayne Seymour (*E-J-R*) #3,16

Hartmann, Hermann, *28.4.1865 Riehen/ Basel, †27.10.1932 Bern; - Ps. Armin (*E-P*) #3,4

Hartmann, Jakob, *16.5.1876 Wienacht/Appenzell, †10.5.1956 Rehetobel/Appenzell; - Ps. Chemifeger Bodemaa (*E-P-S*) #4

Hartmann, Johann David, *1.6.1761 Aschersleben, †4.12.1801 Amelunxborn b. Holzminden; - Ps. Selmar (*L-P*) #1,4,11

Hartmann, Johann Jacob, *1.1.1671 Nürnberg, †7.11.1728 Nürnberg; - Ps. Caesar Aquilinus; Durando (*J-P*) #4

Hartmann, Johann Ludwig, *3.2.1640 Rotenburg, †18.7.1684 Rotenburg; - Ps. Israel Fromschmidt von Hugenfelsz (*P*) #4,11,13

Hartmann, Kathinka von, *22.5.1874 Leipzig; - Ps. S. Sorna; K. Werner (*D-E-L-P*) #3

Hartmann, Martha, geb. Sommer, *10.7.1877 Lübeck, †13.3.1957 Lübeck; - Ps. M. Seeger; Martha Sommer (*E-N-R*) #3,4

Hartmann, Mily, *(1985) Burgdorf/Schweiz; - Ps. Mily Dür (*L*) #3

Hartmann, Moritz, *15.10.1821 Duschnik/ Böhmen, †13.5.1872 Oberdöbling b. Wien; - Ps. M. H. Geldern; Pfaffe Maurizius (*L-N-P-R*) #1,4,5,13,14,15

Hartmann, Nikolaus Karl Magdalus, *24.10.1829 Plön, †28.12.1899 Heide/Holst.; - Ps. Nikolaus Karl Magdalus Hartmann-Plön (*R*) #1,3

Hartmann, Otto, *8.9.1876 Tegernsee, †22.4.1930 Regensburg; - Ps. Otto von Tegernsee (*E-P*) #3

Hartmann, Philipp Jakob, *26.3.1648 Stralsund, †28.3.1707 Königsberg; - Ps. Philipp Jakob Sklerander (*P*) #6

Hartmann, Rolf, *3.9.1903 Dresden, †17.7.1971 Berlin; - Ps. Achim Anders (*D-L-P-R-S*) #3,4

Hartmann, Sophie, *30.1.1901 Mühldorf/Inn, †7.11.1967 Rosenheim; - Ps. Gitta von Cetto; Linda Collins; Phyllis Seymour (*J-R*) #3,4

Hartmann, Uwe, *29.5.1950 Celle; - Ps. Oskar Ansulln (*L-P-S*) #3,4

Hartmann, Wilhelmine, *21.1.1854 Schabbehard; - Ps. Mignon Hartmann (*N*) #1,3,4

Hartmetz, Olga, *27.10.1932 Althütte/Kaltenbach; - Ps. Olga Hartmetz-Sager (*E-L-N*) #3

Hartnack, Daniel, *20.11.1642 Mulchentin/ Pommern, †1708 Bramstedt; - auch Hartnaccius; Ps. Fridericus Coelius; Daniel Maphanafus (*P*) #4,6

Hartog, Marie, geb. zur Megede, *17.9.1855 Freystadt/Niederschles., †1930; - Ps. Marie zur Megede; M. v. Rücker (*N-P-R*) #1,2,3,4

Hartranft, Balthasar, *17. Jh.; - gen. Der Löbliche/DG-L #11

Hartsch, Gerhart, *(1984); - Ps. John Cameron; Jerry Cotton; Steve M. Garrett; Robert Lamont; Kid Laredo; Jack Logan; Frank de Lorca; Ralph Malorny; George McHart; Jack Slade (*R*) #16

Hartung, Hans-Joachim, *5.9.1923 Mühlhausen/Thür.; - Ps. Werner Curth (*E-F-J-R*) #3,4

Hartung, Hugo, *17.9.1902 Netzschkau/Vogtland, †2.5.1972 München; - Ps. A. Dymion (*E-J-P-R-S*) #3,4,5,8,10

Hartung, Marie-Antoinette, *6.12.1932 Karlsruhe; - Ps. Marion Miller (*F-L-R*) #3,4

Harweck-Waldstedt, Max Gottfried, *3.8.1849 Zörbig/Sa., †1894; - Ps. Gottfried Waldstedt (*L-P-S*) #4

Hary, Wilfried Antonius, *27.10.1947 St.Ingbert/Saar; - Ps. Mark Baxter; Brian Elliot; Erno Fischer; Will Harris; Robert Lamont; Frank de Lorca; Mike Shadow; Dan Shocker; W. A. Travers; H. P. Usher; Harry Wilfort (*E-P-R*) #7,16

Harzer, Karl Heinz, *28.3.1913 Libotschau/Sudeten; - Ps. Robert Duncan; Godward Lynn; Ubelius (*N-R*) #3,4

Hase, Friedrich Traugott, *16.2.1754 Niedersteinbach/Sa., †9.2.1823 Dresden; - Ps. Gustav Aldermann (*P-R-S*) #1,4,5,11,15

Hase, Karl August von, *25.8.1800 Niedersteinbach/Sa., †3.1.1890 Jena; - Ps. Karl Lossius; Magister Wahrlieb; Karl von Steinbach (*P-S*) #1,4,11,13,15

Hase, Rüdeiger von, *27.10.1920; - Ps. Rüdiger von Steinbach (*P*) #3
Haselhoff van Lich, Dirk Albertus, *21.7.1885 Amsterdam; - Ps. Dirk Albertus van Lich (*F-M-N-R*) #3,4
Hasenclever, Wilhelm, *19.4.1837 Arnsberg, †3.7.1889 Berlin; - Ps. Wilhelm Revel (*E-J-L-N*) #1,4,14,15
Hasenfratz, Ferdinand, *7.7.1858 Untereggingen b. Waldshut/Baden; - Ps. Uhu von dem Wuotach; Waldstrolch (*E-L-R-S*) #1,3,4
Hasenfratz, Petrus, *um 1490 Frauenfeld/ Thurgau, †28.2.1559 Straßburg; - Ps. Petrus Dasypodius (*P-S*) #4,13,15
Hasert, Bruno, *4.4.1819 Buttstedt, †20.3.1892 Eisenach; - Ps. Hercules (*L-P*) #1,3,4
Haslehner, Elfriede, *17.7.1933 Mödling b. Wien; - Ps. Elfriede Haslehner-Götz (*F-L-P*) #3,4
Häslein, Johann Heinrich, *21.2.1737 Nürnberg, †14.10.1796 Nürnberg; - Ps. Rizander (*L-P-S*) #4
Häsler, Alfred Adolf, *19.3.1921 Wilderswil b. Bern; - Ps. Jeremias (*E-P-R*) #3,4
Hasler-Schönenberger, Elisabeth, *22.7.1924 Herisau; - Ps. Elisabeth Schönenberger (*E-J*) #3,4
Haslwanter, Mary, *9.8.1904 Budapest-Kispest; - Ps. Mary Neuburg (*L-N-S*) #3
Hassauer, Georg Ludwig, *17. Jh.; - gen. Gorgias/PB #11
Hassebrauk, Marianne, *11.5.1923 Braunschweig; - Ps. Marianne Abel (*J-P*) #3,4
Hasselblatt, Dieter, *8.1.1926 Reval/Estl.; - Ps. Karl-Herbert Henrici; Bertil E. Sahlstaedt; Peter Zweydorn (*D-E-F-L-P-R*) #3,4,7,20
Hasselblatt, Julius, *29.7.1849 Kusnezowo/ Baltikum, †5.2.1907 Berlin; - Ps. J. Norden; Julius Norden (*D-P-S*) #1,3,4
Hassenberger, Othmar, *3.5.1889 Enns/O.-Ö.; - Ps. Othmar van Rhin (*P-R*) #3,4
Hassencamp, Eva Maria, *24.5.1920 Pforzheim; - Ps. Eva Aab; Eva Maria Thönnessen (*F-J-P*) #3,4
Hassencamp-Fischer, Herbert, *1.12.1892 Baden-Baden; - Ps. Philander de Camp; Herbert Philander Hassencamp (*E-N-P*) #3,4
Hassenpflug-Baldus, Ulla, *(1933); - Ps. U. von Hassenbach (*P*) #3
Hassenstein, Dieter, *25.9.1913 Eschwege/ Hessen; - Ps. Heinz Dietrich; Jan Mog (*F-J-R*) #3,4
Hassenstein, Julius, *9.9.1880 Braunschweig; - Ps. Richard Nostiz (*E-N-P*) #3
Haßl, Guido, *14.9.1869 Ludwigsburg, †20.12.1945 Kirchheim u. T.; - Ps. I. Bins; G. H. (*E-N-P-S*) #3,4
Hassler, Ernst, *20.9.1922 Komotau/Sudeten; - Ps. Ernst Hall (*E-P-R*) #3,4
Haßler, Hans, *9.2.1891 Teplitz-Schönau; - Ps. Lar She (*R*) #3,4
Hassler, Hans Leo von, *1564 Nürnberg, †8.6.1612 Frankfurt/M. - auch Haissler; Hasler (*P*) #4,13,15
Häßler, Paula, geb. Rinck, *1.2.1882 Elberfeld; - Ps. Paula Häßler-Rinck (*N-P*)
Häßlin, Johann Jakob, *14.1.1902 Straßburg, †15.3.1985 Köln; - Ps. Jonas Jundt (*P*) #3,4
Hasslinger, Hubert, *13.7.1907 Wien; - Ps. Herbert Hainfels (*E-F-S*) #3
Hasslinger, Inge Maria, *3.9.1921 Krems/Ö.; - Ps. Inge Maria Grimm (*F-J-M*) #3,4
Hastenpflug, Wilhelm von, *4.2.1777 Marburg; - Ps. Erasm. Mahler (*P-R-S*) #4,6,11
Hatsek, Adolf, *8.6.1850 Budapest; - Ps. Dr. Maigrie; Dr. Maigrün (*P*) #3
Hattler, Franz Seraphin, *11.9.1829 Anras/Tirol, †13.10.1907 Innsbruck; - Ps. Seraphin von Anras; Seraphin Anraser (*J-P*) #3,4
Hatvanny, Christa Baronin, geb. Winsloe, *23.12.1888 Darmstadt, †10.6.1944 Cluny/ Frankreich; - Ps. Christa Winsloe (*P-R-S*)
Hätzer, Ludwig, *um 1500 Bischofszell/Thurgau, †4.2.1529 Konstanz; - auch Ludwig Hetzer (*L-P*) #4,11,13,15
Haubenberger, Leo, *27.8.1891 Eging; - Ps. Edelhof (*P*) #3
Hauber, Eberhard David, *27.5.1695 Hohenhaslach/Württ., †15.2.1765 Kopenhagen; - Ps. Demostratus (*P*) #4,13,15
Haubert, Waltraut, *11.3.1944 Waidhofen a. d. Ybbs; - Ps. Ran Haubert (*L*) #3
Haubold, Richard Fritz, *29.9.1895 Chemnitz, †5.3.1945 Travemünde-Großenbrode/Ostsee; - Ps. Hans Harras; Heinz Ott (*D-E-N-R-S*) #3,4
Haubrich, Heinz, *23.2.1920 Kleinmaischeidt b. Neuwied; - Ps. Milan Crosz (*L-P*) #3,4
Hauck-Christen, Maria, *5.9.1939 Zürich; - Ps. Maria Hauck (*F-L-P*) #3
Haudek, Karl, *25.4.1892 Wien, †23.8.1958 Wien; - Ps. Arnim Carolo (*D-E-L-P-R*) #3,4
Hauenschild, Richard Georg von, *24.3.1822 Breslau, †20.1.1855 Gut Tscheidt b. Bauerwitz/Oberschles.; - Ps. Richard Georg Spiller von Hauenschild; Max Waldau (*E-L-M-P-R*) #1,4
Haufe, Ella, *6.5.1863 Lübeck; - Ps. Lu Terros (*R*) #2,3
Haufe, Ewald, *15.3.1854 Göda b. Bautzen; - Ps. Johannes Schmidt (*P*) #1,3,4
Hauff, Ingeborg von, *12.8.1901 Altrehse b. Penzlin; - Ps. Marga Renata Ruwen (*L-P*) #3
Hauff, Wilhelm, *29.11.1802 Stuttgart, †18.11.1827 Stuttgart; - Ps. Heinrich Clauren (*E-M-N-P-R*) #1,4,5,6,11,13,14,15,17,19
Haug, Doris, geb. Bieri, *5.6.1933 Zürich; - Ps. Doris Bieri (*E-F-J-R-S*) #3,4
Haug, Johann Christoph Friedrich, *9.3.1761 Niederstrotzingen/Württ., †30.1.1829 Stuttgart; - Ps. Frauenlob d. J.; Friedrich Hophthalmos (*E-L-S*) #1,4,5,6,11,13,15
Haug, Maria, *5.3.1850 Widdern/Württ.; - Ps. Maria Liebrecht (*E-J*) #1,2,3,4

Haugk, Klaus Conrad, *21.2.1932 Bielefeld; - Ps. Klaus Conrad (*R*) #3

Haugwitz, Louise Gräfin von, *5.6.1781 Daber b. Stettin, †16.2.1855 Groß-Tworsimirke b. Militsch; - Ps. Arminia; Louise G. v. H.*** (*E-L-R*) #1,4,6,11

Haugwitz, Marie von, *21.4.1822 Breslau, †4.1.1911 Breslau; - Ps. M. Manuela (*D-L*) #1,2,3,4

Hauke, Franz Josef, *18.8.1921 Wien; - Ps. Michael van Straaten (*P-R*) #4

Haulik, Georg, *20.4.1788 Tyrnau/Slowakei, †11.5.1869 Agram; - später Georg von Várallya (*P*) #4

Haupt, Gunther, *7.7.1904 Berlin; - Ps. Walther Kessler (*E-R-S*) #3,4

Haupt, Hans, *5.3.1861 Arnswalde; - Ps. Berthold Stein (*D-L-P*) #1,3,4

Haupt, Markus Theodor von, *2.2.1782 Mainz, †1832 Paris; - Ps. Theodor Peregrinus (*D-N-P-S*) #1,4,6,11,13

Haupt, Otto, *17.9.1824 Königsberg/Neumark, †25.10.1899 Stettin; - Ps. Obstalden (*D-P*) #1,3,4

Haupt, Rudolfine, *1826 Königsberg/Neumark, †4.4.1902 Stargard/Pommern; - Ps. R. Ernst; Ernst am Strand (*N-R*) #1,2,3,4

Haupt, Wilhelm, *27.10.1891 Magdeburg; - Ps. Georg Heydemarck (*L-P*) #4

Hauptmann, Carl, *1.2.1853 Düren; - Ps. K. Obes; Lucien de Ridder (*P-R*) #1,3,4

Hauptmann, Carl Ferdinand Max, *11.5.1858 Obersalzbrunn/Schles., †4.2.1921 Schreiberhau/Riesengeb.; - Ps. Ferdinand Klar (*D-E-L-N-P-R*) #1,4,5,8,10,14,15

Hauptmann, Elisabeth, *20.6.1897 Pechelsheim/Westf., †20.4.1973 Berlin; - Ps. Dorothy Lane; Catherin Ux (*F-P-S*) #4

Hausberger, Mathilde, geb. Borniger, *22.2.1873 Trier; - Ps. Mathilde Hausberger-Borniger (*L*) #3,4

Hauschild, Reinhard, *14.4.1921 Koblenz; - Ps. Michael Lorenz; Ulrich Mühlemfeld; Harald Müller-Roland; Thomas Ulrich (*P-R*) #3,4

Hauschner, Auguste, *1851 Prag, †10.4.1924 Berlin; - Ps. Aug. Montag (*N-P-R*) #1,2,3,4

Hausdorff, Felix, *8.11.1868 Breslau, †26.1.1942 Bonn; - Ps. Paul Mongré (*P*) #1,3,4,15

Hausenstein, Wilhelm, *17.6.1882 Hornberg, †3.6.1957 Tutzing b. München; - Ps. Johann Armbruster (*E-P*) #3,4,5,8,15

Hauser, Carl Maria, *16.2.1895 Wien, †28.10.1985 Rekawinkel b. Wien; - Ps. Carry Hauser; Oculus (*E-L-M-P-R-S*) #3,4,18

Hauser, Erika, geb. Juschkat, *18.4.1939 Berlin; - Ps. Erika Juschkat (*E-J-L-P-R*) #3,4

Hauser, Fritz, *9.4.1939 Näfels/Glarus; - Ps. Fridolin Osterhazy (*F-P*) #3

Hauser, Hedwig Margarete, *26.1.1931 Temesvar; - Ps. Hedi Hauser (*J*) #3,4

Hauser, Kurt, *17.12.1896 Oederan/Sa.; - Ps. Otto Berger (*N*) #3

Hauser, Otto, *27.4.1874 Wädenswil/Zürich, †19.6.1932 Berlin; - Ps. Ferdo Kucarevic (*E-P*) #3,4

Hauser, Otto, *22.8.1876 Dijanes/Kroatien, †26.5.1944 Blindendorf/Wiener Neustadt; - Ps. Ferdinand Bütter; Ferdinand Büttner (*E-L-N-P-R*) #1,3,4

Häuser, Otto, *20.5.1924 Schankau; - Ps. Ottokar Domma (*E-F*) #3

Häusermann, Gertrud, *7.8.1921 Reuß-Gebenstorf/Aargau; - Ps. Gertrud Voegeli-Häusermann; Käthe Hausmann (*E-J-R*) #3,4,17

Haushofer, Albrecht, *7.1.1903 München, †23.4.1945 Berlin; - Ps. Jürgen Dax; Jürgen Werdenfels (*D-L-S*) #3,4,5,8,10,14,15

Haushofer, Emma, *15.6.1854 München, †11.7.1925 München; - Ps. Emma Haushofer-Merk; Emma Merk (*E-N-R*) #1,3,4

Hausin, Manfred, *21.8.1951 Hildesheim; - Ps. Erich M. Emmerke; Lena Luckow (*E-F-L-P-R*) #3,4

Hauska, Maria Dolores, *25.6.1903 Brünn, †12.3.1977 Waiblingen/Württ.; - Ps. Marian Doska (*D-E-N-P-R*) #3,4

Hausknecht, Alfred, *22.10.1891 Bielefeld; - Ps. Karl Weizäcker (*N-P*) #3

Hausleiter, Charlotte, *13.10.1883 Nürnberg; - Ps. Charlotte Westermann (*E-P*) #3,4

Hausleitner, Ines Hermine, *28.10.1904 Hermagor/Kärnten; - Ps. Ines Widmann (*D-E-F-J-R*) #3,4,10

Hausleitner, Philipp Wilhelm Gottlieb, *12.8.1754 Neuenstadt/Württ., †13.5.1820 Stuttgart; - auch Hausleutner (*P*) #4

Hausmann, Adelheid, *3.12.1857 München; - Ps. Bruno Baumgart (*L*) #3

Hausmann, Gustav, *11.3.1840 Dresden, †30.8.1905 Dresden; - Ps. Gustav H. Oekander (*D-L-P*) #1,3,4

Hausmann, Sebastian, *20.2.1860; †Geisenfeld b. Pfaffenhofen/Ilm; - Ps. Theodor Bayer; Ernst Halbeck (*N-P*) #3

Hausrath, Adolf, *13.1.1837 Karlsruhe, †2.8.1909 Heidelberg; - Ps. Konrad Mähli; George Taylor (*E-P-R*) #1,3,4,15

Hauß, Charles, *3.1.1871 Brumath/Elsaß, †23.1.1925 Brumath/Elsaß; - Ps. Karl Forest (*D-S*) #1,3,4

Haußdorff, Salomon, *19.12.1640 Lauban, †16.10.1715 Bernstadt/Oberlaus.; auch Salomon Hausdorf (*L-P*) #4,11

Haussen, Heinrich, *6.12.1536 Eisenach, †9.12.1587 Lüneburg; - Ps. Heinrich Husanus (*P*) #4,15

Haußmann, Valentin, *um 1560 Gerbstädt b. Eisleben; - auch Valentin Husmann (*L-P*) #4,11,13,15

Havekenthal, Valtin, *25.5.1567 Wittstock, †25.5.1595 Neisse/Schles.; - Ps. Valens Acidalius (*L-P*) #4,15

Haverland, Gerwin, *(1533); - Ps. Daniel von Soest; Daniel Susatensis (*P*) #4,5,6,11,13

Havighorst, Johann, *1701Rheine, †Bisterfeld/Lippe; Independens Heraclitus; Jatrus Hierophilus (*P*) #6

Hawlik, Franz, *4.5.1858 Troppau; - Ps. Theodor Waldbach (*L-P-S*) #3

Hawlik, Viktor, *28.7.1876 Monyorekerek/Ungarn; - Ps. Hawlick-Staffel (*P*) #3

Hawraneck, Otto, *16.5.1895 Markneukirchen/Vogtland; - Ps. O. Kehnar (*R*) #3,4

Haxthausen, Heinrich Lutter von; - gen. Der Bebende/FG 123/1626 #11,12

Haxthausen, Johann von; - gen. Der Mildere/FG 456/1646 #11,12

Haxthausen, Tönnies Wulf von, †1665; - auch Tonnies Wolf von Hachtshausen; gen. Der Prächtige/FG 277/1636 #11,12

Haxthausen, Werner Freih. von; *(1818); - Ps. Sigurd Albrock (*P*) #6

Hay, Wilhelm, *11.10.1891 Büchel b. Cochem/Mosel, †22.1.1962 Büchel; - Ps. Hannswillm Bauer; Bertes von der Lei (*E-P*) #3,4

Hayduk, Alfons, *18.11.1900 Oppeln/O.-Schles., †15.7.1972 Erlangen; - Ps. Fonslik (*L-N-P-R-S*) #3,4

Haymann, Cristoph, *15.10.1677 Reichenbach b. Freiberg/Sa., †1731 Langen-Hennersdorf; - Ps. Christoph Haym (*P*) #4

Haymann, Jeanette, *14.8.1844 Bamberg; - Ps. J. Haydn; Jeanette Haymon (*P*) #2,3,4

Hayn, Hugo, *2.1.1843 Breslau; - Ps. H. Nay (*P*) #3

Heaton-Armstrong, Bridget-Louisa, *8.5.1852 Ischl/O.-Ö.; - Ps. B.-L. Armstrong (*L*) #1,3,4

Hebbel, Christian Friedrich, *18.3.1813 Wesselburen, †13.12.1863 Wien; - Ps. J. F. Franz (*D-L-P-S*) #1,4,5,11,13,14,15

Hebel, Peter, *(1980); - Ps. Susan Baker; Mark Baxter; Mike Callaghan; John Cameron; Jerry Cotton; Stefan Frank; Pete Hellman; Kojak; Jay Lever; Benito Martinez; E. B. Millett; Frederick Nolan; Jack Slade (*R*) #3,16

Hebel, Samuel, †1574; - Ps. Samuel Hebelius (*L-S*) #4,11

Hebentanz-Kaempfer, Lucy von, *10.7.1856 Baals/Holland; - Ps. Lucy Kaempfer (*L-R*) #1,3,4

Hebsaker, Grit, *4.10.1929 Czernowitz/Rumänien; - Ps. H. Grit Seuberlich (*E-J*) #3,17

Hecht, Friedrich, *3.8.1903 Wien, †1980; - Ps. Manfred Langrenus (*J-R*) #3,4,20

Hecht, Hugo, *5.2.1861 Aachen, †1924; - Ps. Arwed Hugo; Hugo Lucius (*L*) #1,3,4

Hecht, Joseph J., *1861 Budapest; - Ps. Joseph J. Brochet (*D-R*) #1,3,4

Hechtel-Anders, Hildegunde, *15.7.1904 München, †1944 Stuttgart; - Ps. Hildegunde Fritzi Anders (*D-R*) #3,4

Heck, Karl, *27.4.1870 Dortmund; - Ps. Karl von Angermund; Eduard von Au; Reinhold Heimwart (*P*) #3

Heckel, Karl Maria, *19.6.1899 Augsburg; - Ps. Karl Lerch (*E-L-S*) #3,4

Hecker, Clemens August, *1791 Bonn, †23.6.1832 Aachen; - Ps. Dr. Till (*P-S*) #4,11

Hecker, Lydia, *10.12.1802 Marienwerder; - Ps. L. H. (*L*) #1,4

Hecker, Robert, *5.11.1853 Tiege/Westpr.; - Ps. Herbert Recke (*N-P*) #3

Heckt-Albrecht, Dietlinde, *6.4.1953 Kiel; - Ps. D. H. Heckt (*L-P*) #3

Hedderich, Franz Anton, *7.11.1744 Bodenheim b. Mainz, †20.8.1808 Düsseldorf; - Ps. Arminius Seld (*P*) #4,13,15

Hedenberg, Friedrich Ludwig, *17.6.1794 Reval, †1860 St.Petersburg; - Ps. Dr. F. H. (*L*) #4,11

Hederich, Johannes, *25.4.1909 Berlin; - Ps. Heinrich Otten (*E-R*) #3

Hedio, Kaspar, *1494 Ettlingen/Baden, †17.10.1552 Straßburg; - auch Bock; Böckel; Heid; Heyd (*P*) #4,13,15

Hedler, Friedrich, *9.4.1898 Sonne/Rh.; - Ps. Anselm Berkey (*D-E-F-L-R-S*) #3,4

Hedrich, Karl, *12.1.1864 Gera; - Ps. Irmin (*D-R-S*) #1,3,4

Heege, Ferdinande, *19.8.1788 Pirna; - Ps. Penseroso; Penseroso aus Pirna (*N-R*) #2,4,11

Heege, Fritz, *14.2.1888 Alvesse b. Braunschweig, †14.1.1953 Bremen; - Ps. Max Anders (*E-R-S*) #3,4

Heer, Carl Wilhelm, *3.11.1854 Luzern, †1.3.1896 St.Gallen; - Ps. Carl Wilhelm (*L*) #1,3,4

Heer, Friedrich, *10.4.1916 Wien, †1983; - Ps. Hermann Gohde (*P-R*) #3,4

Heerbrand, Daniel, *17.Jh.; - gen. Der Feurige/DG-L (*L*) #4,11

Heerdegen, Carl Eduard, *13.5.1876 Nürnberg; - Ps. Ägir; Carl Wallani (*E-P*) #3

Heeringen, Gustav Adolf von, *27.10.1800 Mehlra/Thür., †25.5.1851 Coburg; - Ps. Ernst Wodomerius (*E-N-P-R*) #1,4,6,11,13

Heermann, Ephraim, *17. Jh.; - gen. Der Trachtende/DG-L #11

Heese, Diethard van, *19.9.1943 Stettin; - Ps. John Spider (*E-N-R*) #3

Heftrich, Eckard, *8.12.1928 Stockach/Baden; - Ps. Urs Markus (*J-P*) #3,4

Hegemann, Werner, *15.6.1881 Mannheim, †12.4.1936 New York; - Ps. Manfred Maria Ellis (*P*) #4,15,18

Hegewisch, Franz, *11.11.1783 Kiel, †27.5.1865 Kiel; - Ps. Franz Baltisch (*P*) #4,13,15

Hegewisch, Helga, *(1955); - Ps. Klaus Becker (*E*) #3

Hegrad, Friedrich, *28.4.1757 Lanzendorf/N.-Ö., †1.10.1809 Wien; - Ps. Adam Dorn; Hag; Herze (*L-P-R*) #4,11

Heher, Achatius; - gen. Der Mitteilende/FG 590/1652 #11

Hehn, Robert, *24.12.1913 Deutsch-Altfratautz/Buchenland, †29.4.1955 Linz/Do.; - Ps. Melichar-Braun (*F-N-P*) #3
Hehn, Victor, *26.9.1813 Dorpat, †21.3.1890 Berlin; - Ps. A. E. Horn (*P*) #4,13,15
Heichen, Walter, *22.6.1876 Stuttgart, †24.3.1970 Berlin; - Ps. R. Binder; Michael von Borski; Walter Eichner; Hermann Eiler; Lothar Helfenstein; Nathanael Keen; Gerd Kühnwald; Lola Stein; Lilo Steiner; Erich Walter; Karl Wilding (*D-E-J-P-R*) #1,3,4, 7,17
Heid, Hans, *30.11.1889 Karlsruhe; - Ps. Erich Bernd (*E-L-P*) #4
Heide, Hans Karl, *28.6.1878 Dresden, †31.8.1929 München; - Ps. Ewald Silvester (*D-L-N-R-S*) #1,3,4
Heidegger, Gotthard, *5.8.1666 Stein a. Rhein, †22.5.1711 Zürich; - Ps. Hilarius Stauppizzius; Nicolaus Tornesius; Winckelriedt (*P*) #4,15
Heidegger, Johann Heinrich, *1.7.1633 Bärentschweil b. Zürich, †18.1.1698 Zürich; - Ps. Nicander ab Hohenegg (*P*) #6
Heidelbach, Paul, *28.2.1870 Düsseldorf; - Ps. Karle Klambert (*E-P*) #1,3,4
Heidelberg, Friedrich Wilhelm Gerhard, *26.6.1799 Bodenburg b. Braunschweig; - Ps. Isidorus (*L*) #4,11
Heidemann, Magdalene, *13.2.1911 Stuttgart; - Ps. Magdalene Neff; Birgit Sorge (*N-R*) #3,4
Heidemann, Theophil Albrecht, *21.5.1778 Stargard/Pommern; - Ps. Carl Albrecht; Albrecht Clar (*D-N-P-R-S*) #4,6,11
Heiden, Konrad, *7.8.1901 München, †18.7.1966 New York; - Ps. Argus; Klaus von Bredow; Schäfer (*P*) #3,4,15,18
Heidenberg, Johannes von, *1.2.1462 Trittenheim b. Trier, †13.12.1516 Würzburg; - Ps. Johannes Treitheim; Johannes Trithemius; Johannes Zeller (*P*) #4,13
Heidenreich, David Elias, *21.1.1638 Leipzig, †6.6.1688 Weißenfels; - gen. Der Willige/FG 837/1672 (*D-L*) #4,11,13
Heidenreich, Johann Christian, *17. Jh.; - gen. Der Grünende/DG-R #11
Heidenreich, Johannes, *21.4.1542 Löwenberg/Schles., †31.3.1617 Frankfurt/O.; - Ps. Johannes Hedericus (*L*) #4,11,13
Heider, August, *18.8.1880 Hoachanas/SWA; - Ps. Nathanael Lichtwart (*L-P*) #4
Heiderich, Ingeborg, geb. Tetzlaff, *11.2.1907 Berlin; - Ps. Ingeborg Mößner; Ingeborg Tetzlaff; Ingeborg Tetzlaff-Mößner (*L-N-P-R*) #3,4
Heiderich, Jean Heinrich, *28.8.1865 Wölfershausen b. Hersfeld; - Ps. Heinz Wölfers (*P*) #3
Heidrich, Ingeborg, geb. Rüdiger, *6.4.1910 Bärenstein/Erzg.; - Ps. Gwinny Heid; Claire Illing (*J-P*) #3,4
Heidrich, Leopold, *13.11.1884 Gaya/Mähren, †3.7.1961 Wien; - Ps. Felix Gotthelf (*E-R-S*) #3,4
Heidsieck, Antonie, *30.3.1839 Brandenburg/Havel, †9.2.1913 Stargard; - Ps. Emma Handen (*N-S*) #1,2,3,4
Heidsieck, Hanns, *30.10.1892 Koblenz; - Ps. Harry Hoff; Heide Sieck (*L-R-S*) #3,4
Heidt, Karl Maria, *15.1.1866 Genf, †2.3.1901 Wien; - Ps. Adelophilus (*D-L-P*) #1,3,4
Heigerlin, Johannes, *1478 Leutkirch, †21.4.1541 Wien; - Ps. Johannes Faber; Johannes Fabri (*P*) #4,13,15
Heikamp, Heinrich, *1964; - Ps. Johannes Gaukler; Martinus von Gill (*E-R*)
Heilborn, Adolf, *11.1.1873 Berlin; - Ps. Ernst Abt; Georg A. H. Körbitz (*P*) #1,3,4
Heilbut, Emil, *2.4.1861 Hamburg; - Ps. Hermann Helferich (*P*) #3
Heilbut, Iven George, *15.7.1898 Hamburg, †15.4.1972 Bonn; - Ps. Ivan Heilbut; Jan Helft (*D-E-F-L-R*) #3,4,5,8,18
Heilig, August, *1.3.1840 Tarnowo/Posen; - Ps. Guido Santamar (*L*) #1,3,4
Heilmann, Margarete, *9.1.1871 Breslau; - Ps. Käthe Helmar (*P-R*) #3,4
Heim, Johann Ludwig, *8.1.1844 Salzungen, †13.11.1917 Berlin; - Ps. Ellheim (*L*) #1,4
Heim, Michael, *13.11.1936 Bad Wiessee; - Ps. Kirein Peter (*F-P-R*) #3,4,7
Heim, Peter, *1924; - Ps. Peter Bergen (*R*) #3
Heiman, Fred, *25.4.1877 Köln; - Ps. Semiperde (*P*)
Heimann, Gertrud, geb. Heizmann, *10.2.1905 Bern, †9.12.1992 Murten; - Ps. Gertrud Heimann-Heizmann; Gertrud Heizmann (*J*) #3,4
Heimann, Moritz, *19.7.1868 Werder b. Niederbarnim, †22.9.1925 Berlin; - Ps. Tobias Fischer; Hans Pauli (*D-N-P-S*) #1,3,4,5,15
Heimann, Wilhelm, *3.1.1901 Freienfels b. Bayreuth, †29.9.1966 Dingolfing; - Ps. Fedor Willi Bergen (*D-E-F-L-R*) #3
Heimann-Orlando, Ferdinand, *25.4.1870 Hamburg; - Ps. Demokritos; Orlando (*P*) #3
Heimel, Marie Sidonie, geb. Purschke, *5.12.1853 Prag, †29.2.1928 Wien; - Ps. Marie Sidonie Purschke (*E-L-S*) #1,3,4
Heimeran, Margit, *27.3.1906 St.Gallen; - Ps. Diethelm (*E*) #3
Heims, Paul Gerhard, *4.5.1847 Kopenhagen, †21.6.1906 Bleckendorf b. Magdeburg; - Ps. Gerhard Walter (*E-J-N-P*) #1,3,4
Hein, Alfred, *7.10.1894 Beuthen/O.-Schles., †30.12.1945 Halle/S.; - Ps. Julius Beuthen (*E-L-N-R*) #3,4
Hein, Heinrich, *23.9.1883 Niendorf b. Hamburg; - Ps. Helge Högni (*E-P-R*) #3
Heinatsch, Eberhard, *15.4.1902 Prauss; - Ps. Sigfrid Eberhard (*D-L-N-P*) #3,4
Heindl, Friederike, geb. Mayröcker, *20.12.1924 Wien; - Ps. Friederike Mayröcker (*E-F-J-L-P-R*) #3,4,5,8,10

Heindl, Gottfried, *5.11.1924 Wien; - Ps. Georges Hoyau; Michael Märwert (*P*) #3
Heine, Anselma, *18.6.1855 Bonn, †9.11.1930 Berlin; - Ps. Selma Heine; Feodor Helm (*E-N-P-R-S*) #1,2,3,4
Heine, Heinrich, *13.12.1797 Düsseldorf, †17.2.1856 Paris; - urspr. Harry Heine; Ps. Philalethes; Sy Freudhold Riesenharf (*D-L-P*) #1,4,5,11,13,14,15,19
Heine, Heinrich Christian Engelhard, *13.2.1824 Wolfshagen b. Goslar, †5.5.1879 Berlin; - Ps. H. Heine (*E-L*) #4
Heine, Hertha, geb. Arendt, *(1937) Gablonz; - Ps. Hertha Heine-Arendt (*E-J-L*)
Heine, Karl, *19.12.1894 Borsum b. Hildesheim; - Ps. Karl Heine-Borsum (*D-E-L-P*) #3,4
Heine, Theodor, *25.12.1855 Klettendorn/Schles.; - Ps. Theodor Sylvester (*D-P*) #1,3,4
Heinecke, Erfrid, *31.5.1898 Frankfurt/O., †3.6.1968 Berlin; - Ps. Gunther Thergun (*R*) #3,4
Heinecke, Henriette, geb. Quade, *2.2.1788 Berlin; - Ps. Henriette Quade (*L*) #4,11
Heinecke, Martin, *10.8.1544 Borna b. Leipzig, †28.4.1611 Grimma/Sa.; - Ps. Martinus Hayneccius; Hans Rudolph Klauber (*S*) #4,11,13,15
Heinecke, Rudolf, *5.5.1923 Berlin; - Ps. Ralph Heygk (*E-J-R*) #3,4
Heinecken, Otto, *19.1.1868 Oldenburg; - Ps. Heinz Otto (*E-P*) #3,4
Heinemann, Erich, *23.1.1929 Hildesheim; - Ps. Matthias Mann (*E-J-M-P-S*) #3,4
Heinemann, Felix Oscar, *24.6.1863 Hamburg; - Ps. F. O. Römer (*L-P-R*) #1,3,4
Heinemann, Georg Wilhelm Friedrich, *5.4.1825 Stöcken/Hannover, †10.3.1899 Wittingen; - Ps. v. d. Ise (*L-P*) #1,3,4
Heinemann, Hermann Olaf, *22.2.1880 Riesel/Westf.; - Ps. Tantalus (*E-L-N-P*) #1,3,4
Heinemann, Leopold, *16.3.1896 Kassel; - Ps. Ludwig Hermann (*E-R*) #3
Heinen, Josef Maria, *15.1.1899 Trier; - Ps. Hugolin Immergrün; Balduin Lämmle (*J-L-S*) #3,4
Heinen, Reinhold, *7.1.1894 Düsseldorf, †23.7.1967 Hasenfeld; - Ps. Heinrich Heinenberg (*E-P-S*) #3,4
Heiner, Wolfgang, *16.7.1933 Saalburg/Saale; - Ps. Heiw. (*D-F-J-P*) #3,4
Heinicke, Robert, *3.11.1878 Kieritzsch; - Ps. Curt Gronau (*R*) #3
Heinisch, Eduard Christoph, *14.1.1931 Wien; - Ps. Argus; Adam Tintinger (*F-L-N-P*) #3,4
Heinken, Johann, *19.12.1897 Varel/O.; - Ps. Jan Heinken (*D-F-L-S*) #3,4
Heinken, Mathilde, *21.3.1908 Bad Zwischenahn; - Ps. Tilly Trott-Thoben (*E-F*) #3
Heinle, Friedrich, *16.9.1857 Teuchern/Sa.; - Ps. F. Volker (*L*) #1,3
Heinrich, August, *20.9.1881 Bellheim; - gen. Bellemer Heiner (*L*) #3
Heinrich, Hans, *2.11.1911 Berlin; - Ps. Henri Hulot (*F*) #3
Heinrich, Hermann, *6.3.1852 Peitz; - Ps. Armin Balder (*D-E-L-R*) #1,3,4
Heinrich, Karl Borromäus, *22.7.1884 Hangenham/Obb., †25.10.1938 Einsiedeln; - Ps. Karl Borromäus (*E-R*) #3,4
Heinrich, Otto Franz, *26.7.1902 Waldenburg; - Ps. Otto Franzen (*E-J-N-R*) #3,4
Heinrich, P. W., *8.12.1860 Schönau; - Ps. Heinrichs-Hohenfels (*N-P*) #1,3,4
Heinrich, Peter, *1941; - Ps. ky & Co. (*R*) #4
Heinrich, Walther E., *28.8.1872 Berlin; - Ps. Walther Unus (*D-L-N-P*) #1,3
Heinrich von Meißen, *um 1250, †29.11.1318 Mainz; - eig. Heinrich zur Meise; Ps. Frauenlob (*L*) #1,4,5,6,11,13,15,19
Heinrich von Würzburg, †um 1265 Würzburg; - Ps. Heinrich der Poet (*L*) #4,15
Heinrichs, Christa, geb. Merschberger, *24.12.1906 Berlin; - Ps. Christa Merschberger (*D-F-P-R*) #3
Heinrichs, Emilie, *1.3.1823 Schleswig, †19.2.1901 Braunschweig; - Ps. E. v. Linden (*E-L-N-R*) #1,2,3,4
Heinrichs, Hans-Gert, *11.7.1910 Aachen; - Ps. Ernst zur Nieden (*P-R*) #3
Heinroth, Elisabeth, *18.3.1864 Dessau, †5.12.1920 Berlin; - Ps. Elisabeth Bosch; Klaus Rittland; (*E-N-R*) #1,3,4
Heinroth, Johann August Günther, *19.6.1780 Nordhausen, †21.5.1846 Göttingen; - Ps. Hans Sachs (*J-L-P*) #1,4,11
Heinroth, Johann Christian (August), *17.1.1773 Leipzig, †26.10.1843 Leipzig; - Ps. Treumund Wellentreter (*E-L-P-S*) #1,4,6,11,13,15
Heins, Carl, *5.1.1906 Hamburg; - Ps. Eric N. Hals (*D-E-P*) #3,4
Heinschke, Horst, *8.2.1928 Küstrin; - Ps. Ekh. C. Snieh (*D-E-F-L-P-S*) #3
Heinse, Daniel, *9.6.1580 Gent, †25.2.1655 Leiden; - Ps. Daniel Heinsius (*L-P*) #4,11,13
Heinse, Gottlob Heinrich, *8.4.1766 Gera, †10.4.1813 Wien; - Ps. Susanna Eyerkuchen; Henke d. J.; Hippolytus a Lapide; Zacharias Laurus (*P-R*) #1,4,6,11
Heinse, Johann Jacob Wilhelm, *15.2.1746 Langewiesen/Thür., †22.6.1803 Aschaffenburg; - urspr. Johann Jacob Wilhelm Heintze (*L-P-R*) #1,4,11,13,14,15
Heinz, Carl, *13.4.1841 Frankfurt/M.; - Ps. Carl-Heinrich Saxen-Hausen (*L*) #1,3,4
Heinz, Elisabeth, geb. Dönges, *1.4.1897 Frankfurt/M., †2.9.1964 Rüsselsheim; - Ps. Lisa Heinz-Dönges (*J-R*) #3,4
Heinz, Ernst, *22.7.1881 Halle/S.; - Ps. Ernst Heinz Raven (*F-P-S*) #3
Heinz, Max, *11.8.1891 Meusewitz/Thür.; - Ps. Georg Rank (*P-S*) #3

Heinz, Stefan, *28.2.1913 Sanpetrumic/Rum.; - Ps. Hans Kehrer (*D-L*) #3,4
Heinze, Eckart, *4.2.1922 Lissa/Posen, †26.5.1979 Rosenheim; - Ps. Michael Mansfeld (*D-F-P-R*) #4,5
Heinze, Hartmut, *16.1.1938 Berlin; - Ps. H. Steindam (*D-L-P*) #3,4
Heinze, Karl Christian Traugott, *26.3.1765 Stargard/Niederlaus., †29.7.1813 Reinerz/Schles.; - Ps. Teuthold (*L-P*) #4,6,11
Heinze, Kurt, *10.10.1907 Berlin, †27.11.1957 Berlin; - Ps. Peter Nell (*D-E-L-R*) #3,4,14
Heinze, M. R., *(1988); - Ps. M. R. Richards (*P*) #7
Heinzelmann, Paul, *28.4.1888 Berlin, †2.5.1961 Fürstenfeldbruck; - Ps. Heinz Elm; Heinz Elmann (*L-P*) #3,4
Heinzmann, Johann Georg, *1757 Ulm, †23.11.1802 Basel; - Ps. August Burkardt; Vater Klaus (*P*) #4,6,11,13
Heinzmann, Kurt, *4.4.1873 Neusalza-Spremberg; - Ps. Kurt Heinz Mann (*D-L-N-P*) #3
Heipp, Jakob, *8.6.1823 Henau b. Simmern, †27.1.1886 Uhler b. Castellaun; - Ps. Traugott Allweg (*E-N*) #1,4
Heis, Gottfried, *17. Jh.; - gen. Der Hitzige/DG-R #11
Heise, Annemarie, geb. Zornack, *12.3.1932 Aschersleben; - Ps. Annemarie Zornack (*L-P*) #3,4,8
Heise, Hans-Jürgen, *6.7.1930 Bublitz/Pommern; - Ps. Werner Birk; Hans-Werner Krüger (*E-L-P*) #3
Heise, Karl Albert, *29.10.1868 Schwedt/Oder; - Ps. Karl Alberti (*P-R*) #3,4
Heise, Karl Johann, *6.10.1744 Hamburg, †19.9.1826 Hamburg; - Ps. H** (*L*) #1,4,11
Heise, Walter, *6.4.1881 Altona; - Ps. Max Walthari (*L-S*) #3,4
Heisenberg, Monika, *1947; - Ps. Monika Christen (*R*)
Heiser-Korioth, Gabriele, *8.1.1948 Wildeshausen; - Ps. Gabriele Heiser (*E*) #3
Heisler, Josef B., *7.7.1911 Chrast/Tschech.; - Ps. Jan Cech (*P*) #18
Heiss, Elisabeth, *2.2.1897 Stuttgart, †15.3.1981 Mainz; - Ps. Lisa Heiss (*E-F-J-P-R*) #3,4,17
Heiß, Else, geb. Heerdegen, *4.4.1904; - Ps. Else Heiß-Heerdegen; Else Heerdegen (*L-S*) #3
Heißel, Sebastian, *12.7.1902 Friedingen/Württ.; - Ps. Peter Oja (*E-P*) #3
Heissing, Hermann, *12.9.1870 Dorsten b. Dortmund; - Ps. Hermann von der Lippe (*L-P-S*) #3,4
Heissler, Franz Georg, †um 1860 Augsburg; - Ps. Pater Edmund (*E-P*) #4
Heister, Helle von, *31.7.1917 Berlin; - Ps. Helge von Heister (*L-R*) #3,4
Heitzenröther, Charlotte, *15.11.1912 Berlin; - Ps. Charlotte Hermerschmidt (*J*) #3,4
Heitzer, Lorenz, *30.1.1858 Grebben b. Heinsberg, †29.5.1919 Altenessen/Rhl.; - Ps. Gottlieb Lehrreich (*E-J-L*) #3,4
Heitzler, Karl, *7.5.1839 St.Pölten, †2.5.1923 St.Pölten/N.-Ö.; - Ps. Karl Benedikt (*E*) #4
Helbig, Helena, geb. Tränkner, *16.1.1878 Dresden; - Ps. Helena Helbig-Tränkner; Helene Tränkner (*J-L-P-R*) #1,3,4
Helbig, Karl Gustav, *20.7.1808 Dresden, †19.3.1875 Dresden; - Ps. Severin Anselmus; K. G. Freimund (*M-P*) #4,13
Held, Christa, *12.8.1929 Riga; - Ps. Ruth Flensburg (*E-J-R*) #3,4
Held, Hans Heinrich Ludwig von, *15.11.1765 Auras b. Breslau, †30.5.1842 Berlin; - Ps. Hans Deutschmann; Innocenz (*L-P*) #4,11
Held, Ludwig, *26.3.1858 Diekirch; - Ps. F. Catholicus (*P*) #3
Heldenberg, Franz Xaver Georg, *14.10.1765 Reichenhall; - Ps. Florbach; Fromm; Kümmer; Kunz (*L*) #4,6
Helding, Michael, *1506 Langenenslingen/Württ., †30.9.1561 Wien; - Ps. Michael; Michael Sidonius (*P*) #4,13,15
Heldmann, Karl, *19.9.1869 Viermünden/Hessen, †12.3.1943 Kassel; - Ps. Ederanus (*P*) #4
Helfert, Josef Alexander von, *3.11.1820 Prag, †16.3.1910 Wien; - Ps. Guido Alexis; G. v. S. (*P*) #3,4,15
Helfrecht, Johann Theodor Benjamin, *7.3.1752 Hof, †1819 Höchstädt b. Wunsiedel; - Ps. Hans Görge; M. Balthasar Gryps (*P*) #4,6
Helgath, Franc, *(1984); - Ps. Mark Baxter; John Cameron; Brian Elliot; Ringo Hurricane; Kojak; Robert Lamont; Frank de Lorca; Frederick Nolan; Ben Silva; Jack Slade (*P-R*) #16
Helke, Fritz, *1.5.1905 Biesenthal/Mark, †13.9.1967 Kriftel/Taunus; - Ps. Ruby Cross (*D-E-J-P*) #3,4,10,17
Helldorf, George Friedrich von, *17. Jh.; - gen. Der Geltende/FG 796 #11
Hellemann, Willy, *22.4.1893 Straßburg, †22.5.1969 Luxemburg; - Ps. Hans Boeglin (*E-L-P*) #3,4
Hellemeyer, Maria, *(1893); Ps. W. Helmar (*M*) #2
Hellen, Friedrich Wilhelm in der, *28.10.1834 Böckenförde/Westf., †4.8.1901 München; - Ps. Friedrich Wilhelm Helle; Dr. Lucius (*L*) #1,3,4
Heller, Alfred, *7.1.1885 Linz/Do.; - Ps. Susan Harwell (*E-N-R*) #3,4,7
Heller, Franz, *22.3.1946 Wien; - Ps. André Heller (*D-E-L-P-R*) #3,4,5,8
Heller, Hans, *3.8.1896 Wien; - Ps. Martin Haller (*P-R*) #3
Heller, Manfred G. W., *1.11.1935 Groß Ujeschütz b. Trebnitz/Schles.; - Ps. Thamathin Sternhelm (*E-L-P*) #3

Heller von Wartenberg, Michael, *17. Jh.; - gen. Der Weidende/DG-R #11

Hellinghaus, Ida, *6.10.1856 Drolshagen/ Westf., †3.5.1930 Münster; - Ps. H. Lingus (*P*) #3,4

Hellinghaus, Otto, *23.3.1853 Drolshagen/ Westf.; - Ps. O. Heinrichs; Otto Lingau; Xanthus (*P*) #3,4

Hellmer, Joachim, *1.10.1925 Cranz/Ostpr.; - Ps. Cornelius Clausen (*D-L-N*) #3

Hellmuth, Mathilde, *5.10.1850 Waldmünchen; - Ps. Math. Vernau (*J*) #2,3

Hellpach, Willy, *26.2.1877 Oels/Schles., †6.7.1955 Heidelberg; - Ps. Ernst Gystrow (*P*) #3,4,15

Hellwig, Christoph von, *15.7.1663 Cölleda/ Thür., †1721 Erfurt; - Ps. Valent. Kräutermann; Kaspar Schröder (*L-P*) #6

Hellwig, Ernst, *4.6.1916 Frankfurt/M.; - Ps. Rex Albert Aladin; Horst Candenbach; Benno Cleff; Ernst Wilhelm Nyssen (*E-J-N-P-R*) #3,4

Hellwig, Theodor Andreas von, *12.5.1694 Frankenhausen, †28.3.1721 Erfurt; - Ps. T. A. Hiatrophilus (*P*) #6

Helm, Gustav, *16.6.1861 Bentheim; - Ps. Theodor Palatinus (*P*) #3

Helm, Helga, *7.1.1940 Berlin; - Ps. Helga Schubert (*F-J-P-S*) #3,4

Helm, Lambert Rudolf, *21.3.1535 Deventer/ NL, †20.1.1596 Heidelberg; - Ps. Pithopoeus (*P*) #4,13

Helm-von Wolff, Johanna, *17.10.1883 Saargemünd, †10.6.1973 Hannover; - Ps. Andrea (*E*) #3,4

Helmes, Walter, *4.9.1851 Bavenstedt; - Ps. Humanus (*P*) #3

Helmreichen zu Brunfeld, Wenzel von, *18.9.1841 Salzburg, †5.11.1912 Salzburg; - Ps. Wenzel von Helmreich (*D-E*) #4

Helms, Karl Heinz, *5.6.1912 Duisburg; - Ps. K. H. Helms-Liesenhoff; Ats Valtna (*E-P-R*) #3,4

Helmstedt, Eleonore, *1836, †15.4.1871 Berlin; - Ps. Eleonor (*P*) #2

Helt, Georg, *um 1485 Forchheim, †6.3.1545 Dessau; - Ps. Georg Forchheim (*P*) #4,13,15

Helvig, Amalie von, geb. von Imhof, *16.8.1776 Weimar, †17.12.1831 Berlin; - Ps. Amalie von Imhof (*E-L-P*) #1,4,11,13,15

Helwig, Johann, *29.7.1609 Nürnberg, †24.5.1674 Regensburg; - gen. Montano/PB (*L-P*) #4,11

Helwig, Werner, *14.1.1905 Berlin, †4.2.1985 Thonex b. Genf; - Ps. Einar Halvid (*E-L-N-P-R*) #3,4,5,10,18

Hemerken, Thomas, *um 1380 Kempen/Nrh., †25.7.1471 St.Agnetenberg b. Zwolle; - Ps. Thomas von Kempen; Thomas a Kempis (*L-P*) #4,5,13,19

Hemfler, Otto, *11.5.1857 Cammin; - Ps. Dr. Otto (*P*) #3

Hemmerde, Karl Hermann, *1752 Dodendorf b. Magdeburg, †25.12.1808 Hamburg; - Ps. Joachim Inconnu (*D-L-P*) #1,4,6

Hemmerlin, Felix, *um 1388 Zürich; - Ps. Felix Malleolus (*P*) #4,13,15

Hempel, Eva, *26.10.1910 Bergfeld/Bromberg; - Ps. Eva Hoffmann-Aleith (*E-N-P-R*) #3,4

Hempel, Friedrich Ferdinand, *6.9.1778 Treben b. Altenburg, †4.3.1836 Pest; - Ps. Cebes; Frater Cebes; Frater Lampadius; Frater Simplicius; Frater Timoleon; Dr. Hanack; Nestorius; Peregrinus; Simplicissimus; Erasmus Sincerus; Anastasius Spiridion; Regina Spiridion; Spiritus Asper; Streckfuss; Peregrinus Syntax (*L-P*) #1,4,6,11,13

Hempel, Johann Christian Friedrich, *18.3.1767 Groß-Methling, †29.8.1809 Dömitz; - Ps. D. H. Finsterwald; Menschenlieb Nächstenfreund; Phlemius (*L-P*) #4,6,11

Hempel-Soos, Karin, *13.3.1939 Dresden; - Ps. Katherina Koslowsky (*L-P*) #3

Hempfing, Karl Friedrich Ernst, *16.12.1848 Ippinghausen, †13.3.1915 Allendorf b. Wetzlar; - Ps. Karl Waldheim (*E-L*) #1,4

Hemsen, Wilhelm, *(1852); - Ps. Clemens Arsten (*P*) #11

Henckell, Jürgen A., *2.8.1915 Hamburg; - Ps. Nicole Monti; Ronald Randen; Laura Saint-Pierre; Tilo Tilmann (*F-L-P-R*) #3,4

Heneage, Agnes, geb. zu Salm-Salm, *25.12.1840 Kanada; - Ps. Agnes Prinzessin zu Salm-Salm (*P*) #4

Hengsbach, Arno, *23.11.1877 Chemnitz; - Ps. Arno Hach; Arno Hach-Hengsbach (*E-P-S*) #1,3,4

Hengst, Wilhelm, *22.6.1859 Stikelkamperfehn, †St.Fehn; - Ps. W. H. von Fehn; W. v. Meer; Walter Omega; Felix Wald (*E-J-L*) #3

Hengstenberg, Ernst, *3.11.1891 Remscheid/ Rhl., †11.12.1971 Würzburg; - Ps. Erika Herberger (*D-E-N-P-R*) #3,4

Henisch, Georg, *24.4.1549 Bartfelden/Ungarn, †31.5.1618 Augsburg; - Ps. Bartfeldensis; Henischius Bartphanus; Chariander Georgius (*L-P*) #4,13,15

Henke, Adalbert, *10.9.1912 Alfeld/Leine; - Ps. Bert Marian (*P-R*) #3

Henkel, Christian Heinrich, *14.2.1790 Themar, †22.12.1848 Coburg; - Ps. Friedrich Ansarius (*P*) #4,6,11

Henkel, Ilse, *6.5.1926 Mülheim/Ruhr; - Ps. Kathrein Biggern (*E-R*) #3,4

Henkel, Klaus, *22.4.1880 Bernkastel; - Ps. Klingsor (*L-P*) #3

Henkl, Rolf, *14.12.1895 Wien; - Ps. Albin Eiger; Rolf Hennequel (*L-P*) #3,4

Henneberg, Claus, *16.7.1928 Hof; - Ps. Hans von Aussen; Dacapo Cugel; David Gimmel; Claus Greben; Igor. A. Strauss (*F-L-N-P-R*) #3,4,5

Hennicke, Karl-August, *4.10.1927 Helmstedt; - Ps. Karol Schärding (*L-P*) #3

Hennies, Herbert, *18.7.1900 Breslau; - Ps. E. Maruhn (*F-J-L-M*) #3,4

Hennig, Albert, *25.12.1839 Jüterbog/Mark Brand., †18.2.1866 Treuenbriezen; - Ps. Adalbert vom Hellberg (*L*) #1

Hennig, Eugenie, *(1894); - Ps. E. Rebe (*R*) #2

Hennig, Martin, *15.11.1902 Hamburg; - Ps. Hannes Hennig (*L-P*) #3

Hennig, Paul, *12.11.1847 Waldenburg; - Ps. P. H. Silesius (*P*)

Hennig, Sophie, *9.2.1855 Laufenburg/Aargau; - Ps. Riesa a. Elbe (*D-S*) #2,3

Henning, Ägidius, *um 1630 Herborn, †1682 Eichen b. Hanau; - Ps. Florentinus Wahrmund (*P*) #4,13

Henning, Christoph, *(1670); - Ps. Der Huldreiche (*P*)

Henning, Franz von, *um 1600 b. Metz, †b. Olmütz; - gen. Der Saure/FG 287/1636 #11,12

Henning, Gottfried, *24.6.1829 Schäßburg/Siebenbürgen, †27.4.1909 Bistritz; - Ps. Erwin Sachs (*P*) #4

Henning, Hans, *13.2.1874 Braunschweig; - Ps. H. Ernst (*E-L-P*) #3,4

Henning, Theo, *13.10.1897 Wien, †5.9.1946 Salzburg; - Ps. Onkel Theo (*J-L-P*) #3,4

Henning auf Schönhoff, Leopold von, *4.10.1791 Gotha, †5.10.1866 Berlin; - Ps. Leopold von Schönhoff (*P*) #4,13,15

Henning auf Schönhoff, Ulrika von, *(1936); - Ps. Ulrika von Schönhoff (*R*) #4

Henninger, Aloys, *30.10.1814 Stierstadt/Nassau, †30.6.1862 Heddernheim; - Ps. Aloys der Taunide (*P*) #1,4

Henoch, Hubert, *3.11.1874 Raguhn/Anhalt; - Ps. Ferdinand Jasper (*P*) #3

Henop, Carl, *21.7.1852 Wien; - Ps. Hauswirth (*P*) #3

Henrich, Albertine, *30.9.1812 Lorch; - Ps. Paul Stein (*E-R*) #1,2,3,4

Henrichsmöller, Ruth, geb. Reinhardt, *28.11.1911 Stuttgart; - Ps. Ruth Reinhardt (*F-S*) #3

Henrici, Christian Friedrich, *14.1.1700 Stolben b. Dresden, †10.5.1764 Dresden; - Ps. Nicander; Picander; Manlius Ulpianus (*L-P*) #1,4,6,11,13,15,19

Henrici, Ernst, *10.12.1854 Berlin; - Ps. Walter Colmas (*D-P-R*) #1,3,4

Henricpetri, Adam, *1543 Basel, †27.4.1586 Basel; - auch Adam Petri (*P*) #4,13,15

Henrion, Hermine, *4.4.1838 Arnswalde; - Ps. Hedwig Braun (*E-J-M-N*) #2,4

Henscheid, Eckhard, *14.9.1941 Amberg; - Ps. Hans-Eckard Sepp (*F-N-P-R*) #3

Henschel, Luise, *(1849); - Ps. Hermine Bohde (*R*) #2

Henschel, Waltraut, geb. Villaret, *22.4.1914 Riga; - Ps. Waltraut Althausen; Waltraut Villaret (*E-F-L-P-R*) #3,4

Henschel vom Hain, Henny, *15.8.1880 Berlin; - Ps. Henry Ette; Henny Rosenbaum (*N-P*) #3,4

Henschke, Alfred, *4.11.1890 Crossen/Oder, †14.8.1928 Davos; - Ps. Jucundus Fröhlich; Klabund (*D-E-L-P-R-S*) #3,4,5,8,14,15,19

Henschke, Ulrike, *24.11.1830 Krotoschin/Posen, †1.11.1897 Baden-Baden; - Ps. Clara Ulrici (*E-J-P*) #1,2,3,4

Hensel, Anton Julius, *11.5.1849 Königsberg, †1916 Königsberg; - Ps. Hans Werner (*E-P*) #3,4

Hensel, Louise Maria, *30.3.1798 Linum/Brandenburg, †18.12.1876 Paderborn; - Ps. Louise; Ludwiga; Luise (*L-P*) #1,4,5,11,13,15

Hensel, Paul, *5.4.1893 Thalbürgel, †20.4.1948 Ehrens/Ostfriesl.; - Ps. Paul Hensel-Haerdrich (*D-S*) #3,4

Hensel, Wilhelmine, *11.9.1802 Linum/Mark, †4.12.1893 Charlottenburg; - Ps. Minna (*L-S*) #1,3,4

Henseleit, Felix, *13.8.1903 Berlin; - Ps. Thomas Ferber; Peter Zweifel (*F-P*) #3,4

Henseleit, Hubert L. G., *21.1.1897 Freiburg/Br.; - Ps. Hubert Ernst; Lindy; Story Teller (*F-P*) #3

Henseler, Karl Friedrich, *1.2.1759 Vaihingen, †24.11.1825 Wien; - Ps. Karl Friedrich Hensler (*S*) #1,4,11,13,15

Henseler, P. S.,*(1984); - Ps. Jerry Cotton (*R*) #16

Hentl, Friedrich von, *13.4.1799 Wien, †1878 Perchtolsdorf b. Wien; - Ps. Friedrich Dornau (*E-L-P*) #1,4,11

Hentsche, Philipp, *17. Jh.; - gen. Der Liebende/DG-N #11

Hentschel-Holander, Hans Reimer, *12.7.1925 Berlin; - Ps. Reimer Kay Holander (*P*) #3,4

Henz, Rudolf, *10.5.1897 Göpfritz/Waldviertel, †11.2.1987 Wien; - Ps. H. Miles; Rudolf Miles (*D-E-L-P-R-S*) #3,4,5,8,10

Henzen, Wilhelm, *30.11.1850 Bremen, †11.9.1910 Leipzig; - Ps. Fritz von Sacken (*D-P-S*) #1,3,4

Henzinger, Luise, *15.11.1902 Landeck/Tirol; - Ps. Perfuchser Spatz (*L*) #4

Hepke, Marian, *17.11.1902 Ludwigsberg b. Budweis; - Ps. Ferdinand Valerius (*E-N-P*) #3,4

Hepp, Karl, *28.3.1841 Koblenz, †23.5.1912 Darmstadt; - Ps. Pater Profundus (*D-E-L*) #1,4

Hepperger von Tirschtenberg und Hoffensthal, Hans, *16.8.1877 Maria-Himmelfahrt b. Bozen, †9.12.1914 Maria-Himmelfahrt; - Ps. Hans von Hoffensthal (*N-R*) #1,3,4

Heppner, Walther, *25.5.1896; - Ps. Uta von Holt; Ina Linden (*R*) #3,4

Herault von Hautcharmoy, Ange, *30.7.1872 Leobschütz/Oberschles.; - Ps. Ange von Herault (*N-R*) #1,3,4

Herb, Carl, *17.11.1871 Pforzheim; - Ps. Carolus Asper (*E-F-L-P*) #3

Herbeck, Ernst, *9.10.1920 Stockerau/N.-Ö.; - Ps. Alexander; Alexander Herbrich (*L*) #3

Herberg-Volger, Margarete, *26.10.1878 Nordhausen/Harz; - Ps. Margarete Volger (*R*) #3

Herbert, Johanna, *17.12.1830 Dresden, †23.5.1909 Dresden; - Ps. Egon Fels (*N-R*) #1,3,4

Herbert, Petrus, *um 1535 Fulnek/Mähren, †1.10.1571 Eibenschütz; - auch Petrus Hubert; Ps. Petrus Herbertus (*L*) #4,13,15

Herbord, †27.9.1168 Bamberg; - Ps. Herbord von Bamberg; Herbord von Michelsberg (P) #4,13,15

Herbst, Hans, *23.1.1880 Stettin; - Ps. Georg Wallentin (*L-R*) #3,4

Herbst, Johann Andreas, *9.6.1588 Nürnberg, †24.1.1666 Frankfurt/M.; - gen. Autumnus (*L-P*) #4,11,13,15

Herbst, Ruth, *2.3.1923 Berlin; - Ps. Ruth Kirsten-Herbst (*E*) #3,4

Herchenröder, Jan, *5.4.1911 Langen/Hessen, †12.8.1986 Lübeck; - Ps. Christian G. Langen (*E-F-P-R*) #3,4

Hercher, Wolfgang, *31.1.1869 Berlin; - Ps. Johannes Funk (*D-L-S*) #1,3,4

Herdegen, Johannes, *21.7.1692 Nürnberg, †15.2.1750 Nürnberg; - gen. Amarantes/PB (*P*) #4,6,11

Herden, Herbert, *28.11.1906 Tiefenort/Thür.; - Ps. Alexander Helios (*R*) #3,4

Herder, Hans, *28.12.1921 Schmiedeberg; - Ps. Harald Westen (*E-P*) #3,4

Herder-Elchlep, Edeltraut, *28.7.1918 Idar-Oberstein; - Ps. Edit von Altenau; Traute Bernd; Edeltraut Elchlep; Edeltraut Herder; Suzette Sanders (*E-F-J-R*) #3,4

Herdesianus, Christoph, *1523 Halberstadt, †23.12.1585 Nürnberg; - auch Hardesheim; Ps. Eusebius Altkircherus; Chr. Hesiander; Hermannus Pacificus; Ambrosius Wolff (*P*) #6,13

Herdi, Fritz, *14.10.1920 Frauenfeld; - Ps. Felix Bluntschli (*P*) #3,4

Herdlicka, Theodor, *23.2.1840 Wien, †3.7.1904 Wien; - Ps. Theodor Taube (*D-S*) #1,3,4

Heresbach, Konrad, *2.8.1476 Salhof Hertzbach/Düssel, †14.10.1576 Lorward b. Wesel; - auch Hedesbach; Hersbeck; Hertzbach (*P*) #4,13,15

Herger, *um 1150, †um 1180; - Ps. Kerling; Spervogel (*L*) #4,5

Hergouth, Alois, *31.5.1925 Graz; - Ps. Veit Krumbach (*L-N-P*) #3,4

Herhaus, Ernst, *6.2.1932 Ründeroth b. Köln; - Ps. Eugenio Benedetti; Clemens Fettmilch (*F-P-R*) #3,4,5,7,8,10

Heribert von Rothenburg, †24.7.1042 Freising; - Ps. Heribert von Eichstätt (*L*) #4,15

Herimann von St.Gallen, *11. Jh.; - Ps. Hepidannus; Hepixannus (*P*) #4,13

Hering, Burkhard, *22.7.1903 Allenstein/Ostpr., †1982; - Ps. Hari Burkhard; Hari (*E-F-J-M-P-R*) #3,4

Hering, Elisabeth, *17.1.1909 Klausenburg; - Ps. Elisabeth Ackner (*E-J-M-R-S*) #3,4,17

Hering, Ernst, *20.3.1888 Magdeburg; - Ps. Hein Gothe; Karl August Häring (*E-L-R*) #3,4

Hering, Ewald, *15.7.1802 Oschatz, †3.12.1862 Leipzig; - Ps. Ewald (*E-L*) #1,4,6

Hering, Geo, *8.5.1903 Zogenreuth, †16.11.1970 Kempten; - Ps. Georg Dorn; G. H. Zogenreuth (*E-L-R*) #3,4

Hering, Johanna, *29.1.1821; - Ps. Olga von Eschenbach; Olga Salkowsky (*E-J-N*) #2,3,4,17

Herke, Karl, *6.5.1889 Mainz; - Ps. Siegfried Michel (*D-N-P-S*) #3,4

Herling, Klara, *7.5.1856 Bernburg/Anhalt; - Ps. Clemens Arnoldi; Klotho; Cl. Rehling (*N-P*) #2,3

Herlitschka, Felicitas, *21.1.1905 Wien, †26.3.1975 Zürich; - Ps. Marlys; Felicitas Schelle (*N*) #3,18

Herlitz, Elias, *(1601); - Ps. Elias Herlicius (*L-S*) #4,11

Herloß, Borromäus Sebastian Georg Karl Reginald, *1.9.1802 Prag, †10.12.1849 Leipzig; - Ps. Heinrich Clauren; Eduard Forstmann; Georg Karl Reginald Herloßsohn; G. Pfeffert; L. Schäfer (*D-E-L-N-P-R*) #1,4,6,11,13,19

Herman, Nikolaus, *um 1480 Altdorf b. Nürnberg, †3.5.1561 Joachimsthal/Böhmen; - auch Nikolaus Hermann (*L-P*) #1,4,11,13,15

Hermann, †10.11.1272; - Ps. Hermannus Allemannus; Hermannus Germanicus; Hermannus Teutonicus (*P*) #4,15

Hermann, Ernst, *12.11.1837 Elberfeld, †21.9.1908 Baden-Baden; - Ps. J. M. Arouet; Gotthold Ephraim Walter; G. E. Walther (*D-P-S*) #1,3,4

Hermann, Grete, *(1945); - Ps. Peter Ramme (*P*) #18

Hermann, Johann Gottlieb, *16.3.1742 Bautzen, †Berlin; - gen. Eichhörnl; - Ps. Friedrich Josef Freiherr von Mortczini; Pallini; Prof. Pöhrmann (*E-L-P*) #6,11

Hermann, Karl Gottlieb Melchior, *5.9.1767 Danzig; - Ps. Walafried (*P*) #4,6,11

Hermann, Otto, *11.11.1926 Lauterbach/Hessen; - Ps. Hermann Otto Lauterbach (*E-F-L-R*) #3,4

Hermann, Wilhelm, *26.6.1871 Weißkirch/Siebenbürgen, †11.6.1918 Hermannstadt; - Ps. Arminius (*D-E-L-N-R*) #1,3,4

Hermann, Wolfgang, *Oettingen, †um 1560; - gen. Kyriander (*L*) #4,11,13

Hermann von Reichenau, *18.7.1013, †24.9.1054; - gen. Hermann der Lahme; Ps. Hermannus Contractus (*P*) #4,13,15,19

Hermann von Salzburg, *14. Jh.; - Ps. Johann von Salzburg; Mönch von Salzburg (*L*) #4,5

Hermansgrün, Hans, †um 1520; - Ps. Johannes ex Lupis Hermansgrün (*P*) #4,13,15
Hermes, Anna, geb. Gnevkow, *16.9.1846 Berlin, †um 1930 Berlin; - Ps. Anna Gnevkow (*E-J-R*) #1,3,4
Hermes, Gerhard, *10.3.1909 Hollnich b. Prüm/Eifel; - Ps. Gerd Franzen (*E-L-P-S*) #3,4
Hermes, Johann Timotheus, *31.5.1738 Petznick b. Stargard/Pommern, †24.7.1821 Breslau; - gen. Sophien-Hermes; Ps. F. Bothe; Cyllenius; T. S. Jemehr; Heinrich Meister (*E-L-P-R*) #1,4,5,6,11,13,14,15
Herms, Uwe, *9.9.1937 Salzwedel; - Ps. Arnold Reiser; Artus Roche (*F-L-P-R*) #3
Herms-Hampke, Renate, *23.6.1935 Braunschweig; - Ps. Renate Hampke; Solke Kirchschlag (*J-L-P*) #3,4
Hermsdorf, Walter, *17.5.1892 Chemnitz; - Ps. Retlaw Frodsmreh (*L-P*) #3
Herodek, Louis, *9.1.1876 Wien; - Ps. Louis Heldenwerk (*P*) #3
Herold, Annemarie, *15.12.1924 Dresden; - Ps. Heide Wendland (*E-F-R*) #3,4
Herold, Hedwig, geb. Rasmus, *11.4.1845 Dessau, †5.3.1900 Berlin; - Ps. H. v. Dessau; Gustav Rasmus; Henry Rudbeck; Hedwig Kluge (*D-E-L-R-S*) #1,2,3,4
Herold, Johannes, *19.8.1875 Breslau; - Ps. Herold von Günthersdorf (*E-P*) #3,4
Herold, Johannes Basilius, *17.12.1514 Höchstädt/Donau, †1567; - gen. Acropolita (*P*) #4,15
Herold, Theodor, *30.12.1871 Herzfeld/Westf., †1936 Düsseldorf; - Ps. Theodor Waldenburg (*L-P*) #1,3,4
Herolt, Johannes, *um 1380, †1468 Regensburg; - Ps. Discipulus (*P*) #4
Herr, Michael, *Speyer, †um 1550 Straßburg; - Ps. Hero (*P*) #4,13,15
Herrkorn, Pauline, *25.6.1845 Pillkallen/Ostpr.; - Ps. C. Braun (*N*) #2,3
Herrmann, Alfred-Willy, *30.5.1885; - Ps. Wigand (*P*) #3
Herrmann, Alma, *16.11.1883 Brandenburg, †11.9.1967 Freiburg/Br.; - Ps. Ala Herrmann (*J*) #3,4
Herrmann, Anton, *30.7.1851 Kronstadt/Siebenbürg., †15.4.1926 Szeged/Ungarn; - Ps. Armin; Nonquis (*P*) #1,3,4
Herrmann, Christine, *2.4.1838 Kiel, †8.2.1888 Heidelberg; - Ps. Christine (*L-P*) #1,4
Herrmann, Edith-Elisabeth, *(1943); - Ps. Edith E. Weller (*J*) #3
Herrmann, Georg, *14.4.1892 Zwickau, †14.1.1985 Schwäbisch Hall; - Ps. Freiherr Georg von Wandersleben (*L-P*) #3,4
Herrmann, Gerhart, *8.9.1901 Gerbitz b. Bernburg/S., †8.9.1973 München; - Ps. Gerhart Herrmann Mostar (*D-E-L-P-R*) #3,4,5,8,10,14,18
Herrmann, Gustav, *1807 Dresden, †24.10.1831 Weimar; - Ps. Arminius (*D*) #1,3,4,11
Herrmann, Josef, *9.3.1915 Hundsbach/Baden, †9.7.1970 Karlsruhe; - Ps. Bernd Carstens (*R*) #3,4
Herrmann, Klaus, *19.9.1909 Stettin; - Ps. Klaus Kyriander (*L-N-P-R*) #3
Herrmann, Lazar, *13.8.1896 Charkow, †9.11.1961 München; - Ps. Leo Lania (*F-P-R*) #3,4,18
Herrmann, Max, *23.5.1886 Neiße/Schles., †8.4.1941 London; - Ps. Max Herrmann-Neiße (*D-E-L-N-P-R-S*) #3,4,5,8,14,15,18
Herrmann, Norbert, *14.11.1896 Hamburg; - Ps. Alarich; R. Kyriander; H. v. Tostetten (*L-P*) #3
Herrmann, Oskar, *18.5.1853 Breslau, †Hamburg; - Ps. Hermano; O. Herrmann-Thun; O. Kyriander; H. von Ostphalen (*L-P*) #3
Herrmann, Sigfrid Bruno, *3.3.1898; - Ps. Arminius (*P*) #3
Herrmann, Therese, *12.12.1880 Kleinpriesen b. Leitmeritz/Böhmen; - Ps. Hedwig Berger (*R*) #1,3,4
Herrmann, Walter, *13.1.1899 Leipzig; - Ps. Gustav Walter (*P*) #3
Herrmann, Wilhelm, *28.1.1834 Braunschweig; - Ps. J. H. Hofer; K. Hofer (*P*) #3
Hertefeld, Jobst Gerhard von, *1594, †11.6.1663; - auch Jobst Gerhard von Hartenfeld; gen. Der Würgende/FG 494/1648 #11,12
Hertel, Johann Georg, *(1829); - Ps. M. Reimlein; Schillerus Redivivus (*P-S*) #4,11
Hertel, Johann Jakob, †26.5.1836 Nürnberg; - Ps. M. Reinlein (*L-P*) #4,11
Herter, Hans, *27.6.1907 Bad Kreuznach; - Ps. Mickedormel (*E-L*) #3,4
Herting, Marie, *13.1.1836 Einbeck, †6.12.1910; - Ps. Marie Rething (*E-N-P-R*) #1,2,3,4
Hertingshausen, Moritz von, *um 1610; - auch Moritz von Hartingshausen; gen. Der Abkühlende/FG 332/1639 #11,12
Hertling, Georg von, *31.8.1843 Darmstadt, †4.1.1919 Ruhpolding; - Ps. G. F. v. Hoffweiler (*P*) #3,4,15
Hertoghe, Georg de; - gen. Der Anständige/FG 504/1648 #11,12
Hertwig, Hugo, *23.10.1868 Dresden; - Ps. H. Behringer; Hertwig-Behringer (*E-P*) #3,4
Hertwig, Hugo, *31.3.1891 Saalfeld, †12.4.1959 Berlin; - Ps. Reif (*L-R*) #3,4
Hertwig, Paul, *28.2.1862 Patschkau/Schles.; - Ps. Ludwig Paul Bertwig (*L-P*) #1,3,4
Hertwig, Wilhelm Robert, *11.1.1846 Leipzig, †1914 Chemnitz; - Ps. Herbert Roland (*D-E-J-L-M-P-S*) #1,3,4
Hertz, Richard, *23.5.1898 Klein-Flottbek b. Hamburg, †2.8.1961 Mexico-City; - Ps. Cyriak Mander (*P*) #3,4,18

Hertzka, Friederike, *11.1.1854 Wien, †18.2.1926 Wien; - Ps. George Max; George May (*E-R*) #1,2,3,4

Herwarth von Bittenfeld, Agnes, *(1896); - Ps. A. Her (*R*) #3,4

Herwartz, Josephine, *12.11.1854 Aachen; - Ps. Isabella Hellmuth (*L*) #2,3

Herxheimer, Bernhard, *16. Jh.; - auch Hergsheimer; Hexhamer (*P*) #4,11,13

Herz, Erich, *1.6.1883 Aachen, †12.2.1927 Berlin; - Ps. Hieronymus Jobs; Erich Köhrer; Komus Momus; Sat Momus; Egon Wendlandt (*P-R-S*) #4

Herz, Hans, *23.9.1918 Düsseldorf; - Ps. Eduard Bristler; John Herz (*P*) #18

Herz, Hermann, *19.4.1874 Weildorf, †1946 Dettlingen b. Hechingen; - Ps. Johann Driggeberger (*E-P*) #3,4

Herzberg, Tiny, geb. Fierz, *21.6.1902 Köln; - Ps. Tiny Fierz; Tiny Fierz-Herzberg; Tiny Fierz-Leyberg (*E-F-R*) #3,4

Herzberg, Wilhelm, *30.1.1827 Stettin; - Ps. W. Herzen; Gust. Meinhard (*E*) #1,3,4

Herzbruch, Arnd, *8.3.1903 Neiße/Schles.; - Ps. Nikolaus Reitter (*E-J-R*) #3,4

Herzel, C. H., *um 1800, *(1849); - Ps. Carlo (*P*)

Herzen, Alexander, *6.4.1812 Moskau, †21.1.1870 Paris; - Ps. Iskander (*E-P-R*) #4

Herzer, Jakob, *11.4.1853 Kottweiler/Pfalz; - Ps. J. Cordius (*L*) #1,3,4

Herzfeld, Barbara, geb. Friedmann, *19.12.1898; - Ps. Barbara Friedmann (*P*) #3,4

Herzfeld, Franz, *30.5.1862 Düsseldorf, †4.2.1908 Valduna/Vorarlberg; - Ps. Franz Held (*D-L-P-S*) #1,3,4

Herzfeld, Helmut, *19.6.1891 Berlin, †26.4.1968 Berlin; - Ps. John Heartfield (*P*) #18

Herzfeld, Marie, *20.3.1855 Güns, †22.9.1940 Mining/O.-Ö.; - Ps. H. M. Lyhne; Marianne Niederweelen (*P*) #2,3,4

Herzfeld, Wieland, *11.4.1896 Weggis/Schweiz, †1988; - Ps. Wieland Herzfelde (*D-L-N-P*) #3,4,8,14,18

Herzig, Ernst, *31.7.1914 Langenthal/Bern, †1992; - Ps. Erni Hearting; Greti Herzog (*J-P*) #3,4,17

Herzik, Josef, *3.3.1890 Wien; - Ps. Josher (*P*) #3

Herzl, Ludwig, *18.3.1872; - Ps. Ludwig Herzer (*S*) #3

Herzl, Siegmund, *26.5.1830 Wien, †9.2.1889 Wien; - Ps. Idnum; Franz Emil von Rudolf; Alfred Teniers (*L*) #1,3,4,13

Herzl, Theodor, *2.5.1860 Budapest, †3.7.1904 Edlach/N.-Ö.; - Ps. Hinz; Kunz; Nullus (*D-E-P-R-S*) #1,3,4,5,15

Herzmakron, Hermann Josef, *12.7.1792 Wien, †19.1.1863 Wien; - Ps. Hermann Josef Herzenskron (*S*) #1,4,11,13

Herzog, Adelaide, *9.12.1850 Starnitz/Pommern; - Ps. Adelaide von Gottberg-Herzog (*L-N-P*) #1,3,4

Herzog, Albert, *26.3.1867 Barmen, †8.8.1955 Baden-Baden; - Ps. A. Seklhof (*D-E-L-P-R*) #1,3,4

Herzog, Jakob, *17.6.1842 Mißlitz/Mähren, †9.4.1915 Wien; - Ps. X. Wiener (*D-P-S*) #1,3,4

Herzog, Johann Adolf, *12.4.1850, †30.12.1915 Wettingen; - Ps. Viktor Frey; Hansel Truth (*L-R*) #3,4

Herzog, Peter, *25.6.1876 Annaberg/N.-Ö.; - Ps. Lorenz P. Herzog (J-*R*) #3

Herzog, Wilhelm, *12.1.1884 Berlin, †18.4.1960 München; - Ps. Julian Sorel (*P-S*) #3,4,8,15,18

Herzog, Wilhelm Peter, *18.1.1918 Köthen/Anhalt; - Ps. Peter Duka; Peter Helmi (*E-J-P-R*) #3,4,7,20

Herzschein, Johann Hiskia, †1697 Nürnberg; - Ps. Johann Hiskia Cardilucius (*P*) #4

Hesekiel, Johann George Ludwig, *12.8.1819 Halle/S., †26.2.1874 Berlin; - Ps. Crescenzia Schwertinger; Spiritus Asper der Jüngste (*D-E-L-N-P-R*) #1,2,4,13

Hesekiel, Toska, geb. Schultze, *7.7.1912 Braunschweig; - Ps. Toska Schultze (*P*) #3

Hespos, Liselotte, *9.5.1921 Bochum; - Ps. Carla Louis (*R*) #3

Hess, David, *29.11.1770 Zürich, †11.4.1843 Zürich; - Ps. Daniel Hildebrand (*E-L-P*) #1,4,11,13

Hess, Dirk, *1946 Frankfurt/M.; - Ps. Derek Chess (*P*) #7

Heß, Johann Rudolf, *1777 Zürich, †1836 Zürich; - gen. vom Florhof (*E-P*) #4,11

Hess, Magda, *24.4.1908 Berlin; - Ps. Magda Münnich (*F-J-R*) #3,4

Hess, Mary, geb. Englert, *21.9.1897 Würzburg; - Ps. Mary Englert; Mary Hess-Englert (*L-P*) #3,4

Heß, Matthias, *24.3.1878 Frankel b. Cochem; - Ps. M. H. van Kel (*L-P*) #1,3,4

Hesse, Alice, geb. Kurs, *10.8.1845 Berlin; - Ps. Alice Kurs; Paul Kurth (*E-J-L-M-R-S*) #1,2,3,4

Hesse, August Wilhelm, *3.11.1805 Straßburg, †16.7.1864 Berlin; - Ps. I. C. H. Wages (*S*) #1,4

Hesse, Hermann, *2.7.1877 Calw, †9.8.1962 Montagnola/Schweiz; - Ps. Hermann Lauscher; Emil Sinclair (*E-L-M-P-R*) #1,3,4,5,7, 8,10,14,17,19,20

Hesse, Johann, *23.9.1490 Nürnberg, †5.1.1547 Breslau; - auch Johannes Hessius (*L-P*) #4,13,15

Hesse, Josef Karl, *21.1.1893 Hagen; - Ps. Kaspar Kitt (*E-S*)

Hesse, Otto Ernst, *20.1.1891 Jeßnitz/Anhalt, †16.5.1946 Berlin; - Ps. Michael Gesell (*E-L-N-S*) #3,4,5

Hessel, Franz, *21.11.1880, 1941; - Ps. Fürchtegott Hesekiel (*L-N-R*) #3
Hessel, Johann Adam, *10.4.1712 Nürnberg, †27.1.1785 Altdorf; - Ps. Hoseas Heidelmann (*L-P*) #6
Hessel, Peter, *15.12.1639 Hamburg, †26.12.1677 Hamburg; - auch Petrus Hesselius; gen. Der Fließende/DG-L (*L-P*) #4,11,13
Hesselbarth, Karl, *11.2.1863 Zerbst; - Ps. Karl Anhalt (*D-L-P*) #3
Hessen, Friedrich Landgraf zu, *17. Jh; - gen. Der Fliegende/FG 566 #11
Hessen, Georg Christian Landgraf von, *17. Jh.; - gen. Der Beherzte/FG 755 #11
Hessen, Ludwig Landgraf von, *17. Jh.; - gen. Der Unerschrockene/FG 774 #11
Hessen, Ludwig Landgraf von, *17. Jh.; - gen. Der Huldreiche/FG 865 #11
Hessen, Robert, *(1895); - Ps. Avovianus (*P*) #3
Hessen, Wilhelm Landgraf von, *17. Jh; - gen. Der Auserkorene/FG 694 #11
Hessen-Braubach, Johann Landgraf von, *17.6.1609 Darmstadt, †1.4.1651 (Bad) Ems; - gen. Der Stattliche/FG 326/1639 #11,12
Hessen-Homburg, Friedrich Landgraf zu, *17. Jh.; - gen. Der Klebrige/FG 613 #11
Hessen-Homburg, Wilhelm Christoph Landgraf von, *17. Jh.; - gen. Der Geschmückte/FG 594 #11
Hessen-Kassel, Moritz Landgraf von, *25.5.1572 Kassel, †15.3.1632 Eschwege; - gen. Der Wohlgenannte/FG 80/1623; Ps. Der Gelehrte; (*L-P-S*) #4,11,12,13
Hessen-Kassel, Wilhelm V. Landgraf von, *13.2.1602 Kassel, †21.9.1637 Leer; - gen. Der Kitzliche/FG 65/1623 (*P*) #11,12,13
Hessen-Rotenburg, Hermann IV. Landgraf von, *15.8.1607 Kassel, †25.3.1658 Rotenburg; - gen. Der Fütternde/FG 374/1642; Ps. Uranophilus Cyriander; Cyriander Uranophilus (*L-P*) #6,11,12,13
Hessenmüller, Margarethe, *15.4.1882; - Ps. M. G. Webersheim (*D*) #3
Hesslein, Bernd C., *12.8.1921 Wiesbaden; - Ps. Clemens Coslin (*F*)
Heßlein, Bernhard, *30.5.1818 Hamburg, †1882 Friedrichshagen b. Berlin; - Ps. Bernhard Heß; John Retcliffe (*E-L-N-P-R*) #1,4
Hetmanek, Berte, *10.6.1899 Wien, †16.2.1969 Wien; - Ps. Bertl Hayde (*F-J-M-S*) #3,4
Hettler, August, *10.7.1860 Gütersloh; - Ps. Gust. Thelert (*P*) #3
Heubner, Otto Leonhard, *17.1.1812 Plauen/Vogtl., †1.4.1893 Blasewitz b. Dresden; - Ps. Otto Leonhard (*J-L-P*) #1,4,13
Heuchlin, Christian, *17. Jh.; - gen. Lysander/PB #11
Heuer, Erika, *23.6.1925 Gelsenkirchen; - Ps. Erika Wilde (*S*) #3
Heuglin, Theodor von, *20.3.1824 Hirschlanden/Württ., †5.11.1876 Stuttgart; - Ps. Hornemann II. (*P*) #4,13,15
Heuler, Felix, *11.3.1877 Untereschenbach b. Hammelburg; - Ps. Franz Andreas Märzheim (*L-P*) #3
Heumann, Christoph August, *3.8.1681 Allstedt, †1.5.1764 Göttingen; - Ps. Gust. Ferrarius; Gustav Janson; Sebastianus Stadelius; Sebastianus Studdius (*P*) #4,6,13,15
Heumann, Karl, *10.9.1850 Darmstadt, †5.8.1894 Zürich; - Ps. Paul Ador (*R*) #1,4
Heun, Karl Gottlieb Samuel, *20.3.1771 Dobrilugk/Niederlaus., †2.8.1854 Berlin; - Ps. Heinrich Clauren; Karl (*E-P*) #1,4,5,6,13,15,19
Heune, Johannes, *22.2.1514 Nordhausen, †12.7.1581 Schweidnitz; - Ps. Johannes Gigas (*P*) #4,11,15
Heunisch, Kaspar, *1620 Schweinfurt, †18.10.1690 Oberndorf; - Ps. Charisius Puchesanus (*P*) #6
Heusenstamm zu Heißenstein und Gräfenhausen, Theodor Graf von, *31.1.1801 Wien, †25.5.1889 Wien; - Ps. Theodor Stamm (*D-L-R-S*) #1,3,4,13
Heuser, Olga, *1853 Filehne/Posen; - Ps. Olga Hiller (*N*) #1,2,3,4
Heusner von Wandersleben, Sigismund, *17.4.1592 Coburg, †12.4.1645 Wittenberg; - gen. Der Räumende/FG 221/1633 #11,12
Heuß, Theodor, *31.1.1884 Brackenheim b. Heilbronn, †12.12.1963 Stuttgart; - Ps. Thomas Brackheim (*P*) #3,4
Hexelschneider, Gustav, *11.12.1904; - Ps. G. H. Schneider (*L-P*) #3
Hey, Bertha, geb. Lamprecht, *19. Jh. München; - Ps. Carita Lamprecht (*E-L-P*) #2,3
Hey, Gertrud, *21.10.1888 Gotha; - Ps. Gert Rudhey (*L-P*) #1,4
Hey, Peter, *8.11.1914 Wien; - Ps. Trajan Gößner; Hannes Langfeld (*F-P-S*) #3
Heyck, Hans, *19.9.1891 Freiburg/Br., †24.6.1972 Starnberg; - Ps. Harro Loothmann (*D-E-F-N-P-R-S*) #3,4,7,10
Heyda, Ernst, *27.5.1910 Frankfurt/M.; - Ps. Ernst Albert; Frank O. Bach; Rex Dryden; P. E. A. Ergon; Ernst Walter (*E-J-R*) #3,4
Heyde, Georg Peter von der, *17. Jh.; - gen. Der Stachlige/FG 554 #11
Heyde, Horst Alexander von der, *20.11.1913 Berlin; - Ps. Horst Alexander (*F*) #3
Heydecker, Joe J., *13.2.1916 Nürnberg; - Ps. Claus Philipp (*N-P-R*) #3
Heyden, Friedrich von der, *8.2.1886 Köln; - Ps. Franz Held (*D-F-L-P-R-S*) #3,4
Heyden, Julius August Leopold Friedrich von der, *31.1.1786 Mölschow/Insel Usedom, †1867 Melchowitz/Schles.; - Ps. Emerentius Scävola (*L-N-R*) #4,11
Heyden, Wolf Heinrich von; - gen. Der Fortstellende/FG 220/1633 #11,12

Heydenreich, Eduard Karl Heinrich, *29.5.1852 Dresden; - Ps. Philolithus Montanus (*P*) #3

Heydenreich, Johann Christian Heinrich, *1776 Stolpen/Sa., †um 1808 Querfurt; - Ps. Gustav; Gustav Schmidt (*E-M-R*) #4,6,11

Heyduck, Hilde, *18.3.1929 Niederweisel; - Ps. Hilde Heyduck-Huth (*J*) #3,4

Heyer, Anselm, *5.2.1919 München; - Ps. Wolfgang Strom (*E-P*) #3

Heygendorf, Karoline von, geb. Hagemann, *25.1.1777 Weimar, †10.7.1848 Dresden; - Ps. Karoline Jagemann (*P*) #4,13,15

Heyking, Elisabeth Freifrau von, *10.12.1861 Karlsruhe, †5.1.1925 Berlin; - Ps. Verf. von Briefe, die ihn nicht erreichten (*E-P-R*) #1,3,4,5,9,15

Heyl, Ferdinand, *7.10.1830 Koblenz, †21.8.1897 Wiesbaden; - auch Hey'l; Ps. Richard Bolz; vom Rhein; Rhenanus (*P-S*) #1,3,4

Heyl, Johann Adolf, *11.2.1849 Brixen, †13.5.1927 Innsbruck; - Ps. Johann Schill (*L-P*) #1,3,4

Heym, Stefan, *10.4.1913 Chemnitz; - urspr. Hellmuth Fliegel; Ps. Helmut Flieg (*E-P-R*) #3,4,5,7,8,10,14,18

Heymann, Friedrich, *1900 Berlin; - Ps. Heinrich Frei (*P*) #18

Heymann, Hans, *6.9.1896 Berlin; - Ps. Johannes Heymann Mathwich (*F-P*)

Heymann, Robert, *28.2.1879 Berlin, †1946; - Ps. Robert Heymann-Dvorák; Max Ladenburg; Sir John Retcliffe d. J.; Fred Roberts (*F-R*) #1,3,4,20

Heymann, Robert, *1901, †19.7.1963 Berlin; - Ps. Lilo Arand; Robert Arden; Toddy Brett (*E-R*) #7

Heymer, Ludmilla, geb. v. Rehren, *30.1.1875 Insel Ösel/Litt., †10.5.1927 Oranienburg; - Ps. Ludmilla von Rehren (*E-N-R*) #1,3,4

Heyne, Christian Lebrecht, *1751 Leuben b. Meißen, †13.1.1821 Hirschberg/Vogtland; - Ps. Anton Wall (*E-L-M-S*) #1,4,6,11

Heynen, *um 1310; - Ps. Gelre (*P*) #4

Heynig, Johann Gottlieb, *11.4.1772 Plauen; - Ps. Sam. Psik Schalseheleth (*P*) #6

Heynlin, Johannes, *um 1430 Stein b. Pforzheim, †12.3.1496 Basel; - Ps. Johannes Lapidanus; Johannes de Lapide; Lapierre (*P*) #4,13,15

Heynold, Blida, geb. von Graefe, *18.12.1905 Goldebee/Meckl.; - Ps. Blida von Graefe (*P-R*) #3,4

Heyse, Gerd, *12.10.1930 Erfurt; - Ps. Ernst Heiter (*L-P*) #3

Hibeau, Adriana, *(1897); - Ps. J. Adriani (*R*) #1,3,4

Hibeau, Ludwig, *5.5.1805 Berlin, †5.2.1876 Berlin; - urspr. Ludwig Hibo; Ps. L. Méron (*D-S*) #1,4

Hickmann, Franz Maria, *14.2.1897 Wien, †3.2.1960 Wien; - Ps. Frank Highman (*E-F-R-S*) #3,4

Hieber, Albert, *10.7.1877 Graz; - Ps. Albert Heinrich (*D-P*) #3

Hielscher, Elsa, *(1907) Panten b. Liegnitz; - Ps. Elsa Hielscher-Panten (*L-P*) #1,4

Hiemesch, Josef, *3.9.1877 Kronstadt/Siebenbürgen; - Ps. H. Sepp (*P*) #3

Hierhammer, Heinrich, *21.2.1887 Wien; - Ps. Heinz Dörfler; Markwart; Heinrich von der Wieden (*E*) #3,4

Hierl, Vera, *28.5.1905 Straßburg; - Ps. Vera Hartegg (*N-P-R*) #3,4

Hieronimus, Ekkehard, *5.1.1926 Crossen/Oder; - Ps. Maximilian Grolms (*P*) #3,4

Hieß, Joseph, *3.4.1904 Wolfsthal/N.-Ö.; - Ps. Roderich (*D-E-L-P-R-S*) #3,4

Hietzig, Walter, *15.10.1894 Dresden; - Ps. W. H. Africanus (*F-N-R*) #3,4

Hildebrand, Conrad, *17. Jh.; - gen. Der Beständige/DG-R #11

Hildebrand, Maximiliana, geb. v. Renauld-Kellenbach, *9.8.1879 Ingolstadt; - Ps. L. v. R.; Liana von Renauld-Kellenbach; Falk von Sonnenfels (*D-L-P*) #1,3,4

Hildebrandt, Hans, *27.1.1861 Hildebrandshof b. Stolp/Pommern; - Ps. Gregor VII.; Friedrich Günther; Hadubrand (*E-L-P*) #1,3,4

Hildebrandt, Karl Erich, *31.8.1901 Berlin; - Ps. Jost Adrian Seyffarth (*D-L-S*) #3

Hildebrandt, Karl Gotthold, *3.11.1852 Magdeburg; - Ps. Knut Hjörring (*E-P*) #1,3,4

Hildebrandt, Karl Wilhelm Heinrich, *29.3.1796 Weferlingen b. Halberstadt, †13.4.1861 Barnimslow b. Stettin; - Ps. Karl Norden (*E-N-R*) #4,11

Hildebrandt-Strehlen, Heinrich, *18.6.1814 Wenden/Ostpr., †5.11.1901 Freyburg/Unstrut; - Ps. Roderich Brown (*D-E-J-P*) #1,3,4

Hildenbrand, Theodor, *21.4.1852 Würzburg; - Ps. Feodor Brand (*L*) #1,3,4

Hildenbrandt, Alfred (Fred), *27.4.1892 Stuttgart, †4.3.1963 Koblenz; - Ps. Hermann Thimmermann (*P-R*) #4,7,15

Hilferding, Rudolf, *10.8.1877 Wien, †11.2.1941 Paris; - Ps. Richard Kern (*P*) #18

Hilgenstock, Hans, *2.5.1900 Berlin; - Ps. Hermann Bach (*P*) #4

Hilger, Wilhelm Joseph, *30.8.1887 Hagen; - Ps. Meginensis (*P*) #3

Hilgert, Anton, *17.2.1861 Pancsova b. Semlin//Ungarn; - Ps. Anton Endersdorf (*E*) #1,3,4

Hilgert, Elisabeth, *16.6.1911 Berlin; - Ps. Elisabeth Borchardt-Hilgert (*E*) #3,4

Hill, Anna, *21.11.1860 Frankfurt/M., †13.11.1912 Frankfurt/M.; - Ps. Sans-Gêne (*P-S*) #1,3,4

Hill, Claude, *28.7.1911 Berlin; - urspr. Klaus Hilzheimer (*P*) #4

Hill, Karl Heinz, *26.1.1883 Gelnhausen; - Ps. Karl Heinz (*E-L-P*) #1,3,4

Hill, Kurt, *27.4.1902 Duisburg; - Ps. Hill Eulenspiegel (*P*) #3,4
Hillardt-Stenzinger, Gabriele,*20.9.1840 Prag, †1913 Mödling b. Wien; - Ps. G. Eichelberg (*L-J-M-P*) #2,4
Hille, Karl Gustav von, *um 1590 Zachan/Pommern, †1647 Allersheim; - gen. Der Unverdrossene/FG 302/1636 (*L-P*) 4,6,11,12
Hillebrand, Bruno, *6.2.1935 Düren; - Ps. Caspar von Hochberg (*L-P-R*) #3,4,10
Hillebrand, Clara, *14.5.1848 Golembitz b. Lissa/Posen; - Ps. Eva Ende (*P*) #2,3
Hillebrand, Julius, *27.4.1862 Zürich, †6.10.1895 Regensburg; - Ps. Brand; Julius Brand (*D-L*) #1,3,4
Hillebrand, Karl, *17.9.1829 Gießen, †19.10.1884 Florenz; - Ps. C. A. Fuxelles (*P*) #4,13,15
Hillebrandt, Alfred, *15.3.1853 Groß-Nädlitz b. Breslau, †18.10.1927 Deutsch-Lissa b. Breslau; - Ps. Fritz Bonsens (*P*) #3,4,15
Hillenbrandt, Ludwig, *15.10.1910 Capellen-Erft; - Ps. Lutz Starnberg (*N-P-R*) #3,4
Hiller, Gottlieb, *15.10.1778 Landsberg/Sa., †9.1.1826 Bernau b. Berlin; - gen. Der Naturdichter; Ps. Bloomfield (*L*) #1,4,11,13
Hiller, Johann Adam, *25.12.1728 Wendisch-Ossig b. Görlitz, †16.6.1804 Leipzig; - auch Hüller (*P*) #4,13,15
Hiller, Wilhelm, *15.1.1884 Quedlinburg; - Ps. Franzis Burnett; William Hiller; Buffalo Jack; Kapitän Skuller; Harry Porter (*R*) #3,4
Hillers, Marta, *26.5.1911 Krefeld; - Ps. Marta Moyland (*F-N*) #3
Hillger, Hermann, *22.8.1865 Calbe/Saale; - Ps. Armin Graumann (*P*) #3
Hilliger, Karl, *7.1.1862 Beckel/Pommern; - Ps. Paul Hermann von Jaronti (*P*) #3
Hillischer, Joseph Hermann, *19.3.1825 Wien, †23.4.1897 Linz/Do.; - Ps. Deutscher Handwerksbursch; Joseph Hermann Hillisch (*L*) #1,4
Hillmann, Franz, *29.7.1881 Erfurt; - Ps. Franz Walden (*D-L-N-S*) #1,3,4
Hilscher, Luise, *3.2.1848; - Ps. P. Lenz (*P*) #2,3
Hilscher, Paula, *5.4.1818 Langendorf b. Weißenfels, †12.9.1883 Leipzig; - Ps. Paula Herbst (*N-R*) #1,2,4
Hilsenberg, Carl Ludwig Heinrich, *1814 Erfurt, †31.5.1843; - Ps. Beier d. J.; Ludwig von Erfurt (*L*) #1,4,11
Hilten, Georg Zacharias, *17. Jh.; - gen. Der Geliebte/DG-N #11
Hilz, Wolfgang, *24.3.1845 Zwiesel, †24.3.1898 Kastl b. Altötting; - Ps. Hilderich Burgvogt (*L*) #1,4
Himer, Kurt, *14.1.1877 Berlin, †23.7.1967 Hamburg; - Ps. Kurt Jussuf (*L-P-S*) #3,4
Himmel, Adolf, *9.8.1928 Moers; - Ps. Gustav Adolf Himmel; Felix Rackwitz (*F-J-P-R*) #3,17
Himmele, Adolf, *9.2.1894 Schwetzingen, †31.3.1967 Speyer; - Ps. Harry Holm (*L-N-P*) #3,4
Hindemitt-Blum, Peter, *7.8.1947 Heil b. Unna; - Ps. Jakob Isaak Mendelsohn (*L-P*) #3
Hindenach, Arthur, *18.9.1911 Zürich; - Ps. Artj Cambel (*R*) #3
Hindenburg, Herbert von, *1.4.1872; - Ps. Friedrich Terburg (*E-L-N-R*) #3
Hindersin, Friedrich Wilhelm von, *29.10.1858 Breslau, †1936 Vienenburg/Harz; - Ps. F. Tiro (*D-L-N-P-R*) #1,3,4
Hingenau, Otto Bernhard Freiherr von, *19.12.1818 Triest, †22.5.1872 Wien; - Ps. G. Neuhain (*E-L-P*) #1,4,13,15
Hinnerking, Dietrich Peter, *(1692); - Ps. Der Häufende (*P*)
Hinnius, Anna, *11.2.1848 Potsdam, †1.1.1911 Wiesbaden; - Ps. A. Norden (*N-R*) #1,2,3,4
Hinrichsen, Adolf, *15.1.1859 Bützow/Meckl.; - Ps. E. Günther (*E-L-N*) #1,3,4
Hinrichsen, Alwina, *1848 Klein-Zicker, †1909 Rostock; - Ps. Ina Rex (*E-L-N-R*) #3,4
Hinrichsen, Otto, *7.7.1870 Rostock, †7.4.1941 Herisau/Appenzell; - Ps. Otto Hinnerk (*D-S*) #1,3,4
Hinsch, Hinrich, *Stade, †5.5.1712 Hamburg; - Ps. J. U. L. Nikolaus Mayer; Nicolaus Mayerus (*S*) #4,11
Hinsche, Nicolaus Daniel, *29.12.1771 Hamburg, †3.5.1844 Bergedorf; - Ps. Theobald; Winfried; X. (*L*) #1,4,6,11
Hinselmann-Semler, Susanne, *14.10.1896; - Ps. Susi Semler (*E*) #3
Hinterholzer, Peter Aloys, *7.5.1905 Aßling/Obb.; - Ps. Peter Hausmann (*F-P-R*) #3
Hintersatz, Wilhelm, *26.5.1886 Senftenberg/Lausitz, †29.3.1963 Lübeck; - Ps. Wilhelm Harun-el-Raschid-Bey (*P-R*) #3,4
Hintz, Werner Erich, *29.4.1907 Berlin, †13.10.1985 Heimbuchenthal/Spessart; - Ps. Onkel Tobias; Heinz Wertner (*F-J-P-R*) #3,4
Hinüber, August, *17.7.1852 Nonnenholz b. Witzenhausen; - Ps. A. H. von Nonnenholz (*L-N-P*) #1,3,4
Hinz, Erich-Karl, *13.6.1900 Neustettin, †3.3.1984 Hamburg; - Ps. Jerry Cotton; Don Dexter; Don Dolan; Uwe Karsten; Mike Taylor (*P*) #3,16
Hinz, Ilona, *27.12.1893 Riga; - Ps. Ilona Koenig (*L-N-R*) #3
Hinze, Friedrich, *4.7.1804 Lübeck, †1.9.1857 Petersburg; - Ps. Heimbertsohn (*L-P*) #1,4,11
Hinze, Heinz F. W., *18.4.1921 Ludwigslust; - Ps. James Wilding; H. F. Wilhelm (*E-F-L-P*) #3
Hinzelmann, Elsa Margot, *16.2.1895 Leipzig, †16.9.1969 Ascona; - Ps. Margrit Hauser (*J-P-R*) #3,4
Hipp, Rüdiger, *5.2.1940 Stuttgart; - Ps. Florian Ulmer (*P-R*) #3

Hippel, Theodor Gottlieb von, *31.1.1741 Gerdauen/Ostpr., †23.4.1796 Königsberg; - Ps. Eugenius a Falce; Johann Heinrich Friedrich Quittenbaum (*L-P-R-S*) #1,4,5,6,11,13,14,15

Hirsch, Albrecht, *31.12.1869 Leipzig; - Ps. A. von der Pleiße (*E-L*) #3

Hirsch, Arnold, *12.6.1815 Horitz/Böhmen, †24.11.1896 Wien; - Ps. Eginhard Quelle (*D-S*) #1,3,4

Hirsch, Arnold, *28.4.1878 Znin b. Bromberg, †29.9.1960 London; - Ps. Franz Arnold (*S*) #4

Hirsch, Gustav, *15.6.1837 Kreuznach, †20.9.1901 Konstanz; - Ps. Gustav Hartwig; Gustav Zerffi (*L*) #1,3,4

Hirsch, Hans Traugott, *23.3.1861 Berlin; - Ps. Argus; Ekkehard (*P*) #3

Hirsch, Isaak, *14.4.1836 Oldenburg, †1899 Hannover; - Ps. Naftali Simon (*R*) #1,3,4

Hirsch, Isaak, *16.11.1923 München; - Ps. Klaus H. Simon; Nik Simon (*L-R*) #3

Hirsch, Jenny, *25.11.1829 Zerbst, †10.3.1902 Berlin; - Ps. Fritz Arnefeldt; Franz von Busch; J. N. Heynrichs (*E-N-P-R*) #1,3,4,9

Hirsch, Karl Jakob, *23.11.1892 Hannover, †8.7.1952 München; - Ps. Karl Böttner; Andreas Gassner; Joe Gassner; Jakobus; Joga (*F-M-P-R*) #3,4,5,8,15,18

Hirsch, Ludwig, *20.12.1843 Heves/Ungarn, †27.2.1910 Wien; - Ps. Onkel Tom; Ludwig Hevesi (*J-N-P-R*) #1,4

Hirsch, Marie, *12.3.1848 Hamburg, †17.11.1911 Hamburg; - Ps. Adalbert Meinhardt (*D-E-N-P*) #1,2,3,4

Hirsch, Paul, *16.8.1892 Wien, †9.11.1975 Melbourne/Austr.; - Ps. Paul Hatvani (*L-P*) #3,4,18

Hirsch, Rosemarie, geb. Schuder, *24.7.1928 Jena; - Ps. Rosemarie Schuder (*E-P-R*) #3,4,5,8,14

Hirsch, Samson Raphael, *20.6.1808 Hamburg, †31.12.1888 Frankfurt/M.; - Ps. Ben Usiel (*P*) #4,13,15

Hirsch, Sigmund, *9.1.1811 Wien; - Ps. Sigmund Schlesinger; Sigmund (*E-N-P*) #1,4

Hirschberg, Emmi, *23.2.1885; - Ps. E. Herg (*P*) #3

Hirschberg, Klara, *28.7.1840 Krüssau b. Magdeburg; - Ps. B. Lothar (*E-N*) #1,3,4

Hirschberg, Leopold, *28.12.1845 Exin b. Bromberg; - Ps. Leo v. Amberg (*P*) #3

Hirschberg, Rudolf, *31.12.1867 Meißen; - Ps. Rudolf Hirschberg-Jura; Rudolf Jura; B. Martinelli; Sebald Wendhus (*E-L-R*) #1,3,4

Hirschberg, Ruth, *(1921); - Ps. Ruth Hirschberg-Jura; Ruth Rajewska von Weiher (*E-R*) #3,4

Hirschfeld, Hedwig, *21.8.1884; - Ps. Hedwig Hassel (*D-N-P-R*) #3,4

Hirschfeld, Hermann, *27.11.1842 Hamburg, †1921 Neu-Isenburg; - Ps. Walter Vogel (*E-J-N-R*) #1,3,4

Hirschfeld, Magnus, *14.5.1868 Kolberg, †15.5.1935 Nizza; - Ps. Pamien; Ramien (*P*) #3,18

Hirschfeld, Max, *13.8.1860 Kaukehmen b. Tilsit, †4.10.1944 Berlin; - Ps. Max Feder; MacClown; Heini Rietberg (*N-P-R*) #1,3,4

Hirschfeld, Viktor Léon, *1.4.1858 Sceniz b. Preßburg, †23.2.1940 Wien; - Ps. Viktor Léon (*P-R-S*) #1,3,4

Hirschler, Adolf, *26.10.1931 Stadl a. d. Mur; - Ps. Ivo Hirschler (*E-F-P-R-S*) #3,4

Hirschler, Anna, *21.9.1846 Agram, †9.10.1889 Vöslau b. Wien; - Ps. Anna Forstenheim (*D-E-R-S*) #1,4

Hirschmann, Helene, *13.1.1882 Nürnberg; - Ps. Hirschmann-Rasp (*L-S*) #3

Hirschmeier, Michael, *4.10.1952 Rheine; - Ps. Jona Amos (*J-L-P*) #3

Hirschner, Fritz, *1.10.1899 Bad Kreuznach; - Ps. Frank Höllger; Adolf Rheinau; Samo (*J-P*) #3,4

Hirt, Karl Emerich, *19.12.1866 Troppau, †24.1.1963 Innsbruck; - Ps. Austriacus; K. E. H.; Nemesius (*L-N-P*) #3,4

Hirt-Marszalek, Ursel Renate, *12.9.1903, †7.7.1942 Berlin; - Ps. Ursel Renate Hirt (*S*) #3

Hirth, Friedrich, *25.7.1878 Wien, †20.12.1952 Mainz; - Ps. Eugen F. Höfler (*P*) #3,4

Hirtz, Arnold, *25.2.1843 Gleich; - Ps. H. Arnold; A. Cervus (*P*) #3

Hirtzwig, Heinrich, *um 1587 Langenhain/Hessen, †18.8.1635 Butzbach; - auch Hirtzwigius (*D-P*) #4,11,13,15

Hittcher, Karl, *20.1.1840 Waiwern b. Gumbinnen; - Ps. Karl Hüdiger (*L-P*) #1,4

Hitz, Erika, *17.4.1920 Königsberg; - Ps. Erika Trakehnen (*E*) #3

Hitzbleck, Friedrich, *10.3.1951 Essen; - Ps. Conny Lens (*R*) #3

Hitzfeld, Ludwig von, *17. Jh.; - gen. Der Deutschmeinende/DG-R #11

Hlawacek, Eduard, *25.9.1808 Karlsbad, †25.9.1883 Karlsbad; - Ps. Edward (*L*) #1, 4

Hnidek, Leopold, *26.10.1926 Wien; - Ps. Leopold Keller; F. A. Schwab; Hanna Seyringer; A. Svitavsky (*E-F-J-L-R*) #3,4

Hobbhan, Johann Wilhelm, *8.3.1665 Ochsenberg, †17.9.1727 Knittlingen; - Ps. Johannes Guilelmus Montgallus; Innocentius de Rouge (*P*) #6

Hobe, Marie von, *18.9.1845 Münster, †6.9.1918 Tuchheim b. Magdeburg; - Ps. M. V. Eboh; Kerimée Hanoum (*D-P-R-S*) #1,2,4

Hobe, Therese Luise Auguste von, *15.4.1837 Merseburg; - Ps. Th. v. Rotschütz (*E-J-P*) #2,3

Hobein, Eugen, *19.4.1894 Mandel b. Kreuznach; - Ps. Axel Arndt; Jim Carney; Jerry Cotton; Glenn Drake; Roy Parnass; Tom Scott; Hal Wilson (*E-R*) #3,4,16

Höber, Eduard, *20.3.1871 Stettin; - Ps. Eduard Pommer; Sedinus (*P*) #3
Höber, Heinz Werner, *1931 Berlin, †15.5.1996 Berlin; - Ps. Jerry Cotton; James Falker; John Foster; King Gold; Sam Langster; Heinz Werner Müller; Karin van Zeyck (*R*) #16
Hoboken, Eva van, *28.7.1907 Fiesole b. Florenz; - Ps. Eva Boy (*L-P-R*) #3
Hobsbaum, Nelly, *7.4.1895 Wien; - Ps. Nelly Holden (*P-R*) #3,4
Hoburg, Christian, *23.7.1607 Lüneburg, †29.10.1675 Altona; - Ps. Adamantinus Adrianus ab Andria; Bernhard Baumann; Christianus Montaltus; Elias Praetorius; Andreas Seuberlich (*P*) #4,6,13,15
Hoch, Ernst Heinrich, *31.5.1903 Köln; - Ps. Ferdinand Surhof (*F-L-N-P*) #3,4
Hoch, Ludwig, *31.5.1895 München, †München; - Ps. Ludwig Hugin (*D-N-S*) #3
Hochberg, Bolko von, *23.1.1843 Fürstenstein/ Schles., †1.12.1926 Salzbrunn/ Schles.; - Ps. J. H. Franz (*S*) #4,15
Hochdorf, Max, *19.3.1880 Stettin, †6.3.1948 Brüssel; - Ps. Ayescha Begum (*D-E-N-P-R*) #1,3,4,18
Hoche, Alfred Erich, *1.10.1865 Wildenhain/ Sa., †16.5.1943 Baden-Baden; - Ps. Alfred Erich (*L-P-R*) #3,4,15
Hocheder, Franz von Paula, *23.3.1783 Roßdorf/Obb., †3.4.1844 München; - Ps. Emmerich Norus (*P-R*) #4,6,11,13
Hochfeldt, Hans, *11.9.1856 Potsdam, †29.4.1911 Berlin; - Ps. Hans Dreger (*D-R-S*) #1,3,4
Hochheimer, Albert, *5.5.1900 Steinheim/ Westf., †28.9.1976 Crocifisso/Tessin; - Ps. Bert Jorat (*E-F-J-P-R*) #3,4,18
Hochhuber, Leopold, *5.10.1889 St.Florian/ O.-Ö.; - Ps. Gruber zu Bruck (*J-P*)
Hochrain, Helmut, *1.11.1916 Nürnberg; - Ps. Leopold Liesenberg; Jean Schack (*E-F-N-P-R*) #3
Hochrein, Irene, geb. Schleicher , *17.8.1915 Milken/Ostpr., †16.9.1976 Ludwigshafen; - Ps. Irene Schleicher (*L-P*) #3,4
Hochstraten, Jakob von, *um 1460 Hoogstraeten/Brabant, †21.1.1527 Köln; - Ps. Philalethes (*P*) #4,13,15
Höcht, Hans, *7.2.1901 Wiesbaden; - Ps. Johannes Maria Höcht (*P*) #3
Hochweber, Elise, geb. Reinhart, *12.1.1818 Frankfurt/M., †6.10.1894 Donaueschingen; - Ps. Elise Reinhart (*L*) #1,2,4
Hocke, Gustav René, *1.3.1908 Brüssel, †14.7.1985 Genzano/Italien; - Ps. Julian Ritter (*P-R*) #3,4
Hocke, Willy, *16.10.1901; - Ps. Hans Willy Hocke (*E-P-R*) #3,4
Hockemeyer, Karl-Ernst, *9.4.1907 Großenbehringen b. Wangenheim; - Ps. Molar (*D-F-L*) #3,4
Hockemeyer, Trutz Hardo, *23.4.1939 Eisenach; - Ps. Trutz Hardo (*R*) #3
Höcker, Charlotte, *24.10.1904 Apolda/Thür.; - Ps. Charlotte Hagen; Lo Marx-Lindner (*N-R*) #3,4
Höcker, Georg, *14.12.1860 Rostock; - Ps. Paul Heller; P. Henkes; Emin Leonhard; G. Recke (*E-N-R*) #1,3,4
Höcker, Karla Alexandra, *1.9.1909 Berlin; - Ps. Christiane Rautter (*E-F-N-P-R*) #3,4,5
Hocker, Monika, *13.2.1949 Emsdetten b. Steinfurt; - Ps. Monika Christen (*L-P-R*) #3,4
Höcker, Paul Oskar, *7.12.1865 Meiningen, †6.5.1944 Rastatt; - Ps. Heinz Grevenstett (*E-R*) #1,3,4,5,15
Hodann, Valerie, *16.5.1866 Chlewo b. Schildberg/Posen; - Ps. Hans Daub (*E-R*) #1,3,4
Hödel, Joachim, *31.7.1724 Graz, †24.2.1803 Ebreichsdorf/N.-Ö:; - Ps. Die Ebreichsdorfer Muse; Musa Werschetiensis (*L-P*) #4
Hodenberg, Bodo von, *3.4.1604 Hudemühlen b. Fallingbostel, †20.10.1650 Osterode/Harz; - gen. Der Enthärtende/FG 373/1642 (*L*) #11,12
Hoder, Friedrich Josef, *11.2.1900 Schlackenwerth/Böhmen; - Ps. Peter Hansen; Peter Hausen; Rhedo (*E-L-N-P-R*) #3,4
Hoe von Hoenegg, Matthias, *24.2.1580 Wien, †4.3.1645 Dresden; - Ps. Theodorus Hypselius; Johannes Mylius (*P-S*) #4,6,13,15
Hoeck, Theobald von, *10.8.1573 Limbach/ Rheinpfalz, †1618; - Ps. Otheblad Ockhe von Ichamp (*L*) #4,5,11,19
Hoeffner, Erwin, *24.12.1876 Zwickau, †Dresden; - Ps. Erwin Rainach (*D-N-R*) #3,4
Hoegner, Wilhelm, *23.9.1887 München; - Ps. Bertschi; Engelhardt; Landgerichtsdirektor ***; Urs Liechti; Hans Ritter (*P*) #4,18
Hoensbroech, Paul von und zu, *29.6.1852 Schloß Haag/Geldern, †29.8.1923 Groß-Lichterfelde b. Berlin; - Ps. Rotho v. Rheinfelden (*P*) #3,4,15
Hoeppener, Wilhelm, *27.4.1902; - Ps. W. Hoeppener-Flatow (*P-R*) #3
Hoerle, Eugen, *19.4.1861 Frankfurt/M.; - Ps. Friedrich Linden (*L*) #4
Hoerner, Susanne von, geb. Heintze, *24.1.1890 Breslau; - Ps. Susanne Heintze; Suse von Hoerner-Heintze; Ypsilon (*E-L-R*) #3,4
Hoernes, Jenny, geb. v. Reuß, *14.3.1859 Prag, †28.10.1943 Wien; - Ps. Jenny von Reuß; Willibald Reuß (*L-N*) #1,2,3,4
Hoernle, Edwin, *11.12.1883 Bad Cannstatt, †21.8.1952 Bad Liebenstein; - Ps. H. Georgi; Oculi (*E-L-P-S*) #3,4,14,17,18
Hoesch, Lucy, *1.10.1864 Düren; - Ps. Lucy Gregor (*E-P*) #1,2,4
Hoewer, Eugen, *23.4.1878 Koblenz, †1.1.1961 Koblenz; - Ps. Hagen (*D-F-P*) #3,4

Hof, Anni, geb. Geiger, *7.11.1897 Stuttgart; - Ps. Anni Geiger-Gog; Anni Geiger-Hof; Hanne Menken; Anni Gog (*J-R*) #3,4,17

Hofacker, Johannes, *23.1.1635 Dillingen, †7.12.1714 Augsburg; - Ps. Athanasius von Dillingen (*P*) #4

Hofacker, Karl Christoph, *26.2.1749 Böringsweiler/Württ., †Tübingen; - Ps. A. F. Pistorius (*P*) #6

Hofbauer, Elfriede Adrienne, *24.7.1909 Wien; - Ps. Enne Brückner; Friede von Motten (*L-N-P-R*) #3,4

Hofberger, Berta, *20.2.1903 München; - Ps. Berta Hof (*F-P-S*) #3

Hofé, Günther, *17.3.1914 Berlin, †1988 Königswusterhausen; - Ps. Bernd Elberger (*E-F-P-R*) #3,4

Hofer, Dorothea, geb. Dernburg, *22.12.1894 Berlin; - Ps. Dorothea Hofer-Dernburg (*E-P*) #3

Höfer von Lobenstein, Berndin, *17. Jh.; - gen. Der Frühblühende/FG 556 #11

Hofer-Heilsberg, August Albert, *5.4.1868 Wien; - Ps. A. H. Berg (*N-P*) #3

Hoff, Adolf Max, *15.8.1924 Neustadt/Holstein; - Ps. Kay Hoff (*E-F-L-R*) #3,4,5,10

Hoffelner, Leopold, *5.11.1899 Wien; - Ps. Willy Bernert (*N-P*) #3,4

Hoffelner, Trude, *20.10.1904 Wien; - Ps. Inge Günther (*P*) #3

Hoffinger, Johann Baptist Ritter von, *30.7.1825 Wien, †7.4.1879 Wien; - Ps. Flambert (*P*) #4

Hoffmann, Adolph, *22.3.1858 Berlin; - Ps. Civis; Ein Menschenfreund; J. F. A. Volkmann (*L-P-S*) #3,4

Hoffmann, Agnes, *1.12.1864 St.Pölten; - Ps. Emma Burg (*L*) #3,4

Hoffmann, Arno, *27.6.1862 Chemnitz; - Ps. Rafael; Adalbert St.Phar (*P-R*) #3,4

Hoffmann, August Heinrich, *2.4.1798 Fallersleben b. Braunschweig, †19.1.1874 Schloß Corvey/Westf.; - gen. Hoffmann von Fallersleben; Ps. A. H. H.; Dr. A. H. H.; Dr. H. H.; H. H. v. F.; H. v. F.; Henricus custos; Poeten-Siebel (*L-P*) #1,4,5,11,13,14,15,17

Hoffmann, Elisabeth, geb. Langgässer, *23.2.1899 Alzey, †25.7.1950 Rheinzabern; - Ps. Elisabeth Langgässer (*E-F-L-P-R*) #3,4,5,8,9,10,14,15

Hoffmann, Ernst Günther, *2.3.1908 Posen; - Ps. Ernst Günther Hoffmann-Xionzer (*L*) #3,4

Hoffmann, Ernst Theodor Amadeus (E. T. A.), *24.1.1776 Königsberg, †25.6.1822 Berlin; - Ps. Guiseppo Dori; Kapellmeister Johannes Kreisler (*E-L-M-P-R-S*) #1,4,5,11,13,14,15,17,20

Hoffmann, Eva, *25.2.1895 Leipzig; - Ps. Eva Hoffmann-Linke (*P*) #3

Hoffmann, Ferdinand, *27.2.1906 Nürnberg; - Ps. Nico Larsen (*P*) #3,4

Hoffmann, Franz Ludwig, *27.6.1851 Dresden; - urspr. Franz Ludwig Lewy; Arnold von der Passer (*D-L-P*) #1,3,4

Hoffmann, Georg, *21.7.1883 Werder/Havel; - Ps. Hoffmann von Werder (*D-L-P*) #1,3,4

Hoffmann, Gerhard, *30.7.1887 Weimar; - Ps. Ernst Mann (*P*) #3

Hoffmann, Gertrud, geb. Baitz, *26.11.1908 Maros-Portus/Ungarn; - Ps. Maria Baitz (*R*) #3,4

Hoffmann, Gotthelf, *11.11.1865 Nordhausen; - Ps. Kutschke (*E-L*) 1,3

Hoffmann, Guido, *14.7.1878 Essen; - Ps. Vitus (*P*) #3

Hoffmann, Günther, *2.7.1913 Berlin, †18.6.1940 (gef.); - Ps. Günther Hoffmann-Steglitz (*P-R*) #3,4

Hoffmann, Günther, *27.11.1911 Kiel; - Ps. Peer Heikhendorff; Günther H. Hoffmann-Koepping (*F-L-R-S*) #3

Hoffmann, Hans, *16.1.1901 Trebitz b. Könnern/Saale; - Ps. Hans Haho (*L-P*) #3,4

Hoffmann, Hans, *22.11.1929 Wissen/Sieg; - Ps. Johann Hoffmann-Herreros; Petra Piers; Peter Siegentaler; Hans Uri (*L-N-P-R*) #3,4

Hoffmann, Heinrich, *13.6.1809 Frankfurt/M., †20.9.1894 Frankfurt/M.; - Ps. Heulalius von Heulenburg; Heinrich Hoffmann-Donner; Heinrich Kinderlieb; Polykarpus Gastfenger; Reimerich Kinderlieb; Peter Struwwel; Zwiebel (*E-L-P*) #1,4,5,13,15,17

Hoffmann, Helene, *(1907); - Ps. Ossip Lenski (*L*)

Hoffmann, Hermann, *14.7.1878 Glogau; - Ps. Josef Hermann (*P*) #3

Hoffmann, Horst, *21.3.1950 Bergheim/Erft; - Ps. Kevin Hayes; Jeff Jordan; Neil Kenwood (*E-R*) #3,7,16

Hoffmann, Horst, *26.12.1898 Königsberg; - Ps. Andreas Andermann (*S*) #3

Hoffmann, Immanuel, *25.5.1858 Berlin, †1924 Berlin; - Ps. Schurig-Hoffmann (*L*) #1,3,4

Hoffmann, Isolde, geb. Conta, *7.7.1907 Wien; - Ps. Isolde von Conta; Isolde von Conta-Hoffmann (*D-L-P-S*) #3,4

Hoffmann, J., *1845 Belitz/Meckl.; - Ps. J. Laokles (*E*) #1,4

Hoffmann, Johann Friedrich Wilhelm, *28.6.1863 Tammendorf b. Crossen/Oder, †29.6.1900 Hochheide; - Ps. Wilhelm Hoff (*J-L*) #1,4

Hoffmann, Johann Gottfried, *29.11.1641 Freiberg/Sa., †3.4.1690 Tuttendorf b. Freiberg/Sa.; - Ps. Aulander vom Hoffnungs-Berge (*P*) #4

Hoffmann, Johannes, *12.6.1644 Teichel b. Rudolstadt, †1.6.1718 Frankenhausen; - Ps. Elpiander (*L*) #4

Hoffmann, Karl Friedrich, *um 1775 Weißenfels, †1813 Magdeburg; - Ps. Karl Felswagen (*E-P*) #4,6,11

Hoffmann, Karl Theodor Ferdinand, *6.10.1885 Duisburg; - Ps. Eugen Ferdinand Hoffmann (*D-L-N-R*) #3,4

Hoffmann, Klaus-Dieter, *17.1.1939 Glogau; - Ps. Klaus Hoffmann-Reicker (*E-F-P-R*) #3

Hoffmann, Leonhard, *8.8.1845 Nesselbach/ Württ., †30.5.1921 Stuttgart; - Ps. Leonhard Hoffmann-Nesselbach (*E-P*) #1,3,4,15

Hoffmann, Leopold Alois, *29.1.1760 Niederwittig/Nordböhm., †2.9.1806 Wiener Neustadt; - Ps. Berger; Ganz; Hartberg; Michael Hinz; Kleeraube; Knauf; Mann; Neumann; Schwab; Straus; Wittinger (*D-L-P-S*) #1,4,11,15

Hoffmann, Ludwig, *3.7.1865 Nordhausen, †18.1.1903 Nordhausen; - Ps. Max Ekkehard (*D-S*) #1,3,4

Hoffmann, Max, *27.11.1858 Berlin, †1910; - Ps. Fritz Frei; Frank Heisterbach; Krischan; Hans Pauli; Spero; Hans Spessmann; Karl Vogelsang (*L-N-P-R*) #1,3,4

Hoffmann, Oskar, *29.10.1868 Gotha; - Ps. W. W. Hamilton (*E-P-R*) #1,3,4,20

Hoffmann, Pauline, *19.7.1856 Seyda/Sa.; - Ps. Pauline Hoffmann v. Wangenheim (*D-S*) #1

Hoffmann, Paulus, *um 1550 Neisse; - Ps. Paulus Auleander (*P*) #4

Hoffmann, Walter, *20.5.1908 Berlin; - Ps. Walter Kolbenhoff (*F-P-R*) #3,4,5,8,10,18

Hoffmann-Guben, Günther, *5.7.1938 Guben; - Ps. Günther Guben (*F-L-P*) #3,4

Hoffmann-Harnisch, Wolfgang, *13.5.1893 Frankfurt/O., †7.1.1965 Bonn; - Ps. Wolfgang Lindroder (*F-N-P-R-S*) #3,4

Hoffmann-Rall, Elle, *23.11.1892 Markdorf/ Baden; - Ps. Erall (*E-L-P*) #3,4

Hoffmanns, W. P., *(1984); - Ps. Mark Powers; Ted Scott (*R*) #16

Hoffmeister, Hermann Wilhelm, *21.10.1839 Osterwieck a. Harz, †5.6.1916 Osterwieck a. Harz; - Ps. Wilh. Meister (*D-E-L-N-P-S*) #1,3,4

Höffner, Johannes, *18.3.1868 Dramburg/Pommern, †9.12.1929 Bomsdorf b. Guben; - Ps. Heinrich Oesterle (*E-N-P-R*) #1,3,4

Höffner, Klara, *13.5.1875 Bromberg, †1.9.1955 Neumarkt/Opf.; - Ps. Klara Hofer (*E-N-R*) #3,4,15

Hoffschild, Wilhelm Franz, *22.6.1869 Stettin; - Ps. Wilhelm Franz (*L*) #1,3,4

Höfken, Gustav von, *14.6.1811 Hattingen/ Ruhr, †14.7.1889 Wien; - Ps. Gust. H....n; Gustav van Hoven (*P-S*) #4,13,15

Hofkirch, Wolf Lorenz Freiherr von, *17.Jh.; - gen. Der Fechtende/FG 686 #11

Höfler, Paula Sofie, *30.4.1907 Metz, †17.2.1952 Frankfurt/M.; - Ps. Polly Marie Höfler (*R*) #3,10

Höfler, Peter Karl, *23.1.1905 Berlin, †15.8.1952 Lienz/Tirol; - Ps. Jesse Thoor (*E-L*) #5,8,18

Höfling, Helmut, *17.2.1927 Aachen; - Ps. Helmut Siegel (*D-E-F-J-P-R*) #3,4

Hofmann, Brünnhilde, *5.12.1889 Wandsbeck b. Hamburg; - Ps. Herrmann (*R*) #4

Hofmann, Charlotte, *5.12.1909 Berlin, †22.4.1983 Marburg; - Ps. Charlotte Hochgründler (*L-R*) #3,4

Hofmann, Charlotte Annemarie, *30.6.1920 Stuttgart; - Ps. Charlotte Hofmann-Hege (*E-P*) #3,4

Hofmann, Else, geb. Gernet, 7.12.1866 Mannheim; - Ps. Else Gernet (*E-J*) #3,4

Hofmann, Ernst, *7.12.1890 Breslau, †27.4.1945; - Ps. Ernst Hofmann von Schönholtz (*F-P-R*) #3,4

Hofmann, Eva, *21.4.1889, †Michendorf/ Mark; - Ps. Eva Duncker-Hofmann (*F-N-R*) #3,4

Hofmann, Franz, *20.6.1845 Zdounek/Mähren, †25.10.1897 Wien; - Ps. Heinrich Falkland (*L*) #1

Hofmann, Friedrich, *29.9.1627 Parchau/ Schles., †8.3.1673 Elbing; - gen. Cleander I/PB; Epigrammatocles/ES (*D-L-P*) #11,19

Hofmann, Hans, *24.5.1862 Ulm; - Ps. Mannhof (*P*) #3

Hofmann, Hellmut W., *1928; - Ps. Hellmut Wolfram (*R*)

Hofmann, Hugo, *24.6.1865 Mährisch-Ostrau; - Ps. Maurus Hoffmann (*P*) #3

Hofmann, Irmela, *24.8.1924 Kupferberg/ Schles.; - Ps. Paula Paulsen (*P-R*) #3

Hofmann, Johann, *17. Jh.; - Ps. Der Hoffnungsvolle/DG-N #11

Hofmann, Maria, geb. Gleitsmann, *28.2.1909 Crimmitschau/Sa.; - Ps. Maria Gleit; Maria Gleitsmann (*J-P-R*) #3,4,18

Hofmann, Martha, *29.8.1895 Wien, †9.11.1975 Wien; - Ps. Melitta Holl (*L-N-P-R*) #3,4,18

Hofmann-Wellenhof, Paul, *1.9.1858 Ob.-Döbling; - Ps. Treumund (*P*) #3

Hofmannsthal, Hugo von, *1.2.1874 Wien, †15.7.1929 Wien; - Ps. Levis; Loris; Loris Melikow; Theophil Morren (*D-E-L-P-S*) #1,3,4,5,8,10,14,15

Hofmeister, Adolf, *9.6.1818 Göttingen, †1894; - Ps. Wilhelm von Rosenau; Wladimir (*L-N-P*) #1,4

Hofmiller, Hulda, geb. Eggart, *22.2.1890 Memmingen; - Ps. Hulda Eggart; Jacoba von Stettendorf (*L-P-R*) #3,4

Hofmockel, Wilhelm, *8.10.1898 Augsburg, †26.3.1967 Traunstein; - Ps. Wilhelm Hoff (*E-L-R*) #3

Hofstäter, Felix Franz, *4.10.1741 Wien, †22.8.1814 Wien; - Ps. Ein eifriger Leser Wahrmunds (*L-P*) #4,11

Hofstetter, Maria, *10.11.1877 Luzern; - Ps. Tirza Mira (*L*) #1,4

Högel, Lisa, *(1960) München; - Ps. Cora Sobergk (*E-F-L-P-R*) #3

Hohberg, Caspar von, *14.5.1605 Fuchsmühl/Schles., †5.1.1669 Liegnitz; - auch Caspar von Hochberg; gen. Der Abnehmende/FG 509/1648 #11,12

Hohberg, Wolfgang Helmhard Freiherr von, *20.10.1612 Lengenfeld b. Krems/N.-Ö., †28.1.1688 Regensburg; - gen. Der Sinnreiche/FG 580/1652 (*L-P*) #4,5,11,13,15

Hohenauer, Friedrich, *3.3.1871 Klagenfurt, †10.9.1944 Wien; - Ps. Heinrich Fogar (*D-L*) #3,4

Hohenberg, Wolf Hemhard von, *20.10.1612 Lengenfeld/N.-Ö., †1686 Regensburg; - Ps. Der Sinnreiche (*D-L-P*) #1,11

Hohenbühel, Ludwig Ritter von Heufler zu Rasen und Perdonegg, *26.8.1817 Innsbruck, †8.6.1885 Altenzell b. Hall/Tirol; - Ps. Ludwig Freiherr von Hohenbühel (*L-P*) #1,3,4,15

Hohenemser, Ernst, *1.6.1870 Mannheim; - Ps. Alexander Frauentraut (*L-P*) #3,4

Hohenfeld, Johannes Freiherr von, *(1651); - Ps. Der Grünende (*P*) #11

Hohenhausen, Henriette Friederike Amalie v., *22.10.1781 Herford, †20.4.1843 Münster; - Ps. Fn-sen; Mathilde; Theodore (*E-J-L-N*) #1,4,6,11

Hohenheim, Philippus Aureolus Theophrastus Bombastus von, *10.11.1493 Einsiedeln/Schweiz, †24.9.1541 Salzburg; - Ps. Theophrastus Paracelsus (*D-E-L-N-P-R*) #4,5,13,14,19

Hohenlohe-Neuenstein-Weikersheim, Georg Friedrich Graf von, *5.9.1569 Neuenstein, †7.7.1645 Langenburg; - gen. Der Getreue/FG 44/1621 (*L-P*) #11,12,13

Hohenlohe-Schillingsfürst, Eugen Prinz zu, *27.7.1890; - Ps. Erwin Hohenlohe (*E*) #3

Hohenlohe-Waldenburg-Bartenstein, Christian Graf von, *31.8.1627, †13.6.1675 Neumarkt/Opf.; - gen. Der Niedliche/FG 472/1647 #11,12

Hohenstein, Lily, geb. Sommer, *11.5.1896 Darmstadt; - Ps. Lily Sommer (*N-P-R*) #3

Höhl, Leopold, *12.12.1844 Obererthal/Ufr., †29.2.1896 Ebern/Rhön; - Ps. Rhoenanus (*P*) #1,3,4

Hohlbein, Wolfgang E., *15.8.1953 Weimar; - Ps. Jerry Cotton; Robert Craven; Ryder Delgado; Wolfgang Eschenloh; Martin Hollburg; Robert Lamont; Michael Marks; Jason McCloud; Angela Smith; Jack Vernom; Henry Wolf (*P-R*) #3,7,16

Höhler, Matthias, *4.5.1847 Montabaur, †9.7.1920 Limburg/Lahn; - Ps. F. Ernst; M. H. Romhold (*E-N-P-R*) #1,3,4

Hohmann, Emilie, verw. Scotzniowsky, *22.1.1815 Glatt, †18.1.1856 Baden-Baden; - Ps. Emilie Scotzniowsky (*L*) #1

Hohoff, Margarete Elisabeth, *18.10.1920 München; - Ps. Madeleine Renard (*D-F-L-R*) #3,4

Hohoff, Maria, *13.6.1855 Recklinghausen, †4.4.1913 Altenessen; - Ps. Tante Maria (*J-S*) #1,2,3,4

Holbein Edler von Holbeinsberg, Franz Ignaz, *27.8.1799 Zistersdorf/N.-Ö., †6.9.1855 Wien; - Ps. Fontano (*D-E-L-P-S*) #1,4,11,13

Holczabek, Else, *6.6.1896 Reichenberg; - Ps. Fischer-Weinhaus (*R*) #4

Hölder, Luise, *um 1790 Fürth, †um 1850 Nürnberg; - Ps. Luise Hold (*J-P*) #4,11,17

Holenstein, Peter, *19.12.1946 Zürich; - Ps. Peter Lennox; Peter Lenox (*L-P*) #4

Höler, Georg Ignaz, *27.7.1865 Bad Schwalbach; - Ps. Naaz Höler (*E*) #4

Holesch, Editha, *9.6.1901 Tullnerbach-Preßbaum; - Ps. Ditha Holesch (*P-R*) #3,4

Holesch, Oskar, *1.11.1900 Wien, †1982; - Ps. Oskar H. Friedrich (*E-F-P-R*) #3,4

Holitscher, Philipp, *1.5.1822 Pest; - Ps. Fidelius (*D-E-L*) #1,3,4

Holl, Hanns, *5.8.1919 Innsbruck; - Ps. Hans Castorp; Joachim Perdix (*J-L-P*) #3

Holl, Leo, *25.5.1903 Lienz/Tirol, †14.5.1950 Zernez/Unterengadin; - Ps. Lucas Holl (*E-P-R*) #3,4

Hollach, Heinrich Friedrich von, *17. Jh.; - gen. Der Ablenkende/FG 680 #11

Hollach, Johann Friedrich Graf von, *17. Jh.; - gen. Der Streitbare/FG 648 #11

Hollaender, Friedrich, *18.10.1896 London, †18.1.1976 München; - Ps. Frederick Hollander (*E-F-P*) #3,18

Holland, Hyazinth, *18.8.1827 München, †6.1.1918 München; - Ps. Reding von Biberegg (*P*) #3,4,15

Holland, Johann, *um 1390 Eggenfelden; - auch Hollant von Eggenfelden (*L*) #4,13

Holland, Susi, *9.9.1916 Basel; - Ps. Georgette Susa (*P-R*) #3,4

Hollander, Karl Wilhelm, *14.8.1827 Hamburg, †5.4.1888 Hamburg; - Ps. Carl Wilhelm (*L*) #1,4

Hollatz, Dorothea, *20.1.1900 Stralsund; - Ps. Theo Holl (*E-J-L-N-R*) #3,4,17

Hollaz, David, *1648 Wulkow/Pommern, †17.4.1713 Jakobshagen/Pommern; - Ps. David Hollitius (*P*) #4,13,15

Holle, Ludwig, *um 1570 Höxter, †1621 Pölitz b. Stettin; - auch Ludwig Hollonius (*D-L-P*) #4,11,13

Hollen, Gottschalk, *um 1411 Körbecke b. Soest, †1481 Osnabrück; - auch Holen; Howe; Hoylen (*P*) #4,13,15

Hollender, Hermann, *7.7.1879 Frankfurt/M.; - Ps. H. Ollen (*E-N-P-R*) #3,4

Holler, Ulrich, *22.1.1923 Köln; - Ps. Maximilian Alexander (*E-F-P-R*) #3,4

Höllerl, Adolf, *17.6.1851 Neustadt a. W.; - Ps. Siegfried Meinhold (*P*) #3

Hollmann, Ernest, *31.12.1884 Mühlfraun/Mähren; - Ps. Konrad Bolz; Ernstl Junker (*D-F-L-N*) #3,4

Hollmann, Johannes Franciscus Christianus, *27.2.1758 Münster, †1.2.1817 Hamburg; - Ps. Friedrich Hollmann (*L-P*) #4,11
Hollmann, Samuel Christian, *3.12.1696 Stettin, †7.9.1787 Göttingen; - Ps. Cölander (*P*) #6
Hollstein, Maria, geb. Wokos, *(um 1900) München; - Ps. Maya Wokos (*N-R*) #3
Holm, Ernst Ludwig Emil, *15.8.1831 Karby b. Schleswig, †1.3.1888 Oxbüll b. Alsen; - Ps. Ernst (*L*) #1,3,4
Holm, Henry, *20.11.1908 Nindorf b. Rendsburg, †25.3.1977 Hamburg; - Ps. Hans Henning Holm (*D-F-L-P-R-S*) #3,4
Holm, Werner, *3.5.1917 Hamburg; - Ps. Peter Conradi (*F-R*) #3
Holmsten, Aldona, geb. Gustas, *2.3.1932 Karzewischken/Litauen; - Ps. Aldona Gustas (*L-P*) #3,4
Holmsten, Georg, *4.8.1913 Riga; - Ps. Peter Holm; Michael Ravensberg (*J-P-R*) #3,4
Hölscher, Dorothea, *6.11.1913 Berlin; - Ps. Lohmeyer (*M-P*) #3
Holst, Amalie, geb. v. Justi, *1758 Altona, †6.1.1829 Groß-Timkenberg/Elbe; - Ps. Amalie von Justi (*P*) #4,13
Holstein, Adolf Hans von, *17. Jh.; - gen. Der Geliebte/FG 611 #11
Holstein, Christian Adolf Herzog zu, *17. Jh.; - gen. Der Vielgerühmte/FG 633 #11
Holstein-Schaumburg, Otto V. Graf von, *1.3.1614, †15.11.1640 Bückeburg; - gen. Der Werte/FG 198/1629 (*L*) #11,12
Holsten, Christian, *17.10.1922 Otterstedt/Bremen; - Ps. Krüschan Holschen (*E-F-L*) #3,4
Holsten, Daniel, *17. Jh.; - gen. Der Anführende/DG #11
Holter, Joseph Felix Bernhard, *20.11.1812 Wels/O.-Ö., †4.7.1874 Kremsmünster; - Ps. Markus Holter (*L-P-S*) #1,4
Hölterhoff, Elise, *24.8.1819 Elberfeld; - Ps. E. Ehrenberg (*L-R*) #1,2,4
Holthausen, Johanna, *5.3.1812 Kleve/Rhl., †9.11.1875 Breslau; - Ps. Agnes Le Grave (*D-E-L-R*) #1,3,4
Holthausen, Marie, *(1898) Sonnenburg/Brandenburg; - Ps. Marzo (*L-N-P*) #3,4
Holtmann, Johannes, *um 1490 Ahaus/Westf., †1.12.1540 Münster; - gen. Ahaus (*P*) #4,15
Höltschi-Grässle, Charlotte, *14.9.1926 Mühlhausen/Els.; - Ps. Charlotte Bandol (*J-N-R*) #3,4
Hölty, Ludwig Christoph Heinrich, *21.12.1748 Mariensee, †1.9.1776 Hannover; - Ps. Haining (*E-L-P*) #1,4,5,11,13,14,15,17
Holtz, Irmgard, *22.5.1878 Cannstatt, †25.9.1901 Neuhof b. Reinfel/Holst.; - Ps. Irma Carlssen (*N-P*) #3,4
Holtzendorff, Georg Graf, *31.7.1838 Freiberg/Sa.; - Ps. Georg Stellanus (*E*) #1,4
Holtzheim, Johann von, *17. Jh.; - gen. Der Lustliebende/DG-R #11
Holub, Ernest, *15.10.1889 Retz/N.-Ö.; - Ps. Ernest Henthaler (*E-F-P-R-S*) #3,4
Holz, Arno, *26.4.1863 Rastenburg/Ostpr., †26.10.1929 Berlin; - Ps. Bjarne P. Holmsen (*D-L-N-P-S*) #1,3,4,5,8,14,15,19
Holzamer, Wilhelm, *28.3.1870 Nieder-Olm b. Mainz, †28.8.1907 Berlin; - Ps. Helmar Friedemund (*E-L-N-P-R*) #1,3,4,5,15
Holzapfel, Attalus, *27.10.1891 Augsburg; - Ps. A. Talus (*E-L-N-P-R*) #3,4
Holzapfel, Carl Maria, *21.10.1890 Unna; - Ps. Carl Maria (*E-L-S*) #3,4
Holzer, Stefanie, *(1990); - Ps. Luciana Glaser (*R*)
Holzhauer, Herta, *20.2.1918 Wuppertal; - Ps. Herta Jörgens (*E-J-R*) #3,4
Holzhauer, Wilhelm, *30.12.1909 Hohenlimburg, †5.12.1968 Bonn; - Ps. Dietrich W. Roberts; Sebastian Welm (*E-P-R*) #3
Holzhausen, Karlheinz, *11.1.1915 Merseburg; - Ps. Axel Ulf (*E-J-P*) #3
Holzinger, Dorothea, *20.4.1909 Wien; - Ps. Dorothea Zeemann (*E-F-R*) #3,4
Holzknecht, Pauline, *1865 Mähren; - Ps. P. Holbert (*R*) #2
Holzmann, Clara, *19.4.1868 Meilen/Zürich, †17.2.1950 Zürich; - Ps. Clara Forrer; Clara Holzmann-Forrer (*L*) #1,2,3,4
Holzmann, Johannes, *30.10.1882 Tuchel/ Westpr., †28.4.1914 Meschtscherskoje b. Moskau; - Ps. Catulus; Senna Hoy (*N-P*) #3,4
Holzmann, Michael, *21.6.1860 Slawathen/ Mähren, †21.10.1930 Wien; - Ps. Jürgen Classen; Thomas Macnamara (*P*) #3,4,15
Holzmann, Wilhelm, *(1562); - Ps. Xylander (*P*) #11,13
Holzmüller, Adolf, *(1969); - Ps. Markus Blau; Karin von Fellin; Helmar Holgerson; Clivia Holmsen; James F. King; George S. Long; M. McDuff (*R*) #3
Holzner, Josef, *12.12.1875 Dorfen/Obb., †8.11.1947 Dorfen/Obb.; - Ps. Franz Josef Hylander (*P*) #3,4
Holzschuher, Hanns, *5.4.1874 Kassel, †3.8.1912 Mayrhofen; - Ps. Cand. Jobs; Hanns von Harlach; Hieronymus (*D-L-P*) #1,3,4
Holzschuher, Heinrich, *11.2.1798 Wunsiedel/Ofr., †30.12.1847 Bug b. Hof/Saale; - Ps. Gotthilf von Allernoth; David Loew Drachenfels; Eisig Schmuhl; Itzig Feitel Stern (*L-P-S*) #4,11,15
Holzschuher, Sigmund Jakob, *17. Jh.; - gen. Rosamor/PB #11
Homann, Walter, *7.1.1887 Braunschweig; - Ps. Moritz von Birkenburg (*E-N-P-R*) #1,4
Homberg, Bodo, *4.3.1926 Rostock; - Ps. Christian Collin (*D-E-F-R*) #3,4
Hömberg, Hans, *14.12.1903 Berlin, †4.7.1982 Wörgl/Tirol; - Ps. J. R. George; Stanhope (*E-F-P-R-S*) #3,4,5

Homberger, Heinrich, *1838 Mainz, †1890 Ariolo/Italien; - Ps. Heinrich Horner (*N-P-S*) #1,3,4

Homburg, Ernst Christoph, *1.3.1605 Mihla b. Eisenach, †27.6.1681 Naumburg/S.; - gen. Der Keusche/FG 499/1648; Ps. Erasmus Chrysophilus Homburgensis (*L-P-S*) #1,4,6, 11,12,13,15

Hommel, Fritz, *31.7.1854 Ansbach; - Ps. Suleiman Hamy Bei (*N-P*) #3

Hommel, Karl Ferdinand, *6.1.1722 Leipzig, †16.5.1781 Leipzig; - Ps. Curtius Antonius; Alexander von Joch (*P*) #4,6,11,13,15

Homrighausen, Karl Ernst, *19.9.1858 Berleburg; - Ps. Karl vom Berge (*L-S*) #1,3,4

Honig, Ernst, *12.2.1861 Göttingen; - Ps. Schorse Szültenbürjer (*E*) #1,4

Hönn, Georg Paul, *12.6.1662 Nürnberg, †21.3.1747 Coburg; - Ps. Höne auf Ehnes (*L-P*) #4,13

Honroth(-Loewe), Lisa, *21.11.1890; - Ps. Rena Felden; Liane Sanden (*R*) #4

Hönscheid, Johannes M., *14.7.1922 Eitorf/Sieg; - Ps. Michel Kohlhaas; Giovanni Mathias; Hans Mathias (*D-E-F-L-P-R*) #3

Honter, Johannes, *1498 Kronstadt/Siebenbürgen, †23.1.1549 Kronstadt; - auch Honterus (*P*) #4,13,15

Hontheim, Johann Nikolaus von, *27.1.1701 Trier, †2.9.1790 Montquintin/Lux.; - Ps. Justinus Febronius (*P*) #4,6,13,15

Hoop, Edward, *19.5.1925 Rendsburg; - Ps. Paul Henricks (*R*) #3,4,8

Hopf, Albert, *9.5.1829 Danzig, †12.2.1896 Lauenburg/Pommern; - Ps. H. Albert; Ullo Bohmhammel; Brennecke; Jokosus der Jüngere; Linden-Müller; Mephistopheles der 99te; Eulalia Nemesis; Isidora Nemesis; Hans Qualm; Otto Rippenschwach; Anastasius Schnüffler; Magnetisoerius Somnabulus; Aegidius Spassvogel (*L*) #1,4

Hopf, Angela, geb. von Denffler *5.10.1941 Göttingen; - Ps. Angela Hopf-von Denffler (*J-P*) #3,4,17

Hopf, Ludwig, *24.11.1838 Esslingen/Neckar; - Ps. Philander (*M-P*) #1,4

Hopfengärtner, Dorothea, *31.10.1848 Bialokosz/Posen, †31.10.1931 Stuttgart; - Ps. Dora Mianka (*E*) #4

Hopffgarten, Elinor von, *9.8.1874 Mülverstedt b. Langensalza, †20.2.1951 Merxhausen b. Kassel; - Ps. Z. von Heyneck (*D-E-L*) #4

Hopfner, Isidor, *8.5.1858 Buch/Vorarlberg, †11.8.1937 Wald/Vorarlb.; - Ps. P., S. J. (*D-J-L-P*) #1,3,4

Höpfner, Johann Georg Albrecht, *1759 Bern, †16.1.1813; - Ps. Ernst Birkenhayn (*P*) #4,6,11,13

Höpfner, Karl, *23.11.1908 Hildesheim, †27.1.1964 Isernhagen; - Ps. Horst Alm (*N-P-R*) #3,4

Höpner, Albert, *24.12.1902, †27.5.1958 Hamburg; - Ps. Ernst Rasche (*D-F-L-P-R*) #3,4

Hopp, Ernst Otto, *19.8.1841 Abtshagen b. Grimmen, †1910 München; - Ps. Rud. Immann (*E-L-P-R*) #1,3,4

Hopp, Karl, *1.9.1899 Eickel; - Ps. Karl Rothberg (*P*) #3

Hoppe, Hans, *23.1.1889 Quakenbrück b. Hann., †1.6.1935 Clemenswerth; - Ps. Hans Martin (*L*) #4

Hoppe, Hermann, *27.11.1908 Rimbeck/Westf.; - Ps. Hermann Woller (*J-N-R*) #3,4

Hoppe, Ingeborg Marei, *13.1.1916 Neckargemünd; - Ps. Ria Link; Ina Marey (*J-R*) #3,4

Hoppe, Käthe, *11.2.1922 Hamburg; - Ps. Käthe Hoppe-Wolter (*E-P*) #3

Hoppe-Seyler, Amanda, *22.3.1819 Freyburg a. d. Unstrut; - Ps. Tante Amanda (*J*) #2,4,17

Höppener, Hugo, *8.10.1868 Lübeck, †23.2.1948 Schönblick b. Woltersdorf; - Ps. Fidus (*P*)

Höppner, Brigitte, *2.2.1938 Stralsund; - Ps. Güldner (*M-R*) #3

Hora, Leonhard, *3.3.1897 Groß-Strelitz, †3.1.1946 Berlin; - Ps. Epiktet (*F-L-P*) #3,4

Horb, Johann Heinrich, *11.6.1645 Colmar/Elsaß, †26.1.1695 Schlems b. Hamburg; auch Horbius (*P*) #4,13,15

Horbach, Alexandra, geb. Cordes, *16.11.1935 Bonn, †27.10.1986 Chateauneuf du Pape/Frankr.; - Ps. Christa Bach; Alexandra Cordes; Jennifer Morgan; Ursula Schaake (*F-R-S*) #3,4

Horbach, Michael, *13.12.1924 Aachen, †1.11.1986 Chateauneuf-du-Pape/Fr.; - Ps. Michael Donrath; Alexander Torgau (*E-F-P-R*) #3,4,5,7

Horch, Heinrich, *12.12.1652 Eschwege, †5.8.1729 Kirchhain/Hessen; - Ps. Timotheus (*P*) #4,11,13

Horisberger, Doris, *22.8.1937 Burgdorf b. Bern; - Ps. Doris Flück (*L*) #3,4

Horix, Therese von, *8.8.1837 Aschaffenburg; - Ps. Th. von Aschenberg (*R*) #1,3,4

Horkheimer, Max, *14.2.1895 Stuttgart, †7.7.1973 Nürnberg; - Ps. Heinrich Regius (*P*) #4,18

Horlemann, Erwin, *23.3.1906 Berlin; - Ps. Horst Sturm (*J-P*) #3,4

Hörmann zu Hörbach, Ludwig von, *12.10.1837 Feldkirch/Vorarlb., †14.2.1924 Innsbruck; - Ps. Raimund Clara; Oswald Heiderich (*E-L-P*) #1,3,4

Hormayr zu Hortenburg, Joseph Freiherr von, *20.1.1781 Innsbruck, †5.11.1848 München; - Ps. I. C. H. Merian (*P*) #4,6,11,13,15

Horn, Christoph, *17. Jh.; - gen. Chariander/ES #11

Horn, Detlev, *23.9.1953 Frankfurt/M.; - Ps. Detlev G. Winter (*E-R*) #3,16

Horn, Erhard, *Zell/Pfalz, †1606; - Ps. Erhard Cellius (*L-P*) #4,13

Horn, Erika, *16.8.1911 Berlin, †5.2.1966 Berlin; - Ps. Erika Masur; Erika Theben (*J*) #3,4
Horn, Ewald, *15.1.1856 Görsdorf; - Ps. Machetes (*P*) #3
Horn, Flora, *(1896) Kahla/Thür.; - Ps. F. Rein (*L-N-P*) #3,4
Horn, Franz Christoph, *30.7.1781 Braunschweig, †19.7.1837 Berlin; - Ps. Karl Dorner; Friedrich Frei; J. G. Marquard (*D-E-N-P-R*) #1,4,11,13,15
Horn, Friedrich Robert W., *22.3.1875 Pulsnitz b. Dresden, †1936; - Ps. Friedrich Rufus Nord (*E-P-R*) #3,4
Horn, Heinrich, *3.4.1909 Berlin, †29.1.1966 Guatemala; - Ps. Wolfgang Cordan; Henk van Hoorn (*E-L-P-R*) #3,4,5,18
Horn, Helene, geb. Schaupp, *(1895); - Ps. Helene Schaupp-Horn (*J-P*) #4
Horn, Johannes, *um 1490 Taus/Böhmen, †11.2.1547 Jungbunzlau/Böhmen; - Ps. Jan Roh (*L*) #4,11,13,15
Horn, Walter, *6.11.1902 Breslau; - Ps. Werner Engelbrecht; Paulus Potter (*E-P*) #3,4
Horn, Walter, *25.6.1903 Bremen; - Ps. Jan Hammerström (*P-R*) #3,4
Horn-Moering, Elisabeth, *8.9.1909 Falkenhain; - Ps. Elisabeth Moering; Elle Nay-Moering (*L-N-R*) #3,4
Hornbostel, August Gottlieb, *17.9.1786 Wien, †26.7.1838 Wien; - Ps. Alberti; O. E. Bohl (*D-L*) #4,11,13
Hornejus, Conrad, *25.11.1590 Braunschweig, †26.9.1649 Helmstedt; - auch Horne; Horney (*P*) #4,13,15
Hörnemann, Käte, *19.3.1902 Duisburg; - Ps. Clara Gyl (*S*) #3
Hornmolt, Sebastian, *(1596); - Ps. Sebastianus Hornmoldus (*L*) #4,11
Horny, Hermine, *16.4.1898 Wien, †6.12.1973 Wien; - Ps. Lo Violan (*R*) #3,4
Horny, Otto, *24.7.1892 Wien; - Ps. Otto Violan (*F-R-S*) #3,4
Horowitz, Grete, geb. Körber, *11.4.1895 Wien, †21.10.1950 Wien; - Ps. Grete Körber (*L*) #4
Horowitz, Paul, *27.3.1884 Wien, †13.7.1960 Wien; - Ps. Paul Barnay (*D-R-S*) #4,18
Horowitz-Barnay, Ilka, *1.1.1848 Budapest; - Ps. Ilka Barnay; Ilias (*P*) #2,3
Horschelt, Theodor, *21.1.1919 Nürnberg; - Ps. Henry Bogat; Jean-Jaques Bourdin; Mario Carrol; Pit Comber; Jerry Cotton; Lester Crane; Gordon Flint; Loftus White (*R*) 3,4,16
Horschitz, Annemarie, *22.9.1899 Berlin; - Ps. Annemarie Horst (*P*) #3
Horst, Doris, *(1974); - Ps. Doris Rorn (*J*) #3
Horster, Conrad, *15.1.1870 Crossen/Oder; - Ps. F. W. Conradi (*P*) #3
Horstmann, Bernhard, *4.9.1919 München; - Ps. Stefan Murr (*F-R*) #3,4
Horstmann, Ulrich, *31.5.1949 Bünde/Westf.; - Ps. Klaus Steintal; U. Vanderhurst (*D-E-P-R*) #3,4
Hörti, Maria, *27.6.1920 Wilsenroth/Westerw.; - Ps. Maria Zimmermann (*R*) #3
Hortig, Karl Anton, *3.3.1774 Pleystein/Opf., †27.2.1847 München; - Ps. Johann Nariscus (*E-P*) #1,4,11
Hortleder, Friedrich, *2.3.1579 Ampfurth b. Wanzleben, †5.6.1640; - gen. Der Einrichtende/FG 343/1639 (*P*) #11,12,13
Hortzschansky, Johann, *19.5.1722 Breitendorf/Sa., †18.12.1799 Görlitz; - Ps. Nicolai (*P*) #4
Höss, Margit, *7.2.1911 St.Pölten/N.-Ö.; - Ps. Ellen Heydorn (*E-L-N-P-R*) #3,4
Host, Johannes, *um 1480 Romberg/Westf., †um 1532 Köln; - Ps. Johannes Romberg von Kirspe (*P*) #4,13,15
Hostasch, Josef, *12.11.1864 Innsbruck, †12.5.1943 Wien; - Ps. Julius Horst (*S*) #3,4
Hoster, Maria Heinrich, *1846, †1890 Köln; - Ps. Anton Meis (*E*) #4
Hösterey, Walter, *24.5.1888 Elberfeld, †9.12.1966 Hamburg; - Ps. Walter Hammer (*P*) #3,4,18
Hotho, Heinrich Gustav, *22.5.1802 Berlin, †24.12.1873 Berlin; - Ps. B. Hegeling (*D-J-P*) #1,4,11,13
Hottinger, Johann Heinrich, *10.3.1620 Zürich, †5.6.1667 Zürich; - Ps. Solomon Aletheus; Gratianus Salomo Myrtetus-Montanus; Sallustius (*P*) #4,13,15
Hottinger, Johann Jacob, *2.2.1750 Hausen b. Zürich, †4.2.1819 Zürich; - Ps. Selmar; Welmar (*D-P-S*) #1,4,11,13
Höttl, Wilhelm, *19.3.1915 Wien; - Ps. Walter Hagen (*P*) #3,4
Hotzen, Franz, *11.4.1873 Lauterberg/Harz; - Ps. Hubertus; Wanderer (*P*) #3
Houben, Heinrich Cornelius, *21.4.1834 Düren; - Ps. Heinrich Cornelius (*D-P-S*) #3,4
Houben, Martha, *18.8.1874 Bitterfeld, †31.10.1951; - Ps. Martha Granow-Houben (*E-J-N-R*) #3,4
Houckaert, Eligius, *(1519) Gent; - Ps. Eligius Eucharius (*D-L-P*) #4
Houillon, P., *24.11.1836 Hamm; - Ps. P. Howilli (*E*) #1,4
Houwald, Ernst Christoph Freiherr von, *28.11.1778 Staupitz/Niederlaus, †28.1.1845 Neuhaus b. Lübben; - Ps. Ernst; Waluhdo (*D-E-J-P*) #1,4,5,6,11,13,15,17
Hövelen, Konrad von, *1630 b. Hamburg; - gen. Der Höfliche/DG-R; Candorin/ES (*P*) #6,11
Hoverbeck, Paul von, *16.2.1866 Klein-Tromnau/Westpr., †7.1.1954 Reinfeld/Holst.; - Ps. Paul Freiherr von Schoenaich (*P*) #4
Hoyer, Franz Alfons, *19.12.1913 Kempen/Rh.; - Ps. Stefan Hagen (*E-F-L-P*) #3,4
Hoyer, Galina von, *27.6.1898 Ural/Rußland; - Ps. Alja Rachmanowa (*E-F-P-R*) #3,4

Hoyer, Gerhard, *16.4.1901 Liegnitz/Schles.; - Ps. Teja vom Mansfeld (*P*) #3

Hoyer, Renata Amalie Karoline, *27.2.1855 Delmenhorst, †1927 Bad Schwartau; - Ps. Renata Greverus (*E-L*) #1,3,4

Hoyers, Anna Ovena, *1584 Koldenbüttel/ Holst., †27.9.1655 Gut Sittwik b. Stockholm; - Ps. Johanne Osnaveri; Hermann Hoyers Witwe Anna Ovena; Hirejo zu Hostrowey in Teste drey (*L-P*) #2,4,6,11,13,15

Hoym, Julius von, *um 1581; - auch Julius von Hayen; gen. Der Verbessernde/FG 271/1636 #11,12

Hoym, Ludwig Gebhard von, *17. Jh.; - gen. Der Nachdenkliche/FG 689 #11

Hozhevar, Johann, *(1903); - Ps. Johannes Raff (*D*) #4

Hradetzky, Walter, *10.4.1926 Maffersdorf/ Böhmen, †5.12.1986 Berlin; - Ps. Walter Radetz (*F-J-R*) #3,4

Hradlicka, Eleonore, *18.9.1923 Mühlacker; - Ps. Eleonore Rieger (*R*) #4

Hrdinka, Michael, *(1984); - Ps. Frederic Collins; Brian Elliot; Robert Lamont; Frank de Lorca (*P*) #16

Hrstka, Rudolf, *7.1.1919 Teschen/Schles.; - Ps. Raoul Henrik Strand (*L-P*) #3

Hruschka, Annie, *22.4.1867 Graz, †15.7.1929 Rein b. Graz; - Ps. Nika Corona; Erich Ebenstein (*E-N-P-R*) #1,3,4

Hruschka, Ella, *7.5.1851 Trebitsch/Mähren, †13.3.1912 Wien; - Ps. Wild (*L-P*) #1,2,3,4

Hrussoczy, Marie von, *8.12.1821 Winica b. Warasdin, †2.12.1898 Berlin; - Ps. Mariam Tenger (*E-R*) #1,2,4

Hub, Ignaz, *1.2.1810 Würzburg, †27.3.1880 Würzburg; - Ps. Frank v. Steinach (*L-P*) #1,3,4,13

Hubalek, Harry, *18.3.1926 Berlin; - Ps. Claus Hubalek (*D-F-R-S*) #3,4,5

Hubatius-Kottnow, Ingeborg von, *24.5.1889 Warbus/Livland, †16.9.1964 Esslingen; - Ps. Ingeborg von Hubatius-Himmelstjerna (*E-J-P-R*) #3,4,5

Hubatsch, Oscar, *12.10.1845 Landsberg/Warthe; - Ps. Orbilius Empiricus (*D-P*) #1,3,4

Hübbe, Thomas, *15.9.1867 Dalchau b. Magdeburg; - Ps. Jens Jansen; Jan Jürgensen (*P*) #3

Huber, Adolf, *22.9.1874 Görz, †7.6.1908 Linz/Do.; - Ps. Frater Militans (*P-S*) #4

Huber, Alois Hilmar, *2.7.1877 Regensburg; - Ps. A. M. Renner (*L-R-S*) #3,4

Huber, Anna, *5.6.1857 Breslau; - Ps. Anna Cador; Angelica Ernst (*E-L-N-R*) #1,2,3

Huber, Anna Maria, geb. Renner, *16.8.1883 Stadtamthof/Regensburg; - Ps. A. M. Renner (*F-L-N-S*) #3,4

Huber, Armin Otto, *31.1.1914 Neunkirchen/ Pfalz, †1977 Meckenheim/Pfalz; - Ps. Armin Franck; Fred Larsen; Achim F. Strubberg (*F-P-R*) #3,4

Huber, Caspar, *21.12.1500 Stotzard b. Augsburg, †6.10.1553 Oehringen; - Ps. Caspar Huberinus (*L-P*) #4,13,15

Huber, Dietrich, *24.5.1916 Berlin, †1990; - Ps. Hans Kasper (*E-F-P-R-S*) #3,4,5,8

Huber, Johann Nepomuk,*18.8.1830 München, †20.3.1879 München; - Ps. Janus (*P*) #4,11

Huber, Joseph, *12.3.1839 Schwandt b. Salzburg, †4.1.1895 Straßwalchen; - Ps. Hubert Degenhart (*E*) #1,4

Huber, Margarethe, *15.8.1946 Konstanz; - Ps. Meg Huber (*P*) #4

Huber, Marie, geb. Döbeli, *23.2.1868 Samenstorf/Aargau, †14.9.1900 Grindelwald; - Ps. Marie Döbeli; Maria v. Lindenberg (*E-L-N*) #1,2,3,4

Huber, Therese, geb. Heyne, verw. Forsters, *7.5.1764 Göttingen, †15.6.1829 Augsburg; - Ps. Therese Forsters; Ludwig Ferdinand H.; Therese Heyne; Therese (*E-R*) #1,3,4,5,9,11, 13,15

Huber, Ulf L. Uweson, *4.11.1895 Bad Kissingen, †30.3.1983 San Remo; - Ps. Louis Dufour; Ulf Uweson (*D-E-F-J-L-N-P-R*) #3,4

Huber, Walter Simon, *6.5.1898 Basel, †16.2.1978 Küsnacht/Zürich; - Ps. Tegges Simes Jellis dr Jung (*L-P*) #4

Hubert, Konrad, *1507 Bergzabern, †13.4. 1577 Straßburg; - gen. Ornipogonis; Pulbarbus; Ps. Konrad Humbert (*L*) #4,11, 3,15

Hubicky, Oskar von, *28.4.1874 Leutschau/ Zips, †25.8.1945 Wien; - Ps. A. Iwars (*E-N-R*) #3,4

Hübinger, Jutta, *30.1.1912 Bremen; - Ps. Jutta Oehring (*L-P*) #3,4

Hübl, Friedrich Josef, *7.7.1875 Bruck a. d. Mur, †23.12.1954 Salzburg; - Ps. Hildebrand (*D-L-P*) #3,4

Hübler-Wilhelmi, Charlotte, *18.1.1908 Memel; - Ps. Helma Wilhelmi (*E-J-R*) #3

Hübner, Christian, *vor 1578, †nach 1644; - gen. Der Benehmende/FG 165/1628 (*L-P*) #11,12

Hübner, Eberhard Fiedrich, *1763 Neuenstadt/Württ., †22.4.1799 Stuttgart; - Ps. Johann Martin Spasser (*P*) #1,4,11

Hübner, Else, *15.12.1928 Duisburg; - Ps. Else Deuse; Elisabeth Hübner (*J*) #3

Hübner, Erika, *21.6.1932 Sighisoara/Rum.; - Ps. Erika Hübner-Barth (*E-J-L-S*) #3,4

Hübner, Gisela, *6.9.1945 Ballenstedt; - Ps. Gisela Hübner-Droß (*L*) #3

Hübner, Heinrich, *22.12.1910; - Ps. Manfred von Ettelsbach; Bruno Wolffen (*J-L-R*) #3

Hübner, Henriette, geb. Herrmann, *22.3.1794 Dresden, †4.12.1819 Chemnitz; - Ps. Henriette Steinau (*E-L-M*) #1,2,4,6,11

Hübner, Horst W., *(1984); - Ps. Ringo Clark; Steve Cooper; Jerry Cotton; P. Eisenhuth; Carter Flynn; Benito Martinez; Charles McKay; Jake Ross; Norman Thackery (*E-P-R*) #7,16

Hübner, Jakob, *28.5.1915 Sanktanna; - Ps. Herbert Konrad (*N-R*) #3,4

Hübner, Josef Alexander, *26.11.1811 Wien, †30.7.1892 Wien; - urspr. Josef Alexander Hafenbredl (*P*) #4,13,15

Hübner, Käthe, *1.3.1892; - Ps. Käthe Hübner-Wehn (*N-P-R*) #3,4

Hübner, Lotte, *13.1.1877 Charlottenruh; - Ps. Lo-Lott (*E-R*) #4

Hübner, Michael Andreas, *17. Jh.; - gen. Der Züchtige/DG-N #11

Hübner, Otto R., *28.12.1860 Dresden, †23.8.1928 Dresden; - Ps. Der Züchtige (*L-P*) #1,3,4

Hübner, Paul Friedrich, *20.3.1915 Lörrach; - Ps. Paul Friedrich (*E-L-R*) #3,4

Hübner, Tobias, *5.4.1578 Halle/S., †5.5.1636 Dessau; - auch Andreas Hüebener; gen. Der Nutzbare/FG 25/1619 (*L-P-S*) #4,11,12,13

Hübsch, Paul-Gerhard, *8.1.1946 Chemnitz; - Ps. Gerhard Jamal; Hadayatullah Jamal (*E-F-L-R*) #3,4

Huch, Emilie, *22.9.1852 Dürrkamitz b. Neisse/Schles., †7.12.1914 Breslau; - Ps. Angela Frank (*E-P*) #1,2,3,4

Huch, Margareta, *16.6.1878 Neiße; - Ps. M. H. Gareth (*D-L-P*) #3,4

Huch, Ricarda, *18.7.1864 Braunschweig, †17.11.1947 Schönberg/Taunus; - Ps. Ricarda Ceconi; Richard Hugo (*D-E-L-N-P-R-S*) #1,3,4,5,8,9,10,14,15

Huch, Rudolf, *28.2.1862 Porto Allegre/Brasilien, †12.1.1943 Bad Harzburg; - Ps. A. Schuster (*E-P-R-S*) #1,3,4,5,8,10,15

Huckauf, Peter, *12.5.1940 Bad Liebenwerda; - Ps. Paul Hasdgnuk (*L-P-S*) #3,4

Hückinghaus, Karl August, *29.9.1861 Remscheid; - Ps. Karl August (*L*) #1,3,4

Huditz, Elsbeth, *28.4.1926 Wiener Neustadt; - Ps. Elsbeth Corde (*L*) #3

Hudtwalcker, Martin Hieronymus, *15.9.1787 Hamburg, †16.8.1865 Hamburg; - Ps. Oswald; Wahrlieb (*P*) #4,11,13

Huelsenbeck, Karl Richard, *23.4.1892 Frankenau/Hessen, †20.4.1974 Muralto/Schweiz; - Ps. Charles R. Hulbeck (*F-L-N-P-R-S*) #3,4,5,8,10,14,18

Huesmann, Johann Gottfried Rudolf, *7.5.1762 Neu-Zittau, †3.1.1823 Berlin; - auch Johann Gottfried Rudolf Hausmann; Ps. Johann Gottfried Rudolf Agricola (*L-P*) #4,11

Hufeland, Christoph Wilhelm, *12.8.1762 Langensalza/Thür., †25.8.1836 Berlin; - Ps. Hicesius (*P*) #4,13,15

Hüffer, Alfred, *5.8.1818 Münster, †22.8.1899; - Ps. A. Hermann (*L-P*) #1,3,4,15

Hug, Ernst-Walter, *15.11.1952 Heidenheim/Brenz; - Ps. R. Hugh (*E-F-R*) #3,4

Hug, Johann Leonhard, *1.6.1765 Konstanz, †11.3.1846 Freiburg/Br.; - Ps. Thomas Hugson (*P*) #4,13,15

Hügel, Harry, *7.9.1838 Stettin; - Ps. Harry Berge; Julian Olden (*S*) #1,4

Hügel, Johann Aloys von, *1748 Koblenz; - Ps. Karl Graf von Strengschwerd (*P*) #6,13

Hugenberg, Josef, *25.2.1900 Bersenbrück, †28.4.1983 Meppen; - Ps. Fery Walter (*D-M-N-P-R-S*) #3,4

Huggenberger, Alfred, *26.12.1867 Bewagen, †14.2.1960 Gerlikon/Schweiz; - Ps. Hans Meyerlein (*E-L-R-S*) #1,3,4,5, 10,15

Hugo, Johannes, *um 1460 Schlettstadt; - auch Huck; Hugonis (*P*) #4,13,15

Hugo von Balma, *13. Jh.; - Ps. Heinrich von Dorche (*P*) #4

Hühnerbein, Emma Karolina, *24.7.1901 Wien; - Ps. Jul von Bergen (*D-E-F-L-R-S*) #3,4

Huldschiner, Richard, *11.7.1872 Gleiwitz, †20.5.1931 Innsbruck; - Ps. Mir (*E-N-R*) #1,3,4

Hülle, Erich, *6.12.1878 Dresden; - Ps. Fritz Bäumer (*E*) #3

Hülle, Hedwig, *25.1.1794 Ovelgönne/Oldenburg, †1.8.1861 Varel; - Ps. Ludwig März (*E-L-P-R-S*) #1,2,4,11

Hülsen, Helene von, *16.2.1829 Blankenfelde, †8.5.1892 Berlin; - Ps. Helene (*E-L-N-P-R*) #1,2,3,4

Hülsen, Henriette von, *4.11.1792 b. Berlin; - Ps. Amalie von Seldt (*E-P*) #2,4,6,11

Hülsen, Ilse von, geb. Reicke, *4.7.1893 Berlin; - Ps. Ilse Reicke (*F-L-N-P-R*) #3,4,5,9

Hülsmann, Harald, *6.6.1934 Düsseldorf; - Ps. Stefan Bisama; Aldo Carlo; Michel Hinnack; Harry Holly; Saihoku (*L-P*) #3,4

Humbracht, Luise Ernestine Malvine von, *30.11.1825 Minden, †22.10.1891 Bad Nauheim; - Ps. Luise Ernesti (*E-N-R*) #1,3,4

Hummel, Frida, *19.2.1853 Bad Cannstatt, †30.11.1929 Bad Cannstatt; - Ps. Frida von Kronoff (*E-J-M-N-R*) #1,3,4,17

Hummel, Richard, *4.7.1870 Swinemünde, †1948 Leipzig; - Ps. R. H. Laarß (*P*) #3,4

Hümmeler, Anna Maria, *4.11.1901 Bonn; - Ps. Anna Maria Steiner (*P*) #3

Hümmer, Ingo, *4.11.1941 Kronach; - Ps. Ingo Cesaro (*F-L-P-S*) #3,4

Hummerich, Elisabeth, *6.2.1866 Frohnhausen; - Ps. C. Bender (*E-L*) #4

Humpert, Theodor, *29.6.1889 Mannheim; - Ps. Paul Dorpert (*P*) #3,4

Humplik, Hildegard, *1.6.1891 Sarajewo, †28.8.1963 Purkersdorf b. Wien; - Ps. Hildegard Jone (*L-M-P*) #3,4

Hund, Samuel, *um 1620 Buckau/Sa.; - gen. Der Erneuernde/DG-R; Myrtill/PB; Ps. Numa Sedulus (*L*) #4,6,11,19

Hundeiker, Julius, *17.9.1784 Großlafferde b. Peine, †24.2.1854 Hötensleben/Sa.; - Ps. Philalethes (*P-R*) #4,11,13

Hundelshausen, Hans Jost von, *17. Jh.; - gen. Der Trotzende/FG 727 #11

Hundsdorfer, Gerhard, *(1984); - Ps. Frederic Collins; Brian Elliot; Ann Farrington; Sebastian Holzner; Frank de Lorca (*P-R*) #16

Hundt, Auguste, geb. Meixner, *3.10.1860 Weilheim/Obb.; - Ps. A. Hundt-Meixner; Auguste Meixner (*J*) #3,4

Hundt, Hartwig von, *1759 Schlieven b. Parchim, †15.8.1835 Burgdorf b. Bern; - gen. Hundt-Radowsky; Ps. F. Fürstentreu (*E-L-R*) #1,4,11

Hünerbein, Charlotte von, geb. v. Ende, *4.9.1855 Marburg/Lahn, †26.6.1925 Eisenach; - Ps. Carla Eden; Charlotte v. Ende (*E-R*) #1,2,3,4

Hungerbühler, Eberhard, *21.12.1938 Dettenhausen/Württ.; - Ps. Felix Huby; Christopher Knock (*F-J-P-R*) #3,4,8

Hunkel, Ernst, *10.8.1885 Lindenfels; - Ps. Arnold Bruck (*P*) #3

Hunnius, Ägidius, *21.12.1550 Winnenden/Württ., †4.4.1603 Wittenberg; - Ps. Casp. Palmerus (*D-P-S*) #4,11,13,15

Hunnius, Carl, *6.11.1856 Narva/Estl., †24.2.1931 Dorpat; - Ps. Benoni (*L-P*) #1,3,4

Hunold, Christian Friedrich, *19.9.1681 Wandersleben/Thür., †6.8.1721 Halle/S.; - Ps. Ein Tugend- und Lasterfreund; Menantes (*L-R*) #1,4,5,6,11,13,15,19

Hunsche, Friedrich Ernst, *1.9.1905 Lienen; - Ps. Frederico Silvano (*E-F-L-P-R-S*) #3,4

Hunziker-Hanhart, Dorette, *Zürich, †7.4.1941 Zürich; - Ps. Dorette Hanhart (*E-R*) #3,4

Huonder, Silvio, *(1982); - Ps. J. J. Silla (*E-L*) #3

Hüpeden, Jenny, *6.6.1825 Kurland; - Ps. J. v. Dorneth (*N-P*) #2,3,4

Hupfauf, Erich, *11.8.1921 Innsbruck; - Ps. Erich Karsten (*L-P*) #3,4

Hupfer, Robert, *27.2.1847 Reichenbach/Vogtl.; - Ps. Robert Sternau (*P*) #3

Hüpgens, Theodor, *27.4.1886 Aachen, †1969; - Ps. Robert Ziemons (*F-P*) #3,4

Huppertz, Aegidius, *30.5.1879 Röttgen b. Bonn; - Ps. Curt Elmendorff (*P*) #3

Huppertz, Margot, *29.9.1935 München; - Ps. Gigi Martin (*N-R*) #3

Hürbin, Maria, *24.3.1866 Zuzgen/Aargau; - Ps. Irma Hübner (*E-N-P*) #3

Hürlimann, Bettina, geb. Kiepenheuer, *19.6.1909 Weimar; - Ps. Bettina Kiepenheuer (*E-J-P-R*) #3

Hürlimann, Johann, *Rapperswil/St.Gallen, †16.6.1577 Luzern; - Ps. Joannes Horolanus (*P*) #4,13

Hürmer, Gerlinde, *1924; - Ps. Anette Burg; Angelika Gerol (*R*) #3

Hurt, Rolf, *14.3.1904 St.Petersburg; - Ps. Rotislaw von Sumarow (*N-P-R*) #3

Hurtmanns, Wilhelm August, *15.7.1914 Süchteln, †17.10.1984 Bonn; - Ps. Guido Renzi (*F-R*) #3,4

Hurwics, Elias, *1.5.1884 Rogatschow/Rußland; - Ps. Ein Russe (*P*) #3

Husmann, Fritz, *7.2.1877 Siedenburg b. Diepholz, †10.5.1950 Wesermünde; - Ps. Fritz von'e Waterkant (*E-L-S*) #1,3,4

Husten, Mathilde, geb. Causemann, *10.1.1903 Wipperfürth; - Ps. M. Causemann (*N-R*) #3,4

Huter, Karl, *9.10.1861 Heinde b. Hildesheim; - Ps. Huter vom Haine (*L-P*) #1,3

Huth, Emmy von, *14.3.1866 Rostock; - Ps. Hans von Echtlitz (*E-J*) #1,2,3,4

Huth, Friedrich, *22.3.1866 Krotoschin/Posen; - Ps. Fred Hood; Fritz Hutt; E. Osten; Arnold Rohde (*L-P*) #1,3,4

Huth, Otto von, *9.7.1871 Itzehoe; - Ps. Pharus (*D-P*) #3

Hütten, Johann Georg, *5.11.1870 Walheim b. Aachen; - Ps. G. Casae; G. Heimdahl; G. Heimwahl (*P*) #3

Hutten, Marie von, *24.1.1867 Mainsondheim b. Kitzingen, †19.11.1944 Steinbach b. Lohr; - Ps. Marie Scotta (*E-R*) #3,4

Hutten, Ulrich von, *21.4.1488 Burg Steckelburg b. Fulda, †29.8.1523 Insel Ufenau; - Ps. Argyrophylax; Eleutherius Bizenus; Eleutherius Byzenus; Nicolaus Clemanges; S. Abydenus Corallus; Eubulus Cordatus; Udelo Cymber Cusanus; Constantinus Eubulus; Pasquillus Exul Murraanus; Balthasar Gualtherus; T. Curtius Malaciola eques Burlassius; Pasquillus Marranus; Marranus Pasquillus; A. Monentius; Nemo; Philatetes cives Utopiensis; Vadiscus (*J-L-P*) #4,5,6,11,13,14,15,19

Hutter, Leonhard, *1563 Nellingen b. Ulm, †23.10.1616 Wittenberg; - Ps. Leonhard Lutterus (*P*) #4,13,15

Huttich, Johannes, *1490 Strinz/Taunus, †4.3.1544 Straßburg; - gen. Antiquarius; Ps. Johannes Huttichius (*P*) #4,13,15

Hüttner, Doralies, *8.4.1923 Freystadt/Niederschles.; - Ps. Lisa Dorn (*R*) #3,4

Hutzinger, Theresa, *26.2.1908 Wien; - Ps. Resa Voggenberger (*F-J-N-P-R*) #3,4

Huusman, Roelof, *17.2.1444 Baflo b. Groningen, †27.10.1485 Heidelberg; - Ps. Rudolf Agricola; Rodolphus Agricola Friesius; Rodolphus Agricola Phrisius; Rudolphus a Ziloha (*P*) #4,15

Huyn, Luise, *6.11.1843 Koblenz, †8.1.1915; - Ps. M. Ludolff (*E-N-R*) #1,3,4

Hyan, Hans, *2.6.1868 Berlin, †6.1.1944; - Ps. H. L. Hartmann (*N-P-R-S*) #1,3,4

Hyckel, Georg, *10.5.1880 Ratibor, †22.6.1975 Warendorf; - Ps. G. v. d. Oder (*E-P*) #3,4

Hymmen, Friedrich Wilhelm, *8.6.1913 Soest; -Ps. Reinhard Rebensburg (*D-E-N-P*) #3,4,10

Hynitzsch, Ludwig, *8.8.1876 Nordhausen; - Ps. Helmut Kayser (*E-F-P-R-S*) #3,4

Hyra-Konschegg, Adolf, *2.5.1912 Kufstein/Tirol; - Ps. Adolphe Konschegg (*L-N-P-R*) #3,4

I

Ibbecken, H. L., *(1774); - Ps. Thompson (*P-S*) #6

Iberer, Erika, *8.8.1906 Greifenburg/Ö., †2.11.1984 Voitsberg/Ö.; - Ps. Erika Beigel (*E-J-S*) #3,4

Ichenhaeuser, Eliza, *12.5.1869 Jassy; - Ps. E. Rosevalle (*N-P*) #2,3

Ickes, Johannes, *17.6.1896 Berlin, †12.8.1966 Bad Brückenau; - Ps. Hanns Marschall (*D-F-L-N-R*) #3,4

Ickes, Paul, *9.6.1889 Kyritz/Mark Br.; - Ps. Mark Burns; Swip (*F-P-R*) #3,4

Ide, Heino, *10.1.1913 Rheda, †17.2.1964 Rheda; - Ps. Henry Berry; Eddy Colings; Hans Gordon; Bill Gray (*R*) #3,4

Ideler, Lucie, *18.9.1851 Heinrichsdorf/Pommern, †4.10.1910 Freienwalde/Oder; - Ps. U. Derelli (*E-L-M-P*) #1,3,4

Iderhoff, Karl Udo, *30.7.1894 Straßburg; - Ps. Degenfeld (*P*) #3

Ifé, August, *1789 Weißenfeld/Sa.; - Ps. W. Gottschalk; I. F. E. Rollin (*P*) #4

Iger, Artur, *13.3.1876 Berlin; - Ps. Ilg (*E-P-R*) #4

Ihering, Georg Albrecht von, *30.3.1901 Berlin; - Ps. Georg Ring (*E-J-R*) #3,4

Ihlenfeld, Andreas von, *um 1590, †vor 1656; - auch Andreas Ilefeld; gen. Der Braunliche/FG 225/1633 #11,12

Ihlenfeld, Fritz von, *22.9.1588, †22.3.1655, Gülzow b. Güstrow; - auch Fritz Ilefeld; gen. Der Verkriechende/FG 304/1636 #11,12

Ilgenstein, Anna, geb. Katterfeld, *14.10.1880 Keydany/Litauen, †20.2.1964 Steinen b. Lörrach; - Ps. Anna Katterfeld (*E-P*) #3,4

Ilgert, Beate, *1.4.1953 Essen; - Ps. Beate Pröbsting (*E*) #3

Ille-Beeg, Marie, *14.9.1855 Fürth, †28.11.1927; - Ps. Marie Abeg; Maria Beeg (*E-J-S*) #1,2,3,4,17

Illing, Christian David Rudolf, *1.11.1778 Neustadt b. Stolpen, †11.11.1836 Quellendorf b. Dessau; - Ps. Alethophilus; E. v. D.; Einer vom Dorfe; Jocosus (*P-R*) #1,4,6,11

Illing, Friedrich Wilhelm, *24.9.1899 Aussig/Elbe, †4.1.1974 Wien; - Ps. Friedrich Wilhelm Reichenbach-Illing (*L-N-P*) #3,4

Illing, Julia, *7.10.1876 Wien; - Ps. J. v. Avérina (*N-R*) #1

Ilmer, Walther, *4.3.1926 Köln; - Ps. Claude Morris; Clyde Morris; Ralph M. Walters (*R*) #3,4

Ilper, Heinrich (Heinz), *21.2.1891 Scharnhorst/Lüneb. Heide; - Ps. Germane; Niedersachse (*E-L-M-N-P-R-S*) #3

Ils, Jakob, *31.3.1854 Scheer b. Saulgau; - Ps. Leo Fechtli (*E-L-S*) #1,3,4

Imesch, Ludwig, *15.8.1913 Randa/Wallis; - Ps. L. Im Esch (*E-F-J-L-P-R-S*) #3,4

Immergrün, Paul, *5.9.1833 Riede/Hann., †23.12.1889 Springfield/USA; - urspr. Johann Heinrich Meyer (*L*) #1,3,4

Immermann, Karl Leberecht, *24.4.1796 Magdeburg, †25.8.1840 Düsseldorf; - Ps. Aeander; K. J. Ictus; Pater Brey (*D-L-R-S*) #1,4,5,6,11,13,14,15,17

Immler, Franz Xaver, *8.2.1905 Lindenberg; - Ps. X. Relmi (*D-E-R*) #3

Impertro, Michael, *3.4.1871 Ludwigshafen; - Ps. Mark Twain der Jüngere (*E-L-M-P-R*) #3,4

In der Au, Hein, *10.7.1924 Scheuerfeld, †2.1.1953 Eichhof b. Scheuerfeld; - Ps. Rolf van der Zee (*P-S*) #3

Inchover, Melchior, *um 1584 Wien, †28.9.1648 Mailand; - Ps. Eugen Lavanda; Academicus Vertumnius (*P*) #6,13

Ineichen, Joseph, *3.3.1745 Ballwil/Luzern, †21.5.1818 Beromünster/Luzern; - Ps. Der alte Sepp (*L*) #4,11

Infeld, Heinrich, *24.3.1901 Krakau; - Ps. Henrik F. Infield; Zvi Acher (*P*) #18

Ingendaay, Peter Jakob, *23.3.1877 Goch b. Kleve; - Ps. Rhenanus (*E-P-R*) #3

Ingersleben, Emilie von, *22.12.1822 Katomircz/Westpr., †15.11.1871 Florenz; - Ps. Emmy von Rothenfels (*R*) #1,2,4

Ingold, Felix Philipp, *25.7.1942 Basel; - Ps. fin; if; Felix Philipp (*L-P-R*) #3,4,5

Ingolstätter, Andreas, *19.4.1633 Nürnberg, †6.6.1711 Nürnberg; - gen. Poliander/PB (*L*) #4,11,13

Ingolstätter, Helene, *17. Jh.; - gen. Philinde/PB #11

Ingolstätter, Regina, *17. Jh.; - gen. Regilis/PB #11

Inkermann, Otto, *(1841); - Ps. C. Otto Sternau (*P*)

Inkiow, Dimiter, *10.10.1932 Chaskowo/Bulg.; - Ps. Dimiter Janakieff; Velko Verin (*F-J*) #3,4,7,17

Innerhofer-Wetzel, Maria, *2.4.1921 Marling b. Bozen; - Ps. Maridl Innerhofer (*L-P*) #3,4

Innhausen und Knyphausen, Enno Wilhelm von, *28.3.1586 Lütetsburg/Ostfriesland, †16.11.1656 Lütetsburg/Ostfriesland; - auch Kuno Wilhelm in und von Kniphausen; gen. Der Verfolgende/FG 238/1634 #11,12

Innhausen und Knyphausen, Philipp Wilhelm Freiherr von, *20.3.1591, †5.5.1652; - auch Philipp Wilhelm Herr in und von Kniphausen; gen. Der Verliebte/FG 241/1634 #11,12

Institoris, Heinrich, *1430 Schlettstadt, †1505 Mähren; - eig. Heinrich Krämer (*P*) #4,13,15

Ippers, Josef, *1.5.1932 Neuß; - Ps. Hubert Joti (*E-F-N-R-S*) #3,4,8

Ipser, Karl, *31.3.1914 Wien; - Ps. Karl Till (*L-P*) #3,4

Irmler, Karl, *10.6.1882 Straßburg, †17.8.1942 Cronberg; - Ps. Bernt Glöckner (*D-S*) #3,4

Isaacsohn, Albert, *30.10.1866 Brietzig; - Ps. Albert Knaus (*S*) #3

Isaacsohn, Eugen, *21.10.1860 Marienburg/ Westpr., †16.10.1932 Berlin; - Ps. Albert Frick; Eugen Isolani; Egon Noska; Eugen Noska (*P-R*) #1,3,4

Isecke, Hedwig, *12.1.1911 Wien; - Ps. Andertann (*P*) #3

Iseke, Hermann, *9.3.1856 Holungen, †14.1.1907 Kalkfontein/Dt.-S.W.A.; - Ps. Bernardus Americanus; Emanuel Bimstein (*L-P*) #1,3,4

Isenbeck, Julius, *27.5.1847 Münster, †1900 Steglitz; - Ps. Julius O. Binder (*E-P-S*) #1,3,4

Ißberner-Haldane, Ernst, *11.6.1886 Kolberg/ Pommern; - Ps. Jsbjörn (*P*) #3,4

Ittenbach, Cunigunde; - Ps. Cuno Bach; Fr. Burgloh (*N-R*) #2,3

Itz Edler von Mildenstein, Leopold, *30.11.1902 Prag; - Ps. Leopold von Mildenstein (*P*) #3

Itzig, Julius Eduard, *26.3.1780 Berlin, †26.11.1849 Berlin; - später Julius Eduard Hitzig (*P*) #4,11,13,15

Iwersen, Adelaide Marie Catharine Nicoline Andree, *25.8.1829 Flensburg, †19.9.1898 Kropp b. Schleswig; - Ps. Flenopolitana; Adelaide Marie (*L*) #1,4

J

Jablonski-Jouhy, Ernest, *29.8.1913 Berlin; - Ps. Ernest Jouhy (*E-L-P*) #3,4

Jäck, Heinrich Joachim, *23.10.1777 Bamberg, †26.1.1847 Bamberg; - Ps. Gottlieb Wahrmund (*P*) #4,6,11,15

Jäckel, Gerhard, *7.11.1922 Halle/S.; - Ps. Alfred Palisander (*D-E-F*) #3,4

Jäckel, Margarethe, *11.1.1910 Wien; - Ps. Grete Adam; Grete Adam-Jäckel (*L-N-P-R*) #3,4

Jacob, Gustav, *25.5.1871 Berlin; - Ps. G. Margella (*E-N-P*) #3

Jacob, Hans, *20.11.1896 Berlin, †6.3.1961 Paris; - Ps. Jean-Jacques (*D-F-P-R*) #3,4,18

Jacob, Heinrich Eduard, *7.10.1889 Berlin, †25.10.1967 Salzburg; - Ps. Henry E. Jacob; Eric-Jens Petersen (*D-N-P-R*) #3,4,5,8,15,18

Jacob, Ida, *19.4.1871 Berlin; - Ps. Ida Anders (*E-J-M*) #3

Jacob, Nathan, *25.4.1835 Berlin, †1905 Berlin; - Ps. Nathan Jacob Anders; A. Beyssell; Felix Frey (*E-P-R-S*) #1,3,4

Jacob, Paul Walter, *26.1.1905 Duisburg, †20.7.1980 Schwäbisch Hall; - Ps. Paul Walter (*F-P-S*) #3,4,18

Jacob-Margella, Hermann Gustav, *25.5.1874 Berlin; - Ps. Hermann Gustav Margella (*P-R*) #3,4

Jacobi, Eugenie, *8.2.1852 Königsberg; - Ps. E. Horsten (*P*) #2

Jacobi, Friedrich Heinrich Ritter von, *25.1.1743 Düsseldorf, †10.3.1819 München; - Ps. Eduard Allwill (*P-R*) #4,5,11,13,14,15

Jacobi, Hans, *25.7.1909 Brakel; - Ps. Hans Schaffen (*P*) #4,18

Jacobi, Johann Otto, *24.6.1838 Schneeberg/Sa., †23.6.1897 Bremen; - Ps. Johannes Otto (*D*) #1,3,4

Jacobi, Lucy von, *8.9.1887 Wien, †24.4.1956 Locarno/Tessin; - Ps. Elisabeth Alzey; Lino Rossi (*P*) #3,4,18

Jacobi, Otto, *1803 Bielefeld, †1855 Berlin; - Ps. Otto Jacobi vom Ravensberg (*D-L*) #1,4

Jacobi, Richard, *26.3.1901 Kronstadt, †26.1.1972 Hermannstadt; - Ps. Richard Hans (*E-R*) #3,4

Jacobi, Wolfgang, *28.3.1931 Niebüll; - Ps. Eduard Hansen (*E-L-N*) #3

Jacobs, Fritz, *2.8.1876 Altenessen, †5.1.1955 Mülheim/Ruhr; - Ps. Hans Sternau (*E-L-P-S*) #1,3,4

Jacobs, Monty, *5.1.1875 Stettin, †29.12.1945 London; - Ps. Montague (*P*) #3,4,15,18

Jacobsen, A. Gerhard Claudius, *13.7.1853 Schleswig; - Ps. Gerhard Claudius (*R*) #1,4

Jacobsen, Emil, *3.7.1836 Danzig, †11.2.1911 Berlin; - Ps. Hunold Müller v. d. Havel (*P*) #3,4

Jacobsen, Harro-Heinz, *19.1.1908 Glückstadt/Elbe, †1949 Kampen/Sylt; - Ps. Kai Andersen (*N-R*) #3,4

Jacobshagen, Caroline, *18.9.1827, †7.11.1895 Hannover; - Ps. C. J. (*E-J*) #4

Jacobshagen, Marie, *1.12.1869 Lochtum b. Vienenburg; - Ps. M. v. Holden; M. v. Holten (*E-P*) #2,3

Jacobsohn, Edith, *26.10.1891 Berlin; - Ps. E. L. Schiffer (*P*) #3

Jacobsohn, Egon, *2.10.1905 Berlin, †23.12.1969 London; - später Egon Jameson (*E-F-P*) #3,4,18

Jacobsohn-Lask, Berta, *17.11.1878 Wadowice b. Krakau, †28.3.1967 Berlin; - Ps. Berta Lask; Gerhard Wieland (*D-J-L-P-R*) #3,4,8,9,14,15,17,18

Jacobson, Benno, *1859 Berlin, †9.5.1912 Berlin; - Ps. Benno Jacob (*P-R-S*) #4

Jacobson, Edmund, *24.3.1908 Reval, †um 1952 Heide/Holst.; - Ps. Haemon; Ed Jacobs (*M-P*) #3,4

Jacoby, Beate, geb. Jadassohn, *26.2.1878 Leipzig; - Ps. Beate Frederich; Beate Jadassohn (*E-P*) #1,3,4

Jacoby, Katharine, geb. Andreae, *13.12.1870 Frankfurt/M.; - Ps. Katy Andreae; Andreae Emden (*E-J-R*) #1,2,3,4

Jacoby, Leopold, *29.4.1840 Lauenburg/Pommern, †20.12.1895 Zürich; - gen. Dichter des Proletariats; Ps. J. Leopold (*L-S*) #1,4,13, 14,15

Jacubowicz, Heinrich P. M., *23.4.1906 Breslau; - Ps. Henry Hellmann; St. Schott; Herbert Weber (*P-R*) #18

Jacusiel, Johann Caspar, *21.3.1849 Gnesen/Posen, †20.8.1908 Berlin; - Ps. Kaspar Immerwahr (*E-L-P*) #1,3,4

Jadassohn, Salomon, *13.8.1831 Breslau, †1.2.1902 Leipzig; - Ps. L. Lübenau; H. Olivier (*P*) #4,15

Jäde, Heinrich, *24.7.1815 Weimar, †16.1.1873 Weimar; urspr. Heinrich Gäde (*E-J-L*) #4,17

Jadolla, Yadi, *4.4.1953 Kurdistan/Iran; - Ps. Yadi Ahmadi (*E-L*)

Jaeckel, Rolf-Günter, *18.12.1904 Leipzig; - Ps. Günter Heudtlaß; Thilo Satir (*P-S*) #3

Jaeger, Christian August, *13.3.1817 Mietesheim/Elsaß, †23.12.1893 Mietesheim/Elsaß; - Ps. Leo Saris (*E-P*) #1,3,4

Jaeger, Helmut, *26.3.1918 Niederalben; - Ps. Juerg Leemath (*E-L-P*) #3

Jaeger, Paul, *5.10.1869 Wennungen/Sa., †20.2.1963 Nußloch; - Ps. Labesius; Parrhesius (*E-L-P*) #3,4

Jaekel-Hoffmann, Amanda, *11.12.1906 Hamburg-Altona; - Ps. Amanda Hoffmann (*J*) #3,4

Jaenicke, Heinrich Martin, *8.3.1818 Oranienburg b. Berlin, †28.1.1872 Leipzig; - Ps. Heinrich Martin (*D-L-P-R-S*) #1,4

Jageman, Hans Ernst von, *18.11.1584, †1647 Hainspitz; - gen. Der Bunte/FG 217/1632 #11,12

Jäger, Balthasar, *1594 Weingarten/Pfalz, †11.2.1664 Meisenheim/Pfalz; - Ps. Balthasar Venator (*E-P*)

Jäger, Georg Friedrich Oskar, *13.12.1826 Stuttgart, †1.3.1904 Stuttgart; - Ps. Friedrich Waldhaus (*L-P*) #1,3,4

Jäger, Georg Leonhard Albert, *23.2.1843 Obernsbach; - Ps. Georg Förster (*L*) #1,3,4

Jäger, Heinrich, *2.1.1875 München, †23.12.1929 Fürstenfeldbruck/Obb.; - Ps. Enrico (*L*) #1,3,4

Jäger, Johann, *um 1480 Dornheim b. Arnstadt/Thür., †um 1545 Halberstadt; - Ps. Crotus Rubeanus; Venatius; Venator (*P*) #4,5,11,13,15,19

Jäger, Josef, *1.12.1852 Säckingen/Rh., †19.7.1927 Baden/Aargau; - Ps. Bergheim (*E-N*) #4

Jäger, Karl-Heinz, *29.6.1927 Frankfurt/M.; - Ps. Henry Jaeger (*E-F-R*) #3,4,5,8

Jäger, Martin Johann, *5.8.1853 Martinshöhe/Opf., †1923; - Ps. Fritz Claus; Fritz Klaus (*E-L-S*) #1,3,4

Jäger, Thomas, *1490 Nürnberg, †4.2.1551; - Ps. Thomas Venatorius (*P*)

Jäger, Wilhelm, *1822 Schlitz/Hessen, †1892 Darmstadt; - Ps. Richard Forstner (*R*) #1,4

Jäger-Meier, Marie, *16.3.1855 Herisau/Schweiz; - Ps. M. Edgar; Erika; Schwester Marie (*P*) #2

Jägersberg, Horst, *19.5.1942 Hiltrup/Westf.; - Ps. Göran Göransson; Otto Jägersberg (*E-J-R*) #3,17

Jagoutz, Olga Elisabeth, *9.4.1925 Graz; - Ps. Olga Elisabeth Alt-Sonneck; Olga Elisabeth von Altenburg (*E-L-P-R-S*) #3

Jahn, Dorothea, *29.1.1888 Worthing/England; - Ps. Thea Malten (*J-R*) #3

Jahn, Edith, geb. Kroll, *27.2.1923 Berlin, †24.3.1969 Frankfurt/M.; - Ps. Edith Kroll (*J*) #3,4

Jahn, Erich, *8.11.1889 Dresden; - Ps. Erich Jahn-Dresden (*E-J-L*) #3

Jahn, Ernst Reinhold, *12.4.1853 Meiningen; - Ps. Ernst Reinhold (*E-S*) #1,3,4

Jahn, Friedrich Ludwig, *11.8.1778 Lanz/Westpriegnitz, †15.10.1852 Freyburg/Unstrut; - gen. Turnvater; Ps. Flinah; O. C. C. Höpffner; Karl Schöppach; T. V. Schweigenberger (*P*) #4,11,13,15

Jahn, Gisela, *18.12.1946 Wuppertal; - Ps. Gisela Jahn-Scheer (*E-J-L-R*) #3,4

Jahn, Gustav Wilhelm, *23.2.1818 Sandersleben, †29.3.1888 Züllchow b. Stettin; - Ps. Gustav Frisch; Gottlieb Schulze (*E-L-P*) #1,3,4,13

Jahn, Hermann Eduard, *13.8.1857 Klein-Vielen/Meckl., †19.8.1933 Berlin; - Ps. Hermann Hain; A. v. d. Warnow; A. Westphal (*D-E-L-P*) #3,4

Jahn, Josef, *12.12.1860 Partschendorf/Mähren, †1917 Konradsgrün/Eger; - Ps. J. Piber (*L-N-P*) #3,4

Jahn, Paul, *17. Prag; - gen. Der Vermehrende/DG-R #11

Jahn, Reinhard, *19.10.1955 Saalfeld/Thür.; - Ps. Hanns-Peter Karr (*E-F-J-R*) #3,4

Jahn, Richard, *2.1.1881 Berlin; - Ps. Philekoos (*P*) #3

Jahncke, August, *28.2.1883 Altona; - Ps. Arno Hagen (*D*) #3

Jähne, Gertrud, *24.3.1889 Camenz; - Ps. Trude Gerhard; Gert Rothberg (*R*) #3,4

Jähne, Margarete, *29.6.1883 Schönbach/Oberlaus., †16.6.1939 Weimar; - Ps. Christine Holstein (*E-J-R*) #3,4

Jahnens, Eduard, *21.8.1805 Hamburg, †20.6.1876 New York; - urspr. Eduard Janinski (*D-E-N-R-S*) #1,4

Jähnichen, Waltraud, *8.8.1933 Groitzsch b. Leipzig; - Ps. Lia Holm (*E*) #3,4

Jahnke, Hermann Friedrich, *20.4.1845 Wintersfelde/Pommern, †12.12.1908 Pötzscha b. Wehlen; - Ps. Fritz Steinhövel (*E-P-S*) #1,3,4

Jahnke, Klara, *5.2.1860 Lenzen/Pommern, †4.11.1905 Berlin; - Ps. Klara Müller; Klara Müller-Jahnke (*L-R*) #1,4,14

Jahrmann, Hans, *15.7.1884; - Ps. Hans Alexander (*P-R*) #3,4

Jaime, Adele, geb. Feldgiebel, *21.12.1905 Hannover; - Ps. Adele Feldgiebel (*E-J-L-R*) #3,4

Jaime, Edward, *20.10.1907 Koblenz, †27.2.1965 Hannover; - Ps. Edward Jaime-Liebig (*L-P*) #3,4

Jais, Ägidius, *17.3.1750 Mittenwald/Bay., †4.12.1822 Benediktbeuren; - urspr. Joseph Jais; Ps. Pfarrer Sebaldus (*J-P-S*) #4,11,13,17

Jakob, Adalbert, *30.1.1892 Würzburg, †26.3.1970 Würzburg; - Ps. Dichter an der Hobelbank (*E-L-P*) #3,4

Jakob von Gouda, *um 1450 Gouda, †um 1520 Köln; - gen. Jacobus Magdalius Gaudensis (*P*) #4,13,15

Jakob von Jüterbogk, *1381 b. Jüterbogk, †30.4.1465 Erfurt; - auch Jacobus Carthusianus; J. Claratumba; J. de Cracovia; J. deErfordia; Jakob der Kartäuser; J. de Paradiso; J. de Polonia (*P*) #4,13,15

Jakob von Soest, *um 1360 Schefe b. Soest, †um 1440 Soest; - auch Jakob de Susato; Jakob de Swewe (*P*) #4,13,15

Jakowitz-Jantsch, Heinz, *13.12.1901 Proschwitz; - Ps. Heinz Jantsch (*P*) #3

Jaksch, Elfriede, *16.9.1844 Riga, †18.9.1897 Wien; - Ps. Schack von Igar (*N-R*) #1,3,4

Jaksch, Friedrich, *4.4.1894 Budweis/Böhmen, †18.2.1946 Weimar; - Ps. Friedrich Bodenreuth (*D-E-L-N-P-R*) #4

Jakstein, Thyra, geb. Dohrenburg, *26.1.1898 Berlin, †24.12.1972 Ry/Dänemark; - Ps. Thyra Dohrenburg (*P-R*) #3

Jakubaschk, Paul-Willi, *7.5.1899 Pinnow b. Lübben, †28.5.1977 Leverkusen; - Ps. Jak vom Berge; Paul Wija (*F-L-P-R*) #3,4

Jakubczyk, Ursula, geb. Kuhn, *24.4.1925 Elbing; - Ps. Ursula Kuhn (*F-J*) #3,4

Jamnitzer, Christoph, *1563 Nürnberg, †22.12.1607 Nürnberg; - auch Jamitzer; Gamnitzer; Gamitzer (*P*) #4,13,15

Jan, Hermann Ludwig von, *22.5.1851 Frankfurt/M., †13.10.1908 Kap Peudeunis/Scilly-Inseln; - Ps. Hermann Ludwig (*E-P*) #1,3,4

Jandl, Ralf, *18.12.1942 Hirschberg/Rieseng.; - Ps. Karl Napf (*E-F-P*) #3

Janetschek, Ottokar, *30.6.1894 Heiligenkreuz/N.-Ö., †27.9.1963 Wien; - Ps. O. Ja (*E-N-R*) #3,4

Jänicke, Karl Hermann, *9.8.1885 Zerbst/Anhalt; - Ps. Johannes Claudius (*L-P*) #3

Janik-Oswatitsch, Felicitas, *21.10.1906 Rann/Save-Krain; - Ps. Felicitas Oswatitsch (*L*) #4

Janitschek, Maria, *22.7.1859 Mödling b. Wien, †28.4.1927 München; - Ps. Marius Stein (*E-L-N-R*) #1,3,4,5,8,9,13,15

Janke, Carola, *24.12.1824 Köslin, †31.10.1911 Clarens/Schweiz; - Ps. Janke-Càrola; Janke-Karola (*L-P-S*) #1,2,3,4

Janke, Erich, *27.8.1876 Sprottau; - Ps. Eja Görl (*E-L*)

Janke, Heinrich, *16.7.1823 Köslin/Pommern; - Ps. P. Smidt; P. Smith; H. Schroeder (*P*) #3

Jänke, Johann David, *9.3.1702 Ravenstein/Pommern, †1752 Krakau; - Ps. Johann Gustav Idirpius (*P*) #6,13

Jankowitz, Wilhelm Bernhard, *16.3.1847 Rietschen/Lausitz; - Ps. Wilhelm Bernhard (*E-S*) #1,3,4

Jankowski, Leo, *9.6.1908 Rössel/Ostpr.; - Ps. Janko (*N-P-R*) #3,4

Jannsen, Harry, *1.9.1851 Pernau/Livland; - Ps. Konrad Walther (*L-P*) #1,4

Jansen, Anna, *22.7.1894 Kiel; - Ps. Anna Jansen-Mara (*F-R-S*) #3,4

Jansen, Edith, geb. Runge, *22.7.1913 Berlin; - Ps. Edith Jansen-Runge (*F-J-N-P-R*) #3,4

Jansen, Erika, geb. Wille, *18.12.1903 Berlin; - Ps. Erika Wieden; Erika Wille (*J-R*) #3

Janssen, Hein, *2.2.1856 Altenberg b. Aachen, †1938 Altenberg; - gen. Aachener Hans Sachs (*S*) #3,4

Janssen, Hinnerikus, *10.5.1912 Leer/Ostfr.; - Ps. Rieks Janssen-Noort (*E-F-L-S*) #3,4

Janssen, Johann, *15.10.1853 Goch/Rhld.; - Ps. J. Romanus (*P*) #3

Janssen, Werner, *4.9.1895 Bonn; - Ps. Jean Bockels; Henry H. Janssen (*N*) #3

Jantsch, Johann, *9.12.1850 Kleinzell/N.-Ö.; - Ps. Johann Löffler (*E*) #1,3,4

Jantsch-Streerbach, Albert von, *3.2.1891 Neutitschein/Mähren; - Ps. Albert von Streerbach (*R*) #3,4

Jantschge, Georg, *25.3.1860 Wien; - Ps. Riwa; Richard Wald (*L-N-P-R-S*) #1,3,4

Janurys, Maria, *4.6.1925 Essen; - Ps. Maria Förster de Janurys (*P*) #4

Janus, Edda, geb. Rönckendorff, *15.10.1924 München, †22.11.1989 Essen; - Ps. Edda Rönckendorff (*E-R*) #3,4

Januszkiewics, Hans Wilhelm Alexander, *17.1.1855 Stettin; - Ps. Hans von Reinfels (*D-N-P-R-S*) #1,3,4

Janzen, Margarete, *(1981); - Ps. Mary Classen (*E*) #3

Jariges, Carl Jean Elias Ferdinand, *7.9.1773 Berlin, †22.6.1826 Berlin; - Ps. Beauregard-Pandin (*P*) #1,4,6,11

Jarke, Franziska, *3.12.1815 Königsberg, †3.8.1896 Königsberg; - Ps. E. Rudorff (*E-R*) #1,2,3,4

Jarnigg, Urban, *11.5.1774 Bach b. St.Stephan i. Kärnten, †11.6.1844 Moosburg/Kärnten; - auch Urban Jarnik (*L-P*) #4,11

Jarno, Joseph, *24.8.1865 Budapest, †11.1.1932 Wien; - urspr. Joseph Cohner (*S*) #1,3,4

Jarosch, Adolf, *8.5.1867 Graz; - Ps. Roland Elfrid (*L-P*) #3

Jarosch, Joseph, *24.11.1837 Petrovic/Böhmen; - Ps. Alfred Waldau (*L-P*) #1,4

Jarschel, Friedrich, *16.4.1919 Aussig, †9.4.1968 San Felice del Benaco/Ital.; - Ps. Werner Brockdorff (*F-R*) #3,4

Jasky, Eduard Rudolf, *19.10.1885 Wien, †21.8.1955 Krems; - Ps. Fritz Schmalhans (*E-L-N*) #3,4

Jasper, Emil, *29.11.1849 Eisleben; - Ps. Eljr (*P*) #3

Jaspersen, Sophie, *(1823); - Ps. Helene; Helene Jaspersen (*L*) #11,13

Jassoy, Daniel Ludwig, *29.3.1768 Hanau, †5.10.1831 Frankfurt/M.; - Ps. J. Kurzrock; Caspar Hektor Lämmerschwanz; Jeremias Niesswurz; Melchior Balthasar Regenbogen; Lorenz Sauerwein; Theodor Wurmsaamen (*P*) #4,11

Jaworski, Hans-Jürgen, *20.12.1947 Gelsenkirchen; - Ps. Johnny Jaworski (*L-P*) #3

Jaworsky, Stefan, *3.1.1911 Czernowitz; - Ps. Stefan Heidewind (*L-N-P*) #3

Jedrzejewski, Franz, *14.12.1859 Schönsee/Westpr., †25.2.1931 Schweidnitz; - Ps. Franz Theophil (*D-P-S*) #1,3,4

Jeep, Johannes, *1582 Dransfeld b. Göttingen, †19.11.1644 Hanau; - auch Johannes Jepp (*L*) #4,11,13,15

Jehle, Alfons, *25.9.1888 Schönenberg/Schwaben, †1966 München; - Ps. Olaf Eljens (*E-P-R*) #3,4

Jehna, Friedrich von; - gen. Der Würkende/FG 801/1668 #1

Jehring, Erich, *21.10.1895 Eschershausen, †Chemnitz; - Ps. Erich Sander (*P*) #3

Jeier, Thomas, *24.4.1947 Minden; - Ps. Die Stanwells; Sheriff Ben; Mark L. Thomas; Mark L. Wood (*F-P-R*) #3,4,17

Jeitteles, Alois Isidor, *20.6.1794 Brünn, †16.4.1858 Brünn; - Ps. Fatalis (*D-P-S*) #4, 11,13,15

Jeitteles, Andreas Ludwig Joseph, *24.11.1799 Prag, †17.6.1878 Graz; - Ps. Justus Frey (*L*) #1,4,13

Jelagin, Josephine Maria von, †26.5.1914 Berlin; - Ps. J. von Lagin (*E-M*) #3,4

Jellinek, Johannes, *4.2.1899 Klobouk/Mähren, †6.9.1969 Marstrand/Schweden; - Ps. Johannes Ilg (*F-P*) #3,4

Jené, Erica, *17.1.1910 Graz; - auch Iené; Ps. Erica Lillegg (*J*) #3,4,17

Jenetzky, Melitta, geb. Matzdorff, *21.4.1899 Berlin; - Ps. Melitta Koch-Matzdorff; Melitta Matzdorff; Melitta Weise (*F-L-N-P-R*) #3,4

Jeney, Ludwig von, *25.1.1907 Budapest, †28.6.1948 Pörnbach/Obb.; - Ps. Eugen von Boros (*R*) #3,4

Jenisch, Clara Antonie, *27.2.1853 Berlin; - Ps. Clarissa Ilmenhorst (*P*) #2,3

Jenisch, Daniel, *2.4.1762 Heiligenbeil/Ostpr., †9.2.1804 Berlin; - Ps. Fritz Frauenlob; Gottschalk Neckar (*D-L-P*) #1,4,6,11

Jenisch, Louise, *5.11.1847 Wien; - Ps. L. St. Hohenried; Louise Sternau (*L-S*) #1,2,3,4

Jenko, Karl, *10.7.1873 Kroisbach b. Graz, †25.10.1924 Rettenbach/Steierm.; - Ps. Karl J. Rettenbach (*S*) #3,4

Jennerjahn, Wilhelm F. H., *25.3.1872 Hamburg; - Ps. Waldkauz (*P*) #3

Jenni, Hedwig, geb. Anneler, *5.2.1888 Bern; - Ps. Hedwig Anneler; Hedwig Jenni-Anneler (*E-L-N-P-R*) #3,4

Jenny, Friedrich, *22.12.1882 Hasle/Luzern, †20.7.1964 Hasle; - Ps. Fred Hannes (*S*) #4

Jenny, Gustav, *14.10.1865 St.Gallen, †24.9.1931 St.Gallen; - Ps. Gustav Falke (*P*) #3,4

Jenny-Loeliger, Marguerite, *29.11.1925 Arlesheim/Schweiz; - Ps. Maria Lohuus (*L-N*) #3

Jens, Paul Johannes, *14.12.1895 Bad Oldesloe; - Ps. Gerd Hooge (*E-R*) #3,4

Jens, Walter, *8.3.1923 Hamburg; - Ps. Walter Freiburger; Momos (*D-E-F-N-P-R*) #3,4,5, 8,10

Jensen, Dorette, *8.1.1921 Düsseldorf; - Ps. Dorothea Berensbach (*P*) #3

Jensen, Thomas, *10.3.1810 Schwesing b. Husum, †2.10.1892 Preetz; - Ps. J. Hoyer (*L*) #1,4

Jensen, Wilhelm, *15.2.1837 Heiligenhafen/Holstein, †24.11.1911 München; - Ps. Expertus; Peregrinus (*D-E-L-N-R*) #1,3,4,5,15

Jenssen, Christian, *2.3.1905 Krefeld; - Ps. Gottfried Martin (*E-J-L-P-S*) #3,4

Jentsch, Ernst, *23.2.1867 Breslau; - Ps. Ernst Jäschütz (*P*) #3

Jentzsch, Robert, *9.3.1852 Breslau; - Ps. Robert Thamm (*D-S*) #3

Jerábek, Vinzenz Heinrich, *22.1.1875 Wien, †7.2.1963 Wien; - Ps. J. Vincenz (*E-P*) #4

Jerschke, Marie, *11.4.1867 Frankfurt/M.; - Ps. Till (*P-S*) #1,2,3,4

Jertz, Mia, *14.2.1924 Mainz; - Ps. Felina Fink; Gackeia Gack; Sandra Sachs (*F-L-P*) #3,4

Jerusalem, Friedrich Albert, *26.12.1903 Prag, †11.4.1955 Sawarak b. Singapur; - Ps. Fritz Jensen (*L-P*) #4,14,18

Jerusalem, Peter, *19.7.1877 Kassel; - Ps. Peter Benedix (*E-F-L-P-R-S*) #1,3,4

Jeschke, Wolfgang, *19.11.1936 Tetschen; - Ps. Abel Miser; Hansjörg Präger; E. Senftbauer; F. Stanya (*E-F-L-R*) #3,4,7, 16,20

Jessen, Ludwig von, *27.4.1828 St.Petersburg, †1888 St.Petersburg; - Ps. Ludwig von Osten (*L*) #1,3,4

Jessen, Marie, *1850 Emmelsbüll/Schl.-Holst.; - Ps. M. Inger (*E-L-R*) #1,4

Jessen, Paul, *9.3.1896 Kiel, †31.12.1976 Niebüll/Ostfriesl.; - Ps. Jan Günn (*E-F-S*) #3,4

Jewan-Mosig, Ilse, *12.12.1910 Berlin, †25.4.1945 Berlin; - Ps. Ines-Angelika Mosig (*E-J-R*) #4

Jezek, Paul Christian, *31.12.1963 Wien; - Ps. Krist (*F-L-P*) #3

Jezewski, Katherina von, *6.1.1886 Leipzig, †20.4.1964 Jena; - Ps. Käthe Altwallstädt (*L-M-P-R*) #3,4

Jezewski, Stanislaus von, *5.2.1853 Zakrzewo/Westpr., †27.10.1913 Jena; - Ps. C. von Falkenhorst (*E-J-P*) #1,4,17

Jezower, Ignaz Sebastian, *17.8.1878; - Ps. Jeßhofer (*P*) #3

Jickeli, Otto Fritz, *16.6.1888 Hermannstadt, †27.7.1960 Hermannstadt; - Ps. O. F. Krasser (*D-E-P-R*) #3,4

Jilek, Josef Karl, *3.7.1888 Wien; - Ps. Jokaj (*E-L-R*) #3,4

Jindracek, Karl B., *11.4.1903 Wien, †7.7.1961 Wien; - Ps. Karl Borromä (*F-L-P*) #3,4

Jiratschek, Walther, *11.3.1907 Böhmisch-Leipa/Sudeten; - Ps. Walther von Thiefenthal (*E-P*) #3

Jiricek, Egon, *1904 Olmütz/Mähren; - Ps. E. K. Gon (*P*) #4

Jirouschek, Josef, *8.3.1897 Josefstadt, †2.4.1957 Glasenbach-Elsbethen/Salzburg; - Ps. Joe Johnson (*F-P*) #3,4

Joachim, Albert, *7.1.1877 Sternhof/Mähren; - Ps. J. Albert (*L-P*) #3

Joachim-Daniel, Anita, *21.6.1902 Jassy/Rum., †18.6.1978 New York; - Ps. Anita; Anita Daniel (*N-P*) #3,4,18

Joanvahrs, Emerich, *(1841); - Ps. Bruder Immertreu von der roten Erde (*L-P*) #4,11

Joch, Elise, geb. Jahn, *22.12.1875 Bad Liebenstein/Thür., †11.1.1956 Erfurt; - Ps. Elisabeth Joch-Jahn (*E-J-R*) #3,4

Jocham, Magnus, *23.3.1818 Rieder b. Immenstadt/Allg., †4.3.1893 Freising; - Ps. Johannes Clericus (*P*) #4,13

Jochheim, Amalie, geb. Römheld, *5.2.1839 Groß-Steinheim b. Hanau, †1.9.1874 Darmstadt; - Ps. Amalie Römheld (*R-S*) #1,4

Jochmann, Ludger, *11.12.1952 Bottrop; - Ps. KNISTER (*F-J-R*) #3

Jochner, Klara, †27.12.1913 München; - Ps. Klara Reichner (*E-J*) #2,3,4

Jockisch, Grete, *18.7.1906 Rottach-Egern; - Ps. Grete Weil (*N-R-S*) #3,4,8,18

Jockisch, Hermann Reinhold, *13.3.1882 Leipzig; - Ps. Hermann Reinhold (*L-P*) #1,3,4

Joel, Alwin, *27.4.1895 Pratau b. Wittenberg; - Ps. Alwin Jul (*D-E-R*) #3

Joel, Karl, *27.3.1864 Hirschberg/Schles., †23.7.1937 Walenstadt/St.Gallen; - Ps. Karl Hochberg (*P*) #3,4,15

Joesten, Joseph, *21.6.1850 Düren, †24.9.1909 Bonn; - Ps. Miles Ferrarius; Hans von Windeck (*L-P-S*) #1,3,4

Johann von Latsch, *um 1300; - gen. Hans Sager (*L*) #4

Johann von Neumarkt, *um 1310 Neumarkt/Schles., †24.12.1380; - Ps. Johann de Alta Muta; Johann Noviforensis (*P*) #4,5,13,15

Johannes Steinwert von Soest, *1448 Unna, †2.5.1506 Frankfurt/M.; - urspr. Johann Grummelkut; Ps. Johann Steinwert (*L-P*) #4,5,13,15

Johannes von Freiburg, *13. Jh. Haslach, †10.3.1314 Freiburg/Br.; - Ps. Johannes Choriantus (*P*) #4,13,15

Johannes von Indersdorf, *1382, †9.11.1470 Indersdorf/Obb.; - Ps. Johann Rothuet (*P*) #4,15

Johannes von Rheinfelden, *um 1340 Freiburg/Br.; - auch Johannes von Basel; Ps. Teuto (*P*) #4,15

Johannes von Tepl, *14. Jh., †um 1414 Prag; - auch Johannes Heuslinus de Schutbor; Ps. Johannes von Saaz (*L*) #4,5,14,15,19

Johannes von Winterthur, *um 1300 Winterthur; - Ps. Johannes Vitoduranus (*P*) #4,13,15

Johannsen, Albrecht, *11.3.1888 Deezbüll/Tondern; - Ps. Nis von'e Büttendick (*E-L-P-S*) #3,4

Johannsen, Bruno, *9.9.1852 Hamburg; - Ps. Bruno Wallsbüll (*P*) #3

Johannsen, Johann, *18.9.1871 Berlin; - Ps. Siegfried (*P*) #3

Johannsen, Michael, *1615 Bergedorf, †2.2.1679 Altengamme; - Ps. Michael Jansenius (*D-P*) #4,11

Johannsen-Bonde, Carl Sophus, *28.11.1887 Randers/Jütland; - Ps. Sophus Bonde (*E-P-R-S*) #3,4

Johannsmann, Ilse, *6.1.1901 Hohenebra/Thür.; - Ps. Ilse Johannsmann-Nennewitz; Esli Nennewitz (*L*) #3,4

Johanson, Heinrich, *19.3.1866 Pernau; - Ps. Heinrich Wilde (*L-N-P*) #3

John, Ernst, *28.5.1897 Annaberg/Erzgeb.; - Ps. ejo; Jo (*E-P*) #3,4

John, Eugenie, *5.12.1825 Arnstadt, †22.6.1887 Arnstadt; - Ps. E. Marlitt (*E-N-R*) #1,2,3,4,5,9,13,17,19

John, Friedrich Ludwig, *7.1.1918 Innsbruck; - Ps. F. L. Ferrer; Fred John; John-Ferrer; Andreas Seefelder; Gustl Steiner; Toni Wendhofer (*E-F-R-S*) #3,4

John, Walter, *23.8.1861 Arnstadt/Thür.; - Ps. John-Marlitt (*E-L-P*) #1,3,4

Johnen, Albert, *16.10.1865 Aachen; - Ps. Anna Michels (*E-L-N*) #3

Johnsen, Ludovika, geb. Hesekiel, *3.7.1847 Altenburg, †6.4.1889 Neustadt b. Coburg; - Ps. Ludovika Hesekiel (*E-R*) #1,4,13

Joho, Karl, *12.10.1875 Bruchsal, †1944; - Ps. Jukundus Bruttler; Quintus Federlein (*E*) #3,4

Jolles, Bernhard, *13.9.1878 Dresden; - Ps. J. O. Bernhardt (*L-P*) #3

Jonas, Emil Jakob, *14.7.1824 Schwerin, †6.1.1912 Berlin; - Ps. Graf Loewenbalk von Hohenthal (*D-N-P-R-S*) #1,3,4

Jonas, Johanna, *5.9.1914 Wien; - Ps. Jonas-Lichtenwallner (*E-J-L-P-R*) #3,4

Jonen, Hans, *30.11.1892 Köln, †14.11.1958 Köln; - Ps. John Hansen (*L-N-S*) #3,4

Jong Posthumus, Roelof de, *19.5.1914 Leipzig, †17.12.1985 Braunschweig; - Ps. -ropo- (*D-E-L-R*) #3,4

Joost, Elisabeth, *14.2.1898 Düsseldorf, †4.12.1975 Friedberg/Hessen; - Ps. Jonny Behm (*F-J-M-P*) #3,4

Joost, Evelyn, *8.4.1925 Berlin; - Ps. Evelyn Peters; Evelyn Peters-Kirchhoff (*F-R*) #3,4

Joost, Wilhelm, *7.3.1899 Friedberg/Hessen; - Ps. Conrad W. Hilger (*F-L-P*) #3,4

Joosten, Dietrich, *(1983); - Ps. Otto Rath (*P*) #3

Joppen, Rudolf, *12.7.1897 Straßburg; - Ps. Rudolf vom Neudorf (*L-R*) #3,4

Jordan, Eduard, *16.3.1850 Gurwitz/Mähren, †4.4.1930 Wien; - Ps. J. Andor; Fritz Reinhardt (*P-S*) #1,3,4

Jordan, Gustav, *21.2.1856 Stettin; - Ps. Gust. Jenner; Hans Krieg (*D-E-P*) #1,3,4

Jordan, Karl Friedrich, *23.9.1861 Berlin, †um 1926 Berlin; - Ps. Arduin; Friedwart; Max Katte (*P-S*) #1,3,4

Jordan, Paul, *8.3.1902 Hamburg; - Ps. Paul Etzel (*E-J*) #3,4

Jordan, Richard, *12.9.1853 Neustadt/Magdeburg; - Ps. Richard Alwin Neusalz (*P*) #3

Jordan von Sachsen, *um 1185 Burgberg/Westf., †13.2.1237; - Ps. Jordan Graf von Eberstein; Jordanus Teutonicus (*P*) #4,13,15
Jördens, Gustav, *12.8.1785 Berlin, †1834; - Ps. A. Clauren; Gustav Iden (*E-M-P-R*) #1,4, 11,13
Jordis von Lohausen, Heinrich, *6.1.1907 Seebach b. Villach; - Ps. Heinrich von Lohausen (*P*) #3,4
Jörgensen, Gerhard, *20.11.1924 Heide/Holst.; - Ps. Jann Höögdieen; Seufzlinde Misikus; Spottlieb Freundlich (*L-P*) #3
Jörger, Johann Quintinus Graf, *17. Jh.; - gen. Der Erwerbende/FG 772 #11
Jörger, Matthias Joseph, *12.10.1842 Wilburgstetten/Mfr.; - Ps. E. Socius Fidelis (*L*) #1,4
Joris, David, *um 1501 Gent b. Brügge, †23.8.1556 Schloß Binningen b. Basel; - Ps. Johann von Brügge (*P*) #4,11,13,15
Josch, Wilfried, *6.5.1914 Wien; - Ps. F. Neuhauser (*P*) #3,4
Josefovics, Fritz, *1908 Wien; - Ps. Denim; F. J. Joseph; F. Joss (*P-R*) #18
Joseph, D., *4.7.1863 Königsberg; - Ps. D. Irmer; S. Kene; K. Riticus (*P*) #3
Josephi, Carl-Frederik Wilhelm, *28.12.1899 Hamburg; - Ps. Frederik Lund (*E-P*) #3
Josephson, Bertha, *11.6.1881 Solingen, †2.6.1906 Klein-Oschersleben/Sa.; - Ps. B. Mercator (*E-J-N*) #1,2,3,4
Joß, Erwine Maria, *(1931); - Ps. Rolph Warrens (*M-P-S*) #3
Joß, Viktor, *29.5.1869 Prag; - Ps. Alicandro Tirio (*L-P-S*) #1,3,4
Jost, Eduard, *21.7.1837 Trier, †15.3.1902 Neustadt/Pfalz; - Ps. Freimund Deutschmann; Emil Junker (*E-L-P*) #1,3,4
Jöstelberg, Wolfgang Ferdinand von, *17. Jh.; - gen. Der Mutige/DG-R; Der des Lobes und Ehre Gottes Nimmersatte #11
Jubisch, Fritz, *11.9.1888 Leipzig; - Ps. Dagobert; Hans aus Sachsen (*D-L-M-S*) #3,4
Jucker, Ernst, *21.5.1891 Dickbuch-Elgg b. Zürich; - Ps. Richard Hart (*E-P*) #3,4
Jud, Leo, *1482 Gemar/Elsaß, †19.6.1542 Zürich; - Ps. Ludovicus Leopoldi (*P*) #4,11, 13,15
Jud, Rudolf, *21.10.1923 Kaltbrunn/St.Gallen; - Ps. Felix Nagold; Roland Zwerge (*D-P-R*) #4
Judeich, Sidonie, *16.3.1874 Herminenhütte, †7.11.1951 Bonn; - Ps. Sidonie Mierswa (*N-R*) #1,3,4
Judtmann, Margarete, *2.7.1907 Budapest; - Ps. Margot Maller (*R*) #3,4
Jügelt, Otto, *22.2.1874 Auma; - Ps. Hans Otto (*E-P*) #3
Jühling, Johannes, *28.9.1870 Mittweida; - Ps. Jack Hockfield; Robertus Lossius; Hans Mitteweider; William Taylor (*E-P-R*) #3,4
Juhn, Kurt, *17.11.1896 Prerau/Mähren; - Ps. Kurt Gonn; Aage Stjördal-Jerfella (*P-R*) #3,4,18
Juhre, Alfred, *8.5.1900 Cottbus; - Ps. Edgar Hüsting (*L-P-R*) #3,4
Julian von Speyer, *um 1200 Speyer, †um 1250 Paris; - Ps. Julianus Alemannus; Julianus Teutonicus (*L*) #4,15
Jülich, Hermann, *1895 Solingen, †25.2.1977 Arlesheim; - Ps. Hermann Liessem (*E*) #3,4
Jülicher, Reinhold, *18.11.1862 Falkenberg; - Ps. R. Frauenhagen; Sigfried Kiffhäuser; Siegfried Kyffhausen; Siegfried Kyffhäuser; R. von der Welse (*P*) #3
Julius, Nikolaus Heinrich, *3.10.1783 Altona, †20.8.1862 Hamburg; - urspr. Nikolaus Heinrich Heymann (*P*) #4,11,13
Juncker von Ober-Conreut, Elisabeth, *12.3.1870 Gumbinnen; - Ps. E. v. Weitra (*E*) #1,3,4
Jünemann, Igna Maria, *22.2.1892 Frankfurt/Main; - Ps. Igna Maria (*E-M-N-R-S*) #3,4
Jünemann, Maria Regina, *4.8.1888 Frankfurt/M.; - Ps. Maria Regina Jünemann-Fischer; Maria Regina (*N-R*) #3,4
Jung, Emil, *2.6.1861 Mühlau; - Ps. Walter vom Wingolf (*P*) #3
Jung, Franz, *26.11.1888 Neisse, †21.1.1963 Stuttgart; - Ps. Franz Larsz; Josef Münz ; Johannes Reinelt; Paul Renard; Frank Ryberg (*E-N-P-R*) #3,4,5,8,15,18
Jung, Hermann, *12.8.1901 Rheinbrohl, †29.3.1988 Gemünden a. M.; - Ps. Erich von Ehrenfels-Meiringen; Jan von Werth (*E-L-N-P-R*) #3,4
Jung, Johann Heinrich, *12.9.1740 Grund b. Siegen, †2.4.1817 Karlsruhe; - Ps. Johann Heinrich Jung-Stilling; Heinrich Stilling (*E-L-P-R*) #1,4,5,6,11,13,14,15,19
Jung, Karl, *7.9.1795 Mannheim, †11.6.1864 Basel; - Ps. Matthias Nusser (*S*) #4,11
Jung, Karl, *6.10.1895 Wiesbaden; - Ps. Karl Jung-Lamspringe (*E-P*) #3,4
Jung, Luise Mathilde, *17.9.1843 Meersburg/Bodensee, †2.10.1924 Karlsruhe; - Ps. Ludwig Bernow (*E-J-N-P-R*) #1,2,3,4
Jung, Margarete, *1.1.1875 Wermelskirchen/Rh.; - Ps. Margarete Jung-Walter (*E*) #3,4
Jung, Richard, *(1953) Höscheid b. Solingen; - Ps. Gordon Young (*R*) #3
Jung, Robert, *26.3.1910 Altona; - Ps. Lorenz Amberg; Allan G. Fortridge; L. R. Roberts (*F-P-R*) #3,4
Jungblut, Alice, *9.3.1902 Bremen; - Ps. Alice Gruner-Jungblut (*R*) #3,4
Jungbohn, Knut, *(1847); - Ps. Gabe Schneider (*P*) #4
Jungendres, Sebastian Jakob, *22.11.1684 Nürnberg, †15.5.1765 Nürnberg; - Ps. Michael Christophilus (*P*) #6,13
Jünger, Franz, *9.3.1958 Temeschburg/Banat; - Ps. O. K.; Vetter Jockl vun Kleentermin (*L*) #3

Jünger, Gretha, geb. v. Jeinsen, *14.3.1906 Döhren b. Hann., †20.11.1960 Wilflingen b. Riedlingen; - Ps. Gretha von Jeinsen (*F-P-R*) #3,4

Jünger, Karl, *14.3.1886 Odenkirchen; - Ps. Harry von Stein (*L-P*) #3

Junger, Oswald, *17.10.1872 Rokitten; - Ps. Oswald Dreigestirn; A. O. Rokittener; Hubertus Wald (*E-P*) #3

Jungfer, Viktor, *6.5.1893 Hirschberg/Schles., †21.4.1964 Nürnberg; - Ps. Viktor Georg Jungherr (*L-P-R*) #3,4

Junghans, Sophie, *3.12.1845 Kassel, †16.9.1907 Hildburghausen; - Ps. Sophie Schuhmann (*E-L-N-R*) #1,2,3,4

Jungius, Joachim, *1.11.1587 Lübeck, †3.10.1657 Hamburg; - auch Jung; Junge (*P*) #4,13,15

Jungk, Robert, *11.5.1913 Berlin, †14.7.1994 Salzburg; - urspr. Robert Baum; Ps. F. Lefèvre; Jean Pierhal; Arnold de Stael (*P*) #3,4,18

Jüngling, Armin, *5.4.1909 Kiel, †1.11.1984 Untzerwössen/Chiemgau; - Ps. Heinrich Altig (*E-L-R*) #3,4

Jungmann, Anna, *16.12.1891 Wien; - Ps. Anna Jungmann-Wilhelmi (*N-R*) #3,4

Jungmann, Johann, *1799 Prag, †4.4.1872 Prag; - Ps. Mansuet Young (*L-P*) #1,4,11

Jungo, Michael, *26.6.1917 Freiburg/Schweiz; - Ps. Antoine Duval (*E-J*) #3,4

Jüngst, Hugo, *7.11.1871 Essen; - Ps. Hugo von Trimberg (*L-P*) #1,3,4

Jüngst, Ludwig Volrad, *27.12.1804 Niederdresselndorf/Westf., †21.9.1880 Bielefeld; - Ps. Ludwig Rosen (*R*) #1,4

Jüngst, Marie, *30.9.1835 Borken/Westf., †21.10.1875 Grenoble; - gen. Schwester Franziska Maria (*D*) #1

Jungwirth, Adalbert, *20.4.1886 Kalisch/Mähren, †12.10.1947 St.Pölten/Ö.; - Ps. Heertrost (*E-L-P*) #3,4

Junike, Rolf, *1925; - Ps. Cornelia von Eschweg; Ursula Fischer; Petra Petersen; Helga Richter; Ina Ritter; Ursula Stoll; Karin Weber; Helga Winter (*R*)

Junk, Wilhelm, *3.2.1866 Prag, †3.12.1942 Gravenhage/Niederl.; - urspr. Wilhelm Jeitteles (*L-M-S*) #1,3,4,15

Junker, Siegfried Carlheinz, *23.6.1893 Frankfurt/M.; - Ps. S. Carlheinz; Carlheinz Junker von Lersner; Skender Bey (*E-L-P*) #3,4

Junker, Wilhelm, *18.4.1840 Moskau, †13.2.1892 Petersburg; - Ps. Wassilij Wassiljowitsch (*P*) #4,13,15

Junkermann, Charlotte, *13.6.1910 Karlsruhe; - Ps. Charlott Serda (*F-P*) #3

Jurczek, Stephan, *1.5.1891 Schlüsselgrund/Schles.; - Ps. P. Stephanus (*F-P*) #3

Jürgens, Gertrud, geb. Lützen, *16.4.1890 Halberstadt, †2.7.1961 Hamburg; - Ps. Gertrud Jürgens-Lützen; Pinguin (*E-L*) #3,4

Jurinek, Joseph Maria, *2.6.1878 Breslau; - Ps. Joseph M. Stevens (*P-S*) #3

Jürs, Heinrich, *20.2.1844 Altona, †1919 Hamburg; - Ps. Tedge Putfarken (*L-P*) #1,3,4

Jursa, Oskar, *23.5.1922 Teschen, †10.9.1979 Großhöflein/Ö.; - Ps. Paul Malinowski (*F-P-R*) #3,4

Just, Günther, *24.7.1923 Falkenburg/Pommern; - Ps. JUSTUS (*E-F-J-P*) #3,4

Just, Johann Karl Ludwig, *22.3.1826 Clettstedt/Sa., †26.7.1902 Eisenach; - Ps. L. Recht (*D-S*) #1,3,4

Jüterbock, Richard, *1829 Draschwitz b. Zeitz, †1897 Berlin; - Ps. J. Hilmar (*E-N-R*) #1,4

Jüttner, Wendelin, *23.8.1813 Niederjeutritz/Oberschles., †1879 Schönau b. Leobschütz; - Ps. P. Wendelin (*P*) #1,4

K

Kaad, Gisela, *14.5.1927 Wilhelmshaven; - Ps. Gisa Kaad (*J*) #3

Kaan, Eduard, *30.8.1826 Wien, †14.7.1908 Wien; - Ps. Eduard Dorn (*D-P-S*) #1,4

Kabas, Ursula, geb. Adam, *27.6.1950 Linz/ Do.; - Ps. Ursula Adam (*E-L-P-R*) #3

Kabat, Therese, *17.8.1891 Wien; - Ps. Thea Gröber (*E-L*) #4

Kabel, Walther, *8.8.1878 Danzig, †1935; - Ps. W. K. Abel; Olaf Abelsen; Walter Bekal; W. K. Bel; W. Belka; Willi Belka; W. K. Bell; Helene Fromm; Kapitän William Käbler; Waltraud Kebla; W. K. Leba; Wally Lebka; W. Lensen; Swea von Münde; W. von Neuhof; W. Neuhofer; Walther Neuschub; Max Schraut; M. E. Schugge; Karla Walther; Käthe Wendt; W. I. Zehlen (*E-R*) #1,4

Kabisch, Martin Richard, *21.5.1868 Kemnitz, †30.10.1914 Bixschoote/ Flandern (gef.); - Ps. Martin Richard (*N-P-R*) #1,3,4,15

Kabitzky, Johanna, geb. Koczian, *30.10.1933 Berlin; - Ps. Johanna von Koczian (*E-J*) #3,4

Kacher, Josef, *26.8.1770 Wien, †6.8.1841 Wien; - Ps. Josef Caché (*D-S*) #4

Kaczér, Illés, *10.10.1887 Szatamàs/Ungarn; - Ps. Paul Balatow; Georg Klee (*D-E-R-S*) #3,4

Kaczmarek, Bernhard, *10.4.1932 Berlin; - Ps. Bernhard Katsch (*L-P*) #3,4

Kadelbach, Gerd, *8.1.1919 Pitschen b. Kreuzburg; - Ps. Theodor Marbach (*P*) #4

Kadich, Hans von, *12.1.1864 Brünn, †7.9.1909 Hamburg; - Ps. H. Waldlieb (*E-R*) #1,3,4

Kadow, Manes Hermann, *24.3.1905 Beuel/ Rh., †6.12.1960 Bonn; - Ps. Peter Bevelius; Mac Okay; Hermann Wodak (*F-L-N-P-S*) #1,3,4

Kaeding, Renate, *30.7.1944 Prag; - Ps. Renate Feyl (*P-R*) #3,4

Kaemmerer, Franz, *15.10.1876 Lindenhof/ Westpr.; - Ps. Ka. Em. Merer (*D-S*) #1,3,4

Kaemmerer, Georg, *4.11.1870 Danzig; - Ps. Georg Oswald (*L-P*) #3

Kaergel, Dieter, *18.8.1916 Weißwasser; - Ps. Kilian Merten (*E-F-J-L-P*) #3,4

Kaesbach, Franziska, *21.2.1897 Kufstein/ Tirol; - Ps. Franziska Kinz (*F-P*) #3,4

Kaeseberg, Max, *27.6.1857 Danzig, †5.1.1908 Berlin; - Ps. Max Berg (*E-R*) #1,3,4

Kaesen, Maria, geb. Mühlgrabner, *11.8.1901 Gries b. Bozen; - Ps. Maria Mühlgrabner (*E-L-N-P-R*) #3,4

Kaeser-Kesser, Hermann, *4.8.1880 München, †5.4.1952 Basel; - Ps. Hermann Kesser (*D-E-F-N-R-S*) #3,4,5

Käfer, Gabriele, *6.8.1920 Darmstadt; - Ps. Gabriele Dittmar (*E-F-J-P*) #3,4

Kafka, Eduard Michael, *11.3.1868 Wien, †3.8.1893 Brünn; - Ps. Siegwin Freimuth (*M-P*) #3,4,15

Kafka, Hans, *26.12.1902 Wien, †5.2.1974 München; - später John Kafka (*D-E-F-R*) #3,4

Kafka-Huber-Brandes, Sophie-Marlene, *30.3.1943 Breslau; - Ps. Sophie Brandes (*J-P-R*) #3,4,17

Kägi, Rudolf, *16.9.1882 Bauma b. Zürich, †25.1.1959 Tann b. Zürich; - Ps. Ruedi Chägi (*E-L-P*) #4

Kahl, Gertrud, geb. Fuhrtmann, *19.3.1893; - Ps. Gertrud Kahl-Fuhrtmann (*D-L-P-R*) #3

Kahle, Adolf Wilhelm, *30.1.1870 Kolberg; - Ps. v. Grotowski; Adolf Wilhelm Johannes; A. Wilhelm (*E-N-R*) #1,3,4

Kahle, Carl, *4.3.1884 Hannover, †21.5.1958 Hildesheim; - Ps. Georg Karl Bruchhausen; Erich Halke (*L-P*) #3,4

Kahle, Wenzel, *17. Jh.; - gen. Der Unschuldige/DG-L #11

Kahleis, Benjamin, *23.12.1778 Jessnitz, †1851 Gröbzig/Anhalt; - Ps. K. H. Elias Striegel (*P*) #4,6,11

Kahlen, Friedrich, *17. Jh.; - gen. Der Weisende/DG-R #11

Kahlen, Johann Kaspar, *17. Jh.; - gen. Der Dienliche/DG #11

Kähler, Benno, *10.7.1871 Berlin; - Ps. Curt Holm (*D-L-S*) #1,3,4

Kähler, Hilke, *1.3.1947 Bargstedt b. Rendsburg; - Ps. Hilke Timm (*J-P*) #3,4

Kähler, Ludwig August, *6.3.1775 Sommerfelde/Neumark, †5.11.1855 Wogenab/Haff; - Ps. Filibert; Verf. des Hermann von Löbeneck (*P-R*) #1,4,6,11,13

Kahlert, Karl Friedrich, *25.9.1765 Breslau, †8.9.1813 Groß-Glogau; - Ps. Lorenz Flammenberg; Bernhard Stein (*D-P*) #4,6,11

Kahn, Johannes, *12.3.1890 Bernburg/Anhalt, †11.7.1976 Alfeld; - Ps. Ignotus (*D-F-L*) #3,4

Kaibel, Franz, *16.1.1880 Leipzig, †15.4.1953 Weimar; - Ps. Pasquino (*E-L-N-P-S*) #1,3,4

Kailer, Frieda Alice, *10.1.1878 Letschin b. Lebus; - Ps. Alice Erdmann-Friedrich (*F-P-R*) #3

Kaim, Karoline, geb. Schirndinger von Schirnding, *9.7.1850 Stauf/Franken; - Ps. Carola von Schirnding; Karoline Schirndinger von Schirnding (*E-M*) #1,4

Kain, Johann, *27.4.1820 Puchen/Steierm., †11.8.1894 Altaussee/Steierm.; - gen. Bachwirt (*L*) #4

Kainz, Carl, *9.3.1870 Wien; - Ps. Julius Zinka (*P*) #3

Kainz, Sarah, geb. Hutzler, *26.3.1853 St.Louis/USA, †24.6.1893 Berlin; - Ps. Sarah Hutzler (*E-R*) #1,3,4

Kaisenberg, Moritz von, *25.6.1837 Halberstadt, †18.8.1910 Hannover; - Ps. Moritz v. Berg; Moritz v. Berg-Nesselröden (*E-P-R*) #1,3,4

Kaiser, Bruno, *5.2.1911 Berlin; - Ps. Oswald Mohr (*P*) #3,4

Kaiser, Emil, *6.2.1872 Roßwein; - Ps. E. Mylius (*P*) #3,4

Kaiser, Franz Siegfried, *14.6.1847 Königshütte; - Ps. Friedrich Sieg (*P*) #3

Kaiser, Hans Kurt, *27.11.1911 Hannover; - Ps. Richard Oliver; R. J. Richard (*J-P*) #3,4,7

Kaiser, Koloman, *1.7.1854 Hornsburg/N.-Ö., †4.2.1915 Wien; - Ps. K. von Hornsburg (*L*) #1,3,4

Kaiser, Lothar, *19.4.1934 Lausen/Schweiz; - Ps. Heinrich Schulmann (*L-P*) #3,4

Kaiser, Oskar, *22.11.1885 Oschatz; - Ps. Franz von der Groth; Soso (*D-E-R-S*) #3

Kaiser, Walter, *22.11.1909 Wuppertal; - Ps. Walter Gorrish (*E-F-R*) #3,4,14,18

Kaiser-Blüth, Kurt, *27.9.1903 Naumburg b. Kassel; - Ps. Charles Roesmer (*L-N-P*)

Kaiser-Raiss, Maria Regina, *29.12.1952 Trier; - Ps. Maria Regina Kaiser (*J*) #3

Kalau, Abraham, *16.4.1612 Mohrungen/Ostpr., †25.2.1686 Wittenberg; - auch Abraham Calovius (*P*) #4,13,15

Kalbeck, Max, *4.1.1850 Breslau, †4.5.1921 Wien; - urspr. Max Karpeles; Ps. Jeremias Deutlich (*L-P-S*) #1,3,4,15

Kalbfuß, Heinrich, *15.1.1927 Trier; - Ps. Heinz Knipper (*F-J-P*) #3

Kalcheim, Gerhard Romilian von, *5.12.1589 Spich b. Siegburg, †18.10.1644 Berlin; - auch von Kalkum gen. Leuchtmar; gen. Der Ausheilende/FG 276/1636; #11, 12,13

Kalcheim, Wilhelm von, *4.3.1584 Schloß Lohausen b. Düsseldorf, †30.1.1640 Rostock; - auch Wilhelm von Kalchum gen. Lohausen; gen. Der Feste/FG 172/1629 (*L-P*) #11,12,13

Kalckreuth, Friedrich Ernst Adolf Karl Graf von, *15.3.1790 Pasewalk, †19.11.1847 Berlin; - Ps. Felix Marius (*D-L*) #4,5,11,15

Kaldenbach, Christoph, *11.8.1613 Schwiebus/Schles., †16.7.1698 Tübingen; - auch Caldenbach; Ps. Celadon; Lycabas (*L-P*) #1,4,13,15

Kaléko-Vinaver, Mascha, *7.6.1912 Schidlow/Polen; - Ps. Mascha Kaléko (*F-L-P*) #3

Kaliebe, Luise, *18.2.1865 Anklam/Pommern; - Ps. M. Düsterbrock (*E-L*) #1,3,4

Kalisch, David, *23.2.1820 Breslau, †21.8.1872 Berlin; - Ps. Robert Schalk (*S*) #1,4,5,13,15

Kalisch, Ludwig, *7.9.1814 Lissa/Posen, †3.3.1882 Paris; - Ps. Ludwig Lischka (*E-P*) #1,4

Kalischer, Alfred Christlieb Salomo Ludwig, *4.3.1842 Thorn/Westpr., †8.10.1909 Berlin; - Ps. A. Christlieb (*D-L-P*) #1,3,4

Kalischer, Erwin, *22.2.1883 Berlin, †7.4.1951 Berlin; - Ps. Erwin Kalser (*L-P*) #3,4

Kalischer, Frida, *(1920); - Ps. Fried Kalser (*R*) #3

Kalischer, Siegfried, *7.5.1862 Thorn/Westpr.; - Ps. Leitfried (*L*) #1,4

Kalizsch, Hans Rudolph von, *17. Jh.; - gen. Der Unbekümmerte/FG 860 #11

Kalklösch, Franz Arno, *25.11.1880 Wechmar/Gotha, †1930; - Ps. Arno Franz (*R*) #1,4

Kallin, Mark, *16.7.1897 Moskau; - Ps. Peter Hall (*R*) #3,4

Kallisen, Georg, *14.12.1586 Medelby/Schleswig, †19.3.1656 Helmstedt; - auch Georg Callisen; Georgius Calixtus (P) #4,13,15

Kallwitz, Seth, *11.6.1639 Quedlinburg, †22.4.1698 Quedlinburg; - Ps. Seth Calvisius (*P*) #4

Kallwitz, Sethus, *21.2.1556 Gorsleben/Thür., †24.11.1615 Leipzig; - Ps. Sethus Calvisius (*L-P*) #4,13,15

Kalmar, Rudolf, *18.9.1900 Wien, †18.1.1974 Wien; - Ps. Rudolf Heinrich (*F-P*) #3,4

Kalmuczak, Rolf, *17.4.1938 Nordhausen/Harz; - Ps. Joe Adler; Claus Alden; Thomas Alden; Ralf Berger; Don Boston; Frank Burger; Fred Burger; Ralph Burger; Red Burger; John Cain; Ray Carson; Henry Carter; Norbert Clausen; Pat Clifford; Cliff Collins; Glenn Collins; Christian Conradi; Cliff Corner; Jerry Cotton; Cecil Count; Perry Dayton; Sefton Deal; Ralph Decker; Harry Delson; Cliff Dexter; Herb Diery; Mike Donner; Alec B. Dorn; I. Dorn; Frank Douglas; Lionel Dust; Sebastian Eich; Robert Falck; Hector Falk; Robert Falk; Pierre Farot; Helga Fechner; Claus Fellner; Jean-Pierre Ferrer; Henri Ferrier; Georg Fleiden; Tobby Hammer; Jörg Heldt; Martin Hillenburg; Bert Hillsen; Norbert Hofberg; Udo Horsten; Pierre Jolas; Robbie Kellog; Robert Kellog; Thomas Kolber; Frank Lambert; Tony Lambert; Robert Loewen; Michael Martin; Phil Moreno; Thomas Ness; Tim Norden; Henry Orlik; Jens Orlik; Frank Orloff; Ted Owens; Fred Parker; Robert Paulsen; Fred Plogau; Ross Randall; Rolf Reiher; Simon Remple; Peter Schadeck; Siggi Seon; Claus Stein; Sebastian Stern; Erik Stettner; Evan Surbank; Martin Tänzer; Peter Trenk; Allan Turner; Marcello Venerdi; Martin Vondrey; Thomas Wank; Tim Wells; Martin Welz; Stefan Welz; Thomas Welz; Michael Wilkow; Stefan Wolf; Bert Wolfgarten (*F-J-P-R*) #3,16

Kalnein, Elisa von, *2.8.1859 Hohenberg/Altmark; - Ps. Arpad Imre (*R*) #1,3,4

Kaloria, Johannes Baptist, *25.6.1861 Jerusalem; - Ps. Don Juan (*E-P-R*) #1,3,4

Kalser, Leo, *4.2.1888 Salzburg, †14.5.1943 Salzburg; - Ps. Leo Maasfeld (*D-E-L-N*) #3,4

Kalteisen, Heinrich, *um 1390 Koblenz, †2.10. 1465 Koblenz; - auch Kaltysen (*P*) #4,13,15

Kaltenberger, Friederike, *24.2.1926 Pregarten/O.-Ö.; - Ps. Franziska Berger (*J-R*) #3,4

Kaltenboeck, Johannes, *29.6.1853 Bozen; - Ps. Max Felde; Fritz Holten; Ivan Novic; Andries van Straaden (*J-N*) #3,4

Kaltenhauser, Franziska (Fanny), *12.12.1863 Wien, †30.5.1941 Enns/O.-Ö.; - Ps. F. Ostenburg (*E-N-P-R-S*) #1,3,4

Kalz, Elfriede, *28.2.1912 Halberstadt; - Ps. Renate Franken; Leni Hagen (*P-R*) #3,4

Kameke, Elisabeth von, *1.1.1860 Gerfin/Pommern, †21.1.1915 Kratzig/Pommern; - Ps. E. Andersen; Ilse Charlot (*E-R*) #1,2,3,4

Kameke, Mathilde von, geb. Boie, *12.10.1835 Danzig, †18.12.1910 Erfurt; - Ps. Mathilde Boie; Marc. Boyen; Tante Christine (*E-R*) #1,2,3,4

Kamitz, Bertold, *10.4.1887 Rückersdorf/Böhmen, †14.4.1954 Senftenberg; - Ps. Bertold Steintal (*E-L-R*) #3,4

Kamke, Gertrud, *12.10.1867 Adlig Puliaten/Ostpr.; - Ps. Gertrud Gert (*L-S*) #1,4

Kamlah, Kurt, *4.12.1886 Hannover, †1928 Düsseldorf; - Ps. Kurti (*E-L-P*) #1,3,4

Kamm, Maria, *19.8.1873 Köln, †21.12.1952 Hagenau/Elsaß; - Ps. Maria Dietz (*P-R*) #3,4

Kammeister, Joachim, *12.4.1500 Bamberg, †17.4.1574 Leipzig; - gen. Joachim von Bamberg; Ps. Joachim Camerarius; Stanislaus Elvidius; Stanislaus Helvidius (*P*) #4,13,15

Kammeister, Joachim, *6.11.1534 Nürnberg, †11.10.1598 Nürnberg; - Ps. Joachim Camerarius (*L-P*) #4

Kammeister, Philipp, *16.5.1537 Tübingen, †22.6.1624 Nürnberg; - Ps. Philipp Camerarius (*P*) #4,13

Kammer, Daniele, *4.8.1949 Dillingen; - Ps. Dany K. (*L*) #3

Kammerhof, Johann, *17. Jh.; - gen. Der Freudige/DG-L #11

Kamnitzer, Heinz, *10.5.1917 Berlin; - Ps. Michael Brooks; Michael Bruck; Heinz Sonderling (*F-P*) #3,4

Kämpff, Johann, *Staffelstein/Franken, †1625 Gotha a. d. Pest; - auch Johann Kempf (*L*) #4,13

Kamphoevener, Elsa Sophie Baronin von, *14.6.1878 Hameln, †4.8.1963 Traunstein/Obb.; - Ps. Else Marquardsen-Kamphoevener (*F-M-P-R*) #3,4,5,15,17

Kandelgießer, Wolfgang, *1476 Zwickau, †1526 Magdeburg; - Ps. Cantharifusorius; Wolfgang Cyclopius (*L-P*) #4

Kandt, Richard, *17.12.1867 Posen,†19.4.1918 Nürnberg; - urspr. Kantorowicz (*L-P*) #4,15

Kanies, Gerti, *(1954); - Ps. Beate Lenz (*R*) #3

Kanis, Carl, *28.8.1929 Dresden; - Ps. Carle Monto (*L*) #3

Kanitz, Charlotte, *24.2.1773 Dobrilugk; - Ps. Lotte Berthold (*J*) #4,6,11

Kann, Albrecht Peter, *29.5.1923 Köln; - Ps. Peter Altenburg; Al Cann; Peter Cann; Jerry Cotton; Jack Farland; Frank Laramy; William Mark (*R*) #3,4,16

Kannacher, Ludwig von; - gen. Der Behülfliche/FG 162/1628 #11,12

Kanne, Christian Ernst, *17. Jh.; - gen. Der Klügliche/FG 821 #11

Kanne, Johann Arnold, *28.5.1773 Detmold, †17.12.1824 Erlangen; - Ps. Johann Author; Walther Bergius; Anton von Preussen (*D-E-P-S*) #1,4,6,11,13,15

Kannengiesser, Gertrud, *8.1.1897 Straßburg; - Ps. Hertha Uentze (*P-R*) #3

Kanowski, Friedrich Hermann, *31.10.1853 Gumbinnen, †11.5.1915 München; - Ps. Udo Dünen (*D-L-S*) #1,3,4

Kantor-Berg, Friedrich, *16.9.1908 Wien, †10.11.1979 Wien; - Ps. Friedrich Torberg (*E-L-N-P-R*) #3,4,5,8,10,18

Kantorowicz, Alfred, *12.8.1899 Berlin, †27.3.1979 Hamburg; - Ps. Helmuth Campe (*D-N-P*) #3,4,8,10

Kantorowicz, Gertrud, *9.10.1876 Posen, †19.4.1945 Theresienstadt; - Ps. Gert Pauly (*L-P*) #4,19

Kantorowicz, Hermann U., *18.11.1877 Posen; - Ps. Gnaeus Flavius (*P*) #3

Kapeller, Ludwig, *22.12.1892 Wien, †18.10.1967 Berlin; - Ps. Hans Nirwan (*F-P-R*) #3,4

Kaper, Eitel, *7.7.1906 Danzig; - Ps. Joos van Bussum; Till (*E-P*) #3,4

Kaplan, Gisela, *25.8.1944 Hahnenklee/Oberharz; - Ps. Coren Caplan (*E-L*) #3,4

Kapp, Ottilie, *(1856); - Ps. A. Steinau (*P-R*) #2

Kappel, Gunther, *11.2.1925 Bochum; - Ps. Francoise Calette; Francoise Chapelle; Rex Conwell; Pete Hiek; Fred Patrick (*N-R*) #3,4

Kappeler-Müller, Trudi, *18.8.1920 Kreuzlingen; - Ps. Trudi Müller (*J*) #3,4

Kappelhöfer, Carl-Josef, *6.7.1898 Landau; - Ps. Carlo Capello (*E-F-N*) #3

Kappell, Detloff Freih. von; - auch Detloff von Kapellen; Dietlof von Capel; gen. Der Eingezogene/FG 414/1644 #11,12

Kappler, Hanns Walter, *25.6.1906 Radebeul, †1983; - Ps. Ken Hayward; O. W. Hilling; Hannes Kempp; Ines Korten; Allan Scott; K. Wengen-Berger (*F-J-L-R-S*) #3,4

Kappler, Paul,*(1984);- Ps. Kirk Beljow (*P*) #3

Kappstein, Anna, geb. Behnisch, *30.7.1870 Potsdam, †24.1.1950 Cumbach/Rudolstadt; - Ps. Anna Behnisch (*E-N-R*) #1,3,4

Kappstein, Theodor, *28.11.1870 Berlin, †17.5.1960 Cumbach/Rudolstadt; - Ps. Liberalissimus (*L-P*) #3,4

Kappus, Franz Xaver, *17.5.1883 Temesvar/Banat, †9.10.1966 Berlin; - Ps. Luzifer; Xaver Franz; Franz Xaver (*L-P-R-S*) #3,4,5

Karasek, Hellmuth, *4.1.1934 Brünn; - Ps. Daniel Doppler; Siegfried Siegel (*E-P*) #3,4

Kardorf, Hermann, †1677; - gen. Der Schönweiße/FG 387/1642 #11,12
Kardorff, Huberta Sophie von, geb. v. Witzleben, *9.10.1921 Hamburg; - Ps. Uta von Witzleben (*E-F-J-R*) #3,4
Karell, Viktor, *17.3.1898 Duppau, †14.12. 1979 Landau/Isar; - Ps. Tazitus (*L-P*) #3,4
Karfunkelstein, Werner, *18.8.1881 Berlin; - Ps. Werner Daya (*D-P*) #3
Karger, Bernhard, *27.7.1912 Berlin; - Ps. Bernt Karger-Decker (*F-P-R*) #3,4
Karl, Bernhard Peter, *25.9.1671 Osnabrück, †9.7.1723 Eggelingen/Ostfriesl.; - Ps. Jeremias Christian Heraclitus (*P*) #6
Karl, Günter Paul, *21.10.1922 Stettin; - Ps. Charles P. Henry (*F-P-R*) #3,4
Karlsdottir, Helga Maria, geb. Novak, *8.9.1935 Berlin; - Ps. Helga Maria Novak (*E-F-L-P-R*) #3,4,5,8,10
Karner, Franz, *23.8.1876 Salzburg, †23.4.1897 Salzburg; - Ps. Paul Kildor (*L*) #1,4
Karo, Helene, geb. Wenck, *7.6.1889 Halle/S.; - Ps. Lene Wenck (*F-N-P-R*) #3,4
Karoch von Lichtenberg, Samuel, *um 1448 Lichtenberg/Ofr.; - Ps. Samuel de Monte Rutilo (*L-P*) #4,13,15
Karpe, Marietts, geb. Eidlitz, *18.8.1912 Prag; - Ps. Marietta Eidlitz (*R*) #3
Karpeles, Rudolf, *23.9.1854 Eiwanowitz; - Ps. Rudolf Kars (*P*) #3
Karpelles, Emil, *2.7.1870 Loschitz/Mähren; - Ps. Emil Karpell (*P*) #3
Karrasch, Alfred, *24.4.1893 Königsberg, †3.6.1973 Kühlungsborn; - Ps. Alfred Amenda (*F-N-R*) #3,4,10
Karrig, Otto, *27.5.1857 Kröpelin; - Ps. Otto Carus (*P*) #3
Karsch, Anna Luise, geb. Dürbach, gesch. Hirsekorn, *1.12.1722 Meierhof b. Crossen/ Oder, †12.10.1791 Berlin; - gen. Die Karschin; Ps. Anna Luise Dürbach (*L*) #1,4,5
Karschunke-Brand, Hans, *3.3.1914 Basel; - Ps. Ulrich Brand (*R*) #4
Karst von Karstenwerth, Franz, *10.12.1832 Znaim/Mähren, †24.1.1900 Wien; - Ps. F. Flemming (*E-N-R*) #1,3,4
Karsten, Heinrich, *8.10.1940 Kassel; - Ps. Heiner Karsten (*E-P-R*) #3,4
Karstens, Heinrich, *4.6.1895 Gosewerder/ Harz, †26.2.1973 Goslar; - Ps. Heinrich Karstens-Goslar (*E-P*) #3,4
Karuth, Frank, *17.7.1837 Breslau; - Ps. Frank Harkut (*R*) #1,3,4
Karweina, Günther, *1.11.1922 Essen; - Ps. Peter Dronte; Michael Mohr (*E-F-P-R*) #3,4
Kasack, Hermann, *24.7.1896 Potsdam, †10.1.1966 Stuttgart; - Ps. Hans Marten; Hermann Wilhelm (*D-E-J-L-P-R*) #3,4,5,8, 10,14,15,20
Kasbauer, Sixta *(um 1900); - Ps. Maria Agnes Bauer (*J-P-R*) #3
Kaschnitz-Weinberg, Marie Luise, *31.1.1901 Karlsruhe - Ps. Marie Luise Kaschnitz (*F-L-N-P*) #3
Kasdorf, Otto, *21.8.1880 Weltzin; - Ps. O. Kado; Otto Heinrich Weltzin (*P*) #3
Kaselofsky, Wilhelm, *20.9.1882 Berlin, †Berlin; - Ps. Ka-Ky; Hannes Rellknep (*D-S*) #3,4
Kaser, Anna Theresia, *22.5.1754 Arnstorf/ Niederbayern; - Ps. Anna Theresia Khaser (*P*) #4
Kashin, Christiane, *6.9.1935 Erlangen; - Ps. Christiane von Wiese (*F-J-S*) #3
Kaspar, Anton, *(1826) Nikolsburg; - Ps. Anton Kasper (*D-E-L-P*) #4,11
Kassner, Georg, *4.2.1858 Lüben; - Ps. Dr. Bernhard (*P*) #3
Kaßner, Karl, *1.11.1864 Berlin; - Ps. A. Koch (*P*) #3
Kastel, Hans, *7.11.1912 Minden; - Ps. Hans Ralph Castelle (*R*) #3,4
Kastelliz, Bruno Knöbl, *21.12.1936 Wien; - Ps. Conrad Catelliz; Kuno Knöbl (*J-P-S*) #4
Kasten, Herbert Albert Wilhelm, *23.2.1912 Stralsund, †9.9.1976 Hannover; - Ps. Klas Butenwind; Bert Strelas; Eli Wagar (*D-F-L-P-R*) #3,4
Kastl, Max, *5.5.1882 München; - Ps. K. Maximilian (*N-P*) #3
Kastner, Eduard Fedor, *6.1.1859 Neudorf a. d. Adler/Böhmen, †19.4.1935 Eßling-Wien; - Ps. Friedrich von der Adler (*L-P*) #1,3,4
Kästner, Erich, *23.2.1899 Dresden, †29.7.1974 München; - Ps. Berthold Bürger; Peter Flint; Melchior Kurtz; Robert Neuner (*J-L-P-R-S*) 3,4,5,8,10,14,15,17
Kastner, Willy Alexander Cornelius, *18.12.1861 Schwerin; - Ps. Cornelius (*D-L-N-S*) #1,3,4
Kászony, Daniel, *2.10.1813 Wien, †11.5.1886 Budapest; - Ps. William Chatterton; Diavolo; Lenfred Herz; Manfred Herz; Dr. Lawes; Lucifer Illuminator; D. v. K.; Thomas Miller; Leo Pard; Satanelli; J. Semmikowski (*E-N-R*) #1,4
Katscher, Berta, *12.6.1860 Trentschin/Slow., †16.9.1903 Budapest; - Ps. Albert Kellner; Ludwig Koelle; Ludmilla Koelli; Ludwig Ungar (*E-P-R*) #1,2,3,4
Katscher, Leopold, *30.8.1853 Tschakowa/Banat, †25.2.1939 Luzern; - Ps. Humanus; Albert Kellner; Ludmilla Koelle; Ludwig Koelle; Kosmopolit; Spectator; Ludwig Ungar (*E-P*) #1,3,4
Katte, Hans Christoph von, *17. Jh.; - gen. Der Austaurende/FG 766 ; Ps. Der Grimmige #11
Katte, Hans von, *17. Jh.; - gen. Der Vergessene/FG 747 #11
Kattentidt, Gottfried Ludwig, *30.3.1863 Hildesheim; - Ps. Geélka; G. Luigi (*D-L-P*) #1,3,4

Kattentidt, Ilse, *18.8.1881 Hameln, †22.8.1953 Flensburg; - Ps. Hannah Rahn (*P*) #3
Katter, Lina, *(1896); - Ps. Schwester Lina (*E*) #2
Katz, Anne Rose, *9.8.1923 Schönebeck/Elbe; - Ps. Anne Rose Katz-Steiner (*P*)
Katz, Helene, *24.7.1852 Öls/Schles.; - Ps. Ellen Katte (*P*) #2,3
Katz, Leo, *22.1.1892 Unter-Synautz/Bukowina, †9.8.1954 Wien; - Ps. Joel Ames (*E-R*) #4,14,18
Katz, Otto, *27.5.1895, †3.12.1952 Prag; - Ps. Rudolf Breda; O. K. Simon; André Simone; Franz Spielhagen (*J-P*) #4,18
Katzenstein, Julius, *6.10.1890 Bremen, †13.6.1946 Haifa; - Ps. Josef Kastein (*L-N-P-R*) #3,4,8,18
Katzenstein, Margarete, *29.3.1894; - Ps. Günther (*N-S*) #3
Katzenstein, Simon, *1.1.1868 Gießen; - Ps. Ernst Hardek (*P*) #3
Kauders, Albert, *20.1.1854 Prag, †27.4.1912 Wien; - Ps. K. Auders (*P-S*) #1,3,4
Kauer, Friedl, *19.1.1924 Wien; - Ps. Friedl Hofbauer (*E-F-J-L-R*) #3,4,7,17
Kauertz, A., *19. Jh.; - Ps. Tonio Kanzler (*D-P-S*) #3
Kauertz, Alfred Gottfried, *10.8.1926 Mönchengladbach; - Ps. Jodokus (*E-F-R*) #3,4
Kauffmann, Gertrud, *11.3.1890 Neuenstein, †7.10.1956 Göppingen; - Ps. Gertrud Hörlin (*R*) #3,4
Kauffmann, Hulda, *(1868); - Ps. Sachtleben (*E-J*) #2
Kauffmann, Kurt, *11.12.1897 Königsberg; - Ps. Hein Stobbe (*F-N-P-R*) #3
Kauffmann, Maré, geb. Stahl, *15.4.1897 Magdeburg, †1971; - Ps. Maré Stahl (*F-L-N-R*) #3,4
Kauffungen, Kunz von, *6.4.1904 Mühlhausen/Thür.; - Ps. Kuka; Eddy Warner (*F-L-P-R*) #3,4,18
Kaufhold, Ernst, *15.3.1847 Sudenburg; - Ps. Ernst Christian (*L-N-R*) #1,3
Kaufmann, Carl Maria, *2.3.1872 Frankfurt/ Main, †6.2.1951 Raustadt/Hessen; - Ps. Marchese di San Callisto (*P-R*) #1,3,4
Kaufmann, Charlotte, *29.12.1907 Zürich; - Ps. Christine Leykam; Herbert Stahl (*D-R*) #3,4
Kaufmann, Henny von, *7.1.1890 Magdeburg, †15.10.1960 Berlin; - Ps. Henny Porten (*P*) #3,4
Kaufmann, Leopold, *13.3.1821 Bonn, †27.2.1898 Bonn; - Ps. Rhenanus (*P*) #3
Kaufmann, Mathilde, *5.12.1835 Nürnberg, †29.12.1907; - Ps. Amara George (*E-L-N-R*) #1,3,4
Kaufmann, Will, *19.8.1886 Kolberg, †19.5.1961 Berlin; - Ps. Willi Koglin (*R-S*) #3,4
Kaulisch, Gustav Adolf Emil, *1.1.1852 Roßwein; - Ps. Egon Walde (*P*) #3
Kaune, Wilhelm, *16.9.1895 Ahstedt b. Hildesheim; - Ps. Heinrich Eikenberg (*E-L*) #3,4
Kausch, Johann Joseph, *16.11.1751 Löwenberg/Schles., †10.5.1825 Liegnitz; - Ps. Dositheus (*E-P-R*) #4,11,13
Kausen, Armin, *10.1.1855 Neuß/Rh., †15.3.1913 München; - Ps. Otto von Erlbach; Armin Gottlieb (*L-P*) #1,3,4
Kausler, Rudolf, *26.8.1811 Göppingen, †27.11.1874 Stuttgart; - Ps. K. Rudolf (*E-P*) #1,4,13
Kauter, Kurt, *7.5.1913 Limburg/Lahn; - Ps. Peter Kanin; José Maria Rocafuerte (*F-J-P-R-S*) #3,4
Kautsky, Wilhelmine (Minna), *11.6.1837 Graz, †20.12.1912 Berlin; - gen. Die rote Marlitt; Ps. Eckert; Wilhelm Wiener (*D-E-R*) #1,3,4,5,9,14,15,17
Kautz, Heinrich, *14.2.1892 Hitdorf/Rh., †13.12.1978 Dormagen; - Ps. J. Gruiterman; E. Leithing (*E-J-P*) #3,4
Kautzmann, Victoria, *(1933); - Ps. Rosmaroe (*F-P*) #3
Kayn, Seifried; - auch Siegfried Koyn; gen. Der Aufgelegte/FG 263/1635 #11,12
Kaysenbrecht, Richard, *4.4.1894 Beuthen; - Ps. Dädalus; Wieland (*P*) #3
Kayser, Albrecht Christoph, *1.8.1756 Regensburg, †25.5.1811 Regensburg; - Ps. Adolph; Geo. Filmer (*E-P*) #4,11
Kayser, Anna, *1.9.1885 Hespecke/Westf., †20.10.1962 Hespecke/Westf.; - Ps. Annie Hauserhoff (*D-E-L-N-R-S*) #3,4
Kayser, Christian Gottlob, *21.12.1782 Priester b. Eilenburg/Sa., †16.11.1857 Leipzig; - Ps. Andreas Spiegel (*P*) #4,11,15
Kayser, Conrad, *24.1.1899 Hamburg; - Ps. Conny Kay (*E-L-S*) #3,4
Kayser, Johann Friedrich, *11.4.1685 Gießen, †5.12.1751 Gießen; - Ps. Caesarinus Fürstnerius; Constantin Modrevius (*P*) #6
Kazmeier, Elsa, *10.3.1886 Ulm; - Ps. Elsa Kazmeier-Scheffmacher (*E*) #3,4
Kecht, Anton, *10.1.1895 Häselgehr/Tirol; - Ps. Hansjörg Schwarzensteiner (*R-S*) #4
Keck, Johann Erdmann, *16.3.1753 Coswig/ Anhalt, †12.2.1812 Coswig/Anhalt; - Ps. Naphtali Wurmbrand (*P*) #4,11
Keck, Karl Heinrich Christian, *20.3.1824 Schleswig, †6.2.1895 Kiel; - Ps. Karl Heinrich (*L-P-S*) #1,3,4
Keckeis, Gustav, *27.3.1884 Basel, †10.3.1967 Basel; - Ps. Johannes Muron (*E-P-R*) #3,4, 5,15
Kedde, Jodok, *1597, †27.3.1637; - Ps. Joh. Angelus; Matthias Prätorius (*P*) #6
Kegel, Hugo, *27.12.1852 Schloß Zalenze b. Kattowitz, †25.8.1895 Greiz; - Ps. Hartwig Köhler (*L-P-S*) #1,3,4

Kegel, Max, *6.1.1850 Dresden, †10.8.1902 Stuttgart; - Ps. Biedermeier (*L-N-P-S*) #1,4,14

Kegler, Hans, *24.11.1896 Kiel, †21.12.1949 Sachsenhausen; - Ps. Karl Ludwig Reinhold (*P*) #3

Kehl, Wolfgang, *26.2.1954; - Ps. H. P. Busch; Robert Craven; Arndt Ellmer; Jeremy Hall; K. U. Hansen; Hendrik Villard (*E-P-R*) #7,16

Kehrein, Valentin, *3.2.1851 Hadamar; - Ps. Juvenalis Montanus (*L-P*) #3

Kehrli, Hedwig, *7.10.1893 Bern, †21.3.1966 Zürich; - Ps. Eva Herlik (*L-P*) #3,4

Keienburg, Ernst, *1.1.1893 Zell/Mosel, †22.12.1970 Potsdam; - Ps. Key (*E-F-R*) #3,4

Keil, Alfred, *11.6.1941 Beuern; - Ps. Angelo Niklas (*E-L*) #3

Keil, Andreas Josef, *5.3.1877 Mechernich; - Ps. K. J. de Alraines; Dr. Auto (*P*) #3

Keil, Josef, *2.1.1863 Horhausen; - Ps. Marianus (*P*) #3

Keil, Julius, *13.9.1922 Schwedler/Zips; - Ps. Julius Keil-Tatra (*L-R*) #3,4

Keiler, Johann-Albrecht, *12.8.1929 Breslau; - Ps. Johannes Albrecht (*R*) #3,4

Keilhack, Hannelore, *(1967); - Ps. Anja Beeskow (*P*) #3

Keilhacker, Johann, *1668 Osterfeld, †12.3.1708 Annaburg; - Ps. Ferdinandus Neoburgus (*P*) #6

Keilitz, Arno, *8.9.1889 Wernburg/Thür.; - Ps. Atz von Wernburg (*E-P*) #3

Keilpflug, Erich R., *29.7.1892 Berlin; - Ps. Gollnow (*P-R*) #3,4

Keilson, Hans, *12.12.1909 Bad Freienwalde/ Oder; - Ps. Benjamin Cooper; Alexander Kailand (*E-L-P-R*) #3,4,5,18

Keim, Friedrich, *24.7.1884 Königshofen/ Tauber, †10.9.1972 Karlsruhe; - Ps. Clifford Clure; Mimbi; Chris Orlando (*E-J-R*) #3,4

Keindorff, Eberhard, *7.2.1902 Hamburg; - Ps. Eberhard Foerster (*D-F-L-S*) #3,4

Keindorff, Sibylle, *10.2.1913 Berlin; - Ps. Johanna Sibelius (*F-R*) #3,4

Keiner, Bernd P., *19.12.1950 Wuppertal; - Ps. BPK; Pechfuß (*P-R*) #3

Keiser, Reinhard, *1674 Teuchern b. Weißenfels, †12.9.1739 Hamburg; - auch Keyser (S) #4,11,13,15

Keiter, Heinrich, *17.6.1853 Paderborn, †30.8.1898 Regensburg; - Ps. Georg Kampfmuth (*E-P-R*) #1,4

Keiter, Therese, *20.6.1859 Melsungen, †5.4.1925 Regensburg; - Ps. M. Herbert (*N-R*) #1,2,3,4

Kelber, Karl, *10.8.1862 Untermerzbach, †5.2.1954 Weißenburg/Bay.; - Ps. Karl Kelber von Franken (*E-N-R*) #1,3,4

Kell, Alfred, *20.4.1870 Dresden; - Ps. Georg Frundsberg (*L-N-P-R*) #1,3,4

Kellen, Anton (Tony), *24.1.1869 Luxemburg, †1948 Hohenheim; - Ps. J. Anthony; Jan van der Eltz (*P*) #3

Keller, Adolf, *7.2.1872 Rüdlingen b. Schaffhausen, †10.2.1963 Los Angeles; - Ps. Xenos (*P-R*) #3,4,15

Keller, Andreas, *1503 Rottenburg/Neckar, †18.9.1562 Wildberg/Schwarzwald; - Ps. Andreas Cellarius (*P*) #4,13,15

Keller, Christoph, *22.11.1638 Schmalkalden, †4.6.1707 Halle/S.; - Ps. Christoph Cellarius (*P*) #4,13,15

Keller, Ernst, *16.5.1851 Soden/Taunus, †27.4.1926 Soden/Taunus; - Ps. Keller-Soden (*N-R-S*) #1,4

Keller, Eufemia, *(1907) Mannheim; - Ps. Hans Frank (*N*) #1,4

Keller, Hans Wilhelm, *2.7.1897 Schaffhausen; - Ps. Hans Kerell; Hans Wilhelm (*E-R-S*) #4

Keller, Heinrich, *17.2.1771 Zürich, †21.12.1832 Frascati/Ital.; - Ps. H. J. Burke; Heinrich von Itzenloe; F. H. Thelo (*D*) #1,4,11,13

Keller, Jakob, *1568 Säckingen, †23.2.1631 München; - Ps. Jacobus Auromontius; Urbanus Freidenreich; Fabius Hercynianus; Herwart; Johann Georg Herwart ab Hohenburg; Johannes Proaenus; Berchtoldus a Rauchenstein; Jakob Silvanus; Jacobus Sylvanus; Didacus Tamias (*P*) #4,6,13,15

Keller, Johann, *26.12.1580 Nürnberg, †17.4.1619 Genua; - Ps. Johann Cellarius; Nullus Lipsiensis (*L*) #4

Keller, Manfred, *18.9.1921 Attenweiler; - Ps. Fred Caveau (*E-R*) #3,4

Keller, Peter, *29.4.1862 Breslau, †16.3.1930 Bad Ischl; - Ps. Paul Kurnik (*R*) #3,4

Keller, Richard, *9.1.1857 Mexico, †6.1.1902 Charcas/Mexico; - Ps. Ricardo Jordan (*L*) #1,4

Keller, Ruth, geb. Keilholz, *29.9.1925 Zürich; - Ps. Ruth Keller-Keilholz (*J-L-R*) #3,4

Keller, Walter, *28.2.1908 Zürich; - Ps. Walter Alvares Keller (*R*) #3

Keller, Werner, *13.8.1908 Gut Nutha b. Zerbst/Anhalt, †29.2.1980 Ascona/Schweiz; - Ps. Norman Alken (*P*) #3,4,8

Keller-Schleitheim, Franz Freiherr von, *5.12.1767 Wien, †9.8.1844 Mannheim; - Ps. Philocharis; Philaleth (*D-E-L*) #1,4,11

Keller-Strittmatter, Lili, *10.1.1942 Breisach/ Rh.; - Ps. Lilke; Aline Seefeld (*E-L-P*) #3

Kellermann, Carl Alfred, *2.5.1875 Straßburg; - Ps. Freddy Cavivir; Dr. v. Wedel (*P*) #3,4

Kellner, Leon, *17.4.1859 Tarnow, †5.12.1928 Wien; - Ps. Leo Raphaels (*P*) #3,4,15

Kelterborn, Ernst, *20.1.1877 Göttingen; - Ps. von Kaltbrunn-Hoya (*P*) #3

Keményi, Alfred, *1895 Djakovo/Ungarn, †1945 Budapest; - Ps. Alfred Durus; Alfred Stark (*P*) #18

Kemmer, Ludwig, *2.3.1869 Germersheim/ Rh.; - Ps. Ludwig Germersheim (*P*) #3,4

Kemmer, Otto, *27.6.1858 Königsfeld/Westf.; - Ps. Juschu Czarny; Otto Ruysch (*L-N-P*) #1,3,4

Kemp, Friedhelm, *11.12.1914 Köln; - Ps. Friedrich Umbran (*F-L-P*) #3,4

Kempa, Paul-Werner, *1944 Hagen; - Ps. Fried Kappestein; Hagen Paul (*P*)

Kempe, Anna, *2.10.1810 Breslau, †um 1880 Breslau; - Ps. K. Parameny (*E-R*) #1,2,3,4

Kempe, Erika, geb. Wiegand, *14.10.1925 Heringen/Werra; - Ps. Erika Kempe-Wiegand; Erika Wiegand (*E-J-P*) #3,4

Kempe, Karl, *28.10.1855 Crossen/Oder, †1.9.1909 Nürnberg; - Ps. Karl v. Oderberg (*P*) #1,3,4

Kempe, Martin, *5.6.1637 Königsberg, †31.7.1683 Königsberg; - gen. Der Erkorene/FG 806; Der Unsterbliche/DG-L; Damon/PB; Kleodor/ES; auch Damon der Preusse (*L-P*) #1,4,6,11,19

Kempe, Stephan, †23.10.1540 Hamburg; - Ps. Bruder Steffen; Frater Steffanus de Kempis (*P*) #4,13,15

Kempf, Gerd, *21.6.1928 Heidelberg; - Ps. Gero Monserat (*E-L-M-R*) #3

Kempf, Nikolaus von, *um 1414 Straßburg, †20.11.1497 Gaming/N.-Ö.; - Ps. Nikolaus von Straßburg; Nikolaus de Argentina (*P*) #4,15

Kempf, Peter, *13.4.1947 Niederwürzbach/ Saarl.; - Ps. Polizeiobermeister (*E-L-P*) #3

Kempfe, Johannes Eberhard, *6.1.1891 Magdeburg, †1951 Garmisch-Partenkirchen; - Ps. Hanns Eberhard (*E-S*) #3,4

Kempinsky, Heinrich, *23.12.1877 Breslau; - Ps. Hein Heiner; H. Obers; Uferer (*L-P-S*) #3,4

Kempner, Alfred, *25.12.1867 Breslau, †12.10.1948 Hamburg; - Ps. Ernst Hutten; Alfred Kerr; Alfred Klappe (*L-P*) #3,4,5,8, 15,18,19

Kempner, Hans, *1.5.1889 Breslau, †8.1.1935 Breslau; - Ps. Hanns Kerr (*P-S*) #3,4

Kempner, Martha, *3.4.1865 Berlin; - Ps. Martha Hochstädt; Lallah Rukh (*J*) #2,3

Kempner, Max, *5.3.1863 Breslau, †22.1.1934 Genua; - Ps. Max Eckart; Max Hochstädt (*D-L-S*) #1,3

Kempner, Robert Max Wassili, *17.10.1899 Freiburg/Br.; - Ps. Barett; Procurator; Eike von Repkow (*P*) #3,4,18

Kempner, Ruth Lydia, *8.7.1904 Geislingen; - Ps. Benedicta Maria Kempner (*N-P*) #3,4,18

Kemptner, Marlies, *2.3.1949 Viecheln/Mecklenb.; - Ps. Marlies Salzwedel (*J-R*) #3,4

Kemski, Paul, *3.1.1880 Königsberg, †1946 Offenburg; - Ps. E. G. Paulk (*E-R*) #3,4

Kennerknecht, Johann Martin, *30.1.1863 Missen/Allg.; - Ps. Gerhart Wahrmut (*L-P*) #3

Kenter, Maj Gunnel, *17.5.1917 Leipzig; - Ps. Maj Gunnel von Nordenswan (*S*) #3

Keppel-Kriems, Karin, *10.10.1952 Leningrad; - Ps. Karin Keppel (*R*) #3

Keppelmüller, Bertold, *7.11.1881 Wien, †16.10.1950 Wien; - Ps. Bertold Friedrich Müller (*E-N-R*) #3,4

Keppler, Fritz, *25.1.1842 Balingen/Württ., †1908 Venedig; - Ps. Paul Konewka (*E-L-P-S*) #1,4

Keppler, Gertrud, *11.12.1905 Stuttgart; - Ps. Utta Kepler; J. A. Loruth (*E-F-L-P-R*) #3,4

Keppner, Gerhard, *18.3.1930 Wendsdorf b. Furth im Wald; - Ps. Oliver Niels (*P-R*) #3,4

Kerausch, Joseph, *19.8.1859 Imst/Tirol, †12.11.1934 Innsbruck; - Ps. J. Heimfelsen (*D-E-R-S*) #1,3,4

Kerff, Detlef, *17. Jh.; - gen. Der Bleibende/ FG 861 #11

Kerker, Moritz, *8.2.1825 Mergentheim, †3.11.1900 Schwäbisch Gmünd; - Ps. M. Clericus (*E-P*) #4

Kerkovius, Moritz, *1.5.1860 Riga, †31.10.1881 Kairo; - Ps. Bruno Mohren (*E-L*) #1,4

Kerkow, Karl Friedrich, *17.12.1828 Friedland/Meckl., †16.3.1909 Stargard; - Ps. Alfredo; Halasz Loerincz; Bernd in Prinz'n; Karl Spielmann (*E-N-P-R*) #1,3,4

Kerlen, Gert, *14.11.1887; - Ps. Herbert Goetz (*P*) #3

Kerlen, Kurt, *30.8.1873 Weißenfels/Saale; - Ps. Knut Flemming (*P*) #3

Kern, Elfriede, geb. Beyvers, *16.7.1903 Köln; - Ps. Elfriede Beyvers; Elfriede Schaffrath (*E-R*) #3,4

Kern, Elga, geb. Hochstätter, *13.8.1888 München, †30.12.1955 Brüssel; - Ps. Elga Hochstätter (*P*) #3,18

Kern, Ernst Heinz, *30.12.1919 Rochlitz/Sa.; - Ps. Enzio Enrici (*E-L*) #3

Kern, Irmgard, geb. v. Keyserlingk, *19.7.1870 Stettin, †6.6.1963 Vevey; - Ps. Irmgard von Keyserlingk (*N-R*) #1,2,4

Kern, Julie, *6.1.1858 Winterbach/Remstal; - Ps. J. Palmer (*E*) #1,4

Kern, Karl Richard, *9.7.1902 Graupen/Sudeten; - Ps. Arvid von Colditz; Arthur Krämer; Maria Scheiner (*L-P*) #3,4,18

Kern, Maximilian, *5.5.1877 Böhmisch Wiesenthal, †1945 Berlin; - Ps. Beowulf (*E-J-N*) #3,4,17

Kern, Walter, *26.5.1898 Küsnacht/Zürich, †12.10.1966 Uttwil/Bodensee; - Ps. Emperaire (*E-L-P*) #3,4

Kerndörffer, Heinrich August, *16.12.1769 Leipzig, †23.9.1846 Reudnitz; - Ps. Carlo Cosani; Isidor (*E-J-P*) #1,4,11,17

Kerner, Justinus Andreas Christian, *18.9.1786 Ludwigsburg, †21.2.1862 Weinsberg; - Ps. Clarus; Lux; Schattenspieler Luchs; Justinus Wartenburg (*L-P-R-S*) #1,4,5,6,13,15,17, 19

Kerner-Kömp, Charlotte Katharina, *12.11.1950 Speyer; - Ps. Charlotte Kerner (*J-P*) #3
Kernmayer, Knud Erich, *27.2.1906 Graz, †1977; - Ps. Erich Kern (*E-F-N-P-R*) #3,4
Kernmayr, Gustav Johannes, *10.2.1906 Graz, †9.10.1977 Samerberg; - Ps. Hans Gustl Kernmayr; Thomas Leonhard; A. G. Miller (*E-F-P-R-S*) #3,4
Kernmayr, Marie Louise, geb. Fischer, *28.10.1922 Düsseldorf; - Ps. Marie Louise Fischer; Katja Holm; Kirsten Lindstroem; A. G. Miller; Christoph Dr. Vollmer (*J-P-R*) #3,4,8,17
Kerpely, Eugen Claudius, *15.6.1896 Ödenburg/Ungarn; - Ps. Claude d'Acy (*D-L-P*) #3,4
Kerrl, Friedrich Adolf, *7.3.1873 Hannover; - Ps. Rolf de Krela (*D-E-S*) #1,4
Kerstan, Karl Ludwig Ferdinand, *22.10.1848 Prag, †3.3.1922 Mödling b. Wien; - Ps. E. Aletheia (*P-R*) #1,3,4
Kersten, *(1824); - Ps. Florestin (*E-P*) #4,6
Kersten, Kurt, *19.4.1891 Wehlheiden b. Kassel, †18.5.1962 New York; - Ps. Georg Forster (*E-P*) #3,4,15,19
Kersten, Theobald, *13.4.1850 Dobitschen b. Altenburg; - Ps. Willy Werner (*L-S*) #3
Kesler, Johann Kaspar, *17. Jh.; - gen. Der Bewegende/DG-N #11
Kessel, Johann, *18.5.1533 Göttingen, †9.4.1613 Helmstedt; - Ps. Johannes Bracht; Johannes Bractus; Johannes Caselius; Johannes Chesselius (*L-P*) #4,13,15
Kessel, Martin, *14.4.1901 Plauen/Vogtland, †14.4.1990 Berlin; - Ps. Hans Brühl (*E-L-N-P-R*) #3,4,5,8,10
Keßler, Elisabeth, *5.7.1892 Wien, †Trnava b. Bratislava; - Ps. Erich Maria Keßler (*D*) #3,4
Keßler, Helene, geb. v. Monbart, *23.2.1870 Heiligenstadt/Thüringen, †8.8.1957 Baden-Baden; - Ps. Eva; Hans von Kahlenberg; Helene von Kahlenberg; Helene von Monbart (*D-E-N-P-R*) #1,2,3,4,8,9
Keßler, Johann Elias, *17. Jh.; - gen. Chalcander/PB #11
Keßler, Johann Nepomuk Gottfried, *3.11.1870 Wängi; - Ps. Nepomuk Gulden (*P*) #3
Kessler, Johannes, *1502 St.Gallen, †7.3.1574 St.Gallen; - gen. Ahenarius (*P*) #4,13,15
Kessler, Klaus, *26.9.1935 Graz; - Ps. Rudolf Ritter (*L-N-P-S*) #3,4
Keßler, Richard, *6.7.1875 Berlin, †2.1.1960 Berlin; - Ps. R. Lerkes; Sven Neergaard; Rich. Relßek; Friedrich Richards (*E-F-S*) #1,3,4
Kessler von Kessel, Hans Andreas; - gen. Der Befördernde/FG 171/1629 #11,12
Kestranek, Clara, *20.5.1868 Wien, †2.8.1925 Mauer-Öhling/Ö.; - Ps. Clarissa; Clara Forstenheim (*L-N-P-R*) #1,2,3,4
Kette, Hermann, *13.2.1828 Einwinkel/Altmark, †29.12.1908 Berlin; - Ps. Karl Heinrich (*D-L-S*) #1,3,4
Kettel, Walter Otto Paul, *5.3.1899 Weimar, †4.1.1977 Hamburg; - Ps. Paul Karl Hornschu (*F-J-P-R*) #3,4
Kettler, Hedwig, *19.9.1851 Harburg b. Hamburg; - Ps. J. Kettler; Gotthard Kurland (*N-P*) #3,4
Kettnacker, Richard, *24.3.1843 Schussenried/Württ., †21.7.1897 Stuttgart; - Ps. Max Benno; Jul. Stürmer (*D-E-P-R*) #1,3,4
Kettner, Ludwig, *7.6.1859 Liebkowitz/Böhmen; - urspr. Ludwig Cohn (*P*) #3
Ketzmann, Peter, *4.12.1521 Nürnberg, †nach 1567 Sulzbach; - Ps. Petrus Kezman (*L*) #4,11,13
Keudel, Hans Wilhelm von, *17. Jh.; - gen. Der Schwärmende/FG 704 #11
Keudell, Christoph Friedrich von, *nach 1582; - gen. Der Säubernde/FG 67/1623 (*P*) #11,12
Keudell, Heinrich von, *nach 1583; - gen. Der Färbende/FG 92/1624 #11,12
Keudell, Wilhelm von, *22.9.1582 Sontra, †9.11.1637 Mühlhausen; - gen. Der Umwickelende/FG 74/1623 #11,12
Keulisch, Johann Heinrich, *1633 Wohlau/Schlesien, †1698 Gaildorf b. Limburg; - Ps. Johann Heinrich Calisius; Kloridan von Wohlau aus Elisien (*L-P*) #4,6,11,13
Kewald, Heinrich Adolf, *18.12.1890 Leipzig, †13.2.1863 Berlin; - Ps. Heinrich Acade; Heinrich Akade (*E-L-N-P-R*) #3,4
Keyserling, Cecilie Gräfin, * 22.6.1847 Schwitten/Kurland; - Ps. Cecilie Gräfin Keyserling-Rautenburg; E. Klinge (*E-N-R*) #1,2,3
Keyserling, Margarete Gräfin von, *22.2.1846 Berlin, †13.7.1930 Breslau; - Ps. Karl von Bruck (*D-E-L-R*) #1,4
Keyserling, Sylvia Gräfin von, *14.2.1951 Innsbruck; - Ps. Sylvia Frueh (*J-L*) #3
Keyserlingk, Else Freifrau von, *31.10.1872 Berlin, †Erfurt; - Ps. E. v. Funkenhof (*E-P*) #3
Khuon-Wildegg, Ernst von, *11.8.1915 München; - Ps. Ernst von Khuon (*F-P-R*) #3,4,7,20
Kiaulehn, Walther, *4.7.1900 Berlin, †7.12.1968 München; - Ps. Lehnau (*E-P*) #3,4,5,15
Kieber, Henri, *27.5.1882 Hagenau/Elsaß; - Ps. K. L. Henner (*E-S*) #3,4
Kiechl, Gebhard, *(1985); - Ps. Ivo G. Artunfelse (*L*) #3
Kiefer, Carl, *29.3.1892 Berlin; - Ps. Herbert Mann (*P-R*) #3
Kiefer, Ernst Wilhelm, *28.5.1898 Freiburg/Br., †6.12.1967 Radolfzell; - Ps. Ernst v. Freiburg; John Mihler; Ruthard; Robert Witte (*L-P-R*) #3,4
Kiefer, Heinrich Josef, *2.10.1798 Köln, †14.1.1882 Wiesbaden; - Ps. Henricus Coloniensis (*L-P*) #4,11

Kiefer, Margarethe, geb. Steffe, *17.6.1881 Breslau; - Ps. Margarethe Kiefer-Steffe (*D-L-P*) #3,4

Kiehtreiber, Albert Conrad, *5.2.1887 Wien, †16.5.1973 Baden b. Wien; - Ps. Albert Paris von Gütersloh (*L-N-P-R*) #3,4,5,8,10

Kien, Robert, *15.7.1843 Ulm, †1906 Ulm; - Ps. J. Binder-Dockeler; Ignaz Dockeler (*L-P*) #1,3,4

Kiendl, Anthes, *24.8.1903 Regensburg; - Ps. Theico Bayonn; Friedrich Domare (*D-F-R-S*) #3,4

Kieninger, Eugen, *18.12.1910 Tübingen; - Ps. R. Gerd Harvey (*E-L*) #3

Kienreich, Franz Xaver, *10.7.1806 Graz, †3.1.1850 Marburg/Drau; - Ps. Athanasius Blau (*L-P*) #4

Kiepenheuer, Ludwig, *12.12.1859 Köln; - Ps. Elka Drlui (*L*) #1,4

Kiepenheuer, Noa, *24.2.1893 Fürth, †7.11.1971 Weimar; - Ps. Matthias Holnstein (*P*) #3,4

Kiepert, Meta, *10.6.1975 Breslau; - Ps. O. Ortwin (*L-N*) #3

Kiesekamp, Hedwig, *21.6.1846 Gut Henrichenburg/Westf., †2.3.1919 Münster; - Ps. Helene Cornelia; Helene Kordelia; L. Rafael (*D-E-J-M-N-P-S*) #1,3,4

Kiesel, Otto Erich, *7.11.1880 Hamburg, †21.8.1956 Hamburg; - Ps. Ulrich Pfingst (*D-E-P-R-S*) #1,3,4,7

Kiesewetter, Carl, *14.4.1854 Meiningen, †15.4.1895 Meiningen; - Ps. J. S. Haußen (*P*) #3,4

Kiesgen, Laurenz, *3.12.1869 Köln, †19.2.1957 Dattenfeld/Sieg; - Ps. Komos; Elise Kronberg; La Cas; Karl Lorenz; Pittjüppche; Schibbeleutche (*D-E-J-L-M-P-S*) #1,3,4,17

Kiesler, Bernhard, *20.6.1851 Buttlar/Sa.; - Ps. Armand v. Elz; Reinhold Herwig; Heinrich Sonntag (*D-E-L-P-S*) #1,3,4

Kießling, Ferdinand, *21.7.1835 Döbeln/Sa.; - Ps. Ferdinand v. Döbeln (*E-P-R-S*) #1,3,4

Killer, Franz, *24.8.1887 Graz; - Ps. Frank Keller (*R*) #3,4

Killian, Hans, *5.8.1892 Freiburg/Br.; - Ps. Kerner (*E-L-R*) #3,4

Killinger, Karl von, *23.11.1802 Heilbronn, †1.3.1868 Karlsruhe; - Ps. K. v. Kreling (*P*) #4,15

Kimme, Ludwig, *7.4.1907 Grieth/Rh., †3.9.1984 Norden; - Ps. Lukim (*E-L*) #3,4

Kimmig, Otto, *20.4.1858 Tiengen/Waldshut, †6.12.1913 Bad Peterstal/Baden; - Ps. Kürenberg; Peter Sirius; P. Sothis (*E-L-P*) #1,3,4

Kinau, Hans, *22.8.1880 Finkenwerder b. Hamburg, †31.5.1916 Skagerrak; - Ps. Giorgio Focco; Gorch Fock; Jakob Holst (*E-L-P-S*) #3,4,5,8,10,15

Kind, Johann Friedrich, *4.3.1768 Leipzig, †25.6.1843 Dresden; - Ps. Carlo; Lenardo; Oscar; Oskar; Roswitha; Salvatorello; Verf. des Carlo (*D-E-L-R*) #1,4,5,6,13,15

Kind, Peter, *1.10.1865 Kottenheim b. Mayen; - Ps. Petrus Rhenanus (*E-M-P*) #3

Kinderling, Johann Friedrich, *19.3.1775 Calbe b. Bernburg/Saale; - Ps. A. Freier (*P-R*) #4,6,11,13

Kinderling, Johann Friedrich August, *1743 Magdeburg, †28.8.1807 Calbe b. Bernburg/Saale; - Ps. Kallistophilus; Palämon der Jüngere (*L-P*) #4,11,13

Kindermann, Alfred, *13.2.1878 Nixdorf/Böhmen; - Ps. Alfred v. Nixdorf; Egon Treu (*L-P*) #3

Kindermann, Balthasar, *10.4.1636 Zittau, †12.2.1706 Magdeburg; - gen. Kurandor/ES (*E-L-P*) #1,4,5,6,11,13,15

Kindl, Julia, *24.2.1921 Gießen; - Ps. Julia Bürker (*R*) #3,4

Kindleben, Christian Wilhelm, *4.10.1748 Berlin, †1785 Leipzig; - Ps. Michael Brephobius; Emanuel Hartenstein (*P*) #1,4,11,13

Kindler, Otto, *20.8.1905 Coburg, †23.4.1962 Feuchtwangen; - Ps. Matthias Brandner; Otto von Holten; O. K. v. Koburg; C. E. Reldnik (*D-E-J-R*) #3,4

King, James, *1589 Schottland, †9.6.1652 Stockholm; - auch Jacob King; gen. Der Verbleibende/FG 224/1633 #11,12

Kinscher, Marianne, *(1984); - Ps. Marianne K. Gehring (*L*) #3,4

Kinsky, Rudolf, *1.4.1900; - Ps. Walter Hyberg (*P*) #3

Kintgen, Peter, *8.9.1884 Köln; - Ps. peki (*E-F-L*) #3,4

Kintzi, Gustav, *29.11.1921; - Ps. Gustav Kaien-Tezetti (*E-F-L-P-R-S*) #3,4

Kipfmüller, Bertha, *28.2.1861 Pappenheim; - Ps. Berthold Friederici (*P-S*) #3,4

Kipp, Friedrich, *14.7.1878 Lengerich, †1.11.1953 Lengerich; - Ps. Teutonicus (*D-E-F-J-L-P-R*) #1,3,4

Kipp, Heinrich, *19.11.1881 Schollbruch b. Lengerich; - Ps. K. Heinz; Lucifer (*L-P-S*) #1,3,4

Kippenberg, Anton, *22.5.1874 Bremen, †21.9.1950 Luzern; - Ps. Benno Papentrigk (*L-P*) #3,4,15

Kippenberg, Katharina, *1.6.1876 Hamburg, †7.6.1947 Frankfurt/M.; - Ps. K. Berg; Karl Moorburg (*P*) #3,4,15

Kirchbach, Maria Freifrau von, *15.9.1910 Wien; - Ps. Nicola Rhon (*F-N-R*) 3,4

Kirchberg, Anton Graf von *17. Jh.; - Ps. Der Immernüchterne (*L*) #11

Kirchberg, Georg Ludwig Graf zu, *17. Jh.; - gen. Der Weisende/FG 560 #11

Kirchberg, Georg Reichsgraf und Burggraf von, *10.1.1569, †3.11.1641 Farnroda b. Eisenach; - gen. Der Erweiternde/FG 184/1629 #11,12

Kircher, Athanasius, *2.5.1602 Geisa/Thür., †27.11.1680 Rom; - Ps. Salvator Imbrollius (*P*) #4,13,15

Kirchgässner, Alfons, *13.4.1909 Wiesbaden; - Ps. Gaston Richolet (*J-P*) #3,4

Kirchhoff, Anna, *27.10.1863 Gut Hindenburg b. Naugard; - Ps. Ilse van der Hagen (*L-N*) #2,3

Kirchhoff, Eberhard, *28.1.1952 Oberhausen; - Ps. Banga; B. Iberon (*F-J-L-P*) #3

Kirchhoff, Maria-Elisabeth, *26.1.1893 Klingen/Pfalz; - Ps. Maria Elisabeth Kirchhoff-Werle (*N-R*) #3,4

Kirchmair, Thomas, *1511 Hubelschmeiß b. Straubing, †29.12.1563 Wiesloch/Baden; - auch Kirchbauer; Kirchmayer; Kirchmeyer; Naogeorgus; Neubauer; Pfarrkircher (*D-L-P*) #4,5,6,11,13,14,19

Kirchmayr, Heinrich, *19.9.1845 Ranggen b. Innsbruck, †7.6.1901 Ranggen b. Innsbruck; - Ps. Quadenhart (*P*) #3,4

Kirchner, Edmund Iwan, *6.1.1900 Komotau/Böhmen; - Ps. Kid; E. I. Kirchner-Demecini (*N-P*) #3,4

Kirchner, Kurt, *6.1.1862 Meiningen; - Ps. Kurt von Albrecht (*D-E-J-S*) #1,3,4

Kirilow, Brigitte, *20.2.1949 Berlin; - Ps. Journalistin (*F-J-P*) #3

Kirmse, Gerda Adelheid, *21.2.1918 Rautenkranz/Sa.; - Ps. Gerka; Adelheid Ringloo (*E-L-M-P*) #3,4

Kirmse, Otto, *19. Jh.; - Ps. Otto Esmrik (*L-P*) #3

Kirndörfer, Marie, *1893, †14.9.1966 München; - Ps. Marietta di Monaco (*P*) #4

Kirner, Georg, *12.2.1936 Holzkirchen; - Ps. Simon Jennerwein (*F-J-L-R*) #3

Kirner, Joseph Ambros, *20.3.1915 Wien; - Ps. Joschi A. Kirner-Osten (*F-P*) #3

Kirsch, Georg Wilhelm, *6.9.1752 Hof; - Ps. Georg Ackersmann (*P*) #4,13

Kirsch, Hans-Christian, *17.2.1934 Breslau; - Ps. Frederik Hetmann (*E-J-M-P-R*) #3,4,5, 8,17

Kirsch, Hedwig, *(1898); - Ps. Ida Hofer; Idahof (*R*) #2

Kirsch, Jutta, *25.11.1931 Ludwigshafen; - Ps. Jutta Kirsch-Korn (*J*) #4,17

Kirsch, Karl Friedrich Rudolf, *23.5.1897 Grünstadt/Pf., †25.3.1953 Weilburg/Lahn; - Ps. Ud Kirsch; Kafri Ruki (*F-L-P*) #3,4

Kirsch, Sarah, geb. Bernstein, *16.4.1935 Limlingerode/Harz; - Ps. Ingrid Bernstein (*E-F-J-L-P*) #3,4,5,8,10

Kirschbaum, Hertha, geb. Wittmann, *14.12.1921 Triest; - Ps. Hertha Wittmann-Kirschbaum (*L-P*) #3,4

Kirschner, Aloisia (Lola), *17.6.1854 Prag, †10.2.1934 Schloß Kosatek/Böhmen; - Ps. Ossip Schubin (*E-N-R*) #1,2,3,4,5,9

Kirstein, Emil, *18.7.1873 Berlin; - Ps. E. Krafft (*P*) #3

Kirstein, Paul A., *24.6.1869 Berlin; - Ps. P. Cerisier; Hugo von Gießen; Conrad Funken; A. Pauly (*D-F-N-P-R-S*) #1,3,4

Kirsten, Helga, *27.2.1914 Königsberg; - Ps. Ruth Kristekat (*N*) #4

Kisa, Anton Carel, *16.1.1857 Brünn; - Ps. Fritz Günther (*P*) #3

Kispert, Annette, *24.10.1879 Leipzig; - Ps. Nicki (*E-P*) #1,3,4

Kißling, Johanna Luise Elvira, *24.11.1876 Konstanz; - Ps. Ella Kißling-Valentin (*R*) #1,3,4

Kissling-Trüb, Esther, *23.7.1930 Oberglatt/Zürich; - Ps. Esther Kissling (*J*) #3

Kistner, Anna, *24.11.1834 Celle, †2.7.1911 Hannover; - Ps. Anny Albert (*P-R-S*) #1,2, 3,4

Kistner, Nicolaus, *24.3.1529 Mosbach/Pfalz, †6.3.1583 Heidelberg; - Ps. Severinus Calonius; Nicolaus Cisner (*P*) #4,13

Kitamura, Federica, geb. de Cesco, *23.3.1938 Pordenone/Italien; - Ps. Federica de Cesco (*J-P-R*) #3,4,17

Kitir, Joseph, *11.2.1867 Aspang/N.-Ö., †23.7.1923 Wien; - Ps. Fr. Koistei; Edwin Pflug (*L*) #1,3,4

Kittel, Emmy, *26.2.1878 Prag, †28.2.1930 Budweis; - Ps. Emmy Destinn (*L*) #1,4

Kittel, Gerd, *4.2.1920 Köln; - Ps. tarass (*E-L*) #3

Kittl, Marie Gabrielle, *(1855); - Ps. Bianca Adelma (*N*) #2

Klaar, Alfred, *7.11.1848 Prag, †4.11.1927 Berlin-Charlottenburg; - urspr. Aaron Karpeles (*D-P-S*) #1,3,4,15

Kläber, Kurt, *4.11.1897 Jena, †9.12.1959 Carona/Tessin; - Ps. Kurt Held (*E-J-L-R*) #3,4, 8,14,17,18

Kläber, Lisa, geb. Tetzner, *10.11.1894 Zittau, †2.7.1963 Carona/Tessin; - Ps. Lisa Tetzner (*E-J-M-P*) #3,4,5,8,9,17,18

Kläger, Emil, *10.10.1880 Wisnitz, †2.6.1936 Wien; - Ps. Milo Boy; Milo (*E-P-R*) #3,4

Klages, Victor, *3.7.1889 Hannover; - Ps. Waldemar Keller; Victor E. Wyndheim (*J-N-P-R*) #3,4

Klähr, Karl, *12.5.1773 Dresden, †16.5.1842 Meißen; - Ps. Karl Fero (*D-S*) #1,4,6,11

Klaila, Erich, *23.9.1913 Nürnberg; - Ps. Gunter Gund (*E*) #3

Klaj, Johannes, *24.6.1535 Herzberg/Sa., †11.4.1592 Bendeleben/Thür.; - Ps. Johannes Clajus (*L-P*) #4,13,15,19

Klaj, Johannes, *1616 Meißen, †1656 Kitzingen/Main; - gen. Clajus/PB; Der Fremde/DG-R (*D-L-P*) #1,4,5,11,13,14,15,19

Klameth, Odilo Engelbert, *20.2.1876 Krummwasser/Mähren; - Ps. O. K. Engel (*E-L*) #3

Klamfoth, Hermann, *15.1.1894 Hamburg; - Ps. Dr. Dorn; Olaf Lorenz (*P*) #3,4

Klammer, Karl, *13.10.1879 Wien, †8.3.1959 Wien; - Ps. K. L. Ammer (*P*) #3,4

Klampfer, Karl, *12.8.1903 Waltendorf b. Graz; - Ps. Baumann-Senekowitsch (*D-L*) #3

Klane, Herbert, *23.10.1921 Oschersleben/Bode; - Ps. Bert Lank (*P-R*) #3,4

Klapp, Anna Sophie Charlotte, geb. Osten, *20.9.1840 Feldberg/Meckl.; - Ps. A. v. d. Osten; Sophie Stein (*E-J-N-P*) #1,2,3,4

Klapp, Michael, *15.2.1834 Prag, †25.2.1888 Wien; - Ps. Der ältere Tannhäuser (*E-P-S*) #1,4

Klapper, Erich W. A., *28.2.1906 Potsdam; - Ps. Joel Noé (*F*) #3

Klaproth, Auguste, *(1802); - Ps. Augusta (*P*) #11

Klaproth, Heinrich Julius, *11.10.1783 Berlin, †27.8.1835 Paris; - Ps. Louis d'Or; Wilhelm Lauterbach (*P*) #4,6,13,15

Klär, Karl, *30.11.1902 Berlin, †22.11.1961 Toronto/Kanada; - Ps. Peter Peiler (*F-P*) #3

Klaric, Georg Christian, *10.9.1900 Wien; - Ps. Georg C. Klaren (*F-N-P*) #3

Klatt, Conrad, *3.3.1904 Mahnsfeld/Ostpr.; - Ps. C. Creuzburger; C. Klatt-Mahnsfeld; Eugen Mahnsfeld (*E-L-N-P-R*) #3,4

Klauczek, Katharina, *28.7.1833 Prag, †9.1.1858 Prag; - Ps. C. K. (*L*) #1,4

Klaus, Michael, *6.3.1952 Brilon; - Ps. Manfred Lukas (*F-L-P-R*) #3,4

Klausener, Hanna, *13.2.1878 Elberfeld; - Ps. Hannah Treuberg (*E-J-L-P*) #3

Klausner, Ludwig, *2.1.1848 Exin/Posen; - Ps. Ludwig Klausner-Dawoc (*D-R-S*) #1,3,4

Klausnitzer, Erich, *16.10.1902 Freiberg/Sa.; - Ps. Wolfgang Troll (*D-E-L-R*) #3,4

Klaußmann, Anton Oskar Eugen, *11.5.1851 Breslau, †26.10.1916 Berlin; - Ps. A. Berthold; Max Klepper; Ulfilas Müller; Ulrich Myers; Piehlmann; W. Pielmann; Riccolo; Eugen Schmitt; Gerhard ten Boer; Gero B. Warren; Kurt Wildenstein; Vinco Zoric (*E-J-N-P-R-S*) #1,3,4

Kleberger, Ilse, geb. Krahn, *22.3.1921 Potsdam; - Ps. Ilse Krahn (*F-J-L-N-P-R*) #3

Klebinder, Ludwig, *11.8.1871 Prag; - Ps. Ludwig Binder (*P*) #3

Klee, Georg,*Zwickau, †1561 Wittenberg; - Ps. Georgius Thym; Georgius Thymus (*L*) #11

Klee-Pályi, Flora, *13.10.1903 Budapest, †14.4.1961 Wuppertal; - Ps. Marie Philippe (*P*) #3

Kleff, Theodor, *1.9.1917 Bochum; - Ps. Manfred v. Dieken; Udo v. Dieken (*E-J-L-P-R*) #3,4

Kleiber, Otto, *19.11.1883 Interlaken, †9.8.1969 Basel; - Ps. Dreesi (*P*) #3,4

Kleimann, Paul Alexander, *14.8.1863 Hamburg, †1934 Hamburg; - Ps. Paul Alexander (*D-L-P-S*) #1,3,4

Klein, Adolf, *18.5.1829 Merseburg; - Ps. Floda Nielk (*P*)

Klein, Agnes Olivia, *19. Jh. Dirschau b. Danzig; - Ps. Ola Nielk; Senga (*P-R*) #2,3

Klein, Antonie, *um 1807 Magdeburg; - Ps. A. Cosmar (*J-R-S*) #1,2,4,17

Klein, Brunhilde, *10.2.1919 St.Veit a. d. Glan/Österr.; - Ps. Brunhilde Klein-Ettlmayr (*F-L-M*) #3

Klein, Carl Wilhelm, *6.3.1860 Oschatz; - Ps. C. Kurz (*L-P*) #3

Klein, Elisabeth, geb. Staudt, *5.5.1901 München; - Ps. Juliane Bandli; Elisabeth Staudt (*E-J-P-R-S*) #3,4

Klein, Emil, *27.8.1867 Esslingen; - Ps. Emil Friedrich (*D-L-P-S*) #1,4

Klein, Erich, *9.2.1889 Bischofstein/Ostpr.; - Ps. Stefan Musius (*P-R-S*) #3,4

Klein, Erika, *21.8.1909 Mayen; - Ps. Erika Klein-Wolken; Amely Kort; Erika Ziegler-Stege (*E-J-R*) #3,4

Klein, Erna, *29.6.1896 Mainz, †13.12.1959 Mainz; - Ps. Erna Klein-Listmann (*E-L*) #3,4

Klein, Franz Robert, *30.6.1895 Wien, †4.3.1964 Chardonne/Schweiz; - Ps. Robert Ingrim (*P*) #4,18

Klein, Friedrich, *23.6.1890 Maulbronn, †27.2.1985 Schwäbisch Gmünd; - Ps. S. C. H. Falk (*P*) #3,4

Klein, Gerhard, *7.7.1902 Turn/Böhmen, †21.12.1980 Stuttgart; - Ps. Derek Hart (*E*) #3,4

Klein, Hans, *8.9.1892 Gadderbaum b. Bielefeld; - Ps. Jan Nielk (*J-L-R*) #3,4

Klein, Hugo, *21.7.1853 Szegedin/Ungarn, †29.6.1915 Wien; - Ps. Domino; Th. v. Liska; F. Waldensee (*N-R*) #3,4

Klein, Ingeborg, *18.3.1917 Berlin; - Ps. Inge Borde (*J-S*) #3,4

Klein, Jakob, *22.5.1639 Preußisch-Holland, †13.8.1711 Königsberg; - Ps. Coeliciban (*L*) #4,11

Klein, Johannes, *27.12.1818 Dittmannsdorf/Oberschles., †14.2.1889 Deutschkamitz; - Ps. Johannes Presbyter (*L-P*) #1,3,4

Klein, Karl Friedrich, *29.1.1898 Andernach; - Ps. Charles Klein (*D-F-R-S*) #3,4

Klein, Maximilian, *16.3.1893 Rheydt, †16.2.1953 Zülpich; - Ps. M. K. Omton (*F-R*) #3,4

Klein, Otto, *11.12.1857 Katzenelnbogen, †29.10.1906 Wiesbaden; - Ps. Otto Nielk (*L-P*) #4

Klein, Robert, *21.2.1892 Mannheim, †1958; - Ps. Axel Kjellstroem (*P-S*) #18

Klein, Rosel, *29.4.1926 Leipzig; - Ps. Susanne Paulus (*F-J*) #3

Klein, Ullrich, *28.8.1912 Königsberg; - Ps. Klein-Ellersdorf (*D-S*) #3

Klein von Gleen, Paul, *17. Jh.; - gen. Der Vermögende/FG 661 #11

Kleine, Dorothea, geb. Morawietz, *6.3.1928 Krappitz; - Ps. Dorothea Morawietz (*E-R*) #3

Kleine, Erwin, *14.9.1921 Worms; - Ps. Ekal d'Avila; Georg Donatus; Friedrich Friedenhaus (*E-J-L-P*) #3,4

Kleineibst, Claire, *27.11.1892 Limburg, †9.8.1956 Zürich; - Ps. Claire Lepère (*E-R*) #3,4,18
Kleineibst, Richard, *30.3.1886 Weilburg/L.; - Ps. Klaus Bühler; Matthias Merker; Florian Fechter (*P*) #18
Kleiner-Schönbeck, Marianne, *10.12.1925 Linz/Do.; - Ps. Marianne Schönbeck (*E-F-R*) #3,4
Kleinert, Sophie, geb. v. Khuenberg, *31.1.1863 Graz; - Ps. Sophie von Khuenberg (*D-E-L-P-R-S*) #1,3,4
Kleinfercher, Johann, *22.3.1828 Steinwand/Österr., †7.3.1902 Wien; - Ps. Johann Fercher von Steinwand (*D-L*) #1,3,4
Kleinow, Michael, *Stendal, †8.1.1588 Hamburg; - Ps. Michael Clenovius (*L-P*) #4
Kleinow, Michael, *um 1565 Hamburg, †1631; - Ps. Michael Clenor; Michael Clenovius (*L-P*) #4,13
Kleinpaul, Johannes, *10.5.1870 Meißen, †26.1.1944 Leipzig; - Ps. Piccolo (*P*) #3,4
Kleinschrod, Ottilie, *2.10.1830 München, †19.9.1913 Tegernsee; - Ps. O. Malybrok-Stieler (*L*) #1,2,3,4
Kleintner-Schmitz, Alexander, *6.4.1872 Wien, †13.6.1928 Wien; - Ps. Alexander Schmitz (*E-P*) #4
Kleinwächter, Max, *16.5.1874 Gottesberg/Schlesien; - Ps. Custos (*P*) #3,4
Kleist, Ewald von, *um 1615, †2.12.1689 Siegenburg; - auch Ewald von Klese; gen. Der Ergetzliche/FG 497/1648 #11,12
Kleist, Ewald von, *22.3.1890 Groß-Dubberow, †9.4.1945 Berlin; - Ps. Ewald von Kleist-Schmenzin (*P*) #4,15
Klemm, Heinz, *13.4.1868 Frankfurt/M.; - Ps. Heinz Moenanus (*L-N-P-R*) #3
Klemm, Hermann, *7.12.1862 Meerane/Sa.; - Ps. Georg Reinhardt (*D-S*) #3,4
Klemm, Hermann, *10.9.1904 Josefin/Rußl., †1943 Berlin; - Ps. Hubert d'Moor (*E-P*) #3,4
Klemm, Johanna Henriette Catharina, *13.11.1856 Bützow/Meckl., †13.4.1924 Schwerin; - Ps. Hanna Clemens (*E-J-R-S*) #3,4,17
Klemm, Wilhelm, *15.5.1881 Leipzig, †23.1.1968 Wiesbaden; - Ps. Felix Brazil (*L*) #3,4,5,8
Klencke, Hermann, *16.1.1813 Hannover, †11.10.1881 Hannover; - Ps. K. L. Hencke; Ewald von Kalenberg; Hermann von Maltitz; Worosdar (*L-N-P-R*) #1,3,4,13
Klencke, Hermann, *28.12.1853 Großenhain, †19.11.1904 Dresden; - Ps. Claus Hermann Dickens; Hermann Mannhart (*P*) #3,4
Klenke, Werner, *10.5.1911 Hannover, †19.11.1986 Hannover; - Ps. Werner Falk (*D-L-N-P-S*) #3,4
Klenkhart, Helene, *20.2.1896 Rezseszow/Polen; - Ps. Helene Kallinger (*J-L-P*) #3,4
Klenz, Hermann, *(1933); - Ps. Arthur Berlin (*E-P-R*) #3
Klepp, Hans, *10.3.1874 Berlin; - Ps. Paul Fried (*P*) #3
Klesch, Daniel, *17. Jh.; - gen. Der Kräftigste/FG 864 #11
Kleschen, Christoph, *17. Jh.; - gen. Der Dichtende/DG-L #11
Kleschen, Daniel, *17. Jh.; - gen. Der Huldende/DG-L #11
Klesel, Abraham, *7.11.1635 Fraustadt/Posen, †13.4.1702 Jauer; - Ps. Abrahamus Cleselius (*L-P*) #4,11,13
Klesheim, Anton Freiherr von, *9.2.1812 Peterwardein, †6.7.1884 Baden b. Wien; - Ps. Anton Platzer (*L-P*) #1,4
Klesper, Reinhard Jakob Wilhelm, *30.6.1893 Fritzlar; - Ps. Reinhard Klesper-Fritzlar (*L-P*) #3,4
Kleuker, Ernst, *12.10.1889 Hildesheim, †21.10.1967 Flensburg; - Ps. Prudentior (*L-P*) #3,4
Kleutgen, Joseph, *9.4.1811 Dortmund, †13.1.1883 St.Anton/Südtirol; - Ps. J. W. Karl (*P*) #4,13,15
Klevinghaus, Wilma, geb. Biehn, *31.3.1924 St.Alban/Pfalz; - Ps. Wilma Biehn (*E-J-L-P*) #3,4
Klewitz, Wilhelm, *(1566); - Ps. W. Klebitius (*L*) #4,11
Kley, Ernst Heinrich, *23.8.1867 Brühl/Rh.; - Ps. Heinrich Ernst (*P*) #3
Klie, Kriemhild, *12.7.1914 Hannoversch Münden; - Ps. Krimhild Klie-Riedel (*L-P*) #3
Kliemcke, Ernst, *2.1.1870 Berlin, †20.2.1929 Berlin; - Ps. Heinrich Nienkamp (*L-P*) #3,4
Klier, Franz, *14.10.1854 Wien; - Ps. Clarus (*L-P*) #3
Klier, Helmar, *28.2.1943 Graslitz/Westböhmen; - Ps. Kajetan (*J-P*) #3
Klier, Walter, *(1983); - Ps. Luciana Glaser (*E-R*) #3
Klima, Leopold, *10.11.1882 Rothenbaum/Böhmen, †18.5.1955 Neukirchen-Heiligenblut; - Ps. Wolfgang Baumroth (*D-P-R*) #4
Klimburg, Hans-Ulrich Freiherr von, *13.3.1922 Wien; - Ps. Jürgen Gernot; Axel Thinn (*E-F-R*) #3,4
Kliment, Marie von, *19.3.1857 Krakau; - Ps. Maria Solina (*N-R*) #2,3,4
Klimsch, Otto Josef Gregor, *11.3.1882 Ferlach; - Ps. O. Waldvogel (*P*) #3
Klinck, Fanny, *18.11.1844 Emden, †27.1.1929 Leipzig; - Ps. Fanny Klinck-Lütetsburg; A. Lütetsburg (*E-N-R-S*) #1,2,3,4
Klinckebeil, Jakob, *12.4.1627 Kalies/Pommern, †8.3.1694 Guben; - später Jakob Grünewald (*L*) #4,13
Klinenberger, Ludwig, *16.9.1873; - Ps. K. Ludwig (*P*) #3
Kling, Bernt, *1947 Stuttgart; - Ps. P. R. Jung (*P*) #7

Klingemann, Ernst August Friedrich, *31.8.1777 Braunschweig, †25.1.1831 Braunschweig; - Ps. Bonaventura (*D-E-P-R*) #1,4,5,11,13,15,19

Klingenbrunner, Wilhelm, *27.10.1782 Wien, †2.11.1850 Wien; - Ps. Wilhelm Blum; Wilhelm Schmid (*D-S*) #4,6,11

Klingenstein, Thomas, *30.4.1961; - Ps. Thomas Erwin (*L*) #3

Klinger, Christian, *17. Jh.; - gen. Der Klingende/DG-N #11

Klingler, Hermann, *18.2.1921 Wuppertal; - Ps. Ronald Ross; Simon Sander; Thomas Twelker; Urban Ullmann (*E-F-J-P-R*) #3,4

Klingler, Maria, *21.10.1932 Innsbruck; - Ps. Marisa Bell; Joan Christopher (*E-J-R*) #3,4

Klink, Paul Wilhelm, *14.4.1912 Horb, †26.10.1958 Biberach/Riß; - Ps. Don Peppone; Pilgrim (*P*) #3,4

Klinke, Willibald, *18.9.1879 Zürich, †15.5.1963 Zürich; - Ps. Jakob Schönholzer (*P*) #4

Klinkhardt, Julius, *24.7.1810 Leipzig, †26.4.1881 Leipzig; - Ps. Christianus Antiromanus; Freimund; Carl Theodor Kind; Theod. Krohn (*L*) #1,4,13,15

Klinkowström, Friedrich August, *31.8.1778 Ludwigsburg b. Greifswald, †4.4.1835 Wien; - Ps. Friedrich Kindmann (*E-J-P*) #4,13,15

Klippel, Ernst, *19.4.1872 Liebau/Schles., †25.8.1953 Berlin; - Ps. Erich Keller (*P*) #3,4

Klippel, Hermann, *12.10.1921 Großrosseln b. Saarbrücken; - Ps. Klaus Föhren (*E-F-J-L-P*) #3,4

Klipstein, Charlotte von, *22.1.1837 Pfifflingheim/Rh., †25.9.1898 Darmstadt; - Ps. Karl Eissen-Stein (*E-L*) #3,4

Klischnig, Karl Friedrich, *16.2.1766 Berlin, †um 1815 Berlin; - Ps. Carlo Jocoso (*P-R*) #4,6,11

Klob, Karl Maria, *18.5.1873 Olmütz/Mähren, †1.10.1932 Wien; - Ps. Wolfgang Karlob; Hans auf der Mauer (*D-E-L-P-R-S*) #3,4

Klobucar, Paul, *5.7.1884 Budapest; - Ps. Paul Hutter (*P*) #3

Kloerß, Sophie, *5.1.1866 Wandsbek, †31.1.1927 Hamburg; - Ps. Wilhelm von der Mühle (*E-J-L-N-R*) #2,3,4

Klopfer, Carl Eduard, *29.4.1865 Wien; - Ps. Werner Alexis; Carl Eduard; Martellus (*P-R*) #3,4

Klopfer, Wilhelmine, *13.6.1909 Berlin; - Ps. Wilhelmine Corinth; Mine Hecker-Corinth (*R*) #3,4

Klopp, Onno, *9.10.1822 Leer/Ostfr., †9.8.1903 Penzing b. Wien; - Ps. J. Vota (*P*) #3,4,15

Klopstock, Margaretha, geb. Moller, *16.3.1728 Hamburg, †28.11.1758 Hamburg, - Ps. Meta Klopstock; Margaretha; Margaretha Moller (*E*) #1,2,4,5

Klose, Erwin, *4.7.1912 Jordansmühl/Schles.; - Ps. Erwin Peter Close (*F-R*) #3,4

Klose, Johanna, geb. Greger, *9.5.1892 Hochweitzschen b. Döbeln, †14.1.1973 Chemnitz; - Ps. Hanna Klose-Greger (*J-L-M-P-R*) #3,4

Klose, Josef, *(1919); - Ps. Lukas Klose (*E-P*) #3

Klose, Marga, *9.2.1900 Gera, †23.3.1970 Kassel; - Ps. Rondinella; Marga Steiner-Brühl (*D-E-F-J-S*) #3,4

Klosen, Sigmund Adam von, *17. Jh.; - gen. Der Wohlbehagende/FG 624 #11

Kloß, Erich, *19.2.1863 Görlitz, †1.11.1910 Berlin; - Ps. Julius Erich (*J-L-P-R*) #1,3,4

Kloß, Selma, *7.11.1891 Liebätz b. Luckenwalde; - Ps. Dorothea Liesegang (*E-R*) #3,4

Klostermann, Karel Faustin, *13.2.1848 Haag a. H./O.-Ö., †16.7.1923 Stekna/Strakonitz; - Ps. Doubravsky; Faustin (*P-R*) #4

Klostermeyer, Anton, *26.2.1900 Günnigfeld b. Gelsenkirchen, †12.6.1968 Köln; - Ps. Hein Tonyus; Heinz Tonyus (*R*) #3,4

Klostermüller, Hanna, *14.2.1899 Porta Westfalica; - Ps. Bertha Glöving (*E-R*) #3,4

Klot, Gustav-Wolter von, *8.12.1910 Riga; - Ps. Maurice Desterne; Moritz Maanders (*E-F-L-P-R*) #3,4

Kloth, Heinrich, *14.1.1848 Bockholt b. Eutin; - Ps. H. v. Bockholt (*E*) #3,4

Klotz, Christian Adolph, *13.11.1738 Bischofswerda, †31.12.1771 Halle/S.; - Ps. H. G. Zamarosciobaphus senior (*L-P*) #4,13

Klotz, Ernst, *4.2.1894 Dresden, †27.8.1970 Holzolling b. Westerham; - Ps. Daniel Docht (*D-F-P-S*) #3,4

Klotz, Martin, *28.12.1819 Haldenstein/Graubünden, †26.5.1912 Igis-Zizers; - Ps. Theod. Schwytzer (*P*) #1,3,4

Klotz, Rudolf, *11.6.1871 Innsbruck; - Ps. Rudl von der Boarlesau; Der vo da Boarlesau; Ferch; Hacht; Hagen; Latschenbock; Sparifankerl; Waldläufer (*E-L-N-P*) #3

Klötzel, Hans, *8.2.1891 Berlin, †1951 Jerusalem; - Ps. C. Z. Klötzel (*J-P*) #3

Klötzer, Christian, *5.2.1846 Schönheide/Sa.; - Ps. Renndier Meisgen (*E-L-P*) #3,4

Klug, Ignatius, *31.7.1877 Keilberg/Ufr, †3.1.1929 Passau; - Ps. Philotheos (*P*) #4

Klug, Ludwig, *28.2.1892 Münster, †14.12.1970 Münster; - Ps. Elk (*P-R*) #3,4

Kluge, Johann Daniel, *1739 Berlin, †30.8.1797 Berlin; - Ps. Orthodoxus Symbolophilus Saxo (*P*) #4

Kluge, Walther, *9.2.1882 Grimma/Sa., †5.7.1952 Grimma/Sa.; - Ps. K. Bernhard; Walther v. Hochberger; Max Leberecht; K. Bernhard Walther (*L-P*) #3,4

Klump-Heckmann, Brigitte, *23.1.1935 Groß-Linnichen/Pommern; - Ps. Brigitte Klump (*F-P*) #3,4

Klünner, Lothar, *3.4.1922 Berlin; - Ps. Leo Kettler (*L-N-P*) #3,4

Klüppel, Anna, *12.4.1867; - Ps. Anna Heim (*J*) #3

Klussmann, Nelly, *(1902); - Ps. C. Cornelius (*E-L-M-P-S*) #2,3

Kluth, Heinrich, *1.2.1902 Wittenberge; - Ps. Heinz Hanni; Ulrich van Wincierz (*E-P-R-S*) #3

Kluthe, Hans Albert, *15.7.1904 Schwelm; - Ps. Westphal (*P*) #18

Klutmann, Rudolf, *30.3.1883 Berlin, †21.4. 1968 Hamburg; - Ps. Rolf Erka (*D-S*) #3,4

Klütz, Alfred, *19.2.1911 Paatzig/Pommern; - Ps. Fred Blitz (*F-P*) #3

Kmieczak, Marian, *14.6.1928 Lodz; - Ps. Edwin Marian (*E-F-R*) #3

Knaak, Lothar Paul, *3.4.1925 Ascona; - Ps. Paul v. Manthey; Opunzius (*L-P-R*) #3,4

Knaak, Sophia Ruth, *21.9.1931 Ravensburg; - Ps. Draginja Dorpat (*D-L-R*) #3,4,5

Knab, Otto M., *16.3.1905 Simbach/Inn; - Ps. Otto Michael (*E-N*) #18

Knackfuß, Elisabeth Eleonore Emma, *31.8.1831 Ehrenbreitstein, †2.2.1904 Ehrenbreitstein; - Ps. Emma Leonhart (*E-N-R*) #2,3,4

Knackfuß, Elise, *10.4.1817 Koblenz, †1891 Bettenburg/Luxemburg; - Ps. A. Joachim (*E*) #1,2,3,4

Knaeusel, Henriette, *19. Jh.; - Ps. M. Abaelard (*P*) #2

Knapp, Eva-Maria, *19.3.1938 Aussig/Böhmen; - Ps. Eva-Maria; Susanna Loretz (*L-P*) #3

Knatz, Karlernst, *15.6.1882 Bromberg, †29.1.1951 Bad Kreuznach; - Ps. Peter Squenz; werle (*L-P-R*) #3,4

Knaudt, Emma, *19. Jh.; - Ps. Emma Truberg-Knaudt (*J*) #3

Knauer, Margot, *4.5.1898 Köln; - Ps. Bergen (*L-M-N-P*) #3

Knauer, Vinzenz Andreas, *20.6.1828 Wien, †20.7.1894 Wien; - Ps. V. van Erck (*P*) #3,4,15

Knäusel, Hans-Georg, *9.12.1931 Halle/S.; - Ps. Kn.; H. G. Saaler; -us- (*P*)

Knaust, Heinrich, *um 1520 Hamburg, †1557 Erfurt; - Ps. Henricus Chnustinus Hamburgensis (*D-L*) #4,11,13,15

Knaust, L., *17. Jh.; - gen. Delitio/ES #11

Knecht, Ludwig, *14.5.1893 Pirmasens; - Ps. Lutz Knecht (*D-N-R*) #3

Kneifel, Johannes (Hanns), *11.7.1936 Gleiwitz; - Ps. Sean Beaufort; Alexander Carr; Hivar Kelasker (*F-N-R*) #3,4,7,16,20

Kneiff, Eduard, *10.2.1810 Keula/Schwarzburg-Sond., †1836 Straßburg; - Ps. Eduard (*D-L-P*) #4,11

Kneißler, Hippolyt-Joseph, *19.11.1831 Wien, †28.4.1883 Wien; - Ps. Erik Neßl (*S*) #4

Kneitinger, Anna, *5.6.1900 Tannhausen, †20.6.1960 Krumbach/Schwaben; - Ps. Nanni Rösch (*J*) #3

Kneschke, Martha, *2.11.1886 Teplitz-Schönau/Böhmen, †12.10.1947 Oberammergau; - Ps. Eberhard Bechlingen; Walter Schönau; Martha Kneschke-Schönau (*M-N-P-R-S*) #3,4

Knesebeck, Franz Julius von dem; - gen. Der Geheime/FG 396/1642 (*L-P*) #4,11,12

Knesebeck, Hempo von dem, *14.4.1595 Tylsen/Altmark, †19.6.1656 Tylsen/Altmark; - gen. Der Gute/FG 88/1624 (*P*) #11,12

Knesebeck, Levin von dem, *18.5.1597 Tylsen/Altmark, †21.8.1638 Drossen/Neumark; - gen. Der Antreibende/FG 107/1626 (*P*) #11,12,13

Knesebeck, Paridam von dem, *24.8.1911 Ludwigslust/Meckl.; - Ps. Dorothee von Richthofen (*P*) #3,4

Knesebeck, Thomas von dem, *27.3.1594 Tylsen/Altmark, †1.2.1658 Berlin; - gen. Der Emsige/FG 524/1649 (*P*) #11,12

Knesebek, Achatz von dem, *17. Jh.; - gen. Der Wiederaufkommende/FG 781 #11

Knesebek, Thomas von dem, *17. Jh.; - gen. Der Gesegnete/FG 778 #11

Knickrehm, Hans, *28.1.1923 Hamburg; - Ps. Dirks Burmester (*E-R*) #3,4

Knieper, Marie, *27.6.1852 Remagen/Rh.; - Ps. M. Palm (*E*) #2,3

Knigge, Adolf Franz Friedrich Freiherr von, *16.10.1752 Schloß Bredenbeck b. Hannover, †6.5.1796 Bremen; - Ps. Jos. Aloys Maier; J. H. Meywerck; Benjamin Noldmann; Philo; Samuel Conrad von Schaafskopf sel. Etatsrath; Adolf Ritter vom Schwan; Spartacus und Philo; Joachim Melchior Spiessglas; A. v. Thorn; Joseph von Wurmbrand (*E-L-P-S*) #1,4,5,6,11,13,14,15

Knigge, Jodok Hilmar Freiherr von, *1605, †1683; - auch Jobst Hilmar Knigge; Jobst Hilmar Kinge; gen. Der Berühmte/FG 413/ 1644 #11,12

Knippen, Rudolf, *3.7.1886 St.Hubert b. Krefeld, †21.1.1967 Kevelaer; - Ps. Rudolf Knippen-Breitenberg (*E-P-R*) #3,4

Knippenburg, Johann Wilhelm von; - gen. Der Ausholende/FG 377/1642 #11,12

Knittel, Hermann, *24.3.1891 Dharwar/Indien, †26.4.1970 Maienfeld /Graubünden; - Ps. John Knittel (*D-R*) #3,4,5,8,10,14

Knittelfelder, Marie, *9.12.1885 Wies/Steiermark, †14.5.1959 Graz; - Ps. Aline Aliberti (*E-L*) #3,4

Knobelsdorff-Brenkenhoff, Natalie (Nataly) von, geb. von Eschstruth, *17.5.1860 Hofgeismar, †1.12.1939 Schwerin; - Ps. Natalie von Eschstruth (*D-E-L-N-R-S*) #1,3,4,5,9,15

Knoblauch, Adolf, *25.5.1882 Harburg, †26.8.1951 Berlin; - Ps. Erlauch; Gregor Heinrich (*E-L-P*) #3,4,8

Knoblauch, Friedrich Heinrich, *18.8.1772 Berlin; - Ps. Zw. (*P*) #4,11

Knoblauch, Johann Georg, *22.12.1697 Zittau, †4.1.1753 Zittau; - Ps. Ephr. Gerhard (*P*) #4

Knoblich, Josef, *27.12.1906 Böhmisch-Kamnitz; - Ps. Jost Krafft-Ottenkar (*E-L-M-R*) #3,4

Knoblich, Nina, *7.12.1862 Keingtthal; - Ps. Hans Jürgens (*P*) #2,3

Knobloch, Alfred, *9.1.1859 Berlin, †1916 Berlin; - Ps. Benjamin Corda (*D-N-R*) #4

Knobloch, Erhard Joseph, *1.11.1923 Tetschen/Böhmen, †27.9.1987 Freising; - Ps. Ludwig Klinger (*E-L-P*) #3,4

Knobloch, Hilde, *21.12.1890 Marburg/Drau, †5.2.1960 Graz; - Ps. Hans Knobloch; Hilda Torthofer (*D-E-N-R-S*) #3,4

Knobloch, Joseph, *10.7.1870 München; - Ps. Sepp von der Haardt (*E-P-R*) #3,4

Knoch, Caspar Ernst von, *7.3.1582 Bleckendorf b. Wanzleben, †30.12.1641; - auch Caspar von Knoche; gen. Der Ausbreitende/FG 33/1620 #11,12,13

Knoch, Christian Ernst von, *10.7.1608 Harzgerode, †3.12.1655 Plötzkau; - auch Christian Ernst Knoche; gen. Der Weichende/FG 268/1636 (*L-P*) #11,12,13

Knoch, Hans Friedrich von, *21.3.1603 Sollnitz/Anh., †12.5.1660 Senftenberg; - auch Knoche; gen. Der Beste/FG 453/1646 #11,12

Knoche, Franz Seraphin Richard, *2.10.1822 Brakel/Westf., †9.4.1892 Hannover; - Ps. Franz Seraphin (*E-L*) #1,3,4,13

Knoche, Hans Ludwig, *1607; - gen. Der Platte/FG 252/1635 (*P-R*) #4,11,12

Knodt, Josef, *9.6.1896 Trier, †18.5.1976 Bielefeld; - Ps. P. Jotkate; Petrus Treveranus (*F-P-R*) #3,4

Knodt, Karl Ernst, *6.6.1856 Eppelsheim, †30.9.1917 Bensheim; - gen. Der Waldpfarrer; Ps. Ernst v. Klingen (*L-P*) #3,4

Knöfel, Johann, *um 1530 Lauban/Schles.; - auch Knefel; Kneffel; Knöbel; Knöpflin (*L-P*) #4,11,13

Knoll, Albert, *1809 Wien, †1843 Wien; - Ps. Baltekron (*L*) #1,11

Knoll, Georg Friedrich, *11.7.1891 Frankfurt/M.; - Ps. Friedrich von Frankfurt (*P-R*) #3,4

Knoll, Ludwig, *17.3.1912 Berlin; - Ps. Alexander Bergk; Henry Hill (*E-N-R*) #3,4

Knoll, Rose, *7.1.1902 München; - Ps. Rose Grässel (*E-J-P*) #3,4

Knoll, Wolfgang Friedrich, *18.12.1919 Darmstadt; - Ps. Wolf Fried; Wolf-Fried (*D-L*) #3,4

Knolle, Alfred, *18.2.1904 Stadthagen; - Ps. Boruß Kollen (*L-N-R*) #3,4

Knolle, Martin, *6.3.1900 Großgräfendorf/Merseburg, †9.2.1971 Rheydt; - Ps. Martin Funk (*E-R*) #3,4

Knöller, Ursula, geb. Seyffarth, *10.1.1915 Berlin; - Ps. Ursula Seyffarth (*E-N-P*) #3,4

Knoop, Ernst Heinrich, *12.8.1902 Hamburg; - Ps. Bellamyan; Ondurian; Pidder Poonk; Till Tuiveen (*D-E-F-P-R*) #3,4

Knoop, Gerhard Ouckama, *9.6.1861 Bremen, †6.9.1913 Innsbruck; - Ps. Gerhard Ouckama (*E-L-M-N-P-R*) #3,4,5,15

Knop, Lydia, geb. Kath, *16.8.1906 Virchow/Pommern; - Ps. Lydia Kath (*E-J-P*) #3,4

Knop, W. G. J., *(1939); - Ps. Germanicus (*P*) #18

Knopf, Ernst, *9.3.1873 Altkirch/Elsaß, †16.4.1926 Elbing; - Ps. Ernst Altkirch (*N-P*) #1,3,4

Knopf, Julius, *1.1.1863 Driesen/Brandenburg, †7.5.1935 Berlin; - Ps. Kater Murr (*E-N-S*) #3,4

Knöpke, Helga, geb. Joest, *5.11.1911 Dresden; - Ps. Helga Knöpke-Joest (*J*) #3

Knopken, Andreas, *um 1468 b. Sonnenberg/Neumarkt, †18.2.1539 Riga; - Ps. Andreas Knopius (*L*) #4,11,13,15

Knorr, Otto Heinrich von, *17. Jh.; - gen. Der Weidende/FG 604 #11

Knorr von Rosenroth, Christian Anton Philipp, *15.7.1636 Altraudten/Schlesien, †4.5.1689 Groß-Albersdorf b. Sulzbach; - gen. Der Schamhaftige/DG-R; Christoph Begantius (*L-P-S*) #1,4,5,6,11,13,15

Knorring, Sophie von, geb. Tieck, gesch. Bernhardi, *28.2.1775 Berlin, †22.10.1833 Reval; - Ps. Sophie B.; Sophie Bernhardi; Sophie Tieck (*D-E-L-R*) #1,4,9,15

Knosp, Anna, *16.7.1849 Thiengen/Schweiz; - Ps. A. Fernbach (*P*) #2,3

Knudsen, Ingeborg, geb. Buddenböhmer, *22.6.1931 Lingen; - Ps. Ingeborg (Jaques)-Buddenböhmer (*E-L-P*) #3,4

Knudson, Helga, *14.3.1874 Berlin; - Ps. Asta Flora (*E*) #3,4

Knüpfer, Hedwig Franziska Elise Karoline, *9.1.1824 Ranis b. Saalfeld/Thür.; - Ps. J. v. Oben (*R*) #1,2,3,4

Knüpffer, Paula, *29.1.1890 Rheydt, †14.9.1978 Hamburg; - gen. Die Kunterbunt (*F-J-P*) #3,4

Knüppel, Max Friedrich, *9.2.1846 Hohenholte/Westf., †6.4.1910 Billerbeck; - Ps. M. Fr. Scipio (*E-L*) #3,4

Knüppeln, Julius Friedrich August, *9.9.1757 Stettin, †18.1.1840 Hamburg; - Ps. Dinandar; Fr. K*****n Julius (*L-P*) #1,4,11

Knussert, Rudolf, *24.12.1863 Neu-Ulm, †29.4.1940 Füssen/Lech; - Ps. Amaryllis; Krapülinski (*E-L-P*) #3,4

Knust, Anna, *6.1.1878 Hildesheim; - Ps. Anica Helmar (*N*) #3

Knuth, Peter Waldemar, *24.12.1917 Berlin; - Ps. Peter Wolfenberg (*E-N-R*) #3

Kobbelt, Rudolf, *29.11.1861 Neuzelle; - Ps. Ceyx; Spectator II. (*P*) #3

Kobbert, Elli, *9.7.1922 Königsberg; - Ps. Bettina Bensen (*E-R*) #3,4

Köbel, Eberhard, *22.6.1907 Stuttgart, †31.8.1955 Berlin; - Ps. Arno Kausen; tusk (*D-E-J-L-P*) #3,4,15

Köbel, Jakob, *um 1462 Heidelberg, †31.1.1533 Oppenheim; - Ps. Jakob Kobelianus; Jakob Kobelius (*L-P*) #4,13,15
Köbele, Hanna, geb. Christaller, *4.7.1872 Schorndorf/Württ.; - Ps. Hanna Christaller; Kisi Tala (*N*) #1,3,4
Kober, August Heinrich, *21.10.1887 Potsdam, †4.8.1954 Frankfurt/M.; - Ps. Ob; Balthasar Schmitz; Tyll (*E-N-P-R*) #3,4
Kober, Tobias, *um 1570 Görlitz; - Ps. Tobias Coberus (*D-S*) #4,11,13
Kobilinski, Leo, *2.8.1874 Moskau, †17.11.1947 Locarno; - Ps. Leo Kobilinski-Ellis (*L-P-S*) #3,4
Koblinski, Hans-Joachim, *5.9.1921 Berlin; - Ps. Bert Andreas; J. H. Andreas; Mark Baxter; M. G. Braun; John Cameron; Jerry Cotton; Brian Elliot; John Fletcher; Jim Kellog; Dagmar von Kirchstein; Kojak; Gunnar Kolin; Robert Lamont; Frank de Lorca; Benito Martinez; Joe McBrown; Frederick Nolan; Angie Olson; J. H. Wayne; Liesl Zeller (*R*) #3,4,16
Kobusch, Helmut, *30.3.1929 Bad Hersfeld; - Ps. Helmut Bach; Barney Brooks; Jerry Cotton; Thomas B. Davies (*E-P-R*) #3,16
Kobusch, Joachim, *(1984); - Ps. Jerry Cotton; John Duncan; Glenn Mortimer; Gordon Nash; Frederick Nolan; Ted O'Brian (*R*) #16
Kobyletzki, Wilhelm von, *30.4.1859, †29.5.1919 Bad Altheide; - Ps. Wilhelm von Borkendorf (*P-S*) #4
Koch, Bruno, *9.12.1860 Kottlow/Posen; - Ps. Georg Volck (*E-P*) #3,4
Koch, Edmund P., *2.4.1878 Berlin, †13.10.1973 Belzig; - Ps. Piet van Eyk (*E-N-R*) #3,4
Koch, Eoban, *6.1.1488 Halgehausen b. Frankenberg/Hessen, †4.10.1540 Marburg; - Ps. Helius Eobanus Hessus (*L-P*) #4,5,11,13, 14,15,19
Koch, Erduin Julius, *13.6.1764 Loburg b. Magdeburg, †21.12.1834 Kreuzburg/Oberschles.; - Ps. Johann Agricola (*P*) #4,6,13
Koch, Ernst, *3.6.1808 Singlis/Hessen, †24.11.1858 Luxemburg; - Ps. Eduard Helmer; Leonhard Emil Hubert (*L-P*) #1,4,5, 13,15
Koch, Friedrich, *6.12.1867 Solothurn, †2.5.1944 Näfels/Glarus; - gen. Gaudentius Koch; Ps. Liebfrauenlob (*L-P*) #3,4
Koch, Gerhard, *(1984); - Ps. Jerry Cotton (*R*) #16
Koch, Hans, *4.2.1881 St.Avold/Lothr., †1.5.1952 Düsseldorf; - Ps. Johannes Leonardus (*E-L*) #3,4
Koch, Heinz E(rnst) A(ugust), *18.4.1937 Hannover; - Ps. Hinrich Brelung Cord (*E-L-P*) #3,4
Koch, Hermann, *29.9.1896 Calw, †7.11.1943 Immeneich/St.Blasien; - Ps. Hermann Hoster (*P-R*) #3,4
Koch, Jodocus, *4.6.1493 Nordhausen, †9.10.1555 Eisfeld; - Ps. Justus Jonas (*L*) #4,11,13,15
Koch, Johannes Rudolf, *29.11.1868 Osterburg/Altm.; - Ps. Horst Waldheim (*D-S*) #3,4
Koch, Joseph Adam, *6.9.1904 Essen; - Ps. Helmut Messerschmidt (*P-R*) #3,4
Koch, Julie, *27.10.1879 Stuttgart; - Ps. Julie Koch-Heintzeler (*E*) #3
Koch, Julius, *11.7.1870 Bremen; - Ps. Johannes Meinen (*D-E-L-S*) #1,3,4
Koch, Julius Ludwig August, *4.12.1841 Laichingen/Württ., †25.6.1908 Cannstatt; - Ps. Julius Koch-Westerhove (*D-L-P*) #3,4
Koch, Karl Friedrich, *7.8.1893 Düsseldorf; - Ps. Karl Friedrich Tedrey (*L-P*) #3,4
Koch, Karl Ludwig, *25.7.1906 Neu-Isenburg; - Ps. Ludwig Koch-Isenburg (*P*) #4
Koch, Kaspar, *1613 Bilverden, †14.9.1653 Speyer; - Ps. Julianus Magenhorst (*P*) #6
Koch, Konrad, *um 1460 Wimpfen, †16.6.1531 Amorbach; - Ps. Konrad Wimpina (*P*) #4,13
Koch, Magda, *20.4.1900 Bremen; - Ps. Ada Halenza (*E-F-R-S*) #3
Koch, Manfred, *30.7.1901 Dresden; - Ps. Manfred Koch-Kostersitz (*E*) #3,4
Koch, Margaret, *4.5.1919 Cuxhaven; - Ps. Margarete Butt-Ahmling (*L-M-N-P-R*) #3
Koch, Otto, *4.1.1794 Kiel, †9.5.1875 Hamburg; - Ps. Freimund (*L-P*) #1,4,6,11
Koch, Paul Richard, *22.12.1891 Ruhla; - Ps. P. R. Koch-Utendorf (*P-R*) #3
Koch, Richard, *8.6.1895 Magdeburg, †9.8.1970 München; - Ps. H. C. Nulpe; K. Richards (*P-R*) #3,4,7,20
Koch, Wilhelm, *2.6.1825 Herrnstadt/Schles., †1904 Berlin; - Ps. W. Koch-Conradi; Karl von der Orla (*D-R*) #3,4
Koch-Riehl, Rudolf, *20.4.1900 Bremen; - Ps. Ada Halenza (*E-F-R-S*) #3,4
Kochanski, Eva, geb. Caskel, *11.11.1902 Danzig, †2.6.1976 Mannheim; - Ps. Eva Caskel (*R*) #3,4
Kochem, Martin von, *12.12.1634 Cochem, †10.9.1712 Waghäusel b. Bruchsal; - Ps. Martin von Cochem (*P*) #4,5,13
Kocher, Hugo, *17.8.1904 Tübingen, †3.10.1972 München; - Ps. Max Bram; Maria Hörmann; Ursula Kemmler; Heinrich Neckar (*E-J-P*) #3,4,7,17
Köcher, Johann Christoph, *23.4.1699 Lobenstein/Vogtl., †21.9.1772 Jena; - Ps. Aenopetranus Westphalus; Gratianus Aschpanus (*P*) #6
Kocher-Erb, Hedwig, *9.6.1906 Ravensbrück; - Ps. Hedwig Erb; Ursula Kemmler (*J*) #3,4
Kochhafe, David, *26.2.1531 Ingelfingen/ Württ., †25.6.1600 Rostock; - Ps. David Chytraeus (*P*) #4,13,15
Kochhafe, Nathan, *12.3.1543 Menzingen b. Heidelberg, †25.2.1598 Bremen; - Ps. Nathan Chytraeus (*D-E-L*) #1,4,13

Kochmann, Adolf Armin, *8.10.1890 Kattowitz, †5.5.1952 Berlin; - Ps. Adolf Armin (*E-P*) #3,4

Kochs, Ernst, *6.12.1898 Münster; - Ps. Edzard Kochs (*E*) #3,4

Köchy, Christian Heinrich Gottlieb, *24.4.1769 Schlierstedt b. Braunschweig, †18.8.1828 Braunschweig; - Ps. F. W. Ewers; Friedrich Glover; H. Andreas Gottschalk; Alphonso Zirardini (*L-P*) #1,4,6,11,13

Kock, Erich, *19.9.1925 Münster; - Ps. Leo Bretelle (*F-L-P*) #3,4

Köck, Ferdinand Anton, *26.7.1929 München; - Ps. Ferdinand Anton (*E-F-L-P-R*) #3,4

Köck, Maria, *27.1.1878 Wien, †13.7.1919 Spital/Steierm.; - Ps. Maria Gmeiner; Maria Köck-Gmeiner (*E-P-R*) #4

Köckritz, Franziskus, *3.10.1497 Ottmachau b. Oppeln, †19.9.1565 Breslau; - Ps. Franciscus Faber (*P*) #4,13

Kocmata, Karl F(ranz), *16.1.1890 Wien; - Ps. Karl Franz Heiding (*L-P-R*) #3,4

Kocourek, Barbara, *19.10.1946 Schwerin; - Ps. Josef Kocourek (*E-J*) #3

Ködelpeter, Hans E., *1922; - Ps. Cedric Balmore; Mark Baxter; Guy Brent; John Cameron; Frederic Colleins; Jerry Cotton; Brian Elliot; Charles Fleming; Peter Fleming; Rex Gordon; Frank de Lorca; Frederick Nolan; Jack Slade (*P-R*) #16

Koeber, Elsbeth, geb, Isenbeck *7.12.1893 Hamm; - Ps. Elsbeth Isenbeck (*F-L-N-R-S*) #3,4

Koebner, Franz Wolfgang, *18.4.1887 Berlin; - Ps. Franz Wolf (*F-P-R*) #3,4

Koebsell, Eberhard, *15.8.1906 Berlin, †7.6.1960 Berlin; - Ps. Clemens Laar (*F-P-R*) #3,4,5,8

Koegel, Johannes, *3.5.1918 Halle/S.; - Ps. Henry King (*E-F-R*) #3,4

Koehler, Gustav, *9.8.1886 Braunschweig; - Ps. Wilhelm Geka (*P-R*) #3,4

Koehler, Paul Oswald, *16.1.1851 Charlottenburg; - Ps. Intrus (*P*) #3

Koehre(-Petzold), Otto Paul, *12.10.1870 Wurzen/Sa.; - Ps. Paulus Hohburg (*E-L-P-S*) #3,4

Koelman, Margarethe, *15.4.1860 Hamm; - Ps. Irene Wild (*L-P*) #3,4

Koenig, Lucien, *1888 Luxemburg; - Ps. Siggy vu Letzeburg (*D-E-L-N-P-R*) #4

Koenig, Walter, *17.9.1899 München; - Ps. Gottlieb Pflanzl (*P-R*) #3,4

Koenig-Warthausen, Anna Marie von, *12.4.1906 Bremen; - Ps. Anna Marie Merkel; Anna Marie Reps (*N-R*) #3,4

Koeniger, Fritz, *9.12.1910 Wilhelmshaven; - Ps. F. A. Koeniger (*E-F-J-L-N-P-R*) #3

Koenigsgarten, Hugo F., *13.4.1904 Brünn; - Ps. H. F. Garten (*D-P*) #3,18

Koepfel, Wolfgang Fabricius, *1478 Hagenau/Elsaß, †4.11.1541 Straßburg; - Ps. Wolfgang Fabricius Capito; Wolfgang Fabricius; Varemundus Luitholdus (*L-P*) #4,6,13,15

Koepgen, Franz, *22.5.1869 Köln; - Ps. Kephalis (*P*) #3

Koeppel, Emmy, *13.8.1850 Ahlen/Westf., †25.4.1916 Berlin; - Ps. Georg Hartwig (*E-R*) #1,3,4

Koeppen, Arnold, *18.4.1875 Brandenburg/Havel, †12.2.1940 Berlin; - Ps. Hermann Arno (*D-E-P-S*) #1,3,4

Koeppen, Wolfgang, *23.6.1906 Greifswald; - Ps. Jakob Littner (*E-P-R*) #3

Koepper, Peter Wilhelm Gustav, *8.4.1872 Essen, †14.6.1969 Halle/S.; - Ps. P. G. William Copper (*E-L-P-R*) #3,4

Koerber, Adolf-Victor von, *27.2.1881 Bergen auf Rügen; - Ps. Dolf von Korb (*P*) #3,4

Koerner, Erich, *29.2.1856 Frankenberg/Sa.; - Ps. Emile Kronau (*P*) #3

Koester, Reinhard, *6.5.1885 Hagen, †6.6.1956 Berlin; - Ps. Benedikt; Kaki; Karl Kinndt (*D-E-L-R-S*) #3,4

Koestler, Arthur, *5.9.1905 Budapest, †3.3.1983 London; - Ps. Iwan Steinberg (*D-E-M-P-R*) #3,4,5,7,8,18,20

Koethe, Friedrich August, *30.7.1781 Lübben/Niederlaus., †23.10.1850 Allstedt b. Weimar; - Ps. Der Einsiedler bei St.Johannes (*L-P*) #1,4,13

Köffinger, Johann Paul, *24.3.1786 Nürnberg, †1845 Ofen; - Ps. Raimund Walther (*L*) #4,6,11

Koffka, Friedrich, *22.4.1888 Berlin, †5.11.1951 London; - Ps. Florin; Sincerus (*D-F-L-N-P*) #3,4,15,18

Kofler, Erich, *15,5,1916 Bozen; - Ps. Erich Kofler-Bozen (*L*) #3

Kogel, Friedrich, *17. Jh.; - gen. Der Scheue/DG #11

Kögl, Ferdinand, *17.5.1890 Linz/Donau, †21.2.1956 Wien; - Ps. Ferdinand Hansen; Arthur Kirk; Tom Tenk (*R-S*) #3,4,5,15

Koglgruber, Johann Nepomuk, *14.5.1817 Wartberg/O.-Ö., †13.11.1907 Schlägl/O.-Ö.; - Ps. Kogl; Cajetan Koglgruber (*D-L-P-S*) #1,3,4

Kohfahl, Berta, geb. Münker, *20.12.1892 Geisenheim/Rh., †4.5.1959 Cuxhaven; - Ps. Berta Kohfahl-Münker (*E-L-P*) #3,4

Kohl, Camilla, *11.2.1851 Prag, †30.1.1926 Wien; - Ps. C. Haid; C. Waldau; Karoline Waldau; C. Wild (*E-P-R*) #1,2,3,4

Kohl, Ludwig, *5.4.1884 Landau/Pfalz, †12.11.1969 Thumen-Schlachters b. Lindau; - Ps. Ludwig Kohl-Larsen (*F-M-P-S*) #3,4

Kohl, Paula, *2.11.1885 Brakel/Westf.; - Ps. Amalie Donop; Amalie von Klausberg (*E-J-M*) #1,3,4

Kohlenberg, Karl Friedrich, *15.8.1915 Berlin; - Ps. Benno Frank (*E-F-J-P-R*) #3,4

Kohlenegg, Ella Kohl von, *13.12.1872 Troppau; - Ps. Chilosa; E. v. K. (*P*) #4

Kohlenegg, Leonhard Kohl von, *13.12.1834 Wien, †1.5.1875 Saalfelden/Thür.; - Ps. Poly Henrion (*P-R*) #1,4

Köhler, Gerhard, *24.7.1910 Erfurt; - Ps. G. B. Lesage (*P-R*) #3,4

Köhler, Johann David, *18.1.1684 Colditz/Sa., †10.3.1755 Göttingen; - auch Köler; Koelerus; Ps. Herodotus (*P*) #4,13,17

Köhler, Johann Ernst *(1677); - Ps. Der Wünschende (*P*) #11

Köhler, Julius Erhard Wilhelm, *20.7.1880 Breslau; - Ps. Julius Erhard; Felix Sales (*D-S*) #3

Köhler, Kaspar, *17. Jh.; - gen. Der Ungeschmückte/DG #11

Köhler, Kati, *(1937); - Ps. Hanna Daryol (*L-R*) #4

Köhler, Ludwig, *14.4.1880 Neuwied/Rh., †25.11.1956 Zürich; - Ps. Hugo Ratmich (*P*) #4,15

Köhler, Marianne, geb. Kossel, *8.12.1896 Berlin; - Ps. Marianne Kossel (*L*) #3,4

Köhler, Marianne Cläre, geb. Stütz, *15.4.1883 Eisenach; - Ps. M.C. Köhler-Stütz (*D-L*) #3

Köhler, Rolf, *22.8.1925 Rastatt; - Ps. Kenneth Stuart (*R*) #3

Köhler, Ruth, geb. Irrgang, *12.2.1900 Berlin; - Ps. Ruth Köhler-Irrgang (*E-L-P-S*) #3,4

Köhler, Werner, *10.10.1889 Chemnitz, †14.7.1940 Berlin; - Ps. Matthäus Merian (*P*) #3,4

Köhler, Wilhelm Alexander, *8.2.1885 Dresden, †12.6.1931 Dresden; - Ps. Alexander Charbonnier (*P-S*) #3,4

Köhler-Haußen, Ernst, *14.6.1872 Davos-Dorf, †1946 Lichtenstein/Erzg.; - Ps. Friedrich Fröhlich; Laetus (*E-L-M-P-S*) #3,4

Kohlhaas, Johann Jacob, *1747 Markgröningen/Württ., †19.7.1811 Regensburg; - Ps. Chariton (*P*)

Kohlhaas, Marietta, geb. Federn, *28.4.1883 Wien, †9.5.1951 Paris; - Ps. Etta Federn-Kirmsse; Etta Kirmsse; Etta Federn-Kohlhaas (*J-L-P*) #3,4

Kohlhase, Friedrich, *12.11.1904 Straßburg; - Ps. Friedrich Kolander (*D-F-S*) #3,4

Kohlhauer, Ernst, *29.9.1892 Hanau; - Ps. Carl-Ernst Eck (*E-F-L-P-R*) #3,4

Kohlhofer, Alexander, *23.11.1895 Traisen b. Wien; - Ps. Alexander Raxin (*E-P*) #3

Kohlis, Carl, *25.9.1857 Artern/Sa.; - Ps. Ganymedes; C. Kyffhausen (*P*) #4

Kohlmann, Barbara, *28.9.1908 Nürnberg; - Ps. Ann Förg; Bara Kohlmann (*J-R*) #3,4

Kohlmann, Curt, *20.12.1877 Dresden, †23.5.1948 Bergisch-Gladbach; - Ps. Friedrich Alexander Eckhart (*L-N-P*) #3,4

Kohlruß, Alfred Arthur, *10.9.1875 Sereth; - Ps. Alf (*P*) #3

Kohlund von Bosenstein, Ella-Luise, *15.1.1882 Weildorf, †12.1.1961 Überlingen; - Ps. Hanna Bosenstein (*E-L*) #3,4

Kohn, Alois, *28.1.1860 Libin; - Ps. A. Siola (*L-P*) #3,4

Kohn, Friedrich, *4.1.1850 Prag, †25.7.1893 Böslau; - Ps. Paul d'Abrest (*E*) #1,3,4

Kohn, Jakob, *8.4.1870 Zolinia; - Ps. Egon Dorn (*D-P*) #3

Kohn, Johann Karl, *14.11.1858 Grevenmachern/Lux.; - Ps. L. van Keeth; Karl Johann von der Mosel; L. van Reeth (*P-R*) #1,3

Köhn, Karl Heinz, *29.3.1915 Rostock; - Ps. Erwin Vollsdorf (*L-S*) #3,4

Kohn, Pauline, *12.12.1865 Göding; - Ps. Paula Misa (*N*) #3

Kohn, Salomon, *8.3.1825 Prag, †6.11.1904 Prag; - Ps. K. S.; S. K. (*E-R*) #1,3,4

Kohn, Sigmund, *17.8.1855 Unin; - Ps. Hieron; Sigma Kappa (*P*) #3

Köhn-Behrens, Charlotte, *19.6.1899 Berlin; - Ps. Viktoria Rehn (*P-R*) #3,4

Köhnlein, Maria, *24.11.1902 München; - Ps. Herma Wolka (*L-P*) #3

Köhr, Dietrich, *13.3.1927 Breslau; - Ps. Red Buster; Jerry Cotton; Derrick Day; Tex Diamond; Hobby Duke; Sigismund Fröhlich; Walter Hartenstein; Garry Kelly; Phil. E. Sanders; Bodo v. Silesia; Karl-Heinz Vogt (*E-N-R*) #3,4,16

Köhr, Julius, *3.3.1823 b. Rheinsberg/Mark; - Ps. Job Rhök (*L-P*) #1,3,4

Kohut, Oswald, *9.8.1877 Düsseldorf, †25.10.1951 Berlin; - Ps. Franz Conring; O. Hohlmann (*F-L-N-P*) #3,4

Koizar, Karl Hans, *3.11.1922 Wien; - Ps. Marieluise v. Ingenheim; Rolf Shark (*F-R*) #3,4

Kok-Schedler, Marguerite de, *5.11.1887 Dornach/Solothurn, †9.8.1978 Zürich; - Ps. Marguerite Schedler (*J*) #3,4

Kolarz, Carl, *26.11.1866 Jägerndorf; - Ps. Carl Franz Martini (*D-E*) #3

Kolarz, Walter, *26.4.1912 Teplitz-Schönau, †21.7.1962 London; - Ps. Bernhard Vernier (*P*) #4,18

Kolaß, Franz, *24.12.1885 Braunschweig; - Ps. Franz Ludwig (*P*) #3

Kolatschewski, Valerius, *7.11.1898 Bern, †8.7.1974 Bern; - Ps. Georg Schaeffner (*E-L-P-R*) #3,4

Kolb, Alexis, *6.7.1867 Breitenbach/Böhmen, †16.1.1937 Saaz; - Ps. A. Hilfgern (*E-S*) #4

Kolb, Anne Mathilde, *2.2.1870 München, †3.12.1967 München; - Ps. Annette Kolb (*E-P-R-S*) #3,4,5,8,9,10,18

Kolb, Georg Friedrich, *20.9.1808 Speyer, †15.5.1884 München; - Ps. F. K. Broch (*P*) #4,13,15

Kolb, Helga, *13.3.1942 München; - Ps. Helen Konstantin (*L-N-P*) #3

Kolb, Karl, *12.5.1913 Wien; - Ps. Alexander Wien (*F-N-P-R*) #3,4

Kolb, Ulrike, *14.7.1942 Saarbrücken; - Ps. Lilli Saar (*E-F-P-R*) #3

Kolb von Wartenberg, Johann Casimir, *19.7.1584 Kaiserslautern, †22.9.1661; - gen. Der Bessere/FG 460/1646 (*L-P*) #4,11,12

Kolbe, Carl Wilhelm, *1759 Berlin, †13.1.1835 Dessau; - Ps. Ch. H. Wolke (*P*) #4,13,15

Kolbe, Emil, *10.2.1846 Hirschberg/Schles.; - Ps. K. Winterfeldt (*P*) #3

Kolbe, Hanna, *(1892) Schlesien; - Ps. Hanna Ehlen (*L-N*) #1,2,4

Kolbe, Jutta, *21.10.1944 Kolberg/Pommern; - Ps. Jutta Schlott (*E-F-J-L*) #3,4

Kolberg, Wolfgang, *(1970); - Ps. Conrad Messmer (*P-R*) #3

Kölbl, Konrad, *6.7.1912 München; - Ps. Conny Cöll; Bill Hasting (*P-R*) #3,4,7

Kolednik, Ferdinand, *24.5.1907 Maribor/Slowenien; - Ps. Mariborski (*N-R*) #3

Köler, Christoph, *1.12.1602 Bunzlau/Schles., †19.4.1658 Breslau; - auch Coler; Colerus (*L*) #4,11,15

Köler, Kaspar, *17. Jh.; - gen. Tityrus/PB #11

Kolisch, Irma, *11.2.1855; - Ps. Miradek (*P*) #2

Kölle, Christoph Friedrich Karl von, *11.2.1781 Stuttgart, †12.9.1848 Stuttgart; - Ps. Franz Küninger (*P*) #4,11,13

Koller, Benedikt Joseph Maria von, *1769 Straubing, †16.3.1798 Linz/O.-Ö.; - Ps. Blumauer (*D-L-S*) #1,4,11,13

Koller, Christine, *22.9.1925 Hannover, †16.5.1978 Berlin; - Ps. Porzia (*F-L-N-P*) #3,4

Koller, Theodor, *26.1.1840 Freystadt; - Ps. Th. Freystadt (*P*) #3

Kölli, Josef, *11.5.1896 Graz; - Ps. Josef Georg Kölli (*D-E-L-P*) #3

Köllin, Conrad, *1476 Ulm, †26.8.1536 Köln; - auch Cöllin (*P*) #4,13,15

Kollmann, Arthur, *8.1.1858 Leipzig; - Ps. Dr. Avon (*P*) #3

Kolmar, Louis, *9.4.1890 Rastenburg/Ostpr., †22.11.1954 Berlin; - Ps. Heinz Ramlok (*E-F-L-R*) #3,4

Kolnberger, Evelyne, geb. Spitzbarth, *5.11.1941 München; - Ps. Evelyne Kolnberger-Spitzbarth; Eva Marcus (*J-P-R*) #3,4,17

Kölner, Johann Rudolf, *22.8.1800 Basel, †1877 Liestal; - gen. Der Saure; Ps. Till Eulenspiegel (*L-P*) #1,4

Kolpenitzky, Max, *19.7.1905 Königsberg; - Ps. Max Colby; Max Colpet; Max Kolbe; Max Kolpe (*F-J-L-N-P-R*) #3,4,18

Kolroß, Johannes, *um 1487 Kirchhofen/Breisgau, †um 1560 Basel; - Ps. Rhodontracius (*L-P-S*) #4,11,13,15

Kölsch, Kurt, *10.6.1904 Kaiserslautern, †29.7.1968 Neustadt/Weinstr.; - Ps. Peter Luginsland (*E-L-P*) #3,4

Kolster, Heinrich, *28.4.1874 Altona; - Ps. Heinz Kól (*P*)

Koltermann, Johanna, *28.4.1885 Altona; - Ps. Ingeborg Lindström (*F-L-N-R*) #3,4

Kolzoff-Massalsky, Helene von, *22.1.1828 Bukarest; - Ps. Dora d'Istria (*P*) #2,4

Komenius, Daniel, *17. Jh.; - gen. Der Kämpfende/DG-L #11

Komenský, Johann Amos, *28.3.1592 Nivnitz/Mähren, †15.11.1670 Amsterdam; - auch Johann Amos Comenius; Ps. Hunno-Brodensis Moravus; Ulricus de Neufeld (*P*) #4,6, 13,15

Komorzynski, Egon Ritter von, *7.5.1878 Wien, †18.3.1963 Wien; - Ps. E. v. Kernbach (*E-P-R*) #3

Koneberg, Georg Hermann, *15.8.1837 Bedernau/Bay., †25.11.1891 Augsburg; - Ps. Georg Gärtner; Gottlieb Job (*E-J-P*) #3,4

Konegen, Dora, *7.4.1881 Wien; - Ps. Dora Hornau (*E*) #1,3,4

Könekamp, Friedrich, *15.2.1897 Offenburg/Baden, †17.5.1977 Neuwied/Rh.; - Ps. F. R. Koe (*N-P*) #3,4

Konemund, Hermann, *(1459); - Ps. Edeleut Schreiber (*L*) #4

Konfino-Drittenbass, Maria, *21.3.1919 Zürich; - Ps. Maria Drittenbass (*E-R*) #3,4

Kongehl, Michael, *19.3.1646 Kreuzburg/Ostpr., †1.11.1710 Königsberg; - gen. Prutenio/PB (*L-P-S*) #1,4,6,11,13,15

König, Anton, *24.11.1872 Ölkofen/Württ.; - Ps. Anton von Ölkofen (*L-P*) #3,4

König, Bruno Emil, *11.4.1833 Hettstädt/Sa., †17.6.1902 Leipzig; - Ps. B. E. Crole; Fürchtegott Wahrmuth (*E-L-P*) #3,4

König, Ewald August, *22.8.1833 Barmen, †9.3.1888 Köln; - Ps. Ernst Kaiser; Ernst Kayser (*E-N-R*) #1,3,4

König, Friedrich Emil, *18.9.1857 Hamburg; - Ps. E. von der Have; Karl Leoni (*L-R*) #3

König, Hans H(einz), *19.8.1912 Berlin; - Ps. Henry van Dam; Roy Gardener; Thomas Hardt (*E-F-L-R*) #3,4

König, Johann Carl, *10.3.1705 Nürnberg, †24.12.1753 Halle/S.; - Ps. Anton Faber (*P*) #4,13

König, Josef Walter, *16.2.1923 Hotzenplotz/Mähren; - Ps. Walter Grenzer (*E-P*) #3,4

König, Justus Christian Gottlieb, *22.4.1756 Nürnberg, †20.9.1789 Nürnberg; - Ps. Esaias Schellfuss; Esaias Schnellfuss (*L-P*) #1,4,11

König, Karla, *3.7.1889 Stettin, †24.4.1963 Schwerin; - Ps. Leo Alexi (*E-L-P-R-S*) #3,4

König, Käte, *19.12.1895 Hamburg; - Ps. Kaete Kongsbak (*F-L-P-R*) #3,4

König, Michael, *17. Jh.; - gen. Der Rechtmäßige/FG 759 #11

König, Natalie, geb. Hennigs, *17.11.1852 Waldenburg/Schles.; - Ps. Hans von Below; Hedwig von Below; Hermann Hennigs (*N-R*) #2,3

König, Ottilie, *4.7.1854, †Breslau; - Ps. Otto Volkert (*N-P*) #2,3

König, Rudolf, *4.10.1900 Köthen/Anhalt; - Ps. Van der Cuning (*E*) #3,4

König, Wilhelm, *18.11.1887 Berlin; - Ps. Wilm König (*P*) #3

König, Wilhelm, *27.6.1935 Tübingen; - Ps. Bantlhans (*E-L*) #3,4

König-Beyer, Walter, *22.11.1908 Reichenberg/Böhmen; - Ps. Franz Neumann (*E-P*) #3

Königsbrunn-Schaup, Franz Xaver Joseph von, *22.2.1857 Cilli/Steierm., †6.2.1916 Leipzig; - Ps. Franz Xaver Joseph von Schaup (*E-L-M-R-S*) #3,4

Königsegg, Adeline Johanna Antonie (Adda) von, *7.11.1872 Karschau/Ostpr., †12.11.1945 Güstrow/Meckl.; - Ps. H. Theden (*E-P-R*) #3,4

Königsmarck, Greve Hans Christoph von, *12.12.1605 Kötzlin b. Kyritz, †20.2.1663 Stockholm; - gen. Der Streitende/FG 515/1648 #11,12,13

Königsmark, Otto Wilhelm Graf von; - gen. Der Hochgeneigte/FG 633/1654 #11

Königsthal, Anna Elise Sophie von, verw. v. Löffelhölz-Colberg, *20.7.1775 Nürnberg; - Ps. Constanze Reinhold (*E-M*) #2,4,11

Koning, Brigitte, geb. Oberlechner, *13.10.1935 Kapfenberg; - Ps. Brigitte Koning-Oberlechner (*P-R*) #3,4

Könnecke, Erich, *21.6.1904 Hamburg; - Ps. Jakob Balhorn (*E-P*) #3,4

Könnemann, Arthur, *12.3.1861 Baden-Baden; - Ps. Rudolf Neustein (*S*) #3

Konrad, Johann, *28.12.1763 Berlin, †29.8.1825 Neisse; - Ps. J. C. W. Petiscus (*E*) #4,6

Konrad von Ebrach, * um 1300, †9.12.1399 Wien;- auch Chunradus de Ebraco (*P*) #4,15

Konrad von Gaming, *Haimburg/N.-Ö., †17.8.1360 Gaming/N.-Ö.; - auch Konrad von Haimburg (*L*) #4,13,15

Konrad von Hirsau, *um 1070; - Ps. Peregrinus (*P*) #4,15

Konrad von Hohenburg, †um 1315; - gen. Der Püller (*L*) #4,13,15,19

Konrad von Megenberg, *1309, †14.4.1374 Regensburg; - Ps. Conradus de Monte puellarum (*P*) #4,13,15

Konrad von Waldhausen, *um 1320 b. Waldhausen/O.-Ö., †8.12.1369 Prag; - Ps. Conradus de Austria (*P*) #4,15

Könritz zu Bolau, Bernhard von, *17. Jh.; - gen. Der Schleunige/FG 762 #11

Konti, Adolf, *14.8.1868 Graz; - Ps. Adolf Conty (*S*) #3

Könz, Selina, *4.8.1911 Samedan/Engadin; - auch Selina Chönz (*J-N*) #3,4,17

Konzét, Carl Hermann, *1.2.1890 Konstanz, †10.12.1960 München; - Ps. von der Nellenburg (*D-E-N-P*) #3,4

Kopal, Karl Gustav Wilhelm, *29.4.1843 Hamburg, †7.2.1917 Hamburg; - Ps. J. Doos (*L-P-R*) #3,4

Köpernik, Herma, *20.6.1944 Finsterbrunnertal; - Ps. Herma Kennel (*J*) #3,4

Köpf, Anton Otto, *9.3.1906 Füssen; - Ps. Kaokao (*E-L-R*) #4

Kophamel, Luise, *27.5.1869 Hückeswagen/Rhl.; - Ps. L. Edelhagen (*E-L-N*) #2,3,4

Kopin, Martin, *Hermannstadt, †9.8.1522 Neustadt b. Wien; - gen. Siebenburger; Ps. Martin Capinius (*P*) #4,13

Koplhuber, Theophil, *11.10.1763 Michldorf/O.-Ö., †18.7.1826 Steinhaus b. Wels/O.-Ö.; - Ps. Leopold Koplhuber (*S*) #4,11

Koplowitz, Jan, *1.12.1909 Kudowa/Schles.; - Ps. Gulliver (*D-E-F-J-L-R*) #3,4,14

Kopp, Cornelia, *9.5.1887 Freiburg/Br., †28.2.1974 Annweiler am Trifels; - Ps. Hanna Martin (*E-J-L-P*) #3,4

Kopp, Josef Eutychius, *25.4.1793 Beromünster, †25.10.1866 Luzern; - Ps. Karl Kopp (*D-P*) #1,4,11,13,15

Kopp, Werner, *16.10.1914 Vorbruch/Neum.; - Ps. Hubertus Terper (*R*) #3

Kopp, Wilhelm, *18.7.1922 Wilhelmshaven; - Ps. Ken Conagher; Davis J. Harbord (*J-P*) #3,4

Köppe, Paul, *21.10.1886 Berlin; - Ps. Paul Köppe-Weglander (*D-L*) #3

Koppelow, Jenny von, *(1896) Waldburg b. Schwerin; - Ps. Sybille von Waldheim (*P*) #2

Köppen, Edlef, *1.3.1893 Genthin b. Magdeburg, †21.2.1939 Gießen; - Ps. Joachim Felde (*E-L-P-R*) #3,4,5,8,15

Köppen, Franz, *30.6.1872 Brandenburg/Havel; - Ps. Fr. Braburg (*P*) #3

Köppen, Georg Dietlof, *12.3.1713 Prenzlau, †1749 Prenzlau; - Ps. Georg Dietlof Procopius (*L*) #4,11

Köppen, Johann; - auch Johann Coppenius; gen. Der Dritte/FG 485/1647 #11,12

Koppenburg, Ellen, geb. Steinbach, *3.10.1902 Dortmund; - Ps. Ellen Steinbach (*L-M-N-P-R*) #3,4

Koppenwallner, Liane, *17.6.1937 Teplitz-Schönau; - Ps. Liane Lorenz (*P-R*) #3,4

Koppernigk, Nikolaus, *19.2.1473 Thorn, †24.5.1543 Frauenburg/Ostpr.; - Ps. Nikolaus Copernicus; Nikolaus Coppernicus (*L-P*) #4,13,15

Koppin, Richard O., *18.7.1879 Berlin; - Ps. Johannes Werber (*D-L-P*) #3,4

Kopsch, Barbara Helena, geb. Lange, *(1684); - gen. Erone/PB; Ps. Barbara Helena Langin (*L*) #2,4,6,11

Kopsin, Lilly, *1868 Graz; - Ps. Emilie Graf (*N-P*) #2

Kopy, Johann von, *17. Jh.; - gen. Der Austilgende/FG 674 #11

Körber, Helene von, geb. v. d. Leyen, *16.3.1888 Niedeck/Westpr., †21.7.1958 Leipzig; - Ps. Helene von der Leyen; Lenka Körber (*E-P*) #3,4,14,18

Körber, Lilli, *25.2.1897 Moskau; - Ps. Agnes Muth (*L-R*) #4,9,18

Körber, Margarete, *24.1.1925 Wien; - Ps. Margarete Neuhauser-Körber (*E-J-L-P-R*) #3,4

Körbitz, Kaspar Kuno Rudolph von, *17. Jh.; - gen. Der Erlösende/FG 618 #11

Kordgien, Karl Gustav, *3.1.1838 Grünhof; - Ps. Otto Peregrinus (*P*) #3

Kordon, Hans, *13.4.1862 St.Vincenz/Kärnten; - Ps. Apostata; Gawein; Markward (*P-S*) #3,4

Kordt, Berta, *12.3.1916 München; - Ps. Irene Kordt (*J*) #3,4

Koreff, David Johann Ferdinand, *1.2.1783 Breslau, †15.5.1851 Paris; - Ps. Anthropos; Celsus (*L-S*) #1,4,11,15

Kormart, Christoph, *um 1642 Leipzig; - auch Christopherus Cormart (*D*) #4,11

Korn, Amandus, *4.10.1855 Ludwigshafen; - Ps. Dr. Libertas (*E-N*) #3,4

Korn, Arthur, *7.1.1860 Budapest; - Ps. Arthur Barde (*L-N-S*) #3

Korn, Felix, *8.8.1903 Vogelsang/Pommern; - Ps. F. W. A. Wilke (*E-P*) #3

Korn, Friedrich, *24.4.1804 Prag, †16.10.1850 Teplitz/Böhmen; - urspr. Seligmann Kohn; auch Felix Kohn; Friedrich Kohn; Ps. J. F. Angelhuber; Wenzel Czerwenka; Friedrich Nork; Spiritus Asper; Spiritus lenis; Rathbi Taib (*L-P*) #1,4,11,13

Korn, Günther, *18.7.1925 Trikala/Thessalien; - Ps. Teut Marteau (*E-F-R*) #3

Korn, Ilse, *23.7.1904 Dresden, †14.6.1975 Kleinmachnow; - Ps. Cornelia Holm (*E-F-J-S*) #3,4,17

Korn, Vilmos, *3.4.1899 Groß-Kikinda/Jugos., †6.11.1970 Kleinmachnow; - Ps. Korvil (*D-E-F-J-P*) #3,4,17

Körner, Frida, geb. Hüke, *14.11.1871 Putzig b. Danzig; - Ps. Frida Hüke (*N-P*) #1,3,4

Körner, Gustav Adolph, *20.9.1850 Leipzig; - Ps. Graner; Hardenberg; Helm; Linden (*L-P-S*) #3,4

Körner, Heinz, *1.7.1926 Marburg; - Ps. W. Möller; W. v. Rotenburg (*E-M-P-R*) #3,4

Körner, Peter Heinrich, *6.6.1879 Mönchen-Gladbach, †Köln; - Ps. Heinz Ecke (*E-P*) #3

Körner, Rudolf, *17.12.1904 Marburg/Drau, †14.4.1963 Graz; - Ps. Liberat Korn (*D-E-F-R*) #3,4

Körner, Walter, *17.8.1862 Apolda, †16.6.1926 Eisenach; - Ps. Walter Kuno (*D-E-P*) #3,4

Kornfeld, Hermann, *9.10.1840 Posen; - Ps. Samuelo (*P*) #3

Kornfeld, Theodor, *15.1.1636 Herford, †20.3.1698 Holte b. Osnabrück; - Ps. Der Kreuzduldende (*P*) #4

Korngin, Gerhard, *(14. Jh.); - Ps. Gerhard von Sterngassen (*P*) #4

Korningen, Ann Tizia, geb. Leitich, *25.1.1897 Wien, †3.9.1976 Wien; - Ps. Ann Tizia Leitich (*P-R*) #3,4,5,8,9

Kornitzer, Katharina Ottilie, *15.1.1898; - Ps. Kitty Kornitzer (*E-R*) #3,4

Kornmann, Ludwig Anton Moritz, *22.9.1757 Ingolstadt, †22.9.1817 Kumpfmühl b. Regensburg; - Ps. Freund der Volkstugenden; Rupert Kornmann (*D-P-S*) #4,11,13,15

Korodi, Lutz, *15.9.1867 Kronstadt/Siebenbürgen, †25.3.1954 Berlin; - Ps. T. Silvanus (*P*) #3,4,15

Körschner, Leander, *14.8.1866 Laibach; - Ps. Fritz Knibsch; Albert Lhoys (*E-N-P-R*) #3

Korth, Käthe, geb. Knoll, *20.11.1902 Strelitz; - Ps. Käthe Knoll (*N*) #3

Kortholt, Christian, *15.1.1633 Burg a. F., †1.4.1694 Kiel; - Ps. Theophil Sincerus (*L-P*) #4,6,11,13,15

Körting, Ethel, *6.10.1927 Schweidnitz/Schlesien; - Ps. Ethel Gröning (*R*) #3,4

Kortner, Fritz, *12.5.1892 Wien, †22.7.1970 München; - urspr. Nathan Kohn (*D-P-S*) #4,18

Kortooms, Antonius, *23.2.1916 Deurne/Niederl.; - Ps. Toon Kortooms (*E-P-R*) #3

Kortschak, Gottfried Alexander Kottowitz Edler von, *20.5.1857 Korneuburg/N.-Ö.; - Ps. Gottfried Alexander (*D-S*) #1,4

Kosanke, Dagmar, *25.2.1937 Berlin; - Ps. Dagmar Andersen (*J-P*) #3,4

Koschelu, Anna,*(1980); - Ps. Anna Barbara (*L-N-P*) #3

Kosegarten, Friederich Franz von, *1.11.1772 Grevesmühlen/Meckl., †19.12.1849 Reval; - Ps. Julius Florello; Justus Jucundus Jocosus (*D-E-L-P-R*) #1,4,6,11

Kosegarten, Gotthard Ludwig Theobul, *1.2.1758 Grevesmühlen,†26.10.1818 Greifswald; - Ps. Tellow (*D-L-P*) #1,4,5,6, 11,13,15

Kosel, Hermann Clemens, *22.11.1867 Dukelthal/Trautenau, †14.9.1954 Wien; - Ps. C. L. Armin; Armin Clementi (*L-P-R*) #3,4

Köselitz, Heinrich, *10.1.1854 Annaberg/Erzg., †15.8.1918 Annaberg/Erzg.; - Ps. Peter Gast (*L-P*) #3,4,13

Koseritz, Hans Georg von, *1611, †18.6.1669; - auch Hans Georg von Köseritz; gen. Der Entbindende/FG 434/1645 #11,12

Koseritz, Hans Jacob von, *10.3.1610, †10.4.1648 Wittenberg; - auch Köseritz; gen. Der Bindende/FG 348/ 1639 #11,12

Koskull, Josepha Benita Baronesse von, *22.6.1898 Tergeln b. Windau; - Ps. Josi von Koskull (*E-P-R*) #3,4

Koskull, Marie-Luise von, *12.4.1888 Edole/Lettland, †1974 Genf; - Ps. Leonhard Kolb (*E-J-L-P-R*) #3,4

Kosleck, Brigitte, geb. Seichter, *30.7.1923 Berlin; - Ps. Brigitte Seichter (*J*) #3

Kosler, Alois, *12.4.1872 Badewitz b. Leobschütz, †22.10.1945 Zittau; - Ps. Fink Bätzer (*D-E-M*) #1,3,4

Kospoth, Friedrich von, *17. Jh. - gen. Der Entspringende/FG 709 #11

Kospoth, Friedrich von, *5.3.1569 Schilbach b. Schleiz, †9.6.1632 Jena; - gen. Der Helfende/FG 55/1622 (*P*) #11,12,13

Kospoth, Wilhelm von, *17. Jh.; - gen. Der Zuheilende/FG 728 #11

Kospoth, William Graf, *30.3.1824 Dresden, †23.12.1903 Freienwalde/Oder; - Ps. Ottokar von Norden (*R*) #3,4

Kossak, Karl Ludwig, *12.4.1891 Klosterneuburg b. Wien, †5.11.1949 Wien; - Ps. Karl Ludwig Kossak-Raytenau (*P-R*) #3,4,7

Kossak, Margarete, *23.8.1855 Schippenbeil/Ostpr.; - Ps. O. Halwig; Rose d'Ivry; M. K.; Dolly Marriot; S. Roberts; S. Sentheim; Silvia; Sylvia; Roberto Tornow; Trilby; Rose d'Troy; X.; Agnes Zolling (*E-P-R*) #2,3,4

Kossarski, Ludwig, *25.8.1809 Bromberg, †3.11.1873 Berlin; - Ps. Ludwig Jeleni (*E-L-N-P*) #1,4

Kossert, Karl, *18.1.1914 Goch; - Ps. Carl Tresko (*L*) #3,4

Kössler-Ilg, Berta, *27.12.1880 Passau; - Ps. B. I.; Berta Ilg (*P*) #3,4

Kossmann, Herta, geb. Sellschopp, *26.5.1920 Schwerin; - Ps. Herta Sellschopp (*L-N-S*) #3,4

Koßmann, Robby, *22.11.1849 Danzig, †29.9.1907 Berlin; - Ps. K. Gedan (*D-M-P*) #3,4

Kossowsky, Alex, *6.11.1889 Königsberg; - Ps. Expertus; Korty (*F*) #3

Kosta, Oskar, *23.11.1888 Goltsch-Jenikau/Böhmen, †4.2.1973 Prag; - Ps. Peter Pont; Oskar Senski (*D-L-P*) #3,4,18

Koster, Dora, *5.6.1939 St.Gallen; - Ps. Dora (*L-P*) #3,4

Köster-Ljung, Hanna, *15.6.1913 Wismar; - Ps. Abi Menz; Franziska Osten (*J*) #3,4

Kosterlitz, Hermann, *1.5.1905 Berlin; - Ps. Henry Koster (*F-P*)

Kostetzky, Elisabeth, geb. Kottmeier, *31.7.1902 Sandowitz; - Ps. Elisabeth Kottmeier (*L-N-P*) #3

Kostia, Karl, *2.2.1832 Wien, †11.10.1907 Wien; - Ps. Costa (*E-P-R-S*) #4

Kostia, Martin, *12.10.1895 Wien; - Ps. Costa (*S*) #4

Köstler, Gisela, *10.2.1925 Graz, †7.10.1983 Seychellen; - Ps. Gill Rosenberg (*E-F-P-R*) #3,4

Köstlin, Christian Reinhold, *29.7.1813 Tübingen, †14.9.1856 Tübingen; - Ps. Carolina Reinhold; Christian Reinhold (*E-J-L*) #1,4, 13,15

Köstlin, Ernst Gottlob, *30.5.1780 Esslingen, †25.2.1824 Hamburg; - Ps. Ernst; G. K. Ernst (*P*) #4,13

Kostrowitzky, Wilhelm Apollinaris de, *26.8.1880 Rom, †9.11.1918 Paris; - Ps. Guillaume Appolinaire (*L*)

Kothe, Bernhard, *(19. Jh.); - Ps. L. Aiblinger (*P*) #3

Kotlinßky Freiherr von der Jätsch, Daniel, *17. Jh.; - gen. Der Nüchterne/FG 889 #11

Kotrba, Maria, *1.10.1895 Schmolau/Böhmen, †14.8.1979 Erlangen; - Ps. Maria Kotrba-Nickel (*L*) #3,4

Kotrba, Walter, *28.12.1924 Prag; - Ps. Wilhelm Kotrba (*L*) #3,4

Kötschau, Georg von, †1659; - auch Ketschau; gen. Der Prangende/FG 247/1634 #11,12

Kötscher, Ursula, *11.5.1905 Charlottenburg; - Ps. Ursula Bark (*E-L-M-P*) #3,4

Kottenrodt, Wilhelm, *1.3.1878 Gohlitz/Havelland, †4.9.1948 Ebnet; - Ps. Wilhelm Kotzde-Kottenrodt (*E-J-P-R*) #3,4,10,17

Köttgen, Adolf, *28.5.1777 Neviges, †15.10.1838 Langenberg; - Ps. Verf. des Lazarus von Bethanien (*L-P*) #1,4,11

Kotulla, Annemarie, *7.11.1930 Münster; - Ps. Annemarie Czaschke; Anna Zaschke (*E-F-N*) #3,4

Kotze, Stefan, *23.8.1869 Kleinorschersleben/Sa., †11.4.1909 Berlin; - Ps. Stefan Szotek (*E-P-R*) #3,4

Kotzebue, August von, *3.5.1761 Weimar, †23.3.1819 Mannheim; - Ps. Friedrich; Friedrich Germanus; Freyherr von Knigge; Traugott Friedrich Leberecht Schlegel (*D-L-N-R-S*) #1,4,5,6,11,13,14,15,17

Kotzebue, Wilhelm von, *7.3.1813 Reval, †24.10.1887 Reval; - Ps. Wilhelm Augustsohn (*D-E-P-R*) #1,3,4

Kotzian, Joseph, *4.10.1805 Wien, †10.9.1875 Wien; - Ps. Joseph Gentz (*P*) #4

Kovacs, Tibor, *1919 Budapest; - Ps. Tiberius (*F*)

Kövari, Heinrich Paul, *25.9.1904 Wien; - Ps. Heinz P. Kövari (*F-P*) #3

Kovarik, Othmar, *16.11.1871 Müglitz; - Ps. Othmar Kleinschmied (*D-L-P-S*) #3,4

Kövary, Georg, *21.2.1922 Budapest; - Ps. Eric Corda (*F-J-L-P-R-S*) #3,4

Kövesdy, Theodor, *29.6.1865 Budapest; - Ps. Audiatur; Wangenheim (*L-P*) #3

Kowarz, Wilhelm Maria, *29.7.1873 Freudenthal/Schles., †3.7.1944 Linz/Do.; - Ps. W. M. Helm (*M-N-P*) #3,4

Kowarzik, Viktor, *8.3.1904 Hochkirch b. Görlitz, †8.4.1973 Berlin; - Ps. Victor de Kowa (*E-F-L-P-R*) #3,4,15

Kraack, Renate, *24.1.1933 Narva; - Ps. Renate K. Luther (*E*) #3,4

Krabbe, Liese-Lotte, *18.5.1911 Hamburg; - Ps. Claude Flor (*L-N-P-R*) #3,4

Kracauer, Siegfried, *8.2.1889 Frankfurt/M., †26.11.1966 New York; - urspr. Krakauer; Ps. Ginster; raca (*P-R*) #3,4,8,15,18

Kracht, August, *12.12.1906 Dortmund; - Ps. August Hermanni (*E-L-N-P*) #3,4

Kracht, Dietrich Freiherr von, *27.4.1603 Brahme b. Cottbus, †26.6.1657 Schlabendorf b. Cottbus; - gen. Der Beissende/FG 233/1634 (*P*) #11,12

Kracke, Friedrich, *3.4.1893 Leipzig; - Ps. Fritz Melling (*P-R*) #3

Krackhardt, Heinrich, *8.12.1904 Berlin, †26.11.1962 Berlin; - Ps. Heinrich Hardt (*F-R-S*) #3,4

Krackowitzer, Ferdinand, *27.5.1844 Wels/O.-Ö., †20.10.1933 Linz/Do.; - Ps. Ferdinand Linzer (*E-P*) #3,4

Kraemer, Hans, *22.4.1870 Mannheim; - Ps. Demokrit; Hans Roemer (*P-R*) #3,4

Kraemer, Hermann-Josef, *10.3.1914 Trier; - Ps. Franz Maria Kraemer (*E-L-P*) #3,4

Kraemer, Max, *19.2.1874 Neubrandenburg; - Ps. Christian Höpfner (*L-P*) #3,4

Kraetke, Emmy, *2.6.1891 Karlsruhe, †24.7.1947 Berlin; - Ps. Emmy Kraetke-Rumpf (*E-F-R*) #3,4

Kraetzer, Marie, *5.9.1862 Wadenbrunn/Bay.; - Ps. M. Thalau (*N-P-R*) #3

Krafft, Edmund, *8.8.1846 Berlin; - Ps. Ed. Mund (*N-P*) #3

Krafft, Mimi, *4.7.1901 Kassel; - Ps. Hanne Hell (*L-M-P*) #3

Kraft, Frieda, *10.6.1863 Berlin; - Ps. Werner Kraft (*D*) #1,3,4

Kraft, Friedrich Wilhelm von; - gen. Der Genießliche/FG 150/1628 #11,12

Kraft, Johann Melchior, *11.6.1673 Wetzlar, †22.7.1751 Husum; - Ps. Krato (*P*) #6,13

Kraft, Leopold, *2.11.1879 Baden b. Wien; - Ps. Rudolf Schublach (*E*) #4

Kraft, Robert, *3.10.1869 Leipzig, †10.5.1916 Dresden; - Ps. Fred Barker; Frett Barkor; Dr. Baxter; Harry Drake; Graf Leo von Hagen; Knut Larsen; R. Starke; Harry Strong; Dr. Warner (*E-R*) #3,4,7,20

Kraft, Sigisbert, *7.9.1927 Bingen; - Ps. Johannes Hohenfeld (*L-P*) #3,4

Kraft-Bündgens, Käthe, *3.1.1903; - Ps. Charly Kraft (*R*) #3,4

Krag, Frieda von, *23.9.1848 Schleswig, †Kopenhagen; - Ps. F. R. Bude (*E*) #2,4

Krage, Casimir Dietrich von, *4.12.1614 Reupzig/Anh., †11.4.1667 Zerbst; - gen. Der Wohlbestehende/FG 465/1647 #11,12

Krage, Heinrich von, †8.11.1630; - auch Heinrich von Krahe; gen. Der Gemäste/FG 13/1618 #11,12

Krah, Ina, *20.7.1864 Aukamp b. Eckenförde; - Ps. J. Hark (*P-R*) #2,4

Krahner, Karl, *13.1.1902 Berlin, †11.11.1983 Berlin; - Ps. B. W. Karka (*D-E-J-L-R-S*) #3,4

Krainz, Johann, *6.9.1847 Cilli a. d. Sann, †24.4.1907 Graz; - Ps. Hans von der Sann (*P*) #3,4

Krais, Berta, *3.4.1829 Stuttgart, †6.6.1902 Stuttgart; - Ps. B. Hoffmann (*E*) #3,4

Krais, F. A., *2.4.1916 Hannover; - Ps. Jens Doorn; Jus Doorn; Jus; Paul Moritz (*R*) #3,4

Krakenhof, Heinrich von, *17. Jh.; - gen. Der Befriedigende/FG 736 #11

Kralik, Emil, *9.1.1864 Wien, †18.11.1906 Wien; - Ps. Habakuk (*P*) #4,15

Kralik Ritter von Meyrswalden, Richard, *1.10.1852 Eleonorenheim, †5.2.1934 Wien; - Ps. Roman (*D-L-P-S*) #1,3,4,5,8,15

Krall, Emma, geb. Büdinger, *14.11.1869 Zürich; - Ps. Emma Bügner (*L*) #1,3,4

Krambs-Huber, Ursula, *4.6.1929 Karlsruhe; - Ps. Ursula Krambs-Vogelsang (*L*) #3,4

Krämer, Alfons, *21.1.1865 Kleinkötz/Bay.; - Ps. Hans Tröpfle (*L-S*) #4

Kramer, Bernhard, *um 1410 Kraiburg/Inn, †17.10.1477 Herrenchiemsee; - Ps. Bernhard von Kraiburg (*P*) #4,13,15

Krämer, Eugen, *18.10.1893 Kleinsteinach/Ufr., †20.5.1958 Coburg; - Ps. Hartmuth von Franken (*L-N-P-R*) #3,4

Kramer, Gerhard, *9.10.1904 Berlin; - Ps. Robert Carpen (*P-R*) #3,4

Kramer, Hermann, *3.12.1880 Erfurt; - Ps. Hans Remark (*E-S*) #3

Krämer, Karl Emerich, *31.3.1918 Düsseldorf, †28.2.1987 Düsseldorf; - Ps. André Fourban; George Forestier; Georg Jontza; Gerhard Rustesch (*E-L-R-S*) #3,4,5,19

Krämer, Peter, *(1984); - Ps. Cal Canter; Jerry Cotton; P. T. Hooker; Cliff McCoy; Mark Powers; Peter Rudersberg; Peter Theodor; W. Todd (*P-R*) #16

Krämer, Philipp, *7.1.1890 Helsinki, †23.1.1970 Darmstadt; - Ps. Hermann Rufer; Ziemendorf (*E-J-P*) #3,4

Krämer, Rudolf, *22.12.1913 Rüdesheim; - Ps. Rudolf Krämer-Badoni (*R*) #3

Krämer, Wolfgang, *16.7.1885 St.Ingbert, †31.10.1972 Gauting b. München; - Ps. Kramse; Heinrich Märker (*N-P*) #3,4

Krämer, Wolfgang, *17.3.1942 Wuppertal; - Ps. Werner; Wolfgang Werner (*F-L-P-R*) #3

Kramer-Kiehm, Mary B., *10.2.1912 Nürnberg; - Ps. Mary Babett Kiehm (*F-J-N-R*) #3,4

Krampf, Adolfine, *(1890); - Ps. Ina Dolf (*E*) #2

Krane, Gertrud Baronin von, *29.2.1852 Mittelröhrsdorf; - Ps. G. v. Herbert (*L-N*) #2,3

Kranich, Paul, *23.8.1870 Peterswalde/Ostpr., †1947 Beuron; - Ps. Timotheus Kranich; Peter Walde (*E-L-M-P*) #3,4

Krannhals-Russel, Juga, *30.5.1897 Essen; - Ps. Juga Russel (*L-N-R*) #3,4

Krantz, Ella, *(1906); - Ps. Violet Stephanos (*N*) #4

Krantz, Paul, *25.2.1909 Berlin, †15.1.1983 Benzheim/Bergstr.; - Ps. Ernst Erich Noth (*P-R*) #3,4,5,8,18

Kranz, Gisbert, *9.2.1921 Essen; - Ps. Kris Tanzberg (*F-L-P*) #3,4

Kranz, Herbert, *4.10.1891 Nordhausen/Harz, †30.8.1973 Braunschweig; - Ps. Gert Heinz Fischer; Fridolin; Peng; Peter Pflug (*D-E-J-L-R-S*) #3,4,17

Kranzhoff, Wilhelm, *25.2.1875 Büsbach/Rhl., †um 1950 Aachen; - Ps. W. Böhmer; W. v. Büsbach; M. W. Heinrich (*D-R-S*) #1,3,4
Kränzl, Susanne, geb. Wallner, *3.3.1868 St.Leonhard i. M./O.-Ö.; - Ps. Susanne Wallner; Leonore Weismann (*E-M-N*) #3,4
Kränzlein, Kurt, *16.11.1914 Düsseldorf, †11.5.1969 Düsseldorf; - Ps. Curt Cränzlein; Curt; Jane in der Beek; Bianca Montari; C. C. in der Beek; Curt in der Beek (*F-P-R*) #3,4
Krapp, Andreas, *1542 Lüneburg, †8.1.1623 Hannover; - Ps. Andreas Crappius (*L*) #4, 13,15
Krapp, Elsbet Lotte, geb. Petsch, *24.5.1886 Ludwigshafen; - Ps. E. Petsch-Krapp (*E-F-M*) #3
Krapp, Ernst, *19.12.1906 München; - Ps. Ernest Singer (*R*) #3,4
Krapp, Lorenz, *18.12.1882 Bamberg; - Ps. Arno v. Walden (*L-P*) #3,4
Kraßberger, Sigmund, *5.2.1822 Graz, †10.3.1882 Graz; - Ps. Crassus (*P*) #1,3,4
Kratochwil, Josef, *3.5.1922 Wien; - Ps. Toddy Brett; Garry Jack; Joe Krat; Lex Lane; Gordon W. Murray (*R*) #3,4,7
Kratz, Adolph, *13.1.1850 Weimar; - Ps. Akra (*L-P*) #3
Kratz, Ernst, *1781 Neudorf b. Frankfurt/O., †2.7.1849 Frankfurt/M.; - Ps. Matthias Fidelbogen; K. Hirt; J. F. Lachtaube; E. Rabener; A. Wilde (*P-S*) #4,11
Kratzel, Robert, *28.8.1899 Dresden; - Ps. Robert Rothe (*P*) #3
Kratzwall, Egmont, *12.9.1906 St.Pölten/N.-Ö., †30.3.1959 Wien; - Ps. Hans Egmont (*E-P*) #3,4
Kratzwall, Franz, *9.10.1875 Lölling/Kärnten, †29.12.1947 Klagenfurt; - Ps. Franzlercher (*D-E-L*) #3,4
Kraus, Alexander Baron, *12.10.1853 Florenz; - Ps. F. Suarka (*L-P*) #3
Kraus, Anne, *31.3.1867 Rötz/Oberpfalz; - Ps. Sandor Barinkay; Bavarese Ann da Kla; Ilse vom See; A. v. Wilkertshausen (*L-N-P*) #1,2,3,4
Kraus, Christian, *18.1.1799 Weikersheim, †1872; - auch Krauß (*L*) #4
Kraus, Christian Jakob, *27.7.1753 Osterode/Ostpr., †25.8.1807 Königsberg; - auch Krause (*P*) #4,13,15
Kraus, Ernst, *4.11.1859 Treboratic; - Ps. K. Arnosti (*P*) #3
Kraus, Franz Xaver, *18.9.1840 Trier, †28.12.1901 San Remo; - Ps. Spectator (*P*) #3,4,15
Kraus, Georg, *14.1.1884 Bad Kissingen; - Ps. G. K. Franke (*P*) #3
Kraus, Hermann, *1.5.1927 Neustadt/Aisch; - Ps. Unita Mundi (*P*) #4
Kraus, Johann Baptist, *12.1.1700 Regensburg, †14.6.1762 Regensburg; - auch Krauss (*P*) #4,13,15
Kraus, Wolfgang, *3.8.1887 Libau/Kurland, †2.1.1952 Altenburg/Thür.; - Ps. Woga (*E-L-N-P-R*) #3,4
Krausbauer, Theodor, *1.5.1857 Kleinenbremen, †17.5.1925 Naumburg/Saale; - Ps. Odo Twiehausen (*E-L-M-P*) #3,4
Krause, Alfred, *22.7.1901 Weißbach/Böhmen; - Ps. Adalbert (*P*) #3
Krause, Benjamin, *17. Jh.; - gen. Der Verwahrende/DG-R #11
Krause, Carl Wilhelm Christian von, *13.5.1714 Bernstadt/Schles., †1772 Groß-Schönwald b. Festenberg; - auch Crause (*L-P*) #4,11
Krause, Cäsar, *28.5.1860 Dresden; - Ps. Edgar Kroneck (*E-R*) #3
Krause, Charlotte Luise von, geb. v. Fink, *3.1.1785 Neudorf b. Löwenberg/Schles., †Bunzlau/Schles.; - Ps. Charlotte Luise von Fink (*E-L*) #1,4
Krause, Ernst, *22.11.1839 Zielenzig; - Ps. Carus Sterne (*P*) #3
Krause, Evelyne, *29.12.1943 Stockteich/Schles.; - Ps. Evelyne Brandenburg (*F-J-N-P-R-S*) #3,4,7
Krause, Georg, *23.4.1858 Glogau; - Ps. Geo Silvanus (*E-N-R*) #3
Krause, Gerhard, *25.11.1905; - Ps. Esuark (*L-P*) #3
Krause, Gustav, *14.3.1848 Burgstall; - Ps. Gustav Burgthal (*P*) #3
Krause, Hedwig von, *9.9.1865 Hannover; - Ps. Hedwig von Grolmann; Hedwig Kordvahr (*E-P*) #1,4
Krause, Heike, geb. Mauch, *5.11.1966 Nonnenhorn; - Ps. Heike Mauch (*J-R*) #3,4
Krause, Helene von, *13.1.1841 Brandenburg, †14.4.1915 Ludwigslust; - Ps. C. von Hellen (*E-N-R*) #1,2,3,4
Krause, Helga, *(1985); - Ps. Hella Illing (*E-R*) #3
Krause, Jochen, *20.1.1928 Sorau; - Ps. Jochen Sorauer (*L-P*) #3
Krause, Johann Gottfried, *29.6.1685 Greußen a. d. Helbe, †25.9.1746 Dahme; - Ps. Jarcke; Johannes Jarckius; Jarke; Johannes Jarkius; Kendalirius (*L-P*) #1,4,6,13
Krause, Margit, geb. Thomale, *15.12.1928 Dresden; - Ps. Margit Thomale (*J*) #3,4
Krause, Niclas, *17. Jh.; - gen. Der Scheidende/DG-R #11
Krause, Otto Hermann, *26.3.1870 Budapest, †1910 Pomàz/Ungarn; - Ps. Nemo (*D-L*) #4
Krause, Rudolf Wilhelm, *17. Jh.; - gen. Der Bescheidene/FG 735 ; Ps. Typhus #11
Krause, Willi, *11.5.1907 Berlin; - Ps. Peter Hagen (*D-E-R*) #3,4
Krause-Kinkel, Marie, geb. Krause, *28.2. 1862 Gütersloh; - Ps. Marie Krause (*L*) #3,4
Krause-Kopsel, Anna Elisabeth, *21.11.1876 Köthen/Anhalt; - Ps. Lisa Alberti; Georgine Crispa; Anna Elisabeth Kopsel (*L-N-P*) #3,4

Krause-Seifert, Otto Joseph, *14.4.1895 Schluckenau/Böhmen; - Ps. Othmar v. d. Buchenau; Bub v. Burkhardtsberg; Fridolin Landsknecht; Hans Lichtwart; Otto Waldhauser (*E-L-N-P-S*) #3,4

Kraushaar, Karl, *24.5.1857 Hatzfeld/Banat; - Ps. Fidelius Gotthelf; Karl v. d. Heide (*E-P*) #3

Krausnick, Michail, *30.11.1943 Berlin; - Ps. Rainer Wolf (*F-J-L-P-R-S*) #3,4,7,20

Krauss, Ernst, *28.2.1872 Stammheim b. Calw, †16.5.1948 Gießen; - Ps. Erich Bruckner (*L-P*) #3

Krauß, Friedrich Salomo, *7.10.1859 Pozega, †30.5.1938 Wien; - Ps. Suljo Serhatlija; Selim Vilimov (*D-P-S*) #3,4,15

Krauß, Georg, *28.2.1872 Stammheim; - Ps. Georg Stammler (*L-P*) #3,10

Krauß, Gustav Johannes, *22.3.1864 Preßburg, †15.2.1904 Berlin; - Ps. H. Hansen; H. Hanson; Gustav Johannes Nachmann; Johannes Stavi (*N-R*) #3,4

Krauß, Hans K., *19.2.1905 Ingolstadt; - Ps. Hans Konrad; Hans K. Krauß-Abensberg (*E-L*) #3,4

Krauß, Hans Nikolaus, *26.12.1861 Neuhaus b. Eger, †20.9.1906 Berlin; - Ps. Hans Neuhauser (*E-P-R*) #3,4

Krauß, Ingeborg, geb. Menz,*24.5.1921 Knoblauch b. Magdeburg; - Ps. Ingeborg Menz (*R*) #3

Krauß, Samuel, *20.12.1877 Neudorf/Ungarn; - Ps. Sinas Craner (*P*) #3

Krautwald, Valentin, *um 1490 Neiße, †5.9.1545 Liegnitz; - Ps. Valentin Cratoaldus (*P*) #4,13,15

Krautwurm, Friderun, geb. Lange, *25.1.1926 Rostock; - Ps. Friderun Lange (*J*) #3,4

Kraze, Friederike Henriette, *5.1.1870 Krotoschin/Posen, †16.5.1936 Eisenach; - Ps. Heinz Gumprecht (*D-E-N-R*) #3,4,9

Krebs, Joseph, *15.10.1823 Düsseldorf, †23.10.1890 Köln; - Ps. Doktor Y (*P*) #4

Krebs, Karl Joseph, *22.1.1771 Albendorf/ Schles., †20.7.1808 Breslau; - Ps. Fabian Spaßvogel (*D-E-P*) #4,6,11

Krebs, Liliane, *29.7.1913 Paris; - Ps. Wied (*D*)

Krebs, Nikolaus, *1401 Kues, †11.8.1464 Todi/Umbrien; - Ps. Chrypffs; Nikolaus von Cues; Nikolaus Cusa; Nikolaus Cusanus; Nikolaus von Kues; Nikolaus Treverensis; Cancer; Chryfftz (*P*) #4,13

Krebs, Richard, *17.12.1905 b. Mainz, †1.1.1951 Maryland/USA; - Ps. Ing. Berg; G. F. Collins; Rolf Gutmund; Josef Heller; Jan Valtin (*P*) #4,18

Krebs, Rosemarie, *14.4.1914; - Ps. Rosemarie Schittenhelm (*J-P*) #3,4

Krebs, Werner, *21.11.1854 Thun/Bern, †4.4.1937 Bern; - Ps. Meister Hämmerli (*E-P*) #3,4

Kreibig, Josef Clemens, *18.12.1863 Wien, †8.11.1917 Wien; - Ps. Dr. Laurentius (*N-P*) #3,4

Kreil, Benno, *1.11.1779 Admont/Steierm., †7.3.1863 Admont/Steierm.; - Ps. Pr. Benno (*P*) #4,11

Kreiml-Baumberg, Antonie, *25.4.1858 b. Linz/Do., †15.4.1902 Wien; - Ps. A. Baumberg (*D-E-P-S*) #4

Krein, Daniela, *11.2.1897 Osterfeld b. Oberhausen, †11.12.1986 Hattingen/Ruhr; - Ps. Johannes Langenfeld (*E-J-P-R-S*) #3,4

Kreiner, Ottokar Josef, *13.9.1931 Wien; - Ps. Otto Kreiner (*F-L-N-P*) #3

Kreiner-Reichmann, Monika, *12.6.1942 Bamberg; - Ps. Monika Reichmann (*J-P*) #3

Kreis, Julius, *31.8.1891, †31.3.1933 München; - Ps. Justus Guckindluft (*E-P*) #3,4

Kreis, Philipp, *18.4.1862 Völklingen; - Ps. Arthur Sierk (*E-L*) #3

Kreis-Weber, Erna, *24.9.1899 St.Gallen; - Ps. Erna Kreis; Maria Modena (*D-L-M-N-P*) #3,4

Kreisel, Franz, *21.9.1877; - Ps. Armin; F. v. Rimini (*E-P*) #3

Kreisel, Heinrich, *14.6.1898 Würzburg, †20.9.1975 München; - Ps. R. Croixelles (*R*) #3,4

Kreiser, Konrad, *19. Jh.; - Ps. Konrad Widerholt (*P*)

Kreiser, Walter, *19. Jh.; - Ps. Heinz Jäger (*P*)

Kreiten, Wilhelm, *21.6.1847 Gangelt/Rhld., †6.6.1902 Kerkrade/Niederl.; - Ps. Egon Ipse; Phil. Wahrmuth (*L-P*) #1,3,4,15

Kreker, Erwin, *23.2.1907 Hildesheim, †8.10.1966 Wiesbaden; - Ps. Peter Paul Pogge; Georg Schneider; Raoul Verlaines (*D-F-N-S*) #3,4

Krell, Emma, geb. Werth, *2.3.1906 Stuttgart; - Ps. Emma Krell-Werth; Emma Werth (*E-L-R*) #3,4

Krell, Erna, *25.12.1907 Essen; - Ps. Erna Hintz-Vonthron (*E-L-N-P*) #3,4

Krell, Max, *24.9.1887 Hubertusburg, †11.6.1962 Florenz; - Ps. Georg Even (*E-P-R*) #3,4,8,15,18

Kremer, Eva Maria, *1.12.1928 Gelsenkirchen; - Ps. Schwester Eva-Maria (*E-J-P-R*) #3,4

Kremer, Hildegard, *16.1.1935 Krefeld; - Ps. Hike (*E-J-L-P*) #3

Kremers, Kurt, *(1965); - Ps. turi (*E*) #3

Kremnitz, Marie (Mite), *4.1.1852 Greifswald, †18.7.1916 Berlin; - Ps. George Allan; Dito und Idem (*E-J-N-P-R*) #1,3,4,9,19

Krengel-Strudthoff, Ingeborg, *8.9.1920 Berlin; - Ps. Ingeborg Strudthoff (*D-S*) #3,4

Krenn, Anton, *27.4.1893 Graz; - Ps. Kurt Aufrecht (*P*) #3

Kreowski, Ernst, *12.6.1859 Rossitten/Ostpr., †14.1.1920 Britz; - Ps. Ernst Werder (*E-L-P*) #3,4

Kress, Regine, *1.3.1943 Kiel; - Ps. Regine Kress-Fricke (*F-L-P-R-S*) #3,4

Kressig, Roland, *5.8.1931 Stein-Säckingen; - Ps. Roland Gallusser (*E-R*) #3

Kretschmann, Karl Friedrich, *4.12.1738 Zittau, †16.1.1809 Zittau; - Ps. Petronilla Madsen; Ringulph der Barde (*E-L-P-R-S*) #1,4,6, 11,13

Kretschmar, Christian Friedrich, *22.3.1794 Diebzig b. Köthen; - Ps. Friedrich Kalliodor (*L*) #4,6,11

Kretschmar, Paul, *11.7.1865 Leipzig, †29.10.1942 Innsbruck; - Ps. Paul Germarck (*D-L*) #3,4

Kretschmer, Dora Lotti, *7.10.1884 Görlitz, †22.6.1966 Garmisch-Partenkirchen; - Ps. Dora-Lotti (*E-J-L-N-R*) #1,3,4

Kretschmer, Else, *4.5.1878 Beuthen/Oberschles.; - Ps. Else Croner; Else Croner-Kretschmer (*E-J-M-P-R*) #1,4,9

Kretschmer, Hugo, *26.7.1861 Breslau, †30.5.1915 Breslau; - Ps. Gottfried Bauer (*E-P-S*) #3,4

Kretz, Mathias, *1480 Haunstetten b. Augsburg, †1543 München; - auch Cretzius; Gretz, Krätz (*P*) #4,13

Kretzer, Ada, *21.11.1887 München, †13.5.1963 Braunschweig; - Ps. Ada Kretzer-Hartl (*J-L-R*) #3,4

Kretzschmar, Alex, *30.3.1898 Zitzschewig b. Dresden; - Ps. Alex Alexander; Erich Amborn (*E-J-N-P-R*) #3,4,16

Kreuder, Ernst, *29.8.1903 Zeitz, †24.12.1972 Darmstadt; - Ps. Ernst Weymouth (*E-L-P-R*) #3,5,8,10,14

Kreuschner, Curt Rudolf, *11.11.1861 Breslau; - Ps. Rudolf Curtius; Hiller-Sternberg; Curt Rudolfi (*P*) #3

Kreuser, Johann Peter Balthasar, *4.8.1795 Köln, †18.10.1870 Köln; - Ps. Hans Wohlgemut (*L-P*) #1,4,11,13

Kreusler, Emma, *20.7.1838 Sachsenberg/Waldeck; - Ps. Waldemar Herten (*R*) #1,3,4

Kreuter, Marie-Luise, *27.12.1937 Köln; - Ps. Elling (*E-J-P*) #3,4

Kreuter-Tränkel, Margot, *23.7.1929 Kesselheim; - Ps. Margot Kreuter; Agnes Stephan; Margot Tränkel (*F-J-P-R*) #3,4

Kreutzberger, Oskar, *24.1.1862 Königsberg; - Ps. Oskar Berger (*N-P*) #3,4

Kreutzer, Catherine, *15.4.1904 Halle/S.; - Ps. Christiane Henriette; Käthe König; Catherine Leander; Käthe Metzner; Siglinde Sachsen (*F-L-N-R*) #3,4

Kreutzer, Guido, *26.8.1886 Berlin; - Ps. Hanns Reska (*N-R*) #3,4

Kreutzinger, Hans, *6.4.1894 Wien; - Ps. Hans Liebhardt-Kreutzinger (*S*) #3

Kreuzer, Ingrid, *21.3.1926 Pethau/Sa.; - Ps. Angelika Jakob (*E-L-R*) #3

Krewerth, Rainer A., *(1976); - Ps. Kornelius Koellner; Promenadus (*E-P*) #3

Krey, Bernhard, *12.6.1867 Dresden; - Ps. Bernhard Friedrich (*L-N*) #3

Kreysern, Friede, geb. Boetticher, *19.6.1862 Dresden;- Ps. Friede Boetticher (*E-L-P-R*) #3

Krezdorn, Franz, *26.7.1914 Tübingen; - Ps. Syl Dorn (*E-F-R*) #3,4

Krick, Wilhelm, *15.7.1878 Kronach/Ofr., †6.2.1972 Wiggensbach/Allgäu; - Ps. Krampus (*E-M-S*) #3

Krickeberg, Sophie Friederike, geb. Koch, *24.12.1770 Hannover, †17.5.1842 Berlin; - Ps. Euphrosyne; Sophie Friederike Koch; Karl von Krickeberg (*D-S*) #4,6,11,13

Kriebel, Friedrich, *3.8.1884 Kempen/Warthe, †4.12.1971 Dilsberg b. Heidelberg; - Ps. Mark Siling (*E-L-P*) #3,4

Krieg, Claus Werner, *19.4.1910 Shanghai; - Ps. Werner Kiessling; Just. Werner (*N-R*) #3

Krieg-Hochfelden, Edith Baronin von, *14.10.1868 Leonstein/O.-Ö., †3.12.1942 Dresden; - Ps. Edith Gräfin Salburg; Edith Freifrau von Salburg-Falkenstein (*D-E-L-M-R-S*) #1,3,4,10

Kriege, Willem, *3.5.1898 Jessenitz-Lank/Meckl.; - Ps. Karl Puls (*E-L-N-R-S*) #3,4

Krieger, Adele, geb. Schreiber, *20.4.1872 Wien, †20.2.1957 Herrliberg b. Zürich; - Ps. Adele Schreiber (*L-N-P*) #3,4,18

Krieger, Sophie, *27.6.1888; - Ps. Sophie Freiin Stjerna (*E-N-P*) #3

Kriegs-Au, Adolf Ignaz Franz Ritter von, *13.12.1819 Wien, †30.10.1884 Wien; - Ps. B. Aba (*P*) #4

Krienke, Gerhard, *7.8.1902 Thorn; - Ps. Gerhard Uhde (*D-L-N-R*) #3,4

Kriesch, Auguste von, *1859 Prag; - Ps. A. v. Lenzburg (*E-M*) #4

Krill, Hans Rudolf, *14.6.1885 Pula/Istrien, †17.11.1964 Langenlois/N.-Ö.; - Ps. Hans Reimer (*E-F-P-R*) #3,4

Krille, Otto, *5.8.1878 Börnersdorf/Sa., †31.1.1954 Zürich; - Ps. Eugen Tubandt (*D-E-J-L-P-R-S*) #3,4,8,14,17,18

Krings, Carl, *23.10.1904 Köln, †17.9.1957 Ansbach; - Ps. Olav Sölmund (*E-F-J-P*) #3,4

Krinitz, Elise, *Prag, †1896 Paris; - Ps. Camilla Selden (*P*) #2

Krisch, Rudolf, *21.2.1876 Rozdalowitz/Böhmen, †3.9.1949 Grundlsee/Steierm.; - Ps. Jeremias; Rudolf Jeremias Kreutz (*E-L-N-P-R-S*) #3,4

Kristeller, Hans, *6.8.1890 Berlin; - Ps. Werner Bastian (*L-P*) #3,4

Kristiansen, Annemarie, geb. Selinko, *1.9.1914 Wien, †28.7.1986 Kopenhagen; - Ps. Annemarie Selinko (*N-R*) #3,4,5

Kristoffers, Matthias, *17. Jh.; - gen. Der Strebende/DG-N #11

Kritzinger, Franz Adolf, *16.11.1726 Leipzig, †13.7.1793 Leipzig; - Ps. M. W. Danneil; Marot; Spaßmann; Wilhelm Tissot; Ant. Young; Eduard Young (*P*) #4,6,13

Kritzinger, Hans-Hermann, *10.6.1887 Boitzenburg b. Templin; - Ps. C. Creutzer (*P*) #3
Krizkovsky, Hugo Maria, *15.8.1905 Jungbunzlau/Böhmen; - Ps. Hugo Maria Kritz; Hugo Maria Kriz (*E-F-R*) #3,4
Kröber, Caroline, *30.7.1765 Nieder-Urff/Hessen; - Ps. Lina (*P*) #2,4,6,11
Krocker, Hans, *21.11.1872 Zeulenroda; - Ps. Krocker-Krockow; Hans Krockow (*N-P-S*) #3,4
Krockow, Joachim Ernst von, *1601, †1645 Danzig; - gen. Der Wichtige/FG 257/1635 #11,12
Kroetz, Franz Xaver, *25.2.1946 München; - Ps. Franz Landau (*D-E-F-R-S*) #3,4,5,8,10
Krog, Ida Madlen, *(1956) Reichenberg/Ö.; - Ps. Karin Kranz (*E-R-S*) #3
Krohn, Ingomar, *14.6.1920 Polle/Weser; - Ps. Peter Petrow (*L-N-S*) #3
Krohn, Paul Günter, *26.3.1929 Memel, †30.6.1979 Berlin; - Ps. Axel Paulus (*L*) #4
Krohn, Wilhelm, *16.3.1919 Hamburg; - Ps. X. Manpalti (*P*) #3,4
Krohne, Helmut, *1953 Hameln; - Ps. Peter Crohn; Jörg de Vries (*P*) #7,16
Kröhnke, Friedrich, *12.3.1956 Darmstadt; - Ps. Konni Kleymann (*L-P*) #3
Kröhnke, Margarete, geb. Kubelka, *14.9.1923 Haida/Böhmen; - Ps. Margarete Kubelka (*E-F-J-L-R*) #3,4
Kröhnke, Otto, *29.4.1871 Capiapo; - Ps. O. Titus (*P*) #3
Kroll, Adolf, *2.1.1880 Brodowin b. Angermünde, †5.10.1969 Schönau/Schwarzw.; - Ps. Atta Troll; A. Th. Warner (*L-N-P*) #3,4
Krollpfeiffer, Hannelore, *12.8.1924 Berlin; - Ps. Hannelore Holtz (*E-J-R*) #3,4
Krolow, Karl, *11.3.1915 Hannover; - Ps. Karol Kröpcke (*E-F-L-P*) #3,4,5,8,10,14
Krome, Hermann, *27.5.1888 Berlin, †22.7.1955 Baden-Baden; - Ps. Fred Ralph (*F-L-S*) #3,4
Kromer, Martin, *um 1512 Biecz/Krakau, †23.3.1589 Heilsberg; - auch Cromer (*P*) #4
Kronberger-Frentzen, Hanna, *2.3.1887 Köln; - Ps. Corona Berg; Hanna Frentzen (*E-P*) #3,4
Krone, Pauline, geb. Wörner, *7.12.1859 Gnibel b. Tübingen; - Ps. Pauline Wörner (*E-P*) #3,4
Kronenberg, Moritz, *3.4.1865 Vlotho; - Ps. Montanus; Philalethes (*P*) #3,4
Krones Ritter von Marchland, Franz, *19.11.1835 Schles.-Ostrau, †17.10.1902 Graz; - Ps. Frank (*P*) #3,4
Kronfeld, Ernst Moritz, *3.6.1865 Lemberg, †16.3.1942 Wien; - Ps. Austro-Hungaricus; M. Couronne (*L-P*) #3,4
Kröning, Hans W., *28.5.1897 Stettin; - Ps. Will Anders; Hans Bessert (*P*) #3
Krönke, Adolf, *(1935) Hamburg; - Ps. A. P. Thumann (*F-S*) #3
Kropf, Johannes, *5.2.1898 Wednig b. Trebsen/Sa.; - Ps. Hans Gaudy; Johannes Struma (*E-F-J-L-R*) #3,4
Kroph, Christoph von, *17. Jh.; - gen. Der Zuschließende/FG 656 #11
Kropsch, Otto Th., *6.2.1899 Wien; - Ps. O. Th. Cadan (*E-P*) #3,4
Krosigk, Adolph Wilhelm Freiherr von, †1665; - gen. Der Zerstöbernde/FG 248/1634 #11,12
Krosigk, Albrecht Christoph von, *5.12.1576, †1638; - gen. Der Wohlbekommende/FG 7/1617 #11,12,13
Krosigk, Bernhard von, *13.4.1582, †8.11.1620 b. Prag; - gen. Der Reinliche/FG 8/1617 #11,12,13
Krosigk, Ernestine von, *21.10.1767 Berlin, †10.5.1843 Berlin; - Ps. Emma; Ernestine K. (*E-L-P*) #1,4,6,11
Krosigk, Gebhard Friedrich von, *12.4.1579, †18.1.1630 Hohenerxleben/Anh.; - gen. Der Wohlbedeckte/FG 81/1623 #11,12
Krosigk, Heinrich Philibert von, †1642; - gen. Der Mäßigende/FG 341/1639 (*P*) #11,12
Krosigk, Ludolph Lorenz von, *17. Jh.; - gen. Der Erlabende/FG 607 #11
Krosigk, Matthias von, *15.2.1616 Hohenerxleben b. Bernburg/Saale, †17.10.1697 Merbitz; - gen. Der Verbesserte/FG 522/1649 #11,12
Krosigk, Vollrad Ludolph von, *24.4.1620 Beesen, †28.1.1671 Beesen; - gen. Der Liebe/FG 452/1646 #11,12
Krosigk, Vollrad von, *20.3.1612 Merbitz b. Halle/S., †12.1.1660 Rathmannsdorf b. Bernburg/S.; - gen. Der Nötige/FG 514/1648
Krötz, Robert, *23.8.1913 Borken/Westf.; - Ps. Robert Konrad (*N-P*) #3,4
Krotz, Werner, *30.11.1941 Wien; - Ps. Werner Döbling (*D-L*) #3
Krticzka von Jaden, Hans Freiherr, *26.11.1866 Wien, †7.9.1948 Wien; - Ps. Hans von der Jahde (*D-P*) #1,3,4
Krück, Theodora Maria Josepha, *8.10.1896 Innsbruck, †7.1.1968 Stuttgart; - Ps. Th. M. J. Krück von Poturzyn; Roxane Troeltsch (*E-P*) #3,4
Krüdener, Juliane Barbara, *21.11.1764 Riga, †24.12.1824 Karasubasar/Krim; - Ps. Valerie (*P-R*) #4,11,13
Krueger, Albert, *25.5.1862 Walterkehmen b. Gumbinnen; - Ps. A. H.; Albertine G. Krüger; Albert Rosinskow (*E-N-R*) #4
Krueger, Werner, *17.9.1901 Thorn/Westpr.; - Ps. Werner de Coti (*E-L-N-P-R*) #3,4
Krüer, Heinrich Wilhelm, *7.12.1835 Uchte, †1896 Minden; - Ps. Wilibald Skett (*D-L-P-R*) #1,3,4
Kruezmann, Georg, *29.12.1903 Osnabrück, †29.9.1985 Osnabrück; - Ps. Georg; Alwin Kreutzenberg (*E-L-R*) #3,4
Krug, Anne Charlotte, *1806 Leipzig, †3.5.1877 Dresden;- Ps. Charlotte K. (*J-S*) #4

Krug, Carl, *5.6.1861 Berlin; - Ps. Carl Niebuhr (*D-P*) #3,4

Krug, Franz, *(1984); - Ps. Jack Morton (*R*) #16

Krug, Maria, *16.10.1855 Trier, †15.5.1929 Mainz; - Ps. Alinda Jacoby (*J-L-P-R*) #1,3,4

Krug, Traugott, *(1816); - Ps. Freund Kantharos (*P*) #11

Krug von Nidda, Roland, *20.8.1895 Dresden, †4.5.1968 München; - Ps. Ray Castres (*F-N-P-R*) #3,4

Krüger, Alf, *21.10.1900 Neustrelitz; - Ps. Günther zum Stein (*L-N-P*) #3,4

Krüger, Bartholomäus, *um 1540 Sperenberg/Mark, †Trebbin; - Ps. Hans Clauert (*L-S*) #4,5,11,13

Krüger, Bruno, *4.2.1900 Hamburg; - Ps. B. W. Coster; Rick Harrington (*R*) #3

Krüger, Dagmar, geb. Brandt, *2.12.1882 Libau, †23.10.1953 La Spezia/Italien; - Ps. Dagmar Brandt (*P-R*) #3,4

Krüger, Fritz, *19.5.1920 Hannover, †27.7.1971 Wiesbaden; - Ps. Percy Flàge (*P-R*) #3,4

Krüger, Hans, *8.6.1889 Rostock; - Ps. Hans Krüger-Welf (*F-N-P-R*) #3,4

Krüger, Harry, *21.12.1901 Barth/Pommern, †2.10.1985 Widdersberg/Obb.; - Ps. Stephan Andreas; Harry Krüger-York (*E-F-R-S*) #3,4

Krüger, Heinrich, *1878 Schönberg/Meckl.; - Ps. Thies Ruge (*E-S*) #4

Krüger, Helene, *11.6.1861 Stettin; - Ps. Spes. (*E-J-L-R*) #2,4

Krüger, Hermann, *24.2.1882 Drebkau; - Ps. Krüger-Westend (*P*) #3,4

Krüger, Hermann Anders, *11.8.1871 Dorpat/Estland, †10.12.1945 Neudietendorf/Thüringen; - Ps. Hans Nord; Caligula Quitte (*D-E-L-P-R-S*) #3,4,5,15

Krüger, Hildegard, *9.11.1893; - Ps. Hildegard von Mauderode (*J*) #3

Krüger, Johann, *17.11.1810 Altona, †15.9.1881 Hamburg; - Ps. Freimund Volkmann (*E-N-P-S*) #1,4

Krüger, Johann Gottlob, *15.6.1715 Halle/S., †6.10.1759 Braunschweig; - Ps. Faustinus (*L-P*) #4,11,13

Krüger, Johann Konrad, *17. Jh.; - gen. Der Schenkende/DG-R #11

Krüger, Marta, *31.1.1898 Berlin; - Ps. Lore Weth (*F-R*) #3,4

Krüger, Richard, *27.9.1907 Stettin; - Ps. Ulfert Beern (*E-R*) #3

Krüginger, Johann, *1521 Joachimsthal, †27.12.1571 Marienberg/Erzg.; - auch Criginger; Crigingerus; Crigingius; Kriegengerus; Krieger; Kriegner; Kringerius; Krüger (*P-S*) #4,11,13,15

Kruhm, August, *26.8.1892 Frankfurt/M.; - Ps. Landgraf (*F-L-P*) #3,4

Kruhöffer, Clara, *26.1.1871 Hagen; - Ps. Clara Hagen (*E-J*) #2,4

Krumm-Heller, Arnold, *15.4.1876 Salchendorf b. Siegen, †19.5.1949 Marburg; - Ps. Arnoldo Krumm-Heller (*R*) #16

Krummacher, Friedrich Wilhelm, *28.1.1796 Mörs/Rh., †10.12.1868 Potsdam; - Ps. Alethophilus (*L-P*) #1,4,11,13

Krunke, Hans-Werner, *26.1.1941 Dortmund; - Ps. Frank Dohl (*F-P-R*) #3

Krupski, Ladislaus, *25.2.1882 Vernaz/Savoyen, †24.5.1947 Zumikon/Zürich; - Ps. Hans In der Gand (*L-P*) #4

Kruse, Georg, *13.10.1830 Neustrelitz; - Ps. Georg Krüsemann; F. Silesius (*D*) #1,3,4

Kruse, Heinrich, *26.5.1894 Brokdorf/Elbe; - Ps. Hein Kruse (*R*) #3,4

Kruse, Max, *19.11.1921 Bad Kösen; - Ps. Katharina Simon (*D-F-J-L-N-R*) #3,4,7,17

Kruse, Werner, *14.12.1910 Reichenbrand; - Ps. Robinson (*F-J-P*) #3,4

Kruse, Wolfgang, *23.8.1924 Berlin; - Ps. Friedrich Wilhelm Lehmann (*P*) #3,4

Krüsike, Paul Georg, *17. Jh.; - gen. Der Tragende/DG-N #11

Krüss, James, *31.5.1926 Helgoland; - Ps. Markus Polder; Felix Ritter (*E-F-J-L-P*) #3,4,5,8,17

Krutoff, Leo, *14.6.1909 Berlin; - Ps. Peter Dagen (*E-P-R*) #3,4

Krutter, Franz, *5.8.1807 Solothurn, †15.11.1873 Solothurn; - Ps. Valentin Namenlos (*D-L*) #1,4,13

Kruzik, Anton, *21.12.1867 Oppatau/Mähren, †8.6.1929 Thurn; - Ps. Anton Kruß (*E-S*) #4

Kubasch; Johanne Elisabeth, geb. Gregorius, *29.9.1765 Lauban/Schlesien; - Ps. Johanne Elisabeth Gregorius (*L*) #1

Kubasch, Maria, *7.3.1890 Quoos b. Bautzen, †13.4.1976 Quoos b. Bautzen; - Ps. Marja Brezanek (*F-N-R*) #3,4,14

Kübel, Robert, *(19. Jh.); - Ps. Der Sorgenvolle (*P*) #3

Kuberzig, Kurt, *8.8.1912 Hamburg, †7.8.1971 Hamburg; - Ps. Curt Coubert (*E-N-P-R*) #3,4,17

Kubiak, Hanns-Karl, *14.4.1915 Berlin, †1981; - Ps. Hanns Kuby (*F-N-R*) #3

Kubiak, Michael, *1948; - Ps. Jerry Cotton; Brian Elliot; Robert Lamont; Frank N. Stein (*E-P*) #16

Kubie, Wilhelm, *19.12.1890 Wien, †11.6.1948 Altaussee; - Ps. Willy Ortmann (*R-S*) #3,4

Kubitza, Heinz, *(1957); - Ps. Heinz Kubitz (*J*) #3

Kübler, Bertha Mina Frida, geb. Weber, *13.8.1901; - Ps. Bertha Mina Frida Weber (*M*) #3

Kübler, Lene, *7.1.1900 Stuttgart; - Ps. Elka Erbe (*F-J-N-P*) #3,4

Kübler, Otto, *22.4.1904 Gunung Sitoli/Indonesien, †16.5.1967 Bagdad/Irak; - Ps. Kübler-Sütterlin (*F-L-P*) #3,4

Kubsch, Hugo, *7.3.1885 Berlin, †25.2.1952 Bischofswiesen/Obb.; - Ps. Hugo von der Gass (*E-F-R*) #3,4

Kuby, Erich, *28.6.1910 Baden-Baden; - Ps. Alexander Parlach (*F-J-P-R*) #3,4,5,8,14

Küchelbecker, Friedrich Christian Heinrich, †7.1.1814 Torgau; - Ps. Der Pastor Ehrenreich (*P*) #4,11

Küchenmeister, Karl, *1.4.1864 Offenbach; - Ps. Kaberlin (*D-P*) #3,4

Kuchinke-Bach, Anneliese, *3.8.1919 Wiesbaden; - Ps. Anneliese Bach (*L-P*) #4

Kuchler, Franz, *1912 Deggendorf; - Ps. F. W. Castellus (*P*)

Küchler, Manfred, *26.4.1931 Ziegenrück/Saale; - Ps. Manfred G. Abel (*J-P-R*) #3,4

Kuckhoff, Elisabeth Ilse, geb. Czech, *27.1.1908 Tichau b. Pless; - Ps. Ilse Czech-Kuckhoff; Ilse Paul-Czech (*E-F-N-R-S*) #3,4

Kuczinski, Jürgen, *17.9.1904 Elberfeld; - Ps. Peter Forster; Peter Förster; Pierre Olivier; James Turner (*P*) #4,18

Kuczynski, Ursula, *15.5.1907 Berlin; - Ps. Ursula Beurton; Ruth Werner (*E-J-R*) #3,8, 14,17

Kuen, Michael, *9.2.1709 Weissenhorn/Ö., †10.1.1765 Ulm; - Ps. Eusebius Engelhard; Adolph de Kempis; Michael abbas III; Michael Praepositus Wengensis Ulmae (*P*) #4,6,13

Kues, Ludwig Arnold, *26.6.1857 Rostock; - Ps. L. A. Cusanus (*E-N*) #3,4

Kuffner, Christoph Johann Anton, *28.6.1780 Wien, †7.11.1846 Wien; - Ps. E. H. Kosegarte (*D-L-P-R*) #1,4,11,13,15

Küffner, Friedrich Gabriel Georg, *7.1.1774 Schwerin, †23.12.1853 Gnoien b. Schwerin; - Ps. Philopatros (*L-P*) #4,6,11

Kufstein, Georg Adam Graf von, *1605 Schloß Greilenstein/N.-Ö., †10.9.1656 Wien; - gen. Der Kunstliebende/FG 540/1651 (*P*) #11

Kugelmüller-von Tessin, Brigitte, *29.8.1917 Stuttgart; - Ps. Brigitte von Tessin (*N-R*) #3,4

Kügler, Dietmar, *4.6.1951 Dolberg/Westf.; - Ps. Ken Adams; John Benteen; Ward Bross; Steve Cooper; Tom Frisco; John Gilmoor; John Gray; Don Green; John Grey; Stephan Hamberg; Steve Hamberg; Jack Slade; Alexander Stevenson (*J-P-R*) #3,16

Kugler, Franz Theodor, *19.1.1808 Stettin, †18.3.1858 Berlin; - Ps. F. Th. Erbin; Franz Theodor Erwin (*L-N-P*) #1,4,5,13,15

Kuh, Anton, *12.7.1891 Wien, †18.1.1941 New York; - Ps. Anton; Anton Yorick (*P*) #4,5,8,15,18

Kuhbier, Heinz, *25.5.1905 Duisburg; - Ps. Heinz Coubier; Heinz Legrende (*D-F-N-P-R*) #3,4,5

Kuhbier, Marianne, geb. Langewiesche, *16.11.1908 Irschenhausen b. München, †4.9.1979 München; - Ps. Marianne Langewiesche (*E-F-L-N-R*) #3,4,5,10,15

Kühl, Barbara, *28.11.1939 Heydebreck b. Cosel; - Ps. Barbara von Stärk (*E-F-J-L*) #3

Kühl, Sigrid, geb. Stahlmann, *24.1.1931 Berlin; - Ps. Stahlmann (*P*) #3

Kühl, Timotheus, *1756 Hamburg, †Philadelphia; - Ps. Jeremias Naseweis (*E-J-P-S*) #4

Kuhlemann, Peter, *16.3.1913 Nordhausen; - Ps. Peter von Aukamp; Ekke Nekkepen; Peter Nordhäuser (*E-F-J-L-P*) #3,4

Kuhlenbeck, Ludwig, *25.4.1857 Osnabrück, †13.5.1920 Jena; - Ps. Christian Behre; Rudolf Landseck; Wilhelm Ludwig (*L-P*) #3,4

Kuhlgatz, Oskar, *7.10.1886 Bückeburg; - Ps. Moritz Wieprecht (*E-L-P-R*) #3,4

Kuhlmann, Quirinus, *25.2.1651 Breslau, †4.10.1689 Moskau; - Ps. Quirinus Culmanus; Jesualita; Salomon à Kaiserstein; Ludovicus Ludovici; Cyrus Refrigeratorius (*L-P*) #1,4,5,6,11,13,14,15

Kuhlmey, Dorothea, *25.12.1919 Saarbrücken; - Ps. Thea Brecht (*F-S*) #3

Kuhlmey, Jochen, *14.9.1912 Hinrichshagenhof b. Greifswald, †11.9.1973 München; - Ps. Jochen Junker; Hans Tamow (*F-R-S*) #3,4

Kuhlmeyer, Georg, *29.3.1894 Stettin; - Ps. Philipp Zwerg (*L-P*) #3,4

Kuhn, August, *30.12.1784 Eckartsberga, †6.8.1829 Berlin; - Ps. Filaleth (*E-N-P-R*) #1,4,11

Kühn, Auguste Sophie, *1795 Joachimsthal, †Berlin; - Ps. Auguste; C. Novis (*J-L-P*) #1,4,13

Kühn, Erich Paul Robert, *6.8.1892 Zillertal; - Ps. E. P. Robert (*D-F-N-R*) #3

Kühn, Erika, *16.7.1903 Hamburg; - Ps. Erika Böttcher (*D-E-L-M*) #3,4

Kühn, Friederike Henriette, *11.6.1779 Oschatz, †8.6.1803 Leipzig; - Ps. Fioraventi (*E-R*) #1,2,4,6

Kühn, Heinz, *18.2.1912 Köln, †12.3.1992 Köln; - Ps. Audax (*P*) #4,18

Kuhn, Hermann Nikolaus, *18.2.1834 Bliesransbach/Rh., †16.3.1905 Paris; - Ps. Friedrich Herrmann (*P*) #3,4

Kuhn, Karl, *2.11.1875 Murrhardt b. Backnang; - Ps. Gottlieb Erbarmen (*P*) #3

Kuhn, Kurt, *1.8.1885 Dresden, †5.7.1964 Bremen; - Ps. Ch. von Cossel (*P*) #3

Kühn, Louise Valerie, *10.3.1841 Gnadenfeld/Oberschles.; - Ps. Kamilla Stötzer (*P*) #2,3

Kühn, Wilhelm, *21.11.1865 Celle; - Ps. Odo Bäumert (*P*) #3

Kühn-Seckler, Frauke, *9.1.1953 Kiel; - Ps. Frauke Kühn (*E-F-R*) #3

Kühne, August, *29.11.1829 Herford, †16.4.1883 Wiesbaden; - Ps. Johannes von Dewall (*E-N-R*) #1,3,4

Kühne, Christian Friedrich Gottlob, *1768, †13.6.1813 Wittenberg; - Ps. Gottfried Schilling; X.Y.Z. (*D-E-L-P-R*) #4,11

Kühne, Gerda, *7.5.1875 Schönau/Ö.; - Ps. Tilde Donawell (*L-R*) #3,4

Kühne, Julie, *9.5.1837 Stettin; - Ps. Diewenow; Friedrich Masche; Thure (*D-L-P*) #1,3,4

Kühne, Norbert, *23.6.1941 Magdeburg; - Ps. Léon Dries; Ossip Ottersleben (*E-L-P-R*) #3,4

Kühne, Walther Ernst Ferdinand, *17.5.1890 Bremen; - Ps. Audax; Audi (*D-E-L-P-R*) #3,4

Kühnel, Joseph Carl, *14.1.1857 Warnsdorf; - Ps. Mandauer (*E-L*) #4

Kühnelt-Leddihn, Erik Maria Ritter von, *31.7.1909 Tobelbad/Steierm.; - Ps. Francis Stuart Campbell; Chester Frederik O'Leary; Tomislav Vitezovic (*P-R*) #3,4,18

Kühner, Christine, geb. Emde, *10.12.1921 Schmillinghausen/Waldeck; - früher Christine Brückner (*D-E-F-J-P-R*) #3,4,5,8,10

Kühner, Elise, *26.2.1808 Hamburg, †5.11.1907 Hamburg; - Ps. Elise Averdieck (*E-P*) #3,4

Kuhner, Herbert, *29.3.1935 Wien; - Ps. Frederick Hunt (*F-L-R-S*) #3,4

Kuhnert, Jörg, *(1984); - Ps. John Barrymore; Ron Devil; Mike Shadow; H. P. Usher (*P*) #16

Kühnert-Schostack, Renate, *10.1.1938 Pforzheim; - Ps. Renate Schostack (*E-P-R*) #3,4

Kuhnhardt, Ferdinand, *28.8.1865 Leipzig; - Ps. D. Schüßler (*E-P*) #3

Kuhno, Julius, *22.10.1814 Berlin; - Ps. Leo Wilden (*L-P*) #1,3,4

Kuhtz, Heinz Alfred, *21.4.1907 Memel; - Ps. Heinz Gerhard (*R*) #3

Kujawa, Johannes Tobias, *25.7.1840 Erfurt, †2.4.1900 Magdeburg; - Ps. Bruder Ferdinand; Boguslaw Graf Grimmenstein; Richard Wanderer (*E-S*) #3,4

Kuk, Wladimir, *7.2.1855 Pula/Istrien, †28.9.1925 Wien; - Ps. Erwin Ostmann (*L-N-P*) #3,4

Kukofka, Olga, *27.1.1918 Augsburg; - Ps. Olk Maria Kukofka (*E-J*) #3,4

Kukol, Louis, *5.10.1877 Roessel; - Ps. C. G. Elka (*N-P*) #3

Kukula, Oswald, *18.12.1903 Wien; - Ps. Ralph Gerson; Oswald Heydenhauss; Walter Kukula (*E-J-R*) #3,4

Kulka, Robert, *29.7.1850 Prag; - Ps. Robert Thalberg (*P*) #3

Kullak-Brückbauer, Helga, *30.4.1943 Stuttgart; - Ps. Helga Brückbauer (*J-L-M-N-P-R*) #3

Kullmann-von Kress, Clotilde, *13.11.1906 München; - Ps. Irene Kullmann von Kress (*F-N-P-R*) #3,4

Kulpis, Johann Georg von, *19.12.1652 Alsfeld, †2.9.1698 Stuttgart; - Ps. Conradus Sincerus; Johann Peter Sulpitius (*P*) #6,13

Kümmel, Bernhard Christian, *1755, †6.7.1836 Urach b. Sondershausen; - Ps. Bernhard der Fünfziger (*P*) #4,11

Kummer, Friedrich, *13.10.1906 Utrecht; - Ps. Diogenes; Karl Gotthelf; Rumpelstilzchen (*N-P*) #3,4

Kummer, Fritz, *1.6.1875 Albrechts/Thür.; - Ps. Chagrin (*P*) #3

Kummer-Burri, Ruth, *16.11.1930 Eriswil/Schweiz; - Ps. Ruth Burri (*S*) #3

Kümmerlen, Julius Heinrich, *19.3.1872 Möckmühl; - Ps. Heinrich Bochterle (*P*) #3

Kummert, Wolfgang, *21.5.1924 Stralsund; - Ps. Simon Ruge (*F-J*) #3,4

Kumming, Waldemar, *1942; - Ps. Munro R. Upton (*P-R*) #16

Kumpf, Johann Gottfried, *9.12.1781 Klagenfurt, †21.2.1862 Klagenfurt; - Ps. Ermin (*L-P*) #4,11

Kümpfel-Schliekmann, Ilse, *16.4.1926 München; - Ps. Ponkie (*P*) #3

Kumpmann, Karl, *1883; - Ps. Heinrich Nelson (*E-P*) #16

Kunde, Anne-Marie, *27.9.1871 Graz, †um 1952 Dresden; - Ps. Anne-Marie Grazia (*N-R*) #3,4

Kunde, Johannes, *16.1.1877 Dresden, †18.10.1943 Bad Schandau; - Ps. Hans Kürenberg (*E-N-P*) #3

Kundegraber, Michael, *16.9.1844 Grafendorf/Steierm., †8.3.1887 Modriach/Steierm.; - Ps. A. Fichtenhain (*L*) #4

Kundmann, Johann Christian, *26.10.1684 Breslau, †11.5.1751 Breslau; - Ps. Epimenides (*P*) #4

Küng, A. August, *9.8.1857 Steffisburg b. Bern, †1883 Steffisburg b. Bern; - Ps. Gotthold Roman (*E-L-P*) #1,4

Künigl-Ehrenburg, Ilka Gräfin, *19.11.1881 Marburg/Steierm.; - Ps. J. v. Michaelsburg (*E-N-P-R*) #3,4

Kunkel, Klaus, *(1984); - Ps. Jerry Cotton (*R*) #16

Kunowitz, Hans Dietrich von, *23.2.1624 Stade, †16.11.1700 Kassel; - gen. Der Vollziehende/FG 660/1656 (*P*) #6,11

Kunowski, Johannes von, *5.11.1899 Dresden, †8.7.1956 Berlin; - Ps. Hanns von Kunow (*E-P-R*) #3,4

Kunstmann, Emil, *1.11.1889 Berlin, †7.8.1960 Düsseldorf; - Ps. Dr. Allos; Roland-Roland (*L-P*) #3,4

Kunter, Erich, *29.1.1898 Barmen; - Ps. Erich Maria Brunner; Kundt (*E-L-P-R*) #3,4

Kuntz, Hildegard, geb. Behrend, *8.12.1892 Leipzig, †21.1.1971 Neuruppin; - Ps. Hildegard Behrend; Hildegard Kuntz-Behrend (*P-S*) #3,4

Kuntz, Paul, *17 Jh.; - gen. Der Wärkliche/DG-N #11

Kuntz, Wilhelm, *19.1.1872 Schwarzhausen/Thür.; - Ps. Robinson (*N-P*) #3

Kuntze, Oskar, *30.11.1827 Grimma, †7.11.1911 Plauen/Vogtland; - Ps. Oskar Sentina (*L-P*) #3,4

Kuntze, Sven, *1942; - Ps. Fritz Nutzke (*R*)
Kunz, Carl Friedrich, *19.7.1785 Zerbst/Anh., †27.1.1849 Bamberg; - Ps. Z. Funck (*L-P*) #4,15
Kunz, Ernst-Adolf, *19.9.1923 Gelsenkirchen; - Ps. Philipp Wiebe (*E-F-R*) #3
Kunz, Hermann, *3.4.1846 Prag; - Ps. Hermann Kuno (*N-P-S*) #4
Kunz, Reinhard, *2.6.1931 Altharzdorf/Böhmen; - Ps. Kunz Trüben (*E-N-P-R*) #3
Kunz-Frömel, Margarete, *28.2.1909 Deutsch-Krone; - Ps. Margarete Friebelung (*D-E-F-L-N-P-R*) #3,4
Kunze, Otto, *23.9.1885 Zwickau/Sa., †5.9.1929 München; - Ps. Otto Sachse (*E-L-P*) #3,4
Kunze, Rolf, *13.5.1902 Leipzig; - Ps. Rolf Avena; John Forster; Rolf Haka (*F-N-R*) #3
Künzel, Helga, *12.2.1932 Weitnau/Allg.; - Ps. Olga Neigemont (*P*) #3,4
Künzell, Berta, geb. Schmidt, *16.8.1899 Leipzig; - Ps. Berta Schmidt-Eller (*E-F-J-R*) #3,4
Kunzendorf, Franz, *28.7.1883 Berlin, †15.1.1968 Berlin; - Ps. Frakun; Franze aus Berlin; Kunz Franzendorf; Franz Zehlen (*E-L-P*) #3,4
Künzer, Gustav, *22.6.1826 Neiße, †1859 Halle/S.; - Ps. K. Gruenz (*R*) #4
Künzli, Martin, *7.4.1709 Winterthur, †29.10.1765 Winterthur; - Ps. Magister Kinderlieb (*P*) #4
Künzli-Lindenmayer, Marie-Louise, *18.4.1943 Olten/Schweiz; - Ps. Marie Louise Lindenmayer (*L*) #3
Kuo, Xing-hu, *12.5.1938 Jakarta/Indon.; - Ps. O. W. Rot; Simon Tykve (*E-P*) #3,4
Kuoni, Jakob, *6.11.1850 Marienfeld/Graubünden; - Ps. Zach. Wunderli (*D-E-L*) #3,4
Kupfer, Edgar, *24.4.1906 Koberwitz; - Ps. Edgar Kupfer-Koberwitz (*L-P-R*) #3,4,18
Kupfer, Martha, *1.9.1875 Köthen/Anhalt; - Ps. Max Mar (*S*) #4
Kupferschmidt, Hieronymus, *16. Jh. Schleswig, †ebda.; - Ps. Hieronymus Cypraeus (*L-P*) #4
Kupferschmidt, Paul, *16.4.1536 Schleswig, †2.6.1609 Schleswig; - auch Koppersmit; Ps. Paul Cypraeus (*P*) #4,11
Kupffer, Elisario, *20.2.1872 Sophiental/Estl.; - Ps. Elisarion (*D-E-L-P*) #3,4
Kupffer, Hugo von, *7.1.1853 Petersburg, †1928 Berlin; - Ps. G. H. Preuff; K. H. Preuff; Herbert Prinz (*P*) #3,4
Küppers, Gustav Adolf, *21.5.1894 Krefeld, †30.6.1978 Müden b. Celle; - Ps. G. A. Küppers-Sonnenberg (*E-F-L-P*) #3,4
Küppers, Leonhard, *26.4.1903 Kückhoven b. Aachen; - Ps. Ulrich Amfaldern (*E-P*) #3,4
Kürbis, Ludwig Adolf Rudolf, *16.8.1829 Müllrose b. Frankfurt/O.; - Ps. Rudolf Wellnau (*D-L-R*) #1,3,4
Kürbisch, Fridrich G., *26.1.1915 Marburg/Drau, †4.3.1985 Graz; - Ps. Felix Kreyss (*P*) #3
Kurella, Alfred, *2.5.1895 Brieg/Schlesien, †12.6.1975 Berlin; - Ps. Alfred Bernard; Alfred Bernhard; Viktor Rörig; Bernhard Ziegler (*E-P-R*) #3,4,5,8,14,15,18
Kurfürst, Richard, *17.12.1909 Wien; - Ps. Richard West (*N-P*) #3,4
Kurmann, Hans, *4.5.1901 Luzern; - Ps. Goggerhans (*L-P*) #4
Kurowski, Franz, *17.11.1923 Dortmund; - Ps. Karl Alman; Heinrich H. Bernig; Rüdiger Greif; Franz K. Kaufmann; Volkmar Kühn; Jason Meeker; Gloria Mellina; Joh. Schulz (*E-F-J-P-R*) #3,4,7,17
Kurr, Marie, *29.11.1856 Buchsweiler/Elsaß, †30.4.1924 Bad Liebenzell; - Ps. Marie Hart (*E-L-N-R*) #4
Kurrath, Winfried, *8.2.1939 Castrop-Rauxel; - Ps. Roman Krill; Wiku (*E-F-P*) #3
Kürschner, Konrad, *8.1.1478 Rufach/Elsaß, †6.4.1556 Zürich; - Ps. Konrad Pellikan (*P*) #4,13
Kurth, Hanns, *14.5.1904 Heimbach-Schleiden, †1976; - Ps. Friedr. Burghardt; Jean Baptiste Delacour; Manfred J. Delacour; Helmut Felmer; Greta Gaberg; Helen Hester; Jan Koggen; Gaston Lafit; Tom Larsen; K. Merten; Gertrud von Meyen; Heinz Offermann; Ricardo Olives; Peter Petersen; Ernst Ludwig Reis; Greta Rothe; Erika Sellner; R. A. Veller; E. Weilenmann; Marion Wiebel; John Worth; C. C. Zantha; Martina Ziemann (*F-N-P-R*) #3,7,19
Kurth, Julius, *15.5.1870 Berlin; - Ps. H. J. Kentaur (*D-L-N-P*) #3
Kurth, Wolfram, *29.12.1908 Berlin; - Ps. Wolf Lykos (*P*) #3,4
Kurtz, Hermann, *12.10.1862 Düsseldorf; - Ps. Germanus (*P*) #3
Kurtz, Michael, *12.9.1952 Hagen; - Ps. M. Olaf Kurtz (*E-L-R-S*) #3
Kurtz, Rudolf, *31.12.1884 Berlin, †26.7.1960 Berlin; - Ps. Erwin Solger (*D-P-R-S*) #3,4
Kurtz-Solowjew, Jolanthe, *15.8.1925 Ober-Röhrsdorf/Niederschles.; - Ps. Leonie Ossowski; Jo v. Tiedemann (*E-F-J-R*) #3,4,5,8,17
Kurtz-Solowjew, Merete, *16.8.1906 Darmstadt; - Ps. Merete Solowjew; Merete van Taack (*J*) #3,4
Kurtzahn, Ernst Tristan, *29.11.1879 Königsberg; - Ps. Daityanus; E. Tristan K. (*P*) #3,4
Kurtze, Werner, *(1984); - Ps. Jerry Cotton (*R*) #16
Kurtzig, Heinrich, *1.5.1865 Hohensalza/Posen; - Ps. H. v. Bergenbruch; Bogumil Curtius (*L-S*) #1,3,4
Kurz, Carl Heinz, *26.11.1920 Clausthal-Harz; - Ps. Carl August Brevis (*E-J-P-R*) #3,4
Kurz, Editha Roberta, *21.11.1910 Wien; - Ps. E. R. Kurz (*N-P-R*) #3,4

Kurz, Franz Xaver, *5.12.1873 Aachen, †11.11.1905 Chemnitz; - Ps. Franz Kurz-Elsheim; Satyricus (*E-N-R-S*) #1,3,4

Kurz, Hermann, *30.11.1813 Reutlingen, †10.10.1873 Tübingen; - früher Hermann Kurtz (*E-L-N-R*) #4,5,13,14,15

Kurz, Joseph, *22.1.1773 Passau; - Ps. Friedrich Frauenwerth; Gottlieb Wahrmuth (*P*) #4,6

Kurz, Joseph Felix von, *22.2.1717 Wien, †2.2.1784 Wien; - gen. Bernardon (*S*) #4,5,11,13,15

Kurz zum Thurn und Goldenstein, Ludwig Ritter, *7.10.1850 Laibach/Krain; - Ps. Angelo (*P*) #3

Kurz-Goldenstein, Marie-Thérèse, *31.8.1936 Garches/Seine-et-Oise; - Ps. Marie Thérèse Kerschbaumer (*E-F-L-P-R*) #3,4

Kurzrock, Therese Freiin von, *1751; - Ps. Elbanie (*P*) #2

Kuschar, Rudolf, *15.4.1855 Graz, †23.1.1929 Schladming/Steierm.; - Ps. Julius Röwen (*D-S*) #3,4

Kusche, Lothar, *2.5.1929 Berlin; - Ps. Felix Mantel (*E-F-L-P*) #3,4,14

Kuschel, Karoline, *6.3.1855 Kronstadt/Siebenb., †3.5.1917 Wien; - Ps. Fritz Michael; Lina Kuschel-Friese (*D-M-S*) #3,4

Küsel, Georg, *17.12.1877 Brückenkrug b. Kolberg, †26.4.1952 Hanstedt/Aue; - Ps. Georg Pommer; Georg vom Wolfswald (*L-M-P-S*) #3,4

Kusenberg, Kurt, *24.6.1904 Göteborg, †3.10.1983 Hamburg; - Ps. Hans Ohl; Simplex (*E-F-P-S*) #3,4,5,8,10,14

Kußmaul, Adolf, *22.2.1822 Graben b. Karlsruhe, †20.5.1902 Heidelberg; - Ps. Ludwig Eichrodt (*L-P*) #4,15

Küster, Albert, *10.2.1843 Liebenberg b. Potsdam; - Ps. Trebla Retsük (*P*) #3

Küster, Ludolf, *1670 Blomberg/Westf., †12.10.1716 Paris; - Ps. Ludovicus Neocorus; Neocurus (*P*) #4,6,13

Küster, Otto, *30.12.1890 Braunschweig, †27.6.1956 Hamburg; - Ps. Hans Heinrich Hollenbach (*D-N-P-R*) #3,4

Küstner, Erich, *24.2.1897 Tümpling; - Ps. Bernhardus; Wilhelm von Camburg (*L-P-R*) #3,4

Kusz, Rüdiger, *17.11.1944 Nürnberg; - Ps. Fitzgerald Kusz (*D-F-L-S*) #3,4,5,8

Kuth, Aloys, *12.7.1863 Hattingen/Ruhr; - Ps. Hans vom Wallbaum (*D*) #3

Kuthe, Eugen, *2.12.1898; - Ps. Fred Allan; Horst Uden (*E-R*) #3,4

Kutscha von Lißberg, Ida von, *24.8.1871 Braschka/Schles., †3.4.1911 Bad Ischl; - Ps. Ida von Lißberg (*E-L*) #1,2,4

Kutscher, Gertrud, geb. Schaper, *22.11.1880 Uelzen; - Ps. Schaper-Kutscher (*P-R*) #3

Kutschka, Emil Robert, *18.7.1853 Neustadt i. E.; - Ps. E. v. Rothenfels (*E-P*) #3

Kutter, Markus, *9.10.1925 Beggingen b. Schaffhausen; - Ps. Kurt Rustamek (*E-F-P-R*) #3,4

Kuttner, Erich, *27.5.1887 Berlin, †6.10.1942 Mauthausen; - Ps. Justinian (*P-R*) #3,4,15,18

Kutzner, Lilly, *20.6.1853 Hirschberg/Schles.; - Ps. Almuth Roland; Eva Weber (*L-P*) #1,3,4

Kwasnik, Ilse, *29.8.1909 Hermsdorf b. Breslau, †7.7.1961 Leverkusen; - Ps. Renate Richter (*E-F-P-R-S*) #3

Kweksilber, Willi, *13.3.1912 Köln; - Ps. H. Wielek (*P*) #18

Kwella, Johannes, *10.6.1901 Kattowitz, †Berlin; - Ps. Hanns Jungland (*R*) #3,4

Kwiatkowski, August, *15.1.1851 Glanden/Ostpr.; - Ps. August Blumbach (*L-P*) #3,4

Kyburz, Abraham, *um 1704 Heimberg b. Thun, †8.12.1765 Thun/Schweiz; - Ps. Tecknophilus Christianus (*P*) #4,11

Kymeus, Johannes, *1498 Fulda, †1552 Feldberg; - auch Kimeus; Kymaeus (*L-P*) #4, 11,13

Kynsky und Tettou, Ulrich Graf von, *17. Jh.; - gen. Der Freigebige/FG 685 #11

L

La Corrée, V. Gräfin von, *22.4.1812 Berlin; - Ps. Mathilde von Mühlenberg (*E*) #2

La Roche, Georg Michael Frank von, *1720 Bischofsheim, †21.11.1788 Offenbach; - urspr. Frank Lichtenfels (*P*)

La Roche, Marie Sophie, geb. Gutermann von Gutershofen, *6.12.1731 Kaufbeuren, †18.2.1807 Offenbach; - Ps. Marie Sophie Gutermann von Gutershofen; S. L. R. (*E-R*) #1,2,4,5,11

La Rochette de Rochegronde, Franziska, geb. Lennig, *1790 Mainz; - Ps. Franziska Lennig (*P*) #4

Laak, Emilie van, *7.5.1899 Dortmund; - Ps. Mila van Laak (*E-L-R*) #3,4

Laatsch, Hedwig Julia, *5.1.1865 Speyer; - Ps. Hedwig-Julia (*L-P*) #1,3,4

Labes, Eugen, *19.4.1834 Nohra/Thür., †8.6.1915; - Ps. P. O. Eta; Max Maisang (*L-P*) #1,3,4

Labes, Hans, *8.10.1906 Graz; - Ps. Hans Michl (*S*) #4

Labunska, Maria, *8.6.1867 Loebau/Westpr.; - Ps. Josephine Heilbronn (*S*) #1,3,4

Lachenbauer, Margarete, *6.7.1892 Wien; - Ps. Grete Felsing (*J-R*) #4

Lachmann, Karl Friedrich Ferdinand, *10.3.1817 Zittau, †11.4.1881 Zittau; - Ps. Fr. Thal (*D-L*) #1,4

Lachner, Juliane, *13.6.1885 Wien; - Ps. Christa Kernhofer (*P*) #3

Lackemann, Adelheid, *26.9.1824 Bremen, †1.4.1889 Bremen; - Ps. A. vom See (*E-L*) #1,3,4

Lackinger, Sepp, *13.9.1890 Schwertberg/O.-Ö.; - Ps. Sepp von der Aist (*M-S*) #4

Lackmann, Peter, *16.2.1659 Lübeck, †17.10.1713 Oldenburg/Holst.; - Ps. P. Christiani (*L-P*) #4,13

Lackner, Stephan, *21.4.1910 Paris; - urspr. Ernst Morgenroth; Ps. Ernst Gast (*D-E-L-P-R*) #3,4,5,18

Laddey, Emma, *9.5.1841 Elbing, †12.4.1892 München; - Ps. Hermine (*E-J-N-R*) #1,2,3,4,9

Lademann, Lena, geb. Wildhagen, *19.7.1904 Hamburg, †5.8.1975 Mölln; - Ps. Lena Lademann-Wildhagen (*P*) #3

Ladewig, Frieda-Hertha, *(1938) Posen; - Ps. Frieda Hertha Lepke; Christa Linden (*E-F-J-R*) #3,4

Ladisch, Christa, *9.6.1899 Liegnitz; - Ps. Christa Anita Brueck; Christa Jaab (*E-P-R*) #3,4,9

Laedtke, Ingrid, *8.9.1941 Danzig; - Ps. Pamela Parker (*E-R*) #3

Laemmel, Rudolf, *2.3.1879 Wien; - Ps. Heinrich Inführ (*E-R*) #3,4

Laengsdorf, Juliane Johanna, geb. Scheuermann, verw. Fould, *1.4.1878 Frankfurt /M.; - Ps. Julia Virginia Fould; Julia Virginia; Julia Virginia Scheuermann (*L-P*) #3,4

Laffert, Franzi Romana von, geb. Jörg, *23.4.1900 Würzburg; - Ps. Franzi Jörg (*F-R*) #3,4

Lafontaine, August Heinrich Richard Julius, *20.10.1758 Braunschweig, †20.4.1831 Halle/S.; - Ps. Gustav Freier; Gustav Freyer; Miltenberg; Selchow (*D-E-R*) #1,4,5,6,11, 13,15

Lagerstroem, Kamilla von, *9.5.1906 Nikolsburg/Mähren; - Ps. Celia Corvin (*E-F-J-R*) #3,4

Lagerström, Angelika von, *1812, †20.11.1879 Königsberg; - Ps. A. v. Möller (*D-E-J-P*) #2,4

Lagerström(-Zerbe), Ilse von, *26.6.1891 Nilff b. Bartenstein/Ostpr.; - Ps. Karola (*P-R*) #3,4

Lagler, Heinrich, *3.10.1850 Bamberg; - Ps. Friedrich Freimund; Heinrich Garell (*P*) #3

Lahtela, Helke, geb. Sander, *31.1.1937 Berlin; - Ps. Helke Sander (*E-F-P*) #4

Lakotta, Anneliese, *4.12.1920 Oberhausen; - Ps. Consilia Maria Lakotta; Ancilla Regis; R. M. Rockenbach (*E-J-N-P-R*) #3,4

Lambach, Walther, *28.5.1885 Gummersbach; - Ps. Leopold Nekker (*P*) #3

Lambeck, Peter, *13.4.1628 Hamburg, †4.4.1680 Wien; - Ps. Peter Lambeccius (*P*) #4,13,15

Lamberts, Arthur, *14.2.1892 Mönchengladbach; - Ps. Arthur Albert (*L*) #3,4

Lamberty, Paul, *28.2.1885 Wehlheiden b. Kassel; - Ps. Oskar Thorson (*P*) #3,4

Lambrecht, Heinrich, *16.11.1812 Oldenburg, †29.3.1898 Oldenburg; - Ps. Ralph (*L-P*) #4

Lambrecht, Nanny, *15.4.1868 Kirchberg b. Koblenz, †1.6.1942 Schönerberg/Sieg; - Ps. Alca Rath; Alca Ruth (*E-N-P-R*) #3,4,15

Laminger von Albenreuth, Wolf Joachim, *(1624); - auch Lemmiger von Albereit; gen. Der Zeitige/FG 87/1624 #11,12

Lamm, Hans, *8.6.1913 München; - Ps. Peter Halm (*P*) #4,18

Lämmel, Josef Otto, *22.4.1891 Waidhofen/N.-Ö., †1.7.1980 Graz; - Ps. Karl Heinz (*D-L-R*) #3,4

Lämmermann, Christoph August, *17. Jh.; - gen. Arnisander/PB #11

Lammers, Erika, *7.11.1913 Remscheid; - Ps. Rika Mers (*L-N-P-R*) #3,4

Lamon, Heidi Huberta, geb. Freybe, *8.9.1914 Rostock; - Ps. Martha Albrand; Katrin Holland; Katrin Loewengard (*E-F-P-R*) #3,4,18

Lamp, Hugo F., *18.7.1914 St.Peter/Eiderstedt; - Ps. Pablo Gonzalez Herera (*E-R*) #3,4

Lamp, Petra, *24.11.1959 Preetz; - Ps. Petra Teichert (*J*) #3

Lamp, R., *27.6.1855 Plön/Holst.; - Ps. L. v. Plön (*L-N-P*) #3
Lampé, Felicitas, *11.1.1925 Frankfurt/M.; - Ps. Laterna (*E-L*) #3
Lampe, Friedrich Adolf, *18.2.1668 Detmold, †6.12.1729 Bremen; - Ps. Noricus Philadelphus;Philadelphus Photius (*L-P*) #1,4,6,11,13
Lampel, Gerd Elgo, *29.5.1925 Frankfurt/M.; - Ps. -oko- (*P*) #3
Lampel, Joachim Friedrich Martin, *18.5.1894 Schönborn/Schles., †22.2.1965 Hamburg; - Ps. Peter Martin Lampel (*D-E-F-P-R*) #3,4, 5,8,14,15,17,18
Lamprecht, Bertha, geb. Valett, *1822 Stade; - Ps. Bertha Valett (*D-R*) #1,2,4
Lamprecht, Karl, *28.5.1872 Schwefe b. Soest, †Schwefe b. Soest; - Ps. Sempronius; Gustav Karl Westphal (*P*) #3,4
Lamsbach, F. H., *19. Jh.; - Ps. Armin Fedor (*P*) #3
Lamswärde, Stephan von, *17. Jh.; - gen. Der Bekränzte/DG-R #11
Lamszus, Wilhelm, *13.7.1881 Altona, †18.1.1965 Hamburg; - Ps. Lucia Kahl; Paul Willis (*D-F-L-P*) #1,3,4,15,17
Lancken, Bertha von der, *9.2.1855 Stavenhagen/Meckl.; - Ps. B. v. Cranach; Berthold von der Lancken (*E-R*) #2,3,4
Lancken, Olof von der, †1668; - gen. Der Scheuchende/FG 301/1636 #11,12
Lancken, Rickwan von, †um 1645; - auch Richman von Lancken; gen. Der ZugeeigneteFG 306/1636 #11,12
Lanckoronski, Leo Graf, *25.3.1884 Mauschwitz/Oberschles., †9.5.1967 Frankfurt/M.; - Ps. Beda von Müller (*E-L-P*) #3,4
Land, Hans, *25.8.1861 Berlin; - urspr. Hugo Landsberger (*D-E-N-P-R*) #2,3,4,15
Landa, Rudolf, *8.1.1880 Steyr/O.-Ö.; - Ps. Rudolf Landa-Sonnheim (*D-E*) #4
Landau, Edwin Maria, *20.9.1904 Koblenz; - Ps. Marius Devin (*L-P*) #3,4,18
Landau, Elisabeth, *26.8.1884 Berlin; - Ps. L. Audnal (*R*) #3,4
Landau, Luise, *14.8.1868 Posen; - Ps. Kaliska; Kaliska Weinhold; Karl Weinhold (*N-P*) #2,3
Landau, Paul, *17.8.1880 Namslau/Schles., †14.3.1951 Tel Aviv; - Ps. Georg Kuhn; Kurt Haack; Friedrich Spreen (*P*) #3,4,15
Landauer, Hedwig, geb. Lachmann, *21.8.1865 Stolp, †21.2.1918 Krumbach; - Ps. Hedwig Lachmann (*L*) #3,4,15
Landesberg, Alexander, *15.7.1848 Großwardein/Siebenb., †14.6.1916 Wien; - Ps. Schnüfferl (*S*) #3,4
Landesmann, Alice, *7.1.1882 Dresden; - Ps. Alice Stein-Landesmann (*D-R*) #3,4
Landesmann, Heinrich, *9.8.1821 Nikolsburg/Mähren, †3.12.1902 Brünn; - Ps. Asmody junior; Hieronymus Lorm (*D-E-L-N-P-R*) #1,3,4,5,19
Landkammer, Hans, *12.7.1895 Schönthal/ Egerland; - Ps. Land-Kammer (*D-L-R*) #3,4
Landois, Hermann, *19.4.1835 Münster, †29.1.1905 Münster; - Ps. Frans Essink; H. de Iselmott (*E-L-P*) #3,4,15
Landry, Irene Erika, *21.4.1911 Beuthen/ Oberschles.; - Ps. Nataly Landor (*E-R*) #3,4
Landsberger, Adolf, *31.10.1864 Berlin; - Ps. A. Berger (*L-M-P*) #1,3,4
Landsberger, Heinrich, *24.6.1862 Hirschberg/Schles., †1.4.1919 Köln; - später Heinrich Lee; Ps. Heinrich Berger; Hunius; Junius; Hans Lang; Heinrich v. d. Linden (*D-E-R-S*) #1,3,4
Landsburgh, Alfred, *19. Jh.; - Ps. Argentarius
Landsteiner, Karl Borromäus, *30.8.1835 Stoizendorf/N.-Ö., †3.4.1909 Nikolsburg; - Ps. Arthur Landerstein; Siegfried von Neuburg (*E-L-N-P-R-S*) #1,3,4,15
Landt, Uta, *15.11.1952 Meldorf/Holst.; - Ps. Uta Franck (*L-P*) #3
Landwirt, Jakov, *10.2.1927 Wien; - Ps. Jakov Lind; Jan Gerrit Overbreck (*D-E-F-P-R*) #3,4,5,8,10
Lang, Carl, *27.10.1766 Heilbronn, †16.5.1822 Niederlößnitz b. Dresden; - Ps. Karl August Hirschmann; August Lindemann (*E-J-L-N-P-S*) #1,4,6,11,17
Lang, Clarissa, geb. Aischmann, *29.10.1891 Nürnberg, †30.5.1977 Paris; - Ps. Clara Aischmann; Claire Goll; Claire Studer (*E-L-N-P-R*) #3,4,5,8,9,14,18
Lang, Dorothea, †1764; - gen. Doris/PB (*L*) #6,11
Lang, Georg, *20.3.1880 Weiden, †6.11.1956 Garmisch-Partenkirchen; - Ps. Georg Lang-Garmisch (*N*) #3,4
Lang, Hans, *2.5.1898 Landegg/Tirol; - Ps. Hans Lang-Landegg (*J*) #3,4
Lang, Hermann, *21.11.1880 Freiburg/Br.; - Ps. Alexander Bergen (*P*) #3
Lang, Herta, *8.11.1919 Wien; - Ps. Herta Lang-Milinkovic (*E-R*) #3,4
Lang, Isaac, *29.3.1891 Saint-Dié/Frankr., †27.2.1950 Paris; - Ps. Yvan Goll; Iwan Lassang; Jean Longeville; Johannes Thor; Tristan Thor; Tristan Torsi (*L-P-R*) #3,4,5, 8,14,15,18
Lang, Johann Michael, *17. Jh.; - gen. Polemian/PB #11
Lang, Karl Heinrich Ritter von, *7.7.1764 Balgheim/Schwaben, †26.3.1835 Ansbach; - Ps. Hans Caspar Deutsch; Zebedaeus Pfauenschwanz; Vetter Michel; Michael Tobias Zaunschliefer; Nepomuk von Zwickheim (*P*) #4,11,13,15
Lang, Othmar Franz, *8.7.1921 Wien; - Ps. Brian S. Buckinham; Hannes Hofer (*F-J-R*) #3,4,5,7,17
Lang, Paul, *9.9.1846 Wildenstein b. Crailsheim/Württ., †19.3.1898 Urach; - Ps. O. Hellmuth (*E-P-R*) #1,3,4,13

Lang, Thea, geb. v. Harbou, *27.12.1888 Tauperlitz/Bay., †1.7.1954 Berlin; - Ps. Thea von Harbou (*F-L-P-R*) #3,4,8,9,15,20

Lang, Vinzenz, †1503 Wien; - Ps. Vincentius Longinus; Vincentius Longinus Eleutherius (*L*)

Lang, Wilhelm, *16.7.1832 Tuttlingen, †19.3.1915 Stuttgart; - Ps. Aliquis (*P*) #3,4,15

Lang-Piechocki, Joachim von, *14.5.1925 Altlandsberg; - Ps. Jochen von Lang (*F-P*) #3,4

Langbehn, Julius, *26.3.1851 Hadersleben/Schleswig, †30.4.1907 Rosenheim; - gen. Der Deutsche Rembrandt; Der Rembrandtdeutsche; Ps. Von einem Deutschen (*P*) #3,4,15,19

Langbein, August Friedrich Ernst, *6.9.1757 Radeberg b. Dresden, †2.1.1835 Berlin; - Ps. Robert (*E-L-M-R-S*) #1,4,5,11,13,15

Langbein, Josefa, geb. Imdahl, *15.2.1901 Köln; - Ps. Jo Langbein-Imdahl (*R*) #3

Langberg, Hans, *16.1.1904; - Ps. Hans Henschke (*S*) #3

Lange, Anna, *1715 Eisenach, †1764 Laublingen b. Halle/S.; - Ps. Doris (*L*) #4

Lange, Annemarie, geb. Wimmer, * 7.6.1907 Dresden; - Ps. Annemarie Wimmer (*J-P*) #3

Lange, Dagmar, *1914; - Ps. Maria Lang (*R*)

Lange, Ernst Philipp Carl, *21.12.1813 Potsdam, †20.2.1899; - Ps. Philipp Galen (*D-E-R*) #1,3,4,13

Lange, Franz, *26.1.1850 Nordhausen/Harz; - Ps. A. Bertow (*L-P*) #1,3,4

Lange, Gregor, *um 1552 Havelberg, †um 1587 Breslau; - Ps. Gregorius Langius (*L-P*) #4,11,13,15

Lange, Hans Friedrich, *19.4.1891 Berlin; - Ps. I. M. Lange (*P*) #3

Lange, Horst, *6.10.1904 Liegnitz, 6.6.1971 München; - Ps. Konrad Ostendorfer (*D-E-L-P-R*) #3,4,5

Lange, Jacob Aloys, *20.6.1880 Kevelaer; - Ps. Jacob Aß (*D-P*) #3

Lange, Joachim, *26.10.1670 Gardelegen/Altmark, †7.5.1744 Halle/S.; - Ps. Jucundus de Laboribus (*L-P*) #4,13,15

Lange, Johann; *17. Jh.; - gen. Philanthus/PB #11

Lange, Johann Christian, *24.12.1669 Leipzig, †16.12.1756 Idstein; - Ps. Justinianus Clemens Leucopolitanus; Innocentius Columbinus Lipsicus; Isidorus Charisius Logotheta Philyropolitanus (*L-P*) #6

Lange, Johannes, *16.4.1503 Freistadt/Schles., †25.8.1567 Schweidnitz; - auch Langus; Longus (*L-P*) #4,11,13

Lange, Johannes, *8.12.1883 Stettin; - Ps. Jan von Freiheide (*E-N*) #3,4

Lange, Joseph, *um 1570 Kaisersberg/Elsaß, †1615 Freiburg/Br.; - auch Lang; Langius (*P*) #4,11,13

Lange, Karl Heinrich, *9.9.1703 Julius burg/Öls, †17.2.1753 Lübeck; - Ps. Johannes Sincerus Evangelicus (*L-P*) #4,13

Lange, Karl Heinz, *26.3.1925 Hannover; - Ps. Karl Dorpus (*F-L-S*) #3,4

Lange, Leo, *13.2.1903 Königsberg; - Ps. Leo Rudolf Pax (*L-N-P-S*) #3

Lange, Ludwig, *(1843); - Ps. A. Lange (*P*)

Lange, Martin Hugo, *11.11.1818 Schulpforta, †16.5.1895 Halberstadt; - Ps. Heinrich Martin (*L*) #1,3,4

Lange, Max, *7.8.1832 Magdeburg, †8.12.1899 Leipzig; - Ps. Heinz Credner; Mac Gleans; Max Godek (*P*) #3,4,13,15

Lange, Oda, *21.12.1900 Berlin; - Ps. Oda Schaefer (*E-F-L-P*) #3,4,5,8,9,10

Lange, Samuel Gotthold, *22.3.1711 Halle/S., †25.6.1781 Laublingen; - Ps. Damon; Apollonius Pergaeus; Veramander (*L*) #1,4,5,6,11,13,14,15

Lange-Eichbaum, Wilhelm, *28.4.1875 Hamburg, †1950 Hamburg; - Ps. Wilhelm Eichbaum-Lange (*D-N-P-S*) #1,3,4

Langejanus, Brandanus, *17. Jh.; - gen. Melosander/ES #11

Langeland, Elisa Friederike von, *(1813); - Ps. Friederike Burgwedel; Lan (*P*) #4

Langen, Annemarie, geb. Koffler, *1.7.1898 Münster; - Ps. Annemarie Koffler (*E-J-L-R*) #3,4

Langen, Elisabeth von, *(1926) Berlin; - Ps. Wolf Dietmar (*L-N*) #3

Langen, Matthias von, *17. Jh.; - gen. Der Liebliche/DG-R #11

Langen, Pauline Maria Julia von, geb. v. Brochowska, *14.11.1794 Dresden, †9.5.1853 Spanien; - Ps. Pauline Maria Julia von Brochowska; Lina; Theophania (*L-S*) #1,2,4,6,11

Langenbucher, Erich, *18.3.1912 Wiesenbach/Württ.; - Ps. E. W. Langen (*E-F-P*) #3,4

Langenheim, Frieda, *7.9.1866 Mainz, †2.5.1945 Oberhof; - Ps. Frieda von Oppeln (*P-R*) #3,4

Langenmantel, Hieronymus Ambrosius, *1641 Augsburg, †5.12.1718 St.Moritz; - gen. Der Wenigste/FG 854; Ps. Solon (*P*) #4,11

Langenscheidt, Paul, *25.11.1860 Berlin, †30.9.1925 Berlin; - Ps. Erwin Rex (*D-N-R-S*) #3,4

Langenschwarz, Maximilian Leopold, *1801 Rödelheim b. Frankfurt/Main; - Ps. Aa'm der schun lang schwarz is!; Z. N. Charleszwang; Langenschwarz-Rubini; Langer schwarzer Michel; M. Longonegro; Jakob Zwangsohn; Karl Zwengsahn (*E-L-P-S*) #1,4,11

Langensiepen, Clara, *30.8.1850 Krosigk/Saalkreis, †4.10.1907 Engelsburg b. Weitmar/Westf.; - Ps. Clara Johanna Förstner; Johanna Müller; Hans Sonntag (*J-M*) #1,2,3,4

Langenstein, Heinrich Heinbuche von, *1325 Langenstein/Hessen, †11.2.1397 Wien; - auch Heinrich von Hessen d. Ä. (*P*) #4,13

Langer, Alfons, *20.6.1859 Breslau; - Ps. T. J .R. Komet; Paul Schultze (*D-L-P-S*) #3,4

Langer, Anton, *12.1.1824 Wien, †7.12.1879 Wien; - Ps. Hans Jörgel; Steffen Ungar (*E-P-R-S*) #4,5,13,15

Langer, Hans, *9.6.1912 Müglitz/Mähren; - Ps. Hermann Lindt (*E-F-L-S*) #3,4

Langer, Karl Edmund, *10.11.1819 Wien; - Ps. Marlo (*L*) #1,4

Langer, Olga, geb. Heydecker, *19.1.1880 Memmingen; - Ps. Olga Heydecker-Langer (*P*) #4

Langewiesche, Wilhelm, *18.3.1866 Barmen, †9.1.1934 Ebenhausen/Obb.; - Ps. Hans Amelungk; Johannes Armbruster; Ernst Gotthelf; Ernst Hartung; Ernst Kleinpaul; Ulrich Korff-Rheda; Peter Kurz; Enno Nielsen (*L-P-R*) #1,3,4

Langewiesche, Wilhelm, *4.12.1807 Möllenkotten b. Schwelm/Westf., †24.3.1884 Godesberg; - Ps. W. Jemand; L. Wiese (*D-L*) #1,3

Langfurth, Fridel, *26.6.1890; - Ps. Fridel Röhne (*F-R*) #3

Langguth, Johannes Michael, *18.10.1718 Walschleben/Thür., †11.10.1788 Gnadenfrei/Schles.; - Ps. Johannes Freih. von Watteville (*L*) #4,13

Langhanki, Viktor, *28.6.1914 Hamburg, †29.12.1983 Cuxhaven; - Ps. Vila (*F-N-P-R*) #3,4,7

Langhans, Paul, *1.4.1867 Hamburg; - Ps. Hans Lang (*P*) #3

Langhans-Maync, Susy, *14.11.1911 Bern; - Ps. Susy Maync (*E-R*) #3,4

Langheinrich, Leonhard, *17.5.1890 Berlin, †6.6.1944 Berlin; - Ps. Anthos (*F-L-R*) #3,4

Langkammer, Margarete, *20.5.1866 Augsburg, †5.10.1922 Wien; - Ps. Colbert; Richard Nordmann (*E-N-R-S*) #2,3,4

Langmaack, Heinrich, *23.2.1885 Wankendorf/Holst.; - Ps. Heinrich Langemake (*E-P-R*) #3,4

Langner, Hans Joachim, *(1951); - Ps. Muck (*E-P*) #3

Langner, Karl Rudolf Leopold, *(1812); - Ps. Leopold Fröhlich (*L*) #4,11

Langner, Leopold, *(1817); - Ps. Alwin (*E-L*) #4,6,11

Langour, Friedrich, *24.4.1927 Dudenhofen/Hessen; - Ps. Felix Lendt (*E-F-J-P-R*) #3,4,7

Langrehr, Ernst, *3.10.1802 Celle, †17.10.1863 Lüneburg; - Ps. Isidor Bürger (*E-L-P*) #1,4

Langsdorff, Alexander, *14.12.1898 Alsfeld; - Ps. Sandro (*E-P*) #3,4

Langwost, Heinrich, *15.4.1874 Pattensen b. Hannover; - Ps. Heinrich von Kalenberg (*E-P*)

Lankau, Johanna Maria, *14.12.1866 Dresden, †9.11.1921 Dresden; - Ps. Johanna Iram (*E-R*) #2,3,4

Lankenau, H. von, *1813 Petersburg, †27.10.1896 Wiesbaden; - Ps. L. v. Oelsnitz (*E-R*) #3,4

Lankisch, Michael, *17. Jh.; - gen. Strephon/ES #11

Lanna, Amalie Charlotte, geb. Schmidt, *31.12.1857 Wien, †18.10.1939 Wien; - Ps. Amalia Charlotte Schmidt (*L*) #1,2,3,4

Lansburgh, Werner Neander, *29.6.1912 Berlin, †20.8.1990 Uppsala/Schweden; - Ps. Ferdinand Brisson (*E-P-R*) #3,4,18

Lanz, Emilia, *29.7.1868 Genua, †11.2.1948 Menzingen/Schweiz; - gen. Adeodata (*D-S*) #4

Lanz, Josef, *19.7.1874 Wien, †22.4.1954 Wien; - gen. Lanz von Liebenfels (*P*) #4,15

Lanzky, Paul, *8.8.1852 Weissagk/Niederlaus., †um 1935 Lugano; - Ps. Lamda; Panta (*L-P*) #3,4

Laor, Eran, *1.6.1900 Cifer/CSR.; - Ps. Erich Landt (*L-P*) #3

Laporte, Walther de, *23.9.1874 Göttingen; - Ps. Etropal (*P*)

Laporterie, Franz Joseph, *4.10.1830 Rheine, †24.9.1881 Senden; - Ps. L. von Senden (*S*) #1,4

Lappe, Karl Gottlieb, *24.4.1773 Wusterhusen b. Greifswald, †28.10.1843 Stralsund; - Ps. L. Pape (*L-P*) #1,4,11,13

Larché, Valerie, *27.4.1872 Berlin; - Ps. Milly Dachs (*E-L*) #3,4

Larndorfer, Rudolf, *9.8.1925 Linz/Do., †11.11.1983 Linz/Do.; - Ps. Langendorff (*E-R*) #3,4

Larsen, Max, *6.2.1880 Beaufort/Jamaika; - Ps. Sven Larsen (*R-S*) #3,4

Lasker, Ignaz Julius, *20.1.1811 Breslau, †16.11.1876 Berlin; - Ps. Frauenlieb; Julius Sincerus (*L-P-R-S*) #1,4,11,13

Lasker, Martha, *19.11.1867 Berlin; - Ps. Martha Cohn; L. Marco (*L-P*) #1,3,4

Lasker-Schüler, Else, gesch. Levin, *11.2.1869 Elberfeld, †22.1.1945 Jerusalem; - Ps. Else Walden (*D-E-L-N-P-R*) #3,4,5,8,9,10,14,18,19

Laskowsky, Paul Maria, *26.10.1883 Hohensalza/Posen, †12.6.1971 Köln; - Ps. Peter Stockmann (*E-P*) #3

Lassar, Oskar, *11.1.1849 Hamburg, †21.12.1907 Berlin; - Ps. Edmund Olaß (*J-L-N*) #1,3,4

Laßberg, Joseph von, *10.4.1770 Donaueschingen, †15.3.1855 Meersburg/Bodensee; - Ps. Meister Sepp auf der alten Meersburg; Meister Sepp von Eppishausen (*L-P*) #4,13,15

Lassen, Johannes, *26.4.1636 Waldau/Pommern, †22.8.1692 Kopenhagen; - Ps. Johannes Lassenius (*L-P*) #4,13,15

Lasson, Adolf, *12.3.1832 Alt-Strelitz, †19.12.1917 Berlin; - Ps. L. Adolf; Adolf L. (*L-P*) #3,4,15

Laßwitz, Kurd, *20.4.1848 Breslau, †17.10.1910 Gotha; - Ps. Jeremias Heiter; L. Velatus (*E-M-P-R*) #1,3,4,5,7,15,16,20

Last, Elise, *25.4.1827 Leipzig, †28.6.1888 Wien; - Ps. U. Sila (*P*) #4

Last, Siegmund, *9.3.1896 Sereth-Buchenland; - Ps. U. Sila (*D-P-R*) #18

Laszlo, Else, *31.5.1891 Hamburg; - Ps. Else Luz (*L-N-P-R*) #3

Latendorf, Ute, *5.6.1951 Hamburg; - Ps. Ute Koschorreck (*L-M-P*) #3

Latt-Felsberg, Annie, verw. Küster, *29.4.1851 Treis/Mosel, †7.2.1929 Meran; - Ps. Paul Fels; Annie Felsberg; Paul Felsberg; Annie Küster; Theodor Küster (*N-R*) #1,2,4

Lattke, Ottokar, *29.1.1864 Steinau a. O.; - Ps. Roderich Berk; Hippogryph; Robirs; Ropirs (*P*) #3

Laturner, Hans-Jürgen, *21.11.1921 Coburg, †23.12.1970 Casteau/Belgien; - Ps. L. A. Turner (*F-J-R*) #3,4

Latz, Georg, *1.3.1858 Posen; - Ps. Georg Zalten (*E-L-S*) #1,3,4

Latzko, Andreas, *1.9.1876 Budapest, †11.9.1943 Amsterdam; - Ps. Carl Seelig (*N-R-S*) #4,18

Lau, Anna, *31.12.1855 Straßburg, †31.7.1931 Straßburg; - Ps. Louise Leneste (*E-L-P*) #4

Laube, Eva Johanna, *16.8.1886 Johannisburg/Ostpr., †1942; - Ps. E. Joh. Laube (*E-J-R*) #3,4

Laube, Heinrich Rudolf Constanz, *18.9.1806 Sprottau/Schles., †1.8.1884 Wien; - Ps. H. Campo (*D-N-P-R-S*) #5,11,13,14

Laubi-Markun, Ursula, *24.12.1911 Gerlafingen/Schweiz; - Ps. Ursula Markun (*P*) #3

Laucken, Julius, *30.1.1811 Potsdam, †16.10.1885 Potsdam; - Ps. J. C. Klenau (*L*) #1,4

Lauer, Erich, *2.7.1911 Leibenstadt b. Buchen, †11.1.1976 Herrsching/Obb.; - Ps. Peter Erlau (*E-F-L-P-R*) #3,4

Lauer, Herma, geb. v. Skoda, *18.4.1879 Pilsen; - Ps. Herma v. Skoda (*D-L-M*) #3,4

Laufenberg, Heinrich, *19.1.1872 Köln, †3.2.1932 Hamburg; - Ps. Erler (*P*) #4,15

Lauffs, Leonhard, *25.1.1797 Aachen, †10.8.1876 Saeffeln b. Heinsberg; - Ps. Leofalus (*E-P*) #4,6,11

Lauremberg, Johann Wilhelm, *26.2.1590 Rostock, †28.2.1658 Sorop/Dänemark; - Ps. Daphnophorinus; Daphnorinus; Hippoclitus der freye Wittber; Hyppoclitus de freye Wittwer; Jeckel v. Achtern; L. Rost; Hans Willmsen (*D-L-P*) #1,4,5,6,11,13,15,19

Laurencin, Ferdinand Peter Graf, *15.10.1819 Kremsier/Mähren, †4.2.1890 Wien; - Ps. Philokales (*P*) #4

Laurwaldt, Magnus; - gen. Der Schöne/FG 99/1624 #11,12

Lausberg, Hermann, *14.3.1900 Düsseldorf; - Ps. Menelaus (*E-L-P*) #3,4

Lauschke, Helmut, *10.9.1934 Köln; - Ps. Martin Laurent (*L-R*) #3

Laußermayer, Frida Ingeborg, *9.3.1939 Lienz/Ö.; - Ps. Frida Ingeborg Romay (*E-L-P*) #3,4

Laußermayer, Roman, *2.2.1901 Maria Neustift; -Ps. Roman Romay (*E-F-L-N-P-R*) #3,4

Lautenbach, Konrad, *1534 Motzlar/Thür., †18.4.1595 Frankfurt/M.; - Ps. Jacobus Francus; Jacobus Frey; Trasibulus Torrentius Mutislariensis (*P*) #4,11,13

Lautenschlag, Christian, *17.11.1949 Frankfurt; - Ps. Marockh Lautenschlag (*E-L-R*) #3,7

Lautenschlager, Othmar, *27.7.1809 Amberg, †24.8.1878 München; - Ps. K. Emil Pellisov; Priester Othmar; Priester Ottmar (*E*) #1,4,13

Lauter, Emma, *31.8.1838 Kölleda/Sa., †26.10.1926 Weißenfels/Sa.; - Ps. Emma Lauter-Richter (*L-N-R-S*) #2,3,4

Lauterbach, August, *30.9.1850 Oberkonnersreuth b. Bayreuth; - Ps. Samuel Bach (*L*) #1,4

Lauterbach, Karl, *2.1.1870 Bielitz; - Ps. K. Lauter-Bach (*D-N-R*) #3

Lauterer, Ernst, *4.9.1873 Frankfurt/M.; - Ps. Sigurd Vingthôrr (*L-P-S*) #3,4

Lautner, Ermelinde, *7.7.1875 Gleichenberg/Österr., †4.1.1913 Eggenberg b. Graz; - Ps. E. Norik (*S*) #4

Laux, Arthur, *10.12.1859 Gotha; - Ps. I. Bins; Oskar Büttner; E. I. N. Mensch; A. H. Sverus; G. O. Volkmann (*L-P*) #3

Laux, Johann, *29.4.1878 Wahlen b. Trier; - Ps. George Metlake (*P*) #3

Lauxmann, Loni, geb. Kinzelmann, *6.10.1895 Stolp/Pommern, †9.5.1972 Rheine; - Ps. Loni Lauxmann-Kinzelmann; Rainer Neuenkirch; Sixt Tober (*E-F-P-R*) #3,4

Lavagnino, Helene, *12.3.1904 Heimenschwand b. Bern; - Ps. Helene Jacky (*E-L-N-P-R*) #3,4

Lavater, Johann Kaspar, *15.11.1741 Zürich, †2.1.1801 Zürich; - Ps. Jonathan Asahel; Nathalion a Sancta Rupe (*D-L-P*) #1,4,5,11, 13,15,17

Lavater, Ludwig, *1.3.1527 Kyburg, †15.8.1586 Zürich; - Ps. Joannes Turicensis (*P*) #4,13

Lavater, Mary, *14.12.1893 Hamburg; - Ps. Mary Lavater-Sloman (*L-N-P-R*) #3

Laven, Ferdinand, *14.8.1879 Trier, †1947; - Ps. Flavius; F. de Trèves (*E-L-N-P-R*) #3,4

Lawätz, Ferdinand Otto, *11.5.1751 Rendsburg; - Ps. Jakob Leibeigen; Theodor Sklavenfeind (*P*) #6

Lawätz, Heinrich Wilhelm, *27.4.1748 Rendsburg, †27.6.1825 Neumühlen b. Altona; - Ps. J. G. Ehrenfall (*P*) #6

Lawrence, Sylvia, *10.11.1901; - Ps. Sylvia Lawrence De Goss (*F-J-L-N*) #3

Laxanger, Gustl, *16.1.1902 Wasserburg/Inn; - Ps. Scholastika Holzmayr (*E-J-L-R*) #3,4

Lay, Max, *27.4.1852 Berlin, †21.7.1908 Metz; - Ps. Captain Red Cloud (*E-N-R*) #3,4

Layriz, Friedrich Wilhelm Anton, *6.3.1771 Bayreuth; - Ps. Philophron (*P*) #4

Lazarini, Josef Philibert von, *23.8.1816 Dornegg/Ö., †31.8.1895 Graz; - Ps. Philibert Dorn; Josef Philibert (*L*) #1,3,4

Lazarowics, Heinrich, *13.1.1918 Bürstadt b. Worms; - Ps. Heinrich Maria Lorbür (*D-L*) #3

Lazarus, Julius, *4.9.1872 Berlin; - Ps. J. Aliquis; L. Julius (*L-P*) #3

Lazarus, Nahida Ruth, geb. Sturmhoefel, verw. Remy, *3.2.1849 Berlin, †17.1.1928 Meran; - Ps. St. Hadian; Nahida Remy; Nahida Sturmhoefel (*E-N-P-R*) #1,2,3,4

Lazius, Wolfgang Ritter von, *31.10.1514 Wien, †19.7.1565 Wien; - Ps. Wolfgang Latz (*P*) #4,13

Le Fort, Elisabeth von, *6.5.1880 Minden; - Ps. Maria von der Heide (*L-R*) #3,4

Le Fort, Gertrud Agnes Baronin von, *12.5.1850 Berlin; - Ps. Max Freih. von Hagen; G. v. Halster (*E-N-R*) #1,3,4

Le Fort, Gertrud Freiin von, *11.10.1876 Minden, †1.11.1971 Oberstorf; - Ps. Gerta von Stark; Petrea Vallerin (*E-L-N-P-R*) #3,4,5,8,9,10,14

Le Maitre, Elisabeth Marie Helene Estienne, *1810 Charlottenburg, †1899 Dresden; - Ps. Marie Helene (*D-N*) #1,4

Le Mang, Erich Erwin Woldemar, *28.11.1875 Borna b. Leipzig; - Ps. Curt Baum; Walter Große; Hans Munter; Karl Weißalles; Erwin Wulff (*E-P*) #3

Lebede, Hans, *2.3.1883 Berlin, †2.5.1945 Berlin; - Ps. Ed. Ebel; Hans Unkraut (*F-P*) #3,4

Leber, Emil, *9.12.1913 Wiesbaden; - Ps. Frank Lee; Dolf Montanus (*N-R*) #3,4

Leber, Gerda Luise, *11.12.1918 Lodz/Polen; - Ps. Gerda Hagenau (*D-F-L-N-P-R-S*) #3,4

Lebermann, Hermann, *17. Jh.; - gen. Corymbo/PB #11

Lebert, Vera, *23.6.1930 Mannheim; - Ps. Claire Grohé; Vera Lebert-Hinze (*L-P*) #3

Lebram-Mintz, Käte, *15.5.1887 Altona; - Ps. Käte Mintz (*P*) #3

Lebrecht, Johanna, *27.11.1765 Hermannstadt/Siebenb.; - auch Löprich (*L*) #4,11,13

Lebrecht, Michael, *16.11.1757 Hermannstadt/Siebenbürgen, †30.8.1807 Kleinscheuern; - auch Löprich (*E-L-R*) #4,11,13

Lebret, Karl August, *7.5.1809, †12.3.1855 Stuttgart; - Ps. Julius Alfret (*L*) #1,3,4

Lechle, Otto, *29.2.1904 Wien, †10.1.1984 Leipzig; - Ps. Otto Roland (*R*) #3,4

Lechner, Sigi Johannes, *24.6.1898 München, †27.7.1974 Garmisch-Partenkirchen; - Ps. Sigi (*E-F-R*) #3,4

Lecke, Franz, *6.8.1766 Hagen; - Ps. Siegmar von der Lenne; Tiefensee (*P*) #4,6,11

Leder, Rudolph, *13.4.1915 Chemnitz; - Ps. Stephan Hermlin (*L-N-P*) #3,4,5,8,10,14,18

Lederer, Hans, *16.3.1886 Wien; - Ps. Hans Volker (*P*) #3

Lederer, J. Joachim, *28.8.1808 Prag, †31.7.1876 Dresden; - Ps. Felix Wagner (*S*) #1,4,13

Lederer, Sophie, *(1903); - Ps. Sophie Eben-Lederer (*D-E-P-S*) #3,4

Lederer, Victor, *7.10.1880 Prag; - Ps. Siegwart Gaerber (*L-P*) #3

Ledochowska, Marie Therese Gräfin, *29.4.1863 Loosdorf/N.-Ö., †6.7.1922 Rom; - Ps. Africanus; Alexander Halka (*D-E-P*) #1,3,4

Ledroit, Johannes, *27.9.1862 Mainz; - Ps. Doktor Justus (*E-P-S*) #3,4

Ledwinka, Adolf, *25.11.1891 Marburg/Drau; - Ps. Wolfgang Krüger (*E-L*) #3,4

Ledwoch, Bert, *(1984); - Ps. Jerry Cotton (*R*) #16

Leeb, Willibald, *14.6.1861 Haßbach/N.-Ö., †2.2.1926 Göttweig u. d. Enns/Ö.; - Ps. Leon; Leontides (*P*) #3,4

Leegard, Alf, *29.10.1939 Eisleben; - Ps. Frank Wilkinson (*F-R-S*) #3

Leers, Johann von, *25.1.1902 Vietlübbe b. Gadebusch; - Ps. M. Thomas (*J-P-R*) #3,4

Leesen, Postuma Wilhelmine von, *26.2.1847 Ohrt/Fehmarn, †3.11.1906 Leipzig; - Ps. Karl Postumus (*R*) #1,2,3,4

Legell, Christian; - gen. Der Bemühete/FG 426/1645 #11,12

Legras, Henri, *28.9.1882 Rouen/Frankr., †1.11.1948 Frieburg/Schweiz; - Ps. Heinrich Herm (*E-P-R*) #3,4

Lehmann, Alfred, *6.12.1889 Berlin, †1918 München; - Ps. Alfred Lemm (*P-R*) #4

Lehmann, Alfred, *12.2.1891 Leipzig, †15.4.1955 Dresden; - Ps. Peter Peppermint (*E-J-P-S*) #3,4

Lehmann, Arthur-Heinz, *17.12.1909 Leipzig, †28.8.1956 Rosenheim; - Ps. Dieter Hagen; A. H. Lester; P. Sell (*E-F-N-R*) #3,4,5,10

Lehmann, Bernhard, *24.12.1851 Danzig, †13.12.1934 Danzig; - Ps. B. Barg; Bernhard Lehmann-Danzig; Korioth; Dr. Okoniewski-Schacht; Ruffo; Hans Wistulanus (*P*) #3,4

Lehmann, Bruno, *8.6.1902 Danzig; - Ps. Hans Brunow (*D-E-L*) #3,4

Lehmann, Emil, *18.11.1880 Turn/Böhmen, †20.11.1964 Dresden; - Ps. Ernst Ackermann (*E-L-P*) #3,4

Lehmann, Ernst, *29.5.1848 Berlin; - Ps. Lehnsmann (*P-S*) #3,4

Lehmann, Ernst Ludwig, *15.1.1901 Schwerin; - Ps. E. R. Leander; Ernst Raimund Lehmann-Leander (*D-S*) #3,4

Lehmann, Hans Friedrich, *14.7.1904 Frankfurt/O.; - Ps. Hans Frank Friedrichs; Hans F. L. Usdermark; Hans F. L. Vrankenvord (*E-L-N-R*) #3

Lehmann, Hans-Rudolf, *29.8.1944 Bern; - Ps. Lukas Hartmann (*E-F-R-S*) #3,4,5

Lehmann, Heinrich Ludwig, *26.3.1754 Detershagenenz; - gen. Lehmann von Detershagen (*P*) #4,11

Lehmann, Heinrich Wilhelm, *13.8.1803 Barby/Anhalt; - Ps. H. W. Helmann (*L*) #4,6,11

Lehmann, Johann August, *24.9.1802 Königsberg, †6.12.1883 Elbing; - Ps. Oskar Romaikarg Johannes (*L-P*) #4

Lehmann, Johannes, *11.4.1851 Königsberg; - Ps. L. Hohenberg (*P*) #3

Lehmann, Jon, *19.9.1865 Mainz, †4.12.1913 Breslau; - Ps. H. Brennert; Hugo Freund; Hans Wallberg; Hans Wallbergert; Hans Welberg (*E-L-R-S*) #3,4

Lehmann, Kurt, *2.4.1908 Berlin; - Ps. Konrad Merz (*L-N-P-R-S*) #3,4,18

Lehmann, Kurt, *19.4.1892 Dossenbach/Baden; - Ps. Lehmann-Issel (*P*) #3

Lehmann, Leopoldine von, geb. Doering, verw. Anz, *21.5.1832 Borken, †9.4.1913 Bad Oeynhausen; - Ps. Leopoldine Anz; Leopoldine Doering (*E-J-N*) #1,3,4

Lehmann, Margarete, *6.4.1907 Bautzen; - Ps. Margarete Hackebeil (*R-S*) #3,4

Lehmann, Max, *28.8.1888; - Ps. Dr. Emmel (*P*) #3

Lehmann, Otto, *1.1.1873 Berlin, †7.10.1964 Berlin; - Ps. Otto Lehmann-Rußbüldt (*M-N-P*) #3,4,18

Lehmann, Paul, *25.4.1850 Darsband/Rügen, †28.6.1930 Leipzig; - Ps. Paul Lehmann-Schiller (*E-P*) #3,4

Lehmann-Felskowski, Georg, *11.7.1863; - Ps. G. Lehfels (*D-S*) #3

Lehmann-Filhés, Bertha, *20.2.1819 Berlin; - Ps. L. Berthold; Bertha Filhés (*E-J-R-S*) #1,3,4

Lehmann-Haupt, Therese, *11.2.1864 Posen, †29.11.1938 Innsbruck; - Ps. Therese Haupt; Otfried (*E-L-M-P-S*) #1,3,4

Lehmann-Waldschütz, Gertrud, *20.2.1905 Waidmannslust b. Niederbarnim; - Ps. Gertrud Waldschütz (*E-R*) #3,4

Lehms, Georg Christian, *1648 Liegnitz, †5.5.1717 Darmstadt; - Ps. Pallidor (*E-P-R*) #4,6,11,19

Lehndorf, Christoph von, †1625; - gen. Der Reinigende/FG 32/1620 #11,12

Lehndorff, August Adolf Leopold Graf von, *8.4.1771 Bandels/Ostpr., †1820 Riesenwalde; - Ps. Adramelech der Ältere (*D*) #4,11

Lehner, Rudolf Julius, *25.8.1883 Wien, †19.4.1922 Klosterneuburg; - Ps. Oskar Brünne; Martin Golter; Erich Schellenberg (*E-L-P-S*) #3,4

Lehnhard, Paul Roderich, *6.11.1859 Berlin; - Ps. L. Bernhard; Lenary; P. Rahnheld (*D-E-P-S*) #3,4

Lehnhoff, Heinz, *(1967); - Ps. Peter van Dooren (*P*) #3

Lehr, Sylvia, *28.3.1894 Hamburg, †4.6.1964 England; - Ps. Sylvia von Harden (*L-N-R*) #3,4,18

Lehr-Koppel, Uta, *8.5.1936 Altheide/Schles.; - Ps. Uta Koppel (*E-J-L-P*) #3,4

Lehrburger, Egon, *13.7.1904 München; - Ps. Roger G. Helburne; Egon Larsen (*F-P*) #3,4,17,18

Leiber, Elisabeth, *12.1.1883 Hamburg, †18.10.1956 Bühl/Baden; - Ps. Ellen Ellen (*R*) #3,4

Leibholz, Gerhard, *15.11.1901 Berlin, †19.2.1982 Göttingen; - Ps. Berard (*P*) #4,18

Leibl, Ernst, *17.6.1895 Graslitz, †1982; - Ps. Bill Sterne (*D-E-F-L-P-R*) #3,4,10

Leibniz, Gottfried Wilhelm von, *1.7.1646 Leipzig, †14.11.1716 Hannover; - auch Leibnitius; Leibnuzius; Ps. Freybach; Caesarius Furstenerius; Germanus Gallus Graecus; Veridicus de Justiniano; Semper sibisimilis; Georgius Ulicovius Lithuanus (*P*) #4,6,13

Leichter, Otto, *22.2.1898 Wien, †14.2.1973 New York; - Ps. Pertinax; Georg Wieser (*P*) #4,18

Leichtlen, Julius, *4.3.1791 Emmendingen, †2.4.1830 Freiburg/Br.; - Ps. Julius Lampadius (*P*) #4,11,13

Leidenfrost, Johann Gottlob, *um 1720 Stolberg; - Ps. Artemon (*P*)

Leidesdorf, Franz, *25.9.1810 Wien, †19.1.1876 Nizza; - Ps. Franz Wallner (*E-L-P*) #1,4,13

Leiding, Frieda Margarethe, *15.11.1894; - Ps. Irene du Bois; Jean du Bois (*N-R*) #3,4

Leidwein, Helmut, *21.4.1903 Stillfried/N.-Ö.; - Ps. Iwodid Leiersin; Hans Weber (*F-L-P-R-S*) #3,4

Leifhelm, Hans, *2.2.1891 Mönchengladbach, †1.3.1947 Riva/Gardasee; - Ps. Hermann Brinckmeyer; Konrad Overstolz (*E-L-P*) #3,4,5,10,18

Leinert, Johann, *22.5.1892 Königswartha b. Bautzen; - Ps. Jan Lajnert (*E-L*) #3

Leineweber, Marie, *13.11.1859 Luederode/Sa.; - Ps. Mary Koch (*L*) #1,4

Leiningen, Anton Johann Graf zu, *17. Jh.; - gen. Der Beliebliche/FG 844 #1

Leiningen, Christoph Christian Graf zu, *17. Jh.; - gen. Der Zielende/FG 845 #11

Leiningen, Fr. Wilhelm Graf zu, *17. Jh.; - gen. Der Gelobte/FG 643 #11

Leiningen, Helene Gräfin zu, *6.8.1865 Breslau, †19.10.1942 Wiesbaden; - Ps. H. Helmuth; Frithjof Holm (*E-S*) #3,4

Leiningen, Simon Philipp Graf zu, *17. Jh.; - gen. Der Höfliche/FG 792 #11

Leiningen-Westerburg, Philipp II. Graf von, *5.1.1591 Oberbronn b. Hagenau/Elsaß, †9.2.1668 Grünstadt b. Frankenthal; - gen. Der Inhaltende/FG 469/1647 #11,12

Leins, Isabel, geb. Hamer, *15.3.1912 Berlin; - Ps. Isabel Hamer (*E-R*) #3,4

Leip, Hans, *22.9.1893 Hamburg, †6.6.1983 Fruthwilen/Thurgau; - Ps. Li-Shan-Pe (*E-L-P-R*) #3,4,5,8,10,14,17

Leipen, Elsa, *30.4.1876 Wien; - Ps. E. N. Peil (*R*) #4

Leippe, Ulla, *4.2.1915; - Ps. Uwe Jacobsen; Uwe Lassen (*E-F-J*) #3,4

Leipziger, Leon, *17.12.1861 Breslau, †21.12.1922 Berlin; - Ps. Der Roland von Berlin (*E-P-R*) #3,4

Leiseder, Helga, *7.7.1940 Innsbruck; - Ps. Helga Leiseder-Moser (*F-L*) #3

Leisner, Gustav, *4.7.1877 Kiel-Ellerbek, †1947 Mellenbach/Thür.; - Ps. Ellegaard Ellerbek; Ellegaard Ellerbek-Leisner; Klaus Kluckeklein; Ellegaard Leisner (*D-L-R*) #3,4

Leiß, Friedrich, *12.7.1924 Darmstadt; - Ps. Felix Laymburg (*L*) #1,4

Leiß, Hans, *6.12.1856 Schönberg/Tirol, †14.10.1935 Innsbruck; - auch Hans Leihs; Ps. Hans Schönberger (*D*) #3,4

Leiter, Helmut, *17.6.1926 Wien; - Ps. Hans Domenego (*E-J-P*) #3,4

Leithäuser, Julius, *11.4.1861 Barmen; - Ps. J. L. Gemarker (*E-P*) #3,4

Leitner, Frieda, *26.9.1905 Weissenburg b. Bern; - Ps. Maria Meinen (*P*) #3,4

Leitner, Hildegard, *2.3.1903 Berlin; - Ps. GAL; Hilga Leitner; Delia Sturm (*D-F-L-P-R*) #3,4

Leitner, Rudolf, *28.6.1889 Wien, †15.8.1965 Ziegenhain; - Ps. Hans Hütten (*E-F-R*) #3,4

Leitz, Hermann, *22.3.1900 Freiburg/Br., †20.3.1975 Freiburg/Br.; - Ps. Hermann Leitz-Haller; Hermann Ziel (*L-P*) #3,4

Leitz, Max, *5.12.1887 Freistett/Baden; - Ps. Majale (*F-L-R-S*) #3

Leliwa, Friedrich von, *14.2.1585, †10.1.1652 Gut Kemme b. Hildesheim; - auch Friedrich von Lelif; gen. Der Leschende/FG 119/1626 (*L*) #11,12

Leman, Christian Carl, *9.3.1779 Deetz b. Zerbst, †7.7.1859 Halle/S.; - Ps. Hugo Dezius (*P*) #4,11,13

Lembcke, Wilhelm, *2.6.1863 Stettin; - Ps. William Turner-Lembcke (*D-S*) #1,4

Lembcke, Wilhelm Gabriel, *30.9.1816 Hamburg, †1895 Hamburg; - Ps. Wilhelm Gabriel (*D-E*) #1,4

Lembeck, Bernd, *31.8.1895 Düsseldorf; - Ps. Pidder Lüng (*L-N-P-R*) #3

Lemberger, Ernst, *31.12.1866 Wien; - Ps. Ernst L. M. Berger; Montanus (*P-S*) #3,4

Lemcke, Carl von, *26.8.1831 Schwerin, †7.4.1913 München; - Ps. Carl Manno; Carl Manso (*E-L-P-R*) #1,3,4

Lemcke, Paul, *16.9.1850 Nordhausen, †17.5.1909 Zeulenroda/Thür.; - Ps. Hans Lemke (*E-P-R*) #1,3,4

Lemke, Else, geb. Stahl, *10.1.1890 Allenstein/Ostpr.; - Ps. Julius Hufschmied; Else Stahl (*P-R*) #3,4

Lemke, Karl, *16.1.1895 Königsberg, †15.9.1969 München; - Ps. Ferdinand Carolus; Role Ekmel; K. H. Lee; Fr. Massan; Charles Scott (*L-N-P-R*) #3,4

Lemke, Walter, *29.6.1907 Berlin, †15.11.1968 Berlin; - Ps. Walter Böhm-Lemke (*F-R*) #3,4

Lemm-Margadant, Simon, *1511 Münsterthal/Schweiz, †24.11.1550 Chur; - Ps. Avicinius; Joannes Avicinius Burgavus; Syncerus Constantius; Lutius Pisaeus Juvenalis; Lemnius Emporicus; Simon Lemnius; Simon Margadant; Mercator; Mercatorius; Joan Vogelgesang (*L*) #4,5,11,13

Lemp, Liselotte, *4.4.1916 Oppeln; - Ps. Juana von Felsen (*D-F-L-N-P*) #3,4

Lempp, Ferdinand, *14.10.1913 Schwäbisch Gmünd, †14.11.1986 Prisdorf b. Homburg; - Ps. Tramontanus (*L-P*) #3,4

Lengbach, Georg, *7.1.1883 Wien, †3.5.1952 Frankfurt/M.; - Ps. Bert George (*N-P-R-S*) #3,4

Lengenfelder, Johann Nepomuk, *1753 Straubing, †25.6.1783 München; - Ps. Johann Nepomuk Längenfeld (*D*) #1,4,11

Lengerke, Cäsar von, *30.3.1803 Hamburg, †3.2.1855 Elbing; - Ps. Serenus (*L-P*) #4,6, 11,13

Lenich, Paul, *25.9.1880 Hirschberg/Rieseng.; - Ps. Soistes (*P*) #3

Lennig, Walter, *13.2.1902 Kempten, †18.2.1968 Berlin; - Ps. Walter Nigel (*F-P*) #3,4

Lenschow, Anna, *1.2.1868 Rostock; - Ps. Esther Marly (*D-E-L-N-R*) #2,3

Lense, Martin, *26.11.1894 Rot/Württ., †5.7.1962 Marienstadt b. Hachenburg; - Ps. Eugen Lense (*P*) #3,4

Lenthe, Jobst Heimart von, †1649; - auch Jost Heinrich Leute; Jost Heinrich von Lente; gen. Der Schönblühende/FG 384/1642 #11,12

Lentz, Michaela, *14.11.1941 Mährisch-Schönberg; - Ps. Michaela Bach; Sylvia Behring (*J-P-R*) #3,4

Lentz, Nicolaus, *(1830); - Ps. Johann Fidelis (*P*) #4

Lenz, Fritz, *11.7.1864 Querstedt b. Stendal, †11.2.1911 Halberstadt; - Ps. Leo Fritz (*D-L-P*) #1,3,4

Lenz, Johann Reinhold von, *25.11.1778 Pernau/Estl., †19.2.1854 Riga a. d. Düna; - gen. Kühne; Lenz-Kühne; Ps. J. R.; (*D-S*) #1,4,11,13

Lenz, Theamaria, *23.9.1889 Mainz; - Ps. Thea Kaufmann-Staadt (*F-P*) #3,4

Lenzen, Ludwig, *10.5.1907 Aachen; - Ps. Kurt Catena; Max Minus (*E-F-L-R*) #3,4

Lenzen, Maria, *18.12.1814 Dorsten/Westf., †11.2.1882 Anholt/Westf.; - später Maria ten Brinck (*E-N-R*) #1,2,4,13

Lenzner, Grete, *5.4.1888 Gorden b. Liebenwerda; - Ps. Amélie Gorden (*R*) #3

Leo, Friedrich August, *6.12.1820 Warschau, †30.6.1898 Glion/Genfer See; - Ps. August Olfer (*L-P-S*) #1,3,4,13

Leo, Sophie Auguste, *14.9.1795 Hamburg; - Ps. Emil Deschamps; Leontine Romainville (*P*) #1,4,11

Leonardi, Alexander, *21.2.1887 Thorn; - Ps. Der Löwe; Lykurg (*E-L-P-R*) #3,4

Leonhard, Erna, *19. Jh.; - Ps. Erna Feld (*F-P*) #3

Leonhard, Karl Cäsar, *12.9.1779 Rumpenheim b. Offenbach, †23.1.1862 Heidelberg; - Ps. Werner (*D-P*) #4

Leonhard, Maria, *21.10.1928 Heidelberg; - Ps. Eva-Maria Leonhard (*E-L*) #3

Leonhard, Rudolf, *27.10.1889 Lissa/Posen, †19.12.1953 Berlin; - Ps. Robert Lanzer; Roger Lehardon (*D-L-P-R-S*) #3,4,5,8,14,18

Leonhard, Susanne, geb. Köhler, *14.6.1895 Oschatz; - Ps. Susanne Köhler; Hannelore Sandus (*P*) #3,4,18

Leonhardi, Johann Gottfried, *(1782); - Ps. Basilius (*S*) #4,11

Leonhardt, Emil, *7.10.1862 Reichenbach/Vogtl.; - Ps. E. Leinweber (*E-L-S*) #4

Leonhardt, Helmuth, *16.10.1899 Liegnitz/Schlesien; - Ps. Ferdinand Lotty (*E-P*) #3,4

Leonhardt, Siegmund, *12.5.1939 Leipzig; - Ps. Leo Leonhard (*J*) #3,4,17

Leonhardt, Wilhelm August, *7.1.1880 Copitz/Elbe, †13.1.1915; - Ps. Leo Hardt (*L-P*) #4

Leopold, Günther, *18.7.1929 Wien; - Ps. Ronald Potter (*F-J*) #3,4

Leopold, Kurt Fiedrich, *6.5.1877 Leipzig, †29.11.1914 Leipzig; - Ps. Kurt Friedrich (*D*) #4

Lepehne, Marga, *19.8.1865 Labiau/Ostpr.; - Ps. Hans Leonardi; Dagmar Romanow; Emma Vilmar (*N-R*) #2,3,4

Lepka, Waltraud, geb.Seidlhofer, *26.11.1939 Linz/Do.; - Ps. Waltraud Seidlhofer (*E-L-R*) #3

Lepman, Jella, *15.5.1891 Stuttgart, †4.10.1970 Zürich; - Ps. Katherine Thomas (*E-J-P*) #3,4,17,18

Leppa, Joseph Franz, *17.3.1901 Budweis/Böhmen; - Ps. Konrad Leppa (*P*) #3

Leppin, Rudolf, *21.8.1871 Breddin b. Potsdam; - Ps. R. Reim; Christian Ehregott Noeldichen (*E*) #3,4

Leps, Johann Ferdinand, *1793 Zerbst, †29.4.1850 Neuruppin; - Ps. Ferdinand Treu (*P-S*) #4,6,11

Lepuschitz, Richard, *20.4.1923 Salzburg; - Ps. Richard Paulant (*S*) #3,4

Lerbs-Lienau, Renate, *8.4.1914 Berlin; - Ps. Renate Lienau (*E-J-L-R*) #3,4

Lerch, Gustav, *1.8.1891 Röhrsdorf b. Deutsch-Gabel/Sud., †23.4.1975 Bischofswiesen; - Ps. Leo Lerch (*E-R*) #3,4

Lerch, Hans, *30.4.1895 Frankenhausen/Kyffhäuser; - Ps. Peter Stieglitz (*D-E-N-P-R-S*) #3,4,7

Lerch, Hansruedi, *8.12.1942 Münsingen/Schweiz; - Ps. Franz Kaschowski (*N-P*) #3

Lerch, Hugo, *27.3.1882 Hamburg; - Ps. Heinrich Hugo-Hamburg (*N-P*) #3

Lerda, Oda, geb. Olberg, *2.10.1872 Lehe b. Bremerhaven; - Ps. Oda Olberg (*P*) #3

Lerf, Urs, *19.6.1945 Leibstadt; - Ps. Hans Geist (*R*) #3

Lernet-Holenia, Alexander, *21.10.1897 Wien, †3.7.1976 Wien; - Ps. G. T. Dampierre; Clemens Neydisser (*D-E-F-L-R-S*) #3,4,5,8,10

Lesch, Walter, *4.3.1898 Zürich, †27.5.1958 Küsnacht b. Zürich; - Ps. Marcel Lenoir (*D-L-P-S*) #3,4

Leschinger, Karl Konrad, *26.11.1866 Landskron/Böhmen, †25.7.1904 Karlsbrunn b. Zwittau; - Ps. Konrad Linger (*P*) #3,4

Leson, Monika, *25.4.1951 Köln; - Ps. Monika Verhülsdonk (*J-P*) #3

Lesser, Ludwig, *7.12.1802 Rathenow, †2.12.1867 Berlin; - Ps. Cyaeus; Ludwig v. d. H.; Ludwig L-r; Ludwig Liber; P. d. A.; Petrarca; Petrarca der Auflaurer; Unus pro multis (*L-P*) #4,11

Lesser, Sophie, *19. Jh. Wien; - Ps. Lisa Seiler (*P-R*) #3

Lessing, Caroline, *28.6.1779 Breslau, †2.10.1834 Altona; - Ps. Caroline L. (*L-N-R*) #1,4

Lessing, Theodor, *8.2.1872 Hannover, †30.8.1933 Marienbad; - Ps. Theodor Lensing; Peregrin; Hans Widerporst (*D-L-P-R*) #1,3,4,18

Lessmann, Daniel, *18.1.1794 Soldin/Neumark, 2.9.1831 b. Kroppstedt; - Ps. Th. Blumenhagen (*D-L-N-R*) #1,4,11,13

Leßmann, Marianne Katharina, *18.6.1920 Gelsenkirchen; - Ps. Maria Helmer (*L-P*) #3,4

Lest, Hans Heinrich von, *17. Jh.; - gen. Der Glückselige/FG 617 #11

Lestiboudois, Herbert, *21.6.1907 Hamburg; - Ps. Bert (*E-L-P*) #3,4

Leszynski, Werner, *26.5.1898; - Ps. Werner Schelle (*P-R*) #3

Letsch, Maximilian, *5.4.1906 Rastatt; - Ps. Piccolomini (*L-P*) #3,4

Letsche, Curt, *12.10.1912 Zürich; - Ps. Claus Weber (*E-R*) #3,4,20

Lettenmair, Josef Günther, *1.3.1899 Linz/Do.; - Ps. J. M. Lingard; Rainer Rauth (*E-N-P-R*) #3,4

Lettmat, Kaspar von, *17. Jh.; - gen. Der Unverzagte/FG 838 #11

Leucht, Christian Leonhard, *12.2.1645 Arnstadt, †24.11.1716 Nürnberg; - Ps. Anton Faber; Sigismundus Ferrarius; Casp. Laelius; C. L. Lucius; Sigismund Schmidt; Sulpitius Severus; Cassander Thucelius; C. L. Tucelius (*P*) #4,6,13

Leucht, Valentin, *um 1550 Hollstadt/Unterfr., †1.7.1619 Frankfurt/M.; - auch Valentin Leuchtius; Ps. Theodor Cygnaeus (*P*) #4,11

Leufen, Will, *31.5.1869 Leuffahrt/Rhld.; - Ps. d'Artagnan; Will Helmold (*D-L-P-R*) #3

Leukefeld, Peter, *23.3.1937 Mühlhausen, †28.10.1983 München; - Ps. Daniel Mann; Michael Widborg (*F-P-R*) #3,4,7

Leunigk, Bernhard Kaspar Heinrich von, *17. Jh.; - gen. Der Nachdenkende/FG 883 #11

Leupold, Johann Christian, *18.9.1709 Frauenstein/Erzgeb., †13.1.1786 Bautzen; - Ps. Parthenopolitanus (*P*) #4,6

Leuschner, Oskar, *9.5.1870 Großburgk/Sa., †3.2.1935 Berlin; - Ps. Erich Stark (*L-S*) #3,4

Leutenegger, Tobias C., *19.10.1951; - Ps. Tobias C. Biancone (*D-E-F-L-M-R*) #3,4

Leutersdorf, Fritz von, *10.12.1876 Königswartha/Sa.; - Ps. Willy Hoffmann-Courtier (*E-N-R*) #1,4

Leuthard, Kurt, *17.1.1919 Zürich; - Ps. Kurt vom Lande (*F-L-P*) #3,4

Leuthold, Hanna, geb. Schubert, *22.9.1874 Hütten b. Königstein/Sa.; - Ps. Hanna Schubert (*R*) #4

Leutsch, Hans Augustus von, *17. Jh.; - gen. Der Jagende/FG 530 #11

Levens, Claria, *(1986); - Ps. Claria Hausmann (*L*) #3

Levêque, Emma, geb. Bunsen, *11.8.1850 Moskau; - Ps. Emma Bunsen; Aimé Pinkow (*E-J*) #2,3

Leverkus, Ernst, *21.12.1922 Essen; - Ps. Klacks (*F-P*) #3

Levetzow, Elisabeth von, *2.12.1907 Berlin; - Ps. Bettina Levetzow (*R*) #3

Levetzow, Karl Michael Freiherr von, *10.4.1871 Dombromilitz/Mähr., †4.10.1945 Mürau/Mähren; - Ps. M. Karlev (*L-P-S*) #3,4

Levetzow, Viktor von, *17.12.1871 Ehlerstorff b. Oldenburg, †22.8.1950 Hohwacht b. Lütjenburg; - Ps. Hans Heinrich v. Schwießel (*L-R-S*) #3,4

Levezau, Joachim Dieterich von, *17. Jh.; - gen. Der Glückliche/FG 610 #11

Levi, Arthur, *6.10.1862 Esslingen; - Ps. A. Rutari (*J-P*) #3

Levi, Elise, *10.10.1832 München, †18.10.1892 Frankfurt/M.; - Ps. Elise Henle (*D-S*) #1,3,4

Levi, Thekla, geb. Edenfeld, *23.5.1871 Stuttgart; - Ps. Thekla Edenfeld (*L-S*) #2,3,4

Levin-Goldschmidt, Hermann, *11.4.1914 Berlin; - Ps. Hermann Levin Goldschmidt (*P*) #4,18

Leviné, Eugen, *9.5.1883 Petersburg, †5.6.1919 München; - Ps. Goldberg; Nissen (*P*) #4

Levinger, Barbara, *26.12.1904 Mannheim; - Ps. Barbara Lee (*L-R*) #3

Levy, Alphons, *19.11.1838 Dresden; - Ps. Ernst Maurer; Alphons Müller (*L-N-P*) #1,3,4

Levy, Elias, *24.5.1819 Breslau, †5.2.1883 Berlin; - Ps. Ernst Dohm (*E-L-S*) #1,4,5, 13,15

Levy, Hermann, *22.5.1881 Berlin; - Ps. Hermann Lint (*L-R*) #3,4

Levy, Jakob, *6.5.1889 Bukarest, †14.5.1974 Beacon/USA; - Ps. Jakob Levy Moreno (*P*) #4,8

Levy, Julius Simon, *19.7.1886 Weißenburg/ Elsaß; - Ps. Alexander Benzion (*E-P*) #4

Levy, Markus, *13.4.1844 Duisburg; - Ps. L. Maurice; Maurich (*N*) #1,3,4

Levy, Walter, *8.4.1914 Hamburg; - Ps. Peter Munk (*D-F-L*) #3,4,18

Lewald, August, *14.10.1792 Königsberg, †10.3.1871 München; - Ps. Hans Kindermann; Tobias Sonnabend; Kurt Waller (*D-J-L-N-P-R-S*) #1,4,6,11,13,17

Lewald, Emmi, *5.12.1866 Oldenburg, †29.9.1946 Apolda; - Ps. Emilie Roland (*L-N-P-R*) #2,3,4

Lewandowski, Herbert, *23.3.1896 Kassel; - Ps. Lee van Dovski (*E-F-J-P-R*) #3,4,7,18

Lewenstein, Benno, *12.3.1847 Stettin; - Ps. G. Glaß; Otto Waldau (*D-N-S*) #3,4

Lewenstein, Wanda, *7.12.1853 Ostrowo; - Ps. Wanda Waldau (*N-P*) #3

Lewin, Adolf, *23.9.1843 Pinne; - Ps. Dolfe (*P*) #3

Lewin, Georg, *16.9.1878 Berlin, †31.10.1941 Saratow/Wolga; - Ps. Doktor profundis; Georg Sturm; Walter Sturm; Herwarth Walden; Warth (*D-L-P-R*) #4,5,8,18

Lewin, Hannah-Miriam, *23.8.1964 Halle/S.; - Ps. Miriam Margraf (*E-F-L-P-R*) #3

Lewin, Kurt, *17.5.1908 Berlin; - Ps. Klewing (*F-L-N-P*) #3,4,18

Lewinsky, Fritz-Erich von, *24.11.1887 Berlin, †10.6.1973 Irschenhausen/Isar; - Ps. Erich von Manstein (*P*)

Lewinsohn, Richard, *23.9.1894 Berlin, †9.4.1968 Madrid/Spanien; - Ps. Morus (*P*) #4,18

Lewinstein, Gustav, *21.9.1829 Berlin; - Ps. J. Weinstengl (*P*) #3

Ley, Karl, *25.12.1889; - Ps. Justus Marckord (*P*) #3

Ley, Willy, *2.10.1906 Berlin; - Ps. Robert Willey (*P-R*) #3,4

Lezius, Martin, *3.2.1884 Berlin, †19.4.1941 Berlin; - Ps. triarius (*P*) #3,4

Libau, Andreas, *um 1555 Halle/S., †1616 Coburg; - Ps. Andreas Libavius; Basilius de Varna (*P*) #4,13

Lichey, Georg, *16.12.1886 Danzig; - Ps. Georg Hermannssohn; Lips Lama; August Lebegrund; Zcengis Zzyzcak (*E-N-P-R-S*) #3,4

Lichtblau, Adolf,*17.5.1844 Wien, †10.5.1908 Abbazia/Istrien; - Ps. A. L. Blau; Der wandernde Biermanne (*D-P-S*) #3,4

Lichtenberg, Georg Christoph, *1.7.1742 Ober-Ramstadt b. Darmstadt, †24.2.1799 Göttingen; - Ps. Emanuel Candidus; Friedrich Eckard; Conrad Photorin (*P*) #4,5,6,11,13,14

Lichtenecker, Elisabeth, geb. Bier, *8.8.1919; - Ps. Elisabeth Bier (*E-L-P*) #3

Lichtenfels, Ellen, geb. Fechner, *1895 Berlin, †1.4.1951 Hoopte/Luhe; - Ps. Ellen Fechner (*E-F-R*) #3,4

Lichtenstein, Edmund, *22.1.1864 Cottbus, †Berlin; - Ps. Ed. Mund; Ed. Mund-Lichtenstein; Lorenz Stahl; L. Stein (*L-P*) #1,3,4

Lichtenstein, Esdras Markus, *(1686); - Ps. Der Sprachübende (*P*)

Lichtheim, George, *11.6.1912 Berlin; - Ps. G. L. Arnold (*P*) #18

Lidl, Walter, *1918 München; - Ps. Walter Ludwig Lidell (*L*) #3

Lie, Trolli, *24.2.1908 Libau/Lettland; - Ps. Neutzky Wulff (*J*) #3

Liebenau, Hans Christoph von, *17. Jh.; - gen. Der Emsige/DG-R #11

Liebenwein, Joseph Richard, *(19. Jh.); - Ps. Felice d'Agaro (*P*) #3

Lieber, Franz, *18.3.1798 Berlin, †2.10.1872 New York; - Ps. Franz Arnold; Columbiensis; Timothy Quicksand (*L-P*) #1,4,11,13

Lieber, Thomas, *7.9.1524 Baden/Aargau, †31.12.1583 Basel; - Ps. Thomas Erastus; Thuricensis Physicus (*P*) #4,13,15

Lieberam, Alwine, *1.2.1863 Trier; - Ps. A. Wedemeyer (*J*) #2,3

Liebermann, Berta R., *16.3.1921 Glashütten/Burgenland; - Ps. Schalper (*F-L-M-P*) #3,4

Liebermann, Marie, geb. Rosenfeld, gesch. Balás-Kisòcs, *1.5.1875 Pußta Zdenci/Slawonien, †1935; - Ps. Marius Roda; Roda & Roda; Marie Roda Roda; Marie Rosenfeld; Marie Balás-Kisòcs (*E-R-S*) #2,3,4

Liebermann von Sonnenberg, Jutta, *4.5.1928 Berlin; - Ps. Jutta von Sonnenberg (*N-R*) #3,4

Liebert, Eduard von, *16.4.1850 Rendsburg, †14.11.1934 Tscheidt b. Kosel; - Ps. Sarmaticus (*P*) #3,4

Liebeskind, Margarete, gesch. Forkel, *22.2.1765 Göttingen; - Ps. Margarete Forkel (*E-R*) #1,4,11

Liebetreu, C. F., *13.11.1833 Berlin; - Ps. F. Truloff (*E-P*) #3,4

Liebhaber, Amalie Luise, *28.11.1779 Wolfenbüttel, †11.5.1845 Berlin; - Ps. Amalie Luise (*D-E-L*) #1,4,6,11

Liebhold, Anna, geb. Teichmann, *23.5.1844 Kemberg/Sa.; - Ps. Anna Teichmann (*L-P*) #3,4

Liebich, Jenny, *20.1.1871 Frankfurt/O.; - Ps. J. Dalden (*E-N-R*) #2,3

Liebisch, Rudolf, *25.12.1861 St.Johann b. Salzburg, †9.6.1939 Dessau; - Ps. Jean Boesen (*E-L-P*) #3,4

Liebler, Georg, *10.1.1958 München; - Ps. Georg Brun (*E-R*)

Lieblich, Karl, *1.8.1895 Stuttgart, †1.3.1984 Stuttgart; - Ps. Ark Schillbeil (*E-L-P*) #3,4

Liebling, Alice, *27.11.1872 Berlin; - Ps. Fred Aling (*D-S*) #4

Liebmann, Jenny, *12.6.1853 Nikolsburg; - Ps. J. Linden (*P-S*) #2,3

Liebreich, Rudolf, *12.12.1906 Wien; - Ps. Rudolf Antonus (*S*) #4

Liechti-Moser, Rose-Marie, *7.6.1954 Langnau/Schweiz; - Ps. Romie Lie (*R*) #3

Lieder, Herwig, *28.5.1925 Remscheid; - Ps. Rolf Hermes; Ralf Neugebauer (*J-R*) #3,4

Liegel, Tuisco Achilles, *20.7.1826 Uelzen; - Ps. A. L.; Ethinos (*P*) #3,4

Liegler, Leopold, *30.6.1882 Wien, †8.10.1949 Wien; - Ps. Ulrik Brendel (*P*) #3,4

Liehr, Heinz, *24.1.1917 Berlin; - Ps. H. H. Bär; Rico di Positano (*E-R*) #3,4

Liemert, Hanshugo, *16.9.1882 Triest; - Ps. Leudomar (*P*) #3

Liepman, Heinz, *27.8.1905 Osnabrück, †6.6.1966 Agarone/Tessin; - Ps. Jens C. Nielsen (*D-F-P-R*) #3,4,5,8,18

Lier, Hermann Arthur, *1.2.1857 Herrnhut; - Ps. A. Hermann (*P*) #3

Lier, Johann Quido, *30.8.1893 Czernowitz/Bukowina; - Ps. Jan de L..r (*D-L-P*) #3

Lieres und Wilkau, Gabriele von, *20.3.1864 Oppeln, †26.7.1935 Bad Kösen; - Ps. von Brunkow; Gabriele; Rabanus; Schwucht von Zinken; G. v. Wilkau; G. Wilke (*E-N-R*) #2,3,4

Liersch, Rolf Werner, *16.3.1943 Berlin; - Ps. Chester Henderson; Ed La Rocca; Arno Zoller (*F-R-S*) #3,7

Liesegang, Johannes, *6.10.1897 Berlin, †1961 Berlin; - Ps. F. Johannes Haasis; Jonny Liesegang (*E-F*) #3,4

Liesegang, Raphael Ed., *1.11.1869 Elberfeld, †13.11.1947 Homburg v. d. H.; - Ps. Ahriman; Raphael Ed. Ganga; A. Helheim; Jul. Raphaels (*D-P*) #3,4

Liesen, Heinrich, *18.12.1840 Köln, †3.10.1896 Giesenkirchen b. Mönchen-Gladbach; - Ps. L. Clemens (*P*) #4

Liesen, Heinz, *11.6.1903 Köln; - Ps. Michael Lisenius (*L-N-R*) #4

Liesner, Christian, *1.10.1675 Zittau, †8.9.1731 Glogau; - Ps. Fortunander (*P*) #4,6

Liess, Andreas, *16.6.1903 Klein-Kniegnitz/Schles.; - Ps. Karl Friedrich Alys (*L-P*) #3,4

Ließem, Paul,*3.6.1895 Köln; - Ps. P. L. (*L-P*)

Ligensa, Elfie, *1949; - Ps. Stefanie van Berg; Andrea Martini; Susanne Nolden; Corinna Winter (*R*)

Lilge-Stodieck, Renate, *23.9.1943 Gotenhafen; - Ps. Renate Arnd-Lilge (*M*) #3,4

Lilgenau, Cyprian Jonas von; - gen. Der Reichende/FG 518/1648 #11,12

Lilie, Adolf, *23.10.1851 Ober-Krätzau/Böhmen, †1912 Gablonz/Böhmen; - Ps. Wolfgang Schild (*E-R*) #1,3,4

Lilie, Georg, *19.12.1873 Leipzig; - Ps. Georg v. d. Höhe (*E-P*) #3

Lilie, Moritz, *24.1.1835 Chemnitz, †11.8.1904 Hildburghausen; - Ps. Woldemar Berndt; M. L. v. Chemnitz; Moritz Rose (*E-L-N-P*) #1,3,4

Lilien, Anna Freiin von, *11.5.1841 Arnsberg, †13.8.1920 Münster; - Ps. Anna Freiin v. L. (*E-N-R*) #4

Lilien, Traugott Christiana Dorothea, *31.3.1724 Ronneburg, †15.12.1788 Dresden; - Ps. D. C. D. L.; Doris; Löberin (*L*) #4,11

Lilien-Magnussen, Renata von, *3.10.1906 München; - Ps. Renata von Lilien (*L-P-R*) #3,4

Lilienau, Wilhelm von, *17. Jh.; - gen. Der Anmutige/DG-R #11

Liliencron, Friedrich Adolf Axel Freiherr von, *3.6.1844 Kiel, †22.7.1909 Hamburg; - Ps. Detlev von Liliencron (*D-E-L-N-P-R*) #3,4, 5,14

Lilienfeld, Marie von, *17.4.1832 Reval/Estland; - Ps. Fr. Friedenthal (*P*) #2,3

Lilienthal, Erich, *15.2.1879 Berlin; - Ps. Polyphem (*E-P-R*) #3,4

Lilienthal, Richard, *4.4.1866 Thorn; - Ps. Richard Thalen (*L*) #3

Lilienthal, Siegfried, *10.12.1864 Rosenberg/Westpr., †8.8.1928; - Ps. Fritz Stahl (*N-P*) #3

Lilienthal, Wilhelm, *28.1.1867 Berlin; - Ps. Wilhelm Thal (*N-P*) #3,4

Limburger, Konrad Martin, *17. Jh.; - gen. Ismenian/PB #11

Limburger, Martin, *17. Jh.; - gen. Myrtill/PB #11

Limburger, Regina Magdalena, *17. Jh.; - gen. Magdalis/PB #11

Limmer-Leuchs, Else, *8.1.1882 Darmstadt, †1975; - Ps. Mynx (*L-S*) #4

Limprecht, Carl, *24.7.1865 Elberfeld; - Ps. A. O. Wupper (*D-N-P*) #3

Limpurg, Erasmus II. Reichserbschenk Herr von, *11.8.1576, †29.5.1653; - gen. Der Verwelkte/FG 148/1627 #11,12

Lincke-Resch, Helene, *21.1.1838 Greiz/Thür., †1914 Dresden; - Ps. Helene Resch (*E-P*) #1,2,4

Linckens, Paul Heinz, *1940 Aachen; - Ps. Hendrik P. Linckens (*P*) #7

Lindau, August Ferdinand, *11.3.1778 Vehlefanz b. Berlin, †um 1842 Oels/Schles.; - Ps. Philyrion (*P*) #4,11

Lindau, Wilhelm Adolf, *24.5.1774 Düsseldorf, †1.6.1849 Dresden; - Ps. Josef Aldoni; Julius Laetus; Verf. der Heliodora; Rudolf Wald (*E-N-P*) #1,4,6,11,13

Lindau-Schulz, Margarete, *19. Jh.; - Ps. Margit Lindt (*E-F-N-P*) #3

Lindberg, Jens, *29.1.1917 Hamburg; - Ps. J. Berg (*E-F-J-R*) #3,4

Linde, Ernst, *20.5.1864 Gotha, †21.12.1943 Gotha; - Ps. Felix Maritus (*P*) #17

Linde, Heinrich Freiherr von der, *29.8.1848 Berlin; - Ps. Henn. vom Hegenstein (*L-P*) #3

Linde, Paul, *21.11.1877 Wolmirsleben b. Magdeburg, †26.8.1960 Steinfeld b. Lohr; - Ps. Linde Elson (*E-P-R*) #3,4

Lindemann, Else, *14.5.1895 Preußisch-Holland/Ostpr., †1990; - Ps. Lisa Berghamer; Else Jung (*E-J-R*) #3,4

Lindemann, Erich, *8.5.1888 Güstrow/Meckl.; - Ps. E. Hasselbring (*P*) #3

Lindemann, Henriette, geb. Schmidt, *16.3.1830 Ulm, †7.4.1915 Neu-Ulm; - Ps. Henriette Schmidt; Henriette Schmidt-Lindemann; Sophie (*J-L*) #2,3,4

Lindemann, Hubertine Maria Luise, *22.2.1862 Köln, †16.5.1932 Düsseldorf; - Ps. Louise Dumont (*P*) #4,15

Lindemann, Wilhelm, *5.4.1882 Berlin, †8.12.1941 Berlin; - Ps. Waldemar Alfredo; Fritze Bollmann; Ernst Eckstein; C. Komzak (*P-S*) #3,4

Lindemayr, Kajetan Benedikt Maximilian, *17.11.1723 Neukirchen/Ö., †19.7.1783 Neukirchen/Ö.; - Ps. Maurus Lindemayr (*L-S*) #1,4,5,11

Lindemayr, Johann, *19. Jh.; - Ps. Hanns v. d. Alsa (*P*) #3

Lindenberg, Friedrich, *28.8.1916 Berlin; - Ps. H. W. Veterator (*P*) #3

Lindenblatt, Walther, *14.11.1875 Halberstadt; - Ps. Erwali (*P*) #3

Lindener, Michael, *um 1520 Leipzig, †7.3.1562 Friedberg; - Ps. Hans Compan; Michael von L.; Poeta L.; Tilius M. (*P-S*) #4,5,11,13,14

Lindenmann, Rudolf, *11.11.1852 Aarau, †19.12.1908 Fehraltorf/Zürich; - Ps. Cyrenaicus (*P*) #4

Linder, Anna, *1.11.1895 Rankweil/Vorarlberg; - Ps. Anna Linder-Knecht (*E-S*) #4

Lindner, Anton, *14.12.1874 Lemberg, †1915 Hamburg-Wandsbek; - Ps. Pierre d'Aubecq (*L-P*) #3,4

Lindner, Caspar Gottlieb, *9.1.1705 Hirschberg, †1769 Hirschberg; - Ps. Philander von der Fichte (*L-P*) #1,4,11

Lindner, Friedrich Ludwig Georg, *23.10.1772 Mitau, †11.5.1845 Stuttgart; - Ps. Georg Erichson (*D-P*) #4,11,13

Lindner, Gerhard, *27.3.1910 Dresden; - Ps. Alfred Rangelbach-Northenau (*F-P*) #3

Lindner, Hedda, *9.6.1899 Blankenburg/Harz, †5.7.1978 Karlsbad; - Ps. Martina Koldewey (*R*) #3,4

Lindner, Karl, *6.11.1890 Stadlern/Opf.; - Ps. Tilly Lindner (*L-P-R*) #3,4

Lindner, Lisbeth, *20.10.1901 Aachen, †9.3.1957; - Ps. Lindner-Usseln (*E-J-L-R*) #3,4

Lindner, Pirminius August, *17.12.1848 Innsbruck; - Ps. P. Gabriel Bucelin (*P*) #3

Lindner, Toni, *(1893); - Ps. Toni Heldern (*J*) #2,4

Lindpainter, Lore, geb. von Klebelsberg, *7.10.1918 Bozen; - Ps. Lore von Klebelsberg (*L-P*) #4

Lindstedt, Hans Dietrich, *21.4.1929 Schönebeck/Elbe; - Ps. Hans Weiler (*F-L-P*) #3

Link, Erich, *27.3.1906 Berlin; - Ps. Flim; Oberon; Sinister; Julius E. Walther (*F-L-M-P-R*) #3,4

Link, Gottlieb Christian Karl, *3.12.1757 Altdorf, †10.11.1798 Nürnberg; - Ps. Evonymus (*L-P*) #4

Linke, Inge, *(1964); - Ps. Inge Ott (*E-J*) #3,4

Linke, Oskar, *15.7.1854 Berlin-Oranienburg, †9.10.1928 Weimar; - Ps. Oskar Klein; Taras Kunowski; Leon Ritter (*E-L-N-R*) #1,3,4

Linker, Wilhelm, *25.8.1896 Dortmund; - Ps. Hans Willi Linker (*E-L-R*) #3

Linsingen, Johann Gottfried von, *16.11.1608 Marburg, †22.2.1655 Dresden; - auch Johann Gottfried von Linsing; gen. Der Unempfindliche/FG 334/1639 #11,12

Linsinger, Pert, *30.11.1897 Lend/Salzburg, †21.8.1977 Innsbruck; - Ps. Xaver Lachnit; Pert Lend; Elisabeth Lindner; Karl Lindner; L. Rupert (*E-R*) #3,4

Linz, Amélie, *22.5.1824 Bamberg, †24.4.1904 München; - Ps. Amélie; Amélie Godin; Amélie Linz-Godin (*E-J-L-M-N-R*) #1,3,4,17

Linzbauer, Hella, geb. Hammer, *4.5.1886 Teplitz/Böhmen; - Ps. Hella Hammer; Ada Ramberg (*L*) #1,4

Lipen, Martin, *11.11.1630 Görtz b. Brandenburg, †6.11.1692 Lübeck; - auch Martin Lipenius (*P*) #4,13

Lipke, Erik-Alfons, *13.12.1900 Stargard/Pommern; - Ps. Erich-Alfons Lichtenau (*N-R*) #3,4

Lipman-Wulf, Lilly, *1871 Wien; - Ps. Felix Ego (*E-P-S*) #3,4

Lipmann, Arthur Gerhart, *11.6.1877 Wien; - Ps. Arthur Gerhart (*D-L-N-P*) #1,3,4

Lipok, Erich, *10.8.1909 Cosel/Oberschles.; - Ps. Michael Lindner (*E-F-L*) #3,4

Lipp, Franz, *9.2.1855 Karlsruhe; - Ps. Franz Richter (*P-R*) #3

Lipp, Herbert, *26.6.1886 Memel, †8.11.1969 Berlin; - Ps. Kurt Hael; Semper talis (*D-E-L-N-P-R*) #3,4

Lipp, Johann, *1.12.1859 Kunstadt; - Ps. Hans Mar (*P*) #3

Lipp, Matthäus, *15.10.1823 Vilsbiburg/Ndb., †1891 Metten b. Deggendorf/Ndb.; - Ps. M. Liphold (*D-J*) #4

Lipp, Wolfgang, *20.1.1920 Augsburg; - Ps. Frank Lissar (*F-J-P*) #3

Lippe, Augustus Graf zu der, *17. Jh.; - gen. Der Ungefärbte/FG 696 #11

Lippe, Jost Hermann Graf zur, *9.2.1625, †6.7.1678; - gen. Der Zuträgliche/FG 455/1646 #11,12

Lippe-Alverdissen, Philipp Graf zur, *18.7.1601 Brake b. Lemgo, †10.4.1681 Bückeburg; - gen. Der Annehmliche/FG 117/1626 (*P*) #11,12,13

Lippe-Brake, Otto Graf zur, *21.12.1589, †18.11.1657; - gen. Der Braune/FG 121/1626 #11,12,13

Lippe-Detmold, Simon Ludwig Graf zur, *14.3.1610, †8.8.1636; - gen. Der Durchsuchende/FG 124/1626 #11,12

Lippe-Detmold, Simon VII. Graf zur, *30.12.1587, †26.3.1627 Detmold; - gen. Der Lange/FG 110/1626 #11,12

Lippert, Paul, *22.5.1833 Halle/S., †4.11.1906 Berlin; - Ps. Ernst Deutschmann; Pater Filucius redivivus (*E-L-N-R*) #1,3,4

Lippl, Alois Johannes, *21.6.1903 München, †8.10.1957 Gräfelfing b. München; - Ps. Blondel vom Rosenhag (*D-R-S*) #3,4,5

Lippmann, Hans, *15.10.1928 Dresden; - Ps. Christian Diekholtz; Johann Ludi (*L-P*) #3,4

Lippold, Adolf Julius, *21.1.1845 Ernstthal/Sa., †28.4.1895 Leipzig; - Ps. Struppius; Wildeis (*E-P-R*) #3,4

Lippold von Steinberg, *1325, †1415; - Ps. Lippold de lapide Monte (*L*) #4

Lippschitz, Arthur, *27.9.1871 Mannheim, †1.5.1922 Berlin; - Ps. Arthur Georg; A. L. Schütz (*R-S*) #3,4

Lips, Joest, *18.10.1547 Oberryssche b. Brüssel, †24.4.1606 Löwen; - Ps. Justus Lipsius (*P*) #4,13

Lipsius, Ida Maria, *30.12.1837 Leipzig, †2.3.1927 Schmölen b. Wurzen; - Ps. Ida Marie La Mara (*E-P*) #1,2,3,4,19

Lischkow, Salomo, *25.10.1640 Niemitzsch/Niederlaus., †5.12.1689 Wurzen; - Ps. Salomo Liscovius (*L*) #1

Liscow, Christian Ludwig, *26.4.1701 Wittenburg/Meckl., †30.10.1760 Gut Berg b. Eilenburg/Sa.; - Ps. Robert Clifton (*E-P*) #1,4,5,11,13,14

Lissack, Lisa, *(1953); - Ps. Lisa Lyssac (*E-J*) #3

Lissner, Ivar, *23.4.1919 Riga, †4.9.1967 Les Ecovets sur Ollon/Kanton Waadt; - Ps. Arthur Lievenhof (*F-P-R*) #3,4

Lißner, Theodor, *(1880); - Ps. Th. Weyler (*J-P*) #3

List, Anneliese, *6.1.1922 Heroldsberg b. Erlangen/Mittelfr.; - Ps. Alice Pervin (*E-L*) #3,4

List, Ellen Erna, *20.2.1898 Frankenthal; - Ps. Alix von Buchen (*E-R*) #3,4

List, Friedrich, *1.8.1887 Straßburg; - Ps. Friedrich T. Sill (*L-P*) #3

List, Guido von, *5.10.1848 Wien, †21.5.1919 Berlin; - Ps. Runwalt; Burkhart Uthausen (*P-R*) #3,4

List, Hermine Margarete, geb. Bentlage, *24.3.1891 Bentlage b. Menslage/Emsland, †16.2.1954 Garmisch-Partenkirchen; - Ps. Margarete zur Bentlage; Margarete Schiestl-Bentlage (*N-R*) #4,5,10
List, Horst (Friedrich), *7.5.1924 Frankfurt/M., †3.3.1976 Darmstadt; - Ps. John D. Carrigan; Horst Friedrich; Ernst Heiter; Harvey F. Lime; Frédéric Lorca; John Shenley (*E-F-J-R*) #3,4
List, Johannes, *1586 Eckartshausen; - Ps. Johannes Lysthenius (*P*) #4,11
List, Jürgen Eberhard, *9.11.1926 Frankfurt/Main; - Ps. Jerry Cotton; Jerry E. Cunning; F. Stratford Floyd; Kelter A. Jackson (*F-P-R*) #3,4,16
Lith, Johann von der, *14.2.1678 Ansbach, †18.3.1733 Ansbach; - Ps. Johannes Henricus (*P*) #4
Litten, Emil, *17.8.1856 Elbing; - Ps. E. Nettil (*P*)
Litten, Julius, *15.7.1848 Bublitz/Pommern; - Ps. Fr. v. d. Gozel (*E*) #3,4
Litten, Rosa, *19.10.1856 Schlawe/Pommern, †26.8.1909 Masserberg/Thür.; - Ps. M. Frey; R. Lettin (*E-N-R*) #2,3,4
Littmann, Helene, *1866 Paris; - Ps. O. Lamare; E. Schütz (*N-P*) #2,3
Littrow, Joseph Johann von, *13.3.1781 Bischofteinitz/Böhmen, †30.11.1840 Wien; - urspr. Joseph Johann Lytroff; Ps. Olfers (*P*) #4,13
Littrow-Bischoff, Auguste, *13.12.1819 Prag, †25.3.1890 Wien; - Ps. Otto August (*P*) #3,4
Litzmann, Grete, geb. Herzberg, *3.9.1875 Breslau; - Ps. Grete Herzberg (*E-L-N-S*) #3,4
Lixfeld, Ursula, *7.4.1937 Mainz; - Ps. Una Marsal (*E-J-L*) #3
Lizatto, Arthur, *9.11.1864 Wien, †6.4.1911 Wiener-Neustadt; - Ps. Alfred Söhnstorff (*E-L-N*) #3,4
Lizel, Georg, *23.11.1694 Ulm, †22.3.1761 Ulm; - Ps. Megalissus (*L-P*) #4,13
Löb, Wilhelm Hermann, *8.2.1908 Frankfurt/M.; - Ps. Will Kracht; Anton Schwab; Hanns Peter Stolp; Philipp Weller (*F-R-S*) #3,4
Lobe, Georg, *31.8.1866 Leipzig; - Ps. Erich Werner (*L-P*) #3
Lobedan, Helene, *23.6.1839 Naumburg, †1915 Berlin; - Ps. Helene Naumburg (*E-R*) #2,3,4
Lobedanz, Edmund Adolf Johannes, *10.12.1820 Schleswig, †21.10.1882 Kopenhagen; - Ps. L. Edmund (*L-P-R*) #4
Lobenhoffer, Margarete, *13.3.1874 Guben; - Ps. Lobenhoffer-Riese (*L-P-S*) #3
Lobinger, Adalbert M., *6.3.1896 Polling/Obb.; - Ps. Ad. Lobing-Heimburg (*R*) #3
Lobkowitz, Albrecht Freiherr von, *15.1.1892 Tölz; - Ps. A. Varinel (*P-S*) #3
Löbner-Felski, Erika, *3.3.1922 Rathenow; - Ps. Erika Karlowna (*E-L-N-P-R*) #3,4
Lochemes, Michael Joseph, *29.9.1869 New York, †12.3.1924 Racine; - Ps. Der Waldvogel; Meik Fuchs; Dietrich Waldvogel (*D-L*) #1,3,4
Locher, Jacob, *1471 Ehingen/Donau, †4.12.1528 Ingolstadt; - gen. Philomusus (*D*) #4,5,11,13,14
Locher-Werling, Emilie, *13.3.1870 Riesbach b. Zürich, †1963 Sao Paulo/Bras.; - Ps. Lisi Meier; Anneli Witzig; Gritli Wüest (*E-J-L-N-P-S*) #3,4
Lochmann, Constanze, *8.10.1847 Schlanowitz b. Stroppen/Schles.; - Ps. Constantin Harro; C. Martin; Hans v. Steineck (*L-P-R*) #2,3,4
Lochner, Friedrich, *17. Jh.; - gen. Periander/PB
Lochner, Jakob Hieronymus, *1.3.1649 Nürnberg, †26.7.1700 Bremen; - gen. Amyntas/PB (*D-P*) #4,11,13
Lochner, Johann Christoph, *17. Jh.; - gen. Ulysses/PB #11
Lochner, Johann Hieronymus, *1700 Lichtenau b. Nürnberg, †11.4.1769; - Ps. Chlorenus Germanus; Phronaret (*P*) #4,6,11
Lochner, Johann Philipp Christoph, *12.12.1779 Walkersbrunn/Ofr., †12.4.1803 Nürnberg; - gen. Periander (*E-P*) #4,6,11
Lochner, Karl Friedrich, *17. Jh.; - gen. Periander/PB #11
Lochner, Mauriz Hieronymus, *2.4.1680 Fürth, †14.12.1745 Nürnberg; - gen. Periander/PB (*L-P*) #4
Lochner von Hüttenbach, Oscar, *9.11.1868 Regensburg, †8.7.1920 Eichstätt; - Ps. Max von Theuern; Max von Theuron (*D-L-P*) #3,4
Lochowicz, Leo, *17.12.1894 Posen; - Ps. Max Kol (*P-R*)
Loe, Friedrich Karl von, *22.7.1786 Eichstätt, †30.7.1838 München; - Ps. Aesculapius Euergetes (*L-P*)
Loe, Margarete Didi Baronin von, *6.6.1866 Paris; - Ps. M. vom Walde (*M-P*) #3,4
Loeb, Clara Katharina, *15.1.1875 Wien, †22.7.1951 Wien; - Ps. Paul Althoff (*E-R*) #4
Loeb, Julius, *30.8.1822 Edenkoben/Pfalz; - Ps. Julius von Eden (*L-P*) #1,3,4
Loeben, Joachim Sigmund von, *1604, †22.5.1654 Berlin; - gen. Der Erzeigende/FG 502/1648 #11,12
Loeben, Otto Heinrich Graf von, *18.8.1786 Dresden, †3.4.1825 Dresden; - Ps. GOHL; Isidorus; Isidorus Orientalis; Kuckuck Waldbruder (*E-L-R*) #1,4,5,6,11,13
Loeff, Friedel, geb. Heise, *4.4.1906 Osterode/Ostpr.; - Ps. Georgia Carell; Friedel Heise; Six (*F-J-N-R-S*) #3,4
Loeff, Wolfgang, *2.7.1895 Berlin, †17.10.1954 Rendsburg; - Ps. Jürgen Jürgensen; Fernando Maria de Torre; Ludwig Werder; August Wilmers (*E-F-J-L-N-P-R*) #3,4

Loen, Johann Michael Freiherr von, *11.12.1694 Frankfurt/M., †24.7.1776 Frankfurt/M.; - Ps. Chrismocosmopophylax; Sylvander von Edelleben; Christian Gottlob von Friedenheim; Gottlob von Friedrichsheim (*L-P-R*) #4,5,6,11,13

Loerke, Georg, *26.5.1888 Graudenz, †21.2.1951; - Ps. Gelo; Kopernikulus (*E-F-L-N-R*) #3,4,7

Loesche, Minna Naema, *27.9.1854 Maltzien/Rügen, †10.2.1927 Königssee/Obb.; - Ps. Nordmann; Tagetis Norrmann; J. Tagetis (*D-E-L-N-P*) #3,4

Loescher, Fritz, *28.10.1873 Berlin; - Ps. Lucidus (*P*) #3

Loest, Erich, *24.2.1926 Mittweida/Sa.; - Ps. Waldemar Nass; Hans Walldorf (*E-F-N-P-R*) #3,4,5,8

Loest, Heinrich Wilhelm, *2.3.1778 Berlin, †2.6.1848 Berlin; - Ps. Anselm Friedank; Traugott Walter (*D-L-P*) #1,4,6,11

Loetscher, Anton, *21.4.1905 Basel; - Ps. Basilius (*J-P*) #4

Loetschert, Klara, *7.12.1857 Montabaur; - Ps. Marga Brechten (*E-N-R*) #2,3,4

Loew, Henriette Katharina, *7.3.1872 Neuß/Rh.; - Ps. T. Eichenloew; Hadwiga (*E*) #1,3,4

Loew, Philipp, *24.2.1857 Nemeth Ujvar/Ungarn; - Ps. Pile Lotin; Lotin-Loewe (*N-P*) #3

Loewe, Heinrich, *11.7.1869 Wanzleben; - Ps. Heinrich Sachse (*P*) #3,4

Loewendahl, Richard, *9.4.1871 Wien; - Ps. Richard Dahl (*P*) #3,4

Loewenheim, Walter, *18.4.1896 Berlin, †31.1.1977 London; - später Walter Lowe; Ps. Kurt Menz; Miles (*P*) #4,18

Loewenson, Erwin, *31.8.1888 Thorn, †22.1. 1963 Tel Aviv; - Ps. Golo Gangi (*P*) #4,18

Loewenstein, Kurt, *11.11.1902 Danzig; - Ps. Kurt Fabri (*P*) #18

Loewenthal, Kurt Alexander, *28.3.1908 Glogau; - Ps. Kurt Alexander (*P*) #18

Loewenthal, Siegfried, *26.8.1866 Danzig; - Ps. Friedrich Went (*D-L*) #3

Loewenthal-Landegg, Carl, *3.10.1875 Breslau; - Ps. Carl Landegg (*D*) #3

Loewer, Josefine, *22.2.1902 München; - Ps. Barbara Weyß (*E-F-S*) #3

Loewi, Babette Hermine, *15.9.1843 Berlin, †2.8.1910 Berlin; - Ps. B. Herwi (*E-L-R*) #1,3,4

Loewis of Menar, Erika von, *5.3.1902 Berlin, †18.12.1966 Berlin; - Ps. Erika Leffler; Erika Schwarz (*F-N-R-S*) #3,4

Loewy, Arthur, *13.11.1869 Lublinitz; - Ps. Arthur Loening (*P*)

Loewy, Eugen, *24.3.1891 Basel, †19.10.1944 London; - Ps. Eugen Lennhoff (*P*) #4,18

Loewy, Siegfried, *1.11.1857 Wien, †8.5.1931 Wien; - Ps. Siegfried Leo (*P*) #3,4

Löffel, Wilhelm, *25.2.1871 Stuttgart; - Ps. Knöpfle; Wengerter Knöpfle (*D-E-L-P*) #4

Löffelholz, Franz, *6.5.1926 Frankfurt/M.; - Ps. Franz Mon (*D-F-L-P-R*) #3,4,5,8,10

Löffelmann, Josef, *15.12.1926 Zwiesel; - Ps. Eric Balten (*R*) #3,4

Löffler, Franz Adolf, *1808 Brügge/Neumark, †17.5.1880 Berlin; - Ps. Angelus Neomarchius (*L*) #4

Löffler, Karl Valentin Immanuel, *10.10.1821 Berlin, †6.11.1874 Koblenz; - Ps. De olle Nümärker; Dr. Tornow (*E-L-N-R-S*) #1,3,4

Löffler, Robert, *8.5.1931 Wien; - Ps. Telemax (*P*) #3

Löffler-Frost, Lucia Dora, *30.9.1882 Berlin; - Ps. Lucia Dora Frost (*P*) #3

Loffredo, John Louis Graf, *7.5.1946 Rom; - Ps. Joshua Sinclair (*F-P-R*) #3

Logau, Friedrich Freiherr von, *1605 Nass-Brokuth/Schles., †15.8.1655 Liegnitz; - gen. Der Verkleinernde/FG 510/1648; Ps. Salomon von Golau; Salomon von Golaw (*L*) #1,4,5,6,11,12,13,14,19

Löger, Anton, *14.4.1813 Wien, †15.9.1862 Wien; - Ps. Varry (*P-S*) #4

Löggow, Hansotto, *12.8.1906 Kaulsdorf/Berlin; - Ps. Pierre Holk; Johannes Löwe (*P*) #3

Lohausen, Karl August, *30.6.1907 Rodingen; - Ps. Carl Calcum (*R*) #3,4,7

Löhde, Walter, *20.7.1890 Hamburg; - Ps. Walter von der Cammer (*P*) #3,4

Loher, Dietrich, *um 1495 Stratum/Nordbrabant, †26.8.1554 Würzburg; - auch Loer; Loer van Stratum; Loherius; Loherius a Stratis (*L-P*) #4

Löhlein, Herbert Andreas, *5.7.1900 München, †8.3.1987 Herrsching/Ammersee; - Ps. C. Astor (*E-F-P-R*) #3,4

Lohmann, Emilie Friederike Sophie, *1774 Schönebeck, †15.9.1930 Leipzig; - Ps. Johanna Friederike Lohmann (Name d. Mutter) (*E-R*) #1,2

Lohmann, Franziska, geb. Martienßen, *6.10.1887; - Ps. Franziska Martienßen; Franziska Martienßen-Lohmann (*L*) #3

Lohmann, Hans, *25.11.1895 Rosario de Santa Fé; - Ps. Hans Kampen (*L*) #3

Lohmann, Johanna Friederike, gesch. Häbler, *25.3.1749 Schönebeck, †21.12.1811 Leipzig; - Ps. Anonyma; Johanna Friederike Häbler (*D-E-L-R*) #1,2

Lohmann, Richard, *9.10.1881 Magdeburg; - Ps. Ernst Krafft (*E-P-R-S*) #3,4

Lohmeyer, Rolf, *(1984); - Ps. Jerry Cotton (*R*) #16

Lohmeyer, Walter-Gottfried, *1.1.1893 Levern/Westf., †19.2.1959 Bückeburg; - Ps. Werner Holl (*E-F-L-P-R*) #3,4

Lohmeyer, Walther, *27.4.1890 Stuttgart; - Ps. Friedrich Walther (*P*) #3,4

Lohmeyer, Wolfgang, *15.11.1919 Berlin; - Ps. Robert Eyrind (*D-F-L-R*) #3,4,5

Lohmüller, Wolfgang, *24.12.1915 Kassel; - Ps. Wilfried Lechner (*E-P*) #3,4

Löhndorff, Ernst Friedrich, *13.3.1899 Frankfurt/M., †16.3.1976 Waldshut; - Ps. Peter Dandoo (*P-R*) #3,4,5,10

Löhner, Christoph Sigmund, *17. Jh.; - gen. Leucorin/PB #11

Löhner, Fritz, *24.6.1883 Wildenschwert/Böhmen, †4.12.1942 Auschwitz; - Ps. Beda; Beda-Löhner (*L-P-S*) #3,4

Löhner, Hermann Edler von, *27.4.1842 Wien, †19.5.1902 Wien; - Ps. O. F. Scherz (*S*) #4

Löhner, Ludwig Edler von, *24.9.1812 Rostock b. Prag, †7.5.1853 Marseille; - Ps. Ludwig von Morajn; Ludwig Rehland; L. Reland; Ludwig Roland (*L*) #1,4,13

Löhr, Adolf, *7.6.1889 Wuppertal; - Ps. A. Frohmut; Amandus Schliekenfänger (*E-J-L-R*) #3,4

Lohr, Anton, *2.1.1878 Roth b. Ulm, †23.4.1920 München; - Ps. Anton Hessenbach; L. v. Roth (*N-P*) #3,4

Löhr, Johann Andreas Christian, *13.5.1764 Halberstadt, †28.6.1823 Zwenkau; - Ps. Philadelphus Alethes; Dr. Martinus; J. C. F. Müller; Karl Friedrich Schmidt; Eduard Wild (*E-J-P*) #4,6,11,13,17

Löhrl, Hildegard, geb. Schiler, *20.10.1918 Neuenbürg/Enz; - Ps. Hildegard Schiler-Löhrl (*J*) #3,4

Loibl, Maria, geb. Neuhauser, *26.2.1906 Kienberg-Gaming/N.-Ö., †1.6.1985 Wien; - Ps. Maria Neuhauser (*D-E-L-M*) #3,4

Loko, Edoh Lucien, *(1986); - Ps. El Loko (*E*) #3

Lomer, Georg, *12.9.1877 Loosten b. Wismar, †11.3.1957 Bad Pyrmont; - Ps. Golo de Loosten; Andree Massoll (*L-P-R*) #3,4

Lomler, Friedrich Wilhelm, *1.10.1774 Ernstthal/Sa., †3.8.1845 Saalfeld; - Ps. Friedrich Laodes (*D-E-P-R*) #1,4,6,11,13

Lomnitz, Alexis, *10.12.1834 Breslau; - Ps. Al. Graf Fugger (*L*) #1,3,4

Lonemann, Joachim, *(1555); - Ps. Joachim Lonemanus (*L*) #4,11

Longoni, Helena, *11.9.1913 Herisau/Appenzell, †11.2.1963 Belp; - Ps. Andreas Longoni; Helena Menzel-Longoni (*F-R-S*) #3,4

Lonke, Alwin, *8.3.1865 Bremen; - Ps. Lonek (*L-P*) #3,4

Lonmon, Monika, geb. von Zitzewitz, *9.8.1923 Zitzewitz b. Stolp/Pommern; - Ps. Monika von Zitzewitz (*P*) #3,4

Löns, Georg Gustav, *2.2.1897 Wuppertal; - Ps. G. G. Löns-Nosthusen (*L-R*) #3,4

Löns, Hermann, *29.8.1866 Culm b. Bromberg/Westpr., †26.9.1914 b. Reims (gef.); - Ps. Fritz von der Leine (*E-L-P-R*) #3,4,5,8,10,14,17

Loofs, Elisabeth, geb. Franke, *27.3.1886 Kiel, †10.4.1931 Freiburg/Br.; - Ps. Elisabeth Franke (*E-J*) #1,3,4

Loofs, Friedrich A., *18.3.1886 Leipzig; - Ps. Armin Steinart (*E*) #3,4

Loos, Gertrud, *20.1.1916 Hamburg; - Ps. Katarina Christiansen (*E-P*) #3,4

Looschen, Walter, *1.2.1895 Ruhwarden/O., †22.6.1975 Kiel; - Ps. Gerd Krummland; Nikolaus Neescholl (*D-E-F-R-S*) #3,4

Loosli, Carl Albert, *5.4.1877 Schüpfen b. Bern, †14.10.1959 Bern; - Ps. Peter Lämmergeier; Peter Schöps; Carl Trebla (*E-L-N-P*) #3,4

Lopez de Villa Nova, Fridericus Justus; - gen. Der Honighafte/FG 462/1646 #11,12

Lörcher, Erika, *12.2.1875 Manila/Philip., †26.6.1960 Wiesbaden; - Ps. Erica Grupe-Lörcher (*E-J-M-R-S*) #3,4

Lorenz, Angela, *13.1.1943 Köln; - Ps. Anne Blum; Katrin Meinhardt (*J-P*) #3

Lorenz, Ernst Georg Erich, *5.3.1890 Leipzig, †16.8.1959 Stuttgart; - Ps. L. O. Renz; Wolfgang Unger (*E-F-J-L-N-P*) #3,4

Lorenz, Felix, *23.12.1875 Berlin, †28.6.1930 Berlin; - Ps. Lorenz Terentius (*E-L-P-R*) #3,4

Lorenz, Grete, *18.4.1902 Mitterndorf/Steierm.; - Ps. Grete Lorenz-Preuer (*E-P-R*) #3,4

Lorenz, Heinz, *9.7.1888 Lambrecht/Pfalz, †21.8.1966 Neuwied; - Ps. Heinz Lorenz-Lambrecht (*D-E-P-R-S*) #3,4

Lorenz, Helmut, *8.10.1889 Dessau, †3.3.1970 Schönanger; - Ps. Lorenz Lorenz; Bodo ridendus (*E-F-R-S*) #3,4,7

Lorenz, Inga, geb. Herzog, *21.9.1905; - Ps. Inga Lorenz-Herzog (*P*) #3

Lorenz, Karl, *25.11.1888 Wandsbek, †28.2.1961 Hamburg; - Ps. Karl Lorenz-Wandsbek (*L-P*) #3,4

Lorenz, Maria, geb. Caspar, *19.12.1856 Kähmen b. Dannenberg; - Ps. Maria Caspar; Lenzara; L. O. Renz (*P-R*) #3,4

Lorenz, Martha, *22.2.1857 Elbing; - Ps. A. M. Herrmann-Röntgental (*P-S*) #3

Lorenz, Martin, *10.11.1855 Pontwitz b. Ols; - Ps. Ulrich Cronfeld (*L-P*) #3

Lorenz, Maximilian, *12.11.1885 Gumbinnen/Ostpr., †11.12.1985 Schorndorf/Württ.; - Ps. Lorenz van Sabel (*D-N*) #3,4

Lorenz, Meta Maria, *1.2.1878 Wangerin/Pommern, †1.3.1954 Bad Sooden-Allendorf; - Ps. Mia Lenz (*E-L-P*) #3

Lorenz, Wilhelmine, *29.11.1784 Altenburg/Thür., †1.5.1861 Altenburg/Thür.; - Ps. L.; Wilhelmine (*E-P-R*) #1,4,11

Lorenz-Lindemann, Karin, *5.2.1938 Fürth; - Ps. Karin Lindemann (*L-N-R*) #3,4

Lorenzen, Annemarie, geb. Weber, *8.6.1918 Berlin, †20.1.1991 Berlin; - Ps. Katja Henning; Annemarie Weber (*E-F-P-R*) #3,4,5

Lorenzen, Friedrich, *4.5.1863 Flensburg, †1.3.1923 Flensburg; - Ps. August von Friedlor (*D-E-L-P-S*) #1,3,4

Loris, Heinrich, *1488 Mollis/Glarus, †27.3.1563 Freiburg/Br.; - auch Loriti; Ps. Heinrich Glarean; Henricus Glareanus (*P*) #4,13,15

Lortsch, Franziska Emma Friederika, *6.10.1844 Durben/Kurland; - Ps. Friedrich Leoni (*E-R*) #3,4

Lory, Arthur William, *21.11.1894 Belp b. Bern, †1962 Zürich; - Ps. Urs Peter; Peter Valentin (*E-P*) #4

Losa, Ilse, geb. Lieblich, *20.3.1913 Buer b. Osnabrück; - Ps. Ilse Lieblich-Losa; Anna Marcus (*E-J-R*) #3,4,18

Lösch, Johann Achatius, *17. Jh.; - gen. Polydor/PB #11

Losch, Maria Magdalena, *27.12.1904 Berlin, †6.3.1992 Paris; - Ps. Marlene Dietrich (*P*) #3,4

Löscher, Friedrich Hermann, *14.9.1860 Annaberg/Sa., †Dresden; - Ps. Friedrich Herm (*E-L-S*) #1,3,4

Löscher, Gustav A., *19.4.1881 Dresden, †7.5.1946 Dresden; - Ps. Hans Löscher (*R*) #3,4,5

Löschke, Johann Traugott, *um 1820 Dresden, †um 1880 Leipzig; - Ps. Johann Traugott (*E-J-L-P*) #4,17

Löser, Franz, *26.2.1889 Neunkirchen/N.-Ö., †23.7.1955 Wien; - Ps. Franz Karl Eder; Manfred Gollner (*E-F-L-P-R-S*) #3,4

Loß, Christoph von, *17. Jh.; - gen. Der Verschaffende/FG 575 #11

Loß, Constanze, *27.1.1877 Hungen/Württ.; - Ps. Loß-Ostheim (*S*) #3

Loß, Hans Kaspar von, *17. Jh.; - gen. Der Erlegende/FG 824 #11

Lossius, Margarethe, *20.10.1861 Chemnitz; - Ps. Grete Lassan (*M-N-P*) #3

Lossow, Else von, *23.3.1884 Stralsund; - Ps. Else von Hollander-Lossow (*F-N-R*) #3,4

Lothringer, Anna, *12.11.1908 Wien; - Ps. Anne Day; Anne Day-Helveg (*E-R*) #3,4,18

Lothringer, Fred, *9.12.1910 Berlin; - Ps. Fred Lorrain (*N-P-R*) #3,18

Lotter, Hedwig, *23.2.1876 Galatz, †1955 Bern; - Ps. Hedwig Correvon (*E-P*) #3,4

Lotz, Hans Georg, *4.1.1784 Hamburg, †25.1.1844 Hamburg; - Ps. Auchmaler (*D-E-M-N-P-R*) #1,4,11,13

Lotze, Berthold, *29.7.1890 Braunschweig, †2.1.1957 Konstanz; - Ps. Feldberg (*L-N-R*) #3

Lotze, Lucas, *18.10.1508 Vacha, †8.7.1582 Lüneburg; - Ps. Lucas Lossius (*L-P*) #4,11,13

Lotzing, Ewald, *(1907); - Ps. Lortzing (*D-L-N-P-R*) #3

Louis, Rosa, *8.3.1901; - Ps. Maria Luigi (*P-S*) #3

Löw, Konrad, *6.2.1856 Proßnitz/Mähren, †11.2.1912 Wien; - Ps. Konrad Löwe (*D-L*) #3,4

Löwe, Fritz, *12.8.1870; - Ps. Fritz Löwy (*E-P*) #3

Löwe, Hans, *1.3.1855 Ober-Glogau; - Ps. Johannes Wöhle (*E-N-P*) #3

Löwenfeld, Julius Richard von, *3.8.1881 Spandau; - Ps. Edwin Alexander Felden (*L-P-R*) #1,4

Löwenherz, Johanna, *12.4.1857 Rheinbrohl; - Ps. L. Vonderwied (*D-P*) #2,3,4

Löwenherz, Max, *28.5.1853 Lauenförde; - Ps. Max von der Weser (*E-P*) #3

Löwenstein-Freudenberg, Karl, *28.8.1885 München, †12.10.1968 München; - Ps. Karl Löwenstein (*L-P*) #3,4

Löwenstein-Wertheim-Freudenberg, Elisa zu, *19.6.1941 Berlin; - Ps. Elise zu Freudenberg (*J-P*) #3

Löwenstein-Wertheim-Freudenberg, Maximilian Prinz, *13.7.1871 Patzau/Böhmen, †12.4.1952 Wien; - Ps. Max Ell (*M-P-R*) #3,4

Löwenstein-Wertheim-Freudenberg, Wolfram Prinz zu, *21.10.1941 Berlin; - Ps. Wolfram zu Mondfeld (*J-P-R*) #3,4

Löwenstern, Matthäus Apelles von, *20.4.1594 Neustadt/Oberschles., †11.4.1648 Breslau; - Ps. Matthäus Leonaster (*L*) #4,11,13

Löwenthal, Hermann, *4.3.1859 Petlikowcze/Gallizien, †30.11.1918 Wien; - Ps. Arminius; Alfred d'Olzany (*N-P-R*) #3,4

Löwenthal, Maximilian Ritter von, *7.4.1799 Wien, †12.7.1872 Wien; - Ps. Leo Walthen (*D-L-R*) #1,4,11

Löwenthal, Richard, *15.4.1908 Berlin, †9.8.1991 Berlin; - Ps. Paul Sering; Richard Lowenthal (*P*) #4,18

Löwenthal-Chlumecky, Max Freih. von, *14.3.1908 Lussinpiccolo; - Ps. Max Löwenthal (*L-N*) #3

Löwinsohn, Eugen, *8.10.1857 Posen; - Ps. Eugen Löwen (*N-R-S*) #1,3,4

Lowtzow, Adam von, †um 1641; - auch Adam Lantzau; gen. Der Schwarzbraune/FG 292/1636 #11,12

Löwy, Ernst, *30.8.1878 Prag; - Ps. E. Lemke; Felix Kornitt (*P*) #3

Löwy, Erwin, *30.3.1848 Prag, †26.4.1917 Wien; - Ps. Erwin Plowitz (*L-S*) #1,4

Löwy, Julius, *14.9.1851 Eidlitz/Böhmen, †27.12.1905 Wien; - Ps. Julius von der Als (*E-R*) #3,4

Löwy, Malwine, *16.5.1868 Waidhofen a. d. Thaya; - Ps. Mary Broom (*N-P*) #2,3

Lubarsch, Rudolf, *5.3.1810 Schwerin/Warthe, †1.6.1883 Hagenow/Meckl.; - Ps. Ludwig Schubar (*E-N-R-S*) #1,3,4

Lübbe, Paula, *10.5.1888 b. Mogilew/Rußland; - Ps. Paula Epstein (*L-P*) #3,4

Lübbehusen, Margret, *22.4.1937 Wissen/Sieg; - Ps. Margret Buerschaper (*E-L-P*) #3,4

Lübbert, Käthe, *29.5.1896 Oeynhausen; - Ps. Käthe Lübbert-Griese (*E*) #3,4

Lübeck, Johann Karl, *1770 Preßburg, †1814 b. Neograd/Ungarn; - Ps. K. A. Hellenthal (*L-P*) #4,6,11

Lübeck, Rosa, geb. Luxemburg, *5.3.1870 Zamosc b. Lublin, †15.1.1919 Berlin; - Ps. Rosa Luxemburg (*P*) #4,17

Lüben, Wilhelm, *25.6.1825 Goch/Rhl.; - Ps. P. L. von Gugern (*L*) #1,4

Lubliner, Hugo, *22.4.1846 Breslau, †19.12.1911 Berlin; - Ps. Hugo Bürger (*D-R-S*) #1,3,4

Lublinski, Samuel, *18.2.1868 Johannisburg/Ostpr., †26.12.1910 Weimar; - Ps. Salomo Liebhardt; Silvio Peregrinus; Silvio Piccolomini; Sylvester (*D-N-P*) #3,4,5,8

Lubojatzky, Franz, *16.12.1807 Dresden, †11.6.1887 Dresden; - Ps. Franz Carion; Nikanor I. (*E-N-P-R*) #1,3,4

Lubowski, Karl, *15.11.1857 Schlochau/ Westpr.; - Ps. Karl Lubow (*N-P-R*) #3,4

Lubowski, Käthe, *24.12.1875 Linz b. Köslin/Pommern; - Ps. J. Held; Irma Stahl (*E-N-R*) #3,4

Lucae, Friedrich, *11.8.1644 Brieg, †14.5.1708 Rotenburg/Fulda; - Ps. Florentin Bernhard von Hohen-Uffer; Florentin Leonh. von Hohenufer; Friedrich Lichtstern; Friedrich Liechtenstern (*P*) #4,6,13

Lucerna, Camilla, *24.6.1868 Riva; - Ps. Camilla Leonhart (*E-L-P*) #2,4

Lüchau, Wolf Sigmund von, *28.1.1604, †28.9.1646; - gen. Der Gewisse/FG 259/1635 #11,12

Luchner, Oskar Friedrich, *21.3.1880, †18.11.1948 Innsbruck; - Ps. Pacificus Kasslatterer (*P-S*) #3,4

Lucius, Karl Friedrich, *24.5.1769 Groitsch, †2.9.1799 Leipzig; - Ps. Karl Renatus Müller (*E*) #4,6,11

Luck, Johann Peter Carl, *26.10.1797 Hamburg, †3.4.1868 Hamburg; - Ps. Theobald Amandus; Carl Hold; Theobald (*E-R*) #1,4,11

Luckenwald, Hans, *27.5.1900 Berlin, †1977; - Ps. Deez Anders (*R*) #3,4

Luckner, Felix Graf von, *9.6.1881 Dresden, †13.4.1966 Malmö/Schweden; - Ps. Phylax Lüdeke; Seeteufel (*E*) #3,4

Luckner, Mathilde Gräfin, *21.3.1851 Kiel, †4.10.1886 Gotha; - Ps. A. v. Stormarn (*E*) #2,3,4

Lüddecke, Werner, *10.6.1912 Hannover, †8.5.1986 Ascona; - Ps. Lennart Boss; Robert Crain (*F-R*) #3,4

Lüddeke, Erwin, *18.1.1902 Hamburg; - Ps. Per Plex (*L-P*) #3,4

Lüdecke, Barbara, *(1967); - Ps. Saskia (*E-P*) #3

Lüdecke, Eduard Friedrich, *5.3.1895 Helgoland; - Ps. Martin (*N-R*) #3

Ludecus, Johanna Caroline Amalie, *16.11.1757 Wolfenbüttel; - Ps. Amalie Berg (*D-E-N*) #1,2,4,6,11,13

Lüdemann, Georg Wilhelm von, *15.3.1796 Küstrin, †11.4.1863 Liegnitz; - Ps. Justus Iconius Kosmopolita; Ernst Scherzlieb (*E-N-P*) #1,4,6,11

Lüdemann, Hans Ulrich, *4.10.1943 Greifswald; - Ps. John U. Brownman (*F-J-R*) #3,4

Lüdemann, Luise, *20.12.1871 Hannover; - Ps. L. v. Oberhofen (*E-L*) #2,3,4

Ludendorff, Mathilde, *4.10.1877 Wiesbaden, †12.5.1966 Weilheim/Obb.; - früher Mathilde von Kemnitz (*P*) #3,4

Lüders, Ludwig, *5.3.1776 Hannover, †5.7.1822 Altenburg; - Ps. Joseph; Gustav Moll (*P-R*) #6

Lüderwald, Georg Ernst, *13.2.1765 Berlin, †1835 Riga; - gen. Lange (*D-P-S*) #1,4,11

Ludewig, A., *(1826); - Ps. A. Ugewild (*R*) #4,6,11

Ludewig, Johann Peter von, *15.8.1668 Hohenhard b. Schwäbisch Hall, †7.9.1743 Halle/S.; - Ps. Jo. Franc. Albani; Pharamundus Chlodeveus; Lad. Pet. Giovanni; Johann Peter von Hohenhard; Petr. Giov. Ludovici; Giovanni Veronensis (*P*) #4,6,13

Lüdicke, Karl Friedrich, *1795 Berlin, †14.11.1828 Naumburg/S.; - Ps. A. Willmar (*L*) #1,4,11

Ludikar, Lucia, *28.11.1916 Wien; - Ps. Lucy Steidl (*L-P-R*) #3

Lüdingshausen, Wilhelm von, *28.12.1596 Buschhof/Kurland, †26.7.1647 Eger; - gen. Der Enthebende/FG 382/1642; auch Wolf gen. #11,12

Ludolf, Hiob, *15.6.1624 Erfurt, †8.4.1704 Frankfurt/M.; - auch Leutholf (*P*) #4,13

Ludolphi, Heinrich August Theodor, *1811 Hamburg, †13.10.1848 Heiligenstetten b. Itzehoe/Holst.; - Ps. Heinrich Ewald; Fedor; Dr. Gutmann; Krack der Gnomenfürst (*P*) #1,4

Lüdtke, Franz, *5.8.1882 Bromberg, †30.4.1945 Oranienburg/Brandenb.; - Ps. Frank Hinrich Brastatt; Antonius Klackenfazzl; Franzesko Luiggi (*E-L-P-R*) #3,4

Lüdtke, Gerhard, *22.10.1875 Greifenberg/Pommern, †6.3.1944 Berlin; - Ps. G. Hilger (*P*) #3,4

Ludwig, August, *15.1.1865 Waldheim/Sa., †9.4.1946 Dresden; - Ps. August Giwdul; August Lidorf (*E-L-P-S*) #3,4

Ludwig, August, *9.7.1867 Hochdorf/Thür., †5.7.1951 Jena; - Ps. August Rabe (*E-P-S*) #3,4

Ludwig, Cordelia, *7.6.1858 Dresden, †31.3.1909 Dresden; - Ps. Ludwig Ecard (*D*) #4

Ludwig, Emil, *25.1.1881 Breslau, †17.9.1948 Moscia b. Ascona; - urspr. Emil Ludwig Cohn (*D-P-R*) #3,4,5,8,18

Ludwig, Emilie, *15.4.1839 Neisse/Schles., †19.8.1901 Berlin; - urspr. Emilie Levy (*E-J*) 1,3,4

Ludwig, Franz Xaver, *3.11.1868 Schimsdorf/Böhmen, †2.10.1927 Rosenheim; - Ps. Alexander von Boltzen; Fritz Waldberg (*L-P*) #3,4

Ludwig, Helmut, *6.2.1930 Marburg; - Ps. Harro Lutz (*E-J-P-R*) #3,4
Ludwig, Marie Elisabeth, *(1907); - Ps. E. Ludovici (*L-P*) #4
Ludwig, Max, *30.7.1876 Grimma/Sa.; - Ps. Ludwig Boccard (*N-R*) #3,4
Ludwig, Ottilie, *19.4.1813 Söllichau b. Düben †20.6.1900 Annaburg/Sa.; - Ps. Ottilie Perl (*E*) #2,4
Ludwig, Paul, *30.8.1857 Naumburg, †1917 Leipzig; - Ps. Reinhold Paulowa (*L-P*) #3,4
Ludwig, Vinzenz Oskar, *18.6.1875 Nieder-Hillersdorf, †22.1.1959 Langenzersdorf-Wien; - Ps. Fortunatus (*F-L-N-P-R*) #3,4
Ludwig-Krause, Lori, *24.1.1924 Himmelsberg b. Sondershausen, †13.12.1986 Fürstenberg/Havel; - Ps. Lori Ludwig (*E-J-L*) #3,4
Lufft, Leonhard, *17. Jh.; - gen. Anemon/PB #11
Luft, Friedrich, *24.8.1911 Berlin, †24.12.1990 Berlin; - Ps. Franz Flut; Urbanus (*F-P-R*) #3,4,8,10
Luft, Rudolf, *17.2.1894 Dresden; - Ps. Rolf Ellbing (*E-R*) #3,4
Lühmann, Erna, *25.11.1892 Potsdam; - Ps. Erna L. Mann (*E-J*) #3,4
Lühnsdorf, Fritz, *12.3.1907 Brandenburg; - Ps. Florian Lind; Ferdinand Lunte (*D-E-L-P*) #3,4
Luif, Kurt, *1942; - Ps. James R. Burcette; Neal Davenport; Claus Hartmann; Frank de Lorca; Jörg Spielmanns (*P*) #16
Luis, Olga, *16.6.1858 Hamburg; - Ps. Luigi Gola; Gola Luigi (*D-L*) #1,2,3
Lukas, Josef, *23.1.1899 Frankstadt/Mähren; - Ps. Cassiopeia; Klaus; Frank Schweizer (*E-P*) #3,4
Lukowin, Georg Heinrich von, *17. Jh.; - gen. Der Abweisende/FG 724 #11
Lundholm, Anja, *28.4.1918 Düsseldorf; - Ps. Ann Berkeley (*E-R*) #3,4
Lundorff, Michael Caspar, *um 1580 Frankfurt/M., †24.9.1629 Frankfurt/M.; - Ps. Erhardus Georgios Francus; Mercurius Austri-Bohemo-Germanicus (*P*) #4,11,13
Lünig, Johann Christian, *14.10.1662 Schwalenberg, †14.8.1740 Leipzig; - Ps. Germanus Sincerus (*P*) #4,13
Lüninck, Niclas Henrich von; - gen. Der Befestende/FG 410/1644 #11,12
Lupescu, Valentin, *24.6.1906 Karlsruhe, †11.3.1983 Berlin; - Ps. Valentin Heinrich (*L-R*) #3,4
Lupin, Friedrich von, *11.11.1771 Memmingen, †28.11.1845 Illerfeld b. Memmingen; - Ps. Agricola; Florian Felbel; Magister Wundergern (*P*) #4,13
Luppa, Carl, *15.8.1864 Sternalitz b. Rosenberg/Oberschles.; - Ps. Creon Lara (*E-P*) #3
Lusi, Susanne Sophie Gräfin von, geb. Birk, *4.11.1878 Okarben/Oberhessen; - Ps. Susi Sophie Birk (*E-L*) #1,3,4
Lusser, Karl Emanuel, *21.4.1898 Baar/Zug, †11.6.1951 St.Gallen; - Ps. C. Lussin (*P*) #3,4
Lustig, Jan, *23.12.1902 Brünn, †24.4.1979 München; - Ps. Hans G. Lustig (*E-F*) #4
Lustig-Prean, Karl, *20.1.1892 Prachatitz/Böhmen, †22.10.1965 Wien; - Ps. Erwin Janischfeld (*P*) #4,18
Lütge, Karl, *21.12.1895 Nordhausen/Harz, †21.7.1963 Karlsruhe; - Ps. Karl Friedrich; Luitpold; K. L. Nordhausen (*D-J-R-S*) #3, 4
Lütgendorff, Willibald Leo Freiherr von, *8.7.1856 Preßburg, †30.12.1937 Lübeck; - Ps. Willibald Leo (*L-P*) #1,3,4
Lütgendorff-Leinburg, Anna Maria Baronin von, *20.8.1836 Aschaffenburg, †15.8.1867 Preßburg; - Ps. Maria Andechs (*E-J-P*) #2,4
Lütgendorff-Leinburg, Gottfried Freiherr von, *30.9.1825 Preßburg, †8.4.1893 Wien; - Ps. Gottfried von Leinburg (*L-P*) #1,4
Lütgendorff-Leinburg, Martha von, *16.6.1880 Wien; - Ps. Gustav Lindt; M. A. von Lütgendorff (*E-N-P*) #3,4
Lütgendorff-Leinburg, Mathilde von, *27.3.1873 München; - Ps. Mathilde Leinburg (*D-N-P*) #3,4
Lütgenhorst, Manfred, *26.11.1920 Essen; - Ps. Marcus van Essen (*P*) #4
Lüth, Erich, *1.2.1902 Hamburg; - Ps. Bernhard Petersen (*F-L-P-R*) #3,4
Lüth, Paul, *20.6.1921 Perleberg, †6.7.1986 Knüllwald; - Ps. Ernst Groner (*L-P-R*) #3,4
Lüthe, Waldemar, *28.8.1894 Schönebeck/Elbe; - Ps. Waldemar Lydor (*F-P-S*) #3
Luther, Carl, *9.8.1882 Gießen; - Ps. Cil (*P-S*) #3
Luther, Ernst, *1.11.1894 Gnostadt b. Marktbreit/Main, †3.8.1966 Schweinfurt; - Ps. Ernst Luther-Untermerzbach (*L-P-R*) #3,4
Luther, Gotthard Alfred, *19. Jh.; - Ps. Gotthardt Alfred (*P*)
Luther, Martin, *10.11.1483 Eisleben, †18.2.1546 Eisleben; - Ps. Hartmuth von Cronberg; Martinus Eleutherius; Fredericus Fregosus; Lambertus de Nigro Monte (*L-P*) #1,4,5,6,11,13,14,17,19
Luther, Otto Jens, *18.9.1918 Flensburg, †3.1.1983 Berlin; - Ps. Jens Rehn (*E-F-L-R*) #3,4,5,7,8,10,20
Lüthge, Erwin Robert, *12.9.1891 Gleiwitz/Oberschles., †10.3.1964 Berlin; - Ps. B. E. Lüthge (*F-R-S*) #3,4
Lüthi, Karl Jakob, *22.7.1876 Erlach b. Bern, †2.5.1958 Sigriswil; - Ps. Cajalü (*L-P*) #4
Lüthold-Minder, Ida, *18.2.1902 Flühli/Luz.; - Ps. Peregrina (*E-J-P-S*) #4
Lutkat, Robert, *26.9.1846 Insterburg; - Ps. Robert Johannes (*E-P*) #1,4
Lütke, Marcus von der, *25.7.1603, †1686; - auch Marcus von der Lüttichau; Marcus von der Lütticke; gen. Der Steigende/FG 411/1644 #11,12

Lütkeschwager, Johannes, *1.9.1597 Köslin/Pommern, †3.12.1658 Stettin; - Ps. Johannes Micraelius; L. Micr.; Philalethes Parrhesiastes (*P*) #4,11,13

Lutschansky, Franz Josef, *19. Jh.; - Ps. Franz Arnold (*P*) #3

Luttenberger, Karl, *9.12.1903 Graz; - Ps. Karlut (*E-R*) #3

Lüttichau, Christian von, *17. Jh.; - gen. Der Ungewartete/FG 875 #11

Lüttwitz, Arthur Maria Freiherr von, *1829 Simmenau/Schles., †1924; - Ps. Arthur Dein (*D-E-L-P*) #1,3,4

Lutz, Berthold, *3.1.1923 Würzburg; - Ps. Thomas Burger (*E-J-P-R*) #3,4

Lutz, Ernst Konrad, *31.10.1856 Würzburg, †4.6.1888 Würzburg; - Ps. Paul Gerstner; Ernst Konrad; Eckard von der Mainleite (*E-L*) #1,3,4

Lutz, Franz Xaver, *2.12.1874 Bregenz; - Ps. Xari (*L-P-S*) #3,4

Lutz, Gottlob, *26.12.1877 Stuttgart; - Ps. Gerhard Leumann (*D-P-S*) #3,4

Lutz, Kurt, *27.12.1906 Untergimpern; - Ps. Kurt Ekal (*L-S*) #3,4

Lutz, Paul Hugo, *28.7.1883 Winterthur; - Ps. Hugo Paul (*D-L-P*) #3,4

Lutz, Rudolf Max, *28.12.1879 Kirchheim u. T.; - Ps. Luzifer; Philokartist (*L-P*) #3

Lutz, Samuel, *10.8.1674 Biglen/Bern, †28.5.1750 Oberdiessbach b. Thun; - Ps. Christophilus Gratianus; Eubulus Gratianus; Samuel Lucius (*P*) #4,13

Lutz-Lorenz, Hertha, *24.4.1916 Klagenfurt; - Ps. Hertha Lorenz (*L-N*) #3,4

Lutze, Ernst Arthur, *13.10.1848 Köthen; - Ps. Edmund Alexander Läutner (*L-P-S*) #1,3,4

Lutze, Nanny, *18.4.1878 Berlin; - Ps. Dea Nina; Diavoletta; Nana; Nanon (*L-N*) #3,4

Lützen, Georg Hunold von, *17. JH.; - gen. Der Neunfältige/DG-L #11

Lützenburg, Hans Caspar von, *17. Jh.; - gen. Der Hinderliche/FG 876 #11

Lützenbürger, Johanna, *22.11.1924 Hagen; - Ps. Hanna Ernst (*E-F-J-R*) #3,4

Lützow, Curt von, *1877 Wien, †12.2.1960 Salzburg; - Ps. Kurt Lessen (*S*) #4

Lux, Hermann Joseph, *24.4.1902; - gen. Pater Anselm (*P*) #3

Lux-Häny, Ida, *10.3.1866 Zürich; - Ps. Ida Häny-Lux (*P*)

Luz, Else, *31.5.1897 Hamburg; - Ps. Lutz Anders (*F-N-P*) #3

Luzian, Johann, *9.11.1903 Hamburg; - Ps. urspr. Johann Lindenkohl (*L-R*) #4,18

Lyncker, Wilhelm, *30.3.1831 Kassel, †30.1.1862 Kassel; - Ps. R. Kleyn (*E-P-S*) #4

Lys, Gunther Reinhold, *25.11.1907 Hamburg; - Ps. Kay Jens Petersen (*L-P-R*) #3,4

M

Maack, Johann Christian Friedrich von, *1.8.1794 Hamburg, †1876 Eimsbüttel; - Ps. N. N. Markmann *(E-J-P)* #4

Maack, Martin, *16.2.1863 Lübeck, †1937 Uetersen; - Ps. Paul German; Germano *(D-E-L-N-P-R-S)* #1,3,4

Maahn, Traute, *3.4.1924 Tetschen/Elbe; - Ps. Frank Boston; John Cameron; Frank Collins; Cliff Corner; Robert Lamont; Rebecca LaRoche; Kay Robinson; Jenny Schilling von Canstatt; Yvonne Uhl *(L-R)* #3,4,16

Maarßen, Siegfried Bernhard v., *27.3.1882 Frankfurt/M.; - Ps. S. Bernhardt *(P)* #3

Maas, Josianne, *10.1.1921 Paderborn, †14.2.1986 Recklinghausen; - Ps. Susanne Maas *(E-L-R)* #3,4

Maas, Wilhelm, *(1863); - Ps. Der Lindernde *(S)* #4

Maass, Anna, *13.1.1859 Bromberg; - Ps. Anna Helmar *(L-N-P)* #2,3

Maaß, Johann Gebhard Ehrenreich, *26.2.1766 Crottendorf b. Halberstadt, †23.12.1823 Halle/S.; - Ps. Johann Andreas Knittel; J. A. Knüttel *(L-R)* #1,4,11,13

Maaß, Luise, geb. Suhr, *20.2.1855 Neustrelitz/Meckl.; - Ps. Luise Maaß-Suhr *(D-L-P)* #1,3

Maaßen, Carl Georg Heinrich von, *27.8.1880 Hamburg, †22.12.1940 München; - Ps. Jacobus Schnellpfeffer *(L-P)* #3,4

Maaßen, Gertrud, *27.2.1892 Glogau/Schles.; - Ps. Prospolos *(E-L-P-R)* #3,4

Mac-Gregor, Francis Emanuel Colemann, *10.9.1783 Hamburg; - urspr. Francis C. Coleman; Ps. Salvator Rosa *(P)* #4

Machatscheck, Heinz, *31.1.1918 Leipzig; - Ps. Ralf Toxxen; Alexander Woitowitsch *(E-F-L-N)* #3

Machek, Ernst, *1.9.1898 Wien, †24.12.1962 Wien; - Ps. Ernst Karl; E. K. Mak *(P-R)* #3,4

Machler, Josef, *22.3.1920; - Ps. Sepp Diethelm *(S)* #3

Macholz, Gustav, *6.4.1879 Danzig; - Ps. Gustav Westphal *(D-S)* #3

Machowetz-Breuninger, Emilie, *19.2.1882 Backnang; - Ps. Mac Breun *(E-R)* #3,4

Machule, Martin, *10.4.1899 Berlin, †8.8.1981 München; - Ps. Armin Mechtlau *(D-E-L)* #3,4

Mack, Fritz, *5.4.1882 Heidelberg, †5.2.1963 Bensheim-Auerbach/Hessen; - Ps. Friedrich Winkler *(E-F-S)* #3,4

Mackay, John Henry, *6.2.1864 Greenock/Schottland, †21.5.1933 Berlin; - Ps. Sagitta *(D-E-L-P-R)* #1,3,4,5,14

Macke, Heino, *28.3.1889 Wolfenbüttel; - Ps. Harry Werner *(E-N-P)* #3

Mackenroth, Albert, *20.8.1932 Heiligenstadt/Thür.; - Ps. Bert Macks *(J-R)* #3,4

Mackowiak, Karl Max, *7.1.1889 Berlin; - Ps. Maxim Marco-Mackowiak; Karl Max *(D-L-S)* #3,4

Mader, Ernst Friedrich Wilhelm, *1.9.1866 Nizza, †16.9.1947 Bönnigheim; - Ps. Ernst Friedrich *(E-J-L-S)* #1,3,4,7,17

Mäder, Otto, *11.9.1893 Schmalkalden; - Ps. Otto Müller-Mädisius *(D)* #3

Mäder-Stampfli, Helen, 21.5.1925 Rapperswil; - Ps. Helen Mäder *(J)* #3

Maderny, Helene von, geb. von Goetzendorff-Grabowski, *19.4.1860 Posen; - Ps. Helene v. Goetzendorff-Grabowski *(E-L-N-R)* #1,2, 3

Mädler, Wilhelmine von, geb. Witte, *15.10.1804 Hannover, †5.3.1891 Hannover; - Ps. Minna; Minna Witte *(L)* #1,2,4,6

Maeglin, Rudolph Bolo, *26.12.1898 Basel, †28.4.1973 Basel; - Ps. Bolo *(F-N-R-S)* #4

Maempel, Hermann, *20.2.1829 Arnstadt/Thür., †11.2.1902 Arnstadt/Thür.; - Ps. Friedrich Benjamin Hermann *(P)* #1,3,4

Maerker-Branden, A. Paul, *27.2.1888 Berlin; - Ps. Albrecht Maerker-Brandenburg *(P)* #3

Magdeburg, Joachim, *1525 Gardelegen/Altmark; - Ps. Adam Giller *(L-P)* #4,11,13

Mager, Lothar, *10.12.1876 Rittenweier/Baden; - Ps. Gerd Malloth *(E-S)* #3,4

Magerl, Emil, *9.3.1912 Wusleben/Egerland, †9.5.1986 Bad Pyrmont; - Ps. Emil Magerl-Wusleben *(L-P-R)* #3,4

Magewirth, Julius, *17.9.1839 Worms, †29.5.1893 Homburg v. d. H.; - Ps. Julius v. W. *(L)* #1,4

Magg, Franz Josef, *17.9.1874 Ummenhofen b. Kaufbeuren, †15.2.1954 Fellheim/Schwaben; - Ps. Franzef Menhofer *(E-R)* #3,4

Magg, Wolfgang, *7.5.1946 Augsburg; - Ps. Wotan *(P)* #4

Magnus, Frieda, *2.8.1875 Königsberg; - Ps. Frieda Magnus-Unzer *(L-P)* #3,4

Magyarffy, Imre, *12.10.1921 Budapest; - Ps. Madox *(F-J-R-S)* #3

Magyari, Kriemhild, *28.5.1939 Rathenow/Havel; - Ps. Kriemhild Hildebrandt *(E-F-R)* #4

Mähl, Joachim, *15.9.1827 Niendorf/Ostsee, †4.7.1909 Segeberg; - Ps. Salomon Ernst Utbund *(E-L)* #1,3,4

Mahl-Schedl, Johann Nepomuk, *27.10.1806 Grünburg/O.-Ö., †1.4.1873 Innsbruck; - urspr. Schedl; Ps. Johann Nepomuk Ritter von Alpenburg *(L-P)* #1,4

Mahler, Emil, *28.5.1866 Netschenitz/Böhmen, †1915 Prag; - Ps. W. Alburg *(D-E-P-S)* #3,4

Mahler, Heinrich, *26.3.1839 Züllichau/Mark Brand., †6.6.1874 Berlin; - Ps. Heinrich Lenz *(L-N-P-R)* #1,4

Mahler, Ludwig, *9.6.1859 Patzau; - Ps. Viktor *(P)* #3

Mahler-Werfel, Alma, *1879, †11.12.1964 New York; - Ps. Alma Werfel (*P*) #18

Mahling, Peter, *27.7.1931 Lohsa b. Hoyerswerda; - Ps. Petr Malink (*D-P-R*) #3,4

Mahlmann, Siegfried August, *13.5.1771 Leipzig, †16.12.1826 Leipzig; - Ps. Bittermann; Julius Heiter (*E-L-N-S*) #1,4,5,6, 11,13

Mahlo, Richard Otto, *16.5.1870 Grossenhain/Sa.; - Ps. Richard Otto (*E-L-N-P-S*) #3,4

Mähly, Jakob, *24.12.1828 Basel, †14.6.1902 Basel; - Ps. Jocundus Plappermund (*L-N-P-S*) #1,4

Mahn, Adolf, *24.7.1855 Göttingen; - Ps. A. Bürger (*P*) #3

Mahn, Anny, geb. Wothe, *30.1.1858 Berlin, †1919; - Ps. Paula Strahl; Anny Wothe (*N-P-R*) #1,2,3,4

Mahn, Klaus, *8.3.1934 Frankfurt/M., †27.6.1993 New York; - Ps. Kurt Mahr; Cecil O. Mailer (*E-R*) #3,4,7,16,20

Mahner-Mons, Emma, *16.5.1879 Erlenbach/Pf.; - Ps. Emma Nuß; Emmerich Nuß (*F-N-R-S*) #3,4

Mahner-Mons, Hans, *19.4.1883 Hildburghausen, †11.10.1956 Rom; - Ps. N. M. Mons; Hans Possendorf (*D-R-S*) #3,4

Mahnke, Carl Manfred, *9.2.1892 Eberswalde, †26.12.1926 Berlin; - Ps. Mahnke-Ebers (*D-N-P*) #3,4

Mahnke, Johannes, *24.7.1884 Eberswalde; - Ps. Fritz Ebers; Jean Micrône (*E-P-R-S*) #3,4

Mahr, Yvonne, *(1984); - Ps. Jo Hofmann (*R*)

Mai, Lucas, *1522, †1598 Kassel; - auch Maius; May (*S*) #4,11,13

Maier, Elisabeth, geb. Mack, *23.2.1893 Barmen; - Ps. Elisabeth Maier-Mack (*L-N*) #3,4

Maier, Ferdinand, *4.3.1836 Thunau, †Stuttgart; - Ps. F. Jerma (*E-P-S*) #1,3,4

Maier, Franz, *25.4.1893 Dorfbach; - Ps. Maier-Balder (*E-P*) #3,4

Maier, Georg, *25.4.1502 Nürnberg, †25.11.1574 Wittenberg; - Ps. Georg Major (*P*) #4,11,13

Maier, Georg, *17.1.1858 Pursruck b. Amberg; - Ps. Giorgio Santini (*L*) #3,4

Maier, Hans, *27.3.1881 Ottensheim/O.-Ö., †22.3.1945 Wien; - Ps. Hamay; Mair; Hans Mehr (*L-P*) #4

Maier, Hans, *31.10.1912 Wien, †17.10.1978 Salzburg; - später Jean Améry; Ps. Peter Frühwirt; Johannes Mayer (*P*) #3,4,8,10

Maier, Hansgeorg, *21.3.1908 Hamburg; - Ps. Franz Hallmann (*E-F-P*) #3,4

Maier, Johann, *13.11.1486 Egg a. d. Günz, †10.2.1543 Ingolstadt; - Ps. Johann Eccius; Johann Eck; Johann Eckius (*P*) #4,13,15

Maier, Johann Gabriel, *1.2.1639 Arbon/Bodensee, †19.2.1699 Nürnberg; - gen. Palämon/PB (*L-P*) #4,11

Maier, Johannes, *2.5.1901 Hultschin, †18.10.1958 Düsseldorf; - Ps. Johannes C. Maier-Hultschin; John S. Steward (*P*) #4,18

Maier, Manfred, *15.5.1949 Winterlingen; - Ps. Manfred Mai (*E-J-L-R*) #3,4

Maier, Martin, *(1507); - auch Martin von Reutlingen (*L*) #4

Maier, Michael, *1568 Rendsburg, †1622 Magdeburg; - auch Majer; Majerus; Mayer (*P*) #4,13

Maier-Heuser, Hermine Berta, *22.10.1882 Linkenheim/Baden, †1968; - Ps. Hermine Berta Maierheuser (*E-J-L-M-N-R*) #3,4

Maier-Krafft, Josef, *30.4.1906 Großkoellnbach; - Ps. Josef Koellnbach (*E-P-R*) #3,4

Mailänder, Lucy, *12.8.1886 Fürth; - Ps. Lucie Malden (*J-L*) #4

Mainz, Johannes von, *1.3.1457 Schönensteinbach/Elsaß; - Ps. Binder; Johannes Fyntzel; Johannes von Mentz (*P*) #4

Mair, Alois, *29.6.1887 Innsbruck; - Ps. Alois Weinberger (*L-N-P-R-S*) #3,4

Maisch, Gottlob, *15.9.1825 Orlach, †28.3.1908; - Ps. Clara Braun (*E-L-P*) #2, 3,4

Majersky, Adalbert von, *1.8.1866 Pjechov/Slow., †2.10.1898 Baden b. Wien; - Ps. Albert v. Rhoden; Albert v. Roden (*D-P-S*) #1,3,4

Major, Johannes, *1533 Joachimsthal, †16.3.1600 Zerbst; - Ps. Hänsel Mayer (*L*) #4,11,13

Makowiczka, Anna, *23.9.1862 Sonnenberg/Böhmen; - Ps. Hannau (*P*) #2

Malapert-Neufville, Marie Constanze von, *25.11.1840 Pirna, †9.11.1914 Dresden; - Ps. Constanze von Heisterbergk; Constanze Hoch; Philomusus (*E-P-R*) #1,2,3,4,11

Maler, Josua, *25.6.1529 Zürich, †5.6.1599 Glattfelden; - auch Maaler; Mahler; Pictorius (*P*) #4,13

Maler, Josua, *13.1. 1577 Zürich, †21.3.1610 Glattfelden; - auch Maaler; Mahler (*L-P*) #4,13

Maler, P. Beda, *6.10.1818 Lindau; - Ps. Beda Corvinus (*P*) #3

Maletzke, Wilhelm, *14.11.1844 Kursewang/Po.; - Ps. Wilhelm von der Mulde (*L*) #4

Mallinckrodt, Max von, *13.12.1873 Köln, †16.9.1944 Schloß Broich b. Euskirchen; - Ps. Max Wetter (*D-E-L*) #3,4

Malsius, Ernst, *17. Jh.; - gen. Der Lindernde/DG-L #11

Malter, Wilhelm, *7.3.1900 Nürnberg; - Ps. Helwala; W. M. (*L-P-R-S*) #3,4

Maltitz, Franz Friedrich Freiherr von, *6.6.1794 Nürnberg, †25.4.1857 Boppard/Rh.; - Ps. Ein Unbekannter (*D-L*) #4,11,13

Maltitz, Hans Haubolt von, *17. Jh.; - gen. Der Zäumende/FG 578 #11

Maltzahn, Ada Baronin von, gesch. v. Gersdorff, *14.5.1854 Czarnikau/Posen, †um 1925 Swinemünde; - Ps. Ada von Gersdorff; Harry von Gersdorff (*E-N-P-R*) #1,2,3,4

Maltzahn, Ernst Heinrich, *23.10.1844 Berlin, †21.5.1902 Wien; - Ps. Ernst Niedt (*S*) #4

Maluschke, Hermine, *21.2.1907 London; - Ps. Herma Waldheim; Brigitte Welten (*N-R*) #3
Maly, Anton, *10.5.1884 Hadres/N.-Ö., †19.5.1959 Planegg b. München; - Ps. Robert Storr (*P-R-S*) #3,4
Mamroth, Fedor, *21.2.1851 Breslau, †25.6.1907 Frankfurt/M.; - Ps. Egon (*E-P*) #3,4
Mancke, Marie Luise, *29.11.1847 Leipzig, †29.8.1926 Berlin; - Ps. Marie von Felseneck; William Forster; M. Weißenburg (*E-J-N*) #1,2,3,4,17
Mancke, Reinhardt, *19.3.1851 Leipzig; - Ps. Hans von Helden (*R*) #3,4
Mandel, Gustav, *2.8.1852 Mährisch-Ostrau; - Ps. Gustav Delman (*P*) #3,4
Mandelartz, Carl, *5.11.1908 Duisburg, †28.6.1982 Kleienberg b. Paderborn; - Ps. Carl Schanze (*D-E-L-N-R*) #3,4
Mandelkern, Salomon, *25.4.1846 Mlynow b. Dubno/Rußl., †24.3.1902 Wien; - Ps. Mindaloff (*N-P-R*) #1,3,4
Mandl, Albert, *18.6.1860 Schaffa/Mähren, †8.1.1932 Wien; - Ps. Albert Malden; A. Malten (*E-J-N-P-S*) #3,4
Mandl, Harald, *2.8.1933 Graz; - Ps. Matthias Mander (*E-R*) #3,4
Mandl, Leopold, *18.9.1860 Wien; - Ps. Athanagild (*P*) #3
Mandt, Georg, *19.8.1892 Bochum; - Ps. Peter Meinhardt; Sarkast; Soft (*D-E-F-R*) #3
Maneck, Ella, geb. Lindner, *15.5.1872 Öderan/Sa.; - Ps. Ella Lindner-Maneck (*E-L-R*) #3,4
Maneke, Philipp, *9.2.1638 Boitzenburg, †1707 Lüneburg; - Ps. Joachimus Fridericus Buccinator; Ludovicus Burgates; Theophilus Stromberg; Sincerus Warmund (*P*) #6
Manes, Alfred, *27.9.1877 Frankfurt/M.; - Ps. Manfred Alesius; Fred E. S. Almann (*P*) #3
Mangelsdorf, Paul, *11.9.1898 Bremen; - Ps. Manor Gelsdorf (*P*) #3
Manger, Jürgen von, *6.3.1923 Koblenz, †15.3.1994 Herne; - gen. Adolf Tegtmeier (*E-F-P*) #3,4
Mangold, Maria, *31.1.1891 Hohenstadt/Württ., †29.10.1976 Ellwangen/Jagst; - Ps. Monika Leitner (*N-R*) #3,4
Mangoldt, Ursula von, *3.11.1904 Berlin; - Ps. Alterego (*P*) #3,4
Mangolt, Gregor, *1498 Tübingen, †Zürich; - Ps. Vigilantius Seutlonius (*L-P*) #4
Mangutsch, Alberta, *14.10.1935 Lienz/Tirol; - Ps. Albertina Lindsberg (*L*) #3
Manhard, Johann Wilhelm, *14.2.1760 Heppach/Württ., †20.11.1831 Hanerau/Holst.; - auch Mannhardt (*P*) #4,11
Manhardt Edle von Mannstein, Maria, *11.7.1906; - Ps. Elise von Hardtenstein (*E-N-R*) #3,4
Mankowski, Hermann, *8.4.1854 Cabienen/Ostpr.; - Ps. Doktor Justus (*D-L-P*) #3,4
Mann, Carl, *4.1.1839 Zürich; - Ps. v. Ladenburg (*P*) #3
Mann, Christoph David, *(1744) Reutlingen; - Ps. Bion (*P*)
Mann, Friedrich, *21.2.1780 Berlin, †13.9.1853 Berlin; - Ps. Julius Werden (*P-S*) #4,6,11
Mann, Gottfried, *27.3.1909 München, †7.4.1994 Leverkusen; - Ps. Golo Mann (*P*) #3,4
Mann, Karl Christian von, *9.12.1773 Sulzbach, †22.3.1837 München; - gen. Tüchler (*P*) #4,11
Mann, Klaus, *18.11.1906 München, †21.5.1949 Cannes; - Ps. Vincenz Hofer; Heinrich Thomas (*D-N-P-R*) #3,4,5,8,10,18
Mann, Thomas, *6.6.1875 Lübeck, †12.8.1955 Kilchberg b. Zürich; - Ps. Paul Thomas (*D-E-N-P-R*) #3,4,5,8,10,14,18
Mann, Wilhelm, *20.7.1843 Rostock; - Ps. Franz Warnow (*P-R-S*) #1,3,4
Mannheimer, Irmgard, *4.7.1894 München, †26.1.1955 Zürich; - Ps. Irmgard von Faber du Faur (*E-J*) #3,4,17,18
Manojlovic, Svetozar, *18.7.1848 Dolovo/Banat, †10.6.1909 Dolovo/Banat; - Ps. Svetomanus (*L*) #4
Mansfeld, Franz Maximilian Graf zu, *17. Jh.; - gen. Der Vielgelobte/FG 803 #11
Mansfeld, Johann Georg von, *15.5.1593, †10.11.1647; - gen. Der Auserlesene/FG 243/1634 (*L-P*) #11,12
Mänss, Gisela, *13.3.1943 Rippin/Westpr.; - Ps. Gisela Menz (*J-N-R*) #3,4
Manteufel, Eberhard von, *1590 Kurland, †24.12.1637 Königsberg; - gen. Der Saurliche/FG 191/1629; auch Szoege gen. #11,12
Manteuffel, Elisabeth von (Else), *20.1.1848 Redel/Pommern; - Ps. Geathered Leaves (*J*) #2,4
Manteuffel-Szoege, Maria Baronin, *11.10.1873 Elberfeld; - Ps. Maria Gräfin Neidhardt von Gneisenau (*E-P-R*) #3
Mantzel, Christian Gottfried, *28.1.1756 Rostock, †21.7.1820 Crivitz/Meckl.; - auch Manzel; Ps. Aretophilus; Emanuel Sincerus der Jüngere (*D-E-L-P*) #4,6
Manuel, Niklas, *1484 Bern, †30.4.1530 Bern; - Ps. Niklas Deutsch; Meyster Hemerlin (*L-P*) #4,5,11,13,14
Manuel, Rita, *4.2.1900 Brescia/Italien; - Ps. Rita (*E-J*) #3,4
Manussi-Montesole, Ferdinand Edler von, *9.6.1839 Wien, †1.12.1908 Wien; - Ps. Fritz Mai (*S*) #3,4
Manzer, Robert, *25.9.1839 Mariaschein, †3.5.1913 Tetschen; - Ps. Romanzero (*J-P*) #4
Mappes, Katharina, *29.7.1870 Berlin; - Ps. K. de La Morière (*P*) #2,3
Marasse, Margrete, *(1899) Berlin; - Ps. M. Morgan (*J-L*) #3

Marbach, Gotthard Oswald, *13.4.1810 Jauer/ Schles., †28.7.1890 Leipzig; - Ps. Silesius minor (*D-L-N-P*) #1,4

Marchwitza, Hans, *25.6.1890 Scharley/O.-S., †17.1.1965 Potsdam; - Ps. Pankratius; Zwiebel (*E-L-P-R*) #3,4,8, 14,18

Märcklin, Edmund, *22.1.1816 Calw, †20.2.1892 Chicago; - Ps. Jacob Fröhlich; Onkel Eddy (*D-L*) #3,4

Marckwort, Gustav Martin Auvo, *17.7.1890 Hannover; - Ps. gm (*E-P*) #3

Marcu, Valeriu, *8.3.1899 Bukarest, †4.12.1942 New York; - Ps. Gracchus (*P*) #3,4,18

Marcus, Benno, *6.1.1899 Berlin; - Ps. Mercator (*P*) #3

Marcus, Eli, *26.1.1854 Münster, †13.9.1935 Münster; - Ps. Natzohme (*E-L-R-S*) #3,4

Marcus, Erich, *16.10.1894 Berlin; - Ps. Ein Student (*P*) #3

Marcus, Helene, *19. Jh. Goslar; - Ps. Helene Marc (*E-J*) #3

Marcus, Max, *17.8.1878 Willenberg/Ostpr.; - Ps. Marcus-Willenberg (*P*) #3

Marcus, Paul, *18.1.1901 Beeskow, †25.4.1972 London; -Ps. Pem (*P*) #3,4,18, 19

Marcuse, Adolf, *17.11.1860 Magdeburg; - Ps. A. Verus (*P*) #3

Marcuse, Julian, *1.8.1862 Posen; - Ps. Max Bylo (*P*) #3

Marcuse, Ludwig, *8.2.1894 Berlin, †2.8.1971 München; - Ps. Heinz Raabe (*P*) #3,4,8,18

Marczik, Edeltrud, *6.6.1923 Wien; - Ps. Trude Marzik (*L-P-R*) #3,4

Mardicke, Fritz, *29.9.1895 Leipzig, †3.1.1966 Darmstadt; - Ps. Walter Fürst; Fritz Körner; Wolfgang Marken; Ludwig Osten; Werner Spielmann (*E-F-N-R*) #3,4

Marées, Johann Friedrich de, *26.8.1761 Dessau, †1832 Dessau; - Ps. Essra Edem zu Udessa (*L-P*) #4,6

Marek, Franz, *18.4.1913 Wien; - Ps. Karl Rohrer (*P*) #18

Marek, Hans Georg, *26.6.1908 Brünn, †3.6.1967 Zagreb; - Ps. Georg Keram (*E-F-L-S*) #3,4

Marek, Kurt W., *20.1.1915 Berlin, †12.4.1972 Hamburg; - Ps. C. W. Ceram (*P-R*) #1,3,4,5,8,10,19

Marenth, Lucianus, *um 1630 Montjola b. Schruns, †4.3.1716 Bregenz; - Ps. Lucianus Montifontanus (*P*) #4

Marggraf, Frieda, *14.8.1902 Weilheim/Obb.; - Ps. Marg. Graf (*E-N-R*) #3,4

Margl, Ludwig, *18.8.1902 Mannersdorf/N.-Ö., †21.10.1977 Langenlois/N.-Ö.; - Ps. Ludwig Forstner (*E*) #3,4

Marheine, Wilhelmine, *22.3.1881 Angerburg; - Ps. W. Schroeter-Marheine (*E-L-P*) #3,4

Marheineke, Maria Juliane, *15.1.1873 München, †29.7.1965 München; - Ps. M. Marnek (*E-J-R-S*) #3,4

Marienthal, Hal, *1924; - früher Helmut Marienthal (*F-R*)

Mario zu Gammerslewe, Johann von, †nach 1648; - gen. Der Goldgelbe/FG 100/1624 (*P*) #11,12

Marion, Heinz, *(1970); - Ps. Stefan Delius (*R*) #3

Märker, Friedrich, *7.3.1893 Augsburg, †27.4.1985 Feldafing/Obb.; - Ps. Nikolaus Haug; Alexander Stral; Fjodor Ukrainow (*D-F-N-P-S*) #3,4

Märker, Margarete, geb. Willinsky, *22.7.1906 Libau, †22.6.1983 Tutzing/Obb.; - Ps. Grete Willinsky (*E-P*) #3

Markert, Hans-Günther, *8.5.1942 Tuttlingen; - Ps. Joy Markert (*E-F-L*) #3,4

Markmiller, Philipp, *23.10.1825 Hochstädt/ Ba., †1902 Benningen/Allg.; - Ps. Marcus Molitor (*L-P-S*) #4

Markovics, Marie Antoinette, *14.12.1857 Rostock; - Ps. M. v. Letkow; M. v. Lettmann; Emil de La Tour (*E-N-R*) #2,3,4

Markstein, Else, *(1894); - Ps. Else Berner (*P-S*) #1,2

Markstrahler, Wilhelm, *19. Jh.; - Ps. Ein Kommunist (*P*)

Markwald, Erika, geb. Haug, *29.7.1912 Wien; - Ps. Erika Haug (*N-P-R*) #3

Markwort, Johann Christian, *13.12.1778 Reißlingen b. Braunschweig, †1866 Bessungen b. Darmstadt; - Ps. Karl Dorner (*D-E-P-S*) #4,6,11

Marlin, Joseph, *27.8.1824 Mühlbach/Siebenbürgen, †30.5.1849 Preßburg; - Ps. Josi (*P*) #1,4,13

Marpurg, Friedrich Wilhelm, *1.10.1718 Seehausen/Altmark, †22.5.1795 Berlin; - Ps. Simon Metaphrastes der Jüngere (*P*) #4,6,13

Marquardt, Angelika von, *28.7.1849 Schweidnitz/Schlesien; - Ps. M. Angely (*L-R*) #1,2,3,4

Marquardt, Bruno, *23.5.1872 Stettin; - Ps. A. German (*P*) #3

Marquardt, Eduard, *29.6.1801 Soldau/Ostpr., †10.10.1889 Cosel/Schles.; - Ps. Eduard Nordburg (*L*) #4,11

Marquart, Alfred, *(1982); - Ps. Martin S. Gans (*P-R*) #3

Marr, Elisabeth, geb. Sangalli, *um 1828 Heinrichswalde/Meckl., †6.5.1901 Weimar; - Ps. Sankt Galli (*P-R*) #2,3,4

Marr, Ludwig, 3.7.1871 Königsberg; - früher Louis Zacharias (*E-L-R-S*) #3

Marr, Wilhelm, *16.11.1819 Magdeburg, †1904 Hamburg; - Ps. Arnd (*P*) #4

Marré, Ernst, *24.12.1874 Magdeburg; - Ps. C. Borstel; Robert Hartig; E. v. Nicolai (*N-P*) #3,4

Marretta, Saro, *4.11.1940 Ribera/Ital.; - Ps. Saraccio (*E-L-R*) #3,4

Marschalk, Caspar Heinrich von, *17. Jh.; - gen. Der Geordnete/FG 603 #11

Marschalk, Johann Adolf, *17. Jh.; - gen. Der Ausklärende/FG 841 #11

Marschalk, Karl Christoph von, *17. Jh.; - gen. Der Wohlriechende/DG-R #11

Marschalk, Nikolaus, *um 1460 Rossla/Thür., †12.7.1525 Rostock; - gen. Thurius (*P*) #4,13

Marschalk, Rudolf Levin, *17. Jh.; - gen. Der Abschaffende/FG 596 #11

Marschalk, Wolf Dietrich von, *17. Jh.; - gen. Der Kriechende/FG 565 #11

Marschall, Alexander Haubold, *17. Jh.; - gen. Der Scharfe/FG 798 #11

Marschall, Emma, *14.10.1870 Naumburg/S.; - Ps. E. L. von der Au (*E-L*) #1,4

Marschall, Hans Dietrich, *17. Jh.; - gen. Der Anfrischende/FG 799 #11

Marschall, Hans Wilhelm von, *10.1.1585 Dannheim b. Arnstadt, †20.9.1662; - auch Hans Wilhelm Marschalk; gen. Der Taugliche/FG 105/1625 #11,12

Marschall von Bieberstein, Georg Job, *23.12.1625 Dallwitz/Sa., †15.10.1682 Hedersleben b. Eisleben; - auch Georg Job von Marschalch; gen. Der Mehrende/FG 517/1648 #11,12

Marshall, Wilhelm, *6.9.1845 Weimar; - Ps. Equiso; Philopsyllus (*P*) #3

Martell, Ludwig August Wilhelm, *2.1.1782 Köthen; - Ps. J. J. Funke (*L-P*) #4,6

Märten, Luise Charlotte, *24.9.1879 Berlin; - Ps. Lu Märten (*P-R*) #3

Martenitz, Adolf Heinrich, *17. Jh.; - gen. Der Ersinnende/DG-R; Ps. Der Entrinnende #11

Martens, Amandus M. F., *31.3.1888; - Ps. Manuel Frix; Max Marten-Manfried (*D-L-P-S*) #3,4

Martens, Anneliese, *20.9.1907 Gorzno b. Straßburg; - Ps. Anna Wang (*R*) #3

Martens, Christoph, *1.4.1848 Inzmühlen b. Winsen a. d. L.; - Ps. J. Duhz; Carla Harten; E. Harten (*E-L-P*) #1,3,4

Martens, Rolf Wolfgang, *11.9.1868 Berlin, †1928; - Ps. Pan (*D-L-P*) #3,4

Marth, Erwin, *15.10.1903 Berlin; - Ps. Adolf Hermann (*F-P*) #3

Marth, Otto, *12.11.1871 Holzhausen b. Haßfurt; - Ps. Ottomar-Holzhausen (*P*) #3

Marti, Hugo, *23.12.1893 Basel, †20.4.1937 Davos; - Ps. Bepp (*D-E-L-N-P-R*) #3,4,5

Martin, Anton, *13.6.1884 Wien; - Ps. Martin Boreos (*P*) #3

Martin, Bernhard, *3.6.1900 Frankfurt, †9.8.1985 Darmstadt; - Ps. Thomas Bergner (*L-P-S*) #3,4

Martin, Helene Elisabeth, geb. Marx, *13.12.1905 Weinböhla/Sa.; - Ps. Helene Marx (*R*) #3,4

Martin, Johann, *24.8.1633 Schniffis/Vorarlb., †7.1.1702 Konstanz; - Ps. Laurentius von Schnüffis; Mirant; Miranto; Mirtill (*L*) #4,5, 11,13,19

Martin, Kurt, *9.8.1891 Hof, †13.6.1968 Rosenheim; - Ps. Karl Rober (*E-N-R*) #3,4

Martin, Thomas Hector, *(1984); - Ps. Peter Saxon; Martin Thomas (*E-R*) #16

Martin-Leake, Melita, geb. Ollendorff *22.5.1925 Dornburg/ Saale; - Ps. Melita Ollendorff (*P*) #3

Martin-Noskoff, Tatiana, *11.2.1913 St.Petersburg; - Ps. Tatiana Lambro (*R*) #3,4

Martinek, Rudolf Raimund, *22.3.1904 Brünn, †12.1.1972 Wien; - Ps. Raimund Martin; Raoul Martinée (*F-J-R-S*) #3,4

Martinek, Walther, *11.8.1889 Gratzen b. Budweis/Böhmen, †1.5.1964 Hainburg/Do.; - Ps. Volker (*E-L-P*) #3

Martinelli, Jeannot, *26.2.1865 Dünaburg/ Rußl., †1951 Freiberg/Sa.; - Ps. Rudolf Marell (*D-P-S*) #3,4

Martini, Frieda, *25.4.1878 Leipzig, †2.2.1942 Thum/Erzgeb.; - Ps. F. Rieda (*E-J-M-N-R*) #3,4

Martini, Karl Friedrich, *25.1.1755 Zwickau, †19.4.1824 Zwickau; - Ps. Johann Alois Martyni-Laguna (*L-P*) #1,4,11

Martini, Luise, *9.6.1875 Agram; - Ps. Luise Veritas (*D-L-N*)

Martini, Selma, geb. Bauer, *8.10.1853 Rochow b. Ratibor/Schles.; - Ps. Martin Bauer (*N-R*) #1,2,3,4

Martins, Martha, *28.10.1868 Roggendorf/ Mecklenb., †16.10.1907 Schwerin; - Ps. M. Frohmut (*D-E-J*) #1,2,3,4

Martiny, Egon, *22.11.1887 Berlin, †19.5.1965 Berlin; - Ps. C. E. Martiny (*E*) #3,4

Martius, Carl Friedrich Philipp von, *17.4.1794 Erlangen, †13.12.1868 München; - Ps. Callisthenes (*P*) #4,11,13

Marwitz, Hans Georg, *17. Jh.; - gen. Der Getreuliche/FG 856 #11

Marwitz, Joachim von, *7.12.1603, †11.5.1662; - gen. Der Erweisende/FG 501/1648 #11,12

Marwitz, Roland, *10.2.1896 Stettin, †7.10.1961 München; - Ps. Hans Malow (*D-E-F-L-R-S*) #3,4,5

Marwitz, Siegmund von der, *nach 1586, †1660; - gen. Der Anlockende/FG 39/1621 #11,12

Marwitz d. Ä., Moritz von der, †1651; - gen. Der Wiederbringende/FG 176/1629 #11,12

Marx, Else, *5.5.1914 München; - Ps. Else Rautenberg-Marx (*L-P*) #3,4

Marx, Gerhard, *18.10.1903; - Ps. Burg-Tausend (*E-P*) #3

Marx, Gustav, *9.6.1855 Niesky/Schles., †19.8.1941 Herrnhut; - Ps. Gustaf Dalmann (*P*) #4,15

Marx, Hugo, *27.6.1892 Heidelberg; - Ps. Lynkeus (*P*) #18

Marx, Karl Theodor, *2.2.1902 Bad Cannstatt; - Ps. Peter Flinspach (*E-F-L-P*) #3,4,18

Marx, Klara, *27.12.1854 Leipzig; - Ps. Franz Vera (*L-P*) #2,3
Marx, Michael, *6.3.1940 Trier; - Ps. Max Michel (*E-F-L-R*) #3
März, Angelus, *14.2.1731 Schlehdorf/Obb., †3.2.1784 Kloster Scheyern/Obb.; - Ps. Angelus (*P*) #6
Marzinek, Wilhelm, *23.4.1924 Gelsenkirchen; - Ps. Jeff Briester; Cherry Chassmen; Jeff O'Brien (*R*) #3,4
Marzinowski, Edith, *2.6.1925 Schillfelde/Ostpr.; - Ps. Eris Drawen Marzinowski (*E-L-P-R*) #3,4
Masaidek, Franz, *4.10.1840 Wien, †6.4.1911 Wien; - Ps. Argus (*E*) #1,3,4
Masan, Gaspard Simon de; - auch Caspar Simon von Masan; gen. Der Verhindernde/FG 149/1628 #11,12
Maschlanka, Annemarie, geb. Krapp, *3.6.1924 Neuenbürg/Enz; - Ps. Annemarie Krapp (*J-L-S*) #3,4
Masen, Jakob, *23.3.1606 Dahlem b. Jülich, †27.9.1681 Köln; - auch Jacobus Masenius; Ps. Ioannes Semanus (*D-P-S*) #4,5,6,13
Maslow, Arkadij, *1891 Elisabethgrad/Gouv. Cherson, †1941 Havanna/Kuba; - urspr. Isaak Tschemerinsky (*P*) #18
Maß, Hedwig, *22.11.1878 Schwerin; - Ps. Hedwig Rodatz-Maß (*D-E-F-L-P-R*) #3,4
Massé, Grete, *19. Jh. Hamburg; - Ps. G. Drossel (*L-N-P*) #3
Massing, Paul W., *30.8.1902 Grumbach b. Koblenz; - Ps. Karl Billinger (*P*) #18
Massler-Colombo, Maria, *5.2.1928 Pontresina/Engadin; - Ps. Maria Colombo (*E-R*) #3,4
Massow, Irmgard, geb. v. d. Lühe, *1919 Neustrelitz/Meckl.; - Ps. Irmgard von der Lühe (*P*) #3,4
Massow, Klara von, *10.12.1791 Berlin, †15.7.1863 Potsdam; - Ps. Martha von der Höhe (*R*) #2,4,11
Mastalier, Karl, *16.11.1731 Wien, †6.10.1795 Wien; - Ps. Jos. Wezel (*L-P*) #1,4,6,11,13
Masurek, Rudolf Josef, *4.4.1893 Roßberg/Oberschles., †30.10.1947 Plochingen; - Ps. Rudoma (*E-L-P*) #3
Mataja, Emilie, *20.11.1855 Wien, †5.5.1938 Wien; - Ps. Emil Marriot (*D-E-N-R*) #1,2,3,4,8,9
Mathern, Carl, *2.2.1887 Bad Homburg; - Ps. Fips im Felde (*E-S*) #3,4
Mathesius, Johannes, *24.6.1504 Rochlitz/Sa., †17.10.1565 Joachimsthal/Böhmen; - auch J. Math; Johan Mathe; Johannes Matz (*L-P*) #4,11,13
Mathies, Paul von, *12.5.1868 Hamburg, †13.5.1924; - Ps. Ansgar Albing (*E-P-R*) #1,3,4
Matscher, Hans, *3.3.1878 Schwaz/Tirol, †10.8.1967 Landeck/Tirol; - Ps. Hans Blaas (*D-E-F-R-S*) #3,4
Matt, Franz, *4.10.1882 Kirrweiler/Pfalz, †3.12.1957 Bad Bergzabern; - Ps. Ernst Freiweg (*E-L-P*) #3,4
Matter, Hans-Peter, *9.10.1936 Herzogenbuchsee/Bern, †25.11.1972; - Ps. Mani Matter (*E-L*) #4,8
Mattern, Wolfgang, *1908; - Ps. Ernst Winkler (*P*) #18
Matthes, Alfons, *18.3.1867 Ober-Glogau; - Ps. Matthes Sokol (*D-L-P-R*) #1,3,4
Matthes, Franz, *6.5.1838 Sommerfeld b. Crossen/Oder, †5.2.1910 Berlin; - Ps. Liberius Haberkorn; Franz von Sommerfeld (*L-P-S*) #1,3,4
Mattheson, Johann, *28.9.1681 Hamburg, †17.4.1764 Hamburg; - Ps. Aristoxenos junior; Veritohilus (*P-S*) #4,6,13
Mattheus, Adolph, *22.5.1897 Berlin, †30.3.1953 Berlin; - Ps. Peter Mattheus (*E-J-N-R*) #3,4
Mattheus, Bernd, *8.3.1953 Eisenach; - Ps. Eike Hühnermann; Elena Kapralik; Franz Loechler (*P*) #3,4
Mattheus, Richard, *29.1.1894 Neustrelitz, †20.10.1967 Berlin; - Ps. Hans Fabian; Peter Silens (*N-P*) #3
Matthey, Amalie, *6.9.1872 Halver/Westf., †9.5.1941 Solothurn; - Ps. Maja; Maja Matthey; Maja Wirz-Matthey (*E-L-N-P-R*) #2,3,4
Matthey, Maria, *19.1.1871 Barmen; - Ps. Marianne Maidorf (*E-J-M-R*) #3,4
Matthias, Bertha, geb. Tendering, *16.7.1835 Krefeld, †7.2.1911 Berlin; - Ps. Bertha Matthias-Tendering (*D-L-S*) #1,3,4
Matthias, Leon Lawrence, *16.1.1893 Berlin, †8.9.1970 Ascona/Tessin; - urspr. Leo Matthias; Ps. Leon Lawrence; Lorenz (*D-P-S*) #3,4,18
Matthias, Lisa, *19. Jh.; - Ps. Madrei (*P*)
Matthiessen, Karl, *30.11.1873 Görlitz; - Ps. Hans Herrmann (*P*) #3
Matthysen, Marga, *6.7.1889 Warendorf; - Ps. Marga Taisen (*E-R*) #3,4
Mättig, Sophie, geb. Willkomm, *5.7.1865 Tharand/Sa.; - Ps. Sophie Mättig-Willkomm; C. Saleen (*E-J*) #2,3,4
Matull, Kurt, *25.2.1872 Treptow/Pommern; - Ps. Kurt Berns; Lord Lister; Kurt Matull-Berns (*D-E-J-P-R-S*) #4
Matuschka von Toppolczan, Johannes, *20.6.1887 Görlitz; - Ps. Johannes Matuschka (*L-P*) #3,4
Matuszewski, Reinhard, *30.7.1951 Recklinghausen; - Ps. Matu (*L-R*) #3
Matzak, Franz, *21.8.1886 Arnfels/Steiermark, †18.1.1982 Graz; - Ps. Kurt Hildebrand Matzak (*D-E-F-N-P-R*) #3,4
Matzig, Richard Blasius, *24.7.1904 Luzern, †27.4.1951 Zürich; - Ps. Richard Matzig von Schmauss (*L-N-P*) #3,4
Matzker, Wolfgang E., *15.10.1951 Jever; - Ps. Safran (*L-R*) #4

Mau, Emmy, *17.7.1868 Kiel; - Ps. Kurt Heinz (*D-L-P-R*) #1,3,4

Mau, Ilse, *4.7.1902 Liegnitz, †30.4.1978 Nagold; - Ps. Mauz (*F-J-N-R*) #3,4

Maubach, Fritz, *25.2.1912 Birstein b. Gelnhausen, †3.11.1963 Friesenhausen b. Fulda; - Ps. Caspar Reiserecht (*E-P*) #3,4

Mauckner, Walter G., *(1984); - Ps. George W. Burton; Jerry Cotton; Georges Gautier; Waldo Marek; Cora Shapiro (*P-R*) #16

Maué, Hermann, *14.4.1848 Bieberich; - Ps. Hermann Bartol (*P*) #3

Maue, Maria Friederike, *3.4.1893 Leipzig, †24.1.1958 Mainz; - Ps. Maria Land (*E-R*) #3,4

Mauer, Thomas, *1536 Tribel/Schles., †10.8.1575 Lüneburg; - Ps. Thomas Tribulensis Silesius (*L*) #4,13

Mauerhardt, Rolf, *1919; - Ps. Rolf Erhart; Wolf Erhart; Rolf Murat; Thomas Rommy; Jack Slade; Garry Thook (*E-R*) #16

Mauermann, Siegfried, *6.11.1884 Berlin, †9.2.1973 Bad Orb; - Ps. Hermann Walther (*D-N-P*) #3,4

Mauke, Wilhelm, *25.2.1867 Hamburg; - Ps. Loge (*P-S*) #3

Mauksch, Friedrich August Julius, *18.12.1856 Mutzschen/Sa., †18.5.1914 Dresden; - Ps. J. Manfred; A. Neumann (*E-P-R*) #1,3,4

Maul, Anna, *8.3.1838 Saussienen/Preußen, †13.2.1919 Berlin; - Ps. M. Gerhardt (*N-R*) #1,3,4

Maurer, Christian Friedrich, *17. Jh.; - gen. Der Wohlerkannte/FG 852 #11

Maurer, Hans, *(1522); - gen. Zündauf; Ps. E. Karsthans (*P*) #4,13,15

Maurer, Joseph, *10.4.1914 Bozen; - Ps. Majo (*L-P*) #3,4

Maurer, Kurt, *(1984); - Ps. Mark Baxter; Bruce Coffin; Robert Lamont; Jack Slade (*P-R*) #16

Mauri, Gertrude (Gerti), *15.7.1911 Hamburg; - Ps. Manuela Mauri (*P-R*) #3,4

Maurina-Raudive, Zenta, *15.12.1897 Lejasciems/Lettl.; - Ps. Zenta Maurina (*E-P-R*) #3

Mauritius, Frau von, *(1826); - Ps. Isidor; Isidor v. M. (*D-E-P*) #4,11

Mauritz, Anna Maria, *(1708); - gen. Mauritzin (*L*) #4,11,13

Mäuser, Albertine, *26.7.1891 Bielefeld, †Rheda/Westf.; - Ps. Leopold Kranich; Heribert Thalhuber (*E-S*) #3,4

Mauser, Ernst, *14.8.1875 München; - Ps. Ernst Marbod (*P*) #3

Mauser, Lydia, *(1907) Augsburg; - Ps. Lydia Danöfen (*N-R*) #3,4

Maushagen, Hubert, *13.5.1883 Kattowitz; - Ps. Joseph Lamla (*P*) #3,4

Mauthner, Malwine, *16.6.1870 Komotau/Böhmen, †1952; - Ps. Malea-Vyne (*L-M-N-R*) #3,4

Mautner, Eduard, *13.11.1824 Pest, †2.7.1889 Wien; - Ps. Eduardus Vertigalensis (*D-L-S*) #1,3,4,13

Mauve, Anna, *7.6.1876 Homberg; - Ps. A. v. Cassel (*P*) #3

Mauz, Joseph, *28.10.1907 Hettingen, †13.8.1974 Biberach; - Ps. Ivo Mauthner (*E-F-L-P*) #3,4

Mauz, Karl, *5.10.1902 Esslingen, †1.9.1976 Esslingen; - Ps. Richard Haldenwang (*L-N-P*) #3,4

Mavrocordato, Alice, geb. Albrich, *1.9.1909 Neulengbach/N.-Ö.; - Ps. Alice Albrich-Mavrocordato (*R*) #4

Maximovic, Gerd, *29.8.1944 Langenau/Böhmen; - Ps. Maxim Bremer; Thorn Forrester; Heinrich Luntz (*E-F-L-R*) #3,4,16,20

Maxse, Sir Henry Fitzhardinge Barkeley, *4.4.1832 London, †8.9.1883 St.John/Neufundland; - Ps. F. Martine (*D-S*) #1,4

May, Adolf, *17. Jh.; - gen. Der Freundselige/FG 541 #11

May, Adolf, *10.3.1879 Wien; - Ps. Ama (*D-R*) #3,4

May, Albert, *25.9.1885 Mannheim, †22.10.1951 Mannheim; - Ps. Otto Albert; Otto Trebla (*M-P*) #3,4

May, Andreas, *12.11.1817 Bamberg, †7.1.1899 München; - Ps. Richard Franke (*D*) #1,4,13

May, Hans Waldemar, *17.8.1898 Bern; - Ps. Hans Waldemar (*P*) #3

May, Johann, *24.12.1724 Hähnlein/Hessen, †12.2.1796 Darmstadt-Eberstadt; - Ps. Eberstadt; Eudorus; Evangelicus (*P*) #4,6

May, Johann Carl, *22.11.1731 Offenbach, †1784 Kassel; - später Johann Carl Peterson (*L-P-S*) #4

May, Johann Friedrich, *23.3.1697 Türchau/Oberlaus., †5.1.1762; - Ps. Phyllis (*P*) #4

May, Karl, *25.2.1842 Ernstthal, †30.3.1912 Radebeul b. Dresden; - Ps. Captain Ramon Diaz; M. Gisella; Karl Hohenthal; D. Jam; Prinz Muhamel Latréaumont; E. v. Linden; P. van Löwen; Wilhelm Meier; Fritz Perner; Emma Pollmer (*E-P-R*) #3,4,5, 14,17

May, Maria Theresia, *9.1.1851 Bielitz/Schles., †22.9.1927 Troppau; - Ps. Anna Wichodil (*N-R*) #1,2,3,4

Mayen, Edmund, *23.11.1882 Breslau; - Ps. Herrmann Tau (*P-R*) #3,4

Mayer, Adolf, *9.8.1843 Oldenburg; - Ps. Eduard Maydolf (*D-L-P*) #3,4

Mayer, Alfred, *30.6.1864 Aachen; - Ps. Alfred Mayer-Eckhardt (*F*) #3

Mayer, Andreas Ulrich, *4.7.1732 Vielseck, †14.11.1802; - Ps. F. N. Blocksberger; Anton Maler; Kilian Schwarzbart; Lizentiat Weismann (*P*) #6

Mayer, Anna, *11.5.1852 Ansbach/Mittelfr., †13.11.1935 Traunstein; - Ps. Anna Mayer-Bergwald (*E-L-M-P*) #1,2,3,4

Mayer, Anton, *1637 Salurn/Südtirol, †1700 Meran; - Ps. Heribert von Salurn (*P*) #4
Mayer, Anton L., *18.11.1891 München; - Ps. A. Mayer-Pfannholz (*P*) #4
Mayer, Christian Anton, *9.4.1922 München; - Ps. Carl Amery (*F-P-R*) #3,4,5,7,8,10
Mayer, Eduard Heinrich, *8.3.1821 Aachen, †1907 Köln; - Ps. Ernst Fest (*L-N*) #1,3,4
Mayer, Ferdinand, *21.5.1878 Wien; - Ps. Ferdinand Mayer-Eschenbacher (*E-L-R*) #3,4
Mayer, Franz, *15.1.1892 Salnau/Böhmen; - Ps. Franz Mayer-Oberplan (*L*) #3,4
Mayer, Franz Joseph Friedrich, *2.5.1894 Regensburg; - Ps. Friedrich von Widersperg (*P*) #3
Mayer, Franz Xaver, *4.11.1757 Raitenhaslach/Obb., †24.2.1841 Essing; - Ps. Gottlieb Ackermann (*P*) #4,6,11
Mayer, Friedrich, *6.3.1886 Krauchenwies, †6.1.1957 Karlsruhe; - Ps. Eustachius Dindemüller; Eustachius Dintenmüller (*L-P*) #3,4
Mayer, Friedrich Arnold, *5.11.1862 Wien, †5.9.1926 Kassel; - Ps. F. Scenicus (*P*) #3,4
Mayer, Gisela, *21.5.1884 Wien; - Ps. Gisela Mayer-Pitsch (*P*) #3
Mayer, Hannelore, geb. Kofler, *23.1.1929 Donawitz; - Ps. Hannelore Kofler; Hannelore Valencak (*E-F-J-L-R*) #3,7
Mayer, Hans, *19.3.1907 Köln; - Ps. Martin Seiler (*P*) #3,4,8,10,18
Mayer, Heinrich, *24.7.1881 Straßburg, †17.1.1905 Davos; - Ps. Heinz Dupré (*L*) #1,4
Mayer, Helly Magdalena, *6.12.1903 Frankfurt/M.; - Ps. Helly Magdalena Peterssen (*F-R*) #3,4
Mayer, Johann, *6.2.1754 Prag, †5.6.1807 Prag; - Ps. Mnestor (*E-P*) #4
Mayer, Johann Friedrich, *6.12.1650 Leipzig, †30.3.1712 Stettin; - auch Meyer; Ps. Alethophilus; Nicolaus de Pio Zelo (*P*) #4,6,13
Mayer, Josef, *15.2.1911 Limberg/Ö.; - Ps. Josef Mayer-Limberg (*L*) #3
Mayer, Karl, *1842 Neuhausen b. Völlingen, †1919; - Ps. Marius (*E-P*) #4
Mayer, Karl, *24.8.1875 Steyr/O.-Ö., †17.8.1949 Linz/Do.; - Ps. Karl Mayer-Freinberg (*E-L-P*) #3,4
Mayer, Magdalena, *7.11.1939 Wien; - Ps. Lene Mayer-Skumanz (*J*) #3,4
Mayer, Maidy, geb. Koch, *12.6.1875 Freiburg/Br.; - Ps. Maidy Meyer; Maidy Koch; Franz Lerse (*D-L*) #3,4
Mayer, Max, *18.8.1881 Kempenich/Rhl., †20.1.1909 Mayen; - Ps. Emil Clarron (*L*) #4
Mayer, Ottilie, geb. Bibus, *5.5.1859 Neuhaus, †14.6.1941 St.Andrä/N.-Ö.; - Ps. Ottilie Bibus; Ottilie Mayer-Bibus (*E-L-N*) #1,4
Mayer, Otto, *29.3.1846 Fürth, †8.8.1924 Hilpertsau/Murgtal; - Ps. Eduard Dupré (*E-P*) #1,3,4
Mayer, Rudolfine, *7.6.1864 Mannheim; - Ps. Rudolf Stormeneck (*D-P*) #2,4
Mayer, Simon Martin, *21.4.1788 Klagenfurt, †16.5.1872 Klagenfurt; - Ps. Julius Probst (*L-P*) #4,11
Mayer, Sophie Friederike Elisabeth, *4.11.1788 Berlin, †15.6.1827 Berlin; - Ps. Sophie May (*E-P-R*) #1,2,4,11
Mayer, Wilhelm, *11.12.1863 München, †13.4.1925 München; - Ps. Wilhelm Herbert (*E-J-R*) #4
Mayer, Wolfgang, *28.3.1946 Wien; - Ps. Wolfgang Mayer König (*L-N-P*) #3,4
Mayer-Kemp, Charlotte, *(1887); - Ps. Marc Derwall (*D*) #2,4
Mayer-Koy, Josef, *3.2.1887 Flintsbach/Obb.; - Ps. Sixt Koy (*P*) #3
Mayer-Reifferscheidt, Friedrich, *24.4.1900 Regensburg, †24.9.1957 Florenz; - Ps. F. M. Reifferscheidt (*E-P-R*) #3,4
Mayer-Trees, Hildegard, *21.1.1918 Frankfurt/Main; - Ps. Hero Matré (*E-F-L-P-R-S*) #3
Mayr, Beda, *15.1.1742 Taiting b. Augsburg, †28.4.1794 Donauwörth; - Ps. Sebastian Leo (*D-P-S*) #1,4,11,13
Mayr, Johann Georg, *3.10.1821 Wolfsegg/O.-Ö., †11.12.1879 Salzburg; - Ps. Hansjörgl von Wolfsegg; Wolfsögga Hansjörgl (*E-L-P*) #1,4
Mayr, Josef, *2.12.1844 Innsbruck, †2.12.1907 Innsbruck; - Ps. Josef Mayr-Günther (*L*) #3,4
Mayr, Sebastian, *20.1.1845 Steinerkirchen a. d. Traun/O.-Ö., †2.5.1934 Kremsmünster ob der Enns/Österr.; - Ps. Heinrich Emil (*P*) #3,4
Mayreder, Rosa, *30.11.1858 Wien, †19.1.1938 Wien; - Ps. Franz Arnold (*N-P-R*) #3,4,9
Mayrhofer, Johannes, *3.11.1877 Hamburg, †16.10.1949 Regensburg; - Ps. Walther vom Waldberg (*D-E-L-N-P-R-S*) #3,4
Maytner, Alberta von, *8.4.1835 Neusandec/Galizien, †14.7.1898 Wien; - Ps. Paul Andow; Margarethe Halm; A. v. Sandec (*E-L-P-R*) #1,2,3,4
Mebes, Guenter, *21.10.1958 Zürich; - Ps. Gilles Mebes (*F-L*) #3
Mebus, Karl Edler von, *1800 Krakau, †7.12.1857 Brünn; - Ps. Karl Burghauser (*D-E-S*) #4,6,11
Mechovius, Joachim, *27.2.1600 Ballenstedt, †1.5.1672; - gen. Der Gedeihliche (*L-P*) #11,12
Meckauer, Lotte, *1.7.1894; - Ps. Lia Walter (*N-R*) #3
Mecke, Maria Renée, *27.5.1882 Breslau, †9.12.1959 Berlin; - Ps. Maria Renée Daumas (*R*) #3,4
Meckel, Eberhard, *22.3.1907 Freiburg/Br., †7.6.1969 Freiburg/Br.; - Ps. Peter Sixt; Lothar Wilhelm (*E-F-L-P-R*) #3,4

Mecklenburg, Adalbert, *1823 Crossen/Oder, †1874 Wolgast/Pommern; - Ps. Adalbert Lenburg (*L-S*) #1,4

Mecklenburg, Friedrich Herzog zu, *17. Jh.; - gen. Der Fügliche/FG 795 #11

Mecklenburg-Güstrow, Gustav Adolph Herzog von, *16.2.1633 Güstrow, †26.10.1695; - gen. Der Gefällige/FG 511/1648 (*L-P-R*) #1,4,11,12

Mecklenburg-Güstrow, Johann Albrecht II. Herzog von, *5.5.1590, †23.4.1636; - gen. Der Vollkommende/FG 158/1628 #11,12

Mecklenburg-Schwerin, Adolph Friedrich I. Herzog von, *15.12.1588 Schwerin, †27.2. 1658 Schwerin; - gen. Der Herrliche/FG 175/1629; Ps. Der Zierliche (*P*) #11,12,13

Mecklenburg-Schwerin, Hans Georg Herzog von, *5.5.1629 Lichtenberg/Pommern, †9.7. 1675; - gen. Der Brechende/FG 482/1647 #11,12

Mecum, Friedrich, *26.12.1491 Lichtenfels/ Ofr., †7.4.1546 Gotha; - Ps. Friedrich Myconius (*P*) #4,13

Meddlhammer, Albin Johann Baptist von, *26.8.1779 Brüssel, †8.2.1838 Berlin; - Ps. Adamssohn; A. Albini; Alexander; August Ellrich; Albin Fleth; Franz Grünhorn; Emil Linden; Theodor von Neuhof (*D-L-P-S*) #1,4,6,11

Medelsky, Josef, *(1892); - Ps. Josef Werkmann (*S*) #4

Medem, Ida von, *12.3.1836 Sporgeln/Ostpr., †21.3.1922 Dessau; - Ps. Joachim von Dürow (*N-R*) #1,2,3,4

Meder, Paul Ernst, *3.9.1872 Stargard/Pommern; - Ps. Redem; Mered (*D-E-R-S*) #3,4

Meding, Georg, *1601, †1666; - gen. Der Bedüngete/FG 391/1642 #11,12

Meding, Oskar, *11.4.1829 Königsberg, †11.7.1903 Charlottenburg; - Ps. Detlev von Geyern; Walter Morgan; Benno Reden; Gregor Samarow; Kurt von Walfeld; Leo Warren; Paul von Weilen (*N-R*) #1,3,4

Meerheimb, Richard von, *14.1.1825 Großenhain/Sa., †16.1.1896 Loschwitz b. Dresden; - Ps. Hugo vom Meer (*D-L-P*) #1,3,4,13

Meese, Johann Nikolaus, *1754 Priorau/Sa.; - Ps. Johann Nikolaus Masius; Aresparep Aradisda; M. Less (*P*) #4,6

Megerle, Johann Ulrich, *2.7.1644 Kreenheinstetten/Hegau, †1.12.1709 Wien; - Ps. Abraham a Santa Clara; Hilarius von Freudberg; Gaudentius Hilarion; Theophilus Mariophilus (*E-P-S*) #1,4,5,11,13,14,19

Megerle, Julius, *1835, †1890; - Ps. Julius Feld (*L*)

Megerle von Mühlfeld, Therese von, *1813 Preßburg, †4.7.1865 Wien; - Ps. Leo Mai (*D-E-N-R-S*) #1,2,4

Megiser, Hieronymus, *um 1553 Stuttgart, †1616 Linz/Do.; - Ps. M. Hieron Mesiger (*P*) #4,11,13

Mehl, Arnold, *19.11.1904 Königsberg, †19.9.1969 Leinfelden; - Ps. Günther German (*J-P-R*) #3,4,7

Mehl, Uschi, *30.4.1914; - Ps. Rieki Röder (*R*) #3,4

Mehler, Friederike, *2.5.1918 Prag; - Ps. Friederike Hübner (*E-P-R*) #3,4

Mehler, Horst, *11.3.1952 Fulda; - Ps. Ha. A. Mehler (*E-P*) #3

Mehlhardt, Gertrud, *11.11.1892 Aussig/Böhmen, †11.11.1966 Buxheim/Unterallgäu; - Ps. Maria Gotike (*E-L-P-R*) #3,4

Mehlhose, C. G., *(1839); - auch Melos (*D-L*)

Mehlhose, Johannes, *24.6.1889 Geithain/Sa., †17.4.1966 Leipzig; - Ps. Hanns Melos (*E-P*) #3,4

Mehling, Marianne, *(1967); - Ps. Antonia van der Auwera; Agnes Hofmüller (*J-P*) #3

Mehnert, Frank, *23.5.1909 Moskau, †26.2.1943 Staraja Russa/Rußland (gef.); - Ps. Victor Frank (*E*) #3,4

Mehren, Günther, *26.3.1928 Stuttgart; - Ps. Peter Pesel (*E-L-P*) #3,4

Mehrhardt, Curt, *27.10.1880 Berlin, †18.9.1933 Kaffzig b. Rummelsburg/Pommern; - Ps. Kurt Mehrhardt-Ihlow (*E*) #3,4

Mehring, Sigmar, *13.4.1856 Breslau, †9.12.1915 Berlin; - Ps. Siegbert Marmering (*L-P-S*) #1,3,4

Mehring, Walter, *29.4.1896 Berlin, †3.10.1981 Zürich; - Ps. Glossator; Walt Merin (*D-E-F-L-P-R*) #3,4,5,8,10,14,18

Mehringer, Alfons, *17.6.1935 Bad Tölz; - Ps. Fonsi (*P*)

Mehrmann, Karl, *28.10.1866 Wilster; - Ps. K. M. Ehrmann (*P*) #3

Meibom, Heinrich, *4.12.1555 Lemgo, †1625 Helmstedt; - auch Maybaum; Meibaum, Meybaum (*P*) #4,13

Meidinger, Ingeborg, *16.3.1923 Berlin; - Ps. Ingeborg Meidinger-Geise (*E-F-L-P-R*) #3,4,5,10

Meidner, Ludwig, *18.4.1884 Bernstadt/ Schlesien, †14.5.1966 Darmstadt; - Ps. Ben Isaak; Pif Paf Poltrie (*E-L-P*) #3,4,5,8,18

Meier, Abel, *17. Jh.; - gen. Der Bauende/DG-R #11

Meier, Caspar, *17. Jh.; - gen. Der Angeneh-me/DG-L #11

Meier, Emma, *22.12.1827 Königsberg; - Ps. Hans Warring (*E-N-R*) #3,4

Meier, Ernst, *25.4.1902 Köthen/Anh.; - Ps. Remda (*D-P-S*) #3

Meier, Ernst Heinrich, *17.5.1813 Rusbend b. Bückeburg, †2.3.1866 Tübingen; - Ps. Ernst Minneburg (*L-P*) #1,4,13

Meier, Fridolin, *9.4.1909; - Ps. Fritz Hirt (*R*) #3

Meier, Gabriel, *27.11.1845 Baden, †1916 Einsiedeln; - Ps. Alwin v. Baldingen (*P*) #3,4

Meier, Hans, *8.6.1901 Plauen/Vogtl.; - Ps. Hans Gabriel Falk (*L-N-P-R*) #3,4

Meier, Heinrich Christian, *5.4.1905 Altona; - Ps. Heinrich Christian; Heinrich Christian Meier-Parm; Erasmus Parm (*D-E-F-L-P-R*) #3,4

Meier, Joachim, *10.8.1661 Perleberg, †2.4.1732 Göttingen; - Ps. Imperialis; JM Periali (*E-L-P*) #4,6,13

Meier, Jürg, *11.12.1951 Adliswil b. Zürich; - Ps. Jürgmeier (*P*) #4

Meier, Karl, *7.9.1888 Gesees, †2.5.1960 Bayreuth; - Ps. Karl Meier-Gesees (*E-P*) #3,4

Meier, Karl Gerhard, *15.12.1909 Burg b. Magdeburg; - Ps. Jan Ulenbrook (*P*) #3,4

Meier, Ludwig Emil, *16.2.1847 München; - Ps. Franz Merloff; Ludwig v. München (*D-N*) #3

Meier, Max Eduard, *18.1.1899 Zürich, †11.6.1962 Korfu; - Ps. Max Eduard Liehburg (*D-L-P-S*) #4

Meier, Rudolf, *28.7.1895 Schwanebeck b. Halberstadt; - Ps. Rudolf Meier-Schwanebeck (*R*) #3

Meier, Werner, *24.5.1953 Reichertsheim/Obb.; - Ps. Liedermacher (*L*) #3

Meier-Rönninger, Hans, *19.2.1876 Lauf; - Ps. Hermann Rönninger (*E-R*) #3

Meindl, Josef, *25.10.1757 Wien, †31.12.1826 Wien; - Ps. M-dl (*L-P*) #4,11

Meineck, Luise, geb. Crull, *3.6.1892; - Ps. Luise Meineck-Crull (*L-N*) #3

Meinecke, Gustav Hermann, *15.2.1854 Stendal, †11.4.1903 Berlin; - Ps. W. Weissenborn (*E-N-P*) #3,4

Meineke, Johann Heinrich Friedrich, *11.1.1745 Quedlinburg, †23.7.1825 Quedlinburg; - Ps. Aloys Frey (*L-P*) #4,6,11

Meinhold, Elfrida, *25.8.1868; - Ps. Elfrid (*D*) #4

Meise, Karl, *9.1.1905 Wien; - Ps. K. G. Meise (*E-F-R-S*) #3,4

Meise, Margaretha, *11.6.1914 Aschach b. Steyr/O.-Ö:; - Ps. K. G. Meise (*E-F-R-S*) #3,4

Meisel, Emil, *23.6.1876; - Ps. Emil Meysel (*D-S*) #3,4

Meisel-Olday, Hilde, *30.7.1915 Wien, †17.4.1945; - Ps. Hilda Monte (*L-P*) #18

Meisner, Hildegard, verw. v. Schoenfeldt, *8.5.1886 Leipzig, †3.1.1981 Heidelberg; - Ps. Hildegard von Schoenfeldt (*L-N-P*) #3,4

Meisner, Michael, *5.11.1904 Würzburg; - Ps. Christian Berthier; Heinz Gnade (*F-J-P-R*) #3,4

Meißgeier, Ernst, *20.10.1878 Altenburg/Thür., †26.3.1961 Ilmenau/Thür.; - Ps. Christian Geyer; Ernst Geyer; Demetrius Mir (*E-L-P*) #3,4

Meißner, August Gottlieb, *3.11.1753 Bautzen, †18.2.1807 Fulda; - Ps. L. Tilli (*D-E-N-P-R*) #1,4,5,11,13,17

Meißner, Carl, *28.7.1870 Elbing, †Berlin; - Ps. Johannes Quade (*L-P*) #3,4

Meißner, Franz Hermann, *8.12.1863 Berlin, †14.1.1925 Berlin; - Ps. Franz Hermann (*P*) #1,3,4

Meißner, Hans-Otto, *4.6.1909 Straßburg; - Ps. Frau Stefanie (*F-J-P-R*) #3

Meißner, Hermine Amalie, geb. Schramm, *4.4.1860 Rogasen/Pommern; - Ps. Hans Georg; Hermine Amalie Schramm (*L-P*) #2,3,4

Meißner, Marie, *18.6.1851 Flurstedt b. Apolda; - Ps. Alma von Walkenried (*E-L-M*) #1,2,3,4

Meister, Carl, *7.1.1864 Hamburg, †31.5.1927 Hamburg; - Ps. Raphanus; Carl Retsiem (*P-S*) #3,4

Meister, Friedrich, *28.7.1841 Baruth, †10.1.1918 Berlin; - Ps. Friedrich von Baruth; Friedrich Berner; Karl Held; Filipp Moreno; F. M. Viator (*E-J-N-R*) #3,4

Meister, Leonhard, *2.12.1741 Neftenbach b. Zürich, †23.10.1811 Kappel b. Zürich; - Ps. Rolehard Steimer (*D-L-P*) #4,6,11,13

Meister Rüdiger, *unbek.; - Ps. Meister Rodinger (*L*) #4,13

Meixner, Hans Karl, *14.4.1880 Laibach, †14.2.1951 München; - Ps. Hans Karlsson (*E-J-P*) #3,4

Mel, Konrad, *4.8.1666 Gudensberg b. Kassel, †3.5.1733 Hersfeld/Hessen; - Ps. Theodor (*P*) #6

Melanchton, Philipp, *16.2.1497 Bretten/Baden, †19.4.1560 Wittenberg; - eig. Philipp Schwarzerd; Ps. Didymus; Didymus Faventinus; Phil Mel.; Philippus Melan.; Hippophilus Melangeus; Paulus Commodus Brettanus; Dominus Philippus; Joannes Saxo; Philippus de Terra Nigra; Philippus de Nigra Valle (*L-P*) #4,5,6,11,13,14,19

Melber, Matthias, *(1477) Wien; - Ps. Matthias Farinator (*P*) #4,13,15

Melbourn, Josef, *2.3.1857 Wien, †3.11.1935 Wien; - urspr. Josef Feigl (*S*) #3,4

Melcher, Karl, *11.1.1898 Kreuzdorf/Steierm.; - Ps. Alarich (*M-P*) #3,4

Meley, Margareta, *3.9.1895 Dresden, †24.4.1972 Döbeln/Sa.; - Ps. Margareta Meley-Fiebig (*E-L-S*) #3,4

Melgunoff, Alexander von, *19.1.1899 Braunschweig, †6.2.1952 Berlin; - Ps. H. Haém; Dan Morris (*P-R*) #3,4

Melhop, Wilhelm, *16.7.1802 Hamburg, †23.2.1868 Hamburg; - Ps. William Hope; Dr. Jäger; Eduard Stralau (*L-P*) #1,4

Melitz, Leo, *5.1.1855 Halle/S., †11.4.1927 Basel; - Ps. Traugott Unverstand (*N-P-S*) #3,4

Mell, Rudolf, *16.2.1878 Langenberg/Thür., †11.1.1970 Berlin; - Ps. Ma Lamm Kuei (*P*) #3,4

Mels, August, *15.4.1829 Berlin, †22.7.1894 Summerdale b. Chicago; - urspr. Martin Cohn; Ps. Erich Samber; Don Spavento (*E-N-P-R-S*) #1,3,4,13

Melzer, Adolph Heinrich, *10.5.1761 Bischofswerda, †17.11.1807; - Ps. Adlo Heinrich Geßner (*P*) #6

Memming, Christoph Maximilian von, *17. Jh.; - gen. Der Guttätige/FG 583 #11

Memminger, Anton, *1846 Straubing, †30.9.1923; - Ps. Belial Sauerteig; Oswald Stein (*E-P-R*) #3,4

Menck, Clara, *9.12.1901 Berlin; - Ps. Paula Andersen; M. A. N. (*P*) #3

Mencke, Johann Burkhard, *8.4.1674 Leipzig, †1.4.1732 Leipzig; - Ps. Philander von der Linde (*L-P*) #1,4,6,11,13

Mendelssohn, Mose, *6.9.1729 Dessau, †4.1.1786 Berlin; - gen. Moses Dessau (*P*) #4,11,13

Mendelssohn, Peter de, *1.6.1908 München, †10.8.1982 München; - Ps. Ein junger Deutscher; Carl Johann Leuchtenberg; Peter Mendel; Clemens Rabener; Mirza von Schüching; Elisabeth Seeger (*E-N-P-R*) #3,4,5,7,8,10,18

Mengden, Gustav von, *15.4.1625 Jötzel/Livland, †16.12.1688; - Ps. Der Gottvermiethete (*L-P*) #4,6,11

Mengersen, Joseph Bruno von, *22.4.1804 Leipzig, †9.1.1873 Rheda b. Höxter; - Ps. J. Bruno (*D-E-L*) #1,4

Mengersheim, Hermann von, *17. Jh.; - gen. Der Vorgehende/FG 715 #11

Menig, Jost, *13.12.1499 Fulda, †11.8.1558 Leipzig; - Ps. Justus Menius (*P*) #4,13

Menius, Friedrich, *1593 Pommern, †1659; - Ps. Salomo Majus (*P-S*) #4

Menius, Johann Heinrich, *17. Jh.; - gen. Der Lobreiche/FG 678 #11

Menke, Bernhard, *4.5.1892 Silbach b. Brilon, †4.3.1954 Berlin; - Ps. Willibrod Menke (*E-J-P*) #3,4

Menke, Juliane, *6.11.1834 Fischbeck; - Ps. J. Menke-Brümmershop (*N*) #2,3

Menke, Karl Ferdinand, *26.9.1772 Dresden, †13.11.1819 Dobrilugk/Sa.; - urspr. Karl Ferdinand Manko (*L-P*) #4,6,11

Menne, Bernhard, *3.9.1901 Meschede, †9.11.1968 Hamburg; - Ps. Max Rudert; Bernhard Westphal (*P*) #18

Mensch, Gottlieb, *25.3.1819 Angerburg, †1889 Kolbergermünde; - Ps. C. Bogumil; Th. Lanth (*E-J-P*) #3,4,17

Mensch, Hermann, *22.5.1831 Angerburg; - Ps. H. Nordheim; H. Normann (*P*) #3

Mensdorff, Sophie Gräfin von, geb. Prinzessin von Sachsen-Coburg, * 19.8.1778, †9.7.1835 Tuschnitz/Böhmen; - Ps. Gräfin v. M. **; Sophie (*E-M-R*) #1,4,11

Mentzel, Elisabeth, geb. Schippel, *11.3.1847 Marburg, †18.2.1914 Frankfurt/M.; - Ps. Elisabeth Schippel (*D-E-N-P-R-S*) #1,2,3,4

Mentzel, Georg, *29.7.1906 Löwenberg/Schles.; - Ps. George Melton; George Parker (*E-F-J-R*) #3,4

Menz, Ada, geb. v. Aretin, *1.1.1890 Köln, †1932 München; - Ps. Ada Freifr. von Aretin-Menz (*N-R*) #3,4

Menz, Maria, *19.6.1903 Oberessendorf b. Biberach; - Ps. Marie Anna Riem (*E-L*) #3,4

Menzel, Hans, *7.2.1903 Wien; - Ps. leux (*E-L-P-R-S*) #3,4

Menzel, Johann Friedrich Leonhard, *25.12.1765 Bayreuth, †2.1.1814 Bayreuth; - Ps. Milmar (*D-L-P-S*) #4,6,11

Menzel, Roderich, *13.4.1907 Reichenberg/Böhmen, †17.10.1987 München; - Ps. Michael Morawa; Clemens Parma (*D-E-F-J-L-P-R-S*) #3,4,17

Menzel, Wilhelm, *8.1.1898 Steinkirch/Schles., †23.1.1980 Dortmund; - Ps. Menzel-Willem (*L-P*) #3,4

Menzer, Clara, *23.3.1886 Regensburg; - Ps. Alex Menter (*L-N-R*) #3,4

Menzl, Walter, *29.5.1906 Lichtentanne/Sa.; - Ps. Paul Brecher (*P*) #3,4,18

Menzner, Peter Viktor, *24.4.1892 Lipnie/Schles.; - Ps. Peer Golkowitz (*D-E-L-P*) #3,4

Merawizky von Rudnitz, Karl Heinrich, *17. Jh.; - gen. Der Treuherzige/FG 877 #11

Merbt, Martin, *27.2.1924 Dresden; - Ps. Martin Selber (*D-J-L-N-R-S*) #3,4,7,8,14,17

Merck, Hanns, *21.8.1885 Bremen; - Ps. Johannes Breem (*D-R-S*) #4

Merck, Johann Heinrich, *11.4.1741 Darmstadt, †27.6.1791 Darmstadt; - Ps. Johann Heinrich Reimhardt d. J. (*L-P-R*) #1,4,5,13,14

Mercy, Caspar von, †5.8.1644 b. Freiburg/Br.; - gen. Der Hehre/FG 365/1642 #11,12,13

Mercy, Franz Freih. von, *1597 Longwy, †3.8.1645 Alerheim b. Nördlingen; - gen. Der Anzeigende/FG 364/1642 #11,12,13

Mereau, Sophie, geb. Schubart, *28.3.1770 Altenburg, †31.10.1806 Heidelberg; - später Sophie Brentano (*L-P-R*) #1,4,5,9,11,13

Merey, Ludwig von, *21.1.1872 Wien, †12.12.1938 Bodling b. Bad Tölz; - Ps. Hegendorf (*P*) #3

Merhart von Bernegg, Karin, geb. Boell, *16.1.1901 Hamburg; - Ps. Karin Boell; Karin von Merhart-Wallin (*F-J-M*) #3,4

Merian, Hans, *18.2.1857 Basel, †29.5.1902 Leipzig; - Ps. Sybilla Reberg (*P-R*) #2,3,4

Merian, Matthaeus, *17. Jh.; - gen. Artisander/ES #11

Meridies-Stehr, Ursula, *21.9.1900 Dittersbach/Schles.; - Ps. Theresia Faber (*E*) #3,4

Merkel, Johannes, *13.9.1942 Beerbach b. Lauf; - Ps. Hans Mathes Merkel (*E-F-J-P*) #3,4,17

Merkel, Salomon Friedrich, *13.2.1760 Schmalkalden, †21.2.1823 Kassel; - Ps. Arnulph Edmund Kornmeisel; Adolf Emerich Kroneisler (*E-P-S*) #4,6,11

Merkens, Heinrich Ludwig, *27.7.1836 Köln, †9.3.1902 München; - Ps. M. v. d. Erft (*E-P*) #1,3,4

Merkwitschka, Alfred Robert Heinrich, *29.12.1898 Hamburg; - Ps. Alfred Merwick (*E-F-L*) #3

Merlau, Hans Heinrich von; - auch Hans Heinrich von Murle; gen. Der Stillende/FG 90/1624 #11,12

Merleker, Hartmuth, *27.6.1894 Potsdam; - Ps. erle; Jasper Helge; Helgolandus (*P*) #3

Merlo, Johann Jakob, *25.10.1810 Köln, †27.10.1890 Köln; - Ps. Remol (*L-P*) #4,11,13

Merrem, Blasius, *4.2.1761 Bremen, †24.2.1824 Marburg; - Ps. Laurenti (*P*) #4,11

Merseburger, Georg Carl, *22.12.1871 Leipzig; - Ps. M. Georg (*L-P*) #3,4

Merswin, Ruland, *1307 Straßburg, †18.6.1382 Straßburg; - Ps. Gottesfreund vom Oberland (*P*) #4,5,19

Merta, Marie, *30.12.1898 Wien, †14.2.1964 Wien; - Ps. Marie Tomas (*E-F-P-R*) #3,4

Merten, Thomas, *19. Jh.; - Ps. A. Thomas (*D-E-N-P-S*) #3

Mertens, Hans Willy, *26.5.1866 Spich/Rhl., †13.10.1921 Köln; - Ps. Hans Wilhelmy (*L-P*) #1,3,4

Mertes, Peter, *4.7.1871 Trier; - Ps. Peter Antonius; Heinz Paulus (*P*) #3

Merx, Eulalia Therese, *7.11.1811 Gröningen b. Halberstadt, †9.5.1908 Heidelberg; - Ps. Gilbert (*E-L-N-P-R*) #1,2,3,4

Merz, Julius, *21.1.1810 Eckersmühle/Mfr., †18.12.1863 Nürnberg; - Ps. Eduard Waldau (*L-P*) #3,4

Merzbach, Gustav, *21.7.1868 Magdeburg; - Ps. Gustav von der Elbe (*L-P*) #3

Meschenmoser, Hildegard, *16.1.1883 Hausen/ Backnang; - Ps. Hilde Moser (*E-L-P-R*) #3,4

Meschke, Eva-Juliane, geb. Anker, *30.9.1906 Berlin; - Ps. Eva-Juliane Anker (*P*) #18

Meschke, Hildegard, *18.7.1908 Berlin; - Ps. Hilde Ahemm (*E-L-R*) #3,4

Meseke, Hermann, *26.5.1872 Uslar; - Ps. Hermann; Hermann Meseke-Uslar; Hermann v. Uslar (*P*) #3

Meske, Mathilde, *27.2.1838 Burkau/Sa.; - Ps. Mathilde Veneta (*E-L*) #1,2,4

Messenhauser, Wenzel Georg Cäsar, *4.1.1811 Proßnitz/Mähren, †16.11.1848 Wien; - Ps. Johannes Erin; Wenzeslaw March (*D-E-N-P-R*) #1,4,13

Messer, August, *11.2.1867 Mainz, †11.7.1937 Rostock; - Ps. A. Friedwalt (*P-R*) #3,4

Messerschmid, Georg Friedrich, *(1615); - Ps. Griphangno Fabro-Miranda (*P*) #4,11,13

Messner, Annelies, *29.5.1920 Vohenstrauss; - Ps. Annelies Paul (*E-L-R*) #3

Messner, Gerald Florian, *22.2.1937 Eisenkappel/Ö.; - Ps. Gerald Florian (*L-P*) #3

Messner, Janko, *13.12.1921 Dob b. Bleiburg; - Ps. Ivan Petrov; Luka Pokrznikov (*F-L-P*) #3

Mestorf, Johanna, *17.4.1829 Bramstedt b. Bad Segeberg, †20.7.1909 Kiel; - Ps. H. Bram (*E-P*) #1,3,4

Metelmann, Diedrich Franz, *26.4.1879 Kiel, †1937 Dresden; - Ps. Franz Telmann (*L-P*) #3,4

Metsch, Augustus Friedrich von, *17. Jh.; - gen. Der Vertilgende/FG 693 #11

Mette, Hilde, geb. Doepp, *6.4.1897 Schwerte/Ruhr; - Ps. Hilde Doepp (*E*) #3,4

Mette, Julius, *15.6.1907 Holzen vorm Luer; - Ps. J. M.; Ju. Lius; Juvitus; m-; Julius Mette-Holzen vorm Luern; Diethart Teutsch; J. Ulius (*E-F-P*) #3

Metterhausen, Otto, *12.8.1861 Wittenburg; - Ps. Vagel Strauss (*E-J-L-P-S*) #3,4

Metternich, Tony, *6.2.1891 Königswinter/ Rhl.; - Ps. Rex Winter (*L-N-P-R*) #3,4

Metternich, Wolf Freih. von, †1727 Rudolstadt; - Ps. Alethophilus; Hilarius Theomilus (*P*) #6,13

Mettke, Reinhold Paul, *27.1.1884 Datten b. Sorau; - Ps. Ernst Reinhold (*E-F-J-P-S*) #3,4

Metz, Kurt, *31.3.1921, †11.8.1985 Wiesbaden; - Ps. Alexander Calhoun (*P-R*) #3,4

Metze, Anna, *21.9.1907 Kirchberg/Sa.; - Ps. Anna Metze-Kirchberg (*E-J-L-R*) #3,4

Metzger, Hermance, geb. Katz, *24.9.1864 Straßburg; - Ps. S. Arnold; H. M.; Clarissa; Tante Barbara; H. Walther (*E-P*) #2,3,4

Metzger, Max Joseph, *3.2.1887 Schopfheim/Baden, †17.4.1944 Brandenburg; - gen. Bruder Paulus (*E-P*) #3,4

Metzger, Wilhelm, *26.7.1864 St.Johann b. Saarbrücken; - Ps. Wilhelm Metzger-Woytt (*N-R*) #3,4

Metzler, Georg Johann, *6.4.1761 Augsburg, †5.3.1833 Dublin/Irland; - Ps. Karl Ludwig Giesecke; Sir Charles Lewis Giesecke; K. L. Metzler von Giesecke (*P-S*) #1,4,11,13,15

Metzler, M. Rudolfina, *12.4.1876 Bütschwil/ St.Gallen; - Ps. Rudolfina (*E-P-S*) #3,4

Metzner, Adam, *20.5.1905 Bamberg; - Ps. Cuntz Ampferbach (*E-L*) #3,4

Metzner, Gustav Friedrich, *14.7.1902 Halle/S.; - Ps. Käthe Metzner (*R*) #3

Metzsch, Joachim Christian, *um 1587, †6.9.1640 Zerbst; - gen. Der Düchtige/FG 154/1628 (*S*) #11,12

Meurer, Leonhard, *21.5.1916 Düren; - Ps. Leonhard; P. M. (*P*) #3,4

Meuschen, Joachim Christian, *17. Jh.; - gen. Der Hoffende/DG-R #11

Meusebach, Johann von, *17. Jh.; - gen. Der Listige/FG 700 #11

Meusebach, Karl Hartwig Gregor von, *6.6.1781 Neubrandenburg, †22.8.1847 Baumgartenbrück b. Potsdam; - Ps. Alban; Markus Hüpfinsholz; F. O. M. (*L-P*) #4,6,11,13

Meusebach, Liebman von, *17. Jh.; - gen. Der Windende/FG 708 #11

Meusel, Andreas, *1514 Schneeberg/Sa., †29.9.1581 Frankfurt/O.; - Ps. Andreas Musculus (*P*) #11

Meville, Eduard, *28.9.1852 Iserlohn; - Ps. Ego (*P*) #3

Méville, Henry de, *17.3.1871 Berlin; - Ps. Harry Held; Nauticus; Navigator (*P-S*) #3,4

Mewis, Marianne, *6.12.1856 Arnsfelde/Westpr.; - Ps. F. M. Wittich (*L-N-P-R*) #3,4

Mews, Elise Auguste, *5.4.1834 Friedland/Meckl.; - Ps. A. Hermanny (*E-N-P*) #2

Mey, Reinhard, *21.12.1942 Berlin; - Ps. Frederik Mey (*L*) #3,4

Meyen, Fritz A., *6.11.1879 Ponarth; - Ps. Fredi v. Donner; Fritz v. Ponarth (*E-P*) #3

Meyer, Adolf, *25.11.1854 Königsberg/Neumark; - Ps. M. Adolf (*L-P*) #4

Meyer, Alfred Richard, *4.8.1882 Schwerin, †9.1.1956 Lübeck; - Ps. Hambruch; Meyer-Hambruch; Munkepunke; Rosinus Cosinus d. J.; Alfons Thurandt (*L-N-P-R*) #3,4,5

Meyer, Andreas, *18.12.1927 Hamburg; - Ps. Ben Poller; Nicolaus Rasdaen (*P*) #3

Meyer, Arthur Emanuel, *5.5.1894 Thalwil/Zürich, †29.12.1971 Jenaz/Graubünden; - Ps. Arthur Manuel; Arthur Manuel Uhlenkamp (*E-L-P-S*) #3,4

Meyer, August Ferdinand, *19.11.1811 Pyritz/Po., †27.2.1894 Joachimsthal; - Ps. F. Brunold (*E-L-N-R*) #1,4,11,13

Meyer, August Wilhelm, *(1797) Gandersheim; - Ps. Alkuin; Simon von Cyrene; Vetter Jakob der Jüngere; August Wilhelmi (*E-S*) #4,6,11

Meyer, Bernhard, *1599; - gen. Der Gültige/FG 347/1639 #11,12

Meyer, Bernhard, *24.6.1913 Hamburg, †1982 Hamburg; - Ps. Bernhard Meyer-Marwitz (*E-F-P-R*) #3,4

Meyer, Bertha, *31.8.1822 Berlin, †14.6.1856 Hannover; - Ps. Bertha Werder (*P-R*) #1,4

Meyer, Cäcilie, *24.12.1876 Mohilew a. Dnjepr, †9.7.1929 Osnabrück; - Ps. Magdalena Heeke (*L-N-R*) #3,4

Meyer, Carla, *22.11.1885 Celle, †2.3.1977 Celle; - Ps. Carla Meyer-Rasch (*E-L-P-R*) #3,4

Meyer, Charlotte, geb. Housselle *(1892); - Ps. Charlotte Meyer-Housselle; Fritz Schott (*E-N-P*) #2,3,4

Meyer, Clemens Friedrich, *15.5.1824 Arolsen, †17.5.1899 Heidelberg; - Ps. Clemens Friedrich Meyer von Waldeck; Frederik Montan (*D-P*) #1,3,4,13

Meyer, Conrad Ferdinand von, *11.10.1825 Zürich, †28.11.1898 Kilchberg b. Zürich; - Ps. Conrad Ferdinand Meyer-Ziegler (*E-L-N-R*) #1,3,4,5

Meyer, Edith, *24.1.1895 Berlin, †14.12.1971 Prerow; - Ps. Edith Klatt (*E-J-R*) #3,4,17

Meyer, Elisabeth, *16.2.1871 Hamburg; - Ps. E. Rita (*N*) #2,3

Meyer, Elisabeth, *8.2.1896 Briesen; - Ps. Erasmus Mohr (*P*) #3

Meyer, Erich, *12.3.1863 Magdeburg-Neustadt; - Ps. Ernst Froh; Ernst Fröhlich; Erich Menzel (*E-P*) #3

Meyer, Erich, *13.5.1902 Düsseldorf; - Ps. Erich Meyer-Düwerth (*E-S*) #3,4

Meyer, Erich Hermann, *31.3.1887 Berlin; - Ps. Erich H. Rainer (*J-N-R*) #3

Meyer, Ernst, *4.3.1832 Detmold, †26.9.1897 Detmold; - Ps. Ernst Meyer-Detmold (*D-L*) #1,4

Meyer, Ernst Heinrich Wilhelm, *4.6.1870 Orenstedt b. Minden; - Ps. Meyer-Mölleringhoff (*N-P-R*) #4

Meyer, Felix, *9.5.1902; - Ps. Helmut Ketterer (*R*) #3,4

Meyer, Friedrich, *19.10.1912 Wittenburg/Mecklenb., †24.12.1975 Gross-Klein b. Rostock; - Ps. Fritz Meyer-Scharffenberg (*E-L-P-R*) #3,4

Meyer, Friedrich Albert, *1.7.1883 Hildesheim, †10.8.1942 Leipzig; - Ps. F. A. Ringer (*E-F-J-L-M-S*) #3,4

Meyer, Friedrich Ludwig Wilhelm, *28.1.1759 Harburg, †1.9.1840 Bramstedt/Schlesw.; - Ps. Farmer (*P-S*) #1,4,6,11,13

Meyer, Georg, *8.11.1835 Berlin, †7.1.1899 Berlin; - Ps. Georg Bendler (*E-N-R*) #1,3,4

Meyer, Georg, *2.3.1856 Königsberg; - Ps. Dr. C. H. Ferber; Dr. Johann Stehr (*P*) #3

Meyer, H. Th. Matthias, *19.11.1859 Hamburg; - Ps. Felix Caligula (*L-P*) #1,3,4

Meyer, Heinrich, *14.3.1869 Liebenburg b. Goslar, †29.12.1945 Hamburg; - Ps. Heinrich Meyer-Benfey (*P*) #3,4

Meyer, Heinrich, *17.5.1904 Nürnberg, †10.10.1977 Nashville/USA; - Ps. John Andersen; Robert O. Barlow; H. K. Houston Meyer (*P-R*) #3,4,18

Meyer, Heinrich Hermann, *um 1800; - Ps. Hermann Amas; Dr. Heinrich Vincas (*P*) #1,13

Meyer, Heinrich Walter, *16.5.1881 Hannover; - Ps. Heinz Baudo (*E*) #4

Meyer, Helene, *28.9.1873 Schwerin, †26.12.1946 Buxtehude; - Ps. Meyer-Franck (*P*) #3

Meyer, Ilse, geb. Hock, *29.10.1932; - Ps. Ilse Hock; Katharina Hock; Karen Meh (*J-S*) #3,4

Meyer, Jeanne-Adele, *30.6.1892 Moskau; - Ps. Jeanne Werenfels (*P*) #3

Meyer, Joachim, *25.12.1923 Aschersleben; - Ps. Joachim Jomeyer (*D-E-F-J-L-R*) #3,4

Meyer, Johann Friedrich von, *12.9.1772 Frankfurt/M., †27.1.1849 Frankfurt/M.; - gen. Bibel-Meyer; Ps. Imo; Jaschem (*D-L-P*) #1,4,6,11,13

Meyer, Johann Gottfried Gustav, *6.11.1846 Danzig, †8.4.1907 Leipzig; - Ps. John Meyer (*L-S*) #1,3,4

Meyer, Johannes, *1422 Zürich, †20.7.1485 Adelhausen; - auch Johannes Meyger (*P*) #4

Meyer, Josef Hermann, *14.9.1894 Luzern, †29.4.1955 Luzern; - Ps. Felix Notvest (*E-L-P-R-S*) #3,4

Meyer, Jutta, geb. Kautz, *16.1.1934 Düsseldorf; - Ps. Jutta Kautz; Jutta Manthey; Jutta Schreiber (*E-J-R*) #3,4

Meyer, Karl, *12.8.1845 Drebsdorf/Sa.; - Ps. Johannes Ryemer (*P*) #4

Meyer, Karl Hermann, *27.10.1892 Harburg, †21.11.1956 Buchholz/Nordheide; - Ps. Karl Ey (*F-P-R*) #3,4

Meyer, Konrad, *3.9.1824 Winkel b. Bülach/Schweiz, †31.3.1903 Zürich; - Ps. Julius Freimund (*J-L-P*) #1,3,4

Meyer, Kurt, *16.3.1884 Rosenwall; - Ps. Kurt Rotermund (*L-P*) #3

Meyer, Leo, *1925; - Ps. Leo Frank (*R*)

Meyer, Louise Juliane, *um 1785 Gut Ruschbaden b. Achim, †19.2.1865 Sorö/Seeland; - Ps. P. Frederici; Julie Nordheim (*E-L-R*) #2,4,11

Meyer, Margarete, *6.3.1894 Lodz/Polen, †1939 München; - Ps. Mara Mägander (*P-R*) #3

Meyer, Martha, *28.4.1854 Berlin; - Ps. M. Folkart; Erich Frey (*E-N*) #1,2,3,4

Meyer, Martin, *um 1630 Haynau/Schles.; - Ps. Martin Meyer vom Hayn; Irenicus Elisius Philemerus (*P*) #4,6,13

Meyer, Martin, *3.7.1821 Innsbruck, †17.4.1897 Mühlau b. Innsbruck; - Ps. Martinus (*D-E-M*) #1,4

Meyer, Max Wilhelm, *15.2.1853 Braunschweig, †17.12.1910 Meran; - gen. Urania-Meyer (*E-N-P*) #3,4

Meyer, Nikolaus, *29.12.1775 Bremen, †24.2.1855 Minden; - Ps. Corti; N. Langbein; Philarmon; Philharmon; Viktor (*D-E-L-P*) #1,4,6,11

Meyer, Paul Eduard, *4.8.1894 Zürich, †15.9.1966 Münsterlingen/Thurgau; - Ps. Paul Eduard Meyer-Schwarzenbach; Wolf Schwertenbach (*P-R*) #3

Meyer, Peter, *11.10.1946 Liestal/Schweiz; - Ps. E. Y. Meyer (*D-E-F-P-R*) #3,4,5,8,10

Meyer, Rahel, *11.3.1806 Danzig, †8.2.1874 Berlin; - Ps. Rahel (*R*) #1,2,4

Meyer, Rosemarie, †1943 Melbourne; - Ps. Esther Landolt (*R*) #4

Meyer, Sebastian, *1465 Neustadt/Rh.; †1545 Straßburg; - auch Meurer (*P*) #4,13

Meyer, Siegbert, *28.7.1840 Berlin, †13.3.1883 Berlin; - Ps. Siegmey (*E-P-R*) #1,3,4

Meyer, Theodora Juliane Caroline, *28.8.1852 Benthen/Meckl., †1.12.1884 Rittermannshagen/Meckl.; - Ps. M. Th. (*E-L*) #1,2,4

Meyer, Traugott, *13.5.1895 Wenslingen/Schweiz, †15.4.1959 Basel; - Ps. Bottebrächt-Miggel (*E-F-L-P-R-S*) #3,4

Meyer, Walter, *12.12.1902; - Ps. My (*P*) #3

Meyer, Wilhelm, *7.12.1889 Berlin; - Ps. My (*L-P*) #3

Meyer, Wilhelm, *26.8.1894 Breslau; - Ps. Willibald Marr (*L-N-S*) #3

Meyer, Wilhelm, *22.2.1869 Rinteln; - Ps. Meyer-Rinteln (*P*) #3

Meyer, Wilhelm Ferdinand, *1784 Breslau, †18.5.1805 Breslau; - Ps. Eulogius (*D-P*) #4,11

Meyer, Wilhelm Friedrich, *26.1.1762 Ansbach, †13.5.1829 Frankfurt/M.; - Ps. Abdul Erzerum; Wilhelm Friedrich von Meyern; Verf. des Dya-Na-Sore (*D-P-R*) #1,4,5,7,20

Meyer, Wolfgang Alexander, *19.5.1862 Petersburg, †1914 Dresden; - gen. Meyer-Waldeck (*E-L-P-S*) #1,3,4

Meyer-Balte, Fred, *7.3.1883 Moskau; - Ps. Fred Balte (*L-N-P*) #3

Meyer-Brockmann, Henri, *1912; - Ps. H. M. Brockmann (*R*)

Meyer-Cohn, Helene, geb. Majdanska, *30.12.1859 Lemberg; - Ps. Helene Majdanska (*P*) 2,3,4

Meyer-Elbing, Oskar, *24.7.1866 Elbing; - Ps. Ali bey; Effendi (*L-P-S*) #3

Meyer-Estner, Werner, *(1954); - Ps. Marcus Ellmer (*R*) #3

Meyer-Förster, Elsbeth, *5.1.1868 Breslau, †17.5.1902 Bozen; - Ps. Elsbeth Meyer (*D-E-N-R*) #4

Meyer-Förster, Wilhelm, *12.6.1862 Hannover, †17.3.1934 Berlin; - Ps. Samar Gregorow (*D-R*) #3,4,5

Meyer-Holzapfel, Monika, *14.4.1907 Lausanne; - Ps. Bruno Lorenz (*E-L-P*) #4

Meyer-Markau, Wilhelm, *11.10.1853 Markau/Altmark, †18.6.1910 Duisburg; - Ps. August Fürsicht; V. A. Kram (*E-P-R*) #3,4

Meyer-Molnàr, Wolfgang, *14.12.1946 Frankfurt/M., †25.2.1994; - Ps. Wolf van Cassel (*L*) #3,4

Meyer-Paysan, Dieter, *12.1.1930 Gießen; - Ps. Michael Tesch (*E*) #3

Meyer-Wehlack, Irena, *21.8.1930 Belgrad; - Ps. Irena Vrkljan (*F-L-R*) #3

Meyer-Wrekk, Heinz, *24.12.1912 Dortmund; - Ps. Heinz Wrekk (*E-R*) #3

Meyerhof, Leonie, *2.3.1858 Hildesheim, †15.8.1933 Frankfurt/M.; - Ps. Leo Hildeck; Leo Wildeck (*D-E-N-R-S*) #1,3,4,9

Meyern-Hohenberg, Gustav Freiherr von, *10.9.1826 Kalvörde, †1.3.1878 Konstanz; - Ps. Gustav Meyern (*D-E-L*) #1,4,13

Meyerowitz, Eva Leonie, geb. Lewin-Richter, *3.11.1899 Berlin; - Ps. Eva Leonie Lewin-Richter (*P*) #18

Meyfart, Johann Matthäus, *9.11.1590 Jena, †26.1.1642 Erfurt; - auch Mayfartus (*L-P*) #4,13

Meyn, Elisabeth, *9.10.1883 Bad Cannstatt; - Ps. Elisabeth Meyn-von Westenholz; Elisabeth von Westenholz (*P*) #3

Meyn, Johannes, *7.2.1891 Altona; - Ps. Frank Hörn *(R-S)* #3

Meynert, Hermann Günther, *20.12.1808 Dresden, †10.12.1895 Wien; - Ps. Janus *(E-N-P-S)* #1,4,11

Meynier, Johann Heinrich, *24.1.1764 Erlangen, †22.5.1824 Erlangen; - Ps. K. H. André; Bscherer; Julius Freudenreich; M. W. Gottschalk; L. K. Iselin; Georg Ludwig Jerrer; Wilh. Krone; Carl Ludwig Renner; Rinaldo; J. F. Sanguin; Felix Selchow; J. H. Selchow; Felix Sternau; Julius Sternberg; J. H. Steube *(J-P)* #4,6,11,17

Meyrink, Gustav, *19.1.1868 Wien, †4.12.1932 Starnberg; - urspr. Gustav Meyer; Ps. Censor of the R.O.O.o.S.B.a.S.; Kama *(E-N-P-R-S)* #3,4,5,8,14,16

Meysenbug, Curt von; - auch Meusebach; Mesebuch; gen. Der Abwehrende/FG 93/1624 #11,12

Meysenbug, Georg Philipp von; - auch Mesebuch; Meusebach; gen. Der Runde/FG 116/1626 #11,12

Miaskowski, Margarete von, *6.4.1901 Landsberg/Warthe; - Ps. Margarete von Miaskowski-Koch *(F-L-P)* #3

Michael, Peter, *1557 Köln, †25.8.1595 Mainz; - gen. Brilmacher *(P)* #6

Michael, Petra, *(1984); - Ps. Linda Morrison *(P)* #16

Michael, Rolf, *1948; - Ps. Robert Lamont; Linda Morrison; Jack Slade; Erlik von Twerne *(P-R)* #16

Michael, Rudolf, *6.5.1890; - Ps. Archiangelus *(D-P-R)* #4

Michael aus Breslau, *um 1460 Breslau, †9.11.1534 Krakau; - auch Michael von Krakau; Michael Vratislaviensis *(P)* #4

Michael von Frankfurt, *(1516); - auch Michael de Werdea *(P)* #4

Michael von Löwen, †3.1.1355 Würzburg; - auch Michael de Leone; urspr. Michael Jud *(L-P)* #4,13

Michaeler, Karl Josef, *6.12.1735 Innsbruck, †22.1.1804 Wien; - Ps. Palaeophilus ein Verehrer der alten Kirche *(P)* #4,11

Michaelides, Norgard, *17.2.1940 Hannover; - Ps. Norgard Pechermeyer *(E-L-N)* #3

Michaelis, Anni, *4.11.1916 Köln; - Ps. Anni Jensen *(L-M)* #3

Michaelis, Christian August, *23.9.1771 Leipzig, †8.9.1849 Leipzig; - Ps. Anton Waller *(E-P)* #1,4,6,11

Michaelis, Johann Erhard, *um 1655 Prießnitz b. Camburg/; - Ps. Ernst Meißner *(P)* #4,11

Michaelis, Katharina, *3.12.1847 Kolberg/Pommern, †15.2.1922 Dresden; - Ps. C. Milanis *(E-N-R)* #2,3,4

Michaelis, Maria Magdalena, *16.7.1863 Stralsund; - Ps. M. Tamms *(N-R-S)* #2,3,4

Michaelis, Mirjam, *19.6.1908 Berlin; - Ps. Lotte Adam *(F-L-P)* #3

Michaelis, Paul, *8.3.1863 Libbesdorf, †24.1.1934 Naumburg; - Ps. Paul Lebrecht *(P-R)* #3,4

Michaelson, Anna, *(1901) Berlin, †1926; - Ps. Jarno Jessen *(P)* #3

Michaelson, Margarete, *24.5.1873 Berlin, †12.12.1924 Berlin; - Ps. Ernst Georgy *(N-R)* #1,2,3,4,9

Michalewsky, Nikolai von, *17.1.1931 Dahlewitz; - Ps. Bo Anders; Mark Brandis; Victor Karelin; Nick Norden *(E-F-J-R)* #3,4,17,20

Michalski, Eleonore, *30.5.1895 Dresden, †11.7.1949 Dresden; - Ps. Eleonore Lorenz *(L)* #3,4

Michalski, Leonhard, *7.8.1895 Culmsee; - Ps. Peter Dost *(E-M-P)* #3,4

Michel, Fritz, *17.12.1895 Dortmund-Aplerbeck, †4.6.1978 Schleswig; - Ps. Fritz Michel-Sievert; Nis Puck *(F-L-N-P)* #3,4

Michel, Maria, *12.1.1826 Cleeburg/Elsaß, †16.2.1915 Rappoltsweiler/Elsaß; - Ps. Maria Rebe *(E-J-P)* #1,2,3,4

Michel, Otto, *9.12.1892 Hanau, †1.12.1973 Hanau; - Ps. Otto Michel-Hanau *(E-L-P)* #3,4

Michel-Kerpes, Gerhild, *8.11.1942 Berlin; - Ps. Gerhild Michel *(J-L)* #3

Michelis, Eduard, *6.2.1813 St.Mauritz b. Münster, †8.6.1855 Luxemburg; - Ps. Odilo; Otilo *(L-P)* #1,4,13

Michelis, Wilhelm Heinrich, *10.3.1852 Gut Garbenicken b. Landsberg/Ostpr.; - Ps. Wilhelm Heinrich *(R)* #1,3,4

Michell, Gustav, *22.3.1842 Stolberg/Rhl.; - Ps. Gustav Michèl *(D-P-S)* #1,3,4

Michels, Tobias, *17. Jh.; - gen. Der Treumutige/FG 871 #11

Michelsohn, Georg, *11.12.1876 Königsberg; - Ps. Eli Elkana *(D-L)* #3,4,18

Micheu, Franz, *15.11.1877 Salzburg, †12.4.1951 Wien; - Ps. Franz von Salzburg *(E-P-S)* #3,4

Mickoleit, Kurt, *11.8.1874 Tilsit, †1911; - Ps. A. K. T. Tielo *(L-P)* #3

Micrander, Wilhelm von; - gen. Der Entledigende/FG 488/1648 #11,12,13

Miehe, Ulf, *11.5.1940 Wusterhausen/Dosse, †1989 München; - Ps. Robert Artner *(E-F-L-R)* #3,4,5,7,20

Mielke, Franz, *17.2.1922 Arnswalde; - Ps. Franz Fabian; Florian Brand *(E-F-L-P-R)* #3,4

Mielke, Otto, *18.3.1906 Berlin, †13.10.1958; - Ps. Jost Metzler; Hermann Rink; Otto M. Wendelburg *(E-P-R)* #3,4

Mielke, Thomas R. P., *12.3.1940 Detmold; - Ps. Michael C. Chester; Cliff Corner; Bert Floorman; Henry Ghost; Roy Marcus; Marc McMan; Marcus T. Orban; Mike Parnell; John Taylor *(E-R)* #3,4,16,20

Mierau, Fritz, *15.5.1934 Breslau; - Ps. Boris Tscherski *(P)* #3

Mierendorff, Carlo, *24.3.1897 Großenhain/ Sa., †4.12.1943 Leipzig; - Ps. Willemer (*E-P*) #4
Mieritz, Ernst, *23.6.1896 Berlin, †7.1.1961; - Ps. Johannes von Oreshofen (*L-P-R*) #3,4
Miersch, Waltraut, geb. Hoppe, *15.7.1921 Hann.-Münden; - Ps. Waltraut Miersch-Hoppe (*L*) #3,4
Miesen, Heinrich, †4.8.1947 Köln; - Ps. Heinrich Eduard vom Holt (*P*) #3
Mieß, Walter, *22.9.1920 Kronstadt/Siebenb.; - Ps. Walter Myß (*F-L-N-P-R*) #3
Miess-Lubiner, Eva, *3.2.1930 Steyr/O.-Ö.; - Ps. Eva Lubinger (*E-F-L-N-P-R*) #3,4
Miethe, Karoline, *14.3.1834 Berlin; - Ps. C. Miethe; C. Thieme (*E-N-R*) #1,2,3,4
Mietzschke, Alfred, *4.10.1916 Annaberg; - Ps. Frido Metsk (*L-P*) #3
Mihokovic, Franz Karl, *20.1.1909 Wien; - Ps. Frank Michelsen (*E-L-N-P*) #3
Miketta, Hubert, *9.3.1896 Reisicht b. Haynau/Schles.; - Ps. Edgar Kraft (*F-P-R*) #3,4
Mikolasch, Ida, *30.3.1860 Prag; - Ps. I. Kapper-Mikolasch (*N*) #2,3
Mikura, Gertrud, *14.2.1923 Wien; - Ps. Vera Ferra-Mikura (*E-F-J-L-R*) #3,4,17
Milag, Martin, *11.3.1598 Triestewitz b. Torgau, †28.6.1657 Dessau; - auch Milagius; gen. Der Mindernde/FG 315/1637 (*L-P*) #4, 11,12,13
Milch, Werner, *16.1.1903 Breslau, †20.4.1950 Baden-Baden; - Ps. Ferdinand Otto Hallener (*P*) #3,4,18
Milchling von Schönstadt, Carl, *um 1605, †um 1642; - gen. Der Fertige/FG 282/1636 #11,12
Milde, Josef Franz, *24.2.1892 Landeck/ Schles.; - Ps. Jost Milde (*N-P*) #3
Mildenberger, Anna, *24.8.1882 Straßburg; - Ps. Misselwitz-Mildenberger (*L-N*) #3
Mildner, Theodor, *14.7.1902 Frankfurt/M., †1.12.1983 Traunwalchen/Obb.; - Ps. Martin Minor Thener (*E-J-N-P-R*) #3,4
Milewski, Willi, *10.2.1902 Berlin; - Ps. Paul Garden (*F-R-S*) #3
Milich, Johann Gottlieb, *7.9.1678 Schweidnitz, †26.7.1726 Schweidnitz; - Ps. Amadeus de Benignis (*P*) #6
Millenet, Johann Heinrich, *4.9.1785 Berlin, †1858 Gotha; - Ps. M. Tenelli (*D-E-R-S*) #4,6,11,13
Millenkovich, Max von, *2.3.1866 Wien, †5.2.1945 Baden b. Wien; - Ps. Max Morold (*D-L-P-S*) #1,3,4
Millenkowics, Stephan von, *9.3.1836 Orsova b.Temesvar/Siebenbürg., †12.3.1915 Mödling b. Wien; - Ps. Stephan Milow (*D-E-L-N*) #1,3,4
Miller, Elise, geb. Mayer, *15.3.1870 Ochsenhausen/Württ., †14.2.1959 Pullach b. München; - Ps. Johannes Mayer (*E-F-L-N-R-S*) #3,4
Miller, Johann Martin, *3.12.1750 Ulm, †21.6.1814 Ulm; - Ps. Abbé von Minnehold; Fräulein v. Arnim (*L-P-R*) #1,4,5,6,11,13,14
Miller, Martin, †um 1521; - Ps. Martinus Myllius (*L*) #4,11,13
Miller, Wilhelm Alfred, *21.7.1881 Kißlegg, †27.6.1940 Freiburg/Br.; - Ps. Miller-Kißlegg (*P*) #3
Miller-Klinkmüller, Ernst, *3.9.1887 Luckau; - Ps. ERMI (*E-P*) #3,4
Millesi, Johann Matthias Edler von, *22.12.1842 Völkendorf b. Villach/Kärnten, †19.7.1929 Villach; - Ps. Hans v. Werthenau (*D-S*) #3,4
Millies, Helmut, *19.3.1923 Gronau, †1990; - Ps. Helm Greenow; Helmut Gronau; Holm Mallieux (*R*) #3,4
Miltitz, Dietrich von, *17. Jh.; - gen. Der Erkannte/FG 750 #11
Miltitz, Hans Kaspar von, *17. Jh.; - gen. Der Hochwachsende/FG 549 #11
Miltschinsky, Margarete, *7.6.1889 Reichenberg/Böhmen, †7.4.1929 Wien; - Ps. Gert Leizing (*E-J-L*) #4
Minckwitz, Hans von, *11.4.1843 Leipzig, †20.5.1901 Biebrich; - Ps. Arminius; Labourdonnelsky; Armin Leberecht; Fridolin von Wellenstein (*L-N-P*) #1,3,4
Minde-Pouet, Georg, *5.6.1871 Berlin, †20.1.1950 Berlin; - Ps. George Minet (*P*) #3,4
Mindensis, *(1523); - auch Bado von Minden; Meister Bado (*S*) #4
Minkowski, Helmut, *19.9.1908 Duisburg; - Ps. Helmut Meineker (*P*) #3,4
Minor, Jakob, *15.4.1855 Wien, †7.10.1912 Wien; - Ps. Junius; J. Löw (*P*) #3,4
Miotti, Peter, *1743 Cormons/Friaul; - Ps. Frommberger (*P*) #6
Mirau, Leo, *31.3.1858 Zipplau b. Danzig; - Ps. Lerau (*L-P*) #3,4
Mirbach, Antonette Wilhelmine Huberta Maria, *31.5.1847 Königswinter, †7.1.1937 Königswinter; - Ps. Marianne Meister (*E-N*) #2,3,4
Mirbach, Margaretha, *5.8.1852 Königswinter, †6.10.1898 Königswinter; - Ps. Mathilde Martin; August Urbani; Raphael von Winthern (*E-L*) #1,2,3,4
Miro, Franz, *20.7.1876 Klein-Rosseln b. Forbach/Els.; - Ps. A. Klein-Rossel (*E-R*) #3,4
Mirring, Emil, *24.6.1865 Landsberg/Warthe; - Ps. Emil Marburg; Alfred Ritter (*D-E*) #3,4
Mirus, Ludmilla, *10.3.1905 Mistelbach/N.-Ö.; - Ps. Ellen Egger; Ludmilla Mirus-Kauba (*J*) #3,4
Misch, Carl, *7.9.1896 Berlin, †13.10.1965 Danville/USA; - Ps. Otto von Freising (*P*) #4,18
Misch, Mary, geb. Kastner, *(1891) Burgau/ Bay.; - Ps. Mary Misch-Kastner (*N-R-S*) #2,3

Misch, Walter Hayes, *6.3.1878 Dresden, †26.11.1914 Berlin; - Ps. Alfred Demel; Alfred Walter von Heymel (*D-E-L*) #1,4,5,15
Mischler, Werner Ernst, *22.6.1894 Czernowitz/Bukowina; - Ps. F. Hermann (*P-R*) #4
Mischwitzky, Holger, *25.11.1942 Riga; - Ps. Rosa von Praunheim (*E-F-P-R*) #4
Misler, Johann Hartmann, *12.7.1642 Marburg, †22.3.1698 Verden; - gen. Der Deutschgesinnte/DG-L (*L-P*) #4,11,13
Misselwitz, Anna, geb. Eisenberg, *30.5.1901 Mährisch-Rothwasser; - Ps. Anna Eisenberg; Nina Wostall (*E-F-L*) #3,4
Missfeldt, Agnes Karoline Eleonore, *13.12.1854 Hamburg; - Ps. Senga (*D-L*) #1,2,3,4
Missong, Alfred, *9.3.1902 Höchst, †4.6.1965 Wien; - Ps. Otto Brunner; Hugo Diwald; Thomas Murner (*P*) #4
Mißriegler, Anton, *27.2.1880 Wien, †7.12.1957 St.Andrä-Wördern/N.-Ö.; - Ps. Amis; Amis Fr. Hartmann (*E-L*) #4
Misteli, Hermann, *27.1.1904 Ökingen/Solothurn; - Ps. Mistelli (*L*) #3,4
Mitschke-Collande, Volker von, *21.11.1913 Dresden; - Ps. Volker von Collande (*F*) #3
Mittendorf, Lotte, *7.10.1880 Sangerhausen; - Ps. Lotte Mittendorf-Wolff (*E-P-R*) #3,4
Mitternacht, Johann Sebastian, *30.3.1613 Hardisleben/Thür., †25.7.1679 Zeitz; - gen. Der Erfreuliche/DG-R; Ps. Michel Marth; Medius Jocosus Severus (*D-L-S*) #3,4,5,6, 11,13
Mitzkéwitz, Jo, *9.5.1926 Wuppertal; - Ps. Jo Micovich (*E-L-P-R*) #3,4
Mitzlaff, Joachim von, †nach 1654; - gen. Der Offene/FG 223/1633 #11,12
Mleinek, Joachim, *18.11.1927 Berlin; - Ps. Carben; Mischa Mleinek (*E-F-R*) #3,4
Möbius, Annette, *19.6.1911 Lüttich; - Ps. Annette de Liège (*E-R*) #3
Möbius, Eleonore, *13.3.1870 Trier; - Ps. Ellen Nore (*E-P*) #3,4
Möbius, Friedrich, *22.2.1842 Trais-Horloff/Hessen; - Ps. Friedrich von Trais (*L*) #1,3
Möbius, Hermine Luise, *22.9.1850 Dippoldiswalde b. Dresden, †1.3.1920 Weißing b. Bühlau; - Ps. Christoph Heinze (*E-J-M-P*) #1,2,3,4
Möbius, Paul (Heinrich August), *31.5.1825 Leipzig, †8.6.1889 Friedrichroda/Thür.; - Ps. M. Paul (*D-L-P*) #1,3,4,13
Möbius, Peter Paul, *13.4.1908 Halle/S.; - Ps. Julien Delvaux (*E-R*) #3,4
Moch, Max, *27.1.1901; - Ps. Axel Eggener (*E-L-R*) #3
Mocker, Anton, *um 1540 Hildesheim, †1607 Erfurt; - auch Mocerus; Möcker; Moker; Möker (*L-P*) #4,11,13
Möddel-Große Berg, Marlene, *18.5.1934 Darme b. Lingen; - Ps. Marlene Große Berg (*E-L-P*) #3
Mödder, Günter, *15.9.1942 Obereip/Eitorf; - Ps. Gynter Mödder (*E-P-R*) #3
Model, Anna-Katharina, *24.2.1945 Keula; - Ps. Anthrin Model-Andreae (*J-R*) #3,4
Model, Walther, *13.3.1888 Gowlitz/Schles.; - Ps. Model von Thünen (*P*) #3
Modersohn, Hermann, *20.8.1858 Birkenfeld, †4.5.1932 Greifswald; - Ps. Hermann Birkenfeld (*E-L-N-R*) #1,3,4
Modick, Klaus, *3.5.1951 Oldenburg; - Ps. Lukas Domcik (*E-L-P-R*) #3
Modlmayr, Hans-Jörg, *6.3.1940 Füssen; - Ps. Akakij Mokjewitsch Bulgaroff; H. M. Gard (*F-L-P*) #3,4
Modrow, Hans Otto, *15.7.1905; - Ps. Michael Vogelweid (*P*) #3
Moeckel, Johann Friedrich, *16.1.1661 Kulmbach, †19.4.1729 Steppach; - Ps. Adelhold (*P*) #4,13
Moeller, Daniel Wilhelm, *26.5.1642 Preßburg, †25.2.1712 Altdorf; - Ps. Daniel Wilhelm Moller; Ausonius Morellus; Desiderius Ollemirus; Reinmundus Rimandus; Dominicus Romellus; Christian Wegholdus (*P*) #4,6,
Moeller, Joachim K., *13.8.1944 Rückingen; - Ps. Michael Kraneis (*E-L-R*) #3,4
Moeller van den Bruck, Arthur, *26.4.1876 Solingen, †30.5..1925 Berlin; - urspr.. Arthur Moeller-Bruck (*P*) #3,4,8
Moering, Richard, *4.2.1894 Hamburg, †7.3.1974 Hamburg; - Ps. Peter Gan (*L-P*) #3,4,5,8,10,18,19
Moers, Editha, *26.2.1891 Sansibar/Afr.; - Ps. Adèle Mellet; Editha v. Moers-Koenig; Alois Obermoser (*E-N-P*) #3
Moersberger, Rose Felicitas, *31.7.1862 Arnsberg/Westf., †22.6.1938 München; - Ps. Felicitas Rose (*L-R*) #3,4,5
Moersius, Joachim, *3.1.1593 Hamburg; - auch Morsius; Ps. Anastasius Philaretes Cosmopolita (*P*) #4,11
Moes, Eberhard, *21.11.1903 Waldenburg/Schles.; - Ps. Eberhard Monorby (*E-R*) #3,4
Möglich, Alfred, *22.2.1872 Berlin; - Ps. Fred Lich; Erich Konringk (*L-P-R*) #3,4
Mögling, Daniel, †um 1635; - Ps. Theophilus Schweighart; Florentinus de Valentia (*P*) #4
Mohar, Akos, *29.4.1937 Budapest; - Ps. Jean Apatride (*F-L-P*) #3,4
Mohaupt, Franz, *29.8.1854 Friedland; - Ps. Ernst Schelmerding (*P*) #3
Möhl, Friedrich Karl, *10.10.1875 München; - Ps. Friedrich Karl (*L-P-R*) #3,4
Mohn, Anton, *24.11.1857 Munderkingen, †15.5.1910 Oberstadion; - Ps. Anton Mohnisch (*E*) #4
Mohr, Adrian, *11.4.1881 Dessau, †31.3.1959 Linz/Rh.; - Ps. Joachim von Roedern (*E-F-R*) #3,4
Mohr, Berta, *18.10.1851 Wien, †28.1.1906 Berlin; - Ps. B. Milár-Gersdorf; B. Nigra (*E-N*) #2,3,4

Mohr, Johann, *(1830); - Ps. J. M. Nahthaler (*L*) #4

Mohr, Ludwig, *10.2.1833 Homberg b. Kassel, †13.7.1900 Wehlheiden b. Kassel; - Ps. Wohlgemuth Hesse (*E-L*) #1,3,4

Mohr, Marie, *22.3.1891 Frankfurt/M.; - Ps. Marie Mohr-Reucker (*F-J-L-P*) #3,4

Möhring, Elisabeth, *11.12.1869 Prenzlau; - Ps. E. Heydemann (*E-N-P-R*) #1,3,4

Möhsen, Johann Carl Wilhelm, *um 1720 Berlin; - Ps. Absyrtus (*P*)

Mokka, Hans, *16.5.1912 Temesvar/Banat; - Ps. Hans Moka; Christian Schwärmer (*J-L-P-S*) #3,4

Mokka, Irene, *28.8.1915 Temesvar/Banat, †12.2.1973 Temesvar; - Ps. Irene Moka; Grete Groß (*J-L-P*) #3,4

Molden, Paula, *12.10.1887 Wien, †25.5.1951 Wien; - Ps. Paula von Preradovic (*L*) #3,4,5, 9,10

Moldenhauer, Paul, *18.9.1865 Berlin; - Ps. Paul Molden (*P*) #3

Möldner, Adolf, *23.2.1849 Reinowitz/Böhmen, †7.5.1891 Prag; - Ps. Adolf Rendlöm (*L*) #1,3,4

Molitor, Wilhelm, *24.8.1819 Zweibrücken, †11.1.1880 Speyer; - Ps. Benno Bronner; Ulrich Riesler (*D-L-N-P-S*) #1,4,13

Moll, Rudolf, *22.1.1925 Wien; - Ps. Erich Fiala; Fred Holm; Rudy Mahr; Rudolf Karl Mohl (*R*) #3,4

Möller, Agnes, *15.6.1864 Breslau; - Ps. Agnes von der Decken (*E-J-L-N*) #1,2,3,4

Möller, Alfred, *22.1.1877 Cilli/Slow., †30.9.1957 Graz; - Ps. Alfred Hollms; A. Röllem (*D-L-M-P*) #3,4

Möller, Andreas, *22.3.1598 Pegau b. Leipzig, †21.1.1660 Freiberg/Sa.; - auch Moller; Müller (*L-P*) #4,13

Möller, Bernhard, *(1570) Münster; - auch Moller; Mollerus (*D-L-P*) #4,11,13

Möller, Berta Liane, *10.2.1873 Hamburg; - Ps. Hans Senden (*N-R*) #3,4

Möller, Eberhard Wolfgang, *6.1.1906 Berlin, †1.1.1972 Bietigheim/Württ.; - Ps. Anatol Textor (*D-F-J-L-N-P-R-S*) #3,4,5,10

Möller, Gertrud, *13.10.1641 Königsberg, †16.2.1705 Königsberg; - gen. Mornille/PB (*L-P*) #4,11,19

Möller, Gertrud, geb. Kunzemann, *19.6.1910 München; - Ps. Gertrud Kunzemann (*E-R*) #3

Moller, Heinrich, *1528 Witzenhausen, †18.2.1567 Danzig; - auch Moeller; Mollerus; Müller; Ps. Bruder Heinrich (*L-P*) #4,11

Möller, Karl Friedrich von, *21.3.1892 Kiel-Friedrichsort; - Ps. Navigator (*E-L-P-S*) #3

Moller, Martin, *9.11.1547 Kropstädt b. Wittenberg, †2.3.1606 Görlitz; - auch Möller; Ps. Muntira Remolus (*L-P*) #4,11,13

Möller, Max, *1.9.1844 Erfurt; - Ps. Alex Lommer (*E-M-S*) #3,4

Möller, Vera, *25.4.1911 Kiel; - Ps. Vera Mohr-Möller (*E-J-L-R*) #3,4

Möller, Vicent, *(1617); - Ps. Der Blumenreiche (*P*) #11

Möller, Walter, *21.12.1887 Berlin, †17.4.1981 Berlin; - Ps. Ewald Braun; Karl Müller-Hausen; Ernst Reimberg; Ernst Scherzer; Kurt von Weissenfeld (*D-E-F-P*) #3,4

Möller, Werner, *6.2.1888 Barmen, †11.1.1919 Berlin; - Ps. Werner Nauffacher (*L*) #4

Möllering, Friedrich, *19.2.1913 Obermehnen b. Lübbecke; - Ps. Frittken vanne Hermannshöhe (*E-L*) #3

Möllhausen, Balduin, *3.12.1888 Charlottenburg; - Ps. Alexander Hausen (*F-P*) #3,5

Mollier, Hans, *31.7.1895 München, †31.12.1971 München; - Ps. Johann Lachner (*P*) #3,4

Molo, Hans Karl von, *30.5.1878 Wien, †24.4.1940 Ybbs/N.-Ö.; - Ps. Dr. Day; Hans Hart (*D-E-R*) #1,3,4

Molshaim, Hans Ernst von, *17. Jh.; - gen. Der Schönrote/FG 776 #11

Molshem, Jakob, *6.4.1503 Straßburg, †28.1.1558 Heidelberg; - auch Micyllus; Molseym; Molsheym; Moltzer (*P*) #4,11,13

Molsner, Michael, *23.4.1939 Stuttgart; - Ps. Bill Alamo; Robert Cameron; John Drake (*F-P-R*) #3,4,8

Moltke, Helmuth Karl Bernhard Graf von, *26.10.1800 Parchim/Meckl., †22.4.1891 Berlin; - Ps. Helmuth (*E-P*) #4,11,13

Moltke, Leopold Maximilian, *18.9.1819 Küstrin, †19.1.1894 Leipzig; - Ps. L. Komet; Max Leo; tk (*L*) #1,3,4,13

Mommers, Hellmuth W., *16.11.1943 Wien; - Ps. Robert Arol; Adam Rice (*E-P-R*) #7, 16,20

Mönch, Heinrich Hubert, *19.7.1834 Altenahr, †7.9.1900 Boppard; - Ps. Are-Saffenburg; Hub.; Hubert Ley (*D-J-L-P*) #1,3,4

Mönch, Wilmar, *7.8.1902 Gotha; - Ps. Bert Klostermann (*D-L-P-R-S*) #3,4

Mönckeberg, Karl, *11.10.1873 Hamburg, †1939; - Ps. Karl Andres (*D-L-P-S*) #1,3,4

Mönckeberg, Vilma, geb. Kollmar, *29.7.1892 Wien; - Ps. Vilma Kollmar-Mönckeberg, auch Vilma Mönckeberg-Kollmar (*E-P*) #3, 4,17

Mondt, Carl, *27.2.1841 Karlsruhe; - Ps. Carl Berg (*P*) #3

Möngal, †um 865; gen. Marcellus (*L-P*) #4,13

Monka, Friedrich, *10.1.1884 Dluzek/Ostpr., †25.7.1947 (f. tot erkl.); - Ps. Kurt von der Eich (*P-R*) #3,4

Mönnich, Modeste, *14.1.1919 Danzig-Langfuhr; - Ps. Modeste Weidendahl (*P*) #3

Monsterberg-Münckenau, Elinor von, *23.7.1877 Breslau; - Ps. Elimar von Monsterberg-Münckenau; Hans von Skalong (*L-P*) #3,4

Montanus, Martinus, *um 1537 Straßburg; - eig. Martin Amberg; Martin Bergmann (*D-N-P-S*) #4,5,11,13,14
Montenglaut, Artemisia Henriette Marianne von, *25.2.1767 Böhme b. Hannover, †5.12.1838 Prag; - Ps. P. v. Husch (*D-E-L-N-P-R*) #1,2,4,6,11
Montgomery, Karoline, geb. Bauer, *29.3.1807 Heidelberg, †18.10.1877 Broelberg b. Zürich; - Ps. Karoline Bauer (*E-P*) #2,4,13,15
Montigel, Rudolf, *15. Jh. Luzern; - auch Monzigel (*L*) #4
Montigny, Adelheid de, geb. Borchers, *10.5.1850 Hannover; - Ps. Adelheid Borchers; El Neccar (*E-N-P-R*) #1,3,4
Monts, Boris Adolf Graf von, *15.12.1911 Essen; - Ps. Boris von Borresholm (*F-P-S*) #3
Montua, Emma, *(1897); - Ps. Dora Schwerk; E. Schwerk (*R*) #2,3
Montzheimer, Elsbeth, *5.4.1858 Berlin, †10.9.1926 Rahden; - Ps. Erika Hellingen (*E-M-N-P*) #3,4
Moos, Josefine, *1.6.1869 Koblenz, †20.5.1967 Vallendar; - Ps. Martha Braunfels (*E-F-L*) #3,4
Morawetz, Hedwig, *28.4.1906 München; - Ps. Hedwig von Mora (*N-R*) #3,4
Morawetz-Dierkes, Leopoldine von, *22.4.1857 Krems/N.-Ö.; - Ps. Leo von Dierkes (*D-N*) #3,4
Mordtmann, August Justus, *27.2.1839 Hamburg, †30.4.1912 Darmstadt; - Ps. R. von Duroy-Warnatz; A. Guthmann (*E-M-R*) #3,4
Morduch, Anna Wilhelmine, gesch. Wiesner, *16.3.1902 Wien; - Ps. Anna Wilhelmine Gmeyner; Anna Wilhelmine Reiner; Anna Wilhelmine Wiesner; Anna Wilhelmine Wiesner-Gmeyner (*F-N-R*) #3,4
Moré, Walter, *29.6.1913 London; - Ps. John More (*D-L-P*) #3
Morecki, Lothar, *21.9.1880 Prag; - Ps. Armor; Moriz Lotharski (*P*) #3
Morel, Hermann, *27.7.1885 Oshkos/USA; - Ps. Hermann Jost (*E-J-P-R*) #3,4
Morell, Benedikt, *24.3.1803 St.Fiden/St.Gallen, †16.12.1872 Einsiedeln; - gen. Gallus Morell (*L-P*) #1,4
Morgan, Johanna, geb. Streit, *18.2.1871 Brünn; - Ps. Jenny Morgan; Sanndorf (*L-P*) #2,3,4
Morgenbesser, Michael, *19.6.1782 Breslau, †1841 Breslau; - Ps. Dexius (*P*) #4
Morgenroth, Friedrich, *12.2.1906 Ohligs b. Solingen; - Ps. Peter Struwwel (*E-L-P*) #3,4
Morgenroth, Moritz, *14.3.1864 Tarnopol/Galizien; - Ps. Hans Godwin (*L*) #3,4
Morgenstern, Hans Adolf, *15.9.1881 Dresden, †19.5.1949 Worpswede; - Ps. Hans Waldeck (*P*) #3
Morgenstern, Paul, *1.10.1886 Wien, †10.12.1938 Buchenwald; - Ps. Paul Morgan (*D-E-P*) #3,4
Morhof, Daniel Georg, *6.2.1639 Wismar, †30.7.1691 Lübeck; - auch Morhoff; Morhofius; Morhovius; Ps. Didacus Gelasius Modestinus (*L-P*) #4,6,13
Moritz, Anna, geb. Dietrich, *7.7.1921 Meran; - Ps. Anna Dietrich (*L*) #3,4
Moritz, Ewald, *30.5.1878 Groß-Zarnow/Pommern, †19.2.1966 Berlin; - Ps. Gottfried Zarnow (*P*) #3,4
Morkepütz-Roos, Erna, *26.2.1924 Rheydt/Rhl.; - Ps. Ernestine Moor (*P-R*) #3,4
Mornau, Willi, *3.9.1921 Arzbach b. Bad Ems; - Ps. Wilja Mornau (*R*) #3,4
Morpurgo, Ida, *15.4.1900 Wien; - Ps. Ida Bohatta-Morpurgo (*J*) #3,4
Morris, Gerda, *21.7.1893 Breslau, †16.3.1970 Oldenburg/Holst.; - Ps. Gerda Gymir; Gerda Sonama (*E-M-R*) #3,4
Morris, Max, *18.10.1859 Berlin, †25.8.1918 Berlin; - Ps. Haslinger (*P*) #3,4
Mörsberg zu Blankenhain und Kranichfeld, Ludwig Friedrich Graf von, †1661; - auch Ludwig Friedrich von Mörsperg; Ludwig Friedrich von Beffort; gen. Der Tätige/FG 445/1645 #11,12
Morsch, Anna, *3.7.1841 Gransee b. Berlin, †12.5.1916 Wiesbaden; - Ps. Albert Moser (*P*) #3,4
Morscher, Inge, *13.5.1943 Zams/Tirol; - Ps. Inge Dapunt (*E-F*) #3,4
Mortaigne, Heinrich von, *17. Jh.; - gen. Der Willkommende/FG 606 #11
Mortaigne dit de Pottelles, Gaspard Corneille de, *1608 Den Haag, †8.7.1647; - auch Caspar Cornelius Mortaigne; gen. Der Gewidmete/FG 419/1644 #11,12,13
Morton, Frederic, *5.10.1924 Wien; - urspr. Fritz Mandelbaum (*P*) #18
Morzfeld, Erwin, *1.10.1923 Wattenscheid; - Ps. Robert Blayn (*L-P-R*) #3,4
Mosberg, Julius, *2.10.1868 Bielefeld; - Ps. J. Grebsen; J. Grebsom (*D-N-P*) #3
Mosberger, Elisabeta, *27.5.1924 Terlan/Ital.; - Ps. Regine Dadois (*E-J-L-R*) #3,4
Mosberger-Oswald, Katharina, *1.1.1940 Muttenz b. Basel; - Ps. Cathérine Mosberger (*E-L-N-R*) #3,4
Moscherosch, Johann Michael, *5.3.1601 Willstädt b. Kehl, †4.4.1669 Worms; - gen. Der Träumende/FG 436/1645; Der Treumende/DG-R; Ps. Philander; Philander von Sittewald; (*E-L-P*) #1,4,5,6,11,12,13,14
Moscherosch, Quirinus, *14.12.1623 Willstätt b. Kehl, †19.4.1675 Straßburg; - gen. Philander/PB; Reiner von Sittewald (*L*) #4,11
Moschkau, Otto Carl Alfred, *24.1.1848 Löbau, †27.5.1912 Oybin/Oberlausitz; - Ps. A. v. Lubota (*L-P*) #1,3,4
Mose, Josepha, *20.9.1860 Preetz/Holst.; - Ps. Jassy Torrund (*E-J-N-R*) #2,3,4
Mosel, Katharina, *15.4.1789 Klosterneuburg/Wien, †10.7.1832 Wien; - Ps. Elisa (*N-P*) #4

Mosengeil, Friedrich, *26.3.1773 Schönau b. Eisenach, †2.6.1839 Meiningen; - Ps. Friedrich von Solona (*D-E-N-P*) #1,4,6,11,13

Mosenthal, Salomon Hermann Ritter von, *14.1.1821 Kassel, †17.2.1877 Wien; - Ps. Friedrich Lehner (*D-L-P-S*) #1,4,5,13

Möser, Anna, *3.1.1848 Halle/S.; - Ps. Elly Gregor (*J-L*) #1,2,4

Moser, Felix Hugo, *8.10.1863 Leipzig; - Ps. Hugo Felix; Reinhard Förster (*P*) #3

Moser, Friedrich Karl Freiherr von, *18.12.1723 Stuttgart, †11.11.1798 Ludwigsburg; - Ps. Dr. Leidemit (*E-L-P*) #1,4,5, 11,13

Moser, Hans, *8.4.1868 Linz/Do.; - Ps. Dr. Römer; Hans Waldmoser (*E-N-R*) #3

Moser, Johann, *14.4.1852 Mainz; - Ps. Reinhardt; Rheinhardt (*P*) #3

Moser, Jürg, *11.7.1952 Basel; - Ps. Steno Graf; Quentin Quest; Yorick York; Hieronymus Zwiebelfisch (*E-L-P-R*) #3,4

Möser, Justus, *14.12.1720 Osnabrück, †8.1.1794 Osnabrück; - Ps. Joh. Moser; M. O. Riese (*D-P*) #1,4,5,11,13,14

Moser, Peter, *3.1.1830 Alpach/Tirol, †15.10.1909 Rovereto; - Ps. J. E. Waldfreund (*E-P-S*) #1,3,4

Moser von Filseck und Weilerberg, Johann Jakob, *18.1.1701 Stuttgart, †30.9.1785 Stuttgart; - Ps. Caesarius Charitinus (*E-L-P*)

Moses, Julius, *2.7.1868 Posen; - Ps. Julius Mosen (*P*) #3,4

Moses, Margarete, *18.10.1890 Kempten, †1978 Israel; - Ps. Jzchak Toral (*F-R*) #4,18

Mosheim, Johann Lorenz, *9.10.1693 Lübeck, †9.9.1755 Göttingen; - Ps. Henricus Allwoerden; Selintes (*P*) #4,6,13

Mosimann, Walther Paul, *8.4.1918 Basel; - Ps. Wal Therius (*E-F-J-L*) #4

Mosing, Guido Konrad, *23.2.1824 Wien, †1.11.1907 Wien; - Ps. Guido Conrad (*D-E-N-P-S*) #1,3,4

Moslé, Käthe, *22.4.1902 Breslau, †7.6.1976 Mallorca; - Ps. Münzer (*F-L-P-R*) #3

Mossdorf, Otto, *8.4.1882 Erfurt, †30.6.1959 Berlin; - Ps. F. Osten (*P*) #3

Mosse, Eric(h) Peter, *25.1.1891 Berlin, †19.6.1963 New York; - Ps. Peter Flamm (*D-R-S*) #3,4,14

Most, Georg Friedrich, *25.4.1794 Hagenburg, †4.3.1845 Rostock; - Ps. Georg Jung-Wein (*E-L-P*) #1,4,11

Mostert, Johanna Gisberta, *24.12.1864 Koblenz, †1.11.1922 Koblenz; - Ps. Hanns Gisbert-Mostert (*E-R-S*) #4

Moszkowski, Alexander, *15.1.1851 Pilitza, †26.9.1934 Berlin; - Ps. Anton Notenquetscher (*E*) #1,3,4

Moulin, Georg du, *1.2.1900 Rawitsch; - Ps. Georg v. Mühlen (*P*) #3

Moyscowicz, Leo, *29.3.1874 Breslau; - Ps. Leo Erichsen (*P*) #3

Mrázek, Edith, *28.1.1927 Wien; - Ps. Edith Sommer (*E-F-J-L-R*) #3

Mrsich, Wilhelm, *26.10.1896 München; - Ps. Wilhelm Mrsic (*L-M-R*) #3,4

Mücheln, Hans Georg von, *21.1.1579 Gröbzig/Anh., †28.1.1634 Rehsen/Anh.; - gen. Der Erleichternde/FG 77/1623 #11,12

Mücheln, Job Bernhard von, *5.12.1611, †9.4.1678; - gen. Der Findende/FG 454/1646 #11,12

Müchler, Johann Georg Philipp, *23.9.1724 Drechow/Pommern, †9.8.1819 Berlin; - Ps. Coriat d. J. (*E-P*) #4,11,13

Muck, Friedrich, *24.4.1764 Forheim/Franken, †4.11.1839 Rothenburg o. d. T.; - Ps. Emu. Ceka; Heileb Enoch (*L-P*) #4,11,13

Muckenschnabel, Karl, *17.11.1865 Wien, †4.11.1948 Kirchberg/Pielach; - Ps. Hans Mückenschnabel; Ritter von Waldwouzd (*E-L-P*) #1,3,4

Mucker, Gerda, *15.10.1936 Wien; - Ps. Johanna Schilli (*R*) #4

Muckermann, Richard, *28.11.1891 Bückeburg; - Ps. Siegbert Rüther (*P*) #3

Muelen, Gerhard Wolter van der, *1.11.1633 Hameln, †7.9.1722 Hannover; - Ps. Gerhard Wolter Molanus (*L-P*) #4,11,13

Muellenbach, Ernst, *3.3.1862 Köln, †24.7.1901 Bonn; - Ps. Ernst Lenbach (*E-L-R*) #1,3,4

Muellenbach, Josephine, geb. Gassmann, *27.10.1861 Bonn, †8.3.1928 Vilich-Rheindorf; - Ps. Josephine Gassmann; Scholastika Schnurcks (*E-P*) #2,3,4

Mueller, Claus Götz, *7.1.1911 Breslau; - Ps. Nikolaus Götz (*L-P-R*) #3

Mueller, Erich, *31.8.1892 Dresden; - Ps. Mueller von Asow (*P*) #3

Mueller, John Henry, *11.9.1911 Basel; - Ps. Tom Morgan; Wiekim Nyo; Wysocky (*N-P-R*) #3

Mueller, Margarete, *(1932); - Ps. Margarete Mueller-Senftenberg (*P*) #3

Muenzer, Otto, *5.2.1860 Neusalz/O.; - Ps. M. Otto (*L-P*) #3

Muenzer, Vally, *15.1.1863 Kiekrz b. Posen; - Ps. Vally M. Otto; Vally (*P*) #3

Muetzelfeldt, Maria, *2.4.1880 Hermannsburg b. Lüneburg; - Ps. Ria Feld; Marhild (*L-P*) #3

Muffat, Karl Heinrich, *15.11.1926 München, †7.7.1979 Lauf/Pegnitz; - Ps. Benedikt Münchberger (*E-L-PL*) #3,4

Müggenburg, Hans J., *(1975); - Ps. Hexer Stanley (*R*) #3,7

Mühe, Werner, *9.1.1906 Dörpe b. Hameln; - Ps. Peter Dammann (*J-P-R*) #3,4

Mühl, Hermann, *10.10.1925 Lampertheim; - Ps. Gereon Bronoff (*E*) #3,4

Mühlbauer, Josef, *26.8.1926 Hagen; - Ps. Walter Anders; Wolfgang Bauer; Ignaz Igel; mücke (*E-F-L-R*) #3,4

Mühlen, Norbert, *20.9.1910 Fürth, †20.8.1981 New York; - Ps. Norbert Muhlen; K. Bach; Kurt St. Baer; F. Lundberg (*P*) #4,18

Mühlenfels, Hedwig von, *7.8.1874 Köln, †3.3.1923 Dresden; - Ps. Helene von Mühlau (*J-N-R*) #3,4

Muhlius, Heinrich, *7.3.1666 Bremen, †7.12.1733 Kiel; - auch Muhle (*P*) #4,13

Mühlmann, Johann, *28.6.2573 Pegau/Sa., †14.11.1613 Leipzig; - auch Mulmannus (*L-P*) #4,11,13

Mühlpfordt, Herbert Meinhard, *31.3.1893 Königsberg, †9.10.1982 Lübeck; - Ps. Herbert Meinhard (*E-P-R*) #3,4

Mühr, Alfred, *16.1.1903 Berlin, †11.12.1981 Zusmarshausen/Bay.; - Ps. Friedrich Gontard (*J-P-R*) #3,4

Mühringer, Elise, *18.11.1844 Gebetsedt/O.-Ö., †7.2.1890 Riedau/O.-Ö.; - Ps. Elise Marion (*E-L-S*) #4

Muhrmann, Wilhelm, *23.11.1906 Iserlohn; - Ps. Arlette Antibes; Monika Basse; Aja Berg; Alrun von Berneck; R. A. Dieschen; Wolfgang Förster; Klaus Hansen; Pit van Loon; Eberhard Muri; Daisy Osterburg; Jutta Steiner; Willem van Yzeren-Loon (*E-L-P-R*) #3,4

Mühsam, Erich, *6.4.1878 Berlin, †11.7.1934 Oranienburg; - Ps. Emil F. Ruedebusch (*D-L-P-R-S*) #3,4,5,8,14

Mühsam, Paul, *17.7.1876 Brandenburg/Havel, †11.3.1960 Jerusalem; - Ps. Ernst Imscherz (*L-P*) #3,4,18

Mulberg, Johannes, *um 1350 Basel, †1414 Maulbronn; - auch Maulburg; Mülberg (*P*) #4,13

Müldener, Johann August Friedrich Rudolph, *2.6.1829 Nordhausen/Thür.; - Ps. A. F. Rudolph (*E-N-P-R*) #1,4

Müldener, Johann Christian, *1699 Dresden, †19.9.1762 Dresden; - Ps. Geander von der Oberelbe (*L-P*) #4,6,11

Muler, Heinrich, *um 1488, †11.12.1524 Dithmarschen; - auch Heinrich Moller; Heinrich Müller, Ps. Henricus Zupfanien; Henricus de Zutphania (*L*) #11

Mülhause, Therese, geb. Vogeler, *15.3.1893 Berlin; - Ps. Therese Mülhause-Vogeler; Therese Vogeler (*F-L-N-P-R*) #3,4

Muling, Johannes Adelphus, 15. Jh.*Straßburg, †1522; - auch Johannes Adelphus Mulichius; Ps. Johannes Adelphus (*P*) #4,11,15

Müller, A. O., *1845 Altmark; - Ps. A. O. Müller von Davenport (*L*)

Müller, Adalbert, *16.10.1848 Glatz, †21.9.1915 Bad Reinerz/Schles.; - Ps. Adalbert zur Aue (*E-R*) #3,4

Müller, Albert, *2.1.1879 Dresden; - Ps. Müller-Norden (*L-P*) #3

Müller, Alfred, *26.12.1926 Bochum; - Ps. Lester Counge; Alfred Müller-Felsenburg (*E-J-L-P-R*) #3,4,7

Müller, Alfred von, *14.7.1869 Saarbrücken; - Ps. A. v. Metternich (*P*) #3

Müller, Andreas, *30.11.1528 Meißen, †30.4.1594 Gädebehn; - Ps. Andreas Mylius (*L-P*) #4,13

Müller, Andreas, *16. Jh. Hammelburg, †1608 Frankfurt/Main; - Ps. Andreas Myller (*L*) #4,11

Müller, Anna, *18.8.1899 Immekeppel/Rhl.; - Ps. Stine Holm; Anna Jürgen; Anna Müller-Tannewitz (*E-J-R*) #3,4,17

Müller, Anton, *4.5.1892 Freiburg/Br.; - Ps. Florentin (*P*) #3,4

Müller, Anton, *10.3.1870 Bruneck/Tirol, †16.2.1939 Innsbruck; - Ps. Bruder Willram (*L-P*) #3,4

Müller, Arthur, *2.10.1916 Luzern; - Ps. Thuri (*F-L-P-S*) #4

Müller, Artur, *26.10.1909 München, †11.7.1987 München; - Ps. Arnolt Brecht; Reinhold Georg (*D-F-N-P-R*) #3,4,5,10,18

Müller, August, *12.12.1838 Kakeldüt/Meckl., †9.4.1900 Berlin; - Ps. Hans Müller; A. Weller (*E-S*) #4

Müller, Auguste, *15.4.1914 Wien; - Ps. Auguste Binder-Zisch (*E-L*) #3

Müller, Baptist, *4.12.1860 Frankfurt/M.; - Ps. Müller-Herfurth (*E-L-P*) #3,4

Müller, Betty, *27.1.1814 Nordleda/Haden, †5.3.1890 Delmenhorst; - Ps. Maria von Hadeln (*L*) #1,3,4

Müller, Carl, *27.1.1859 Fraureuth; - Ps. C. Müller-Fraureuth (*P*)

Müller, Carl, *29.7.1861 Rastatt/Baden, †13.11.1931 Hamburg; - Ps. Carl Müller-Rastatt (*L-N-P-R-S*) #3,4

Müller, Carl, *8.4.1881 Braunschweig; - Ps. Carl Martin; Müller-Braunschweig (*P*) #3

Müller, Christiane, geb. Gunkel, *26.9.1875 Wien, †26.5.1945 Graz; - Ps. Christiana Gunkel (*R*) #4

Müller, Christoph Heinrich, *10.2.1740 Zürich, †22.2.1807 Zürich; - Ps. Verf. von der Dorfpfarrer (*P*) #4,11,13

Müller, David Heinrich, *4.10.1800 Groß-Oschersleben/Sa., †17.1.1889 Berlin; - Ps. D. Plaugmann (*L*) #4

Müller, Dorothee, *15.3.1935 Kiel; - Ps. Dorothee Dhan (*E-F-J-R*) #3,4

Müller, Eduard, *13.9.1853; - Ps. Müller-Gotha; Mürell (*N-P*) #3

Müller, Eduard, *18.7.1899 Neumünster; - Ps. Eduard Müller-Binz (*L*) #3,4

Müller, Edzard, *25.11.1937 Delmenhorst; - Ps. Edzard Müller-Delmenhorst (*E*) #3,4

Müller, Egbert-Hans, *23.2.1929 Bunzlau/Schles.; - Ps. Reinhard Gröper (*L-P-R*) #3,4

Müller, Elisabeth, *6.3.1827 Neckarsteinach, †6.3.1898 Stuttgart; - Ps. E. Meruéll (*D-J-N-R-S*) #1,3,4

Müller, Elisabeth, *20.8.1890 Bad Reinerz; - Ps. Isa Ernst (*L-P*) #3,4

Müller, Elsa, geb. Macco, *14.2.1892 Düsseldorf; - Ps. Elsa Macco (*M*) #3
Müller, Else, *11.5.1876 Weimar, †1941 Weimar; - Ps. Else Müller-Walsdorf (*J-L-P-R-S*) #3,4
Müller, Emanuel, *27.3.1867 Paris; - Ps. Emanuel Müller-Baden (*E-R*) #3,4
Müller, Emil, *17.1.1889 Wien; - Ps. Emil Müller-Sturmheim (*P-R*) #3,4,18
Müller, Emil, *1874 Bühl/Baden; - Ps. Hans Brandeck (*D-E-R-S*) #4
Müller, Emil Reinhardt, *25.5.1879 Mühltroff/Vogtland, †10.3.1950; - gen. Sonnen-Müller (*J-P-S*) #4,17
Müller, Erich, *30.8.1880; - Ps. Erich Ostmark (*L-P*) #3
Müller, Erich, *11.8.1881 Jena; - Ps. Erich Müller-Jena (*E-P*) #3,4
Müller, Erich, *27.11.1897 Liebenwerda, †19.9.1980 Bonn; - Ps. Erich Müller-Kamp; Matthias Pförtner (*E-P*) #3,4
Müller, Erich, *10.10.1904 Katharinenstadt, †7.10.1970 Berlin; - Ps. Eric Milford; Erich Millstatt (*F-N-S*) #3,4,18
Müller, Erich, *(1958); - Ps. Traudi (*P*) #3
Müller, Ernst, *8.6.1859 Berlin; - Ps. Alexander Hardt; Ernst Moritz Mochau (*P*) #3
Müller, Ernst, *11.8.1866 Mühlhof b. Schwabach; - Ps. Müller-Meiningen (*P*) #3
Müller, Ernst, *1861 Stockholm; - Ps. E. Müller-Holm (*P*) #3,4
Müller, Ernst Lothar, *25.10.1890 Brünn, †30.10.1974 Wien; - Ps. Ernst Lothar (*L-N-P-R*) #3,4,5,8,18
Müller, Ernst R., *10.3.1906 Wien; - Ps. Ernst R. Müller-Wien (*F-P*) #3
Müller, Ewald, *20.12.1933 Bauerwitz b. Leobschütz; - Ps. Jorg Lix (*L*) #3,4
Müller, Fedor, *28.8.1881 St.Petersburg; - Ps. Johannes Meru (*L-P*) #3
Müller, Ferdinand, *31.10.1845 Apolda/Thür.; - Ps. Müller-Saalfeld (*P-S*) #3,4
Müller, Franz, *31.1.1863 Bavendorf; - Ps. Heinrich Studentenfreund; Heinr. Teutsch (*P*) #3
Müller, Franz, *2.12.1847 Demmin/Pommern; - Ps. Franz Ulrich (*L-P*) #3
Müller, Friedrich, *13.1.1749 Kreuznach, †23.4.1825 Rom; - gen. Maler Müller (*D-L-P*) #1,4,5,11,13,14
Müller, Friedrich, *1780 Ronneburg/Sa., †14.2.1838 Schloß Rautenberg b. Altenburg; - Ps. Friedrich Müller von Gerstenbergk (*E-L*) #1,4
Müller, Friedrich, *22.1.1938 Eggenfelden/Bay.; - Ps. Fedja Müller (*L*) #3
Müller, Friedrich Georg, *20.5.1895 Kön; - Ps. Fred Müller (*P*) #3,4
Müller, Friedrich Konrad, *14.11.1823 Ummerstadt/Thür., †26.4.1881 Leipzig; - Ps. Friedrich Konrad Müller von der Werra (*E-L-P*) #1,3,4,13
Müller, Fritz, *24.2.1875 Zürich, †4.2.1942 Hundham b. Miesbach/Obb.; - Ps. Fritz Müller-Partenkirchen; Fritz Zürcher (*E-R*) #3,4,5
Müller, Fritz, *1.11.1900 Schraplau; - Ps. Fritz Müller-Schkeuditz (*P*) #3
Müller, Fritz, *23.10.1893 Berlin; - Ps. Fritz Cäsar (*P*) #3
Müller, Gabriele, *1943; - Ps. Gabriele Gabriel; Gabriele Miller (*R*) #3
Müller, Georg, *27.9.1879 Glauchau; - Ps. Heinz Georg; Georg Müller-Heim (*D-L-P*) #3
Müller, Georg, *19.9.1884 Köthen/Anhalt, †1.3.1970 Köthen; - Ps. Georg Müller-Giersleben (*E-L*) #3,4
Müller, Georg C. H., *27.4.1870 Hamburg; - Ps. Georg Müller-Mülheim (*D-E-J-S*) #3,4
Müller, Gerhard Kassian, *16.12.1931 Innsbruck; - Ps. Gert Müller (*E-F-L-P-R*) #3,4
Müller, Gottfried, *1577, †18.9.1654; - gen. Der Aufweckende/FG 353/1641 #11,12
Müller, Gottfried, *16.8.1934 Schweina/Sa.; - Ps. Paulus Herzog (*E-P-R*) #3,4
Müller, Gottfried Polycarp, *14.6.1684 Stolberg b. Meißen, †17.6.1747 Marienborn/Wetterau; - gen. Polycarpo/PB (*P*) #4,11,13
Müller, Gotthelf Friedrich, †1814 Hannover; - Ps. Lukas Veit (*E-L-R*) #6,11
Müller, Günther, *15.12.1890 Augsburg, †9.7.1957 Bonn; - Ps. Günther Mürr (*P*) #4
Müller, Gustav Adolf, *24.5.1866 Buch b. Waldshut, †1.9.1928; - Ps. Lucens (*D-L-N-P-R*) #1,3,4
Müller, Gustav Adolf, *22.1.1872 Kassel; - Ps. Müller-Cassala; Müller-München (*L-P-S*) #3,4
Müller, Gustav Adolf, *11.1.1891 Langenbruck; - Ps. Gustav Adolf Müller-Langenbruck; Hagen Thorsteiner (*P-R*)
Müller, Gustl, *4.6.1915 München; - Ps. Gustl Müller-Dechent (*E-F-P-R*) #3,4
Müller, Hannah, *2.2.1893 Schornweisach, †21.5.1973 Forchheim; - Ps. ER; hamü; Hannah Müller-Koller (*E-J-R-S*) #3,4
Müller, Hans, *25.10.1882 Brünn/Ö., †9.3.1950 Einigen/Thunersee; - Ps. Hans Müller-Einigen; H. Müller-Nürnberg (*D-E-L-N-P-R-S*) #3,4,5
Müller, Hans, *23.4.1945 Rennweg/Kärnten; - Ps. Volksschullehrer (*E-F-J-L-R-S*) #3
Müller, Hans, *25.12.1902; - Ps. Ernst Möwe (*P*) #3
Müller, Hans (Emil Felix), *18.9.1854 Köln, †11.4.1897 Berlin; - Ps. Hans Müller von der Leppe (*L-P*) #1,4
Müller, Hartmut, *12.4.1932 Schorndorf; - Ps. Hartmut Müller-Reinwald (*L*) #3
Müller, Hedwig, *1.12.1874 Braunschweig; - Ps. H. Steinbach (*R*) #4
Müller, Heiner, *9.1.1929 Eppendorf/Sa.; - Ps. Max Messer (*D-P-R-S*) #3,4
Müller, Heinrich, *10.9.1886 Kassel; - Ps. Müller-Burbach (*P*) #3

Müller, Heinrich August, *1766 Greußen/Thür., †2.8.1833 Wolmersleben b. Magdeburg; - Ps. Amalie von Wallenburg (*E-J-P*) #1,4,6,11,17
Müller, Heinrich Friedrich Jacob, *11.11.1815 Burg/Dithmarschen, †1876 Plön; - Ps. Ernst Lewald (*P*) #4
Müller, Heinrich Gottlob, *30.3.1849 Suderburg b. Lüneburg, †1922 Barmen; - Ps. G. Müller-Suderburg (*L-P*) #1,3,4
Müller, Helmut, *21.3.1914 Berlin; - Ps. Hal Miller (*F-N-P-R*) #3,4
Müller, Herbert, *31.7.1900 Solingen; - Ps. Herbert Müller-Lüneschloß (*S*) #3,4
Müller, Hermann, *2.9.1889 Nienburg/Weser, †23.5.1960 Nienburg/Weser; - Ps. Kaspar Müller (*E-L-R*) #3,4
Müller, Hermann, *21.5.1891 Mannheim; - Ps. Hermann Müller-Leoni (*R*) #3,4
Müller, Hermann, *4.12.1899 Blessem b. Euskirchen; - Ps. Hermann Müller-Blessem (*L-P*) #3
Müller, Hermann, *26.7.1911 Weißenburg; - Ps. Lon Stephens (*E-J-R*) #3,4,7
Müller, Hermann, *7.3.1857 Lippstadt; - Ps. Müller-Sagan (*P*) #3
Müller, Hermann Josef, *25.4.1901 Mülheim a. d. Ruhr, †23.7.1955 Düsseldorf; - Ps. Ad. Adam; Kaspar Klops (*E-L-R-S*) #3,4
Müller, Hildegard, *10.9.1940 Berlin; - Ps. Mascha Siebers (*L-P-R-S*) #3
Müller, Inge, geb. Schwenkner, *13.3.1925 Berlin, †1.6.1966 Berlin; - Ps. Ingeborg Schwenkner (*D-F-J-L*) #4,5
Müller, J. G., *17. Jh.; - gen. Thromylas/ES #11
Müller, Johann Baptist, *1818 Mosnang/St.Gallen, †21.3.1862 Wil/St.Gallen; - Ps. Dieffenbach (*L-P*) #1,4
Müller, Johann Christoph, *17. Jh.; - gen. Der Geriebene/DG-R #11
Müller, Johann Daniel, *10.2.1716 Wissenbach b. Dillenburg; - Ps. Elias Artista; Elias; S. (*P*) #4
Müller, Johann Ernst, *14.6.1764 Altenburg, †24.3.1826 Leipzig; - Ps. Arnim; Filidor (*E-M-R*) #1,4,6,11
Müller, Johann Gottwerth, *17.5.1743 Hamburg, †23.6.1828 Itzehoe; - Ps. Müller von Itzehoe (*E-L-R*) #1,4,5,11,13
Müller, Johann Heinrich, *20.2.1738 Halberstadt, †8.8.1815 Wien; - urspr. Johann Heinrich Schröter (*D-P-S*) #1,4,11
Müller, Johann Peter Andreas, *18. Jh.; - Ps. Johannes Aspontanus (*P*)
Müller, Johann Raimund, *12.6.1859 Grünfelszimmern b. Mosbach/Baden; - Ps. Irmüll; Irrmüll; Jeremias Krittler; M. v. Zimmern (*L-M*) #3
Müller, Johannes, *6.6.1436 Unfingen/Franken, †1476 Rom; - Ps. Johannes Francus; Johannes Germanus; Johannes de Künigsperg; Johannes de Monte regio; Johannes de Regio monte; Johannes Regiomontanus (*P*) #4,13
Müller, Johannes, *5.6.1901 Saarlautern, †16.1.1945 (gef.) b. Radom; - Ps. J. Müller-Roden (*D-E-P-S*) #3,4
Müller, Josef, *1760 Hustopec/Mähren; - gen. Teufelsmüller (*E*) #4
Müller, Josef, *28.3.1904 Fleissen b. Eger; - Ps. Josef Müller-Fleissen (*S*) #3
Müller, Josef, *2.11.1905 Blankenheim; - Ps. Josef Müller-Tschaffon (*F-P-R*) #3,4
Müller, Josef, *12.9.1907 Marienheide b. Köln, †17.10.1981 Thimory/Frankr.; - Ps. Josef Marein; Jan Molitor; Josef Müller-Marein (*E-F-P*) #3,4,5
Müller, Josef Franz, *20.6.1904 Neurode, †1971 Bad Aibling; - Ps. Johann Friedrich Bergmüller (*E-F-L-R*) #3,4
Müller, Josef Ludwig, *29.7.1899 Würzburg; - Ps. Peter Poddel (*E-P*) #3,4
Müller, Julius, *2.11.1823 Burtenbach/Schwaben, †18.10.1909 Leipheim; - Ps. J. M. Nauheim (*E*) #1,2,4
Müller, Julius, *23.6.1853 Elberfeld; - Ps. Karl Julius (*L-P*) #3
Müller, Karl, *8.2.1819 Stuttgart, †28.11.1889 Stuttgart; - Ps. Franz von Elling; Otfried Mylius; R. Nellenburg (*E-P-R-S*) #1,3,4,13,17
Müller, Karl, *10.1.1858 Scheessel b. Hannover, †14.8.1929 Bremen; - Ps. Karl Müller-Grote (*P*) #4
Müller, Karl, *1895 Prag, †1918 Prag; - Ps. Karl Brand (*L-P*) #4
Müller, Karl, *20.9.1903 Pirna; - Ps. Karl Müller-Hagemann (*P*) #3
Müller, Karl Christian, *17.1.1900 Saarlouis, †10.1.1975 Saarbrücken; - Ps. Teut Ansolt (*E-L-S*) #3,4
Müller, Karl Heinrich Gottlob, *9.10.1795 Berlin, †12.12.1856; - Ps. Karl Heinrich von Malten (*P*) #4
Müller, Karl Theodor, *18.3.1796 Berching/Opf., †7.7.1873 Deggendorf; - gen. bayer. Weitzmann; Saumüller; Ps. Eduard Müller (*L-P*) #1,4,11
Müller, Karl-Hermann, *13.5.1882 Fürstenau; - Ps. Müller-Hamburg (*P*) #3
Müller, Klaus, *5.12.1922 Glatz/Schles.; - Ps. Stephan Gräffshagen (*F-J-L-N-P-S*) #3,4
Müller, Kurt, *29.9.1895 Schwerin, †28.6.1982 Wiesbaden; - Ps. Percy Brook; William C. H. Collins; Jack Fenton; Hermann Hilgendorff; Jack Kelly; H. C. Mueller; William Tex (*R*) #3,4
Müller, Kurt, *11.11.1902 Nordhausen/Harz, †12.8.1941 (gef.); - Ps. Kurt Müno; Kurt Müller-Müno (*D-P-R*) #3,4
Müller, Ludwig, *23.3.1863 Hamburg; - Ps. Heinrich Bredow (*L-N-S*) #3,4
Müller, Ludwig, *20.10.1860 Lübeck; - Ps. Wolfgang Grimmold (*R-S*) #1,3,4

Müller, Ludwig, *10.5.1851 Wesel; - Ps. Müller von Hausen (*P*) #3

Müller, Ludwig Johann, *10.5.1842 Sondermühlen/Hann.; - Ps. Rellüm (*E*) #3,4

Müller, Margarete, *4.6.1893 Berlin; - Ps. Margarete Müller-Höhne (*L-N-R-S*) #3,4

Müller, Margarete, *8.7.1924 Kiew; - Ps. Margarete Müller-Henning (*L-R*) #3,4

Müller, Maria, *2.2.1883 Kaiserslautern; - Ps. Anna Huth (*E-J*) #3,4

Müller, Maria, geb. Gögler, *28.5.1900 Leutkirch/Allg., †23.9.1987 Weingarten/Württ.; - Ps. Maria Gögler; Maria Müller-Gögler (*E-L-N-R-S*) #3,4,9

Müller, Maria, *1.1.1914 Wien; - Ps. Maria Lussnigg (*E-J-P-R*) #3

Müller, Mathilde, *7.6.1837 Magdeburg; - Ps. Peter Rümly (*E-J-N-R*) #1,2,3,4

Müller, Max, *9.3.1890 Angermünde, †25.5.1953 Iserlohn; - Ps. M. Müller-Iserlohn (*P*) #3,4

Müller, Michael, *1673 Blankenburg/Harz, †13.3.1704 Schaubeck/Württ.; - gen. Der Flammende/DG-L (*L*) #1,4,11,13

Müller, Moritz Wilhelm Gotthard, *30.11.1806 Weimar, †22.12.1886 Merseburg; - Ps. W. G. Gotthardi (*N-P*) #1,3,4

Müller, Nikolaus, *21.4.1880 Haigerloch; - Ps. Klaus Joachim Haiger (*P*) #3

Müller, Norbert, *17.11.1941 Swinemünde; - Ps. Thorsten Bergfeld (*F-P-R*) #3,4

Müller, Oskar Egon, *16.2.1876 Oroszvar/Ungarn; - Ps. O. Roszvar (*P*) #3

Müller, Otto, *18.8.1892 Glösa b. Chemnitz; - Ps. Otto Glösa; Otto Müller-Glösa; Jakob Schiefhals (*F-P-R-S*) #3,4

Müller, Otto, *6.11.1883 Wien; - Ps. Otto Myller (*N-P*) #3,4

Müller, Otto, *29.5.1859 Krieglach, †1934; - Ps. Otto Sommerstorff (*D-L*)

Müller, Paul, *(19. Jh.); - Ps. P. Ambusch (*P*) #3

Müller, Paul Alfred, *18.10.1901 Halle/S., †1970; - Ps. Heide Heim; Rolf Hermes; Freder van Holk; Jan Holk; Bert F. Island; Werner Keyen; G. Maurer; A. Müller-Markkleeberg; A. Müller-Murnau; Lok Myler; Mark Powers; I. V. Steen; Paul Stocker (*F-R*) #3,4,7,16,20

Müller, Paul Emanuel, *23.1.1927 Olten; - Ps. P'E'M' (*F-J-L-P-S*) #3,4

Müller, Peter, *17. Jh.; - gen. Der Treumeinende/FG 850 #11

Müller, Philipp Jakob, *17.3.1891 Capransebes/Rum., †7.5.1963 Hanover/USA; - Ps. René Fülöp-Miller; René Miller (*N-P-R*) #4,18

Müller, Philipp Ludwig Statius, *1725 Esens; - Ps. Philipp Aletophilus; Pythagoras (*P*)

Müller, Rainer, *16.1.1952 Stadtilm/Thür.; - Ps. Reiner Knüller (*E-P*) #3,4

Müller, Robert, *22.3.1868 Müllheim/Baden; - Ps. M. Rombach (*E-R*) #3,4

Müller, Robert, *14.12.1946 Hasslach b. Teuschnitz; - Ps. Gabbo Mateen; Robert Müller-Mateen (*F-L-P*) #3,4

Müller, Robert Friedrich Wilhelm, *22.8.1912 Bürrig/Niederrh.; - Ps. Bastian Müller (*E-N-R*) #3,4,5,10

Müller, Siegfried, *29.4.1932 Zürich; - Ps. Felix Ponti (*L-P*) #3,4

Müller, Stephan, *28.7.1865 Berlin; - Ps. Hans Forsten (*N*) #4

Müller, Sven von, *11.10.1893 Berlin; - Ps. Peter von Kahlenberg; Peter Murr (*P-R*) #3,4

Müller, Theodor, *29.3.1852 Nürnberg; - Ps. T. Müller-Plattensteiner (*E-R-S*) #3,4

Müller, Theodor, *9.9.1904 Velbert/Rhl.; - Ps. Theodor Müller-Alfeld (*E-F-J-P-R*) #3,4

Müller, Ulrich Friedrich, *27.5.1932 Hamburg; - Ps. Friedrich Bralitz; Fritz Waldeck (*E-P*) #3,4

Müller, Valeria von, *28.3.1826 Stargard/Pommern; - Ps. Georg von Kunda (*E-R*) #1,3,4

Müller, Waldemar, *3.6.1871 Bromberg, †6.7.1955 Alfeld/Leine; - Ps. Ernst Erik Eberhard; Waldemar Müller-Eberhart (*D-L-P-R-S*) #3,4

Müller, Walter, *31.1.1873 Muri/Aargau, †1951; - Ps. Walter von Muri (*E-L-P-S*) #3,4

Müller, Walter, *4.11.1886 Waringholz/Thurgau, †15.12.1971 Genf; - Ps. Walter Müller-Waringholz (*L-P*) #3,4

Müller, Walter, *9.6.1875 Berlin; - Ps. Otto Robert Walthari (*R*) #4

Müller, Walter von, *12.10.1900 Berlin; - Ps. Walter Thaden (*L-P*) #3

Müller, Walther, *22.3.1873 Osterode/Ostpr.; - Ps. Walther Müller-Waldenburg (*D-P-S*) #3,4

Müller, Wilhelm, *7.10.1794 Dessau, †30.9.1827 Dessau; - gen. Griechen-Müller (*L-P*) #1,4,5,11,13,14

Müller, Wilhelm, *9.4.1845 Heppenheim, †1914 New York; - Ps. Frater Jocundus (*D-E-L-P*) #1,3,4

Müller, Wilhelm, *24.9.1859 Philippstein b. Wiesbaden; - gen. Wilhelm Müller-Weilburg (*E-L*) #1

Müller, Wilhelm, *1.7.1889 Berlin, †1945 (vermißt); - Ps. Wilhelm Müller-Rüdersdorf (*E-L-P*) #3,4

Müller, Wolfgang, *5.3.1816 Königswinter, †29.6.1873 Neuenahr; - gen. Müller von Königswinter; Ps. Justus Dorn; Heinrich Heine (*D-E-L-S*) #1,4,5,13,19

Müller, Wolfgang, *24.10.1957 Wolfsburg; - Ps. Klaus Laufer; Claudia Schandt (*F-P*) #3

Müller, Wolfgang Johannes, *11.7.1940 Speyer; - Ps. Wolfgang Müller-Härlin; Manuel Thomas (*D-L-R*) #3

Müller, Wolfram, *7.10.1921 Wuppertal; - Ps. Wolfram Ursprung (*J*) #3,4

Müller-Amorbach, Wilhelm, *22.10.1843 Amorbach/Ufr., †14.12.1905 Aschaffenburg; - Ps. L. Beilhach; G. Volck (*E-L-S*) #1,3,4

Müller-Baldus, Ernst, *22.5.1902 Wismar; - Ps. Ernst Baldus (*F-J*) #3,4
Müller-Belau, Margot, *4.7.1943 Quedlinburg; - Ps. Margot Seidel (*L-R*) #3
Müller-Bertelmann, Hans, *27.3.1872 Küsnacht/Zürich; - Ps. urspr. Hans Müller-Irminger (*L-P*) #3,4
Müller-Brandenburg, Hermann, *16.4.1885 Elberfeld; - Ps. H. Embe; H. Hochwart (*P*) #3,4
Müller-Doering, Herbert Ludwig, *26.3.1879 Magdeburg; - Ps. Herbert Ludwig; Rellüm (*L-N-P*) #3,4
Müller-Fischer, Erwin, *9.7.1897 Saalfeld/Thür., †14.3.1977 Frankfurt/M.; - Ps. EMF (*E-F-L-P*) #3,4
Müller-Frank, Dankmar, *13.11.1921 Berlin; - Ps. D(ankmar) M; D. M. Frank (*E-L-M-P*) #3,4
Müller-Freienfels, Richard, *7.8.1882 Ems, †12.12.1949 Weilburg; - Ps. Sebastianus Segelfalter (*P-R*) #3,4
Müller-Guttenbrunn, Adam, *22.10.1852 Guttenbrunn/Banat, †5.1.1923 Wien; - Ps. Franz Josef Gerhold; Hugo Ignotus; Vetter Michel (*D-E-P-R*) #1,3,4,5
Müller-Guttenbrunn, Roderich, *3.2.1892 Wien, †7.2.1956 Linz/Do.; - Ps. Dietrich Arndt; Roderich Meinhard (*D-N-R*) #3,4
Müller-Hess, Katharina, geb. Hess, *22.10.1935 Solothurn; - Ps. Katharina Hess (*E-R*) #3,4
Müller-Jungbluth, Ulrich, *2.4.1911 Küstrin; - Ps. Ulrich Herbert Jungbluth (*L-P-R*) #3,4
Müller-Jürgens, Hedwig, geb. von Hammerstein, *30.3.1901 Kamenz/Sa.; - Ps. Hedwig von Hammerstein (*E-F-L-P*) #3,4
Müller-Molenaar, Herbert, *10.8.1886 Johnsdorf b. Schönau a. d. Katzbach; - Ps. Herbert Molenaar (*P*) #3,4
Müller-Oelrichs, Hans-Erich, *16.10.1912 Hannover; - Ps. Hans E. Oelrichs (*E-L-P-R*) #3,4
Müller-Palm, Adolf, *10.3.1840 Stuttgart, †21.5.1904 Stuttgart; - Ps. Adolf Palm (*E-N-S*) #1,4
Müller-Rastatt, Gerhard Klaus, *22.10.1894 Halle/S., †1917 gef.; - Ps. Gerhard Moerner (*L*) #4
Müller-Schöll, Walther, *1.8.1899 Köln; - Ps. Spervogel (*P*) #3
Müller-Steglitz, Erich Fritz Erdmann, *18.9.1876 Stettin; - Ps. Fritz von Alten (*P*) #3
Müller-Zadow, Emilie, *3.6.1896 Nürnberg; - Ps. Emilie Zadow (*E-N-R*) #3,4
Müllerburg, Roland, *3.6.1917 Berlin; - Ps. Rolf Burg (*F*) #3
Müllern, Elisabeth von, *28.3.1866 Berlin; - Ps. Hans von Hekethusen (*E-N-R*) #1,3,4
Müllner, Adolf, *18.10.1774 Langendorf b. Weißenfels, †11.6.1829 Langendorf b. Weißenfels; - Ps. Kotzebue's Schatten; Magister Lämmermeier; Modestinus (*D-E-R-S*) #1,4,5,6,11,13,14
Müllner, Maryan, *4.1.1879 St.Veit/N.-Ö., †13.3.1950 Ybbs; - Ps. Achim Gaden (*E-P*) #4
Mumenthaler-von Blarer, Barbara, *26.4.1923 Basel; - Ps. Barbara von Blarer (*J-P*) #3,4
Mummert, Oskar, *14.8.1864 Breslau; - Ps. O. Praecursor (*P*) #3,4
Münch, Ernst von, *25.10.1798 Rheinfelden/Aargau, †9.6.1841 Rheinfelden/Aargau; - Ps. Antiromanus (*L-P*) #1,4,13
Münch, Friedrich Christian Wilhelm, *25.6.1799 Nieder-Gemünden b. Alsfeld, †14.12.1881 Dutzow b. Washington; - Ps. Far West (*L-P*) #4,11
Münch, Hellmuth-Hubertus, *2.6.1924; - Ps. Hello Amboss; Hal Brendt; Hanns Hart; Pit Peters; Hannes Reiterlein (*E-F-J-R*) #3,4,16
Münch, Helmut, *25.9.1936 München; - Ps. August Kühn; Rainer Zwing (*D-E-F-P-R-S*) #3,4,5,8
Münch, Johann Gottlieb, *9.12.1774 Bayreuth, †30.7.1837 Tübingen; - Ps. Gevatter Johann; Tobias Lausche (*E-P*) #1,4,11
Münch, Philipp, *9.7.1870 Leipzig; - Ps. Philipp Münch-Born (*P*) #3
Münch-Bellinghausen, Eligius Freiherr von, *2.4.1806 Krakau, †22.5.1871 Wien; - Ps. Friedrich Halm (*D-E-L-S*) #1,4,5,11,13,14,15
Münchhausen, Börries Freiherr von, *20.3.1874 Hildesheim, †16.3.1945 Windischleuba b. Altenburg; - Ps. H. Albrecht (*E-L-P-S*) #3,4,5,8,10
Münchhausen, Hilmar Ernst von, *nach 1578, †1671; - gen. Der Verträgliche/FG 71/1623 #11,12
Münchhausen, Marie Luise Eleonore von, *1872 Kassel; - Ps. Heimchen (*L*) #2,6,11
Münchow, Heinz, *26.5.1929 Damburg/Pommern; - Ps. Torsten Kösselin (*F-J-R-S*) #3,4
Münchow, Vera, *27.12.1943 Königsberg; - Ps. Vera Anders (*D-J*) #3,4
Mund, Johanne, *5.9.1847 Braunschweig; - Ps. Johann Mühlheim (*P*) #2,3
Mundt, Clara, geb. Müller, *2.1.1814 Neubrandenburg, †26.9.1873 Berlin; - Ps. Luise Mühlbach; Clara Müller (*E-N-P-R*) #1,2,4,9,13
Munier, Marie, geb. Wroblewska, *20.2.1882 Schleck/Lettland, †19.10.1965 Itzehoe; - Ps. Mia Munier-Wroblewski (*E-P-R*) #3,4,5,10
Münk, Josephine Freiin von, *16.7.1798, †5.9.1843 Brühl b. Wien; - Ps. Sephine (*E-L*) #4,11
Münnich, Gertraude, geb. Knab, *15.7.1907 Plauen/Vogtl.; - Ps. Gertraude Knab; Knab-Münnich (*F-J*) #3
Munninger, Eduard, *8.12.1901 Gallspach/O.-Ö., †12.2.1965 Esternberg/Ö.; - Ps. Medardus O. R. C. (*D-L-P-R*) #3,4

Münster, Clemens, *15.1.1906 Cochem/Mosel; - Ps. Markus Schröder (*E-F-P-R*) #3,4,5
Münster, Hans Hinrich, *19.9.1921 Glückstadt, †14.5.1984 Glückstadt; - Ps. Jan Kark (*E-F-S*) #3,4
Münster, Johann von; - gen. Der Arzneyende/FG 139/1627 (*P*) #11,12
Münster, Maria, *2.2.1865 Düsseldorf, †3.3.1952 Nonnenwerth; - Ps. Charitas vom Kindlein Jesu; Maria Paula; Schwester Maria; Schwester Paula (*E-J*) #3,4
Münster Reichsgräfin zu Münster-Meinhövel, Amalie, *31.10.1767 b. Bremen, †3.9.1814 Freiburg/Br.; - Ps. Amalia (*L*) #1,2,6
Münsterberg, Hugo, *1.6.1863 Danzig, †16.12.1916 Cambridge; - Ps. Hugo Terberg (*L-P*) #3,4
Münter, Ferdinand, *12.11.1877 Halle/S.; - Ps. F. M. Horand (*D-L-P-S*) #3,4
Müntzinger, Johannes, †1417; - auch Minsinger; Münsinger; Mynsinger (*P*) #4
Munz, Georg Christoph, *19.3.1691 Nürnberg, †13.2.1768 Gräfenthal/Thür.; - gen. Philodectus/PB; Ps. Geander (*L-P*) #4,6,11,13
Münzenberg, Willi, *14.8.1889 Erfurt, †1940 b. Grenoble; - gen. Studzinski; Ps. A. Sonnenberg; (*P*) #4,18
Münzer, Kurt, *18.6.1879 Gleiwitz/Oberschles., †27.4.1944 Zürich; - Ps. Georg Fink (*E-L-N-R-S*) #3,4,8,18
Murad Efendi, *30.5.1836 Wien, †12.9.1881 Den Haag; - Ps. urspr. Franz von Werner (*D-L-P*) #1,4,13
Muralt, Lily von, *2.6.1849 New York, †23.8.1921 Zürich; - Ps. Meta Willner (*J*) #2,3,4
Murer, Christoph, *1558 Zürich, †27.3.1614 Winterthur; - auch Maurer (*D-L-P*) #4,11,13
Murer, Johannes, *1530 Zürich, †16.10.1580 Winterthur; - Ps. Johannes Cementarius (*D*) #4,11,13
Murhard, Friedrich Wilhelm August, *7.12.1778 Kassel, †29.11.1853 Kassel; - Ps. Dr. Schreiber (*P*) #4,13
Musäus, Johann Karl August, *29.3.1735 Jena, †28.10.1787 Weimar; - Ps. J. R. Schellenberg (*E-N-R*) #1,4,5,6,11,13,17
Muschg, Hanna Margarete, *17.6.1939; - Ps. Hanna Johansen (*E-F-J-N-R*) #3,4
Muschi, Jean Bernard, *17.1.1847 München; - Ps. Jean Bernard; Johann v. Nepomuk (*D-E-L-N-P-R*) #1,3,4
Muschick, Emil, *8.2.1864 Bautzen, †4.6.1939 Sacramento/USA; - Ps. Emil Droonberg; Saxo Saxon (*E-R*) #3,4
Muschler, Reinhold Conrad, *8.8.1882 Berlin, †10.12.1957 Berlin; - Ps. Reno M. (*F-L-N-P-R*) #3
Muschner, Clara, *9.12.1860 Görlitz; - Ps. Clara Hepner (*E-J-M-N-S*) #3,4
Muschner(-Niederführ), Georg, *25.10.1875 Reichenbach/Schles., †17.9.1915 (gef.); - Ps. G. Niederführ (*L-P*) #3,4
Musgrave, Curt A., *4.4.1860 Berlin; - auch Abel-Musgrave; Ps. Kurt A. Freiburg (*D-L-P-R-S*) #4
Musil-Fichtel, Liselott, *30.4.1927 Odelzhausen b. Augsburg; - Ps. Liselott Musil; Sacimata (*J-L-P*) #4
Musiol, Robert, *14.1.1846 Breslau; - Ps. M. Louis (*L-P*) #3
Müsken, Emmy, *3.11.1867 Düsseldorf, †27.10.1899 Elberfeld; - Ps. Gertrud Herrentreu (*E*) #2,4
Müslin, Wolfgang, *8.9.1497 Dieuze/Lothr., †30.8.1563 Bern; - auch Mäuslin; Meüsslin; Mösel; Musculus; Ps. Dusanus; Eutychius Myo (*P*) #4,11,13
Mussayassul, Muska, *12.5.1908 Berlin; - Ps. Muska Nagel (*E*) #3,4
Müssig, Heinz, *21.2.1892 Cammerau; - Ps. Heinz Strix (*L-P*) #3
Mussmann, Heinrich, *19.4.1884 Straßburg; - Ps. Wolf Wälsung (*L-N-P*) #3
Muster, Wilhelm, *1916; - Ps. Ulrich Hassler (*P-R*) #3
Muth, Carl, *31.1.1867 Worms, †15.11.1944 Bad Reichenhall; - Ps. Veremundus (*P*) #3,4
Muth, Conrad, *15.4.1470 Homberg/Hessen, †30.3.1526 Gotha; - auch Mutian; Conradus Mutianus Rufus (*P*) #4,13
Muth, Franz, *20.5.1905 Temesvar/Banat, †12.2.1979 Stuttgart; - Ps. Frank Muth; Frank Togo Muth (*E-L-P*) #3,4
Muth, Franz Alfred, *13.6.1839 Hadamar, †3.11.1890 Dombach; - Ps. F. Hilarius; Hub. Jäger; L. van Jongbloet; Franz vom Rheine (*E-L-P*) #1,3,4
Muth, Karl, *11.9.1881 Klingenbrunn; - Ps. Muth-Klingenbrunn (*L-P*) #4
Muth, Richard von, *26.9.1848 Prag, †28.12.1910 Wien; - Ps. Hermann Nordermann; Paul Wallner (*E-L-P*) #3,4
Muthesius, Volkmar, *19.3.1900 Weimar, †12.7.1979 Königstein/Taunus; - Ps. Emil Harms-Kutusov (*E-P*) #3,4
Mutschlechner, Bertha, *1849 München; - Ps. M. v. Saint Roche (*P*) #2
Mützelburg, Adolf, *3.1.1831 Frankfurt/O., †17.1.1882 Berlin; - Ps. Justus Severin; Karl Weber (*E-N-R*) #1,4,13
Muzel, Karl Ludwig, *1719 Berlin, †15.2.1791 Prenzlau; - Ps. Mathanasius d. J. (*P*) #6
Mylius, Wilhelm Christhelf, *2.5.1754 Berlin, †30.3.1827 Berlin; - Ps. Görg Bider (*P-S*) #4,6,11
Mylner von Mylhausen, Wenzel, *17. Jh.; - gen. Der Ursprüngliche/FG 797 #11
Mynsinger, Joachim, *13.8.1517 Stuttgart, †3.5.1588 Gut Groß-Alsleben; - Ps. Joachimus Dentalus (*L-P*) #4,11,13
Mysing, Oskar,*1.11.1867 Bremen, †20.3.1933 München; - Ps. Otto Mora (*E-N-P-R*) #1,3,4

N

Naab, Carl, *11.5.1888 Zweibrücken; - Ps. Carol Naab (*P*) #3

Nachtigal, Johann Karl Christoph, *27.2.1753 Halberstadt, †21.6.1819 Halberstadt; - Ps. Otmar (*L-P*) #4,6,11,13

Nachtigall, Ottmar, *um 1480 Straßburg, †5.9.1537 Freiburg/Br.; - Ps. Ottmar Luscinus; Philomela (*P*) #4,11

Nachtweih, Albertine, *23.4.1869 Rheine, †9.4.1933 Düsseldorf; - Ps. Alma Norden (*J-L-M*) #1,2,3,4

Nack-Meyroser Edler von Meyberg, Hans, *21.8.1894 Prag, †14.7.1976 Wien; - Ps. Hans Regina von Nack (*E-L-P-R-S*) #3,4

Nadolni-Schieferdecker, Barbara, *20.3.1921 Berlin; - Ps. Rana Barol; Henni Peters (*F-N-R*) #3,4

Nadolny, Isabella, *26.5.1917 München; - Ps. Isabella Burkhard; Isabella Ma Jolny (*E-P-R*) #3,4,5

Nagel, Alfred G., *5.5.1874 Tübingen; - Ps. Gustav A. Schwab (*D-P*) #4

Nagel, Georg, *14.5.1844 Augsburg; - Ps. F. Clavus (*P*) #3

Nagel, Herbert Christian, *3.11.1924 Oberhausen; - Ps. Steve C. Harding; H. C. Hollister; Oven W. Krüger; Ted Milton; H. C. Nagel; Ringo Traft; Jesse C. Vandenberg (*E-R*) #3,4,7

Nagel, Johann Friedrich Gottfried, *1792 Halberstadt, †2.6.1847 Brieg; - Ps. Rechtlieb Gottfried Galen (*E-L-P-R*) #1,4,6,11

Nagel, Wilhelm, *14.12.1805 Halle/S., †26.10.1864 Bremen; - Ps. Wilhelm Angelstern; Photophilus (*D-E-N-P-R*) #1,4,13

Nagel, Wilhelm, *13.3.1902 Mannheim; - Ps. Micky (*P*) #3

Nagel-Schaumann, Heidi, *(1969); - Ps. Annamaria M.; Sylvia Rausch; O. Samson (*R*) #3

Nagl, Marianne, *7.8.1912 Altstadt b. Tetschen/Nordböhmen; - Ps. Marianne Nagl-Exner (*E-F-L-N*) #3,4

Nagler, Charlotte, geb. Salomon, *16.4.1917 Berlin, †1943 Auschwitz; - Ps. Charlotte Salomon (*P*) #4

Nagler, Franciscus, *22.7.1873 Prausitz/Sa., †4.6.1957 Leisnig/Sa.; - Ps. Carl Rainer (*E-L-N*) #3,4

Nagler, Franz, *20.12.1849 Mühldorff/Sa.; - Ps. Oculeus (*E-L-P*) #1,4

Nagula, Michael, *1959 Hohenlimburg; - Ps. Maik Caroon; Michael Landmann; Dan Shocker; Rudyard Simmel (*P-R*) #3,7,16

Nagy, Alexander von, *13.8.1953; - Ps. Waldemar von Minstrel (*E-R*) #3

Nairn of Mukkersy, John, *30.11.1606, †3.11.1656 Graudenz; - auch Johann von Nehren; gen. Der Dämpfende/FG 526/1649 #11,12

Näke, Karl, *25.3.1783 Frauenstein; - Ps. Leander (*E*) #4,6

Nakszynski, Nikolaus, *18.10.1926 Zoppot, †23.11.1991 Lagunita/Kalif.; - Ps. Klaus Kinski (*P-R*) #4

Nalli-Rutenberg, Agathe, *10.12.1838 Berlin, †1919 Berlin; - Ps. Agathe Rutenberg (*E-L-M-N-P-R*) #2,3,4

Narhammer, Johann, *um 1520 Hof/Saale; - Ps. Johann Curiensis (*D-P*) #4,11,13

Nas, Johannes, *19.3.1534 Eltmann/Main, †16.5.1590 Innsbruck; - auch Johannes Nasus; Ps. Crispinianus Crispus Constantinus; Jonas Philognesius (*P*) #4,11,13

Nasakin, Friedrich von, *28.6.1797 Werpel/Estland, †2.6.1876 Haspal; - Ps. N-k-n (*E-L-M-P*) #1,4,11

Naschér, Eduard, *13.5.1853 Brod/Mähren, †28.9.1926 Wien; - auch Eduard Naschée (*D-E-P*) #4

Nase, Heinrich Christoph von, *17. Jh.; - gen. Der Herzhafte/FG 746 #11

Naske, Emilie, *24.11.1866 Brünn; - Ps. Emilie Leitner (*N-P-R*) #3,4

Nass, Hans Christoph, *17. Jh.; - gen. Der Schmückende/FG 834 #11

Nassau-Dillenburg, Georg Ludwig Fürst von, *4.3.1618, †19.2.1656; - gen. Der Wackere/FG 319/1638 #11,12

Nassau-Hadamar, Johann Ludwig Fürst von, *12.8.1590, †16.3.1653; - gen. Der Erklärende/FG 179/1629 (*P*) #11,12,13

Nassau-Hadamar, Moritz Heinrich Fürst von, *23.4.1626 Hadamar, †24.1.1679 Hadamar; - gen. Der Hegende/FG 376/1642 #11,12

Nassau-Saarbrücken, Elisabeth von, *1397 Vézélise, †17.1.1456 Saarbrücken; - auch Elisabeth von Lothringen; Elisabeth von Nassau-Zweibrücken (*L-P-R*) #4,13,15

Nassau-Saarbrücken-Ottweiler, Johann Ludwig Graf von, *24.5.1625 Saarbrücken, †9.2.1690 Reichelsheim/Hessen; - gen. Der Dünne/FG 475/1647 #11,12

Nassauer, Max, *3.10.1869 Würzburg, †1913; - Ps. Dr. Harmlos (*E-N-P-R*) #3,4

Nast, Clara, *30.4.1866 Insterburg, †um 1925 Tilsit; - Ps. Herbert Forbach; Franziska Mainau (*E-J-N-R*) #1,2,3,4,17

Nast, Roderich, *27.10.1894 Tilsit; - Ps. Gotthilf Christoph von Tiedewitz (*J-R*) #3,4

Nastl, Florian, *18.2.1884 Langenlois/N.-Ö.; - Ps. Roland v. Bergen (*E*) #3

Natan, Heinz Alex, *1.2.1906 Berlin, †1971 London; - Ps. Heinz A.; lex (*N-P*) #3,4,18

Natge, Hans, *26.9.1851 Quedlinburg; - Ps. H. v. Tempelhof (*P*) #3

Nathan, Albert, *7.3.1859 Hamburg, †22.8. 1916 Hamburg; - Ps. Albert Palmer (*E-L-S*) #1,3,4

Nathan, Alfred, *27.11.1909 Berlin, †11.6.1976 Berlin; - Ps. Pierre Michel; Peter Pan (*P*) #4

Nathan, Sally (Salomon), *30.1.1867 Allenstein/Ostpr., †27.6.1940 Berlin; - Ps. Hermann Fuchs (*D-P*) #1,3,4

Nathanson, Hugo, *18.10.1881 Beuthen/Oberschles.; - Ps. Hugo Nansen (*P*) #3

Nathanson, Richard, *14.2.1855 Finsterwalde; - Ps. Richard Norton (*D-P*) #3

Nathorff, Hertha, geb. Einstein, *5.6.1895 Laupheim b. Ulm; - Ps. Hertha Einstein-Nathorff (*E-L-P-R*) #3,4

Nathusius, Elsbeth von, *17.1.1846 Königsborn, †10.7.1928 Kassel; - Ps. F. L. Born (*M-P*) #2,3,4

Nathusius, Marie von, *10.3.1817 Magdeburg, †22.12.1857 Neinstedt/Harz; - Ps. Verf. von Tagebuch eines armen Fräuleins (*E-J-L-N*) #1,4,5,9,13,17

Natonek, Hans, *28.10.1892 Prag, †23.10.1963 Tucson/USA; - Ps. N. O. Kent (*D-P-R*) #3,4, 8,18

Natorp, Emmy, geb. Hardt, *1.1.1885 Königsberg; - Ps. Emmy Hardt (*N-R*) #1,4

Natscheradetz, Rudolph, *17.6.1864 Prag; - Ps. C. Rudolph (*P*) #3

Natzius, Ephraim, *17. Jh.; - gen. Lucidor/PB #11

Natzmer, Anna Friederike Henriette Mathilde von, *15.2.1835 Brieg/Schles.; - Ps. Ada Mertz (*N-P*) #2,4

Naubert, Christiane Benedikte Eugenie, geb. Hebenstreit, gesch.Holderieder, *13.9.1756 Leipzig, †12.1.1819 Leipzig; - Ps. Benedikte Hebenstreit; Benedikte Holderieder; Professor Kramer; Professor Milbiller; Johann Friedrich Wilhelm Müller; Verf. der Geschichte der Gräfin Thekla von Thurn; Verf. des Walter von Montbarry; Verf. von Rosalba; Verf. von Hermann von Unna (*M-P-R*) #1,2,4,5,11,13

Nauck, Friederike, *8.1.1895; - Ps. Friederike Leo-Nauck (*L*) #3

Naumann, Adalbert Kurt, *25.6.1876 Leipzig; - Ps. Adalbert Kolnau (*J-P*) #3

Naumann, Bertha, *24.8.1867 Verden; - Ps. Theodore Rudolfi (*E-P*) #2,3

Naumann, Carl W., *11.10.1886 Leipzig, †23.12.1958; - Ps. Carl Willnau (*D-E-S*) #3

Naumann, Dora, *20.9.1844 Freiberg/Sa., †3.6.1913 Dresden; - Ps. Theodor Treudank (*L-P*) #1,2,3,4

Naumann, Kurt, *(1933); - Ps. Karl Anders (*P*) #18

Naumann, Margot, *22.1.1929 Frankfurt/M.; - Ps. Peggy Norman; Paula Pauker (*J*) #3,4

Naumann, Max, *31.1.1879 Berlin; - Ps. Dr. Mommsen (*P*) #3

Naumann, Viktor, *8.5.1865 Berlin, †10.11.1923 München; - Ps. Pilatus (*E-P-R*) #1,3,4

Naundorff, August Julius, *13.1.1821 Dresden, †1907 Dresden; - Ps. Julius Dornau (*N-P-S*) #1,3,4

Nauwerk, Ludwig Gottlieb Karl, *5.9.1772 Ratzeburg, †25.6.1855 Neustrelitz; - Ps. Hilarius Glückauf (*L*) #4,11

Neal, Maximilian, *26.3.1865 München, †1.1.1941 München; - Ps. Maximilian Dalhoff (*R-S*) #1,3,4

Neander, August, *17.1.1789 Göttingen, †14.7.1850 Göttingen; - urspr. David Mendel (*P*) #4,13

Neander, Joachim, *1650 Bremen, †31.5.1680 Bremen; - auch Neiander; Neuander; Neumann (*L*) #1,4,11,13

Neander, Michael, *1525 Sorau/Niederlaus., †26.4.1595 Ilfeld/Harz; - auch Michael Neumann (*P*) #4,11,13

Nebe, Hermann, *2.3.1877 Halberstadt, †1.7.1961 Eisenach; - Ps. Armin Rabe (*E-F-L-P*) #3,4

Nebehay, Renée, *15.5.1916 Sheffield/England; - Ps. Renée King (*J-P*) #3,4

Nebel, Daniel Wilhelm, *1735 Heidelberg; - Ps. Achilles (*P*)

Nebel, Heinrich C., *1875 Heidelberg, †20.6. 1937 Frankfurt/M.; - Ps. Rupert Recking (*P*) #3,19

Nebel, Otto, *25.12.1892 Berlin, †12.9.1973 Bern; - Ps. Martin Maurer (*L*) #3,4,5,8,18

Nebinger, Josephine H., *10.10.1861 Bobingen; - Ps. J. Haardt (*E-J-N-R*) #1,2,3,4

Nebuschka, Günther Reinhardt, *1.3.1891 Dresden; - Ps. Günther Reinhardt (*R-S*) #3,4

Nechustahu, Abner, *(1939); - urspr. Alfred Kupferberg (*P*) #18

Necker, Moritz, *14.10.1857 Lemberg, †16.2.1915 Wien; - urspr. Moritz Necheles; Ps. Spectator (*P*) #4

Necker, Nanny, *7.6.1858 Heide/Holst.; - Ps. Nanny Heiden; Nanny Heyden (*J*) #2,4

Nedden, Karl zur, *17.8.1798 Schwerin, †9.3. 1865 Königsberg; - Ps. Hilarius Frei (*L-P*) #4

Neese, Wilhelm, *10.3.1879 Waren b. Müritz, †13.10.1950; - Ps. Horst Klausner (*D-E-L-S*) #3,4

Negelein, Christoph Adam, *29.11.1656 Nürnberg, †1701 Wien; - gen. Celadon/PB (*L-S*) #4,6,11

Negelein, Gustav Philipp, *17. Jh.; - gen. Caryophyll/PB #11

Negelein, Joachim, *9.9.1675 Nürnberg, †24.6.1749 Nürnberg; - gen. Florando/PB (*P-R*) #4,11,13

Negrelli Ritter von Moldelbe, Alexander Nikolaus Ferdinand, *20.7.1899; - Ps. Nikolaus Negrelli-Moldelbe (*E-J*) #3,4

Neher, Franz, *31.10.1896 Biberach, †29.6. 1970 Riederau/Ammersee; - Ps. Peter Hilten; Frank Neher (*E-F-J-P-R*) #3,4,7,16,17

Nehls, Rudolf, *22.6.1911 Gnoien/Meckl.; - Ps. Nils Rissow (*J-R*) #3,4

Neidl, Margarete, *12.4.1892 Wien, †17.4.1974 Wien; - Ps. Renate Halden; Ignota; XYZ (*E-F-L-P-R-S*) #3,4

Neigebauer, Johann Ferdinand Daniel, *24.6.1783 Dittmannsdorf, †22.3.1866 Breslau; - Ps. Johann Ferdinand Daniel Neugebauer; Dr. Daniel; Daniel Dittmann; Carl Follenberg; Rudolf Hug; J. D. F. Mannsdorf; Marco Polo; Dr. N. N. Reaube; Dr. Rocholz; Guiseppe Sandrani; uber; Dr. Werth (*P*) #4,11,13

Neises, Marga, geb. Thomé, *10.3.1889 Kenn b. Trier, †14.2.1960 Kenn b. Trier; - Ps. Marga Thomé; Camilla Werner (*E-N-R*) #3,4

Neisser, Regina, *10.10.1848 Lissa/Posen, †17.7.1923 Breslau; - Ps. R. N.; R. Thal (*J-P*) #2,3,4

Neitsch, Otto, *27.9.1892 Eckernförde, †1941 Berlin; - Ps. Christian Ludwig Neitsch; Frank Sander; Fritz Sander (*E-R*) #3,4

Neitschitz, Rudolph von, *17. Jh.; - gen. Der Ritterliche/FG 684 #11

Nelken-Ohlenmacher, Bernhardina, *16.5.1900 Berlin, †17.1.1989 Berlin; - Ps. Dinah Nelken; Bernhardine Schneider (*F-L-P-R*) #3,4,5,9,14

Nels, Maria, *4.7.1894 Siegburg; - Ps. Maria Regina Lob (*L-P*) #3,4

Nelten, Ludwig Otto, *15.9.1868 Schneidemühl/Po.; - Ps. Stanton B. Readsley (*P-S*) #1,3,4

Nemitz, Paul, *13.9.1869 Breslau; - Ps. Adolf Meintz (*P*) #3

Nennewitz, Oskar, *30.4.1850 Pegau/Sa.; - Ps. N. Caros (*N-P-R*) #3,4

Nentwich, Max, *15.3.1868 Münsterberg/Schles.; - Ps. Maximilian Münsterberg (*D-P-R*) #3,4

Nentwig, Gustav, *3.8.1840 Reinerz/Schles., †30.7.1921 Breslau; - Ps. N. Gaan (*R*) #3,4

Nerad, Hubert Karl, *29.9.1889 Bergersdorf/Böhmen, †9.3.1952 Jörlunde/Dänemark; - Ps. Peter Paul-Prag (*F-N-S*) #3,4

Nerking, Joseph, *6.10.1871 Darmstadt; - Ps. W. Alienus (*D-P-S*) #3

Nerlich, Marcel, *22.7.1931 Ostrau/Böhmen, †22.11.1986 Unterrabnitz/Ö.; - Ps. Jan Rys (*D-F-J-R*) #3,4,5

Nerreter, David, *8.2.1649 Nürnberg, †5.7.1726 Cammin/Pommern; - gen. Philemon/PB (*P*) #4,13

Nesbeda, Josef, *16.1.1861 Wien, †23.8.1892 Wien; - Ps. Fritz Steinbacher (*S*) #1,3,4

Neske, Brigitte, *7.11.1924 Pfullingen; - Ps. Brigitte Gayler (*E-L*) #3,4

Neske, Ingeborg, *5.4.1939 München; - Ps. Maria Nickl; Ingeborg Tretter (*P*) #3,4

Nesmüller, Joseph Ferdinand, *9.3.1818 Trübau/Mähren, †9.5.1895 Hamburg; - urspr. Joseph Ferdinand Müller (*D-S*) #1,3,4,13

Nesper, Eugen, *1816 Wien, †29.1.1887 Wien; - Ps. Dr. Falkner (*D-E*) #1,4,11

Nestler, Johannes, *2.10.1903 Leipzig; - Ps. Hanns Michael (*J-R*) #3,4

Nestler, Walter, *18.9.1890 Raschau/Sa.; - Ps. Terwal Lersten (*E-P-R*) #3,4

Nestonoff, Elsa, geb. Asenijeff, *1868 Wien, †1941 Leipzig; - Ps. Elsa Asenijeff (*E-L-N-R*) #1,3,4,9

Netouschek, Ferdinand, *25.5.1861 Jaromeritz/Mähren, †13.11.1922 Zlabings; - Ps. Ferdinand Neidhardt (*E-J*) #3,4

Netsch, Günter, *3.8.1921 Berlin; - Ps. Jack Bolden; Gunter Gatow; Kurt Harten; Garry Nash; Gitta Negri; Glenn Nexter; Gil Norris; Gerald Norton; John Norton; A. A. Ray; Pat Wilding (*F-R*) #3

Neu, Ernst, *10.12.1836 Luxemburg; - Ps. S. Turenne (*P*) #3

Neubacher, Hedwig, *21.8.1924 Wien; - Ps. Hedwig Neubacher-Klaus (*E-F-L-R-S*) #3,4

Neubauer, Ernst Rudolf, *14.4.1822 Iglau, †4.5.1890 Radautz; - Ps. Ernst Freilieb (*L*) #1,3,4

Neubauer, Wilhelm, *(1983); - Ps. Wilhelm Neubusch (*P*) #3

Neubaur, Franz, *4.1.1876 Warmbrunn/Schles.; - Ps. Hans Schering (*S*) #3,4

Neuber, Friederike Caroline, *9.3.1697 Reichenbach/Vogtl., †30.11.1760 Laubegast b. Dresden; - gen. Neuberin (*S*) #4,11,13

Neuberger, Daniel, *17. Jh.; - gen. Ingenieander/ES # 11

Neubert, Helmut, *22.12.1942 München; - Ps. Jerry Cotton; Everett Jones; Henry Nelson; Frederick Nolan; Jack Slade (*R*) #3,16

Neubert, Kurt Rudolf, *23.10.1903 Hohensalza, †9.7.1964 Berlin; - Ps. Ernst Rudolphi (*E-F-L-R-S*) #3,4

Neuberth, Ferdinand, *12.3.1858 Mainz; - Ps. Frerobert (*N-P*) #3

Neubner, Alfred, *10.3.1877 Dresden; - Ps. Roland Aarhorst (*P*) #3

Neuburger, Kurt, *1.11.1902 Berlin; - Ps. Kew Rubugener (*D-F-L-P-R*) #3,4

Neuendorff-Fürstenau, Jutta, *21.2.1913 Berlin; - Ps. Jutta Fürstenau (*P*) #4

Neuenhagen, Wilhelmine Henriette Dorothea, *12.6.1776 Oschersleben, †10.8.1803 Eisleben; - Ps. Laura (*E-P*) #1,2,4,6,11

Neufang, Jutta, geb. Klebe, *27.9.1920 Berlin; - Ps. Jutta Klebe (*J-P*) #3,4

Neuffer, Heinrich, *23.2.1768 Cannstatt, †22.9.1846 Lienzingen; - Ps. Eusebius Freune; H. Freune (*E-L-P*) #4,6,11

Neuffer, Hildegard, geb. Stavenhagen, *3.7.1866 Greiz i. V.; - Ps. Neuffer-Stavenhagen (*E*) #3

Neuffer, Martin, *18.6.1924 Heidelberg; - Ps. Michael Gastpar (*P-R*) #3,4

Neugebauer, Peter, *(1969); - Ps. Zeus Weinstein (*E-P*) #3

Neuhaus, Barbara, geb. Kurzer,*29.10.1924 Reichenstein; - Ps. Barbara Kurzer (*E-R*) #3

Neuhaus, Gustav Reinhard, *24.12.1823 Barmen, †12.1.1892 Kleve; - Ps. Gustav Reinhart (*D-L*) #1,3,4

Neuhaus, Lutz, *25.5.1911 Duisburg, †1.12.1977 München; - Ps. Alexander Goltz (*R-S*) #3,4

Neuhaus, Wolfgang, *27.3.1929 Glauchau, †24.8.1966 Berlin; - Ps. Robert Lamont (*E-P-R*) #3,4,14,16

Neuhausen, Wolfgang, *7.4.1949 Düsseldorf; - Ps. Nemo (*L*) #3,4

Neuhäusler, Anton, *20.2.1919 München; - Ps. A. Fuchsbichler; Meier O'Mayr; Franz Ringseis; Augustin Sturm (*E-L-P*) #3,4

Neuhoff, Carl Gottfried, *21.10.1774 Jeßnitz; - Ps. C. Ph. Funke (*J-L-P*) #4

Neukirch, Melchior, *um 1540 Braunschweig, †30.8.1597 Braunschweig; - Ps. Melchior Neofanius (*D-L-P*) #4,11,13

Neukirchen, Paul Josef, *6.4.1909 Buer; - Ps. Gerd Greiten (*D-E-F-J-P-R-S*) #3,4

Neukranz, Peter, *17. Jh.; - gen. Der Neubekränzte/DG-R #11

Neumann, Alfred Maximilian, *8.7.1874 Wien, †13.8.1939 Wien; - Ps. Max Hardt; Nauta (*L-P*) #3,4

Neumann, Aline, *14.10.1858, †1902; - Ps. C. von Breckheide (*E-N-S*) #1,3,4

Neumann, Bertha, *24.12.1836 Wien, †15.3.1907 Wien; - Ps. B. Naumann; Reinhold Scheffel (*E*) #2,3,4

Neumann, Carl E. O., *1.10.1829 Briesnitz b. Dresden; - Ps. Dr. Ceon (*P*) #3

Neumann, Caspar, *14.9.1648 Breslau, †27.1.1715 Breslau; - Ps. Synesius (*L-P*) #4, 11,13

Neumann, Doris, *22.4.1866 Strasburg/Uckermark; - Ps. Charlotte v. Dewitz; Erika Weber (*L-P*) #3

Neumann, Dorothee, geb. Keil, *3.5.1888 Freiburg/Schles.; - Ps. Hannedore Keil (*J*) #3

Neumann, Elise, *8.1.1863 Strasburg i. U.; - Ps. Lisa v. d. Mark (*P*) #2,3

Neumann, Ernst, *2.7.1854 Hartmannsdorf/Niederlausitz, †1914; - Ps. Ernst v. Altenberg-Steindorf; Johann Friedrich (*E-J-P*) #3,4

Neumann, Ernst Ferdinand, *3.10.1858 Spitzkunnersdorf b. Zittau, †1.12.1928 Dresden; - Ps. Klown Dolly (*L-P*) #4

Neumann, Evelyn Mathilde, geb. Walewska, *21.8.1930 Hirschberg/Schles., †26.10.1958 Pembury/Engl.; - Ps. Grielda Erm; Mathilde Walewska (*R*) #3,19

Neumann, Franz Leopold, *23.5.1900 Kattowitz, †2.9.1954 Visp/Wallis; - Ps. Leopold Franz; Franz Leopold (*P*) #4,18

Neumann, Georg, *(1836); - Ps. Georg Neu (*L-R*) #4

Neumann, Gerhard, *2.2.1930 Köthen; - Ps. Heiner Heindorf; A. G. Petermann (*E-R*) #3,4

Neumann, Gerhard Friedrich K., *6.6.1901 Poppelau b. Oppeln; - Ps. Gerhard Neumann-Landgraf (*R*) #3,4

Neumann, Heinz, *6.7.1902 Berlin-Charlottenburg; - Ps. Octavio; Octavio Perec (*P*) #4,18

Neumann, Helga, *9.2.1934 Bremen, †18.5.1976 München; - Ps. Helga Heller (*F-P*) #3

Neumann, Hugo, *8.5.1882 Berent b. Danzig, †4.9.1962 Paris; - Ps. Felix Norbert (*N-R*) #3

Neumann, Hugo, *6.11.1867 Wien; - Ps. Hugo Alphonse Revel (*D-E-L-P-R-S*) #1,3,4

Neumann, Joachim, *18.2.1893 Berlin, †26.2.1955 Berlin; - Ps. Mabusch; Dr. Mabuse (*E-P*) #3,4

Neumann, Johann Bernhard, *6.7.1910 Bremen; - Ps. Hans Neumann (*E*) #3,4

Neumann, Johann Jakob Nathanael, *6.2.1750 Frankfurt/O., †28.11.1803 Lossow b. Frankfurt/O.; - Ps. J. J. N. N. (*L-P*) #4,11

Neumann, Johanna, *24.6.1816 Fordon/Weichsel, †7.8.1899 Berlin; - Ps. Johanna (*E-L-M*) #1,2,4

Neumann, Johanne, *29.9.1786 Mannheim, †31.5.1863 Elbing; - Ps. Julius Elbing; Johanne Satori (*E-N-P*) #1,2,4,6,11,13

Neumann, Johann Alois, *11.9.1906 Breslau; - Ps. Hanns Neumann (*E-N-P-R*) #3

Neumann, Julius, *31.7.1825 Potsdam, †29.10.1860 Potsdam; - Ps. Julius Ude (*L*) #1,4

Neumann, Karl, *26.7.1878 Nienstedten/Holst., †15.7.1935 Wetzlar; - Ps. Max Dortu (*P*) #3,4

Neumann, Livia, *10.4.1912 Budapest; - Ps. L. Degner (*P-R*) #4,18

Neumann, Lucie, *31.10.1887 Berlin; - Ps. Lucie Reinhard; W. Schlutow (*R*) #3,4

Neumann, Ludwig Gottfried, *24.6.1813 Graz, †8.7.1865 Mödling/N.-Ö.; - Ps. Wiener Poet (*E-L*) #1,4,13

Neumann, Marie, *16.10.1836 Stettin; - Ps. M. Stahlwart (*N*) #2,3

Neumann, Robert, *22.5.1897 Wien, †3.1.1975 München; - Ps. Robert Hecht (*D-E-F-J-L-N-P-R*) #3,4,5,8,10,14,18

Neumann, Rolly, *(1951) Baden-Baden; - Ps. Franziska Becker; Rolly Becker (*N-P-R*) #3,4

Neumann, Rudolf, *11.4.1885 Wien, †5.2.1960 Wien; - Ps. Robert Bertold (*P*) #3,4

Neumann, Stefanie, *18.9.1895 Wien; - Ps. Eduard Wald (*P*) #3

Neumann von Meißenthal, Marianne, *20.2.1768 Wien, †9.3.1837 Wien; - Ps. Nina (*E-L*) #1,2,4,6,11

Neumann-Gundrum, Elisabeth, *(1960) Gelsenkirchen-Buer; - Ps. Saiwala (*L-P*) #3

Neumann-Hofer, Adolf, *18.2.1867 Lappienen; - Ps. Ernst Berg; Karl Adolf Neuhoff (*P*) #3

Neumann-Hofer, Annie, geb. Bock, *20.3.1867 New York; - Ps. Annie Bock (*D-E-N-R*) #1,3,4

Neumann-Hofer, Otto, *4.2.1857 Lappienen/Ostpr.; - Ps. Wolfgang Förster; Otto Gilbert; Gilbert Hofer; Fritz Kirchberg (*P*) #3

Neumark, Georg, *6.3.1621 Langensalza, †8.7.1681 Weimar; - gen. Der Sprossende/FG 605; Thyrsis/PB; Der Obersächsische Thyrsis (*E-L-P-R-S*) #1,4,5,6,11,13,19

Neumeister, Erdmann, *12.5.1671 Uechteritz b. Weißenfels, †18.8.1756 Hamburg; - Ps. Johann Georg Adami; Hildebrand Eschinger; Adam Francke; Georg Francke; Christian Lauterwahr; Petrus Malchiel; Adam Martini; MEN; Menantes; Menippus; Georg Meuerstein; Orthodoxophilus; Leonhard Christoph Sturm; Johann Wurtzbach (*L-P*) #1,4,6,11,13

Neumeister, Johann Christoph, *Neustädtel, †um 1755 Dresden; - Ps. Johann Christlieb (*P*) #4,6

Neumeister, Wolf, *10.5.1897 Dresden; - Ps. Ulenspiegel (*E-F-R*) #3,4

Neuner, Johann Valentin, *29.6.1679 Wien; - auch Neiner; Ps. Nicodemus (*P*) #4

Neunherz, *(1904); - Ps. Karl Knurrhahn; Karl Willnitz; Theo am Bober (*L*) #4

Neupert, Henriette, geb. Freese, *17.12.1801 Dollroth/Schleswig, †30.9.1855 Schleswig; - Ps. Alandus; Henriette Freese; Heinrich Lerche; Natalis (*E-P-R*) #1,2,4

Neurath, Anna, geb. Schapire, *13.9.1877 Brody/Galizien, †12.11.1911 Wien; - Ps. Anna Schapire (*P*) #3,4

Neurath, Karl Emil August Maximilian, *11.4.1883 Mainz, †9.11.1950 Flieden-Döngesmühle b. Fulda; - Ps. Hans Besenried (*D-L-P-R*) #3,4

Neurath, Otto, *10.12.1882 Wien, †22.12.1945 Oxford/England; - Ps. Karl Wilhelm (*P*) #3,4,18

Neurauter, Josef, *20.11.1874 Mötz/Tirol; - Ps. Nivard Neurauter (*E-L-P*) #4

Neuse, Günther Friedrich Adolf, *6.11.1829 Sondershausen, †11.2.1882 Leipzig; - Ps. F. v. Förster; Dr. Horn; A. Wachtler (*E-L-P-S*) #1,4

Neuß, Peter, *5.10.1763 Augsburg, †29.1.1817 Augsburg; - Ps. Joseph (*E*) #6

Neußer, Leonhard, *25.2.1918 Wien, †23.2.1976 Riaz/Fribourg; - Ps. Christian Hagedorn (*E-L*) #3,4

Nève, Alexander de, *19. Jh.; - Ps. Aden; Alexander; Alexis; Alex Denef; E. v. Ende; Alexander A. de Néol; Alex Zander (*P*) #3

Newald, Richard, *30.7.1894 Lambach/O.-Ö., †28.4.1954 Berlin; - Ps. Harald Drewinc (*P*) #4

Newesely, Anna Maria, *5.7.1909 Pfunds/Tirol, †14.1.1972 Innsbruck; - Ps. Anna Maria Achenrainer (*L-N-P*) #3,4

Ney, Norbert, *30.6.1951 Eutin; - Ps. Dr. K. Lauer; Nicola Norden; Urs Ulrik Schäfer (*E-L-P-R*) #3,4

Niblung, Ulrich, *14. Jh.; - Ps. Prior von Kaisheim (*P*) #4

Nichau, Hans-Ulrich, *18.2.1925 Hohenfürst/Ostpr., †29.8.1971 Blaibach b. Sonthofen; - Ps. Brumbo (*E-F-J-L-R*) #3,4

Nickel, Benno, *26.11.1901 Dornau; - Ps. B. Nickel-Dornau (*J-M*) #3,4

Nickel, Ruth, *9.8.1910 Leipzig; - Ps. Ruth Noorden; Bob Svenson (*N-R*) #3,4

Nickel, Wilhelm, *19.1.1853 Potsdam, †4.9.1906 Potsdam; - Ps. Demokritos (*L-P*) #3,4

Nicklau, Magda, geb. Hardenberg, *(1892); - Ps. Magda Hardenberg; Hoffmann-Hardenberg (*E-J-L-P*) #3,4

Niclassohn, Georg, *17. Jh.; - gen. Der Ergetzende/DG-R #11

Nicolai, Christoph Friedrich, *18.3.1733 Berlin, †8.1.1811 Berlin; - Ps. Adelheid B**; Jeremias Reibedanz; Daniel Säuberlich; Daniel Wunderlich; Gabriel Wunderlich; Gabriel Wunderlich weyl. Benkelsenger zu Dessaw (*E-P-R*) #1,4,5,6,11,13

Nicolai, Frau, *17. Jh.; - gen. Diana/PB #11

Nicolai, Karl Ludwig, *24.6.1779 Alsleben/Saale, †30.11.1819 Halberstadt; - Ps. Fesca; Baptist von Heinsburg; Hilarius Jocosus; Peter Hilarius Hofpoet zu Utopia (*D-E-N-P-R-S*) #1,4,6,11

Nicolai, Philipp, *10.8.1556 Mengeringhausen/Waldeck, †26.10.1608 Hamburg; - urspr. Philipp Rafflenboel; Philippus Rafflenbolius (*L-P*) #4,5,11,13

Nicolai, Ulrich, *12.5.1895 Eisenach; - Ps. Erich Wanderer (*P*) #3

Nicolas, Ernst Gottwalt, *13.11.1901 Zippnow/Po., †24.8.1943 b. Archangelsk/Sowjet-Union; - Ps. Ernst Ottwald (*E-F-P-R*) #4,5,8,18

Nicolas, Waltraut, *5.1.1897 Barkhausen/Westf., †21.10.1962 Bad Godesberg; - Ps. Irene Cordes (*E-L-R-S*) #3,4,18

Nider, Johannes, *um 1380 Isny/Allg., †13.8.1438 Nürnberg; - auch Nieder; Nyder (*P*) #4,13

Niderberger, Franz, *23.4.1876 Stans/Nidwalden, †21.12.1931 Sarnen/Obwalden; - Ps. Franz Hostetter (*D-L-P-S*) #3,4

Niderberger, Leonz, *24.1.1860 Küssnacht/Schwyz; - Ps. L. v. Stans (*E*) #1,3,4

Niebelschütz, Götz Baron von, *10.1.1909 Berlin; - Ps. Nicolas Logau (*D-E-P-R*) #3,4

Niebelschütz, Sophie von, *27.5.1850 Beschine/Schles., †30.8.1911 Schweidnitz/Schles.; - Ps. E. v. Werner (*E-J-R*) #2,3,4,17

Niebergall, Ernst Elias, *13.1.1815 Darmstadt, †19.4.1843 Darmstadt; - Ps. E. Streff (*E-S*) #1,4,5,14

Nieblich, Kaspar, *17. Jh.; - gen. Leucophron/PB #11

Nieblich, Werner, *11.9.1907 Dresden, †7.11.1969 Neustadt/Weinstr.; - Ps. Hans Peter Rehberg (*F-N-P-R*) #3
Niebling, Kaspar, *17. Jh.; - gen. Der Sittsame/DG-L #11
Nieboj, Grete, geb. Preuss, *27.11.1900 Seitenberg/Schles.; - Ps. Grete Nieboj-Preuss; Grete Preuss (*E-J-M-P-R*) #3,4
Nieborowski, Paul Waldemar, *9.2.1873 Ornontowitz b. Pleß, †3.4.1948 Mönchengladbach; - Ps. W. Eckardt; Paul Maria Felix; Paul W. Marienburg (*D-E-R-S*) #3,4
Niebour, Minna, *14.10.1863 Varel, †21.5.1930 München; - Ps. Adolf Wahn (*D-P*) #3,4
Niedergesäß, Siegfried, *5.5.1945 Detmold; - Ps. Jo Burger; henry s. eve; K. E. Siegfried (*L-P-R*) #3,4
Niedermayer, Andreas, *11.10.1835 Niederviehbach/Ndb., †17.1.1872 Frankfurt/M.; - Ps. Fahrender Schüler (*P*) #4,13
Niedermayer, Johann Karl, *28.10.1708 Neuötting, †1779 Burghausen; - Ps. Myriander (*L*) #1,4,6,11
Niedermeier, Hans, *22.6.1910 München, †1.7.1986 München; - Ps. John Cray (*P-R*) #3,4
Niedlich, Joachim Kurd, *5.7.1884 Baudach/Niederlaus., †27.11.1928 Berlin; - Ps. Jörg Joachim (*D-L-P*) #1,3,4
Niedmann, Karl Christian Friedrich, *1803 Wolfenbüttel, †6.5.1830 Leipzig; - Ps. H. Clauren; Mandien; Melindor; Niemand (*E-P-S*) #1,4,6,11,13,19
Niedner, Heinrich, *11.4.1869 Saarbrücken, †14.6.1932 Saarbrücken; - Ps. Siegmund Harry (*L-N-P*) #3,4
Niedrig, Kurt-Heinz, *3.4.1918 Schneidemühl; - Ps. Hilar Humilis (*E-R-S*) #3,4
Niege, Georg, *25.11.1525 Allendorf/Werra, †um 1589 Rinteln; - auch Negidius; Neige; Ney; Nigidius (*L*) #4
Niehaus, Ellen, geb. Steinbach, *3.10.1902 Dortmund; - Ps. Ellen Niehaus-Steinbach (*E-L*) #3
Niehaus, Werner, *15.9.1922 Arnsberg; - Ps. Jerry Cotton; Frank Sommers (*J-P-R*) #3,4,16
Niekisch, Ernst, *23.5.1889 Trebnitz/Schles., †23.5.1967 Berlin; - Ps. Nikolaus Götz (*P*) #3,4
Niemann, August, *27.6.1839 Hannover, †17.9.1919 Dresden; - Ps. A. Ferrari (*E-N-P-R*) #1,3,4,7
Niemann, Rosa, *1830 Eckernförde; - Ps. Käthe Voss (*P*) #2,4
Niembsch Edler von Strehlenau, Nikolaus Franz, *13.8.1802 Csatad/Ung., †22.8.1850 Oberdöbling b. Wien; - Ps. Nikolaus Lenau (*D-L*) #1,4,5,11,13,14
Niemeyer, August, *7.2.1894 Bevern; - Ps. Hermann A. Niemeyer (*P*) #3
Niemeyer, Ernesto, *4.2.1863 Joinville/Brasilien; - Ps. Erny (*L-N-R-S*) #4
Niemeyer, G., *17. Jh.; - gen. Promptophilo/ES #11
Niemeyer, Johann Christian Ludwig, *25.11.1772 Weferlingen b. Magdeburg, †23.3.1857 Dodeleben b. Halberstadt; - Ps. Christianus; Tristan Rosenblüth (*E-J-L*) #1,4,6,17
Nienkemper, Fritz, *12.12.1849 Neuenkirchen b. Münster, †28.9.1922 Berlin; - Ps. Onkel Fritz (*P*) #4
Nies, Konrad, *17.10.1862 Alzey, †1921 San Francisco; - Ps. K. v. Alzey (*L-S*) #1,3,4
Nies, Ludwig, *2.1.1892 Hadamar/Westerwald, †8.5.1971 St.Goarshausen/Rh.; - Ps. Willi Landgraf (*E-L*) #3,4
Niese, Charlotte, *7.6.1854 Burg a. F., †8.12.1935 Hamburg; - Ps. Lucian Bürger (*E-P-R*) #1,2,3,4,5,9,17
Niese, Hedwig, *25.3.1845 Barby a. d. Elbe; - Ps. H. Seeni (*P*) #2
Niese, Karl Eduard, *4.4.1837 Torgau, †7.4.1890 Bensheim; - Ps. Philebus (*P*) #4,13
Nießner, Alois, *17.10.1878 Wien; - Ps. Louis Nicenère (*L-P*) #3,4
Niestroj, Polykarp, *23.1.1881 Ratibor/Oberschles., †1951 Listrup b. Lingen; - Ps. Johannes Donatus; Alois Mickedorf (*E-L*) #3,4
Nietschmann, Hermann, *11.1.1840 Neutz b. Wettin/Sa.; - Ps. Armin Stein (*E-N-P*) #1,3, 4,13
Nietschmann, Lieselotte, *13.2.1920 Ludwigshafen; - Ps. Lisa Frank (*R*) #3,4
Niewerth, Julie, geb. Schrader, *9.12.1881 Hannover, †19.11.1939 Oelerse b. Peine; - Ps. Julie Schrader (*P*) #4
Nigg, Walter, *6.1.1903 Gersau/Schwyz, †17.3.1988 Dänikon/Zürich; - Ps. Jakob Studer (*P*) #3,4
Niggemann, Günter, *(1951); - Ps. Fred Thompson; Tiger-Tom (*L-R*) #3,4
Nihusius, Bartholdus, *7.2.1590 Holtorf b. Nienburg/Westf., †10.3.1657 Erfurt; - auch Neuhaus; Niehus (*P*) #4,13
Nikola, Josef, *14.1.1816 Wien, †9.10.1892 Wien; - Ps. N. I. Kola (*S*) #4,13
Nikolaus, Anton, *5.12.1728 Sarntheim/Südtirol, †22.10.1808 Schwaz/Tirol; - Ps. Herkulan Oberrauch (*D-P*) #4,13
Nikolaus von Bibera, *um 1240; - Ps. Occultus (*L*) #4,13
Nikolaus von Flüe, *1417 Flüeli/Obwalden, †21.3.1487 im Ranft/Obwalden; - gen. Bruder Klaus (*P*) #4,13,15
Nikolaus von Jauer, *um 1355 Jauer/Niederschl., †22.3.1435 Heidelberg; - auch Nikolaus von Heidelberg (*P*) #4,13
Nikolaus von Löwen, *19.5.1339, †3.4.1402; - auch Nikolaus von Lauffen (*L-P*) #4
Nikolaus von Nürnberg, *15. Jh.; - Ps. Nikolaus der Kartäuser (*P*) #4

Nikolaus von Polen, *13. Jh.; - auch Nikolaus von Böhmen (*L-P*) #4
Nikolowsky, Anton, *7.4.1855 Wien, †13.11.1916 Wien; - Ps. Friedrich Anthony (*D-S*) #3,4
Nimptsch, Friedrich von, *17. Jh.; - gen. Der Verdeckte/FG 890/1680 #11
Nipkow, Hans, *24.6.1891 Demmin/Pommern, †21.5.1964 Bad Godesberg; - Ps. Bernhard Halton (*R*) #3
Nippold, Otfried, *21.3.1864 Wiesbaden; - Ps. Otto Friedrich (*P*) #3
Nippoldt, Marie, geb. Böhler, *2.6.1881 Frankfurt/M.; - Ps. F. Brünings; Ria Nippoldt-Böhler (*E-L-P*) #3,4
Nischer, Herbert, *12.4.1892 Zwickau; - Ps. Gottfried Bert (*D-N-S*) #3
Nismitz, Georg von, *30.12.1575 Nebra, †23.10.1654 Nebra; - gen. Der Ausbündige/FG 189/1629 (*P*) #11,12
Nissen, Adolf, *21.7.1871 Gottesgabe/Holst.; - Ps. Nissen-Stinde (*N-P*) #3
Nissen, Nicolaus von, *17. Jh.; - gen. Der Erstreckende/FG 612 #11
Nissen, Walther, *23.2.1878 Breslau, †1951 München; - Ps. Gottfried Gast; Will West (*D-E-F-N-P*) #3,18
Nißlen, Tobias, *17.4.1636 Ulm, †28.9.1710 Weiltingen; - Ps. Agathus Carion; De La Grise; de La Sireg; Sir Galen (*L-P*) #4
Nistler, Aloys, *30.5.1871 Stein b. Tirschenreuth; - Ps. Bruno Egger (*P-S*) #3
Nithack-Stahn, Walther, *23.10.1866 Berlin; - Ps. Ulrich Walther (*D-E-P-R*) #3,4,7
Nitsch, Harry, *1.3.1867 Erfurt; - Ps. Heinrich Globetrotter; Heinz Hesdin (*E-M-R*) #1,3,4
Nitsche, Herma, *4.1.1896 Marschendorf/Rieseng..; - Ps. Herma Studeny (*L-P*)
Nitsche, Richard, *2.4.1853 Landeck; - Ps. Richard Lindeck (*P*) #3
Nitsche, Roland, *25.11.1906 Wien; - urspr. Roland Freund (*P*) #4
Nitzsche, Karl-Willy, *15.10.1887 Leipzig, †26.10.1962 Wehlen; - Ps. Theo am Bober; Karl Knurrhahn; Karl Willnitz (*E-F-M-R-S*) #3,4
Nitzsche, Klaus, *27.1.1935; - Ps. Ralph Nitzsche (*J-R*) #3,4
Nitzschky, Georg; - gen. Der Wohltuende/FG 261/1635; auch Georg Nitschke #11,12
Noack, Erich, *21.12.1906 Sagan; - Ps. Karl E. Noack (*R*) #3,4
Noack, Ernst, *13.8.1870 Giebichenstein b. Halle/S.; - Ps. Ernst Neumann (*P*) #3
Noack, Friedrich, *20.4.1858 Gießen, †1.2.1930 Freiburg/Br.; - Ps. F. Idus (*E-P*) #3,4
Noack, Walter, *12.6.1900 Berlin; - Ps. Mc. Laughlin; James Reed (*P-S*) #3
Nöbauer, Michel, *1.9.1885 Höbersdorf/N.-Ö.; - Ps. Michel Schmidt v. Höbersdorf (*D-N-P-R*) #3
Nöbe, Johann Paul, *7.12.1785 Leipzig; - Ps. Fr. Balduin (*P*) #6
Nobiling, Anna, *23.3.1857 Schnepfenthal/Thür.; - Ps. Anna Ausfeld (*J-L-S*) #1,2,3,4
Nockher, Ludwig, *2.3.1888 Straßburg; - Ps. N. von Schorn (*P*) #3,4
Noder, Anton Alfred, *29.7.1864 München, †7.5.1936 München; - Ps. A. de Nora (*D-J-L-N-P-R*) #3,4
Noder, Frigga, *27.8.1880 Wien, †14.1.1954 München; - Ps. Fridda Brockdorff-Noder (*E-F-L-P-R*) #3
Nödl, Leo Maria, *30.3.1878 Adelsberg/Krain, †3.1.1942 Wien; - Ps. Dr. Hermann Herfeld; Dr. Van der Nell (*E-L-P*) #3,4
Noé von Nordberg, Mario, *18.11.1961 Wilhelmsburg/N.-Ö.; - Ps. Thor Grunawhoff (*E-L-P*) #3
Noeren, Heinrich, *7.12.1884; - Ps. Nöke (*E-F-L-R*) #3,4
Noghe, Karl, *4.3.1879 Leibicz/Ungarn; - Ps. J. Ferriani (*P*) #3,4
Nogly, Hans, *23.10.1924 Erfurt; - Ps. Thomas Westa (*E-F-P-R*) #3,4
Nohl-Wentscher, Dora, geb. Wentscher, *6.11.1883 Berlin, †3.9.1964 Erfurt; - Ps. Dora Wentscher (*E-F-P-R*) #3,4,9,14,18
Nolden, Edmund, *16.6.1856 Elberfeld; - Ps. Paul Stüpp (*P*) #3
Noldi, Helene Adelgunde de, *(1702); - Ps. Frau Baden (*P*) #4
Noll-Werdenberg, Heidi, *17.4.1946 Basel; - Ps. Heidi Werdenberg (*E-F-R*) #3,4
Nölle, E. A. Franz, *22.1.1863 Wesel; - Ps. Ernst v. Berge; Troll (*L-P*) #3
Noller, Gustav Adolf, *27.11.1842 Pforzheim, †1916 Pforzheim; - Ps. G. A. Friedlieb (*L-P*) #3,4
Nöller, Johann Jonathan Ludwig Lebrecht, *7.3.1773 Weißenfels; - Ps. Thomann (*P*) #4,6,11
Nölling, Heinrich, *25.12.1873 Krombach; - Ps. Heinrich Niering (*L-P*) #3
Nolte, Friedrich, *17.1.1947 Bochum; - Ps. Christian Frieden (*L*) #3,4
Noltenius, Asta, geb. v. Kameke, *1868 Pommern; - später Kehren; Ps. Asta von Kameke; A. v. Martini (*R*) #1,2,4
Noltenius, J., *17. Jh.; - gen. Olorino/ES #11
Nölting, Bertha, *11.1.1848 Allermähe b. Hamburg, †1.1.1921 Gießen; - Ps. E. Heldt (*E-L-N*) #1,2,3,4
Nolting-Hauff, Wilhelm, *22.4.1902 Naumburg, †16.2.1986 Bremen; - Ps. Ernst Barnewold (*D-L-R*) #3,4
Noltsch, Ottokar, *14.6.1887; - Ps. Falkenburg (*D-S*) #3,4
Nonnemann, Friedrich, *26.1.1857 Malocin/Posen; - Ps. Nir Fenden Michanor (*P*) #1,3,4
Norbert, Willy, *2.8.1889 Berlin, †Berlin; - Ps. Willy Norbert-Krumbholz; Willy Norbert Krumbholz (*P-R*) #3,4

Nordau, Max, *29.7.1849 Budapest, †22.1.1923 Paris; - urspr. Max Simon Südfeld (*D-N-P-R*) #1,3,4,5

Norden, Albert, *4.12.1904 Myslowitz/Oberschles., †30.5.1982 Berlin; - Ps. Hans Behrend; Ernst Weber (*P*) #4,18

Norden, Annemarie, geb. Stammer, *27.11.1910 Oranienburg; - Ps. Annemarie Stammer (*F-J*) #3

Nordhausen, Richard, *31.1.1868 Berlin; - Ps. Caliban (*L-P-R*) #3,4,7

Nordmann, Friederike Auguste Wilhelmine, *23.8.1825 Süplingen/Anhalt, †25.3.1869 Alvensleben; - Ps. Monica; Monika (*L*) #1,2,4

Nordmann, Johannes, *13.3.1820 Landersdorf b. Krems, †20.8.1887 Wien; - urspr. Johannes Rumpelmayer (*D-L-N-P-R*) #1,4,13

Nörenberg, Marie, *29.4.1872 Proßnitz/Rügen; - Ps. M. Proßnitz (*N-R*) #3,4

Norman, Hippolyt von, *25.11.1872 Meidling b. Wien, †10.9.1944 Freudenthal/Schles.; - Ps. Hagenor (*E-P*) #3,4

Normann, Charlotte von, *22.7.1785 Potsdam; - Ps. Verf. der Gräfin Elisa v. Stamfort (*R*) #1,4,11

Normann, Luise von, *3.4.1863 Marienwerder; - Ps. Lia (*E-L-S*) #4

Norst, Anton, *30.4.1859 Zaluze/Galizien, †11.4.1939 Wien; - urspr. Anton Nußbaum; Ps. O. I. Nußbaum; Oswald Isidor Nußbaum (*L-P*) #1,4

Norz, André, *4.6.1860 Innsbruck; - Ps. Horst von Wellen (*L-P*) #3

Noski, Hans Georg, *17. Jh.; - gen. Der Erkennende/DG-L #11

Nossack, Hans Erich, *31.1.1901 Hamburg, †2.11.1977 Hamburg; - Ps. B. Möncken (*D-E-F-L-P-R*) #3,4,5,8,10,14

Nossek, Franz Alexius, *12.10.1891 Arnsdorf/Böhmen, †6.12.1946 Wiener Neustadt/N.-Ö.; - Ps. P. Meinrad (*L-P*) #3,4

Nostitz, Carl Heinrich von, *18.7.1613 Kleindehsa/Oberlaus., †23.3.1684; - gen. Der Glatte/FG 360/1641 (*P*) #11,12

Nostitz und Jänkendorf, Gottlob Adolf Ernst von, *21.4.1765 Schloß See/Oberlausitz, †15.10.1836 Schloß Oppach; - Ps. Arthur; Arthur vom Nordstern (*L-P-R*) #1,4,6,11,13

Nostitz und Jänkendorf, Klotilde Septimie von, *27.1.1801 Bautzen, †1852 Oppach; - Ps. Klotilde; Septimia (*P*) #1,2,4,6,11,13

Nostitz-Wallwitz, Helene von, * 18.11.1878 Berlin, †17.7.1944 Bassenheim b. Koblenz; - Ps. Helene Nostitz (*P*) #3

Nostitz-Wallwitz, Oswalt von, *4.4.1908 Dresden; - Ps. Oswalt von Nostitz (*F-P*) #3

Nothdurft, Brunhilde, *12.10.1888 St.Michaelisdonn; - Ps. B. M. M. Nothdorf (*L-S*) #3,4

Nothmann, Paul, *17.11.1887 Kattowitz/Oberschles.; - Ps. Paul Reno (*F*) #3

Notker Balbulus, *um 840 Jonschwil/ St.Gallen, †6.4.912 St.Gallen; - auch Notker der Dichter; Notker der Stammler; Notker von St.Gallen (*E-L*) #4,5,13,14,19

Notker Labeo, *um 950, †29.6.1022 St.Gallen; - Ps. Notker der Deutsche; Notker Teutonicus; Notker von St.Gallen (*L-P*) #4,5,13, 14,19

Notker medicus, †12.11.975 St.Gallen; - auch Notker der Arzt; Notker physicus; Pfefferkorn; Piperisgranum (*L*) #4

Nottke, Maria, geb. Axt, *16.11.1928 Berlin, †27.8.1987 Berlin; - Ps. Maria Axt (*F-J-R*) #3,4

Notz, Heinrich, *5.10.1899 Wien; - Ps. Heinz Peter Naudisk (*N-R*) #3

Nötzoldt, Elsbeth Irene, geb. Janda, *27.12.1923 Mannheim; - Ps. Elsbeth Janda (*L-P*) #3,4

Noussimbaum, Leo, *20.10.1905 Baku/Aserbeidschan, †1943 Positano b. Sorrent/Ital.; - Ps. Mohammed Essad Bey (*P*) #3,4

Novotny, Josef, *3.1.1909 Wien; - Ps. J. N. Lorenz (*P*) #3

Novy, Erich, *26.6.1903 Königstein/Elbe; - Ps. Eric Bobby (*F-L-S*) #3,4

Nowack, Franz, *17.9.1912 Schneidemühl; - Ps. Diederich Nike (*L-N*) #3

Nowak, Bruno, *25.6.1901 Troppau, †22.3.1940 Berlin; - Ps. Gottfried Rothacker (*D-E-R-S*) #3,4,10

Nowak, Martin, *13.6.1900 Nechern b. Bautzen; - Ps. Bobak (*E-J-P*) #3,14

Nowak, Walter, *31.5.1930 Saaz/Böhmen; - Ps. Walter Nowak-Nordheim, Walter Nordheim (*F-P*) #3,4

Nowakowsky, Adolf, *2.7.1900; - Ps. Norbert Kienast (*E-P*) #3

Nowotny, Isabella, *31.1.1828 Prag, †9.5.1899 Prag; - Ps. Anonima; Isabella von Grab; Herzen; Ida Klein (*L-N-P-R*) #1,2,3,4

Nowy Edler von Wallersberg, Gustav, *31.3.1876 Neuhaus/Böhmen; - Ps. Gustav von Wallberg (*E-P-R*) #3,4

Nübell, Ferdinand, *19. Jh.; - Ps. Ferdinand aus Moabit (*P*)

Nudow, Heinrich, *18.5.1752 Danzig, †Königsberg; - Ps. Numisianus III. (*L-P*) #4,11

Nuebler, August, *8.4.1877 Nürnberg; - Ps. Gustl Waldeck; Waldorf-Eck (*F-L-N-S*) #3

Nülle, Heinz, *24.6.1909 Hamburg; - Ps. Heinz Elder (*E-F-L-N-P-S*) #3

Nürnberg, Rolf, *26.8.1903 Berlin, †23.3.1949 New York; - Ps. Ralph Nunberg (*P*) #4,18

Nürnberger, Woldemar, *1.10.1818 Sorau, †17.4.1869 Landsberg/Warthe; - Ps. Hilarius Bierfreund; Johannes Muckenicht; Carl Siebenpfeiffer; M. Solitaire (*D-L-N-P-R*) #1,4, 11,13

Nußbaumer, Stefan, *26.12.1931 Liesberg/Schweiz; - Ps. S. N. Volker (*P-R*) #3,4

Nüssler, Christian Gottlieb, *17. Jh.; - gen. Der Findende/DG-R #11

Nutz, Walter, *1924; - Ps. Jerry Cotton (*R*) #16

Nützel, Anna Maria, *1658, †1685; - gen. Amarillis/PB; auch Anna Maria Nuzel (*L*) #4,11

Nützel von Sündersbühl, Karl, *1557 Nürnberg, †19.11.1614 Nürnberg; - Ps. Carolum Nicelium Noricum (*P*) #4

Nydegger, Hans, *13.3.1848 Guggisberg b. Bern, †8.5.1909 Zürich; - Ps. H. N. Egger; Hiesel Gottwalt; Hilarius Schartenmeyer; Megerle Mukki; Hasian Nusspickel; Hans im Obergade (*E-L-P*) #3,4

O

O'Donell, Hanna, *11.12.1874 Brünn; - Ps. Otto Nell (*P-R*) #4

Oberauer, Marie-Anne, *22.1.1921 Wattens; - Ps. Marianne Oberauer-Schubert (*L*) #3,4

Obereit, Jakob Hermann, *2.12.1725 Arbon, †2.2.1798 Jena; - Ps. Ein lakonischer Philanthrop; Gamaliel (*P*) #4,13

Oberfeld-Berger, Ruth, *28.2.1936 Zürich; - Ps. Berger-Oberfeld (*L-P*) #3,4

Oberkamp, Olga von, *7.12.1849 Bamberg; - Ps. Oskar Berkamp (*E-N*) #1,2,3,4

Oberkofler, Anton, *14.6.1828 Jenesien b. Bozen, †10.1.1912 Bozen; - Ps. Lichtfreund; Alexius Wohlgemuth (*L-P*) #1,3,4

Oberländer, Leopold Gustav, *4.7.1874 Frankfurt/M., †24.5.1926 München; - Ps. Leopold Gustav (*N-R*) #1,3,4

Obermayer, Aurelia, *25.9.1845 Dobromil; - Ps. Anonyma (*E-P*) #2,3

Obermayer, Johannes, *um 1440 Donauwörth, †1505 Leipzig; - Ps. Johannes Fabri de Werdea (*L-P*) #4,11,13

Obermeier, Siegfried, *21.1.1936 München; - Ps. Carl de Scott (*P-R*) #3,4

Oberndorff, Maria Theresia von, *31.8.1867 Schloß Rieden/Obb., †25.2.1940 Wien; - Ps. Many von Oberndorff; Leo Tessenberg (*E-R*) #2,3,4

Oberneder, Friedrich, *25.9.1891 Untergriesbach/Ndb., †14.2.1963 Passau; - Ps. O. Berneder (*D-E-N-R*) #3,4

Oberparleiter, Ignaz, *3.4.1846 Kaplitz/Böhmen, †3.1.1922 Kaplitz/Böhmen; - Ps. J. Oberleiter (*E-P-S*) #3,4

Oberparleiter, Maria, *28.1.1876 Kaplitz/Böhmen, †6.12.1954 Steyr/O.-Ö.; - Ps. Marianne Ernhold (*R*) #4

Obrist, Johann Georg, *26.5.1843 Jenbach/Tirol, †18.4.1901 Innsbruck; - Ps. Aurelius Acer; Erich Braun; Ernst Freilieb; Hans v. Jenbach (*E-P*) #1,3,4

Obrist-Streng, Sibylle, *2.8.1937 Mittenwald; - Ps. Sibylle Severus (*P-R*) #3,4

Obroutscheff, Paula von, *(1894) Reval; - Ps. O. O. (*E-P*) #2,4

Obst, Lucie Lore, *29.12.1905 Posen; - Ps. Lore Kornell (*P-S*) #3

Obstgarten, Isidor, *10.5.1872 Krzywcze/Polen; - Ps. Julius Verger (*L-N-P*) #3

Ochs, Armin, *2.6.1934 Kilchberg b. Zürich; - Ps. Armin Och (*P-R*) #3,4

Ochsenbein, Gottlieb Friedrich, *14.11.1828 Murten/Schweiz, †1893 Schlosswil/Bern; - Ps. Gottlieb Friedrich (*P*) #1,4

Ochsenheimer, Ferdinand, *17.3.1767 Mainz, †2.11.1822 Wien; - Ps. Theodor Unklar (*D-E-S*) #1,4,6,11,13

Ochsenius, Carl, *9.3.1830 Kassel; - Ps. Nicolas Rusche (*P*) #3

Ochsenstein, Philipp Jacob Oswald Freih. von; - gen. Der Herrliche/DG-L; gen. Daphnis/PB #11

Öchslein, Nikolaus, *26.11.1547 Mömpelgard, †28.9.1606 Altdorf; - Ps. Nikolaus Taurellus (*P*) #4,11,13

Ochsner, Charlotte, *2.12.1865 Forst/Thurnau; - Ps. C. Camill (*R*) #3,4

Ockel, Andreas, *6.12.1658 Halle/S., †17.3.1718 Halle/S.; - Ps. Emmeran Ackhold (*P*) #6

Odenthal, Jacob, *9.2.1858 Bergisch Gladbach; - Ps. Froh-Wanderblut (*L-P*) #3

Oechslin, Max, *28.5.1893 Zürich, †8.9.1979 Altdorf; - Ps. Max Eugen Bergmann (*L-P*) #4

Oedemann, Georg Arthur, *24.2.1901 Hohenstein-Ernstthal; - Ps. Georg Arthur; Artus; G. D. Morgenstern (*E-F-J-R*) #3,4

Oeder, Georg Ludwig, *28.1.1694 Schopfloch b. Dinkelsbühl, †24.4.1760 Feuchtwangen; - Ps. Antonius Eleuterius; Sincerus Pistophilus (*P*) #4,6,11,13

Oefele, Felix Andreas von, *17.5.1706 München, †24.2.1780 München; - Ps. Evelius (*P*) #4,6,13

Oeftering, Wilhelm Engelbert, *8.2.1879 Engen/Hegau, †3.3.1940 Karlsruhe; - Ps. Engelbert Hegauer (*P*) #3,4

Oehl, Ilse, geb. Franke, *29.6.1881 Göttingen, †1938; - Ps. Ilse Franke; Ilse Franke-Oehl (*E-J-L-M-N*) #1,3,4

Oehle, Sophie, *17.9.1898; - Ps. Friedel Scheffler (*R*) #3,4

Oehler, Elisabeth, *13.1.1884 Cannstatt/Nekkar, †30.3.1955 Erdmannshausen b. Ludwigsburg; - Ps. Elisabeth Oehler-Heimerdinger (*E-N*) #3,4

Oehme, Sophie Constanze, geb. Breitkopf, *14.1.1745 Leipzig, †8.10.1818 Dresden; - Ps. Sophie Constanze Breitkopf (*E-P*) #1,4

Oehsen, Friedrich von, *16.9.1904 Osnabrück, †7.2.1971 Braunlage; - Ps. Fortunatus (*E-P*) #3,4

Oeke, Wilhelm, *5.4.1864 Neuenheerse/Westf.; - Ps. Poeta Saxo (*L-P*) #3,4

Oekolampad, Johannes, *1482 Weinsberg/Württ., †24.11.1531 Basel; - auch Hausschein; Heussgen; Hüssgen; Huszgen; Oecolampadius (*P*) #4,13

Oelbermann, Hugo, *4.10.1832 Müllenbach, †1888; - Ps. Alfred Anndauer; Nath. Faust; Hugo von Müllenbach; Ernst Thränenlacher (*L-P-R*) #1,3,4

Oeler, Ludwig, *(1525); - auch Ludwig Oler (*L*) #4,11,13

Oelfken, Marie Wilhelmine, *25.6.1888 Blumenthal b. Bremen, †7.4.1957 München; - Ps. Tami Oelfken; Gina Teelen (*F-J-L-N-P-R*) #3,4,5

Oelkers, Elsa, *(1909); - Ps. Elsa Staark; Ilse-Dore Tanner (*E-J-M-N-R*) #3,4

Oellers, Heinrich, *4.5.1884 Koslar b. Jülich; - Ps. Heinz Heinlers; Heinz Lersoel (*L-P*) #3,4

Oellers, Werner, *18.10.1904 Wegberg/Rhl., †21.8.1947 Ratingen; - Ps. Walter Siemes; O. Werner (*E-N-P-R*) #3,4

Oelrichs, Johann Karl Konrad, *12.8.1722 Berlin, †10.1.1799 Berlin; - Ps. Johann Karl Konrad Oichlersius (*P*) #4,6,13

Oels, Friedrich, *20.4.1864 Breslau; - Ps. P. O. (*D-P-S*) #4

Oelschläger, Adam, *9.9.1599 Aschersleben, †22.2.1671 Schloß Gottorf/Schles.; - gen. Der Vielbemühte/FG 543; Ps. Olearius; Adonis; Ascanius d'Oliva; Ascanius Olivarius (*P*) #4,5,6,11,13,19

Oelschner, Walter, *(1936); - Ps. Martin Tobias (*E-J-P*) #3,4

Oelsner, Konrad Engelbert, *13.5.1764 Goldberg, †20.12.1828 Paris; - Ps. Schlottmann (*P*) #4,13

Oelsner, Theodor, *5.8.1822 Breslau, †20.3.1875 Breslau; - Ps. Arvin; Lagmann (*L-P*) #1,4

Oelsnitz, Carl Eduard von der, *Illowo/Ostpr., †1835 Halle/S.; - Ps. Heinrich Baron von Hohenlinden; Pico von Mirandolina (*E-N-P-R*) #4,11

Oelze, Hedwig Maria, geb. Rohde, *10.4.1908 Berlin, †1990; - Ps. Hedwig Rohde; Hedwig Maria Schnell (*E-F-L-N-R*) #3,4

Oemler, Christian Wilhelm, *20.9.1728 Denstädt, †2.6.1802 Jena; - Ps. Andr. Ferkel (*L-P*) #4,11,13

Oemler, Georg, *25.6.1517 Mansfeld, †22.5.1569 Stolberg/Harz; - auch Aemilius; Aemylius; Emilius; Omler (*P*) #4,11,13,15

Oepp, Ferdinand von, †1637; - auch Ferdinand Oeppe; gen. Der Austreibende/FG 177/1629 #11,12

Oertel, Eucharius Ferdinand Christian, *13.5.1765 Streitberg, †16.5.1850 Ansbach; - Ps. Dr. Trocken (*L-P*) #4,13

Oertel, Friedrich von, *1764 Leipzig, †27.10.1807 Eutritzsch b. Leipzig; - Ps. Theophilus Speck (*E-P*) #4,11

Oertel, Friedrich Wilhelm Philipp, *15.8.1798 Horn b. Boppard, †14.10.1867 Wiesbaden; - Ps. W. O. von Horn; Friedrich Wilh. Lips (*E-J*) #1,4,11,13,17

Oertel, Fritz, *25.7.1866 Bautzen, †12.11.1927 Dresden; - Ps. Exjudex (*N-R*) #4

Oertel, Georg Christoph, *24.12.1715 Neustadt/Aisch, †7.5.1790 Neustadt/Aisch; - Ps. Aretophilus (*P*) #4,6

Oertel, Hans Joachim, *10.1.1905 Neustadt/Orla; - Ps. Hajo Ortil (*E-J-L*) #3,4

Oertel, Josefa, *21.3.1888 Löbau/Sa.; - Ps. Josefa Elstner-Oertel (*L-M-R-S*) #3,4

Oertel, Otto, *30.10.1872 Röhrsdorf; - Ps. Werner Walden (*D-P-R-S*) #3,4

Oertel, Rudolf, *12.9.1902 Wiener Neustadt, †16.7.1968 Wiener Neustadt; - Ps. Franz Beron (*D-F-P-R*) #3,4

Oerthel, Kurt von, *6.7.1888 Breslau, †14.1.1961 Starnberg/Obb.; - Ps. Pepper Mint (*D-F-L-P*) #3,4

Oertzen, Carola von, *28.9.1905 Magdeburg, †8.5.1954 Braunschweig; - Ps. Carola Ihlenburg (*F-N-P-R*) #3,4

Oertzen, Elisabeth von, geb. von Thadden, *19.7.1860 Triglaf; - Ps. Elisabeth von Thadden (*E-J-P*) #3

Oertzen, Friedrich Wilhelm von, *5.10.1898 Breslau, †8.7.1944 (gef.); - Ps. Franz Woertz (*P-R-S*) #3,4

Oertzen, Georg Freiherr von, *2.2.1829 Schloß Brunn/Meckl., †27.5.1910 Freiburg/Br.; - Ps. Stephan Ervézy; Ludwig Robert; Georg Wanderer (*L-P*) #1,3,4

Oertzen, Kaspar von, *17. Jh.; - gen. Der Verständige/FG 542 #11

Oertzen, Margarete von, *14.10.1854 Kowalz/Meckl., †8.3.1934 Rostock; - Ps. M. v. O. (*E-P*) #3,4

Oeser, August, *17.1.1865 Schwerin, †22.3.1930 Bremen; - Ps. Fernando (*P-S*) #4

Oeser, Rudolf Ludwig, *21.10.1807 Gießen, †13.10.1859 Lindheim/Hessen; - Ps. Otto Glaubrecht (*E-J-P*) #1,4,15

Oesterheld, Erich, *6.1.1883 Berlin, †8.11.1920 Berlin; - Ps. Erich Eschner-Stillbach (*D-L-N-P*) #3,4

Oesterheld, Therese Ida, *8.5.1852 Bremen; - Ps. Hans Gerdinger; Therese Ida Mari-Oesterheld (*E*) #1,2,3,4

Oesterreich, Axel Eugen von, *22.6.1910 Hamburg, †6.9.1988 München; - Ps. Axel von Ambesser (*F-P-R-S*) #3,4,5,8

Oesterreich, Ludwig, *28.10.1872 Budapest; - Ps. Ludwig von Windsheim (*E-P*) #3,4

Oetinger, Friedrich Christoph, *6.5.1702 Göppingen, †10.2.1782 Murhard; - Ps. Halatophilus Irenaeus (*P*) #4,6,13

Oettingen, Hans-Georg von, *28.1.1919 Heidelberg, †3.9.1983 Berlin; - Ps. Alexander von Mellin; H. G. Reichenberg (*E-F-J-R*) #3,4

Oeynhausen, Heinrich von, *um 1565, †26.6.1646 Arolsen; - gen. Der Währende/FG 115/1626 #11,12

Oeynhausen, Hilmar Graf von, *15.1.1852 Brahlstorf/Mecklenburg; - Ps. O. Hilmar (*E-S*) #3

Offergeld, Friedhelm, *8.12.1929 Duisburg; - Ps. Michael Innsbrucker (*L-P-R*) #3

Ohff, Heinz, *12.5.1922 Eutin; - Ps. N. Wendevogel (*E-P*) #3,4

Öhlbaum, Anna, †1674; - früher Anna von Medem; auch Anna von Medum (*L-P*) #4

Ohler, Konrad Philipp, *6.5.1867 Cognac/Frankreich; - Ps. C. Giessner; P. Rehlo; G. Walter (*D-J-N-R-S*) #3,4

Ohlischlaeger, Eugen Robert, *4.11.1898 Viersen/Rhl., †28.6.1974 Berlin; - Ps. Geno Ohlischlaeger (*F-L-P*) #3,4
Ohm, Irmela, *12.6.1925 Bremen; - Ps. Irmela Ohm-Dening (*L*) #3,4
Ohme, Anton Josef, *17.10.1848 St.Georgenthal; - Ps. Geer; Granit; Speer (*S*) #3
Ohnesorge, Friedrich, *13.9.1834 Soldin/Neumark, †2.7.1915 Sebnitz/Sa.; - Ps. Irenaeus Securius (*L-P*) #3,4
Ohnewald, Fred, *24.8.1912 Aalen; - Ps. fo (*L*) #3,4
Öhquist, Johannes, *6.12.1861 Slavanka b. Petersburg, †15.10.1949 Wolfach/Baden; - Ps. Wilhelm Habermann; Wilhelm Holmgren; Johan Vilhelm (*L-P-R*) #3,4
Ohr, Johann Kaspar von, *17. Jh.; - gen. Der Vergnügliche/FG 878 #11
Ohrem-Bonn, Hermann, *28.8.1863 Bonn; - Ps. Hermann von Ahrem; Alfons vom Rhein; Hermann Walter (*E-L*) #3,4
Ohrt, Friedrich Barthold, *(1843); - Ps. Friedrich Barthold (*L-P*) #4
Ohser, Erich, *18.3.1902 Untergettengrün/Vogtl., †6.4.1944 Berlin; - Ps. E. O. Plauen (*E-J-P*) #3,4,17
Okenfuß, Lorenz, *1.8.1779 Bohlsbach b. Offenburg, †11.8.1851 Zürich; - Ps. Hercules; Lorenz Oken (*P*) #4,13
Olbrich, Hans, *(1984); - Ps. Jerry Cotton (*R*) #16
Olbricht, Rudolf, *5.11.1887 Schloß Varlar b. Coesfeld; - Ps. Rudolf Ollmann (*E-R*) #3,4
Olden, Balder, *26.3.1882 Zwickau, †24.10.1949 Montevideo/Uruguay; - Ps. Olaf Balder (*E-J-L-N-R*) #3,4,8,18
Olden, Bertha Felicitas, gesch. v. Nauendorf, *7.3.1884 Wiesbaden; - Ps. Bertha Felicitas Freifr. von Nauendorf (*E-N-P-R*) #3,4
Olden, Hans, *5.6.1859 Frankfurt/M., †23.5.1932 Wiesbaden; - urspr. J. August Oppenheim (*D-E-N-R-S*) #1,3,4
Oldenberg, Friedrich, *21.10.1820 Königsberg, †1895 Berlin; - Ps. Friedrich Eckart (*P*) #4
Oldenburg, Anton Graf zu, *17. Jh.; - gen. Der Geschätzte/FG 653 #11
Oldenburg, Anton Günther Graf von, *1.11.1583 Oldenburg, †19.6.1667 Rastede/Oldenb.; - gen. Der Unbetriegliche/FG 351/1640 #11,12,13
Oldenburg, Elimar Anton Günther Friedrich Herzog von, *23.1.1844 Oldenburg, †17.10. 1895 Erlaa b. Wien; - Ps. Anton Günther Friedrich Elimar; G. Friedrich; Anton Günther; J. Maler (*S*) #1,3,4
Oldenburg-Delmenhorst, Christian IX. Graf von, *26.9.1612, †23.5.1645; - gen. Der Vergüldete/FG 375/1642 #11,12
Oldenburger, Philipp Andreas, †1678 Genf; - Ps. Philippus Andreas Burgoldensis; Pacificus a Lapide Germano Constantiensis; Theophil Franciscus Conrad Andreas Victorin Friderich de Francimont; Warmund von Friedberg; Constantinus Germanicus; Franciscus Irenicus; Ludovicus Veronensis (*P*) #4,6,13
Olearius, Johann Gottfried, *25.9.1635 Halle/S., †21.5.1711 Arnstadt; - gen. Der Brünstige/DG-N (*L-P*) #1,4,11,13
Olfers, Marie von, *27.10.1826 Berlin, †8.1.1924 Berlin; - Ps. Werner Maria; Maria Werner (*E-J-M-N-P*) #1,2,3,4
Olfers-Batocki, Erminia von, *29.6.1876 Ratshof b. Königsberg, †14.12.1954 Bad Harzburg; - Ps. E. v. Natangen; Erminia Tortilowicz v. Batocki (*E-F-L-M-N-R*) #3,4
Oliven, Fritz, *10.5.1874 Breslau, †30.6.1956 Porto Allegre/Bras.; - Ps. Rideamus (*E-L-S*) #3,4,18
Olma, Karl, *24.6.1914 Alzen/Beskiden; - Ps. Michael Zöllner (*L-N-P-R*) #3,4
Olscha, Juliane Hermine, *11.12.1903 Horn/N.-Ö., †21.7.1957 Wien; - früher Juliane Ludwig-Braun (*D-F-L-P-R*) #3,4
Olschak, Blanche Christine, verw. Schneiter, *24.7.1913 Wien; - Ps. Blanche Christine Schneiter (*P*) #3
Olschewski, Malte, *7.12.1940 Klagenfurt; - Ps. Oswald Laurids (*R*) #3,4
Olsen, Ole, *22.8.1890 Leuwarden/Holland; - Ps. Der Narr (*F-P-S*) #3,4
Olshausen, Wolfgang, *4.5.1911 Hannover, †9.10.1969 Karlsruhe; - Ps. Herbert Bruder (*E-F-L-P-R*) #3,4
Olszewski, Lucia, geb. Ewald, *13.12.1858 Potsdam; - Ps. L. Ewald (*E-J-M*) #3
Olwitz-Titze, Evelyn, *14.7.1947 Hamburg; - Ps. Evelyn Hagen (*J*) #3
Omankowski, Willibald, *24.3.1886 Danzig, †5.7.1976 Berlin; - später Willibald Omansen; Ps. Peter Gran; Frank Libold Oman (*L-N-P*) #3,4
Omeis, Magnus Daniel, *6.9.1646 Nürnberg, †22.11.1708 Altdorf; - gen. Damon/PB; auch Der norische Damon; (*L-P*) #1,4,5,6,11,13
Omeis, Maria Dorothea, *17. Jh.; - gen. Diana/PB #11
Omer, Doris, *17.4.1841 Hamburg; - Ps. Daria (*N-P*) #2,3
Omichius, Franciscus, *um 1535 Schwerin, †1591 Güstrow; - auch Oemeke; Omcken; Omke (*P-S*) #4,11,13
Ommerborn, Johann Christian Josef, *28.4.1863 Lennep/Westf.; - Ps. Alphons Born-Ommer; Paul Börner; Joh. Jos. Christiansen; Karl Christiansen; Stian Merbo; Franz Ullmann (*E-N-P-R*) #1,3,4
Ommerborn, Karl, *24.1.1860 Elberfeld, †1922; - Ps. L. Remmo (*E-P-S*) #1,3,4
Ompteda, Georg Freiherr von, *29.3.1863 Hannover, †10.12.1931 München; - Ps. Georg Egestorff (*D-E-N-P-R*) #1,3,4,5
Opfermann, Hans-Carl, *26.4.1907 Altdorf/Bay.; - Ps. Ferdinand Aruba (*F-J-P*) #3,4

Ophaus, Franz Josef, *5.10.1889 Wanne b. Gelsenkirchen; - Ps. Sutum Tigges (*P*) #3
Opitz, Luise, geb. Hindemith, *22.12.1894 Waldenburg/Schles., †9.3.1973 Bergalingen; - Ps. Luise Opitz-Hindemith (*D-E-L*) #3,4
Opitz von Boberfeld, Martin, *23.12.1597 Bunzlau/Schles., †20.8.1639 Danzig; - gen. Der Gekrönte/FG 200/1629; Ps. Valentinus Theocritus von Hirschberg (*L-P*) #1,4,5,6, 11,12,13,14,19
Opiz, Georg Emanuel, *4.4.1775 Prag, †12.7.1841 Leipzig; - Ps. Bohemus (*E-N-R*) #4,11,17
Oppeln-Bronikowski, Alexander von, *28.2.1783 Dresden, †21.1.1834 Dresden; - Ps. Alexander von Bronikowski (*E-N-R*) #1,4,13
Oppeln-Bronikowski, Friedrich von, *7.4.1873 Kassel, †9.10.1936 Berlin; - Ps. Friedrich von Bronikowski (*N-P-R*) #3,4,5
Oppeln-Bronikowski, Rosemarie von, *2.5.1922 Sande/Nieders.; - Ps. Rosemarie Bronikowska (*F-L-P*) #3,4
Oppenheim, Adolf, *28.7.1845 Preßburg, †15.11.1916 München; - Ps. F. Jordan; S. Mosen; A. O. Pozsony; A. Pressburg; A. Stein (*P-R-S*) #3,4
Oppenheim, Ida, *28.8.1865 Eibenschütz/Mähren; - Ps. I. v. Düren; Ida Oppen (*E-N-P-R*) #2,3,4
Oppenheim-Jonas, Edith, *11.11.1907 Oberursel; - Ps. Edith Jonas (*E-J-L*) #3,4
Oppenheimer, Franz, *30.3.1864 Berlin, †30.9.1943 Los Angeles; - Ps. Franz Hauser; Janos; Janus; Friedrich Ranzow (*L-P-S*) #1,3,4,18
Oppenheimer, Friedrich, *4.7.1886 Wien, †10.8.1960 Wien; - Ps. Friedrich Heydenau (*E-F-P-R*) #3,4,18
Oppenheimer, Max, *1.7.1885 Wien, †19.10.1954 New York; - Ps. Mopp (*P*) #4,18
Oppenheimer, Maximilian, *6.5.1902 Saarbrücken, †26.3.1957 Hamburg; - Ps. Max Ophüls (*F-P*) #4,18
Oppens, Edith, *(1955); - Ps. Verena Graf (*P*) #3
Oppermann, Heinrich Albert, *22.7.1812 Göttingen, †16.2.1870 Nienburg/Weser; - Ps. Hermann Forsch (*P*) #1,4,11,13
Oppermann, Norbert, *28.10.1923 Berlin; - Ps. Gustav Lemke (*E-L-S*) #3
Oppitz, Hertha Maria, *5.3.1910 Marburg/ Drau, †23.3.1984 Wien; - Ps. Hertha Maria Straszl-Fluck (*P*) #3
Orabuena, José, *10.8.1892 Berlin, †16.2.1978 Ascona; - urspr. Hans Sochaczewer (*N-P-R*) #3,4,5
Orel, Anton, *17.9.1881 Wien, †11.7.1959 Wien; - Ps. Johannes Aquila (*P*) #3,4
Orendi-Hommenau, Hedwig, *12.8.1883; - Ps. Hede von der Heide (*L*) #3
Orgies, Otto Freih. von, *26.5.1802 Bauske/ Kurland, †16.5.1864 Wiesbaden; - gen. Otto von Rutenberg (*D*) #1
Orléans, Elisabeth Charlotte Herzogin von, *27.5.1652 Heidelberg, †8.12.1722 Saint-Cloud; - gen. Liselotte von der Pfalz (*P*) #4,5,13,15
Orliczek, Alois Rüdiger, *21.6.1870 Blansko/ Mähren, †2.3.1922 Brünn; - Ps. Alois Rüdiger (*L-S*) #1,3,4
Orlishausen, Otto, *19.5.1882 Zeitz, †22.1.1956 Braunschweig; - Ps. Oha; Karl Otto (*D-L-N-R-S*) #3,4
Orsoleck, Günther, *1.4.1902; - Ps. Hans Brüssow (*S*) #4
Ortenburg, Friedrich Casimir Graf von, *23.1.1591 Burg Waldeck b. Kemnath/Opf., †2.3.1658 Dorfbach b. Passau; - gen. Der Verharrende/FG 316/1637 #11,12
Ortens-Neumann, Gertrud, *13.10.1908 Graz; - Ps. Gerda Ortens (*F-L-N-P-R*) #3
Orth, Otto, *22.8.1867 Greene/Braunschweig; - Ps. Otto Orthmann (*R*) #3,4
Orthofer, Peter, *17.6.1940 Berlin; - Ps. Dragobert Dack; Jan Hagel; Pierrot LaPointe; Caspar Nebel (*E-F-L-P-R*) #3,4
Ortlepp, Ernst, *1.8.1800 Droyßig b. Zeitz, †14.6.1864 Almrich b. Schulpforta; - Ps. Omikron; J. Paulus; Zickzack (*E-L-P-R*) #1,4,11,13
Ortmann, Helmuth, *11.10.1889 Berlin; - Ps. Helmuth ten Moor (*P-R*) #3,4
Ortmann, Johann Baptist, *1.2.1752 Mariaort b. Regensburg, †7.3.1811 München; - Ps. Benno Ortmann (*L-P*) #4,11
Ortmann, Reinhold, *28.6.1859 Berlin, †17.5.1929 München; - Ps. Lothar Brenkendorf; Gerhard von Falkenried; F. Hermann (*D-E-J-L-N-R*) #1,3,4
Ortner, Matthias, *18.2.1877 Söll/Tirol, †14.6.1960 Söll/Tirol; - Ps. Hidigeigi; Hias Ortner (*E-P*) #4
Orzechowski, Harry, *2.5.1939 Rastenburg/ Ostpr.; - Ps. Candy de La Noyer (*E-J-L-P-R*) #3
Orzechowski, Peter, *24.7.1952 Lohr a. M.; - Ps. Peter Drozza (*F-P-R*) #3,4
Osborn, Max, *10.2.1870 Köln, †24.9.1946 New York; - Ps. Heinrich Garbel (*P*) #3,4,18
Oschilewski, Walter Georg, *22.7.1904 Berlin, †1.5.1987 Berlin; - Ps. Walther Gosch; Peter Hartberg (*E-L-P*) #3,4
Oschwald-Ringier, Fanny, *30.11.1840 Lenzburg/Aargau, †24.8.1918 Basel; - Ps. M. Lenz (*E-N-S*) #2,4
Osiander, Andreas, *19.12.1498 Gunzenhausen, †17.10.1552 Königsberg; - Ps. Joannes Funccius (*P*) #4,13
Osius, Hieronymus, †1575; - auch Hosius (*L*) #4,11
Oskrany, Mimi, *21.5.1900 Wien; - Ps. Mimi Bachner-Oskrany (*N*) #3,4

Ossenbrink, Wilhelm, *10.7.1922 Hagen; - Ps. Wilhelm Boele (*E-R*) #3,4

Ossietzky, Carl von, *3.10.1889 Hamburg, †4.5.1938 Berlin; - Ps. Simson Carasco; Celsus; Thomas Murner; Lucius Schierling (*P*) #3,8,14

Ost, Frederick, *10.1.1906 Schönbrunn; - Ps. Friedrich Ost (*D-E-L-P*) #3,4

Osten, Stanislaf von der, *17. Jh.; - gen. Der Unscheltbare/FG 664 #11

Osten-Sacken, Klaus Baron von der, *18.2. 1919 Schwerin; - Ps. Klaus Wolff (*R*) #3,4

Osten-Sacken, Marissa Baronin von der, *16.10.1887 Riga; - Ps. Marissa von der Osten (*R*)

Osterberg-Verakoff, Max, *7.6.1865 Fürth, †20.3.1938 Stuttgart; - Ps. Ernst Verakoff (*D-E-P-R-S*) #1,3,4

Osterhausen, Hans Georg von, *1603; - gen. Der Hochverliebte/FG 395/1642 #11,12

Osterhausen, Hans Thilo von, *17. Jh.; - gen. Der Zerreibende/FG 544 #11

Osterhoff, Alexander, *13.2.1912 Weidenau/ Westf.; - Ps. Michael Sortoff (*D-E-L-R*) #3,4

Ostermayer, Sepp, *31.10.1905 Korneuburg/N.-Ö.; - Ps. Gaston d'Orset; Oster (*E-F-L-R*) #3,4

Ostermayr, Paul, *8.5.1909 München; - Ps. Paul May (*F*) #3

Österreich, Leopold Ferdinand Salvator Erzherzog von, *2.12.1868 Salzburg, †4.7.1935 Berlin; - Ps. Leopold Wölfling (*P*) #4

Österreich, Rudolf Erzherzog von, *21.8.1858 Laxenburg b. Wien, †30.1.1889 Mayerling; - Ps. Julius Felix (*P*) #4

Osterrieder, Franz Xaver, *2.4.1869 Abensberg/Ndb., †29.10.1949 München; - Ps. Bavaricus (*P*) #3,4

Osterroth, Franz, *8.3.1900 Eisenberg/Pfalz; - Ps. Franz Orr; Pelle Treu; Jörg Willenbacher (*P-S*) #3,4,17,18

Ostersetzer, Siegfried, *15.8.1855 Brody/Galizien, †1931 Wien; - Ps. Heinrich Osten (*L-S*) #4

Osterwald, Peter von, *1718 Weilburg, †19.1.1778 München; - Ps. Veremund von Lochstein; J. G. Neuberger (*P*) #6

Osthof, Georg Konrad von, *17. Jh.; - gen. Der Sammlende/DG-R; Amyntas/PB #11

Ostini, Fritz von, *27.7.1861 München, †1.6.1927 Pöcking/Obb.; - Ps. Biedermeier; Ferd. Walter (*E-L-P*) #3,4,17

Oswald, Hugo, *9.9.1865 Domb b. Kattowitz/ Oberschles.; - Ps. Alfred Kellermeister (*L-P*) #3,4

Oswald, Johann Heinrich Wilhelm, *29.8.1783 Breslau, †27.8.1845 Glogau; - Ps. Wilhelm Saldow (*P-S*)

Otczipka, Hugo, *13.7.1867 Cosel, †8.4.1946 Röbel/Meckl.; - Ps. Hugo Bund (*P*) #4

Oth, Charlotte von, *(1807) Braunschweig; - Ps. Lotte (*L*) #6,11

Othen, Franz, *21.7.1836 Mülheim/Ruhr, †29.6.1897 Wiesbaden; - Ps. Hermann Dickmann (*L-P-S*) #1,3,4

Ott, Adolf, *10.3.1849 Lindau, †13.1.1918 Puchheim; - Ps. Flodatto (*E-J-R*) #3,4

Ott, Johann Christian, *11.11.1818 Worb b. Bern, †28.12.1878 Bern; - Ps. Hans der Bernermilize (*E-L-P*) #4

Ott, Johannes, *12.4.1902; - Ps. Hans Ott-Alzey (*P*) #3

Ott-Kluge, Heidelore, *20.6.1949 Sehnsen b. Nienburg; - Ps. Heidi Kluge (*E-L-P-R*) #3,4

Ottawa, Theodor, *28.7.1909 Leoben/Ö.; - Ps. Lois Bernegger; Erich Garden; Peter Markus (*E-F-P*) #3,4

Otte, Paul Alfred, *1903, †1987; - Ps. Adalbert Bornhagen

Ottendorff, Walther, *8.5.1902 Duisburg; - Ps. Walther Ottendorff-Simrock (*E-F-L-P*) #3,4

Otter, Christian, *17. Jh.; - gen. Der Erhaltende/DG-R #11

Ottersbach, Martha, *17.11.1871 Hamburg; - Ps. Hedda Fromberg (*E-J-L-N-R*) #1,3,4

Ottinger, Ralph Arthur, *16.12.1931 Zürich; - Ps. Martin Richard (*J-P*) #4

Ottmann, Viktor, *17.4.1869 Breslau, †1944; - Ps. Jens Larsen (*P*) #1,3,4

Otto, Amoene, *1774 Hof/Vogtl., †9.2.1837 Bayreuth; - Ps. Amalie von Obyron (*R*) #4,11

Otto, Bertram, *15.10.1924 Halle/S.; - Ps. Bert Baladin (*E-F-L-P-S*) #3,4

Otto, Georg Christian, *9.12.1763 Hof, †7.2.1828 Bayreuth; - Ps. Christianus; Georgius (*P*) #4,6,13

Otto, Georg Josef, *5.1.1920 Heidelberg; - Ps. Georg Otto Fetze (*J-P*) #3,4

Otto, Helene, *17.12.1856 Ribnitz; - Ps. Ellen Fulda; Ellen Otto-Fulda (*L-N-P-S*) #2,3,4

Otto, Hermann Waldemar, *14.4.1863 Hohenstein-Ernstthal/Sa.; - Ps. Waldemar Hohenthal; Signor Saltarino (*E-L-N-P-R*) #1,3,4,13

Otto, Johann Heinrich von, *17. Jh.; - gen. Der Zeugende/DG-L #11

Otto, Karl, *8.6.1902 Chemnitz, †18.10.1978 Chemnitz; - Ps. Otto Karl Friedrich (*E-L-P*) #3,4,14

Otto-Peters, Louise, *26.3.1819 Meißen, †13.3.1895 Leipzig; - Ps. Louise Otto; Otto Stern (*L-N-P-R*) #1,2,3,4,5,9,13,14

Otto-Walster, August, *5.11.1834 Dresden, †1898 Waldheim/Sa.; - Ps. Dr. Theodor Giftschnabel; Dr. Holofernes Honigschnabel (*D-E-L-N-P-R-S*) #4,14

Ottow, Fred, *15.11.1886 Dorpat, †18.9.1969 München; - urspr. Fred Otto (*E-P-R*) #3,4

Overbeck, Johannes, *27.3.1826 Antwerpen, †8.11.1895 Leipzig; - Ps. Woldemar (*D-L-P*) #1,4,13

Overbeck, Julius Otto, *14.8.1864 Dortmund; - Ps. Jus Overbeck (*L-S*) #3,4

Overberg, Daniel von, *17. Jh.; - gen. Der Nutzende/FG 758 #11

Overlack, James, *11.1.1877 Willich b. Krefeld, †24.3.1960 Delmenhorst; - Ps. Hans Haller (*R*) #3,4

Oxenius, Kurt, *21.6.1881 Marburg, †12.9.1950 Chemnitz; - auch Ochsenius (*L-N-P*) #3,4

Oxenstierna af Södermöre, Greve Axel, *16.6.1583 Fanö/Uppland, †28.8.1654 Stockholm; - gen. Der Gewünschte/FG 232/1634 (*P*) #11,12

P

Paalzow, Auguste Henriette von, *1788 Berlin, †30.10.1847 Berlin; - Ps. C. Friebe; Verf. von Godwie Castle *(E-P-R)* #1,2,4,9,13,19

Paar, Carl Egmont, *14.8.1914 Wien, †18.9.1983 Baden b. Wien; - Ps. Carl Paar-Charles *(E-L-R)* #3,4

Paar, Elisabeth, *19.10.1852 Kassel, †15.12. 1901 Kassel; - Ps. L. Gies *(N-R)* #1,2,3,4,19

Paar, Mathilde, *6.4.1849 Kassel, †23.6.1899 Leipzig; - Ps. Josef Trieb *(D-L-S)* #1,2,3,4

Paasche, Otto, *29.10.1907 Freiberg/Sa.; - Ps. Peter Paal *(E-L-P)* #3,4

Pabisch, Emmerich, *28.9.1881 Zlabings/Mähren; - Ps. Sigurd Richter *(L-P)* #3

Pabst, Erich, *23.11.1890 Elberfeld, †8.9.1955 Osnabrück; - Ps. Henrik Dockwiller *(S)* #4

Pabst, Johann Heinrich, *25.1.1785 Lindau b. Hildesheim, †28.7.1838 Wien; - auch Papst *(P)* #4,13

Pacher, Rafael, *21.7.1857 Semil; - Ps. Bruno *(P-S)* #3

Pachleitner, Hugo Maria, *25.3.1902 Linz/Do.; - Ps. Pachus *(E-L)* #3,4

Pachler, Faustus, *18.12.1819 Graz, †5.9.1891 Graz; - Ps. C. Paul *(D-L-R-S)* #1,3,4,11,13

Paechter, Heinz, *22.1.1907 Berlin, †10.12.1980 New York; - Ps. Henry Maximilian Pachter; Henri Rabasseire *(P)* #4,18

Paehge, Franz, *11.9.1868 Berlin; - Ps. Franz Walter *(E-P)* #3

Paeschke, Carl, *17.10.1895 Kriescht b. Sternberg; - Ps. Angelus *(P)* #18

Paetel, Erich, *30.6.1875 Berlin, †17.3.1949 Berlin; - Ps. Erich Hermann *(E-L-R-S)* #3,4

Paetel, Karl O(tto), *23.11.1906 Berlin, †4.5.1975 New York; - Ps. KO; KOP; Wolf Lerson *(P)* #3,4,18

Paetow, Franz, *21.2.1832 Rostock; - Ps. Franz Ihr *(P)* #3

Paetow, Karl, *19.3.1903 Fürstenwalde/Spree; - Ps. Karl Strate; Stratow *(E-P-R)* #3,4

Paffrath, Alfred Winand, *11.10.1895 Bonn; - Ps. Alfred W. P. Forster *(R)* #4

Paganus, Petrus, *30.3.1532 Wanfried/Hessen, †29.5.1576 Wanfried/Hessen; - eig. Petrus Dorfheilge *(L-P)* #4,11,13

Pahl, Johann Gottfried von, *12.6.1768 Aalen, †18.4.1839 Stuttgart; - Ps. Alethinos; Bruder Thomas; Hillmar; Sebastian Käsbohrer; Willibald Panshaf; Athanasius Wurmsamen *(E-P)* #1,4,6,11,13

Pahl, Walther,* (1933); - Ps. Lothar Frey *(P)* #18

Paier, Wilhelm, *14.12.1900 Wald b. Stainz/ Steierm.; - Ps. Will Novhere *(E-P)* #3

Pajeken, Friedrich Joachim, *25.3.1855 Bremen, †1920; - Ps. Oskar Mylius *(E-J)* #1,3

Pakatzki, Jasmine, *4.11.1958 Hamburg; - Ps. jasmine du pont *(L-P-R)* #3

Pakulat, Peter, *14.1.1957 Kiel; - Ps. Paku *(E-L-P-R)* #3

Palbitzky, Dionysius von, *17. Jh.; - gen. Der Deutschherzige/DG-R #11

Palbitzky, Matthias von, *17. Jh.; - gen. Der Muntere/DG-R #11

Paldamus, Friedrich Christian, *7.8.1763 Opperode/Anhalt, †17.3.1806 Dresden; - Ps. Paultomas *(P)* #4,11

Palisch, René, *29.11.1908 Neuenburg/ Schweiz; - Ps. William Duvanel *(E-R)* #3,4

Pallmann, Reinhold, *14.6.1835 Spremberg/ Niederlaus.; - Ps. R. Palm *(P)* #3,4

Palm, Erwin Max, *9.11.1903 Berlin; - Ps. Stewart E. Palm *(E-N-R-S)* #3,4

Palm, Hilde, geb. Domin, *27.7.1912 Köln; - Ps. Hilde Domin; Denise Brühl *(E-L-N-P-R)* #3,4,5,8,10,18

Palmen, Paul, *22.5.1901; - Ps. Paulchen; Paul Paddy Pegasus (E-*F-N-P-R)* #3

Paminger, Leonhard, *29.3.1495 Aschach/O.-Ö., †3.5.1567 Passau; - auch Bamminger; Paming; Päminger; Panniger; Penniger *(D-L-P)* #4,11,13

Pampel, Martha, geb. Link, *4.4.1913 Mülheim/Ruhr; - Ps. Martha Link *(E-P)* #3,4

Pampuch, Wanda, *6.9.1911 Zürich, †8.2.1972 München; - Ps. Wanda Bronska-Pampuch *(P-R)* #3,4

Pander, Oswald, *7.5.1881 Berlin; - Ps. Pan *(P)* #3

Panitz, Georg Hinrich, *30.1.1749 Hemme/ Dithmarsch., †23.8.1831 Dänischhagen b. Kiel; - Ps. Theodor Ernst *(P)* #4,6

Panizza, Oskar, *12.11.1853 Bad Kissingen, †28.9.1921 Bayreuth; - Ps. Louis Andrée; Bruder Martin; Hans Dettmar; Sven Heidenstamm; Hans Kistemaecker; Publius; Jules Saint Frois; Sarcastius *(D-E-L-P-S)* #1,3,4,5,

Pannes, Beate, *16.10.1954 Krefeld; - Ps. Alois Handauf *(P)* #3

Pannier, Karl, *21.7.1854 Dessau; - Ps. Karl Prienan *(L-P)* #4

Pannwitz, Helene, geb. Otto, *14.12.1887 Berlin; - Ps. Helene Otto *(J)* #3

Panse, Carl, *2.2.1798 Naumburg, †20.5.1871 Weimar; - Ps. Nepas *(D-E-P)* #1,4,6,11

Panske, Johann Leopold, *15.11.1854 Sluppi/ Westpr.; - Ps. J. L. v. Pfahlburg *(S)* #3,4

Panstingl, Friedrich, *2.7.1830 Wien; - Ps. Friedrich Pernett *(P)* #3

Panstingl, Günther, *23.6.1883 Wien; - Ps. Joh. M. Weltegast *(E-R)* #4

Pantaleon, Heinrich, *3.7.1522 Basel, †3.3.1595 Basel; - auch Bantlin; Pantlin *(P)* #4,13

Pantenburg, Lieselotte, geb. Kattwinkel, *27.3.1915 Solwytschegodsk/Rußl.; - Ps. Lieselotte Kattwinkel *(E-F)* #3,4

Pantenius, Theodor Hermann, *10.10.1843 Mitau/Kurl., †16.11.1915 Leipzig; - Ps. Theodor Hermann *(E-J-R-S)* #1,3,4

Pantzer, Hans, *15. Jh.; - auch Bantzer *(L)* #4

Pany, Leonore, *8.8.1877 Hollenburg/Donau; - Ps. H. Neuert; Rudolf Treuen *(E-N-P-R)* #4

Panzer, Georg Wolfgang Franz, *16.3.1729 Sulzbach, †9.7.1805 Nürnberg; - Ps. Arethaeus; Theophobus *(P)* #4,13

Pape, Claire, *(1910) Berlin; - Ps. Claire Mainzer; Claire Valen *(N-R)* #3

Pape, Emmy, *15.5.1887 Nienburg/Sa., †26.2. 1952 Waith; - Ps. Emmy Pa Pape *(P)* #3

Pape, Henry, *1.5.1877 Hamburg; - Ps. Sperber *(P)* #3

Pape, Joseph, *4.4.1831 Eslohe/Westf., †16.5.1898 Büren; - Ps. Joseph Spielmann *(D-E-L-N-P)* #1,3,4,13

Pape, Richard, *17.9.1874 Königsberg; - Ps. Hans von Sagan *(P)* #3

Pappenheim, Bertha, *27.2.1859 Wien, †28.5.1936 Isenburg b. Frankfurt/M.; - Ps. P. Berthold *(D-E-L-P)* #2,4

Pappenheim, Hans Christoph von, *26.11.1595, †18.11.1632; - gen. Der Brennende/FG 48/1621 #11,12

Papst, Helene, geb. Engelhardt, *21.8.1850 Wilecki/Litauen, †24.6.1910; - auch Pabst; Ps. Helene von Engelhardt; Helene von Engelhardt-Pabst; Helene von Engelhardt-Schnellenstein *(L-N-P)* #1,2,3,4

Paquet, Alfons, *26.1.1881 Wiesbaden, 1944; - Ps. Bernard Burger *(D-E-L-P)* #3

Paradis-Schlang, Ilka, *(1983); - Ps. Barbara von Bellingen *(R)* #3

Parasky, Charlotte von, geb. Luther, *14.1.1768 Clausthal/Oberharz, †19.3.1822 Halberstadt; - Ps. Charlotte Luther *(P)* #4

Parigi, Ingrid, geb. Boettlin, *21.6.1907 Windhuk; - Ps. Ingrid Boettlin *(P)* #3

Paris, Richard, *19.11.1849 Königsee/Thür.; - Ps. Carolin Justus *(L-R-S)* #3

Paris, Therese, *17.11.1868 Waldmünchen/ Bay., †um 1950 Weimar; - Ps. Carola Justus *(D-E-J-P-S)* #3,4

Pariser, Erna, *(1907) München; - Ps. Erna Ludwig *(D-E-L)* #3,4

Parisius, Ludolf, *15.10.1827 Gardeleben/Altmark, †11.3.1900 Berlin; - Ps. Paul Freimut; Hans Freimuth *(E-P)* #1,4

Parpart, Gertrud Baronin von, *27.7.1848 Schützow/Pommern; - Ps. Irma von Tiefenborn *(D-L-N-S)* #2,3,4

Parry, Hans-Heinz, *2.12.1904 Gröningen/ Magdeburg, †19.10.1977 Stuttgart; - Ps. Harry Dreyer; Will Drixner; Percy Parry; Willy Parry-Dreyzehner; Willy Parry-Drixner; Hans-Heinz Peters *(F-J-P-R)* #3,4

Parsa-Nejad, Bouzard, *1.12.1937 Teheran; - Ps. Cotswold; Jo Mehr *(L-P)* #3

Partz, Heinrich, *15. Jh.; - auch Bart; Bartes; Barz; Partsch; Parz *(L)* #4

Partzsch, Klaus, *5.2.1930 Klotzsche b. Dresden; - Ps. Klapa *(P)* #3

Pascal, Gaston Salvatore, *29.9.1941 Valparaiso/Chile; - Ps. Gaston Salvatore *(D-E-F-L-P)* #3,4,5,10

Paschwitz, Theodolinde von, *16.7.1848 Altdorf, †30.6.1939 Bayreuth; - Ps. Th. v. Parwitz *(D-E-L-R-S)* #2,3,4

Pasek, Hans, *27.1.1898 Starrkirch/Solothurn; - Ps. Hans Rotter *(E)* #4

Pasig, Johannes, *8.7.1854 Pegau/Sa.; - Ps. Theodor Johannes; Phil. Wehrhahn *(P)* #3

Pasig, Julius, *28.7.1848 Waldenburg; - Ps. Erwin v. Waldenburg *(L-N-P)* #3

Pasig, Paul, *27.6.1852 Leipzig, †28.1.1926 Leipzig; - Ps. Richard von Felsenegg; Dr. Lips; Theo Philander; Karl Schneeberg *(E-L-P)* #3,4

Passarge, Mario, *28.7.1890 Rom; - Ps. P. Mario; Pem; Transalpinus *(P)* #3

Passehl, Otto, *5.7.1874 Greifswald; - Ps. Otfried Marck *(P)* #3

Passer, Elisabeth, *16.5.1908 Wien; - Ps. Ruth Körner *(P)* #4,18

Passini, Grete, *9.7.1893 Linz/Do., †4.11.1974 Genf; - Ps. Grete von Urbanitzki *(L-R)* #3,4, 9,18

Passow, Hartwig von, *8.9.1599 Zehna b. Güstrow, †14.9.1644 Rostock; - auch Hartwig von Passau; gen. Der Krause/FG 157/1628 *(P)* #11,12

Passy, Otto, *5.1.1859 Gmunden, †9.8.1925 Gmunden; - Ps. Michel Traunsteiner *(E)* #4

Pattberg, Augusta, *24.2.1769 Neunkirchen/ Odenwald, †4.7.1850 Heidelberg; - Ps. Auguste P-g *(L)* #4,11

Patzelt, Hannelore, *20.3.1937 Tilsit/Ostpr.; - Ps. Hannelore Patzelt-Hennig *(E-L-R)* #3,4

Pauck, Heinz, *18.3.1904 Bielefeld; - Ps. Christian Schürhoff; Karl-Wilhelm Vivier *(F-P-S)* #3

Pauer, Ignaz, *27.6.1859 Waldegg/N.-Ö.; - Ps. Ahasver; P. v. Waldegg *(E-L-S)* #1,3,4

Paul, Adolf, *6.1.1863 Bromo/Schweden, †5.10.1943 Berlin; - Ps. Georg Wiedersheim *(D-E-L-N-P-R-S)* #3,4

Paul, Alexander, *28.1.1902 Danzig; - Ps. Karsten Pagel *(D)* #3

Paul, Elvira, geb. da Silva, *21.1.1864 Dresden *(N-P)* #2,3

Paul, Hildegard, geb. König, *20.11.1899 Wilhelmshaven; - Ps. Hildegard König; Paula König; Hildegard Paul-König *(N-R)* #3,4

Paul, Ingeborg, *15.1.1945 Dresden; - Ps. Ingeborg Sawade *(L)* #3,4

Paul, Margarete, geb. Degen, *11.8.1867 Leipzig; - Ps. Paul Degen *(D)* #3,4

Paul, Richard, *27.6.1903 Hof; - Ps. Schreiber *(L-N-P-S)* #3,4

Paul, Richard, *25.8.1843 Breslau, †18.1.1900 München; - urspr. Richard Paul Wurst *(D-L)* #1,3,4

Pauli, Daniel, *17. Jh.; - gen. Poliander/ES #11
Pauli, Joachim, *(1664); - Ps. Der Treffliche (*L*) #4,13
Pauli, Karl, *8.3.1856 Nieder-Wiesa b. Greifenberg/Schles., †1918 Berlin; - Ps. Xaver Gesenius (*D-S*) #1,3,4
Pauli, Magdalena, *4.11.1875 Bremen, †5.8.1970 Hamburg; - Ps. Marga Berck (*E-P*) #3,4
Paulick, Margarete, *22.6.1869 Naumburg, †19.12.1964 Berlin; - Ps. Hans Lorenz (*S*) #3,4
Paullini, Christian Franz, *26.2.1643 Eisenach, †10.6.1712 Eisenach; - gen. Der Wachsame/FG 819/1672; Uranius/PB; Ps. Arion I.; Esaias Dahlborn (*E-L-P*) #4,6,11,13
Paulsen, Franziska, *14.12.1888 Berlin, †5.9.1971 Berlin; - Ps. Franziska Otto (*L-N-R*) #3,4
Paulsen, Frederick, *12.9.1891 Wien, †5.9.1951 New York; - urspr. Siegfried Pollak (*L-N-P-R*) #3,4,12
Paulssohn, Joachim, *17. Jh.; - gen. Der Treffliche/DG-L #11
Paulus, Caroline, *14.9.1767 Schorndorf, †11.3.1844 Heidelberg; - Ps. Freundin Goethes und Schillers aus Heidelberg; E. H.; Eleutheria Holberg (*D-E-N-P*) #1,2,4,6,11,13
Paulus, Heinrich Eberhard Gottlob, *1.9.1761 Leonberg, †10.1.1851 Heidelberg; - Ps. Dr. C. F. A. Schott; Magis Amica Veritas (*P*) #4,11,13
Paulus, Herbert Hermann Ludwig Hans, *23.4.1913 Starnberg; - Ps. Hermann Ludwig (*D-E-L-P*) #3,4
Pauly, Heinrich, *3.7.1906 Weimar; - Ps. Henry Gottfried Coradeo (*P*) #3,4
Pauly, Margarete, *19.7.1882 Eberswalde, †30.11.1941 Radebeul; - Ps. Aja Berg (*N-R*) #3,4
Pauly, Tony, *13.4.1842 Liebemühl/Ostpr., †8.7.1903; - Ps. Antoinette; Antonius; Cyrillus; Hans Czirn (*E-N-P*) #2,3,4
Paumgartner, Bernhard, *14.11.1887 Wien, †27.7.1971 Salzburg; - Ps. Magerhart Prunnbader (*F-L-P-S*) #3,4
Paumgartten, Karl, *18.12.1872 Wien, †5.3.1927 Wien; - Ps. de Gal; Karl Huffnagl; Karl Huffnagl-Paumgartten; La Hire; Z. A. Springh; Nithart Stricker (*L-P*) #3,4
Pauquet, Peter Paul, *1.10.1911 Köln; - Ps. Rolf Raduun (*D-E-J-P-R*) #3,4
Paust, Ingerose, geb. Friedrich, *22.5.1929 Kuhnern/NS.; - Ps. Ingerose Friedrich (*E-N-R*) #3
Pavlowski, Fred, *26.1.1895 Klagenfurt; - Ps. Fred Hennings (*P*) #3,4
Pawel, Carl, *3.1.1877 Brünn/Mähren, †20.4.1965 Salzburg; - Ps. Karl Paul (*D-P-S*) #3,4
Pawel, Carl Friedrich von, *1621, †1693; - gen. Der Diensame/FG 461/1646 #11,12
Pawel, Georg Friedrich von, †1680 Bergzabern; - gen. Der Lustige/FG 477/1647 #11,12
Pawel-Rammingen, Alexander Baron von, *30.7.1855 Gotha; - Ps. Ritter mit dem Dorn (*L-P*) #1,3,4
Pawelsz, Richard von, *7.12.1872 Stade; - Ps. R. von der Gruben (*D-R*) #3,4
Pawlecki, Johannes, *22.2.1864 Schönlanke/Posen; - Ps. Hans Offen; Hans von der Osten (*L-P*) #3,4
Pawloff, Caroline, geb. v. Jänisch, *1812 Jaroslaw/Rußl.; - Ps. Caroline Jänisch (*S*) #4
Pawlowski, Mila, geb. Lippmann, *16.3.1912 Offenbach; - Ps. Mila Lippmann-Pawlowski (*J*) #3,4
Paysen, Hilda Ottilie, geb. Palmé, *26.9.1843 Hamburg, †Berlin; - Ps. H. Olivet; Hilda Ottilie Palmé-Paysen (*N-R-S*) #1,2,3,4
Pazaurek, Gustav Edmund, *21.5.1865 Prag, †27.1.1935 Altmannsdorf b. Leutkirch; - Ps. Gustav Edmund (*L-P-S*) #1,3,4
Pazdera, Leopold Franz, *13.6.1861 Klagenfurt, †2.8.1932 Klagenfurt; - Ps. Leo Carinthus (*D*) #1,4
Peblis, Georg Hans von, †um 1650; - auch Georg Hans von Popelitz; Georg Hans von Pöplitz; Georg Hans von Peblitz; gen. Der Sanfte/FG 102/1625 (*P*) #11,12
Peccatel, Georg; - gen. Der Behaltende/FG 305/1636 #11,12
Pech, Henriette, *18.11.1847 Prag; - Ps. Elisa Krasnohorskà (*L-P-S*) #2
Pech, Otto, *4.9.1882 Altenburg; - Ps. Pix (*D*) #3
Pechhold, Rudolf Karl, *26.2.1863 Wien; - Ps. Michel Treu (*E-L-P*) #3,4
Pechmann, Auguste Freiin von, *17.2.1846 Berchtesgaden; - Ps. Martha Friede (*E-J-P*) #2,3,4
Pederzani, Hans Albert, *30.9.1923 Berlin; - Ps. A. G. Petermann (*E-F-J-R-S*) #3,4
Peet, Georgia, *1.8.1923 Malko-Trnovo/Bulg.; - Ps. Georgia Peet-Tanewa; Georgia Tanewa (*L-P*) #3,4
Pehlgrimm, Walter, *15.10.1900 Wolgast/Pommern; - Ps. Volker Ehrhardt-Weyer (*E-L-P*) #3
Peickert, Erna, *23.1.1880 Dortmund; - Ps. Erna Peickert-Graefinghoff (*L-M-P*) #3
Peine, Theodor, *4.6.1892 Dortmund; - Ps. Rolf Rolfsen (*F-R*) #3
Peinemann, Bernhard, *30.4.1948 Helmstedt; - Ps. Steve B. Peinemann (*L-P*) #3,4
Peinemann, Georg, *18.5.1913 Barottwitz b. Breslau; - Ps. Ritter Georg (*E-F-L-S*) #3,4
Peinlich, Richard, *5.5.1819 Graz, †29.7.1882 Graz; - urspr. Gabriel Peinlich (*L-P*) #1,4,13
Peis, Günter, *23.7.1927 Leoben/Steiermark; - Ps. Günter Alexander (*F-J-P*) #3,4
Peiser, Curt, *6.10.1877 Breslau, †1942 Bombay; - Ps. Tom der Schüttelreimer (*L-P-S*) #3,4

Peiser, Lillie Marie, *24.5.1914 Posen, †27.1.1986 Los Angeles; - Ps. Lilli Palmer (*P*) #3,4
Peithner von Lichtenfels, Elisabeth, *29.4.1925 Teplitz-Schönau; - Ps. Elisabeth Lichtenfels (*L-P*) #3,4
Peitl, Paul, *2.8.1853 Wien; - Ps. Paul Mannsberg; Paul Mannsfeld (*P-S*) #3,4
Pekarek, Franziska J., geb. Brunner, *27.12.1888 Wien; - Ps. Franzi Brunner (*L-P-R*) #3,4
Pelger, Carltheodor, *29.3.1890 Annen/Westf., †Höverbriege b. Paderborn; - Ps. Dor-Cendraburg (*D-R*) #3
Pellicer, Johann Georg, *1636 Lübeck, †4.6.1682 Ratzeburg; - gen. Der Zierende/DG-R; Thyrsis/PB; auch Der Niedersächsische Thyrsis (*L-P*) #4,11,19
Pellicer, Matthias, *17. Jh.; - gen. Der Gezierte/DG-L; Lysis/PB #11
Pellichower, Marcel, *9.12.1908 Wien, †1945 Schweiz; - Ps. Marcel Pellich (*L*) #4,18
Pellinghoff, Elsbet, *11.5.1891 Halle/S., †1.9.1972 Bonn; - Ps. Christa Berndt (*F-J-R-S*) #3,4
Peltz, Friede, *4.10.1899 Rössel/Ostpr.; - Ps. Friederike Clemens; Barbara Degen; Marie Osten (*D-F-J-L-N-R*) #3,4
Peltzer, Karl, *21.8.1895 Köln, †9.1.1977 Mittersill/Ö.; - Ps. Behrensberg (*E-F-L-N-P-R*) #3,4
Pelzel von Staffalo, Henriette, geb. Schrott, *24.7.1877 Innsbruck, †10.2.1962 Meran-Obermais; - Ps. Henriette Schrott-Pelzel (*E-R*) #3,4
Pelzeln, Franziska Edle von, *6.12.1826 Wien, †12.8.1904 Wien; - Ps. Henriette Franz (*R*) #1,2,3,4,13,19
Pelzeln, Maria Edle von, *4.12.1830 Wien, †25.7.1894 Wien; - Ps. Emmy; Emma Franz (*E-N-R*) #1,2,3,4,13,19
Pelzer, Karlheinz, *21.5.1926 Düsseldorf; - Ps. Carla van Kuyk (*E-J-P*) #3,4
Penkala, Alice, *8.2.1902 Wien; - Ps. Robert Anton; Berta Bruckner; Anneliese Meinert (*E-R*) #3,4
Penkawa, Maria Theresia, *14.10.1891 Klosterneuburg; - Ps. Maria Theresia Praßnigger; Ridi Walfried (*S*) #3,4
Pentz, Christian Graf, *1600, †1651 Flensburg; - gen. Der Ansehnliche/FG 281/1636 #11,12
Pentz, Marie, *17.6.1870 Neustrelitz/Meckl., †1945 Ribnitz/Meckl.; - Ps. M. v. P.; M. von Panitza (*E-J*) #4
Penzel, Barbara Juliana, *Nürnberg, †1674 Pfedelbach/Hohenlohe; - auch Penzlin; Ps. Daphne (*L*) #6,19
Penzler, Johannes, *13.12.1850 Zossen; - Ps. Ph. Wilhelm Jonas (*P*) #3
Penzoldt, Ernst, *14.6.1892 Erlangen, †27.1.1955 München; - Ps. Fritz Fliege (*D-E-L-N-P-R-S*) #3,4,5,8,10,14
Penzoldt, Friederike, *31.3.1898 Helmbrechts, †25.5.1975 München; - Ps. Friedi Heimeran (*E-J*) #3,4
Peres, Balthasar, *17. Jh.; - gen. Der Werkliche/FG 761 #11
Perfall, Karl Theodor Freiherr von, *24.3.1851 Landsberg/L., †1.9.1914 Schönenberg/Sieg; - Ps. Theodor v. d. Ammer (*D-E-N-R*) #1,3,4
Pergande, Kurt, *22.9.1907 Lauenburg/Pommern, †10.2.1964 Hamburg; - Ps. Curt Cäsar Winter (*E-R*) #3,4
Pergher, Joseph, *23.4.1902 Auherzen/Böhmen, †10.3.1970 Dinkelsbühl; - Ps. Sepp Vielgereuth (*E-L-P-S*) #3,4
Perkins, Peter, *(1984); - Ps. Jerry Cotton (*R*) #16
Perl, Änne, *31.8.1897 Köln, †3.11.1970 Trier; - Ps. Sölvy (*E-L*) #3,4
Perl, Ernst Paul Salvator, *8.5.1863 Wien; - Ps. Ernst Rügen (*E-N-P*) #1,3,4
Perl, Henriette, *24.12.1843 Lemberg, †10.5.1915 Fürstenfeldbruck; - Ps. Mora; Henry Perl (*N-P-R-S*) #2,3,4
Perl, Jakob, *1.7.1824 Wien; - Ps. J. P. Ostland (*L-P-S*) #1,3,4
Perlep, Olga, geb. v. Werther, *(1898) Budapest; - Ps. Olga v. Werther (*L-P*) #3,4
Perlwitz, Erich, *12.12.1927 Templin/Uckermark; - Ps. Bardowics (*L-P-R*) #3,4
Pernauer Freiherr von Perney, Johann Friedrich Adam, *7.11.1660 Steinach/N.-Ö., †14.10.1731 Rosenau b. Coburg; - gen. Daphnis/PB (*P*) #4,11
Perné, Emma de, *2.11.1852 Schönpriesen; - Ps. Geraldus; Giraldine (*P*) #2,3
Perneder, Andreas, *Ried/Bayern, †19.12.1543 München; - auch Pernoeder (*P*) #4,13
Perponcher, Friedrich Carl Graf, *23.8.1896 Demmin/Pommern; - Ps. Fritz Wilding (*F-S*) #3
Persich, Walter Anatole, *5.7.1904 Hamburg, †23.5.1955 Hamburg; - Ps. Christoph Walter Drey (*E-P-R*) #3,4
Perthaler, Johann von, *31.10.1816 Olang/Pustertal, †11.3.1862 Wien; - Ps. Sylvester (*L-P*) #1,4,13
Perthes, Hans, *5.1.1895 Dessau; - Ps. P. R. Thes (*E-P-R*) #3,4
Pertsch, Johann Georg, *14.12.1651 Münchberg, †4.1.1718 Gera; - gen. Menalcas/PB (*L-P*) #4,11,13
Pesch, Heinrich, *17.9.1854 Köln, †1.4.1926 Valkenburg/Holland; - Ps. Heinrich (*P*) #3,4
Pesch, Tilmann, *1.2.1836 Köln, †18.10.1899 Valkenburg/Holland; - Ps. Gottlieb (*P*) #3,4,13
Peschkau, Emil, *19.2.1856 Wien; - urspr. Emil Nitsch (*E-L-N-P-R-S*) #1,3,4
Peschke, Hans, *24.6.1923 Breslau; - Ps. W. Brown; William Brown; Peter Hansen; Gregory Kern; Harvey Patton; Harvey Pearson; Harry F. Wilden (*E-P-R*) #7,16

Peschke, Julius, *13.8.1865 Buschbergsthal/Ö.-S., †12.11.1935 Hohenau/N.-Ö.; - Ps. Julianus; Jupaul; Janus Sylvestris (*P-R-S*) #3,4

Peschmann, Max, *26.6.1852 Waldenburg/Schlesien, †1.12.1911 Waldenburg/Schles.; - Ps. Max Waldenburg (*E-L-P-S*) #3,4

Pesendorfer, Friedrich, *9.3.1867 Gmunden/O.-Ö., †7.5.1935 Linz/Do.; - Ps. Onkel Fritz; Poeticus; Friedrich v. d. Traun; Friedrich von Traunsee; Fritz Ulk (*D-E-J-L-P-S*) #1,3,4

Pessiack, Louise, *12.6.1828 Laibach, †31.3.1898 Laibach; - auch Pesjak (*L*) #4

Peßler, Dora, *4.4.1893 Graz; - Ps. Theodor Arthus; Dora Niemann; D. Pead (*E-N-P-R*) #3,4

Pestalozzi, Josef Graf von, *17.6.1868 Augsburg; - Ps. Hermann v. Halden (*N-P*) #3

Peter, Alice, geb. Jürgens, *8.4.1905 Geestemünde; - Ps. Alice Jürgens; Helke Jürgensen (*F-L-P-R*) #3,4

Peter, Eva Hermine, *26.2.1863 Meiningen/Thür., †14.2.1945 Freiburg/Br.; - Ps. Hero Max (*D-E-L-N*) #1,2,3,4

Peter, Heinrich, *12.9.1883 Mannheim; - Ps. Peter Hanno (*D-F-L-M-R-S*) #3,4

Peter, Johann, *23.2.1858 Buchwald/Böhmen, †14.3.1935 Winterberg/Böhmen; - Ps. H. v. Buchenwald; H. v. d. Moldau (*E-J-L-P*) #1,3,4

Peter, Karl, *10.3.1889 Hamburg; - Ps. Tierpeter (*E-P*) #3,4

Peter, Richard, *19.8.1881 Grenzhausen b. Wiesbaden; - Ps. Peter Grenzhauser (*L-P*) #3,4

Peter, Sidonie, *10.8.1855 Auerbach/Vogtl.; - Ps. W. Kästner (*E*) #2,3,4

Peter, Siegfried, *5.2.1915 Furth i. W.; - Ps. Friedl Thorward (*R*) #3

Peter von Andlau, *um 1420 Andlau/Elsaß, †5.3.1480 Basel; - auch Petrus de Andelow (*P*) #4,15

Peter von Haselbach, *um 1440 Haselbach/N.-Ö., †8.1.1506 Klosterneuburg; - eig. Peter Eckel; auch Eglil (*P*) #4

Peter von Zittau, *um 1275 Zittau, †um 1339 Königsaal/Böhmen; - auch Peter von Königsaal (*L-P*) #4

Peterka, Richard, *13.4.1907 Bozen; - Ps. R. P. Ferrari; R. Peterca-Ferrari (*P*) #3

Petermann, Fritz, *21.2.1835 Ellrich a. Harz; - Ps. Fritz Peter (*P-R*) #1,3,4

Petermann, Helga, *6.2.1933 Hamburg; - Ps. Leona Siebenschön (*P*) #3,4

Peternell, Anna von, *19.12.1846 Karlsruhe; - Ps. A. Oltroff (*N-P*) #2,3

Peternell, Pert, *30.8.1909 Sillweg/Steierm., †11.6.1970 Salzburg; - Ps. Vierzeilermann (*E-P-R*) #3,4

Peters, August, *4.3.1817 Taura b. Chemnitz, †4.7.1864 Leipzig; - Ps. Elfried von Taura (*E-N-R*) #1,4,13

Peters, Carl, *27.9.1856 Neuhaus/Elbe, †10.9.1918 Bad Harzburg; - Ps. C. Fels (*P*) #4

Peters, Henry, *12.7.1902 Nymwegen/Holland; - Ps. Henry Peters-Arnolds (*E-F-R-S*) #3,4

Peters, Lisa, *8.6.1907 Bonn; - Ps. E. M. A. Stein (*L-P*) #3

Peters, Markus, *1965; - Ps. Peter Hennicke (*R*)

Peters, Werner Hermann, *27.3.1929 Lüneburg, †18.3.1984 Karlsruhe; - Ps. Staff Caine; Jerry Cotton; John Curtis; R. Gordon; G. W. Jones; Jeff Mescalero; Neil Porter; Ted Scott; Bert Stranger (*E-P-R*) #7,16

Peters, Wilhelmine, *13.10.1837 Elbing; - Ps. Anna Fromm (*E-N*) #1,2,3,4

Petersdorff, Ulrike von, *5.6.1843 Prust/Westpr., †14.11.1914 Achern/Baden; - Ps. Heribert Bauer (*E-N-R*) #1,2,3,4

Petersen, Adelheid, geb. v. Sybel, *6.10.1878 Freiburg/Br., †3.5.1966 Darmstadt; - Ps. Adelheid von Bernus; Adelheid von Sybel-Bernus; Adelheid von Sybel-Petersen (*E-L-M-P*) #3,4

Petersen, Albert, *24.8.1883 Husum, †28.6.1943 Hamburg; - Ps. Mettlerkamp (*E-R*) #3,4

Petersen, Aloysius Josef Hermann, *20.8.1899 Osnabrück; - Ps. Alwin Pedersen (*E-P*) #3,4

Petersen, Carol, *23.2.1914 Bukarest; - Ps. Otto Mirca (*L-P*) #3,4

Petersen, Georg Paysen, *1.12.1852 Rendsburg, †28.6.1928 Eppendorf b. Hamburg; - Ps. Georg Paysen-Petersen (*E-J-P*) #1,4

Petersen, Johann Wilhelm, *24.2.1758 Bergzabern, †16.12.1815 Berlin; - Ps. Johann Wilhelm Placidus (*L-P*) #4,6,13

Petersen, Johann Wilhelm, *1.6.1649 Osnabrück, †31.1.1727 Thymern b. Zerbst; - gen. Petrophilus/PB (*L-P*) #4,11

Petersen, Johanna Eleonora von, *25.4.1664 Frankfurt/M., †1724 Thymern b. Zerbst; - gen. Phoebe/PB (*P*) #2,4,11

Petersen, Karin, *27.9.1950 Bodenwerder; - Ps. Ma Prem Pantho (*E-F-J-L-P-R*) #3,4

Petersen, Margarete, geb. Heilandt, *21.6.1898 Mannheim; - Ps. Margarete Heilandt (*J*) #3

Petersen, Thusnelda, geb. Kühl, *14.8.1872 Kollmar/Holst., †24.7.1935 Nortorf/Holst.; - Ps. Thusnelda Kühl (*E-N-R*) #3,4

Petersilie, Erich, *14.12.1877 Berlin; - Ps. Erich Erichson (*D-E-N*) #1,3,4

Petersohn, Dietrich, *17. Jh. Hamburg; - gen. Der Verharrende/DG-R #11

Petersohn, Karl Christoph, *10.4.1780 Gondelsheim/Baden, †29.10.1819 Karlsruhe; - Ps. Karl Edmund (*L-P*) #4

Peterson, Eugen, *2.2.1860 Elbing; - Ps. Eugen Menoch (*D*) #3,4

Peterson, Luise, geb. Huhn, *29.4.1828 Thorn/Westpr., †29.6.1902 Liegnitz; - Ps. Äsculap; Frank Donatus; Luise Huhn; Egon Velten; Erna Velten (*E-J-N-R*) #1,2,3,4

Peterssen, Friedrich Karl, *6.1.1829 Emden; - Ps. Ein Deutschpariser; P. Schwarz (*P-R*) #1,3,4
Petersson, Erich, *19.8.1876 Danzig; - Ps. Peter Robinson (*E-N-P*) #3,4
Peterswald, Siegmund von; - gen. Der Scharfsprützende/FG 94/1624 (*P*) #11,12
Petras, Maria Bonifatia, *23.4.1874 Oppeln, †23.10.1942 Liebenthal/Schles.; - Ps. M. Fels (*D-E-J-R-S*) #3,4
Petrasch, Eugenie, geb. Wohlmuth, *6.12.1860 Brünn; - Ps. Eugenie Wohlmuth (*E-L-P*) #1,4
Petrasch, Joseph Freiherr von, *19.10.1714 Brod/Slawonien, †15.5.1772 Neuschloß/ Mähren; - Ps. Peter Asch; Petrus Cinereus (*D-L-S*) #1,4,11,13
Petraschek, Beata, *20.6.1876 Graz; - Ps. Beata von Juraschek (*L-N-R*) #3,4
Petrasovics, Gabriele, *2.2.1889 Brünn, †22.6.1973 Wien; - Ps. Gabriele Maria Arthur (*D-E-L-P*) #3,4
Petri, Heinrich Philipp, *1.1.1788 Berlin; - Ps. P. S. Abel (*P*) #6
Petrowsky, Erika, geb. Mitterer, *30.3.1906 Wien; - Ps. Erika Mitterer (*D-E-L-R*) #3,4,5, 8,9,10
Petrucco-Lütschg, Béatrice, *2.7.1933 Bern; - Ps. Vera Fröhlich (*E-L*) #3
Petry, Ernst, *6.5.1925 Bliesransbach/Saar, †9.11.1965 Hamburg; - Ps. Ernest Nicolaus Widoc (*P-R*) #3,4
Petsch, Robert, *4.6.1875 Berlin, †10.9.1945 Hamburg; - Ps. P. Robert (*P*) #3,4
Petscher, Hans, *7.12.1921 Haidenbach/Kärnten; - Ps. Kalchbartl (*E-F-L*) #3,4
Pettersch, Karl Hugo, *23.3.1850 Friedland/ Böhmen, †6.5.1904 Wien; - Ps. Carl Hugo (*P*) #1,3,4
Petuchowski, Elisabeth Rita, geb. Mayer, *10.11.1924 Bochum; - Ps. Elisabeth Mayer (*P*) #3,4
Petz, Nikolaus, *26.11.1918 München; - Ps. Richard Munk (*E-P*) #3,4
Petzel, Caroline Wilhelmine (Minna), geb. Lentze, *11.12.1827 Schollene/Havel; - Ps. Martin Claudius; Caroline Wilhelmine Lentze (*E-J*) #1,4
Petzel, Henriette Rosalie, *21.4.1831 Schollene/Havel; - Ps. Martin Claudius; Gotthelf Rosen (*E-J*) #4
Petzel, Maria Luise, *4.1.1835 Schollene/Havel, †1917 Dresden; - Ps. Martin Claudius; M. Redeatis (*E-J*) #2,3,4
Petzel, Wilhelmine, *12.1.1802 Sanodw/Mark Brand., †2.10.1885 Berlin; - Ps. Martin Claudius (*E-J*) #4
Petzendorfer, Ludwig, *26.11.1851 Murnau; - Ps. L. v. Murnau (*P*) #3
Petzina, Karl, *11.1.1890; - Ps. K. J. v. d. Theim (*P-R*) #3,4
Petzold, Emil, *18.2.1853 Kirchberg/Sa.; - Ps. E. Rosalba (*D-R*) #3,4
Petzold, Günther, *6.7.1920 Breslau; - Ps. Christian Petz (*L-N-P*) #3,4
Petzold, Johann Valentin, *1648 Passail/Steierm., †um 1730; - Ps. Kilian Brustfleck (*P-S*) #4
Petzold, Traute, *27.1.1905; - Ps. Gert Hedebrügge (*S*) #3
Petzoldt, Marianne, *4.6.1904 Leipzig; - Ps. Marianne Graefe (*L-P*) #3
Peucer, Caspar, *6.1.1525 Bautzen, †25.9.1602 Dessau; - Ps. Quirinus Reuterus (*P*) #4,13
Peucer, Friedrich, *26.9.1779 Buttstädt b. Weimar, †29.1.1849 Buttstädt b. Weimar; - Ps. Creupe; Edmund Ost (*D-P*) #1,4,6
Peuckel, Karl August Freiherr von, *17. Jh.; - gen. Der Erfreuliche/FG 839 #11
Peuger, Benedikt, *17.8.1755 Kessen, †um 1828 München; - Ps. Benedikt Euperg (*P*) #4,13
Peulen, Karl, *(1956); - Ps. Tim Tobby (*R*) #3
Peuler, Wilhelm, *16.3.1905 Gelsenkirchen-Buer; - Ps. Otto Reinhold (*P*) #3,4
Peyer, Emmy, *30.1.1888 Brunshaupten/Mecklenb.; - Ps. Marieluise Berg (*P-R*) #3,4
Peyer, Hans, *20.8.1915 Bern; - Ps. Johann Christoph Wohlgemuth (*N-P*) #4
Peyer, Johann Conrad, *1707 Schaffhausen, †1768 Schaffhausen; - Ps. Pythagoras (*L*) #4, 11,13
Peyerl v. Peyersfeld, Helene, *1880 Kimpolung/Bukowina; - Ps. Helene Czechowski-Peyersfeld (*L*) #1,4
Pezold, Leopold von, *6.7.1832 Fellin/Livland, †22.4.1907 Karlsruhe; - Ps. A. Fellin (*P*) #3,4
Pfaeffli, Carina, *21.12.1908 Nürnberg; - Ps. Carina Tauscheck (*E-F-J-L-P*) #3,4
Pfaehler, Karin, geb. Thimm, *4.3.1931 Berlin; - Ps. Karin Thimm (*F-J-P*) #3,4
Pfaff, Brigitte, *10.11.1929 Stuttgart; - Ps. Birgit Keller (*J*) #3
Pfaff, Elli, *18.8.1872 Niederlahnstein; - Ps. Elli Pfaff-Joerissen (*L*) #3
Pfaff, Else, *21.9.1867 Erlangen; - Ps. Els von Wildegg (*E-N-R*) #3,4
Pfaff, Ludwig, *2.3.1819 Jägersburg b. Groß-Rohrheim/Hessen; - Ps. v. Jägersburg; Pfaff von Jägersburg (*L*) #1,3,4
Pfaff, Wolfgang, *(1984); - Ps. Susuki Grunz (*P*) #3
Pfändler, Marcel, *5.3.1927 St.Gallen; - Ps. Marc Noldren; Martin Renold; Taccio (*E-J-L-N*) #3,4
Pfannenschmidt, Julie, geb. Burow, *24.2.1806 Kydullen/Ostpr., †20.2.1868 Bromberg/Posen; - Ps. Julie Burow (*E-J-N-R*) #1,4,9,13
Pfannkuch, Gerhard, *17. Jh.; - gen. Der Befestigende/FG 886 #11
Pfannmüller, Donatus, *2.3.1873 Schlitz/ Rhön; - Ps. Jeremias Elogius Tobias Eisenbart (*E-M-P-S*) #3,4

Pfau, Caspar, *8.11.1596 Warmsdorf/Anh., †2.12.1658 Harzgerode; - gen. Der Anhaltende/FG 412/1644 #11,12

Pfau, Elisabeth, *26.7.1862 Leipzig, †7.5.1931 Leipzig; - Ps. Caelestis jr.; Elisabeth von Otto; E. Schirmer (*D-J-P-R*) #3,4,7

Pfau, Jutta, *16.6.1930 Chemnitz; - Ps. Tina Feuerbach; Carola Lindner (*R*) #3,4

Pfau, Karl Friedrich, *5.3.1857 Zwenkau; - Ps. Erich Blum; Richard Blum (*P*) #3

Pfaundler von Hadermur, Hermann, *12.12.1882 Innsbruck; - Ps. Hermann Pfaundler (*L*) #3,4

Pfeffer, Heinrich, *25.10.1908 Bamberg, †10.11.1978 Würzburg; - Ps. Otto Bell; Alexander Benalti; Thomas Beryll; Harry Darry; Max Morgan; Musaget Murgel; Manfred Thomas; Ottokar Wendel (*E-R*) #3,4

Pfeffer, Maria, geb. Kirchgeßner, *6.2.1908 Kösching; - Ps. Maria Kirchgeßner (*E-F-J-R*) #3,4

Pfeffer, Tina, *21.12.1904 Linz/Do.; - Ps. Michaela Rott (*E-J-L*) #3,4

Pfeiffer, Eduard Adolf, *16.9.1888 Nürnberg; - Ps. Eduard Adolf Pfeiffer-Ringenkuhl (*E-P*) #3,4

Pfeiffer, Else, geb. Bonhöffer, *16.10.1891 Belsenberg/Württ., †1.5.1959 Stuttgart; - Ps. Else Pfeiffer-Bonhöffer (*F-L-M-N-R-S*) #3,4

Pfeiffer, Freimund, *5.5.1810 Eutin, †28.12.1841 Oldenburg; - Ps. W. Freimund (*L-P*) #1,4

Pfeiffer, Georg Philipp, *19.12.1887 Darmstadt, †1926 Darmstadt; - Ps. Georg Alfredy; Dietmer Lauermann; Dr. Verus (*E-L-P-R*) #3,4

Pfeiffer, Georg Wilhelm, *21.9.1795 Frankfurt/M., †22.8.1871 Frankfurt/M.; - Ps. G. W. P. von Frank (*L-N-P-S*) #1,4,11

Pfeiffer, Helmut, *25.4.1904 Fulda; - Ps. Helmut Brandis (*F*) #3

Pfeiffer, Maximilian, *21.12.1875 Rheinzabern, †3.5.1926 München; - Ps. Max Joseph (*P*) #3,4

Pfeiffer, Maximilian Georg, *1.6.1859 Zwickau; - Ps. Ibicus (*L-P*) #3,4

Pfeiffer, Otto, *6.7.1850 Kirchschlag/N.-Ö.; - Ps. Austriacus (*P*) #3

Pfeiffer-Belli, Erich, *18.8.1901 Heidelberg; - Ps. Andreas Heldt (*E-N-P*) #3,4

Pfeil, Heinrich, *18.12.1835 Leipzig, †17.4.1899 Gohlis b. Leipzig; - Ps. Heinrich Stein (*E-L-P*) #1,3,4

Pfeil, Karl August Friedrich, *Ronneburg/Sa., †11.4.1814; - Ps. Karl Binni (*E-J-P*) #6

Pfeilschifter, Johann Baptist von, *27.9.1793 Höfen b. Cham, †16.1.1874 Regensburg; - Ps. Bernhard Wagner (*P*) #4,13

Pfeilschmidt, Ernst, *20.10.1809 Großenhain/Sa., †10.3.1894 Dresden; - Ps. Treumund Schwertfeger (*L*) #1,4

Pfemfert, Alexandra, geb. Ramm, *31.12.1883 Starodub/Rußl., †17.1.1963 Berlin; - Ps. Alexandra Ramm (*P-R*) #3,4,18

Pfemfert, Franz, *20.11.1879 Lötzen/Ostpr., †26.5.1954 Mexiko; - Ps. U. Gaday; Dr. S. Pulvermacher; August Stech (*L-P*) #3,4,8,18

Pfeneberger, Joseph, *4.1.1880 Natternbach; - Ps. Remigius Gottfried; Joseph von Nordenbach (*L-P*) #3

Pfenninger, Johann Konrad, *15.11.1747 Zürich, †11.9.1792 Zürich; - Ps. Johannes Bieder v. S. (*L-P*) #4,11,13

Pferdekamp, Wilhelm, *6.8.1901 Düsseldorf, †22.2.1966 Freiburg/Br.; - Ps. Arnold Nolden (*E-J-N-R*) #3,4

Pfersmann von Eichthal, Rudolf, *18.3.1877 Mährisch-Trübau, †17.7.1974 Wien; - Ps. Rudolf von Eichthal (*E-F-N-R*) #3,4

Pfirter, Marc, *(1983); - Ps. Marc Ferret (*P*) #3

Pfister, Andreas, *2.8.1899 Arnstein/Ufr., †26.11.1980 Würzburg; - Ps. Wernau (*J-L-P-R*) #3,4

Pfister, Ernst, *22.11.1904 Berlin; - Ps. Ernst Punks (*E-P-R*) #3,4

Pfister, Paul, *26.3.1897; - Ps. Martin Firmbach; Fr. Günther (*J-P*) #3,4

Pfitzner, Hein, *23.5.1920 Liegnitz; - Ps. Peter Falk; Hein Hansen; Peter Soyen (*J*) #3,4

Pfitzner, Helmut, *(1984); - Ps. Claus H. Wellner (*L-P*) #3

Pflagner, Margit, geb. Schneider, *13.9.1914 Bielitz/Schles.; - Ps. M. P.; Margit Schneider (*E-F-J-P*) #3,4

Pflanz, Elisabeth, *12.12.1946 Rosenheim; - Ps. Sarah Camp (*L-S*) #3,4

Pflanz, Joseph Anton, *25.2.1819 Ellwangen, †17.9.1883 Buchau/Federsee; - Ps. Klemens Specht (*E-J-P*) #1,4,17

Pfleghar, Artur Jost, *18.12.1907 Ulm, †3.5.1941 Oslo/Norwegen; - Ps. Alvar Jost (*E-R*) #3,4

Pflieger, Hermine, geb. Mörike, *28.1.1885 München, †1966 München; - Ps. Hermine Mörike(*L-P*) #3,4

Pfliegl, Anton, *20.6.1869 Obernberg/Inn, †22.9.1925 Mautern; - Ps. Erich Halden (*L-M*) #3,4

Pflug, Dietrich, *17. Jh.; - gen. Der Stechende/FG 620 #11

Pflug, Hans, *14.5.1899 Fürth, †31.3.1977 Ekkersmühlen b. Ansbach; - Ps. Hans Pflug-Franken (*E-L-P-R*) #3,4

Pflug, Hans Christoph, *17. Jh.; - gen. Der Bezäumende/FG 692 #11

Pflug, Karl, *17. Jh.; - gen. Der Mächtige/FG 726 #11

Pflugk-Harttung, Julius von, *8.11.1848 Warnikow b. Wittstock, †5.11.1919 Berlin; - Ps. Julius Harttung (*D-P*) #3,4

Pforte, Johann von der, †1645; - gen. Der Bemeisternde/FG 258/1635 #11,12

Pförtner, Karl, *19.3.1948 Neuburg/Do.; - Ps. Lukas Schramm (*E-L-P*) #4

Pfragner, Julius, *18.6.1904 Wien; - Ps. Julia Genner (*J-R*) #3,4
Pfretzschner, Herbert, *23.4.1910 Köln; - Ps. Herbert Kyllburg (*E-J*) #3,4
Pfuhl, Adam Dietrich von, *17. Jh.; - gen. Der Weitläufige/FG 744 #11
Pfuhl, Gustav Adolph von, *17. Jh.; - gen. Der Wurzelnde/FG 763 #11
Pfuhl, Kurt Christoph von, *17. Jh.; - gen. Der Rühmliche/FG 723 #11
Pfund, Georg, *um 1560 Eisleben; - Ps. Georgius Pondo (*D-L*) #4,11,13
Pfungst, Arthur, *9.3.1864 Frankfurt/Main, †3.10.1912 Frankfurt/M.; - Ps. Arthur Cornelius (*L-P*) #1,3,4
Pfütze, Kurt, *22.2.1866 Grottewitz b. Grimma, †16.7.1905 Berlin; - Ps. Kurt Grottewitz; Kurt Zepka (*P-R*) #1,3,4
Pfützenreuter, Otto, *24.4.1870 Gardelegen/Altmark, †3.3.1931 Düsseldorf; - Ps. Otto Reutter (*L-P-S*) #4
Philicinus, Petrus, *1515 Arras, †1568 Binche/Hennegau; - Ps. Petrus Campsonus (*D*) #4,13
Philipp, Carl Eduard, *19.9.1883 Schönhorst, †27.5.1952 Bad Lauterberg/Harz; - Ps. Cephi; P. v. d. Leda; Ed. Philipp-Schönhorst; Eduard Schönhorst (*E-L-N-P*) #3,4
Philipp, Hugo Wolfgang, *2.2.1883 Dortmund, †18.3.1969 Zürich; - Ps. Walter Wolfgang Vidal (*D-E-L-N-P-R*) #3,4,5,18
Philipp, Julius, *9.2.1875 Dortmund, †8.1.1962 Tankerton-on-Sea/England; - Ps. Julius Philipp Heergesell (*L-N-R-S*) #3,4
Philipp, Katharina, *16.1.1890; - Ps. Käte Preval (*P*) #3
Philipp, Lothar, *25.8.1900 Dresden; - Ps. Eduard T. Hai; Peter Larraß (*E-R*) #3,4
Philipp, Rudolph, *15.9.1895; - Ps. Max Horak (*P-R*) #18
Philippi, Felix, *5.8.1851 Berlin, †23.11.1921 Berlin; - Ps. F. Gahl (*D-N-P-R-S*) #1,3,4
Philippi, Johann Ernst, *um 1700 Merseburg, †1758 Halle/S.; - Ps. Leberecht Ehrenhold; Leberecht Freydenker; Ernst Friedrich von Freymund; Carl Gustav Freih. von Frohenmuth; Antibarbus Manufortius; Cordatus Semperlustig; Wahrmund Thanatophilus (*P*) #4,6,11,13
Philippi, Johannes, *1506 Schleiden/Eifel, †31.10.1556 Straßburg; - Ps. Johannes Sleidanus (*P*)
Philippi, Karl Ferdinand, *12.3.1795 Leipzig, †2.9.1852 Leipzig; - Ps. F. Dunkel; Spiritus Asper der Jüngere; J. Weingans (*P*) #1,4,6,11
Philipps, Günther, *13.5.1937 Bad Kreuznach; - Ps. Ralph Günther Mohnnau (*J-L-S*) #3,4
Philippson, Ludwig, *28.12.1811 Dessau, †29.12.1889 Bonn; - Ps. Ludwig Schragge (*D-E-L-P-R*) #1,4,13
Philippson, Moses, *9.5.1775 Sandersleben/Anhalt, †20.4.1814 Dessau; - gen. Moses Arnswalde (*P*) #4,13
Philips, Franz, *29.12.1868 Aachen; - Ps. F. Haupt (*P*) #3,4
Philipsborn, Hans, *13.3.1903; - Ps. Johannes Orus (*D-P*) #3
Philipsohn, Martin, *2.2.1876 Dresden, †15.6.1933 Berlin; - Ps. Heinz Welten (*D-P-R*) #3,4
Philipson, Moses, *20.11.1761 Altona; - Ps. Darkeh Noam (*P*) #4
Picard, Jacob, *11.1.1883 Wangen/Allgäu, †1.10.1967 Konstanz; - Ps. J. P. Wangen (*E-L-P*) #3,4,5,18
Piccolomini d'Aragaona, Duca d'Amalfi, Octavio Fürst, *16.5.1599 Florenz, †10.8.1656 Wien; - auch Octavio Duca di Amalfi; gen. Der Zwingende/FG 356/1641 #11,12,13
Pichl, Eduard, *15.9.1872 Liesing b. Wien; - Ps. Herwig (*P*) #3
Pichler, Ernst, *4.6.1930 Graz; - Ps. Johann Nepomuk Runkel; Saharien (*E-F-R-S*) #4
Pichler, Grete, *14.11.1911 Möllbrücke; - Ps. Grete Pichler-Corona (*L-R*) #3
Pichler, Karoline, geb. v. Greiner, *7.9.1769 Wien, †9.7.1843 Wien; - Ps. Auguste; Karoline von Greiner (*D-E-L-P-R*) #1,2,4,5,9,11,13
Pichler, Nandl, *1909 Werfen; - Ps. d'Werfna Nandl (*L*) #4
Pichtel, Conrad Balthasar, *27.5.1605 Amberg, †13.12.1656; - gen. Der Überwindende/FG 399/1642 (*L*) #11,12
Pick, Karl, *8.5.1873 Loiwein/Ö., †12.3.1935 Bad Pistyan; - Ps. Joseph Michael Delmont (*R*) #4,7,20
Pick, Robert, *1.3.1898 Wien, †7.4.1978 New York; - Ps. Valentin Richter (*P-R*) #3,4,18
Pickel, Konrad, *1.2.1459 Wipfeld b. Schweinfurt, †4.2.1508 Wien; - auch Konrad Bickel; Ps. Konrad Celtes; Konrad Celtis; Protucius (*D-L*) #4,5,11,13,14,15,19
Piechotta, Johannes, *(1976); - Ps. Hans Piett (*E-F*) #3
Piechulek, Jutta, *28.3.1945 Beelitz b. Potsdam; - Ps. Maria Piechulek (*E-R*) #3,4
Piek, George, *20.7.1871 Berlin; - Ps. George Patrick (*E-F-L-P-R*) #3
Pieper, Antonie, *1.8.1859 Langenfuhr/Neumark; - Ps. Hans von der Mark (*D*) #1,2,3,4
Pierson, Caroline Wilhelmine, geb. Leonhardt, gesch. Lyser, *6.1.1811 Zittau, †2.9.1899 Coswig b. Dresden; - Ps. R. Edmund Hahn; Caroline Leonhardt-Lyser; Leonhardt Lyser (*D-L-N-R-S*) #1,2,3,4
Pies, Eike, *22.3.1942 Duisburg; - Ps. Jean-Baptiste Delacour; W. van der Horst; John F. Mortimer; Jules Silver (*F-P*) #3,4
Pietraß, Richard, *11.6.1946 Lichtenstein/Sa.; - Ps. Georg Lichtenstein (*L-P*) #3,4
Pietruschinski, Horst, *13.6.1913; - Ps. Ben Harder (*E-F-N-R*) #3,4
Pietsch,Gerti, geb. Linde-Klinder,*25.2.1927 Berlin; - Ps. Gerti Linde-Klinder (*L-P*) #3

Pietsch, Joseph, *21.2.1899 Groß-Nädlitz b. Breslau, †1945 Breslau (vermißt); - Ps. Cosmus Flam (*E-R*) #3,4,10

Pietsch, Klara, geb. Schaitza, *11.2.1865 Folkowitz/Oberschles.; - urspr. Klara Pjetschka; Klara Schaitza (*E-J*) #2,3,4

Pietz, Luise, *18.7.1890 Berlin; - Ps. Luise Pietz-Kücklich (*E*) #3

Pietzker, Karl Friedrich Christian, *1.6.1771 Groppendorf/Sa., †12.7.1844 Berlin; - Ps. Wendelin Volkmar (*E*) #4,6,11

Pietzmann, Else, geb. Meerstedt, *11.3.1886 Leipzig; - Ps. Else Meerstedt (*R*) #3,4

Pietznigg, Franz, *1803 Schwarzenbach/Krain, †5.1.1856 Wien; - Ps. Ermin; Ermin Franz (*P*) #4,11

Pietzsch, Lina, *17.8.1888 Wien; - Ps. Linda Birnitz (*N-P-R*) #3,4

Pigge, Karl Rudolf, *15.9.1932 Pirmasens; - Ps. Frank Arlig (*E-F-L-P-S*) #3,4

Pigny, Paul, *5.2.1876 Hundsfeld b. Oels; - Ps. Champigny (*D-F-N-P-R-S*) #3

Pijet, Georg W(aldemar), *14.2.1907 Berlin; - Ps. Peter Pinkpank; Elmer Roth (*D-E-F-J-R-S*) #3,4

Pilat, Joseph Anton Edler von, *20.2.1781 Augsburg, †2.5.1865 Wien; - Ps. Aristide (*L-P*) #4,11,13

Pilcz, Moritz Eugen, *8.9.1836 Scentes/Ungarn, †12.5.1912 Wien; - Ps. M. Elliet (*N-P*) #3,4

Pilder-Klein, Hermine, *3.1.1901 Albeti-Bistrita/Rum.; - Ps. Renate Molitoris (*E-N*) #3

Pilf, Traugott, *13.10.1866 Sickte b. Braunschweig, †1940 Wiesbaden; - Ps. Friedrich Frohmut (*E-N-R*) #3,4

Pilss, Hannelore,*24.6.1924 Bregenz; - Ps. Hannelore Pilss-Samek (*P*) #3

Piltz, Max Alfred, *3.6.1913; - Ps. Pit Grove (*E-P*) #3,4

Pilz, Johann, *11.3.1885 Nixdorf/Böhmen, †20.9.1958 Wien; - Ps. P-z (*L-N-P*) #3,4

Pilz, Rolf, *9.7.1911 Leipzig; - Ps. Rolf Lennar (*D-F-R-S*) #3,4

Pilz, Walter Hanns, *19.2.1927 Klosterneuburg/N.-Ö.; - Ps. Edgar Beverly (*P-R*) #4

Pinczower, Kurt, *25.3.1906 Pleschen, †20.5. 1962 New York; - Ps. Kurt Pine (*P*) #18

Pinder, Marie, *20.1.1821 Danzig; - Ps. Marino (*E-N*) #1,2,4

Pindter, Heinrich, *23.9.1832 Podgorze/Galiz., †10.1.1888 Gablonz/Böhmen; - Ps. Egalis; Heinrich Egalis (*L-P*) #1,3,4

Pineles, Stanislaus, *15.7.1857 Sanok; - Ps. Isaia van Arendal (*P*) #3

Pinelli, Ada, *31.3.1840 Berlin, †11.12.1918; - Ps. Günther von Freiberg (*L-N-P-R*) #1,3,4

Pingel, Johannes, *2.4.1891 Hamburg; - Ps. Johannes Bertram (*D-L*) #3,4

Pinkus, Lazar Felix, *13.8.1881 Breslau, †12.2.1947 Zürich; - Ps. L. Felix Pinus (*N-P*) #3,4

Pinn, Carl, *15.1.1861 Bromberg; - Ps. Carpin; Dr. Feuchtwanger; Dr. Sincerus (*P*) #3,4

Pinner, Felix, *22.2.1880 Birnbaum/Warthe, †3.5.1942 New York; - Ps. Frank Faßland (*P*) #4,18

Piorkowska, Jenny, *14.3.1845 Leipzig; - Ps. Theodor Schmidt (*E-R*) #2,3,4

Piper, Bruno, *17.10.1869 Berlin, †10.11.1911 Berlin; - Ps. B. van Conti; Karl Piper (*P-R*) #3,4

Piper, Reinhard, *31.10.1879 Penzlin/Meckl., †18.10.1953 München; - Ps. Ludwig Reinhard (*P*) #3,4

Pirckheimer, Willibald, *5.12.1470 Eichstädt, †22.12.1530 Nürnberg; - Ps. Joannes Franciscus Cottalambergius; Noricus Philadelphus (*P*) #4,5,13,14,19

Piringer, Leopold, *14.10.1810 Zulüssen b. Freystadt/O.-Ö., †3.5.1876 Frankfurt/M.; - Ps. Beda Piringer (*L-P*) #1,4,13

Pirka, Rosa, *4.3.1842 Wien; - Ps. Robert von Fels; Rosa von Fels (*N-R*) #1,3,4

Pirker, Anny, *9.1.1909 Silz/Tirol; - Ps. Isa Irk; Anny Miller (*N*) #4

Pirkhert, Ella, *23.12.1874 Budapest, †1938 Wien; - Ps. Ella Triebnigg (*D-E-J-N-P-S*) #3,4

Pirwitz, Horst, *19.3.1919 Berlin; - Ps. Rainer Schreiber (*E-J-R*) #3,4

Piscini, Ingrid, *13.8.1944 Göppingen; - Ps. Ina Fritsch (*F-J-P*) #3,4

Pistohlkors, Harry von, *27.6.1870 Ruttigfer; - Ps. Olaf Henry (*P*) #3

Pistohlkors, Marie von , *21.12.1858 Hamburg; - Ps. Iwan Delicz (*N-R*) #1,3,4

Pistorius, Johannes, *4.2.1546 Nidda/Hessen, †18.7.1608 Freiburg/Br.; - auch Pistorius Niddanus (*P*) #4,13

Pistorius, Maternus, *um 1465 Ingweiler/Unterelsaß, †1534 Erfurt; - auch Pistoriensis; Pistoris (*P*) #4,13

Pistorius, Siegfried M., *16.1.1915 Magdeburg; - Ps. Bernd Bender; Gerd Gunter (*E-P*) #3

Pitschmann, Brigitte, geb. Reimann, *21.7.1933 Burg b. Magdeburg, †20.2.1973 Berlin; - Ps. Brigitte Reimann (*E-F-P-R*) #3,4,5,8,14

Pittioni, Hans, *12.11.1900 Wien; - Ps. Joh. de Pit; H. G. F. Tion; Hans Wohlmuth (*E-L-R*) #3,4

Pittlik, Friede, geb. Gewecke, *28.10.1903 Kreuzburg/Oberschles.; - Ps. Friede Gewecke (*E-F*) #3

Piwetz, Emerich, *9.8.1861 Lischau/Böhmen; - Ps. Peccator; Sicinius (*P*) #3

Piwonka, Wilhelm Ritter von, *23.1.1853 Kuttenberg, †1.2.1904 Wien; - Ps. Wilhelm (*P*) #4

Pjetschka, Paul, *5.11.1865 Breslau; - Ps. Harry Cradok; Nicolaus van Dauren; Buol de La Ferre; Walther Moosheim (*D-L-P*) #3

Plachetka, Erwin, *18.8.1948 Delmenhorst; - Ps. Alexander Patritzki (*E-L-R*) #3,4
Plachetz, Günther, *8.6.1918 Wien; - Ps. Gunther Philipp (*F*) #3
Placzek, Baruch, *1.10.1839 Mährisch-Weißkirchen, †17.9.1922 Brünn; - Ps. Benno Planck; Benno Planeck (*L-N*) #1,3,4
Plaenckner, Othello von, *1797 Penig/Sa., †14.6.1847 Altenburg/Sa.; - Ps. Eginhardt (*J-P-R*) #4
Plagemann, Georg Otto Ludwig, *27.7.1748 Spornitz/Meckl., †7.3.1825 Rostock; - Ps. Pacificus Bürgerfreund (*L*) #6
Plahn, Hermann, *2.3.1865 Schweidnitz/Schlesien; - Ps. Appiani (*D-L-S*) #1,3,4
Plange, Theodor, *13.1.1859 Essen; - Ps. Theodor Wolfgang (*P-R*) #3
Planitz, Johannes von der, *8.9.1913 München; - Ps. Hans von Derp (*E-P*) #3,4
Planitz, Karl Edler von der, *30.8.1845 Dorfstadt b. Auerbach, †10.12.1899 Dresden; - Ps. Mikado (*D-E-L-P*) #1,3,4
Plank, Franz, *27.9.1741 Weyer, †26.10.1830 Kremsmünster; - Ps. Beda Plank (*D-P-S*) #4
Plankl, Wilhelm, *4.10.1900 Schwechat; - Ps. Antibarbarus (*P*) #3
Planque, Walter de, *5.1.1900 Leipzig; - Ps. Igon Fredman; Ingo Manfred (*E-F-P*) #3
Planta, Peter Konradin von, *24.9.1815 Zernetz/Graubünden, †13.9.1902 Schloß Canova in Domleschg/Graub.; - Ps. Pertinax Philalethes (*D-E-L-P*) #1,4
Plarre, Ernst Martin, *28.5.1684 Berlin, †5.5.1717 Berlin; - Ps. Seuerinus de Clamoribus; Eleutherius Patridophilius; Eleutherius Philopatrius (*P*) #4,6
Plaß, Frieda, *4.1.1891 Steinhausen; - Ps. Friedel v. d. Wehde (*E-L-M*) #3
Plass, Joseph, *10.11.1821 Furth i. W., †um 1898 Donauwörth; - Ps. Benedikt Mey (*D-S*) #3,4
Plassmann, Clemens, *2.2.1894 Warendorf, †26.4.1970 Düsseldorf; - Ps. Clemens Palm-Nesselmann (*L-P*) #4
Plate, Herbert, *15.4.1918 Hardenberg; - Ps. Alexander Drosten (*E-F-P-R*) #3
Plate, Johann Dietrich, *18.1.1816 Masen/Hoya, †12.2.1902 Groden b. Cuxhaven; - Ps. Lüder Woort (*E-L*) #1,3,4
Platen, Leontine von, *21.7.1883 Lübbersdorf/Meckl. †24.7.1960 Neu-Pinnow b. Perleberg; - Ps. Leontine von Winterfeld-Platen (*R*) #3,4
Platen-Hallermünde, August Graf von, *24.10.1796 Ansbach, †5.12.1835 Syrakus; - Ps. August Graf von Platen (*D-L-P-S*) #1,4,5,11,13,14
Platen-Hallermünde, Max Egon von, *9.5.1891 Wels/O.-Ö., †22.11.1967 Wien; - Ps. Max Egon von Platen (*L*) #3,4
Plato, Caroline von, geb. Reiche, *31.12.1789 Hannover, †31.3.1864 Himmelsthür b. Hildesheim; - Ps. Caroline Reiche (*E-J-P*) #4
Plato, Curt, *21.5.1871 Kolberg; - Ps. Seni (*P*) #3
Platta, Holdger, *8.8.1944 Freiwaldau/Sagan; - Ps. Stephan Freiwaldau; Paul H. Weber (*L-P-R*) #3,4
Platte, Heinz Erich, *27.12.1895 Krefeld; - Ps. Fred Arnemann (*E-L-P-R*) #3,4
Plattensteiner, Richard, *18.3.1878 Wien, †18.7.1956 Wien; - Ps. Robert Palten (*D-E-L-P*) #3,4
Platter, Felix, *1536 Basel, †28.7.1614 Basel; - auch Plater (*E-L-P*) #4,13
Platter, Thomas, *10.2.1499 Grächen/Wallis, †26.1.1582 Basel; - auch Plater (*P*) #4,13
Platter, Thomas, *24.7.1574 Basel, †14.12.1628 Basel; - auch Plater (*P*) #4,13
Platz, Ernst-Frieder, *16.4.1926 Illingen/Saar; - Ps. Flädsulin (*L-P*) #3,4
Platz, Friedrich Wilhelm, *6.10.1851 Offenbach/Queich; - Ps. W. Palatinus (*L-P*) #4
Platz, Wilhelm, *7.6.1866 Weinheim/Baden, †17.11.1929 Weinheim/Baden; - Ps. Wilhelm Kurtz; W. R. Weiß (*L-N-P-R*) #4
Platzer, Martin, *12.11.1890 Leipzig; - Ps. Robert Reetz (*E-N-P-R-S*) #3,4
Plauen, Johannes, *(1628); auch Johannes Plavius (*L-P*) #4
Plaut, Richard, *22.7.1910 Frankfurt/M.; - Ps. Stefan Brockhoff; Richard Plant (*E-F-J-P-R*) #3,4,18
Plawenn-Salvini, Oswald, *26.6.1911 Meran; - Ps. Oswald Plawenn (*E-N-R*) #3,4
Plawina, Oswald, *29.3.1864 Brünn, †1931 Brünn; - Ps. Argus; Odo; Ostarir; Teut; Norbert Wahl; Eberhard Willpart (*L-P*) #3,4
Plazer, Maria Edle von, *29.9.1842 Graz; - Ps. Andreas Feiertag (*E*) #1,2,3,4
Plehn, Anna, *16.9.1859 Moroschin; - Ps. Anna Alp (*P*) #3
Plehn, Auguste, *1.2.1839 Danzig, †14.4.1930 Danzig; - Ps. Brigitte Augusti (*E-J-P*) #1,2,3,4,17
Plehn, Chlodwig, *28.10.1900 Rawitsch/Posen, †10.6.1977 Breslau; - Ps. Plinius (*L-P*) #3,4
Pleier, Georg, *(1519); - auch Pleicher; Pleiger; Pleuer (*L*) #4
Pleißner, Artur, *10.2.1872 Rippien b. Dresden; - Ps. Artur Arten; Heinz v. Königsbrück; A. Rutra (*D-N-P-R*) #3,4
Pleister, Meta, geb. Scheele, *25.10.1904 Uetersen, †1.7.1942 Berlin; - Ps. Meta Scheele (*L-N-R*) #3,4,10
Plenk, Eleonora, *31.8.1911 Wien; - Ps. Maria Pfniß; Nora Plenk (*E-N-R*) #3,4
Plessen, Daniel von, *3.1.1606 Hoikendorf b. Wismar, †8.3.1672; - auch Daniel von Ples; gen. Der Reine/FG 297/1636 #11,12
Plessen, Friedrich Leopold von, *Mecklenburg, †1847; - Ps. K. Anders (*D-L*) #4,11
Plessen, Maria Sophie Christine von, *19.8.1783 Göhren b. Parchim, †8.12.1851 Bützow; - Ps. Maria (*E-L-R*) #2,4,6,11

Plessner, Helmuth, *4.9.1892 Wiesbaden, †12.6.1985 Göttingen; - Ps. Ulrich Eyser (*P*) #4,18

Plessner, Ilse, *28.4.1928 Berlin; - Ps. Sylvia Frey (*R*) #3,4

Plessner, Monika, *18.5.1913 Osnabrück; - früher Monika Tintelnot (*P*) #4

Plietzsch, Eduard, *9.7.1886 Altenburg, †6.12.1961 Köln; - Ps. Jan Altenburg (*P*) #3,4

Plievier, Theodor, *12.2.1892 Berlin, †12.3.1955 Avegno/Schweiz; - urspr. Theodor Plivier (*D-E-N-R-S*) #3,4,5,8,10,14,18

Ploch, Mathilde, *4.7.1851 Gießen; - Ps. Siloia; Silvia (*E-N-P-R*) #2,4

Ploecker, Otto Johann Peter, *20.10.1872 Frankfurt/M.; - Ps. Raimund Eckardt (*D-L-N-S*) #1,3,4

Plöhn, Robert, *13.5.1861 Nikolsburg/Mähren, †17.4.1935 Wien; - Ps. R. P. Löhn; Paul Robert; Ernest Striver; Georg Trebor; R. Volkmann (*E-L-P-R*) #1,3,4

Plönnies, August von, *14.4.1855 Reichenbach i. O.; - Ps. Peter Wermche (*P*) #3

Plönnies, Wilhelm von, *7.9.1828 Darmstadt, †21.8.1871 Darmstadt; - Ps. Ludwig Siegrist (*P*) #3,4,13

Plönnis, Adolf, *23.1.1842 Altenkirchen/Rheinprov.; - Ps. A. v. Adolphi; P. P. Osborne (*N-P*) #1,3,4

Ploog, Ilse, *2.8.1906 Bad Driburg; - Ps. Ilse Windmüller (*E-J*) #3,4

Plotho, Wolfgang Edler Herr von, *1.6.1590, †6.11.1657 Parey; - auch Wolfgang von Plato; gen. Der Aufhebende/FG 320/1638 #11,12

Plötze, Hasso, *19.9.1921 Hannover; - Ps. King Colt; Jerry Cotton; Jens Falkenhain; Bob Hay; Hasso Hecht; Frank Wells (*E-F-R*) #3,4,16

Ploucquet, Wilhelm Gottfried, *20.12.1744 Röthenberg/Württ., †12.1.1814 Tübingen; - Ps. Polemokrates (*P*) #4,13

Pluch, Erika, *28.6.1932 Patergassen/Kärnten, †26.8.1990 Wien; - Ps. Erika Molny (*F-L-P-R*) #3,4

Plum, Werner, *20.5.1943 Frankfurt/O.; - Ps. Michael Merz (*L*) #3,4

Pniover, Gisbert, *11.10.1851 Beuthen/Oberschles.; - Ps. Paul Gisbert (*E-N-P*) #1,3,4

Poach, Andreas, *um 1516 Eilenburg, †2.4.1585 Utenbach b. Apolda; - auch Boach; Boch (*P*) #4,13

Pocci, Franz Graf von, *15.5.1870 München, †22.8.1938 Ammerland/Starnberger See; - Ps. Franz Nepos (*D-L-P*) #3,4

Poche, Klaus, *18.11.1927 Halle/S.; - Ps. Nikolaus Lennert; Georg Nikolaus (*F-R*) #3,4,5

Pochhammer, Edmund, *16.6.1812 Berlin, †23.10.1891 Oberkirch/Renchtal; - Ps. E. D. Mund (*E-J-P-R*) #1,3,4

Pochhammer, Margarete, *5.8.1841 Breslau, †16.3.1926 Berlin; - Ps. M. Tellmar (*N-P-R-S*) #2,3,4

Pochhammer, Wilhelm von, *25.1.1785 Berlin, †16.2.1856 Berlin; - Ps. Wilhelm von Martell (*R-S*) #1,4,11

Podbielski, Gert René, *1914, †1981; - Ps. René Gerhard (*P-R*) #4

Podewils, Heinrich Freiherr von, *10.3.1806 Schönkirch/Opf., †6.6.1882 Schönkirch/Opf.; - Ps. Heinz Dewils (*E*) #4

Podhajsky, Anna, *12.10.1847 Rehberg/N.-Ö.; - Ps. Anna Gramm (*E-P*) #4

Poeck, Wilhelm, *29.12.1866 Moisburg/Han., †7.7.1933 Blumenau/Bras.; - Ps. Nym (*E-R*) #3,4

Poegel, Richard, *17.9.1888 Strasburg/Uckermark; - Ps. Friedrich Ferdinand Wegner; Peter Engelbert (*R*) #3,4

Poellnitz, Marion v., *8.12.1908 Smyrna; - Ps. Marion Einwächter; Marion v. Haas (*P*) #3, 4

Poeonius, Martinus, *(1550); - auch Boenius; Boeonius; Paeon; Paeonius; Poconius; Poenius (*L-P*) #4,11,13

Poestion, Josef Calasanz, *7.6.1853 Aussee/Steierm., †4.5.1922 Wien; - Ps. J. Calion; Svend Christensen; J. Kalion (*P*) #3,4

Poetschkus, Horst, *(1951); - Ps. Fred Hammer (*R*) #3

Pogge van Ranken, Walter, *16.7.1913 Riga; - Ps. Walter Ranken (*E-F-N-P-R*) #3

Pöggeler, Franz, *23.12.1926 Letmathe/Westf.; - Ps. Daniel West (*E-L-P*) #3,4

Poggensee, Emmy, *13.7.1910 Zürich; - Ps. Karin Eckhart; Emmy Girsberger; Eva Ritter (*J-R*) #3,4

Pogorzelec, Judith, *21.11.1927 Leipzig, †12.8.1972 Leipzig; - Ps. Judith Brandt (*E-L-N*) #3,4

Pohl, Amalie, *12.1.1880 Essen; - Ps. Marie Hufmann (*E*) #3,4

Pohl, Eduard, *1.11.1801 Breslau, †13.5.1829 Breslau; - Ps. Paul Gottwalt (*L*) #1,4,11

Pohl, Gerhart, *9.7.1902 Trachenberg b. Breslau, †15.8.1966 Berlin; - Ps. Lukian; Silesius alter (*D-E-P-R-S*) #3,4,5,10

Pohl, Hermine, *24.7.1889 Krappitz b. Oppeln/Oberschles., †4.10.1954 Freiburg/Br.; - Ps. Hertha Pohl (*E-L-N-R*) #3,4

Pohl, Klara, *(1902) Schweidnitz/Schles.; - Ps. Ernst Justrau (*E-L-S*) #1,3,4,7

Pohl, Peter Alex, *8.5.1944 Bamberg; - Ps. PAP; pl (*E-L-P-R*) #3,4

Pohl, Richard, *12.9.1826 Leipzig, †17.12.1896 Baden-Baden; - Ps. Hoplit; Jean Richard (*L-P*) #1,3,4

Pohlenz, Hans Friedrich, *16.6.1901 Breslau; - Ps. Sebastian Derpa (*E-P-R*) #3,4

Pohler, Amand, *24.1.1852 Wien, †11.12.1903 Wien; - Ps. Augustus (*P*) #3,4

Pohlidal, Helene, *21.9.1857 Groß-Glogau, †5.9.1940 Breslau; - Ps. Helene Dahl; Hermann Dahl (*N-R-S*) #1,2,3,4

Pohlman, Adolf, *25.1.1854 Hohenaspe/Holst., †7.2.1920 Detmold; - Ps. Adolf Pohlman-Hohenaspe (*D-E-L-P*) #3,4
Pohlmann, Heinrich, *1637 Hamburg; - Ps. Polander (*P*) #4,13
Pöhlmann, Johann Paul, *19.11.1760 Weißenstadt/Opf., †26.12.1848 Ostheim i. Ries; - Ps. J. P. P. Löhmann; D. J. P. Philalethes; D. J. P. Philoteknos (*P*) #4,6,11
Poißl, Johann Albert, *1622 München, †um 1690 Baumburg; - auch Poyßl (*L-P*) #4,13
Poitschek, Angela, *31.7.1902 Preßburg; - Ps. Angela László (*E-L*) #3,4
Pokatzky, Horst, *18.4.1922 Berlin; - Ps. Fred H. Phooky (*E-R*) #3,4
Pokorny, Hans, *27.9.1861 Lemberg, †25.1.1931; - Ps. Hans Weber; Hans Weber-Lutkow (*D-N-P*) #3,4
Pol, Heinz, *6.1.1901 Berlin, †13.10.1972 New Milfort/USA; - urspr. Heinz Pollack; Ps. Hermann Britt; Jakob Links (*L-P-R*) #3,4,18
Polak, Ernst, *4.8.1886 Gitschin/Böhmen, †20.9.1947 London; - Ps. E. P.; E. Sch.; E. S. Esch; Ernst Schwenk (*P*) #4,18
Pole, Zacharias, *(1603); - Ps. Zacharias Poleus (*D*) #4,11,13
Polenz, Hertha von, *5.5.1856 Obercunewalde/Oberlaus.; - Ps. Léon Sloet (*E-R*) #1,2,3,4
Polgar, Alfred, *17.10.1873 Wien, †24.4.1955 Zürich; - urspr. Alfred Pollak; Ps. Archibald Douglas (*N-P-S*) #3,4,5,8,10,14,18
Polhelm, Winand von; - gen. Der Entnehmende/FG 405/1643 (*P*) #11,12
Poli, Mathilde Gräfin, *4.3.1850 Berlin; - Ps. Mathilde Diesterweg (*E*) #1,4
Pölitz, Karl Heinrich Ludwig, *17.8.1772 Ernstthal, †27.2.1838 Leipzig; - Ps. Ottmar II. (*P*) #4,11,13
Pollack, Ursula, *12.12.1912 Berlin; - Ps. Ursula von Zdroick (*E-L-P*) #3,4
Pollaczek, Clara Katharina, *15.1.1875 Wien, †22.7.1951 Wien; - Ps. Béol; Bob (*D-E-F-L-P-R*) #3,4
Pollaczek, Max, *15.3.1868 Nikolai/Oberschles.; - Ps. Walter Morgan; Max Richter (*D-P-R-S*) #3,4
Pollaczek, Wolfgang, *12.5.1869 Wien; - Ps. G. W. Whitley (*F-S*) #3,4,18
Pollak, David, *18.2.1896 Czernowitz/Bukowina; - Ps. Paul Christoph (*E-N-P*) #3,4
Pollak, Gustav Alexander, *1.1.1872 Wien, †1902; - Ps. G. A. Pahlen (*R*) #3,4
Pollak, Heinrich, *2.4.1835 Mattersdorf/Ungarn, †19.10.1908 Wien; - Ps. P. Heinrich; H. Klein (*E-L-P*) #1,3,4
Pollak, Ignaz, *26.11.1831 Preßburg; - Ps. Theobald Scheibe (*P-R*) #3,4
Pollak, Karl, *24.2.1876 Wien; - Ps. Karl Walde (*L-P*) #3,4
Pollak, Oscar, *7.10.1893 Wien, †28.8.1963 Hinterstoder/O.-Ö.; - Ps. Austriacus; Oscar Paul; Oscar Peter (*P*) #4,18
Poller, Walter, *6.1.1900 Kiel; - Ps. Walter Jeune; Walter Raven; Walter Weissenburg (*D-F-L-N-P-R*) #3,4
Pollesche, Gerda, *31.7.1919 Breslau; - Ps. Alice Esche (*E-L*) #3,4
Pollio, Lucas, *10.7.1536 Breslau, †31.7.1583 Breslau; - auch Lucas Pollach (*P*) #4,13
Pollitzer, Viktor, *5.9.1892 Wien, †16.2.1965 New York; - Ps. Viktor Polzer (*P*) #3
Pollius, Johannes, *um 1490 Bielefeld, †1562 Osnabrück; - auch Pollen; Polhen; Polhenne (*P*) #4,11,13
Pollmann, Ludwig, *4.12.1852 Kellen b. Kleve; - Ps. R. Hoffmann (*P-R*) #1,3,4
Pöllmann, Theodor, *21.9.1871 Hechingen, †24.6.1933 Eltville; - Ps. Ansgar Pöllmann (*D-L-P*) #4
Pollmann, Theodor Ludwig, *7.9.1846 Kellen b. Kleve; - Ps. H. Grube; Oskar von Kellen (*E-L-N-R-S*) #1,3,4
Pollwein, Emma Klara, *22.10.1894 München; - Ps. Klara Haidhausen (*R*) #4
Pölnitz, Albrecht Freiherr von, *18.6.1899 München, †24.3.1985 Augsburg; - Ps. von Porini (*P-R*) #3,4
Polomski, Georg, *23.3.1920 Antonin/Posen; - Ps. Georg Polo (*D-E-F-L-M-R-S*) #3,4
Polstorff, Friedrich Ludwig, *11.10.1775 Lauenstein, †18.4.1824 Celle; - Ps. Siegmund Stille (*P*) #4,6,11
Polt, Johann Joseph, *26.12.1775 Prag, †3.6.1861 Prag; - Ps. Vetter Michel (*E-P-S*) #1,4,11
Pölt, Klara, *1.5.1862 Sarntheim; - Ps. Klara Pölt-Nordheim (*E-P*) #4
Polt, Margarete, geb. Pfandler, *8.1.1913 Mannersdorf/N.-Ö.; - Ps. Margarete Pfandler (*J*) #3,4
Polzer, Aurelius, *16.12.1848 Feldkirch, †8.5.1924 Graz; - Ps. Erich Fels; Armin Stark (*L-P*) #1,3,4
Polzin, Silja, *23.6.1960 Heidelberg; - Ps. Silja Alexander; Silja (*F-J-L-P*) #3,4
Pommer, Joseph, *5.2.1845 Mürzzuschlag/Steierm., †25.11.1918 Gröbming; - Ps. Herm. Steirer (*P*) #3,4
Pomorin, Jürgen, *1953; - Ps. Leo P. Ard (*R*)
Pompecki, Bernhard, *10.8.1850 Schaustern; - Ps. Bernhard v. Schaustern (*L-P*) #3
Pompecki, Bruno, *7.4.1880 Schwetz, †4.4.1922 Oliva b. Danzig; - Ps. A. F. Brunow (*L-N-P*) #3,4
Pomplun, Kurt, *29.7.1910 Berlin, †5.8.1977 Berlin; - Ps. Kutte (*P*) #3
Pomtow, Anna, *1834 Thorn; - Ps. A. Pfeil (*N*) #2,3
Ponickau, Friedrich Seifert von, †1651; - auch Friedrich Siegfried von Pönikau; gen. Der Sättigende/FG 251/1635 #11,12
Ponickau, Tobias von, †16.6.1637 Dijon; - auch Bomike; Ponike; gen. Der Aufschließende/FG 206/1632 #11,12

Ponnier, Lotte, *5.11.1905 Hamburg; - Ps. Lotte Betke (*F-J-L-M-P-S*) #3,4

Pontini, Rosa, *4.12.1844 Franzensbad, †11.3.1899 Franzensbad; - Ps. Constanze Monter (*L-N*) #1,2,3,4

Poortvliet, Barbara van, *24.3.1943 Halle/S.; - Ps. Barbara Specht (*F-J-R*) #3,4

Pooth, Peter, *21.7.1884; - Ps. Peter Engelbert (*E-P*) #3

Pootmann, Franz Joseph, *25.1.1903 Dorsten/Westf.; - Ps. Werner Völkel (*D-E-F-P-R*) #3,4

Popel, Stepan, *1909 Ukraine, †1959 München; - Ps. Stepan Bandera (*P*)

Popenzewa, Alewtina, *Mainz, †9.6.1945 Berlin; - Ps. Agathe Pogner (*E-N-R*) #3,4

Popert, Hermann Martin, *12.11.1871 Hamburg, †6.2.1932 Altona; - Ps. Fidelis (*D-E-P*) #3,4

Popp, Augustin, *3.10.1873 Wscherau/Böhmen, †4.9.1943 St.Veit/Mühlviertel; - Ps. Heinrich Suso-Waldeck; Heinrich Suso Waldeck (*E-L-M-R-S*) #3,4,5,8

Poppe, Johann Heinrich Moritz von, *16.1.1776 Göttingen, †21.2.1854 Tübingen; - Ps. Jacob Auch (*J-P*) #4,13,17

Poppe, Karl Heinz, *8.4.1923 Frankfurt/M.; - Ps. Karl Heinz; Robert Keen (*N-P-R*) #3, 4,16

Poppe, Kurt, *24.12.1874 Carwitz/Pommern; - Ps. Hans Norden (*P-R*) #3,4

Poppe, Paul, *10.2.1864 Berlin; - Ps. Paul Schirmer (*E-P-S*) #3,4

Pöppelbaum, Johann, *11.12.1845 Niederntudorf, †2.1.1934 Wewelsburg b. Büren; - Ps. Johannes Clericus (D-*P*) #1,4

Popper, Frederic, *1.7.1898 Wien; - Ps. Fritz Popp (*E-F-J-R*) #3

Popper, Josef, *21.2.1838 Kolin/Böhmen, †23.12.1921 Wien; - Ps. Lynkeus; Josef Popper-Lynkeus (*P*) #3,4

Pöppig, Eduard Friedrich, *16.7.1798 Plauen, †4.9.1868 Wahren b. Leipzig; - Ps. Hernandez (*P*) #4,13

Poralla, Curt, *5.1.1897 Hindenburg/O.-S.; - Ps. C. Pradow; A. Proeller (*P-R*) #3

Porges, Carla, geb. Pehm, *24.9.1867 Wien, †28.1.1942 Wien; - Ps. Carla Pehm (*D*) #4

Poritzky, Helene, *10.1.1874 Lessen/Westpr.; - Ps. Helene Orzolkowska (*L-P*) #3,4

Porphyris, Anna, geb. Ozana, *16.5.1920 Oderberg/Schles.; - Ps. Anna Ozana; Anna Szczesny (*P-R*) #3,4

Porsch, Christoph, *16.2.1652 Elbing, †17.1.1713 Elbing; - gen. Der Wohlbewahrende (*L-P*) #4,11,13

Porsch, F. E., *(1976); - Ps. Ingo Peterson (*P*) #3

Porte-Ruhnke, Antje de la, *11.12.1956 Eschwege; - Ps. Antje de la Porte (*E-L-R*) #3,4

Portisch, Gertraude, geb. Reich, *25.2.1920 Wien; - Ps. Traudi Reich (*E-J-L-R*) #3,4

Poschinger, Henriette von, *1.12.1844 Deggendorf, †22.9.1905 Tutzing; - Ps. Heinz Osser; Heriberte von Poschinger (*L*) #2,3,4

Poschinger, Margarete von, *2.5.1861 Breslau; - Ps. Margarete v. Frauenau (*E-N-P*) #1,2,3,4

Posern, Heinrich von, *17. Jh.; - gen. Der Geprüfte/FG 783 #11

Pössiger, Günter, *20.10.1930 Altenburg/Thür.; - Ps. Hermann von Altenburg (*E-L-P-R*) #3,4

Poßner von Theuren, Johann Albrecht, *28.12.1628 Regensburg, †2.2.1687 Wien; - gen. Der Sorgsame/FG 888; Ps. Anton Periander Rhötus (*P*) #6,11

Post, Johannes, *15.10.1537 Germersheim, †24.7.1597 Mosbach; - Ps. Johannes Posthius (L-P) #4,11,13

Postel, Georg, *23.4.1862 Neiße; - Ps. Georg von der Halde (*E-L-P*) #1,3,4

Postl, Karl Anton, *3.3.1793 Poppitz/Mähren, †26.5.1864 Unter den Tannen b. Solothurn; - Ps. Charles Sealsfield; Charles Sidons (*E-P-R*) #1,4,5,13,14,17,19

Postler, Elisabeth, *11.4.1863 Santomysl/Posen, †27.10.1943 Gerbstedt/Sa.; - Ps. E. Linden (*E-L-P*) #2,3,4

Poswiansky, Benno, *16.4.1890 Königsberg, †10.10.1973 London; - Ps. Benno Bardi (*D-E-L-S*) #3,4,18

Potier, Julius Baron, *20.5.1835 Verona, †1910 Ödenburg/Ungarn; - Ps. Ernst Marbach; Policar Jutier (*L-S*) #1,3,4

Pötsch, Josef A., *23.3.1865 Thalheim; - Ps. Dr. Thalheim (*J-P*) #3

Pott, Degenhard, *(1782) Braunschweig, †Zamok; - Ps. Detlev Prasch (*P*) #4,6

Pott, Gabriele von, geb. von Weichs, *22.10.1854 ob der Enns, †1884; - Ps. Gabriele von Weichs (*N-P*) #1,3

Potthoff, Margot, *21.7.1934 Hau/Kleve; - Ps. Kai Lundberg (*J*) #3,4

Potyka, Lina, geb. Ritter, *18.5.1888 Neudorf/Oberelsaß, †22.2.1981 Freiburg/Br.; - Ps. Lina Ritter; Lin Potyka-Ritter; Lina Ritter-Elsaß (*D-E-F-P-R-S*) #3,4

Potzernheim, Julius, *28.2.1904 Dessau; - Ps. Frank J. Jupo (*P*) #18

Potzinger, Rosine, *21.5.1899 Wien; - Ps. Rosine Rabl-Potzinger (*P*) #3,4

Pötzl, Eduard, *17.3.1851 Wien, †20.8.1914 Mödling b. Wien; - Ps. Kleinpetz (*E-P*) #1,3,4

Poupin, Barbara, *20.1.1942 Stuttgart; - Ps. Barbara Hoffmann (*L*) #3,4

Pozorny, Tony, *8.2.1841 Brünn, †16.9.1903 Brünn; - Ps. J. v. Brünn; T. Orny (*E-R*) #1,2, 3,4

Pracht, Barbara, *(1651); - auch Prachtin; Practin (*L-P*) #4,11

Pracht, Karl, *11.2.1864 Wien; - Ps. Karl Brandler-Pracht (*E-R*) #3,4

Praehauser, Ludwig, *10.8.1877 Salzburg; - Ps. Ludwig Eckhart (*P*) #3

Praetorius, Johann Philipp, *1696 Elmshorn, †1766 Trier; - Ps. Germanus Sincerus; Hilarius Sittenfreund (*P-S*) #1,4,11

Praetorius, Rudolf, *9.10.1913 München; - Ps. R. J. P. von Dallhausen (*E-F-R-S*) #3,4

Praetorius, Zacharias, *14.4.1535 Mansfeld, †1575 Eisleben; - Ps. Zacharias Breiter (*L-P*) #4,11,13

Prager, Gerhard, *1.2.1920 Oberplanitz b. Zwickau, †17.7.1975 Mainz; - Ps. Michael Moll (*E-F-L-P*) #3,4

Prager, Hans Georg, *3.7.1925 Leipzig; - Ps. Wilm Carsten; Gunter Franz (*F-J-P*) #3,4,17

Prager, Mathilde, *1844 Prag, †1921 Wien; - Ps. Erich Holm (*P*) #2,3,4

Pramberger, Julius Richard, *12.4.1877 Pöchlarn/N.-Ö., †7.4.1967 Mautern/Steierm.; - Ps. Walther Elfenau; Romuald Pramberger (*E-L-M-R*) #1,3,4

Prantner, Ferdinand, *13.3.1817 Wien, †28.4.1871 Wien; - Ps. Leo Wolfram (*P-R*) #1,4,13

Prasch, Johann Ludwig, *4.4.1637 Regensburg, †12.6.1690 Regensburg; - Ps. Amicus; Ein Christlicher Politicus; Silvius von Esthe; Severinus Monzanbanus; Lucius Verinus (*D-L-P-S*) #4,6,13

Prasch, Johannes, *Hallein, †1544 Wien; - Ps. Johannes Prasinus (*D-L*) #4,11,13

Praun, Michael, *1632 Nürnberg, †1695; - gen. Der Vorstellende/FG 849/1674; Ps. Mercurius Platonizans (*P*) #4,6,11

Prause, Gerhard, *16.5.1926 Hamburg; - Ps. Gerd P. Ehestorf; Tratschke (*F-P*) #3,4

Prechtler, Johann Jakob, *21.1.1813 Grieskirchen/Ö., †6.8.1881 Innsbruck; - Ps. Otto Prechtler (*D-L-S*) #1,4,5,13

Preen, Otto, *3.12.1579, †21.10.1634 Güstrow; - gen. Der Verborgene/FG 159/1628 #11,12

Prehauser, Gottfried, *8.11.1699 Wien, †29.1.1769 Wien; - Ps. Hansius Farciminewitzky; Johannes Wurstius (*P*) #4,11

Preindlsberger, Milena, geb. Mrazovic, *28.12.1867 Wien; - Ps. Milena Mrazovic (*N-P-R*) #4

Preinerstorfer, Alois, *24.12.1897 Wien; - Ps. Alfra Pen; Percy Perten; Aly Perth; Jack Perth (*F-L-N-R-S*) #3,4

Preining, Jörg, *1440 Augsburg; - auch Preinling; Prening; Preuning; Prewning; Pruning (*L-P*) #4,13

Preis, Elisabeth, geb. Kaut, *17.11.1920 Stuttgart; - Ps. Ellis Kaut (*F-J-N-S*) #3,4,17

Preis, Walter, *21.12.1895; - Ps. Radojewski (*P*) #3

Preisig, Barbara, geb. Groher, *7.12.1941 Leipzig; - Ps. Barbara Groher (*L-P-R*) #3,4

Preiß, Herbert Adolf, *26.7.1884 Frankfurt/M.; - Ps. F. Spires (*E-L-N-R-S*) #3

Preißner, Carl, *1.8.1894 Wuppertal, †23.5.1959 Berlin; - Ps. Peter Kast (*F-N-R*) #3,4,14,18

Prelicz-Klein, Gerlinde, *(1958); - Ps. Gerlinde Klein (*P*) #3

Prell, Gustav, *15.9.1822 Krefeld, †1901 Düsseldorf; - Ps. Gustav vom Bach (*L*) #3,4

Preller, Elisabeth, *22.1.1903 Berlin; - Ps. Ruth Engelhardt; Else Fischer-Wernecke (*E-J-R*) #4

Prem, Cläre, *30.8.1899 Duisburg; - Ps. Hanna Mann (*L-P*) #3,4

Prem, Simon Marian, *27.10.1853 Niederau/Tirol, †26.4.1920 Innsbruck; - Ps. Christian Ewald (*P*) #3,4

Preses, Peter, *29.10.1907 Wien, †10.7.1961 Wien; - urspr. Hermann Preses (*S*) #4

Presler, Johanna, geb. Flohr, *18.2.1862 Gleidingen b. Hannover, †10.4.1925; - Ps. Presler-Flohr (*D-L*) #3

Presley, Francois M., *17.12.1961 Kuweit; - Ps. Peter van Laaten (*L-P*) #3,4

Pressentin-Rautter, Botho von, *10.4.1840 Kanoten/Ostpr., †8.4.1912 Berlin; - Ps. Botho Althagel (*E-N-R*) #1,3,4

Pressentin-Rautter, Margot von, *18.7.1846 Danzig, †10.12.1922 Potsdam; - Ps. M. Baltic; Margot Rautter (*D-R*) #2,3,4

Presser, Helmut, *28.8.1914 Passau; - Ps. Der Wandermann (*E-J-L-P*) #3,4

Presso, Christian, *25.5.1665 Zehdenick, †3.5.1733 Guten-Germendorf b. Ruppin; - auch Pressovius (*L*) #4,13

Presson, Andreas, *22.11.1637 Volkach/Ufr., †17.7.1701 Bamberg; - auch Bresson (*D-P*) #4,11

Prestel, Irmgard, *21.6.1886 München; - Ps. Pirmin (*E-J*) #3,4

Pretlack, Caspar von, *um 1589, †1644; - auch Caspar von Praidlo; Caspar von Bretlau; Caspar von Breitloh; gen. Der Mildernde/FG 118/1626 #11,12

Pretsch, Johann Samuel, *5.5.1775 Königstein/Sa., †4.1.1840; - Ps. Johann Samuel Siegfried (*D-L*) #4

Pretz, Karl, *22.9.1892 Köln; - Ps. Karl Blitz (*R*) #3,4

Pretzel, Raimund, *16.12.1907 Berlin; - Ps. Sebastian Haffner (*P*) #4,18

Pretzell, Hermann, *26.12.1851 Danzig; - Ps. Ferdinand Ringer (*L*) #1,4

Preuschen, Albert, *22.11.1802 Karlsruhe, †3.3.1856 Bruchsal; - Ps. Gerhard (*P*) #4,11

Preuschoff, Barbara, *5.12.1943 Heinrichsdorf/Ostpr.; - Ps. B.E. Preuschoff (*D-E-F-J-N-R*) #3

Preuß, Anna Hilaria, *26.1.1873 Triest, †30.10.1948 Eisenach; - Ps. Anna Hilaria von Eckhel (*E-L-N-P-R*) #3,4

Preuß, Gerda, *30.8.1901 Freiburg/Br., †29.2.1972 Freiburg/Br.; - Ps. Gerda von Kries (*E-J-R*) #3,4

Preuss, Henriette, geb. Laudien, *19.1.1825 Königsberg, †23.7.1902 Charlottenburg; - Ps. Henriette Laudien (*J-L-N-P*) #1,3,4

Preuß, Johannes, *1620 Guben/Niederlaus., †1696 Selchow/Mark Brandenb.; - Ps. Irenaeus Sedalethophilus (*L-P*) #1,4,11,13

Preuß, Theodor, *22.3.1830 Königsberg; - Ps. Heinrich Frey (*P*) #3,4

Preuß, Werner, *24.8.1897; - Ps. Harry Hutten (*L-P*) #3

Preusse-Sperber, Otto, *27.8.1871 Langheinersdorf; - Ps. C. P. Hawk; O. Sperber (*P*) #3,4

Preußen, Friedrich II. König von, *24.1.1712 Berlin, †17.8.1786 Potsdam; - gen. Philosoph von Sanssouci; Weltweise von Sanssouci (*P*) #6,19

Preußen, Georg Prinz von, *12.2.1826 Düsseldorf, †25.1.1902 Berlin; - Ps. Georg Conrad (*D-S*) #1,3,4

Preute, Michael, *1936 Duisburg; - Ps. Jacques Berndorf (*P-R*) #3,4

Prévot, René, *14.12.1880 Moosch/Elsaß, †10.6.1955 München; - Ps. Peregrin (*D-E-L-P-S*) #3,4

Preysing-Lichtenegg-Moos, Klara Gräfin von, *29.9.1892 Kronwinkl/Bay., †20.9.1919 Kronwinkl/Bay.; - Ps. Klara Preysing (*N*) #4

Pribernig, Valentin, *20.8.1884 Pustritz/Kärnten; - Ps. Sebastian Rainhofer (*E-N-S*) #4

Pribil, Willy, *19.9.1927 Wien; - Ps. Saharien (*P*) #4

Pribitz-Klenow, Edmund, *13.6.1886 Wien; - Ps. Edmund Klenow (*L-P*) #4

Prieß, Clara, *11.1.1865 Solingen, †16.1.1942 Lübeck; - Ps. A. Andersen (*E-J-L*) #4

Priess, Karl-Heinz, *1962; - Ps. Benito Martinez; Charles McKay; Charles M. Preece; Carl Priest; Jack Slade (*P-R*) #7,16

Priester, Oscar, *21.9.1872 Frankfurt/M., †1912; - Ps. Baron von Bose (*L-P*) #4

Prietz, Adolf, *11.4.1899 Stettin; - Ps. Randers (*L*) #3,4

Prilipp, Beda, *10.11.1875 Berlin, †18.1.1971 Berlin; - Ps. Vorlinde (*E-F-P-R*) #3,4

Printz, Wolfgang Caspar, *10.10.1641 Waldthurn/Opf., †13.10.1717 Sorau; - Ps. Cotala der Kunst-Pfeiffer-Geselle; Mimnermus des Pancali guter Freund (*P-R*) #4, 5,13

Prinz, Peter, *25.6.1852 Emden; - Ps. Walter v. Emden; Peter Mayer am Steg (*P*) #3

Prinz, Therese, *1815 Hamburg; - Ps. Therese Schubart; Therese (*P*) #4

Prinz, Vera, *13.1.1914 Kathrein/Steierm.; - Ps. Verena Luegg (*P*) #3,4

Prittwitz und Gaffron, Doro von, *7.11.1895 Obernigk; - Ps. Hans von Hennersdorf; Felicitas Wenzel (*L-N-P-R*) #3

Prittwitz und Gaffron, Konrad Bernhard Karl von, *1.8.1826 Guhlau/Schles.; - gen. Konrad von Kreckwitz (*L-P*) #1

Prittwitz und Gaffron, Leonhard von, *8.7.1856 Guhlau/Schles., †31.3.1917 Hennersdorf b. Reichenbach; - gen. Leonhard von Kreckwitz (*L*) #1,3,4

Probst, Alfred, *4.9.1906; - Ps. Fred Preston (*E-F-R*) #3,4

Probst, Erich, *4.5.1881 Schöningen; - Ps. O. B. Rau (*P*) #3

Probst, Peter, †1576 Nürnberg; - auch Propst (*D-L*) #4,11,13

Prochaska, Bruno, *17.2.1879 Iglau/Mähren, †20.12.1968 München; - Ps. Bruno Wolfgang (*E-F-N-R-S*) #3,4

Procházka, Rudolf Freiherr von, *23.2.1864 Prag, †24.3.1936 Prag; - Ps. Leon Elms (*L-P-S*) #1,3,4

Proeck, Wilhelm von, *1.8.1585, †1654 Zerbst; - auch Precke; Prök; gen. Der Räuchernde/FG 16/1618 #11,12

Prohaska, Franz Josef, *7.10.1865 Wien, †9.10.1908 Wien; - Ps. Oskar Pach (*L-P*) #3,4

Prök, Lebrecht von, *17. Jh.; - gen. Der Wiedrige/FG 730 #11

Prokesch-Osten, Friederike von, *23.3.1839 Würzburg, †14.8.1906 Gmunden; - Ps. Friederike Gossmann (*L*) #1,2,4

Pröll, Karl, *27.5.1840 Graz, †15.9.1910 Berlin; - Ps. Treumund (*E-L-P*) #1,3,4

Promber, Otto, *22.11.1874 Zittau/Sa., †1941 Dresden; - Ps. Otto Parrot; Max Robert (*E-J-L-P*) #3,4

Propst, Jakob, *um 1490 Ypern, †30.6.1562 Bremen; - auch Iprensis; Praepositus; Probst (*P*) #4,13

Proschko, Franz Isidor, *2.4.1816 Hohenfurth/Böhmen, †6.2.1891 Wien; - Ps. Franz v. Hohenfurth (*E-L-P-R*) #1,3,4,13

Proschko, Hermine Camilla, *29.7.1851 Linz/Do., †25.3.1923 Wien; - Ps. C. Wittendorf (*D-E-J-L-P-S*) #1,2,3,4

Proschky, Rudolf, *2.1.1897 Danzig, †17.11.1928 Karlsruhe; - Ps. Traumulus (*E-P-R*) #3,4

Prösing, Sigmund Georg Freiherr von, *17. Jh.; - gen. Der Freiwillige/FG 582 #11

Pross-Dericum, Christa, *21.5.1932 Rheinberg; - Ps. Christa Dericum; Christa Dericum-Pross (*F-J-P*) #3,4

Prowe, Adolf, *30.10.1829 Thorn; - Ps. Fiedler; Ad. Panje (*E-L-S*) #1,3,4

Prowe, Pauline, geb. Isenböger, *12.2.1921 Düsseldorf; - Ps. Ina Isenbörger (*F-P-R*) #3,4

Prudent, René, *25.5.1900 Berlin; - Ps. erpe (*E-L-N-P*) #3

Prugel, Alfred, *24.7.1905 Görlitz; - Ps. Christian Kalm (*E-F-P*) #3,4

Prümer, Karl, *23.5.1846 Dortmund, †26.1.1933 Dortmund; - Ps. Johannes Kruse (*E-L*) #1,3,4

Pruner, Hans, *15. Jh.; - auch Brunner; Prunner (*L*) #4

Prüschenk von Lindenhofen, Christian Friedrich, *(1659); - gen. Der Ordentliche/FG 770; Ps. Lepidus Philalethes Gannius (*P*) #6, 11,13

Prüschenk von Lindenhofen, Zacharias, *19.1. 1610 Sulzbach/Opf., †3.5.1678 Jena; - gen. Der Fördernde/FG 418/1644 (*P*) #6,11,12,13

Prusse, Ulrich, *13.2.1848 Trachenberg/Schlesien; - Ps. Wolfram Achilles; Maximilian Ulrich (*D-L-S*) #1,3,4

Prusz von Zglinitzki, Karl Alexander, *14.12.1884 Potsdam, †18.2.1957 Lübeck-Travemünde; - Ps. Peter Purzelbaum (*E-P*) #3,4

Przedak, Wenzel Ottokar, *1822 Prag, †30.4.1879 Kuttenberg; - Ps. Konrad von Kutten; Siegfried Spinner; Karl vom Wald (*E-N-P-R*) #4

Pscheidl, Josef, *15.10.1904 Gutwasser/Böhmen, †21.2.1982 Regen/Ndb.; - Ps. Webersepp (*E-L*) #3,4

Pschorn, Margareta, *6.6.1922 Rodisfort/Eger, †25.7.1987 Neuendettelsau/Ansbach; - Ps. Margit Egerer (*E-F-L-P*) #3,4

Psenner, Viktor Adam, *2.5.1876 Wien, †1.3.1945 Wien; - Ps. Desiderius Verax (*D-L-P-S*) #3,4

Ptak, Karl, *7.12.1859 Wien, †17.11.1907 Wien; - Ps. Karl Vogl (*L-P*) #3,4

Puchheim, Hans Christoph Graf von, *1605, †1657; - auch Hans Christoph von Buchheim; gen. Der Zerbrechende/FG 516/1648 #11,12

Puchwein, Walther, *2.9.1912 Kindberg/Steierm.; - Ps. Fritz Burger (*P*) #3

Pückler-Muskau, Hermann Fürst von, *30.10.1785 Muskau/Oberlausitz, †4.2.1871 Branitz b. Cottbus; - Ps. Semilasso (*L-P*) #1,4,5,11,13,14

Puder, Christian, *26.2.1635 Guben, †25.2.1674 Straßburg; - auch Pudor (*P*) #4

Pudor, Emma, *6.5.1851 Schwerin; - Ps. Theodor Rapp (*L-M-N*) #2,3,4

Pudor, Fritz, *6.8.1899 Elbing; - Ps. Friedrich Hela; Friedrich Helz; Leo Liep; Peter Liep; Peter Putzig (*L-P*) #3,4

Pufendorf, Samuel von, *8.1.1632 Dorfchemnitz/Sa., †26.10.1694 Berlin; - Ps. Petrus Dunaeus; Basilius Hypereta; Severinus de Monzambano; Julius Rondinus; Josua Schwartz; Josua Schwarzius (*P*) #4,6,13

Puhl, Charlotte, *20.5.1925 Essen, †13.1.1978 Bonn; - Ps. Caroline Muhr (*F-L-R*) #3,4

Puhl, Fritz, *30.6.1921 Göttingen; - Ps. Richard Friedrich (*F-P*) #3,4

Puhl, Wilfried Ernst, *24.9.1940 Meissen/Elbe; - Ps. Bill Ernest; Willie Ernst; Will Friedmann; Bill Pool (*F-P-R*) #3

Puhle, Joachim, *31.10.1929 Berlin; - Ps. Roy Démon; John Lé; Joachim Pahl; Gerd Sandow; J. G. Sandow; L. B. Schorn; Ted Scott (*P-R*) #3,4,7,16

Pukall, Hans-Heinz, *24.5.1928 Hamburg; - Ps. Johannes H. Pukall (*E-L-N-P*) #3

Pukallus, Horst, *14.4.1949 Düsseldorf; - Ps. H. P. Howart; Gregory Kern; Henry Robert; Henry Roland (*P-R*) #3,4,7,16,20

Pullar, Leni, *3.3.1917 Herdecke/Ruhr; - Ps. Dietrich-Pullar (*P*) #3

Puls, Dierk Gerhard, *11.11.1913 Warder; - Ps. Dierk Gerhard (*E-F-L-P-R*) #3,4

Pulvermacher, Auguste, *14.4.1835 Lissa/Posen, †13.12.1898 Berlin; - Ps. August Leo (*L-R-S*) #1,3,4

Pulvermacher, Christian Leopold Julius, *15.10.1797 Breslau, †21.10.1866 Breslau; - Ps. Clip (*D-L-N*) #1,4,11

Pünchera, Gabriele, *27.3.1897 Breslau; - Ps. Gaby Pera (*J-P-R*) #3,4

Pungs, Wilhelm, *10.7.1890 Moskau; - Ps. Wilhelm Carl Friedrich (*N-R*) #3,4

Pünter, Otto, *4.4.1900 Bern, †12.10.1988 Bern; - Ps. Pakbo (*E-F-P*) #4

Puppa, Georg, *7.1.1924 Steinfelde/Ostpr.; - Ps. Jorg Hubeck (*E-P-R*) #3,4

Purkhart, Walter, *10.7.1918 Wien; - Ps. Werner Trahk (*L-R*) #3,4

Purner, Inge, geb. Mühlhofer, *13.7.1918 Werfen/Salzburg; - Ps. Inge Mühlhofer (*J-L*) #3,4

Pürner, Stefan, *22.12.1960 Nürnberg; - Ps. Elena Gergweis (*E-L*) #3,4

Purrmann, Christel, *23.4.1930 Abschwangen/Ostpr.; - Ps. Christel Dorpat (*E-R*) #3,4

Pusch, Edith, *(1955) Brünn; - Ps. Barbi Bach; Barbara Busch; Carol Desmond; Michaela Dornberg; Judith Janka; Maria Linz (*E-R*) #3

Pusch, Harald, *1946; - Ps. Peter Toole (*P*) #7

Pusch, Helga, *28.1.1923 Wiener-Neustadt; - Ps. Helga Pusch-Michaelias (*E-L-R*) #3,4

Pusch, Luise F., *14.1.1944 Gütersloh; - Ps. Judith Offenbach (*P*)

Püschel, Emilia, *30.1.1860 Nordböhmen; - Ps. Mila Treu (*E-J-L-N-P*) #2,4

Püschel, Walter, *3.2.1927 Einsiedel/Böhmen; - Ps. Walter Schell (*E-F-J-R*) #3,4

Puschmann, Bernhard, *25.7.1904 Dresden; - Ps. Bruno Bernhart (*E-P*) #3

Pustkuchen(-Glanzow), Johann Friedrich Wilhelm, *4.2.1793 Detmold, †2.1.1834 Wiebelskirchen b. Ottweiler; - Ps. Aurelia; Aurelie; F. Glanzow; Wilh. Meister; Nathanael; Verf. der Wanderjahre (*E-L-P*) #1,4,5,6,11

Putsch, Johann, *1516 Tirol, †1542 Gran/Ungarn; - auch Bucius; Putschius; gen. Aenicola (*L*) #4

Puttkamer, Jesko von, *12.3.1853 Charlottenburg, †23.1.1916 Dresden; - Ps. Ernst von Bernouilly; Johannes von Parten (*E-N-R-S*) #1,3,4

Puttkamer, Jesko von, *1933 Leipzig; - Ps. Ralph Anders (*P-R*) #7,20

Puttkamer, Marie Madeleine Freifrau von, *4.4.1881 Eydtkuhnen/Ostpr., †1944 Katzenellenbogen; - Ps. Marie Madeleine (*D-E-L-N-R-S*) #3,4,9

Puttkamer, Otto Ludwig Emil Freiherr von, *1802 Reichenbach/Schles., †9.9.1875 Potsdam; - Ps. Otto Ludwig (*N*) #1,4

Puttlitz, Karl Edler von, *um 1775 Marienburg/Westpr., †1.7.1822 Münster; - Ps. Theudobach (*D-L*) #1,4,6,11

Pütz, Everilda von, *21.11.1843 München, †20.7.1926 München; - Ps. Gräfin Eva (*E-J-N*) #1,2,3,4

Pütz, Liddy, geb. Malten, *17.7.1870 Leipzig, †Berlin; - Ps. Beate Malente; Liddy Malten (*D-E-L-N-P-R*) #3,4

Pütz, Paul, *14.9.1914; - Ps. Nick Pauly; Texas-Reiter; Fred Thompson (*R*) #3

Pyra, Immanuel Jakob, *25.7.1715 Cottbus, †14.7.1744 Berlin; - Ps. Thirsis; Thyrsis (*L-P*) #1,4,5,6,11,13,14

Q

Quack, Hilde, geb. Mentzel, *18.3.1919 Düsseldorf, †5.7.1951 Düsseldorf; - Ps. Hilde Mentzel (*J-L*) #3

Quade, Gustav, *15.3.1869 Duisburg; - Ps. Gustav Westfal (*E-J-L*) #3,4

Quadt, Ernst, *6.11.1884 Gudwallen/Ostpr., †14.1.1958 Mainz; - Ps. Ernst L. Ecker (*D-F-P-R-S*) #3,4

Quadt-Wykradt-Isny, Julie Gräfin von, *6.6.1858 Paris, †14.7.1925 Freiburg/Br.; - Ps. Julie Gräfin von Quadt (*E-J-R*) #3,4

Qual, Alexander, *14.3.1922 Berlin, †31.7.1986 Berlin; - Ps. Alexander Koval (*E-F-L-P-R*) #3

Quanter, Rudolf, *17.10.1861 Leipzig; - Ps. C. W. Rudolfi (*P*) #3,4

Quarck, Max, *9.4.1860 Rudolstadt; - Ps. Fr. Thüringer (*P*) #3

Quaritius, Carl Gottfried, *um 1800; - Ps. Carl Gottfried Meerfels (*P*)

Quast, Hellmuth, *21.12.1881 Berlin; - Ps. Hellmuth Quast-Peregrin (*N-R*) #3,4

Quehl, Georg, *(1815); - Ps. Augusti (*L*) #6

Queiser, Hans R., *1921; - Ps. Robert O. Steiner (*P-R*)

Queisner, Robert, *10.9.1862 Großmalsau b. Stralsund, †30.10.1921 Berlin; - Ps. Robert Wild; Robert Wild-Queisner (*E-N-R-S*) #1,3,4

Quenel, Maximilian, *7.7.1896 Hannover; - Ps. Quesnel (*D-E-R*) #3,4

Quensel, Paul, *9.5.1865 Weida/Thür., †8.12.1951 Weimar; - Ps. Alexander Wieden (*D-L-N-P-R-S*) #3,4

Quenzel, Karl, *6.9.1875 Berlin, †6.8.1945 Berlin; - Ps. Hans E. Schlüter (*P*) #3,4

Querfurth, Curt Oswald von, *23.7.1826 Schönhaida/Sa., †10.6.1886 Oschatz/Sa.; - Ps. Curt Oswalt (*L*) #1,4

Quervain, Charles Francois Alfred de, *21.6.1873 Amsoldingen b. Thun, †5.6.1864 Bern; - Ps. Francis Kervin (*N-R*) #3,4

Quetsch, Fides Mathilde, *28.7.1878 Mainz; - Ps. F. M. Glassen (*E-P*) #3,4

Quetsch, Josef, *19.1.1889 Waldhausen b. Weilburg/Lahn; - Ps. Erik Wald (*E-L-P*) #3

Quetz, Zachari von; - gen. Der Gebräuchliche/FG 309/1637 #11,12

Quiel, Reinhold, *15.4.1855 Schwiebus; - Ps. Georg Landeck (*E*) #4

Quietmeyer, Ilse, *22.1.1871 Kemberg/Sa.; - Ps. Ilse Schneider (*E-L*) #3

Quilitzsch, Heinz, *(1967); - Ps. Kibi Williams (*R*) #3

Quincke, Ida, *28.1.1867 Wien, †5.6.1939 Oberaudorf/Obb.; - später Ida Leube; Ps. Oskar Herzfried (*L-P-S*) #1,3,4

Quincke, Joseph, *15.10.1860 Kirchhunden b. Olpe; - Ps. Hyleanus (*E-M-R*) #3,4

Quingenberg, Adam Heinrich von, *um 1600, †1631 Werben b. Havelberg; - gen. Der Aufrechte/FG 166/1629 #11,12

Quirmbach, Elisabeth, *9.12.1882 Heiden; - Ps. Liesken Brinkmanns (*E*) #4

Quistorf, Hermann, *6.5.1884 Hamburg, †7.10.1969 Hamburg; - Ps. Jürgen Klaar (*L-P-S*) #3,4

Quittschreiber, Ursula, geb. Adam, *13.11.1922 Naumburg/S., †12.11.1979 Berlin; - Ps. Ursula Adam (*L-P*) #3,4

Quitzow, Achatius von, *8.8.1606 Wiedelah b. Goslar, †3.10.1653 Braunschweig; - auch Achatius von Quitzau; gen. Der Beistehende/FG 262/1635 #11,12

Quosig, Hermine Pauline Emilie, *1.2.1862 Swinemünde; - Ps. Hermann Paul (*E*) #4

R

Raab, Kurt, *20.7.1941 Bergreichenstein/Sudeten, †26.6.1988 Hamburg; - Ps. Emma Kartoffel (*F-P*) #4
Raabe, Lothar, *26.12.1861 Breslau; - Ps. E. Baar (*L-P*) #3
Raabe, Wilhelm, *8.9.1831 Eschershausen b. Holzminden, †15.11.1910 Braunschweig; - Ps. Jakob Corvinus (*E-L-N-R*) #1,3,4,5,14
Raasch, Marion, geb. Bianchi, *5.1.1939 Groß-Ottersleben; - Ps. Marion Bianchi (*J*) #3
Rab, Laurentius, *um 1465 Neumark/Schles., †21.7.1527 Breslau; - Ps. Laurentius Corvinus (*P*) #4,13,15
Rabe, Antonius, *11.4.1501 Warburg/Westf., †5.4.1553 Hannover; - Ps. Bierhahn; Broihan; Antonius Corvinus; Zythogallus (*P*) #4,13,15
Rabe, Friedrich, *1.7.1863 Wenden/Hannover; - Ps. Corvin (*E-L*) #3,4
Raben, David, *um 1599; - auch David Rab; gen. Der Wohlgefällige/FG 300/1636 #11,12
Raben, Hans-Jürgen, *1943 Oppeln/Oberschles.; - Ps. Miles Greene (*R*) #3,7
Rabener, Gottlieb Wilhelm, *17.9.1714 Wachau b. Leipzig, †22.3.1771 Dresden; - Ps. Art Beuzelaar; Hinkmar von Repkow; Martin Scribler d. J.; Woldemar von Tzaschlau (*P*) #1,4,5,11,13,14
Rabener, Justus Gottfried, *1634 Sorau/Niederlausitz, †21.5.1699 Meißen; - Ps. Serenus (*E-L*) #1,4,6,11,13
Rabenstein, Johannes, *1437, †19.11.1473; - auch Rabstein (*P*) #4,13
Räber, Hans, *18.5.1917 Basel; - Ps. Meier III; Tilla Nääggi (*E-F-J-N-P-R*) #3,4
Rabiel, Rudolph von; - gen. Der Legende/FG 235/1634 #11,12
Rabinowitz, Sally, *22.7.1889 Leipzig; - Ps. Siegbert Romer; Siegbert Römer (*P*) #3,4
Rabitsch, Thekla, geb. Schürr, *24.2.1897 Auenhof/Wörthersee; - Ps. Thekla Maria Schürr (*E-F-L-P-R*) #3,4
Rabl, Hans, *27.1.1906 Düsseldorf; - Ps. Hanns Kriesten (*E-N-P-R*) #3,4
Rabus, Jakob, *um 1545 Straßburg; - auch Rabe; Rabus Ulmensis (*P*) #4,13
Rabus, Ludwig, *1524 Memmingen, †22.7.1592 Ulm; - auch Rabe (*P*) #4,13
Raché, Eva Maria, *8.1.1909 Berlin; - Ps. Eva Maria Usedom (*N-R*) #3,4
Rache, Louise, *14.8.1898 Bremerhaven-Lehe; - Ps. Louise Meyer; Swattemeyer (*E-L*) #3
Raché, Paul, *15.8.1869 Berlin; - Ps. Paul Bernhard; Paulus (*P-R*) #1,3,4
Rächler, Elise, geb. Ehrhardt, *14.1.1789 Nordhausen, †2.12.1833 Nordhausen; - Ps. Elise Ehrhardt (*E-L*) #1,4,11
Rack, Johannes, *1457 Sommerfeld b. Crossen, †31.5.1520 Wittenberg; - auch Ragius; Rak aus Sommerfeld; Rhagius; Ps. Johannes Aesticampianus (*L-P*) #4,11,13,15
Racknitz, Gall Freiherr von, *12.5.1590 St.Ulrich/Steierm., †25.3.1658 Nürnberg; - auch Ragknitz; Ragnitz (*L*) #4,11,13
Rade, Paul Martin, *4.4.1857 Rennersdorf/Oberlaus., †9.4.1940 Frankfurt/M.; - Ps. Paul Martin (*P*) #3,4
Radecki, Sigismund von, *19.11.1891 Riga, †13.3.1970 Gladbeck; - Ps. Homunculus (*E-P*) #3,4,5,8,10
Rademacher, Hanna, geb. Leuchs, *15.12.1881 Nürnberg; - Ps. Hanna Leuchs (*D-E-S*) #3
Rademacher, Petronella, *16.6.1897 Frankfurt/Main, †1.12.1987 Bern; - Ps. Nelly Rademacher (*P*) #4
Räder, Karl, *13.4.1870 Bad Dürkheim, †26.1.1967 Ludwigshafen; - Ps. Ernst Fröhlich (*L-P*) #3,4
Räderscheidt, Wilhelm, *8.8.1865 Köln, †8.7.1926 Köln; - Ps. Ohm Will (*L-P*) #4
Radestock, Hermann, *13.8.1865 Luckau/Niederlausitz; - Ps. Heinrich Repperg (*P*) #3
Radkowetz, Heliodor, *3.3.1930 Wien; - Ps. Claudius Siegmar Heliodor (*D-E*) #3,4
Radler, Friedrich Johann Edler von, *3.9.1847 Olmütz/Mähren, †3.7.1924 Wien; - Ps. X. Flock (*D-L-N-S*) #1,3,4
Radloff, Elfriede, *24.11.1903 Lissa/Posen, †1951 Berlin; - Ps. Renée Adloff (*E-P*) #3
Radnicki von Lechita, Maria, *4.7.1858 Rheinberg/Rhl.; - Ps. Maria Radkersberg-Radnicki (*E-N-R*) #2,3,4
Radnitz, Rudolf, *4.4.1881 Prag; - Ps. Udo Radenius (*N-S*) #3
Radnitzky, August, *12.6.1810 Salzburg, †22.3.1897 Mattsee; - Ps. Einsiedler von Lackenham; Der Fink von Mattsee; Georg Rand; Hans Michael am See; Abundius Spathamer (*L*) #1,3,4
Radtke, Alfred G., *2.2.1894 Berlin; - Ps. Fred Georgi (*P*) #3
Radvanyi, Netty, geb. Reiling, *19.11.1900 Mainz, †1.6.1983 Berlin; - Ps. Anna Reiling; Anna Seghers (*E-P-R*) #3,4,5,8,9,10,14,17,18
Radwaner, Leopold, *1897 Sulina/Rum.; - Ps. Carol Poldys (*E-N-R*) #3,4
Radziwill, Anna Inge, geb. Rauer, *16.9.1906 Wernigerode; - Ps. Inge Rauer (*E-L-R*) #3,4
Raecke, Curt, *13.6.1887 Dresden; - Ps. Konrad Ecker (*P-R*) #4
Raedlein, Martin Otto Johannes, *1.12.1887 Dresden; - Ps. Martin Otto Johannes (*E-L-N-P-R-S*) #3,4
Raether, Marina, *9.10.1955 Belgrad/Jug.; - Ps. Marina Micic (*L-P*) #3,4
Raff, Friedrich, *25.8.1889 Stuttgart; - Ps. Anaconda; Erich Burgmeister; Ephra; Gonz; Pankraz (*L-P-S*) #3,4

Rahlfs, Leni, *27.7.1899; - Ps. Wera Le; Leni Rahlfs-Wentz (*E-P*) #3

Rahlves, Rudolf, *1.5.1925 Essen; - Ps. Ralf Sevlaar (*E-P-R*) #3,4

Rahm, Berta, *4.10.1910 St.Gallen; - Ps. Peter Ala (*P*) #4

Rahm, Kurt, *19.5.1937 Basel; - Ps. Kurt Konrad (*L*) #3

Rahn, Johann Heinrich, *23.10.1749 Zürich, †3.8.1812 Zürich; - Ps. Acarnan (*P*) #4,13

Rahn, Wolfgang, *(1984); - Ps. Mark Baxter; Clark Conelli; Bryan Danger; Joe Dunhill; Tom Frisco; Randy Maverick; Marcos Mongo; Mortimer Mortmain; Jack Slade; Norman Thackery (*E-P-R*) #16

Raible, Marie, verw. Fritz, *25.3.1836 Unterjesingen/Württ.; - Ps. Marie Fritz (*L-P*) #4

Raich, Johann Michael, *17.1.1832 Ottobeuren, †28.3.1907 Mainz; - Ps. Otto Beuren (*P*) #3,4

Raida, Carl Alexander, *4.10.1852 Paris, †25.2.1923 Berlin; - Ps. Charles Adair (*D-S*) #3,4

Raida, Max, *1.1.1868 Troppau; - Ps. Hans Klingen (*E-L-M*) #3,4

Raimann, Ferdinand Jakob, *1.6.1790 Wien, †5.9.1836 Pottenstein/Ö.; - Ps. Ferdinand Jakob Raimund (*S*) #1,4,5,11,13,14

Raisberger, Joseph, *14.6.1670 Wasserburg/Inn, †16.5.1739 Rom; - gen. Jordan von Wasserburg (*P*) #4

Raith, Alfons, *26.4.1905 München, †1.1.1965 München; - Ps. Cornelius (*P*) #3,4

Raithel, Hans Adolf, *31.3.1864 Benk b. Bayreuth, †3.10.1939 Benk b. Bayreuth; - Ps. Peter Michel (*D-E-L*) #3,4

Rajcic-Bralic, Dragica, *1.4.1959 Radosic b. Split; - Ps. Karla Jakob (*E-F-L*) #3,4

Rak, Therese, *10.2.1853 Haag/N.-Ö., †22.11.1913 Seitenstetten; - Ps. Theodor von Hieflan (*D-E-N-S*) #3,4

Raloff, Karl, *4.6.1899 Altona; - Ps. Karl Ehrlich (*P*) #18

Ram, Adam, *(1602); - auch Rham (*D*) #4,13

Rambach, Friedrich Eberhard, *14.7.1767 Quedlinburg, †12.7.1826 Reval; - Ps. Hugo Lenz; Ottokar Sturm (*D-P-S*) #1,4,6,11,13

Ramler, Karl Wilhelm, *25.2.1725 Kolberg, †11.4.1798; - Ps. Glaukus (*D-L-P*) #1,4,11, 13,14,17

Ramseger, Karl, *26.12.1900 Fluterschen/Westerwald, †3.3.1961 Oberlahnstein; - Ps. Frankenfels; C. Moxa; Ramseger-Mühle (*D-E-F-L-R*) #3,4

Ramshaw, Dora, geb. Calvo, *4.1.1878 Wildbad/Württ.; - Ps. Manuela Calvo (*L-P-R*) #3

Ranck, Sebastian, *15. Jh.; - gen. Greiff (*P*) #4

Randenborgh, Elisabeth van, geb. Riemeier, *26.12.1893 Bielefeld, †25.5.1983 Bielefeld; - Ps. Elisabeth Riemeier (*E-R*) #3,4

Randow, Jost Andreas von, *(1620); - auch Jost Andreas von Randau; gen. Der Leimende/FG 22/1619 (*P*) #11,12

Ranegger, Franz, *10.11.1883 St.Ulrich/Steierm., †21.2.1959 Mödling/N.-Ö.; - Ps. Erwin Reger (*P*) #3,4

Ranft, Alfred, *12.9.1895 Blankenstein/Sa.; - Ps. Ranft-Blankenstein (*L-P-R*) #3,4

Rank, Heiner, *11.12.1931 Babelsberg; - Ps. Heiner Heindorf; A. G. Petermann (*E-F-J-R*) #3,4,5,7,20

Rank, Joseph, *10.6.1816 Friedrichsthal/Böhmen, †27.3.1896 Wien; - Ps. J. K. Willibald (*E-P-R*) #1,4,5,13

Rank, Otto, *22.4.1884 Wien, †31.10.1939 New York; - urspr. Otto Rosenfeld (*P*) #4

Rantzau, Christian Graf von, *2.5.1614 Schloß Hadersleben, †8.11.1663 Kopenhagen; - gen. Der Gezierte/FG 278/1636 #11,12,13

Rantzau, Detlev von, *10.8.1577 Putlos/Holst., †19.3.1639 Drage b. Steinburg; - gen. Der Ausgesuchte/FG 280/1636 (*P*) #11,12

Rantzau, Heino von, *13.6.1921 Hamburg; - Ps. Hein Büttelbars; Piet vom Schloß (*E-L-P*) #3,4

Rantzau, Heinrich von, *11.3.1526 Steinburg/Holst., †31.12.1598 Breitenburg/Holst.; - Ps. Henricus Ranzovius; Christianus Cilicius; Cilicius Cimber (*L-P*) #4,6,13

Rantzau, Paul von, *1598 Kiel, †1670; - gen. Der Eingemachte/FG 291/1636 #11,12

Ranzoni, Emmerich, *17.12.1823 Unternalb/N.-Ö., †4.4.1898 Wien; - Ps. Emmerich (*E-P*) #1,3,4

Raphael, Max, *27.8.1889 Schönlanke/Posen, †14.7.1952 New York; - Ps. M. R. Schönlank (*P*) #4,18

Rapp, Carl Moritz, *23.12.1803 Stuttgart, †7.4.1883 Stuttgart; - Ps. Jovialis; Rapp-Jovialis (*D-P-S*) #1,4,11,13

Rapp, Maria Justina, geb. di Pauli, *1832 Padua/Italien, †8.3.1895 Kaltern/Südtirol; - Ps. Marie Rapp di Pauli; M. J. Parr (*R*) #2,3,4

Rappaport, Emil, *7.10.1842 Lemberg, †25.6.1930 Frankfurt/M.; - Ps. Emil Claar (*D-L-S*) #1,3,4

Rappaport, Moritz, *9.2.1808 Lemberg, †28.5.1880 Wien; - Ps. Maurus Rappa; Max Reinau (*L-P*) #1,3,4,13

Rappard, Dora, *1.9.1842 Malta, †10.10.1923 St.Chrischona b. Basel; - Ps. Fides (*L-P*) #2,4

Rappl, Erich, *14.6.1925 Bayreuth; - Ps. Aspiran Holzauge; Wafner (*E-P*) #3,4

Rappl, Franz, *2.1.1894; - Ps. Schlottelfranz (*E-J-L*) #4

Rappoltstein, Eberhard von, *12.3.1570 Gemar b. Colmar, †27.8.1637 Straßburg; - gen. Der Schärfende (*P*) #11,12,13

Rarisch, Klaus M., *17.1.1936 Berlin; - Ps. Niccolò Sosia (*F-L-P*) #3,4

Rasch, Carlos, *6.4.1932 Curitiba/Bras.; - Ps. Igor Iggensen; Jerry Moss; John F. Scott (*E-F-J-R*) #3,4,7,8,16,20

Rasch, Johann, *um 1540 Pöchlarn, †um 1612 Wien; - auch Resch (*P*) #4,13

Rasche, Christoph Ludwig von, *5.10.1584 Magdeburg, †12.11.1645 Walle b. Bremen; - gen. Der Guttuende/FG 242/1634 (*P*) #11, 12,13
Rasche, Johann Christoph, *21.10.1733 Scherbda b. Eisenach, †21.4.1805 Maßfeld; - Ps. Anton Pansa von Mancha (*L-P*) #4,11,13
Raschke, Friede, geb. Schecker, *2.3.1905; - Ps. Friede Schecker (*P*) #3
Raschke, Martin, *4.11.1905 Dresden, †24.11.1943 b. Newel/Rußland (gef.); - Ps. Otto Merz (*E-F-P-R*) #3,4,5,10
Rasel, Andreas, *um 1562 Hahnbach/Opf., †6.1.1602 Heidelberg; - auch Raselius; Ps. Andreas Ambergensis (*L-P*) #4,11
Rasenberger-Koch, Erika, *16.12.1891 Waldkappel/Hessen; - Ps. Karin Wilde (*L-R*) #3
Rasmus, Melanie, *9.11.1855 Dessau; - Ps. Max von Hochberg (*M*) #2,3,4
Rasp-Budzinski, Renate, *3.1.1935 Berlin; - Ps. Renate Rasp (*L-P-R*) #3,4,5,8,10
Raspe, Rudolf Erich, *1737 Hannover, †1794 Mucross/Irland; - Ps. Karl Friedrich Hieronymus Freiherr von Münchhausen (*P-S*) #1,4,5,11,13
Raspi, Anton de, *9.7.1865 Wien; - Ps. Leo Cassan (*L-N-P*) #3
Räss, Andreas Anton, *4.1.1899 Steinegg, †1972 Steinegg/Schweiz; - Ps. Restoni Räss (*E-L-S*) #4
Rassaerts, Ursula, *10.5.1911 Lokstedter Lager; - Ps. Ursula Röh (*J-R*) #3,4
Raßmann, Christian Friedrich, *3.5.1772 Wernigerode, †9.4.1831 Münster; - Ps. Aristarchos; Hortensis Orlay; Zachaeus (*L-P*) #1,4,6,13,17
Rassow, Adele, *13.12.1865 Halle/Westf.; - Ps. Adele Hindermann (*E-N-R*) #1,3,4
Rast, Ferdinand Gregor Freih. von, *12.8.1808 Wien, †20.3.1889 Marburg/Drau; - Ps. Ferdinand Hilarius (*L*) #1,3,4
Rath, Michael, *24.6.1800 Wiesau/Opf., †20.8.1878 München; - Ps. Freudenberg (*E-N*) #1,4,11
Rath, Wilhelm von, †27.4.1641 Wieskau/Saalkr.; - auch Wilhelm Raht; gen. Der Abkratzende/FG 141/1627 #11,12
Rath, Willy, *21.9.1872 Wiesbaden, †16.1.1940 Berlin; - Ps. Willibaldus Rost (*D-N-R-S*) #3,4
Rathenau, Walther, *29.9.1867 Berlin, †24.6.1922 Berlin; - Ps. W. Hartenau (*D-P*) #3,4
Rathke, G., *12.8.1850 Bernburg/Saale; - Ps. Armin Ritter (*L-N*) #4
Rathmann, Oswald, *7.5.1901 Magdeburg, †15.9.1957 Mähringen b. Tübingen; - Ps. Ernst Haller (*E-F-P-R*) #3,4
Ratich, Wolfgang, *18.10.1571 Wilster/Holst., †27.4.1635 Erfurt; - auch Ratichius; Ratke (*P*) #4,13
Rattermann, Heinrich Armin, *14.10.1832 Ankum/Westf., †6.1.1923 Cincinatti/USA; - Ps. Hugo Raimmund; Hugo Reimmund (*L-P-S*) #1,3,4
Ratzel, Christiane, *(1901) Hamburg; - Ps. Carmen Teja (*D-L-R*) #3,4
Rau, Editha, *7.2.1883 Frankfurt/O.; - Ps. Editha Voßberg (*N-R*) #3
Rau, Gottlieb Wilhelm Ludwig, *3.10.1779 Erlangen, †22.9.1840 Gießen; - Ps. Albrecht Moritz Rose (*E-L-P*) #1,4,6,11
Rau, Hans, *14.6.1882 Biesdorf; - Ps. Rudolf Lessing; Wolfgang Mathias; A. Sper (*P*) #3
Rauch, Johann; - gen. Der Nachkommende/FG 385/1642 #11,12
Rauch, Karl, *17.4.1897 Markkleeberg, †13.9.1966 Planegg b. München; - Ps. Reuchlin (*F-J-L-P-R*) #3,4
Rauch, Lydia, *20.5.1926 Wien, †16.2.1986 Traunkirchen/Ö.; - Ps. Athe Hell (*F-L-P-S*) #3
Rauch, Men, *29.1.1888 Schuls/Engadin; - Ps. Fenomen (*D-E-F-L-N*) #3
Rauch, Wolfgang, *4.11.1898 Metz, †19.1.1980 Wiesbaden; - Ps. Anders C. Tornwyk (*L-P-R*) #3,4
Rauchalles, Karl August, *22.3.1849 Landau/Pfalz; - Ps. Karl August (*L-S*) #1,3,4
Rauchenegger, Benno, *20.8.1843 Memmingen, †1.8.1910 München; - Ps. Hans Felsinger (*E-L-P-S*) #3,4
Rauchhaupt, Hans Christoph, *(1651); - Ps. Der Gestirnte #11
Rauchhaupt, Hans Georg, *17. Jh.; - gen. Der Überwältigende/FG 729 #11
Rauck, Melchior, *17. Jh.; - gen. Meliboeus/PB #11
Raupach, Ernst Benjamin Salomon, *21.5.1784 Straupitz b. Liegnitz, †18.3.1852 Berlin; - Ps. Leberecht Hirsemenzel; Ernst Leutner; Sturmfeder (*D-L-P-S*) #1,4,5,11,13
Raupach, Pauline,*(1853); - Ps. A. P. (*D-P*) #4
Raupp, Wilhelm, *9.8.1893 Karlsruhe; - Ps. Joachim Ruhland (*P-R-S*) #3,4
Rausch, Albert Henry, *5.5.1882 Friedberg, †11.10.1949 Magreglio/Comer See; - Ps. Henry Benrath (*E-L-N-P-R*) #3,4,5,8,10
Rausch, Annegret, geb. Hüger, *22.9.1906 Wesel; - Ps. A. R. Hüger; Annegret Rausch-Hüger (*J-R*) #3,4
Rausch, Lothar, *(1984); - Ps. Jerry Cotton; Lothar Eschbach; Stefan Frank (*R*) #16
Rausch, Theo, *9.6.1903 Köln; - Ps. Till Wippchen (*D-E-F-L-S*) #3,4
Rauschenplat, Hellmut von, *2.10.1896 Dresden; - Ps. Fritz Eberhard; Fritz Kempf; Schneider (*P*) #18
Rauscher von Steinberg, Ernst, *3.9.1834 Klagenfurt, †18.8.1919 Klagenfurt; - Ps. Ernst Almwart (*D-E-L-N-S*) #1,3,4
Rauschnik, Gottfried Peter, *10.9.1779 Königsberg, †13.5.1835 Leipzig; - Ps. P. H. Rosenwall (*E*) #1,4,6,11

Rauschning, Hans, *23.4.1926 Berlin; - Ps. Hans Err (*P*) #3,4
Rautenbach, Otfried, *19.10.1942 Darmstadt; - Ps. Friedrich Leinbereiter (*L-N-P-R*) #3,4
Rautenberg, Barthold von, †11.2.1647; - auch Barthold von Rutenberg; gen. Der Blühende/FG 45/1621 (*P*) #11,12
Rautenstrauch, Johann, *10.1.1746 Erlangen, †8.1.1801 Wien; - Ps. Arnold; Ritterheim; Salzmann (*E-P-S*) #1,4,11,13
Rauter, David, *6.11.1848 Kleblach; - Ps. Hjalmar Kjölenson (*P*) #3,4
Rautert, Friedrich, *1780 Hattingen/Ruhr, †23.11.1858 Büren/Westf.; - Ps. Ruhrmann an der Ruhr (*E-L-P*) #1,4,11
Rauthe, Else, *26.1.1867 Swinemünde; - Ps. Erna Uthe (*N*) #3,4
Rauthe, Rolf Richard, *7.6.1862 Löwenberg; - Ps. Richard Rolf (*D-E-P-S*) #3,4
Rauw, Johannes, *Meimbressen/Hessen, †1600 Wetter; - auch Ravius (*L-P*) #4, 11,13
Rauwolf, Leonhart, *um 1540, †1596 Hatvan/Ungarn; - Ps. Dasylycus; Leo Flaminius (*P*) #4,6
Rave, Judith Wilhelmine Henriette Melusine, *(1804); - Ps. Molly (*E-L*) #1,2,4,6,11
Raven, Achim, *8.4.1952 Düsseldorf; - Ps. Ferdinand Scholz (*E-L-R*) #3,4
Raven, Mathilde, geb. Beckmann, *16.2.1817 Meppen, †Dresden; - Ps. Mathilde Beckmann (*E-L-R*) #1,4
Rebay, Ferdinand, *27.5.1851; - Ps. Jörg Sachs (*P-S*) #4
Rebiczek, Franz, *6.2.1891 Taus/Böhmen, †17.11.1961 Krems/N.-Ö.; - Ps. Hannes Kernegger (*N-R-S*) #3,4
Rebmann, Andreas Georg Friedrich von, *24.11.1768 Kitzingen, †16.9.1824 Wiesbaden; - Ps. Esseid Aly Effendi; Hürgelmer; Justinus Pfefferkorn; Anselmus Rabiosus d. J. (*P-R*) #1,4,6,11,13
Rebmann, Hans Rudolf, *4.7.1566 Bern, †1605 Muri b. Bern; - Ps. Ampelander; Räbmann (*L-P*) #4,6,11,13
Rebner-Tuerck, Doris, *(1961) Klagenfurt; - Ps. Doris Christian; Christa Kirchmayr; Doris Rebner-Christian; Christiane von Torris (*J-R*) #3,4
Rechel, Eva, geb. Mertens, *7.3.1895; - Ps. Eva Rechel-Mertens (*P*) #3
Rechenberg, Brigitte von, *4.10.1890 Berlin, †6.12.1967 Basel; - Ps. Frau Brigitte (*E-J*) #3,4
Rechenberg, Friedrich Georg von, *11.8.1891 Berlin, †16.5.1966 Basel; - Ps. Friedrich v. Schlawa (*E-P-R-S*) #3,4
Rechenberg, Hans Georg von, *17. Jh.; - gen. Der Vorbehaltende/FG 651 #11
Rechenmacher, Ernst, *10.1.1954 Schlanders/Südtirol; - Ps. Ernst Rech (*L-N*) #4
Rechmann, Günter, *26.2.1926 Dortmund; - Ps. Janka Gottlieb (*E-L*) #3,4
Recht, Oskar Camillus, *10.9.1894 Wien; - Ps. C. Christensen (*E-R*) #3,4
Reck, Johann Friedrich von, *1.8.1764 Mitau, †13.9.1846 Mitau; - Ps. Johann Friedrich von Recke (*L-P*) #4,11,13
Reck, Oskar, *1920 Niederlenz/Aargau; - Ps. Ritter Schorsch (*P*) #4
Recke, Elisabeth von der, geb. v. Medem, *1.6.1756 Schönburg/Kurland, †13.4.1833 Dresden; - Ps. Elisa; Elise; Elisabeth von Medem (*L-P*) #1,2,4,5,6,11,13
Reckerodt, Adolph Heinrich von, *17. Jh.; - gen. Der Ändernde/FG 713 #11
Reckleben, Hermann, *17.11.1947 Arnsberg; - Ps. Hermann Karlssohn (*L*) #3,4
Reclam, Marie Henriette Charlotte, *18.5.1739 Linow/Brandenburg, †26.2.1799 Berlin; - Ps. Demoiselle S*** (*P*) #4,11
Redel, Melchior, *17. Jh.; - gen. Der Einsame/DG-N #11
Redelsperger, Eduard, *1.4.1883 Markirch/Ober-Elsaß; - Ps. Eduard Röthlisberger (*P-R*) #4
Reden, Friedrich Wilhelm Otto Ludwig Freiherr von, *11.2.1802 Wedlinghausen/Westf., †12.12.1857 Wien; - Ps. Adrian Balbi; Wiemund (*N-P*) #1,4,11,13
Reden, Philippine von, *1775 Kassel, †1841 Hameln; - Ps. Philippine von Knigge (*E-P*) #4,11
Redenbacher, Wilhelm, *12.7.1800 Pappenheim, †14.7.1876 Dornhausen; - Ps. Chr. Rppg (*E-P*) #4,13
Reder, Guido, *28.3.1840 Saabor/Schles., †5.7.1884 Berlin; - Ps. Guido Bucheck (*R*) #1,4
Redinghoven, Henrich von, *um 1596, †1666; - auch Heinrich von Reddinghofen; gen. Der Erhitzende/FG 274/1636 #11,12
Redlich, Pauline, *29.6.1851 Brandenburg; - Ps. P. Seemann (*E-N-R*) #2,3
Redmann, Walter, *11.2.1895; - Ps. H. W. Berett (*N-R*) #3,4
Redslob, F. A., *(1827); - Ps. F. A. Goras (*L*) #4,11
Redwitz, Thea von, *11.9.1874 Hildburghausen; - Ps. Hans v. Redwitz (*P*) #3
Redzich, Constantin, *20.5.1869 Allenstein/Ostpr.; - Ps. Egon Falkenhayn (*P-R*) #3,4
Reese, Wilhelm Friedrich Karl, *16.11.1894 Lobmachtersen b. Braunschweig, †27.9.1957; - Ps. W. Borchers; Borchers von Rienzihausen; Walter Klinger; Ludwig Osten; Renate von Osten; Willy Reese; Pit Renner; Willy von der Ria; Hieronymus Tempo; E. v. Voß (*F-L-P-R*) #3,4
Reetz, Johannes, *23.6.1871 Stettin; - Ps. Kuno Berbig (*D-E-P*) #4
Regal, Ehrenreich Wilhelm von, *17. Jh.; - gen. Der Ehrenreiche/DG-N #11
Regal, Herwart Freiherr von, *17. Jh.; - gen. Der Wehrte/DG-N #11

Regelsperger, Christoph, *23.9.1734 Statzendorf/N.-Ö., †21.12.1797 Wien; - auch Regelsberger (*L-P*) #4,11,13
Regenass, René, *15.5.1935 Basel; - Ps. Hieronymus Zwiebelfisch (*E-F-L-P-R-S*) #3,4
Regensberg, Friedrich, *13.2.1845 Münster, †24.3.1913; - Ps. Ernst Montanus (*P*) #3,4
Regenstein, Charlotte, *27.3.1835 Schwerin, †20.5.1904 Hannover; - Ps. Alexander Römer (*E-J-N-R*) #1,2,3,4
Regler, Gustav, *25.5.1898 Merzig, †18.1.1963 Neu-Delhi; - Ps. Thomas Michel; Gustav Saarländer (*F-L-P-R*) #3,4,5,8,18
Reh, Karl Christian, *9.9.1888 Schönberg/Mähren; - Ps. Christian Rey (*N-P*) #4
Reh, Karl Ludwig, *20.2.1796 Darmstadt, †24.4.1860 Darmstadt; - Ps. K. L. R. (*L*) #1,4,11
Rehbein, Arthur, *26.10.1867 Remscheid, †29.2.1952 Berlin; - Ps. Atz vom Rhyn; Rehlauf (*E-L-P*) #1,3,4
Rehberg-Behrns, Hella, *19.1.1860 Schlowe/Meckl.; - Ps. Hans Gabriel (*E-L*) #1,3,4
Rehberger, Andreas, *18.1.1716 Nürnberg, †16.5.1769 Nürnberg; - auch Reheberger; gen. Uranio/PB (*L-P*) #1,4,11,13
Rehbinder, Nikolaus Graf, *28.5.1859 Hapsal/Estland; - Ps. Ottomar von Balten (*L-P-S*) #3
Reher, August Christian, *25.9.1828 Hansühn/Holst.; - Ps. August Christian (*D-P-S*) #1,3,4
Rehfeld, Frank, *14.11.1962 Viersen; - Ps. Samantha Askin; Jessica Atkins; Andreas Bitschütter; Steve Cooper; Robert Craven; Frank Garrett; Sebastian Holzner; Frank Thys; Dieter Winkler (*E-P-R*) #7,16
Rehfisch, Hans José, *10.4.1891 Berlin, †9.6.1960 Schuls/Schweiz; - Ps. René Kestner; Sydney Philipps; Georg Turner (*D-F-R-S*) #3,4,5,8,10,14,18
Rehfues, Philipp Joseph von, *2.10.1779 Tübingen, †21.10.1843 Gut Römlinghofen b. Bonn; - Ps. Cosmus; Kaspar Anton Müller (*P-R*) #1,4,5,11,13
Rehfus-Oberländer, Carl, *25.10.1855 Kehl/Rh.; - Ps. Carl Oberländer (*E-P*) #3,4
Rehkopf, Heinrich Wohlfahrth, *1764 Zwickau, †11.7.1814 Globig b. Wittenberg; - Ps. Karl Wilhelm Rehkopf (*P-R*) #4,11
Rehmke, Maria Karoline, geb. v. Gonzenbach, *21.4.1854 St.Gallen, †21.2.1882 St.Gallen; - Ps. Maria vom Berg (*E-L-N*) #1,2,4,13
Rehtz, Alfred, *10.1.1875 Breslau, †6.6.1954 Hamburg; - Ps. Cogitans (*L-P*) #3,4
Rehwaldt, Hermann, *18.10.1896 Archangelsk/Rußl., †8.7.1972 Stuttgart; - Ps. H. Janow; German Pinning (*J-P-R*) #3,4
Reibnitz, Johanna Adolphine von, *1.2.1776 Ober-Ullersdorf b. Sorau; - Ps. Adolphine (*E*) #2
Reibnitz, Klara von, *8.6.1825 Hastenbeck/Hann., †1893 Tabarz/Thür.; - Ps. C. v. Waldheim (*P-R*) #2,3,4
Reich, Gottfried Christian, *19.7.1769 Kaiserhammer b. Wunsiedel, †5.1.1848 Berlin; - Ps. Metrodorus (*P*) #4,13
Reich, Konrad, *29.6.1928 Magdeburg; - Ps. Stefan Pätsch (*J-P-S*) #3,4
Reich, Wilhelm, *24.3.1897 Dobzau/Galizien, †3.11.1957 Lewisburg/USA; - Ps. Ernst Parell (*P*) #4,18
Reichard, Heinrich August Ottokar, *3.3.1751 Gotha, †17.10.1828 Gotha; - Ps. Mir (*E-L-N-P*) #1,4,11,13
Reiche, Helmut, *(1954); - Ps. Christian Ryke (*E*) #3
Reiche, Johann, *13.3.1617 Lübeck, †8.5.1688 Lübeck; - Ps. Johann Reicceus (*P*) #4,11
Reiche, Laura, *28.5.1862 Pankow b. Berlin; - Ps. Leonore Frei (*L-N-R*) #1,3,4
Reichel, Christoph August, *4.7.1715 Großreuth b. Nürnberg, †10.2.1774 Nürnberg; - Ps. Eusebius (*L-P*) #4,13
Reichel, Eduard Joachim von, *21.9.1892 Königsberg, †3.11.1954 Meran; - Ps. Joachim von Kürenberg (*D-P-R*) #3,4,5,10
Reichel, Emma, *18.10.1857 Königsberg, †1931 Berlin; - Ps. Edela Rüst (*N-R-S*) #2,3,4
Reichel, Eugen, *4.12.1853 Königsberg, †13.12.1916 Berlin; - Ps. Eugen Leyden (*D-L-N-P-R-S*) #1,3,4
Reichel, Selma, *(1932); - Ps. Jolanthe Marès (*R*) #3
Reichelt, Johannes, *14.6.1878 Glauchau, †3.3.1950 Bodenburg b. Hildesheim; - Ps. Jürgen Reimers; Egon Ritter (*E-N-P-R*) #3,4
Reichenbach, Karl Ludwig Freiherr von, *12.2.1788 Stuttgart, †19.1.1869 Leipzig; - Ps. Orpheus (*P*) #4,13
Reichenbach-Hoffmann, Hans, *18.8.1884 Berlin; - Ps. Reho (*P*) #3
Reichenbach-Illing, Friedrich Wilhelm, *24.8.1899 Aussig; - Ps. Friedrich Wilhelm Illing (*L-N-R*) #3
Reichensperger, August, *22.3.1808 Koblenz, †16.7.1895 Köln; - Ps. X. Quidam (*P*) #4,13
Reichenwallner, Balduin, *20.6.1889 Wiesbaden; - Ps. Balder (*D-L-R*) #3,4
Reichert, Carl-Ludwig, *17.6.1946 Ingolstadt; - Ps. Benno Höllteuffel (*F-L-P*) #3,4
Reichert, Hans, *20.2.1862 Marienwerder/Westpr.; - Ps. Richard v. Brahneck (*P*) #3
Reichert, Kurt, *30.5.1887 Landshut/Schles., †7.3.1954 Hamburg; - Ps. Kurt Renck-Reichert (*E-L-R*) #3,4
Reichert, Willy Richard, *27.8.1924 Bimbach b. Kitzingen, †17.8.1982 Nürnberg; - Ps. Michael Murr (*E-F-L-N*) #3,4
Reichl, Josef, *19.6.1860 Krottendorf/Burgenland, †9.12.1924 Wien; - urspr. Josef Reichel (*E-L-P*) #3,4
Reichlin, Esther von, *21.1.1903 Freising, †18.8.1959 Reichertshausen; - Ps. Francesca Della Rocca (*P-R*) #3,4

Reichlin-Meldegg, Friedrich August von, *1764, †18.2.1820 Augsburg; - Ps. Eduard von Waller (*P*) #4

Reichmann, Hans, *16.5.1876 Rosternitz/Mähren; - Ps. Hans Reich (*L*) #3,4

Reichwein, Willibald, *1.3.1900 Karlsruhe; - Ps. Will Erwe (*E-P-R-S*) #3,4

Reif, Ilse, *7.2.1927 Wien; - Ps. Ilse Reif-Schere (*E-L*) #3,4

Reif, Irene, *14.6.1931 Nürnberg; - Ps. Cecil J. Hoop; Irene Stauber (*E-F-J-L-P-R*) #3,4

Reif, Johann Ewald, *29.1.1882 Wien; - Ps. Johann Ewald (*L-P*) #3

Reif, Wilhelm, *4.2.1833 Schwallungen b. Meiningen, †16.1.1890; - auch Reiff (*L*) #1

Reifenberg, Benno, *16.7.1892 Oberkassel b. Bonn, †9.2.1970 Kronberg/Taunus; - Ps. Brden; Dr. h. c. (*P*) #3,4

Reifenberg, Elise, *4.3.1894 Berlin, †25.7.1982 London; - Ps. Lilly Stock; Gabriele Tergit; Christian Thomasius (*P-R*) #3,5, 9,18

Reifenrath, Joachim Wolfgang, *12.6.1917 Beuthen/Oberschles.; - Ps. Martin Johannson; Otto Hubert Roeder (*D-E-F-L-P-R*) #3,4

Reifenstein, Johann Friedrich, *22.11.1719 Ragnit, †13.10.1793 Rom; - urspr. Johann Friedrich Reifstein (*P*) #4,13

Reiff, H. Volker, *(1982); - Ps. Terry Cane (*R*) #4

Reimann, Gero A., *7.10.1944 Smolsk/Lodz; - Ps. Geronemo; Ralf-Rüdiger Meier-Knülbendorff (*E-P-R*) #3,4,7

Reimann, Hans, *18.11.1889 Leipzig, †13.6.1969 Schmalenbeck b. Hamburg; - Ps. Max Bunge; Hans Heinrich; Artur Sünder; Hanns Heinz Vampir; Andreas Zeltner (*P-R-S*) #3,4,5,8

Reimann, Heinrich, *14.3.1850 Rengersdorf b. Glatz, †24.5.1906 Charlottenburg; - Ps. Erich Reinhardt (*P*) #3,4

Reimann, Joseph, *17.10.1753 Freiburg/Br.; - Ps. Michael Ackermann (*P*) #6

Reimann, Paul, *12.10.1902 Brünn, †1.11.1976 Prag; - Ps. Paul Reim (*P*) #4,18

Reimer, Edmund Johannes Adolf, *28.9.1879 Babitzberge b. Sternberg/Mähren; - Ps. Sven Iron; Sir Edmund Ironside; Edmund Reimer-Ironside; Edmond Sternberg; R. Sternberg; Reimarus Tertius (*D-E-L-P-R*) #3,4

Reimer, Gertrud, *6.5.1845 Podelzig b. Frankfurt/O.; - Ps. Louise v. Bredow; Willy v. Sternau; Gertrud Walden (*E-R*) #2,3,4

Reimers, Dietrich, *27.11.1920 Berlin; - Ps. Jean Dietrich (*E-L-P*) #3,4

Reimers, Emil, *2.6.1912 Emden; - Ps. Fred Bird; Antonius Marcellus; Aemilius Reginmar; Yamakaze Takeko; Fred Timber (*D-P-R*) #3,4

Reimesch, Fritz Heinz, *10.2.1892 Kronstadt/ Siebenbürgen, †10.9.1958 Bayreuth; - Ps. Michel Schaffer (*E-F-N-R*) #3,4

Rein, Else, *1.6.1914 Mannheim; - Ps. Else Bleier (*J-L-P*) #3,4

Rein, Leo, *31.5.1882 Vandsburg/Westpr., †10.2.1947 Marburg/Lahn; - Ps. Leo Erras; Florian Morgenroth (*L-P*) #3

Rein, Rolf-Dieter, *(1969); - Ps. Raoul Anderland (*R*) #3

Reinacher, Eduard, *5.4.1892 Straßburg, †16.12.1968 Stuttgart; - Ps. Alsaticus; Ludwig Gärtner (*D-E-F-L-N-P-R*) #3,4,5,10

Reinbaben, Georg Wilhelm von, *14.4.1674, †20.2.1739 Weimar; - auch Rheinbaben (*L-P*) #4,11,13

Reinbold, Adelheid, *15.1.1800 Hannover, †14.2.1839 Dresden; - Ps. Franz Berthold (*E-N*) #1,2,4,11

Reinboth, Gudrun, *19.4.1943 Berlin; - Ps. Gudrun Kuhnert (*E-L-R*) #3,4

Reineccius, Reinerus, *15.5.1541 Steinheim b. Paderborn, †16.4.1595 Helmstedt; - auch Reinecke; Reyneke (*P*) #4,13

Reineck, Fritz, *12.8.1888 Weimar; - Ps. Fritz Sturm (*N-P*) #3

Reineck, Minna von, *(1871); - Ps. Franz Eugen (*E-N*) #1,3,4

Reinecke, Karl, *6.12.1885 Altenau/Harz; - Ps. Karl Reinecke-Altenau (*E-P-R*) #4

Reinecke, Walter, *(1984); - Ps. Carl Riegl; Munro R. Upton (*P-R*) #16

Reinecker, Herbert, *24.12.1914 Hagen; - Ps. Axel Berg; Herbert Dührkoop (*D-E-F-J-R*) #3,4,5

Reinelt, Johannes, *5.8.1858 Kreuzendorf b. Leobschütz/Schles., †16.1.1906 Breslau; - Ps. Philo vom Walde (*E-P-S*) #1,3,4

Reiners, Adam, *10.11.1849 Clerf/Luxemburg; - Ps. Dr. Purior (*P*) #3,4

Reiners, Rita, *1.4.1911 Münster; - Ps. Marion Mönnichfeld (*E-L*) #3,4

Reinhard, Ewald, *14.8.1884 Kleinblittersdorf b. Saarbrücken, †8.3.1956 Münster; - Ps. Ferdinand von Schreckenstein (*E-P*) #3,4

Reinhard, Franz, *1814 Baldenei b. Werden/ Ruhr, †28.1.1893 Ehrenbreitstein; - Ps. Rheinischer Jurist (*L-P*) #1,3,4

Reinhard, Hans Georg, *11.4.1872 Aachen, †1959; - Ps. Hans Georg; Hans Gordon; Hedwig Hard; Helmut Hardt; Hans Reiner; Hans Schlutow; Hans Warren; Elisabeth Hedwig Weimar (*R*) #3,4

Reinhard, Johann Georg, *5.3.1606 Berlin, †6.7.1672 Cölln/Spree; - gen. Der Vergnügte/FG 468/1647 #11,12

Reinhard, Johannes, *um 1530; - gen. Grawingellinus; de Grawinckell (*D*) #4,11,13

Reinhard, Wilhelm, *18.12.1888 Berlin, †1947 Berlin; - Ps. Peter Carr; C. A. Franklin; Fritz Hagen; Alice Herfurth; Peter Puck; Hans Warren; Hans Warren-Holm (*R*) #3,4

Reinhard-Hamadani, Roswitha, *7.8.1944 Graz; - Ps. Roswitha Hamadani (*E-F-L-R*) #3,4

Reinhardt, Carl August, *25.4.1818 Leipzig, †11.8.1877 Kötzschenbroda; - Ps. M. Arlitt; Julius Reymhold; Tin-te-hohn-tse (*E-J-P*) #4,13,17

Reinhardt, Friederike, *30.4.1770 Arnstadt, †11.11.1843 Jena; - Ps. Lina; Lina Reinhardt (*D-E-J*) #1,2,4,11,13

Reinhardt, Luise, *31.5.1807 Magdeburg, †24.10.1878 Merseburg; - Ps. Ernst Fritze (*E-N-R*) #1,2,3,4

Reinhardt, Mathilde, *1.8.1887 Bergen b. Celle; - Ps. Jobst Dietrich (*L-N*) #3

Reinhardt, Max, *9.9.1873 Baden b. Wien, †31.10.1943 New York; - urspr. Max Goldmann (*P*) #3,4

Reinhardt, Veronika, *11.9.1836 Riga; - Ps. Veronika Rein (*E-J-L*) #2,3,4

Reinhardt, Walther, *21.12.1887 Frankfurt/M.; - Ps. Lynkeus; Reinhard Weer (*P-R-S*) #3,4

Reinhardt, Wilhelmine, *(1841); - Ps. Helmina Hart (*E-R*) #2

Reinhofer, Hugo, *11.3.1866 Trient; - Ps. Heinrich Rein (*E-P-S*) #3,4

Reinhold, Karl Leonhard, *26.10.1758 Wien, †10.4.1823 Kiel; - Ps. Bruder Decius (*P*) #4,13

Reinhold, Karl Werner, *23.11.1806 Woldegk/Meckl., †21.5.1863 Landsberg/Warthe; - Ps. Hilarius Satyr (*E-P*) #1,4

Reinhold, Karl Wilhelm, *24.2.1777 Hamburg, †22.6.1841 Hamburg; - urspr. Zacharias Lehmann (*P-S*) #4,11,13

Reiniger, Ernst Emil, *29.10.1792 Großenhain/Sa., †28.8.1849 Niederspaar b. Meißen; - Ps. Fr. Dunkel; Jobst Weingans (*L*) #1,4, 6,11

Reiniger, Max, *30.6.1879 Dahme/Mark; - Ps. Alfons Mark (*P*) #3

Reininghaus, Hugo von, *1864; - Ps. Manfred Astura; Hugo von Palten (*L-N-P*) #1,3,4

Reinke, Johannes, *3.2.1849 Ziethen b. Ratzeburg, †25.2.1931 Preetz/Holst.; - Ps. Henning van Horst (*P*) #3,4

Reinkens, Joseph Hubert, *1.3.1821 Burscheidt b. Aachen, †4.1.1896 Bonn; - Ps. Pacificus (*E-P*) #1,4,13

Reinmar der Alte, *12. Jh.; - auch Reinmar von Hagenau (*L*) #4,5,14

Reinowski, Hans, *28.1.1900 Bernburg/S., †3.1.1977 Darmstadt; - Ps. Hans Bauernsohn; Der rote Hahn; Hannes Rastlos; Hans Reinow; Gottlieb Schulze; Jochen Spatz (*L-P-R*) #3,4,18

Reinsberg, Ida von, geb. von Düringsfeld, *12.11.1815 Militsch/Schles., †25.10.1876 Stuttgart; - Ps. Ida von Düringsfeld; Eine Dame von Stande; Karl Schmidt; Thekla; Verf. von Schloß Goczyn (*L-P-R*) #1,2,4,9, 11,13

Reinsch, Friedrich Karl, *22.8.1866 Billerbeck/Pommern; - Ps. Heinrich Fraldersrick (*D-L-S*) #4

Reinsch, Hans Hermann, *7.10.1901; - Ps. Hans Umbrecht (*P*) #3

Reintsch, Ingeborg, *4.4.1930 Hamburg; - Ps. Ingeborg R.-Tetzner (*J*) #3,4

Reis, Elias Levi, *1805 Friedburg, †1881; - Ps. Eduard Reis (*P*) #4

Reis, Kurt, *7.11.1928 Düsseldorf; - Ps. Conte Costello; Stephan Karolyi; Mario Markus; Axel von Orlowski; Kurt Ritter (*F-J-P-R*) #3,4

Reisch-Nowak, Christine, *3.3.1945 Mohsdorf b. Leipzig; - Ps. Stefan Frank; Linda Ward (*R*) #3,4

Reischach, Ulrich Graf von, *8.10.1893 Breslau; - Ps. Ulrich von Riet (*R*) #3

Reischauer, Luise, *10.12.1850 Bückeburg; - Ps. Elisabeth Schauer (*E*) #4

Reisel, Johannes,*23.3.1905; - Ps. Frank Harper; Heinrich Seiler (*E-F-R*) #3,19

Reiselt, Karl Hermann, *10.7.1865 Weißenburg/Elsaß, †26.12.1914; - Ps. Hans Oberstädter (*D-S*) #4

Reisenberger, Anna Elisabeth, *15.4.1890 Wien, †2.1.1969 Wien; - Ps. Anna Delapina; Elisabeth Windholz (*E-L*) #3,4

Reiser, Anton, *7.3.1628 Augsburg, †29.4.1686 Hamburg; - Ps. Joachim Valentin Andreae; Reinhardus Onesimus Lycovindanus; Reinerus Sionatus Ophthalmopolita (*P*) #4,6,13

Reiser, August, *19.1.1840 Gamertingen; - Ps. A. R. Puck (*L-P*) #3

Reisfeld, Bert, *12.12.1906 Wien; - Ps. Hannes Reimar (*F-L-P*) #3,4

Reisner, Adam, *um 1500 Mindelheim, †um 1582 Mindelheim; - auch Oryzius; Reissner; Reusner; Rysner; (*L-P*) #4,11,13

Reisner, Viktor Freiherr von, *21.11.1860 Esseg/Slawonien, †1919 Berlin; - Ps. Viktor v. Reisner-Cepinsky (*E-R*) #3,4

Reiß, Joseph, *15.10.1868 Abtsgmünd; - Ps. Freund der Wahrheit (*P*) #3,4

Reiße, Hermann, *29.9.1909 Dagobertshausen/Hessen; - Ps. Hermann Bur (*L*) #4

Reißenweber, Arno, *25.11.1904 Weidach b. Coburg; - Ps. Klaus Ekkehart (*E-L-P-R*) #3,4

Reißinger, Leopold, *16.2.1897 Wien; - Ps. Karl Johann Ander (*D-E-L-P-R-S*) #3,4

Reiswitz, Wilhelm Freih. von, *11.9.1859 Danzig, †1926 Hamburg; - Ps. W. v. Grabowska; W. Heinrich; Sagitta (*P-R*) #1,3,4

Reiter, Johann, *17. Jh.; - gen. Der Geschickte/ DG-R #11

Reiter, Ludwig, *7.1.1895 Wien; - Ps. Berthold Dietrich (*D-E-P-R*) #3,4

Reiter, Robert-Michael, *6.6.1899 Temesvar; - Ps. Franz Liebhard (*E-L-P*) #3,4

Reiterer, Karl, *17.9.1860 Graz, †6.5.1934 Graz; - Ps. Karl von Wald (*D-E-P*) #3,4

Reithard, Johann Jakob, *15.3.1805 Küßnacht/ Vierwaldst. See, †9.9.1857 Zürich; - Ps. Jeremias Lachmund; Pater Incognitus (*E-L-P*) #1,4,13

Reithler, Joseph, *15.3.1907 St.Petersholz/Elsaß; - Ps. Josef Bergel (*L*) #3,4

Reithofer, Dionys Franz von Paula, *2.4.1767 Landshut, †1.8.1819 München; - Ps. Veit Arnpeck d. J.; Joseph Fichtl (*P*) #4,6,13

Reitinger, Hans, *16.5.1838 München, †27.6.1912 Baden/Aargau; - Ps. Hans Neuert (*S*) #1,4

Reitler, Marcellin Adalbert, *17.6.1839 Prag, †22.5.1909 Baden; - Ps. Emil Arter (*D-E-P-S*) #1,3,4

Reitsamer, Joseph, *6.12.1907 Salzburg; - Ps. Johannes Crosado (*P*) #4

Reitterer, Franz Xaver, *21.9.1868 Friedberg/Steierm., †29.7.1932 Budweis; - Ps. Franz Baumgartner; Franz v. Friedberg; Fritz Rohr; Gabriel v. Stein (*E-P-S*) #1,3,4

Reitz, Adolf, *15.4.1884 Stuttgart, †23.6.1964 Stuttgart; - Ps. Dr. Tezät (*E-P-R*) #3,4

Reitz, Esther, *24.5.1886 Stendal; - Ps. Diusha Reitz (*L-P*) #3,4

Reitz, Inge, *20.6.1927 Mainz; - Ps. Inge Reitz-Sbresny (*E-F-L*) #3,4

Reitzenstein, Editha Freiin von, *9.11.1850 Schwarzenstein/Ofr., †1.3.1905 Berlin; - Ps. Sappho Liepholdt; Sappho (*L-P*) #2,3,4

Reitzenstein, Franziska Freifrau v., *19.9.1834 Härdenstein/Schwaben, †4.6.1896 München; - gen. Katzenbaronin; Ps. Franz von Nemmersdorf; Franziska Nyß (*E-N-P-R*) #1,3,4

Reitzenstein, Friederike von, *3.2.1748 Stuttgart, †20.8.1819 Walsrode; - Ps. Fräulein K. v. R. (*R*) #1,4,11

Reitzenstein, Marie Freifrau von, *2.12.1854 Hannover, †9.3.1894 Baden-Baden; - gen. Nachtigall Hannovers; Ps. M. v. R. (*L-P-S*) #2,4

Reko, Viktor A., *5.8.1880 Wien; - Ps. Lucien Morreau (*P*) #3,4

Rellergerd, Helmut, *25.1.1945 Dahle/Altena; - Ps. John Cameron; Cliff Corner; Jerry Cotton; Damion Danger; Jason Dark; Miriam Dark; John Denver; Red Geller; Everett Jones; Robert Lamont; Kevin Le John; Dave Morris; Jack Morton; Frederick Nolan; Jack Norton; Jim Prescott; Gerd Reller; Jack Slade; Franco Solo (*E-J-L-P-R*) #16

Rellstab, Ludwig, *13.4.1799 Berlin, †28.11.1860 Berlin; - Ps. Freimund Zuschauer (*D-E-L-P-R*) #1,4,5,6,13

Rem, Georg, *4.1.1561 Augsburg, †15.8.1625 Nürnberg; - auch Rehm; Remus (*P*) #4

Remané, Liselotte, geb. Clausen, *16.6.1914 Hamburg; - Ps. Liselotte Clausen (*E-R*) #3

Remark, Erich Paul, *22.6.1898 Osnabrück, †25.9.1970 Locarno; - Ps. Erich Maria Remarque; (*D-R*) #3,4,5,8,10,14,18,19

Remé, Jürgen, *11.12.1918 Hamburg; - Ps. Jürgen Frank (*R*) #3,4

Remer, Julius August, *1766 Braunschweig, †26.8.1803 Helmstedt; - Ps. Wieland der ältere (*P*) #4,13

Remmel, Franz, *5.9.1931 Perjamosch/Rum.; - Ps. Rideman; Rydeman (*F-P*) #3,4

Remp, Thomas Dorian, *27.8.1964 Hannover; - Ps. Dorian Thomas (*L-R*) #3,4

Renaud, Theodor, *6.2.1844 Erlangen, †28.9.1910 Straßburg; - Ps. Theodor Reinhart; Theodor Vulpinus (*E-L-P-S*) #1,3,4

Renda, Gottfried, *18. Jh. Weilburg/L.; - Ps. Adner (*P*) #6

René, Carl Alfred, *6.12.1860 Berlin; - Ps. Cunctator (*N-P*) #3

Renger, Johann, *24.2.1916 Wolfsberg/Kärnten; - Ps. Hanns Renger (*F-L-R*) #3,4

Renhardt, Josef, *29.1.1913 Windischgarsten/O.-Ö.; - Ps. Paul Graff-Ederer (*E-F-L*) #3,4

Renker, Erich, *19.6.1894 Leipzig; - Ps. Ott Frank (*S*) #3,4

Renker, Felix, *2.12.1867 Leipzig, †21.3.1935 Dresden; - Ps. Fidelio; Frauenlob (*D-P-S*) #3,4

Rennau, Joachim, *31.5.1919 Berlin; - Ps. K. W. Browne; Hurry Cane; Charlie Grant; Jim Gray; Jim Grey; Monika Ramin; J. R. Randall; Rolf Randall; Rolf Renn; Rolf Rennau; James S. White (*F-N-R*) #3,4,7

Rennecke, Pauline, *27.2.1835 Dargun/Meckl., †30.12.1913 Rostock; - Ps. Paul von Wickerode (*E-L-P*) #1,2,3,4

Rennefahrt, Georg, *26.7.1880 Magdeburg; - Ps. Friedrich Klingler (*D-R*) #4

Renner, Felix, *5.12.1935 Zug; - Ps. Beat Läufer (*P*) #3,4

Renner, Ferdinand, *1749 Breslau, †4.6.1807 Dresden; - Ps. Johann Karl Carlson (*P*) #4,6,11

Renner, Heinrich, *15.9.1849 Neumarkt/Schles.; - Ps. Omar Efendi (*P*) #3

Renner, Karl, *14.12.1870 Unter-Tannowitz b. Nikolsburg, †31.12.1950 Wien; - Ps. Josef Karner; O. W. Payer; Rudolf Springer; Synopticus (*L-P*) #3,4

Renner, Kaspar Friedrich, *20.3.1692 Münden, †21.5.1772 Bremen; - Ps. Franz Heinrich Sparr (*L-P*) #1,4,6,11

Rennspies, Ernst, *1.9.1887 Berlin; - Ps. Ernst Mareen (*S*) #3

Renovanz, Paul, *5.10.1893 Merseburg; - Ps. Peter Lee; Peter Leo (*F-N*) #3,4

Renschel, Georg Christoph, *14.11.1607 Bayreuth, †4.8.1666 Bayreuth; - auch Rentsch (*P*) #4

Renthe-Fink, Anna, *13.4.1856 Albrechtsdorf; - Ps. Curt Eckbert (*E-R*) #3

Rentsch, Helga, *14.3.1930 Mährisch-Ostrau; - Ps. Helga Rentsch-Sady (*L-N-P-R*) #3

Rentzell, Eberhard von, *24.1.1885 Berlin; - Ps. Dixi (*N-P-R*) #3

Renz, Barbara Klara, *12.12.1863 Altenstadt/Iller; - Ps. Sincera (*P*) #3,4

Renz, Gustav Adolf, *26.7.1862 Jordanbad/Württ.; - Ps. Alexander von Wassach (*E-L-P-R*) #3,4

Renzl, Theodor, *9.11.1923 Handenberg/O.-Ö.; - Ps. Gstasi (*E-L-R*) #3,4

Reppert-Rauten, Lothar von, *19.9.1888 Köln, †14.1.1975 Garmisch-Partenkirchen; - Ps. L. C. Rauten (*E-F-J-L-R*) #3,4

Resch, Alfred, *21.8.1887 Pregarten/O.-Ö.; - Ps. Fred Wardenfelss (*P-R*) #3,4

Resch, Roswitha, *28.3.1939 Wien; - Ps. Barbara; Barbara Resch (*J*) #3,4

Resch, Wilhelm, *19.8.1876 Grafenau/Bay.; - Ps. Wilhelm von Grafenau (*L-S*) #3,4

Rese, Johann Karl August, *3.2.1783 Halberstadt, †18.11.1847 Halberstadt; - Ps. Giulio (*L-P*) #4,6,11,13

Resener, Hans, *8.9.1871 Breslau; - Ps. Ichneumon (*P*) #3

Resewitz, Friedrich Gabriel, *9.3.1729 Berlin, †29.10.1806 Magdeburg; - Ps. Misokakias (*P*) #4,13,17

Ressel, Gustav Andreas, *5.4.1861 Wien, †17.11.1933 Wien; - Ps. Fritz Burger (*E-L-S*) #1,3,4

Ressel, Wilhelm, *8.1.1852 Rumburg/Böhmen, †10.3.1938 Prag; - Ps. Wilhelm v. Bergen; W. von Hammerstein; Fritz Ilmenau; Ludwig Schwarz (*E-L-P*) #1,3,4

Reßner, Franz, *25.5.1864 Wien, †16.2.1948 London; - Ps. Carl Rößler (*D-R-S*) #3,4,5

Rettelbach, Maria, geb. Forster, *19.3.1911 Großostheim; - Ps. Marion Andor; Maria Forster (*E-F-L-R*) #3,4

Rettenpacher, Simon, *19.10.1634 Aigen b. Salzburg, †10.5.1706 Kremsmünster; - auch Rettenbacher; Ps. Mison Erythreus von Gännsbrunn (*D-L-P*) #4,5,13,14

Retzer, Josef Friedrich Freih. von, *25.6.1754 Krems/N.-Ö., †15.10.1824 Wien; - Ps. Remus (*L-P*) #1,4,11,13

Reubel-Ciani, Theo, *12.6.1921 Nürnberg; - Ps. Inspektor Collins; Carlo Rovali (*J-L-P-R*) #3,4

Reuchlin, Hermann, *9.1.1810 Markgröningen b. Ludwigsburg, †14.5.1876 Stuttgart; - Ps. F. Bernhard (*P*) #4,13

Reuchlin, Johannes, *22.2.1455 Pforzheim, †30.6.1522 Stuttgart; - Ps. Joannes Capnio, Johannes Kapnion (*D-L-P-S*) #4,5,11,13,14

Reumont, Alfred von, *15.8.1808 Aachen, †27.4.1887 Aachen; - Ps. Albano; Itasius Lemniacus; Serapion (*L-P*) #1,4,6,13

Reuper, Julius, *2.12.1841 Sickte; - Ps. Baculatus; J. Reinhofer; J. Reinhold (*J-P*) #3,4

Reusch, Erhard, *17. Jh.; - gen. Ergaste/PB #11

Reuschel, Reinhold, *17.3.1892 Priedemost b. Glogau/Schles.; - Ps. Meerfried; Meerfried Steinbach (*D-L-P-R*) #3,4

Reuß, Agnes Fürstin, *13.10.1835 Karlsruhe, †10.7.1886 Schloß Osterstein b. Gera; - Ps. Angelika Hohenstein (*E*) #1,2,3,4,11

Reuss, Eduard, *18.7.1804 Straßburg, †15.4.1891 Straßburg; - Ps. Peregrinus (*P*) #4,11,13

Reuß, Elonore Fürstin, *20.2.1835 Gedern, †18.9.1903 Ilsenburg; - Ps. El (*L-P*) #1,2,4

Reuß, Harry, *27.1.1880 Fulda, †15.4.1966 Hamburg; - Ps. Karl Klick; Harry Reuß-Löwenstein (*E-F-P-R*) #3,4

Reuß, Heinrich d. ä., *17. Jh.; - gen. Der Zierende/FG 570 #11

Reuß, Heinrich d. j., *17. Jh.; - gen. Der Zierliche/FG 550 #11

Reuß, Heinrich Graf, *17. Jh.; - gen. Der Köstliche/FG 874 #11

Reuß, Heinrich Graf zu Plauen, *17. Jh.; - gen. Der Spitzige/FG 846 #11

Reuß, Heinrich XLV., Erbprinz, *13.5.1895 Ebersdorf/Thür., †31.12.1953 (für tot erkl.); - Ps. Heinrich (*P-S*) #4

Reuß, Theodor, *23.5.1879; - Ps. S. A. Sure (*P*) #3

Reuss Herr von Plauen, Heinrich, *10.6.1572 Schloß Oberstein b. Gera, †3.12.1635 Schloß Oberstein b. Gera; - gen. Der Speisende/FG 201/1630; auch Postumus gen. (*L*) #11,12,13

Reuß Herr von Plauen zu Gera, Heinrich III., *31.10.1603, †12.6.1640 Karlsbad; - gen. Der Ermunternde/FG 179/1629 #11,12

Reuter, Christian, *1665 Kütten b. Halle/S., †um 1712 Berlin; - Ps. Hilarius; Reisegefährte Schelmuffsky; Schelmuffsky (*P-R-S*) #4,5,11,13,14

Reuter, Franz, *17.6.1876 Berlin; - Ps. Sermo Morseus (*P*) #3

Reuter, Josef, *26.7.1909 Altenkirchen/Westerwald, †2.3.1978 Würzburg; - Ps. Ralph Barran; Rolf Barran; Jim Carter; Tom Chester; Petra Ellerhorst; William Grey; Joschi Loretta; MacMadison; Eddie Mills; Rock Parry; Pierre Renauld; Jo Reuter; Jan Ruiter; Mario Varani (*L-N-P-R*) #3,4

Reuth, Hermann Johann, *1755 Gent/Flandern; - auch Reath; Ps. Albert Reuth (*P-S*) #4,11

Rev, Bela Adalbert, *19.11.1890 Moldava; - Ps. Rebus (*P*) #3

Reventlow, Franziska Gräfin zu, *18.5.1871 Husum, †27.7.1918 Muralto/Schweiz; - Ps. Assess. Lübke; F. v. Revent (*N-P-R*) #2,3, 4,5,8,9

Reventlow, Rolf, *1.9.1897 München; - Ps. Rodolfo; A. de la Rosa; Rob. Werner (*P*) #18

Rexroth, Franz von, *27.8.1900 Saarbrücken, †3.8.1969 Wiesbaden; - Ps. Peter von Hundscheidt; H. Torxer (*F-L-N-P-R*) #3,4,5

Reyher, Anna de, *13.2.1860 Wilna/Rußland; - Ps. Parisis; Wolfgang Selbst (*N*) #2,3

Reyher, Dolly von, geb. Peins, *28.3.1879 Tönning; - Ps. Reyher-Peins (*L-N-P*) #3,4

Reyher, Piet von, *2.5.1862 Riga, †5.1.1927 Berlin; - Ps. Piet von Rey (*E-P*) #3,4

Reykers, Hans Heinrich, *2.5.1912 Rheurdt b. Moers; - Ps. Tilmann Lier (*E-P*) #3,4

Reyle, Wilhelm, *25.5.1899 Düsseldorf, †6.11. 1958 Lechenich-Herrig/Rhl.; - Ps. E. W. van Ray; E. W. van Rey (*R*) #3,4

Reymond, Georges, *25.5.1909 Wiesbaden; - Ps. Fritz Hoff; Georg W. Manfred; Michael Marly (*L-P*) #3
Reymond, Moritz von, *30.6.1833 Wien, †27.1.1919 Berlin; - Ps. Marr der Zweite; Zero Myrmidon (*E-P-S*) #1,3,4
Reypchius, Georg, *1528 Kronstadt/Siebenb., †12.6.1598 Sindelfingen; - auch Reypchen (*S*) #4,11,13
Reysmann, Theodor, *um 1503 Heidelberg; - auch Raismann (*L-P*) #4,13
Reznicek, Felicitas Jutta von, *18.1.1904 Berlin; - Ps. Paul Felix (*E-F-L-P-R-S*) #3,4
Rhaw, Georg, *1488 Eisfeld/Werra, †6.8.1548 Wittenberg; - auch Rau; Raw; Rhau; Hirsutus (*L-P*) #4,13
Rhegius, Urbanus, *1489 Langenargen b. Lindau, †27.5.1541 Celle; - auch Regius; Rieger; Ps. Polites Basilius; Simon Hessus; Urbanus König (*L-P*) #4,11,13
Rhein, Christian Pfalzgraf beim, *(1632); - Ps. Der Geschenkte
Rhein, Eduard, *23.8.1900 Königswinter/Rh., †9.4.1993 Cannes; - Ps. Klaus Hellborn; Klaus Hellmer; Hans-Ulrich Horster; Adrian Hülsen (*F-J-P-R-S*) #3,4
Rhein, Johann Karl Pfalzgraf beim, *17. Jh.; - gen. Der Geachtete/FG 599 #11
Rhein, Ludwig, *5.4.1862 Moers/Rh.; - Ps. Alter Preuß. Offizier; Georg Kühn (*P*) #3
Rhein, Ludwig Heinrich Moritz Franz Pfalzgraf beim, *17. Jh.; - gen. Der Tugendhafte/FG 623 #11
Rheinberger, Franziska, *18.10.1832 Maxlrain/Bay., †31.12.1882 München; - Ps. Franziska von Hoffnaaß (*L*) #1,3,4
Rheinfelder, Wilderich, *5.7.1865 Wien, †25.11.1913 München; - Ps. Erich Felder (*P-R*) #1,3,4
Rheinhardt, Emil Alphons, *4.4.1889 Wien, †25.2.1945 Dachau; - Ps. Emil Alphons (*D-E-L-P*) #3,18
Rheinhardt, Paul Gustav, *24.5.1853 Preßburg; - Ps. Franz Reimann (*S*) #3
Rheude, Max Maria, *16.2.1909 Regensburg, †24.10.1962 Regensburg; - Ps. Johann Beer (*E-P*) #3,4
Rhine, Maria, *1.12.1895 Berlin; - Ps. Rina Nielk (*E-P*) #3
Rhode, Friedrich Ludwig, *(1817); - Ps. Aristodemus; Der Klausner am Taunus (*L-R-S*) #4,6
Rhode, Johann Gottlieb, *1762, †23.8.1827 Breslau; - Ps. Anton Mahler; Maler Anton (*P*) #6,11,13
Rhomberg, Johann Josef, *11.2.1836 Dornbirn/Vorarlb., †25.10.1899 USA; - Ps. Max Arlberg (*R*) #4
Ribbeck, Hans Georg von, *26.12.1601, †3.8.1666 Werben/Altmark; - gen. Der Beschützende/FG 495/1648; auch Hans Georg von Rehebek #11,12
Ribbentrop, Manfred von, *7.10.1901 München; - gen. Wolf vom See (*D-E-L*) #3
Riccius, Christoph, *1590 Stettin, †28.4.1643 Danzig; - Ps. Constans Sincerus (*P*) #6
Ricek, Leopold Georg, *15.11.1863 Wien, †8.6.1930 Zell/O.-Ö.; - Ps. Ricek-Gerolding (*E-L-N-P*)
Richard, Sophie S., geb. Schilling, *(1823); - Ps. J. J. L..n.; Sophie S. Richard-Schilling; Sophie (*L-P*) #2
Richartz, Helmuth, *(1965); - Ps. Toddy Brett; Tom Harper; Hal McRitchie (*R*) #3
Richter, Alexander, *15.2.1900 Mülheim/Ruhr; - Ps. Axel Richter (*F-J-L*) #3
Richter, Andreas, *21.3.1890 Kassel; - Ps. Alfred Richter; Richter-Rottenbach (*P-R*) #3,4
Richter, Anton, *17.6.1797 Langendorf b. Weißenfels, †27.8.1827 Pegau; - Ps. Ludwig Stahlpanzer (*D*) #1,6,11
Richter, Arthur, *3.11.1879 Neustadt/Orla; - Ps. Hans Heimbach; Richter-Heimbach; Arthur Richter-Ruhla (*L-P*) #1,3
Richter, Bertha, geb. van der Velde, *19.12.1809 Winzig/Schles., †9.11.1834 Neustadt/Oberschles.; - Ps. Bertha van der Velde (*E-N*) #1,2
Richter, Carl Joseph, *22.7.1898 Hagen; - Ps. Judex (*E-L*) #3
Richter, Christoph Gottlieb, *7.9.1717 Nürnberg, †23.9.1774 Nürnberg; - Ps. Moses Aaron; Lux Rebbi Ascher; Obadja Assur; Ruben Barachia; Dathan der Jude; Markus Ephraim; Nathan Gans; Hasabja Bar Jedithun; Simeon Ben Jochai; Loewle Kemmel; Nathan Mayer; Kamuel Ben Meselenya; Aaron Moses; Habacuc Rasael; Habacuc Repphuni; Gehasi Ben Saddi; Jeckof Ben Saddi; Nathan Ben Saddi; Noa Samson; Tobias Samuel (*P-S*) #4,6,11
Richter, Eduard Josef, *5.5.1846 Wittingau/Böhmen, †16.11.1893 Wien; - Ps. Oskar Mühlberg; Dr. Radi; E. J. Terrich; Veritas (*E-S*) #1,3
Richter, Elfriede, *23.1.1927 Hilden; - Ps. Elfriede Richter-Feldmann (*E-J*) #3,4
Richter, Elisabeth, geb. Gast, *12.1.1908 Leipzig, †1988 Lorch; - Ps. Elisabeth (Lise) Gast (*E-J-R*) #3,4,9,17
Richter, Erich, *2.4.1931 Leipzig; - Ps. Erich Volkmar (*F-R*) #3
Richter, Erna, geb. Lindekugel, *21.5.1887 Magdeburg; - Ps. Erna Richter-Lindenkugel; Ri-Li (*E-L-P*) #3
Richter, Ernst Hermann, *27.6.1900 Wiesbaden, †1958; - Ps. William Brown; Ernest Terridge (*R*) #3,4,7
Richter, Eugen, *22.2.1839 Magdeburg; - Ps. Paul Friedrich; Paul Höffer (*P-R-S*) #1,3
Richter, Eva, geb. Schoch, *19.3.1900 Dessau; - Ps. Eva Richter-Schoch (*F-N-R-S*) #3,4
Richter, Fernande, *21.2.1861 Rössing b. Hannover; - Ps. Edna Fern (*E-L*) #1,3,4

Richter, Franz Xaver Johann, *18.8.1783 Hotzenplotz/Ö.-S., †24.5.1856 Wien; - Ps. Alethophilus (*L-P*)
Richter, Friedrich, *2.9.1811 Crailsheim, †28.8.1865 Bopfingen; - Ps. Friedrich Stromberg (*L-N*) #1,4
Richter, Georg, *21.11.1914 Fallersleben, †7.9.1985 Karlsruhe; - Ps. Tonio Münster (*D-E-F-J-P*) #3,4
Richter, Gisela, *16.1.1927 Leipzig; - Ps. Gisela Richter-Rostalski (*F-J-P-R*) #3,4
Richter, Gottlob Christian Friedrich, *11.2.1807 Magdeburg, †1884 Breslau; - Ps. Richter von Magdeburg (*P-S*) #1,4
Richter, Hans, *15.9.1864 Bargen b. Breslau, †1.7.1897 Berlin; - Ps. H. R. von Bargen; Hans Dornfels (*E-R*) #1,3,4
Richter, Hans Erich Kurt, *13.10.1900 Berlin; - Ps. Michel Mumm (*L-P*) #3
Richter, Hans Peter, *28.4.1925 Köln, †1993 Mainz; - Ps. J. P. Juge (*E-F-J-P-R*) #3,4,17
Richter, Hermann, *15.5.1887 Halle/S.; - Ps. Hermann Richter-Halle (*D-E-L-P-R*) #3,4
Richter, Johann Paul Friedrich, *21.3.1763 Wunsiedel, †14.11.1825 Bayreuth; - Ps. Frip; J. P. F. Hasus; Jean Paul; Musurus (*E-F-P-R*)#1,4,5,6,11,13,14,15,19, 20
Richter, Johannes, *12.7.1889 Berlin, †27.8.1941 Dubno b. Lemberg; - Ps. Maximilian Lahr; Hans Richter (*E-J-L-N-R*) #3,4, 7,20
Richter, Josefine, *5.8.1897 Weißkirchen/O.-Ö.; - Ps. Ernst Ledner (*E-R*) #3,4
Richter, Joseph, *16.3.1749 Wien, †16.6.1813 Wien; - Ps. F. A. Obermayr; Pater Hilarion; Verf. der Eipeldauer Briefe (*D-L-P-R-S*) #1,4,5,6,13
Richter, Julius Wilhelm Otto, *19.6.1839 Pretzsch/Elbe; - Ps. Otto v. Golmen; O. R. Misera (*D-E-L-P*) #1,3,4
Richter, Karl Friedrich, *1776 Hettstädt b. Mansfeld, †8.9.1838 Elsterwerda; - Ps. Karl Friedrich; Gustav von Rosen (*E-R*) #1,4,6,11
Richter, Karl Thomas, *4.11.1838 Leitmeritz/Böhmen, †15.10.1878 Prag; - Ps. Karl Thomas (*D-P*) #1,4,13
Richter, Karl-Heinz, *31.1.1910 Leipzig; - Ps. Bernd Wagner (*E-F-J-R*) #3,4
Richter, Oswald, *17.8.1906 Berlin; - Ps. Jerry Cotton; Henry C. Scott; Richter-Tersik; Kassi Stone (*E-F-R*) #3,4
Richter, Paul, *6.7.1873 Berlin, †4.6.1945 Schönberg/Meckl.; - Ps. Paul Fremde (*L-N-P-R*) #3,4
Richter, Paul Heinrich, *3.4.1908 Raddusch b. Calau; - Ps. Rolf Bühlen; Paheri; Peter Pallot (*E-F-L-P-R*) #3,4
Richter, Rosemarie, *(1965); - Ps. Renate Sprung (*E-R*) #3
Richter, Walter, *27.1.1873 Glogau/Schles., †5.9.1958 Berlin; - Ps. R. J. Percha; Walter Richter-Reichhelm (*P*) #3,4
Richter, Walther, *8.8.1910 Ruhland/Niederlaus., †5.8.1975 Hannover; - Ps. Walther Richter-Ruhland (*L-N-R*) #3,4
Richter, Wolfgang, *28.12.1925 Aachen; - Ps. Roman Wolf (*E-L-P-R*) #3,4
Richter-Rangger, Wilhelm von, *7.9.1857 Mantua; - Ps. Wever (*P*) #3
Richthofen, Bolko v., *13.9.1899 Mertschütz/Schles., †1983 Seehausen/Staffelsee; - Ps. William Hewett Elk (*E-L-P*) #3,4
Richthofen, Gertrud Freifrau von, *14.10.1830 Dromsdorf b. Striegau/Schles., †3.9.1890 Groß-Rosen/Schles.; - Ps. G. v. R.-T. (*E*) #2,4
Ricius, Paulus, †nach 1540; - Ps. Paulus Israelita (*P*) #4
Rick, Josef, *14.4.1912 Roitzerhof b. Erkeling; - Ps. Wolf Hammer (*E-F-J-P*) #3,4
Ricke, Edeltraud, *14.6.1920 Essen; - Ps. Clara Herken (*J-L-M-R*) #3,4
Ricker, Albert Paul, *26.3.1879 Markneukirchen/Vogtl.; - Ps. Ficker; Germanicus (*L-N-P*) #3
Rickmeyer, Marie, *1.4.1848 Blumenthal/Weser, †26.2.1919 Niederbreisig/Rhl.; - Ps. C. Winter (*E-N-P*) #2,3,4
Rie, Therese, *1.1.1879 Wien, †23.7.1934 Wien; - Ps. L. Andro (*D-E-P-R*) #3,4
Riebau, Hans, *1.9.1899 Bremen, †23.9.1968 Bremen; - Ps. Peer Lürs (*E-F-R-S*) #3,4
Riebold, Fritz, *13.3.1888 Zeulenroda/Thür., †24.12.1968 Stuttgart; - Ps. Geribald (*E-J-L-P-S*) #3,4
Rieck, Erika, *21.3.1912 Frauenmark b. Parchim, †31.3.1965 Heidelberg; - Ps. Eva Elten; Marion Marten (*R*) #3,4
Rieck, Karl, *24.12.1851 Strelitz, †1930; - Ps. Karl Niger (*E*) #3,4
Rieck, Max, *16.3.1918 Nutteln b. Steinberg; - Ps. Peter Svedin (*L*) #3,4
Riecke, Oskar, *4.2.1848 Hamburg, †18.11.1900 Hamburg; - Ps. Paul Perron (*L-R-S*) #1,3,4
Riedel, Curt, *15.11.1879 Greiz/Thür., †26.8.1954 Hamburg; - Ps. Conrad Recke (*E-R*) #3,4
Riedel, Friedrich Justin, *10.7.1742 Vieselbach b. Erfurt, †2.3.1785 Wien; - Ps. Humphrey Polesworth; Michael Reisser; Adam Riese (*P*) #4,6,11,13
Riedel, Johann Christoph Ludwig, *(1790); - Ps. Herodicus (*E*) #4,11
Riedel-Ahrens, Bertha, *16.9.1850 Lübeck; - Ps. Silvio Lugano (*E-R*) #1,3,4
Riedemann, Kai, *1957; - Ps. Karin Meneida (*E*)
Riedemann, Peter, *1506 Hirschberg/Schles., †1.12.1556 Protzka/Slow.; - auch Rideman; Rydeman; Ryedeman (*L*) #4,13
Rieden, Isaak Wolmar Baron von, *1596, †13.10.1662 Wien; - Ps. Erasmus Irenicus (*P*) #6,13

Rieder, Ernst Konrad, *4.7.1907 Saas Balen/Wallis; - Ps. Ernst Konrad (*E-L-M-P*) #3,4
Rieder, Philipp Wilhelm, †um 1622; - gen. Der Streubliche/FG 40/1621 #11,12
Rieder, Willy, *12.12.1871 Wien; - Ps. Schalk von der Ybbs (*L-P*) #3
Riederer, Johann Friedrich, *20.2.1678 Nürnberg, †25.6.1734 Nürnberg; - gen. Iriflor/PB; Ps. Christopherus Friderici; Christoph Fridericus; Germanus Sincerus (*L-P-S*) #1,4,11,13
Riediger, Günter, *24.12.1931 Düsseldorf; - Ps. Jan Berg; Thomas Borg; Sascha Normann (*J-L*) #3
Riedl, Franz Xaver, *1.3.1826 Wiesen/Böhmen, †30.6.1894 Krems/Donau; - Ps. Franz v. Frankstadt; Robert Hugo (*E-L-R*) #1,3,4
Riedler, Rudolf, *1.8.1927 Kaufbeuren, †3.8.1987 München; - Ps. Rolf Buron (*F-L-P*) #3,4
Riedt, Heinz, *20.8.1919 Berlin; - Ps. Pan Rova (*F-P-S*) #3,4
Rieffel, Auguste, *1877, †1945; - Ps. Haniel (*D-S*) #4
Riegel, Hermann, *27.2.1834 Potsdam, †12.8.1900 Braunschweig; - Ps. Hermann Goverts (*P*) #1,3,4
Riegel, Werner, *19.1.1925 Danzig, †11.7.1956 Hamburg; - Ps. John Frieder; Conrad Kefer; Lothar Leu; Scharbock (*L-P*) #4,5
Riegel, Wilhelm Michael, *7.7.1932 Landsberg/L.; - Ps. Michel Morin (*E-F-J-L-P-R*) #3,4
Rieger, Erwin, *13.9.1889 Wien, †25.11.1940 Tunis; - Ps. Erich Richter (*E-L-N-P*) #4,18
Rieger, Hieronymus, *16. Jh. Steyr/O.-Ö.; - auch Iger; Reiger; Riger (*L-P*) #4
Rieger, Maximilian, *8.4.1828 Darmstadt, †10.11.1909 Alsbach/Bergstr.; - Ps. Utis (*D-N-P*) #1,3,4
Rieger, Paul Karl Gerhard, *1908 Berlin, †1.4.1985 Dänemark; - Ps. Wolf Harten; Eva von Knigge; Jonny Rieger (*P-R*) #3,4,18
Rieger, Sebastian, *28.5.1867 St.Veit/Defereggen, †2.12.1953 Heiligkreuz b. Hall/Tirol; - Ps. Reimmichl (*E-J*) #3,4,5,17
Riehl, Anton, *21.1.1852 Wiener-Neustadt; - Ps. Dr. Rainetholn (*P*) #3
Riekel, August, *23.9.1897 Wolfsanger/Hessen, †1.8.1967 Tutzing; - Ps. Harald Bratt (*D-F-S*) #3,4
Rielau, Ursula, *(1986); - Ps. Jill Steinberg (*J*) #3
Riem, Andreas, *22.8.1749 Frankenthal, †1807; - Ps. C. A. E. Schmidt (*D-E-P*) #4,6,11,13
Riemann, Hugo, *18.7.1849 Groß-Mehlra/Thür., †10.7.1919 Leipzig; - Ps. Hugibert Ries (*P*) #3,4
Riemann, Kurt, *1.8.1904 Magdeburg; - Ps. Jupp Jasper (*J-R-S*) #3,4
Riemasch, Otto, *18.8.1880 Johannisburg/Ostpr.; - Ps. Willy Ottmar (*D-L*) #4
Riemer, A. F., *28.2.1884 Hannover; - Ps. Alfred Friedrich Bors (*D-E*) #1,4
Riemer, Friedrich Wilhelm, *19.4.1774 Glatz, †19.12.1845 Weimar; - Ps. Silvio Romano (*L-P*) #1,4,6,11,13
Riemer, Johannes, *11.2.1648 Halle/S., †9.9.1714 Hamburg; - Ps. Clemens Ephorus Albilithanus; Johann Christlieb; Bellarminus Coccyx; Galanisander; Galanisantrus; Erasmus Grillandus; Michael Kantzsch Lorindus; Philogamus aus Paphus; Ignatius Regnantius; Reinhold; Hartmann Reinhold (*D-P-R-S*) #1,4,5,6,11,13
Rien, Ludwig, *15.3.1843 Marke b. Osterode/Harz, †6.3.1892 Holzminden; - Ps. Ludwig Rien von der Marke (*J-L-P*) #1,4
Riepel, Joseph, *1709 Hörschlag/O.-Ö., †23.10.1782 Regensburg; - Ps. Ipleer; Leiper; Perile (*P*) #4,13
Riepenhausen, Carlheinz, *17.11.1905 Göttingen; - Ps. Carl Rabais (*F*) #3
Riepenhausen, F. J., *1849 Duderstadt; - Ps. Franz v. d. Hahle (*P*) #3
Ries, Otto von, *5.4.1763 Hanau, †25.9.1846 Kopenhagen; - Ps. Anton Friederichsen (*E-L-P*) #4,11
Riesch, Franz Graf von, *1.1.1793 Dresden, †11.3.1833 Berlin; - Ps. Franz Seewald (*D-L*) #1,4,6,11
Rieschel, Paul, *27.4.1889 Straßburg/Harz; - Ps. Frank Breit; Fred L. Franko (*R-S*) #3,4
Riese, Friedrich Wilhelm, *um 1805 Berlin, †15.11.1879 Neapel; - Ps. W. Friedrich (*D-S*) #4
Riesemann, Hedda von, geb. von Schmid, *10.9.1864 Pernau/Livl., †13.1.1921 Berlin; - Ps. Hedda v. Schmid (*E-L-N-R*) #1,3,4
Riesen, Armin, *27.11.1910 Schwarzenburg/Bern; - Ps. S. Arrass (*E-P*) #4
Riesen, Gertrud, *19.5.1848 Perkuiken b. Wehlau/Ostpreußen; - Ps. V. Wiesen (*E-N-R-S*) #2,3,4
Rieser, Johann, *22.10.1867 Henau b. St.Gallen; - Ps. Seeboden (*D-E*) #4
Riess, Curt, *21.6.1902 Würzburg, †13.5.1993 Zürich; - Ps. Martin Amstein; Peter Brandes; C. R. Martin; Curt Riess-Steinam (*P-R*) #3,4,18
Rieß, Paul, *16.2.1880 Nürnberg, †13.12.1938 Nürnberg; - Ps. Pausala (*E-L*) #3,4
Rieß, Richard, *9.7.1890 Breslau, †15.2.1931 München; - Ps. Heinz Langer; Ri-Ri (*D-E-L-N*) #3,4
Riesse, Johann, †1632 Nürnberg; - gen. Der Schwarze/FG 186/1629; auch Johann Riese; Johann Rieß #11,12
Riesser, Hans, *17.9.1887 Frankfurt/M.; - Ps. Hans Eduard Lichten (*P*) #18
Riesterer, Peter P., *31.10.1919 Basel; - Ps. Peter Lander (*L-P*) #4
Rietesel, Hans Heinrich von, *17. Jh.; - gen. Der Knöpfichte/FG 545 #11

Riezler, Kurt, *11.11.1882 München, †7.9.1955 München; - Ps. J. J. Ruedorffer (*P*) #4

Riff, Jean, *17.8.1874 Mittelhausbergen/Elsaß, †10.10.1924 Schiltigheim; - Ps. Hans Steinender (*E-F-S*) #3,4

Riha, Karl, *3.6.1935 Krummau/Moldau; - Ps. Agno Stowitsch; Hans Wald (*E-L-P*) #3,4

Rilz, René, *11.5.1945 Einbeck; - Ps. Friedrich Einbeck (*L-P*) #3,4

Rinckart, Martin, *23.4.1586 Eilenburg/Sa., †8.12.1649 Eilenburg; - auch Rinchart; Ringhart; Rinkart (*D-L-S*) #1,4,5,11

Rinckleben, Moritz, *28.5.1847 Mücheln; - Ps. Maurice; Mauritius (*E-N-P*) #3

Rindtorf, Abraham von; - gen. Der Kurze/FG 352/1640 #11,12

Ring, Lothar, *15.11.1882 Wien; - Ps. Rudolf Marschall; E. Schäffer (*D-E-F-L-R*) #3,4,18

Ringler, Ilse, *9.9.1894 Sarajevo; - Ps. Ilse Ringler-Kellner (*L*) #3

Ringmann, Matthias, *1482 Schlettstadt, †1511 Schlettstadt; - gen. Philesius; Philesius Vogesigena (*L-P*) #4,5,11

Ringseis, Johann Nepomuk von, *16.5.1785 Schwarzhofen, †22.5.1880 München; - Ps. W. Hamilton (*P*) #4,11,13

Ringwaldt, Bartholomäus, *28.11.1532 Frankfurt/O., †9.5.1599 Langenfeld/Neumarkt; - Ps. Der Treue Eckart (*D-L-P*) #1,4,5,11,13

Rinne, Wilhelm, *22.11.1888 Bielefeld; - Ps. Hugin (*P*)

Rinner, Erich, *27.7.1902 Berlin; - Ps. Ernst Anders (*P*) #18

Rinser, Luise, verw. Schnell, gesch. Orff, *30.4.1911 Pitzling/Obb.; - Ps. Luise Herrmann; Luise Orff; Luise Schnell (*E-P-R*) #3,4,5

Rintelen, Fritz Martin, *20.2.1892 Kassel, †29.3.1963 Berlin; - Ps. Friedrich Vlotho (*E-F-L-N-P-R*) #3,4

Riotte, Hermann, *4.7.1846 Elberfeld, †14.5.1917 Leipzig; - Ps. Armand Ettoir (*D-L-N-P-R-S*) #1,3,4

Ris, Jenny, geb. Neumann, *23.11.1860 Wien, †11.9.1925 Paris; - Ps. Germaine; Jenny Neumann (*P*) #1,2,4

Risbeck, Johann Kaspar, *12.1.1754 Höchst, †8.2.1786 Aarau; - auch Riesbeck; Rysbeck (*P*) #4,13

Risch, Marie Luise, geb. Hesse, *11.3.1882 Marburg; - Ps. Marie Luise Hesse; Marie Luise Hesse-Risch (*D-P*) #1,4

Risch, Otto, *20.7.1839 Perleberg; - Ps. Edmund Sternau; Otto Sternau (*L-R*) #1,3,4

Rispart, Eugen, *(1838); - Ps. Frankolm (*P-R*)

Rispeter, Walter, *31.1.1899 Hamburg; - Ps. Peter Burlach; Peter Riß; Thomas Schnitter (*E-L-R*) #3,4

Rist, Johannes von, *8.3.1607 Ottensen/Holstein, †31.8.1667 Wedel b. Hamburg; - gen. Der Rüstige/FG 467/1647; Daphnis aus Cimbrien/PB; Palatinus/ES; Ps. Baptista Armatus; J. R. H.; J. R. P. z. W.; Friedelieb von Sanfteleben; Ernestus Stapelius; Tirsis der Tamsschäffer (*D-L-P-S*) #1,4,5,6,11,12,13, 14,19

Ritter, Albert, *29.1.1872 Weiler b. Feldkirch/Vorarlb., †7.6.1931 München; - Ps. R. W. Conrad; Armin Winfried; Karl v. Winterstetten (*D-P-R*) #3,4

Ritter, Erich, *18.12.1914 Radiumbad/Erzg.; - Ps. Erich Joachim Thal (*E-L-P-R*) #3,4

Ritter, Gustav, *22.8.1867 Grabow/Meckl.; - Ps. Gottlieb Bottermelk; Augustin Pfannhauer; Gustav Ritter-Grabow (*E-L-M-P*) #3,4

Ritter, Hans, *26.9.1878 Berlin; - Ps. Charles Rudolph (*D-R-S*) #3

Ritter, Heinz, *3.6.1902 Greifswald; - Ps. Heinz Ritter-Schaumburg (*E-J-L-P-S*) #3

Ritter, Johann Baptist, *17. Jh.; - gen. Der Ehrliche/FG 823 #11

Ritter, Marie, *1850 Merseburg; - Ps. Christine Ruhland (*E-L-N-P-R*) #4

Ritter, Paul, *10.1.1843 Striegau/Schles., †9.4.1905 Waldenburg/Schles.; - Ps. Hellmuth (*L-P*) #1,4

Ritter, Vera, *17.3.1918 Blachstädt; - Ps. C. V. Blachstädt; Cäcilie Schultz (*J*) #3,4

Ritter, Willibert, *25.2.1896 Wuppertal; - Ps. Rita Wilbert (*L-R-S*) #3,4

Ritter, Wolfpeter, *15.1.1949 Krefeld; - Ps. John Catlin; Jerry Cotton; Pierre Lykoff; Peter Terrid; Patricia Wynes; Patrick Wynes (*E-P-R*) #7,16

Ritter-Záhony, Wolfgang von, *5.3.1903; - Ps. Wolf Ritter-Bern (*P*) #3,4

Rittershaus, Emil, *3.4.1834 Barmen, †8.3.1897 Barmen; - Ps. Friedrich Emil Viggo (*L-P*) #1,4,13

Rittler, Franz, *1782 Brieg/Schles., †um 1837 Wien; - Ps. Zoilus Wahrhold (*E-P-R*) #1, 4,11

Rittlinger, Herbert, *26.12.1909 Leipzig, †21.6.1978 Stuttgart; - Ps. Jonas (*P-R*) #3,4

Rittmann, Charlotte, *26.12.1924 Walle b. Aurich; - Ps. Charlotte Berg; Dr. Stefan Frank; Jane Robinson; Elke Hagen (*R*) #3,4

Rittner, Thaddäus, *31.5.1872 Lemberg, †21.6.1921 Bad Gastein; - Ps. Tomas Czaszka (*D-N-R-S*) #3,4

Ritz, Jakob Wilhelm, *(1585) Schweiz; - auch Ritzius (*D*) #4,11,13

Ritz-Lichtenow, Friedrich Wilhelm Albert Max von, *5.8.1855 Görlitz; - Ps. Wilhelm Lichtenow (*L-P*) #1,3,4

Ritzinger, Maximilian, *1.12.1873 Wasserburg, †17.2.1935 Wasserburg; - Ps. van Rizzo (*E-L-P*) #3,4

Rixner, Thaddäus Anselm, *3.8.1766 Tegernsee, †10.2.1838 München; - Ps. Gottlieb Friedrich (*L-P*) #4,11,13

Rob, Gerda, *18.6.1928 Schwaz/Tirol; - Ps. Gerda Trauttmannsdorff (*P*) #4

Robbers, Wilhelm, *31.5.1838 Dünsbroggen b. Cleve, †1909 Cleve; - Ps. Robbers-Cleve (*L-S*) #1,3,4

Robert, Ludwig, *16.12.1778 Berlin, †5.7.1832 Baden-Baden; - urspr. Markus Levin; Ps. Ludwig Robert Tornow (*D-E-P-S*) #1,4,11, 13,19

Robert, Marielis, geb. Hoberg, *4.4.1909 Osnabrück, †1980; - Ps. Marielis Hoberg; Mäti Robert (*J-P*) #3,4

Roberthin, Robert, *3.3.1600 Saalfeld/Ostpr., †7.4.1648 Königsberg; - Ps. Berintho (*L*) #4,5,6,11,13

Roberts, Alexander von, *23.8.1845 Luxemburg, †8.9.1896 Schreiberhau/Riesengeb.; - Ps. Nuredin Aga; Robert Alexander; Alex. Robert (*D-E-N-P-R*) #1,3,4

Robiné, Larissa, geb. Gazan, *10.4.1918 Jekaterinoslaw/Ukr.; - Ps. Larissa Gazan (*E-P*) #3

Robinson, Therese, *15.11.1873 Darmstadt; - Ps. Karin Delmar (*N*) #3,4

Robinson, Therese Albertine Louise, geb. von Jacob, *26.1.1797 Halle/S., †13.4.1870 Hamburg; - Ps. Ernst Berthold; Therese Albertine Louise von Jacob; Reseda; Talvj (*E-N-P*) #1,2,4,5,6,9,11,13

Robitschek, Kurt, *23.8.1890 Prag, †28.12.1950 New York; - Ps. Ken Robey (*L-P*) #3,4

Robolsky, Antonie, *1852 Perleberg; - Ps. Else von Rauch (*P*) #2

Robolsky, Hermann, *28.6.1838 Salzwedel/Altmark, †8.2.1905 Gotha; - Ps. Ernst v. Redern; Hans v. Schellbach; von Unger; H. Wiermann (*E-P*) #3,4

Roboz, Emerich, *17.8.1894 Arad/Ungarn, †18.5.1963; - Ps. Irving; Robert (*F-P-R-S*) #3,4

Rocco, Charles, *1.5.1854 Halle/S.; - Ps. C. R. Gehre (*D-L-N-R*) #3,4

Rochau, August Ludwig von, *20.8.1810 Wolfenbüttel, †15.10.1873 Heidelberg; - Ps. A. L. Churoa (*P*) #4,13

Rochefort, Emilie M. T. von, *14.4.1897 Wien, †31.8.1952 Wien; - Ps. R.; R. E. (*E-F-P-R*) #3,4

Rochlitz, Johann Friedrich, *12.2.1769 Leipzig, †16.12.1842 Leipzig; - Ps. Amalie Will (*E-P-R-S*) #1,4,6,11,13

Rochow, Hans von, *18.8.1596 Zinna b. Jüterbog, †16.9.1660 Stülpe b. Luckenwalde; - auch Hans von Rochau; gen. Der Beliebte/FG 317/1638 #11,12

Rochow, Hans Zacharias von, *23.10.1603 Grüneiche b. Brandenburg, †7.9.1654 Heidelberg; - auch Hans Zacharias von Rochau; gen. Der Trucknende/FG 303/1636 #11,12

Rochow, Moritz August Freih.von, *28.6.1609, †25.8.1653 Kynsburg/Schles.; - auch Moritz August von Rochau; gen. Der Behende/FG 363/1641 #11,12

Rochow, Otto Christoph von, *1607, †17.1.1659 Ribe/Jütland; - auch Otto Christoph von Rochau; gen. Der Ringende/FG 496/1648 #11,12

Rochowanski, Leopold Wolfgang, *3.8.1885 Zuckmantel/Schles., †13.9.1961 Wien; - Ps. Lorp (*E-L-P*) #3,4

Rock, Elisabeth, *13.5.1889 Neunkirchen/Odenw.; - Ps. L. Eckroth (*L*) #3

Rockstroh, Ernst, *15.7.1927 München; - Ps. Gerda Merten (*R-S*) #3,4

Roczek, Aldobrand Friedrich, *23.1.1891 Prag; - Ps. Friedrich Aldobrand (*E-J-L-M*) #3,4

Rodbertus, Carl, *12.8.1805 Greifswald, †6.12.1875 Jagetzow; - Ps. Carl Rodbertus-Jagetzow (*P*) #4,13

Roddewig, Marcella, geb. Burger, *8.5.1918 München; - Ps. Marcella Burger (*P*) #3

Rödel, Bruno, *21.5.1834 München, †1905 München; - Ps. Adolphe Gallin (*D-R-S*) #1,3,4

Roden, Max, *21.7.1881 Wien, †22.3.1968 New York; - urspr. Max Rosenzweig (*E-L*) #3,4,18

Rodenberg, Julius, *26.6.1831 Rodenberg/Hessen, †11.7.1914 Berlin; - urspr. Julius Levy (*D-E-L-P-R*) #1,3,4,5,19

Röder, Adam, *15.11.1858 Kirchheim b. Heidelberg, †1937 Karlsruhe; - Ps. Monti (*P-R*) #3,4

Röder, Ernst Dietrich von, *17. Jh.; - gen. Der Diensthafte/FG 641 #11

Röder, Hermann, *14.11.1892 Dresden; - Ps. TEFO-Dessau (*P*) #3

Röder, Johann Andreas, *17. Jh.; - gen. Der Treibende/DG-R #11

Rodger, Michael, *18.9.1949 Wunsiedel/Bay.; - Ps. Mike E. Rodger (*E-P*) #3,4

Rodiczky von Sipp, Eugen, *23.2.1844 Macsa bei Arad/Ungarn; - Ps. Adácsi; Alföldi; Mirza Kizzil Basch; Csermelymenti; Mirza Kabuli Effendi; C. v. Jenöy Podlokányi (*P*) #3,4

Rodrian, Helga, *13.11.1929 Mainz; - Ps. Barbara Götz (*E-F-J-R*) #3,4,17

Rodrian, Irene, *12.11.1937 Berlin; - Ps. Jerry Cotton (*F-J-R*) #3,4,8,16

Roecken, Kurt Walter, *18.6.1906 Essen, †25.2.1985 Garmisch-Partenkirchen; - Ps. Cecil V. Freed; Anthony Michael; C. V. Rock; Kurt Walter Rock; Edgar T. Sterling; Henry Walter (*F-N-P-R*) #3,4,7,20

Roeder, Ernst, *17.3.1862 Bettingen-Schmelz, †29.4.1897 Dresden; - Ps. E. Rotteck (*E-L*) #1,4

Roegele, Otto Bernhard, *6.8.1920 Heidelberg; - Ps. BEN (*E-P-R*) #3,4

Roegner, Martha, *12.10.1871 Liegnitz, †24.4.1953 Eschwege; - Ps. Martha Vogt (*D-E-J-M-R*) #3,4

Roehl, Arthur, *21.10.1855 Frankfurt/O.; - Ps. Avell (*D-E-R*) #3,4

Roehle, Reinhard, *22.2.1876 Berlin, †6.3.1938 Jugenheim/Bergstr.; - Ps. Gerd Brand (*E-J-N*) #3,4,17

Roelli, Hans, *7.9.1889 Willisau/Luzern, †5.6.1962 Zollikon/Zürich; - Ps. Karlotto Karrs (*E-J-L-P*) #3,4

Roemmer, Katharina, geb. Stoll, *(1937) Frankfurt/M.; - Ps. Katharina Stoll (*S*) #3

Roeper, Adalbert, *3.11.1864 Stettin; - Ps. Johannes Max (*P*) #3

Roese, Ferdinand, *17.12.1836 Ringleben b. Erfurt, †5.4.1906 Ratzeburg; - Ps. Fedor Sorée (*E-P*) #3,4

Roesler, Robert, *6.1.1840 Köthen, †18.5.1881 Königsberg; - Ps. Julius Mühlfeld (*D-E-L-N-R*) #1,4,13

Roeßler, Rudolf, *22.11.1897 Kaufbeuren, †11.12.1958 Kriens/Luzern; - gen. Lucy; Ps. R. A. Hermes (*D-P*) #3,4,18

Roestel, Johannes, *(1974); - Ps. Johroe (*P*) #3

Roewer, Johannes Claus, *28.11.1901 Hamburg, †22.9.1969 Hamburg; - Ps. Hanns Claus; John Revor (*E-F-N-R-S*) #3,4

Rogel, Hans, *(1539); - auch Rögel (*L*) #4,11,13

Rogge, Friedrich Wilhelm, *11.11.1808 Rankendorf/Meckl., †24.3.1889 Frankfurt/M.; - Ps. Paul Welf (*D-L-P*) #1,3,4,13

Rogge-Börner, Sophie, geb. Börner, *24.7.1878 Warendorf, †7.2.1955 Düsseldorf; - Ps. Sophie Börner; Christa Hoch (*E-L-P*) #1,3,4

Roggenbucke, Henriette Marie Albertine von, geb. Runde, *27.8.1773 Destädt b. Braunschweig; - Ps. Henriette Runde (*L*) #4,11

Roggendorf, Georg Ehrenreich Freih. von, *13.1.1596, †28.8.1652 Wien; - gen. Der Geduldige/FG 369/1642 (*P*) #11,12

Roggendorf, Georg Ehrenreich von, *17. Jh.; - gen. Der Schamhafte/FG 592 #11

Rogger, Wilhelm Anton, *26.6.1902 Eich/Luzern, †20.5.1983 Luzern; - Ps. Jodokus Prim (*E-F-L-P-S*) #4

Rogler, August, *30.5.1916 Laakirchen/O.-Ö.; - Ps. Andreas More (*J-R*) #3,4

Rohacek, Johann Nepomuk, *16.5.1853 Brünn, †1919 Auspitz/Mähren; - Ps. J. N. Zeiler (*E-P-R*) #3,4

Rohde, Ernst Wilhelm, *7.7.1874 Lühnde; - Ps. Ernst Emari (*L-N-P*) #3

Rohkohl, Dietrich, *17.9.1919 Bergedorf; - Ps. Dietrich Rohk (*E-F-R-S*) #3,4

Rohlfs, Gerhard, *14.4.1831 Vegesack b. Bremen, †2.6.1896 Rüngsdorf; - Ps. Mustafa Bei (*P*) #4,13

Röhling, Johann Christoph, *27.4.1757 Gundernhausen b. Darmstadt, †19.12.1813 Massenheim b. Flörsheim; - Ps. Johann Wilhelm Josef Weissenbruch (*P*) #4,11,13

Rohmann, Adam, *20.9.1866 Dorndiel/Hessen, †1935 Aschaffenburg; - Ps. Adjutus Romuald (*D-E-L-S*) #3,4

Rohmann, Ludwig, *17.6.1865 Kronberg b. Frankfurt/M., †Braunschweig; - Ps. Alfred Cron; Alfred Lilien-Cronberg (*D-E-R-S*) #1,3,4

Rohn, Adeline Elisabeth, *3.3.1868 Wilmars/Rhön, †10.4.1945 Bechhofen/Mainfr.; - Ps. Isa Horn; Serena; Waldvögelein (*E-L-R*) #3,4

Röhnisch, Erna, geb. Taege, *12.1.1909 Bebersee b. Templin; - Ps. Erna Taege-Röhnisch (*E-L-P*) #3,4

Röhr, Franz, *15.5.1868 Cottbus, †15.11.1924; - urspr. Franz Hirschfeld (*D-L-N-S*) #1,3,4

Rohr, Johann von, *19.11.1579, †11.9.1624 Magdeburg; - gen. Der Friedsame/FG 37/1621 #11,12

Röhr, Otto, *18.11.1911 Wernigerode; - Ps. Vigo Romani (*E*) #3

Rohr, Wolf Detlef, *30.7.1928 Breslau, †26.5.1981 Augsburg; - Ps. Detlef van Bergen; Jeff Caine; Wayne Coover; Allan Reed (*E-R*) #3,4,16,20

Rohrer, Margarete, *11.11.1893 Krakau, †27.2.1969 Baden; - Ps. Ferwall (*P-R*) #3,4

Röhrer, Maria, *10.1.1913 Bad Bruck b. Bad Gastein; - Ps. Maria Zittrauer (*L*) #3,4,5

Rohrer-Todd, Hans Bobby, *22.6.1904 Hinterzarten; - Ps. Bobby Todd (*S*) #3

Röhrig, Georg, *23.4.1547 Silberberg/Schles., †11.12.1595 Linz/Do.; - Ps. Georgius Calaminus (*D-L*) #4,11,13,15

Rohrscheidt, Walter von, *25.3.1875 Berlin; - Ps. Walther von Rohrscheidt-Braunschweig (*P*) #3,4

Rohte, Johann Georg, *(1677); - Ps. Der Rufende (*P*)

Roithmaier, Emilie, *1.1.1891 München, †19.12.1961 München; - Ps. Fritzi Ertler (*E-F-N-R*) #3,4

Roland, Paul, *12.2.1856 Sangershausen, †18.12.1932 Berlin; - Ps. Paul Arnold (*E-P*) #3,4

Roland, Ursula Gertrud, *5.3.1931 Halle/S.; - Ps. Ursula Manon Roland (*E-L-R*) #3,4

Rolevinck, Werner, *um 1425 Laer b. Horstmar/Westf., †26.8.1502 Köln; - auch Rolewink (*P*) #4,13

Rolfs, Wilhelm, *7.8.1856 Schwarmstedt; - Ps. Montanus; Racquet (*P*) #3,4

Rolingswert, Theodor von, *17. Jh.; - gen. Der Frommende/DG-R #11

Rolle, Johann, *17. Jh.; - gen. Der Fruchtreiche/FG 820 #11

Rollenhagen, Gabriel, *22.3.1583 Magdeburg, †um 1621 Magdeburg; - auch Rollenhagius; Ps. Angelius Lohrber è Liga (*L*) #4,5,11,13

Rollenhagen, Georg, *22.4.1542 Bernau, †20.5.1609 Magdeburg; - auch Rollenhagius; Ps. Karst Ackermann; Georg Fahrenwald; Marcus Hüpfinsholtz von Meusebach; M. Alexander Lauterwald Neapolitanus; David Origanus Mathematicus; Jacobus Sommerfeld (*D-L*) #1,4,5,6,11,13,14,17,19

Roller, Heinrich, *10.3.1839 Berlin, †8.9.1916 Berlin; - Ps. Heirol; M. I. R.; Stippneese (*E-L-P*) #1,3,4
Roller, Winifred, *14.4.1925 Reval/Estl.; - Ps. Winifred Rieberg (*E-J-R*) #3,4
Rolletschek, Joseph, *19.10.1859 Gießaus/Böhmen, †1934 Weimar; - Ps. J. Rollet (*E-L-N*) #3,4
Röllinghoff, Willy, *8.8.1867 Riga; - Ps. Augustinus (*D-P*) #3
Roloff, Ernst Max, *5.4.1867 Fürstenberg/Weser, †28.3.1935 Berlin; - Ps. Ortwin Egenolff (*E-N-P*) #3,4
Roloff, Oskar, *26.1.1840 Berlin, †22.8.1911 Berlin; - Ps. Oskar Lichtwer (*D-E*) #1,3,4
Romann, Albrecht, *27.3.1850 Ziegenhals/Schles., †11.9.1897 Liegnitz; - Ps. Albrecht von Gaisenberg (*D-L-P*) #1,3,4
Romanowski, Max, *20.4.1880 Lötzen, †9.11.1931 Leipzig; - Ps. Immanuel Loetzow (*L-N-P*) #3,4
Romberg, Willi, *21.12.1884 Spandau; - Ps. Klaus Frankh (*P*) #3
Römer, Fritz, *9.8.1890 München; - Ps. Fritz Hammerwerfer (*D-F-L*) #3
Römer, Jost Christoph, *17. Jh.; - gen. Der Erkühlende/FG 553 #11
Römer, Lina, *29.7.1844 Oldenburg; - Ps. C. Lynar (*E-N-R*) #1,3,4
Römer, Maria, *26.11.1894 Magdeburg; - Ps. Maria Krusemeyer (*L-N-P*) #3,4,13,15
Römhild, Helmut, *(1984); - Ps. John Cameron; Jack Slade (*R*) #16
Römhildt, Fritz, *22.3.1857 Karlsruhe; - Ps. Fritz Romeo; Fritz Römhildt-Romeo (*D*) #4
Rommel, Alberta, *5.5.1912 Stuttgart; - Ps. Britta Verhagen (*E-J-P-R-S*) #3,4,17
Rommel, Friedrich von, *17. Jh.; - gen. Der Leistende/FG 857 #11
Rommel, Klara, geb. Hohrat, *17.12.1878 Barmen, †10.1.1862 Murrhardt; - Ps. Klara Hohrat (*J-R*) #1,3,4
Rommel, Otto, *2.2.1854 Hildburghausen; - Ps. Oskar; Ritter vom Grad; Oskar Ritter (*P-R*) #3,4
Rommel, Theodore von, *31.5.1870 Mainz, †2.12.1950 Tutzing/Obb.; - Ps. Jon v. Goldmar; Theodore Kirsch; Manas; Thé v. Rom; Thea Rommel; Romulus (*E-L-N-P-R-S*) #1,3,4
Römpler, Hermann Friedrich, *14.9.1836 Freiberg/Sa.; - Ps. Hermann (*D-P-S*) #1,3,4
Rompler von Löwenhalt, Jesaias, *1605 Dinkesbühl, †um 1676; - auch Rumpler von Löwenhalt; gen. Der Freie/DG-R; Ps. Wahrmund von der Tannen (*L*) #4,5,11,13
Römpp, Hermann, *18.2.1901 Weiden; - Ps. Helmut Schmig (*P*)
Roncourt, Albert Gustav, *9.2.1847 Graz; - Ps. Alpha (*P*) #3
Ronninger, Karl Joseph, *28.4.1866 München; - Ps. Charles Ryon (*D-L-P*) #1,3,4
Ronus, Susanne, *19. Jh.; - Ps. Selma (*E*) #2,4
Roon, Marie Luise von, *28.6.1889 Schwiessel/Meckl., †15.3.1968 Spenge/Westf.; - Ps. Maria von Linden (*E-J-L-P-R*) #3,4
Rooseboom, Christiane, geb. Osann, *31.3.1910 Frankfurt/M.; - Ps. Christiane Osann (*P-R*) #3,4
Röper, Hans, *22.11.1897 Schleswig; - Ps. Hans Steffen (*L-P*) #3
Roques, Hedwig, geb. von Beit, *17.8.1896 Frankfurt/M.; - Ps. Hedwig von Beit (*P*) #4
Roquette, Otto, *19.4.1824 Krotoschin/Posen, †18.3.1896 Darmstadt; - Ps. Fürbringer (*D-E-L-N-P-R*) #1,4,5
Rösch, Heinrich Hugo, *3.7.1861 Marienberg/Erzgeb.; - Ps. Pasquino (*P*) #1,3,4
Roschmann, Kurt, *13.10.1900 Stuttgart; - Ps. Friedrich Roman (*L-N-P-R*) #3,4
Rose, Andreas, *17. Jh.; - gen. Der Übertreffende/DG-N #11
Rose, Dietrich Anton Karl, *10.3.1774 Soest; - Ps. Karl Esor; Carl Gutmann (*E*) #4,6
Rose, Fritz, *13.3.1876 Köln; - Ps. Soré (*E-L-P-S*) #3
Rose, Hans Kurt, *11.4.1887 Frankfurt/M.; - Ps. Hanns Kurtz (*P*) #3
Rose, Lore, *28.7.1932 Iserlohn; - Ps. Lorose Keller (*F-L-R*) #3,4
Rose, Paul, *31.7.1900 Berlin, †25.12.1973 Baden-Baden; - Ps. Helmut Wagrecht (*D-P*) #3,4
Rose, Ruth, *30.4.1931 Bremen; - Ps. Ruth Willke (*J*) #3,4
Rosegger, Peter, *31.7.1843 Alpl/Steiermark, †26.6.1918 Krieglach/Steiermark; - urspr. Peter Roßegger; Ps. P. K.; Petri Kettenfeier; Hans Malser (*E-L-N-P-R*) #1,3,4,5,8,14,17
Rosel, Adolf, *17. Jh.; - gen. Der Bemühete/DG-R #11
Roselieb, Hans, *19.10.1884 Hagen, †2.4.1945 Holtfeld b. Burgholzhausen; - Ps. Firmin Coar; Konrad Siebel (*E-N-R*) #3,4
Rosemann, Johann Aegidius, *30.3.1755 Glane b. Iburg, †25.4.1830 Lechterke b. Quakenbrück; - Ps. Johann Aegidius Kloentrup (*L-P*) #4,11,13
Rosemeyer, Elly, geb. Beinhorn, *30.5.1907 Hannover; - Ps. Elly Beinhorn (*E-J-P*) #3,4
Rosen, Hermann, *17.8.1858 Kusna/Estl.; - urspr.. Hermann v. Revelstein (*P*) #3
Rosenbach, Detlev, *3.1.1928 Hannover; - Ps. E. Martin; D. Michael (*J-P*) #3,4
Rosenbach, Johannes, †25.3.1537 Steinheim b. Hanau; - auch Johannes vom Hayn; Johannes Indagine (*P*) #4,13,15
Rosenbauer, Roland, *1956 Cadolzburg b. Fürth; - Ps. Roger Damon; S. F. Roland; Mike Shadow; Dan Shocker; John Spider; H. P. Usher (*P-R*) #7,16
Rosenbaum, Elisabeth, geb. Korytowski, *26.6.1868 Berlin, †28.1.1930 Wien; - Ps. Kory Towska (*D-L-N-R-S*) #3,4

Rosenbaum, Ernst, *6.11.1888 Wien; - Ps. Ernst Roenau (*E-L*) #4
Rosenbaum, Ludwig Bernhard, *4.12.1902 Weinböhla b. Dresden; - Ps. Ludwig Bernhard (*D-J-P-R*) #3,4
Rosenbaum, Waldemar, *8.2.1903 Forchheim/ Baden; - Ps. Waldemar Frank (*S*) #3,4
Rosenberg, Arthur, *19.12.1889 Berlin, †7.2. 1943 New York; - Ps. Historikus (*P*) #18
Rosenberg, Artur, *6.7.1887 Marburg/Drau; - Ps. A. E. Bergen (*N-P*) #3,4,18
Rosenberg, Gustav, *28.11.1872 Wien, †10.5.1936 Wien; - Ps. Bonyhady; Einerl-Bonyhady; Grebnesor; Gustav (*E*) #3,4
Rosenberg, Hans Karl, *27.11.1891 Köln; - Ps. Demokrit der Jüngere (*L-P*) #3,4
Rosenberg, Irina von, *19.3.1907 Riga; - Ps. Irina Saburowa (*M-N-R*) #3
Rosenberg, Lotte, *2.2.1903 Berlin; - Ps. Lotte Errell (*P*) #3,4
Rosenberg, Moritz, *17.9.1796 Prag, †12.3.1867 Berlin; - Ps. Moritz Rott (*P-S*) #4,11,13
Rosendorf, Grete, geb. Neumann, *3.4.1889, †28.3.1964 Berlin; - Ps. Grete Neumann-Löcknitz (*E-F-J-L-N-P-R*) #3,4
Rosendorfer, Herbert, *19.2.1934 Bozen; - Ps. Vibber Togesen (*D-E-F-L-P-R*) #3,4,5,7,8, 10,16
Rösener, Inge, *21.11.1917 Chemnitz; - Ps. Ilona Déry (*F-J-P-R*) #3,4
Rosenfeld, Dionys, *14.11.1856 Suczawa i. B.; - Ps. Friedrich von Buchenau; Dionys Rodotopos (*P*) #3
Rosenfeld, Elsbeth, *1.5.1891 Berlin; - Ps. Rahel Behrend (*P*) #18
Rosenfeld, Ernst, *5.11.1849 Berlin; - Ps. Hans Emir (*P*) #3
Rosenfeld, Friedrich, *5.12.1902 Wien; - Ps. Friedrich Feld (*E-F-J-R-S*) #3,4,7,17,18
Rosenfeld, Max, *5.4.1874 Berlin; - Ps. Harald Hartmund; M. Holdermund; Maros; Mark Risor; M. Schroeder-Holdermund (*E-J-L-P-S*) #3,4
Rosenfeld, Otto, *19.12.1892; - Ps. Otto Roeld (*R*) #3,4
Rosenfeld, S., *1844, †13.9.1883 Hamburg; - Ps. Roderich Fels (*D-S*) #1,3,4
Rosenfeld, Sandór Friedrich, *13.4.1872 Puszta Zdenci/Slavonien, †20.8.1945 New York; - Ps. Aaba-Aaba; Alexander Roda Roda; Marius Roda; Roda & Roda; Nikolaus Suchy (*E-P-R-S*) #3,4,5,8,14,18
Rosenfeld, Tilde, geb. Biber, *14.9.1888 München; - Ps. Tilde Biber (*N-P-R*) #4
Rosenfelder, Carl, *21.12.1892 Karlsruhe, †15.1.1963 Zürich; - Ps. Carl Ritter (*P*) #3,4,18
Rosengrim, Siegmund von, *17. Jh.; - gen. Der Durchbrechende/FG 777 #11
Rosenkranz, Moses, *1904 Berhometh/Bukowina; - Ps. Martin Brant (*L*) #4,18
Rosenmüller, Johann Georg, *(1775); - Ps. Alethophilus (*P*) #4
Rosenplüt, Hans, *um 1400 Nürnberg, †um 1470 Nürnberg; - gen. Der Schnepperer (*L*) #1,4,5,13,14
Rosenstein, Leo, *25.3.1861 Lemberg, †28.7.1920 Wien; - Ps. Leo Stein (*S*) #4
Rosenstock, Wolf, *8.7.1909 Sniatyn/Galizien; - Ps. W. Roxan (*P*) #3,4
Rosental, Albert, *28.8.1846 Groden b. Brunsbüttelkoog, †14.1.1936 Hamburg; - Ps. Albert Roderich (*E-L-P*) #3,4
Rosenthal, Alfred, *24.4.1888 Düsseldorf; - Ps. Aros (*F-P*) #3
Rosenthal, Helmut, *13.2.1901 Berlin; - Ps. Harry Schreck (*N-P*) #3
Rosenthal, Julius, *24.2.1885 Rottweil, †8.4.1953 Territet-Montreux/Schweiz; - Ps. Ernst Iros (*L-P*) #1,3,4,18
Rosenthal, Max, *8.7.1859 Rawitsch; - Ps. Max Thal (*P*) #3
Rosenthal, Richard, *31.8.1864 Paderborn; - Ps. Harold Morré (*R*) #4
Rosenzweig, Leon, *29.7.1840 Czernowitz/ Bukowina, †10.4.1914 Wien; - Ps. Leon Rode (*E-S*) #1,3,4
Roser, Hermann, *6.3.1906 Stuttgart; - Ps. Hermann Roer (*E-R*) #3,4
Rosinski, Herbert, *1903, †1962 New York; - Ps. Miles (*P*) #18
Roskowska, Marie von, *12.10.1828 Bromberg, †1889 Hamburg; - Ps. A. Albert; Friedrich Clar; Gerd von Oosten; Gerd von Osten (*E-J-N-R*) #1,2,4
Rösler, Augustin, *6.3.1851 Guhrau; - Ps. Prudentius Romanus (*P*) #3
Rösler, Jo Hans, *7.4.1899 Königstein, †25.9.1966 München; - Ps. Hans April; Paul Feichten; Jacques Rose Garden (*E-P-S*) #3,4
Rösler, K. Herbert, *28.2.1926 Unterschönau; - Ps. Alexander Wolf (*J-P*) #3,4
Rösler, Maria, *23.3.1866; - Ps. Adele Hochwald (*N-P*) #2,3
Röslin, Eucharius, †1526 Frankfurt/M.; - Ps. Eucharius Rhodion (*P*) #4,13
Rosner, Karl Joseph Ignatius, *26.7.1709 Wien, †14.1.1778 Ettal; - Ps. Ferdinand Rosner (*S*) #4
Rosner, Leopold, *21.5.1838 Pest, †23.7.1903 Wien; - Ps. Hohenmarkt (*P-R-S*) #1,3,4
Roß, Albert, *26.12.1833 Marienwerder/Westpr.; - Ps. Fritz Wertheim (*E-P*) #3,4
Roßdeutscher, Regina, *13.6.1941 Breslau; - Ps. Regina Jobst (*J*) #3,4
Rossen, Ferdinand, *19.2.1785 Wien, †29.6.1841 Agram; - Ps. Ferdinand Rosenau (*D-P-S*) #4,11
Rossiwall, Theodor, *13.10.1915 Wien; - Ps. Th. Tirossi (*P-R*) #3,4
Roßkopf, Franz, *12.8.1858 Kirchberg/N.-Ö., †1.4.1936 Wien; - Ps. Franz Schauenstein (*L-P*) #4

Rössler, Clemens Conrad, *21.2.1896 Bromberg, †26.8.1980 Marburg; - Ps. Conny; Clemens Conrad (*E-L-R*) #3,4

Rößler, Constantin, *14.11.1820 Merseburg, †14.10.1896 Berlin; - Ps. Felix Calm; Saxonicus (*P*) #4,13

Rößler, Hermann, *4.5.1895 Karlsbad, †1976 Kanada; - Ps. Remus Fighter (*F-N-P-R*) #3,4

Rößler, Karl Hugo, *1.6.1801 Postupitz/Böhmen, †14.3.1866 Urfahr b. Linz/Do.; - Ps. Karl Hugo; Karl Rain (*L-P*) #1,4,11

Roßmann, Hans, *24.1.1863 Danzig, †12.2.1927 Berlin; - Ps. Hans v. d. Else (*L-P-S*) #3,4

Roßmäßler, Emil Adolph, *3.3.1806 Leipzig, †8.4.1867 Leipzig; - Ps. Johannes Frisch (*P*) #4,13

Rossow, Niclas von, *um 1588; - auch Rossau; Roßkau; gen. Der Zermalmende/FG 216/1632 #11,12

Rost, Bernhard, *1.10.1871 Chemnitz, †1933; - Ps. August Fiebiger; Konrad v. Lindenthal; Nic. Pläter (*E-J-L-P*) #3,4

Rost, Dietmar A., *18.3.1939 Arnsberg; - Ps. A. D. Ditter; Alfred Westenfeld (*J-P-R*) #3,4

Rost, Johann Leonhard, *14.2.1688 Nürnberg, †22.3.1727 Nürnberg; - Ps. Lindepolander; Meletaon; Polychrest Meletaon; Teleandrinus (*E-L-R*) #1,4,6,11,13,17,19

Rost, Kurt, *27.4.1899 Magdeburg; - Ps. Werner G. Roeder (*D-P*) #3

Rost, Nicolaus,*um 1542 Weimar, †22.11.1622 Kosmenz; - auch Rhost; Rosthius (*L*) #4,13

Rosten, Curt, *3.9.1896 Niederstrehlitz; - Ps. Egon Branden (*L-P*) #3,4

Rotbletz, Mattheus, †1578 Aarau; - auch Rothpletz (*D*) #4

Rotermund, Heinrich Wilhelm, *1.3.1761 Schleiz, †25.4.1848 Bremen; - Ps. Heinrich Vogel (*P*) #4,6,13

Roth, Alban Erhard, *4.9.1944 Zürich; - Ps. Erhard Alban (*E*) #4

Roth, Albert, *3.10.1902 Pirmasens; - Ps. Peter Holl; Peter Hollerritter (*F-L-P*) #3,4

Roth, Alfred, *27.4.1879 Stuttgart, †9.10.1948 Hamburg; - Ps. Otto Armin (*P*) #3,4

Roth, Carl-Josef, *16.2.1913 Binningen/Mosel; - Ps. Kai Thorberg (*E-J-R*) #3,4

Roth, Christian, *27.6.1945 Pagig/Graubünden; - Ps. Brdlbrmpft (*F-L-P-R*) #3,4

Roth, Dieter, *21.4.1930 Hannover; - Ps. Otto Hase; Fax Hundetraum; Max Plunderbaum; Diter Rot; Dieter Rot; Dieterich Roth; Karl-Dieter Roth; Karl-Dietrich Roth; Wix Stundenschaum (*L-P*) #3,4,5

Roth, Georg Barthel, *30.5.1871 Köln; - Ps. Georg von Godesberg (*L-S*) #3,4,10

Roth, Joseph, *2.9.1894 Schwabendorf/Galizien, †27.5.1939 Paris; - Ps. Hamilkar; Christine von Kandl (*E-P-R*) #3,4,5,8,10,14,18

Roth, Luise, *11.5.1857 Bruch b. Hattingen; - Ps. Luise Richter (*N-P-R*) #2,3,4

Roth, Otto, *3.11.1899 Hermannstadt/Siebenbürgen, †1977 Hermannstadt; - Ps. Otto Herth; Armin Ruber (*L-P*) #3,4

Roth, Rolf, *14.2.1888 Solothurn/Schweiz, †12.4.1985 Chexbres/Waadt; - Ps. Lucifer (*L-P*) #4

Roth, Simon, *(1532); - auch Rot; Rothe (*D-L-P*) #4,11,13

Roth, Valentin, *1521 Lindau, †29.3.1576 Altdorf; - Ps. Valentin Erythraeus (*P*) #4,13

Roth v. Otto, Elsa, *7.12.1856 Wien; - Ps. Liesa Carlowna (*E-N-R*) #4

Roth-Kapeller, Ingrid, *22.1.1947 Gassen/Kärnten; - Ps. Ingrid Puganigg (*F-L-R*) #3,4,5

Rothammer, Franz Wilhelm, *26.4.1751 Cham/Opf., †12.11.1800 München; - auch Rothhammer (*D-S*) #1

Rothbart, Helene, *12.4.1889 Berlin; - Ps. Hanns Oskar Roth (*L-R-S*) #3,4

Rothe, Georg, *5.1.1882 Detmold, †3.7.1953 Königstein/Bay.; - Ps. Viktor Georgen; Gogan (*E-L-P-S*) #3,4

Rothe-Mucha, Ernst Hermann, *18.10.1895 Heiligenstein/Thür., †20.9.1960 Letmathe/Westf.; - Ps. Clausen; Ehtor; Ernst Hermann Rothe von Heiligenstein (*E-L-R*) #3,4

Rothenberger, Manfred, *20.6.1960 Nürnberg; - Ps. Manro (*L-P*) #3,4

Rothenburg, Elli, *28.2.1914 Hamburg, †11.6.1952 Hamburg; - Ps. Elli Michaelsen; Elli Otto (*D-E-J-L-R*) #3,4

Rothenburg, Walter, *28.12.1889 Hamburg, †10.3.1975 Hamburg; - Ps. Barba Rossa; Wero (*E-F-L-N-P-R*) #3,4

Rothenhäusler, Paul, *6.4.1923 Bellelay/Bern; - Ps. Pierre Itor (*P*) #4

Rothensteiner, Johannes, *7.1.1860 St.Louis/USA; - Ps. John Rothensteiner (*L-P*) #3,4

Rothenthal, Melanie von, *24.8.1864 Wien; - Ps. Max von Berthof (*N-P*) #1,2,3,4

Rother, Alfred Heinrich, *19.10.1905 Breslau-Carlowitz; - Ps. Alfred Rother-Carlowitz; Theodor Richter (*P*) #3,4

Rother, Rudolf, *26.4.1887; - Ps. V. Michel (*P*)

Rother, Wilhelm, *4.3.1877 Dresden; - Ps. Willem Queis (*L*) #3,4

Rothfeld, Richard, *21.2.1867 Budapest; - Ps. Richard Redfield (*E-L*) #3

Rothfuss, Kurt, *21.11.1909 Schorndorf; - Ps. Konrad E. Pannonius (*L-P*) #3,4

Rothhardt, Erwin, *17.3.1899 Wieserode/Harz; - Ps. Dr. Mabuse; Totila (*P*) #3

Rothhuth, David, *16.10.1604 Hannover, †19.1.1661 Hannover; - Ps. David Erythropilus (*L*) #4

Rothhuth, David Rupert, *30.3.1653 Hannover, †22.12.1732 Hannover; - Ps. David Rupert Erythropilus (*P*) #4

Rothhuth, Martin, *1610 Hannover, †1.6.1655 Hannover; - Ps. Martin Erythropilus (*P*) #4

Rothhuth, Rupert, *1556 Schmallenberg/Sauerl., †7.10.1626 Hannover; - Ps. Rupert Erythropilus (*P*) #4

Rothkirch und Panthen, Kurt von, *3.3.1865 Trebnitz/Schles., †12.3.1929 Massel b. Trebnitz; - Ps. Kurt Neurode (*D-P-R-S*) #3,4

Röthlingshöfer-Spiel, Christian, *8.1.1932 Nürnberg; - Ps. Christian Spiel (*P*) #3

Rothmann, Bernhard, *um 1495 Stadtlohn b. Ahaus; - auch Rottmann (*P*) #4,13

Rothpletz, Anna, *25.12.1786 Zürich, †14.3.1841 Brugg/Aargau; - Ps. Rosalie Müller (*E*) #1,2,4,11,13

Rothscholz, Friedrich, *17.9.1687 Herrnstadt/Niederschles., †15.1.1736 Nürnberg; - Ps. Benjamin Rothscholz; Ferdinand van der Roxas; Gottwald Cäsar von Stillenau (*P*) #4

Rott, Ida Hedwig, *24.4.1856 Bern, †24.5.1897 St.Gallen; - Ps. Erik Niels (*E*) #2,4

Rottauscher, Anna, *29.12.1892 Wien, †12.6.1970 Wien; - Ps. Albert Malata (*E-L-P*) #3,4

Rottauscher von Malata, Alfred von, *22.3.1888 Wien, †9.1.1926 Baden b. Wien; - Ps. Paul Rohrer (*L-N-R*) #4

Rottenberg, Heinrich, *13.3.1880 Lemberg; - Ps. Grebnettor (*D-L-N-S*) #3

Rottenburg, Konrad Ülin von, *um 1375; - Ps. Chunrat v. Ratenburg; Conradus de Rotinburg (*P*) #4

Rottensteiner, Alois Franz, *30.9.1911 Neunkirchen/N.-Ö.; - Ps. Alexis Steiner (*J-L*) #3,4,17

Rottensteiner, Franz, *1942; - Ps. Irene Lansky (*J*) #16

Rotter, Kurt Erich, *21.7.1907 Hadersdorf b. Wien, †18.1.1979 Wien; - Ps. Enzio Hauser (*E-L-P-R*) #3,4

Rötter, Rudolf, *31.1.1890; - Ps. Sebastian Knoll (*P*) #3

Rotter und Kostenthal, Friedrich von, *(1663); - gen. Der Quälende/FG 787/1662 (*L*) #4,11

Röttger, Julie, *31.8.1883 Iserlohn, †1944 Bethel b. Bielefeld; - Ps. Julie Kruse (*L-N*) #3,4

Rottmanner, Karl von, *30.10.1783 Ast b. Landshut, †8.2.1824 Ast b. Landshut; - Ps. Ast (*L-P*) #1,4,11

Rottmanner, Otto, *21.11.1841 Landsberg/L., †11.9.1907 München; - gen. Odilo Rottmanner (*P*) #3,4

Rotzler, Willy, *28.10.1917 Basel; - Ps. Peter Hoch (*P*) #4

Roubiczek, Paul Anton, *28.9.1889 Prag, †26.7.1972 Gmund/Obb.; - Ps. Paul A. Robert (*P*) #3,4,18

Rousseau, Johann Baptist, *31.12.1802 Bonn, †8.10.1867 Köln; - Ps. Albano; Peregrinus; Rothbarts Schüler; F. Saalmüller (*D-L-N-P-S*) #1,4,6,11

Routschek, Helmut, *25.9.1934 Zarch/CSR; - Ps. Alexander Kröger (*E-F-R*) #3,4,7,20

Rouyer, Franz Freih. von, *um 1602 Luxemburg, †24.3.1671; - auch Franz von Royer; Franz von Ronger; gen. Der Herbe/FG 355/1641 #11,12

Rouzade, Beate, *27.12.1953 Hausham; - Ps. Beate Tauber Rouzade (*J-L*) #3,4

Roy, Berthold, *24.8.1840 Neutomischel/Posen, †4.6.1915 Charlottenburg; - Ps. Berthold Roi (*P-S*) #3,4

Rüb, Otto Heinz, *10.9.1919 Köln; - Ps. Bobby Bonn; Heinz von Bonn (*D-E-L-P*) #3

Rubahn, Horst-Günther, *1959; - Ps. Claude Faine; Iris Kruse (*P-R*)

Ruben, Regina, *30.7.1859 Bad Oeynhausen; - Ps. R. Ruben-Hamburg (*P*) #3

Rübenstein, Alfred, *12.5.1859 Hasenberg/Böhmen; - Ps. T. Rauerfall; Alfred Steinis (*D-P-S*) #3

Rubin, Eliasz, *10.2.1893 Auschwitz; - Ps. Sozius (*P*) #18

Rubiner, Frieda, *28.4.1879 Mariampol/Litauen, †22.1.1952 Kleinmachnow b. Berlin; - Ps. Arnold Band; Frieda Band; Friedjung; Fr. Lang; Georg Rehberg (*P*) #4

Rubiner, Ludwig, *12.7.1881 Berlin, †26.2.1920 Berlin; - Ps. Ernst Ludwig Grombeck (*D-L-P-R*) #4,5,8

Rubiner, Wilhelm, *11.7.1851; - Ps. Walter Gerhard; Gerhard Stein; William Thompson; Otto Waldegg (*N-P-R*) #3,4

Rubinstein, Alexander, *27.1.1881 Wolmar/Lettland, †19.12.1948 New York; - Ps. Alexander Stein (*P*) #3,4,18

Rubinstein, Hilde, *7.4.1904 Augsburg; - Ps. Katarina Brendel; Leonard Lundström; Hilde B. Winrich (*F-L-P-R-S*) #3,4,18

Rubli, Alfred, *30.8.1886 Dachsen b. Zürich; - Ps. Alf. Manuel Rubly (*D-L*) #3,4

Ruch, Elisabeth, *23.9.1855 Freiburg/Br., †1934 Freiburg/Br.; - Ps. Jean Delamare (*N*) #3,4

Ruch, Hans, *18.3.1916 Allenstein/Ostpr.; - Ps. Robert Gall (*F-R*) #3,4

Rück, Friedrich, *15.4.1895 Stuttgart, †18.11.1959 Stuttgart; - Ps. Leo Kipfer; Peter Wedding (*L-P*) #4,18

Rück, Karl-Anton, *9.10.1900 Karlsbad; - Ps. H. H. Karonn; K. A. R. Marienbad (*D-E-L*) #3,4

Ruckdäschel, Erika, *15.3.1939 Ohrdruf/Thür.; - Ps. Erika Taubert (*E-F-L-P*) #3,4

Rücker, August, *8.12.1871 Frankenbach/Württ.; - Ps. A. R. v. Schwaben (*E-L-P-S*) #3,4

Rücker, Fritz, *1.7.1867 Weidelbach b. Wiesbaden; - Ps. Fritz vom Berg (*L-P*) #3

Rücker, Günther, *2.2.1924 Reichenberg; - Ps. Johann Günther (*D-E-F-N-S*) #3,4,5,8

Rückert, Friedrich, *16.5.1788 Schweinfurt, †31.1.1866 Neuses b. Coburg; - Ps. Freimund Raimar; Freimund Reinmar (*D-E-L-S*) #1,4,5,6,11,14,17,19

Rückert, Friedrich, *19. Jh.; - Ps. Erich Erfried Truck (*P*)

Rucktäschel, Rosina Dorothee, *um 1680 Berneck b. Bayreuth, †1744 Stübach b. Neustadt/Aisch; - auch Ruckteschel (*L-P*) #4

Rüd, Valerius, *um 1475 Rottweil, †um 1546 Bern; - auch Valerius Ryd; Ps. Valerius Anshelm (*P*) #4,13,15

Ruda, Kurt Maria, *5.9.1917 Prag; - Ps. Viktor Hradschin (*E-F-L-P*) #3,4

Rudat, Richard J., *(1984); - Ps. Alf Tjörnsen (*P*) #16

Rudelsberger, Hans, *8.6.1868 Schwabach/Franken; - Ps. Hans Moltan (*D-P*) #3,4

Rudelsberger, Karl, *16.10.1870 Schwabach; - Ps. Rudolf Berger (*D-P*) #3

Rüdiger, Eduard, *22.11.1850 Erfurt; - Ps. Amicus; Wilhelm Friedrich; Ernst v. Gebra (*P*) #3

Rüdiger, Elise Felicitas, geb. von Hohenhausen, *7.3.1812 Eschwege, †31.1.1899 Berlin; - Ps. Elise Felicitas von Hohenhausen (*P*) #1,2,3,4,15

Rüdiger, Johann Christoph, *17. Jh.; - Ps. Adolph Clarmund; Antonius Musa; Parrhesiander (*P*) #4,6,11,13

Rüdiger, Theo, *19.9.1879 Nordhausen/Harz; - Ps. Roderich Regidür (*E-N-P*) #3,4

Rüdiger, Wolf, *10.8.1913 Forst/Lausitz; - Ps. Ludwig Fensch; Joachim Gessner (*F-R*) #3,4

Rüdling, Georg Ernst von, *1748, †1807; - Ps. Rudolf von Hohenems (*P*)

Rudloff, Erich, *3.12.1874 Berlin; - Ps. Ludwig Erloff (*L-P*) #3,4

Rudnick, Ludwig Julius Ernst, *1805 Raudten/Schles.; - Ps. Heinrich Hutten; Heinrich Lier (*L*) #1,4

Rudolf, Gisela, geb. Salzmann, *2.12.1947 Basel; - Ps. Gisela Rudolf-Salzmann (*E-R*) #3,4

Rudolf, Karl, *27.4.1879 Settens b. Teplitz; - Ps. L. Flodur; Joe Kingsley (*P-R*) #3,4

Rudolf von Ems, *um 1200 Hohenems/Ö., †um 1254 Italien; - Ps. Rudolf von Hohenems; Rudolf von Montfort (*L-P*) #1,4,5,13,14

Rudolph, Axel, *26.12.1893 Köln; - Ps. Heinrich Weiler (*F-P-R*) #3,4

Rudolph, Johann Christoph, *5.11.1723 Marburg, †28.2.1792 Erlangen; - Ps. M. Paulus Longolius (*L-P*) #4,13

Rudolphi, Karl Asmund von, *14.7.1771 Stockholm, †29.11.1832 Berlin; - Ps. Polymythes (*L-P*) #4,11,13

Rudorf, Günter, *11.11.1921 Essen; - Ps. Günter Faber (*D-F-J-L-R-S*) #3,4

Rudorff, M., *(1958); - Ps. Delphica (*P*) #4

Rudorff, Otto, *25.4.1871 Sulingen b. Hannover; - Ps. Otto Wildling (*E-L-R*) #3,4

Rudow, Wilhelm, *17.5.1858 Neuhaldensleben b. Magdeburg, †1899 Großwardein; - Ps. Lucifer (*D-E-L-P*) #1,3,4

Rueff, Jacob, *um 1500, †1588 Zürich; - auch Ruf; Ruof (*D-S*) #4,5,11,13

Rueger, Christoph, *3.10.1942 Freital b. Dresden; - Ps. Sebastian Xanten (*F-P*) #3,4

Ruehle, Otto, *23.10.1874 Groß-Voigtsberg/Sa., †24.6.1943 Mexiko City; - Ps. Carl Steuermann (*P*) #3,4,18

Ruess, Hans von; - auch Hanns Reiße; gen. Der Adeliche/FG 199/1629 #11,12

Rueß, Wilhelm, *1814 Ehingen/Württ., †2.4.1879 St.Gallen; - Ps. Severus (*D-L-P*) #1,4

Ruest, Ernst Samuel, *24.8.1878 Kulm/Westpr., †18.11.1943 Carpentras/Frankr.; - Ps. Ernst Samuel; Anselm Ruest (*P*) #4,18

Rüetschi, Marie Henriette, *10.11.1834 Lützelflüh/Schweiz, †6.8.1890 Bern; - Ps. Marie Walden (*E-L*) #1,2,4

Ruettenauer, Isabella, geb. Papmehl, *15.9.1909 St.Petersburg; - Ps. Isabella Papmehl (*P*) #3

Ruf, Sebastian, *23.1.1802 Absam/Tirol, †11.4.1877 Hall/Tirol; - auch Ruef; Ps. Paul Einsam; Peter Lachmann (*P*) #4

Rüffer, Paul, *3.12.1873 Wernersdorf/Schles., †14.6.1953 Flensburg; - Ps. Paul Götzen (*P*) #4

Ruge, Arnold, *13.9.1802 Bergen/Rügen, †31.12.1880 Brighton/Engl.; - Ps. Dreigüm; R. Durangelo; W. Stein (*D-E-L-N-P*) #1,4,11,13

Ruge, Clara Ottilie, *1.6.1856 Wien; - Ps. C. Raff (*N-P*) #2

Rüggeberg, Annelies, geb. Böer, *8.8.1926 Groß-Wartenberg/Niederschles.; - Ps. Annelies Böer (*J*) #3,4

Rüggeberg, Uwe, *7.3.1927 Celle; - Ps. Friedrich Mertens (*L*) #3,4

Rügheimer, Joachim, *27.9.1898 Charlottenburg; - Ps. Jorü; Joachim Joe Lynx (*P-R*) #3,4

Ruh-Galin, Dagmar, *1931 Berlin; - Ps. Dagmar Galin (*E-F-J-P-R*) #3,17

Ruhe, Alfred, *24.8.1850 Rheine, †1932 Münster; - Ps. A. von der Ems (*N-P*) #3,4

Ruhe, Heinrich, *18.11.1847 Hannover; - Ps. Heinz v. Rudniki (*P*) #3

Ruhkopf, Julie, *29.11.1799 Bielefeld, †1880 Dresden; - Ps. Irene (*J*) #2,4,17

Ruhl, Ludwig Sigismund, *10.12.1794 Kassel, †7.3.1887 Kassel; - Ps. Cardenio (*E-P*) #4,13

Ruhl, Valentin, *17. Jh.; - gen. Der Ruhige/DG-R #11

Ruhland, Hermann, *28.10.1833 Grohnde b. Hannover, †1902 Chicago; - Ps. Arminius (*L*) #1,3,4

Rühle von Lilienstern, August, *16.4.1780 Berlin, †1.7.1847 Salzburg; - Ps. Joh. Jacob Grimm (*P*) #4,13

Rühlemann, Sophie, geb. Reuschle, *8.3.1891 Neuenstein/Württ., †21.10.1982 Bielefeld; - Ps. Sophie Reuschle (*E-J-L-M-R*) #3,4

Ruhm, Franz, *31.7.1896 Brunn a. G.; - Ps. Frank Raymon (*L-P*) #3

Rühmkorf, Peter, *25.10.1929 Dortmund; - Ps. Leslie Meier (*L-M-P-S*) #3,4,5,8,10,16

Ruhmrot, Friedrich Albrecht von, *17. Jh.; - gen. Der Wohlbewahrende/FG 533 #11

Ruhrmann, Hanns, *6.2.1910 Stockum/Sauerland; - Ps. Manfred H. Ruhrmann (*E-L-P-R-S*) #3,4

Ruhsam, Werner, *25.3.1944 München; - Ps. Werner Huss (*F-L*) #3,4

Rukawina, Lea, *30.1.1893 Karneid/Südtirol, †1977; - Ps. Lea Mörl (*E-L-P-R*) #3,4

Rukschcio, Gertrud, *29.5.1910 Wien, †30.4.1979 Rhodos; - Ps. Gertrud Friedl (*F-J-P*) #3,4

Rukser, Udo, *19.8.1892 Posen, †6.6.1971 Quillota/Chile; - Ps. Friedrich Ballhausen; Friedrich Hove; Gustav Mana (*P*) #3,4,18

Rull, Peter, *um 1730 Pöchlarn/N.-Ö., †29.6.1800 Wien; - auch Roll (*L-P*) #4

Rumänien, Elisabeth Königin von, geb. Prinzessin zu Wied, *29.12.1834 Schloß Monrepos/Neuwied, †2.3.1916 Bukarest; - Ps. Carmen Sylva; Dito und Idem; C. Wedi (*D-E-L-M*) #1,2,3,4,5,15,19

Rümelin, Gustav, *26.3.1815 Ravensburg, †28.10.1888 Tübingen; - Ps. Grachus; Sigma (*P*) #3,4,13

Rumler, Jacob, *17. Jh.; - gen. Der Zielende/DG-R #11

Rummel, Felicitas, *17.1.1931 Bad Waldsee; - Ps. Felicitas Estermann (*L-P*) #3,4

Rummel, Karl, *27.2.1897 Walkenried; - Ps. Herbert Wolkenried (*F-N*) #3

Rummel, Marianne Freifrau von, *26.11.1886 München, †1.11.1975 Starnberg; - Ps. Marianne v. Ziegler (*E-J-N-P-R*) #3,4

Rumohr, Adeline von, *27.12.1822 Rundhof/Schleswig, †18.10.1876 Rundhof/Schleswig; - Ps. Karl Adalbert; Karl Adelbert (*R*) #1,4

Rumohr, Carl Friedrich von, *6.1.1785 Reinhardsgrimma/Sa., †25.7.1843 Dresden; - Ps. Joseph König (*L-N-P-R*) #1,4,5,6, 13

Rumor, der von, *17. Jh; - gen. Der Ungemeine/FG 822 #11

Rump, Diedrich Johann, *23.10.1871 Hamburg; - Ps. Nathanel Jünger (*E-P-R*) #1,3,4

Rumpel, Hermann Ernst, *(1767) Erfurt; - Ps. Aristoxenus (*P*)

Rumpel, Ludwig Friedrich Eusebius, *(1767) Erfurt; - Ps. Aristoxenus (*P*)

Rumpelt, Anselm, *10.2.1853 Radeberg/Sa., †10.10.1916 Dresden; - Ps. Alexis Aar (*L-P*) #1,3,4,13

Rumpelt, Emil A. Ferdinand, *6.2.1820 Dresden, †30.8.1888 Dresden; - Ps. Br. W. Fischer; Emil Walther; Em. Weltzer (*P-R-S*) #1,3,4

Rumpff, Heinrich Ludwig, *14.12.1897 Hannover; - Ps. Lutz W. Ibach (*F-N-R*) #3,4

Rumy, Karl Georg, *1780 Zipser Neudorf/Slow., †5.4.1847 Gran/Ung.; - auch Rumi; Ps. Dragutin (*P*) #4,11,13

Runge, Elisabeth Luise, *27.1.1879 St.Petersburg; - Ps. Elisabeth Luise von Brandt (*P-R*) #3,4

Runge, Luise Lily, *27.1.1868 St.Petersburg; - Ps. Luise von Brandt (*E-L-N-R*) #4

Runge, Willi, *8.7.1882 Wien; - Ps. Mitja (*L-N-R*) #3,4

Runkel, Peter, *28.9.1954 Rostock; - Ps. Peter Wawerzinek (*P-R*)

Runschke, Ernst, *6.9.1877 Brieg/Schles., †24.12.1955 Berlin; - Ps. Wilhelm Euken (*P*) #3,4

Runze, Friedrich Wilhelm, *14.1.1839 Jahnsfelde, †7.9.1907 Leipzig; - Ps. M. Nicolaus (*L-P*) #3,4

Rupitz, Valentin Kaspar, *17. Jh.; - gen. Der Labende/DG-L #11

Rupp, Viktoria von, *um 1755 Prag, †um 1824 Prag; - Ps. Miss Jennys Übersetzerin (*D-S*) #4,11

Ruppel, Heinrich, *8.11.1886 Neukirchen b. Fulda, †17.11.1974 Ziegenhain/Hess.; - Ps. Gerhard Wohlgemuth (*E-L-M-N-R-S*) #3,4

Ruppert, Walter, *1.7.1913 München; - Ps. Bert Pertrup (*L-M-R*) #3,4

Ruppius, Otto, *1.2.1819 Glauchau, †25.6.1864 Berlin; - Ps. C. E. Wahrhold (*E-R*) #1,4,13

Rupprecht, Maximilian, *4.5.1885 Gläsendorf; - Ps. Maximilian Flori (*P*) #3,4

Rusch, Richard, *23.7.1879 Ulm; - Ps. Thomson (*P*) #3

Rusche, Christian-Udo, *10.12.1926 Hirschberg/Rieseng.; - Ps. Christian Saalberg (*L*) #3,4

Rush, Don Joseph, *6.11.1860 Höchstadt; - Ps. Don Josaphet (*P*) #3

Ruß, Hans-Erich, *23.12.1925 Senftenberg/N.-Ö.; - Ps. Alfons Ruß (*F-J-P*) #3,4

Ruß, Karl, *14.1.1833 Baldenburg; - Ps. Berthold Schwarz (*E-P*) #3

Ruß, Peter, *10.11.1891 Bad Kreuznach; - Ps. Carl Heimborn; Pitt (*D-E-L-N-P-R-S*) #3,4

Russell, Edith, *20.5.1927 Marburg; - Ps. Edith Kranz (*J-N-R*) #3,4

Russenberger, Max Werner, *7.10.1887 Kreuzlingen/Thurgau, †31.10.1973 Bassersdorf b. Zürich; - Ps. Max Werner Lenz (*F-L-R-S*) #3,4

Rußwurm, Johann Wilhelm Bartholomäus, *21.11.1770 Seebergen b. Gotha, †17.3.1855 Herrnburg b. Ratzeburg; - Ps. Nathanael (*P*) #4,13

Rust, Johann Ludwig Anton, *12.12.1721 Reinstedt b. Aschersleben, †1785 Bernburg/Saale; - Ps. Busso Ludolf Ratzeberger (*P*) #4,13

Rust, Martha, *7.2.1882 Vierzighufen/Ostpr.; - Ps. Martha Rust-Damrath (*L-N-P-R*) #3

Ruster, Heinrich, *14.10.1884; - Ps. Rhenanus; Rhenogermanus (*P*) #3

Rüte, Hans von, †23.3.1558 Zofingen; - auch Hans von Rütte (*D-S*) #4,11,13

Rüthning, Paul, *12.10.1876 Havelberg; - Ps. Paul von der Havel (*L-P*) #3,4

Ruths, Christoph Alexander, *30.12.1851 Nentsch, †6.6.1922 Darmstadt; - Ps. Ruths-Odinwald (*D-E-P-R*) #3,4

Rutilius, Martin, *1550 Düben/Sa., †18.1.1618 Weimar; - auch Röthelstein (*L-P*) #4,11,13

Rutra, Arthur Ernst, *18.9.1892 Wien, †1939 Dachau; - Ps. urspr. Arthur Ernst Samuely; Ps. Adolf von Watzmann (*D-E-L-S*) #3,4

Rüts, Helene von, *18.3.1833 Dölln b. Potsdam, †6.11.1868 Rüdersdorf b. Berlin; - Ps. Elise; Verf. von Stolz und still (*N*) #2,4

Rutthofer, Louise, *7.11.1866 Innsbruck; - Ps. Louis v. Rodenegg (*L-N*) #3

Rütz, Werner, *9.10.1919 Weitin/Meckl.; - Ps. Fabian (*E-P*) #3,4

Rüxleben, Hans Caspar von; - auch Caspar von Rixleben; gen. Der Zermahlende/FG 338/ 1639 #11,12

Rüxleben, Vally von, *2.2.1864 Grünberg/ Pommern, †18.1.1941 Dresden; - Ps. Hans Carmer (*E-L-N*) #1,2,3,4

Ryba-Aue, Sophie, *28.8.1890 Jägerndorf/Ö.-S., †3.12.1956 München; - Ps. Sophie Mildner (*L-P-S*) #3,4

Rybarczyk, Mario Ladislaus, *2.5.1947 Innsbruck; - Ps. Mario Ladis (*E-P*) #3,4

Ryff, Walther Hermann, *16. Jh.; - auch Riffus; Rivinus; Ruef; Rueff; Ruf; Ryf; Quintus Appolinaris (*P*) #4,13

Rynacher, Heinrich, †1642 Zürich; - auch Rheinacher (*L*) #4,11

Ryssel, Christian von, *17. Jh.; - gen. Der Beschirmte/FG 775 #11

Rzach, Hedwig, *1853 Prag; - Ps. Robert Heddin (*N-P-R*) #2

Rzesacz, Ernst, *14.4.1865 Komotau/Böhmen; - Ps. Karl Ernst Altena (*D-L-S*) #1,3,4

Rziha-Riha, Arthur von, *22.10.1876 Kaschau/Ungarn, †4.5.1944 gef. Westfront; - Ps. Arthur von Riha (*E-J-N-P-R*) #3,4

S

Saacke, Hedwig Auguste Maria, *20.7.1850 Berlin; - Ps. Hedwig Auguste Maria von Moltke (*E-N*) #2,4

Saager, Adolf, *20.4.1879 Stuttgart, †31.8.1949 Massagno b. Lugano; - Ps. A. S. Edger (*E-N-P-R*) #4

Saalfeld, Johannes, *24.10.1878 Prenzlau; - Ps. Hanns Daalfels; Hermann Wilhelmi (*P-R*) #3,4

Saatweber, Ernst-August, *16.1.1868 Barmen; - Ps. Ernst Anders (*E*) #3

Sabaeus, Faustus, *um 1556 Tirol; - auch Sabeo (*L*) #4

Sabarth, Victor, *17.9.1850 Ratibor; - Ps. V. Dornfeld (*D-L-S*) #1,3,4

Sabott, Edmund, *6.1.1898 Berlin, †2.12.1956 Berlin; - Ps. Horst Peter; Petra Stohr (*E-R*) #3,4

Sacer, Gottfried Wilhelm, *11.7.1635 Naumburg, †8.9.1699 Wolfenbüttel; - gen. Hierophilo/ES; Ps. Hieronymus Andreae; Hartmann Reinhold (*L-P*) #1,4,11,13

Sacher, Friedrich, *10.9.1899 Wieselburg/N.-Ö., †22.11.1982 Wien; - Ps. Fritz Silvanus (*E-L-N-P-R*) #3,4,5,8

Sacher-Masoch, Artur Wolfgang Ritter von, *17.12.1875 Graz, †12.2.1953 Wien; - Ps. Michael Zorn (*R*) #3,4

Sacher-Masoch, Aurora von, geb. Rümelin, *14.3.1846 Graz; - Ps. Wanda von Dunajew; Aurora Rümelin (*E-P-R*) #1,2,3,4

Sacher-Masoch, Hulda von, geb. Meister, *17.2.1846 Strasburg/Westpr., †21.12.1918 Lindheim; - Ps. Hulda Meister (*P-R*) #2,3,4

Sacher-Masoch, Leopold Ritter von, *27.1.1836 Lemberg, †9.3.1895 Lindheim/Hessen; - Ps. Charlotte Arand; Zoe von Rodenbach; Tante Lotte (*E-L-N-P-R-S*) #1,2,3,4,5,13,19

Sachisthal, Kurt, *4.2.1866 Magdeburg; - Ps. Konrad Sagitta (*P-S*) #3

Sachs, Leonie, *10.12.1891 Berlin, †12.5.1970 Stockholm; - Ps. Nelly Sachs (*E-L-P*) #3,4,5,10,18

Sachs, Sophie, *15.8.1838 Marburg; - Ps. Sophie Marburg (*L-P*) #1,2,4

Sachse, Alfred Erwin, *6.2.1875 Dresden; - Ps. Erwin von der Elbe; Alfred Erwin; Erwin Hoven (*D-L-N-P*) #3,4

Sachse, Ernst, *31.8.1891 Mayen b. Koblenz; - Ps. Theo Ernst (*L*) #3,4

Sachse, Leo, *1843 Weimar, †1.9.1909 Jena; - Ps. Arno Gals (*E-L-M*) #1,3,4

Sachse, Willi Richard, *7.1.1896 Leipzig; - Ps. Anti-Nautikus; Big Ben; Jan Murr; Hein Snut; Wisa (*P-R*) #4

Sachsel, Olga, *29.7.1876 Arnau/Elbe; - Ps. Olga Sachsel-Lichtenstein (*E-N-P-R*) #3

Sachsen, Albrecht Herzog zu, *21.5.1648 Gotha, †6.8.1699 Coburg; - gen. Der Muntere/FG 791 (*P*) #11

Sachsen, Amalie Friederike Auguste Prinzessin von, *10.8.1794 Dresden, †18.9.1870 Pillnitz; - Ps. Amalie; Amalie Heiter; A. Serena; Verf. von Lüge und Wahrheit (*D-S*) #1,2,4,11,13,15,19

Sachsen, August Herzog zu, *17. Jh.; - gen. Der Behutsame/FG 720 #11

Sachsen, Christian Herzog zu, *17. Jh.; - gen. Der Freundliche #11

Sachsen, Heinrich Herzog zu, *17. Jh.; - gen. Der Aufschießende/FG 790 #11

Sachsen, Johann Adolf Herzog zu, *17. Jh.; - gen. Der Sorgfältige/FG 719 #11

Sachsen, Johann Georg II. Herzog und Kurfürst zu, *17. Jh.; - gen. Der Preiswürdige/FG 682/1658 #11

Sachsen, Johann König von, *11.12.1801 Dresden, †29.10.1873 Pillnitz; - Ps. Philalethes (*L-P*) #1,4,13

Sachsen, Maria Antonia Walpurgis von, *18.7.1724 München, †23.4.1780 Dresden; - Ps. Pastorella Arcade; E. T. P. A.; Ermelinda Taléa (*P-S*) #4,13

Sachsen-Altenburg, Friedrich II. Herzog von, *12.2.1599 Torgau, †25.10.1625 Seelze; - gen. Der Derbe/FG 103/1625 #11,12

Sachsen-Altenburg, Friedrich Wilhelm zu,*17. Jh.; - gen. Der Unschätzbare/FG 577 #11

Sachsen-Altenburg, Johann Philipp Herzog von, *25.1.1597 Torgau, †1.4.1639 Altenburg; - gen. Der Köstlichste/FG 183/1629 #11,12,13

Sachsen-Altenburg, Johann Wilhelm II. Herzog von, *13.4.1600 Torgau, †2.12.1632 Brieg; - gen. Der Teuere/FG 188/1629 #11,12,13

Sachsen-Coburg und Gotha, Ernst II. von, *21.6.1818 Ehrenburg/Coburg, †22.8.1893 Reinhardsbrunn b. Gotha; - Ps. N. v. K.; Otto Wernhard (*L-P-S*) #1,4,13,15

Sachsen-Coburg und Gotha, Philipp Prinz von, *28.3.1844 Paris; - Ps. Kariudo (*P*) #3

Sachsen-Eisenach, Adolph Wilhelm Herzog von, *14.5.1632 Weimar, †22.11.1668 Eisenach; - gen. Der Edele/FG 423/1645 #11,12,13

Sachsen-Eisenach, Albrecht Herzog von, *27.7.1599 Altenburg, †20.12.1644 Eisenach; - gen. Der Unansehnliche/FG 17/1619 #11,12,13

Sachsen-Eisenach, Johann Georg I. Herzog von, *12.7.1634 Weimar, †19.9.1686 Eckardtshausener Wald b. Eisenach; - gen. Der Trachtende/FG 424/1645 #11,12,13

Sachsen-Gotha, Ernst I. Herzog von, *25.12.1601 Altenburg, †26.3.1675 Gotha; - gen. Der Bittersüße/FG 19/1619 #11,12,13

Sachsen-Gotha, Friedrich Herzog zu, *17. Jh.; - gen. Der Allerliebste/FG 816 #11

Sachsen-Jena, Bernhard Herzog von, *21.2.1638 Weimar, †3.5.1678 Jena; - gen. Der Nachfolgende/FG 427/1645 #11,12

Sachsen-Lauenburg, August Herzog von, *17.2.1577, †18.1.1656 Lauenburg; - gen. Der Hundertfältige/FG 294/1636 #11,12

Sachsen-Lauenburg, Franz Albrecht Herzog von, *31.10.1598, †10.6.1642 Schweidnitz; - gen. Der Weiße/FG 194/1629 #11,12,13

Sachsen-Lauenburg, Franz Carl Herzog von, *2.5.1594, †30.11.1660; - gen. Der Schönste/FG 269/1636 #11,12

Sachsen-Lauenburg, Franz Erdmann Herzog von, *25.2.1629, †9.8.1666; - gen. Der Fortwuchernde/FG 459/1646 #11,12

Sachsen-Lauenburg, Franz Heinrich Herzog von, *9.4.1604, †26.11.1658; - gen. Der Scharfe/FG 234/1634 #11,12

Sachsen-Lauenburg, Julius Heinrich Herzog von, *9.4.1586, †10.11.1665; - gen. Der Glückhafte/FG 311/1637 #11,12

Sachsen-Lauenburg, Rudolph Maximilian Herzog von, *18.6.1596, †1.10.1647; - gen. Der Rotgelbe/FG 283/1636 (*P*) #11,12

Sachsen-Merseburg, Christian Herzog zu, *17. Jh.; - Ps. Der Krönende/FG 643 #11

Sachsen-Weimar, Bernhard Herzog von, *6.8.1604 Weimar, †8.7.1639; - gen. Der Austrucknende/FG 30/1620; Ps. Aristander #11,12,13

Sachsen-Weimar, Friedrich Herzog von, *1.3.1596 Altenburg, †17.8.1622 Fleury/Belgien; - gen. Der Hoffende/FG 4/1617 (*P*) #11,12

Sachsen-Weimar, Friedrich Herzog von, *19.3.1640 Weimar, †19.8.1656 Weimar; - gen. Der Friedenreiche/FG 432/1645 #11,12

Sachsen-Weimar, Johann Ernst Herzog von, *11.9.1627 Weimar, †15.5.1683 Weimar; - gen. Der Richtigste/FG 342/1639 (*P*) #11, 12,13

Sachsen-Weimar, Johann Ernst d. J. Herzog von, *21.2.1594 Altenburg, †6.12.1626 St.Martin/Burgenland; - gen. Der Käumende/FG 3/1617 (*P*) #11,12,13

Sachsen-Weimar, Johann Friedrich Herzog von, *19.9.1600 Altenburg, †17.10.1628 Weimar; - gen. Der Entzündende/FG 18/1619 (*P*) #11,12

Sachsen-Weimar, Wilhelm IV. Herzog von, *11.4.1598 Altenburg, †17.5.1662 Weimar; - gen. Der Schmackhafte/FG 5/1617 (*L-P*) 11,12,13

Sachsen-Weissenfels, August Herzog von, *13.8.1614 Dresden, †4.6.1680 Halle/S.; - gen. Der Wohlgeratene/FG 402/1643 (*P*) #4,11,12,13,15,19

Sachsen-Zeitz, Moritz Herzog von, *28.3.1619 Dresden, †4.12.1681 Moritzburg a. d. Elster; - gen. Der Sittsame/FG 450/1645 #11,12

Sack, Christa,*(1974); - Ps. Christa Kuss (*J*) #3

Sack, Gustav, *28.10.1885 Schermbeck b. Wesel, †5.12.1916 Finta Mare b. Bukarest; - Ps. Ernst Schahr (*L-P-R*) #4,5,8

Sadila-Mantau, Hans Heinz, *24.12.1896 Klosterneuburg b. Wien; - Ps. H. H. Digo; H. H. Mantau-Sadila (*E-P*) #3,4

Saekel, Herbert, *27.9.1891 Johannisthal/Tucheler Heide, †1943; - Ps. hanns (*E-L-P*) #3,4

Saenger, Otto Maria, *25.12.1886 Frankfurt/M.; - Ps. Pascendi; Vonderfluh (*P*) #3

Saenger, Samuel, *17.2.1864 Saagar b. Riga, †6.5.1944 Los Angeles; - Ps. Junius (*P*) #3,4,18

Saenger, Woldemar Horst, *30.5.1852 Weimar, †26.2.1905 Genf; - Ps. Woldemar Horst (*E-R*) #1,3,4

Saffeini, W. K., *1907 Berlin; - Ps. Kyrieleis (*E-P*) #4

Sagar, Maria Anne, *24.7.1727 Prag, †4.6.1805 Wien; - Ps. M. A. S. (*E*) #1,4,11

Sager, Fr. Hinrich, *17. Jh.; - gen. Cleander/ES

Sager, Otto, *30.9.1750 Biberach, †16.2.1815 Obermarchtal; - auch Franz Josef Sager; Ps. Franz Gasser; Tiller von Tscherlow (*L-P*) #4,6,19

Saget, Peter, *27.4.1859 Bonn; - Ps. R. Rheinlieb; R. Rheinlieu; R. Tegas; R. Treuhorst (*D-E-L-S*) #3,4

Sagittarius, Caspar, *23.9.1643 Lüneburg, †9.3.1694 Jena; - eig. Caspar Schütze; Ps. Scribanius Arcularius; G. F. Eggerus; Eusebius Fürstenhold; Alethophilus von Selenen (*P*) #4,6,13

Saher, Purvezji Jamshedij, *19.4.1932 Bombay/Indien; - Ps. Mastero Storyteller; Yogi Dharma Nirvana (*L-P*) #3,4

Saiko, George Emmanuel, *5.2.1892 Seestadt/Erzgeb., †23.12.1962 Rehawinkel b. Wien; - Ps. Markus S. (*E-N-P-R*) #3,4,5,8

Saile, Käthe, *11.5.1899 Riga, †9.12.1955 Esslingen; - Ps. Käthe Lambert (*R*) #3,4

Sailer, Johann Michael, *17.11.1751 Aresing, †20.5.1832 Regensburg; - Ps. Fr. Christian; Theophil (*P*) #4,11,13

Sailer, Johann Valentin, *17.2.1714 Weißenhorn/Bayern, †7.3.1777 Marchthal/Donau; - gen. Sebastian Sailer; Ps. Benastasius Liares; Sebastian Realis; Sebastian Relies (*P-S*) #1,4,5,6,11,13

Sailer, Karl Georg Jakob, *10.3.1817 Wyl/St.Gallen, †3.10.1870 Wyl/St.Gallen; - Ps. Wyler Bürger (*D-P*) #1,4

Sakheim, Arthur, *27.10.1884 Libau, †23.8.1931 Berlin; - Ps. Lindhorst (*L-P-R-S*) #3,4

Sala, Angelo, *1576 Vicenza, †2.10.1637 Bützow; - gen. Der Lindernde/FG 160/1628 (*P*) #11,12,13

Salaschek, Hans, *15.9.1906 Wien, †12.5.1961 Wien; - Ps. Wolfgang Falkenau (*E-L-P*) #3,4

Salat, Hans, *1498 Sursee/Luzern, †20.10.1561 Freiburg/Schweiz; - auch Johannes Seiler (*P*) #4,11,13
Salbey, Erich R., *17.3.1884 Erfurt, †31.10.1906 Erfurt; - Ps. R. Lorek; Rudy v. Sarnek (*L-P*) #3,4
Salchow, Johann Christian Daniel, *19.8.1782 Güstrow/Meckl., †23.11.1829 Halle/S.; - Ps. Specialis Criminalista; Gustav Stello (*E-R*) #1,4,6,11,13
Saldern, Thusnelda von, *3.10.1837 Potsdam, †12.5.1910 Hoym; - Ps. Th. v. S. (*E-J-P*) #4
Salice-Contessa, Christian Jakob, *21.2.1767 Hirschberg/Schles., †11.9.1825 Liebenthal/ Schles.; - Ps. Contessa der Ältere; Ryno (*D-E-L-R*) #1,4,6,11,13,15
Salice-Contessa, Karl Wilhelm, *19.8.1777 Hirschberg, †2.6.1825 Berlin; - Ps. Contessa der Jüngere (*E-M-N-S*) #1,4,5,11,13,15,17
Saling, Katharine, *28.1.1867 Koldenbüttel/ Schl.-Holst.; - Ps. K. von der Eider (*E-R*) #3,4
Saling, Regina, geb. Salomo, gesch. Friedländer, *4.10.1783 Berlin, †3.8.1850 Berlin; - Ps. Regina Frohberg; Regina Salomo (*E-N-P-R-S*) #1,4,9,11,13
Salinger, Bruno, *15.11.1894 Doelitz/Pommern; - Ps. Karyatides (*D-E-L-P*) #3,4
Salinger, Eugen, *1.7.1840 Göttingen; - Ps. E. Regnilas (*E-N-R-S*) #1,4
Salinger, Hermann, *17.5.1833 Berlin, †4.2.1879 Berlin; - Ps. Hermann Salingré (*S*) #1,4,13
Sallmayer, Hermann, *31.3.1823 Wien, †3.5.1886 Wien; - Ps. Dr. Nordmann; Dietrich Schlüsselbart; Heinrich Starke (*D-L-P*) #1,3,4
Salm, Carl, *16.9.1888 Köln; - Ps. C. Ekkehart (*D-L-P*) #3
Salm-Reifferscheidt, Georg Altgraf zu, *22.7.1864 Thurn b. Graz, †2.2.1931 Windisch-Feistritz; - Ps. E. Prosper (*R*) #4
Salmen, Angelika, *19.11.1958 Dortmund; - Ps. As; Skor (*L-P*) #3
Salminger, Sigmund, *um 1500 München, †1554 Augsburg; - auch Saiblinger; Salbinger; Salblinger; Zallminger (*L*) #4,13
Salmuth, Bernhardine (Dina) von, *31.5.1828 Briesen b. Friesack/Havell., †26.3.1900 Berlin; - Ps. Dina; Bernhard v. Salma (*L-R*) #1,2,4
Salomon, Alfred, *27.12.1910 Dirschau/Westpr.; - Ps. Fred Salmon (*E-J-P-R*) #3,4
Salomon, Berthold Jacob, *12.12.1898 Berlin, †26.2.1944 Berlin; - Ps. Berthold Jacob; Marcel Rollin (*P*) #4,18
Salomon, Gerhard, *4.4.1903 Berlin, †14.11.1956 London; - Ps. Hans Roger Madol (*L-N-P*) #3,4,18
Salomon, Gotthold, *1.11.1784 Sandersleben/ Anhalt, †17.11.1862 Hamburg; - Ps. Gustav Salberg; Gottfried Siegemund (*P*) #1,4,11,13
Salomon, Ludwig, *25.11.1844 Gorden b. Elsterwerda, †19.11.1911 Dornburg b. Jena; - Ps. Ed. Braunfels (*E-N-P*) #1,4
Salomon, Ludwig, *17.9.1873 Lessen/Westpr.; - Ps. Ludwig Lessen (*L-P-S*) #3
Salomon, Ludwig, *20.8.1896 Neu-Ulm; - Ps. Ludwig Schirmherr (*L-P*) #3,4
Salomon, Ludwig Anton, *15.7.1862 Frankfurt/ Main, †1939; - Ps. Ludwig Fulda (*D-R-S*) #3
Salomon, Simon, *21.3.1873 Speicher b. Trier; - Ps. Siegbert Salter (*E-L-P*) #3,4
Salomon-Daniger, Margot, *9.4.1909 Berlin; - Ps. Margot Daniger (*F-N-R*) #3,4
Salomon-Weber, Otto, *7.7.1889 Frankfurt/ Main; - Ps. Otto Bruder (*E-J-L-S*) #4
Salten, Felix, *6.9.1869 Budapest, †8.10.1945 Zürich; - urspr. Siegmund Salzmann; auch Sziga Salzmann; Ps. Martin Finder; Josefine Mutzenbacher; Sascha; Ferdinand Stollberg (*D-E-N-P-R*) #3,4,5,8,17,18
Salvert von Falkenberg, Christian Wilhelm, *17. Jh.; - gen. Der Singende/FG 675 #11
Salzinger, Helmut, *27.12.1935 Essen, †2.12.1993 Hamburg; - Ps. Jonas Überohr (*L-P-R*) #3,4
Salzmann, *(1729); - Ps. Haloander (*D*) #4,11
Salzmann, Christian Gotthilf, *1.6.1744 Sömmerda b. Erfurt, †31.10.1811 Schnepfenthal b. Gotha; - Ps. Carl von Carlsberg (*J-P*) #1,4,13,17
Salzmann, Marie, *19. Jh. Prag; - Ps. Marie von Reichenau (*N-P*) #3
Sametsamer, Christa Maria, *17.11.1919 Cottbus; - Ps. Christin Astra (*L-P*) #3,4
Sammler, Marie Anna, *31.3.1870 Plauen/ Vogtland; - Ps. Carl Hermann; Marie Mohr (*M-S*) #3
Samson, Heinrich, *1.9.1844 Beckum; - Ps. Dr. Dreibach (*P*) #3
Samson, Horst, *4.6.1954 Salcimi/Rum.; - Ps. Harry Simon (*L-P*) #3,4
Samson von Himmelstjerna, Fred Ottokar, *28.3.1903 Gut Kavershof; - Ps. Ottokar Stjerna (*E-N-R*) #3
Samson von Himmelstjerna, Hermann Claudius, *29.9.1826 Ollustfer/Livland, †20.1. 1908 Dorpat; - Ps. Viktor Frank (*P*) #4
Samter, Heinrich, *7.9.1862 Grünberg; - Ps. Erich Marthens (*P*) #3
Samuely, Nathan, *27.2.1846 Stry/Galizien, †26.3.1921 Baden b. Wien; - Ps. Veritas; Weritas (*P*) #3,4
Sand, Trude, *9.12.1905 Augsburg; - Ps. Carola (*E-J-R*) #3,4
Sandaeus, Maximilian, *13.4.1578 Amsterdam, †21.6.1656 Köln; - auch van den Sanden; van der Sandt; Vandersant (*P*) #4,13
Sanden, Walter Freiherr von, *18.6.1888 Laningken/Ostpr., †7.2.1972 Hüde b. Lemförde; - Ps. Walter von Sanden-Guja (*E-L-P*) #3,4
Sander, Bruno, *28.2.1884 Innsbruck; - Ps. Anton Santer (*L*) #4

Sander, Christian Levin Friedrich, *13.11.1756 Itzehoe/Holst., †29.7.1819 Kopenhagen; - Ps. Christoph Bachmann; Dr. Eckstein; Magister Rosengluth (*D-J-L-P-S*) #1,4,6,11,13,17

Sander, Ernst, *16.6.1898 Braunschweig, †1.7.1976 Freiburg/Br.; - Ps. Werner Leist (*D-E-L-N-P-R-S*) #3,4

Sander, Ferdinand, *24.2.1895 Apolda; - Ps. Hans Brandt (*E-P*) #3

Sander, Hermann, *8.12.1840 Zell am Ziller/Tirol, †7.3.1919 Innsbruck; - Ps. Anderlitz; Dalla Tramoso (*P*) #3,4

Sander, Irma Carola, *26.1.1917 Freiburg/Br.; - Ps. Irma Schauber (*E-P*) #3

Sander, Ulrich, *29.3.1892 Anklam/Pommern, †1972 Leversen b. Winsen/L.; - Ps. Ulrich Sander-Bodenhagen (*E-N-R*) #3,4,10

Sander, Willy Anna, *23.3.1879 Berlin; - Ps. Willy Anna Lehner-Sander (*E-R*) #3

Sanders, Daniel, *12.11.1819 Altstrelitz/Mecklenb., †11.3.1897 Altstrelitz/Meckl.; - Ps. Hans Sachs d. J. (*P*) #1,4,13

Sanders, Evelyn, *14.5.1934 Berlin; - Ps. Evelyn Stitz (*R*) #3,4

Sanders, Richard, *18.6.1897 Bommelsvitte/Memel; - Ps. Ricardo Sanders (*E-L-P-R*) #3,4

Sandersleben, Heinrich Christian von, *17. Jh.; - gen. Der Geschickliche/FG 739 #11

Sandersleben, Heinrich von, †1650; - gen. Der Erfreuende/FG 34/1620 #11,12

Sandhabe, Josepha, *19.3.1839 Mettingen, †13.11.1905 Hamm; - Ps. J. von Dirkink (*E-N-P-R*) #1,2,3,4

Sandrart, Joachim von, *15.5.1606 Frankfurt/Main, †14.10.1688 Nürnberg; - gen. Der Gemeinnützige/FG 863 (*P*) #4,11,13

Sandvoß, Franz, *20.11.1833 Berlin, †24.7.1913 Weimar; - Ps. Xantippus (*D-L-P*) #1,3,4

Sanftleben, Alfred, *23.8.1871 Naumburg/S.; - Ps. Slovak (*P*) #3

Sangl, Hermine, *30.1.1960 Ingolstadt; - Ps. Hermine Palmer (*L-R*) #3

Sanke, Hansjosef, *1.10.1928 Gelsenkirchen; - Ps. Hajo (*R*) #3,4

Sannenz von Sensenstein, Friedrich Karl, *1751 Neuhaus, †1850 Wien; - Ps. Friedrich Karl Sannens (*D-J-L*) #1,4,11

Santifaller-Lafay, Pius, *20.2.1893 Kastelruth/Südtirol; - Ps. Irmengard von Hohenthal (*L-N-R*) #3,4

Saphir, Moses, *8.2.1795 Pest, †5.9.1858 Baden b. Wien; - Ps. Moritz Gottlieb Saphir (*P*) #1,4,5,11,13

Sapira, Irina, *14.11.1944 Bukarest; - Ps. Irina Zaharescu (*F-L-P*) #3,4

Sarasin, Paul, *11.12.1856 Basel, †7.4.1929 Basel; - Ps. F. Wiegand (*D-L-P*) #3,4

Sarason, Frida, *3.6.1883 Stettin; - später Frida Sarason-Bucky; Ps. Feridies; Frida Sarsen (*L-P*) #3,4

Sarganek, Alfred, *8.5.1867 Neu-Berun/Oberschles.; - Ps. S. Derfla (*L*) #3,4

Sarnighausen, Ulla, *8.1.1854 Rostock, †6.10.1940 Hamburg; - Ps. Ulrich Hagen (*E-J-N*) #3,4

Sarnitz, Manuela, *27.1.1950 Düsseldorf; - Ps. Manuela Sarnitz-Miebach (*L*) #3,4

Sartori, Franz, *7.3.1782 Unzmarkt/Steierm., †31.3.1832 Wien; - Ps. Dominicus a Jesu Maria (*P*) #4,11,13

Sartori, Karl, *14.6.1870 Schwandorf; - Ps. Karl Schröter (*L-P*) #3

Sartorius, Christian, *um 1796 Gundernhausen b. Darmstadt, †16.1.1872 Mirador/Mexico; - Ps. Hilarius Hinterwald (*E-P*) #4,11,13

Sartorius von Walthershausen, Hermann Wolfgang Freiherr, *12.10.1882 Göttingen, †14.6.1954 München; - Ps. Hermann W. v. Walthershausen (*D-P-S*) #3,4

Saß, Eugen Baron, *30.3.1898 Berlin, †3.5.1956 Dresden; - Ps. Georg Thorensberg; John Towards (*E-R*) #3,4

Saß, Nicolaus, *1608 Hadersleben, †19.7.1665 Assens a. Fünen; - auch Sasse; Sassius; Saxo (*L*) #4,13

Sass, Otto Freiherr von, *16.5.1927 Dresden, †17.11.1984 Berlin; - Ps. Matthias Walden (*F-P*) #3,4

Sass, Vera von, *26.1.1906 Riga; - Ps. Ira von Heim (*E-L-P*) #3,4

Saß-Wasner, Erika, *7.1.1909 Freiburg/Br.; - Ps. Erika Wasner (*E*) #3

Sassenbach, Johann, *12.10.1866 Breun/Rld., †19.11.1940 Frankfurt/M.; - Ps. Hans Breun (*P*) #3,4

Saternus, Marfa, *8.6.1887 Paris; - Ps. M. Coray (*N-R*) #3,4

Sator, Ewald, *26.6.1910 Wien; - Ps. Ewald Sator-Buron (*L-P*) #3,4

Satow, Heinz, *1.1.1878 Lübeck; - Ps. Karl Heinz; Heinz Wotas (*E-P*) #3,4

Sattlberger, Margret, *27.12.1926 Wien; - Ps. Margret Czerni; Margret Czerni-Salberg; Margret Czerni-Sattlberger (*E-F-J-L-P*) #3,4

Sattler, Christian Friedrich, *1705 Stuttgart; - Ps. Sincerus Aletophilus (*P*)

Sattler, Jenny, geb. König, *16.7.1903 Dresden; - Ps. Jenny Sattler-König (*E-F-R*) #3,4

Sattler, Johann Rudolph, *1577 Basel, †5.7.1628 Basel; - gen. Weissenberger (*P*) #4

Saubermann, Gerhard, *6.5.1943 Basel; - Ps. Saubi (*L*) #3,4

Saubert, Johann, *26.2.1592 Altdorf b. Nürnberg, †2.11.1646 Nürnberg; - auch Saubertus; Saupert (*L-P*) #4,13

Sauer, Carl-Heinrich, *26.2.1911 Aue/Sa.; - Ps. Hein Hausmann (*E-P*) #3

Sauer, Hedda, *24.9.1875 Prag, †21.3.1953 Prag; - Ps. Hedda Heddin (*L-N*) #2,3,4

Sauer, Karl Marquard, *18.1.1827 Mainz, †4.4.1896 Freiberg/Sa.; - Ps. M. Alland (*E-P-R*) #1,3,4

Sauer-Barnas, Dora, *3.3.1890 Friedberg/Hessen; - Ps. Dora Barnas (*J-N-R*) #3,4

Sauerwein, Johann Wilhelm, *9.5.1803 Frankfurt/M., †31.3.1847 Frankfurt/M.; - Ps. Philipp Dietrich Wittlich (*L-P-R*) #4,11,13

Saupe, Dieter, *(1969); - Ps. John Cameron; Brian Elliot; Robert Lamont; Frank de Lorca (*P-R*) #3,16

Saur, Heinrich, *11.2.1879 Berlin, †1940 Berlin; - Ps. Götz Eisenhart; Götz Eisenhart-Saur (*L-P*) #3,4

Saure, Otto, *23.1.1878 Barmen; - Ps. O. Suré (*E-L-M-P*) #3

Sauren, Johann, *(1588); - auch Saur (*P*) #4,11

Saurius, Abraham, *12.2.1545 Frankenberg/Hessen, †18.7.1593 Marburg; - auch Saur (*D-L-P-S*) #4,11,13

Sausele, Heinz, *6.1.1862 Weikersheim a. d. Tauber; - Ps. Heinz von der Tauber (*D-L-P-S*) *#3*,4

Sauter, Juliane, *19.6.1913 Wien, †7.3.1972 Innsbruck; - Ps. Lilly Sauter (*E-L-N-R*) #3,4

Sauter, Samuel Friedrich, *10.11.1766 Flehingen/Baden, †14.7.1846 Flehingen/Baden; - auch Sautter; Ps. Biedermaier (*L*) #1,4,11

Sautier, Heinrich, *9.4.1746 Freiburg/Br., †31.5.1810 Freiburg/Br.; - Ps. Erich Servati (*L-P*) #4,6,13

Sautter, Erwin Anton, *5.9.1924 Kreuzlingen/Thurgau; - Ps. Lukratius (*E-P*) #3,4

Sax, Oskar Adrian Ritter von, *22.4.1877 Adrianopel; - Ps. O. Adrian (*L*) #3

Saxegaard, Annik, *21.5.1905 Stavanger/Norw.; - Ps. Berte Bratt (*J-R*) #3

Sayn-Wittgenstein, Ellyn von, *1.8.1879 Blindendorf/N.-Ö.; - Ps. Ellyn Karin (*E-F-R*) #3,4

Sayn-Wittgenstein-Berleburg, Emil Prinz von, *21.4.1824 Darmstadt, †16.9.1878 Egern/Tegernsee; - Ps. Kasimir Röspe (*E-L-P*) #1,3,4,13

Sayve, Lambertus de, *um 1549, †1614 Linz/Do.; - auch Saibe; Sainne; Saynne; Seynne (*L*) #4,11,13

Scaillet, Anni, *2.11.1872 Freundorf/N.-Ö.; - Ps. Anna Schwarz (*P*) #3

Scala, Eduard, *28.5.1866 Bozen, †3.5.1906 Innsbruck; - Ps. F. v. Merthiven; Ferdinand delle Scala (*D-P*) #3,4

Scala, Maria von, *30.6.1866 Berlin; - Ps. Maria von Nievenstern (*L*) #2,3,4

Scandello, Antonio, *17.1.1517 Bergamo/Italien, †18.1.1580 Dresden; - auch Schandel; Scandelli; Scandellus (*L*) #4,11,13

Scapinelli, Karl Conte, *17.4.1876 Wien, †11.11.1959 München; - Ps. Max Harold (*N-P-R*) #3,4

Schaaf, Paul, *29.7.1897 Leichlingen/Rhld., †11.3.1967 Gengenbach/Schwarzw.; - Ps. Adalbert Mattis; Silvanus (*E-F-L-N-P*) #3,4

Schaake, Erich, *(1981); - Ps. Peter Brock; Gordon Travis (*P-R*) #3

Schaap, Ted Eduard Jacobus, *17.1.1931 Amsterdam; - Ps. Ted Scapa (*E-J-P*) #3,4

Schab, Günter, *26.6.1898 Eisleben, †4.10.1983 Düsseldorf; - Ps. Dieter Hollenbeck (*P-R-S*) #3,4

Schabelsky, Elsa von, *18.4.1860 Stupky/Rußland; - Ps. Paul Lorenz; Egor Schugoy (*P-S*) #1,2,3,4

Schaber, Else, *3.8.1899 Köln, †19.7.1938 Brünn; - Ps. Else Rüthel; Else Rüthel-Schaber (*L-R*) #3,4,18

Schachenmeier, Hanna, *20.4.1894 Frankfurt/Main; - Ps. Hanna Kißner (*F-J-L*) #3,4

Schacherl, Anton, *24.11.1872 Platterschlag/Böhmen; - Ps. Volapükist (*P*) #3,4

Schachne, Clara, *9.6.1864 Meseritz/Posen; - Ps. Delphine Morcelly; Clara Schott (*J-M-N-P-R*) #1,2,3,4

Schachner, Franz, *24.2.1864 Kirchdorf/Krems, †2.3.1928 Kremsmünster; - Ps. Heinrich Schachner (*P*) #4

Schachner, Walter, *24.10.1911 Mainz; - Ps. Peter Klaun (*L-P-R*) #3,4

Schacht, August, *13.12.1865 Altona; - Ps. Hans Bevern; Curt Cornelius; Bernt Welcker (*E-P-R-S*) #1,3,4

Schacht, Horand Horsa, *28.2.1908 Ottensen b. Hamburg; - Ps. Horand; Niß Volker (*D-L-P-S*) #3,4

Schacht, Roland, *13.2.1888 Reichenberg/Böhmen, †22.9.1961 Berlin; - Ps. Balthasar; Prospero; Peter Feil; Menenius; Eugen Quent (*D-F-P-R-S*) #3,4

Schacht, Theodor, *7.12.1786 Braunschweig, †10.7.1870 Darmstadt; - Ps. Fontana (*P*) #4,13

Schack, Adolf Friedrich Graf von, *2.8.1815 Brüsewitz b. Schwerin, †14.4.1884 Rom; - Ps. Felix Adolphi (*D-E-L-P*) #1,4,5,13

Schack, Hans, *16.12.1868 Niederauerbach; - Ps. Hans Bern; Franz Erbach (*E-P*) #3

Schade, Franz Henning, *18. Jh.; - Ps. Salander (*P*) #19

Schade, Georg, *4.2.1873 Berlin, †6.10.1924 Berlin; - Ps. G. Hädicke; Nemo (*E-R-S*) #3,4

Schade, Josephine, geb. Utecht, *20.4.1875 Hannover; - Ps. J. Schade-Hädicke; J. Schönermark; J. Utecht (*E-J-P-R*) #3,4

Schade, Peter, *1493 Bruttig b. Cochem, †19.4.1524 Leipzig; - Ps. Petrus Mosellanus; Protegensis (*P*) #4,13

Schade, Wolfgang, *1.1.1904 Dresden; - Ps. Wolfgang Erkenwald; Wolf Gang (*N-P-R*) #3,4

Schadek, Mauriz Josef, *28.8.1840 Horn/N.-Ö., †31.5.1928 Wien; - Ps. Moritz Schadek (*L*) #1,4

Schädlich, Gottfried, *20.3.1917 Kirchberg/Sa.; - Ps. Fried Noxius; G. W. Suixon (*F-J-P-R*) #3,4

Schadow, Paul, *1.6.1866 Berlin; - Ps. P. Robert (*P-R*) #3

Schadow, Wilhelm von, *6.9.1788 Berlin, †19.3.1862 Düsseldorf; - Ps. Wilhelm Schadow-Godenhaus (*N-P*) #4,13

Schaefer, Anna Maria (Anny), *13.11.1859 Diez/Lahn, †29.5.1952 München; - Ps. Aenny (*L-S*) #1,3,4

Schaefer, Bruno Hermann Friedrich, *24.3.1908 Rostock; - Ps. Friedrich Hans Schaefer (*D-E-F-L-P-S*) #3,4

Schaefer, Erdmann, *13.9.1865 Hornbach/Hessen; - Ps. A. Pastor (*P*) #3

Schaefer, Gustav, *18.6.1837 Dresden; - Ps. Androclus (*L-P-S*) #1,3,4

Schaefer, Herbert, *20.4.1898 Hohenlimburg; - Ps. Dietrich Volker (*P*) #3,4

Schaefer, Marie Elisabeth, *11.1.1873 Dresden; - Ps. E. Mariels (*E-J-L*) #3,4

Schaefer, Walter, *21.7.1900 Niemitzsch; - Ps. Walter Schaefer-Brandenburg (*E-L-R*) #3,4

Schaeff, Georg Harro, *12.2.1903 Ansbach, †20.5.1984 Kirchberg/Jagst; - Ps. Georg Harro Schaev-Scheefen (*E-L-P*) #3,4

Schaeffer, Albrecht, *6.12.1885 Elbing, †4.12.1950 München; - Ps. Michael Schwertlos (*E-L-P-R*) #4

Schaeffer, Ernst, *17.11.1892 Breslau, †13.8.1978 Neuwied; - später Ernest N. Shaffer; Ps. A. E. Ronaut (*E-P*) #4

Schaeffer, Franz Heinrich, *12.4.1897 Berlin; - Ps. Franziskus Heinrich Scheffar (*P*) #3

Schaeffer, Jutta, geb. Westphal, *15.7.1930 Kiel; - Ps. Jutta Westphal (*E-R*) #3,4

Schaeffer, Willi, *2.9.1884 Landsberg/Warthe, †10.8.1962 München; - Ps. Willi Schaeffers (*E-L-P-S*) #4

Schaer, Adolf, *6.11.1890 Hannover; - Ps. Edgar Rayz; Ernst Wahrmund (*D-E-L-P-R*) #3,4

Schäfenacker, Paul, *23.6.1877 Mannheim; - Ps. Sherlock Wonders (*L-R-S*) #3,4

Schäfer, Antonia, *1804 Czaslau/Böhmen, †23.2.1887 Königswinter/Rh.; - Ps. Cordelia; Verf. der Emilie (*E-P-R*) #1,2,4

Schäfer, Emil Georg, *16.11.1912 Bern; - Ps. E. G. Zwahlen (*E-P-R-S*) #3,4

Schäfer, Eva, geb. Luther, *26.7.1904 Moskau, †23.8.1982 Baden-Baden; - Ps. Eva Luther; Eva Schäfer-Luther (*J-L*) #3,4

Schäfer, Franz, *7.3.1868 Mannheim; - Ps. Friedrich Hochländer (*E-P*) #3

Schäfer, Gustav Adolf, *2.3.1869 Leipzig; - Ps. Adolf Hirt (*P*) #3

Schäfer, Hildegard, *26.10.1927 München; - Ps. Hilde Gardener (*P*) #4

Schäfer, Irmtraud, *31.12.1946 Laubenheim/Nahe; - Ps. Lou Sachs (*L*) #3,4

Schäfer, Martina, *6.4.1952 Düsseldorf; - Ps. Magliane Samasow (*D-L-P-R*) #3,4

Schäfer, Max, *3.3.1884 Goldbach/Sa.; - Ps. John Ala; Peter Sill (*J-R*) #3,4

Schäfer, Moritz, *23.6.1868 Wiesbaden, †25.11.1946 Frankfurt/M.; - Ps. Volkmar Böhme (*D-E-L-R-S*) #3,4

Schäfer, Richard, *18.12.1873 Kassel; - Ps. Der Unmaßgebliche (*L-P*) #3,4

Schäfer, Robert, *5.6.1926 München; - Ps. Patricia Laureen (*J*) #3,4

Schäfer, Therese, *9.4.1864 Karlstadt/Main, †23.7.1914 Wien; - Ps. Pastor (*E-J*) #4

Schäfer, Walter, *16.3.1903 Essen, †18.7.1979 Bozen; - Ps. Georg Konrad Adami (*L-P-S*) #3,4

Schäferdiek, Willi, *19.1.1903 Mülheim/Ruhr, †1993 Troisdorf b. Köln; - Ps. Hermann Domhoff (*D-E-F-N-P-R-S*) #3,4,5,10

Schäfers, Gottfried, *8.11.1938 Münster; - Ps. Adalbert Fersch (*F-J-P*) #3

Schaffelhofer, Hans, *22.1.1894 Wien; - Ps. Peter Hofer (*P-R*) #4

Schäffer, Anna von, *26.8.1840 Pförten bei Sorau/Niederlaus.; - Ps. A. v. S. (*E-P*) #1,2,3,4

Schaffer, Ernst Friedrich Alfred, *24.11.1877; - Ps. Ernst Friedrich Alfred (*L-P*) #4

Schaffer, Hermann, *26.10.1831 Schweidnitz/Schles., †9.12.1914 Ratibor; - Ps. M. M. Palma (*L-P*) #1,3,4

Schäffer, Johann Bartholomäus, †1655; - gen. Der Dringende/FG 366/1642 #11,12

Schäffer, Johann Christian Heinrich, *1753 Kehl/Rh., †2.2.1833 Altona; - Ps. Jocosus Serius (*L-P-S*) #1,4,11

Schäffer, Wanda, *6.8.1875 Berlin; - Ps. Beate Astoria; Trußka v. Bagienski; Franziska de Fries; Karina Karin (*L-N-P*) #1,3,4

Schäffer, Wilhelm, *um 1571 Wabern, †1650 Dresden; - Ps. Wilhelm Dilich (*L-P*) #4,13,15

Schaffgotsch, Franz Rudolf Graf von, *3.4.1832 Wildschütz/Ö.-S., †13.5.1904 Hall/Tirol; - Ps. Aman Amantus; Franz Rudolph (*L-S*) #4

Schaffgotsch, Maria Gräfin von, *2.2.1857 Wiesbaden, †25.12.1919 Wien; - gen. Schwester Mechtild Maria; Ps. M. v. Greiffenstein (*E-L*) #1,4

Schafhäutl, Karl Emil von, *16.2.1803 Ingolstadt, †25.2.1890 München; - Ps. Carl Emil Pellisov (*E-P*) #4,11,13

Schaible, Alexander, *16.2.1870 Freiburg, †4.10.1933 Ruvigliana; - Ps. Camill Alexander Voß (*E-R-S*) #3,4

Schaible, Marga, geb. Rayle, *1883 Konstanz; - Ps. Marga Rayle (*J-R-S*) #3,4

Schaidenreißer, Simon, *um 1500 Bautzen, †1573 München; - auch Scheidenreißer; gen. Minervius (*P*) #4,5,13

Schairer, Gerda, *28.9.1888 Aarhus/Dänem.; - früher Gerda von Mendelssohn (*R*) #4

Schaitberger, Joseph, *19.3.1658 Dürnberg b. Hallein, †2.10.1733 Nürnberg; - auch Scheitberger (*L-P*) #4,13

Schäke, Gerhard, *21.1.1904 Düsseldorf, †14.11.1986 Oberaudorf/Obb.; - Ps. Peter Omm (*D-P-S*) #3,4

Schalek, Alice, *1.8.1874 Wien, †6.11.1956 New York; - Ps. Paul Michaely (*E-N-P-R*) #3,4

Schalit, Leon, *19.2.1884 Wien, †19.5.1950 London; - Ps. L. Leonhard (*D-E-R*) #3,4,18

Schall, Carl Friedrich Wilhelm, *24.2.1780 Breslau, †18.8.1833 Breslau; - Ps. Salustius (*S*) #1,4,11,13

Schall, Paul, *15.6.1898 Straßburg; - Ps. Bruno Kray (*P*) #3,4

Schallenberg, Christoph Dietrich von, *31.1.1561 Schloß Piberstein/Mühlviertel, †25.4.1597 Wien; - gen. Der Schallende/FG 581 (*L*) #4,5,11

Schaller, Irene von, *27.8.1908 Essen; - Ps. Irene Mertens (*N-P*) #3,4

Schaller-Bieri, Josef, *24.1.1893 Flühli/Luzern, †26.12.1963 Luzern; - Ps. Wildrich Fels (*L*) #4

Schalscha-Ehrenfeld, Amalie von, *7.11.1868 Cäciliengrube b. Beuthen/Oberschles.; - Ps. H. v. Hardenberg; A. Schneider (*L-P*) #4

Scham, Heinrich, *29.8.1865 Dresden, †1941; - Ps. Heinrich Pudor (*D-L-P*) #1,4

Schanz, Julius, *19.9.1828 Ölsnitz/Vogtl., †15.4.1902 Leipzig; - Ps. Uli Schanz (*L-M-P*) #1,3,4

Schappeler, Christoph, *1472 St.Gallen, †25.8. 1551 St.Gallen; - gen. Sertorius (*P*) #4,13

Scharde, Dietrich; - auch Dietrich Schart; gen. Der Geschwinde/FG 104/1625 #11,12

Schärer, Ernst Julius, *9.1.1879 Brenzikofen/ Bern, †18.7.1934 Bern; - später Ulrich Amstutz (*E-N-R*) #4

Schärer, Gunther, *19.10.1907 Bern, †29.9.1990 Biel; - Ps. Walter Pfefferminz (*E-J-N-R-S*) #3,4

Scharetzer, Franz, *9.7.1902 Wien; - Ps. Schar-Etzer (*E*) #4

Schärf, Adolf, *20.4.1890 Nikolsburg/Mähren, †28.2.1965 Wien; - Ps. Albert Schäfer (*P*) #3

Scharf, Johann Friedrich, *17. Jh.; - gen. Der Scharfsinnige/DG-N #11

Scharfe, Sybille, *(1940) Dresden; - Ps. Sybille Schall; Tea M. Streich (*E-F-P*) #3,4

Scharfenberg, August, *1804 Beerfelden/ Odenw., †1853 Beerfelden/Odenw.; - Ps. August (*E-S*) #4,11

Schärfer von Schärfenstein, Wenzel, *um 1603 Leobschütz, †27.8.1674 Brieg; - gen. Der Verlangende/DG-R #11

Scharff, Erich, *8.12.1899 Hamburg; - Ps. F. Frasche; Valerio (*D-F-L-P-S*) #3,4

Scharff, Gottlieb Balthasar, *19.3.1676 Liegnitz/Schles., †9.8.1744 Schweidnitz/Schles.; - Ps. Christian Wahrlieb (*L-P*) #4,6,13

Scharff, Johann Georg, *5.1.1661 Kelbra/Stolberg, †18.3.1724 Kelbra; - auch Scharf; Scharffe (*L*) #1,4,13

Scharffenstein, N. Friedrich von, *17. Jh.; - gen. Der Aufwachsende/FG 733 #11

Schargorodsky, Ellida, *13.6.1911 Hannover; - Ps. Ellida von Alten (*E-R*) #3,4

Schargorodsky, Erich, *15.10.1910 Hannover, †1942 b. Leningrad (gef.); - Ps. Görge Spervogel (*E*) #3,4

Scharl, Robert, *15.3.1873 Wien, †25.8.1962 Stuttgart; - Ps. Bob Charles; Ego; Quississo; L. Rasch; Veritas (*D-E-L-P-S*) #3,4

Scharl, Severin Maria, *28.1.1871 Garching b. München; - Ps. Leo de Gaiche; Sebastian vom Ried (*D-L-S*) #3,4

Scharlach, Otto, *20.2.1876 Hamburg, †5.12.1957 Hamburg; - Ps. Gidone (*E-F-R-S*) #3,4

Scharlau, Willy, *10.10.1849 Gransee b. Potsdam; - Ps. Gerd Brese (*N-R*) #3,4

Scharlitt, Bernard, *15.11.1877; - Ps. Karl Litthardt (*D-P*) #3,4

Scharnke, Reinhold, *26.5.1899 Berlin, †6.3.1983 Kuppenheim b. Baden-Baden; - Ps. Eres (*E-R-S*) #3,4

Scharnweber, Paul, *3.10.1850 Breslau; - Ps. Emil Labry (*D-L*) #3,4

Scharping, Susi, *11.10.1908 Berlin; - Ps. Susi Teubner (*R*) #3,4

Scharrer, Eduard, *18.8.1869 Straßburg; - Ps. Scharrer-Santen (*D-P*) #3

Scharschmied, Anna Catharina, *(1702); - auch Scharschmidt (*P*) #4

Schartmann, Carl, *21.7.1802 Ibbenbüren; - Ps. Carl von Scharten (*E-J-L-P*) #1,4,11

Schattschneider, Peter, *7.3.1950 Wien; - Ps. Thomas Loikaja (*E-R*) #3,7

Schätz, Edward R., *27.9.1913 Lichtenau; - Ps. Bob Edwards; Eduardo Roberti; Edward R. Schatz; Rob Ward (*E-P-R*) #3

Schatz, Georg, *1.11.1763 Gotha, †4.3.1795 Gotha; - urspr. Georg Schaz (*P*) #4,11

Schatz, Hedda, *14.7.1947 Wien; - Ps. Sibylle Simon (*F-J-P*) #3,4

Schatz, Iris, *1.6.1951 Herborn; - Ps. Sibylle Simon (*F-J*) #3

Schatzgeyer, Kaspar, *um 1463 Landshut, †18.9.1527 München; - auch Sasger; Sasgerus; Satzger; Schatzgauer; Schatzger; Schatzgeier; Schazgeier; Ps. Thesaurivora (*P*) #4,13

Schätzing, Eberhard, *30.4.1905 Köln; - Ps. Psychopax (*L-P*) #3,4

Schätzle, Rudolf, *16.9.1875 Dornach/Elsaß; - Ps. Raban Sylvius (*L-S*) #3,4

Schätzler-Perasini, Gerhard, *4.8.1866 Ulm, †8.7.1931 Fichtenau b. Berlin; - Ps. Ira Pera; Gaston René; Mark Roberts; P. Steinberg (*D-R-S*) #3,4

Schatzmayer, Emil, *6.11.1835 Wald/Steiermark; - Ps. Jocosus Wehrmut (*P*) #1,3,4

Schaub, Franz, *19.5.1914 Aschaffenburg; - Ps. Alexander Schaffen (*D-F-L-N-P-R*) #3

Schaubach, Friedrich, *9.1.1827 Meiningen, †25.12.1884 Meiningen; - Ps. Fr. Schuirling (*P*) #4

Schaudinn, Elisabeth, geb. Loerzer, *20.2.1912 Königsberg; - Ps. Elisab. Loerzer (*E-R-S*) #3

Schauenburg, Karl Hermann, *23.4.1819 Bünde/West., †21.10.1876 Moers; - Ps. Ellen; Heinrich Loschge (*L-P-S*) #1,3,4

Schauenforst, Nov. Irma von, *11.6.1878 Altenburg/Sa.; - Ps. Johanna Linke (*L-N*) #2,3

Schauer, Hanns Konrad, *18.5.1902 München, †24.12.1957 Herrsching/Ammersee; - Ps. Klaus Wineter (*D-S*) #3,4

Schauer, Herbert, *1.1.1924 Striegau, †2.10.1988; - Ps. Bert Bauer (*E-R*) #3,4

Schäuffele, Fritz, *29.2.1916 Bern, †17.1.1991 Walzenhausen; - Ps. Glössner; W. E. Spennest (*F-J-P-S*) #3,4

Schaufuß, Camillus Festivus Christian, *22.2.1862 Dresden; - Ps. Festiv (*P*) #3

Schaumberg, Georg, *30.10.1855 Ansbach, †2.3.1931 München; - Ps. Georg Hoffmann-Schaumberg (*L-S*) #1,3,4

Schaumburg, Bruno Paul, *13.12.1884 Hedersleben, †12.12.1948 Wedderstedt; - Ps. Paul Burg (*P-R*) #3,4

Schaumburg, Max von, *4.4.1847 Köln, †1900 Berlin; - Ps. Max Langer (*P*) #3,4

Schauroth, Charlotte von, *12.8.1866 Magdeburg; - Ps. C. von Dornau (*E-R*) #1,3,4

Schäve, Heinrich, *1624 Kiel, †7.11.1661 Thorn; - auch Schaevius; Ps. Euphrosyne von Sittenbach (*L-P*) #4,6,13

Schauwecker, Eva, *3.8.1895 Kolberg; - Ps. Gertrud Abel; Eva Karz; Peter Karz (*E-J-L-P*) #3,4

Schechner, Jörg, *um 1500 München, †1572 Nürnberg; - auch Schedner (*L*) #4,13

Schechs, Jacob Peter, *30.4.1607 Poppenreuth/Franken, †16.7.1659 Wöhrd b. Nürnberg; - auch Schechsius (*L*) #4,11,13

Schede, Elias, *12.6.1615 Kadan/Böhmen, †2.3.1641 Warschau; - auch Schedius (*P*) #4,13

Schede, Paul, *20.12.1539 Mellrichstadt/Fr., †3.12.1602 Heidelberg; - auch Schedius; Ps. Paulus Melissus (*L*) #4,5,6,13,19

Schedel, Erika, geb. Schauwecker, *26.5.1897 Regensburg; - Ps. Erika Schedel-Schauwecker (*R*) #3

Schedel, Franz, *10.8.1805 Ofen, †10.12.1875 Pest; - Ps. Franz Toldy (*P*) #4

Schedlberger, Maria, *5.4.1902 Kufstein/Tirol, †11.9.1983 Steyr/O.-Ös.; - Ps. Maria Schedlberger-Durnwaldner (*E-L-R*) #3,4

Scheeben, Matthias Joseph, *1.3.1835 Mekkenheim b. Bonn, †21.7.1888 Köln; - Ps. Dr. M. Joseph (*P*) #4,13

Scheel-Ebert, Elisabeth, *17.12.1876 Berlin, †27.1.1960 Baden-Baden; - Ps. Elisabeth Althaus; Inge Karsten (*L-P*) #3,4

Scheer, Adolf, *12.2.1897 Nordhausen; - Ps. efas; Nefas (*E-L-R*) #3,4

Scheer, Gottfried, *5.8.1903 Hinterhermsdorf, †1986 Pillnitz; - Ps. Götz Scheer (*P*) #3,4

Scheer, Karl Herbert, *19.6.1928 Harheim b. Friedberg/Hessen, †15.9.1991; - gen. Kanonen-Herbert; Ps. H. J. Alpers; Pierre de Chalon; Roger Kersten; Diego el Santo; Harry Snyder; Klaus Tannert; Alexej Turbojew (*E-P-R*) #3,4,7,16,17,20

Scheer, Peter Christian, †27.2.1948; - Ps. Christ Peser; Christel Peters (*P-R*) #3,4

Scheer, Wilhelm Hartwig, *23.9.1898 Osnabrück; - Ps. Ilex; D. V. Oberlin; I. R. Pilorus; Polemos; I. Roni; Hartwig Zoroander (*N-P-R*) #3

Scheerbart, Paul, *8.1.1863 Danzig, †15.10.1915 Berlin; - Ps. Bruno Küfer (*D-E-L-P-R*) #1,3,4,5,7,8,20

Schefer, Leopold, *30.7.1784 Muskau/Oberlausitz, †16.2.1862 Muskau; - Ps. Leopold Bornitz (*L-N-R*) #1,4,5,13

Scheff, Werner, *5.5.1888 Berlin, †1947 England; - Ps. B. Hardy (*R*) #3,4

Scheffauer, Hermann George, *3.2.1878 San Francisco, †6.10.1927 Berlin; - Ps. R. L. Orchella (*D-L-P*) #3,4

Scheffen, Luise, geb. Döring, *5.11.1887 Radevormwald; - Ps. Luise Scheffen-Döring (*P*) #3

Scheffer, Johann, *1621 Straßburg, †26.3.1679 Upsal; - Ps. Constantinus Opelius (*P*) #6

Scheffer, Sebastian, *(1572); - auch Schefferus; Ps. Perseus (*L*) #4,11

Scheffler, Johannes, *1624 Breslau, †9.7.1677 Breslau; - Ps. Aletophilus; Johannes Angelus; Angelus Silesius; Hierotheus Baronovsky; Christianus Bonamicus; Candidus Philotheus; Christian Conscientius; Der Schlesische Bote; J. E.; Conscientiosus Liberatus (*L-P*) #1,4,5,6,11,13,14,15,19

Scheffler, Ursula, geb. Regelein, *29.7.1938 Nürnberg; - Ps. Ursula Regelein (*E-F-J*) #3

Scheffler, Walter, *15.9.1880 Königsberg, †17.4.1964 Hamburg; - Ps. Walter von der Laak (*E-L-R*) #3,4

Scheffner, Johann George, *8.8.1736 Königsberg, †16.8.1820 Königsberg; - Ps. von der Goltz (*D-L-N-P-R*) #1,4,11,13

Scheibe, Auguste, *23.1.1824 Dresden, †6.2.1898 Dresden; - Ps. S. Augustin (*P*) #2,3,4

Scheibe, Johann Adolf, *1708 Leipzig, †22.4.1776 Kopenhagen; - Ps. Misogynis (*L-P-S*) #1,4,11,13

Scheibe, Karl, *18.5.1867 Hannover, †21.7.1949 Hannover; - Ps. Karl Scheibe-Moringen (*E-P*) #3,4

Scheibe, Luz, *4.1.1877 Kreika/Schles., †27.3. 1917 Obernigk; - Ps. Mervarid (*P*) #3,4

Scheibe, Theodor, *18.8.1820 Znaim/Mähren, †25.3.1881 Kasten b. Böheimkirchen; - Ps. Ernst Rose; Dr. Stark; Theodor (*E-M-P-R*) #1,4

Scheibenhof, Betty-Rosl, *10.9.1885 Wien; - Ps. Betty Winter (*N-R-S*) #3,4

Scheibenpflug, Heinz, *14.1.1910 Wien; - Ps. Friedrich August Obernberger; Michael Waldegg (*E-P*) #3,4
Scheible, Max-Kurt, *18.6.1926 Stuttgart; - Ps. Peter Nessbach (*E-J-P*) #3,4
Scheibler, Susanne, *1936; - Ps. Ruth Bernstorff; Ulla Birkenstein; Olivia Morton; Susanne Roland; Luise von Ronda; Vera Vidal (*R*) #3,4
Scheichel, Alois, *7.3.1826 Wien, †16.2.1896 Wien; - Ps. Alois Berla (*S*) #1,4
Scheicher, Joseph, *18.2.1843 St.Stephan ob Stainz/Steiermark, †28.3.1924 Wien; - Ps. S. v. Lichtenhof (*N-P*) #3,4
Scheid, Kurt, *7.4.1907 Straßburg, †2.11.1982 Zell a. Harmersbach; - Ps. André K. Vollmar (*E-F-L-R*) #3,4
Scheid, Richard, *11.5.1879 Koblenz, †19.2.1962 München; - Ps. Jakob Andries (*L*) #3,4
Scheideler, Harro Jules, *24.11.1939 Dortmund; - Ps. Jules Caesar (*R*) #3,4
Scheideler-Herkommer, E. Sonja, *2.4.1914 Basel; - Ps. Daniela Beck (*R*) #3
Scheidemann, Philipp, *26.7.1865 Kassel, †29.11.1939 Kopenhagen; - Ps. Henrik Philipp; Hein Philmann (*P*) #3,4,18
Scheidenberger, Leopoldine, *22.1.1863 Birkfeld; - Ps. L. Scheidenberg (*M-P-R*) #3
Scheider, Wilhelm, *28.5.1894 Hamburg, †21.8.1952 Wien; - Ps. Lambert Goll (*J-R*) #3,4
Scheiding, Anna Liddy, *19.4.1881 Chemnitz; - Ps. L. Heinberg (*L-R*) #3
Scheidingen, Heinrich Balthasar von; - gen. Der Liebende/FG 185/1629 #11,12
Scheidlein, Cäsar Edler von, *24.4.1842 Wien, †5.2.1911 Wien; - Ps. C. v. Chatelein; Saldau (*L-P*) #3,4
Scheidt, Jürgen vom, *7.2.1940 Leipzig; - Ps. Stefan Bergmann; Thomas Landfinder; Munro R. Upton (*E-P-R*) #3,4,7,16,20
Scheidt, Kaspar, *um 1520 Worms, †1565 Worms; - auch Scheid; Scheit; Scheyt (*L*) #4,5,11,13
Scheidt, Martha vom, *15.1.1898 Landau/Pfalz, †14.3.1976 Bergzabern; - Ps. Martha Saalfeld (*D-E-L-R*) #3,4,5,10
Scheidt, Walter, *27.7.1895 Weiler/Allg., †9.8.1976 Lindenberg/Allg.; - Ps. Berchtold Gierer (*P*) #4
Scheifele, Johann Georg, *8.2.1825 Mindelheim, †29.7.1880 Ettringen b. Mindelheim; - Ps. Jörg v. Spitzispui (*L*) #1,4,13
Scheiner, Christoph, *25.7.1573 Wald/Schwaben, †18.6.1650 Neiße/Schles.; - Ps. Apelles post tabulam latens (*P*) #4,6,13
Scheiner, Leopold, *7.2.1847 Lemberg, †1907 Wien; - Ps. Karl Poll (*D-L-P*) #1,3,4
Scheirl, Friedrich Franz, *16.2.1856 Tamsweg b. Salzburg, †12.1.1910 Berlin; - Ps. E. Salzburger (*D-L-P*) #4
Scheit, Johann, *17. Jh.; - gen. Der Treuherzige/DG-R #11
Scheithauer, Karl, *21.9.1873 Posen, †12.1.1962 Leipzig; - Ps. Kallistophanes von Theben (*D-E-L-N-S*) #3,4
Schelenz, Hermann, *9.4.1848 Kempen/Posen; - Ps. Ahlgreen (*P*) #3
Scheliga, Hans, *28.6.1925 Karf/Oberschles.; - Ps. Hans Schellbach (*E-P-R*) #3,4
Scheliha, Doris von, *29.7.1847 Breslau, †11.10.1925 Breslau; - Ps. Doris Freiin v. Spättgen (*E-N-R*) #1,2,3,4
Schell, Hildegard Baronin von, geb. Knef, *28.12.1925 Ulm; - Ps. Hildegard Knef (*L-P*) #3,4
Schellack, Jürgen Roland, *1925; - Ps. Jürgen Roland (*R*)
Schellenberg, Ernst Viktor, *30.11.1827 Altenberg, †19.7.1896 Weimar; - Ps. Ernst Veit (*L-S*) #1,3,4
Schellenberg, Johann Rudolf, *4.1.1740 Basel, †6.8.1806 Töß b. Winterthur; - gen. Schweizerischer Chodowiecki (*E-J-P*) #4,11,13
Scheller, Karl Friedrich Arend, *6.11.1773 Hessen am Fallstein, †1.8.1843 Wolfenbüttel; - Ps. MIR; Arend Warmund (*L-P*) #1,4,11,13
Scheller, Theodor, *3.12.1897 Wittingen/Lüneburger Heide; - Ps. Thilo Scheller (*J-L-P-R*) #3
Schellhammer, Christoph Günter, *(1670); - Ps. Der Zerschellende (*P*)
Schelling, Caroline von, gesch. Schlegel, verw. Böhmer, *2.9.1763 Göttingen, †7.9.1809 Maulbronn; - Ps. Caroline Böhmer; Caroline; Caroline Schlegel-Schelling; Caroline von Schlegel (*P*) #4,5,11,13
Schelling, Friedrich Wilhelm Josef von, *27.1.1775 Leonberg, †20.8.1854 Ragaz/Schweiz; - Ps. Bonaventura (*P*) #4,6,11,13
Schelling, Johannes, *Großglogau/Schles., †11.2.1507 Krakau; - Ps. Johannes von Glogau (*P*) #4,13,15
Schellmann, E., *(1877); - Ps. Anna Schauberg (*L*) #2,4
Schelver, Josef Heinrich von, *21.7.1882 Schwanberg/Böhmen, †11.1.1950 Scheiben/Steierm.; - Ps. Hugo von Schelver; H. v. Schwanberg (*R*) #4
Schembera, Viktor Kasimir, *6.3.1841 Olmütz/Mähren, †4.12.1891 Olmütz/Mähren; - Ps. Friedrich Petz (*L-P*) #3,4
Schemman, Christine, *9.9.1925 Berlin; - Ps. -ine. (*P*) #3,4
Schenck, Gustav, *2.5.1830 Berlin, †27.3.1905 Werder/Havel; - Ps. R. L. Stab (*N-P*) #1,3,4
Schenck, Hartmann, *7.4.1634 Ruhla b. Eisenach, †2.5.1681 Völkershausen; - auch Schenk (*L*) #4,13
Schenck, Laurentius Hartmann, *19.6.1670 Ostheim, †1.9.1730 Rodach; - auch Schenk (*L-P*) #4,13

Schenck, Maximilian Rudolph, *26.1.1851 Leipzig, †2.5.1930 Leipzig; - Ps. Max Rudolf (*L-N*) #4
Schenck von Sumau, Hieronymus, *(1503); auch Schenk von Sumave (*L-P*) #4,11,13
Schendel, Annie von, *5.3.1889 Wien; - Ps. Annie Brabenetz; Bastian Brabenetz (*R-S*) #3,4
Schendell, Werner, *18.4.1893 Elsterwerda, †5.3.1961 Berlin; - Ps. Roman Quitt (*E-N-P-R-S*) #3,4
Schenk, Hans, *19.2.1896; - Ps. Johann Pertinax (*P*) #3
Schenk, Hertha, *13.2.1908Hagen/Westf.; - Ps. Hertha Schulz von der Marck (*L-R*) #3,4
Schenk, Marie M., *8.9.1866 Burladingen/Hohenzollern, †13.3.1937 Freiburg/Br.; - Ps. Marie Melitta (*E-M-N*) #2,3,4
Schenk von Stauffenberg, Alexander Graf, *15.3.1905 Stuttgart, †27.1.1964 München; - Ps. Alexander Stauffenberg (*L-N-P-R*) #3,4
Schenk von Winterstedt, Friedrich,*26.6.1603 Sulzburg/Breisgau, †16.7.1659 Aachen; - gen. Der Treibende/FG 325/1639 #11,12,13
Schenke, Ernst, *24.5.1896 Nimptsch/Schles., †11.12.1982 Recklinghausen; - Ps. Harald von der Lohe; -nk- (*E-L-P-S*) #3,4
Schenke, Karsten Werner von, *17. Jh.; - gen. Der Büßende/FG 881 #11
Schenkel, Johann Christian, *(1670); - Ps. Der Geschickte (*P*)
Schepelmann, Margarete, *7.7.1907 Bitz/Württ.; - Ps. Katharina Thörner (*N*) #3,4
Schepers, Josef, *(1983); - Ps. Job Schepers (*S*)
Schepper, Rainer Wilhelm Maria, *23.3.1927 Münster; - Ps. Jams Gliewenkieker; Pierre Noyon (*E-F-J-L-P*) #3,4
Scher, Hermann Heinrich von, *(1638) Jever; - Ps. Corydon; Dominus Vir Forcipius (*L-S*) #4,11,13
Scherer, Achat, *1530 Marienburg, †16.7.1594 Osterwiek/Danzig; - Ps. Achatius Curaeus (*L*) #4,11
Scherer, Franz, *16.12.1846 Lemberg/Galizien, †24.2.1916 Wien; - Ps. Hans Scheerenberg (*D-E-L-P-R*) #1,3,4
Scherer, Franz Wolfram, *11.6.1867 Salzburg, †22.4.1932 Salzburg; - Ps. Franz Wolfram (*D-R*) #4
Scherer, Johann Peter, *19.8.1907 Zürich, †28.12.1975 Zürich; - Ps. Nemo (*P-R*) #4
Scherer, Peter, *28.11.1853 Johannisberg/Rh., †25.8.1930 Freiburg/Br.; - Ps. Johannes Berg (*N-P*) #3,4
Scherer, Rudolf (Rolph), *10.12.1881 Straßburg; - Ps. Rolph (*S*) #3,4
Scherer, Wilhelm, *9.1.1873 Bayreuth, †28.8.1937 Königsberg; - Ps. Bruder Sylvester; W. Clericus (*L-P*) #3,4
Scherertz, Friedrich, *(1656); - auch Schererz; gen. Der Kräftige/DG-R (*P*) #4,11
Scherertz, Sigismund, *6.9.1584 Annaberg/Sa., †31.12.1639 Lüneburg; - auch Scher-Erz; Schererz; Schererzius (*L-P*) #4,11,13
Scherf, Dagmar, *21.6.1942 Danzig; - Ps. Dagmar Deskau; Dagmar Scherf-Deskau (*F-E-J-L-S*) #3,4
Scherf, Viktor, *5.9.1887 Wien, †10.1.1954 Wien; - Ps. Frank Trevisan (*E-N-R*) #3,4
Scherf, Walter, *11.6.1920 Mainz; - Ps. Tejo (*J-L-P*) #3,4,17
Scheriau, Herbert, *18.2.1933 Klagenfurt; - Ps. Herbert Flattner (*E-F-L-M-P-R*) #3,4
Scherk, Hermann, *27.5.1855 Posen; - Ps. Heinz Hämmerlein (*P*) #3
Scherl, August, *27.3.1918 Magdeburg; - Ps. Volkhard S. Ch. Erl; August Noiret (*F-P-R*) #3,4
Scherl, Jacob, *(1622); - auch Jacob Scharle; Jacob Scherle; gen. Der Sauerhafte/FG 56/1622 #11,12
Scherlag, Marek, *3.7.1878 Chorostkow/Galizien, †10.12.1962 Haifa; - Ps. Mark Steriski (*L-N-P*) #3,4,18
Schernberg, Dietrich, *15. Jh.; - auch Ditter Schermberg; Theodoricus Schernbergk (*D*) #4,5,13
Scherr, Felix, *12.5.1899 Wien; - Ps. Heinrich F. Berger; Peter Iller (*R*) #4
Scherr, Ignaz Thomas, *15.12.1801 Hohenrechberg/Württ., †10.3.1870 Zürich; - Ps. Christian Freymann; Christian Frymann; Magister Extramuros; Peregrinus (*P*) #4, 11,13
Scherr, Johannes, *3.10.1817 Hohenrechberg/Württ., †21.11.1886 Zürich; - Ps. Jedediah Gaudelius Enzian; Frater ekstatikus Rosenroth; Ilius Pamphilius; Minutius Quisquillius von Pimperling; Jeremia Sauerampfer; Hans Scheer; Hans Scherr; Joerg Schlemil; Jedediah Semmelziege; Heinrich Siegfried; Banausius Stüntzer; Johannes Zinnober (*E-L-P*) #1,4,13
Scherr, Marie Susanne, *18.2.1804 Winterthur, †4.2.1873 Zürich; - Ps. Marie Susanne Kübler (*E-J-P*) #2,4
Scherrer, Paul, *18.8.1900 St.Gallen; - Ps. Paul Scherrer-Bylund (*P*) #4
Scherrer-Auer, Emilia, *22.2.1912 Mannheim; - Ps. Emi Auer (*L*) #3,4
Schertel, Ernst, *20.6.1884 München, †30.1.1958 Hof; - Ps. Jack Colter; F. Grandpierre; Francois Grillard; Kurt Sorrel; K. Stendal-Hohenscheid; Bernhard Warren (*P-R*) #3,4
Schertl, Alfons, *(1951); - Ps. Peter Henn (*R*) #3
Schertlin, Sebastian von, *12.2.1496 Schorndorf, †18.11.1577 Augsburg; - auch Sebastian von Schertle; Sebastian von Schärtlein (*P*) #4,13
Schertz, Walter, *27.3.1921 Berlin; - Ps. Schertz-Parey (*E-J-L-P-R*) #3,4

Schertzer, Johann Adam, *1.8.1628 Eger/Böhmen, †23.12.1683 Leipzig; - auch Scherzer; Scherzerus (*P*) #4,13

Scherzer-Ausländer, Rosalie, geb. Scherzer, *11.5.1907 Czernowitz/Bukowina, †3.1.1988 Düsseldorf; - Ps. Rose Ausländer (*L-P*) #3,4, 5,8,10

Schesswendter, Rudolf, *13.8.1939 Wien; - Ps. Rolf Schwendter (*L-P*) #3,4

Schettke, Josef, *23.4.1901 Robawen b. Rössel, †11.12.1957 Köln; - Ps. Kurt Hellweg; Fred Sattler; J. Stephen Schettke (*F-L-R*) #3,4

Schettler, Paul A. H. , *18.9.1886 Köthen, †1949; - Ps. Alexander Schettler (*F-S*) #3

Scheuber, Josef Konrad, *29.9.1905 Ennetbürgen/Nidwalden, †27.1.1990 Attinghausen/ Uri; - Ps. Pilgrim (*E-F-J-L-P-S*) #3,4

Scheucher, Franz, *12.4.1883 Leoben; - Ps. Klaus Haim; Nikolaus Haim; Klaus Haim-Graz (*D-P-S*) #3,4

Scheuchzer, Johann Jakob, *2.8.1672 Zürich, †23.6.1733 Zürich; - Ps Acarnan; Philippus (*P*) #4,13

Scheuering, Erika, *8.6.1932 Gablonz/Neiße; - Ps. Erika Scheuering-Preißler (*E-J-L-M-P*) #4

Scheuermann, Wilhelm Joseph Krafft, *21.7.1879 Straßburg; - Ps. Joseph Krafft (*P*) #3

Scheuffler, Gottlieb, 13.11.1891; - Ps. Ottokar Eck (*P*) #3

Scheuffler, Heinrich, *28.2.1803 Döbeln/Sa., †16.12.1882 Altenburg; - Ps. Pastor Mahner (*P-R*) #1,4

Scheufgen, Hermann, *13.7.1897 Steinfeld/Eifel; - Ps. Hejos; Josef Hermann; Hermann Schauff (*E-J-N-R*) #3,4

Scheufler, Paul, *13.5.1878 Leipzig; - Ps. von der Elster (*D-E-S*) #4

Scheufler, Sigismund, *um 1475 Freising, †1522 Freising; - auch Schiffler (*P*) #4

Scheurer, Wolfgang, *4.5.1938 Frankfurt/M.; - Ps. W. v. Rosen; Hugo C. Welfers-Gran (*E-L-R-S*) #3,4

Scheurl, Christoph, *11.11.1481 Nürnberg, †14.6.1542 Nürnberg; - auch Scheurlus; Schewrl; Christoph von Defersdorf (*P*) #4,13

Scheurl, Johann Karl, *17. Jh.; - gen. Florindo/PB #11

Schewitsch, Helene von, geb. Dönniges, verw. Rakowitz, gesch. Friedmann; *21.3.1845 München, †1.10.1911 München; - Ps. Helene Dönniges; Helene von Racowitza-Schewitsch; Willy Westen; Helene Friedmann (*P-R*) #1,2,3,4,15

Scheyb, Franz Christoph von, *1704 Thiengen/Baden, †2.10.1777 Wien; - Ps. Köremon; Orestrio (*L-P*) #4,6,11

Scheye, Ruth, geb. Hoffmann, *19.7.1893, †10.5.1974 Berlin; - Ps. Ruth Hoffmann (*E-L-N-P-R*) #3,4,5,9,10

Scheyrer, Ludwig, *25.11.1811 Wien, †10.8.1874 Wien; - Ps. Viola (*D-J-P-R*) #1,4

Schicht, Adolf Julius, *18.1.1866 Weißkirchen b. Reichenberg/Böhmen, †Zittau/Sa.; - Ps. Julius Hilbrecht (*E-L-M-N-P-R*) #3

Schicht, Louise, geb. Koch, *20.4.1873 Wien, †12.8.1927 Wien; - Ps. Louise Koch (*L-N-P-R*) #3,4

Schick, Dietrich, *1601 Reinsdorf b. Halle/S., †22.6.1654 Krosigk b. Halle/S.; - gen. Der Dienstliche/FG 260/1635 (*P*) #11,12

Schickard, Wilhelm, *22.4.1592 Herrenberg, †23.10.1635 Tübingen; - auch Schickardus (*P*) #4,13

Schickele, René, *4.8.1883 Oberehnheim/Elsaß, †31.1.1940 Vence b. Nizza; - Ps. H. Daul; Paul Merkel; Eugène de la Poudroie; Sascha; Paul Savreux (*E-L-N-P-R-S*) #3,4,5, 8,10,14,18

Schickh, Charlotte Edle von, *(1874) Wien; - Ps. Marguerite Hagen (*P-R*) #2,4

Schieber, Anna, *12.12.1867 Esslingen, †7.8.1945 Tübingen; - Ps. D. Hofmann (*E-J-L-P-R*) #2,3,4,5,9,17

Schiebler, Karl Wilhelm, *(1818); - Ps. Wilhelm Fels (*P-S*) #4,6

Schiede, Gerty, *11.8.1921 Dessau; - Ps. Andrea Hardenberg; Katrin Kastell; Jessica Owen; Patricia Vandenberg (*R*) #3,4

Schiefer, Jakob, *16.4.1898 Sinnersdorf/Rhld.; - Ps. Jack Schiefer (*P*) #3,4

Schiefner, Alexandra Edle von, geb. v. Sazenhofen, *4.6.1906 Eger, †1984 Schleinitz/N.-Ö.; - Ps. Alexandra von Sazenhofen (*F-N-P-R*) #3,4

Schieker, Sophie, geb. Ebe, *12.2.1892 Ulm, †18.9.1970 Stuttgart; - Ps. Sophie Schieker-Ebe (*E-J-N-R*) #3,4

Schiel, Caroline (Lotte), *13.6.1898 Berlin, †26.5.1945 Berlin; - Ps. Karola Schiel (*E-L-R*) #3,4

Schiele, Erich, *6.9.1901 Angermünde; - Ps. Squint (*N-R*) #3

Schielen, Johann Georg, *1633 Ulm, †16.1.1684 Ulm; - auch Johann Georg Schiele; Johann Georg Schielin; Johann Georg Schülin (*P*) #4

Schiemer, Leonhard, *15. Jh. Vöcklabruck/O.-Ö., †14.1.1528 Rattenberg/Inn; - Ps. Leonhard v. Pruck; Schiemer von Vöcklabruck (*P*) #4,13

Schierer, Jürgen, *17.6.1930 Berlin; - Ps. Fritze Lickup (*E-R*) #3,4

Schiering, Helmut, *27.10.1924 Radis b. Wittenberg; - Ps. Rudolf Hermann (*E-P*) #3,4

Schierl, Maria, geb. Koch, *24.12.1887 Turrach/Steierm.; - Ps. Maria Schierl-Koch (*E-J-M*) #3

Schieß, Josef, *2.6.1887 Basel, †27.3.1964 Karlsruhe; - Ps. Fidelio (*L*) #3,4

Schiesser, Christa, *23.1.1946 Wien; - Ps. Christa Maria Till (*E-L-R*) #3,4

Schießler, Sebastian Willibald, *6.7.1790 Prag, †15.3.1867 Graz; - Ps. F. R. Bayer; Bellvoglio; Gustav Borgmann; Brennius; Falk; Freymuth; Justina Hilaria; Justus Hilarius; Jokus; Hilarius Juk Müller; Renatus Münster; F. L. Richter; F. E. L. Robert; Stein; F. R. Stiber; Theodor; Ernst Wagner; Hermann Waldenroth; K. E. Waller (*E-L-N-P-S*) #1,4, 6,11,13

Schiff, Hans (Jean) Bernhard, *20.3.1915 Berlin; - Ps. Wolfgang Geyse (*E-F-L-P-R*) #3,4

Schiff, Hermann, *23.4.1801 Hamburg, †1.4.1867 Hamburg; - urspr. David Bär Schiff; Ps. Balzac; Isaak Bernays; M. Cohen; Heinrich Freese (*D-E-N-S*) #1,4,11,13

Schiffer, Fritz, *12.3.1901 Düren; - Ps. Gottfried Walter (*P*) #3,4

Schiffers, Winfried, *11.2.1931 Aachen; - Ps. Wyn van Aken (*J-L-P-S*) #3,4

Schiffmacher, August, *28.10.1856 Weingarten; - Ps. P. Heimbach (*N-P*) #3

Schifrin, Alexander, *11.8.1901 Charkow/ Rußland, †1951 New York; - auch Alexander Schiffrin; Ps. Herbert Rhön; Max Werner (*P*) #4,18

Schikeneder, Johann Josef, *1.9.1751 Straubing, †21.9.1812 Wien; - auch Johann Emanuel Schikaneder (*D-S*) #1,4,5,11,13

Schild, Franz Josef, *14.8.1821 Grenchen/Solothurn, †13.2.1889 Solothurn; - Ps. Grossätti von Leberberg (*E-L-P*) #1,3,4

Schild, Kurt, *26.12.1926 Wien; - Ps. Franz Josephstadt (*P*) #3

Schildberger, Hermine, *4.9.1870 Ostrowo/ Posen; - Ps. H. Fr. v. Ossen (*E-J-L-P*) #3,4

Schilde, Gustav, *28.8.1851 Hohentanne; - Ps. G. Adolphson; Der Alte vom Berge (*P*) #3

Schill, Claudia Beate von, *17.11.1952 Tübingen; - Ps. Albert Sand; Claudia von Schill-Heine; Solange Stein; Virginia Träumer (*E-F-L-M-P-R*) #3,4

Schill, Johann Heinrich, *um 1615 Durlach/Baden, †1645 Straßburg; - Ps. Chorion (*L-P*) #4

Schiller, Jörg, *15. Jh.; - Ps. Heinz Schüller (*L*)

Schiller, Friedrich von, *10.11.1759 Marbach/Württ., †9.5.1805 Weimar; - Ps. G & S (*D-E-L-P*) #1,4,5,11,13,14,19

Schiller, Josef, *29.6.1846 Reichenberg/Böhmen, †16.8.1897 Germania/Pennsylvania USA; - Ps. Schiller-Seff (*E-L-P*) #4,14

Schiller, Margarethe, *15.6.1887 Groß Wilkau/Schles.; - Ps. M. Lohe (*E-J-L-R*) #3,4

Schilling, Alexander, *(1919); - Ps. Dr. Schilling-Schletter; Schletter (*N-P-R*) #3

Schilling, August Wilhelm, *23.10.1904 Bremerhaven; - Ps. Amico W. Schilling (*E-L-P*) #3,4

Schilling, Elisabeth, *30.8.1832 Erkelenz, †3.4.1907 Erkelenz; - Ps. Ernst Lingen (*E-N*) #1,3,4

Schilling, Friedrich von, *1586 Breslau, †9.9.1637; - gen. Der Langsame/FG 21/1619 (*P*) #11,12

Schilling, Friedrich Gustav, *25.11.1766 Dresden/Sa., †30.7.1839 Dresden/Sa.; - Ps. Zebedäus Kuckuck der Jüngere (*D-E-L-R*) #1,4,6, 11,13

Schilling, Heinar, *20.10.1894 Dresden, †14.10.1955 Glücksburg; - Ps. H. von Lahnstein (*D-L-P-R*) #3,4

Schilling, Heinrich, *25.2.1855 Stützerbach; - Ps. H. Denarius (*E-N-P*) #3

Schilling, Hermann, *11.2.1871 Berlin; - Ps. Hildegard Hagen; A. R. Min; Il Turdus (*D-E-J-L-N-P-R*) #1,3,4

Schilling, Johann Georg, *16.4.1759 Rudolstadt, †12.1.1838 Stade; - Ps. Jocosus Gerontodidascalus Serius (*E-P*) #4,11

Schilling, Martha Elisabeth, geb. Kollmann, *11.3.1904 Sandow/Mark Brandenb.; - Ps. Martha Elisabeth Kollmann (*E-P*) #3

Schilling, Max, *16.7.1889 Pausa/Vogtland; - Ps. M. Landler (*E-P-S*) #3,4

Schilling, Wenceslaus, *(1616); - Ps. Sigwart Garguthenius (*P*) #4,6,13

Schilling Ritter von Henrichau, August, *24.4.1815 Wien, †22.7.1886 Baden b. Wien; - Ps. Musäus der Jüngere; A. Sch. v. Henrichau (*D-E-L-N-P-S*) #3,4

Schimann, Adolf, *14.2.1850 Schwarzbach/ Böhmerwald, †28.12.1939 Klagenfurt; - Ps. A. Luger; m-; S.; von Schwarzbach (*E*) #3,4

Schimmel-Falkenau, Ernst Walter, *21.1.1895 Grottkau/Schles., †30.7.1971 Berlin; - Ps. Kenau (*E-P-R-S*) #3,4

Schimper, Karl, *15.2.1803 Mannheim, †21.12.1867 Schwetzingen; - Ps. Galilei; Karl Heiter (*L-P*) #1,4,13

Schimpff-Jahn, Anna, *15.11.1831 Leipzig, †8.2.1896 Triest; - Ps. Moritz Horst (*N-P*) #1,3,4

Schinbain, Johann Georg, *(1578); - Ps. J. G. Tibianus (*P*) #4,11

Schincke, Johann Christian Gotthelf, *21.12.1782 Querfurt, †20.11.1839 Wißpitz/ Anhalt; - Ps. Christophilus (*P*) #4,11

Schindler, Alexander Julius, *26.9.1818 Wien, †16.3.1885 Wien; - Ps. Julius von der Traun (*D-L-N-R*) #1,3,4,5,13

Schindler, Carl, *5.3.1852 Oppeln; - Ps. Carl Renschild (*M-P*) #4

Schindler, Friedrich Wilhelm, *13.9.1866 Hertigswalde/Sa., †1910 Leipzig; - Ps. Alfred Krafft (*E-L-P*) #3

Schindler, Karl, *1799 Böhlen b. Leißnig/Sa., †16.10.1821 Reichenau; - Ps. Karl Hülle (*L-P-R-S*) #4,6,11

Schindler, Konrad, *2.7.1881 Troppau/Mähren; - Ps. S. Konrad; Konrad Konrades; C. v. d. Spittlern (*E-P-R*) #3,4

Schindler, Wladimir, *26.11.1866 Moskau; - Ps. Friedrich März (*L-P*) #3

Schindler von Wallenstern, Emil, *6.8.1875 Bergreichenstein; - Ps. W. Stern; Walter Stern (*P*) #3

Schink, Johann Friedrich, *29.4.1755 Magdeburg, †9.2.1835 Sagan; - Ps. Fritz Grillengroll (*D-L-P*) #1,4,11,13

Schinnagel, Marcus, *1464 Koschow/Böhmen; - auch Schynagel (*P*) #4

Schinnerer-Kamler, Lorle, *25.9.1906 Konstantinopel; - Ps. Klaus Valentin (*E-F-P-R*) #3,4

Schinz, Hans Rudolf, *30.5.1745 Zürich, †12.1.1790 Uetikon/Zürich; - Ps. Aldrovandus (*P*) #4

Schinzel, Antonio, *(1970); - Ps. Christian Anders (*F-P-R*) #3,4

Schinzel, Gisela, *20.11.1946 München; - Ps. Gisela Schinzel-Penth (*E-F-J-M-P*) #3,4

Schippel, Helene Louise, *21.7.1895 Bad Elster, †25.6.1974 Wuppertal; - Ps. Helene Louise Pause (*E-N-P-R*) #3,4,10

Schippel, Max, *6.12.1859 Chemnitz; - Ps. Isegrimm (*P*) #3

Schiprowski, Alexius, *27.9.1901 Williams b. Rössel/Ostpr.; - Ps. Erwin Schiprowski; Erwin Volker (*E-F-L-P*) #3,4

Schips, Martin, *13.6.1919 Zürich; - Ps. Martin Pin (*E-L-R*) #3,4

Schirmann, Adolf Hans, *22.3.1904 Freiburg/Br.; - Ps. Hellas (*P*) #3,4

Schirmeier, Walter, *5.11.1902 Berlin; - Ps. W. B. Erlin; Walter Jahn (*E-F-L-R*) #3,4

Schirmer, David, *29.5.1623 Pappendorf b. Freiberg/Sa., †1686 Dresden; - gen. Der Beschirmende/DG-R; Ps. Disander (*L-P*) #1,4, 5,11,13

Schirmer, Ruth, geb. Imhoff, *10.11.1919 Ludwigshafen; - Ps. Ruth Imhoff (*P-R*) #3

Schirmer, Wilhelm Cajetan, *12.2.1847 Andrichau/Galizien, †1.6.1923 Konstanz; - Ps. Wilhelm Cajetan; Reinmar vom Rheine (*E-J-L-P*) #1,3,4

Schirndinger von Schirnding, Ferdinand Graf, *7.6.1808 Prag, †28.7.1845 Prag; - Ps. F. G. Fridolin; Ferdinand Graf Schirnding (*P-R*) #1,4

Schirokauer, Alfred, *13.7.1880 Breslau, †27.10.1934 Wien; - Ps. A. Kauer (*N-R*) #3,4

Schirra, Bernhard, *9.3.1923 Tholey/Saar; - Ps. John Taylor (*F-L-R*) #3,4

Schischmanow, Meli M., *6.3.1896 Sofia, †17.2.1962 Wien; - Ps. Grete Macher; Paul Maria Mahr; Mesch; Jani Rigo (*E-F-N-R*) #3,4

Schisling, Franz, *4.10.1756 Koponitze/Slawonien; - auch Schiesling (*L-P*) #4,11

Schlabrendorf, Gustav Graf von, *22.3.1750 Stettin, †21.8.1824 Batignolles b. Paris; - Ps. Hans Deutschmann (*P*) #4,13

Schlachter, Georg Joachim, *21.2.1785 Körmigk b. Dessau, †25.8.1860 Dessau; - Ps. Julius Hart; W. Jemand; Georg Ritterschlag (*E-L*) #1,4,6,11

Schlachter, Karl, *8.11.1804 Königsberg, †29.2.1876 Wien; - Ps. Karl Haffner (*D-R-S*) #1,4,13

Schlack, Emil, *10.1.1861 Berlin; - Ps. Werner Heim (*D-L-S*) #1,3,4

Schlaf, Johannes, *21.6.1862 Querfurt, †2.2.1941 Querfurt; - Ps. Karl Benda; Bjarne P. Holmsen; Paul Koechlin (*D-L-N-P-R*) #1,3,4,5,8,14,19

Schläfer-Wolfram, Eduard Josef, *10.5.1897 Metz, †8.8.1954 Friedelsheim b. Bad Dürkheim; - Ps. Baldur; Phönix; Renatus; Frank Wolfram (*E-P-R*) #3,4

Schlägel, Maria von, *22.7.1848 Waren/Meckl., †1904 Brunshaupten/Meckl.; - Ps. Ulrich Erk (*E-N*) #1,2,3,4

Schlaginhaufen, Johann, †um 1560 Köthen; - auch Schlachinhaufen; Schlahauf; Schlahenhaufen; Schlainhauffen; Turbicida (*P*) #4,13

Schlarbaum, Hedwig Theodora, *5.2.1928 Köln; - Ps. Hedi Götz (*J*) #3,4

Schlatter, Heinrich, *9.1.1904 Neuhausen/Rheinfall; - Ps. M. H. Slatos (*L*) #4

Schlatter, Rudolf, *21.7.1861 Schaffhausen; - Ps. Rudolf Seefeld (*N-R-S*) #3

Schlauch von Linden, Alexandrine, *21.4.1866 Braila/Rum.; - Ps. Franz Dornegg (*P-R*) #2,3

Schlecht, Leopold, *1.11.1797 Wien, †16.8.1866 Zürich; - Ps. G. Carril (*E-N-P*) #1,4

Schlechta, Karl, *23.1.1904 Wien, †19.2.1985 Ober-Ramstadt/Odenw.; - Ps. Franz Zöchbauer (*N-R*) #3,4

Schlechta von Wschehrd, Camillo Franz Karl Adam Baron, *24.12.1822 Wien, †3.2.1880 Wien; - Ps. Camillo Hell (*E-L-P*) #1,4

Schleckat, Ulrike, geb. Bliedung, *18.8.1921 Greifswald; - Ps. Ulrike Beumer; Ulrike Bliedung (*J-L*) #3,4

Schlee, August, *18.2.1795 Prenzlau, †25.3.1870 Berlin; - Ps. Ernst Ferdinand August; Efa (*L*) #4,11

Schleebusch, Jacob, *17. Jh.; - gen. Der Tröstliche/FG 673 #11

Schlegel, Christa, *26.11.1926 Wachau b. Dresden; - Ps. Anne Dorn (*E-F-L-P*) #3

Schlegel, Christoph Ludwig von, *17. Jh.; - gen. Der Mannhafte/FG 780 #11

Schlegel, Elfriede, geb. Ziering, *5.9.1918 Wien; - Ps. Elfriede Ziering (*E-P-R*) #3,4

Schlegel, Gottfried-Gerhard, *23.11.1914 Berlin; - Ps. G. Bourain (*F*) #3

Schlegel, Hans Heinrich, *17. Jh.; - gen. Der Lockende/FG 567 #11

Schlegel, Johann Adolf, *18.9.1721 Meißen, †16.9.1793 Hannover; - Ps. Hanns Görg; Hans Görge; Nisus; Orontes; Potelwitz (*E-L-P*) #1,4,5,6,11,13

Schlegel, Karl Fidel, *2.7.1873 Flums/St.Gallen; - Ps. Karl Aufdergrof (*P*) #3,4

Schlegel, Willhart, *13.8.1919 Bad Soden; - Ps. Roger de Saint Privat; Willhart Schlegel-Privat (*L-P-R*) #3,4
Schlegel, Wolf, *14.8.1584, †26.11.1658; - gen. Der Unentbehrliche/FG 72/1623 #11,12
Schlei-Asmus, Wilhelm, *17.2.1837 Lübeck, †20.2.1902 Weimar; - Ps. Wilhelm Anthony; Wilhelm Asmus (*D-E-L-N-R-S*) #1,3,4
Schleich, Franz Th., *1.1.1948 Triebswetter/Banat; - Ps. Thomas Felder (*L-P*) #3,4
Schleich, Martin, *12.2.1827 München, †13.10.1881 München; - Ps. M. E. Bertram (*P-R-S*) #1,4,13
Schleicher, Franz, *19.5.1801 Werro/Livland, †23.5.1868 St.Petersburg; - Ps. Treumund Brand von Norden (*L-P*) #4,11
Schleicher, Gisela, *13.6.1951 Ansbach; - Ps. Melanie Saint Cyr (*R*) #3,4
Schleiden, Matthias Jakob, *5.4.1804 Hamburg, †23.6.1881 Frankfurt/M.; - Ps. Ernst; Malpighi (*L-P*) #1,3,4,13
Schleiermacher, Friedrich Daniel Ernst, *21.11.1768 Breslau, †12.2.1834 Berlin; - Ps. Pacificus Sincerus; Christianus Timotheus (*P*) #4,6,11,13
Schleif, Johannes, *13.6.1845 Wolgast/Pommern, †2.10.1914 Stuttgart; - Ps. Jehann Knubben (*L-P*) #4
Schleifer, Leopold Matthias, *9.3.1771 Wildendürnbach/N.-Ö., †26.9.1842 Gmunden/O.-Ö.; - Ps. Dichter vom See; Klein (*L-P*) #4,11,13
Schleinitz, Egon Gustav, *20.5.1912 Wehlen/Sa.; - Ps. Claus Roth (*F-J-P*) #3,4
Schleinitz, Hans Georg Haubold von, *30.1.1599 Kospoda b. Neustadt, †8.4.1666 Zeitz; - auch Hans Georg Haubold von Schleunitz; gen. Der Öffnende/FG 169/1629 #11,12
Schleiß, Maximilian Joseph, *5.3.1779 Würzburg, †1.4.1848 Gaibach/Fr.; - Ps. de Claude (*D-P*) #4,11
Schlemme, Ingrid, *29.1.1948 Homberg/Kassel; - Ps. Ruth Döbereiner (*L-P*) #4
Schlender, Antje, *14.12.1966 Offenburg; - Ps. Kim Amani (*E-L*) #3,4
Schlepegrell, Sybil, geb. Gräfin Schönfeldt, *13.2.1927 Bochum; - Ps. Sybil Gräfin Schönfeldt (*J-P*) #3,4,17
Schleppegrell, Max, *1.9.1891 Charleston/USA; - Ps. Hans Julius Baumann (*E-P*) #3
Schlepps, Fritz, *26.3.1868 Berlin; - Ps. Hans Horsten (*D-N-R*) #1,4
Schlesien zu Brieg, Georg III. Herzog in, *4.9.1602 Brieg, †4.7.1664 Brieg; - gen. Der Unfehlbare/FG 520/1648 (*P*) #11,12
Schlesien zu Brieg und Liegnitz, Ludwig IV. Herzog in, *19.4.1616 Brieg, †24.11.1663 Liegnitz; - gen. Der Heilsame/FG 508/1648 #11,12
Schlesien zu Brieg, Wohlau und Liegnitz, Christian Herzog in, *9.4.1618, †28.2.1672 Liegnitz; - gen. Der Beliebige/FG 505/1648 #11,12
Schlesien zu Liegnitz und Wohlau, Georg Rudolph Herzog in, *22.1.1595 Ohlau, †14.1.1653 Breslau; - gen. Der Wunderbare/FG 58/1622 (*P*) #11,12,13
Schlesinger, Bettina, *4.11.1947 Berlin; - Ps. Bettina Wegner (*L*) #3,4
Schlesinger, Bruno, *15.9.1876 Berlin, †17.2.1962 Beverly Hills/USA; - Ps. Bruno Walter (*P*) #3,4,18
Schlesinger, Carl Coloman, *14.10.1855 Budapest; - Ps. W. Conrady (*E-P*) #3,4
Schlesinger, Marie, *14.6.1858 Breslau; - Ps. Marie Schlesinger-Stephani (*P*) #2,3
Schlesinger, Martha, *8.2.1854 Berlin, †Berlin; - Ps. Hans Hellmuth; Martha Hellmuth (*D-L-P*) #1,2,3,4
Schlesinger, Meta, *6.3.1866 Breslau; - Ps. Meta Schleger (*E-N*) #2,3
Schlesinger, Moritz, *3.10.1800 Glogau, †25.10.1860 Berlin; - später Moritz Hermann Strahl (*L-P*) #4,11
Schlesinger, Olga, geb. Steiner, *6.4.1865 Breslau; - Ps. Olga Steiner (*M-P-S*) #2,3,4
Schlesinger, Paul, *11.5.1878 Berlin, †23.5.1928 Berlin; - Ps. Paul Felix; Sling (*E-M-R-S*) #3,4
Schlesinger, Regina, *1.6.1856 Breslau, †Breslau; - Ps. Regina Julian (*L-N*) #2,3,4
Schlesinger, Sigmund, *15.6.1832 Waag-Neustadt/Ungarn, †7.3.1918 Wien; - Ps. Memor; (*S*) #1,3,4
Schleswig-Holstein, August Friedrich Herzog zu, *6.5.1646 Gottorf, †2.10.1705 Eutin; - gen. Der Auserwählte/FG 855 (*P*) #11
Schleswig-Holstein, Feodora Prinzessin zu, *3.7.1874 Primkenau/Schlesw., †21.6.1910 Ober-Sasbach/Baden; - Ps. Feodora Hugin (*E-L-R*) #1,3,4
Schleswig-Holstein, Philipp Ludwig Herzog zu, *17. Jh.; - gen. Der Wohlgeartete/FG 802 #11
Schleswig-Holstein-Gottorf, Friedrich III. Herzog von, *22.12.1597 SchloßGottorf/Schlesw., †10.8.1659 Tönning; - gen. Der Hochgeachtete/FG 388/1642 (*P*) #11,12,13
Schleswig-Holstein-Sonderburg-Plön, Joachim Ernst Herzog von, *29.8.1595 Sonderburg, †5.10.1671 Plön; - gen. Der Sichere/FG 101/1625 (*P*) #11,12,13
Schleußner, Wilhelm, *1.6.1864 Gernsheim/Rh., †24.11.1924; - Ps. Bruder Bardo (*P*) #3,4
Schleyer, Johann Martin, *18.7.1831 Oberlauda/Baden, †16.8.1912 Konstanz; - Ps. Bruder Hilarius Frohsang (*D-L-P*) #1,3,4
Schlez, Johann Ferdinand, *27.6.1759 Voit b. Ippesheim/Bay., †7.9.1839 Schlitz b. Fulda; - Ps. Wilhelm der junge Denker; Wilhelm der jüngere Denker (*L-P*) #1,4,11,13,17
Schlichtegroll, Karl Felix von, *13.1.1862

Großbehnkenhagen/Vorpommern, †29.6.1946 Volsrade/Meckl.; - Ps. Georg F. Collas; Johann Parsenow; Oskar Quellinus; F. v. Schorn; C. F. Stauffer; Anja von Tharau (*E-J-L-P-R*) #3,4

Schlichting, Hermann, *18.9.1860 Alt-Damerow/Pommern, †4.3.1931 Jena; - Ps. Hermann von Alt-Damerow (*L-P-R*) #1,3,4

Schlichting, Horst von, *23.2.1911 Lyck/Ostpreußen; - Ps. Hagen Volker (*F-L-P-R*) #3,4

Schlick, Graf von Passaun, Herr von Weisskirchen, Johann Albin, *1579, †1640; - gen. Der Ausgetruckte/FG 63/1623 (*P*) #11,12

Schliebe-Lippert, Elisabeth, *22.11.1898 Kaiserslautern; - Ps. Elisabeth Lippert (*P*) #17

Schlieben, Maria Gräfin von, *7.11.1860 Berlin; - Ps. Fritz von der Spree; Felicitas Holm (*P*) #3

Schlieben, Richard Thassilo Graf von, *31.8.1872 Sanditten/Ostpr.; - Ps. Leo d'Olissât; Leo Wendelin (*P*) #3

Schlieffen-Renard, Anna Gräfin von, *25.3.1875; - Ps. Robert West (*P*) #3

Schlien, Hellmut, *10.3.1909 Dresden; - Ps. Peer Alius; Chroniculus; Colibri (*E-F-L-R*) #3,4

Schlieper, Maximilian Walter, *22.4.1896 Hahn/Rhl., †3.2.1978 Berlin; - Ps. Maximilian Scheer (*E-F-P-R-S*) #3,4,5,8,14,18

Schliephacke, Bruno, *18.6.1900 Wernigerode/Harz; - Ps. Bruno Land (*E-P*) #3,4

Schliepmann, Johannes Karl Gottfried, *26.11.1855 Strausberg, †20.11.1929 Berlin; - Ps. Siegfried Pentha-Tull; Hans Schliepmann; Eberhard Treubier (*D-E-L-P*) #4

Schlieter, Siegfried, *8.5.1924 Straßfurt; - Ps. Harry Grindel (*E-J-N-R*) #3,4

Schlimpert, Gotthelf Moritz, *19.7.1814 Erlbach, †1886 Meißen; - Ps. G. M. A. Dreihaupt (*E-L-P*) #4

Schlingmann, Agnes, geb. Rättig, *22.10.1831 Königsberg; - Ps. Agnes R.; Agnes Rättig (*L-P*) #1,2,4

Schlinkert, Martha, *24.4.1913 Gelsenkirchen, †30.6.1979 Bigge-Olsberg/Sauerl.; - Ps. Martha Schlinkert-Galinski (*E-F-J-R-S*) #3,4,17

Schlipköter, Gustav, *3.10.1885 Elberfeld, †17.2.1965; - Ps. Gustav vom Berge (*E-J-L-P*) #3,4

Schlippenbach, Brunhilde Gräfin von, *25.5.1876 Kissingen; - Ps. Erdmuthe von Wels (*L-R*) #3,4

Schlippenbach, Gabriele von, geb. v. d. Ropp, *22.10.1846 Fischröden b. Grobin/Kurland, †20.7.1937 Stolberg/Rhld.; - Ps. Herbert Rivulat; Herbert Rivulet (*E-N-R*) #1,2,3,4

Schlitt, Tilly, *17.12.1918 Arnsberg/Westf.; - Ps. Tilly von Arnberg; Carmen Buchner; Soraya (*R*) #3,4

Schlitz, Elisabeth Gräfin von, *6.8.1879 Schlitz b. Fulda, †Schlitz; - gen. von Görtz (*P*) #3,4

Schlitz, Otto Hartmann von, *8.4.1604, †8.10.1657 Schlitz/Hessen; - auch Otto Hartmann von Schleitz gen. Görtz; Otto Hartmann von Sehlitz; gen. Der Erhellende/FG 328/1639 #11,12

Schloemp, Edwin, *22.7.1838 Schliewe/Ostpr., †7.12.1903 Leipzig; - Ps. Hugo Viktor (*L-P*) #3,4

Schlöffel, A. F., *15.2.1855 Gotha; - Ps. E. F. Floda (*E-L*) #3,4

Schlögl, Johannes, *4.6.1864 Gaaden/N.-Ö., †25.6.1939 Wien; - Ps. Frater Nivardus; F. Nivardus; Nivard Schlögl (*L-P*) #3,4

Schlomach, Melchior von, *17. Jh.; - gen. Der Bewachsende/FG 742 #11

Schlorke, Dieter, *13.10.1932 Chemnitz; - Ps. Sandro Myrakis; Dittker Slark (*E-L-P*) #3,4

Schloß, Martin Friedrich, *4.11.1895 Emmendingen/Baden; - Ps. Fritz Schloß (*E-P*) #3,4

Schlosser, Gertrud, *23.1.1938 Marburg; - Ps. Gertrud Schlosser-Laukel (*L-P*) #3,4

Schlosser, Johann Ludwig, *18.10.1738 Hamburg, †9.1.1815 Bergedorf; - Ps. Christianus Staurophilus (*P-S*) #1,4,6,11,13

Schlosser, Julius Ritter von, *23.9.1866 Wien, †1.12.1938 Wien; - Ps. O. Hammer (*P*) #1,3,4

Schlosser, Wendelin, *25.4.1952 Krasnojarsk/UdSSR; - Ps. H. Meier (*L-P*) #3,4

Schloßmann, C. J., *(1830); - Ps. Peregrin (*E-P*) #4,11

Schlot, Nathanael, *13.2.1666 Danzig, †23.3.1703 Lübeck; - auch Nathan Schlott (*L*) #4,11

Schlötelburg, Horst, *15.1.1931 Wilhelmshaven, †24.11.1982 München; - Ps. Schlö (*E-F-L-P-R*) #3,4

Schlott, Oskar, *22.11.1868 Tönning/Schleswig; - Ps. O. S. v. Rottau (*D-L-S*) #4

Schlotterbeck, Anna, geb. Fischer, *2.5.1902 München, †24.7.1972 Groß-Glienicke; - Ps. Anna Fischer (*E-P*) #3,18

Schlözer, August Ludwig von, *5.7.1735 Gaggstatt/Württ., †9.9.1809 Göttingen; - Ps. Johann Joseph Haigold (*E-P*) #4,6,11,13,17

Schlözer, Karl von, *22.4.1854 Stettin, †6.10.1916 Dresden; - Ps. Eberhard (*P-S*) #1,3,4

Schlözer, Leopold von, *6.2.1863 Stettin, †21.4.1946 Tutzing/Obb.; - Ps. Eckart; Juniperus; Ludwig von Sch. (*P*) #3,4

Schlue, Joachim, *um 1563 Rostock; - auch Schlu; Sluhe; Schlüs (*S*) #4,13

Schlumpf, Fritz, *5.3.1911 Neuhausen/Rh.; - Ps. Peter Kilian (*E-L-N-R*) #3,4

Schlumpf, Marie Anna, *15.4.1853 Zweiern/Zug, †10.3.1907 Buonas/Zug; - Ps. Marie von Buonas (*D-E-R*) #2,4

Schlüren, Erwin, *18.8.1858 Stuttgart; - Ps. Karl Friedrich; Friedrich Schnürle-Schlüren (*P*) #3

Schlüsselfelder, Heinrich, *(1472); - Ps. Arigo (*P*) #4

Schlüter, Christoph Bernhard, *27.3.1801 Warendorf, †4.2.1884 Münster; - Ps. Jakob (*L-P*) #1,4,13
Schlüter, Kathrin-Sybille, *9.7.1944 Güstrow/Meckl.; - Ps. Sybille Braatz (*L-R*) #3,4
Schlüter, Margarete, gesch. Böhme, *8.5.1869 Husum, †1939 Hamburg; - Ps. Margarete Böhme; Margarete Feddersen-Böhme; Ormanos Sandor (*P-R*) #1,2,3,4,9
Schmahl, Arthur, *24.11.1881 Wien; - Ps. Arturs (*P*) #3
Schmahl, Grete, geb. Wolf, *21.12.1882 Wien; - Ps. Grete Schmahl-Wolf; Grete Wolf (*L-P*) #3,4
Schmal, Adolf, *18.9.1872 Dortmund, †28.8.1919 Salzburg; - Ps. Filius (*E-P*) #3,4
Schmalfuß-Schwarzenberg, Kurt Hans, *3.2.1893 Freiberg/Sa.; - Ps. Hannes Schmalfuß (*E-L-P*) #3,4
Schmalnauer, M. Gert Randolf, *28.6.1906 Graz; - Ps. M. G. Randolf-Schmalnauer (*E-F-L-P*) #3,4
Schmaltz, Hedwig, geb. Börger, *14.10.1906 Feldberg/Meckl.; - Ps. Hadwiga Börger; Hedwig Börger (*E-L-N*) #3,4
Schmalz, Josef, *16.2.1804 Fügen/Tirol, †16.3.1845 Brixlegg; - gen. Der Bauernshakespeare von Kiefersfelden (*S*) #4
Schmalz, Rudolf, *20.5.1926 Berlin; - Ps. Rudolf Schmal (*F-R*) #3,4
Schmalzriedt, Siglinde Erika, *23.1.1937 Königsberg; - Ps. Sinjo (*E*) #3,4
Schmauß, Johann Jakob, *10.3.1690 Landau, †8.4.1757 Göttingen; - Ps. M. Paulus Antoninus; Antonius Paullinus (*P*) #6
Schmeger, Josef, *7.6.1865 Wien; - Ps. J. S. Holmeger (*S*) #3
Schmeidel, Victor Ritter von, *27.10.1856 Thyrnau; - Ps. Ernst Koller (*P-R*) #3
Schmeilzl, Georg, *6.12.1894 München; - Ps. G. Dichtl (*E-P*) #3
Schmeing, Karl, *15.9.1885 Plantlünne b. Hannover; - Ps. Gerhard Aldinck (*P*) #3,4
Schmeling, Wanda von, *25.8.1889; - Ps. Anna von Smelding (*F-R-S*) #3,4
Schmeltzer, Kurt, *12.12.1888 Endorf b. Mansfeld, †1972 Cambridge; - Ps. Egidius Greul (*E-J-L-R*) #3,4,18
Schmelz, Ernst Jakob, *19.7.1789 Nürnberg, †9.4.1828 Nürnberg; - Ps. Arkadius (*L*) #1,4,11
Schmelzkopf, Eduard, *23.6.1814 Saalsdorf b. Braunschweig, †18.5.1896 Bevern; - Ps. Texicephalus (*E-L-P*) #4,13
Schmettow, Woldemar, *25.2.1749 Celle, †7.7.1794 Plön; - auch Schmettau (*P*) #4,11,13
Schmetz, Martha, *9.2.1919 Essen; - Ps. Marte Smeets (*E*) #3,4
Schmetzer, Maria, geb. Wertheim, *26.7.1899 Wien; - Ps. Maria Wertheim (*L*) #3
Schmezer, Guido, *28.12.1924 Schweiz; - Ps. Ueli der Schreiber (*L-P*) #3
Schmid, Alfred, *29.1.1899 Mülhausen/Elsaß; - Ps. Georg Sebastian Faber (*E-P*) #4
Schmid, Anton, *4.4.1888 Ort b. Kochel; - Ps. Bergschmid (*L-P*) #3
Schmid, Christian Heinrich, *24.11.1746 Eisleben, †21.7.1800 Gießen; - gen. Der Gießener Schmid; Ps. Siegmund von Schweighausen (*L-P-S*) #4,11,13
Schmid, Cordula, *17.6.1845 Malchin/Meckl., †6.2.1916 Schwaz/Tirol; - Ps. Cordula Peregrina (*E-L*) #1,2,3,4
Schmid, Doris, *7.3.1930 Arosa/Graubünden; - Ps. Kathrin Rüegg (*E-R*) #3,4
Schmid, Eduard, *5.10.1890 Darmstadt, †31.8.1966 Vulpera/Schweiz; - später Kasimir Edschmid (*P-R*) #3,4,5,8
Schmid, Elsie, geb. Attenhofer, *21.2.1909 Lugano; - Ps. Elsie Attenhofer (*D-E-P*) #4
Schmid, Euchar Albrecht, *29.8.1884 Gemünden, †15.7.1951 Bad Liebenstein/Thür.; - Ps. Satanello (*N-P*) #3,4
Schmid, Felix, *um 1441 Zürich, †14.3.1502 Ulm; - gen. Bruder Felix; Ps. Felix Faber; Felix Fabri (*P*) #4,13,15
Schmid, Franz, *13.9.1869 Neustadt/Mähren; - Ps. Franz von Borgias-Schmid (*D-L-R*) #1,3,4
Schmid, Franz Xaver, *22.10.1819 Schwarzenberg/O.-Ö., †28.11.1883 München; - Ps. Tertullian Faber; Franz Xaver Schmid-Schwarzenberg (*L-N-P*) #1,4,13
Schmid, Georg, *16.5.1848 Flawil; - Ps. Hans Freimann (*P*) #3
Schmid, Georg, *5.4.1944 Wien; - Ps. Bures (*F-P-R*) #3,4
Schmid, Heinrich, *2.10.1885 Bad Reichenhall, †6.2.1967 Bischofswiesen/Obb.; - Ps. Meister Guntram von August; Heinrich Schmid-Kugelbach (*E-J-P-R*) #3,4
Schmid, Hermann, *21.7.1570 Gemünden/Hessen, †12.4.1634 Rotenburg; - Ps. Hermann Faber; Hermann Fabricius; Hermanus Fabronius; Erasmus Sabinus Hoffnerus; Harminius de Mosa; Hermann Mosemann (*D-E-P*) #4,6,13
Schmid, Ignaz, *8.1.1747 Gauting b. München; - Ps. Friedrich Pächtermünze (*E-P*) #6
Schmid, Johann Christoph, *1652 Nattenhausen b. Memmingen, †12.11.1715 Meran; - Ps. Mauritius Nattenhusanus (*P*) #4
Schmid, Johann Michael, *25.9.1767 Dillingen, †24.7.1801 Augsburg; - Ps. Johann Altenkircher (*P*) #6
Schmid, Johann Philipp, *17. Jh.; - gen. Der Einfältige/DG-R #11
Schmid, Johannes, *5.10.1891 Trochtelfingen, †5.11.1968 Biberach/Riß; - Ps. Hans Klingenstein (*E-F-P-R*) #3,4
Schmid, Joseph, *29.11.1871 Braunseifen/Nordmähren, †19.11.1911 Braunseifen/Nordmähren; - Ps. Joseph Schmid-Braunfels; Freidank (*D-E-L-P*) #3,4

Schmid, Karl, *3.12.1896 Perpignan/Frankr., †11.12.1979 Bonn; - Ps. Carlo Schmid (*P*) #3
Schmid, Karl, *30.1.1910 Laupheim; - Ps. Karl Schmid-Tannwald (*F-P*) #3,4
Schmid, Konrad Friedrich, *3.7.1770 Braunschweig, †15.11.1832 Kopenhagen; - Ps. Phiseldeck (*L-P*) #1
Schmid, Leo, *2.4.1916 Hägglingen/Aargau, †28.2.1976 Oeschgen/Aargau; - Ps. Gerold Schmid (*E-J-P*) #3,4
Schmid, Ludwig Ferdinand von, *22.7.1823 Muri b. Bern, †17.3.1888 Bern; - Ps. Dranmor (*L*) #1,3,4,5,13
Schmid, Maria, *5.11.1889 Hadamar, †26.6.1961 Heiligenberg/Baden; - Ps. Maria Mathi (*E-R*) #3,4
Schmid, Max, *3.2.1926 Zürich; - Ps. Gerard Gale (*F-P-S*) #4
Schmid, Otto, *23.5.1561 Wittenberg, †1584 Husum; - Ps. Otto Fabricius (*L-P*) #4
Schmid, Paul, *28.2.1895; - Ps. Peter Strick (*L*) #4
Schmid, Siegfried, *16.12.1774 Friedberg/Wetterau, †10.4.1859 Wien; - auch Schmidt (*D-L-S*) #1,4,11
Schmid, Ulrich Rudolf, *14.6.1808 Sulzbach/Thür., †3.12.1893 Gotha; - Ps. U. R. Schmiel (*E-J-L-M-P*) #1,4
Schmid Noerr, Cläre, *(1932); - Ps. Schmid Romberg (*D-E-L-R*) #3
Schmid Noerr, Friedrich Alfred, *20.7.1877 Durlach, †1969; - Ps. F. A. Schmid (*D-L-N-P-R*) #3,4
Schmid von Schwarzenhorn, Johann Rudolf Freiherr, *1590 Stein am Rhein, †12.4.1667 Wien; - gen. Der Verdiente/FG 666 (*L-P*) #4,11,13
Schmid-Haller, Verena, *26.9.1944 Menziken/Aargau; - Ps. Verena Haller (*F-L*) #3,4
Schmid-Heinzen, Beatrice, *12.1.1924 Dresden; - Ps. Beatrice Randolph (*J*) #3
Schmid-Hoefliger, Silvia, *10.11.1927 Zürich; - Ps. Sil Schmid (*F-P*) #4
Schmiderer, Johann, *19.5.1868 Bairau b. Lofer/Salzburg, †25.5.1944 Kirchenthal b. Salzburg; - Ps. Hans von Bairau (*E-L*) #3,4
Schmidhuber, Erwin, *14.1.1866 Laufen/Salzach, †1937 Fürstenfeldbruck; - Ps. Michael Kohlhaas (*D-E-R*) #3,4
Schmidkunz, Hans, *7.2.1863 Wien; - Ps. Hans Isarius (*P*) #3
Schmidl, Anton Adolf, *18.5.1802 Königswart/Böhmen, †20.11.1863 Ofen; - Ps. Carl Eduard Salmoser (*P*) #4,13
Schmidl, Leo, *17.12.1904 Budapest, †1972; - Ps. Tribunus (*D-L-M-R*) #3,4,18
Schmidl, Maria, *24.10.1858 Wien, †27.7.1934 Wels/O.Ö.; - Ps. M. Olivier (*D-S*) #4
Schmidl, Ulrich, *um 1500 Straubing, †um 1580 Regensburg; - auch Schmidel; Schmiedel; Schmidt Ps. Ulricus Faber; Ulricus Fabri (*P*) #4,13
Schmidlin, Joseph, *29.3.1876 Kleinlandau/Elsaß, †10.1.1944 Schirmeck; - Ps. E. Meyer (*P*) #4
Schmidt, A., *4.10.1818 Berlin, †2.10.1883 Rudolstadt; - Ps. A. Weihrauch (*S*) #4,13
Schmidt, Adalar, *1.12.1870 Erfurt; - Ps. Adalar von Erfurt (*L*) #4
Schmidt, Adolf Carsten, *14.1.1875 Brake/Oldenb., †6.3.1947 Berlin; - Ps. Adolf Schmidt-Brake (*D-E-F-J-R*) #3,4
Schmidt, Aenny, *14.5.1892 Frankfurt/M.; - Ps. Aenny Schmidt-Fanmiller; Aenny Schmidt-van Miller (*L-N-R*) #3,4
Schmidt, Alexander, *22.8.1838 Pernau/Livl., †28.3.1909 Straßburg; - Ps. Alexander Olinda (*E-N-R-S*) #1,3,4
Schmidt, Alfred, *25.10.1886 Marburg/Drau, †17.3.1960 Berlin; - Ps. Alfred Maderno (*E-N-R*) #3,4
Schmidt, Alfred C. Richard, *13.4.1874 Magdeburg; - Ps. C. Richard (*N-R-S*) #4
Schmidt, Alfred Eduard, *24.7.1901 Neumittelwalde b. Breslau, †21.9.1957; - Ps. Fred Schmidt (*E-P-R*) #3,4
Schmidt, Alma Katharina, *22.1.1872 Dresden; - Ps. Käte Lindner (*J-R*) #3,4
Schmidt, Arno, *18.1.1914 Hamburg, †3.6.1979 Celle; - Ps. Dr. MacIntosh (*E-P-R*) #3,4,5,8,10
Schmidt, Bernhard, *1535 Straßburg, †1592 Straßburg; - auch Fabricius; Schmid; Schmitt (*L-P*) #4,11
Schmidt, Bruno, *17.12.1906 Berlin; - Ps. Bruno Schmidt-Thiel (*R*) #3,4
Schmidt, Carl, *8.10.1872 Betzenstein; - Ps. Carl Aar (*L-N-P*) #3
Schmidt, Carl Walter, *6.6.1892 Pritzwalk/Prignitz, †27.9.1946 Heidelberg; - Ps. Walther Liebert; Carl Walther (*J-P-R*) #3,4
Schmidt, Carl-Günther, *12.7.1924 Torgau; - Ps. Peter Brock; Ronald Erskin; Elisabeth Günther; Harald Hollm; Carl-Günther Schmidt-Freytag (*J-P-R*) #3,4
Schmidt, Christiane, *15.1.1839 Königsberg; - Ps. O. Ernst (*R*) #1,2,3,4
Schmidt, Curt-Wilhelm, *27.11.1875 Freiberg/Sa.; - Ps. C. Colabella; Victor Helling; Wilhelm Laurin; Curt Wilhelm Schmidt-Helling (*J-L-N-R*) #1,3,4
Schmidt, Diedrich Heinrich, *26.6.1933 Leer/Ostfr.; - Ps. DH Schmidt (*E-F-R*) #3,4
Schmidt, Dieter,*12.2.1937 Oer-Erkenschwick; - Ps. Hans Dieter Baroth (*F-P-R*) #3,4,5
Schmidt, Dorothea Maria, *30.8.1925 Teplitz-Schönau; - Ps. Doris Jannausch (*F-J-P-R*) #3,4,17
Schmidt, Edeltraud, *25.9.1902 Danzig; - Ps. Edeltraud Schmidt-Danzig (*E-L*) #3
Schmidt, Eduard, *6.1.1819 Hamburg, †5.3.1896 Berlin; - Ps. Eduard Schmithof (*S*) #4
Schmidt, Eduard, *29.7.1911 Buer b. Gelsenkirchen, †13.12.1976 Potsdam; - Ps. Edy

Brendt; Eduard Claudius (*D-E-M-P-R*) #3,4, 5,8,14,18
Schmidt, Elisabeth, *17.10.1857 Eisleben; - Ps. Elisabeth Schneidt (*D-L-P-S*) #3,4
Schmidt, Elise, *29.9.1868 Adorf/Vogtl., †um 1950 Plauen/Vogtl.; - Ps. Elise Schmidt-Fernow (*L*) #3,4
Schmidt, Else, geb. Rabe, *19.8.1894 Loslau/Oberschles.; - Ps. Else Rabe (*E-R*) #3,4
Schmidt, Emil, *12.12.1899 Oberstein; - Ps. Emil Erwin Schmiedel (*R*) #3
Schmidt, Emma, *5.12.1866 Berlin; - Ps. Emmy Schmidt-Luz (*L*) #3,4
Schmidt, Erich, *2.4.1935 Herbstein/Hessen; - Ps. Erich Schmidt-Schell (*N-P*) #3,4
Schmidt, Ernst Hermann Reinhold, *16.10.1896 Ulm; - Ps. E. S.; Pierrot D'Holm; Ernst Smithanders (*F-P*) #3
Schmidt, Eugen Walther, *18.8.1879 Leipzig, †1948 Leipzig; - Ps. Fritz Ewes (*E-R*) #3,4
Schmidt, Franz Gerhard, *21.1.1884 Neiße/Oberschles.; - Ps. F. G. Schmidt-Olden (*E-P*) #3,4
Schmidt, Friedrich Wilhelm, *(1965) Marktschorgast b. Kulmbach; - Ps. Rainer Siegenland (*L-N*) #3,4
Schmidt, Friedrich Wilhelm August, *23.3.1764 Fahrland b. Potsdam, †26.4.1838 Werneuchen b. Berlin; - gen. Schmidt von Werneuchen (*L*) #1,4,5,11,13
Schmidt, Fritz, *8.10.1827 Kotzen b. Friesack/Mark Brand., †10.1.1888 Rathenow; - Ps. Fritz Lening (*E*) #1,4
Schmidt, Fritz, *5.10.1906 Wokellen, †16.8.1983 Berlin; - Ps. Fritz Schmidt-König (*E-L-R-S*) #3,4
Schmidt, Fritz, *12.1.1880 Nothwendig, †Guben; - Ps. Ludwig Eberhard (*L-P-R*) #3,4
Schmidt, Georg, *13.5.1866 Bremen, †11.4.1930; - Ps. Georg Schmidt-Wolff (*E-P*) #3,4
Schmidt, Georg, *25.4.1908 Berlin; - Ps. Alexander Ott (*E-F-L*) #3
Schmidt, Georg, *26.2.1913 Berlin; - Ps. Georg Schmidt-Scheeder (*P-R*) #3,4
Schmidt, Georg Philipp, *1.1.1766 Lübeck, †28.10.1849 Altona; - gen. Schmidt von Lübeck (*L-P*) #1,4,6,11,13
Schmidt, German von, *27.8.1899 Odessa/Ukr., †8.6.1971 Berlin; - Ps. Armin Faber (*E-P-R*) #3,4
Schmidt, Gertrud, *1.2.1926 Aussig/Böhmen; - Ps. Gertrud Bradatsch (*E-R*) #3,4
Schmidt, Gustav, *1.10.1836 Sommerfeld, †30.6.1911 Bunzlau; - Ps. Gustav Schmidt-Sommerfeld (*D-L-P*) #1,3,4
Schmidt, Gustav, *5.9.1863 Merseburg; - Ps. Heinz Fabri; Heinrich Schmidt-Hoffmann (*D-L*) #3,4
Schmidt, Gustav, *29.5.1872 Leipzig; - Ps. Gustav Bärwinkel (*P*) #3
Schmidt, Gustav E., *26.12.1916 Wunsiedel/Ofr.; - Ps. G. E. Smith; G. E. Webbs (*R*) #3,4
Schmidt, Gustav Wilhelm Carl, *8.3.1852 Ulrichshalben b. Weimar; - Ps. Schmidt-Eberhard (*L-P-S*) #1,3,4
Schmidt, Hans, †19.10.1558 Aachen; - Ps. Hans Raiffer (*L-P*) #4,13
Schmidt, Hans, *30.1.1895 Bremen; - Ps. Schmidt-Peschell (*D-E-L*) #3
Schmidt, Hans Christian, *14.9.1889 Gorsblock/Dänem., †18.3.1982 Gorsblock; - Ps. Hans Eigner; Hans Schmidt-Gorsblock (*E-L*) #3,4
Schmidt, Hans Joachim, *5.1.1907 Riga; - Ps. Hans Schmidt-Joachim (*E-L-R*) #3,4
Schmidt, Hans R., *3.7.1921 Görlitz/Schles.; - Ps. Hans Schmidt-Hänigsen (*E-L-R*) #3,4
Schmidt, Hans Walter, *26.5.1885 Danzig, †13.5.1974 Buckenhof; - Ps. Dr. Faber; Reinhold Spieß (*E-J-N-P-R*) #3,4
Schmidt, Hedwig, verw. Below, *1.11.1858 Waldenburg/Schles.; - Ps. Hans von Below; Hedwig von Below (*N-P-R-S*) #1,2,3,4
Schmidt, Heinrich, *8.12.1815 Preßburg, †3.5.1870 Hermannstadt/Siebenbürgen; - Ps. Poinz (*L-P*) #1,4
Schmidt, Heinrich, *15.9.1898 Duisburg; - Ps. H. G. Marton; Henry Smith (*E-J-R*) #3,4
Schmidt, Heinrich Adolf, *19.1.1902 Uthlede b. Geestemünde; - Ps. Heinrich Adolf Schmidt-Barrien (*D-E-F-N-R*) #3,4,5,8
Schmidt, Helmut K., *(1984); - Ps. H. C. Leroy; Mark Powers; I. V. Steen; Ive Steen (*E-P-R*) #7,16
Schmidt, Hermann, *3.7.1868 Zittau/Oberlaus., †8.6.1939 Würzburg; - Ps. A. Lignis; Fr. Revocatus; Expeditus Schmidt (*L-P*) #3,4
Schmidt, Hermann, *13.6.1900 Ellrich/Harz; - Ps. H. Schmidt-Ellrich (*E-P*) #3
Schmidt, Herta, *19.6.1907 Berlin; - Ps. Gerda von Gaven (*R*) #3
Schmidt, Hinrich, *23.12.1756 Wewelsfleth/Wilster, †6.12.1846 Eddelak/Dithm.; - Ps. Einsender (*L-P*) #4,11
Schmidt, Horst, *15.2.1894; - Ps. Horst Maria Faber (*P*) #3
Schmidt, Jakob, *(1836); Ps. Jacob Smith; Smith, the Democratic Eagle of Lancater (*P*) #4,11
Schmidt, Jakob Friedrich Christian, *28.5.1772 Waren/Meckl.; - Ps. Vetter Samuel (*E-P*) #4,11
Schmidt, Johann, *(1831); - Ps. Johann Faber (*S*) #4
Schmidt, Johann, *17.2.1608 Danzig, †10.9.1653 Danzig; - Ps. Johann Fabricius (*P*) #4
Schmidt, Johann Heinrich, *um 1700 Schweinfurt, †1777; - Ps. Hermann Fictuld (*P*) #4
Schmidt, Johann Lorenz, *30.11.1702 Zell b. Schweinfurth, †19.12.1749 Wolfenbüttel; - Ps. Schröder; Schröter (*P*) #4,13

Schmidt, Johannes, *9.6.1869 Tondern, †13.11.1960; - Ps. Johannes Schmidt-Wodder (*P*) #3,4

Schmidt, Johannes Ladislaus, *25.4.1918 Topolya/Batschka; - Ps. Johannes Weidenheim (*E-F-L-N-R*) #3,4,5

Schmidt, Josef Karl, *4.1.1801 Brünn, †2.11.1862 Olmütz; - Ps. Karl Bruno (*D-L-P*) #1,4,11

Schmidt, Jürgen, *17.1.1943 Mannheim; - Ps. Friedrich Jäger (*E-L*) #3

Schmidt, Jürgen Fritz Heinz, *20.10.1934 Hamburg; - Ps. Jürgen Fritz Heinz Schmidt-Raven (*R*) #3,4

Schmidt, Karl, *8.10.1855 Ludwigsburg; - Ps. K. Schmidt-Buhl (*E-P*) #3,4

Schmidt, Karl Christian Ludwig, *23.9.1763 Gemünden/Westerwald; - Ps. Johann Ballhorn d. J. (*L-P*) #4,11

Schmidt, Karl Friedrich, *24.9.1884 Dargebanz/Pommern, †20.5.1947 München; - Ps. Bavarius; Schmidt vom Meere; Karl Friedrich Schmidt-Adebar (*D-L-P*) #3,4

Schmidt, Karl Otto, *26.1.1904 Kiel-Laboe, †21.12.1977 Reutlingen; - Ps. Germanicus; Hilarion (*P-R*) #3,4

Schmidt, Klamer Eberhard Karl, *29.12.1746 Halberstadt, †12.11.1824 Halberstadt; - Ps. Adolph Hadlob; Franz Maßlieben (*E-L-P*) #1,4,6,11,13

Schmidt, Klaus, *8.12.1959 Vorst; - Ps. Marcos Mongo; Henry Parker; Gordon Scott (*E-L-R*) #3

Schmidt, Konrad, *12.3.1863 Schönebeck/Elbe; - Ps. Heinrich Meinhard (*L-P*) #1,3,4

Schmidt, Kurt, *10.6.1919 Falkenberg/Oberschles.; - Ps. Schmidfalken (*E-L*) #3

Schmidt, Kurt Oskar, *21.5.1912 Berthelsdorf/Oberlaus.; - Ps. Kurt Oskar Buchner (*E-F-J-L-N-P-R*) #3,4,17

Schmidt, Leopold Friedrich von, *20.1.1792 Kaaden/Böhmen; - Ps. Leopold Friedrich Föhren (*E*) #4,11

Schmidt, Lothar, *5.7.1902 Dortmund; - Ps. Hermann Bruno (*D-N-P*) #3,4

Schmidt, Louis Friedrich August Albert, *30.1.1839 Hannover, †30.6.1874 Estella/Spanien; - Ps. A. Ferrari (*E-R*) #1

Schmidt, Ludwig, *22.12.1831 Prenzlau; - Ps. Ludwig Schmidt-Stoltenburg (*E-J-L-M-S*) #1,3,4

Schmidt, Margarete, *9.4.1893 Hamburg; - Ps. Margarete Schmidt-Schütt (*E-L*) #3,4

Schmidt, Marianne von, *18.8.1861 Kassel; - Ps. C. M. von Hammer (*P*) #3

Schmidt, Marie, *26.11.1829 Idstein/Taunus, †4.8.1901 Wiesbaden; - Ps. M. Hartschmidt (*E-L-N*) #1,2,3,4

Schmidt, Marie, geb. Ekensteen, *25.11.1847 Mainz, †14.8.1920; - Ps. Ellinor von Brenner; M. v. Ekensteen; Knut v. Juliat; Marietta (*E-L-N-P-R*) #1,2,3,4

Schmidt, Marie, verw. Knorr, *20.8.1861 Aicha/Böhmen; - Ps. Marie Knorr-Schmidt (*L-P*) #3,4

Schmidt, Marie, *10.5.1862 Breslau; - Ps. Mirjam Schmidt (*L*) #3

Schmidt, Maximilian, *25.2.1832 Eschlkam/Bayer. Wald, †3.12.1919 München; - gen. Waldschmidt (*E-L-N-P-S*) #1,3,4

Schmidt, Otto, *16.1.1861 Nietleben/Saalkreis; - Ps. Otto Schmidt-Gibichenfeld (*P*) #3,4

Schmidt, Otto Ernst, *7.10.1862 Ottensen/Holst., †5.3.1926 Groß-Flottbek; - Ps. Otto Ernst (*D-E-L-N-P-R-S*) #1,3,4,5,17,19

Schmidt, Paul, *23.3.1915 Berlin; - Ps. Paul S. Elgers; Paula Paul Elgers; Paul Schmidt-Elgers (*E-R*) #3,4,14

Schmidt, Paul, *7.2.1900 Konstanz, †um 1950 Idstein/Rh.; - Ps. Johannes Paul (*L*) #3,4

Schmidt, Paul Karl, *2.11.1911 Kelbra/Kyffhäuser; - Ps. Paul Carell (*P*) #3,4

Schmidt, Paul Viktor, *10.5.1847 Borna/Sa., †19.9.1909 Dresden; - Ps. Paul Viktor (*L-P*) #1,3,4

Schmidt, Renate, *31.5.1943 Remscheid; - Ps. Renate Schmidt-V. (*E-J-L-R-S*) #3,4

Schmidt, Richard, *22.6.1838 Berlin, †12.11.1903 Berlin; - Ps. Richard Schmidt-Cabanis (*E-L-N-P-S*) #1,4

Schmidt, Richard, *16.6.1859 Rahnwerder/Pommern; - Ps. Isegrim (*E-P*) #1,3,4

Schmidt, Rolf R., *1930 Stuttgart; - Ps. Rolf R. Waldschmidt (*P*) #4

Schmidt, S. Belri, *(1827); - Ps. H. Schmidt-Lisber (*E-R-S*) #4,11

Schmidt, Siegfried Josef, *28.10.1940 Jülich; - Ps. Sibi Kanz (*P*) #4

Schmidt, Ulrich, *Dornbirn, †um 1544 Wien; - Ps. Ulrich Faber; Ulrich Fabri (*P*) #4

Schmidt, Ulrike, *26.8.1920 Eferding/O.-Ö.; - Ps. Ulrike Rieger; Ulrike Schmidt-Rieger (*L-P*) #3,4

Schmidt, Ursula, *5.11.1951 Gießen; - Ps. Ulla Berkéwicz (*E-R-S*) #3,4

Schmidt, Uve, *14.11.1939 Wittenberg/Elbe; - Ps. Göran Göransson; Istvan Schwenda; Tore Schuech; Hans von Wittenberg (*F-L-P-R*) #3,4,5

Schmidt, Veronika, *27.2.1928 Woltersdorf b. Erkner; - Ps. Vera Friedländer (*E-R*) #3

Schmidt, Vincent, *28.8.1612 Hamburg, †11.4.1666 Warschau; - Ps. Vincent Fabricius (*D-L-P*) #4

Schmidt, Walter, *20.1.1899 Warnsdorf/Böhmen; - Ps. Hans-Michael Oberdorfer (*N-R*) #3,4

Schmidt, Walter, *1.7.1869 Leipzig, †4.12.1923 Berlin; - Ps. Walter Schmidt-Häßler (*D-R-S*) #4

Schmidt, Werner, *16.7.1891 Plauen/Vogtl.; - Ps. Werner Schmidt von Lilienthal (*P*) #3,4

Schmidt, Werner, *11.6.1844 Hamburg; - Ps. Werner Granville Schmidt (*E-R*) #3,4

Schmidt, Werner, *23.2.1897 Schönebeck/Elbe, †26.10.1933 Badenweiler; - Ps. Werner Schmidt-Schönebeck (*L*) #3,4
Schmidt, Werner, *26.9.1902 Erfurt; - Ps. Werner Schmidt-Pretoria (*P*) #3,4
Schmidt, Werner, *17.2.1906 Ronsdorf b. Lennep; - Ps. Werner Schmidt-Wettingfeld (*D-F-R*) #3
Schmidt, Wilhelm, *11.10.1854 Brädikow/Westhavelland; - Ps. Brädikow; Wilhelm Schmidt-Brädikow (*L-P*) #1,3
Schmidt, Wilhelm, *16.2.1868 Hörde/Westf., †10.2.1954 Freiburg/Schweiz; - Ps. Austriacus Observator; Arnoldus Fabricius; Pater W. S. (*L-P*) #3,4
Schmidt, Wilhelm, *11.3.1872 Rostock; - Ps. Wilhelm Fischerbrok; Hinnik Isen (*E-P*) #3,4
Schmidt, Wilhelm, *6.2.1876 Bonn, †3.7.1952 Bad Godesberg; - Ps. Wilhelm Schmidtbonn (*D-E-L-M-P-R-S*) #3,4,5,8,10
Schmidt, Wilhelm, *11.3.1878 Dresden; - Ps. Schmidt-Oberlößnitz (*P*) #3
Schmidt, Wilhelm Ludwig, *26.7.1787 Hirschberg, †9.4.1855 Zielenzig/Schles.; - Ps. W. Silesius (*P*) #4,11
Schmidt, Wilhelmine (Minna), *5.2.1850 Idar; - Ps. Minna Schmidt-Idar (*L*) #4
Schmidt, Willy, *13.8.1896 Düsseldorf; - Ps. German Gerhold; Willy Schmidt-Gerhold (*E-P-R*) #3
Schmidt, Wilma, *23.11.1900 Wunsiedel; - Ps. Wilma Simon (*J*) #3,4
Schmidt, Wolfgang, *(1984); - Ps. Wolf Artus Faber (*P*) #3
Schmidt, Wolfgang, *17. Jh.; - gen. Salviano/PB #11
Schmidt auf Altenstadt, Karl August, *1816 Herrenwies/Baden, †22.4.1890 Wien; - Ps. Karl Stugau (*E-R*) #1,4
Schmidt von der Launitz, Christian Friedrich, *17.10.1773 Grobin, †19.7.1832; - urspr. Christian Friedrich Launitz (*P*) #4,15
Schmidt von Ditfurth, Loulou, *7.8.1857 München, †1919; - Ps. Loulou von Ditfurth (*L-N-P-R*) #2,3,4
Schmidt-Berna, Friedrich, *23.6.1910 Mainbernheim/Ufr., †24.7.1975 Aracena/Spanien; - Ps. Frederico Berna; Frederico Schmidt-Berna (*D-E-F-L*) #3,4
Schmidt-Bleibtreu, Ellen, *11.6.1929 Heidelberg; - Ps. Ellen Conradi; Ellen Conradi-Bleibtreu (*E-L-P-R*) #3,4
Schmidt-Breitenstein, Walter, *24.4.1880 Arnstadt/Thür.; - Ps. Walter von der Gera (*R-S*) #3,4
Schmidt-Haever, Eva-Maria, *27.9.1940 Osnabrück; - Ps. Eva-Maria Alves (*E-F-L-P-R*) #3,4
Schmidt-Hoepke, Alfred, *23.6.1891 Essen, †17.3.1965 Düsseldorf; - Ps. Hans Tillmann (*P*) #3,4
Schmidt-Viereck, Erna, *23.10.1869 Reitendorf; - Ps. E. Viereck (*L-P*) #3
Schmidt-Warneck, Fedor von, *5.12.1831 Kurland; - Ps. F. S. Warneck (*P*) #3
Schmidt-Weißenfels, Eduard, *1.9.1833 Berlin, †24.4.1893 Bozen; - Ps. Ernst Hellmuth (*E-L-N-P-R*) #1,3,4
Schmidtgen, Alfred, *6.6.1874 Biesdorf b. Niederbarnim, †24.9.1914 Noyon (gef.); - gen. Schmieden (*P-S*) #3,4
Schmidthammer, Karl Wilhelm, *15.9.1786 Dessau, †30.1.1855 Alsleben/Sa.; - auch Schmitthammer (*D-L-P*) #1,4,11
Schmidtlein, Berta, *14.6.1888 München; - Ps. Walter Bergh; Berta Thiersch (*D-J-S*) #3,4
Schmidtmann, H. W. Karl, *8.2.1856 Hamburg; - Ps. H. W. Carols (*L-P*) #1,4
Schmied, Jacob, *19.7.1593 Köslin, †11.8.1654 Stettin; - Ps. Jacob Fabricius (*L-P*) #4,13,15
Schmied-Kowarzik, Gertrud, geb. von den Brincken, *18.4.1892 Mitau/Lettland, †11.11.1982 Regensburg; - Ps. Gertrud von den Brincken (*D-E-L-P-R*) #3,4,5
Schmiedehaus, Walter, *28.8.1901 Essen; - Ps. Alex West (*E-L-P-R*) #3,4
Schmiedel, Heinrich, *3.8.1537 Nürnberg, †26.3.1598 Nürnberg; - Ps. Heinrich Fabricius (*P*) #4
Schmieden, Elise, *6.11.1841 Berlin, †10.8.1896 Berlin; - Ps. Elise Juncker (*E-N-R*) #1,3,4,13
Schmieder, Karl Christoph, *5.12.1778 Eisleben, †23.10.1850 Kassel; - Ps. S. Ch. M. Jeder (*E-M-P*) #1,4,11,13
Schmieder, Siegmund, *1685 Leuthan b. Zwickau, †15.10.1717 Lommatsch; - auch Sigaeus Schmieder; - Ps. Sabinus; Alethophilus Sincerus (*P*) #6
Schmiemann, Albin, *5.4.1896 Paderborn; - Ps. Albin Faber; Gerd Medelon (*E-L-P*) #3,4
Schmiesing-Kerßenbrock, Julie von, *5.12.1790 Berlin, †12.3.1836 Brincke b. Borgholzhausen/Teut.-Wald; - gen. Gräfin von Korff (*P*) #4
Schmirger, Gertrud, *26.1.1900 Wolfsberg/Kärnten, †7.5.1975 Wolfsberg/Kärnten; - Ps. Gerhart Ellert (*D-E-J-P-R-S*) #3,4,5,17
Schmit, Jean-Willibrord, *30.12.1917 Echternach/Lux.; - Ps. Christoph Klausener (*L*) #3,4
Schmitt, Albert, *8.2.1895 Colmar; - Ps. Morand Paul Maria Claden (*E-L-P-R*) #4
Schmitt, Anton Friedrich, *8.3.1899 Düsseldorf, †21.10.1960 Düsseldorf; - Ps. Anteff (*E-L*) #3,4
Schmitt, Askan, *12.7.1867 Spandau; - Ps. Eugen Ralf (*E-P-S*) #3,4
Schmitt, Carl, *11.7.1888 Plettenberg, †7.4.1985 Plettenberg; - Ps. mox Doctor; Johannes Negelinus (*P*) #4
Schmitt, Caspar, *um 1515 Mellerstadt; - gen. Farinopolitanus; Ps. Caspar Faber (*L-P*) #4

Schmitt, Erika, *19.11.1906 Saarbrücken; - Ps. Erika Schmitt-Sackersdorf (*J-R-S*) #3,4
Schmitt, Franz, *6.1.1900 Ludwigshafen, †31.8.1985 Altrip; - Ps. Ottl (*E*) #4
Schmitt, Hans, *9.2.1901 Essen, †2.3.1978 Köln; - Ps. Fritz Franz Florian; Hans Schmitt-Rost (*E-F-P*) #3,4
Schmitt, Hans Peter, *11.12.1880 Echternach/ Lux., †27.12.1954 Leipzig; - Ps. Hans Peter Schmiedel (*F-S*) #3,4
Schmitt, Heinrich, *27.8.1876 St.Johann/Saar, †30.3.1911 Bitburg; - Ps. Henricus Contentus; Heinrich der Hammerschmied (*E-L-P*) #3,4
Schmitt, Heinrich, *9.3.1894 Wien, †11.2.1976 München; - Ps. Frank Arnau; Fabricius; Don Urana (*D-F-L-P-R*) #3,5,8,18
Schmitt, Josef Adolf, *5.8.1881 Bingen, †5.8.1966 Ingelheim; - Ps. Saladin; Adolf Schmitt-Kraemer (*E-L-P-R*) #3
Schmitt, Lis, geb. Böhle, *31.7.1901 Köln; - Ps. Lis Böhle; Lis Schmitt-Böhle (*E-F-L-P*) #3,4
Schmitt, Mélie, *15.11.1900 Straßburg, †1986 Straßburg; - Ps. Eve Brion (*E-F-P-S*) #3,4
Schmitt, Peter, *9.6.1924 Beuthen/Oberschles.; - Ps. Thomas Berg (*P-R*) #3,4
Schmitt, Rudolf, *24.8.1903 Sulzthal/Ufr., †7.3.1971 München; - Ps. Rudolf Schmitt-Sulzthal (*E-L-P*) #3,4
Schmitt, Samuel, *20.9.1920 Viernheim; - Ps. Sammy Schmitt (*E-F-P-R*) #3,4
Schmitt, Theodor, *21.1.1913 Straßburg; - Ps. Witz Witzer (*E-L*) #3,4
Schmitt, Wilhelm Carl, *7.7.1897 Düsseldorf, †25.2.1984 Düsseldorf; - Ps. Wilcar Schmitt; Wim-Wim (*F-L-N-S*) #3
Schmitt, Willi, *21.7.1929 Saarlouis; - Ps. Will Smit (*E-P-R*) #3,4
Schmitt-Mix, Walter, *24.4.1949 Trier; - Ps. Walter Liederschmitt (*L-P*) #4
Schmittdiel, August, *3.2.1831 Warburg; - Ps. Ernst Faber (*E-J-L-P*) #1,3,4
Schmitz, Betty, *25.5.1903 Wesel, †3.6.1979 Freiburg/Br.; - Ps. Betty Schneider (*E-M-N-P-R*) #3,4
Schmitz, Heinrich, *30.3.1885 Köln; - Ps. Heinrich Schmitz im Broich (*E-R*) #3,4
Schmitz, Hermann James, *16.6.1936 Duisburg; - Ps. Swami Alok Chinmayo (*E-L-P*) #3,4
Schmitz, Hermann Josef, *16.5.1841 Köln; - Ps. Fabrizius (*P*) #3
Schmitz, Hubert, *16.5.1867 Düsseldorf, †5.8.1913; - Ps. H. Faber (*P*) #3,4
Schmitz, Ida Magdalena, *27.1.1921 Berlin; - Ps. Magda Finck-Schmitz (*E-L-P*) #3
Schmitz, Joseph, *18.9.1899; - Ps. Hermann Joseph Fabricius (*P*) #3
Schmitz, Jupp, *14.2.1896 Krefeld, †Krefeld-Uerdingen; - Ps. Jupp Schmitz-Uerdingen; Jusch (*E-R-S*) #3,4
Schmitz, Maria, *26.2.1858 Neuß; - Ps. R. Fabri de Fabris; Angelika Harten; Maria Schmitz-Köhler (*E-J-M-R*) #1,2,3,4
Schmitz, Moritz, *21.6.1833 Rheinberg; - Ps. Schwarz v. Schwarzenfels; Zirom (*L-P*) #3
Schmitz, Nanna, geb. Reiter, *19.2.1932 Bochum; - Ps. Nanna Reiter (*F-J-P-R*) #3,4
Schmitz, Paul, *16.1.1871 Basel, †7.4.1953 Verikon/Zürichsee; - Ps. Dominik Müller (*E-L-S*) #3,4
Schmitz, Paul, *12.12.1903; - Ps. Paul Schmitz-Kairo (*P*) #3,4
Schmitz, Rolf, *1941; - Ps. Jerry Cotton; Rolf Tobias (*R*) #16
Schmitz, Siegfried, *27.12.1886 Neutitschein/ Mähren, †1941 Jerusalem; - Ps. E. G. Fried (*P*) #3,4
Schmitz, Siegfried, *5.2.1931 Borschemich/ Rhl.; - Ps. Peter Faber (*J-P*) #3,4
Schmitz, Theodor, *10.6.1903 Lingen/Ems, †10.11.1978 Wien; - Ps. Theo Lingen (*E-F-P-S*) #3,4
Schmitz, Walter H., *28.6.1923 Kleve/Ndrh.; - Ps. Walter Faber (*P-R*) #3,4
Schmitz-Bunse, Waltraut-Elisabeth, *14.8.1926 Wuppertal; - Ps. Ruth Moser (*E-F-P*) #3,4
Schmitz-Reinfeld, Christian,*21.10.1905 Köln; - Ps. Silberhell (*N-R*) #3
Schmöcker, Liselotte, *14.7.1926 Oldenburg; - Ps. Autorin (*L*) #3,4
Schmolck, Benjamin, *21.12.1672 Brauchitschdorf, †12.2.1737 Schweidnitz; - auch Schmolcke; Schmolke (*L*) #1,4, 13
Schmoll, Gisela, *19.3.1880; - Ps. Selim Gollisch; G. Süllens (*L-P*) #3
Schmoll, Heinz, *20.11.1911 Berlin; - Ps. Cl. Holms (*F-P*) #3,4
Schmoll, Josef Adolf, *12.2.1915 Berlin; - gen. Eisenwerth (*P*) #4
Schmoll, Werner, *11.12.1926 Leipzig; - Ps. Jean Taureau (*E-J-R*) #3,4
Schmook, Alexander, *1.5.1888 Berlin, †20.12.1969 Wächtersbach/Hessen; - Ps. Sandor (*E-F-L-P*) #3,4
Schmucki, Oktavian, *8.1.1927 Rieden/St.Gallen; - gen. Oktavian von Rieden (*P*) #4
Schmuderer, Max, *29.4.1867 Landshut; - Ps. Otto Maretsch (*P*) #3
Schmujlow-Claaßen, Ria, *12.10.1870 Tilsit; - Ps. Ria Claassen (*P*) #3,4
Schmuttermaier, Emma Maria, *(1938) Kansas/USA, †16.1.1959 Darmstadt; - Ps. E. M. Henn; Emma Maria Henn Schmuttermaier (*E-R*) #3,4
Schmutz, Franz, *29.3.1888 Höbarthen/N.-Ö., †16.6.1972 Wien; - Ps. Franz Schmutz-Höbarthen (*E-L*) #3,4
Schnabel, Herbert Richard, *11.6.1910 Großpostwitz/Sa., †1982; - Ps. Henri Breton; Ferdinand Caroll; Gabriel Stargaard (*D-F-L-N-R*) #3,4

Schnabel, Hermine, *18.11.1874 Kedabeg/Kaukasus; - Ps. Goffry (*L-N*) #2,3
Schnabel, Hieronymus Wilhelm, *30.8.1656 Bremen, †24.11.1702 Bremen; - auch Snabel; Ps. Guilelmus Musophilus; Gelasius Trismegistus (*L-P*) #6
Schnabel, Johann Gottfried, *7.11.1692 Sandersdorf b. Bitterfeld, †Stolberg/Harz; - Ps. E. v. H.; Gisander; Historiographus; Ignotus (*P-R*) #4,5,6,7,11,13,14,19,20
Schnack, Friedrich, *5.3.1888 Rieneck/Ufr., †6.3.1977 München; - Ps. Charles Ferdinand; Oto (*E-F-J-L-P-R*) #3,4,5,8,10,17
Schnackenburg, Clara, *1.3.1845 Berlin; - Ps. C. Wittburg (*E-P-N-R*) #2,3,4
Schnappinger, Bonifacius Martin von, *5.10.1762 Neuburg/Do.; - Ps. Bonifacius Wunibald (*P*) #6
Schnare, Karl, *27.11.1899 Remmighausen/Lippe; - Ps. Cascha Reli (*E-L-M-R*) #3,4
Schnaß, Frank, *25.1.1889 Düsseldorf; - auch Franz Schnaß (*J-L-P*) #3,4
Schneeberger, Andreas, *(1776); - Ps. Andreas auf Antitum (*L*) #4
Schneeberger, Franz Julius, *7.9.1827 Wien, †25.7.1892 Graz; - Ps. Arthur Storch (*D-R-S*) #1,3,4
Schneeberger, Hans, *15. Jh.; - auch Schneeperger (*L*) #4,13
Schneeberger, Irmgard, *5.2.1935 Regensburg, †12.3.1994 Zürich; - Ps. Barbara Gray; Sandra Paretti (*P-R*) #3,4,5,8
Schneeberger-Schultheß, Ursula, *25.3.1920 Ochlenberg/Bern; - Ps. Ursula Schultheß (*E-L-N*) #3,4
Schneegans, Karl August, *8.3.1835 Straßburg, †2.3.1898 Genua; - Ps. Alsaticus; S. Bruière; Saint Bruière (*E-N-P-R*) #1,3,4
Schneegaß, Cyriacus, *5.10.1546 Bufleben b. Gotha, †23.10.1597 Friedrichroda/Thür.; - auch Snegasius (*L-P*) #1,4,11,13
Schneegaß, Elias, †1697 Hamburg; - Ps. Antonius a Mara (*P*) #6
Schneesing, Johannes, †1567 Friemar b. Gotha; - Ps. Johannes Chyomusus; Johannes Chyomusus (*L-P*) #4,11,13
Schneevogel, Paulus, *um 1460 Eger, † Bautzen; - Ps. Paulus Niavis (*E-P*) #4,13,14
Schneider, Adalbert Virgilius Ambrosius, *27.11.1859 Graz; - Ps. Albert Schnitter (*E-L-P-S*) #1,3,4
Schneider, Adolf, *12.6.1845 Tauberbischofsheim; - Ps. Adolf Waldemar (*L-M-P*) #1,3,4
Schneider, Adolph Wilhelm, *1785 Wieze, †1824 Blasewitz b. Dresden; - Ps. Dichterecht Ehrendeutsch (*L*) #4,6,11,13
Schneider, Albert, *7.11.1895 Glauchau/Sa., †7.5.1961 München; - Ps. Alek Snyder (*E-F-R*) #3,4
Schneider, Anton, *22.2.1911 Manzell/Bodensee; - Ps. Anton Schneider-Manzell (*L-S*) #4
Schneider, Anton Friedrich, *27.6.1869 Sudenburg b. Magdeburg; - Ps. Anton Friedrich Schneider-Sudenburg (P-S) #4
Schneider, Bertha, *3.4.1910 Berlin; - Ps. Angelika Aurel (*F-J-S*) #3
Schneider, Christian Jakob von, *29.8.1772 Berlin, †11.3.1829 Marne/Süderdithm.; - Ps. Sänger von Marne; Julius Stendro (*E-P*) #1,4,6,11
Schneider, Franz, *2.7.1894 Ludwigshafen, †12.12.1973 München; - Ps. Frank Schneider-Chrieden (*F-L-P-R-S*) #3,4
Schneider, Fritz, *6.5.1902 Leipzig; - Ps. Velten Rolves (*E-F-R*) #3,4
Schneider, Georg, *15.4.1902 Coburg, †24.11.1972 München; - Ps. Erno P. Scheidegg (*E-F-L-P-R*) #3,4,5
Schneider, Gottfried, *8.1.1916 Wien; - Ps. Anton Derschney (*F-N-P-R*) #3,4
Schneider, Guilherme, *1.3.1896 Itajahy/Brasilien; - Ps. Rio Volbrandt (*D-S*) #3
Schneider, Gustav Adolf Stanislas, *7.11.1848 Elsnig/Oberschles.; - Ps. A. Stanislas (*E-L*) #1,3,4
Schneider, Gustav Heinrich, *21.1.1859 Stettin, †7.1.1909 Berlin; - Ps. G. H. Scheidner; Gustav Heinrich Schneideck (*D-E-L-P-R*) #3,4
Schneider, Hans Leupold, †25.4.1528 Augsburg; - Ps. Liepolt Schneider (*L*) #4
Schneider, Hansjörg, *27.3.1938 Aarau; - Ps. Peter Fischwanz (*D-E-F-P-R*) #3,4,5
Schneider, Hedwig, *15.10.1847 Lebno/Westpreußen; - Ps. H. Schaffer; H. Seewald (*E*) #1,2,3,4
Schneider, Heinrich, *12.11.1872 Bonn; - Ps. Heinrich vom Rhein (*P*) #3
Schneider, Heinrich Emil, *29.1.1839 Mühlberg/Elbe, †28.4.1928 Hasbrouck Heights/USA; - Ps. Sartorius Episcopus; E. S. von Mühlberg; Emil Sartorius (*E-L-P-S*) #1,3,4
Schneider, Helene, *5.1.1874 Leipzig, †17.6.1958 München; - Ps. Lena Stein-Schneider (*L-M-S*) #3
Schneider, Herbert Erich, *17.3.1900 Dresden; - Ps. Erich Herbertsen (*L-P*) #4
Schneider, Hermann, *19.7.1903 Heilbronn, †15.4.1957 München; - Ps. Maximilian Rott (*E-R*) #3,4
Schneider, Hermine, *26.3.1855 Frankenthal, †1911; - Ps. H.; Hermine Louran; H. Waldemar (*E-J-R*) #1,2,3,4
Schneider, Hugo, *14.10.1914 Friedenstal/Bessarabien; - Ps. Egon Merker (*E-L-P*) #3,4
Schneider, Ida Mathilde, *11.12.1853 Marienburg a. d. Nogat/Westpr.; - Ps. Mechthildis von der Nogat (*E-L-P*) #1,2,3,4
Schneider, Johann, *23.11.1912 Tobsdorf/Siebenb.; - Ps. Hans Schneider-Tobsdorf (*D-L-R*) #3,4
Schneider, Johann Georg, *20.10.1756 Wipfeld b. Würzburg, †1.4.1794 Paris; - Ps. Eulogius Schneider (*P*) #1,4,11,13

Schneider, Johannes, *15.2.1869 Würzburg; - Ps. Hans Trennfeld (*P*) #3

Schneider, Josef Bernhard, *12.1.1887 Wischau/Mähren; - Ps. Lothar Eisen; Johannes Marr (*N-P*) #4

Schneider, Josef Rudolf, *31.7.1883 Markt-Erlbach/Franken; - Ps. Rudolf Schneider-Franke (*D-S*) #4

Schneider, Josephine, *6.9.1885 Rabenstein/Böhmerwald; - Ps. Josephine Schneider-Foerstl (*E-F-L-P-R*) #3,4

Schneider, Karl-Hermann, *3.3.1948 Kassel; - Ps. Carsten Peters (*E-J-L-P-R*) #3,4

Schneider, Karla, *14.11.1938 Niederpoyritz; - Ps. Karla Sander (*E-J-L-R*) #3,4

Schneider, Kurt, *16.10.1853 Seeligstadt; - Ps. v. d. Röder (*P*) #3

Schneider, Lina, *15.1.1831 Weimar, †1.9.1909 Köln; - Ps. Wilhelm Berg (*L-P-S*) #2,3,4

Schneider, Ludwig Wilhelm, *29.4.1805 Berlin, †16.12.1878 Potsdam; - Ps. L. W. Both; Louis Schneider (*D-E-P-R*) #1,4,13

Schneider, Martha, geb. Willkomm, *10.2.1856 Tharandt/Sa.; - Ps. Benvenuto Sartorius; Martha Willkomm-Schneider (*E-N-R*) #1,2,3,4,5

Schneider, Paulus, *1569 Nürnberg, †28.2.1609 Innsbruck; - auch Schneickher; Ps. Paulus Sartorius (*L*) #4,11,13

Schneider, Reinhold, *19.6.1894 Frankenthal; - Ps. Karl Baumbauer; Karl Schneider-Baumbauer (*D-E-L-P-S*) #3,4

Schneider, Robert, *6.12.1875 Darmstadt, †18.5.1945 Darmstadt; - Ps. Bienchen Bimbernell (*E-L*) #3,4

Schneider, Rudolf, *8.3.1890 Antwerpen, †18.5.1956 München; - Ps. Rudolf Schneider-Schelde (*D-E-F-N-R-S*) #3,4,5

Schneider, Rudolf, *3.1.1900 Groß Zschachwitz, †21.1.1964 Bernburg/Saale; - Ps. Rudolf Schneider-Anhalt (*E-L-N-P*) #3,4

Schneider, Selma, *11.5.1830 Bunzlau, †1905; - Ps. Selma Effenberger; Sophie Roberts; S. Sartorius (*R*) #2,3,4

Schneider, Theo, *6.6.1952 Untersulzbach; - Ps. Theo Schneidero (*L-P*) #3,4

Schneider, Ursula, geb. Zabel, *9.6.1908 Rostock; - Ps. Ursula Schneider-Zabel; Ursula Zabel (*D-E*) #3,4

Schneider, Utta, geb. Dennerler, *(1956) Berlin; - Ps. Utta Danella; Utta Dennerler; Stephan Dohl; Sylvia Groth (*E-R*) #3,4,5

Schneider, Walter, *21.1.1924 Frankfurt/M.; - Ps. Michael Forster; Fred Gontard (*E-F-J-R*) #3,4

Schneider, Wilhelm, *29.1.1862 Köln, †7.11.1949 Köln; - Ps. Wilhelm Clauß, Wilhelm Schneider-Clauß (*E-L-P-R*) #1,3

Schneider, Wilhelm Michael, *4.12.1891 Altrip/Pfalz, †7.4.1975 Frankfurt/M.; - gen. Perhobstler; Ps. Wilhelm Michael (*E-P-R*) #3,4

Schneider, Willi, *19.4.1913 Wien; - Ps. Willi Zeesen (*E*) #4

Schneider-Lengyel, Ilse, *10.1.1903 München, †3.12.1972 Reichenau/Bodensee; - Ps. Ilse Schneider (*L-P*) #3,4

Schneiderfranken, Joseph Anton, *25.11.1876 Aschaffenburg, †14.2.1943 Lugano/Schweiz; - Ps. Bô Yin Râ (*L-P*) #3,4

Schneiderhan, Johannes, *18.11.1855 Nordstetten, †2.8.1930 Schwäbisch Gmünd; - Ps. Friedmann; Hans v. Stetten (*P*) #3,4

Schneiderreit, Gustav, *19.11.1803 Breslau, †27.9.1847 Breslau; - Ps. Dietrich Seren; Gustav Strahl (*L*) #4,11

Schneidewind, Johann; - auch Schneidenwindt; gen. Der Wegräumende/FG 218/1632 #11, 12,13

Schneidhuber, Thea Graziella, *3.8.1881 Lyck/Ostpr.; - Ps. Thea Graziella; Achim Tegra (*D-E-L-P-R*) #1,3,4

Schneidrzik, Willy, *10.9.1915 Berlin; - Ps. Thomas Bruckner; Dr. med. Fabian; Fabian Hafner; Gerd Hafner; Peter Satorik; Peter Sebastian (*J-P-R*) #3,4

Schneidt, Karl Borromäus, *13.5.1854 Rußhütte/Saarl.; - Ps. Karl von Klarenthal; Mephisto; Hans Streit; C. v. Thal (*D-N-P-R*) #1,3,4

Schnell, Friedrich, *31.3.1875 Bremen; - Ps. Fritz'l Lensch (*E-L*) #3,4

Schnell, Martha, geb. Paulus, *15.11.1903 Mülhausen/Elsaß; - Ps. Martha Paulus (*L-P*) #3,4

Schneller, Julius Franz, *9.3.1777 Straßburg, †15.5.1833 Freiburg/Br.; - Ps. Friedrich Hain; Julius Velox (*P*) #4,11,13

Schneller, Karl, *19.4.1878 Wien; - Ps. Hans Radorff (*L-S*) #3,4

Schnetz, Wolf Peter, *27.9.1939 Regensburg; - Ps. Florian Winterstein (*L-P*) #3,4

Schneuber, Johann Matthias, *2.2.1614 Mühlheim am Bach/Baden, †26.12.1665 Straßburg; - gen. Der Riechende/FG 498/1648 (*L-P*) #4,11,12,13

Schnezler, August, *4.8.1809 Freiburg/Br., †11.4.1853 München; - Ps. August Palmer (*D-E-L-P-S*) #1,4,13

Schnidtmann, Elisabeth, *8.1.1891 Bonnland/Ufr.; - Ps. Elisabeth Schnidtmann-Leffler (*E-L-P*) #3,4

Schnirle, Joseph, *3.2.1860 Pfaffenburg/Ndb.; - Ps. Cordon de Seda (*L-P*) #4

Schnitter, Johannes, *24.4.1494 Eisleben, †22.9.1566 Berlin; - gen. Magister Islebius; Ps. Johannes Agricola (*D-L-P*) #1,4,5,11,13, 14,15,19

Schnittger, Klaus Thomas, *27.11.1950 Dortmund; - Ps. Manolito (*F-L-P*) #3,4

Schnitzer, Fränze, *16.5.1897 Berlin; - Ps. Hanna Heßling (*E*) #3,4

Schnitzer, Isaak Eduard, *28.3.1840 Oppeln, †23.10.1892 Kanena/Afrika; - Ps. Mehmed Emin Pascha (*P*) #4,13,15

Schnitzer, Manuel, *12.2.1861 Andrychau/Galizien, †11.4.1941 Berlin; - Ps. Hans Balduin; Z. Chrestin; M. Nuél; Pieterjann (*E-J-L-N-P-R-S*) #1,3,4

Schnitzlein, Karl Wilhelm, *13.10.1719 Leuchtershausen,†27.12.1785 Ansbach; - Ps. Alexander; Brennophilus; Traugott Groot (*P*) #6

Schnitzler, Arthur, *15.5.1862 Wien, †21.10.1931 Wien; - Ps. Anatol (*D-E-L-N-P-R-S*) #1,3,4,5,8,14

Schnitzler, Erwin, *26.3.1908 Berlin; - Ps. Eddy Schnitzler-Carey (*N-R*) #3

Schnitzler, Wolfgang, *13.12.1922 Berlin; - Ps. Marcel Valmy (*F-P-R-S*) #3,4

Schnobel, Erna, *26.7.1902 Kolberg/Pommern; - Ps. Erna Lange (*E-P-R*) #3,4

Schnog, Karl, *14.6.1897 Köln, †23.8.1964 Berlin; - Ps. Carl Coblentz; Anton Emerenzer; Ernst Huth; Kornschlag; Tom Palmer; Charlie vom Thurm (*F-L-P*) #3,4,14,18

Schnoor, Hermann, *16.11.1863; - Ps. K. F. Hermann (*N-R*) #3

Schnorr, Heinrich Theodor Ludwig, *6.1.1760 Amelunxen/Westf., †25.10.1835 Amelunxen/Westf.; - Ps. Hennige Küper (*P*) #4,11

Schnorrenberg, Walter Heinrich, *18.3.1895 Köln, †15.6.1925 Berlin; - Ps. Walter Rheiner (*L-N-P*) #4

Schnurbusch, Hein, *18.9.1899 Mülheim/Ruhr; - Ps. Henner Uthe (*R*) #3,4

Schnurpfeil, Georg, *16.2.1856 Oberglogau/Schles., †Leobschütz; - Ps. Taupyl (*E-P*) #3,4

Schnurr, Balthasar, *25.2.1572 Lensiedel/Jagst, †1644 Hengstfeld b. Kirchberg/Jagst; - Ps. Lazarus Sandrub (*P*) #1,4,11,13

Schnyder-Seidel, Barbara, *15.12.1912 Bern; - Ps. Barbara Seidel (*F-P-R*) #4

Schöbel von Rosenfeld, Georg von, *15.7.1640 Breslau, †17.11.1680 Magdeburg; - gen. Der Fröhliche/DG-L; Der Himmlischgesinnte/FG 817 #4,11

Schöber, David Gottfried, *1696 Gera, †17.5.1778 Gera; - Ps. Coelestin; D. G. S. (*L-P*) #4,13

Schober, Hermann, *16.6.1918 München; - Ps. Stephan Kilian (*P-R*) #3,4

Schober, Thekla von, *28.6.1810 Kalisch, †1.4.1897 Dresden; - Ps. Thekla von Gumpert (*J*) #3,4,13,17

Schoch, Erich, *11.5.1892 Berlin; - Ps. Halden-Halderstedt; Herbert Sanderwet (*R-S*) #3

Schoch-Bodmer, Helen, geb. Bodmer, *18.5.1897 Zürich; - Ps. Vera Bodmer (*L*) #4

Schodder, Karl, *6.12.1899 Hannover, †9.6.1966 Berlin; - Ps. Paul Böllert (*P*) #3

Schödel, Hanns, *6.1.1894 Bayreuth; - Ps. James Boschhorn; Hanns Gegenwart; Peter Luginsland (*D-E-L-R-S*) #3,4

Schodel, Karl, *(1837) Ungarn; - Ps. Adolf Strahl (*E-N-P*) #1,4

Schoder, Alois, *17.12.1878 Vandans/Vorarlberg; - Ps. Franz Sorge (*E-P-R*) #3,4

Schodl, Victor, *28.7.1873 Mödling b. Wien; - Ps. Victor (*P*) #3

Schodoler, Balthasar, * 16. Jh.; - auch Schodeler (*P*) #4,13

Schodoler, Werner, *um 1547 Bremgarten/Aargau, †1587 Bremgarten; - auch Schodeler (*P*) #4,13

Schodoler, Werner, *um 1490 Bremgarten/Aargau, †um 1540 Bremgarten; - auch Schodeler (*P*) #4,13

Schoeb, Erika, *(1988); - Ps. Denis DeWitt; Wernher von Grau (*R*) #7

Schoebel, Agnes, *8.8.1867 Berlin; - Ps. Frou-Frou; H. v. Schandow (*E-N-R*) #1,2,3,4

Schoeller, Philipp von, *4.1.1892 Groß Czakowitz b. Prag, 8.6.1977 Salzburg; - Ps. Philipp Freihofer (*E-P*) #3,4

Schoene, Heinrich, *16.8.1851 Münster, †24.5.1929 Brühl/Rh.; - Ps. H. Schellerhorst (*E-N-R-S*) #1,3,4

Schoenebeck, Willi, *(1984); - Ps. Jerry Cotton; Eliot Spencer (*R*) #16

Schoener, Josef, *Deining, †20.11.1924 Bad Tölz; - Ps. Josef Deininger (*D-R*) #3

Schoeppl, Hugo, *26.6.1867 Wels/O.-Ö., †17.12.1928 Wien; - Ps. Hugo S.; Thonhofer (*D-L-P-R*) #1,3,4

Schoeppl, Maria, *14.7.1895 Wien, †14.3.1954 Wien; - Ps. Mizzi Schoeppl; Oswald Strehlen (*N-P-R*) #3,4

Schoeps, Hans Joachim, *30.1.1909 Berlin, †8.7.1980 Erlangen; - Ps. Joachim Frank (*P*) #3,4,18

Schofer, Josef, *31.1.1866 Bühlertal/Baden, †30.10.1930 Freiburg/Br.; - Ps. Ernst Geradaus (*P*) #1,3,4

Schöffer, Wilhelm, *27.1.1894 Hamburg; - Ps. C. R. Hummel (*P*) #3

Schöffler, Rosemarie, *23.6.1925 Leipzig; - Ps. Micheline Maurits (*E-P*) #3

Schoffthor, *(1460); - auch Der Arme Schoffthor (*L*) #4

Scholem, Gershom, *5.12.1897 Berlin, †20.2.1982 Jerusalem; - urspr. Gerhard Scholem (*P*) #4

Schöler, Charlotte von, *4.10.1849 Berlin, †4.7.1898 Coburg; - Ps. Claus Schmoll (*E-R*) #1,2,3,4

Schöler, Ellen, *16.6.1903 Berlin, †28.2.1984 Nürtingen; - Ps. Jella Karras; Ernest Riccard; Wimm Willborg; Eva Wittmund (*J-R*) #3,4

Schöler, Ottilie von, *25.11.1828 Berlin, †11.3.1895 München; - Ps. A. Duroy-Warnatz; Matthias Warnatz (*P-R*) #1,2,3,4

Scholl, Fritz, *11.9.1873; - Ps. Immos (*E-L*) #3,4

Scholl, Karl, *17.8.1820 Karlsruhe, †27.3.1907 München; - Ps. Karl Noris (*D-L-P*) #1,4

Schollak, Gylfe, *(1981) Leipzig; - Ps. Gylfe Schollak-Rittweger (*F-J-P-R*) #3,4

Schölmerich, Joseph, *1913; - Ps. Joseph Scholmer (*P*) #4

Scholtes, Roger, *3.1.1917 Luxemburg; - Ps. Jan van Orth (*N-R*) #3,4

Scholtis, August, *7.8.1901 Bolatitz/Oberschlesien, †26.4.1969 Berlin; - Ps. Alexander Bogen (*D-E-F-L-P-R-S*) #3,4,5,10

Scholtze, Friedrich, *1.11.1602 Seitendorf b. Schönau, †24.12.1658 Wohlau; - Ps. Friedrich Scultetus (*L-P*) #4

Scholz, August, *27.9.1857 Imilien b. Pleß/Oberschles., †8.10.1923 Berlin; - Ps. Thomas Schäfer (*E-N-P*) #3,4

Scholz, Guenter, *5.8.1924 Hirschberg/Schles.; - Ps. Christian Opitz (*R*) #3,4

Scholz, Herbert Carl, *12.1.1921 Waldenburg/Schles.; - Ps. Floscenti Carlo (*F-R-S*) #3,4

Scholz, Hugo, *27.7.1896 Ottendorf/Böhmen, †15.10.1987 Seeg; - Ps. Hans Balderbauer; Urli Hofer; H. Roggenberger; Hauke Urlich (*E-N-R-S*) #3,4

Scholz, Joseph, *7.9.1773 Hamburg, †16.2.1811 Hamburg; - Ps. Claude Macario (*L-P*) #4,11

Scholz, Manfred, *22.12.1903 Magdeburg; - Ps. Fred Rachetti (*D-E-R*) #3,4

Scholz, Marie, *1.12.1861 Schloß Strzebowitz/Schles., †30.3.1944 Schloß Strzebowitz; - Ps. Marie Stona (*E-L-N-P-R*) #1,2,3,4

Scholz, Oskar, *3.12.1864 Wien; - Ps. Ansgar; Scholar (*P*) #3

Scholz, Theodor, *5.6.1883 Ibbenbüren, †3.1.1964 Müllheim/Baden; - Ps. Theodor Büren (*L-P*) #3,4

Scholz, Wilhelm von, *15.7.1874 Berlin, †29.5.1969 Seeheim b. Konstanz; - Ps. Joh. Adam Fromtz; P. W. Spaßmöller (*D-E-L-N-P-R-S*) #3,4,5,8,10

Scholz, Winfried, *1925, †1981; - Ps. W. Brown; Winston Brown; Bert F. Island; Mark Powers; W. W. Shols; Munro R. Upton (*P-R*) #16

Scholze, Benno, *12.3.1928 Ostro b. Kamenz, †13.9.1986; - auch Beno Solta (*R*) #4

Scholze, Johann Sigismund, *20.3.1705 Lobendau/Schles., †28.9.1750 Leipzig; - Ps. Sperontes (*L-S*) #4,11,13

Schomacker, Hanna, *26.8.1858 Schloß Wenden/Livland, †25.11.1913 Wiesbaden; - Ps. Reinhold Treyden (*D-N-R-S*) #2,3,4

Schomburg, Walter, *27.5.1915 Göttingen; - Ps. Christian Grosch (*P*) #3,4

Schomer, Nikolaus, *24.7.1613 Osnabrück, †18.11.1690 Lübeck; - Ps. Viktor Hueter (*P*) #6

Schomerus-Gernböck, Lotte, *16.12.1927 Salzburg; - Ps. Lotte Gernböck (*F-P*) #3,4

Schön, Bruno, *1809 Ober-Sandau b. Marienbad/Böhmen; - Ps. Simplicius Freundlich (*P*) #4

Schön, Christian, *15.10.1677 Hainewalde b. Zittau, †2.7.1755 Leipzig; - Ps. Christian Irenicus (*P*) #6

Schön, Eduard Ritter von, *23.1.1825 Engelsberg/Ö.-S., †27.5.1879 Deutsch-Jaßnik/Mähren; - Ps. E. S. Engelsberg (*L-P*) #4,13

Schön, Friedrich, *30.8.1879 Saarbrücken, †10.1.1946 Berlin; - Ps. P. F. W. Schönburg (*L-N-P-R*) #3,4

Schön, Johann, *26.11.1802 Langendorf/Mähren, †13.3.1839 Breslau; - Ps. Heinrich von Seelen (*D-L-P*) #1,4

Schön, Johann Matthias Albrecht, *29.8.1800 Hamburg, †7.4.1870 Hamburg; - Ps. J. M. Heski; J. Krohn (*L-P*) #1,4,13

Schön, Lazar, *10.3.1881 Dolzky; - Ps. Ludwig Gallus (*P*) #3

Schön, Ludwig, *21.5.1878 St.Johann/Saar; - Ps. Ludwig Schoen-Saar (*P*) #3

Schön, Oswald, *6.4.1836 Menzingen/Zug, †20.3.1879 Bern; - Ps. Meinrad Ernst; J. Habakuk; Traugott Imgrün; n.; O. Sch. (*E-J-L*) #4

Schön von Kreuzenau, Marianne, *19.7.1889 Wien, †23.1.1974 Wien; - Ps. Marianne von Schön (*P-R*) #3,4

Schön-Wrann, Margarethe, *25.1.1905 Villach/Kärnten; - Ps. Michele Wrann (*D-E-F-L*) #3

Schonauer, Ruth, *1.6.1922 Siegburg; - Ps. Ruth Rehmann (*E-F-R*) #3,4,5,8,10

Schönberg, Andreas von, *22.2.1600 Wolkenstein/Sa., †3.8.1688 Dresden; - gen. Der Schmäuchende/FG 380/1642 #11,12

Schönberg, Armin, *25.2.1912 Hainsberg b. Dresden; - Ps. Pert Solm (*F-P*) #3,4

Schönberg, Ernst Arwed Freiherr von, *4.1.1850 Schloß Wilsdruff/Sa.; - Ps. Ernst Arwed (*N-R*) #1,3,4

Schönberg, Georg, *17. Jh. Halle; - gen. Kallorin/ES #11

Schönberg, Gertrud, geb. Kolisch, *(1928); - Ps. Max Blonda (*S*)

Schönberg, Hans Dieterich von, *17. Jh.; - gen. Der Aufmunternde/FG 752 #11

Schönberg, Irmgard von, *(1893); - Ps. Primula Vera (*P*) #2

Schönberg, Kaspar Abraham von, *17. Jh.; - gen. Der Verträgliche/FG 858 #11

Schönberg, Moritz Christoph von, *17. Jh.; - gen. Der Willigste/FG 808 #11

Schönberg, Oskar, *18.3.1892 Magdeburg, †2.8.1971 Magdeburg; - Ps. Lieder-Jahn (*L-R*) #3

Schönberg-Reichstädt, Marie Wilhelmine, *24.10.1839 Kiel; - Ps. M. von Ruth (*E-N*) #2,3,4

Schönberger, Inge-Katrin, *9.12.1957 Gütersloh; - Ps. Inge-Katrina Dillenburger; Katrin Dillenburger (*J-L*) #3

Schönbrodt-Kreuzer, Ingeborg, *(1971); - Ps. Jill Zurecker (*R*) #3

Schondoch, *14. Jh.; - Ps. Hugo von Langenstein (*L*) #4,13

Schöne, Alfred, *16.10.1836 Dresden, †8.1.1918 Kiel; - Ps. A. Roland (*P*) #3,4

Schöne, Carl Christian Friedrich, *10.2.1779 Hildesheim, †25.7.1824 Stralsund; - Ps. Karl Nord (*D-P*) #1,4,6,11

Schöne, Karl Friedrich, *1795 Warschau, †1836 Berlin; - Ps. Sabinus; Sabinus aus Berlin (*L-P*) #4,11

Schöne, Reinhard Friedrich, *(1820); - Ps. Frauenlieb Frauenlob (*P*) #4,6

Schönebeck, Erich, *28.12.1884 Berlin, 8.4.1982 Berlin; - Ps. Eirik Karlsen (*D-E-P-R*) #3,4

Schönemann, Daniel, *16.2.1695 Greifswald, †1737 Koppen b. Glogau; - Ps. Sincerus (*P*) #4,6,11,13

Schönemann, Gerhard, *11.10.1911 Dresden; - Ps. Peter Schönau (*E-F-L-R*) #3,4

Schönemann, Johann Friedrich, *21.10.1704 Crossen/Oder, †16.3.1787 Schwerin; - Ps. Daniel Wolfgang Meyer (*D-P*) #4,13

Schönemann, Ludwig, *18.3.1824 Hildesheim; - Ps. Ludovicus Clericus (*P*) #3

Schönemann, Toni, geb. Hoencke, *7.6.1872 Kiel; - Ps. Toni Harten; Toni Harten-Hoencke (*L-N-P-R*) #1,3,4

Schönenbröcher, Michael, *1961; - Ps. Robert Craven (*P*) #16

Schönermark, Otto, *8.11.1865 Seesen/Harz; - Ps. H. Treseburg (*L-P*) #1,3,4

Schönfeld, Alfred, *30.3.1859 Breslau, †12.12.1916 Berlin; - Ps. Alfred Feld; Alfred Sennfeld (*S*) #3,4

Schönfeld, Franz Thomas, *12.7.1753 Brünn, †5.4.1793 Paris; - urspr. Moses Dobruska (*L-S*) #1,4,11

Schönfelder, Bruno, *6.6.1869 Dresden; - Ps. S. Felder (*P-R*) #3,4

Schönfelder, Johannes, *14. Jh. Niederösterr.; - auch Johannes von Schönfeld (*P*) #4

Schönfeldt, Johann Theobald von, *17.12.1617 Rudolstadt, †20.10.1658; - gen. Der Beruhigende/FG 443/1645 (*L-P*) #11,12

Schöngruber, Edmund, *8.8.1918 Spital/O.-Ö.; - Ps. Mundl Schöngruber; Edmund Schöngruber-Brandegger (*E-R*) #4

Schönheintz, Jakob, *(1502) Randersacker bei Würzburg; - auch Randersack; Randersacker; Ranisacker (*P*) #4

Schönhoff, Heinz Oskar, *6.4.1885 Goldingen, †5.5.1948 Berlin; - Ps. Heinz Möllendorff (*E-J-L-R*) #3,4

Schönhoff, Ilse Hildegard, geb. Riem, *14.8.1899 Berlin; - Ps. Friedel Hoff; Ilse Möllendorff; Ilse Hildegard Riem; Ilse Schönhoff-Riem (*E-J-L-R*) #3,4

Schönholz, Friedrich Anton von, *23.1.1801 Wien, †nach 1860 Berlin; - Ps. Fr. Bellegno; Dünnemann (*L-P*) #4

Schönhuth, Ottmar, *6.4.1806 Sindelfingen, †6.2.1864 Edelfingen; - Ps. Ottmar Heimlieb; F. H. Ottmar (*D-E-L-P-S*) #1,4,11,13

Schöningh, Eduard, *1.11.1888 Paderborn, †21.8.1966 Paderborn; - Ps. Eduard Anferson; Eduard Anton Durade; F. A. Rixius (*D-P-S*) #3,4

Schönleiten, Dietmar Edler von, *17.5.1926 Innsbruck; - Ps. Dietmar Schönherr (*E-F-J-P-R-S*) #3,4

Schönleiten, Vivi von, geb. Bak, *3.9.1939 Kopenhagen; - Ps. Vivi Bach; Vivi Schönherr (*E-N-P*) #3

Schönmann, Wilhelm W., *31.5.1863 Budapest; - Ps. Wilhelm Wolf (*N-R*) #3

Schönowsky von Schönwies, Maximilian, *9.6.1867 Teschen/Schles., †5.5.1925 Oberschützen/Burgenl.; - Ps. Max von Schönwies (*D-N*) #3,4

Schönowsky von Schönwies, Sophie, *10.8.1873 Krakau; - Ps. Sophie von Schönwies (*D-L*) #3

Schönrock, Hermann, *20.2.1850 Landsberg/Warthe; - Ps. Hermann Rock (*D-P-R-S*) #3,4

Schönsleder, Wolfgang, *1570 München, †17.12.1651 Schwäbisch-Hall; - Ps. Decorus Volupius Musagetes (*P*) #6

Schönstedt, Walter, *14.2.1909 Bernburg; - Ps. Walter (*E-R*) #4,8,18

Schönthan Edler von Pernwald, Franz, *13.9.1884 Wien, †27.5.1951 Lindenberg/Allg.; - Ps. Franzhans von Schönthan (*N-R*) #3,4

Schopenhauer, Luise Adelaide Lavinia, *12.6.1797 Hamburg, †25.8.1849 Bonn; - Ps. A. von der Venne (*E-L-P-R-S*) #4,13

Schöpfel, Johann Wolfgang Andreas, *3.12.1752 Neustadt/Aisch; - Ps. Jan Pierre (*D-E-R-S*) #4,6

Schöpfer, Georg Karl Ludwig, *13.3.1811 Göttingen; - Ps. W. C.A. Abenstein; Seb. Mor. Alvenstod; Dr. E. Amon; Dr. E. Antoni; Dr. H. L. Bernheim; G. Bertrant; Cagliastro; L. Delarosa; C. F. Fröhlich; William Esq. Sheets; Ludwig Scoper (*E-P-R*) #4,11

Schöpfer, Irene Friederike, *13.6.1814 Stempeda b. Sangershausen; - Ps. Irene Hertha; Natalie La Grande; Sigism. Mannsperg; Franziska Rosenhain; Schwester Gloriosa (*L-P*) #2,4

Schöpff, Friedrich Wilhelm, *15.11.1826 Dresden, †13.2.1916 Niederlößnitz; - auch Schöpf; Ps. Wilfried von der Neun; J. M. Schild (*L-P*) #1,3,4

Schoppe, Amalie Emma Sophie, *9.10.1791 Burg a. F., †25.9.1858 Shenectady/N.Y.; - Ps. A. S.; Amalia; Marie; Adalbert von Schonen (*E-J-N-R*) #1,2,4,5,6,9,11,17

Schöppe, Karl, *1851 Nebra/Unstrut, †1915 Naumburg/S.; - Ps. Der Wasserdichter; Scabinus (*P*) #4

Schoppe, Kaspar, *27.5.1576 Neumarkt/Opf., †19.11.1649 Padua; - auch Gasparus Schioppius; Gasparus Scioppus; Gaspare Scioppio; Gaspare Sciop; Ps. Franciscus Juniperus de Ancona; Augustinus Ardinghellus; Aspasius Grocippus; Isaac Casaubonus; Graf von

Claravelle; Wilhelm Ferdinand von Efferen; Euphormio; Mariangelo à Fano S. Benedicti; Christian Gottlieb von Friedberg; Sanctius Galindus; Fortunius Galindus Cantaber; Bernadinus Giraldus; Oporinus Grubinius; Daniel Hospitalius; Holofernes Kriegsoederus Landsbergensis; Nicodemus Macer; Nicodemus Macrus; Eucharius Martini; Eucharius Martinus Budiss. Lusatius; Philoxenus Melander; Pascasius Grosippus; Theophilus Sanctafidius; Christoph von Ungersdorff; Alphonsus de Vargas; Renatus Verdaeus (*P*) #4,6,13

Schopper, Hartmann, *1542 Neumarkt/Opf.; - auch Schopperus; Scoperus (*L-P*) #4,11,13

Schoppius, Andreas, *um 1538 Lebenstedt, †17.4.1614 Wernigerode; - Ps. Joh. Praetorius (*L-P*) #4,13

Schöppl, Siegfried Ritter von, *1.1.1885 Wien; - Ps. Siegfried Sonnwalden (*D*) #4

Schöppner, Alexander, *2.4.1820 Fulda, †3.8.1860 München; - Ps. Johannes Einsiedel (*L-P*) #1,4

Schorer, Christoph, *2.12.1618 Memmingen, †12.2.1671 Memmingen; - Ps. Ein Freund der Sternkunst; Otho Frischer Scr. (*P*) #4,13

Schorlemer-Alst, Burghard Freih. von, *20.10.1825 Schloß Herringhausen b. Lippstadt, †17.3.1895 Alst b. Burgsteinfurt; - gen. Westfälischer Bauernkönig (*P*) #4,13

Schorn, Henriette Wilhelmine Auguste, *23.12.1807 Nordheim, †17.5.1869 Weimar; - Ps. Henriette Nordheim (*E-N-P*) #2,3,4

Schorno, Anita, *5.10.1950 Hergiswil/Luzern; - Ps. Anita Schorno-Flury (*J-L*) #4

Schorno, Diethelm von, *1631 Schwyz, †19.10.1712 Arth/Schwyz; - Ps. Michael Angelus von Schorno (*P*) #4

Schorsch, Lina, *6.3.1851, †24.2.1919; - auch Luise Schorsch (*E*) #4

Schört, Brostrup, *17. Jh.; - gen. Der Geflissene/FG 593 #11

Schoßberger, Joseph, *1.3.1875 Brünn; - Ps. Karl Morburger (*E-P-R-S*) #3,4

Schosser, Johannes, *11.10.1534 Amalienruh, †3.7.1585 Frankfurt/O.; - auch Ioannes Schosserus; Ps. Aemilianus; Thuringus (*L*) #4,11,13

Schott, Caspar, *5.2.1608 Königshofen b. Würzburg, †22.5.1666 Würzburg; - auch Gasparus Schottus; - Ps. Aspasius Amuelius; Aspasius Caramuelius (*P*) #4,11

Schott, Ernst, *25.11.1875 Chemnitz; - Ps. A. Ernst; Albert Ernst (*P*) #3

Schott, Margarete, *1.4.1908 Oppeln/Oberschles., †4.2.1994 Palling b. Traunstein; - Ps. Angela Silesia (*F-L*) #4

Schottelius, Justus Georg, *23.6.1612 Einbeck, †25.10.1676 Wolfenbüttel; - eig. Justus Georg Schottel; gen. Der Suchende/FG 397/1642; Fontano/PB (*L-P-S*) #1,4,5,11,12, 13,14

Schottenius, Hermann, *(1526); - eig. Hermann Ortmann; gen. Hessus (*D-P*) #4,13

Schöttgen, Johann Christian, *14.3.1687 Wurzen, †15.12.1751 Dresden; - auch Schoettgenius; Ps. Salicetus (*P*) #4,13

Schöttle, Rosemarie, *14.6.1926 Karlsruhe; - Ps. Dorothea Clemens; Dorothy Shot (*R*) #3,4

Schötz, Herbert, *17.10.1901 Leipzig; - Ps. Georg-Marte (*L-P-R*) #3,4

Schoultz-Ascheraden, Marie Baronin von, *30.10.1821 Dorpat, †13.2.1894 Straßburg; - Ps. Marie von Ascheraden (*E-P*) #1,3,4

Schrader, August, *1.10.1815 Wegeleben b. Halberstadt, †16.6.1878 Leipzig; - urspr. August Simmel; Ps. Alexander Dumas; Justus Faber; Eduard Hammer; A. C. Lemmis; Oswald von Werner (*J-R*) #1,4

Schrader, Heinrich, *1.4.1710 Herford, †1.4.1779 Rehme b. Ravensberg; - Ps. Heinrich Derschaw (*P*) #6

Schrader, Hermann, *29.5.1909 Diedenhofen/ Lothr.; - Ps. Werner Ingenhag; Wolf Pokorny (*F-R*) #3,4

Schrader, Karl, *25.5.1859 Magdeburg, †11.9.1911 Berlin; - Ps. Amadeus Karl Strahl (*D-L-P-R-S*) #1,3,4

Schrader, Karl, *25.4.1900 Wedderstedt/Harz, †18.5.1962 Berlin; - Ps. Paul Körner-Schrader (*E-J-R-S*) #3,4,14,17

Schrader, Karl Heinrich von, *1758 Luckau/ Niederlausitz, †1806 Altona; - Ps. Felix Candide; F. Kandide (*E-R*) #4,6,11

Schrader, Kurt, *30.12.1884 Angermünde; - Ps. ade; Kiki; Pipifax; Hiddigeigi (*E-F-L-N-P*) #3

Schrader, Marie, *8.1.1934 Görzhausen; - Ps. Maria Schrader-Diedrichs (*R*) #3,4

Schrader, Minna Dorothea, *1.7.1850 Hörste b. Halle/Westf., †26.12.1902 Bielefeld; - Ps. A. Hörmann (*E*) #2,3,4

Schrader, Paul August, *1732 Braunschweig, †13.4.1780 Braunschweig; - Ps. Agricola (*L-P*) #4,11,13

Schrader, Theodor Friedrich, *13.11.1811 Hamburg; - Ps. Nelkenbrecher der Jüngere; Ludolph Schleier (*E-L-P*) #1,4

Schram, David, *1559 Nördlingen, †1615 Neuburg; - Ps. Christoph Agricola (*P*) #6

Schramm, Heinz Michael, *28.3.1901 Würzburg; - Ps. Wolfgang Brugger (*J-R*) #3,4,7

Schramm, Josef, *14.10.1919 Kuhlau; - Ps. Sepp Thaler (*D-F-P-S*) #3,4

Schramm, Marie, *1826, †9.5.1892 Leipzig; - Ps. M. Corvus (*E-N-R*) #1,4

Schramm, Werner, *28.4.1926 Hohenlockstedt/Schlesw.-Holst.;- Ps. Werner Schramm-Itzehoe (*E-P*) #4

Schramm, Wilhelm, *19.3.1869 Halle/S.; - Ps. Marius (*P*) #3

Schramm, Wilhelm Friedrich, *21.8.1881 Stuttgart, †9.2.1966 Zürich; - Ps. Wilhelm Friedrich (*L*) #4

Schramm, Wilhelm Ritter von, *20.4.1898 Hersbruck/Mfr., †27.12.1983 Prien/Chiemsee; - Ps. Friedrich Colleoni (*D-E-L-N-P-R*) #3,4

Schramm-Mcdonald, Marie, *11.4.1845 Berlin, †7.2.1908 Dresden; - Ps. Fringilla; Marie Netcke; Max Troll (*D-E-L*) #1,2,3,4

Schraner, Anton, *3.4.1912 Sirnach/Thurgau; - Ps. Bruder Antonius (*P*) #4

Schrank, Franz von, *21.8.1747 Vornbach b. Schärding, †12.12.1835 München; - Ps. Plinius (*L-P-R*) #1,4

Schranka, Eduard Maria, *21.9.1850 Plan b. Marienbad/Böhmen, †12.8.1916; - Ps. Doktor Ems; Egon Rail (*L-P*) #1,3,4

Schrattenbach, Balthasar von, *17. Jh.; - gen. Der Versichernde/FG 647 #11

Schrattenholz, Joseph, *19.10.1847 Hoholz/Rhl., †22.5.1909 Berlin; - Ps. Johannes Atten (*L-P*) #3,4

Schreck, Ernst, *28.9.1857 Bramsche b. Osnabrück; - Ps. Ernst von der Burg; Friedrich Ernst (*J-P*) #3

Schreck, Irmtraud Elfriede, *22.8.1933 Chemnitz, †6.5.1990 Berlin; - Ps. Irmtraud Morgner (*E-R*) #3,4,5,8,10,16

Schreckenbach, Walther, *13.1.1901 Schkölen b. Merseburg; - Ps. Walter Carlsen (*P*) #3

Schreckenbach, Walther Günther, *5.7.1896 Remtengrün; - Ps. Walther Günther Franken (*E-J-L-M*) #3,4

Schreer, Olga, *1.1.1917 Wien; - Ps. Olga Schreer-Hofmann (*N-P-R*) #3,4

Schreiber, Aloys, *12.10.1761 Bühl/Baden, †21.10.1841 Baden-Baden; - Ps. Wilhelm Schreiber; Sirius (*D-E-L-P*) #4,11,13

Schreiber, Brigitte, *29.12.1940 Essen; - Ps. Brigitte Kronauer (*E-L-P-R*) #3,4,5,8

Schreiber, Christoph, *17. Jh.; - gen. Der Schreibende/DG-R #11

Schreiber, Friedrich, *4.3.1899 Berlin, †um 1950 Berlin; - Ps. Friedrich Pönitz (*L-P*) #3,4

Schreiber, Georg Heinrich, *(1664); - Ps. Silvander (*L*) #4,11,13

Schreiber, Gerhard, *29.3.1911 Wildschütz; - Ps. Gerhard Rittner (*F-S*) #3,4

Schreiber, Hans, *8.1.1867 Berlin, †um 1930 Berlin; - Ps. Veritas (*P-R*) #3,4

Schreiber, Hans, *16.2.1905 Mußbach/Saar, †1.3.1977 Neustadt/Weinstr.; - Ps. Jan Holt (*E-P-R*) #3,4

Schreiber, Heinrich, *um 1492 Erfurt, †um 1525 Wien; - auch Schreyber; gen. Grammateus (*P*) #4,13,15

Schreiber, Hermann, *4.5.1920 Wiener Neustadt; - Ps. Bogislav von Archenholz; Ludwig Barring; Lujo Bassermann; Ludwig Berneck; Gertie Boberdien; Ludwig Bühnau; Heidemarie Hirschmann; Stan Kalina; Marc Molitor; Kristan Svenson (*E-F-J-N-P-R*) #3,4,5,8, 14,17

Schreiber, Marion, geb. Kellermann, *16.4.1920 Brieg/Schles.; - Ps. Marion Kellermann (*J-R*) #3,4

Schreiber, Mathias, *19.2.1943 Berlin; - Ps. Philipp Rehbiersch (*L-P*) #4

Schreiber, Monika, *11.9.1941 Lörrach, †20.12.1986 Lörrach; - Ps. Monika Schreiber-Loch (*L-P-S*) #3,4

Schreiber, Rudolf, *14.4.1818 Nördlingen, †14.3.1905 Augsburg; - Ps. Rudolf Reither (*L-M-P*) #1,3,4

Schreiber, Walther, *13.8.1887 Dresden, †5.7.1969 Füssen; - Ps. Wilhelm Kreuz (*D-E-L-M-P-S*) #3,4

Schreiber-Uhlenbusch, Hugo Paul, *27.8.1905 Gelsenkirchen, †22.9.1978 Herrsching/Ammersee; - Ps. Hugo Paul Uhlenbusch (*E-L-R*) #3,4

Schreiner, Albert, *7.8.1892 Aglasterhausen/Baden, †1979 Berlin; - Ps. Michael Anders; Albert Müller; Albert Schindler; Alfred Wollner (*P*) #4,18

Schreiter, Helfried, *12.6.1935 Lomnitz; - Ps. Louis Martin (*D-E-F-R*) #3

Schreiweis, Erika, geb. Mayer, *12.12.1916 München; - Ps. Erika Mayer (*E-J-L-P-S*) #3,4

Schremmer, Ernst, *12.6.1916 Troppau/Mähren; - urspr. Ernst Retschek (*P*) #4

Schrenk, Gottlob, *10.2.1879 Frankfurt/M., †13.4.1965 Arosa/Graubünden; - Ps. Fritz Anker (*L-P*) #4

Schrepfer, Anneliese, *16.10.1909 Mönchengladbach; - Ps. Anneliese Schrepfer-Clegg (*J*) #3,4

Schrey, Helmut, *6.1.1920 Odenkirchen; - Ps. August Brüll (*E-F-L-R*) #3,4

Schreyer, Hans, *6.10.1900 Wien; - Ps. Schreyer-Pottschach (*D-L-N-P*) #3

Schreyer, Isaac, *20.10.1890 Wisnitz/Bukowina, †14.1.1948 New York; - Ps. Herbert Urfahr (*L-P*) #4,18

Schreyer, J., *13.10.1863 Wachenheim; - Ps. Dr. J. Frita (*E-L*) #4

Schreyer, Johannes, *5.2.1891 Pfaffenhofen/Ilm, †10.7.1976 Pfaffenhofen/Ilm; - Ps. Albert Rieder (*D-L-P*) #3,4

Schreyer, Lothar, *19.8.1886 Blasewitz b. Dresden, †18.6.1966 Hamburg; - Ps. Angelus Pauper (*D-L-P-R*) #3,4,5,8

Schreyögg, Ellinor, geb. Sach, *5.12.1906 Königsberg, †20.4.1985 Ingolstadt; - Ps. Ellinor Sach (*E-J-R*) #3,4

Schreyvogel, Joseph, *27.3.1768 Wien, †28.7.1832 Wien; - Ps. Karl August; Thomas; Karl August West; Thomas West (*D-P-S*) #1,4,5,6,11,13

Schricke, Bruno, *13.3.1909 Wattenscheid, †16.9.1979 Bad Driburg-Neuenheerse; - Ps. Iseke (*L-N-P-R*) #3,4

Schrickel, Johann Christian, *17. Jh.; - gen. Der Geschrökte/DG-L #11

Schricker, August, *4.11.1838 Regensburg,

†18.5.1912 Straßburg; - Ps. Victor Ernst (*E-L-N-P-S*) #1,3,4
Schrill, Ernst, *15.3.1856 St.Petersburg, †14.11.1924 Freiburg/Br.; - Ps. Samuel Keller (*E-N-R*) #1,3,4
Schrimpf, Markus, *22.6.1918 München; - Ps. Johannes Uhden (*P*) #3,4
Schrobsdorff, Erdmann Friedrich, *9.5.1907 Gut Schwanow b. Rheinsberg/Mark; - Ps. Manfried Schwanenritter (*P*) #3
Schrode, Franz, *15.1.1901 Oberdischingen, †27.7.1963 Ehingen/Do.; - Ps. Raban Anzill (*P*) #4
Schröder, August, *22.2.1873 Oldesloe; - Ps. August Schröder-Plön (*D-E-S*) #3,4
Schröder, Bernhard, *24.1.1892 Brunsbüttel/ Holst.; - Ps. Schroeder-Wiborg (*E*) #3
Schröder, Eduard August, *25.5.1852 Teschen/ Ö.-S., †25.2.1929 Teschen; - Ps. E. A. von der Olsa (*L-P-S*) #1,3,4
Schröder, Emil, *2.1.1896 Schönholz b. Eberswalde, †8.1.1977 Steinheim/Westf.; - Ps. Cnorcus; Dr. Fafnir; Eusebius Klabums; Emil Rath (*E-F-L-R*) #3,4
Schröder, Hans, *25.5.1796 Krempdorf b. Itzehoe, †19.8.1855 Altona; - Ps. Hans Dörscher (*L-P-S*) #4,6,11,13
Schröder, Helmuth, *2.4.1842 Spornitz/Mecklenb., †11.12.1909 Ribnitz; - Ps. Schröder-Völkshagen (*E-L*) #3,4
Schröder, Justus, *16.10.1898 München; - Ps. Schröder-Justin (*F-P*) #3
Schröder, Luise, geb. Liebe, *16.2.1874 Kolberg; - Ps. Luise Liebe; Lisa-Hanna Liebe (*E-L*) #3,4
Schröder, Maria Berte, *17.2.1896 Darmstadt; - Ps. Maria Henzinger (*E-N-R*) #3,4
Schröder, Mathias Ludwig, *28.4.1904 Mallstadt-Burbach b. Saarbrücken, †5.5.1950 Hilden/Rhl.; - gen. Rheinischer Eulenspiegel (*E-J-P-R*) #3,4
Schröder, Rainer M., *3.1.1951 Rostock; - Ps. Nora Adams; Lionel Alexis; John Ball; Mark Baxter; John Cameron; Ashley Carrington; Al Conway; Jeff Denver; Garry Domingo; Jennifer Frey; Marion Hargrove; Ralph Henders; Perry King; Mike McCoy; Sandra Parker; Rainer Maria Rostock; Ray M. Scott; Raymond M. Sheridan; Jack Slade; Franco Solo; Jessica Storm (*F-P-R*) #3,4,7,16
Schröder, Rolf, *5.8.1907 Wischhafen; - Ps. Berthold Bombe (*R*) #3,4
Schröder, Walter, *25.4.1905 Hamburg, †18.9.1974 Frankfurt/M.; - Ps. Walter Kiewert (*N-P-R-S*) #3,4
Schröder, Wilhelm, *15.7.1890 Gaarden b. Kiel; - Ps. Peter Schröder (*D-E-L-N-R*) #3
Schroeder, Edith, *30.11.1915 New York; - Ps. Edith Anderson (*E-J-R*) #3,4
Schroeder, Hans von, *31.8.1879 St.Petersburg, †15.3.1968 Berlin; - Ps. Krachtin; Urader (*E-F-P*) #3,4
Schroeder, Horst, *14.5.1921 Magdeburg; - Ps. Hasso Alsten (*P-R*) #3,4
Schroeder, Lilly von, verw. v. Vietinghoff, *14.7.1844 Lemsal/Livl., †17.5.1901 Wien; - Ps. Lilly von Vietinghoff; Lilly von Vietinghoff-Scheel (*J-M*) #1,4
Schroeder, Paul, *19.6.1851 Berlin, †14.4.1900 Leipzig; - Ps. Schroeder-Kramer; Waldau (*L-P-S*) #3,4
Schroeder, Peter, *14.8.1875 Mehring/Mosel; - Ps. Peter von der Mosel (*E-L-P*) #3,4
Schröer, Karl Julius, *11.1.1825 Preßburg, †15.12.1900 Wien; - Ps. Karl Julius (*L-P*) #1,3,4,11
Schröer, Rolf, *4.12.1928 Dresden; - Ps. Rolfrafael Schröer (*F-L-P-R*) #3,4
Schröer, Therese, *9.5.1804, †27.1.1885 Wien; - Ps. Frau Therese; Therese Oeser (*P*) #1,2,4
Schröer, Tobias Gottfried, *14.6.1791 Preßburg, †2.5.1850 Preßburg; - Ps. A. Z.; Pius Desiderius; Christian Oeser; Theodoricus Schernberk d. J.; Elias Tibiscanus (*D-L-N-P-S*) #1,4,11,13
Schroeter, Adalbert, *24.4.1851 Weißenfels, †22.11.1905 Berlin; - Ps. Adalbert Saleck (*D-L-P-R*) #1,3,4
Schrönghamer, Franz Xaver, *12.7.1881 Marbach/Bay.-Wald, †3.9.1962 Passau; - Ps. Heimdal (*E-L-R*) #3,4
Schröter, Georg, *26.10.1892 Berlin, †6.1.1969 Berlin; - Ps. G. von Otten (*E-S*) #3
Schröter, Heinrich, *23.3.1917 Hütte b. Elbing; - Ps. Heinrich Retörsch (*L-P*) #3,4
Schröter, Wilhelm, *17. Jh.; - gen. Der Geeignete/FG 635 #11
Schroth, Karin, *14.3.1924 Düren; - Ps. Karin Jacobsen (*S*) #3,4
Schrott, Johannes, *17.12.1824 Asch b. Landsberg/Lech, †13.6.1900 München; - Ps. Theodoret v. Volker (*L-P*) #1,4
Schrötter, Elisabeth von, *28.12.1851 Berleburg, †2.11.1937 Elberfeld; - Ps. Felicitas vom Berge; Schwester Gabriela Maria (*D-L-S*) #1,3,4
Schroubek, Barbara, *13.7.1919 München; - Ps. Barbara Brendler (*L*) #3
Schrümpf, Erna, *3.11.1922 Lochen/O.-Ö.; - Ps. Erna Schrümpf-Brenner (*E-L*) #3,4
Schrutz, Demetrius, *18.7.1856 Wien, †7.1.1938 Schweinspoint/Bay.; - Ps. H. Ermann; Leo Sternberg; Z. Tursch (*E-L-S*) #3,4
Schubart, Johann Benedict, *17. Jh.; - gen. Der Niedrige/DG-R #11
Schubart, Ludwig, *17.2.1765 Geislingen, †27.12.1811 Stuttgart; - Ps. Lovis (*E-P*) #4, 6,11,13
Schubert, Gotthilf Heinrich von, *26.4.1780 Hohenstein/Erzg., †1.7.1860 Laufzorn b. München; - Ps. Artemidorus (*E-P*) 4,11,13
Schubert, Gottlob August,*19.8.1761 Bernstadt, †7.11.1809 Bernstadt; - Ps. Dichter an der Plisnitz (*L*) #4

Schubert, Hans, *17.2.1905 Wien, †22.10.1965 Wien; Ps. Hans Morgenstern (*D-F-S*) #3,4, 5,18

Schubert, Henriette, *5.1.1769 Altenburg/ Thür., †31.3.1831 Jena; - Ps. Henriette Schubart (*E-L-P*) #4

Schubert, Hermine, *9.11.1866 Schloß Barottwitz b. Breslau; - Ps. H. Hermann; Hans Hermann (*D-N-R*) #1,2,3,4

Schubert, Hugo, *10.10.1846 Weimar; - Ps. Hugo v. Waldsee (*N-P*) #3

Schubert, Johann Ernst, *24.6.1717 Elbing, †19.8.1774 Greifswald; - Ps. Drusus Pruthenius Westen (*P*) #6

Schubert, Johann Valerian, *15.12.1866 Fuchsstadt; - Ps. Valerian (*P*) #3

Schubert, Ottokar, *22.10.1867 Bischofsteinitz/Böhmen; - Ps. O. Schubert-Schüttarschen; Lothar G. Wölfelin (*P*) #3,4

Schubert, Paul Hermann, *2.4.1904 Dresden, †7.3.1957 Sorengo/Schweiz; - Ps. Cesare Balbo; Matthias Bruckner; Fanny Faber; Monika Falk; Udo Falk; Toni Falkner; Justus Hagen; Paul Hermann; Jan Störtebeker; Texas Bill; Texas Jack (*J-R*) 3,4

Schubert, Wilhelm, *21.1.1810 Dessau, †11.12.1873 Großalsleben; - Ps. Willibald Bertusch (*L*) #4

Schubert-Gorgiel, Regina, *29.4.1931 Berlin; - Ps. Gina Schubert (*E-F-R*) #3,4

Schubert-Soldern, Viktor von, *15.8.1834 Prag, †30.6.1912 Dresden; - Ps. V. v. S. S. (*E-N-R*) #4

Schuchardt, Julie, geb. Bernhard, *21.9.1851 Göttingen; - Ps. Julie Bernhard; Jocelyn (*L-P*) #1,2,3,4

Schüching, Ruth von, geb. Goetz, *5.11.1880 Festenberg/Schles.; - Ps. Ruth Goetz (*D-F-N-R*) #1,3,4

Schuchmann, Lotte, *14.6.1907 Langenberg/ Rld.; - Ps. Lotte Marx-Colsmann (*L-P*) #3,4

Schuck, Margarethe, *22.3.1861 Gumpelstadt b. Salzungen, †1950 Dortmund; - Ps. Lutz von Bolanden; M. Gontard-Schuck (*N-P-R*) #3,4

Schücking, Johann, *1596 Darfeld b. Münster, †18.11.1660 Düsseldorf; - Ps. Rudolphus Battermann (*P*) #6

Schücking, Louise, geb. v. Gall, *19.9.1815 Darmstadt, †16.3.1855 Sassenberg/Münsterl.; - Ps. Louise von Gall (*E-N-S*) #1,2,4,9,13

Schücking, Paul Modestus, *13.3.1787 Münster; - Ps. Ludger von Darfeld (*P*) #4

Schücking, Sybilla Katharina, *26.1.1791 Dülmen, †2.11.1831 Sögel b. Meppen; - Ps. Pauline; Pauline zu Cl. (*L-P*) #2,4,6,11,13

Schuegraf, Maximilian, *22.3.1858 Riedenburg/Bay.; - Ps. Max Rieden (*D-E-S*) #3

Schüffler, Wilhelm, *21.7.1887 Mainz-Kastel, †24.10.1953 Wiesbaden; - Ps. Wilhelm Dietendorf (*E*) #3,4

Schuhkrafft, Ludwig, *27.9.1776 Stuttgart, †8.12.1843 Stuttgart; - Ps. Mark Aurel (*L-P*) #4,11

Schuk, Pankraz, *13.5.1877 Proßnitz/Mähren, †13.1.1951 Maria Enzersdorf b. Wien; - Ps. Maximilian Stürmer; Berner v. Triesting (*D-E-L-N-R-S*) #3,4

Schukat, August, *14.10.1891 Neuenbach/Ostpreußen, †22.7.1977 Leichlingen/Rhld.; - Ps. Polte Räder (*E*) #3,4

Schukowitz, Hans, *5.8.1865 Mannersdorf; - Ps. Hans v. d. March (*P*) #3

Schulda, Hertha, geb. Müller, *27.11.1899 Wien; - Ps. Hertha Schulda-Müller (*E-F-L-R*) #3,4

Schuldes, Julius, *2.3.1849 Hettau/Böhmen, †6.12.1935 Baden b. Wien; - Ps. Julius Hettauer (*D-L-P*) #1,3,4

Schulenburg, Achatz von der, *17. Jh.; - gen. Der Unbefleckte/FG 800 #11

Schulenburg, Dieter von der, *6.2.1883 Rangow b. Beeskow/Mark, †1944; - Ps. Wilhelm von Priemern (*P*) #3,4

Schulenburg, Gustav Adolph von der, *17. Jh.; - gen. Der Hebende/FG 880 #11

Schulenburg, Hans von der, *17. Jh.; - gen. Der Furchtsame/FG 812 #11

Schulenburg, Isa von der, *31.3.1921 Freiburg/Br.; - Ps. Isa Carsen; Wolf M. Eary (*L-R*) #3,4

Schulenburg, Joachim Johann Georg von der, *29.11.1561, †25.12.1633; - gen. Der Erfüllende/FG 151/1628 (*P*) #11,12

Schulenburg, Levin von der, *9.11.1581, †23.12.1640; - gen. Der Liebliche/FG 27/ 1619 (*P*) #11,12,

Schulenburg, Matthias von der, *14.11.1578, †16.1.1656 Altenhausen b. Magdeburg; - gen. Der Salzhafte/FG 210/1632 #11,12

Schulenburg, Werner von der, *9.12.1881 Pinneberg, †29.3.1958 Neggio b. Lugano; - Ps. Gerhard Werner (*E-N-P-R-S*) #3,4,5,8,10,18

Schüler, August, *26.9.1827 Pritzwalk/Brandenburg, †27.1.1904 Potsdam; - Ps. Theodorus Helvetius; Theodorus Helveticus (*L-P*) #1,4

Schuler, Bernhard, *19. Jh.; - Ps. Alberto (*P*) #3

Schuler, Georg, *23.4.1508 Brandenburg, †2.12.1560 Frankfurt/O.; - auch Schüler; Ps. Georg Sabinus (*L-P*) #4,5,11,13

Schuler, Georg Michael, *14.5.1833 Würzburg, †18.4.1909 Würzburg; - Ps. Fortunat Minstrel; Micael Scolar (*D-E-L-P*) #1,4

Schuler, Joseph, *8.2.1856 Aspelt/Luxemburg; - Ps. Jos. v. Aichspalt (*P*) #3

Schüler, Karl, *18.10.1867 Fritzlar, †1939 Bad Schandau; - Ps. Carl Hermann (*D-E-R-S*) #4

Schüler, Leonhard, *1.12.1899 Darmstadt, †26.11.1974 Nauheim; - gen. Leonce (*L-P*) #4

Schuler, Ludwig, *27.2.1887; - gen. Der Gärtner-Dichter (*L-P*) #4

Schuler, Margrit, *13.3.1935 Stuttgart; - Ps. Roma Lentz; Margery Mason; Della Spring (*E-J*) #3,4

Schüler, Paul, *4.11.1869 Berlin, †1920 Berlin; - Ps. Paul Anders (*E-N-R-S*) #1,3,4

Schüler, Zacharias, *(1677); - Ps. Der Truckene

Schulhofer, Karl, *22.10.1914 Lechen/Steiermark, †23.3.1986 Langenwang/Steierm.; - Ps. Peter Russian (*D-F-L-N-P-R*) #3,4

Schüller, Hermann, *6.5.1893 Sundhausen/Elsaß, †9.12.1948 Garmisch-Partenkirchen; - Ps. Schüller-Schlettstadt (*P*) #3

Schullern Ritter von und zu Schrattenhofen, Heinrich, *17.4.1865 Innsbruck, †16.12.1955 Innsbruck; - Ps. Paul Ebenberg (*D-E-L-N-P-R*) #1,3,4,5

Schulmann, Helmut von, *19.8.1891 Reval, †13.5.1968 Kairo; - Ps. Zwiesel (*L-P*) #4

Schulte, Diether, *19.10.1922 Breslau; - Ps. Dick Dickson; Melisander (*E-F-R-S*) #3,4

Schulte, Hansi, geb. Kessler, *1.11.1914 Celle, †15.7.1979 Mailand; - Ps. Giovanna Kessler; Hansi Kessler; Sinah Kessler (*J-P-R*) #3,4

Schulte, Hubertus, *24.4.1892 Dortmund; - Ps. Hubertus von Nimrode (*E-L-P*) #3,4

Schulte, Jo, *8.3.1937 Hagen; - Ps. Michael Henk (*P-R*) #3,4

Schulte, Michael, *22.4.1941 München; - Ps. Max Puntila (*E-F-P-R*) #3,4,5

Schulte Altenroxel, Heinrich, *4.12.1867; - Ps. Rabuleta (*E*) #4

Schulte Berge, Erich, *13.9.1927 Einen b. Warendorf; - Ps. Michael Bergstedt (*L-P-R*) #3,4

Schulte vom Brühl, Walther, *16.1.1858 Gräfrath, †4.6.1921 Neckargemünd; - Ps. Johann Hennrich (*E-L-M-N-R*) #1,3,4

Schulte-Ostrop, Max, *21.8.1894; - Ps. Max Ostrop (*E-P*) #3,4

Schultes, Karl, *9.7.1822 SchloßTriesdorf b. Ansbach, †9.7.1904 Hannover; - Ps. Der alte Landsknecht; Werner Hilarius; Carlo Onoldino (*D-E-L-M-N-R-S*) #1,3,4

Schultheis, Johann Eberhard, *(1677); - Ps. Der Richtige (*P*)

Schultheiß, Franz Guntram, *12.3.1856 Nürnberg, †1915 Posen; - Ps. Guntram Frank; Guntram Frautt (*P*) #3,4

Schulthess, Erica von, *29.11.1883 Bamberg, †20.6.1970 Zürich; - Ps. Eric de Garde; I. E. von Schulthess (*E-F-P-R-S*) #3,4

Schultz, Albert, *22.4.1873 Cröslin/Pommern; - Ps. Peryt Shou (*P*) #3,4

Schultz, Anna, *1.3.1858 Cramme b. Braunschweig, †22.9.1913 Braunschweig; - Ps. Anna Klie (*E-J-L*) #2,3,4

Schultz, Axel Robert, *1845 Lassenthin/Pommern; - Ps. Robert S. Niborn (*D-E-L*) #4

Schultz, Emma, *(1894); - Ps. Doris Mix (*E*) #2,3

Schultz, Eva-Luise, *9.5.1922 Groß Schierstedt b. Aschersleben; - Ps. Eva Schultz-Kersten (*F-P*) #3,4

Schultz, Georg Julius von, *22.9.1808 Reval, †16.5.1875 Wien; - Ps. Dr. Bertram; Schoultz de Torma (*D-E-L-P*) #1,4

Schultz, Helma, *3.2.1944 Damgarten/Pommern; - Ps. Helma Fehrmann (*E-F-J*) #3

Schultz, Helmut, *27.10.1909 Lehe; - Ps. Peter Gording (*J*) #3,4,17

Schultz, Isolde, *16.5.1920 Enger/Westf., †1.11.1986 Enger; - Ps. Isolde Schultz-Osterwald (*E*) #3,4

Schultz, Jerta, *18.2.1875 Königsberg; - Ps. Hans Friede (*D-P*) #4

Schultz, Johann Caspar Friedrich, *20.3.1766 Kyritz, †17.4.1845 Berlin; - gen. Spuck-Schulz; Theater-Schulz; Ps. Eulalia Meinau; Verf. der Standrede (*P*) #4,6,11

Schultz, Julius August Heinrich, *16.4.1862 Göttingen; - Ps. C. G. Bruno (*D-P*) #1,3,4

Schultz, Karl Gustav Theodor, *9.11.1835 Oliva b. Danzig, †14.3.1900 Königsberg; - Ps. Paul Sirano (*D-N-R-S*) #1,3,4

Schultz-Ewerth, Charlotte, *11.6.1900 Berlin-Charlottenburg; - Ps. Christa Maria Parcham (*F-R-S*) #3,4

Schultz-Norden, Adalbert, *30.6.1901 Königsberg, †9.1.1986 Berlin; - Ps. Adalbert Norden (*F-P-R*) #3,4

Schultze, Ernst Wilhelm, *30.7.1837 Tribsees/Pommern, †24.5.1910 Gollnow; - Ps. Ernst von Gollnow (*E-L-R*) #1,3,4

Schultze, Franziska Maria, *8.11.1889; - Ps. Franziska Maria Korschelt (*N-P-R*)

Schultze, Friedbert, *13.9.1883 Reinsdorf b. Nebra; - Ps. Eltfried Schubertz (*P*) #3,4

Schultze, Fritz, *7.5.1846 Celle, †22.8.1908 Plauen b. Dresden; - Ps. Fritz Schultze-Dresden (*L-P*) #3,4

Schultze, Hans, *22.10.1630 Zethlingen/Altmark, †25.10.1680 Leipzig; - gen. Prophulidor/ES; Ps. Des Virgilii sein Dienstbothe Servius; Steffen Läusepeltz aus Ritt-mierins-Dorff; Micipsa rex Numidiae; Franciscus Moncaeus; Johannes Praetorius; Potorianus Zetlingensis (*P-S*) #4,11,13

Schultze, Iwanka, *11.10.1905 Karnobat/Bulg.; - Ps. Iwa Wanja (*F-S*) #3

Schultze, Johanna, geb. Wege, *15.12.1844 Neustädtl/Schles., †4.1.1918 Weimar; - Ps. Johanna Schultze-Wege; Johanna Wege (*L-P*) #1,2,3,4

Schultze, Karl, *23.2.1879 Eckwarden/Oldenb.; - Ps. Schultze-Jahde (*P*) #3

Schultze von Langsdorff, Werner, *27.5.1899 Forbach/Baden, †3.7.1940 Nordsee; - Ps. Johannes M. Berg; Thor Goote (*N-P*) #3,4,10

Schultze-Galléra, Siegmar von, *6.1.1865 Magdeburg, †19.5.1945 Nietleben b. Halle/Saale; - urspr. Siegmar Schultze (*P*) #3,4

Schultze-Heiwik, Hans, *3.1.1916 Küstrin; - Ps. Hans Heiwik (*E-F-L-R*) #3,4

Schultze-Münchow, Walter, *24.6.1870 Berlin; - Ps. Leberecht Sittsam (*E-P*) #3
Schulz, Albert, *18.5.1802 Schwedt/Oder, †3.6.1893 Magdeburg; - Ps. San-Marte (*P*) #1,3,4,13
Schulz, Bernhard, *22.4.1913 Lindlar; - Ps. Bernd Hardeweg; Goswin Heithaus (*E-P-R*) #3,4
Schulz, Eduard, *23.1.1813 Landsberg/Warthe, †23.10.1842 Berlin; - Ps. Eduard Ferrand; Tybald (*L-N-P*) #1,4,11,13
Schulz, Elisabeth, *14.7.1931 Königsberg; - Ps. Elisabeth Schulz-Semrau (*E-L-R*) #3,4
Schulz, Erich Gustav Hermann, *18.7.1874 Löcknitz/Pommern, †1941 Horn/Lippe; - Ps. Erich Schulz-Flaßhaar (*L-P*) #3,4
Schulz, Ernst, *1.9.1897 Aachen; - Ps. E. Alexander (*R*) #3
Schulz, Franz, *22.3.1897 Prag, †4.5.1971 Muralto/Tessin; - Ps. Franz Spencer (*D-F-P*) #4
Schulz, Friedrich, *1.1.1762 Magdeburg, †8.10.1798 Mitau; - Ps. Gustav Honig (*E-J-P-R*) #4,6,11,13
Schulz, Friedrich O. H., *15.9.1890 Berlinchen/Neumark; - Ps. F. O. H. Schulz; Friedrich Thann (*E-J-P-R*) #3,4
Schulz, Gabriele, *29.6.1860 Dresden, †25.11.1928 Gramzow/Uckermark; - Ps. E. Nilas; Ella Schulz (*E-L-R*) #1,2,3,4
Schulz, Georg David, *7.10.1865; - Ps. Fido; Georg David Skalden (*E*) #3
Schulz, Gottfried, *22.7.1792 Schönaich/Niederlausitz, †20.8.1848 Sorau; - Ps. Theobald im Osten (*E-L-N-P*) #4,11
Schulz, Gotthold, *27.10.1872 Gollantsch; - Ps. Schulz von Labischin (*D-L-N-P*) #3,4
Schulz, Hans, *12.9.1912 Ossowo/Westpr.; - Ps. Hans Schulz-Fielbrandt (*E-L-P*) #3,4
Schulz, Heinrich, *19.9.1872 Bremen, †4.9.1932 Bremen; - Ps. E. Almsloh; August Weinrich (*J-N-P*) #3,4,17
Schulz, Helga, *(1969); - Ps. Judy Manson (*J*) #3
Schulz, Helmut Hermann, *26.4.1931 Berlin; - Ps. H. Schulz-Senzig (*E-F-R*) #3
Schulz, Hermann, *(1802); - Ps. Giovanni Paesiello (*E-R*) #4,11
Schulz, Hermann, *28.12.1866 Berlin; - Ps. Hermann v. d. Mark (*L-S*) #3
Schulz, Johann Gottlob, *1762 Leipzig, †10.10.1810; - Ps. Heinrich Ringwald (*L-P*) #4,6,11
Schulz, Johannes, *31.3.1920 Bautzen; - Ps. Jo Schulz; Jürgen Zeilen (*E-F-L-R*) #3,4
Schulz, Karl, *5.8.1831 Guben, †5.4.1895 Halle/S.; - Ps. Carl Schaffrath (*D*) #1,3,4
Schulz, Karl Theodor, *8.9.1849 Friesack/Brandenb.; - Ps. Schulz-Dresden (*P*) #4
Schulz, Klaus, *19.1.1927 Stargard/Pommern; - Ps. Kurt Kaeres (*R*) #3,4
Schulz, Klaus-Peter, *2.4.1915 Berlin; - Ps. Jan Peter Berkandt (*D-F-L-P*) #3,4
Schulz, Margarete, geb. Moewes, *26.11.1889 Berlin; - Ps. Margarete Lürsen; Margarete Schulz-Moewes; Heinz Waldau; Margarete Waldau (*L-N-R*) #3,4
Schulz, Otto, *4.3.1886 Tharau; - Ps. Otto Schulz-Tharau (*D-N*) #4
Schulz, Peter Torsten, *5.3.1944 Friedeck/Mähren; - Ps. Der olle Hansen (*E-L-P*) #3
Schulz, Richard, *12.7.1906 Hamburg; - Ps. Franziskus im Schnoor; Rikardo Sulko (*L-P*) #3,4
Schulz, Rolf, *5.11.1921 Gera; - Ps. Hans Herzog (*F-L-N-R-S*) #3
Schulz-Albrecht, August Julius, *14.7.1897 Lauenburg/Pommern, †12.10.1952 Berlin; - Ps. Otto Brattskoven (*L-P*) #3,4
Schulz-Euler, Carl Friedrich, *24.3.1880 Essen, †20.6.1934 Stuttgart; - Ps. Hanns Wolfgang Rath (*L-P-R*) #3,4
Schulze, Albert, *17.10.1875 Neustadt an der Tafelfichte, †10.10.1951 Oschatz/Sa.; - Ps. Heinz Neubert (*D-E-L-P-S*) #3,4
Schulze, Bernhard, *13.5.1895 Mühldorf b. Glatz; - Ps. Bernhard Schulze-Holthus (*E*) #3,4
Schulze, Bruno, *1.7.1903 Hamburg, †16.6.1971 Berlin; - Ps. Bruno Eberhardt (*E-L-P*) #3
Schulze, Christine, geb. Gerlach, *21.4.1920 Hellerau b. Dresden; - Ps. Christine Gerlach; Tine Schulze Gerlach (*E-J-L-R*) #3,4
Schulze, Constans, *15.7.1822 Breslau; - Ps. Constans Silesius (*L*) #1,3,4
Schulze, Curt, *25.9.1881 Crimmitschau/Sa.; - Ps. Rolf Gattersberg (*D-E-L-R*) #1,3,4
Schulze, David Friedrich, *1775 Tiefensee b. Düben/Sa., †27.7.1810 Waldheim b. Düben; - Ps. Moritz vom Berge (*P-S*) #4,6,11
Schulze, Ewald, *27.1.1857 Magdeburg; - Ps. E. Wald (*P*) #3
Schulze, Friedrich, *1.10.1849 Bismarck/Meckl., †24.6.1905 Schmiedefeld b. Schleusingen; - Ps. Erich zu Schirfeld (*D-E-L-N-S*) #3,4
Schulze, Friedrich August, *1.6.1770 Dresden, †4.9.1849 Dresden; - Ps. Jeremias der Farcenschreiber; Jeremias Helldunkel; Innocenz; Friedrich Laun; Lebrecht Lustig; Christian Heinrich Spieß; Teutobald; Sebastian Ungenannt; Felix Wohlgemuth (*E-L-P-R-S*) #1,4,5,6,11,13
Schulze, Georg Wilhelm, *7.4.1829 Göttingen, †9.9.1901 Kreischa/Sa.; - Ps. Wilhelm Immanuel (*L-P*) #1,3,4
Schulze, Gisela, *31.3.1880 Kissingen, †1918 Bern; - Ps. Gisela Etzel; Sela Etzel; Gisela Kühn-Etzel (*L-N-P-R*) #3,4
Schulze, Gottlob Ernst, *23.8.1761 Heldrungen/Thür., †14.1.1833 Göttingen; - Ps. Aenesidemus; Gottlob Ernst Aenesidemus-Schulze (*P*) #4,13
Schulze, Harry Paul, *16.7.1899 Zwickau; - Ps.

H. S. Hegner; Harry Schulze-Wilde; Harry Wilde (*P-R*) #3,4,18
Schulze, Hermann, *29.8.1808 Delitzsch/Sa., †29.4.1883 Potsdam; - Ps. Schultze-Delitzsch (*L-P-R*) #1,4
Schulze, Ida, geb. Taeger, *8.3.1850 Dresden; - Ps. Ida Taeger (*E*) #2,4
Schulze, Johann Daniel, *22.7.1777 Naumburg/S.; - Ps. J. G. Salzmann (*P*) #6
Schulze, Kurt Joachim, *8.2.1909 Berlin, †1.2.1985 Bosau/Schlesw.-Holst.; - Ps. Joachim Berk; Michael Berka; Heinö Rikart; Kurt Schulze-Berka (*E-J-N-R*) #3,4
Schulze, Margarete, geb. von Dieskau, *17.6.1848 Magdeburg, †8.2.1900 Berlin; - Ps. Margarete von Dieskau (*E-R*) #1,2,3,4
Schulze, Otto, *22.8.1863 Magdeburg; - Ps. Karl Heinrich Otto; Otto Schulze-Köln (*P*) #3
Schulze, Paul, *16.4.1873 Landsberg/Warthe, †26.2.1947 Potsdam; - Ps. Paul Schulze-Berghof (*D-E-L-N-P-R-S*) #3,4
Schulze, Theodor, *9.1.1873 Gelnhausen, †3.9.1930 Bad Aibling/Obb.; - Ps. Theodor Etzel; Theodor Schulze-Etzel (*E-L-R*) #1,3,4
Schulze, Wilhelm, *7.4.1829 Göttingen, †9.9.1901 Kreischa/Sa.; - Ps. Immanuel (*E-L*) #3
Schulze-Brück, Louise, *30.5.1859 Hillesheim/Eifel, †12.10.1918 Wittlich/Eifel; - Ps. L. Bürckner (*E-N-R*) #2,3,4
Schulze-Smidt, Bernhardine, *19.8.1846 Gut Dunge b. Bremen, †17.2.1920 Bremen; - Ps. E. Oswald (*E-L-N-R*) #1,2,3,4
Schulze-Wegener, Günther, *8.4.1925 Radungen/Schles.; - Ps. Günther S. Wegener (*E-P*) #3,4
Schumacher, Alfons, *(1951); - Ps. Ralph Thomas (*R*) #3,4
Schumacher, Anita, *31.7.1922 Birkenfeld/Nahe; - Ps. Anita Loeblein (*E*) #3
Schumacher, Antonie, *17.5.1848 Ludwigsburg, †10.7.1931 Ludwigsburg; - Ps. Tony Schumacher (*E-J*) #4,17
Schumacher, Astrid, *1948; - Ps. ABS (*R*) #3
Schumacher, Bernt, *1947; - Ps. ABS (*R*) #3
Schumacher, Dorothea Gertrud, *5.10.1880 Breslau, †14.4.1968 Bad Tölz; - Ps. Antiwar; Abd El Gawad; Mimosa Orientalis (*E-F-L-N-P-R*) #3,4
Schumacher, Emma, *1861 Löbnitz/Vorpommern; - Ps. E. Schumar (*E-L-R*) #3,4
Schumacher, Heinrich, *5.9.1606 Bremen, †28.7.1675; - gen. Der Arbeitsame/FG 359/1641 #11,12
Schumacher, Heinrich Volrat, *30.4.1861 Korbach, †28.3.1919 Berlin; - Ps. Heinz Suter (*D-R-S*) #1,3,4
Schumacher, Hubert, *4.9.1845 Hagen, †16.6.1911 Warendorf; - Ps. Johannes Rotus (*E-N-S*) #1,3,4
Schumacher, Joachim, *21.10.1904 Berlin, †8.9.1984 USA; - Ps. Detector; Lukjan (*P*) #4
Schumann, Anneliese, *7.4.1919 Bischofshagen; - Ps. Steffi von Berg; Erika Burger; Annelie Weiden (*R*) #3,4
Schumann, Christian, *15.2.1681 Osterfeld b. Weißenfels, †1744 Pötewitz b. Zeitz; - Ps. Rischitanus Munschanus (*L*) #4,11,13
Schumann, Ernst Constantin, *3.10.1858 St. Louis; - Ps. E. Constant; Ernst Constantin (*J-M-P*) #4
Schumann, Friedrich August Gottlieb, *2.3.1773 Entschütz b. Gera, †10.8.1826 Zwickau; - Ps. F. A. G. Langbein; B. Legaillard; F. Peregrin; Gabriel Stein (*E-R-S*) #4,6,11,13
Schumann, Gustav, *20.5.1851 Trebsen b. Grimma, †7.10.1897 Leipzig; - Ps. Bliemchen; Partikularist Bliemchen (*E-P*) #1,3,4
Schumann, H. L., *3.9.1876 Grevesmühlen; - Ps. Gebhart-Schumann (*E-N-R*) #3
Schumann, Hans-Gerd, *30.5.1927 Essen; - Ps. Johann Gerhardt (*E-F-P*) #3
Schumann, Hermann, *6.8.1892 Stafforth b. Karlsruhe, †20.2.1954 Stafforth; - Ps. Armin; Herms Eschu (*D-E-F-L-P*) #3,4
Schümann, Kurt, *11.9.1913 Berlin, †1974 Düsseldorf; - Ps. Lucien de Fouvillage; Lucian (*E-F-L-P*) #3,4
Schumann, Otto, *18.4.1895 Ingolstadt, †4.3.1964 Ingolstadt; - Ps. Otto Schumann-Ingolstadt (*E-R*) #3,4
Schumann, Peter, *1533 Eisenberg, †2.6.1589 Ulm; - Ps. Petrus Hypodemander Ferrimontanus (*L*) #11,13
Schumann, Robert, *8.6.1810 Zwickau, †29.7.1856 Endenich b. Bonn; - Ps. E.; Eusebius; F. Florestan (*L-P-S*) #4
Schumann, Werner, *2.10.1898 Soldin/Neumark, †13.11.1982 Hannover; - Ps. Werner Muscholdini (*E-F-L-P*) #3
Schumann, Wolfgang, *22.8.1887 Dresden, †22.4.1964 Freital/Sa.; - Ps. Ezard Nidden (*N-P-R*) #3,4
Schumann-Pirrone, Herta, geb. van Delden, *20.2.1892 Plauen; - Ps. Herta van Delden (*D-E-L-R-S*) #3,4
Schümberg, Heinrich Adolf, *1787 Bautzen, †23.10.1852; - Ps. Belmont (*E-P*) #4,6,11
Schunck, Victor Arthur, *7.3.1899 Aachen; - Ps. Curt Bonn (*D-F-N-P-S*) #3,4
Schünemann, Max, *7.9.1890 Berlin; - Ps. Peter Ramon (*E-R*) #3,4
Schupp, Heinrich, *21.9.1870 Darmstadt; - Ps. Falk Schupp (*N-P*) #3,4
Schupp, Johann Balthasar, *1.3.1610 Gießen, †26.10.1661 Hamburg; - auch Schuppius; Ps. Antenor; Ehrenhold; Ambrosius Mellilambius; Philander (*E-L-P*) #1,4,5,6,11,13
Schupp, Johannes Martin, *5.10.1883 Hamburg, †3.2.1947 Hamburg; - Ps. Johannes Martinus (*D-E-R*) #3,4,10
Schuppe, Emilie, *10.11.1843 Brieg/Schles., †15.1.1915; - Ps. H. M. Frey (*E-J-N*) #1,2,3,4

Schürch, Hans, *5.2.1920 Zürich; - Ps. Schuler (*J-P-S*) #3,4

Schurda, Johanna, geb. Hänel, *29.5.1903 Breslau; - Ps. Johanna Hänel; Johanna Schurda-Hänel (*D-E-F-L-R*) #3,4

Schürer, Erasmus, *19.4.1501 Annaberg, †28.11.1559 Magdeburg; - Ps. Erasmus Annaemontanus; Erasmus Sarcerius (*P*) #4,11,13

Schürer, Maria, geb. Entleitner , *27.1.1889 Innsbruck, †14.4.1949 Meran-Obermais; - Ps. Maria Entleitner (*R*) #3,4

Schürer-Stolle, Marte, *10.4.1877 Treuen/Vogtland; - Ps. Marte Sorge (*L-M-S*) #3,4

Schürmayer, Bruno, *18.2.1862 Emmendingen/Br.; - Ps. Carl Bruno (*E-P*) #3

Schurter-Goeringer, Irma, *6.2.1876 Rippoldsau, †8.4.1910 Berlin; - Ps. Irma Goeringer (*N-P-R*) #3,4

Schurtzfleisch, Konrad Samuel, *30.12.1641 Korbach, †7.7.1708 Wittenberg; - Ps. Huno ab Hunenfeld; Galiotus Galiacius Karelsbergius; Farrerius Paranus; Sarckmasius; Eubulus Theodatus; Labro a Verasio (*P*) #4,6,13

Schurz, Mathilde, *11.8.1868 Prag, †27.4.1935 Wien; - Ps. F. Devantier (*E-M-S*) #2,3,4

Schuster, Alberta, *(1952); - Ps. Bert Schuster (*S*) #3,4

Schuster, Friedrich Moritz, *11.1.1830 Abtnaundorf a. d. Parthe; - Ps. Moritz Parthenau (*D-P-S*) #1,3,4

Schuster, Friedrich Wilhelm, *29.1.1824 Mühlbach/Siebenbürgen, †4.2.1914 Hermannstadt/Siebenbürgen; - Ps. Friedrich Ernst (*D-L*) #1,3,4

Schuster, Gaby, *9.10.1948 Unterthingau/Ostallg.; - Ps. Marie Cordonnier; Valerie Star (*J-N-R*) #3,4

Schuster, Georg, *22.10.1859 Beeskow; - Ps. Julius Franz (*P*) #3

Schuster, Georg Heinrich, *23.4.1829 Münsterberg/Schles., †6.4.1899 München; - Ps. Heinrich Woldan (*L*) #1,3,4

Schuster, Gottfried, *16.1.1719 Elbing, †1790 Tilsit; - auch Godofredus Schusterus (*L-P*) #4,11

Schuster, Gustav, *24.5.1885 Mediasch/Siebenb.; - Ps. Schuster-Dutz (*F-L-P-S*) #3

Schuster, Johann August, *27.9.1858 Weidenberg b. Bayreuth; - Ps. Johannes von Weidenberg (*P*)

Schuster, Karl, *14.11.1898; - Ps. Carl Friedrich (*R*) #3,4

Schuster, Mauriz, *11.1.1879 Lundenburg/Mähren, †15.7.1952 Neulengbach/N.-Ö.; - Ps. Hans Sachs (*L-P*) #3,4

Schuster, Paul Robert, *7.10.1841 Markneukirchen/Sa., †11.4.1877 Leipzig; - Ps. Paul Venator (*D-E*) #1,4

Schütt, Hans-Dieter, *16.8.1948 Ohrdruf/Sa.; - Ps. Thomas Flemming (*P*) #4

Schütte, Johann Heinrich, *11.6.1694 Soest, †20.1.1774 Cleve; - Ps. Johann Helfrich Sagittarius (*P*) #6

Schütte, Max, *26.8.1857 Stralsund; - Ps. Siegfried Heron (*P*) #3

Schutting, Julian, *25.10.1937 Amstetten/N.-Ö.; - urspr. Jutta Schutting (*E-F-L-P*) #4

Schütz, Adolf, *21.9.1895 Wien, †11.11.1974 Stockholm; - Ps. George Roland (*D-F-P-R-S*) #3,4

Schütz, Arthur, *1878 Moskau, †9.2.1960 Wien; - Ps. Tristan Busch; Tristan Toskana (*P*) #3,4,18

Schütz, Charlotte, *1789 Halle/S., †26.12.1817 Jena; - Ps. Lydien (*L-R*) #1,4,11

Schütz, Elisabeth, *27.8.1848 Breslau; - Ps. Else v. Elmenhorst (*P*) #2,3

Schütz, Friedrich, *24.4.1845 Prag, †22.12.1908 Wien; - Ps. Excelsior (*D-P-S*) #1,3,4

Schütz, Friedrich Karl Julius, *31.5.1779 Jena, †5.9.1844 Leipzig; - Ps. Papageno (*P*) #4,6,11,13

Schütz, Hanns, *7.9.1924 Neuss; - Ps. Hanns vom Rhein (*L*) #3

Schütz, Heinrich, *14.10.1585 Köstritz b. Gera, †6.11.1672 Dresden; - auch Henricus Sagittarius (*L-P*) #4,6,13

Schütz, Johann Jakob, *7.9.1640 Frankfurt/M., †22.5.1690 Frankfurt/M.; - Ps. Palingenius Simplicissimus (*L-P*) #4,6,11,13

Schütz, Karl, *8.1.1874 Ohligs b. Solingen, †30.12.1948 Solingen; - Ps. A. vom Berge (*E-R*) #3,4

Schütz, Paul, *18.1.1891 Prag, †1.3.1935 Wien; - Ps. Konrad Paulis (*L-P*) #3,4

Schütz, Philipp Balthasar Sinold von, *5.5.1657 Schloß Königsberg b. Gießen, †6.3.1742 Laubach; - Ps.; Amadeus Creutzberg; Ludwig Ernst von Faramond; Amadeus a Monte Crucis (*L-P*) #1,4,6,11,13

Schütz, Wilhelm von, *13.4.1776 Berlin, †9.8.1847 Leipzig; - Ps. Verf. des Lacrimas (*D-P*) #1,4,5,11,13

Schütze, Hermann, *8.9.1858 Dresden; - Ps. Pungolo (*L-N*) #3

Schütze, Johann Friedrich, *1.4.1758 Altona, †15.10.1810 Altona; - Ps. Jäger (*E-L-N-P-R-S*) #1,4,6,11,13

Schütze, Wolfgang, *2.7.1932 Lamspringe; - Ps. tz (*L*) #3,4

Schüz, Alfred, *11.7.1845 Tübingen, †23.3.1916 Cannstatt; - Ps. Peter Schütz (*L-P*) #4

Schwaarcke, Johanne, *14.7.1824 Hannover; - Ps. A. Schwarz (*P*) #2,3

Schwab, Gustav, *19.6.1792 Stuttgart, †4.11.1850 Stuttgart; - Ps. Der Abbé (*L-P*) #1,4,5,11,13,14,17

Schwab, Sigismund, *26.7.1526 Freistadt/Schles., †15.5.1596 Breslau; - auch Sigismund Schwabe; Sigismund Suevus (*L-P*) #4,11,13

Schwabach, Erik Ernst, *24.1.1891 Kronstadt/Siebenb., †4.4.1938 London; - Ps. Ernst Sylvester (*D-L-N-S*) #3,4
Schwabe, Anton, †1605 St.Georgsberg b. Ratzeburg; - Ps. Suevius (*D*)
Schwabe, Jenny, *31.12.1851 Arolsen; - Ps. Fr. Mosen; Katharina v. Zedtwitz (*E-L-P-R*) #2,3,4
Schwabe, Johann Joachim, *29.9.1714 Magdeburg, †12.8.1784 Leipzig; - Ps. Georg Christoph Kunze; R. D. Vitus Blauroeckelius (*E-P*) #4,6,11,13
Schwabe, Toni, *31.3.1877 Blankenburg/Thür., †17.10.1951 Bad Blankenburg; - Ps. T. Sybrand (*L-N-R*) #3,4
Schwaegerl, Tony, *9.9.1934 Pamplona/Spanien; - Ps. Eric Antonio (*F-J-P*) #3,4
Schwahn, Michael Albrecht von, *17. Jh.; - gen. Der Niederliegende/FG 676 #11
Schwaiger, Brigitte, *6.4.1949 Freistadt/O.-Ö.; - Ps. Eva Quidenius (*D-E-F-R-S*) #3,4,5, 8,10
Schwaiger, Michael Josef, *29.9.1841 St.Johann/Tirol, †17.5.1887 Salzburg; - Ps. Michael Josef Schweiger (*D-E-L-S*) #1,4
Schwalb, Karl Josef, *22.10.1842 Deutsch-Kralup; - Ps. C. Bornschrupp (*E-L-P*) #3
Schwalbach, Johann Georg, *(1614); - Ps. Swalbacius (*D*)
Schwalbe, Benedikt, *15. Jh., †8.9.1521 Wien; - Ps. Benedikt Chelidonicus; Musophilus (*P*) #4,15
Schwalbe, Elsbeth, *24.1.1892; - Ps. Raina Brink (*E-R*) #3,4
Schwalbe, Karl Gustav Friedrich, *11.4.1770 Dobrilugk/Niederlaus.; - Ps. Dr. Kohl (*E*) #6
Schwaldopler, Johann, *23.5.1777 Wien, †12.2.1808 Wien; - Ps. J. L. Schütz; K. L. Schaller (*E-L-N-S*) #1,4,6,11
Schwalm, Hans, *2.7.1906 Berlin, †11.11.1969 Berlin; - Ps. Otto Erdmann; Halm; Jan Petersen (*E-F-N-P-R*) #3,4,5,8,14,18
Schwamberger, Paula, *10.12.1902 Mödling b. Wien; - Ps. Paula Schwamberger-Mildner (*E-F-J-L-M*) #3
Schwamborn, Heinrich, *10.3.1894 Inger/Rhl.; - Ps. Richard Born (*D-L*) #3,4
Schwan, Christian Friedrich, *12.12.1733 Prenzlau/Uckermark, †29.6.1815 Heidelberg; - Ps. C. F. S. de La Marche (*D-R-S*) #1,11
Schwan, Willy, *9.11.1866 Eberswalde; - Ps. Vely Romar (*D-P*) #3
Schwanenflügel, Angelica von, *3.5.1919 Hamburg; - Ps. Angelica Krogmann (*J-P-R*) #3,4
Schwaner, Wilhelm, *10.11.1863 Korbach/Hessen, †13.12.1944 Rattlar/Waldeck; - Ps. Christian Bach; Wilhelm Hardt (*E-P*) #3
Schwangart, Friedrich, *15.4.1874 München, †3.6.1958 München; - Ps. Tamerlan (*E-L-P*) #3
Schwank, Friedrich H., *28.7.1897 Frankfurt/M.; - Ps. F. H. Schwank-Telfan (*D-P*) #3
Schwank, Helmut, *9.5.1934 Köln; - Ps. Heinz G. Hahs (*E-L-R*) #3
Schwantes, Vera, geb. Prill, *15.10.1902 Berlin; - Ps. Delphica; Vera Prill; Rilas; C. Rode (*F-P-R-S*) #3,4
Schwanzar, Anton, *29.3.1888 Wien; - Ps. Schwanau (*F-S*) #3
Schwanzara, Leo, *2.1.1878 Wien, †29.8.1962 Berlin; - Ps. Leo Lenz; Leo Lenz-Schwanzara (*D-L-S*) #3,4
Schwartz, Adam Heinrich, *11.5.1883 Riga; - Ps. Horst Hart (*L-N-R*) #3
Schwartz, Erika, *1.11.1913 Borby b. Eckernförde; - Ps. Erika Petersen (*R*) #3,4
Schwartz, Heinrich, *7.12.1874 Suran; - Ps. Hans Klaar (*P-R*) #3
Schwartz, Marie Esperance Freifrau von, *8.11.1818 Southgate/Engl., †20.4.1899 Ermatingen/Thurgau; - Ps. Elpis Melena (*N-P-R*) #1,2,3,4,13
Schwartz, Michael, *24.7.1909 Leutschau/Zips; - Ps. M. Kirchdrauf; H. Niger; Wulf Wulflach (*D-E-L-P*) #3
Schwartzkopff, Alma, *17.8.1885 Hamburg; - Ps. Alma Schwartzkopff-Plambeck (*E-L-P-R*) #3
Schwartzkopff, August, *14.7.1818 Magdeburg, †16.6.1886 Wernigerode; - Ps. August Schwartz; August Warso (*L-P*) #1,3,4
Schwarz, Abraham, *4.4.1879 Ungarn; - Ps. Ignaz Trebitsch-Lincoln (*P*) #4
Schwarz, Agnes Sophie, *17.6.1754 Neu-Autz b. Mitau/Kurland, †26.10.1789; - Ps. Sophie (*L-P*) #1,2,4,6,11
Schwarz, Anton, *2.10.1833 Glurns/Tirol, †27.10.1900 Glurns; - Ps. Anton Schwarz von Rambach (*D-E-L-M*) #1,4
Schwarz, Christian Gottlieb, *17. Jh.; - gen. Melander/PB #11
Schwarz, Emil, *5.6.1860 Reichenbach/Vogtland, †16.10.1919 Ölsnitz/Vogtland; - Ps. Emil Gerolt (*L-S*) #4
Schwarz, Erna, verw. Obgartel, *14.7.1893 Lötzen/Ostpr.; - Ps. Erna Obgartel (*E-L-R*) #3,4
Schwarz, Fritz, *4.3.1932 Gerlafingen; - Ps. Manfred Schwarz (*F-P-S*) #3
Schwarz, Georg, *13.9.1530 Battenberg/Hessen, †10.10.1602 Echzell/Wetterau; - Ps. Georg Nigrinus; Gute Nacht Pabst; Joachimus Klotzenhaw (*L-P*) #4,11,13
Schwarz, Gottfried, *19.11.1707 Iglau, †13.11.1786 Rinteln; - Ps. Lorandus Samuelfy (*P*) #6
Schwarz, Günther Emil, *25.7.1895 Elbing, †26.12.1983 Krün/Bay.; - Ps. John (*P*) #3
Schwarz, Hugo Engelbrecht, *18.4.1880 Baden b. Wien; - Ps. Hugo Engelbrecht (*E-L-P-S*) #3,4
Schwarz, Ignaz Christian, *24.6.1801 Bamberg, †4.9.1844 St.Gallen; - Ps. J. Rion (*E-J-L-P*) #4,11

Schwarz, Joachim Chajm, *7.11.1909 Berlin; - Ps. Carl-Jacob Danziger; J. C. Schwarz (*E-P*) #3,5,18

Schwarz, Josua, *7.3.1632 Waldow/Pommern, †6.1.1709 Schleswig; - Ps. Severin Wildschütz (*P*) #6

Schwarz, Peter, *1435 Kaaden/Böhmen; - Ps. Petrus Nigri (*P*)

Schwarz, Rudolf, *31.3.1904 Prag, †25.2.1963 Neuffen/Württ.; - Ps. Ralph Black (*R*) #3,4

Schwarz, Ruth, *18.8.1910 Zeitz; - Ps. Elisabeth Rusten (*E*) #3,4

Schwarz, Sophie, *22.11.1901; - Ps. Henriette Fernholz (*E-N-R*) #4

Schwarz, Theodor, *1.9.1777 Wiek/Rügen, †10.2.1850 Wiek/Rügen; - Ps. Theodor Melas; Sylvester (*N-P-R*) #1,4,6

Schwarz, Wilhelm, *10.1.1840 Dinkesbühl; - Ps. Schneider Spitzig (*P*) #3

Schwarz-Crumbach, Maria Margarete, *20.3.1908 Nickenich; - Ps. Maria Margarete Schwarz (*D-E-F-L-N*) #3

Schwarz-Flemming, Fritz, *26.2.1831 Sorge; - Ps. Nautilus (*L-P*) #3

Schwarz-Fritz, Elke, *16.4.1952 Lahr/Baden; - Ps. Elke Schwarz (*L-R*) #3

Schwarz-Norberg, Eleanor von, *25.6.1848 Köln; - Ps. Leo Norberg (*D-N-P-R*) #2,3,4

Schwarzburg, Christian Günther Graf zu, *17. Jh.; - gen. Der Wohlbewährte/FG 546 #11

Schwarzburg-Arnstadt, Ludwig Günther Graf von, *2.3.1621 Ebeleben, †20.7.1681 Arnstadt; - gen. Der Entlähmende/FG 448/1645 #11,12

Schwarzburg-Rudolstadt, Carl Günther Graf von, *6.11.1576, †24.9.1630; - gen. Der Vermehrende/FG 23/1619 #11,12

Schwarzburg-Rudolstadt, Ludwig Günther Graf von, *27.6.1581 Rudolstadt, †4.11.1646 Rudolstadt; - gen. Der Stärkende/FG 29/1619 (*P*) #11,12,13

Schwarzburg-Sondershausen, Anton Günther Graf von, *9.1.1620 Ebeleben, †19.8.1666; - gen. Der Vielgültige/FG 447/1645 #11,12

Schwarzburg-Sondershausen, Mathilde von, *3.7.1814 Öhringen, †3.6.1888 Salzburg; - Ps. Mathilde Dornheim (*L*) #1,2,3,4

Schwarzburger, Kurt, *13.11.1890 Leipzig; - Ps. Kurt Burg (*D*) #4

Schwarze, Hans Dieter, *30.8.1926 Münster; - Ps. Joh. D. Ater (*D-E-F-L-P-R*) #3

Schwarzenau, Marie von, *23.5.1815, †4.4.1880 Speyer; - Ps. L. von Erlburg (*E-N*) #1,4

Schwarzenfels, Hans Heinrich von, *(1651); - Ps. Der Versuchte (*P*) #3

Schwarzer, Annemarie, *8.8.1902 München; - Ps. Annemarie Artinger (*F-R-S*) #3

Schwärzer, Johann, *19.12.1952 Gais/Südtirol; - Ps. Hans Schwärzer (*D-F-L-P*) #3,4

Schwarzhuber, Otti, *10.8.1918 Nürnberg; - Ps. Päiterla (*L-P*) #3

Schwarzkopff, Hugo, *13.7.1864 Zerbst; - Ps. Hugo Schwarz (*P*) #3

Schwarzschild, Leopold, *8.12.1891 Frankfurt/ Main, †2.10.1950 Santa Margherita/Italien; - Ps. Argus; Leopold (*D-P*) #3,18

Schwechhausen, Heinrich von, *17 Jh.; - gen. Der Eigentliche/FG 532 #11

Schweden, Karl X. Gustav König von, Pfalzgraf beim Rhein, *8.11.1622 Nyköping/ Schweden, †13.2.1660 Göteborg; - gen. Der Erhabene/FG 513/1648 #11,12,13,19

Schweem, Richard, *3.3.1914 Bremen; - Ps. Chardy Schweem (*E-L-P-R*) #3

Schweher, Christoph, *(1581); - Ps. Christopherus Hecyrus (*D-L-P*) #11

Schweichel, Robert, *12.7.1821 Königsberg, †26.4.1907 Berlin; - Ps. Heinrich Friedemann (*E-N-R*) #1,4,14

Schweiger, Franz, *27.12.1884 Baden b. Wien; - Ps. Francois; Satirikus; Globetrotter; Observer; Francesco Veritas (*P*) #3

Schweikart, Hans, *1.10.1896; - Ps. Ole Stefani (*R*) #3

Schweikhardt, Bertha, *27.7.1875 Schwerin; - Ps. H. Trotha (*E-F-M-N-P*) #3

Schweinitz, Georg Hermann von, *24.2.1602 Krain b. Strzelin, †30.4.1667 Breslau; - gen. Der Bringende/FG 313/1637 #11,12

Schweinitz, Maria von, *8.12.1899 Züllichau/ Mark Brandenb., †5.4.1968 Penzberg; - Ps. Mary Brand (*L-N-R*) #3

Schweitzer, Albert, *19.11.1893 Mülhausen/ Elsaß, †1948 Königsfeld/Schwarzwald; - Ps. Alitzer; Melitta Falkenstein; Li Hu King (*N-R*) #3

Schweitzer, Carl Gunther, *22.12.1889 Berlin; - Ps. Epaphroditus (*P*) #18

Schweitzer-von Coellen, Ignaz, *8.2.1894 Aachen; - Ps. Si-Osire (*L-P*) #3

Schweizer, Johann Jakob, *1771 Zürich, †31.7.1843 Trub/Emmental; - Ps. Jos. Lunzi Hildebrand (*L-P*) #1

Schweizer, Joseph, *5.6.1893; - Ps. Bonaventura (*P*) #3

Schwemmle, Annemarie, *24.8.1919 Budapest; - Ps. Annemarie Herleth (*E-L-S*) #3,4

Schwengberg, Max, *17.7.1863 Eggersdorf/ Brandenburg; - Ps. Max Eggersdorf; Max Schwengberg-Eggersdorf (*D-P-R*) #1,3,4

Schwenger, Luise Helene, *26.6.1890 Köln; - Ps. L. C. Funke; Luise Helene Schwenger-Cordts (*E-L-N-R-S*) #3,4

Schwenger, Wilhelm, *19.8.1900 Essen, †6.2.1984 Oberhausen; - Ps. Otto Wilhard (*E-J-R*) #3

Schwenter, Daniel, *31.1.1585 Nürnberg, †19.1.1636 Altdorf; - Ps. Resene Gibronte Runcleus Hanedi; Janus Hercules; Janus Hercules de Sunde (*P*) #6

Schwer, Alexander, *1.2.1867 Elisenthal/Mähren; - Ps. Alexander der Schärfere; Du Bary (*D-L-N-R*) #3

Schwerdtfeger, Walter, *11.7.1901 Berlin; - Ps. Asta von Rosen; Alan D. Smith; Henry Wolf (*N-R*) #3,4,16

Schwerin, Hans Wolfgang, *13.1.1916 Breslau; - Ps. Wolfgang H. Syland (*D-L-P*) #3,18

Schwerin, Josephine Gräfin von, *7.3.1836 Wehlau/Ostpr., †21.11.1927 Königsberg; - Ps. J. Westritz (*N-P-R*) #1,2,3,4

Schwerin, Otto, *22.3.1890 Frankfurt/M., †13.12.1936 Frankfurt/M.; - Ps. Guido Haller; Titty Schwerin (*F-P-R*) #3,4

Schwerin, Otto Freih. von, *8.3.1616 Wittstock/Pommern, †4.11.1679 Berlin; - gen. Der Rechtschaffene/FG 493/1648 (*L-P*) #11,12,13

Schwerk, Vera, *29.10.1910 Leipzig; - Ps. Edith Tonberg (*R*) #3

Schwertner, Johann David, *23.5.1658 Leipzig, †8.10.1711 Pirna; - Ps. Christian Lauterbach; Innocentius Deodatus Sincerus (*P*) #6,13

Schwetschke, Karl Gustav, *5.4.1804 Halle/Sa., †4.10.1881 Halle/Sa.; - Ps. Lucilius ab Uva (*L-P*) #1

Schweyer, Anna Maria, geb. Omeis, *17. Jh.; - gen. Amorillis/PB #11

Schweyher, Wolf Magnus, *17. Jh.; - gen. Lycidas/PB #11

Schweynert, Fritz, *30.9.1884 Großkamsdorf/Thür., †23.9.1953 Wasserburg/Inn; - Ps. Asmodi d. J.; Pierre Blaguere; Eff Ess; Emanuel; Leon Holly; Dr. Kitzler; Peter Scher; Manuel Trim (*E-L-P-R*) #1,3,4

Schwidetzky, Georg, *7.2.1875 Berlin; - Ps. Georg Härder; Peer Thorolf (*F-L-P*) #3

Schwieger, Jakob, *1624 Altona, †vor 1663 Glückstadt; - gen. Der Flüchtige/DG-R; Filidor der Dorfferer (*L*) #1,4,5,6,11,19

Schwilling, Hanns, *2.7.1879 Mainz; - Ps. Hanns Hannsen (*L-P*) #1,3,4

Schwimann, Elfriede, *25.2.1930 Wien; - Ps. Carrie Roessler; Ebba Schwimann-Pichler (*F-J-R*) #3,4

Schwindt, Edeltraut, *14.12.1914 Hamburg; - Ps. Alexandra Schwarz; Barbara Schwindt (*E-F-J-R*) #3

Schwitters, Kurt, *20.6.1887 Hannover, †8.1.1948 Ambleside/USA; - Ps. Hermann Eduard Karl Julius; Merz; Dr. Gustav Pfitzner (*J-L-M-P*) #3,4,5,8,17,18

Schwörer, Sigrid Ida, *16.8.1941 Mannheim; - Ps. Sigrid Mannale (*J*) #3

Schworm, Karl, *14.4.1889 Odernheim, †6.5.1956 München; - Ps. Karl Disenberger (*N-R*) #3,4

Scipio, Rudolf, *24.12.1837 Mengeringhausen/Waldeck, †3.9.1901 Gelsenkirchen; - Ps. E. Linden; R. Waldheim (*J-N*) #1,3,4

Scorell-Stiehler, Alfred, *14.9.1920 Dresden; - Ps. Alf Scorell (*E-F-R*) #3,14

Scotti, Ilse von, *5.1.1902 Königsberg, †10.10.1976 Berlin; - Ps. S. C. Ott (*E-F-R-S*) #3,4

Scriba, Dieter Peter, †28.8.1774 Hamburg; - Ps. Grapheus (*L-P*)

Scriver, Christian, *2.1.1629 Rendsburg, †5.4.1693 Quedlinburg; - Ps. Gotthold (*L-P*) #1,6,11

Scurla, Herbert, *21.4.1905 Kleinräschen/Niederlaus.; - Ps. Karl Leutner; K. Th. Lysander (*P-R*) #3

Sebaldt, Käthe, *21.8.1861 Trier, †28.1.1915 Goslar; - Ps. Miriam Eck (*D-L-N-P*) #1,3,4

Sebaldt, Otto, *24.1.1873 Nancy; - Ps. O. S. Baldus; Dr. Hannott (*L-P*) #3

Sebaldt von Werth, Maximilian Ferdinand, *1859 Trier; - Ps. Maxim. Ferdinand; G. Herman; S. v. Werth (*D-N-P*) #3,4

Sebottendorf, Hans von, *nach 1620, †1690; - gen. Der Heftende/FG 519/1648 #11,12

Sebottendorf, Peter von, †1632 Saumur; - gen. Der Wohlgemute/FG 57/1622 (*L-P*) #11,12

Sebottendorf, Rudolf Freiherr von, *9.11.1875 Hoyerswerda, †9.5.1945 im Bosperus; - Ps. Rudolf Glauer (*E-P-R*) #3,16

Sechst, Johann, *17. Jh.; - gen. Alcidor/PB #11

Seckendorf, Christian Adolf Freiherr von, *4.10.1767 Meuselwitz b. Altenburg, †29.8.1833 Luzern; - Ps. Ehrig aus dem Thale (*D-L*) #1,4,11

Seckendorf, Eduard Freiherr von, *3.5.1813 Stuttgart, †19.10.1875 Ludwigsburg; - Ps. Odoardo (*D-L*) #1,4

Seckendorf, Gustav Anton Freiherr von, *20.11.1775 Meuselwitz/Sa., †1823 Alexandria/USA; - Ps. Patrik Peale (*D-L-S*) #1,4,6

Seckendorf, Leo Freiherr von, *2.12.1773 Ansbach, †6.5.1809 Ebelsberg b. Linz/Do.; - Ps. Jusuf der Übersetzer (*P*) #1

Seckendorf, Veit Ludwig von, *20.12.1626 Herzogenaurach, †18.12.1692 Halle/S.; - gen. Der Hilfreiche/FG 615; Ps. Casparus Sagittarius (*L-P*) #6,11

Secker, Hans-Friedrich, *8.4.1888 Elberfeld, †7.8.1960 Pfronten/Allg.; - Ps. Johannes Karst (*F-P*) #3

Seckerwitz, Johann, *um 1530 Breslau, †6.1.1583 Greifswald; - Ps. Seccervitius (*L*)

Seckleman, Peter, *27.3.1902 Berlin; - Ps. Peter Motram (*P-R*) #3,4

Seddig, Günther, *(1984); - Ps. Mark Baxter; Jerry Cotton; Ted Curtis; Tom Kelly; Frederick Nolan; Jack Slade (*R*) #16

Sedelmaier, Maria Johanna, *19.8.1811 Salzburg, †1853 Salzburg; - gen. Salzburgische Sappho (*L*) #1

Sedelmayr, Georg, *2.1.1854 Violau; - Ps. J. Olau; Georg Selmyr; Ingo Selmyr (*J-L-M-P*) #1,3

See, Wolfgang, *14.7.1930 Berlin; - Ps. Heinz Jochen (*E-F-R*) #3

Seebach, Hans von, *17. Jh.; - gen. Der Künstliche/FG 710 #11

Seebauer, Traude, *21.8.1919 Trostberg; - Ps. Traudl Hingst (*L*) #3,4

Seegemund, Johann Georg, *9.6.1794 Stettin; - Ps. Gottwalt (*L*) #6,11

Seeger, Horst, *6.11.1926 Erkner; - Ps. H. Schell (*P*) #3,4

Seeger, Ludwig, *30.10.1810 Wildbad/Württ., †22.3.1864 Stuttgart; - Ps. L. S. Rubens (*L-P*) #1,4,13

Seeger, Ludwig, *31.1.1831 Thüringen/Vorarlberg, †8.1.1893 Wien; - Ps. Seeger an der Lutz (*D-L*) #1,3,4

Seegers, Aenne, *23.1.1901 Straßfurt; - Ps. Capriola; Aenne von Schwangau (*J-L-N-R-S*) #3

Seehaus-Finkelgruen, Gertrud, *2.12.1934 Merzig; - Ps. Gertrud Seehaus (*E-L-R*) #3

Seelig, Carl, *11.5.1894 Zürich, †15.2.1962 Zürich; - Ps. Thomas Glahn (*E-F-L-P*) #3,4

Seelig, Fritz, *24.10.1860 Rotenburg/Fulda; - Ps. Fritz Seeling (*P*) #3

Seelig-Thomann, Aenne, *14.12.1887 Essen; - Ps. Inge Seetho (*P*) #3

Seeliger, Ewald Gerhard, *11.10.1877 Rathau b. Breslau, †8.6.1959 Cham; - Ps. Bruder Mores; Ewger Seeliger (*D-E-L-R*) #3,4,5

Seelmann, Sebastian, *(1665); - gen. Silvius/PB; Der Schäfer Sylvius (*L*) #11

Seelmann-Eggebert, Ulrich, *5.6.1919 Königsberg; - Ps. Carl J. Becher; Ugo Brontolone (*P-R*) #3,4

Seemann, Arthur, *30.11.1861 Reudnitz b. Leipzig, †23.12.1925 Leipzig; - Ps. Nautilus (*L-P*) #3,4

Seemann, Margarete, *26.7.1893 Wien, †6.6.1949 Wien; - Ps. Margarete Margmann (*E-L-M-N-R*) #3,4

Segal, Lore, geb. Groszmann, *8.3.1928 Wien; - Ps. Lore Groszmann (P) #18

Segalla, Ida, *17.8.1857 Reichenberg/Böhmen, †10.8.1936 Meran; - Ps. Ida Maksa (*L*) #1,2,4

Segerer, Josef Sebastian, *22.7.1890 München, †5.6.1970 München; - Ps. Josef S. Viera; Josef Viera-Segerer (*E-F-J-L-R*) #3,17

Segerer, Rose, *19. Jh. Straßburg; - Ps. Rose Viera; Rose Viera-Segerer (*E-R*) #3

Segesser Brunegg, Agnes von, *28.1.1884 Luzern, †12.4.1964 Luzern; - Ps. Franz Buchen; Agnes von Segesser (*F-N-P-R*) #3

Segesser Brunegg, Anna von, *10.4.1887 Luzern; - Ps. A. v. S.; Schw. A.; Anna von Segesser (*P*) #3

Segmüller, Fridolin, *17.2.1759 Altstätten/St.Gallen, †25.9.1933 Einsiedeln; - Ps. Wilhelm von Roosen; Wilhelm von Rosen (*E-P*) #3,4

Sehested, Claus von, *1612, †27.1.1649; - auch Niclas Sestedt; gen. Der Sonderbare/FG 284/1636 #11,12

Seib, Ellen, *5.9.1906 Bad Münster a. Stein; - Ps. Ellen Seib-Schaefer (*L*) #3

Seibel, Werner, *8.11.1946 Waldeck/Hess.; - Ps. René Lebiés (*L-P-R*) #3

Seibert, Curt, *12.2.1898 Saarbrücken; - Ps. Cubert (*F-R-S*) #3,4

Seiberz, Johann Suibert, *27.11.1788 Brilon; - Ps. Gustav Eichenhorst (*P*) #6,13

Seibold, Reiner, *13.5.1933 Gablenz/Erzg.; - Ps. Rolf Seiffert (*P*) #3

Seida und Landensberg, Franz Eugen Joseph Frhr. von, *23.2.1772 Rheinburg, †28.9.1826 Augsburg; - Ps. Franz Eugen Joseph (*S*) #1,6

Seidat, Oskar, *17.1.1902 Kowno/Litauen; - Ps. Margarete Seidat (*S*) #3

Seidel, Georg Heinrich Balthasar, *31.10.1919 Eberswalde, †26.6.1992 Midhurst/GB; - Ps. Christian Ferber; Simon Glas; Lisette Mullère (*F-N-P-R*) #3,4,5

Seidel, Johann Christian Heinrich, *31.1.1743 Illschwang/Opf., †30.1.1787 Nürnberg; - Ps. Philalethes (*L-P*)

Seidel, Johann Ernst, *1848 Holstein; - Ps. Hans Tom Kyle (*S*) #3

Seidel, Johanna Martha, geb. Müller, *26.9.1890 Hannover, †22.6.1975 Zeulenroda/Vogtland; - Ps. Johanna Martha Müller; J. M. Müller-Seidel (*E-L-R-S*) #3,4

Seidel, Karl August Gottlieb, *14.2.1754 Löbau, †21.2.1822 Dessau; - Ps. Franz Euphonius; Friedlieb Grumbach (*D-E-N*) #1,4

Seidelmann, Karl, *9.7.1899 Augsburg; - Ps. Wilhelm Schuler (*E-P-S*) #3

Seiderer-Hartig, Monika, *18.12.1936 Leipzig; - Ps. Monika Hartig (*J*) #3

Seidl, Johann Gabriel, *21.6.1804 Wien, †18.7.1875 Wien; - Ps. Meta communis; Emil Ledie (*E-L-S*) #1,4,5,6,11

Seidl, Rudolf, *28.5.1881 Salzburg; - Ps. Ulf Seidl (*E-M-P-R*) #3

Seidler, *(1815); - Ps. Reldies (*D*) #6,11

Seidler, Anneliese, *23.3.1926 Düsseldorf; - Ps. Anneliese Probst (*E-F-J-R-S*) #3,4

Seidlin, Oskar, *17.2.1911 Königshütte/Oberschles.; - früher Oskar Koplowitz; Ps. Stefan Brockhoff (*J-P*) #4,18

Seidlitz, Julius, *3.9.1814 Prag, †8.3.1857 Wien; - urspr. Itzig Jeitteles (*J-N-R-S*) #1,4,19

Seifart, Carl, *17. Jh.; - gen. Der Mühsame/DG-L #11

Seifert, Alfred, *25.11.1905 Eppendorf/Sa.; - Ps. Fred Fert (*E-L*) #3,4

Seifert, Fritz, *4.9.1875 Grüna b. Chemnitz; - Ps. Fritz Seifert-Grüna (*E-L-S*)

Seifert, Utta, *13.9.1926 Breslau; - Ps. Utta Roy-Seifert (*E*) #3,4

Seiffart von Klettenberg, Susanna Katharina, *19.12.1723 Frankfurt/M., †16.12.1774 Frankfurt/M.; - Ps. Susanna Katharina Klettenberg (*P*) #4,15

Seifried, Karl Heinrich, *10.2.1753 Dresden, †13.6.1838 Dresden; - Ps. Seyfried (*E*) #1,4

Seiler, Edmond Max, *(1983); - Ps. Sebastian Link (*J*) #3

Seis, Eduard, *28.12.1842 Wien, †5.8.1930 Wien; - Ps. Ed. Knoll; Friedrich Otis (*D-E-L-R-S*) #3

Seitler, Heino, *24.12.1902 Wien; - Ps. Heino; Negantius (*E-P*) #3
Seitz, Anna, *13.4.1835 Worms; - Ps. A. Heyl (*L-R*) #2,3
Seitz, Eberhard, *6.1.1912 Dresden; - Ps. Hedwig Ahrens; Enrico Antares; Nina von Bolvary; Jerry Cotton; Anja von Eichen; Ellen Heydorn; Gustl Huber; Terry Le Lon; Mark Powers; Henry Sherwood; J. E. Wells (*R*) #3,16
Seitz, Loni, *10.5.1898 Salzburg; - Ps. Loni Seitz; Loni Seitz-Ransmayr (*L*) #3
Seitz, Ruth, *23.9.1901 Berlin, †17.9.1977 München; - Ps. Ruth Andreas-Friedrich; Ruth Friedrich (*L-P*) #3,4
Seitz-Hückstädt, Sophie, *12.4.1857 Gnesen/Posen; - Ps. S. Hohenstaedt (*D-N*) #2,3
Seitzinger, Adelbert Emil, *12.10.1866 Suhl; - Ps. Adelbert Jung (*N-P*) #1,3
Seivert, Johann, *17.4.1735 Hermannstadt/Siebenb., †27.4.1785 Hamersdorf b. Hermannstadt; - Ps. Trevies (*P*) #6
Selbach, Max, *2.6.1885 Witten/Ruhr; - Ps. Peregrin Berndt (*E-F-R*) #3,4
Selhorst, Marie, geb. Derichs, *7.2.1846 Köln; - Ps. Marie Derichs (*E*) #2,3
Selig, Paulus, *27.2.1821 Großglogau, †17.12.1892 Friedenau b. Berlin; - später Paulus Stephan Cassel; Ps. Dr. C. Ryno; A. F. Schmidt; Ibn Zebi (*D-L-N-P*) #1,3,4,13
Selige, Kurt, *5.5.1888 Bünde; - Ps. Kurt Werner (*R-S*) #3
Seligmann, Adalbert Franz, *1862, †1945; - Ps. Plein-Air (*P*)
Seligmann, Walter, *15.3.1889 Karlsbad/Böhmen, †1942 (vermißt); - Ps. Walter Serner (*D-E-P*) #4,5,8
Seligo, Irene, *7.7.1904 Leipzig; - Ps. Peter Eck (*F-N-P-R*) #3
Selinger, Engelbert Maximilian, *13.10.1802 Sternberg/Mähren, †1854 Wien; - Ps. Wilhelm Marchland (*D-P-S*) #1,4
Selk-Harder, Irmgard, *20.8.1922 Hamburg; - Ps. Irmgard Harder (*E-F-P*) #3,4
Selke, Karl Adolf, *13.5.1836 Mehlsack/Ostpr., †29.6.1893 Wildbad/Württ.; - Ps. Karl Adolf (*R*) #1,3,4
Sell, Lulu Freiin von, *24.6.1840 Schwerin, †21.3.1913 Schwerin; - Ps. Margarete Treu (*E-L*) #2,3,4
Sell, Maria, *21.10.1843 Bonn; - Ps. Amara Pellegrina (*P*) #2,3
Sell, Sophie Freiin von, *24.6.1840 Schwerin, †9.2.1893 Schwerin; - Ps. Else von Lynden (*E*) #4
Sell-Sonnet, Ella, *26.10.1900 Moskau; - Ps. Ella Sonnet (*D-F*) #3
Sellin, Alfred W., *19.7.1841 Ludwigslust; - Ps. Alfred Wäldler (*P*) #3
Sellmair, Josef, *21.2.1896 Thalhausen/Obb., †23.7.1954 Ludwigshafen; - Ps. Der Templer (*P*) #3
Sellmann, Norbert, *25.9.1942 Ballenstedt/Harz; - Ps. Justus Pfaue (*F-R*) #3
Sellner, Norbert, *5.12.1913 Aussig, †12.11.1956 Laufen/Obb.; - Ps. Herbert Schober (*R*) #4
Sellschopp, Christina, geb. Santifaller, *30.6.1904 Kastelruth b. Bozen, †5.9.1978 Dortmund; - Ps. Maria Ditha Santifaller (*L-P*) #4
Selmnitz, Ernst Friedemann von, *28.4.1620 Steinburg b. Naumburg, †13.4.1678 Straußfurt b. Weißensee; - gen. Der Frische/FG 431/1645 #11,12
Selnecker, Nicolaus, *6.12.1530 Hersbruck/Franken, †22.5.1592 Leipzig; - auch Selnekker; Schellenecker (*L-S*) #4,11
Selten, Kurt, *8.12.1872 Schweidnitz; - Ps. Dr. Rarus; Kurt v. Sarmin (*D-P-S*) #3
Selter, Hubert Heinrich, *5.9.1907 Hilden b. Düsseldorf, †1982; - Ps. Harry Russ (*R*) #3,4
Selter, Kurt, *25.11.1919 Moers/Rh.; - Ps. Rod Canfield; Pitt Holm; Flying Jack; Clay S. Melton; Curt Peters; Pierre Rousseau; Pet Roussel; Jack Ryan (*R*) 3,4
Seltz, Thomas, *22.12.1872 Artolsheim; - Ps. Paul Lainé; Marguerite Ready; Severin Stezl (*P*) #3
Semler, Christian August, *13.7.1767 Weißenfels, †18.12.1825 Dresden; - Ps. Johann Oporin (*P*) #6
Semmer, Gerd, *21.12.1919 Paderborn, †12.11.1967 Ratingen; - Ps. Moritz Messer (*L-P*) #3,14
Semmig, Hermann, *23.6.1820 Döbeln/Sa., †22.6.1897 Leipzig; - Ps. Ernst Naumann; F. Schmidt (*E-L-N-P*) #1,3,4
Semrau, August, *25.9.1816 Groß-Jenznik b. Schlochau/Westpr., †12.9.1893 Breslau; - Ps. Gustav Konte; Puff (*L-P*) #1
Sender, Tony, *29.11.1888 Biebrich/Rh., †26.6.1964 New York; - Ps. Dora Denis; Elizabeth (*P*) #18
Senf, Heinrich Christian Leberecht, *um 1750 Stolpen, †1793; - Ps. Filidor (*L-P*) #4,6,11,13
Senfte von Pilsach, Adam Ernst, *17. Jh.; - gen. Der Sanftmütige/FG 866 #11
Senger, Karl Theodor, *(1903); - Ps. Th. v. Bamsdorff (*L-P*) #3
Senger, Valentin, *28.12.1918 Frankfurt/M.; - Ps. Valentin Rabis (*F-P-R*) #3
Sengespeik, Friedrich von, *6.8.1776 Seehausen/Altmark, †23.1.1816 Wilster; - Ps. Fritz Bürger (*P-R*) #1,4,6,11
Senitz, Elisabeth von, *17. Jh.; - gen. Celinde/PB #11
Senkenberg, Renatus Leopold Christian Karl Freih. von, *23.5.1751 Wien, †18.10.1800 Gießen; - Ps. Antistius und Eudoxus; Germanus Bidermann; Polydorus Nemaeus (*L-P*) #6,13
Senn-Holdinghausen, Walther, *4.2.1844 Buchs; - Ps. Severus Alpinus (*P*) #3

Sentjurc, Igor, *31.1.1927 Slovenjgradec/Slo.; - Ps. Nikolai Dorpat; Igor Georgew; Igor von Percha (*R*) #3

Senz, Josef Volkmar, *22.2.1912 Apatin/Batscher Land; - Ps. Josef Abthausen; Josef Volkmar (*P*) #3

Sepp, Bonifatius, *14.5.1839 Augsburg; - Ps. Spiritus lenis (*P*) #3

Sepp, Johann Nepomuk, *7.8.1816 Tölz, †5.6.1909 München; - Ps. Amort d. J.; Sepp von Laßberg (*D-P-S*) #1,3,4

Sermage, Richard Graf von, *27.8.1831 Ofen/Ungarn, †4.1.1903 Graz; - Ps. Otto Bernhard; Probus (*L-N*) #3,4

Sermage, Sanda Gräfin, *1863; - Ps. Alexandra (*L*) #1,2

Sermage von Szomszédvar, Karl Graf, *25.2.1793 Agram, †13.8.1851 Wien; - Ps. Sabbas von Damaszkin (*D-S*) #1,4,11

Sernatinger, Hermann, *30.7.1870 Radolfzell/Bodensee; - Ps. Herimann aus der Zelle (*E-P-S*) #1,4

Serner, Martin Gunnar, *20.7.1886, †1947; - Ps. Frank Heller (*R*) #3

Serowy, Rolf, *(1984); - Ps. Simon Calef; Brian Elliot; Franc de Lorca (*P*) #16

Serpiel, Augustin, *17. Jh.; - gen. Der Schleuchende/DG-N #11

Servaes, Franz, *17.6.1862 Köln, †14.7.1947 Wien; - Ps. Max Haese; Albrecht Schütze (*D-N-P-R*) #3

Servais, Georg, *22.1.1907 Paderborn; - Ps. Thomas Ruf (*P-R*) #3

Sessa, Karl Boromil Alexander, *20.2.1787 Breslau, †4.12.1813 Breslau; - Ps. Samson Eidechs (*S*) #1,4

Sessler, Thomas, *14.12.1915 Berlin; - Ps. Sessler-Zeiz; Gabriel Thomas (*F-L-N-R*) #3

Settgast, Ann-Charlott, geb. Brockmüller, *25.9.1921 Neustrelitz/Meckl.; - Ps. Ann-Charlott Brockmüller; Ann-Charlott Settgast-Brockmüller (*F-J-R*) #3

Seuberlich, Hans-Erich, *8.9.1920 Riga; - Ps. Hans Erich (*E-J-P-R*) #3,4,17

Seuberlich, Ursula, geb. Ehwald, *14.7.1946 Bergisch-Gladbach; - Ps. Ursula Ehwald; Lauster (*P-S*) #3,4

Seufert, Karl Rolf, *1.12.1923 Frankfurt/M.; - Ps. Charles Hallgarten (*E-J-P-R*) #3

Seuffer, Gustav Heinrich, *8.1.1835 Ulm, †24.5.1902 Ulm; - Ps. H. G. Raffus (*L-S*) #1

Seuffert, Brigitta, geb. von Cetto, *6.2.1908 Landsberg/Lech; - Ps. Gitta von Cetto (*F-J-P-R*) #3,4,5

Seuffert, Johann Adam von, *15.3.1794 Würzburg, †8.5.1857 München; - Ps. Chordalis; Cordialis; Justus Steinbühl (*L-P*) #1,4,6, 11,13

Seupel, Franz, *(1844); - Ps. Rich. Wanderer (*L-P*)

Severin, Paul, *9.10.1924 Düsseldorf, †25.5. 1975 Düsseldorf; - Ps. AEROTIKA (*L*) #3

Seybold, Friedrich, *25.4.1783 Buchsweiler/Elsaß, †23.7.1843 Stuttgart; - Ps. Anselmus Hilarius; S. F. L. G. (*D-E-N-R*) #1,4

Seyboth, Hermann, *25.2.1900 Regensburg; - Ps. Dr. Sy (*E-L-P*) #3

Seydel, Max Ritter von, *7.9.1846 Germersheim, †23.4.1901 München; - Ps. Max Schlierbach (*L-P*) #1,3,4

Seydewitz, Max, *19.12.1892 Forst/Lausitz, †8.2.1987 Dresden; - Ps. Peter Michel (*E-P*) #3,18

Seyfarth, Heinrich, *26.10.1863 Zella/St.Bl.; - Ps. Heinz vom Berge (*P-R*) #3

Seyffert, Anna, *(1889); - Ps. Thea von Bürkner; M. vom Elm; L. Hilliger; H. Klinger; Anna Seyffert-Klinger; A. v. Trystedt; Grete Vakano (*N-R*) #2,3

Seyffert, Friedrich Arthur, *2.10.1879; - Ps. Herbert Hill (*J-R*) #3

Seyffert, Hermann, *2.7.1860 Halberstadt; - Ps. Alexander Buschow; Ferdinand Klinger; Stultus (*D-L-P-R*) #3

Seyfried, Heinrich Wilhelm, *28.7.1755 Frankfurt/M., †20.4.1800 Berlin; - Ps. Tlantlaquatlapatlih; Xenomaldophhyquiarr (*D-E-J-P-S*) #1,4,6

Seyler, Friederike Sophie, gesch. Hensel, *1738 Dresden, †22.11.1789 Schleswig; - Ps. Friederike Sophie Hensel (*D-S*) #1,4,13

Seyppel, Jeannette, geb. Lander, *8.9.1931 New York; - Ps. Jeannette Lander (*E-F-L-P-R*) #3,4,5,8

Seyssel d'Aix, Camilla Gräfin, *7.7.1838 Prag, †23.12.1918 Wien; - Ps. C. Cressieux (*N-R*) #1,3,4

Seyther, Wilhelm, *5.5.1862 Waiblingen; - Ps. Reh Tyes; Kuno Rübezahl; Wilsey-Ther (*D-E-S*) #3,4

Siber, Julius, *1872 Dettelbach/Ufr.; - Ps. J. Walter (*N-P-R*) #3

Siber, Paula, geb. v. Groote, *6.4.1893 Karlsruhe; - Ps. Paula Siber v. Groote (*L-N-P*) #3

Siche, Gertrud, *4.3.1892 Stargard; - Ps. Gertrud Siche-Tarnowski (*F-L-R*) #3

Sickel, Gustav Adolph Friedrich, *11.4.1799 Athenstädt b. Halberstadt; - Ps. Gustav Adolph (*P*) #6

Sickenberger, Hermann, *11.5.1851 Weiherhammer/Opf.; - Ps. Karl Groß (*D-L*) #3,4

Sickingen, Eberhard von; - gen. Der Nachstellende/FG 463/1646; auch Eberhard von Sikkings #11,12

Sickler, Rudolph, *18. Jh.; - Ps. Ryno (*P*) #6,11

Sidjanski, Dimitri, *(1970); - Ps. Mischa Damjan (*E-J*) #3

Siebauer-Breböck, Ute, *5.9.1946 München; - Ps. Ute Manan Schiran (*L-M-P-R*) #3,4

Siebecke-Giese, Evemarie, *22.1.1919 Magdeburg; - Ps. Ilse Bode; Evemarie Siebecke (*E*) #3

Siebel, Gerhard, *1784 Elberfeld; - Ps. Götz vom Rheine (*P-S*) #6

Siebel, Karl, *13.1.1836 Barmen, †9.5.1868 Elberfeld; - Ps. Emil Thilva (*L-R*) #1,4,13
Siebelt, Agnes, *5.3.1858 Hermsdorf-Kynast/Schlesien; - Ps. Silesia (*N*) #2
Siebenhaar, Malachias, *17. Jh.; - gen. Der Siebenfältige/DG-R #11
Siebenstädt, Ingeburg, *26.4.1932 Wittgensdorf; - Ps. Siegfried Burg; Tom Wittgen (*J-R*) #3
Sieber, Justus, *7.3.1628 Einbeck, †23.1.1695 Schandau/Elbe; - Ps. Der Niedersächsische und Meissnische Sylvius (*L*) #1,6
Sieber, Rudolf, *31.12.1896 Imst, †19.2.1966; - Ps. Robert Schlag (*D-L-N-R*) #3
Sieber, Ruth, geb. Rilke, *12.12.1901 Westerwede/Bremen; - Ps. Ruth Sieber-Rilke (*P*) #3
Sieber, Siegfried, *27.3.1885 Oschatz/Sa.; - Ps. Ludwig Bär (*E-P-R*) #3,4
Siebert, Anna, *18.10.1846 Köln; - Ps. Sophie Reinau; Sophie Rheinau; Sophie (*N-S*) #1,2,4
Siebert, Anna, *26.9.1855 Worms, †7.8.1911 Worms; - Ps. Klara Rheinau (*E-J-R*) #1,2,3,4
Siebert, August, *31.7.1805 Nymphenburg b. München, †1.7.1855 Jena; - Ps. August Kornfeger (*E-P*) #1,4,11
Siebert, Hermann, *24.3.1878 Rastatt/Baden; - Ps. M. Altheimer (*N*) #3
Siebert, Ilse, *21.5.1899 Breslau, †16.1.1987 Darmstadt; - Ps. Ilse Langner (*D-L-N-P-R-S*) #3,4,5,8,9,10
Siebert, Priscilla, *21.4.1917 Hendon/London; - Ps. Ann Siebert (*J*) #3
Siebert, Theodor, *25.10.1866 Weißenfels a. S.; - Ps. Kallinikos; Th. S. Wirtimthal (*P*) #3
Siebold, Werner Johann, *3.6.1887 Leipzig, †12.11.1970 Affolterbach/Odenw.; - Ps. Klaus Werner (*E-J-P-R*) #3,4
Siebrands, Erika, *20.10.1909 Alt-Döbern; - Ps. Erika Mahlow (*L-R*) #3,4
Siecke, Hedwig, *3.6.1847 Rohrlack b. Wusterhausen; - Ps. H. Lindendorf (*E-N*) #1,3,4
Siede, Johann Christian, *19.10.1765 Magdeburg, †14.6.1806 Berlin; - Ps. Nicodemus Bilde (*E-R*)
Siedmogrodzka, Henriette von, *(1886) Küstrin; - Ps. Heinrich Lange (*E-N*) #2
Siefkes, Wilhelmine, *4.1.1890 Leer/Ostfriesl.; - Ps. Wilmke Anners (*E-F-J-L-N-R-S*) #3,4
Sieg, Arthur, *3.7.1865 Krojanke, †31.12.1931 Schneidemühl; - Ps. Theobald a Kempis (*D-L-R*) #1,3
Siegel, Josef, *25.10.1872 Lipsheim; - Ps. Geisel (*R*) #3
Siegel, Maria Anna, geb. Löhn, *30.11.1830 Naundorf b. Freiberg/Sa., †1.1.1902 Dresden; - auch Löhn-Siegel; Ps. Wilbert von Herrigau; Alban Lork (*E-L-N-P-R*) #1,2,3,4
Siegert, Georg, *29.2.1836 Weißenohe b. Nürnberg, †3.5.1921 München; - Ps. Ludwig Biron (*D-S*) #1,3,4
Siegfried, Eva, *22.4.1875 Schulpforta b. Naumburg; - Ps. E. Siegfried (*P*) #3
Siegl, Irma, *(1954); - Ps. Irma Gold; Ingrid Goldstroem (*R*) #3
Siegl, Margareta, *25.3.1933 St.Wolfgang/O.-Ö.; - Ps. Franz Rauscher; Margot Rieder; Margareta Schieweg; Margareta Siegl-Jandl (*E-F-J-L-R*) #3
Siegmann, Hermann, *19.5.1896 Mergentheim/Württ., †7.11.1974 Stuttgart; - Ps. Ipf (*E-J-L*) #3,4
Siegroth, Martha Freifrau von, geb. Rumbauer, *22.10.1862 Modewitz b. Belzig; - Ps. Martha Rumbauer (*E-S*) #1,4
Siehr, Linda, *3.10.1872 Stettin; - Ps. Hans Reis (*R-S*) #3,4
Siemers, Kurt, *22.4.1894 Walsrode, †1932; - Ps. Rosander; Kurt Sjöström; Tyll (*L-P*) #3,4
Siemßen, Hermann Julius, *13.5.1817 Hamburg, †9.12.1888 Hamburg; - Ps. Hermann Julius (*L-S*) #1,3,4
Sienkiewicz, Thusnelde, *7.6.1846 Triest; - Ps. Frau Dyrenfurth; Thusnelde Vortmann; Thusnelde Vortmann-Sienkiewicz (*L*) #1,2,3
Siercke, Adolphine, *(1875); - Ps. Ada Serano (*E-N*) #2
Sievakowsky, Fridel, *26.6.1890 Hamburg; - Ps. Fridel Köhne; Fridel Langfurth (*R-S*) #3,4
Siewert, Ernst Georg, *21.1.1888 Berlin; - Ps. Hans Halden (*D-E-F-S*) #3,4
Sigel, Kurt, *3.8.1931 Frankfurt/M.; - Ps. René Legis; Hazie Schiefer (*E-F-L-P-R*) #3,5,10
Sigershoven, Maximilian von, †1669; - auch Maximilian von Siegershofen; gen. Der Abstechende/FG 354/1641; #11,12
Silber, Benjamin, *29.12.1772 Waldheim/Sa., †7.4.1821 Annaberg/Sa.; - Ps. Eduard Blum; Carl Sebald (*E-R*) #1,4,6,11
Silberer, Geza, *1.12.1876 Werschetz/Banat, †8.4.1938 Wien; - Ps. Sil-Vara (*D-E-S*) #3,4
Silberman, Hilda, *1892 Frankfurt/M.; - Ps. Hilda May (*P*) #18
Silbermann, Josef, *22.2.1863 Trezebinia; - Ps. J. Sabin (*P*) #3
Silberschmidt, Walther, *8.11.1899 Schöneberg; - Ps. S. Walther Uhlenhorst (*P*) #3
Silberstein, Adolf, *1.7.1845 Pest/Ung., †12.1.1899 Pest/Ung.; - Ps. S. Adolf; Oetvös (*P-R*) #3
Silberstein, Leo, *(1907); - Ps. Leo Gilbert (*E-P-R*) #3
Silberstein, Ludwig, *17.3.1863 Frankfurt/O.; - Ps. Ludwig Stein (*D-R*) #3
Simanitsch, Georg, *15.4.1835 Agram; - Ps. Jürg Simani (*L-P*)
Simbürger, Jakob, *12.7.1832 Pusterwald/Steierm., †12.11.1903 Schöder/Steierm.; - Ps. Fridolin vom Freithal (*E-P*) #1,4
Simiginowicz-Staufe, Ludwig Adolf, *28.5.1832 Suczawa/Bukowina, †19.5.1897 Czernowitz; - Ps. Staufe-Simiginowicz; Adolf Sand (*E-L*) #3
Simmel, Johannes Mario, *7.4.1924 Wien; - Ps. Michael Mohr (*D-E-F-J-N-R*) #3,4,5,8,10,17

Simmern, Ludwig Philipp Pfalzgraf von, *23.11.1602 Heidelberg, †8.1.1655 Crossen; - gen. Der Gefährliche/FG 97/1624 #11,12,13
Simon, Anna, *1864 Walsrode; - Ps. Maria Korff (*E-R*) #2,4
Simon, Antonie, *7.2.1814 Breslau, †30.8.1893 Brieg/Schles.; - Ps. T. S. Braun (*E-R*) #1,3,4
Simon, Emma, geb. Couvely, *8.8.1848 Braunfels b. Wetzlar, †5.5.1934 Berlin; - Ps. Emma Vely; Emma Couvely (*D-E-M-N-P-R-S*) #1,2,3,4
Simon, Erik, *30.12.1950 Dresden; - Ps. Peter Simon; Simon Zwystein (*E-L-P*) #3
Simon, Gert Micha, *9.6.1929 Berlin; - Ps. Simon Traston (*L-N-P*) #3
Simon, Heinrich, *4.5.1858 Berlin, †24.10.1930 Berlin; - Ps. H. Osmin (*E-P*) #3,4
Simon, Jordan, *5.11.1719 Neustadt/Saale, †2.8.1776 Prag; - Ps. Ardoino Ubidente dell'Osa; Raodin (*P*) #6
Simon, Karl Günter, *9.2.1933 Ludwigshafen; - Ps. Karli (*F-P*) #3
Simon, Titus Hans J., *1959; - Ps. Titus (*E-L*)#3
Simon, Will, *27.1.1901 Lüsberg; - Ps. Wilhelm Maria Lüsberg (*P*) #3,4
Simoneit, Severin, *11.8.1866 Memel; - Ps. Gelasinos Gelotopoietikos; Eckart Warner (*P*) #4
Simons, Conradin, *um 1790; - Ps. Adalbert im Thale (*E-L*) #6
Simons, Ernst M., *30.3.1869 Neuß/Rh.; - Ps. Drems (*E-L-N-P*) #3,4
Simrock, Karl, *28.8.1802 Bonn, †18.7.1876 Bonn; - Ps. Anserinus Gänserich; K. S. Im Rock (*E-L-P-S*) #1,5,11,17
Simson, Ewald, *28.2.1869 Dorpat; - Ps. D. von Samiels (*E-N*) #4
Simson, Maximilian, *1.7.1866 Berlin, †14.8.1916 Berlin; - Ps. Max Reichardt (*S*) #4
Simundt, Egon Christian, *17.8.1892 Berlin, †3.5.1962 Regensburg; - Ps. Egon Christian Mund; Christian Sundsval (*N-P-R*) #3,4
Sina, Franz Gustav, *31.3.1830 Gräfrath; - Ps. Bruno; Alois Stanislaus (*P*) #3
Sinclair, Isaak Freiherr von, *1776 Thurso-Castle/Schottl., †29.4.1815 Wien; - Ps. Crisalin; Eduard von Sinclair; (*D-L-P*) #1,4,6,11,13,19
Singer, Elisabeth, *2.9.1897 Nachitchevan/Don, †24.4.1972 München; - Ps. Elisabeth Maria Rein (*E-J*) #3,4
Singer, Friedrich, *16.11.1896 Baden-Baden, †4.4.1972 Karlsruhe; - Ps. Karl Eisenbach (*E-L-P-R-S*) #3,4
Singer, Friedrich, *14.7.1841 Wien, †10.12.1910 Wien; - Ps. S. Fritz (*E-L-S*) #1,3,4
Singer, Hans Wolfgang, *16.9.1867 New York; - Ps. L. Tyson (*P*) #3
Singer, Kurt, *10.8.1911 Wien; - Ps. P. Carbone (*P*) #18
Singer, Leo, *20.2.1884 Wien; - Ps. Leo Ger; Leo Leondi (*P*) #3
Singer, Sophie Wilhelmine, *1774 Berlin; - Ps. Minna (*J*) #6
Sinhuber, Bartel F., *20.4.1938 Koblenz; - Ps. Ferdinand von Liebenau (*E-F-P*) #3
Sinner, Joh. Christoph Dan., *Coburg, †19.7.1819 Coburg; - Ps. G. S. Schubert (*P*) #6
Sinner, Ingrid, geb. Alten, *15.8.1937 Berlin; - Ps. Ingrid Alten; Nanata Mawatani (*E-R*) #3,4
Sinning, Ingeborg, *26.7.1930 Mainz; - Ps. Ingeborg Sinn (*J-R*) #3
Sinoldt, Johann Helwig, *17. Jh.; - gen. Der Gezeichnete/FG 810 #11
Sinram, Heinrich, *13.9.1862 Wismar, †Hamburg; - Ps. Hein Simson (*E-L-N*) #3
Sintenis, Christian Friedrich, *12.3.1750 Zerbst, †31.1.1820 Zerbst; - Ps. Gottfried Denker; Theodor (*E-R*) #1,6
Sintenis, Elsbeth, *20.10.1860 Rawitsch/Posen; - Ps. Elsbeth Fahrow (*L-N-P-R*) #1,3,4
Sinwel, Rudolf, *5.4.1865 Zell b. Kufstein; - Ps. Rolf Kurz (*E-L-P*) #3
Sirowatka, Eva-Maria, *21.6.1917 Krausen/Ostpr.; - Ps. Eva-Maria Roosen; Eva-Maria Wiesemann (*E-J-L-R*) #3,4
Sittenfeld, Konrad, *9.7.1862 Breslau, †24.6.1918 Berlin; - Ps. Konrad Alberti (*D-E-N-P-R-S*) #1,3,4,5,15
Sivkovich, Gisela, *27.7.1926 Berlin; - Ps. Ziska Brücken; Franziska Martin; Gisela Volker (*P-R*) #3
Sixtinus, Nicolaus, *17. Jh.; - gen. Der Verschwiegende/FG 734 #11
Skalnyk, Johannes, *1.12.1896 Wien, †23.4.1984 Wien; - Ps. Hans Pirkhoff (*L-R*) #3,4
Skasa-Weiß, Eugen, *22.2.1905 Nürnberg, †17.10.1977 London; - Ps. O. Skalberg (*E-P*) #3,5
Skolaster, Hermann, *3.8.1877 Seeburg/Ostpr., †4.8.1968 Limburg/Lahn; - Ps. Onkel Hermann (*E-L-P-R*) #3,4
Skorpil, Robert, *30.9.1894 Innsbruck; - Ps. Roger Bellarmin (*D-E-F-J-P-R*) #3,4
Skowronnek, Fritz, *20.7.1858 Schuiken b. Goldap/Ostpr., †1939 Berlin; - Ps. Fritz Bernhard; Hans Windek (*D-E-P-R*) #3,4,5
Skowronnek, Karl, *25.3.1902 Wien; - Ps. Hanns Eichhoff (*P*) #3,4
Skrbensky, Gabriele Freifrau von, geb. von Sazenhofen, *5.7.1898 Eger, †9.9.1961 Basel; - Ps. Gabriele von Sazenhofen (*F-R*) #3,4
Skrepek, Viktor, *6.10.1879 Wien; - Ps. Herrmann (*D-L-R-S*) #3,4
Skrzypczak, Henryk, *3.5.1926 Berlin; - Ps. Henryk Eska (*L*) #3
Slanarz, Richard, *1.5.1850 Stettenhof-Zöptau/Mähren, †27.12.1897 Wien; - Ps. Richard March (*D-E-P*) #1,3,4

Slawinski, S., *(1958); - Ps. Delphica (*P*) #4
Sleumer, Albert, *3.8.1876 Osnabrück; - Ps. Albert von Bruch (*P*) #3
Slevogt, Paul, *29.4.1596 Possendorf b. Weimar, †22.6.1655 Jena; - Ps. Alethophilus Liberius (*P*) #6
Slevogt, S., *27.1.1855 Libau; - Ps. S. J. Volsteg (*E-L-P*) #2
Slop-Cadenberg, Karl Edler von, *6.4.1855 Trient; - Ps. Carlo de Montecadine (*P*) #3
Sluyterman von Langeweyde, Wolf, *21.6.1895 Essen; - Ps. Ernst von Mylau (*D-L-N-R-S*) #3
Small, Ebba, *9.4.1898 Budweis; - Ps. Ebba Maran (*E-L*) #3
Smetaczko, Moritz, *16.12.1828 Wien, †22.4.1890 Wien; - Ps. Moritz Smets (*D-P*) #1
Smeth, Maria Baronin de, *14.1.1903 Sandizell/Obb.; - Ps. Franzy von Sandkreut; Silvio Silla (*J-P*) #3,4
Smets, Wilhelm, *15.9.1796 Reval, †14.8.1848 Aachen; - Ps. Lenz von Prag; Wilhelm v. Reval; Theobald; Justinus Walther (*D-L*) #1,4, 6,11
Smidt, Franciscus, *1527 Düren, †26.3.1573 Düsseldorf; - gen. Marcoduranus; Ps. Franciscus Fabricius (*P*) #4,11,13
Smidt, Heinrich, *18.12.1798 Altona, †3.9.1867 Berlin; - Ps. Smidt von Altona (*E-J-M-N-P-R*) #1,4,5
Smith, Amy, *(1953) Hamburg; - Ps. Gesa Anderson (*F-L-N-S*) #3,4
Smolik, Hans Wilhelm, *1.11.1906 Leipzig, †1962 Irsee b. Kaufbeuren; - Ps. Hans Michael (*E-J-L-M-N-P*) #3,4,17
Sobczyk, Rudolf, *16.11.1916 Berlin; - Ps. Hans Romberg (*J*) #3,4
Sobota, Kurt, *6.7.1897 Braunschweig; - Ps. A. Tobos (*R*) #3
Sochaczewski, Heinrich, *19. Jh.; - Ps. Victor von Falk; Hans Heinrich Schefsky (*E-P*) #3
Sodenstern, Eveline von, *Homburg v. d. H., †7.4.1910 Homburg v. d. H.; - Ps. E. v. Stern (*L-S*) #2,3,4
Söderberg, Elisabeth, geb. Weixlgärtner, *21.1.1912 Wien; - Ps. Elisabeth Weixlgärtner (*L-P-S*) #3
Soeder, Michael, *15.12.1921 Darmstadt; - Ps. Achim Anderer (*E-L-P-R*) #3,4
Soeding, Ellen, geb. Liebe-Harkort, *10.8.1904 Düsseldorf; - Ps. Ellen Liebe-Harkort (*E-R*) #3
Soemmerring, Sophie, *14.4.1838 Mainz, †26.3.1920 Frankfurt/M.; - Ps. Arthur Halding; Alexander Sternau (*D-N-S*) #2,4
Soentgerath, Olly, *23.10.1923 Prag; - Ps. Olly Komenda-Soentgerath (*L*) #3
Soerensen, Hans, *10.11.1910 Hadersleben; - Ps. Sjoeborg (*E-F-J-N*) #3
Sohst, Paul, *17.3.1894 Berlin; - Ps. StudR. i. R. (*N-P-R*) #3
Soik, Helmut Maria, *12.7.1911 Schwenningen/Neckar; - Ps. Thomas Bracke; Thomas Michael Malan (*L-P-R*) #3,4
Soja, Else, geb. Plenk, *22.11.1900 Wien; - Ps. Else Soja-Plenk (*E-R*) #3
Sojecki, Joseph Casimir Arthur, *31.3.1845 Wierzysken/Westpr., †1899 Berlin; - Ps. Arthur von Erlenfels; Eugen Vandow; Eugen Wandow (*D-L*) #1,3,4
Sokolowsky, Leo, *10.12.1867 Berdiansk/Rußl.; - Ps. N. Karawajew (*P*) #3
Solden, Heinrich Ritze, *um 1486 Simtshausen/Hessen, †24.12.1535 Bremen; - Ps. Korte; Euricius Cordus; Cornelius Eustachius Bernensis (*L-P*) #4,5,13,15
Solf, Judith, *7.7.1924 Peterstal b. Heidelberg; - Ps. Stella Solf (*J*) #3
Solger, Heinrich, *22.10.1844 Walsdorf b. Bamberg; - Ps. Kuno Faust (*P*) #3,4
Solger, Maria Christine, *19. Jh.; - Ps. Cilli Crone (*E-N*) #2,3
Solger, Reinhold, *17.7.1817 Stettin, †11.1.1866 Washington; - Ps. Apelles Storchschnabel (*L-R*) #5
Söll, Christoph, *1517 Bruneck, †1552 Straßburg; - Ps. Christoph Solius (*L*) #11
Söllner, Ottilie, *13.2.1841 Ronneburg, †1925; - Ps. C. Vollbrecht (*N-P-R*) #1,2,3,4
Solms-Laubach, Heinrich Wilhelm Graf von, *21.3.1583 Laubach, †21.3.1632 Schweinfurt; - gen. Der Würzende/FG 91/1624 #11,12
Solms-Laubach zu Rödelheim und Assenheim, Friedrich Graf von, *30.11.1574, †5.11.1635; - gen. Der Wertgeachte/FG 146/ 1627 #11,12,13
Solms-Lich zu Hohensolms, Philipp Reinhard Graf von, *24.7.1593, †18.6.1635 Frankfurt/M.; - gen. Der Verhütende/FG 230/1634 #11,12
Solms-Rödelheim und Assenheim, Johann August Graf von, *7.6.1623, †23.11.1680; - gen. Der Liebreiche/FG 371/1642 #11,12
Solveen, Henri, *3.1.1891 Straßburg, †9.5.1956 Straßburg; - Ps. Henri-Frédéric (*P*) #3
Solzbacher, Joseph, *11.1.1909 Honnef; - Ps. Septimontanus (*E-P*) #3
Somin, Willy Oscar, *14.2.1898 Bonn, †21.12.1961 San José/Costarica; - Ps. Willy O. Simon; H. C. Stevenson (*D-E-F-L-N-P*) #3,18
Sommer, Anna, *30.3.1872 Lübeck; - Ps. A. v. Damm (*P*) #2,3
Sommer, Bruno, *3.2.1857 Dresden; - Ps. Balduin Säuberlich (*P*) #3
Sommer, Eugen, *19.11.1875 Berlin; - Ps. Eugen Marquardt (*P*) #3
Sommer, Franz, *25.2.1869 Wien, †1940 Wien; - Ps. E. M. Orens (*D-R*) #3
Sommer, Hans Wolf, *1939 Berlin; - Ps. Mark Baxter; John Cameron; Frederic Collins; Wolf Conrad; Jerry Cotton; Robert Craven;

Vernon Graves; Gunther Herbst; Robert Lamont; Frank de Lorca; Marcos Mongo; Frederick Nolan; Michael Roberts; H. W. Springer; Emma Wolf; Hans Wolf; Robert Wolf (*E-F-P-R*) #16,20

Sommer, Johann Christian, *1.6.1761 Leipzig; - Ps. Friedrich August Franke; J. J. Machet; Friedrich Müller; Karoline Schmidt; J. C. Schreiber (*P*) #6

Sommer, Johann Friedrich Josef, *25.1.1793 Kirchhundem/Westf.; - Ps. Eremita Westphalus (*P*) #6,13

Sommer, Johannes, *1559 Zwickau, †16.10.1622 Osterweddingen; - Ps. Joh. Olorinus; Huldrich Therander; Johannes Olorinus Variscus (*D-P*) #11,13

Sommer, Max, *18.4.1881 München; - Ps. Max Ferner (*D-F-S*) #3,4

Sommer, Siegfried, *23.8.1914 München, †25.1.1996 München; - Ps. Blasius der Spaziergänger (*E-P-R*) #3,5,8,14

Sommer, Walter, *6.2.1888; - Ps. Karl Winterfeld (*S*) #3

Sommerfeld, Adolf, *11.7.1870 Schroda/Posen; - Ps. Adolf Askalon; Adolf Borchardt (*F*) #3

Sommerfeld, Arno, *5.5.1891 Berlin, †31.8.1963 München; - Ps. Guido Laurenat (*F-R-S*) #3,4

Sommerfeld, Marie, geb. Scheve, *24.9.1848 Breslau, †13.8.1918 Frankfurt/O.; - Ps. M. Hellmuth; Marie von Scheve (*E-P-R*) #3,4

Sommert, Hans, *20.10.1847 Miltigau/Egerland, †5.4.1923 Wien; - Ps. Ernst Freimuth; Thermosan (*L-P*) #1,3,4

Sondinger, Franz, *5.1.1896 Germersheim, †11.12.1939 Berlin; - Ps. Felix Dhünen (*D-R*) #3,4,10

Sonneborn, Marlise, *9.3.1898 Dalle/Hannover; - Ps. Erika Forst; Pole Poppenspeeler; Gerda Uhl (*R*) #3,4

Sonnemann, Emil, *24.3.1869 Peine, †2.1. 1950 Bremen; - Ps. Jürgen Brand (*J-L*) #17

Sonnenfeld, Amanda, *4.7.1868 Kosel/Oberschles.; - Ps. Amanda Sonnenfels (*L-M-P-R-S*) #3,4

Sonnenfels, Josef Freiherr von, *1733 Nikolsburg/Mähren, †25.4.1817 Wien; - Ps. Glanzberg (*P*) #5

Sonnenschein, Hugo, *25.5.1890 Kyjov/Mähren, †20.7.1953 Mirov/Prag; - Ps. Sonka (*L-P-R*) #3,4,5,8,18

Sonnenschein, Karl, *15.6.1876 Düsseldorf, †20.2.1929 Berlin; - Ps. Karl Sonnen (*P*)

Sonnenschmidt, Friedrich Hermann, *12.11.1801 Greifswald, †10.11.1881 Berlin; - Ps. Friedrich Hermann (*L*) #1,4,13

Sonnenthal, Adolf, *14.10.1833 Brieg/Schles., †20.6.1899 Leipzig; - Ps. Julius Bruck (*E-L-P*) #1,4

Sorauer, Paul, *9.6.1839 Breslau; - Ps. Paulus Asper (*P*) #3

Sorgenfrei, Paul, *6.8.1870 Leipzig; - Ps. Sfrei (*L-P*) #3

Soukup, Friedrich, *12.2.1899 Brünn, †17.2.1948 Dessau; - Ps. Friedrich Norfolk; Marc Norfolk (*D-L-N-R*) #3,4

Soukup, Richard, *24.12.1890 Wien, †18.5.1954; - Ps. Hans Richard Jordan (*N-P-R-S*) #3,4

Soukup, Richard Wilhelm Maria, *26.9.1868 Troppau/Ö.-S.; - Ps. Wilhelm Maria; W. Richard (*D*) #1,3

Soyaux, Frida, geb. Schanz, *16.5.1859 Dresden, †17.6.1944 Warmbrunn/Schlesien; - Ps. Frida Schanz (*E-J-L-M-N-P*) #1,2,3,4,9,17

Soyfer, Jura, *8.12.1912 Charkow, †16.2.1939 Buchenwald; - Ps. Georg Anders; Fritz Feder; Jura; Norbert Noll; Walter West (*D-L*) #5,8,14

Spach, Friedrich, *Buchsweiler/Elsaß, †1794 Straßburg; - Ps. Fr. Walther (*D-E-P*) #6,11

Spach, Ludwig Adolf, *27.9.1800 Straßburg, †16.10.1879 Straßburg; - Ps. Louis Lavater (*D-L-P-S*) #1,4

Spalding, Keith, *15.5.1913 Darmstadt; - Ps. Karl Heinz Spalt (*P*) #3

Spallart, Johannes von, *12.12.1900 Wien; - Ps. Jan (*P-S*) #3

Spamer, Johann Christian Gottlieb Franz Otto, *29.8.1820 Darmstadt, †27.11.1886 Leipzig; - Ps. Franz Otto (*J-P*) #17

Spang, Günter, *10.5.1926 Mannheim; - Ps. Nikolaus Zinzendorf (*E-F-J-P-R*) #3,17

Spangenberg, Cyriakus, *7.6.1528 Nordhausen, †10.2.1604 Straßburg; - Ps. Sylvester Candidus; M. Cyriac. Spang.; Candidus Sylvester (*D-L*) #1,5,6,11

Spangenberg, Dorothee Charlotte Elisabeth, *10.2.1755 Göttingen, †18.6. 1808 Göttingen; - Ps. Aemilia; Dorothee Charlotte Elisabeth Wehrs (*E*) #2,6

Spangenberg, Elsbeth, *26.6.1866 Hannover; - Ps. Elsbeth Schering (*L-P*) #3

Spangenberg, Erna, geb. Weißenborn, *10.8.1898 Köln, †19.3.1973 Heide/Holst.; - Ps. Erna Weißenborn; Erna Weißenborn-Dancker (*D-F-N-R-S*) #3,4

Spangenberg, Johann, *30.3.1484 Hardegsen b. Göttingen, †13.6.1550 Eisleben; - Ps. Joannes Herdesianus; Johan. Spang. (*L*) #1

Spangenberg, Renate, *29.3.1935 Berlin; - Ps. Renate Holland-Moritz (*E-F-N-P*) #3,4

Spangenberg, Wolfhart, *um 1570 Mansfeld, †um 1636 Buchenbach b. Künzelsau; - Ps. Lycosthenes Psellionoros Andropediacus; Lycosthenes; Lycosthenes Psellionoros (*D-S*) #4,5

Spanjer, Gerhard, *7.8.1905 Witten/Ruhr; - Ps. Geerd Spanjer (*E-L-R*) #3,4

Spanmüller, Jakob, *1542 Brüx/Böhmen, †26.11.1626 Augsburg; - Ps. Jacobus Pontanus (*D-L-P*) #4,5,13

Spann, Erika, geb. Rheinsch, *4.8.1880 Trenn

feld/Ufr., †25.8.1967 Bergwerk/Burgenl.; - Ps. Erika Rheinsch; Erika Spann-Rheinsch (*E-L-P*) #3

Spann, Käthe, *8.5.1914 Berlin; - Ps. Katharina Spann (*F-L*) #3

Spann-Weber, Thekla, *(1873) Leipzig; - Ps. S. W. Thaleck (*J-N*) #2,3

Spannagel, Joseph, *5.5.1853 Bulkosz/Ungarn, †8.2.1902 St.Ivan/Ungarn; - Ps. Alfr. Hiller; Ovid; Ivanyi K. Szt (*L-P*) #3

Spannagel, Samuel, *26.8.1858 Bulkosz/Ungarn, †16.6.1894 New York; - Ps. Eugen v. Schaller (*D-R-S*) #3

Spanner, Johann von, *26.12.1599, †7.1.1656; - auch Johann Spaner; gen. Der Gleichmäßige/FG 506/1648 #11,12

Spanuth-Bodenstedt, Ludwig, *7.7.1880 Köln, †15.8.1930 Cottbus; - Ps. Paul Herfeld (*D-L-P-S*) #3,4

Sparwasser, Else, *14.3.1892 Wiesbaden, †15.12.1953 München; - Ps. Grete Grombacher (*L-N-R*) #3,4

Spatz, Otto, *1.7.1900 München; - Ps. Helmut Otto (*R*) #3

Spatzier, Hans, *26.12.1855 Berlin; - Ps. H. Procháska (*P*) #3

Spaude, Willy, *30.7.1919; - Ps. W. S. Camm; Roul de La Croix; Chester Morrel; Rey Roydon; Will Spandey (*E-R*) #3,4

Spaun, Franz Ritter von, *1753 Linz/Do., †3.3.1826 München; - Ps. J. Wahrmund (*P-R-S*) #4,13

Spazier, Karl, *20.4.1761 Berlin, †19.1.1805 Leipzig; - Ps. Karl Pilger (*L-P*) #4,6,13

Specht, Fritz, *30.10.1891 Hamburg, †2.3.1975 Wentorf; - Ps. Felix Bauer; Thieß Brock; Johann Christopher Dohm; Thieß Broock (*E-F-P*) #3

Spedener, Gregor, *1.11.1865 Esch a. d. Sauer; - Ps. F. A. Ch. de La Violette (*P*) #3

Spee, Friedrich, *25.2.1591 Kaiserswert, †7.8.1635 Trier; - auch Friedrich Spe (*L-P*) #1,4,11,13

Speitel, Irmgard, geb. Abé, *4.4.1935 Dresden; - Ps. Irmgard Abé (*E-F*) #3

Spender, Sonja, *22.11.1950 Meißen; - Ps. Sonja Schüler (*L*) #3,4

Spener, Philipp Jakob, *13.1.1635 Rappoltsweiler/Elsaß, †5.2.1705 Berlin; - Ps. Pius Desiderius; Germanus Philaletha; Germanus Philalethes (*L-P*) #4,5,13

Spengemann, Christof, *13.4.1877; - Ps. Tomas Immergrün (*P*) #3

Spengler, Johann Friedrich, *17. Jh.; - gen. Charicles/PB #11

Sperber, Alfred, *23.9.1898 Storozynetz/Bukowina, †4.1.1967 Bukarest; - Ps. Alfred Margul-Sperber (*L-N-P*) #3,4,5

Sperber, Manès, *12.12.1905 Zablotow/Polen, †5.2.1984 Paris; - Ps. C. A. Chauvreau; Paul Haland; J. P. Haller; Jan Heger; N. A. Menlos (*P-R*) #3,5,8,10,18

Sperl, Alexandra H., *7.12.1914 Leoben/Steiermark; - Ps. Alexandra Maria Hohl (*E*) #4

Sperling, Ernst, *25.5.1809 Barth/Pommern, †31.3.1871 Stralsund; - Ps. Ernst Streben (*L-N*) #1,4

Sperling, Rudolf, *25.3.1835 Warnkenhagen/Meckl., †1917 Wien; - Ps. Dr. Spätzlein; Warnkenhagen (*D-L-P-S*) #1,3

Sperling, Theodor, *3.2.1866 Pösigk; - Ps. Friedrich Fink (*D-L*) #3

Speth von Schülzburg, Maria Reichsfreiin, *12.11.1888 Innsbruck; - Ps. Marius Speth (*E-P*) #3

Speyer, Bellamine, *21.10.1827 Hamburg; - Ps. Frau Bellamine (*L*) #2

Spickhoff, Monika, *28.3.1936 Berlin; - Ps. Dolores Travaglini (*J*) #3

Spiegel zum Diesenberg, Lips Curt, †1642; - gen. Der Silbergraue/FG 367/1642 #11,12

Spiegl, Walter, *(1988); - Ps. Bert Horsley; Bert Koeppen; Otto Kühn (*P*) #7

Spielhagen, Antonie Margarete, *25.10.1865 Berlin, †30.10.1910 Berlin; - Ps. Paul Robran (*N-R*) #4

Spielmann, Christian, *12.10.1861 Neuwied, †25.2.1917 Wiesbaden; - Ps. Hugo Rheinländer (*D-E-L-P-R*) #3,4

Spies, Gerty, *13.1.1897 Trier; - Ps. Elsbeth Trier (*E-L-P-R*) #3

Spieser, Friedrich, *1.10.1902 Waldhambach/Elsaß; - Ps. Friedrich Hünenburg (*L-P-R*) #3,4

Spießhaymer, Johannes, *1473 Schweinfurt, †19.4.1529 Wien; - Ps. Johannes Cuspinianus (*P*) #4,13,15

Spieth, Reinhard, *30.11.1934 Göppingen; - Ps. Baldur Spitoly (*L*) #3

Spiethoff, Gustav, *24.1.1846 Arnsberg; - Ps. G. Walther (*P*) #3

Spiker, Christian Wilhelm, *7.4.1780 Brandenburg, †10.5.1858 Frankfurt/M.; - Ps. Christian Wilhelm Spieker (*J-P*) #4,13,17

Spindler, Karl, *16.10.1796 Breslau, †12.7.1855 Baden-Baden; - Ps. Max Hufnagl; C. Spinalba (*E-N-R-S*) #1,4,5,13

Spira, Mela, geb. Hartwig, *10.10.1893 Wien, †24.4.1967 London; - Ps. Mela Hartwig (*L-N-P-R*) #3,4,18

Spirago, Franz, *13.3.1862 Landskron; - Ps. Alfons Conzionator (*E-P*) #3

Spitta, Heinrich Helmerich Ludwig, *14.4.1799 Hannover, †20.1.1860 Rostock; - Ps. Heinrich Sequanus (*D-L*) #1,4,6,11

Spitteler, Carl, *24.4.1845 Liestal b. Basel, †29.12.1924 Luzern; - Ps. Phineas; Carl Felix Tandem (*E-L-P-R-S*) #1,3,4,5,8,14

Spitz, Wilhelm, *(1818); - Ps. Friedrich Schulz (*E-L-P-R*) #6,11

Spitzer, Elsa, *18.6.1884 Wien; - Ps. Elisabeth Pohr (*P*) #3

Spitzer, Georg, *3.5.1867 Reichenbach; - Ps. S. von Reichenbach (*P*) #3

Spitzer, Karl Philipp, *4.8.1887 Speyer; - Ps. Karl Philipp (*E-L-P*) #3

Spitzer, Moritz Adolf, *8.11.1827 Altofen/Ungarn, †Wien; - Ps. Ernst Walter (*D-E-S*) #3,4

Spitzer, Robert, *25.3.1861 Wien; - Ps. Richard Robert (*P*) #3

Spitzer, Rudolf Lothar, *23.2.1865 Budapest, †2.10.1943 Budapest; - Ps. Rudolf Lothar (*D-L-P-R-S*) #1,3,4,5,18

Spitzner, Reinhard, *27.4.1863 Dresden, †9.2.1922 Loschwitz b. Dresden; - Ps. Reinhard Volker (*L-M*) #3,4

Spitzweg-Böhmer, Edda Hedwig Louise, *3.7.1897 Salzburg, †6.5.1976 Münsingen b. Bern; - Ps. Gerarda Besoka; Gerarda Böhmer; Josefine Klauser (*J-P*) #3,4

Splett, Franz, *3.5.1868 Crone a. B.; - Ps. Franz Marta (*P*) #3

Spohn, Immanuel, *21.4.1905 Reutlingen; - Ps. Emil Spohn (*R*) #3

Sponner-Wendt, Clara, *14.6.1867 Hermannstadt/Siebenb.; - Ps. Eckbert v. Olsani (*P*) #2

Sponsel, Heinz, *25.8.1913 Heimstetten/Obb.; - Ps. René Bernard (*F-P-R*) #3,4

Sponsel, Jean Louis, *8.11.1858 Hanau; - Ps. Ludwig Hollfeld; Louis Tilly (*P*) #3

Sporck, Ferdinand Graf von, *21.2.1848 Krusko/Böhmen, †21.7.1928 München; - Ps. Ferdinand Morolf (*P-S*) #1,3,4

Sporhan, Lore, *19.4.1908 Stuttgart; - Ps. J. A. Loruth; Lore Sporhan-Krempel (*D-J-P-R*) #3,4

Spreither, Franz, *19.8.1912; - Ps. P. Klaus Ultsch (*P*) #3

Sprengel, Carl Friedrich August, *16.4.1788 Groß-Mangelsdorf b. Magdeburg, †23.1.1840 Berlin; - Ps. Carl Locusta (*P*) #1,4,6,11

Sprenger, Anna Theresia, *(1973) Kufstein; - Ps. Schwester Maria Benigna (*F-L-P*) #3

Sprenger, Balthasar, *(1509) Vils/Tirol; - auch Balthasar Springer (*P*) #4

Sprenger, Werner-Till, *9.11.1923 Danzig; - Ps. Till Orloff (*F-L-P-R*) #3

Spretten, Paul von, *13.12.1484 Rötlen b. Ellwangen, †12.8.1551 Marienwerder; - auch Paulus Speratus; Paul Spret (*L*) #4,5,11,13

Springenschmid, Karl, *19.3.1897 Innsbruck, †5.3.1981 Salzburg; - Ps. Beatus Streitter (*E-J-R-S*) #3,4,5

Springer, Robert, *23.11.1816 Berlin, †21.10.1885 Berlin; - Ps. Adam Stein; Eduard Wagner (*E-P-R*) #1,3,4,13

Springer, Rosa, *17.4.1866 Großschönau/Sa., †um 1925 Dresden; - Ps. Käthe Dorn (*E-J-L*) #1,3,4,17

Sprintzenstein, Maximilian Graf von, *17. Jh.; - gen. Der Stiftende/FG 668 #11

Spruner von Merz, Karl, *15.3.1803 Stuttgart, †24.8.1892 München; - Ps. Ein greiser Ghibelline (*D-L-P*) #1,4,13

Spunda, Franz, *1.1.1890 Olmütz/Mähren, †1.7.1963 Wien; - Ps. Theodor Däubler (*L-P-R*) #3,4,5,16

Spur, Hilde, *23.6.1882 Graz; - Ps. Hilde Hagen; Hilde Harpf; Hilde La Harpe-Hagen (*L-P*) #1,3,4

Spürkel, Hans-Jürgen, *(1984); - Ps. Jerry Cotton (*R*) #16

Squarra, Heinz, *25.10.1931 Leipzig; - Ps. Ben Barrister; Sir Bronx; Peter Burnett; Rod Harris; Everett Jones; R. C. Masters; G. M. Rockerfield; H. S. Sharon; Jack Slade; G. F. Traiber; Ben Treff (*J-R*) #3,16

Sroke, Max, *4.9.1881 Brieg/Schles.; - Ps. Obal (*F-P*) #3

Staabs, Elisabeth von, *23.3.1868 Lüneburg; - Ps. Hermann Walthari (*D-L*) #3

Staat, Wilhelm, *14.9.1899 Regoeci/Rum.; - Ps. Diplomaticus (*P*) #4

Stab, Johannes, *Steyr/O.-Ö., †1.1.1522; - Ps. Johannes Stabius (*L-P*) #4,13

Staberow, Paul, *13.1.1855 Stettin; - Ps. Eugen Bernard; Paul van Haff (*E-R-S*) #1,3,4

Stach, Angela, *16.8.1948 Prag; - Ps. Angela Stachowa (*E-F*) #3

Stackelberg-Treutlein, Freda Baronin von, *29.7.1929 Pernau; - Ps. Harry Genter (*E-R*) #3

Stadelmann, Heinrich, *15.1.1865 Memmingen; - Ps. Gustav Waldar; Xaver (*P-R-S*) #3

Stadelmann, Hugo, *25.5.1837 Nürnberg; - Ps. Hugo Waldstein (*L-P*) #3

Stadelmann, Marie, *2.2.1830 Würzburg; - Ps. Marie von Sternau (*E-J-L*) #1,2,3

Stadler, Karl, *29.8.1898 Landshut, †4.2.1957 Landshut; - Ps. K. St. Stadler (*E-L-S*) #3,4

Stadler, Martin, *29.6.1944 Altdorf/Schweiz; - Ps. Lukas Till (*E-F-P-R*) #3

Stadlinger, Burgl, *17.6.1920 Walburgskirchen b. Pfarrkirchen; - Ps. J. Neuhofer (*R*) #3

Staedele, Rolf, *15.5.1921 Stuttgart; - Ps. Peter Trumpf (*E-P*) #3

Staegmeyr, Emilie, *21.5.1863 Nürnberg; - Ps. E. Ponticelli (*P*) #2,3

Stael-Holstein, Lucie Freifrau von, *12.9.1858 Lunia b. Dorpat; - Ps. Sylva Testa (*L-R*) #2,3,4

Staerk, Franz Heinrich, *1.6.1887, †16.4.1947 Baden-Baden; - Ps. Franz Heinrich (*E-P*) #3

Stahl, Eva, *22.1.1910 Wien; - Ps. Eva Botstiber (*J-N-R*) #3

Stahl, Josef, *24.12.1894 Landshut; - Ps. Edgar Stahl (*D-S*) #3,4

Stähle, Wilhelm, *9.7.1851 Stuttgart, †1910 Heilbronn; - Ps. Philipp Spieß (*E*) #3,4

Stahlschmidt, Elisabeth Lucia, *1.7.1902 Itzehoe; - Ps. Luz Bonnevie-Lorentzen; Luz-Elisabeth Kuttner; Luz Lorentzen; Elisabeth Lucia Lorentzen-Stahlschmidt (*L-P-R*) #3,4

Stahlschmidt, Kurt, *12.2.1902 Minden; - Ps. Kurt Adalbert (*S*) #3

Stahmann, Johann Friedrich H., *6.1.1796 Nienburg/Saale; - Ps. J. C. Ihn (*E-L*)

Stahr, Fanny, *24.3.1811 Königsberg, †5.8.1889 Dresden; - Ps. Adriana; Iduna; Fanny Lewald; Verf. der Clementine (*E-N-P-R*) #1,2,4,5,9,13,14

Stahrenberg, Rüdiger Günter Graf von, *17. Jh.; - gen. Der Feste/DG-R #11

Staiger, Carola, verw. gersbacher, *9.1.1890 Meißen, †26.7.1969 Berlin; - Ps. Carola Staiger-Gersbacher; Carola Gersbacher (*F-L-P*) #3

Staiger, Hedwig, geb. Lohß, *4.3.1892 Stuttgart; - Ps. Hedwig Lohß (*E-J-L-R*) #3,4,17

Staindl, Otto, *9.11.1870 Steinfeld/N.-Ö.; - Ps. Wolfram Stinald (*P-R*) #3

Stainhauser von Treuburg, Johann Philipp, *15.5.1719 Lohr, †15.4.1799 Salzburg; - auch Steinhauser von Treuburg; - Ps. J. C. P. Rathe; J. C. P. Rhol (*P*) #6,13

Stalhans, Dorsten, *1594 Hummelsund/Finnland, †21.4.1644 Hadersleben; - gen. Der Verjüngernde/FG 254/1635 #11,12

Stalmann, Johannes, *17.9.1577; - gen. Der Abgezogene/FG 214/1632 #11,12

Stalmann, Reinhart, *5.6.1917 Schanghai; - Ps. Stefan Olivier; Ernst Ludwig Ravius; Stalmann-Olivier (*F-J-P-R*) #3,4

Stamm, Ferdinand, *11.5.1813 Orpus/Erzg., †29.7.1880 Pötzleinsdorf b. Wien; - Ps. Fernand; Ferrand (*E*) #1,4,11,13

Stammel, Heinz-Josef, *1.1.1926 Köln, †1989; - Ps. Robert S. Field; Christopher S. Hagen; Jim Kellog; T. C. Lockhart; Robert Ullmann (*E-F-P-R*) #3,17

Stammer, Adrian Arnd, *um 1563, †1636; - gen. Der Erquickende/FG 153/1628 (*P*) #11,12

Stammer, Henning, *21.1.1581 Querfurt, †3.7.1660; - gen. Der Hitzige/FG 82/1623 #11,12

Stammer, Hermann Christian, *17.7.1603, †15.3.1636; - gen. Der Erweckende/FG 137/1627 (*P*) #11,12

Stampfer, J. J., *17. Jh.; - gen. Clitophon/PB #11

Stange, Magdalene, *31.3.1886 Hamburg; - Ps. M. Stange-Freerks (*E-L-R*) #3

Stängle, Stefan, *21.12.1954 Pforzheim; - Ps. Stephan Zürau (*E-L-P-R*) #3

Stankewitz, Eluschka, *17.3.1908 Schmerinka/Rußl.; - Ps. Elu Stan (*R*) #3

Stapert, Cyprianus, *1515 Friesland, †1578 Speyer; - Ps. Cyprianus Vomelius (*L*) #4,13

Stára, Anton, *27.5.1826 Brünn; - Ps. Elmar Freimund (*P*) #4

Starcke, Michael, *19.12.1949 Erfurt; - Ps. Huckebein (*L-P-R*) #3

Starhemberg, Erasmus d. J. Graf und Herr von, *13.5.1595 Schloß Riedeck/O.-Ö., †2.4.1664 Regensburg; - auch zu Starenberg; gen. Der Leidende/FG 489/1648 (*L*) #11,12

Stark, Josef, *8.12.1881 Tuschkau/Böhmen; - Ps. Eckfried (*P*) #3

Starke, Margot, *15.3.1896 Gut Hof-Eich/Spess., †26.9.1970 München; - Ps. Margot Lachmann (*D-E-L-P-R*) #3,18

Starkloff, Elfriede, *26.11.1896 Leipzig; - Ps. Starkloff-Reitter (*M*) #3

Starschedel, Ernst Dietrich von, †1646 Oberpfalz; - gen. Der Stete/FG 253/1635 #11,12

Starschedel, Haubold Heinrich von, *17. Jh.; - gen. Der Fortgepflanzte/FG 848 #11

Starzengruber, Johanna, *19.2.1861 Taufkirchen/Ö., †21.2.1911 Weikertschlag/Ö.; - Ps. Hanna Grube (*P*) #1,4

Stattler, Benedikt, *30.1.1728 Kötzting/Ndb., †21.8.1797 München; - Ps. Antikant; Verf. des Anti-Kant (*P*) #4,6,13

Stauber, Lieselotte, *25.4.1944 Graz; - Ps. Lieselotte Stauber-Uray (*E-L*) #3

Staudacher, Walther, *8.6.1911 Stettin; - Ps. Alexander Berda (*F-L-P-R*) #3

Stauder, Heinz, *3.7.1905 Nürnberg, †11.4.1969 Garatshausen b. Tutzing; - Ps. Thomas Regau (*D-E-P*) #3,4,5

Staudigl, Oskar, *6.9.1861 Wien, †2.8.1943; - Ps. Faust Friesen (*D-E-L*) #4

Stauf von der March, Olga, *10.4.1867 Wien; - Ps. O. Landolt (*P*) #3

Stauffacher, Anna, *30.5.1883 Paris; - Ps. Sagitas; J. Stark; Vera (*P*)

Stauffer, Karl, *2.9.1857 Trubschachen/Emmental, †24.1.1891 Florenz; - Ps. Karl Stauffer-Bern (*L-P*) #1,4,13

Stauffer, Robert, *23.6.1936 Bern; - Ps. Otto Raschle (*F-L-P-R*) #3

Stave, John, *7.2.1929 Berlin, †1993 Berlin; - Ps. Hans Fassdaube; Thomas Zabel (*E-J*) #3

Stavenhagen, Fritz, *18.9.1876 Hamburg, †9.5.1906 Groß-Borstel b. Hamburg; - Ps. Krischan Kattun; Friedrich Werner; P. Werner (*D-E-S*) #4,5,8,14

Stavro, Charilas G., *19.7.1847 Wien; - Ps. Ch. Staabe (*M-P*) #3

Stawowy, Elke, *24.1.1942 Berlin; - Ps. Elke Müller-Mees (*J-L-R*) #3,4

Stebich, Max, *10.5.1897 Wien, †17.5.1972 Wien; - Ps. Max Rott (*D-J-L-M-R*) #3,4,17

Stebner, Gerhard, *26.1.1928 Neustettin; - Ps. Dr. Baiolus (*D-F-L-P*) #3

Stechauner, Ferdinand, *23.8.1850 Wien, †7.9.1920 Landegg/N.-Ö.; - Ps. Hans Jokus; M. Stone (*L-S*) #3

Stecher, Reinhold, *7.3.1933 Ansbach; - Ps. Masson; René; Claude René; Miyamoto Satsugai (*E-L*) #3,4

Stecher, Richard, *17.2.1866 Grubnitz b. Riesa; - Ps. Rudolf Echters; Screeth (*D-L-N-P*) #3,4

Stechert, Kurt, *19.9.1906 Berlin, †1958 Stockholm; - Ps. Fredwar; Werner Worker; Wilhelm Werner (*P*) #3,18

Stechow, Michael, *um 1630; - auch Michael Stechau; gen. Ristisander/ES (*L*) #4,11,13

Steck, Johann, *29.3.1859 Tschengels/Tirol,

†9.4.1934 Leifers/Südtirol; - Ps. Hans Etschwin (*E-L*) #1,3,4

Steckel, Elfriede Alice, geb. Kuhr, *25.4.1902 Schneidemühl/Posen, †29.3.1889 Ascona; - Ps. Elfriede Kuhr; Jo Mihaly; Francesco Moletta (*D-F-J-L-R*) #3,4,18

Steckel, Max, *6.5.1870 Frankfurt/O.; - Ps. Karl Ludwig (*P*) #3

Steding, Christoph, *11.2.1903 Waltringhausen/Hessen, †8.1.1939; - Ps. Hermann Gonter (*P*) #4

Steenken, Eduard Heinrich, *29.11.1910 Emden; - Ps. Paul Laurent; Georg Summermatter (*E-L-N-P-R*) #3,4

Steffann, Emil, *24.2.1814 Barmen; - Ps. Gottfried Nessel (*E-N*) #1,4

Steffen, Hans, *12.1.1913 Bern; - Ps. Johann Ramseier (*E-P*) #3,4

Steffen, Hans Reimer, *25.4.1897 Hamburg, †29.12.1950 Hamburg; - Ps. Hans ut Hamm (*E*) #3,4

Steffen, Jochen, *19.9.1922 Kiel, †27.9.1987 Kiel; - Ps. Kuddl Schnööf (*P*) #3,4

Steffen, Wilhelm, *13.9.1856 Bochum; - Ps. Erika (*D-S*) #3,4

Steffensky, Dorothee, *30.9.1929 Köln; - Ps. Dorothee Sölle (*F-P*) #3

Stegemann, Hermann, *30.5.1870 Koblenz, †8.6.1945 Merlingen/Thuner See; - Ps. H. Sentier (*D-L-N-R*) #1,3,4,10

Stegmann-Steinwachs, Gisela, *31.10.1942 Göttingen; - Ps. Ginka Steinwachs (*D-N-P-R*) #3,8

Steguweit, Heinz, *19.3.1897 Köln, †25.5.1964 Halver; - Ps. Lambert Wendland (*D-E-F-J-L-R-S*) #3,4,5,10

Stehle, Bruno, *7.12.1852 Sigmaringen; - Ps. Bruno Zoller (*E-N-P*) #3,4

Stehli, Katja, *22.5.1925 Berlin; - Ps. Katja Stehli-Christaller (*L*) #3

Stehlich, Friedrich Wilhelm, *18.1.1852 Eisleben; - Ps. Armin Wilhelm (*P*) #3

Stehling, Wilhelm Nikolaus, *1812 Düsseldorf; - Ps. Wilhelm (*L-N*) #1,4

Stehmann, Franz, *23.5.1890 Ruhla/Thür.; - Ps. Franz Donat (*E*) #3,4

Steiger, Edgar, *13.11.1858 Egelshofen b. Thurgau; - Ps. Cri-Cri; Tarub; Wespe (*L-N-P*) #3

Steiger, Inka, *23.9.1919 Berlin; - Ps. Inka von Muralt (*J-P-R*) #3,4

Stein, Adolf, †1948 Berlin; - Ps. A.; Benecke; Hoven; Gerd Fritz Leberecht; Lookout; Rumpelstilzchen (*P*) #3,4

Stein, Anna, geb. Segert, *17.2.1861 Strelitz; - Ps. Anna Segert (*E-L-P-S*) #1,2,3

Stein, Anton Joseph, *24.4.1759 Bladen/Schles., †4.10.1844 Wien; - Ps. Palladius Philocharis (*L*) #1,4

Stein, August, *1851 Breslau, †12.10.1920 Berlin; - Ps. Irenäus (*P*) #4

Stein, Barthel, *1476 Brieg/Schles., †1521 Breslau; - Ps. Bartholomäus Stenus; Bartholomäus Sthenius (*P*) #4

Stein, Edmund Georg Freih. von, *29.1.1866 Meiningen; - Ps. Gregor Kamen (*P*) #3

Stein, Elfriede, *24.4.1891 Halle/S., †17.1.1985 Kreuth/Obb.; - Ps. Friede Birkner; Friede Bock (*E-R*) #3,4,14,15

Stein, Emilie, *24.5.1866 Wien, †18.4.1955; - Ps. E. Stine (*P*) #2,3

Stein, Ernst, *3.7.1901 Wien, †9.12.1968 London; - Ps. Andreas Sattler; Friedrich Louis Schmied (*N-P*) #3,4

Stein, Erwin, *1.9.1885 Chemnitz; - Ps. Dr. Timo (*D-P-R*) #3

Stein, Franz, *21.2.1882 Harhagen b. Kremsmünster; - Ps. Franz v. Hartwald (*D-L-P*) #3,4

Stein, Friedrich Maximilian von, *17. Jh.; - gen. Der Vermindernde/FG 718 #11

Stein, Gottfried, *25.11.1893 Mayen; - Ps. Philipp Gottfried Maler (*P-R*) #3

Stein, Hans Wilhelm, *15.10.1875 Magdeburg; - Ps. Hans Eck; Hans Wilhelm Stein-Saaleck (*D-L*) #3

Stein, Hilde, geb. v. Zobeltitz, *15.11.1895, †1963; - Ps. Hélène Sergent; Hilde Stein-Zobeltitz (*D-F-N-R*) #3

Stein, Irmgard von, *19.6.1895 Hamburg; - Ps. Cara von Feldern (*E-J-N-P-R*) #3,4

Stein, Jacobus Konrad, *27.7.1878 Franzfeld/Banat, †2.5.1948 Graz; - Ps. Franz Feld (*E-L-N-R*) #3,4

Stein, Jenny, geb. Ritzhaupt, *22.6.1889 Leipzig, †Leipzig; - Ps. Jenny Ritzhaupt; Jenny Stein-Ritzhaupt (*E-J*) #3,4

Stein, Julius, *17.9.1841 Breslau, †11.10.1894 Rixdorf b. Berlin; - Ps. Christoph Wild (*L-P*) #1,3,4

Stein, Karl, *27.11.1905 Bielitz/Oberschles.; - Ps. Kurt Eska (*E-R*) #3,4,18

Stein, Karl Heinrich Julius Friedrich von, *24.8.1831 Rostock, †28.11.1916; - Ps. Karl Julius (*E-L-N-R*) #1,3,4

Stein, Karl von, *23.6.1773 Neubrandenburg/Meckl., †12.2.1855 Berlin; - Ps. Karl Jents; Gustav Linden; Georg Schiller (*D-E-R-S*) #1,4,6,11

Stein, Ludwig, *16.4.1869 Fünfkirchen; - Ps. Ludwig Abai (*P*) #3

Stein, Ludwig, *12.11.1859 Erdö-Bénye/Ungarn, †13.7.1930 Salzburg; - urspr. Ludwig Elieser; Ps. Diplomaticus; E. Vollmer (*P*) #3,4

Stein, Marie von, *24.12.1857 Lehe/Hann.; - Ps. M. von Horn (*N-R*) #1,3,4

Stein, Mizzi, *1874 Prag; - Ps. Dodd (*N-R*) #1,2,4

Stein, Ottilie, geb. Mühldorfer, *14.4.1857 Mannheim; - Ps. Sephine Mühldorfer (*L-P*) #2,3

Stein, Otto, *11.10.1902 Wien; - Ps. O. Fels (*F*) #3,4

Stein, Otto Theodor, *3.4.1874 Hirschberg/Riesengeb.; - Ps. Reimar Harpeck; Jon Reil; Rochus; Vox *(E-F-J-N-R-S)* #3,4

Stein, Richard, *28.2.1882 Halle/S.; - Ps. Lapini; Piedra; Stone *(L-P)* #3

Stein, Simon, *1540 Lommatsch/Sa.; - Ps. Johannes Balaeus; Achilles Claviger Verinensis; Simon Lithus *(P)* #6,13

Stein, Wilhelmine, *1815, †20.10.1881 Breslau; - Ps. W. Stein *(E-J-L)* #2

Steinacker, Gustav, *1.3.1809 Wien, †7.6.1877 Buttelstedt; - Ps. Gustav Treumund *(L-P)* #1,3,4,11,13

Steinbach, Anton, *10.4.1844 Werl; - Ps. Edmund Flinke *(E-L-M)* #3

Steinbach, Christoph Ernst, *24.3.1698 Semmelwitz/Niederschles., †27.5.1744 Breslau; - Ps. Carl Ehrenfried Siebrand *(P)* #4,11,13

Steinbart, Edwin, *13.6.1941 Bromberg; - Ps. Edwin Fiedemann *(L)* #3

Steinbeck, Johann Otto Gustav, *23.1.1846 Demmin/Pommern, †25.12.1889 Berlin; - Ps. Otto v. Demmin; Hans Stein *(E-J-L-P)* #1,3,4

Steinberg, Alfred, *6.5.1888 Wien, †19.11.1953 Wien; - Ps. Alfred Steinberg-Frank *(P)* #3

Steinberg, Nikolaus, *1543 Breslau, †27.5.1610 Breslau; - auch Nikolaus Steinberger *(L-P)* #4,13

Steinberg, Walter, *6.7.1874 Berlin; - Ps. Wisiri *(L-R)* #3

Steinberg, Werner, *18.4.1913 Neurode/ Schlesien; - Ps. Udo Grebnitz *(L-N-R)* #3,4,5,7, 8,14,20

Steinbömer, Gustav Hillard, *24.2.1881 Amsterdam, †3.7.1972 Lübeck; - Ps. Gustav Hillard *(E-N-P-R)* #3,4,5,19

Steinborn, Tonimarie, *8.10.1901 Oberwinter/Rhl.; - Ps. Ina Brandenfels; Hanna Eickhoff; Patricia Gold; Karin Holger *(R)* #3

Steinbüchel-Fuchs, Marierose, *27.5.1898 Berlin, †15.3.1978 Köln; - Ps. Marierose Fuchs *(E-J-L)* #3,4

Steindl Edle von Tannenwald, Rosa, *15.10.1815 Flödnig/Oberkrain; - Ps. R. von Tannenwald; R. von Tannenwald-Fourneau *(L)* #2,3

Steindorff, Ulrich, *10.3.1888 Berlin; - Ps. Ulrich Carrington *(D-F-L-P-S)* #3,4

Steinebach-Zehner, Eva-Frida, *13.7.1920 Düsseldorf; - Ps. Eva Steinebach *(D-L-N-P-R)* #3

Steinel, Oskar, *29.5.1854 Brandholz; - Ps. E. C. Kermann *(P)* #3

Steiner, Carl, *8.5.1866 Schillupönen b. Gumbinnen, †Mehlkehmen/Ostpr.; - Ps. J. Sternei; Stanislaus Thurén *(P)* #3

Steiner, Ferdinand, *20.8.1867 Atzgersdorf/N.-Ö.; - Ps. Dr. Crusius *(P)* #3

Steiner, Franz, *20.4.1928 Krems/N.-Ö.; - Ps. Franz Seraphin Steiner *(E-L-N)* #3

Steiner, Heinrich, *1.7.1859 Szenitz/Ungarn; - Ps. Heinrich York; Heinrich York-Steiner *(D-E-N-P)* #1,3,4

Steiner, Joseph, *28.2.1869 Graz; - Ps. Stoanersepp *(P)* #3

Steiner, Paul Nikolaus, *30.3.1894 Mannheim, †30.3.1933 Luzern; - Ps. Peter Natron; Paul Nikolaus *(E-L-P-S)* #3,4

Steiner, Wilhelm Viktor, *1.3.1896 Wien, †28.1.1964 Wien; - Ps. Thomas *(D-F-L-N-R-S)* #3,4,18

Steiner-Wischenbart, Joseph, *13.3.1876 Oberzeiring/Steiermark, †14.9.1948 Graz; - Ps. Sepp von Zugthal *(E-P)* #3,4

Steinert, Harald, *11.8.1919 Danzig; - Ps. Jens Petersen; Jens Söndergaard; Lothar Stahl *(F-P)* #3

Steinfass, Michael, *17. Jh.; - Ps. Der Fassende *(P)*

Steinhardt, Josef, *12.1.1912 Ulm; - Ps. Bernard Niklas *(N)* #3

Steinhardt, Julius, *25.11.1880 Naumburg/S., †1955; - Ps. Abu Dschân *(E-P-R)* #3,4

Steinhardt, Moritz, *25.12.1867 Eisenstadt; - Ps. Carl Maria Walter *(L-P)* #3

Steinhart, Heinrich Christoph, *1763 Vienau b. Salzwedel, †20.9.1810 Dobbrun/Altmark; - Ps. Ludwig von Selbiger *(E-P)* #1,4,6,13

Steinhauser, Robert, *20.6.1852 Tetschen/Böhmen; - Ps. Robert Este *(D-E-S)* #1,3,4

Steiniger, Peter Alfons, *4.12.1904 Berlin; - Ps. Peter Steinhoff *(D-E-P-R)* #3,4

Steininger, Anton, *17.6.1898 Deutsch-Landsberg/Steiermark; - Ps. Walther Sturm *(R)* #3,4

Steininger, Emil Maria, *17.5.1861 Wien, †6.3.1912 Wien; - Ps. Olaf Adolfsen *(D-E-L-N-R-S)* #3,4

Steinitz, Clara, *16.4.1844 Kobylin/Posen; - Ps. Hans Burdach *(E-L-R-S)* #1,2,3,4

Steinitz, Gertrud, geb. Metzler, *6.12.1903 Dortmund; - Ps. Gertrud Steinitz-Metzler *(E-L)* #3

Steinitz, Käte, *2.8.1889 Beuthen/Oberschles.; - Ps. Nobody *(E-P-S)* #3

Steinke, Martin, *23.1.1882 Potsdam, †29.8.1966 Bad Mergentheim; - Ps. Tao Chün *(L-P)* #3

Steinkeller, Elsbeth Marie Baronin von, *16.2.1869 Stadthof b. Friedeberg/Neumark, †14.2.1945 Troppau/Sudetengau; - Ps. Else v. Steinkeller *(R-S)* #3,4

Steinkeller, Marie von, *27.4.1840 Treptow/ Pommern, †17.2.1911 Kolberg; - Ps. Sophie von Keller *(E-J-M-R)* #1,3,4

Steinle, Alfons Maria Ritter von, *24.4.1850 Frankfurt/M.; - Ps. Benevolus *(E-P)* #3,4

Steinlein, Adalbert, *1.11.1870 Hersbruch; - Ps. Germann Rothenfels *(E-P-S)* #3

Steinlein, Laura, geb. Freese, *24.8.1826 Friedefeld/Pommern; - Ps. Arthalis; Arthur Freese *(D-E-N-R)* #1,2,3,4

Steinmann, Agnes, *19.Jh.; - Ps. Anny Stella (*E-N*) #2
Steinmann, Friedrich Arnold, *7.8.1801 Kleve, †9.2.1875 Münster; - Ps. Albano; Sperling (*D-E-L-N-P-S*) #1,4,6,13
Steinmann, Heinrich Ferdinand, *16.9.1806 Berggießhübel b. Pirna, †3.8.1877 Dresden; - Ps. Heinrich Ferdinand Mannstein (*N-R*) #1,4,13
Steinmann, Herbert, *13.1.1897 Potsdam, †21.12.1949 Berlin; - Ps. Hans Langkow (*P-R*) #3,4
Steinmann, Maria, *25.3.1900 Wien; - Ps. Maria vom Sonnhof; Branowitzer-Rodler (*R*) #4
Steinmann, Olga, *1869 Lowics b. Warschau, †29.4.1910 Rom; - Ps. Olga von Gerstfeldt (*L-P*) #1,4
Steinmeister, Alexander von, *1.4.1899 Bredow b. Stettin; - Ps. Alexander von Rees (*L-P-R*) #3,4
Steinmetz, Bartholomäus, *1485 Arlon/Lux., †3.1.1570 Koblenz; - Ps. Arlunensis; Henrici Lapicide; Bartholomäus Latomus (*P*) #4, 11,13
Steinmetz, Peter H., *13.2.1916 Berlin; - Ps. Peter Metz (*F-L-N-S*) #3
Steinmüller, Angela, *15.4.1941 Schmalkalden; - Ps. Simon Zwystein (*E-F-R*) #3
Steinmüller, Ingrid Jutta, *19.9.1937 Berlin; - Ps. Ingrid Hahnfeld (*E-L-R*) #3,4
Steinmüller, Karlheinz, *4.11.1950 Klingenthal/Vogtl.; - Ps. Simon Zwystein (*E-F-P-R*) #3
Steinrück, Melanie, geb. Schultze, *10.7.1847 Leipzig; - Ps. Mario Adelmi; Melanie Schultze (*N-R*) #1,3,4
Steinsdorfer, Mathilde, *(1889) Wien; - Ps. M. Edlita; M. Welten (*L-N*) #2,3
Steinstraß, Joseph, *30.8.1870 Essen; - gen. Bruder Felician (*D-L-S*) #4
Steinwehr, Johann Rudolph von, *17. Jh.; - gen. Der Löbliche/FG 714 #11
Stekel, Wilhelm, *18.3.1868 Bojan/Bukowina, †1840 London; - Ps. Willy Bojan; Dr. Serenus (*L-P*) #3,4,18
Stellrecht, Helmut, *21.12.1898 Wangen/Allg.; - Ps. Hermann Noelle (*E-P-R*) #3,4
Stelter, Karl, *25.12.1823 Elberfeld, †12.5.1912 Wiesbaden; - Ps. Oskar Lester (*E-L-P*) #3,4
Stelzenmüller, Annelie, *10.1.1915 Mernes b. Gelnhausen; - Ps. Sandra Brugger; Ursula Hauff; Irene Latour (*F-J-R*) #3
Stelzhamer, Franz, *29.11.1802 Großpiesenham/Ö., †14.7.1874 Henndorf b. Salzburg; - Ps. Franz von Piesenham (*E-J-L-N*) #1,4,5, 13,14
Stempel, Max, *14.11.1857 Breslau, †14.1.1929 Berlin; - Ps. Tyll Eulenspiegel; Emmo Ferdinand; Otto Pauly; Hugo Wolffram (*D-L-P-S*) #3,4
Stenbock-Fermor, Alexander Graf, *30.1.1902 Mitau/Livland, †8.5.1972 Berlin; - Ps. Peter Lorenz (*E-F-P*) #3,4,5,14
Stendebach, Petra, *29.8.1958 Trier; - Ps. Petra Millet (*L-P*) #3,4
Stengel, Franziska von, *6.5.1801 Mannheim, †1843 Mannheim; - Ps. G. Franziska (*E-R*) #1,2,4,6
Stengel, Hansgeorg, *30.7.1922 Greiz/Thür.; - Ps. Jonas Janus (*J-P*) #3
Stengel, Karl Gottlob, *24.1.1784 Zwickau; - Ps. Montanus (*E*) #6
Stengele, Alfons, *25.12.1856 Münsterbusch b. Aachen, †3.2.1902 Tübingen; - Ps. Adolfi; Alfons vom Rhein (*E*) #3,4
Stengg, Alfred, *12.2.1908 Graz, †17.9.1984 Graz; - Ps. Hans Heiling (*E-L-P*) #3
Stenner, Ludwig, *28.10.1975 Drais b. Mainz; - Ps. Ludwig Ernnest (*L-M-P*) #3,4
Stenz, Hermann, *23.5.1877 München; - Ps. Hermann Holl (*E*) #3
Stephan, Christian Gottlob, *1733 Breslau, †10.4.1798 Wien; - Ps. Christian Gottlob Stephanie d. Ä. (*D-S*) #1,4,13
Stephan, Gottlieb, *19.2.1741 Breslau, †23.1.1800 Wien; - Ps. Gottlieb Stephanie d. J. (*D-S*) #1,4,13
Stephan, Gunar Conrad, *26.2.1901 Völklingen; - Ps. Adrian Munkh; G. de St.Etienne (*E-L-R*) #3,4
Stephan, Johannes, *(1599); - Ps. Johannes Stephanus (*L*) #4
Stephan, Theodor, *2.9.1924 Essegg/Kroat.; - Ps. Theo Binder (*L*) #3
Stephani, Claus, *25.7.1938 Kronstadt/Siebenb.; - Ps. Hans Buchenländer; Ion Bucovineanu; Gerch Cronstätter; Hans Eisenthaler; Peter Martini; Hans Michelsberg; Claus Werner; Peter Werner (*E-L-P*) #3
Stephani, Gertrud, *13.3.1914 Tirgu Mures/Neumarkt; - Ps. Gertrud Stephani-Klein (*L-P*) #3
Stephani-Nussbächer, Brigitte, *14.2.1942 Sibiu; - Ps. Anna Conrad; Maya Czekelius; Anna Hermannstädte; Maja Martini; Brigitte Nussbächer; Ana Sibianu (*P*) #3
Stephenson, Carl, *3.11.1893 Wien; - Ps. Stefan Sorel (*N-P-R*) #3
Steppuhn, Irmgard, geb. Hoffmann, *4.2.1933 Münster; - Ps. Irmgard Hoffmann (*L*) #3
Stering-Krugheim, Erich, *2.3.1899 Wien; - Ps. Erich von Stering (*R*)
Sterling, Hans Albrecht von, *17. Jh.; - gen. Der Gewehnte/FG 644 #11
Stern, Adolf (Ernst), *14.6.1835 Leipzig, †15.4.1907 Dresden; - urspr. Adolf Ernst (*D-E-L-N-P-R*) #1,4,5
Stern, Felix, *17.11.1855 Preßburg; - Ps. Sterne (*E-P*) #3
Stern, Fried, *13.11.1875 Frankfurt/M., †um 1942 Westerbork/NL; - Ps. Siegfried Stern (*J-P*) #17

Stern, Günther, *12.7.1902 Breslau, †17.12.1992 Wien; - Ps. Günther Anders (*E-L-M-N-P*) #3,5,8,18

Stern, Jakob, *28.5.1843 Niederstetten; - Ps. Kurt Adelfels; Marie v. Adelfels; P. Ambrosius; Dr. Erst; R. Fröhlich; E. Molchow; L. Rauchmann (*L-P*) #1,3

Stern, Josef, *29.5.1894 Wien, †1969 Hollywood; - Ps. Josef von Sternberg (*P*) #18

Stern, Josef Luitpold, *16.4.1886 Wien, †13.9.1966 Wien; - Ps. Josef Luitpold (*D-L-N-P-S*) #3,4,18

Stern, Leonore, *16.10.1860 Wien; - Ps. A. Noel; Lola Stein (*E-N-R*) #2,4

Stern, Lola, *13.3.1885 Hamburg, †4.3.1959 London; - Ps. Viola Mené; Lola Rosenbaum; Lola Stein (*F-N-R*) #3,4,18

Stern, Max Emanuel, *9.11.1811 Preßburg, †9.2.1873 Wien; - Ps. Ernst; Mendel Bri Stern (*D-L-P*) #1,4

Stern, Viktor, *5.5.1837 Wien, †1913; - Ps. E. Stella (*D*) #1,3,4

Stern, Viktor, *15.4.1876 Wien; - Ps. Johann Esterle (*P*) #3

Stern-Kohlhund, Ella, *15.1.1882 Weildorf/Baden; - Ps. Ella Kissenberth (*E-L-P*) #3,4

Stern-Rubarth, Edgar, *15.8.1883 Frankfurt/Main; - Ps. Peter Laukhard (*P*) #18

Sternaux, Johannes, *13.5.1879 Breslau; - Ps. Micha Aquilonoff (*E-P-R*) #3,4

Sternberg, Fritz, *11.6.1895 Breslau, †18.10. 1963 München; - Ps. K. L. Gerstorff; Thomas Tarn; F. Thomas; Ungewitter (*P*) #18

Sternberg, Gertrud, geb. Isolani, *7.2.1899 Dresden; - Ps. Gertrud Isolani; Ger Trud (*E-F-P-R-S*) #3,4,18

Sternberg, Henri, *30.7.1905 Berlin, †19.4.1967 Pforzheim; - Ps. Balduin (*L-P*) #3

Sternberg, Herta, *19.4.1898; - Ps. Herta Rathe (*N-P*) #3

Sternberg, Kaspar Graf von, *6.1.1761 Prag, †10.12.1838 Schloß Brezina b. Raudnitz/Böhmen; - Ps. Jason (*P*) #4

Sterneder, Hera, *13.9.1909 Bahnau/Ostpr.; - Ps. Hera Kassmekat (*F-R*) #4

Sternischa, Franz Valentin, *8.7.1876 Wien; - Ps. Franz Hofer-Sternischa (*D-L-S*) #1,3

Sternsdorff, Heinz, *4.1.1910; - Ps. Wolfgang Michaelssen (*L*) #3

Sterry, Dankwart, *12.8.1901 Berlin; - Ps. Carl Toepfer (*J*) #3

Sterzinger, Ferdinand, *24.5.1721 Lichtenwörth/Tirol, †18.3.1786 München; - Ps. Francone dell'Amavero (*P*) #4,6,13

Stettenheim, Julius, *2.11.1831 Hamburg, †30.10.1916 Berlin; - Ps. Wippchen (*P-S*) #1,3,4,5

Stettner, Friedrich, *1775 Nürnberg, †11.6.1829 Nürnberg; - Ps. Rudolph Siegmar (*L*) #1,3,4

Steuer, Otto, *7.2.1908 Wurz b. Weiden/Opf.; - Ps. Ludwig Hochreiter (*J-R*) #3

Steuerl, Otto, *22.2.1924 Aichach; - Ps. Franz Xaver Grantlhuber (*P*) #3

Steuerwald-Landmann, Anna, *13.11.1892 Fürth; - Ps. Landmann-Steuerwald (*P*) #18

Steurlein, Johannes, *5.7.1546 Schmalkalden, †5.5.1613 Meiringen; - auch Johannes Steuerlein (*L*) #4,13

Stevens, Marianne Wilhelmine von, *18.1.1734 Kassel; - Ps. Mathilde Hamelinck (*P*) #2

Stevesand, Wilhelmine von, verw. Thilenius, * Herzberg/Hersfeld; - Ps. Eine Mutter (*E-J*)

Steyndorffer, Maternus, *um 1517 Erfurt; - auch Maternus Steindorf (*S*) #4,13

Steyrer, Philipp Jakob, *10.2.1715 Freiburg/Br., †17.11.1795 Kloster St.Peter/Schwarzw.; - Ps. Hagiophilus; Pistabo (*P*) #6

Stichart, Franz Otto, *1810 Werdau/Sa., †5.4.1883 Dresden; - urspr. Franz Otto Stichert; Ps. Reinhard Grimmer; F. O. Trechitius (*P*) #4,13

Stichling, Louise Charlotte Theodore Amalie, *23.4.1781 Weimar; - Ps. Theodore (*P*) #2

Stieber, Hans, *(1963); - Ps. Norbert Norton (*P-R*) #3

Stiebler, Gisela, *8.9.1926 Berlin; - Ps. Gisela Tölle (*J-P*) #3

Stieda, Renate von, *(1975); - Ps. R. E. Staeding (*R*) #3

Stiefel, Andreas, *15.12.1653 Dresden, †31.1.1725 Leipzig; - auch Andreas Stübel (*D*) #4

Stiefel, Michael, *1486 Eßlingen, †19.4.1567 Jena; - auch Michael Styfel (*P*) #4,13

Stieglitz, Christian Ludwig, *12.12.1756 Leipzig, †17.7.1836 Leipzig; - Ps. Anaximander (*E-L-P*) #1

Stieglitz, Nikolaus, *5.2.1830 Hannover, †31.10.1894 Wien; - Ps. Alfred Lindolf (*D-L-S*) #1,4

Stiehl, Hans Adolf, *20.4.1922 Witzenhausen; - Ps. Hans Stilett (*E-F-L-P*) #3

Stiehl, Maximilian Christian Friedrich,*(1790); - Ps. Max Chr. Fr. Ungenannter (*L-P*) #4

Stieler, Kaspar von, *25.3.1632 Erfurt, †24.6.1707 Erfurt; - gen. Der Spate/FG 813; Ps. Justinus Bonfidius; Filidor der Dorfferer; Peilkarastes; Kaspar Nielen; Serotinus; Gottfried Otto Warleff (*D-L-P-S*) #1,4,5,6,11,13, 14,19

Stier, Rudolf, *17.3.1800 Fraustadt/Posen, †16.12.1862 Eisleben; - Ps. Rudolf von Fraustadt (*L-P*) #1,4,6,13

Stifter, Adalbert, *23.10.1805 Oberplan/Südböhmen, †28.1.1868 Linz/Donau; - Ps. Ostade (*E-L-P-R*) #1,4,5,13,14

Stigel, Johann, *13.5.1515 Gotha, †11.2.1562 Jena; - Ps. Johannes Stigelius (*L-P*) #4,5,13

Stiglocher, Annalies, *23.3.1914 Traunstein/Obb.; - Ps. Ursula Steigwalder (*E-P-R*) #3

Stigter, Lotte, *1.5.1883 Hamburg, †27.4.1943 Sobibor; - Ps. Lotte Brunner (*P*) #4

Stilgebauer, Edward, *19.9.1868 Frankfurt/M.,

†18.12.1936 San Remo; - Ps. Edward Alexander (*D-L-N-P-R-S*) #1,3,4

Stilke, Walter, *25.4.1897 Bremerhaven; - Ps. Fries Schöning (*E-L-M-N-P*) #3

Still, Ilse Charlotte, *11.7.1921 Batavia/Java; - Ps. Ilse Charlotte Werner (*P*)

Stille, Christoph Ludwig von, *13.9.1696 Berlin, †19.10.1752 Aschersleben; - auch Still; Stillen (*L*) #4,13

Stimmel, Ernst, *23.3.1891 Hamburg; - Ps. Peter Strom (*D-E-F-L-P-S*) #3,4

Stimpfl, Karl, *15.9.1911 Köflach/Steierm.; - Ps. Karl J. Stym (*E-R*) #3

Stinde, Julius, *28.8.1841 Kirch-Nüchel b. Eutin, †5.8.1905 Olsberg/Ruhr; - Ps. Wilhelmine Buchholz; Quidam; J. Steinmann; Alfred de Valmy; Richard E. Ward (*E-N-P-R-S*) #1,3,4,5

Stindt, Georg-Otto, *29.12.1890 Bremerhaven; - Ps. Peter Hays (*F-P-R*) #3

Stipetic, Werner H., *5.4.1942 München; - Ps. Werner Herzog (*E-F*) #4

Stirn-Faschon, Susanne Margarete, *3.5.1925 Kaiserslautern; - Ps. Susanne Faschon (*E-F-L*) #3,4

Stisi, Robert, *26.5.1891 Mannheim; - Ps. Hans Hajen (*P*) #3

Stitz-Ulrici, Rolf, *7.3.1922 Berlin; - Ps. Rex Corbett; Hans Korda; Hans Rodos; Rolf Ulrici (*E-F-J-P-R*) #3,7,8,17,20

Stobaeus, Johann, *6.7.1580 Graudenz, †11.9.1646 Königsberg; - auch Stoboeus (*L*) #4,13

Stöbe, Siegfried, *2.10.1919 Leipzig; - Ps. Robert Richter (*P*) #3

Stöber, Daniel Ehrenfried, *9.3.1779 Straßburg, †28.12.1835 Straßburg; - Ps. Vetter Daniel; Gradaus (*D-L-P-S*) #1,4,5,6,11,13

Stöberlein, Dorothea Ursula Katharina, *17. Jh.; - gen. Dorinde/PB #11

Stöberlein, Johann Leonhard, *17. Jh.; - gen. Polyanthus/PB #11

Stock, Norbert, *6.12.1840 Tux/Tirol, †16.7.1907 Brixen; - urspr. Thomas Stock; Ps. Bruder Norbert; Norbertus a Bulsano; Norbertus Tux (*L-P*) #1,3,4

Stöckel, Anna, *8.8.1838 Ratibor; - Ps. A. Strotta (*P*) #2,3

Stöcken, Christian von, *15.8.1633 Rendsburg, †4.9.1684 Rendsburg; - gen. Der Andächtige/DG-L (*L*) #1,4,11,13

Stöcken, Heinrich von, *17. Jh. Eutin; - gen. Der Gelassene/DG #11

Stocker, Franz August, *21.3.1833 Frick/Aargau, †19.10.1892 Basel; - Ps. Jörg von End (*D-E-L-N*) #1,4

Stöcker, Johann, *um 1588; - gen. Der Vortreffliche/FG 133/1626 (*L*) #11,12

Stöckert, Fanny, *5.11.1844 Jessen/Sa., †6.9.1908 Bornstedt b. Potsdam; - Ps. Karola (*E-J-N*) #1,3,4

Stockfleth, Heinrich Arnold, *17.4.1643 Ahlefeld b. Hildesheim, †8.8.1708 Mönchsberg; - gen. Dorus/PB (*L-R*) #4,6,11,13,19

Stockfleth, Katharina Maria, †1692; - gen. Dorilis/PB (*R*) #4,6,11,13,19

Stockhammer, Nikolai, *(1988); - Ps. Jo Arming; Peter Danner (*P*) #7

Stockhammern, Alexandrine von, *24.4.1872 Warthausen/Württ.; - Ps. Alexandrine König (*P*) #4

Stöckhardt, Ernst, *20.7.1845 Petersburg; - Ps. Ernst Hardt (*D-L-P*) #1,3,4

Stockhausen, Anna Freifrau von, *11.5.1849 Breslau; - Ps. Alice Salzbrunn (*E-L*) #2,3,4

Stockhausen, Elisabeth, *1.1.1921 Deutsch-Jahrndorf/Ö.; - Ps. Lisa Stromszky (*L-M-N-P-R*) #3

Stockhausen, Otto, *12.8.1867 Offenbach; - Ps. Ernst Volkmar (*D-S*) #3

Stöckl, Ulrich, *1360 Rottach/Tegernsee, †6.5.1443 Wessobrunn; - auch Ulrich Stöcklin (*L-P*) #4

Stöcklein, Joseph, *30.7.1676 Öttingen/Schwaben, †28.12.1733 Graz; - Ps. Panthalus Rauracus (*P*) #4

Stockmann, Cornelius August, *1751 Schweikershain b. Waldheim/Sa., †1821 Leipzig; - Ps. Christian Gottlieb Hübner (*L*) #4,6

Stockmeyer, Edmund, *4.3.1913 Hamburg; - Ps. Fred Alten (*F-S*) #3

Stockvis, Albert, *6.10.1879 Bremen; - Ps. Edgar Malfère (*P*) #3

Stoedtner, Gerhard, *9.12.1913 Hamburg, †27.1.1987 Berlin; - Ps. Gert Bergner (*P*) #3

Stoetzer, Wolf, *4.12.1904 Leipzig; - Ps. Joachim W. Stoetzer (*P*)

Stoff, Joachim, *17. Jh.; - Ps. Der Unermüdete (*P*)

Stoffela d'alta Rupe, Marie von, *10.3.1843 Olmütz/Mähren; - Ps. Edith Helmers (*N-P*) #2,3

Stoffregen, Goetz Otto, *11.2.1896 Wunstorf b. Hannover; - Ps. Orpheus der Zwote; Peter Silie (*L-N-R*) #3,4

Stoffregen, Otto, *23.5.1883 Berlin; - Ps. Otto Maria Stauffen; Otto Stoffregen-Stauffen (*D-L-S*) #3,4

Stöger, Hilde, *14.3.1928 Wien; - Ps. Hilde Ehrenberger (*E-J-L*) #3,4

Stöhr, Kurt Reinhold, *30.11.1920 Neudorf/Neiße; - Ps. Gerd Linden (*E-L-P-R*) #3

Stökl, Helene, *18.3.1845 Brandenburg/Havel, †16.2.1929 Wien; - Ps. Constanze von Franken; Joconde (*E-J-M-N-S*) #1,2,3,4,17

Stökl, Ignaz, *17.1.1908 Passau; - Ps. Werner Sternberg (*E-F*) #3

Stoklaska, Ottokar Hans, *23.6.1852 Gaya/Mähren; - Ps. Ottokar Hans; Hans Ottokar Stoklasser (*E-L-S*) #1,3,4

Stokmans, Gertrud von, *3.5.1848 Gräschine/Schles.; - Ps. Germanis (*N-R*) #1,2,3

Stolberg-Stolberg, Hans Martin Graf von, *4.11.1594 Gedern b. Büdingen, †22.5.1669

b. Nordhausen; - gen. Der Bestehende/FG 228/1634 #11,12
Stoll, Henriette, *6.9.1886 Diez/Lahn; - Ps. Henriette Lohr (*E-L-M*) #3,4
Stolle, Gottlieb, *3.2.1673 Liegnitz/Schles., †4.3.1744 Jena; - Ps. Friedrich Gottwald; Leander aus Schlesien (*L*) #1,4,6,13
Stolper, Toni, geb. Kassowitz, *22.11.1890 Wien; - Ps. Toni Kassowitz (*P*) #18
Stölting, Walter, *13.2.1897 Bentheim/Hann.; - Ps. Wanderer (*L-P*) #3
Stölting, Wilhelm, *25.3.1903 Kiel; - Ps. K. Ehrberg (*E-F-J-L-R-S*) #3,4
Stolz, Alban, *3.2.1808 Brühl/Baden, †16.10.1883 Freiburg/Br.; - Ps. Ehemaliger Schulmann (*P*) #1,4,13
Stolz, Johann Jakob, *31.12.1753 Zürich, †21.3.1823 Zürich; - Ps. Joseph Gedeon (*P*) #4,13
Stolz, Peter, *18.6.1856 Saarburg; - Ps. Paul Sarrecourt (*N-P*) #3
Stolze, Alfred Otto, *2.10.1889 Lindau, †17.3.1954 Lindau; - Ps. Olaf Henrikson (*D-E-L-P-R-S*) #3,4
Stolze, Gustav, *19.8.1897 München, †12.11.1937 Schriesheim b. Mannheim; - Ps. Borchers (*N-L-N-P*) #3
Stomps, Victor Otto, *26.9.1897 Krefeld, †4.3. 1970 Berlin; - Ps. VAUO (*M-P-R*) #3,4,5
Stöppler, Sonja, *9.8.1922 Breslau; - Ps. Sonja Maria König (*R*) #4
Stör, Kurt, *23.4.1913 Hamburg; - Ps. Conrad (*L*) #3
Storch, Bernhardine, *11.2.1812 Coburg, †1885 Kreuzwertheim; - Ps. Elfriede von Koburg (*L*) #1,2,3
Storch, Franz, *11.9.1927 Temesvar; - Ps. Renate Herbert (*E-F-R*) #3,7
Storch, Johann, *2.2.1681 Ruhla, 9.1.1751 Gotha; - Ps. Pelargus (*P*) #6
Storck, Evelyne, *15.1.1942 Garsten/O.-Ö.; - Ps. Evelyn Grill (*E-R*) #3
Storck, Friedrich, *26.12.1839 Elberfeld; - Ps. F. Höarmeckan (*E-L-P*) #1,3
Storck, Karl, *23.4.1873 Dürmenach/Elsaß, †14.5.1920 Alsberg/Westf.; - Ps. Karl Alsa; D. A. S. Bini; Charles Cigogne; Michel Deutsch; Hans Murbach (*L-N-P-R*) #3,4
Storck, Victor Friedrich, *18.12.1877 Elberfeld; - Ps. Pitter Nömmes (*L-E-P*) #3,4
Storm, Margarte-Theodora, *14.2.1876 Berlin; - Ps. M. Th. Conrad (*D-F*) #3
Storz, Gerhard, *19.8.1898 Rottenacker/Württ., †30.8.1983 Leonberg; - Ps. Georg Leitenberger (*E-P-R*) #3,4,5,10
Stößel, Alfred, *29.4.1858 Brünn/Mähren; - Ps. Lothar Bitter (*N-P-R*) #1,3,4
Stotz, Paula Johanna, *5.10.1902 Schwäbisch-Gmünd; - Ps. Paula Johanna Oeppert-Stotz; Jo Stotz (*P-R*) #3
Stowasser, Friedrich, *15.12.1928 Wien; - Ps. Friedensreich Hundertwasser (*P*)
Strach, Hermann, *16.6.1861 Austerlitz; - Ps. H. Potkany; Erich Stein (*P*) #3
Strache, Wolf, *5.10.1910 Greifswald; - Ps. G. J. Ende (*E-P*) #3,4
Strachwitz, Hubertus-Kraft Graf von, *18.12. 1879 Gleiwitz., †20.5.1957 Bad Tölz; - Ps. H. Kraft; Kurt v. Leyden (*E-L-N-P-R*) #3,4
Strack, Maximilian, *31.5.1865 Posen; - Ps. Wilhelm von Berg (*E-N-R-S*) #1,3,4
Stradal, Otto, *12.3.1911 Wien; - Ps. Ostra; Heinz Prätorius (*F-J-P-R*) #3
Straeter, Theodor, *14.10.1852 Rheine; - Ps. Theo Ritter (*P-R-S*) #3
Strähler, Georg, *26.12.1864 Bad Görbersdorf/ Schles.; - Ps. Walter Lonau; Reinhart Radeck (*D-L-S*) #3,4
Straka, Emilie, geb. Wimmer, *3.9.1854 Warnsdorf/Nordböhmen; - Ps. Emilie Wimmer (*L-P*) #3
Stramberger von Großburg, Christian, *13.10.1785 Koblenz, †20.7.1868 Koblenz; - Ps. Christian von Stramberg (*P*) #4,13
Strambowski, Anton, *24.4.1905 Duisburg-Hamborn; - Ps. Alfred Bergen (*D-L-P-S*) #3
Stramm, Else, geb. Krafft, *15.5.1877 Breslau, †7.2.1947 Freiberg/Sa.; - Ps. Else Krafft; Isolde Leyden; E. v. Hauff (*F-L-R*) #3,4
Stramm, Inge, *16.8.1903 Bremen; - Ps. Helle Hall (*E-R*) #3,4
Stranitzky, Joseph Anton, *10.9.1676 Graz, †19.5.1726 Wien; - Ps. Schalck Terrae; Hannss Wurst; Johannes Wurstius (*S*) #1,4,5,11,13
Strantz, Minna von, geb. Zenker, *2.4.1808 Bialistock, †1885; - Ps. Winkelmann jun.; Minna Zenker (*E-L-P*) #2
Straschnov, Grete, geb. Reiner, *20.9.1892 Prag; - Ps. Grete Reiner (*E-P*) #4
Straß, Karl Friedrich Heinrich, *18.1.1803 Berlin, †30.6.1864 Berlin; - Ps. Otto von Deppen (*E-L-N*) #1,4,11,13
Straßburger, Egon, *3.2.1877 Mannheim, †26.5.1952 Berlin; - Ps. Franz Dux; Anna Nas (*J-L-S*) #3,4
Strasser, Ernestine, *21.7.1937 Salzburg; - Ps. Alexander Sadóra (*L*) #3,4
Strasser, Otto, *10.9.1897 Windsheim/Mfr., †27.8.1974 München; - Ps. Michael Gaismayer; Ulrich v. Hutten (*P*) #18
Straßer, Theodor, *20.1.1858 Achim b. Bremen; - Ps. Ämilius; Ernst Willich (*D-L-S*) #1,3,4
Strassl, Hubert, *4.2.1941 Linz/Do.; - Ps. Hogarth Brown; Ray Cardwell; Madman Curry; Hugh de Rais; Hugh Walker (*E-P-L-R*) #16,20
Sträßle, Franz, *18.12.1817 Binzwangen/ Württ., †um 1895 Neckarsulm; - Ps. Franz Kamberg (*E-J-P*) #3,17
Strassner, Christina, *20.5.1886 Chambray/ Lothr., †24.12.1964 Donauwörth; - Ps. Lisbeth Burger (*E-P-R*) #3,4

Stratenwerth, Johanna, geb. Jaeger, *20.8.1908 Bethel/Bielefeld; - Ps. Johanna Jaeger (*E-N-R*) #3
Strätling, Barthold, *5.2.1927 Paderborn; - Ps. Christian Meinwerk (*E-F-J-P-R*) #3
Strätling, Helga, *2.3.1927 Paderborn; - Ps. Helga Strätling-Tölle (*J-R*) #3
Straub, Dieter, *11.7.1934 Ludwigshafen; - Ps. Berthold Sternenfels (*L-P*) #3
Straub, Elisabeth, *19.5.1905 Lauterbach, †3.6.1985 Kassel; - Ps. Elisabeth Lorentz (*E-L-P-R*) #3
Straub, Karl Willy, *12.3.1880 Karlsruhe, †20.4.1971 Saarbrücken; - Ps. pacifer (*F-L-N-P-R*) #3,4
Straub, Pia, geb. Frankenberg, *1958; - Ps. Pia Frankenberg (*F-R*)
Straumann, Ruth, *6.5.1933 Zürich; - Ps. Ruth Reichstein (*L*) #3,4
Strauß, Agnese, geb. Schebesta, *10.2.1913 Wien, †22.12.1869 Stuttgart; - Ps. Agnese Schebest (*P*) #4,13
Strauß, Bertha, *7.12.1885 Breslau, †20.2.1970 Chapel Hill/USA; - Ps. Bertha Badt-Strauß; Bert Bast; Bath Hillel (*P-R*) #3,4,18
Strauss, Brigitte, geb. v. Röder, *19.9.1900 Offenburg; - Ps. Brigitte von Röder (*E-J*) #3,4
Strauß, Eberhard, *4.8.1906, †1945 (gef.); - Ps. Wolfgang Brunner (*J*) #3
Strauß, Eduard,*9.4.1890; - Ps. Medena (*P*) #3
Strauss, Gerhard Friedrich Albrecht, *24.9.1786 Iserlohn, †19.7.1863 Berlin; - Ps. Vitalis (*P-R*) #1,6,11
Strauss, Gerlinde, *17.10.1933 Salzburg; - Ps. Linda Strauß (*F-L-N-R*) #3
Strauß, Henriette, *1.11.1845 Bühl/Baden; - Ps. Franz Sicking; Franz Siking (*D-L-M-R*) #1,2,3,4
Strauß, Isidor, *12.7.1849 Szambokreth/Ungarn; - Ps. Doris; Septim (*P*) #3
Strauß, Ludwig, *28.10.1892 Aachen, †1953; - Ps. Franz Quentin (*J-L-R*) #3
Strauss, Max, *29.5.1882 Merzig/Saar, †29.4.1958 Merzig/Saar; - Ps. Detlev Johannsen; Dietrich Manstetten (*R*) #3
Strauß, Otto S., *5.12.1857 Mainz; - Ps. S. Otto (*P*) #3
Strauß-Olsen, Hermann, *18.2.1880 Schwerin, †29.12.1914 Schwerin; - Ps. Hans Hermann; Ole Olsen; Hans vom Werder (*D-L-P*) #1,3,4
Sträußler, Siegmund, *11.11.1865 Wien; - Ps. Dr. Flottwell (*E-P*) #3
Strecker, Karoline, *1825 Stettin, †1895 Anklam/Pommern; - Ps. Auguste Kinderlieb (*E-J*) #4
Strecker, Ludwig, *13.1.1883 Mainz; - Ps. Ludwig Andersen (*L-S*) #3
Strecker, Reinhard, *22.1.1876 Berlin, †26.7.1951 Gießen; - Ps. Heinrich Wilhelm Gosen (*L-P-S*) #3,4
Strecker-Pranghofer, Mathilde, *14.3.1881 Wien, †19.3.1952 Dresden; - Ps. Irene Pangoff (*S*) #3,4
Streckfuß, Adolph, *10.5.1823 Berlin, †11.10.1895 Leipzig; - Ps. Adolph Carl (*E-N-P-R*) #1,4
Streckfuß, Karl (Adolf Friedrich), *10.9.1778 Gera, †26.7.1844 Berlin; - Ps. Leberecht Fromm (*D-E-L-R*) #1,4,5,13
Streese, Max, *9.4.1879 Landsberg/Warthe; - Ps. Maximilian (*P*) #3
Streffer, Martha, *19. Jh. Altona; - Ps. Cornelius Klausner (*N-P-R*) #3
Strehblow, Barbara, *5.11.1927 Hirschberg/Schlesien; - Ps. Erle Bach (*E-F-L-P*) #3,4
Strehler, Bernhard, *30.11.1872 Lissau/Westpr.; - Ps. Fidelis (*P*) #3
Streich, Benjamin Traugott, *1790, †1822; - Ps. Carlo Anticorsicano (*S*) #11
Streich, Hermann Friedrich Carl, *5.9.1856 Stuttgart; - Ps. Hermann Erichts (*N-P*) #3
Streicher, August, *2.7.1873 Auerbach b. Uttendorf/Ö., †12.8.1915 Hall/O.-Ö.; - Ps. Gustav Streicher (*D-R-S*) #4
Streicher, Franz, *22.4.1901 Zwittau/Mähren; - Ps. Johannes Ottendorf; F. J. Quint (*S*) #3
Streißler, Friedrich, *21.1.1860 Bisenz/Mähren, †10.2.1917 Leipzig; - Ps. H. Berga; James Cary; F. Hellerbeck; Franz Titus (*E-L-N-R*) #3,4
Streit, Alfred, *21.2.1866 Kosel/Oberschles., †1913 Berlin; - Ps. Fritz Berger (*E-L*) #1,3,4
Streit, Brigitte von, *5.6.1934 Neuß; - Ps. Ina Rhein (*L-N-P-R*) #3
Streit, Kurt W., *28.6.1921 Bayreuth; - Ps. George C. Aileron; GCA; KWS; Elisabeth Streit (*J-P-R*) #3
Streiter, Joseph, *8.7.1804 Bozen, †17.7.1873 Bozen; - Ps. Berengarius Ivo (*D-L-S*) #1,4,13
Streithorst, Botho, *29.10.1919 Cuxhaven; - Ps. Bo Thorsten (*E-L-P*) #3
Streithorst, Fr. Ulrich von, *17. Jh.; - gen. Der Einziehende/FG 555 #11
Strejcek, Aloisa, *20.1.1863 Sedlitz b. Pilsen/Böhmen; - Ps. Dalfon (*E-N-P*) #2
Strelisker, Georg, *8.12.1894 Focsani/Rum.; - Ps. Allan Jeffries; Georg Rek-Silerts; Emo Saducci; Hanns von Tann (*E-N-P-R*) #3
Strempel, Dora, *11.11.1837 Schwerin, †10.11.1919 Schwerin; - Ps. Detlef Stern (*N-R*) #1,2,3,4
Stricker, Heinrich, *23.8.1949 Gundelfingen; - Ps. Tiny Stricker (*P-R*) #3
Stricker, Johannes, * um 1540 Grobe/Holstein, †23.1.1598 Lübeck; - Ps. Johannes Stricerius (*D*) #4,5,13
Stricker, Karl, *24.7.1858 Essen; - Ps. Gottfried Aga (*D*) #1,3
Stricker, Karoline, *2.12.1790 Prag, †24.12.1846 Prag; - Ps. St. Nelly (*N-R*) #1,2,4,11
Striebeck, Walter, *11.4.1902 Herne/Westf., †5.12.1957 Recklinghausen; - Ps. Berndstrick (*L*) #3

Striegel, Rosa, *19. Jh.; - Ps. Rosa von Tegelsee (*L*)

Strindberg, Maria, geb. Lazar, *22.11.1895 Wien, †30.3.1948 Stockholm; - Ps. Esther Grenen; Maria Lazar (*P-R-S*) #3,4

Strobel, Arthur, *1.2.1914 Suczawa/Bukowina; - Ps. A. G. Strobel; Xaver Xanten (*E-R*) #3

Strobel, Edgar, *3.1.1899 Demitz-Thumitz/Sa., †26.5.1973 Berlin; - Ps. Jan Boysen; Niels Krüger (*E-R*) #3,4

Ströbele, Gitta, *31.8.1935 Stuttgart; - Ps. Gitta Benasseni; Gitta Noack; Gitta Noack-Ströbele (*J-L-M-P*) #3

Strobl, Alwin, *(1984); - Ps. Al Strong (*P*) #3

Strobl, Johann Baptist, *31.10.1743 Schrobenhausen/Obb., †17.11.1805 München, - auch Strobel (*P*) #17

Strobl-Luckmann, Ilse, *16.9.1906 Wien; - Ps. Ilse Luckmann (*E*) #3

Strodthoff, Emil, *12.1.1900 Berge/Hann.; - Ps. Horst Lieven (*L-N-P*) #3

Stroehmer, Hans-Erich, *7.5.1921 Berlin, †1993; - Ps. Hannes Erichsen; Jack E. River (*R*) #3,4

Strohmaier, Alfred, *13.6.1941 Khünegg/Ö.; - Ps. Fred Strohmeier (*E-F-L-R-S*) #3

Strohmeyer, Curt, *20.12.1905 Hardegsen b. Hannover, †30.3.1960 Göttingen; - Ps. Grünrock (*E-R*) #3,4

Ströhmfeld, Gustav, *13.4.1862 Oberwälden/Württ., †Stuttgart; - Ps. Julius Kronfeld (*P*) #3

Strohschein, Barbara, *18.7.1949 Berlin; - Ps. Boris Effenberger (*L-P-R*) #3

Stromberg, Mathilde, geb. Reichardt, *31.8.1823 Solingen, †8.11.1898 Rheinbreitbach b. Unkel; - Ps. M. R. S.; Mathilde Reichardt; Mathilde Reichardt-Stromberg (*L-P*) #4

Stromberg-Drescher, Kyra, *16.1.1916 Moskau; - Ps. Kyra Stromberg (*F-N-P-R*) #3

Stromenger-Vidale, Marianne, *13.6.1930 Wien; - Ps. Marianne Engström, Marianne Vidale (*L*) #3,4

Stromer, Theodor, *28.6.1844 Freienwalde/Oder; - Ps. O. Buchwald (*D-N-P*) #1,3,4

Stromer von Reichenbach, Friedrich, *4.3.1867 Nürnberg, †21.6.1941 München; - Ps. Karl Friedrich Reichen (*P*) #3

Stroriedl, Gustav, *28.9.1893 Graz, †29.12.1960 Wien; - Ps. Gustav Horstl; Alexander Mark (*P-S*) #3,4

Stroriedl, Gustav Alexander, *2.2.1867 Bruck an der Mur, †16.3.1897 Graz; - Ps. Gustav Horst (*L-P-S*) #3

Stroszeck, Hauke, *21.5.1940 Schwaig b. Nürnberg; - Ps. Lothar Kleinlein (*F-L-P*) #3

Strubberg, Friedrich Armand, *18.3.1806 Kassel, †3.4.1889 Gelnhausen; - Ps. Armand; Norwald (*D-P-R*) #1,3,4,5,13

Strube, Fritz, *15.7.1896 Leipzig; - Ps. Fritz Martini (*P*) #3

Strube, Georg, *17. Jh.; - auch Georg Strubius; gen. Musophilus/ES #11

Strube, Heinz, *1914, †17.5.1973 Rostock; - Ps. Walter Brunold (*E-P*) #3,4

Strübe, Hermann, *15.2.1879 Maulburg b. Lörrach, †21.3.1960 Lörrach/Baden; - Ps. Hermann Burte (*D-E-L-P-R-S*) #3,4,5,10

Strube, Marie-Luise, geb. Becker, verw. Kirchbach, *28.12.1871 Eberswalde, †8.1.1960 Berlin; - Ps. Marie-Luise Becker; Marie-Luise Kirchbach (*J-L-M-R*) #1,3,4

Strube, Wilhelm, *26.10.1925 Hildesheim; - Ps. Ludwig Moritzberger; Martin Wendland (*J-P-R*) #3

Struensee, Gustav von, *13.12.1803 Greifenberg/Pommern, †29.9.1875 Breslau; - Ps. Gustav vom See (*E-N-R*) #1,4,13

Strupp, Günther, *6.3.1912 Johannisburg/Ostpr.; - Ps. Rupprecht Thymian; Gottlieb Tinte (*N-P*) #3

Struschka-Hoffmann, Hermann, *25.11.1851 Olmütz/Mähren, †31.1.1932 Wien; - Ps. Sigmund Hanisch; S. Hermann; Hermann Hoffmann (*D-L-N-P-S*) #1,3,4

Struse-Weidner, Toni, *16.4.1908; - Ps. Toni Weidner (*F-S*) #3

Strüwing, Felix, *22.9.1861 Stettin, †18.6.1913 Stettin; - Ps. Ernst Felix (*D-E-L-S*) #1,3,4

Stryk, Heinrich von, *29.4.1904 Dorpat, †27.11.1974 Berlin; - Ps. Heinrich Leonhardt (*D-F-M-R*) #3,4

Strzelczyk, Franz, *2.12.1880 Königshütte/Oberschles.; - Ps. Franz Strelzik (*L-M-P*) #3,4

Strzemcha, Paul, *9.9.1844 Groß-Seelowitz/Mähren, †1941 Brünn; - Ps. Paul Kirsch (*L-P-S*) #1,3,4

Stubenberg, Johann Wilhelm von, *22.4.1619 Neustadt a. d. Mettau/Böhmen, †12.4.1663 Wien; - gen. Der Unglückselige/FG 500/1648; Ps. Infortunatus Fortunatus (*L-P-R*) #4,5,6,11,12,13

Stubenberg, Rudolph Wilhelm von, *17. Jh.; - gen. Der Begütigende/FG 773 #11

Stüber, Fritz, *22.3.1872 Gaudenzdorf b. Wien, †15.9.1922 Wien; - Ps. F. St. Gunther; Fritz Stüber-Günther (*E-N-P-R-S*) #1,3,4

Stübing, Adolf, *10.3.1881 Hanau; - Ps. Udo Stefan Blig (*L-P-R*) #3

Stubmann, Peter Franz, *21.10.1876 Dresden, †29.7.1962 Hamburg; - Ps. Jan Blaufink; Thomas Klingg (*P-R-S*) #3,4

Stubritz, Martin, *25.4.1625 Radeburg, †8.4.1684 Bautzen; - gen. Aristander/ES (*P*) #4,11,13

Stübs, Albert, *20.2.1900 Berlin; - Ps. Albin Stuebs (*D-F-L-N-R*) #3,4,18

Stuck, Paula, *17.10.1896 Breslau; - Ps. Emilia Molinari; Paulette Past; Paula Stuck von Reznicek (*E-R*) #3,4

Stucki, Walter, *28.10.1900 Biel/Schweiz; - Ps. Walt Guns (P-R) #4

Studhalter, Klara, *11.4.1940 Mönchaltorf b. Zürich; - Ps. Klara Obermüller (*F-J-R*) #3,4
Studinski, Walter Robert, *9.11.1905 Marienwalde/Neumark; - Ps. Walter Robertus; John Stanmore; Waltharius (*L-R*) #3,4
Studniczka, Ingeborg, *1.4.1921 Hamburg; - Ps. Ingeborg Hecht (*F-P*) #3
Studnitz, Cecilia von, *(1984); - Ps. Christiana von Barghorst (*P*) #3
Stühlen, Charlotte, *4.6.1898 Schwerin/Warthe, †24.7.1983 Berlin; - Ps. Charlotte Rißmann (*F-S*) #3,4
Stuhlfeld, Willy, *9.3.1879; - Ps. Adolf Hansen (*P*) #3
Stuhlmann, Adolf, *3.8.1838 Hamburg, †19.11.1924 Schwarzenbek b. Hamburg; - Ps. S. T. Uhlmann (*E-L-R*) #3,4
Stuhlmann, Helmut, *5.10.1934 München; - Ps. Conrad Cortin (*E-L*) #3
Stuhr, Peter Feddersen, *29.5.1787 Flensburg; - Ps. Feodor Eggo (*L-P*) #6,11
Stülcken, Julius Cäsar, *4.4.1867 Hamburg, †21.1.1925 Hochkamp b. Hamburg; - Ps. Peter Werth (*D-S*) #3,4
Stumpe, Johannes, *29.12.1936 Essen; - Ps. Jo Pestum (*E-F-J-P-R*) #3,4,7,17,20
Stumpner, Waltraude, *10.7.1927 Bayreuth; - Ps. Waltraude Lechler (*L*) #3
Stünkel, Heinrich, *13.8.1878 NeustadtRbg., †1960 Neustadt/Rbg.; - Ps. Heinrich Römer (*M-S*) #3,4
Stupp, Johann Adam, *15.5.1927; - Ps. Johann Herold (*L-P*) #3,4
Stuppäck, Hermann, *28.9.1903 Wien; - Ps. Heinrich Sicking (*F-L-P*) #3
Sturm, Berthold, *22.5.1874 Amberg; - Ps. Berthold Amberg (*D-S*) #1,2,4
Sturm, Hans, *16.8.1889 Köln; - Ps. Sturm-Gundal (*N-P-R*) #3
Sturm, Jacob, *17. Jh.; - gen. Soliander/ES #11
Sturm, Julius, *21.7.1816 Köstritz/Thüringen, †2.5.1896 Leipzig; - Ps. Julius Stern (*L-M-P*) #1,4,5,17
Sturm, Nikolaus, *9.7.1760 Rötz/Ndb., †1819 Hiltersried b. Waldmünchen/Opf.; - Ps. Marcellin Sturm (*L*) #1
Sturm, Ria, *18.4.1900 Koblenz; - Ps. Ria Weil (*L-N-P-R*) #3
Sturm, Samuel, *1625 Luckau, †1688 Luckau; - gen. Philamon/ES; auch Filamon aus Miseinen; (*P*) #4,11
Sturm, Vilma, *27.10.1912 Mönchengladbach, †17.2.1995 Bonn; - Ps. Dorothea Kirch (*E-F-J-R*) #3,4
Sturmfels, Käthe, geb. Becker, *25.11.1878 Seligenstadt, †15.11.1958 Darmstadt; - Ps. Käthe Becker (*N-P-R-S*) #1,3,4
Sturmthal, Adolf, *10.9.1903 Wien; - Ps. Helveticus (*P*) #18
Stursberg, Carl, *3.5.1880 Huckeswagen; - Ps. Karl von Heukeshowen (*L*) #3,4
Stursberg, P., *12.8.1852 Orsoy/Rh., †21.7.1905 Morges/Schweiz; - Ps. P. Friedheim (*E-R*) #1,4
Stützer, Aenne, *23.4.1909 Schuir/Ruhr, †17.3.1968 München; - Ps. Aenne Bäumer (*J-P*) #3,4
Stützer, Herbert Alexander, *28.1.1909 Berlin; - Ps. Herbert Alexander; Zack (*J-N-P-R*) #3,4
Stymmel, Christoph, *22.10.1525 Frankfurt/O., †19.2.1588 Stettin; - auch Stummel; Stymmelius (*D-L-S*) #4,5,13
Suckert, Dagmar, *28.2.1944 Bautzen; - Ps. Tina Oesterreich (*E-R*) #3,4
Suckow, Emma Baronin von, *12.7.1807 Pappenheim/Bay., †7.4.1876 Rom; - Ps. Emma von Niendorf (*E-M-N-P*) #1,2,4,11,13
Suckow, Friedrich von, *26.9.1789 Schloß Goldberg b. Neu-Buckow/Meckl., †13.1.1854 Wernigerode; - Ps. Friedrich Thorwald (*E-L-P*) #1,4,13
Suckow, Karl Adolf, *27.5.1802 Münsterberg/Schles., †1.4.1847 Breslau; - Ps. Posgaru (*N*) #1,4,11,13
Sudau, Arthur, *3.12.1870; - Ps. Artus (*P*) #3
Südekum, Albert, *25.1.1871 Wolfenbüttel; - Ps. Wolf Buttler (*P*) #3
Südekum, Hubert, *14.5.1905 Rautheim b. Braunschweig, †8.9.1960 Hamburg; - Ps. Arno Beckmann; Jan Heinken (*N-R*) #3
Sudermann, Klara, verw. Lauckner, *14.2.1861 Königsberg, †17.10.1924 Berlin; - Ps. C. Eltzen; Clara Lauckner (*N-R*) #2,3,4
Sudthausen, Gisbert von, *13.8.1856 Solingen; - Ps. Baron von Dolberg; Karl v. Töddinghausen (*D-L-P*) #3
Suffrian, Werner G., *19.12.1922 Wesermünde; - Ps. Werner Gefrian; Werner Georgi (*D-F-J-R-S*) #3,4
Suhl, Leonore, *4.10.1922 Elbing; - Ps. Leonore Troost-Falck (*R*) #3
Suhr, Luise Henriette von, †10.5.1850; - Ps. Agatha; Agathe von S.; Agathe von Suhr (*E-N-R*) #2,4,11,13
Suhr, Werner, *29.3.1900 Oldenburg, †2.3.1966 Altenbeuern b. Rosenheim; - Ps. Peter Deust; Peter Sulm; Werner Wagram (*E-P-R*) #3,4
Sühring-Bardey, Anna, *1861 Rummelsburg b. Berlin, - Ps. Witus (*E*) #2
Suhrkamp, Johann Heinrich, *28.3.1891 Kirchhatten/Ol., †31.3.1959 Frankfurt/M.; - Ps. Peter Suhrkamp (*E-P*) #3,4,5
Sulke, Franz, *9.6.1903 Josefstadt/Ö.; - Ps. Kirie (*E-P*) #3
Sulzbacher, Irmgard, geb. Nugent, *9.8.1930 Wien; - Ps. Irmgard Nugent (*F-L-N-P-R*) #3
Sulzer, Johann Anton, *18.9.1752 Rheinfelden, †8.3.1828 Konstanz; - Ps. Daniel Harzheim (*L-P*) #4,6,13
Sulzer, Johann Georg, *16.10.1720 Winterthur, †25.2.1779 Berlin; - Ps. Andreas Tillmann von Perlingen (*E-P*) #4,13,17

Sunderreitter, Gregor, *(1581); - auch Sunderreutter (*L*) #4,13

Surholt, Heinrich, *16.7.1901 Trier; - Ps. Michael von dem Ramstein (*F-L-R*) #3

Süs, Else, *17.2.1900; - Ps. Else Grabon (*R*) #3

Suso, Heinrich, *21.3.1300 Konstanz, †25.1.1365 Ulm; - gen. Amandus (*P*) #4

Süß, Ute, *(1986); - Ps. Jean Lafitte; Judith Parker (*R*) #3,16

Sussmann, Anna Eva, *17.10.1863 Braunschweig; - Ps. Paul Ludwig; Eva Luis (*P*) #2,3

Süssmann, Christel, *18.1.1922 Berlin; - Ps. Sabine Boehringer (*F-J-L*) #3,4

Sutro, Kathinka, geb. Schücking, *1835 Nonnenwerth/Westf.; - Ps. Emil Sutro; Kathinka Sutro-Schücking (*N*) #1,2,4

Sutter, Otto Ernst, *2.8.1884 Freiburg/Br.; - Ps. Jodokus Vydt (*E-P*) #3,4

Sutter, Paul, *10.3.1864 Ensisheim/Elsaß; - Ps. Felix (*D-S*) #1,4

Suttner, Arthur Gundacar Baron von, *21.2.1850 Wien, †10.12.1902 Schloß Hermannsdorf/N.-Ö.; - Ps. M. A. Lerei (*P-R*) #1,3,4,5

Suttner, Bertha Freifrau von, *9.6.1843 Prag, †21.6.1914 Wien; - Ps. Jemand; B. Oulot (*D-P-R*) #1,2,3,4,5,8,9,14,15,16

Svec, Johann, *21.11.1954 Wildalpen/Ö.; - Ps. David Amatos (*L*) #3,4

Svensson, Jon Stefan, *16.11.1857 Island, †16.12.1944 Köln; - Ps. Nonni (*J-L-P*) #3,4

Svoboda, Robert, *26.5.1904 Wien, †8.7.1970 Wels/O.-Ö.; - Ps. Johannes Frey (*F-P*) #3

Swab, Alexander, *24.7.1829 Teplitz/Böhmen, †30.9.1885 Dresden; - Ps. Alexander Arno (*D-R-S*) #1,3,4

Swennen-Schlick, Ulrike, *4.12.1954 Wien; - Ps. Ulrike Schlick (*F-J-L-R*) #3

Swieca, Hans Joachim, *4.9.1926 Breslau; - Ps. Jochen Cordes; Rolf Lasa; Joachim Lehnhoff (*E-P-R*) #3,4

Swiedak, Karl, *22.5.1815 Wien, †2.8.1888 Wien; - Ps. Karl Elmar (*S*) #1,3,4,11

Swoboda, Paula, *(1930) Wien; - Ps. P. Waldfried (*L-P*) #3

Swoboda, Wenzel Alois, *8.12.1791 Navorov b. Bunzlau, †8.1.1849 Prag; - Ps. Navorovsky (*P*) #4,11

Swossil, Ingrid, *2.9.1944 Mödling b. Wien; - Ps. Ingrid Lissow (*F-J-L*) #3,4

Sydow, Johanna von, *25.4.1850 Myslowitz/Oberschles.; - Ps. Veronica v. G.; Frau Veronika (*E-P*) #1,3,4

Sydow, Karoline Franziska Margarete von, *16.12.1869 Berlin, †20.2.1945 Stolzenfelde; - Ps. Franz von Rosen (*E-R*) #3,4

Sydow, Wilhelmine Friederike Karoline von, geb. v. Criegern, *26.11.1789 Thumitz/Oberlaus., †25.6.1867 Schleusingen; - Ps. Wilhelmine Friederike Karoline von Criegern; Isidore Grönau (*E-L-R*) #1,2,4,6,11,13

Sylvester, Janus, *27.10.1879 Kairo, †27.5.1917 Wettolsheim/Elsaß; - Ps. Leonides Chalikiopoulos (*P*) #3,4

Symanski, Johann Daniel, *8.9.1789 Königsberg, †25.3.1857 Berlin; - Ps. Carl Regiomantus (*L*) #1,4,13

Syring, Peter, *1581 Hildesheim, †15.4.1653 Hildesheim; - Ps. Justus Springer (*P*) #6

Szabo, Stefan, *17.1.1893 Stuhlweißenburg/Ungarn, †1964; - Ps. Stephen Taylor (*N-P*) #3,4

Szafranski, Telesfor, *7.10.1865 Thorn/Westpr., †5.4.1914 Frankfurt/M.; - Ps. Teo v. Torn (*D-L-N-R-S*) #3,4

Szalay-Kleeborn, Hermine, *1.3.1908 Wien; - Ps. Hermen von Kleeborn (*J-L*) #3,4

Szana, Bernhard, *13.6.1867 Riga; - Ps. Bernhard Stern (*L-N-P*) #3,4

Szczech, Stanislaw, *10.3.1915 Berlin; - Ps. Stan Czech; Franz S. Zech (*P-S*) #3,4

Szegö, Sophie, *31.8.1869 Prag; - Ps. Sophie Hoff (*N*) #1,2,4

Szelinska, Johanna, *6.12.1857 Sidney/Austr.; - Ps. Georg Berg; Johanna von der Nahmer (*E-L-R*) #1,2,3,4

Szeps-Zuckerkandl, Berta, *1863 Wien, †16.10.1945 Paris; - Ps. Berta Zuckerkandl (*P*) #18

Szittya, Emil, *18.8.1886 Budapest, †26.11.1964 Paris; - Ps. Emile Lesit (*E-P*) #18

Szpitter, Helene, *28.10.1872 Danzig; - Ps. Lugaus (*E-F-L-M-S*) #3

Szuszkiewicz, Hans, *(1965); - Ps. Peter Harrison (*E-F-R*) #3

Szutrely, Peter, *9.12.1949 Budapest; - Ps. Dr. Espeter (*P-R*) #3

Szymanowski, Julius, *27.1.1829 Riga, †13.4.1868 Kiew; - Ps. Julius Steinborn (*L*) #1

T

Tacchi della Pieta, Armand, *23.7.1850 Frankfurt/M.; - Ps. Karl Arno; Armand de Taky (*D-L-N-P*) #1,3,4

Tacke, Christoph Gottlieb Friedrich, *18.2.1806 Aschersleben, †25.6.1873 Westdorf b. Aschersleben; - Ps. Friedrich Wesdorf (*R*) #1

Tacke, Gerhard, *22.11.1915 Hannover; - Ps. Ger Tabu (*E-F-L-P*) #3

Tackmann-Oelbermann, Hannelie, *13.10.1922 Hamburg; - Ps. Hannelie Oelbermann (*F-R*) #3

Taddel, Jakob, *17. Jh.; - gen. Der Wohlgefällige/DG-N #11

Taeschner, Titus, *22.8.1869 Leipzig; - Ps. Afrikanus (*R*) #3

Taesler, Clemens, *25.6.1887 Breslau; - Ps. Laertes (*L-P*) #3

Tagger, Theodor, *26.8.1891 Wien, †5.12.1958 Berlin; - Ps. Ferdinand Bruckner (*D-E-L-R*) #3,4,5,8,10,14,18

Taitl, Irene, *17.7.1922 Wiesbaden; - Ps. Irene Taitl-Münzert (*L-P-R*) #3

Tandler, Max, *17.7.1870 Wien; - Ps. Maximilian Schirmer; Kurt Tanner; Marcell Tortosa (*L-N-S*) #3

Tandler Ritter von Tanningen, Joseph, *12.1.1807 Prag, †1.9.1891 Langenwang b. Mürzzuschlag; - Ps. Florus Retland (*E-L*) #1,3,4,13

Tanera, Karl, *9.6.1849 Landshut, †5.10.1904 Lindau; - Ps. Robert Waldburg (*E-J-N-P-R*) #1,3,4,17

Tangel, Georg Wolff von; - auch Georg Wolff Thangel; gen. Der Führende/FG 444/1645 #11,12

Tangermann, Friedrich Wilhelm, *6.7.1815 Essen, †4.10.1907 Köln; - Ps. Viktor Granella (*E-L-P*) #1,3,4

Tann, Emil von und zu der, *21.9.1884 Wien; - Ps. Demos (*E-P*) #3

Tannenbaum, Eugen, *9.11.1890 Offenbach; - Ps. Toby Tann (*F-L-P*) #3

Tanner, Mathilde, *18.4.1914 Frauenfeld; - Ps. Illa Tanner (*E-J*) #3

Tannewitz, Hans-Joachim, *19.10.1902 Meiningen/Thür.; - Ps. Harald Hata; Jota (*E-F-N-P-R*) #3,4

Tannhäuser, *um 1205, †nach 1267; - auch Tanhuser (*L*) #4,5,13

Tänzer, Aron, *30.1.1871 Preßburg; - Ps. Arno Tänzer (*P-S*) #3,4

Tanzer, Johann Friedrich, *26.2.1866 Mahrersdorf b. Neunkirchen/N.-Ö.; - Ps. Gotthold Düsterweg; W. Neustädler; Hans von der Schwarzau; T. v. Silbersburg (*D-L-R*) #1,3,4

Tappe, Sylvester, *31.1.1670 Hildesheim, †8.1.1747 Hildesheim; - Ps. Theophilus Philirenus (*P*) #6

Tarnow, Franziska Christine Johanna Friederike *17.12.1779 Güstrow/Meckl., †4.7.1862 Dessau; - Ps. Fanny; F.T. (*E-P-R*) #1,2,4,6,9, 11,13

Tarnow, Johann Markus Konstantin, *23.10. 1766 Rostock, †29.3.1828 Rostock; - Ps. Friedrich Gutehr; Hermann Protestant (*P*) #6

Tarnowski, Ladislaus, *26.4.1811 Breslau, †16.4.1847 Prag; - Ps. Ladislaus Schmidt (*E-N-R*) #1,4,13

Tasché, Sophie, *16.5.1780 Darmstadt, †1845 Darmstadt; - Ps. Sophie (*E*) #1,2,4,6

Tassoni, Ruth, geb. Domino, *3.12.1908 Berlin, †14.11.1994 Bergamo; - Ps. Ruth Lenz-Domino (*E-L*) #3,4

Tatsch, Erika, geb. Schuh, *17.5.1925 Obergeorgenthal/Sudeten; - Ps. Erika Schuh (*J-S*) #3

Taube, Max, *26.5.1882 Braunsberg; - Ps. Lynkeus (*P*) #3

Taubenheim, Moritz Graf von, *17. Jh.; - gen. Der Hitzende/FG 764 #11

Tauber, Ignaz, *29.1.1877 Brünn; - Ps. Nazi (*E-P*) #3

Täuber, Isidor, *21.1.1803 Barzdorf/Schles., †28.2.1864 Neunkirchen; - Ps. J. Columbus (*E-P*) #4

Täubler, Selma, geb. Stern, *24.7.1890 Kippenheim/Baden; - Ps. Selma Stern (*N-P*) #3,18

Taubmann, Alfred, *22.9.1859 Gabel b. Reichenberg/Böhmen, †11.12.1938 Aussig; - Ps. A. von Gabel; Alfred von Schützenau (*E-L-P*) #1,3,4

Taubmann-Krsowsky von Krsowitz, Ferdinand, *1739 Prag, †1804 Wien; - Ps. Ferdinand Taubmann Krsowitz (*P*)

Tauchel, Theodor, *22.1.1908 Soginten/Ostpr.; - Ps. Theo Tau (*E-F-P-R*) #3

Tauffkirchen-Engelburg, Franziska Gräf. von, *28.6.1802 Buttenheim/Bay., †27.4.1851 Engelburg b. Passau; - Ps. Franziska (*D-E-N*) #1,4,13

Taurer, Bernhard, *(1943); - Ps. Jon B. Jansen (*P*) #18

Taurinus, Zacharias, *(1799); - Ps. Christian Friedrich Damberger; Joseph Schrödter (*P*) #4

Tauscher, Hermann, *19.4.1854 Friedrichshaide-Ronneburg, †4.7.1927 Altenburg/Thür.; - Ps. Hermann Karl Paul (*D-E-L-N-P*) #3,4

Tauschinski, Oskar, *8.6.1914 Zabokruki/Galizien; - Ps. Jan Tauschinski (*E-F-J-N-P-R*) #3

Taußig, Emanuel, *25.11.1856 Prag; - Ps. Taußig-Brandeis (*S*) #3,4

Taußig, Jenny, *4.6.1863 Dewcser/Ungarn; - Ps. Jenny Limburg (*L-S*) #3,4

Taust, Johann Friedrich, *(1677); - Ps. Der Trauernde (*P*)

Taut, Karl, *17. Jh.; - gen. Rosander/ES #11
Tautphoeus, Franz Freiherr von, *6.5.1908 München, †14.3.1985 Bad Tölz; - Ps. Franz Taut (*N-R*) #3,4
Tayenthal, Wilhelm Alexander, *26.2.1896 Horn/Ö., †18.9.1966 Wien; - Ps. Hans Rohmer; Alexander Thayer (*E-F-J-R*) #3,4
Techet, Carl Franz, *27.2.1877 Leobersdorf/N.-Ö.; - Ps. Carl Franz (*E-P*) #3
Tehel, Margarethe, *8.3.1901 Wien; - Ps. Karl Gerhardt; C. Groll; Heinz Hardt; O. Mank; Dick R. Robertson; Etta von Tannmark; Irma Szilagy (*E-N-P-R*) #3
Teichmann, Wilhelm, *30.3.1865 Glogau/ Schles., †23.7.1938 Karlsruhe; - Ps. Niklaus Bruck (*R-S*) #3,4
Teichs, Adolf, *18.12.1904 Dresden; - Ps. Alf Teichs (*F-N-S*) #3
Teichs, Maria, *17.8.1906 Chemnitz; - Ps. Alf Teichs (*D-F-P*) #3
Teigelkamp, Willy, *30.5.1898 Bottrop; - Ps. Julius vom Berge (*E-L-P*) #3
Teistler, Hermann, *4.3.1867 Oberschöna; - Ps. Heinrich Tannenberg (*P*) #3
Teller, Martin Willy, *18.11.1870 Frankfurt/M.; - Ps. Max Trudjen (*N-P*) #3
Tellmann, Gertrud, geb. Jedamski, *21.12.1901 Mingstimehlen/Ostpr.; - Ps. Karin Jedamski; Tellmann-Jedamski (*N-P-R*) #3
Temme, Jodocus Donatus Hubertus, *22.10.1798 Lette/Westf., †14.11.1881 Zürich; - Ps. Hermann Stahl (*E-P*) #1,4,13
Tempelhoff, Henny von, *7.8.1851 Berlin, †1929 Vietz/Neumark; - Ps. T. v. Heinz (*E-J-R-S*) #1,2,3,4
Tempeltey, Eduard von, *13.10.1832 Berlin, †3.6.1919 Coburg; - Ps. Karl Ernst (*D-L-P*) #1,3,4
ten Hoevel, Jürgen, *12.6.1938 Wesel; - Ps. Ralf Lorenz (*R*) #16
ten Hompel, Adolf, *15.6.1874 Recklinghausen; - Ps. Athanasius; Hermann Wahroder; Wicking ten Hompel (*D-P*) #3
Tenczyk, Ignatz-Jacob, *22.7.1893; - Ps. Harry von Siling (*P*) #3
Tenkrat, Friedrich, *18.12.1939 Wien; - Ps. Alexa Alexandra; Mark Baxter; Desmond Black; M. G. Brown; John Cameron; Frederic Collins; Cliff Corner; Jerry Cotton; Jason Dark; Brian Ford; Fred Henry; Inspektor Kennedy; Anne Karren; Robert Lamont; A. F. Morland; Dean Morris; A. F. Mortimer; M. R. Richards; Jack Slade; Franco Solo; John Spider; Edgar Tarbot; Eve Tarbot; Fred Treath; M. G. Braun (*R*) #3,16
Tennecker, Christian Ehrenfried Seyfert von, *10.4.1770 Bräunsdorf b. Freiberg/Sa.; - Ps. Valentin Trichter (*E-P-R*) #6
Tenzler, Brigitte, geb. Doil, *22.3.1931 Berlin; - Ps. Brigitte Doil (*F-J*) #3
Tepe, Leo, *24.7.1842 Heemstede b. Harlem/Holl., †19.2.1928 Harlem; - Ps. Leo von Heemstede; Leo Tepe von Heemstede (*D-E-L-P*) #1,3,4
Tepelius, Johannes, *16.4.1649 Schaumstein/Vogtland; - gen. Lilidan/PB (*L*) #4,11
Terhart, Franz-Josef, *4.6.1954 Essen; - Ps. Franjo Terhart (*F-L-P-R*) #3
Tersztyánski von Nádas, Karl August von, *1808 Ungarn, †4.6.1870 Wien; - Ps. Karl August Terzky; Anton Vilnay (*E-R*) #1,4,13
Teschner, Karl, *13.5.1829 Weißenfels, †19.3.1914 Kitzscher b. Borna; - Ps. Kurt Abel; Bodo Cornelius; Hellmuth Kottwitz; R. Merlin (*D-E-L-N-P-R*) #3,4
Tesdorf, Luise, *1.9.1835 Hamburg; - Ps. Gabriel Strand (*D-L-R*) #1,2,3,4
Tesdorf-Sickenberger, Therese, *24.1.1853 Weihenhammer/Opf., †6.4.1926 München; - Ps. Therese Singolt; Therese Sickenberger (*D-L-N-P*) #2,3,4
Teske, Günter, *10.11.1933 Berlin; - Ps. Herbert Kiessling (*E-F*) #3,7,20
Tesmer, Christian Stephan; - Ps. Der Lautere
Tessmer, Charlotte, geb. Hess, *5.5.1899 Dresden; - Ps. Charlotte Tessmer-Hess (*F*) #3
Tessmer, Linda, *(1977); - Ps. Leon Picard (*E*) #3
Tettweiler, Hartmut, *10.4.1943 Berlin; - Ps. Hartmut Reliwette (*E-F-L*) #3,4
Tetzlaff, Gert, *14.7.1914 Königsberg; - Ps. Werner Wendland (*D-F-S*) #3,4
Tetzlaff, Irene, *7.5.1909 Schneidemühl/Pommern; - Ps. Renate Mühlbach (*N-P-R*) #3
Tetzner, Helene, *18.2.1872 Penig/Sa.; - Ps. Robert Einsiedel (*D-E-L-N-P*) #1,2,3,4
Tetzner, Ruth, geb. Wodick, *25.11.1917 Flensburg; - Ps. Ruth Hallard; Ruth Wodick (*E-F-J-L-P-R*) #3
Tetzner, Theodor Christian, *15.11.1792 Frankenhausen/Thür.; - Ps. F. Treumund (*E*) #4
Teutenberg, Adolf, *20.2.1880 Emmerich/Rh.; - Ps. B. Eimber (*D-F-L-N-P*) #3
Teutleben, Caspar von, *27.3.1576 Laucha, †11.2.1629 Wenigensömmern; - gen. Der Mehlreiche/FG 1/1617 (*P*) #4,11,12,13,19
Thadden, Hildegard von, *28.12.1866 Batzwitz/Pommern, †19.8.1955 Bad Doberan; - Ps. H. Mellin (*N*) #2,4,11
Thadden, Wiebke von, *7.7.1931 Tübingen; - Ps. Wiebke Fesefeldt (*J-R*) #3
Thaler, Anna Antonie von, *15.12.1814 Brünn, †5.11.1875 Wien; - Ps. Antonie Th.; Antonie Thal (*N*) #1,2,4,13
Thaler, Christine, geb. Greiner, *23.10.1852 München; - Ps. Christine Greiner; C. del Negro (*R*) #2,3,4
Thaler, Joseph, *15.10.1798 Ulten/Tirol, †28.12.1876 Kains/Pustertal; - Ps. Lehrta; Joseph Lertha (*L-P*) #1,4,11,13
Thalhammer, Beatrice, geb. Ferolli, *18.9.1932 Wien; - Ps. Beatrice Böhme; Beatrice Ferolli (*F-R-S*) #3,4,5

Thalhammer, Hans, *9.7.1892 Freiland/N.-Ö., †20.6.1973 Wilhelmsburg; - Ps. Thaddäus Erlen (*E-J-L-P-R*) #3,4
Thalhaus, Franz, *30.3.1800 Aachen, †17.8. 1883 Aachen; - Ps. Franz Cazin (*E-L-P*) #1
Thalheimer, August, *18.3.1884 Affaltrach/ Württ., †19.9.1948 Havanna; - Ps. Aldebaran (*P*) #18
Thalwitzer, Franz, *9.2.1874 Magdeburg; - Ps. Fritz Gregor Trotzendorff (*P*) #3
Tham von Marschall, Moritz, *17. Jh.; - gen. Der Wertbefundene/FG 794 #11
Thangel, Georg Heinrich, *17. Jh.; - gen. Der Leibhaftige/FG 628 #11
Tharau, Walter, *17.8.1921 Berlin; - Ps. Peter Laregh; Walter Vix (*E-F-L-P-R*) #3,4
Thau, Martin, *(1984); - Ps. Ringo Hurricane; Everett Jones; Porter Martin; Scott F. Scott (*R*) #16
Thebesius, Adam, *6.12.1596 Seiffersdorf/ Schles., †12.12.1652 Seiffersdorf/Schles.; - auch Adam Thebes (*L*) #4,13
Thebis, Hansgünter, *29.12.1925 Plauen/Vogtland; - Ps. John O'Guenther (*F-J-R*) #3
Thebis, Hilde, *23.8.1896 Punitz b. Samter/ Posen; - Ps. Hilde Frick (*J-R*) #3,4
Theiler, Johann, *1829 Luzern, †19.12.1871 Luzern; - Ps. Sprützehannes (*L*) #1,4
Theimer-Staggl, Cäcilie, *14.1.1912 Bludenz/ Ö., †22.4.1974 Bludenz/Ö.; - Ps. Van Gikh (*E-L-P*) #3
Theißen, Friedrich, *31.5.1860 Aldekerk, †1949 Winnekendonk/Geldern; - Ps. Fr. Walden-Hinsbeck (*D-E-R*) #3,4
Thele, Catharina, *10.8.1880 Bonn; - Ps. Catharina Bachem-Tonger (*N-R*) #3,4
Thelen, Albert Vigoleis, *28.9.1903 Süchteln/ Ndrh., †9.4.1989 Dülken; - Ps. Leopold Fabrizius (*E-L-P-R*) #3,4,5,8,10,18
Thenen, Dela, *18.3.1862 Prag; - Ps. Eva Delmar (*E-N-R*) #1,3,4
Thesing, Curt Egon, *21.4.1879 Danzig, †25.5.1956 Bad Tölz; - Ps. R. Rosen (*P*) #3,4
Theuerkauff, Johannes, *25.9.1897 Brandenburg, †15.1.1961 Berlin; - Ps. Karl Grell (*E-L-P*) #3
Theuermeister, Käthe Ella, *21.1.1912 Leipzig; - Ps. Helga Henning (*J*) #3,4,17
Theuermeister, Robert, *24.8.1882 Lützkowitz b. Zeitz, †18.8.1945 Ammendorf b. Halle/S.; - Ps. Karl Albert Schöllenbach (*E-J-R-S*) #3,4
Theurer, Hermann, *7.7.1928 Mödling; - Ps. Theurer-Samek (*E-L*) #3
Thiébaud, Olivier, *17.12.1960 Payerne/ Schweiz; - Ps. Olivier Theobald (*L-N*) #3
Thiede, Richard, *28.6.1858 Berlin; - Ps. Heinrich Frank; Frank Heinrich (*P*) #3
Thiel, Franz, *12.8.1861 Frankstadt; - Ps. Hellmuth Friedenhain; Thiel-Mödling (*E-N-P-R*) #3
Thiel, Gert Walter Adolf, *11.9.1865 Nikolsburg/Mähren, †28.1.1936 Neubabelsberg b. Potsdam; - Ps. Gert Hartenau (*D-E-R*) #1,3,4
Thiel, Hans-Rudolf, *26.4.1912 Altona; - Ps. Jovis (*L-P-R*) #3
Thiel, Hermann Otto, *6.8.1899 Freystadt/Niederschles.; - Ps. Hoth (*L-N-P-S*) #3
Thiel, Julie, *17.12.1841 Köln; - Ps. Anna Helbling (*E-J-L-P-S*) #2,3
Thiele, Adolf, *18.11.1857 Halle/S.; - Ps. Kurt Kurz (*E*) #1,3,4
Thiele, Gerhard R. C., *30.10.1913 Berlin; - Ps. Hans-Peter Tilborg (*E-J-L-P-R-S*) #3
Thiele, Hans-Achim, *30.4.1903; - Ps. Achim (*P*) #3
Thiele, Heinrich, *29.7.1849 Sonnenburg/ Brandenburg; - Ps. Walter Treu (*E-L-S*) #3,4
Thiele, Luise, *31.1.1832 Beeskow/Lausitz, †26.5.1903 Potsdam; - Ps. Luise Bernhard; Luise Bernhardi (*E-L-N-R*) #1,2,4
Thielscher, Hermann, *5.10.1859 Brieg/Schlesien, †1921; - Ps. Hermann Oderwald (*E-L-S*) #3,4
Thiemann, August, *13.5.1875 Düsseldorf; - Ps. Karl von Berg (*L-P*) #3
Thieme, Balduin, *8.9.1910 Dresden; - Ps. Peter Uhu (*E-F-L-P*) #3
Thieme, Clemens, *um 1666 Zeitz, †1732 Colditz/Sa.; - auch Clemens Thyme (*L*) #4,13
Thieme, Friedrich, *23.11.1862 Burgstädt/Sa.; - Ps. F. Clemens; H. Römer (*E-R-S*) #1,3,4
Thieme, Gottfried, *17.9.1898 Jena; - Ps. Ans van Breda; J. G. Thieme (*E-J-R*) #3
Thieme, Karl, *25.5.1902 Leipzig, †26.7.1963 Basel; - Ps. Didymus Naepius (*P*) #18
Thieme, Paul, *5.1.1887 Berlin; - Ps. Paul Stau (*D-R-P-S*) #3
Thiemen, Eustachius von, *17. Jh.; - gen. Der Erzogene/FG 748 #11
Thien, Ilse, *11.9.1899 Markneukirchen; - Ps. Ilse Schuster; J. R. Wißkent (*R-S*) #3,4
Thienen-Adlerflycht, Karl von, *23.1.1835 Frankfurt/M., †8.1.1900 Nizza; - Ps. Woldemar Wittmold (*D-P-S*) #4
Thier, Bernhard, *20.11.1886 Köln; - Ps. Natz Thier (*L-S*) #3,4
Thiergen, Curt, *18.2.1878 Dresden; - Ps. Kurt Wildmann (*L-P-R-S*) #3
Thiersch, Bernhard, *26.4.1793 Kirchscheidungen/Unstrut, †1.9.1855 Bonn; - Ps. Th. Reisch; Robert Walthers (*E-L-R*) #1,4,13
Thies, Heinrich Paul, *12.11.1891 Laake b. Barmen, †1965 b. München; - Ps. H. E. Pathes; Peter Pratt (*D-L*) #18
Thies, Ida, *13.1.1862 Berlin; - Ps. Adyr Seyth; Ida Thies-Dohmsien (*E-L*) #1,2,3
Thies, Rolf, *19.9.1920 München; - Ps. Robert Falter (*E-L-N-P*) #3,4
Thies, Vera, geb. Pawlowics, *1.11.1921 Berlin; - Ps. Vera Pawlowics (*P*) #3
Thiesen, Charlotte, *12.6.1782 Schwartau b.

Lübeck, †30.5.1834 Eutin; - Ps. Caroline Stille; Konrad Stille (*E-L*) #1,2,4,6,11

Thiesenhausen, Johann Ernst von, *17. Jh.; - gen. Der Scheinbare/FG 702 #11

Thiesler-Rumpf, Sabine, *23.4.1957 Berlin; - Ps. Sabine Thiesler (*R*) #3

Thimm, Gerhard, *(1952) Hohensalza; - Ps. Tim O'Tim (*E-R*) #3

Thimm, Johanna, *23.10.1852 Königsberg; - Ps. J. Hutten (*N-P*) #1,2,3

Thoel, Rolf Heinrich, *27.4.1907 Hannover; - Ps. Rolf Anders (*L-P*) #18

Thom, Gerdamaria, *2.5.1915 Reichenberg/Böhmen; - Ps. Gerda M. Krautter; Gerda Morberger-Krautter (*E-F-P-R*) #3,4,18

Thom, Hermann, *26.4.1861 Bromberg; - Ps. H. v. Bromberg; Hermann Meyer; H. Baron von der Mühle; Hanns Stillvergnügt (*L-N-P-R*) #1,3,4

Thoma, Albrecht, *2.12.1844 Dertingen/Main, †15.3.1915 Karlsruhe; - Ps. A. Schrofen (*D-E*) #1,3,4

Thoma, Kathleen, *26.1.1945 Wiesbaden; - Ps. Dalila Thomas-Roos (*L-P-R*) #3

Thoma, Ludwig, *21.1.1867 Oberammergau, †26.8.1921 Rottach-Egern; - Ps. Peter Schlemihl (*E-L-P-R-S*) #3,4,5,8,10,14,17

Thomae, Ingeborg, geb. Klamroth, *27.5.1915; - Ps. Inge Klamroth (*E-J*) #3,4

Thomae, Samuel Christian, *17. Jh.; - gen. Fidocles/PB #11

Thomann, Berta, *29.10.1857 Wildon/Steiermark, †7.6.1928 Graz; - Ps. Berta Saturny (*E-N-R*) #3,4

Thomas, Ingelux, *5.4.1925 Dresden; - urspr. Ingelux Schneider-Thomas; Ps. Katja Lobbe; Katja Murr (*L-N-P-R*) #3

Thomas, Johann, *28.8.1624 Leipzig, †2.3.1679 Altenburg; - Ps. Matthias Johnson (*R*) #5

Thomas, Paula, *2.10.1864 Müschen/Spreewald; - Ps. Thomas Elsen (*L-N*) #3

Thomas, Uwe A., *(1984); - Ps. Thorn Forrester (*P*) #16

Thomas, Walter, *17.7.1908 Siegen, †2.6.1970 Bochum; - Ps. W. Th. Andermann; Hans Peter Dorn (*D-P-R-S*) #3,4

Thomasius, Paschasius, *17. Jh.; - gen. Der Kühle/DG-R #11

Thomaß, Ella, *21.4.1873 Erfurt; - Ps. Ella Thomaß-Correi; El Correi; El-Correi (*N-R*) #1,3,4

Thomassin, Karl v., *23.8.1864 Wien; - Ps. Saint-Paul; Charles Chevalier Thomassin (*P*) #3

Thommen, Martha, *26.10.1883 Zeglingen/Basel; - Ps. D. H. Wagner (*L-N-P*) #3

Thommes, Susanne, *23.4.1944 Celle; - Ps. Leslie Kahn (*E-R*) #3

Thoms, Friedrich Norbert, *22.7.1898 Hannover; - Ps. Thomas Orland (*E-J-L*) #3,4

Thon, Eleonore, *27.11.1757 Eisenach, †7.4.1807 Eisenach; - Ps. Jenny; Julie (*E-L*) #6,11

Thon, Friedrich Wilhelm, *25.4.1859 Döberitz/Sa., †7.5.1932 Bitterfeld; - Ps. Fritz Erdner (*D-L-S*) #3,4

Thöne, Karl, *15.1.1897 Basel; - Ps. Walter Hess (*F-J-N*) #3

Thonner, Therese, *30.1.1861 Wien, †4.6.1892 Franzensfeste/Tirol; - Ps. R. Rolff (*L*) #2

Thorland, Georg, *27.3.1875 San Francisco/USA; - Ps. Georg Tor (*E-S*) #3

Thormählen, August, *19.9.1829 Varel b. Oldenburg, †21.12.1892 Milwaukee/USA; - Ps. Fridolin vom Wald (*L*) #1

Thorner, Hans, *(1966); - Ps. John White (*R*) #3

Thoß, Elke, geb. Hümpel, *10.7.1912 Hamburg; - Ps. Elke Hümpel; Berte-Eve Minden (*D-E-F-L-N-P-R-S*) #3,4

Thran, Georg Oskar, *23.10.1874 Königsberg; - Ps. Georg Hollstein (*D-N-R-S*) #1,4

Thulcke, Maja Margarete, *21.2.1879 Berlin, †9.6.1968 Berlin; - Ps. Fritz Geyer (*D-L-N-P-R-S*) #3,4

Thum, Hugo, *23.10.1878 Oberwittig/Sudeten; - Ps. H. Th. Wittig (*E-L-P-R*) #3

Thumser, Michael, *9.8.1810 Hof, †10.2.1887 München; - Ps. German (*D-L-P*) #1,4

Thumshirn, Wolf Konrad von, *17. Jh.; - gen. Der Treue/FG 690 #11

Thun und Hohenstein, Paul Graf von, *10.11.1884 Prag; - Ps. Paul Thun-Hohenstein (*L-P*) #3

Thür, Hans, *20.9.1920 Wien; - Ps. John Door; H. T. Porta (*N-R*) #3,7

Thurau, Rolf, *18.6.1953 Stade; - Ps. Rolf Genius (*P-R*) #3

Thüringer, Günther, *15.12.1921 Danzig; - Ps. Fernando Esperanto (*L-R*) #3

Thurm, Paul Willi, *14.11.1900 Bornstedt b. Sangershausen; - Ps. Emmerich; Vondran (*R*) #3

Thurmair, Georg, *7.2.1909 München; - Ps. Thomas Klausner; Simpel Krone (*E-L-P-S*) #3,4

Thurmair, Maria Luise, geb. Mumelter, *27.9.1912 Bozen; - Ps. Maria Luise Mumelter; Maria Luise Mumelter-Thurmair; Maria Luise Thurmair-Mumelter (*E-L-P-S*) #3,4

Thurmayr, Johannes, *4.7.1477 Abensberg/Bayern, †9.1.1534 Regensburg; - auch Johannes Turmair; Ps. Joannes Lidolphus Aubingensis; Johannes Aventinus (*P*) #4,13,15

Thurn, Heinrich Graf von, *17. Jh.; - gen. Der Siegende/DG-R #11

Thürnau, Carl, *7.7.1881 Berlin; - Ps. Hagen Thürnau (*D-L-P-R*) #3,4

Thymich, Paul, *17.6.1656 Großenhain/Sa., †1694 Leipzig; - auch Thiemich; Thiemik (S) #4,13

Tiaden, Heinrich, *9.5.1873 Witten, †30.9.1949 Ebersteinburg b. Baden-Baden; -

Ps. H. Denita; Heribert Eberstein; H. Nedait; Onkel Theobald (*E-N-R*) #3,4
Tiaden, Herbert, *2.10.1897 Elberfeld; - Ps. Herbert Tjadens (*D-E-F-N-P-R*) #3,4
Tichauer, Paul, *16.7.1894 Berlin; - Ps. Paul Tauer (*P*) #18
Tichy, Anna, geb. Besser, *(1903); - Ps. Benjamin; Anna Besser (*D-E-P*) #3
Tidick-Ulveling, Mimy, *14.2.1892 Diekirch; - Ps. M-T-U (*L-N-P-R*) #3
Tieck, Ludwig, *31.5.1773 Berlin, †28.4.1853 Berlin; - Ps. Gottlieb Färber; Peter Lebrecht (*D-E-L-M-N-P-R-S*) #1,4,5,6,11,13,14
Tiedemann, Clara, *13.6.1891 Flensburg; - Ps. Clara Wassermann (*N-R*) #3
Tiedemann, Heinrich von, *9.7.1924 Bad Tölz; - Ps. Severin Gelb (*F-J-N-R*) #3
Tiedemann, Helene von, *(1894) Stralsund; - Ps. Leon Vandersee (*E-L-N-P-R*) #2,3
Tiefenbacher, Franz von, *6.12.1826 Prellenkirchen/N.-Ö., †9.12.1898 Cilli; - Ps. Peregrin (*D-L-R*) #1,3,4
Tielsch, Ilse, *20.3.1929 Auspitz b. Brünn; - Ps. Ilse Tielsch-Felzmann (*F-L-P*) #3
Tiemann, Dietrich-Alfred, *17.12.1921 Klein Rogahn/Meckl.; - Ps. Alf Tamin (*F-P-R*) #3
Tiemann, Elisabeth, *(1902); - Ps. Lucie von der Aue (*R*) #3
Tiemann, Hermann, *22.5.1847 Herringhausen b. Osnabrück; - Ps. Gottlieb Hermann (*E-M-P*) #1,3,4
Tiesenhausen, Dietlof von, *um 1597, †um 1684; - gen. Der Vorkommende/FG 208/1632 (*P*) #11,12
Tiessen, Eckart, *21.6.1898 Friedenau; - Ps. Egjar Harti (*E-R*) #3
Tiessen, Hildegard, geb. von Hippel, *15.4.1872 Hannover, †22.4.1937 Berlin; - Ps. Hildegard von Hippel (*L-R*) #1,3,4
Tietz, Christian Friedrich, *24.9.1803 Königsberg, †6.7.1879 Berlin; - Ps. Gardefeu (*D-E-P-S*) #1,4,13
Tietz, Hermann von; - auch Hermann Diederich; Hermann Dietrich; Hermann Dietz; gen. Der Schließende/FG 43/1621; Ps. Schlüter #11,12
Tietz, Walter, *6.12.1897 Leipzig; - Ps. Franz Walther (*P*) #3
Tietz, Wilhelm von, *1601 Burgwedel b. Lüneburg, †20.1.1646 Hameln; - auch Wilhelm Dietz gen. Schlüter; gen. Der Leuchtende/FG 381/1642; #11,12
Tietze, Christoph, *10.1.1641 Wilkau/Schles., †7.9.1703 Hersbrück; - auch Christoph Titius (*L*) #1,4,11,13
Tietze, Zacharias, *26.5.1683 Heuffenfeld b. Nürnberg, †Eschenbach; - Ps. Zacharias Titius (*L*) #4
Tiews, Paul, *28.1.1894 Ostwinde b. Swinemünde; - Ps. Thomas Reimer; Tiews-Swinemünde; Wohlfried Winterglast (*P-R*) #3,4
Tieze, Wolf-Dieter, *(1970); - Ps. Wolfgang Bergen (*P*) #3
Tilgner, Eberhard, *6.10.1907 Breslau; - Ps. Kurt Glasregen (*D*) #3
Tilisch, Eleasar, *27.8.1560 Hirschberg/ Schlesien, †4.8.1612 Brieg/Schles.; - Ps. Eleasar Tilesius von Tilenau (*L-P*) #4,13
Tilka, Bogislav, *12.8.1887 Comptendorf b. Cottbus; - Ps. Gerhard Velburg (*P*) #3
Tille, Alice, *22.3.1870 Leipzig; - Ps. Lotte Lauenstein (*P*) #2,3
Timann, Pauline, geb. Mey, *6.10.1861 Wittstock/Mark; - Ps. P. von der Dosse; E. Paul; Pauline Timann-Mey (*E-L-P*) #3,4
Timlich, Karl, *um 1744 Asch/Böhmen, †9.2.1825 Wien; - Ps. L. Hoffmann (*L*) #4
Timm, Hannelies, geb. Taschau, *26.4.1937 Hamburg; - Ps. Hannelies Taschau (*E-F-L-R*) #3,5,8,10
Timm, Herbert, *14.2.1916 Bremen, †31.7.1987 Cannero/Ital.; - Ps. Bert Brix (*F-J-R*) #3
Timm-Brandt, Margarethe, geb. Behrmann, *6.9.1915 Seestermühle b. Pinneberg; - Ps. Margarethe Behrmann; Magreta Brandt (*L-P*) #3
Timme, Agnes, *(1894); - Ps. Clara Dorn (*L-P*) #1,2
Timme, Marie, *1830 Berlin, †24.10.1895 Berlin; - Ps. Villamaria (*E-N*) #1,2,3,4
Timpe, Paul, *20.11.1892 Berlin; - Ps. Paul Hain; Lee Parry; Paul Rosenhain (*R*) #3
Timper, Anne, *17.1.1927 Recklinghausen; - Ps. Enna Pertim (*L-P*) #3
Timpling, Philipp Heinrich von, *17. Jh.; - gen. Der Aufrichtige/FG 751 #11
Timpling, Rudolph Wilhelm von, *17. Jh.; - gen. Der Einwurzelnde/FG 572 #11
Tintelnot, Renate, *1941; - Ps. Marion Alexi; Nina Nikolai (*R*)
Tinzmann, Rudolf Erhard, *6.6.1884 Braunau/ Böhmen; - Ps. R. von der Steine; R. von der Treuen (*D-L-R*) #3,4
Tippelskirch, Wolf-Dieter von, *21.9.1920 Gotha; - Ps. Susan Termeulen (*F-J*) #3,17
Tippmann, Fritz, *13.11.1905 Oederan/Sa.; - Ps. Fritz Dietmar; Fribert Els (*E-P*) #3
Tirolf, Hans, *(1539) Kahla; - auch Hans Tyrolff (*D-L*) #4,13
Tischendorf, Constantin Freih. von, *18.1.1815 Lengenfeld/Vogtl., †7.12.1874 Leipzig; - Ps. Dr. Fritz (*L-P*) #1,4,13
Tischer, Irma, *24.11.1887 Dresden; - Ps. Myrrha Tunas (*D-E-L-N-R*) #3
Tischer, Johann Friedrich Wilhelm, *5.8.1767 Tautschen b. Torgau, †28.4.1842 Pirna; - Ps. Johann Friedrich Wilhelm Rechsit (*L-P*) #1,4,6,11
Titz, Johann Peter, *10.1.1619 Liegnitz/Schlesien, †7.9.1689 Danzig; - auch Tietze; Titius; Tityrus (*E-L*) #1,4,5,11,13
Titz von Titzenhofen, Sophie Eleonore Helene

von, *27.12.1749 Groß-Jännowitz, †18.6.1823 Olbersdorf b. Breslau; - gen. Ratzbar; früher Sophie Eleonore von Kortzfleisch; Ps. Adliches Frauenzimmer in Schlesien (*D-E-L-S*) #1,2,4,13

Tlapek, Lisl, *16.3.1918 Wien; - Ps. Lisl Kinateder (*R*) #4

Tluchor, Alois, *25.4.1869 Daschitz/Böhmen, †2.6.1939 Perchtolsdorf b. Wien; - Ps. A. Th. Sonnleitner (*E-J-L-M-P-R*) #3,4,5,8,17

Tobias, Josef, *21.4.1907 Köln; - Ps. Karl Kämpfer (*F-J-P*) #3

Tobien, Hubertus von, *26.4.1927 Landsberg/Warthe; - Ps. Maximilian Maren (*F-L-P-R*) #3

Tobien, Wilhelm, *26.1.1837 Puschdorf/Ostpr., †10.9.1911 Schwelm/Westpr.; - Ps. Tobias Grant (*D-L-S*) #1,3,4

Tobis, Ernst, *1876 Wien; - Ps. Patty Frank (*E-J-P*) #3,4

Tockert, Josef, *19.8.1875 Dommeldingen/Lux., †19.2.1950 Monte Carlo; - Ps. Joe Squibbles (*E-P*) #3,4

Toepel-Fredersdorff, R. Hans, *3.12.1893 Grimma/Sa., †8.10.1957 Plochingen; - Ps. Hans Fredersdorff; H. G. Waltershausen (*E-N-R*) #3,4

Toggweiler, Tobias, *19.1.1954 Zürich; - Ps. Nora Game (*E-L-R*) #3

Tokarski, Richard, *14.2.1910 Solingen; - Ps. Werner Martens (*P-R*) #3,4

Tölke, W. Heinrich, *19.4.1866; - Ps. H. Justus; Karl v. Wupper (*D-P-S*) #3

Tölle, Anne, *22.5.1896, †21.6.1944 Neuhaus b. Paderborn; - Ps. Anne Tölle-Honekamp (*F-L-P-S*) #3,4

Tolnay, Anna Marie de, *12.4.1906 Bremen; - Ps. Nigi von Koenig (*E-L-P-R*) #3,4

Tomala, Albert, *20.7.1862 Rausenstein b. Zwittau; - Ps. A. T. v. Rausenstein (*P*) #3

Toman, Lore, *5.3.1928 Wien; - Ps. Lore Grüner (*P*) #3

Tomaselli, Josephine, gesch. Siegmann, *27.2.1838 Leipzig, †3.2.1884 Wien; - Ps. Josephine Gallmeyer (*D-N*) #1,4,13,15

Tomicic, Stefan, *26.5.1919 Ototschats; - Ps. Alfons Dalma (*P*) #3

Tomola, Albert, *20.7.1862 Rauhenstein b. Zwittau/Mähren; - Ps. A. T. von Rauhenstein (*E-P*) #4

Tondern, Harald, *29.6.1941 Kupfermühle b. Flensburg; - Ps. Garret Shaver jun. (*E-R*) #3

Tondeur, Max, *26.5.1833 Stargard; - Ps. Areudnot (*D-P*)

Tönse, Friedrich, *5.3.1869 Bromberg, †10.1.1948 Berlin; - Ps. Jann Jakob Jens (*P*) #3

Topel, Friedrich Wilhelm, *5.9.1864 Lauenburg; - Ps. Topelius (*E-L-P*) #3

Topf, Erwin, *19. Jh.; - Ps. Jan Barghusen (*P*)

Töpfer, Benedikt, *29.12.1567 Uttenhofen b. Würzburg; - Ps. Benedictus Figulus (*P*) #4

Torau, Antonie, *7.4.1864 Berlin, †20.9.1945 Berlin; - Ps. S. Hanstein (*D*) #3,4

Torau, Marie, *22.12.1867 Berlin, †Berlin; - Ps. M. Drake (*D-R*) #3,4

Torenburg, Erwin Erich, *18.6.1896 Düsseldorf; - Ps. Ottomar Ralph Hohenstein (*L-P-R*) #3

Torenburg, Gerda, *26.12.1903 Düsseldorf; - Ps. Gabriele van Straaten (*P*) #3

Torfs, Ruth Elisabeth, *17.1.1918 Straßburg; - Ps. ruth-elisabeth (*P*) #3,4

Törne, Volker von, *14.3.1934 Quedlinburg, †30.12.1980 Münster; - Ps. Waldemar Graf Windei (*L-P*) #3,5

Tornow, Gertha, *29.3.1892 Gut Weißfelde b. Bromberg; - Ps. Hilde Bruns-Tornow (*J-L-M-R-S*) #3

Torossi-Brinkmann, Eleni, *7.4.1947 Athen; - Ps. Eleni Torossi (*J*) #3

Torre, Don Ramon de la, *7.2.1814 Santander/Spanien; - Ps. Franz vom Thurm (*P*) #1

Torresani von Lanzenfeld und Camponero, Karl Franz Ferdinand Freih. von, *18.4.1846 Mailand, †12.4.1907 Torbole/Gardasee; - Ps. Karl von Torresani (*E-R-S*) #1,3,4

Toscana, Maria Antoinette Erzherzogin von, *10.1.1858 Pitti b. Florenz, †13.4.1883 Cannes; - Ps. Arno (*L*) #1,4

Toselli, Luise, *2.9.1870 Salzburg, †1947 Brüssel; - gen. Luise Gräfin Montignoso (*L-P*) #4

Tösmann-Keller, Lotte, *1.2.1921 Idar-Oberstein; - Ps. Lotte Keller (*L-N-P*) #3,4

Touchy, Ferdinand Christian, *1726, †10.4.1808 Dresden; - Ps. Karl Friedrich Anton; C. F. Bär; J. E. Blotz; D. F. Claß; Christian Heinrich Dietrich; Düchänie; G. Gaschitz; C. F. Gaudich; Johann Friedrich Götz; C. H. Meißner; Christian Tiessen (*P*) #6

Tovote, Heinz, *12.4.1864 Hannover, †14.2.1946 Berlin; - Ps. Heinz; Georg Meri; Wolfgang Teja (*N-P-R*) #1,3,4,5

Traber, Otto, *9.6.1876 Apolda; - Ps. Otto von Sulza (*L*) #3

Trafelmann, Gottfried; - gen. Der Dicke/FG 134/1626 #11,12

Träger, Johann Andreas, *29.9.1766 Kelheim; - Ps. F. A. T. Kelteger (*P*) #6

Trahndorff, Karl Friedrich Eusebius, *18.10.1782 Berlin, †15.2.1863 Berlin; - Ps. Philipp Kron (*E-L-P*) #1,4,13

Train, Joseph Karl von, *7.5.1787 Regensburg, †Regensburg; - Ps. Fr. v. Gleichen (*E-N-R*) #1,4

Traindl, Franz, *14.9.1899 Wien; - Ps. Ludwig Niart (*E-J-R*) #3,4

Tralles, Balthasar Ludwig, *1.3.1708 Breslau, †7.2.1797 Breslau; - Ps. Avenzoar (*L-P*) #4,13

Tralow, Johannes, *2.8.1882 Lübeck, †27.2.1968 Berlin; - Ps. Hanns Low (*D-E-N-R*) #1,3,4,5,8,10,14

Trapp, Else, *(1976); - Ps. Anne Lotte Mahlau (*J*) #3
Trapp, Maximilian, *6.7.1875 Landsberg/Warthe; - Ps. Maxim. Reta (*P*) #3
Traudt, Valentin, *23.7.1864 Fulda, †1950; - Ps. Justus Heinrich (*D-E-L-R*) #3,4
Traue, Georg, *17.7.1888; - Ps. G. Otto (*P*) #3
Traumann, Ingeborg, *17.5.1920 Berlin, †9.10.1986 Berlin; - Ps. Ingeborg Minter; Ingeborg Traumann-Minter (*P*) #3
Träumer, Max, *13.1.1874 Halle/S.; - Ps. Wilhelm Friedrich; Max v. d. Heyde; Eugen Rückert (*N-P-R*) #3
Trausil, Max, *31.3.1833 Prag, †7.7.1907 Bad Wildungen; - Ps. Matteo Cantarelli; Walter Cantarelli (*E-N-P-R-S*) #1,3,4
Traut, Heinrich Theodor, *12.11.1826 Erfurt; - Ps. G. Wohlgemuth (*P*) #3
Trautenburg, Curt von der, †1639; - gen. Der Aufhelfende/FG 167/1629; auch gen. Curt von Bayern; Curt von Beyern #11,12
Trautenburg, Heinrich Gottschalk von, *17. Jh.; - gen. Der Urlaubende/FG 782 #11
Trautmann, Arthur, *11.5.1894 Ettlingen/Baden; - Ps. Heidepoet (*L-P*) #3
Traven Torsvan, Berick, *5.3.1890 Chicago, †26.3.1969 Mexico City; - Ps. Hal Croves; Ret Marut; Richard Maurhut; Bruno Traven (*E-R*) #5,8,10,14,17,19
Traxel, Christian August, *(1832); - Ps. Alberti; Victor Lenz; A. Sänger (*D-P*)
Traxler, Hans Georg, *21.5.1929 Herrlich/Böhmen; - Ps. Georg Sangerberg (*J-P*) #3
Treber, Adam, *6.8.1868 Edenkoben/Pfalz; - Ps. Gottfried Erdmann (*E-L-P-R*) #3
Trebesius, Alfred, *1.7.1909 Halle/S.; - Ps. Ypsilon (*D-F-L-P-R*) #3
Trebitsch, Arthur, *17.4.1880 Wien, †26.9.1927 Graz; - Ps. R. Stibert (*L-N-P-R*) #3,4
Treblin, Adolf, *15.3.1837 Samter/Posen; - urspr. Adolf Herodes (*L*) #1
Trebra-Lindenau, Ursula von, *19.8.1850 Poll/Estl., †30.8.1910 Blasewitz b. Dresden; - Ps. Ursula Zöge von Manteuffel (*E-R*) #2,3,4
Trebsdorf, Marie, verw. Blank, *31.3.1890 Meißen; - Ps. Marie Blank; Marie Blank-Eismann (*R*) #3
Treibenraiff, Peter, *um 1475 b. Bozen; - Ps. Petrus Tritonius Athesinus (*L*) #4
Treiber, Heinrich Ernst, *17. Jh.; - gen. Der Antreibende/DG-L #11
Treitschke, Georg Friedrich, *29.8.1776 Leipzig, †4.6.1842 Wien; - Ps. Idomeneus (*L-S*) #1,4,11,13
Treller, Franz Edmund, *15.10.1843 Kassel, †1908; - Ps. Edmund Walden (*D-E-S*) #1,3
Tremel, Kunigunde, *24.1.1889 Burgkunstadt, †14.4.1957 München; - Ps. Kuni Eggert; Kuni Tremel-Eggert (*E-R*) #3,10
Tremler, Johann Wenzel, *21.3.1779 Prag, †5.7.1851 Mödling b. Wien; - Ps. Johann Wenzel Lembert (*D-N-S*) #1,4,11
Trenkle, Franz Sales, *29.1.1860 Waldkirch/Baden, †24.1.1924 Breisach b. Freiburg; - Ps. Fritz Frei (*E-P*) #1,3,4
Trenkler, Elisabeth, geb. Sieber, *29.1.1860 Waldkirch/Baden, †24.1.1924 Breisach; - Ps. Elisabeth Sieber; Elisabeth Trenkler-Liebe; Elisabeth Trenkler-Sieber (*L-R-S*) #3,4
Trenkner, Lotte, *20.12.1901 Gehren/Thür.; - Ps. Valeska Trenkner (*E-R*) #3
Trescher, Hermann, *23.9.1849 Liebenwerda/Sa., †5.7.1890 Torgau; - Ps. Achajus (*E-P*) #1,4
Treschkow, Anny von, *25.9.1861 Gut Dölzig/Neumark; - Ps. Anna Dölzig; E. Norden (*E*) #2,3
Tressel, Joseph Matthias, *12.5.1878 Beurig/Saar, †20.1.1945 Berlin; - Ps. Ernst Thrasolt (*L-N-P*) #3,4,5
Treu, Abraham, *23.10.1828 Drove b. Düren; - Ps. Mauert (*D-E-J*) #1,3,4
Treuenfels, Werner, *3.7.1883 Königsberg; - Ps. Werner Fels; Teo von Tann (*P-R-S*) #3
Treuer, Gotthilf, *17. Jh.; - gen. Fidelidor/ES #4,11
Treuner, Hermann, *3.8.1899 Berlin; - Ps. Hans Terno (*F-N-R*) #3,4
Treusch von Buttlar, Jost Siegmund, †1655 Archfeld; - gen. Der Nasse/FG 559 #11
Treusch von Buttlar-Brandenfels, Gerda, *9.11.1894 Saleske/Pommern; - Ps. Gerda von Below (*E-F-L-N-R*) #3,4
Treusch von Buttlar-Brandenfels, Henriette, *18.10.1813 Kassel, †6.9.1889 b. Pisa; - Ps. Henriette von Buttlar (*R*) #1,4
Treusch von Buttlar-Brandenfels, Johannes, *20.4.1940 Berlin; - Ps. Johannes von Buttlar (*P-R*) #3,4
Trevianus-von Dryander, Elisabeth, *1919 Berlin; - Ps. Elisabeth von Dryander (*P*) #4
Trew, Eva Maria, *(1967) Subotica/Jug.; - Ps. Eva Maria Sartori (*F-N-R*) #3,4
Trey, Hermann, *7.11.1794 Riga; - Ps. Hermann Treu (*L-P*) #11
Treyer, Erica von, *17.12.1895 Gut Lückholm/Estland; - Ps. Erica von Rosen (*E-J-L*) #3,4
Trezak, Manfred, *11.12.1948 Essen; - Ps. Many Terzok (*E-L-P*) #3
Tribbechow, Adam, *11.8.1641 Lübeck, †1684 Gotha; - Ps. Adam Tribbechovius (*L*) #4,13
Tribbechow, Johannes, *4.10.1677 Gotha, †31.3.1712 Tennstädt; - Ps. Johannes Tribbechovius (*L*) #4,13
Tributh, Else, *11.11.1889 Berlin; - Ps. Else Lieber-Tributh (*J-L*) #3
Triebsch, Anne, geb. Wagner, *3.5.1908 Posen; - Ps. Anne Wagner-Triebsch (*E-L-P*) #3
Triepel, Gertrud, *10.7.1863 Leipzig; - Ps. G. Petri; Alix Treu (*L-P*) #2,3
Trier, Magdalena, *30.3.1919; - Ps. Marlene Mies; Karl Ronn (*J*) #3
Triesch, Friedrich Gustav, *16.6.1845 Wien, †24.5.1907 Wien; - Ps. Alexander Hartmann;

H. Martin; Paul Richter; Robert Walter (*D-E-S*) #1,3,4

Trimmel, Josef Franz Emil, *14.9.1786 Wien, †9.11.1867 Wien; - Ps. Emil (*E-L-P*) #1,4,6,11

Trimper, Karl, *30.1.1903 Kassel; - Ps. Berthold Branders; Richard Oldenberg; Max Schleich; Karl Tesmar (*E-P*) #3

Trinius, Johann Anton, *6.10.1722 Altenroda b. Mansfeld, †3.5.1784 Eisleben; - Ps. Jonathan Ursinithon (*P*) #4,6,13

Trinius, Karl Bernhard von, *6.3.1778 Eisleben, †12.3.1844 St.Petersburg; - Ps. Belvisius (*L-P*) #4,13

Trippe, Friedrich Karl, *9.4.1834 Glindfeld b. Brilon; - Ps. Friedrich Dunanus; Irenäus Friedlieb; Leo Mark (*L-N*) #1,3,4

Trippmacher, Elisabeth, *26.10.1878; - Ps. E. W. T.; Veritas (*L-P*) #3

Tritsch, Leopold, *22.1.1874 Wien; - Ps. Leo Schermann (*E-P*) #3,4

Troestler, Hans, *1.9.1875; - Ps. Hans Diedrichsen (*E*) #3

Trog, Karl, *13.2.1838 Buch/Nassau; - Ps. C. Taunide (*E-P-S*) #3

Troilo, Nicolaus von, *1581, †3.12.1640; - auch Niclas Troylo; gen. Der Widerstrebende/FG 142/1627 (*L*) #11,12

Trojan, Ernst Walter, *13.8.1880 Stettin; - Ps. Jan Ewert (*E-F-N-P*) #3

Trojan, Otto, *8.12.1881 Stettin; - Ps. Orat; Adolf Roberts (*L-N-P-S*) #3

Troll-Borostyàni, Irma von, *31.3.1847 Salzburg, †10.2.1912 Salzburg; - Ps. Leo Bergen; Veritas (*N-P-R*) #1,2,3,4,9

Trolmann, Veit, *1503 Wemding, †13.9.1557 Ingolstadt; - Ps. Veit Amerbach; Vitus Amerpachius (*L-P*) #4,13,15

Trömel, Johann Christian, †4.5.1757 Dresden; - Ps. Deutsch-Franzos; Jean Chretien Toucement (*E-P*) #6,11,13

Trommershausen, Marie, *9.4.1854 Roman/ Pommern; - Ps. Marie Andrae-Romanek (*N-R*) #1,2,4

Trömner, Richard, *2.3.1851 Kassel; - Ps. Ferdinand Alexander (*L*) #1,3

Tronier Funder-Klonick, Charlotte, *20.1.1899 Berlin; - Ps. C. von Danmark (*D-E-L-P-R*) #3,4

Troppenz, Walter, *9.3.1897 Braunschweig; - Ps. Rudolf Penz; Bruno S. Wiek (*D-F-L-R-S*) #1,3,4,20

Troschke, Theodor von, *13.3.1810 Berlin, †11.2.1876 Berlin; - Ps. Theodor Posthumus (*L-P*) #1,13

Trost, Heinz, *27.4.1893 Harzgerode; - Ps. H. T. R. Ost (*D-P-R-S*) #3

Trost von Tieffenthal, Johannes; - gen. Der Verwahrende/FG 187/1629 #11,12

Trotha, Franz von, †28.11.1638 Gotha; - gen. Der Gebende/FG 246/1634 #11,12

Trotha, Hela Margarete Baronin von, *2.4.1916 Danzig; - Ps. Hella von Dahlberg (*E-F-R-S*) #3

Trotha, Melchior Andreas von, †10.12.1634; - gen. Der Rote/FG 156/1628 (*P*) #11,12

Trotha, Wilhelm von, *6.10.1872 Weimar, †25.3.1928 Berlin; - Ps. Ferdinand von Haecklingen (*E-P-R*) #3,4

Trotha, Wolf Friedrich von, *1583, †19.9.1637 Staßfurt; - auch Friedrich von Trotta; gen. Der Durchstärkende/FG 54/1622; #11,12

Trotsche, Karl, *3.12.1862 Kassebohm b. Rostock, †18.3.1920 Bülow/Meckl.; - Ps. Karl Schwerin (*N-R*) #4

Trott, Magda, *20.3.1882 Freystadt/Schles., †12.5.1945 Misdroy/Pommern; - Ps. Lena Mageda; J. Marein; Rud. Mavege; Lena Torahn (*E-J-M-R*) #3,4,17

Troxler, Ignaz Paul Vitalis, *17.8.1780 Beromünster/Luzern, †6.3.1866 Aarau; - Ps. Haller; Novalis (*P*) #4,13

Truhart, Ernst Anton Immanuel, *15.7.1764 Jena, †3.3.1835 Riga; - Ps. Anton Zailonow (*P*) #11

Trummer, Karl, *22.4.1792 Hamburg, †15.9.1858 Hamburg; - Ps. D. W. (*L-P*) #1,4,13

Trunz, Anton, *1875 Pforzheim; - Ps. Georg Hewen (*E*) #4

Trurnit, Hansgeorg, *27.6.1912 Döbeln/Sa.; - Ps. Harro Berkenhoff (*E-F-P-R*) #3

Tschabuschnigg, Adolf Ritter von, *20.7.1809 Klagenfurt, †1.11.1877 Wien; - Ps. A.V.T. Süd (*E-L-N-P-R*) #1,4,13

Tschabuschnigg, Johann Christoph von, *9.11.1747 Augsburg, †7.6.1827 Krummbad/Schwaben; - auch Johann Christoph Zabuesnig (*D*-E-*L-S*) #1,4

Tschapeck, Lydia, *11.12.1864 Wien; - Ps. Lydia Dromery; Lydia Eck (*P-R*) #1,3,4

Tscheck, Ewald, *16.1.1895 Berlin; - Ps. St. Ch. Waldecke (*L-P*) #3

Tschesch, Johann Theodor von, *1595 Voigsdorf b. Grottkau, †22.2.1649 Elbing; - gen. Der Leidende/DG-R (*P*) #4,11,13

Tschmelitsch, Günther, *15.10.1903 Wien, †25.9.1985 Wien; - Ps. Günther Tschmelitsch-Haidenburg (*P*) #3

Tschorn, Sophie, *(1922); - Ps. Gretle v. Strümpfelbach (*E-J-S*) #3

Tschudi, Ägidius, *5.2.1505 Glarus, †28.2.1572 Glarus; - Ps. Ägidius von Glarus; A. Schudus (*P*) #4,13

Tschudi, Friedrich von, *1.5.1820 Glarus, †24.1.1886 St.Gallen; - Ps. C. Weber (*P*) #4,13

Tschudi, Johann Heinrich, *19.7.1670 Schwanden, †19.5.1729 Schwanden; - Ps. Ericus von Tanneg; Ericus von Tunnegg (*P*) #4,13

Tschudi, Johann Jakob von, *25.7.1818 Glarus, †8.10.1889 Jakobshof/N.-Ö.; - Ps. Ulloa (*P*) #4,13

Tschugguel zu Tramin, Peter Richard Freiherr

von, *9.5.1932 Wien, †14.7.1981 Wien; - Ps. Peter von Kleynn; Peter von Tramin (*E-F-P-R*) #3,5,7,8,10,20

Tucholsky, Kurt, *9.1.1890 Berlin, †21.12.1935 Hindas/Schweden; - Ps. Paulus Bünzly; Hugo Grotius; Kaspar Hauser; Theobald Körner; Peter Panter; Old Shatterhand; Theobald Tiger; Von einem Berliner; Ignaz Wrobel (*E-P-R-S*) #3,4,5,8,10,14,18,19

Tuengerthal, Wolfgang, *23.6.1937 Waltershausen; - Ps. Jo Thal (*E-F-J*) #3

Tuerk, Emmy, *18.12.1834 Swinemünde, †25.10.1900 Libau/Kurland; - Ps. Emmy Eschricht (*E-R*) #1,3,4

Tügel, Otto, *18.11.1892 Hamburg, †1973; - Ps. Tetjus Tügel (*E-L-N-R*) #3,4,5

Tummeley, Werner, *27.6.1918 Berlin; - Ps. Werner Bernhardy (*D-F-N-R*) #3,4

Tüngel, Richard, *1.10.1893 Hamburg, †1970; - Ps. Martin Rabe (*D-P-S*) #3,4

Turban, Fritz, *(1984); - Ps. Jerry Cotton (*R*) #16

Türkheim, Adolph, *25.4.1854 Hamburg; - Ps. Tuiskon (*L-M-S*) #3

Turnovsky, Kurt, *28.11.1913 Wien; - Ps. Kurt Dornau (*E-L-M-P*) #4

Türpitz, Erika, *(1954); - Ps. Nadia Nottingham; Erika Prittwitz (*R*) #3

Turszinsky, Walter, *10.1.1874 Danzig, †21.5.1915 Berlin; - Ps. Urbanus (*L-N-P-S*) #3,4

Tuwóra, Julius Maurice, *26.1.1856 Schärding/N.-Ö.; - Ps. Julius Maurice (*P-R*) #3

Twardowska, Emma Eva Henriette von, *28.6.1845 Königsberg, †14.12.1889 Berlin; - Ps. Eva Hartner (*E-R*) #1,3,4

Twardowski, Hans Heinrich von, *5.5.1898 Stettin; - Ps. Paul Bernhard (*L-P*) #3

Twinger, Jakob, *1346 Königshofen/Elsaß, †27.12.1420 Straßburg; - Ps. Jakob von Königshofen (*P*) #4,13

Typke, Joseph Wilhelm, *19.9.1784 Roßwein/Sa., †17.5.1867 Berlin; - Ps. Innocenz; Aug. Woldemar (*L*) #1,6

Tyrann, Kurt, *26.9.1924 Angerapp/Ostpr.; - Ps. Norbert Berg; Truk T. Naryt; Ullrich Wolterkemp (*E-F-L-P-R*) #3

Tyszka, E. von, *(1904); - Ps. E. v. Nesselrot (*R*) #3

Tzigara-Samurcas, Adrienne, *10.11.1906 Wien, †29.8.1973 Bukarest; - Ps. Prunkul-Samurcas (*L*) #3

Tzscheuschner, Jürgen, *(1981); - Ps. Conrad Ceuss (*P*) #3

Tzschirner, Hans Erich, *24.10.1882 Demmin/Pommern, †13.10.1951 Berlin; - Ps. George; Tronje Hagen; Hans Erich von Hetz; Hevtt (*P*) #1,3,4

U

Überhorst, Wilhelm, *8.10.1854 Tecklenburg, †28.8.1900 Wiesbaden; - Ps. Wilhelm Birkhof (*L-R*) #1,3,4

Übertwerch, Heinz, *15. Jh.; - auch Überzwerch (*L*) #4

Ubien, Julius, *1.7.1860 San Remo; - Ps. E. vom Kölsche Ring (*N-R-S*) #3

Uckermann, Franz Lothar, *22.2.1910 Köln; - Ps. Lothar Franz (*E-P*) #3

Ude, Karl, *14.1.1906 Düsseldorf; - Ps. Kaud; -ud- (*E-F-N-P-R*) #3,4,5

Uebelacker, Theodor Wilhelm, *31.5.1891 Nürnberg; - Ps. Theowill Uebelacker (*L-S*) #3,4

Ueberschaer, Max, *13.12.1854 Oppeln; - Ps. M. A. Ling; Max v. Schenkendorf; E. Treske (*L-P-S*) #3

Uechtritz, Friedrich von, *12.9.1800 Görlitz, †15.2.1875 Görlitz; - Ps. A. Fahne (*D-R*) #1,4,5,13

Uechtritz, Hans Christoph von, †1671; - gen. Der Giftige/FG 392/1642 #11,12

Uecker, Carl, *(1876); - Ps. T. M. Pächter (*P*) #4

Ueckermann, Dieter, *(1984); - Ps. Tensor McDyke; Michael D. Tensor (*P*) #16

Ueckert-Hilbert, Charlotte, *22.7.1944 Oldenburg; - Ps. Charlotte Ueckert (*L-P*) #3

Uedinck, Anna, *3.5.1843 Vreden; - Ps. W. Ende (*P*) #2,3

Ueding, Wolfgang Maria, *1941; - Ps. Wing (*E-R*)

Uehlin, Hans Arnold, †1932; - Ps. Schorsch von Berlichingen (*L*) #4

Uekötter, Ingeborg, *15.11.1955 Innsbruck; - Ps. Ingeborg Wagner (*E-L*) #3

Ueltjesfort, C. F., *um 1785 Halle/S. - Ps. Verf. der Tempel-Worte (*P*)

Uetrecht, Fred Erich, *11.3.1909 Leipzig; - Ps. Gert Wings (*F-R*) #3

Uetterodt zu Scharfenberg, Ludwig Wolf Graf von, *4.2.1824 Darmstadt; - Ps. Sigismund Scharffenberg (*E-R*) #1,4

Uexküll, Gudrun Baronin, *27.2.1878 Weilburg; - Ps. G. Uexküll-Schwerin (*P*) #3

Uexküll, Woldemar Freiherr von, *4.9.1860 Neuenhof b. Reval/Estland, †1952 Basel; - Ps. Woldemar v. Uxkull (*D-E-L-N-R*) #3,4

Uhde, Wilhelm, *28.10.1874 Friedeberg/Neumark, †17.4.1947 Paris; - Ps. Gottlieb Heinrich Taube (*D-R*) #3,4,18

Uhl, Friedrich, *14.5.1825 Teschen, †20.1.1906 Mondsee/O.-Ö.; - Ps. Schied; Staberl (*P-R*) #1,3,4

Uhland, Ludwig, *26.4.1787 Tübingen, †13.11.1862 Tübingen; - Ps. Der Rezensent Spindelmann; Florens; Volker (*D-L-P*) #1,4,5,6,11,13,14,17,19

Uhlich, Adam Gottfried, *um 1718 Bischofswerda, †1753 Frankfurt/M.; - Ps. Friedrich Sigmund Meyer Zwickaviensis (*P-S*) #1,4,13

Uhlig, Monika, *11.12.1927 Nürnberg; - Ps. Monica Bentiveni (*E-P-R*) #3,4

Uhlmann, Alexander, *9.6.1876 Bremen, †21.12.1918 Marokko; - Ps. Alexandre Darier; Kazlakoff; Plutus; Alexander Ular (*E-R*) #16

Uhlmann, Alfred, *7.8.1897 Lugau/Erzg.; - Ps. AMU (*J-P*) #3

Uhrland, Hermann, *14.1.1881; - Ps. Meckerer (*P*) #3

Uiberacker, Ernst Josef Graf von, *14.5.1885 Groß-Enzersdorf/N.-Ö., †14.7.1958 Wien; - Ps. E. Waldschrat (*E-R*) #3

Ulbrich, Peter P. F., *(1984); - Ps. Alex Carson; Adam Clark; Charles McKay; C. C. Slattery (*R*) #16

Ulbrich-Hannibal, Hermann, *10.5.1904 Altdamm; - Ps. Hermann Reglitz (*N-P*) #3

Ulbricht, Walter, *30.6.1893 Leipzig, †1.8.1973 Döllnsee b. Berlin; - Ps. Walter (*P*) #18

Ullmann, Catharina Dorette, verw. von Eschstruth, *um 1760 Marburg; - Ps. Catharine Dorette von Eschstruth (*L*) #4

Ullmann, Gustav, *26.6.1872 Neudek b. Karlsbad; - Ps. G. Erika (*L*) #3

Ullmann, Hans-Wilhelm, *21.3.1943 Bremen; - Ps. Nepomuk Ullmann (*E-L-R-S*) #3

Ullmann, Otto, *12.6.1887 Dresden; - Ps. Helm Tomann (*E-J-L-R-S*) #3

Ullmann, Walter, *4.1.1897 Wien, †1949 Paris; - Ps. Jo Lhermann (*P*) #18

Ullrich, Klaus, *(1974); - Ps. Frank Gronau (*E*) #3

Ullrich, Paul Wilhelm, *8.1.1859 Zwickau; - Ps. Paul Wilhelm (*P*) #3

Ullstein, Heinz, *13.1.1893 Berlin, †15.3.1973 Berlin; - Ps. Heinz Hull (*D-F-N-P-R-S*) #3,4

Ullstein, Leopold, *15.3.1906 Berlin; - Ps. Ludwig Gött (*P*) #3

Ulmann, Elisabeth von, *21.4.1929 Kiel; - Ps. Elisabeth Meyer-Runge (*D-E-F-L-P*) #3,4

Ulmann, Regine, *1.9.1847 Wien; - Ps. Gertrud Bürger; Agnes Thal (*P*) #2,3

Ulmann, Sigmund, *15.5.1835 Pirnitz; - Ps. Heinrich Walther (*P*) #3

Ulmer, Dorothea, geb. Stichel, *2.12.1888 Buenos Aires/Argentien; - Ps. Dörthe Ulmer-Stichel (*E-N-R*) #3,4

Ulpe-Weber, Leonore, *14.12.1928 Riga; - Ps. Tanja Tamar (*L-R*) #3

Ulrich, Alida von, *19. Jh. Riga; - Ps. Alida (*N-P*) #2,3

Ulrich, Georg, *12.2.1892 Paris; - Ps. Faber (*D-L-R-S*) #3,4

Ulrich, Johanna, *10.5.1898 Holzkirchen/Obb.; - Ps. Ina Gall; Hanna Stocker von Tau (*R*) #3

Ulrich von Straßburg, †1277; - Ps. Ulrich Engelberti (*P*) #4
Ulrichs, Karl Heinrich, *Westerfeld/Friesland, †1894; - Ps. Numa Numantius (*E-L*) #1,4
Ulrici, Else, *14.11.1904 Saarbrücken; - Ps. Odette (*E-N-P-R*) #3
Ulrici, Karl, *25.7.1839 Berlin, †13.1.1896 Dresden; - Ps. Günther Walling (*L-P*) #1,3,4
Ulrik, Friederike, *16.11.1864 Prag; - Ps. U. Fricke (*P-R*) #2,3
Ulsamer, Johann Alfred, *4.9.1851 Igersheim; - Ps. Hans von Küssenberg (*P*) #3
Ultsch, Eva, *21.10.1901 Leipzig; - Ps. Eva Ulrich (*P*) #3
Umfried, Otto, *2.5.1857 Nürtingen; - Ps. Karl Eris; Arthur Lasky (*P*) #3
Umhöfer, Elise, *(1904); - Ps. Moritz Frenssen (*S*) #3
Umiker-Passera, Sonja, *14.7.1930 Turgi/Aargau; - Ps. Sonja Passera (*E-L*) #3,4
Umlauf, Anna-Louise, *6.3.1895 Hermsdorf b. Dresden, †18.2.1962 Wien; - Ps. Annelies Umlauf-Lamatsch (*J-M*) #3
Umrath, Fanniska, *10.5.1856 Totis-Tata/Ung.; - Ps. Fr. Ruisz (*P*) #3
Ungemach, Wilhelm, *9.5.1849 Soest; - Ps. Wilhelm v. Soest (*L-P*) #3
Unger, Alois, *15.4.1860 Koblenz, †1912; - Ps. Nikolaus Wohlauf (*S*) #3,4
Unger, Friederike Helene, *1751 Berlin, †21.9.1813 Berlin; - Ps. Verf. von Julchen Grünthal (*E-R*) #2
Unger, Gerhard, *23.3.1921 Breslau; - Ps. G. F. Bucket; Broderick Old; A. F. Peters; G. F. Unger; Gert H. F. Unger (*J-R*) #3
Unger, Rudolf, *23.3.1921 Marienwerder/Westpr.; - Ps. Ralf Martens (*E-P-R*) #3,4
Ungern-Sternberg, Alexander Freiherr von, *22.4.1806 Gut Noistfer b. Reval, †24.8.1868 Dannenwalde b. Stargard; - Ps. Alexander von Sternberg (*E-M-N-P-R*) #1,4,5,13
Unkauf, Johann Christoph, *17. Jh.; - gen. Crocindo/PB #11
Unkel, Johann, *17. Jh.; - gen. Der Gesalbete/DG-R #11
Unruh, Fritz von, *10.5.1885 Koblenz, †28.11.1970 Diez; - Ps. Fritz Ernst (*D-E-P-R-S*) #3,4,5,8,10,14,18
Unruh, Hans, *14.5.1861 Strelowhagen/Pommern; - Ps. H. v. d. Horst (*P*) #3
Unseld, Siegfried, *28.9.1924 Ulm; - Ps. Peter Ulmer (*P*) #3
Unselt, Karl, *13.2.1894 Uslar, 9.1.1970 Einbeck; - Ps. Franz Anton; Erich Hànka; Ralf Lange (*J-R*) #3,4
Unterweger, Martin, *26.8.1864 Feld/Kärnten; - Ps. Martin Sebastian (*D-R*) #3,4
Unterweger, Rose, *6.10.1849 Steinbach b. Zillichau; - Ps. Excelsior; Elisabeth von Steinborn; Rose Stolle (*E-P*) #2,3,4
Urbach, Otto, *30.4.1901; - Ps. Credo; Lynkeus (*P*) #3
Urban, Emma, *9.7.1901 Eggenberg b. Graz; - Ps. Emma Urban-Reininghaus (*D-F-R*) #3,4
Urban, Max, *19.12.1861 Eibenstock/Sa.; - Ps. Valentin Braun (*E-N*) #1,4
Urban, Michael, *30.4.1847 Sandau b. Eger, †1.12.1936 Plan/Böhmen; - Ps. Michel Bieder; Eckart; M. Geiger (*E-L-P-S*) #1,3,4
Urbancic, Melitta, *21.2.1902 Wien; - Ps. Makarska (*L-P*) #18
Urbanek, Walter, *10.9.1919 Mährisch-Schönberg; - Ps. Walter Bauernfeind (*L-P*) #3
Urbanetz, Ralph, *26.2.1898 Wien, †23.9.1971 Salzburg; - Ps. Ralph Urban (*E-F-P-R*) #3
Urbas, Wilhelm, *14.7.1731 Laibach; - Ps. Helmar Wilbus (*L-P*) #3
Urhammer, Christian Friedrich, *15.8.1904 Haale b. Rendsburg; - Ps. Krischan Haale (*L*) #3
Urich, Josefine, *10.12.1899 Innsbruck, †6.6.1973 Innsbruck; - Ps. J. M. Urich (*E-L-N-R*) #3
Urzidil, Johannes, *3.2.1896 Prag, †2.11.1970 Rom; - Ps. Karl Brand; Hans Elmar (*E-L-N-P-R*) #3,4,5,8,10,18
Uschner, Karl August Wilhelm, *1.8.1802 Lübben/Niederlausitz, †26.7.1870 Oppeln; - Ps. Julian; Christian Klausner (*E-L-N*) #1,4
Uschner, Karl Richard Waldemar, *30.5.1834 Wittenberg, †1916 Hirschberg/Schles.; - Ps. P. P. Chrusen (*D-L-P-S*) #1,3,4
Usener, Hermann, *23.10.1834 Weilburg, †21.10.1905 Bonn; - Ps. C. Schoffner (*P*) #3,4
Uslar, Georg von, *10.9.1584, †2.3.1638 Wake b. Göttingen; - auch Georg von Usler; Georg von Ußler; gen. Der Erfrischende/FG 59/1622 #11,12,13
Uslar-Gleichen, Hans-Melchior Freiherr von, *9.6.1910 Berlin, †30.10.1984 Starnberg; - Ps. Hans von Uslar (*E-F-P-R*) #3
Usselmann, Carl Friedrich Georg, *26.5.1860 Bayreuth; - Ps. Edwin Carl (*P*) #3
Usteri, Paul, *14.2.1768 Zürich, †9.4.1831 Zürich; - Ps. Acarnan (*P*) #4
Utermann, Wilhelm, *3.10.1912 Annen/Westf.; - Ps. Mathias Racker; Diederich Reunert; Wilhelm Roggersdorf (*E-F-P-R-S*) #3,4
Uthe-Spazier, Wilhelmine, *10.5.1777 Berlin, †11.3.1825 Dresden; - Ps. Minna; Wilhelmine Spazier (*P*) #4,11
Utiger-Staub, Margrit, *8.4.1936 Zug; - Ps. Margrit Staub (*J*) #3
Utitz, Emil, *27.5.1883 Prag; - Ps. Ernst Limé (*L-N-P*) #3,4
Utke, Erich, *17.7.1894 Berlin; - Ps. Coßmann (*P*) #3
Uttech, Marie, geb. Harrer, *22.10.1819 Züllichau, †6.11.1870 Fürstenwalde; - Ps. Marie Harrer (*L-R-S*) #1,4
Utterod, Wolf Sigmund von, *17. Jh.; - gen. Der Forthelfende/FG 712 #11

Utterot, Hans Andreas von, *17. Jh. - gen. Der Bezwingende/FG 563 #11

Uttikal, Walter, *15.1.1899; - Ps. Ostland; Wachtmeister (*E-P*) #3

Uzarski, Adolf, *14.4.1885 Duisburg-Ruhrort, †14.7.1970 Düsseldorf; - Ps. Uz (*R*) #3,17

V

Vacano, Emil, *16.11.1840 Schönberg/Mähren, †9.6.1892 Karlsruhe; - Ps. Sperana (*E-R*) #1,4,13

Vaerst, Friedrich Christian Eugen Baron von, *10.4.1792 Wesel, †16.9.1855 Herrendorf b. Soldin; - Ps. Chevalier de Lelly (*L-P*) #4,11,13

Vaget, Bartold, *17. Jh.; - gen. Der Getreue/DG-N #11

Vagts, Hermann, *7.12.1915 Kiel; - Ps. Normann Vaget (*F-L-P-R*) #3

Vahle, Friedrich-Eckart, *24.6.1942 Stendal; - Ps. Fredrik Vahle (*J-L*) #3

Valett, Johann Jakob Meno, *3.3.1758 Hamburg; - Ps. Meno (*D-L*) #1,6

Vállas, Alexander Max, *12.7.1884 Pozsony/Ung.; - Ps. Demokritos; D'Esbini (*E-L-S*) #3

Vallazza, Karl, *22.2.1866 Brünn, †nach 1938 Brünn; - Ps. Karl Wallner (*L-P*) #3,4

Vancsa, Max, *1.10.1866 Wien, †24.7.1947 Wien; - Ps. Hagen (*P*) #3,4

Vanselow, Karl, *20.3.1876 Schönlanke/Posen; - Ps. Karl Selow (*D-L-N*) #3,4

Varell, Christoph Joachim von, *17. Jh.; - gen. Der Gesuchte/FG 552 #11

Varensbach, Gustav Adolph Graf von, *17. Jh.; - gen. Der Liebkosende/FG 768 #11

Varnbüler, Hermine von, *1827; - Ps. Hermine Olten (*J*)

Varnhagen, Helene, geb. Küchendahl, *28.4.1858 Meseritz/Posen; - Ps. Helene Küchendahl (*P*) #2,3

Varnhagen von Ense, Karl August, *21.2.1785 Düsseldorf, †10.10.1858 Berlin; - Ps. August Becker (*D-E-L-N-P-R-S*) #1,4,13,14

Varnhagen von Ense, Rahel Antonie Friederike, geb. Levin, *26.5.1771 Berlin, †7.3.1833 Berlin; - Ps. Friederike; Rahel (*P*) #1,2,4,5, 6,11,13,19

Vaselli, Marie, geb. Ernest, *30.12.1858 Breslau, †25.3.1923; - Ps. Marie von Baußner; Marie von Ernest (*L-S*) #1,2,3,4

Vay, Adelma von, *21.10.1840 Tarnopol/Galizien; - Ps. Adelma; Adelma-Elise (*E-P*) #1,4

Vay, Beatrice von, *18.11.1865 Wien, †19.7.1923 Wien; - Ps. Beatrice von Dovsky (*E-S*) #3,4

Vegesack, Clara von, geb. Nordstöm, *18.1.1886 Karlskrona/Schweden, †7.2.1962 Mindelheim; - Ps. Clara Nordström (*P-R*) #3,4,5

Vegesack, Siegfried von, *20.3.1888 Blumbergshof/Livland, †1974; - Ps. Fjedor Isjagin (*L-R*) #3

Veigelstock, Max, *28.8.1856 Steinamanger/Ungarn; - Ps. Max Viola (*L-N-P-R*) #1,4

Veil, Joachim, *28.8.1950 Frankfurt/M.; - Ps. ebenda (*P*) #3

Veillodter, Juliane Marie Charlotte, *29.1.1767 Nürnberg, †12.7.1808 Nürnberg; - Ps. J. V. (*L*) #1,2,4

Veit, Jakob, *18.1.1910 Frankfurt-Höchst; - Ps. Ivo Veit (*E-F*) #3

Veit, Moritz, *12.9.1808 Berlin, †5.2.1864 Berlin; - Ps. H. Stieglitz (*L*) #1,4,11,13

Veiter, Theodor, *22.9.1907 München; - Ps. Theoderich d'Agunto; Valentin Virgener (*P*) #3

Veken, Hildegard, *29.9.1920 Chemnitz; - Ps. Katharina Kammer (*J-N-R*) #3,4

Velius, Caspar Ursinus, *1493 Schweidnitz/Schlesien, †5.3.1539 Wien; - Ps. Caspar Ursinus Vehelius (*L-P*)

Velter, Joseph Matthäus, *17.3.1895 Quint b. Trier, †22.1.1949 Eiberg b. Tann/Ndb.; - Ps. Thomas Quint (*D-E-L-R*) #3,4,10

Veltheim, Johann Friedrich von, *30.3.1616 Harbke b. Haldensleben, †19.8.1641 Halle/S.; - auch Johann Friedrich von Feldheim; gen. Der Genesende/FG 314/1637 #11,12

Veltzé, Alois, *10.2.1864 Totis/Ungarn; - Ps. A. Hinnenburg (*P*) #3,4

Venner, Johannes Vincent, *13.6.1885 Bern; - Ps. Ernst Otto Grimbühler (*L-P*) #3

Verbeek, Helma, *8.7.1913 Bonn; - Ps. Helma Cardauns (*E-J-L-R-S*) #3

Verge, Johannes, *1425, †5.1.1510 Tübingen; - auch Vergenhans; Ps. Johannes Nauclerus (*P*) #4,13

Verkauf, Willy, *6.3.1917 Zürich; Ps. Willy André Verkauf-Verlon; André Verlon (*F-L-P-R*) #3

Verkovics-Villàmosy, Anton, *22.3.1866 Wiener-Neustadt; - Ps. A. v. Villàmosy (*P-N-R-S*) #1,3

Verleger, August, *7.8.1883 Gütersloh, Tusk; †13.10.1951 Frankfurt/M.; - Ps. Albert Varel (*F-N-P-R*) #3,4

Veser, Elsa, *5.8.1893 Berlin; - Ps. Elsa Veser-Dutti (*E-M-P-S*) #3

Vethake, Kurt, *5.8.1919 Münsingen b. Bükkeburg; - Ps. Axel Busch; Patrick Hampton; Peter Ott; Teddy Parker (*E-F-J-R-S*) #3,4,17

Vetter, Christina, geb. Poniatovia, *1610, †1644; - Ps. Christina Poniatovia (*P*) #4

Vetter, Ferdinand, *3.2.1847 Osterfingen b. Schaffhausen, †8.8.1924 St.Georgen b. Stein/Orh.; - Ps. Friedrich Volker (*D-L-P-S*) #1,3,4

Vetter, Jacob, *15. Jh.; - auch Jacob Veter (*L*) #4,13

Vetter, Karl Otto Paul, *18.3.1897 Berlin; - Ps. Fritz Wecker (*P*) #3

Vetter, Konrad, *1546 Engen, †1622 München; -Ps. Konrad Andreas (*P*) #6

Vetter, Paul, *10.6.1873 Apolda; - Ps. O. Paul (*J-N-R*) #3

Veyras, Jean-Francois de, *um 1576 Pyerne/Schweiz, †15.11.1672 Zürich; - Ps. Hans Franz Veiras (*P*) #4
Vicenzi, Otto, *22.7.1914 Wien; - Ps. Otto Hugo Fischer (*L-P*) #3,4
Victor, Walther, *21.4.1895 Bad Oeynhausen, †19.8.1971 Bad Berka; - Ps. C. Redo; Werner Voigt (*E-L-R*) #3,4,8,14,18
Vidmar, Constantin Johann, *13.4.1851 Log/Oberkrain; - Ps. Prof. van der Aach (*P*) #3
Viebing, Konrad Heinrich, *1630 Schöningen, †1691 Ummendorf b. Eisleben; - gen. Der Hurtige/DG-R; Ps. Roselieb (*E-L-P*) #11
Viehoff, Heinrich, *28.4.1804 Büttgen b. Neuß, †5.8.1886 Trier; - Ps. H. Epaulis (*L-P*) #1,3,4,13
Vielau, Max, *19.12.1878 Berlin; - Ps. Frute (*E-L*) #3
Vielfeld, Jacob, *(1530); - Ps. Multager; Jac. Multicampius; Polychorius (*P*) #11,13
Vielhaber, Gerd, *28.8.1908 Berlin; - Ps. Fritjof Hill (*D-E-L-P*) #3,4
Vierath, Willy, *3.2.1878 Berlin; - Ps. Asmodi; Ehrwart; Karl Martell; Merker; Virgil; Wiwi (*P*) #3
Viereck, Louis, *21.3.1851 Berlin, †6.12.1922 Wildungen; - Ps. Philipp Westen (*P*) #3,4
Viererbl, Karl, *24.7.1903 Komotau/Sudeten; - Ps. Kurt Vorbach (*P*) #3
Viertel, Berthold, *28.6.1885 Wien, †24.9.1953 Wien; - Ps. Europäenses; Parolles (*L-P-R-S*) #3,4,5,8,14,18
Vieth, Ruth, geb. Scheffer, *27.9.1922 Köln; - Ps. Ruth Scheffer (*F-N-R*) #3
Vieth von Golssenau, Arnold Friedrich, *22.4.1889 Dresden, †21.7.1979 Berlin; - Ps. Antonio Poveda; Ludwig Renn; Harald J. White (*J-P-R*) #3,4,5,8,10,14,17,18
Vietor, Wilhelm, *25.12.1850 Cleeberg b. Wiesbaden; - Ps. Quousque Tandem (*P*) #3
Vieweg, A. A. Otto, *30.4.1858 Leipzig; - Ps. A. A. Otto (*P*) #3
Vieweg, Ernst Kurt, *8.3.1889 Schloß Ehrenberg/Thür.; - Ps. Konrad Weg (*L-P*) #3
Vieweg, Hedwig, *9.6.1864 Leipzig-Schönefeld; - Ps. H. Schönefeld (*M-N-P*) #3
Villinger, Hermine, *6.2.1849 Freiburg/Br., †4.3.1917 Karlsruhe; - Ps. H. Wilfried (*E-J-N-R-S*) #1,2,3,4,9,17
Vincent, Laura, *9.2.1854 Frankfurt/M.; - Ps. Leo Sonntag (*L-N-R*) #2,3
Vincenti, Karl Ritter von, *14.12.1835 Baden-Baden, †20.7.1917 Wien; - Ps. C. v. Verden (*N-P-R*) #1,3,4
Vintzelberg, Joachim von; - gen. Der Vierblätterige/FG 299/1636 (*L*) #11,12
Viol, Hans, *15. Jh.; - auch Hans Viel (*L*) #4,13
Violet, Wilhelm, *29.9.1882 Berlin, †26.3.1955 Berlin; - Ps. Willem Klotz (*J-P*) #3
Vischer, Chr. Gottlieb, *1786 Ludwigsburg, †5.4.1836 Frankfurt/M.; - Ps. Chr. Gottlieb Vogel (*L*) #1,4
Vischer, Friedrich Theodor von, *30.6.1807 Ludwigsburg, †14.9.1887 Gmunden; - Ps. Deutobald Symbolizetti Allegorowitsch Mystifizinsky; Philipp Ulrich Schartenmayer; A. Treuburg (*L-P-R-S*) #1,3,4,5,11,13,14,19
Vischer, Melchior, *7.1.1895 Teplitz-Schönau/Böhmen, †21.4.1975 Berlin; - Ps. Emil Fischer (*D-E-J-L-P-R*) #3,4,5,8
Vitzenhagen, Thilo von; - gen. Der Abtreibende/FG 96/1624 #11,12
Vitzthum von Eckstedt, Christoph, *17. Jh.; - gen. Der Freudige/FG 687 #11
Vitzthum von Eckstädt, Dam, *10.9.1595, †10.3.1638 Warnemünder Schanze; - gen. Der Abhelfende/FG 312/1637 #11,12
Vlacich, Matthias, *3.3.1520 Albona/Istrien, †11.3.1575 Frankfurt/M.; - Ps. Matthias Flacius Illyricus; Publius Aequillos; Carolus Azarias; Theodor Henetus; Christian Lanterwar; Johann Waremund (*P*) #4,13,15
Vlcek, Ernst, *9.1.1941 Wien; - Ps. Alfred C. Curtis; Regine Lysanek; Adam Rice; Esther Maria Schreyer; Paul Wolf (*R*) #3,7,16
Vleuten, Carl Ferdinand van, *20.10.1874 Bonn; - Ps. Carl Ferdinands (*E-J-L-N*) #1,3,4,17
Vloten, Willem van, *(1919); - Ps. van Wulfen (*P*) #3
Vocke, Georg, *20.8.1944 Paris; - Ps. Hans-Konrad Ossowski (*L*) #3
Voehl, Uwe, *(1984); - Ps. Heinrich Delaville; Logan Derek (*P*) #16
Voelkel, Titus, *14.12.1841 Wirsitz/Posen; - Ps. J. Bertheau; Marie Camille Vérone; S. E. Verus (*P*) #3
Vogedes, Alois, *6.12.1867 Holzhausen/Westf., †19.7.1956 Bonn; - Ps. Alois Glitz-Holzhausen; Stefan Stamm (*D-L-N-P-R*) #3,4
Vogel, Eberhard, *24.11.1861 Düsseldorf; - Ps. Ebbo Siva (*P*) #3
Vogel, Georg, *5.10.1847 Nauheim; - Ps. Hans von Bergen (*L*) #1,4
Vogel, Hedwig, *4.7.1869 Moidentin b. Wismar; - Ps. H. Robertin; Hedwig Roeper (*E-L*) #2,4
Vogel, Hertha, *15.10.1898 Bad Kissingen, †13.7.1975 Dresden; - Ps. Hertha Vogel-Voll (*M-S*) #3
Vogel, Jakob, *11.12.1816 Glarus, †22.4.1899 Glarus; - Ps. Jakob Vogel von Glarus (*L*) #1,3,4,13
Vogel, Johannes, *5.9.1589 Nürnberg, †8.3.1663 Nürnberg; - gen. Der Kitzelnde/FG 562 (*L*) #1,4,11
Vogel, Johannes Wilhelm, *29.6.1895 Spremberg/Lausitz, †2.3.1962 Winsen/Luhe; - Ps. E. A. Witschas (*D-E-L-R-S*) #3,4
Vogel, Ludwig, *6.1.1771 Arnstadt/Thür., †3.9.1840 Gotha; - Ps. Stilling der Zweite; Roland Will (*D-L-P*) #1,4,6,11
Vogel, Manfred, *24.10.1942 Kitzingen/Main; - Ps. Frédéric Oiseau (*L-P-R*) #3

Vogel-Ducommun, Aline, *9.2.1889 Vevey, †7.8.1986 Ascona; - Ps. Aline Ducommun; Aline Valangin (*E-L-N-R*) #3

Vögele, Heinrich, *13.11.1904 Karlsruhe; - Ps. Heino Velten (*E-F-P*) #3

Vogeler, Heinrich, *15.12.1872 Bremen, †14.6.1942 Karaganda/Rußland; - Ps. Heinrich Vogeler-Worpswede (*L-P*) #3,4,18

Vogelsberg, Karl Robert, *14.12.1878 Arnstadt a. d. Gera; - Ps. Karl Erdmann; Sizzo Hedanus; Hans Michael; Robert von Pfestorff (*L-P*) #3

Vogler, Christine, *2.7.1895 Echsenbach i. Waldviertel; - Ps. Christl Schraufek-Troeger (*L-N-R*) #3

Vogler, Georg Joseph, *15.6.1749 Pleichach b. Würzburg, †6.5.1814 Darmstadt; - Ps. Abt Vogler; Abbé Vogler (*P*)

Vogler, Heinrich, *5.3.1772 Hessen/Württ., †3.2.1836 Potsdam; - Ps. H. Glover (*R*) #1,4, 6,19

Vogler, Thomas Didymus, *um 1480 Elsaß, †4.3.1532 Brumath/Unterelsaß; - Ps. Aucuparius; Auceps; Didymus; Myropola; Ornithoteras (*L-P*) #11

Vogt, Albert, *(1983); - Ps. B. Gravelott (*R*) #3

Vogt, Andreas, *28.4.1911 Schweinfurt; - Ps. Andreas Vogt-Leppla (*E-L-P*) #3

Vogt, Elise, *21.8.1886 Kappelrodeck/Baden, †16.6.1964 Kappelrodeck/Baden; - Ps. J. Nieman (*D-E-L*) #3

Vogt, Hans, *25.9.1890 Wurlitz/Fichtelg.; - Ps. Johannes von der Erlau (*L-P*) #3,4

Vogt, Karl, *5.7.1817 Gießen, †5.5.1895 Genf; - Ps. Emil Yung (*N-P*) #1,3,4

Vogt, Karl Anton, *4.2.1899, †25.11.1951 Landstuhl; - Ps. Konrad Vauth (*N-R*) #3

Vogt, Karl Wilhelm, *1810 Schloß Valley/Obb., †29.7.1874 München; - Ps. Karl v. Vagen (*E-L*) #1,4

Vogt, Klaus, *7.4.1922 Schneidemühl; - Ps. K. L. Austen (*E-P*) #3

Vogt, Marie Louise, *(1855); - Ps. L. Küchler (*E-R*) #2

Vogtherr, Johann Albrecht, *1811 Bayreuth, †20.2.1887 Frankfurt/M.; - Ps. Adolar (*S*) #1,3,4

Voigt, Alfred, *8.5.1914 Stargard/Pommern; - Ps. Alfred H. Vogt (*E-L-P-R*) #3

Voigt, Amalie von, geb. Ludecus, *21.9.1780 Weimar, †4.10.1840 Weimar; - Ps. Amalie; Cäcila A. V.; Cäcilie; Amalie Ludecus (*E-N-P*) #1,2,4,6,11,13

Voigt, Arno, *19. Jh.; - Ps. Miles (*P*)

Voigt, Balthasar, *2.5.1592 Wernigerode, †28.11.1654 Elbing; - Ps. Ovidius; Balthasar Voidius (*L-P*) #4,11,13

Voigt, Erik, *4.12.1869 Bartin; - Ps. Thjelvar (*P*) #3

Voigt, Gudrun, *1930; - Ps. Jerry Cotton; George P. Gray; Charles G. Voigt; Io Voigt (*F-P-R*) #7,20

Voigt, Heinz, *7.4.1900 Wilhelmshaven; - Ps. Karl-Heinz Voigt (*D-J-R-S*) #3,4

Voigt, Helene, *21.8.1857 Bischdorf/Oberschles.; - Ps. Franzeska Limpurg; Hella von Limpurg (*E-J*) #1,2,3

Voigt, Johanna, geb. Ambrosius, *3.8.1854 Lengwethen/Ostpr., †1938; - Ps. Johanna Ambrosius (*L*) #1,3,4

Voigt, Karl, *1923; - Ps. Jerry Cotton; Gaston Gevé; George P. Gray; Charles G. Voigt (*P-R*) #7,16

Voigt, Paul, *2.1.1862 Berlin, †Berlin; - Ps. Th. Achenbach; Paul Burg; Wilhelm Goltz; Wilhelm Heinrich; Theodor Paulus; Theodor Rulemann (*J-P*) #3

Voigt, Valten, *um 1487; - auch Valten Bogt; Valten Vogt; Valten Voith (*D-L-S*) #4,11

Voigt-Diederichs, Helene, geb. Voigt, *26.5.1875 Gut Marienhoff b. Eckernförde, †3.2.1961 Jena; - auch Helene Diederichs; Ps. H. v. Ziegler (*E-L-N-P-R*) #1,3,4,5,9,10

Voigtel-Bolgiani, Valeska, †2.10.1876 Mailand; - Ps. Valeska Bolgiani; Arthur Stahl (*N-P-R*) #1,2,3,4,13

Volger, Bruno, *7.12.1875 Leipzig; - Ps. Dr. Gerloff; Pseudo (*E-L-P*) #3,4

Volger, Eduard, *23.8.1847 Landsberg/Warthe, †12.12.1914 Leipzig; - Ps. Franz Drucker (*D-S*) #1,3,4

Volger, Fritz, *8.9.1841 Landsberg/Warthe, †9.2.1893 Landsberg/Warthe; - Ps. Eduard Hildebrand (*D-S*) #1,3,4

Volger, Georg, *28.6.1854 Landsberg/Warthe, †29.1.1910 Berlin; - Ps. V. v. Wettbergen (*D-N-R-S*) #1,3,4

Volger, Heinrich Friedrich Magnus, *13.11.1785 Hattorf/Harz, †23.10.1857 Nordhausen; - Ps. Adolph Bühren (*D-N-R-S*) #1,4,6

Volger, Paul, *4.9.1856 Landsberg/Warthe; - Ps. Ernst Paul (*S*) #1,3,4

Volhard, Brigitte, *(1984); - Ps. Irbe Roth (*E*) #3

Volk, Vera-Maria, *15.2.1909 Wien; - Ps. Lena Winter (*L*) #3

Volk, Wilhelm, *25.1.1804 Halberstadt, †17.3.1869 Erfurt; - Ps. Ludwig Clarus (*D-E-N-P*) #1,4,13

Volkamer, Johann Georg, *17. Jh.; - gen. Helianth/PB #11

Völkel, Emil, *3.4.1847 Leipzig; - Ps. Emil Leo (*P-R*) #3

Völkel, Karl, *3.1.1869 Tanna/Thür.; - Ps. Rudolf Benrath (*E-L*) #1,3,4

Völker, Hans, *16.11.1879 Pöls/Steierm.; - Ps. Hans Poltzer (*P*) #3

Volkhausen, Karl, *6.2.1854 Volkshausen b. Schötmar; - Ps. Karl Biegemann (*L*) #1,3

Völkl, Robert, *13.3.1900 Wien; - Ps. Winfried (*E-L-P-S*) #3

Volkmann, Anneliese, *8.10.1899 Eisenach; - Ps. Anneliese Braun (*E-L*) #3

Volkmann, Bernhard von, *23.5.1875; - Ps. von Volkmann-Leander; Trutz Reutter (*P*) #3

Volkmann, Erika, *5.5.1923 Berlin, †5.7.1962 Hilterscheid/Eifel; - Ps. Mona von Volkgraf; Alexandra v. Wolff (*D-L-R-S*) #3,4

Volkmann, Horst Rolf, *27.5.1913 Berlin, †1981; - Ps. v. Arnim; Theo Fritze; Horst Rolf von der Osten; Ride Rolf Rynette; Mona von Volkgraf; Agnes Wolff; Fred v. Wolff (*D-E-F-R-S*) #3,4

Volkmann, Klaus, *10.12.1913 Allenstein; - Ps. Peter Grubbe (*E-F-P-R*) #3

Volkmann, Paul, *14.4.1914 Driesen/Neumark, †1963; - Ps. Peter Wipp (*E-F-J-L-R*) #3,4

Volkmann, Richard von, *17.8.1830 Leipzig, †28.11.1889 Jena; - Ps. Richard Leander (*E-L-M*) #1,3,4,5,13,17

Volkmann, Siegfried von, *8.4.1871 Halle/S.; - Ps. Siegfried von Volkmann-Leander (*E-L-P*) #3

Volkner, Gertrude, *23.5.1887 Berlin, †31.5.1967 München; - Ps. Game (*E-L-M-N-R-S*) #3

Vollborth, Franz, *29.10.1854 Berlin; - Ps. F. Trobloff (*N-P*) #3

Vollenweider, Ernest-Francois, *27.1.1920 Zürich; - Ps. Ernst Vollenweiler (*F-J-R*) #3

Vollhard, Karl Ludwig, *1715 Zittau, †1798 Dresden; - Ps. Carolus Lovard (*P*) #6

Vollhardt-Wittich, Margarete, *12.7.1859 Karscheven/Schles.; - Ps. Gerth Silesius; M. Wittich (*D*) #2,3

Vollmer, Dietrich, *11.11.1913 Hamburg; - Ps. Dieter Vollmer (*L-P*) #3

Vollmer, Eugen, *21.2.1884 Westhausen/Württ.; - Ps. Klaus von Hausen (*L*) #1,4

Vollmer, Wilhelm,*(1836); - Ps. Morvell (*E-R*)

Vollmer-Rupprecht, Ruth, *13.2.1916 Königsberg; - Ps. Ruth Geede (*F-J-P-R*) #3,4

Volte, Johann Gottfried, *1783 Leuben/Sa., †12.11.1848; - Ps. Johann Gottfried Sommer (*E-J-P*) #4,13

Voltz, Wilhelm, *28.1.1938 Offenbach, †24.3.1984 Heusenstamm; - Ps. Ego; Detlev Kaufmann; Ralph Steven; William Voltz (*E-J-R*) #3,7,16,20

Volz, Melchior, *um 1515 Oberursel/Taunus, †22.6.1569 Allstedt/Thür.; - Ps. Melchior Acontius (*L*) #4,13,15

Volz, Paul, *um 1480 Offenburg, †1544; - Ps. Paulus Volsius (*P*) #4

Voment, Josef, *17.10.1899 Regensburg; - Ps. Sepp vom Ende (*P*) #3

Vondel, Joost van den, *1587 Niederlande, †1679; - gen. Der Fundreiche/DG-L (*D*) #4, 11,13

Vonficht, Rudolf, *20.1.1924 München; - Ps. Rolf Depino; Peter van Gellert (*E-N*) #3

Vorberg, Gaston, *23.1.1875 Köln; - Ps. Montanus (*P*) #3

Vordermayer, Karl, *13.11.1902 Zorneding b. München; - Ps. Karl Vogg (*N-R*) #3,7

Vorst, Johann, *1623 Wesselbuen, †4.8.1676 Berlin; - Ps. Janus Orchamus (*P*) #6,13

Vorster, Ruth, *6.5.1918 Breslau; - Ps. Ruth Lommel (*F-P*) #3

Vortisch, Hermann, *18.6.1874 Lörrach; - Ps. Hermann Grether; Hermann van Vloten (*E-L-M-P*) #3,4

Vortkort, Walter, *12.12.1935 Wanne-Eickel; - Ps. Walter Kort (*F-J*) #3,4

Voss, Clara, *6.3.1862 Dierhagen b. Ribnitz; - Ps. C. Schiff (*N-R*) #2,3

Voss, Erich von, *28.7.1895 Niederschreibersdorf/Schles., †14.6.1968 Wolfenbüttel; - Ps. Ursula Behrendt; Harry Grenzer; Walter Klinger; Felix Oder; Ludwig Osten; Eric Vau (*E-J-L-M-R*) #3,4

Voß, Eugen von, *1.1.1850 Puchow/Meckl.; - Ps. Heinrich von Wolde (*P*) #3

Voß, Hartwig, *4.1.1903 Hamburg; - Ps. Ernst Ludwig Werther (*F-P*) #3

Voß, Johann Heinrich, *20.2.1751 Sommersdorf b. Waren/Meckl., †29.3.1826 Heidelberg; - Ps. Balthasar Kaspar Ahorn; Fray (*L-P*) #1,4,5,6,11,13,14

Voss, Jürgen, *13.11.1952 Hamburg; - Ps. Hans Henry Fuchs (*L-P*) #3

Voss, Jürgen, *30.3.1902 Kellinghusen/Ostsee, †9.11.1971 Hamburg; - Ps. Jürgen Voss-Holst (*E-F-L-P-R*) #3

Voß, Peter, *5.12.1911 Bütow; - Ps. Pommerek (*P-R*) #3

Voss, Ursula, *14.11.1921 Berlin; - Ps. Ulla Hewald (*E*) #3

Voss, Willi, *9.5.1944 Guzew; - Ps. Jerry Cotton; Daniella Daniels; Benito Martinez; Frederick Nolan; E. W. Pless (*E-R*) #3,16

Vrbka, Anton, *17.5.1860 Ung. Hradisch; - Ps. Hugin (*P*) #3

Vries, Bernhard Janssen de, *3.12.1883 Emden, †25.11.1959 Emden; - Ps. Berend de Vries (*E-L-P*) #3,4,5

Vries, Katja de, *21.4.1907 Klein Notisten/Ostpr.; - Ps. Carol Eichwald (*E-L-P-R*) #3

Vujica, Peter, *7.12.1937 Graz; - Ps. Peter Daniel Wolfkind (*E-F-R*) #3

Vulpius, Christian August, *23.1.1762 Weimar, †26.6.1827 Weimar; - Ps. Tirso de Milano; Anselmus Marcellus Thuring (*E-L-R*) #1,4,5, 6,13

Vulpius, Yella Aurelie, *4.10.1893; - Ps. Yella Erdmann (*E-J*) #3,4

W

Waagen, Luise, *19. Jh.; - Ps. L. von Wehrwaag (*L-R*) #2,3

Wachenfeld, Georg, *13.6.1851 Grifte; - Ps. G. Cüster (*N*) #3

Wachenhusen, Hans, *1.1.1822 Trier, †23.3.1898 Marburg; - Ps. Stephan Fröhlich (*E-P-R*) #1,3,4

Wachinger, Liselotte, *22.12.1905 München; - Ps. Liselotte Langewiesche (*J*) #3

Wachsmuth, Gerda, *15.7.1912 Hannover, †31.10.1955 Hannover; - Ps. Charlotte Hesse (*P-R*) #3,4

Wachsmuth, Helene, *21.9.1844 Halenbeck/Priegnitz; - Ps. H. Dorne (*R*) #1,3,4

Wachter, Ferdinand, *29.6.1794 Renthendorf b. Neustadt a. d. Orla, †19.7.1861 b. Jena; - Ps. Eywind Skaldaspillir (*D-R-S*) #1

Wächter, Josef, *16.6.1792 Hermannstadt/Siebenb., †30.1.1880 Schäßburg/Siebenb.; - Ps. Josef Vigiliarius (*L-P*) #4,13

Wächter, Leonhard, *25.11.1762 Uelzen, †11.2.1837 Hamburg; - Ps. Haining der Harfner; G. P. L. Leonhard; Veit Weber (*D-E-J-P*) #1,4,6,11,13

Wachter, Lola Konstanze, *25.8.1902 Hannover; - Ps. Lothar Konstantin (*E-P*) #3

Wackenroder, Wilhelm Heinrich, *3.7.1773 Berlin, †13.12.1798 Berlin; - Ps. Ernst Winter (*P-R*) #4,5,13,14

Wacker, Hugo, *25.12.1864 Hamburg; - Ps. H. v. d. Alster (*S*) #3

Wackernagel, Ilse, geb. Stach von Goltzheim, *17.2.1879 Haus Pröbsting b. Borken, †22.8.1941 Münster; - Ps. Ilse Stach (*D-L-P-R*) #3,4,5,9

Waechtler, Wilhelm, *(1827); - Ps. Wilhelm Aechtler (*E-P*) #6

Waelti, Hans, *20.8.1902 Grenchen/Schweiz; - Ps. Peter R. Frank (*R-S*) #3,4

Waerland, Ebba, *15.10.1897 Stockholm; - Ps. Ebba Hoffmann; Margit Lang; Ebba Langenskiöld-Hoffmann; Margit Lavoni (*L-M-P*) #3

Wagenaar-Hummelinck, Henrike, *26.12.1848 Asten/Nordbrabant; - Ps. H. Wagelinck (*R*) #1,2,3

Wagener, Bruno, *27.5.1866 Amoy/China, †1911 Straßburg; - Ps. Bronsart Warnow (*D-R*) #3,4

Wagener, Samuel Christoph, *11.4.1763 Havelberg; - Ps. S. C. Gewaren (*E-P*) #4

Wagenhoff, Franz von, *22.2.1874 Breslau; - Ps. Franz Hofen; Franz Wagh; Franz Wagenhofen (*N-R-S*) #3,4

Wagenknecht, Paul, *16.6.1870 Berlin; - Ps. Paul Claudius (*E-P*) #3

Wagenseil, Christian Jacob, *23.11.1756 Kaufbeuren, †8.1.1839 Augsburg; - Ps. Ernst Friedmann; Simon Ratzeberger der Jüngste (*D-J-L-P-R*) #1,4,6,13,17

Wagenseil, Hans B., *26.4.1894 München, †19.12.1975 Pasing b. München; - Ps. Hans von Wogau (*E-F-R*) #3

Wagenseil, Johann Christoph, *26.11.1633 Nürnberg, †9.10.1705; - Ps. Curiosus Aletophilus (*P*) #4,6,11

Wagler, Maria-Elisabeth, *27.2.1922 Magdeburg; - Ps. Ria Wagler-Melzer (*E-L*) #3

Wagmuth, Wolfram, *23.7.1917 Rogau; - Ps. Wolfram von Wilmersdorff (*L-P*) #3

Wagner, Alexander, *19. Jh.; - Ps. Alwar (*P*) #3

Wagner, Artur, *16.11.1891 Siegen; - Ps. A. W.; Curriander; Curry; Peter Kringel (*L-P-S*) #3,4

Wagner, Carl, *26.4.1887, †24.10.1933 Dresden; - Ps. Cow (*P*) #3

Wagner, Christian, *5.8.1835 Warmbronn, †15.2.1918 Warmbronn; - Ps. Christian Wagner-Warmbronn (*L-M-P*) #1,3,4,5

Wagner, Christiane Sophie, *1.4.1792 Leipzig, †10.11.1860 Leipzig; - Ps. Adolfine; Adolphine (*E-M-N-R*) #1,2,4

Wagner, Emilie, *7.11.1886 Sengern b. Gebweiler/Elsaß; - Ps. E. Montanus (*D-E-R*) #3

Wagner, Erich, *29.6.1906 Lippstadt; - Ps. R. E. Garder; E. N. Passant (*P*) #3

Wagner, Ernst, *20.7.1881 Marienberg/Sa.; - Ps. Peter Flipp (*E-P*) #3

Wagner, Gabriel, *um 1665 Quedlinburg, †um 1720; - Ps. Realis de Vienna (*P*) #6,13

Wagner, Georg, *2.5.1916 Wien; - Ps. Georg Philander (*E-F-L-N-P-R*) #3,4

Wagner, Gottfried, *5.6.1886 Uttigen; - Ps. Hugo Waldvogel (*S*) #3

Wagner, Gottlieb Heinrich Adolf, *15.11.1774 Leipzig, †1.8.1835 Gut Hohenthal b. Leipzig; - Ps. Ralph Nym (*P-R-S*) #1,6,11

Wagner, Günter, *27.12.1925 Braunschweig; - Ps. Wally Jacobs; Wally Jakobs (*F-J-R*) #3

Wagner, Hanns, *1522 Bremgarten/Aargau, †1590 Solothurn; - Ps. Johannes Carpentarius (*D-L*) #5

Wagner, Hans, *19.12.1872 Schönkirchen; - Ps. Hans Wagner-Schönkirch (*P*) #3

Wagner, Hans, *28.1.1903 Leipzig; - Ps. Egbert Jürgen (*P-R*) #3

Wagner, Hedwig, *(1902); - Ps. E. Wilhelm (*P*) #3

Wagner, Heinrich, *10.1.1783 Stuttgart, †23.4.1860 Stuttgart; - Ps. Heinrich Wergan (*E-L-P*) #4

Wagner, Heinrich, *23.6.1875 Marxgrün; - Ps. Hans Weith (*L*) #3

Wagner, Johann Andreas, *21.3.1797 Nürnberg, †17.12.1861; - Ps. Schreber (*P*) #4,13

Wagner, Johann Jakob, *21.1.1775 Ulm, †22.11.1841 Neu-Ulm; - Ps. Friedrich Buchwald; Ludwig Charron (*P-R*) #4,11,13

Wagner, Johann Jakob, *13.7.1867 Dommershausen, †10.5.1959 Vallendar; - Ps. Heribert von Stein (*P*) #3
Wagner, Johannes, *18.10.1522 Bremgarten/Aargau, †1.9.1590 Solothurn; - Ps. Joannes Carpentarius (*D-P-S*) #4
Wagner, Johannes, *18.9.1852 Wittenberg; - Ps. Hans Wagner-Wittenberg (*L*) #1,3
Wagner, Johannes Andreas Freiherr von, *5.9.1833 Freiberg/Sa., †26.5.1912 Dresden; - Ps. Johannes Renatus (*E-L-P-S*) #1,3,4
Wagner, Jutta, geb. Bartus, *11.1.1926 Breslau; - Ps. Jutta Bartus (*D-E-F-L-R*) #3,4
Wagner, Karl, *21.12.1879 Vordernberg; - Ps. Singsang (*L-P*) #3
Wagner, Karl, *20.8.1901 Neunkirchen/Saar; - Ps. Wagner-Saar (*E*) #3
Wagner, Klaus, *14.11.1884 Darmstadt; - Ps. Klaus Wagner-Roemmich (*P*) #3
Wagner, Klaus, *22.10.1937 Pforzheim; - Ps. Klaus Wagn (*P-R*) #3
Wagner, Maria, geb. Heuberger, *17.4.1902 Steinebrunn b. Mistelbach/N.-Ö.; - Ps. Maria Heuberger; Magdalena Schreib (*E-L*) #3,4
Wagner, Paul Richard, *9.1.1901 Edenkoben/Pfalz; - Ps. Fabulis (*L-N*)
Wagner, Richard, *22.5.1813 Leipzig, †13.2.1883 Venedig; - Ps. K. Freigedank (*L-P-S*) #1,4,5,14
Wagner, Richard, *22.11.1868 Odenhausen b. Gießen, †Kassel; - Ps. Homo (*D-L-P-R-S*) #3,4
Wagner, Rudolf, *26.9.1822 Lemberg, †3.10.1894 Wien; - Ps. Rudolf Valdeck; Rudolf Valdek (*P*) #4,13
Wagner, Ruth Maria Elisabeth, *21.4.1915 Priebisch; - Ps. Grunewald (*F-L-N-P*) #3
Wagner, Siegfried-Oswald, *23.11.1902 Purulia b. Kalkutta, †17.5.1975 Hamburg; - Ps. S. O. Wagner (*F-L-P-S*) #3
Wagner, Sylvester, *31.12.1807 Hendorf b. Salzburg, †10.10.1865 Hendorf; - Ps. Vößl Rackl (*L*) #1,4
Wagner von Freynsheim, Kamillo, *22.6.1813 Frankenburg/O.-Ö., †15.2.1896 Graz; - Ps. Karl Guntram (*L-N-R*) #1,3,4,13
Wagner-Thomé, Elsbeth, *4.12.1920 Krofdorf-Gleiberg; - Ps. Anne Merian (*N-R*) #3
Wahl, Edgar von, *23.3.1867 Olwiopol/Bug; - Ps. Prorók (*P*) #3
Wahl, Fritz, *7.6.1879 Barmen, †13.4.1971 Zürich; - Ps. Federico; Fernando Fulano (*L-P-S*) #3,4,18
Wahl, Joachim Christian Graf von, *um 1590 b. Allstedt/Thür., †31.8.1644 Ingolstadt; - gen. Der Anhenkende/FG 109/1626 #11,12, 13
Wahle, Maria, *(1878); - Ps. Paula Ried (*N-R*) #2,3,4
Währ, Franziska (Fanny), *15.10.1851 Bad Reichenhall, †29.12.1894 Bad Reichenhall; - Ps. Franz Ehegasser (*L*) #1,4
Waibel, Alois, *27.5.1787 Seyfriedsburg/Allg., †1.6.1852 Immenstadt; - Ps. Theophilus Nelk; Seifried; A. M. Veilch (*E-J-P*) #4,11,13,17
Waibel, Edwin, *21.3.1876 Hausen/Rh.; - Ps. Edwin von Maria (*P*) #3
Waibel, Hannelore, *18.10.1926 Gifhorn; - Ps. Mari Waibel (*L*) #3
Waizer, Rudolf, *15.4.1842 Klagenfurt, †8.12.1897; - Ps. Waldhorst (*L-P*) #1,3,4
Walbrecker, Ludwig, *28.3.1884 Zittau; - Ps. Ludwig Waldau (*E-R-S*) #3,4
Walch, Elsbeth, geb. Schmid, *17.2.1921 Beutelsbach b. Waiblingen; - Ps. Elsbeth Schmid (*E-S*) #3
Walch, Johann Georg, *17.6.1693 Meiningen, †13.1.1775 Jena; - Ps. Charistius (*P*) #4,13
Wald, Carl, *3.3.1858 Coelleda, †1908 Berlin; - Ps. Dr. Faust; Walram Forst; A. Karl; Karola; Margarete; Dr. Oliver (*D-R-S*) #3,4
Wald, Roderich, *14.11.1871 Hamburg; - Ps. Viktor Blum; Hans Feldau; Walter Hagen; Karl Meißner (*L-P-S*) #3
Wald, Toni, *15.1.1859 Neuenburg; - Ps. M. Carola; A. Dahm (*D-R*) #2,3
Waldau, Georg Ernst, *1745 Nürnberg, †1817 Nürnberg; - Ps. Silvius (*L*) #4
Waldburg-Syrgenstein, Sophie Gräfin von, *4.1.1857 Reichenburg/Steierm., †6.1.1924 Syrgenstein; - Ps. S. Waldburg (*L*) #3,4
Waldburg-Zeil, Ludwine Gräfin von, *10.11.1837 Prag, †10.1.1901 München; - Ps. Ludwine von Neidegg (*R*) #4
Waldeck, Rosie Gräfin, geb. Goldschmidt, *1898 Mannheim; - Ps. Rosie Goldschmidt (*P*) #18
Waldeck, Wolrath Graf zu, *17. Jh.; - gen. Der Vorsichtige/FG 568 #11
Waldeck-Eisenberg, Wolrad IV. Graf von, *7.7.1588 Burg Eisenberg, †6.10.1640 Arolsen; - gen. Der Frühespate/FG 114/1626 (*L-P*) #11,12
Waldeck-Wildungen, Christian Graf von, *25.12.1585, †31.12.1637; - gen. Der Betauete/FG 113/1626 (*P*) #11,12
Waldeck-Wildungen, Philipp VI. Graf von, *25.11.1613, †24.2.1645 Jankau/Böhmen; - gen. Der Zarte/FG 333/1639 #11,12
Waldecker, Ludwig, *19.8.1902 Hagen; - urspr. Burkhart Waldecker (*L-P*) #3
Walden, Ellen, *9.4.1912 Berlin; - Ps. Marga Bork (*P*) #18
Waldenegg, Philipp Jacob Oswald von, *17. Jh.; - gen. Daphnander/ES #11
Waldheim, H. A. Erich, *25.2.1882 Reinbek b. Hamburg; - Ps. Arthur E. Hilmar (*N-R*) #1,3,4
Waldis, Burkart, *um 1490 Allendorf/Werra, †1557 Abterode b. Eschwege; - Ps. Bur. Wald (*L-M-S*) #1,4,5,11,13,14,17
Waldmann, Emil, *29.7.1890 Hildesheim; - Ps. Ewald Mann; Semilasso (*D-F-S*) #3

Walendy, Paula, geb. Brandts, *4.10.1902 Mönchen-Gladbach; - Ps. Paula Brandts (*F-J-S*) #3

Walesrode, Ludwig Reinhold, *14.4.1810 Altona, †20.3.1889 Ludwigsburg; - urspr. Ludwig Reinhold Cohen; Ps. Emil Wagner (*E-P*) #1,3,4,13

Wall, Viktor, *6.12.1877 Göding/Mähren, †15.11.1936 Hötting b. Innsbruck; - Ps. Viktor Wall-Beyerfels (*R*) #3,4

Wallacher, Maria, *1.10.1902 Neunkirchen/Saar; - Ps. Jo Wallacher-Tellesch (*J-M*) #3

Wallberg, Max, *4.10.1879 Bergzabern; - Ps. F. R. Schmid (*L-P*) #3

Wallbrunn, Konrad Freiherr von, *18.3.1862 Königsberg; - Ps. Wolf von Partenheim (*D-E-S*) #3,4

Wallbrunn, Wolf Freiherr von, *21.10.1900; - Ps. Ernst Hofen (*D-S*) #3,4

Walleiser, Karl, *10.10.1839 Schrimm/Posen, †18.2.1914 Berlin; - Ps. Alfred Tonsé (*L-P-S*) #1,3,4

Wallenstein, Gottfried von, *17. Jh.; - gen. Der Unvergleichliche/FG 697 #11

Wallensteiner, Friedrich, *21.9.1903 Stuttgart; - Ps. Frederic W. Nielsen; Fritz Walter Nielsen (*E-L-P*) #3,4,18

Wallfried, Oscar, *7.1.1882 Wien; - Ps. Charles Fred Allison (*P*) #3

Wallich, Johann Ulrich von, *17. Jh.; - gen. Der Ausrichtsame/FG 771 #11

Wallisfurth, Rainer-Maria, *3.11.1919 Essen; - Ps. Douglas Baacon; T. H. Thomas (*J-L-P-R*) #3,7

Wallisfurth, Wolfgang, *1.9.1891 Nauseney/Schles., †11.9.1967 Riedenburg/Opf.; - Ps. Wolfgang Warth (*E-L-P-R*) #3

Wallner, Christian, *30.3.1944 Gmunden/O.-Ö.; - Ps. Johannes Winkler (*F-L-P-R*) #3

Wallner, Franz, *13.9.1896 Dresden; - Ps. Franz Wallner-Basté (*F-P*) #3

Wallner-Thurm, Therese, *29.12.1860 Dresden; - Ps. L. v. Saltera; L. von Saltern (*E-M-R*) #3,4

Wallraf, Ferdinand, *20.7.1748 Köln, †18.3.1824 Köln; - Ps. Casparson; Casparssohn; Juvenal (*P*) #4,6,13

Wallraff, Günther, *1.10.1942 Burscheid b. Köln; - Ps. Günter Wallmann (*F-P*) #3,5,8,10,17

Wallwitz, Bastian von; - gen. Der Gesetzte/FG 458/1646 #11,12

Wallwitz, Christoph von, *um 1590, †nach 1649; - gen. Der Demütige/FG 193/1629 #11,12

Wallwitz, Esche von, *1588, †11.12.1653; - auch Esche von Walwitz; gen. Der Reizende/FG 68/1623 #11,12

Wallwitz, Hans von, *17.1.1602 Freiberg/Sa., †16.12.1677 Dobritz/Anh.; - gen. Der Bewegende/FG 457/1646 #11,12

Walpurger, Christoph Wilhelm, *1577 Leipzig, †1631 Dresden; - Ps. Leo de Dromna; Leo de Thromna; Christoph Wilhelmi a Vallo (*P*) #4

Walsemann, Edgar, *15.1.1890 Hamburg; - Ps. Jan Brase (*J-R*) #3,4

Walsoe, Margarete, *5.4.1915 Berlin; - Ps. Margarete von Martius (*J-M*) #3

Walter, Carlheinz, *2.4.1913 Cottbus; - Ps. Towen Grill (*E-F-P-R*) #3

Walter, Daniel, *14.2.1875 Prassewitz/Böhmen, †12.6.1944 Graz; - Ps. Teutwart Wede (*P*) #3

Walter, Dieter, *8.9.1950 Iserlohn; - Ps. Kristina Brunner; Dorothea Daniels; Martin Renz; Vicky Scharbuch (*E-J*) #3

Walter, Gustav, *18.7.1874 Wien; - Ps. Graphicus; Perscrutor (*P*) #3

Walter, Hermann, *28.2.1862 Templin; - Ps. Hannas (*P*) #3

Walter, Hugo, *24.1.1904 Schönsee b. Briesen; - Ps. G. P. Walter; Adelhart Sebaldus; Gerhard Werkner (*L-P*)

Walter, Karl, *26.4.1892 Mülhausen/Elsaß; - Ps. Ernst Clad (*P*) #3,4

Walter, Käte, *2.3.1901 Briesen; - Ps. Jutta Hohenburg (*P*)

Walter, Paul, *9.9.1859 Glatz/Schles.; - Ps. Guido von Fels; Victor Felsen (*P-R*) #1,3,4

Walter, Robert, *3.5.1899 Wien; - Ps. Robert Walter-Kained (*D-E-L*) #3,4

Walter, Silja, *23.4.1919 Rickenbach b. Olten/Schweiz; - Ps. Schwester Maria Hedwig (*E-L-P-R-S*) #3,5

Walter-van der Bleek, Kurt L., *16.9.1877 Berlin, †1.1.1946 Berlin; - Ps. Kurt Schomburg (*P*) #3

Waltermann, Josef, *27.4.1885 Garbeck b. Neuenrade; - Ps. J. v. d. Winterlyt (*R*) #3

Walterstein, Clara, *25.2.1849 Bobersberg b. Crossen a. W.; - Ps. Wally Stein; Wally (*E-J-L-N*) #2,3

Walthausen, Erich von, *1583, †13.6.1661; - gen. Der Feurige/FG 349/1639 #11,12

Walther, Emil, *5.10.1844 Mutterstadt; - Ps. Dr. Lipps (*L-P*) #1,3

Walther, Johann Ernst, *17. Jh.; - gen. Silvidor/PB #11

Walther, Karl August, *30.4.1902 Bielefeld; - Ps. Waltharius (*E-L-P*) #3

Walther, Rudolf, *9.11.1519 Zürich, †25.12.1586 Zürich; - Ps. Rodolphus Gualtherus (*L-P*) #4,11,13

Walther, Susanna Philippine, geb. Locher, *21.10.1861 Zürich; - Ps. Hans Rode; Susy Walther-Locher (*L*) #3,4

Walther, Wilhelm, *7.1.1846 Cuxhaven; - Ps. Lutherophilus (*P*) #3,4

Waltz, Gustav, *26.12.1842 Heidelberg; - Ps. Der Heidelberger Weltweise; Bonaventura Sauerampfer (*L-P*) #1,3,4

Walwitz, Johann Esche von, *17. Jh.; - gen. Der Verbannende/FG 670 #11

Walz, Fritz, *5.6.1858 Salmbach; - Ps. Der Auslanddeutsche (*P*) #3
Walz, Werner, *9.12.1910 Stuttgart, †14.6.1994 Stuttgart; - Ps. Lasko Vézère (*E-F-J-L-P-R*) #3
Walzel, Camillo, *11.2.1829 Magdeburg, †18.3.1895 Wien; - Ps. F. Zell (*S*) #1,3,4
Walzel, Josef Kaspar von, *7.5.1873 Prag, †1910; - Ps. Karl Maria Eigl; F. Zell (*D-E-L-M-N-P*) #3
Wandau, Luise Elisabeth von, geb. v. Malchus, *22.10.1913 Bonn; - Ps. Leila von Malchus (*E-F-L-R*) #3,4
Wander, Karl Friedrich Wilhelm, *27.12.1803 Fischbach/Schles., †4.6.1879 Quirl/Rieseng.; - Ps. N. R. Dove; Willmann Korig; Dr. Pfaffius; Ernst Pfeffer; Arnold Salzmann; B. G. Wuntschli (*P*) #4,13,17
Wanderer, Josef, *20.4.1899 Wien; - Ps. Walter Wanderer (*E-R*) #3
Wanderscheck, Hermann, *16.5.1907 Berlin, †24.4.1971 b. Recklinghausen; - Ps. Hermann W. Anders (*F-L-N-P*) #3
Wandrey, Uwe, *10.5.1939 Hamburg; - Ps. Peer Brax (*F-J-L-P*) #3,7,8,17
Wangenheim, Alexander von, *31.10.1872; - Ps. Hans Wölfis (*P*) #3
Wangenheim, Eduard von, *1.8.1871 Wien, †22.7.1961 Berlin; - Ps. Eduard von Winterstein (*P*) #3,4
Wangenheim, Friedrich von, *17. Jh.; - gen. Der Niederträchtige/FG 703 #11
Wangenheim, Georg von, *17 Jh.; - gen. Der Freimütige/FG 732 #11
Wangenheim, Gustav Freiherr von, *18.2.1895 Wiesbaden, †5.8.1975 Berlin; - Ps. Hans Huß; (*D-E-F-L-S*) #3,4,5,8,14,18
Wangenheim, Hans Ludwig von, *17. Jh.; - gen. Der Verjagende/FG 558 #11
Wanglin, Clemens von, *17. Jh.; - gen. Der Zugenommene/FG 745 #11
Wangnereck, Heinrich, *1595 München, †11.11.1664 Dillingen; - Ps. Ernestus de Eusebiis (*P*) #6
Wangnet, Fritz, *25.7.1912 Rixdorf b. Berlin; - Ps. Wanfried Gnetrich; Hans F. Hagen (*F-L-N*) #3
Waniek, Kamilla, *20.11.1885 Mannersdorf/N.-Ö.; - Ps. Kamilla Palffy-Waniek (*E-S*) #3,4
Wäninger, Hedda, *17.5.1903 Neiße/Schles.; - Ps. Hedda Ernst (*E-L-R*) #3,4
Wankmüller, Manfred, *25.12.1924 Gerabronn; - Ps. MW (*E-J-P*) #3
Wannenmacher, Franz Xaver, *8.5.1839 Owingen/Hohenzollern, †21.10.1904 Straßburg; - Ps. Franz von Aubingen (*J-P-S*) #1,3,4
Wanninger, Joseph, *18.3.1896 Augsburg; - Ps. Yorick Klein (*D-P-R*) #3
Wannske, Magdalene, *3.10.1891 Gütersloh; - Ps. Betzler-Struve (*J-L*) #3
Wantalowicz, Oskar E., *29.8.1865 Istvandy/Ungarn; - Ps. O. E. W. (*E-J-L-P*) #3
Wanzenried, Gottfried Albert, *19. Jh.; - Ps. Gottfried Albert (*P*) #3
Warburg, Emilie Erhardine von, *2.4.1833 Danzig, †10.9.1907 Ballenstedt/Harz; - Ps. Emilie Erhard (*D-M-N-R*) #1,3,4
Warenberg, Hans Heinrich Nohthaft Graf von, *17. Jh.; - gen. Der Nachsuchende/FG 672 #11
Warming, Max, *5.11.1876 Hamburg; - Ps. W. v. Hamburg (*P*) #3
Warnecke, Cäcilie, *5.1.1830 Hannover; - Ps. Cäcilie Raveneck (*L-N*) #2,3
Warnken, Heinrich-Hans, *24.7.1870 Bremerhaven, †29.1.1927; - Ps. Teut Obach (*E-P*) #3
Warnken-Piorkowski, Maria, *10.7.1878 Bremerhaven; - Ps. N.-Narciß Piorkowski (*E-P*) #3
Warnkönig, Leopold August, * 1.8.1794 Bruchsal, †19.8.1866 Stuttgart; - Ps. L. A. W. (*L*) #1,4,13
Warnstedt, Bernd Heinrich von; - gen. Der Schuppichte/FG 370/1642 #11,12
Warrens, Eduard, *1820, †5.1.1872 Hamburg; - urspr. Eduard Arens (*P*) #4,13
Warsberg, Elisabeth Baronin von, *2.6.1918 Wien; - Ps. Elisabeth Eisenbach (*J*) #3
Warschauer, Frank, *22.4.1892 Darmstadt; - Ps. Frank Aschau (*P*) #3
Wartenberg, Adelheid von, *22.12.1872 Clairmont/Argonne; - Ps. A. v. Vielrogge (*E-P*) #2,3
Wartenberg, Hans Georg Herr von, *nach 1576, †nach 1646; - gen. Der Fortjagende/FG 143/1627 (*P*) #11,12
Wartenberg, Herlind, *2.11.1957 Bielefeld; - Ps. Hera Lind (*R*)
Wartenegg von Wertheimstein, Wilhelm, *24.6.1839 Wien, †14.10.1914 Wien; - Ps. Ad. Tuisko; Wilhelm Wehm (*D-L-N-R-S*) #1,3,4
Wartensleben, Hermann Simon von, †19.1.1654; - gen. Der Gewöhnliche/FG 379/1642 #11,12
Wartensleben, Johann Joachim von, *1594 Exten, †21.2.1633 Dresden; - gen. Der Beschlossene/FG 108/1626 (*P*) 11,12
Wasem, Ludwig, *23.9.1871 Homburg; - Ps. Kastello; L. vom Wald (*D-L*) #3
Waser, Johann Heinrich, *1713 Zürich, †23.12.1777; - Ps. Johann von Breitenfels (*P*) #4
Waser-Gamper, Esther, *22.7.1904 Zürich; - Ps. Esther Gamper (*E-P-R*) #3,4
Wasmund, Friedrich, *(1979); - Ps. Stefan Frank; Sybille Nordmann (*E*) #3
Wass von Czege, Albert Graf von, *8.1.1908 Valaszut/Siebenbürgen; - Ps. A. W. von Czege (*L-M-N-R*) #3,4
Wasser, Karl, *4.9.1938 Heiligenhaus; - Ps.

Jack Everett; Clay Hunter; Everett Jones; Jean Lafitte; Benito Martinez; Charles McKay; Jack Slade (*R*) #3,16

Wasserburg, Philipp, *11.10.1827 Mainz, †13.4.1897 Gonsenheim b. Mainz; - Ps. Philipp Laicus (*E-N-P-R*) #1,3,4

Wasserburger, Lina, *9.9.1831 St.Thomas/O.-Ö., †19.1.1901 Wien; - Ps. L. W. Burger (*D-L-R-S*) #1,3,4

Wasserburger, Paula von, *12.2.1865 Wien; - Ps. Sonja Iwanowna Lewikoff; Veritas (*N-P-R*) #3,4

Wassermann, Charles, *21.2.1926 Wien, †1.5.1978 Altaussee; - Ps. Ulric (*D-F-R*) #3

Wassermann, Julie Else, geb. Speyer, *5.12.1876 Wien; - Ps. Julie Wassermann-Speyer (*F-L-P-R*) #3,4,18

Wassermann, Kurt, *4.7.1906 Oschersleben; - Ps. Konrad Fehsius (*E-R-S*) #3,4

Wassermann, Leonhard, *6.1.1843 Oberolm; - Ps. L. Friedlieb (*P*) #3

Wassermann, Marta, geb. Karlweis, *27.4.1889 Wien, †2.11.1965 Lugano; - Ps. Marta Karlweis; Marta Streß-Karlweis; Barbara Vogel (*E-P-R*) #3,4,18,19

Wassermann, Moses, *15.7.1811 Ansbach, †18.10.1892 Stuttgart; - Ps. Orientalis (*R*) #3,4,13

Wassermann, Paula, *27.11.1865 Klagenfurt; - Ps. Hannes Rainer (*E-L-R*) #3,4

Wastian, Heinrich, *3.3.1873 Graz; - Ps. Heini von Steier (*E-L-P*) #3

Watt, Joachim von, *29.11.1484 St.Gallen, †6.4.1551 St.Gallen; - Ps. Joachim Vadianus (*L-P*) #4,5,11,14,19

Watteroth, Heinrich Joseph, *17.11.1756 Worbis, †13.8.1819 Wien; - Ps. Joseph Kreutzenstein (*P*) #4

Watzdorf, Erika von, *6.5.1878 Schloß Dobitschen/Thür.; - Ps. Erika von Watzdorf-Bachoff (*E-L-R*) #3,4

Watzdorf, Peter, *(1548); - Ps. Peter Watz (*L*) #11

Watzinger, Carl Hans, *7.9.1908 Steyr/O.-Ö.; - Ps. Bernhard Stauffer; Carl Watzinger-Steyr (*D-E-F-P-R*) #3,4

Watzke, Helmut, *6.9.1942 Aussig/Sudeten; - Ps. Andreas Alexander; Günther Frank; Jürgen W. Sternberg; Clemens R. Walter (*E-J-R*) #3

Watzlawek, Richard, *3.8.1880 Cilli/Steierm., †22.2.1965 Wien; - Ps. Richard Sanneck (*E-L-N-R-S*) #3,4

Wauer, Gerhard, *18.8.1869 Dresden; - Ps. Hermann Lary (*D-L-P*) #3,4

Wauer, Hugo, *6.5.1828 Berlin, †4.7.1912 Berlin; - Ps. Bruno Mai; Leo Mücke; Arnold Wahrmann (*D-L-P-S*) #1,3,4

Wauer, Ursula, geb. Scherz, *14.8.1896 Kummerow-Beeskow/Mark; - Ps. Ursula Scherz (*J-R*) #3

Wauer, William, *26.10.1866 Oberwiesenthal/Sa., †10.3.1962 Berlin; - Ps. Ernst Hermann; Wilhelm Pförtner (*F-L-P-R*) #3,4

Wawerka, Hans, *6.4.1840 Wien; - Ps. Albert Bellami (*E-R*) #1,3

Wawerka, Oskar Egon, *27.4.1903 Mürzzuschlag/Steierm., †26.12.1959 Wien; - Ps. Wolfgang Wiener (*E-F-L-P-R*) #3,4

Wawra, Emil, *6.8.1896 Wien; - Ps. Gerald Faber (*E-F-L-R-S*) #3

Webel, Oskar, *25.11.1864 Dresden; - Ps. owel; G. Sturm (*D-E-R-S*) #1,3,4

Weber, Adelheid, *3.5.1851 Marienwerder, †1923 München; - Ps. A. Haiden; A. Heiden (*D-E-R*) #1,2,3,4

Weber, Anton, *27.6.1846 Hammelburg, †1.3.1915 Regensburg; - Ps. Textor (*P*) #3,4

Weber, Arna, * 19. Jh.; - Ps. Erhard Pfeil (*N-R*) #2,3

Weber, Arthur, *29.7.1875 Zschauitz b. Rochlitz/Sa.; - Ps. E. A. Kernwart (*E-P*) #3

Weber, Carl Maria, *6.9.1890 Düsseldorf, †15.8.1953 Prien/Chiemsee; - Ps. Olaf (*L-P*) #3

Weber, Carl Maria von, *18.12.1786 Eutin, †7.6.1826 London; - Ps. Simon Knaster; Melos (*E-L-P*) #4,13

Weber, Charlotte von, *8.6.1898 München; - Ps. Elem; Lotte Herbert Mohr; Charlot Mor; Yallmar Stern; Zhiliosta (*D-E-L-M-P-R*) #3,4

Weber, Edmund, *8.8.1900 Wien, †20.5.1949 Wien; - Ps. Edmund W. Eichler; E. W. Luschnitz (*E-L-P*) #3

Weber, Emilie, *1841 Rußheim; - Ps. E. Avari (*N-P*) #3

Weber, Ernst, *23.4.1903 Hamburg; - Ps. Max Wing (*N-R*) #3

Weber, Friedrich H., *27.10.1908 Basel; - Ps. d'Efvé; fhw; fw; Härzass; Alois H. Salzer; Traumulus (*E-L-P-R*) #3,4

Weber, Georg Heinrich, *(1661); - gen. Hyphantes/ES (*L*) #6,11

Weber, Georg Michael von, *20.1.1768; - Ps. Magister Aletheios (*P*) #6

Weber, Gotthold August, *8.6.1774 Erfurt; - Ps. August Textor (*E-J-P-R*) #6

Weber, Grete, geb. Wassertheurer, *21.6.1939 Graz; - Ps. Elanor Ascot; Rosel Bäumer; Hanne Bergen; Bettina Clausen; Marisa Frank; Lorena Franklin; Rudolf Koch; Gert Rothberg; Gretl Theurer; Grete Wassertheurer; Gudrun Wiegand (*E-J-L-P*) #3

Weber, H. H., *(1984); - Ps. Jerry Cotton (*P-R*) #16

Weber, Hans, *12.11.1904 Wuppertal, †11.3.1951 Wenningstedt/Sylt; - Ps. Hans Hackenberg (*E-R*) #3,4

Weber, Herta, geb. Stumfohl, *1.10.1908 Wien; - Ps. Hellmut Stosch; Herta Weber-Stumfohl (*E-F-J-P-R-S*) #3

Weber, Horst, *17.11.1901 Vinningen/Pfalz; - Ps. Harald Webbs (*E-P*) #3

Weber, Ilse, *11.1.1903 Witkowitz/Mähren, †6.10.1944 Auschwitz; - Ps. Ilse Herlinger (*J-M*) #3,4

Weber, Immanuel, *23.9.1659 Hohenleida b. Leipzig, †7.5.1726 Gießen; - Ps. Henricus Cornelius Agrippa; Levinus von Ambeer; H. Schotthusius (*L*) #6

Weber, Johannes, *26.10.1798 Lienz/Ö., †28.2.1858 Frankfurt/M.; - Ps. Beda Weber (*D-L-P*) #1,4,13

Weber, Joseph, *23.9.1753 Rain/Bayern, †14.2.1831 Augsburg; - Ps. Leibnitzius (*P*)

Weber, Karl Florian, *8.5.1739 Schmiegel/Südpr., †11.10.1794 Militsch; - Ps. Acritophilus (*P*) #6

Weber, Karl Heinz, *20.2.1928 Bleicherode b. Sondershausen, †1986; - Ps. Gerd Geerth (*E-R*) #3

Weber, Karl Julius, *21.4.1767 Langenburg/Württ., †20.7.1832 Kupferzell/Württ.; - Ps. Demokritos ein lachender Philosoph; Wekhrlin jun. (*P*) #1,4,5,11,13

Weber, Klaus, *12.5.1924 Köln; - Ps. Benno Rang (*R*) #3

Weber, Leonore, geb. Ulpe, *14.12.1928 Riga; - Ps. Lenore Ulpe (*L-N-P-R*) #3

Weber, Ludwig, *12.1.1869 Alzey; - Ps. Ludwig Marck (*D-E-P-S*) #3,4

Weber, Ludwig, *4.10.1896 Ranfels; - Ps. Waldweber (*E-P*) #3

Weber, Martin, *11.11.1852 Soden; - Ps. M. W. Christ; W. Martin (*E-P*) #3

Weber, Max Maria von, *29.8.1822 Dresden, †18.4.1881 Berlin; - Ps. Max Maria (*L-P*) #1,4,13

Weber, Otto, *8.4.1903 Neustadt/Holst.; - Ps. Jürgen Uhde; Otto Weber-Krohse (*L-P*) #3,4

Weber v. Webenau, Robert, *17.12.1907 Liesing-Wien; - Ps. Bert Wernau (*E-P*) #3

Webersik, Gabriele Elly, *11.3.1890 Prag; - Ps. E. Webers (*D-E-F-L-P-R*) #3

Webinger, Alfred, *13.3.1885 Taiskirchen/O.-Ö.; - Ps. Arno Wolfger (*L-P*) #3

Wechmar, Rüdiger Freih. von, *15.11.1923 Berlin; - Ps. Wieland Deutsch (*P*) #19

Wechselmann, H. J. H., *11.4.1865 Berlin; - Ps. Henry Wenden (*D-E-R-S*) #3,4

Wechsler, Ernst, *24.6.1861 Güssing/Burgenland, †10.7.1893 Weißensee b. Berlin; - Ps. Ernst Lothar (*E-L-N-P*) #1,3,4

Wechsler, Ludwig, *16.5.1861 Maros/Ung.; - Ps. Louis Hermann; Leopold Weinholz (*P*) #3

Wechßler, Adolf, *13.2.1829 Ulm, †9.8.1914 Ulm; - Ps. Karl Berger (*D-L-P-S*) #1,3,4

Weck, Sidonie, *12.8.1854 Greiffenberg/Schlesien; - Ps. Ernst Ludwig (*R-S*) #2,4

Weckherlin, Georg Rudolf, *15.9.1584 Stuttgart, †13.2.1653 London; - Ps. Filidor (*L-P*) #1,4,5,13,14,19

Weczerza, Walter, *28.12.1899 Brünn; - Ps. Walt Vetsera (*D-S*) #3,4

Weddigen, Friedrich Heinrich Otto, *9.2.1851 Minden, †29.1.1940 Berlin; - Ps. Friedrich von der Weser (*D-E-L-N-P-S*) #1,3,4

Weddy-Poenicke, Olf, *8.7.1908 Lindenfelde/Pommern; - Ps. Jacob Jonckheere (*P*) #3

Wedekind, Christof Friedrich, *1709 Schloß Ricklingen b. Hannover, †3.10.1777 Kiel; - Ps. Creszentius Koromandel; Christoph Friedrich Wittekind (*L-P*) #4,11,13

Wedekind, Frank, *24.7.1864 Hannover, †9.3.1918 München; - Ps. Ahasver; Benjamin; Kaspar Hauser; Hermann; Hieronymus Jobs; Cornelius Mine-Haha; Müller von Bükkeburg; Frank Querilinth; Simplizissimus; Hugo Freih. von Trenck; Tschingiskhan (*D-E-L-S*) #3,4,5,8,14

Wedekind, Georg Christian Theodor Freiherr von, *8.1.1761 Göttingen, †28.10.1831 Darmstadt; - Ps. Erasistratus (*P*) #4,13

Wedel, Charlotte von, *13.10.1891 Berlin; - Ps. Charlotte von Gwinner (*P*) #3

Wedel, Marie Gräfin von, *22.2.1855 Weimar, †25.12.1913 Weimar; - Ps. Marie Witilo (*D-L-R*) #2,3,4

Wedelstaedt, Clara von, geb. Schelper, verw. Willrath, *30.6.1884 Frankfurt/O., †3.3.1960 Wiesbaden; - Ps. Harry Lehmann; Clara Schelper; Clara Willrath (*E-F-J-L-R-S*) #3,4,17

Wedepohl, Edgar, *9.9.1894 Magdeburg; - Ps. Florestan (*L-M-P*) #3,4

Wedig, Ernst Johann Hieronymus, *10.1.1774 Naumburg/S.; - Ps. E. Edwig (*L-P*) #1,4,6,11

Weeren, Friedrich, *8.12.1907 Duisburg; - Ps. Friedrich Deich (*P-R*) #3,4

Weg, Hilda, *13.2.1914; - Ps. Hildegard Wegner (*N*) #3

Wegelin, Josua, *11.1.1604 Augsburg, †14.9.1640 Preßburg; - auch Wegelein (*L*) #1,4,13

Wegener, Helmut, *10.5.1909 Fürstenwalde/Spree; - Ps. Otto-Otto (*E*) #3

Wegener, Karl Friedrich, *1734, †20.6.1782 Berlin; - Ps. Baldrian Schwarzbuckel (*L-P*) #4,13

Wegener, Manfred, *6.10.1935 Danzig; - Ps. John Cameron; Jerry Cotton; Bert F. Island; G. W. Jones; Gregory Kern; Calvin F. MacRoy; Fred McMason; Mark Powers; B. M. Shark; Jack Slade; Franco Solo; Fred Wagner; Fred Wagoner; Fred M. Wayer; D. C. Wayne (*E-P-R*) #7,16

Wegener, Wilhelm Anton, *11.5.1844 Seelow b. Frankfurt/O.; - Ps. W. Anton (*D-E-L-P*) #1,3

Wegerer, Agnes von, *28.10.1820 Magdeburg, †1.12.1900 Berlin; - Ps. Ernst Norden (*N-P-R*) #1,2,3,4

Wegerth, Reinhard, *25.6.1950 Neudorf/N.-Ö.; - Ps. Reinhard Leidergott (*E-F-P*) #3,4

Wegleiter, Christoph, *22.4.1659 Nürnberg, †16.8.1706 Altdorf; - gen. Irenian/PB (*L*) #6,11

Wegner, Armin Theophil, *16.10.1886 Elberfeld, †17.5.1978 Rom; - Ps. Ömer-Tarik; Marco Polo; Johannes Selbdritt; Klaus Uhlen (*F-L-N-P-R-S*) #3,4,5,8,18
Wegner, Bertha, *3.3.1850 Bromberg, †1927 Berlin; - Ps. B. von York; B. W. Zell (*E-N-P-R*) #1,3,4
Wegner, Elisabeth, *(1895) Kiel; - Ps. M. Olivar (*E-N-P-R*) #2,3
Wegner, Ernst, *12.7.1900 Güsten/Anhalt; - Ps. Wegner-Höring (*P*) #3
Wegner, Gottfried, *18.3.1644 Oels, †14.6.1709 Königsberg; - Ps. Georgius Finwetter; Georgius Freund (*L-P*) #4,6
Wegner, Leonore, *3.12.1892 Berlin, †1990; - Ps. Lola Landau (*D-E-J-L-N-P-R*) #3,4,18
Wehe, Gertrude, geb. Petersen, *22.11.1888 Hamburg; - Ps. Gertrude Petersen (*E-F-J-R-S*) #3
Wehlen, Feodor von, *19.2.1821 Waldenburg/Schles., †22.1.1890 Hamburg; - Ps. Feodor Wehl (*D-E-N-P-S*) #1,3,4,13
Wehner, Christa, *15.5.1920 Radeburg; - Ps. Christa Wehner-Radeburg (*L-P*) #3
Wehner, Hugo, *19. Jh.; - Ps. Karl Reginaldus (*P*)
Wehner, Joseph Magnus, *14.11.1891 Bermbach/Rhön, †14.12.1973 München; - Ps. Ima Vallesi (*D-L-M-P-R-S*) #3,4,5,8,10
Wehner, Karl-Bruno, *19.10.1906 Berlin, †24.1.1975 Salzburg; - Ps. Kabruwe; Peter Sorgenfrei (*E-F-L-R-S*) #3
Wehner, Rosemarie, *15.8.1937; - Ps. Bettina Berndt; Claudia König (*R*) #3
Wehren, Else von, *8.10.1875 Hagenau/Elsaß; - Ps. E. v. Wildenfels (*E-L*) #3,4
Wehren, Marianne von, *3.3.1830 Wilitz; - Ps. Rick Waare (*N-R*) #2,3
Wehrenfennig, Helmut, *24.7.1916 Morchenstern b. Bunzlau/Sudeten; - Ps. Helgustad; Helwehr (*L-N*) #3
Wehrli, Betty, *13.7.1904 Zusingen/Glarus; - Ps. Betty Knobel (*E-L-R*) #3,4
Wehrmeister, Cyrillus, *17.10.1869 Füssen; - Ps. Malgov (*E-P*) #3,4
Wehrtern, Hans, *17. Jh.; - gen. Der Zertrennende/FG 706 #11
Weibel, Karl-Heinz, *14.3.1923 Frankfurt/M.; - Ps. Heinz Weibel-Altmeyer (*P-R*) #3
Weibel, Walther, *20.3.1882 Luzern; - Ps. Hector G. Preconi (*L-P*) #3
Weibel-Hinderer, Doris, *13.3.1923 Zürich; - Ps. Dorothea Sara (*N-R*) #3
Weibert, Ferdinand, *6.1.1841 Fachsenfeld b. Aalen; - Ps. Reinfels; Wilhelm Stein (*L*) #1,4
Weibgen, Margarete, *4.9.1895 Liewenberg b. Heilsberg, †16.7.1962 Berlin; - Ps. Margarete Weibgen-Kreidner (*E*) #3
Weichardt, Ellen, *5.2.1851 Kassel, †16.5.1880 Görbersdorf/Sa.; - Ps. Ellen Lenneck (*R*) #1,4
Weichmann, Herbert, *23.2.1896 Landsberg/Oberschles., †9.10.1983 Hamburg; - Ps. Henri Müller (*P*) #18
Weick, Georg, *3.8.1863 Weissenburg/Elsaß; - Ps. Paschali (*D-E-L-M-P*) #3,4
Weiden, Christan, *27.9.1961 Windeck-Dattenfeld; - Ps. Christiaan Smeenk (*E-L-P*) #3
Weidenbach, Wolf Albrecht von, *17. Jh.; - gen. Der Verknüpfte/FG 574 #11
Weidenholzer, Johann, *28.5.1844 Kallham/O.-Ö.; - Ps. Johann Salicius (*E-N-P*) #3
Weidenmann, Alfred, *10.5.1918 Stuttgart; - Ps. W. Derfla (*F-J-R*) #3,17
Weidenmann, Julie, *10.11.1887 Basel, †25.11.1942; - Ps. Julie Weidenmann-Boesch (*L-P-S*) #3,4
Weidenmüller, Gerhard, *22.7.1927; - Ps. Abraham Levi (*E-F-L-P*)
Weidig, Friedrich Ludwig, *17.2.1791 Obergleen b. Wetzlar, †23.2.1837 Darmstadt; - Ps. Freimund Hesse (*L-P*) #1,4,13
Weidinger, Hermann-Josef, *16.1.1918 Riegersburg; - Ps. Kräuterpfarrer (*L-P*) #3
Weidner, Karl, *13.3.1887 Elberfeld; - Ps. Christian Wöllner (*P*) #3
Weier, Johann, *1515 Grave/Nordbrabant, †24.2.1588 Tecklenburg; - Ps. Piscinarius (*P*)
Weigel, Philipp, *7.7.1878 Raschau/Erzg.; - Ps. Emmler Ernst; Herbert Steineck (*D-P-S*) #3
Weigel, Valentin, *1533 Naundorf/Sa., †10.6.1588 Zschopau/Erzg.; - Ps. D. Johannes Arnds; Huldreich Meiersbach von Regenbrunn; Christianus Theophilus; Udalricus Wegweiser Utopiensis (*P*) #4,5,6
Weigel-Rössler, Curt, *11.9.1892 Aue/Sa.; - Ps. C. Rauhried (*E-R*) #3
Weigend, Friedrich, *23.7.1921 Teplitz-Schönau; - Ps. Friedrich Abendroth (*F-P*) #3
Weigl, Franz, *11.8.1857 Wien; - Ps. Bardolph (*P*) #3
Weigle, Fritz, *1938; - Ps. F. W. Bernstein (*J-P*) #3
Weiher, Eugen August von, *28.12.1875 Berlin; - Ps. Franz Herwey (*D-S*) #3,4
Weijand, Erich, *22.12.1896 Berlin; - Ps. Erich Weijand-Wüstewaltersdorf (*E-L-N-P*) #3
Weil, Else, *19. Jh.; - Ps. Cläre Pimbusch (*P*)
Weil, Josef Sigmund, *17.2.1846 Bad Dürkheim; - Ps. Josef Ernstlieb (*L*) #3,4
Weil, Joseph, *9.3.1821 Wien, †10.4.1895 Wien; - Ps. Joseph Weyl (*E-P*) #1,4,13
Weil, Mathilde, *13.7.1870; - Ps. M. Fritz (*J-M-P*) #3
Weil, Robert, *4.8.1881 Wien, †5.12.1860 New York; - Ps. Gustav Holm; Homunkulus (*D-E-F-N-P-R*) #3,4,18
Weiland, Albert, *24.4.1924 Saarbrücken; - Ps. Laurin Munter (*F-L-N-P*) #3
Weiland, Freya, *19. Jh.; - Ps. F. Waldheim (*E-L-S*) #2
Weilandt, Clemens, *28.1.1870 Flatow/West

preußen; - Ps. Argus jr.; Diogenes; Schmidt von Waffenstein (*P*) #3
Weilbächer, Paul, *7.3.1860 Weilbach/Hessen; - Ps. Paul vom Wildbach (*N-P*) #3
Weilen, Helene, *26.2.1898 Wien; - Ps. Helene Mandl-Weilen (*F-J*) #3,4
Weill, Alexander, *10.5.1811 Schirrhofen/Elsaß, †18.4.1899; - ursp. Abraham Weill (*N-P-S*) #4
Weilshäuser, Anna, geb. Gründel, *1832 Nicolai/Oberschles.; - Ps. Anna Gründel; J. Willnicht (*P*) #2
Weilshäuser, Helene, *28.8.1867; - Ps. H. Linden (*L*) #2,3
Weimer, Gerda, *7.12.1921 Hamburg; - Ps. Gerda West (*E-J-R*) #3
Weinbaum, David, *9.8.1859 Dyhernfurth/Schlesien; - Ps. D. Baum (*E-L*) #3
Weinberg, Margarete, geb. Lissauer, *14.3.1876 Berlin; - Ps. Gabriele Haack; M. Lissauer; Wolf Marwein; Marie Salander; Lisa Sauer; Greta Wilborg (*P*) #3
Weinberg, Siegfried, *3.12.1880 Berlin; - Ps. Dr. Siegfrieda (*P*) #3
Weinberger, Lili, *22.1.1914 Nancy; - Ps. Lili Knauss-Weinberger (*L-N*) #3
Weiner, Richard, *7.2.1846 Kissingen; - Ps. Frankonicus; Rhenanus (*D-E-P-R-S*) #3
Weinert, Alois, *11.5.1875 Weseritz/Böhmen, †1945 Prag; - Ps. Louis Weinert; Louis Weinert-Wilton (*D-R-S*) #3,4
Weinert, Erich, *4.8.1890 Magdeburg, †20.4.1953 Berlin; - Ps. Gustav Bernhard; Max von Buelowbogen; Erwin; Pius; Gustav Winterstein; Erhardt Winzer (*D-E-L-P*) #3,4,5,8,14,17,18
Weingarten, Karola, geb. Eppstein, *5.6.1905 Dortmund, †20.6.1965 New York; - Ps. Karola Eppstein (*P*) #18
Weinholz, Heinrich Albert, *21.7.1822 Berlin, †28.3.1901 Bonn; - Ps. Besenstiel; Krebshold (*D-E-L-R*) #1,3
Weinland, Christoph David Friedrich, *30.8. 1829 Grabenstetten, †19.9.1915 Hohen-Wittlingen/Württ.; - Ps. Bojanus (*E*) #3,4,17
Weinland, Manfred, *(1984); - Ps. Jerry Cotton; Roger Damon; Robert Lamont; Mike Shadow; Olsh Trenton (*P-R*) #16
Weinlich, Luise, geb. Tipka, *(1859) Güns/Ungarn; - Ps. Luise Tipka (*L*) #1
Weinmann, Fritz Siegfried, *21.5.1889 Frankfurt/M.; - Ps. Fred Weinman (*P*) #18
Weinrich, Alfons, *28.9.1878 Braunschweig; - Ps. Bruno Pilger (*P*) #3
Weinrich, Franz Johannes, *7.8.1897 Hannover, †24.12.1978 Ettenheim; - Ps. Heinrich Lerse (*D-E-L-P-R-S*) #3,4,5
Weinschenk, Harry E., *12.3.1900 Bromberg; - Ps. Jens Harrynk (*F-L-N-P*) #3
Weinzierl, Louise Antonie, *17.1.1835 Lemberg/Galizien; - Ps. A. Baer; R. Hof; G. Hofmann; C. Law (*N*) #2,3
Weirauch, Anna Elisabeth, *7.8.1887 Galatz/Rumänien, †21.12.1970 Berlin; - Ps. Anna Elisabeth Ries (*F-J-R*) #3,4,9
Weis, Johanna Elisabeth, *11.3.1903 Kaiserslautern; - Ps. Hanna Forster (*E-J-L*) #3,4
Weis, Wenzeslaus, *9.1.1810 Breslau, †21.8.1879 Breslau; - Ps. Wenzeslaw Bielawsky (*D*) #1,4
Weis, Wilhelm, *15.3.1894 Clausen, †23.3.1964 Luxemburg; - Ps. Hermann Berg (*E-L-M-P-R*) #3,4
Weis von Arbter, Wilhelm, *30.11.1898 Graz; - Ps. Jocher von Jochberg (*D-J-L-P*) #3
Weise, Alfred, *4.4.1882 Leipzig, †27.9.1957 Berlin; - Ps. Gerhard Sachs; Alfred Weise-Potsdam (*P*) #3,4
Weise, Christian, *30.4.1642 Zittau, †21.10.1708 Zittau; - Ps. Catharinus Civilis; Sigismund Gleichviel; Demetrius Mercator; Tarquinius Catullus a Xardo (*D-L-P-R-S*) #1,4,5,6,11,13,14,17
Weise, Hermann, *3.8.1830 Leipzig, †22.2.1918 Dresden; - Ps. H. W. M. v. Walthausen (*D-L-R-S*) #3,4
Weise, Karl, *19.11.1813 Halle/S., †31.3.1888 Freienwalde/O.; - gen. Der Freienwalder Hans Sachs (*E-L*) #1,4,13
Weise, Karl, *27.11.1889 Fraulautern; - Ps. Horst Thorsen (*D-E-N-R*) #3,4
Weise, Klara, *20.11.1823 Magdeburg, †18.7.1890 Straßburg; - Ps. Klara Cron (*E-J-N-P*) #1,3,4,17
Weise, Lisa, *21.11.1864 Frankfurt/O.; - Ps. E. Liss-Blanc (*N-R*) #1,2,3
Weisenborn, Günther, *10.7.1902 Velbert/Rhl., †26.3.1969 Berlin; - Ps. W. Bohr; Eberhard Foerster; Christian Munk (*D-P-R-S*) #3,4,5,8,10,14
Weiser, Karl, *29.7.1848 Alsfeld, †1.7.1913 Weimar; - Ps. Paul Wasily Newsky; Siegfried Newsky; Siegfried; Walther Sigfried (*D-E-L-N-S*) #1,3,4
Weisfert, Julius Nikolaus, *26.7.1873 Moskau; - Ps. Dr. Tintophonius (*P*) #3
Weishaar, Anna, geb. Ebersberg, *6.3.1870 Wien, †28.10.1950 Wien; - Ps. Annie Berg; Anna Ebersberg (*D-R-S*) #4
Weishaupt, Adam, *6.2.1748 Ingolstadt, †18.11.1830 Gotha; - Ps. Spartacus und Philo (*P*) #4,13
Weisheitinger, Ferdinand, *28.6.1883 Altötting, †19.6.1949 München; - gen. Weiß Ferdl (*E-P-S*) #3,4
Weiskern, Friedrich Wilhelm, *Eisleben, †29.12.1768 Wien; - Ps. Filipp von Zesen (*P*) #6
Weiskopf, Franz Carl, *3.4.1900 Prag, †14.9.1955 Berlin; - Ps. Petr Buk; F. W. L. Kovacs (*E-L-P-R*) #3,4,5,8,14,18
Weiskopf, Margarete, *11.5.1905 Salzburg, †15.3.1966 Saalfeld/Thür.; - Ps. Alex Wedding (*J-R*) #3,8,14,17,18

Weisl, Alexandrine Martina, geb. Schnabl, *10.12.1882 Wien, †25.1.1957 Wien; - Ps. Martina Schnabl; Martina Wied (*E-L-N-P-R*) #3,4,5,9,18

Weismüller, Auguste, *4.7.1852 Menden/ Westf.; - Ps. A. Veldenz (*N*) #2,3,4

Weiß, Albert Maria, *22.4.1844 Indersdorf/ Obb., †16.8.1925; - Ps. Heinrich von der Clana (*P*) #3,4

Weiss, Alfred, *17.9.1879 Wien; - Ps. Alfred Hagen; Alfred W. Marton (*D-R*) #1,4

Weiß, Caroline, *23.2.1846 Namensto/Ungarn; - Ps. Caroline Deutsch (*E-R*) #1,3,4

Weiß, Friedrich, *19.2.1920 Wien; - Ps. Fritz Wöss (*F-P-R*) #3

Weiß, Hans Dietrich, *24.3.1922 Zschopau/Sa.; - Ps. Werner Steffen (*F*) #3

Weiß, Hansgerhard, *7.5.1902 Celle; - Ps. Hans Gerhard (*J-P-R*) #3,4

Weiß, Hela, *24.3.1879 Heide/Holst.; - Ps. Hela Sander-Weiß (*E-J-R*) #3,4

Weiß, Helmut, *25.1.1907 Göttingen; - Ps. Paul Berking (*F-S*) #3

Weiss, Helmut, *10.5.1913 Dresden; - Ps. Chronos; Hans Wendt-Bremen (*E*) #18

Weiß, Johann Baptist Ritter von, *22.7.1820 Ettenheim/Baden, †8.3.1899 Graz; - Ps. Hans Joergel von Speising (*P*) #3,4,13

Weiß, Johann Gustav, *21.8.1857 Mannheim; - Ps. Bull (*E-L*) #1,3,4

Weiss, Johann Nicolaus, *1703 Hof; - Ps. Agathinus (*P*)

Weiß, Julian, *1.11.1858 Temeswar/Ungarn; - Ps. Arpad (*E-L-N-P*) #1,3,4

Weiß, Karl, *13.2.1826 Wien, †23.12.1895 Wien; - Ps. Karl Struve (*P*) #4

Weiß, Karl, *25.9.1846 Klattau/Böhmen; - Ps. Karl Schrattenthal (*E-L-P*) #1,3,4

Weiß, Karl, *23.11.1850 Wien, †27.10.1901 Wien; - Ps. C. Karlweis (*E-N-R-S*) #1,3,4,5

Weiß, Karoline, *23.2.1843 Namesto/Ungarn; - Ps. Karoline Deutsch (*E-R*) #1,3,4

Weiss, Marie, *22.10.1884 Paris; - Ps. Wilhelm Reimer (*L-N*) #3,18

Weiss, Michael, *1610 Pröbbernau/Fr. Nehrung, †21.8.1653 Danzig; - Ps. Michael Albinus (*L-P*) #4,11,13

Weiss, Milka, *6.8.1858 Grätz/Posen; - Ps. M. Koninski-Weiss (*D-L-P-S*) #3,4

Weiß, Otto, *16.4.1898 Wien; - Ps. Theo Heller; Percy Roy; Otto Wolfgang (*E-L-P*) #3

Weiß, Pantaleon, *7.10.1540 Ybbs/Ö., †3.10. 1608 Zweibrücken; - Ps. Pantaleon Candidus; Nathanael Hodopaeus (*P*) #4,6, 13,15,19

Weiss, Peter, *18.11.1916 Nowawes b. Berlin, †10.5.1982 Stockholm; - Ps. Sinclair (*D-E-L-P-R*) #3,5,8,10,18

Weiß, Samuel Ami, *19.1.1858 Hruschau/ Schles., †21.6.1896 Gries b. Bozen; - Ps. Kamillo Weißenburg (*L*) #4,13

Weiss, Sidonie, *11.5.1849 Lugos/Ungarn; - Ps. K. Hainzendorf (*L-P*) #2,3

Weissbarth, Johanna Wilhelmine, *1857 Schwedt/Oder; - Ps. Johanna Wilhelmi (*E-N-P*) #2

Weiße, Christian Hermann, *10.8.1801 Leipzig, †19.9.1866 Leipzig; - Ps. Nicodemus (*P*) #4,13

Weiße, Karl Georg, *24.3.1761 Salzwedel; - gen. Albus; Ps. Gustav Adalbert Blau; Ehrenreich Traugott Kaiser (*P*) #4,6,11

Weisse von Rosenau, Niclas, *17. Jh.; - gen. Der Selbliche/DG-R #11

Weißegger von Weißeneck, Joseph Maria, *12.7.1755 Riegersburg/Ö., †14.3.1817; - Ps. Joseph Maria Neuberger (*D-L-P*) #1,4,6,11

Weißenbach, Hanns Freih. von, *24.5.1847 Dresden; - Ps. Waterloo (*P*) #3

Weißenbach, Joseph Anton, *15.10.1734 Bremgarten/Schweiz, †11.4.1801 Zurzach; - Ps. Liberius Candidus (*P*) #4,13

Weißenbacher, Selma, *27.1.1903 Wien; - Ps. Selma Brauer (*E-F-L-M*) #3,4

Weißenborn, Elisabeth, *14.10.1860 Halberstadt; - Ps. Ilse Theba (*E-L*) #2,3

Weissenfeld, A. Maria von, *17. Jh.; - gen. Albanie/PB #11

Weißenfeld, Therese, *18.4.1895 Aachen; - Ps. Eres Alexander (*S*) #3

Weißenfels, Hedi, *28.10.1926 Nürnberg; - Ps. Hedi Klingler; Katrin Weiß (*E-R*) #3

Weissengruber, Maria, *12.9.1922 Linz/Do.; - Ps. Maria Raml (*E-F-J*) #3,4

Weißenthurn, Maximiliane von, *1.3.1851 Wien, †4.1.1931 Wien; - Ps. Hugo Falkner; Erich von Horst (*E-N-P-R*) #1,2,3,4

Weisser, Adolph, *30.7.1815 Unterjettingen b. Herrenberg, †28.9.1863 Göppingen; - Ps. Phalod Serwies (*E-R*) #4

Weißer, Anna, *5.7.1855 Neuhaldensleben/Sa.; - Ps. Olaf Heimdal (*E-L-P*) #3,4

Weißfeld, Hans-Ferdinand, *27.4.1887 Kleve/Rhld.; - Ps. A. Jeffers (*N-R*) #3

Weissfeld, Hans-Peter, *21.10.1917 Hilden; - Ps. Georg Altlechner; Sepp Ferngruber; Peter Gamsler; Martin Jäger; Axel Jeffers; John Jersey; Freddy Koweit; Käthe Lambrecht; Sebastian Martini; Rita Moll; Ludwig Starnberger (*R*) #3,20

Weißflog, Christian Gotthilf, *11.4.1732 Lauter b. Schneeberg, †21.3.1804 Sagan; - Ps. Lauterensis (*L*) #6

Weissglas, Immanuel, *15.3.1920 Czernowitz; - Ps. Jon Jordan (*L*) #3

Weißl, August, *15.8.1871 Triest; - Ps. Viktor Jamais (*P-R*) #3,4

Weißmann, Marie Luise, *20.8.1899 Schweinfurt, †7.11.1929 München; - Ps. M. Wels (*E-L-P*) #3,4

Weiszt, Franz Josef, *3.12.1891 Dresden; - Ps. F. J. Bellet (*N-R*) #3

Weit, Rudolf, *9.3.1910 Feldstetten b. Münsingen, †18.1.1987 Steinheim/Württ.; - Ps. kiebitz (*L-P-S*) #3

Weitbrecht, Karl, *8.12.1847 Neuhengstett b. Calw, †10.6.1904 Stuttgart; - Ps. Gerhard Sigfrid (*D-E-L-P*) #1,3,4,5

Weitling, Wilhelm Christian, *5.10.1808 Magdeburg, †22.1.1871 New York; - Ps. Freimann (*P*) #4,5,13

Weitzel, Willy, *28.11.1883; - Ps. Weitzel-Dürkheim (*P*) #3

Wekhrlin, Wilhelm Ludwig, *7.7.1739 Bothnang b. Stuttgart, †24.11.1792 Ansbach; - Ps. Anselmus Rabiosus (*P*) #4,5,6,13,14

Welcker, Hans, *um 1442 Amorbach/Odenwald, †25.12.1513 Basel; - Ps. Hans von Amerbach; Johann Amerbach; Hans Trucker; Hans Venediger (*P*) #4,13

Weling, Anna von, *21.3.1837 Neuwied, †21.5.1900 Blankenburg/Schwarzachtal; - Ps. Hans Tharau (*E-N-R*) #2,3,4

Welk, Agathe, *27.4.1892 Berlin, †8.9.1974 Bad Doberan; - Ps. Agathe Lindner (*L-R*) #3,4

Welk, Emil, *29.8.1884 Biesenbrow/Uckermark, †19.12.1966 Bad Doberan; - Ps. Thomas Trimm; Ehm Welk (*D-E-F-P-R-S*) #3,4,5,8,14

Weller, Hermann, *4.2.1878 Schwäbisch-Gmünd, †1956 Schwäbisch-Gmünd; - gen. Der schwäbische Horaz; Ps. Hans Lindach (*L-P*) #3,4

Wellmann, Fritz, *13.11.1882 Essen, †26.2.1968 Bad Neustadt/S.; - Ps. Fritz Inganno (*E-P-R*) #3

Wellmann, Margot, geb. Scharpenberg, *8.12.1924 Köln; - Ps. Margot Scharpenberg (*E-L-P*) #3,4,5,8,10

Wellmer, Meta, *1832 Leonrod/Franken, †4.8.1889 Ebersdorf/Pr.; - Ps. M. Wirth (*E-L*) #1,2,4

Wels, Heinrich, *13.9.1862 Wittichenau/Schlesien; - Ps. Henry de Welsen (*N-R*) #3,4

Welsch, Gerhart, *24.6.1913 Leipzig; - Ps. Harry Klinger (*R*) #3,4

Welskopf, Liselotte, geb. Henrich, *19.9.1901 München, †16.6.1979 Berlin; - Ps. Liselotte Henrich; Liselotte Welskopf-Henrich (*E-J-R*) #3,4,8,14,17

Welsperg-Raibenau, Wolfgang Graf von, *16.10.1901 München; - Ps. Wolf Dietrich; W. Montani (*D-L-N-P-R*) #3

Welters, Wilhelm, *17.2.1923 Aachen; - Ps. Willy Welters (*F-L-N-P-R-S*) #3

Welti, Jakob Rudolf, *10.6.1893 Bern; - Ps. Peter Haggenmacher (*D-F-S*) #3,4

Weltner, Albert Josef, *6.11.1855 Wien, †16.9.1914; - Ps. Oskar von Eichentreu; Oskar von Eichentreu-Rentlew (*L-S*) #1,3,4

Weltz zu Eberstein, Sigmund von, *17. Jh.; - gen. Der Wehrhafte/FG 786 #11

Wembrecht, Wolfgang, *17.6.1920 Stuttgart; - Ps. Wolf Weitbrecht (*E-R*) #3

Wenck, Wolfgang, *13.12.1905; - Ps. Ferdinand Schill (*N-P*) #3,4

Wencker-Wildberg, Friedrich, *27.6.1896 Würzburg, †2.4.1970 Ulsenheim/Bay.; - Ps. Gottfried Falkner; Wilhelm Recken (*P*) #3,4

Wend, Christoph Gottlieb, †1745 Hamburg; - Ps. Selimantes (*S*) #4,11

Wende, Georg, *17. Jh.; - gen. Der Pflanzende/FG 818 #11

Wende, Lothar, *23.6.1877 Breslau; - Ps. Kara Kysyl (*P*) #3

Wendel, Georg, *24.7.1880 Berlin; - Ps. Walter Wendel; Pyrrhonicus (*D-L-P*) #3,4

Wendel, Hermann, *2.3.1884 Metz, †10.10.1936 St. Cloud b. Paris; - Ps. Karl Max; Leo Parth (*P*) #3,4,18

Wendel, Johann Andreas, *(1812) Eisfeld; - Ps. Josua Zipplein (*E-P*) #4,6,11

Wendelmuth, Franz Peter, *7.7.1901 Hamburg; - Ps. Peter Schnee (*F-P-R*) #3,4

Wendelmuth, Richard, *12.10.1852 Liebenstein; - Ps. W. Richard (*P-S*) #3

Wendland, Olga, geb. Wohlbrück, *5.7.1867 Gainfarn b. Wien, †22.7.1943 Berlin; - Ps. Olga Bern; Olga Hirschfeld; Olga Wohlbrück (*D-N-R-S*) #1,2,3,4

Wendler, Clara, geb. Ratzka, *4.9.1872 Hamm, †3.11.1928 Berlin; - Ps. Clara Ratzka (*R*) #3,4

Wendler, Otto Bernhard, *10.12.1895 Frankenberg/Sa., †7.1.1958 Burg b. Magdeburg; - Ps. Peter Droß (*D-F-J-R-S*) #3,4,5,14

Wendriner, Richard, *13.12.1865 Breslau; - Ps. Lorenz Vendramin (*N-S*) #3,4

Wendt, Hans, *23.6.1878 Neubrandenburg, †8.5.1922 Neubrandenburg; - Ps. Hans Hukkebein (*D-E-L-R-S*) #3,4

Wendt, Ingeborg, *8.10.1917 Brandenburg; - Ps. Ruth Rödern (*F-J-R*) #3,4

Wendt, Margret, *7.1.1935 Hamburg; - Ps. Margret Steenfatt (*F-J*) #3,17

Wendtland, Thomas Maria, *24.8.1929 Hamburg; - Ps. Thomas Maria Lundbergk (*F-R*) #3

Wengel, Elisabeth, geb. von Maltzahn, *24.1.1868 Rühn b. Bützow/Meckl.; - Ps. E. v. Maltzahn (*E-R*) #3

Wenger, Frieda, *5.2.1905 Belp/Schweiz; - Ps. Frieda Wenger-Knopf (*D-S*) #4

Wenger, Lisa, geb. Ruutz, *23.1.1858 Bern, †16.10.1941 Carona b. Lugano; - Ps. Lisa Wenger-Ruutz (*D-E-M-N-R-S*) #3,4,9

Wengersky, Marie Luise Gräfin von, *3.8.1864 Pleß/Oberschles., †30.3.1928 Bayreuth; - Ps. Marie Luise Wengstein (*E-N-R*) #3,4

Wenghoffer, Klara, *1862 Goldap/Ostpr., †21.3.1915 Berlin; - Ps. Philipp Wengerhoff (*E-N-R*) #2,3,4

Wengraf, Edmund, *9.1.1860 Nikolsburg/Mähren, †8.12.1933 Wien; - Ps. Augustin; Florian (*L-P-R*) #1,3,4

Wenigk, Johann Ernst, *17.5.1702 Gotha, †10.2.1745 Stedten; - auch Wenig (*L-P*) #1,4,13

Weninger, Franz Xaver, *11.10.1805 Wildhaus b. Marburg/Drau, †23.1.1888 Cincinnatti/USA; - Ps. Michael Sintzel (*P*) #4,13
Wense, Georg von der, *20.5.1582, †2.8.1641 Celle; - gen. Der Erste/FG 203/1631 #11,12
Wenske, Helmut, *1940 Hanau; - Ps. Chris Hyde; Henry Quinn; Ted Slade; John Spider (*P-R*) #7,16
Wensky, Wilhelm, *2.2.1867 Gulbenischken b. Schwandorf; - Ps. Will von Schwandorf (*L*)
Wentzel, Johann Christoph, *9.2.1659 Unterellen b. Eisenach, †2.3.1723 Zittau; - auch Wenzel; Ps. Didascalophilus (*D-L-S*) #1,4
Wenz, Richard, *12.12.1876 St.Wendel; - Ps. R. W. Enzio (*D-E-F-L-P-R*) #1,3,4
Wenz-Hartmann, Gisela, *14.8.1904 Culmsee/Thorn; - Ps. Gisela Hartmann (*J-L-N-R*) #3,4
Wenzel, Otto, *13.5.1876; - Ps. Ekkehard; Otto Wenzel-Ekkehard (*E-L-P*) #3
Wenzlik, Theodor, *2.9.1861 Wien, †24.11.1928 Wien; - Ps. Theodor Woller (*E-P-S*) #1,3,4
Wenzlitzke, Josef, *11.10.1892 Brünn, †28.9.1969 Zinkenbach/Wolfgangsee; - Ps. Josef Weber (*E-L-P-R*) #3
Wepler, Emilie, *8.2.1818 Kassel, †24.5.1893 Kassel; - Ps. Emil Welper; Emil Wepler (*E-P*) #1,2,4,13
Weppen, Johann August, *28.1.1741 Northeim, †18.8.1812 Wickershausen; - Ps. Timotheus a Lyra (*E-L-S*) #1,4,13
Werckmeister, Günther, *2.10.1884 Berlin; - Ps. Francis G. Wilmot (*E-P-R*) #3
Werdenhagen, Johann Angelius, *1.8.1581 Helmstedt, †26.12.1652 Ratzeburg; - Ps. Chilobertus Jonas; Angelus Marianus (*P*) #6
Werder, Diederich von dem, *17.1.1584 Werdershausen/Anhalt, †18.12.1657 Reinsdorf/Anhalt; - gen. Der Vielgekörnte/FG 31/1620; Ps. Ich rede dir von Trewe (*L-P*) #1,4,5,11,12,13
Werder, Gebhard Paris von dem, *19.4.1621 Gröbzig/Anh., †19.2.1679 Gröbzig/Anh.; - gen. Der Zeitigende/FG 386/1642 (*L*) #11,12
Werder, Heinrich von dem, *1578 Gröbzig/Anhalt, †1636; - gen. Der Fortkommende/FG 86/1624 #11,12
Werder, Kuno Hardwig von dem, *1575, †1640; - gen. Der Gemeine/FG 164/1628 #11,12
Werder, Luise, *17.9.1861 Berlin; - Ps. Otto Werder (*D-E-P*) #3
Werder, Mario, *1945, †1984; - Ps. Frederic Collins; Frederic Crane; Mark Feldmann; Everett Jones; Gregory Kern; Robert Lamont; Dan Roberts (*E-P-R*) #7,16
Werder, Paris von dem, *12.6.1623 Dessau, †12.1.1674 Reupzig/Anh.; - gen. Der Friedfertige/FG 339/1639 (*L-P*) #4,11,12,13
Werf, Fritz, *24.10.1934 Andernach; - Ps. Bournic (*F-L-P*) #3
Werg, August, *18.12.1794 Berlin; - Ps. Emil Abendorff (*E-R*) #1,4,11
Werkmeister-Cadisch, Claudia, *22.10.1880 Thusis/Graubünden, †17.1.1945 Valparaiso/Chile; - Ps. Ina Jens; Claudia Cadisch (*E-J*) #4
Werlberger, Hans, *28.3.1906 Innsbruck, †11.11.1969 Tegernsee; - Ps. Hans Kades (*F-P-R*) #3,4,7
Werlhof, Paul Gottlieb, *24.3.1699 Helmstedt, †26.6.1767 Hannover; - Ps. Fabianus (*L*) #4,13
Werlich, August Karl Friedrich, *12.10.1772 Rudolstadt, †11.10.1833 Rudolstadt; - Ps. Christoph Joachim Romano (*D-R-S*) #1,4,6,11
Wermelinger-Schweizer, Lina, *22.9.1896 Zimmerwald b. Bern; - Ps. Lina Schweizer (*E-J-P-R*) #3
Werneck, Fritz, *18.2.1895 Ilmenau/Thür.; - Ps. Werneck-Brüggemann (*D-L-S*) #3
Werneck, Karl Bar. von, *1786, †29.5.1829 Dresden; - Ps. Ein Klausner auf der Schwäbischen Alp (*P*) #6
Werner, Adam Balthasar von, *17. Jh.; - gen. Themison/PB #11
Werner, Adolf, *10.9.1847 Buchelsdorf/Schles., †1909; - Ps. Werner von der Biele (*L*) #3,4
Werner, Arthur, *14.10.1904 Predlitz b. Aussig; - Ps. Artus (*F-J-N-P-R*) #3
Werner, Ernst, *11.1.1897 Räterschen b. Winterthur; - Ps. Ernst Werner-Gloor (*D-S*) #4
Werner, Ernst Friedrich, *6.1.1888 Stuttgart, †31.3.1953 Stuttgart; - Ps. E. F. Werner-Rades (*P*) #3
Werner, Franz, *11.5.1862 Wladislawo/Posen; - Ps. Freimund (*P-R*) #3,4
Werner, Hanna, *(1983); - Ps. Hanna Heimstetten (*L*) #3
Werner, Hedwig, *2.8.1847 Tuchel/Westpr.; - Ps. H. René (*N*) #2,3,4
Werner, Helmut, *8.9.1905 Perleberg; - Ps. Renata Stella Matutina (*L*) #3
Werner, Helmut, *19.6.1939 Gröbming/Steierm.; - Ps. Brian Elliot; Werner Helbach; Hal W. Leon; Charles McKay; Frederick Nolan; Jack Slade; Hal Warner (*R*) #3,16
Werner, Jakob, *7.12.1898 Köln, †25.6.1962 Köln; - Ps. Neres (*D-E-L-P-S*) #3
Werner, Johannes, *7.12.1934 Horka b. Kamenz; - auch Jan Wornar (*E-J*) #3
Werner, Margarete, geb. Lawton, *11.9.1919 Tübingen; - Ps. Margarete Lawton (*E*) #3,4
Werner, Michael, *28.8.1838 Münnerstadt, †25.2.1921 München; - Ps. Armin Werherr (*D-E-L-N*) #1,3,4
Werner, Willy, *13.4.1894 Deutsch-Krone/Westpr., †13.10.1969 Erwitte; - Ps. Peter Dick (*F-R*) #3
Wernher, Johanna (Hannchen), *1838; - Ps. Julie Werner (*E-J-N-P*) #2,4

Wernicke, Christian, *1661 Elbing, †15.9.1725 Kopenhagen; - auch Warneck; Warnicke; Wernecke; Wernigk; Ps. Maevius (*L-P*) #1,4,5,13,14

Werpup, Johann Adolf von; - gen. Der Bessernde/FG 129/1626 #11,12

Werremeier, Friedhelm, *30.1.1930 Witten/Ruhr; - Ps. Jacob Willenbourg (*F-P-R*) #3,5,8

Werres, Johannes, *12.9.1923 Köln; - Ps. Jack Argo; Hans Daniel; Norbert Weissenhagen (*E-L-R*) #3

Wertburg, Petri von, *Emden, †um 1526; - Ps. Hermann Barkhusen; Hermann von Emden (*L*) #4,13

Werth, Hugo, *14.10.1866 Paderborn; - Ps. Hugo Karus (*N-P-R*) #3

Wertheim, Gertrud, *5.12.1867 Berlin; - Ps. Gertrud Pinkus; Truth (*N-R*) #2,3,4

Wertheimer, Julius, *2.11.1869 Heldenbergen; - Ps. Pasquino (*P*) #3

Wertheimer, Leo, *28.8.1862 Altona, †27.8.1937 Amsterdam; - Ps. Constantin Brunner; Leo Dorn (*P*) #3,4,18

Wertheimer, Paul, *4.2.1874 Wien, †19.3.1937 Wien; - Ps. Paul Franken (*D-E-L-N-S*) #1,3,4

Werther, Karl Ludwig, *1.12.1809 Thüringen, †13.8.1861 Dresden; - Ps. Karl Lampe (*D-L-R*) #1,4

Werther, Wolf von, *17. Jh.; - gen. Der Heilbare/FG 614 #11

Werthern, Deti von, *(1976); - Ps. Deti Scheuermann (*E*) #3

Werthern, Dietrich von, *22.4.1613 Frohndorf, †17.10.1658 Dresden; - gen. Der Aufklärende/FG 430/1645 #11,12

Werthern, Friedrich von, *17. Jh.; - gen. Der Überlegene/FG 688 #11

Werthern, G. W. von, *17. Jh.; - gen. Agathandar/ES #11

Werunsky, Mary, *26.9.1860 Brüx/Böhmen; - Ps. Ernst Helder (*E-L-N-P*) #2,3,4

Wery, Ernestine, geb. Fentsch, *21.4.1909 München; - Ps. Erna Fentsch; Erna Fentsch-Wery (*F-R*) #3,4

Wesemael, Adele, *1823 Mecheln/Belgien; - Ps. Hermine Wild (*E-R*) #1,2,3,4

Wesemann, Franz, *12.4.1867 Friesack/Brandenburg; - Ps. Erich von Nordeck (*E-L-P-R*) #3,4

Wesenbeck, Matthäus von, *11.8.1600 Bremen, †24.4.1659 Bremen; - gen. Der Fähige/FG 433/1645 (*P*) #11,12,13

Wesendonck, Hermann, *8.2.1850 Rees/Rh.; - Ps. Dr. Junius (*P*) #3

Wesner, Ernst, *13.12.1897 Berlin; - Ps. Roland Grunwald (*E-L-P*) #3

Wesseloh, Hermann, *22.10.1889 Schneverdingen; - Ps. Hermann von der Heide (*D-E-L-N-S*) #3,4

Wessenberg, Ignaz Heinrich von, *4.11.1774 Dresden, †9.8.1860 Konstanz; - Ps. Heinrich von Amplingen (*D-L-P*) #1,4,13

Wessner, Clara, *29.5.1864 Dresden; - Ps. C. Wellner (*N*) #2,3

West, Michael, *2.5.1921 Oberentfelden/Schweiz, †24.4.1985 Wettingen/Aargau; - Ps. Max Voegeli (*J-P*) #3,17

Westemeyer, Joseph, *25.3.1877 Rhynern; - Ps. Viktor Florentin; Jan Steden (*L-P*) #3

Westenhöffer, Johannes, *20.6.1847 Weißenburg/Elsaß, †26.8.1904 Weißenburg/Elsaß; - Ps. Hans von der Weiß (*E-N-R*) #3,4

Westerich, Thomas, *12.5.1879 Hamburg; - Ps. Graf E. von Teja (*D-F-L-R-S*) #3,4

Westheim, Mariana, *(1958) Hamburg; - Ps. Mariana Frenk (*E-P*) #3

Westhoff, Eugenie von, *(1884); - Ps. Ella Anjel (*E-R*)

Westhoff, Ferdinand, *20.11.1812 Nottuln, †18.5.1870 Münster; - Ps. G. Ungt (*E*) #4,13

Westpfahl, Inge, *14.5.1896 Fiesole b. Florenz; - Ps. Inge v. Holtzendorff (*D-F*) #3,4

Westphal, Elke, *19.2.1899; - Ps. Elke Klodt-Westphal (*E-R*) #3

Westphal, Fritz, *7.3.1921 St.Magnus/Bremen; - Ps. Peter Stephan (*E-J-P-R*) #3

Westphal, Johann Heinrich Christoph Westphal, *21.1.1794 Schwerin; - Ps. Justus Tommasini (*P*) #6,13

Westphalen, Engel Christiane von, geb. v. Axen, *8.12.1758 Hamburg, †10.5.1840 b. Hamburg; - Ps. Angelika; Christiane Engel von Axen; Verf. der Charlotte Corday (*D-L*) #1,2,4,6,11,13

Wettach, Adrian, *10.1.1880 Reconvillier/Schweiz, †14.7.1959 Imperia/Ital.; - Ps. Grock (*P*) #3

Wettengel, Eduard, *6.1.1889 Erfurt, †26.7.1963 Celle; - Ps. E. W. von Soelnitz-Wettengel (*E-L-P-R*) #3,4

Wetterstrand, Bernhard Gottlieb von, *20.1.1777 Reval, †2.10.1843 Reval; - Ps. Musagetes (*D-L-S*) #1,4,6

Wettstein, Minna, *1.5.1867 Straßburg; - Ps. Aimée Duc; Helvetia; Minna Adelt-Duc (*N-P*) #1,2,3,4

Wetzel, Friedrich Gottlob, *14.9.1799 Bautzen, †29.7.1819 Bamberg; - Ps. Johannes von der Babenburg; Theophrast; Ysthamarus (*D-L-P*) #1,4,5

Wetzel, Justin, *17. Jh.; - gen. Achates I/PB #11

Wetzler, Friedrich, *29.10.1894 Frankenthal, †9.10.1966 Hauenstein; - Ps. Friedrich Heindorff (*L-M-N*) #3

Wex, Johann Christoph, *17. Jh.; - gen. Der Zugeordnete/FG 753 #11

Weyand, Willy, *(1956); - Ps. Karin Haardt (*R*) #3

Weyergang, Wilhelmine (Minna), *5.1.1839 Greifswald, †20.3.1903 Berlin; - Ps. Ellen Lucia (*E-P*) #1,2,3,4

Weyhe, Eberhard von, *28.5.1553 Hannover, †um 1643; - ; auch Eberhard von Weihe; gen. Der Wehrende/FG 79/1623; Ps. Mirabilis de Bonacasa; Darus de Pascolo; Wahremundus ab Ehrenberg (*P*) #6,11,12,13

Weyhmann, Horst, *12.9.1881 Berlin; - Ps. Horst Rolf (*D-P*) #3

Weyrauch, August Heinrich von, *30.4.1788 Riga; - Ps. Heinrich von der Myrrhen (*L-P*) #1,6,11

Weyrauch, Elisabeth, *19.11.1887 Regensburg; - Ps. Lilli von Weech (*E-F-R*) #3

Weyrauch, Wolfgang, *15.10.1907 Königsberg, †7.11.1980 Darmstadt; - Ps. Joseph Scherer (*D-E-F-J-L-N-P-R*) #3,4,5,8,10,14,17

Weyrother, Clemens Ritter von, *1.2.1809 Prag, †10.6.1876 Karlsbad; - Ps. Kleroth (*E-N-S*) #1,4,13

Wezel, Johann Karl, *31.10.1747 Sondershausen, †28.1.1819 Sondershausen; - Ps. Tobias Knaut; Freimund Walter (*L-P-R-S*) #1,4,5, 13,14,17

Wibbelt, Augustin, *19.9.1862 Vorhelm b. Münster, †14.9.1947 Vorhelm b. Münster; - Ps. Ivo (*E-L-P-R*) #3,4,5

Wibel, Else, *6.7.1882 Ludwigsburg; - Ps. E. Leboert; E. Welis (*E-J-R*) #3

Wibmer, Fanny, geb Pedit, *19.2.1890 Salzburg, †27.10.1967 Lienz; - Ps. Fanny Wibmer Pedit (*N-R-S*) #3

Wicha, Josef, *20.7.1906 Wien; - Ps. Josef Wichart (*D-F-N-R-S*) #3

Wichgraf, Martha, *19.10.1866 Bromberg; - Ps. Martha Volkart (*L-R-S*) #3

Wichgreve, Albert, *um 1575 Hamburg, †1619 Allermöhn b. Hamburg; - auch Wichgrevius; Wychgreve (*D*) #4,13

Wichmann, Christian August, *1.11.1735 Dresden, †14.9.1807 Leipzig; - Ps. Adolph Waldmann (*J-P*) #6

Wichmann, Elsbeth, geb. Steinbiß, *(1911); - Ps. Elsbeth Steinbiß (*E-J-L*) #3

Wichmann, Franz, *25.8.1859 Moisburg b. Harburg, †10.3.1923 München; - Ps. Franz Clausthaler (*D-E-L-N-P-R*) #1,3,4

Wichmann von Sebog und Glenz, Paul Viktor, *22.12.1829 Berlin, †1907 Wiesbaden; - Ps. K. Hohenstein; K. Rostowski; W. v. Seeburg; C. Werder (*D-N-R-S*) #1,3,4

Wicke, Gustav, *um 1865; - Ps. G. Eckiw (*L*) #4

Wickenburg, Erik Graf von, *19.1.1903 Kasern b. Salzburg; - Ps. Robert Steinen (*E-L-P-R*) #3,4

Wickenburg, Wilhelmine Gräfin von, geb. von Almàsy, *8.4.1845 Ofen, †22.1.1890 Gries b. Bozen; - Ps. Wilhelmine v. Almàsy (*L-S*) #1,4,13

Wickerhauser, Emil, *1823 Wien, †26.4.1900 Agram; - Ps. Ludwig Albrecht Berger; Friedrich Feld (*L*) #4

Wickerhauser, Gertrud, *28.12.1895 Gresten/N.-Ö., †16.6.1956 Hillsboro/USA; - Ps. Konrad Trani (*N-R*) #3

Wickerhauser, Rudolf, *15.9.1817 Wien, †19.12.1858 Leipzig; - Ps. Emanuel Raulf (*E-L-P*) #1,4

Wickersheim, Johann Adam von, *17. Jh.; - gen. Der Rostige/FG 705 #11

Widakowich, Else, *23.11.1877 Wien; - Ps. Else Jerusalem; Else Jerusalem-Kotányi (*D-N-P-R*) #1,3,4,9

Wider, Philipp Ehrenreich, *1603 Köppach/Ö., †13.8.1684; - auch Wieder (*P*) #4,13

Widmann, Adolf, *7.5.1818 Maichingen b. Stuttgart, †26.5.1878 Berlin; - Ps. Cantor Petermann (*D-N-P-R*) #1,4,13

Widmann, Joseph Viktor, *20.2.1842 Nennowitz/Mähren, †6.11.1911 Bern; - Ps. Messer Ludovico Ariosto Helvetico; Helvetico (*D-E-L-N-P-R*) #1,4,5,14

Widmann, Matthias, *um 1430 Kemnat/Opf.; - Ps. Matthias von Kemnat (*P*) #4

Widmann, Max, *23.1.1867 Liestal, †25.10.1946 Burgdorf b. Bern; - Ps. Helvetikus (*P-R-S*) #4

Widmayer, Frank, *30.7.1938 Dresden; - Ps. Frank Baer (*F-J-P-R*) #3,4

Widmer, Walter, *3.4.1903 Basel, †18.6.1965 Riehen b. Basel; - Ps. Urs Usenbenz (*J*) #3,4

Wiechert, Ernst, *18.5.1887 Kleinort b. Sensburg/Ostpr., †24.8.1950 Uerikon/Schweiz; - Ps. Barany Bjell (*D-E-N-P-R-S*) #3,4,5,8,10, 14,17

Wiechmann, Edwin, *20.11.1907 Berlin; - Ps. Edwin Montijo (*F-R*) #3

Wiechowski, Wilhelmine, *3.12.1834 Zwickau; - Ps. F.; Fides (*J-M-P*) #1,2,3

Wieckberg, Irmela, *22.12.1888 Grösen/Kurland; - Ps. Irmela Linberg (*E-L-N-R*) #3,4

Wied-Neuwied, Maximilian Alexander Philipp Prinz zu, *1782, †1867; - Ps. Hernandez (*P*) #4,13

Wied-Runkel, Hans Ernst Graf von, *1.5.1623, †7.7.1664 Stettin; - gen. Der Rauche/FG 330/1639 #11,12

Wiedebach-Nostitz, Alice von, *3.9.1882 Biesig b. Reichenbach, †um 1952 Herrnhut; - Ps. Agnes von Reichenbach (*L-N-R*) #3

Wiedebach-Nostitz, Betina von, *9.12.1910 Berlin; - Ps. Betina Ewerbeck; Agnes von Reichenbach (*N-R*) #3,4

Wiedemann, Michael, *Görsdorf b. Lauban, †1.9.1719 Stolberg; - Ps. Adolfus Freimundus (*L*)

Wiedemann Ritter von Warnhelm, Adolf, *3.4.1865 Meran; - Ps. Adolf Warnhelm (*D*) #1,3,4

Wiedenmann, Johann Baptist, *1.1.1877 Nürnberg; - Ps. Ali Bâkur; Durga Prasad (*P*) #3

Wiedermann, Otto, *16.11.1891 Pola/Istrien; - Ps. Leo Wied (*J*) #3

Wiedmann, Hanns, *13.10.1912 Kairo; - Ps. Johannes Kai (*F-N-R*) #3

Wiedow, Ludwig, *25.4.1830 Kirch-Mulsow/ Meckl., †14.3.1900 Kiel; - Ps. Ludwig Wagsmitgott (*E*) #3,4
Wiegand, Karl Arthur, *24.2.1859 Borna/Sa.; - Ps. K. Weidang (*L-S*) #1,3,4
Wiegand, Ursula, *27.3.1930 Beuthen/Oberschles.; - Ps. U. Sonntag (*L-P*) #3
Wieghardt, Auguste, geb. Lazar, *12.9.1887 Wien, †7.4.1970 Dresden; - Ps. Auguste Lazar; Mary Macmillan (*J-L*) #3,4,14,17,18
Wieland, Dieter, *31.1.1936 Schwäbisch Hall; - Ps. Ewald Einriedt (*F-L-P*) #3
Wieland, Sophie B., *6.6.1873 Kilchberg; - Ps. S. Delwani (*P*) #2,3
Wiele, Helmut, *26.7.1938 Hamburg; - Ps. Helwie (*D-L-N-P*) #3
Wiemann, Thor Görg, *11.11.1877 Barmen; - Ps. Thor Görg (*L-P-S*) #1,4
Wiemer, Rudolf Otto, *24.3.1905 Friedrichroda; - Ps. Frank Hauser (*E-J-L-P-R-S*) #3,4, 5,8,17
Wiemer, Susanne, †1990; - Ps. Anja Anderson; John Cameron; Jerry Cotton; John Gillon; Kelly Kevin; Jean Lafitte; Robert Lamont; Rebecca LaRoche; Gary Mantagna; Jack Slade; Franco Solo; Lafcadio Varennes; John Wyman (*E-P-R*) #3,7,16
Wien, Ludwig, *20.9.1926 Heuchelheim b. Landau/Pfalz; - Ps. Ludwig Rheude (*E-P*) #3
Wien, Moriz, *11.1.1860 Prag; - Ps. Veritas (*N-P-R-S*) #3,4
Wien, Werner, *21.11.1907 Danzig, †6.3.1977 Cannero Reviera/Ital.; - Ps. A. W. Gaffken (*F-P*) #3
Wienand, Hans Werner, *(1984); - Ps. Jerry Cotton; John Tyler; Hans W. Wiener (*E-P-R*) #16
Wienbarg, Ludolf, *25.12.1802 Altona, †2.1.1872 Schleswig; - Ps. Freimund; Ludolf Vineta (*P*) #1,4,5,11,13,14
Wienbruch-Stingl, Anny, *9.7.1899 Sablon/ Metz; - Ps. Anny Wienbruch (*J*) #3
Wienecke, Hein, *(1956); - Ps. Niels Peder Christensen (*R*) #3
Wiener, Josef, *12.10.1866 Braunsberg/Ostpr., †8.6.1928 Berlin; - Ps. Josef Wiener-Braunsberg (*L-R-S*) #1,3,4
Wiener, Richard, *7.8.1885 Wien, †14.12.1965 London; - Ps. Alexander Tapping (*P*) #18
Wieners, Barbara, geb. Noack; *28.9.1924 Berlin; - Ps. Barbara Noack (*F-N-R*) #3,4,5,8
Wienholtz, Myrsini, *21.3.1934 Athen; - Ps. Myrsini Wienholtz-Hatzidaki (*L*) #3
Wienke, Heinrich, *2.8.1898 Brakelsiek/Lippe, †1962 Hameln; - Ps. Zieglerdichter (*E-L*)
Wies, Johann David, *1594 Worms, †8.11.1643 Köthen; - gen. Der Zunehmende/FG 340/ 1639 #11,12
Wiese, Ernst August, *10.11.1902; - Ps. Karl Sand (*E-L*) #3
Wiese, Karl August, *11.12.1866 Wetzlar; - Ps. Ajo Wiese (*E*) #1
Wiese, Otto, *13.2.1896 Kiel; - Ps. Otto Hallig (*L-N-R*) #3,4
Wiese und Kaiserswaldau, Ingeborg von, *9.9.1905 Küstrin, †23.1.1975 Kochel am See; - Ps. Inge von Wiese; Joh. J. von Wiese (*J-R*) #3
Wiese und Kaiserswaldau, Leopold von, *2.12.1870 Glatz, †11.1.1969 Köln; - Ps. Leopold von Wiese (*E-P-R*) #3,4
Wiesel, Max, *18.8.1889; - Ps. Germanicus (*P*) #3
Wiesenmayer, Astrid, *25.1.1929 Hermannstadt/Siebenb., †19.10.1986 Weilburg/Lahn; - Ps. Astrid Connerth (*L-N-P-R*) #3,4
Wiesenthal, Heinrich, *4.9.1865 Leipzig; - Ps. Heinr. Wahl (*P*) #3
Wieser, Joseph, *12.11.1828 Völlan/Tirol; - Ps. Winrich an der Volt (*L*) #3
Wieser, Sebastian, *15.1.1879 Kirchweihdach; - Ps. Sebastian Außhart (*D-E-L-R-S*) #1,3,4
Wiesinger, Franz, *20.4.1896; - Ps. Franz Wiesinger-Kordon (*L*) #3
Wiesinger, Karl, *13.3.1923 Linz/Do.; - Ps. C. V.; Max Maetz; Frank I Noel; Claus Ritsch; Zsulym Tartcitz (*D-E-F-R*) #3,5,8
Wießner, Amadeus, *17.2.1786 Panitzsch b. Leipzig, †10.9.1829 Belgern; - Ps. Kurt von der Aue; Friedrich Oskar (*L-P*) #1,6,11
Wieszner, Georg Gustav, *9.3.1893 Nürnberg, †20.1.1969 Nürnberg; - Ps. G. Daumer jr. (*D-L-P*) #3,4
Wietersheim, Anton von, *14.7.1587 Stadthagen, †21.1.1647 Barmstedt; - gen. Der Umfahende/FG 273/1636 #11,12
Wietersheim, Ernst von, †1638 b. Glückstadt; - gen. Der Einfache/FG 279/1636 #11,12
Wietersheim, Gabriel von, *um 1588 Stadthagen, †18.2.1652 Lübeck; - gen. Der Feiste/FG 285/1636 #11,12
Wietersheim, Heinrich Julius von, *5.12.1584 Stadthagen, †10.10.1645 Opperode/Anh.; - gen. Der Ausziehende/FG 266/1635 #11,12
Wietersheim, Ludwig von, *um 1590, †4.10.1638 a. d. Ochsenfeld/Elsaß; - gen. Der Blaue/FG 173/1629 #11,12
Wiethake, Heinrich, *4.4.1859 Schöppenstedt; - Ps. Johannes Corvey (*P*) #3
Wigand, Elisabeth, *19.1.1833 Kassel, †3.12.1894 Wahlertshausen b. Kassel; - Ps. H. Brand (*E*) #1,4
Wigand, Paul, *10.8.1786 Kassel, †4.1.1866 Wetzlar; - Ps. Walther Hesse; Veit Weber d. J. (*D-E-L-P*) #1,4,6,11,13
Wihl, Ludwig, *24.10.1807 Wewelinghofen b. Aachen, †16.1.1882 Brüssel; - Ps. Carl Koch (*L-N-P*) #1,4,13
Wihlfahrt, Arthur, *20.4.1872 Freiburg/Br.; - Ps. T. R. Favilla (*P*) #3
Wilck, Otto Peter, *15.2.1927; - Ps. Peter Wolf (*P*) #3
Wilcke, Elisabeth, *18.12.1952 Remscheid; - Ps. Lisa Wilcke (*L*) #3

Wilcke-Pausewang, Gudrun, *3.3.1928 Wichstadl/Böhmen; - Ps. Gudrun Pausewang (*E-J-R*) #3,4,5,10,17

Wilcken, Amanda, *16.1.1853 Altona; - Ps. A. Benn (*E-R*) #3

Wilcken, Hermann, *1522 Neuenrade/Westf., †7.2.1603 Heidelberg; - Ps. Augustin Lerchheimer; Augustin Lercheimer von Steinfelden; Hermann Witekind (*P*) #4,13

Wilczynski, Karl, *4.9.1887 Grünberg/Schles., †13.2.1959 Mannheim; - Ps. Müller; Franz Wilberg (*F-L-N-P-R-S*) #3,4,18

Wild, Hans Thomas von, †um 1638; - gen. Der Rötliche/FG 174/1629 #11,12

Wild, Irmgard, *26.1.1909 Düsseldorf; - Ps. Irmgard Mühlenkamp (*P*) #3

Wild, Johann, *24.6.1495, †8.9.1554 Mainz; - Ps. Johann Ferus (*P*) #4,13,15

Wilda, Oskar, *30.12.1862 Danzig; - Ps. Otto Adliw (*E-L-P*) #1,3

Wildenauer, Johannes Sylvius, *Eger, †11.6.1535 Joachimsthal; - Ps. Johannes Sylvius Egranus (*P*) #4,13,15

Wildenhahn, Karl August, *16.2.1805 Zwickau, †12.5.1868 Bautzen; - Ps. Ambrosius (*E-P*) #1,4,13

Wildenhayn, Karl Friedrich, *18. Jh. Dohna; - Ps. Musagetes (*L*) #6

Wilder, Johann Christoph Jakob, *18.12.1783 Altdorf, †16.1.1838 Nürnberg; - Ps. Otfried; Ottfried (*L-P*) #1,4,11

Wildhagen, Eduard, *15.11.1890 Fallersleben; - Ps. H. Borges; Hans Kilian (*F-P-R*) #3

Wildhagen, Kurt, *2.10.1907 Berlin, †10.4.1945 (gef.); - Ps. Konrad Wildhagen (*R*) #3

Wildpräter, Johann, *24.7.1534 Stephansdorf/Schles., †30.11.1602 Marburg; - Ps. Johann Ferinarius (*P*) #4,13

Wilhelm, Evelyn, *(1971); - Ps. Evelyn Fries (*P*) #3,4

Wilhelm, Rudolf, *9.7.1880 Rastatt; - Ps. Ferdinand Madlinger (*E-L-R*) #3,4

Wilhelmi, Hedwig, geb. Henrich, *1838 Mainz; - Ps. Hedwig Henrich; Hedwig Henrich-Wilhelmi (*D-L-S*) #1,4

Wilhelmi, Heinrich, *17.3.1786 Heidelberg, †23.8.1860 Baden-Baden; - Ps. Verf. von Wahl und Führung (*P-R*) #1,4

Wilhelmi, Karl, *(1984); - Ps. Rex Digger; Franco Solo (*R*) #16

Wilhelmi-Grasshoff, Wilhelm Freiherr von, *1.3.1824 Gießen, †1866 Berlin; - Ps. W. Wilhelmi von Grasshoff (*D-R-S*) #1,4

Wilhelms, Janus, *1555 Lübeck, †1584 Bourges/Frankreich; - Ps. Janus Gulielmius (*P*) #4,11,13

Wiligut, Karl Maria, *10.12.1866 Wien; - Ps. Galantus; Lobesam (*L-P*) #3

Wilk, Karl, *27.1.1882; - Ps. Pazifikus (*P*) #3

Wilke, Adolf von, *13.6.1867 Berlin, †21.1. 1934 Berlin; - Ps. L. v. Nordegg (*P*) #3,4

Wilke, Fritz, *7.2.1879 Greifenberg/Pommern; - Ps. Fritz Ekliw (*P*) #4

Wilke, Theodor, *21.3.1863 Badendieck; - Ps. Th. Schemmling (*P*) #3

Wilken, Heinrich, *27.1.1835 Thorn, †21.5.1886; - Ps. Heinrich vom Sunde (*S*) #1,4

Wilken, Uwe Hans, *1937; - Ps. Fred Fisher; Tom Frisco; Benito Martinez; Colin Scope; Les Willcox (*E-P-R*) #3

Will, Josa, *17.1.1861 Schwerin; - Ps. Josephus Wilden (*D-L-P*) #3

Will, Julius, *14.1.1865 München; - Ps. Will-Miltenstein (*D-S*) #3

Will, Justus,*1529 Wetter/Marburg, †31.3.1575 Marburg; - Ps. Justus Vulteius (*P*)

Willborn, Johanna, *23.2.1838 Schwerin; - Ps. Julius Willborn (*D-R*) #1,2,4

Willenbücher, Elisabeth Karoline, *2.10.1844 Schönefeld/Ostpr.; - Ps. Elisabeth Karl (*R*) #1,2,3,4

Willfort, Ferdinand, *21.1.1835 Wien, †22.1.1905 Wien; - Ps. J. Hafner (*E-N*) #1, 3,4

Willhain, Julius, *13.3.1852 Innsbruck; - Ps. Argus; Cunctator; Findling vom Inn; Willi v. Hain; Junius; Loge; Spectator (*L-P*) #3

Willimczik, Irmgard, *22.4.1906 Berlin; - Ps. Imme Linde (*D-E-F*) #3,4

Willinger, Martha, *14.10.1928 Wien; - Ps. Hanni John (*E-F-L-P-R*) #3

Willkofer, Anton, *7.9.1885 Delitzsch, †17.10.1940 Leobschütz; - Ps. Eginhardt (*E-L-N-P-R-S*) #3,4

Willmann, Hans-Frieder, *19.6.1922 Neustadt b. Waiblingen; - Ps. Fred Wiesen (*D-F-J-P-R-S*) #3

Willms, Agnes, geb. Wildermuth, *23.8.1844 Tübingen, †9.12.1931 Hannover; - Ps. Agnes Willms-Wildermuth (*E-R*) #1,3,4

Willms, Bernhard, *(1984); - Ps. N. E. Gamer; Ben Williams (*R*) #3

Willomitzer, Josef, *17.4.1849 Bensen/Böhmen, †3.10.1900 Prag; - Ps. H. Hammerstiel (*E-P-S*) #1,3,4

Wills, Franz Hermann, *16.2.1903 Solingen; - Ps. Peter Heemskerk (*J-L-P-R*) #3,4

Willutzky, Ludwig Oscar, *6.2.1847 Königsberg; - Ps. Oscar Will (*M*) #3

Wilmsen, Margret, *1.8.1893 Breslau; - Ps. Margret Wilmsen-Marx (*E-J*) #3

Wilpert, James, *22.1.1835 Siuxt/Kurland; - Ps. James Pritwel (*N-P*) #3

Wilpert, Richard von, *7.12.1862 Siuxt/Kurland, †15.5.1918 Dorpat; - Ps. Emil Shomtade (*E-L-N-R-S*) #1,3,4

Wiltz, Hermann, *11.1.1868 Stettin; - Ps. Hermann Wendling (*P*) #3

Wimberger, Senta, *5.6.1891 Hallein/Ö.; - Ps. Senta Wimberg (*P*) #3

Wimmer, Karl, *(1976); - Ps. Tallo Tallindo (*E-L-P-R*) #3

Wimpheling, Jakob, *27.7.1450 Schlettstadt/Elsaß, †12.11.1528 Schlettstadt; - Ps. Jacobus Hartlieb Landonensis; Paulus Olearius Heydelbergensis; Jacobus Sletzstat; Wigand Trebellius (*P-S*) #4,5,13

Winar, Jurij, *20.11.1909 Radibor b. Bautzen; - Ps. Jurk (*E-L-M-R-S*) #3,14

Winckel, Christoph aus dem, †20.5.1636 Halle/S.; - gen. Der Verzehrende/FG 256/1635 #11,12

Winckel, Curt Dietrich aus dem, *um 1586, †nach 1630; - gen. Der Grüne/FG 35/1621 (*P*) #11,12

Winckel, Hans Ernst aus dem, *1585, †21.12.1667; - gen. Der Austeilende/FG 15/1618

Winckel, Hans Ernst aus dem, *17. Jh.; - gen. Der Vielgebrauchte/FG 534 #11

Winckel, Johann Georg aus dem, *1.8.1596, †18.2.1639 Hildesheim; - gen. Der Rettende/FG 219/1633 #11,12

Winckelmann, Johann Joachim, *9.12.1717 Stendal, †8.6.1768 Triest; - Ps. George Joachim (*P*) #4,5,13,14

Winckelmann, Johann Justus, *29.8.1620 Gießen, †3.7.1699 Nürnberg; - Ps. Stanislaus Minck von Weinsheun (*L-P*) #4,13

Winckelmann, Karl Gustav, *1804 Berlin, †1874 Berlin; - Ps. Gustav Holting (*J-P*) #17

Winckler, Arthur, *24.2.1852 Tannenberg/Schlesien; - Ps. Atkinson; Arthur Winckler-Tannenberg (*D-M-N-R*) #1,3,4

Winckler, Wolfgang, *5.10.1889 Berlin, †26.5.1947; - Ps. Hans Erich Winckler (*R*) #3,4

Winder, Ludwig, *7.2.1889 Schaffa/Mähren, †16.6.1946 Baldock b. London; - Ps. G. A. List (*D-L-R*) #3,4,18

Winderlich, Carl, *19.2.1862 Breslau, †5.10.1932 Görlitz; - Ps. Child Werni (*D-E-S*) #3,4

Windhagen, Irene, *16.4.1908 Prag; - Ps. Irene Sykyta (*N*) #3

Windhager, Juliane, *12.10.1912 Bad Ischl, †23.11.1986 Basel; - Ps. Lily Häuptner; Lily Windhager (*E-F-L-N-P-R*) #3,4,5

Windischgrätz, Gottlieb Graf von, *17. Jh.; - gen. Der Kühne/FG 669 #11

Windischmann, Karl Joseph Hieronymus, *24.8.1775 Mainz, †23.4.1839 Bonn; - Ps. Celsus (*P*) #4,13

Windolf, Hermann, *28.4.1846 Grünenplan b. Braunschweig, †1922 Engelsburg/Australien; - Ps. Partikulier (*L*) #3,4

Wingerath, Wilhelm Hubert, *14.9.1831 Wevelinghoven; - Ps. Dr. Hetzel; Dr. Honnef (*P*) #3

Wingler, Hugo, *18.4.1869 Elzach/Scharzw., †2.9.1924 Freiburg/Br.; - Ps. Hugo von der Elz (*D-L-S*) #1,3,4

Winiewicz-Lefèvre, Lida, *17.3.1928 Wien; - Ps. Lina Winiewics (*D-F-P-S*) #3,5

Wink, Friedrich, *14.3.1852 Burch b. Waiblingen; - Ps. Fritz Treugold (*P-S*) #1,4

Winkel, Johann Titus aus dem, *17. Jh.; - gen. Der Milde/DG-L #11

Winkel, Rainer, *11.7.1943 Dresden; - Ps. Gruschenka Gräfin Grönda; Henriette von Saternus (*E-J-P*) #3

Winkel, Therese aus dem, *20.12.1784 Weißenfels, †1867 Dresden; - Ps. Comala; Theorosa (*P*) #2,6

Winkelhog, Christian, *4.1.1910 Merten b. Bonn; - Ps. Martin Maller (*P-R*) #3,4

Winkelmann, Edith, *27.2.1903; - Ps. Edith Winkelmann-Mikeleitis (*D-L-N*) #3

Winkelmann, Erich Paul, *15.3.1906 Elberfeld; - Ps. Joe Winkelmann (*E-L-N-P-R*) #3

Winkelmann, Johann Friedrich, *17. Jh.; - gen. Der Gefärbte/DG-R #11

Winkelmann, Johann Justus, *29.8.1620 Gießen, †3.7.1699 Bremen; - Ps. Stanislaus Minck von Weinsheim (*P*) #6

Winkelmann, Julius, *31.12.1877 Frankfurt/O.; - Ps. Bellachini (*S*) #3

Winkler, Anna, *18.3.1861 Leipzig; - Ps. Felix Lenk (*D*) #3

Winkler, Anton, *6.3.1830 Salzburg; - Ps. Adam Evason; Toni (*P*) #3

Winkler, Blanca, *(1906) Wien; - Ps. Victor Pisano (*D-L-S*) #3

Winkler, Carl Gottfried Theodor, *7.2.1775 Waldenburg/Sachsen, †24.9.1856 Dresden; - Ps. Guido; Theodor Hell (*L-S*) #1,4,6,11,13

Winkler, Dieter, *1956; - Ps. Robert Craven (*R*) #16

Winkler, Emmy, geb. Palleske, *14.10.1850 Oldenburg; - Ps. Emmy Palleske; Emmy Engel; Kreuz v. Steine (*E-J*) #1,3,4

Winkler, Hans-Jürgen, *25.2.1923 Königsberg; - Ps. Jürgen Conradt; Jürgen Milberts; Clemens Wolthens (*E-P*) #3

Winkler, Hedwig-Maria, *17.12.1910 Esslingen; - Ps. Jadwiga Winkler (*E-L-P*) #3

Winkler, Heinrich Alexander, *5.6.1895 Eisenach; - Ps. Heinz Alix (*P*) #3,4

Winkler, Herbert, *28.2.1900 Halle/S.; - Ps. Dr. Frosch (*L-P*) #3

Winkler, Johannes, *5.7.1856 Rothenburg o. d. T.; - Ps. Hans von Rothenburg; Dr. Zwickl (*E-J-L-P*) #3,4

Winkler, Kurt, *31.10.1896 Halle/S.; - Ps. Paul Deparade; kir.; paka; Eva Schwandt (*E-P*) #3

Winkler, Ludwig, *27.5.1826 München, †14.2.1883 München; - Ps. Th. Messerer (*E-J-P*) #1,3

Winkler, Martha, *25.6.1854 Driesen/Neumark, †1922 Driesen; - Ps. Knut Berkholm; Martha Kallusky (*L-N-R*) #1,2,3,4

Winkler, Max, *(1924); - Ps. Maria Winter (*P*) #3

Winkler, Paul von, *13.11.1630 Großglogau, †1.3.1686 Breslau; - gen. Der Geübte/FG 789 (*E-R*) #1,4,6,11,13,19

Winkler, Theodor, *4.4.1844 Zwickau, †1895 Mainz; - Ps. Hans Scherzhold (*P-S*) #1,4
Winkler, Therese, geb. Messerer, *13.3.1824 München, †19.12.1907 München; - Ps. Th. Messerer (*E-J-P*) #1,2,3,4
Winkler, Wilhelm, *23.7.1849 Müglitz/Mähren; - Ps. W. Jürgensohn (*E-P*) #3
Winkler von Winkelfels, Benjamin, *17. Jh.; - gen. Nobilidor/ES #11
Winkler-Eyerle, Ursula, *17.5.1927 Wiesbaden; - Ps. Usch Eyerle (*R*) #4
Winkopp, Peter Adolf, *1759, †26.10.1813 Aschaffenburg; - Ps. Faustin der Jüngere; Bernh. Ant. Heister; Friedrich Antonius von Padua (*E-P*) #4,6,13
Winter, Carl, *4.10.1906 Hoym, †31.8.1975 Aschersleben; - Ps. Carl Winter-Hoym (*E-L-P*) #3
Winter, Irmgard, *29.9.1918 Alsbach/Bergstr.; - Ps. Irmgard Goetze (*E-L*) #3
Winter-Hjelm, Thorolf, *14.4.1873 Christiani/Norwegen; - Ps. E. Bier (*D*) #1
Winterfeld, Achim von, *12.6.1884 Oranienburg b. Berlin; - Ps. A. v. Waldberg (*D-P-R*) #3,4
Winterfeld, Adolf von, *9.12.1824 Alt-Ruppin/Priegnitz, †8.11.1889 Berlin; - Ps. Förster (*E-N-R-S*) #1,4,13
Winterfeld, Emmy von, *24.10.1861 Bremen, †1938 Eberswalde; - Ps. E. v. Warnow (*E-J-L-R-S*) #2,3,4
Winterfeld, Friedrich Adalbert von, *1842 Brandenburg; - Ps. L. Erbach (*P-R*) #3
Winterfeld, Gunda von, *11.9.1897 Riga; - Ps. Gunda v. Freytag-Loringhoven (*E-L*) #3
Winterfeld, Henry, *9.4.1901 Hamburg; - Ps. Henry Gilbert; Henry; Manfred Michael (*F-J-R*) #3,17,18
Winterfeldt, Edmund von, *10.8.1850 Gersdorf/Pommern; - Ps. E. J. Eberhard (*D-L-P-S*) #3,4
Winternitz, Jakob, *3.3.1843 Horazdiowitz/Böhmen; - Ps. J. Wintern (*E-P*) #1,3
Winternitz, Leopold, *26.1.1833 Jindrichowitz/Böhmen; - Ps. Walter Lindau; Leopold Winter (*S*) #3
Winterstein, Alfred Freiherr von, *25.9.1885 Wien, †22.7.1961 Berlin; - Ps. Georg von Wielandsthal (*L-N-P-S*) #3,4
Wintzer, Wilhelm, *7.2.1867 Nauendorf b. Halle/S.; - Ps. W. v. Nauendorf (*N-P*) #3,4
Wipfli, Joseph, *14.11.1844 Wassen/Uri, †8.1.1910 Immensee; - Ps. Seppli im Feld (*L-N-P*) #1,3,4
Wippermann, Ferdinand, *19.8.1876 Paderborn, †26.9.1969 Bad Kreuznach; - Ps. de plattdütske Professer (*L-S*) #3
Wippersberger, Walter, *4.7.1945 Steyr/O.-Ö.; - Ps. W. J. M. Wippersberg (*D-F-J-P-R-S*) #3,17
Wirri, Heinrich, *16. Jh. Aarau; - auch Wirry (*L-P*) #4,13
Wirri, Ulrich, *16. Jh.; - auch Wirry (*L-P*) #4,13
Wirsching, Klemens M., *3.1.1930 Amberg/Opf.; - Ps. Clemens am Berg (*L-P*) #3,4
Wirth, Bettina, *7.2.1849 München; - Ps. August Lienhart (*N-R*) #1,2,3,4
Wirth, Rudolf, *7.11.1547 Altdorf/Zürich, †11.3.1626 Zürich; - Ps. Rodolphus Hospinianus (*P*) #4
Wirtz, Berta, *26.1.1908 Biberach/Riß; - Ps. Berta Wirtz-Fliegauf (*L-N*) #3
Wirz, Achilles, *24.4.1745 Basel, †5.8.1778 Basel; - auch Wierz; Würz (*L*) #4,13
Wisbacher, Fritz, *2.11.1874 Lindau; - Ps. Fritz Flamin (*D-L*) #3,4
Wischer, Max, *26.1.1873 Berlin; - Ps. Maximilian Visco (*E-L-P*) #3
Wisheu-Martens, Albert, *12.8.1892 München; - Ps. Albert Martens (*R-S*) #3
Wissell, Karl von, *7.7.1829 Hannover; - Ps. W. von Hilmsen; W. v. Issell (*E-L-P*) #1,3
Wissenbach, Else, *2.2.1898 Gemünden; - Ps. Else Goetze (*L-P*) #3
Wißmann, Eduard, *27.9.1824 Gemünden, †29.8.1899; - Ps. Erwin Wester (*D-L-S*) #1,3,4
Wißmann, Gustav, *28.9.1825 Gemünden, †4.8.1892 Neuenhain/Taunus; - Ps. Gustav Duill (*E-L-M*) #1,3,4
Wisura, Emil, *25.2.1903 Außig/Böhmen; - Ps. W. Arusi (*P-R*) #3,4
Wit, Ferdinand Johannes, *22.8.1800 Eimsbüttel, †9.10.1863 Meran; - gen. Ferdinand Johannes Wit von Dörring (*P*) #4,13
Withalm, Hanns, *23.2.1881 Paris; - Ps. Hawit; Lathiw (*L-N-P*) #3,4
Withof, Johann Hildebrand, *27.7.1694 Lengerich, †13.2.1769 Duisburg; - Ps. Claudius Civilis (*P*) #6
Witkowski, Maximilian Felix Ernst, *20.10.1861 Berlin, †30.10.1927 Montana/Schweiz; - Ps. Apostata; Maximilian Harden; Kent (*P*) #3,4,5,8,15
Witrzens, Helmuth, *22.7.1908 Teschen/Polen; - Ps. Helmuth Witschens (*E*) #3
Witschel, Johann Heinrich Wilhelm, *9.5.1769 Hempfenfeld/Hersbruck, †24.4.1847 Kaltenhochstatt; - Ps. Bruder Topp (*D-L*) #1,4,13
Witt, Arthur Nicolaus, *10.10.1890 Damp b. Eckernförde, †26.4.1964 Flensburg; - Ps. Klaus Witt (*F-L-S*) #3
Witt, Cornelius, *11.4.1895 Hamburg; - Ps. Cornelis (*E-L-P*) #3,4
Witte, Albert, *14.3.1864 Wollin; - Ps. Emil Albert; Constantin de Witt (*P*) #3
Witte, Ilse, geb. Thieme, *18.6.1901 Berlin; - Ps. Ilse Thieme (*P*) #3
Witte, Irene, *25.11.1894 Brüssel; - Ps. I. M. Witte (*P*) #3
Wittek, Erhard, *3.12.1898 Wongrowitz/Schlesien, †1981; - Ps. Fritz Steuben (*E-J-R*) #3,4,10,17

Wittek, Irma von, *23.3.1867 Wien; - Ps. Marie Annunziata (*D-P-R*) #3,4

Wittek von Salzberg, Anna Maria, *26.3.1899 Ebensee/O.-Ö.; - Ps. Suzan von Wittek (*R*) #3

Wittels, Fritz, *14.11.1880 Wien, †16.10.1950 New York; - Ps. Avicenna (*P-R*) #3,4

Witter, Heinz, *24.1.1920 Hamburg, †12.12.1993 Hamburg; - Ps. Ben Witter (*E-L-P-R*) #3

Witter, Marina, *16.8.1838 Aschaffenburg; - Ps. Th. Armin; Maria Leske (*J-L-P*) #2,3

Wittfogel, Karl August, *6.9.1896 Woltersdorf, †25.5.1988 New York; - Ps. Klaus Hinrichs (*D-E-P-R-S*) #4,18

Wittgen, Theodor, *13.12.1883 Weyer; - Ps. Fritz Jakob (*E-L*) #3

Wittgenstein, Werner, *31.7.1882 Magdeburg, †24.4.1965 Berlin; - Ps. Franz Otto Werner (*E*) #3

Wittich, Manfred, *5.2.1851 Greiz, †9.7.1902 Leipzig; - Ps. Abu Telfan (*L-P-S*) #1,3,4

Wittich, Otto Edmund Theodor, *19.10.1865 Zittau; - Ps. Otto Dörflas (*P*) #3,4

Wittig, Max, *13.12.1914 Döbeln/Sachsen, †20.7.1974 Baden b. Wien; - Ps. Axel Witt (*F-N-R*) #3

Witting, Richard, *19. 10.1856 Berlin; - Ps. Georg Metzler (*N-P*) #3

Wittko, Paul, *16.6.1866 Ragnit/Ostpreußen, †26.10.1958; - Ps. Olaf Hansen; Franz Hell (*P*) #3,4

Wittmann, Franz, *30.1.1927 Stiedra b. Karlsbad, †20.2.1986 Aschbach/Ofr.; - Ps. Frank Witten (*P*) #3

Wittmayer, Leo, *25.8.1876 Wien; - Ps. Leo Witt (*L*) #3

Wittner, Viktor, *1.5.1896 Herta/Bukowina, †27.10.1949 Wien; - Ps. Vivo (*D-L-P*) #3,4,18

Wittstock, Albert, *20.8.1837 Wusterhausen/Mark, †16.1.1903 Leipzig; - Ps. Tubalkain (*D-L-P*) #1,3,4

Witz, Johannes, *1490 Schlettstadt/Elsaß, †8.6.1561 Straßburg; - Ps. Johannes Sapidus (*P*) #4,11,13

Witzel, Frank, *12.11.1955 Wiesbaden; - Ps. Erwin Kliffert (*L*) #3,4

Witzel, Georg, *1501 Vacha, †16.2.1573 Mainz; - auch Wicelius; Ps. Agricola Phagus (*L-P*) #4,6,13

Witzleben, Carl August Friedrich von, *27.3.1773 Tromlitz b. Weimar, †5.6.1839 Dresden; - Ps. August von Tromlitz (*D-E-R-S*) #1,4,6,13

Witzleben, Charlotte von, *(1825); - Ps. Charlotte Wollmar (*E*) #2,6

Witzleben, Friedemann Ludwig von; - gen. Der Naufwachsende/FG 202/1630 #11,12

Witzleben, Georg Friedrich von, *8.1.1601, †1651; - gen. Der Anklebende/FG 429/1645 #11,12

Witzleben, Georg Melchior von, *17. Jh.; - gen. Der Schnelle/FG 561 #11

Witzleben, Hans Ernst von, *1598, †19.6.1660 Gerstungen b. Eisenach; - gen. Der Gekochte/FG 180/1629 #11,12

Witzleben, Margarete von, *(1884); - Ps. Renate Lindner (*E-P-R*) #2,4

Woas, Franz, *2.6.1852 Berlin, †1.7.1929 Wiesbaden; - Ps. Meister Konrad (*D-N-P-R-S*) #3,4

Wöber, Franz Xaver, *19.11.1830 Neulerchenfeld; - Ps. Friedrich Kern (*P*) #3

Wobeser, Wilhelmine Karoline von, geb. von Rebeur, *1769 Berlin, †1807 Berlin; - Ps. Karoline Wilhelmine von Rebeur (*R*) #1

Wocher-Wey, Elisabeth, *9.11.1887 Schaffhausen; - Ps. Ilse Wey (*E-L-N*) #3

Wodak, Ernst, *17.8.1891 Göding/Mähren; - Ps. EWE (*P*) #18

Wodarch, Berend Andreas, *(1723); - Ps. Der Wohlmeinende (*P*)

Woderich, Adolf, *27.4.1906 Hamburg, †28.3. 1963 Hamburg; - Ps. rich (*E-L-R-S*) #3,4

Wodniansky, Jenny, *20.10.1855 Milwaukee/USA; - Ps. Jenny Durège (*N-P-S*) #1,4

Woedtke, Fritz von, *7.2.1906 Berlin, †4.7.1959 Hamburg; - Ps. Lucian von Belling (*D-E-P-R-S*) #3,4

Woell, Boris, *2.11.1901; - Ps. S. I. S.; Sergej Iwanowitsch Samsara (*E-R*) #3

Woell, Nikolaus, *29.4.1880 Caßdorf b. Homberg, †11.7.1968 Kassel; - Ps. Heinrich Norden (*D-E-P-R-S*) #3,4

Woerner, Frank Peter, *12.10.1938 Merseburg; - Ps. Franz Bittrich (*E-L*) #3

Woge, Erika, *21.2.1891 Sorau/Niederlaus.; - früher Erika Schulz-Röbbelen (*L-M-N-P*) #3

Wohl, Ludwig von, *24.1.1903 Berlin, †2.6.1961 Luzern; - Ps. Louis de Wohl (*P-R*) #3,18

Wohlfahrt, Ignaz Maria, *8.10.1900 Aschaffenburg; - Ps. Enid Kerstien (*L-N-P-R*) #3,4

Wohlgemuth, Anna, *28.10.1831 Burgwaldbach/Rhön, †1908 Rosenheim; - Ps. Ju (*D-E-N-S*) #2,3,4

Wohlleben, Robert, *15.7.1937 Hamburg; - Ps. Alfons Teschau (*L-P*) #3

Wohlmuth, Alois, *25.6.1847 Brünn, †15.7.1930 Dachau; - Ps. Errats (*L-N-P-S*) #1,3,4

Wohlrath, Elmar, *1952; - Ps. Robert Craven (*P*) #16

Wohmann, Gabriele, geb. Guyot, *21.5.1932 Darmstadt; - Ps. Gabriele Guyot (*E-F-L-P-R*) #3,5

Wohnras, Niclas, *(1677); - Ps. Der Wohnende (*P*)

Wöhr, Johann Evangelist, *1.11.1842 Rottenmann/Steierm., †2.3.1896 Graz; - Ps. Hans Wiesing (*E*) #3,4

Woide, Karl Gottfried, †1790; - Ps. Alexander Adamovicz (*P*) #6

Woile, Hans Peter, *2.1.1905 Trier/Mosel, †13.12.1981 Achern/Baden; - Ps. Pelle Igel (*L-P*) #3,4

Woisetschläger, Hubert Frank, *27.9.1925 Zlabings/Mähren; - Ps. Eva Maria Woisetschläger (*F-L-N-R*) #3

Wojahn, Erika, *21.9.1911 Berlin; - Ps. Erika Engel (*J-L-S*) #3,4

Wolder, Theodor, *23.12.1628 Königsberg, †3.1.1672 Königsberg; - Ps. Der Trübselige Wandersmann (*L*) #4,11

Woldstedt, Rose, *27.12.1889 Zürich, †9.1.1966 Bonn; - Ps. Rose Woldstedt-Lauth (*E-R*) #3,4

Wolf, Arthur, *14.8.1890 Rittersberg/Erzg.; - Ps. Piz palü (*D-E-P*) #3

Wolf, Charlotte, *31.10.1907 Berlin; - Ps. Carla Wolf (*E-R*) #18

Wolf, Christian T., *(1974); - Ps. Tilman Winkler (*L*) #3

Wolf, Curt Julius, *25.2.1875 Altenburg/Sa.; - Ps. Flambeau (*D-E-R*) #3

Wolf, Dieter Alfred, *9.11.1946 St.Gallen; - Ps. Volker Dieter Wolf (*L*) #3

Wolf, Friedrich, *23.12.1888 Neuwied, †5.10.1953 Lehnitz b. Oranienburg; - Ps. Christian Baetz; Dr. Isegrimm; Hans Ruedi (*D-E-F-L-N-P-R-S*) #3,4,5,8,14,17,18

Wolf, Gerhard Wilhelm, *28.3.1927 Scheinfeld; - Ps. Wilhelm Kastellitz; Kommissar Barkley; Gerd Westerland (*J-P-R*) #3

Wolf, Grete, geb. Schlemm, *25.4.1893 Uelzen, †27.9.1963 Lüneburg; - Ps. Grete Schlemm; Grete Wolf-Schlemm (*E-R*) #3,4

Wolf, Gunther, *10.3.1930 Karlsruhe; - Ps. Gerd Wandersleb (*L*) #3

Wolf, Gustav, *29.5.1906 Weisa/Sa.; - Ps. Gustav Wolf-Weisa (*E-L*) #3,4

Wolf, Hans-Günther, *3.3.1912 Berlin; - Ps. Hans Schupp (*P*) #3

Wolf, Hedwig, *15.4.1831 Wien, †3.1.1893 Hietzing; - Ps. Luise Thal (*E-N*) #1,2,3,4,13

Wolf, Ilse, *8.2.1923 Wien, †29.7.1967 Wildenwart/Obb.; - Ps. Ilse Schaller (*J*) #3,4,17

Wolf, Jakob, *30.12.1642 Naumburg/Saale, †25.7.1694 Jena; - Ps. Jacobus Lupius (*P*) #6

Wolf, Jakob, *21.4.1914 Feketitsch/Jugos., †9.1.1987 Sindelfingen; - Ps. Lupus (*L-P*) #3

Wolf, Johann Wilhelm, *23.4.1817 Köln, †28.6.1855 Hofheim/Hessen; - Ps. Johann Laicus (*E-M*) #1,4,13,17

Wolf, Johanna, geb. Leitenberger, *31.1.1818 Prag, †5.1.1893 Salzburg; - Ps. Johanna Leitenberger; Jean Litahorsky; Marie Litahorsky (*L-N*) #1,2,3,4

Wolf, Marianne, *17.3.1837 Hermannstadt/ Siebenb., †4.2.1886 Graz; - Ps. C. Michael (*E*) #1,2,3,4

Wolf, Ror, *29.6.1932 Saalfeld/Thüringen; - Ps. Raoul Tranchirer (*E-F-L-P-R*) #3,5,8,10

Wolf, Viktor, *3.10.1870 Dresden; - Ps. Arno Deix (*P*) #3

Wolfart, Karl Christian, *2.5.1778 Hanau, †18.5.1832 Berlin; - Ps. Mesmer (*D-L-P-S*) #1,4,13

Wolfarth, Conrad, *10.3.1863 Weikersheim; - Ps. Hans Hohenlohe (*P*) #3

Wolfersdorff, Elise Charlotte Freiin von, *4.3.1849 Graudenz, †10.4.1921 Weimar; - Ps. Karl Berkow (*E-R*) #1,2,3,4

Wölfert, Otto, *31.1.1863 Groß-Salze; - Ps. Peter Nolopp; Friedrich Otto (*L-N-P*) #3

Wölfert, Wilhelm, *27.10.1854 Magdeburg, †2.7.1925 Berlin; - Ps. Hector Sylvester (*D-L-R-S*) #3,4

Wolff, Anke, geb. Paustian,*30.1.1941 Burg a. F.; - Ps. Anke Paustian (*J*) #3

Wolff, Detlef, *30.10.1934 Thale/Harz; - Ps. Claus Woberg (*R*) #3

Wolff, Dietrich, *17.5.1923 Landsberg/Warthe; - Ps. Michael Muriel; Matthias Riehl (*E-F-J-R*) #3,4

Wolff, Emil, *18.8.1849 Lübbenow b. Prenzlau, †22.2.1891 Apolda; - Ps. Frank Justi (*J-L*) #1,3,4

Wolff, Felix, *1.4.1874 Berlin; - Ps. Cato; Felix Wolff-Hamburg; Felix Wolff-Wartenberg (*P-S*) #3

Wolff, Hedda, geb. Zelinka, *14.1.1900 Czernowitz/Bukowina; - Ps. Hedda Zelinka (*J*) #3

Wolff, Heinrich Rudolf, *23.1.1841 Barmen, †16.12.1912 Gießen; - Ps. W. Rudelli (*E-R*) #3,4

Wolff, Johanna, geb. Kielich, *30.1.1858 Tilsit, †4.5.1943 Locarno; - Ps. Johanna Kielich; Johanna Wolff-Hamburg (*D-E-L-N-R*) #3,4,9,10

Wolff, Johannes, *(1478); - Ps. Johannes Lupus (*P*) #4

Wolff, Julius, *16.9.1834 Quedlinburg, †3.6.1910 Charlottenburg; - Ps. Adele von der Halde (*D-E-L-R*) #1,3,4,5

Wolff, Karl, *11.2.1890 Peterwardein/Ungarn, †17.8.1963 Mönichkirchen/N.-Ö.; - Ps. Karele (*L-P*) #3

Wolff, Lita, *15.1.1877 Berlin, †1943; - Ps. Carola Behrend; Li Sander (*F-L-R-S*) #3,4

Wolff, Louis, *21.2.1846 Kassel; - Ps. Louis Wolff-Kassel (*D-L*) #1,3,4

Wolff, Margarethe, *1.1.1874 Stolp/Pommern; - Ps. Margarethe Wolff-Meder (*L-R*) #3

Wolff, Max Josef, *1.3.1868 Erfurt; - Ps. Allemand Daudet (*L-P-R-S*) #4

Wolff, Oscar Ludwig Bernhard, *26.7.1799 Altona, †16.9.1851 Jena; - Ps. Der deutsche Improvisator; Dr. Oscar; Plinius der Jüngste (*D-E-L-P-R*) #1,4,11,13

Wolff, Paul Alexander, *19.1.1871 Dresden; - Ps. Alexander (*P*) #3

Wolff, Philipp Heinrich, *2.5.1813 Berlin, †6.11.1886 Berlin; - Ps. Ernst Waller (*D-S*) #1,4

Wolff, Theodor, *25.7.1880 Sangershausen/Sa.; - Ps. Theodor Wolff-Thüring (*N-P-R-S*) #3,4

Wolff, Ulla, *2.4.1850 Gleiwitz/Oberschles., †1924 Berlin; - Ps. Ulrich Frank (*D-E-N-R-S*) #1,2,3,4

Wolff, Victoria, geb. Victor, *10.12.1908 Heilbronn; - auch Wolf; Ps. Eleanor Colling; Claudia Martell; Victoria Victor (*R*) #3,9,18

Wolff, Viktor, *17.10.1871 Heilsberg/Ostpr.; - Ps. Hans Baysen (*R*) #1,3,4

Wolff-Beckh, Bruno, *18.4.1860 Berlin; - Ps. Rob. W. Buffon; Bruno Wimperg; Bruno Wolff (*L-N-P*) #1,3,4

Wolffheim, Irmgard, geb. Köster, *4.9.1924 Hannover; - Ps. Irmgard Köster (*E-F-R*) #3

Wolfframsdorff, Wolf Ernst von; - gen. Der Einschläfernde/FG 440/1645 #11,12

Wolfhagen, Maria Friederike, *13.11.1813 Tönning/Schl.-H., †3.7.1878 Dresden; - Ps. Marie Norden (*E-R*) #1,2,4,11,13

Wolfhart, Konrad, *1518 Ruffach/Elsaß, †1561 Basel; - Ps. Konrad Lykosthenes (*L-P*) #4,13

Wölflingseder, Kurt, *20.2.1934 Wien; - Ps. Kurt Wölfflin (*J-L-R-S*) #3

Wolfradt, Heinz, *31.7.1863 Berlin; - Ps. Heinz Herbert; Herbert Neukirch; Dr. Stockmann (*P*) #3

Wolfram, Elise, *12.2.1868 Danzig; - Ps. F. Wolf-Rabe (*P-R*) #3,4

Wolfram, Hermann Ludwig, *9.12.1807 Schkeuditz b. Leipzig, †11.3.1857 Leipzig; - gen. Wolfram-Müller; Ps. F. Marlow (*D-L-N*) #1,4,13

Wolframsdorf, Moritz von, *17. Jh.; - gen. Der Vermehrte/FG 779 #11

Wolfsberg, Bartholomäus von, †1684 Hamburg; - gen. Der Beflissene/FG 525/1649 (*P*) #11,12

Wolfssohn, Carl Wilhelm, *20.10.1820 Odessa, †13.8.1865 Dresden; - Ps. Carl Maien (*D-L-P*) #1,4,13

Wolfssohn, Wilhelm, *8.11.1852 Dresden, †1915 b. Pirna/Sa.; - Ps. Wilhelm Wolters (*D-E-N-P-R-S*) #1,4

Wölk, Karl Heinz, *8.1.1946 Niebüll; - Ps. Der Speyerdorfer; Dr. X; Elwedritsche Vater (*E-J-J-L-N-P*) #3

Wolkan, Rudolf, *21.7.1860 Preloutsch/Böhmen, †16.5.1927 Wien; - Ps. W. Naklowsky (*P*) #3,4

Wolke, Johannes, *17. Jh. Livland; - gen. Nephelidor/ES #11

Wolkenstein-Rodenegg, Arthur Graf von, *4.1.1837 Petersberg b. Silz/Oberinntal, †14.6.1907 Innsbruck; - Ps. Arthur von Rodank (*E-R*) #1,3,4

Wollenschläger, Alfred Ernst Johann, *3.9.1901 Bromberg; - Ps. Karl Matthias Fischer; A. E. Johann (*E-P-R*) #3,4

Wollenweber, Ludwig August, *5.12.1807 Ixheim b. Zweibrücken, †25.7.1888 Reading/USA; - Ps. Der Alte vom Berge (*D-E*) #1,3,4

Wollf, Johanna, geb. Friedmann, *10.7.1878 Karlsruhe; - Ps. Johanna Friedberg (*D-L*) #1,3,4

Wollheim da Fonseca, Anton Edmund, *12.2.1810 Hamburg, †24.10.1884 Berlin; - Ps. A. G. Fallmer; Junius jun.; Jean Nicolas (*D-L-P-R-S*) #1,3,4,13

Wollman, Eduard, *1807 Löwenberg/Schles., †16.6.1864 Berlin; - Ps. Eduard von Boberthal (*L*) #1,4

Wollmann, Frank, *5.6.1963 Villingen; - Ps. Fritz Mertens (*P*) #3

Wollschack, Theodor, *1855 Iglau; - Ps. C. W. Teifen (*P*) #3

Wolmar-Ströh, Daisy von, *16.5.1923 Wien; - Ps. Wolfram v. Wolmar (*F-L-R*) #3

Wolski, Alexander, *20.4.1879 Groß-Kommorsk; - Ps. L. v. d. Montau (*L-P-S*) #3

Wolter, Albert, *(1837); - Ps. Adalbert Friedner (*L*)

Wolter, Friedrich August, *6.10.1797 Köln; - Ps. Fedor Ismar (*D-L-P*) #1,4,6

Wolter, Irmgard, *18.3.1911 Köln; - Ps. Bettina Ulrici; Wolter-Rosendorf (*N-P*) #3

Wolter, Karl Kurt, *23.3.1905 Worms; - Ps. kakuwo; Peter Waechter (*D-F-L-P-R*) #3,4

Woltereck, Christoph, *1.7.1686 Glückstadt, †11.1.1735 Wolfenbüttel; - Ps. Celander; Christlieb Schneemann (*L-P*) #4,6,13,19

Wolterstorff, Marie, *27.9.1870 Nordfriesland; - Ps. Marie Burmester (*E-N-R*) #1,3,4

Woltmann, Karl Ludwig von, *9.2.1770 Oldenburg, †19.6.1817 Prag; - Ps. J. Bapt. Calvi; C. D. Gloxin (*P*) #4,13

Woltmann, Karoline von, geb. Stosch, *6.3.1782 Berlin, †18.10.1847 Berlin; - später Karoline Müchler; Ps. Luise Berg; Karoline Stosch (*D-E-N-P-R*) #1,2,4,6,11,13

Wölven, Adolph von, *17. Jh.; - gen. Der Hintertreibende/FG 551 #11

Wolzogen, Ernst Ludwig Freih. v., *23.4.1855 Breslau, †30.8.1934 Puppling/Obb.; - Ps. Ernst Ludwig (*D-E-P-R-S*) #1,3,4,5,8

Wolzogen, Friederike Sophie Karoline Freifrau von, gesch. von Beulwitz, *3.2.1763 Rudolstadt, †11.1.1847 Jena; - Ps. Verf. der Agnes von Lilien (*E-P-R*) #1,2,4,5,9,13

Wolzogen von Missingdorf, Matthias, *17. Jh.; - gen. Der Andeutende/FG 652 #11

Wongtschowski, Adolf Friedrich, *18.1.1919 Mainz; - Ps. Friedrich W. Buri (*L-P*) #3,4,18

Wonsfleht, Gottschalk, *17. Jh.; - gen. Der Wohlbekannte/FG 665 #11

Wopse, Hermann, *(1571); - auch Vespasius; Wepse (*L-P*) #4,13

Worgewitz, Friedrich August von, *17. Jh.; - gen. Der Offenbahrende/FG 717 #11

Wörishöffer, Sophie, geb. Andresen, *6.10.1838 Pinneberg, †8.11.1890 Altona; - Ps. Sophie Andresen; S. Fischer; A. Harder; W. Höffer; Sophie von der Horst; K. Horstmann; W. Noeldechen (*E-J-N-R*) #1,2,3,4,9,17

Wörle, Karl, *2.5.1830 Metzlos/Hessen; - Ps. Oswald Stein; Oswald Stern (*D-L-R*) #1,3,4
Wörle, Wolfram Hermann Guido, *12.4.1952 Innsbruck; - Ps. Leon Wolff (*L-P-R*) #3
Worlik, Emanuel, *25.2.1843 Prag; - Ps. Emanuel Emil (*D-L-S*) #4
Worm, Eberhard Friedrich, *8.2.1896 Berlin, †29.8.1973 Berlin; - Ps. Lena Eschner; Ferry Rocker; Fried-Hardy Worm (*F-L-P-R*) #3,4
Wortig, Kurt, *19.7.1913 Neuwied/Rh.; - Ps. Frederic de Bask; K. Galenos; Monitor; Hubert Pepsin; Hubert Perzent; Michel Resignanz; Wendelin Überkotz; Thomas Zell (*F-P*) #3
Woytt, Georg Christian, *17. Jh.; - gen. Memorando/PB #11
Woytt, Lorenz Wolfgang, *5.4.1672 Kohlberg b. Sulzbach, †1724 Edenkoben; - Ps. Philidor (*L*) #4
Wozniak, Johannes Paul, *16.11.1902 Charlottenburg; - Ps. Hartmann Bobola; Johannes Wagenführ (*D-P*) #3
Wrangel, Greve Carl Gustav, *13.12.1613 Skokloster/Schweden, †24.6.1676 Gut Spieker/Rügen; - auch Carl Gustav Vrangel; gen. Der Obsiegende/FG 523/1649 (*P*) #11,12,19
Wrany, Eugen, *15.7.1854 Kuttenberg/Böhmen, †1.7.1934 Bad Hall/O.-Ö.; - Ps. Eugen Raben (*D-E-L-R-S*) #1,3,4
Wratisch, Josef, *5.1.1862 St.Veit/Kärnten, †1916 Wien; - Ps. Phm. Lauris (*S*) #3,4
Wrede, Friedrich Fürst, *9.2.1870 Salzburg, †10.9.1945 Salzburg; - Ps. Friedrich vom Stein (*D-N-R*) #1,3,4
Wrede, Philipp Eberhard von; - auch PhilippEberhard de Vrede; gen. Der Luftende/FG 127/1626 #11,12
Wrede, Rembert von; - auch Rembert de Vrede; gen. Der Wiederstehende/FG 128/1626 #11,12
Wrede, Rembert Wilhelm von; - auch Rembert Wilhelm de Vrede; gen. Der Fegende/FG 383/1642 #11,12
Wüest-Hindemann, Annie, *1894 Luzern; - Ps. Annie Hindemann (*N*) #3
Wülcknitz, Carl von, *10.11.1589 Crüchern, †28.1.1624; - auch Carl von Wülkenitz; gen. Der Unschädliche/FG 76/1623 #11,12
Wulff, Joachim Wilhelm, *6.10.1807 Hamburg, †30.3.1893 Schleswig; - Ps. Wilibald Wandrow; Wilibald; Wilhelm Willibald (*L*) #1,4
Wulff, Leo, *21.1.1874 Stralsund; - Ps. Bubi; Walter von der Hasenheide; Pipifax; Pulex; Mucius Scaevola (*L-P-S*) #3
Wulff, Margaretha, *1792 Marutendorf b. Kiel, †1874 Schleswig; - Ps. Anna Stein (*J*) #17
Wulfferodt, Albrecht Georg von; - auch Albrecht Georg von Wulferath; gen. Der Graue/FG 350/1640 #11,12
Wulfsheim, Felix, *21.3.1840 Berlin; - Ps. Fritz Woldeck (*E-S*) #3,4
Wülkenitz, Ludwig von, *17. Jh.; - gen. Der Bekannte/FG 571 #11
Wunder-Völcker, Karl Gustav Friedrich Otto, *27.12.1845 Erfurt, †26.7.1880 Mücheln; - Ps. Carl Otto (*L*) #1,4
Wunderer, Richard, *9.3.1926 Wolfsthal; - Ps. Sara Carnaby; Frederic Collins; Jerry Cotton; Jason Dark; Brian Elliot; Andrew Hathaway; Kojak; Frank de Lorca; M. R. Richards; John D. Verden; Richard Waldegg (*J-P-R*) #3,7,16
Wunderlich, Bruno, *6.4.1886 Zschopau/Erzg.; - Ps. Hans Fleming (*L-P*) #3
Wunderlich, Heinz, *25.8.1907 Leipzig; - Ps. Heinz Michael (*D-F-J-R-S*) #3
Wunderlich, Marie, geb. Müller, *9.12.1851 Luschvitz/Posen; - Ps. G. Brahmüller; Marie Müller-Wunderlich (*E-J-R-S*) #1,2,3,4
Wundtke, Max Alfred Ferdinand, *8.8.1863 Frankfurt/O., †30.10.1908 Dresden; - Ps. Max Alfred Ferdinand; Wiegand von Fürstenberg; Godegisel; Erich Migge; Roland; Erik Troll; Martin Wewurt; Hans Worst (*L-P-R-S*) #1,3,4
Wunsch, Johannes, *24.6.1881 Gausbach/Baden; - Ps. Hans vom Wald (*E-L-P-R*) #3,4
Wunschik, Julius, *22.1.1861 Mechnitz b. Kosel; - Ps. Kosamedina (*P*) #3
Würdtwein, Stephanus Alexander, *18. Jh.; - Ps. Stephanus Alexander (*P*)
Würkert, Friedrich Ludwig, *16.12.1800 Leisnig/Sa., †10.1.1876 Leisnig/Sa.; - Ps. Ludwig Rein (*D-E-L-N-P*) #1,4
Würkert, Grete, geb. Baldauf, *24.2.1878 Sorgau/Sa., †16.12.1962 Marienberg/Erzg.; - Ps. Grete Baldauf-Würkert (*E-L-P-R-S*) #1,3,4
Wurl, Joachim H., *3.8.1907 Alt-Rosenthal, †13.12.1962 Berlin; - Ps. Joachim H. Wohl (*E-L-P*) #3
Wurm, Ernest, *13.1.1820 Kematen/O.-Ö., †9.6.1888 Pettenbach/O.-Ö.; - urspr. Franz Wurm; Ps. Franz Imbach; Franz Innbach; Ernst Wendelin (*L-P*) #1,3,4
Wurmb, Alfred Ritter von, *16.7.1875 Wien; - Ps. Fred Waldner (*L-P*) #3,4
Wurmbach, Adolf, *15.7.1891 Littfeld/Westf., †17.1.1968 Krombach; - Ps. Erwin Röslin (*D-L-S*) #3,4
Wurmbrand, Irmgard-Barbara, *23.9.1906 Graz; - Ps. Noretta (*F-N-R*) #3,4
Wurmbrand-Stuppach, Stephanie Gräfin, *26.12.1849 Preßburg, †16.12.1919 Wien; - Ps. S. Brand-Vrabély (*P*) #1,3,4
Wurst, Alfred, *19.8.1936 Korneuburg/N.-Ö.; - Ps. Alfred Warnes (*E-L-P*) #3
Würth, Heidy, *30.5.1920 Basel; - Ps. Marianne (*E-L*) #3
Württemberg, Christian Friedrich Alexander Graf von, *5.11.1808 Kopenhagen, †7.7.1844 Wildbad; - Ps. Alexander v. Serach (*L*) #1,4
Württemberg, Julius Sigismund Herzog zu, *17. Jh.; - gen. Der Unverwelkte/FG 887 #11

Württemberg, Sueno Martialis Herzog von, *17. Jh.; - gen. Der Erleuchtende/FG 639 #11

Württemberg, Sylvius Friedrich zu, *17. Jh.; - gen. Der Schätzende/FG 872 #11

Württemberg, Wilhelm Graf von, *6.7.1810 Stuttgart, †16.7.1869 Burg Lichtenstein; - Ps. Immergrün (*L-P*) #4

Wurtz, Johannes, *16.7.1908 Waldneudorf; - Ps. Hans Waldneudörfer (*D-L-P-R*) #3

Wurzbach Edler von Tannenberg, Constantin, *11.4.1818 Laibach, †19.8.1893 Berchtesgaden; - Ps. W. Constant; W. Konstant; Seebach (*L-P*) #1,3,4,13

Wurzbach Ritter von Tannenberg, Alfred, *22.7.1846 Lemberg, †18.5.1915 Wien; - Ps. Wolfgang von Wurzbach (L-N-*P*) #1,3

Würzburger, Karl, *10.3.1891 Bayreuth; - Ps. Jakob Werther (*L-N-P-R*) #3,4,18

Wüst, Leni, *24.4.1907; - Ps. Leni Micharelli (*E-J-R*) #3,4

Wüsten, Johannes, *4.10.1896 Heidelberg, †26.4.1943 Brandenburg-Görden; - Ps. Peter Nickl; Peter Nikl (*E-P-R*) #3,4,8,14,18

Wüstenhagen, Eugenie, *30.12.1892 Eichstätt; - Ps. Eugenie Krafft (*L-R*) #3,4

Wuthenau, Hans Heinrich von, †1637; - gen. Der Gerade/FG 14/1618 #11,12

Wuthenau, Heinrich von, *1598, †29.4.1652 Großpaschleben/Anhalt; - auch Heinrich von Wütenau; gen. Der Schwimmende/FG 244/1634 #11,12

Wuthenow, Alwine, *16.9.1820 Neuenkirchen b. Greifswald, †8.1.1908 Greifswald; - Ps. A. W.; Annmarie Schulten (*L*) #1,2,3,4

Wuttig-Langhardt, Hetty, *28.2.1921 Krefeld; - Ps. Hetty Deppe; Hetty Langhardt (*J*) #3,4

Wuttke, Emma, geb. Biller, *7.3.1833 Breslau, †16.4.1913 Dresden; - Ps. Emma Biller (*E-J-N-S*) #1,2,3,4,17

Wuttke, Hildegard, *26.5.1910 Nossen/Sa.; - Ps. Hildegard Meinert (*L-R*) #3

Wylicil, Carl, *14.2.1896 Hoflenz/Sudeten; - Ps. Carl Lenzhof (*E-J-L-R*) #3

Wymetal, Wilhelm Ritter von, *27.12.1838 Wien, †4.1.1896 München; - Ps. W. Wyl (*E-P*) #4,13

Wyss, Hedwig, *26.10.1889 Berlin; - Ps. Hedwig Weiß; H. Weiss-Sonneburg (*N-P-R*) #3

Wyss, Hedwig Katharina, *5.3.1858 Uster/Zürich; - Ps. Hedwig Katharina Schätti (*E*) #4

Wyß, Johann Rudolf, *13.3.1782 Bern, †31.3.1830 Bern; - Ps. A-b-n-s; A-n; Adrian; Manfred; O-r; Oscar; Q. Q.; X. Y. (*E-L-P*) #1,4,5,13,17

Wyszomirski-von Groeling, Leontine, *19.4.1903 Hindenburg/Oberschles.; - Ps. Leontine von Groeling (*F-L-P*) #3,4

Y

Yapou-Hoffmann, Edith, *(1947) Wien; - Ps. Edith Hoffmann (*P*) #18

Yetzeler, Johann, *25.3.1543 Schaffhausen, †13.8.1622 Schaffhausen; - auch Jetzeler, Uetzeler (*S*) #4,13

Yorck von Wartenberg, Ruth, *1.1.1909 Berlin, †19.1.1966 New York; - Ps. Ruth Landshoff (*E-F-R*) #3,4,9,18

Young, Gustav, *10.10.1846 Wien; - Ps. Gustl von Lerchenfeld (*E-L*) #3,4

Yusuf-Dorsch, Ute, *19.11.1935 Rheda; - Ps. Ute Dorsch (*J*)

Z

Zabel-Plothow, Daniela, *4.8.1917 Barmen; - Ps. Daniela Plothow (*E-J-L-M-P-R*) #3

Zablatzky, Franz, *4.7.1820 Kojetein/Mähren, †13.4.1893 Kremsier; - Ps. Ludwig Marr (*L-R*) #1,4

Zach, Franz, *31.8.1876 Kirchbach b. Graz; - Ps. Hans Berthold (*P*) #3,4

Zachariae, Blanka, *1.1.1854 Erfurt; - Ps. B. Klarent; B. v. Salk; Tony Zachert (*N-P-R*) #1,2,3,4

Zachariae, Justus Friedrich Wilhelm, *1.5.1726 Frankenhausen/Thür., †30.1.1777 Braunschweig; - Ps. J. F. W. Za** (*E-J-L-M-P*) #1,4,5,13,14,17

Zachäus, Michael, *17. Jh.; - gen. Der Kleine/DG-R #11

Zache, Heinz, *27.10.1916 Hamburg; - Ps. Ironicus (*E-J*) #3,4

Zache, Walther, *19.4.1874 Berlin; - Ps. Harald Stein (*N-P*) #3

Zacher, Albert, *20.2.1861 Bonn, †12.5.1911 Rom; - Ps. Paulus Damascenus; Zeto Romano (*P*) #3,4

Zadek, Walter, *26.3.1900 Berlin; - Ps. Mira Barr; Uri Benjamin; gamba; Oda Kovà; David Ruben; Johannes Wendelin (*L-P*) #3

Zahl, Peter Paul, *14.3.1944 Freiburg/Br.; - Ps. p. p. (*D-E-F-L-P-R*) #3,5,8

Zahlhas, Johann Baptist Ritter von, *1787 Wien, †1870 Wien; - Ps. Johann Baptist Neufeld; Neuhof (*D*) #1,4

Zahlten, Horst Günther, *7.4.1922 Görlitz, †1978; - Ps. Marco Janus (*D-E-F-J-R*) #3,20

Zahn, Adam, *26.11.1663 Stolberg/Erzgebirge, 8.9.1736 Dresden-Neustadt; - Ps. Dentatus (*P*) #6

Zahn, Agnes von, geb. von Harnack, *19.6.1884 Gießen, †22.5.1950 Berlin; - Ps. Agnes von Zahn-Harnack (*P*) #3,4

Zahn, Hermann Wolfgang, *24.1.1879 Dürkheim, †1965; - Ps. Dr. Cramers; Wolfgang (*N-P-R*) #3

Zahn, Leopold, *8.7.1890 Wien; - Ps. Leone Zanetti (*P*) #3

Zahn, Matthias, *(1605); - Ps. Matthias Odontius (*L*) #4,11

Zahorsky, Anton, *28.10.1900 Triest; - Ps. Zahori (*D-R*) #3

Zainer, Andreas, *15. Jh.; - auch Andreas Zayner (*P*) #4,13

Zak, Alexander, *1904 Petersburg; - Ps. Alexander Sack (*P*) #18

Zak, Annemarie, *10.6.1913 Neumünster; - Ps. Annemarie Auer (*E-J-P*) #3,4

Zaky, Renate, *2.6.1944 Nizza; - Ps. Bavarica; Renate Mayer (*F-L-P-R*) #3,4

Zamehl, Gottfried, *2.2.1629, †12.8.1684; - gen. Der Ronde/FG 805; Almesius/ES; Meleager/PB (*L*) #11,19

Zaminer Vaschauner, Anna, *26.10.1928 Lantschern/Ö.; - Ps. Anna Vaschauner (*F-L-R*) #3

Zaminer-Strauss, Susanne, *24.3.1947 Wien; - Ps. Susanne Strauss (*F-L-P*) #3

Zampach von Potenstein, Adele, *30.9.1887 Marienbad, †9.3.1961 Wien; - Ps. Della Zampach (*D-F-L-S*) #3

Zanbauer, Rudolph, *15.1.1878 Wien, †29.6.1941 Wien; - Ps. Rolph Randolph (*F-L-R-S*) #3

Zangerle, Johann, *1.6.1874 See/Tirol, †4.5.1945; - Ps. Hans von der Trisanna (*E-P*) #3,4

Zanini, Emilie Marie von, *1809 Wien, †25.3.1831 Wien; - Ps. Emmy (*N*) #4,11

Zannach, Jakob, *Bautzen, †um 1625 Zerbst; - Ps. Didacus Apolephtes (*P*) #6,13

Zanthier, Christoph Albrecht von, *1602, †1667; - gen. Der Fette/FG 161/1628 #11,12

Zanthier, Ernst von; - gen. Der Notfeste/FG 267/1636 #11,12

Zanzinger, Elisabeth, *5.7.1867 Bayreuth; - Ps. Marga de Rohan (*P*) #3

Zapf, Georg, *30.8.1867 Eger/Böhmen; - Ps. Siegfried Reinhold (*D-L-N-P*) #1,3

Zapf, Helene, *22.7.1905 Brigach/Schwarzw.; - Ps. Helene Zapf-Beydeck (*F-L-N-S*) #3

Zapletal, Josef, *2.1.1839 Trofaiach/Steierm., †3.12.1897 Graz; - Ps. Stephan Moser (*E-P*) #3,4

Zapp, Arthur, *15.9.1862 Luckau/Brandenb., †15.4.1925 Berlin; - Ps. A. Constantin; V. E. Teranus (*D-E-N-P-R*) #1,3,4

Zapp, Hedwig, geb. Scharfenort, *28.7.1862 Dirschau/Westpr.; - Ps. Hedwig Scharfenort (*N-R*) #2,3,4

Zappe, Hans, *28.3.1895 Potsdam; - Ps. Eppaz (*E-L-R*) #3

Zaradek, Ernst Freiherr von, *17. Jh.; - gen. Der Vollführende/FG 636 #11

Zarek, Otto, *20.2.1898 Berlin, †21.8.1958 Berlin; - Ps. Ferdinand Mayr-Ofen (*D-N-R*) #3,4,18

Zarnack, Rosa, *24.3.1841 Blankenburg, †12.4.1906 Potsdam; - Ps. Rosa Blankenburg (*E*) #1,3,4

Zarniko, Gertrud, *3.12.1899 Mühlhausen/Elsaß; - Ps. Gertrud Hochgesand (*N-P-R*) #3,4

Zastro, Otto, *17. Jh.; - gen. Der Schäumende/FG 621 #1

Zastrow, Charlotte von, geb. Loeben, *13.11.1877 Schosdorf b. Greifenberg/Schlesien, †17.2.1946 Baden-Baden; - Ps. Charlotte von Zastrow-Loeben (*E-N-R*) #3

Zastrow, Karl, *11.4.1836 Prenzlau, †9.2.1903 Berlin; - Ps. Karl von Prenzlau (*E-J-L-M-N-R*) #1,3,4

Zastrow, Niclaus von, *15.10.1602 Kölpin b.

Neustettin, †4.4.1672 Weißenfels; - auch Niclas von Zastro; gen. Der Schwere/FG 416/1644 #11,12

Zauner, Lothar, *14.2.1898 Prag-Weinberge; - Ps. Otfried Lerse; Otfried (*D-L-S*) #3,4

Zaunschliffer, Otto Philipp, *9.3.1653 Hanau, †28.2.1729; - auch Zaunschliefer; Ps. Constantinus Veridicus Felicitanus; Opizius Jacoserius; später für ein Werk als Verf.: Johann Wolfgang von Goethe (*P*) #6,19

Zauper, Franz Josef, *15.3.1784 Dux/Böhmen, †30.12.1850 Pilsen; - Ps. Johann Stanislaus Zauper (*E-L-P*) #1,4

Zawadzki, Brigitte, *10.7.1934 Mediasch/Siebenbürgen; - Ps. Brigitte Ina Kuchar (*L*) #3,4

Zawadzky, Edith von, *19. Jh.; - Ps. Edith Bartikowsky (*E-N*) #3

Zay, Maria Elise Helene Gräfin von, *23.2.1779 Toth-Prona/Ungarn, †1.4.1842 Ödenburg; - Ps. Maria von ***; Maria Elise Helene von Calisch; Minna (*E*) #1,2,4

Zdekauer, Konrad Ritter von, *13.5.1847 Prag, †4.4.1929 Wien; - Ps. Kurt von Zelau (*D-E-L-P*) #1,3,4

Zdenek, Rudolf, *27.3.1883 Garsten b. Steyr/ O.-Ö.; - Ps. Roland Zenegg (*D-L-S*) #4

Zech, Alfons, *15.3.1904 Ravensburg; - Ps. Michel Michael; Peter Rauenberg (*F-N-R*) #3,4

Zech, Bernhard von, *31.8.1649 Weimar, †21.3.1720 Dresden; - Ps. Friedrich Leutholf von Frankenberg (*P*) #6

Zech, Paul, *19.2.1881 Briesen/Westpr., †7.9.1946 Buenos Aires; - Ps. Timm Borah; Rhenanus; Paul Robert; Manuel Sachs (*D-E-L-N-P-R*) #3,4,5,8,14,18

Zech, Rudolf Albert Edmund, *8.9.1914 Berlin; - Ps. R. A. E. Lunte (*E-R*) #3

Zechmeister, Alexander Viktor, *5.9.1817 Ofen, †8.10.1877 Meran; - Ps. Alexander Wilhelmi (*S*) #1,4

Zeddies, August, *8.7.1897 Springe, †10.2.1957; - Ps. Frank Heidmark (*E-R*) #3,4

Zedelius, Marie, *27.2.1826 Ovelgoenne/Oldenburg, †4.4.1892 Oldenburg; - Ps. F. L. Reimar (*N-S*) #1,2,3,4

Zedelius, Theodore, *25.1.1834 Ovelgoenne b. Oldenburg, †1905 Oldenburg; - Ps. Th. Justus (*E-P*) #1,3,4

Zedlitz und Neukirch, Dietz Freiherr von, *8.6.1853 Erdmannsdorf/Schles., †28.1.1913 Schloß Schwabhof/Bay.; - Ps. Freyherr Dietz; Fr. W. Dietz (*D-E-M-R*) #1,3,4

Zedtwitz, Ewald von, *23.1.1840 Delitzsch/Sa., †28.4.1896 Andernach; - Ps. E. von Wald; E. von Wald-Zedtwitz (*E-N-R*) #1,3,4,13

Zeeck, Hans, *2.11.1883 Stralsund, †28.6.1951 Berlin; - Ps. Thorwald (*P*) #3

Zehmen, Johann Sebastian von, *17. Jh.; - gen. Der Hochgerühmte/FG 784 #11

Zehnder, August, *26.9.1918 Luzern; - Ps. Jörg Zoller (*E-P*) #3

Zehrer, Hans, *22.6.1899 Berlin, †23.7.1966 Berlin; - Ps. Hans Thomas (*F-N-P-R*) #3

Zeidler, Johann Gottfried, *1655, †1711 Halle/S.; - Ps. Ortuinus Gratius; Alphonsus de Lanacaprina; Philadelphus Synesius (*P*) #4

Zeidler, Paul Gerhard, *11.8.1879 Meißen, †14.7.1947 Berlin; - Ps. C. F. Kerim (*L-N-R*) #3,4

Zeiler, Rudolf, *16.8.1893 Naslawtscha/Bessarabien; - Ps. Hans Nimmerruh (*E-R*) #3,4

Zeise, Heinrich, *19.4.1822 Altona, †18.1.1914 Großflottbek b. Hamburg; - Ps. H. Seize (*L-P*) #3,4

Zeisel, Eugen, *28.3.1883; - Ps. Eugen Etzl (*D-L-P*) #3,4

Zeising, Adolf, *24.9.1810 Ballenstedt/Harz, †27.4.1876 München; - Ps. Richard Morning; Paracelsus (*L-N-P-R*) #1,4,13

Zeißig, Irma, *9.3.1895 Dresden; - Ps. H. Sirrah (*E-F-R-S*) #3,4

Zeiter, Philipp Jacob, *17. Jh.; - gen. Der Verschwiegende/DG-N #11

Zeitler, Julius, *10.9.1874 Kulmbach, †15.1.1943 Leipzig; - Ps. Robert Rehlen (*P*) #3,4

Zeitlin, Leon, *23.2.1876 Memel, †21.6.1967 London; - Ps. L. Leinitz (*P*) #3,18

Zeitz, Johannes, *20.4.1820 Salzungen, †29.7.1890 Kamburg/Thür.; - Ps. Hans Kranichborn; Adolf Lyser; Hans v. d. Schnepfenburg; Jens Theonizza (*D-P-S*) #1,3,4

Zeiz, August Hermann, *23.9.1893 Köln, †30.8.1964 Berlin; - Ps. Jean Barlatier; Georg Fraser (*D-F-N-R-S*) #3,4,18

Zelewski-Waldenburg, Eberhart von, *30.3. 1892; - Ps. vauzett; Der Lichtfrohe (*L-P*) #3

Zelezny, Zdenko, *22.1.1853 Vstetin/Mähren; - Ps. Franz Voneisen (*P*) #1

Zelion, Emma von, *24.11.1840 Darmstadt, †20.12.1909 Niedermarsberg/Westf.; - Ps. Emma Brandis; Emma Brandis-Zelion (*J-L-M-N-R*) #1,2,3,4

Zeller, Frieda, geb. Plinzner, *22.3.1889 Potsdam; - Ps. Plinzner; Zeller-Plinzner (*E-J-P*) #3

Zeller, Luise, *16.1.1823 Wangen b. Göppingen, †20.11.1889 Stuttgart; - Ps. Luise Pichler (*D-E-R*) #1,2,3,4,17

Zeller, Reimar, *26.9.1925 Grenchen/Schweiz; - Ps. Gerbert Simon (*N-R*) #3

Zemke, Georg, *23.4.1903 Berlin; - Ps. Martin Ukelei (*E-L-P*) #3,4

Zender, Käte, *25.3.1920 Tangerhütte; - Ps. Katja Lipinski (*J-L*) #3

Zenger, Joseph, *16.12.1757 Straubing; - Ps. Kandidat Fröhlich; Magister Schwarzrock; Jeremias Schwarzrock (*P*) #6,13

Zenker, Ernst Viktor, *10.3.1865 Postelberg/ Böhmen; - Ps. Albert v. Deréger (*P*) #3,4

Zenker, Hartmut, *24.2.1922 Zittau/Sa., †12.6.1991 Dresden; - Ps. Hamdorf (*E-L-R*) #3

Zenker, Joachim, *15.7.1930 Emanuelssegen/Oberschles.; - Ps. Michael Haller (*J*) #3,4

Zenker, Max Rudolf, *21.7.1905 Rochlitz/Sa.; - Ps. MacTill (*F-P*) #3

Zenker, Theodor, *28.5.1906 Leipzig; - Ps. Theodor Zenker-Dumas (*L-P*) #3

Zenner, Klaus, *8.4.1915 München; - Ps. Klaus Sebastian (*J-N-R*) #3

Zenner, Linda, *18.6.1963 Baden-Baden; - Ps. Linda Mueller (*R*) #3

Zepp, Erich, *25.11.1895 Berlin; - Ps. Hans Wald (*E-L*) #3

Zerbst, Albrecht von; - gen. Der Ballernde/FG 408/1644 #11,12

Zerbst, Siegmund Wiprecht von, *1.1.1606 Thießen/Anh., †9.9.1682; - gen. Der Gemäße/FG 466/1647 #11,12

Zerfaß, Julius, *4.2.1886 Kirn/Nahe, †25.3.1956 Zürich; - Ps. Walter Hornung (*E-J-L-M-P*) #3,4,17,18

Zerlett, Hans Hellmut, *17.8.1892 Wiesbaden; - Ps. hans hannes (*F-L*) #3

Zerlick, Otto, *4.1.1907 Uittwa b. Marienbad/Böhmen; - Ps. Josef Reinhart (*E-L-P*) #3,4

Zernecke, Wilhelm Ferdinand, *1800; - Ps. Friedrich Dörne (*D-P*) #11

Zerssen, Heinrich Julius von, *1583, †2.12.1648 Rinteln; - gen. Der Erwartende/FG 126/1626 #11,12

Zerweck, Hermann, *28.4.1862 Stuttgart, †19.12.1937 Hallwangen/Schwarzw.; - Ps. Heinrich Schäff; Heinrich Schäff-Zerweck (*E-L-P-R*) #3,4

Zeschau, Heinrich Sigismund von, *18.6.1785 Weißenfels, †30.7.1821 Dohna; - Ps. Wilibald (*D-L*) #1,6

Zesen, Philipp von, *8.10.1619 Priorau/Anh., †13.11.1689 Hamburg; - gen. Der Färtige/DG-R; Der Wohlsetzende/FG 521/1648; Ps. Phil. Cös.; Philip Cösius; Ritterhold v. Blauen; Caesius (*L-P-R*) #1,4,5,6,11,12,13,14

Zetter, Johann Georg, *4.3.1819 Mühlhausen/Elsaß, †21.10.1872 Mühlhausen/Elsaß; - Ps. Friedrich Otte (*L-P*) #1,4,11

Zetter-Collin, Franz Anton, *9.2.1851 Solothurn; - Ps. Ernst Wolfram (*D-P*) #4

Zettner, Andreas, *5.11.1916 Wien; - Ps. Wolf Kerbholz; Martin Michael (*R*) #3

Zetzsche, Peter, *5.6.1942 Pirna/Elbe; - Ps. Schriftsteller Journalist (*E-L-R*) #3

Zeune, Johann August, *12.5.1778 Wittenberg; - Ps. Frischmuth Wellentreter (*L*) #6

Zglinicki, Friedrich von, *11.4.1895 Berlin; - Ps. Friedrich Pruss (*J*) #3

Zickel, Reinhold, *14.12.1885 Marienberg/Westerw., †18.2.1953 Karlsruhe; - Ps. von Jan (*D-N-R-S*) #3,4

Zickel, Sigfrid, *13.3.1878 Krotoschin/Posen; - Ps. Franz Cornelius (*S*) #3

Zickler, Artur, *13.3.1897 Dresden; - Ps. Hans Ganter; Florian Geyer; Paulchen; Pidder am Steen; Tobias Pemberlein; Pimperlein; Gert Steuben (*E-F-P-R*) #3

Ziebuhr, Erwin, *11.9.1925 Schöneberg b. Danzig; - Ps. Fred Traktabel (*E-F-L-P-S*) #3

Ziegelbauer, Magnoald, *5.10.1689 Ellwangen, †13.6.1750 Olmütz; - Ps. Venantius Diana (*P*) #4,6,13

Ziegert, Gertrud, *19.6.1909 Sprottau/Schles.; - Ps. Gertrud Ziegert-Arlt (*L*) #3

Ziegesar, Hans von; - auch Hans von Ziegeser; gen. Der Vermischte/FG 135/1626 #11,12

Ziegler, Christiane Marianne von, geb. Romanus, †1752 Frankfurt; - Ps. Clarimene von Lindenheim; de Rese; Christiane Marianne Romanus; Silere (*E-L*) #2,4

Ziegler, Conrad, *23.4.1861 Holzhausen, †1940 Darmstadt; - Ps. Adolf Lorey (*P*) #3

Ziegler, Hans, *8.6.1904; - Ps. Rainer Friedheim (*R*) #3

Ziegler, Heinrich, *17. Jh.; - gen. Der Scharfsinnige/FG 756 #11

Ziegler, Hermann E., *7.6.1908 Wyhlen/Baden; - Ps. Walter Verenna; Mano Ziegler (*E-L-R-S*) #3

Ziegler, Johannes, *8.2.1837 Hamburg, †25.4.1905 Wien; - Ps. Jan van Zuylen (*E-P*) #1,3,4

Ziegler, Karl, *12.4.1812 St.Martin/O.-Ö., †20.5.1877 Wien; - Ps. Carlopago (*L*) #1,4,11,13

Ziegler, Karl Kurt, *23.8.1912 Coburg; - Ps. Will Wenden (*E-L-R-S*) #3

Ziegler, Kaspar, *13.9.1621 Leipzig, †17.4.1690 Wittenberg; - Ps. Ernestus von Wahrenburg (*L-P*) #1,4,13

Ziegler, Kosmas, *12.12.1901 Kufstein/Tirol; - Ps. J. P. Schreyer (*F-L-P*) #3

Ziegler, Leopold, *1.5.1881 Karlsruhe; - Ps. L. Leo (*P*) #3,4

Ziegler, Richard, *3.5.1891 Pforzheim; - Ps. Robert Ziller (*P*) #18

Ziegler, Siegfried, *2.2.1902 Essen, †19.1.1984 Herrsching/Obb.; - Ps. P. Brikisto (*E-N-R*) #3,4

Ziegler, Werner Karl Ludwig, *1763 Scharnebeck b. Lüneburg, †24.4.1809 Rostock; - Ps. A. C. Haversaat (*P*) #6

Ziehen, Eduard, *29.10.1819 Tostedt b. Hannover, †10.10.1884 Frankfurt/M.; - Ps. Eduard Ellersberg (*D-E-L-N-S*) #1,3,4

Ziehnert, Johann Gottlieb, *5.3.1780 Quohren b. Dipplodiswalde/Sa., †7.4.1856 Schlettau; - Ps. Amadeus Z. (*D-E-J-L-P*) #17

Ziehr, Ludwig Hermann Bogdan, *5.12.1936 Berlin; - Ps. Ludwig Legge (*L-P*) #3,4

Ziel, Victor, *10.4.1881 Krefeld; - Ps. Th. Lambert; Dr. Udeis (*R*) #3

Zielesch, Charlotte, *8.4.1886 Berlin; - Ps. Hans Felix; Hanna Golden (*F-P-R*) #3,4

Zielesch, Fritz, *4.6.1894 Lehnitz, †4.2.1971 Darmstadt; - Ps. Friedrich Maria Lehnitz (*P-R*) #3

Ziely, Wilhelm, †um 1541; - auch Zieli (*R*) #4
Zierenberger, Tileman, *15. Jh.; - Ps. Telemonius Ornatomontanus (*P*) #4,13
Zierer, Maria, geb. Steinmüller, *6.12.1895 München; - Ps. Maria Zierer-Steinmüller (*E-F-R*) #3,4
Zierow, Carl, *31.7.1893 Leipzig; - Ps. Franz Alexander; Max Benndorf; Christian Dietze (*P*) #3,4
Ziese, Hermann, *6.3.1897 Griesheim, †21.4.1945 Berlin; - Ps. Hermann Ziese-Beringer (*P-R*) #3
Zieser, Karl Georg, *24.7.1922 Wuppertal; - Ps. Benno Zieser (*R*) #3
Zietsch-Jambor, Ursula, *3.8.1961 München; - Ps. Susan Schwartz; Uschi Zitsch (*E-R*) #3
Zigesar, Baronin von, †4.5.1888 Frankfurt/M.; - Ps. Fritz Dunkland (*D*) #2
Zigeser, Johann Adolph, *17. Jh.; - gen. Der Stehende/FG 679 #11
Zihlmann, Josef, *19.3.1914 Hergiswil/Schweiz; - Ps. Seppi a de Wiggere (*E-F*) #3
Zillessen, Friedrich, *26.12.1837 Krefeld; - Ps. F. E. v. Berg (*P*) #3
Zillich, Heinrich, *23.5.1898 Kronstadt/Siebenbürgen, †22.5.1988 Starnberg; - Ps. Lutz Tilleweid (*D-E-F-L-P-R*) #3
Zillig, Werner, *22.10.1949 Haßlach b. Kronach; - Ps. Heinrich Werner (*E*) #3,7,20
Zillmer, Susanne Theolinde, *12.6.1907 Leipzig; - Ps. Theo; Theolinde; Theolynd (*E-N-P-R*) #3
Zimbrich, Walter, *14.9.1933 Neu-Isenburg; - Ps. Friedhelm Steiner (*E*) #3
Zimburg, Wilhelm von, *25.4.1891 Weißkirchen/Mähren; - Ps. W. F. Reinert (*P*) #3
Zimmer, Egon-Maria, *2.7.1910 Buer/Westf., †22.3.1996 Vaduz/Liechtenst.; - Ps. C. C. Bergius (*R*) #3,5,7
Zimmer, Hans, *1.3.1870 Dresden, †13.12.1939 Dresden; - Ps. Hans Hansen (*P*) #1,3,4
Zimmer, Helene, geb. Krause, *19.12.1919 Breslau; - Ps. Hella Krause; Hella Krause-Zimmer (*E-F-P-R-S*) #3,4
Zimmer, Johann, *(1677); - Ps. Der Zimmernde (*P*)
Zimmerer, Emma Maria, *7.2.1858 Sigmaringendorf; - Ps. E. von Ingendorf (*P*) #3
Zimmering, Max, *16.11.1909 Pirna/Sa., †15.9.1973 Berlin; - Ps. MIX (*E-J-L-R*) #3,4,5,8,14,17,18
Zimmering, Zora, geb. Weil, *25.6.1914 Turc. Sv. Martin/CSR; - Ps. Zora Weil-Zimmering (*P*) #3
Zimmermann, Alfred, *12.11.1865 Turbenthal; - Ps. Hans Faber (*P*) #3
Zimmermann, Alvin, *30.1.1903 Riga, †22.3.1943 Karlsruhe; - Ps. Alvin Hermann von Zimmermann-Brabant (*L-P-S*) #3
Zimmermann, Elfriede, *28.10.1898 Soest; - Ps. Virginia Haller (*R*) #3
Zimmermann, Erika, *9.9.1898 Tuchel/Westpreußen; - Ps. Erika Zimmermann-Lüderssen (*S*) #3
Zimmermann, Friedrich, *8.4.1852 Berlin; - Ps. Benno Braun (*N-R*) #1,3
Zimmermann, Friedrich, *14.8.1898 Freienwalde/Oder; - Ps. Ferdinand Fried (*P*) #3
Zimmermann, Georg, *24.2.1814 Darmstadt, †4.3.1881 Darmstadt; - Ps. G. Ludwig; Georg Wilhelm (*D-E-P-S*) #1,4,13
Zimmermann, Gertrud Elisabeth, geb. Elsner, *23.1.1914 Bochum; - Ps. Gertrud Elisabeth Elsner; Hannelore Schulz (*L-M-P*) #3,4
Zimmermann, Gustav, *(1840); - Ps. Dr. Faber (*P*) #4,11
Zimmermann, Heinrich, *20.9.1887 Herne; - Ps. Heinzim (*F-J-L-P*) #3
Zimmermann, Joachim, *10.12.1875; - Ps. Joachim Besser (*D-E-L-P-S*) #4
Zimmermann, Johann Jacob, *1644 Vaihingen, †1693 Rotterdam; - Ps. Christianus; Der Zierende; Ambrosius Sehmann von Caminiez; Liebhaber der Wahrheit; Johann Matthaeus; Philaletha; Irenaeus Philalethes; Ludovicus Randbeck (*P*) #6
Zimmermann, Johann Jacob, * 10.12.1695 Zürich, †30.11.1756 Zürich; - Ps. Lucas Candidus; Pacimontanus; Phileleutherus Helveticus (*P*) #6
Zimmermann, Johannes, *1490, †8.8.1526 Basel; - Ps. Johannes Xylotectus (*L*) #4,11
Zimmermann, Karl Wilhelm, *26.6.1894 Großleinungen/Harz; - Ps. Karel Petrak (*D-L-N-P-R*) #3
Zimmermann, Leo, *15.10.1887 Koblenz, †21.11.1964 Lüdenscheid; - Ps. Malte Masson (*D-S*) #3,4
Zimmermann, Paul, *30.5.1873 Marienburg/Westpr., †21.10.1937 Berlin; - Ps. Paul Emil Carpenter; Paul Zimmermann-Frohnau (*E-L*) #3,4
Zimmermann, Rudolf, *8.9.1878 Rochlitz/Sa.; - Ps. Rudolf vom Berge; M. Rudolf (*L-P*) #3
Zimmermann, Walther, *9.7.1890 Dessau; - Ps. A. B. Decker; A. Bodegger; P. J. Still (*E-N-P*) #3
Zimmermann, Willi, *20.7.1878 Berlin, †17.1.1954 Berlin; - Ps. W. Armin (*D-L-P-S*) #3,4
Zimmermann-Berger, Friedrich, *25.10.1925 Bartenstein/Württ.; - Ps. Bernhard Herbst (*E-J*) #3
Zimmermann-Reber, Hedwig, *16.9.1868 München; - Ps. Robert Hellwig (*E-J-N-P-R*) #3
Zimmermann-Schoepp, Meta, *10.5.1868 Düsseldorf; - Ps. Meta Leo; Meta Schoepp (*E-N-P-R*) #2,3,4
Zimmermann-Schwarz, Erica, *13.8.1905 Weilheim/Obb., †12.11.1983 Berchtesgaden; - Ps. Erica Deglmann; Erica Deglmann-Schwarz; Erica Schwarz (*E-J-L-M-P*) #3,4

Zimmern, Helene, *25.3.1846 Hamburg; - Ps. Helene Zimmermann (*L-P*) #2

Zimmerschied, Siegfried, *7.10.1953 Passau; - Ps. Papst Satyrikus I. (*P-S*) #3

Zincke, Hans, *20.7.1837 Braunschweig; - Ps. Hans Sommer (*P*) #3

Zingerle, Pius, *17.3.1801 Meran, †16.1.1881 Marienberg/Südtirol; - urspr. Jakob Zingerle (*L-P*) #1,4,13

Zink, Jenny, *22.10.1847 Dresden, †10.5.1904 Alland b. Wien; - Ps. P. F. Jezma; Jenny Zink-Maishof (*N-R*) #1,2,3,4

Zink, Josef, *17.1.1905 Regensburg, †9.12.1974 Regensburg; - Ps. J. M. Zink (*R*) #3

Zink, Marianne, geb. Schwarz, *21.7.1926 Karlsruhe; - Ps. Marianne Schwarz (*E-S*) #3

Zinn, Louise, *11.7.1833 Wolterdingen b. Soltau, †1909 Bremen; - Ps. Louise Mayer (*L*) #1,2,4

Zinner-Kranz, Gina, *21.10.1894 Wien, †23.12.1985 Los Angeles; - Ps. Andreas Eckbrecht; Gina Kaus (*E-R-S*) #3,4,5,8,9,18

Zinniker, Otto, *7.6.1898 Strempelbach/Aargau, †21.4.1969 Biel; - Ps. Hans Geratewohl; Tobias Kupfernagel (*E-L-N-P-R*) #3,4

Zinzendorf, Nikolaus Ludwig Graf von, *26.5.1700 Dresden, †9.5.1760 Herrnhut; - Ps. Gottfried Clemens; Herr Ludwig; B. Ludewig; Siegfried; Herr von Thurnstein (*L-P*) #1,4,5,6,13

Zippel, Hermann, *8.12.1842 Gera; - Ps. Hermann Leppiz; Hermann Walter (*E-P*) #3

Zipper, Albert, *8.5.1855 Lemberg; - Ps. J. J. Alper; Juris doctorandus (*L-P*) #1,3,4

Zirker, Milli, *19. Jh.; - Ps. Johannes Bückler (*P*)

Zischka, Anton Emmerich, *14.9.1904 Wien; - Ps. Thomas Daring; Rupert Donkan; Darius Plecha; Antal Sorba (*P*) #3,4

Zitelmann, Hermione, geb. v. Preuschen, *7.8.1857 Darmstadt, †12.12.1918 Lichtenrade b. Berlin; - Ps. Hermione Telmann; Hermione von Preuschen (*L-N-P-R*) #1,2,3,4,9

Zitelmann, Katharina, *26.12.1844 Stettin, †4.2.1926 Berlin; - Ps. K. Rinhart (*E-N-R*) #1,2,3,4,19

Zitelmann, Konrad, *26.11.1854 Stettin, †24.1.1897 Rom; - Ps. Konrad Telmann (*L-N-P-R-S*) #1,3,4,13

Zitelmann, Otto Konrad, *30.9.1814 Stettin, †9.5.1889 Stettin; - Ps. Otto Konrad Ernst (*E-R-S*) #1,4

Zitz, Kathinka, geb. Halein, *4.11.1801 Mainz, †8.3.1877 Mainz; - Ps. Auguste; Theophile Christlieb; Emilie; Emmeline; August Enders; Eugenie; Johann Golder; Tina Halein; Kathinka; Pauline; Rasalba; Rosalba; Dr. Schmid; Stephanie; Tina; Viola; K. Th. Zianitzka (*D-E-J-L-N-P-R*) #1,2,4,9,11,13,19

Zitzmann, Heinrich Gottfried, *10.1.1775 Leipzig, †25.2.1839 Breslau; - Ps. Uffo von Wildingen (*L*) #1,4,6

Zivier, Georg, *13.2.1897 Breslau, †19.3.1974 Berlin; - Ps. gré; Hans Gregor (*D-E-F-P-R*) #3,4

Zmavc, Johann, *11.1.1871 Rann/Steiermark; - Ps. Fr. Hoffer (*P*) #3

Zobel, Christian Friedrich, *1.4.1687 Altdorf, †2.7.1756 Altdorf; - Ps. Ernst Friedrich Bezol; Christlieb Retzendorf (*P*) #6

Zobel, Eugen, *24.6.1838 Löwenberg/Schles., †16.11.1910 Berlin; - Ps. E. F. Johannes (*N-S*) #3,4

Zobeltitz, Erika von, *2.2.1892 Hannover; - Ps. Eddy Busch; Renate Uhl (*D-F-R-S*) #3,4

Zobeltitz, Fedor von, *5.10.1857 Schloß Spiegelberg/Sternberg, †10.2.1934 Berlin; - Ps. F. Grunwald (*D-E-P-R*) #1,3,4,5

Zobeltitz, Hanns Caspar von, *9.9.1853 Schloß Spiegelberg/Sternberg, †4.4.1918 Bad Oeynhausen; - Ps. Max E. Conried; Hanns von Spielberg (*E-N-P-R*) #1,3,4,5,17

Zobeltitz, Martha von, *11.8.1872 Berlin; - Ps. Marzo; Estelle Noireaud (*E-P*) #3,4

Zöckler, Hedwig, *13.8.1900 Triest, †30.6.1969 Bovenden/Göttingen; - Ps. Rose Planner-Petelin (*E-F-J-N-R*) #3,4,5

Zöckler, Paul, *27.3.1894 Stanislau; - Ps. Paul Breitenkamp (*P*) #3,4

Zoderer, Joseph, *25.11.1935 Meran; - Ps. Valentin Tichtl (*E-F-L-R*) #3

Zoe-Jung, Frieda, *23.7.1887 Elze/Leine; - Ps. Frieda Zoe Ernst; Frieda Jung (*E-L-R*) #3,4

Zoeller, Charlotte, *12.7.1843 Huddersfield/ Yorkshire, †1914 Berlin; - Ps. C. Lionheart (*E-N-R*) #1,2,3,4

Zoepfl, Friedrich, *6.1.1885 Murnau; - Ps. Myropola (*P*) #3,4

Zoller, Konrad, *9.11.1886 Aichkirchen/Opf., †23.2.1952 Bad Gögging; - Ps. Georg Aichkirchner (*E-M-N-P*) #3,4

Zollikofer, Fred von, *4.1.1898 Hamburg, †11.3.1937 Berlin; - Ps. Fred von Zollikofer-Altenklingen (*E-L-N*) #3,4

Zolling, Theophil, *30.12.1849 Scafati b. Neapel, †22.3.1901 Berlin; - Ps. Gottlieb Ritter (*L-P-R*) #1,3,4

Zöllner, Caroline von, *23.8.1795 Göhren/ Meckl., †5.10.1868 Dresden; - Ps. Caroline v. Göhren (*J-N-R*) #1,2

Zöllner-Misdroy, August, *15.5.1901 Misdroy, †29.2.1954 Berlin; - Ps. Johann Ph. Hagedorn (*E-P*) #3

Zollschan, Ruth, geb. Adler, *9.7.1904 Berlin; - Ps. Ruth Adler (*P*) #18

Zöls, Karl-Heinz, *3.11.1922 Berlin; - Ps. Stefan Korff (*E-P*) #3,4

Zomack, Gerda, *26.12.1899 Garnsee/Westpr.; - Ps. Gerda Tietz (*R*)

Zoosmann, Richard, *13.3.1863 Berlin, †17.2.1934 Herrnalb; - Ps. Richard Hugo; Hugo Zürner (*D-J-L-N-S*) #1,3,4

Zoozmann, Augusta, *1.10.1868 Peterswaldau/Schles.; - Ps. Gusti v. Dufay-Zoozmann (*L*) #3

Zoreff, Fritz, *31.8.1891 Wien; - Ps. Helmut Günzdorp; Fritz Zorendorf (*R-S*) #3,4

Zorn, Alwin, *20.7.1885 Deckenbach/Hessen; - Ps. Alman zur Näh (*D-F-L-P-R*) #3

Zorn, Fritz, *9.6.1916 Fürth/Odenwald; - Ps. Jörg Bur (*E-L*) #3,4

Zorn, Peter, *22.5.1682 Hamburg, †23.1.1746 Thorn; - Ps. Theophilus Amelius; Nicetas Critopulus; Joh. Lotharius Maria a Cruce; Justus Pezron (*P*) #6

Zorn, Rudolf, *24.12.1893 Kempten, †21.1.1966 München; - Ps. Rudolf Wrede (*N-P*) #3,4

Zorn von Plopsheim, Franz Ludwig, *17. Jh.; - gen. Der Weiche/FG 602 #11

Zorn von Plopsheim, Georg Dietrich, *17. Jh.; - gen. Der Leichternde/FG 600 #11

Zottmann, Thomas Michael, *19.6.1915 Frauenburg; - Ps. M. Z. Thomas (*E-F-J-R*) #3,17

Zoubek, Karl Konrad, *2.10.1883 Starrein/Waldviertel; - Ps. Karl Konrad (*L-N-P-S*) #3,4

Zoubek-Freger, Karl, *7.12.1896 Gmünd/N.-Ö.; - Ps. Felix Ratabor (*L-M-N-P-R*) #3

Zsámboki, János, *1.6.1531 Nagyszombat/Ungarn, †13.6.1584 Wien; - Ps. Johannes Sambuccus (*P*) #4,13

Zschackwitz, Johann Ehrenfried, *15.7.1669 Kösen, †28.10.1744 Halle/S.; - Ps. Franciscus Xaverius (*P*) #6

Zschitschik, Otto, *(1953); - Ps. Otto vom Heidehof (*P*) #3

Zschocher, Erich, *6.9.1900 Sommerfeld b. Leipzig; - Ps. Erich Rudolf (*N-P-R*) #3

Zschokke, Emil, *5.6.1808 Aarau, †10.3.1889 Aarau; - Ps. Eulogius Ernst (*L-N-P-S*) #1, 4,13

Zschokke, Heinrich Daniel, *22.3.1771 Magdeburg, †27.6.1848 Aarau; - Ps. M. I. R.; Johann von Magdeburg; Verf. der schwarzen Brüder; Verf. des Abällino; L. Weber (*D-E-N-P-R*) #1,4,5,6,11,13,14

Zschöttge, Luise, *30.12.1908 Leipzig; - Ps. Luise Hynitzsch (*J*) #3,4

Zschucke, Christa, *18.7.1906 Königsberg; - Ps. Christa Zschucke-Dumont (*L-P*) #3

Zubeil, Rainer, *1956; - Ps. Isaak Asimuff; Philip K.Dünn; Helmut Horowitz; Philip McDaniel; Henry Quinn; Robert Quint; John Spider; Tommy Z.; Thomas Ziegler (*E-L-P-R*) #16,20

Zuccalmaglio, Anton Wilhelm Florentin von, *12.4.1803 Waldbroel, †23.3.1869 Nachrodt; - Ps. Wilhelm von Waldbrühl (*L-P*) #1,4

Zuccalmaglio, Vinzenz Jakob von, *26.5.1806 Schlebusch b. Mülheim/Ruhr, †21.11.1876 Grevenbroich; - Ps. Der alte Fuhrmann; Montanus (*D-J-P-S*) #1,4,13

Zuccarini, Joseph Gerhard von, *10.8.1797 München, †18.2.1848 München; - Ps. Vandelli (*L*) #1

Zucco, Marianne von, *(1905); - Ps. Faedis (*L-P*) #3

Zuckmayer, Alice, geb. Herdan, *4.4.1901 Wien, †11.3.1991 Visp/Schweiz; - Ps. Alice Herdan-Zuckmayer (*E-P*) #3,4,18

Zuckschwerdt, Friedrich, †um 1820 Berlin; - Ps. Pacidives Stringladius (*L-P*) #6,11

Zühlsdorff, Volkmar, *9.12.1912 Finow i. d. Mark; - Ps. Hans-Achim Finow (*L-P*) #3

Zuliany, Emilie, *19. Jh. Prag; - Ps. E. Albert (*L-M-N*) #2

Zülow, Christoph von; - auch Christoph Cicklau; gen. Der Fasliche/FG 298/1636 #11,12

Zumpf, Peter, *3.8.1944 Baden b. Wien; - Ps. Neruda Jan; merbod; Stadtschreiber (*E-F-L-P-R-S*) #3

Zünd, Luise, *8.9.1829 Luzern, †1902 Luzern; - Ps. Luise Meyer von Schauensee (*E*) #1,3,4

Zunner, Johann Georg, *17. Jh.; - Ps. Der Aufrichtige; Damötas #11

Zur Bonsen, Friedrich, *15.1.1856 Warendorf, †15.9.1941 Münster; - auch Zurbonsen; Ps. Fr. Rudolf (*P*) #3,4

Zur Mühlen, Hermynia, *12.12.1883 Wien, †19.3.1951 Radlett/England; - Ps. Maria Berg; Lawrence H. Desberry; Traugott Lehmann; Franziska Marisa Rautenberg (*E-M-P-R*) #3,4,5,8,9,14,17,18

Zürcher, Johanna, geb. Siebel, *29.4.1873 Gummersbach, †1939; - Ps. Johanna Siebel (*J-L-N-R*) #3,4

Zürn, Dorit, *21.1.1882 Graz; - Ps. Orla Holm (*P-R*) #1,4

Zürn, Ralph, *21.2.1874 Zschöllau/Sa.; - Ps. Rolf Berndt (*N-P*) #3

Zwack, Heinz, *1936; - Ps. Heinz Nagel (*P*) #16

Zweck, Josef Karl, *16.3.1871 Görz; - Ps. J. K. Drôle (*P*) #3

Zweibrücken, Friedrich Pfalzgraf von, *5.4.1616 Zweibrücken, †9.7.1661 Nohfelden b. St.Wendel; - gen. Der Artige/FG 476/1647 #11,12

Zweig, Friederike Maria, geb. v. Winternitz, *4.12.1882 Wien, †18.1.1971 Stanford/USA; - Ps. Friederike Maria von Winternitz (*F-P-R*) #3,4,18

Zweig, Stefan, *28.11.1881 Wien, †23.2.1942 Petropolis b. Rio de Janeiro; - Ps. Stephen Branch (*D-L-N-P*) #3,4,5,8,10,14,18

Zweiling, Klaus, †1968; - Ps. Otto Erbe (*P*) #18

Zwerenz, Gerhard, *3.6.1925 Gablenz/Vogtland; - Ps. Gert Amsterdam; Gert Gablenz; Peter Lauenheim; Leslie Markwart; Peter Natermann; Peer Tarrok (*E-F-L-P-R*) #3,5, 7,8,10

Zweymüller, Susanne, *1.3.1934 Wien; - Ps. Susanne Moser (*L*) #3,4

Zwick-Keller, Maria, *3.9.1897 Karlstadt/Za

greb; - Ps. Emka; Maria Keller (*D-E-L-N*) #3,4

Zwicker, Daniel, *22.1.1612 Danzig, †10.11.1678 Amsterdam; - Ps. Minus Celsus (*P*) #6

Zwicky, Leberecht, *6.1.1820 Mollis/Glarus, †29.11.1906 Mollis/Glarus; - Ps. Friedrich Bergmann (*L-P*) #1,4

Zwicky, Nelly, *27.7.1873 Obstalden/Schweiz; - Ps. N. Bergmann (*E*) #1,3,4

Zwiedineck Edler von Südenhorst, Hans, *14.4.1845 Frankfurt/M., †22.11.1906 Graz; - Ps. J. Kohlhofer (*P*) #3,4

Zwierlein, Adelheid von, geb. Stolterfoth, *11.9.1800 Eisenach, †17.12.1875 Wiesbaden; - Ps. Adelheid von Stolterfoth (*E-L*) #1,2,4

Zwilling, Paul, *6.11.1557 Torgau, †6.11.1581 Torgau; - Ps. Paul Didymus (*P*) #4,11,13

Zwingli, Ulrich, *1.1.1484 Wildhaus i. Toggenburg, †12.10.1531 Kappel; - Ps. Charicius Cogelius; Huldericus Geminius (*L-P*) #4,13

Zwirner, Erich, *2.5.1912 Berlin; - Ps. Daniel Wächter (*E-J*) #3

Zwirner, Ursula, geb. Reppin, *28.9.1935 Breslau; - Ps. Ursula Reppin (*L-P*) #3,4

Zyrl, Christian, *(1572); - auch Zierle (*D*) #4,13

Teil 2

Pseudonyme

A

*** → Alten, Hedwig von
A-b-n-s → Wyß, Johann Rudolf
A-n → Wyß, Johann Rudolf
A. → Burchard, Agnes
A. → Stein, Adolf
A., Baptist → Aufschnaiter, Johann Peter Josef
A. H. →Krueger, Albert
A. H. H. →Hoffmann, August Heinrich
A., Hanß A. von → Abschatz, Hans Assmann v.
A., Heinz → Natan, Heinz Alex
A. E. → Edling, Wolfgang Anselm von
A. L. → Fahrig, Klara
A. L. → Dänemark, Louise Auguste Prinzes. zu
A. L. → Liegel, Tuisco Achilles
A. Lib. I. → Gwerder, Urban
A. P. → Raupach, Pauline
A. S. → Schoppe, Amalie Emma Sophie
A. v. S. → Schäffer, Anna von
A. v. S. → Segesser Brunegg, Anna von
A. W. → Wagner, Artur
A. W. → Wuthenow, Alwine
A. Z. → Schröer, Tobias Gottfried
Aab, Eva → Hassencamp, Eva Maria
Aaba-Aaba → Rosenfeld, Sandór Friedrich
Aach, Prof. van der → Vidmar, Const. Johann
Aachen, Luise von → Deusner, Luise
Aachener Hans Sachs → Janssen, Hein
Aalborg, Micha → Becker, Kurt
Aa'm der schun lang schwarz is! → Langenschwarz, Maximilian Leopold
Aanenbruch, Curt von → Buschhorn, Carl
Aar, Alexis → Rumpelt, Anselm
Aar, Carl → Schmidt, Carl
Aarau, Friedrich → Augustin, Ferdinand von
Aarhorst, Roland → Neubner, Alfred
Aaron, Adolf → Aronsohn, Adolf
Aaron, Moses → Richter, Christoph Gottlieb
Aastedt, Hervor → Arndt, Hervor von
Aba, B. → Kriegs-Au, Adolf Ignaz Franz von
Abaelard, M. → Knaeusel, Henriette
Abai, Ludwig → Stein, Ludwig
Abani, Carl → Bancalari, Gustav
Abbé Vogler → Vogler, Georg Joseph
Abbé von Minnehold → Miller, Johann Martin
Abbot, Martin → Aranyosi, Nikolas
Abdias → Ahrens, Wilhelm A.
Abdruschin → Bernhardt, Oskar Ernst
Abdullah-Aga → Crome-Schwiening, Karl Georg Heinrich
Abé, Irmgard → Speitel, Irmgard
Abecedarius → Bodenstein, Andreas
Abeg, Marie → Ille-Beeg, Marie
Abel, Gertrud → Schauwecker, Eva
Abel, Justus → Flittner, Christian Gottfried
Abel, Kurt → Teschner, Karl
Abel, Manfred G. → Küchler, Manfred
Abel, Marianne → Hassebrauk, Marianne
Abel, P. S. → Petri, Heinrich Philipp
Abel, W. K. → Kabel, Walther
Abel-Musgrave, Curt → Musgrave, Curt A.
Abel-Rau, Sofie → Abel, Sofie
Abele, Friedrich → Bidermann, Willi
Abeleus → Abele, Johann Philipp
Abelinus, Johann Philipp → Abele, Johann Philipp
Abels-Avellis, Lucy → Abels, Lucy Theodora Cornelia
Abelsen, Olaf → Kabel, Walther
Abendorff, Emil → Werg, August
Abendroth, Friedrich → Weigend, Friedrich
Abenstein, G. W. von → Flittner, Christian Gottfried
Abenstein, W. C. A. → Schöpfer, Georg Karl Ludwig
Aberle, Ferdinand → Bloch, Ernst
Abler, Siegfried → Abeles, Siegfried
Abraham a Santa Clara → Megerle, Johann Ulrich
Abrahamsohn, Otto → Brahm, Otto
ABS → Schumacher, Astrid
ABS → Schumacher, Bernt
Absolutus von Hegelingen → Gruppe, Otto Friedrich
Absyrtus → Möhsen, Johann Carl Wilhelm
Abt, Ernst → Heilborn, Adolf
Abt, Terenz → Bengsch, Gerhard
Abt Vogler → Vogler, Georg Joseph
Abthausen, Josef → Senz, Josef Volkmar
Acade, Heinrich → Kewald, Heinrich Adolf
Acarnan → Rahn, Johann Heinrich
Acarnan → Scheuchzer, Johann Jakob
Acarnan → Usteri, Paul
Aceeeffghhiillmmnnoorrssstuv → Grimmelshausen, Johann Jakob Christoffel von
Acer, Aurelius → Obrist, Johann Georg
Achajus → Trescher, Hermann
Achates I → Wetzel, Justin
Achates II → Götsch, Justin
Achen, Heinz von der → Eisgruber, Heinz
Achenbach, Th. → Voigt, Paul
Achenrainer, Anna Maria → Newesely, Anna Maria
Acher, Matthias → Birnbaum, Nathan
Achilles → Nebel, Daniel Wilhelm
Achilles, Wolfram → Prusse, Ulrich
Achim → Thiele, Hans-Achim
Achtern, Jeckel von → Lauremberg, Johann Wilhelm
Acidalius, Valens → Havekenthal, Valtin
Ackermann, A. → Benjamin, Walter
Ackermann, Ernst → Lehmann, Emil
Ackermann, Gottlieb → Mayer, Franz Xaver
Ackermann, Karst → Rollenhagen, Georg
Ackermann, Michael → Reimann, Joseph
Ackermann, Theodor → Fleischhauer, Theodor
Ackersmann, Georg → Kirsch, Georg Wilhelm
Ackhold, Emmeran → Ockel, Andreas
Ackner, Elisabeth → Hering, Elisabeth

Albert, Ruth ➔ Ehrmann de Albert, Ruth
Albert, Stanislaus ➔ Grabowski, Stanislaus Stephan Albert von
Alberti ➔ Hornbostel, August Gottlieb
Alberti ➔ Traxel, Christian August
Alberti, Karl ➔ Heise, Karl Albert
Alberti, Konrad ➔ Sittenfeld, Konrad
Alberti, Lisa ➔ Krause-Kopsel, Anna Elisabeth
Alberti, Paul ➔ Albers, Paul
Alberto ➔ Schuler, Bernhard
Albertsen, Elisabeth ➔ Corino, Elisabeth
Albertus, J. ➔ Gruben, Franz Josef von
Alberus, Erasmus ➔ Alber, Erasmus
Albicker, Josef ➔ Albiker, Josef
Albilithanus, Clemens Ephorus ➔ Riemer, Johannes
Albing, Ansgar ➔ Mathies, Paul von
Albini, A. ➔ Meddlhammer, Albin Johann Baptist von
Albini, J. ➔ Dehmel, Karl Julius
Albinus, Johann Georg ➔ Albiensen, Johann Georg
Albinus, Michael ➔ Weiss, Michael
Albinus, Peter ➔ Bubendey, Johann Friedrich
Albrand, Martha ➔ Lamon, Heidi Huberta
Albrecht, Carl ➔ Heidemann, Theophil Albrecht
Albrecht, H. ➔ Münchhausen, Börries von
Albrecht, Hans ➔ Eitner, Bertha
Albrecht, Johannes ➔ Keiler, Johann-Albrecht
Albrecht, Kurt von ➔ Kirchner, Kurt
Albrecht-Frainer ➔ Albrecht, Karl
Albrecht-Griessler, Bettina ➔ Albrecht, Bettina
Albrechtsreuth, Carl von ➔ Glock, Karl Borromäus
Albrich-Mavrocordato, Alice ➔ Mavrocordato, Alice
Albrock, Sigurd ➔ Haxthausen, Werner von
Alburg, W. ➔ Mahler, Emil
Albus ➔ Weiße, Karl Georg
Albus, Hans ➔ Harnisch, Adalbert
Alcidor ➔ Sechst, Johann
Alcôt, Alain ➔ Allekotte, Detlef
alde Frankforder ➔ Ettlinger, Karl
Aldebaran ➔ Thalheimer, August
Alden, Claus ➔ Kalmuczak, Rolf
Alden, Thomas ➔ Kalmuczak, Rolf
Alder, Rudolf ➔ Adler, Rudolf
Aldermann, Gustav ➔ Hase, Friedr. Traugott
Aldermann, Raimund ➔ Bendix, Ludwig
Aldinck, Gerhard ➔ Schmeing, Karl
Aldobrand, Friedrich ➔ Roczek, Aldobrand Friedrich
Aldoni, Josef ➔ Lindau, Wilhelm Adolf
Aldrovandus ➔ Schinz, Hans Rudolf
Alebü ➔ Büttner, Alexander
Alectorander, Christian ➔ Hahnemann, Christian
Alednog ➔ Gondela, Simon Heinrich
Alef, Eman ➔ Hartleben, Theodor
Alemannus, Julianus ➔ Julian von Speyer
Alesius, Manfred ➔ Manes, Alfred
Alethaeus, Christianus ➔ Alberti, Valentin
Alethamander ➔ Dunkel, Joh. Gottlob Wilh.
Aletheia, E. ➔ Kerstan, Karl Ludwig Ferdinand
Aletheophilos ➔ Baumgarten, Alexander Gottlieb
Alethes, Philadelphus ➔ Löhr, Johann Andreas Christian
Aletheus, Solomon ➔ Hottinger, Johann Heinrich
Alethinos ➔ Pahl, Johann Gottfried von
Alethophilus ➔ Dillinger, Georg Adam
Alethophilus ➔ Illing, Christian David Rudolf
Alethophilus ➔ Krummacher, Friedr. Wilhelm
Alethophilus ➔ Mayer, Johann Friedrich
Alethophilus ➔ Metternich, Wolf Freih. von
Alethophilus ➔ Richter, Franz Xaver Johann
Alethophilus ➔ Rosenmüller, Johann Georg
Alethophilus, Christianus ➔ Fischer, Johann
Alethophilus Marchicus ➔ Gedike, Friedrich
Aletophilus ➔ Grosser, Samuel
Aletophilus ➔ Scheffler, Johannes
Aletophilus, Curiosus ➔ Wagenseil, Johann Christoph
Aletophilus, Philipp ➔ Müller, Philipp Ludwig Statius
Aletophilus, Sincerus ➔ Sattler, Christian Friedrich
Alethophilus Goettingensis ➔ Alberti, Georg Wilhelm
Alex ➔ Deppe, Alexander
Alexan, Friedrich ➔ George, Friedrich
Alexander ➔ Herbeck, Ernst
Alexander ➔ Meddlhammer, Albin Johann Baptist von
Alexander ➔ Nève, Alexander de
Alexander ➔ Schnitzlein, Karl Wilhelm
Alexander ➔ Wolff, Paul Alexander
Alexander, Alex ➔ Kretzschmar, Alex
Alexander, Andreas ➔ Watzke, Helmut
Alexander, Anne ➔ Friedrich, Anita
Alexander, Arno ➔ Benjamin, Arnold Alexander
Alexander, E. ➔ Schulz, Ernst
Alexander, Edgar ➔ Emmerich, Edgar Alexander
Alexander, Edward ➔ Stilgebauer, Edward
Alexander, Eres ➔ Weißenfeld, Therese
Alexander, Erwin ➔ Alexander-Katz, Erwin
Alexander, Eugen ➔ Bußmann, Rudolf
Alexander, Ferdinand ➔ Trömner, Richard
Alexander, Franz ➔ Zierow, Carl
Alexander, Fritz ➔ Andreas-Dränert, Peter Walther
Alexander, Georg ➔ Busack, Walther Georg Alexander
Alexander, Gottfried ➔ Kortschak, Gottfried Alexander Kottowitz Edler von
Alexander, Günter ➔ Peis, Günter
Alexander, Hans ➔ Jahrmann, Hans
Alexander, Herbert ➔ Stützer, Herbert Alexander

Ames, Joel ➔ Katz, Leo
Amfaldern, Ulrich ➔ Küppers, Leonhard
Amicus ➔ Freund, Fedor
Amicus ➔ Görgen, Adam
Amicus ➔ Prasch, Johann Ludwig
Amicus ➔ Rüdiger, Eduard
Amiel, Joseph ➔ Fischer, Grete
Ämilius ➔ Straßer, Theodor
Amis ➔ Mißriegler, Anton
Amm, Gaby ➔ Amm, Gabriele
Ammann, Esther E. ➔ Beuret, Esther
Ammann-Meuring, Freddy ➔ Ammann-Meuring, Friederike
Ammer, Florian ➔ Euringer, Richard
Ammer, K. L. ➔ Klammer, Karl
Ammer, Theodor von der ➔ Perfall, Karl Theodor Freiherr von
Ammonovelto Guldinastus, Melior ➔ Goldast, Melchior
Amnicola, Paulus ➔ Bachmann, Paul
Amon, Dr. E. ➔ Schöpfer, Georg Karl Ludwig
Amor, G. ➔ Grelle, Frido
Amorillis ➔ Schweyer, Anna Maria
Amort, Eusebius ➔ Amort, Thomas
Amort d. J. ➔ Sepp, Johann Nepomuk
Amos, Jona ➔ Hirschmeier, Michael
Amosis ➔ Dolberg, Ludwig
Ampelander ➔ Rebmann, Hans Rudolf
Ampferbach, Cuntz ➔ Metzner, Adam
Amplingen, Heinrich von ➔ Wessenberg, Ignaz Heinrich von
Amschelberg, Paul ➔ Amann, Paul
Amstein, Martin ➔ Riess, Curt
Amstel, C. van ➔ Grapperhaus, Laurent
Amsterdam, Gert ➔ Zwerenz, Gerhard
Amstutz, Ulrich ➔ Schärer, Ernst Julius
AMU ➔ Uhlmann, Alfred
Amuelius, Aspasius ➔ Schott, Caspar
Amyntas ➔ Lochner, Jakob Hieronymus
Amyntas ➔ Osthof, Georg Konrad von
Amyntor, Gerhard v. ➔ Gerhardt, Dagobert v.
An ➔ Altmann, Wilhelm
An der Linth ➔ Becker, Bernhard
Anaconda ➔ Raff, Friedrich
Anatol ➔ Schnitzler, Arthur
Anatol, Andreas ➔ Fröba, Klaus
Anaximander ➔ Stieglitz, Christian Ludwig
Ancel, Paul ➔ Antschel, Paul
Ancona, Franciscus Juniperus de ➔ Schoppe, Kaspar
Andam, F. D. ➔ Dammann, Friedrich
Andechs, Maria ➔ Lütgendorff-Leinburg, Anna Maria Baronin von
Andel, Emilie van ➔ Graef, Emilie
Anden, Richard ➔ Cziffra, Géza von
Ander, Karl Johann ➔ Reißinger, Leopold
Anderer, Achim ➔ Soeder, Michael
Anderland, Raoul ➔ Rein, Rolf-Dieter
Anderlitz ➔ Sander, Hermann
Andermann, Andreas ➔ Hoffmann, Horst
Andermann, Erich ➔ Bornstein, Joseph
Andermann, Frank ➔ Frank, Herbert
Andermann, W. Th. ➔ Thomas, Walter
Anders, Achim ➔ Hartmann, Rolf
Anders, Bo ➔ Michalewsky, Nikolai von
Anders, Carl Hans ➔ Fuchs, Hans
Anders, Christian ➔ Schinzel, Antonio
Anders, Deez ➔ Luckenwald, Hans
Anders, Ernst ➔ Rinner, Erich
Anders, Ernst ➔ Saatweber, Ernst-August
Anders, Frank ➔ Frieling, Heinrich
Anders, Fritz ➔ Allihn, Heinrich Max
Anders, Georg ➔ Soyfer, Jura
Anders, Günther ➔ Stern, Günther
Anders, Hans ➔ Diebenow, Johannes
Anders, Harriet ➔ Bohlen und Halbach-Grigat, Herthy von
Anders, Harry ➔ Bohlen und Halbach, Berndt von
Anders, Heinz ➔ Eisgruber, Heinz
Anders, Helmut ➔ Degner, Helmut
Anders, Hermann W. ➔ Wanderscheck, Hermann
Anders, Hildegunde Fritzi ➔ Hechtel-Anders, Hildegunde
Anders, Ida ➔ Jacob, Ida
Anders, K. ➔ Plessen, Friedrich Leopold von
Anders, Karl ➔ Naumann, Kurt
Anders, Lutz ➔ Luz, Else
Anders, Maria ➔ Arndt, Erna
Anders, Max ➔ Heege, Fritz
Anders, Michael ➔ Schreiner, Albert
Anders, Nathan Jacob ➔ Jacob, Nathan
Anders, Olof F. ➔ Cohn, Alfons Fedor
Anders, Paul ➔ Bode, Adolf Walter
Anders, Paul ➔ Schüler, Paul
Anders, Ralph ➔ Puttkamer, Jesko von
Anders, Rolf ➔ Thoel, Rolf Heinrich
Anders, Vera ➔ Münchow, Vera
Anders, Will ➔ Kröning, Hans W.
Anders, Walter ➔ Mühlbauer, Josef
Andersen, A. ➔ Prieß, Clara
Andersen, Dagmar ➔ Kosanke, Dagmar
Andersen, E. ➔ Kameke, Elisabeth von
Andersen, Kai ➔ Jacobsen, Harro-Heinz
Andersen, Ludwig ➔ Strecker, Ludwig
Andersen, Paula ➔ Menck, Clara
Anderson, Anja ➔ Wiemer, Susanne
Anderson, Edith ➔ Schroeder, Edith
Anderson, Gesa ➔ Smith, Amy
Anderson, John ➔ Meyer, Heinrich
Anderson, Lore ➔ Anderson, Evelyn
Anderson, Pat ➔ Dietsch, Werner
Andertann ➔ Isecke, Hedwig
Andolt, Ernst ➔ Abeken, Bernhard
Andor, J. ➔ Jordan, Eduard
Andor, Marion ➔ Rettelbach, Maria
Andor, Paul ➔ Dorn von Marwald, Paula
Andow, Paul ➔ Maytner, Alberta von
Andrä, Georg ➔ Franck, Georg Wilhelm Andreas
Andrae-Romanek, Marie ➔ Trommershausen, Marie
André, Frank ➔ Harster, Hermann

André, Gil ➔ Fischer-Zach, Ingrid
André, Hugo ➔ Elm, Andreas Hugo
André, K. H. ➔ Meynier, Johann Heinrich
André, Martha C. ➔ Douglas, Martha
Andrea ➔ Helm-von Wolff, Johanna
Andrea, A. ➔ Dillinger, Andreas
Andrea, Antonia ➔ Carel, Antonia
Andrea, Silvia ➔ Garbald-Gredig, Johanna
Andreae, Hieronymus ➔ Sacer, Gottfried Wilhelm
Andreae, Illa ➔ Andreae, Elisabeth Aloysia
Andreae, Joachim Valentin ➔ Reiser, Anton
Andreae, Katy ➔ Jacoby, Katharine
Andreas, Alexander ➔ Badendieck, Alexander Andreas
Andreas, Bert ➔ Koblinski, Hans-Joachim
Andreas, J. H. ➔ Koblinski, Hans-Joachim
Andreas, Jürgen ➔ Alpers, Hans Joachim
Andreas, Konrad ➔ Vetter, Konrad
Andreas, Peter ➔ Dränert, Fritz
Andreas, Stephan ➔ Krüger, Harry
Andreas-Friedrich, Ruth ➔ Seitz, Ruth
Andrée, Louis ➔ Panizza, Oskar
Andres, Eva ➔ Borgmann, Grete
Andres, Karl ➔ Mönckeberg, Karl
Andres, Peter ➔ Andres, Eduard
Andresen, Ingeborg ➔ Bödewadt, Ingeborg
Andresen, Peter ➔ Goetz, Adolf
Andresen, Sophie ➔ Wörishöffer, Sophie
Andresen-Bundisgard, Christian ➔ Andresen, Christian
Andrew, Bert ➔ André, Herbert
Andrewska, Andrea ➔ Falk, Hermann
Andria, Adamantinus Adrianus ab ➔ Hoburg, Christian
Andries, Jakob ➔ Scheid, Richard
Andro, L. ➔ Rie, Therese
Androclus ➔ Schaefer, Gustav
Andromachus ➔ Doläus, Johann
Andronicus ➔ Detharding, Georg
Androphilus ➔ Häckermann, Adolf
Anemon ➔ Lufft, Leonhard
Anferson, Eduard ➔ Schöningh, Eduard
Ange, L. von ➔ Alvensleben, Karl Ludwig Friedrich Wilhelm Gustav von
Angedairer, Kasimir ➔ Flir, Aloys Cäsar Kasimir
Angelhuber, J. F ➔ Korn, Friedrich
Angelika ➔ Westphalen, Engel Christiane von
Angelo ➔ Kurz zum Thurn und Goldenstein, Ludwig Ritter
Angelo, Miguel ➔ Engels, Michel
Angelocrator, Daniel ➔ Engelhard, Daniel
Angelocrator, Michael ➔ Engelhardt, Michael
Angelstern, Wilhelm ➔ Nagel, Wilhelm
Angelus ➔ März, Angelus
Angelus ➔ Paeschke, Carl
Angelus, Andreas ➔ Engel, Andreas
Angelus, Franciscus ➔ Engel, Franz
Angelus, Johannes ➔ Kedde, Jodok
Angelus, Johannes ➔ Scheffler, Johannes
Angela Silesia ➔ Schott, Margarete
Angelus Silesius ➔ Scheffler, Johannes
Angely, M. ➔ Marquardt, Angelika von
Angely-Geyer, Rudolf ➔ Geyer-Geyersberg, Rudolf Ritter von
Anger, Adele ➔ Böttcher, Adele
Angermund, Karl von ➔ Heck, Karl
Angerzell, A. v. d. ➔ Dörrer, Anton
Anglicus, Johannes ➔ Englisch, Johannes
Anglo-Gallus ➔ Cavallo, Vincentius Dominus de Magno
Angstmann, Gustl ➔ Angstmann, Augustin
Anguitta, Joannes ➔ Aal, Johannes
anh ➔ Harbeck, Anni
Anhalt, Karl ➔ Hesselbarth, Karl
Anita ➔ Joachim-Daniel, Anita
Anjel, Ella ➔ Westhoff, Eugenie von
Ankele, Minni ➔ Boh, Minni
Anker, Eva-Juliane ➔ Meschke, Eva-Juliane
Anker, Fritz ➔ Schrenk, Gottlob
Anker, Lot ➔ Dallmann, Günther
Anklam, Heinrich ➔ Gersbach, Robert
Ann da Kla, Bavarese ➔ Kraus, Anne
Ann Margret ➔ Geißler, Margarete
Annaemontanus, Erasmus ➔ Schürer, Erasmus
Anndauer, Alfred ➔ Oelbermann, Hugo
Anneler, Hedwig ➔ Jenni, Hedwig
Annelies, Margarete ➔ Dieffenbach, Anneliese
Anners, Wilmke ➔ Siefkes, Wilhelmine
Annette Elisabeth ➔ Droste-Hülshoff, Annette (Elisabeth) Freiin von
Annone, Hieronymus ➔ Annoni, Hieronymus
Annshagen, Ludwig ➔ Algenstädt, Luise
Annunziata, Marie ➔ Wittek, Irma von
Anonima ➔ Nowotny, Isabella
anonym ➔ Erber, Othmar
Anonyma ➔ Bürger, Marie Christiane Elisab.
Anonyma ➔ Franzky, Luise Antoinette Eleonore Konstanze Agnes
Anonyma ➔ Fröhlich, Henriette
Anonyma ➔ Gottsched, Luise Adelgunde Victorie
Anonyma ➔ Lohmann, Johanna Friederike
Anonyma ➔ Obermayer, Aurelia
Anonymus ➔ Bürger, Gottfried August
Another ➔ Angely, Louis
Anrainer, Traudl ➔ Eichhoff, Joachim
Anras, Seraphin von ➔ Hattler, Franz Seraphin
Anraser, Seraphin ➔ Hattler, Franz Seraphin
Anrod, Werner ➔ Grigorowitsch, Lucian
Ansarius, Friedrich ➔ Henkel, Christian Heinr.
Anselmus ➔ Fuchs, Johann Georg Peter
Anselmus, Severin ➔ Helbig, Karl Gustav
Ansgar ➔ Scholz, Oskar
Anshelm, Valerius ➔ Rüd, Valerius
Ansion-Hasatty, Kunigunde ➔ Ansion, Kunigunde
Ansolt, Teut ➔ Müller, Karl Christian
Ansulln, Oskar ➔ Hartmann, Uwe
Antares, Enrico ➔ Seitz, Eberhard
Antarktis ➔ Dietert-Dembowski, Friedrich
Anteff ➔ Schmitt, Anton Friedrich
Antenor ➔ Schupp, Johann Balthasar

Arendt, Dr. ➔ Arendt, Johann Sigismund
Arendt, Hannah ➔ Blücher, Hannah
Arenhof, Benedikt David ➔ Arnstein, Benedikt David
Arens, Eduard ➔ Warrens, Eduard
Arent, Wilhelm ➔ Arendt, Wilhelm
Arent-Cesari ➔ Arendt, Wilhelm
Areopagita ➔ Edel, Gottfried
Arethaeus ➔ Panzer, Georg Wolfgang Franz
Arethophilus ➔ Fabricius, Anton Christian
Aretin, Leonhard ➔ Hardt, Hermann von der
Aretin-Menz, Ada von ➔ Menz, Ada
Aretophili ➔ Fabricius, Anton Christian
Aretophilus ➔ Mantzel, Christian Gottfried
Aretophilus ➔ Oertel, Georg Christoph
Areudnot ➔ Tondeur, Max
Argentinus ➔ Landsburgh, Alfred
Argo, Jack ➔ Werres, Johannes
Argus ➔ Burri, Franz
Argus ➔ Clobes, Heinz Wilhelm
Argus ➔ Heiden, Konrad
Argus ➔ Heinisch, Eduard Christoph
Argus ➔ Hirsch, Hans Traugott
Argus ➔ Masaidek, Franz
Argus ➔ Plawina, Oswald
Argus ➔ Schwarzschild, Leopold
Argus ➔ Willhain, Julius
Argus jr. ➔ Weilandt, Clemens
Argyrophylax ➔ Hutten, Ulrich von
Arie, Otto Maier ➔ Arje, Otto
Arigo ➔ Schlüsselfelder, Heinrich
Arion ➔ Goethe, Johann Wolfgang von
Arion I. ➔ Paullini, Christian Franz
Ariosto Helvetico, Messer Ludovico ➔ Widmann, Joseph Viktor
Aristander ➔ Crispinus, Johann
Aristander ➔ Sachsen-Weimar, Bernhard Herzog von
Aristander ➔ Stubritz, Martin
Aristarchos ➔ Raßmann, Christian Friedrich
Aristarchus Samius ➔ Adelbulner, Michael
Aristide ➔ Pilat, Joseph Anton Edler von
Aristodemus ➔ Rhode, Friedrich Ludwig
Aristokrates Rheginensis ➔ Born, Ignaz Edler von
Aristoxenos junior ➔ Mattheson, Johann
Aristoxenus ➔ Rumpel, Hermann Ernst
Aristoxenus ➔ Rumpel, Ludwig Friedrich Eusebius
Arizona-Tiger ➔ Breucker, Oscar Herbert
Arjouni, Jakob ➔ Bothe, Jakob
Arjuna van Jostenoode, Harald ➔ Grävell, Paul Harald
Arkadius ➔ Schmelz, Ernst Jakob
Arkas ➔ Aretin, Erwein von
Arlanibaeus, Philippus ➔ Abele, Johann Philipp
Arlberg, Max ➔ Rhomberg, Johann Josef
Arleth, Erich ➔ Arleth, Emil
Arlig, Frank ➔ Pigge, Karl Rudolf
Arlitt, M. ➔ Reinhardt, Carl August
Arlunensis ➔ Steinmetz, Bartholomäus
Armand ➔ Strubberg, Friedrich Armand
Armand, Carl ➔ Brüning, Antonie
Armatus, Baptista ➔ Rist, Johannes von
Armbruster, Johann ➔ Hausenstein, Wilhelm
Armbruster, Johannes ➔ Langewiesche, Wilhelm
Armin ➔ Eigl, Alois
Armin ➔ Hartmann, Hermann
Armin ➔ Herrmann, Anton
Armin ➔ Kreisel, Franz
Armin ➔ Schumann, Hermann
Armin, Adolf ➔ Kochmann, Adolf Armin
Armin, B. ➔ Brunner, Armin
Armin, C. L. ➔ Kosel, Hermann Clemens
Armin, F. ➔ Friedmann, Armin
Armin, Otto ➔ Roth, Alfred
Armin, Th. ➔ Witter, Marina
Armin, Theodor ➔ Gödsche, Hermann Ottomar Friedrich
Armin, W. ➔ Zimmermann, Willi
Arming, Jo ➔ Stockhammer, Nikolai
Arminia ➔ Haugwitz, Louise Gräfin von
Arminius ➔ Herrmann, Gustav
Arminius ➔ Herrmann, Sigfrid Bruno
Arminius ➔ Hermann, Wilhelm
Arminius ➔ Löwenthal, Hermann
Arminius ➔ Minckwitz, Hans von
Arminius ➔ Ruhland, Hermann
Armor ➔ Morecki, Lothar
Armstrong, B.-L. ➔ Heaton-Armstrong, Bridget-Louisa
Arnau, Frank ➔ Schmitt, Heinrich
Arnberg, Tilly von ➔ Schlitt, Tilly
Arnd ➔ Marr, Wilhelm
Arnd-Kürenberg ➔ Arnd, Friedrich
Arnd-Lilge, Renate ➔ Lilge-Stodieck, Renate
Arnds, D. Johannes ➔ Weigel, Valentin
Arndt, Axel ➔ Hobein, Eugen
Arndt, Dietrich ➔ Müller-Guttenbrunn, Roderich
Arndt, Fanny ➔ Blaschnik-Arndt, Fanny
Arndt, Hans Heinrich ➔ Arendt, Hans Heinrich
Arnefeldt, Fritz ➔ Hirsch, Jenny
Arnemann, Fred ➔ Platte, Heinz Erich
Arnim ➔ Müller, Johann Ernst
Arnim, Achim ➔ Arnim, Ludwig Joachim
Arnim, Fräulein von ➔ Miller, Johann Martin
Arnim, Gisela von ➔ Grimm, Gisela
Arnim, von ➔ Volkmann, Horst Rolf
Arnisaeus, Henning ➔ Arentsehe, Henning
Arnisander ➔ Lämmermann, Christoph August
Arno ➔ Toscana, Maria Antoinette Erzherzogin von
Arno, Alexander ➔ Swab, Alexander
Arno, Hermann ➔ Koeppen, Arnold
Arno, Karl ➔ Tacchi della Pieta, Armand
Arnold ➔ Arnold, Antonia
Arnold ➔ Rautenstrauch, Johann
Arnold, D. ➔ Ballin, Siegfried
Arnold, Franz ➔ Hirsch, Franz
Arnold, Franz ➔ Lieber, Franz

B

B**, Adelheid ➔ Nicolai, Christoph Friedrich
B-n, D. ➔ Bornschein, Ernst Johann Daniel
B., Amely ➔ Bölte, Amalie Charlotte Elise Marianne
B., Detlev ➔ Blunck, Hans Friedrich
B., Louise ➔ Brachmann, Karoline Louise
B., Sophie ➔ Knorring, Sophie von
B., Susanne von ➔ Bohlen, Susanne von
B., Wilhelmine ➔ Benecken, Wilhelmine
B. I. ➔ Kössler-Ilg, Berta
B...n, Caroline ➔ Bernstein, Caroline
Baacon, Douglas ➔ Wallisfurth, Rainer-Maria
Baader, Fr. von ➔ Ebner von Eschenbach, Friedrich Freiherr
Baar, E. ➔ Raabe, Lothar
Baargeld, Johannes Theodor ➔ Gruenwald, Alfred Ferdinand
Baas, Balduin ➔ Baaske, Siegfried
Baatz, Adamash ➔ Birkholz, Adam Michael
Bäbchen, August ➔ Frenzel, Fritz
Babenburg, Johannes von der ➔ Wetzel, Friedrich Gottlob
Babertal, de ➔ Bade, Albert
Bach, Anneliese ➔ Kuchinke-Bach, Anneliese
Bach, Barbi ➔ Pusch, Edith
Bach, Christa ➔ Horbach, Alexandra
Bach, Christian ➔ Schwaner, Wilhelm
Bach, Cuno ➔ Ittenbach, Cunigunde
Bach, Erle ➔ Strehblow, Barbara
Bach, Frank O. ➔ Heyda, Ernst
Bach, G. H. ➔ Bock, Alfred
Bach, Gustav vom ➔ Prell, Gustav
Bach, Helmut ➔ Kobusch, Helmut
Bach, Hermann ➔ Hilgenstock, Hans
Bach, Jenny ➔ Fischer, Jenny
Bach, K. ➔ Mühlen, Norbert
Bach, Michaela ➔ Lentz, Michaela
Bach, Paul ➔ Baumbach, Rudolf
Bach, Samuel ➔ Lauterbach, August
Bach, Vivi ➔ Schönleiten, Vivi von
Bach, Werner ➔ Cadenbach, Joachim
Bachem, Bele ➔ Böhmer, Gabriele Renate
Bachem-Tonger, Catharina ➔ Thele, Catharina
Bachér, Ingrid ➔ Erben, Ingrid
Bachitsch, Eduard ➔ Bacher, Eduard
Bächlein, Stephan Karl August ➔ Bogs, Dieter
Bachmann, Christoph ➔ Sander, Christian Levin Friedrich
Bachmann, Karl ➔ Arvay, Richard
Bachmann, L. G. ➔ Bachmann, Luise George
Bachner-Oskrany, Mimi ➔ Oskrany, Mimi
Bachroth, Hans ➔ Feger, Robert
Bachter, B. O. ➔ Artl, Heinrich Stanislaus
Bachwirt ➔ Kain, Johann
Bacinsky, Lucia ➔ Berg, Lotte
Baco, Roger ➔ Fechner, Gustav Theodor
Bacsanyi, Gabriele von ➔ Batsani, Gabriele von
Baculatus ➔ Reuper, Julius
Bader-Molnár, Katarina Elisabeth ➔ Bader, Katarina
Bado von Minden ➔ Mindensis
Badt-Strauß, Bertha ➔ Strauss, Bertha
Baecker-Vowinckel, Oskar ➔ Baecker, Oskar
Baedeker, Peer ➔ Hacke, Ernst-Max
Baehr, Nicolaus ➔ Baer, Nicolaus
Baer, A. ➔ Weinzierl, Louise Antonie
Baer, Claus ➔ Baer, Salomon
Baer, Frank ➔ Widmayer, Frank
Baer, Kurt St. ➔ Mühlen, Norbert
Baer, Oswald ➔ Baar, Oswald
Baerius, Nicolaus ➔ Baer, Nicolaus
Baetz, Christian ➔ Wolf, Friedrich
Baggesen, K. L. ➔ Breitner, Erhard
Bagienski, Trußka von ➔ Schäffer, Wanda
Baginski, Bodo ➔ Baginski, Harry
Baginski, Olli ➔ Baginski, Olga
Bagy, Klemenz von ➔ Forstreuter, Erich Karl Max
Bahz, Ada Ma ➔ Birkholz, Adam Michael
Baier, Franz ➔ Bonn, Ferdinand
Baierlein von Vilseck, J. ➔ Baierlein, Josef
Baiolus, Dr. ➔ Stebner, Gerhard
Bairau, Hans von ➔ Schmiderer, Johann
Baisch, Amalie ➔ Gassner, Amalie
Baisch, Cris ➔ Baisch, Christa
Baitz, Maria ➔ Hoffmann, Gertrud
Bajovar, Joseph ➔ Baltz, Johanna
Bajox, Reddy ➔ Bajog, Günther
Baker, Mary ➔ Becker, Marietta
Baker, Susan ➔ Hebel, Peter
Baker, Vivian ➔ Duensing, Jürgen
Baksic, Veseljka ➔ Billich, Katharina
Bâkur, Ali ➔ Wiedenmann, Johann Baptist
Baladin, Bert ➔ Otto, Bertram
Balaeus, Johannes ➔ Stein, Simon
Balás-Kisòcs, Marie ➔ Liebermann, Marie
Balatow, Paul ➔ Kaczér, Illés
Balázs, Béla ➔ Bauer, Herbert
Balbi, Adrian ➔ Reden, Friedrich Wilhelm Otto Ludwig Freiherr von
Balbo, Cesare ➔ Schubert, Paul Hermann
Balcke von Enckevort, Johanna ➔ Enckevort, Johanna
Baldauf-Würkert, Grete ➔ Würkert, Grete
Baldegg, Hartmann von ➔ Ah, Joseph Ignaz v.
Balder ➔ Reichenwallner, Balduin
Balder, Armin ➔ Heinrich, Hermann
Balder, Erwin ➔ Dessauer, Adolf
Balder, M. ➔ Bauer, Anna Barbara
Balder, Olaf ➔ Olden, Balder
Balderbauer, Hans ➔ Scholz, Hugo
Baldingen, Alwin von ➔ Meier, Gabriel
Baldovius, Samuel ➔ Baldou, Samuel
Balduin ➔ Sternberg, Henri
Balduin, Fr. ➔ Nöbe, Johann Paul
Balduin, Hans ➔ Schnitzer, Manuel
Baldur ➔ Schläfer-Wolfram, Eduard Josef

Barran, Rolf → Reuter, Josef
Barren, Ken → Gronwald, Werner
Barretus, Lucius → Curtz, Albert
Barring, Geo → Burmester, Albert Konrad
Barring, Ludwig → Schreiber, Hermann
Barringkh, Lentz de → Berndt, Karl-Heinz
Barrister, Ben → Squarra, Heinz
Barry, Hart. → Brett, Harry
Barry, James → Fischer, Claus
Barry, Roland → Bull, Bruno Horst
Barrymore, John → Kuhnert, Jörg
Barsch-Muthreich, Marie → Barsch, Marie
Bart, Heinrich → Partz, Heinrich
Bart, Georg → Bartenstein, Georg
Bartes, Heinrich → Partz, Heinrich
Bartfeldensis → Henisch, Georg
Barth, Hanns → Bart, Johann Alois
Barth, M. → Bartholomew, Mary
Bartheel, Carla → Barthel, Charlotte
Barthels, E. → Barthels, Hermann Emil
Barthold, Friedrich → Ohrt, Friedrich Barthold
Bartholis, de → Barthels, Karl Ludwig
Bartikowsky, Edith → Zawadzky, Edith von
Bartol, Hermann → Maué, Hermann
Barton, Gil → Bajog, Günther
Bartphanus, Henischius → Henisch, Georg
Bartsch-Siling, Ulrich → Bartsch, Klaus-Ulrich
Bartus, Jutta → Wagner, Jutta
Bartz, Walter → Bretholz, Wolfgang
Baruch → Buber, Martin
Baruch, Juda Löb → Börne, Ludwig
Baruth, Friedrich von → Meister, Friedrich
Barwin, L. F. → Barthel, Friedrich
Barwin, L. F. → Barthel-Winkler, Lisa
Bärwinkel, Gustav → Schmidt, Gustav
Barz, Heinrich → Partz, Heinrich
Bas, Ronald → Blarr, Bert Albert
Basch, Mirza Kizzil → Rodiczky von Sipp, Eugen
Basilius → Leonhardi, Johann Gottfried
Basilius → Loetscher, Anton
Basilius, Polites → Rhegius, Urbanus
Bask, Frederic de → Wortig, Kurt
Bass, Frank → Egli, Werner
Basse, Monika → Muhrmann, Wilhelm
Bassedau, J. Bermo → Basedow, Johann Bernhard
Basser, Edwin → Bab, Edwin
Bassermann, Lujo → Schreiber, Hermann
Bassoc-Heyken → Czizek, Maria Bergljot
Bast, Bert → Strauß, Bertha
Bastian, Werner → Kristeller, Hans
Bastian-Klinger, Vineta → Bastian, Vineta
Bato, Ludwig Yomotov → Berliner, Ludwig
Batocki, Erminia Tortilowicz von → Olfers-Batocki, Erminia von
Battaglia, Otto → Forst, Otto
Battermann, Rudolphus → Schücking, Johann
Bätzer, Fink → Kosler, Alois
Bauch, Käthe → Albers, Käthe
Bauck, Anna → Brentano-Bauck, Anna
Baudiß-Mercy, Emmy → Baudiß, Emilie
Baudo, Heinz → Meyer, Heinrich Walter
Bauer, A. Ch. → Auerbach, Felix
Bauer, A. von → Baudissin, Annie Gräfin von
Bauer, Al. → Gebauer, August
Bauer, Bert → Schauer, Herbert
Bauer, Bruno G. → Gebauer, Bruno
Bauer, C. T. → Burgdorf, Karl Ulrich
Bauer, Felix → Specht, Fritz
Bauer, Gottfried → Kretschmer, Hugo
Bauer, Hannswillm → Hay, Wilhelm
Bauer, Hedi → Bauer, Dieter
Bauer, Heribert → Petersdorff, Ulrike von
Bauer, Joseph → Dimmler, Hermann
Bauer, Karoline → Montgomery, Karoline
Bauer, Maria Agnes → Kasbauer, Sixta
Bauer, Martin → Martini, Selma
Bauer, O. G. → Gebauer, Ottomar
Bauer, Wolfgang → Mühlbauer, Josef
Bauer vom Wald → Albiker, Josef
Bauer-Friedenau, Otto → Bauer, Otto
Bäuerle, Adolf → Bäuerle, Johann Andreas
Bauermeister-Thoma, Elisabeth → Bauermeister, Elisabeth
Bauernfeind, Walter → Urbanek, Walter
Bauernsohn, Hans → Reinowski, Hans
Baum, Curt → Le Mang, Erich Erwin Woldemar
Baum, D. → Weinbaum, David
Baum, Ernst → Birnbaum, Ernst
Baum, Robert → Jungk, Robert
Baum-Sulzburg, Hubert → Baum, Hubert
Baumann, Bernhard → Hoburg, Christian
Baumann, Bodo → Berns, Ulrich
Baumann, Hans Julius → Schleppegrell, Max
Baumann, Werner → Görz, Heinrich
Baumann-Kay, Juliane → Baumann, Erna
Baumann-Scheel, Marianne → Graef, Marianne
Baumann-Senekowitsch → Klampfer, Karl
Baumbach, Clara → Baumbach-Holle, Clara
Baumbauer, Karl → Schneider, Reinhold
Baumberg, Gabriele v. → Batsani, Gabriele v.
Bäumer, Aenne → Stützer, Aenne
Bäumer, Fritz → Hülle, Erich
Bäumer, Heino → Bom, Bruno
Bäumer, Rosel → Weber, Grete
Baumer, Sophie → Albrecht, Sophie
Bäumert, Odo → Kühn, Wilhelm
Baumgart, Bruno → Hausmann, Adelheid
Baumgart, Edith → Biewend, Edith
Baumgarten, Harald → Baumgarten, Johanna
Baumgartner, Franz → Reitterer, Franz Xaver
Baumroth, Wolfgang → Klima, Leopold
Baumsteftenlenz → Friedl, Paul
Baur, Hans → Baur, Johann
Baur, M. → Baur von Fichard, Margit
Baur, Marie Theres → Buhl-Baur, Marie Theres
Baur von Eyßeneck → Fichard, Johann Karl v.
Baußner, Marie von → Vaselli, Marie
Baux-Cheffair, Warnfried → Bogs, Dieter
Bavarica → Zaky, Renate

Bern, Olga ➔ Wendland, Olga
Bern, Rudi ➔ Bernreiter, Rudolf
Berna, Frederico ➔ Schmidt-Berna, Friedrich
Bernard ➔ Eggert, Eduard
Bernard, Alfred ➔ Kurella, Alfred
Bernard, Eugen ➔ Staberow, Paul
Bernard, Jean ➔ Muschi, Jean Bernard
Bernard, René ➔ Sponsel, Heinz
Bernard, Ursula ➔ Bernard-Schwegmann, Ursula
Bernardinus, Didacus ➔ Bidermann, Jakob
Bernardon ➔ Kurz, Joseph Felix von
Bernauer, Eva Maria ➔ Aspern-Buchmeier, Elisabeth von
Bernays, Isaak ➔ Schiff, David Bär
Bernberg, Hartmann ➔ Bergmann, Bernhard
Bernd, Erich ➔ Heid, Hans
Bernd, Grote ➔ Gröttrup, Bernhard
Bernd, Maximilian ➔ Engel, Bernd
Bernd, Traute ➔ Herder-Elchlep, Edeltraut
Berndorf, Jacques ➔ Preute, Michael
Berndstrick ➔ Striebeck, Walter
Berndt, Bettina ➔ Wehner, Rosemarie
Berndt, Christa ➔ Pellinghoff, Elsbet
Berndt, Otto ➔ Hanstein, Otfrid von
Berndt, Peregrin ➔ Selbach, Max
Berndt, Rolf ➔ Zürn, Ralph
Berndt, Woldemar ➔ Lilie, Moritz
Berneck, Alrun von ➔ Muhrmann, Wilhelm
Berneck, Aurelie ➔ Brasch, Frida
Berneck, Egon ➔ Bernhardt, Oskar Ernst
Berneck, Ludwig ➔ Schreiber, Hermann
Berneder, O. ➔ Oberneder, Friedrich
Bernegger, Lois ➔ Ottawa, Theodor
Bernensis, Cornelius Eustachius ➔ Solden, Heinrich Ritze
Berner, Else ➔ Markstein, Else
Berner, Friedrich ➔ Meister, Friedrich
Berner v. Triesting ➔ Schuk, Pankraz
Bernert, Willy ➔ Hoffelner, Leopold
Bernfeld, Eleonore von ➔ Brückner, Eleonore
Berngath, Ursula ➔ Beer, Natalie
Bernhard ➔ Guerber, Joseph
Bernhard, Alfred ➔ Kurella, Alfred
Bernhard, Auguste ➔ Becher, Auguste
Bernhard, Dr. ➔ Kassner, Georg
Bernhard, Emil ➔ Cohn, Emil Bernhard
Bernhard, F. ➔ Reuchlin, Hermann
Bernhard, Friedrich J. ➔ Breker, Friedr. J. B.
Bernhard, Fritz ➔ Albrecht, Erwin Fritz Bernhard
Bernhard, Fritz ➔ Skowronnek, Fritz
Bernhard, Gustav ➔ Weinert, Erich
Bernhard, Julie ➔ Schuchardt, Julie
Bernhard, K. ➔ Bernhard, Clara
Bernhard, K. ➔ Kluge, Walther
Bernhard, Karl ➔ Capesius, Karl Bernhard
Bernhard, L. ➔ Lehnhard, Paul Roderich
Bernhard, Ludwig ➔ Bechthold, Alfred
Bernhard, Ludwig ➔ Rosenbaum, Ludwig Bernhard
Bernhard, Luise ➔ Thiele, Luise
Bernhard, Otto ➔ Sermage, Richard Graf von
Bernhard, Paul ➔ Raché, Paul
Bernhard, Paul ➔ Twardowski, Hans Heinrich von
Bernhard, Wilhelm ➔ Jankowitz, Wilhelm Bernhard
Bernhard aus Nordalbingien ➔ Basedow, Johann Bernhard
Bernhard von Kraiburg ➔ Kramer, Bernhard
Bernhard-von Luttitz, Marieluise ➔ Bernhard, Marieluise
Bernhardi, Luise ➔ Thiele, Luise
Bernhardi, Sophie ➔ Knorring, Sophie von
Bernhardt, Ernst ➔ Georgi, Karl
Bernhardt, J. O. ➔ Jolles, Bernhard
Bernhardt, Klaus ➔ Berendt, Gerd
Bernhardt, S. ➔ Maarßen, Siegfried Bernhard von
Bernhardus ➔ Küstner, Erich
Bernhardy, Gabriel ➔ Bernhardy, Gottfried
Bernhardy, Werner ➔ Tummeley, Werner
Bernhart, Bruno ➔ Puschmann, Bernhard
Bernhart, Ernst ➔ Geis, Ernst
Bernheim, Dr. H. L. ➔ Schöpfer, Georg Karl Ludwig
Bernig, Heinrich H. ➔ Kurowski, Franz
Bernis, Rigos del ➔ Bömke, Bernhard
Bernkopf ➔ Frauenzucht
Bernoff, Theobald ➔ Bacmeister, Adolf
Bernold von Kaisheim ➔ Bernold Kaisersheim
Bernouilly, Ernst von ➔ Puttkamer, Jesko von
Bernow, Ludwig ➔ Jung, Luise Mathilde
Berns, Kurt ➔ Matull, Kurt
Bernstein, Alois ➔ Grosche, Erwin
Bernstein, F. W. ➔ Weigle, Fritz
Bernstein, Ingrid ➔ Kirsch, Sarah
Bernstein-Sawersky ➔ Bernstein, Albert
Bernstorff, Ruth ➔ Scheibler, Susanne
Bernus, Adelheid von ➔ Petersen, Adelheid
Beron, Franz ➔ Oertel, Rudolf
Berry, Henry ➔ Ide, Heino
Bersandius, Johannes ➔ Brandes, Johann Christian
Bersewitz, V. ➔ Bötticher, Georg
Bert ➔ Lestiboudois, Herbert
Bert, Gottfried ➔ Nischer, Herbert
Bertbach, Rogers van ➔ Gersbach, Robert
Bertel, Hawalt ➔ Bruchhaus, Hanns Walter
Berthal, Hans ➔ Albert, Emily
Bertheau, J. ➔ Voelkel, Titus
Berthen, Jutha ➔ Gross von Trockau, Auguste Freiin von
Berthier, Christian ➔ Meisner, Michael
Berthof, Max von ➔ Rothenthal, Melanie von
Berthold, A. ➔ Klaußmann, Anton Oskar Eugen
Berthold, C. ➔ Bücker, Clara
Berthold, Ernst ➔ Robinson, Therese Albertine Louise
Berthold, Franz ➔ Reinbold, Adelheid
Berthold, Hans ➔ Zach, Franz

Berthold, Konrad → Cosack, Konrad
Berthold, L. → Lehmann-Filhés, Bertha
Berthold, Lotte → Kanitz, Charlotte
Berthold, P. → Pappenheim, Bertha
Berthold-Schwiebus, Helene → Berthold, Helene
Berti, Otto → Falk, Norbert
Berti, Otto → Fischer, Otto
Bertini, Luigi → Balling, Adalbert Ludwig
Bertogna, Di. → Giugno, Martin
Bertold, Robert → Neumann, Rudolf
Bertow, A. → Lange, Franz
Bertram → Bertsch, Hilde
Bertram, Dr. → Schultz, Georg Julius
Bertram, Johannes → Pingel, Johannes
Bertram, M. E. → Schleich, Martin
Bertram, Paul → Gutscher, Paul
Bertram, Rudolf → Adler-Rudel, Salomon
Bertram, Silva → Günther, Heinz
Bertram, Werner C. → Boschmann, Rüdiger
Bertram, Wolf → Faßbinder, Joseph Matthias
Bertrant, G. → Schöpfer, Georg Karl Ludwig
Bertschi → Hoegner, Wilhelm
Bertus, Ludwig → Hanstein, Ludwig Adalbert von
Bertusch, Willibald → Schubert, Wilhelm
Bertwig, Ludwig Paul → Hertwig, Paul
Beruna, A. → Bernau, Anna
Berwick, George → Blumenreich, Paul
Beryll, Thomas → Pfeffer, Heinrich
Besenried, Hans → Neurath, Karl Emil August Maximilian
Besenstiel → Weinholz, Heinrich Albert
Besoka, Gerarda → Spitzweg-Böhmer, Edda Hedwig Louise
Besser, Anna → Tichy, Anna
Besser, Joachim → Zimmermann, Joachim
Bessert, Hans → Kröning, Hans W.
Beßnard, Gustav → Beßmer, Gustav
Beste, Richard → Bierach, Alfred
Beta, C. Z. → Baetz, Carl
Beta, Heinrich → Bettziech, Heinrich
Beta, Ottomar Heinrich → Bettziech, Ottomar Heinrich
Betemann, Clelie → Abel, Clementine
Bethe-Kuhn, Anna → Bethe, Anna
Betke, Lotte → Ponnier, Lotte
Bettina → Arnim, Elisabeth Catharina Ludovica Magdalene
Bettina → Ehrlich, Bettina
Betulius, Christian → Birken, Christian
Betulius, Janus Gregorius → Burckhard, Johann Georg
Betulius, Sigmund von → Birken, Sigmund
Betulius, Xystus → Birck, Sixtus
Betzler-Struve → Wannske, Magdalene
Beudersee, Matthias von → Biedersehe, Matthias von
Beulwitz, Friederike von → Wolzogen, Friederike Sophie Karoline Freifrau von
Beumer, Ulrike → Schleckat, Ulrike
Beuren, Otto → Raich, Johann Michael
Beurton, Ursula → Kuczynski, Ursula
Beuthen, Julius → Hein, Alfred
Beutler, Maja → Beutler-Maroni, Maja
Beutler, Margarete → Friedrich-Freksa, Margarete
Beutten, Hermann → Beuttenmüller, Hermann
Beuzelaar, Art → Rabener, Gottlieb Wilhelm
Bevelius, Peter → Kadow, Manes Hermann
Beverly, Edgar → Pilz, Walter Hanns
Bevern, Hans → Schacht, August
Bevern, Heribert → Buschhorn, Carl
Beyer-Boppard → Beyer, Konrad
Beyer-Kaemmerer, Frida → Beyer, Frida
Beyern, Curt von → Trautenburg, Curt von der
Beyssell, A. → Jacob, Nathan
Beyvers, Elfriede → Kern, Elfriede
Bezol, Ernst Friedrich → Zobel, Christ. Friedr.
Bg → Bergmann, Johannes
Bianchi, Marion → Raasch, Marion
Biancone, Tobias C. → Leutenegger, Tobias C.
Bias → Gaunersdorfer, Johann
Bibamus, Till → Francke, Leo
Bibel-Meyer → Meyer, Johann Friedrich von
Bibelmann, Christian → Büchner, Gottfried
Biber, Tilde → Rosenfeld, Tilde
Biberegg, Reding von → Holland, Hyazinth
Bibliander → Brockmann, Georg Gottfried
Bibliander, Theodor → Buchmann, Joder
Bibliophilus → Böhmer, Johann Gotthold
Bibliophilus → Breitinger, Johann Jakob
Bibliophilus, Irenaeus → Beyschlag, Friedrich Jakob
Bibus, Ottilie → Mayer, Ottilie
Bibusch, Marie → Eckhardt, Fritz
Bickel, Konrad → Pickel, Konrad
Bider, Görg → Mylius, Wilhelm Christhelf
Bidermann, Germanus → Senkenberg, Renatus Leopold Christian Karl Freih. von
Bie, Anni M. → Benjamin, Walter
Bie, Richard → Biedrzynski, Richard
Bieder, Michel → Urban, Michael
Bieder v. S., Johannes → Pfenninger, Johann Konrad
Biedermaier → Sauter, Samuel Friedrich
Biedermaier, Gottlieb → Graf, Franz
Biedermann, Thimotheus → Bauer, Moritz
Biedermeier → Kegel, Max
Biedermeier → Ostini, Fritz von
Biege, Helmut → Böger, Richard
Biegemann, Karl → Volkhausen, Karl
Biehl, Fidde → Biehl, Friedrich Wilhelm
Biehn, Wilma → Klevinghaus, Wilma
Biekens, Berthold → Breyne, Marcel Romeo
Bielawsky, Wenzeslaw → Weis, Wenzeslaus
Bielchen, O. → Bercht, Ottilie
Biele, Werner von der → Werner, Adolf
Bienchen Bimbernell → Schneider, Robert
Bier, E. → Winter-Hjelm, Thorolf
Bier, Elisabeth → Lichtenecker, Elisabeth
Bierfreund, Hilarius → Nürnberger, Woldemar
Bierglas, A. → Burmeister, Johann Peter Theodor

Bierhahn ➔ Corvinus, Antonius
Bieri, Doris ➔ Haug, Doris
Biermann, Pieke ➔ Biermann, Lieselotte Hanna Eva
Biernatzki, Johannes ➔ Biernatzki, Karl Johann Christoph
Biesenthal, Hermann ➔ Amme, Hermann Carl
Big Ben ➔ Sachse, Willi Richard
Biggern, Kathrein ➔ Henkel, Ilse
Biki, Lorenz ➔ Binkowski, Lorenz
Bila, Julius von ➔ Bülow, Julius von
Bilbo, Jack ➔ Baruch, Hugo
Bilde, Nicodemus ➔ Siede, Johann Christian
Biller, Emma ➔ Wuttke, Emma
Billerbeck-Gentz, Friedrich ➔ Billerbeck, Friedrich
Billinger, Karl ➔ Massing, Paul W.
Bilovius, Bartholomäus ➔ Bilow, Bartholomäus
Bim ➔ Ettlinger, Karl
Bimbus ➔ Doppler, Michael
Bimstein, Emanuel ➔ Iseke, Hermann
bin Gorion, Emanuel ➔ Berdyczewski, Emanuel
bin Gorion, Micha Josef ➔ Berdyczewski, Micha Josef
Binder ➔ Mainz, Johannes von
Binder, Hildegard Maria ➔ Binder-Gasper, Christiane
Binder, Julius O. ➔ Isenbeck, Julius
Binder, Ludwig ➔ Klebinder, Ludwig
Binder, R. ➔ Heichen, Walter
Binder, Theo ➔ Stephan, Theodor
Binder-Dockeler, J. ➔ Kien, Robert
Binder-Trautner, Maria ➔ Binder, Maria
Binder-Zisch, Auguste ➔ Müller, Auguste
Bindol, Ben ➔ Dolbin, B. F.
Bindseil, Ilse ➔ Enderwitz, Ilse
Bings, Henry ➔ Bingenheimer, Heinz
Bini, D. A. S. ➔ Storck, Karl
Binni, Karl ➔ Pfeil, Karl August Friedrich
Bins, I. ➔ Haßl, Guido
Bins, I. ➔ Laux, Arthur
Binzer, Ina von ➔ Bentivegni, Ina von
Bion ➔ Mann, Christoph David
Birchpfeiffer, C. ➔ Birch-Pfeiffer, Charlotte Katharina
Bird, Erik Allan ➔ Falk, Hermann
Bird, Fred ➔ Reimers, Emil
Birk, Susi Sophie ➔ Lusi, Susanne Sophie von
Birk, Werner ➔ Heise, Hans-Jürgen
Birken, Heinz ➔ Eichen, Heinrich
Birkenau, M. ➔ Blank, Matthias
Birkenbühl, Karl ➔ Grasberger, Hans
Birkenburg, Moritz von ➔ Homann, Walter
Birkenfeld, Hermann ➔ Modersohn, Hermann
Birkenhayn, Ernst ➔ Höpfner, Johann Georg Albrecht
Birkenstein, Ulla ➔ Göritz, Gerda
Birkenstein, Ulla ➔ Scheibler, Susanne
Birkhof, Wilhelm ➔ Überhorst, Wilhelm
Birkhold, Hedwig ➔ Blasche, Hedwig
Birkler, Hubertus ➔ Ettle, Josef
Birkmoser, Hanni ➔ Falk, Hermann
Birkner, Friede ➔ Stein, Elfriede
Birkner, Polten ➔ Brosowski, Paul
Birmann, Martin ➔ Grieder, Martin
Birnitz, A. von ➔ Czibulka, Alfons von
Birnitz, Linda ➔ Pietzsch, Lina
Biron, Hans ➔ Brüstle, Hans
Biron, Ludwig ➔ Siegert, Georg
Bisama, Stefan ➔ Hülsmann, Harald
Bischof, Jakob ➔ Bischoff, Jakob
Bischof, Martin ➔ Findel, Gottfried Josef Gabriel
Bischoff, Bengta ➔ Bischoff, Hildegard
Bischoff, Friedrich ➔ Bischoff, Fritz Walter
Bischoff, Karl ➔ Bischoff, Christian Johann Hermann
Bischoff, Marianne ➔ Ehrig, Marianne
Bisthow, Ludwig ➔ Bowitsch, Ludwig
Bitschütter, Andreas ➔ Rehfeld, Frank
Bitter, Arthur ➔ Haberstich, Samuel
Bitter, Heinrich ➔ Bitter, Carl Hermann
Bitter, Hilarius ➔ Halter, Peter
Bitter, Lothar ➔ Stößel, Alfred
Bittermann ➔ Mahlmann, Siegfried August
Bittermann, Karl ➔ Arndt, Bruno
Bittrich, Franz ➔ Woerner, Frank Peter
Bizenus, Eleutherius ➔ Hutten, Ulrich von
Bizo, Alex. ➔ Biczó, Alexander von
Bizzi ➔ Drexler, Friedrich Joseph
Bjell, Barany ➔ Wiechert, Ernst
Björnson, Olaf ➔ Groner, Auguste
Blaas, Hans ➔ Matscher, Hans
Blachstädt, C. V. ➔ Ritter, Vera
Black, Desmond ➔ Tenkrat, Friedrich
Black, Ralph ➔ Schwarz, Rudolf
Blaguere, Pierre ➔ Schweynert, Fritz
Blaide, Terence ➔ Hahn, Ronald M.
Blake, James ➔ Blasius, Richard
Blamasla, Max ➔ Blankmeister, Helmut
Bland, Gur ➔ Erné, Antonio Luigi
Blank, Annelore ➔ Brinkmeier, Hannelore
Blank, Marie ➔ Trebsdorf, Marie
Blank-Eismann, Marie ➔ Trebsdorf, Marie
Blank-Hohenofen, M. ➔ Blank, Matthias
Blankenburg, E. ➔ Gnauck, Elisabeth
Blankenburg, Rosa ➔ Zarnack, Rosa
Blankenheim, Maria ➔ Brügmann-Eberhardt, Lotte
Blankensee, Theo von ➔ Blank, Matthias
Blankenstein, Amanda Matorka ➔ Halbach-Bohlen, Juliet
Blankschild, Willibald ➔ Günther, Julius
Blarer, Barbara von ➔ Mumenthaler-von Blarer, Barbara
Blaschnik-Arndt, Fanny ➔ Blaschnik, Fanny
Blasi ➔ Ableitner, Augustin
Blasius ➔ Burckhardt, Felix
Blasius der Spziergänger ➔ Sommer, Siegfried
Blattmächer, Kall ➔ Euler, Günter
Blau, A. L. ➔ Lichtblau, Adolf

Boden, Hermann von ➔ Bodenhausen, Hermann Bodo von
Bodenreuth, Friedrich ➔ Jaksch, Friedrich
Bodmer, Heini ➔ Bothmer, Heinz
Bodmer, Max ➔ Bodenheimer, Max Isidor
Bodmer, Robert ➔ Harrach, Max
Bodmer, Vera ➔ Schoch-Bodmer, Helen
Bodo ridendus ➔ Lorenz, Helmut
Boecker-Eichhoff ➔ Boecker, Luise
Boedeker, Johann ➔ Bocer, Johann
Boeglin, Hans ➔ Hellemann, Willy
Boeheim, Olly ➔ George, Olga
Boehm, G. A. ➔ Boehm-Tettelbach, Arthur Georg
Boehringer, Sabine ➔ Süssmann, Christel
Boele, Wilhelm ➔ Ossenbrink, Wilhelm
Boell, Karin ➔ Merhart von Bernegg, Karin
Boenius, Martinus ➔ Poeonius, Martinus
Boeonius, Martinus ➔ Poeonius, Martinus
Böer, Annelies ➔ Rüggeberg, Annelies
Boer, Gerhard ten ➔ Klaußmann, Anton Oskar Eugen
Böer, Lukas ➔ Boogers, Lukas
Boesch, Nikolaus ➔ Boesch, Emil
Boesch, Nina ➔ Bindschedler(-Boesch), Nina
Boesche-Zacharow, Tilly ➔ Boesche, Tilly
Boesen, Jean ➔ Liebisch, Rudolf
Boeters, Karl Friedrich ➔ Borée, Karl Friedrich
Boetticher, Else von ➔ Frobenius, Else
Boetticher, Friede ➔ Kreysern, Friede
Boettlin, Ingrid ➔ Parigi, Ingrid
Bogat, Henry ➔ Horschelt, Theodor
Bogen, Alexander ➔ Scholtis, August
Boger-Langhammer, Margot ➔ Boger, Margot
BOGS ➔ Brentano, Clemens
BOGS ➔ Görres, Johann Joseph von
Bogs zum Strahlenfeld ➔ Bogs, Dieter
Bogt, Valten ➔ Voigt, Valten
Bogumil, C. ➔ Mensch, Gottlieb
Bohatta-Morpurgo, Ida ➔ Morpurgo, Ida
Bohde, Hermine ➔ Henschel, Luise
Böheimb, Max ➔ Beheim-Schwarzbach, Max
Bohemicus ➔ Bayer, Oswald Georg
Bohemus ➔ Opiz, Georg Emanuel
Bohemus, Christoph Impartialis ➔ Gläsener, Justus Martin
Bohemus, Karl ➔ Bertram, Johann Friedrich
Bohemus, Martinus ➔ Behemb, Martin
Bohl, O. E. ➔ Hornbostel, August Gottlieb
Böhlau, Helene ➔ Arnd, Helene
Böhle, Lis ➔ Schmitt, Lis
Bohlmann, Hanni ➔ Baade, Hanni
Böhm, A. W. ➔ Böhm, Anton
Böhm, David ➔ Behme, David
Böhm, Fritz ➔ Böhm, Friedrich
Böhm, Hanna ➔ Bieber-Böhm, Hanna
Böhm, Johanna ➔ Chappuis-Böhm, Johanna
Böhm, Karl Friedrich ➔ Czarnewski, Georg
Bohm-Geyer, Gunhild ➔ Bohm, Gunhild
Böhm-Lemke, Walter ➔ Lemke, Walter
Böhm-Raffey, Helmut ➔ Brandtner, Heinz
Böhm-Schünemann, Frieda ➔ Böhm, Frieda
Böhme, Beatrice ➔ Thalhammer, Beatrice
Böhme, Irene ➔ Bartsch, Irene
Böhme, Margarete ➔ Schlüter, Margarete
Böhme, Martin ➔ Behemb, Martin
Böhme, Volkmar ➔ Schäfer, Moritz
Böhmer, Caroline ➔ Schelling, Caroline von
Böhmer, Gerarda ➔ Spitzweg-Böhmer, Edda Hedwig Louise
Böhmer, W. ➔ Kranzhoff, Wilhelm
Bohmhammel, Ullo ➔ Hopf, Albert
Bohneburg, Günther ➔ Barber, Bernhard
Bohnsan ➔ Betke, Joachim
Bohr, W. ➔ Weisenborn, Günther
Böhren, Thomas von ➔ Görne, Thomas von
Bohrmann-Riegen, Heinrich ➔ Bohrmann, Heinrich
Boie, Mathilde ➔ Kameke, Mathilde von
Boie-Eyer, Ursula ➔ Boie, Ursula
Bois, Irene du ➔ Leiding, Frieda Margarethe
Bois, Jean du ➔ Leiding, Frieda Margarethe
Bojan, Willy ➔ Stekel, Wilhelm
Bojanus ➔ Weinland, Christoph David Friedrich
Boker, Baruch ➔ Bendix, Ludwig
Bolanden, Konrad von ➔ Bischoff, Joseph Eduard Konrad
Bolanden, Lutz von ➔ Schuck, Margarethe
Bolandus ➔ Fabricius, Johannes
Bold, Sven ➔ Brandenburger, Emil
Bolden, Jack ➔ Netsch, Günter
Boleslav, Netti ➔ Cohen, Netti
Bolgiani, Valeska ➔ Voigtel-Bolgiani, Valeska
Böll, Ina ➔ Fenchl, Emilie
Böllert, Paul ➔ Schodder, Karl
Bollmann, Fritze ➔ Lindemann, Wilhelm
Bolo ➔ Maeglin, Rudolph Bolo
Bolovesus Fridemontanus, Conradus ➔ Gessner, Konrad
Bolte, Peter ➔ Haan, Caroline de
Bolten, Max ➔ Beltz, Martin
Bolthart ➔ Bäuerle, Johann Andreas
Boltzen, Alexander von ➔ Ludwig, Franz Xaver
Bolvary, Nina von ➔ Seitz, Eberhard
Bolz, H. ➔ Bossard, Hans
Bolz, Konrad ➔ Hollmann, Ernest
Bolz, Richard ➔ Heyl, Ferdinand
Bolz, Valentin ➔ Boltz, Valentin
Bombe, Berthold ➔ Schröder, Rolf
Bombensplitter ➔ Gahn, Theodor
Bomberg, Peter ➔ Dietrich, Paul Johannes
Bomike, Tobias von ➔ Ponickau, Tobias von
Bommerich, Friedrich Josef ➔ Decker, Fritz
Bomsdorff-Leibing, Emmy von ➔ Bomsdorff, Emmy von
bon ➔ Bonwitt, Werner
Bon, F. Hermann ➔ Bönisch, Hermann Friedrich
Bonagius, Desiderius ➔ Braun, David
Bonamicus, Christianus ➔ Scheffler, Johannes

Bonaventura ➔ Klingemann, Ernst August Friedrich
Bonaventura ➔ Schelling, Friedrich Wilhelm Josef von
Bonaventura ➔ Schweizer, Joseph
Bonche ➔ Bönisch, Hermann Friedrich
Bond, Isaak ➔ Füessli, Johann Conrad
Bonde, Sophus ➔ Johannsen-Bonde, Carl Sophus
Böndner, Wanfried ➔ Bogs, Dieter
Bondoux, Friedrich Wilhelm ➔ Fuchs, Wilhelm
Boner, Johann ➔ Boner, John Engelbert
Bonfidius, Justinus ➔ Stieler, Kaspar von
Bongard, Peter ➔ Adler, Rudolf
Bonhoefer, Heinrich ➔ Bonhoeffer, Johann Friedrich
Böninghausen ➔ Budberg, Woldemar Dietrich von
Bonmarmota ➔ Christiani, Otto Konrad
Bonn, Bobby ➔ Rüb, Otto Heinz
Bonn, Curt ➔ Schunck, Victor Arthur
Bonn, Heinz von ➔ Rüb, Otto Heinz
Bonn, Hermann ➔ Bonnus, Hermann
Bonnevie-Lorentzen, Luz ➔ Stahlschmidt, Elisabeth Lucia
Bonnius, Hermann ➔ Bonnus, Hermann
Bonotra ➔ Bönisch, Hermann Friedrich
Bonsens, Ernst ➔ Brosse, Friedrich Christoph
Bonsens, Fritz ➔ Hillebrandt, Alfred
Bonteya ➔ Bönisch, Hermann Friedrich
Bontoux, Friedrich Wilhelm ➔ Fuchs, Wilhelm
Bonyhady ➔ Rosenberg, Gustav
Booker, Johann ➔ Bocer, Johann
Booz, Ada Mah ➔ Birkholz, Adam Michael
Borah, Timm ➔ Zech, Paul
Borchardt, Adolf ➔ Sommerfeld, Adolf
Borchardt-Hilgert, Elisabeth ➔ Hilgert, Elisabeth
Borchers ➔ Stolze, Gustav
Borchers, Adelheid ➔ Montigny, Adelheid de
Borchers, W. ➔ Reese, Wilhelm Friedrich Karl
Borchers von Rienzihausen ➔ Reese, Wilhelm Friedrich Karl
Borde, Inge ➔ Klein, Ingeborg
Borelius, Alexander ➔ Frankenberg, Richard v.
Boreos, Martin ➔ Martin, Anton
Borg, Thomas ➔ Riediger, Günter
Börger, Hadwiga ➔ Schmaltz, Hedwig
Börger, Hedwig ➔ Schmaltz, Hedwig
Borgers, Charles ➔ Borchers, Karl
Borges, H. ➔ Wildhagen, Eduard
Borgias-Schmid, Franz von ➔ Schmid, Franz
Borgmann, Gustav ➔ Schießler, Sebastian Willibald
Borgsdorff, Churt v. ➔ Burgsdorff, Conrad v.
Borgstede, Emmy von ➔ Ehrhart, Emmy
Boris, Otto ➔ Boriß, Otto
Bork, Gundram ➔ Auerbach, Walter
Bork, Johann von der ➔ Borch, Johann von der
Bork, Karl Friedrich Wilhelm ➔ Borck, Karl Friedrich Wilhelm
Bork, Marga ➔ Walden, Ellen
Bork, Teda ➔ Ackermann, Ingeborg
Borkendorf, Wilhelm von ➔ Kobyletzki, Wilhelm von
Born, Benedikt ➔ Bieler, Benjamin
Born, F. L. ➔ Nathusius, Elsbeth von
Born, George Bertran de ➔ Born, Georg
Born, George F. ➔ Füllborn, George
Born, Hans-Karl ➔ Albrecht, Fritz Kurt
Born, Matthias ➔ Borrmann, Martin A.
Born, Otto ➔ Böhm, Otto
Born, Richard ➔ Schwamborn, Heinrich
Born, Udito ➔ Arndt, Willy
Born, Wilhelm von ➔ Gruben, Franz Josef von
Born, Wolfgang ➔ Bächler, Wolfgang
Born-Ommer, Alphons ➔ Ommerborn, Johann Christian Josef
Born-Pilsach, Hilda von ➔ Born, Hilda
Börne, Alfred ➔ Döblin, Alfred
Borneman, Ernest ➔ Bornemann, Ernst Wilhelm Julius
Börner, Paul ➔ Ommerborn, Johann Christian Josef
Börner, Sophie ➔ Rogge-Börner, Sophie
Börner-Kray, Brunhild ➔ Börner, Brunhild
Bornhagen, Adalbert ➔ Otte, Paul Alfred
Bornitz, Leopold ➔ Schefer, Leopold
Bornschrupp, C. ➔ Schwalb, Karl Josef
Boros, Eugen von ➔ Jeney, Ludwig von
Borresholm, Boris von ➔ Monts, Boris Adolf Graf von
Borromä, Karl ➔ Jindracek, Karl B.
Borromäus, Karl ➔ Heinrich, Karl Borromäus
Borry, Georg von ➔ Hähnel, Franziskus
Bors, Alfred Friedrich ➔ Riemer, A. F.
Borski, Michael von ➔ Heichen, Walter
Borsod, August Baron ➔ Bors, August Baron
Borst, Jürgen ➔ Breuer, Georg Karl Felix
Borstel, C. ➔ Marré, Ernst
Borusso-Germanicus ➔ Berenhorst, Wilhelm von
Borussus Theologus, Fridericus ➔ Bartsch, Friedrich
Bosch, Elisabeth ➔ Heinroth, Elisabeth
Bosch, Martha-Maria ➔ Haidle, Martha-Maria
Bosch-Ibo, Ida ➔ Bosch, Ida
Boschhorn, James ➔ Schödel, Hanns
Bose, Baron von ➔ Priester, Oscar
Bosek-Kienast, Karl ➔ Bosek, Karl
Bosenstein, Hanna ➔ Kohlund von Bosenstein, Ella-Luise
Boss, Lennart ➔ Lüddecke, Werner
Bosse, Traute ➔ Bosse, Heinrich
Bossert, Helene ➔ Fausch-Bossert, Helene
Boston, Don ➔ Kalmuczak, Rolf
Boston, Frank ➔ Maahn, Traute
Bostroem, Annemarie ➔ Eisenlohr, Annemarie
Both, Bartholomäus ➔ Bothe, Bartholomäus
Both, L. W. ➔ Schneider, Ludwig Wilhelm
Both, Sergius ➔ Franke, Herbert Werner
Bothe, F. ➔ Hermes, Johann Timotheus
Botstiber, Eva ➔ Stahl, Eva

Böttcher, Erika ➔ Kühn, Erika
Bottebrächt-Miggel ➔ Meyer, Traugott
Bottermelk, Gottlieb ➔ Ritter, Gustav
Böttger, Heidi ➔ Böttger, Adelheid
Böttiger, J. L. ➔ Gräffer, Franz
Böttner, Karl ➔ Hirsch, Karl Jakob
Boulanger, B. ➔ Becker, Bernd
Boulanger, Guillaume ➔ Becker, Gottfried Wilhelm
Bourain, G. ➔ Schlegel, Gottfried-Gerhard
Bourdin, Jean-Jaques ➔ Horschelt, Theodor
Bourg, Bert van der ➔ Bourg, Wolfgang Berthold van der
Bournic ➔ Werf, Fritz
Boviq, Michel ➔ Bonsack, Wilfried
Bowles, Albert C. ➔ Grasmück, Jürgen
Bowman, Frank ➔ Berns, Ulrich
Boy, Eva ➔ Hoboken, Eva van
Boy-Linden, Elmar ➔ Betz, Josef
Boyen, F. W. ➔ Brinkmann, Ludwig
Boyen, Marc. ➔ Kameke, Mathilde von
Boysen, Cornelia ➔ Ahrens, Annemarie
Boysen, Jan ➔ Strobel, Edgar
BPK ➔ Keiner, Bernd P.
Br-den ➔ Reifenberg, Benno
Braatz, Sybille ➔ Schlüter, Kathrin-Sybille
Brabender, Heinrich ➔ Brückner, Hieronymus
Brabenetz, Annie ➔ Schendel, Annie von
Brabenetz, Bastian ➔ Schendel, Annie von
Braburg, Fr. ➔ Köppen, Franz
Bracht, Johannes ➔ Kessel, Johann
Brachvogel, Carry ➔ Brachvogel, Caroline
Brack, Buster ➔ Brand, Kurt
Brack, Monika ➔ Elwenspoek, Lise-Melanie
Bracke, Thomas ➔ Soik, Helmut Maria
Brackheim, Thomas ➔ Heuß, Theodor
Bractus, Johannes ➔ Kessel, Johann
Bradatsch, Gertrud ➔ Schmidt, Gertrud
Brädikow ➔ Schmidt, Wilhelm
Bradun, Johanna ➔ Brandenberger, Anne
Braek, Buster ➔ Brand, Kurt
Brahmüller, G. ➔ Wunderlich, Marie
Brahneck, Richard von ➔ Reichert, Hans
Braht-Waldsee, Josef Anton ➔ Braht, Josef
Brainin, Frederick ➔ Brainin, Fritz
Bralitz, Friedrich ➔ Müller, Ulrich Friedrich
Bram, H. ➔ Mestorf, Johanna
Bram, Max ➔ Kocher, Hugo
Branch, Stephen ➔ Zweig, Stefan
Brand ➔ Hillebrand, Julius
Brand, B. Alec ➔ Brändle, Alexander
Brand, Feodor ➔ Hildenbrand, Theodor
Brand, Florian ➔ Mielke, Franz
Brand, Franz ➔ Bonus, Arthur
Brand, Gerd ➔ Roehle, Reinhard
Brand, H. ➔ Wigand, Elisabeth
Brand, Hedwig ➔ Courths-Mahler, Hedwig
Brand, Heinz ➔ Haeberlein, Otto
Brand, Horst ➔ Brandhorst, Andreas
Brand, Julius ➔ Hillebrand, Julius
Brand, Jürgen ➔ Sonnemann, Emil
Brand, Karl ➔ Müller, Karl
Brand, Karl ➔ Urzidil, Johannes
Brand, Mary ➔ Schweinitz, Maria von
Brand, Maximilian ➔ Brantl, Maximilian
Brand, Ulrich ➔ Karschunke-Brand, Hans
Brand von Norden, Treumund ➔ Schleicher, Franz
Brand-Vrabély, S. ➔ Wurmbrand-Stuppach, Stephanie Gräfin
Brandeck, Götz ➔ Clauß, Ludwig Ferdinand
Brandeck, Hans ➔ Müller, Emil
Brandeis, B. ➔ Blank, Matthias
Brandel-Elschner, Käte ➔ Elschner, Käte
Branden, Egon ➔ Rosten, Curt
Brandenburg, Bernhard von ➔ Baudissin, Eva Gräfin von
Brandenburg, Evelyne ➔ Krause, Evelyne
Brandenfels, Hanna ➔ Eichemeyer, Hanna
Brandenfels, Ina ➔ Steinborn, Tonimarie
Branders, Berthold ➔ Trimper, Karl
Brandes, Georg ➔ Cohen, Morris
Brandes, Peter ➔ Riess, Curt
Brandes, Sophie ➔ Kafka-Huber-Brandes, Sophie-Marlene
Brandes-Hardegsen, Karl ➔ Brandes, Karl
Brandin, Hans I. ➔ Breiteneichner, Hans
Brandis, Emma ➔ Zelion, Emma von
Brandis, Helmut ➔ Pfeiffer, Helmut
Brandis, Lilly von ➔ Brandis, Elisabeth von
Brandis, Mark ➔ Michalewsky, Nikolai von
Brandis-Zelion, Emma ➔ Zelion, Emma von
Brandl, Friederike ➔ Ellmenreich, Friederike
Brandl-Echterding, Alfred ➔ Albrecht, Erwin Fritz Bernhard
Brändle, Alec ➔ Brändle, Alexander
Brandler-Pracht, Karl ➔ Pracht, Karl
Brandner, Matthias ➔ Kindler, Otto
Brandstein, Georg Friedrich von ➔ Brandenstein, Georg Friedrich von
Brandt, Anna Maria ➔ Braun-Prager, Käthe
Brandt, Dagmar ➔ Krüger, Dagmar
Brandt, Elisabeth Luise von ➔ Runge, Elisabeth Luise
Brandt, Eva ➔ Brückner, Marie
Brandt, Heinz ➔ Fröhlich, Gustav
Brandt, Hans ➔ Sander, Ferdinand
Brandt, Judith ➔ Pogorzelec, Judith
Brandt, Karl von ➔ Burmeister, Johann Peter Theodor
Brandt, Kurt p. g. ➔ Brandt, Kurt Paul Georg
Brandt, Luise von ➔ Runge, Luise Lily
Brandt, Magreta ➔ Timm-Brandt, Margarethe
Brandt, Michael ➔ Eberl, Emmerich
Brandt, Oskar ➔ Friedmann, Ottilie
Brandt von Lindau ➔ Brodt, Gotthard
Brandts, Paula ➔ Walendy, Paula
Brandy, Bruno ➔ Groetzsch, Robert
Branitz, Franziska ➔ Groth, Franziska
Branko, B. ➔ Blasich, B. Branko
Branowitzer-Rodler ➔ Steinmann, Maria
Brant, Martin ➔ Rosenkranz, Moses
Brant, Sebastian ➔ Dombrowski, Erich
Brant, Stefan ➔ Harpprecht, Klaus

Bresson, Andreas ➔ Presson, Andreas
Bretelle, Leo ➔ Kock, Erich
Bretlau, Caspar von ➔ Pretlack, Caspar von
Bretlau, Hans Adam von ➔ Blettlau, Hans Adam von
Breton, Henri ➔ Schnabel, Herbert Richard
Brett, Toddy ➔ Heymann, Robert
Brett, Toddy ➔ Kratochwil, Josef
Brett, Toddy ➔ Richartz, Helmuth
Breuél, Claus Eric ➔ Breuel, Klaus
Breuer, Jörg ➔ Breuer, Georg Karl Felix
Breuer, Lex ➔ Ende, Lex
Breuer, Robert ➔ Friedlaender, Lucien
Breun, Hans ➔ Sassenbach, Johann
Breun, Mac ➔ Machowetz-Breuninger, Emilie
Brevis, Carl August ➔ Kurz, Carl Heinz
Breyne-Dicken ➔ Breyne, Marcel Romeo
Brezanek, Marja ➔ Kubasch, Maria
Brezna, Irena ➔ Gerk, Irena
Brezengang, Serenus M. ➔ Enzensberger, Hans Magnus
Brezner, Christoph ➔ Bretzner, Christoph Friedrich
Brie, Maria ➔ Dedo, Maria
Brieger-Wasservogel ➔ Brieger, Lothar
Briest, Karoline von ➔ Fouqué de la Motte, Karoline Auguste Freifrau von
Briester, Jeff ➔ Dönges, Günter
Briester, Jeff ➔ Marzinek, Wilhelm
Brik, Hans Theodor ➔ Brik, Johannes
Brikisto, P. ➔ Ziegler, Siegfried
Brilmacher ➔ Michael, Peter
Brinck, Maria ten ➔ Lenzen, Maria
Brincken, Gertrud von den ➔ Schmied-Kowarzik, Gertrud
Brinckmeyer, Hermann ➔ Leifhelm, Hans
Brink, Johann Dietrich von ➔ Brincken, Johann Dietrich von
Brink, Raina ➔ Schwalbe, Elsbeth
Brink, Wilhelm von ➔ Brincken, Wilhelm von
Brinkmann, Carl Gustav von ➔ Brinckmann, Carl Gustav von
Brinkmanns, Liesken ➔ Quirmbach, Elisabeth
Brion, Eve ➔ Schmitt, Mélie
Brisson, Ferdinand ➔ Lansburgh, Werner Neander
Bristler, Eduard ➔ Herz, Hans
Bristol-Vierzehn, Max ➔ Graeser, Max
Britt, Hermann ➔ Pol, Heinz
Britzen, Angela von ➔ Engel, Sabine von
Brix, Bert ➔ Timm, Herbert
Broch, F. K. ➔ Kolb, Georg Friedrich
Brochet, Joseph J. ➔ Hecht, Joseph J.
Brochow, A. von ➔ Brochowska, Alberta von
Brochowska, Pauline Maria Julia von ➔ Langen, Pauline Maria Julia von
Brock, Peter ➔ Brock, Rudolf
Brock, Peter ➔ Schaake, Erich
Brock, Peter ➔ Schmidt, Carl-Günther
Brock, Thieß ➔ Specht, Fritz
Brock-Kainz, H. G. ➔ Brock, Helmut
Brockdorff, Hans ➔ Brockmann, Clara
Brockdorff, Werner ➔ Jarschel, Friedrich
Brockdorff-Noder, Fridda ➔ Noder, Frigga
Brockhoff, Stefan ➔ Cunz, Dieter
Brockhoff, Stefan ➔ Plaut, Richard
Brockhoff, Stefan ➔ Seidlin, Oskar
Brockmann, H. M. ➔ Meyer-Brockmann, Henri
Brockmüller, Ann-Charlott ➔ Settgast, Ann-Charlott
Brodhager, Robert Heinz ➔ Brigg, Rob. Heinz
Brodnitz, Käthe ➔ Fröhlich, Käthe
Brodt, Bodo ➔ Gaulke, Heinz-Bruno
Brodwin, Stephan ➔ Dudow, Slatan
Broehl-Delhaes, Christel ➔ Delhaes, Christel
Brohm, Chris ➔ Brommund, Christoph
Bröhmeck, R. ➔ Boehmker, Richard
Broich, Franz ➔ Hallberg zu Broich, Franz von
Broihan ➔ Corvinus, Antonius
Broker, Karl ➔ Brodhäcker, Karl
Bröll, W. W. ➔ Bröll, Wilhelm Wolfgang
Brom, Louis ➔ Anger, Gilbert
Broma, Adolph ➔ Brockmann, Adolph
Bromberg, H. G. ➔ Ganske, Hugo Fritz
Bromberg, H. von ➔ Thom, Hermann
Bromios ➔ Haeberlin, Carl
Brommy, Carl Rudolf ➔ Bromme, Carl Rudolf
Bronikowska, Rosemarie ➔ Oppeln-Bronikowski, Rosemarie von
Bronikowski, A. von ➔ Oppeln-Bronikowski, Alexander von
Bronikowski, Friedrich von ➔ Oppeln-Bronikowski, Friedrich von
Bronnen, Arnolt ➔ Bronner, Arnolt
Bronnen, Barbara ➔ Grunert, Barbara
Bronner, Benno ➔ Molitor, Wilhelm
Bronner, Brunhilde Melitta ➔ Hagen, Brunhilde Melitta
Bronner, Teus ➔ Brunner, Mattheus
Brönner-Hoepfner, Elisabeth ➔ Brönner, Elisabeth
Bronoff, Gereon ➔ Mühl, Hermann
Bronska-Pampuch, Wanda ➔ Pampuch, Wanda
Brontolone, Ugo ➔ Seelmann-Eggebert, Ulrich
Bronx, Sir ➔ Squarra, Heinz
Broock, Thieß ➔ Specht, Fritz
Brook, A. ➔ Broekel, Johanna Antonie
Brook, Percy ➔ Müller, Kurt
Brook, Rudolf ➔ Friedmann, Rudolf
Brooks, Barney ➔ Kobusch, Helmut
Brooks, Michael ➔ Kamnitzer, Heinz
Broom, Mary ➔ Löwy, Malwine
Broscheit-Pfeiffer, Gustav Adolf ➔ Broscheit, Gustav Adolf
Bross, Ward ➔ Kügler, Dietmar
Brown, George ➔ Böhm, Gustav
Brown, George ➔ Daumer, Georg Friedrich
Brown, Hogarth ➔ Strassl, Hubert
Brown, M. G. ➔ Tenkrat, Friedrich
Brown, Matt ➔ Delfs, Rainer
Brown, Roderich ➔ Hildebrandt-Strehlen, Heinrich

Bundtschuch, Peter Thomas ➔ Dietzenschmidt, Anton Franz
Bunge, Max ➔ Reimann, Hans
Bunnus, Hermann ➔ Bonnus, Hermann
Buns, Harad ➔ Dettmann, Hans Eduard
Bunsen, Emma ➔ Levêque, Emma
Bünzly, Paulus ➔ Tucholsky, Kurt
Buol, Hilde v. ➔ Buol-Wischenau, Hildegard v.
Buol, M. ➔ Buol-Berenberg, Maria Freiin von
Buonas, Marie von ➔ Schlumpf, Marie Anna
Bur, Hermann ➔ Reiße, Hermann
Bur, Jörg ➔ Zorn, Fritz
Burbach, Georg ➔ Aunpeckh, Georg
Burcette, James R. ➔ Luif, Kurt
Burchardi ➔ Arresto, Christlieb Georg Heinrich
Burchardt, Christa ➔ Besser, Christa
Burchardt, Matthias ➔ Burchardt, Julius
Burchardt-Nienstein, Asta ➔ Burchardt, Auguste
Bürcke, F. A. ➔ Birk, Alfred
Bürckner, L. ➔ Schulze-Brück, Louise
Burdach, Hans ➔ Steinitz, Clara
Bürdersehe, Matthias von ➔ Biedersehe, Matthias von
Büren, Eberhard ➔ Bockemühl, Erich
Büren, Friedrich von ➔ Bührlen, Friedrich Ludwig
Büren, Theodor ➔ Scholz, Theodor
Bures ➔ Schmid, Georg
Burg, Anna ➔ Beetschen, Lucie
Burg, Annette ➔ Hürmer, Gerlinde
Burg, Bernhard von der ➔ Bernhard, Paul
Burg, Carl ➔ Cassau, Karl
Burg, Christel ➔ Darnstädt, Helge
Burg, Emma ➔ Hoffmann, Agnes
Burg, Ernst von der ➔ Schreck, Ernst
Burg, Gerhard ➔ Beaulieu-Marconnay, Karl Ernst von
Burg, I. ➔ Altschul, Ignaz
Burg, Kurt ➔ Schwarzburger, Kurt
Burg, M. E. ➔ Blank, Matthias
Burg, Paul ➔ Schaumburg, Bruno Paul
Burg, Paul ➔ Voigt, Paul
Burg, Paul H. ➔ Gernhardt, Robert
Burg, Rolf ➔ Müllerburg, Roland
Burg, Siegfried ➔ Siebenstädt, Ingeborg
Burg-Tausend ➔ Marx, Gerhard
Burgarth-Bertram, Minna ➔ Burgarth, Minna
Burgates, Ludovicus ➔ Maneke, Philipp
Burgdorff, Bernhard von ➔ Beneckendorff und von Hindenburg, Bernhard von
Bürger, A. ➔ Mahn, Adolf
Burger, Bernard ➔ Paquet, Alfons
Bürger, Berthold ➔ Kästner, Erich
Bürger, Elise ➔ Bürger, Marie Christiane Elisabeth
Burger, Erich ➔ Hamburger, Erich
Burger, Erika ➔ Schumann, Anneliese
Burger, Felix ➔ Grossmann, Kurt R.
Burger, Frank ➔ Kalmuczak, Rolf
Burger, Fred ➔ Kalmuczak, Rolf
Bürger, Friedrich ➔ Erdmannsdorfer, Friedrich
Burger, Fritz ➔ Puchwein, Walther
Burger, Fritz ➔ Ressel, Gustav Andreas
Bürger, Fritz ➔ Sengespeik, Friedrich von
Bürger, Gertrud ➔ Ulmann, Regine
Bürger, Hugo ➔ Lubliner, Hugo
Bürger, Isidor ➔ Langrehr, Ernst
Burger, Jo ➔ Niedergesäß, Siegfried
Burger, L. W. ➔ Wasserburger, Lina
Burger, Lisbeth ➔ Strassner, Christina
Bürger, Lucian ➔ Niese, Charlotte
Burger, Marcella ➔ Roddewig, Marcella
Burger, Mike ➔ Eisele, Martin
Burger, Ralph ➔ Kalmuczak, Rolf
Burger, Red ➔ Kalmuczak, Rolf
Burger, Thomas ➔ Lutz, Berthold
Bürgerfreund, Pacificus ➔ Plagemann, Georg Otto Ludwig
Bürgermeister Schnirkel von Dürkel ➔ Cranz, August Friedrich
Burghaller, Rudolf ➔ Aßmann, Willy
Burghardt, Friedr. ➔ Kurth, Hanns
Burghauser, Karl ➔ Mebus, Karl Edler von
Burgholz, Jakob von ➔ Gitlbauer, Michael
Burgloh, Fr. ➔ Ittenbach, Cunigunde
Burgmeister, Erich ➔ Raff, Friedrich
Burgoldensis, Philippus Andreas ➔ Oldenburger, Philipp Andreas
Burgstedt, Eva ➔ Darnstädt, Helge
Burgthal, Gustav ➔ Krause, Gustav
Burgvogt, Hilderich ➔ Hilz, Wolfgang
Burgwedel, Friederike ➔ Langeland, Elisa Friederike von
Buri, Friedrich W. ➔ Wongtschowski, Adolf Friedrich
Burkard, Lie ➔ Burkard, Amélie
Burkard, Theodor ➔ Conard, Julius
Burkardt, August ➔ Heinzmann, Joh. Georg
Burkart, Erika ➔ Halter, Erika
Burke, H. J. ➔ Keller, Heinrich
Bürker, Julia ➔ Kindl, Julia
Burkhalter, Christian ➔ Borkholder, Christian
Burkhard, Hans ➔ Bittrich, Gerhard
Burkhard, Hari ➔ Hering, Burkhard
Burkhard, Isabella ➔ Nadolny, Isabella
Bürkle, Veit ➔ Bischoff, Karl Heinrich
Bürkner, Thea von ➔ Seyffert, Anna
Burlach, Peter ➔ Rispeter, Walter
Burmann, Gottlob Wilhelm ➔ Bormann, Gottlob Wilhelm
Burmeister, Gerty Charlotte ➔ Burrmeister, Gertrud
Burmester, Dirks ➔ Knickrehm, Hans
Burmester, Marie ➔ Wolterstorff, Marie
Burne, Johann Christoph von ➔ Baur, Johann Christoph von
Burnett, Francis ➔ Hiller, Wilhelm
Burnett, Peter ➔ Bajog, Günther
Burnett, Peter ➔ Dubina, Peter
Burnett, Peter ➔ Squarra, Heinz
Burns, Mark ➔ Ickes, Paul
Burns, William ➔ Bröll, Wilhelm Wolfgang

C

C. → Ahlefeld, Charlotte Elisabeth Sophie Luise Wilhelmine Gräfin von
C. A. M. v. W. → Dach, Simon
C. E. → Eltester, Otto Christoph
C. F. → Flaischlen, Cäsar
C. H...s → Harrys, J. Georg K.
C. J. → Jacobshagen, Caroline
C. K. → Klauczek, Katharina
C. O. F. → Frenzel, Christian-Otto
C. V. → Wiesinger, Karl
C. v. d. D. → Decken, Klaus von der
Caballero → Happrich, Victor
Cabanis, G. P. S. → Cabanis, George Paul Sylvester
Caché, Josef → Kacher, Josef
Cäcilie → Voigt, Amalie von
Cadan, O. Th. → Kropsch, Otto Th.
Cadisch, Claudia → Werkmeister-Cadisch, Claudia
Cador, Anna → Huber, Anna
Caduceus → Bettziech, Ottomar Heinrich
Caelestis jr. → Pfau, Elisabeth
Caesar, Jules → Scheideler, Harro Jules
Caesar Parvus → Girndt, Otto
Caesar von Joachimsthal → Caesar, Joachim
Caesius → Zesen, Philipp von
Cagliastro → Schöpfer, Georg Karl Ludwig
Cahn-Speyer, Ada → Battke, Ada
Cahrs, Paul → Cassirer, Paul
Cain, John → Kalmuczak, Rolf
Caine, Jeff → Rohr, Wolf Detlef
Caine, Staff → Peters, Werner Hermann
Cajalü → Lüthi, Karl Jakob
Cajetan, Wilhelm → Schirmer, Wilhelm Cajetan
Calafati, Marie → Gordon, Marie
Calaminus, Georgius → Röhrig, Georg
Calcaria, Henricus de → Eger von Kalkar, Heinrich
Calcariensis, Henricus → Eger von Kalkar, Heinrich
Calculus → Brett, Harry
Calcum, Carl → Lohausen, Karl August
Caldenbach, Christoph → Kaldenbach, Christoph
Calef, Simon → Serowy, Rolf
Calette, Francoise → Kappel, Gunther
Calhoun, A. → Duensing, Jürgen
Calhoun, Alexander → Metz, Kurt
Calhoun, Mat → Gronwald, Werner
Caliban → Haas, Willy
Caliban → Nordhausen, Richard
Caligula, Felix → Meyer, H. Th. Matthias
Calion, J. → Poestion, Josef Calasanz
Calisch, Maria Elise Helene von → Zay, Maria Elise Helene Gräfin von
Calisius, Johann Heinrich → Keulisch, Johann Heinrich
Calixtus, Georgius → Kallisen, Georg
Callaghan, Mike → Hebel, Peter
Callahan, Frank → Duensing, Jürgen
Callisen, Georg → Kallisen, Georg
Calliste → Gottsched, Johann Gottfried Christoph
Callisthenes → Martius, Carl Friedrich Philipp von
Calm, Felix → Rößler, Constantin
Calmus → Günther, Erich
Calonius, Severinus → Kistner, Nicolaus
Calovius, Abraham → Kalau, Abraham
Calow, Ferdinand → Calo, Ferdinand Friedrich
Calvi, J. Bapt. → Woltmann, Karl Ludwig von
Calvisius, Seth → Kallwitz, Seth
Calvisius, Sethus → Kallwitz, Sethus
Calvo, Manuela → Ramshaw, Dora
Calw, Jodocus de → Eichmann, Jodocus
Camani, Felix → Gartmann, Ulrich
Cambel, Artj → Hindenach, Arthur
Camburg, Wilhelm von → Küstner, Erich
Camerarius, Joachim I → Kammeister, Joachim
Camerarius, Joachim II → Kammeister, Joachim
Camerarius, Philipp → Kammeister, Philipp
Cameron, John → Appel, Walter
Cameron, John → Bürkle, Rolf A.
Cameron, John → Friedrichs, Holger
Cameron, John → Friedrichs, Horst
Cameron, John → Gehrmann, Horst
Cameron, John → Hartsch, Gerhart
Cameron, John → Hebel, Peter
Cameron, John → Helgath, Franc
Cameron, John → Koblinski, Hans-Joachim
Cameron, John → Ködelpeter, Hans E.
Cameron, John → Maahn, Traute
Cameron, John → Rellergerd, Helmut
Cameron, John → Römhild, Helmut
Cameron, John → Saupe, Dieter
Cameron, John → Schröder, Rainer M.
Cameron, John → Sommer, Hans Wolf
Cameron, John → Tenkrat, Friedrich
Cameron, John → Wegener, Manfred
Cameron, John → Wiemer, Susanne
Cameron, Robert → Molsner, Michael
Camill, C. → Ochsner, Charlotte
Caminerus, Antonius → Beer, Johann
Camm, W. S. → Spaude, Willy
Cammer, Walter von der → Löhde, Walter
Camp, Philander de → Hassencamp-Fischer, Herbert
Camp, Sarah → Pflanz, Elisabeth
Campano, Gerundio von → Hahn, Modestus
Campbell, Francis Stuart → Kühnelt-Leddihn, Erik Maria Ritter von
Campe, C. von → Dincklage, Clara von
Campe, Ehregarte → Flittner, Christian Gottfried
Campe, Helmuth → Kantorowicz, Alfred

Campo, H. ➔ Laube, Heinrich Rudolf Constanz
Campsonus, Petrus ➔ Philicinus, Petrus
Cancer ➔ Krebs, Nikolaus
Cand. Jobs ➔ Holzschuher, Hanns
cand. polit. ➔ Grossmann, Alexander
Candenbach, Horst ➔ Hellwig, Ernst
Candia, Allwin von ➔ Carlowitz, Alban von
Candide, Felix ➔ Schrader, Karl Heinrich von
Candidus ➔ Brun
Candidus ➔ Donauer, Georg Friedrich
Candidus ➔ Doering, Johann
Candidus, Daniel ➔ Cramer, Daniel
Candidus, Emanuel ➔ Lichtenberg, Georg Christoph
Candidus, Liberius ➔ Weißenbach, Joseph Anton
Candidus, Lucas ➔ Zimmermann, Johann Jacob
Candidus, Pantaleon ➔ Weiß, Pantaleon
Candidus, Sylvester ➔ Spangenberg, Cyriakus
Candorin ➔ Hövelen, Konrad von
Cane, Hurry ➔ Rennau, Joachim
Cane, Terry ➔ Reiff, H. Volker
Canfield, Rod ➔ Selter, Kurt
Canisius, Henricus ➔ Gretscher, Jakob
Canisius, Wolffgangus ➔ Bracht, Matthäus
Cann, Al ➔ Kann, Albrecht Peter
Cann, Peter ➔ Kann, Albrecht Peter
Cannstatt ➔ Dittrich, Franz von
Cantarelli, Matteo ➔ Trausil, Max
Cantarelli, Walter ➔ Trausil, Max
Canter, Cal ➔ Krämer, Peter
Cantharifusorius ➔ Kandelgießer, Wolfgang
Canthier, Alardus von ➔ Alardus, Matthias Andreas
Canthor, Jacobus ➔ Canter, Jacobus
Canthor, Johanness ➔ Canter, Johannes
Cantor Petermann ➔ Widmann, Adolf
Capel, Dietlof von ➔ Kappell, Detloff von
Capelli ➔ Apell, David August
Capello, Carlo ➔ Kappelhöfer, Carl-Josef
Capinius, Martin ➔ Kopin, Martin
Capistrano ➔ Boeckel, Otto
Capito, Wolfgang Fabricius ➔ Koepfel, Wolfgang Fabricius
Capitolinus ➔ Ebhardt, Justus
Caplan, Coren ➔ Kaplan, Gisela
Capnio, Joannes ➔ Reuchlin, Johannes
Cappel, Juliane ➔ Anschell, Juliane
Capricornus, Samuel ➔ Bockshorn, Samuel
Capriola ➔ Seegers, Aenne
Capt. Old Chitterwick ➔ Breucker, Oscar Herbert
Captain Morris ➔ Dubina, Peter
Captain Ramon Diaz ➔ May, Karl
Captain Red Cloud ➔ Lay, Max
Caraccio ➔ Breitinger, Johann Jakob
Caramuelius, Aspasius ➔ Schott, Caspar
Carasco, Simson ➔ Ossietzky, Carl von
Carben ➔ Mleinek, Joachim
Carbone, P. ➔ Singer, Kurt
Cardauns, Helma ➔ Verbeek, Helma
Cardenio ➔ Ruhl, Ludwig Sigismund
Cardilucius, Johann Hiskia ➔ Herzschein, Johann Hiskia
Cardos, Alice ➔ Gardos, Alice
Cardwell, Ray ➔ Strassl, Hubert
Carell, Edith ➔ Boch-Schlimme, Edith
Carell, Georgia ➔ Loeff, Friedel
Carell, Paul ➔ Schmidt, Paul Karl
Carfriber ➔ Bernhardt, Karl-Fritz
Caricinus ➔ Feyge, Bernhardinus
Carinthus, Leo ➔ Pazdera, Leopold Franz
Carion, Agathus ➔ Nißlen, Tobias
Carion, Franz ➔ Lubojatzky, Franz
Carise, Erna ➔ Gerling, Erna
Caritas ➔ Bethge, Bertha
Carius, Anne ➔ Friedrich, Margot
Carl, Adam Alexander ➔ Böttcher, Alexander
Carl, Adolph ➔ Streckfuß, Adolph
Carl, C. ➔ Cassau, Karl
Carl, Edwin ➔ Usselmann, Carl Friedr. Georg
Carl, Franz ➔ Groschel, Carl Franz
Carl, Friedrich ➔ Esbach, Friedrich Karl
Carl, Karl ➔ Bernbrunn, Karl Andreas
Carl, Margarete ➔ Bernbrunn, Margarete
Carle Monto ➔ Kanis, Carl
Carley, F. ➔ Fey, Carl
Carlheinz, S. ➔ Junker, Siegfried Carlheinz
Carlmann von Toggenburg ➔ Eisenring, Karl Jakob
Carlo ➔ Herzel, C. H.
Carlo ➔ Kind, Johann Friedrich
Carlo, Aldo ➔ Hülsmann, Harald
Carlo, Floscenti ➔ Scholz, Herbert Carl
Carlo dolce ➔ Groß, Karl
Carlopago ➔ Ziegler, Karl
Carlos, Werner ➔ Clobes, Heinz Wilhelm
Carlowna, Liesa ➔ Roth von Otto, Elsa
Carlsberg, Carl von ➔ Salzmann, Christian Gotthilf
Carlsberg, E. ➔ Ausfeld, Karl
Carlsbourgh, Oktavian ➔ Eisenprobst, Egon Ferdinand
Carlsen, A. ➔ Brentano-Bauck, Anna
Carlsen, Walter ➔ Schreckenbach, Walther
Carlson, Johann Karl ➔ Renner, Ferdinand
Carlssen, Egbert ➔ Derschau, August Egbert v.
Carlssen, Irma ➔ Holtz, Irmgard
Carlssohn, Rudolf ➔ Berlinicke, Rudolf
Carlstadt, Johann ➔ Draconites, Johannes
Carmen Sylva ➔ Rumänien, Elisabeth von
Carmer, Hans ➔ Rüxleben, Vally von
Carnaby, Sara ➔ Wunderer, Richard
Carneades Cyrenäus ➔ Hackmann, Jakob
Carneas ➔ Hackmann, Jakob
Carney, Jim ➔ Hobein, Eugen
Carniolus ➔ Babnik, Johann
Carode, Karl ➔ Carro, Karl Ritter von
Carol, Ly ➔ Brahms, Oly, gesch. Winkler
Carol, Martha ➔ Halfmann, Martha
Carola ➔ Bruch-Sinn, Karoline
Carola ➔ Sand, Trude

Carola, M. ➔ Wald, Toni
Carolan, Hans ➔ Elberskirchen, Johanna
Caroline ➔ Schelling, Caroline von
Caroll, Ferdinand ➔ Schnabel, Herbert Richard
Carolo, Arnim ➔ Haudek, Karl
Carols, H. W. ➔ Schmidtmann, H. W. Karl
Carolstatt, Andreas ➔ Bodenstein, Andreas
Carolus, Ferdinand ➔ Lemke, Karl
Caroon, Maik ➔ Nagula, Michael
Caros, N. ➔ Nennewitz, Oskar
Carpen, Robert ➔ Kramer, Gerhard
Carpentarius, Joannes ➔ Wagner, Johannes
Carpentarius, Johannes ➔ Wagner, Hanns
Carpenter, Paul Emil ➔ Zimmermann, Paul
Carpenter-Meyer, M. C. ➔ Bossin, Catarina
Carpin ➔ Pinn, Carl
Carr, Alexander ➔ Kneifel, Johannes
Carr, Peter ➔ Reinhard, Wilhelm
Carrache ➔ Breitinger, Johann Jakob
Carrès, C. ➔ Cassau, Karl
Carrigan, John D. ➔ List, Horst Friedrich
Carril, G. ➔ Schlecht, Leopold
Carrington, Ashley ➔ Schröder, Rainer M.
Carrington, Ulrich ➔ Steindorff, Ulrich
Carrol, Mario ➔ Horschelt, Theodor
Carsen, Isa ➔ Schulenburg, Isa von der
Carson, Alex ➔ Ulbrich, Peter P. F.
Carson, Gay D. ➔ Dönges, Günter
Carson, Peer ➔ Grossmann, Hans Hugo
Carson, Ray ➔ Kalmuczak, Rolf
Carsten ➔ Carsten-Kunert, Lotte-Lore
Carsten, Christian ➔ Fröba, Klaus
Carsten, Fritz ➔ Cohn, Fritz Theodor
Carsten, Sandra ➔ Falk, Hermann
Carsten, Wilm ➔ Prager, Hans Georg
Carstens, Bernd ➔ Herrmann, Josef
Carstens, Kurt ➔ Giesa, Werner Kurt
Cartellieri-Schröter, Eva ➔ Cartellieri, Eva
Carter, Henry ➔ Kalmuczak, Rolf
Carter, Jeff ➔ Grossmann, Hans Hugo
Carter, Jim ➔ Bajog, Günther
Carter, Jim ➔ Reuter, Josef
Carthusianus, Jacobus ➔ Jakob von Jüterbogk
Carus, Otto ➔ Karrig, Otto
Carus, Theodor ➔ Berthold, Theodor Gottfried Johann
Cary ➔ Gmeiner, Christiane
Cary, James ➔ Streißler, Friedrich
Cary, Peter ➔ Dambek, Albert
Caryophyll ➔ Negelein, Gustav Philipp
Casae, G. ➔ Hütten, Johann Georg
Cäsar, Fritz ➔ Müller, Fritz
Cäsar, Hieronymus ➔ Dönges, Lutz
Casaubonus, Isaac ➔ Schoppe, Kaspar
Caselius, Johannes ➔ Kessel, Johann
Caskel, Eva ➔ Kochanski, Eva
Caspar ➔ Doll, Herbert Gerhard
Caspar, Dr. ➔ Griesinger, Gustav
Caspar, Maria ➔ Maria Lorenz
Caspari, Arthur ➔ Caspari, Carlheinz
Caspari, Tina ➔ Eitzert, Rosemarie
Casparson ➔ Wallraf, Ferdinand
Casparssohn ➔ Wallraf, Ferdinand
Cassan, Leo ➔ Raspi, Anton de
Cassander, Georgius ➔ Georg Casant
Cassandra ➔ Bauer, Erwin Heinrich
Cassel, A. von ➔ Mauve, Anna
Cassel, Paulus Stephan ➔ Selig, Paulus
Cassel, Wolf van ➔ Meyer-Molnàr, Wolfgang
Cassian, Otto ➔ Donin, Ludwig
Cassiopeia ➔ Lukas, Josef
Cassy, William O. ➔ Falk, Hermann
Castagnola ➔ Ficus, Emmy
Castel, L. ➔ Gromadecki, Josef
Castelle, Hans Ralph ➔ Kastel, Hans
Castello, Carina ➔ Appel, Walter
Castellus, F. W. ➔ Kuchler, Franz
Castor ➔ Degenmann, P. Alexander
Castor, Aemilius ➔ Dreyhaupt, Johann Christoph von
Castorp, Hans ➔ Holl, Hanns
Castorp, Muriel ➔ Hartlaub, Genoveva
Castres, Ray ➔ Krug von Nidda, Roland
Catelliz, Conrad ➔ Kastelliz, Bruno Knöbl
Catena, Kurt ➔ Lenzen, Ludwig
Catharus, Aretius ➔ Bucer, Martin
Catholicus, Christian ➔ Calvör, Kaspar
Catholicus, F. ➔ Held, Ludwig
Catholicus, Sincerus ➔ Haas, Nicolaus
Catilina ➔ Colbert, Carl
Catlin, John ➔ Ritter, Wolfpeter
Cato ➔ Wolff, Felix
Cator ➔ Fischer, Wilhelm
Catsen, Freder ➔ Enskat, Fritz E. W.
Catulus ➔ Holzmann, Johannes
Causemann, M. ➔ Husten, Mathilde
Caveau, Fred ➔ Keller, Manfred
Cavivir, Freddy ➔ Kellermann, Carl Alfred
Cavoret, Alfred ➔ Engel, Alexander
Cazin, Franz ➔ Thalhaus, Franz
Cebes ➔ Hempel, Friedrich Ferdinand
Cech, Jan ➔ Heisler, Josef B.
Ceconi, Ricarda ➔ Huch, Ricarda
Cefischer ➔ Fischer, Carl
Ceka, Emu. ➔ Muck, Friedrich
Celadon ➔ Greflinger, Georg
Celadon ➔ Negelein, Christoph Adam
Celadon, Christoph ➔ Kaldenbach, Christoph
Celan, Paul ➔ Antschel, Paul
Celander ➔ Gressel, Johann Georg
Celander ➔ Woltereck, Christoph
Celesky ➔ Czelechowsky, Alice Emilie
Celinde ➔ Senitz, Elisabeth von
Cellarius, Andreas ➔ Keller, Andreas
Cellarius, Christoph ➔ Keller, Christoph
Cellarius, Johann ➔ Keller, Johann
Cellius, Erhard ➔ Horn, Erhard
Celsus ➔ Koreff, David Johann Ferdinand
Celsus ➔ Ossietzky, Carl von
Celsus ➔ Windischmann, Karl Joseph Hieronymus
Celsus, Minus ➔ Zwicker, Daniel
Celtes, Konrad ➔ Pickel, Konrad
Celtis, Konrad ➔ Pickel, Konrad

Cementarius, Johannes ➔ Murer, Johannes
Cemna, Marx ➔ Dette, Walter
Censor of the R.O.O.o.S.B.a.S. ➔ Meyrink, Gustav
Ceon, Dr. ➔ Neumann, Carl E. O.
Cephi ➔ Philipp, Carl Eduard
Ceram, C. W. ➔ Marek, Kurt W.
Ceres ➔ Gersdorf, Wilhelmine von
Cerio, Claretta ➔ Cerio, Clara
Cerisier, P. ➔ Kirstein, Paul A.
Cern, Martin ➔ Dörken, Gerd
Cero, C. I. ➔ Fett, Wilhelm August
Cervasio, Petrus de ➔ Gundling, Nicolaus Hieronymus
Cervus, A. ➔ Hirtz, Arnold
Cesari, Ludwig ➔ Arendt, Wilhelm
Cesaro, Ingo ➔ Hümmer, Ingo
Cesco, Federica de ➔ Kitamura, Federica
Cetto, Gitta von ➔ Hartmann, Sophie
Cetto, Gitta von ➔ Seuffert, Brigitta
Ceuss, Conrad ➔ Tzscheuschner, Jürgen
Ceylon, Paul ➔ Duysen, Paul
Ceyx ➔ Kobbelt, Rudolf
Chadwick, Neal ➔ Becker, Alfred
Chägi, Ruedi ➔ Kägi, Rudolf
Chagrin ➔ Kummer, Fritz
Chalcander ➔ Keßler, Johann Elias
Chalikiopoulos, Leonides ➔ Sylvester, Janus
Chalon, Pierre de ➔ Scheer, Karl Herbert
Chamisso, Adelbert von ➔ Chamisso de Boncourt, Louis Charles Adelaide de
Champigny ➔ Pigny, Paul
Chapelle, Francoise ➔ Kappel, Gunther
Charbonnier, Alexander ➔ Köhler, Wilhelm Alexander
Chariander ➔ Horn, Christoph
Chariander, Severinus ➔ Hanselmann, Christian Ernst
Charicles ➔ Spengler, Johann Friedrich
Chariclyt ➔ Bärholz, Daniel
Charistius ➔ Walch, Johann Georg
Charitas vom Kindlein Jesu ➔ Münster, Maria
Charitinus, Caesarius ➔ Moser von Filseck und Weilerberg, Johann Jakob
Chariton ➔ Kohlhaas, Johann Jacob
Charles, Bob ➔ Scharl, Robert
Charles, Jean ➔ Braun von Braunthal, Johann Karl Ritter
Charles, M. ➔ Chop, F. J. T. Max
Charleswang, Z. N. ➔ Langenschwarz, Maximilian Leopold
Charlot, Ilse ➔ Kameke, Elisabeth von
Charpentier, Jules ➔ Gruber, Gisi
Charron, Ludwig ➔ Wagner, Johann Jakob
Charycles ➔ Bärholz, Daniel
Chasmindo ➔ Dach, Simon
Chasmindo v. Memel ➔ Dach, Simon
Chasmindo v. Weitemher ➔ Dach, Simon
Chasmindo v. Weitencher ➔ Dach, Simon
Chassmen, Cherry ➔ Marzinek, Wilhelm
Chasté, Romundt ➔ Friedrich, Paul Otto
Chatelein, C. von ➔ Scheidlein, Cäsar Edler v.
Chatterton, William ➔ Kászony, Daniel
Chauber, Theobald ➔ Auerbacher, Moses Baruch
Chauvreau, C. A. ➔ Sperber, Manès
ChBM ➔ Böhler-Mueller, Charlotte
Cheiriander ➔ Hanschmann, Alexander Bruno
Chelidonicus, Benedikt ➔ Schwalbe, Benedikt
Chelyson ➔ Geiger, Gottfried Engelhard
Chemifeger Bodemaa ➔ Hartmann, Jakob
Chemnicensis ➔ Goldschmidt, Georg
Chemnitius, Bogislaw ➔ Chemnitz, Bogislaus Philipp von
Chemnitz, M. L. von ➔ Lilie, Moritz
Chess, Derek ➔ Hess, Dirk
Chesselius, Johannes ➔ Kessel, Johann
Chester, Michael C. ➔ Mielke, Thomas R. P.
Chester, Tom ➔ Ernsting, Walter
Chester, Tom ➔ Reuter, Josef
Chevalier de Lelly ➔ Vaerst, Friedrich Christian Eugen Baron von
Chiellino, Gino ➔ Chiellino, Carmine
Child Werni ➔ Winderlich, Carl
Chiliades, Octavianus ➔ Harsdörffer, Georg Philipp
Chillonius ➔ Doblhoff(-Dier), Josef von
Chilosa ➔ Kohlenegg, Ella Kohl von
Chinmayo, Swami Alok ➔ Schmitz, Hermann James
Chinmyg ➔ Gymnich, Heinz
Chiomusus, Johannes ➔ Schneesing, Johannes
Chippers, David ➔ Cap, Friedline
Chladni, Ernst (Johann) Martin ➔ Chladenius, Ernst (Johann) Martin
Chladni, Karl Gottfried Theodor ➔ Chladenius, Karl Gottfried Theodor
Chlodwig ➔ Alvensleben, Karl Ludwig Friedrich Wilhelm Gustav von
Chlorenus Germanus ➔ Lochner, Johann Hieronymus
Chlorinde ➔ Götz, Maria Magdalena
Chlumberg, Hans von ➔ Bardach Edler von Chlumberg, Hans
Chnustinus Hamburgensis, Henricus ➔ Knaust, Heinrich
Cholander ➔ Feller, Joachim
Cholder, P. M. ➔ Ackermann, Christian Georg
Chönz, Selina ➔ Könz, Selina
Chordalis ➔ Seuffert, Johann Adam von
Chorfrau Monika ➔ Eltz, Sophie Gräfin zu
Choriantus, Johannes ➔ Johannes von Freiburg
Chorion ➔ Schill, Johann Heinrich
Chownitz, Julian Feodor ➔ Chowanetz, Julian Baron von
Chressulder ➔ Drechßler, Johann Gabriel
Chrestin, Z. ➔ Schnitzer, Manuel
Chri ➔ Christlieb, Wolfgang
Chrismocosmopophylax ➔ Loen, Johann Michael Freiherr von
Christ, L. Jean ➔ Christ-Gutbier, Louise Jeannette

Claire ➔ Dóczy, Ludwig von
Clairmont, Jean ➔ Häntzschel, Walter
Clairmont, Walter ➔ Häntzschel, Walter
Clajus, Johannes I ➔ Klaj, Johannes
Clajus, Johannes II ➔ Klaj, Johannes
Clajus, v. d. Ill ➔ Clauss, Isaak
Clam, Ernst ➔ Czech, Erich
Clana, Heinrich von der ➔ Weiß, Albert Maria
Clané, Flavius ➔ Alexander, Albrecht
Clar, Albrecht ➔ Heidemann, Theophil Albrecht
Clar, Friedrich ➔ Roskowska, Marie von
Clara ➔ Adelung, Friederike
Clara, Raimund ➔ Hörmann zu Hörbach, Ludwig von
Claramandus ➔ Gleichmann, Joh. Zacharias
Claratumba, Jacobus ➔ Jakob von Jüterbogk
Claravallensis ➔ Claassen, Johannes
Claravelle, Graf von ➔ Schoppe, Kaspar
Clarissa ➔ Kestranek, Clara
Clarissa ➔ Metzger, Hermance
Clarissa, J. ➔ Claassen, Johannes
Clark, Adam ➔ Ulbrich, Peter P. F.
Clark, Ringo ➔ Hübner, Horst W.
Clarkus I. ➔ Ernsting, Walter
Clarmund, Adolph ➔ Rüdiger, Johann Christoph
Clarron, Emil ➔ Mayer, Max
Clarus ➔ Kerner, Justinus Andreas Christian
Clarus ➔ Klier, Franz
Clarus, Amalie ➔ Curtius, Amalie
Clarus, Ludwig ➔ Volk, Wilhelm
Clasenius, Johannes ➔ Haas, Nicolaus
Claß, D. F. ➔ Touchy, Ferdinand Christian
Class, Hein ➔ Breucker, Oscar Herbert
Classen, Jürgen ➔ Holzmann, Michael
Classen, Mary ➔ Janzen, Margarete
Claude, de ➔ Schleiß, Maximilian Joseph
Claudius, Eduard ➔ Schmidt, Eduard
Claudius, F. C. ➔ Dräxler, Karl Ferdinand
Claudius, Gerhard ➔ Jacobsen, A. Gerhard Claudius
Claudius, Johannes ➔ Jänicke, Karl Hermann
Claudius, Marie ➔ Asmus, Marie
Claudius, Martin ➔ Petzel, Caroline Wilhelmine
Claudius, Martin ➔ Petzel, Henriette Rosalie
Claudius, Martin ➔ Petzel, Maria Luise
Claudius, Martin ➔ Petzel, Wilhelmine
Claudius, Paul ➔ Wagenknecht, Paul
Clauert, Hans ➔ Krüger, Bartholomäus
Clauren, A. ➔ Jördens, Gustav
Clauren, H. ➔ Niedmann, Karl Christian Friedrich
Clauren, Heinrich ➔ Hauff, Wilhelm
Clauren, Heinrich ➔ Herloß, Borromäus Sebastian Georg Karl Reginald
Clauren, Heinrich ➔ Heun, Karl Gottlieb Samuel
Clauren, Henriette ➔ Grimmert, Carl Friedrich
Claus, Fritz ➔ Jäger, Martin Johann
Claus, Hanns ➔ Roewer, Johannes Claus
Claus, Hein Willem ➔ Clobes, Heinz Wilhelm
Clausberg, Amalie von ➔ Donop, Amalie von
Clausen ➔ Rothe-Mucha, Ernst Hermann
Clausen, Bettina ➔ Weber, Grete
Clausen, Cornelius ➔ Hellmer, Joachim
Clausen, H. ➔ Häberlin, Karl Ludwig
Clausen, Liselotte ➔ Remané, Liselotte
Clausen, Norbert ➔ Kalmuczak, Rolf
Clausewitz, Detlev ➔ Emmrich, Curt
Clausius, Lion ➔ Freddi, Martha Gräfin
Clauß, Wilhelm ➔ Schneider, Wilhelm
Clausthaler, Franz ➔ Wichmann, Franz
Claustro, Franciscus a ➔ Beer, Johann
Claviger Verinensis, Achilles ➔ Stein, Simon
Clavus, F. ➔ Nagel, Georg
Cleander ➔ Francke, Salomon
Cleander ➔ Sager, Fr. Hinrich
Cleander I ➔ Hofmann, Friedrich
Cleander II ➔ Golling, Johann Wilhelm
Cleff, Benno ➔ Hellwig, Ernst
Clemanges, Nicolaus ➔ Hutten, Ulrich von
Clemens, Adolf ➔ Berlichingen, Adolf von
Clemens, Bruno ➔ Brehm, Bruno
Clemens, Dorothea ➔ Schöttle, Rosemarie
Clemens, Ernst ➔ Blech, Ernst
Clemens, F. ➔ Thieme, Friedrich
Clemens, Friederike ➔ Peltz, Friede
Clemens, Friedrich ➔ Duelberg, Peter
Clemens, Friedrich ➔ Gerke, Johann Friedrich Clemens
Clemens, Gottfried ➔ Zinzendorf, Nikolaus Ludwig Graf von
Clemens, Hanna ➔ Klemm, Johanna Henriette Catharina
Clemens, L. ➔ Liesen, Heinrich
Clemens, Lieselotte ➔ Clemens, Elisabeth-Charlotte
Clemens Leucopolitanus, Justinianus ➔ Lange, Johann Christian
Clemens von Burghausen ➔ Harderer, Clemens
Clementi, Armin ➔ Kosel, Hermann Clemens
Clenor, Michael ➔ Kleinow, Michael
Clenovius, Michael I ➔ Kleinow, Michael
Clenovius, Michael II ➔ Kleinow, Michael
Cleo-Beo ➔ Bernhardt, Claire
Clericus, Guilhelmus ➔ Färber, Wilhelm Friedrich
Clericus, Johannes ➔ Jocham, Magnus
Clericus, Johannes ➔ Pöppelbaum, Johann
Clericus, Ludovicus ➔ Schönemann, Ludwig
Clericus, M. ➔ Kerker, Moritz
Clericus, W. ➔ Scherer, Wilhelm
Cleselius, Abrahamus ➔ Klesel, Abraham
Clevé, Evelyn ➔ Clevé-Klebert, Eveline
Clifford, Pat ➔ Kalmuczak, Rolf
Clifton, Robert ➔ Liscow, Christian Ludwig
Clip ➔ Pulvermacher, Christian Leopold Julius
Clitomachus ➔ Döderlein, Johann Alexander
Clitophon ➔ Stampfer, J. J.
Close, Erwin Peter ➔ Klose, Erwin
Cloud, Tanith ➔ Giesa, Werner Kurt

Connor, Tex ➔ Breucker, Oscar Herbert
Conny ➔ Rössler, Clemens Conrad
Conrad ➔ Stör, Kurt
Conrad, Anna ➔ Stephani-Nussbächer, Brigitte
Conrad, C. ➔ Benjamin, Walter
Conrad, Clemens ➔ Rössler, Clemens Conrad
Conrad, Georg ➔ Preußen, Georg Prinz von
Conrad, Guido ➔ Mosing, Guido Konrad
Conrad, Heinrich ➔ Conradt, Heinrich
Conrad, Klaus ➔ Haugk, Klaus Conrad
Conrad, M. Th. ➔ Storm, Margarte-Theodora
Conrad, R. W. ➔ Ritter, Albert
Conrad, Wolf ➔ Sommer, Hans Wolf
Conrad-Ramlo, Maria ➔ Conrad, Maria
Conradi, Christian ➔ Kalmuczak, Rolf
Conradi, Ellen ➔ Schmidt-Bleibtreu, Ellen
Conradi, F. W. ➔ Horster, Conrad
Conradi, Peter ➔ Holm, Werner
Conradi-Bleibtreu, Ellen ➔ Schmidt-Bleibtreu, Ellen
Conrads, Dieter ➔ Conrads, Dietrich
Conradt, Jürgen ➔ Winkler, Hans-Jürgen
Conrady, W. ➔ Schlesinger, Carl Coloman
Conried, Max E. ➔ Zobeltitz, Hanns Caspar v.
Conring, Elisa Sophia ➔ Hadeln, Elisa Sophia von
Conring, Franz ➔ Kohut, Oswald
Conscientiosus Liberatus ➔ Scheffler, Johannes
Conscientius, Christian ➔ Scheffler, Johannes
Constans ➔ Cuno, Friedrich Wilhelm
Constant ➔ Cherrier, Tharcisius
Constant, E. ➔ Schumann, Ernst Constantin
Constant, W. ➔ Wurzbach Edler von Tannenberg, Constantin
Constantin, A. ➔ Zapp, Arthur
Constantin, Ernst ➔ Schumann, Ernst Constantin
Constantius, Syncerus ➔ Lemm-Margadant, Simon
Conta, Isolde von ➔ Hoffmann, Isolde
Conta-Hoffmann, Isolde von ➔ Hoffmann, Isolde
Conte Costello ➔ Reis, Kurt
Contée, F. H. ➔ Gräffer, Franz
Contentus, Henricus ➔ Schmitt, Heinrich
Conter, Jeff ➔ Dönges, Günter
Contessa der Ältere ➔ Salice-Contessa, Christian Jakob
Contessa der Jüngere ➔ Salice-Contessa, Karl Wilhelm
Conti, B. van ➔ Piper, Bruno
Conty, Adolf ➔ Konti, Adolf
Conway, Al ➔ Bajog, Günther
Conway, Al ➔ Schröder, Rainer M.
Conwell, Rex ➔ Kappel, Gunther
Conzionator, Alfons ➔ Spirago, Franz
Cook, G. G. ➔ Dietsch, Werner
Cooper, Benjamin ➔ Keilson, Hans
Cooper, Fenimore ➔ Geffcken, Johannes
Cooper, Stanley ➔ Arnold, Walter
Cooper, Steve ➔ Appel, Walter
Cooper, Steve ➔ Friedrichs, Horst
Cooper, Steve ➔ Giesa, Werner Kurt
Cooper, Steve ➔ Hübner, Horst W.
Cooper, Steve ➔ Kügler, Dietmar
Cooper, Steve ➔ Rehfeld, Frank
Coover, Wayne ➔ Dubina, Peter
Coover, Wayne ➔ Rohr, Wolf Detlef
Cop-Marlet, Mara ➔ Berks, Marie Edle von
Copernicus, Nikolaus ➔ Koppernigk, Nikolaus
Coppenius, Johann ➔ Köppen, Johann
Copper, P. G. William ➔ Koepper, Peter Wilhelm Gustav
Coppernicus, Nikolaus ➔ Koppernigk, Nikolaus
Coradeo, Henry Gottfried ➔ Pauly, Heinrich
Corallus, S. Abydenus ➔ Hutten, Ulrich von
Coray, M. ➔ Saternus, Marfa
Corbett, Rex ➔ Stitz-Ulrici, Rolf
Cord, Hinrich Brelung ➔ Koch, Heinz E. A.
Corda, Benjamin ➔ Knobloch, Alfred
Corda, Eric ➔ Kövary, Georg
Cordan, Wolfgang ➔ Horn, Heinrich
Cordatus, Eubulus ➔ Hutten, Ulrich von
Cordatus Libertinus ➔ Dippel, Johann Conrad
Corde, Elsbeth ➔ Huditz, Elsbeth
Cordel ➔ Auerbach, Walter
Cordelia ➔ Schäfer, Antonia
Cordes, Alexandra ➔ Horbach, Alexandra
Cordes, Irene ➔ Nicolas, Waltraut
Cordes, Jochen ➔ Swieca, Hans Joachim
Cordialis ➔ Seuffert, Johann Adam von
Cordius, J. ➔ Herzer, Jakob
Cordonnier, Marie ➔ Schuster, Gaby
Cordonnier Sebastian Gäuggeli ➔ Frey, Emil
Cordus, Euricius ➔ Solden, Heinrich Ritze
Corell, H. B. ➔ Blücher, Hubertus von
Coriat d. J. ➔ Müchler, Johann Georg Philipp
Corimbo ➔ Brehme, Christian
Corinth, Lovis ➔ Corinth, Franz Heinrich Louis
Corinth, Manfred ➔ Auerbach, Walter
Corinth, Wilhelmine ➔ Klopfer, Wilhelmine
Corleis, Gisela ➔ Corleis-Wittner, Gisela
Cormac, Boris ➔ Dombrowski, Theodor
Cormart, Christopherus ➔ Kormart, Christoph
Cornatus ➔ Gebler, Tobias Philipp von
Cornel, Frank ➔ Beißel, Rudolf
Cornelia, Claudia ➔ Falk, Hermann
Cornelia, Helene ➔ Kiesekamp, Hedwig
Cornelis ➔ Witt, Cornelius
Cornelissen, Peter ➔ Busch, Fritz-Otto
Cornelius ➔ Kastner, Willy Alexander Cornelius
Cornelius ➔ Raith, Alfons
Cornelius, Arthur ➔ Pfungst, Arthur
Cornelius, Bodo ➔ Teschner, Karl
Cornelius, C. ➔ Klussmann, Nelly
Cornelius, Curt ➔ Schacht, August
Cornelius, Franz ➔ Zickel, Sigfrid
Cornelius, Georg ➔ Földy, Reginald
Cornelius, Heinrich ➔ Houben, Heinrich Cornelius

D

Der Abkratzende ➔ Rath, Wilhelm von
Der Abkühlende ➔ Hertingshausen, Moritz v.
Der Ablenkende ➔ Hollach, Heinrich Friedrich von
Der Abnehmende ➔ Hohberg, Caspar von
Der Abschaffende ➔ Marschalk, Rudolf Levin
Der Abstechende ➔ Sigershoven, Maximil. v.
Der Abtreibende ➔ Vitzenhagen, Thilo von
Der Abtrockende ➔ Happe, Volkmar
Der Abtuende ➔ Eberstein, Hans Georg von
Der Abwehrende ➔ Meysenbug, Curt von
Der Abweisende ➔ Lukowin, Georg Heinr. von
Der Abwendende ➔ Brandenburg, Johann Markgraf von
Der Achtbare ➔ Buttler, Hans Heinrich von
Der Adeliche ➔ Ruess, Hans von
Der Ähnliche ➔ Buchwald, Paul von
Der Allerliebste ➔ Sachsen-Gotha, Friedrich Herzog zu
Der alte Dorfpfarrer ➔ Hansjakob, Heinrich
Der alte Fuhrmann ➔ Zuccalmaglio, Vinzenz Jakob von
Der alte Gotthold ➔ Friedrich, Karl Julius
Der alte Landsknecht ➔ Schultes, Karl
Der alte Peleus ➔ Gleim, Johann Wilhelm Ludwig
Der alte Sepp ➔ Ineichen, Joseph
Der Alte vom Berge ➔ Schilde, Gustav
Der Alte vom Berge ➔ Wollenweber, Ludwig August
Der ältere Tannhäuser ➔ Klapp, Michael
Der Andächtige ➔ Stöcken, Christian von
Der Andere ➔ Birkenfeld, Georg Wilhelm Pfalzgraf von
Der Ändernde ➔ Reckerodt, Adolph Heinr. v.
Der Andeutende ➔ Wolzogen von Missingdorf, Matthias
Der Anfrischende ➔ Marschall, Hans Dietrich
Der Anführende ➔ Holsten, Daniel
Der Angenehme ➔ Anhalt-Köthen, Leberecht Fürst von
Der Angenehme ➔ Meier, Caspar
Der Angreiffende ➔ Denstet, Hans Christoph von
Der Anhaltende ➔ Pfau, Caspar
Der Anhenkende ➔ Wahl, Joachim Christian Graf von
Der Anklebende ➔ Witzleben, Georg Friedrich von
Der Anlockende ➔ Marwitz, Siegmund v. d.
Der Anmutige ➔ Anhalt-Dessau, Georg Aribert Fürst von
Der Anmutige ➔ Lilienau, Wilhelm von
Der Annehmliche ➔ Lippe-Alverdissen, Philipp Graf zur
Der Anreizende ➔ Borstel, Ernst Gottlieb von
Der Ansehnliche ➔ Pentz, Christian Graf
Der Anständige ➔ Hertoghe, Georg de
Der Antreibende ➔ Knesebeck, Levin von dem
Der Antreibende ➔ Treiber, Heinrich Ernst
Der Anzeigende ➔ Mercy, Franz Freih. von
Der Anziehende ➔ Boineburg, Friedrich von
Der Arbeitsame ➔ Schumacher, Heinrich
Der Arme Schoffthor ➔ Schoffthor
Der Artende ➔ Delaporte, Jean
Der Artige ➔ Zweibrücken, Friedr. Pfalzgraf v.
Der Artliche ➔ Geißmar, Ludwig Philipp von
Der Arzneyende ➔ Münster, Johann von
Der Ätzende ➔ Dietrichstein, Rudolph Herr v.
Der Aufgehaltene ➔ Barby, Levin von
Der Aufgelegte ➔ Kayn, Seifried
Der Aufhaltende ➔ Boeselager, Joachim von
Der Aufhebende ➔ Plotho, Wolfgang Edler Herr von
Der Aufhelfende ➔ Trautenburg, Curt von der
Der Aufklärende ➔ Werthern, Dietrich von
Der Auflösende ➔ Ditfurth, Ernst Ludwig von
Der Aufmunternde ➔ Schönberg, Hans Dieterich von
Der Aufrechte ➔ Quingenberg, Adam Heinrich von
Der Aufrichtende ➔ Brandenburg, Georg Wilhelm Kurfürst von
Der Aufrichtige ➔ Hake, Heinrich
Der Aufrichtige ➔ Timpling, Philipp Heinrich von
Der Aufrichtige ➔ Zunner, Johann Georg
Der Aufschießende ➔ Sachsen, Heinrich Herzog zu
Der Aufschließende ➔ Ponickau, Tobias von
Der Aufsprossende ➔ Baum, Caspar
Der Aufwachsende ➔ Scharffenstein, N. Friedrich von
Der Aufweckende ➔ Müller, Gottfried
Der Ausbrechende ➔ Brandenstein, Wolf Dieterich von
Der Ausbreitende ➔ Knoch, Caspar Ernst von
Der Ausbündige ➔ Nismitz, Georg von
Der Auserkorene ➔ Hessen, Wilhelm Landgraf von
Der Auserlesene ➔ Mansfeld, Joh. Georg von
Der Auserwählte ➔ Schleswig-Holstein, August Friedrich Herzog zu
Der Ausführende ➔ Freyberg, Hans Ernst von
Der Ausfütternde ➔ Gleißenthall, Hans Jacob von
Der Ausgesuchte ➔ Rantzau, Detlev von
Der Ausgetruckte ➔ Schlick, Graf von Passaun, Herr von Weisskirchen, Johann Albin
Der Ausheilende ➔ Kalcheim, Gerhard Romilian von
Der Ausholende ➔ Knippenburg, Johann Wilhelm von
Der Ausjagende ➔ Alvensleben, Gebhard von
Der Ausklärende ➔ Marschalk, Johann Adolf
Der Auslanddeutsche ➔ Walz, Fritz
Der Auslassende ➔ Blome, Hans von
Der Ausrichtsame ➔ Wallich, Joh. Ulrich von
Der Austaurende ➔ Katte, Hans Christoph von
Der Austeilende ➔ Winckel, Ernst aus dem
Der Austilgende ➔ Kopy, Johann von
Der Austreibende ➔ Oepp, Ferdinand von

Der Austrucknende ➔ Sachsen-Weimar, Bernhard Herzog von
Der Ausziehende ➔ Wietersheim, Heinrich Julius von
Der Ballernde ➔ Zerbst, Albrecht von
Der Bauende ➔ Meier, Abel
Der Bauernshakespeare von Kiefersfelden ➔ Schmalz, Josef
Der Bebende ➔ Haxthausen, Heinrich Lutter v.
Der Bedachtsame ➔ Dorna, Johann von
Der Bedeckte ➔ Cramm, Franz von
Der Bedeutende ➔ Berg, Ernst von
Der Bedüngete ➔ Meding, Georg
Der Befestende ➔ Lüninck, Niclas Henrich v.
Der Befestigende ➔ Pfannkuch, Gerhard
Der Beflissene ➔ Wolfsberg, Bartholomäus v.
Der Befördernde ➔ Kessler von Kessel, Hans Andreas
Der Befreiende ➔ Braunschweig-Wolfenbüttel, August d. J. Herzog von
Der Befriedigende ➔ Krakenhof, Heinrich von
Der Begegnende ➔ Griesheim, Heinrich Christoph von
Der Begehrte ➔ Friesen, Carl von
Der Begierige ➔ Boksberg, Christoph Karl von
Der Begütigende ➔ Stubenberg, Rudolph Wilhelm von
Der Behägliche ➔ Göchhausen, Samuel von
Der Behaltende ➔ Peccatel, Georg
Der Beharrliche ➔ Cothmann, Johann
Der Behende ➔ Rochow, Moritz August von
Der Beherzte ➔ Hessen, Georg Christian Landgraf von
Der Behülfliche ➔ Kannacher, Ludwig von
Der Behütende ➔ Grodnau, Karl Melchior Grodnitz von
Der Behutsame ➔ Sachsen, August Herzog zu
Der Beissende ➔ Kracht, Dietrich Freiherr von
Der Beistehende ➔ Quitzow, Achatius von
Der Bekannte ➔ Wülkenitz, Ludwig von
Der Bekenner ➔ Braunschweig-Lüneburg-Celle, Ernst Herzog zu
Der Bekleibende ➔ Brand von Lindau, Hans Friedrich
Der Bekräftigende ➔ Breitenbauch, Melchior von
Der Bekränzte ➔ Lamswärde, Stephan von
Der Beliebige ➔ Schlesien zu Brieg, Wohlau und Liegnitz, Christian Herzog in
Der Beliebliche ➔ Leiningen, Anton Johann Graf zu
Der Beliebte ➔ Rochow, Hans von
Der Belohnende ➔ Friesen, Heinrich von
Der Belustigende ➔ Concin, Johann Friedrich Graf von
Der Bemeisternde ➔ Pforte, Johann von der
Der Bemühete ➔ Legell, Christian
Der Bemühete ➔ Rosel, Adolf
Der Benehmende ➔ Hübner, Christian
Der Beneidete ➔ Beutnitz, Kristian
Der Bequeme ➔ Bodenhausen, Cuno Ordomar von
Der Beregnete ➔ Brincken, Wilhelm von
Der Bereite ➔ Griesheim, Wolff Melchior von
Der Berliner Bach ➔ Bach, Carl Philipp Emanuel
Der Berötete ➔ Einsiedel, Christian Friedr. v.
Der Beruhigende ➔ Schönfeldt, Johann Theobald von
Der Berühmte ➔ Knigge, Jodok Hilmar Freiherr von
Der Bescheidene ➔ Krause, Rudolf Wilhelm
Der Beschirmende ➔ Schirmer, David
Der Beschirmte ➔ Ryssel, Christian von
Der Beschlossene ➔ Wartensleben, Johann Joachim von
Der Beschützende ➔ Ribbeck, Hans Georg von
Der Beschwerliche ➔ Happe, Volkmar
Der Besondere ➔ Brink, Eustachius von dem
Der Besprengte ➔ Anhalt, Johann Ludwig Fürst zu
Der Bessere ➔ Kolb von Wartenberg, Johann Casimir
Der Bessernde ➔ Werpup, Johann Adolf von
Der Beständige ➔ Drachsdorf, Hans Friedr. v.
Der Beständige ➔ Hildebrand, Conrad
Der Beste ➔ Knoch, Hans Friedrich von
Der Besteckende ➔ Günderode, Ernst Christoph von
Der Bestehende ➔ Stolberg-Stolberg, Hans Martin Graf von
Der Bestreitende ➔ Börstel, Curt von
Der Betauete ➔ Waldeck-Wildungen, Christian Graf von
Der Betende ➔ Arsten, Johann Heinrich
Der Bewachsende ➔ Schlomach, Melchior von
Der Bewahrende ➔ Bose, Carl von
Der Bewährte ➔ Hagen, Siegmund von
Der Bewegende ➔ Kesler, Johann Kaspar
Der Bewegende ➔ Wallwitz, Hans von
Der Bezäumende ➔ Pflug, Hans Christoph
Der Bezwingende ➔ Utterot, Hans Andreas v.
Der Bindende ➔ Koseritz, Hans Jacob von
Der Bittere ➔ Börstel, Hans Ernst von
Der Bittersüße ➔ Sachsen-Gotha, Ernst I. Herzog von
Der Blaue ➔ Wietersheim, Ludwig von
Der Bleibende ➔ Kerff, Detlef
Der Blendende ➔ Gröben, Levin Ludwig v. d.
Der Blühende ➔ Albiensen, Johann Georg
Der Blühende ➔ Rautenberg, Barthold von
Der Blühsame ➔ Habichthorst, Andreas Daniel
Der Blumenreiche ➔ Möller, Vicent
Der Brauchbare ➔ Halberstadt, Joachim Friedrich von
Der Braune ➔ Lippe-Brake, Otto Graf zur
Der Braunliche ➔ Ihlenfeld, Andreas von
Der Brechende ➔ Mecklenburg-Schwerin, Hans Georg Herzog von
Der Breite ➔ Gersdorff, Heinrich Eberhard v.
Der Brennende ➔ Pappenheim, Hans Christoph von
Der Bringende ➔ Schweinitz, Georg Hermann von

Der Brünstige ➔ Olearius, Johann Gottfried
Der Bunte ➔ Jageman, Hans Ernst von
Der Büßende ➔ Schenke, Karsten Werner von
Der Dämpfende ➔ Nairn of Mukkersy, John
Der Dauerhafte ➔ Braunschweig-Wolfenbüttel, Friedrich Ulrich Herzog von
Der Deckende ➔ Brockdorff, Heinrich von
Der Demütige ➔ Wallwitz, Christoph von
Der Derbe ➔ Sachsen-Altenburg, Friedrich II. Herzog von
Der des Lobes und Ehre Gottes Nimmersatte ➔ Jöstelberg, Wolfgang Ferdinand von
Der deutsche Improvisator ➔ Wolff, Oscar Ludwig Bernhard
Der Deutsche Rembrandt ➔ Langbehn, Julius
Der deutsche Rufer ➔ Hahn-Butry, Jürgen
Der Deutschgesinnte ➔ Misler, Johann Hartmann
Der Deutschherzige ➔ Palbitzky, Dionysius v.
Der Deutschliebende ➔ Du Puis, P. Bense
Der Deutschmeinende ➔ Hitzfeld, Ludwig von
Der Dichtende ➔ Kleschen, Christoph
Der Dicke ➔ Trafelmann, Gottfried
Der Dienende ➔ Aldenbrück, Conrad Gumprecht Freih. von
Der Dienliche ➔ Barby und Mühlingen, Albrecht Friedrich Graf von
Der Dienliche ➔ Kahlen, Johann Kaspar
Der Diensame ➔ Pawel, Carl Friedrich von
Der Diensthafte ➔ Röder, Ernst Dietrich von
Der Dienstliche ➔ Schick, Dietrich
Der Dringende ➔ Bährenstädt, Philipp von
Der Dringende ➔ Schäffer, Joh. Bartholomäus
Der Dritte ➔ Köppen, Johann
Der Düchtige ➔ Metzsch, Joachim Christian
Der Duldende ➔ Fabricius, Andreas
Der Dünne ➔ Nassau-Saarbrücken-Ottweiler, Johann Ludwig Graf von
Der Durchbrechende ➔ Rosengrim, Siegmund von
Der Durchdringende ➔ Anhalt-Dessau, Johann Casimir Fürst von
Der Durchleuchtende ➔ Asseburg, Ludwig von der
Der Durchstärkende ➔ Trotha, Wolf Friedrich von
Der Durchsuchende ➔ Lippe-Detmold, Simon Ludwig Graf zur
Der Durchwachsene ➔ Callenberg, Curt Reinicke Graf von
Der Durstige ➔ Asseburg auf Schernike, Achatz von der
Der Edele ➔ Sachsen-Eisenach, Adolph Wilhelm Herzog von
Der Edle ➔ Edler, Martin
Der Ehrbare ➔ Anschel, Johann Georg
Der Ehrenreiche ➔ Regal, Ehrenreich Wilhelm von
Der Ehrliche ➔ Ritter, Johann Baptist
Der Eigentliche ➔ Schwechhausen, Heinrich v.
Der Eilende ➔ Börstel, Heinrich von
Der Einfache ➔ Wietersheim, Ernst von
Der Einfältige ➔ Burgsdorff, Conrad von
Der Einfältige ➔ Schmid, Johann Philipp
Der Eingebende ➔ Griesheim, Heinrich Christoph von
Der Eingemachte ➔ Rantzau, Paul von
Der Eingezogene ➔ Kappell, Detloff von
Der Einrichtende ➔ Hortleder, Friedrich
Der Einsame ➔ Harraß, Eustachius von
Der Einsame ➔ Redel, Melchior
Der Einschläfernde ➔ Wolfframsdorff, Wolf Ernst von
Der Einsiedler bei St.Johannes ➔ Koethe, Friedrich August
Der Einsiedler von Hiddensee ➔ Eggers, Alexander
Der Eintreibende ➔ Geringer, Hans Jakob
Der Einwurzelnde ➔ Timpling, Rudolph Wilhelm von
Der Einziehende ➔ Streithorst, Fr. Ulrich von
Der Empfangende ➔ Bohte, Heinrich
Der Emsige ➔ Knesebeck, Thomas von dem
Der Emsige ➔ Liebenau, Hans Christoph von
Der Entbindende ➔ Koseritz, Hans Georg von
Der Enthärtende ➔ Hodenberg, Bodo von
Der Enthebende ➔ Lüdingshausen, Wilhelm v.
Der Entladende ➔ Gängl, Caspar
Der Entlähmende ➔ Schwarzburg-Arnstadt, Ludwig Günther Graf von
Der Entledigende ➔ Micrander, Wilhelm von
Der Entleibende ➔ Ende, Georg Heinrich von
Der Entnehmende ➔ Polhelm, Winand von
Der Entrinnende ➔ Martenitz, Adolf Heinrich
Der Entscheidende ➔ Abele von und zu Lilienberg, Matthias
Der Entspringende ➔ Kospoth, Friedrich von
Der Entzündende ➔ Sachsen-Weimar, Johann Friedrich Herzog von
Der Eremit am Berge ➔ Böhm, Franz
Der Erfreuende ➔ Sandersleben, Heinrich von
Der Erfreuliche ➔ Mitternacht, Johann Sebastian
Der Erfreuliche ➔ Peuckel, Karl August Freiherr von
Der Erfrischende ➔ Uslar, Georg von
Der Erfüllende ➔ Schulenburg, Joachim Johann Georg von der
Der Erfüllte ➔ Graaß, Johann
Der Ergänzende ➔ Geuder, Hans Philipp von
Der Ergetzende ➔ Bentheim-Alpen, Friedrich Ludolph Graf von
Der Ergetzende ➔ Niclassohn, Georg
Der Ergetzliche ➔ Kleist, Ewald von
Der Erhabene ➔ Schweden, Karl X. Gustav König von
Der Erhaltende ➔ Hammerstein, Hans Adam von
Der Erhaltende ➔ Otter, Christian
Der Erhellende ➔ Schlitz, Otto Hartmann von
Der Erhitzende ➔ Redinghoven, Henrich von
Der Erhöhende ➔ Hanau, Friedrich Casimir Graf zu
Der Erjagende ➔ Gersdorff, Peter von

Der Fügliche ➔ Mecklenburg, Friedrich Herzog zu
Der Führende ➔ Tangel, Georg Wolff von
Der Fundreiche ➔ Vondel, Joost van
Der Funkende ➔ Funke, Christian
Der Furchtsame ➔ Schulenburg, Hans von der
Der Fürsichtige ➔ Erskeine, Alexander
Der Fütternde ➔ Hessen-Rotenburg, Hermann IV. Landgraf von
Der Gärtner-Dichter ➔ Schuler, Ludwig
Der Geachtete ➔ Rhein, Johann Karl Pfalzgraf beim
Der Gebende ➔ Trotha, Franz von
Der Gebräuchliche ➔ Quetz, Zachari von
Der Gebrauchte ➔ Berlepsch, Harmann von
Der Gedeihende ➔ Borch, Johann von der
Der Gedeihliche ➔ Mechovius, Joachim
Der Geduldige ➔ Roggendorf, Georg Ehrenreich Freih. von
Der Geehrte ➔ Birkenfeld, Jost Rudolf von
Der Geeignete ➔ Schröter, Wilhelm
Der Gefährliche ➔ Simmern, Ludwig Philipp Pfalzgraf von
Der Gefällige ➔ Mecklenburg-Güstrow, Gustav Adolph Herzog von
Der Gefärbte ➔ Winkelmann, Johann Friedr.
Der Geflissene ➔ Schört, Brostrup
Der Gefüllte ➔ Anhalt-Dessau, Johann Georg II. Fürst von
Der Gefundene ➔ Diepenbrock, Arnold von
Der Gehärte ➔ Adami, Tobias
Der Geheime ➔ Knesebeck, Franz Julius von dem
Der Geheime ➔ Barsonius, Johann
Der Gekochte ➔ Witzleben, Hans Ernst von
Der Gekräuselte ➔ Fürstenstein, Philipp Melchior Dido zum
Der Gekrönte ➔ Opitz von Boberfeld, Martin
Der Gelassene ➔ Stöcken, Heinrich von
Der Gelehrte ➔ Hessen-Kassel, Moritz Landgraf von
Der Geliebte ➔ Hilten, Georg Zacharias
Der Geliebte ➔ Holstein, Adolf Hans von
Der Gelinde ➔ Callenberg, Ludwig Heidenreich von
Der Gelobte ➔ Leiningen, Fr. Wilhelm Graf zu
Der Geltende ➔ Helldorf, George Friedrich v.
Der Gelükliche ➔ Levezau, Joachim Dieterich von
Der Gemäße ➔ Zerbst, Siegmund Wiprecht von
Der Gemäste ➔ Krage, Heinrich von
Der Gemeine ➔ Werder, Kuno Hardwig von dem
Der Gemeinnützige ➔ Sandrart, Joachim von
Der Gemütliche ➔ Burmeister, Johann Peter Theodor
Der Geneigte ➔ Harstall, Herman Adolph von
Der Genesende ➔ Veltheim, Johann Friedrich von
Der Genießliche ➔ Kraft, Friedrich Wilhelm von
Der Genossene ➔ Buchner, August
Der Genügsame ➔ Ende, Justus Heinrich von
Der Geordnete ➔ Marschalk, Caspar Heinrich von
Der Gepriesene ➔ Arnim, Hans Georg von
Der Geprüfte ➔ Posern, Heinrich von
Der Gerade ➔ Wuthenau, Hans Heinrich von
Der Geriebene ➔ Müller, Johann Christoph
Der Gerühmte ➔ Anhalt, Victor Amadeus Fürst zu
Der Gerührte ➔ Brincken, Johann von
Der Gesalbete ➔ Unkel, Johann
Der Geschäftige ➔ Ende, Hans Adam von
Der Geschätzte ➔ Oldenburg, Anton Graf zu
Der Geschenkte ➔ Rhein, Christian Pfalzgraf beim
Der Geschickliche ➔ Sandersleben, Heinrich Christian von
Der Geschickte ➔ Dehn-Rotfelser, Moritz Adolph von
Der Geschickte ➔ Reiter, Johann
Der Geschickte ➔ Schenkel, Johann Christian
Der Geschmückte ➔ Blankenauer, Johann Christian
Der Geschmückte ➔ Hessen-Homburg, Wilhelm Christoph Landgraf von
Der Geschrökte ➔ Schrickel, Johann Christian
Der Geschwinde ➔ Scharde, Dietrich
Der Gesegnete ➔ Knesebek, Thomas von dem
Der Gesellige ➔ Bünau, Rudolph von
Der Gesetzte ➔ Wallwitz, Bastian von
Der Gestirnte ➔ Rauchhaupt, Hans Christoph
Der Gesuchte ➔ Varell, Christoph Joachim v.
Der Gesunde ➔ Erlach, Burkhard von
Der Getreue ➔ Finx, Joachim Christoph
Der Getreue ➔ Hohenlohe-Neuenstein-Weikersheim, Georg Friedrich Graf von
Der Getreue ➔ Vaget, Bartold
Der Getreue Eckhart ➔ Ettner von Eiteritz, Johann Christoph
Der Getreuliche ➔ Marwitz, Hans Georg
Der Geübte ➔ Winkler, Paul von
Der Gewährende ➔ Hagen, Michael Hermann von
Der Gewappnete ➔ Bendeleben, Johann Georg von
Der Gewehnte ➔ Sterling, Hans Albrecht von
Der Gewidmete ➔ Mortaigne dit de Pottelles, Gaspard Corneille de
Der Gewisse ➔ Lüchau, Wolf Sigmund von
Der Gewöhnliche ➔ Wartensleben, Hermann Simon von
Der Gewünschte ➔ Oxenstierna af Södermöre, Greve Axel
Der Gezeichnete ➔ Sinoldt, Johann Helwig
Der Gezierte ➔ Pellicer, Matthias
Der Gezierte ➔ Rantzau, Christian Graf von
Der Gießener Schmid ➔ Schmid, Christian Heinrich
Der Giftige ➔ Uechtritz, Hans Christoph von
Der Glänzende ➔ Hanow, Augustus von
Der Glatte ➔ Nostitz, Carl Heinrich von

Der Klärende ➔ Freystein, Adam Samuel
Der Klausner am Taunus ➔ Rhode, Friedrich Ludwig
Der Klebrige ➔ Hessen-Homburg, Friedrich Landgraf zu
Der Kleine ➔ Cronberg, Hartmut Freih. von
Der Kleine ➔ Zachäus, Michael
Der Klingende ➔ Klinger, Christian
Der Klügliche ➔ Kanne, Christian Ernst
Der Knöpfichte ➔ Rietesel, Hans Heinrich von
Der Kommende ➔ Anhalt, Karl Ursinus Fürst zu
Der Köstliche ➔ Granard, Christian
Der Köstliche ➔ Reuß, Heinrich Graf
Der Köstlichste ➔ Sachsen-Altenburg, Johann Philipp Herzog von
Der Kräftige ➔ Bentheim-Steinfurt, Wilhelm Heinrich Graf von
Der Kräftige ➔ Scherertz, Friedrich
Der Kräftigste ➔ Klesch, Daniel
Der Krause ➔ Passow, Hartwig von
Der Kreuzduldende ➔ Kornfeld, Theodor
Der Kreuztragende ➔ Brunkhorst, Johann Albrecht von
Der Kreuzverliebte ➔ Foppe, Heinrich
Der Kriechende ➔ Marschalk, Wolf Dietrich von
Der Krönende ➔ Sachsen-Merseburg, Christian Herzog zu
Der Kühle ➔ Thomasius, Paschasius
Der Kühlende ➔ Botzheim, Hans Bernd von
Der Kühne ➔ Windischgrätz, Gottlieb Graf v.
Der Kunstbegierige ➔ Giere, Christoph
Der Künstliche ➔ Seebach, Hans von
Der Kunstliebende ➔ Kufstein, Georg Adam Graf von
Der Kunstspielende ➔ Harsdörffer, Georg Philipp
Der Kurze ➔ Rindtorf, Abraham von
Der Kurzweilige ➔ Berlepsch, Burckardt von
Der Labende ➔ Rupitz, Valentin Kaspar
Der Labende ➔ Droste, Everwin von
Der Lange ➔ Lippe-Detmold, Simon VII. Graf zur
Der Langsame ➔ Schilling, Friedrich von
Der Lautere ➔ Deichmann, Christoph
Der Lautere ➔ Tesmer, Christian Stephan
Der Läuternde ➔ Frydag, Franz Ico von
Der Lebende ➔ Fürstenstein, Hans Eitel Dido zum
Der Lebhafte ➔ Douglas, Greve Robert
Der Legende ➔ Rabiel, Rudolph von
Der Leibhaftige ➔ Thangel, Georg Heinrich
Der Leichte ➔ Günderode, Friedrich Casimir von
Der Leichternde ➔ Zorn von Plopsheim, Georg Dietrich
Der Leidende ➔ Tschesch, Johann Theodor v.
Der Leidende ➔ Starhemberg, Erasmus d. J. Graf und Herr von
Der Leimende ➔ Randow, Jost Andreas von
Der Leistende ➔ Rommel, Friedrich von
Der Leitende ➔ Böhmer, Heinrich
Der Leschende ➔ Leliwa, Friedrich von
Der Leuchtende ➔ Tietz, Wilhelm von
Der Lichtfrohe ➔ Zelewski-Waldenburg, Eberhart von
Der Liebäugelnde ➔ Dewitz, Ulrich von
Der Liebe ➔ Krosigk, Vollrad Ludolph von
Der Liebende ➔ Hentsche, Philipp
Der Liebende ➔ Scheidingen, Heinrich Balthasar von
Der Liebkosende ➔ Varensbach, Gustav Adolph Graf von
Der Liebliche ➔ Langen, Matthias von
Der Liebliche ➔ Schulenburg, Levin von der
Der Lieblichste ➔ Hagen, Friedrich Ulrich von
Der Liebreiche ➔ Solms-Rödelheim und Assenheim, Johann August Graf von
Der Lindernde ➔ Maas, Wilhelm
Der Lindernde ➔ Malsius, Ernst
Der Lindernde ➔ Sala, Angelo
Der Listige ➔ Meusebach, Johann von
Der Löbliche ➔ Hartranft, Balthasar
Der Löbliche ➔ Steinwehr, Johann Rudolph v.
Der Lobreiche ➔ Menius, Johann Heinrich
Der Lockende ➔ Schlegel, Hans Heinrich
Der Lösende ➔ Brossard, Pierre de
Der Löwe ➔ Leonardi, Alexander
Der Luftende ➔ Wrede, Philipp Eberhard von
Der Lustige ➔ Adams, Christoph
Der Lustige ➔ Pawel, Georg Friedrich von
Der Lustliebende ➔ Holtzheim, Johann von
Der Mächtige ➔ Pflug, Karl
Der Mann im Monde ➔ Bettziech, Ottomar Heinrich
Der Mannhafte ➔ Schlegel, Christoph Ludwig von
Der Mäßigende ➔ Krosigk, Heinr. Philibert v.
Der Mehlreiche ➔ Teutleben, Caspar von
Der Mehrende ➔ Marschall von Bieberstein, Georg Job
Der Milde ➔ Winkel, Johann Titus aus dem
Der Mildere ➔ Haxthausen, Johann von
Der Mildernde ➔ Pretlack, Caspar von
Der Mindernde ➔ Milag, Martin
Der Mitteilende ➔ Heher, Achatius
Der Mittelnde ➔ Brand von Lindau, Johann Friedrich
Der Mühsame ➔ Seifart, Carl
Der Muntere ➔ Sachsen, Albrecht Herzog zu
Der Muntere ➔ Palbitzky, Matthias von
Der Mürbe ➔ Andreae, Johann Valentin
Der Mutige ➔ Jöstelberg, Wolfgang Ferdinand von
Der Nachdenkende ➔ Leunigk, Bernhard Kaspar Heinrich von
Der Nachdenkliche ➔ Hoym, Ludwig Gebhard von
Der Nachfolgende ➔ Sachsen-Jena, Bernhard Herzog von
Der Nachkommende ➔ Rauch, Johann
Der Nachsinnende ➔ Braunschweig, Rudolf August Herzog zu

Der Sprossende ➔ Neumark, Georg
Der Stachlige ➔ Heyde, Georg Peter von der
Der Stamhafte ➔ Asseburg, Johann von der
Der Starke ➔ Anhalt-Plötzkau, Ernst Gottlieb Fürst von
Der Stärkende ➔ Schwarzburg-Rudolstadt, Ludwig Günther Graf von
Der Starkriechende ➔ Anhalt, Johann Adolf Fürst zu
Der Stattliche ➔ Hessen-Braubach, Johann Landgraf von
Der Stechende ➔ Pflug, Dietrich
Der Stehende ➔ Zigeser, Johann Adolph
Der Steife ➔ Brand von Lindau, Benno Friedr.
Der Steigende ➔ Lütke, Marcus von der
Der Sterbliche ➔ Brackenhausen, Andreas
Der Stete ➔ Starschedel, Ernst Dietrich von
Der Stetsgrünende ➔ Anhalt-Harzgerode, Friedrich Fürst von
Der Steurende ➔ Donop, Levin von
Der Stiftende ➔ Sprintzenstein, Maximilian Graf von
Der Stillende ➔ Merlau, Hans Heinrich von
Der Stopfende ➔ Gersdorf, Hans Hieronymus
Der Stoßende ➔ Drachenfels, Rudolph von
Der Strebende ➔ Anhalt-Köthen, Emanuel Fürst von
Der Strebende ➔ Kristoffers, Matthias
Der Streitbare ➔ Hollach, Johann Friedrich Graf von
Der Streitende ➔ Königsmarck, Greve Hans Christoph von
Der Strenge ➔ Baur, Friedrich von
Der Streubliche ➔ Rieder, Philipp Wilhelm
Der Stützende ➔ Gabler, J. H.
Der Suchende ➔ Schottelius, Justus Georg
Der Süße ➔ Anhalt-Zerbst, Rudolph Fürst von
Der Süsse ➔ Bakofen, Johann Ulrich
Der Süßliche ➔ Diepenbroick, Conrad Rötger von
Der Tätige ➔ Mörsberg zu Blankenhain und Kranichfeld, Ludwig Friedrich Graf von
Der Taugliche ➔ Marschall, Hans Wilhelm von
Der Taurende ➔ Grafe, Eberhard
Der Templer ➔ Sellmair, Josef
Der Teuere ➔ Sachsen-Altenburg, Johann Wilhelm II. Herzog von
Der Thalwyler Schärer ➔ Ammann, Johann Jakob
Der Tilgende ➔ Dieskau, Hans von
Der Tötende ➔ Brincken, Johann Dietrich von
Der Trachtende ➔ Heermann, Ephraim
Der Trachtende ➔ Sachsen-Eisenach, Johann Georg I. Herzog von
Der Tragende ➔ Krüsike, Paul Georg
Der Trauernde ➔ Taust, Johann Friedrich
Der Träumende ➔ Moscherosch, Johann Michael
Der Treffende ➔ Brasikan, Hans Friedrich von
Der Treffliche ➔ Brandenburg, Sigmund Markgraf von
Der Treffliche ➔ Pauli, Joachim
Der Treffliche ➔ Paulssohn, Joachim
Der Treibende ➔ Röder, Johann Andreas
Der Treibende ➔ Schenk von Winterstedt, Friedrich
Der Treue ➔ Thumshirn, Wolf Konrad von
Der Treue Eckart ➔ Ringwaldt, Bartholomäus
Der Treuherzige ➔ Merawizky von Rudnitz, Karl Heinrich
Der Treuherzige ➔ Scheit, Johann
Der Treumeinende ➔ Francke, Salomon
Der Treumende ➔ Moscherosch, Johann Michael
Der Treumeinende ➔ Müller, Peter
Der Treumutige ➔ Michels, Tobias
Der Tröstende ➔ Blettlau, Hans Adam von
Der Tröstliche ➔ Schleebusch, Jacob
Der Trotzende ➔ Hundelshausen, Hans Jost v.
Der Trübselige Wandersmann ➔ Wolder, Theodor
Der Truckene ➔ Börstel, Ernst von
Der Truckene ➔ Schüler, Zacharias
Der Trucknende ➔ Rochow, Hans Zacharias von
Der Tüchtige ➔ Gudehusen, Konrad
Der Tugendhafte ➔ Rhein, Ludwig Heinrich Moritz Franz Pfalzgraf beim
Der Überhäufte ➔ Ende, Wolf Rudolf von
Der Überlegene ➔ Werthern, Friedrich von
Der Übertreffende ➔ Einsiedel, Georg Haubold von
Der Übertreffende ➔ Rose, Andreas
Der Überwältigende ➔ Rauchhaupt, Hans Georg
Der Überwindende ➔ Pichtel, Conrad Balthasar
Der Umbringende ➔ Geispitzheim, Wolf Bernhard von
Der Umfahende ➔ Wietersheim, Anton von
Der Umwicklende ➔ Keudell, Wilhelm von
Der Unansehnliche ➔ Sachsen-Eisenach, Albrecht Herzog von
Der Unbefleckte ➔ Böhme, Johann
Der Unbefleckte ➔ Schulenburg, Achatz von der
Der Unbekannte ➔ Charreard, Anton von
Der Unbekümmerte ➔ Kalizsch, Hans Rudolph von
Der Unbetriegliche ➔ Oldenburg, Anton Günther Graf von
Der Unempfindliche ➔ Linsingen, Johann Gottfried von
Der Unentbehrliche ➔ Schlegel, Wolf
Der Unergründete ➔ Bünau, Günther von
Der Unermüdete ➔ Stoff, Joachim
Der Unerschrockene ➔ Hessen, Ludwig Landgraf von
Der Unfehlbare ➔ Schlesien zu Brieg, Georg III. Herzog in
Der Ungefärbte ➔ Lippe, Augustus Graf zu der
Der Ungefehrte ➔ Ditfurth, Anton von

Der Vielährichte ➔ Burgsdorff, Georg Ehrenreich von
Der Vielbemühte ➔ Oelschläger, Adam
Der Vielgebrauchte ➔ Winckel, Hans Ernst aus dem
Der Vielgekörnte ➔ Werder, Diederich v. dem
Der Vielgeliebte ➔ Bentheim, Mauritz Graf v.
Der Vielgelobte ➔ Mansfeld, Franz Maximilian Graf zu
Der Vielgenützte ➔ Hartitzsch, Georg Ernst
Der Vielgerühmte ➔ Holstein, Christian Adolf Herzog zu
Der Vielgeübte ➔ Beer, Sebastian
Der Vielgültige ➔ Schwarzburg-Sondershausen, Anton Günther Graf von
Der Vielmögende ➔ Bentheim, Ernst Wilhelm Graf von
Der Vielwerte ➔ Adelsheim, Christoph Albrecht von
Der Vierblätterige ➔ Vintzelberg, Joachim v.
Der vo da Boarlesau ➔ Klotz, Rudolf
Der Vollblühende ➔ Brandenburg-Bayreuth, Christian Markgraf von
Der Vollführende ➔ Zaradek, Ernst Freih. von
Der Vollkommende ➔ Mecklenburg-Güstrow, Johann Albrecht II. Herzog von
Der Vollziehende ➔ Kunowitz, Hans Dietrich von
Der Vorbauende ➔ Gersdorf, Nicolaus von
Der Vorbehaltende ➔ Rechenberg, Hans Georg von
Der Vorbereitende ➔ Born, Georg Friedrich von dem
Der Vorgehende ➔ Mengersheim, Hermann v.
Der Vorkommende ➔ Tiesenhausen, Dietlof v.
Der Vorsichtige ➔ Waldeck, Wolrath Graf zu
Der Vorstellende ➔ Praun, Michael
Der Vortreffliche ➔ Anhalt, Anton Günther Fürst zu
Der Vortreffliche ➔ Stöcker, Johann
Der Wachende ➔ Coq, Martin de
Der Wachsame ➔ Paullini, Christian Franz
Der Wachsende ➔ Görne, Thomas von
Der Wackere ➔ Nassau-Dillenburg, Georg Ludwig Fürst von
Der Währende ➔ Oeynhausen, Heinrich von
Der Waldpfarrer ➔ Knodt, Karl Ernst
Der Waldvogel ➔ Lochemes, Michael Joseph
Der Wandermann ➔ Presser, Helmut
Der wandernde Biermanne ➔ Lichtblau, Adolf
Der Wandsbecker Bote ➔ Claudius, Matthias
Der Wärkliche ➔ Kuntz, Paul
Der Wärmende ➔ Baur, Johann Christoph von
Der Wasserdichter ➔ Schöppe, Karl
Der Wegnehmende ➔ Esebeck, Burchard von
Der Wegräumende ➔ Schneidewind, Johann
Der Wegtreibende ➔ Cronberg, Johann Daniel von
Der Wehrende ➔ Weyhe, Eberhard von
Der Wehrhafte ➔ Weltz zu Eberstein, Sigmund von
Der Wehrte ➔ Regal, Herwart Freiherr von
Der Weiche ➔ Zorn von Plopsheim, Franz Ludwig
Der Weichende ➔ Knoch, Christian Ernst von
Der Weidende ➔ Heller von Wartenberg, Michael
Der Weidende ➔ Knorr, Otto Heinrich von
Der Weisende ➔ Kahlen, Friedrich
Der Weisende ➔ Kirchberg, Georg Ludwig Graf zu
Der Weiße ➔ Sachsen-Lauenburg, Franz Albrecht Herzog von
Der Weitläufige ➔ Pfuhl, Adam Dietrich von
Der Weltüberblickler ➔ Ah, Joseph Ignaz von
Der Wendende ➔ Dieskau, Carl von
Der Wenigste ➔ Langenmantel, Hieronymus Ambrosius
Der Werkliche ➔ Peres, Balthasar
Der Wertbefundene ➔ Tham von Marschall, Moritz
Der Werte ➔ Holstein-Schaumburg, Otto V. Graf von
Der Wertgeachte ➔ Solms-Laubach zu Rödelheim und Assenheim, Friedrich Graf von
Der Wichtige ➔ Krockow, Joachim Ernst von
Der Widerstrebende ➔ Troilo, Nicolaus von
Der Wiederaufkommende ➔ Knesebek, Achatz von dem
Der Wiederbringende ➔ Marwitz d. Ä., Moritz von der
Der Wiedererstattende ➔ Burgsdorf, Christoph Ulrich von
Der Wiederfindende ➔ Börstel, Curt Christoph von
Der Wiederstehende ➔ Wrede, Rembert von
Der Wiedrige ➔ Prök, Lebrecht von
Der Wilde ➔ Alexander
Der Willige ➔ Bellin, Johann
Der Willige ➔ Heidenreich, David Elias
Der Willigste ➔ Schönberg, Moritz Christoph von
Der Willkommende ➔ Mortaigne, Heinrich v.
Der Windende ➔ Meusebach, Liebman von
Der Wirkende ➔ Börstel, Ludwig von
Der Wohlbedeckte ➔ Krosigk, Gebhard Friedrich von
Der Wohlbehagende ➔ Klosen, Sigmund Adam von
Der Wohlbekannte ➔ Wonsfleht, Gottschalk
Der Wohlbekommende ➔ Krosigk, Albrecht Christoph von
Der Wohlbestehende ➔ Krage, Casimir Dietrich von
Der Wohlbewahrende ➔ Porsch, Christoph
Der Wohlbewahrende ➔ Ruhmrot, Friedrich Albrecht von
Der Wohlbewahrte ➔ Anhalt-Bernburg, Ernst Fürst von
Der Wohlbewährte ➔ Schwarzburg, Christian Günther Graf zu
Der Wohlerkannte ➔ Maurer, Christian Friedrich

Der Wohlgeartete ➔ Schleswig-Holstein, Philipp Ludwig Herzog zu
Der Wohlgefällige ➔ Taddel, Jakob
Der Wohlgefällige ➔ Raben, David
Der Wohlgemute ➔ Sebottendorf, Peter von
Der Wohlgenannte ➔ Hessen-Kassel, Moritz Landgraf von
Der Wohlgeratene ➔ Sachsen-Weissenfels, August Herzog von
Der Wohlgestalte ➔ Anhalt-Zerbst, Johann Fürst von
Der Wohlklingende ➔ Glocke, Johann Volbrecht
Der Wohlmeinende ➔ Wodarch, Berend Andreas
Der Wohlreinigende ➔ Gröben, Ludwig v. der
Der Wohlriechende ➔ Anhalt-Dessau, Johann Georg I. Fürst von
Der Wohlriechende ➔ Marschalk, Karl Christoph von
Der Wohlschmeckende ➔ Halck, Hans Albrecht von
Der Wohlsetzende ➔ Zesen, Philipp von
Der Wohlstehende ➔ Buch, Otto Wedige von
Der Wohltätige ➔ Apell von Lüttich, Friedrich
Der Wohltuende ➔ Nitzschky, Georg
Der Wohlversuchte ➔ Bawel von Rönningen, Andreas
Der Wohnende ➔ Wohnras, Niclas
Der Wolgebrauchte ➔ Geißmar, Eytel Wilhelm von
Der Wolverdiente ➔ Eberstein, Ernst Albert v.
Der Wunderbare ➔ Schlesien zu Liegnitz und Wohlau, Georg Rudolph Herzog in
Der Wunderliche ➔ Braunschweig, Ferdinand Albrecht I. Herzog zu
Der Wünschende ➔ Köhler, Johann Ernst
Der Würdigste ➔ Götzen, Siegmund von
Der Würgende ➔ Hertefeld, Jobst Gerhard von
Der Würkende ➔ Jehna, Friedrich von
Der Würzende ➔ Solms-Laubach, Heinrich Wilhelm Graf von
Der Wurzelnde ➔ Pfuhl, Gustav Adolph von
Der Zarte ➔ Waldeck-Wildungen, Philipp VI. Graf von
Der Zärtliche ➔ Ettmannsdorf, Ernst Dietrich von
Der Zäumende ➔ Maltitz, Hans Haubolt von
Der Zeitige ➔ Laminger von Albenreuth, Wolf Joachim
Der Zeitigende ➔ Werder, Gebhard Paris v. d.
Der Zerbrechende ➔ Puchheim, Hans Christoph Graf von
Der Zermahlende ➔ Rüxleben, Hans Caspar v.
Der Zermalmende ➔ Rossow, Niclas von
Der Zernichtende ➔ Geyso, Johann Ludwig
Der Zerreibende ➔ Osterhausen, Hans Thilo von
Der Zerschellende ➔ Schellhammer, Christoph Günter
Der Zerstöbernde ➔ Krosigk, Adolph Wilhelm Freiherr von
Der Zerteilende ➔ Bülow, Julius von
Der Zertreibende ➔ Colonna, Herr von Völs, Caspar Graf
Der Zertrennende ➔ Wehrtern, Hans
Der Zeugende ➔ Otto, Johann Heinrich von
Der Zielende ➔ Leiningen, Christoph Christian Graf zu
Der Zielende ➔ Rumler, Jacob
Der Zierende ➔ Zimmermann, Johann Jacob
Der Zierende ➔ Pellicer, Johann Georg
Der Zierende ➔ Reuß, Heinrich d. ä.
Der Zierliche ➔ Mecklenburg-Schwerin, Adolph Friedrich I. Herzog von
Der Zierliche ➔ Reuß, Heinrich d. j.
Der Zimmernde ➔ Zimmer, Johann
Der Züchtige ➔ Hübner, Michael Andreas
Der Züchtige ➔ Hübner, Otto R.
Der Zugeeignete ➔ Lancken, Rickwan von
Der Zugenommene ➔ Wanglin, Clemens von
Der Zugeordnete ➔ Wex, Johann Christoph
Der Zuheilende ➔ Kospoth, Wilhelm von
Der Zunehmende ➔ Wies, Johann David
Der Zusammenziehende ➔ Hahn, Levin Ludwig von
Der Zuschließende ➔ Kroph, Christoph von
Der Zusiegelnde ➔ Arnim, Bernhard von
Der Zuträgliche ➔ Lippe, Jost Hermann Graf zur
Der Zwingende ➔ Piccolomini d'Aragaona, Duca d'Amalfi, Octavio Fürst
Derboeck, C. von ➔ Boeck, Karl von der
Deréger, Albert von ➔ Zenker, Ernst Viktor
Derek, Logan ➔ Anton, Uwe
Derek, Logan ➔ Voehl, Uwe
Derelli, U. ➔ Ideler, Lucie
Derfla ➔ Gernat, Alfred
Derfla, S. ➔ Sarganek, Alfred
Derfla, W. ➔ Weidenmann, Alfred
Derichs, Marie ➔ Selhorst, Marie
Dericum, Christa ➔ Pross-Dericum, Christa
Dericum-Pross, Christa ➔ Pross-Dericum, Christa
Deringer ➔ Betz, Peter
Deris, A. ➔ Gerhauser, Andreas
Derlick, Elisabeth ➔ Gerlitz, Elisabeth
Derlon, Hans ➔ Arendt, Wilhelm
Dermasius Hermundurus, Franciscus ➔ Feller, Joachim
Derp, Hans von ➔ Planitz, Johannes von der
Derpa, Sebastian ➔ Pohlenz, Hans Friedrich
Derrick, Kay Ken ➔ Bangert-Petrenz, Dietrich
Derringer, Peter ➔ Dubina, Peter
Derschaw, Heinrich ➔ Schrader, Heinrich
Derschney, Anton ➔ Schneider, Gottfried
Derwall, Marc ➔ Mayer-Kemp, Charlotte
Déry, Ilona ➔ Rösener, Inge
Des Virgilii sein Dienstbothe Servius ➔ Schultze, Hans
Desberry, Lawrence H. ➔ Zur Mühlen, Hermynia
Deschamps, Emil ➔ Leo, Sophie Auguste
Desconocido ➔ Berthold, Hans

Dormann, Alexander ➔ Doroslovac, Milutin
Dörmann, Felix ➔ Biedermann, Felix
Dorn, Adam ➔ Hegrad, Friedrich
Dorn, Alec B. ➔ Kalmuczak, Rolf
Dorn, Anne ➔ Schlegel, Christa
Dorn, Clara ➔ Timme, Agnes
Dorn, Dr. ➔ Klamfoth, Hermann
Dorn, Eduard ➔ Kaan, Eduard
Dorn, Egon ➔ Kohn, Jakob
Dorn, Else ➔ Dormitzer, Else
Dorn, Ernst ➔ Féaux, Emy du
Dorn, Georg ➔ Hering, Geo
Dorn, Hans Peter ➔ Thomas, Walter
Dorn, Hedwig ➔ Dormeyer, Helene
Dorn, I. ➔ Kalmuczak, Rolf
Dorn, Justus ➔ Müller, Wolfgang
Dorn, Käthe ➔ Springer, Rosa
Dorn, Leo ➔ Wertheimer, Leo
Dorn, Lisa ➔ Hüttner, Doralies
Dorn, Magdalene ➔ Daniaux, Magdalene
Dorn, Mark ➔ Diersch, Margreta
Dorn, Philibert ➔ Lazarini, Josef Philibert von
Dorn, Syl ➔ Krezdorn, Franz
Dornach, Johannes von ➔ Gspann, Johannes Chrysosthomus August
Dornaeus, Gerhard ➔ Dorn, Gerhard
Dornau, C. von ➔ Schauroth, Charlotte von
Dornau, Friedrich ➔ Hentl, Friedrich von
Dornau, Julius ➔ Naundorff, August Julius
Dornau, Kurt ➔ Turnovsky, Kurt
Dornavius, Caspar ➔ Dornau, Caspar
Dornberg, J. C. ➔ Grund, Josef Carl
Dornberg, Michaela ➔ Pusch, Edith
Dornbusch, F. W. ➔ Fritzsche, Friedrich Wilhelm
Dörne, Friedrich ➔ Zernecke, Wilhelm Ferdinand
Dorne, H. ➔ Wachsmuth, Helene
Dornegg, Franz ➔ Schlauch von Linden, Alexandrine
Dorner, Karl ➔ Horn, Franz Christoph
Dorner, Karl ➔ Markwort, Johann Christian
Dörner, Peter ➔ Dubina, Peter
Dorneth, J. von ➔ Hüpeden, Jenny
Dornfeld, V. ➔ Sabarth, Victor
Dornfels, Hans ➔ Richter, Hans
Dornheim, Mathilde ➔ Schwarzburg-Sondershausen, Mathilde von
Dörnthal, Alfons ➔ Diener von Schönberg, Alfons
Dornwaller, Faust ➔ Baggesen, Jens Immanuel
Doro Caro ➔ Gerber, August Samuel
Dorpat, Christel ➔ Purrmann, Christel
Dorpat, Draginja ➔ Knaak, Sophia Ruth
Dorpat, Nikolai ➔ Sentjurc, Igor
Dorpert, Paul ➔ Humpert, Theodor
Dorpus, Karl ➔ Lange, Karl Heinz
Dorsch, Ute ➔ Yusuf-Dorsch, Ute
Dörscher, Hans ➔ Schröder, Hans
Dorscheus, Johann Georg ➔ Dorsch, Johann Georg
Dorseus ➔ Dorscheus
Dorthesen, Sophie von ➔ Foelckersam, Dina von
Dortu, Max ➔ Neumann, Karl
Doruan, R. von ➔ Dietz, Rudolf
Dorus ➔ Stockfleth, Heinrich Arnold
Dory, M. ➔ Forinyàk, Marie
Dositheus ➔ Kausch, Johann Joseph
Doska, Marian ➔ Hauska, Maria Dolores
Dosse, P. von der ➔ Timann, Pauline
Dössel, Hans von ➔ Böhlen, Johannes
Dossiliander, Theophilus ➔ Dassel, Hartwig v.
Dost, Peter ➔ Michalski, Leonhard
Dotzky, Rudolf ➔ Decker, Fritz
Doubravsky ➔ Klostermann, Karel Faustin
Douglas, Archibald ➔ Polgar, Alfred
Douglas, Frank ➔ Kalmuczak, Rolf
Douglas, Glenn ➔ Friedrichs, Holger
Dove, N. R. ➔ Wander, Karl Friedrich Wilhelm
Dovsky, Beatrice von ➔ Vay, Beatrice von
Dovski, Lee van ➔ Lewandowski, Herbert
Dower, P. ➔ Dubina, Peter
Doyan, Ralph ➔ Gerstmayer, Hermann
Dr. A. ➔ Diekamp, Wilhelm
Dr. A. H. H. ➔ Hoffmann, August Heinrich
Dr. F. H. ➔ Hedenberg, Friedrich Ludwig
Dr. h. c. ➔ Reifenberg, Benno
Dr. h. c. N.2 ➔ Cremer, Hubert
Dr. H. H. ➔ Hoffmann, August Heinrich
Dr. med. Fabian ➔ Schneidrzik, Willy
Dr. Utile cum dulci ➔ Aßmann, Willy
Dr. X. ➔ Wölk, Karl Heinz
Drabicius, Nikolaus ➔ Drabik, Nikolaus
Drach, Johannes ➔ Draconites, Johannes
Drachenfels, Adele von ➔ Bruch-Sinn, Karoline
Drachenfels, David Loew ➔ Holzschuher, Heinrich
Drachengift, Antimonius ➔ Erbshäuser, Georg Heinrich
Drack, Hanna Maria ➔ Drack, M. E. Johanna
Draco, Albert ➔ Drache, Albert
Draco, Johannes ➔ Draconites, Johannes
Draeger, Elisabeth ➔ Emundts, Elisabeth
Draeger von Dikowitz ➔ Draeger, Bruno
Draese, Anton ➔ Edzardus, Sebastian
Dragutin ➔ Rumy, Karl Georg
Drake, Glenn ➔ Hobein, Eugen
Drake, Harry ➔ Kraft, Robert
Drake, John ➔ Bosetzky, Horst
Drake, John ➔ Grossmann, Hans Hugo
Drake, John ➔ Hartmann, Helmut
Drake, John ➔ Molsner, Michael
Drake, M. ➔ Torau, Marie
Dranmor ➔ Schmid, Ludwig Ferdinand von
Dräxler-Manfred ➔ Dräxler, Karl Ferdinand
Drayton, Thomas ➔ Böckl, Manfred
Drechsel, Jeremias ➔ Drexel, Jeremias
Drechsel, Sammy ➔ Drechsel, Heinz
Dreesi ➔ Kleiber, Otto
Dreger, Hans ➔ Hochfeldt, Hans
Dreibach, Dr. ➔ Samson, Heinrich
Dreiger, Johann ➔ Dreier, Johann

E

E. ➔ Schumann, Robert
E ** ➔ Enk von der Burg, Michael
E. H. ➔ Paulus, Caroline
E. P. ➔ Polak, Ernst
E. P. B. ➔ Boehme, Erich
E. S. ➔ Schmidt, Ernst Hermann Reinhold
E. T. ➔ Fricke, Friederike
E. T. P.A. ➔ Sachsen, Maria Antonia Walpurgis von
E. v. D. ➔ Illing, Christian David Rudolf
E. v. H. ➔ Schnabel, Johann Gottfried
E. v. K. ➔ Kohlenegg, Ella Kohl von
E. vom Kölsche Ring ➔ Ubien, Julius
E. W. G. ➔ Giese, Eberhard Wolfgang
E. W. T. ➔ Trippmacher, Elisabeth
Earl of Terbiggers-Ellinger, Charles-Roy ➔ Ellinger, August
Eary, Wolf M. ➔ Schulenburg, Isa von der
Eb., Jo. ➔ Eberlin von Günzburg, Johann
Ebekrohn ➔ Boehmker, Richard
Ebel, Ed. ➔ Lebede, Hans
Ebel-Dettmering, Charlotte ➔ Ebel, Charlotte
Eben, H. ➔ Flach, Johannes
Eben-Lederer, Sophie ➔ Lederer, Sophie
Ebenberg, Paul ➔ Schullern Ritter von und zu Schrattenhofen, Heinrich
ebenda ➔ Veil, Joachim
Ebenstein, Erich ➔ Hruschka, Annie
Eber-Ginrod, Edgar Manfred ➔ Eber, Edgar Manfred
Eberhard ➔ Schlözer, Karl von
Eberhard, E. J. ➔ Winterfeldt, Edmund von
Eberhard, Ernst Erik ➔ Müller, Waldemar
Eberhard, Fritz ➔ Rauschenplat, Hellmut von
Eberhard, Hanns ➔ Kempfe, Johannes Eberhard
Eberhard, Josef ➔ Dierkesmann, Joseph
Eberhard, Ludwig ➔ Schmidt, Fritz
Eberhard, Paul ➔ Ertel, Paul
Eberhard, Sabine ➔ Feige, Emilie
Eberhard, Sigfrid ➔ Heinatsch, Eberhard
Eberhardt, Bruno ➔ Schulze, Bruno
Eberhardt, Lotte ➔ Brügmann-Eberhardt, Lotte
Eberhardt-Humanus ➔ Eberhardt, Ernst
Eberl, Angelikus ➔ Eberl, Franz Paul
Eberl-Elber, Ralph ➔ Eberl, Rudolf
Eberling-Ostertag, Anneliese ➔ Eberling, Anneliese
Ebern, Vincenz von ➔ Glock, Nikolaus Vincenz
Eberpeunt, Thomas Aschringer von ➔ Aschringer, Thomas
Ebers, Fritz ➔ Mahnke, Johannes
Ebersberg, Anna ➔ Weishaar, Anna
Ebersberg, Luise ➔ Ebersberg, Josef Sigismund
Eberstadt ➔ May, Johann
Eberstein, Heribert ➔ Tiaden, Heinrich
Eberstein, Jordan Graf von ➔ Jordan von Sachsen
Ebert, Arnd ➔ Czasche, Rudolf
Ebert-Hansen, Lisa ➔ Ebert, Elisabeth
Eberty, Babette ➔ Bülow, Babette von
Ebhardt, G. ➔ Gebhardt, Florentine
Ebner, Fritz ➔ Einhorn, Julius
Ebner, Jeannie Anna ➔ Allinger, Jeannie Anna
Eboh, M. V. ➔ Hobe, Marie von
Ebraco, Chundras de ➔ Konrad von Ebrach
Ecard, Ludwig ➔ Ludwig, Cordelia
Eccius, Johann ➔ Maier, Johann
Echters, Rudolf ➔ Stecher, Richard
Echtlitz, Hans von ➔ Huth, Emmy von
Eck ➔ Eckardt, Friedrich Oskar
Eck, Carl-Ernst ➔ Kohlhauer, Ernst
Eck, Hans ➔ Stein, Hans Wilhelm
Eck, Johann ➔ Maier, Johann
Eck, Lydia ➔ Tschapeck, Lydia
Eck, Miriam ➔ Sebaldt, Käthe
Eck, Ottokar ➔ Scheuffler, Gottlieb
Eck, Peter ➔ Seligo, Irene
Eck, Reinhard ➔ Bätjer, Hermann
Eck, Roland vom ➔ Daubhäuser, Edmund
Eck, Ulla von ➔ Bentivegni, Ina von
Eckard, Friedrich ➔ Lichtenberg, Georg Christoph
Eckard, Hermann ➔ Fischer, Christian August
Eckardt, Claus ➔ Evers, Paul Friedrich
Eckardt, Raimund ➔ Ploecker, Otto Joh. Peter
Eckardt, W. ➔ Nieborowski, Paul Waldemar
Eckardt-Skalberg, Elfriede ➔ Eckardt, Elfriede
Eckart ➔ Schlözer, Leopold von
Eckart ➔ Urban, Michael
Eckart, Friedrich ➔ Oldenberg, Friedrich
Eckart, Martina ➔ Franz, Katharina Friederike
Eckart, Max ➔ Kempner, Max
Eckart, Peter ➔ Eckert, Herbert
Eckart-Helm, Martina ➔ Franz, Katharina Friederike
Eckbert, Curt ➔ Renthe-Fink, Anna
Eckbrecht, Andreas ➔ Zinner-Kranz, Gina
Ecke, Heinz ➔ Körner, Peter Heinrich
Ecke-Siebold, Erich ➔ Ecke, Erich
Eckehard, Gabriele ➔ Domke, Lucy Helene
Eckel, Peter ➔ Peter von Haselbach
Eckelmann, Elisabeth Christine ➔ Eckelmann, Ernst Christian
Ecker, Ernst L. ➔ Quadt, Ernst
Ecker, Konrad ➔ Raecke, Curt
Eckert ➔ Kautsky, Wilhelmine
Eckfried ➔ Stark, Josef
Eckhardt, L. ➔ Engel, Leopold
Eckhart, Fried. Alexander ➔ Kohlmann, Curt
Eckhart, Karin ➔ Poggensee, Emmy
Eckhart, Ludwig ➔ Praehauser, Ludwig
Eckhel, Anna Hilaria von ➔ Preuß, Anna Hilaria

Eckhof, Karl ➔ Focke, Alfred
Eckius, Johann ➔ Maier, Johann
Eckiw, G. ➔ Wicke, Gustav
Eckmair-Freudenthaler, Mimi ➔ Eckmair, Hermine
Eckmann, Friedrich ➔ Günther, Lothar
Ecknah, G. ➔ Hancke, Gotthard
Eckroth, L. ➔ Rock, Elisabeth
Eckstädt, M. von ➔ Göhler, Martha
Eckstein, Dr. ➔ Sander, Christian Levin Friedrich
Eckstein, Ernst ➔ Lindemann, Wilhelm
Eckstein, Utz ➔ Eckstein, Ulrich
Ed-Soneg, Willy ➔ Doenges, Willy
Edbud, Roger Demare ➔ Budde, Harald
Edelhagen, L. ➔ Kophamel, Luise
Edelhof ➔ Haubenberger, Leo
Edelhold ➔ Demme, Hermann Christoph Gottfried
Edelleben, Sylvander von ➔ Loen, Johann Michael Freiherr von
Edelpökh, Benedikt ➔ Edelbeck, Benedikt
Edelwald, Justus ➔ Fülleborn, Georg Gustav
Edelweih, Bruno ➔ Fries, Philip Heinrich
Edem zu Udessa, Essra ➔ Marées, Johann Friedrich de
Eden, Carla ➔ Hünerbein, Charlotte von
Eden, Julius von ➔ Loeb, Julius
Edenfeld, Thekla ➔ Levi, Thekla
Eder, Franz Karl ➔ Löser, Franz
Ederanus ➔ Heldmann, Karl
Edgar, Jan ➔ Balasits, Jan Edgar
Edgar, M. ➔ Jäger-Meier, Marie
Edger, A. S. ➔ Saager, Adolf
Edinhard, Gustav ➔ Fink, Anton Wilhelm Christian
Edinhard, Gustav ➔ Fink, Christian Anton Wilhelm
Edling, Walter ➔ Cajka, Karl
Edlita, M. ➔ Steinsdorfer, Mathilde
Edmund, Gustav ➔ Pazaurek, Gustav Edmund
Edmund, Karl ➔ Petersohn, Karl Christoph
Edmund, L. ➔ Lobedanz, Edmund Adolf Johannes
Edmundus, Christianus ➔ Dunkel, Johann Gottlob Wilhelm
Edschmid, Kasimir ➔ Schmid, Eduard
Eduard ➔ Baader, Klemens Aloys
Eduard ➔ Kneiff, Eduard
Eduard, Carl ➔ Klopfer, Carl Eduard
Eduard, Gustav ➔ Grunwaldt, Gustav Eduard
Eduard, M. ➔ Cauer, Minna Theodore
Edward ➔ Hlawacek, Eduard
Edwards, Bob ➔ Schätz, Edward R.
Edwards, Karla ➔ Ackermann, Eduard
Edwig, E. ➔ Wedig, Ernst Johann Hieronymus
Eela, H. P. ➔ Freyberg, Hermann
Efa ➔ Schlee, August
efas ➔ Scheer, Adolf
efce ➔ Foerst-Crato, Ilse
Efendi, Omar ➔ Renner, Heinrich
Eff Ess ➔ Schweynert, Fritz
Eff-Enn-Berger ➔ Effenberger, Gustav
Effberg, Harold ➔ Friedeberg, Harold
Effenberger, Boris ➔ Strohschein, Barbara
Effenberger, Selma ➔ Schneider, Selma
Effendi ➔ Meyer-Elbing, Oskar
Efferen, Wilhelm Ferdinand von ➔ Schoppe, Kaspar
Effinger, Heinrich ➔ Bodmer, Johann Jacob
Efir, Eduard Hans ➔ Franz, Eduard
Efreb-Kador ➔ Erber, Felix
Egalis ➔ Pindter, Heinrich
Egalis, Heinrich ➔ Pindter, Heinrich
Egard, Paul ➔ Eggers, Paul
Egbert, Julius von ➔ Geib, Karl
Egbert, W. ➔ Grieben, Ferdinande
Ege ➔ Egerer, Leo
Ege, Chri ➔ Egenolff, Christian
Egenolff, Ortwin ➔ Roloff, Ernst Max
Eger, Ludwig Ulrich ➔ Edon, Richard Alexander von
Egerer, Margit ➔ Pschorn, Margareta
Egestorff, Georg ➔ Ompteda, Georg Freih. von
Egg, Woldemar ➔ Gersdorf, Ernst Gotthelf
Eggart, Hulda ➔ Hofmiller, Hulda
Eggelbrecht, Albrecht ➔ Bonhoff, Carl
Eggener, Axel ➔ Moch, Max
Egger, Bruno ➔ Nistler, Aloys
Egger, Ellen ➔ Mirus, Ludmilla
Egger, H. N. ➔ Nydegger, Hans
Eggersdorf, Max ➔ Schwengberg, Max
Eggert, Kuni ➔ Tremel, Kunigunde
Eggert-Bayreuth, Walther ➔ Eggert, Walther
Eggert-Wehagen, Walther ➔ Eggert, Walther
Eggerus, G. F. ➔ Sagittarius, Caspar
Eggo, Feodor ➔ Stuhr, Peter Feddersen
Eginhard ➔ Buschman, Gotthard von
Eginhard, Karl ➔ Bergner, Adolph August
Eginhardt ➔ Plaenckner, Othello von
Eginhardt ➔ Willkofer, Anton
Egli, Raphael ➔ Goetzen, Raphael
Eglil, Peter ➔ Peter von Haselbach
Egmont, Hans ➔ Kratzwall, Egmont
Ego ➔ Band, Moritz
Ego ➔ Meville, Eduard
Ego ➔ Scharl, Robert
Ego ➔ Voltz, Wilhelm
Ego, Adam ➔ Bischoff, Diedrich
Ego, Felix ➔ Lipman-Wulf, Lilly
Ego-Vampir ➔ Forrer, Hanspeter
Egon ➔ Mamroth, Fedor
Egranus, Johannes Sylvius ➔ Wildenauer, Johannes Sylvius
Ehegasser, Franz ➔ Währ, Franziska
Ehemaliger Schulmann ➔ Stolz, Alban
Ehestorf, Gerd P. ➔ Prause, Gerhard
Ehlen, Hanna ➔ Kolbe, Hanna
Ehlers-Alstertal, J. ➔ Ehlers, Johann
Ehlert-Cwiklinski, Eugen ➔ Ehlert, Eugen
Ehmcke, Susanne ➔ Bloch, Susanne
Ehr Glieb ➔ Braunz-Goercke, Elisabeth
Ehrberg, K. ➔ Stölting, Wilhelm
Ehrenberg, E. ➔ Hölterhoff, Elise

Einbeck, Friedrich ➔ Rilz, René
Eine Dame von Stande ➔ Reinsberg, Ida von
Eine deutsche Mutter ➔ Giesenhagen, Heddy
Eine Mutter ➔ Stevesand, Wilhelmine von
Eineck, Volker ➔ Einenkel, Volkmar
Einem ➔ Biedermann, Woldemar
Einem, Charlotte v. ➔ Emminghaus, Charlotte
Einem, von ➔ Dücker, Johann Friedrich
Einer vom Dorfe ➔ Illing, Christian David Rudolf
Einerl-Bonyhady ➔ Rosenberg, Gustav
Einhart ➔ Claß, Heinrich
Einhauser-Heer, Thilde ➔ Einhauser, Thilde
Einriedt, Ewald ➔ Wieland, Dieter
Einsam, Paul ➔ Ruf, Sebastian
Einsender ➔ Schmidt, Hinrich
Einsiedel, Claus ➔ Britzelmayer, Joseph
Einsiedel, Johannes ➔ Schöppner, Alexander
Einsiedel, Robert ➔ Tetzner, Helene
Einsiedel, Robert von ➔ Claußner, Robert
Einsiedler von Lackenham ➔ Radnitzky, August
Einstein-Nathorff, Hertha ➔ Nathorff, Hertha
Einwächter, Marion ➔ Poellnitz, Marion von
Eis, Egon ➔ Eisler, Egon
Eisebeck, Burchard v. ➔ Esebeck, Burchard v.
Eisen, Lothar ➔ Schneider, Josef Bernhard
Eisenbach, Elisabeth ➔ Warsberg, Elisabeth v.
Eisenbach, Karl ➔ Singer, Friedrich
Eisenbart, Jeremias Elogius Tobias ➔ Pfannmüller, Donatus
Eisenberg, Anna ➔ Misselwitz, Anna
Eisenberg, Susi ➔ Bach, Susan
Eisenhart, Götz ➔ Saur, Heinrich
Eisenhart-Saur, Götz ➔ Saur, Heinrich
Eisenhauser, E. A. ➔ Eisenhauser, Eva
Eisenhut, Gottfried ➔ Bieler, Benjamin
Eisenhuth, P. ➔ Hübner, Horst W.
Eisenschütz, Otto ➔ Eisenschitz, Otto
Eisenstein, Karl von ➔ Eisner von und zu Eisenstein, Karl
Eisenthaler, Hans ➔ Stephani, Claus
Eisenwerth ➔ Schmoll, Josef Adolf
Eisner, Stefan ➔ Ferrari, Gustav
Eissen-Stein, Karl ➔ Klipstein, Charlotte von
Eissner, Albin ➔ Bohmann, Alfred
Eitel-Axt, Renate ➔ Axt, Renate
Eitel-Brendel, Johann ➔ Brendel, Johann Eitel
ejo ➔ John, Ernst
Ekal, Kurt ➔ Lutz, Kurt
Ekensteen, M. von ➔ Schmidt, Marie
Ekkehard ➔ Brucker, Ludwig
Ekkehard ➔ Hirsch, Hans Traugott
Ekkehard ➔ Wenzel-Ekkehard, Otto
Ekkehard, Friedrich ➔ Barthel, Friedrich
Ekkehard, Max ➔ Hoffmann, Ludwig
Ekkehardt ➔ Ecke, Alfons
Ekkehardt, Gotthelf ➔ Groß, Karl Adolf
Ekkehart, C. ➔ Salm, Carl
Ekkehart, Klaus ➔ Reißenweber, Arno
Ekliw, Fritz ➔ Wilke, Fritz
Ekmel, Role ➔ Lemke, Karl
Eknif, Harald ➔ Fincke, Clara
Eköb, Charles ➔ Böke, Karl
Ekwerd ➔ Drewke, Heinrich
El ➔ Reuß, Elonore Fürstin
El Loko ➔ Loko, Edoh Lucien
El Neccar ➔ Montigny, Adelheid de
El-Correi ➔ Thomaß, Ella
Elbanie ➔ Kurzrock, Therese Freiin von
Elbe, Alfons von der ➔ Conrad, Ado
Elbe, Auguste von der ➔ Decken, Auguste v. d.
Elbe, Erwin von der ➔ Sachse, Alfred Erwin
Elbe, Gustav von der ➔ Merzbach, Gustav
Elbe, R. ➔ Bloch, Ludwig
Elbe, Walther v. der ➔ Everth, Gottlieb Walter
Elben, Hans ➔ Berdrow, Wilhelm
Elben, Hans ➔ Bode, Friedrich Wilhelm Adolf
Elberberg, Wolf ➔ Buttlar, Wilhelm Erasmus Karl August von
Elberger, Bernd ➔ Hofé, Günther
Elbing, Julius ➔ Neumann, Johanne
Elbogen, Georg von ➔ Brentel, Georg
Elchlep, Edeltraut ➔ Herder-Elchlep, Edeltraut
Elda, Gabriele von der ➔ Bülow, Paula von
Elden, Hans ➔ Berdrow, Wilhelm
Elden, Sophus ➔ Edlefsen, Sophus
Elder, Heinz ➔ Nülle, Heinz
Elderus, Bartholomäus ➔ Elert, Bartholomäus
Elding, Kurt ➔ Dodel-Elding, Jacob
Eleg ➔ Egerer, Leo
Elem ➔ Weber, Charlotte von
Eleo ➔ Egerer, Leo
Eleonor ➔ Helmstedt, Eleonore
Elerus, Franciscus ➔ Elers, Franz
Eleuterius, Antonius ➔ Oeder, Georg Ludwig
Eleuterius a Verimonte ➔ Bertram, Johann Friedrich
Eleutherius, Augustinus ➔ Franck, Sebastian
Eleutherius, Martinus ➔ Luther, Martin
Eleutherobius, Christoph ➔ Freisleben, Christoph
Eleutherobius, Leonhard ➔ Freisleben, Leonhard
Eleutheros, Joannes ➔ Cunow, Martin
Elfa, Sascha ➔ Bechtel, Helene
Elfenau, Walther ➔ Pramberger, Julius Richard
Elford, Owen ➔ Fürth, Otto
Elfrid ➔ Meinhold, Elfrida
Elfrid, Roland ➔ Jarosch, Adolf
Elg, Ivar ➔ Elfström, Ida
Elge ➔ Glaß, Luise
Elgenstein, Conrad ➔ Elwenspoek, Curt
Elgers, Paul S. ➔ Schmidt, Paul
Elgers, Paula Paul ➔ Schmidt, Paul
Elgor ➔ Egerer, Leo
Elias ➔ Müller, Johann Daniel
Elias d. J. ➔ Bergk, Johann Adam
Elieser, Ludwig ➔ Stein, Ludwig
Elimar, Anton Günther Friedrich ➔ Oldenburg, Anton Günther Friedrich Herzog von
Elisa ➔ Mosel, Katharina
Elisa ➔ Recke, Elisabeth von der

Emmerich ➔ Ranzoni, Emmerich
Emmerich ➔ Thurm, Paul Willi
Emmerich, Ferdinand ➔ Emmerich-Hoegen, Ferdinand
Emmerke, Erich M. ➔ Hausin, Manfred
Emmius, Ubbo ➔ Emmen, Ubbo
Emmy ➔ Arbter, Emma Wanda von
Emmy ➔ Pelzeln, Maria Edle von
Emmy ➔ Zanini, Emilie Marie
Emonicus, Alban ➔ Babnik, Johann
Emperaire ➔ Kern, Walter
Empiricus, Orbilius ➔ Hubatsch, Oscar
Emrich, Louis ➔ Emrich, Ludwig Friedrich
Emrich, Philipp ➔ Hamm, Wilhelm Philipp Ritter von
Ems, A. von der ➔ Ruhe, Alfred
Ems, Dr. ➔ Scranka, Eduard Maria
Emscher, Horst ➔ Bouterweck, Olaf
Emundts-Draeger, Elisabeth ➔ Emundts, Elisabeth
Ena ➔ Hahn, Lena
Enberg, A. V. R. ➔ Gottberg, Anna von
Encaustius, Huldericus ➔ Brentz, Johann
End, Jörg von ➔ Stocker, Franz August
Ende, Charlotte von ➔ Hünerbein, Charlotte v.
Ende, E. von ➔ Nève, Alexander de
Ende, Eva ➔ Hillebrand, Clara
Ende, G. J. ➔ Strache, Wolf
Ende, Sepp vom ➔ Voment, Josef
Ende, W. ➔ Uedinck, Anna
Endeers, L. van ➔ Bram, Franziska
Enders, August ➔ Zitz, Kathinka
Enders, M. A. ➔ Biebendt, Anna
Enders-Dix, Anna ➔ Dix, Anna
Endersdorf, Anton ➔ Hilgert, Anton
Endli, Florian ➔ Bonn, Ferdinand
Endlich, Joan ➔ Englisch, Johannes
Engel, E. T. H. ➔ Engel, Emil Theodor Hans
Engel, Emmy ➔ Winkler, Emmy
Engel, Erika ➔ Wojahn, Erika
Engel, Joh. Emanuel ➔ Fischer, Grete
Engel, Moritz ➔ Engel de Jànosi, Maurus
Engel, O. K. ➔ Klameth, Odilo Engelbert
Engel, Urban ➔ Fröba, Klaus
Engel-Hardt ➔ Engelhardt, Rudolf
Engelbert, Peter ➔ Poegel, Richard
Engelbert, Peter ➔ Pooth, Peter
Engelbrecht, Hugo ➔ Schwarz, Hugo Engelbrecht
Engelbrecht, Werner ➔ Horn, Walter
Engelhard, Eusebius ➔ Kuen, Michael
Engelhardt ➔ Hoegner, Wilhelm
Engelhardt, Helene von ➔ Papst, Helene
Engelhardt, Ruth ➔ Preller, Elisabeth
Engelhardt-Kyffhäuser, Otto ➔ Engelhardt, Otto
Engelhardt-Pabst, Helene v. ➔ Papst, Helene
Engelhardt-Schnellenstein, Helene von ➔ Papst, Helene
Engelhart, C. ➔ Bötticher, Georg
Engelhusius, Theodericus ➔ Engelhus, Dietrich
Engell-Günther, Juliane ➔ Günther, Juliane
Engelmahn, Görge ➔ Engelmann, Georg
Engelmann ➔ Glatz, Jakob
Engels, Petra ➔ Fietzek, Petra
Engelsberg, E. S. ➔ Schön, Eduard Ritter von
Engentinus ➔ Engelbrecht, Anton
Engentinus ➔ Engelbrecht, Philipp
Engermann, Andreas ➔ Düpmann, Walter
Engler-Kumpmann, Ursel ➔ Engler, Ursel
Englert, Mary ➔ Hess, Mary
Engster, Huldreich ➔ Brentz, Johann
Engström, Marianne ➔ Stromenger-Vidale, Marianne
Enkelin der Karschin ➔ Chézy, Wilhelmine Christiane von
Enkenbach, Walter ➔ Dannenberger, Hermann
Enoch, Heileb ➔ Muck, Friedrich
Enrici, Enzio ➔ Kern, Ernst Heinz
Enrico ➔ Jäger, Heinrich
Ense ➔ Frank, Rudolf
Ensfurt, Dr. Franklin von ➔ Enslin, Karl Wilhelm Ferdinand
Ensmann, Amber ➔ Berensmann, Alwine Mathilde
Entleitner, Maria ➔ Schürer, Maria
Enzelius, Christoph ➔ Entzelt, Christoph
Enzian, Jedediah Gaudelius ➔ Scherr, Johannes
Enzio, R. W. ➔ Wenz, Richard
Eo ipso ➔ Clobes, Heinz Wilhelm
Eobanus Hessus, Helius ➔ Koch, Eoban
Epaphroditus ➔ Schweitzer, Carl Gunther
Epaulis, H. ➔ Viehoff, Heinrich
Epheu, F. L. ➔ Hanker, Garlieb
Ephra ➔ Raff, Friedrich
Ephraim, Markus ➔ Richter, Christoph Gottlieb
Epigrammatocles ➔ Hofmann, Friedrich
Epiktet ➔ Hora, Leonhard
Epimenides ➔ Kundmann, Johann Christian
Episcopius, M. Johannes ➔ Bischoff, Johann
Episcopus, Johannes ➔ Bischoff, Johannes
Episcopus, Ludwig ➔ Bischoff, Ludwig
Episcopus, Sartorius ➔ Schneider, Heinrich Emil
Epitimus, Andreas ➔ Beyer, Hartmann
Epp, Jovita ➔ Epp de Hary, Edwiges Eleonora
Epp, Karl Friedrich ➔ Forstreuter, Erich Karl Max
Eppan-Penegal ➔ Erber, Othmar
Eppas ➔ Zappe, Hans
Eppenstein, Emil ➔ Frey, Silvester
Eppler, John W. ➔ Eppler, Johannes
Eppo, Attila ➔ Fink, Anton Wilhelm Christian
Epprecht, Lucia ➔ Fehlmann-Epprecht, Lucia
Eppstein, Karola ➔ Weingarten, Karola
Epstein, Paula ➔ Lübbe, Paula
Equiso ➔ Marshall, Wilhelm
Er ➔ Biberich, Gustav
ER ➔ Müller, Hannah
Er., O. ➔ Hartleben, Otto Erich
Erall ➔ Hoffmann-Rall, Elle

Erasistratus ➔ Wedekind, Georg Christian Theodor Freiherr von
Eraßmus, Johann ➔ Abschatz, Hans Assmann Freiherr von
Erastus, Thomas ➔ Lieber, Thomas
Erau, Luise ➔ Auer, Agnes von
Erb, Elke ➔ Endler, Elke
Erb, Hedwig ➔ Kocher-Erb, Hedwig
Erbach, Alexander ➔ Baumgärtner, Julius Alexander
Erbach, Franz ➔ Schack, Hans
Erbach, L. ➔ Winterfeld, Friedrich Adalbert v.
Erbarmen, Gottlieb ➔ Kuhn, Karl
Erbe, Elka ➔ Kübler, Lene
Erbe, Otto ➔ Zweiling, Klaus
Erbe-Lyck, Else ➔ Erbe, Else
Erben-Sedlaczek, Irma ➔ Erben, Irma
Erbet, Arnd ➔ Czasche, Rudolf
Erbin, F. Th. ➔ Kugler, Franz Theodor
Erbius, Mathias ➔ Erb, Mathias
Erck, V. van ➔ Knauer, Vinzenz Andreas
Erco ➔ Collin, Ernst
Erdberg, Robert von ➔ Erdberg-Krczenciewski, Robert von
Erdmann, Erdwin ➔ Ertman, Ertwin
Erdmann, Gottfried ➔ Treber, Adam
Erdmann, Johann ➔ Becker, Hans
Erdmann, Karl ➔ Vogelsberg, Karl Robert
Erdmann, Moritz ➔ Engel, Moritz Erdmann
Erdmann, Otto ➔ Schwalm, Hans
Erdmann, Veronika ➔ Czapski, Veronika
Erdmann, Yella ➔ Vulpius, Yella Aurelie
Erdmann-Friedrich, Alice ➔ Kailer, Frieda Alice
Erdmann-Jesnitzer, Friedrich ➔ Erdmann, Friedrich
Erdmann-Küttel, Helene ➔ Erdmann Edle von Zyobrovsky, Helene
Erdner, Fritz ➔ Thon, Friedrich Wilhelm
Erdt, H. ➔ Berkhahn, Günther
Eremit von Gauting ➔ Hallberg zu Broich, Karl Theodor Maria Hubert Isidor von
Eremita, Janus ➔ Gretschel, Johann Christoph
Eremita, Johannes ➔ Gruben, Franz Josef von
Eremita Westphalus ➔ Sommer, Johann Friedrich Josef
Eremos ➔ Baumstark, Anton
Erényi, Erika ➔ Halter, Erika
Eres ➔ Scharnke, Reinhold
Erfordia, Jacobus de ➔ Jakob von Jüterbogk
Erft, M. v. d. ➔ Merkens, Heinrich Ludwig
Erfurt, Bruno von ➔ Friedrichs, Jenny von
Erfurt, Ludwig von ➔ Hilsenberg, Carl Ludwig Heinrich
Erfurt, Adalar von ➔ Schmidt, Adalar
Erfurt, Peter ➔ Bierschenk, Burkhard Peter
Ergaste ➔ Reusch, Erhard
Erge ➔ Greulich, Emil Rudolf
Erge, Gretl ➔ Girardi, Margarete
Ergon, P. E. A. ➔ Heyda, Ernst
Erhard, Emilie ➔ Warburg, Emilie Erhardine von
Erhard, Joachim ➔ Emilian, Ion
Erhard, Julius ➔ Köhler, Julius Erhard Wilhelm
Erhard, Linna ➔ Clausnitzer, Linna
Erhardt, F. ➔ Hahn, Franziska
Erhardt, Toni ➔ Berkhan, Toni
Erhart, Rolf ➔ Mauerhardt, Rolf
Erhart, Wolf ➔ Mauerhardt, Rolf
Erich, Alfred ➔ Hoche, Alfred Erich
Erich, Hans ➔ Seuberlich, Hans-Erich
Erich, Julius ➔ Kloß, Erich
Erich, Otto ➔ Hartleben, Otto Erich
Erichsen, Hannes ➔ Stroehmer, Hans-Erich
Erichsen, Leo ➔ Moyscowicz, Leo
Erichsohn, G. ➔ Fischer, Christian August
Erichson, Erich ➔ Petersilie, Erich
Erichson, Georg ➔ Lindner, Friedrich Ludwig Georg
Erichts, Hermann ➔ Streich, Hermann Friedrich Carl
Ericus, Johann Peter ➔ Erich, Johann Peter
Erika ➔ Fricke, Friederike
Erika ➔ Jäger-Meier, Marie
Erika ➔ Steffen, Wilhelm
Erika, G. ➔ Ullmann, Gustav
Eriksen, Erich ➔ Eichenberg, Julius
Erin, Johannes ➔ Messenhauser, Wenzel Georg Cäsar
Erio ➔ Grégoire, Pierre
Eris, Hermann ➔ Brantsch, Ingmar
Eris, Karl ➔ Umfried, Otto
Erk, Ulrich ➔ Schlägel, Maria von
Erka, Rolf ➔ Klutmann, Rudolf
Erkenwald, Wolfgang ➔ Schade, Wolfgang
Erl, Volkhard S. Ch. ➔ Scherl, August
Erla, Timm ➔ Gröper, Friedrich
Erlangen, Erasmus von ➔ Doppler, Michael
Erlau, Johannes von der ➔ Vogt, Hans
Erlau, Peter ➔ Lauer, Erich
Erlauch ➔ Knoblauch, Adolf
Erlay, David ➔ Erlei, Hans Josef
Erlbach, Otto von ➔ Kausen, Armin
Erlburg, L. von ➔ Schwarzenau, Marie von
erle ➔ Merleker, Hartmuth
Erle, Gustav ➔ Gerle, Wolfgang Adolf
Erlen ➔ Baernreither, Franziska C.
Erlen, Thaddäus ➔ Thalhammer, Hans
Erlenbach, Joy ➔ Breither, Karin
Erlenbach, Wolfgang ➔ Bodmer, Johann Jacob
Erlenfels, Arthur von ➔ Sojecki, Joseph Casimir Arthur
Erler ➔ Laufenberg, Heinrich
Erli, Nortrud ➔ Boge-Erli, Nortrud
Erlin, Hedwig ➔ Erlin-Schmeckebier, Hedwig
Erlin, W. B. ➔ Schirmeier, Walter
Erloff, Ludwig ➔ Rudloff, Erich
Erm, Grielda ➔ Neumann, Evelyn Mathilde
Ermann, H. ➔ Schrutz, Demetrius
ERMI ➔ Miller-Klinkmüller, Ernst
Ermin ➔ Kumpf, Johann Gottfried
Ermin ➔ Pietznigg, Franz
Erna ➔ Druskowitz, Helene von

Evers, W. Heinz ➔ Evers, Heinrich Wilhelm Hubert
Evers-Milner, Helge ➔ Evers, Katharina
Evertier, Paul ➔ Brinkmann, Jürgen
Evertz, Franz ➔ Brors, Franz
Evmarie ➔ Haasis, Evmarie
Evodius, Theodulius ➔ Amling, Wolfgang
Evonymus ➔ Link, Gottlieb Christian Karl
Evonymus, Philiatrus ➔ Gessner, Konrad
Evsenberg, Jacob ➔ Fischart, Johann Baptist Friedrich
Ewald ➔ Hering, Ewald
Ewald, Christian ➔ Prem, Simon Marian
Ewald, Heinrich ➔ Ludolphi, Heinrich August Theodor
Ewald, Johann ➔ Reif, Johann Ewald
Ewald, L. ➔ Olszewski, Lucia
Ewald, Oskar ➔ Friedländer, Oskar
Ewart, Felice ➔ Exner, Emilie
Ewarth, H. ➔ Bäcker, Hermann
EWE ➔ Wodak, Ernst
Ewerbeck, Betina ➔ Wiedebach-Nostitz, Betina von
Ewers, F. W. ➔ Köchy, Christian Heinrich Gottlieb
Ewers, H. G. ➔ Gehrmann, Horst
Ewers-Wunderwald ➔ Ewers, Ilna
Ewert, Jan ➔ Trojan, Ernst Walter
Ewes, Fritz ➔ Schmidt, Eugen Walther
Ewigk, Ted ➔ Giesa, Werner Kurt
Excelsior ➔ Schütz, Friedrich
Excelsior ➔ Unterweger, Rose
Exjudex ➔ Oertel, Fritz
Expertus ➔ Jensen, Wilhelm
Expertus ➔ Kossowsky, Alex
Exter, Anton Hederich von ➔ Exterde, Anton Heidenreich von
Exul Murraanus, Pasquillus ➔ Hutten, Ulrich von
Ey, Karl ➔ Meyer, Karl Hermann
Eychmann ➔ Dryander, Johannes
Eychstaedt, Carl von ➔ Frey, Karl
Eyck, Herbert Adam van ➔ Adam, Herbert
Eyerkuchen, Susanna ➔ Heinse, Gottlob Heinrich
Eyerle, Usch ➔ Winkler-Eyerle, Ursula
Eyk, Piet van ➔ Koch, Edmund P.
Eyll, Orge ➔ Falk, Hermann
Eyrind, Robert ➔ Lohmeyer, Wolfgang
Eysell-Kilburger, C. ➔ Blüthgen, Clara
Eysenberg, Jacob ➔ Fischart, Johann
Eyser, Ulrich ➔ Plessner, Helmuth

F

F. → Förtsch, Johann Christian Karl
F. → Schumann, Robert
F. → Wiechowski, Wilhelmine
F., Eleonore → Gersdorf, Wilhelmine von
F., Pepin → Fröschl, Josef G.
F. O. M. → Meusebach, Karl Hartwig Gregor von
F. v. L. → Francois, Marie Louise von
F. von der alten Burg → Förster, Friedrich Christoph
F. T. → Tarnow, Franziska Christine Johanna Friederike
F. W. C. → Carové, Friedrich Wilhelm
Fabarius, Friedrich August → Breuhaus, Fritz August
Fabbri, Toni → Dathe-Fabbri, Toni
Fabel, Renate → Fischach-Fabel, Renate
Faber → Ulrich, Georg
Faber, A. J. → Abel, Wilhelm
Faber, Albin → Schmiemann, Albin
Faber, Alfred → Fischer, Else
Faber, Anton → König, Johann Carl
Faber, Anton → Leucht, Christian Leonhard
Faber, Armin → Schmidt, German von
Faber, C. W. → Faber, Karl Wilhelm
Faber, Caspar → Schmitt, Caspar
Faber, Dr. → Schmidt, Hans Walter
Faber, Dr. → Zimmermann, Gustav
Faber, Ernst → Schmittdiel, August
Faber, Fanny → Schubert, Paul Hermann
Faber, Felix → Schmid, Felix
Faber, Fr. → Flittner, Christian Gottfried
Faber, Franciscus → Köckritz, Franziskus
Faber, Georg Sebastian → Schmid, Alfred
Faber, Gerald → Wawra, Emil
Faber, Günter → Rudorf, Günter
Faber, H. → Schmitz, Hubert
Faber, Hanns Georg → Faber, Johannes Basilius Georg
Faber, Hans → Zimmermann, Alfred
Faber, Hermann → Goldschmidt, Hermann
Faber, Hermann → Schmidt, Hermann
Faber, Horst Maria → Schmidt, Horst
Faber, Irmtraut → Bömke, Bernhard
Faber, Johann → Schmidt, Johann
Faber, Johannes → Heigerlin, Johannes
Faber, Justus → Schrader, August
Faber, P. → Goldschmidt, Paula
Faber, Peter → Schmitz, Siegfried
Faber, Tertullian → Schmid, Franz Xaver
Faber, Theresia → Meridies-Stehr, Ursula
Faber, Ulrich → Schmidt, Ulrich
Faber, Ulricus → Schmidl, Ulrich
Faber, Walter → Schmitz, Walter H.
Faber, Wolf Artus → Schmidt, Wolfgang
Faber du Faur, Irmgard von → Mannheimer, Irmgard
Faber von Bockelmann, Elsa → Faber, Elsa
Faber-Kaltenbach, Jakob → Faber, Jakob
Faber-Perathoner, Hans → Faber, Hans
Faberius, Vitus → Faber, Vitus
Fabian → Rütz, Werner
Fabian, Franz → Mielke, Franz
Fabian, Hans → Mattheus, Richard
Fabian, Peter → Haacke, Wilmont
Fabianus → Werlhof, Paul Gottlieb
Fabianus, F. → Bucher, Anton von
Fabri, Conrad Heinrich → Fabricius, Conrad Heinrich
Fabri, Felix → Schmid, Felix
Fabri, Heinz → Schmidt, Gustav
Fabri, Johannes → Faber, Johannes
Fabri, Johannes → Heigerlin, Johannes
Fabri, Kurt → Loewenstein, Kurt
Fabri, Ulrich → Schmidt, Ulrich
Fabri, Ulricus → Schmidl, Ulrich
Fabri, Wenzel → Faber, Wenzel
Fabri de Fabris, R. → Schmitz, Maria
Fabri de Werdea, Johannes → Obermayer, Johannes
Fabri der Jüngere → Fabry, Gottlieb Lebrecht
Fabricius, Andreas → Goldschmidt, Andreas
Fabricius, Arnoldus → Schmidt, Wilhelm
Fabricius, Bernhard → Schmidt, Bernhard
Fabricius, Franciscus → Smidt, Franciscus
Fabricius, Georg → Goldschmidt, Georg
Fabricius, Heinrich → Schmiedel, Heinrich
Fabricius, Heinrich → Schmitt, Heinrich
Fabricius, Hermann → Schmid, Hermann
Fabricius, Hermann Joseph → Schmitz, Joseph
Fabricius, Jacob → Schmied, Jacob
Fabricius, Johann → Schmidt, Johann
Fabricius, Otto → Schmid, Otto
Fabricius, Vincent → Schmidt, Vincent
Fabricius, Wolfgang → Kloepfel, Wolfgang Fabricius
Fabricius Hildanus, Wilhelm → Fabry, Wilhelm
Fabrizius → Schmitz, Hermann Josef
Fabrizius, Leopold → Thelen, Albert Vigoleis
Fabro-Miranda, Griphangno → Messerschmid, Georg Friedrich
Fabronius, Hermannus → Schmidt, Hermann
Fabry von der Schmitten, Wilhelm → Fabry, Wilhelm
Fabulis → Wagner, Paul Richard
Faedis → Zucco, Marianne von
Fafnir, Dr. → Schröder, Emil
Fagilucus Pierius → Buchwald, Sigismund
Fagius, Paulus → Büchlein, Paulis
Fahlweid, Aline → Felber-Jeker, Aline
Fahne, A. → Uechtritz, Friedrich von
Fahr, Peter → Farine, Pierre
Fahrender Schüler → Niedermayer, Andreas
Fahrenwald, Georg → Rollenhagen, Georg
Fahrmann, D. → Groß, David
Fährmann, Johannes → Fändrich, Hans

Fahrow, Elsbeth ➔ Sintenis, Elsbeth
Faillona, Samson ➔ Frey, Janus Cäcilius
Faine, Claude ➔ Rubahn, Horst-Günther
Falce, Eugenius a ➔ Hippel, Theodor Gottlieb von
Falck, Hans ➔ Ahues, Adele
Falck, Robert ➔ Forck, L.
Falck, Robert ➔ Kalmuczak, Rolf
Falckenberg, Franz J. ➔ Faßbinder, Franz
Falcon, S. H. ➔ Adler-Rudel, Salomon
Falk ➔ Gathy, August
Falk ➔ Schießler, Sebastian Willibald
Falk, C. ➔ Fleck, Clara
falk, e ➔ Falk, Eduard
Falk, Egbert ➔ Fuhrmann, Georg
Falk, Elisabeth ➔ Falk, Hermann
Falk, Eugen ➔ Falk-Breitenbach, Eugen
Falk, Hans Gabriel ➔ Meier, Hans
Falk, Hector ➔ Kalmuczak, Rolf
Falk, Monika ➔ Schubert, Paul Hermann
Falk, Peter ➔ Pfitzner, Hein
Falk, Robert ➔ Kalmuczak, Rolf
Falk, S. C. H. ➔ Klein, Friedrich
Falk, Udo ➔ Schubert, Paul Hermann
Falk, Ulrich ➔ Banzhaf, Johannes
Falk, Victor von ➔ Sochaczewski, Heinrich
Falk, Werner ➔ Klenke, Werner
Falk von Sonnenfels ➔ Hildebrand, Maximiliana Liana
Falke, Amalie ➔ Falke von Lilienstein, Amalie
Falke, Gustav ➔ Jenny, Gustav
Falke, Hans ➔ Falke von Lilienstein, Hans
Falke, Konrad ➔ Frey, Karl
Falkenau, Kurt ➔ Fiedler, Philipp
Falkenau, Wolfgang ➔ Salaschek, Hans
Falkenberg, A. v. ➔ Buzzi, Andreas Ritter von
Falkenberg, Ernst ➔ Golling, Ernst
Falkenberg, Frank vom ➔ Behm, Wilhelm
Falkenberg, Gustav von ➔ Frankenberg und Ludwigsdorf, Alex Victor Franz von
Falkenberg, Hagen ➔ Chalupka, Ottokar F.
Falkenburg ➔ Noltsch, Ottokar
Falkenburg, Carl von ➔ Cassau, Karl
Falkenfeld, Ilse ➔ Aufrichtig, Ilse
Falkenhain ➔ Bernhardi, August Ferdinand
Falkenhain, Jens ➔ Plötze, Hasso
Falkenhayn, Egon ➔ Redzich, Constantin
Falkenhorst, C. v. ➔ Jezewski, Stanislaus von
Falkenried, Gerhard von ➔ Ortmann, Reinhold
Falkenstein, C. von ➔ Cassau, Karl
Falkenstein, Melitta ➔ Schweitzer, Albert
Falker, James ➔ Höber, Heinz Werner
Falkland, Fred ➔ Günther, Hans Ludwig Albert
Falkland, Heinrich ➔ Hofmann, Franz
Falkner, Dr. ➔ Nesper, Eugen
Falkner, Gottfried ➔ Wencker-Wildberg, Friedrich
Falkner, Hugo ➔ Weißenthurn, Maximiliane v.
Falkner, Toni ➔ Schubert, Paul Hermann
Fall, Eddy ➔ Fürholzer, Edmund
Fallada, Hans ➔ Ditzen, Rudolf
Fallenstein ➔ Bauer, Friedrich
Faller, Gerth ➔ Eipeldauer, Gertrude
Fallmer, A. G. ➔ Wollheim da Fonseca, Anton Edmund
Falstein, A. ➔ Falke von Lilienstein, Amalie
Falter, Robert ➔ Thies, Rolf
Fandrey, Theodora ➔ Bailly, Theodora
Fanfaron ➔ Friedmann, Armin
Fanny ➔ Tarnow, Franziska Christine Johanna Friederike
Fano S. Benedicti, Mariangelo à ➔ Schoppe, Kaspar
Far West ➔ Münch, Friedrich Christian Wilhelm
Faramond, Ludwig Ernst von ➔ Schütz, Philipp Balthasar Sinold von
Färber, Gottlieb ➔ Tieck, Ludwig
Färber, Otto ➔ Ferber, Otto
Farciminewitzky, Hansius ➔ Prehauser, Gottfried
Farg, Karos ➔ Graf, Oskar
Farina, Johan ➔ Hansen, Jürgen
Farinator, Matthias ➔ Melber, Matthias
Farinopolitanus ➔ Schmitt, Caspar
Farka, Franz ➔ Farga, Franz
Farland, Jack ➔ Kann, Albrecht Peter
Farmer ➔ Meyer, Friedrich Ludwig Wilhelm
Farot, Pierre ➔ Kalmuczak, Rolf
Farrington, Ann ➔ Hundsdorfer, Gerhard
Faschon, Susanne ➔ Stirn-Faschon, Susanne Margarete
Fase, Johann Justus ➔ Fahsius, Johann Justus
Fasold, Christian ➔ Cordes, Heinrich
Fassdaube, Hans ➔ Stave, John
Fasser-Schmid, Caroline ➔ Fasser, Caroline
Faßland, Frank ➔ Pinner, Felix
Fastenau, Johann B. ➔ Fasching, Johann
Fatalis ➔ Jeitteles, Alois Isidor
Fatio, Louise ➔ Duvoisin, Louise
Faube, Erich ➔ Bongardt, Eugen von
Fauk, Sämi ➔ Dreyfus, Sylvain
Faul, Hans ➔ Faul-Farkas, Johann
Faust, Dr. ➔ Wald, Carl
Faust, Dr. Joh. ➔ Bujard, Georg
Faust, Dr. W. Julius ➔ Geltch, Johann Friedrich
Faust, Georg ➔ Graf, Georg Engelbert
Faust, Kuno ➔ Solger, Heinrich
Faust, Nath. ➔ Oelbermann, Hugo
Faustin ➔ Bürger, Michael
Faustin ➔ Güntherode, Karl Maria von
Faustin ➔ Klostermann, Karel Faustin
Faustin der Jüngere ➔ Winkopp, Peter Adolf
Faustinus ➔ Krüger, Johann Gottlob
Faventinus, Didymus ➔ Melanchton, Philipp
Favilla, T. R. ➔ Wihlfahrt, Arthur
Féarg, Armin ➔ Graef, Hermann
Febronius, Justinus ➔ Hontheim, Johann Nikolaus von
Fecheln, Horst ➔ Brühl, Heinrich Josef
Fechner, Ellen ➔ Lichtenfels, Ellen
Fechner, Helga ➔ Kalmuczak, Rolf

Felseneck, Marie von ➔ Mancke, Marie Luise
Felsenegg, Richard von ➔ Pasig, Paul
Felsenstein, Anneliese ➔ Fritz-Eulau, Anneliese
Felshof ➔ Escherich, Emilie
Felsing, Grete ➔ Lachenbauer, Margarete
Felsinger, Hans ➔ Rauchenegger, Benno
Felsmann, Erwin ➔ Felsinger, Edwin
Felson, Elit ➔ Feibelsohn, Emma
Felswagen, Karl ➔ Hoffmann, Karl Friedrich
Felten-Schreck ➔ Felten, Elsa
Fendius, Michael ➔ Fende, Michael
Fennbach, Anna ➔ Haag, Anna
Fennbach, Anna ➔ Haag, Gottlob
Fenner, Felix ➔ Fürst, Robert
Fenomen ➔ Rauch, Men
Fensch, Ludwig ➔ Rüdiger, Wolf
Fenton, Jack ➔ Müller, Kurt
Fentsch, Erna ➔ Wery, Ernestine
Fentsch-Wery, Erna ➔ Wery, Ernestine
Ferber, Christian ➔ Seidel, Georg Heinrich Balthasar
Ferber, Dr. C. H. ➔ Meyer, Georg
Ferber, Luisa ➔ Fervers, Louise
Ferber, Thomas ➔ Henseleit, Felix
Ferch ➔ Klotz, Rudolf
Fercher von Steinwand, Johann ➔ Kleinfercher, Johann
Ferdinand, Charles ➔ Schnack, Friedrich
Ferdinand, Emmo ➔ Stempel, Max
Ferdinand, Franz ➔ Baumgarten, Franz Ferdinand
Ferdinand, Max Alfred ➔ Wundtke, Max Alfred Ferdinand
Ferdinand, Maxim. ➔ Sebaldt von Werth, Maximilian Ferdinand
Ferdinand, Wilhelm ➔ Bergner, Adolph August
Ferdinand aus Moabit ➔ Nübell, Ferdinand
Ferdinands, Carl ➔ Vleuten, Carl Ferdinand van
Feretto, Robert ➔ Ferber, Otto
Fergar, F. E. ➔ Gräffer, Franz
Ferger, Ernst ➔ Friedländer, Ernst
Ferger, N. ➔ Burkhardt, Martha Rosa
Ferger, Otto ➔ Behrend, Martin
Ferguson, Dan ➔ Bajog, Günther
Feridies ➔ Sarason, Frida
Ferinarius, Johann ➔ Wildpräter, Johann
Ferkel, Andr. ➔ Oemler, Christian Wilhelm
Ferling, Robert ➔ Färber, Otto Robert
Fermor ➔ Gadebusch, Friedrich Konrad
Fern, Edna ➔ Richter, Fernande
Fern, Ludwig ➔ Bernhardi, Luise
Fern, Luise ➔ Bernhardi, Luise
Fern, Valentin ➔ Hansen, Jakob Otzen
Fernand ➔ Stamm, Ferdinand
Fernand, Max ➔ Gritzner, Adolf Max Ferdinand
Fernando ➔ Oeser, August
Fernanz ➔ Franzen, Erich
Fernau, Carl ➔ Daxenberger, Sebastian Franz
Fernau, Fritz ➔ Eicke, Theodor
Fernbach, A. ➔ Knosp, Anna
Ferner, Max ➔ Sommer, Max
Ferngruber, Sepp ➔ Weissfeld, Hans-Peter
Fernholz, Henriette ➔ Schwarz, Sophie
Ferno, M. ➔ Berlin, Margarete von
Fernwald, Paul ➔ Békessy, Jànos
Fero ➔ Bab, Julius
Fero, Karl ➔ Klähr, Karl
Ferolli, Beatrice ➔ Thalhammer, Beatrice
Ferra, A. ➔ Fränckel, Anna
Ferra-Mikura, Vera ➔ Mikura, Gertrud
Ferrand ➔ Stamm, Ferdinand
Ferrand, Eduard ➔ Schulz, Eduard
Ferrand, Jaques F. ➔ Friedland, Jack
Ferrando ➔ Faber, Johann Ludwig
Ferrando ➔ Faber, Samuel
Ferrando ➔ Fabricius, Johann Andreas
Ferrari, A. ➔ Niemann, August
Ferrari, A. ➔ Schmidt, Louis Friedrich August Albert
Ferrari, Hilger ➔ Grunzke, Erwin
Ferrari, R. P. ➔ Peterka, Richard
Ferrari, W. von ➔ Beck, Wilhelm von
Ferrarius, Gust. ➔ Heumann, Christoph August
Ferrarius, Miles ➔ Joesten, Joseph
Ferrarius, Sigismundus ➔ Leucht, Christian Leonhard
Ferrarius Montanus, Johannes ➔ Eisenmann, Johannes
Ferré, Sybille ➔ Brocker, Hildegard
Ferrer, F. L. ➔ John, Friedrich Ludwig
Ferrer, Jean-Pierre ➔ Kalmuczak, Rolf
Ferrer, Joe ➔ Breucker, Oscar Herbert
Ferret, Marc ➔ Pfirter, Marc
Ferriani, J. ➔ Noghe, Karl
Ferrier, Henri ➔ Kalmuczak, Rolf
Ferromontanus ➔ Büchner, Gottfried
Ferron, J. ➔ Ferch, Johann
Fersch, Adalbert ➔ Schäfers, Gottfried
Ferselius, Thomas ➔ Fersehl, Thomas
Fert, Fred ➔ Seifert, Alfred
Ferus, Johann ➔ Wild, Johann
Fervers, Kurt ➔ Fervers Hans
Ferwall ➔ Rohrer, Margarete
Fery ➔ Ascher, Ferdinand
Fesca ➔ Nicolai, Karl Ludwig
Fesefeldt, Wiebke ➔ Thadden, Wiebke von
Fest, Ernst ➔ Mayer, Eduard Heinrich
Festenberg, Gustav von ➔ Festenberg-Pakkisch, Gustav von
Festiv ➔ Schaufuß, Camillus Festivus Christian
Fettmilch, Clemens ➔ Herhaus, Ernst
Fetze, Georg Otto ➔ Otto, Georg Josef
Fetzer, Johann Jakob ➔ Fezer, Johann Jakob
Feuchtwanger, Dr. ➔ Pinn, Carl
Feuerbach, Tina ➔ Pfau, Jutta
Feuerstein ➔ Emch, Albrecht
Fey, Anneliese ➔ Fehrenbach, Anneliese
Feyerabend, Stephan ➔ Feierabent, Stephan
Feyl, Renate ➔ Kaeding, Renate

Fischer, Storm ➔ Fischer, Gustav
Fischer, Thomas ➔ Aretin, Erwein von
Fischer, Tobias ➔ Heimann, Moritz
Fischer, Ursula ➔ Junike, Rolf
Fischer, W. A. ➔ Fischer, Amalie
Fischer von der Eger, Alois ➔ Fischer, Alois
Fischer von Langenharm ➔ Fischer, August
Fischer von Thal, Wilhelm ➔ Fischer, Wilhelm
Fischer-Anah, Hugo ➔ Fischer, Hugo
Fischer-Bernauer ➔ Fischer, Karl
Fischer-Buchau ➔ Fischer, Max Karl Hermann
Fischer-Caroli, Friedrich ➔ Fischer, Friedrich
Fischer-Cwojdzinska, Selma ➔ Cwojdzinska, Selma
Fischer-Darß, Peter ➔ Fischer, Fritz Albert
Fischer-Dodeleben, Felix ➔ Fischer, Felix
Fischer-Dyck, Marianne ➔ Fuchs, Marianne
Fischer-Egerbrück ➔ Fischer, Alois
Fischer-Fabian, Siegfried ➔ Fischer, Siegfried
Fischer-Falkenberg, Margarete ➔ Fischer, Margarete
Fischer-Föbus, Karl Georg ➔ Fischer, Karl Georg
Fischer-Graz, Wilhelm ➔ Fischer, Wilhelm
Fischer-Hartinger, Josef ➔ Fischer, Josef
Fischer-Kilp, Hanns ➔ Fischer, Hanns
Fischer-Lette, Marie ➔ Fischer, Marie
Fischer-Löher, Anna ➔ Glaß, Anna
Fischer-Markgraff, Elisabeth ➔ Fischer, Elisabeth
Fischer-Plauen, Felix ➔ Fischer, Felix Otto
Fischer-Sörensen, Frithjof ➔ Fischer, Frithjof
Fischer-Stockern, Hans ➔ Fischer, Hanns
Fischer-Tschöp, H. G. ➔ Fischer, Heinz
Fischer-Walden, Karl ➔ Fischer, Karl
Fischer-Weinhaus ➔ Holczabek, Else
Fischer-Wernecke, Else ➔ Preller, Elisabeth
Fischerbrok, Wilhelm ➔ Schmidt, Wilhelm
Fischl, Maximilian ➔ Fischel, Maximilian
Fischl, Viktor ➔ Dagan, Avigdor
Fischwanz, Peter ➔ Schneider, Hansjörg
Fisher ➔ Fischer, Heinrich Lee
Fisher, Fred ➔ Wilken, Uwe Hans
Fisher, King ➔ Fischer, Claus
Fisher, William ➔ Fischer, Hugo Wilhelm
Fisiofilo, Giovanni ➔ Born, Ignaz Edler von
Fittchersvogel, Marilla ➔ Grimm, Gisela
Fitz-Berth, William ➔ Arming, Friedrich Wilhelm
Fixlein II, Quintus ➔ Fischer, Joseph
Flach, Hans ➔ Flach, Johannes
Flachs-Fokschaneanu, Louise ➔ Flachs, Luise
Flacius Illyricus, Matthias ➔ Vlacich, Matthias
Flädsulin ➔ Platz, Ernst-Frieder
Flàge, Percy ➔ Krüger, Fritz
Flam, Cosmus ➔ Pietsch, Joseph
Flam, Haide ➔ Friedrichs, Jenny von
Flambeau ➔ Wolf, Curt Julius
Flamberg, Franz Peter ➔ Grosholz, Franz
Flambert ➔ Hoffinger, Johann Baptist von
Flambusch, Peter ➔ Grünhagen, Herbert
Flamin, Fritz ➔ Wisbacher, Fritz
Flamingus Boppardiensis ➔ Fleminck, Johannes
Flaminius, Leo ➔ Rauwolf, Leonhart
Flamm, Peter ➔ Mosse, Eric Peter
Flamma, H. C. G. ➔ Brand, H. C. G.
Flammberg, Gottfried ➔ Ebrard, Johann Heinrich August
Flammenberg, Lorenz ➔ Kahlert, Karl Friedrich
Flato, Lotte ➔ Gaedicke, Dorothea Caroline
Flattner, Herbert ➔ Scheriau, Herbert
Flaum, Fritz ➔ Graßmann, Gustav
Flavius ➔ Laven, Ferdinand
Flavius, Gnaeus ➔ Kantorowicz, Hermann U.
Flavus, J. ➔ Fuß, Bernhard Joseph
Flax, Percy ➔ Görz, Heinrich
Flayderus, Friedrich Hermann ➔ Flayderus, Friedrich Hermann
Flazius ➔ Bernard, Josef Karl
Flechsel, Lienhard ➔ Flexel, Lienhard
Fleiden, Georg ➔ Kalmuczak, Rolf
Fleischer, Max ➔ Fleischer, Viktor
Fleischhacker, Gretchen ➔ Barthelmes, Grete
Fleißer, Marieluise ➔ Haindl, Marieluise
Fleming, Charles ➔ Ködelpeter, Hans E.
Fleming, Hans ➔ Wunderlich, Bruno
Fleming, Peter ➔ Ködelpeter, Hans E.
Flemming, F. ➔ Karst von Karstenwerth, Franz
Flemming, Gräfin ➔ Forbes-Mosse, Irene
Flemming, Knut ➔ Kerlen, Kurt
Flemming, Thomas ➔ Schütt, Hans-Dieter
Flenopolitana ➔ Iwersen, Adelaide Marie Catharine Nicoline Andree
Flensburg, Ruth ➔ Held, Christa
Fleo ➔ Fleischhauer, Ernst
Flesch von Bruningen, Hilde ➔ Mendelssohn, Hilde Maria Eva de
Fletcher, John ➔ Koblinski, Hans-Joachim
Fleth, Albin ➔ Meddlhammer, Albin Johann Baptist von
Flieg, Helmut ➔ Heym, Stefan
Fliege, Fritz ➔ Penzoldt, Ernst
Fliegel, Alice ➔ Bodenstedt, Alice
Fliegel, Hellmuth ➔ Heym, Stefan
Flierl, Resi ➔ Betzer, Resi
Flim ➔ Link, Erich
Flinah ➔ Jahn, Friedrich Ludwig
Flinke, Edmund ➔ Steinbach, Anton
Flinspach, Peter ➔ Marx, Karl Theodor
Flint, Gordon ➔ Horschelt, Theodor
Flint, Peter ➔ Kästner, Erich
Flinter, Johann ➔ Flitner, Johann
Flipp, Peter ➔ Wagner, Ernst
Flock, X. ➔ Radler, Friedrich Johann Edler von
Floda, E. F. ➔ Schlöffel, A. F.
Flodatto ➔ Ott, Adolf
Flodur, L. ➔ Rudolf, Karl
Floorman, Bert ➔ Bodenschatz, Herbert
Floorman, Bert ➔ Grasmück, Jürgen

Floorman, Bert ➔ Mielke, Thomas R. P.
Flor, Claude ➔ Krabbe, Liese-Lotte
Flora, Asta ➔ Knudson, Helga
Floraldin, Eduard ➔ Eschke, Karl Eduard
Floralis ➔ Bernauer, Karl Eugen
Florando ➔ Negelein, Joachim
Florbach ➔ Heldenberg, Franz Xaver Georg
Florello, Julius ➔ Kosegarten, Friederich Franz von
Florens ➔ Eichendorff, Joseph Freiherr von
Florens ➔ Uhland, Ludwig
Florens, Octavianus ➔ Bullinger, Heinrich
Florentin ➔ Müller, Anton
Florentin, Viktor ➔ Westemeyer, Joseph
Florestan ➔ Schumann, Robert
Florestan ➔ Wedepohl, Edgar
Florestan, C. G. ➔ Grunert, Christian
Florestin ➔ Kersten
Florhof, vom ➔ Heß, Johann Rudolf
Flori, Maximilian ➔ Rupprecht, Maximilian
Florian ➔ Back, Karl
Florian ➔ Fleming, Paul
Florian ➔ Wengraf, Edmund
Florian, Bernhard ➔ Berendsohn, Walter
Florian, Fritz Franz ➔ Schmitt, Hans
Florian, Gerald ➔ Messner, Gerald Florian
Florian, Markus ➔ Bittrich, Max
Florian, Martha ➔ Brauchbar-Manner, Friederike
Florian, Sigismund ➔ Andreae, Johann Georg Friedrich Wilhelm
Florianus de Francomonte ➔ Beer, Johann
Floridan ➔ Birken, Sigmund
Floridan ➔ Gorgias, Johann
Florin ➔ Koffka, Friedrich
Florin, Hanns ➔ Faßbinder, Hanns-Heinrich
Florin, Joseph ➔ Flechtheim, Ossip K.
Florinda ➔ Birken, Clara Catharina
Florindo ➔ Gorgias, Johann
Florindo ➔ Scheurl, Johann Karl
Flott, Leberecht ➔ Foglár, Ludwig Stephan
Flottwell, Dr. ➔ Sträußler, Siegmund
Floyd, F. Stratford ➔ List, Jürgen Eberhard
flr ➔ Effler, Erich
Flück, Doris ➔ Horisberger, Doris
Flügge-Kroenberg, Gertrud ➔ Flügge, Gertrud
Fluisten, G. von ➔ Arens, Wilhelm
Flumineus, Cneius Cincius ➔ Eschenbach, Andreas Christian
Flüring, August Emil ➔ Benkert, Karl Maria
Flut, Franz ➔ Luft, Friedrich
Flux, Hans ➔ Blos, Wilhelm Josef
Flynn, Carter ➔ Hübner, Horst W.
Fn-sen ➔ Hohenhausen, Henriette Friederike Amalie von
fo ➔ Ohnewald, Fred
Focco, Giorgio ➔ Kinau, Hans
Fock, Eugen ➔ Berendt, Gerd
Fock, Gorch ➔ Kinau, Hans
Fodor, T. K. ➔ Dragutin, Fodor
Foederophilus, Johannes ➔ Grämlich, Johann Andreas
Foehrau, Edler v. ➔ Biedermann, Berthold von
Foerg-Thun, Gertrud ➔ Foerg, Gertrud
Foerster, Eberhard ➔ Keindorff, Eberhard
Foerster, Eberhard ➔ Weisenborn, Günther
Foerster, Michael ➔ Frankfurter, Edwin
Fogar, Heinrich ➔ Hohenauer, Friedrich
Föger, Friedrich ➔ Haider, Friedrich
Fohgrub, Illyw ➔ Burghof, Willi
Föhrau, Ottomar ➔ Biedermann, Woldemar
Fohrde, Herman ten ➔ Bittner, Helmut
Fohrde, Julia ➔ Bittner, Helmut
Föhren, Klaus ➔ Klippel, Hermann
Föhren, Leopold Friedrich ➔ Schmidt, Leopold Friedrich von
Folden, Michel ➔ Cohnfeld, Emil
Folkart, M. ➔ Meyer, Martha
Folkert, Bodo von ➔ Findling, Moritz
Folkerts, Marta Maria ➔ Busch, Marta Maria
Follenberg, Carl ➔ Neigebauer, Johann Ferdinand Daniel
Follenius, August Adolf Ludwig ➔ Follen, August Adolf Ludwig
Follenius, Karl Theodor Christian ➔ Follen, Karl Theodor Christian
Folnes, Karl Julius ➔ Folnesics, Karl Julius
Fonsi ➔ Mehringer, Alfons
Fonslik ➔ Hayduk, Alfons
Fontana ➔ Schacht, Theodor
Fontano ➔ Bornmeister, Simon
Fontano ➔ Bornschürer, Johann
Fontano ➔ Holbein Edler von Holbeinsberg, Franz Ignaz
Fontano ➔ Schottelius, Justus Georg
Fontano, B. ➔ Bonafont, Karl Philipp
Fontanus ➔ Bründl, Georg
Forbach, Herbert ➔ Nast, Clara
Forbus, Wilhelm ➔ Forbes, William
Forchheim, Georg ➔ Helt, Georg
Forchhemius, Matthäus ➔ Forchem, Matthäus
Ford, Brian ➔ Tenkrat, Friedrich
Ford, Jerry ➔ Hackmann, Karl-Heinz
Foreign, H. ➔ Druskowitz, Helene von
Forest, Karl ➔ Hauß, Charles
Forestier, George ➔ Krämer, Karl Emerich
Forestier, Joan ➔ Fürstauer, Johanna
Förg, Ann ➔ Kohlmann, Barbara
Forkel, Margarete ➔ Liebeskind, Margarete
Formell, Anni ➔ Bartens, Anni
Fornaro-Bürdeke, Susi ➔ Bürdeke, Susi
Forrer, Clara ➔ Holzmann, Clara
Forrester, Thorn ➔ Alpers, Hans Joachim
Forrester, Thorn ➔ Buwert, Harald
Forrester, Thorn ➔ Hahn, Ronald M.
Forrester, Thorn ➔ Maximovic, Gerd
Forrester, Thorn ➔ Thomas, Uwe A.
Forsch, Hermann ➔ Oppermann, Heinrich Albert
Forss, Gun Margret ➔ Daublebsky, Gun Margret
Forst, Erika ➔ Sonneborn, Marlise
Forst, M. B. von ➔ Bittrich, Max
Forst, Walram ➔ Wald, Carl

Frenk, Mariana ➔ Westheim, Mariana
Frenssen, Moritz ➔ Umhöfer, Elise
Frentz, Hans ➔ Frentz-Sudermann, Hans
Frentzen, Hanna ➔ Kronberger-Frentzen, Hanna
Frenzel, Heinrich ➔ Fränkel, Heinrich
Frère, Anne ➔ Guttmann-Frère, Anne
Frerobert ➔ Neuberth, Ferdinand
Freudberg, Hilarius von ➔ Megerle, Johann Ulrich
Freudenberg ➔ Rath, Michael
Freudenberg, Elise zu ➔ Löwenstein-Wertheim-Freudenberg, Elisa Prinzessin zu
Freudenberg, J. A. ➔ Flittner, Christian Gottfried
Freudenberger, Julius Augustus ➔ Flittner, Christian Gottfried
Freudenreich, Julius ➔ Meynier, Johann Heinrich
Freudiger, Johannes ➔ Diemer, Heinrich August Christian Ludwig
Freund ➔ Görgen, Adam
Freund, E. S. ➔ Dufresne, Jean
Freund, Georgius ➔ Wegner, Gottfried
Freund, Hugo ➔ Lehmann, Jon
Freund, Ludwig ➔ Frejka, Ludvík
Freund, Siegmar ➔ Dengel, Karl Gustav
Freund, Roland ➔ Nitsche, Roland
Freund der Volkstugenden ➔ Kornmann, Rupert
Freund der Wahrheit ➔ Reiß, Joseph
Freund Kantharos ➔ Krug, Traugott
Freundin Goethes und Schillers aus Heidelberg ➔ Paulus, Caroline
Freundlich, Elisabeth ➔ Anders, Elisabeth
Freune, Eusebius ➔ Neuffer, Heinrich
Freune, H. ➔ Neuffer, Heinrich
Frey, Aloys ➔ Meineke, Johann Heinrich Friedrich
Frey, Bernhard ➔ Bernhard, Marie
Frey, Erich ➔ Meyer, Martha
Frey, Ernst ➔ Backes, Karl
Frey, Felix ➔ Jacob, Nathan
Frey, Frank ➔ Friedland, Jack
Frey, H. J. ➔ Freytag, Hans-Jürgen
Frey, H. M. ➔ Schuppe, Emilie
Frey, Heinrich ➔ Preuß, Theodor
Frey, Jacobus ➔ Lautenbach, Konrad
Frey, Jennifer ➔ Schröder, Rainer M.
Frey, Johannes ➔ Svoboda, Robert
Frey, Julius ➔ Bergk, Johann Adam
Frey, Justus ➔ Jeitteles, Andreas Ludwig Joseph
Frey, Lothar ➔ Pahl, Walther
Frey, M. ➔ Litten, Rosa
Frey, Ph. ➔ Friedmann, Philipp
Frey, Sylvia ➔ Plessner, Ilse
Frey, Theodor ➔ Cunow, Martin
Frey, Thomas ➔ Fritsch, Theodor
Frey, Uli ➔ Frey, Julius Friedrich Ulrich
Frey, Viktor ➔ Herzog, Johann Adolf
Frey, Werner ➔ Gebhardt, Johannes
Freybach ➔ Leibniz, Gottfried Wilhelm von
Freybe, Heidi Huberta ➔ Lamon, Heidi Huberta
Freyday, Will ➔ Freytag, Willy Gustav
Freydendal, F. G. van ➔ Gruner, Ferdinand
Freydenker, Leberecht ➔ Philippi, Johann Ernst
Freyenburg ➔ Bock, Johann Christian
Freyenstein, H. von ➔ Dierschke, Wilhelmine
Freyenthal, Ernst Warnmund von ➔ Grob, Johannes von
Freyer, Gustav ➔ Lafontaine, August Heinrich Richard Julius
Freyer, Justus ➔ Follenius, Emanuel
Freyherr Dietz ➔ Zedlitz und Neukirch, Dietz Freiherr von
Freymann, Christian ➔ Scherr, Ignaz Thomas
Freymund ➔ Gförer, August Friedrich
Freymund, Ernst Friedrich von ➔ Philippi, Johann Ernst
Freymuth ➔ Schießler, Sebastian Willibald
Freymuth, E. ➔ Basedow, Johann Bernhard
Freyse, Edith ➔ Freyse Schmitt, Edith
Freystadiensis, Georg Christian ➔ Croll, Georg Christian
Freystadt, Th. ➔ Koller, Theodor
Freytag, Franz Ico von ➔ Frydag, Franz Ico Freiherr von
Freytag-Loringhoven, Gunda von ➔ Winterfeld, Gunda von
Frib ➔ Bühn, Friedrich
Frick, Albert ➔ Isaacsohn, Eugen
Frick, Hilde ➔ Thebis, Hilde
Fricke, Johann ➔ Frick, Johann
Fricke, U. ➔ Ulrik, Friederike
Fridelini ➔ Fridolin, Stephan
Fridelinus ➔ Fridolin, Stephan
Fridemannus ➔ Gleichmann, Johann Zacharias
Friderici, Christopherus ➔ Riederer, Johann Friedrich
Fridericus, Christoph ➔ Riederer, Johann Friedrich
Friderik, Christiane ➔ Breden, Christiane
Fridilinus ➔ Fridolin, Stephan
Fridlibius, Timotheus ➔ Gesenius, Justus
Fridolin ➔ Baltzer, Friedrich Fridolin
Fridolin ➔ Christ, Robert Balthasar
Fridolin ➔ Kranz, Herbert
Fridolin, F. G. ➔ Schirndinger von Schirnding, Ferdinand Graf
Friebe, C. ➔ Paalzow, Auguste Henriette von
Friebel, G. R. ➔ Friebel-Röhring, Gisela
Friebelung, Margarete ➔ Kunz-Frömel, Margarete
Fried, E. G. ➔ Schmitz, Siegfried
Fried, Ferdinand ➔ Zimmermann, Friedrich
Fried, Paul ➔ Klepp, Hans
Fried, Wolf ➔ Knoll, Wolfgang Friedrich
Friedank, Anselm ➔ Loest, Heinrich Wilhelm
Friedberg, Christian Gottlieb von ➔ Schoppe, Kaspar

Friedberg, Franz von ➔ Reitterer, Franz Xaver
Friedberg, Johanna ➔ Wolff, Johanna
Friedberg, Warmund von ➔ Oldenburger, Philipp Andreas
Friedbergs, H. ➔ Bach, Hugo
Friede, Hans ➔ Schultz, Jerta
Friede, Martha ➔ Pechmann, Auguste Freiin von
Friedeburg, A. von ➔ Bülow, Burghart von
Friedeburg, Oswald ➔ Freitag, Otto
Friedeck, Dr. ➔ Friedmann, Walther
Friedell, Egon ➔ Friedmann, Egon
Friedemann, Heinrich ➔ Schweichel, Robert
Friedemann-Heidebrink ➔ Friedemann, Rudolf
Friedemund, Helmar ➔ Holzamer, Wilhelm
Frieden, Christian ➔ Nolte, Friedrich
Frieden, Hans ➔ Baum, Johann Peter
Friedén, Otto Friedrich ➔ Friedländer, Otto
Friedenhain, Hellmuth ➔ Thiel, Franz
Friedenhaus, Friedrich ➔ Kleine, Erwin
Friedenheim, Christian Gottlob von ➔ Loen, Johann Michael Freiherr von
Friedensleben, Konrad Trewe von ➔ Bucer, Martin
Friedenthal, Fr. ➔ Lilienfeld, Marie von
Frieder, John ➔ Riegel, Werner
Friederich, Theodor Heinrich ➔ Friedrich, Theodor Heinrich
Friederichsen, Anton ➔ Ries, Otto von
Friederici, Adrian ➔ Fischer, Johann Wilhelm
Friederici, Berthold ➔ Kipfmüller, Bertha
Friederike ➔ Varnhagen von Ense, Rahel Antonie Friederike
Friedheim, P. ➔ Stursberg, P.
Friedheim, Rainer ➔ Ziegler, Hans
Friedjung ➔ Rubiner, Frieda
Friedl ➔ Friedl-Dahlström, George
Friedl, Gertrud ➔ Rukschcio, Gertrud
Friedland, Alma ➔ Böhm, Antonie
Friedland, Carl ➔ Grunert, Carl H.
Friedländer, Egon ➔ Friedmann, Egon
Friedländer, Regina ➔ Saling, Regina
Friedländer, Vera ➔ Schmidt, Veronika
Friedleben, Amadeus von ➔ Beer, Johann Christoph
Friedleben, Amadeus von ➔ Franckenberg, Abraham von
Friedlieb ➔ Görgen, Adam
Friedlieb, G. A. ➔ Noller, Gustav Adolf
Friedlieb, Irenäus ➔ Trippe, Friedrich Karl
Friedlieb, L. ➔ Wassermann, Leonhard
Friedlieb, Timotheus ➔ Gesenius, Justus
Friedlor, August von ➔ Lorenzen, Friedrich
Friedmann ➔ Schneiderhan, Johannes
Friedmann, Barbara ➔ Herzfeld, Barbara
Friedmann, Ernst ➔ Wagenseil, Christian Jacob
Friedmann, Helene ➔ Schewitsch, Helene von
Friedmann, Will ➔ Puhl, Wilfried Ernst
Friedmann-Brook, Rudolf ➔ Friedmann, Rudolf
Friedner, Adalbert ➔ Wolter, Albert
Friedrich ➔ Görgen, Adam
Friedrich ➔ Kotzebue, August von
Friedrich, Alfred ➔ Baß, Alfred
Friedrich, Annie ➔ Francé, Annie
Friedrich, Balduin ➔ Fallou, Friedrich Albert
Friedrich, Bernhard ➔ Krey, Bernhard
Friedrich, Carl ➔ Esbach, Friedrich Karl
Friedrich, Carl ➔ Schuster, Karl
Friedrich, Dr. ➔ Geißler, Friedrich Jakob Kurt
Friedrich, Emil ➔ Klein, Emil
Friedrich, Ernst ➔ Mader, Ernst Friedrich Wilhelm
Friedrich, Felix ➔ Bruck, Felix Friedrich
Friedrich, G. ➔ Oldenburg, Elimar Anton Günther Friedrich Herzog von
Friedrich, G. ➔ Geminder, Friedrich
Friedrich, Georg ➔ Detjen, Heinrich
Friedrich, Georg ➔ Ebner, Theodor
Friedrich, Gottlieb ➔ Ochsenbein, Gottlieb Friedrich
Friedrich, Gottlieb ➔ Rixner, Thaddäus Anselm
Friedrich, H. ➔ Brandes, Friedrich H.
Friedrich, Hanna ➔ Fürstenberg, Hilde
Friedrich, Hans ➔ Balmer, Hans Friedrich
Friedrich, Heinrich ➔ Bosse, Heinrich Christoph Friedrich
Friedrich, Horst ➔ List, Horst
Friedrich, Hugo Georgia ➔ Brzoska, Hugo G. F.
Friedrich, Ingerose ➔ Paust, Ingerose
Friedrich, Johann ➔ Neumann, Ernst
Friedrich, Karl ➔ Biedermann, Karl Friedrich
Friedrich, Karl ➔ Fuchs, Karl Friedrch
Friedrich, Karl ➔ Lütge, Karl
Friedrich, Karl ➔ Richter, Karl Friedrich
Friedrich, Karl ➔ Schlüren, Erwin
Friedrich, Karl B. ➔ Baberadt, Karl Friedrich
Friedrich, Kurt ➔ Friedrich-Freksa, Kurt
Friedrich, Kurt ➔ Leopold, Kurt Fiedrich
Friedrich, Margit ➔ Friedrich-Freksa, Margarete
Friedrich, Oskar H. ➔ Holesch, Oskar
Friedrich, Otto ➔ Friedländer, Otto
Friedrich, Otto ➔ Nippold, Otfried
Friedrich, Otto Karl ➔ Otto, Karl
Friedrich, Paul ➔ Hübner, Paul Friedrich
Friedrich, Paul ➔ Richter, Eugen
Friedrich, R. A. ➔ Dennert, Friedrich
Friedrich, Richard ➔ Edon, Richard Alex. von
Friedrich, Richard ➔ Puhl, Fritz
Friedrich, Ruth ➔ Seitz, Ruth
Friedrich, W. ➔ Riese, Friedrich Wilhelm
Friedrich, Wilhelm ➔ Rüdiger, Eduard
Friedrich, Wilhelm ➔ Schramm, Wilhelm Friedrich
Friedrich, Wilhelm ➔ Träumer, Max
Friedrich, Wilhelm Carl ➔ Pungs, Wilhelm
Friedrich-Kossat, Karl ➔ Friedrich, Karl
Friedrichs, Hans Frank ➔ Lehmann, Hans Friedrich

G

Garguthenius, Sigwart ➔ Schilling, Wenceslaus
Garibert, Heinrich ➔ Gerber, Paul Henry
Garin, Paul ➔ Bothmer, Karl Reichsgraf von
Garner, R. F. ➔ Dubina, Peter
Garrels, Hansgeorg ➔ Garrels, Johann Georg
Garrett, Bill ➔ Bajog, Günther
Garrett, Frank ➔ Rehfeld, Frank
Garrett, J. A. ➔ Grasmück, Jürgen
Garrett, Steve M. ➔ Hartsch, Gerhart
Garrey, Corbinian ➔ Grulich, Adolph Bogislav
Garriès, Francois ➔ Gärtner, Franz
Garrik, Phil. ➔ Hackl, Leopold
Garten, H. F. ➔ Koenigsgarten, Hugo F.
Gartmann ➔ Edge, Hildegard
Gärtner, Ehrich ➔ Eberhard, Christian August Gottlob
Gärtner, Friedrich Wilhelm ➔ Adler, Johann Emanuel
Gärtner, Georg ➔ Koneberg, Georg Hermann
Gärtner, Karl ➔ Baumgärtner, Karl
Gärtner, Ludwig ➔ Reinacher, Eduard
Gärtner-Hellerau, Rudolf ➔ Gärtner, Rudolf
Gartnerus Mariaemontanus ➔ Gartner, Andreas
Gartner-Siegenfeld, Heinrich ➔ Gartner, Heinrich
Gartscha, J. V. ➔ Bossi-Fedrigotti, Itha Maria Gräfin von
Gartscheid, J. von ➔ Bossi-Fedrigotti, Itha Maria Gräfin von
Gartzencius, Johann ➔ Gartz, Johann
Gartzenius, Johann ➔ Gartz, Johann
Garven, Viola ➔ Frommholz, Alice
Garvens, Eugenie von ➔ Garvens-Saebens, Eugenie von
Gaudich, C. F. ➔ Touchy, Ferdinand Christian
Gasparri, Christiane ➔ Binder-Gasper, Christiane
Gass, Hugo von der ➔ Kubsch, Hugo
Gasser, Franz ➔ Sager, Otto
Gassmann, Josephine ➔ Muellenbach, Josephine
Gassner, Andreas ➔ Hirsch, Karl Jakob
Gassner, Joe ➔ Hirsch, Karl Jakob
Gast, E. H. ➔ Frisch, Ephraim
Gast, Elisabeth ➔ Richter, Elisabeth
Gast, Ernst ➔ Lackner, Stephan
Gast, Gottfried ➔ Nissen, Walther
Gast, Peter ➔ Köselitz, Heinrich
Gästern, Carola von ➔ Bornemann, Winfried
Gastfenger, Polykarpus ➔ Hoffmann, Heinrich
Gaston, Otto ➔ Fabricius, Otto von
Gastpar, Michael ➔ Neuffer, Martin
Gatow, Gunter ➔ Netsch, Günter
Gatterer, Magdalene Philippine ➔ Engelhard, Magdalene Philippine
Gattersberg, Rolf ➔ Schulze, Curt
Gaschitz, G. ➔ Touchy, Ferdinand Christian
Gaudy, Hans ➔ Kropf, Johannes
Gaugenwald, A. Barbara ➔ Dünkelsbühler-Schaible, Elisabeth
Gaukler, Johannes ➔ Heikamp, Heinrich
Gaul-Molnar, Olga ➔ Gaul, Olga
Gaule, Carl von ➔ Gottschling, Caspar
Gaumata, Deodat ➔ Barth, Hermann
Gautier, Georges ➔ Mauckner, Walter G.
Gaven, Gerda von ➔ Schmidt, Herta
Gawad, Abd El ➔ Schumacher, Dorothea Gertrud
Gawein ➔ Kordon, Hans
Gayer, O. ➔ Gayworowsky, Olga von
Gayler, Brigitte ➔ Neske, Brigitte
Gayn, V. ➔ Collin, Heinrich Joseph Edler von
Gazan, Larissa ➔ Robiné, Larissa
GCA ➔ Streit, Kurt W.
Ge-Gee ➔ Geesdorf, Georg
Geander ➔ Munz, Georg Christoph
Geander von der Oberelbe ➔ Müldener, Johann Christian
Gebhardt, Hans ➔ Gräf, Johann Wilhelm
Gebhardt, Marie-Elisabeth ➔ Gebhardt, Elisabeth
Gebhart-Schumann ➔ Schumann, H. L.
Gebhardt-Triepel, Hertha von ➔ Gebhardt, Hertha von
Gebra, Ernst von ➔ Rüdiger, Eduard
Gedaeus, Johann George ➔ Goede, Johann George
Gedan, K. ➔ Koßmann, Robby
Gedeon, Joseph ➔ Stolz, Johann Jakob
Gediccus, Simon ➔ Gedik, Simon
Geede, Ruth ➔ Vollmer-Rupprecht, Ruth
Geélka ➔ Kattentidt, Gottfried Ludwig
Geer ➔ Ohme, Anton Josef
Geering, Martha ➔ Behrens-Geering, Martha
Geerth, Gerd ➔ Weber, Karl Heinz
Gefri ➔ Fritzsche, Gerhard
Gefrian, Werner ➔ Suffrian, Werner G.
Gegenwart, Hanns ➔ Schödel, Hanns
Geha, Rolf ➔ Haebler, Rolf Gustav
Gehaha ➔ Halm, Gustav Hubert
Gehre, C. R. ➔ Rocco, Charles
Gehrhardt, Mary ➔ Gehring, Margarete
Gehring, Marianne K. ➔ Kinscher, Marianne
Geiger, Fred ➔ Chelius, Fritz Heinz
Geiger, M. ➔ Urban, Michael
Geiger-Gog, Anni ➔ Hof, Anni
Geiger-Hof, Anni ➔ Hof, Anni
Geise, Ludwig ➔ Geyso, Johann Ludwig
Geisel ➔ Siegel, Josef
Geisel, Eva ➔ Bornemann, Eva
Geismar, Martin von ➔ Bauer, Edgar
Geissel-Horn, Margaret ➔ Geissel, Margarete
Geißler, Siegmund ➔ Creizenach, Theodor
Geißwitz, Wolf Bernhard ➔ Geispitzheim, Wolf Bernhard von
Geist ➔ Haag, Klaus
Geist, Hans ➔ Lerf, Urs
Geitzhaus, Heinrich ➔ Engelbach, Martin
Geka, Wilhelm ➔ Koehler, Gustav
Gelander, W. ➔ Gromadecki, Josef
Gelanor ➔ Basse, Gottfried
Gelb, Adolar ➔ Gebhardt, Friedrich Johann

Gelb, Severin ➔ Tiedemann, Heinrich von
Geldern, M. H. ➔ Hartmann, Moritz
Geldern, Richard ➔ Colerus von Geldern, Richard
Geldorp, Heinrich ➔ Castritius, Heinrich
Geldorpius, Henricus ➔ Castritius, Heinrich
Geller, Red ➔ Rellergerd, Helmut
Gellert, Peter van ➔ Vonficht, Rudolf
Gelo ➔ Loerke, Georg
Gelotopoietikos, Gelasinos ➔ Simoneit, Severin
Gelre ➔ Heynen
Gelsdorf, Manor ➔ Mangelsdorf, Paul
Gemarker, J. L. ➔ Leithäuser, Julius
Geminius, Huldericus ➔ Zwingli, Ulrich
Gendrich, Goede ➔ Dörbrandt, Ludwig
Genepaeus, Caspar ➔ Gennep, Caspar von
Genius, Rolf ➔ Thurau, Rolf
Genner, Julia ➔ Pfragner, Julius
Genser, Frank ➔ Braun, Fernando Max Richard
Genter, Harry ➔ Stackelberg-Treutlein, Freda Baronin von
Gentz, Friedrich ➔ Billerbeck, Friedrich
Gentz, Joseph ➔ Kotzian, Joseph
Georg ➔ Altschul, Ignaz
Georg➔ Kruezmann, Georg
Georg, Arthur ➔ Lippschitz, Arthur
Georg, C. ➔ Czarnewski, Georg
Georg, Hans ➔ Meißner, Hermine Amalie
Georg, Hans ➔ Reinhard, Hans Georg
Georg, Heinz ➔ Müller, Georg
Georg, Justus ➔ Conring, Friedrich Franz von
Georg, Kara ➔ Brühl, Gustav
Georg, Karl ➔ Goebel, Karlheinz
Georg, M. ➔ Merseburger, Georg Carl
Georg, Reinhold ➔ Müller, Artur
Georg, Rudolph ➔ Eger, Rudolf Georg Christian
Georg-Braunschweig, W. ➔ Georg, Wilhelm
Georg-Marte ➔ Schötz, Herbert
George ➔ Tzschirner, Hans Erich
George, Amara ➔ Kaufmann, Mathilde
George, Bert ➔ Lengbach, Georg
George, Herbert ➔ Gunske, Georg
George, J. R. ➔ Hömberg, Hans
George, Manfred ➔ Georg, Manfred
George, William ➔ Frebel, Ernst
Georgen, Hans ➔ Falk, Hermann
Georgen, Viktor ➔ Rothe, Georg
Georges, Karl ➔ Becker, Karl Georg
Georgew, Igor ➔ Sentjurc, Igor
Georgi, Amadeus ➔ Georgi, Amanda
Georgi, Anna ➔ Cleinow, Georg
Georgi, Fred ➔ Radtke, Alfred G.
Georgi, Georg ➔ Groh, Georg Artur
Georgi, H. ➔ Hoernle, Edwin
Georgi, Werner ➔ Suffrian, Werner G.
Georgine ➔ Altschul, Ignaz
Georgius ➔ Otto, Georg Christian
Georgius, Chariander ➔ Henisch, Georg
Georgy, Ernst ➔ Michaelson, Margarete
Gepard, Erwin ➔ Behrens, Franz Richard
Ger, Gerhard ➔ Gerhard, Adolar Johann Dietrich
Ger, Karl Gustav ➔ Frieberger, Kurt
Ger, Leo ➔ Singer, Leo
Gera, Walter von der ➔ Schmidt-Breitenstein, Walter
Geradaus, Ernst ➔ Schofer, Josef
Geraldus ➔ Perné, Emma de
Geratewohl, Hans ➔ Zinniker, Otto
Gerbel, Carl Nicolaus von ➔ Gerbel-Embach, Carl Nicolaus von
Gerbelius, Nikolaus ➔ Gerbel, Nikolaus
Gerbennez ➔ Enzenberg, Franz Joseph von
Gerber, Hildebrand ➔ Gruber, Hermann
Gerber, Rudolf ➔ Grempe, P. Max
Gerden, F. C. ➔ Greve, Felix Paul
Gerdinger, Hans ➔ Oesterheld, Therese Ida
Gerenberg, Hermann ➔ Germberg, Hermann
Gergweis, Elena ➔ Pürner, Stefan
Gerhard, Clara ➔ Gerlach, Clara Julie
Gerhard, D. P. ➔ Fischer, Gottlob Eusebius
Gerhard, Dierk ➔ Puls, Dierk Gerhard
Gerhard, Ephraim ➔ Knoblauch, Joh. Georg
Gerhard, Hans ➔ Weiß, Hansgerhard
Gerhard, Heinz ➔ Kuhtz, Heinz Alfred
Gerhard, Leo ➔ Geiringer, Leo
Gerhard, Paul ➔ Fischer, Gottlob Eusebius
Gerhard, René ➔ Podbielski, Gert René
Gerhard, Walter ➔ Rubiner, Wilhelm
Gerhard, Trude ➔ Jähne, Gertrud
Gerhardt, Johann ➔ Schumann, Hans-Gerd
Gerhardt, Karl ➔ Tehel, Margarethe
Gerhardt, M. ➔ Maul, Anna
Gerhart, Arthur ➔ Lipmann, Arthur Gerhart
Gerhart, Walter ➔ Gurian, Waldemar
Gerheim, Elisabeth ➔ Grosch, Minnie
Gerhold, Franz Josef ➔ Müller-Guttenbrunn, Adam
Gerhold, German ➔ Schmidt, Willy
Geribald ➔ Riebold, Fritz
Gerichius, Cyriacus ➔ Gericke, Cyriacus
Gerka ➔ Kirmse, Gerda Adelheid
Gerlach, Christine ➔ Schulze, Christine
Gerlach-Bernau, Kurt ➔ Gerlach, Kurt
Gerlacher ➔ Billican, Theobald
Gerler, Gerd ➔ Gengler, Ludwig Frank
Gerloff, Dr. ➔ Volger, Bruno
Germaine ➔ Ris, Jenny
Germamer, H. ➔ Börnstein, Heinrich
German ➔ Thumser, Michael
German, A. ➔ Marquardt, Bruno
German, Franziska ➔ Blöde, Marie Antoinette Franziska
German, Günther ➔ Mehl, Arnold
German, Paul ➔ Maack, Martin
Germane ➔ Ilper, Heinrich
Germanicus ➔ Bang, Paul Franz
Germanicus ➔ Deutsch, Josef
Germanicus ➔ Dietz, Hedwig
Germanicus ➔ Dunner, Joseph
Germanicus ➔ Friedlaender, Lucien

Germanicus ➔ Fugmann, Christian
Germanicus ➔ Knop, W. G. J.
Germanicus ➔ Ricker, Albert Paul
Germanicus ➔ Schmidt, Karl Otto
Germanicus ➔ Wiesel, Max
Germanicus, Constantinus ➔ Oldenburger, Philipp Andreas
Germanicus Antiromanus, Christianus ➔ Fock, Otto
Germanis ➔ Hardenberg, Henriette Luise Juliane von
Germanis ➔ Stokmans, Gertrud von
Germano ➔ Maack, Martin
Germanus ➔ Dietzsch, Karl Friedrich
Germanus ➔ Felten, Wilhelm
Germanus ➔ Kurtz, Hermann
Germanus, Constantin ➔ Grisar, Hartmann
Germanus, Friedrich ➔ Kotzebue, August von
Germanus, Johannes ➔ Müller, Johannes
Germanus, Sincerus ➔ Fuchs, Paul Freih. von
Germanus Gallus Graecus ➔ Leibniz, Gottfried Wilhelm von
Germanus Philofrancus, N. ➔ Frey, Janus Cäcilius
Germarck, Paul ➔ Kretschmar, Paul
Germatador ➔ Burggraf, Otto
Germersheim, Ludwig ➔ Kemmer, Ludwig
Germinal, Georges ➔ Acél, Paul
Gern, Carl ➔ Gerber, Carl
Gernberg, Hermann ➔ Germberg, Hermann
Gernböck, Lotte ➔ Schomerus-Gernböck, Lotte
Gernet, Else ➔ Hofmann, Else
Gernitz, F. von ➔ Criegern-Thumitz, Ferdinand Konstanz von
Gernold ➔ Goldschmidt, Karl
Gernold, Wolf ➔ Gernoldt, Wolff
Gernolt ➔ Billican, Theobald
Gernot, Jürgen ➔ Klimburg, Hans-Ulrich Freiherr von
Gernsdorf, Paul ➔ Gburek, Paul
Gero, Marcel ➔ Geroe, Marcel
Gerok, Hans ➔ Cokorac-Kamare, Stephan von
Gerol, Angelika ➔ Hürmer, Gerlinde
Gerolstein, Julius ➔ Geißel, Julius
Gerolt, Emil ➔ Schwarz, Emil
Geronemo ➔ Reimann, Gero A.
Gerontodidascalus Serius, Jocosus ➔ Schilling, Johann Georg
Gerresheim, Eva ➔ Graul, Eva
Gersbacher, Carola ➔ Staiger, Carola
Gerschau, Emilie ➔ Binzer, Emilie
Gersdorff, Ada von ➔ Maltzahn, Ada von
Gersdorff, Harry von ➔ Maltzahn, Ada von
Gerson, Ralph ➔ Kukula, Oswald
Gerstenberg, Paul ➔ Böhm, Martin
Gerstfeldt, Olga von ➔ Steinmann, Olga
Gerstmannus, Onophrius ➔ Gerstmann, Onophrius
Gerstner, Paul ➔ Lutz, Ernst Konrad
Gerstorff, K. L. ➔ Sternberg, Fritz
Gert, Frederick ➔ Békessy, Jànos
Gert, Gertrud ➔ Kamke, Gertrud
Gert, Valeska ➔ Anderson, Valeska Gertrude
Gerter, Elisabeth ➔ Aegerter, Elisabeth
Gertler, Ditta ➔ Adler-Gertler, Ditta
Gerwald, Hubert Ludo ➔ Beyer, Hubertus von
Gery, Theo van ➔ Germany, Theodor
Gesell, Michael ➔ Hesse, Otto Ernst
Gesellhofen, Julius ➔ Fischer, Julius
Gesenius ➔ Calixtus, Friedrich Ulrich
Gesenius, Xaver ➔ Pauli, Karl
Geßner, Adlo Heinrich ➔ Melzer, Adolph Heinrich
Gessner, Joachim ➔ Rüdiger, Wolf
Geusau, Anton Ferdinand von ➔ Geissau, Anton Ferdinand von
Geuter, Hans Philipp ➔ Geuder, Hans Philipp von
Gevatter Johann ➔ Münch, Johann Gottlieb
Gevé, Gaston ➔ Voigt, Karl
Gewaren, S. C. ➔ Wagener, Samuel Christoph
Gewecke, Friede ➔ Pittlik, Friede
Gewoldus, Christopherus ➔ Gretscher, Jakob
Geyer, Agnes ➔ Amiet, Agnes
Geyer, Christian ➔ Meißgeier, Ernst
Geyer, Emil ➔ Goldmann, Emil
Geyer, Ernst ➔ Meißgeier, Ernst
Geyer, Florian ➔ Culmann, Hellmut
Geyer, Florian ➔ Zickler, Artur
Geyer, Fritz ➔ Thulcke, Maja Margarete
Geyer-Morél ➔ Geyer, Alfred
Geyern, Detlev von ➔ Meding, Oskar
Geyse, Wolfgang ➔ Schiff, Hans Bernhard
gft ➔ Foerg, Gertrud
-gg- ➔ Gregor, Günter
Gharcaeus, Johann ➔ Gartz, Johann
Ghibellinus ➔ Fränkel, Heinrich
Ghirni Bey ➔ Grothe-Mahé, Richard
Ghost, Henry ➔ Anton, Uwe
Ghost, Henry ➔ Mielke, Thomas R. P.
Gibson, Ben ➔ Grossmann, Hans Hugo
Gidone ➔ Scharlach, Otto
Giegl-Behrens, Erna ➔ Behrens, Erna
Gierer, Berchtold ➔ Scheidt, Walter
Giersch, Hans ➔ Giersch, Gottfried
Giersdorf, F. ➔ Gerényi, Fedor
Gies, L. ➔ Paar, Elisabeth
Giesecke, Karl Ludwig ➔ Metzler, Georg Johann
Giesecke, Paul ➔ Bunzeck, Gustav
Giesecke, Sir Charles Lewis ➔ Metzler, Georg Johann
Giesler-Staehelin, Gisela ➔ Giesler, Liselotte
Gießen, Hugo von ➔ Kirstein, Paul A.
Giessner, C. ➔ Ohler, Konrad Philipp
Giftschnabel, Dr. Theodor ➔ Otto-Walster, August
Gigas, Johannes ➔ Heune, Johannes
Giglleithner, K. ➔ Gugitz, Gustav
Giglleithner, Karl ➔ Blümml, Emil Karl
Gilbert ➔ Merx, Eulalia Therese
Gilbert, Frank ➔ Goldstein, Frida
Gilbert, Guy ➔ Goebel, Günter

Gog, Anni ➔ Hof, Anni
Gogan ➔ Rothe, Georg
Goggerhans ➔ Kurmann, Hans
Gögler, Maria ➔ Müller, Maria
Gohde, Hermann ➔ Heer, Friedrich
GOHL ➔ Loeben, Otto Heinrich Graf von
Göhler, Peter ➔ Bader, Ernst
Göhren, Caroline von ➔ Zöllner, Caroline von
Göhren, Thomas von ➔ Görne, Thomas von
Gokum, Ferdinand M. ➔ Deutsch, Ferdinand
Gol, Jan ➔ Goebel, Joseph
Gola, Luigi ➔ Luis, Olga
Golau, Salomon von ➔ Logau, Friedrich Freiherr von
Golaw, Salomon von ➔ Logau, Friedrich Freiherr von
Gold, Genesius ➔ Eggs, Leontius
Gold, Irma ➔ Siegl, Irma
Gold, Patricia ➔ Steinborn, Tonimarie
Goldberg ➔ Leviné, Eugen
Goldeck, Edler von ➔ Fetscher, Iring
Goldegg, J. V. ➔ Bossi-Fedrigotti, Itha Maria Gräfin von
Golden, Hanna ➔ Zielesch, Charlotte
Golder, Johann ➔ Zitz, Kathinka
Goldheim, Margot ➔ Goldheim, Margarethe
Goldmann, Max ➔ Reinhardt, Max
Goldmann, Peter Michael ➔ Blumröder, August Friedrich von
Goldmar, Jon von ➔ Rommel, Theodore von
Goldoni, Ludwig ➔ Goldstein, Ludwig
Goldschmidt, Hermann Levin ➔ Levin-Goldschmidt, Hermann
Goldschmidt, Rosie ➔ Waldeck, Rosie Gräfin
Goldstroem, Ingrid ➔ Siegl, Irma
Golgé, Gustav ➔ Glogau, Emil August
Gölitz, Curt ➔ Fahn, Peter
Golkowitz, Peer ➔ Menzner, Peter Viktor
Goll, Claire ➔ Lang, Clarissa
Goll, Dr. Victor ➔ Goldschmidt, Victor
Goll, Lambert ➔ Scheider, Wilhelm
Goll, Yvan ➔ Lang, Isaac
Goller, Emil ➔ Goller, Elsa
Gölles-Petrak, Poldi ➔ Gölles, Leopoldine
Gollisch, Selim ➔ Schmoll, Gisela
Gollner, Manfred ➔ Löser, Franz
Gollner Goldnenfels, Heinz ➔ Gollner, Heinz
Gollnow ➔ Keilpflug, Erich R.
Gollnow, Ernst von ➔ Schultze, Ernst Wilhelm
Gollwitzer, Josef ➔ Hammerschmid, Josef
Golm, Rudolf ➔ Goldscheid, Rudolf
Golmen, Otto von ➔ Richter, Julius Wilhelm Otto
Golt, Genesius ➔ Eggs, Leontius
Golter, Martin ➔ Lehner, Rudolf Julius
Goltz, Alexander ➔ Neuhaus, Lutz
Goltz, Fritz v. d. ➔ Goldstein, Frida
Goltz, von der ➔ Scheffner, Johann George
Goltz, Wilhelm ➔ Voigt, Paul
Golz, Arnold ➔ Goldstein, Arnold
Golz, Emil ➔ Goldstein, Emil
Golzbiéwski, Hans M. C. ➔ Golz, Marcell
Gominn, Loncin von ➔ Conlin, Albert Josef
Gon, E. K. ➔ Jiricek, Egon
Gonaeus, Philoxenus ➔ Barth, Caspar von
Gonn, Kurt ➔ Juhn, Kurt
Gontard, Fred ➔ Schneider, Walter
Gontard, Friedrich ➔ Mühr, Alfred
Gontard-Schuck, M. ➔ Schuck, Margarethe
Gonter, Hermann ➔ Steding, Christoph
Gonz ➔ Raff, Friedrich
Gonzenbach, Maria Karolina ➔ Rehmke, Maria Karolina
Goose, Julius von ➔ Gans von Ludassy, Julius
Goote, Thor ➔ Schultze von Langsdorff, Werner
Göppinger, Karl ➔ Geib, Karl
Gora, Gabriel ➔ Bittrich, Max
Göransson, Göran ➔ Jägersberg, Horst
Göransson, Göran ➔ Schmidt, Uve
Goras, F. A. ➔ Redslob, F. A.
Görde, Auguste ➔ Dröge, Auguste
Gorden, Amélie ➔ Lenzner, Grete
Gording, Peter ➔ Schultz, Helmut
Gordon, Gemma ➔ Anders, Maria
Gordon, Glenn ➔ Habeck, Fritz
Gordon, Hans ➔ Ide, Heino
Gordon, Hans ➔ Reinhard, Hans Georg
Gordon, R. ➔ Peters, Werner Hermann
Gordon, Rex ➔ Ködelpeter, Hans E.
Gorel, Ludwig ➔ Berg, Leo von
Gorèn, Maria ➔ Gorenflo, Gisela
Görg, Hanns ➔ Schlegel, Johann Adolf
Görg, Thor ➔ Wiemann, Thor Görg
Görge, Hans ➔ Helfrecht, Johann Theodor Benjamin
Görge, Hans ➔ Schlegel, Johann Adolf
Gorgias ➔ Hassauer, Georg Ludwig
Gorgius, Johann ➔ Gorgias, Johann
Görl, Eja ➔ Janke, Erich
Görlach-Niemetz, Hede ➔ Görlach, Hede
Görlich, Hans ➔ Gerlich, Hans
Görlich, Martin ➔ Görlich-Hindersin, Martin
Gorlicia, Elsa ➔ Ebertin, Elsbeth
Gorman, J. A. ➔ Grasmück, Jürgen
Gorn, Elli ➔ Golliner, Auguste
Gorner, Nora ➔ Görner, Anna Nora von
Gorny, Sergej ➔ Gorny, Alexander
Görres, Maria ➔ Arndts, Maria
Gorrish, Walter ➔ Kaiser, Walter
Görtz, Elisabeth von ➔ Schlitz, Elisabeth Gräfin von
Görtz, Otto Hartmann von ➔ Schlitz, Otto Hartmann von
Gosch, Walther ➔ Oschilewski, Walter Georg
Gosen, Heinrich Wilhelm ➔ Strecker, Reinhard
Gosseck, Hermann ➔ Goes, Herma
Gossmann, Friederike ➔ Prokesch-Osten, Friederike von
Gößner, Trajan ➔ Hey, Peter
Gost, J. J. van ➔ Berndt, Karl-Heinz
Gösta ➔ Ecke, Gustav
Goth, Anselm ➔ Gottfurcht, Fritz
Goth-Emmerich, Luise ➔ Goth, Luise

Graner ➔ Körner, Gustav Adolph
Granit ➔ Ohme, Anton Josef
Granow-Houben, Martha ➔ Houben, Martha
Grant, Charlie ➔ Rennau, Joachim
Grant, John ➔ Grossmann, Hans Hugo
Grant, Tobias ➔ Tobien, Wilhelm
Grantlhuber, Franz Xaver ➔ Steuerl, Otto
Granzow, O. Th. Felix ➔ Granzow, Oswald
Grapheus ➔ Scriba, Dieter Peter
Graphicus ➔ Walter, Gustav
Graphius, Andreas ➔ Gryphius, Andreas
Gräslein-Grün, Hans Erich ➔ Fluck, Karl Heinz
Grass der Jüngere ➔ Grass, Jürgen Albert
Grasse, Jürgen ➔ Grasmück, Jürgen
Grässel, Rose ➔ Knoll, Rose
Grasserus, Johannes Jacobus ➔ Grasser, Johannes Jacob
Grasshoff, W. Wilhelmi von ➔ Wilhelmi-Grasshoff, Wilhelm von
Grasshoff-Graepel, Alida ➔ Grasshoff, Alida
Gratianus, Christophilus ➔ Lutz, Samuel
Gratianus, Eubulus ➔ Lutz, Samuel
Gratius, Ortuinus ➔ Zeidler, Johann Gottfried
Gratzn-Friedl ➔ Haider, Friedrich
Grau, Ernst ➔ Gurk, Paul
Grau, Franz ➔ Gurk, Paul
Grau, Wernher von ➔ Schoeb, Erika
Grauel, Frida ➔ Ballien, Frida
Graumann, Armin ➔ Hillger, Hermann
Gravell, Julie ➔ Greven, Helga
Gravelott, B. ➔ Vogt, Albert
Graven, Charlotte von ➔ Gravenreuth, Charlotte von
Graves, Vernon ➔ Sommer, Hans Wolf
Gravius, Johann Hieronymus ➔ Graf, Johann Hieronymus
Grawinckell, Johannes de ➔ Reinhard, Johannes
Grawingellinus, Johannes ➔ Reinhard, Johannes
Gray, Barbara ➔ Schneeberger, Irmgard
Gray, Bill ➔ Ide, Heino
Gray, George P. ➔ Voigt, Gudrun
Gray, George P. ➔ Voigt, Karl
Gray, Jim ➔ Rennau, Joachim
Gray, John ➔ Kügler, Dietmar
Grazia, Anne-Marie ➔ Kunde, Anne-Marie
Graziella, Thea ➔ Schneidhuber, Thea Graziella
gré ➔ Zivier, Georg
Greben, Claus ➔ Henneberg, Claus
Grebnesor ➔ Rosenberg, Gustav
Grebnettor ➔ Rottenberg, Heinrich
Grebnitz, Udo ➔ Steinberg, Werner
Grebsen, J. ➔ Mosberg, Julius
Grebsom, J. ➔ Mosberg, Julius
Green, Don ➔ Kügler, Dietmar
Greene, Miles ➔ Raben, Hans-Jürgen
Greenow, Helm ➔ Millies, Helmut
Gregor, Elly ➔ Möser, Anna
Gregor, Gertrud ➔ Chirita, Gertrud
Gregor, Hans ➔ Zivier, Georg
Gregor, Lucy ➔ Hoesch, Lucy
Gregor, Manfred ➔ Dorfmeister, Gregor
Gregor, Paul ➔ Feige, Paul
Gregor VII. ➔ Hildebrandt, Hans
Gregor-Grieshaber, Riccarda ➔ Grieshaber, Riccarda
Gregor-Dellin, Martin ➔ Gregor, Martin
Gregorius ➔ Goeres, Heinrich
Gregorius, Gregor A. ➔ Grosche, Eugen
Gregorius, Johanne Elisabeth ➔ Kubasch, Johanne Elisabeth
Gregorius, Macarius ➔ Grulich, Martin
Gregorow, Samar ➔ Meyer-Förster, Wilhelm
Greif, Andreas ➔ Gryphius, Andreas
Greif, Christian ➔ Gryphius, Christian
Greif, Ernst ➔ Greverus, Johann Paul Ernst
Greif, M. ➔ Griebel, Minna
Greif, Martin ➔ Frey, Friedrich Hermann
Greif, Rüdiger ➔ Kurowski, Franz
Greif, Theodor ➔ Dannenberger, Hermann
Greif, Urban ➔ Dufner, Max
Greifensohn von Hirschfelt, Samuel ➔ Grimmelshausen, Johann Jakob Christoffel von
Greiff ➔ Ranck, Sebastian
Greiffenstein, M. v. ➔ Schaffgotsch, Maria v.
Greiner, Christine ➔ Thaler, Christine
Greiner, F. ➔ Hartdegen, Ferdinand
Greiner, Karoline von ➔ Pichler, Karoline
Greiner, Susy ➔ Berghammer, Susanne
Greisholdus Knickknackius Flochlandus ➔ Frey, Janus Cäcilius
Greiten, Gerd ➔ Neukirchen, Paul Josef
Grell, Karl ➔ Theuerkauff, Johannes
Grenen, Esther ➔ Strindberg, Maria
Grenzer, Harry ➔ Voss, Erich von
Grenzer, Walter ➔ König, Josef Walter
Grenzhausen, Fr. von ➔ Daum, Fritz
Grenzhauser, Peter ➔ Peter, Richard
Grether, Hermann ➔ Vortisch, Hermann
Gretser, Jakob ➔ Gretscher, Jakob
Gretz, Mathias ➔ Kretz, Mathias
Greul, Egidius ➔ Schmeltzer, Kurt
Greuter, Mathäus ➔ Greiter, Mathäus
Greven, Juliane ➔ Greven, Helga
Grevenstett, Heinz ➔ Höcker, Paul Oskar
Greverus, Renata ➔ Hoyer, Renata Amalie Karoline
Grey, Carl ➔ Grothe, Wilhelm
Grey, Carla ➔ Greyerz, Lina von
Grey, Jim ➔ Rennau, Joachim
Grey, John ➔ Kügler, Dietmar
Grey, Walt ➔ Greiling, Walter
Grey, William ➔ Reuter, Josef
Gribitz, Joe ➔ Gribitz, Franz J.
Griechen-Müller ➔ Müller, Wilhelm
Grigat, Hertha ➔ Bohlen und Halbach-Grigat, Herthy von
Griggs, Ernest ➔ Grix, Arthur Ernst
Grill, Evelyn ➔ Storck, Evelyne
Grill, Sebastian ➔ Groll, Gunter
Grill, Towen ➔ Walter, Carlheinz

Grillandus, Erasmus ➔ Riemer, Johannes
Grillard, Francois ➔ Schertel, Ernst
Grillengroll, Fritz ➔ Schink, Johann Friedrich
Grilliet, Helene ➔ Haluschka, Helene
Grimbühler, Ernst Otto ➔ Venner, Johannes Vincent
Grimm, A. M. ➔ Grimm, Max
Grimm, Adolph ➔ Gruber, Johann Gottfried
Grimm, Inge Maria ➔ Hasslinger, Inge Maria
Grimm, Joh. Jacob ➔ Rühle von Lilienstern, August
Grimm, Vera von ➔ Eggert, Vera
Grimm-Sachsenberg, Richard ➔ Grimm, Richard
Grimmenstein, Boguslaw Graf ➔ Kujawa, Johannes Tobias
Grimmer, Reinhard ➔ Stichart, Franz Otto
Grimmold, Wolfgang ➔ Müller, Ludwig
Grindel, Harry ➔ Schlieter, Siegfried
Grineau, Josef ➔ Grau, Josephine
Grit, Ali ➔ Friedländer, Albert
Gröber, Thea ➔ Kabat, Therese
Grock ➔ Wettach, Adrian
Grod, Heinrich von ➔ Evers, Heinrich Wilhelm Hubert
Gröden, Ulrich ➔ Groth, Ernst Johann
Groeger, Carl ➔ Adler-Rudel, Salomon
Groeling, Leontine von ➔ Wyszomirski-von Groeling, Leontine
Grohé, Claire ➔ Lebert, Vera
Groher, Barbara ➔ Preisig, Barbara
Groll, C. ➔ Tehel, Margarethe
Groll, Peter ➔ Diószeghy, Tibor
Groll-Dillenburger, Inge ➔ Dillenburger, Ingeborg Freifrau von Groll
Groller, Balduin ➔ Goldscheider, Adalbert
Grolmann, Hedwig von ➔ Krause, Hedwig von
Grolms, Maximilian ➔ Hieronimus, Ekkehard
Groma, Peter ➔ Gromadecki, Josef
Grombacher, Grete ➔ Sparwasser, Else
Grombeck, Ernst Ludwig ➔ Rubiner, Ludwig
Gronau, Curt ➔ Heinicke, Robert
Gronau, Frank ➔ Ullrich, Klaus
Gronau, Helmut ➔ Millies, Helmut
Grönau, Isidore ➔ Sydow, Wilhelmine Friederike Karoline von
Grond, E. ➔ Graeser, Erdmann
Grönda, Gruschenka Gräfin ➔ Winkel, Rainer
Groner, Ernst ➔ Lüth, Paul
Gröning, Ethel ➔ Körting, Ethel
Gronovius, Fredericus ➔ Gronow, Johann Friedrich
Gronow, Leo ➔ Gronowski, Leo
Groot, Traugott ➔ Schnitzlein, Karl Wilhelm
Gröper, Reinhard ➔ Müller, Egbert-Hans
Grosch, Christian ➔ Schomburg, Walter
Grosch-Wehlau, A. ➔ Grosch, Anny
Grosmont, Weston ➔ Gronwald, Werner
Groß, A. J. ➔ Groß-Hoffinger, Anton Johann
Groß, Cary ➔ Gmeiner, Christiane
Groß, Grete ➔ Mokka, Irene
Gross, Heiner ➔ Gross, Heinrich
Groß, Karl ➔ Sickenberger, Hermann
Groß, Rolf H. ➔ Grosshans, Rolf H.
Grossätti von Leberberg ➔ Schild, Franz Josef
Grosse, Andreas ➔ Fielitz, Hans Paul
Grosse, Johann Georg ➔ Gross, Johann Georg
Große, Martha ➔ Fuchs, Martha
Große, Walter ➔ Le Mang, Erich Erwin Woldemar
Große Berg, Marlene ➔ Möddel-Große Berg, Marlene
Große-Renz, Gustav Paul ➔ Große, Gustav Paul
Großensee, Addi von ➔ Führer, Artur K.
Grosser-Panitz ➔ Grosser, Reinhold Fritz
Grosshirn, Dominikus ➔ Bosch, Manfred
Grossius, Johann Georg ➔ Gross, Johann Georg
Groszmann, Lore ➔ Segal, Lore
Grote, Bernd ➔ Gröttrup, Bernhard
Grote, Erich ➔ Behrsing, Arthur
Grote, Jan ➔ Gröttrup, Johann
Grote, J. C. ➔ Große, Johann Christian
Groth, Franz von der ➔ Kaiser, Oskar
Groth, Sylvia ➔ Schneider, Utta
Grotius, Hugo ➔ Tucholsky, Kurt
Grotowski, von ➔ Kahle, Adolf Wilhelm
Grottewitz, Kurt ➔ Pfütze, Kurt
Grove, Frederick Philip ➔ Greve, Felix Paul
Grove, Jan Pieter ➔ Christophé, Eduard Curt
Grove, Pit ➔ Piltz, Max Alfred
Grubbe, Peter ➔ Volkmann, Klaus
Grube, H. ➔ Pollmann, Theodor Ludwig
Grube, Hanna ➔ Starzengruber, Johanna
Grube, Joseph aus der ➔ Gruber, Johann Gottfried
Gruben, R. von der ➔ Pawelsz, Richard von
Gruber, Ludwig ➔ Anzengruber, Ludwig
Gruber zu Bruck ➔ Hochhuber, Leopold
Grubinius, Oporinus ➔ Schoppe, Kaspar
Gruelich, Arthur Theodor ➔ Greulich, Arthur
Gruenz, K. ➔ Künzer, Gustav
Grügor, Bernhard ➔ Grundmeyer, Bernhard
Gruhl, Hans ➔ Gruhl-Braams, Hans
Gruhlich, Martin ➔ Grulich, Martin
Gruiterman, J. ➔ Kautz, Heinrich
Grumbach, Friedlieb ➔ Seidel, Karl August Gottlieb
Grumbach, L. von ➔ Cubäus, Olga
Grummelkut, Johann ➔ Johannes Steinwert von Soest
Grün, Anastasius ➔ Auersperg, Anton Alexander Graf von
Grün, Dr. A. ➔ Fockt, Karl Theodor
Grün, E. Th. ➔ Günther, Georg
Grün-Göttert, Lilli ➔ Grün, Lilli
Grünau, Heinrich ➔ Grünzweig, Heinrich
Grunawhoff, Thor ➔ Noé v. Nordberg, Mario
Grünberg, Johanna ➔ Franul von Weißenthurn, Johanna
Grund, Martin im ➔ Grundschöttel, Marie

H

Hagen, Fritz ➔ Reinhard, Wilhelm
Hagen, Graf Leo von ➔ Kraft, Robert
Hagen, Hans ➔ Hagen, Johann Evangelist
Hagen, Hans ➔ Hagen-Müller, Hans
Hagen, Henriette Ernestine Christiane von ➔ Gilden, Henriette Ernestine Christiane von
Hagen, Hilde ➔ Spur, Hilde
Hagen, Hildegard ➔ Schilling, Hermann
Hagen, Ilse van der ➔ Kirchhoff, Anna
Hagen, J. C. ➔ Basse, Gottfried
Hagen, Jacques van ➔ Hahn, Ronald M.
Hagen, Johannes ➔ Bremer v. Hagen, Johannes
Hagen, Justus ➔ Schubert, Paul Hermann
Hagen, Leni ➔ Kalz, Elfriede
Hagen, Marguerite ➔ Schickh, Charlotte Edle von
Hagen, Max Freih. von ➔ Le Fort, Gertrud Agnes Baronin von
Hagen, Paul ➔ Frank, Karl B.
Hagen, Peter ➔ Graenitz, Hans
Hagen, Peter ➔ Krause, Willi
Hagen, Renate ➔ Hagen, Renate von der
Hagen, Sabine ➔ Darnstädt, Helge
Hagen, Stefan ➔ Hoyer, Franz Alfons
Hagen, Tronje ➔ Tzschirner, Hans Erich
Hagen, Ulrich ➔ Sarnighausen, Ulla
Hagen, Walter ➔ Höttl, Wilhelm
Hagen, Walter ➔ Wald, Roderich
Hagen, Wilhelm v. ➔ Biesten, Wilhelm Joseph
Hagenau, Gerda ➔ Leber, Gerda Luise
Hagenau, Reinmar von ➔ Reinmar der Alte
Hagenauer, Alois ➔ Aichinger, Josef
Hagenbuch, Hans ➔ Beerli, Hans
Hagener, Hermann ➔ Dreyhaus, Hermann
Hagenor ➔ Norman, Hippolyt von
Hagenstein, Maria ➔ Hanstein, Marie von
Haggenmacher, Peter ➔ Welti, Jakob Rudolf
Hagiophilus ➔ Steyrer, Philipp Jakob
Hagius, Johannes ➔ Hagen, Johannes
Hagius, Petrus ➔ Hagen, Peter
Hahle, Franz v. d. ➔ Riepenhausen, F. J.
Hahn, Otto ➔ Hahn, Oskar
Hahn, R. Edmund ➔ Pierson, Caroline Wilhelmine
Hahn, Ruth von ➔ Hahn von Dorsche, Ruth
Hahnfeld, Ingrid ➔ Steinmüller, Ingrid Jutta
Haho, Hans ➔ Hoffmann, Hans
Hahs, Heinz G. ➔ Schwank, Helmut
Hai, Eduard T. ➔ Philipp, Lothar
Haid, C. ➔ Kohl, Camilla
Haide, Ernst von der ➔ Grün, Karl Theodor Ferdinand
Haide, Henriette von der ➔ Albers, Henny
Haiden, A. ➔ Weber, Adelheid
Haidhausen, Klara ➔ Pollwein, Emma Klara
Haidheim, Luise ➔ Ahlborn, Luise
Haidmüller, Ewald ➔ Hagedorn, August Heinrich
Haiger, Klaus Joachim ➔ Müller, Nikolaus
Haigold, Johann Joseph ➔ Schlözer, August Ludwig von
Hailbrunnerus, Jacobus ➔ Barth, Caspar von
Haim, Klaus ➔ Scheucher, Franz
Haim, Nikolaus ➔ Scheucher, Franz
Haim-Graz, Klaus ➔ Scheucher, Franz
Haiminsfeld, Melchior v. ➔ Goldast, Melchior
Hain, Eugen ➔ Hajek, Egon
Hain, Friedrich ➔ Schneller, Julius Franz
Hain, Hermann ➔ Jahn, Hermann Eduard
Hain, Paul ➔ Timpe, Paul
Hain, Willi von ➔ Willhain, Julius
Hainberg, E. ➔ Diederich, Ernestine
Hainfels, Herbert ➔ Hasslinger, Hubert
Hainichen ➔ Bergk, Johann Adam
Haining ➔ Hölty, Ludwig Christoph Heinrich
Haining der Harfner ➔ Wächter, Leonhard
Hainzendorf, K. ➔ Weiss, Sidonie
Haireddin ➔ Elert, Georg
Haissler, Hans Leo v. ➔ Hassler, Hans Leo von
Hajan, Ata ➔ Gottschalk, Herbert
Hajek, Katja ➔ Hajek, Anna Leonore Katharina
Hajen, Hans ➔ Stisi, Robert
Hajo ➔ Sanke, Hansjosef
Haka, Rolf ➔ Kunze, Rolf
Halähr, Wilhelm ➔ Brockmann, Wilhelm
Haland, Paul ➔ Sperber, Manès
Halbeck, Ernst ➔ Hausmann, Sebastian
Halben, Nora ➔ Halbfass, Nora
Halbert, Awrum ➔ Halberthal, Abraham
Halde, Adele von der ➔ Wolff, Julius
Halde, Georg von der ➔ Postel, Georg
Halden, Elisabeth ➔ Breitzmann, Agnes
Halden, Erich ➔ Pfliegl, Anton
Halden, Hans ➔ Siewert, Ernst Georg
Halden, Hermann von ➔ Pestalozzi, Josef von
Halden, Renate ➔ Neidl, Margarete
Halden-Halderstedt ➔ Schoch, Erich
Haldenwang, Richard ➔ Mauz, Karl
Halding, Arthur ➔ Soemmerring, Sophie
Hale, Ray ➔ Breucker, Oscar Herbert
Halein, Tina ➔ Zitz, Kathinka
Halenza, Ada ➔ Koch, Magda
Halenza, Ada ➔ Koch-Riehl, Rudolf
Halka, Alexander ➔ Ledochowska, Marie Therese Gräfin
Halke, Erich ➔ Kahle, Carl
Halke, Hans Albrecht von ➔ Halck, Hans Albrecht von
Hall, Ernst ➔ Hassler, Ernst
Hall, Gustav ➔ Förster, August
Hall, Helle ➔ Stramm, Inge
Hall, J. van der ➔ Gersdorf, Wilhelmine von
Hall, Jeremy ➔ Kehl, Wolfgang
Hall, Peter ➔ Kallin, Mark
Hallard, Ruth ➔ Tetzner, Ruth
Hallauer, Bertha ➔ Gysel-Hallauer, Bertha
Hallener, Ferdinand Otto ➔ Milch, Werner
Haller ➔ Troxler, Ignaz Paul Vitalis
Haller, E. ➔ Aspern-Buchmeier, Elisabeth von
Haller, Ernst ➔ Rathmann, Oswald
Haller, Frank ➔ Ernsting, Walter
Haller, Friedrich ➔ Baumblatt, Luitpold
Haller, Guido ➔ Schwerin, Otto

Hanno, Peter → Peter, Heinrich
Hannott, Dr. → Sebaldt, Otto
hanns → Saekel, Herbert
Hanns Guck in die Welt → Beer, Johann
Hanns-Walther → Gaebert, Hans-Walter
Hannsen, Hanns → Schwilling, Hanns
Hanoum, Kerimée → Hobe, Marie von
Hans, Ottokar → Stoklaska, Ottokar Hans
Hans, Richard → Jacobi, Richard
Hans d. Bernermilize → Ott, Johann Christian
Hans der Büheler → Hans von Bühel
Hanschmann, Ruth → Fritze, Ruth
Hansen, Adolf → Stuhlfeld, Willy
Hansen, Eduard → Jacobi, Wolfgang
Hansen, Else → Ebert, Elisabeth
Hansen, Ferdinand → Kögl, Ferdinand
Hansen, H. → Krauß, Gustav Johannes
Hansen, H. G. → Hansen, Gerda
Hansen, Hans → Bodenstedt, Hans
Hansen, Hans → Zimmer, Hans
Hansen, Hein → Pfitzner, Hein
Hansen, Heinrich → Ammersbach, Heinrich
Hansen, Hjalmar → Burgert, Helmuth
Hansen, Ib → Artmann, Hans Carl
Hansen, John → Jonen, Hans
Hansen, K. U. → Kehl, Wolfgang
Hansen, Klaus → Muhrmann, Wilhelm
Hansen, Olaf → Wittko, Paul
Hansen, Peter → Hoder, Friedrich
Hansen, Peter → Peschke, Hans
Hansen, Stephan → Geisler, Hans
Hansen-Bahia → Hansen, Karl-Heinz
Hanson, H. → Krauß, Gustav Johannes
Hanstein, Lucie von → Baeblich, Lucie
Hanstein, S. → Torau, Antonie
Häny-Lux, Ida → Lux-Häny, Ida
Harald, Leo → Gerstmayer, Hermann
Harald, M. → Grabi, Margarete
Harb, Aloy → Harbeck, Alois
Harbert, Rosemarie → Bottländer, Rosemarie
Harbord, Davis J. → Kopp, Wilhelm
Harbou, Thea von → Lang, Thea
Harcelbecanus, Siger Paul → Harelbeck, Siger Paul
Hard, Hedwig → Reinhard, Hans Georg
Hard, Rudolf → Daumann, Rudolf Heinrich
Hardeck, Ernst von → Dombrowski Ritter von u. zu Paprosch u. Kruszwice, Ernst
Hardeck, Marianne → Eckhardt, Rosemarie
Hardeg, A. K. → Gerhard, Adele
Hardek, Ernst → Katzenstein, Simon
Harden, Eva-Maria → Failer, Marlies
Harden, Harald → Görz, Heinrich
Harden, Maximilian → Witkowski, Maximilian Felix Ernst
Harden, Sylvia von → Lehr, Sylvia
Hardenberg → Körner, Gustav Adolph
Hardenberg, Andrea → Schiede, Gerty
Hardenberg, H. von → Schalscha-Ehrenfeld, Amalie von
Hardenberg, Henriette → Frankenschwerth, Margarete
Hardenberg, Magda → Nicklau, Magda
Hardenberg, Peter von → Guthmann, Peter
Hardenberg, Sebastian → Gronwald, Werner
Hardenstein, Aurelie von → Buss, Aurelie
Harder, A. → Wörishöffer, Sophie
Harder, Ben → Pietruschinski, Horst
Härder, Georg → Schwidetzky, Georg
Harder, Irmgard → Selk-Harder, Irmgard
Harder von Franken → Harder, Konrad
Hardesheim, Christoph → Herdesianus, Christoph
Hardeweg, Bernd → Schulz, Bernhard
Harding → Barth, Friedrich
Harding, Michael → Harmening, Wilhelm Chr.
Harding, Steve C. → Nagel, Herbert Christian
Hardo, Trutz → Hockemeyer, Trutz Hardo
Hardon, Ronny → Breucker, Oscar Herbert
Hardt, Alexander → Müller, Ernst
Hardt, Emmy → Natorp, Emmy
Hardt, Ernst → Stöckhardt, Ernst
Hardt, Hans → Albrecht, Paul
Hardt, Hans → Degenhardt, Jürgen
Hardt, Heinrich → Krackhardt, Heinrich
Hardt, Heinz → Tehel, Margarethe
Hardt, Helmut → Reinhard, Hans Georg
Hardt, Leo → Leonhardt, Wilhelm August
Hardt, Max → Neumann, Alfred Maximilian
Hardt, Michael → Barthel, Manfred
Hardt, Thomas → König, Hans
Hardt, Tino → Gebhardt, Florentine
Hardt, Wilhelm → Schwaner, Wilhelm
Hardtenstein, Elise von → Manhardt Edle von Mannstein, Maria
Hardy, B. → Scheff, Werner
Hardy, Bern → Bernhardi, Horst
Hardy, Fred → Hachfeld, Eckart
Harenberg, Friedrich Asche von → Hardenberg, Friedrich Asche von
Harenberg, Hans Christoph von → Hardenberg, Hans Christoph von
Harenei Geierbrand → Ehrenberg, Andreas
Hargrove, Marion → Schröder, Rainer M.
Hari → Hering, Burkhard
Häring, Karl August → Hering, Ernst
Hark, J. → Krah, Ina
Harkut, Frank → Karuth, Frank
Harlach, Hanns von → Holzschuher, Hanns
Harmlos, Dr. → Nassauer, Max
Harmlos, Fritz → Hagen, Ernst August
Harmodion → Francé, Annie
Harms, Christophel → Harmening, Wilhelm Chr.
Harms, E. M. → Hamann, Elisabeth Margarete
Harms-Kutusov, Emil → Muthesius, Volkmar
Harmsen, Brigitt-Dorothee → Harmsen, Brigitte
Harmsen, C. W. → Harmening, Wilhelm Chr.
Harmsen, Harm → Böhme, Hermann
Harnisch, Johannes W. → Harnisch, Walter
Harold, Max → Scapinelli, Karl Conte
Harpagiander → Harsdörffer, Georg Philipp
Harpe-Hagen, Hilde La → Spur, Hilde

Harpeck, Reimar ➔ Stein, Otto Theodor
Harper, Frank ➔ Reisel, Johannes
Harper, Tom ➔ Richartz, Helmuth
Harpf, Hilde ➔ Spur, Hilde
Harrar, Annie ➔ Francé, Annie
Harras, Hans ➔ Haubold, Richard Fritz
Harrer, Marie ➔ Uttech, Marie
Harriet ➔ Grünewald, Henriette
Harrington, Rick ➔ Krüger, Bruno
Harris, Rod ➔ Squarra, Heinz
Harris, Ronald M. ➔ Hahn, Ronald M.
Harris, Will ➔ Hary, Wilfried Antonius
Harrison, J. L. ➔ Brauns-Leutz, Ilse
Harrison, Peter ➔ Szuszkiewicz, Hans
Harro ➔ Harring, Harro Paul
Harro, Constantin ➔ Lochmann, Constanze
Harro, Hanns ➔ Fuchs, Hanns
Harro-Harring ➔ Harring, Harro Paul
Harrven, Gustav ➔ David, Gustav
Harry ➔ Ehlermann, Helene
Harry, Siegmund ➔ Niedner, Heinrich
Harry-Meyer, Hermann ➔ Harry, Hermann Heinrich Willibald
Harrynk, Jens ➔ Weinschenk, Harry E.
Hart, Derek ➔ Klein, Gerhard
Hart, Friedel ➔ Hartfeldt, Joachim F. W.
Hart, H. W. ➔ Geck, Heinz
Hart, Hanns ➔ Münch, Hellmuth-Hubertus
Hart, Hans ➔ Molo, Hans Karl von
Hart, Heinz-Bruno ➔ Decker, Heinz-Bruno
Hart, Helmina ➔ Reinhardt, Wilhelmine
Hart, Henry ➔ Hartmann, Helmut
Hart, Horst ➔ Schwartz, Adam Heinrich
Hart, Julius ➔ Schlachter, Georg Joachim
Hart, Marie ➔ Kurr, Marie
Hart, Martin ➔ Eichler, Willi
Hart, Raymond ➔ Delfs, Rainer
Hart, Richard ➔ Jucker, Ernst
Hartau, Friedrich ➔ Elsel-Hartau, Fritz
Hartberg ➔ Hoffmann, Leopold Alois
Hartberg, Peter ➔ Oschilewski, Walter Georg
Hartegg, Vera ➔ Hierl, Vera
Harten, Angelika ➔ Schmitz, Maria
Harten, Carla ➔ Martens, Christoph
Harten, E. ➔ Martens, Christoph
Harten, Kurt ➔ Netsch, Günter
Harten, Toni ➔ Schönemann, Toni
Harten, Wolf ➔ Rieger, Paul Karl Gerhard
Harten-Dillen, Johann von ➔ Harten, Johann von
Harten-Hoencke, Toni ➔ Schönemann, Toni
Hartenau, Gert ➔ Thiel, Gert Walter Adolf
Hartenau, W. ➔ Rathenau, Walther
Hartenfeld, Jobst Gerhard von ➔ Hertefeld, Jobst Gerhard von
Hartenstein, Emanuel ➔ Kindleben, Christian Wilhelm
Hartenstein, Walter ➔ Köhr, Dietrich
Harter, Ernst Ludwig ➔ Harthern, Jacobson Ernst
Harter, Hermann ➔ Frankl, Adolf
Harter, Süx ➔ Harder, Konrad
Hartfisch, J. ➔ Fischart, Johann Baptist Friedrich
Harti, Egjar ➔ Tiessen, Eckart
Hartig, Monika ➔ Seiderer-Hartig, Monika
Hartig, Robert ➔ Marré, Ernst
Hartig, Sophie ➔ Attems-Heiligenkreuz, Sophie Gräfin
Hartig-Attems, L. u. S. ➔ Attems-Heiligenkreuz, Sophie Gräfin
Hartig-Attems, L. u. S. ➔ Hartig, Leopold Graf
Hartingshausen, Moritz von ➔ Hertingshausen, Moritz von
Hartl-Mitius, Philomene ➔ Hartl, Philomene
Hartlaub, Friedel ➔ Guthke, Fanny
Hartmann, Albert ➔ Borstendörfer, Adolf
Hartmann, Alexander ➔ Triesch, Friedrich Gustav
Hartmann, Amis Fr. ➔ Mißriegler, Anton
Hartmann, Carolus ➔ Hartmann, Carl Heinrich
Hartmann, Claus ➔ Luif, Kurt
Hartmann, Gisela ➔ Wenz-Hartmann, Gisela
Hartmann, H. L. ➔ Hyan, Hans
Hartmann, Lukas ➔ Lehmann, Hans-Rudolf
Hartmann, Mignon ➔ Hartmann, Wilhelmine
Hartmann, Peter ➔ Brose, Hanns-Walter
Hartmann, Plazidius ➔ Hartmann, Franz
Hartmann, Thomas ➔ Hartman, Thomas
Hartmann von Baldegg ➔ Ah, Joseph Ignaz v.
Hartmann-Plön, Nikolaus Karl Magdalus ➔ Hartmann, Nikolaus Karl Magdalus
Hartmetz-Sager, Olga ➔ Hartmetz, Olga
Hartmund, Harald ➔ Rosenfeld, Max
Hartnaccius, Daniel ➔ Hartnack, Daniel
Hartner, Eva ➔ Twardowska, Emma Eva Henriette von
Hartschmidt, M. ➔ Schmidt, Marie
Harttung, Julius ➔ Pflugk-Harttung, Julius v.
Hartung, Ernst ➔ Langewiesche, Wilhelm
Hartung, Otto ➔ Franzos, Karl Emil
Hartwald, Franz von ➔ Stein, Franz
Hartwig, Georg ➔ Koeppel, Emmy
Hartwig, Gustav ➔ Hirsch, Gustav
Hartwig, Mela ➔ Spira, Mela
Hartwig, W. H. ➔ Bley, Wulf
Hartwin, Ann K. ➔ Abels, Annelise
Hartwin, Kurd ➔ Abels, Annelise
Hartwis, Bartholomäus von ➔ Anhorn, Bartholomäus
Harun-el-Raschid-Bey, Wilhelm ➔ Hintersatz, Wilhelm
Harvey, R. Gerd ➔ Kieninger, Eugen
Harward ➔ Braun, Curt Johannes
Harwell, Susan ➔ Heller, Alfred
Hary-Epp, Leonor ➔ Epp de Hary, Edwiges Eleonora
Härzass ➔ Weber, Friedrich H.
Harzheim, Daniel ➔ Sulzer, Johann Anton
Harzmann, Ernst ➔ Cumme, Ernst
Has ➔ Hardt, Willy
Hasdgnuk, Paul ➔ Huckauf, Peter

Hasdur, G. ➔ Giesa, Werner Kurt
Hase, Otto ➔ Roth, Dieter
Haselbusch, Günther ➔ Günther, Willy
Hasenheide, Walter von der ➔ Wulff, Leo
Haslehner-Götz, Elfriede ➔ Haslehner, Elfriede
Hasler, Hans Leo v. ➔ Hassler, Hans Leo von
Haslinger ➔ Morris, Max
Hasse, Ludwig ➔ Elster, Otto
Hassel, Hedwig ➔ Hirschfeld, Hedwig
Hasselbach, Luise ➔ Deusner, Luise
Hasselbring, E. ➔ Lindemann, Erich
Hassenbach, U. v. ➔ Hassenpflug-Baldus, Ulla
Hassencamp, Herbert Philander ➔ Hassencamp-Fischer, Herbert
Hassler, Ulrich ➔ Muster, Wilhelm
Häßler-Rinck, Paula ➔ Häßler, Paula
Hastfer, Helmina von ➔ Chézy, Wilhelmine Christiane (Helmina) von
Hasting, Bill ➔ Kölbl, Konrad
Hastur, G. ➔ Giesa, Werner Kurt
Hasus, J. P. F. ➔ Richter, Johann Paul Friedrich
Hata, Harald ➔ Tannewitz, Hans-Joachim
Hathaway, Andrew ➔ Wunderer, Richard
Hatje, Jan ➔ Dahl, Jürgen
Hatten, Pieter van ➔ Glock, Karl Borromäus
Hattingberg, Magda von ➔ Graedener, Magda
Hatvani, Paul ➔ Hirsch, Paul
Haubert, Ran ➔ Haubert, Waltraut
Hauck, Maria ➔ Hauck-Christen, Maria
Hauff, E. von ➔ Stramm, Else
Hauff, Ursula ➔ Stelzenmüller, Annelie
Haug, Erika ➔ Markwald, Erika
Haug, Nikolaus ➔ Märker, Friedrich
Haugsdorf, Friedrich von ➔ Fuchs-Hartmann, Werner
Haupt, Antonie ➔ Endler, Victorine
Haupt, F. ➔ Philips, Franz
Haupt, Hans-Armin ➔ Dreyhaupt, Ottilie Margarete
Haupt, Therese ➔ Lehmann-Haupt, Therese
Hauptmann, Hans Jürgen ➔ Christophé, Eduard Curt
Häuptner, Lily ➔ Windhager, Juliane
Hausberger-Borniger, Mathilde ➔ Hausberger, Mathilde
Hausdorf, Salomon ➔ Haußdorff, Salomon
Hausen, Alexander ➔ Möllhausen, Balduin
Hausen, Andreas ➔ Bader, Andreas
Hausen, Hans von ➔ Bunzeck, Gustav
Hausen, Klaus von ➔ Vollmer, Eugen
Hausen, Peter ➔ Hoder, Friedrich Josef
Hauser, Carry ➔ Hauser, Carl Maria
Hauser, Enzio ➔ Rotter, Kurt Erich
Hauser, Frank ➔ Wiemer, Rudolf Otto
Hauser, Franz ➔ Oppenheimer, Franz
Hauser, Hedi ➔ Hauser, Hedwig Margarete
Hauser, Kaspar ➔ Tucholsky, Kurt
Hauser, Kaspar ➔ Wedekind, Frank
Hauser, Margrit ➔ Hinzelmann, Elsa Margot
Hauserhoff, Annie ➔ Kayser, Anna
Haushofer-Merk, Emma ➔ Haushofer, Emma
Hausleutner, Philipp Wilhelm Gottlieb ➔ Hausleitner, Philipp Wilhelm Gottlieb
Hausmann, Claria ➔ Levens, Claria
Hausmann, Hein ➔ Sauer, Carl-Heinrich
Hausmann, Johann Gottfried Rudolf ➔ Huesmann, Johann Gottfried Rudolf
Hausmann, Käthe ➔ Häusermann, Gertrud
Hausmann, Peter ➔ Hinterholzer, Peter Aloys
Hausschein, Johannes ➔ Oecolampad, Johannes
Haußen, J. S. ➔ Kiesewetter, Carl
Häusser, Caroline ➔ Eichler, Caroline
Hauswirth ➔ Henop, Carl
Have, E. von der ➔ König, Friedrich Emil
Havel, Paul von der ➔ Rüthning, Paul
Haversaat, A. C. ➔ Ziegler, Werner Karl Ludwig
Hawit ➔ Withalm, Hanns
Hawk, C. P. ➔ Preusse-Sperber, Otto
Hawlik-Staffel ➔ Hawlik, Viktor
Hay, Bob ➔ Plötze, Hasso
Hay, Stefan ➔ Brack, Walter
Hayde, Bertl ➔ Hetmanek, Berte
Hayden, Gisela ➔ Falk, Hermann
Haydn, J. ➔ Haymann, Jeanette
Hayek-Arendt, Katja ➔ Arendt, Käthe
Hayen, Julius von ➔ Hoym, Julius von
Hayes, Kevin ➔ Hoffmann, Horst
Haym, Christoph ➔ Haymann, Cristoph
Haymon, Jeanette ➔ Haymann, Jeanette
Hayn, Johannes vom ➔ Rosenbach, Johannes
Hayn, Juliane ➔ Hain, Juliane
Hayn, Ralph ➔ Hahn, Rolf
Hayneccius, Martinus ➔ Heinecke, Martin
Hays, Peter ➔ Stindt, Georg-Otto
Hayward, Ken ➔ Kappler, Hanns Walter
Hazeken, Fred ➔ Hacke, Fritz
Hazimieriwicsz ➔ Harring, Harro Paul
HCM ➔ Courths-Mahler, Hedwig
Hearny, B. ➔ Byern, Hainz Alfred von
Heartfield, John ➔ Herzfeld, Helmut
Hearting, Erni ➔ Herzig, Ernst
Hebelius, Samuel ➔ Hebel, Samuel
Hebenstreit, Benedikte ➔ Naubert, Christiane Benedikte Eugenie
Hebenstreit, F. ➔ Fischer, Christian August
Heberer, Alfred ➔ Enders, Alfred Michael
Hebius, Tarraeus ➔ Barth, Caspar von
Hecht, Hasso ➔ Plötze, Hasso
Hecht, Ingeborg ➔ Studniczka, Ingeborg
Hecht, Robert ➔ Neumann, Robert
Hechtenberg, Klara ➔ Collitz, Klara
Hecke, Ludwig ➔ Gunscher, Alois
Hecker, A. ➔ Erhard, Heinrich August
Hecker-Corinth, Mine ➔ Klopfer, Wilhelmine
Heckt, D. H. ➔ Heckt-Albrecht, Dietlinde
Hecyrus, Christopherus ➔ Schweher, Christoph
Hedanus, Sizzo ➔ Vogelsberg, Karl Robert
Heddin, Hedda ➔ Sauer, Hedda
Heddin, Robert ➔ Rzach, Hedwig

Hede, Helen ➔ Dubusc, Helen
Hedebrügge, Gert ➔ Petzold, Traute
Hedericus, Johannes ➔ Heidenreich, Johannes
Hedesbach, Konrad ➔ Heresbach, Konrad
Hedwig-Julia ➔ Laatsch, Hedwig Julia
Heeke, Magdalena ➔ Meyer, Cäcilie
Heemskerk, Peter ➔ Wills, Franz Hermann
Heemstede, Leo von ➔ Tepe, Leo
Heerdegen, Else ➔ Heiß, Else
Heeren, W. ➔ Haarmann, Wilhelm
Heergesell, Julius Philipp ➔ Philipp, Julius
Heertrost ➔ Jungwirth, Adalbert
Hefke, Ernest A. ➔ Benthe, Ernst von
Hegauer, Engelbert ➔ Oeftering, Wilhelm Engelbert
Hege, Heinrich ➔ Ginzkey, Franz Karl
Hegedo, Herbert G. ➔ Doll, Herbert Gerhard
Hegeling, B. ➔ Hotho, Heinrich Gustav
Hegemann, Anja ➔ Bertsch-Hegemann, Anja
Hegendorf ➔ Merey, Ludwig von
Hegenstein, Henn. vom ➔ Linde, Heinrich Freiherr von der
Heger, Jan ➔ Sperber, Manès
Hegis ➔ Gieske, Heinz Helmuth
Hegner, H. S. ➔ Schulze, Harry Paul
Heibe, Carolus ➔ Berndt, Karl-Heinz
Heiberg, Hans ➔ Braune, Joachim
Heid, Gwinny ➔ Heidrich, Ingeborg
Heid, Hinnerk ut de ➔ Braasch, Hinrich
Heid, Kaspar ➔ Hedio, Kaspar
Heide, Fritz von der ➔ Bernhardt, Karl-Fritz
Heide, Gedeon v. der ➔ Berger, Johann Baptist
Heide, Hede von der ➔ Orendi-Hommenau, Hedwig
Heide, Hermann v. der ➔ Wesseloh, Hermann
Heide, Hilde ➔ Beredik, Hilde
Heide, Karl von der ➔ Kraushaar, Karl
Heide, Maria von der ➔ Le Fort, Elisabeth von
Heidehof, Otto vom ➔ Zschitschik, Otto
Heidelberg, A. von ➔ Große, Gustav Paul
Heidelberg, Jodocus de ➔ Eichmann, Jodocus
Heidelberg, Nikolaus von ➔ Gross, Nikolaus
Heidelmann, Hoseas ➔ Hessel, Johann Adam
Heiden, A. ➔ Weber, Adelheid
Heiden, Else von der ➔ Dörfler, Else
Heiden, Eugenie ➔ Engelhardt, Eugenie
Heiden, Nanny ➔ Necker, Nanny
Heidenstamm, Sven ➔ Panizza, Oskar
Heidepoet ➔ Trautmann, Arthur
Heiderich, Oswald ➔ Hörmann zu Hörbach, Ludwig von
Heidewind, Stefan ➔ Jaworsky, Stefan
Heiding, Karl Franz ➔ Kocmata, Karl Franz
Heidmark, Frank ➔ Zeddies, August
Heidorn, Willi ➔ Hansen, Werner
Heikhendorff, Peer ➔ Hoffmann, Günther
Heilandt, Margarete ➔ Petersen, Margarete
Heilbronn, Josephine ➔ Labunska, Maria
Heilbut, Ivan ➔ Heilbut, Iven George
Heiling, Hans ➔ Hack, Henny
Heiling, Hans ➔ Stengg, Alfred
Heim, Anna ➔ Klüppel, Anna
Heim, Annedore ➔ Gaebler, Dorothea
Heim, Heide ➔ Müller, Paul Alfred
Heim, Inge ➔ Gaebler, Dorothea
Heim, Ira von ➔ Sass, Vera von
Heim, J. ➔ Bachmann-Göttisheim, Marie
Heim, Maria ➔ Frischauf, Marie
Heim, Werner ➔ Schlack, Emil
Heimann-Heizmann, Gertrud ➔ Heimann, Gertrud
Heimbach, Hans ➔ Richter, Arthur
Heimbach, P. ➔ Schiffmacher, August
Heimbertsohn ➔ Hinze, Friedrich
Heimborn, Carl ➔ Ruß, Peter
Heimburg, Wilhelmine ➔ Behrens, Bertha
Heimchen ➔ Münchhausen, Marie Luise Eleonore von
Heimdahl, G. ➔ Hütten, Johann Georg
Heimdal ➔ Schrönghamer, Franz Xaver
Heimdal, Olaf ➔ Weißer, Anna
Heimeran, Friedi ➔ Penzoldt, Friederike
Heimern, Raoul ➔ Auernheimer, Raoul
Heimfelsen, J. ➔ Kerausch, Joseph
Heimfried, Hally ➔ Chappuis, Edgar
Heimlieb, Ottmar ➔ Schönhuth, Ottmar
Heimstetten, Hanna ➔ Werner, Hanna
Heimwahl, G. ➔ Hütten, Johann Georg
Heimwahl, J. ➔ Dackweiler, Josef
Heimwart, Reinhold ➔ Heck, Karl
Hein ➔ Gorny, Heinrich
Hein, Günther ➔ Günther, Heinz
Hein, Gustav ➔ Dennert, Eberhard Gustav
Hein, Piet ➔ Althoven, Heinz Gottfried
Hein, Richard ➔ Groß, Heinrich
Heinberg, L. ➔ Scheiding, Anna Liddy
Heindorf, Heiner ➔ Neumann, Gerhard
Heindorf, Heiner ➔ Rank, Heiner
Heindorff, Friedrich ➔ Wetzler, Friedrich
Heine, H. ➔ Heine, Heinrich Christian Engelhard
Heine, Harry ➔ Heine, Heinrich
Heine, Heinrich ➔ Müller, Wolfgang
Heine, Selma ➔ Heine, Anselma
Heine-Arendt, Hertha ➔ Heine, Hertha
Heine-Borsum, Karl ➔ Heine, Karl
Heinemann, Erna ➔ Grautoff, Erna
Heinenberg, Heinrich ➔ Heinen, Reinhold
Heiner, Hein ➔ Kempinsky, Heinrich
Heinichen, Dr. ➔ Bergk, Johann Adam
Heinken, Jan ➔ Heinken, Johann
Heinken, Jan ➔ Südekum, Hubert
Heinlers, Heinz ➔ Oellers, Heinrich
Heinmar ➔ Dittmar, Heinrich
Heino ➔ Seitler, Heino
Heinrich ➔ Pesch, Heinrich
Heinrich ➔ Reuß, Heinrich XLV.
Heinrich, Albert ➔ Hieber, Albert
Heinrich, Amadeus ➔ Bartels, Amandus
Heinrich, Frank ➔ Thiede, Richard
Heinrich, Franz ➔ Decsey, Ernst
Heinrich, Franz ➔ Staerk, Franz Heinrich
Heinrich, Gregor ➔ Knoblauch, Adolf
Heinrich, Hans ➔ Reimann, Hans

Heinrich, Hermann ➔ Glücksmann, Heinrich
Heinrich, Justus ➔ Traudt, Valentin
Heinrich, Karl ➔ Keck, Karl Heinrich Christian
Heinrich, Karl ➔ Kette, Hermann
Heinrich, Karl Johann ➔ Brügmann, Karl
Heinrich, M. W. ➔ Kranzhoff, Wilhelm
Heinrich, P. ➔ Pollak, Heinrich
Heinrich, Paul ➔ Gehly, Paul Heinrich
Heinrich, Rudolf ➔ Kalmar, Rudolf
Heinrich, Valentin ➔ Lupescu, Valentin
Heinrich, W. ➔ Reiswitz, Wilhelm Freih. von
Heinrich, Walter ➔ Eschbach, Walter
Heinrich, Wilhelm ➔ Michelis, Wilhelm Heinrich
Heinrich, Wilhelm ➔ Voigt, Paul
Heinrich der Poet ➔ Heinrich von Würzburg
Heinrich der Wepper ➔ Bernth, Karl
Heinrich von Hessen d. Ä. ➔ Langenstein, Heinrich Heinbuche von
Heinrichs, O. ➔ Hellinghaus, Otto
Heinrichs-Hohenfels ➔ Heinrich, P. W.
Heinsburg, Baptist v. ➔ Nicolai, Karl Ludwig
Heinsius, Daniel ➔ Heinse, Daniel
Heintze, Johann Jacob Wilhelm ➔ Heinse, Johann Jacob Wilhelm
Heintze, Susanne ➔ Hoerner, Susanne von
Heinz ➔ Tovote, Heinz
Heinz, K. ➔ Berger, Karl Heinz
Heinz, K. ➔ Kipp, Heinrich
Heinz, Karl ➔ Hill, Karl Heinz
Heinz, Karl ➔ Lämmel, Josef Otto
Heinz, Karl ➔ Poppe, Karl Heinz
Heinz, Karl ➔ Satow, Heinz
Heinz, Kurt ➔ Mau, Emmy
Heinz, Maria ➔ Friedländer, Gertrud
Heinz, T. von ➔ Tempelhoff, Henny von
Heinz, Werner ➔ Becker, Werner Heinz
Heinz-Dönges, Lisa ➔ Heinz, Elisabeth
Heinze, Christoph ➔ Möbius, Hermine Luise
Heinzim ➔ Zimmermann, Heinrich
Heirel, N. ➔ Dehm, Diether
Heirol ➔ Roller, Heinrich
Heise, Friedel ➔ Loeff, Friedel
Heisen, Friedrich von ➔ Friesen, Hermann Freiherr von
Heiser, Gabriele ➔ Heiser-Korioth, Gabriele
Heiss, Lisa ➔ Heiss, Elisabeth
Heiß-Heerdegen, Else ➔ Heiß, Else
Heissler, Dietrich ➔ Greve, Uwe
Heister, Bernh. Ant. ➔ Winkopp, Peter Adolf
Heister, Helge von ➔ Heister, Helle von
Heisterbach, Frank ➔ Hoffmann, Max
Heisterbergk, Constanze von ➔ Malapert-Neufville, Marie Constanze von
Heiter, Amalie ➔ Sachsen, Amalie Friederike Auguste Prinzessin von
Heiter, Dr. Ernst ➔ Glassbrenner, Adolf
Heiter, Ernst ➔ Axt, Hans
Heiter, Ernst ➔ Glaß, Gabriel
Heiter, Ernst ➔ Heyse, Gerd
Heiter, Ernst ➔ List, Horst Friedrich
Heiter, Jeremias ➔ Laßwitz, Kurd
Heiter, Julius ➔ Mahlmann, Siegfried August
Heiter, Karl ➔ Schimper, Karl
Heitgres, Franz ➔ Franz, Richard
Heithaus, Goswin ➔ Schulz, Bernhard
Heiw. ➔ Heiner, Wolfgang
Heiwik, Hans ➔ Schultze-Heiwik, Hans
Heizmann, Gertrud ➔ Heimann-Heizmann, Gertrud
Hejos ➔ Scheufgen, Hermann
Hekethusen, Hans v. ➔ Müllern, Elisabeth von
Hela, Friedrich ➔ Pudor, Fritz
Helbach, Werner ➔ Werner, Helmut
Helberg, Karl Thomas ➔ Fleischmann, Maximilian
Helbig, R. ➔ Griebel, Lucy
Helbig-Tränkner, Helena ➔ Helbig, Helena
Helbing, Franz ➔ Haek, David
Helbing, Lothar ➔ Frommel, Wolfgang
Helbling, Anna ➔ Thiel, Julie
Helburne, Roger G. ➔ Lehrburger, Egon
Held, Franz ➔ Herzfeld, Franz
Held, Franz ➔ Heyden, Friedrich von der
Held, Hans ➔ Büttner, Alexander
Held, Harry ➔ Méville, Henry de
Held, J. ➔ Lubowski, Käthe
Held, Karl ➔ Meister, Friedrich
Held, Kurt ➔ Kläber, Kurt
Helden, Hans von ➔ Mancke, Reinhardt
Heldenwerk, Louis ➔ Herodek, Louis
Helder, Ernst ➔ Werunsky, Mary
Heldern, Toni ➔ Lindner, Toni
Heldt, Andreas ➔ Pfeiffer-Belli, Erich
Heldt, E. ➔ Nölting, Bertha
Heldt, Jörg ➔ Kalmuczak, Rolf
Helduaderus, Nicolaus ➔ Hansen, Niels
Heldvader, Nicolaus ➔ Hansen, Niels
Helena, Dilia ➔ Branco, Dilia Thelyma Nelly Helene
Helene ➔ Hülsen, Helene von
Helene ➔ Jaspersen, Sophie
Helene, Marie ➔ Le Maitre, Elisabeth Marie Helene Estienne
Helfenstein, Lothar ➔ Heichen, Walter
Helfenstein, Ludwig ➔ Aegidi, Ludwig Karl James
Helferich, Hermann ➔ Heilbut, Emil
Helft, Jan ➔ Heilbut, Iven George
Helge, Jasper ➔ Merleker, Hartmuth
Helgolandus ➔ Merleker, Hartmuth
Helgrö ➔ Grömmer, Helmut
Helgustad ➔ Wehrenfennig, Helmut
Helheim, A. ➔ Liesegang, Raphael Ed.
Helianth ➔ Volkamer, Johann Georg
Heliodor, Claudius Siegmar ➔ Radkowetz, Heliodor
Heliogabal ➔ Fischer, Wilhelm
Helion, Jo Hans ➔ Dressler, Johannes
Helios ➔ Ettlinger, Karl
Helios, Alexander ➔ Herden, Herbert
Helix, Hedera ➔ Bargmann, Bernhard Alexander

Hennrich, Johann ➔ Schulte vom Brühl, Walther
Henri, Clemens ➔ Driesmans, Heinrich
Henri-Frédéric ➔ Solveen, Henri
Henrich, Hedwig ➔ Wilhelmi, Hedwig
Henrich, Liselotte ➔ Welskopf, Liselotte
Henrich-Wilhelmi, Hedwig ➔ Wilhelmi, Hedwig
Henrichau, A. Sch. von ➔ Schilling Ritter von Henrichau, August
Henrici, Karl-Herbert ➔ Hasselblatt, Dieter
Henricks, Paul ➔ Hoop, Edward
Henricus, Johannes ➔ Lith, Johann von der
Henricus custos ➔ Hoffmann, August Heinrich
Henriette ➔ Gilten, Henriette Christine von
Henriette, Christiane ➔ Kreutzer, Catherine
Henriks, Al. ➔ Buschmann, Aloys
Henrikson, Olaf ➔ Stolze, Alfred Otto
Henrion, Poly ➔ Kohlenegg, Leonhard Kohl v.
Henry ➔ Winterfeld, Henry
Henry, Charles P. ➔ Berger, Karl Heinz
Henry, Charles P. ➔ Karl, Günter Paul
Henry, F. ➔ Frey, Franz
Henry, Fred ➔ Hartmann, Helmut
Henry, Fred ➔ Tenkrat, Friedrich
Henry, Olaf ➔ Pistohlkors, Harry von
Henry, Paul ➔ Gerber, Paul Henry
Henry-Camden, Guido ➔ Böckler, Guido
Henschke, Hans ➔ Langberg, Hans
Hensel, Friederike Sophie ➔ Seyler, Friederike Sophie
Hensel-Haerdrich, Paul ➔ Hensel, Paul
Hensler, Karl Friedrich ➔ Henseler, Karl Friedrich
Henthaler, Ernest ➔ Holub, Ernest
Henzinger, Maria ➔ Schröder, Maria Berte
Hephästion ➔ Gehler, Johann Samuel Traugott
Hepidannus ➔ Herimann von St.Gallen
Hepixannus ➔ Herimann von St.Gallen
Hepner, Clara ➔ Muschner, Clara
Her, A. ➔ Herwarth von Bittenfeld, Agnes
Heraclitus, Independens ➔ Havighorst, Johann
Heraclitus, Jeremias Christian ➔ Karl, Bernhard Peter
Heralth, Edith ➔ Bitter, Edith von
Herault, Ange von ➔ Herault von Hautcharmoy, Ange
Herb, Max ➔ Brehm, Eugen
Herberger, Erika ➔ Hengstenberg, Ernst
Herbert ➔ Doll, Herbert Gerhard
Herbert, G. von ➔ Krane, Gertrud Baronin von
Herbert, Heinz ➔ Wolfradt, Heinz
Herbert, Lucian ➔ Gundling, Julius
Herbert, M. ➔ Keiter, Therese
Herbert, M. G. ➔ Grandjean, Moritz Anton
Herbert, Renate ➔ Storch, Franz
Herbert, Wilhelm ➔ Mayer, Wilhelm
Herbertsen, Erich ➔ Schneider, Herbert Erich
Herbertus, Petrus ➔ Herbert, Petrus
Herbius ➔ Greyerz, Lina von
Herbord von Bamberg ➔ Herbord
Herbord von Michelsberg ➔ Herbord
Herborn ➔ Ferber, Nikolaus
Herbrich, Alexander ➔ Herbeck, Ernst
Herbst, Bernhard ➔ Zimmermann-Berger, Friedrich
Herbst, Daniel ➔ Alpers, Hans Joachim
Herbst, Daniel ➔ Hahn, Ronald M.
Herbst, Felix ➔ Berger, Walter
Herbst, Gunther ➔ Sommer, Hans Wolf
Herbst, Justus ➔ Greve, Adolf
Herbst, Paula ➔ Hilscher, Paula
Herbstenburger, Toni ➔ Bossi-Fedrigotti von Ochsenfeld, Anton Graf
Hercules ➔ Hasert, Bruno
Hercules ➔ Okenfuß, Lorenz
Hercules, Janus ➔ Schwenter, Daniel
Hercynianus, Fabius ➔ Keller, Jakob
Herdach, Karl ➔ Gürtler, Josef
Herdan, Johannes ➔ Ehrenfels, Alma Johanna Freifrau von
Herdan-Zuckmayer, Alice ➔ Zuckmayer, Alice
Herdegen, Hans ➔ Döhring, Karl Siegfried
Herder, Edeltraut ➔ Herder-Elchlep, Edeltraut
Herdesianus, Joannes ➔ Spangenberg, Johann
Herera, Pablo Gonzalez ➔ Lamp, Hugo F.
Herfeld, Dr. Hermann ➔ Nödl, Leo Maria
Herfeld, Paul ➔ Spanuth-Bodenstedt, Ludwig
Herfurth, Alice ➔ Reinhard, Wilhelm
Herg, E. ➔ Hirschberg, Emmi
Hergenbrecht, Peter ➔ Hankamer, Paul
Hergeth, Mia ➔ Fuchs-Hergeth, Hermine Maria
Hergsheimer, Bernhard ➔ Herxheimer, Bernhard
Heribert von Salurn ➔ Mayer, Anton
Herimann aus der Zelle ➔ Sernatinger, Hermann
Herken, Clara ➔ Ricke, Edeltraud
Herleth, Annemarie ➔ Schwemmle, Annemarie
Herlicius, Elias ➔ Herlitz, Elias
Herlik, Eva ➔ Kehrli, Hedwig
Herlinger, Ilse ➔ Weber, Ilse
Herlitzen, Manfred ➔ Alpers, Hans-Joachim
Herlitzen, Manfred ➔ Hahn, Ronald M.
Herloßsohn, Georg Karl Reginald ➔ Herloß, Borromäus Sebastian Georg Karl Reginald
Herm, Friedrich ➔ Löscher, Friedrich Hermann
Herm, Heinrich ➔ Legras, Henri
Herman, G. ➔ Sebaldt von Werth, Maximilian Ferdinand
Hermann ➔ Förster, Karl Christoph
Hermann ➔ Meseke, Hermann
Hermann ➔ Römpler, Hermann Friedrich
Hermann ➔ Wedekind, Frank
Hermann, A. ➔ Hüffer, Alfred
Hermann, A. ➔ Lier, Hermann Arthur
Hermann, Adolf ➔ Marth, Erwin
Hermann, Anton ➔ Albrecht, Anton Hermann
Hermann, Carl ➔ Sammler, Marie Anna
Hermann, Carl ➔ Schüler, Karl

Hermann, Erich ➔ Paetel, Erich
Hermann, Ernst ➔ Wauer, William
Hermann, Eugen ➔ Dedenroth, Eugen Hermann von
Hermann, F. ➔ Mischler, Werner Ernst
Hermann, F. ➔ Ortmann, Reinhold
Hermann, Felix ➔ Benary, Felix Heinrich
Hermann, Franz ➔ Meißner, Franz Hermann
Hermann, Friedrich ➔ Sonnenschmidt, Friedrich Hermann
Hermann, Friedrich Benjamin ➔ Maempel, Hermann
Hermann, G. ➔ Gelderblom, Hermann
Hermann, Georg ➔ Borchardt, Georg Hermann
Hermann, Gottlieb ➔ Tiemann, Hermann
Hermann, H. ➔ Schubert, Hermine
Hermann, Hans ➔ Schubert, Hermine
Hermann, Hans ➔ Strauß-Olsen, Hermann
Hermann, Johannes ➔ Bartmann, Hermann
Hermann, Josef ➔ Hoffmann, Hermann
Hermann, Josef ➔ Scheufgen, Hermann
Hermann, K. F. ➔ Schnoor, Hermann
Hermann, Louis ➔ Wechsler, Ludwig
Hermann, Ludwig ➔ Heinemann, Leopold
Hermann, Nikolaus ➔ Herman, Nikolaus
Hermann, Paul ➔ Schubert, Paul Hermann
Hermann, Rosa ➔ Häcker, Hermine
Hermann, Rudolf ➔ Carsted, Rudolf Hermann
Hermann, Rudolf ➔ Schiering, Helmut
Hermann, S. ➔ Struschka-Hoffmann, Hermann
Hermann, Theodor ➔ Pantenius, Theodor Hermann
Hermann der Lahme ➔ **Hermann von Reichenau**
Hermannfríed ➔ Bodmer, Johann Jacob
Hermanni, August ➔ Kracht, August
Hermannsen, Fritz ➔ Goetz, Friedrich
Hermannssohn, Georg ➔ Lichey, Georg
Hermannstädte, Anna ➔ Stephani-Nussbächer, Brigitte
Hermannus Alemannus ➔ **Hermann**
Hermannus Contractus ➔ Hermann von Reichenau
Hermannus Germanicus ➔ **Hermann**
Hermannus Teutonicus ➔ Hermann
Hermanny, A. ➔ Mews, Elise Auguste
Hermano ➔ Herrmann, Oskar
Hermerschmidt, Charlotte ➔ Heitzenröther, Charlotte
Hermes, R. A. ➔ Roeßler, Rudolf
Hermes, Rolf ➔ Lieder, Herwig
Hermes, Rolf ➔ Müller, Paul Alfred
Hermine ➔ Laddey, Emma
Hermlin, Stephan ➔ Leder, Rudolph
Hermsdorf, Otto von ➔ Hanstein, Otfrid von
Hernandez ➔ Pöppig, Eduard Friedrich
Hernandez ➔ Wied-Neuwied, Maximilian Alexander Philipp Prinz zu
Hernfeld, Fred ➔ Farau, Alfred
Hero ➔ Herr, Michael
Herod, J. B. ➔ Hartmann, Charles-Léon
Herodes, Adolf ➔ Treblin, Adolf
Herodicus ➔ Riedel, Johann Christoph Ludwig
Herodotus ➔ Köhler, Johann David
Herold, Heinrich ➔ Fogowitz, Andrä Heinrich
Herold, Johann ➔ Stupp, Johann Adam
Heron, Siegfried ➔ Schütte, Max
Herr Ludwig ➔ Zinzendorf, Nikolaus Ludwig von
Herr von Hoffnungsreich ➔ Friedel, Johann
Herr von Thurnstein ➔ Zinzendorf, Nikolaus Ludwig von
Herrentreu, Gertrud ➔ Müsken, Emmy
Herries, Auguste ➔ Frey, Angelika
Herrigau, Wilbert von ➔ Siegel, Maria Anna
Herrmann ➔ Hofmann, Brünnhilde
Herrmann ➔ Skrepek, Viktor
Herrmann, Ala ➔ Herrmann, Alma
Herrmann, Friedrich ➔ Kuhn, Hermann Nikolaus
Herrmann, Hans ➔ Matthiessen, Karl
Herrmann, Henriette ➔ Hübner, Henriette
Herrmann, Karl ➔ Bergner, Karlherrmann
Herrmann, Luise ➔ Rinser, Luise
Herrmann-Neiße, Max ➔ Herrmann, Max
Herrmann-Röntgental, A. M. ➔ Lorenz, Martha
Herrmann-Thun, O. ➔ Herrmann, Oskar
Hersbeck, Konrad ➔ Heresbach, Konrad
Herschel, Jakob ➔ Emden, Jacob Israel
Hert-Barry, T. ➔ Brett, Harry
Herten, Waldemar ➔ Kreusler, Emma
Herter, Kunz ➔ Harder, Konrad
Herth, Otto ➔ Roth, Otto
Hertha, Irene ➔ Schöpfer, Irene Friederike
Herthel-Berges, Grete ➔ Berges, Grete
Hertwig-Behringer ➔ Hertwig, Hugo
Hertz, Alice ➔ Breinlinger, Alice
Hertzbach, Konrad ➔ Heresbach, Konrad
Herwart ➔ Keller, Jakob
Herwey, Franz ➔ Weiher, Eugen August von
Herwi, B. ➔ Loewi, Babette Hermine
Herwig ➔ Pichl, Eduard
Herwig, Reinhold ➔ Kiesler, Bernhard
Herz, John ➔ Herz, Hans
Herz, Lenfred ➔ Kászony, Daniel
Herz, Manfred ➔ Kászony, Daniel
Herzberg, Grete ➔ Litzmann, Grete
Herzberg, Mark ➔ Enders, Horst
Herze ➔ Hegrad, Friedrich
Herzen ➔ Nowotny, Isabella
Herzen, W. ➔ Herzberg, Wilhelm
Herzenskron, Hermann Josef ➔ Herzmakron, Hermann Josef
Herzer, Ludwig ➔ Herzl, Ludwig
Herzfelde, Wieland ➔ Herzfeld, Wieland
Herzfried, Oskar ➔ Quincke, Ida
Herzig, Christiane ➔ Bernlochner, Christa
Herzog, Gabriele ➔ Gericke, Gabriele
Herzog, Greti ➔ Herzig, Ernst
Herzog, Hans ➔ Schulz, Rolf
Herzog, L. ➔ Enckhausen, Malwine

Hilarius, F. ➔ Muth, Franz Alfred
Hilarius, Ferdinand ➔ Rast, Ferdinand Gregor Freiherr von
Hilarius, Jocosus ➔ Bürger, Gottfried August
Hilarius, Justus ➔ Schießler, Sebastian Willibald
Hilarius, Werner ➔ Schultes, Karl
Hilarius Hofpoet zu Utopia, Peter ➔ Nicolai, Karl Ludwig
Hilbersdorf, Karl ➔ Böttcher, Karl Max
Hilbert, G. S. ➔ Bechert, Hilda
Hilbrecht, Julius ➔ Schicht, Adolf Julius
Hildebrand ➔ Hübl, Friedrich Josef
Hildebrand, A. ➔ Barthels, Hermann Emil
Hildebrand, Daniel ➔ Hess, David
Hildebrand, Eduard ➔ Volger, Fritz
Hildebrand, Emil ➔ Böhm, Martin
Hildebrand, Jos. Lunzi ➔ Schweizer, Johann Jakob
Hildebrand, Theodor ➔ Engels, Friedrich
Hildebrandt, B. ➔ Gieseke, Minna
Hildebrandt, Kriemhild ➔ Magyari, Kriemhild
Hildeck, Leo ➔ Meyerhof, Leonie
Hildemühl, Hermann ➔ Doppler, Michael
Hildesia ➔ Düker, Elsbeth
Hilfgern, A. ➔ Kolb, Alexis
Hilgeland, Ossip ➔ Gervais, Otto R.
Hilgendorff, Gertraud ➔ Felkl, Gertraud
Hilgendorff, Hermann ➔ Müller, Kurt
Hilger, Conrad W. ➔ Joost, Wilhelm
Hilger, G. ➔ Lüdtke, Gerhard
Hilger, Karoline ➔ Braun, Karoline
Hill, Fritjof ➔ Vielhaber, Gerd
Hill, Henry ➔ Knoll, Ludwig
Hill, Herbert ➔ Seyffert, Friedrich Arthur
Hillard, Gustav ➔ Steinbömer, Gustav Hillard
Hillebrecht, Eberhard ➔ Hallemann, C. Harry
Hillel, Bath ➔ Badt-Strauss, Bertha
Hillenburg, Martin ➔ Kalmuczak, Rolf
Hiller, Alfr. ➔ Spannagel, Joseph
Hiller, Olga ➔ Heuser, Olga
Hiller, William ➔ Hiller, Wilhelm
Hiller-Sternberg ➔ Kreuschner, Curt Rudolf
Hillern, Hermine von ➔ Diemer, Hermine
Hillig, Werner ➔ Bohlen und Halbach, Berndt von
Hilliger, L. ➔ Seyffert, Anna
Hilling, O. W. ➔ Kappler, Hanns Walter
Hillisch, Joseph Hermann ➔ Hillischer, Joseph Hermann
Hillmar ➔ Pahl, Johann Gottfried von
Hillsen, Bert ➔ Kalmuczak, Rolf
Hilmar, Arthur E. ➔ Waldheim, H. A. Erich
Hilmar, J. ➔ Jüterbock, Richard
Hilmar, O. ➔ Oeynhausen, Hilmar Graf von
Hilmsen, W. von ➔ Wissell, Karl von
Hilt, George ➔ Bentz, Hans Georg
Hilten, Peter ➔ Neher, Franz
Hilton, Jack ➔ Hartmann, Helmut
Hilton, Sibylle ➔ Guggenheim-von Wiese, Ursula
Hilzheimer, Klaus ➔ Hill, Claude
Himmel, Gustav Adolf ➔ Himmel, Adolf
Hindemann, Annie ➔ Wüest-Hindemann, Annie
Hindenburg, Bernhard von ➔ Beneckendorff und von Hindenburg, Bernhard von
Hindermann, Adele ➔ Rassow, Adele
Hingst, Traudl ➔ Seebauer, Traude
Hinnack, Michel ➔ Hülsmann, Harald
Hinnenburg, A. ➔ Veltzé, Alois
Hinnerk, Otto ➔ Hinrichsen, Otto
Hinrichs, Klaus ➔ Wittfogel, Karl August
Hinterwald, Hilarius ➔ Sartorius, Christian
Hinterwaldler ➔ Datzberger, Johann
Hintz-Vonthron, Erna ➔ Krell, Erna
Hinz ➔ Herzl, Theodor
Hinz, Michael ➔ Hoffmann, Leopold Alois
Hippel, Hildegard von ➔ Tiessen, Hildegard
Hippoclitus der freye Wittber ➔ Lauremberg, Johann Wilhelm
Hippodromus, Paul ➔ Fabricius, Johann Friedrich
Hippogryph ➔ Lattke, Ottokar
Hippophilus Melangeus ➔ Melanchton, Philipp
Hirejo zu Hostrowey in Teste drey ➔ Hoyers, Anna Ovena
Hirner, Paul ➔ Bohner, Theodor Paul
Hirschberg-Jura, Rudolf ➔ Hirschberg, Rudolf
Hirschberg-Jura, Ruth ➔ Hirschberg, Ruth
Hirschfeld, Franz ➔ Röhr, Franz
Hirschfeld, Leo ➔ Feld, Leo
Hirschfeld, Olga ➔ Wendland, Olga
Hirschfeld, Viktor ➔ Leon, Viktor
Hirschler, Ivo ➔ Hirschler, Adolf
Hirschmann, Heidemarie ➔ Schreiber, Hermann
Hirschmann, Karl August ➔ Lang, Carl
Hirschmann-Rasp ➔ Hirschmann, Helene
Hirsemenzel, Leberecht ➔ Raupach, Ernst Benjamin Salomon
Hirsutus, Georg ➔ Rhaw, Georg
Hirt, Adolf ➔ Schäfer, Gustav Adolf
Hirt, Fritz ➔ Meier, Fridolin
Hirt, K. ➔ Kratz, Ernst
Hirt, Ursel Renate ➔ Hirt-Marszalek, Ursel Renate
Hirtzwigius, Heinrich ➔ Hirtzwig, Heinrich
Hirundo, C. ➔ Bomhard, Constanze von
Historicus ➔ Gäfgen, Hans
Historikus ➔ Rosenberg, Arthur
Historiographus ➔ Schnabel, Johann Gottfried
Hittorff, Alfred P. ➔ Englaender, Alfred
Hitzig, Julius Eduard ➔ Itzig, Julius Eduard
Hjörring, Knut ➔ Hildebrandt, Karl Gotthold
Hlatki, Peter ➔ Brand, Guido Karl
Hlodowig ➔ Giseke, Ludwig August Christian
Höarmeckan, F. ➔ Storck, Friedrich
Hoberg, Marielis ➔ Robert, Marielis
Hobes, Gustav ➔ Bohse, August
Hobi ➔ Bingel, Horst
Hoch, Christa ➔ Rogge-Börner, Sophie

Hoch, Constanze ➔ Malapert-Neufville, Marie Constanze von
Hoch, Peter ➔ Rotzler, Willy
Hoch-Fischer, Otto ➔ Fischer, Otto
Hochberg, Caspar von ➔ Hillebrand, Bruno
Hochberg, Caspar von ➔ Hohberg, Caspar von
Hochberg, Karl ➔ Joel, Karl
Hochberg, Max von ➔ Rasmus, Melanie
Hochberger, Walther von ➔ Kluge, Walther
Hochfeldt, Hans ➔ Georgi, Karl
Hochgesand, Gertrud ➔ Zarniko, Gertrud
Hochglend, Rudolf ➔ Eger, Rudolf Georg Christian
Hochgründler, Charlotte ➔ Hofmann, Charlotte
Hochländer, Friedrich ➔ Schäfer, Franz
Hochlandt, Walter ➔ Gottheiner, Max
Hochreiter, Ludwig ➔ Steuer, Otto
Hochried, Ina von ➔ Eichhoff, Joachim
Hochstädt, Martha ➔ Kempner, Martha
Hochstädt, Max ➔ Kempner, Max
Hochstädter ➔ Haeßler, Oscar
Hochstätter, Elga ➔ Kern, Elga
Höcht, Johannes Maria ➔ Höcht, Hans
Hochwald, Adele ➔ Rösler, Maria
Hochwart, H. ➔ Müller-Brandenburg, Hermann
Hock, Alwin ➔ Achsel, Willy
Hock, Ilse ➔ Meyer, Ilse
Hock, Katharina ➔ Meyer, Ilse
Hocke, Hans Willy ➔ Hocke, Willy
Hockfield, Jack ➔ Jühling, Johannes
Hoddis, Jakob van ➔ Davidsohn, Hans
Hodopaeus, Nathanael ➔ Weiß, Pantaleon,
Hoeck, Johann ➔ Aepinus, Angelius Johann Daniel
Hoeflich, Eugen ➔ Ben-Gâvriel, Mosheh Ya'akov
Hoeflin, Peter ➔ Gaupp, Fritz
Hoelder, Fritz ➔ Doehler, Gottfried
Hoeppener-Flatow, W. ➔ Hoeppener, Wilhelm
Hoerner-Heintze, Suse von ➔ Hoerner, Susanne von
Hof, Berta ➔ Hofberger, Berta
Hof, Nikolaus von ➔ Decius, Nikolaus
Hof, R. ➔ Weinzierl, Louise Antonie
Hofbauer, Friedl ➔ Kauer, Friedl
Hofberg, Norbert ➔ Kalmuczak, Rolf
Hofen, Ernst ➔ Wallbrunn, Wolf Freiherr von
Hofen, Franz ➔ Wagenhoff, Franz von
Hofenheim, O. H. Edler von ➔ Gemmingen-Hornberg, Otto Heinrich Freiherr von
Hofer, Gilbert ➔ Neumann-Hofer, Otto
Hofer, Hannes ➔ Lang, Othmar Franz
Hofer, Ida ➔ Kirsch, Hedwig
Hofer, J. H. ➔ Herrmann, Wilhelm
Hofer, K. ➔ Herrmann, Wilhelm
Hofer, Klara ➔ Höffner, Klara
Hofer, Peter ➔ Schaffelhofer, Hans
Höfer, Petra ➔ Dietsch, Werner
Hofer, Urli ➔ Scholz, Hugo
Hofer, Vincenz ➔ Mann, Klaus
Hofer, Wilhelm Don ➔ Donnhofer, Wilhelm
Hofer-Dernburg, Dorothea ➔ Hofer, Dorothea
Hofer-Sternischa, Franz ➔ Sternischa, Franz Valentin
Hoff, Annegret ➔ Gummert, Charlotte
Hoff, Claudia von ➔ Falk, Hermann
Hoff, Friedel ➔ Schönhoff, Ilse Hildegard
Hoff, Fritz ➔ Reymond, Georges
Hoff, Harry ➔ Heidsieck, Hanns
Hoff, Kay ➔ Hoff, Adolf Max
Hoff, Sophie ➔ Szegö, Sophie
Hoff, Wilhelm ➔ Hoffmann, Johann Friedrich Wilhelm
Hoff, Wilhelm ➔ Hofmockel, Wilhelm
Hoffenberg ➔ Brier, Daniel
Hoffensthal, Hans von ➔ Hepperger von Tirschtenberg und Hoffensthal, Hans
Höffer, Else ➔ Guercke, Else
Hoffer, Fr. ➔ Zmavc, Johann
Höffer, Paul ➔ Richter, Eugen
Höffer, W. ➔ Wörishöffer, Sophie
Hoffmann, Amanda ➔ Jaekel-Hoffmann, Amanda
Hoffmann, Anna ➔ Dieterich, Anna
Hoffmann, B. ➔ Krais, Berta
Hoffmann, Barbara ➔ Poupin, Barbara
Hoffmann, E. W. ➔ Burmeister, Johann Peter Theodor
Hoffmann, Ebba ➔ Waerland, Ebba
Hoffmann, Edith ➔ Yapou-Hoffmann, Edith
Hoffmann, Eugen Ferdinand ➔ Hoffmann, Karl Theodor Ferdinand
Hoffmann, Hans ➔ Falzari, Felix
Hoffmann, Hermann ➔ Struschka-Hoffmann, Hermann
Hoffmann, Irmgard ➔ Steppuhn, Irmgard
Hoffmann, L. ➔ Timlich, Karl
Hoffmann, Lieselotte ➔ Eltz, Lieselotte von
Hoffmann, Maurus ➔ Hofmann, Hugo
Hoffmann, R. ➔ Pollmann, Ludwig
Hoffmann, Ruth ➔ Scheye, Ruth
Hoffmann, Wilhelm ➔ Bleysteiner, Georg
Hoffmann von Fallersleben, August Heinrich ➔ Hoffmann, August Heinrich
Hoffmann v. Wangenheim Pauline ➔ Hoffmann, Pauline
Hoffmann-Aleith, Eva ➔ Hempel, Eva
Hoffmann-Courtier, Willy ➔ Leutersdorf, Fritz von
Hoffmann-Donner, Heinrich ➔ Hoffmann, Heinrich
Hoffmann-Hardenberg ➔ Nicklau, Magda
Hoffmann-Herreros, Johann ➔ Hoffmann, Hans
Hoffmann-Koepping, Günther H. ➔ Hoffmann, Günther
Hoffmann-Linke, Eva ➔ Hoffmann, Eva
Hoffmann-Nesselbach, Leonhard ➔ Hoffmann, Leonhard
Hoffmann-Reicker, Klaus ➔ Hoffmann, Klaus-Dieter

Hoffmann-Schaumberg, Georg ➔ Schaumberg, Georg
Hoffmann-Schwanberg ➔ Eltz, Lieselotte von
Hoffmann-Steglitz, Günther ➔ Hoffmann, Günther
Hoffmann-Xionzer, Ernst Günther ➔ Hoffmann, Ernst Günther
Hoffnaaß, Franziska von ➔ Rheinberger, Franziska
Hoffner, Wilhelm ➔ Dilthey, Wilhelm
Hoffnerus, Erasmus Sabinus ➔ Schmid, Hermann
Hoffweiler, G. F. von ➔ Hertling, Georg von
Höfler, Eugen F. ➔ Hirth, Friedrich
Höfler, Polly Marie ➔ Höfler, Paula Sofie
Hofmann, D. ➔ Schieber, Anna
Hofmann, G. ➔ Weinzierl, Louise Antonie
Hofmann, Jo ➔ Mahr, Yvonne
Hofmann, Marie Elisabeth ➔ Dietrich, Marie Elisabeth
Hofmann von Schönholtz, Ernst ➔ Hofmann, Ernst
Hofmann-Hege, Charlotte ➔ Hofmann, Charlotte Annemarie
Hofmannstal, Elisabeth ➔ Dietrich, Marie Elisabeth
Hofmeister, Clementine ➔ Abel, Clementine
Hofmeister, Norbert ➔ Halpern, Max
Hofmüller, Agnes ➔ Mehling, Marianne
Högni, Helge ➔ Hein, Heinrich
Hohburg, Paulus ➔ Koehre(-Petzold), Otto Paul
Höhe, Friedrich von der ➔ Greiner, Hugo
Höhe, Georg von der ➔ Lilie, Georg
Höhe, Martha von der ➔ Massow, Klara von
Hohen-Uffer, Florentin Bernhard von ➔ Lucae, Friedrich
Hohenau, Paul ➔ Cohn, Paul
Hohenberg, Arthur von ➔ Haffner, Paul Leopold
Hohenberg, L. ➔ Lehmann, Johannes
Hohenbühel, Ludwig Freiherr von ➔ Hohenbühel, Ludwig Ritter von Heufler zu Rasen und Perdonegg
Hohenburg, Georg ➔ Harlander, Otto Georg
Hohenburg, Johann Georg Herwart ab ➔ Keller, Jakob
Hohenburg, Jutta ➔ Walter, Käte
Hohenegg, Nicander ab ➔ Heidegger, Johann Heinrich
Hohenfeld, Hans ➔ Birt, Alexander
Hohenfeld, Johannes ➔ Kraft, Sigisbert
Hohenfels, Guenther v. ➔ Hanstein, Otfrid von
Hohenfels, Marga von ➔ Fritzsche, Gertrud Sofie Margarethe
Hohenfurth, Franz v. ➔ Proschko, Franz Isidor
Hohenhard, Johann Peter von ➔ Ludewig, Johann Peter von
Hohenhausen, Elise Felicitas von ➔ Rüdiger, Elise Felicitas
Hohenlinden, Heinrich Baron von ➔ Oelsnitz, Carl Eduard von der
Hohenlohe, Erwin ➔ Hohenlohe-Schillingsfürst, Eugen Prinz zu
Hohenlohe, Hans ➔ Wolfarth, Conrad
Hohenmarkt ➔ Rosner, Leopold
Hohenofen, M. B. ➔ Blank, Matthias
Hohenried, L. St. ➔ Jenisch, Louise
Hohensee, R. ➔ Eidam, Rosa
Hohenstaedt, S. ➔ Seitz-Hückstädt, Sophie
Hohenstein, Angelika ➔ Reuß, Agnes Fürstin
Hohenstein, K. ➔ Wichmann von Sebog und Glenz, Paul Viktor
Hohenstein, Ottomar Ralph ➔ Torenburg, Erwin Erich
Hohenstein, Susanne ➔ Falk, Hermann
Hohenstein, von ➔ Boineburg, Friedrich von
Hohenthal, Irmengard von ➔ Santifaller-Lafay, Pius
Hohenthal, Karl ➔ May, Karl
Hohenthal, Waldemar ➔ Otto, Hermann Waldemar
Hohenufer, Florentin Leonh. von ➔ Lucae, Friedrich
Hohenwandern, Bilgram von ➔ Grimmelshausen, Johann Jakob Christoffel von
Hohenwart, A. ➔ Gaus-Bachmann, Adele
Höhenwarte, Emil von der ➔ Besser, Karl Rudolph Emil
Hohenziel, Erich ➔ Friedmann, Friedrich Karl Edmund
Hohl, Alexandra Maria ➔ Sperl, Alexandra H.
Hohl, Suevia Helena ➔ Grosser, Reinhold Fritz
Hohlmann, O. ➔ Kohut, Oswald
Hohloch, Guschtav ➔ Aikele, Otto
Hohm, Anna Marie ➔ Brix, Anna Helene
Hohnberg, Günther ➔ Bärwinkel, Paul
Hohndorf, Luise ➔ Bindewald, Luise
Hohrat, Klara ➔ Rommel, Klara
Holander, Reimer Kay ➔ Hentschel-Holander, Hans Reimer
Holbach, Jupp ➔ Engel, Elmar
Holbein ➔ Bodmer, Johann Jacob
Holberg, Eleutheria ➔ Paulus, Caroline
Holbert, P. ➔ Holzknecht, Pauline
Hold, Carl ➔ Luck, Johann Peter Carl
Hold, Luise ➔ Hölder, Luise
Holden, Adele ➔ Cech, Adele
Holden, Herbert ➔ Erttmann, Paul Oskar
Holden, M. von ➔ Jacobshagen, Marie
Holden, Nelly ➔ Hobsbaum, Nelly
Hölder, Toni ➔ Döhler, Anton
Holderberg, Karl ➔ Friese, Eugen Karl
Holderieder, Benedikte ➔ Naubert, Christiane Benedikte Eugenie
Holdermund, M. ➔ Rosenfeld, Max
Holen, Gottschalk ➔ Hollen, Gottschalk
Höler, Naaz ➔ Höler, Georg Ignaz
Holesch, Ditha ➔ Holesch, Editha
Holger, Bernd ➔ Bonsels, Bernd Holger
Holger, Francis ➔ Bracht, Franziska
Holger, Karin ➔ Steinborn, Tonimarie
Holgerson, Helmar ➔ Holzmüller, Adolf
Holk, Freder van ➔ Müller, Paul Alfred

Hutzler, Sarah ➔ Kainz, Sarah
Hyacinth ➔ Gericke, Johann Ludwig
Hyberg, Walter ➔ Kinsky, Rudolf
Hyde, Chris ➔ Wenske, Helmut
Hylander, Franz Josef ➔ Holzner, Josef
Hylas ➔ Bärholz, Daniel
Hyleanus ➔ Quincke, Joseph
Hymnophilus, Christianus ➔ Elsner, Johann Gottlieb
Hynitzsch, Luise ➔ Zschöttge, Luise
Hynzius, Karolus ➔ Fluck, Karl Heinz
Hypereta, Basilius ➔ Pufendorf, Samuel von
Hyperion ➔ Göllner, Luise
Hyphantes ➔ Weber, Georg Heinrich
Hypodemander Ferrimontanus, Petrus ➔ Schumann, Peter
Hyppoclitus de freye Wittwer ➔ Lauremberg, Johann Wilhelm
Hypselius, Theodorus ➔ Hoe von Hoenegg, Matthias
Hyrkanos ➔ Ginzburg, Toni Devora

I

I. B. ➔ Frank, Walter A.
Ibach, Lutz W. ➔ Rumpff, Heinrich Ludwig
IBE ➔ Böcker, Juliane
Iberon, B. ➔ Kirchhoff, Eberhard
Ibicus ➔ Pfeiffer, Maximilian Georg
Ibius, Robert ➔ Haringer, Johann Jakob
Ibius, Robert ➔ Harrer, Josef Robert
Ibo ➔ Bosch, Ida
Icâra ➔ Chys, Julienne van der
Iccander ➔ Crell, Johann Christian
Ich rede dir von Trewe ➔ Werder, Diederich von dem
Ichneumon ➔ Resener, Hans
Iconius ➔ Goetzen, Raphael von
Ictus, K. J. ➔ Immermann, Karl Leberecht
Icus-Rothe, Wanda ➔ Amelung, Wanda
Idahof ➔ Kirsch, Hedwig
Idem ➔ Bing, Siegmund
Iden, Gustav ➔ Jördens, Gustav
Idirpius, Johann Gustav ➔ Jänke, Joh. David
Idnum ➔ Herzl, Siegmund
Idomeneus ➔ Treitschke, Georg Friedrich
Iduna ➔ Stahr, Fanny
Idus, F. ➔ Noack, Friedrich
Idwin ➔ Eichenberg, Julius
Iené, Erica ➔ Jené, Erica
if ➔ Ingold, Felix Philipp
Ifgem ➔ Fischart, Johann Baptist Friedrich
Igel, Ignaz ➔ Mühlbauer, Josef
Igel, Pelle ➔ Woile, Hans Peter
Iger, Hieronymus ➔ Rieger, Hieronymus
Iggensen, Igor ➔ Rasch, Carlos
Ignatius, Bogislaus ➔ Elsner, Johann Gottlieb
Ignatz, Götz ➔ Deger, Manfred
Ignota ➔ Neidl, Margarete
Ignotus ➔ Blasius, Richard
Ignotus ➔ Kahn, Johannes
Ignotus ➔ Schnabel, Johann Gottfried
Ignotus, Hugo ➔ Müller-Guttenbrunn, Adam
Ihlenburg, Carola ➔ Oertzen, Carola von
Ihn, J. C. ➔ Stahmann, Johann Friedrich H.
Ihr, Franz ➔ Paetow, Franz
Ihring, Peter ➔ Frieböse, Ernst
Il Turdus ➔ Schilling, Hermann
Ilefeld, Andreas ➔ Ihlenfeld, Andreas von
Ilefeld, Fritz ➔ Ihlenfeld, Fritz von
Ilex ➔ Bargmann, Bernhard Alexander
Ilex ➔ Scheer, Wilhelm Hartwig
Ilex, Fritz ➔ Abegg, Friedrich
Ilg ➔ Iger, Artur
Ilg, Berta ➔ Kössler-Ilg, Berta
Ilg, Johannes ➔ Jellinek, Johannes
Ilgeney, A. ➔ Gayelin, Johann Georg
Ilgerd, N. M. ➔ Dingler, Max
Ilias ➔ Horovitz-Barnay, Ilka
Iller, Peter ➔ Scherr, Felix
Illerfeld, Josef ➔ Bärtle, Josef
Illeteratus Ignorantius zugenant Idiota ➔ Grimmelshausen, Joh. Jakob Christoffel von
Illing, Claire ➔ Heidrich, Ingeborg
Illing, Friedrich Wilhelm ➔ Reichenbach-Illing, Friedrich Wilhelm
Illing, Hella ➔ Krause, Helga
Illried, Alfred ➔ Denu, Alfred
Illuminator, Lucifer ➔ Kászony, Daniel
Ilm, Ottfried von der ➔ Grosse, Julius Waldemar
Ilmenau, Carl von ➔ Cassau, Karl
Ilmenau, Fritz ➔ Ressel, Wilhelm
Ilmenhorst, Clarissa ➔ Jenisch, Clara Antonie
Im Esch, L. ➔ Imesch, Ludwig
Imanuel, C. ➔ Dirckink-Holmfeld, Constant Peter Heinrich Maria von
Imbach, Franz ➔ Wurm, Ernest
Imbauche, Jonas ➔ Cramer, Karl Gottlob
Imberg, Max ➔ Bergmeister, Josef
Imbrollius, Salvator ➔ Kircher, Athanasius
Imgrün, Traugott ➔ Schön, Oswald
Imhof, Amalie von ➔ Helvig, Amalie von
Imhoff, Ruth ➔ Schirmer, Ruth
Imm, Günther ➔ Bischof, Heinz
Immann, Rud. ➔ Hopp, Ernst Otto
Immanuel ➔ Schulze, Wilhelm
Immanuel, C. ➔ Dirckink-Holmfeld, Constant Peter Heinrich Maria von
Immanuel, Wilhelm ➔ Schulze, Georg Wilhelm
Immendorf, J. von ➔ Castell-Rüdenhausen, Philippine Gräfin zu
Immenhaus, Fritz ➔ Bachmann, Heinrich
Immergrün ➔ Württemberg, Wilhelm Graf v.
Immergrün, Hans ➔ Enders, Johann Nepomuk
Immergrün, Hugolin ➔ Heinen, Josef Maria
Immergrün, Tomas ➔ Spengemann, Christof
Immerwahr, Kaspar ➔ Jacusiel, Johann Caspar
Immos ➔ Scholl, Fritz
Imo ➔ Meyer, Johann Friedrich von
Imog, Jo ➔ Haak, Uta
Imperialis ➔ Meier, Joachim
Imre, Arpad ➔ Kalnein, Elisa von
Imscherz, Ernst ➔ Mühsam, Paul
In der Gand, Hans ➔ Krupski, Ladislaus
Inconnu, Jean ➔ Feldhoff, Hans-Heinrich
Inconnu, Joachim ➔ Hemmerde, Karl Hermann
Indagine, ab ➔ Hagen, Christian Thedel Heinrich von
Indagine, Johannes ➔ Rosenbach, Johannes
Indagine, Johannes ab ➔ Falkenstein, Johann Heinrich von
Indaginis, Johannes ➔ Bremer von Hagen, Johannes
Indigena ➔ Grümbke, Johann
-ine. ➔ Schemman, Christine
Ines ➔ Boettger-Seni, Otto Karl August
Infander ➔ Funk, Johann Nikolaus
Infield, Henrik F. ➔ Infeld, Heinrich

J

J. B. ➔ Beyer, Johann
J. D. H. ➔ Hanner, Johann David
J. E. ➔ Scheffler, Johannes
J. J. L...n. ➔ Richard, Sophie S.
J. J. N. N. ➔ Neumann, Johann Jakob Nathanael
J. M. ➔ Mette, Julius
J. M. C. ➔ Foerg, Gertrud
J. R. ➔ Lenz, Johann Reinhold von
J. R. H. ➔ Rist, Johannes von
J. R. P. z. W. ➔ Rist, Johannes von
J. V. ➔ Veillodter, Juliane Marie Charlotte
J. v. G. ➔ Grossmann, Julie Florentine von
J. W. G. D. ➔ Dunkel, Johann Gottlob Wilhelm
Ja, O. ➔ Janetschek, Ottokar
Jaab, Christa ➔ Ladisch, Christa
Jack, Buffalo ➔ Hiller, Wilhelm
Jack, Flying ➔ Selter, Kurt
Jack, Garry ➔ Brand, Kurt
Jack, Garry ➔ Kratochwil, Josef
Jack, Texas ➔ Schubert, Paul Hermann
Jackson, Jim ➔ Bajog, Günther
Jackson, Kelter A. ➔ List, Jürgen Eberhard
Jacky, Helene ➔ Lavagnino, Helene
Jacob, Benno ➔ Jacobson, Benno
Jacob, Berthold ➔ Salomon, Berthold Jacob
Jacob, Henry E. ➔ Jacob, Heinrich Eduard
Jacob, Therese Albertine Louise von ➔ Robinson, Therese Albertine Louise
Jacobi, Brigitte ➔ Beutner, Bärbel
Jacobs, Ed ➔ Jacobson, Edmund
Jacobs, Wally ➔ Wagner, Günter
Jacobsen, Ernst Ludwig ➔ Harthern, Jacobson Ernst
Jacobsen, Golo ➔ Erné, Giovanni Bruno
Jacobsen, Karin ➔ Schroth, Karin
Jacobsen, Uwe ➔ Leippe, Ulla
Jacobson, Ludwig Harter ➔ Harthern, Jacobson Ernst
Jacobus, Jeimar ➔ Dedekind, Julie
Jacobus, Johann ➔ Fries, Johann Jakobus
Jacoby, Alinda ➔ Krug, Maria
Jadassohn, Alice ➔ Bodenstedt, Alice
Jadassohn, Beate ➔ Jacoby, Beate
Jadem ➔ Democh-Mauermeier, Ida Amalie
Jaeger, Henry ➔ Jäger, Karl Heinz
Jaeger, Johanna ➔ Stratenwerth, Johanna
Jagemann, Karoline ➔ Heygendorff, Karoline von
Jäger ➔ Schütze, Johann Friedrich
Jäger, A. ➔ Bihan, Angelika
Jäger, Dr. ➔ Melhop, Wilhelm
Jäger, Friedrich ➔ Schmidt, Jürgen
Jäger, Heinz ➔ Kreiser, Walter
Jäger, Hub. ➔ Muth, Franz Alfred
Jäger, Klara ➔ Etzel, Melanie von
Jäger, Martin ➔ Weissfeld, Hans-Peter
Jägersberg, Otto ➔ Jägersberg, Horst
Jägersburg, von ➔ Pfaff, Ludwig
Jago, Don ➔ Engel, Alexander
Jago, Thomas ➔ Erichsen, Uwe
Jagow, Max ➔ Dahms, Gustav
Jahde, Hans von der ➔ Krticzka von Jaden, Hans Freiherr
Jahn, Walter ➔ Schirmeier, Walter
Jahn-Dresden, Erich ➔ Jahn, Erich
Jahn-Scheer, Gisela ➔ Jahn, Gisela
Jahraus, Karl ➔ Bloch, Ernst
Jaime-Liebig ➔ Jaime, Edward
Jais, A. ➔ Daumer, Georg Friedrich
Jais, Joseph ➔ Jais Ägidius
Jakob ➔ Schlüter, Christoph Bernhard
Jakob, Andrea ➔ Dörner, Ilse Sibylle
Jakob, Angelika ➔ Kreuzer, Ingrid
Jakob, Asmus ➔ Carstens, Asmus Jakob
Jakob, Fritz ➔ Wittgen, Theodor
Jakob, Karla ➔ Rajcic-Bralic, Dragica
Jakob de Susato ➔ Jakob von Soest
Jakob de Swewe ➔ Jakob von Soest
Jakob der Kartäuser ➔ Jakob von Jüterbogk
Jakobs, Wally ➔ Wagner, Günter
Jakobus ➔ Hirsch, Karl Jakob
Jam, D. ➔ May, Karl
Jamais, Viktor ➔ Weißl, August
Jamal, Gerhard ➔ Hübsch, Paul-Gerhard
Jamal, Hadayatullah ➔ Hübsch, Paul-Gerhard
Jameson, Egon ➔ Jacobsohn, Egon
Jamitzer, Christoph ➔ Jamnitzer, Christoph
Jan ➔ Deters, Heiko
Jan ➔ Spallart, Johannes von
Jan, von ➔ Zickel, Reinhold
Janakieff, Dimiter ➔ Inkiow, Dimiter
Janda, Elsbeth ➔ Nötzoldt-Janda, Elsbeth Irene
Janinski, Eduard ➔ Jahnens, Eduard
Jänisch, Caroline ➔ Pawloff, Caroline
Janischfeld, Erwin ➔ Lustig-Prean, Karl
Janka, Judith ➔ Pusch, Edith
Janke-Càrola ➔ Janke, Carola
Janke-Karola ➔ Janke, Carola
Janko ➔ Jankowski, Leo
Jannausch, Doris ➔ Schmidt, Dorothea Maria
Janos ➔ Oppenheimer, Franz
Janosch ➔ Eckert, Horst
Janow, H. ➔ Rehwaldt, Hermann
Jansen, Else ➔ Baginsky, Else
Jansen, Jens ➔ Hübbe, Thomas
Jansen, Jon B. ➔ Taurer, Bernhard
Jansen-Mara, Anna ➔ Jansen, Anna
Jansen-Runge, Edith ➔ Jansen, Edith
Jansenius, Michael ➔ Johannsen, Michael
Janson, Gustav ➔ Heumann, Christoph August
Janssen, Henry H. ➔ Janssen, Werner
Janssen, Jens ➔ Brennecke, Jochen
Janssen-Noort, Rieks ➔ Janssen, Hinnerikus
Jantsch, Heinz ➔ Jakowitz-Jantsch, Heinz
Januarius ➔ Habbel, Josef

Janus ➔ Döllinger, Johann Joseph Ignaz von
Janus ➔ Ehrhardt, Paul Georg
Janus ➔ Haeßler, Oscar
Janus ➔ Huber, Johann Nepomuk
Janus ➔ Meynert, Hermann Günther
Janus ➔ Oppenheimer, Franz
Janus, Jonas ➔ Stengel, Hansgeorg
Janus, Marco ➔ Zahlten, Horst Günther
Jaques-Buddenböhmer, Ingeborg ➔ Knudsen, Ingeborg
Jarcke ➔ Krause, Johann Gottfried
Jarckius, Johannes ➔ Krause, Johann Gottfried
Jarke ➔ Krause, Johann Gottfried
Jarkius, Johannes ➔ Krause, Johann Gottfried
Jarnik, Urban ➔ Jarnigg, Urban
Jaron, Elisha ➔ Gardos, Alice
Jaronti, Paul Hermann von ➔ Hilliger, Karl
Jarr, Rhongar ➔ Harring, Harro Paul
Jaschem ➔ Meyer, Johann Friedrich von
Jäschütz, Ernst ➔ Jentsch, Ernst
Jason ➔ Boncourt, Louis Charles Adelaide de Chamisso
Jason ➔ Sternberg, Kaspar Graf von
Jasper, Ferdinand ➔ Henoch, Hubert
Jasper, Jupp ➔ Riemann, Kurt
Jaspersen, Helene ➔ Jaspersen, Sophie
Jauer, Nikolaus von ➔ Gross, Nikolaus
Jaworek, Henriette ➔ Devidé, Henriette
Jaworski, Johnny ➔ Jaworski, Hans-Jürgen
Jazennah, Selmar ➔ Elm, Andreas Hugo
Jean, Eve ➔ Boesche, Tilly
Jean Charles ➔ Braun von Braunthal, Johann Karl Ritter
Jean Paul ➔ Richter, Johann Paul Friedrich
Jean Richard ➔ Pohl, Richard
Jean-Jacques ➔ Jacob, Hans
Jeanne Marie ➔ Gayette-Georgens, Jeanne Marie
Jeannhomme, Ch. ➔ Hannemann, Karl Friedrich Wilhelm
Jecklin, Erica ➔ Brühlmann-Jecklin, Erica
Jedamski, Karin ➔ Tellmann, Gertrud
Jeder, S. Ch. M. ➔ Schmieder, Karl Christoph
Jedithun, Hasabja Bar ➔ Richter, Christoph Gottlieb
Jeffers, A. ➔ Weißfeld, Hans-Ferdinand
Jeffers, Axel ➔ Weissfeld, Hans-Peter
Jeffries, Allan ➔ Strelisker, Georg
Jeinsen, Gretha von ➔ Jünger, Gretha
Jeitteles, Itzig ➔ Seidlitz, Julius
Jeitteles, Wilhelm ➔ Junk, Wilhelm
Jeleni, Ludwig ➔ Kossarski, Ludwig
Jeman, Lützel ➔ Gernhardt, Robert
Jemand ➔ Suttner, Bertha Freifrau von
Jemand, W. ➔ Langewiesche, Wilhelm
Jemand, W. ➔ Schlachter, Georg Joachim
Jemehr, T. S. ➔ Hermes, Johann Timotheus
Jenbach, Hans von ➔ Obrist, Johann Georg
Jenensis ➔ Bötticher, Georg
Jenkins, Billy ➔ Breucker, Oscar Herbert
Jenkins, C. B. ➔ Bajog, Günther
Jenner, Gust. ➔ Jordan, Gustav
Jennerwein, Simon ➔ Kirner, Georg
Jenni-Anneler, Hedwig ➔ Jenni, Hedwig
Jenny ➔ Thon, Eleonore
Jens, Ina ➔ Werkmeister-Cadisch, Claudia
Jens, Jann Jakob ➔ Tönse, Friedrich
Jensen, Anni ➔ Michaelis, Anni
Jensen, Fritz ➔ Jerusalem, Friedrich Albert
Jensen, Jens ➔ Brennecke, Jochen
Jents, Karl ➔ Stein, Karl von
Jepp, Johannes ➔ Jeep, Johannes
Jeremias ➔ Häsler, Alfred Adolf
Jeremias ➔ Krisch, Rudolf
Jeremias ➔ Graf, Oskar
Jeremias, O. ➔ Gratz, Josephine
Jeremias der Farcenschreiber ➔ Schulze, Friedrich August
Jerma, F. ➔ Maier, Ferdinand
Jernstrup, Zach. ➔ Gerstenberg, Heinrich Wilhelm von
Jeromin, Rolf ➔ Gööck, Roland
Jerrer, Georg Ludwig ➔ Meynier, Johann Heinrich
Jersey, John ➔ Berndt, Karl-Heinz
Jersey, John ➔ Weissfeld, Hans-Peter
Jerta ➔ Fröhlich, Henriette
Jerusalem, Else ➔ Widakowich, Else
Jerusalem-Kotányi, Else ➔ Widakowich, Else
Jessen, Alf ➔ Bohlmann, Anne-Liese
Jessen, Anne-Liese ➔ Bohlmann, Anne-Liese
Jessen, Jarno ➔ Michaelson, Anna
Jeßhofer ➔ Jezower, Ignaz Sebastian
Jesualita ➔ Kuhlmann, Quirinus
Jesurbius, Lucius Vigilius ➔ Gallus, Nicolaus
Jetzeler, Johann ➔ Yetzeler, Johann
Jeune, Walter ➔ Poller, Walter
Jever, Richard von ➔ Deye, Richard
Jeverus, Johannes ➔ Edzardus, Sebastian
Jezma, P. F. ➔ Zink, Jenny
Jira, Johann ➔ Geisler, Hans
Jo ➔ John, Ernst
Joachim, A. ➔ Knackfuß, Elise
Joachim, George ➔ Winckelmann, Johann Joachim
Joachim, Jörg ➔ Niedlich, Joachim Kurd
Joachim, Tina ➔ Arnim, Brigitte von
Joachim v. Bamberg ➔ Kammeister, Joachim
Joachimi-Dege, Marie ➔ Dege, Marie
Joachimius, Beatus ➔ Betke, Joachim
Joan, Jana ➔ Broda, Ina
Joanelli, L. ➔ Beyer, Hubertus von
Joannides ➔ Aretin, Johann Christoph von
Job. ➔ Baß, Joseph
Job ➔ Boehmer, Joachim
Job ➔ Brauerhoch, Juergen
Job, Gottlieb ➔ Koneberg, Georg Hermann
joba ➔ Barth, Johann
Jobs, Hieronymus ➔ Herz, Erich
Jobs, Hieronymus ➔ Wedekind, Frank
Jobst, Regina ➔ Roßdeutscher, Regina
Jocelyn ➔ Schuchardt, Julie
Joch, Alexander von ➔ Hommel, Karl Ferdinand

Joch-Jahn, Elisabeth ➔ Joch, Elise
Jochberg, Jocher von ➔ Weis von Arbter, Wilhelm
Jochen, Heinz ➔ See, Wolfgang
Joconde ➔ Stökl, Helene
Jocoso, Carlo ➔ Klischnig, Karl Friedrich
Jocosus ➔ Illing, Christian David Rudolf
Jocosus, Hilarius ➔ Nicolai, Karl Ludwig
Jocosus, Justus Jucundus ➔ Kosegarten, Friederich Franz von
Jocosus, Pipin ➔ Gumppenberg, Karl von
Jocosus der Jüngere ➔ Curio, Johann Karl Daniel
Jodok ➔ Gumppenberg, Hanns Theodor Karl Wilhelm Freih. von
Jodok, Benjamin Djow ➔ Bauer, Hans
Jodokus ➔ Kauertz, Alfred Gottfried
Joergel von Gumpoldskirchen, Hans ➔ Gleich, Joseph Alois
Joga ➔ Hirsch, Karl Jakob
Johann, A. E. ➔ Wollenschläger, Alfred Ernst Johann
Johanna ➔ Boy, Johanna
Johanna ➔ Neumann, Johanna
Johannes ➔ Büttner, Hans Huldreich
Johannes ➔ Hanschmann, Johann Gottlob
Johannes, Adolf ➔ Fizia, Adolf
Johannes, Adolf Wilhelm ➔ Kahle, Adolf Wilhelm
Johannes, E. F. ➔ Zobel, Eugen
Johannes, Martin Otto ➔ Raedlein, Martin Otto Johannes
Johannes, Oskar Romaikarg ➔ Lehmann, Johann August
Johannes, Robert ➔ Lutkat, Robert
Johannes, Theodor ➔ Pasig, Johannes
Johannes de Francofurdia ➔ Diepurg, Johann von
Johannes ex Lupis Hermansgrün ➔ Hermansgrün, Hans
Johannes Heuslinus de Schutbor ➔ Johannes von Tepl
Johannes von Basel ➔ Johannes von Rheinfelden
Johannsen, Detlev ➔ Strauss, Max
Johannsen, Otto Heinrich ➔ Böckler, Otto Heinrich
Johannsmann-Nennewitz, Ilse ➔ Johannsmann, Ilse
Johannson, Martin ➔ Reifenrath, Joachim Wolfgang
Johanny, A. ➔ Feistmantel, Auguste von
Johansen, Carel ➔ Caspari, John
Johansen, Hanna ➔ Muschg, Hanna Margarete
John ➔ Schwarz, Günther Emil
John, Fred ➔ John, Friedrich Ludwig
John, Hanni ➔ Willinger, Martha
John, Kevin Le ➔ Rellergerd, Helmut
John-Ferrer ➔ John, Friedrich Ludwig
John-Marlitt, Walter ➔ John, Walter
Johns, Felix ➔ Baumgarten, Harald
Johns, Robert ➔ Harring, Harro Paul
Johnson, Joe ➔ Jirouschek, Josef
Johnson, Matthias ➔ Thomas, Johann
Johroe ➔ Roestel, Johannes
Jokaj ➔ Jilek, Josef Karl
Jokosus der Jüngere ➔ Hopf, Albert
Jokus ➔ Schießler, Sebastian Willibald
Jokus, Hans ➔ Stechauner, Ferdinand
Jolas, Pierre ➔ Kalmuczak, Rolf
Jolny, Isabella Ma ➔ Nadolny, Isabella
Jomeyer, Joachim ➔ Meyer, Joachim
Jonas ➔ Rittlinger, Herbert
Jonas, Claudia ➔ Eitzert, Rosemarie
Jonas, Edith ➔ Oppenheim-Jonas, Edith
Jonas, Chilobertus ➔ Werdenhagen, Johann Angelius
Jonas, Justus ➔ Koch, Jodocus
Jonas, Ph. Wilhelm ➔ Penzler, Johannes
Jonas-Lichtenwallner ➔ Jonas, Johanna
Jonckheere, Jacob ➔ Weddy-Poenicke, Olf
Jone, Hildegard ➔ Humplik, Hildegard
Jonenthal, E. von ➔ Fischer, Eugen
Jones, Everett ➔ Dombrowski, Theodor
Jones, Everett ➔ Fischer, Claus
Jones, Everett ➔ Glowacz, Helmut
Jones, Everett ➔ Neubert, Helmut
Jones, Everett ➔ Rellergerd, Helmut
Jones, Everett ➔ Squarra, Heinz
Jones, Everett ➔ Thau, Martin
Jones, Everett ➔ Wasser, Karl
Jones, Everett ➔ Werder, Mario
Jones, G. W. ➔ Peters, Werner Hermann
Jones, G. W. ➔ Wegener, Manfred
Jones, Robby ➔ Brehmer, Arthur
Jongbloet, L. van ➔ Muth, Franz Alfred
Jons, Ute ➔ Bartling, Ute
Jontza, Georg ➔ Krämer, Karl Emerich
Jorat, Bert ➔ Hochheimer, Albert
Jordaens, Hans ➔ Feld, Laura
Jordan, Al ➔ Duensing, Jürgen
Jordan, F. ➔ Oppenheim, Adolf
Jordan, Hans Richard ➔ Soukup, Richard
Jordan, Jeff ➔ Hoffmann, Horst
Jordan, Jon ➔ Weissglas, Immanuel
Jordan, Lee Roy ➔ Egli, Werner
Jordan, Nik. ➔ Breitner, Erhard
Jordan, Ricardo ➔ Keller, Richard
Jörg, Franzi ➔ Laffert, Franzi Romana von
Jörg, Paul ➔ Boeddinghaus, Paul
Jörgel, Hans ➔ Langer, Anton
Jörgenberg ➔ Caduff, Julius
Jörgens, Herta ➔ Holzhauer, Herta
Jörgensen, Johannes ➔ Engel, Georg Julius Leopold
Jorgias, Johann ➔ Gorgias, Johann
Jorü ➔ Rügheimer, Joachim
Josaphet, Don ➔ Rush, Don Joseph
Josef, Albertus ➔ Gruben, Franz Josef von
Josef, Feodor ➔ Chowanetz, Julian Baron von
Josema, Hermann ➔ Hammer, Johann
Joseph ➔ Lüders, Ludwig
Joseph ➔ Neuß, Peter
Joseph, Dr. M. ➔ Scheeben, Matthias Joseph

K

Kleinschmied, Othmar → Kovarik, Othmar
Kleist-Schmenzin, Ewald von → Kleist, Ewald von
Klema, Theodor → Damm, Christian Tobias
Klenau, J. C. → Laucken, Julius
Klencke, Wilhelmine von → Chézy, Wilhelmine von
Klenow, Edmund → Pribitz-Klenow, Edmund
Kleodor → Kempe, Martin
Klepper, Max → Klaußmann, Anton Oskar Eugen
Kleroth → Weyrother, Clemens Ritter von
Klese, Ewald von → Kleist, Ewald von
Klesper-Fritzlar, Reinhard → Klesper, Reinhard Jakob Wilhelm
Klett, Arthur → Gernhardt, Robert
Klettenberg, Susanna Katharina von → Seiffart von Klettenberg, Susanna Katharina
Klewing → Lewin, Kurt
Kleymann, Konni → Kröhnke, Friedrich
Kleyn, R. → Lyncker, Wilhelm
Kleynn, Peter von → Tschugguel zu Tramin, Peter Richard Freiherr von
Klick, Karl → Reuß, Harry
Klie, Anna → Schultz, Anna
Klie-Riedel, Krimhild → Klie, Kriemhild
Kliffert, Erwin → Becker, Uli
Kliffert, Erwin → Witzel, Frank
Klinck-Lütetsburg, Fanny → Klinck, Fanny
Klinda, Georg von → Eser, Willibald
Kling, Glorian → Baader, Emil
Klinge, E. → Keyserling, Cecilie Gräfin
Klingen, Ernst von → Knodt, Karl Ernst
Klingen, Hans → Raida, Max
Klingenstein, Hans → Schmid, Johannes
Klinger, Ferdinand → Seyffert, Hermann
Klinger, Gustav → Buchbinder, Bernhard Ludwig
Klinger, H. → Seyffert, Anna
Klinger, Harry → Welsch, Gerhart
Klinger, K. L. W. von → Dräxler, Karl Ferdinand
Klinger, Ludwig → Knobloch, Erhard Joseph
Klinger, Max → Geyer, Curt Theodor
Klinger, Walter → Voss, Erich von
Klinger, Walter → Reese, Wilhelm Friedrich Karl
Klingg, Thomas → Stubmann, Peter Franz
Klingler, Friedrich → Rennefahrt, Georg
Klingler, Hedi → Weißenfels, Hedi
Klingner, L. → Crelinger, Ludwig
Klingsor → Henkel, Klaus
Klodt-Westphal, Elke → Westphal, Elke
Klodwig, Martha → Asmus, Martha
Kloentrup, Johann Aegidius → Rosemann, Johann Aegidius
Klok von't Bollwark, Hein → Dittmer, Fritz
Klops, Kaspar → Müller, Hermann Josef
Klopstock, Meta → Klopstock, Margaretha
Kloridan von Wohlau aus Elisien → Keulisch, Johann Heinrich
Klose, Lukas → Klose, Josef
Klose-Greger, Hanna → Klose, Johanna
Klostermann, Bert → Mönch, Wilmar
Klotho → Herling, Klara
Klotilde → Nostitz und Jänkendorf, Klotilde Septimie von
Klotz, Luise → Gebhardt, Florentine
Klotz, Willem → Violet, Wilhelm
Klötzel, C. Z. → Klötzel, Hans
Klotzenhaw, Joachimus → Schwarz, Georg
Klown Dolly → Neumann, Ernst Ferdinand
Kluckeklein, Klaus → Leisner, Gustav
Kluft, Ernst → Dippel, Paul Gerhardt
Kluge, Hedwig → Herold, Hedwig
Kluge, Heidi → Ott-Kluge, Heidelore
Klump, Brigitte → Klump-Heckmann, Brigitte
Klytia → Calenberg, Philippine von
Kmunke → Dillinger, Auguste
Kn. → Knäusel, Hans-Georg
Knab, Gertraude → Münnich, Gertraude
Knab-Münnich → Münnich, Gertraude
Knaster, Simon → Weber, Carl Maria von
Knauf → Hoffmann, Leopold Alois
Knaus, Albert → Isaacsohn, Albert
Knauss-Weinberger, Lili → Weinberger, Lili
Knaut, Tobias → Wezel, Johann Karl
Knecht, Lutz → Knecht, Ludwig
Knef, Hildegard → Schell, Hildegard von
Knefel, Johann → Knöfel, Johann
Kneffel, Johann → Knöfel, Johann
Knerz, Jakob → Bloch, Ernst
Kneschke-Schönau, Martha → Kneschke, Martha
Knibsch, Fritz → Körschner, Leander
Kniese, Julie → Boeß, Julie
Knigge, Eva von → Rieger, Paul Karl Gerhard
Knigge, Freyherr von → Kotzebue, August von
Knigge, Jobst Hilmar → Knigge, Jodok Hilmar Freiherr von
Knigge, Philippine v. → Reden, Philippine von
Kniphausen, Kuno Wilhelm in und von → Innhausen und Knyphausen, Enno Wilhelm von
Kniphausen, Philipp Wilhelm Herr in und von → Innhausen und Knyphausen, Philipp Wilhelm Freiherr von
Knipp, Jochen → Braach, Johannes Heinrich
Knippen-Breitenberg, Rudolf → Knippen, Rudolf
Knipper, Heinz → Kalbfuß, Heinrich
KNISTER → Jochmann, Ludger
Knittel, Johann Andreas → Maaß, Johann Gebhard Ehrenreich
Knittel, John → Knittel, Hermann
Knitz → Freudenberger, Hermann
Knobel, Betty → Wehrli, Betty
Knöbel, Johann → Knöfel, Johann
Knöbl, Kuno → Kastelliz, Bruno Knöbl
Knobloch, Hans → Knobloch, Hilde
Knoche, Caspar v. → Knoch, Caspar Ernst von
Knoche, Christian Ernst → Knoch, Christian Ernst von
Knoche, Hans Friedrich → Knoch, Hans Friedrich von

Knock, Christoffer ➔ Feil, Georg
Knock, Christopher ➔ Hungerbühler, Eberhard
Knoff, Artur ➔ Grass, Günter
Knoll, Ed. ➔ Seis, Eduard
Knoll, Käthe ➔ Korth, Käthe
Knoll, Sebastian ➔ Rötter, Rudolf
Knöpfle ➔ Löffel, Wilhelm
Knöpfle, Wengerter ➔ Löffel, Wilhelm
Knöpflin, Johann ➔ Knöfel, Johann
Knopius, Andreas ➔ Knopken, Andreas
Knöpke-Joest, Helga ➔ Knöpke, Helga
Knorr-Schmidt, Marie ➔ Schmidt, Marie
Knubben, Jehann ➔ Schleif, Johannes
Knüller, Reiner ➔ Müller, Rainer
Knurrhahn, Karl ➔ Nitzsche, Karl-Willy
Knurrmeyer, Willibald ➔ Böttger, Franz
Knüttel, J. A. ➔ Maaß, Johann Gebhard Ehrenreich
KO ➔ Paetel, Karl Otto
Kobelianus, Jakob ➔ Köbel, Jakob
Kobelius, Jakob ➔ Köbel, Jakob
Kobell, Luise von ➔ Eisenhart, Luise von
Kobilinski-Ellis, Leo ➔ Kobilinski, Leo
Köbn auf der Ried ➔ Dirnböck-Schulz, Jenny
Koburg, Elfriede von ➔ Storch, Bernhardine
Koburg, O. K. von ➔ Kindler, Otto
Koch, A. ➔ Kaßner, Karl
Koch, Carl ➔ Wihl, Ludwig
Koch, Gaudentius ➔ Koch, Friedrich
Koch, Johann Ferdinand ➔ Geissau, Anton Ferdinand von
Koch, Lisa-Marie ➔ Blum, Lisa-Marie
Koch, Louise ➔ Schicht, Louise
Koch, Maidy ➔ Mayer, Maidy
Koch, Marta ➔ Frölich, Rose
Koch, Mary ➔ Leineweber, Marie
Koch, Rudolf ➔ Weber, Grete
Koch, Sophie Friederike ➔ Krickeberg, Sophie Friederike
Koch-Conradi, W. ➔ Koch, Wilhelm
Koch-Heintzeler, Julie ➔ Koch, Julie
Koch-Isenburg, Ludwig ➔ Koch, Karl Ludwig
Koch-Kostersitz, Manfred ➔ Koch, Manfred
Koch-Matzdorff, Melitta ➔ Jenetzky, Melitta
Koch-Utendorf, P. R. ➔ Koch, Paul Richard
Koch-Westerhove, Julius ➔ Koch, Julius Ludwig August
Kocher, Anton vom ➔ Grimm, Anton
Kochs, Edzard ➔ Kochs, Ernst
Köck-Gmeiner, Maria ➔ Köck, Maria
Kocourek, Josef ➔ Kocourek, Barbara
Koczian, Johanna von ➔ Kabitzky, Johanna
Koe, F. R. ➔ Könekamp, Friedrich
Koechlin, Paul ➔ Schlaf, Johannes
Koelerus, Johann David ➔ Köhler, Joh. David
Koelle, Ludmilla ➔ Katscher, Leopold
Koelle, Ludwig ➔ Katscher, Berta
Koelle, Ludwig ➔ Katscher, Leopold
Koelli, Ludmilla ➔ Katscher, Berta
Koellnbach, Josef ➔ Maier-Krafft, Josef
Koellner, Kornelius ➔ Krewerth, Rainer Alexander
Koenig, Ilona ➔ Hinz, Ilona
Koenig, Nigi von ➔ Tolnay, Anna Marie de
Königer, F. A. ➔ Koeniger, Fritz
Koenigswaldt, Hans ➔ Einsle, Hans
Koeppen, Bert ➔ Spiegl, Walter
Koffler, Annemarie ➔ Langen, Annemarie
Kofler, Hannelore ➔ Mayer, Hannelore
Kofler-Bozen, Erich ➔ Kofler, Erich
Koggen, Jan ➔ Kurth, Hanns
Kogl ➔ Koglgruber, Johann Nepomuk
Koglgruber, Cajetan ➔ Koglgruber, Johann Nepomuk
Koglin, Willi ➔ Kaufmann, Will
Kohfahl-Münker, Berta ➔ Kohfahl, Berta
Kohl, Dr. ➔ Schwalbe, Karl Gustav Friedrich
Kohl, Eva Maria ➔ Bentzien, Eva Maria
Kohl, Ida ➔ Baudissin, Ida von
Kohl-Larsen, Ludwig ➔ Kohl, Ludwig
Kohlenbrenner am Pilatus ➔ Egli, Johann Baptist
Köhler, Hartwig ➔ Kegel, Hugo
Köhler, Susanne ➔ Leonhard, Susanne
Köhler-Irrgang, Ruth ➔ Köhler, Ruth
Köhler-Stütz, M.C. ➔ Köhler, Marianne Cläre
Kohlhaas, Michael ➔ Flügge, Hans-Ludolf
Kohlhaas, Michael ➔ Schmidhuber, Erwin
Kohlhaas, Michel ➔ Hönscheid, Johannes M.
Kohlhofer, J. ➔ Zwiedineck Edler von Südenhorst, Hans
Kohlmann, Bara ➔ Kohlmann, Barbara
Kohlumbus, F. B. ➔ Böttger, Franz
Kohn, Felix ➔ Korn, Friedrich
Kohn, Friedrich ➔ Korn, Friedrich
Kohn, Nathan ➔ Kortner, Fritz
Kohn, Seligmann ➔ Korn, Friedrich
Köhne, Fridel ➔ Sievakowsky, Fridel
Kohner, Hilda ➔ Bergmann, Hilda
Köhrer, Erich ➔ Herz, Erich
Koistei, Fr. ➔ Kitir, Joseph
Kojak ➔ Appel, Walter
Kojak ➔ Bürkle, Rolf A.
Kojak ➔ Hebel, Peter
Kojak ➔ Helgath, Franc
Kojak ➔ Koblinski, Hans-Joachim
Kojak ➔ Wunderer, Richard
Kól, Heinz ➔ Kolster, Heinrich
Köl, Johannes Alexander ➔ Brassicanus, Johannes Alexander
Kol, Max ➔ Lochowicz, Leo
Kola, N. I. ➔ Nikola, Josef
Kolander, Friedrich ➔ Kohlhase, Friedrich
Kolb, Annette ➔ Kolb, Anne Mathilde
Kolb, Leonhard ➔ Koskull, Marie-Luise von
Kolb, O. ➔ Bloch, Olga
Kolbe, Max ➔ Kolpenitzky, Max
Kolbenhoff, Walter ➔ Hoffmann, Walter
Kolber, Thomas ➔ Kalmuczak, Rolf
Kolbert, Hartmut-Diethelm ➔ Ernst, Hans-Wilhelm
Kölbl, J. A. ➔ Habbel, Josef
Koldemanz, G. ➔ Ganske, Willy
Koldewey, Martina ➔ Lindner, Hedda

Köler, Johann David ➔ Köhler, Johann David
Kolin, Gunnar ➔ Koblinski, Hans-Joachim
Koll, Kilian ➔ Bloem, Walter Julius
Kollberg, Wolfgang ➔ Fechtner, Wolfgang
Kollen, Boruß ➔ Knolle, Alfred
Koller, Ernst ➔ Schmeidel, Victor Ritter von
Kölli, Josef Georg ➔ Kölli, Josef
Kollmann, Martha Elisabeth ➔ Schilling, Martha Elisabeth
Kollmar-Mönckeberg, Vilma ➔ Mönckeberg, Vilma
Kolmar, Edgar ➔ Ettlinger, Karl
Kolmar, Gertrud ➔ Chodziesner, Gertrud
Köln, Konrad von ➔ Haemmerling, Konrad
Kolnau, Adalbert ➔ Naumann, Adalbert Kurt
Kolnberger-Spitzbarth, Evelyne ➔ Kolnberger, Evelyne
Kolonna, Herr von Fels, Kaspar Graf ➔ Colonna, Herr von Völs, Caspar Graf
Kolpe, Max ➔ Kolpenitzky, Max
Komara, Paoe ➔ Auerbach, Walter
Komenda-Soentgerath, Olly ➔ Soentgerath, Olly
Komet, L. ➔ Moltke, Leopold Maximilian
Komet, T. J .R. ➔ Langer, Alfons
Kommissar Barkley ➔ Wolf, Gerhard Wilhelm
Komos ➔ Kiesgen, Laurenz
Komzak, C. ➔ Lindemann, Wilhelm
Konewka, Paul ➔ Keppler, Fritz
Kongsbak, Kaete ➔ König, Käte
König, Alexandrine ➔ Stockhammern, Alexandrine von
König, Alma Johanna ➔ Ehrenfels, Alma Johanna Freifrau von
König, Claudia ➔ Wehner, Rosemarie
König, Hildegard ➔ Paul, Hildegard
König, Joel ➔ Ben Gershorn, Ezra
König, Joseph ➔ Rumohr, Carl Friedrich von
König, Käthe ➔ Kreutzer, Catherine
König, Melita ➔ Becker-König, Melita
König, Paula ➔ Paul, Hildegard
König, Sonja Maria ➔ Stöppler, Sonja
König, Urbanus ➔ Rhegius, Urbanus
König, Wilm ➔ König, Wilhelm
Königsaal, Peter von ➔ Peter von Zittau
Königsberg, Werner von ➔ Berendt, Werner
Königsbrück, Heinz von ➔ Pleißner, Artur
Königsdorf, Helga➔ Bunke, Helga
Königshofen, Jakob von ➔ Twinger, Jakob
Koning-Oberlechner, Brigitte ➔ Koning, Brigitte
Koninski-Weiss, M. ➔ Weiss, Milka
Konrad, Ernst ➔ Lutz, Ernst Konrad
Konrad, Ernst ➔ Rieder, Ernst Konrad
Konrad, Hans ➔ Krauß, Hans K.
Konrad, Herbert ➔ Hübner, Jakob
Konrad, Karl ➔ Zoubek, Karl Konrad
Konrad, Kurt ➔ Rahm, Kurt
Konrad, Robert ➔ Krötz, Robert
Konrad, S. ➔ Schindler, Konrad
Konrad der Harder ➔ Harder, Konrad
Konrad von Haimburg ➔ Konrad von Gaming
Konrades, Konrad ➔ Schindler, Konrad
Konrat ➔ Beerwald, Konrat H. K.
Konrektor Wolfgang Erlenbach ➔ Bodmer, Johann Jacob
Konringk, Erich ➔ Möglich, Alfred
Konsalik, Heinz G. ➔ Günther, Heinz
Konschegg, Adolphe ➔ Hyra-Konschegg, Adolf
Konstant, W. ➔ Wurzbach Edler von Tannenberg, Constantin
Konstantin, Hans ➔ Eberwein, Wilhelm Albert
Konstantin, Helen ➔ Kolb, Helga
Konstantin, Lothar ➔ Wachter, Lola Konstanze
Konstantin, Peter ➔ Birner, Karl
Konstantiner ➔ Geißler, Friedrich Jakob Kurt
Konte, Gustav ➔ Semrau, August
Konter, Hein ➔ Günther, Heinz
KOP ➔ Paetel, Karl O.
Kopernikulus ➔ Loerke, Georg
Koplhuber, Leopold ➔ Koplhuber, Theophil
Koplowitz, Oskar ➔ Seidlin, Oscar
Kopp, Helene ➔ Hansen, Helene
Kopp, Karl ➔ Kopp, Josef Eutychius
Köppe-Weglander, Paul ➔ Köppe, Paul
Koppehele ➔ Draheim, Maria
Koppel, Uta ➔ Lehr-Koppel, Uta
Koppersmit, Paul ➔ Kupferschmidt, Paul
Kopsel, Anna Elisabeth ➔ Krause-Kopsel, Anna Elisabeth
Korb, Dolf von ➔ Koerber, Adolf-Victor von
Korb, Peter ➔ Brock, Rudolf
Körber, Grete ➔ Horowitz, Grete
Körber, Lenka ➔Körber, Helene von
Körbitz, Georg A. H. ➔ Heilborn, Adolf
Korda, Hans ➔ Stitz-Ulrici, Rolf
Kordelia, Helene ➔ Kiesekamp, Hedwig
Kordt, Irene ➔ Kordt, Berta
Kordvahr, Hedwig ➔ Krause, Hedwig von
Köremon ➔ Scheyb, Franz Christoph von
Korff, Gräfin von ➔ Schmiesing-Kerßenbrock, Julie von
Korff, Ilka ➔ Boesche, Tilly
Korff, Maria ➔ Simon, Anna
Korff, Stefan ➔ Zöls, Karl-Heinz
Korff, Werner Jürgen ➔ Dripke, Karl-Hans
Korff-Rheda, Ulrich ➔ Langewiesche, Wilhelm
Korig, Willmann ➔ Wander, Karl Friedrich Wilhelm
Korinth, Manfred ➔ Auerbach, Walter
Korioth ➔ Lehmann, Bernhard
Korn, Liberat ➔ Körner, Rudolf
Korn, Peter ➔ Gööck, Roland
Kornell, Lore ➔ Obst, Lucie Lore
Körner, A. ➔ Fritzsche, Anna
Körner, Fritz ➔ Mardicke Fritz
Körner, Ruth ➔ Passer, Elisabeth
Körner, Theobald ➔ Tucholsky, Kurt
Körner-Schrader, Paul ➔ Schrader, Karl
Kornfeger, August ➔ Siebert, August

Kornitt, Felix ➔ Löwy, Ernst
Kornitzer, Kitty ➔ Kornitzer, Katharina Ottilie
Kornmann, Rupert ➔ Kornmann, Ludwig Anton Moritz
Kornmeisel, Arnulph Edmund ➔ Merkel, Salomon Friedrich
Kornschlag ➔ Schnog, Karl
Korntheur, Konrad ➔ Faerber, Sigfried
Koromandel, Creszentius ➔ Wedekind, Christof Friedrich
Korpus, Lilly ➔ Becher, Lilly
Korschelt, Franziska Maria ➔ Schultze, Franziska Maria
Kort, Amely ➔ Klein, Erika
Kort, Walter ➔ Vortkort, Walter
Korte ➔ Solden, Heinrich Ritze
Korten, Ines ➔ Kappler, Hanns Walter
Kortooms, Toon ➔ Kortooms, Antonius
Kortum ➔ Alberti, Gerhard
Korty ➔ Kossowsky, Alex
Kortzfleisch, Sophie Eleonore Helene von ➔ Titz von Titzhofen, Sophie Eleonore
Korvil ➔ Korn, Vilmos
Kosakaute ➔ Arendt, Wilhelm
Kosamedina ➔ Wunschik, Julius
Koschorreck, Ute ➔ Latendorf, Ute
Kosegarte, E. H. ➔ Kuffner, Christoph Johann Anton
Koseleff, Boris ➔ Cramer, Heinz
Köseritz, Hans Georg von ➔ Koseritz, Hans Georg von
Köseritz, Hans Jacob von ➔ Koseritz, Hans Jacob von
Koskull, Josi von ➔ Koskull, Josepha Benita Baronesse von
Koslowsky, Katherina ➔ Hempel-Soos, Karin
Kosmopolit ➔ Katscher, Leopold
Kosmopolita, Justus Iconius ➔ Lüdemann, Georg Wilhelm von
Koss, Irene ➔ Drechsel, Irene
Kossak-Raytenau, Karl Ludwig ➔ Kossak, Karl Ludwig
Kossel, Marianne ➔ Köhler, Marianne
Kösselin, Torsten ➔ Münchow, Heinz
Koster, Henry ➔ Kosterlitz, Hermann
Köster, Irmgard ➔ Wolffheim, Irmgard
Kotmann, Johann ➔ Cothmann, Johann
Kotrba, Wilhelm ➔ Kotrba, Walter
Kotrba-Nickel, Maria ➔ Kotrba, Maria
Kotta, Leo F. ➔ Flake, Otto
Kotte, Barbara ➔ Baumgartner, Barbara
Kotté, Margot ➔ Bérard, Margot
Kottmeier, Elisabeth ➔ Kostetzky, Elisabeth
Kottwitz, Hellmuth ➔ Teschner, Karl
Kotzde-Kottenrodt, Wilhelm ➔ Kottenrodt, Wilhelm
Kotzebue's Schatten ➔ Müllner, Adolf
Kovà, Oda ➔ Zadek, Walter
Kovacs, Frederic W. L. ➔ Weiskopf, Franz Carl
Koval, Alexander ➔ Qual, Alexander
Kövari, Heinz P. ➔ Kövari, Heinrich Paul
Kowa, Victor de ➔ Kowarzik, Viktor
Koweit, Freddy ➔ Weissfeld, Hans-Peter
Koy, Sixt ➔ Mayer-Koy, Josef
Koyn, Siegfried ➔ Kayn, Seifried
Kozakanti, K. L. W. ➔ Arendt, Wilhelm
Kracht, Will ➔ Löb, Wilhelm Hermann
Krachtin ➔ Schroeder, Hans von
Krack der Gnomenfürst ➔ Ludolphi, Heinrich August Theodor
Kraemer, Franz Maria ➔ Kraemer, Hermann-Josef
Kraetke-Rumpf, Emmy ➔ Kraetke, Emmy
Krafft, Alfred ➔ Schindler, Friedrich Wilhelm
Krafft, E. ➔ Kirstein, Emil
Krafft, Else ➔ Stramm, Else
Krafft, Ernst ➔ Lohmann, Richard
Krafft, Eugenie ➔ Wüstenhagen, Eugenie
Krafft, Heinz ➔ Decker, Heinz-Bruno
Krafft, Joseph ➔ Scheuermann, Wilhelm Joseph Krafft
Krafft-Ottenkar, Jost ➔ Knoblich, Josef
Kraft, Armin ➔ Grob, Christian
Kraft, Charly ➔ Kraft-Bündgens, Käthe
Kraft, Edgar ➔ Miketta, Hubert
Kraft, H. ➔ Strachwitz, Hubertus-Kraft Graf v.
Kraft, Ruth ➔ Bussenius, Ruth
Kraft, Werner ➔ Kraft, Frieda
Krahe, Heinrich von ➔ Krage, Heinrich von
Krahn, Ilse ➔ Kleberger, Ilse
Krajewska, A. von ➔ Götzenberger, Marie Amélie
Krak Ehler ➔ Friedenthal, Albert
Krakauer, Siegfried ➔ Kracauer, Siegfried
Kralitz-Gutenfeld, Julius Eg. von ➔ Burkard, Amélie
Kram, Franz ➔ Cramm, Franz von
Kram, V. A. ➔ Meyer-Markau, Wilhelm
Krambs-Vogelsang, Ursula ➔ Krambs-Huber, Ursula
Kramer, Alois ➔ Gleich, Joseph Alois
Krämer, Arthur ➔ Kern, Karl Richard
Kramer, F. ➔ Grabein, Paul
Krämer, Heinrich ➔ Institoris, Heinrich
Krämer, Ilse ➔ Chasen, Ilse
Krämer-Badoni, Rudolf ➔ Krämer, Rudolf
Krampus ➔ Krick, Wilhelm
Kramse ➔ Krämer, Wolfgang
Kran, Fritz ➔ Frank, Sofie
Kraneis, Michael ➔ Moeller, Joachim K.
Kranich, Leopold ➔ Mäuser, Albertine
Kranich, Timotheus ➔ Kranich, Paul
Kranichborn, Hans ➔ Zeitz, Johannes
Kranz, Edith ➔ Russell, Edith
Kranz, Heinrich Bernhard ➔ Blumenkranz, Heinrich
Kranz, Henry ➔ Blumenkranz, Heinrich
Kranz, Karin ➔ Krog, Ida Madlen
Krapp, Annemarie ➔ Maschlanka, Annemarie
Krapülinski ➔ Knussert, Rudolf
Krasnohorskà, Elisa ➔ Pech, Henriette
Krasser, O. F. ➔ Jickeli, Otto Fritz
Krat, Joe ➔ Kratochwil, Josef

Krato ➔ Kraft, Johann Melchior
Kratwol, Henricus ➔ Euticus, Heinrich
Krätz, Mathias ➔ Kretz, Mathias
Kraus, Kim ➔ Biermann, Lieselotte Hanna Eva
Krause, Christian Jakob ➔ Kraus, Christian Jakob
Krause, Hella ➔ Zimmer, Helene
Krause, Knut ➔ Eisenkolb, Gerhard
Krause, Marie ➔ Krause-Kinkel, Marie
Krause-Zimmer, Hella ➔ Zimmer, Helene
Krauß, Christian ➔ Kraus, Christian
Krauß, Ida ➔ Großmann, Ida
Krauss, Johann Baptist ➔ Kraus, Joh. Baptist
Krauß-Abensberg, Hans K. ➔ Krauß, Hans K.
Kräutermann, Valent. ➔ Hellwig, Christoph von
Kräuterpfarrer ➔ Weidinger, Hermann-Josef
Krautter, Gerda M. ➔ Thom, Gerdamaria
Kray, Bruno ➔ Schall, Paul
Krebshold ➔ Weinholz, Heinrich Albert
Kreckwitz, Konrad von ➔ Prittwitz und Gaffron, Konrad von
Kreckwitz, Leonhard von ➔ Prittwitz und Gaffron, Leonhard von
Kreichelt, Hanna ➔ Bodenstedt, Johanna
Kreiner, Otto ➔ Kreiner, Ottokar Josef
Kreis, Erna ➔ Kreis-Weber, Erna
Kreitner, Maria ➔ Figdor-Kreitner, Maria
Krela, Rolf de ➔ Kerrl, Friedrich Adolf
Kreling, K. von ➔ Killinger, Karl von
Krell-Werth, Emma ➔ Krell, Emma
Krempe, Ida ➔ Frick, Ida
Krenauer, Nikolaus ➔ Backmund, Norbert
Kreopola ➔ Fleischer, Karl Friedrich Wilhelm
Kress-Fricke, Regine ➔ Kress, Regine
Kretschman, Lily von ➔ Braun, Lily
Kretzer-Hartl, Ada ➔ Kretzer, Ada
Kreuter, Margot ➔ Kreuter-Tränkel, Margot
Kreutz, Rudolf Jeremias ➔ Krisch, Rudolf
Kreutzenberg, Alwin ➔ Kruezmann, Georg
Kreutzenstein, Joseph ➔ Watteroth, Heinrich Joseph
Kreuz, Wilhelm ➔ Schreiber, Walther
Kreuz v. Steine ➔ Winkler, Emmy
Kreuzen, Johann von ➔ Doll, Franz
Kreyss, Felix ➔ Kürbisch, Fridrich G.
Krickeberg, Karl von ➔ Krickeberg, Sophie Friederike
Krieg, Hans ➔ Jordan, Gustav
Kriegengerus, Johannes ➔ Krüginger, Johann
Krieger, Alfred ➔ Füger-Rechtborn, Anna von
Krieger, Johannes ➔ Krüginger, Johann
Krieglstein, Eugen ➔ Binder-Krieglstein, Eugen von
Kriegner, Johannes ➔ Krüginger, Johann
Kriegsoederus Landspergensis, Holofernes ➔ Schoppe, Kaspar
Kries, Gerda von ➔ Preuß, Gerda
Kriesten, Hanns ➔ Rabl, Hans
Kriki ➔ Groß, Christian
Krill, Roman ➔ Kurrath, Winfried
Kringel, Peter ➔ Wagner, Artur
Kringerius, Johannes ➔ Krüginger, Johann
Krischan ➔ Hoffmann, Max
Krist ➔ Jezek, Paul Christian
Kristan, Georg R. ➔ Cordts, Georg
Kristan, Georg R. ➔ Cordts, Renate
Kristekat, Ruth ➔ Kirsten, Helga
Krittelhold alias Menschenschreck ➔ Bürger, Gottfried August
Krittelmann ➔ Basse, Gottfried
Krittler, Jeremias ➔ Müller, Johann Raimund
Kritz, Hugo Maria ➔ Krizkovsky, Hugo Maria
Kriz, Hugo Maria ➔ Krizkovsky, Hugo Maria
Krocker-Krockow ➔ Krocker, Hans
Krockow, Hans ➔ Krocker, Hans
Kroener, Ernst ➔ Engel, Alexander
Kröger, Alexander ➔ Routschek, Helmut
Krogmann, Angelica ➔ Schwanenflügel, Angelica von
Krohn, Else ➔ Byhan, Else J. C.
Krohn, J. ➔ Schön, Johann Matthias
Krohn, Theod. ➔ Klinkhardt, Julius
Krohnemann, Baron von ➔ Cronmann, Christian Wilhelm
Krok, Odil ➔ Hamann, Carl Otto
Kroll, Edith ➔ Jahn, Edith
Kron, Philipp ➔ Trahndorff, Karl Friedrich Eusebius
Kronau, Emile ➔ Koerner, Erich
Kronauer, Brigitte ➔ Schreiber, Brigitte
Kronberg, Elise ➔ Kiesgen, Laurenz
Krone, Wilh. ➔ Meynier, Johann Heinrich
Kroneck, Edgar ➔ Krause, Cäsar
Kroneisler, Adolf Emerich ➔ Merkel, Salomon Friedrich
Kronen, Andrei ➔ Haas, Carl-Hellmuth
Kronenberg, Hartmut von ➔ Cronberg, Hartmut Freih. von
Kronenberg, Johann Daniel von ➔ Cronberg, Johann Daniel von
Kronfeld, Julius ➔ Ströhmfeld, Gustav
Kronik, Jossel ➔ Backhaus, Johann Gottlieb
Kronoff, Frida von ➔ Hummel, Frida
Krook, Olaf Pederson ➔ Ehrenkrook, Gustav Adolf von
Kröpcke, Karol ➔ Krolow, Karl
Kroti, Fritz ➔ Brüggemann, Fritz
Krück von Poturzyn, Th. M. J. ➔ Krück, Theodora Maria Josepha
Krug, A. E. ➔ Grabein, Anna Cecilie
Krüger, Albertine G. ➔ Krueger, Albert
Krüger, Hans-Werner ➔ Heise, Hans-Jürgen
Krüger, Johannes ➔ Krüginger, Johann
Krüger, Niels ➔ Strobel, Edgar
Krüger, Oven W. ➔ Nagel, Herbert Christian
Krüger, Ralf ➔ Bogs, Dieter
Krüger, Wolfgang ➔ Ledwinka, Adolf
Krüger-Welf, Hans ➔ Krüger, Hans
Krüger-Westend ➔ Krüger, Hermann
Krüger-York, Harry ➔ Krüger, Harry
Krumbach, Veit ➔ Hergouth, Alois
Krumbhermer, Christof ➔ Glaeser, Edmund

L

L-r, Ludwig ➔ Lesser, Ludwig
L..r ➔ Lier, Johann Quido
L. ➔ Lorenz, Wilhelmine
L., Adolf ➔ Lasson, Adolf
L., Anna Freiin von ➔ Lilien, Anna Freiin von
L., Caroline ➔ Lessing, Caroline
L., Michael von ➔ Lindener, Michael
L. A. W. ➔ Warnkönig, Leopold August
L. H. ➔ Hecker, Lydia
L. v. F. ➔ Francois, Marie Louise von
L. v. R. ➔ Hildebrand, Maximiliana
La Cas ➔ Kiesgen, Laurenz
La Croix, Roul de ➔ Spaude, Willy
La Ferre, Buol de ➔ Pjetschka, Paul
La Fresnay, A. de ➔ Eschenauer, Friedrich August
La Grande, Natalie ➔ Schöpfer, Irene Friederike
La Grise, De ➔ Nißlen, Tobias
La Harpe-Hagen, Hilde ➔ Spur, Hilde
La Hire ➔ Paumgartten, Karl
La Houlette, A. de ➔ Blei, Franz
La Mara, Ida Maria ➔ Lipsius, Ida Marie
La Marche, C. F. S. de ➔ Schwan, Christian Friedrich
La Morière, K. de ➔ Mappes, Katharina
La Noyer, Candy de ➔ Orzechowski, Harry
La Pré, René de ➔ Belolawek-Morgan, Camillo
La Rocca, Ed ➔ Liersch, Rolf Werner
La Sireg, de ➔ Nißlen, Tobias
La Tismana, C. de ➔ Diaconovich, Cornelius
La Tour, Emil de ➔ Markovics, Marie Antoinette
La Vinde, Lupinai de ➔ Erdt, Paulin
La Violette, F. A. Ch. de ➔ Spedener, Gregor
Laak, Mila van ➔ Laak, Emilie van
Laak, Walter von der ➔ Scheffler, Walter
Laar, Clemens ➔ Koebsell, Eberhard
Laarß, R. H. ➔ Hummel, Richard
Laaten, Peter van ➔ Presley, Francois M.
Labesius ➔ Jaeger, Paul
Labourdonnelsky ➔ Minckwitz, Hans von
Labruyère, Anatole de ➔ Hafner, Alfred
Labry, Emil ➔ Scharnweber, Paul
Lach, E. ➔ Frisch, Ephraim
Lächner, Franz ➔ Gäfgen, Hans
Lachmann, Hedwig ➔ Landauer, Hedwig
Lachmann, Margot ➔ Starke, Margot
Lachmann, Peter ➔ Ruf, Sebastian
Lachmereis, Heiri ➔ Büchli, Arnold
Lachmund, Jeremias ➔ Reithard, Johann Jakob
Lachmundus Heiter ➔ Cremann, Bernard
Lachner, Johann ➔ Mollier, Hans
Lachnit, Xaver ➔ Linsinger, Pert
Lachtaube, J. F. ➔ Kratz, Ernst
Lachtaube verehel. Menschenschreck, Ursula Blandina ➔ Bürger, Gottfried August
Lackmann, Elisabeth Aloysia ➔ Andreae, Elisabeth Aloysia
Lacombe, Marie ➔ Brückner, Marie
Lacroma, Paul Maria ➔ Egger-Schmitzhausen, Marie Edle von
Lactantius, Firmin ➔ Becker, Franz
Lademann-Wildhagen, Lena ➔ Lademann, Lena
Ladenburg, Max ➔ Heymann, Robert
Ladenburg, von ➔ Mann, Carl
Ladgov, David ➔ Gladow, David
Ladis, Mario ➔ Rybarczyk, Mario Ladislaus
Laelius, Casp. ➔ Leucht, Christian Leonhard
Laertes ➔ Taesler, Clemens
Laetus ➔ Frölich, Georg
Laetus ➔ Köhler-Haußen, Ernst
Laetus, Julius ➔ Lindau, Wilhelm Adolf
Laferme, E. ➔ Feitzinger-Wolf, Anna
Lafeuille, Stefan ➔ Haacke, Wilmont
Lafit, Gaston ➔ Kurth, Hanns
Lafitte, Jean ➔ Delfs, Rainer
Lafitte, Jean ➔ Erichsen, Uwe
Lafitte, Jean ➔ Fischer, Claus
Lafitte, Jean ➔ Süß, Ute
Lafitte, Jean ➔ Wasser, Karl
Lafitte, Jean ➔ Wiemer, Susanne
Lafleur, Ysop ➔ Eberhard, Christian August Gottlob
Laforet, Jean de ➔ Böckl, Manfred
Lagarde, Paul Ant. de ➔ Bötticher, Paul Anton
Lagin, J. von ➔ Jelagin, Josephine Maria von
Lagmann ➔ Oelsner, Theodor
Lagus, Josua ➔ Beer, Zacharias
Lahnstein, H. von ➔ Schilling, Heinar
Lahr, Helene ➔ Birti(-Lavarone), Helene
Lahr, Maximilian ➔ Richter, Johannes
Laicus, Johann ➔ Wolf, Johann Wilhelm
Laicus, Philipp ➔ Wasserburg, Philipp
Laikos, Johannes ➔ Buomberger, Ferdinand
Lainé, Paul ➔ Seltz, Thomas
Lajnert, Jan ➔ Leinert, Johann
Lakotta, Consilia Maria ➔ Lakotta, Anneliese
Lama, Lips ➔ Lichey, Georg
Lama Lamorum ➔ Cavallo, Vincentius Dominus de Magno
Lamare, O. ➔ Littmann, Helene
Lambeccius, Peter ➔ Lambeck, Peter
Lambert, Fr. ➔ Erpenbeck, Fritz
Lambert, Frank ➔ Kalmuczak, Rolf
Lambert, Käthe ➔ Saile, Käthe
Lambert, Th. ➔ Ziel, Victor
Lambert, Tony ➔ Kalmuczak, Rolf
Lambrecht, Käthe ➔ Weissfeld, Hans-Peter
Lambro, Tatiana ➔ Martin-Noskoff, Tatiana
Lamda ➔ Lanzky, Paul
Lamla, Joseph ➔ Maushagen, Hubert
Lämmergeier, Peter ➔ Loosli, Carl Albert
Lämmerschwanz, Caspar Hektor ➔ Jassoy, Daniel Ludwig

Lehmann, Dr. → Finn, Samuel Joseph
Lehmann, Friedrich Wilhelm → Kruse, Wolfgang
Lehmann, Harry → Wedelstaedt, Clara von
Lehmann, Jon → Fründ, Hugo
Lehmann, Traugott → Zur Mühlen, Hermynia
Lehmann, Zacharias → Reinhold, Karl Wilhelm
Lehmann von Detershagen → Lehmann, Heinrich Ludwig
Lehmann-Danzig, Bernhard → Lehmann, Bernhard
Lehmann-Issel → Lehmann, Kurt
Lehmann-Leander, Ernst Raimund → Lehmann, Ernst Ludwig
Lehmann-Rußbüldt, Otto → Lehmann, Otto
Lehmann-Schiller, Paul → Lehmann, Paul
Lehnau → Kiaulehn, Walther
Lehne, Fr. → Butenschön, Helene
Lehner, Friedrich → Mosenthal, Salomon Hermann Ritter von
Lehner-Sander, Willy Anna → Sander, Willy Anna
Lehnhoff, Joachim → Swieca, Hans Joachim
Lehnitz, Friedrich Maria → Zielesch, Fritz
Lehnsmann → Lehmann, Ernst
Lehrer, Gustav → Erdmann, Gustav Adolf
Lehrerin → Blankenfeld, Janina
Lehrreich, Gottlieb → Heitzer, Lorenz
Lehrta → Thaler, Joseph
Lehsten, Albert → Benary, Albert Agathon
Lei, Bertes von der → Hay, Wilhelm
Leibach, Oskar → Harbeck, Alois
Leibeigen, Jakob → Lawätz, Ferdinand Otto
Leibnitius, Gottfried Wilhelm → Leibniz, Gottfried Wilhelm von
Leibnitzius → Weber, Joseph
Leibnuzius, Gottfried Wilhelm → Leibniz, Gottfried Wilhelm von
Leidemit, Dr. → Moser, Friedrich Karl Freiherr von
Leiden, Simon van → Dach, Simon
Leidergott, Reinhard → Wegerth, Reinhard
Leiersin, Iwodid → Leidwein, Helmut
Leihs, Hans → Leiß, Hans
Leinbereiter, Friedrich → Rautenbach, Otfried
Leinburg, Gottfried von → Lütgendorff-Leinburg, Gottfried Freiherr von
Leinburg, Mathilde → Lütgendorff-Leinburg, Mathilde von
Leine, Fritz von der → Löns, Hermann
Leinitz, L. → Zeitlin, Leon
Leinweber, E. → Leonhardt, Emil
Leiper → Riepel, Joseph
Leiseder-Moser, Helga → Leiseder, Helga
Leisner, Ellegaard → Leisner, Gustav
Leist, Werner → Sander, Ernst
Leitenberger, Georg → Storz, Gerhard
Leitenberger, Johanna → Wolf, Johanna
Leitfried → Kalischer, Siegfried
Leithing, E. → Kautz, Heinrich
Leitich, Ann Tizia → Korningen, Ann Tizia
Leitner, Emilie → Naske, Emilie
Leitner, Hilga → Leitner, Hildegard
Leitner, Monika → Mangold, Maria
Leitz-Haller, Hermann → Leitz, Hermann
Leizing, Gert → Miltschinsky, Margarete
Lelif, Friedrich von → Leliwa, Friedrich von
Lemail, Jan Peter → Albrecht, Erwin Fritz Bernhard
Lembert, Josef Wenzel → Tremler, Johann Wenzel
Lemke, E. → Löwy, Ernst
Lemke, Gustav → Oppermann, Norbert
Lemke, Hans → Lemcke, Paul
Lemm, Alfred → Lehmann, Alfred
Lemmiger von Albereit, Wolf Joachim → Laminger von Albenreuth, Wolf Joachim
Lemmis, A. C. → Schrader, August
Lemniacus, Itasius → Reumont, Alfred von
Lemnius, Simon → Lemm-Margadant, Simon
Lemnius Emporicus → Lemm-Margadant, Simon
Lena, Lena → Brahms, Oly
Lenardo → Kind, Johann Friedrich
Lenary → Lehnhard, Paul Roderich
Lenau, Nikolaus → Niembsch Edler von Strehlenau, Nikolaus Franz
Lenbach, Ernst → Muellenbach, Ernst
Lenburg, Adalbert → Mecklenburg, Adalbert
Lenclos, Ninon von → Baur, Samuel
Lencov, Leon → Coellen, Georg Maria von
Lend, Evelyn → Anderson, Evelyn
Lend, Pert → Linsinger, Pert
Lendt, Felix → Langour, Friedrich
Leneste, Louise → Lau, Anna
Lenfrisch von Hartenfels, Simon → Grimmelshausen, Johann Jakob Christoffel von
Lengerke, Wolfgang → Berger von Lengerke, Wolfgang
Lenhard, Karl von → Bentlage, C.
Lening, Fritz → Schmidt, Fritz
Lenk, Felix → Winkler, Anna
Lenke, Charlotte → Gründler, Charlotte
Lennar, Rolf → Pilz, Rolf
Lenne, Siegmar von der → Lecke, Franz
Lenneck, Ellen → Weichardt, Ellen
Lennert, Nikolaus → Poche, Klaus
Lennhoff, Eugen → Loewy, Eugen
Lennig, Franziska → La Rochette de Rochegronde, Franziska
Lennox, Peter → Holenstein, Peter
Lenoir, Marcel → Lesch, Walter
Lenox, Peter → Holenstein, Peter
Lens, Conny → Hitzbleck, Friedrich
Lensch, Fritz'l → Schnell, Friedrich
Lense, Eugen → Lense, Martin
Lensen, W. → Kabel, Walther
Lensing, Theodor → Lessing, Theodor
Lenski, Ossip → Hoffmann, Helene
Lent, Gertrud → Besold, Gertrud
Lente, Festina → Cramer, Friedrich Wilhelm
Lente, Jost Heinrich von → Lenthe, Jobst Heimart von

Lenthin, Rolf ➔ Friedemann, Rudolf
Lentz, Roma ➔ Schuler, Margrit
Lenz, Beate ➔ Kanies, Gerti
Lentze, Caroline Wilhelmine ➔ Petzel, Caroline Wilhelmine
Lenz, Eduard ➔ Eschke, Karl Eduard
Lenz, Heinrich ➔ Mahler, Heinrich
Lenz, Hugo ➔ Rambach, Friedrich Eberhard
Lenz, Leo ➔ Schwanzara, Leo
Lenz, M. ➔ Oschwald-Ringier, Fanny
Lenz, Max Werner ➔ Russenberger, Max Werner
Lenz, Mia ➔ Lorenz, Meta Maria
Lenz, P. ➔ Hilscher, Luise
Lenz, Victor ➔ Traxel, Christian August
Lenz-Domino, Ruth ➔ Tassoni, Ruth
Lenz-Kühne ➔ Lenz, Johann Reinhold von
Lenz-Schwanzara, Leo ➔ Schwanzara, Leo
Lenzara ➔ Lorenz, Maria
Lenzburg, A. von ➔ Kriesch, Auguste von
Lenzhof, Carl ➔ Wylicil, Carl
Leo, August ➔ Pulvermacher, Auguste
Leo, Emil ➔ Engel, Leopold
Leo, Emil ➔ Völkel, Emil
Leo, L. ➔ Ziegler, Leopold
Leo, Max ➔ Moltke, Leopold Maximilian
Leo, Meta ➔ Zimmermann-Schoepp, Meta
Leo, Peter ➔ Renovanz, Paul
Leo, Sebastian ➔ Mayr, Beda
Leo, Siegfried ➔ Loewy, Siegfried
Leo, Willibald ➔ Lütgendorff, Willibald Leo Freiherr von
Leo-Nauck, Friederike ➔ Nauck, Friederike
Leofalus ➔ Lauffs, Leonhard
Leoger ➔ Egerer, Leo
Leon ➔ Leeb, Willibald
Leon, Hal W. ➔ Werner, Helmut
Leon, Kurt ➔ Grünebaum, Kurt
Léon, Viktor ➔ Hirschfeld, Viktor Léon
Leonardi, Hans ➔ Lepehne, Marga
Leonardus, Johannes ➔ Koch, Hans
Leonaster, Matthäus ➔ Löwenstern, Matthäus Apelles von
Leonce ➔ Schüler, Leonhard
Leondi, Leo ➔ Singer, Leo
Leonegg, K. Fr. ➔ Ghillany, Friedrich Wilhelm
Leonhard ➔ Meurer, Leonhard
Leonhard, Emin ➔ Höcker, Georg
Leonhard, Ernst ➔ Elsner, Oskar
Leonhard, Eva-Maria ➔ Leonhard, Maria
Leonhard, G. P. L. ➔ Wächter, Leonhard
Leonhard, L. ➔ Schalit, Leon
Leonhard, Leo ➔ Leonhardt, Siegmund
Leonhard, Otto ➔ Heubner, Otto Leonhard
Leonhard, Thomas ➔ Kernmayr, Gustav Johannes
Leonhardt, Heinrich ➔ Stryk, Heinrich von
Leonhardt-Lyser, Caroline ➔ Pierson, Caroline Wilhelmine
Leonhart, Camilla ➔ Lucerna, Camilla
Leonhart, Emma ➔ Knackfuß, Elisabeth Eleonore Emma
Leoni, Friedrich ➔ Brausewetter, Artur Friedrich Leon
Leoni, Friedrich ➔ Lortsch, Franziska Emma Friederika
Leoni, Karl ➔ König, Friedrich Emil
Leontides ➔ Leeb, Willibald
Leopold ➔ Schwarzschild, Leopold
Leopold, Franz ➔ Neumann, Franz Leopold
Leopold, Friedrich ➔ Cassirer, Fritz
Leopold, J. ➔ Jacoby, Leopold
Leopold, Otto ➔ Bielefeld, Otto Leopold
Leopold, Wilhelm ➔ Geib, August
Leopoldi, Ludovicus ➔ Jud, Leo
Lepel, H. ➔ Gürster, Eugen
Lepère, Claire ➔ Kleineibst, Claire
Lepke, Frieda Hertha ➔ Ladewig, Frieda-Hertha
Lepo ➔ Clobes, Heinz Wilhelm
Leppa, Konrad ➔ Leppa, Joseph Franz
Leppiz, Hermann ➔ Zippel, Hermann
Lepta, Trasybulus ➔ Dinner, Konrad
Lerau ➔ Mirau, Leo
Lerch, Karl ➔ Heckel, Karl Maria
Lerch, Leo ➔ Lerch, Gustav
Lerche, Betty ➔ Ebersold, Elise
Lerche, Heinrich ➔ Neupert, Henriette
Lercheimer von Steinfelden, Augustin ➔ Wilcken, Hermann
Lerchenfeld, Gustl von ➔ Young, Gustav
Lerchheimer, Augustin ➔ Wilcken, Hermann
Lerchheimer von Steinfelden, Augustin ➔ Wilcken, Hermann
Lerei, M. A. ➔ Suttner, Arthur Gundacar von
Lerian ➔ Arnold, Christoph
Lerkes, R. ➔ Keßler, Richard
Lernes, C. H. ➔ Elsner, Heinrich
Leroy, H. C. ➔ Schmidt, Helmut K.
Lerse, Franz ➔ Mayer, Maidy
Lerse, Friedrich ➔ Doczkalik, Emerich
Lerse, Heinrich ➔ Weinrich, Franz Johannes
Lerse, Otfried ➔ Zauner, Lothar
Lersoel, Heinz ➔ Oellers, Heinrich
Lerson, Wolf ➔ Paetel, Karl Otto
Lersten, Terwal ➔ Nestler, Walter
Lertha, Joseph ➔ Thaler, Joseph
Lesage, G. B. ➔ Köhler, Gerhard
Leschivo, Alma ➔ Fahrig, Klara
Leser, J. ➔ Burmeister, Johann Peter Theodor
Lesit, Emile ➔ Szittya, Emil
Leske, Maria ➔ Witter, Marina
Leslie, Thomas ➔ Bondy, Fritz
Less, M. ➔ Meese, Johann Nikolaus
Lessen, Kurt ➔ Lützow, Curt von
Lessen, Ludwig ➔ Salomon, Ludwig
Lessing, Rudolf ➔ Rau, Hans
Lester, A. H. ➔ Lehmann, Arthur-Heinz
Lester, Oskar ➔ Stelter, Karl
Lesters, Robert ➔ Greiser, Wolfgang
Lethander ➔ Brendel, Georg Christoph
Lethes, A. ➔ Flach, Johannes
Letkow, M. v. ➔ Markovics, Marie Antoinette
Lettin, R. ➔ Litten, Rosa

Loerincz, Halasz ➔ Kerkow, Karl Friedrich
Loerzer, Elisabeth ➔ Schaudinn, Elisabeth
Loesch, Maria ➔ Frisé, Maria
Loetzow, Immanuel ➔ Romanowski, Max
Loewen, Robert ➔ Kalmuczak, Rolf
Loewengard, Katrin ➔ Lamon, Heidi Huberta
Loewenthal, Toni Devora ➔ Ginzburg, Toni Devora
Löffeldoktor ➔ Friton, Bruno
Löffelhölz-Colberg, Elise von ➔ Königsthal, Anna Elise Sophie von
Löffler, Gustav ➔ Duttenhofer, Jakob Heinrich
Löffler, Johann ➔ Jantsch, Johann
Logan, Jack ➔ Hartsch, Gerhart
Logander, Ludwig ➔ Cauer, Paul
Logau, Nicolas ➔ Niebelschütz, Götz Baron v.
Loge ➔ Mauke, Wilhelm
Loge ➔ Willhain, Julius
Logotheta Philyropolitanus, Isidorus Charisius ➔ Lange, Johann Christian
Lohausen ➔ Kalcheim, Wilhelm von
Lohausen, Arno ➔ Arnold, Günther
Lohausen, Heinrich von ➔ Jordis von Lohausen, Heinrich
Lohde, Clarissa ➔ Bötticher, Clarissa Johanna
Lohe, Harald von der ➔ Schenke, Ernst
Lohe, M. ➔ Schiller, Margarethe
Lohengrin ➔ Brájjer, Lajos
Lohenstein, Daniel Casper von ➔ Casper, Daniel
Löher, A. ➔ Glaß, Anna
Loherius, Dietrich ➔ Loher, Dietrich
Loherius a Stratis, Dietrich ➔ Loher, Dietrich
Löhmann, J. P. P. ➔ Pöhlmann, Johann Paul
Lohmann, Johanna Friederike ➔ Lohmann, Emilie Friederike Sophie
Lohmeyer ➔ Hölscher, Dorothea
Löhn, R. P. ➔ Plöhn, Robert
Löhn-Siegel, Maria Anna ➔ Siegel, Maria Anna
Lohr, Henriette ➔ Stoll, Henriette
Löhr vom Wachendorf, Frank ➔ Ettighoffer, Paul Coelestin
Lohrber è Liga, Angelius ➔ Rollenhagen, Gabriel
Lohß, Hedwig ➔ Staiger, Hedwig
Lohuus, Maria ➔ Jenny-Loeliger, Marguerite
Loikaja, Thomas ➔ Schattschneider, Peter
Lombard, Monica ➔ Drastil, Monika
Lommel, Ruth ➔ Vorster, Ruth
Lommer, Alex ➔ Möller, Max
Lomtano, Josefine ➔ Graf, Josefine
Lon, Terry Le ➔ Seitz, Eberhard
Lonau, Walter ➔ Strähler, Georg
Londy ➔ Bürde, Samuel Gottlieb
Lonek ➔ Lonke, Alwin
Lonemanus, Joachim ➔ Lonemann, Joachim
Long, George S. ➔ Holzmüller, Adolf
Longeville, Jean ➔ Lang, Isaac
Löngfeldt, E. ➔ Fischer, Elise
Longin, C. G. von ➔ Flittner, Christian Gottfried
Longinus, Vincentius ➔ Lang, Vinzenz
Longinus Eleutherius, Vincentius ➔ Lang, Vinzenz
Longolius, M. Paulus ➔ Rudolph, Johann Christoph
Longonegro, M. ➔ Langenschwarz, Maximilian Leopold
Longoni, Andreas ➔ Longoni, Helena
Longus, Johannes ➔ Lange, Johannes
Löns-Nosthusen, G. G. ➔ Löns, Georg Gustav
Lonsbach, Richard Maximilian ➔ Cahén, Richard Maximilian
Lonsdale, Jerry ➔ Dönges, Günter
Lookout ➔ Stein, Adolf
Loon, Pit van ➔ Muhrmann, Wilhelm
Loos, Irma ➔ Hain, Irma
Loosten, Golo de ➔ Lomer, Georg
Loothmann, Harro ➔ Heyck, Hans
Löprich, Johanna ➔ Lebrecht, Johanna
Löprich, Michael ➔ Lebrecht, Michael
Lor, Rainer ➔ Ernst, Agnes
Lora, F. ➔ Gebhardt, Florentine
Lorarius ➔ Goldschmidt, Alfons
Lorbür, Heinr. Maria ➔ Lazarowics, Heinrich
Lorca, Franc de ➔ Serowy, Rolf
Lorca, Frank de ➔ Anton, Uwe
Lorca, Frank de ➔ Brand, Kurt
Lorca, Frank de ➔ Dombrowski, Theodor
Lorca, Frank de ➔ Friedrichs, Holger
Lorca, Frank de ➔ Hartsch, Gerhart
Lorca, Frank de ➔ Hary, Wilfried Antonius
Lorca, Frank de ➔ Helgath, Franc
Lorca, Frank de ➔ Hrdinka, Michael
Lorca, Frank de ➔ Hundsdorfer, Gerhard
Lorca, Frank de ➔ Koblinski, Hans-Joachim
Lorca, Frank de ➔ Ködelpeter, Hans E.
Lorca, Frank de ➔ Luif, Kurt
Lorca, Frank de ➔ Saupe, Dieter
Lorca, Frank de ➔ Sommer, Hans Wolf
Lorca, Frank de ➔ Wunderer, Richard
Lorca, Frédéric ➔ List, Horst
Lorek, R. ➔ Salbey, Erich R.
Lorentz, Elisabeth ➔ Straub, Elisabeth
Lorentzen, Luz ➔ Stahlschmidt, Elisabeth Lucia
Lorentzen-Stahlschmidt, Elisabeth Lucia ➔ Stahlschmidt, Elisabeth Lucia
Lorenz ➔ Matthias, Leon Lawrence
Lorenz, Bruno ➔ Meyer-Holzapfel, Monika
Lorenz, Eleonore ➔ Michalski, Eleonore
Lorenz, Hans ➔ Paulick, Margarete
Lorenz, Hertha ➔ Lutz-Lorenz, Hertha
Lorenz, J. N. ➔ Novotny, Josef
Lorenz, Karl ➔ Kiesgen, Laurenz
Lorenz, Liane ➔ Koppenwallner, Liane
Lorenz, Lorenz ➔ Lorenz, Helmut
Lorenz, Michael ➔ Hauschild, Reinhard
Lorenz, Olaf ➔ Klamfoth, Hermann
Lorenz, Paul ➔ Schabelsky, Elsa von
Lorenz, Peter ➔ Stenbock-Fermor, Alexander Graf
Lorenz, Ralf ➔ ten Hoevel, Jürgen

Ludwig, Ernst ➔ Wolzogen, Ernst Ludwig von
Ludwig, F. ➔ Fischl, Ludwig
Ludwig, Franz ➔ Deppisch, August
Ludwig, Franz ➔ Kolaß, Franz
Ludwig, Friedrich ➔ Götz, Ludwig
Ludwig, G. ➔ Zimmermann, Georg
Ludwig, Heinz Hermann ➔ Goetz, Adolf
Ludwig, Herbert ➔ Müller-Doering, Herbert Ludwig
Ludwig, Hermann ➔ Jan, Hermann Ludwig v.
Ludwig, Hermann ➔ Paulus, Herbert, Hermann Ludwig Hans
Ludwig, Josef ➔ Haase, Josef Ludwig
Ludwig, K. ➔ Klinenberger, Ludwig
Ludwig, Karl ➔ Arendt, Wilhelm
Ludwig, Karl ➔ Büchner, Friedrich Karl Christoph Louis
Ludwig, Karl ➔ Domenigg, Karl
Ludwig, Karl ➔ Steckel, Max
Ludwig, Karl Fritz ➔ Dinklage, Ludwig
Ludwig, L. L. ➔ Dolberg, Ludwig
Ludwig, Lori ➔ Ludwig-Krause, Lori
Ludwig, Otto ➔ Puttkamer, Otto Ludwig Emil Freiherr von
Ludwig, Paul ➔ Sussmann, Anna Eva
Ludwig, Volker ➔ Hachfeld, Eckhart
Ludwig, Wilhelm ➔ Kuhlenbeck, Ludwig
Ludwig-Braun, Juliane ➔ Olscha, Juliane Hermine
Ludwiga ➔ Hensel, Louise Maria
Luegg, Verena ➔ Prinz, Vera
Lüerssen, Margarethe ➔ Bohlen und Halbach-Grigat, Herthy von
Luft, Peter ➔ Falckenberg, Otto
Lugano, Silvio ➔ Riedel-Ahrens, Bertha
Lugaus ➔ Szpitter, Helene
Luger, A. ➔ Schimann, Adolf
Lugert, Elisabeth ➔ Berger, Walter
Luginsland, Peter ➔ Kölsch, Kurt
Luginsland, Peter ➔ Schödel, Hanns
Lühe, Irmgard von der ➔ Massow, Irmgard
Luiggi, Franzesko ➔ Lüdtke, Franz
Luigi, G. ➔ Kattentidt, Gottfried Ludwig
Luigi, Gola ➔ Luis, Olga
Luigi, Maria ➔ Louis, Rosa
Luis, Eva ➔ Sussmann, Anna Eva
Luise ➔ Brachmann, Karoline Louise
Luise ➔ Hensel, Louise Maria
Luise, Amalie ➔ Liebhaber, Amalie Luise
Luitholdus, Varemundus ➔ Koepfel, Wolfgang Fabricius
Luitpold ➔ Lütge, Karl
Luitpold, Josef ➔ Stern, Josef Luitpold
Lukas, Manfred ➔ Klaus, Michael
Lukian ➔ Pohl, Gerhart
Lukim ➔ Kimme, Ludwig
Lukjan ➔ Schumacher, Joachim
Lukratius ➔ Sautter, Erwin Anton
Lümmel auf Lümmelsdorf ➔ Bornschein, Ernst Johann Daniel
Lund, Frederik ➔ Josephi, Carl-Frederik Wilhelm
Lund, Hans Hermann ➔ Christophé, Eduard Curt
Lundberg, F. ➔ Mühlen, Norbert
Lundberg, Helmut H. ➔ Bittner, Helmut
Lundberg, Kai ➔ Potthoff, Margot
Lundbergk, Thomas Maria ➔ Wendtland, Thomas Maria
Lundström, Leonard ➔ Rubinstein, Hilde
Lüng, Pidder ➔ Lembeck, Bernd
Lunte, Ferdinand ➔ Lühnsdorf, Fritz
Lunte, R. A. E. ➔ Zech, Rudolf Albert Edmund
Lüntenbeck, Hans ➔ Doerner, Hans
Luntz, Heinrich ➔ Maximovic, Gerd
Lupinus ➔ Erxleben, Dorothee Christiane
Lupius, Jacobus ➔ Wolf, Jakob
Lupus ➔ Wolf, Jakob
Lupus, Johannes ➔ Wolff, Johannes
Lürs, Peer ➔ Riebau, Hans
Lürsen, Margarete ➔ Schulz, Margarete
Lusaticus ➔ Günther, Friedrich
Lüsberg, Wilhelm Maria ➔ Simon, Will
Luschnitz, E. W. ➔ Weber, Edmund
Luscinus, Ottmar ➔ Nachtigall, Ottmar
Lusignan-Mahé ➔ Grothe-Mahé, Richard
Lussin, C. ➔ Lusser, Karl Emanuel
Lussnigg, Maria ➔ Müller, Maria
Lustig, Hans G. ➔ Lustig, Jan
Lustig, Jochen ➔ Dürr, Hans
Lustig, Lebrecht ➔ Schulze, Friedrich August
Lütetsburg, A. ➔ Klinck, Fanny
Lütgendorff, M. A. von ➔ Lütgendorff-Leinburg, Martha von
Luther, Charlotte ➔ Parasky, Charlotte von
Luther, Eva ➔ Schäfer, Eva
Luther, Renate K. ➔ Kraack, Renate
Luther-Untermerzbach, Ernst ➔ Luther, Ernst
Lutheranus Polonus ➔ Ebert, Johann Kaspar
Lutherophilus ➔ Walther, Wilhelm
Lüthge, B. E. ➔ Lüthge, Erwin Robert
Lutin, Alex ➔ Doroslovac, Milutin
Lüttichau, Marcus von der ➔ Lütke, Marcus von der
Lütticke, Marcus von der ➔ Lütke, Marcus von der
Lutz, Edmund Johannes ➔ Carelius, Alexander
Lutz, Harro ➔ Ludwig, Helmut
Lützow, Therese v. ➔ Bacheracht, Therese von
Lux ➔ Kerner, Justinus Andreas Christian
Lux, Harry ➔ Dérföldy-Lux, Wilhelm
Luxemburg, Rosa ➔ Lübeck, Rosa
Luz, Else ➔ Laszlo, Else
Luzack, August ➔ Becker, Johann Georg
Luzifer ➔ Kappus, Franz Xaver
Luzifer ➔ Lutz, Rudolf Max
Lyäne ➔ Calenberg, Philippine von
Lycabas, Christoph ➔ Kaldenbach, Christoph
Lycidas ➔ Schweyher, Wolf Magnus
Lyck, Hans ➔ Hamel, Fred
Lycosthenes ➔ Spangenberg, Wolfhart
Lydien - Schütz, Charlotte
Lydor, Waldemar ➔ Lüthe, Waldemar

Lyhne, H. M. ➔ Herzfeld, Marie
Lykke, Till ➔ Albert, Max
Lykoff, Pierre ➔ Ritter, Wolfpeter
Lykos, Wolf ➔ Kurth, Wolfram
Lykosthenes, Konrad ➔ Wolfhart, Konrad
Lykurg ➔ Leonardi, Alexander
Lykurgos, K. J. ➔ Donny, Julius
Lynar, C. ➔ Römer, Lina
Lynden, Else von ➔ Sell, Sophie Freiin von
Lynkeus ➔ Bauer, Erwin Heinrich
Lynkeus ➔ Fromm, Otto
Lynkeus ➔ Marx, Hugo
Lynkeus ➔ Popper, Josef
Lynkeus ➔ Reinhardt, Walther
Lynkeus ➔ Taube, Max
Lynkeus ➔ Urbach, Otto
Lynkeus ➔ Wittenberg, Max
Lynn, Gary ➔ Grund, Josef Carl
Lynn, Godward ➔ Harzer, Karl Heinz
Lynx, Joachim Joe ➔ Rügheimer, Joachim
Lyra, Timotheus a ➔ Weppen, Johann August
Lysanek, Regine ➔ Vlcek, Ernst
Lyser, Adolf ➔ Zeitz, Johannes
Lyser, Johann Peter ➔ Burmeister, Johann Peter Theodor
Lyser, Leonhardt ➔ Pierson, Caroline Wilhelmine
Lysis ➔ Pellicer, Matthias
Lysohorsky, Ondra ➔ Goy, Erwin
Lyssac, Lisa ➔ Lissack, Lisa
Lysses, U. ➔ Echtermeier, Carl
Lysthenius, Johannes ➔ List, Johannes
Lytroff, Joseph Joh. ➔ Littrow, Joseph Johann
Lysander ➔ Heuchlin, Christian
Lysander, K. Th. ➔ Scurla, Herbert

M

Magro → Grote, Maria Magdalena
Magus → Beißel, Georg Konrad
Magus aus Norden → Hamann, Johann Georg
Mahlau, Anne Lotte → Trapp, Else
Mahler, Anton → Rhode, Johann Gottlieb
Mahler, Erasm. → Hastenpflug, Wilhelm von
Mahler, Josua → Maler, Josua
Mahler, Josua → Maler, Josua (d. J.)
Mähli, Konrad → Hausrath, Adolf
Mahlow, Erika → Siebrands, Erika
Mahlsdorf, Charlotte von → Berfelde, Lothar
Mahnke-Ebers → Mahnke, Carl Manfred
Mahnsfeld, Eugen → Klatt, Conrad
Mahr, Kurt → Mahn, Klaus
Mahr, Paul Maria → Schischmanow, Meli M.
Mahr, Rudy → Moll, Rudolf
Mai, Bruno → Wauer, Hugo
Mai, Fritz → Manussi-Montesole, Ferdinand Edler von
Mai, Leo → Megerle von Mühlfeld, Therese v.
Mai, Luise → Göpel, Karoline
Mai, Manfred → Maier, Manfred
Maidorf, Marianne → Matthey, Maria
Maien, Carl → Wolfssohn, Carl Wilhelm
Maier, Jos. Aloys → Knigge, Adolf Franz Friedrich Freiherr von
Maier-Balder → Maier, Franz
Maier-Hultschin, Johannes C. → Maier, Johannes
Maier-Mack, Elisabeth → Maier, Elisabeth
Maierheuser, Hermine Berta → Maier-Heuser, Hermine Berta
Maigrie, Dr. → Hatsek, Adolf
Maigrün, Dr. → Hatsek, Adolf
Mailer, Cecil O. → Mahn, Klaus
Mailly, Anton → Chaurand de Mailly, Anton
Mainau, Franziska → Nast, Clara
Mainländer, Philipp → Batz, Philipp
Mainleite, Eckard v. der → Lutz, Ernst Konrad
Mainzer, Claire → Pape, Claire
Mair → Maier, Hans
Maisang, Max → Labes, Eugen
Maisberchensis, Bertholdus → Berthold von Moosburg
Maius, Lucas → Mai, Lucas
Maja → Matthey, Amalie
Majale → Leitz, Max
Majano → Graß, Anton Georg von
Majdanska, Helene → Meyer-Cohn, Helene
Majer, Michael → Maier, Michael
Majerus, Michael → Maier, Michael
Majo → Maurer, Joseph
Major, Erich → Benedikt, Ernst
Major, Georg → Maier, Georg
Majus, Salomo → Menius, Friedrich
Mak, E. K. → Machek, Ernst
Makarska → Urbancic, Melitta
Maksa, Ida → Segalla, Ida
Malaciola eques Burlassius, T. Curtius → Hutten, Ulrich von
Malan, Thomas Michael → Soik, Helmut Maria
Malata, Albert → Rottauscher, Anna
Malchiel, Petrus → Neumeister, Erdmann
Malchus, Leila von → Wandau, Luise Elisabeth von
Malden, Albert → Mandl, Albert
Malden, Lucie → Mailänder, Lucy
Malea-Vyne → Mauthner, Malwine
Malecka, Marie → Dieckmann, Marie
Malente, Beate → Pütz, Liddy
Maler, Anton → Mayer, Andreas Ulrich
Maler, J. → Oldenburg, Elimar Anton Günther Friedrich Herzog von
Maler, Philipp Gottfried → Stein, Gottfried
Maler Anton → Rhode, Johann Gottlieb
Maler Müller → Müller, Friedrich
Malfère, Edgar → Stockvis, Albert
Malgov → Wehrmeister, Cyrillus
Malice, M. A. → Gurschner, Alice
Malink, Petr → Mahling, Peter
Malinowski, Paul → Jursa, Oskar
Malleolus, Felix → Hemmerlin, Felix
Maller, Margot → Judtmann, Margarete
Maller, Martin → Winkelhog, Christian
Mallieux, Holm → Millies, Helmut
Malloth, Gerd → Mager, Lothar
Malorny, Ralph → Hartsch, Gerhart
Malow, Hans → Marwitz, Roland
Malpighi → Schleiden, Matthias Jakob
Malser, Hans → Roßegger, Peter
Malten, A. → Mandl, Albert
Malten, Karl Heinrich von → Müller, Karl Heinrich Gottlob
Malten, Liddy → Pütz, Liddy
Malten, Margarete → Aspern-Buchmeier, Elisabeth von
Malten, Thea → Jahn, Dorothea
Malthus II. → Bettziech, Ottomar Heinrich
Maltitz, Hermann von → Klencke, Hermann
Maltzahn, E. von → Wengel, Elisabeth
Malybrok-Stieler, O. → Kleinschrod, Ottilie
Mampel, Anne-Marie → Bartel, Anne-Marie
Mana, Gustav → Rukser, Udo
Manas → Rommel, Theodore von
Manätzer, J. Frider → Fischart, Johann Baptist Friedrich
Mancha, Anton Pansa von → Rasche, Johann Christoph
Mand, J. E. → Goldschmidt, Karl
Mand, J. E. → Grossheim, Julie
Mandauer → Kühnel, Joseph Carl
Mandelbaum, Fritz → Morton, Frederic
Mander, Cyriak → Hertz, Richard
Mander, Matthias → Mandl, Harald
Mander, T. → Göbel, Bernhard
Manders, Karel → Flake, Otto
Mandien → Niedmann, Karl Christian Friedrich
Mandien, C. F. → Häberlin, Karl Ludwig
Mandig, Fred → Grimm, Max
Mandl-Weilen, Helene → Weilen, Helene
Manetho, G. → Geßmann, Gustav W.
Manfred → Dräxler, Karl Ferdinand

Menhofer, Franzef → Magg, Franz Josef
Menippus → Neumeister, Erdmann
Menius, Justus → Menig, Jost
Menk, Fr. → Dittmarsch, Karl
Menke, Willibrord → Menke, Bernhard
Menke-Brümmershop, J. → Menke, Juliane
Menken, Hanne → Hof, Anni
Menlos, N. A. → Sperber, Manès
Mennicke, H. W. von → Boettcher, Walter
Meno → Valett, Johann Jakob Meno
Menoch, Eugen → Peterson, Eugen
Mensch, E. I. N. → Laux, Arthur
Menschenlieb Nächstenfreund → Hempel, Johann Christian Friedrich
Menschenschreck, Dietrich → Bürger, Gottfried August
Mensching, H. W. → Garde, Arnold
Mentelberg, A. von → Crignitz, Anna Maria Theresia de
Menter, Alex → Menzer, Clara
Mentz, Hans → Gernhardt, Robert
Mentz, Johannes von → Mainz, Johannes von
Mentzel, Hilde → Quack, Hilde
Mentzer, H. F. → Fischart, Johann Baptist Friedrich
Mentzer, J. F. G. → Fischart, Johann Baptist Friedrich
Menz, Abi → Köster-Ljung, Hanna
Menz, Gisela → Mänss, Gisela
Menz, Ingeborg → Krauß, Ingeborg
Menz, Kurt → Loewenheim, Walter
Menz, Peter → Grau, Ernst
Menzel, Erich → Meyer, Erich
Menzel-Delassini, Liddy → Delassini, Liddy
Menzel-Longoni, Helena → Longoni, Helena
Menzel-Willem → Menzel, Wilhelm
Mephisto → Schneidt, Karl Borromäus
Mephistopheles der 99te → Hopf, Albert
Merbo, Stian → Ommerborn, Johann Christian Josef
merbod → Zumpf, Peter
Mercator → Marcus, Benno
Mercator → Lemm-Margadant, Simon
Mercator, A. → Fritzsche, Anna
Mercator, B. → Josephson, Bertha
Mercator, Demetrius → Weise, Christian
Mercatorius → Lemm-Margadant, Simon
Mercurianus, B. G. → Fischart, Johann Baptist Friedrich
Mercurius, Amos → Hamel, Margarete
Mered → Meder, Paul Ernst
Merer, Ka. Em. → Kaemmerer, Franz
Merges, L. → Götz, Ludwig
Merhart-Wallin, Karin von → Merhart von Bernegg, Karin
Meri, Georg → Tovote, Heinz
Merian, Anne → Wagner-Thomé, Elsbeth
Merian, I. C. H. → Hormayr zu Hortenburg, Joseph Freiherr von
Merian, Matthäus → Köhler, Werner
Merin, Peter → Bihalji-Merin, Otto
Merin, Walt → Mehring, Walter
Meritt, Cade C. → Franciskowsky, Hans Günther
Merius, E. D. → Demmer, Eduard
Merk, Emma → Haushofer, Emma
Merkel, Anna Maria → Koenig-Warthausen, Anna Marie von
Merkel, Hans Mathes → Merkel, Johannes
Merkel, Paul → Schickele, René
Merker → Vierath, Willy
Merker, Egon → Schneider, Hugo
Merker, Matthias → Kleineibst, Richard
Merks, Erich → Augustin, August Friedrich
Merlak, Milena → Detela, Milena
Merlin, Konrad → Haemmerling, Konrad
Merlin, R. → Teschner, Karl
Merling, Konrad → Haemmerling, Konrad
Merloff, Franz → Meier, Ludwig Emil
Méron, L. → Hibeau, Ludwig
Mers, Rika → Lammers, Erika
Merschberger, Christa → Heinrichs, Christa
Merten, Gerda → Rockstroh, Ernst
Merten, K. → Kurth, Hanns
Merten, Kilian → Kaergel, Dieter
Mertens, Annette → Görner, Ilse
Mertens, Friedrich → Rüggeberg, Uwe
Mertens, Fritz → Wollmann, Frank
Mertens, Hans → Baudisch, Paul
Mertens, Irene → Schaller, Irene von
Mertens, Otto → Georgi, Karl
Merthiven, F. von → Scala, Eduard
Mertz, Ada → Natzmer, Anna Friederike Henriette Mathilde von
Meru, Johannes → Müller, Fedor
Meruéll, E. → Müller, Elisabeth
Merula, Matthaeus → Gretscher, Jakob
Mervarid → Scheibe, Luz
Merwick, Alfred → Merkwitschka, Alfred Robert Heinrich
Merz → Schwitters, Kurt
Merz, Carl → Czell, Carl
Merz, Konrad → Lehmann, Kurt
Merz, Michael → Plum, Werner
Merz, Otto → Raschke, Martin
Mescalero, Jeff → Peters, Werner Hermann
Mesch → Schischmanow, Meli M.
Meschede, Fritz vom → Abshoff, Fritz
Mesebuch, Curt von → Meysenbug, Curt von
Mesebuch, Georg Philipp → Meysenbug, Georg Philipp von
Meseke-Uslar, Hermann → Meseke, Hermann
Mesiger, M. Hieron → Megiser, Hieronymus
Mesmer → Wolfart, Karl Christian
Messer, Max → Müller, Heiner
Messer, Moritz → Semmer, Gerd
Messerer, Th. → Winkler, Ludwig
Messerer, Th. → Winkler, Therese
Messerschmidt, Helmut → Koch, Joseph Adam
Messmer, Conrad → Kolberg, Wolfgang
Metaphrastes der Jüngere, Simon → Marpurg, Friedrich Wilhelm
Metardus → Blei, Franz

Müller-Irminger, Hans ➔ Müller-Bertelmann, Hans
Müller-Iserlohn, M. ➔ Müller, Max
Müller-Jahnke, Klara ➔ Jahnke, Klara
Müller-Jena, Erich ➔ Müller, Erich
Müller-Kamp, Erich ➔ Müller, Erich
Müller-Koller, Hannah ➔ Müller, Hannah
Müller-Langenbruck, Gustav Adolf ➔ Müller, Gustav Adolf
Müller-Leoni, Hermann ➔ Müller, Hermann
Müller-Lüneschloß, Herbert ➔ Müller, Herbert
Müller-Mädisius, Otto ➔ Mäder, Otto
Müller-Marein, Josef ➔ Müller, Josef
Müller-Markkleeberg, A. ➔ Müller, Paul Alfred
Müller-Mateen, Robert ➔ Müller, Robert
Müller-Mees, Elke ➔ Stawowy, Elke
Müller-Meiningen ➔ Müller, Ernst
Müller-Mülheim, Georg ➔ Müller, Georg C. H.
Müller-München ➔ Müller, Gustav Adolf
Müller-Müno, Kurt ➔ Müller, Kurt
Müller-Murnau, A. ➔ Müller, Paul Alfred
Müller-Norden ➔ Müller, Albert
Müller-Nürnberg, H. ➔ Müller, Hans
Müller-Partenkirchen, Fritz ➔ Müller, Fritz
Müller-Platow ➔ Albers, Herbert
Müller-Plattensteiner, T. ➔ Müller, Theodor
Müller-Rastatt, Carl ➔ Müller, Carl
Müller-Reinwald, Hartmut ➔ Müller, Hartmut
Müller-Roden, J. ➔ Müller, Johannes
Müller-Roland, Harald ➔ Hauschild, Reinhard
Müller-Rüdersdorf, Wilhelm ➔ Müller, Wilhelm
Müller-Saalfeld ➔ Müller, Ferdinand
Müller-Sagan ➔ Müller, Hermann
Müller-Schkeuditz, Fritz ➔ Müller, Fritz
Müller-Seidel, J. M. ➔ Seidel, Johanna Martha
Müller-Sturmheim, Emil ➔ Müller, Emil
Müller-Suderburg, G. ➔ Müller, Heinrich Gottlob
Müller-Tannewitz, Anna ➔ Müller, Anna
Müller-Tschaffon, Josef ➔ Müller, Josef
Müller-Waldenburg, Walther ➔ Müller, Walther
Müller-Walsdorf, Else ➔ Müller, Else
Müller-Waringholz, Walter ➔ Müller, Walter
Müller-Weilburg, Wilhelm ➔ Müller, Wilhelm
Müller-Wien, Ernst R. ➔ Müller, Ernst R.
Müller-Wunderlich, Marie ➔ Wunderlich, Marie
Mullère, Lisette ➔ Seidel, Georg Heinrich Balthasar
Mulmannus, Johann ➔ Mühlmann, Johann
Multager ➔ Vielfeld, Jacob
Multicampius, Jac. ➔ Vielfeld, Jacob
Mumelter, Maria Luise ➔ Thurmair, Maria Luise
Mumelter-Thurmair, Maria Luise ➔ Thurmair, Maria Luise
Mumm, Felix A. ➔ Flachs, Adolf
Mumm, Michel ➔ Richter, Hans Erich Kurt
Münch-Born, Philipp ➔ Münch, Philipp
Münchberg, Franz von ➔ Bonn, Franz
Münchberger, Benedikt ➔ Muffat, Karl Heinrich
München, Ludwig von ➔ Meier, Ludwig Emil
Münchershof, E. von ➔ Baron, Emma von
Münchhausen, Karl Friedrich Hieronymus Freiherr von ➔ Raspe, Rudolf Erich
Mund, E. D. ➔ Pochhammer, Edmund
Mund, Ed. ➔ Krafft, Edmund
Mund, Ed. ➔ Lichtenstein, Edmund
Mund, Egon Christian ➔ Simundt, Egon Christian
Mund, Elfriede ➔ Bergmann, Elfriede
Mund-Lichtenstein, Ed. ➔ Lichtenstein, Edmund
Münde, Swea von ➔ Kabel, Walther
Mundi, Unita ➔ Kraus, Hermann
Mündling, Julius ➔ Deffner, August
Mündorf, L. ➔ Dörffel, Edmund
Münich, Walther von ➔ Abt, Anton
Munier-Wroblewski, Mia ➔ Munier, Marie
Munin, Hans ➔ Erttmann, Paul Oskar
Munk, Christian ➔ Weisenborn, Günther
Munk, Georg ➔ Buber, Paula
Munk, Peter ➔ Levy, Walter
Munk, Richard ➔ Petz, Nikolaus
Munkepunke ➔ Meyer, Alfred Richard
Munkh, Adrian ➔ Stephan, Gunar Conrad
Münnich, Eleonora Elisabeth Dorothea von ➔ Berg, Eleonora Elisabeth Dorothea von
Münnich, Magda ➔ Hess, Magda
Müno, Kurt ➔ Müller, Kurt
Munro, C. R. ➔ Brand, Kurt
Münsinger ➔ Müntzinger, Johannes
Münster, Agnes ➔ Carpenter, Agnes
Münster, Renat ➔ Griesel, August Franz Wenzel
Münster, Renatus ➔ Schießler, Sebastian Willibald
Münster, Tonio ➔ Richter, Georg
Münsterberg, Maximilian ➔ Nentwich, Max
Munter, Ernst ➔ Glaß, Gabriel
Munter, Hans ➔ Le Mang, Erich Erwin Woldemar
Munter, Laurin ➔ Weiland, Albert
Münz, Josef ➔ Jung, Franz
Münzenthal, Alb. ➔ Artopé, Theodor
Münzer ➔ Moslé, Käthe
Münzer, Harald ➔ Burgdorf, Karl Ulrich
Muralt, Inka von ➔ Steiger, Inka
Murat, Rolf ➔ Grasmück, Jürgen
Murat, Rolf ➔ Mauerhardt, Rolf
Murbach, Hans ➔ Storck, Karl
Mürell ➔ Müller, Eduard
Murgel, Musaget ➔ Pfeffer, Heinrich
Muri, Eberhard ➔ Muhrmann, Wilhelm
Muri, Walter von ➔ Müller, Walter
Muriel, Michael ➔ Wolff, Dietrich
Muritotila ➔ Anderle, Johann

N

Nefas ➔ Scheer, Adolf
Neff, Magdalene ➔ Heidemann, Magdalene
Negah, H. ➔ Hagen, Robert von
Negantius ➔ Seitler, Heino
Negelinus, Johannes ➔ Schmitt, Carl
Negidius ➔ Niege, Georg
Negrelli-Moldelbe, Nikolaus ➔ Negrelli Ritter von Moldelbe, Alexander Nikolaus Ferdinand
Negri, Gitta ➔ Netsch, Günter
Negro, C. del ➔ Thaler, Christine
Neher, Frank ➔ Neher, Franz
Nehren, Johann v. ➔ Nairn of Mukkersy, John
Neiander, Joachim ➔ Neander, Joachim
Neidegg, Ludwine von ➔ Waldburg-Zeil, Ludwine Gräfin von
Neidhardt, Ferdinand ➔ Netouschek, Ferdinand
Neidhardt von Gneisenau, Maria Gräfin ➔ Manteuffel-Szoege, Maria Baronin
Neige ➔ Niege, Georg
Neigemont, Olga ➔ Künzel, Helga
Neiner, Johann Valentin ➔ Neuner, Johann Valentin
Neitsch, Christian Ludwig ➔ Neitsch, Otto
Nekkepen, Ekke ➔ Kuhlemann, Peter
Nekker, Gertrud ➔ Fink, Gertrud
Nekker, Leopold ➔ Lambach, Walther
Nelk, Theophilus ➔ Waibel, Alois
Nelken, Dinah ➔ Nelken-Ohlenmacher, Bernhardina
Nelkenbrecher der Jüngere ➔ Schrader, Theodor Friedrich
Nell, Dr. Van der ➔ Nödl, Leo Maria
Nell, Lukas ➔ Haringer, Johann Jakob
Nell, Lukas ➔ Harrer, Josef Robert
Nell, Otto ➔ O'Donell, Hanna
Nell, Peter ➔ Heinze, Kurt
Nellenburg, R. ➔ Müller, Karl
Nellenburg, v. d. ➔ Konzét, Carl Hermann
Nelson, Heinrich ➔ Kumpmann, Karl
Nelson, Henry ➔ Neubert, Helmut
Nemaeus, Polydorus ➔ Senkenberg, Renatus Leopold Christian Karl Freih. von
Nemesis, Eulalia ➔ Hopf, Albert
Nemesis, Isidora ➔ Hopf, Albert
Nemesius ➔ Hirt, Karl Emerich
Nemmersdorf, Franz von ➔ Reitzenstein, Franziska Freifrau von
Nemo ➔ Dietz, Hedwig
Nemo ➔ Hutten, Ulrich von
Nemo ➔ Krause, Otto Hermann
Nemo ➔ Neuhausen, Wolfgang
Nemo ➔ Schade, Georg
Nemo ➔ Scherer, Johann Peter
Nemo, J. ➔ Connemann, Johanna Theodora
Nennewitz, Esli ➔ Johannsmann, Ilse
Neobulus, Huldericus ➔ Bucer, Martin
Neocorus, Castalio ➔ Gundling, Nicolaus Hieronymus
Neocorus, Ludovicus ➔ Küster, Ludolf
Neocurus ➔ Küster, Ludolf
Neofanius, Melchior ➔ Neukirch, Melchior
Néol, Alexander A. de ➔ Nève, Alexander de
Neomarchius, Angelus ➔ Löffler, Franz Adolf
Nepas ➔ Panse, Carl
Nephelidor ➔ Wolke, Johannes
Nepomuk, Johann von ➔ Muschi, Jean Bernard
Nepos, Franz ➔ Pocci, Franz Graf von
Néray, L. ➔ Böhm, Leonhard
Neres ➔ Werner, Jakob
Nerese, Margarete ➔ Bettac, Margarete
Nerth, Hans ➔ Fritze, Ottokar
Neruda Jan ➔ Zumpf, Peter
Nesher, S. H. ➔ Adler-Rudel, Salomon
Neß, Ludwig ➔ Goltermann, Ludwig
Ness, Thomas ➔ Kalmuczak, Rolf
Nessbach, Peter ➔ Scheible, Max-Kurt
Nessel, Gottfried ➔ Steffann, Emil
Nesselrot, E. von ➔ Tyszka, E. von
Neßl, Erik ➔ Kneißler, Hippolyt-Joseph
Nestor ➔ Busek, Agnes
Nestorius ➔ Hempel, Friedrich Ferdinand
Netcke, Marie ➔ Schramm-Mcdonald, Marie
Nettelbeck, Frida ➔ Fritz, Frida
Nettil, E. ➔ Litten, Emil
Netz, Paul ➔ Billig, Julius Karl Gustav
Neu, Georg ➔ Neumann, Georg
Neuander, Joachim ➔ Neander, Joachim
Neubacher-Klaus, Hedwig ➔ Neubacher, Hedwig
Neubauer, Thomas ➔ Kirchmair, Thomas
Neuberger, J. G. ➔ Osterwald, Peter von
Neuberger, Joseph Maria ➔ Weißegger von Weißeneck, Joseph Maria
Neuberin, Friederike Caroline ➔Neuber, Friederike Caroline
Neubert, Heinz ➔ Schulze, Albert
Neuburg, Mary ➔ Haslwanter, Mary
Neuburg, Siegfried von ➔ Landsteiner, Karl Borromäus
Neubusch, Wilhelm ➔ Neubauer, Wilhelm
Neudorf, Rudolf vom ➔ Joppen, Rudolf
Neuenkirch, Rainer ➔ Lauxmann, Loni
Neuert, H. ➔ Pany, Leonore
Neuert, Hans ➔ Reitinger, Hans
Neufeld, Johann Baptist ➔ Zahlhas, Johann Baptist von
Neufeld, Ulricus de ➔ Komenský, Joh. Amos
Neuffer-Stavenhagen ➔ Neuffer, Hildegard
Neugebauer, Johann Ferdinand Daniel ➔ Neigebauer, Johann Ferdinand Daniel
Neugebauer, Ralf ➔ Lieder, Herwig
Neuhain, G. ➔ Hingenau, Otto Bernhard von
Neuhaus, Bartold ➔ Nihusius, Bartholdus
Neuhauser, F. ➔ Josch, Wilfried
Neuhauser, Hans ➔ Krauß, Hans Nikolaus
Neuhauser, Maria ➔ Loibl, Maria
Neuhauser-Körber, Margret ➔ Körber, Margret
Neuhof ➔ Zahlhas, Johann Baptist von
Neuhof, Lebrecht ➔ Crusius, Siegfried Lebrecht
Neuhof, Theodor von ➔ Meddlhammer, Albin Johann Baptist von

Nigra, B. ➔ Mohr, Berta
Nigra Valle, Philippus de ➔ Melanchton, Philipp
Nigri, Petrus ➔ Schwarz, Peter
Nigrinus, Georg ➔ Schwarz, Georg
Nigro Monte, Lambertus de ➔ Luther, Martin
Nikanor I. ➔ Lubojatzky, Franz
Nike, Diederich ➔ Nowack, Franz
Nikl, Peter ➔ Wüsten, Johannes
Niklas, Angelo ➔ Keil, Alfred
Niklas, Bernard ➔ Steinhardt, Josef
Nikolai, Boris ➔ Günther, Heinz
Nikolai, Nina ➔ Tintelnot, Renate
Nikolaus ➔ Boesch, Emil
Nikolaus ➔ Craigher, Jakob Nikolaus
Nikolaus, Georg ➔ Poche, Klaus
Nikolaus, Paul ➔ Steiner, Paul Nikolaus
Nikolaus de Argentina ➔ Kempf, Nikolaus v.
Nikolaus der Kartäuser ➔ Nikolaus von Nürnberg
Nikolaus von Böhmen ➔ Nikolaus von Polen
Nikolaus von Heidelberg ➔ Nikolaus v. Jauer
Nikolaus von Kues ➔ Krebs, Nikolaus
Nikolaus v. Straßburg ➔ Kempf, Nikolaus v.
Nilas, E. ➔ Schulz, Gabriele
Nill, Balts ➔ Balsiger, Ueli
Nimmerruh, Hans ➔ Zeiler, Rudolf
Nimrode, Hubertus von ➔ Schulte, Hubertus
Nina ➔ Neumann von Meißenthal, Marianne
Nippoldt-Böhler, Ria ➔ Nippoldt, Marie
Nirvèl, R. ➔ Groningen, Rosa von
Nirwan, Hans ➔ Kapeller, Ludwig
Nis von'e Büttendick ➔ Johannsen, Albrecht
Nissel, L. ➔ Busch, Luise
Nissen ➔ Leviné, Eugen
Nissen-Stinde ➔ Nissen, Adolf
Nisus ➔ Schlegel, Johann Adolf
Nitsch, Emil ➔ Peschkau, Emil
Nitschke, Georg ➔ Nitzschky, Georg
Nitzsche, Ralph ➔ Nitzsche, Klaus
Nivardus, F. ➔ Schlögl, Johannes
Nixdorf, Alfred von ➔ Kindermann, Alfred
-nk- ➔ Schenke, Ernst
Noack, Barbara ➔ Wieners, Barbara
Noack, Gitta ➔ Ströbele, Gitta
Noack, Karl E. ➔ Noack, Erich
Noack, Werner ➔ Fielitz, Hans Paul
Noack-Ströbele, Gitta ➔ Ströbele, Gitta
Noam, Darkeh ➔ Philipson, Moses
Nobilidor ➔ Winkler v. Winkelfels, Benjamin
Nobody ➔ Steinitz, Käte
Nobody, Nick N. ➔ Geist, Rudolf
Nobody, Unus ➔ Breucker, Oscar Herbert
Noé, Koel ➔ Klapper, Erich W. A.
Noel, A. ➔ Stern, Leonore
Noel, Frank I ➔ Wiesinger, Karl
Noeldechen, W. ➔ Wörishöffer, Sophie
Noeldichen, Christian Ehregott ➔ Leppin, Rudolf
Noelle, Hermann ➔ Stellrecht, Helmut
Nogat, Mechthildis von der ➔ Schneider, Ida Mathilde
Noireaud, Estelle ➔ Zobeltitz, Martha von
Noiret, August ➔ Scherl, August
Nöke ➔ Noeren, Heinrich
Nolan, Frederick ➔ Bajog, Günther
Nolan, Frederick ➔ Beck, Florian
Nolan, Frederick ➔ Birner, Otto
Nolan, Frederick ➔ Böckl, Manfred
Nolan, Frederick ➔ Duensing, Jürgen
Nolan, Frederick ➔ Hebel, Peter
Nolan, Frederick ➔ Helgath, Franc
Nolan, Frederick ➔ Koblinski, Hans-Joachim
Nolan, Frederick ➔ Kobusch, Joachim
Nolan, Frederick ➔ Ködelpeter, Hans E.
Nolan, Frederick ➔ Neubert, Helmut
Nolan, Frederick ➔ Rellergerd, Helmut
Nolan, Frederick ➔ Seddig, Günther
Nolan, Frederick ➔ Sommer, Hans Wolf
Nolan, Frederick ➔ Voss, Willi
Nolan, Frederick ➔ Werner, Helmut
Nolde, Emil ➔ Hansen, Emil
Nolden, Arnold ➔ Pferdekamp, Wilhelm
Nolden, Susanne ➔ Ligensa, Elfie
Noldmann, Benjamin ➔ Knigge, Adolf Franz Friedrich Freiherr von
Noldren, Marc ➔ Pfändler, Marcel
Noll, Norbert ➔ Soyfer, Jura
Nolopp, Peter ➔ Wölfert, Otto
Noltens, Carla ➔ Halbe, Carla
Nömmes, Pitter ➔ Storck, Victor Friedrich
Nonnenholz, A. H. von ➔ Hinüber, August
Nonni ➔ Svensson, Jon Stefan
Nonquis ➔ Herrmann, Anton
Nonymnos ➔ Ehrenthal, Franz Wilhelm
Noopf, Ambrosius ➔ Frank, Johann Leonhard
Noorden, Ruth ➔ Nickel, Ruth
Nora, A. de ➔ Noder, Anton Alfred
Norb, Josef ➔ Burkhard, Josef
Norberg, Leo ➔ Schwarz-Norberg, Eleanor v.
Norberg, Robert ➔ Bronger, Elfried Wiard
Norbert, Clauß➔ Claußner, Robert
Norbert, Felix ➔ Neumann, Hugo
Norbert-Krumbholz, Willy ➔ Norbert, Willy
Norbertus a Bulsano ➔ Stock, Norbert
Nord, Friedrich Rufus ➔ Horn, Friedrich Robert W.
Nord, German vom ➔ Hantel, Ernst Georg Hermann
Nord, Hans ➔ Krüger, Hermann Anders
Nord, Karl ➔ Schöne, Carl Christian Friedrich
Nord, Paul ➔ Dickinson-Wildberg, Heino Louis Bodo von
Nord, Peter ➔ Harster, Hermann
Nordburg, Eduard ➔ Marquardt, Eduard
Nordeck, Erich von ➔ Wesemann, Franz
Nordegg, L. von ➔ Wilke, Adolf von
Norden, A. ➔ Hinnius, Anna
Norden, Adalbert ➔ Schultz-Norden, Adalbert
Norden, Alma ➔ Nachtweih, Albertine
Norden, C. ➔ Gerlach, Clara Julie
Norden, Claudia ➔ Falk, Hermann
Norden, E. ➔ Tresckow, Anny von
Norden, Erich ➔ Eitner, Martha

Nusko, Marusa ➔ Hamada, Marie
Nuß, Emma ➔ Mahner-Mons, Emma
Nuß, Emmerich ➔ Mahner-Mons, Emma
Nussbächer, Brigitte ➔ Stephani-Nussbächer, Brigitte
Nußbaum, Anton ➔ Norst, Anton
Nußbaum, Hyronymus ➔ Ehlers, Johannes
Nußbaum, O. J. ➔ Norst, Anton
Nußbaum, Oswald Isidor ➔ Norst, Anton
Nusser, Matthias ➔ Jung, Karl
Nussink, Gerda von ➔ Bornemann, Winfried
Nusspickel, Hasian ➔ Nydegger, Hans
Nutzke, Fritz ➔ Kuntze, Sven
Nuzel, Anna Maria ➔ Nützel, Anna Maria
Nyder, Johannes ➔ Nider, Johannes
Nym ➔ Poeck, Wilhelm
Nym, Ralph ➔ Wagner, Gottlieb Heinrich Adolf
Nyo, Wiekim ➔ Mueller, John Henry
Nyß, Franziska ➔ Reitzenstein, Franziska von
Nyssen, Ernst Wilhelm ➔ Hellwig, Ernst

O

O'Brian, Ted ➔ Kobusch, Joachim
O'Brien, Jeff ➔ Marzinek, Wilhelm
O'Cleaner, James ➔ Breslauer, Hans Karl
O'Connor, Harry ➔ Grund, Josef Carl
O'Connor, William ➔ Bajog, Günther
O'Dorna, Sean L. G. ➔ Grigorowitsch, Lucian
O'Guenther, John ➔ Thebis, Hansgünter
O'Leary, Chester Frederik ➔ Kühnelt-Leddihn, Erik Maria Ritter von
O'Platen, Daniel ➔ Daub, Paul Daniel
O'Tim, Tim ➔ Thimm, Gerhard
O-r ➔ Wyß, Johann Rudolf
O. E. W. ➔ Wantalowicz, Oskar E.
O. F. ➔ Barthels, Hermann Emil
O. K. ➔ Jünger, Franz
O. O. ➔ Obroutscheff, Paula von
O. R. C., Medardus ➔ Munninger, Eduard
O. Sch. ➔ Schön, Oswald
Ob ➔ Kober, August Heinrich
Obach, Teut ➔ Warnken, Heinrich-Hans
Obal ➔ Sroke, Max
Oben, J. von ➔ Knüpfer, Hedwig Franziska Elise Karoline
Oberauer-Schubert, Marianne ➔ Oberauer, Marie-Anne
Oberdorfer, Hans-Michael ➔ Schmidt, Walter
Obereck ➔ Bodmer, Johann Jacob
Obergade, Hans im ➔ Nydegger, Hans
Oberhofen, L. von ➔ Lüdemann, Luise
Oberländer, Carl ➔ Rehfus-Oberländer, Carl
Oberleiter, J. ➔ Oberparleiter, Ignaz
Oberlin, D. V. ➔ Scheer, Wilhelm Hartwig
Obermayer ➔ Cremeri, Benedikt Dominik Anton
Obermayr, F. A. ➔ Richter, Joseph
Obermeyer, A. ➔ Blumauer, Aloys
Obermoser, Alois ➔ Moers, Editha
Obermüller, Klara ➔ Studhalter, Klara
Obernberger, Friedrich August ➔ Scheibenpflug, Heinz
Oberndorff, Many von ➔ Oberndorff, Maria Theresia von
Oberon ➔ Link, Erich
Oberrauch, Herkulan ➔ Nikolaus, Anton
Obers, H. ➔ Kempinsky, Heinrich
Oberstädter, Hans ➔ Reiselt, Karl Hermann
Obes, K. ➔ Hauptmann, Carl
Obgartel, Erna ➔ Schwarz, Erna
Obian, G. R. ➔ Fett, Wilhelm August
Obscurus ➔ Goeckingk, Leopold Friedrich Günther von
Observer ➔ Schweiger, Franz
Obstalden ➔ Haupt, Otto
Obyron, Amalie von ➔ Otto, Amoene
Occultus ➔ **Nikolaus von Bibera**
Och, Armin ➔ Ochs, Armin
Ochsenius, Kurt ➔ Oxenius, Kurt
Ockhe von Ichamp, Otheblad ➔ Hoeck, Theobald von
Octavio ➔ Neumann, Heinz
Oculeus ➔ Nagler, Franz
Oculi ➔ Hoernle, Edwin
Oculus ➔ Hauser, Carl Maria
Oder, Felix ➔ Voss, Erich von
Oder, G. v. d. ➔ Hyckel, Georg
Oder, Till von der ➔ Clobes, Heinz Wilhelm
Oderberg, Karl von ➔ Kempe, Karl
Oderwald, Hermann ➔ Thielscher, Hermann
Odette ➔ Ulrici, Else
Odien, P. A. ➔ Atzpodien, Paul Enzio
Odilo ➔ Michelis, Eduard
Odo ➔ Plawina, Oswald
Odoardo ➔ Seckendorf, Eduard Freiherr von
Odontius, Matthias ➔ Zahn, Matthias
Odyssäus, Ulysses ➔ Fischart, Johann Baptist Friedrich
Oecolampadius, Johannes ➔ Oecolampad, Johannes
Oedip d. Ä. ➔ Falkenstein, Ludwig Freih. von
Oehler-Heimerdinger, Elisabeth ➔ Oehler, Elisabeth
Oehme, B. ➔ Boehme, Alwin
Oehring, Jutta ➔ Hübinger, Jutta
Oekander, Gustav H. ➔ Hausmann, Gustav
Oelbermann, Hannelie ➔ Tackmann-Oelbermann, Hannelie
Oelfken, Tami ➔ Oelfken, Marie Wilhelmine
Oelrichs, Hans E. ➔ Müller-Oelrichs, Hans-Erich
Oelsnitz, L. von ➔ Lankenau, H. von
Oemeke ➔ Omichius, Franciscus
Oenophilus ➔ Biltz, Karl Friedrich
Oeppe, Ferdinand ➔ Oepp, Ferdinand von
Oeppert-Stotz, Paula Johanna ➔ Stotz, Paula Johanna
Oeringk, Wolf ➔ Berbig, Johannes
Oertzen, Margarete Marie von ➔ Fünfgeld, Margarete Marie
Oeser, Christian ➔ Schröer, Tobias Gottfried
Oeser, Therese ➔ Schröer, Therese
Oesterle, Heinrich ➔ Höffner, Johannes
Oesterreich, Tina ➔ Suckert, Dagmar
Oetvös ➔ Silberstein, Adolf
Ofe Schachar ➔ Becker, Julius
Offen, Hans ➔ Pawlecki, Johannes
Offenbach, Judith ➔ Pusch, Luise F.
Offenstetten ➔ Blank, Matthias
Offermann, Heinz ➔ Kurth, Hanns
Oha ➔ Orlishausen, Otto
Ohl, Hans ➔ Kusenberg, Kurt
Ohle ➔ Gilbert, Robert
Ohlischlaeger, Geno ➔ Ohlischlaeger, Eugen Robert
Ohlsen, Harald ➔ Bergmann, Hellmuth
Ohlsen, Jörg ➔ Blumenreich, Paul
Ohm-Dening, Irmela ➔ Ohm, Irmela
Ohnesorgen, Freimund ➔ Falkenstein, Ludwig Freiherr von

Oichlersius ➔ Oelrichs, Johann Karl Konrad
Oiseau, Frédéric ➔ Vogel, Manfred
Oja, Peter ➔ Heißel, Sebastian
Okay, Mac ➔ Kadow, Manes Hermann
Oken, Lorenz ➔ Okenfuß, Lorenz
Oker, Eugen ➔ Gebhardt, Friedrich Johann
-oko- ➔ Lampel, Gerd Elgo
Okoniewski-Schacht, Dr. ➔ Lehmann, Bernhard
Olaf ➔ Weber, Carl Maria
Olandus, J. ➔ Fuß, Bernhard Joseph
Olaß, Edmund ➔ Lassar, Oskar
Olau, J. ➔ Sedelmayr, Georg
Olberg, Oda ➔ Lerda, Oda
Old, Broderick ➔ Unger, Gerhard
Olden, Julian ➔ Hügel, Harry
Oldenberg, Richard ➔ Trimper, Karl
Olearius ➔ Oelschläger, Adam
Olearius Heydelbergensis, Paulus ➔ Wimpheling, Jakob
Oler, Ludwig ➔ Oeler, Ludwig
Olfer, August ➔ Leo, Friedrich August
Olfers ➔ Littrow, Joseph Johann von
Olinda, Alexander ➔ Schmidt, Alexander
Oliva, Hans ➔ Hagen, Hans
Olivar, M. ➔ Wegner, Elisabeth
Olivarius, Ascanius ➔ Oelschläger, Adam
Oliver, Bernt ➔ Franck, Ernst
Oliver, Dr. ➔ Wald, Carl
Oliver, Richard ➔ Kaiser, Hans Kurt
Olives, Ricardo ➔ Kurth, Hanns
Olivet, H. ➔ Paysen, Hilda Ottilie
Olivier, H. ➔ Jadassohn, Salomon
Olivier, M. ➔ Schmidl, Maria
Olivier, Pierre ➔ Kuczinski, Jürgen
Olivier, Stefan ➔ Stalmann, Reinhart
Olivius, Bernt ➔ Franck, Ernst
Ölkofen, Anton von ➔ König, Anton
Ollemirus, Desiderius ➔ Moeller, Daniel Wilhelm
Ollen, H. ➔ Hollender, Hermann
Ollendorf, Melita ➔ Martin-Leake, Melita
Ollmann, Rudolf ➔ Olbricht, Rudolf
Olorino ➔ Noltenius, J.
Olorinus, Joh. ➔ Sommer, Johannes
Olsa, E. A. von der ➔ Schröder, Eduard August
Olsani, Eckbert von ➔ Sponner-Wendt, Clara
Olschen, Moritz B. von ➔ Bauschke, Moritz Gustav
Olsen, Ole ➔ Strauß-Olsen, Hermann
Olson, Angie ➔ Koblinski, Hans-Joachim
Olten, Hermine ➔ Varnbüler, Hermine von
Oltroff, A. ➔ Peternell, Anna von
Olus, Joannes ➔ Aal, Johannes
Olympus ➔ Fischer, Johann Bernhard von
Oman, Frank Libold ➔ Omankowski, Willibald
Omansen, Willibald ➔ Omankowski, Willibald
Omcken ➔ Omichius, Franciscus
Omega, Walter ➔ Hengst, Wilhelm
Omeis, Anna Maria ➔ Schweyer, Anna Maria
Ömer-Tarik ➔ Wegner, Armin Theophil
Omikron ➔ Bürger, Gottfried August
Omikron ➔ Ortlepp, Ernst
Omke ➔ Omichius, Franciscus
Omler, Georg ➔ Oemler, Georg
Omm, Peter ➔ Schäke, Gerhard
Omton, M. K. ➔ Klein, Maximilian
Ondurian ➔ Knoop, Ernst Heinrich
Onesimus Lycovindanus, Reinhardus ➔ Reiser, Anton
Onkel Brabbelke ➔ Dietrich, Alfred Otto
Onkel Eddy ➔ Märcklin, Edmund
Onkel Franz ➔ Ewers, Hanns Heinz
Onkel Fritz ➔ Nienkemper, Fritz
Onkel Fritz ➔ Pesendorfer, Friedrich
Onkel Hermann ➔ Skolaster, Hermann
Onkel Karl ➔ Fischer, Karl Joseph
Onkel Ludwig ➔ Auer, Ludwig
Onkel Osias ➔ Dóczy, Ludwig von
Onkel Reinhold ➔ Eichacker, Reinhold
Onkel Theo ➔ Henning, Theo
Onkel Theobald ➔ Tiaden, Heinrich
Onkel Tobias ➔ Genschow, Fritz
Onkel Tobias ➔ Hintz, Werner Erich
Onkel Tom ➔ Hevesi, Ludwig
Onkel Tom ➔ Hirsch, Ludwig
Onoldino, Carlo ➔ Schultes, Karl
Oosten, Gerd von ➔ Roskowska, Marie von
Oosten, Herman ten ➔ Bittner, Helmut
Opelius, Constantinus ➔ Scheffer, Johann
Ophüls, Max ➔ Oppenheimer, Maximilian
Opitz, Christian ➔ Scholz, Guenter
Opitz-Hindemith, Luise ➔ Opitz, Luise
Opizius Jacoserius ➔ Zaunschliffer, Otto Philipp
Oporin, Johann ➔ Semler, Christian August
Oppeln, Frieda von ➔ Langenheim, Frieda
Oppen, Ida ➔ Oppenheim, Ida
Oppenheim, J. August ➔ Olden, Hans
Opunzius ➔ Knaak, Lothar Paul
Orat ➔ Trojan, Otto
Orb, Sebastian ➔ Gayda, Franz Alfons
Orb, Vilmut ➔ Cunz, Rolf Conrad
Orbais, Gottschalk von ➔ Gottschalk d. Sachse
Orban, Marcus T. ➔ Mielke, Thomas R. P.
Orbing, L. ➔ Falk, Norbert
Orchamus, Janus ➔ Vorst, Johann
Orchella, R. L. ➔ Scheffauer, Hermann George
Orens, E. M. ➔ Sommer, Franz
Oreshofen, Johannes von ➔ Mieritz, Ernst
Orestrio ➔ Scheyb, Franz Christoph von
ORF ➔ Faul, Otto
Orff ➔ Borsdorff-Robatzek, Else
Orff, Luise ➔ Rinser, Luise
Orhaphesoi, S. N. ➔ Ahrons, Joseph
Orientalis ➔ Wassermann, Moses
Orientalis, Isidorus ➔ Loeben, Otto Heinrich Graf von
Orientalis, Mimosa ➔ Schumacher, Dorothea Gertrud
Origanus Mathematicus, David ➔ Rollenhagen, Georg

P

P'E'M' ➔ Müller, Paul Emanuel
P-z ➔ Pilz, Johann
P. C. ➔ Auerbach, Walter
P. d. A. ➔ Lesser, Ludwig
P-g, Auguste ➔ Pattberg, Augusta
P. K. ➔ Roßegger, Peter
P. L. ➔ Ließem, Paul
P. M. ➔ Meurer, Leonhard
P. O. ➔ Oels, Friedrich
p. p. ➔ Zahl, Peter Paul
P., S. J. ➔ Hopfner, Isidor
Pa Pape, Emmy ➔ Pape, Emmy
Paal, Peter ➔ Paasche, Otto
Paar-Charles, Carl ➔ Paar, Carl Egmont
Paatz, Herbert ➔ Fiebrandt, Herbert
Pabst, Helene ➔ Papst, Helene
Pach, Oskar ➔ Prohaska, Franz Josef
Pacher, Ingeborg ➔ Gossel-Pacher, Ingeborg
Pachis, L. ➔ Dick, Leopold
Pachter, Henry Maximilian ➔ Paechter, Heinz
Pächter, T. M. ➔ Uecker, Carl
Pächtermünze, Friedrich ➔ Schmid, Ignaz
Pachus ➔ Pachleitner, Hugo Maria
Pacianus, Eusebius ➔ Frick, Johann
pacifer ➔ Straub, Karl Willy
Pacificus ➔ Forschner, Karl
Pacificus ➔ Reinkens, Joseph Hubert
Pacificus, Hermannus ➔ Herdesianus, Christ.
Pacimontanus ➔ Zimmermann, Johann Jacob
Padberg, Friedrich ➔ Hahne, Heinrich
Padua, Friedrich Antonius von ➔ Winkopp, Peter Adolf
Paeon ➔ Harder, Johann Jakob
Paeon, Martinus ➔ Poeonius, Martinus
Paeonius, Martinus ➔ Poeonius, Martinus
Paesiello, Giovanni ➔ Schulz, Hermann
Page ➔ Gehlen, Paul
Pagel, Karsten ➔ Paul, Alexander
Pagus, Huldericus Irinäus ➔ Gauhe, Johann Friedrich
Paheri ➔ Richter, Paul Heinrich
Pahl, Joachim ➔ Puhle, Joachim
Pahlen, G. A. ➔ Pollak, Gustav Alexander
Pahlen, Henry ➔ Günther, Heinz
Pahsch Basteln v. der Sohle ➔ Caesar, Joachim
Paiersbach, Fritz von ➔ Baier, Benjamin
Päiterla ➔ Schwarzhuber, Otti
paka ➔ Winkler, Kurt
Pakbo ➔ Pünter, Otto
Paksi ➔ Freund, Bernhard
Paku ➔ Pakulat, Peter
Pal, Friedrich ➔ Eisenschitz, Friedrich
Pal, Siddy ➔ Eisenschitz, Siddy
Palaeophilus ein Verehrer der alten Kirche ➔ Michaeler, Karl Josef
Palämon ➔ Maier, Johann Gabriel
Palämon der Jüngere ➔ Kinderling, Johann Friedrich August
Palatinus ➔ Ekkehard II.
Palatinus ➔ Rist, Johannes von
Palatinus, Antonius ➔ Colling, Anton
Palatinus, Julius Leo Franziskus ➔ Binhack, Franz Xaver
Palatinus, Theodor ➔ Helm, Gustav
Palatinus, W. ➔ Platz, Friedrich Wilhelm
Palatinus (der Höfling) ➔ Ekkehard II.
Palffy-Waniek, Kamilla ➔ Waniek, Kamilla
Palfy, Margarete ➔ Hagen, Margarete
Palisander, Alfred ➔ Jäckel, Gerhard
Pallas ➔ Blasius, Johann Heinrich
Palleske, Emmy ➔ Winkler, Emmy
Pallidor ➔ Lehms, Georg Christian
Pallini ➔ Hermann, Johann Gottlieb
Pallot, Peter ➔ Richter, Paul Heinrich
Palm, Adolf ➔ Müller-Palm, Adolf
Palm, E. ➔ Haas, Joseph
Palm, M. ➔ Knieper, Marie
Palm, R. ➔ Pallmann, Reinhold
Palm, Stewart E. ➔ Palm, Erwin Max
Palm-Nesselmann, Clemens ➔ Plassmann, Clemens
Palma, Georg ➔ Busse(-Palma), Georg
Palma, M. M. ➔ Schaffer, Hermann
Palmé-Paysen, Hilda Ottilie ➔ Paysen, Hilda Ottilie
Palmer, Albert ➔ Nathan, Albert
Palmer, August ➔ Schnezler, August
Palmer, Hermine ➔ Sangl, Hermine
Palmer, J. ➔ Kern, Julie
Palmer, L. D. ➔ Anton, Uwe
Palmer, L. D. ➔ Hahn, Ronald M.
Palmer, Lilli ➔ Peiser, Lillie Marie
Palmer, Roy ➔ Friedrichs, Holger
Palmer, Tom ➔ Schnog, Karl
Palmerus, Casp. ➔ Hunnius, Ägidius
Palmié, Ch. H. A. ➔ Berger, Arthur Charles Henri
Palten, Hugo von ➔ Reininghaus, Hugo von
Palten, Robert ➔ Plattensteiner, Richard
Pamien ➔ Hirschfeld, Magnus
Paming, Leonhard ➔ Paminger, Leonhard
Päminger, Leonhard ➔ Paminger, Leonhard
Pamphilius, Ilius ➔ Scherr, Johannes
Pan ➔ Ganske, Willy
Pan ➔ Martens, Rolf Wolfgang
Pan ➔ Pander, Oswald
Pan, Peter ➔ Nathan, Alfred
Pangoff, Irene ➔ Strecker-Pranghofer, Mathilde
Panitza, M. von ➔ Pentz, Marie
Panje, Ad. ➔ Prowe, Adolf
Pank, Werner ➔ Greiner, Franz
Pankratius ➔ Marchwitza, Hans
Pankraz ➔ Raff, Friedrich
Pann, Peter ➔ Fischer, Otto
Panniger, Leonhard ➔ Paminger, Leonhard
Pannonius, Konrad E. ➔ Rothfuss, Kurt

Peter, Kirein → Heim, Michael
Peter, Oscar → Pollak, Oscar
Peter, Urs → Lory, Arthur William
Peterca-Ferrari, R. → Peterka, Richard
Peterchen → Flieger, Paul
Petermann, A. G. → Neumann, Gerhard
Petermann, A. G. → Pederzani, Hans Albert
Petermann, A. G. → Rank, Heiner
Peters, A. F. → Unger, Gerhard
Peters, Carsten → Schneider, Karl-Hermann
Peters, Christel → Scheer, Peter Christian
Peters, Claus → Basner, Gerhard
Peters, Curt → Selter, Kurt
Peters, Evelyn → Joost, Evelyn
Peters, Hans → Braunschild, Alexander
Peters, Hans-Heinz → Parry, Hans-Heinz
Peters, Henni → Nadolni-Schieferdecker, Barbara
Peters, Pit → Brand, Kurt
Peters, Pit → Münch, Hellmuth-Hubertus
Peters, Sabine → Falk, Hermann
Peters jun., A. F. → Basner, Gerhard
Peters jun., A. F. → Dubina, Peter
Peters-Arnolds, Henry → Peters, Henry
Peters-Kirchhoff, Evelyn → Joost, Evelyn
Petersen, Bernhard → Lüth, Erich
Petersen, Eric-Jens → Jacob, Heinrich Eduard
Petersen, Erika → Schwartz, Erika
Petersen, Gertrude → Wehe, Gertrude
Petersen, Jan → Schwalm, Hans
Petersen, Jens → Steinert, Harald
Petersen, Kay Jens → Lys, Gunther Reinhold
Petersen, Peter → Kurth, Hanns
Petersen, Petra → Junike, Rolf
Peterson, Ingo → Porsch, F. E.
Peterson, Johann Carl → May, Johann Carl
Peterssen, Helly Magdalena → Mayer, Helly Magdalena
Petiscus, J. C. W. → Konrad, Johann
Petit, Victor → Altenhöfer, Ludwig
Petrak, Karel → Zimmermann, Karl Wilhelm
Petrarca → Lesser, Ludwig
Petrarca der Auflaurer → Lesser, Ludwig
Petrenz, Johann-Christoph Dietrich → Bangert-Petrenz, Dietrich
Petri, Adam → Henripetri, Adam
Petri, G. → Triepel, Gertrud
Petrophilus → Petersen, Johann Wilhelm
Petrov, Ivan → Messner, Janko
Petrow, Peter → Krohn, Ingomar
Petrus de Andelow → Peter von Andlau
Petsch-Krapp, E. → Krapp, Elsbet Lotte
Petz, Christian → Petzold, Günther
Petz, Friedrich → Schembera, Viktor Kasimir
Peuerbach, Georg → Aunpeckh, Georg
Peurbach, Georg → Aunpeckh, Georg
Pezron, Justus → Zorn, Peter
Pfaff von Jägersburg → Pfaff, Ludwig
Pfaff-Joerissen, Elli → Pfaff, Elli
Pfaffe Maurizius → Hartmann, Moritz
Pfaffenlob, Ignaz → Deetz, Albrecht Friedrich Kurt
Pfaffius, Dr. → Wander, Karl Friedrich Wilhelm
Pfahlburg, J. L. von → Panske, Johann Leopold
Pfandler, Margarete → Polt, Margarete
Pfannhauer, Augustin → Ritter, Gustav
Pfarrer Sebaldus → Jais, Ägidius
Pfarrer Theobald von Geretsmatt → Arnet, Thaddäus
Pfarrkircher, Thomas → Kirchmair, Thomas
Pfaue, Justus → Sellmann, Norbert
Pfauenschwanz, Zebedaeus → Lang, Karl Heinrich Ritter von
Pfaundler, Hermann → Pfaundler von Hadermur, Hermann
Pfeffer, Erasmus → Ghillany, Friedrich Wilhelm
Pfeffer, Ernst → Wander, Karl Friedrich Wilhelm
Pfefferkorn → Notker medicus
Pfefferkorn, Justinus → Rebmann, Andreas Georg Friedrich von
Pfefferminz, Walter → Schärer, Gunther
Pfeffert, G. → Herloß, Borromäus Sebastian Georg Karl Reginald
Pfeifer, Till → Arnold, Tim
Pfeiffer-Bonhöffer, Else → Pfeiffer, Else
Pfeiffer-Ringenkuhl, Eduard Adolf → Pfeiffer, Eduard Adolf
Pfeil, A. → Pomtow, Anna
Pfeil, Erhard → Weber, Arna
Pfeil, Moritz → Augstein, Rudolf
Pfestorff, Robert von → Vogelsberg, Karl Robert
Pfingst, Ulrich → Kiesel, Otto Erich
Pfitzner, Dr. Gustav → Schwitters, Kurt
Pflanzl, Gottlieb → Koenig, Walter
Pflug, Edwin → Kitir, Joseph
Pflug, Peter → Kranz, Herbert
Pflug-Franken, Hans → Pflug, Hans
Pfniß, Maria → Plenk, Eleonora
Pförtner, Matthias → Müller, Erich
Pförtner, Wilhelm → Wauer, William
Phakipinpler → Hafner, Philipp
Phantasus → Bayern, Maximilian Joseph Herzog in
Pharamundus Chlodeveus → Ludewig, Johann Peter von
Pharamundus Helvetius Sallustius → Goldast, Melchior
Pharus → Huth, Otto von
phi → Börnstein, Heinrich
Philadelphus, Noricus → Lampe, Friedrich Adolf
Philadelphus, Noricus → Pirckheimer, Willibald
Philadon → Hagen, Joachim Heinrich
Philaletes → Ernesti, Johann Heinrich Martin
Philaleth → Keller-Schleitheim, Franz von
Philaletha → Zimmermann, Johann Jacob
Philaletha, Germanus → Spener, Philipp Jakob
Philalethes → Coch, Georg Friedr. Gerhard von

Philalethes ➔ Fikenscher, Georg Wolfgang Augustin
Philalethes ➔ Heine, Heinrich
Philalethes ➔ Hochstraten, Jakob von
Philalethes ➔ Hundeiker, Julius
Philalethes ➔ Kronenberg, Moritz
Philalethes ➔ Sachsen, Johann König von
Philalethes ➔ Seidel, Johann Christian Heinrich
Philalethes, Anton ➔ Donin, Ludwig
Philalethes, D. J. P. ➔ Pöhlmann, Johann Paul
Philalethes, Germanus ➔ Spener, Philipp Jakob
Philalethes, Irenaeus ➔ Zimmermann, Johann Jacob
Philalethes, Irenicus ➔ Benthem, Heinrich Ludolph
Philaletis, Parhesius ➔ Anhorn, Bartholomäus
Philalethes, Pertinax ➔ Planta, Peter Konradin von
Philamon ➔ Sturm, Samuel
Philander ➔ Hopf, Ludwig
Philander ➔ Moscherosch, Johann Michael
Philander ➔ Moscherosch, Quirinus
Philander ➔ Schupp, Johann Balthasar
Philander, Georg ➔ Wagner, Georg
Philander, Theo ➔ Pasig, Paul
Philander von der Fichte ➔ Lindner, Caspar Gottlieb
Philanthon ➔ Burmeister, Anton
Philanthropus ➔ Breiß, Peter
Philanthus ➔ Lange, Johann
Philanton ➔ Burmeister, Anton
Philarchus Grossus von Trommenheim ➔ Grimmelshausen, Joh. Jakob Christoffel von
Philaretus ➔ Hagedorn, Friedrich von
Philarmon ➔ Meyer, Nikolaus
Philatetes cives Utopiensis ➔ Hutten, Ulrich von
Philatlethes ➔ Gerle, Wolfgang Adolf
Philebus ➔ Niese, Karl Eduard
Philekoos ➔ Jahn, Richard
Phileleutherius ➔ Füessli, Johann Conrad
Phileleutherus Helveticus ➔ Zimmermann, Johann Jacob
Philemerus, Irenicus Elisius ➔ Meyer, Martin
Philemon ➔ Nerreter, David
Philephebus ➔ Günther, Karl Ehrenfried
Philesius ➔ Ringmann, Matthias
Philharmon ➔ Meyer, Nikolaus
Philiater, Ferdinand Anton ➔ Franz, Johann Georg Friedrich
Philibert, Josef ➔ Lazarini, Josef Philibert von
Philidor ➔ Woytt, Lorenz Wolfgang
Philinde ➔ Ingolstätter, Helene
Philipp, Claus ➔ Heydecker, Joe J.
Philipp, Felix ➔ Ingold, Felix Philipp
Philipp, Florian ➔ Delfs, Rainer
Philipp, Frank ➔ Delfs, Rainer
Philipp, Gunther ➔ Plachetz, Günther
Philipp, Henrik ➔ Scheidemann, Philipp
Philipp, Karl ➔ Spitzer, Karl Philipp
Philipp-Schönhorst, Ed. ➔ Philipp, Carl Eduard
Philipp der Krumme ➔ Griesinger, Carl Theodor
Philippe, Marie ➔ Klee-Pályi, Flora
Philippi, Karl ➔ Bonafont, Karl Philipp
Philippi, Mark ➔ Bender, Arnold Siegfried
Philippine ➔ Beust, Philippine von
Philipps, Sydney ➔ Rehfisch, Hans José
Philippsohn, Dr. ➔ Finn, Samuel Joseph
Philippus ➔ Scheuchzer, Johann Jakob
Philippus, Dominus ➔ Melanchton, Philipp
Philirenus, Theophilus ➔ Tappe, Sylvester
Philison ➔ Dach, Simon
Philistus ➔ Fabricius, Johann Christian
Philmann, Hein ➔ Scheidemann, Philipp
Philo ➔ Anhorn, Bartholomäus
Philo ➔ Knigge, Adolf Franz Friedrich von
Philocharis ➔ Keller-Schleitheim, Franz Freiherr von
Philocharis, Palladius ➔ Stein, Anton Joseph
Philochemicus a Percis ➔ Goetzen, Raphael von
Philochemicus Heliophilus ➔ Goetzen, Raphael von
Philoclytus ➔ Bärholz, Daniel
Philodectus ➔ Munz, Georg Christoph
Philoecus, Gratianus ➔ Freinsheim, Johann
Philogamus aus Paphus ➔ Riemer, Johannes
Philognesius, Jonas ➔ Nas, Johannes
Philogyn ➔ Bernhardi, Elisabeth Eleonore
Philokales ➔ Laurencin, Ferdinand Peter Graf
Philokartist ➔ Lutz, Rudolf Max
Philoklyt ➔ Bärholz, Daniel
Philomathes ➔ Edzardus, Sebastian
Philomela ➔ Nachtigal, Ottmar
Philometer, Christian ➔ Franzkius, Georg von
Philomusus ➔ Gressel, Johann Georg
Philomusus ➔ Locher, Jacob
Philomusus ➔ Malapert-Neufville, Marie Constanze von
Philomusus, Nicophorus ➔ Funk, Johann Nikolaus
Philomusus, Theodulus ➔ Dornkrell ab Ebertz, Jakob
Philopatrius, Eleutherius ➔ Plarre, Ernst Martin
Philopatros ➔ Bergk, Johann Adam
Philopatros ➔ Küffner, Friedr. Gabriel Georg
Philophron ➔ Layriz, Friedr. Wilhelm Anton
Philoponus ➔ Cramer, Heinr. Matthias August
Philopsyllus ➔ Marshall, Wilhelm
Philosopho-Medicus-Botanicus-Chymicus-Pharmaceuticus ➔ Cavallo, Vincentius Dominus de Magno
Philosoph von Sanssouci ➔ Preußen, Friedrich II. König von
Philosophus ➔ Flach, Johannes
Philosophus Teutonicus ➔ Böhme, Jakob
Philotas ➔ Ertel, Karl Eduard
Philoteknos, D. J. P. ➔ Pöhlmann, Johann Paul
Philothee ➔ Erdt, Paulin

Pistorius, A. F. ➔ Hofacker, Karl Christoph
Pistorius, Fritz ➔ Eule, Robert
Pistorius, Hermes ➔ Bosendorf, Hermann
Pistorius, Rutgerus ➔ Becker, Rötger
Pistorius Niddanus ➔ Pistorius, Johannes
Pit, Joh. de ➔ Pittioni, Hans
Pitawall, Ernst ➔ Dedenroth, Eugen Hermann von
Pitawall, Eugen Hermann ➔ Dedenroth, Eugen Hermann von
Pithander von der Quelle ➔ Faßmann, David
Pithopoeus ➔ Helm, Lambert Rudolf
Pitt ➔ Ruß, Peter
Pitt, Paul ➔ Erttmann, Paul Oskar
Pittioni, Inge ➔ Adametz, Inge
Pittjüppche ➔ Kiesgen, Laurenz
Pitzheim, Geus ➔ Geispitzheim, Wolf Bernhard von
Pius ➔ Weinert, Erich
Pix ➔ Pech, Otto
Piz palü ➔ Wolf, Arthur
Pjetschka, Klara ➔ Pietsch, Klara
pl ➔ Pohl, Peter Alex
Placentinus, Thomas ➔ Emser, Hieronymus
Placidus, Johann Wilhelm ➔ Petersen, Johann Wilhelm
Placotomus, Johannes ➔ Brettschneider, Johannes
Planck, Benno ➔ Placzek, Baruch
Planeck, Benno ➔ Placzek, Baruch
Planer ➔ Fischer, Ernst H. W.
Plank, Beda ➔ Plank, Franz
Plankenburg, A. von ➔ Bogler, Agnes
Planner-Petelin, Rose ➔ Zöckler, Hedwig
Plant, Richard ➔ Plaut, Richard
Plappermund, Jocundus ➔ Mähly, Jakob
Plappert, Ingeborg ➔ Guadagna, Ingeborg
Plate ➔ Ebeling, Hans
Platen, August Graf von ➔ Platen-Hallermünde, August Graf von
Platen, Max Egon von ➔ Platen-Hallermünde, Max Egon von
Platen zu Hallermund, Hedwig Gräfin ➔ Erlin-Schmeckebier, Hedwig
Plater, Felix ➔ Platter, Felix
Pläter, Nic. ➔ Rost, Bernhard
Plater, Thomas ➔ Platter, Thomas (d. Ä.)
Plater, Thomas ➔ Platter, Thomas (d. J.)
Platl, Josef ➔ Blattl, Josef
Plato ➔ Faber, Johann Matthäus
Plato, Wolfgang von ➔ Plotho, Wolfgang Edler Herr von
Platonizans, Mercurius ➔ Praun, Michael
Platten-Lisei ➔ Beyer, Elisabeth
Plattversius, Hans ➔ Döhren, Jakob von
Platzer, Anton ➔ Klesheim, Anton Freih. von
Plauen, E. O. ➔ Ohser, Erich
Plaugmann, D. ➔ Müller, David Heinrich
Plavius, Johannes ➔ Plauen, Johannes
Plawenn, Oswald ➔ Plawenn-Salvini, Oswald
Plecha, Darius ➔ Zischka, Anton Emmerich
Pledge, Francis ➔ Hamel, Peter
Pleicher, Georg ➔ Pleier, Georg
Pleiger, Georg ➔ Pleier, Georg
Plein-Air ➔ Abels, Ludwig
Plein-Air ➔ Seligmann, Adalbert Franz
Pleiße, A. von der ➔ Hirsch, Albrecht
Pleitner, Anna Rupertina ➔ Fuchs, Anna Rupertina
Plenk, Nora ➔ Plenk, Eleonora
Ples, Daniel von ➔ Plessen, Daniel von
Pless, E. W. ➔ Voss, Willi
Plessner, Elsa ➔ Ginsberg, Elsa
Pleuer, Georg ➔ Pleier, Georg
Pleydenwurff, Hans ➔ Gensch, Bruno
Plinius ➔ Plehn, Chlodwig
Plinius ➔ Schrank, Franz von
Plinius der Jüngste ➔ Wolff, Oscar Ludwig Bernhard
Plinzner ➔ Zeller, Frieda
Plistonicus ➔ Gramberg, Gerhard Anton
Plivier, Theodor ➔ Plievier, Theodor
Plogau, Fred ➔ Kalmuczak, Rolf
Plön, L. von ➔ Lamp, R.
Plöne, Heinrich ➔ Beringer, Heinrich
Plothow, Daniela ➔ Zabel-Plothow, Daniela
Plowitz, Erwin ➔ Löwy, Erwin
Plunderbaum, Max ➔ Roth, Dieter
Plutus ➔ Bernhard, Georg
Plutus ➔ Uhlmann, Alexander
Poconius, Martinus ➔ Poeonius, Martinus
Poddel, Peter ➔ Müller, Josef Ludwig
Podlokányi, C. v. Jenöy ➔ Rodiczky von Sipp, Eugen
Poenius, Martinus ➔ Poeonius, Martinus
Poeta L. ➔ Lindener, Michael
Poeta Propheta ➔ Cavallo, Vincentius Dominus de Magno
Poeta Saxo ➔ Oeke, Wilhelm
Poeten-Siebel ➔ Hoffmann, August Heinrich
Poeticus ➔ Pesendorfer, Friedrich
Pogge, Peter Paul ➔ Kreker, Erwin
Pogner, Agathe ➔ Popenzewa, Alewtina
Pohl, Hertha ➔ Pohl, Hermine
Pohlman-Hohenaspe, Adolf ➔ Pohlman, Adolf
Pohr, Elisabeth ➔ Spitzer, Elsa
Poinz ➔ Schmidt, Heinrich
Pokorny, Wolf ➔ Schrader, Hermann
Pokrznikov, Luka ➔ Messner, Janko
Polack, T. ➔ Braunbeck, Richard
Polander ➔ Pohlmann, Heinrich
Polarch, Ernst ➔ Abicht, Johann Heinrich
Polder, Markus ➔ Krüss, James
Poldys, Carol ➔ Radwaner, Leopold
Polemian ➔ Lang, Johann Michael
Polemokrates ➔ Ploucquet, Wilhelm Gottfried
Polemos ➔ Scheer, Wilhelm Hartwig
Polesworth, Humphrey ➔ Riedel, Friedrich Justin
Poleus, Zacharias ➔ Pole, Zacharias
Polfried ➔ Friedmann, Egon
Polhen, Johannes ➔ Pollius, Johannes
Polhenne, Johannes ➔ Pollius, Johannes

Q

R

R. ➔ Rochefort, Emilie M. T. von
R., Agnes ➔ Schlingmann, Agnes
R., Fräulein K. v. ➔ Reitzenstein, Friederike v.
R. E. ➔ Rochefort, Emilie M. T. von
R. G. ➔ Gerhardt, Rudolf
R. N. ➔ Neisser, Regina
r. o. ➔ Figdor, Karl
R.-Tetzner, Ingeborg ➔ Reintsch, Ingeborg
Raabe, Heinz ➔ Marcuse, Ludwig
Raax ➔ Diederich, Benno
Rab, David ➔ Raben, David
Rab, H. ➔ Arp, Hans
Rabais, Carl ➔ Riepenhausen, Carlheinz
Rabanus ➔ Lieres und Wilkau, Gabriele von
Rabasseire, Henri ➔ Paechter, Heinz
Rabbi Jossel ➔ Backhaus, Johann Gottlieb
Rabe ➔ Bonté, Hugo
Rabe, Armin ➔ Nebe, Hermann
Rabe, August ➔ Ludwig, August
Rabe, Else ➔ Schmidt, Else
Rabe, Jakob ➔ Rabus, Jakob
Rabe, Ludwig ➔ Rabus, Ludwig
Rabe, Martin ➔ Tüngel, Richard
Rabe, Rob. ➔ Falke, Gustav
Rabe-Lantz, Karl ➔ Atzenbeck, Carl
Raben, Eugen ➔ Wrany, Eugen
Rabener, Clemens ➔ Mendelssohn, Peter de
Rabener, E. ➔ Kratz, Ernst
Rabenstein, Curt von ➔ Bülow, Burghart von
Rabenstein, Hans vom ➔ Friese, Albert Johannes
Rabes, Annette ➔ Basten, Renate
Rabiosus, Anselmus ➔ Bellotti, Franz Xaver
Rabiosus, Anselmus ➔ Wekhrlin, Wilhelm Ludwig
Rabiosus d. J., Anselmus ➔ Rebmann, Andreas Georg Friedrich von
Rabis, Valentin ➔ Senger, Valentin
Rabl-Potzinger, Rosine ➔ Potzinger, Rosine
Räbmann, Hans Rudolf ➔ Rebmann, Hans Rudolf
Rabstein, Johannes ➔ Rabenstein, Johannes
Rabuleta ➔ Schulte Altenroxel, Heinrich
Rabus Ulmensis ➔ Rabus, Jakob
raca ➔ Kracauer, Siegfried
Rachetti, Fred ➔ Scholz, Manfred
Rachmanowa, Alja ➔ Hoyer, Galina von
Rachow, Karoline Auguste von ➔ Fouqué de la Motte, Karoline Auguste Freifrau
Rachwitz, Freiherr von ➔ Bonn, Franz
Rack, B. A. ➔ Barack, Max
Rack, Max ➔ Barack, Max
Racker, Mathias ➔ Utermann, Wilhelm
Rackl, Vößl ➔ Wagner, Sylvester
Rackwitz, Felix ➔ Himmel, Adolf
Racowitza-Schewitsch, Helene von ➔ Schewitsch, Helene von
Racquet ➔ Rolfs, Wilhelm
Radebrecht, F. ➔ Fienhold, Wolfgang Günther
Radeck, Reinhart ➔ Strähler, Georg
Radel, Jutta ➔ Auslaender, Jutta
Radel-Auslaender, Jutta ➔ Auslaender, Jutta
Rademacher, Heike ➔ Anton, Uwe
Rademacher, Nelly ➔ Rademacher, Petronella
Rademacher, Susanna ➔ Brenner, Susanna
Radenius, Udo ➔ Radnitz, Rudolf
Räder, Polte ➔ Schukat, August
Radetz, Walter ➔ Hradetzky, Walter
Radi, Dr. ➔ Richter, Eduard Josef
Radike, Jakob ➔ Gumprecht, Otto
Radkersberg-Radnicki, Maria ➔ Radnicki von Lechita, Maria
Radojewski ➔ Preis, Walter
Radorff, Hans ➔ Schneller, Karl
Raduun, Rolf ➔ Pauquet, Peter Paul
Raé, Riccarda ➔ Edon, Margret Riccarda
Raesch, Arnold ➔ Ascher, Arnold
Rafael ➔ Hoffmann, Arno
Rafael, L. ➔ Kiesekamp, Hedwig
Rafaela, Maria ➔ Brentano, Hanny
Raff, C. ➔ Ruge, Clara Ottilie
Raff, Johannes ➔ Hozhevar, Johann
Rafflenboel, Philipp ➔ Nicolai, Philipp
Rafflenbolius, Philippus ➔ Nicolai, Philipp
Raffus, H. G. ➔ Seuffer, Gustav Heinrich
Ragius, Johannes ➔ Rack, Johannes
Ragknitz, Gall von ➔ Racknitz, Gall von
Ragniz, Gall von ➔ Racknitz, Gall von
Ragor, Heinrich ➔ Blattner, Hermann
Rahdinus, Thomas ➔ Emser, Hieronymus
Rahel ➔ Meyer, Rahel
Rahel ➔ Varnhagen von Ense, Rahel Antonie Friederike
Rahlfs-Wentz, Leni ➔ Rahlfs, Leni
Rahn, Hannah ➔ Kattentidt, Ilse
Rahnheld, P. ➔ Lehnhard, Paul Roderich
Raht, Wilhelm ➔ Rath, Wilhelm von
Raiffer, Hans ➔ Schmidt, Hans
Rail, Egon ➔ Schranka, Eduard Maria
Raimar, Freimund ➔ Rückert, Friedrich
Raimmund, Hugo ➔ Rattermann, Heinrich Armin
Raimund, Ferdinand Jakob ➔ Raimann, Ferdinand Jakob
Raimund, Golo ➔ Frederich, Bertha
Rain, Karl ➔ Rößler, Karl Hugo
Rain, Marion ➔ Gummert, Charlotte
Rainach, Erwin ➔ Hoeffner, Erwin
Rainer, Carl ➔ Nagler, Franciscus
Rainer, Erich H. ➔ Meyer, Erich Hermann
Rainer, George ➔ Greenburger, Ingrid
Rainer, Hannes ➔ Wassermann, Paula
Rainer, Horst ➔ Behrend, Horst
Rainetholn, Dr. ➔ Riehl, Anton
Rainhofer, Sebastian ➔ Pribernig, Valentin
Rais, Hugh de ➔ Strassl, Hubert
Raismann, Theodor ➔ Reysmann, Theodor
Rait, Rita ➔ Blinckmann, Rita

Reitter, Nikolaus ➔ Herzbruch, Arnd
Reitz, Diusha ➔ Reitz, Esther
Reitz-Sbresny, Inge ➔ Reitz, Inge
Reizenhofen, Elise von ➔ Fajkmajer, Elise
Rek-Silerts, Georg ➔ Strelisker, Georg
Rekittke, Helene ➔ Gemmel, Helene
Reland, L. ➔ Löhner, Ludwig Edler von
Relda, Max ➔ Adler, Max Albin
Reldies ➔ Seidler
Reldnik, C. E. ➔ Kindler, Otto
Relham, Hedwig ➔ Courths-Mahler, Hedwig
Reli, Cascha ➔ Schnare, Karl
Relies, Sebastian ➔ Sailer, Johann Valentin
Reliwette, Hartmut ➔ Tettweiler, Hartmut
Rell, Bert W. ➔ Fiedler, Aribert W.
Rell, Pieter von der ➔ Freppert, Peter
Reller, Gerd ➔ Rellergerd, Helmut
Rellknep, Hannes ➔ Kaselofsky, Wilhelm
Rells, Edmund W. ➔ Dessoir, Max
Rellüm ➔ Müller, Ludwig Johann
Rellüm ➔ Müller-Doering, Herbert Ludwig
Relly, Elly ➔ Allesch, Elly
Relmi, X. ➔ Immler, Franz Xaver
Relßek, Rich. ➔ Keßler, Richard
Rema, Elsa ➔ Hammer, Else
Rema-Hammer, Elsa ➔ Hammer, Else
Remagen, H. von ➔ Gronen, Damian
Remarc ➔ Cramer, Heinrich Matthias August
Remarc ➔ Cramer, Joseph Anton
Remark, Hans ➔ Kramer, Hermann
Remarque, Erich Maria ➔ Remark, Erich Paul
Rembrandt, K. ➔ Geißler, Friedr. Jakob Kurt
Remda ➔ Meier, Ernst
Remmo, L. ➔ Ommerborn, Karl
Remol ➔ Merlo, Johann Jakob
Remolus, Muntira ➔ Moller, Martin
Remple, Simon ➔ Kalmuczak, Rolf
Remus ➔ Retzer, Josef Friedrich Freiherr von
Remus, Georg ➔ Rem, Georg
Rémy, Illa ➔ Collignon, Ilse
Remy, Nahida ➔ Lazarus, Nahida Ruth
Renard, Madeleine ➔ Hohoff, Margarete Elisabeth
Renard, Paul ➔ Jung, Franz
Renatus ➔ Schläfer-Wolfram, Eduard Josef
Renatus, Johannes ➔ Wagner, Johannes Andreas Freiherr von
Renauld, Pierre ➔ Reuter, Josef
Renauld-Kellenbach, Maximiliana von ➔ Hildebrand, Maximiliana
Renck-Reichert, Kurt ➔ Reichert, Kurt
Rendlöm, Adolf ➔ Möldner, Adolf
René ➔ Stecher, Reinhold
René, Claude ➔ Stecher, Reinhold
René, E. ➔ Druskowitz, Helene von
René, Gaston ➔ Schätzler-Perasini, Gerhard
René, Guido ➔ Hagemann, Paul
René, H. ➔ Werner, Hedwig
René, J. ➔ Fuhrmann, Irene
Renger, Hanns ➔ Renger, Johann
Renn, Ludwig ➔ Vieth von Golssenau, Arnold Friedrich
Renn, Rolf ➔ Rennau, Joachim
Rennau, Rolf ➔ Rennau, Joachim
Renndier Meisgen ➔ Klötzer, Christian
Renner, A. M. ➔ Huber, Alois Hilmar
Renner, A. M. ➔ Huber, Anna Maria
Renner, Carl Ludwig ➔ Meynier, Johann Heinrich
Renner, Pit ➔ Reese, Wilhelm Friedrich Karl
Reno, Paul ➔ Nothmann, Paul
Renold, Martin ➔ Pfändler, Marcel
Renorga, M. ➔ Groner, Auguste
Renrew, Eugene ➔ Gerlich, Hans
Renroeg ➔ Goerner, Carl August
Renschild, Carl ➔ Schindler, Carl
Rentier Quengler ➔ Bötticher, Georg
Rentsch, Georg Christoph ➔ Renschel, Georg Christoph
Rentsch, Margarete ➔ Hagen, Margarete
Rentsch-Sady, Helga ➔ Rentsch, Helga
Rentzow, Britta ➔ Collignon, Jetta
Renz, B. ➔ Behrens, Hugo
Renz, H. ➔ Hansen, Johann P.
Renz, L. O. ➔ Lorenz, Ernst Georg Erich
Renz, L. O. ➔ Lorenz, Maria
Renz, Martin ➔ Walter, Dieter
Renz von Cramm, B. ➔ Behrens, Albert
Renzi, Guido ➔ Hurtmanns, Wilhelm August
Repkow, Eike von ➔ Kempner, Robert Max Wassili
Repkow, Hinkmar von ➔ Rabener, Gottlieb Wilhelm
Repperg, Heinrich ➔ Radestock, Hermann
Repphuni, Habacuc ➔ Richter, Christoph Gottlieb
Reppin, Ursula ➔ Zwirner, Ursula
Reps, Anna Marie ➔ Koenig-Warthausen, Anna Marie von
Resa, T. ➔ Gröhe, Theresa
Resch, Barbara ➔ Resch, Roswitha
Resch, Helene ➔ Lincke-Resch, Helene
Resch, Johann ➔ Rasch, Johann
Reschif ➔ Fischer, Carl Wilhelm Theodor
Rese, de ➔ Ziegler, Christiane Marianne von
Reseda ➔ Calenberg, Philippine von
Reseda ➔ Robinson, Therese Albertine Louise
Resignanz, Michel ➔ Wortig, Kurt
Reska, Hanns ➔ Kreutzer, Guido
Ressitus ➔ Dinklage, Max
Reta, Maxim. ➔ Trapp, Maximilian
Retcliffe, John ➔ Heßlein, Bernhard
Retcliffe, Sir John ➔ Gödsche, Hermann Ottomar Friedrich
Retcliffe, Sir John d. J. ➔ Heymann, Robert
Rething, Marie ➔ Herting, Marie
Retland, Florus ➔ Tandler Ritter von Tanningen, Joseph
Retlaw Frodsmreh ➔ Hermsdorf, Walter
Retörsch, Heinrich ➔ Schröter, Heinrich
Retschek, Ernst ➔ Schremmer, Ernst
Retsiem, Carl ➔ Meister, Carl
Retsük, Trebla ➔ Küster, Albert
Rettenbach, Heinz ➔ Braunschweig, Heinz

Rettenbach, Karl J. ➔ Jenko, Karl
Rettenbacher, Simon ➔ Rettenpacher, Simon
Retzendorf, Christlieb ➔ Zobel, Christian
Retzlaw, Karl ➔ Gröhl, Karl
Retznem, J. F. ➔ Fischart, Johann Baptist Friedrich
Reubeni, Meir ➔ Faerber, Meir Marcel
Reuchlin ➔ Rauch, Karl
Reunert, Diederich ➔ Utermann, Wilhelm
Reuschle, Sophie ➔ Rühlemann, Sophie
Reusner, Adam ➔ Reisner, Adam
Reuß, Jenny von ➔ Hoernes, Jenny
Reuß, Willibald ➔ Hoernes, Jenny
Reuß-Löwenstein, Harry ➔ Reuß, Harry
Reuter, Jo ➔ Reuter, Josef
Reuterus, Quirinus ➔ Peucer, Caspar
Reuth, Albert ➔ Reuth, Hermann Johann
Reutin, Georg ➔ Frank, Peter
Reuting, Frieda ➔ Düsterbehn, Frieda
Reutter, Otto ➔ Pfützenreuter, Otto
Reutter, Trutz ➔ Volkmann, Bernhard von
Reval, Wilhelm von ➔ Smets, Wilhelm
Revel, Hugo Alphonse ➔ Neumann, Hugo
Revel, Wilhelm ➔ Hasenclever, Wilhelm
Revelstein, Hermann von ➔ Rosen, Hermann
Revent, F. v. ➔ Reventlow, Franziska Gräf. zu
Reversus ➔ Bendix, Ludwig
Revocatus, Fr. ➔ Schmidt, Hermann
Revor, John ➔ Roewer, Johannes Claus
Rex, Erwin ➔ Langenscheidt, Paul
Rex, Ina ➔ Hinrichsen, Alwina
Rey, Christian ➔ Reh, Karl Christian
Rey, E. W. van ➔ Reyle, Wilhelm
Rey, Piet von ➔ Reyher, Piet von
Reybaud, Jean ➔ Gugitz, Gustav
Reyeg, P. ➔ Geyer-Geyersberg, Rudolf Ritter von
Reyher-Peins ➔ Reyher, Dolly von
Reymhold, Julius ➔ Reinhardt, Carl August
Reyneke, Reiner ➔ Reineccius, Reinerus
Reypchen, Georg ➔ Reypchius, Georg
Reznem ➔ Fischart, Johann Baptist Friedrich
Rhagius, Johannes ➔ Rack, Johannes
Rham, Adam ➔ Ram, Adam
Rhau, Georg ➔ Rhaw, Georg
Rhedinger, Johanna Ursula von ➔ Geusau, Johanna Ursula von
Rhedo ➔ Hoder, Friedrich Josef
Rhein, Alfons vom ➔ Ohrem-Bonn, Hermann
Rhein, Alfons vom ➔ Stengele, Alfons
Rhein, Beatus ➔ Haemmerling, Konrad
Rhein, Fernand von ➔ Gilles, Ferdinand
Rhein, Hanns vom ➔ Schütz, Hanns
Rhein, Heinrich vom ➔ Schneider, Heinrich
Rhein, Ina ➔ Streit, Brigitte von
Rhein, Josef Elmar vom ➔ Grunau, Josef Elmar
Rhein, Karl Gustav Pfalzgraf beim ➔ Schweden, Karl X. Gustav König von
Rhein, Rudolf ➔ Gernhardt, Robert
Rhein, vom ➔ Heyl, Ferdinand
Rheinacher, Heinrich ➔ Rynacher, Heinrich
Rheinau, Adolf ➔ Hirschner, Fritz
Rheinau, Klara ➔ Siebert, Anna
Rheinau, Sophie ➔ Siebert, Anna
Rheinbaben, Georg Wilhelm von ➔ Reinbaben, Georg Wilhelm von
Rheine, Franz vom ➔ Muth, Franz Alfred
Rheine, Götz vom ➔ Siebel, Gerhard
Rheiner, Walter ➔ Schnorrenberg, Walter Heinrich
Rheinfelden, Rotho von ➔ Hoensbroech, Paul von und zu
Rheinhardt ➔ Moser, Johann
Rheinisch, Roman ➔ Bergervoord, Bernard Maria
Rheinischer Eulenspiegel ➔ Schröder, Mathias Ludwig
Rheinischer Jurist ➔ Reinhard, Franz
Rheinländer, Hugo ➔ Spielmann, Christian
Rheinlieb, R. ➔ Saget, Peter
Rheinlieu, R. ➔ Saget, Peter
Rheinsberg, Anna von ➔ Gottberg, Anna von
Rheinsch, Erika ➔ Spann, Erika
Rheinthal, Fr. von ➔ Friedberg, Eduard
Rheinthal, Hugo ➔ Farinoli, Colombo
Rhena, A. ➔ Ahner, Alfred
Rhenanus ➔ Heyl, Ferdinand
Rhenanus ➔ Ingendaay, Peter Jakob
Rhenanus ➔ Kaufmann, Leopold
Rhenanus ➔ Ruster, Heinrich
Rhenanus ➔ Weiner, Richard
Rhenanus ➔ Zech, Paul
Rhenanus, Beatus ➔ Birt, Theodor
Rhenanus, Georg ➔ Buß, Georg
Rhenanus, Petrus ➔ Kind, Peter
Rhenogermanus ➔ Ruster, Heinrich
Rhenstaedt, Ada ➔ Bolte, Anna Helene
Rheude, Ludwig ➔ Wien, Ludwig
Rhin, Othmar van ➔ Hassenberger, Othmar
Rhinelota, Hypocritasmus ➔ Brendel, Georg Christoph
Rhinkamp ➔ Clasen, Martin
Rhoden, Albert von ➔ Majersky, Adalbert von
Rhoden, Emmy von ➔ Friedrich, Emmy
Rhodion, Eucharius ➔ Röslin, Erwin
Rhodius, T. ➔ Barth, Caspar von
Rhodontracius ➔ Kolroß, Johannes
Rhodophilus ➔ Beck, Ulrich Sebastian
Rhoenanus ➔ Höhl, Leopold
Rhök, Job ➔ Köhr, Julius
Rhol, J. C. P. ➔ Stainhauser von Treuburg, Johann Philipp
Rhollandus ➔ Donin, Ludwig
Rhön, Herbert ➔ Schifrin, Alexander
Rhon, Nicola ➔ Kirchbach, Maria Freifrau von
Rhön-Werra ➔ Cappy, Marie Crescence Gräfin
Rhost, Nicolaus ➔ Rost, Nicolaus
Rhyakinus ➔ Bachmann, Andreas
Rhyn, Atz vom ➔ Rehbein, Arthur
Rhyn, René van ➔ Blittersdorff, Philipp von
Ri-Li ➔ Richter, Erna
Ri-Ri ➔ Rieß, Richard

Ria, Willy von der ➔ Reese, Wilhelm Friedrich Karl
Ribbeck, Konrad ➔ Floericke, Curt
Ricardo ➔ Drews, Richard
Riccard, Ernest ➔ Schöler, Ellen
Riccolo ➔ Klaußmann, Anton Oskar Eugen
Riccorvatus, Heyderus Borromaeus ➔ Brückner, Hieronymus
Rice, Adam ➔ Mommers, Hellmuth W.
Rice, Adam ➔ Vlcek, Ernst
Ricek-Gerolding ➔ Ricek, Leopold Georg
rich ➔ Woderich, Adolf
Richard, C. ➔ Schmidt, Alfred C. Richard
Richard, Clara ➔ Groth, Franziska
Richard, Frank ➔ Békessy, Jànos
Richard, Jean ➔ Pohl, Richard
Richard, Karl ➔ Blasius, Richard
Richard, Martin ➔ Kabisch, Martin Richard
Richard, R. J. ➔ Kaiser, Hans Kurt
Richard, W. ➔ Soukup, Richard Wilh. Maria
Richard, W. ➔ Wendelmuth, Richard
Richards, Erich A. ➔ Fieck, Erich
Richards, Friedrich ➔ Keßler, Richard
Richards, K. ➔ Koch, Richard
Richards, M. R. ➔ Brand, Kurt
Richards, M. R. ➔ Heinze, M. R.
Richards, M. R. ➔ Tenkrat, Friedrich
Richards, M. R. ➔ Wunderer, Richard
Richartz, Walter E. ➔ Bebenburg, Walter Erich von
Richea, Dodo ➔ Aicher, Otto
Richels, Gisela ➔ Dreher-Richels, Gisela
Richler, John ➔ Békessy, Jànos
Richolet, Gaston ➔ Kirchgässner, Alfons
Richter, Alfred ➔ Richter, Andreas
Richter, Anna ➔ Elzer, Margar. Anna Elisabet
Richter, Axel ➔ Richter, Alexander
Richter, Emma ➔ Förster, Emma
Richter, Erich ➔ Rieger, Erwin
Richter, F. L. ➔ Schießler, Sebastian Willibald
Richter, F. P. E. ➔ Gersdorf, Wilhelmine von
Richter, Franz ➔ Lipp, Franz
Richter, Gustav ➔ Buttinger, Joseph
Richter, Hannes ➔ Andreas-Dränert, Peter Walther
Richter, Hans ➔ Richter, Johannes
Richter, Helga ➔ Junike, Rolf
Richter, Josefine ➔ Bohne, Josefine
Richter, Joseph ➔ Dalléra, Johann Anton Franz
Richter, Luise ➔ Roth, Luise
Richter, Max ➔ Pollaczek, Max
Richter, Paul ➔ Triesch, Friedrich Gustav
Richter, Renate ➔ Kwasnik, Ilse
Richter, Robert ➔ Stöbe, Siegfried
Richter, Sigurd ➔ Pabisch, Emmerich
Richter, Theodor ➔ Rother, Alfred Heinrich
Richter, Trude ➔ Barnick, Erna
Richter, Valentin ➔ Pick, Robert
Richter von Magdeburg ➔ Richter, Gottlob Christian Friedrich
Richter-Feldmann, Elfriede ➔ Richter, Elfriede
Richter-Halle, Hermann ➔ Richter, Hermann
Richter-Heimbach ➔ Richter, Arthur
Richter-Lindenkugel, Erna ➔ Richter, Erna
Richter-Reichhelm, Walter ➔ Richter, Walter
Richter-Rostalski, Gisela ➔ Richter, Gisela
Richter-Rottenbach ➔ Richter, Andreas
Richter-Ruhla, Arthur ➔ Richter, Arthur
Richter-Ruhland, Walther ➔ Richter, Walther
Richter-Schoch, Eva ➔ Richter, Eva
Richter-Tersik ➔ Richter, Oswald
Richthofen, Dorothee von ➔ Knesebeck, Paridam von dem
Rickel, Gertrud ➔ Donner, Gertrud
Ridder, Lucien de ➔ Hauptmann, Carl
Rideamus ➔ Oliven, Fritz
Rideman ➔ Remmel, Franz
Rideman, Peter ➔ Riedemann, Peter
Ridens ➔ Drews, Richard
Rieberg, Winifred ➔ Roller, Winifred
Ried, Bernarda ➔ Brocker, Hildegard
Ried, Franziska ➔ Greither, Margit
Ried, Paula ➔ Wahle, Maria
Ried, Sebastian vom ➔ Scharl, Severin Maria
Rieda, F. ➔ Martini, Frieda
Riedberg, Erika ➔ Greef, Helene
Riede, Wilhelm ➔ Buttlar, Wilhelm Erasmus Karl August von
Riedelius, D. ➔ Balde, Jakob
Riedelius, Georg ➔ Balde, Jakob
Rieden, Max ➔ Schuegraf, Maximilian
Rieden, Oktavian ➔ Schmucki, Oktavian
Rieder, Albert ➔ Schreyer, Johannes
Rieder, Margot ➔ Siegl, Margareta
Rieger, Eleonore ➔ Hradlicka, Eleonore
Rieger, Jonny ➔ Rieger, Paul Karl Gerhard
Rieger, Ulrike ➔ Schmidt, Ulrike
Rieger, Urban ➔ Rhegius, Urbanus
Riegersheim, Karl von ➔ Brehmer, Arthur
Riegl, Carl ➔ Reinecke, Walter
Riehl, Matthias ➔ Wolff, Dietrich
Riehman, Fritz ➔ Amrhein, Hans
Riem, Ilse Hildegard ➔ Schönhoff, Ilse Hildegard
Riem, Marie Anna ➔ Menz, Maria
Riemeier, Elisabeth ➔ Randenborgh, Elisabeth van
Rien von der Marke, Ludwig ➔ Rien, Ludwig
Rieneck, Conrad ➔ Cunz, Rolf Conrad
Ries, Anna Elisabeth ➔ Weirauch, Anna Elisabeth
Ries, Hugibert ➔ Riemann, Hugo
Riesa a. Elbe ➔ Hennig, Sophie
Riesbeck, Johann Kaspar ➔ Risbeck, Johann Kaspar
Riese, Adam ➔ Riedel, Friedrich Justin
Riese, Johann ➔ Riesse, Johann
Riese, M. O. ➔ Möser, Justus
Riesek, Roland ➔ Eilers, Konrad
Riesenharf, Sy Freudhold ➔ Heine, Heinrich
Riesentod, Philip Gregorio ➔ Gryphius, Andreas
Riesler, Ulrich ➔ Molitor, Wilhelm

Romberg, Jenny ➔ Breslauer, Hans Karl
Romberg von Kirspe, Johannes ➔ Host, Johannes
Romellus, Dominicus ➔ Moeller, Daniel Wilhelm
Romen, Robert ➔ Appel, Walter
Romeo, Fritz ➔ Römhildt, Fritz
Römer, Alexander ➔ Regenstein, Charlotte
Römer, Auguste von ➔ Chevallerie, Auguste de la
Römer, Dr. ➔ Deinhardstein, Johann Ludwig Ferdinand
Römer, Dr. ➔ Moser, Hans
Römer, F. O. ➔ Heinemann, Felix Oscar
Römer, H. ➔ Thieme, Friedrich
Römer, Heinrich ➔ Stünkel, Heinrich
Römer, Rolf ➔ Feurstein, Eva
Romer, Siegbert ➔ Rabinowitz, Sally
Römer, Siegbert ➔ Rabinowitz, Sally
Römer, Willibald ➔ Fogowitz, Andrä Heinrich
Römheld, Amalie ➔ Jochheim, Amalie
Römhildt-Romeo, Fritz ➔ Römhildt, Fritz
Romhold, M. H. ➔ Höhler, Matthias
Rommel, Thea ➔ Rommel, Theodore von
Rommy, Thomas ➔ Mauerhardt, Rolf
Romuald, Adjutus ➔ Rohmann, Adam
Romulus ➔ Rommel, Theodore von
Ronaut, A. E. ➔ Schaeffer, Ernst
Rónay, Stefan ➔ Augsburger, Stefan
Rönckendorff, Edda ➔ Janus, Edda
Ronda, Luise von ➔ Scheibler, Susanne
Rondek, George Dietrich Freiherr von ➔ Dieterich, Georg Theodor
Rondinella ➔ Klose, Marga
Rondinus, Julius ➔ Pufendorf, Samuel von
Roneck, Eleonore ➔ Brückner, Eleonore
Ronger, Franz von ➔ Rouyer, Franz Freih. von
Roni, I. ➔ Scheer, Wilhelm Hartwig
Ronn, Karl ➔ Trier, Magdalena
Ronnert, Erik ➔ Beer, Otto Fritz
Rönninger, Hermann ➔ Meier-Rönninger, Hans
Roon, Ada van ➔ Bock-Stieber, Ada
Roos, Eva ➔ Frank, Eva
Roos, Richard ➔ Engelhardt, Karl August
Roosen, Eva-Maria ➔ Sirowatka, Eva-Maria
Roosen, Wilhelm von ➔ Segmüller, Fridolin
Roosz, Hildegard von ➔ Grosche, Hildegard
Ropirs ➔ Lattke, Ottokar
-ropo- ➔ Jong Posthumus, Roelof de
Ropp, Gabriele v. d. ➔ Schlippenbach, Gabriele von
Rörig, Viktor ➔ Kurella, Alfred
Rorn, Doris ➔ Horst, Doris
Rosa, A. de la ➔ Reventlow, Rolf
Rosa, Gabriel ➔ Bayer, Romuald Jacob
Rosa, Salvator ➔ Burmeister, Johann Peter Theodor
Rosa, Salvator ➔ Mac-Gregor, Francis Emanuel Colemann
Rosalba ➔ Zitz, Kathinka
Rosalba, E. ➔ Petzold, Emil
Rosalia ➔ Engelhard, Magdalene Philippine
Rosalie ➔ Engelhard, Magdalene Philippine
Rosamor ➔ Holzschuher, Sigmund Jakob
Rosander ➔ Siemers, Kurt
Rosander ➔ Taut, Karl
Rösch, Nanni ➔ Kneitinger, Anna
Rösch, Victor B. ➔ Dröscher, Vitus B.
Rose, A. ➔ Austerlitz, Rose
Rose, Albrecht Moritz ➔ Rau, Gottlieb Wilhelm Ludwig
Rose, Ernst ➔ Scheibe, Theodor
Rose, Felicitas ➔ Moersberger, Rose Felicitas
Rose, Felix ➔ Christern, Wilhelm
Rose, Moritz ➔ Lilie, Moritz
Rose, Wilhelm ➔ Christern, Wilhelm
Roselieb ➔ Viebing, Konrad Heinrich
Rosen, Asta von ➔ Schwerdtfeger, Walter
Rosen, Erica von ➔ Treyer, Erica von
Rosen, Erwin ➔ Carlé, Erwin
Rosen, Franz von ➔ Sydow, Karoline Franziska Margarete von
Rosen, Gotthelf ➔ Petzel, Henriette Rosalie
Rosen, Gustav von ➔ Richter, Karl Friedrich
Rosen, Julius ➔ Duffek, Nikolaus
Rosen, Ludwig ➔ Jüngst, Ludwig Volrad
Rosen, R. ➔ Thesing, Curt Egon
Rosen, W. von ➔ Scheurer, Wolfgang
Rosen, Wilhelm von ➔ Segmüller, Fridolin
Rosenau, Ferdinand ➔ Rossen, Ferdinand
Rosenau, Wilhelm von ➔ Hofmeister, Adolf
Rosenbaum, Henny ➔ Henschel vom Hain, Henny
Rosenbaum, Lola ➔ Stern, Lola
Rosenberg, Baron von ➔ Christern, Wilhelm
Rosenberg, Gill ➔ Köstler, Gisela
Rosenberg, Renate von ➔ Dangschat, Renate
Rosenblüth, Tristan ➔ Niemeyer, Johann Christian Ludwig
Rosencreutz, Christian ➔ Andreae, Johann Valentin
Rosenfeld, Kosmas ➔ Castelli, Ignaz Friedrich Franz
Rosenfeld, Marie ➔ Liebermann, Marie
Rosenfeld, Otto ➔ Rank, Otto
Rosenhagen, Günther v. ➔ Baudissin, Wolf v.
Rosenhain, Franziska ➔ Schöpfer, Irene Friederike
Rosenhain, Paul ➔ Timpe, Paul
Rosenkranz, Hyacinth ➔ Döring, Ferdinand August
Rosenthal, Fritz ➔ Ben-Chorin, Schalom
Rosenwall, P. H. ➔ Rauschnik, Gottfried Peter
Rosenzweig, Max ➔ Roden, Max
Rosevalle, E. ➔ Ichenhaeuser, Eliza
Rosidan ➔ Geuder, Johann
Rosinli ➔ Allemann, Armin
Rosinskow, Albert ➔ Krueger, Albert
Röslin, Erwin ➔ Wurmbach, Adolf
Rosmaroe ➔ Kautzmann, Victoria
Rosmer, Ernst ➔ Bernstein, Elsa
Rosner, Ferdinand ➔ Rosner, Karl Joseph Ignatius

Rücker, M. von ➔ Hartog, Marie
Rückert, Eugen ➔ Träumer, Max
Ruckteschel, Rosina Dorothee ➔ Rucktäschel, Rosina Dorothee
Rudbeck, Henry ➔ Herold, Hedwig
Rudelli, W. ➔ Wolff, Heinrich Rudolf
Rudelstadt, Damian v. ➔ Dieskau, Rudolf von
Rüden, F. von ➔ Becher-Rüdenhof, Frida von
Rüdenau, W. ➔ Gasperini, Eduard
Rudersberg, Peter ➔ Krämer, Peter
Rudert, Max ➔ Menne, Bernhard
Rüdesheim, Lothar von ➔ Bacmeister, Lucie
Rudhey, Gert ➔ Hey, Gertrud
Rüdiger, Alois ➔ Orliczek, Alois Rüdiger
Rüdiger, Elmar ➔ Führing, Maximilian
Rüdiger, Ingeborg ➔ Heidrich, Ingeborg
Rudniki, Heinz von ➔ Ruhe, Heinrich
Rudolf ➔ Frank, Rudolf
Rudolf, B. ➔ Bunge, Rudolf
Rudolf, Carl ➔ Gottschall, Carl Rudolf von
Rudolf, Elmar Vinibert von ➔ Elmayer-Vestenbrugg, Rudolf von
Rudolf, Erich ➔ Zschocher, Erich
Rudolf, Fr. ➔ Zur Bonsen, Friedrich
Rudolf, Franz Emil von ➔ Herzl, Siegmund
Rudolf, K. ➔ Kausler, Rudolf
Rudolf, Karl ➔ Berlinicke, Rudolf
Rudolf, M. ➔ Zimmermann, Rudolf
Rudolf, Max ➔ Schenck, Maximilian Rudolph
Rudolf, Wilhelm ➔ Diekmann, Rudolf
Rudolf von Hohenems ➔ Rüdling, Georg Ernst von
Rudolf von Hohenems ➔ Rudolf von Ems
Rudolf von Montfort ➔ Rudolf von Ems
Rudolf-Salzmann, Gisela ➔ Rudolf, Gisela
Rudolfi, C. W. ➔ Quanter, Rudolf
Rudolfi, Curt ➔ Kreuschner, Curt Rudolf
Rudolfi, Theodore ➔ Naumann, Bertha
Rudolfina ➔ Metzler, M. Rudolfina
Rudolph ➔ Berger, Rudolf
Rudolph, A. F. ➔ Müldener, Johann August Friedrich Rudolph
Rudolph, Albert ➔ Frank, Rudolf
Rudolph, Bruno ➔ Bunge, Rudolf
Rudolph, C. ➔ Natscheradetz, Rudolph
Rudolph, Charles ➔ Ritter, Hans
Rudolph, Ernst ➔ Ertel, Paul
Rudolph, Franz ➔ Schaffgotsch, Franz Rudolf Graf von
Rudolph, Georg ➔ Eger, Rudolf
Rudolph, Johanna ➔ Gundermann, Johanna
Rudolph, Karl ➔ Besser, Karl Rudolph Emil
Rudolphi, Ernst ➔ Ertel, Paul
Rudolphi, Ernst ➔ Neubert, Kurt Rudolf
Rudolphus, P. ➔ Graser, Rudolph
Rudoma ➔ Masurek, Rudolf Josef
Rudor, Jack ➔ Dortenwald, Rudolf
Rudorff, E. ➔ Jarke, Franziska
Ruedebusch, Emil F. ➔ Mühsam, Erich
Ruedi, Hans ➔ Wolf, Friedrich
Ruedorffer, J. J. ➔ Riezler, Kurt
Ruef, Walther Herm. ➔ Ryff, Walther Herm.
Ruef, Sebastian ➔ Ruf, Sebastian
Rueff, Walther Hermann ➔ Ryff, Walther Hermann
Rüegg, Kathrin ➔ Schmid, Doris
Ruest, Anselm ➔ Ruest, Ernst Samuel
Ruf, Adam ➔ Braun, Reinhold
Ruf, Jacob ➔ Rueff, Jacob
Ruf, Jane ➔ Baiter, Hanny
Ruf, Thomas ➔ Servais, Georg
Ruf, Walther Hermann ➔ Ryff, Walther Hermann
Rufer, Hermann ➔ Krämer, Philipp
Rufer, Wilfried ➔ Bühnemann, Hermann
Ruffenach, Abel ➔ Dachert, Alfred
Ruffo ➔ Lehmann, Bernhard
Rufus ➔ Frank, Rudolf
Ruge, Simon ➔ Kummert, Wolfgang
Ruge, Thies ➔ Krüger, Heinrich
Rügen, Ernst ➔ Perl, Ernst Paul Salvator
Ruhla, Frank ➔ Dopp, Werner
Ruhland, Christine ➔ Ritter, Marie
Ruhland, Joachim ➔ Raupp, Wilhelm
Ruhland, Marie ➔ Calm, Marie
Ruhrmann, Manfred H. ➔ Ruhrmann, Hanns
Ruhrmann an der Ruhr ➔ Rautert, Friedrich
Ruisz, Fr. ➔ Umrath, Fanniska
Ruiter, Jan ➔ Reuter, Josef
Rukh, Lallah ➔ Kempner, Martha
Ruki, Kafri ➔ Kirsch, Karl Friedrich Rudolf
Rulemann ➔ Eylert, Ruhlemann Friedrich
Rulemann, Theodor ➔ Voigt, Paul
Rumbauer, Martha ➔ Siegroth, Martha von
Rumburg, Trudka ➔ Endler, Adolf Edmond
Rümelin, Aurora ➔ Sacher-Masoch, Aurora von
Rumi, Karl Georg ➔ Rumy, Karl Georg
Rümly, Peter ➔ Müller, Mathilde
Rumpelmayer, Johannes ➔ Nordmann, Johannes
Rumpelstilzchen ➔ Kummer, Friedrich
Rumpelstilzchen ➔ Stein, Adolf
Rumpler von Löwenhalt, Jesaias ➔ Rompler von Löwenhalt, Jesaias
Runde, Henriette ➔ Roggenbucke, Henriette Marie Albertine von
Runge, Georg ➔ Brinkmann, Georg
Runkel, Johann Nepomuk ➔ Pichler, Ernst
Runwalt ➔ List, Guido von
Ruof, Jacob ➔ Rueff, Jacob
Rupe, Nathalion a Sancta ➔ Lavater, Johann Kaspar
Rupert, L. ➔ Linsinger, Pert
Rupertus ➔ Beyer, Rudolf von
Ruppelius, Eleonore Tugendreich ➔ Feller, Eleonore Tugendreich
Ruroh-no-Ohkami ➔ Gugl, Wolfgang
Rusche, Nicolas ➔ Ochsenius, Carl
Rusigk, Johannes ➔ Gurski, Johannes
Ruß, Alfons ➔ Ruß, Hans-Erich
Russ, Harry ➔ Selter, Hubert Heinrich
Russa, David ➔ Assur, David Jakob
Russel, Juga ➔ Krannhals-Russel, Juga

S

Saldau ➔ Scheidlein, Cäsar Edler von
Saldow, Wilhelm ➔ Oswald, Johann Heinrich Wilhelm
Saleck, Adalbert ➔ Schroeter, Adalbert
Saleck, Jean Charlot ➔ Breitbach, Joseph
Saleen, C. ➔ Mättig, Sophie
Sales, Felix ➔ Köhler, Julius Erhard Wilhelm
Sales, H. ➔ Baader, Amalie
Salicetus ➔ Schöttgen, Johann Christian
Salicius, Johann ➔ Weidenholzer, Johann
Salik, Konrad ➔ Brenneisen, Wolfgang
Salinger, H. ➔ Feichtinger, Eva
Salingför, R. ➔ Baentsch, Rosa
Salingré, Hermann ➔ Salinger, Hermann
Salis, Hortensia von ➔ Gugelberg von Moos, Hortensia
Salk, B. von ➔ Zachariae, Blanka
Salkowsky, Olga ➔ Hering, Johanna
Sallenbach, Katharina ➔ Baumgartner, Katharina
Sallustius ➔ Hottinger, Johann Heinrich
Salm-Salm, Agnes Prinzessin zu ➔ Heneage, Agnes
Salma, Bernhard v. ➔ Salmuth, Bernhardine v.
Salmer, Bruno ➔ Benthien, Paul
Salmon, Fred ➔ Salomon, Alfred
Salmoser, Carl Eduard ➔ Schmidl, Anton Adolf
Salomé, Lou von ➔ Andreas-Salomé, Lou
Salomo, Regina ➔ Saling, Regina
Salomon, Charlotte ➔ Nagler, Charlotte
Salomon, Jakob Ludwig Salomo ➔ Bartholdy, Jakob Ludwig Salomo
Saltarino, Signor ➔ Otto, Hermann Waldemar
Salten, Alfred von ➔ Baß, Alfred
Salter, Siegbert ➔ Salomon, Simon
Saltera, L. von ➔ Wallner-Thurm, Therese
Saltern, L. von ➔ Wallner-Thurm, Therese
Saltzthal, Solinus ➔ Becher, Johann Joachim
Saltzwasser, Georg Goldrich ➔ Fischart, Johann Baptist Friedrich
Salustius ➔ Schall, Carl Friedrich Wilhelm
Salvatore, Gaston ➔ Pascal, Gaston Salvatore
Salvatorelli ➔ Burmeister, Joh. Peter Theodor
Salvatorello ➔ Kind, Johann Friedrich
Salve! ➔ Eichacker, Reinhold
Salviano ➔ Schmidt, Wolfgang
Salzbrunn, Alice ➔ Stockhausen, Anna von
Salzburg, Franz von ➔ Micheu, Franz
Salzburg, Johann von ➔ Hermann v. Salzburg
Salzburger, E. ➔ Scheirl, Friedrich Franz
Salzburgische Sappho ➔ Sedelmaier, Maria Johanna
Salzer, Alois H. ➔ Weber, Friedrich H.
Salzmann ➔ Rautenstrauch, Johann
Salzmann, Arnold ➔ Wander, Karl Friedrich Wilhelm
Salzmann, J. G. ➔ Schulze, Johann Daniel
Salzmann, Siegmund ➔ Salten, Felix
Salzmann, Zsiga ➔ Salten, Felix
Salzwedel, Marlies ➔ Kemptner, Marlies
Samarow, Gregor ➔ Meding, Oskar
Samasow, Magliane ➔ Schäfer, Martina
Sambelle, Franciscus ➔ Beer, Johann
Samber, Erich ➔ Mels, August
Sambuccus, Johannes ➔ Zsámboki, János
Samiels, D. von ➔ Simson, Ewald
Samo ➔ Hirschner, Fritz
Samsara, Sergej Iwanowitsch ➔ Woell, Boris
Samson, Noa ➔ Richter, Christoph Gottlieb
Samson, O. ➔ Nagel-Schaumann, Heidi
Samuel, Ernst ➔ Ruest, Ernst Samuel
Samuel, Tobias ➔ Richter, Christoph Gottlieb
Samuelfy, Lorandus ➔ Schwarz, Gottfried
Samuelo ➔ Kornfeld, Hermann
Samuely, Arthur Ernst ➔ Rutra, Arthur Ernst
San Callisto, Marchese di ➔ Kaufmann, Carl Maria
San Francisco ➔ Breucker, Oscar Herbert
San-Marte ➔ Schulz, Albert
Sanctafidius, Theophilus ➔ Schoppe, Kaspar
Sancto Adamo, Thaddäus a ➔ Dereser, Thaddäus Antonius
Sand, Adolf ➔ Simiginowicz-Staufe, Ludwig Adolf
Sand, Albert ➔ Grävell, Albert
Sand, Albert ➔ Schill, Claudia Beate von
Sand, Karl ➔ Wiese, Ernst August
Sandberg, Corinna ➔ Appel, Walter
Sande, Ludwig vom ➔ Grabinski, Ludwig
Sandec, A. von ➔ Maytner, Alberta von
Sanden, Liane ➔ Honroth-Loewe, Lisa
Sanden, Maximilian van den ➔ Sandaeus, Maximilian
Sanden-Guja, Walter v. ➔ Sanden, Walter von
Sander, Erich ➔ Jehring, Erich
Sander, Frank ➔ Neitsch, Otto
Sander, Fritz ➔ Neitsch, Otto
Sander, Helke ➔ Lahtela, Helke
Sander, Karla ➔ Schneider, Karla
Sander, Li ➔ Wolff, Lita
Sander, Simon ➔ Klingler, Hermann
Sander-Bodenhagen, Ulrich ➔ Sander, Ulrich
Sander-Weiß, Hela ➔ Weiß, Hela
Sanders, Phil. E. ➔ Köhr, Dietrich
Sanders, Ricardo ➔ Sanders, Richard
Sanders, Suzette ➔ Herder-Elchlep, Edeltraut
Sanderwet, Herbert ➔ Schoch, Erich
Sandez, A. von ➔ Hahn, Margarete
Sandkreut, Franzy von ➔ Smeth, Maria Baronin de
Sandor ➔ Schmook, Alexander
Sandor, Ormanos ➔ Schlüter, Margarete
Sandow, Gerd ➔ Puhle, Joachim
Sandow, J. G. ➔ Puhle, Joachim
Sandrani, Guiseppe ➔ Neigebauer, Johann Ferdinand Daniel
Sandro ➔ Langsdorff, Alexander
Sandrub, Lazarus ➔ Schnurr, Balthasar
Sandt, Maximilian van der ➔ Sandaeus, Maximilian
Sandus, Hannelore ➔ Leonhard, Susanne
Sanfteleben, Friedelieb v. ➔ Rist, Johannes v.
Sänger, A. ➔ Traxel, Christian August

Sänger von Marne → Schneider, Christian Jakob von
Sangerberg, Georg → Traxler, Hans Georg
Sanguin, J. F. → Meynier, Johann Heinrich
Sangutelli, Ant. → Cilano, Georg Christian Maternus de
Sangwitz, Adolar → Gottwald, Alfred
Sankt Galli → Marr, Elisabeth
Sann, Hans von der → Krainz, Johann
Sanndorf → Morgan, Johanna
Sanneck, Richard → Watzlawek, Richard
Sannens, Friedrich Karl → Sannenz von Sensenstein, Friedrich Karl
Sans-Gêne → Hill, Anna
Sansculotte → Bürger, Gottfried August
Santamar, Guido → Heilig, August
Santer, Anton → Sander, Bruno
Santifaller, Maria Ditha → Sellschopp, Christina
Santini, Giorgio → Maier, Georg
Santner, Inge → Cyrus, Inge
Santner-Cyrus, Inge → Cyrus, Inge
Santo, Diego el → Scheer, Karl Herbert
Sanzara, Johanna → Bleschke, Johanna
Sanzara, Rahel → Bleschke, Johanna
Saphir, Marie → Gordon, Marie
Saphir, Moritz Gottlieb → Saphir, Moses
Saphis → Brather, Helene
Sapidus, Johannes → Witz, Johannes
Sappho → Reitzenstein, Editha Freiin von
Sara, Dorothea → Weibel-Hinderer, Doris
Saraccio → Marretta, Saro
Sarason-Bucky, Frida → Sarason, Frida
Sarcastius → Panizza, Oskar
Sarcerius, Erasmus → Schürer, Erasmus
Sarckmasius → Schurtzfleisch, Konrad Samuel
Sarden, O. von → Harbou, Sophie von
Saris, Leo → Jaeger, Christian August
Saris, Rhet → Giesa, Werner Kurt
Sarkast → Mandt, Georg
Sarländer, J. → Haas, Hermann Julius
Sarmaticus → Liebert, Eduard von
Sarmin, Kurt von → Selten, Kurt
Sarnek, Rudy von → Salbey, Erich R.
Sarnen, Sardi → Böhlje, Georg
Sarnitz-Miebach, Manuela → Sarnitz, Manuela
Sarrecourt, Paul → Stolz, Peter
Sarsen, Frida → Sarason, Frida
Sartori, Eva Maria → Trew, Eva Maria
Sartorius, A. von → Griesheim, Margarete Auguste von
Sartorius, Benvenuto → Schneider, Martha
Sartorius, Emil → Schneider, Heinrich Emil
Sartorius, Gottfried → Geiger, Hannsludwig
Sartorius, Paulus → Schneider, Paulus
Sartorius, S. → Schneider, Selma
Sascha → Ascher, Ferdinand
Sascha → Schickele, René
Sascha → Salzmann, Siegmund
Sasger, Kaspar → Schatzgeyer, Kaspar
Sasgerus, Kaspar → Schatzgeyer, Kaspar
Saskia → Lüdecke, Barbara
Sass, Barbara Elisabeth → Bohr, Barbara Elisabeth
Sasse, Nicolaus → Saß, Nicolaus
Sassen, Hans → Freimark, Hans
Sassen, Marie Charlotte Alexandrine von → Gerle, Wolfgang Adolf
Sassina, Barbara Elisabeth → Bohr, Barbara Elisabeth
Sassius, Nicolaus → Saß, Nicolaus
Satanelli → Kászony, Daniel
Satanello → Schmid, Euchar Albrecht
Saternus, Henriette von → Winkel, Rainer
Satir, Thilo → Jaeckel, Rolf-Günter
Satirikus → Schweiger, Franz
Sator → Götz, Ludwig
Sator-Buron, Ewald → Sator, Ewald
Satori, Johanne → Neumann, Johanne
Satorik, Peter → Schneidrzik, Willy
Satory, Elisabeth → Haderer, Anna
Satsugai, Miyamoto → Stecher, Reinhold
Sattler, Andreas → Stein, Ernst
Sattler, Fred → Schettke, Josef
Sattler-König, Jenny → Sattler, Jenny
Saturny, Berta → Thomann, Berta
Satyr, Dr. → Dietrich, Richard
Satyr, Hilarius → Reinhold, Karl Werner
Satyricus → Kurz, Franz Xaver
Satzger, Kaspar → Schatzgeyer, Kaspar
Säuberlich, Balduin → Sommer, Bruno
Säuberlich, Daniel → Nicolai, Christoph Friedrich
Saubertus, Johann → Saubert, Johann
Saubi → Saubermann, Gerhard
Sauer, Lisa → Weinberg, Margarete
Sauerampfer, Bonaventura → Waltz, Gustav
Sauerampfer, Jeremia → Scherr, Johannes
Sauerland, Cäsar → Borgmann, Wilhelm Hubert
Sauerteig, Belial → Memminger, Anton
Sauerwein, Lorenz → Jassoy, Daniel Ludwig
Saumüller → Müller, Karl Theodor
Saupert, Johann → Saubert, Johann
Saur, Abraham → Saurius, Abraham
Saur, Johann → Sauren, Johann
Sauter, Lilly → Sauter, Juliane
Sautter, Samuel Friedrich → Sauter, Samuel Friedrich
Savarus, German vom → Glaß, Gabriel
Savello, Victor → Burmeister, Johann Peter Theodor
Savreux, Paul → Schickele, René
Sawade, Ingeborg → Paul, Ingeborg
Sawersky, C. → Bernstein, Albert
Sawersky, Maria von → Becce, Anna Emma
Saxen-Hausen, Carl-Heinrich → Heinz, Carl
Saxo → Gurlitt, Cornelius
Saxo, Joannes → Melanchton, Philipp
Saxo, Nicolaus → Saß, Nicolaus
Saxon, Peter → Martin, Thomas Hector
Saxon, Saxo → Muschick, Emil
Saxonicus → Rößler, Constantin

Schlahenaufen, Johann ➔ Schlaginhaufen, Johann
Schlainhauffen, Johann ➔ Schlaginhaufen, Johann
Schlarks ➔ Grünberg, Karl
Schlau, Hans ➔ Bürger, Gottfried August
Schlawa, Friedrich von ➔ Rechenberg, Friedrich Georg von
Schlegel, Caroline v. ➔ Schelling, Caroline von
Schlegel, Gabriel ➔ Basse, Gottfried
Schlegel, Traugott Friedrich Leberecht ➔ Kotzebue, August
Schlegel-Privat, Willhart ➔ Schlegel, Willhart
Schlegel-Schelling, Caroline ➔ Schelling, Caroline von
Schleger, Meta ➔ Schlesinger, Meta
Schlehdorn ➔ Everling, Friedrich
Schlehmil ➔ Byern, Hainz Alfred von
Schleich, Max ➔ Trimper, Karl
Schleicher, Erasmus ➔ Bennert, Julius Eduard
Schleicher, Erasmus ➔ Cramer, Karl Gottlob
Schleicher, Irene ➔ Hochrein-Schleicher, Irene
Schleier, Ludolph ➔ Schrader, Theodor Friedrich
Schleiffer-Franzl ➔ Grundmann, Franz
Schleifheim von Sulsfort, German ➔ Grimmelshausen, Johann Jakob Christoffel von
Schleitz, Otto Hartmann von ➔ Schlitz, Otto Hartmann von
Schlemihl, Peter ➔ Thoma, Ludwig
Schlemil, Joerg ➔ Scherr, Johannes
Schlemm, Grete ➔ Wolf, Grete
Schlesinger, Sigmund ➔ Hirsch, Sigmund
Schlesinger-Stephani, Marie ➔ Schlesinger, Marie
Schletter ➔ Schilling, Alexander
Schleunitz, Hans Georg Haubold von ➔ Schleinitz, Hans Georg Haubold von
Schleusener, Carla-Elisabeth ➔ Carroll, Carla-Elisabeth
Schlez, J. F. ➔ Fischer, Ägidius
Schlicht, Freiherr von ➔ Baudissin, Wolf Graf von
Schlicht, Werner ➔ Eybel, Hans Werner
Schlick, Ulrike ➔ Swennen-Schlick, Ulrike
Schlieben, Gerda von ➔ Borngräber, Gertrud
Schlieben-Borngräber, Gerda von ➔ Borngräber, Gertrud
Schliekenfänger, Amandus ➔ Löhr, Adolf
Schlieper, Engelbert ➔ Gerdes, Moritz
Schliepmann, Hans ➔ Schliepmann, Johannes Karl Gottfried
Schlierbach, Max ➔ Seydel, Max Ritter von
Schlinkert-Galinski, Martha ➔ Schlinkert, Martha
Schlitz, Johann Eustach Graf von ➔ Görtz, Johann Eustach von
Schlö ➔ Schlötelburg, Horst
Schloffsky, Bernhard Gabriel ➔ Bogs, Dieter
Schlögl, Nivard ➔ Schlögl, Johannes
Schloß, Fritz ➔ Schloß, Martin Friedrich
Schloß, Piet vom ➔ Rantzau, Heino von
Schlosser ➔ Felbinger, Klaus
Schlosser, Chr. ➔ Döring, Emilie
Schlosser-Laukel, Gertrud ➔ Schlosser, Gertrud
Schlott, Jutta ➔ Kolbe, Jutta
Schlott, Nathan ➔ Schlot, Nathanael
Schlottelfranz ➔ Rappl, Franz
Schlottmann ➔ Oelsner, Konrad Engelbert
Schlu, Joachim ➔ Schlue, Joachim
Schluck, Martialis ➔ Gleis, Christian Friedrich
Schlüs, Joachim ➔ Schlue, Joachim
Schlüsselbart, Dietrich ➔ Sallmayer, Hermann
Schlüter ➔ Tietz, Hermann von
Schlüter ➔ Tietz, Wilhelm von
Schlüter, Hans E. ➔ Quenzel, Karl
Schlutow, Hans ➔ Reinhard, Hans Georg
Schlutow, W. ➔ Neumann, Lucie
Schmahl-Wolf, Grete ➔ Schmahl, Grete
Schmal, Rudolf ➔ Schmalz, Rudolf
Schmalfuß, Hannes ➔ Schmalfuß-Schwarzenberg, Kurt Hans
Schmalhans, Fritz ➔ Jasky, Eduard Rudolf
Schmall, Camill ➔ Basil, Otto
Schmeckebier, Hedwig ➔ Erlin-Schmeckebier, Hedwig
Schmederer, Wolf ➔ Braumüller, Wolf
Schmerzenreich, Demokrit ➔ Fröhlich, Abraham Emanuel
Schmettau, Woldemar ➔ Schmettow, Woldemar
Schmid, Bernhard ➔ Schmidt, Bernhard
Schmid, Carlo ➔ Schmid, Karl
Schmid, Caroline ➔ Fasser, Caroline
Schmid, Dr. ➔ Zitz, Kathinka
Schmid, Elsbeth ➔ Walch, Elsbeth
Schmid, F. A. ➔ Schmid-Noerr, Friedrich Alfred
Schmid, F. R. ➔ Wallberg, Max
Schmid, Gerold ➔ Schmid, Leo
Schmid, Hedda von ➔ Riesemann, Hedda von
Schmid, Sil ➔ Schmid-Hoefliger, Silvia
Schmid, Wilhelm ➔ Klingenbrunner, Wilhelm
Schmid Romberg ➔ Schmid Noerr, Cläre
Schmid-Braunfels, Joseph ➔ Schmid, Joseph
Schmid-Kugelbach, Heinrich ➔ Schmid, Heinrich
Schmid-Schwarzenberg, Franz Xaver ➔ Schmid, Franz Xaver
Schmid-Tannwald, Karl ➔ Schmid, Karl
Schmidel, Ulrich ➔ Schmidl, Ulrich
Schmidfalken ➔ Schmidt, Kurt
Schmidlin, Joseph ➔ Freitag, Anton
Schmidt, A. F. ➔ Selig, Paulus
Schmidt, Amalia Charlotte ➔ Lanna, Amalie Charlotte
Schmidt, Anton Franz ➔ Dietzenschmidt, Anton Franz
Schmidt, C. A. E. ➔ Riem, Andreas
Schmidt, DH ➔ Schmidt, Diedrich Heinrich
Schmidt, Expeditus ➔ Schmidt, Hermann
Schmidt, F. ➔ Semmig, Hermann
Schmidt, Fred ➔ Schmidt, Alfred Eduard

Schmidt, Fritz ➔ Dittrich, Max
Schmidt, Gustav ➔ Heydenreich, Johann Christian Heinrich
Schmidt, Henriette ➔ Lindemann, Henriette
Schmidt, Johannes ➔ Haufe, Ewald
Schmidt, Karl ➔ Reinsberg, Ida von
Schmidt, Karl Friedrich ➔ Löhr, Johann Andreas Christian
Schmidt, Karoline ➔ Sommer, Joh. Christian
Schmidt, Ladislaus ➔ Tarnowski, Ladislaus
Schmidt, Lothar ➔ Goldschmidt, Lothar
Schmidt, Mirjam ➔ Schmidt, Marie
Schmidt, Siegfried ➔ Schmid, Siegfried
Schmidt, Sigismund ➔ Leucht, Christian Leonhard
Schmidt, Sophia ➔ Constantinides, Thea
Schmidt, Theodor ➔ Piorkowska, Jenny
Schmidt, Ulrich ➔ Schmidl, Ulrich
Schmidt, Werner Granville ➔ Schmidt, Werner
Schmidt vom Meere ➔ Schmidt, Karl Friedrich
Schmidt von Höbersdorf, Michel ➔ Nöbauer, Michel
Schmidt von Lilienthal, Werner ➔ Schmidt, Werner
Schmidt von Lübeck ➔ Schmidt, Georg Philipp
Schmidt von Waffenstein ➔ Weilandt, Clemens
Schmidt von Werneuchen ➔ Schmidt, Friedrich Wilhelm August
Schmidt-Adebar, Karl Friedrich ➔ Schmidt, Karl Friedrich
Schmidt-Barrien, Heinrich Adolf ➔ Schmidt, Heinrich Adolf
Schmidt-Berna, Frederico ➔ Schmidt-Berna, Friedrich
Schmidt-Brädikow, Wilhelm ➔ Schmidt, Wilhelm
Schmidt-Brake, Adolf ➔ Schmidt, Adolf Carsten
Schmidt-Buhl, K. ➔ Schmidt, Karl
Schmidt-Cabanis, Richard ➔ Schmidt, Richard
Schmidt-Danzig, Edeltraud ➔ Schmidt, Edeltraud
Schmidt-Eberhard ➔ Schmidt, Gustav Wilhelm Carl
Schmidt-Elgers, Paul ➔ Schmidt, Paul
Schmidt-Eller, Berta ➔ Künzell, Berta
Schmidt-Ellrich, H. ➔ Schmidt, Hermann
Schmidt-Fanmiller, Aenny ➔ Schmidt, Aenny
Schmidt-Fernow, Elise ➔ Schmidt, Elise
Schmidt-Freksa, Gertrud ➔ Freksa, Gertrud
Schmidt-Freytag, Carl-Günther ➔ Schmidt, Carl-Günther
Schmidt-Gerhold, Willy ➔ Schmidt, Willy
Schmidt-Gibichenfeld, Otto ➔ Schmidt, Otto
Schmidt-Gorsblock, Hans ➔ Schmidt, Hans Christian
Schmidt-Hänigsen, Hans ➔ Schmidt, Hans R.
Schmidt-Häßler, Walter ➔ Schmidt, Walter
Schmidt-Helling, Curt Wilhelm ➔ Schmidt, Curt-Wilhelm
Schmidt-Hoffmann, Heinrich ➔ Schmidt, Gustav
Schmidt-Idar, Minna ➔ Schmidt, Wilhelmine
Schmidt-Joachim, Hans ➔ Schmidt, Hans Joachim
Schmidt-König, Fritz ➔ Schmidt, Fritz
Schmidt-Lindemann, Henriette ➔ Lindemann, Henriette
Schmidt-Lisber, H. ➔ Schmidt, S. Belri
Schmidt-Luz, Emmy ➔ Schmidt, Emma
Schmidt-Oberlößnitz ➔ Schmidt, Wilhelm
Schmidt-Olden, F. G. ➔ Schmidt, Franz Gerhard
Schmidt-Peschell ➔ Schmidt, Hans
Schmidt-Pretoria, Werner ➔ Schmidt, Werner
Schmidt-Raven, Jürgen Fritz Heinz ➔ Schmidt, Jürgen Fritz Heinz
Schmidt-Rieger, Ulrike ➔ Schmidt, Ulrike
Schmidt-Scheeder, Georg ➔ Schmidt, Georg
Schmidt-Schell, Erich ➔ Schmidt, Erich
Schmidt-Schönebeck, Werner ➔ Schmidt, Werner
Schmidt-Schütt, Margarete ➔ Schmidt, Margarete
Schmidt-Sommerfeld, Gustav ➔ Schmidt, Gustav
Schmidt-Stoltenburg, Ludwig ➔ Schmidt, Ludwig
Schmidt-Thiel, Bruno ➔ Schmidt, Bruno
Schmidt-V., Renate ➔ Schmidt, Renate
Schmidt-van Miller, Aenny ➔ Schmidt, Aenny
Schmidt-Wettingfeld, Werner ➔ Schmidt, Werner
Schmidt-Wodder, Johannes ➔ Schmidt, Johannes
Schmidt-Wolff, Georg ➔ Schmidt, Georg
Schmidtbonn, Wilhelm ➔ Schmidt, Wilhelm
Schmidtz-Hoffmann, C. von ➔ Brepohl, Friedrich Wilhelm
Schmied, Friedrich Louis ➔ Stein, Ernst
Schmiede, Charlotte E. ➔ Arndt, Charlotte E.
Schmiedel, Emil Erwin ➔ Schmidt, Emil
Schmiedel, Hans Peter ➔ Schmitt, Hans Peter
Schmiedel, Ulrich ➔ Schmidl, Ulrich
Schmieden ➔ Schmidtgen, Alfred
Schmieder, Sigaeus ➔ Schmieder, Siegmund
Schmiel, U. R. ➔ Schmid, Ulrich Rudolf
Schmig, Helmut ➔ Römpp, Hermann
Schmit, Maria ➔ Ferschl, Maria
Schmithof, Eduard ➔ Schmidt, Eduard
Schmitt, Bernhard ➔ Schmidt, Bernhard
Schmitt, Eugen ➔ Klaußmann, Anton Oskar Eugen
Schmitt, Sammy ➔ Schmitt, Samuel
Schmitt, Wilcar ➔ Schmitt, Wilhelm Carl
Schmitt-Böhle, Lis ➔ Schmitt, Lis
Schmitt-Kraemer, Adolf ➔ Schmitt, Josef Adolf
Schmitt-Rost, Hans ➔ Schmitt, Hans

Schmitt-Sackersdorf, Erika → Schmitt, Erika
Schmitt-Sulzthal, Rudolf → Schmitt, Rudolf
Schmitthammer, Karl Wilhelm → Schmidthammer, Karl Wilhelm
Schmitz, Alexander → Kleintner-Schmitz, Alexander
Schmitz, Balthasar → Kober, August Heinrich
Schmitz, Heinrich → Dannenberger, Hermann
Schmitz, Karlchen → Gerboth, Hans-Joachim
Schmitz, Maria → Breuel, Klaus
Schmitz im Broich, Heinrich → Schmitz, Heinrich
Schmitz-Kairo, Paul → Schmitz, Paul
Schmitz-Köhler, Maria → Schmitz, Maria
Schmitz-Uerdingen, Jupp → Schmitz, Jupp
Schmolcke, Benjamin → Schmolck, Benjamin
Schmolke, Benjamin → Schmolck, Benjamin
Schmoll, Claus → Schöler, Charlotte von
Schmöll, Werner → Gernhardt, Robert
Schmolz, Anneliese → Gütt, Anneliese
Schmuhl, Eisig → Holzschuher, Heinrich
Schmutz-Höbarthen, Franz → Schmutz, Franz
Schnabl, Martina → Weisl, Alexandrine Martina
Schnafte → Grünberg, Karl
Schnaß, Franz → Schnaß, Frank
Schnee, Peter → Wendelmuth, Franz Peter
Schneeberg, Karl → Pasig, Paul
Schneemann, Christlieb → Woltereck, Christoph
Schneeperger, Hans → Schneeberger, Hans
Schneickher, Paulus → Schneider, Paulus
Schneidawind, Dr. → Eylert, Friedrich
Schneideck, Gustav Heinrich → Schneider, Gustav Heinrich
Schneidenwindt, Johann → Schneidewind, Johann
Schneider → Rauschenplat, Hellmut von
Schneider, A. → Schalscha-Ehrenfeld, Amalie von
Schneider, Bastian → Breslauer, Hans Karl
Schneider, Bernhardine → Nelken-Ohlenmacher, Bernhardina
Schneider, Betty → Schmitz, Betty
Schneider, Eulogius → Schneider, Johann Georg
Schneider, G. H. → Hexelschneider, Gustav
Schneider, Gabe → Jungbohn, Knut
Schneider, Georg → Kreker, Erwin
Schneider, Ilse → Schneider-Lengyel, Ilse
Schneider, Ilse → Quietmeyer, Ilse
Schneider, J. → Eisenprobst, Egon Ferdinand
Schneider, Liepolt → Schneider, Hans Leupold
Schneider, Louis → Schneider, Ludwig Wilhelm
Schneider, Margit → Pflagner, Margit
Schneider-Anhalt, Rudolf → Schneider, Rudolf
Schneider-Baumbauer, Reinhold → Schneider, Reinhold
Schneider-Claußß, Wilhelm → Schneider, Wilhelm
Schneider-Chrieden, Frank → Schneider, Franz
Schneider-Foerstl, Josephine → Schneider, Josephine
Schneider-Franke, Rudolf → Schneider, Josef Rudolf
Schneider-Manzell, Anton → Schneider, Anton
Schneider-Schelde, Rudolf → Schneider, Rudolf
Schneider-Sudenburg, Anton Friedrich → Schneider, Anton Friedrich
Schneider-Thomas, Ingelux → Thomas, Ingelux
Schneider-Tobsdorf, Hans → Schneider, Johann
Schneider-Zabel, Ursula → Schneider, Ursula
Schneidero, Theo → Schneider, Theo
Schneidt, Elisabeth → Schmidt, Elisabeth
Schneiter, Blanche Christine → Olschak, Blanche Christine
Schnell, Hedwig Maria → Oelze, Hedw. Maria
Schnell, Luise → Rinser, Luise
Schnellfuss, Esaias → König, Justus Christian Gottlieb
Schnellpfeffer, Jacobus → Maaßen, Carl Georg Heinrich von
Schnepfenburg, Hans v. d. → Zeitz, Johannes
Schnidtmann-Leffler, Elisabeth → Schnidtmann, Elisabeth
Schnirkel, Johannes Nepomucenus Christopherus → Cranz, August Friedrich
Schnitter, Albert → Schneider, Adalbert Virgilius Ambrosius
Schnitter, Thomas → Rispeter, Walter
Schnitzler-Carey, Eddy → Schnitzler, Erwin
Schnööf, Kuddl → Steffen, Jochen
Schnoor, Franziskus im → Schulz, Richard
Schnorr, Dagmar → Braun, Dagmar
Schnüfferl → Landesberg, Alexander
Schnüffler, Anastasius → Hopf, Albert
Schnurcks, Scholastika → Muellenbach, Josephine
Schnürle-Schlüren, Friedrich → Schlüren, Erwin
Schober, Herbert → Sellner, Norbert
Schobert, Hedwig → Bode, Hedwig Baronin v.
Schodeler, Balthasar → Schodoler, Balthasar
Schodeler, Werner → Schodoler, Werner
Schodeler, Werner → Schodoler, Werner
Schoen-Saar, Ludwig → Schön, Ludwig
Schoenaich, Paul Freiherr von → Hoverbeck, Paul von
Schoenfeldt, Hildegard von → Meisner, Hildegard
Schoepp, Meta → Zimmermann-Schoepp, Meta
Schoeppl, Mizzi → Schoeppl, Maria
Schoettgenius, Johann Christian → Schöttgen, Johann Christian
Schofelschreck, Dietrich → Bürger, Gottfried August
Schoffner, C. → Usener, Hermann

Scholar ➔ Scholz, Oskar
Scholasticus, Johann ➔ Baier, Josef
Scholem, Gerhard ➔ Scholem, Gershom
Schöler, Bertha ➔ Augusti, Bertha
Schollak-Rittweger, Gylfe ➔ Schollak, Gylfe
Schöllenbach, Karl Albert ➔ Theuermeister, Robert
Schollenhupser, Hansjörg ➔ Döhner, Franz
Scholmer, Joseph ➔ Schölmerich, Joseph
Scholz, Ferdinand ➔ Raven, Achim
Scholz, J. C. G. ➔ Flittner, Christian Gottfried
Schomburg, Kurt ➔ Walter-van der Bleek, Kurt L.
Schön, Marianne von ➔ Schön von Kreuzenau, Marianne
Schönau, August ➔ Eydner, Hugo
Schönau, H. von ➔ Bosse, Auguste von
Schönau, Peter ➔ Schönemann, Gerhard
Schönau, Walter ➔ Kneschke, Martha
Schönbeck, Marianne ➔ Kleiner-Schönbeck, Marianne
Schönberg, Sola ➔ Biermann, Lieselotte Hanna Eva
Schönberger, C. ➔ Dworaczek, Wilhelm
Schönberger, Hans ➔ Leiß, Hans
Schönberger, Käthe ➔ Dombrowski von u. zu Paprosch und Kruszwice, Katharina Ladovika
Schönburg, Karl ➔ Curti, Theodor
Schönburg, P. F. W. ➔ Schön, Friedrich
Schonebeck, Fritz von ➔ Castelle, Friedrich
Schönefeld, H. ➔ Vieweg, Hedwig
Schonen, Adalbert von ➔ Schoppe, Amalie Emma Sophie
Schönenberger, Elisabeth ➔ Hasler-Schönenberger, Elisabeth
Schönensteinbach, Heinrich von ➔ Fabri, Heinrich
Schönermark, J. ➔ Schade, Josephine
Schönfeld, Johannes von ➔ Schönfelder, Johannes
Schönfeld, Josef ➔ Bloch, Ernst
Schönfeldt, Sybil Gräfin ➔ Schlepegrell, Sybil
Schöngruber, Mundl ➔ Schöngruber, Edmund
Schöngruber-Brandegger, Edmund ➔ Schöngruber, Edmund
Schönherr, Dietmar ➔ Schönleiten, Dietmar Edler von
Schönherr, Vivi ➔ Schönleiten, Vivi von
Schönhoff ➔ Frank, Rudolf
Schönhoff, Leopold von ➔ Henning auf Schönhoff, Leopold von
Schönhoff, Ulrika von ➔ Henning auf Schönhoff, Ulrika von
Schönhoff-Riem, Ilse ➔ Schönhoff, Ilse Hildegard
Schönholzer, Anne ➔ Bind, Rudolf
Schönholzer, Jakob ➔ Klinke, Willibald
Schönhorst, Eduard ➔ Philipp, Carl Eduard
Schöning, Fries ➔ Stilke, Walter
Schonkilius, Jocosus Hilarius ➔ Grüner, Christoph Sigismund
Schönlank, M. R. ➔ Raphael, Max
Schönort, H. ➔ Beaulieu, Heloise Margarete von
Schönthan, Franzhans von ➔ Schönthan Edler von Pernwald, Franz
Schönwald, Erich ➔ Christel, Franz
Schönwies, Max von ➔ Schönowsky von Schönwies, Maximilian
Schönwies, Sophie von ➔ Schönowsky von Schönwies, Sophie
Schöpf, Friedrich Wilhelm ➔ Schöpff, Friedrich Wilhelm
Schöppach, Karl ➔ Jahn, Friedrich Ludwig
Schopperus, Hartmann ➔ Schopper, Hartmann
Schöps, Peter ➔ Loosli, Carl Albert
Schorn, F. v. ➔ Schlichtegroll, Karl Felix von
Schorn, L. B. ➔ Puhle, Joachim
Schorn, N. von ➔ Nockher, Ludwig
Schorno, Michael Angelus von ➔ Schorno, Diethelm von
Schorno-Flury, Anita ➔ Schorno, Anita
Schorsch, Luise ➔ Schorsch, Lina
Schosserus, Ioannes ➔ Schosser, Johannes
Schostack, Renate ➔ Kühnert-Schostack, Renate
Schott, Clara ➔ Schachne, Clara
Schott, Dr. C. F. A. ➔ Paulus, Heinrich Eberhard Gottlob
Schott, Fritz ➔ Meyer, Charlotte
Schott, St. ➔ Jacubowicz, Heinrich P. M.
Schotte, Paulus ➔ Elbogen, Paul
Schottel, Justus Georg ➔ Schottelius, Justus Georg
Schotthusius, H. ➔ Weber, Immanuel
Schottlerus, Georgius ➔ Gretscher, Jakob
Schottus, Gasparus ➔ Schott, Caspar
Schoultz de Torma ➔ Schultz, Georg Julius
Schrader, Julie ➔ Niewerth, Julie
Schrader, Stephan ➔ Band, Moritz
Schrader-Diedrichs, Maria ➔ Schrader, Marie
Schragge, Ludwig ➔ Philippson, Ludwig
Schramm, Hermine Amalie ➔ Meißner, Hermine Amalie
Schramm, Lukas ➔ Pförtner, Karl
Schramm-Itzehoe, Werner ➔ Schramm, Werner
Schrattenthal, Karl ➔ Weiß, Karl
Schraufek-Troeger, Christl ➔ Vogler, Christine
Schraut, Max ➔ Kabel, Walther
Schreber ➔ Wagner, Johann Andreas
Schreck, Harry ➔ Rosenthal, Helmut
Schreck, Joachim ➔ Bechtle-Bechtinger, Joachim
Schreckenstein, Ferdinand von ➔ Reinhard, Ewald
Schreckenstein, Karl von ➔ Eichler, Karl
Schreer-Hofmann, Olga ➔ Schreer, Olga
Schreib, Magdalena ➔ Wagner, Maria
Schreiber ➔ Paul, Richard
Schreiber, Adele ➔ Krieger, Adele
Schreiber, Dr. ➔ Murhard, Friedrich Wilhelm August

Semmelziege, Jedediah ➔ Scherr, Johannes
Semmikowski, J. ➔ Kászony, Daniel
Semper idem ➔ Foerster, Heinrich
Semper sibisimilis ➔ Leibniz, Gottfried Wilhelm von
Semper talis ➔ Lipp, Herbert
Semperlustig, Cordatus ➔ Philippi, Johann Ernst
Sempronius ➔ André, Karl Theodor
Sempronius ➔ Lamprecht, Karl
Sendach, Ludwig ➔ Déschan Edler von Hansen, Ludwig
Sendador, El ➔ Erber, Felix
Senden, Hans ➔ Möller, Berta Liane
Senden, L. von ➔ Laporterie, Franz Joseph
Sendivogii, Filius ➔ Harpprecht, Johann Friedrich von
Sendlinger, Viktor ➔ Deffner, August
Senftbauer, E. ➔ Jeschke, Wolfgang
Senga ➔ Klein, Agnes Olivia
Senga ➔ Missfeldt, Agnes Karoline Eleonore
Seni ➔ Plato, Curt
Senior, A. ➔ Frind, Wenzel Anton
Sennfeld, Alfred ➔ Schönfeld, Alfred
Senski, Oskar ➔ Kosta, Oskar
Sentheim, S. ➔ Kossak, Margarete
Sentier, H. ➔ Stegemann, Hermann
Sentina, Oskar ➔ Kuntze, Oskar
Seon, Siggi ➔ Kalmuczak, Rolf
Sephine ➔ Münk, Josephine Freiin von
Sepp, H. ➔ Hiemesch, Josef
Sepp, Hans-Eckard ➔ Henscheid, Eckard
Seppli im Feld ➔ Wipfli, Joseph
September ➔ Droop, Fritz
Septim ➔ Strauß, Isidor
Septimia ➔ Nostitz und Jänkendorf, Klotilde Septimie von
Septimontanus ➔ Solzbacher, Joseph
Sequanus, Heinrich ➔ Spitta, Heinrich Helmerich Ludwig
Serach, Alexander von ➔ Württemberg, Christian Friedrich Alexander Graf von
Serano, Ada ➔ Siercke, Adolphine
Seraphin, Franz ➔ Knoche, Franz Seraphin Richard
Seraphinus, Pet. ➔ Cludius, Hermann
Seraphinus, Petrus ➔ Buchholz, Friedrich
Serapion ➔ Reumont, Alfred von
Serda, Charlott ➔ Junkermann, Charlotte
Seren, Dietrich ➔ Schneiderreit, Gustav
Serena ➔ Fouqué de la Motte, Karoline Auguste
Serena ➔ Rohn, Adeline Elisabeth
Serena, A. ➔ Sachsen, Amalie Friederike Auguste Prinzessin von
Serenus ➔ Lengerke, Cäsar von
Serenus ➔ Rabener, Justus Gottfried
Serenus ➔ Brüning, Johann Valentin
Serenus, Dr. ➔ Stekel, Wilhelm
Sergent, Hélène ➔ Stein, Hilde
Serhatlija, Suljo ➔ Krauß, Friedrich Salomo
Sering, Paul ➔ Löwenthal, Richard
Serius, Jocosus ➔ Bürger, Gottfried August
Serius, Jocosus ➔ Schäffer, Johann Christian Heinrich
Sermo Morseus ➔ Reuter, Franz
Serner, Walter ➔ Seligmann, Walter
Sero, J. ➔ Eder, Josef
Serotinus ➔ Stieler, Kaspar von
Sertorius ➔ Schappeler, Christoph
Servati, Erich ➔ Sautier, Heinrich
Servatius, Victor ➔ Bernard, Frits
Serwies, Phalod ➔ Weisser, Adolph
Sessler-Zeiz ➔ Sessler, Thomas
Sestedt, Niclas ➔ Sehested, Claus von
Sesti, Vinc. ➔ Görges, Christoph Friedrich
Settgast-Brockmüller, Ann-Charlott ➔ Settgast, Ann-Charlott
Seuberlich, Andreas ➔ Hoburg, Christian
Seuberlich, H. Grit ➔ Hebsaker, Grit
Seuerinus de Clamoribus ➔ Plarre, Ernst Martin
Seutlonius, Vigilantius ➔ Mangolt, Gregor
Severin, Justus ➔ Mützelburg, Adolf
Severinus, Maurus ➔ Hadatsch, Franz Joseph
Severus ➔ Eschmann, Ernst Wilhelm
Severus ➔ Rueß, Wilhelm
Severus, Medius Jocosus ➔ Mitternacht, Johann Sebastian
Severus, Sibylle ➔ Obrist-Streng, Sibylle
Severus, Sulpitius ➔ Leucht, Christian Leonhard
Sevlaar, Ralf ➔ Rahlves, Rudolf
Sewett, Artur ➔ Brausewetter, Artur Friedrich Leon
Seyffarth, Jost Adrian ➔ Hildebrandt, Karl Erich
Seyffarth, Ursula ➔ Knöller, Ursula
Seyffert-Klinger, Anna ➔ Seyffert, Anna
Seyfried ➔ Seifried, Karl Heinrich
Seymour, Henry ➔ Hartmann, Helmut
Seymour, Phyllis ➔ Hartmann, Sophie
Seymour, Wayne ➔ Hartmann, Helmut
Seynne, Lambertus de ➔ Sayve, Lambertus de
Seyringer, Hanna ➔ Hnidek, Leopold
Seyth, Adyr ➔ Thies, Ida
Sfrei ➔ Sorgenfrei, Paul
Shachor, Alisa ➔ Gardos, Alice
Shadow, Mike ➔ Eisele, Martin
Shadow, Mike ➔ Giesa, Werner Kurt
Shadow, Mike ➔ Hary, Wilfried Antonius
Shadow, Mike ➔ Kuhnert, Jörg
Shadow, Mike ➔ Rosenbauer, Roland
Shadow, Mike ➔ Weinland, Manfred
Shaffer, Ernest N. ➔ Schaeffer, Ernst
Shalev, Aurel ➔ Friedmann, Aurel
Shannon, Bill ➔ Bajog, Günther
Shannon, Mark ➔ Grossmann, Hans Hugo
Shannon, Robert ➔ Fechtner, Wolfgang
Shapiro, Cora ➔ Mauckner, Walter G.
Shark, B. M. ➔ Wegener, Manfred
Shark, Rolf ➔ Koizar, Karl Hans
Sharon, H. S. ➔ Squarra, Heinz
Sharp, Hooker ➔ Grossmann, Hans Hugo

Shatterhand, Old ➔ Tucholsky, Kurt
Shaver jun., Garret ➔ Tondern, Harald
Sheets, William Esq. ➔ Schöpfer, Georg Karl Ludwig
Shenley, John ➔ List, Horst
Sherard, Brian ➔ Friedrichs, Horst
Sheridan, Jim ➔ Erichsen, Uwe
Sheridan, Raymond M. ➔ Schröder, Rainer M.
Sheriff Ben ➔ Jeier, Thomas
Sherry, Roman ➔ Eichacker, Reinhold
Sherwood, Henry ➔ Seitz, Eberhard
Shihor, Aliza ➔ Cardos, Alice
Shocker, Dan ➔ Anton, Uwe
Shocker, Dan ➔ Duensing, Jürgen
Shocker, Dan ➔ Grasmück, Jürgen
Shocker, Dan ➔ Hary, Wilfried Antonius
Shocker, Dan ➔ Nagula, Michael
Shocker, Dan ➔ Rosenbauer, Roland
Shols, W. W. ➔ Scholz, Winfried
Shomtade, Emil ➔ Wilpert, Richard von
Short, Frederic ➔ Friedrichs, Horst
Shot, Dorothy ➔ Schöttle, Rosemarie
Shou, Peryt ➔ Schultz, Albert
Si-Osire ➔ Schweitzer-von Coellen, Ignaz
Sibelius, Johanna ➔ Keindorff, Sibylle
Siber ➔ Edelbeck, Benedikt
Siber v. Groote, Paula ➔ Siber, Paula
Sibi ➔ Bing, Siegmund
Sibianu, Ana ➔ Stephani-Nussbächer, Brigitte
Siccardsburg, Wolfgang ➔ Gerhardt, Paul
Sichamond ➔ Dach, Simon
Siche-Tarnowski, Gertrud ➔ Siche, Gertrud
Sicinius ➔ Piwetz, Emerich
Sickenberger, Therese ➔ Tesdorf-Sickenberger, Therese
Sicking, Franz ➔ Strauß, Henriette
Sicking, Heinrich ➔ Stuppäck, Hermann
Sicurus, Dorotheus ➔ Crusius, Thomas
Siddy ➔ Eisenschitz, Siddy
Sidonius, Michael ➔ Helding, Michael
Sidons, Charles ➔ Postl, Karl Anton
Siebecke, Evemarie ➔ Siebecke-Giese, Evemarie
Siebel, Johanna ➔ Zürcher, Johanna
Siebel, Konrad ➔ Roselieb, Hans
Siebenbrodt, Dorothee ➔ Fangk, Dorothea
Siebenburger ➔ Kopin, Martin
Siebenbürger Lenau ➔ Grubacevic, Carl Borromäus
Siebenpfeiffer, Carl ➔ Nürnberger, Woldemar
Siebenpunkt, Amadeus ➔ Doerrschuck, Hubert
Siebenschön, Leona ➔ Petermann, Helga
Sieber, Elisabeth ➔ Trenkler, Elisabeth
Sieber-Rilke, Ruth ➔ Sieber, Ruth
Siebers, Mascha ➔ Müller, Hildegard
Siebert, Ann ➔ Siebert, Priscilla
Siebmann, Friedrich Sigismund ➔ Grunenthal, Friedrich Sigismund
Siebrand, Carl Ehrenfried ➔ Steinbach, Christoph Ernst
Sieck, Heide ➔ Heidsieck, Hanns
Siècle, F. de ➔ Gold, Alfred
Siede, Hans ➔ Ganske, Hugo Fritz
Sieg, Friedrich ➔ Kaiser, Franz Siegfried
Siegbalt, Johannes ➔ Grotthuß, Jeannot Emil von
Siegel, Helmut ➔ Höfling, Helmut
Siegel, Siegfried ➔ Karasek, Hellmuth
Siegel, Steve ➔ Dubina, Peter
Siegemund, Gottfried ➔ Salomon, Gotthold
Siegenland, Rainer ➔ Schmidt, Friedrich Wilhelm
Siegentaler, Peter ➔ Hoffmann, Hans
Sieger, Anna Irena ➔ Füger-Rechtborn, Anna von
Siegerist, Anna Irena ➔ Füger-Rechtborn, Anna von
Siegershofen, Maximilian von ➔ Sigershoven, Maximilian von
Siegert, Alex ➔ Figdor, Karl
Siegfried ➔ Weiser, Karl
Siegfried ➔ Zinzendorf, Nikolaus Ludwig von
Siegfried ➔ Johannsen, Johann
Siegfried, E. ➔ Siegfried, Eva
Siegfried, Heinrich ➔ Scherr, Johannes
Siegfried, J. ➔ Blum, Ida
Siegfried, Johann Samuel ➔ Pretsch, Johann Samuel
Siegfried, K. E. ➔ Niedergesäß, Siegfried
Siegfried, Werner ➔ Baumgartner, Alfred
Siegfrieda, Dr. ➔ Weinberg, Siegfried
Siegl-Jandl, Margareta ➔ Siegl, Margareta
Siegmann, Josephine ➔ Tomaselli, Josephine
Siegmar, Josef ➔ Dackweiler, Josef
Siegmar, Rudolph ➔ Stettner, Friedrich
Siegmey ➔ Meyer, Siegbert
Siegmund, Friedrich ➔ Albrecht, Friedrich
Siegmund, Heinrich ➔ Depta, Siegmund
Siegrist, Ludwig ➔ Plönnies, Wilhelm von
Siegwart, Alfred ➔ Bienengräber, Alfred
Siemes, Walter ➔ Oellers, Werner
Sier, Richard ➔ Abshoff, Fritz
Sierk, Arthur ➔ Kreis, Philipp
Sievers, Otto ➔ Findling, Moritz
Sigfrid, Gerhard ➔ Weitbrecht, Karl
Sigfried, Walther ➔ Weiser, Karl
Siggarsen, G. ➔ Goldbach, Otto
Sigi ➔ Lechner, Sigi Johannes
Sigma ➔ Rümelin, Gustav
Sigmar, Horst ➔ Gronowski, Leo
Sigmund ➔ Hirsch, Sigmund
Signeur Messmahl ➔ Grimmelshausen, Johann Jakob Christoffel von
Signifer, Theo ➔ Bannert, Karl Josef Theodor
Signor Domino ➔ Cohnfeld, Emil
Signor Ricardo ➔ Behrend, Martin
Signor Saltarino ➔ Otto, Hermann Waldemar
Siking, Franz ➔ Strauß, Henriette
Sikkings, Eberhard von ➔ Sickingen, Eberhard von
Sil-Vara ➔ Silberer, Geza
Sila, U. ➔ Last, Elise
Sila, U. ➔ Last, Siegmund
Siladosi ➔ Hach, Otto

Silberhell ➔ Schmitz-Reinfeld, Christian
Silbersburg, T. von ➔ Tanzer, Johann Friedrich
Silens, Peter ➔ Mattheus, Richard
Silere ➔ Ziegler, Christiane Marianne von
Silesia ➔ Siebelt, Agnes
Silesia, Angela ➔ Schott, Margarete
Silesia, Bodo von ➔ Köhr, Dietrich
Silesius, Constans ➔ Schulze, Constans
Silesius, Eduard ➔ Badenfeld, Eduard von
Silesius, F. ➔ Kruse, Georg
Silesius, Gerth ➔ Vollhardt-Wittich, Margarete
Silesius, P. H. ➔ Hennig, Paul
Silesius, W. ➔ Schmidt, Wilhelm Ludwig
Silesius alter ➔ Pohl, Gerhart
Silesius minor ➔ Marbach, Gotthard Oswald
Silie, Peter ➔ Stoffregen, Goetz Otto
Siling, Harry von ➔ Tenczyk, Ignatz-Jacob
Siling, Mark ➔ Kriebel, Friedrich
Silja ➔ Polzin, Silja
Sill, Friedrich T. ➔ List, Friedrich
Sill, Peter ➔ Schäfer, Max
Silla, J. J. ➔ Huonder, Silvio
Silla, Silvio ➔ Smeth, Maria Baronin de
Siloia ➔ Ploch, Mathilde
Silva, Ben ➔ Helgath, Franc
Silva, Elvira da ➔ Paul, Elvira
Silvan ➔ Buschmann, Josef
Silvander ➔ Schreiber, Georg Heinrich
Silvano ➔ Büttel, David
Silvano, Frederico ➔ Hunsche, Friedrich Ernst
Silvanus ➔ Schaaf, Paul
Silvanus, Fritz ➔ Sacher, Friedrich
Silvanus, Geo ➔ Krause, Georg
Silvanus, J. ➔ Ferch, Johann
Silvanus, Jakob ➔ Keller, Jakob
Silvanus, T. ➔ Korodi, Lutz
Silvaticus ➔ Friedeberg, Meyer
Silver, Jules ➔ Pies, Eike
Silvester, Claus ➔ Dörner, Claus Silvester
Silvester, Ewald ➔ Heide, Hans Karl
Silvestre, Dino ➔ Biron, Georg
Silvia ➔ Dobeneck, Katharina Margarethe
Silvia ➔ Kossak, Margarete
Silvia ➔ Ploch, Mathilde
Silvia, Andrea ➔ Garbald-Gredig, Johanna
Silvidor ➔ Walther, Johann Ernst
Silvius ➔ Frank, Christoph
Silvius ➔ Seelmann, Sebastian
Silvius ➔ Waldau, Georg Ernst
Simani, Jürg ➔ Simanitsch, Georg
Simmel, August ➔ Schrader, August
Simmel, Rudyard ➔ Nagula, Michael
Simon ➔ Bolhöfer, August
Simon, Gerbert ➔ Zeller, Reimar
Simon, Harry ➔ Samson, Horst
Simon, Hubert H. ➔ Haensel, Hubert
Simon, Irving ➔ Haensel, Hubert
Simon, Jens ➔ Focke, Gerd
Simon, Katharina ➔ Kruse, Max
Simon, Katja ➔ Hamann, Bärbel
Simon, Klaus H. ➔ Hirsch, Isaak
Simon, Naftali ➔ Hirsch, Isaak
Simon, Nik ➔ Hirsch, Isaak
Simon, O. K. ➔ Katz, Otto
Simon, Peter ➔ Simon, Erik
Simon, Sibylle ➔ Schatz, Hedda
Simon, Sibylle ➔ Schatz, Iris
Simon, Willy O. ➔ Somin, Willy Oscar
Simon, Wilma ➔ Schmidt, Wilma
Simone, André ➔ Katz, Otto
Simone, Eva ➔ Benzing, Michael Jochen-Gerd
Simoneit, Hans ➔ Düweke, Ernst August
Simonides, Penelleus ➔ Albertini, Johann Baptist von
Simpel, Peter ➔ Foitzick, Walter
Simpel Krone ➔ Thurmair, Georg
Simplex ➔ Kusenberg, Kurt
Simplicissimus ➔ Hempel, Friedrich Ferdinand
Simplicissimus, Palingenius ➔ Schütz, Johann Jakob
Simplicius Freundlich ➔ Schön, Bruno
Simplicius Simplicissimus ➔ Grimmelshausen, Johann Jakob Christoffel von
Simplizissimus ➔ Wedekind, Frank
Simson, Hein ➔ Sinram, Heinrich
Sinapius, Friedrich ➔ Deutsch, Johannes
Sincera ➔ Renz, Barbara Klara
Sinceramundus ➔ Gleichmann, Johann Zacharias
Sincerus ➔ Koffka, Friedrich
Sincerus ➔ Schönemann, Daniel
Sincerus, Alethophilus ➔ Schmieder, Siegmund
Sincerus, Anastasius ➔ Amthor, Christoph Heinrich
Sincerus, Conradus ➔ Kulpis, Johann Georg v.
Sincerus, Constans ➔ Riccius, Christoph
Sincerus, Dr. ➔ Pinn, Carl
Sincerus, Erasmus ➔ Hempel, Friedrich Ferdinand
Sincerus, Germanicus ➔ Ayrmann, Christoph Friedrich
Sincerus, Germanus ➔ Lünig, Johann Christian
Sincerus, Germanus ➔ Praetorius, Johann Philipp
Sincerus, Germanus ➔ Riederer, Johann Friedrich
Sincerus, Innocentius Deodatus ➔ Schwertner, Johann David
Sincerus, Jacobus ➔ Hager, Johann Georg
Sincerus, Julius ➔ Lasker, Ignaz Julius
Sincerus, Pacificus ➔ Schleiermacher, Friedrich Daniel Ernst
Sincerus, Theophil ➔ Kortholt, Christian
Sincerus, Theophilus ➔ Gossel, Andreas
Sincerus, Wahrmund ➔ Feind, Barthold
Sincerus der Jüngere ➔ Mantzel, Christian Gottfried
Sinclair ➔ Weiss, Peter
Sinclair, Eduard von ➔ Sinclair, Isaak von
Sinclair, Emil ➔ Hesse, Hermann
Sinclair, Joshua ➔ Loffredo, John Louis Graf

Sinclair, Luke ➔ Duensing, Jürgen
Sined der Barde ➔ Denis, Johann Nepomuk Michael Cosmas
Singer, Ernest ➔ Krapp, Ernst
Singer, Herta ➔ Blaukopf, Herta
Singer, Irma ➔ Berkowitsch, Irma Mirjam
Singolt, Therese ➔ Tesdorf-Sickenberger, Therese
Singsang ➔ Wagner, Karl
Sinister ➔ Link, Erich
Sinjo ➔ Schmalzriedt, Siglinde Erika
Sinn, Ingeborg ➔ Sinning, Ingeborg
Sinnen, Heinrich von ➔ Giesa, Werner Kurt
Sinoja, J. E. de ➔ Engel de Jànosi, Joseph
Sinters, Hans ➔ Flechtner, Hans Joachim
Sintzel, Michael ➔ Weninger, Franz Xaver
Siola, A. ➔ Kohn, Alois
Sionatus Ophthalmopolita, Reinerus ➔ Reiser, Anton
Sir Galahad ➔ Eckstein, Bertha Helene
Sir Galen ➔ Nißlen, Tobias
Sirano, Paul ➔ Schultz, Karl Gustav Theodor
Sirius ➔ Böhm, Willibald
Sirius ➔ Schreiber, Aloys
Sirius, Peter ➔ Kimmig, Otto
Sirrah, H. ➔ Zeißig, Irma
Sitt, Peter ➔ Berg, Walter
Sittenbach, Euphrosyne von ➔ Schaevius, Heinrich
Sittenfreund, Hilarius ➔ Praetorius, Johann Philipp
Sittewald, Philander von ➔ Moscherosch, Johann Michael
Sittewald, Reiner v. ➔ Moscherosch, Quirinus
Sittick, Huldrich ➔ Eberlin von Günzburg, Joh.
Sittsam, Leberecht ➔ Schultze-Münchow, Walter
Siva, Ebbo ➔ Vogel, Eberhard
Six ➔ Dörfler, Hans
Six ➔ Loeff, Friedel
Six, Jupp ➔ Bodenstedt, Hans
Sixt, Peter ➔ Meckel, Eberhard
Sjöberg, Arne ➔ Brinkmann, Jürgen
Sjoeborg ➔ Soerensen, Hans
Sjöström, Kurt ➔ Siemers, Kurt
Skalberg, O. ➔ Skasa-Weiß, Eugen
Skaldaspillir, Eywind ➔ Wachter, Ferdinand
Skalde, Hermann ➔ Haag, Alfred
Skalden, Georg David ➔ Schulz, Georg David
Skalong, Hans von ➔ Monsterberg-Münckenau, Elinor von
Skamandros ➔ Fuchs, Friedrich
Skender Bey ➔ Junker, Siegfried Carlheinz
Skett, Wilibald ➔ Krüer, Heinrich Wilhelm
Skinau, Charlotte ➔ Giese, Martha
Skinner, Arno ➔ Dombrowski, Theodor
Sklavenfeind, Theodor ➔ Lawätz, Ferdin. Otto
Sklerander, Philipp Jakob ➔ Hartmann, Philipp Jakob
Skoda, Herma von ➔ Lauer, Herma
Skor ➔ Salmen, Angelika
Skorpion ➔ Ellinger, August
Sky, Frank ➔ Franciskowsky, Hans Günther
Slade, Jack ➔ Appel, Walter
Slade, Jack ➔ Bajog, Günther
Slade, Jack ➔ Beck, Florian
Slade, Jack ➔ Böckl, Manfred
Slade, Jack ➔ Delfs, Rainer
Slade, Jack ➔ Duensing, Jürgen
Slade, Jack ➔ Erichsen, Uwe
Slade, Jack ➔ Friedrichs, Holger
Slade, Jack ➔ Friedrichs, Horst
Slade, Jack ➔ Hartsch, Gerhart
Slade, Jack ➔ Hebel, Peter
Slade, Jack ➔ Helgath, Franc
Slade, Jack ➔ Ködelpeter, Hans E.
Slade, Jack ➔ Kügler, Dietmar
Slade, Jack ➔ Mauerhardt, Rolf
Slade, Jack ➔ Maurer, Kurt
Slade, Jack ➔ Michael, Rolf
Slade, Jack ➔ Neubert, Helmut
Slade, Jack ➔ Priess, Karl-Heinz
Slade, Jack ➔ Rahn, Wolfgang
Slade, Jack ➔ Rellergerd, Helmut
Slade, Jack ➔ Römhild, Helmut
Slade, Jack ➔ Schröder, Rainer M.
Slade, Jack ➔ Seddig, Günther
Slade, Jack ➔ Squarra, Heinz
Slade, Jack ➔ Tenkrat, Friedrich
Slade, Jack ➔ Wasser, Karl
Slade, Jack ➔ Wegener, Manfred
Slade, Jack ➔ Werner, Helmut
Slade, Jack ➔ Wiemer, Susanne
Slade, Ted ➔ Anton, Uwe
Slade, Ted ➔ Hahn, Ronald M.
Slade, Ted ➔ Wenske, Helmut
Sladek, Wenzel ➔ Brügel, Fritz
Slang ➔ Hampel, Fritz
Slark, Dittker ➔ Schlorke, Dieter
Slatos, M. H. ➔ Schlatter, Heinrich
Slattery, C. C. ➔ Ulbrich, Peter P. F.
Sleidanus, Johannes ➔ Philippi, Johannes
Sletzstat, Jacobus ➔ Wimpheling, Jakob
Sling ➔ Schlesinger, Paul
Sloet, Léon ➔ Polenz, Hertha von
Slovak ➔ Sanftleben, Alfred
Sluhe, Joachim ➔ Schlue, Joachim
Smeenk, Christiaan ➔ Weiden, Christan
Smeets, Marte ➔ Schmetz, Martha
Smelding, Anna von ➔ Schmeling, Wanda von
Smets, Moritz ➔ Smetaczko, Moritz
Smidt, P. ➔ Janke, Heinrich
Smidt von Altona ➔ Smidt, Heinrich
Smit, Will ➔ Schmitt, Willi
Smith, Alan D. ➔ Schwerdtfeger, Walter
Smith, Angela ➔ Hohlbein, Wolfgang E.
Smith, G. E. ➔ Schmidt, Gustav E.
Smith, Henry ➔ Schmidt, Heinrich
Smith, Jakob ➔ Schmidt, Jakob
Smith, P. ➔ Janke, Heinrich
Smith, the Democratic Eagle of Lancaster ➔ Schmidt, Jakob
Smithanders, Ernst ➔ Schmidt, Ernst Hermann Reinhold

Snabel, Hieronymus Wilhelm ➔ Schnabel, Hieronymus Wilhelm
Snegasius, Cyriacus ➔ Schneegaß, Cyriacus
Snieh, Ekh. C. ➔ Heinschke, Horst
Snitling, Dan ➔ Edzardus, Sebastian
Snut, Hein ➔ Sachse, Willi Richard
Snyder, Alek ➔ Schneider, Albert
Snyder, Harry ➔ Scheer, Karl Herbert
Sobergk, Cora ➔ Högel, Lisa
Sochaczewer, Hans ➔ Orabuena, José
Socialis Politicus ➔ Hammerstein, Ludwig von
Socius Fidelis, E. ➔ Jörger, Matthias Joseph
Soelnitz-Wettengel, E. W. von ➔ Wettengel, Eduard
Soest, Julius von ➔ Disselhoff, Julius August Gottfried
Soest, Wilhelm von ➔ Ungemach, Wilhelm
Soft ➔ Mandt, Georg
Söhnstorff, Alfred ➔ Lizatto, Arthur
Soistes ➔ Lenich, Paul
Soja-Plenk, Else ➔ Soja, Else
Söker, Wilm ➔ Goßmann, Wilhelm
Sokol, Matthes ➔ Matthes, Alfons
Solan, W. ➔ Arendt, Wilhelm
Soldi, Dörtie ➔ Biermann, Lieselotte Hanna Eva
Solf, Stella ➔ Solf, Judith
Solger, Erwin ➔ Kurtz, Rudolf
Solger, H. ➔ Bäumler, Theodor
Soliander ➔ Sturm, Jacob
Solimanus, Julius ➔ Althan, Michael Franz Ferdinand Graf von
Solina, Maria ➔ Kliment, Marie von
Solitaire ➔ Forstreuter, Erich Karl Max
Solitaire, M. ➔ Nürnberger, Woldemar
Solius, Christoph ➔ Söll, Christoph
Sölle, Dorothee ➔ Steffensky, Dorothee
Sölm, Oly ➔ Brahms, Oly
Solm, Pert ➔ Schönberg, Armin
Sölmund, Olav ➔ Krings, Carl
Solo, Franco ➔ Fischer, Claus
Solo, Franco ➔ Rellergerd, Helmut
Solo, Franco ➔ Schröder, Rainer M.
Solo, Franco ➔ Tenkrat, Friedrich
Solo, Franco ➔ Wegener, Manfred
Solo, Franco ➔ Wiemer, Susanne
Solo, Franco ➔ Wilhelmi, Karl
Solon ➔ Langenmantel, Hieronym. Ambrosius
Solona, Friedrich von ➔ Mosengeil, Friedrich
Solona, Friedrich von ➔ Bülow, Friedrich von
Solowjew, Merete ➔ Kurtz-Solowjew, Merete
Solta, Beno ➔ Scholze, Benno
Sölvy ➔ Perl, Änne
Solzen, Carol v. d. ➔ Breinersdorf, Karl
Sommer, Edith ➔ Mrázek, Edith
Sommer, Hans ➔ Zincke, Hans
Sommer, Johann Gottfried ➔ Volte, Johann Gottfried
Sommer, Lily ➔ Hohenstein, Lily
Sommer, Martha ➔ Hartmann, Martha
Sommer, Reinhold ➔ Fiedler, Franz
Sommer-Funck, Anna ➔ Funck, Anna
Sommerer, Thea ➔ Detlefsen, Thea
Sommerfeld, Franz von ➔ Matthes, Franz
Sommerfeld, Jacobus ➔ Rollenhagen, Georg
Sommers, Frank ➔ Niehaus, Werner
Sommerstorff, Otto ➔ Müller, Otto
Sonama, Gerda ➔ Morris, Gerda
Söndergaard, Jens ➔ Steinert, Harald
Sonderling, Heinz ➔ Kamnitzer, Heinz
Sonka ➔ Sonnenschein, Hugo
Sonnabend, Tobias ➔ Lewald, August
Sonnen, Karl ➔ Sonnenschein, Karl
Sonnen-Müller ➔ Müller, Emil Reinhardt
Sonnenberg, A. ➔ Münzenberg, Willi
Sonnenberg, Jutta von ➔ Liebermann von Sonnenberg, Jutta
Sonnenfeld, Franz von ➔ Gihr, Johannes
Sonnenfels, Amanda ➔ Sonnenfeld, Amanda
Sonnenfels, Falk von ➔ Hildebrand, Maximiliana
Sonnet, Ella ➔ Sell-Sonnet, Ella
Sonnhof, Maria vom ➔ Steinmann, Maria
Sonnhof, Maria von ➔ Branowitzer-Rodler, Maria
Sonnleitner, A. Th. ➔ Tluchor, Alois
Sonntag, Hans ➔ Langensiepen, Clara
Sonntag, Heinrich ➔ Kiesler, Bernhard
Sonntag, Leo ➔ Vincent, Laura
Sonntag, U. ➔ Wiegand, Ursula
Sonnwalden, Siegfried ➔ Schöppl, Siegfried Ritter von
Sonuscumt, Dr. J. D. ➔ Dont, Jakob
Sophie ➔ George, Sophie
Sophie ➔ Lindemann, Henriette
Sophie ➔ Richard, Sophie S.
Sophie ➔ Schwarz, Agnes Sophie
Sophie ➔ Siebert, Anna
Sophie ➔ Tasché, Sophie
Sophie, Gräfin v. M.** ➔ Mensdorff, Sophie Gräfin von
Sophien-Hermes ➔ Hermes, Johann Timotheus
Sophus, Ludwig ➔ Dahn, Felix
Sorauer, Jochen ➔ Krause, Jochen
Soraya ➔ Schlitt, Tilly
Sorba, Antal ➔ Zischka, Anton Emmerich
Soré ➔ Rose, Fritz
Sorée, Fedor ➔ Roese, Ferdinand
Sorel, Julian ➔ Herzog, Wilhelm
Sorel, Stefan ➔ Stephenson, Carl
Sörensen ➔ Bauer, Levke
Sorge, Birgit ➔ Heidemann, Magdalene
Sorge, Franz ➔ Schoder, Alois
Sorge, Marte ➔ Schürer-Stolle, Marte
Sorgenfrei, Peter ➔ Wehner, Karl-Bruno
Sorna, S. ➔ Hartmann, Kathinka von
Sörnsen, Anja ➔ Bülow, Vilma
Sorrel, Kurt ➔ Schertel, Ernst
Sortoff, Michael ➔ Osterhoff, Alexander
Sosia, Niccolò ➔ Rarisch, Klaus M.
Soso ➔ Kaiser, Oskar
Sothis, P. ➔ Kimmig, Otto
Soyen, Peter ➔ Pfitzner, Hein

Stern, Sebastian ➔ Kalmuczak, Rolf
Stern, Selma ➔ Täubler, Selma
Stern, Siegfried ➔ Stern, Fried
Stern, Stuart ➔ Blöde, Marie Antoinette Franziska
Stern, W. ➔ Schindler von Wallenstern, Emil
Stern, Walter ➔ Schindler von Wallenstern, Emil
Stern, Yallmar ➔ Weber, Charlotte von
Sternau, Alexander ➔ Soemmerring, Sophie
Sternau, C. Otto ➔ Inkermann, Otto
Sternau, Edmund ➔ Risch, Otto
Sternau, Felix ➔ Meynier, Johann Heinrich
Sternau, Hans ➔ Jacobs, Fritz
Sternau, Louise ➔ Jenisch, Louise
Sternau, Marie von ➔ Stadelmann, Marie
Sternau, Otto ➔ Risch, Otto
Sternau, Robert ➔ Hupfer, Robert
Sternau, Willy von ➔ Reimer, Gertrud
Sternbaner, Gustav ➔ Beran, Ernst
Sternberg, Alexander von ➔ Ungern-Sternberg, Alexander Freiherr von
Sternberg, Edmond ➔ Reimer, Edmund Johannes Adolf
Sternberg, Josef von ➔ Stern, Josef
Sternberg, Julius ➔ Meynier, Johann Heinrich
Sternberg, Jürgen W. ➔ Watzke, Helmut
Sternberg, Leo ➔ Schrutz, Demetrius
Sternberg, R. ➔ Reimer, Edmund Johannes Adolf
Sternberg, Werner ➔ Stökl, Ignaz
Sterne ➔ Stern, Felix
Sterne, Bill ➔ Leibl, Ernst
Sterne, Carus ➔ Krause, Ernst
Sternei, J. ➔ Steiner, Carl
Sternenfels, Berthold ➔ Straub, Dieter
Sternfels von Fugshaim, Melchior ➔ Grimmelshausen, Johann Jakob Christoffel von
Sterngassen, Gerhard von ➔ Korngin, Gerhard
Sternheim ➔ Brachmann, Karoline Louise
Sternheim ➔ Ehrmann, Marianne
Sternheim, Thea ➔ Bauer-Sternheim, Thea
Sternhelm, Thamathin ➔ Heller, Manfred G. W.
Sternlieb ➔ Hanov, Michael Christoph
Sternow, Erich ➔ Blaß, Ernst
Stetten, Hans von ➔ Schneiderhan, Johannes
Stettendorf, Jacoba von ➔ Hofmiller, Hulda
Stettner, Erik ➔ Kalmuczak, Rolf
Steube, J. H. ➔ Meynier, Johann Heinrich
Steuben, Fritz ➔ Wittek, Erhard
Steuben, Gert ➔ Zickler, Artur
Steuerlein, Johannes ➔ Steurlein, Johannes
Steuermann, Carl ➔ Ruehle, Otto
Stevartius, Petrus ➔ Gretscher, Jakob
Steven, Ralph ➔ Voltz, Wilhelm
Stevens, Joseph M. ➔ Jurinek, Joseph Maria
Stevens, Marc ➔ Breucker, Oscar Herbert
Stevenson, Alexander ➔ Kügler, Dietmar
Stevenson, H. C. ➔ Somin, Willy Oscar
Steward, John S. ➔ Maier, Johannes
Stezl, Severin ➔ Seltz, Thomas
Sthenius, Bartholomäus ➔ Stein, Barthel
Sthenos ➔ Böhm, Otto
Stiber, F. R. ➔ Schießler, Sebastian Willibald
Stibert, R. ➔ Trebitsch, Arthur
Stichert, Franz Otto ➔ Stichart, Franz Otto
Stichling, Caspar ➔ Doll, Herbert Gerhard
Stieben, Ernst ➔ Ebstein, Erich
Stieber, Theodor Ferdinand ➔ Bock, Theodor Ferdinand
Stieglitz, H. ➔ Veit, Moritz
Stieglitz, Peter ➔ Lerch, Hans
Stiftegger, Hans ➔ Brecka, Hans
Stigelius, Johannes ➔ Stigel, Johann
Stilett, Hans ➔ Stiehl, Hans Adolf
Still, Christoph Ludwig von ➔ Stille, Christoph Ludwig von
Still, P. J. ➔ Zimmermann, Walther
Stille, C. A. ➔ Castelli, Ignaz Friedrich Franz
Stille, Caroline ➔ Thiesen, Charlotte
Stille, Jakob ➔ Glatz, Jakob
Stille, Karl ➔ Demme, Hermann Christoph Gottfried
Stille, Konrad ➔ Thiesen, Charlotte
Stille, Ludwig ➔ Demme, Hermann Christoph Gottfried
Stille, Siegmund ➔ Polstorff, Friedrich Ludwig
Stillen, Christoph Ludwig von ➔ Stille, Christoph Ludwig von
Stillenau, Gottwald Cäsar von ➔ Rothscholz, Friedrich
Stiller, Hubert D. ➔ Gronen, Damian
Stiller, Karl ➔ Demartini, Emil
Stillfried ➔ Domanig, Maria
Stillfried, Felix ➔ Brandt, Adolf
Stilling, Heinrich ➔ Jung, Johann Heinrich
Stilling der Zweite ➔ Vogel, Ludwig
Stillmann, Arthur ➔ Haese, Karl
Stillvergnügt, Hanns ➔ Thom, Hermann
Stilz ➔ Grimm, Kurt Max
Stinald, Wolfram ➔ Staindl, Otto
Stine, E. ➔ Stein, Emilie
Stippneese ➔ Roller, Heinrich
Stirling, Glenn ➔ Dietsch, Werner
Stirner, Ernst ➔ Glocker, Maria
Stirnnagl, Alois ➔ Ernsting, Walter
Stitz, Evelyn ➔ Sanders, Evelyn
Stjerna, Ottokar ➔ Samson von Himmelstjerna, Fred Ottokar
Stjerna, Sophie Freiin ➔ Krieger, Sophie
Stjördal-Jerfella, Aage ➔ Juhn, Kurt
St.Nelly ➔ Stricker, Karoline
Stoanersepp ➔ Steiner, Joseph
Stobbe, Hein ➔ Kauffmann, Kurt
Stoboeus, Johann ➔ Stobaeus, Johann
Stock, Lilly ➔ Reifenberg, Elise
Stock, Thomas ➔ Stock, Norbert
Stocker, Bram ➔ Diller, Walter Emil
Stocker, Paul ➔ Müller, Paul Alfred
Stocker von Tau, Hanna ➔ Ulrich, Johanna
Stockhausen, Juliana von ➔ Gatterburg, Juliana Gräfin von
Stöcklin, Ulrich ➔ Stöckl, Ulrich

T

Taack, Merete van ➔ Kurtz-Solowjew, Merete
Tabouillot, Mathilde Franziska von ➔ Anneke, Mathilde Franziska
Tabu, Ger ➔ Tacke, Gerhard
Taccio ➔ Pfändler, Marcel
Taege-Röhnisch, Erna ➔ Röhnisch, Erna
Taeger, Ida ➔ Schulze, Ida
Tagetis, J. ➔ Loesche, Minna Naema
Tagfrey, Philipp ➔ Freytag, Philipp
Taggert, John ➔ Breucker, Oscar Herbert
Tain, Arno ➔ Dörries, Bernhard
Taisen, Marga ➔ Matthysen, Marga
Taitl-Münzert, Irene ➔ Taitl, Irene
Takeko, Yamakaze ➔ Reimers, Emil
Taky, Armand de ➔ Tacchi della Pieta, Armand
Tala, Kisi ➔ Köbele, Hanna
Talab ➔ Fuchs, Otto
Talander ➔ Bohse, August
Taléda, Ermelinda ➔ Sachsen, Maria Antonia Walpurgis von
Talis, Gerd ➔ Friede, Gerhard
Talke, Helga ➔ Broza-Talke, Helga
Tallo Tallindo ➔ Wimmer, Karl
Talora ➔ Assing, Ludmilla
Talsen ➔ Féaux, Emy du
Talus, A. ➔ Holzapfel, Attalus
Talvj ➔ Robinson, Therese Albertine Louise
Tamar, Tanja ➔ Ulpe-Weber, Leonore
Tamen, Dr. ➔ Frenzel, Walter Julius
Tamerlan ➔ Schwangart, Friedrich
Tamias, Didacus ➔ Keller, Jakob
Tamin, Alf ➔ Tiemann, Dietrich-Alfred
Tamms, M. ➔ Michaelis, Maria Magdalena
Tamow, Hans ➔ Kuhlmey, Jochen
Tandem, Carl Felix ➔ Spitteler, Carl
Tanello, S. A. ➔ Clobes, Heinz Wilhelm
Tanewa, Georgia ➔ Peet, Georgia
Tanhuser ➔ Tannhäuser
Tann, Anton von der ➔ Dannbacher, Anton
Tann, Hanns von ➔ Strelisker, Georg
Tann, Teo von ➔ Treuenfels, Werner
Tann, Toby ➔ Tannenbaum, Eugen
Tann-Bergler, Ottokar ➔ Bergler, Hans
Tanneg, Ericus von ➔ Tschudi, Joh. Heinrich
Tannen, Karl Heinrich Theodor ➔ Eichwald, Karl
Tannen, Wahrmund von der ➔ Rompler von Löwenhalt, Jesaias
Tannenberg, Heinrich ➔ Teistler, Hermann
Tannenwald, R. von ➔ Steindl Edle von Tannenwald, Rosa
Tannenwald-Fourneau, R. von ➔ Steindl Edle von Tannenwald, Rosa
Tanner, Illa ➔ Tanner, Mathilde
Tanner, Ilse-Dore ➔ Oelkers, Elsa
Tanner, Kurt ➔ Tandler, Max
Tanner, Stephen ➔ Habisreutinger, Rudolph Demeter
Tannert, Klaus ➔ Scheer, Karl Herbert
Tannhofer ➔ David, Gustav
Tannmark, Etta von ➔ Tehel, Margarethe
Tannweber, Mila ➔ Bohne, Josefine
Tanreg ➔ Gernat, Alfred
Tantalus ➔ Heinemann, Hermann Olaf
Tante Adolphine ➔ Breithaupt, Adolphine
Tante Agneta ➔ Bolander, Sophie
Tante Alice ➔ Boettcher, Mathilde von
Tante Amanda ➔ Hoppe-Seyler, Amanda
Tante Anna ➔ Claußen, Anna Auguste Henriette
Tante Aurelie ➔ Baudissin, Sophie Gräfin von
Tante Barbara ➔ Metzger, Hermance
Tante Christine ➔ Kameke, Mathilde von
Tante Emmy ➔ Giehrl, Emmy
Tante Ernestine ➔ Baudissin, Thekla Gräfin v.
Tante Hedwig ➔ Haberkern, Hedwig
Tante Helene ➔ Adelmann, Helene
Tante Lotte ➔ Sacher-Masoch, Leopold von
Tante Maria ➔ Hohoff, Maria
Tante Marie ➔ Gerbrandt, Marie
Tanzberg, Kris ➔ Kranz, Gisbert
Tänzer, Arno ➔ Tänzer, Aron
Tänzer, Martin ➔ Kalmuczak, Rolf
Tapper-Baumbach, Lotte ➔ Baumbach, Charlotte
Tapping, Alexander ➔ Wiener, Richard
Tar, Jack ➔ Brustat, Fritz
tarass ➔ Kittel, Gerd
Tarbot, Edgar ➔ Tenkrat, Friedrich
Tarbot, Eve ➔ Tenkrat, Friedrich
Tardy, Theo ➔ Aranyosi, Nikolas
Taren, Peter ➔ Biller, Clara
Tarn, Thomas ➔ Sternberg, Fritz
Tarné, Ludwig ➔ Arendt, Wilhelm
Tarnowitz, Wilhelm von ➔ Brehm, Wilhelm Johann
Tarr, Hanno ➔ Brand, Kurt
Tarrok, Peer ➔ Zwerenz, Gerhard
Tartaruga, Ubald ➔ Ehrenfreund, Edmund Otto
Tartcitz, Zsulym ➔ Wiesinger, Karl
Tarub ➔ Steiger, Edgar
Taschau, Hannelies ➔ Timm, Hannelies
Tassilobrunn ➔ Dopf, Karl
Tau, Herrmann ➔ Mayen, Edmund
Tau, Theo ➔ Tauchel, Theodor
Taube, Christian Friedrich ➔ Gaudlitz, Gottlieb
Taube, Gottlieb Heinrich ➔ Uhde, Wilhelm
Taube, Theodor ➔ Herdlicka, Theodor
Taubengall, Modestus ➔ Hansiz, Marcus
Tauber, Heinz von der ➔ Sausele, Heinz
Tauber Rouzade, Beate ➔ Rouzade, Beate
Taubert, Erika ➔ Ruckdäschel, Erika
Taubmann Krsowitz, Ferdinand ➔ Taubmann-Krsowsky von Krsowitz, Ferdinand
Tauer, Paul ➔ Tichauer, Paul

Taufig, Suleman ➔ El-Auwad, Suleman
Taunide, C. ➔ Trog, Karl
Taupyl ➔ Schnurpfeil, Georg
Taura, Elfried von ➔ Peters, August
Taureau, Jean ➔ Schmoll, Werner
Taurellus, Nikolaus ➔ Öchslein, Nikolaus
Tauscheck, Carina ➔ Pfaeffli, Carina
Tauschinski, Jan ➔ Tauschinski,Oskar
Taußig-Brandeis ➔ Taußig, Emanuel
Taut, Franz ➔ Tautphoeus, Franz Freiherr von
Taxilo ➔ Brezina, Thomas
Taylor, George ➔ Hausrath, Adolf
Taylor, John ➔ Mielke, Thomas R. P.
Taylor, John ➔ Schirra, Bernhard
Taylor, Mike ➔ Hinz, Erich-Karl
Taylor, Stephen ➔ Szabo, Stefan
Taylor, William ➔ Jühling, Johannes
Tazitus ➔ Karell, Viktor
Tebeldi, Albrecht ➔ Beidtel, Karl
Tecknophilus Christianus ➔ Kyburz, Abraham
Tedrey, Karl Friedrich ➔ Koch, Karl Friedrich
Teelen, Gina ➔ Oelfken, Marie Wilhelmine
TEFO-Dessau ➔ Röder, Hermann
Tegas, R. ➔ Saget, Peter
Tegelsee, Rosa von ➔ Striegel, Rosa
Tegern, Thomas ➔ Geske, Matthias
Tegernsee, Otto von ➔ Hartmann, Otto
Tegges Simes Jellis dr Jung ➔ Huber, Walter Simon
Tegra, Achim ➔ Schneidhuber, Thea Graziella
Tegtmeier, Adolf ➔ Manger, Jürgen von
Teichert, Petra ➔ Lamp, Petra
Teichmann, Anna ➔ Liebhold, Anna
Teichs, Alf ➔ Teichs, Adolf
Teichs, Alf ➔ Teichs, Maria
Teifen, C. W. ➔ Wollschack, Theodor
Teja, Carmen ➔ Ratzel, Christiane
Teja, Graf E. von ➔ Westerich, Thomas
Teja, Ustad ➔ Bauer-Ose, Kurt
Teja, Wolfgang ➔ Tovote, Heinz
Tejo ➔ Scherf, Walter
Teleandrinus ➔ Rost, Johann Leonhard
Telemann, Georg ➔ Baumeister, Anton
Telemax ➔ Löffler, Robert
Telfan, Abu ➔ Wittich, Manfred
Telford, Stan ➔ Grossmann, Hans Hugo
Tell, Urs W. D. ➔ Dolder, Willi
Tellenbach, Margrit ➔ Haessig-Tellenbach, Margrit
Tellheim, Barbara ➔ Gehrke, Martha Maria
Tellheim, Bruno ➔ Blanck, Karl
Tellheim, Karl ➔ Bettelheim, Jakob
Tellmann-Jedamski ➔ Tellmann, Gertrud
Tellmar, M. ➔ Pochhammer, Margarete
Tellow ➔ Cramer, Karl Friedrich
Tellow ➔ Kosegarten, Gotthard Ludwig Theobul
Telmann, Franz ➔ Metelmann, Diedrich Franz
Telmann, Hermine ➔ Zitelmann, Hermine
Telmann, Konrad ➔ Zitelmann, Konrad
Teltow, G. ➔ Glümer, Charlotte von
Temasius ➔ Doll, Herbert Gerhard
Temborn, Klaus ➔ Erttmann, Paul Oskar
Tempelhof, H. von ➔ Natge, Hans
Temperarius ➔ Doll, Herbert Gerhard
Tempo, Hieronymus ➔ Reese, Wilhelm Friedrich Karl
Tempus ➔ Dietz, August
ten Brinck, Maria ➔ Lenzen, Maria
ten Hompel, Wicking ➔ ten Hompel, Adolf
Tenelli, M. ➔ Millenet, Johann Heinrich
Tenger, Mariam ➔ Hrussoczy, Marie von
Teniers, Alfred ➔ Herzl, Siegmund
Tenk, Tom ➔ Kögl, Ferdinand
Tennen, Taa von der ➔ Gschmeidler, Franz
Tensor, Michael D. ➔ Ueckermann, Dieter
Tepe von Heemstede, Leo ➔ Tepe, Leo
Teplitz, M. B. von ➔ Bauer, Max
Teranus, V. E. ➔ Zapp, Arthur
Terberg, Hugo ➔ Münsterberg, Hugo
Terburg, Friedrich ➔ Hindenburg, Herbert von
Terentius, Lorenz ➔ Lorenz, Felix
Terenz, Gabriele ➔ Frommholz, Alice
Teresa, Carl ➔ Forster, Carl Theresa
Tergit, Gabriele ➔ Reifenberg, Elise
Terhart, Franjo ➔ Terhart, Franz-Josef
Terherdi, Jakob von ➔ Baumann, Jakob
Termeulen, Susan ➔ Tippelskirch, Wolf-Dieter von
Termo, C. R. ➔ Bromme, Carl Rudolf
Terno, Hans ➔ Treuner, Hermann
Terper, Hubertus ➔ Kopp, Werner
Terra Nigra, Philippus de ➔ Melanchton, Philipp
Terrich, E. J. ➔ Richter, Eduard Josef
Terrid, Peter ➔ Ritter, Wolfpeter
Terridge, Ernest ➔ Richter, Ernst Hermann
Terros, Lu ➔ Haufe, Ella
Terzky, Karl August ➔ Tersztyánski von Nádas, Karl August von
Terzok, Many ➔ Trezak, Manfred
Tesch, Michael ➔ Meyer-Paysan, Dieter
Teschau, Alfons ➔ Wohlleben, Robert
Tesmar, Karl ➔ Trimper, Karl
Tesmar, Paul ➔ Baade, Carl
Tessenberg, Leo ➔ Oberndorff, Maria Theresia von
Tessin, Brigitte von ➔ Kugelmüller-von Tessin, Brigitte
Tessmer-Hess, Charlotte ➔ Tessmer, Charlotte
Testa, Sylva ➔ Stael-Holstein, Lucie von
Testrup, Hans ➔ Flemming, Hans
Tettenius, Christianus ➔ Edzardus, Sebastian
Tetzel, Adolf ➔ Halusa, Tezelin
Tetzlaff, Ingeborg ➔ Heiderich, Ingeborg
Tetzlaff-Mößner, Ingeborg ➔ Heiderich, Ingeborg
Tetzner, Lisa ➔ Kläber, Lisa
Teubner, Susi ➔ Scharping, Susi
Teufelsmüller ➔ Müller, Josef
Teuffenbach, Ingeborg ➔ Capra, Ingeborg
Teufflier, Alex ➔ Engel, Alexander
Teut ➔ Plawina, Oswald

Teut, Arminius ➔ Boumann, Armin
Teutfreymann ➔ Brüssow, Friedrich Ludwig Karl
Teuthold ➔ Heinze, Karl Christian Traugott
Teuthold, Karl ➔ Grote, Karl Wilhelm
Teuto ➔ Johannes von Rheinfelden
Teutobald ➔ Schulze, Friedrich August
Teutoburg ➔ Brunner, Armin
Teutomar ➔ Büttner, Heinrich Christoph
Teutomarus ➔ Dittmar, Siegismund Gottfried
Teutonicus ➔ Dietz, Hedwig
Teutonicus ➔ Kipp, Friedrich
Teutonicus, Jordanus ➔ Jordan von Sachsen
Teutonicus, Julianus ➔ Julian von Speyer
Teutsch, Diethart ➔ Mette, Julius
Teutsch, Heinr. ➔ Müller, Franz
Tewel, Hendrik ➔ Döblin, Hugo
Tex, William ➔ Müller, Kurt
Texas-Reiter ➔ Pütz, Paul
Texas Bill ➔ Schubert, Paul Hermann
Texicephalus ➔ Schmelzkopf, Eduard
Textor ➔ Weber, Anton
Textor, Anatol ➔ Möller, Eberhard Wolfgang
Textor, August ➔ Weber, Gotthold August
Tezät, Dr. ➔ Reitz, Adolf
Th., Antonie ➔ Thaler, Anna Antonie von
Th., M. ➔ Meyer, Theodora Juliane Caroline
Th. v. S. ➔ Saldern, Thusnelda von
Thackery, Norman ➔ Hübner, Horst W.
Thackery, Norman ➔ Rahn, Wolfgang
Thadden, Elisabeth v. ➔ Oertzen, Elisabeth v.
Thaden, Walter ➔ Müller, Walter von
Thal, Agnes ➔ Ulmann, Regine
Thal, Antonie ➔ Thaler, Anna Antonie von
Thal, C. von ➔ Schneidt, Karl Borromäus
Thal, Erich Joachim ➔ Ritter, Erich
Thal, Ferdinand ➔ Grimm, Hermann
Thal, Fr. ➔ Lachmann, Karl Friedrich Ferdinand
Thal, Jo ➔ Tuengerthal, Wolfgang
Thal, Luise ➔ Wolf, Hedwig
Thal, Max ➔ Rosenthal, Max
Thal, R. ➔ Neisser, Regina
Thal, Wilhelm ➔ Lilienthal, Wilhelm
Thalau, M. ➔ Kraetzer, Marie
Thalberg, Robert ➔ Kulka, Robert
Thale, Adalbert im ➔ Simons, Conradin
Thale, Adalbert vom ➔ Decker, Friedrich Carl von
Thale, Ehrig aus dem ➔ Seckendorf, Christian Adolf Freiherr von
Thale, Theodor vom ➔ Carstenn, Johann Wilhelm Theodor
Thaleck, S. W. ➔ Spann-Weber, Thekla
Thalen, Richard ➔ Lilienthal, Richard
Thaler, Dora ➔ Finaly, Dorothea
Thaler, Sepp ➔ Schramm, Josef
Thalheim, Dr. ➔ Pötsch, Josef A.
Thalhuber, Heribert ➔ Mäuser, Albertine
Thamm, Robert ➔ Jentzsch, Robert
Thanatophilus, Wahrmund ➔ Philippi, Johann Ernst
Thanatophrastus, Christian ➔ Canisius, Jakob
Thangel, Georg Wolff ➔ Tangel, Georg Wolff von
Thann, Friedrich ➔ Schulz, Friedrich O. H.
Tharau, Anja v. ➔ Schlichtegroll, Karl Felix v.
Tharau, Hans ➔ Weling, Anna von
Tharding, Theo ➔ Detering, Heinrich
Thayer, Alexander ➔ Tayenthal, Wilhelm Alexander
The Bookworm ➔ Ackermann, Eduard
Theander ➔ Fabricius, Andreas
Theater-Schulz ➔ Schultz, Johann Caspar Friedrich
Theba, Ilse ➔ Weißenborn, Elisabeth
Theben, Erika ➔ Horn, Erika
Thebes ➔ Thebesius, Adam
Theden, H. ➔ Königsegg, Adeline Johanna Antonie von
Theim, K. J. v. d. ➔ Petzina, Karl
Thekla ➔ Reinsberg, Ida von
Thelert, Gust. ➔ Hettler, August
Thelo, F. H. ➔ Keller, Heinrich
Themisander ➔ Golling, Georg Christoph
Themison ➔ Werner, Adam Balthasar von
Thener, Martin Minor ➔ Mildner, Theodor
Theo ➔ Zillmer, Susanne Theolinde
Theobald ➔ Hinsche, Nicolaus Daniel
Theobald ➔ Luck, Johann Peter Carl
Theobald ➔ Smets, Wilhelm
Theobald, Adam ➔ Fischer, Christian August
Theobald, Olivier ➔ Thiébaud, Olivier
Theocritus von Hirschberg, Valentinus ➔ Opitz von Boberfeld, Martin
Theodatus, Eubulus ➔ Schurtzfleisch, Konrad Samuel
Theodericus, Xystus ➔ Dietrich, Sixt
Theodicaeus, Irenicus ➔ Beißel, Georg Konrad
Theodiskus ➔ Ascher, Saul
Theodor ➔ Mel, Konrad
Theodor ➔ Scheibe, Theodor
Theodor ➔ Schießler, Sebastian Willibald
Theodor ➔ Sintenis, Christian Friedrich
Theodor, Joseph ➔ Glaser, Joseph Theodor
Theodor, Karl ➔ Eckermann, Karl Theodor
Theodor, Peter ➔ Krämer, Peter
Theodora ➔ Anschell, Juliane
Theodora ➔ Bürger, Elise
Theodore ➔ Hohenhausen, Henriette Friederike Amalie von
Theodore ➔ Stichling, Louise Charlotte Theodore Amalie
Theodorus ➔ Eschenburg, Johann Joachim
Theodorus Helveticus ➔ Schüler, August
Theodorus Helvetius ➔ Schüler, August
Theolinde ➔ Zillmer, Susanne Theolinde
Theolynd ➔ Zillmer, Susanne Theolinde
Theomilus, Hilarius ➔ Metternich, Wolf von
Theone ➔ Artner, Maria Theresia von
Theonizza, Jens ➔ Zeitz, Johannes
Theopaschita, Petrus Cnapheus ➔ Gretscher, Jakob
Theophania ➔ Langen, Pauline Maria Julia v.

Theophil ➔ Sailer, Johann Michael
Theophil, Franz ➔ Jedrzejewski, Franz
Theophilantropos ➔ Curio, Johann Karl Daniel
Theophilus ➔ Barth, Christoph
Theophilus, Christian ➔ Ehrenberg, Andreas
Theophilus, Christianus ➔ Weigel, Valentin
Theophilus, Evodius ➔ Amling, Wolfgang
Theophilus in Hamburg ➔ Härtel, Jakob
Theophobus ➔ Panzer, Georg Wolfgang Franz
Theophrast ➔ Wetzel, Friedrich Gottlob
Theoros ➔ Fleischer, Karl Friedrich Wilhelm
Theorosa ➔ Winkel, Therese aus dem
Theotimus ➔ Baeumker, Franz
Therander, Huldrich ➔ Sommer, Johannes
Therese ➔ Bacheracht, Therese von
Therese ➔ Huber, Therese
Therese ➔ Prinz, Therese
Thereumer, Josef ➔ Berlinicke, Rudolf
Thergun, Gunther ➔ Heinecke, Erfrid
Therius, Wal ➔ Mosimann, Walther Paul
Thermosan ➔ Sommert, Hans
Thes, P. R. ➔ Perthes, Hans
Thesaurivora ➔ Schatzgeyer, Kaspar
Theudobach ➔ Puttlitz, Karl Edler von
Theuern, Max von ➔ Lochner von Hüttenbach, Oscar
Theurer, Gretl ➔ Weber, Grete
Theurer-Samek ➔ Theurer, Hermann
Theuring, B. S. ➔ Gaiger, Isidor
Theuron, Max von ➔ Lochner von Hüttenbach, Oscar
Thévnert, G. ➔ Grothe-Mahé, Richard
Thiefenthal, Walther v. ➔ Jiratschek, Walther
Thiel, Alfred ➔ Dewald, Alfons
Thiel, Otward ➔ Dietl, Eduard
Thiel-Mödling ➔ Thiel, Franz
Thiele, Margarete ➔ Abshagen, Margarete
Thieme, C. ➔ Miethe, Karoline
Thieme, Ilse ➔ Witte, Ilse
Thieme, J. G. ➔ Thieme, Gottfried
Thieme, Karl ➔ Burkhardt, Robert
Thiemich, Paul ➔ Thymich, Paul
Thiemick, Paul ➔ Thymich, Paul
Thier, Natz ➔ Thier, Bernhard
Thiersch, Berta ➔ Schmidtlein, Berta
Thies-Dohmsien, Ida ➔ Thies, Ida
Thiesler, Sabine ➔ Thiesler-Rumpf, Sabine
Thilenius, Wilhelmine ➔ Stevesand, Wilhelmine von
Thilva, Emil ➔ Siebel, Karl
Thimm, Karin ➔ Pfaehler, Karin
Thimmermann, Hermann ➔ Hildenbrandt, Alfred
Thinn, Axel ➔ Klimburg, Hans-Ulrich von
Thirsis ➔ Pyra, Immanuel Jakob
Thjelvar ➔ Voigt, Erik
Thoene, Peter ➔ Bihalji-Merin, Otto
Thom, Andreas ➔ Csmarich, Rudolf
Thomale, Margit ➔ Krause, Margit
Thomann ➔ Nöller, Johann Jonathan Ludwig Lebrecht
Thomas ➔ Schreyvogel, Joseph
Thomas ➔ Steiner, Wilhelm Viktor
Thomas, A. ➔ Merten, Thomas
Thomas, Andrea ➔ Bornstroem-Rundé, Uwe
Thomas, Dorian ➔ Remp, Thomas Dorian
Thomas, F. ➔ Sternberg, Fritz
Thomas, Gabriel ➔ Sessler, Thomas
Thomas, Hans ➔ Zehrer, Hans
Thomas, Heinrich ➔ Mann, Klaus
Thomas, Hertha Adrienne ➔ Deutsch, Hertha Adrienne
Thomas, Karl ➔ Fleischmann, Maximilian
Thomas, Karl ➔ Richter, Karl Thomas
Thomas, Katherine ➔ Lepman, Jella
Thomas, Kathrin ➔ Amler, Irene
Thomas, Kathrin ➔ Darnstädt, Helge
Thomas, M. ➔ Leers, Johann von
Thomas, M. Z. ➔ Zottmann, Thomas Michael
Thomas, Manfred ➔ Pfeffer, Heinrich
Thomas, Manuel ➔ Müller, Wolfg. Johannes
Thomas, Mark L. ➔ Jeier, Thomas
Thomas, Martin ➔ Martin, Thomas Hector
Thomas, Paul ➔ Mann, Thomas
Thomas, Ralph ➔ Schumacher, Alfons
Thomas, T. H. ➔ Wallisfurth, Rainer-Maria
Thomas-Roos, Dalila ➔ Thoma, Kathleen
Thomasius, Christian ➔ Reifenberg, Elise
Thomasius, Christianus ➔ Gerhard, Ephraim
Thomaß-Correi, Ella ➔ Thomaß, Ella
Thomassin, Charles Chevalier ➔ Thomassin, Karl von
Thomé, Marga ➔ Neises, Marga
Thompson ➔ Ibbecken, H. L.
Thompson, Fred ➔ Niggemann, Günter
Thompson, Fred ➔ Pütz, Paul
Thompson, Ralph L. ➔ Fuchs, Jakob
Thompson, William ➔ Rubiner, Wilhelm
Thomson ➔ Rusch, Richard
Thomßen, Wolfdietrich ➔ Gugl, Wolfgang
Thonhofer ➔ Schoeppl, Hugo
Thönnessen, Eva Maria ➔ Hassencamp, Eva Maria
Thook, Garry ➔ Mauerhardt, Rolf
Thoor, Jesse ➔ Höfler, Peter Karl
Thor, Johannes ➔ Lang, Isaac
Thor, Tristan ➔ Lang, Isaac
Thorberg, Kai ➔ Roth, Carl-Josef
Thorensberg, Georg ➔ Saß, Eugen Baron
Thorer, Konrad ➔ Greve, Felix Paul
Thorn, A. von ➔ Knigge, Adolf Franz Friedrich Freiherr von
Thörner, Katharina ➔ Schepelmann, Margarete
Thorolf, Peer Georg ➔ Schwidetzky, Georg
Thorsen, Horst ➔ Weise, Karl
Thorson, Oskar ➔ Lamberty, Paul
Thorsteiner, Hagen ➔ Müller, Gustav Adolf
Thorsten, Bo ➔ Streithorst, Botho
Thorwald ➔ Zeeck, Hans
Thorwald, Friedrich ➔ Suckow, Friedrich von
Thorwald, Jürgen ➔ Bongartz, Heinz
Thörwang, Juliane ➔ Haft, Elli

Thorward, Friedl ➔ Peter, Siegfried
Thorwesten ➔ Breitscheid, Rudolf
Thossan, O. Eugen ➔ Anthes, Otto
Thränenlacher, Ernst ➔ Oelbermann, Hugo
Thrasolt, Ernst ➔ Tressel, Joseph Matthias
Thrasymachus, Cyriacus ➔ Conring, Hermann
Thromna, Leo de ➔ Walpurger, Christoph Wilhelm
Thromylas ➔ Müller, J. G.
Thucelius, Cassander ➔ Leucht, Christian Leonhard
Thugut, Dr. Friedrich ➔ Grünwald, Moriz
Thumann, A. P. ➔ Krönke, Adolf
Thumbach, Wilibald ➔ Beckmann, Johann Christoph
Thun-Hohenstein, Paul ➔ Thun und Hohenstein, Paul von
Thüngen, Fr. W. Conrad ➔ Conradt, Walter
Thurandt, Alfons ➔ Meyer, Alfred Richard
Thure ➔ Kühne, Julie
Thurén, Stanislaus ➔ Steiner, Carl
Thuri ➔ Müller, Arthur
Thuring, Anselmus Marcellus ➔ Vulpius, Christian August
Thüringer, Fr. ➔ Quarck, Max
Thuringus ➔ Schosser, Johannes
Thurius ➔ Marschalk, Nikolaus
Thurlhofer, Fritz ➔ Eichler, Fritz
Thurm, Charlie vom ➔ Schnog, Karl
Thurm, Franz vom ➔ Torre, Don Ramon de la
Thurmair-Mumelter, Maria Luise ➔ Thurmair, Maria Luise
Thurn, Fritz ➔ Foregger, F.
Thurn, G. E. ➔ Haas, Georg Emanuel
Thürnau, Hagen ➔ Thürnau, Carl
Thurnberg, Marie von ➔ Augustin, Marie von
Thuy, G. G. ➔ Eyth, Gustav
Thym, Georgius ➔ Klee, Georg
Thyme ➔ Thieme, Clemens
Thymian, Rupprecht ➔ Strupp, Günther
Thymian, Tim ➔ Braumüller, Wolf
Thymus, Georgius ➔ Klee, Georg
Thyra, Alphonse de ➔ Feldman, Edward D.
Thyrolf, Guido ➔ Göttig, Willy Werner
Thyrow, Christiane ➔ Brauns-Leutz, Ilse
Thyrsis ➔ Neumark, Georg
Thyrsis ➔ Pellicer, Johann Georg
Thyrsis ➔ Pyra, Immanuel Jakob
Thys, Frank ➔ Rehfeld, Frank
Thyselius, Thora ➔ Behrens-Thyselius, Thora
Tian ➔ Günderrode, Karoline Friederike Louise Maximiliane von
Tiberius ➔ Bab, Edwin
Tiberius ➔ Kovacs, Tibor
Tibianus, J. G. ➔ Schinbain, Johann Georg
Tibiscanus, Elias ➔ Schröer, Tobias Gottfried
Tichtl, Valentin ➔ Zoderer, Joseph
Tieck, Polly ➔ Aufrichtig, Ilse
Tieck, Sophie ➔ Knorring, Sophie von
Tiedemann, Jo v. ➔ Kurtz-Solowjew, Jolanthe
Tiedewitz, Gotthilf Christoph von ➔ Nast, Roderich
Tiedtke, Helene ➔ Haasler, Helene
Tiefbohrer, Immanuel ➔ Gumppenberg, Hanns Theodor Karl Wilhelm Freih. von
Tiefenbach ➔ Blank, Herbert
Tiefenborn, Irma von ➔ Parpart, Gertrud Baronin von
Tiefensee ➔ Lecke, Franz
Tiefental, Manfred ➔ Federau, Wolfgang
Tielo, A. K. T. ➔ Mickoleit, Kurt
Tielsch-Felzmann, Ilse ➔ Tielsch, Ilse
Tierpeter ➔ Peter, Karl
Tiessen, Christian ➔ Touchy, Ferdinand Christian
Tietz, Gerda ➔ Zomack, Gerda
Tietze, Johann Peter ➔ Titz, Johann Peter
Tiews-Swinemünde ➔ Tiews, Paul
Tiger, Theobald ➔ Tucholsky, Kurt
Tiger-Tom ➔ Niggemann, Günter
Tigges, Sutum ➔ Ophaus, Franz Josef
Tilborg, Hans-Peter ➔ Thiele, Gerhard R. C.
Tilesius von Tilenau, Eleasar ➔ Tilisch, Eleasar
Till ➔ Berendt, Gerd
Till ➔ Dombrowski, Hermann
Till ➔ Francke, Leo
Till ➔ Jerschke, Marie
Till ➔ Kaper, Eitel
Till, Christa Maria ➔ Schiesser, Christa
Till, Dr. ➔ Hecker, Clemens August
Till, Karl ➔ Ipser, Karl
Till, Lukas ➔ Stadler, Martin
Tiller, Hein ➔ Auerbach, Walter
Tilleweid, Lutz ➔ Zillich, Heinrich
Tilli, L. ➔ Meißner, August Gottlieb
Tillmann, Hans ➔ Schmidt-Hoepke, Alfred
Tillmann von Perlingen, Andreas ➔ Sulzer, Johann Georg
Tilly, Louis ➔ Sponsel, Jean Louis
Tilmann, Tilo ➔ Henckell, Jürgen A.
Timaleth ➔ Du Toit, Johann Jakob
Timann-Mey, Pauline ➔ Timann, Pauline
Timber, Fred ➔ Reimers, Emil
Timian ➔ Burggraf, Otto
Timido ➔ Bang, Else
Timm, Carsten ➔ Geyer, Dietmar
Timm, Hilke ➔ Kähler, Hilke
Timm, Tom ➔ Bohn, Heinrich von
Timo, Dr. ➔ Stein, Erwin
Timolet ➔ Du Toit, Johann Jakob
Timonomus, Bojophilus ➔ Aretin, Johann Christoph von
Timotheus ➔ Horch, Heinrich
Timotheus, Christianus ➔ Schleiermacher, Friedrich Daniel Ernst
Tin-te-hohn-tse ➔ Reinhardt, Carl August
Tina ➔ Zitz, Kathinka
Tinte, Gottlieb ➔ Strupp, Günther
Tintelnot, Monika ➔ Plessner, Monika
Tintinger, Adam ➔ Heinisch, Eduard Christoph
Tintophonius, Dr. ➔ Weisfert, Julius Nikolaus
Tion, H. G. F. ➔ Pittioni, Hans

Tipka, Luise ➔ Weinlich, Luise
Tirio, Alicandro ➔ Joß, Viktor
Tiro, F. ➔ Hindersin, Friedrich Wilhelm von
Tirossi, Th. ➔ Rossiwall, Theodor
Tirsis der Tamsschäffer ➔ Rist, Johannes von
Tischer, Irmgard ➔ Bohnacker, Irmgard
Tischler, Fritz ➔ Adler, Victor
Titelius, M. ➔ Cranz, Marie Antonie Magdal.
Titius, Christoph ➔ Tietze, Christoph
Titius, Johann Peter ➔ Titz, Johann Peter
Titius, Zacharias ➔ Tietze, Zacharias
Titus ➔ Simon, Titus Hans J.
Titus, A. ➔ Blos, Wilhelm Josef
Titus, Franz ➔ Streißler, Friedrich
Titus, O. ➔ Kröhnke, Otto
Tityrus ➔ Titz, Johann Peter
Tityrus ➔ Köler, Kaspar
Tjadens, Herbert ➔ Tiaden, Herbert
Tjörnsen, Alf ➔ Rudat, Richard J.
tk ➔ Moltke, Leopold Maximilian
Tlantlaquatlapatlih ➔ Seyfried, Heinrich Wilhelm
Tobby, Tim ➔ Peulen, Karl
Tober, Sixt ➔ Lauxmann, Loni
Tobias, Martin ➔ Oelschner, Walter
Tobias, Rolf ➔ Schmitz, Rolf
Töbich-Fink, Margarete ➔ Fink, Grete
Tobos, A. ➔ Sobota, Kurt
Todd, Bobby ➔ Rohrer-Todd, Hans Bobby
Todd, Owen L. ➔ Grasmück, Jürgen
Todd, W. ➔ Krämer, Peter
Töddinghausen, Karl von ➔ Sudthausen, Gisbert von
Tode, Albertine ➔ Fouqué de la Motte, Albertine Freifr.
Toepfer, Carl ➔ Sterry, Dankwart
Togesen, Vibber ➔ Rosendorfer, Herbert
Togger, Martin ➔ Berkhahn, Günther
Tokko, Ri ➔ Dexheimer, Ludwig
Told, Gustav ➔ Arnold, Tim
Toldy, Franz ➔ Schedel, Franz
Tolentzer, Willy ➔ Dusch, Wilhelm
Tölle, Gisela ➔ Stiebler, Gisela
Tölle-Honekamp, Anne ➔ Tölle, Anne
Tolly, Hanko de ➔ Geck, Heinz
Tolmai ➔ Bergner, Karlherrmann
Tom der Schüttelreimer ➔ Peiser, Curt
Tomann, Helm ➔ Ullmann, Otto
Tomas, Marie ➔ Merta, Marie
Tommasini, Justus ➔ Westphal, Johann Heinrich Christoph Westphal
Tomby, G. N. ➔ Boschke, Friedrich
Tonberg, Edith ➔ Schwerk, Vera
Toni ➔ Winkler, Anton
Tonsé, Alfred ➔ Walleiser, Karl
Tonyus, Hein ➔ Klostermeyer, Anton
Tonyus, Heinz ➔ Klostermeyer, Anton
Toole, Peter ➔ Pusch, Harald
Topelius ➔ Topel, Friedrich Wilhelm
Toporea, Valeriu ➔ Emilian, Ion
Tor, Georg ➔ Thorland, Georg
Torahn, Lena ➔ Trott, Magda
Toral, Jzchak ➔ Moses, Margarete
Torberg, Friedrich ➔ Kantor-Berg, Friedrich
Torbrech, Carl Peter ➔ Borchert, Carl
Torgau, Alexander ➔ Horbach, Michael
Torn, Teo von ➔ Szafranski, Telesfor
Tornesius, Nicolaus ➔ Heidegger, Gotthard
Tornow, Dr. ➔ Löffler, Karl Valentin Immanuel
Tornow, Karl ➔ Böhme, Albert
Tornow, Ludwig Robert ➔ Robert, Ludwig
Tornwyk, Anders C. ➔ Rauch, Wolfgang
Torossi, Eleni ➔ Torossi-Brinkmann, Eleni
Torre, Fernando Maria de ➔ Loeff, Wolfgang
Torrentius Mutislariensis, Trasibulus ➔ Lautenbach, Konrad
Torresani, Karl von ➔ Torresani von Lanzenfeld und Camponero, Karl Franz Ferdinand Freiherr von
Torriedt, Paul ➔ Brücker, Friedrich Wilhelm
Torris, Christiane von ➔ Rebner-Tuerck, Doris
Torrund, Jassy ➔ Mose, Josepha
Torsi, Tristan ➔ Lang, Isaac
Torsten, Lars ➔ Brand, Kurt
Torsten, Thea ➔ Eblé, Thea
Torthofer, Hilda ➔ Knobloch, Hilde
Tortosa, Marcell ➔ Tandler, Max
Torwegge, Claudia ➔ Eisele, Martin
Torxer, H. ➔ Rexroth, Franz von
Toskana, Luise Gräfin von ➔ Toselli, Luise
Toskana, Tristan ➔ Schütz, Arthur
Tostetten, H. von ➔ Herrmann, Norbert
Totila ➔ Diebow, Hans
Totila ➔ Rothhardt, Erwin
Toucement, Jean Chretien ➔ Trömel, Johann Christian
Tournet, Jean Jaques ➔ Geisler, Hans
Towards, John ➔ Saß, Eugen Baron
Towska, Kory ➔ Rosenbaum, Elisabeth
Toxxen, Ralf ➔ Machatscheck, Heinz
Trach, Johannes ➔ Draconites, Johannes
Trachschiph ➔ Fischart, Johann Baptist Friedrich
Traft, Ringo ➔ Nagel, Herbert Christian
Tragus, Hieronymus ➔ Bock, Hieronymus
Trahk, Werner ➔ Purkhart, Walter
Traiber, G. F. ➔ Squarra, Heinz
Trais, Friedrich von ➔ Möbius, Friedrich
Trakehnen, Erika ➔ Hitz, Erika
Traktabel, Fred ➔ Ziebuhr, Erwin
Tramin, Peter von ➔ Tschugguel zu Tramin, Peter Richard Freiherr von
Tramontanus ➔ Lempp, Ferdinand
Tramoso, Dalla ➔ Sander, Hermann
Tranchirer, Raoul ➔ Wolf, Ror
Trani, Konrad ➔ Wickerhauser, Gertrud
Tränkel, Margot ➔ Kreuter-Tränkel, Margot
Tränkner, Helena ➔ Helbig, Helena
Transalpinus ➔ Passarge, Mario
Trass, Eugen ➔ Berendt, Gerd
Traston, Simon ➔ Simon, Gert Micha
Tratschke ➔ Prause, Gerhard
Traudi ➔ Müller, Erich

Traugott, Friedrich → Baist, Gustav
Traugott, Johann → Löschke, Johann Traugott
Traumann-Minter, Ingeborg → Traumann, Ingeborg
Träumer, Virginia → Schill, Claudia Beate von
Traumulus → Proschky, Rudolf
Traumulus → Weber, Friedrich H.
Traun, Friedrich v. d. → Pesendorfer, Friedrich
Traun, Julius von der → Schindler, Alexander Julius
Traunsee, Friedrich von → Pesendorfer, Friedrich
Traunstein, Richard von → d'Albon und St.André, Eugen Baron
Traunsteiner, Michel → Passy, Otto
Trauschiff von Trübuchen, J. Noha → Fischart, Johann Baptist Friedrich
Trauschiph → Fischart, Joh. Baptist Friedrich
Traut, Bruno → Eisentraut, Martin
Traut, Martin → Eisentraut, Martin
Trautenau, Franz → Burgert, Helmuth
Trautenheim, E. → Chalupka, Emma
Trauttmannsdorff, Gerda → Rob, Gerda
Trauttwein, Eugen → Belle, Eugen Trauttwein von
Travaglini, Dolores → Spickhoff, Monika
Traven, Bruno → Traven Torsvan, Berick
Travers, W. A. → Hary, Wilfried Antonius
Travis, Gordon → Schaake, Erich
Träxl, Jeremias → Drexel, Jeremias
Treath, Fred → Tenkrat, Friedrich
Trebbod, Helga → Dobbert, Helga
Trebellius, Wigand → Wimpheling, Jakob
Trebitsch-Lincoln, Ignaz → Schwarz, Abraham
Trebla, Carl → Loosli, Carl Albert
Trebla, Otto → May, Albert
Treblada, Ludwig → Balling, Adalbert Ludwig
Trebnitz, C. F. → Freund, Jakob
Trebonius, Rolf → Hanstein, Otfrid von
Trebor, A. → Feitzinger-Wolf, Anna
Trebor, A. von → Austerlitz, Robert
Trebor, Erich → Ehrich, Robert
Trebor, Georg → Plöhn, Robert
Trebor, H. → Hagen, Robert von
Trechitius, F. O. → Stichart, Franz Otto
Treff, Ben → Squarra, Heinz
Tregnah, Esli → Hangert, Ilse
Treichel, Anna → Hagen, Anna
Treitheim, Johannes → Heidenberg, Johannes von
Tremel-Eggert, Kuni → Tremel, Kunigunde
Trenck, Hugo Freih. von → Wedekind, Frank
Trenck, Peter → Cziffra, Géza von
Trenk, Peter → Kalmuczak, Rolf
Trenkler-Liebe, Elisabeth → Trenkler, Elisabeth
Trenkler-Sieber, Elisabeth → Trenkler, Elisabeth
Trenkner, Valeska → Trenkner, Lotte
Trennfeld, Hans → Schneider, Johannes
Trenton, Olsh → Anton, Uwe
Trenton, Olsh → Giesa, Werner Kurt
Trenton, Olsh → Weinland, Manfred
Tres, L. → Bäker, Bernhard A.
Treseburg, H. → Schönermark, Otto
Treske, E. → Ueberschaer, Max
Tresko, Carl → Kossert, Karl
Tressin, Carl Alfred → Driesener, Alfred
Treßler → Corsephius, Felix Ernst
Tretter, Ingeborg → Neske, Ingeborg
Treu, A. → Cossart, Anna von
Treu, Alix → Triepel, Gertrud
Treu, Egon → Kindermann, Alfred
Treu, Eva → Griebel, Lucy
Treu, Ferdinand → Leps, Johann Ferdinand
Treu, Hermann → Trey, Hermann
Treu, Margarete → Dunckel-Treu, Margarete
Treu, Margarete → Sell, Lulu Freiin von
Treu, Max → Dunckel-Treu, Max
Treu, Michel → Pechhold, Rudolf Karl
Treu, Mila → Püschel, Emilia
Treu, Pelle → Osterroth, Franz
Treu, Walter → Thiele, Heinrich
Treuberg, Hannah → Klausener, Hanna
Treubier, Eberhard → Schliepmann, Johannes Karl
Treuburg, A. → Vischer, Friedrich Theodor von
Treudank, Theodor → Naumann, Dora
Treuen, R. von der → Tinzmann, Rudolf Erhard
Treuen, Rudolf → Pany, Leonore
Treuenfels, A. → Becher, Anna
Treufeld, Th. von → Carstenn, Johann Wilhelm Theodor
Treugold, Fritz → Wink, Friedrich
Treuhorst, R. → Saget, Peter
Treumund → Hofmann-Wellenhof, Paul
Treumund → Pröll, Karl
Treumund, F. → Tetzner, Theodor Christian
Treumund, Gustav → Steinacker, Gustav
Treveranus, Petrus → Knodt, Josef
Treverensis, Nikolaus → Krebs, Nikolaus
Trèves, F. de → Laven, Ferdinand
Trevies → Seivert, Johann
Trevisan, Frank → Scherf, Viktor
Trey, Stephan → Geisler, Hans
Treyden, Reinhold → Schomacker, Hanna
Treydte, Werner → Benndorf, Werner
triarius → Lezius, Martin
Tribbechovius, Adam → Tribbechow, Adam
Tribbechovius, Johannes → Tribbechow, Johannes
Tribulensis Silesius, Thomas → Mauer, Thomas
Tribunus → Schmidl, Leo
Trichter, Valentin → Tennecker, Christian Ehrenfried Seyfert von
Trieb, Josef → Paar, Mathilde
Triebnigg, Ella → Pirkhert, Ella
Trier, Elsbeth → Spies, Gerty
Trier, Karl → Conrath, Karl
Trilby → Kossak, Margarete

U

Ubelius ➔ Harzer, Karl Heinz
uber ➔ Neigebauer, Johann Ferdinand Daniel
Überkotz, Wendelin ➔ Wortig, Kurt
Überohr, Jonas ➔ Salzinger, Helmut
Übersetzer, Jusuf der ➔ Seckendorf, Leo Freiherr von
Überzwerch, Heinz ➔ Übertwerch, Heinz
Überzwerch, Wendelin ➔ Fuß, Karl
-ud- ➔ Ude, Karl
Ude, Julius ➔ Neumann, Julius
Udeis, Dr. ➔ Ziel, Victor
Uden, Horst ➔ Kuthe, Eugen
Uebelacker, Theowill ➔ Uebelacker, Theodor Wilhelm
Ueckert, Charlotte ➔ Ueckert-Hilbert, Charlotte
Ueli der Schreiber ➔ Schmezer, Guido
Uentze, Hertha ➔ Kannengiesser, Gertrud
Uetzeler, Johann ➔ Yetzeler, Johann
Uexküll-Schwerin, G. ➔ Uexküll, Gudrun Baronin
Ufer, Annette ➔ Eichhorn, Charlotte
Uferer ➔ Kempinsky, Heinrich
Ugewild, A. ➔ Ludewig, A.
Uhde, Gerhard ➔ Krienke, Gerhard
Uhde, Jürgen ➔ Weber-Krohse, Otto
Uhden, Johannes ➔ Schrimpf, Markus
Uhingk, Josias ➔ Benno, Johann Ernst
Uhl, Gerda ➔ Sonneborn, Marlise
Uhl, Renate ➔ Zobeltitz, Erika von
Uhl, Yvonne ➔ Maahn, Traute
Uhl von Ense, Desiderius ➔ Duve, Helmuth
Uhlen, Erwin Hans ➔ Findling, Moritz
Uhlen, Klaus ➔ Wegner, Armin Theophil
Uhlenbrook, Hans ➔ Castelle, Friedrich
Uhlenbruck, Dieter ➔ Ebel, Ernst Willi
Uhlenbusch, Hugo Paul ➔ Schreiber-Uhlenbusch, Hugo Paul
Uhlenhorst, S. Walther ➔ Silberschmidt, Walther
Uhlenhorst, Ulrich v. d. ➔ Dreves, Guido Maria
Uhlenkamp, Arthur Manuel ➔ Meyer, Arthur Emanuel
Uhlmann, S. T. ➔ Stuhlmann, Adolf
Uhu, Peter ➔ Thieme, Balduin
Uhu von dem Wuotach ➔ Hasenfratz, Ferdinand
Ukelei, Martin ➔ Zemke, Georg
Ukrainow, Fjodor ➔ Märker, Friedrich
Ular, Alexander ➔ Uhlmann, Alexander
Ulenbrook, Jan ➔ Meier, Karl Gerhard
Ulenspiegel ➔ Neumeister, Wolf
Ulf, Axel ➔ Holzhausen, Karlheinz
Ulicovius Lithuanus, Georgius ➔ Leibniz, Gottfried Wilhelm von
Ulius, J. ➔ Mette, Julius
Ulk, Fritz ➔ Pesendorfer, Friedrich
Uller, Till ➔ Duysen, Paul
Uller, Tilla ➔ Duysen, Paula
Ullmann, Franz ➔ Ommerborn, Johann Christian Josef
Ullmann, Nepomuk ➔ Ullmann, Hans-Wilhelm
Ullmann, Robert ➔ Egli, Werner
Ullmann, Robert ➔ Stammel, Heinz-Josef
Ullmann, Urban ➔ Klingler, Hermann
Ulloa ➔ Tschudi, Johann Jakob von
Ullrich, Luise ➔ Castell, Luise Gräfin zu
Ulmann, Frank ➔ Berns, Ulrich
Ulmer, Florian ➔ Hipp, Rüdiger
Ulmer, Peter ➔ Unseld, Siegfried
Ulmer-Stichel, Dörthe ➔ Ulmer, Dorothea
Ulmigena, Eusebius ➔ Bertram, Johann Friedrich
Ulpe, Lenore ➔ Weber, Leonore
Ulpianus, Manlius ➔ Henrici, Christian Friedrich
Ulric ➔ Wassermann, Charles
Ulrich, C. ➔ Blüthgen, Clara
Ulrich, Eva ➔ Ultsch, Eva
Ulrich, Franz ➔ Albrecht, Karl Hermann
Ulrich, Franz ➔ Müller, Franz
Ulrich, Karl ➔ Curti, Theodor
Ulrich, Maximilian ➔ Prusse, Ulrich
Ulrich, Thomas ➔ Hauschild, Reinhard
Ulrichs, Otto ➔ Bach, Ottilie
Ulrici, Bettina ➔ Wolter, Irmgard
Ulrici, Clara ➔ Henschke, Ulrike
Ulrici, Rolf ➔ Stitz-Ulrici, Rolf
Ultsch, P. Klaus ➔ Spreither, Franz
ULU ➔ Feld, Hans
Ulysses ➔ Lochner, Johann Christoph
Umbran, Friedrich ➔ Kemp, Friedhelm
Umbrecht, Hans ➔ Reinsch, Hans Hermann
Umlauf-Lamatsch, Annelies ➔ Umlauf, Anna-Louise
Unbeck, L. ➔ Diederichs, Luise
Ungar, Ludwig ➔ Katscher, Berta
Ungar, Ludwig ➔ Katscher, Leopold
Ungar, Steffen ➔ Langer, Anton
Ungenannt, Sebastian ➔ Schulze, Friedrich August
Ungenannter, Max Chr. Fr. ➔ Stiehl, Maximilian Christian Friedrich
Unger, G. F. ➔ Unger, Gerhard
Unger, Gert H. F. ➔ Unger, Gerhard
Unger, von ➔ Robolsky, Hermann
Unger, Wolfgang ➔ Lorenz, Ernst Georg Erich
Ungersdorff, Christoph von ➔ Schoppe, Kaspar
Ungewitter ➔ Sternberg, Fritz
Ungt, G. ➔ Westhoff, Ferdinand
Unklar, Theodor ➔ Ochsenheimer, Ferdinand
Unkraut, Hans ➔ Lebede, Hans
Unruh, Hans von ➔ Böttcher, Maximilian Paul
Unus, Walther ➔ Heinrich, Walther E.
Unus pro multis ➔ Lesser, Ludwig

V

W

W., Julius von ➔ Magewirth, Julius
W. B. ➔ Bredel, Willi
W. E. ➔ Eschbach, Walter
W. M. ➔ Malter, Wilhelm
W....s. ➔ Häring, Georg Wilhelm Heinrich
W. v. G. ➔ Gersdorf, Wilhelmine von
Waare, Rick ➔ Wehren, Marianne von
Wachsmuth, Ferdinand ➔ Fiedler, Karl Ferdinand
Wacht, Gustav ➔ Algardi, Friedrich
Wächter, Daniel ➔ Zwirner, Erich
Wächter, Georg ➔ Ackermann, Konrad August
Wachtler, A. ➔ Neuse, Günther Friedrich Adolf
Wachtmeister ➔ Uttikal, Walter
Wäckerle, Hyazinth ➔ Fischer, Joseph
Wackermann, Gottfried ➔ Büchner, Gottfried
Waco, G. F. ➔ Basner, Gerhard
Wadden, Helmut ➔ Göbels, Hubert
Waechter, Peter ➔ Wolter, Karl Kurt
Wafner ➔ Rappl, Erich
Wagar, Eli ➔ Kasten, Herbert Albert Wilhelm
Wage, E. ➔ Genske, Ewald
Wagelinck, H. ➔ Wagenaar-Hummelinck, Henrike
Wagener, Martin ➔ Frehsee, Martin
Wagener, Mathilde ➔ Chapelle, Mathilde de la
Wagenführ, Johannes ➔ Wozniak, Johannes Paul
Wagenhofen, Franz ➔ Wagenhoff, Franz von
Wages, I. C. H. ➔ Hesse, August Wilhelm
Wagh, Franz ➔ Wagenhoff, Franz von
Wagler-Melzer, Ria ➔ Wagler, Maria-Elisabeth
Wagn, Klaus ➔ Wagner, Klaus
Wagner, Bernd ➔ Richter, Karl-Heinz
Wagner, Bernhard ➔ Pfeilschifter, Johann Baptist von
Wagner, D. H. ➔ Thommen, Martha
Wagner, Eduard ➔ Springer, Robert
Wagner, Emil ➔ Walesrode, Ludwig Reinhold
Wagner, Ernst ➔ Schießler, Sebastian Willibald
Wagner, Felix ➔ Lederer, J. Joachim
Wagner, Fred ➔ Wegener, Manfred
Wagner, Ingeborg ➔ Uekötter, Ingeborg
Wagner, Johannes ➔ Darboven, Anna Maria
Wagner, K. F. ➔ Gerle, Wolfgang Adolf
Wagner, Regina ➔ Falk, Hermann
Wagner, S. O. ➔ Wagner, Siegfried-Oswald
Wagner-Roemmich, Klaus ➔ Wagner, Klaus
Wagner-Saar ➔ Wagner, Karl
Wagner-Schönkirch, Hans ➔ Wagner, Hans
Wagner-Triebsch, Anne ➔ Triebsch, Anne
Wagner-Warmbronn, Christian ➔ Wagner, Christian
Wagner-Wittenberg, Hans ➔ Wagner, Johannes
Wagoner, Fred ➔ Wegener, Manfred
Wagram, Werner ➔ Suhr, Werner
Wagrecht, Helmut ➔ Rose, Paul
Wagsmitgott, Ludwig ➔ Wiedow, Ludwig
Wahl, G. S. ➔ Bergk, Johann Adam
Wahl, Heinr. ➔ Wiesenthal, Heinrich
Wahl, Norbert ➔ Plawina, Oswald
Wahlheim, E. ➔ Fellner von Feldegg, Marie
Wahn, Adolf ➔ Niebour, Minna
Wahrenburg, Ernestus von ➔ Ziegler, Kaspar
Wahrhold, C. E. ➔ Ruppius, Otto
Wahrhold, Zoilus ➔ Rittler, Franz
Wahrlieb ➔ Hudtwalcker, Martin Hieronymus
Wahrlieb, Christian ➔ Scharff, Gottlieb Balthasar
Wahrlieb, Ernst Justus ➔ Bergk, Johann Adam
Wahrlieb, Eusebius ➔ Falkmann, Christian Friedrich
Wahrmann ➔ Ebrard, Johann Heinrich August
Wahrmann, Arnold ➔ Wauer, Hugo
Wahrmann, E. ➔ Dietrich, Ewald Christian Victorin
Wahrmann, Theodor ➔ Dietrich, Ewald Christian Victorin
Wahrmund ➔ Bischoff, Johann Jakob Nikolaus
Wahrmund ➔ Feind, Barthold
Wahrmund, Christian ➔ Funk, Johann Nikolaus
Wahrmund, Ernst ➔ Schaer, Adolf
Wahrmund, Florentinus ➔ Henning, Ägidius
Wahrmund, Friedrich Sincerus ➔ Hahn, Modestus
Wahrmund, Gottlieb ➔ Jäck, Heinrich Joachim
Wahrmund, J. ➔ Spaun, Franz Ritter von
Wahrmut, Gerhart ➔ Kennerknecht, Johann Martin
Wahrmuth, Fürchtegott ➔ König, Bruno Emil
Wahrmuth, Gottlieb ➔ Kurz, Joseph
Wahrmuth, Phil. ➔ Kreiten, Wilhelm
Wahroder, Hermann ➔ ten Hompel, Adolf
Waibel, Mari ➔ Waibel, Hannelore
Walafried ➔ Hermann, Karl Gottlieb Melchior
Walburg, E. ➔ Grunow, Gertrud
Walch, Heinrich ➔ Busse, Karl Heinrich von
Wald, Bur. ➔ Waldis, Burkart
Wald, D. ➔ Dürwald, Dora
Wald, E. ➔ Schulze, Ewald
Wald, E. von ➔ Zedtwitz, Ewald von
Wald, Eduard ➔ Neumann, Stefanie
Wald, Erik ➔ Quetsch, Josef
Wald, Felix ➔ Hengst, Wilhelm
Wald, Fridolin vom ➔ Thormählen, August
Wald, Hans ➔ Riha, Karl
Wald, Hans ➔ Zepp, Erich
Wald, Hans vom ➔ Wunsch, Johannes
Wald, Hubertus ➔ Junger, Oswald
Wald, Karl vom ➔ Przedak, Wenzel Ottokar
Wald, Karl von ➔ Reiterer, Karl

Waldstedt, Gottfried ➔ Harweck-Waldstedt, Max Gottfried
Waldstein, Hugo ➔ Stadelmann, Hugo
Waldstetter, Ruth ➔ Behrens-Geering, Martha
Waldstrolch ➔ Hasenfratz, Ferdinand
Waldthausen, Sebastian ➔ Best, Walter
Waldtraut, Else ➔ Braum, Else
Waldviertler Sepp ➔ Allram, Josef
Waldvogel, Dietrich ➔ Lochemes, Michael Joseph
Waldvogel, Hugo ➔ Wagner, Gottfried
Waldvogel, O. ➔ Klimsch, Otto Josef Gregor
Waldvögelein ➔ Rohn, Adeline Elisabeth
Waldweber ➔ Weber, Ludwig
Walewska, Mathilde ➔ Neumann, Evelyn Mathilde
Walfeld, Kurt von ➔ Meding, Oskar
Walfried, Ridi ➔ Penkawa, Maria Theresia
Walkenried, Alma von ➔ Meißner, Marie
Walker, Hugh ➔ Strassl, Hubert
Wall, Anton ➔ Heyne, Christian Lebrecht
Wall, Fritz ➔ Gaupp, Fritz
Wall-Beyerfels, Viktor ➔ Wall, Viktor
Wallacher-Tellesch, Jo ➔ Wallacher, Maria
Wallani, Carl ➔ Heerdegen, Carl Eduard
Wallatze, Edgar ➔ Fienhold, Wolfgang Günther
Wallauer, Ludwig ➔ Eid, Ludwig
Wallbaum, Hans vom ➔ Kuth, Aloys
Wallberg, Gustav von ➔ Nowy Edler von Wallersberg, Gustav
Wallberg, Hans ➔ Lehmann, Jon
Wallbergert, Hans ➔ Lehmann, Jon
Wallborn, Baron ➔ Fouqué de la Motte, Friedrich Heinrich Karl Baron
Walldorf, Hans ➔ Loest, Erich
Wallenburg, Amalie von ➔ Müller, Heinrich August
Wallenrodt, Augusta Friederike von ➔ Goldstein, Augusta Friederike von
Wallenstein ➔ Friedland, Jack
Wallentin, Georg ➔ Herbst, Hans
Waller, Anton ➔ Michaelis, Christian August
Waller, Carl E. ➔ Halirsch, Friedrich Ludwig Franz Thomas
Waller, Eduard von ➔ Reichlin-Meldegg, Friedrich August von
Waller, Ernst ➔ Wolff, Philipp Heinrich
Waller, Freimund ➔ Bachmann, Moritz
Waller, Georg ➔ Bretschneider, Heinrich Gottfried von
Waller, Gustav ➔ Friederich, Gerhard
Waller, K. E. ➔ Schießler, Sebastian Willibald
Waller, Kurt ➔ Lewald, August
Wallern, Wendelin von ➔ Hanff, Josef
Wallersee, Maria Freiin von ➔ Brucks, Maria
Wallhäuser, Udo ➔ Bergien, Oskar
Walling, Günther ➔ Ulrici, Karl
Wallis, Alfred ➔ Ferrari, Emil
Wallis, Christian ➔ Auernhammer, Johann Christian
Wallmann, Günter ➔ Wallraff, Günther
Wallner, Franz ➔ Leidesdorf, Franz
Wallner, Karl ➔ Vallazza, Karl
Wallner, Paul ➔ Muth, Richard von
Wallner, Susanne ➔ Kränzl, Susanne
Wallner-Basté, Franz ➔ Wallner, Franz
Wallsbüll, Bruno ➔ Johannsen, Bruno
Wallsee, Heinrich Egon ➔ Buxbaum, Heinrich
Wallus, Wilhelm ➔ Geißler, Friedrich Jakob Kurt
Wally ➔ Walterstein, Clara
Walser, Margret ➔ Greither, Margit
Walsporn ➔ Hartlieb, Jakob
Walstret, Heinrich ➔ Grabinski, Bruno
Wälsung, Wolf ➔ Mussmann, Heinrich
Walter ➔ Schönstedt, Walter
Walter ➔ Ulbricht, Walter
Walter, B. ➔ Bloem, Walter Julius Gustav
Walter, Bruno ➔ Schlesinger, Bruno
Walter, Carl Maria ➔ Steinhardt, Moritz
Walter, Clemens R. ➔ Watzke, Helmut
Walter, Erich ➔ Heichen, Walter
Walter, Ernst ➔ Heyda, Ernst
Walter, Ernst ➔ Spitzer, Moritz Adolf
Walter, Ferd. ➔ Ostini, Fritz von
Walter, Fery ➔ Hugenberg, Josef
Walter, Franz ➔ Paehge, Franz
Walter, Freimund ➔ Wezel, Johann Karl
Walter, Friedrich ➔ Eynern, Walther van
Walter, G. ➔ Ohler, Konrad Philipp
Walter, G. P. ➔ Walter, Hugo
Walter, Gerhard ➔ Heims, Paul Gerhard
Walter, Gottfried ➔ Schiffer, Fritz
Walter, Gotthold Ephraim ➔ Hermann, Ernst
Walter, Gustav ➔ Herrmann, Walter
Walter, Henry ➔ Roecken, Kurt Walter
Walter, Hermann ➔ Arendt, Wilhelm
Walter, Hermann ➔ Grossmann, Kurt R.
Walter, Hermann ➔ Ohrem-Bonn, Hermann
Walter, Hermann ➔ Zippel, Hermann
Walter, J. ➔ Siber, Julius
Walter, Julius ➔ Fleckles, Ferdinand
Walter, Karl ➔ Barth, Theodor Wilhelm
Walter, Karl ➔ Clar, Albert
Walter, Lia ➔ Meckauer, Lotte
Walter, Paul ➔ Jacob, Paul Walter
Walter, R. ➔ Blank, Matthias
Walter, Robert ➔ Triesch, Friedrich Gustav
Walter, Traugott ➔ Loest, Heinrich Wilhelm
Walter, W. E. ➔ Blankenfeldt, Walter
Walter, Wilhelm ➔ Enslin, Karl Wilhelm Ferdinand
Walter-Kained, Robert ➔ Walter, Robert
Walters, Ralph M. ➔ Ilmer, Walther
Waltershausen, H. G. ➔ Toepel-Fredersdorff, R. Hans
Walthari, Hermann ➔ Culmann, Hellmut
Walthari, Hermann ➔ Staabs, Elisabeth von
Walthari, Max ➔ Heise, Walter
Walthari, Otto Robert ➔ Müller, Walter
Waltharius ➔ Studinski, Walter Robert
Waltharius ➔ Walther, Karl August
Walthausen, H. W. M. von ➔ Weise, Hermann

Weihrauch, A. ➔ Schmidt, A.
Weijand-Wüstewaltersdorf, Erich ➔ Weijand, Erich
Weikersheim, Matthias ➔ Doll, Herbert Gerhard
Weil, Grete ➔ Jockisch, Grete
Weil, Ria ➔ Sturm, Ria
Weil-Zimmering, Zora ➔ Zimmering, Zora
Weilen, Paul von ➔ Meding, Oskar
Weilenmann, E. ➔ Kurth, Hanns
Weiler, Andreas ➔ Brandhorst, Andreas
Weiler, Andreas ➔ Burgdorf, Karl Ulrich
Weiler, Ella ➔ Busse, Emilie
Weiler, Hans ➔ Lindstedt, Hans Dietrich
Weiler, Heinrich ➔ Rudolph, Axel
Weiler, Otto von ➔ Boetticher, Ernst
Weilhart, Oskar ➔ Gerzer, Oskar
Weill, Abraham ➔ Weill, Alexander
Weimar, A. ➔ Götze, Augusta
Weimar, Bernhard von ➔ Genast, Wilhelm Karl Albert
Weimar, Elisabeth Hedwig ➔ Reinhard, Hans
Weinberger, Alois ➔ Mair, Alois
Weiner, Giula ➔ Broda, Ina
Weinert, Louis ➔ Weinert, Alois
Weinert-Wilton, Louis ➔ Weinert, Alois
Weingans, J. ➔ Philippi, Karl Ferdinand
Weingans, Jobst ➔ Reiniger, Ernst Emil
Weinhold, Kaliska ➔ Landau, Luise
Weinhold, Karl ➔ Landau, Luise
Weinholz, Leopold ➔ Wechsler, Ludwig
Weinman, Fred ➔ Weinmann, Fritz Siegfried
Weinrich, August ➔ Schulz, Heinrich
Weinsheim, Stanislaus Minck von ➔ Winkelmann, Johann Justus
Weinstengl, J. ➔ Lewinstein, Gustav
Weise, Alexander ➔ Fiddicke, Max
Weise, Melitta ➔ Jenetzky, Melitta
Weise-Potsdam, Alfred ➔ Weise, Alfred
Weismann, Leonore ➔ Kränzl, Susanne
Weismann, Lizentiat ➔ Mayer, Andreas Ulrich
Weiß, Ferdl ➔ Weißheitinger, Ferdinand
Weiß, Hans von der ➔ Westenhöffer, Johannes
Weiß, Hedwig ➔ Wyss, Hedwig
Weiß, Katrin ➔ Weißenfels, Hedi
Weiß, W. R. ➔ Platz, Wilhelm
Weiss-Sonneburg, H. ➔ Wyss, Hedwig
Weißalles, Karl ➔ Le Mang, Erich Erwin Woldemar
Weiße, Johann Georg ➔ Albiensen, Johann Georg
Weißenberg, Ludwig ➔ Ende, Christian Gottlob Ernst am
Weissenberger ➔ Sattler, Johann Rudolph
Weißenborn, Erna ➔ Spangenberg, Erna
Weissenborn, W. ➔ Meinecke, Gustav Hermann
Weißenborn-Dancker, Erna ➔ Spangenberg, Erna
Weissenbruch, Johann Wilhelm Josef ➔ Röhling, Johann Christoph
Weißenburg, Kamillo ➔ Weiß, Samuel Ami
Weißenburg, M. ➔ Mancke, Marie Luise
Weissenburg, Walter ➔ Poller, Walter
Weissenfeld, Kurt von ➔ Möller, Walter
Weissenhagen, Norbert ➔ Werres, Johannes
Weißenthurn, Franul Johanna von ➔ Franul von Weißenthurn, Johanna
Weitbrecht, Georg ➔ Hahn, Erwin
Weitbrecht, Wolf ➔ Wembrecht, Wolfgang
Weitenkampf, J. F. ➔ Harenberg, Johann Christoph
Weiter, Gotthelf ➔ Bippen, Wilhelm von
Weith, Hans ➔ Wagner, Heinrich
Weitra, E. von ➔ Juncker von Ober-Conreut, Elisabeth
Weitzel-Dürkheim ➔ Weitzel, Willy
Weixlgärtner, Elisabeth ➔ Söderberg, Elisabeth
Weizäcker, Karl ➔ Hausknecht, Alfred
Wekhrlin jun. ➔ Weber, Karl Julius
Welberg, Hans ➔ Lehmann, Jon
Welcker, Bernt ➔ Schacht, August
Welf, Paul ➔ Rogge, Friedrich Wilhelm
Welf, Peter ➔ Benndorf, Wolfgang
Welfers-Gran, Hugo C. ➔ Scheurer, Wolfgang
Welis, E. ➔ Wibel, Else
Welk, Ehm ➔ Welk, Emil
Wellem, Jan ➔ Franzen, Erich
Wellen, Horst von ➔ Norz, André
Wellenstein, Fridolin v. ➔ Minckwitz, Hans v.
Wellentreter, Frischmuth ➔ Zeune, Johann August
Wellentreter, Treumund ➔ Heinroth, Johann Christian
Weller, A. ➔ Müller, August
Weller, Edith E. ➔ Herrmann, Edith-Elisabeth
Weller, Freddy ➔ Burkhardt, Otto Bruno
Weller, Philipp ➔ Löb, Wilhelm Hermann
Welling, Renate ➔ Guggenheim-von Wiese, Ursula
Wellnau, Rudolf ➔ Kürbis, Ludwig Adolf Rudolf
Wellner, C. ➔ Wessner, Clara
Wellner, Claus H. ➔ Pfitzner, Helmut
Wellner-Stroh, Margit ➔ Galai, Margalit
Wells, Frank ➔ Plötze, Hasso
Wells, J. E. ➔ Seitz, Eberhard
Wells, Tim ➔ Kalmuczak, Rolf
Welm, Sebastian ➔ Holzhauer, Wilhelm
Welmar ➔ Hottinger, Johann Jacob
Welper, Emil ➔ Wepler, Emilie
Wels, Erdmuthe von ➔ Schlippenbach, Brunhilde Gräfin von
Wels, M. ➔ Weißmann, Marie Luise
Welse, R. von der ➔ Jülicher, Reinhold
Welsen, Henry de ➔ Wels, Heinrich
Welsenburg, Gerhard von ➔ Bloch, Iwan
Welskopf-Henrich, Liselotte ➔ Welskopf, Liselotte
Weltegast, Joh. M. ➔ Panstingl, Günther
Welten, Brigitte ➔ Maluschke, Hermine
Welten, Heinz ➔ Philipsohn, Martin
Welten, M. ➔ Steinsdorfer, Mathilde

Willis, Paul ➔ Lamszus, Wilhelm
Willke, Ruth ➔ Rose, Ruth
Willkomm-Schneider, Martha ➔ Schneider, Martha
Willmar, A. ➔ Lüdicke, Karl Friedrich
Willmar, Wilhelmine ➔ Gensicke, Wilhelmine
Willms-Wildermuth, Agnes ➔ Willms, Agnes
Willmsen, Hans ➔ Lauremberg, Joh. Wilhelm
Willnau, Carl ➔ Naumann, Carl W.
Willner, Meta ➔ Muralt, Lily von
Willnicht, J. ➔ Anna Weilshäuser
Willnitz, Karl ➔ Nitzsche, Karl-Willy
Willpart, Eberhard ➔ Plawina, Oswald
Willrath, Clara ➔ Wedelstaedt, Clara von
Willrecht, Waldo ➔ Albiker, Josef
Wilmendyk ➔ Brocker, Josef
Wilmers, August ➔ Loeff, Wolfgang
Wilmers, John ➔ Beier, Theodor
Wilmersdorff, Wolfram von ➔ Wagmuth, Wolfram
Wilmot, Francis G. ➔ Werckmeister, Günther
Wilmsen-Marx, Margret ➔ Wilmsen, Margret
Wilsey-Ther ➔ Seyther, Wilhelm
Wilson, Charles ➔ Barwisch, Josef
Wilson, Hal ➔ Hobein, Eugen
Wilson, Mac ➔ Grünebaum, Moriz Ritter von
Wiltens, Catharine ➔ Andrée Wiltens, Catharine
Wiltow, John ➔ Berns, Ulrich
Wim-Wim ➔ Schmitt, Wilhelm Carl
Wimberg, Senta ➔ Wimberger, Senta
Wimmer, Anna ➔ Buchberger, Anna
Wimmer, Annemarie ➔ Lange, Annemarie
Wimmer, Emilie ➔ Straka, Emilie
Wimmler, Jeremias ➔ Bonn, Franz
Wimperg, Bruno ➔ Wolff-Beckh, Bruno
Wimpina, Konrad ➔ Koch, Konrad
Win, R. ➔ Albrecht, Erwin Fritz Bernhard
Wincierz, Ulrich van ➔ Kluth, Heinrich
Winar, Ernst ➔ Eichhoff, Wilhelm
Winckelriedt ➔ Heidegger, Gotthard
Winckler, Hans Erich ➔ Winckler, Wolfgang
Winckler-Tannenberg, Arthur ➔ Winckler, Arthur
Windeck, E. von ➔ Ackermann, Eduard
Windeck, Hans von ➔ Joesten, Joseph
Windei, Waldemar Graf ➔ Törne, Volker von
Windek, Hans ➔ Skowronnek, Fritz
Windhager, Lily ➔ Windhager, Juliane
Windholz, Elisabeth ➔ Reisenberger, Anna Elisabeth
Windhorn, A. ➔ Harenberg, Johann Christoph
Windisch, Anton ➔ Andersch, Alfred
Windmüller, Ilse ➔ Ploog, Ilse
Windsheim, Ludwig von ➔ Oesterreich, Ludwig
Wineter, Klaus ➔ Schauer, Hanns Konrad
Winfried ➔ Hinsche, Nicolaus Daniel
Winfried ➔ Völkl, Robert
Winfried, Armin ➔ Ritter, Albert
Winfried, Pacificus ➔ Brunnhofer, Gottlieb Hermann
Wing ➔ Ueding, Wolfgang Maria
Wing, Max ➔ Weber, Ernst
Wingert, Heiner ➔ Bemme-Wingert, Heinz
Wingolf, Walter vom ➔ Jung, Emil
Wings, Gert ➔ Uetrecht, Fred Erich
Winheller, Charlotte ➔ Franke, Charlotte
Winhold ➔ Fischart, Johann Baptist Friedrich
Winiewics, Lida ➔ Winiewicz-Lefèvre, Lida
Winkel, Fritz ➔ Bärwinkel, Friedrich Konstantin
Winkelmann, Joe ➔ Winkelmann, Erich Paul
Winkelmann jun. ➔ Strantz, Minna von
Winkelmann-Mikeleitis, Edith ➔ Winkelmann, Edith
Winkler, Dieter ➔ Rehfeld, Frank
Winkler, Ernst ➔ Mattern, Wolfgang
Winkler, Friedrich ➔ Mack, Fritz
Winkler, Jadwiga ➔ Winkler, Hedwig-Maria
Winkler, Johannes ➔ Wallner, Christian
Winkler, Oly ➔ Brahms, Oly
Winkler, Tilman ➔ Wolf, Christian T.
Winkler-Sölm, Oly ➔ Brahms, Oly
Winrich, Hilde B. ➔ Rubinstein, Hilde
Winsloe, Christa ➔ Hatvanny, Christa Baronin
Winsloe, Christa ➔ Hadvany, Christa Baronin
Winter, Amalie ➔ Groß, Amalie von
Winter, Betty ➔ Scheibenhof, Betty-Rosl
Winter, C. ➔ Rickmeyer, Marie
Winter, Corinna ➔ Ligensa, Elfie
Winter, Curt Cäsar ➔ Pergande, Kurt
Winter, Dagobert ➔ Gronen, Damian
Winter, Detlev G. ➔ Horn, Detlev
Winter, Ernst ➔ Bernhardi, August Ferdinand
Winter, Ernst ➔ Wackenroder, Wilhelm Heinrich
Winter, Helga ➔ Junike, Rolf
Winter, Lena ➔ Volk, Vera-Maria
Winter, Leopold ➔ Winternitz, Leopold
Winter, Maria ➔ Winkler, Max
Winter, Rex ➔ Metternich, Tony
Winter, Rosemarie ➔ Fiedler, Rosemarie
Winter, Thomas R. ➔ Bernard, Karl
Winter-Hoym, Carl ➔ Winter, Carl
Winterfeld, Karl ➔ Sommer, Walter
Winterfeld-Platen, Leontine von ➔ Platen, Leontine von
Winterfeldt, K. ➔ Kolbe, Emil
Winterglast, Wohlfried ➔ Tiews, Paul
Winterlyt, J. v. d. ➔ Waltermann, Josef
Wintern, J. ➔ Winternitz, Jakob
Winternitz, Friederike Maria von ➔ Zweig, Friederike Maria
Winterstein, Eduard von ➔ Wangenheim, Eduard Freiherr von
Winterstein, Florian ➔ Schnetz, Wolf Peter
Winterstein, Gustav ➔ Weinert, Erich
Winterstetten, Karl von ➔ Ritter, Albert
Winthern, Raphael v. ➔ Mirbach, Margaretha
Winzer, Erhardt ➔ Weinert, Erich
Winzer, Felix ➔ Görlitz, Wolf-Dieter
Wipp, Peter ➔ Volkmann, Paul
Wippchen ➔ Stettenheim, Julius

Wippchen, Till ➔ Rausch, Theo
Wippersberg, W. J. M. ➔ Wippersberger, Walter
Wirry, Heinrich ➔ Wirri, Heinrich
Wirry, Ulrich ➔ Wirri, Ulrich
Wirth, M. ➔ Wellmer, Meta
Wirth, Max ➔ Fogowitz, Andrä Heinrich
Wirtimthal, Th. S. ➔ Siebert, Theodor
Wirtz-Fliegauf, Berta ➔ Wirtz, Berta
Wirz-Matthey, Maja ➔ Matthey, Amalie
Wisa ➔ Sachse, Willi Richard
Wisart, Donatus ➔ Fischart, Joh. Bapt. Friedr.
Wisart, Huldrich ➔ Fischart, Joh. Bapt. Friedr.
Wisartus Triuonensis, Donatus ➔ Fischart, Johann Baptist Friedrich
Wischhart, Huldrich ➔ Fischart, Johann Baptist Friedrich
Wisiri ➔ Steinberg, Walter
Wißkent, J. R. ➔ Thien, Ilse
Wistulanus, Hans ➔ Lehmann, Bernhard
Wit von Dörring, Ferdinand Johannes von ➔ Wit, Ferdinand Johannes
Witekind, Hermann ➔ Wilcken, Hermann
Withlingius, Johann ➔ Brentz, Johann
Witilo, Marie ➔ Wedel, Marie Gräfin von
Witschas, E. A. ➔ Vogel, Johannes Wilhelm
Witschens, Helmuth ➔ Witrzens, Helmuth
Witt, Axel ➔ Wittig, Max
Witt, Constantin de ➔ Witte, Albert
Witt, Klaus ➔ Witt, Arthur Nicolaus
Witt, Leo ➔ Wittmayer, Leo
Wittburg, C. ➔ Schnackenburg, Clara
Witte, I. M. ➔ Witte, Irene
Witte, Minna ➔ Mädler, Wilhelmine von
Witte, Robert ➔ Kiefer, Ernst Wilhelm
Wittek, Suzan von ➔ Wittek von Salzberg, Anna Maria
Wittekind, Christoph Friedrich ➔ Wedekind, Christof Friedrich
Witten, Frank ➔ Wittmann, Franz
Witten, M. von ➔ Gottschall, Margarete von
Wittenberg, Hans von ➔ Schmidt, Uve
Wittenberg, Max ➔ Fromm, Otto
Wittendorf, C. ➔ Proschko, Hermine Camilla
Wittenow, Eduard von ➔ Dubsky von Wittenau, Eduard
Witter, Ben ➔ Witter, Heinz
Wittgen, Tom ➔ Siebenstädt, Ingeburg
Wittich, F. M. ➔ Mewis, Marianne
Wittich, M. ➔ Vollhardt-Wittich, Margarete
Wittig, H. Th. ➔ Thum, Hugo
Wittinger ➔ Hoffmann, Leopold Alois
Wittinghausen, Arty ➔ Filek-Wittinghausen, Werner von
Wittko, Kurt ➔ Eisgruber, Heinz
Wittlich, Philipp Dietrich ➔ Sauerwein, Johann Wilhelm
Wittmann-Kirschbaum, Hertha ➔ Kirschbaum, Hertha
Wittmold, Woldemar ➔ Thienen-Adlerflycht, Karl Freiherr von
Wittmund, Eva ➔ Schöler, Ellen
Witus ➔ Sühring-Bardey, Anna
Witz Witzer ➔ Schmitt, Theodor
Witzig, Anneli ➔ Locher-Werling, Emilie
Witzleben, Uta von ➔ Kardorff, Huberta Sophie von
Wiwi ➔ Vierath, Willy
Wiwjorra, Ernst Otto ➔ Ellermann, Rolf Ernst Otto
Wladimir ➔ Hofmeister, Adolf
Wo-Gre ➔ Greiser, Wolfgang
Woberg, Claus ➔ Wolff, Detlef
Wocrauliczek, Franta ➔ Ebert, Karl Egon Leopold Felix Ritter von
Wodak, Hermann ➔ Kadow, Manes Hermann
Wodick, Ruth ➔ Tetzner, Ruth
Wodomerius, Ernst ➔ Heeringen, Gustav Adolf von
Woemos ➔ Boehme, Alwin
Woertz, Franz ➔ Oertzen, Friedrich Wilhelm von
Woga ➔ Kraus, Wolfgang
Wogau, Hans von ➔ Wagenseil, Hans B.
Wohl, Joachim H. ➔ Wurl, Joachim H.
Wohl, Louis de ➔ Wohl, Ludwig von
Wohlauf, Nikolaus ➔ Unger, Alois
Wohlbrück, Olga ➔ Wendland, Olga
Wöhle, Johannes ➔ Löwe, Hans
Wohlgemut, Hans ➔ Kreuser, Johann Peter Balthasar
Wohlgemuth, Alexius ➔ Oberkofler, Anton
Wohlgemuth, Felix ➔ Schulze, Friedrich August
Wohlgemuth, G. ➔ Traut, Heinrich Theodor
Wohlgemuth, Gerhard ➔ Ruppel, Heinrich
Wohlgemuth, Jakob ➔ Baumgartner, Alexander
Wohlgemuth, Johann Christoph ➔ Peyer, Hans
Wohlgemuth, W. ➔ Grahl, Otto de
Wohlmuth, Eugenie ➔ Petrasch, Eugenie
Wohlmuth, Hans ➔ Pittioni, Hans
Woisetschläger, Eva Maria ➔ Woisetschläger, Hubert Frank
Woitowitsch, Alexander ➔ Machatscheck, Heinz
Wokos, Maya ➔ Hollstein, Maria
Woldan, Heinrich ➔ Schuster, Georg Heinrich
Wolde, Heinrich von ➔ Voß, Eugen von
Woldeck, Fritz ➔ Wulfsheim, Felix
Woldeck, Hans ➔ Gaudecker, Hans von
Woldemar ➔ Overbeck, Johannes
Woldemar, Aug. ➔ Typke, Joseph Wilhelm
Woldstedt-Lauth, Rose ➔ Woldstedt, Rose
Wolf ➔ Lüdingshausen, Wilhelm von
Wolf, A. F. ➔ Feitzinger-Wolf, Anna
Wolf, Achim ➔ Bütow, Wolf J.
Wolf, Alexander ➔ Rösler, K. Herbert
Wolf, Carla ➔ Wolf, Charlotte
Wolf, Emma ➔ Sommer, Hans Wolf
Wolf, Franz ➔ Koebner, Franz Wolfgang
Wolf, Grete ➔ Schmahl, Grete
Wolf, Hans ➔ Sommer, Hans Wolf
Wolf, Henry ➔ Burgdorf, Karl Ulrich

X

Y

Z

Literaturnachweis

Aufgeführt werden die Titel der hauptsächlich benutzten Nachschlagewerke und Sachbücher. Um die Literaturermittlung zu erleichtern, werden neben dem Autor/Herausgeber auch Erscheinungsort und -jahr genannt.

Albrecht/Böttcher/Greiner-Mai/Krohn: Deutsches Schriftstellerlexikon; Weimar 1963

Albrecht/Dahlke: Internationale Bibliographie zur Geschichte der deutschen Literatur von den Anfängen bis zur Gegenwart, 3 Bd.; Berlin 1969-1972

Allgemeine Deutsche Biographie (ADB). Hrsg. von der Historischen Comission bei der Königlich Bayrischen Akademie der Wissenschaften, Bd.1-56; Leipzig 1875-1912

Alpers/Fuchs/Hahn: Reclams Science Fiction Führer; Stuttgart 1982

Alpers/Fuchs/Hahn/Jeschke: Lexikon der Science Fiction-Literatur; München 1988

Bartels, A.: Die deutsche Dichtung der Gegenwart, Ausg. 1901 und Ausg. 1910; Leipzig 1901 und 1910

Barthel, M.: Lexikon der Pseudonyme; Düsseldorf, Wien 1986

Barthold, F. W.: Geschichte der Fruchtbringenden Gesellschaft; Berlin 1848

Bingenheimer, H.: Katalog der deutschsprachigen utopisch-phantastischen Literatur 1460-1960; Friedrichsdorf 1960

Bornmüller, F.: Biographisches Schriftsteller-Lexikon der Gegenwart; Leipzig 1882

Böttcher/Greiner-Mai/Krolop: Lexikon deutschsprachiger Schriftsteller. Von den Anfängen bis zum Ausgang des 19. Jahrhunderts; Leipzig 1987

Brauneck, M.: Autorenlexikon deutschsprachiger Literatur des 20. Jahrhunderts, 3. A.; Reinbek b. Hamburg 1988

Brenner, E.: Deutsche Literaturgeschichte, 15. A.; Wels, Wunsiedel, Zürich 1960

Brinker-Gabler/Ludwig/Wöffen: Lexikon deutschsprachiger Schriftstellerinnen 1800-1945; München 1986

Brümmer, F.: Lexikon der deutschen Dichter bis Ende des 18. Jahrhunderts, 2 Bd.; Leipzig 1884.

Brümmer, F.: Lexikon der deutschen Dichter und Prosaisten vom Beginn des 19. Jahrhunderts bis zur Gegenwart, 2 Bd.; Leipzig 1913

Burg, P.: Minerva-Lexikon berühmter Persönlichkeiten aller Zeitalter; Leipzig 1929

Conermann, K.: Fruchtbringende Gesellschaft, Bd. 3: Die Mitglieder der Fruchtbringenden Gesellschaft 1617-1650; Weinheim 1985

Doderer, K.: Lexikon der Kinder- und Jugenliteratur; Weinheim und Basel 1975-1985

Dohse, R.: Mecklenburgisches Dichterbuch; Berlin 1903

Dühmert, A.: Von wem ist das Gedicht? Berlin 1969

Durzak, M.: Die deutsche Literatur der Gegenwart. Aspekte und Tendenzen; Stuttgart 1971

Eckart, R.: Lexikon der niedersächsischen Schriftsteller; Osterwiek 1891

Engel, E.: Geschichte der Deutschen Literatur von den Anfängen bis zur Gegenwart, 2 Bd., 30.A.; Wien, Leipzig 1922

Enslin/Engelmann: Bibliothek der schönen Wissenschaften; Leipzig 1837/46

Frenzel, H. A.: Daten deutscher Dichtung; Köln, Berlin 1953

Frenzel, H. A. u. E.: Daten deutscher Dichtung; München 1985

Frey, A.: Schweizer Dichter; Leipzig 1919

Geerdts, H. J.: Literatur der DDR. Einzeldarstellungen; Berlin 1976

Goedeke, K.: Grundriß zur Geschichte der deutschen Dichtung. Aus den Quellen; Hannover 1859 (1. A.), Dresden 1862-1881 (2. A.), Dresden 1884 f. (2. Ausg., 2. A.)
Gottschall, R.: Die deutsche Nationalliteratur; Breslau 1855
Greinz, R.: Staackmanns Almanach deutscher Erzähler; Leipzig 1930
Groß, H.: Deutsche Dichterinnen und Schriftstellerinnen; Berlin 1885
Haase/Geerdts/Kühne/Pallus: Geschichte der Literatur der Deutschen Demokratischen Republik; Berlin 1977
Hamberger, G. Ch.: Das Gelehrte Teutschland oder Lexikon der jeztlebenden Teutschen Schriftsteller; Lemgo 1772
Harenbergs Lexikon der Weltliteratur, 5 Bde., 2. A.; Dortmund 1989
Harenbergs Personenlexikon 20. Jahrhundert; Dortmund 1992
Hesselbacher, K.: Silhouetten neuerer badischer Dichter; Heilbronn 1910
Holly, Elmar E.: Die Weltbühne 1918-1933. Ein Register sämtlicher Autoren und Beiträge; Berlin 1989
Holzmann/Bohatta: Deutsches Pseudonymen-Lexikon; Wien, Leipzig 1906
Jacob, H.: Literatur der DDR, 3. Bd.; Berlin 1986
Johannsen, H. P.: Deutsche und dänische Dichter der Gegenwart; Heide/Holst. 1957
Jüngling, A.: Almanach '81 deutscher Schriftstellerärzte; Marquartstein 1981
Kahle, W.: Geschichte der deutschen Literatur; Münster 1964
Kaufmann/Schuller: Geschichte der deutschen Literatur 1917-1945; Berlin 1973
Killy, W.: Literatur Lexikon. Autoren und Werke deutscher Sprache; 1988 f.
Kindlers Neues Literaturlexikon; 17 Bde.; München 1988-1992
Kirsch, E.: Deutsche Dichter; Frankfurt/M., Berlin, München 1970
Koenig, R.: Deutsche Literaturgeschichte, 37. A.; Bielefeld, Leipzig 1930
Körber, J.: Bibliographisches Lexikon der utopisch-phantastischen Literatur; Meitingen 1984 f.
Kord, S.: Sich einen Namen machen. Anonymität und weibliche Autorschaft 1700-1900; Stuttgart, Weimar 1996
Kosch, W.: Deutsches Literaturlexikon. Biographisches und bibliographisches Handbuch, 1.A., 2 Bde.; 1928-1930; 2. A., 4 Bde.; Bern 1949-1958; 3. A., Bd. 1-16, Ergänzungsband 1 u. 2; Bern, München 1956-1995
Krause, G.: Urkundlicher Beitrag zur Geschichte der deutschen Sprachgesellschaften im 17. Jahrhundert. Der Fruchtbringenden Gesellschaft ältester Ertzschrein; Leipzig 1855
Kunisch, H.: Kleines Handbuch der deutschen Gegenwartsliteratur; München 1967
Kürschners Deutscher Literaturkalender, 1.- 60. Jahrgang; Leipzig, Berlin, New York 1879-1988
Leimbach, K.: Die deutschen Dichter der Neuzeit und Gegenwart; Kassel, Frankfurt/Main 1884 f.
Lennartz, F.: Deutsche Schriftsteller des 20. Jahrhunderts im Spiegel der Kritik; Stuttgart 1984
Martini, F.: Deutsche Literaturgeschichte; Stuttgart 1984
Meyer, R. M.: Die deutsche Litteratur des 19. Jahrhunderts; Berlin 1900
Moser/Reischl: Taschenlexikon zur bayerischen Gegenwartsliteratur; München 1986
Neue Deutsche Biographie (NDB). Hrsg. von der Historischen Kommission bei der Bayrischen Akademie der Wissenschaften, Bd.1-14; Berlin 1953-1985
Nonnenmann, K.: Schriftsteller der Gegenwart; Olten, Freiburg/Br. 1963
Pataky, S.: Lexikon deutscher Frauen der Feder, 2 Bd.; Berlin 1898
Pleticha, H.: Abenteuer-Lexikon; Würzburg 1978
Pongs, H.: Lexikon der Weltliteratur; Bensheim o. J.

Possipaul, R.: Wer Was Wo im Taschenbuch, 11. A.; München 1987
Puls, D. G.: Dichter und Dichtung in Kiel; Kiel 1962
Rassmann, F.: Fr. Rassmann's kurzgefaßtes Lexikon deutscher pseudonymer Schriftsteller; Leipzig 1830
Schenckel, J.: Deutsche Dichterhalle des neunzehnten Jahrhunderts, 3 Bde.; Mainz 1856
Scherer/Walzel: Geschichte der deutschen Literatur. Mit einer Bibliographie von J. Körner, 2. u. 3. A.; Berlin 1918 u. 1921
Schloenbach, H.: Die deutschen Dramatiker der Neuzeit; Hildburghausen 1863
Schmidtke, W. G.: Schmidtkes Pseudonym-Spiegel; München 1984
Schütze, K.: Deutschlands Dichter und Schriftsteller von den ältesten Zeiten bis auf die Gegenwart; Berlin 1862
Sintenis, F.: Die Pseudonyme der neueren deutschen Literatur; Hamburg 1899
Söhn, G.: Literaten hinter Masken; Berlin 1974
Soergel, A.: Dichtung und Dichter der Zeit; Leipzig 1912
Spemann, W.: Das goldene Buch der Weltlitteratur; Berlin, Stuttgart 1901
Stern, A.: Lexikon der deutschen Nationallitteratur; Leipzig 1882
Sternfeld/Tiedemann: Deutsche Exil-Literatur 1933-1945, 2. A.; Heidelberg 1970
Stock/Heilinger: Personalbibliographien österreichischer Dichter und Schriftsteller; Pullach b. München 1972
Valentin, E.: Bayernbuch; München, Wien 1975
Vilmar, F. C.: Geschichte der deutschen National-Literatur, 2. Bd., 5.A.; Marburg 1852
Walkhoff-Jordan, K.-D.: Bibliographie der Kriminal-Literatur 1945 - 1984 im deutschen Sprachraum; Frankfurt, Berlin, Wien 1985
Walkhoff-Jordan, K.-D.: Bibliographie der Kriminal-Literatur 1985 - 1990 im deutschen Sprachraum; Frankfurt, Berlin 1991
Weber, A.: Deutsche Literatur in ihrer Zeit; Freiburg, Basel, Wien 1978/79
Wechsler, E.: Berliner Autoren; Leipzig 1891
Weigand, J.: Pseudonyme. Ein Lexikon; 1. u. 2. A.; Baden-Baden 1991/1994
Weller, E.: Lexicon Pseudonymorum; Regensburg 1886
Wienstein, W.: Lexikon der katholischen deutschen Schriftsteller vom Ausgange des Mittelalters bis zur Gegenwart; Hamm/Westf. 1899
Wiese, B. v.: Deutsche Dichter der Moderne. Ihr Leben und Werk; Berlin 1965
Wilpert, G. v.: Deutsches Dichterlexikon, 2. u. 3. A.; Stuttgart 1976/1988
Witkowski, G.: Die Entwicklung der deutschen Literatur seit 1830; Leipzig 1912
Zangemeister, K.: Pfälzische Bibliographie; Heidelberg 1886